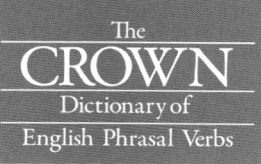

クラウン
英語句動詞
辞典

安藤貞雄 [編]
edited by Ando Sadao

三省堂

© Sanseido Co., Ltd. 2014
Printed in Japan

編者
安藤貞雄

編集委員
永田龍男　中川憲

執筆者
安藤貞雄　永田龍男　中川憲　髙口圭轉

英文校閲
Paul E. Davenport

調査協力
小松泰輔　佐々木憲子　高橋美穂　永野真希子

装丁
三省堂デザイン室

『三省堂英語イディオム・句動詞大辞典』編集関係者
編　　者　安藤貞雄
編集委員　永田龍男　樋口昌幸　中川憲　田中実
英文校閲　Paul E. Davenport　Michael S. Hasegawa　Roger Northridge

まえがき

　本書『クラウン英語句動詞辞典』は，姉妹編『クラウン英語イディオム辞典』とともに，『三省堂英語イディオム・句動詞大辞典』を基にしたより handy な分冊精選版で，下記の増補改訂を加えたものである．

　典型的な句動詞は，英語本来の get, go, make, put, take のような単音節動詞に，at, down, for, in, off, on, to, up などの通例 1 音節の不変化詞 (particle) を組み合わせて，統語的・意味的に 1 つにまとまった動詞として使用されるものである．ただし，本辞典は英米の句動詞辞典と同様に，単音節動詞，単音節不変化詞に限らず，「動詞＋前置詞／副詞」の結合をおしなべて句動詞と見ている．そこで，句動詞を形成する動詞は，put, get のような単音節語のみならず，administer, amalgamate, economize, tyrannize のようなギリシャ・ラテン語に由来するものを含み，前置詞／副詞も ahead, across, aside, between, forward のような多音節語を含んでいる．

　一方，イディオムと句動詞との振り分けに際し，そのいずれとも判じかねる「動詞＋不変化詞」については，読者の便宜を考慮し，本辞典および『クラウン英語イディオム辞典』の双方に収録した．

　その不変化詞は次のとおりである．
- in and in, through and through, back and forth 等の同一語［反義語］の and による連結
- abroad/home, outdoors/indoors, upstairs/downstairs 等の特定の位置方向を表すもの
- aback, aft, aloof, astray, asunder, athwart, awry 等の a- で始まるもの

　また，本辞典では句動詞全体の他動性 (transitivity) (i.e. 自動詞，他動詞の区別) を⾃⽥というロゴマークによって明らかにした．ところで，「動詞＋副詞」からなる句動詞の自・他の区別は容易であるが，「動詞＋前置詞」からなる句動詞の自・他の区別は非常に困難な場合がある．たとえば arrive at という句動詞の場合，arrive at the station. のように「(場所) に到着する」という意味では自動詞 (⾃) であるのに対して arrive at a conclusion のように「(結論など) に到達する」という意味では他動詞 (⽥) である．それは No conclusion was arrived at.「いかなる結論にも達しなかった」のように受身が可能であることから明らかである．詳しくは凡例の1.1 および1.2を参照されたい．

　本辞典の主な増補改訂内容は次の4つにまとめられよう．
(1) 句義の配列を見直し，できる限り使用頻度の高い順に並べ替えた
(2) 句見出し・句義を増補する傍ら，古いものを削除して up-to-date なものに改めた
(3) 検索性の向上を図り user-friendly なものにした
- セミコロン (;) で併記された句義のうち，前後で意味的差異の大きいものを分割し，後半を独立させて新句義として立項した
- 相互参照 (cross-reference) を一層充実させ，引きやすいものにした
- ☞で示した語法解説を見直し，簡潔を旨とした
(4) 用例の充実・適正化を図った
- 冗長なものあるいは極端に短いものを，適度な長さで使用頻度の高い用例に

差し替えた
・句義のみの箇所に, 得られる限り簡潔明解で馴染み深い新規用例を追加した
・句例および「新聞見出し・リード, 広告文, 掲示文」を文例に差し替えた
・古い内容の用例を up-to-date なものに差し替えた
・PC の点で配慮すべき用例および和訳を, より適正なものに差し替えた

　この辞典の構想が検討され始めたのは, 『三省堂英語イディオム・句動詞大辞典』と同時期の2007年に遡る. そして上記『大辞典』の刊行をみたのち本書執筆が開始されたのであるから, 完成に足かけ7年が費やされたことになる. この間, 永田龍男氏を中心とした編集委員および執筆者のかたがたには, 執筆・校正において全精力を傾注していただいた. また, Paul E. Davenport 氏には全用例を綿密に洗い直しかつ大幅に加筆していただいた. これらのご尽力に対してまことに感謝の念に堪えない. 更に今回も三省堂辞書出版部外国語辞書第一編集室編集長の寺本衛氏, 同編集室の東佐知子氏の有能かつ献身的なご援助および同編集室諸氏の綿密なご助力をいただいた. 心から御礼を申し上げたい.

　思えば『新クラウン英語熟語辞典』(1965)より『三省堂英語イディオム・句動詞大辞典』の集大成を経て, ここに再び書名に『クラウン』を文字通り冠する辞典への回帰をみたわけで, この間 実に半世紀近く, 版を重ねること五たびとなる. 蓋し感慨無量のものがある.

　本辞典が姉妹編たる『クラウン英語イディオム辞典』とともに, これまで以上に数多くの読者に愛され, わが国の英語研究と学習とにいささかでも寄与することができれば, これに過ぐる喜びはない.

　　　　　　　　　2014年3月

　　　　　　　　　　　　　　　　　　　　　　　　　　　　安藤貞雄

凡　例

1　この辞典の内容
　この辞典は，英語の句動詞を収録したものである．異形(variation)を含む総収録句見出し数は約13,400項目，用例は約26,000例である．

1.1　この辞典の句動詞について
　「まえがき」にもあるように，この辞典では英語の句動詞を網羅的に収録してあるが，次のような語群は(イディオムないしコロケーションではあっても)，句動詞とは見ない：
- (i)　take advantage of　　　　…を利用する
　　のような動詞が特定の目的語をとるもの．
- (ii)　be made for　　　　　　…に最適である
　　のような初めから受身であるもの(過去分詞が形容詞である可能性がある)．
- (iii)　cut short　　　　　　　急に終わらせる
　　のような形容詞を従えるもの．
- (iv)　make believe　　　　　(…する)ふりをする
　　のような動詞を従えるもの．

1.2　句動詞の特徴・句動詞のタイプ
　句動詞には大きく次のようなタイプがある．この辞典では原則として以下のタイプに基づいて⾃⁄他の別を明示している．
1 「自動詞＋副詞」：***break down***　(車・機械が)こわれる
　　　　　　　　［句動詞自体の機能は⾃］
　　　　　　　　give in　降参する
　　　　　　　　［句動詞自体の機能は⾃］
2 「自動詞＋前置詞」：***call on***　(人)を訪問する
　　　　　　　　　［句動詞自体の機能は他＝visit］
　　　　　　　　　look after　…を世話する
　　　　　　　　　［句動詞自体の機能は他＝care］
3 「自動詞＋副詞＋前置詞」：***catch up with***　…に追いつく
　　　　　　　　　　　　［句動詞自体の機能は他＝overtake］
　　　　　　　　　　　　put up with　…をがまんする
　　　　　　　　　　　　［句動詞自体の機能は他＝tolerate］
4 「他動詞＋副詞」：***hand over***　…を(引き)渡す
　　　　　　　　［句動詞自体の機能は他＝deliver］
　　　　　　　　call up　…に電話をかける
　　　　　　　　［句動詞自体の機能は他＝phone］
5 「他動詞＋前置詞」：***take A as B***　AをBと考える
　　　　　　　　　［句動詞自体の機能は他］
　　　　　　　　　make A of B　A(物)をB(材料)で作る
　　　　　　　　　［句動詞自体の機能は他］
6 「自動詞＋前置詞＋前置詞」：***apply for A to B***　AをBに願い出る

　　　　　　　　［句動詞自体の機能は㊩］
　　　　　　depend on *A* ***for*** *B*　　Aに頼ってBを得る
　　　　　　［句動詞自体の機能は㊩］

2　見出し
　2.1　親見出し
　　(1) ABC 順に立体ボールド体で示した．
　　　　例：**abound**
　　　　　　beat
　　　　　　call
　　(2) 同一綴りの別語は，上付き番号を付して区別した．
　　　　例：**bank**[1]
　　　　　　bank[2]
　　(3)《米》《英》で綴り字が異なる場合は，「米，英」の順で両形を併記した．
　　　　例：**center,**《英》**centre**
　　　　なお，スペース節約の目的から，例文中ではどちらか一方の綴りのみを用いた．
　　(4)《米》《英》で発音が異なる場合は，/ 米｜英 / の順で両音を併記した．
　　　　例：**borrow** /bɑ́roʊ｜bɔ́rəʊ/
　　　　　　lever /lévər｜líːvə/
　　(5) **color, colour** /kʎ́lər/ の /-ər/ は，米音の /ɚ/ (hooked schwa) と英音の /ə/ (schwa) を表す．

　2.2　句見出し
　　それぞれの句動詞は，その句の主要語である動詞のもとに集めてある．たとえば，*care for* は **care**，*pass over* は **pass** で引く．
　　(1) ABC 順に太字イタリック体で示した．
　　　　例：***beef about***　　…について不平を言う
　　　　　　beef up　　　…を増強する
　　(2)（　）内の語句は句順に関与するが，［　］内の語句は句順に関与しない．
　　　　例1：***walk (out) with***　　　…とつき合う
　　　　　　walk over　　　　　　（別な所へ）歩いて行く
　　　　例2：***wrench away*** ［***off***］　　…をねじり取る
　　　　　　wrench ... away from　　強いて…を…から引き離す
　　(3) *one, a person, A, B, do*(*ing*) などのように，句見出しの中で語法的な関係を示すのみの語は，細字イタリック体を用いた．これらの語句は句順に関与しない．
　　　　例：***call*** *A* ***after*** *B*　　　AをBの名をとって呼ぶ
　　　　　　put ... from *one*　　　…を捨てる
　　　　　　remind *a person* ***of***　　人に…を気づかせる
　　　　　　abstain from *doing*　　…することを控える
　　(4) 見出し句の *one* は（自分［*i.e.* 主語と同じ人・物］）の意味，*a person* (*'s*) は（他人(の)［*i.e.* 主語とは別の人・物］）の意味に用いた．
　　　　例：***keep ... by*** *one*　　　　…を持っている
　　　　　　accuse *a person* ***of***　　人を…の罪で訴える

(5) 同義のイディオムは，斜線（／）を用いて併置した．
   例：***clean out*** *A* ***of*** *B* ／ ***clean*** *B* ***out of*** *A*　AからBを追い出す
(6) 句見出しの横に⑲および⑭のロゴマークを付し，その句動詞全体の他動性（transitivity）（*i.e.* 自動詞・他動詞の区別）を明らかにした．また句義により⑲⑭が異なる場合は，棒見出しを用いて示した．

3　句義
  (1) 句義内でやや異なる意味を併記する場合はセミコロン（;）で区別し，句義が異なる場合は **1**，**2**，**3** ...と太字体のアラビア数字で区別した．
  (2) 語法上の注意がある場合は，句義の前の二重角括弧内〚…〛で明示した．
   例：***address*** *a person* ***as***　〚しばしば受身で〛人を（名前・敬称など）と呼ぶ
      itch for [***after***]　　〚主に進行形で〛…を非常にほしがる

4　記号・文字の特別用法
  4.1　相互参照または句義中の小型大文字（SMALL CAPITALS）は，それぞれの句見出しの主要語であり，常に「その項を見よ」を意味する．
   例：***see around*** → SEE over.
     crawl up = RIDE up.

  4.2　角括弧［ ］は，句見出し・訳語中のある語句が直前の語句と交換可能であることを示す．
   例：***balance*** *A* ***with*** [***by, against***] *B* = ***balance*** *A* ***with*** *B*
                       or ***balance*** *A* ***by*** *B*
                       or ***balance*** *A* ***against*** *B*

  4.3　丸括弧（ ）には，次の2つの特殊用法がある．
  (1) 見出し句の一部が省略可能であることを示す．
   例：***age out***（***of***）= ***age out*** or ***age out of***
  (2) 訳語のあとで細字イタリック体の語をくくっている場合は，見出し句と慣用的に結びついて用いられる前置詞や接続詞などを示す．
   例：***argue with***　　　…と口論する；議論する（*about, on, over*）
     hurry *A* ***into*** *B*　Aをせきたててbさせる（*doing*）

5　略　語・記　号
  5.1　一般略語・記号
Sh.	シェイクスピア	☞	解説
↔	反意句	Ⓕ	フランス語
=	同意句	Ⓖ	ドイツ語
→	「…を見よ」		

  5.2　主な用法指示（五十音順）
     （略語には説明を付した）
《英》	イギリス	《雅》	文語的な表現
《婉曲》	婉曲表現	《学俗》	学生俗語
《主に》		《戯》	おどけた表現

《禁句》
《軽蔑》
《古》　　　古語
《口》　　　口語
《豪》　　　オーストラリア
《号令》
《諺》
《古風》　　古風な表現
《詩》　　　詩語
《しばしば》
《スコ》　　スコットランド
《俗》　　　俗語

《大学》
《パブリックスクール》
《反語》
《卑》　　　卑語
《皮肉》
《侮蔑》
《文》　　　文語，正式表現
《米》　　　アメリカ
《方》　　　方言
《北英》
《まれ》
《幼児》

5.3　主な専門分野（五十音順）
　　　（略語には説明を付した）

《アイスホッケー》
《アメフト》アメリカンフットボール
《印》　　　印刷
《音》　　　音楽
《音声》　　音声学
《海》　　　海事
《化学》
《株式》
《幾何》　　幾何学
《球技》
《競技》
《クリケット》
《クローケー》
《軍》　　　軍事
《競馬》
《劇》　　　演劇
《建築》
《航空》
《鉱山》
《ゴルフ》
《財政》
《サッカー》
《写真》
《狩》　　　狩猟
《宗》　　　宗教
《商》　　　商業
《新聞》
《心理》　　心理学

《スポーツ》
《聖》　　　聖書
《製本》
《造船》
《タカ狩》
《玉突き》
《地質》　　地質学
《テニス》
《電》　　　電気
《電算》　　コンピューター
《トランプ》
《農》　　　農業
《バスケ》　バスケットボール
《フェンシング》
《フットボール》各種フットボール
《ブリッジ》
《文法》
《法》　　　法律
《報道》
《放送》
《簿記》
《ボクシング》
《捕鯨》
《ポロ》
《野球》
《ラグビー》
《料理》
《レスリング》

5.4 聖書

Acts = Acts
Gen. = Genesis
John = John

Lev. = Leviticus
Luke = Luke
Num. = Numbers

A

abandon /əbǽndən/ ***abandon** A to B* 他 AをBにまかせる[置き去りにする] ▪ We had to *abandon* the dogs to the storm. 我々は犬たちをあらしの中に放置する他なかった.

abate /əbéit/ ***abate** a person **of*** 他 人の…を奪う ▪ She has *abated* me *of* half my followers. 彼女は私の従者の半数を奪い取った.

abduct /æbdʌ́kt/ ***abduct** A **from** B* 他 BからA(人)を誘拐する[かどわかす] ▪ The woman *abducted* the child *from* the hospital. その女は病院からその子を誘拐した.

abet /əbét/ ***abet** A **in** B* 《文》A(人)をそそのかして[幇(ﾊｳ)助して]B(悪事)をさせる ▪ He *abetted* the thief *in* his getaway. 彼は泥棒を助けて逃亡させた ▪ He *abetted* his wife *in* a fraud. 彼は妻をそそのかして詐欺をやらせた.

abide /əbáid/ ***abide by*** 他 《文》**1**(約束・規則・主義などを)堅く守る, に従う ▪ See that you *abide by* your word. 注意して約束を守るようにしなさい.
2(悪い結果)を甘受する ▪ You'll have to *abide by* the consequences of your decision. 一旦決めたらその結果は甘んじて受けねばなるまい.
3…を支持する(=STAND by 2) ▪ He may *abide by* us. 彼は我々を支持してくれるかもしれない.

abide with 自 (場所に)…といっしょにいる[住む] ▪ In life, in death, O Lord, *abide with* me. 生けるときも死してのちも, ああ主よ, わが身のそばにいらせたまわんことを.

abound /əbáund/ ***abound in*** 自 《文》(場所が)…に富む, (場所に)…が多い ▪ America *abounds in* natural resources. アメリカは天然資源に富む ▪ Deer *abound in* the forest. その森にはシカが多い ▪ This paper *abounds in* misprints. この論文には誤植が多い.

abound with 自 (場所に)…がいっぱいいる[ある], がうようよしている《偶然的な物について言う》 ▪ The ship abounds in conveniences, but also *abounds with* rats. その船には便利な設備がいろいろ整っているが, ネズミもうようよう ▪ The River Severn *abounds with* salmon. セバン川にはサケがたくさんいる ▪ This book *abounds with* misprints. この本は誤植だらけだ.

about-face /əbàutféis/ ***about-face on*** 自 《米》…に対して変心する ▪ He *about-faced on* me. 彼は私に対して変心した.

abridge /əbrídʒ/ ***abridge** a person **of*** 他 人の…を奪う ▪ We must be willing to *abridge* ourselves *of* our superfluities. 私たちは余計な物を持たないようにつとめるべきだ.

abscond /əbskánd|-skɔ́nd/ ***abscond from*** 自 …から姿をくらます ▪ At least 30 prisoners *absconded from* the prison. その刑務所から少なくとも30人の囚人が姿をくらました.

abscond with 自 …を持ち逃げする, を盗んで姿をくらます ▪ The cashier *absconded with* the money. レジ係がその金を持って逃げた.

absolve /əbzálv|-zɔ́lv/ ***absolve** a person **from** [***of***] 他 《文》人の(責任・誓いなど)を免除する ▪ He *absolved* me *from* further obligation. 彼はそれ以上の義務を免じてくれた ▪ He *was absolved from* any responsibility for the car accident. 彼はその自動車事故の責任を免れた ▪ The judge *absolved* him *of* all blame for the accident. 判事は彼には事故の責任は全くないとした.

absolve** a person **of 他 《宗》(教会で)人の…を赦免する ▪ None of us can *be absolved of* wrongdoing. 我々は誰も悪事の罪を許されるわけにはいかない.

abstain /əbstéin/ ***abstain from*** 自 《文》…を断つ, 控える ▪ The doctor ordered him to *abstain from* beer and wine. 医師は彼にビールとワインを慎めと言った.

abstain from *doing* 自 《文》**1**…することを控える ▪ I was advised to *abstain from eating* meat. 肉を食べるのを控えるようにと言われた.
2(危険の可能性のあることを)しないでおく ▪ These countries should *abstain from deploying* nuclear weapons. これらの国々は核兵器を配置しないようにするべきだ.

abstract /æbstrǽkt/ ***abstract** a thing **from** a person* 他 (婉曲)人の物を抜き取る ▪ They *abstracted* property *from* one another's tent. 彼らはお互いのテントから品物を盗んだ.

abut /əbʌ́t/ ***abut against*** 自 《文》**1**(物の先端[突出部]が)…に接触する ▪ The house *abuts against* the rock. 家のかどが岩に接している.
2(物に)より掛かる ▪ Some timber was *abutting against* the wall. 材木が壁によせ掛けてあった.

abut on[***upon***] 自 **1**(国・地所などが他と)境を接する, 隣接する ▪ The field *abuts on* the road. その畑は道路に接する.
2(物の先端[突出部]が)…に接触する ▪ The house *abuts on* the church. その家は一部分が教会に接触している.

accede /əksíːd/ ***accede to*** 自 《文》**1**(申し出などに)応じる, (要求・提案に)同意する ▪ I cannot *accede to* your request. ご依頼に応じるわけにはいきません.
2…につく, を受け継ぐ ▪ He *acceded to* the throne. 彼は王位についた ▪ He *acceded to* an estate. 彼は財産を受け継いだ.
3(党などに)加入する, 加盟する ▪ He is determined to *accede to* the Conservative Party. 彼は保守党

に入党する決心をした.

accelerate /əkséləreɪt/ *accelerate away from* 圓 …から速度を上げて走り去る ▪ The car *accelerated away from* me. その車は加速して私から走り去った.

accept /əksépt/ *accept A as B* 他 **1** AをBとして受け入れる, AをBとして採用する ▪ I *was accepted as* a full member of the society. 会の正会員として受け入れてもらった ▪ *Accept* this small gift *as* a token of our gratitude for what you have done. お世話になったお礼のしるしとしてこのささやかな志をお受け取りください ▪ A 5-minute video recording *was accepted as* evidence. 5分間のビデオ録画が物証として採用された.
2 AがBであると認める ▪ We can't *accept* his statement *as* truth. 彼の言っていることが本当だとは認めがたい ▪ We are inclined to *accept* his explanation *as* true. どうも彼の説明通りのような気がする.

accept A from B 他 **1** B(人・団体)からAを受け取る ▪ The association *accepted* a $10,000 donation *from* private organizations. その協会は民間諸団体から1万ポンドの寄付金を受け取った.
2 BからのA(助言・決定)を受け入れる ▪ He wisely *accepted* the advice *from* his doctor. 彼が主治医の助言を受け入れたのは賢明だった.

accept of 他 《古風》(贈物・利益・所有物として)…を受け入れる ▪ The envoys *accepted of* the terms offered. 使節は提出された条件を受け入れた ▪ We *accept of* a gift [a favor]. 我々は贈物[好意]を受け入れる.

acclimate /æklɪmeɪt/ 《米》, **acclimatize** /əkláɪmətaɪz/ *acclimate* [*acclimatize*] *A to B* 他 A(人・動植物)をB(新しい風土・環境)に順応[順化]させる, 慣らす ▪ You need to *acclimate* the fish *to* the new aquarium. 魚を新しい水槽に慣らさないといけない.

accommodate /əkɑ́mədeɪt|əkɔ́m-/ *accommodate to* 圓 …に順応する ▪ Older people are reluctant to *accommodate to* new ways of working. 年配者は新しい職場環境に順応するのにどうも気乗りがしない.
accommodate A to B 他 AをBに順応させる, 適合させる ▪ I must *accommodate* my plan *to* yours. 私の計画をあなたのに合わせねばならない.
accommodate with 圓 …と和解する ▪ Japan will be forced to *accommodate with* China. 日本は中国と和解せざるをえなくなるだろう.
accommodate a person with 他 **1** 人に(金など)を融通する, 都合する, 用立てる ▪ I *accommodated* him *with* (a loan of) $5,000. 彼に5,000ドル融通してやった.
2 人に(宿)を貸す[貸してもてなす] ▪ I'll *accommodate* him *with* a night's lodging. 彼に一夜の宿を貸してやろう.

accompany /əkʌ́mpəni/ *accompany A with B* 他 AにBを加える[伴わせる] ▪ He accompanied his entreaties *with* threats. 彼は脅迫をまじえながら懇願した.

accord /əkɔ́ːrd/ *accord A to B* 他 B(人)にAを与える ▪ He doesn't enjoy the respect that *is accorded to* lawyers. 彼は弁護士に向けられる敬愛の情を受けていない.
accord with 圓 《文》…と一致する, に調和する ▪ His actions *accord with* his words. 彼の言行は一致している.

account /əkáʊnt/ *account for* 他 **1** …の割合を占める, (地域などが)…を供給する ▪ The rent *accounts for* a third of my salary. 家賃が私の給料の3分の1を占める ▪ The region *accounts for* a quarter of the world's oil. その地域は世界の石油の4分の1を供給する.
2 …を説明する, (事実が)…の説明となる, の原因である ▪ His illness *accounts for* his absence. 彼の欠席[欠勤]は病気のためだ.
3 (災害・事故のあと)…の居所[消息]を確かめる ▪ The lost child *was* still not *accounted for*. 行方不明の子供は依然として居所がわからなかった ▪ We cannot *account for* two of the passengers. 乗客のうち2名の所在がわからない.
4 (金・物件などの使途または処置)を明細に説明[報告]する, 会計報告する, (受け取った金を calling係)に勘定して納める ▪ You must *account for* every penny you spend. 君の使う金については一々詳細に使途を明らかにせねばならない ▪ They properly *account for* to the treasurer *for* the money received. 彼らは受け取った金をきちんと出納係に勘定して納める.
5 (自分の責任として)…の理由を明らかにする, 申し開きをする, 責任を持つ ▪ You must *account* to the schoolmaster *for* what you have done. 君は先生に君のしたことの申し開きをしなければならない.
6 《口》…を仕とめる, かたづける, 殺す ▪ The terrier *accounted for* one of them. テリア犬がその中の1匹をかたづけた.
7 《競技》(いくらの点)を取る ▪ The team *accounted for* 44.1 points per game this season. そのチームは今シーズン1試合当たり44.1得点を挙げた.

accredit /əkrédɪt/ *accredit a person* [*at*] 他 人を大使として…へ派遣する ▪ He *was accredited to* [*at*] Washington. 彼は大使としてワシントンに派遣された.
accredit a thing to a person 他 物を人に帰する ▪ The introduction *is accredited to* Dr. Dwight. その序論はドワイト博士が書いたものだ.
accredit a person with 他 …を人の仕業とする, 人のものとする ▪ They *accredit* him *with* the invention. 彼らはその発明は彼がしたものとしている.

accrue /əkrúː/ *accrue to* 圓 **1** 《文》(利益などが人・組織などに)生じる(*from*) ▪ Benefits *accrue to* society *from* education. 教育によって社会に利益が生じる.
2 (口座に)利子がつく ▪ Interest will *accrue to* your account in time. そのうち口座に利子がつくよ.

accuse /əkjúːz/ *accuse a person of* 他 **1** 人

を…の罪で訴える, のかどで告訴する ▪ We must *accuse* him of theft. 彼を窃盗の罪で訴えねばならない.
2 人を…のことで非難する ▪ She *accused* me of forgetting to lock the door. ドアの施錠を忘れたと言って彼女は私を責めた.

ace /eɪs/ ***ace in*** [***into***] 運よく…に入れてもらえる, うまく入り込む ▪ I *aced into* the history class at the last minute. 歴史の授業にギリギリで間に合った.
ace out **1** 《米口》(競争で人)を出し抜く, 負かす ▪ Meg *aced out* Sally to win the first place trophy. メグはサリーを負かし1等賞を得た ▪ John thought they were trying to *ace* him *out* of his promised promotion. 彼らは自分を出し抜いて約束された昇進の機会を奪おうとしているとジョンは考えた.
— **2** 《俗》うまくやる[いく], ラッキーである ▪ Johnson *aced out* in the first round. ジョンスンは第1ラウンドでうまくやった.
ace out of 運よく…から出る, …を危ないところで避ける ▪ I just *aced out of* having to take the math test! やった, なんとか数学のテストを受けなくてすんだぞ!

ache /eɪk/ ***ache for*** 《口》…にあこがれる ▪ She is still *aching for* her home. 彼女はまだ故郷を恋しがっている.

acknowledge /əknάlɪdʒ/-nɔ́l-/ ***acknowledge*** A *as* B AがBであると認める, みなす ▪ We *acknowledge* him *as* a genius in this field. 彼をこの分野での天才だとみている ▪ The candidate *acknowledged* his defeat *as* complete. 候補者は完敗だと認めた.

acquaint /əkwéɪnt/ ***acquaint*** *a person with* 人に…を知らせる ▪ Did he *acquaint* you *with* the facts? 彼は君にその事実を知らせたか.
2 人を…になじませる, 熟知させる ▪ A visit to the zoo will *acquaint* you *with* various animals. 動物園へ行けばさまざまな動物になじめますよ.

acquiesce /æ̀kwiés/ ***acquiesce in*** [《まれ》 *to*] (計画・提議を)黙って受けいれる[従う], 黙認する ▪ They have *acquiesced in* his resignation. 彼らは彼の辞職を黙って認めた.

acquit /əkwít/ ***acquit*** *a person of* 人に…の罪なしとする, 人を…について無罪とする ▪ The judge *acquitted* the young man *of* the charge of murder. 裁判官はその青年を殺人罪から無罪とした.
2 人の(義務など)を解除する ▪ I want to be *acquitted of* all my debts. 私は負債を全部免じてもらいたい.

act /ækt/ ***act against*** **1** …に逆らう[反する]行動をする ▪ I *acted against* my own interest. 私は自分の利益にならぬ事をした.
2 《米》を弾圧[弾劾]する, 取締る, 罰する ▪ They *acted against* the communists. 彼らは共産党を弾圧した ▪ He *acted against* bureaucratic inefficiency. 彼は官吏の非能率を弾劾した.
act as …の役を務める, として機能する ▪ I *acted as* manager while he was ill. 彼の病気中私が管理人を務めた ▪ This sofa can *act as* a bed. このソファはベッドの代わりになる.
act for **1** …の代理を務める, を代弁[代行]する ▪ I will *act for* my master. 私が主人の代理を務めましょう.
2 …(の実現)のために行動する ▪ I want to *act for* world peace. 世界平和の実現のために行動したい.
act from [***out of***] …が動機で行動する ▪ The prosecutor said the defendant *acted from* spite. 被告人は怨恨が動機で行動したと検事は言った.
act on [***upon***] **1** (人が主義・忠告などに)従って行動する ▪ She always *acts on* his advice. 彼女は常に彼の助言通りに行動する.
— **2** (物に)…に作用する, 影響を及ぼす, (薬)が…にきく ▪ The drug *acted on* his nerves like magic. その薬は彼の神経に魔法のようにきいた.
3 《米》(法案・事件・問題などを)議決[判決, 解決]する ▪ Congress *acted on* this legislation. 議会はこの法案を議決した ▪ He *acted on* the problem quickly. 彼は素早くその問題を解決した.
act out **1** …を行為で表す, 行動に移す, 実演する ▪ Children like to *act out* what they read. 子供たちは本で読んだことを行為で表すのが好きだ ▪ They are unwilling to *act out* their beliefs. 彼らは信仰を行為に移すのをいやがっている.
2 (潜在意識・感情などを)無意識に行動に表す ▪ He *acted out* a feeling of sorrow. 彼は悲しみの情を無意識に行動に表した.
3 …をやりとおす ▪ None can *act* it *out* to the letter. 誰もそれを文字通りにやりとおすことはできない.
4 (夢などを)実現する ▪ He *acted out* the dream of becoming an inventor. 彼は発明家になる夢を実現した.
— **5** (怒り・不安で)行儀悪く行動する ▪ My 3-year-old daughter has been *acting out* since my husband and I separated. 夫と私が離婚して以来3歳の娘は行儀が悪くなりました.
act up 《口》**1** (注意を引こうとして)あばれる, 無礼[乱暴]なふるまいをする, (赤ん坊が)むずかる; 不似合いなふるまいをする ▪ His horse *acted up* one morning. 彼の馬がある朝あばれた ▪ The children *acted up* before visitors. 子供たちはお客さんの前でだだをこねた ▪ Don't scold your baby; he'll only start *acting up*. 赤ちゃんを叱ったらだめよ. むずかりだすだけだから ▪ I've never heard of their *acting up* before. 彼らが似つかわしくないふるまいをするとこれまで聞いたことがない.
2 (海が)荒れる ▪ The Bay of Naples *acted up*. ナポリ湾が荒れた.
3 (行動が)不活発になる, (機械が)うまくいかない, 調子が悪くなる ▪ Congress was *acting up*. 議会の活動が低調になってきた ▪ This typewriter is *acting up* again. このタイプライターはまたしても具合が悪い.
4 (おさまっていた病気が)悪くなり始める, 再発する ▪ His ailing leg *acted up* last fall. 彼の足の痛みが昨秋また悪化した.
5 騒ぎを起こす (= CUT up 11).

adapt

6 反応する, 対応する (*to*) ▪ When they tease her, she does not know how to *act up*. 彼らにからかわれたら, 彼女はどう対応してよいかわからない.
7(臨時に...の)代役をつとめる, (一時的に...へ)昇格する (*to*) ▪ She was asked to *act up* to the position of workshop manager. 彼女はしばらく作業所長代理を依頼された.
act up to 宙 (主義などを)実行する, に従って行動する, にそむかない行動をする ▪ They will *act up to* their principles. 彼らはその主義を実行するでしょう ▪ The boy *acted up to* his mother's advice. その少年は母の忠告に従って行動した.

adapt /ədǽpt/ ***adapt*** *A* ***for*** [***into***] *B*/***adapt*** *B* ***from*** *A* 他 **1**〚しばしば受身で〛AをBに作り変える, 改造する ▪ Our furnace has *been adapted for* gas. わが社の溶鉱炉はガス用に改造された.
2〚しばしば受身で〛AをBに改作・翻案・編曲する ▪ The book *was* later *adapted into* a play. その本はのちに戯曲に改作された ▪ She *adapted* her musical *from* a novel. 彼女はある小説を基に自らのミュージカルを仕立てた.

adapt to 宙 ...に順応[適応]する, なじむ ▪ He quickly *adapted to* the Jiu-Jitsu culture. 彼はすぐ柔術文化に順応した.

adapt *A* ***to*** *B* 他 **1** A(言行・計画など)をBに適合[適応, 順応]させる ▪ The speaker did not *adapt* his speech *to* his audience. 講演者は演説を聴衆に合わせなかった.
2 A(小説・劇など)をB(映画など)に改作[脚色]する ▪ His novel *was adapted to* film. 彼の小説は映画に脚色された.

add /ǽd/ ***add in*** 他 **1** ...を算入する, 含める ▪ Don't forget to *add* me *in*. 私を加えることを忘れないでくれ.
2《英》(料理などで材料)を添加する, 加える ▪ This soup tastes quite nice, but you had better *add in* some milk. このスープは結構うまいが, 牛乳を加えたほうがいい.

add on **1**《米》増築する ▪ We refurbished the whole house and even *added on*. 我々は家全体を改築しただけでなく増築まで行った.
— 他 **2** ...を(つけ)加える, 上乗せする, 追加する ▪ We have *added on* the service charge. サービス料を加えました ▪ She *added on* an inquiry about my health. 彼女は「ごきげんいかがですか」とつけ加えた.

add on to 他 ...に増築する, 付け足して...を大きくする ▪ We're shortly going to *add on to* the kitchen. まもなく台所に増築するつもりだ.

add to 他 ...を増す, (感情)を高める ▪ It *adds to* my pleasure to see you here today. きょうはここでくださってますますうれしゅうございます ▪ Water *adds* much *to* the beauty of the countryside. 水は田園の美を大いに高める.

add *A* ***to*** *B* AにBをつけ足す ▪ Do please *add* your name *to* this list. どうかぜひお名前をこのリストにつけ加えてください.

add ... together 宙 **1**(事が)積み重なって...するようになる (*to do*) ▪ These facts *add together to* give a bright picture of the firm's future. これらの事実が積み重なって会社の輝かしい未来の姿を示している.
— 他 **2** ...を合計する ▪ *Add* these figures *together*. これらの数を合計します.
3(いくつかの事柄)を組み合わせる, 混ぜ合わせる ▪ What colors make black when *added together*? どんな色を混ぜ合わせると, 黒になるだろうか.

add up 他 **1** ...を(全部)合計する ▪ Will you *add up* the bills? 勘定を全部足してください.
2(人物など)を判断[評価]する ▪ Should I *add* him *up* only outwardly? うわべだけで彼を判断していいものか?
— 宙 **3** 計算が合う ▪ These figures don't *add up*. これらの数字は計算が合わない.
4《口》〚主に否定文で〛意味をなす, つじつまが合う, 筋が通る ▪ What he said does not *add up*. 彼が言ったことはさっぱり意味をなさない ▪ The witness's testimony simply didn't *add up*. 目撃者の証言はまるでつじつまが合わなかった.
5(数・量が)次第に増える ▪ Save a small amount each month; it'll soon *add up*. 毎月少しの金額を蓄えていきなさい. すぐに増えますから.

add up to 宙 **1** 合計して...となる ▪ Income *adds up to* over $60,000 a year, net. 純収入は年間6万ドル以上になる.
2 結局...ということになる ▪ It all *adds up to* this—he is a fool. 結局, こういうことになる—やつはばかだ.

address /ədrés/ ***address*** *a person* ***as*** 他 〚しばしば受身で〛人を(名前・敬称などと)呼ぶ ▪ She prefers to *be addressed as* Senator. 彼女は上院議員と呼ばれるほうを好む.

address *a person* ***by*** 他 〚しばしば受身で〛人を(名前など)で呼ぶ ▪ They were all *addressed by* their last names. 彼らはみんな姓で呼ばれた.

address ... to *a person* 他 **1** 封筒[小包, 手紙]に宛て先を書く ▪ She *addressed* the envelope *to* Denis. 彼女は封筒にデニスの宛名を書いた.
2(演説など)を人に話す ▪ The President *addressed* the speech *to* all Americans. 大統領はすべてのアメリカ国民にその演説をした.
3〚しばしば受身で〛人に(不満・質問・意見など)を述べる ▪ You should *address* your remarks *to* the chairman. ご意見は議長に申し出てください ▪ All complaints *were addressed to* the manager. ありとあらゆる不満が部長に寄せられた.

adhere /ædhíər/ ***adhere to*** 他 **1**《文》(主義・計画)を固守する, かたくなに支持[信奉]する ▪ You must *adhere to* your plans. 君は計画をあくまで実行せねばならない ▪ The Governor still *adheres to* his proclamation. 知事はまだ自分の公式声明を固守している.
2 ...に粘りつく ▪ The mud *adhered to* our shoes. 泥が我々の靴に粘りついた.

adjourn /ədʒə́ːrn/ ***adjourn to*** 他 (会議・会食・談話などをやめて他の場所)に移る ▪ The meeting *ad-*

journed to the nearest pub. 会を終えて最寄りのパブに場を移した ▪ Shall we *adjourn to* the lounge for coffee? 場をラウンジに移してコーヒーでも飲みませんか.

adjudicate /ədʒúːdəkèɪt/ ***adjudicate on [upon]*** 圓 《文》(法廷などで)…について判定を下す ▪ The tribunal which *adjudicates upon* his rights must act fairly and without bias. 彼の権利について判定を下す裁判所は, 公平に偏見なしに判決しなければならない.

adjust /ədʒʌ́st/ ***adjust to*** 圓 …に慣れる, 順応する ▪ I soon *adjusted to* my new way of life. 私はやがて新しい生活様式に順応していった ▪ My eyes slowly *adjusted to* the gloom. 次第に暗闇に眼が慣れてきた.
adjust A to B 囮 AをBに適応させる[調節する] ▪ I will *adjust* the telescope *to* my eye. 望遠鏡を自分の目に合わせよう.

administer /ədmínəstər/ ***administer to*** 圓 …に貢献する, の助けとなる ▪ Health *administers to* peace of mind. 健康は安心の助けとなる.

admire /ədmáɪər/ ***admire A for B*** 囮 B(美点)のためにAを賛美[賞賛]する, AのBに感心する ▪ People *admire* you *for* your courage. 人々はあなたの勇気に感心している.

admit /ədmít/ ***admit A into B*** 囮 **1** AをBに入れる ▪ The small window *admitted* very little light *into* the room. 小窓なので室内にはほんのわずかしか光が入らなかった.
2 AがBに入場[入学, 入会]するのを許す ▪ They will help your child get *admitted into* college. 彼らは子供さんが大学に入学する手伝いをしてくれるでしょう.
admit of 囮 **1** …の余地がある ▪ His arrangement *admits of* improvement. 彼の取り決めは改良の余地がある.
2 《文》(事が疑いなど)を許す ▪ The matter *admits of* no delay [doubt]. その件は猶予[疑い]を許さない.
admit to 囮 **1** …を認める, 白状する ▪ I *admit to* liking jazz music. 僕はジャズが好きなことを認める ▪ He *admitted to* stealing the watch. 彼はその時計を盗んだことを白状した.
2 (かぎ・入口などが場所に)入れてくれる ▪ This key *admits to* the room. このかぎでその部屋に入れる.
admit a person to 囮 人を…に入れる; 人に(入学・入場)を許す ▪ He has *been admitted to* the college. 彼はその大学に入学を許された.

admonish /ədmɑ́nɪʃ|-mɔ́n-/ ***admonish a person for*** 囮 …をしたことで人をさとす[いさめる] ▪ The teacher *admonished* the boy *for* not keeping the school rules. 先生はその生徒が校則を守らないことをさとした.
admonish a person of [about] 囮 人に…を警告する ▪ He *admonished* his wife *of* the danger. 彼は妻に危険を警告した.

adopt /ədɑ́pt|ədɔ́pt/ ***adopt A as B*** 囮 **1** AをBとして選ぶ ▪ In 1995 he voluntarily *adopted* Italy *as* his homeland. 1995年に彼は進んでイタリアを祖国として選んだ.
2 (政党などが)A(人)をBとして公認する ▪ The Democratic Party *adopted* him *as* a candidate for the district. 民主党はその地域の候補者として彼を公認した.

adorn /ədɔ́ːrn/ ***adorn A with B*** 囮 AをBで飾る ▪ His character *is adorned with* those virtues. 彼の品性はそういう美徳で飾られている.

adulterate /ədʌ́ltərèɪt/ ***adulterate A with B*** 囮 A(飲食物・薬など)にB(不純物)を混ぜる ▪ They *adulterate* the wine *with* water. 彼らはワインに水を混ぜる.

advance /ædvǽns|-váːns/ ***advance against [on, toward(s), upon]*** 圓 …に攻め寄せる, つめ寄る ▪ They *advanced against* the capital. 彼らは都に攻め寄せた ▪ They *advanced on* each other in fury. 彼らは憤慨して互いにつめ寄った ▪ As he *advanced towards* the trapped bear, it snarled at him. 彼が近づくと, わなにかかったクマは牙をむいてうなった.
advance A to B 囮 A(給料)をB(人)に前払い[前貸し]する ▪ The company *advanced* the money *to* Tom *against* his next month's salary. 会社はトムに来月分の給与を担保にその金を前貸しした.

adventure /ædvéntʃər/ ***adventure into*** 圓 (場所へ)冒険的に入る ▪ He *adventured into* the cave. 彼はその洞穴へ思い切って入った.
adventure upon [on] 圓 …を冒険的に[思い切って]企てる ▪ He *adventured upon* an undertaking. 彼は冒険的にある事業を企てた. ☞adventure to do とは言わない.

advertise /ǽdvərtàɪz/ ***advertise for*** 囮 広告して…を求める ▪ He *advertised for* patients. 彼は広告で患者を求めた.
advertise a person of 囮 人に…を知らせる ▪ I will *advertise* him *of* my intention. 僕の意図を彼に知らせてやろう.

advise /ədváɪz/ ***advise a person about [on]*** 囮 …について助言する ▪ Her brother *advised* me *about* her request. 彼女がしてもらいたいと思っていることをその弟が耳打ちしてくれた ▪ Please *advise* me *on* which dress to buy. どっちのドレスを買えばいいか聞かせてください.
advise (a person) against (doing) 圓 囮 (人)に…をしないよう忠告[助言]する ▪ The police are *advising against traveling* in this weather. 警察はこの天候では旅行しないように忠告している ▪ I *advised* Bill *against quitting* his job. ビルに仕事をやめないように忠告した.
advise a person of 囮 《商》人に…を知らせる, 通知する ▪ I shall *advise* you *of* the state of the market. 市況をお知らせします.
advise with 圓 …と相談する ▪ No one will *advise with* his servants in serious affairs. 重大事項を使用人と相談する人はいない.

affiliate /əfílièɪt/ ***affiliate A to [upon] B*** 囮 Aの根源をBに帰する, AのBの作ったとする ▪ The mother *affiliated* the child *upon* John Smith. 母親はその子をジョン・スミスの子だと言った. ▪ The work *was* then *affiliated upon* Marlowe. その作品は当時マーロウの作だとされていた.

affiliate with 《米》…と親しくする ▪ She did not *affiliate with* its people. 彼女はそこの人々とは親しくしなかった.

affix /əfíks/ ***affix A to B*** 他 **1** AをBに添付する, 貼る ▪ Please *affix* a label *to* the parcel. どうぞ荷札をその小包につけてください.
2 BにA(印など)を押す, A(名前など)を書き添える ▪ The director *affixed* his signature *to* the contract. 所長は契約書に署名した.

age /eɪdʒ/ ***age out (of)*** 自 《米》(法律上・規則上の)年齢を上回る ▪ What happens to kids when they *age out of* foster care? 里子養護の年齢を上回った子供たちはどうなるのか?

agitate /ǽdʒətèɪt/ ***agitate for [against]*** 自 …に賛成[反対]の運動をする ▪ We will continue to *agitate for* higher wages. 我々は賃上げの運動を続けるつもりだ ▪ The workers *agitated against* the closure of the factory. 労働者たちは工場閉鎖に対して反対運動をした.

agonize /ǽgənàɪz/ ***agonize over [about]*** 自 …のことで苦悩する ▪ For years I *agonized over* whether I should have told her the truth. 私は彼女に真相を明かすべきだったかどうか何年もの間思い悩んだ.

agree /əgríː/ ***agree to*** 自 (提案・要求)に同意する, を承諾する ▪ I cannot *agree to* such a proposal. そんな提議には同意できない.

agree upon [on] 自 …について折り合いがつく, 意見が一致する; を認める, 承認する ▪ The terms of payment *are* not yet *agreed upon*. 支払い条件はまだ合意に達していない ▪ We *agreed on* an early start. 我々は早く出発することに話がまとまった.

agree with 自 **1** …に同意する, と意見が一致する《目的語にまれに物をとることがある》 ▪ I cannot *agree with* you on this point. この点では君に同意できない ▪ I'll persuade your husband to *agree with* you. あなたに同意するようにご主人を説得してみましょう ▪ She *agreed with* everything I said. 彼女は私の言うことに全部同意した.
2 …と和解する, 仲よくする ▪ *Agree with* your accuser quickly. あなたを訴える者と早く仲直りをしなさい.
3 (陳述などが)…と符合する ▪ Your account hardly *agrees with* the facts. 君の話はほとんど事実と符合しない.
4 《文法》…と一致する ▪ A verb *agrees with* its subject in number and person. 動詞はその主語と数・人称において呼応する.
5 《口》(仕事・食事・気候などが)…の性に合う, と適合する ▪ The climate here does not *agree with* me. ここの気候は私の性に合わない ▪ Oysters do not *agree with* him. カキは彼の腹に合わない.
6 (他のもの)とよく映る[調和する] ▪ This dress does not *agree with* these shoes, does it? このドレスはこの靴と合わないでしょう?

aim /eɪm/ ***aim at*** 他 …をねらう, 目標にする; にあてつける ▪ I *aimed at* a rabbit, but hit a bird. 私はウサギをねらったが鳥にあたった ▪ You should *aim at* distinction. 君は栄達を志すべきである ▪ In doing this, I am not *aiming at* you. こうしたとしても, 君にあてつけているのではない.

aim A at B 他 A(言葉・批評など)をBに向ける ▪ I'll be *aiming* my remarks directly *at* troublemakers. 私はトラブルメーカーに対しては直接, 発言します.

aim at doing …することを目指す, するつもりである ▪ *Aim at doing* your duty at all risks. ぜひ義務を尽くすよう志しなさい.

aim for 他 《口》…を目的とする[もくろむ] ▪ He is *aiming for* directorship. 彼は重役の地位をねらっている ▪ Our factory is *aiming for* an increase in production. 私たちの工場は生産高の向上を目指しているところだ.

air /eər/ ***air out*** 自 他 (部屋に)風を入れる, 風に当てる ▪ The pillows are *airing out* on the balcony. 枕はバルコニーで風に当てている ▪ I'll have to *air out* the car. Someone has been smoking in it. 車に風を通さなくちゃ. 誰かタバコを吸っていたんだ.

airbrush /éərbrʌʃ/ ***airbrush out*** 他 **1** (写真のきずなど)をエアブラシで消す ▪ Her wrinkles on the photo have *been airbrushed out*. 写真に写っていた彼女の顔のしわは修正されて消えている.
2 (政敵など)を葬り去る ▪ They planned to *airbrush* him *out* of Japanese politics. 彼らは彼を日本の政界から葬り去ろうと画策した.

alert /ələ́ːrt/ ***alert A to B*** 他 AのBへの注意を喚起する ▪ Something in his voice *alerted* Jill *to* the danger. 彼の声の調子からジルはその危険を察した.

alienate /éɪliənèɪt/ ***alienate A from B*** 他 AとBを仲たがいさせる; AをBと疎遠にする ▪ His unsociable behavior gradually *alienated* him *from* his friends. 非社交的な態度のため彼は徐々に友人たちと疎遠になった.

alight /əláɪt/ ***alight from*** 自 《文》(馬・車から)降りる ▪ The emperor *alighted from* his charger. 皇帝は軍馬から降りた.

alight on [upon] 自 **1** (空から)…の上に降りる ▪ The birds *alighted on* the ground. 鳥たちは地上に降りた.
— 他 **2** …にふと出くわす, 偶然目にとまる ▪ I *alighted on* a rare plant. 私は珍しい植物を見つけた ▪ Her eye *alighted on* an old book. 彼女の眼が1冊の古い書物に留まった.
3 …に気づく, を思いつく ▪ He *alighted on* a simple solution to the problem. 彼はふとその問題の簡単な解決法を思いついた.

align /əláɪn/ ***align A with B*** 他 **1** (照準など)をB(標的)と一直線に合わせる ▪ John *aligned* his index finger *with* his nose. ジョンは人差し指を鼻の脇に添えた《考え込むときのしぐさ》.

2〚しばしば受身で〛AをBと提携させる, 同調させる ▪ The members *were aligned with* the chairman. 議員たちは議長に同調した ▪ They *were aligned with* the new party. 彼らは新党と提携した.

allocate /ǽləkèit/ ***allocate A for B*** 他 AをBに振り向ける[充当する] ▪ A large sum *was allocated for* the campaign. その選挙運動に多額の金額が割り当てられた.

allocate A to B 他 AをB(人)に割り当てる, 配分する ▪ It's mainly up to the Government to *allocate* jobs *to* people. 人々に職を与えるのは主に政府の責任だ.

allot /əlát|əlɔ́t/ ***allot on [upon]*** 自 《米俗》...するつもりである ▪ I *allot upon* going to such a place. 私はそのような所へ行くつもりである.

allot A to B 他 AをBに割り当てる ▪ He likes the place *allotted to* him in the procession. 彼は行列中で自分に割り当てられた場所が気に入っている.

allow /əláu/ ***allow for*** 他 **1**(これから起きること)を見越す, の余裕を見ておく ▪ *Allowing for* all accidents there will be ten left. 事故を見越しても10は残るだろう.

2(事情)をしんしゃくする, 考慮に入れる, 割引する ▪ You must *allow for* his youth. 彼の年の若さを酌量してやらねばならない.

3...人分の準備をする(＝PROVIDE for 3) ▪ Please *allow for* twenty people. 20人分の用意をしてください.

allow A for B 他 (Bを)見越してA(金額)を割引する ▪ We shall *allow* £50 *for* the wear and tear. 消耗を見越して50ポンド割引きします.

allow A in B 他 AがBに入るのを許す ▪ The children *are* not *allowed in* the school till the bell rings. 児童たちはベルが鳴るまでは校舎内に入ることを許されていない ▪ Don't *allow* cats *in* the kitchen. 猫を台所へ入れるな.

allow A into B 他 AがBに入るのを許す ▪ Children *are* not *allowed into* this cinema. 子供はこの映画館への入場を許されていない.

allow of 他 **1**...を入れる余地がある, の可能性がある ▪ The evidence *allows of* no other interpretation. その証拠には他の解釈の余地がない ▪ It *allows of* no delay. それは猶予ができない.

2《文》(事柄・存在)を認める, 容認する ▪ She tacitly *allows of* his future visits. 彼女は暗黙のうちに彼の将来の訪問を許している ▪ The snow *allows of* a stake being firmly fixed in it. 雪の中にはくいをしっかりと打ち立てることができる.

allow a person out 他 人が戸外[部屋の外]へ出るのを許す ▪ The prisoners *are allowed out* for an hour each day. 囚人たちは毎日1時間外へ出ることを許されている.

allow a person through 他 人が(門など)を通り抜けることを許す ▪ The gatekeeper *allowed* the boy *through* (the gates). 門衛はその少年を通した.

allow A to B 他 A(金銭など)をBに支給する ▪ The court *allowed* a sum of money *to* each child. 法廷はそれぞれの子供に若干の金を支給した.

alloy /ǽlɔi/ ***alloy A with B*** 他 **1**A(金属)をB(他の金属)と混ぜる[合金にする] ▪ Is it possible to *alloy* copper *with* nickel? 銅をニッケルと合金にできるか.

2A(ある特質・資質)にB(他のそれ)を加える ▪ She *alloyed* her courage *with* a helping of wisdom. 彼女は勇気があるだけでなく, 頭も働かせた.

allude /əlú:d/ ***allude to*** 他 《文》...を暗に指す, ちょっと触れる ▪ This expression evidently *alludes to* the event. この辞句はその事件を暗に指すのらしい ▪ He *alluded to* me in particular. 彼は特に私にあてつけた.

allure /əlúər/ ***allure a person into*** 他 人を(場所など)に誘い込む ▪ His roving disposition *allured* him *into* newer fields of adventure. 彼の放浪癖がより新しい冒険の分野に誘い込んだ.

alternate /ɔ́:ltərnət|ɔ:ltɔ́:-/ ***alternate between A and B*** 自 AとBの間で交代する ▪ Her mood *alternated between* joy *and* despair. 彼女の気分は喜びと絶望を交互にさまよった.

alternate with 自 **1**...と交互に起こる ▪ The flood and ebb tides *alternate with* each other. 潮の満ち引きは交互に起こる ▪ Good harvest *alternates with* bad. 豊作と凶作はかわるがわる来る.

2...と交互する, 互い違いになる ▪ Red lines *alternate with* blue. 赤線が青線と互い違いになっている.

alternate A with [and] B 他 AとBを交互にする ▪ He makes it a habit to *alternate* reading *with* [*and*] writing every day. 彼は毎日読書したり執筆したりすることにしている.

amalgamate /əmǽlgəmèit/ ***amalgamate into*** 自 合併して...になる ▪ The two organizations will soon *amalgamate into* one large one. その2つが合併して一大組織になろう.

amalgamate A into B 他 Aを結び付けてBにする ▪ We *amalgamated* three churches *into* one last year. 昨年3つの教会を統合して1つにした ▪ Those two companies *were amalgamated into* one. その2社が提携して1社になった.

amalgamate A with B 他 〚しばしば受身で〛AとBを合併させる ▪ The village school *was amalgamated with* a larger one nearby. 村の学校と近隣のもっと大きな学校とが合併した.

amble /ǽmbəl/ ***amble along [around, down]*** 自 ...をぶらぶら[ゆっくり]歩く ▪ They *ambled along* the path. 彼らは小径をぶらぶらと散策した ▪ She came *ambling along* down the road. 彼女は道路をのんびり歩いてやってきた ▪ We were *ambling around* enjoying the scenery. 私たちは景色をめでながら散策していた.

amount /əmáunt/ ***amount to*** 他 **1**(総計いくら)に達する ▪ It *amounted to* 5 million yen. 総計500万円にのぼった.

2(帰するところ)...になる, に等しい ▪ This answer *amounts to* a refusal. この返事は拒絶も同然だ.

amp

3 ...を意味する ▪ What, after all, does it *amount to*? 結局それはどういうことなのか.

amp /æmp/ ***amp up*** ㋹ ...の音[声]を大きくする ▪ The audience *amped up* their clapping when he started to speak. 彼の演説が始まると, 聴衆は拍手の音を大きくした.

amuse /əmjúːz/ ***amuse*** *a person with* [*by doing*] ...で[をして]人を楽します, おもしろがらせる ▪ I am careful to *amuse* you *with* the account of all I see. 私は見るものすべてを話してあなたを楽しませてあげるよう心がけています ▪ I *amused* him *by telling* stories. 私は話をして彼をおもしろがらせた.

analyze /ǽnəlàɪz/ ***analyze away*** ㋹ ...を分析して取り除く ▪ I tried to *analyze away* the additions. 付加物を分析して取り除こうとした.

analyze out ㋹ 《口》...を分析して明らかにする ▪ He will look into them and *analyze out* some common factors. 彼はそれらを調べ分析して共通要素を明らかにするだろう.

angle /ǽŋɡəl/ ***angle for*** **1**《魚》を釣る ▪ We went *angling for* trout. 私たちはマス釣りに出かけた. **2** ...を求める, 得ようとする ▪ We are not *angling for* a policy; we have distinct principles. 我々は方策を求めてはいない, 我々には明確な方針がある ▪ Modesty is the only sure bait when you *angle for* praise. 人の称賛を求めるには謙遜が唯一の確かなえさだ.

angle off (ある角度に)曲がる[曲がって進む] ▪ The road *angles off* to the right. 道路は右に折れている.

angle on ㋹ **1**《米俗》...をもくろむ ▪ So let's *angle on* this. そこでこのことをもくろんでみよう. **2** (いいカモ)を引っかける ▪ They try to *angle on* rich daughters and sons. やつらは金持ちの子女を引っかけようとしている.

animadvert /ǽnəmædvə́ːrt/ ***animadvert on*** [*upon, about*] ㋹《文》...を悪評する, 批評する, 非難する ▪ We have been *animadverting on* the state of things. 我々はその事態を非難してきた ▪ He thinks it his duty to *animadvert upon* some portion of my lecture. 彼は私の講演のどこかをこき下ろすのが自分の務めだと考えている ▪ I know I shouldn't *animadvert about* the company. その会社を悪く言ってはいけないのはわかっているけど.

announce /ənáʊns/ ***announce against*** ㋹《米》...を支持しないと公言する ▪ They have *announced against* the Republican candidate. 彼らは共和党候補を支持しないと公言した.

announce *A as B* ㋹ A(人)をBであると発表する ▪ Who was *announced as* the next presidential candidate? 次期大統領候補者として誰が告知されたか.

announce for 《米》(公職)に立候補を表明する ▪ Ron Sparks has *announced for* the Governor's race. ロン・スパークスは知事選挙戦に立候補すると表明した.

announce *A to B* ㋹ AをBに発表する ▪ When was the news *announced to* the public? そのニュースはいつ公表されたのか.

answer /ǽnsər/ɑ́ːn-/ ***answer back*** ㋤㋹ **1**《口》口答えする; (生意気な)返答をする, 答弁する(= TALK back) ▪ The child would *answer back* to all his father said. その子供は父親の言うことにいちいち口答えするのだった ▪ Don't you dare *answer* me *back*! あつかましく私に口答えするんじゃない. **2**《軍》復唱する ▪ The man *answered back* quickly. その兵士は素早く復唱した.

answer for ㋹ **1**(罪・過)の責任を負う, ...の申し開きをする ▪ You will have to *answer for* your wrongdoing one day. 君はいつかは悪行の責めを負わねばならないだろう. **2** (人物・品質など)を保証する, 請け合う, (事の成否)の責任を持つ ▪ I can't *answer for* his honesty. 彼の正直は保証できない ▪ We will have to *answer for* our son's behavior. 私たちは息子の行動に責任を持たねばなるまい ▪ I'll *answer for* it that she loses herself. 今に見ろ, きっと彼女は途方にくれるから. **3** つらい報いを受ける ▪ If you don't tell the truth now, you may have to *answer for* it later. 今本当のことを言わなければ, あとでつらい目にあわねばならぬかもしれない. ― **4** (人)に代わって答える, の代返をする ▪ I *answered for* you yesterday. きのうあなたに代わって返事しておきました. **5** ...として使える, の代わりになる ▪ This rock will *answer for* a hammer. この石が金槌の代わりになるだろう.

answer to ㋹ **1**(過ち)の理由を説明する, 弁明[釈明]する ▪ Christians believe we will *answer to* God for our actions. 我々はおのれの行動の理由を神に説明するのだとキリスト教徒は信じている. **2** ...に応じて動く ▪ The ship *answered* (*to*) the helm at once. その船はすぐにかじに従って動いた ▪ The horse *answered to* the whip. 馬はむちに応じて動きだした. **3** ...に反応がある; にかなう ▪ The illness did not *answer to* medical treatment. その病気は医療を加えても効き目はなかった ▪ The youth *answers to* our requirements. その青年は我々の要求にかなう人物だ. **4** (記述・描写)に符合する, 一致する ▪ He doesn't *answer to* the description of the missing man. 彼は行方不明の人の人相書に符合しない. **5** ...と呼べば返事をする, という名である ▪ The dog *answers to* (the name of) Rocket. その犬はロケットという名です ▪ The man *answered to* both names. その人はどちらの名を呼ばれても返事をした.

answer up ㋤ 素早く答える; はっきり言う[答える] ▪ *Answer up*! Enough of your vagueness! はっきり言え! おまえのあいまいなのにはうんざりだ! ▪ *Answer up* when your teacher asks you a question. 先生に質問されたらさっと答えるのだよ.

answer up to ㋹ **1** ...に返事をする ▪ At the roll call, the men *answered up to* their names. 点

呼の際, 兵士たちは名前を呼ばれて返事をした.
2 応答自在である • Young Smith could always *answer up* to every question. スミス青年はどんな質問にも常に応答自在だった.

ante /ǽnti/ ***ante up*** 圓 **1**《米口》(トランプで)賭金を出す • It is a game that all can win at! *Ante up, ante up*, boys! これは誰でも勝てるゲームだ. 諸君さっさと賭金を出しなさい.
2 支払う; 出す《通常いやいやながら》 • When his wife was awarded alimony by the court, he had to *ante up*. 妻が法廷によって別居手当てを認められたとき, 彼はそれをいやいやながら支出しなければならなかった. • He *antes up* ideas in a general conversation. 彼は一般的な会話のなかで考えを出す.

apologize /əpɑ́lədʒàɪz/əpɔ́l-/ ***apologize to*** *a person for* 圓 人に…のおわびをする • You must *apologize* to him *for* your rudeness. 君はあの人に無礼を働いたおわびをしなければならない.

appeal /əpíːl/ ***appeal against*** 圓《法》(判決)を不服として上告する • He *appealed* successfully *against* the judgment. 彼はその判決を不服として首尾よく上告した.
appeal for 他 …を要請する, 懇請する • The government has *appealed for* donations of clothes, food and water. 政府は衣服・食物・水の寄付を要請した.
appeal to *a person* 他 **1** 人の心に訴える, 気に入る, 興味をそそる • Bright colors *appeal to* small children. 明るい色は小さい子供に好かれる • These pictures do not *appeal to* me. これらの絵は私に訴えるところがない.
2 人に懇請する, 訴える (*for, to do*) • At Christmas people *appeal to* us to help the poor. クリスマスには人々は我々に貧者を助けてくれと訴える • The Lord Mayor of London *appealed to* the public *for* donations. ロンドン市長が一般の人々に寄付を懇請した.

appear /əpíər/ ***appear as*** [*in, on*] 圓 …の役で[映画に, テレビに]出演する • She is currently *appearing as* Carmen at the Royal Opera House. 彼女は今カルメン役でオペラ劇場に出演中です • The famous actress has *appeared in* dozens of films. その有名な女優はこれまで多くの映画に出演してきた • My sister is *appearing on* TV tonight. 姉が今夜テレビに出ます.
appear for …のため[の弁護人として]出廷する • Mr. Eliot *appeared for* the defense. エリオット氏は弁護のため出廷した • We invited a solicitor to *appear for* us. 事務弁護士に我々の弁護人として出廷してくれるよう依頼した.

append /əpénd/ ***append*** *A* *to* [*onto*] *B* 他 AをBにつける, 追加する • *Append* this sentence to the last paragraph. この文を最後の段落のあとにつけてくれ.

appertain /æ̀pərtéɪn/ ***appertain to*** 他《文》**1**(権利・特権が)…に属している • These rights *appertain to* a second cousin of the deceased. こ
れらの権利は故人のまたいとこに帰属する.
2(属性が)…に適する, 適切である • Quick decision *appertains to* emergencies. 即座の決断が緊急時に適切である.
3…に関連する, 関わる • The shop has anything and everything *appertaining to* sports. その店にはスポーツに関連するありとあらゆる物がそろっている.

applaud /əplɔ́ːd/ ***applaud*** *a person for* 他 …に対して人をほめそやす • I *applaud* you *for* your decision. よくその決心をなさいました.

apply /əplɑ́ɪ/ ***apply for*** *A* *to* *B* 他 AをBに願い出る[申し込む, 照会する] (→APPLY to B for A) • I shall *apply for* assistance *to* the parish. 私は教区に援助を願い出ます • He *applied for* a job *to* the Board of Health. 彼は保健局に就職を願い出た.
apply to 圓 **1**…に当てはまる, 適用される; に関係する • The rule does not *apply to* the case. その規則はその件には当てはまらない • What I am saying does not *apply to* you. 僕の言っていることは君には関係がない.
2…に問い合わせる (→APPLY to B for A 2) • For particulars *apply to* the office. 詳細は事務所に問い合わせてください.
apply *A* *to* *B* **1** A(規則・方法)をBに当てる, AをBに適用する • You can't *apply* this rule *to* every case. この規則をあらゆる場合に適用するわけにはいかない • The money *was applied to* the debt. その金は借金の返済に充当された.
2 AをBに貼りつける, AをBに塗りつける • *Apply* this lint *to* the cut. このガーゼを傷口へ貼りなさい • *Apply* the paint *to* the wood. その木材にペンキを塗りなさい.
apply to *B* *for* *A* 他 **1** BにAを申し込む, 出願する • She has just *applied to* the head office *for* a job. 彼女は本部に求職の申し込みをしたところだ.
2 BにAを問い合わせる, 照会する • For further information, *apply to* the city hall. 詳細は市役所に問い合わせてください. ⇨→APPLY for A to B.

appoint /əpɔ́ɪnt/ ***appoint*** *A* *as* *B* 他 A(人)をB(役職)として任命[指名]する • He *appointed* Dick *as* a storekeeper. 彼はディックを倉庫管理人に指名した.
appoint *A* *for* *B* 他 B(行事)のA(日時・場所)を定める, 指定する • Let's *appoint* the date *for* our wedding. 私たちの結婚式の日取りを決めましょう.
appoint *A* *to* *B* 他 A(人)をB(地位・役職)に任じる, 指名する • They *appointed* her *to* the post of professor. 彼らは彼女を教授の地位に任じた • Who will *be appointed to* the vacant post of trustee? その空席の理事に誰が任命されるだろうか.

apportion /əpɔ́ːrʃən/ ***apportion*** *A* *out* (*among*) 他 AをBの間で分配する • The hostess *apportioned* the cake *out among* the guests. 女主人はケーキを来客の数に合わせて切り分けた.

appraise /əpréɪz/ ***appraise at*** 他 (あるものを調べて)…と評価する[査定する] • Her diamond ring *was appraised at* a very high price. 彼女のダイヤの指輪は鑑定の結果たいへんな高値がついた。

apprentice /əpréntəs/ ***apprentice** a person **to*** 他 人を…へ徒弟にやる ▪ He *apprenticed* his son *to* a butcher. 彼は息子を肉屋へ徒弟にやった。

apprise /əpráɪz/ ***apprise** a person **of*** 他 《文》人に…を知らせる ▪ She *apprised* you *of* her marriage. 彼女は結婚をあなたに知らせた。

approach /əpróʊtʃ/ ***approach** a person **about*** 他 …のことで(用心深く)人に尋ねる ▪ No one has *approached* him *about* fights with Jim. ジムのけんかのことで彼に尋ねるものは一人もいなかった。

approach to 自 **1** …に近寄る ▪ He *approached to* a woman. 彼は女性に接近した。
2 …に近い ▪ This reply *approaches to* an absolute denial. この返事はほとんど絶対的な拒絶と言ってよい。

appropriate /əpróʊprièɪt/ ***appropriate** A **for** B*** 他 《文》AをB用に充当する ▪ They *appropriated* the money *for* road building. 彼らはその金を道路建設に充当した。

approve /əprúːv/ ***approve of*** 他 **1** …に賛成する、を是認する ▪ I quite *approve of* your plan. 君の計画には全く賛成だ。
2 …をほめる ▪ He *approves of* very few books. 彼がほめる本はきわめて少ない。

approximate /əpráksəmət|-rɔ́ks-/ ***approximate to*** 自 …に近づく、近い ▪ The results *approximate to* what was expected. 結果は予期していたものに近い。

arbitrate /áːrbətrèɪt/ ***arbitrate between*** 自 《法》…の間の(紛争)を仲裁する ▪ The lawyer *arbitrated between* the government and the trade union. その弁護士は政府と労働組合の間を仲裁した。

arch /ɑːrtʃ/ ***arch over*** 他 …の上にアーチを作る、アーチとなる ▪ Hope *arches* her glistening rainbow *over* every scene of storm. 希望はあらしの場面の上に輝かしい虹のアーチを作る ▪ The overhanging rock *arched over* an upward track. 上り坂の小道に頭上から岩がせり出していた。

argue /áːrɡjuː/ ***argue about*** 自 …について議論する、口論する ▪ Stop *arguing about* whose toy that is. 誰のおもちゃか言い合いをするのはやめてちょうだい。

argue against 他 **1** …に反対の議論をする ▪ He *argued against* their injustice. 彼は彼らの不正を論じくした。
2 《文》(事が)…と反対の結論を示す ▪ All the evidence *argued against* the theory. すべての証拠がその説と反対の結論を示していた。

argue away [off] 他 …を論じて取り除く、言いくるめる ▪ Men would *argue* a dog's tail *off*. 男たちは議論して犬の尾でも取り除いてしまうだろう（極度に議論がましい） ▪ He *argued away* the knotty point. 彼は難点をうまく言い抜けた。

argue *a person* ***down*** 他 人を説き伏せる、言い負かす、論破する ▪ I *argued* them *down*. 私は彼らを説き伏せた。

argue for 他 …の賛成論をする、弁護論をする ▪ I was obliged to *argue for* his proposition. 私はやむなく彼の提案に賛成の論をした。 ☞argue in favor of ともいう。

argue *a person* ***into*** 他 人を説いて…させる ▪ We *argued* him *into* consent. 我々は彼を説いて承諾させた ▪ You want to *argue* me *into* agreeing to your proposals. 君は僕を説いて君の提案に同意させようと思っているのだね。

argue out 他 (問題など)をとことん議論する、論じ尽くす ▪ Our proposals *were argued out* at the meeting. 我々の提案はその会議でとことん議論された ▪ They can *argue* that matter *out* at a later stage. 彼らはもっと後でその問題を論じ尽くすことができる。

argue *a person* ***out of*** 他 **1** 人を説いて…をやめさせる ▪ He *was argued out of* his opposition. 彼は説きつけられて反対をやめた ▪ We couldn't *argue* her *out of* going alone. 彼女が一人で行くのを理由を言ってやめさせることはできなかった。
2 議論して…を人から取り去る ▪ You'll *argue* me *out of* my wits soon. 君はしつこく論じて僕をまもなく度を失わせてしまうだろう。

argue over 自 …のことで議論する、口論する ▪ Don't *argue over* the money with him. そのお金をめぐって彼と言い合うのはやめろ。

argue with **1** …と口論する; 議論する (*about, on, over*) ▪ We *argued with* each other *about* the best place for a holiday. 休暇を過ごすのにどこが一番いいか互いに言い合った ▪ The boys *argued with* Craig *over* who's the cleverest in the school. 少年たちは学校で一番賢いのは誰かについてクレイグと議論した。
— 他 **2** (口)〔否定文で〕(事実・意見)を否定する、…に異議を唱える ▪ Kids ask a lot of questions. Nobody would *argue with* that. 子供はたくさん質問をする。誰もそれは否定しないだろう ▪ I won't *argue with* your conclusions. 君の結論に異議はない。

arise /əráɪz/ ***arise from [out of]*** 自 **1** …から起こる ▪ Many great men have *arisen from* very humble beginnings. 低い身分から身を起こした偉人が多い ▪ A shout *arose from* the crowd. 群衆から叫び声が聞こえてきた。
2 (結果として)…から生じる、起こる ▪ The trouble *arose out of* racial prejudice. 事件は人種の偏見から起こった。

arm /ɑːrm/ ***arm** A **against** B*** 他 Bに対する防衛[予防]策をAに与える ▪ It might *be armed against* by proper medicines. それは適切な薬品によって予防できるだろう ▪ We must *arm* ourselves *against* the anarchists' propaganda. 我々は無政府主義者の宣伝に対する防衛策を立てねばならない。

arm** A **with** B **1** AをBで固める[補強する]、武装する ▪ He *armed* himself *with* a big stick. 彼は大きなステッキを武器にした ▪ He *armed* himself *with* a baseball bat and hid behind the curtain.

彼は野球バットで身を固めてカーテンの陰に隠れた．* The warship *was armed with* nuclear weapons. その軍艦は核兵器を装備していた．
2 A(人)にBを備えさせる，身に付けさせる * He *was armed with* a heavy coat. 彼は厚手のコートを着こんでいた．* He arrived *armed with* a list of questions to ask. 彼は質問事項をいろいろ書いた表を引っさげてやって来た．

armor,（英）**armour** /ɑ́ːrmər/ ***armor up*** 他《米》...を装備する * The Pentagon realized it needed more money to *armor up* its trucks. 米国国防総省は運搬車両を装備するのにさらに資金が必要であると悟った．

arrange /əréindʒ/ ***arrange about*** 自 ...について取決めをする * We will *arrange about* it tomorrow. あすそれについて取決めをしよう．
arrange for ...の手筈を整える，手配をする * He *arranged for* a car to meet her at the airport. 彼は彼女を空港で出迎える車を手配した．
arrange *A* ***with*** *B* B(人)とAを取り決める[計画する] * It's hard to *arrange* things *with* him. 彼とことを取り決めるのはむずかしい．
arrange with *a person*（***for, about***）自 (...について)人と打ち合わせる，協定する * I must *arrange with* my creditors *for* the matter. 私はその件について債権者と話をつけねばならない．

array /əréi/ ***array*** *a person* ***in*** **1** 人などに...を着飾らせる * They *arrayed* the cat *in* doll's clothing. 彼らは猫に人形の衣服を着飾らせた．
2 人に...を着せる * The Jews *arrayed* our Lord *in* a purple robe. ユダヤ人たちはわが主に紫の衣を着せた．

arrive /əráiv/ ***arrive at*** 自 **1** ...に到着する * He *arrived at* Tokyo Station. 彼は東京駅に着いた．
— 他 **2** (結論など)に到達する * They *arrived at* an amicable arrangement. 彼らはうまく話合いがついた * An abrupt conclusion *was arrived at*. 突然の結論が出された．
arrive in 自 ...に到着[帰着]する * He *arrived in* Japan yesterday. 彼はきのう日本に到着した．
☞ ARRIVE at よりも広い場所に到着する場合．

arrogate /ǽrəgeit/ ***arrogate*** *A* ***to*** *B* 他 A(悪事)をB(人)のせいにする * Don't *arrogate* evil deeds *to* your friends. 悪行を友だちのせいにしてはいけない．

arse /ɑːrs/ ***arse around***[***about***]（英俗）
1 ぶらぶらする，怠ける * Her son is just *arsing about* all day. 彼女の息子は一日中ぶらぶらしている．
2 ばかなまねをする * Stop *arsing around* for goodness sake! お願いだ，ばかなまねはやめてくれ．

ascertain /æsərtéin/ ***ascertain from*** 他 ...から情報を確かめる，確認する * A few facts have *been ascertained from* the interview. その会見からいくつかの事実が確認された．

ascribe /əskráib/ ***ascribe to*** 自 (信念)を持つ * I don't *ascribe to* the belief that gemstones possess certain mystical powers. 宝石にはなにか不思議なパワーがあるなんて信じていない．
ascribe *A* ***to*** *B* 他 **1** AをBのせいにする，のおかげとする《原因・起源・理由》 * He *ascribed* his failure *to* ill health. 彼は自分の失敗を病身のためだと言った．* The invention of clocks *is* variously *ascribed to* the sixth and ninth centuries. 時計の発明は6世紀とも9世紀とも言われている．
2 AをBのものだと言う[Bの作だとする] * This play *is ascribed to* Shakespeare. この劇はシェイクスピアの作品とされている * We *ascribe* omnipotence *to* the Lord. 主は全能である．

ask /æsk/ /ɑːsk/ ***ask about*** 自 **1** ...について聞く * She *asked about* his new job. 彼女は彼の今度の仕事のことを尋ねた．
2 いろいろ聞いて回る * Will you *ask about*, and find out what they have in mind? あちこち聞いて回ってみんなが何を考えているのか調べてよ．
ask after *a person* 他 人の安否を問う，容態を尋ねる * I *asked after* my sick friend. 私は病気の友人を見舞った．
ask along 他 ...を(いっしょに来るように)誘う * Why don't you *ask* her *along*? 彼女を誘ってみたら?
ask around[《英》***round***] **1** いろいろ聞いて回る * I *asked around*, but nobody had seen him for days. 人に聞いて回ったが，誰も何日も彼のことを見かけていなかった．
— 他 **2** ...に来るように頼む * Just *ask* him *around*. 彼に来てくれるよう頼んでくれ．
3 ...を自宅に招待する《通例短時間》 * May I *ask* you *around* for coffee this afternoon? 今日の午後コーヒーを飲みにおいでくださいませんか．
ask away 他 頼んで...を取り除いてもらう * His prayer *asked away* his sin. 彼は祈って己の罪を取り除いてもらった．
ask back 他《口》...をお返しに招待する * We've asked them to dinner three times, but they haven't *asked* us *back* yet. こっちは3回も夕食に招いてやったのに，彼らからはまだ1回もお返しがない．
ask down **1** ...に下[階下]へ降りるように言う(↔ ASK ... up 1) * *Ask* my wife *down* here. 妻にここに降りてくるように言ってくれ．
2 ...を田舎に招待する * I *asked* him *down* for the weekend. 週末に彼を田舎に招待した．
ask for 自 **1** (金・助力)を求める * Why didn't you *ask for* a holiday? なぜ休暇をくれと言わなかったのか．
2 (災い)を招く * Driving after drinking alcohol is really *asking for* trouble. 飲酒後に車の運転をするとんだことになる．
3 ...に面会を求める，の電話口への呼び出しを求める * Has anyone *asked for* me? 誰か私に会いに来ましたか * When he telephoned, he *asked for* my sister. 彼が電話してきて妹さんをお願いしますと言った．
ask *A* ***for*** *B* 他 B(金など)をA(人)にくれと言う * He *asked* me *for* money [alms]. 彼は私に金[施

ask *A* ***from*** *B* 他 B(人)にA(許可など)をくれるように頼む ▪ She *asked* permission *from* her manager to leave early from office. 彼女は早退させてくれるように課長に頼んだ.

ask in 他 **1** …に入るように言う ▪ Shall I *ask* him *in*? あの人に入ってもらいましょうか.
2 …を自宅に招く ▪ We will *ask* the neighbors *in* for coffee. 隣人をコーヒーに招くことにしよう.

ask ***into*** 他 …に招き入れる ▪ She *asked* me *into* the sitting room. 彼女は私を居間に招き入れた.

ask *a thing* ***of*** *a person* 他 人に(好意・助言・許可)を求める ▪ I'll *ask* a favor [leave] *of* him. 彼にお願いをしてみましょう[許可を頼みましょう].

ask out **1** …をデート[ダンス, 映画など]に誘う(*to*) ▪ Now and again he was *asked out* to dinner. 時おり彼は会食に出るよう招待された ▪ I met a terrific girl. I must *ask* her *out* soon. すてきな女の子に会った. すぐデートに誘わなくっちゃ.
— **2** 《米》引退[辞職]する ▪ The president *asked out*. 会長は辞職した.

ask over 他 (近くの人)を自宅に招待する ▪ I'll *ask* him *over* tomorrow. 私は明日彼を招待します ▪ Shall I *ask* the Browns *over*? ブラウン夫妻をお招きしましょうか.

ask round =ASK around.

ask…to 他 (人)を…に誘う ▪ Did he *ask* you *to* the party? 彼はあなたをパーティーに誘ってくれましたか.

ask up **1** …に階上へ上がってくれと言う(↔ASK down 1) ▪ When he arrives, *ask* him *up*. 彼が来たら階上へ上がってもらってくれ.
2 …を自宅へ招く(=ASK in 2) ▪ We must *ask* the Smiths *up* for dinner. スミス夫妻を夕食にお招きしなくちゃ.

ask up to 他 値段を…にする ▪ We can *ask up to* ￡200 for this vase. この花びんは200ポンドまでにできる《それ以上は無理だ》.

aspire /əspáiər/ **aspire after** 他 …を切望する ▪ His son also *aspired after* a political career. 彼の息子も政治家を職業とすることを切望した.

aspire at 他 …に達しようと熱望する ▪ He does not *aspire at* anything higher. 彼はそれ以上に達しようとの願いは持っていない.

aspire to 自 《文》(高いもの)を熱望する, …にあこがれる ▪ He *aspired to* the highest honors. 彼は最高の栄誉にあこがれた.

ass /æs/ **ass about with** 自 …をいじくる ▪ Don't *ass about with* that valve. そのバルブをいじくってはいけない.

ass around [about] 自 《俗》**1** (…を)ぶらつく, ぶらぶらする ▪ I'm not going to *ass around* the country with him. 私は彼と田舎をほっつき歩くつもりはない ▪ Those boys are not working; they are just *assing about*. その少年たちは仕事をしていない, ただぶらぶらしているだけだ.
2 ばかなまねをする ▪ Stop *assing around* and get to work! ばかなまねはよして仕事にかかれ!

assail /əséil/ **assail** *A* ***by*** [***with***] *B* 他 BでA(人)をひどく悩ます ▪ Her parents *assailed* her *with* questions about the interview. 彼女の両親は面接のことで彼女を質問攻めにした ▪ I was *assailed by* doubts day and night. 昼も夜も私は疑念にさいなまれた.

assent /əsént/ **assent to** 自 …に同意する ▪ I *assent to* what you suggest. 君の提案に賛成だ.

assess /əsés/ **assess** *A* ***at*** *B* 他 AをBと査定する, であると評価[判断]する ▪ The inspector *assessed* his income *at* ￡27,000. 監査人は彼の収入を27,000ポンドと査定した.

assess *A* ***on*** [***upon***] *B* 他 A(税・罰金など)を査定してBに課する ▪ We have to *assess* a certain sum *upon* every inhabitant. すべての住民に一定の金額を課さねばならない ▪ They *assess* a tax *upon* all retail sales. 彼らはすべての小売りに税を課する.

assign /əsáin/ **assign** *A* ***as*** *B* 他 〖普通受身で〗A(人)をB(役職・地位)として配属[派遣]する ▪ He was *assigned as* pilot on Space Shuttle Challenger mission STS 51. 彼はスペースシャトル・チャレンジャーの宇宙輸送組織51特務飛行へパイロットとして派遣された.

assign *A* ***for*** *B* 他 A(時・場所)をBのために指定する ▪ We have *assigned* a day *for* our next meeting. 私たちは次の会合の日を定めた.

assign *A* ***to*** *B* 他 《文》**1** BにA(仕事など)を割り当てる, BにA(義務)を課す ▪ He *assigned* chores *to* her. 彼は彼女に家庭の雑用を割り当てた ▪ I'll *assign* rooms *to* the guests. (ホテルの)客に部屋を割り当てよう.
2 AをB(という地位)に任命する ▪ He *assigned* his men *to* their several posts. 彼は部下をそれぞれの地位に任命した.
3 AをBに帰するとする ▪ He *assigns* all diseases *to* the action of bacilli. 彼はすべての病気は病原菌の作用によると言う ▪ They *assigned* the event *to* last Saturday. 彼らはその事件は前の土曜日だったとした.

assimilate /əsíməlèit/ **assimilate** *A* ***into*** [***with***] *B* 他 《文》AをBと同化させる, 融合させる ▪ The Huguenots became *assimilated into* the local community. ユグノーたちは地方社会に同化した ▪ Brazil quickly *assimilates* the immigrants *with* the rest of the Brazilian people. ブラジルは移民を他のブラジル国民とすぐに同化させる.

assimilate to 自 …に似る, 同化する ▪ The immigrants have slowly *assimilated to* the American culture. 移民たちは徐々にアメリカの精神風土に同化してきた.

assimilate *A* ***to*** [***with***] *B* 他 《文》**1** AをBと同じ[似た]ものにする ▪ We *assimilated* our law *to* the law of Scotland. 我々はわが国の法律をスコットランドの法律と似たものにした ▪ Stains and vegetation *assimilate* the architecture *with* the work of nature. 汚れたり植物が生えたりして建造物が自然物の

ようになる. **2** AをBに順応させ　▪ He *assimilated* himself *to* a new neighborhood. 彼は新しい土地に順応した.

assimilate with 圓 …と一様になる, 同化する　▪ Outsiders may find it difficult to *assimilate with* the village community. よそ者は村落社会に同化するのが困難だと思うだろう.

assist /əsíst/ ***assist at*** 他 **1** (式・行事)に出席する(が行事に加わらない)《フランス語法》　▪ We *assisted*—in the French sense—*at* the performance of two waltzes. 我々は二つのワルツの催しに──フランス語的意味で──出席した〔会には出たが円舞には加わらなかった〕.

2 (式・行事)に参列[列席]する《行事に参加する》　▪ We have just *assisted at* the dinner. ちょうど今正餐に列席したところだ.

assist in 他 (仕事)を手伝う　▪ Please *assist in* this task. この仕事を手伝ってください.

assist *a person in* 他 人の…を援助する, 人が…するのを手伝う (*doing*)　▪ The nurse did her best to *assist* the patient *in* his recovery. 看護師はその患者の回復を援助するために最善を尽くした.　▪ Please *assist* me *in moving* the furniture. 私が家具を動かすのを手伝ってちょうだい.

assist *a person with* 他 人の…を助ける　▪ She *assisted* her son *with* his homework. 彼女は息子の宿題を手伝った.

associate /əsóuʃièit/ ***associate with*** 圓 **1** …と交際する, 付き合う　▪ Do not *associate with* men of low standards. 程度の低い人々と交わるな.

2 …と共同する　▪ I will *associate with* him in business. 私は彼と共同で事業をやる.

associate *A with B* 他 AとBを結びつけ(て考え)る, AでBを連想する　▪ We naturally *associate* the name of Darwin *with* the theory of evolution. 我々はダーウィンと言えば当然進化論を連想する.

assort /əsɔ́ːrt/ ***assort with*** 圓 **1**〖しばしば ill, well を伴って〗…と調和する; と同類である　▪ It *ill* [*well*] *assorts with* his character. それは彼の性格とうまく調和しない[よく調和する].　▪ Her dress *assorted with* her complexion. 彼女のドレスは顔色と調和した.

2 …とつき合う　▪ She *assorted with* the scholar. 彼女はその学生とつき合った.

assort *A with B* 他 AをBと同じ部類に入れる　▪ He *assorted* the plant *with* the lily. 彼はその植物をユリの仲間とした.

assure /əʃúər/ əʃɔ́ː/ ***assure*** *A of B* 他 A(人)にB(物事)を保証する, 請け合う, 確信させる　▪ We *assure* you of a hearty welcome. きっと心からあなたを大歓迎します　▪ The doctor *assured* her *of* her son's safety. 医師は彼女に息子の無事を請け合った　▪ We *were assured of* her innocence. 私たちは彼女の潔白を信じていた.

atone /ətóun/ ***atone for*** 他《文》…の償いをする　▪ She would give him a chance of *atoning for* the past. 彼女は彼に過去の償いをする機会を与えるであろう　▪ Blood must *atone for* blood. 人を殺せば自分も殺される.

attach /ətǽtʃ/ ***attach to*** 他 …に伴う, ついている　▪ Great responsibilities *attach to* power and position. 権力と地位には大きな責任が伴う　▪ No blame *attaches to* the unconscious doer of wrong. 無意識に罪を犯した者に罪はない.

attach *A to B* 他 **1** AをBに取りつける, 張りつける　▪ I *attached* a label *to* the parcel. 小包に荷札をつけた.

2 BにA(署名など)を(書き)添える　▪ He *attached* his signature *to* the will of Dr. Patrick Duffy. 彼はパトリック・ダフィー博士の遺言状に署名を書き添えた.

3 A(重要性)がBにあると考える　▪ They didn't *attach* much importance *to* what I said. 彼らは私の言うことに大して重きをおかなかった.

attach *a person to* 他 …に人をなつかせる　▪ He has the gift of *attaching* people *to* him. 彼は人々をひきつける才能を持っている.

attain /ətéin/ ***attain to*** 他 **1** (自然に)…に達する　▪ He has *attained to* years of discretion. 彼は分別年齢(英法では14歳)に達した.

2 (努力して)…に達する　▪ Humility is a virtue difficult to *attain to*. 謙虚は容易に達しがたい美徳だ.

attend /əténd/ ***attend at*** 圓 (場所)に出席する, 参列する　▪ He *attends* regularly *at* the City Church. 彼は市教会へきちんと出席する.

attend on [***upon***] 他 **1** …に侍する, 仕える　▪ The lady was *attended upon* by her maid. その女性はお手伝いにつき添われていた.

2 …を看護する　▪ She declined to *attend on* her sick husband. 彼女は病気の夫を看病するのを断った.

3 (結果として)…に伴う　▪ Destruction and misery *attend on* wicked doings. 破滅と不幸は悪行に伴うものだ.

4 (希望・用など)を聞く　▪ *Attend upon* his orders. 彼の用命を聞きなさい.

attend to 他 **1** (仕事など)に精を出す, 励む　▪ I have a great deal to *attend to*. 私にはする仕事がたくさんある　▪ She was *attending* very diligently *to* her work. 彼女は仕事に非常に精出していた　▪ He *attends to* the garden and vegetable garden. 彼は庭と菜園の仕事に余念がない.

2 (人)の言うことを注意して聞く[に注意する]　▪ You are not *attending to* what I am saying. 私の言っていることをあなたは注意して聞いていない.

3 (人)の世話をする, 応対する, (用件など)を聞く　▪ Will you *attend to* the baby while I am out? 私が外出している間赤んぼうの世話をしてくれますか　▪ Are you *being attended to*, madam[sir]? (店員が客にお客さま, 誰かご用を承っておりますでしょうか.

4 (軍・海) (敵の計画を破るため)…につきまとう　▪ We *attended to* the enemy's ship. 我々は敵艦につきまとった.

attest /ətést/ ***attest to*** 他 **1** …を証言する　▪ They have *attested to* the reasonableness of this. 彼らはこのことの妥当性を証言した.

2 (事物が)…の証明となる ▪ These facts *attest to* the integrity of his purpose. これらの事実は彼の目的が健全であることを証明する。

attract /ətrǽkt/ ***attract** A to B* 他 **1** AをBに引きつける ▪ Bright colors *attract* insects *to* flowers. 明るい色は昆虫を花に引きつける。
2 A(の興味・心)をBに誘惑する[引きつける] ▪ I've always *been attracted to* movies from the 1960s. 私はいつも1960年代の映画に引きつけられる。

attribute /ətríbjət|ətríbjuːt/ ***attribute** A to B* 他 《文》 **1** AをBのため[結果]であるとする, のせいにする, に帰する ▪ He *attributes* his success *to* hard work. 彼は自分の成功は精励の結果だと言っている。
2 AをBの作品とする ▪ The play *is attributed to* Shakespeare. その劇はシェイクスピアの作とされている。
3 BにAがある[属する]とする ▪ A sense *is attributed to* them which was never intended. 全然意図されなかった意味がそれらにあるとされている ▪ He *attributes* wisdom *to* his teacher. 彼は先生には知恵があると考える。
4 A(賞賛・栄誉など)をBに与える ▪ The praise is chiefly to *be attributed to* them. 賞賛は主に彼らに与えられるべきだ。
5 AをB(時代・場所)のものとする ▪ The ancient Greeks *attributed* the birth of the Muses *to* Mt. Helicon. 古代ギリシャ人は詩神が生まれたのはヘリコン山であるとした ▪ These copies may *be attributed to* the fourth century. これらの写本は4世紀のものと考えてよかろう。

attune /ətjúːn/ ***attune** A to B* 他 AをBに調和させる[合わせる] ▪ Try to *attune* your comments *to* the level of your audience. 君の寸評を聴衆のレベルに合わせるようにしなさい。

auction /ɔ́ːkʃən/ ***auction** a thing **off*** 他 (物)を競売で売る ▪ The table *was auctioned off*. そのテーブルは競売で売られた。

audition /ɔːdíʃən/ ***audition for*** 自 …のオーディションを受ける ▪ Daisy is planning to *audition for* the musical. デイジーはそのミュージカルのオーディションを受けることを計画している。

avail /əvéil/ ***avail against*** 自 《文》[主に否定文・疑問文で] …に対(抗)して有効である[役立つ] ▪ Heroism could not *avail against* the enemy fire. 英雄の精神も敵の砲火に対しては何にもならなかった。
avail of 他 《主に米》…を利用する ▪ His power must *be availed of*. 彼の権力は利用せねばならない ▪ The offer must *be availed of*. その申し出は無にしてはならない。

avenge /əvéndʒ/ ***avenge** A upon B* 他 BにAのあだを討つ, 仕返しをする ▪ They determined to *avenge* their father's death *on* their uncle. 彼らはおじを殺して死んだ父のあだを討とうと決心した。

average /ǽvərɪdʒ/ ***average out*** 他 **1** (努力して)…を平均する, の平均を出す ▪ Any attempt to *average out* burdens is in vain. 負担を分かちあおうとするどんな企ても無駄だ。
— 自 **2** (結局)平均的なところに落ち着く, 釣り合う, 平均…である (*at*) ▪ We paid by turns—it seemed to *average out* in the end. 私たちは交互に支払ったから結局は割り勘に落ち着くと思えた ▪ My speed *averaged out at* 60km an hour. 私の出していた速力は平均時速60キロだった。
average up …の平均値を計算する ▪ Please add these figures and *average* them *up*. これらの数字を足してから平均値を出してください。

avert /əvə́ːrt/ ***avert** A from B* 他 A(眼)をBからそらす, A(注意)をBからそらす ▪ She *averted* her eyes *from* the dead rabbit. 彼女はウサギの死骸から眼をそむけた ▪ He keeps *averting* attention *from* the problems. 彼は諸問題から注意をそらしてばかりいる。

awake /əwéɪk/ ***awake to*** 自 …を悟る, に気づく ▪ We should *awake to* the problems facing our society. 私たちの社会が今直面している諸問題を見抜くべきだ。
awake** a person **to 他 人に…を悟らせる, に気づかせる ▪ I tried to *awake* him *to* a sense of responsibility. 私は彼を責任感に目覚めさせようと努めた。

awaken /əwéɪkən/ ***awaken to*** 他 《文》…を悟る; に気づく ▪ People are gradually *awakening to* the truth. 人々は次第にその真相に気づき始めている。

award /əwɔ́ːrd/ ***award** A to B* 他 (…に対して)B(人)にAを授与する (*for*) ▪ They *awarded* the Oscar for Best Actress in 2012 *to* Meryl Streep. 2012年度主演女優賞はメリル・ストリープさんに授与された。

awe /ɔː/ ***awe** a person **into*** 他 人を恐れさせて…させる, 威圧して…させる ▪ He *was awed into* silence. 彼は恐れかしこんで沈黙した。

B

babble /bǽbəl/ ***babble out*** 他 …をペラペラしゃべる, (秘密)をしゃべる ▪ The prisoner *babbled out* his guilt. 被告は自分の罪をペラペラしゃべった.

baby /béɪbi/ ***baby along*** 他 《米》…に甘える ▪ Try and *baby* them *along*. 彼らに甘えてみよ.

baby-sit /béɪbɪsɪt/ ***baby-sit with*** 自 《米》(留守中に)…のお守りをする ▪ Will you *baby-sit with* my daughter while we're away? 留守の間うちの子のベビーシッターをしてくれませんか.

back /bæk/ ***back against*** 自 …に背中を押し当てる ▪ She *backed against* the tree trunk and took breath. 彼女は木の幹にもたれて一息ついた.

back away 自 後へ下がる, 尻ごみする ▪ He *backed away* as I raised my stick. ステッキを振り上げると彼は後ずさりした.

back away from 自 **1** …から後へ下がる; (嫌悪感などから)後ずさる ▪ He *backed away from* the window. 彼は窓から後へ下がった ▪ Children *backed away from* the drunkard. 子供らは酔いどれから後ずさった.

2 …から徐々に離れる, 手を引く ▪ We must *back away from* isolation. 孤立主義から徐々に離れなければならない.

3 (主義・提案など)の支持を断る ▪ He *backed away from* the proposal. 彼はその提案を支持するのをやめた.

― 他 **4** (車など)を後退させて…から離す ▪ I looked over my shoulder and *backed* my car *away from* the cliff. 肩越しに振り返ってバックで車を崖から離した.

back down 自 《口》**1** (はしごを降りるように)後ずさりする, 後へ引く, 尻ごみをする ▪ The government will not *back down* from their preparations. 政府はその準備を中止することはしないだろう ▪ The cub *backed down* and trotted away. 小グマは後ずさりをするとトコトコ駆けていった.

2 非[負け]を認める ▪ When he was confronted with the facts, he quickly *backed down*. その事実を突きつけられたとき, 彼はすぐさま非を認めた.

3 (…から)手を引く; 譲歩する (*on*) ▪ You'll have to *back down*. 君は譲らねばならないだろう ▪ I'll *back down* on the agreement. 僕は協定から手を引く.

4 (…を)撤回する, 取り消す (*on*) ▪ Don't *back down on* what you said to me. 君が僕に言ったことを取り消すな.

back ... into 他 (車など)を後退させて…に入れる[入る]; 後退させて…にぶつける ▪ He *backed* the car *into* the garage. 彼は車をバックでガレージに入れた ▪ I *backed* the car *into* a lamppost. 車をバックさせて街灯にぶつけた.

back off 自 **1** (離れるため)後退する; (危険から)離れて[下がって]いる ▪ Do you mind *backing off* a bit? 少し後退してくださいませんか ▪ Let me deal with this. Just *back off*. この始末は私に任せなさい. まあ下がっていなさい.

2 口出しをしない, 干渉しない ▪ *Back off*, will you? You're embarrassing me. つべこべ言わないでくれ. 君はじゃまになっているぞ.

3 《米》= BACK down 1, 3.

4 …を控える ▪ I need to totally *back off* sweets. 私は甘い物をすっかり控える必要があるんです.

5 からかうのをやめる; いやがらせをやめる ▪ He wouldn't *back off* me the whole night. 彼はひと晩じゅう僕をからかうのをやめなかった.

back on to [onto] 自 他 **1** (建物の)背後が…に隣接する ▪ His house *backs onto* the river. 彼の家のすぐ裏は川だ.

2 (車が[を])後退して…に乗り上げる ▪ The car *backed onto* my toe. 車がバックして私の足の指をひいた ▪ He *backed* the car *onto* the flowers accidentally. 彼は車をバックさせてうっかり花壇に乗り上げた.

back out (of) 自 他 **1** (…から)後ずさりする[して出る]; からバックで(車を)出す ▪ He *backed out of* the room. 彼は後ずさりして部屋を出た ▪ John *backed* his car *out of* the garage. ジョンはガレージからバックで車を出した.

― 自 **2** (約束などを)取り消す; (から)手を引く ▪ We were going to go to the movies but then he *backed out* at the last minute. 我々は映画に行く予定だったのに彼は土壇場で約束を破った ▪ He has *backed out of* his engagement. 彼は約束を取り消した.

3 (用心して, ひそかに…から)手を引く, 逃れる ▪ He *backed out of* the party. 彼は知らぬまに脱党した ▪ He could not *back out of* the scrape so easily. 彼は窮地からそうたやすくは逃れることができなかった.

back out on 自 (人との)約束[義務]を果たさない ▪ The big-business outfits *backed out on* him. 大企業連中が彼との約束を取り消した.

back out onto 自 (車を)…へと後退させる ▪ It's dangerous *backing out onto* such a busy road. そんな人通りの多い道路へ車を後退させるのは危険だ.

back up 他 自 **1** バックさせる, 後ずさりさせる; バックする, 後ずさりする ▪ He *backed up* his horse. 彼は馬をバックさせた ▪ She put the car in reverse and *backed up* over the curb. 彼女は逆進ギアをかけて縁石の上をバックした.

2 〚主に受身で〛(車などが)ぎっしり連なる; (供給物などが)さばき切れなくなる, たまる ▪ Lines of vehicles *were backed up* because of the accident. その事故のため, 何列もの車が連なっていた ▪ Mail is *back-*

ing up at the main post-office because of the strike. ストライキのため郵便物が中央郵便局にたまっている.
3《野球》後方で備える, バックアップする;《クリケット》(投球を受けていない方の打者が)相棒をバックアップする ▪The shortstop *backed up* the 2nd baseman on the throw. 投球されて遊撃手は2塁手をバックアップした.
— 他 **4**《電算》…のバックアップを取る ▪I *back up* all the files every night. 私は毎晩ファイルのコピーをとる.
5(水などが)…につかえてたまる; に逆流してあふれる ▪The flood water *backed up* the sewage pipes. 洪水が下水管につかえてあふれた ▪Something got stuck and the kitchen sink *is backed up*. 何かがつまって台所のシンクから水が流れない.
6…を支持する, 支援する; を助ける ▪I will *back you up* one hundred percent. 私は君を全面的に支持する ▪He gives no hard evidence to *back up* his arguments. 彼は議論を支持するために堅固な証拠を示さない.
7《米》交通を渋滞させる ▪The accident *backed* the traffic *up* for miles. 事故のせいで何マイルも交通が渋滞した.
8(目撃者の)証言を裏づける(*on*) ▪I was nowhere near the scene of the crime. You must *back me up on* that. 僕は犯罪現場の近くのどこにもいなかった. そのことの証言をぜひ裏づけしてくれ.
9(商品)を保証する ▪We fully *back up* this product with a 2-year warranty. 2年間の品質保証書を添えてこの製品を責任持って保証します.
— 自 **10**(口)(説明などが)少し前に戻る ▪Wait a minute. Could you *back up* and say that again? ちょっと待って. 前に戻ってもう一度言ってくれませんか.

backfire /bǽkfàɪər/ *backfire on* 他 …に期待はずれ[不首尾]に終わる ▪Your plot *backfired on* me. 君の策略は私には不首尾に終わった.

back-pedal /bǽkpèdəl/ *back-pedal on* [*over*, *from*] 自 (行動・企てを)翻す;(意見・約束を)撤回する ▪Drug firms *back-pedal on* direct advertising. 製薬会社は直接宣伝の企てを翻す ▪The company is *back-pedalling over* its plans about the issue. その会社はその問題の計画を撤回しようとしている ▪He had to *back-pedal from* his comments the previous night. 彼は前夜のコメントを撤回せざるをえなかった. ▱back-pedal「自転車の速度を落とすためペダルを逆に踏む」が原義.

badger /bǽdʒər/ *badger a person into doing* 人にうるさくせがんで…させる ▪I *badgered* my father *into* buying a car. 父にうるさくせがんで車を買ってもらった.

badger a person with 他 …で人を困らせる, いじめる ▪The child *badgered* his parents *with* questions. その子は質問攻めで両親を困らせた.

baffle /bǽfəl/ *baffle with* 自 …と苦闘する ▪We *baffled with* the storm. 我々はあらしと苦闘した.

bag /bǽɡ/ *bag on* 他《俗》…を批判する ▪She is always *bagging on* her husband. 彼女はいつも夫をどうのこうのと批判している.

bag out 自 服がだぶだぶにたるむ ▪My pants *bagged out* at the knees. ズボンの膝が出ちゃった.

bag up 他 **1**…を袋にしまう[しまい込む] ▪I *bagged up* my things in decent order. 私は持ち物をきちんと袋にしまい込んだ.
2…を袋がけにする ▪We *bag up* the ripening fruit to protect it from fruit flies. 熟れかけの果実をミバエから保護するためそれを袋がけにする.

bail,《英》**bale** /béɪl/ *bail out* 他 **1**(船の水)をかき出す ▪The sailors tried to *bail* the water *out* of the sinking ship. 水夫たちは沈みゆく船から水をかき出そうと努めた ▪His wife *bailed out* the water from the leaking boat. 彼の妻が浸水するボートから水をかき出した.
2(被告)の保釈を取ってやる, 保釈金を払って…を出所させる ▪He offered to *bail* the prisoner *out*. 彼は囚人の保釈を取ってやろうと言った ▪She refused to *bail out* her husband. 彼女は夫を出所させる保釈金を払おうとしなかった.
— 自 他 **3**苦境を脱する; 苦境から脱せしめる ▪They *bailed out* without serious loss. 彼らは大した損をせずに逃れた ▪It took the Korean war to *bail out* the Japanese economy. 日本の経済が苦境から脱出できたのは朝鮮戦争のおかげだった.
— 自 **4**落下傘で飛行機から脱出する ▪A U.S. pilot *bailed out* of his plane. 米国の操縦士が落下傘で飛行機から脱出した.
5撤退する, 放棄する ▪Investors *bailed out* as prices plunged. 市価が急落するにつれ投資家は撤退した.
6見切りをつける, 責任を放棄する ▪The company was not doing well, so Burt decided to *bail out*. 会社はうまくいっていなかった. そこでバートは見切りをつけることにした ▪He *bailed out* of family responsibilities. 彼は家庭の責任を放棄した.
7保釈金を払って(刑務所)から出る(*of*) ▪Pete *bailed out of* jail last week. ピートは先週保釈金を払って刑務所から出た.

bail out on **1**《米》…を支援しない ▪A lot of people *bailed out on* the President. 多くの人々は大統領を支持しなかった.
2(人)を見捨てる ▪You can't *bail out on* us now. 今は私たちを捨てて逃げられませんよ ▪You're not *bailing out on* me, are you? 僕を見捨てようとしてるんじゃないだろうね.

bail up 他 **1**…をすくい上げる ▪Herrings can be *bailed up* with a basket. ニシンはかごですくい上げられるくらいだ.
2《英》(乳しぼりのとき牛の頭)をわくの中へ入れる ▪Have you *bailed up* the cows? 牛の頭をわくの中へ入れたか.
3《豪》(叢林(だ)の盗賊が人)を追いはぎする ▪We *were bailed up* by an armed man on horseback. 我々は武装した騎馬の男に追いはぎされた.

— 自 **4** 抵抗せずに降参する ▪ *Bail up*! Throw down your arms! 手を上げろ！武器を捨てろ!

bake /beɪk/ ***bake up*** 他 …を熱し[焼き]過ぎる ▪ It's so hot, we *are* quite *baked up*. 非常に暑い，我々はすっかり日焼けしてしまった．

balance /bǽləns/ ***balance*** *A* ***against*** *B* AをBと対比する ▪ *Balance* advantage *against* disadvantage and then make your decision. 利害得失を秤にかけてから責を決めよう．

balance off 他 …を帳消しにする ▪ We've really *balanced off* the debt. 私たちは実際に負債を帳消しにした．

balance out [***up***] 自 他 **1** 釣り合う；釣り合わせる ▪ His accounts *balanced out*. 彼の勘定は収支釣り合った．

2 是正する ▪ We need to *balance up* inequality of treatment between men and women. 男女間の不平等な扱いを是正する必要がある．

balance *A* ***with*** [***by, against***] *B* 他 〔しばしば受身で〕AをBと釣り合わせる ▪ The tradesman *balanced* his losses *against* his profits. 商人は損失を利益で償った ▪ Economic development has to *be balanced against* environmental concerns. 経済発展は環境への配慮とバランスをとらなくてはならない．

bale /beɪl/ = BAIL.

balk /bɔːk/, 《英》**baulk** /bɔːlk/ ***balk at*** [***on***] 自 《口》…にしりごみする；を避ける，にいや気を催す ▪ They wanted the house, but they *balked at* the price. 彼らはその家が欲しかったが，値段にためらった ▪ She *balks at* being interviewed. 彼女はなかなか人と会見しようとしない ▪ The management *balked on* one request. 経営者側は一つの要求はなかなか承認しようとしなかった．

balk *A* ***of*** *B* 他 A(人)がBを手に入れるのを妨げる ▪ I *was balked of* the realization of my purpose. じゃまが入って私は目的を達成できなかった．

ball /bɔːl/ ***ball up*** 他 **1** (一般に)…を玉にする ▪ I *balled up* the paper and threw it in the trash. 紙を丸めて屑かごに放り込んだ ▪ The children are *balling* mud *up* in their hands. 子供たちが手で泥を丸めている ▪ She finished knitting and *balled* the rest of the yarn *up*. 編み物を終えると彼女は残りの毛糸を玉にした．

2《冶金》(溶鉄)を玉にする ▪ The metallic matter *is balled up* and shingled. その金属は玉にされてから板にされる．

3《米俗》…を破滅させる；を台なしにする，めちゃめちゃにする ▪ They really *balled up* the plan. やつらがその計画をつぶしやがったんだ．

4 …を困難に陥れる，紛糾させる ▪ He *was balled up* till he couldn't say a word. 彼は窮地に追い込まれ一言も言えなかった ▪ They are always *balling* things *up*. 彼らはいつも事態を紛糾させてばかりいる．

5《米俗》…をくやしがらせる，やっつける ▪ It really *balled* me *up* to finish in second place. 二着にゴールインし，実にくやしかった ▪ We *balled up* our opponents in no time. 我々はあっという間に相手をやっつけた．

6 …を途方にくれさせる ▪ He got all *balled up* in his speech. 彼の演説はしどろもどろだった ▪ We *were balled up* in our directions. 我々は方角がわからなくなった．

— 自 **7**《米》歩けなくなる，進めなくなる ▪ The horse *balled up* in soft new-fallen snow. 馬は降ったばかりの柔らかい雪で歩けなくなった．

8 試験などに落第する，暗誦などできない ▪ He *balled up* on simple problems. 彼は簡単な問題でつまずいてしまった．

ballot /bǽlət/ ***ballot against*** 自 …に反対の投票をする ▪ He *ballotted against* a referendum. 彼は住民投票に反対票を入れた．

ballot for 自 **1** …に賛成投票をする ▪ Mr. Dagg *ballotted for* the resolution. ダッグ氏はその決議案に賛成投票をした．

— 他 **2** …を投票で選ぶ[決める]，くじで決める ▪ Twelve candidates were ordered to *be balloted for*. 12人の候補者が提案され投票で選ぶよう命ぜられた ▪ A new committee member *was balloted for* by lot. 新委員1名が抽選で決定された．

bamboozle /bæmbúːzəl/ ***bamboozle away*** 他 …をだまして取り去る ▪ He *bamboozled away* the risks of such an investment. 彼は詭弁を弄してそのような投資のリスクを否定した．

bamboozle *a person* ***into*** (*doing*) 他 人をだまして…させる ▪ She *bamboozled* John *into marrying* her. 彼女は彼をだまして自分と結婚させた．

bamboozle *a person* ***out of*** 他 人の…をだまし取る，巻き上げる ▪ You intend to *bamboozle* me *out of* a beef steak. 君は僕をだましてビフテキを取るつもりなのだ．

band /bænd/ ***band against*** 他 …に結束してあたる[対抗する] ▪ We must *band against* the common enemy. 我々は結束して共同の敵にあたらねばならない．

band together 自 他 **1** 団結する；団結させる ▪ The citizens *banded together* to protest the closing of the highway. 市民は団結して公道の閉鎖に抗議した ▪ The men *were banded together* to resist the cut in wages. 労働者たちは賃金の引き下げに反対するため団結した．

2 縛る ▪ The covers of the old book *were banded together* by iron clasps. 古書の表紙は鉄の締め金で結ばれてあった．

bandage /bǽndɪdʒ/ ***bandage up*** 他 〔しばしば受身で〕…に包帯をする ▪ His fingers *were* all *bandaged up*. 彼の指はすべて包帯を巻いてあった．

bandy /bǽndi/ ***bandy…around***［《英》***about***］〔主に受身で〕…を触れ回る，言いふらす ▪ He *bandied* the rumor *about*. 彼はその噂をまき散らした ▪ These phrases *are bandied about* by supporters and detractors of the trend. これらの文句はこの風潮の支持者と誹謗者によって繰り返し口にされている．

2 ...を無責任にしゃべる ▪ Several figures have *been bandied about*, but this is the only correct one. 数個の数字が無責任にあげられたが，これが唯一の正確な数字だ．

bang /bǽŋ/ ***bang* (...) *against*** 圓他 （堅いものに）ぶつかる；にぶつける ▪ The garage door kept *banging against* the wall. ガレージの戸が壁にぶつかり続けた ▪ He *banged* my head *against* the doorpost. 彼は私の頭をドアのわき柱にぶつけた．

bang around [《英》***about***] 圓 《口》 **1** 音を立てて動き回る ▪ I could hear him *banging around* upstairs. 彼が2階でがたがた動き回っている音がした．
2 大騒ぎする ▪ The children were *banging about*. 子供らは大騒ぎをしていた．
3 甲から乙へ移る，をあちこち訪ねる；に頻繁に行く ▪ He has been *banging around* Europe for years. 彼はここ何年もヨーロッパをあちこち旅している ▪ I was *banging around* Madison Avenue. マディソン街にたびたび行った．
― 他 **4** (人)をこうく，(物)を手荒く[粗略に]扱う ▪ Don't *bang* the furniture *about*. 家具を手荒く取り扱うな ▪ You have a tendency to *bang* things *around*. 君は物を手荒く扱う傾向がある．
5 ...で大きな音を立てる ▪ He *banged* his tools *around* angrily. 彼は怒って大きな音を立てて道具を使った．

bang away 圓 **1** (...を)撃ちまくる (*at*) ▪ He *banged away at* the deer. 彼はシカをめがけて撃ちまくった．
2 ガンガンとたたき続ける ▪ She picked up the hammer and began *banging away*. 彼女はハンマーを手に取ると，バンバンとたたき始めた．
3 (楽器を)やかましく鳴らし[弾き]続ける (*at, on*) ▪ Linda was *banging away at* the piano. リンダは騒がしくピアノを弾き続けていた ▪ Tom was *banging away on* the drums [keyboard]. トムがドラム[キーボード]をやかましくたたき続けていた．
4 大いに励む (*at*) ▪ Alice *banged away* all day *at* her assignment. アリスは一日中宿題に励んだ．
5 (...に)次々に質問を浴びせる ▪ The reporters *banged away at* the official during the press conference. 記者会見でリポーターたちが役人を質問攻めにした．

bang down 他 (...に)...をたたきつけて置く，たたきつける (*on*) ▪ Polly yelled and then *banged* the phone *down*. ポリーはわめいて電話をガチャンと切った ▪ He drained the glass and *banged* it *down* on the table. 彼はグラスを飲み干し，テーブルの上にたたきつけた．

bang in 他 ...をたたいて[ぶつけて]へこます[くずす] ▪ Who *banged* the side of the washing machine *in*? 洗濯機の横をへこませたのは誰か．

bang into **1** = BANG (...) against.
2 《口》...にばったり[偶然に]出会う ▪ I *banged into* my uncle in town today. 今日町でおじさんにばったり出会った．

― 他 **3** (物)を...に激しくぶつける ▪ I *banged* my car *into* a street light. 車を街灯にぶつけてしまった．
4 ...を...に激しく打ち込む ▪ He's been *banging* nails *into* the siding since the afternoon. 彼は午後からずっと羽目板に釘をがんがん打ち込んでいる．

bang off 他 (鉄砲)をズドンと撃つ，(音楽)をポンポンと弾く ▪ They *banged off* a gun at him. 彼らは彼に向けて鉄砲をズドンとぶっ放した ▪ She *banged off* music on a piano. 彼女はピアノで音楽をポンポンと弾いた．

bang on 圓 《英口》しつこく話し続ける (*about*)
▪ Is she still *banging on about* the neighbors? 彼女はまだ隣人のことをしつこく話しているのか．

bang out 他 《口》 **1** ジャンジャン音を出す ▪ The clock has begun to *bang out* twelve. 時計はポンポンと12時を打ち始めた．
2 (曲)を(ピアノで)ガンガン弾く ▪ The boys *banged out* pop songs on electric guitars. 少年たちはエレキギターでポップソングをガンガン奏でた ▪ She was at the piano, *banging out* the tune good and loud. 彼女はピアノに向かってその曲を弾きまくっていた．
3 (記事・話)をタイプライターで激しく打つ；を手早く書く ▪ He is *banging out* a story now. 彼は今物語をタイプで打ちまくっている ▪ Doris *banged out* four novels a year. ドリスは1年に4つの小説を手早く書きあげた．
4 《野球》(ヒット)をたたき出す ▪ Cliff *banged out* another single. クリフはまたもや単打をたたき出した．

bang up 他 **1** 《俗》(囚人)を独房に閉じ込める；を投獄する ▪ They *banged up* the prisoner. 彼らは囚人を独房に閉じ込めた ▪ He *was banged up* for fifteen years. 彼は15年間投獄されていた．
2 《米口》...に大損害を与える ▪ He *banged up* his car. 彼は自分の車をひどくこわした．
3 《口》(体の一部)を傷つける ▪ John *banged up* his knee playing baseball. ジョンは野球をやっていてひざをけがした．
4 《米俗》(女性)をはらませる ▪ It's OK to sleep with a girl so long as you don't *bang* her *up*. はらませさえしなければ女の子と寝てもいい．
― 圓 **5** (人)にぶつかっていく (*against*) ▪ He *banged up against* me. 彼は私にぶつかってきた．

banish /bǽnɪʃ/ ***banish* A *from* B** 〖しばしば受身で〗AをBから追い出す[排除する] ▪ British authorities *banished* him *from* the country. イギリス当局は彼を国から追放した ▪ The fear of death *was* gradually *banished from* my heart. 死の恐怖は徐々に私の心から消え去った．

***banish* A *to* B** 他 《戯》〖しばしば受身で〗A(人)をB (流刑地など)へ追放する ▪ John the Apostle *was banished to* the island of Patmos. 使徒ヨハネはパトモス島へ追放された．

bank¹ /bǽŋk/ ***bank in*** 圓 (恩恵)に浴する ▪ You may *bank in* the smiles of fortune. 君は幸運に恵まれるかもしれない．

***bank on* [*upon*]** 圓 《口》...に頼る，を当てにする (*doing*) ▪ You can *bank on* Collins if you need money. 金が入り用な時はコリンズを頼りにしてよい ▪ We can't *bank on* these brakes. このブレーキは頼りにならない ▪ Jerry McArthur was *banking on* acquittal. ジェリー・マッカーサーは放免を当てにしていた ▪ The man *banks on winning* wealth. その男は富を得ることを当てにしている.

bank on *a person doing* (他) 人が…するのを当てにする ▪ We were *banking on* him *coming* up with an idea. 我々は彼がアイディアを思いつくのを当てにしていた.

bank with …に金を預ける ▪ Who do you *bank with*? どの銀行に金を預けるのか.

bank[2] /bǽŋk/ ***bank up*** **1**…を積み上げる ▪ They *banked up* the snow. 彼らは雪を積み上げた.

2(灰などかけて)…に火をいける ▪ They *banked up* that furnace. 彼らはその炉に火をいけた.

3…をせき止める ▪ They *banked up* the river. 彼らは川をせき止めた.

— (自) **4** 積もる, 畝をなす ▪ Seaweed *banks up* along the water's edge. 海草が波打ちぎわに畝をなしている.

5 立ちのぼってたなびく ▪ The smoke was *banking up* in large clouds. 煙は立ちのぼり大きな雲となってたなびいていた.

banquet /bǽŋkwət/ ***banquet on*** (自) (ごちそう)を楽しむ ▪ They *banqueted on* butchered steers. 彼らは去勢牛の肉に舌鼓を打った ▪ He *banqueted on* flattery. 彼はへつらいを大いに楽しんだ.

banter /bǽntər/ ***banter*** *a person* ***out of*** 人をからかって[あざって]…を取る ▪ They *bantered* folks *out of* their senses. 人々をひやかして気を動転させた.

bar /báːr/ ***bar*** *a person* ***from*** (他) 人が…するのを妨げる[禁じる] (*doing*) ▪ We *are barred from trading* with these people. 我々はこれらの人々との通商を禁じられている.

bar in …を錠[かんぬき]で閉じ込める ▪ The horses *were barred in*. 馬はみなかんぬきで閉じ込められていた.

bar *a person* ***of*** (他) 人の…を奪う[じゃまする, 拒む] ▪ A disease *bars* us *of* some pleasures. 病気は我々からいくつかの楽しみを奪う ▪ Shall we *be barred of* our return? 我々の帰還がじゃまされるだろうか.

bar out (他) **1**(横木などで)…を締め出す ▪ Their crowded stems *barred* the sunlight *out*. それらの密生する茎が日光をさえぎった ▪ Undesirable persons should *be barred out*. 望ましくない人々は締め出すべきだ.

2 先生たちの入室を拒む《イギリスの生徒のストライキ》 ▪ It's no graver than a schoolboys' *barring out*. それは生徒の先生締め出しと同じ程度に他愛ない.

bar up (他) …をかんぬきで閉ざす ▪ All the windows *were barred up*. すべての窓はかんぬきで閉ざされていた.

bare /béər/ ***bare*** *A* ***of*** *B* (他) AからBをはぎ取る[ぐ] ▪ It *was bared of* all that is conventional. 因習的な物はすべてはぎ取られた.

barf /báːrf/ ***barf out*** (自) 《俗》うろたえる, 度を失う ▪ Terry *barfed out* when he heard of the sudden death of his mother. テリーは母親が急死したことを聞いたときうろたえてしまった.

barf up (他) 《俗》…を戻す, 吐く ▪ He *barfed up* his dinner because the food was spoiled. 彼は食べ物がいたんでいたので夕食を吐いた.

bargain /báːrgən/ ***bargain about*** [***over***] (自) …の値段について駆け引きをする ▪ The women were *bargaining about* the goods. 女性たちは品物の値段について駆け引きをしていた. ⇨ 売る場合は高く, 買う場合は安く.

bargain away (他) (物)をわずかな値段で手放す, ばかな取引で取られる ▪ Esau *bargained away* his birthright. エサウは自分の相続権をばかげた取引で取られた.

bargain down (他) **1**…を値切る ▪ I *bargained* the price *down* by $100. 値段を100ドルだけ値切った.

2(店員)と(交渉して)値切る ▪ She *bargained* the clerk *down*. 彼女は店員と交渉して値段を値切った.

bargain for **1**《口》〚主に否定文で, または more than を伴って〛…を期する, あてにする ▪ She got *more than* she *bargained for*. 彼女は予期したよりも多くの報酬を得た ▪ We *bargained for* better goods. もっと良い品のつもりだった ▪ We didn't *bargain for* so many people. 我々はそんなに多くの人を予期していなかった.

2…を安く買おうとする; を買う約束をする ▪ We *bargained for* the fish. 我々はその魚を買う約束をした.

bargain on (自) …を頼りにする; …するのをあてにする (*doing*) ▪ Don't *bargain on getting* any support from him. 彼の支持を得ることをあてにするな.

barge /báːrdʒ/ ***barge about*** [***around***] (自) 《口》乱暴に飛び回る ▪ A bat *barged around* for a while. コウモリはしばらく乱暴に飛び回った.

barge in (***on***) (自) (無礼に・ずかずかと)入る; 干渉する, おせっかいする ▪ We were sitting there when Evans *barged in*. 我々がそこに座っていると, エバンズがずかずかと入ってきた ▪ Has anyone ever *barged in on* you while you were in the shower? あなたがシャワーを浴びているとき誰かにずかずかと入られたことがありますか ▪ Sir, may I *barge in*? 差し出口をしてもよろしいか.

barge into (自) 《口》**1**(乱暴に)…とぶつかる ▪ He ran around the corner and *barged into* a stranger. 彼が走って角を曲がったら知らない人にぶつかってしまった.

2…にどかどかと入る, 乱入する ▪ He *barged into* the room without knocking. 彼はノックもせずにどかどかと部屋に入った.

3…とばったり出くわす ▪ He *barged into* us at the Mansion House. 彼は市長公邸で我々にばったり出くわした.

4(会話など)にぶしつけに口を出す, 割り込む ▪ She

barged into the conversation. 彼女はぶしつけに人の話に口を出した.

barge through 自 …を押し分けて進む ▪ He *barged through* the crowds. 彼は人混みを押し分けて進んだ.

barge up against 他 (障害)にぶつかる[ぶつける] ▪ You see what he *is barged up against*. 彼がぶつかった障害がどんなものかおわかりでしょう.

bark /bɑːrk/ ***bark at*** 自 **1** …に向かってほえる ▪ All the little dogs in the street *barked at* him. 街路の小犬はみな彼にほえた.
2 …をののしる ▪ He *barked at* me. 彼は私を痛罵した.

bark away [***back***] 他 …をほえて追い払う[追い返す] ▪ The dog *barked* the intruder *back* to earth. 犬はほえて侵入者(のノウサギ)を地中の穴に追い返した. ▪ He *barked away* a set of pilferers. 彼はほえてこそどろの一味を追い払った.

bark out 他 急に大声で…を言う ▪ The policeman *barked out* a warning. 警官は急に大声で警告した.

barrel /bǽrəl/ ***barrel along*** 自 猛スピードでぶっとばす, 疾走する ▪ The car was *barreling along* at amazing speed. 車は猛スピードで飛ばしていた.

barrel down 自 《米》(車が)猛スピードで走る ▪ The car was *barreling down* at 80 mph on the highway. 車は公道を時速80マイルで疾走していた.

barrel in [***into***] 自 高速で[…の中に]突っ込む ▪ He just *barreled in* without knocking. 彼はノックもしないで部屋に飛びこんできた ▪ Hurricane Dolly *barreled into* Texas on Wednesday. ハリケーン・ドリーが水曜日にテキサス州を急襲した.

barrel off 他 …をたるに移し入れる ▪ These *were barreled off*. これらはたるに移し入れられた.

barrel up 他 …を貯蔵する ▪ The tendrils of the cucumber *barrel up* the most cooling juices of the soil. キュウリのつるは土の中の最も冷たい液を貯蔵する.

barrier /bǽriər/ ***barrier in*** [***off***] 他 …を障壁で囲む[区切る] ▪ The tarn *was barriered in* by its stupendous crags. 山中の湖はすごく大きい岩の壁で囲まれていた. ▪ A space *was barriered off* by ropes. ある場所が綱で仕切られていた.

barter /bɑːrtər/ ***barter away*** …を(つまらないものと)交換に手放す, 安値で手放す (*for*) ▪ He *bartered away* plums *for* nuts. 彼はナッツと交換にアンズを手放した ▪ They *bartered away* their freedom. 彼らは自由を安売りした.

barter *A* ***for*** *B* (***with*** *a person*) (ある人と)AとBを交換する ▪ He *bartered* the jewels of his crown *for* food. 彼は王冠の宝石を食物と交換した.

base /beɪs/ ***base*** *A* ***in*** [***at***] *B* 他 [しばしば受身で] Aの拠点[本拠地]をBにする ▪ Many well-known banks *are based in* London. 多くの有名な銀行はロンドンを拠点としている ▪ I *was based at* a hotel during my stay in Toronto. トロント滞在中はホテルを根城にしていた.

base *A* ***on*** [***upon***] *B* 他 AをBの基礎の上におく, AをBに基づかせる ▪ His conclusion *is based on* these facts. 彼の結論はこれらの事実に基づいている ▪ The banknotes *were based on* gold. 紙幣は金に基礎をおいていた.

bash /bæʃ/ ***bash*** *A* ***againstst*** *B* 他 AをBにぶつける ▪ He accidentally *bashed* his head *against* a door. 彼はうっかり頭をドアにぶっつけてしまった.

bash … around [《英》***about***] 他 《口》…を手荒に扱う ▪ The carpenter was put in prison for *bashing* his wife *about*. その大工は妻を虐待したかどで投獄された.

bash away at 他 《英口》熱心に…と取り組む ▪ She's still *bashing away at* her doctoral dissertation. 彼女はまだ熱心に博士論文と取り組んでいる.

bash down 他 《英口》(ドア)をたたき壊す ▪ She complained that the police had *bashed down* her door. 彼女は警察がドアをたたき壊したと不満を言った.

bash in 他 …を激しく打ってへこます ▪ *Bash in* the lid of a box. 箱のふたをたたいてへこませよ.

bash into 他 《口》…に激突する ▪ The car *bashed into* a tree. 車が木に激突した.

bash on [***ahead***] 自 《英口》(煩わしい仕事を)熱心にがんばり続ける (*with*, *at*) ▪ I must *bash on with* this essay. この論文をがんばって仕上げなくちゃ ▪ He *bashed ahead at* a typewriter for three hours. 彼はがんばって3時間タイプライターをたたきつづけた.

bash out 他 《口》…を素早く量産する[書き上げる] ▪ The Yankees *bashed out* 18 hits at that match. ヤンキースはその試合で18安打を放った ▪ I *bashed* the article *out* the night before I had to hand it in. 私は論文を提出期限前日の晩に大急ぎで書き上げた.

bash up 他 《口》**1** (物)をぶちこわす ▪ He *bashed up* his car in the race. 彼はレースで車をぶっこわした.
2 《英》(人)をぶちのめす ▪ They *bashed* him *up* in the fight in the pub last night. 彼らは昨夜パブでけんかをして彼をぶちのめした.

bask /bæsk|bɑːsk/ ***bask in*** 自 …の恩恵にひたる, いい気持ちでいる ▪ For now, she is content to *bask in* her new-found fame. 目下彼女は甘んじて新たに手に入れた名声の恩恵にひたっている ▪ She *basks in* the admiration of her friends. 彼女は友人たちの賛美を浴びていい気持ちでいる.

bat /bæt/ ***bat along*** 自 《俗》(車などが)すいすい動く, 速く走る ▪ The puck *batted along* the surface of the ice. (アイスホッケーの)パックが氷の表面をすいすい走った.

bat around 他 **1** 《主に米》…をあてもなくぶらつく; 旅にまわる ▪ The kids were *batting around* the streets. 子供らは街路をぶらついていた.
2 (計画・考え)を詳細に考慮する, 論究する ▪ The

plan *was batted around* for weeks. その計画は何週間も詳細に練られた.
3《ボール》を乱打する ▪ We *batted* the tennis ball *around* this morning. 我々は今朝テニスボールを乱打した.
— 自 **4**《野球・俗》(1イニングに)打者が一巡する ▪ They all *batted around*. 彼らは打者が一巡した.
5《口》あちこち走りまわる ▪ I've been *batting around* all morning. 私は午前中走りまわっていた. ☞しばしば疲れたことを暗示する.

bat...back and forth 他 《口》(思いつき・計画など)をあれこれ議論する, 思い巡らす ▪ They had plenty of time to *bat* ideas *back and forth*. 彼らはいろんな考えを思い巡らす十分な時間があった.

bat in 他 《野球》(点)をたたき出す, 打点をあげる, (走者)をかえす ▪ Tim *batted* the runner *in* with a grounder. ティムはゴロで走者をかえした.

bat out 他 《俗》…を急いで作成する, さっさと書く ▪ *Bat* me *out* a memo, please. 急いでメモを書いてください.

batten /bǽtən/ ***batten upon [on]*** 自 **1**…をむさぼり食う, どっさり食べて太る ▪ The sheep *battened upon* the herbage. 羊は草を食べて太った.
2…のすねをかじる, に寄食する, を犠牲にして栄える ▪ The boy *battened upon* his father. 少年は父のすねをかじった ▪ He has been *battening on* his rich relatives. 彼は富裕な親族を食い物にして私腹を肥やしている.

batter /bǽtər/ ***batter about*** 他 …を手荒く扱う ▪ The old car *was battered about* by the driver. その老朽車は運転手によって手荒に扱われた.

batter down 他 …をたたきつぶす ▪ They *battered down* the door. 彼らはドアをたたきこわした.

batter up 他 《主に米》…をぶっこわす, だめにする ▪ He *battered up* his car in the race. 彼はレースで車をぶっこわした.

battle /bǽtl/ ***battle down*** 他 …と戦って絶滅させる ▪ Great evils must *be battled down*. 大きな悪弊は戦って絶滅しなければならない.

battle with [against] …と交戦する ▪ The Germans *battled with* the English. ドイツ軍は英軍と戦った.

baulk /bɔːlk/ = BALK.

bawl /bɔːl/ ***bawl out*** **1**…と声をかぎりに叫ぶ, 大声で叫ぶ ▪ "I will fling you out of the window," *bawled out* Mr. Pen. 「窓からほうり出すぞ」とペン氏は大声で叫んだ.
2…をひどく[大声で]しかる ▪ In private he *bawled* me *out* for my rashness. 彼は内緒で私の無分別をひどくしかった ▪ The teacher *bawled* him *out* for being late again. 彼はまた遅刻して先生にしかりとばされた.

be /biː/ ***be about*** *a thing* 自 …に従事している ▪ What *are* you *about* here? ここで何をしているのか ▪ I must *be about* my father's business. 父の仕事をしなければならない.

be awry from 自 …に反する ▪ Nothing is more *awry from* the law of God. これほど神のおきてに反するものはない.

be between 自 **1** 2者の中間に位置する ▪ Green *is between* blue and yellow. 緑色は青色と黄色の中間色である ▪ It *was between* cheese cake and apple pie. チーズケーキともアップルパイとも似つかない代物だった.
2 2者の間だけの秘密である ▪ Everything I've told you *is* strictly *between* you and me. 君に今言ったことは一切君と僕との二人だけの話だ.

be in 自 **1**人気がある, 流行している ▪ Miniskirts *are in* again at the moment. 今またミニスカートがはやっている.
2(職場・家で)手がすいている ▪ Please tell me when Mr. Hill will *be in*. I'd like to talk to him soon. ヒル氏はいつお時間がとれるか教えてください. 至急お話がありますので.

be in at 自 **1**ことが起きるときに居合わす ▪ He *was in at* the start of CBC-TV. 彼は CBC テレビ局開局のときに出演していた.
2…に出席している ▪ I *was in at* the session. 私はその集いに参加していた.

be in for 自 **1**…をまさに経験しようとしている《善悪両方の意味》; に直面している ▪ We *are in for* the biggest boom. 我々は大好景気を迎えようとしている ▪ You look as if you *are in for* a cold. 君は風邪でも引きそうな顔をしている.
2(試験など)を受けることになっている, 受けねばならない ▪ We *are in for* the terminal examination. 我々は学期末試験を受けねばならない.
3…をしている ▪ What *were* you *in for*? あなたは何をしていたか.
4(給料など)を受ける ▪ The new recruits *are in for* a better starting salary than last year. 新入社員たちは昨年より初任給がよい.
5(失望・驚きなど)を経験する ▪ They will *be in for* similar surprises. 彼らは同じような驚きを経験するだろう.
6(金額などが)…とある ▪ The request *is in for* $5,000. 要求額は5千ドルとある.
7(競争など)に参加している ▪ We *are in for* the competition. 我々はその競争に加わっている.
8…の負債をしている ▪ He *is in for* £1,000. 彼は 1,000ポンドの負債をしている. ☞昔, 負債のため入牢したことから.
9…にはまりこんで引くに引かれぬ ▪ I *am in for* a quarrel. 私はけんかに巻き込まれて引くに引かれない ▪ We *are in for* a speech. 我々は演説をせねばならないはめにある.

be [get] in on 自 《口》**1**(重要な事柄など)に関与[参加]している ▪ I'd like to *be in on* the discussion too. 私もその話し合いに加わりたい ▪ The lawyer says he *wasn't in on* any fraud. その弁護士はいかなる詐欺にも関わらなかったと言う ▪ Why don't you *get in on* the plan? その計画に加わってはどうかね.
2…を関知している, 知っている ▪ He *is not in on*

all the activities. 彼はすべての活動を関知してはいない.
be in with 🔂 **1** …と親しい ▪ He *is in with* many influential people in the town. 彼は町の多くの有力者たちと親しい.

2 …と一致している, 合っている ▪ The modern church *is in with* the ancient fishing village. 近代的な教会が古い漁村に実にしっくり調和している.

3 …と協同[協力]している ▪ He has *been in with* them in all their schemes. 彼は彼らの計画のすべてに協同一致していた. ☞2の例文のように well が入って「全く, ぴたりと」の意を出すことがよくある.

be into 🔂 《口》…に熱中している, 関心を持っている ▪ My wife *is* really *into* yoga. 家内はヨガにはまっちゃってる.

be into *a person for* 🔂 《米口》人に(いくらの)借りがある ▪ I *am into* him *for* $1,000. 私は彼に1,000 ドルの借りがある.

be off for 🔂 《口》(…が)ある, (を)そなえている ▪ How *are* we *off for* sugar? 砂糖はどのくらいありますか.

be off with 🔂 (人が)…とは手が切れている, 関係がなくなっている ▪ She *is off with* her former husband. 彼女は前の夫とは手が切れている.

be [go, keep] on about 🔂 《口》…のことをうるさく話す, こぼす; くどくど言う ▪ She *is* always *on about* washing your hands. 彼女はいつも手を洗えとうるさく言う ▪ What *are* you *on about*? 何をこぼしているのか.

be [go, keep] on at *a person* (*to do*) 🔂 《口》人に(…するように)しつこく言う, がみがみ言う ▪ His wife *is* always *on at* him not to drink. 彼の妻は彼に酒を飲むなといつもしつこく言っている.

be on for 🔂 《口》喜んで…に参加する ▪ *Are* you *on for* a row on the river? 川でボートをこいでみませんか.

be on to 🔂 《口》 **1** (人の心)をよくのみ込んでいる ▪ We're all *on to* him. 我々はみんなあの男の心はよく知っている.

2 (人)にがみがみ言う, 小言を言う ▪ She's always *on to* me. 彼女はいつも僕にがみがみ言う.

3 (事実)をよく知っている ▪ Everybody has *been on to* that for some time. 誰もだいぶ前からそのことは知っていた.

4 …と話している, 連絡をとっている ▪ I have just *been on to* the head office about the matter. 私はその件についてちょうど本社と連絡をとっていた.

be on with *a person* 🔂 《口》人の相手になりたがっている ▪ He's *on with* Alice. 彼はアリスに夢中だ.

be onto *a person* 🔂 《口》人の犯罪[たくらみ]に感づいている ▪ I knew the police would *be onto* them. 警察が彼らの悪事に気づいていると分かっていた.

be onto *a thing* 🔂 よい結果が得られる, にありつける ▪ We believe that we *are onto* something big. 何かすばらしい成果があがると確信している.

be out for 🔂 《口》…を得ようと努める; に加わろうとする ▪ They *are* all *out for* a victory. 彼らはみんな勝利を得ようとやっきになっている ▪ He *was out for* the football team. 彼はフットボールのチームに加わろうとしていた.

be out with 🔂 …と不和だ, 仲たがいしている ▪ If you *are out with* him, then I shall not visit him. 君があの男と仲たがいしているのだったら, 僕はやつの所へ行くまい.

be over with 🔂 終わる ▪ I'm glad the work *is over with*. 仕事がすんでありがたい.

be up for 🔂 **1** 《米口》(選挙などに)出馬している, (試験など)を受けている ▪ He *is up for* reelection. 彼は再選挙に出馬中だ ▪ Those problems *are up for* discussion. それらの問題は討議に付されている.

2 (活動などに)参加したい; …ができる ▪ We're going on a hike next Sunday. *Are* you *up for* it? 僕たち今度の日曜にハイキングに行くんだ. 来る気ないか? ▪ After a long day of hard work, he *wasn't* really *up for* a party. 長い一日の激務のあと彼はどうもパーティーに行く気はしなかった ▪ The question is: *are* you *up for* it? 問題は君にそれができるかということだ.

be up in [《米》*on*] 🔂 《口》…に精通している, よく知っている ▪ He *was* most *up in* those subjects. 彼はそれらの学科に一番精通していた ▪ My brother-in-law *is* really *up on* computers. 義理の兄は実にコンピューターにくわしい.

be up to 🔂 **1** …に達して[伍して]いる ▪ The harvest of this year *was up to* a full average. 今年の収穫は十分平年作に達していた.

2 《口》…の義[責]務となっている, 次第である ▪ It *was up to* him to do this thing. あれをやるのが彼の義務だった ▪ The success of this project *is* entirely *up to* you. この計画の成功はすべて君にかかっている.

3 …ができる ▪ He *was up to* any villainy. 彼はどんな悪事でもやれた.

4 …に対処することができる ▪ We *were up to* their tricks. 我々は彼らのぺてんなどに乗りはしなかった.

5 (悪事など)をしきりにしようとしている; …に従事している ▪ He's *up to* no good. 彼はよからぬことをやっている ▪ What's the old 'un *up to*, now? おやじは一体何をやらかしているのだろう ▪ What have you *been up to* lately? 近頃はどうしているかい.

6 …に精通している ▪ Sam *was* not *up to* many things about horses. サムは馬のことは多くは知っていなかった.

7 《英・方》(人)に仕返しする ▪ I'll *be up to* you. おまえに仕返ししてやるからな.

8 《パブリックスクール》…のクラスにいる ▪ He *is up to* Mr. Star. 彼はスター先生のクラスにいる. ☞Eton 校の用語.

be up (*with*) 🔂 《口》(…に)面倒が起きて, 故障して ▪ I can tell something *is up* from the look on her face. 彼女の表情からしてきっとどこか調子が悪いのだろう ▪ What's *up with* my laptop? Please help! 私のラップトップ, どうなったのかしら. お願い, 助けて.

be well up in 📵 《口》…に通じている ▪ He *is well up in* the law. 彼は法律に通じている.
be with *a person* 📵 《口》**1**（人のいうことを）理解している ▪ I'm sorry, but I'*m* not *with* you. 申しわけないが君の言うことが分からない ▪ *Are* you *with* me?—No, you've lost me. 分かっているか?—いや、ついて行けない.
2 人と同意見である ▪ It's a fine dance.—I'*m with* you there. みごとなダンスだ—その点では君の言う通りだ.
3 人を訪問する ▪ He will *be with* you in two or three weeks. 彼は2, 3週間したらあなたを訪問するでしょう.
4（少し待たせた後で店員が）客に対応する ▪ I'm just serving this lady. I'll *be with* you in a minute, sir. ただ今、このご婦人のご用を承っておりますので、しばらくお待ちください、お客さま.
5 人に復しゅうする ▪ I will *be with* him for that yet. いまに彼にその復しゅうをしてやるぞ.
beacon /bíːkən/ ***beacon off*** [***out***] 🈷 …に灯台（標識）を設ける ▪ The Boers have *beaconed out* a boundary. ブーア軍は境界線に灯火標識を設けた.
bead /bíːd/ ***bead up*** 📵 玉になる; じゅずつなぎになる ▪ Sweat started to *bead up* on my forehead. 額に玉のような汗が浮かんできた.
beam /bíːm/ ***beam at*** 📵 …に微笑みかける ▪ The girl *beamed at* the principal as she received the award. 少女は賞を受けながら校長先生ににっこりした.
beam down 🈷 **1**（SFで）…を瞬間移動で宇宙船から惑星に送る ▪ We *beamed down* reinforcements. 我々は瞬間移動で宇宙船から惑星に援軍を送った.
2 …を転送する ▪ Satellites *beam* the signal *down* to antennas. 衛星がシグナルをアンテナに転送する.
beam to 🈷 《放送》…を…に向けて送る ▪ The game *was beamed* live from Beijing *to* Japan by satellite. その試合は北京から日本へ衛星放送で生中継された.
beam up 🈷 **1**（SFで）…を瞬間移動で宇宙船に戻す ▪ It was time to *beam up* the landing party. 着陸部隊を瞬間移動で宇宙船に戻すべき時だった.
2 …を転送する ▪ This party is so boring! *Beam* me *up*, Mark! このパーティーはとても退屈だ、マーク、おれを転送してくれ.
— 📵 **3** 死ぬ ▪ I'm afraid he's too young to *beam up*. 奴はまだくたばる年ではないと思うがな.
bear /béər/ ***bear…across*** 🈷 …を支えて渡す ▪ The bridge *bore* us *across* the crevasse. その橋のおかげで我々は氷河の深い裂け目を越えることができた.
bear away 🈷 **1** …を持ち去る ▪ The child *was borne away* by the beggar. 子供はその浮浪者にさらって行かれた.
2（賞）を取る ▪ Tom *bore away* several prizes at the sports meeting. トムは運動会で数個の賞を得た.
3 …を有頂天にする ▪ She *was borne away* with joy at the news. その知らせを聞いて彼女はうれしくて我を忘れた.
— 📵 **4**《海》出て行く、進路を変えて他の方に向かう ▪ The voyagers *bore away* for France. 航海者たちはフランスへ向けて出港した.
bear back 📵 **1** 退く、あとへ下がる ▪ *Bear back* there, please. そこの方々どうぞそちらへ行ってください.
— 🈷 **2** …を制してあとへ下がらせる ▪ The crowd *was borne back* by the police. 群衆は警官隊に押し戻された.
3 …を持ち帰る ▪ He *bore back* the news. 彼がそのニュースを持ち帰った.
bear down 📵 **1** 大いに努力する、全力をあげる ▪ The driver *bore down* to control the horse. 御者は馬を押さえようと大奮闘した.
2（女性が）お産にいきむ ▪ The nurse told Mary when to *bear down*. 看護師はメアリーにいきむ時を教えた.
3《海》追い風で（…の方に）帆走する ▪ We *bore down* to them. 我々は彼らの方へ追い風で帆走した.
— 🈷 **4** …に重くのしかかる、を圧服［圧倒］する ▪ The heavy cost seems to *bear* him *down*. 多額の入費で彼はまいっているようだ ▪ His zeal *bore down* all opposition. 彼の熱意がすべての反対を圧服した.
bear down on [***upon***] 🈷 **1** …に強く迫る、押し寄せる; を圧迫する ▪ We *bore down on* the left wing of the enemy. 我々は敵の左翼に強く迫った ▪ The storm was *bearing down on* us. 嵐が迫ってきていた ▪ People *bore down upon* the newsstand. 人々は新聞売店に殺到した.
2 …を押さえつける、にのしかかる、圧力を加える ▪ He *bears down upon* the scales at 80 kilograms. 彼は体重が80キロある ▪ The weight was *bearing down on* his chest. その重みが彼の胸にのしかかっていた ▪ I am afraid I have been *bearing down on* you. 少しあなたを苦しめていたようですね.
3《海》（船が風上から他船に）近づく、向かって来る ▪ Our fleet *bore down upon* them. わが艦隊は彼らに接近した ▪ The bomber *bore down on* the landing strip. 爆撃機が滑走路に近づいた.
4 …を強調する ▪ His lecture *bore down on* economic causes. 彼の講演は経済的原因を強調した.
5 …をきびしく罰する ▪ The court must *bear down upon* the criminal. 法廷はその犯人をきびしく罰しなければならない.
bear in with 📵《海》（船が）…にだんだん接近する ▪ The ship *bore in with* the land. 船は陸地にだんだん接近した.
bear left [***right***] 📵《英》左側［右側］を通行する ▪ *Bear left* when you reach the school. 学校まで来たら左側を行きなさい.
bear off 📵 **1** 徐々に離れる、遠ざかる ▪ The road *bears off* towards the left. 道は左の方へ折れて遠ざかっていく.
2（船・車が）方向［進路］を変える ▪ Be careful not to

bear off too sharply. 急に大きく方向転換をしないようにをつけよ.
— 他 **3** …に耐える ▪ He bore it *off* well. 彼はそれによく耐えた.
4 …を持ち去る, 奪い取る ▪ They bore *off* the plunder. 彼らは略奪品を持ち去った. ▪ The clever boy bore *off* every prize. その利口な少年はあらゆる賞をかっさらった.

***bear on* [*upon*]** 他 **1** …に関係[影響]する ▪ This marriage bore much *on* the history of Britain. この結婚は英国史に大いに影響した.
2 …へのしかかる, を苦しめる, を押しつける ▪ Taxation bears heavily *on* the poor. 課税がひどく貧乏人の重荷になっている ▪ I bore hard *on* his contrition. 彼の悔恨の心をひどく苦しめた.
3 …に向かう ▪ Bring your whole energy to bear *upon* the work. その仕事に全精力を集中せよ.
4 …に効く《作用する》 ▪ The ship's guns do not bear *upon* the forts. その艦の砲は要塞には効かない.
5《古》…に横にぶつかる ▪ Two ships received damage by bearing *upon* one another. 2隻の船が互いに横にぶつかって損害を受けた.

bear out 他 **1**(事実・人)が人の言を確証[裏書き]する ▪ He was present and can bear me *out*. 彼はそこにいたのだから私の言を確証してくれることができる ▪ These facts bear *out* what I said yesterday. これらの事実が私がきのう言ったことを裏書きしている.
2 …を支持する ▪ Every one will bear me *out* in saying so. 人はみな私がそう言うのを支持してくれるだろう.
3《文》…をかつぎ出す ▪ They bore *out* the body. 彼らはその死体をかつぎ出した.
— 自 **4**(色が効果的に)出る ▪ The colors of pigments bear *out* with different effects. 絵具の色はその出具合にいろいろ異なった趣がある.
— 他自 **5**《海》(海へ)出す, (海に)向かう (*to sea*) ▪ The ship bore *out to sea*. 船は海の方へ出て行った ▪ We bore her *out to sea*. 我々は船を沖へ出した.

bear right →BEAR left.

bear up 他 **1**《文》…を持ち上げて運ぶ ▪ She bore *up* her train. 彼女はすそをからげて歩いた.
2 …を支持する, 元気づける ▪ Bear *up* our honor at sea. 我々の海上の名声を落とさぬようにせよ ▪ What hope have you to bear you *up*? 君を元気づけてくれるようなどんな希望があるか.
— 自 **3**(力を落とさないで)耐える, なんとかがんばる (*against*, *under*) ▪ She bore *up* well under the misfortune. 彼女は不幸にあって立派に耐えた ▪ I have to bear *up against* my loss. 自分の損失をがまんしなければならない.
4《英》元気だす, 朗らかになる ▪ Bear *up*, your troubles will soon be over. 元気をだしなさい, あなたの悩みの種はじきになくなりますよ.
5《海》うわてかじを取って船を風上へ向ける, (の方に)向かう (*for*, *to*) ▪ Nelson bore *up* under all sail *for* Alexandria. ネルソンは満帆に風を受けアレキサンドリアに向かった ▪ You must bear *up*. 船を風上に向けねばなりません.

bear with **1** …をがまんする ▪ He bears well *with* poverty. 彼は貧困によく耐える ▪ Bear *with* me, my heart is in the coffin with Caesar. 辛抱してください, 私の心はひつぎの中にカエサルとともにいるのです.
2 …を酌量する ▪ We must bear *with* his weakness. 我々は彼の弱点は大目に見てやらなければならない.

beat /biːt/ ***beat about* [*around*]** 自 **1** (…を, しようと)探し回る (*for*, *to do*) ▪ I beat *about* to find an honest man. 正直者を見つけようと探し回った ▪ We beat *about for* a solution to the problem. 我々はその問題の解決策を探し求めた. ☞「(獲物を出すため)たたき回る」が原義.
2《海》風上に間切って進む ▪ The winds were contrary; we had to beat *about*. 逆風だったので我々は風上に間切って進まねばならなかった ▪ They still beat *about* in the boisterous seas of life. 彼らはなおも人生の荒波に逆らって進んだ.

beat at 自 …をドンドンたたく ▪ He beat *at* the door. 彼は戸をドンドンたたいた.

beat away 他 **1** …をどんどん打ち続ける ▪ Beat the rascal *away*. その悪者をどんどん打ってやれ.
2 …を打ち払う, 追い払う ▪ Try to beat those flies *away*, will you? 少しのハエを追っ払ってみてくれないか.
3(鉱山)(特に固い土地)を掘り起こす.

beat back **1** …を打って退かせる ▪ We beat *back* the flame. 我々は火炎をたたいてくいとめた.
2 …を撃退する, 追い返す[払う] ▪ The attackers were soon beaten *back*. 攻撃者たちはまもなく撃退された.
3 …をはね返らせる ▪ Beams are beaten *back* from bodies against which they strike. 光線はぶつかった物体からはね返る.

beat down 自 **1**(雨・光が)激しく注ぐ (*on*, *upon*) ▪ The sun beat *down upon* us with force. 日光が我々に強く照りつけた ▪ The rain beat *down* on the roof of the hut. 雨が小屋の屋根を激しくたたいた.
— 他 **2** …を打ちこわす ▪ One whole side of the castle had *been beaten down*. 城の一方が全部打ちこわされていた.
3 …を打ち倒す; を鎮圧する ▪ The heavy rain beat *down* the lilies. 豪雨がユリを打ち倒した ▪ The rebellion *was beaten down*. 反乱は鎮圧された.
4《口》(値)を値切る, (人)に値をまけさせる ▪ I tried hard to beat *down* the price. 私は値切ろうと一生懸命努めた ▪ I beat him *down* to 10 pounds. 彼に10ポンドにまけさせた.
5(施設・意見)をくつがえす ▪ Democracy has *been beaten down*, and monarchy established. 民主政治がくつがえされ, 王政が樹立された.

beat a person down 他 人に対して値切る ▪ I managed to beat him *down* in price. 私はなんとか彼に値をまけさせた. ☞ beat a person down in price ともいう.

beat in 他 **1** …に打ち込む, たたき込む ▪ He beat a

nail *in* the wall. 壁に釘を打ち込んだ.

2 …をかきまぜて入れる, まぜ混む ▪ First put the flour into the bowl, and then *beat* the eggs *in*. まず小麦粉をボールに入れ, それから卵をかきまぜて入れなさい ▪ *Beat in* sugar and eggs until well blended. 砂糖と卵をよく混ざるまでかき回して入れなさい.

3 …を教え込む ▪ We try hard to *beat* the idea *in*. その考えを教え込むよう大いに努める.

4 …をたたきこわす ▪ An ax-blow would even *beat in* a shield. おのの一撃は盾でさえたたきこわすであろう.

beat *A* ***into*** *B* [他] AをBに入れてかきまぜる ▪ I *beat* the eggs *into* the milk and flour gently, so that the batter didn't get too stiff. パンのたねが固くなりすぎないように卵を牛乳と小麦粉の中に入れて静かにかきまぜた.

beat *a person* ***into*** [他] 人をなぐって…させる ▪ I *beat* him *into* industry. 彼をなぐって勤勉にした.

beat *a thing* ***into*** *a person* [他] 人(の心)にあることをたたき込む, 教え込む ▪ He *beat* the hatred of learning *into* them. 彼は学問に対する憎悪を彼らにたたき込んだ.

beat off [他] **1** (打撃・攻撃・射撃で)…を撃退する, 打ち払う ▪ The town cannot *beat* them *off*. 町民は彼らを撃退することができない ▪ Night has *beaten off* bright day. 夜が明るい昼を追い払った.

2 《米俗》(男性が)自慰をする.

beat on [***upon, against***] [他] **1** (長時間)…に打ち続ける, に(音などが)迫る ▪ The rain was *beating against* the window. 雨はずっと窓を打ちつけた ▪ The sun *beat upon* the head of Jonah. 太陽はジョーナの頭に照りつけた.

2 …に何度も襲いかかる, 波状攻撃する ▪ The ranks *beat on* the enemy's forces. 一隊また一隊と敵軍に襲いかかった.

beat out [他] **1** (力・戦いで)…を追い出す ▪ They gave us a helping hand to *beat out* enemy. 彼らは敵を追い出すのに援助の手を差しのべてくれた.

2 (リズム・曲など)をたたいて出す ▪ A boy was *beating out* a tune on a tin can. 少年がブリキ缶を打ち鳴らして曲を奏していた.

3 (火など)をたたき消す, 踏み消す ▪ The grass caught fire, but we soon *beat* it *out*. 草に火がついたが我々はすぐたたき消した.

4 (金属など)を打って引き延ばす, ふくらます ▪ The dent on the wing of the car can *be beaten out*. 車の泥よけのへこみは打って直すことができる.

5 《野球》内野ゴロを打って[バントをして]ボールが来ないうちに塁に達する ▪ Stephen *beat out* a slow roller. スティーブンはゆるいゴロを打って内野安打にした.

6 (道)を最初に通って開く, の先達となる ▪ They were *beating out* new untraveled ways. 彼らは人跡未踏の新しい道を切り開いていた.

7 (物)を打ち出す, たたき出す ▪ I'll *beat out* your brains. 頭をぶち割ってやるぞ.

8 …を敷衍(ふえん)する; を苦心して考え出す, 深く真相を究める ▪ We *beat out* the bottom of the matter. 我々はそのことの真相を究めた.

9 …を打穀する ▪ She *beat out* what she had gleaned. 彼女は拾った落ち穂を打穀した.

10 〚主に受身で〛…を完全に圧倒する, へとへとにする ▪ He *was beaten out* by the work. 彼は仕事ですっかり疲れた.

11 …を鼓動で測る ▪ The clock *beats out* the lives of men. 時計はカチカチ打って人生をきざむ.

12 《米口》…に先手を打つ, 勝つ, をだしぬく ▪ In starting *beat out* the pistol. スタートを切る時は合図のピストルより遅れるな ▪ This *beats out* all creation! これには何物だって顔まけだ《こいつはたまげた》.

beat … out of *a person* [他] 人をたたいて…を白状させる ▪ Denis claimed that his confession had *been beaten out of* him by the police. デニスは自分が白状したのは警察に殴られたからだと主張した.

beat *a person* ***out*** (***of***) [他] **1** (…から)人をたたき出す ▪ I *was beat out of* this retreat. 私はこの隠れ家からたたき出された.

2 人をだまして…を手に入れる ▪ He *beat* his uncle *out of* a hundred dollars. 伯父さんをだまして100ドル手に入れた.

3 人を殴って…をやめさせる ▪ I cannot *beat* him *out of* the habit. 彼をいくらなぐってもその癖は直せない.

beat *A* ***out of*** *B* [他] 〚主に受身で〛無理やりB(人)にAを言わせる ▪ He claims the confession *was beaten out of* him. 彼はその自白は強要されたものだと主張している.

beat *a person* ***to*** [他] 人より先に…に着く ▪ Beckham *beat* everyone else *to* the ball. ベッカムは他の誰よりも早くボールに達した.

beat up [他] **1** (卵など)をよくかきまぜる ▪ *Beat up* the egg in this wine. この酒の卵をよくかきまぜなさい《卵酒にしなさい》.

2 (太鼓をたたいて)…を集める, 募る ▪ Run and *beat up* the men quickly. 走って行って早く人夫を集めよ ▪ *Beat up* pecuniary help outside. 外部からの金銭上の援助を募れ.

3 …を奇襲する ▪ Be careful not to *be beaten up* by the enemy. 敵に奇襲されないよう注意せよ.

4 …を踏みにじる ▪ The wicket *was* considerably *beaten up* later. 三柱門はそののち相当ひどく踏みにじられた.

5 《口》…をひどくなぐる, 乱暴する ▪ He became a marked man and *was* eventually *beaten up*. 彼は注意人物となり結局ひどくなぐられた.

― [自] [他] **6** 《海》風上に間切る ▪ He *beat up* to windward. 彼は風上に間切った ▪ We kept *beating* the ship *up*. 我々は船を風上に間切って進ませ続けた.

beat up and down [自] あちこち走り回る ▪ We *beat up and down* and got tired. あちこち走り回って疲れた.

beat up on [他] **1** 《米口》…を何度も殴る[ける] ▪ Bill and his brother are always *beating up on* each other. ビルと弟はいつも殴りあっていた.

2 …を責める, 攻撃する; を虐待する, いじめる ▪ I have no mind to *beat up on* single mothers. 私はシン

グルマザーを責める気持ちはありません.

beaver /bíːvɚ/ ***beaver away*** 圓 《口》せっせと働く, 熱心に取り組む(*at*) ▪ He was *beavering away at* his homework until after midnight. 彼は夜中過ぎまで熱心に宿題と取り組んでいた.

beckon /békən/ ***beckon ... on*** 圓 …をさし招く ▪ They *beckoned* us *on* in the paths. 彼らはその経路をたどって来るようにと我々をさし招いた.

beckon to …に手招きする, 合図する ▪ She *beckoned to* me to join her. 彼女は私においでと手招きした.

become /bɪkʌ́m/ ***become of*** 圓 〚What(ever)を伴って〛…はどうなるか ▪ *What* will *become of* this? これはどうなるのだろうか ▪ *What* has [is] *become of* him? 彼はどうなったのか; 《俗》彼はどこへ行ったのか.

bed /bed/ ***bed down*** 圓 **1** 《米》(牛などが)寝床につく ▪ The great herd *bedded down*. 牛の大群が寝床についた.

2 (制度などが)確立する, 定着する ▪ It will take a little time for the new Assembly to *bed down*. 新しい議会がうまく定着するまでには, もう少し時間が必要だろう.

3 (土などが)固まる ▪ The potting soil *bedded down*. 鉢植え用土が固まった.

—他 **4** (馬・牛など)にわらを敷いて寝かす ▪ He *bedded down* his horse with straw. 彼はわらを敷いて馬を寝かせた.

5 (旅人)を宿泊させる ▪ We *bedded down* the traveler for the night. その旅人を一晩泊めてやった.

6 …と寝る, 性交する ▪ I think he *bedded* her *down* once. 彼は彼女と一度寝たと思うよ.

—他 **7** (兵士・旅行者などが)間に合わせの寝床につく[つかせる], 普段と違う所で寝る ▪ We *bedded down* for the night. 我々はその夜, 間に合わせの床についた ▪ The troops were *bedded down* in a barn. 兵士たちは納屋に寝かされた ▪ Campers *bedded down* in sleeping bags. キャンパーたちは寝袋にくるまって寝た ▪ They had to *bed down* in the fields. 彼らは野宿しなければならなかった.

bed in 他 (軍)(砲など)をしっかりと地に据える, 台に固定する ▪ The guns *were* firmly *bedded in*. 大砲はしっかりと地に据えられた.

bed on 圓 …に休む, 頼る ▪ The rail *beds on* the ballast. レールはバラストの上に敷かれている.

bed out 他 **1** …を花壇[苗床]に植える ▪ It is time for us to *bed out* these roses. もうこれらのバラを花壇に植えるときである.

2 (苗木)を温室から畑へ移植する, 定植する ▪ The weather is fine; let's *bed out* our tomatoes. 天気が良いからうちのトマトを畑へ移植しよう.

bed with 圓 …と性交する, いっしょに寝る ▪ I'm keen on him, but I haven't *bedded with* him. 私は彼が大好きだけど, まだ寝たことはないの.

beef /biːf/ ***beef about*** 圓 《俗》…について不平を言う ▪ He is always *beefing about* the amount of work. 彼はいつも仕事の量に不平を言っている.

beef up 他 **1** 《米口》…を増強する ▪ Smith wants to *beef up* his editorial pages. スミスは論説面の強化を欲している.

2 …を改善する ▪ Could you try to *beef up* your article a bit? あなたの論説に少し手を加えてみてくれませんか.

beer /bɪər/ ***beer up*** 圓 《俗》ビールを多量に飲む ▪ Stop *beering up* and go home! ビールはほどほどにして家に帰れ.

beetle /bíːtl/ ***beetle off*** 圓 《口》急いで[飛んで]行く, 急いで立ち去る ▪ The children *beetled off* into the garden and played. 子供らは庭へ飛んで行って遊んだ.

beg /beg/ ***beg for*** 他 **1** …を請う ▪ I *beg* (you) *for* mercy. どうかお慈悲を.

2 …をくださいと言う ▪ He *begged* (the people) *for* bread. 彼は(人々に)パンをくださいと言った.

beg A of [from] B 他 B(人)にA(物)を請う ▪ I *beg* a favor *of* you. お願いがあります ▪ He *begged* money *of* his uncle. 彼はおじに金をせがんだ ▪ I cannot *beg* money *from* my neighbors. 私は近所の人に金の無心はできません. ☞ *from* を用いるのは最近の用法.

beg off 圓 他 **1** (義務・約束などを)言い訳して断る, ごめんこうむる; (…すること)を断る(*doing*) ▪ Will you listen to my speech?—I must *beg off* now. 私の話を聞いてくれませんか—今はごめんこうむりたいですね ▪ She *begged off attending* the party at the last moment. 彼女はパーティーへの出席を土壇場でキャンセルした.

—他 **2** 懇願して(人)を赦免[免除]してもらう ▪ He *begged* me *off* from insult. 彼のとりなしで私は侮辱を免れた.

begin /bɪɡín/ ***begin as*** 圓 **1** …として職歴を始める ▪ My father *began as* a farmhand in Ohio. 父はオハイオ州の農場労働者から身を起こした.

2 最初は(別物)である ▪ What *began as* a whisper has swelled into a chorus of millions calling for change. 始めは一人の呟きだったのが広がって変革を求める何百万人もの大合唱となった.

begin at 圓 …から始める ▪ Please *begin at* page 5. どうぞ5ページから始めてください ▪ The bidding *began at* £50. 競りは50ポンドから始まった.

begin by doing 圓 …で始める, 手始めに…する ▪ The king *began by banishing* 100 families. 王は手始めに100家族を追放した.

begin on [upon] 他 **1** …に着手する ▪ He *began on* a piece of work. 彼は一つの仕事に着手した ▪ The lawyer has already *begun on* another case. その弁護士はすでに別件に着手している.

2 《口》…を攻撃する, 襲う ▪ All the company *began upon* him. 仲間はみな彼を攻撃した.

begin with 圓 **1** …から始める ▪ *Begin with* No. 1. 「隗(かい)より始めよ」.

2 …で始まる[始める] ▪ The day *began with* bad news. その日は凶報で始まった.

3 《米》…と比較になる ▪ Our women cannot

begin with her. 我々の女性たちは彼女とは比較にならない.

begin *A **with** B* 他 AをBで始める ▪ We *began* our tour *with* a visit to the Royal Palace. 我々はツアーの始めに王宮を訪問した.

beguile /bɪgáɪl/ ***beguile*** *a person **into*** 他 1 人を…におびき込む, 人をだまして…に入れる ▪ The fox *was beguiled into* a trap. キツネはわなにおびき込まれた.

2 人をだまして…させる (*doing*) ▪ I *was beguiled into believing* it. 私はだまされてそれを信じた.

beguile *a person **of** [**out of**] a thing* 他 人をだまして物を奪う ▪ Sleep has *beguiled* me *of* my time. 眠ったらつい時間がなくなってしまった ▪ They *beguiled* him *out of* his money. 彼らは彼をだまして金を奪った.

beguile *A **with** B* 他 AをBで喜ばせる[まぎらす] ▪ The old sailor *beguiled* the boys *with* stories about his life at sea. 老水夫は海上生活の話で少年たちを喜ばせた ▪ I *beguiled* the tedious hours *with* talk. 退屈な時間を談話で過ごした.

belch /beltʃ/ ***belch out*** 他 1 …を吐き出す ▪ The car *belched out* clouds of smoke. その車は煙をもうもうと吐き出した.

— 自 **2** 出る ▪ Black smoke *belched out* from the forest fire. 黒煙が森火事で噴き出した.

believe /bɪlíːv/ ***believe in*** 自 1 …の存在を信ずる ▪ Do you *believe in* ghosts? 君は幽霊はいると思うか.

2 …を信仰する ▪ I *believe in* Christianity. 私はキリスト教を信仰している.

3 (物)の価値[良いこと]を信じる; (ある考えを)支持する ▪ The Japanese *believe in* education. 日本人は教育の価値を信じている ▪ He *believed* very strongly *in* the emancipation of slaves. 彼は奴隷解放を強く支持していた.

4 (人)を信頼する ▪ I *believe in* that man. 私はあの男を信頼している ▪ Obama is a leader we can *believe in*. オバマ氏は信頼できるリーダーである.

believe *A **of** B* 他 [通常否定文で] B(人)がA(悪行・蛮行)をするような者だと思う, Bにできると信じる ▪ I'd *believe* anything *of* that rascal. あの悪党なら何だってやりかねないだろうよ ▪ I wouldn't *believe* that *of* him. 彼にそんなことができるとは信じられない.

bellow /bélou/ ***bellow off*** 他 …をどなって追い払う; をどなってやめさせる ▪ He wanted to speak, but he *was bellowed off*. 彼は言いたいと思ったが, どなられてやめた.

bellow out 自 1 (牛などが)大声で鳴く, うなる ▪ The bull was *bellowing out* this morning. 雄牛は今朝大声で鳴いていた.

— 自 他 **2** (人が)大声を出す; (人が)大声で…を言う ▪ The boys *bellowed out* with excitement. 少年たちは狂喜して大声をあげた ▪ The general *bellowed out* commands. 将軍はどなって命令した.

belly /béli/ ***belly out*** 他 自 ふくらます; ふくれる ▪ Sails *belly out* [*are bellied out*] by the wind. 帆は風にふくらむ.

belly up to 《米口》(人・バー・テーブルなどに)近づく[寄る] ▪ The cowboys *bellied up to* the bar for a drink. カウボーイたちは1杯やりにバーに寄った.

bellyache /bélièɪk/ ***bellyache about*** 自 …のことをつねに不満を言う ▪ Tom's always *bellyaching about* something or other. トムはいつも何やかやでぼやいてばかりいる.

belong /bɪlɔ́ːŋ|-lɔ́ŋ/ ***belong among*** 自 《米》(分類上)…に属する ▪ He *belongs among* such writers. 彼はそのような作家の部類に入る.

belong in 自 1 《米》…の部類に入る ▪ Both books *belong in* the group of bestsellers. 両書ともベストセラー入りしている.

2 …に住む ▪ He *belongs in* this town. 彼はこの町に住んでいる.

belong to 自 1 …に属する, の所有である; に本来属する, の部類に入る ▪ This book *belongs to* me. この本は私のものである ▪ This idea *belongs* exclusively *to* Einstein. この着想はアインシュタインの独創である.

2 …の人である ▪ He *belongs to* Glasgow. 彼はグラスゴーの人だ.

3 (人)にかかっている ▪ The future *belongs to* people with good computer skills. 未来は優れたコンピューターの技能をもつ人々にかかっている.

4 …が最も成功した[重要な]時期である ▪ The second half of 20th century *belonged to* the young. 20世紀後半は若者たちが最も成功を収めた時期である.

5 …の責任である ▪ The job of disciplining a child *belongs to* the parents. 子供をしつける仕事は親の責任である.

belong under 自 …の部類に入る ▪ The treatise *belongs under* the study of literature. その論文は文学研究の分野に入る.

belong with 自 《米》 1 …の部類に入る, と同類である ▪ It *belongs with* the classic stories. それは古典物語の部類に入る ▪ In general he *belongs* for me *with* Dickens. 大体において彼は私にとってはディケンズと同類である.

2 …と関係がある ▪ They *belonged with* each other. 彼らはお互いに関係があった.

belt /belt/ ***belt along*** 自 《英俗》軽快に疾走する ▪ The new car *belted along*. その新車は軽快に疾走した.

belt down 自 1 《俗》(酒)をがぶ飲みする, 一気飲みする ▪ She was *belting down* shots of whiskey. 彼女はウイスキーを何杯もあおっていた.

2 《英俗》(道)を急ぐ ▪ If you *belt down* the road, you will be in time for the train. あなたは道を急げば列車に間に合うだろう.

belt into 他 《豪》(人)をこっぴどくぶん殴る ▪ He just started to *belt into* me for no reason. 何の理由もないのに彼は僕をこっぴどく殴りはじめた.

belt *a thing **on**/**belt on*** *a thing* 他 物を帯につける ▪ The officer was *belting* his sword *on*. 将校は剣を帯につっていた.

belt out 自 **1**《口》急いで(外へ)出る ▪ The car *belted out*. 車が飛び出した.
— 他 **2**《歌》を大声で[どなるように]歌う, 騒々しく演奏する ▪ The singer *belted out* the song very loud. その歌手はその歌をがなりたてて歌った ▪ The band *belted out* the national anthem. バンドが国歌を高らかに演奏した.
3《口》…を猛烈な勢いで生み出す ▪ The furnace *belted out* a terrific heat. 溶鉱炉からものすごい熱が出てきた.
4《俗》(人)をなぐり倒す, 殺す ▪ A man *belted out* the storekeeper and fled with the money. 男が店主をなぐり倒して金を奪って逃げた.

belt up 自 **1**《俗》[[主に命令文で]]静かにする, 黙る, しゃべるのをやめる ▪ *Belt up*, you boys. 子供たち, 静かに.
2 シートベルトをつける ▪ Please *belt up*. シートベルトをつけてください.
3《口》急いで来る ▪ Three policemen *belted up*. 3人の警官が急いでやって来た.

bench /bentʃ/ ***bench in*** 他 (建物の平面が)引っ込む ▪ The whole ascent to it *benched in*. そこへの登り段全体は上へ行くにつれ引っ込んでいた.

bend /bend/ ***bend before*** … …に降参する ▪ Ben *bent before* the storm of his father's anger. ベンは父の暴風のような怒りに屈した.

bend down 自 かがむ ▪ *Bend down*. I'm going to cane you. かがめ, むちで打ってやる.

bend over 自 **1**…の上にかがみこむ; に精出す ▪ I *bent* closely *over* him to listen. 私は聞き取るために彼の上にぴったりかがみこんだ ▪ The sooty smith *bends over* his anvil. すすだらけのかじ屋は鉄床の上にかがんで精出す.
2 かがむ ▪ She *bent over* to look more closely at the jewel. 彼女はその宝石ををもっと綿密に見ようと身をかがめた.

bend to 自 **1**…に精出す ▪ Now then, my hearties, *bend to* it.(水夫に対して)さあ, それではおまえたち, それを一生懸命やってくれ.
2…に屈服する, 従う ▪ We just refused to *bend to* the hijackers' demands. 私たちはハイジャック犯人らの要求を断固として拒否した.
— 他 **3**…に人を屈服させる ▪ My father *bent* me *to* his wishes. 父は意のままに私を従わせた.

bend up 他 **1**…をねじ曲げる ▪ After the accident, the machinery *was bent up* in all directions. その事故のあと機械は至る所でねじ曲がっていた.
2…を引き締める, 緊張させる ▪ Her whole mind *was bent up* to the interview. 彼女の全精神がその会見に緊張していた.

benefit /bénəfit/ ***benefit by*** [《英》***from***] 自 …から(利)益を受ける ▪ He *benefited by* the medicine. 彼は薬がきいた ▪ Will the urban poor *benefit from* the change of regime? 都会の貧しい人たちは政権交代で恩恵を受けるだろうか.

bequeath /bɪkwiːθ/ ***bequeath A to B*** 他 **1** A(動産)を遺言でB(人)に遺す ▪ My uncle *bequeathed* some furniture *to* me. おじは私に家具をいくつか遺贈してくれた.
2 AをB(後世)に残す ▪ These discoveries should *be bequeathed to* future generations. これらの発見は将来の世代に残されて然るべきだ.

bereave /bɪriːv/ ***bereave*** *a person* ***of*** 他 人から…を奪う ▪ God *bereaved* her *of* her only son. 神は彼女の一人息子を召した.

bestow /bɪstóʊ/ ***bestow*** *a thing* ***on*** *a person* 他 《文》人に物を与える, 授ける ▪ The King *bestowed* a pension *on* him. 王は彼に年金を授けた.

bet /bet/ ***bet against*** *a person's doing* 他 人が…をしないと言って賭ける, 人が…したら金を出す ▪ I'll *bet against your winning*. 君が勝ったら金を出すよ.

bet on 他 **1**…に賭ける ▪ They are fond of *betting on* horse-races. 彼らは競馬に賭けるのが好きだ.
2…を請け合う ▪ You can't *bet on* the weather. 天候は請け合えないよ ▪ We daren't *bet on* the train arriving on time. 列車が定刻に着くとはとても請け合えないよ.

bet A on B 他 A(金)をBにかける ▪ I *bet* $100 *on* the other boxer. もう一方のボクサーに100ドル賭けた.

bet *a person* ***on*** 他 …について人と賭けをする ▪ I'll *bet* you *on* it. それについて君と賭けをしよう.

bet *a thing* ***on*** [***against***] 他 …に物を賭ける ▪ I *bet* ten dollars *on* the black horse. 黒馬に10ドル賭けた.

betray /bɪtréɪ/ ***betray*** *a person* ***into*** 他 人をだまして…させる; [[主に受身で]]ついうっかり…する ▪ I *was betrayed into* folly. 私はだまされてばかをやった ▪ He *was betrayed into* anger. 彼はついうっかり怒ってしまった.

beware /bɪwéər/ ***beware of*** 他 [[原形で]]…を用心する, に油断しない ▪ Let us then *beware of* self-deception. われわれ自己偽瞞に陥らないように気をつけましょう ▪ *Beware of* the dog. その犬に用心せよ ▪ Men should *beware of* being captivated by woman's beauty. 男は女性美に悩殺されないよう用心せよ.

bid /bɪd/ ***bid against*** 他 …より高値をつける, と競り合う ▪ A rich man *bid against* me. 金持ちが私より高い値をつけた ▪ The king and the church were *bidding against* each other for the support of the party. 国王と教会はその党の支持を得ようと互いに競り合っていた.

bid for 他 **1**…に値をつける, 入札する ▪ They *bid for* the construction of a battleship. 彼らは軍艦建造の請負入札をした ▪ He *bid* £1,500 *for* the horse. 彼はその馬を1,500ポンドで買おうと言った ▪ What am I to *bid for* this painting? Shall we start at £600? この絵にいくらの値をつけましょうかな. 600ポンドから始めましょうか《競売人の言葉》.
2…を得ようと努める ▪ He *bid for* the Irish vote. 彼はアイルランド人票を得ようと努めた ▪ The politicians are *bidding for* our favour by making wild

promises. 政治家たちはでたらめの約束をして, 我々の支持を得ようとしている.

bid in 他 **1** (他人より高値をつけて持主が自分に)…を競り落とす ▪ The owner *bid* it *in* at $250. 持主が250ドルでそれを競り落とした.

2 …を競り売りで買う ▪ The costly books *were bid in* at the sale of 1878. それら高価な書籍は1878年の競り売りで買われたものである.

bid off 他《米》…を競り売りで売る[買う] ▪ The piano *was bid off* by a young Brit. そのピアノは若いイギリス人によって競り落とされた.

bid on 自《米》…の請負入札をする ▪ The firm decided to *bid on* the new bridge. その企業は新しい橋の請負入札をすることに決めた.

bid up 他 …を(競売で)競り上げる ▪ They *bid* them *up* till they reached £1,000. 彼らはそれを1,000ポンドになるまで競り上げた.

big /bɪɡ/ ***big up*** 他《英俗》**1** 運動して(筋肉)を増やす ▪ He works out every day to *big up* himself. 彼は筋肉を増やすために毎日運動している.

2 …の重要性を主張[誇張]する; をほめそやす ▪ I'm not going to blame them for trying to *big* themselves *up* a bit. 彼らが少し自己宣伝をするのを非難しようとは思わない ▪ The organization is *bigging up* drug prevention. 組織は麻薬の防止の重要性を主張している.

bilk /bɪlk/ ***bilk a person out of*** 他 人から(金)をだまし取る[巻き上げる] ▪ The crooks *bilked* the old lady *out of* a fortune. 悪党どもは老婦人をだまして大金を巻き上げた.

bill /bɪl/ ***bill A as B*** 他〘しばしば受身で〙 **1** AをBと評[宣伝]する ▪ Electric cars are *being billed as* the automobiles of the future. 電気自動車は未来の車と評されている.

2 AをBとしてビラで広告する ▪ The concert *was billed as* "concert against hate". コンサートは「憎しみに反対するコンサート」とビラで広告してあった.

billow /bíloʊ/ ***billow out*** 自 他 **1** (布が)風を含んでふくらむ, …をふくらませる ▪ Her skirt *billowed out* when the wind caught it. 彼女のスカートは風にあおられてふくらんだ ▪ The wind *billowed* the sails *out*. 風が帆をふくらませた.

— 自 **2** (煙などが)勢いよく吹き上がる ▪ Clouds of ash *billowed out* of the volcano. 火山から噴煙が吹き上がった.

bind /baɪnd/ ***bind a person down*** 他 **1** 人を束縛する ▪ He *was bound down* by the terms of his father's will. 彼は父の遺言の条項によって束縛された.

2 人を縛る ▪ The traveller *was bound down* to the ground. 旅行者は縛られて地上に倒された.

bind off 他《米》(編物で縁を作るために編目)を抜かす ▪ At the end of the row, *bind off* seven stitches. 列の端で, 7目抜かしなさい.

bind a person out 他 **1** 人を奉公に出す ▪ He *was bound out* to the tailor for a year. 彼はその仕立屋へ1年間奉公に出された.

2《主に米》(少年)を職業見習いに出す ▪ It was usual to *bind out* promising boys for many years. 有望な少年を長年の間職業見習いに出すのが通例であった.

bind over 他 **1**《英・法》…に謹慎することを(法廷で)誓わせる, 堅く申しつける (*to do*) ▪ The accused *was bound over to* keep the peace for six months. 被告は6か月間の謹慎を誓わせられた.

2《法》(人)に…することを誓約させる, 堅く申しつける (*to do*) ▪ *Bind* him *over* to appear in court. 彼に法廷に出頭するよう堅く申しつけよ.

3 …を司法当局に引き渡す ▪ They *bound* the suspect *over* to the sheriff. 彼らは容疑者の身柄を保安官に引き渡した.

4〘しばしば受身で〙…に執行猶予を申し渡す ▪ The youth *was bound over* for a year. その若者は1年間の執行猶予を言い渡された.

bind a person to 他 **1**〘主に受身で〙人を…に束縛する, 義務づける ▪ We *are* no longer *bound to* the original contract. 我々はもはや元の契約に束縛されてはいない.

2 人に…を誓わせる ▪ They *bound* him *to* secrecy. 彼に秘密を誓わせた.

bind together 他 **1** (ひもなどで)…を束ねる ▪ The sticks of wood *were bound together*. 棒切れが束にされた.

2 (人々)を結束させる ▪ He *bound* the members of the club *together*. 彼はクラブ全員を結束させた.

— 自 **3** 結束する ▪ The members of the party must *bind together*. 全党員は結束しなければならない.

bind up 他 **1** …を束ねる; (本)を(1冊に)とじる ▪ She *bound up* her long hair. 彼女は長い髪を束ねた ▪ They *were bound up* into one volume. それらは1冊にとじられた.

2 …に包帯をまく ▪ The limb *was bound up* with linen cloths. その手はリンネルの布で包帯された ▪ Consolation will *bind up* your broken heart. 慰めはあなたの傷ついた心の包帯となるでしょう.

bind up A with B 他〘しばしば受身で〙AをBと密接に関係づける ▪ Early medicine *was bound up with* magical practices. 初期の医学は魔術と深く関係していた.

binge /bɪndʒ/ ***binge on*** 他 …をばか食いする, 好きなだけ食べる[飲む] ▪ The patient *binges on* huge quantities of high-calorie food. その患者は高カロリーの食べ物をばか食いする.

birch /bɜːrtʃ/ ***birch a thing into*** 他 物を…へむちでたたきこむ ▪ Greek and Latin *were birched into* them. 彼らはギリシャ語とラテン語をたたきこまれた.

bitch /bɪtʃ/ ***bitch about*** 自 **1** …を悪く言う, ぐちる ▪ Stop *bitching about* your boss so much. そんなに上司の悪口を言うのはよせ ▪ She's *bitching* all day *about* the heat. 彼女は一日中暑い暑いとぐちっている.

2《口》…のことを不平を言う, 不満を漏らす ▪ Stop *bitching about* your job so much. そんなに仕事の

bite

ことをこぼすのはよせ.

bitch off 他 《俗》…を立腹させる ▪You really *bitch* me *off*, do you know that? お前には本当に腹が立つ, わかってるのか?

bitch out 他 《米口》[[しばしば受身で]] **1** …をどなりつける ▪I stood there and *got bitched out* by my sergeant. 私はそこに立って軍曹にどなりつけられた. **2** …を非難する ▪My wife has been *bitching* me *out* since this morning. 妻は今朝から私を非難し続けている.

bitch up 他 《主に米俗》(ある事)をぶちこわす, 台なしにする ▪He *bitched* the whole thing *up*. 彼はそれをすっかりぶちこわしてしまった.

bite /baɪt/ ***bite at*** 自 **1** …にかみつこうとする ▪The dog may *bite at* you. 犬は君にかみついてくるかもしれない.
2 …に当たり散らす, 悪態をつく ▪Why are you always *biting at* one another? 君たちはなぜいつもかみがみ言い合っているのか.

bite away [***off***] 他 …をかみ取る ▪The shark *bit* his head *off*. サメは彼の頭をかみ取った.

bite back 他 **1** 唇をかんで(言葉)を飲みこむ. (言葉)をぐっとこらえる ▪He *bit back* the reply. 彼はくちびるをかんで返事を押さえた ▪She was about to retort to her husband, but she *bit* her words *back*. 彼女は夫に口答えしようとしたが, ぐっとこらえた.
― 自他 **2** (人に)強く言い返す ▪Don't *bite back* your parents when you get scolded. 親に叱られても口答えをしてはいけない.
3 かみつき返す ▪When the dog bit the girl, she *bit* (him) *back*. 犬が少女をかむと, 少女は(犬を)かみ返した.

bite in 他 (エッチングの線)を酸で腐食させる ▪His etching seems to have *been bitten in*. 彼のエッチングの線は腐食されたらしい.

bite into 他 **1** …にかぶりつく ▪People with false teeth cannot *bite into* apples. 入れ歯の人はリンゴにかぶりつくことができない.
2 …に食い込む, を腐食する ▪See how this acid has *bitten into* the iron. ごらん, この酸がこんなに鉄を腐食しました.

bite off 他 **1** …をかじり取る, 食いちぎる, かみ切る ▪His left leg *was bitten off* by a shark. 彼の左脚はサメに食いちぎられた ▪He *bit off* a large piece of the apple. 彼はそのリンゴを大きくかじり取った.
― 自 **2** 話を終える[やめる] ▪I had to *bite off* short. 私はぴたりと話をやめなければならなかった.

bite on 他 **1** …にかみつく, 歯で…をかむ ▪My dog loves to *bite on* my shoes. うちの犬は私の靴にかみつくのが好きだ ▪The dentist told me to *bite on* the rubber. 歯医者は私に歯でゴムをかめと言った.
2 《口》(問題など)に取り組む, をよく考える ▪I have a big job to *bite on*. 取り組むべき大仕事がある ▪There is plenty to *bite on* in their criticisms. 彼らの批評には検討すべき点が多い.
3 (人)のまねをする, 服装をまねる ▪Sally likes to *bite on* her teacher. サリーは先生のまねをしたがる.

blab /blæb/ ***blab around*** [《英》***about***] 自 《口》(噂)を広める, (秘密)を言いふらす ▪What I said is true, but don't *blab* it *around*. 私の話は本当だ, でも言いふらしちゃ駄目だ.

blab out 他 《口》(秘密)をうっかりしゃべる[もらす] ▪She *blabbed out* our secret. 彼女は我々の秘密をべらべらしゃべった.

black /blæk/ ***black out*** 他 **1** …を黒インキで塗りつぶす, 消す ▪The printer had better *black out* that word. 印刷工はその語を黒く塗りつぶしたほうがよい.
2 (戦時ニュースの)公表を禁止する, 報道管制をする ▪The nation *was blacked out* from the rest of the world. その国は外国からの消息を絶たれた.
3 …をまっ暗にする ▪The electricity failed and everything *was blacked out*. 電気がとまってすべてがまっ暗になった.
4 同じ波長を使って(ラジオ送信)を妨害する, 妨信する(jam) ▪The cable operators in Mumbai have *blacked out* the transmission. ムンバイの電信技師が送信を妨害した.
5 (ストライキで)テレビ放映をとめる ▪Television shows *were blacked out* as the union trouble spread. 労働争議が拡大するにつれテレビ番組がとめられた.
― 自他 **6** (空襲に備えて)消灯する, 灯火管制をする ▪The city *was blacked out* during the air raid. その市は空襲中灯火管制が布(し)かれた.
7 明かりが消える[を消す]; 暗くなる[する]; (舞台)が暗転する[を暗転させる] ▪Then the scene *blacks out*. その時場面は暗くなる ▪The house *was* completely *blacked out* all of a sudden. 突然その家の明かりが全部消された.
― 自 **8** (飛行中, 強打のあとなどに)一時的に視覚[意識]を失う ▪The pilot *blacked out* for a moment upon reaching such a high altitude. 操縦士はそれほどの高度に達したとき一瞬目がくらんだ.
9 働かなくなる, 存在しなくなる ▪Telephones *blacked out* over a wide area. 電話が広い地域にわたって通じなくなった.

black up 自他 (黒人の役を演じるため)顔を黒く塗る ▪He *blacked* (himself) *up* for the evening performance. 彼は夜の出演のため顔を黒く塗った.

blackmail /blǽkmèɪl/ ***blackmail a person into*** 人を脅して…させる ▪She bribed me with steak and *blackmailed* me *into* writing a synopsis. 彼女はステーキで僕を買収し, 脅して要約を書かせた.

blame /bleɪm/ ***blame B for A*** 他 AについてB(人)をとがめる, 非難する(= BLAME A on B) ▪He *blamed* me *for* the accident. 事故は私のせいだと彼はなじった.

blame A on B BにA(あやまちなど)の責めを負わせる, AをBのせいにする ▪He *blamed* his failure *on* the teacher. 彼は自分の失敗を先生のせいにした.

blanch /blæntʃ/blɑ:ntʃ/ ***blanch at*** 自 **1** …を見て[知って]青ざめる ▪Ann *blanched at* the accident before her. アンは目の前の事故を見て青ざめた.

2 …を嫌がる, 不快に思う ▪ He *blanched at* the prospect of going all the way. はるばる出かけることになりそうなので彼は嫌気がさした.

blanch *a thing **over*** 他 …を繕いごまかす ▪ You must not *blanch* the wrong *over*. その非行を隠蔽してはいけない.

blanch with 自 (怒り・恐怖)で青ざめる ▪ Lily *blanched with* anger at his remark. リリーは彼の言葉を聞いて怒りで真っ青になった.

blank /blæŋk/ ***blank on*** …を忘れる, 思い出せない ▪ I *blanked on* her name even though I had met her before. 彼女とは以前会ったことがあったのに名前を思い出せなかった.

blank out 他 **1** …を削り取る ▪ He *blanked out* an entry. 彼は記入事項を削り取った.

2 (苦い体験)を忘れようとする, 考えまいとする ▪ I don't remember anything about it. I must have *blanked* it *out*. それについては何一つ憶えていない. 思い出すまいとしたんだ, きっと.

3 (米)(相手チーム)を0点に押さえる ▪ They *blanked out* the opponent team 4-0. 彼らは相手チームを4-0でシャットアウトした.

— 自 **4** ちょっと記憶を失う, ど忘れする ▪ I *blanked out* this morning. 今朝私はちょっと記憶を失った ▪ I suddenly *blanked out*, unable to name any leftwing extremists. 急に記憶が飛んで左翼過激論者の名前が誰一人として出てこなかった.

— 自 **5** (画像・文字)が突然消える; を急に消す ▪ I *blanked out* my password as soon as I typed it. 打ち込んですぐに私はパスワードを消した.

blanket /blǽŋkət/ ***blanket*** *A* **in** [**with**] *B* 他 **1** (しばしば受身で) AをBで覆う, 埋めつくす ▪ When I woke, the ground *was blanketed with* snow. 目をさますと, 地面は雪で覆われていた ▪ Harrods *blanketed* each shop *with* bargains. ハロッズは各売り場を特売品で埋めつくした.

2 (主に米)同時に広い領域の人々に宣伝する ▪ A company will simply *blanket* everybody *with* direct mail solicitations. ある会社がお願いのDMを同時に広い領域のすべての人に出す.

blanket out 他 **1** …をもみ消す, 隠蔽する ▪ He tried to *blanket out* evidence of corruption. 彼は収賄の証拠隠滅に努めた.

2 (音など)を遮る, 遮断する ▪ This will *blanket out* the sound. こうすれば音が外に漏れないだろう.

blare /bleər/ ***blare out*** …をやかましく叫ぶ; (サイレンなど)を鳴り響かせる ▪ The radio was *blaring out* the news. ラジオがそのニュースがなり立てていた ▪ The motorcar horn *blared out* a warning. 自動車の警笛がけたたましく警報を鳴らした.

blast /blæst|blɑːst/ ***blast away*** 自 **1** (…を狙って)銃を撃ちまくる, 連射する (*at*) ▪ He instinctively *blasted away at* the bear with his gun. 彼は本能的に銃をクマに向けて撃ちまくった.

2 騒々しい音を立て続ける ▪ The neighbor's TV was still *blasting away* at 3 a.m. 近所のテレビが午前3時でもがなり立てていた.

3 …を激しく非難[批判]する (*at*) ▪ They *blasted away at* the president's decision. 彼らは大統領の決定を激しく非難した.

— 他 **4** (発破・砲撃で)…を爆破する ▪ Rockets *blasted* the building *away*. ロケット弾がその建物を爆破した.

5 …をぶち殺す[壊す] ▪ This new laser can permanently *blast away* a tattoo. この新しいレーザーは刺青(ﾀﾄｩｰ)を永久に消し去ることができます.

6 = BLAST off 6.

blast *A **from*** *B* 力を込めてAをBから取り除く ▪ I've got to *blast* the paint *from* the wall. 塀のペンキをゴシゴシこすって消さなくちゃ.

blast off 自 **1** (俗)急いで出かける, 去る, ずらかる ▪ I've got to *blast off*. I'm late. 急いで出かけなくちゃ. 遅刻だ ▪ The party's over; let's *blast off* now. パーティーは終わった. さあ急いで帰ろう.

2 (宇宙船・ロケットが)打ち上げられる, 発射される ▪ The rocket will *blast off* into orbit at seven o'clock. ロケットは7時に打ち上げられて軌道に乗るだろう ▪ The Apollo spacecraft will *blast off* at 10 a.m. 宇宙船アポロは午前10時に打ち上げられる.

3 (宇宙飛行士が)飛び立つ ▪ The astronaut will *blast off* into orbit at six. 宇宙飛行士は6時に軌道に向かって飛び立つだろう.

4 (口)激しくしかる, 激しく攻撃する (*at*) ▪ The coach *blasted off at* the team for poor playing. コーチはプレーがまずいと言ってそのチームをひどくしかった.

5 (俗)興奮する, ハイな気分になる ▪ We give parties where people *blast off*. 我々はみんながハイな気分になるようなパーティーを開く.

— 他 **6** (爆発によって)…を吹きとばす ▪ The bomb *blasted off* the roof. 爆弾が屋根を吹きとばした.

7 (ロケットなど)を発射する ▪ The boys *blasted off* some model rockets. 少年たちはおもちゃのロケットを打ち上げた.

blast out 自 大音量で鳴る[鳴らす] ▪ The teenagers next door have their stereo *blasting out* all night. 隣の10代の連中は, 一晩中ステレオを大音量で鳴らしている.

blatter /blǽtər/ ***blatter out*** 他 …をぺらぺらしゃべる ▪ Do not *blatter out* anything before God. 神の前では何もぺらぺらしゃべるな.

blaze /bleɪz/ ***blaze about*** [***abroad, forth***] 他 …を触れ回る, 言い触らす ▪ He went out to *blaze* the matter *abroad*. 彼は出て行ってそのことを触れ回った.

blaze away [***off***] 自 (口) **1** ポンポン発射する, (を狙って)発砲し続ける (*at*) ▪ The soldiers *blazed away at* the enemy. 兵士たちは敵をどんどん撃った.

2 熱烈に論じる[非難]する, しゃべりまくる ▪ They kept *blazing away* about ideals. 彼らは理想について熱烈に論じた.

3 どんどん燃える ▪ The fire *blazed away*. 火(事)は盛んに燃えた.

— 他 **4** (仕事)をどんどんやる ▪ The boy *blazed*

blaze down 圓 **1** 燃えるように照りつける《*on*》 ▪ The sun *blazed down on* the dry earth. 太陽は乾いた地上にギラギラと照りつけた.
2 燃えながら落ちる ▪ The plane was *blazing down*. 飛行機は燃えながら落ちていった.

blaze forth 圓 燃えあがる ▪ His anger too easily *blazed forth*. 彼の怒りはいともたやすく燃え上がった.

blaze out 圓 **1** ぱっと燃えあがる ▪ The spark *blazed out*. 火花が燃えあがった.
2 激しく言う ▪ She *blazed out* in anger. 彼女は怒ってどなった.
3 光彩を放つ ▪ In this description the terrible and sublime *blaze out* together. この描写では恐ろしさと崇高美が共に光彩を放っている.
4 ぱっと燃えて尽きる ▪ The excitement *blazed out*. 興奮はぱっと燃えて尽きた.
5(ピストルなどで)撃つ《*at*》 ▪ They *blazed out at* everyone they saw. 彼らは目につく者をみな撃った.
― 他 **6** …を(ぱっと)燃やし尽くす ▪ He *blazed out* his youth and health in debauchery. 彼は青春と健康を放蕩に燃やし尽くした.
7 点数を取る ▪ He *blazed out* a three-hit. 彼は猛打賞の活躍だった.

blaze up 圓 **1** ぱっと燃えあがる ▪ The fire now *blazed up* in another part of the house. 火はこんどは家の別の方から燃えあがった.
2 かっとなる ▪ He *blazed up*, and there was an exchange of hot words. 彼はかっとなった, そして激しい言葉が交わされた.
― 他 **3** …をぱっと燃やす ▪ Guy Fawkes failed in *blazing up* the Houses of Parliament. ガイ・フォークスは国会を焼き払うのに失敗した.

bleach /bli:tʃ/ ***bleach out*** 他 **1** 漂白して…を取り去る ▪ Please *bleach* the old color *out*. どうぞ古い色を漂白して取ってください.
― 自 **2** 漂白で取れる ▪ Will this spot *bleach out*? この汚れは漂白で取れるでしょうか.

bleat /bli:t/ ***bleat on about*** 圓《英》…について泣き言を言う ▪ It's no use *bleating on about* the unhappy past. 不幸な過去について泣き言を言っても始まらない.

bleat out 他 **1** 弱々しい震え声で…と言う ▪ He *bleated out* a protest. 彼は震え声で抗議した.
2 たわごとを言う, ぐちをこぼす ▪ He *bleats out* one complaint too many. 彼はいつもめそめそと一言ぐちが多すぎる.

bleed /bli:d/ ***bleed for*** 圓《口・皮肉》**1** …のために心痛する ▪ My heart *bleeds for* the little ones. 子供たちのために胸が痛む.
2 ほんとにお気の毒です《単なるあいさつ》 ▪ I'll have to get up early.—My heart *bleeds for* you. 私は毎朝早く起きなければいけないでしょう―お気の毒さま.

bleed A for [***of***] ***B*** 他 A(人)からBを巻き上げる, 搾取する ▪ The men *bled* my father *for* $50,000. 男たちは父から5万ドル搾取した ▪ They *bled* me *of* all my money. 奴らは私から有り金を全部巻き上げた.

bleed well 圓《方》(穀物が)収穫が多い, よくできる ▪ The corn is *bleeding well*. 小麦はよくできている.

bleep /bli:p/ ***bleep out*** 他 (放送で不適当な言葉)をピーという電子音で消す ▪ He used the word on television, but they *bleeped* it *out*. 彼はテレビでその言葉を使ったが, ピーという信号音で消されてしまった.

blench /blentʃ/ ***blench at*** 圓《雅》…にひるむ ▪ Don't *blench at* danger. 危険にひるむな.

blend /blend/ ***blend away*** 圓 混ざり合ってなくなる《特に色について》 ▪ The division between them *blends away*. それらの間の区分は混ざり合って消えてしまう.

blend in with 圓 **1**(人が)…と融合する, 調和する ▪ Ann *blended* right *in with* her new surroundings. アンは新しい環境にすんなりなじんだ ▪ The curtains *blend in* well *with* the carpet. カーテンはじゅうたんとよく調和している.
2(物がまわりの物)と一体化する, 区別がつかない ▪ Some butterflies *blend in with* their surroundings. チョウの中には(保護色で)周囲と区別がつかないものがいる.

blend in A 《*with B*》 他 Aを(Bと)調合する, 調和させる ▪ Various herbs *are blended in* to make a good medicine. 良薬を作るため種々の薬草が調合される ▪ We tried to *blend in* the building *with* its surroundings. 我々は建物をその周囲と調和させるよう努めた.

blend into 圓 **1** だんだんと…に変わる ▪ Her dreams are apt to *blend into* her waking thoughts. 彼女の夢はだんだんと現実の思いに変わりがちだ.
2(回り)に溶け込む; …と溶け合う, 一体となる ▪ He has the ability to *blend into* any group. 彼はどんなグループにでも溶け込む能力がある ▪ The animals can *blend into* the long grass. 動物たちは長い草と見分けがつかなくなる.

blend A into B 他 AをBに混ぜる ▪ *Blend* some crushed rosemary *into* the oil. つぶしたローズマリーを油の中に混ぜ入れてください.

blend with 圓 …と交わる, 混じる ▪ This color *blends with* another. この色は別のと混和する.

blend A with B 他 AにBを混ぜ合わせる; AをBと組み合わせる ▪ I *blended* the eggs *with* milk. 卵にミルクを混ぜ合わせた.

bless /bles/ ***bless a person for*** 他 …を人に感謝する ▪ I took her hand and *blessed* her *for* her kindness. 私は彼女の手をとり親切にしてくれたお礼を述べた.

bless a person from 他 祈って人を…から清める ▪ *Bless* me *from* evil! 悪を清めたまえ! ▪ I *bless* myself *from* such customers. そんな手合いはまっぴらだ.

bless…with *a thing* …に物を授ける, 恵む ▪ God has *blessed* our country *with* peace. 神はわが国に平和を与えたもうた ▪ My sister's been *blessed with* nine children. 姉は9人の子宝に恵ま

れている ▪ We *were blessed with* fine weather that day. 当日は好天に恵まれた ▪ He *was blessed with* a healthy long life. 彼は健康で長寿に恵まれた.

blimp /blɪmp/ ***blimp out [up]*** � (米口)(食べ過ぎて)太る ▪ I've been *blimping out* from eating so much these days. このところ食べ過ぎて太っている.

blind /blaɪnd/ ***blind a person to*** 他 人に…が見えないようにする ▪ His admiration for her beauty *blinded* him *to* her faults. 彼は彼女の美しさに感嘆するあまり彼女の欠点が見えなかった.

blink /blɪŋk/ ***blink at*** 他 …を無視する, 見のがす, 見て見ぬふりをする ▪ Modern philosophy *blinks at* these facts. 現代哲学はこれらの事実を見のがしている.

blink ... away [back] 他 まばたきをして(涙を)払う[抑える] ▪ She tried hard to *blink back* her tears. 彼女はまばたきをして必死に涙をこらえた ▪ The girl smiled and *blinked away* the tears. 少女は微笑みまばたきして涙を払った.

bliss /blɪs/ ***bliss out*** 自 他 《米口》ひどく幸せな気分になる[する] ▪ His song enables listeners to *bliss out* on that alone. 彼の歌はそれだけで聴き手に至福を味わわせる ▪ The oil has a beautiful scent that will *bliss you out*. そのオイルはいい香りがして, とても幸せな気分にしてくれる.

blitz /blɪts/ ***blitz out*** 他 《俗》…にショックを与える, 方向感覚を失わせる ▪ The accident *blitzed* him *out* for a moment. その事故で彼は一瞬自分がどこにいるのかわからなくなった.

block /blɑk|blɔk/ ***block in*** 他 1 (人の車)が出られないほどつめて駐車する ▪ Tom was mad because I *blocked* him *in* by mistake. 私がうっかり車が出られないほどつめて駐車したのでトムはかんかんに怒った.

2 …の出口をふさぐ ▪ We *blocked in* the space of one of the doors with bricks. 我々は戸の1枚の広さをれんがで塞いだ.

3 …を閉じ込める ▪ Our harbor was completely *blocked in* by heavy masses of ice. わが港は大量の氷の塊で完全に閉じ込められていた.

4 (絵なら)を塗りつぶす ▪ This brush is useful for *blocking in* color. この絵筆は色を塗りつぶすのに便利だ.

5 (設計図など)の概略を作る, (家など)の大まかな見取図を作る[計画を立てる] ▪ The draughtsman rapidly *blocked in* his idea. 製図工は自分の考案の概略を素早く描いた.

block off 他 《米口》…を止める, さえぎる, 遮断する ▪ She *blocked* me *off* each time. 彼女はその都度私を止めた ▪ A landslide *blocked off* traffic. 地すべりが交通を遮断した.

block out 他 1 …の概略を描く[計を立てる] ▪ I've *blocked out* the whole. 私は全体の概略を描いた.

2 …を妨げる, 遮断する ▪ We put a tarpaulin across the window to *block out* the light. 我々は光をさえぎるため窓に防水帆布を張った ▪ The thick clouds *blocked out* the sun. 厚い雲が陽光を遮った ▪ The high-quality modern windows *blocked* all the sound *out*. 良質で近代的な窓なので物音が一切遮断されていた.

3 …を考えない[思い出さない]ようにする, 思考を停止する ▪ He has always tried to *block out* the incident. 彼はいつもその事件を忘れようとしてきた.

4 …を型取りして作る ▪ The hatter *blocked out* the hat. 帽子屋は帽子を型取りして作った.

5 《写真・印》(ネガなどの一部)を(その部分の絵や文字が映らないように)塗料などで)おおう ▪ *Block out* this detail at the top of your picture. あなたの写真の上部にあるこの細部をおおいなさい.

block up 他 1 …を封鎖する, せき止める, じゃまする ▪ The workmen *blocked up* the entrance to the cellars. 労働者たちは地下室への入口をふさいだ.

2 …を閉じ込める, 完全にふさぐ ▪ The walls *blocked* us *up* everyway. 壁が四方から我々を閉じ込めていた.

3 滑車で(物)を上げる ▪ We *blocked up* a heavy box. 我々は重い箱を滑車で上げた.

4 …を便秘にさせる ▪ This food always *blocks* me *up*. これを食べると必ず便秘するんだ.

blossom /blɑ́səm|blɔ́s-/ ***blossom out [forth]*** 自 1 花が咲く ▪ Our roses are *blossoming out* late this year. 今年はわが家のバラの開花が遅れている ▪ My tulips are *blossoming forth* in all their glory. うちのチューリップは今が真っ盛りだ.

2 成熟する ▪ I see my daughter is *blossoming out*. 娘は成熟しているようだ.

blossom (out) into 自 発達して…となる ▪ He *blossomed out into* something of an orator. 彼は才を開花させてひとかどの雄弁家になった ▪ Jane has *blossomed into* a fine young lady. ジェインは成長してすばらしいお嬢さんになった.

blot /blɑt|blɔt/ ***blot out*** 他 1 (文字・行・文)を消す ▪ Several words in his letter had *been blotted out*. 彼の手紙の中の数語が消されていた.

2 (景色など)をおおって見えなくする ▪ The fog *blots out* the view of the river. 霧がかかって川が見えない.

3 努めて(記憶)を消す[忘れようとする] ▪ I tried to *blot out* those unhappy days. あの不幸せなころのことを忘れようと努めた.

4 (思い出など)をぬぐい去る ▪ We *blotted out* the memory of wartime trouble. 我々は戦時の苦難の思い出はぬぐい去った.

5 (都市など)を破壊してしまう; (人)をみな殺しにする, 全滅させる ▪ An earthquake *blotted* the town *out*. 地震でその町は破壊された ▪ The earthquake *blotted* the villagers *out* entirely. 地震で村人が全滅した.

6 …を帳消しにする ▪ His sins *are* all *blotted out* by this noble deed. この気高い行為で彼の罪はすべて帳消しになった.

7 (人)を殺す[消す] ▪ Sorry, chum, we got orders to *blot* you *out*. おい, 気の毒だがな, おまえを消せと命じられてるんだ.

blot up 他 …をふき取る, 吸い取る (*with*) ▪ You

can *blot* any spills *up* easily *with* paper towels. ペーパータオルを使えば、こぼれた液体は何でも簡単に拭き取れますよ。

blow /bloo/ ***blow about*** 他 ...を話し合う
• Let's *blow* John's suggestion *about*. ジョンの提案を話し合おう。

blow apart 他 1《米俗》...をめちゃめちゃに打ちのめす • If you give me the least excuse, I'll *blow* you *apart*. もしちょっとでも言い訳しようものなら、お前をめちゃめちゃに打ちのめしてやるんだ。
2 (考えなど)が間違いであることを示す • His book *blew apart* the myth of their perfect marriage. 彼の本は、彼らの結婚が完璧なものであるという神話を覆した。

blow around [*about*] 自 1 (葉が)吹き散る • The leaves *blew about*. 木の葉が吹き散った。
— 自他 2 (風などが)吹き飛ぶ; (風などが)...を吹き飛ばす • We must prevent dust *blowing around*. ほこりが吹き飛ばないようにしなければならない • A placard had *been blown about* by the wind. 看板が風に吹き飛ばされていた。
— 他 3 (書類など)を吹き飛ばす; (頭髪など)を吹き乱す • My papers had *been blown about*, and some were missing. 書類が吹き飛ばされて、一部は無くなっていた • The wind *blew* his hair *about*. 風が彼の髪を吹き乱した。
4 (噂)を言いふらす • The rumor *was* much *blown about*. その噂は盛んに言いふらされた。

blow away 他 1《米口》...を銃殺する • They *blew away* the first guy and wounded the second. 彼らは最初の男を射殺し、2番目の男を負傷させた。
2《主に受身で》(人)に大きな感銘を与える、をひどく興奮させる • When I heard that song for the first time it just *blew* me *away*. 最初にその歌を聞いたとき、私はすっかり感動した • I *was blown away* with his presentation. 彼のプレゼンテーションに深い感銘を受けた。
3《米口》(人)をぶちのめす、打ち負かす • The amount of the check *blew* me *away*. 小切手の金額を見て度肝を抜かれた • In the second game we completely *blew* them *away*. 第2試合では、我々は彼らを完膚なきまでに打ち負かした。
— 自他 4 吹き飛ばされる; ...を吹き飛ばす《比喩的にも》• My hat *blew away*. 私の帽子が吹き飛ばされた • The wind *blew away* the clothes. 風が衣服を吹き飛ばした • The whole system has *been blown away*. 組織全体が吹き飛ばされた。

blow back 自 1 (風などで)吹き返される; (風などが)吹き返す • The letter blew away, but soon it *blew back* into my hand. その手紙は吹き飛ばされたが、やがて私の手に吹き返された • The wind blew it back again. 風がそれをまた吹き戻してきた。
— 自 2 (ガスが)逆流する • When the gas *blows back*, it is dangerous. ガスが逆流すると危険である。

blow down 他自 (風などが)...を吹き倒す[落とす]; (風などで)吹き倒される[落とされる] • The strong wind *blew down* a number of trees. 強風が多数の木々を吹き倒した • A flowering tree *blew down*. 花木が1本風で倒れた。

blow in 自他 1 (風などで)壊れる; (風などが)...を壊す • The window at the front of the building had *blown in*. その建物の正面の窓が壊れていた • The gale *blew in* every window in the house. 強風が家のあらゆる窓を壊した。
2 (炉が)活動する; (炉など)を活動させる • New furnaces have now *been blown in*. 新しい溶鉱炉はもう活動させられている • Furnaces *blew in*. 炉が活動した。
3 ...が吹き込まれる; ...を吹き込む • The wind *blew* the leaves *in*. 風が木の葉を吹き込んだ • A pile of leaves *blew in*. たくさんの木の葉が吹き込まれた。
— 自 4 (口)急に現れる[訪ねる] (*from*) • Yesterday a friend *blew in from* Cairo. きのう友人がカイロから急に訪ねて来た • As I opened the door, he *blew in*. 戸を開けると、彼が急に現れた。
5 (油井(ゆせい)が)噴出しだす • The well *blew in* last night. その油井は昨夜噴出し始めた。
— 他 6《主に米俗》(金など)を派手に使う、散財する • He *blew* it all *in* about a week. 彼は1週間ほどでそれをみな使ってしまった。
7 ...を力ずくで追い込む[打ち込む] • He *blew in* the key. 彼は鍵を突っこんだ。

blow into 自 1《俗》急に[ふらっと]...へやってくる • John *blew into* Town. ジョンはふらっと町にやってきた。
2 ...にずかずか入ってくる • Two masked men *blew into* my office. 2人の覆面をした男がうちの事務所に乱入してきた。
— 他 3 ...の中へ...を吹き込む • The wind *blew* the leaves *into* the house. 風が木の葉を家の中へ吹き込んだ • Good thoughts *are blown into* man by God. よい思想は神によって人間に吹き込まれる。

blow off 自他 1 音高く(蒸気などを)吹き出す; ...を吹き飛ばす • The engine is *blowing off*. エンジンが蒸気を吹き出している • *Blow* the dust *off* that book, please. どうかその本のちりを吹き払ってください • The wind *blew* my hat *off*. 風が私の帽子を吹き飛ばした • The soldier's leg *was blown off* by the bomb. 爆弾で兵士の片脚が吹っ飛ばされた。
2 強い感情を発散させる、かんしゃくを爆発させる; (余分の精力)を放出する • They *blew off* their superfluous energy in singing and dancing. 彼らは余った精力を歌とダンスではき出した • I *blew off* at him but immediately apologized. 彼にかっとなってしまったけれど急いで謝った。
— 他 3 ...を軽視[無視]する • I invited her to join us but she just *blew* me *off*. 私は彼女を仲間に誘ったが、無視されただけだった。
4 (人)との約束をすっぽかす、予定を取りやめる • I'm annoyed because my date *blew* me *off*. 私のデートの相手が約束をすっぽかしたので腹が立ってならない。
5《英俗》(恋人)をふる、袖にする • He *blew* me *off* for Cathy, but I still fancy him. 彼は私をふってキャシーを選んだが、私はやはり彼が好きだ。

6《米口》(授業など)をサボる ▪ I can't believe you *blew off* the exam. 君が試験をサボったなんて信じられない.

7 …に打ち勝つ, 楽勝する ▪ With Bill pitching, we'll have no trouble *blowing off* the opposing team. ビルが投手だから, 我々は苦もなく相手チームに打ち勝つだろう.

8《米》(ひざ・ひじなど体の一部)を痛める, 故障する ▪ Pat *blew off* his knee playing basketball. パットはバスケットをしていてひざを痛めた.

— 自 **9**《米口》かっとなって叫ぶ (*at*) ▪ Sorry, I *blew off at* her. すまない, 彼女にかっとなって怒鳴っちゃった.

10(風で…から)吹き飛ぶ ▪ The leaves of the trees *blew off* in the strong wind. 木の葉が強い風で吹き飛んだ ▪ My papers *blew off* the table. 書類がテーブルから吹き飛んだ.

11《俗》(大きな音で)おならをする ▪ He *blew off* in front of a police officer and got a $50 fine. 彼は警官の前で一発おならを放って50ドルの罰金を食らった.

12《米口》活動をやめる ▪ When we *blowed off*, I judge he had the worst of it. 我々がやめたとき, 彼のほうが負けたと私は判断する.

13《俗》不平を言う ▪ He is always *blowing off* about his superiors. 彼はいつも上役のことをこぼしている.

14 時間を浪費する, ぶらぶら過ごす ▪ He *blows off* too much. 彼はぶらぶらしすぎる.

blow on 他 …をはんだづけする ▪ *Blow* it *on* by means of a union. 接合管でそれをはんだづけしなさい.

blow on [upon] 自 **1** …に息を吹きかける ▪ He *blew on* his coffee to cool it down. 彼はコーヒーをさまそうとふうふう吹いた.

— 他 **2**〖主に受身〗(名声・信用)をだめにする, そこなう, 傷つける ▪ His good name has *been blown upon* recently. 彼の名声が最近落ちた.

blow out 自 他 **1** 消される; …を吹き消す ▪ She *blew out* the candle and went to bed. 彼女はろうそくを吹き消して床についた ▪ The fire *blew out*. 火は風で消えた.

2(コック・バルブ・ヒューズなどをガスなどの圧力で)破裂する[飛ばす]; が破裂する[飛ぶ] ▪ The accident occurred when his front tire *blew out*. 事故は彼の前輪のタイヤがパンクしたときに起こった ▪ The glass on the road *blew out* the tire. 道路に落ちていたガラスでタイヤがパンクした ▪ My tire *was blown out* by a shot fired by someone. 誰かに銃でうたれてタイヤがパンクした ▪ When I plugged in my hair dryer, it *blew out* the fuse. ヘアドライヤーをコンセントに差し込んだらヒューズが飛んだ ▪ The fuse *blew out* and the house was in darkness. ヒューズが飛んで家はまっ暗になった.

3(電気機械などが)動かなくなる[する] ▪ The furnaces *blew out*. 溶鉱炉は働かなくなった ▪ The cooker has *blown out*. 炊飯器がだめになった.

— 自 他 **4**(油井などが)押さえ切れないほどの石油を噴き出す ▪ An oil well *blew out* in the North Sea. 北海のある油井が押さえ切れないほどの石油を噴出した.

— 他 **5** …を膨らませる ▪ Jane *blew out* her cheeks in disgust. ジェインはうんざりしてほっぺたを膨らませた ▪ His face *was blown out* like a bladder. 彼の顔が魚の浮き袋のようにふくらんだ.

6《米口》《スポーツ》(人)を簡単に打ち負かす ▪ We didn't imagine they could *blow* our team *out* like this. 彼らが我々のチームをこんなにも簡単に打ち負かすとは思いもしなかった.

7《英口》約束をすっぽかして(人)を怒らせる ▪ Becky promised to be here, but she's *blown* us *out*. ベッキーはここに来ると約束したのに, すっぽかされて頭にきた.

8 …との関係を終わらせる, 交際をやめる, (恋人)をふる ▪ May had *blown* me *out* for a new boyfriend. メイは僕を袖にして, 新しいボーイフレンドを選んだ.

9 …を吹きやる[流す] ▪ The ship *was blown out* to sea in a storm. あらしで船は沖へ吹き流された.

10 …を吹いて掃除する, (中身)を吹いて出す ▪ I *blew* the pipe *out*. 私はパイプを吹いて掃除した ▪ We *blew* the dirt *out* of the pipe. 我々はパイプからごみを吹いて出した.

11(何かの手段で)…を押し出す ▪ Heat the vessel and try to *blow out* the stopper. 容器を熱してせんを押し出すようにしてみなさい.

12 …を吹き出す, 吹いて出す ▪ The chimney *blew out* a cloud of smoke. 煙突はもうもうたる煙を吐き出した ▪ He *blew* the smoke *out* through his nostrils. 彼は(タバコを吹かして)鼻の穴から煙を出した.

13(風・爆発で)…を破壊する ▪ The bomb *blew* the windows *out*. 爆弾が窓を爆破した.

14(銃で)…を撃ち抜く ▪ He *blew out* the Jeep's tires with machine gun rounds. 彼はマシンガンを連射してジープのタイヤをみな撃ち抜いた.

15 …を感動させる, に感銘を与える ▪ The music really *blew* me *out*. その音楽には本当に感動した.

blow over 自 **1**(風が)吹きやむ, 通り過ぎる, 静まる ▪ The storm will soon *blow over*. 暴風はじきに吹きやむだろう ▪ The clouds will *blow over*. 雲は通り過ぎるだろう.

2《口》(危機・風説などが)無事に去る, 消え去る ▪ The gossip will all *blow over* soon. その噂はじきにすっかり消えるだろう.

— 自 他 **3**(物が)風で倒れる; (風が)…を吹き倒す ▪ Our tent *blew over* in a gust of wind. 一陣の風でテントが倒れた ▪ The wind *blew* the carriage *over*. 風で馬車が吹き倒された.

blow round 自 《主に英口》非公式に訪問する ▪ Won't you *blow round* one evening this week? 今週いつか夕方にちょっとうちへ来ないか.

blow through 自 立ち去る, 姿をくらます; 責任を逃れる ▪ He didn't stay here very long, just *blew through* in a hurry. 彼はここにはそう長くとどまらずそそくさと立ち去った.

blow *a person* ***to*** 人に…をおごる ▪ Let me *blow* you to a meal. 食事をおごってあげよう.

blow up 他 **1** …を爆破する, だめにする ▪ The en-

blubber

gineers *blew up* the bridge with dynamite. 技師たちはダイナマイトで橋を爆破した ▪ The storm *blew up* our scheme. あらしが我々の計画を台なしにした.
2 (タイヤ・風船)をふくらませる, …に空気を入れる ▪ He *blew up* a balloon. 彼は風船玉をふくらませた ▪ You need to *blow up* the tire if you have a flat. パンクしたらタイヤに空気を入れる必要がある.
3《口》(写真)を引き伸ばす ▪ He *blew up* an 8mm to a 16mm film. 彼は8ミリのフィルムを16ミリに引き伸ばした.
4《口》…を誇張する ▪ His abilities have *been* greatly *blown up*. 彼の才能はひどく誇張されてきた.
5 (火など)を吹き熾(¨)す, あおぎ熾す ▪ We *blew up* the fire. 私たちは火を吹いて熾した.
6 …を得意にする ▪ He *was blown up* with his own conceit. 彼はうぬぼれて得意になっていた.
7 角笛を吹いて(犬)を集める ▪ I *blew up* the dogs. 私は犬どもを笛で集めた.
8 (あらしなど)を引き起こす ▪ It may *blow up* a storm at night. 夜はあらしになるかもしれない.
— 自 **9**《主に米口》激怒する[させる], かっとなる;《主に英口》しかる, 雷を落とす ▪ He began to *blow* me *up* for it. 彼はそのことで私をしかり始めた ▪ I'm sorry I *blew up* at you for it. そのことであなたに激怒してすみませんでした.
— 自 **10** 爆発する, 爆破される ▪ The mine *blew up*. 鉱山は爆発した ▪ Half the town *blew up*. 町の半分が爆破された.
11 (悪天候・争いなど)が募る, あらしが起こる[強くなる] ▪ It's going to *blow up* cold. 寒くなってきそうだ ▪ A family row *blew up* over nothing. 何でもないことで家族争議が持ちあがった.
12 コンピューターが動かなくなる ▪ I clicked the button and then my computer suddenly *blew up*. そのボタンをクリックすると急にコンピューターが動かなくなった.
13 (タイヤ・風船)がふくらむ, 過度に大きくなる ▪ The tire won't *blow up*. そのタイヤはどうしてもふくらまない ▪ The matter *blew up* out of sight. その問題はとてつもなく大きくなった.
14 (俳優が)せりふをとちる ▪ She *blew up* her lines in her first school play. 彼女は初めての学校劇でせりふをとちってしまった.
15 (スポーツ)自滅する, スタミナ切れになる ▪ The player *blew up* and lost the tennis match. そのプレーヤーは自滅して, テニスの試合で負けてしまった.
16 すっかりこわれる, ぺしゃんこになる ▪ His academic career *blew up*. 彼の学者としての経歴がだめになった ▪ On further investigation the case *blew up*. さらに調査した結果その件はくずれ去った.
17 (議論などが)突然始まる ▪ A foolish argument *blew up*. ばかげた議論が始まった.
18《俗》とても成功する[人気がある] ▪ Right now Miss Russell is totally *blowing up*. She's in her prime. 目下ラッセル嬢はとても人気がある. 全盛期にあるのだ.

blow upon 他 **1**《俗》(名声・信用)を失わせる, 傷つける ▪ My credit *was* so *blown upon* I could not hope to raise a shilling. 私の信用は非常に落ちていたので, 私は1シリングも調達することは望めなかった. ☞ Meat is blown up. 「肉にハエが卵を生みつけている」という言い方から.
2 …の新鮮味を失わせる, を古くさくする ▪ This passage *is* not *blown upon*. この箇所は古くさくなっていない.
3《俗》…を密告する ▪ The rogue *blew upon* the scheme. 悪くせ者はその計画を密告した.
4 …の悪口を言う ▪ If you *blow upon* us, we'll punish you. もし我々の悪口を言うと, 懲らしめてやる.

blubber /blʌ́bər/ ***blubber out*** 他 …を泣きながら言う ▪ The prisoner *blubbered out* his guilt. 囚人は自分の罪を泣きながら語った.

bludgeon /blʌ́dʒən/ ***bludgeon*** *a person* ***into*** 〖主に受身で〗人に無理やり同意させる (*doing*) ▪ I *was bludgeoned into* accepting their offer. 私は彼らの申し出を受けるように無理やり同意させられた.

bludgeon … out of *a person* 他 人をおどして…を強要する ▪ The police *bludgeoned* a confession *out of* the criminal. 警察は犯人をおどして無理やり白状させた.

bluff /blʌf/ ***bluff*** *a person* ***into*** 他 人をだまして…させる (*doing*) ▪ They *bluffed* him *into thinking* that the plan had been changed. 彼らは彼をだましてその計画は変更されたと信じさせた.

bluff off 他 高飛車に出て(相手)をおどして追い払う[やめさせる] ▪ The great point is the *bluffing off* of France. 重要な点はフランスをおどして手を引かせることだ.

bluff … out of *a person* 他 人をこけおどしでだまして…を強奪する ▪ I *bluffed* the info about their whereabouts *out of* the guy. そいつにこけおどしをかけて奴らの所在についての情報を聞き出した.

bluff *a person* ***out of*** 他 人をだまして…を奪う, 言葉巧みに人から…を巻きあげる, 虚勢を張って…をやめさせる (*doing*) ▪ He *bluffed* the old woman *out of* her money. 僕たちは老婆をだまして彼女の金を奪った ▪ The chieftain *bluffed* them *out of attacking* his village. 族長は彼らにはったりをかけて自分の村の襲撃を思いとどまらせた.

blunder /blʌ́ndər/ ***blunder against*** 他 (まごまごして)…に突き当たる, つまずく ▪ He *blundered against* the sideboard. 彼は食器テーブルにぶつかった.

blunder along 自 (道)をまごまごと歩いて行く ▪ Thus he *blundered along* life's pathway. このようにして彼は人生行路をまごついた.

blunder around [***about***] 自 恐る恐る歩く, まごまごと歩く ▪ I *blundered about* the dark room. 暗い部屋をまごまごと歩き回った ▪ She *blundered about* in the darkness trying to find a light. 彼女は灯を探そうとして暗がりの中をまごまごと歩いた.

blunder away 他 へまをして…を失う ▪ He *blun-*

dered away his fortune. 彼はへまをやって財産を失った.

blunder into 自 **1** ...に突き当る[つまずく] ▪ He *blundered into* a stone. 彼は石につまずいた.
— 他 **2** 偶然...に見つける; 偶然...へ行き着く ▪ He just *blundered into* that position. 彼は偶然その地位にありついたにすぎない ▪ He *blundered into* sense. 彼はまちがってうまいことを言った.

blunder on [upon] 他 偶然...を見つける[に出会う] ▪ I *blundered on* this old letter in the drawer. この古手紙を引出しの中にふと見つけた ▪ I *blundered upon* my teacher in the library. 図書館でひょっこり先生に会った.

blunder out 他 ...をうっかりしゃべる ▪ He *blundered out* the secret. 彼はうっかりその秘密をしゃべった.

blunder through 自 しくじりながら...を終える ▪ He *blundered through* his life. 彼はしくじりながら一生を終えた.

blur /blə:r/ ***blur out*** 他 ...を消し去る, おぼろにする ▪ There is a constant tendency to *blur out* distinctions. 絶えず区別をぼやかす傾向がある.

blur over 他 ...を見えなくする, 不明瞭にする ▪ He tried to *blur over* their victory. 彼は彼らの勝利をぼやかそうとした.

blurt /blə:rt/ ***blurt out*** 他 ...を口走る, について口をすべらす ▪ He *blurted out* the secret. 彼はその秘密をうっかり口走った.

blush /blʌʃ/ ***blush at*** 自 ...を[に]赤面する ▪ I *blush at* my weakness. 自分の弱さが恥ずかしい.

blush for 自 **1** (うれしさ・恥ずかしさ)のため赤面する ▪ She *blushed for* joy. 彼女は喜びに顔を赤らめた.
2 人(の...)のために赤面する ▪ I *blush for* you [your ignorance]. 君[君の無知]にはこちらが赤面する.

blush a person ***into [out of]*** 他 《詩》人を赤面させて...にする[をやめさせる] ▪ Diana *blushed* him *into* the ladies' room. ダイアナは彼を赤面させて女性用トイレへ連れ込んだ ▪ They will *blush* themselves *out of* their follies. 彼らは赤面して自分らの愚かな行いをやめるだろう.

bluster /blʌstər/ ***bluster at*** 他 ...をどなりつける ▪ He *blustered at* his men. 彼は部下たちをどなりつけた.

bluster a person ***into*** 他 人をこけおどしして...させる ▪ They tried to *bluster* us *into* the belief. 彼らは我々をこけおどしてそう信じさせようとした.

bluster out 他 ...をどなって言う ▪ He *blustered out* threats. 彼はどなっておどし文句を並べた.

bluther /blʌðər/ ***bluther out*** 他 涙で(目)を泣きつぶす ▪ He *bluthered out* his eyes. 彼は涙で目を泣きつぶした.

board /bɔ:rd/ ***board around [round]*** 自 他 《米》(特に教員が保護者の家に)次々に寄食して回る; (教員を保護者の家に)次々に寄食して回らせる ▪ There was a custom that the instructor should "*board around*" as it is called. 講師はいわゆる「寄食して回る」べきだという習慣があった ▪ Our schoolmasters *are boarded round*. 我々の先生たちは生徒の家に順次寄食させられている. ☞財政貧弱な教育委員会ではこうして教員の安い俸給の補いをしたことから.

board in 自 他 **1** うちで食事する[させる] ▪ Of course you will *board in*. もちろんあなたはうちで食事することになります.
— 他 **2** ...を板でふさぐ ▪ The hole *was boarded in*. その穴は板でふさがれた.

board off 他 《主に受身で》板を張って...を隠す[守る] ▪ Part of the garage had *been boarded off* during the building works. ガレージの一部は建築工事の期間中板で覆って保護されていた.

board out 自 他 **1** 外で食事する[させる] ▪ We *were boarded out* then. 我々はその時は外で食事した.
— 他 **2** (貧しい子供などを)(...に)寄宿させる, 預ける(*with*) ▪ The workhouse children *are boarded out with* cottagers. 救貧院の子供らは田舎家に預けられている.
3 《主に英》...を傷病兵として免役とする ▪ He *was boarded out* of the army on medical grounds. 彼は健康上の理由で傷病兵として陸軍の兵役を免除された.

board over 他 ...を板張りする ▪ The floors *were boarded over*. 床は板張りであった.

board up [over] 他 (戸•窓)を板を張って閉鎖する ▪ We *boarded up* our front doors. 我々は正面のドアに板を張って閉鎖した.

board with 自 ...の家に下宿する ▪ I *board with* the family. 私はその家に下宿している.

boast /boust/ ***boast about*** 自 ...を自慢する ▪ He was fond of *boasting about* his school record. 彼は学校の成績を自慢するのが好きだった.

boast of **1** ...を誇る ▪ She *boasts of* the honors. 彼女はその栄誉を誇りとしている.
2 ...を鼻にかけている(*doing*) ▪ He *boasts of being* the best player in the team. 彼はチームきっての名選手だとうぬぼれている.
3 (自慢の)...がある ▪ Our school can *boast of* a fine swimming pool. わが校には自慢の立派な水泳プールがある.

bob /bɑb|bɔb/ ***bob around*** 自 《口》(...を)素早くあちこち行く, ぶらつく ▪ She has *bobbed around* New York for the last few years. 彼女はこの数年間ニューヨークをあちこちぶらついた.

bob at [for] (つるしたり, 浮いたりしているものを)口にくわえようとする ▪ At Christmas time we *bob for* apples. クリスマスにはリンゴをぱくりとくわえる遊戯をする.

bob down 自 急にかがむ ▪ *Bob down* behind the wall, there's your father coming. 塀のうしろにかがみ込め, お父さんが来るぞ.

bob a person ***of [out of]*** 他 人から...をだまし取る ▪ The con man *bobbed* me *out of* my week's wages. 詐欺師は私の1週間分の賃金をだまし取った.

bob a person ***off*** 他 ...をだまして追い払う ▪ You

cannot *bob* me *off* with such payment. そんな支払いでごまかして僕を追い払おうとしてもだめだよ.

bob up 自《口》(人・問題などが)ひょいと立つ, (予期しない人・物が)出る, 現れる ▪ He fell into the water, and *bobbed up*. 彼は水中に落ちたがひょいと浮かび上がった ▪ We were having dinner when the Browns *bobbed up*. 食事をしていたときブラウン夫妻がひょっこりやって来た.

bob up and down 絶えず上下に移動する ▪ The boat *bobbed up and down* rhythmically as the waves passed under it. ボートは波が船底を通過するとリズミカルに上下した.

body /bάdi|bɔ́di/ ***body forth*** 他 …を具体化する, 表象する, 心中に描く ▪ He *bodied forth* some unknown features. 彼はある知らぬ容貌を心に描いた.

body out 他 …に肉体を与える, 形を与える ▪ His new machine *bodies out* the concept very well. 彼の新車はそのコンセプトをみごとに具現している.

bog /bag|bɔg/ ***bog down*** 他自《口》進まなくする[なる], はまり込んで進めなくする[なる]; 頓座させる[する] ▪ Our car *bogged down* in the mud. 我々の車はぬかるみにはまり込んで動かなかった ▪ The truce negotiations have *bogged down* for the third time. 休戦交渉は3度目の頓座をした.

bog in [***into***] 自《豪口》がつがつ食べ始める ▪ I was starving and *bogged in* when the food was served. 腹がぺこぺこだったので, 食事が出るとがつがつ食べはじめた ▪ Boys *bogged into* the food as if they hadn't eaten for a week. 少年らは1週間もものを食べていなかったかのようにがつがつ食物を食べ始めた.

bog off 自《俗》[[主に命令文で]] 出て行け ▪ He lost his temper and told her to *bog off*. 彼はかんしゃくを起こして, 彼女に出て行けと言った.

boggle /bάgəl|bɔ́gəl/ ***boggle at*** 自 **1** …をためらう, うろたえる ▪ The youth *boggled at* giving an answer. 青年は返事をするのをためらった.

2 …にぎょっとする, (事・考え)にびっくりする ▪ I *boggled at* the damage to my car. 私の車が受けた損害に肝をつぶした ▪ My mind *boggled at* the news. そのニュースにびっくりした.

boil /bɔil/ ***boil away*** 自 **1** どんどん沸騰する ▪ The kettle was *boiling away* merrily on the fire. 火にかけたやかんの湯は楽しげな音をたててどんどんわいていた.

2 (熱などが)さめる ▪ His excitement soon *boiled away*. 彼の興奮はすぐさめた.

— 自他 **3** 沸騰して蒸発する[させる] ▪ The water *boiled away*. 水は蒸発した ▪ *Boil away* about a third of the water. 水を沸騰させて約3分の1ほど蒸発させてください.

boil down 他自《口》 **1** …を煮つめる; 煮つまる [スープ・果汁などが] ▪ The fruit juice will be *boiled down* into a syrup. その果汁を煮つめればシロップができる ▪ These plums will *boil down*. これらのアンズは煮つまるだろう.

— 他 **2** …を煎じつめる, 要約する ▪ He has *boiled down* much research into a single line. 彼は多くの研究をたった1行に要約した.

— 自 **3** 煎じつめると…になる, つまるところ…となる (*to*) ▪ It *boils down to* this that our company is not making enough profit. つまるところ, わが社は十分な利益をあげていないということになる.

boil forth 他 口角泡をとばして…を説く, 興奮して申し立てる ▪ The mouth of fools *boils forth* folly. ばか者の口はばかなことを盛んにまくしたてる.

boil off [***out***] 他[自] …を煮て除く; 煮て除かれる[とれる] ▪ The dye *was boiled off* from fabric. 染め色は織物から煮で抜かれた.

boil over 自 **1** 煮えこぼれる ▪ The milk has *boiled over*. 牛乳が煮えこぼれた.

2 《口》(激情などで)煮えくり返る, 激怒する, かっとなる ▪ He *boiled over* with anger. 彼は怒りで煮えくり返った.

3 (事態が)危機に達する, 高じる, 爆発する ▪ The situation was about to *boil over*. 事態は危機に達しようとしていた.

boil up 自 **1** 煮え立つ ▪ Water will soon *boil up*. 水はじきに沸騰する.

2 激怒する, かっとなる ▪ He soon *boils up*. 彼はじきにかっとなる.

3 《米口》衣服の煮洗濯をする ▪ At 3 we *boiled up* again. 3時に我々はまた衣服の煮洗いをした.

4 《口》(けんかなどが)起ころうとしている ▪ A dispute is *boiling up* over the matter. その件について論争が起ころうとしている.

— 他 **5** …を煮立てる, 沸かす ▪ I'll *boil up* the soup again. 私がスープをもう一度煮立たせましょう.

bollix /bάlɪks|bɔ́l-/ ***bollix*** [***bollocks***] ***up*** 他 《米口》…を混乱させる, 台なしにする (mess up) ▪ That one delay has *bollixed up* my whole week. その1回の遅滞のためにその週はまるまる台なしになった.

bolster /bóulstər/ ***bolster out*** 他 詰め物をして…をふくらます《比喩的にも》 ▪ The lady *was bolstered out* at head and feet. その婦人は頭と足に詰め物をしてふくらましていた.

bolster up 他 **1** (詰め物をして)…をふくらます ▪ His sermons were all *bolstered up* with Greek and Latin. 彼の説教はギリシャ語やラテン語で仰々しくなっていた.

2 …をささえる, 鼓舞する, 励ます ▪ We must *bolster up* that business. その事業が倒れないように支援しなければならない.

3 …を促進する ▪ The election results *bolstered up* the spirits of our party. 選挙の結果でわが党の士気が上がった.

bolt /boult/ ***bolt down*** 他 **1** …をボルトで(…に)つける ▪ The lid of the box *was bolted down*. 箱のふたはボルトで箱に留められていた.

2 (飢え・急ぎのため食物を)早く鵜呑(うの)みにする ▪ You must not *bolt down* your food like that. そんなに食物を早く飲み込んではいけない.

bolt in 他 **1** …を閉じ込める, 監禁する ▪ They *were bolted in* with a lock. 彼らは錠で閉じ込められ

た.
— 自 **2** 飛び込む ▪ The dog *bolted in* at his call. 彼の呼び声に応じて犬が飛び込んで来た.

bolt on 他 (…に)…をつけ加える, 補足する (*to*) ▪ Security has been designed into the OS, not just *bolted on to* it afterwards. セキュリティーは OS に組み込まれており, あとから付け足されただけのものではない.

bolt out 他 **1** …を締め出す ▪ The government is trying to *bolt out* another wave of immigration. 政府は更に押し寄せてくる移民の波を締め出そうとしている.
2 …をふるいにかけて選び出す ▪ You can *bolt out* the malicious-minded by it. 君はそれによって, 悪意ある人々をえり出すことができる.
3 …をべらべらしゃべる ▪ He *bolted out* the truth. 彼は真相を口走った.
— 自 **4** 飛び出す, 逃げ出す ▪ The dog *bolted out* of the house. 犬はその家から飛び出した.

bomb /bɑm|bɔm/ ***bomb along*** 自 (道)を素早く動く[疾走する] ▪ We went *bombing along* the motorway at 90 mph. 我々は高速道路を時速90マイルで疾走した.

bomb out 他 **1** …を(爆撃で)被災させる, 焼き出される ▪ They *were bombed out* in the London blitz. 彼らはロンドンの空爆で焼き出された.
2 《俗》(学業・職場で人)を落第[失職]させる ▪ Carol could get *bombed out* of her job if she carries on like this. キャロルはこんなふるまいを続けていたら, 解雇されるかもしれない.
— 自 **3** 《主に米口》失敗する ▪ The play completely *bombed out*—it only ran for two nights. その芝居は完全に失敗した—二晩上演されただけだった.

bomb out of **1** …を空襲で(…)から追い出す, 焼き出す ▪ He *was bombed out of* his Tokyo studio. 彼は東京のスタジオから空襲で焼け出された ▪ The French tractor industry had *been bombed out of* existence. フランスのトラクター産業は空襲で焼けて滅びていた.
— 自 **2** 《口》…から撤退する ▪ Mark has *bombed out of* the US tennis Open. マークは全米テニスオープンから撤退した.

bomb through **1** …を通して爆弾を投下する ▪ The system enabled the RAF to *bomb through* thick cloud. そのシステムのおかげで英国空軍は厚い雲を通して爆弾を投下することができた.
2 爆撃して…から侵入する ▪ The soldiers *bombed through* the wall of the fortress. 兵士らは爆撃して砦の城壁から侵入した.
3 …を素早く通り抜ける ▪ We *bombed through* the town on motor cycles. 我々はオートバイでその街を矢のように通り抜けた.

bomb up 他 (飛行機)に爆弾を積み込む ▪ The plane can *be bombed up* easily. その機にはたやすく爆弾が積める.

bone /boʊn/ ***bone up*** 自 《口》(…の)つめ込み勉強をする; (忘れかけたものに)磨きをかける (*for*, *on*) ▪ I must *bone up for* the exam. 私は試験のためつめ込み勉強をしなければならない ▪ I am *boning up on* Latin. ラテン語をつめ込み勉強をしている.

boogie /búgi|búːgi/ ***boogie down*** 《俗》(急いで)行く ▪ I'm gonna *boogie down* and see what's going on. 何が起きているのか, ちょっと行って見てくる.

book /bʊk/ ***book for*** 他 …の切符を買う ▪ Did you *book for* the play? その芝居の切符を買いましたか.

book in 自 **1** (ホテルなどに)到着記帳する, チェックインする ▪ We went to a hotel and *booked in*. 我々はホテルに行って記帳した《泊まる》 ▪ I'll just *book* you *in*. あなたの宿泊記帳をしてあげます.
2 《主に英》出勤者[宿泊客]の記帳をする ▪ Wanted young lady, able to *book in*. 若い女性を求む. 出勤者記帳のできる人《求人広告》 ▪ I must *book* the guests *in*. 私は宿泊客の記帳をしなければならない.
— 他 **3** (人)に宿泊予約をしてあげる ▪ I have *booked* you *in* at the Royal Hotel. ロイヤルホテルに部屋を予約しておきました.
— 自 **4** (会社などに)出勤して署名する ▪ I *booked in* at 8 o'clock. 私は8時に出勤した.

book into (ホテル)に予約する, チェックインする ▪ I always *book into* a hotel near the station. 私はいつも駅の近くのホテルに予約することにしている.

book *a person* ***into*** 他 **1** 人に(ホテル・部屋)に予約してあげる ▪ I asked the travel agent to *book* me *into* hotel in Madrid. 旅行案内業者にマドリッドのホテルを予約してくれるように依頼した.
2 人を投獄する ▪ Jones *was booked into* the Utah County jail. ジョーンズはユタ郡の監獄にぶち込まれた.

book off 自 勤務[任務]を終えて(出勤簿に)署名する ▪ I *booked off* after eight hours' work. 私は8時間の仕事を終えて署名した ▪ Tomorrow he *books off*. あす彼は任務を終える.

book *a person* ***on*** [***onto***] 他 人に(チケットなど)を手配する ▪ Could you *book* me *on* the 8:30 flight? 私に8時30分の便の航空券の手配をしてくれませんか.

book (***on***) ***out*** 自 《俗》急いで去る[出かける] ▪ I'd got to *book out* to 10 this morning. 今朝10時に急いで出なければならなかった.

book out 自 **1** 《主に英》ホテルを出る手続きをする[してあげる], チェックアウトする ▪ He *booked out* at 8 in the morning. 彼は朝8時にホテルを出た.
2 (会社などで)勤務を終えて社を出る ▪ I *booked out* at 5:30. 私は5時半に会社を出た.
3 退出記帳する ▪ Wanted young lady, able to *book out*. 若い女性を求む. 退出記帳のできる人《求人広告》.

book (*a person*) ***through to*** 他 (人のために)…へ行く通し切符を買う ▪ A man may *book through* from London to many continental cities. ロンドンから多くの米国諸市行きの通し切符が買える ▪ The travel agency *booked* me *through to*

Malacca. 旅行代理店がマラッカまでの通し切符を手配してくれた。

book up 自 **1** (座席・部屋などを)予約する ▪You ought to *book up* now. あなたはすぐ座席を予約するべきです。
— 他 **2** 〚主に受身で〛(座席・部屋など)の予約を済ませる, (人)の予定を詰める ▪The Royal Hotel *is booked up*. Every room is reserved. ロイヤルホテルは予約済みです。部屋はすべて満室です。

boom /buːm/ ***boom away*** 自 鳴り響く, ブーンブーンという ▪The car *boomed away* at the crossroads, waiting for a green light. その車は交差点で青信号を待ちながら騒々しくエンジンを吹かした。

boom off 他 (船)をさおで押しやる ▪We *boomed* her *off* from the wharf. 我々は船を波止場からさおで押し離した。

boom out 他 **1** 鳴り響く, ブーンブーンという ▪The mayor's voice *boomed out* over the loudspeaker. 市長の声がスピーカーを通して響き渡った ▪The cannons *boomed out* the night through. 一晩中砲声が轟(とどろ)いた。
2 ゴーンと鳴って…を知らせる ▪The clock began to *boom out* twelve. 時計が12時をボンボンと打ち始めた。
3 …を深い声で言う ▪He *boomed out* Poe's verses. 彼はポーの詩句を深い声で誦(しょう)した。
4 (帆のすそを)帆桁で延ばす ▪Our sails *were boomed out* then. 我々の船の帆はそのとき帆桁で伸ばされた。

boomerang /búːməræŋ/ ***boomerang on*** 自 (計画・策略などが)…にとってやぶへびになる, 身から出た錆になる, 裏目に出る ▪The scheme *boomeranged on* us and we lost everything. その計画は当方にはやぶへびとなり, 我々は何もかも失ってしまった。

boost /buːst/ ***boost up*** (人)を押しあげる《比喩的にも》 ▪The girl *was boosted up* onto the horse. 少女は押しあげられて馬に乗せられた ▪He must *be boosted up*. 彼を元気づけてやらなければならない。

boot /buːt/ ***boot out*** 他 **1** 《口》…を戸外へけとばす ▪His wife *booted* him *out* at the weekend. 彼の妻が週末に彼を戸外にけり出した。
2 《俗》(解雇して)追い出す ▪I got *booted out* again. 私はまた首になった。

boot A out of [from] B 他 《口》 **1** A(人)をB(家・学校など)から追い出す ▪My father *booted* me *out of* the house for being lazy. 怠けたら父に家を追い出された ▪The drunken fan was *booted out of* the ballpark. 酔っ払ったファンが球場からつまみ出された ▪He *was booted from* the flight because of his size. 彼は巨体ゆえにその航空便から降ろされた。
2 A(人)がB(職場など)を辞めさせられる ▪His father *was booted out of* his last job. 彼の父親は現職を首になった。

boot up 自他 (コンピューターが)起動する, 立ち上がる; (コンピューターを)起動する, 立ち上げる ▪My computer takes a little time to *boot up*. 私のコンピューターは起動するのに少し時間がかかる ▪She *booted* her computer *up* and started to write. 彼女はパソコンを立ち上げて書き込みはじめた。

booze /buːz/ ***booze up*** 他 《口》大酒を飲む[飲ませる] ▪He spent the whole evening *boozing up*. 彼は夜どおし大酒を飲んでいた ▪I *was* too *boozed up* to drive home. 私は酔っ払いすぎて車を運転して帰宅できなかった。

border /bɔ́ːrdər/ ***border on*** 自 **1** …に境を接する, 面する ▪Our garden *borders on* the lake. わが庭は湖に面している。
2 (好ましくない状態)に近似する ▪His conduct *borders on* madness. 彼の行為は狂気に近い。

bore /bɔːr/ ***bore a person by doing*** 他 人を…することでうんざりさせる ▪She *bored* us *by* talking for hours about her new kitchen. 彼女が新調したキッチンのことを長々と喋るので私たちはうんざりした。

bore into a person 他 《文》(人の目が)人を穴があくほど見つめる ▪Patty felt Jim's eyes *boring into* her. パティはジムの視線を痛いほど感じていた。

bore through 他 **1** (錐などで)…を突き刺す, に穴をあける ▪The drill easily *bored through* the iron plate. ドリルはやすやすと鉄板に穴をあけた ▪They're planning to bore a tunnel *through* the mountain. 彼らは山にトンネルを通すことを計画中だ。
2 (視線が)見つめる相手を貫くほどである ▪His stare *bored* right *through* her. 彼は彼女を本当に穴の空くほど見つめた。

bore A with B 他 A(人)をBでうんざりさせる ▪He *bores* everyone *with* stories about his sons. 彼は息子たちの話をしてみなをうんざりさせる。

borrow /bárou|bɔ́rəu/ ***borrow A from B*** 他 〚しばしば受身で〛AをBから借用する ▪English is full of words that have *been borrowed from* other languages. 英語には他の言語から借用してきた単語がたくさんある。

boss /bɔːs, bɑs|bɔs/ ***boss a person around*** [《英》*about*] 他 人を追い使う, こき使う ▪I am not to *be bossed about*. おれはこき使われはしないぞ ▪Tom is unhappy, because his wife keeps *bossing* him *around*. トムは不幸せだ, 妻がいつも彼をこき使うから。

botch /bɑtʃ|bɔtʃ/, 《英》 **bodge** /bɑdʒ|bɔdʒ/ ***botch up*** **1** 《英口》…をだめにする, しくじる, そこなう ▪If you give him the job, he'll only *botch* it *up*. 彼にその仕事をやらせると, しくじるだけのことだろう。
2 《英》…を下手に修繕する ▪The room looked like it had *been bodged up*. 部屋は下手に修繕されているように見えた。

bother /báðər/búðə/ ***bother about*** 自 …に骨を折る, あくせくする, で気をもむ ▪Don't *bother about* such a trifle. そんなささいなことにくよくよするな。

bother with 自 〚主に否定文で〛…のことで心配[くよくよする] ▪Please don't *bother with* Ann. She can take care of herself. アンのことは心配しないで

れ. 彼女は自分のことは自分でできるから ▪Don't *bother with* the letters. その手紙なんかかまわんでもよい.
- ***bother** a person **with** [**about**]* 他 …のことで人をうるさがる, 悩ます ▪ Don't *bother me with* that. そんなことで僕を悩まさないでくれ.

bottle /bάtəl|bɔ́tl/ ***bottle off*** 他 …を(たるから)びんに詰め替える ▪They were busy *bottling off* a cask of sherry. 彼らは忙しくシェリー酒をたるからびんに詰め替えていた.
- ***bottle out*** 自《英口》おじけづく, 気後れする; (土壇場で)おじけづいて…をやめる(*of doing*) ▪I was going to enter a belly-dancing contest, but I *bottled out* at the last minute. ベリーダンス大会に出るつもりだったが, 土壇場になっておじけづいてしまった ▪I *bottled out* of the expedition fearing for my life. 私はおじけづき遠征隊から抜けた, 自分の命を心配したのだ ▪He *bottled out of eating* those mushrooms. 最後になって怖気づき彼はそのキノコを食べるのをよした.
- ***bottle up*** 他 **1**《口》(感情など)を抑える, 押し殺す ▪*Bottle up* your anger for the present. 今は怒りを抑えなさい.
  2 …を閉じ込める; (軍隊が)包囲する ▪The enemy *bottled up* a whole division in the narrow valley. 敵は一個師団全部を狭い盆地に包囲した ▪You *are bottled up* inside yourself. Speak up! 君はすっかりちぢこまってしまっている. 言いたいことを言いなさい.
  3 …をびんにつめる ▪Father is *bottling up* his home-made beer. 父は自家製のビールをびんづめしている.

bottom /bάtəm|bɔ́t-/ ***bottom out*** 自 **1** どん底にある ▪The valley *bottoms out* at the river. その盆地は川のところでどん底になっている.
2 底をつく ▪House prices *bottomed out* in 1974. 家の価格は1974年に底をついた.
3 (船が海などの)底につく(*on*) ▪The submarine *bottomed out on* the seabed. 潜水艦は海底に達した.

bough /bau/ ***bough down*** 他《米》枝葉を床に入念に敷く ▪We stripped off armfuls of twigs to *bough down* our camp. 小枝をいく抱えも折り取って野営の床に入念に敷いた.

bounce /baʊns/ ***bounce against*** 自他 **1** …に当たって跳ね返る; に当てて跳ね返らせる ▪The ball *bounced against* the door. ボールはドアに当たって跳ね返ってきた ▪He *bounced* the ball *against* the wall. 彼はボールを壁にぶつけて跳ね返らせた.
2 (音・光)を反射する; を反射させる ▪My voice *bounced against* the nearby hill and echoed back to me. 私の声が近くの丘から跳ね返りこだまになって戻ってきた ▪The sunlight was *bouncing against* the polished marble floor. 太陽の光が磨かれた大理石の床に当たって照り返していた ▪We *bounced* the light *against* the white ceiling. 照明を白い天井に当てて反射させた.
- ***bounce along*** 自(ボールなどが)…を弾んでいく ▪The ball *bounced along* a cart path. ボールは荷馬車道をポンポン弾んでいった.
- ***bounce around*** 他 **1** 異なる場所[職業]を転々とす ▪Jim had been *bouncing around* from one job to another. ジムは異なる職業を転々とした ▪My family *bounced around* a lot so I couldn't get used to schools easily. 私の家はよく引越しして私はなかなか学校になじめなかった.
  2 …をあれこれ議論[検討]する ▪I'd like to *bounce around* a few points. 何件かあれこれ議論したいことがあります.
  3《俗》…をぞんざいに[不当に]扱う ▪Quit *bouncing* me *around*; I won't stand for it. 僕をぞんざいに扱うのはやめてくれ, それをがまんするつもりはないから.
  ― 自他 **4** はね回る, (あちこち)はずむ; …をはねさせる, はずませる ▪The ball *bounced around* a bit. ボールは少しはずんだ ▪Don't *bounce* the basketball *around* in the living room! 居間でバスケットボールをはずませるんじゃない.
  ― 自 **5**(噂など)広まる; 流布する ▪That rumor has been *bouncing around* for a while. その噂はしばらく前から広まっている.
- ***bounce back*** 自 **1**《口》(挫折・失敗から)持ち直す, 形勢を立て直す ▪He always seems to *bounce back*. 彼はいつも(失敗から)立ち直るようだ ▪Share prices *bounced back* this morning. 今朝株価が反騰[反発]した.
  2 行為の結果が…にはね返ってくる(*on*) ▪The directors' decision *bounces back on* the future of the firm. 重役たちの決定が社の将来に反映される.
  ― 自他 **3**《電算》(電子メールが)送信元に戻る; (人)に(電子メール)を返送する ▪The e-mail has *been bounced back* to me. そのメールは私のところへ返送されてきた.
- ***bounce into*** 自 …に飛び込む ▪The man *bounced into* the room shouting "Fire!" 男は「火事だ!」と叫びながら部屋に飛び込んできた.
- ***bounce** a person **into** [**out of**]* 他《英》人をおどして…させる[をやめさせる, 巻き上げる] ▪He has *been bounced into* complying with it. 彼はおどされてそれを承諾した ▪He *bounced* me *out of* smoking. 彼は私をおどしてタバコをやめさせた ▪They *bounced* him *out of* his money. 彼らは彼をおどして金を巻きあげた.
- ***bounce off*** 自 …に当たってはね返る, (光・音が)…に反射する ▪The ball *bounced off* the net. ボールはネットに当たってはね返った ▪Radar waves *bounce off* objects in their path. レーダー波は行く手にある物体に反射する.
- ***bounce*** A ***off*** B 他 **1** A(ボールなど)をBからはね返らせる ▪Bob *bounced* the tennis ball *off* the wall. ボブはテニスボールを壁からはね返らせた.
  2《口》(反応を見るために)A(考えなど)をB(人)にぶつけてみる ▪We were able to share problems and *bounce* ideas *off* each other. 私たちは諸問題を共有し, お互いに考えをぶつけることができた.
- ***bounce out*** (***of***) 自 **1**(…から)飛び出る ▪The boy *bounced out of* the house. 少年は家から勢い

よく飛び出た.
— 他 **2**《口》…を放り出す ▪ He *was bounced out of* the club. 彼はクラブから放り出された.

bounce out (***with***) 他 (…を)勢いよく言い放つ ▪ He *bounced out with* his "eureka." 彼は元気よく「われ発見せり」と言い放った.

bounce upon [***on***] 自 …に飛びかかる ▪ The tiger *bounced upon* its prey. トラは獲物に飛びかかった.

bound /baond/ ***bound on*** [***upon***] 自 **1**…に飛びかかる ▪ The Amur tiger *bounded upon* an elk. アムールトラはヘラジカに躍りかかった.

2《古》…に(境を)接する ▪ Troy *bounds on* the coast of Hellespont. トロイはヘレスポント沿岸に接する ▪ Melancholy *bounds on* madness. 憂鬱は狂気と紙一重だ.

bound toward 自 (興奮して)…の方へ跳ぶように走る ▪ My dog came *bounding toward* me the moment he saw me. 僕の姿を見るや愛犬は跳んでやってきた.

bow /bao/ ***bow down*** 自 **1**(深く)おじぎをする (*to*) ▪ The queen *bowed down to* her husband the king. 王妃は夫君の国王に深々とおじぎをした.

2 屈服する, 従う (*to*) ▪ She didn't *bow down to* her husband's wishes. 彼女は夫の願いに従わなかった.

— 他 **3**…をくじく ▪ Care *bows* one *down*. 苦労すると気がくじける.

bow a person in [***out***] 他 おじぎして人を招じ入れる[送り出す] ▪ She *bowed* him *out* [*in*] with much civility. 彼女は非常に丁重におじぎして彼を送り出した[招じ入れた].

bow a person into [***out of***] 他 おじぎして人を…に案内する[から送り出す] ▪ She *bowed* him *into* [*out of*] the room. 彼女はおじぎして彼を部屋に案内した[から送り出した].

bow out 自 **1** 引き下がる, 潔く退く, 引退する ▪ The general *bowed out*. 将軍は辞職した ▪ He *bowed out* of the whole affair. 彼はその件のいっさいから身を引いた.

2《口》おじぎをして出る ▪ The lady *bowed out* as she left. 婦人はおじぎをして退室した.

— 他 **3**(礼をもって)…を解雇する ▪ He *was bowed out* by the rest of the management. 彼は他の理事たちによって勇退させられた

bow over 自 …の上にかがみこむ ▪ The dentist *bowed over* the patient to get a closer look. 歯科医師はもっとよく診ようと患者の上にかがみこんだ.

bow to 自 **1**…におじぎをする ▪ She *bowed* deeply *to* the audience before talking. 彼女は口を開く前に観衆に深くおじぎをした.

2…に従う, 屈服する ▪ I *bow to* your decision. 決定に服します ▪ We must *bow to* the inevitable. 我々は避けられない運命に服さなければならない.

bow a person up [***down***] 他 おじぎして人を(階上)へ案内する[階下へ送る] ▪ They *bowed* her *up* the great stair to the room. 彼らはおじぎして彼女を大きな階段を上って部屋へ案内した.

bowl /bool/ ***bowl along*** 自 …を早くするすると走る, (乗り物が)快適に飛ばす ▪ The car *bowled along* the smooth country road. 車はなめらかな田舎道をすぐように走った.

bowl a person down 他 **1**《口》人をやっつける, 打ち倒す ▪ I'll *bowl* you *down*. 君をやっつけてやる. ☞クリケットで「*wicket* の横木を打ち倒して打者をアウトにする」が原義.

2《米俗》人を驚かす ▪ I *was bowled down* by the bad news. その悪い知らせにぶったまげた.

bowl a person out 他 《口》**1**《クリケット》(*wicket* の横木を打ち落として)打者をアウトにする ▪ All the players on one side *are bowled out*. 一方の打者はみなアウトになった.

2…を負かす, の成功を阻止する ▪ The Government will *be bowled out* over this vote of censure. 政府はこの不信任決議に敗北するだろう.

3 人の悪事を見つける, 偽りを見破る ▪ The thief *was bowled out* at last. 盗賊はとうとう罪がばれた.

bowl over 他 《口》**1**…を打ち倒す, 突きとばす, ひっくり返す ▪ The poor old man *was bowled over* in the rush to the train. かわいそうに老人は列車をめがけたラッシュに巻き込まれて突きとばされた ▪ The scene was so funny that the audience *was bowled over* by it. その光景は非常におかしかったので聴衆はそれで笑いころげた.

2 人の気を転倒させる, ひどく驚かせる, うろたえさせる ▪ I was completely *bowled over* by the news of Jack's marriage. 私はジャックが結婚したというニュースに全くびっくり仰天した.

3[しばしば受身で]…を圧倒する ▪ I *was bowled over* by this gorgeous hotel. 私はこの豪華なホテルに圧倒された. ☞クリケットで「三柱門 (*wicket*) の上部にのせる横木 (*bail*) をすべて倒す」が原義.

— 自 **4** ひっくり返る, 転倒する ▪ She was so surprised that she nearly *bowled over*. 彼女は非常に驚いて危うくひっくり返りそうだった.

bowl up パイプにタバコを詰める ▪ He *bowled up* and struck a match. 彼はパイプをつめ, マッチを擦った.

box /baks│bɔks/ ***box about*** たびたび方向を転じてあちこち航海する ▪ He *boxed about* in his yacht for a week. 彼は1週間ヨットであちこち航海した.

box in 他 **1**…を(箱などに)詰め込む, 箱で囲む ▪ In other cars the motor *is boxed in*. 他の車ではモーターは囲まれている ▪ The wall of jungle *boxes in* each plantation. 密林の壁が各農園を囲む.

2(狭い場所に)…を閉じ込める ▪ I just hate being *boxed in*. 狭い所に閉じ込められるのは我慢がならない.

3(車が動けないほど)ぴったりつめて駐車する ▪ Their car *was boxed in* by two vehicles. 彼らの車は2台の車にぴったりつめて駐車されてしまった.

4…を身動きできなくする, 苦境に追い込む, 束縛する ▪ The Senate is trying to *box* Obama *in*, to restrict his freedom of action. 上院はオバマ氏を身動

きできなくし, 行動の自由を制限しようとしている ▪ He complains that we *are boxed in* by our 18th-century Constitution. 我々は18世紀の憲法に封じ込められていると彼は不平を言う.

5 (レースなどで相手)の進路を妨害する ▪ He *was boxed in* by a horse to his right. 彼は右手の馬に進路をじゃまされた.

box off 他 **1** …を(囲いで)仕切る, 間仕切りする ▪ We have decided to *box off* the play area. 遊び場を囲いで仕切ることにした.

2 …を分け離す(*from*) ▪ I kept these two ideas *boxed off from* each other in my mind. 私はこの二つの考えを相互に切り離して頭に収めていた.

3 船首を転じる, した手回しにする ▪ You must *box* her *off*. 船首を転じなくてはならない.

box on 自 《英口》戦い[争い]続ける; 熱心にやり続ける ▪ Anyway I must *box on*, chaps. どのみち僕は戦い続けなくちゃいけないんだ, 君たち.

box out 自他 《米》《バスケ》バスケット[ネット]と相手選手の間に入る(入れる)(→BOX in 5) ▪ If we don't start *boxing out*, we'll lose every game! もしもネットと相手選手の間に入らないと, すべての試合に負けるだろう.

box up **1** …を箱づめにする, 箱で囲む ▪ He *boxed up* his new-found rarities. 彼は新発見の珍品を箱にしまいこんだ.

2 …を狭い所へ押し込める ▪ She felt *boxed up* in that tiny flat all day. 彼女は朝からあの狭いアパートに閉じこもって息が詰まる思いだった.

3 = BOX in 5.

4 (感情)を抑えつける ▪ She kept her feelings *boxed up* tight. 彼女はじっと感情を抑え続けた.

5 《主に米》(場所)を板で囲む ▪ We *boxed up* the doorway as the door was broken. ドアがこわれていたので我々は戸口を板で囲んだ.

6 《豪》(動物)をあわてさせる ▪ The sheep *were* all *boxed up*. 羊はみなあわてふためいていた.

brace /breɪs/ ***brace about*** [***around***] 他 《海》(帆げた)を回す ▪ The yards *were braced around*. 帆げたは回された.

brace for 他 …に対して備える, 覚悟を決める ▪ The passengers all *braced* themselves *for* a bumpy landing. 乗客はみな着陸のひどい揺れに備えて身構えた.

brace up 他自 **1** …を引き締める, 元気を出させる, 奮起させる; 元気を出す, 奮起する ▪ His doctor cautioned him to *brace up*. 医者は彼に気を引き締めるよう注意した ▪ This medicine *braces* up the stomach. この薬は胃を引き締める ▪ She choked back her tears and *braced up*. 彼女は涙をこらえて, 気を引き締めた ▪ We have been *bracing up* with good wine. 我々は上等の酒を飲んで元気をつけてきた ▪ It may be of use in *bracing up* the young. それは青年を奮起させるのに役立つかもしれない.

— 他 **2** …に支えをする ▪ He *braced* the tree *up* for a storm. あらしに備えて木に支えをした.

— 自 **3** 気をつけをする ▪ Officers and soldiers *braced up* as the national flag was hoisted. 将校と兵士たちは国旗の掲揚に際して気をつけの姿勢をとった.

brace up to 自 …に立ち向かう覚悟をする ▪ You must *brace up to* your misfortune. 君は不幸に立ち向かう覚悟をしなければならない.

brag /bræɡ/ ***brag of*** [***about***] …を自慢する ▪ You must not *brag of* your success. 君は成功を誇ってはいけない.

branch /bræntʃ|brɑːntʃ/ ***branch off*** [***away***] 自 **1** (川・鉄道・言語などが)分れる(*from*), 分岐する ▪ Humans are believed to have *branched off from* chimpanzees an estimated seven million years ago. 人類は推定7百万年以前にチンパンジーから分かれたと信じられている.

2 (列車・車が)支線[わき道]に入る(*from*) ▪ The JR Kashii Line *branches off from* the Kagoshima Main Line at Kashii. JR 香椎線は香椎で鹿児島本線から支線に入る ▪ The way *branched off* from the Eastern gate. 道は東門から分岐していた.

3 (考え・話が話題から)それる(*from*) ▪ Sorry, I'm *branching away from* the subject. ごめん, 話題からそれかけている.

branch out 自 **1** 枝を出す[広げる] ▪ The tree *branched out* 3-4 feet. その木は3-4フィート枝を広げた ▪ Many inferior ranges *branch out* from them on all sides. 多くの小連山がそれから四方八方に分かれて出ている.

2 (事業・商売などで)手を広げる, (新分野へ)進出する ▪ They now *branched out* into new activities. 彼らは今や手を広げて新しい活動を始めた ▪ I have *branched out* from love of reading into writing. 私は活動範囲を読書好きから書くことへ広げてきた.

3 (話が)枝葉にわたる(*into*) ▪ She *branched out into* a long dissertation upon the skirt. 彼女の話は枝葉にわたりスカートについての長談義となった.

brass /bræs|brɑːs/ ***brass off*** 自 《軍口》 **1** 不平を言う ▪ The young soldiers are all *brassing off*. 若い兵士たちはみな不平を言っている.

— **2** …をひどくしかる ▪ We *brassed* him *off* for being late. 我々は遅刻した彼をひどくしかった.

brass up 自 《英口》割前を払う ▪ If everyone *brasses up*, we'll have enough. みんなが割前を出せば十分なお金が集まる.

brattice /brætɪs/ ***brattice up*** 他 (鉱坑・機械など)を板張りで囲む ▪ A great shaft *was bratticed up* with timber. 大きな縦坑が板材で囲まれていた.

break /breɪk/ ***break against*** 《米俗》(運が)…の悪い方へ変わる ▪ Everything *broke against* him. 彼には万事が悪くなった.

break [***burst***] ***asunder*** 他自 …を真っ二つに[きれぎれに]割る[裂く]; 真っ二つに[きれぎれに]割れる[裂ける] ▪ He *broke* the window-pane *asunder*. 彼は窓ガラスをこっぱみじんに割った ▪ The cup *broke asunder*. カップはこっぱみじんになった.

break away **1** 取れる(= COME off 1) ▪ The handle *broke away*. 取っ手が取れた.

2 (思想・家族・仲間などから)離れる, 離脱する (*from*) ▪ I *broke away* from the association ten years ago. 私は10年前にその会から離脱した. ▪ He *broke away from* his family and went to live in India. 彼は家族から離れてインドに移住した.

3 逃げる (*from*) ▪ The prisoner *broke away from* the soldiers. その囚人は兵隊たちの所から逃げた.

4 (競走で)合図の鳴らないうちに駆け出す ▪ He *broke away* in the race. 彼はそのレースでスタートを早く切りすぎた《フライングを犯した》.

5 (習慣などを)急にやめる (*from*) ▪ Can't you *break away from* your bad habits? 君は悪習を断つことはできないのか.

6 (雲・かすみが)消散する, 晴れ上がる ▪ It *broke away* in the afternoon. 午後には晴れ上がった.

━ 他 **7** …を取りこわす, 折り［もぎ］取る ▪ They *broke away* the bars. 彼らは鉄格子を取りこわした ▪ She *broke away* a piece from the bar of chocolate. 彼女は板チョコを1かけ折り取った.

break back 自 《クリケット》(打者の外側から)曲がって飛び込む; 反対の方向に走り出す; 《スポーツ》急に走る方向を変える; 《テニス》相手から勝利を取り返す ▪ The scrum-half *broke back* behind his forwards. 《ラグビーで》スクラムハーフは前衛の後ろで急に走る方向を変えた ▪ He lost the first game, but *broke back* and won the second game. 彼は第1ゲームを落としたが, ブレイクして第2ゲームを取った.

break down 他 **1** (家・ドアなど)を倒す, こわす《比喩的にも》 ▪ They *broke down* part of the house. 彼らは家の一部分をこわした ▪ They *broke down* the law. 彼らはその法をつぶした ▪ We *broke down* the resistance. 我々はその抵抗をたたきつぶした.

2 …を(押し)つぶす; (反抗など)を圧倒する; (力・勇気・健康など)をくじく ▪ We failed to *break down* their opposition. 我々は彼らの反対を抑えることができなかった ▪ His health *is broken down*. 彼の健康は害された.

3 …を分解する, 分類する ▪ The molecule *is broken down*. 分子は分解された.

4 (色)を薄める, 和らげる ▪ Another color is formed by *breaking down* orange with its complementary color blue. オレンジ色をその補色の青で和らげると別の色になる.

5 …に強引に真実を白状させる ▪ After threats of torture, the police *broke* the spy *down*. 拷問するぞとおどしたあと, 警察はスパイに無理やり吐かせた.

6 …をわかりやすく説明する ▪ I don't understand. Please *break* it *down* for me. わかりません. わかりやすく説明してください.

━ 自 他 **7** (車・機械が)こわれる, 故障する, 動かなくなる ▪ My car *broke down* and had to be towed to the garage. 私の車が動かなくなってガレージまで引っぱって行かなければならなかった.

8 (計画などが)失敗する ▪ All our plans *broke down*. 我々の計画はみな失敗した.

9 (泣き)くずれる; 感情を抑えきれなくなる ▪ She *broke down* in tears. 彼女は泣きくずれた.

10 くじける, 弱る, へたれる; 健康を害する ▪ A good-looking horse may sometimes *break down*. 丈夫そうな馬でも時にはへたれることがある ▪ His health suddenly *broke down*. 彼の健康は急に衰えた.

11 (言葉が)つまる ▪ The speaker *broke down* in the middle of his speech. 弁士は演説の途中でつまった.

12 止まる, 切断される; くずれる ▪ Telephone communication with all the outposts has *broken down*. すべての前哨地点との電話交信が途切れた.

13 《米・まれ》激しい歩調でダンスする ▪ He got to *breaking down* hard. 彼は激しいダンスを始めた.

━ 自 他 **14** 分類［分析］される; …を分類［分析］する ▪ Expenditure on the project *breaks down* as follows. この企画に対する経費は次のように分類される.

15 《化学》…の成分を変える ▪ The bacteria can *break down* cellulose in our stomachs. そのバクテリアは我々の胃中のセルロースの成分を変えることができる.

break for 自 **1** (昼食・茶)のために作業を止める ▪ I'm going to *break for* coffee. そろそろコーヒーブレイクにしよう.

2 《米口》…に向かって逃亡する, 突然走り出す ▪ Startled, the fox *broke for* the wood. 肝をつぶして, キツネは森に向かって走り出した ▪ We're assuming they'll *break for* the border. 我々は彼らが国境に向かって逃亡していると考えています ▪ He *broke for* the school gate. 彼は突然校門に向けて走り出した.

break forth 自 **1** 突進する ▪ King Richard *broke forth* toward the Earl. リチャード王は伯爵の方へ突進した.

2 燃えあがる, 勃発する ▪ His fury *broke forth* against the enemies. 彼の憤怒は敵に対して燃えあがった ▪ A war *broke forth* in the second year. 第2年目に戦争が勃発した.

3 突然起こる; 突然…しだす (*into doing*) ▪ A shout of joy *broke forth*. 歓声がにわかに起こった ▪ They *broke forth into singing*. 彼らは急に歌いだした.

4 束縛を脱する ▪ Young men have too much *broken forth*. 青年はあまりにも束縛を脱しすぎていた.

break from 自 …から突然離れる ▪ He *broke from* the procession. 彼は行列から急に離れた ▪ I cannot *break from* my habit. 習慣は急にはやめられない.

break in 他 **1** (馬)を調教する, 馴らす; (人・子供)を仕込む (*to*); (靴)をはきならす ▪ I'll *break in* my pony. ポニーを馴らします ▪ I have been *breaking in* a new pair of boots. 新しい靴をはきならしてきた ▪ She must *be* well *broken in* to the smell of tobacco. 彼女はタバコのにおいに十分ならされるにちがいない.

2 (車)を馴らし運転する ▪ I can't drive my new car so fast; I'm still *breaking* it *in*. 買ったばかりの車をそんなに飛ばせないよ. まだ馴らし運転中だから.

3（ぼろ）を洗って紙パルプにする ・They *are* thoroughly *broken in*. それらは完全に洗ってパルプにされている.
4（物）をこわして入れる ・Shall we *break* the door *in*? ドアをこわして中へ割り込ませましょうか.
― 自 **5** 押し入る, 侵入する ・Thieves had *broken in* during the night. 盗人どもが夜のうちに押し入ったのだった.
6 割り込む, 口をはさむ, 差し出口をする ・If you hadn't *broken in*, they would have come to blows. もしあなたが割って入らなかったら, 彼らはなぐり合いを始めただろう ・Don't keep *breaking in* with your remarks. 文句を言って話のじゃまばかりしないでくれ.
7（活動などを）始める ・He *broke in* with the company as an office-boy. 彼はその会社に雑用係として入った.

break in on [upon] 自 **1**（会話・会合などに）割り込む, …を中断させる ・Basil suddenly *broke in upon* her speech. バジルは突然彼女の発言に割り込んだ.
2（着想が）…の頭に突然浮かぶ ・All at once a swell idea *broke in on* me. 突然名案が浮かんだ.
3《文》（事が）…に強い影響を及ぼす ・The war of the Revolution *broke in upon* the settlement at length. 革命戦争がついに入植に強い影響を及ぼした.
― 他 **4**（光などが）…を急に照らす ・A new light *broke in on* my understanding. ぱっと光が照らすように合点がいった.
5 騒音などが思考・瞑想など）を妨げる, のじゃまをする ・The excited cries of a crowd *broke in upon* the meditations of a policeman. 群衆の興奮した叫び声が警官の黙考を妨げた.

break into 他 **1**（店・家などに）侵入する, 乱入する ・Thieves *broke into* the shop. 賊がその店に押し入った.
2（コンピューター）システムに不正に侵入する ・Spies *broke into* the government's computer files. スパイが政府のコンピューター・ファイルに不正にアクセスした.
3（非常用に貯えたもの）を使う, に手をつける ・The stranded party *broke into* their emergency supplies. 立往生した部隊は非常用の糧食に手をつけた.
4（いやいやながら金など）をくずして使う ・I don't want to *break into* a £10 note. 私は10ポンド札をくずして使いたくない.
5（話）をさえぎる, 口をはさむ ・That's when another voice *broke into* the conversation. その特別な声が会話をさえぎった.
― 自 **6** …に割れる, 割れて…になる ・The plate *broke into* two parts. 平皿は二つに割れた.
7 急に…しだす ・He *broke into* laughter. 彼はどっと笑いだした ・The horse *broke into* a gallop. 馬は急に疾駆しだした.
8《米》（職・活動・地位）にありつく, 新職業につく ・Nicholas was anxious to *break into* the game. ニコラスはその全てに加わりたがっていた ・She *broke into* the movies. 彼女は映画界に入った.
9《米》寄稿を（雑誌に）うまくのせる ・He *broke into* the leading magazines. 彼は寄稿を一流雑誌にうまくのせた.
10（仕事などが）…に食い込む, をつぶす ・Overtime *breaks into* my evenings. 超過勤務で私の夜はつぶれてしまう.

break A into B 他 Aを割って[こわして]Bにする ・I cannot *break* the word *into* syllables. その単語は音節に分けられない.

break … of 他 人の…を直す ・She wants to *break* a village girl *of* disobedience to her mother. 彼女は村の娘が母親の言うことを聞かないのを直したいと思っている.

break off 他自 **1** …を折り取る, ちぎり取る, はずす; 折れて取れる, はずれる ・He *broke off* a branch of the tree. 彼はその木の枝を1本折り取った ・Each child *broke off* a slice of pizza. 子供たちはそれぞれピザを一切れずつちぎり取った ・The handle of the jug has *broken off*. 水差しの手が取れてしまった.
2（仕事・話などを）急にやめる, 打ち切る; ひと休みする ・He *broke off* in the middle of his speech. 彼は演説の中途で急にやめた ・Their consultation *broke off*. 彼らの相談は急に打ち切られた ・The negotiations *were broken off*. 交渉は急に打ち切られた ・We *broke off* for coffee for 10 minutes. 我々は10分間のコーヒーブレイクをとった.
3 急に離脱する, 関係を絶つ ・A sect has *broken off* from Israel. 一派がイスラエルから離脱した ・The government *broke off* diplomatic relations with the country. 政府はその国と外交関係を絶った.
4（婚姻）を破棄する ・They *broke off* their engagement yesterday. 二人は昨日婚約を解消した ・They aren't getting married—they've *broken* it *off*. 彼らは結婚しないよ, 破談にしたんだ.
― 他 **5**（習慣など）をやめる ・You had better *break off* the habit of smoking. 君は喫煙の習慣はやめたほうがよい.
6 …をさえぎる, 退ける ・The bank *broke off* the fury of the sea. 堤防が荒れ狂う波をさえぎった.
― 自 **7**（線が）それる, 折れる ・The ship *broke off* from her course. 船は（風のため）進路をそれた.

break (off) with 自 …と手を切る, 絶交する;（習慣など）をやめる ・I *broke off with* him at once. 私はすぐに彼と手を切った[絶交した].

break on [upon] 自 **1** …ににわかに現れる ・A woman *broke on* the scene. 一人の女が突然現場に現れた.
2（波が）…に打ち寄せる ・The waves were *breaking on* the pier. 波が桟橋に打ち寄せていた.
3（心）を照らす ・The truth *broke on* my mind. 私は真実を悟った.

break out 他 **1**（祝い事などで取っておきの酒など）を取り出す, を用意する ・That's wonderful news! Let's *break out* the champagne. それはすばらしいニュースだ！シャンパンを用意しよう.
2 データ本体から一部を抜き出す ・Please *break out* the sales figures from the quarterly report.

四半期の報告から売上高を抜き出してくれ.
3 ...を類別する ・The survey does not *break* data *out* by race. その調査は人種別に資料を類別していない.
4 (容器)をあけて中身を出す ・We *broke out* our chests today. 我々はきょう箱をあけた.
5 要木をひっくり返して木材を川に流し込む; 川の流木をかたづける ・Brave men *break out* the rollways. 勇敢な人々が木材をころがす道から木材を川へ流し込む.
6 ...をこわして取り出す ・He *broke* the glass *out* of a window. 彼は窓をこわしてガラスを取り出した.
— 自他 **7** 道の雪を除く ・We *broke out* to the wood. 我々は森の所まで道の雪を取り除いた ・The people are busy *breaking out* roads. 人々は忙しそうに道の雪を取り除いている.
8 旗が広がる; 旗を広げる ・The patriot *broke out* the national flag. 愛国者たちが国旗を掲げた.
— 自 **9** (事件などが)急に起こる, 出る ・A fire *broke out* and spread rapidly. 火事が起こって急に広がった ・A storm [war] may *break out*. あらし[戦争]が起こるかもしれない ・The sun *broke out* several times. 太陽は数回(雲間から)出た.
10 急に始める[しだす] (*into, in*) ・She *broke out into* a soliloquy. 彼女は急に独り言を言いだした ・They *broke out into* a roar of laughter. 彼らは急にどっと笑い出した ・He *broke out in* tears and laughter. 彼は急に泣いたり笑ったりしだした.
11 (微笑に)ぱっと広がる (*into*) ・Her face *broke out into* a smile. 彼女の顔にぱっと微笑が広がった.
12 (疫病などが)発生する, (吹出物・汗などが)急に出る (*on*), (発疹・吹出物)でいっぱいになる (*in*) ・Smallpox has *broken out* in the city. その市に天然痘が発生した ・A mass of sores *broke out on* his leg. たくさんのはれものが彼の脚に急に出た ・The measles *broke out in* the skin. はしかが皮膚に生じた ・He used to *break out in* blisters. 彼の体によく水ぶくれが出たものだ.
13 (因習・制約など)を打ち破る[打破する] (*of*) ・I'm trying to *break out of* the habit of heavy drinking. 深酒の習慣を打ち破ろうと努力しているところだ.
14 (刑務所などから)脱出する (*from, of*) ・He *broke out of* prison, but was caught again. 彼は脱獄したが, また捕えられた.
15 (演説などを)始める (*in, with*) ・He *broke out in* [*with*] bitter speech. 彼は痛烈なことを言い始めた.
16 《ラグビー》スクラムを解く ・A scrum *broke out* after a goal. ゴールのあとスクラムを解いた.
17 《口》急に恐怖におそわれる ・Larry *broke out in* a cold sweat when he cut his hand. ラリーは手を切ったとき, 急に恐怖におそわれ冷や汗が出た.
break over 自 **1** ぶつかって...を洗う ・Heavy seas *broke over* the bows. 大波がぶつかって船首を洗った.
— 他 **2** (喝采・非難が)...に(波のように)あびせかけられる ・A burst of cheering *broke over* him. 歓呼のあらしが彼にあびせかけられた.

break through 自他 **1** (...で)重要な新発見をする (*in*) ・Chemists have *broken through in* many directions. 化学者たちは多くの方面において重要な新発見をした.
2 (障害・困難を)切り抜ける, 突破する, 乗り越える ・He *broke through* all obstacles. 彼はあらゆる障害を切り抜けた.
3 (太陽が雲間)から漏れる, 現れる ・The sun *broke through* the clouds. 太陽が雲間から漏れた ・The sun had finally *broken through*. 太陽がついに現れた.
4 (...を)強行突破する, 押しのけて通る ・Our troops *broke through* (the enemy's lines). わが軍は(敵の戦線を)強行突破した.
5 (規則などを)破る, 犯す, (遠慮などを)忘れる, 捨てる ・I purpose to *break through* all rules. 私はあらゆる規則を破るつもりである ・She *broke through* all reserve. 彼女は遠慮をいっさい忘れた.
6 ...から急に突き出る ・Two rocks *break through* the snow. 二つの岩が雪の中から突き出ている ・Bill's head *broke through* the surface of the pool. ビルの頭がプールの水面から現れた.
7 (...を)破って入る ・Thieves *broke through* a wall. 盗人どもが(塀を破って)押し入った.
break through to 自 ...と話し合う, を理解する ・Young people, how do you *break through to* them? 若者とどうやって話し合うのか ・Sarah wanted to *break through to* them, to heal their hearts and minds. セアラは彼らの心と知力をいやすために, 彼らを理解したいと思った.
break A to B 他 A(いやなニュース・秘密など)をB(人)に知らせる ・I *broke* the bad news *to* Anna gently. 私はその悪い知らせをアナに優しく伝えた ・He decided to *break* the secret *to* the public. 彼はその秘密を公表することに決めた.
break up 自他 **1** 崩れる, ばらばらになる, 解散する; ...を解体する, 解散させる, 崩す, ばらばらにする ・The ship *broke up* on the rocks. 船は暗礁にぶつかって砕けた ・Then the session *broke up*. それから会議は解散した ・Their marriage has *broken up*. 彼らの結婚は破れた ・The government *broke up* the army. 政府はその軍隊を解体した ・The police *broke up* the demonstaration. 警察がデモを解散させた.
2 関係が壊れる; 関係を壊す ・Things can happen to *break up* the relationship. 関係を壊すような事柄が起こることがある ・He's just *broken up* with his girlfriend. 彼はガールフレンドと手を切ったかりだ.
3 《英》(体が)衰える, 衰弱する; (体)をこわす, (人)を衰弱させる ・His health [He] is fast *breaking up*. 彼の健康[彼]は急速に衰えつつある ・One year of Russia has *broken* him *up*. ロシアに1年いたら彼はすっかり体をこわした.
4 《俗》笑いこける; ...を笑いこけさせる ・His story *broke* me *up*. 彼の話で僕は笑いこけた ・Woody Allen makes me just *break up*. ウッディ・アレンには全く笑いこけさせられるよ.

— 他 **5** (けんか)を止める, やめさせる ▪ The policeman *broke up* the fight. 警官がけんかをやめさせた.
6 (暇)をつぶす, (単調さ)を破る ▪ He used some word games to *break up* the monotony. 彼は単調さを破るためにいくつかの言葉遊びを利用した.
7 …を小さく切る[割る]; をこわす; (鳥など)を裂く, 切る ▪ I *broke up* the candy. 私はキャンデーを小さく割った ▪ We *broke up* the deer. 我々はそのシカを切り裂いた ▪ The war came and *broke up* their home. 戦争になり彼らの家庭は四散した ▪ I usually go for a walk around three o'clock to *break up* the afternoon. 私は普通午後を分散して3時ごろに散歩をします.
8 (草地・森林)を開墾する, 掘り起こす ▪ They were *breaking up* the ground. 彼らは土地を開墾していた.
9 (敵兵など)を追い散らす ▪ We *broke up* the enemy by firing into them. 我々は敵兵の中に発砲して追い散らした.
10 《口》(人)を困らせる, 悲嘆にくれさせる ▪ The loss of fortune will *break up* the old man. 財産を失ったらその老人は悲嘆にくれるだろう.
11 (作業)を始める ▪ The mine *was broken up*. その鉱山で作業が始まった.
— **12** 《英》(学校が)休暇で解散する (*for*) ▪ The school [The boys] *broke up for* the summer holidays. 学校[少年たち]は夏休みになった.
13 (通話で)うまく聞こえない ▪ I think you're *breaking up*. I need a clearer connection. うまく聞こえないんだ. もっとよく聞こえる接続にしてほしい.
14 《ラグビー》スクラムを解く ▪ The Irish scrum *broke up*. アイルランドはスクラムを解いた.
15 (霜が)解ける ▪ The frost *broke up* at Boston. ボストンでは霜は解けた.
16 (天候が)変わる ▪ The weather *broke up* suddenly. 天気が突然変わった.
17 終わりに近づく ▪ Winter is *breaking up*. 冬は終わりに近うきつつある.
18 (競馬で)馬が歩調を乱す ▪ The pony *broke up*. そのポニーは歩調を乱した.
19 士気を失う ▪ They will *break up* under enemy attack. 彼らは敵の攻撃を受けて士気がくじけるだろう.

break up *A* ***into*** *B* 他 **1** AをBに分解する ▪ One can *break up* sentences *into* clauses. 文は節に分解することができる.
2 Aを小さく切って[割って]Bにする ▪ The wood *was broken up into* short lengths. その木は切って短くされた.
3 A(単色・同模様の物)にB(新しい色・模様)を加えて鮮やかにする ▪ Rainbows themselves are white light that has *been broken up into* a variety of different colors. 虹自体は白色であるが, さまざまに異なる色が加えられて鮮やかになる.
4 A(会社・農地など)をBに分ける ▪ The company has *been broken up into* three businesses. その会社は三つの事業所に分けられた.

break with 他 **1** …と絶交する ▪ One by one he *broke with* all his friends. 彼は次々にすべての友人と絶交した.
2 (習慣など)を絶つ ▪ It is very hard to *break with* all the traditions. すべての伝統を捨てるのは非常に困難である.

break … with *a person* …を人と分ける ▪ I will *break* my last dollar *with* you. 最後の1ドルまで君と分けよう.

breast /brest/ ***breast aside*** 他 …を胸でかき分ける ▪ We *breasted aside* the floes. 我々は大浮氷をかき分けた.

breast up 他 (生垣の一方の側の枝)を切り込む ▪ The gardener *breasted* the hedge *up*. 庭師は生垣の一方の側の枝を切り込んだ.

breathe /briːð/ ***breathe in*** 自他 **1** (息・煙など)を吸い込む ▪ He *breathed in* hard. 彼は苦しそうに息を吸い込んだ ▪ We *breathe in* air and breathe out carbon dioxide. 我々は空気を吸い込み, 二酸化炭素を吐き出す.
2 (…に)聞き入る ▪ Her eyes closed as she *breathed in* his story. 彼女は眼を閉じて彼の話にじっと耳を傾けた.

breathe on [***upon***] 他 **1** …に息を吹きかける, を曇らせる ▪ *Breathe on* the window, and you can write in the mist. 窓に息を吐きかけたら曇ったところに字が書けるよ.
2 …を中傷する ▪ It *breathed upon* his fair name. それは彼の名声を傷つけた.

breathe out 自 **1** 息を吐き出す ▪ "I don't care a bit," said Tom, *breathing out* his nose. 「ちっともかまやしない」とトムは鼻を鳴らしながら言った.
— 他 **2** …を激烈な調子で言う ((聖)) *Acts* 9. 1) ▪ He *breathes out* reproaches. 彼は激烈な調子で非難する.

breed /briːd/ ***breed in and in*** 自 常に近親と結婚する, 同種繁殖を行う (↔BREED out and out) ▪ They *bred in and in*. それらは常に同種繁殖だった.

breed out and out 自 常に近親以外と結婚する, 異種繁殖を行う (↔BREED in and in) ▪ Is it better for dogs to *breed out and out*? 犬は異種繁殖するほうがよいのだろうか.

breeze /briːz/ ***breeze along*** 自 **1** 車ですいすい進む ▪ The car *breezed along* the highway. 車は高速道路をすいすいと進んでいった.
2 気楽でのんきに暮らす ▪ You shouldn't just *breeze along* through life. 人生をただのんきに過ごさないように.

breeze away 自 素早く[だしぬけに]立ち去る ▪ Saying nothing more, she just *breezed away*. 彼女はそれ以上何も言わずに急に立ち去った.

breeze in 自 《口》**1** 不意に[さっそうと, しゃあしゃあとしてやって]来る ▪ Helen *breezed in* after we had waited two hours for her. ヘレンは我々を2時間も待たせたあげくしゃあしゃあとやって来た.
2 他人の話に割り込む ▪ At this, he *breezed in* to

stop further conversation. これを聞くと彼は話が先へ進まないよう間に割って入った.
3 楽勝する ▪ He ran for governor and *breezed in*. 彼は知事に立候補して楽勝した.

breeze into 自 《口》 …へさっと飛び込む ▪ I *breezed into* the office. 私は事務所へさっと飛び込んだ.

breeze off 自 さっさと立ち去る ▪ Doris *breezed off* in a huffy manner. ドリスは腹を立ててさっさと立ち去った.

breeze out 自 さっさと出ていく ▪ Kate *breezed out* of a salon Friday afternoon. ケイトは金曜日の午後サロンからさっさと出ていった.

breeze through 自 《口》 **1** (試験に)楽々とパスする, (難しい仕事)を苦もなくやってのける ▪ David *breezed through* his driving test this time. デイビッドは今度は運転試験に楽々とパスした ▪ He *breezed through* his math assignment in no time at all. 彼は数学の課題をあっという間に片付けた.
2 …を素早く通り抜ける, やすやすと通り抜ける ▪ He *breezed through* the Louvre. 彼はルーブル通りをさっと通り抜けた ▪ I *breezed through* the customs and collected my luggage in less than ten minutes. 難なく税関を通り抜け手荷物を10分足らずで受け取った.

breeze up 自 《海》 **1** 風が吹き募る ▪ The gale *breezed up*. 風が吹き募った.
2 (音が)風に乗って高くなってくる ▪ The noise of the fight *breezed up* louder than ever. 戦いの騒音が風に乗って前より高く聞こえてきた.

brew /bru:/ ***brew up*** 自他 **1** 《口》 紅茶を入れる ▪ Haven't you *brewed up* yet? お茶はもう入りましたか ▪ At tea break an entire nation stops work to *brew up* some tea. ティーブレイクには国民全体が茶を入れるために仕事を止める.
2 《口》 (混乱など)が起こる; を起こす ▪ A skirmish *brewed up* in the north of this town. 小競り合いがこの町の北部で起こった ▪ He's *brewing up* a big upset. 彼は大混乱を起こそうとしている.
—他 **3** …をたくらむ ▪ I wonder what my kids are *brewing up*. 子供たちは何をたくらんでいるのだろう.
—自 **4** (あらしなどが)発生しつつある ▪ There's a storm *brewing up*. あらしが来そうだ.

bribe /braɪb/ ***bribe a person into*** 他 人に賄賂を使って…させる ▪ They *bribed* me *into* silence. 彼らは賄賂を使って私を沈黙させた.

brick /brɪk/ ***brick in*** 他 …をレンガで囲う, ふさぐ ▪ The villagers *bricked* the old well in which it ran dry. その古井戸が涸(か)れると村人はそれをレンガでふさいだ.

brick off 他 (区域など)をれんがの壁で仕切る[隔てる] ▪ No one is sure when the alley *was bricked off*. その路地がいつれんがで隔てられたのか誰も確かでない.

brick over 他 (窓など)をれんがでおおう, (地面)にれんがを張る ▪ He *bricked over* the window so that she never saw daylight again. 彼が窓をれんがでふさいだので彼女は二度と日の目を見ることがなかった.
▪ Hatton's gardens *are bricked* all *over*. ハトン庭園は一面にれんがが敷かれている.

brick up 他 …をれんがでふさぐ ▪ They have *bricked up* the doorway. 彼らは戸口をれんがでふさいだ ▪ Very great sums of money *are bricked up*. 莫大な額の金がれんがうめにしてある.

bridge /brɪdʒ/ ***bridge over*** (困難)をどうにかうかしのぐ, に切り抜けさせる ▪ We must *bridge over* the difficulty. 我々はその困難をなんとか切り抜けなければならない ▪ This will be sure to *bridge* us *over* our difficulties. これはきっと我々に難関を切り抜けさせてくれるだろう.

bridle /bráɪdəl/ ***bridle at*** 自 …にむっとする, つんとする ▪ She *bridled at* the suggestion that she should go alone. 彼女は一人で行ってはどうかと言われてむっとした.

bridle up [back] あごを引き頭を後ろにそらす 《嘲笑・傲慢の態度》; 憤慨する ▪ She called him a coward, and at that he *bridled up*. 彼女は彼を臆病者と言ったので, それを聞いて彼はむっとした. ☞ 馬が急に止められたときの姿勢.

brief /bri:f/ ***brief against*** 自 (しばしば政治家)のことを悪く言う ▪ She accused Hugh of *briefing against* Gordon Brown. 彼女はヒューがゴードン・ブラウンのことを悪く言っていると責めた.

brief a person on 他 人に…を要約する ▪ He *briefed* them *on* the situation. 彼は彼らに情勢を概説した.

brighten /bráɪtən/ ***brighten up*** 自他 **1** より明るくなる[する] ▪ This paint will *brighten up* the house. このペンキは家を明るくするだろう ▪ The day *brightened up*. その日は晴れあがった.
2 (顔などが)晴れる; 陽気になる[する]; 元気を出す ▪ Mary *brightened up* at the news. メアリーはそのニュースを聞いて朗らかになった ▪ He *brightened up* the party with his music. 彼は音楽でパーティーを晴れやかにした.
—他 **3** …を華やかにする; を快活にさせる ▪ Simple changes will help to *brighten* things *up*. 簡単な変化が物事を華やかにするのに役立つ ▪ A veteran teacher will show you how to *brighten up* a classroom. ベテラン講師がどうすれば教室を明るくできるかを教えてくれるでしょう.

brim /brɪm/ ***brim over*** 自 [主に進行形で] **1** (容器が)あふれる (*with*) ▪ He was smiling, with a mug *brimming over with* beer. 彼はビールがあふれそうなジョッキを持って, ほほえんでいた ▪ The cup *was* nearly *brimming over*. そのカップはもう少しであふれそうだった.
2 (人が希望などに)あふれる (*with*) ▪ He *was brimming over with* hope and optimism. 彼は希望と楽観にあふれていた ▪ He *is brimming over with* sympathy [health]. 彼は同情に満ちあふれている[健康ではち切れそうだ].
3 《文》 (涙が)あふれる ▪ Moad's tears *were brimming over* at these words. この言葉を聞いて, モー

ド の 目 に 涙 が あ ふ れ て い た.

bring /brɪŋ/ ***bring about*** 他 **1** (原因となって)…を生じさせる, 引き起こす ▪ It was gambling that *brought about* his ruin. 彼を破滅させたのはギャンブルだった.
2 (海)(船)の向き[進路]を変える ▪ *Bring* the ship *about* to watch out for an enemy ship. 敵艦を見張るため船の向きを変えよ ▪ I *brought* the canoe *about*. 私はカヌーの向きを変えた.
3 …を成し遂げる ▪ We are willing to *bring about* an Anglo-Russian alliance. 我々は英ソ同盟を成立させたいと思っている.
4 …を改宗[転向]させる ▪ My benefactor *brought* me *about*. 恩人が私を転向させた.
5 …を正気づかせる, 健康を回復させる ▪ That will *bring* him *about*. それで彼は病気が治るだろう.

bring along 他 **1** 《口》(人)を連れて来る[行く]; (物)を持ってくる[行く] ▪ I'll *bring along* my wife to the party. 妻をパーティーに同伴します ▪ *Bring* your gun *along* with you. 銃を持って来い.
2 (選手など)を養成する, 鍛える, 教育する ▪ This season they will be working to *bring along* players. 今期彼らは選手養成に精出すだろう ▪ They are *bringing* Tom *along* at school. 彼らは学校でトムに教育を施している.
3 (日光・雨などが植物・作物を)生長[発育]させる ▪ There's been enough rain in August to *bring* the crops *along* quite well. 8月には十分雨が降って作物が生長した ▪ The fine weather will *bring* the crops *along* nicely. 天候がよいので作物の生長が早いだろう.

bring around 他 **1** (人)を正気づかせる ▪ Soon he *was brought around*. やがて彼は正気づいた.
2 (人)を連れて訪問する; (物)を人の家に持って行く ▪ Why don't you *bring* your wife *around* to see us? なぜ奥様を私どものうちへお連れくださらないの ▪ I'll *bring* the books *around* tomorrow. あす本を持って行きます.
3 (人)を説き伏せる, 納得させる ▪ After all they too *were brought around* by her persuasion. 結局彼らもまた彼女の説得によって納得した.
4 (人)を説いて(自己の意見・党派)に引き入れる, 説得して同意させる (*to*) ▪ We can *bring* him *around* to our point of view [our party]. 我々は彼を説いて我々の見解[わが党]に引き入れることができる.
5 (話題)を…に向ける (*to*) ▪ I tried to *bring* the conversation *around* to the subject of love. 私は会話を恋愛の話題に向けるように努めた.
6 (人の病気)を治す, 回復させる ▪ This medicine will *bring* him *around* in no time. この薬で彼はすぐ治るだろう.
7 (人)のきげんを直す ▪ She *brought* him *around* by her pleasing manner. 彼女は愛嬌で彼のきげんを直した.

bring away 他 **1** (ある情報・印象)を持って帰る (*from*) ▪ I *brought* some valuable advice *away from* the lecture. その講演から貴重な助言を得て帰った ▪ We *brought away* favourable impressions of England. 我々はイングランドに対する好印象を持ち帰った.
2 …を(…から)…の方へ動かす (*from*) ▪ Please *bring away* the water jug *from* the fireplace. 暖炉から水差しを持ってきてくれないか.

bring back 他 **1** (物)を持って帰る[来る] ▪ Will you *bring* presents *back* for me, Mummy? プレゼントを持って帰ってくれる, ママ ▪ We didn't *bring* any presents *back* this year. 我々は今年は何もプレゼントは持ってこなかった.
2 (物)を返す (*to*) ▪ *Bring* my book *back to* me, please. = *Bring* me *back* my book, please. = *Bring back* my book *to* me, please. 私の本を返してください.
3 (事が)…を(人に)思い出させる (*for, to*) ▪ All the photos *brought back* happy memories *for* [*to*] me as a young girl. すべての写真は少女時代の私の幸福な思い出を蘇らせてくれた ▪ His story *brought back* our childhood. 彼の話は我々の幼年時代を思い出させた.
4 (人)を以前の…に回復させる (*to*) ▪ Good care *brought* him *back to* health. 十分な介護で彼は健康を回復した.
5 …を(元の議論に)立ち返らせる (*to*) ▪ This *brings* us *back to* the question: what does it mean to be Catholic? ここで我々は例の疑問に立ち返るのだ. カトリックであるとはいかなる意味をもつのか.
6 (旧制度)を回復させる ▪ Corporal punishment should not *be brought back*. 体罰を復活させてはならない ▪ He is for *bringing back* capital punishment. 彼は死刑復活に賛成である.
7 (人)を帰らせる, 戻す, 呼び戻す《比喩的にも》 ▪ I *brought* him *back* to the city. 彼をその街に連れて帰った ▪ This period piece *brings* us *back* to the Victorian era. この時代物は我々をビクトリア朝時代に連れ戻してくれる.
8 (人)を生き返らせる ▪ Two doctors tried to *bring* a dead man *back* to life. 二人の医者が死者を生き返らせようとした ▪ We *brought* him *back* to life. 我々は彼を生き返らせた.
9 〖主に受身で〗(人)を元の職に就かせる ▪ We will win if Angus *is brought back* into the team. アンガスがチームに戻ってくれば我々は勝つだろう ▪ I know I can help them win if I *am brought back* into the team. もし私をチームに戻してくれたら, 勝利に貢献できると思います.
10 (食べたもの)を戻す ▪ The invalid *brought back* all he had eaten. 病人は食べたものをみな戻した.

bring back out 他 (アンコールで人)をステージに呼び戻す ▪ The singer *was brought back out* repeatedly for curtain calls. 歌手はカーテンコールに応えて何度もステージに呼び戻された.

bring A before B 他 **1** A(被告など)をB(法廷・判事)の前に連れて行く, 出頭させる ▪ The defendant *was brought before* the judge. 被告は裁判官の前へ連れて来られた ▪ He has *been brought before* the court twice on similar charges. 彼は似たような容疑で2度法廷に出廷させられた.

2 A(問題など)をB(委員会・法廷など)に(討議のために)持ち出す ▪ The Baseball Commissioner decided to *bring* the problem *before* the members of the Board. 野球コミッショナーはその問題を役員会に持ち出すことに決めた.

bring down 他 **1**(人・動物・政府など)を倒す, 破滅させる, 失脚させる ▪ We *brought down* one of the herd. 我々はその群れのうちの一頭を倒した ▪ His recent failure *brought* him *down*. 最近の失敗が彼を破滅させた ▪ The vote of no-confidence *brought* the government *down*. 不信任案の投票で政府が倒れた.

2(鳥・飛行機など)を射落とす; 倒す ▪ The sportsman *brought down* the pheasant. 猟師はキジを射落とした ▪ An airplane *was brought down*. 一機撃墜された ▪ A whirlwind storm *brought* trees *down*. つむじ風で木々が倒れた.

3(荷物など)を降ろす ▪ Will you *bring down* my books? 私の本を持って降りてくれませんか.

4(飛行機)を着陸させる ▪ He *brought* the plane *down* safely with only one engine. 彼は一つのエンジンだけ[片肺飛行]で無事飛行機を着陸させた.

5《ラグビー》(相手)にタックルする;《サッカー》タックルして(相手)を倒す ▪ The attacking fly-half *was brought down* by a wing-forward. 攻撃のスタンドハーフはウイングフォワードにタックルされた.

6(物価・品質)を下げる, (人)に値切る (*to*) ▪ Small incomes have *brought down* the birth rate. 収入が少ないため出産率が下がった ▪ She *was brought down* to 5 pounds. 彼女は5ポンドに値切られた.

7(罰・禍など)を招く, もたらす (*on*) ▪ They *brought down on* themselves the hostility of the state. 彼らはその国の敵意を招いた ▪ It *brought down* ruin *on* him. それは彼の上に破滅をもたらした.

8(人)をがっかりさせる, 落胆させる ▪ The argument I had with my girlfriend really *brought* me *down*. ガールフレンドと言い争いをして私は実に気落ちした.

9(人)の評判を傷つける, 品位を落とす ▪ This kind of scandal will *bring down* the association. このようなスキャンダルは協会の品位を失墜させるだろう ▪ The Watergate scandal *brought down* Richard Nixon. ウォーターゲートのスキャンダルでリチャード・ニクソン氏は評判を落とした.

10《数学》(割算・掛算で数字)を下ろす ▪ *Bring down* the next figure 9. 次の数字9を下ろしなさい.

11(記録・物語)を(...まで)続ける (*to*) ▪ *Bring* the record *down* to date. 記録を最近まで続けて書きなさい.

12...を後世に伝える, 残す ▪ Their hatred for each other *was brought down* to the next generation. 彼ら相互の遺恨は次代まで受け継がれた.

13《主に米》(計画など)を公表する ▪ Each year we *bring down* a new project. 毎年我々は新しい計画を公表する.

14(血圧・熱など)を下げる ▪ I give him the medicine to *bring* his blood pressure *down* and a prescription. 私は彼に血圧を下げる薬と処方箋を与えた.

15(うぬぼれ)をくじく; を低くする, 卑しめる ▪ That mistake of his will *bring* him *down* a peg or two. あのまちがいをしたため彼も少しはへこむだろう ▪ I could not *bring down* my mind to think of it. 私は心を卑しくしてそんなことを考える気にならなかった.

16(災難など)を...にもたらす (*on*) ▪ One wrong word can *bring* calamity *down on* yourself and your family. 一つのまちがった言葉が君と君の家族に災難をもたらすこともある.

17《豪・政治》(法案)を議会に提出する ▪ Can a bunch of members *bring* a bill *down*? 議員団で法案を議会に提出できるだろうか.

18(人)を訪問に連れてくる ▪ Let's *bring* the Browns *down* for a visit this weekend. 今週末にブラウン夫妻にうちへ遊びに来てもらおう.

19(人)の(麻薬などの)ハイな気分が収まる, 正気を取り戻す ▪ The bad news *brought* me *down* quickly. その悪い知らせを聞いて, とたんにしゃんと正気に戻った.

20(物)を...まで低下させる ▪ You should *bring* your weight *down* to normal. 君は体重を正常値まで減らすべきである.

bring forth 他 **1**...を生じる, (子)を産む; (芽)を出す, (実)を結ぶ; (結果)をもたらす ▪ *Bring forth* menchildren only. 男の子ばかり産め ▪ The inclement weather *brought forth* a host of diseases. きびしい天候のため多数の病気が発生した.

2...を持ち出す, 提出する; (秘密など)を明らかにする, 暴露する ▪ He *brought* a suggestion *forth* for our consideration. 彼はある提案を持ち出して我々の考慮を促した.

3叫び声を出させる ▪ The first glance *brought forth* a cry of outrage from him. 一目見るなり彼は怒号を発した.

bring forward 他 **1**...の日付けを早める, 時計を早める ▪ The meeting has *been brought forward* to the 7th. 会は7日に繰り上げられた ▪ *Bring* your watch *forward* an hour from midnight tonight. 今夜12時から君の時計を1時間進めなさい.

2(討議のため)...を提出する ▪ Can you *bring forward* any proof? 君は何か証拠が出せるか.

3《簿記》...を次ページへ繰り越す ▪ An error in the amount *was brought forward*. 額の上での誤りが次ページへ繰り越された.

4(秘書が)(手紙・文書)が未来のある時に提出されるべきものと記録する, 提出期日を指定する ▪ Please *bring* this letter *forward* at the beginning of next month. この手紙は来月の初めに出すものと記録してください.

5面前に(人)を連れてくる, (物)を持ってくる ▪ They *brought* the man *forward* before us as a suspect. その男が容疑者として私たちの面前に引っ立てられた ▪ *Bring* your chair *forward* so we can see you better. もっとみなによく見えるように君のいすを前に

出してくれ ▪Evidence *was brought forward* that proved the wrong person had been arrested. 誤認逮捕を実証する証拠が提出された.
6 …を進歩させる, 促進する ▪Public building projects are to *be brought forward* to provide employment for workers. 働く人に職を与えるために公共の建物を建てる計画を促進するべきである.

bring home 圁 他 《競馬》(騎手が)馬に勝たせる ▪The jockey *brought* (him) *home*. 騎手はその馬で勝った.

bring in 他 **1** (利子など)を生み出す; …の収入になる, 収入をもたらす, 稼ぐ ▪The investments will *bring in* 7 percent interest. その投資は7分の利子を生む ▪His work *brings* him *in* $50,000 a year. 彼の仕事は1年に5万ドルの収入になる.
2 (人)を(議論・集会に)参加させる (*to do*) ▪They want to *bring in* everyone to hear the gospel. 彼らはすべての人を参加させて福音を聞いてもらいたがっている ▪And here we'd like to *bring in* Guy Walker to hear his comments. ここでガイ・ウォーカーさんに入っていただき, 彼の意見を伺うことにしましょう.
3 …を検挙する, 警察へ連行する, 逮捕する ▪The constable *brought* him *in*. 巡査は彼を検挙した ▪The officer decided to *bring* the suspicious-looking man *in*. 警察官はその不審な男を逮捕することにした ▪Two young men *were brought in* for shoplifting. 若者二人が万引きで逮捕された.
4 (訴訟・議案)を提出する: (討論・考慮用に)…を提出する, 例証としてあげる ▪The Socialists are *bringing in* a bill. 社会党は議案を提出しようとしている ▪*Bring in* the evidence. 証拠を出せ ▪I will *bring in* the bells of the church. 私はその教会の鐘を例証としてあげよう.
5 《法》(陪審員が評決)を答申する ▪The jury *brought in* a verdict of guilty. 陪審は有罪の評決を答申した ▪A verdict *was brought in* of accidental death. 事故死という判決が答申された.
6 (収穫)を取り入れる, (洗濯物)を取り込む, (かかった魚)を釣り上げる ▪We must *bring in* the harvest in fine weather. 天気の良いときに取り入れをしなければならない ▪*Bring in* the washing in. It's just started to rain. 洗濯物を取り込んでちょうだい. 降り出したから ▪*Bring in* the newspaper before you water the garden. 庭に水をまく前に新聞を入れてください ▪Just be patient when trying to *bring* the fish *in*. かかった魚を取り込むときにはあせらないこと.
7 《野球》打者が(走者)を生還させる, (ヒットを打って走者)を本塁へ送り込む ▪He made a home run and *brought* two men *in*. 彼はホームランを打って二人を生還させた.
8 …を持ち込む; (風習・貨物)を輸入する; を普及させる ▪*Bring in* that chair from the garden. 庭からあのいすを持ち込んでくれ ▪The practice *was brought in* ten years ago. その慣習は10年前に取り入れられた.
9 …を含める ▪The EU hopes to *bring in* more countries to the union. EUはより多くの国々を加盟させたいと考えている.
10 《米》(油井)を活発に湧出させる ▪A gusher has *been brought in*. 油井が活発に湧出しだした.
11 (企画などに人)を加える ▪Why *bring* Henry *in*? He'll do nothing to help. なぜヘンリーを加えるのか. あいつは何の役にもたたないぜ.
12 (ラジオなど)を局に合わせる ▪Can you *bring in* the BBC on that radio of yours? 君のそのラジオでBBCに合わせてくれませんか.
13 (場所・仕事などに)…の注意・興味を引きつける, を魅惑する ▪The visitor center is *bringing in* more and more people. ビジターセンターはますます多くの人たちの興味を引きつけている.

bring A in for B 他 AをB(いくら)で仕上げる ▪He *brought* the film *in for* $1,000,000. 彼はその映画を100万ドルで仕上げた.

bring a person in on 他 人を…に参加させる; 人に…の分け前を与える; 人に…を知らせる ▪The Council *brought* the shopkeepers *in on* the development of the city center. 市議会は店主たちを市中心地区の開発に参加させた.

bring A into B 他 **1** AをBに持ち込む ▪*Bring* that chair *into* the dining room. あのいすを食堂へ持ち込んでくれ.
2 A(人)にB(行事・グループ)に参加して[入って]もらう ▪Eric, we want to *bring* you *into* our discussion. エリック, 君に我々の討論に参加してほしいんだ.
3 A(話題)をB(話し合い)に持ち出す ▪Why are you *bringing* money *into* the conversation? 君はどうしてお金のことを会話に持ち出してるの?
4 A(金など)をB(経済など)にもたらす ▪A renewable resource will *bring* millions of dollars *into* Alaska's economy. 再生可能資源がアラスカの経済に何百万ものドルをもたらすだろう.
5 B(場所・仕事)にA(人の興味)を引きつける, 魅惑する ▪The advertising campaign should *bring* more people *into* the bookshops. その広告キャンペーンによって以前より多くの人たちの興味が書店に引きつけられるはずだ.

bring off 他 **1** (難しい事)をうまく成し遂げる, 達成する ▪He attempted the almost impossible and *brought* it *off*. 彼はほとんど不可能なことを企てて見事成功した ▪He *brought off* a brilliant victory. 彼は輝かしい勝利をかち取った.
2 (危険な場所から)…を助け出す, 弁護して助ける, 逃れさせる ▪They *brought off* the passengers on the wrecked ship. 彼らは難破船の乗客を救い出した ▪He *brought off* the client. 彼はその依頼人を弁護して助けた.
3 …を持ち去る《特に船・難破船・岸から》 ▪He went ashore to *bring off* the captain. 彼は船長を連れ去るために上陸した.

bring on 他 **1** (病気・戦争・熱など)を引き起こす, の原因となる, 生み出す, 招く ▪Poverty *brought on* a sore temper. 貧困は気むずかしさを生んだ ▪Anger can *bring on* a heart attack or stroke. 怒りが心臓発作や脳卒中を引き起こすことがある.

2 ...を向上[進歩]させる ▪The tutor *brought on* the backward boy. 家庭教師がその遅進児を向上させた.

3(審議のため)...を持ち出す ▪He will *bring on* the subject. 彼はその問題を持ち出すだろう.

4(演者)を登場させる;を上演する ▪*Bring on* the jugglers. 手品師登場 ▪He is *bringing on* his show at the theater. 彼はその劇場でショーを上演している.

5 ...を接合する ▪The parts bearing the marks *were brought on*. 印のついた部分が接合された.

6《クリケット》...に投球を求める ▪The fast bowlers *were brought on* again. 速球投手たちはまた投球を求められた.

bring *A* ***on***[***upon***]*B* 他 A(恥辱・不快など)をB(人)にもたらす ▪Honestly, you have *brought* disgrace *on* your family! 正直な話, 君は家族に不名誉をもたらしたのだ ▪His conduct did *bring* suspicion *on* himself. 確かに彼のふるまいが彼に疑惑をもたらしたのだ.

bring out **1** ...を持ち出す, 連れ出す, 導き出す ▪He *brought out* a pile of old documents. 彼は古文書を一束持ち出した ▪Fine weather *brings out* the people. 好天気には人が出る ▪The April showers *bring out* May flowers. 4月のにわか雨が5月の花を咲かせる.

2(才能・美点など)を発揮する, 発揮させる;(性質など)を引き出す ▪Such will be the only way to *bring* the talent *out*. それが才能を発揮させる唯一の方法であろう.

3 ...を明らかに示す ▪I can't *bring out* the real meaning of the phrase. 私はその句の真の意味を明らかにすることができない.

4(演劇)を上演する, (書籍)を出版する, (レコード・CD)をリリースする ▪When are you going to *bring out* your new book? いつあなたは新著を出版されますか ▪She is *bringing out* a new album *out* next month. 彼女は来月新しいアルバムを出す予定だ ▪They have *brought out* Mozart's The Magic Flute at Covent Garden. 彼らはコベントガーデン座でモーツァルトの魔笛を上演した.

5 ...にストライキをさせる ▪He *brought* the workers *out* (on strike). 彼は労働者たちにストをさせた.

6(言葉)を口にする, 言う ▪He can hardly *bring out* a good morning. 彼はおはようとも言えないくらいだ.

7(娘)を社交界に出す ▪She *brought out* her eldest daughter this season. 彼女は今年の社交季節に長女を社交界に出した.

8(船)を回航する ▪He has gone to England to *bring out* the ship. 彼は船を回航するためイングランドへ行っている.

9(俳優・歌手)を世に出す ▪It was Brian Epstein who really *brought out* the Beatles. ビートルズを実際に世に出したのはブライアン・エプスタインだった.

10 ...をはっきりさせる, くっきりと際だたせる, 強調する ▪The figure *is* well *brought out* against the dark background. その姿は暗い背景を背にしてくっきりと浮き出ている ▪The difference *is* clearly *brought out*. 差異ははっきりと出ている.

11 ...を現す ▪The trial *brought out* the truth. 裁判の結果その事実が現れた.

12(人)のはにかみ(遠慮)を取り去る,(内気な人)を打ち解けさせる, に自信をもたせる ▪She is a shy girl. Her father is trying to *bring* her *out*. 彼女は内気な少女で, 父親がその内気をなくそうと努めている.

bring *a person* ***out in*** 他 《英豪》(食当たりがおでき・発疹)になって人の皮膚に現れる ▪Eating strawberries generally *brings* me *out in* spots. イチゴを食べるとたいてい体におできが出てしまう.

bring over **1** ...を(遠方から)持ってくる,(人)を海外から呼び寄せる ▪It *was brought over* from China. それは中国から伝来した ▪He hopes to *bring* his family *over* from the States. 彼は家族をアメリカから呼び寄せたいと思っている.

2 ...を味方に引き入れる; を改宗させる; を説得する (*to*) ▪He *brought* me *over to* his opinion. 彼は私を説いて彼の意見に同調させた ▪You cannot *bring* me *over* by such argument. 君はそんな議論では私を説き伏せるわけにはいかない.

3 ...を引き渡す (*to*) ▪I *brought* it *over to* the other side. 私はそれを相手側へ引き渡した.

4(人)を連れて訪問する (*to*) ▪Please *bring* your wife *over to* us. どうぞ奥さまもお連れなさってください.

bring round 他 **1**(人)を生き返らせる, 正気に返らせる,(病気)を全快させる ▪This brandy will soon *bring* him *round*. このブランデーで彼はじきに息を吹き返すだろう ▪The doctor will soon *bring* him *round*. 医者はじきに彼を全快させるだろう.

2 ...を配達する, 持ってくる《特に近い所から》 ▪The goods *were brought round* early this morning. その品は今朝早く配達された.

3(人)を説き伏せる; を説いて引き入れる (*to*) ▪I *brought* him *round to* my way of thinking. 彼を説得して私の考え方に同調させた.

4(人)を...へ導く (*to*) ▪I *brought* him *round to* the station. 私は彼を駅へ案内した.

5(話題など)を自分の好きな方へ持っていく (*to*) ▪He *brought* the discussion *round to* salmon fishing. 彼は話をサケ漁の方へ持って行った.

6《米》(時)を過ごす ▪Several games *brought round* the evening. 数種のゲームで夕べを過ごした.

7(海)(船)を反対方向に向ける ▪They *brought* the ship *round*. 彼らは船を反対方向に向けた.

bring through 他 ...を持ってくる ▪I'm *bringing* a form *through* for you to sign. あなたにサインしてもらう用紙を持参します.

bring...through 他 **1**(人)に(病気)を切り抜けさせる;(国・会社)を(危機)から切り抜けさせる ▪The doctor *brought* the patient *through* (a serious illness). 医師は患者に(重い病気)を切り抜けさせた ▪But loyal support *brought* us *through* the crisis. しかし, 誠意ある支えで我々は危機を乗り切った.

2(人)を通す, 入れる, 案内する (*to*) ▪Please *bring*

the next candidate *through* (*to*) me now. では,次の志願者を通してください.

bring to 他 **1** ...(の意識・健康)を回復させる, 正気にかせる ▪ I once *brought* a few *to* by artificial respiration. 私はかつて数名の者を人工呼吸によって生き返らせたことがある.

2《米》(土地)を耕せるようにする, よい状態にする ▪ We *brought to* a piece of land. 我々は一区画の土地を耕せるようにこしらえた.

— 自 他 **3**(船が)止まる[止める] ▪ We made a signal for the ship to *bring to*. 我々はその船に止まれという信号を出した ▪ The ship fired a gun to *bring* them *to*. 船はそれらを停船させるため発砲した.

bring together 他 **1**(人)を接触[和解, 団結, 再会]させる ▪ These activities *brought* the residents *together* time and time again. これらの活動が居住者を何度も団結させた ▪ He *brought* Mary and John *together* again. 彼はメアリーとジョンを元通り仲直りさせた ▪ Many people have *been brought together* by the pen. ペンによって近うきになった人は多い.

2(人)を呼び集める, (物)を寄せ集める, 合わせる ▪ To fasten your seat belt *bring* the two ends *together*. シートベルトを締めるには両端を合わせてください ▪ The exhibition *brings together* a stunning collection of books. その展示会は驚くほどの本のコレクションを集めている.

bring ... under 他 ...を静める, 屈服させる, 押さえる, 鎮圧する ▪ They soon *brought* the fire *under*. 彼らはじきに火事を消した ▪ The teacher *brought* those unruly spirits *under*. 先生はその手に負えない人々を押さえた.

bring A under B 他 **1** A を B の配下に置く ▪ The knight was a passing strong man, and soon he *brought* Arthur *under* him. 騎士はすこぶる強い男で, すぐアーサーを配下に置いてしまった.

2 A(物)をB(項目)にまとめる, 含める ▪ These three topics can *be brought under* a single heading. これら三つの論題は一つの項目のもとにまとめられる.

bring up 他 **1**(人)を育てる, しつける ▪ Peter *was brought up* by his uncle. ピーターはおじに育てられた.

2(人)を召喚する, 告発する ▪ They *were brought up* for causing a disturbance. 彼らは騒動を起こしたかどで召喚された.

3(計画・問題・論拠など)を持ち出す ▪ The witness *brought up* fresh evidence. 証人は新証拠を持ち出した.

4《口》(食べ物)を戻す, 吐く ▪ If you eat more cream, you will *bring* it *up*. これ以上クリームを食べると戻しますよ.

5《電算》...をコンピューターのスクリーンに映す ▪ It'll take a while to *bring* that information *up*. その情報がコンピューターに出てくるまで少し時間がかかるでしょう.

6(商売など)を仕込む (*to*) ▪ He was *brought up to* printing. 彼は印刷業を仕込まれた.

7 ...を連れて来る; を持って来る ▪ The policeman *brought* him *up* before the magistrate. 警官は彼を治安判事の所へ連れて来た ▪ *Bring up* my breakfast at 8 o'clock. 朝食は8時に出してください.

8(計算)を繰り越す ▪ We can *bring up* the remainder of last year's budget to this year's. 昨年度予算の残額を本年度予算へ繰り越しが可能だ.

9(軍隊)を繰り出す ▪ The general *brought up* his reserve troops. 将軍は予備隊を繰り出した.

10 ...を持ち上げる; を築き上げる; を(ある点・量まで)あげる, 増やす (*to*) ▪ He *brought up* the wall with brick. 彼はれんがで壁を築いた ▪ We *brought up* the profit *to* £1,000. 我々は利益を1,000ポンドに増やした.

11 ...の注意を喚起する, を思い出させる ▪ I am glad the matter has *been brought up*. その問題に注意が喚起されたのはうれしい.

— 自 他 **12**《海》(...を)停泊させる, (航海を終えて)投錨する, 停船する ▪ They *brought* the vessel *up*. 彼らは船を停泊させた ▪ We *brought up* about a mile from the shore. 我々は海岸から約1マイルの沖合いに停泊した.

13(動作・話などをぴたりと)止める; (来て)止まる ▪ His remarks *brought* me *up* short. 彼の言葉で私はびたりと話をやめた ▪ The political troubles *brought* our business *up* short. 政争のため我々の商売はぴたりと止まった ▪ Our carriage *brought up* at the hotel. 我々の馬車はホテルへ来て止まった.

bring a person up against 他 人を(困難・問題)に直面させる ▪ He *is* now *brought up against* the problem of unemployment. 彼は今失業問題に直面している.

bring up alongside 自 他 《海》(他船の)側に停船する; そばへ(持って)来る ▪ *Bring up alongside* and help up my chest. 僕のそばへ来て箱を上へあげるのを手伝ってくれ.

bring up for 他 (人)を昇進者候補として指名[推薦]する ▪ We *brought* Eric *up for* promotion. 我々は昇進の対象者としてエリックを推薦した.

bring up on 他 **1** ...を(食べ物)で育てる ▪ My wife *was brought up on* junk foods. 妻はジャンクフードで育てられた.

2 ...を(わずかのお金)で育てる ▪ We were poor and Mom had to *bring* us *up on* nothing. 私たちは貧しかったので, 母はなけなしのお金で私たちを育てなければならなかった.

3(コンピューターの画面に)...を呼び出す ▪ When a customer comes in we can *bring* their account *up on* screen and deal with any queries. お客が入ってくると, その口座をスクリーンに呼び出して, どんな質問にも対処できる.

bring ... with *one* 他 **1** ...を持って来る ▪ I have *brought* an umbrella *with* me. かさを持って来ました.

2 ...を伴う ▪ Wealth *brings with* it anxieties. 富は不安を伴う.

brisk /brɪsk/ ***brisk about*** 自 素早く動き回る

・He was up and *brisking about*. 彼は起きてすばしこく動き回っていた.

brisk up 他 **1** …を活気づける; を早める ・We want to *brisk* her *up*. 我々は彼女を活気づけたいと思う ・She *brisked up* her pace. 彼女は足を早めた.
— 自 **2** 活気づく; 敏活に動く; 素早くやって来る ・Miss Lydia *brisked up* suddenly and continued her narration. リディア嬢は急に活気づいて話を続けた ・The lady was *brisking up* to him. その婦人は素早く彼の所へ近づいていた.

bristle /brísəl/ *bristle at* 自 …に向かっ腹を立てる, けんか腰になる ・She *bristled at* the suggestion. 彼女はその遠回しな言い方に気色ばんだ.

bristle up 自他 **1** 毛を逆立てる; (毛などが)逆立つ ・The dog *bristled up* its hair. 犬は毛を逆立てた.
— 自 **2** 激怒する ・He *bristled up* when he heard how his son had been treated. 息子がどんな仕打ちを受けたかを聞くと彼は激怒した.
3 奮起する ・Something made him *bristle up* and then shrink into himself. 何かで彼は奮起したかと思うと今度は自分の殻に引きこもった.

bristle with 自 **1** (怒りなどに)満ちている ・Jane *bristled with* anger when she was spoken ill of. ジェインは悪口を言われたとき激怒した.
2 (不愉快なものが)密生[充満]している ・This passage *bristles with* hard words. この箇所にはむずかしい語が並んでいる ・The journey *bristles with* dangers. その旅行は危険に満ちている.
3 …でいっぱいである ・The town is *bristling with* tourists. 街は観光客であふれてある.

broach /broutʃ/ *broach to* 自他 **1** 《海》(船が)舷側を風に向ける; 船の舷側を風に向ける, 横向きにする ・The vessel *broached to*, and upset. 船は舷側を風に向けて転覆した ・The "Victory" *was broached to* at Nelson's orders. ビクトリー号はネルスンの命令で舷側を風に向けた.
— 他 **2** …を止める ・I *broached* him *to* in a brace of old shakes. 私は彼をさっと止めた.

broaden /brɔ́:dən/ *broaden out* 自他 《英》 **1** (川・道が[を])広くなる[する] ・The stream *broadens out* into a pool. その小川は広くなって池に流れ込んでいる ・*Broaden out* the river in your painting so it looks very wide. 川幅がうんと広く見えるように君の絵の中の川をもっと太く描け.
— 他 **2** (範囲)を広げる ・We'd better *broaden out* the discussion to include health issues. 議論を広げて健康問題も含めるのがよい.

brood /bru:d/ *brood on* [*over*] 自 **1** …を心にはぐくむ, むっつりと考えこむ ・You'll *brood on* your sorrows. 君は悲しみにひたるだろう.
2 …におおいかぶさる ・Mists *brood over* the glen. 霧が谷にかかっている ・The spirit of God *brooded over* the deep. 神の霊が深みをおおっていた.

brood up 他 …を育てる ・They *brooded up* such desires. 彼らはそんな願いを心に抱き育てた.

browbeat /bráubi:t/ *browbeat a person into* 他 人を脅して…させる ・I *was browbeaten into* signing the document. 私は脅されて書類にサインした.

browbeat a person out of 他 人を脅して…をやめさせる ・He tried to *browbeat* me *out of* filing the suit. 彼は私を脅して告訴を提出させまいと努めた.

brown /braun/ *brown off* 他 **1** 《英口》(人)をあきあきさせる, しょげさせる (*with*) ・I'm entirely *browned off*. 僕は全くあきあきした ・Edna was getting *browned off with* the job. エドナはその仕事にうんざりしかけていた.
2 《俗》(人)を怒らせる ・You really *brown* me *off*! お前には本当に腹が立つ! ・When she locked me out I *was* really *browned off*. あれが僕を締め出したとき, ほんとに頭にきた.

brown out 他 **1** 《米》…(の電灯)を薄暗くする (→ BLACK out 7) ・A power shortage *browned out* the nation. 電力不足のためその国は電灯を薄暗くした.
— 自 **2** 電灯が薄暗くなる ・The lights started to *brown out* due to a power shortage. 電圧低下のせいで電灯が薄暗くなり始めた.

browse /brauz/ *browse on* 自 **1** (動物が草など)を食む ・A deer *browsed on* this willow leaf. シカがこの柳の葉を食んでいた.
2 …を(インターネットで)閲覧する, ブラウズする ・He often *browses on* Pacific islands sites. 彼はよく太平洋諸島のサイトを閲覧する.

browse through [*among*] 自 (本などを)あちこち拾い読みする ・I spent hours *browsing through* books in the library. 私は図書館で本をあちこち拾い読みして何時間もすごした.

bruise /bru:z/ *bruise along* 自 《狩俗》(柵・作物・馬を無視して)むちゃくちゃに乗り飛ばす ・The baron *bruised along* determinedly. 男爵は断固としてむちゃくちゃに乗り飛ばした.

bruit /bru:t/ *bruit about* [*abroad*] 他 …を広く宣伝する, 言いふらす ・They *bruited* the company's products *abroad*. 彼らは会社の製品を広く宣伝した.

brush /brʌʃ/ *brush against* 他 **1** …にぶつかる, ぶつかって[かすって]通る ・He *brushed against* the other passengers in his haste to get off the train. 列車を降りようとあせって彼は他の乗客にぶつかりながら進んだ.
2 …といさこざを起こす ・She's always *brushing against* her neighbors. 彼女は近所の人たちといさこざを起こしている.
3 (困難などに)出会う ・He *brushed against* a lot of difficult situations in his youth. 若い頃彼はさまざまな苦境に遭遇した.

brush aside 他 **1** …を払いのける, あっさり片づける ・I *brushed aside* the branch, not realizing it was poisonous. かぶれるとは気づかずに枝を手で払った ・The statesman has simply *brushed aside* every obstacle in his path. その政治家は自らの行く手にあるすべての障害をあっさり片付けてきた.

2 …を無視する ▪ The Chilean government has *brushed aside* all protests. チリ政府はあらゆる抗議をずっと無視してきた.

brush away 他 …を払いのける, 一蹴する, 無視する ▪ She quickly *brushed* the idea *away*. 彼女は素早くその考えを一蹴した ▪ He *brushed away* a fly from his nose. 彼は鼻のハエを払いのけた ▪ He *brushes* the criticism *away*. 彼はこの批判を無視している.

brush back 他 **1** …を払いのける ▪ Your hair looks better when you *brush* it *back*. あなたの髪は後ろへ払いのけたほうがよく似合いますよ.

2《野球》(打者)のすぐ近くに投球する ▪ His next pitch *brushed* the batter *back* and caused him to hit the ground. 投手の次の球は打者の内角に投げられ, 打者はグラウンドに身を投げうけた.

brush by 自 勢いよく(…と)すれちがう ▪ A pretty young thing *brushed by* me. 若い美人が勢いよく私とすれちがった.

brush down 他 **1** …にブラシをかける,(ブラシ・手で)のほこりを払い落とす ▪ You must *brush down* your coat. コートにブラシをかけねばなりません.

2《口》…をしかる ▪ The director *brushed* him *down* for being late. 社長は遅刻した彼をしかった.

brush in 他 (種をまいて)…に薄く土をかける ▪ Wheat *was* sown and *brushed in*. 小麦はまかれて薄く土をかけられた.

brush off 他 **1**(ブラシで)…を払いのける, 清掃する ▪ He *brushed off* the dust. 彼はほこりを払いのけた ▪ A small broom is used for *brushing off* clothes. 小さなほうきが衣服のほこりを払うのに用いられる.

2 …との付き合いをやめる, 関係を断つ ▪ My girlfriend *brushed* me *off* after she met John. ガールフレンドはジョンと出会ってから僕と付き合ってくれなくなった.

3 …を(すげなく)拒絶する, しりぞける, 無視する ▪ They *brushed off* the advice. 彼らはその忠告をすげなくしりぞけた.

4(人)を首にする, 追い払う ▪ I *brushed* him *off*. 私は彼を首にした.

— 自 **5**(ブラシで)取れる ▪ The mud will *brush off* when it dries. 泥はかわくとブラシできれいに落ちる.

brush off on 他 (特質が人)の行動に影響を及ぼす ▪ I was scared my bad luck would *brush off on* my son. 私は自分の不運が息子の行動に影響を及ぼすのではないかと恐れた.

brush on 他 (絵具などを)筆で塗る,(ソースなどを)刷毛で塗る ▪ I've never *brushed* paint *on* my boat before. これまで自分のボートに刷毛でペンキを塗ったことがない ▪ She loosely *brushed* colors *on* her canvas. 彼女は絵具を使って気の向くままにキャンバスに絵の具を塗った ▪ This pastry recipe says to *brush* egg whites *on* top before baking. このケーキのレシピには焼く前に上に卵白を刷毛で塗れと書いてある ▪ Steak sauce is to be *brushed on* while cooking. 調理中にステーキソースを刷毛で塗ってください.

brush out 他 **1**(髪のもつれ)をブラッシングして取る ▪ Mom was *brushing out* my tangled hair with a brush. 母は私の髪の毛のもつれをブラッシングして解かそうとしていた.

2 …をくしを使って取る ▪ If you get paint in your hair, you won't be able to *brush* it *out*. もし髪にペンキがついたら, くしで解いても取れないでしょう.

brush over 他 **1** …を表面へ塗る, 軽く塗る ▪ They finish the plastering by *brushing* it *over* with fresh water. 彼らはしっくいに真水を軽く塗って仕上げる.

2(重要な問題など)を軽く取り扱う ▪ He just kind of *brushed over* the topic. 彼はほんの少しその話題に触れただけだった.

3 …を引き立たせる ▪ He *brushed over* his deeds. 彼は自分の行為を引き立たせた.

4(土地)を早く軽く耕やす ▪ They were *brushing over* the potatoes. 彼らはジャガイモ畑を早く軽く耕やしていた.

brush past 自 **1** …にぶつかって通る ▪ He *brushed past* me in a rude way. 彼は荒々しく私にぶつかって通った.

2 …のそばをかすめて通る ▪ A porter *brushed* quickly *past* us. 荷物運搬人は急いで我々のそばをかすめて通った.

brush round 《米口》活動する ▪ You are *brushing round*. 君は活動しているね.

brush through 自 …を勢いよく通り抜ける ▪ We *brushed through* many rooms. 我々はたくさんの部屋を急いで通り抜けた.

brush up 他 **1** …にブラシをかける ▪ I *brushed up* my old suit with extra care. お古の背広に入念にブラシをかけた.

2 …に磨きをかける, をスマートにする ▪ The house needs to be *brushed up*. その家はこぎれいにする必要がある.

3(忘れかけたもの)を磨き直す, 復習する ▪ Americans need to *brush up* history. アメリカ人は歴史を復習する必要がある ▪ I am *brushing up* my acquaintance with him. 彼との旧交を温めている.

brush up against 自 **1** …に軽くあたる ▪ I *brushed up against* the door. 私はドアに軽くあたった.

2(困難など)に不意に出くわす ▪ We *brushed up against* much opposition. 我々は大きな反対に出くわした.

brush up on 他 《米》(忘れかけたもの)をやり直して覚える ▪ I must *brush up on* my French. フランス語をやり直して磨いておかなければならない.

bubble /bʌ́bəl/ ***bubble*** *a person **into** doing* 他 《古》(人)をだまして…させる ▪ He *was bubbled into doing* so. 彼はだまされてそうした.

bubble *a person **out of*** 他 《古》人をだまして…を取る ▪ He *was bubbled out of* his money. 彼はだまされて金を取られた.

bubble over 自 **1** 沸きこぼれる ▪ The water will *bubble over*. 湯が沸きこぼれるだろう.

2(感情などが)抑えきれずに吹き出る, (事が)頂点に達する (into) ▪ His nervousness *bubbled over*. 彼の不安な気持ちがあふれ出ていた ▪ A long dispute with theater owners *bubbled over into* action. 劇場主との長期の論争が頂点に達して行動となった.

bubble over with 圓〖主に進行形で〗(興奮など)で一杯である[満ちあふれる] ▪ His voice *was bubbling over with* delight. 彼の声は喜びで満ちあふれていた ▪ She's *bubbling over with* joy at the news. その知らせに彼女は大喜びしている ▪ They glared at each other until Bob *bubbled over with* rage. にらみ合っていたがとうとうボブの方がキレた.

bubble under 圓 **1**〖主に進行形で〗(CD・歌などが)もう少しでヒットチャートの上位を占める ▪ I was surprised to see this song *is* not even *bubbling under*. この歌がヒットチャートの上位を窺う順位にすら達していないと知って驚いた ▪ Joe Louis's Walker's Hellfire *is bubbling under* at number eleven. ジョー・ルイスのWalker's Hellfire が第11位でチャート上位に肉薄している.
2〖主に進行形で〗そこそこうまくいっている ▪ Our project has *been bubbling under*. 我々のプロジェクトもそこそこうまく進んできた.
3〖主に進行形で〗ひそかに続く ▪ The confrontation has *been bubbling under* for nearly a year. 対立は1年近くひそかに続いている.

bubble up 圓 増加する ▪ Social unrest could *bubble up* again at any time. 社会的不安が再びいつなんどき高まってもおかしくない.

bubble with 圓 (物が)...であふれる ▪ His brain *bubbles with* new ideas. 彼の頭は新しいアイディアであふれている.

buck /bʌk/ ***buck against [at]*** 圓 **1**...に反抗する ▪ He *bucked against* his churchmen. 彼は牧師たちに反抗した.
2(米口)...を頭・角(?)で突く, けとばす ▪ The billy goat *bucked at* me. 雄ヤギが角で突っかかってきた.

buck for 他 (米俗)(昇進などを求めて熱心に努力する, 狂奔する, 躍起になる ▪ I was *bucking* very strong *for* the job. その職を得ようと熱心に努力していた.

buck into 他 (米) **1**(人)にぶつかる, ばったり出会う ▪ Mack groaned in response and *bucked into* him. マックはそれに応えてうめき声をあげ, その男にぶつかった.
2 勇敢に...の研究を始める, (研究)にのめり込む ▪ I *bucked into* Hebrew. 私は思いきってヘブライ語の研究を始めた.

buck off 他 馬が(人)をはね落とす ▪ The horse often *bucked* me *off*. その馬はよく私をはね落とした.

buck up 圓 **1**〖しばしば命令文で; must, have to を伴って〗元気を出す, 勢いづく, 快方に向かう ▪ You *must buck up* a bit more. もう少し元気を出さねばならぬ.
2(口)急ぐ ▪ *Buck up* now! さあ急げ.
3 スマートにする, 磨きをかける ▪ What *are* you *bucked up* for? 何のために着飾っているのか.

4(米)(馬が)競走に出るのをこばむ ▪ The horse *bucked up* on that race. 馬はその競走に出るのをこばんだ.
— 他 **5**(人)を元気づける, 励ます ▪ The news has *bucked* us *up*. そのニュースは我々を元気づけた.
6(人)を急がせる ▪ I *bucked* the kids *up* so they wouldn't be late for school. 学校に遅れないように子供たちをせきたてた.
7...を改良[改善]する ▪ *Buck up* your attitude or you'll lose your job. 態度を改めないと職を失うぞ.

buck up to *a person* 他 《米口》人の気に入ろうとする ▪ Single gentlemen *buck up to* widows. 独身の男性たちは未亡人の気に入ろうとする.

bucket /bʌ́kət/ ***bucket down*** 《英口》激しく雨が降る ▪ It had been *bucketing down* all morning. 午前中ずっと雨が激しく降っていた.

buckle /bʌ́kəl/ ***buckle down*** 圓 **1**(口)(仕事など)に身を入れる, 本気で取り組む, 全力を傾ける (to) ▪ I must *buckle down* to work. 精出して働かなければならないのだ.
— 他 **2**...を留め金で留める ▪ They stopped to *buckle* the load *down* again. 車を停めて改めて積み荷を締め直した.

buckle *a person* ***in [into]*** 他 人を(座席などに)バックルで留める, シートベルトを締める ▪ You need a strap to *buckle* the baby *in*. 赤ちゃんをバックルで留めるには皮ひもが必要です ▪ Liz *buckled* herself *into* the seat of the plane. リズは飛行機のシートベルトを締めて席に座った.

buckle on ...を留め金で留める ▪ He *buckled* his stylish belt *on*. 彼は粋なベルトを留め金で留めた.

buckle to 圓 **1**(口)(力を合わせて)仕事にかかる ▪ We all *buckled to* with a will, doing four hours a day. 我々は一丸となって仕事にかかり1日4時間働いた.
2(口)精出してする, 全力を尽くす ▪ We shall have to *buckle to* if we are to catch the train. 電車に間に合いたいなら急がねばならない.
3...に降参する, 応じる ▪ I *buckled to* my opponent. 私は相手に降参した ▪ He *buckled to* the proposal. 彼は提案に応じた.

buckle under 圓 **1**...に降参する, 屈する (to) ▪ He might have *buckled under* the pressure. 彼は強制されて降参したかもしれなかった ▪ Threats caused him to *buckle under*. 彼は脅されて屈服した ▪ I will not *buckle under to* his threats. 彼の脅しには屈しないぞ.
2(重さなどで)崩れる, 崩壊する ▪ With heavy trucks on it, the bridge *buckled under*. 重いトラックが何台も通ったので橋が崩壊した.

buckle up 圓 **1** シートベルトを締める ▪ All passengers must *buckle up*. 乗客はみなシートベルトを締めなければならない.
2 曲がって折れる[こわれる] ▪ The motorcar *buckled up* when it struck the lorry. その車はトラックに衝突してぺしゃんこになった.
— 他 **3**...をバックルで留める[締める] ▪ The girl can

already *buckle up* her shoes. その少女はもう靴のバックルを締めることができる.

bud /bʌd/ ***bud off from*** 圓 (芽となって母体から)分離する,分離して新組織[団体]を作る ▪ A number of sects have *budded off from* the early churches. 多数の分派が初期の教会から分離した.

 bud out 圓 他 芽ばえる; …を芽ぐえさせる ▪ The leaves *budded out* overnight. 葉は一夜で出た ▪ Warm weather will *bud out* the trees. 暖かいので木々が芽を出すだろう.

buddy /bʌ́di/ ***buddy up*** 圓 《米》友だちになる;(…と)組む(*with*) ▪ Mark and I *buddied up* for the game. マークと僕はそのゲームのためにいっしょに組んだ ▪ I *buddied up with* John and we went on a trip together. ジョンとペアを組んでいっしょに旅行に行った.

 buddy up to (人)のごきげんを取る,に取り入る ▪ Most employees *buddy up to* the boss to get promotions. 大半の従業員は昇進したくて社長に取り入る.

budge /bʌdʒ/ ***budge up*** 圓 《英口》(スペースを作るために)席をつめる ▪ *Budge up* a bit so I can sit. 私が座れるように席をつめてください ▪ Ask the people on the end to *budge up*. 奥にいる人たちに席をつめるよう頼みなさい.

budget /bʌ́dʒet/ ***budget for*** 他 …の予算に組む ▪ We must *budget for* our removal expenses. 引越し費用の予算をたてる必要がある.

buff /bʌf/ ***buff up [down]*** 他 (もみ皮で)…をとぐ,磨く《比喩的にも》 ▪ He *buffed* his shoes *up* before going to work. 会社に行く前に靴を磨いた ▪ They need to *buff up* the tarnished company image. 彼らは汚された会社のイメージを払拭する必要がある ▪ I *buffed* the table *down* with a cloth. テーブルを布で磨いた.

buffet /bəféi|bófei/ ***buffet about*** 他 (運命が人)をもてあそぶ ▪ He has been *buffeted about* from pillar to post for some years. 彼は数年間次から次と運命に翻弄(ほんろう)された.

bug /bʌɡ/ ***bug off*** 圓 **1**《米口》(素早く)立ち去る,出て行く ▪ *Bug off*! Get out of my sight! 失せろ! 消えてしまえ!

 2《俗》じゃますることをやめる ▪ I wish you would *bug off*! じゃまをしないでくれないか!

 bug out 圓 **1**《米・軍口》(急いで)移動する,さっさと逃げる ▪ The whole camp *bugged out* in the morning. 全野営隊は朝のうちに移動した.

 2《米》(目などが)丸くふくれる ▪ Jim's eyes *bugged out*, when he heard that. それを聞いたときジムの目は丸くなった.

 3《口》怖がる ▪ Don't *bug out* and miss the big competition. 怖がって大きな競技会の機会を逸してはいけない.

 ― 他 **4**《口》…を困らせる,悩ませる ▪ What really *bugged* me *out* was his passing. ほんとに僕を困らせたのは,彼の(ボールの)パスの仕方だった.

bugger /bʌ́ɡər/ ***bugger about [around]*** 圓 **1**ぶらつく,時を浪費する,ばかなまねをする ▪ He *buggered about* with a girl. 彼は女の子といちゃつき回った.

 ― 他 《英卑》 **2**(人)をうるさがらせる ▪ Stop *buggering* me *around*. うるさくしないでくれ.

 3…をいじくり回す,かき回す ▪ Who's been *buggering* my papers *about*? 僕の書類をかき回していたのは誰だ.

 bugger off 圓 《英卑》立ち去る; [命令文で] 失せろ ▪ Ben *buggered off* to Australia years ago. ベンは何年も前にオーストラリアへ行ってしまった ▪ *Bugger off*! I don't want you around here. 失せろ! この辺りをうろうろするな.

 bugger up 他 《英卑》…をだめにする ▪ You'll *bugger* the whole thing *up*. 君は一切をだめにしてしまう.

build /bɪld/ ***build A around B*** 他 [しばしば受身で] B中心にAを構築する ▪ His whole campaign *was built around* economic recovery. 彼の選挙活動全体は,景気回復中心に組まれている.

 build down 圓 (交通量が)減る(↔BUILD up 12) ▪ I left for home when the traffic *built down*. 交通量が減ってから,家路に向かった.

 build in **1** [主に受身で] (用材)を組み入れる,差し込む; (家具など)を造りつけにする ▪ These cupboards *are built in*. この戸だなは造りつけです.

 2(家・壁などで)…を建て込める,囲い込む ▪ The neighborhood *is* completely *built in*. このあたりはすっかり家が建て込んでいる.

 3(考え・条項・人など)を組み入れる ▪ The cost of the machine maintenance should *be built in*. 機械の維持費も組み入れるべきだ ▪ He *built in* his brother as part of the administration. 彼は弟を経営陣に組み入れた.

 build A into B 他 **1** AをBに造りつける ▪ This cupboard *is built into* the wall. この戸だなは壁に造りつけられている.

 2 A(材料)でB(製品)を造る,AをBに仕立てる ▪ He *built* some nails and bits of wood *into* a cupboard. 彼はくぎと板で戸だなを造った ▪ We aim to *build* boys *into* citizens who will be an asset to their country. 我々は少年を祖国の役に立つ人材に鍛えあげることを目指している.

 3 [しばしば受身で] A(金額)をB(費用)に組み入れる[考慮に入れる] ▪ We *built* that figure *into* the total cost. その数字も全体の費用に組み込んだ.

 build on 他 圓 **1**(建物を)建て増しする ▪ We're *building on* an extension at the back of the house. 我々は家の裏に建て増している ▪ If you need an extra room you can *build on*. 余分の部屋が必要なら,建て増しができます.

 2…の上に築く,を発展させる ▪ Her argument *was built on* facts. 彼女の主張は事実に基づいていた ▪ Our business has *been built on* trust. わが社の業務はずっと信用を基に発展してきた.

 ― 他 **3**…を当てにする,頼る(count on) ▪ I shall *build on* your supporting us. ご支持を当てにしてい

ます．▪Japan will be hoping to *build on* its success at the Tokyo Olympic Games in 2020. 日本は2020年の東京オリンピックの成功をもとに進んでいきたいと思うだろう．

4 …をさらに拡大［増強］する ▪The project will *build on* existing knowledge. そのプロジェクトは既存の知識をさらに増やしてくれるだろう．

build *A* ***on***［***upon***］*B* 他 AをBの上に築く，AをBに基づかせる ▪Christ said, "I will *build* my Church *upon* this Rock." 「私の教会をこの岩の上に築く」とキリストは言われた ▪Theory must *be built on* facts. 理論は事実に基づいていなければならない．

build onto 自 …に建て増しをする ▪I'm planning to *build onto* this house. この家に建て増しするつもりだ．

build *A* ***onto*** *B* 他 A(建物)にB(建物)を建て増しする ▪They *built* additions *onto* the 70-year-old building. 築70年の建物に建て増しをした．

build out …を建て増しする ▪Three classrooms *were built out*. 3教室が建て増しされた．

build *A* ***out of*** *B* 他 A(材料)から［で］B(製品)を作る ▪He *built* a cottage *out of* the blocks. 彼はブロックで田舎家を作った．

build over 建物で(地面)をおおう ▪The district is now all *built over*. その地域はすっかり建物で埋められている．

build round …を建物で囲む ▪A gallery *was built round* the hall. 回廊が広間の回りにつけられていた ▪We *are built round* in all directions. 我々は四方八方建物に囲まれている．

build up 他 **1** (家・計画)を立てる ▪It is easier to pull down than to *build up*. 建てるよりも取りこわすほうが易しい ▪I *built up* a program. 私は計画を立てた．

2 (口)…をほめそやす，おだてる ▪Don't *build* me *up* too much. 私をあまり持ち上げないでください．

3 (富・名声・健康など)を次第に築きあげる，確立する ▪He has *built up* an excellent business. 彼は立派な商売を築きあげた ▪He *built up* his health. 彼は健康を増進した．

4 …を増す，強化する ▪We must *build up* our reserves of manpower. 我々は人的資源の予備を増強しなければならない．

5 (場所)を家で建て込む ▪The place *is* very much *built up* now. その場所は今はずいぶん建て込んでいる．

6 (戸・窓など)をれんが［石，建物］でふさぐ ▪Why *were* those doors *built up*? それらのドアはなぜふさがれたのか．

7 (宗)(人)を教化する ▪The Lord is *building up* your family. 主はあなたの家族の人々を教化しておられます．

8 (宣伝で)…の名を高める ▪They *built* him *up* with broadcasts. 彼らは放送によって彼の評判を高めた．

9 …を収集する ▪I paid around $10,000 to *build* this collection *up*. このコレクションを作りあげるのに約1万ドル払った．

10 (情報を集めてイメージ)を作りあげる ▪The DNA helped to *build up* a picture of what that person looks like. DNAはその人がどんな様子をしているかイメージを作りあげるのに役立った．

— 自 **11** (風・自信などが)強まる；(緊張などが)高まる；(雲などが)集まる，出てくる ▪The storm clouds are *building up*. Better close the windows. あらし雲が出てきた．窓をみな閉めたほうがいい．

12 ((交通)量が)ふえる (↔ BUILD down) ▪The traffic *builds up* on Monday. 月曜日には交通量が増える．

13 (貯金などが)たまる；成長する ▪Her savings are *building up* nicely. 彼女の貯金は順調にたまっている ▪The movement has been *building up* for several years. その運動は数年間ずっと盛んになってきている．

build up into 自 集まって…となる ▪These books will *build up into* a fine library. これらの本を集めれば立派な蔵書になるだろう．

build up *A* ***of*** *B* 〖主に受身で〗B(素材)でA(製品)を作りあげる ▪Spoken words *are built up of* sounds. 話し言葉は音声でできあがっている．

build up to 自 …に備える，の準備をする (*doing*) ▪We will show you how to *build up to* successful retirement. 首尾よい引退に備える方法を伝授しましょう ▪I'd been *building up to telling* him I was his daughter, but I hadn't found the courage. 彼にあなたの娘だと告げる心構えをしていたが，その勇気が出なかった．

build up *A* ***to*** *B* 他 A(物)をBまで高める［もっていく］ ▪The army would *be built up to* double the pre-Korean War size. 陸軍は朝鮮事変以前の2倍に増強されるだろう．

build /*A* ***upon*** *B* = BUILD A on B.

bulge /bʌldʒ/ ***bulge out*** 自 **1** (腹などが)突き出る，丸くなる ▪Does my tummy *bulge out* too much? 私のお腹はひどく突き出ていますか．

— 他 **2** 《英俗》(内容)をふくらませる ▪I made an effort to *bulge out* my paper's contents. 論文の中身をふくらませるように努力した．

bulge with 自 …でふくらむ ▪Soon her cheeks *bulged with* at least five grapes. やがて彼女のほっぺたは少なくとも5粒のブドウでふくらんだ．

bulk /bʌlk/ ***bulk out*** 他 **1** (内容)をふくらませる ▪He *bulked out* the report with lots of diagrams. 彼は図表をたくさん入れてレポートの中身をふくらませた．

2 …を大きく［かさばって］見えるようにする ▪You can *bulk out* a meal with bread or rice. 食事はパンやご飯をつければかさが増して見えるよ．

bulk up 自 (集まって［成長して］)大きくなる (*into*) ▪A few coins will *bulk up into* a surprising offering. わずかの貨幣でもかさめば驚くべき献金となるであろう ▪Sam has *bulked up into* a muscular young man. サムは成長して筋骨たくましい青年となった．

bulldoze /búldòuz/ ***bulldoze into*** 自 **1** ぎこち

なく…に突っこむ ▪ The tractor *bulldozed into* the store, destroying it partially. トラクターが店に突っこんで一部を壊してしまった.
— 他 **2**(人)をおどして…させる(*doing*) ▪ Al claims he *was bulldozed into signing* the agreement. アルは脅されて契約書に署名したと主張している.

bulldoze through しゃにむに…を通り抜ける ▪ It was rude of him to *bulldoze through* the room. 彼がしゃにむに部屋を通り抜けたのは無礼だ.

bulldoze *A* ***through*** *B* A(法案など)をB(議会など)で強引に通す ▪ The ruling party *bulldozed* the amendment *through* Congress. 与党は修正案を議会で強引に通過させた.

bully /búli/ ***bully*** *a person* ***away*** 他 人をおどして去らせる ▪ We *bullied* him *away*. 我々は彼をおどして追っ払った.

bully *a person* ***into*** 他 人をおどして…させる ▪ Russia would never *be bullied into* any change of policy. ロシアはおどしても決して政策を変えないだろう.

bully off 《ホッケー》試合開始として双方のクラブを交える, 試合を開始する(→KICK off 4) ▪ They *bullied off* at ten. 彼らは10時に試合を開始した.

bully *a person* ***out of*** 他 人をおどして…をやめさせる[奪う] ▪ The manager *bullied* me *out of* my position. 支配人がおどして私の地位を奪ってしまった.

bum /bʌm/ ***bum about*** 自 ぐうたらに暮らす ▪ Her son is just *bumming about* all day. 彼女の息子は一日中ただぐうたらに暮らしている.

bum around 自 **1** = BUM about.
2 浮浪[放浪]生活をする ▪ He has been *bumming around* Europe for about a month. 彼は約1か月ヨーロッパで放浪生活をしていた.
3(バー・ナイトクラブで)飲み歩く ▪ His father accused him of *bumming around* half the night. お前は夜の半分は飲み歩いているぞと言って父親が彼を責めた.

bum *A* ***from*** [***off (of)***] *B* 他 A(物)をB(人)からせびる ▪ The idle boy always *bums* money *off* his parents. その怠惰な少年はいつも親からお金をせびっている.

bum out 他 **1**《米口》…を失望させる ▪ You're *bumming* me *out*, man! お前には失望しているぞ, おい! ▪ I didn't want to *bum* her *out* so I didn't tell the truth. 彼女をがっかりさせたくなかったので, 本当のことは言わなかった.
2《俗》…に苦い体験をさせる ▪ Man, is he *bummed out*! なんと, 彼はひどい目にあっていることか!
3《米口》…を悩ます, いらいらさせる ▪ That haircut will really *bum out* his parents. そのヘアカットは本当に彼の両親をいらいらさせるだろう.
— 自 **4**《学俗》(試験)に落ちる ▪ I *bummed out* totally on the final exam. 期末試験は全部落ちてしまった.

bumble[1] /bʌ́mbəl/ ***bumble along*** 自 よたよた歩いて行く ▪ I was *bumbling along* minding my own business. わがことのみを気にかけながらよたよた歩いて行った.

bumble around [《英》***about***] 自 **1** つまずく, もたつく, へまをやる ▪ I *bumble about* on the computer and have great fun. コンピューターでもたつきながらも大いに楽しんでいる.
2 ぶらつく, うろつく ▪ An old man was *bumbling around* in the lobby. 一人の老人がロビーをうろついていた.

bumble through 他 …を不器用にやる, (人生など)をつまずき[失敗し]ながらやっていく ▪ Anyhow he *bumbled through* his speech. とにかく彼はスピーチをつかえながらやってのけた ▪ Hugh *bumbles through* life as if he was born yesterday. ヒューはきのう生まれた赤んぼうのようにつまずきながら生活している.

bumble[2] /bʌ́mbəl/ ***bumble on*** 自 ボソボソ言う ▪ What is he *bumbling on* about? いったい彼は何についてボソボソ言っているのか?

bump /bʌmp/ ***bump along*** 自 《口》…をガタガタ揺れて行く ▪ The heavy cart *bumped along* the mountain road. 重い荷車は山道をガタガタ揺れて進んだ.

bump into 自 **1** …に衝突する ▪ The car *bumped into* the light pole. 自動車が電柱に衝突した.
2《口》…に不意に出くわす ▪ I *bumped into* an old friend. 私は旧友にばったり出会った.

bump off 他 **1** …にぶつかってひっくり返す ▪ I *bumped off* a table. 私はテーブルにぶつかってひっくり返した.
2 インターネットの接続を切断する ▪ He tried to read his webmail but got *bumped off* four times. 彼は自分のウェブメールを読もうとしたのに4度も接続が切れた.
3《口》(人)を殺す, バラす(kill) ▪ A thug threatened to *bump* him *off*. 凶漢は彼を殺してやるとおどした.

bump *A* ***off*** *B* 他 **1** A(物)にぶつかってそれをBから落す ▪ The cat *bumped* the vase *off* the shelf. 猫が花瓶にぶつかって棚から落とした.
2〖主に受身で〗(インターネットへの)接続を切る ▪ Problems with my modem continuously *bumped* me *off* the internet. モデムの不具合でインターネットとの接続が切れてばかりいた ▪ If you don't have the right software installed, you may *be bumped off* your connection. 正しいソフトをインストールしていなければ, 接続が切れるかもしれない.

bump *A* ***on*** [***against***] *B* 他 AをBにぶつける ▪ I *bumped* my head *on* the low ceiling. 私は頭を低い天井にぶつけた ▪ Several boys *were bumped against* this wall. 数人の少年がこの壁にぶつかった.

bump up 他 **1**《口》(点数・価格など)を急激にあげる ▪ The rent *was bumped up* to $1,100 a month. 家賃は急激に月1,100ドルに上げられた.
2〖主に受身で〗(人)を(うまく)昇進させる, よりよい地位にあげる ▪ Jeremy was a writer for ten years before he *was bumped up* to editor. ジェレミーは編集主任に昇進する前に10年間記者を務めた.

bunch

3《口》(飛行機で)…をより値段の高い座席に移す ▪ I got *bumped up* to business class. 私はビジネスクラスの座席に移された.

bump (up) against 自 **1** …にぶつかる, と衝突する ▪ The barge *bumped against* the lock gates. はしけは水門にぶつかった ▪ Accidentally my head *bumped up against* the wall. 偶然にも私の頭が壁にぶつかった.

2《口》(人)と出会う, と偶然会って知るようになる ▪ Fancy *bumping up against* you here. 君に出会うとはね ▪ I *bumped up against* him in a bar. バーで彼と出くわして知り合いになった.

3 …に達する ▪ The price will *bump up against* the ceiling again. 価格はふたたび最高限度に達するだろう.

bunch /bʌntʃ/ ***bunch up*** 他 自 **1**[主に受身で] …を一団にする; 固まる(*together*) ▪ The girls *were bunched up* in the corner of the room. 少女らは部屋の隅に一つに固まっていた ▪ Spread out. Don't *bunch up*. 散らばれ. 固まるんじゃない.

── 他 **2** …を束にする, を(ひとまとめに)固く丸める ▪ I *bunched up* the wire loosely. 針金をゆるい束にした ▪ Nancy was holding her blouse *bunched up* over one arm. ナンシーはブラウスを固く丸めて一方の腕にかけていた.

bundle /bʌ́ndəl/ ***bundle away*** 自 **1** さっさと立ち去る ▪ The beggar *bundled away*. その浮浪者はさっさと出て行った.

── 他 **2** …をさっさと片づける; (人)をさっさと追い立てる ▪ I'll *bundle away* her rags to the Hall. 私は彼女の衣服を片づけて邸宅へ送ります ▪ We *bundled* him *away*. 彼をさっさと追い立てた.

bundle in 自 (多くの人が)さっさと混乱して入る; 無造作に入る ▪ So we *bundled in*. そこで我々はどやどやと入っていった ▪ I must have a dip. I shall *bundle in*. 一浴びしなければならない. さっさと入ろう.

bundle into 他 **1** …を大急ぎで(…)に追い込む ▪ They *bundled* him *into* the taxi. 彼をタクシーに乗り込ませた.

2 …をごちゃごちゃに…に投げ込む, 束にして…となす ▪ All *are bundled into* one group. 十把一からげになっている.

── 自 **3** …さっさと入る ▪ We all *bundled into* his old car and off we went. 私たちは全員彼の古い車にさっさと乗り込み, 彼の所で出かけていった.

4 …にぶつかる ▪ A police officer *bundled into* him and apologized. 巡査が彼にぶつかって断りを言った.

bundle off 他 **1**(主に子供)を…へ追い立てる(*to*); をさっさと片づける ▪ His mother *bundled* him *off to* school. 母は彼をさっさと学校へ追い立てた.

── 自 **2** さっさと立ち去る ▪ We *bundled off* in anger. 我々は怒ってさっさと立ち去った.

bundle out 他 **1** …をさっさと…から追い立てる; をさっさと片づける ▪ I *bundled* him *out* of the room. 彼を部屋から追い出した.

── 自 **2** さっさと立ち去る ▪ *Bundle out* of this place. ここからとっとと出て行け.

bundle together 自 他 **1** (…)を包みにする, 束にする ▪ *Bundle* your things *together* and hurry off. 身の回りのものをまとめて急いで出発しなさい.

2 (…を)いっしょに処理する ▪ Let's *bundle together* things that remains to be done. やり残したことをまとめて処理しよう

bundle up 他 **1** …を包みにする, 束にする ▪ We *bundled* everything *up*. 我々はすべてを包みにした.

2 …をいっしょに処理する ▪ They managed to *bundle up* a whole bunch of issues. 彼らは一切合財の問題をなんとかまとめて処理できた.

── 他自 **3**(毛布などに)くるまる, 厚着する; …を(衣類で)くるむ, 厚着させる(*in*) ▪ You'd better *bundle up* well. 十分着こんだほうがいいよ ▪ She *bundled* the baby *up in* a thick sweater. 彼女は厚いセーターで赤ちゃんをくるんだ.

bung /bʌŋ/ ***bung A into B*** 他 A(たるなど)にB(せん)をする[してふさぐ] ▪ I *bunged* the cork *into* the barrel. たるにせんをした.

bung off 自 《学443》逃げ出す ▪ He *bunged off*, respected by everyone. 彼はすべての人に尊敬されて去った.

bung over 他《口》…を手渡す, 回す ▪ *Bung* it *over* here. ちょっと手渡してくれ.

bung up 他 《英口》**1**[受身で](鼻・管など)が詰まっている ▪ His voice sounded different because he *was* so *bunged up*. ひどい鼻づまりだったので彼の声は違って聞こえた.

2《俗》…にせんをする, (穴)をぴったりふさぐ ▪ His pipe *was bunged up*. やつのパイプがつまった.

3 …を便秘させる ▪ I *am bunged up*. 私は便秘している.

4《俗》…を(傷つけて)はれあがらせる ▪ His eyes *were bunged up* from the fistfight. 彼の目はなぐり合いではれあがっていた ▪ I am feeling *bunged up* about the eyes. 目がはれて重い感じがする.

5 …をひどくこわす ▪ The car *was bunged up* from an accident. 車は事故で大破した.

bungle /bʌ́ŋgəl/ ***bungle up*** 他 …をしくじる, やりそこなう ▪ Jim was so careless that he *bungled up* the job. ジムはうっかり者でその仕事をしくじった.

bunk /bʌŋk/ ***bunk down*** 自 (特にベッド以外で)寝る, ごろ寝する ▪ I can't offer you a bed but you're welcome to *bunk down* on the sofa. ベッドで寝てもらうことはできないが, ソファなら自由にお使いください.

bunk off 他 **1**《英口》(学校)をサボる ▪ There's absolutely no excuse for *bunking off* school. 学校をサボっていい口実は皆目ない.

── 自 **2**《口》逃げる ▪ The boys *bunked off* when there was a test. テストがあったとき男子生徒たちはサボった ▪ His father *bunked off* when he was a baby. 彼が赤ちゃんのとき父は蒸発した.

bunk (up) together 自 ベッド[テント]を共用する, 同宿する ▪ The kids *bunk up together* and two men sleep on the floor. 子供たちは一つベッドに寝ら

れるし, 二人の大人は床に寝るんだ.

bunk (up) with 自 …と一つベッドに寝る; 《英口》と寝る[性交する] ▪ I'll *bunk with* Jim. 僕はジムと同じベッドに寝よう ▪ Do you want to *bunk up with* me? あなた, 私と寝たい?

buoy /buːi/bɔi/ ***buoy up*** 他 **1** …の気を引き立てる ▪ His spirits *are buoyed up* with a rag of hope. 彼の元気は一縷(いちる)の望みでささえられている ▪ We *are buoyed up* by the good news. 我々は吉報に浮き立っている.

2(値段など)を高くしておく[支える] ▪ These facts have been *buoying up* share prices. これらの事実が株価を高くしてきた. ☞海語より.

3 …を浮かす ▪ He seized a piece of wreckage, which *buoyed* him *up*. 彼は一片の(難破)残存物をつかんだがそれが彼を浮かせた.

burden /bɜːrdən/ ***burden*** *a person with* 他 人に…を負わせる ▪ The king *burdened* the people *with* heavy taxes. 王は国民に重税を課した.

burgeon /bɜːrdʒən/ ***burgeon out*** 自 **1** 急速に生長[成長, 発展]する ▪ Their story began as melodrama, and *burgeoned out* into comedy. 彼らの話はメロドラマとして始まり, 発展して喜劇となった.

2 新芽を出す, 花が咲く ▪ The flowers *burgeoned out* and made the garden beautiful again. 花が咲いて庭が再び美しくなった.

burn /bɜːrn/ ***burn away*** **1** …を焼き払う ▪ The village *was burned away* by the enemy. その村は敵に焼き払われた.

2(いぼなど)を焼いて取り除く ▪ The plastic surgeon uses chemicals that literally *burn* the wart *away*. その形成外科医はいぼを文字通り焼いて取り除く化学薬品を用いる.

3(皮膚など)を焼けただれさせる ▪ Most of the skin on his back *was burnt away* in the fire. その火災で彼の背中の皮膚が大部分焼けただれた.

— 自 **4** 燃えて少なくなる, 燃えつきる ▪ The candle *burnt away*. ろうそくは燃えつきた.

5 どんどん燃え(続け)る ▪ The fire was *burning away*. 火はどんどん燃えていた.

6(皮膚などが)焼けただれる ▪ My skin *burned away* leaving a raw patch about 3"×2" on my thigh. 皮膚が焼けただれて腿(もも)に約3インチ×2インチの大きさの赤ムケが残った.

burn down 他 **1** …をすっかり燃やしてしまう, 全焼させる ▪ Before the firemen arrived, both houses *were burnt down*. 消防団が到着しないうちに, 家は2軒とも全焼した.

— 自 **2** 全焼する, 燃えつきる, 焼け落ちる ▪ The house *burnt down*. その家は焼けてしまった ▪ The fire has *burnt down* to a spark. 火は燃えつきて燃えさしだけになった.

3 下火になる, 火勢が衰える ▪ The fire in the grate gradually *burnt down*. 火格子の火が次第に下火になった.

burn for 他 〘主に進行形で〙…を熱望する ▪ The singer *was burning for* a chance to be cheered. その歌手は喝采される機会を熱望していた.

burn in 他 **1**(陶器の絵などを)焼いて消えないようにする ▪ They *are burnt in* on the surface of the ware. それらは陶器の表面に焼きつけられている.

2(印象など)を(心)に強く焼きつける ▪ The memory of the air raid *is burned in* my mind. 空襲の記憶が心に強く焼きついている.

3(コンピューターなど)を(引き渡し前に)ならし運転する ▪ Please *burn in* this computer for a couple of hours before you deliver it. このコンピューターを2, 3時間ならし運転してから配送してくれ.

burn into 自 …に焼きつく, 腐食する ▪ The scenes of the last hours *burnt into* his soul. 最後の数時間の場面は彼の心に染みこんだ.

burn A into B 他 AをBに焼きつける ▪ The day *is burnt into* my memory. その日は私の記憶に焼きつけられている ▪ The mark *was burnt into* the animal's skin. 焼印がその動物の皮に焼きつけられた.

burn off 他 **1**(茂みなど)を焼き払う ▪ They *burned off* part of the field to prepare it for another planting. 彼らはもう一度種まきするために畑の一部を焼き払った.

2(しみなど)を消散させる, 焼いて取り除く ▪ He used the blowlamp to *burn off* the paint. ブローランプでペンキを焼き消した ▪ The sun will soon *burn off* the morning fog. 陽がまもなく朝霧を消散させるだろう.

3(カロリー・エネルギーなど)を消費する ▪ Swimming can help you *burn off* unwanted calories. 水泳は不要なカロリーを消費する助けになる.

— 自 **4**《米口》晴れあがる, (太陽が出て)霧が晴れる ▪ The fog will *burn off* before noon. 霧は正午前に晴れるだろう.

5 燃え尽きる ▪ The wood *burned off* and left only ashes. 薪(まき)は燃え尽きたあとに灰が残るだけとなった.

burn out **1**(火・ランプなどが)燃えつきる, 燃え切る ▪ Do not let the fire *burn out*. 火を燃え切らすな ▪ This light bulb has *burned out*. この電球は切れた.

2(怒り・熱意などが)冷める, 薄れる ▪ His love for his wife had *burnt out* years ago. 彼の妻への愛は何年も前に冷めてしまっていた.

3(エンジンなどが)オーバーヒートする ▪ Be careful that the motor doesn't *burn out*. モーターがオーバーヒートしないように気をつけよ.

— 自 **4**〘口〙(過労・ストレス・不摂生などで)疲れはてる[はてさせる] ▪ Some players *burn out* before 30. 選手の中には30才前に疲れはてるものがいる ▪ All this work has really *burned* me *out*. この一切の仕事で不本当に疲れはてた.

— 他 **5** …を焼き尽くす ▪ Flames *burned out* the houses. 火炎が家々を焼き尽くした.

6 …を電流で溶かす; (電気器具)を焼き切る ▪ These bulbs *are burned out*. これらの真空管は焼け切れている.

7〘主に受身で〙火(事)で…を追い出す ▪ We'll *burn*

the rats *out*. ネズミを火で追い出してやろう ▪ Thousands of people *were burned out*. 何千という人々が焼け出された.

burn...out of 他 暑さなどが[焼いて]…を追い出す ▪ I *was burnt out of* my bed before seven. 暑いで7時前に起床した ▪ The fox *was burnt out of* the hole. キツネは穴から焼き出された.

burn through 他 **1** 焼いて穴を…に開ける ▪ The sparks hit my sweater and *burned* a hole *through* the sleeve. 火の粉がセーターに飛び散って袖に穴を開けた.

2(火などが)…に達[浸透]する ▪ The flames were *burning through* the ceiling. 火の手が天井まで達しつつあった.

3 …を使いつくす ▪ I *burned through* all my money in one evening. 一晩で持ち金を使いつくした.

burn to 他 (…に)こげつく ▪ Take care the sugar does not *burn to*. 砂糖がこげつかないように注意しなさい ▪ The pudding *burnt to* the pot. プディングがなべにこげついた.

burn up 他 **1**《米俗》(人)を激怒させる ▪ The theft of his car *burned up* my brother. 車を盗まれて兄は激怒した ▪ His rudeness really *burns me up*. あいつの厚かましさは全く頭にくる ▪ She got *burned up* at me for petty things. 彼女はほんの些細なことで私にひどく腹を立てた.

2 …を燃やしてしまう, 焼きつくす ▪ We *burned up* all the newspapers. 我々は新聞紙をみな燃やしてしまった ▪ His clothing *was* all *burned up*. 彼の衣服はみな焼けてしまった.

3(燃料)を余計に使う ▪ My van seems to be *burning up* too much fuel. 私のワゴン車はあまりにもたくさんの燃料を使っている.

4 …を消耗させる ▪ His anger is *burning* him *up*. 彼は怒りのため疲れ果てている.

5《米俗》(人)を穴のあくほど見る ▪ He *burned* me *up*. 彼は私を穴のあくほど見た.

6《米口》(人)をしかる ▪ The boss *burned* him *up* for coming late. 社長は遅刻したので彼をしかった.

7 …を簡単にやっつける, に容易に勝つ ▪ They'll *burn up* the other teams. 彼らは他のチームを簡単にやっつけるだろう.

— 自 **8**(火が)燃えつきる ▪ Do not go before the fire has *burnt up*. 火が燃えつきないうちに去ってはいけません.

9〔主に進行形で〕(人が)発熱する ▪ She's *burning up*—she needs a doctor. 彼女は高熱を出している. 医者に見せる必要がある.

10 ぱっと燃えあがる ▪ Put some wood on the fire and make it *burn up*. 火にたきぎをくべてぱっと燃えあがらせよ.

11 (家などが)全焼する (= BURN down 2) ▪ The house *burned up* in a few hours. 家は数時間で全焼した.

burn with 自《文》…で燃える ▪ She *burned with* longing for her absent lover. 彼女は不在の恋人を恋いこがれた.

burrow /bə́:rou|bʌ́rəu/ ***burrow for*** 他 …を探す ▪ He *burrowed* in the library *for* a book. 彼は図書館で本を探した.

burrow in 自 …を探す, 探る ▪ She *burrowed in* her pocket and found a few coins. 彼女はポケットの中を探し, 数枚のコインを見つけた.

burrow into 自 **1** …を突っ込んで調査する ▪ I *burrowed into* archives. 私は古文書を深く調べた.

2(研究などに)没頭する ▪ He was *burrowing into* reference books. 彼は参考書に没頭していた.

burst /bə́:rst/ ***burst away*** 自 **1** 破裂する, 爆破する ▪ One place *burst away*. 一つの導管が破裂した.

2《詩》急に逃げ去る ▪ The Queen *burst away* to weep. 女王は急に立ち去って涙を流した.

burst forth 自 **1** 突然現れる ▪ The sun *burst forth* in all its glory. 太陽が急に出て爛然と輝いた.

2(流行病・火災などが)突発する ▪ The first European cholera epidemic *burst forth* in 1830. ヨーロッパでの最初のコレラの流行は1830年に突発した ▪ The fire *burst forth* about ten o'clock at night. 火災は夜10時に発生した.

3(怒り・叫び声などが)どっと起こる ▪ A cry of horror *burst forth* from the crowd. 恐怖の叫び声が群衆からどっと起こった.

4(花などが)ぱっと咲く ▪ White blossoms *burst forth* to perfume the air and delight the eye. 白い花がぱっと咲いて大気を香りで満たし, 目を楽しませた.

5 突然, …をやりだす (*into*) ▪ The crowd *burst forth into* loud cheering at the feat. 群衆はその離れ業に突然大喝采を始めた.

6(やぶなどから)飛び出す, 噴き出する ▪ His blood *burst forth*. 彼の血がほとばしり出た.

burst in 自他 **1**(ドアなどが)内側に激しく開く; (ドアなど)を内側へ破る ▪ *Burst* the door *in*. ドアを内側へ破れ ▪ The door *burst in*. ドアが内側に激しく開いた.

— 自 **2** 急に入る, 乱入する (*on, upon*) ▪ The children *burst in*. 子供たちが急に入ってきた ▪ The ruffians *burst in upon* us. 悪漢どもが我々の所へ乱入してきた.

3 急におじゃまする (*on, upon*) ▪ Sorry to *burst in on* you like this. こんなに急におじゃましてすみません.

4 急に口をはさむ ▪ "But I didn't know," Mary *burst in*. 「でも私は知らなかったの」とメアリーは急に口をはさんだ.

burst...in 他 (物)をこわして入る ▪ We must *burst* the door *in*. 我々はドアをこわして入らねばならない.

burst into 自 **1**(部屋などに)乱入する, 急に飛び込む ▪ He *burst into* the conference room. 彼は会議室に飛び込んだ.

2 突然…しだす ▪ Helen *burst into* tears [anger, laughter, speech]. ヘレンは突然泣き[怒り, 笑い, しゃべり]だした ▪ The horse *burst into* a gallop. 馬はにわかに疾駆しだした ▪ The dry sticks instantly *burst into* flames. 乾いた木片がたちまちぱっと燃え上

burst on [***upon***] 自 **1**(事件・景色などが)…に急に現れる ・A shriek *burst on* our ears. 悲鳴が急に聞こえてきた.
2(真相などが)…に急にわかってくる ・The truth suddenly *burst upon* him. 真相が急に彼にわかってきた.
3…を急に襲う ・They *burst upon* the enemy's country. 彼らは敵国を急襲した.

burst out 自 **1**飛び出す; 突然現れる; (ことが)突発する ・Saying so, she *burst out* of doors. そう言って彼女は戸外へ飛び出した ・A revolution *burst out* in Egypt. エジプトに革命がぼっ発した.
2突然…と言い出す, 叫ぶ ・The girl *burst out*, "I hate you!" 女の子が突然叫んだ.「あんたなんかだーい嫌い!」

burst out *doing* 自 突然…しだす (= BUST out doing) ・She *burst out laughing* [*crying*]. 彼女は急に笑い[泣き]だした.

burst out of 自 **1**大きくなって[太って]…が着られなくなる ・All the children were *bursting out of* their uniforms. 子供らはみな大きくなって制服が着られなくなっていた.
2…からどっと出てくる ・A crowd *burst out of* the yard. 群衆が中庭からどっと出てきた.

burst through 自 破って出る, を破って通る, 押し分けて進む ・The sun *burst through*. 太陽が(雲を破って)出てきた ・He was *bursting* desperately *through* the crowd. 彼は必死に群衆を押し分けて進んでいた.

burst *A* ***through*** *B* 他 **1**Bを押し分けてAを通る ・I *burst* my way *through* the crowd. 私は人込みを押し分けて進んだ.
2Bを突き破ってA(穴など)をあける ・He *burst* a hole *through* the wall. 彼は壁に穴をぶちあけた.

burst up 自 **1**破裂する, 爆発する ・The boiler may *burst up* if you superheat it so much. そんなに過熱するとボイラーが破裂するかもしれない.
2勢いよく駆けあがる ・My father *burst up* from the cabin. 父は船室から勢いよく駆けあがった.

burst with 他 〔主に進行形で〕…に満ちている ・She is *bursting with* health. 彼女は健康ではち切れそうだ.

bury /béri/ ***bury away*** 他 …を(見つけにくい所に)しまい込む ・He kept those old papers *buried away* in his attic. 彼はそういう古い文書を屋根裏にしまい込んでいた.

bush /boʃ/ ***bush out*** 他 《米》氷上に小さい常緑樹を置いて(道)を示す ・They *bushed out* a safe way across the frozen lake. 彼らは凍結湖上に常緑樹を置いて安全な道を示した.

bust /bʌst/ ***bust out*** 自他 **1**(特に監獄から)脱走する[させる](*of*, *from*) ・Two fugitives *busted out of* prison in Oklahoma. 逃亡者が二人オクラホマの監獄から脱走した ・His friends *busted* him *out of* jail. 彼の友だちが彼を刑務所から脱出させた.
2…をひどく非難する ・The boss really *bust me out* when I told him I couldn't meet the deadline. 期限に間に合わないとボスに言うと, こっぴどくなじられた.
— 自 **3**(草・花が一斉に)発芽[開花]する ・Flowers are *busting out* everywhere. 花がいたるところで開花している.

bust out *doing* 自 (突然)…し始める (= BURST out doing) ・Paula *bust out laughing* at his joke. ポーラは彼の冗談を聞いてぶっと吹き出した.

bust up 自 **1**(結婚が)破綻する ・I hear they are *busting up* for good. 彼らはきっぱりと別れることにしたそうだ ・Their marriage *busted up* after 72 days. 二人の結婚生活は72日で破局を迎えた.
2《英口》協力をやめる, けんか別れする ・We did the right thing in *busting up*. 我々がけんか別れしたのは正しかった.
3《俗》破産する, つぶれる ・He would not *bust up*. 彼は破産しないだろう ・Finally the company *bust up* because funds dried up. ついにその会社は資金が枯渇して破産した.
4《米口》(会などが)解散する, 閉会する ・They adopted a joint statement and the meeting *busted up*. 彼らは共同声明を採択し会はお開きとなった.
— 他 **5**《米口》…を破壊する, ぶっこわす ・The previous owners had *busted up* the toilets. 前の持ち主がトイレをぶっこわしていた.
6《米》…を小さい会社に分ける (*into*) ・He *busted up* the company *into* its different operating units. 彼はその会社を別々の営業部門に分割した.
7(活動など)を中断する ・Customs officers have *bust up* a gun smuggling operation. 税関役人は銃密輸作戦を食い止めた.
8(結婚)を破綻させる, 別れさせる ・His drinking habit *busted up* their marriage. 彼の酒癖が悪かったので二人は別れた.

bustle /bʌ́səl/ ***bustle about*** [***around***] 自 奔走する, 盛んに働く ・The workmen were *bustling about* to get the mess removed. 労働者たちはあと始末にせわしく立ち回っていた.

bustle off 自 **1**急いで出発する ・Well, I have to *bustle off* or I'll miss my flight. さあ, 急いで出ないと飛行機に乗り遅れちゃう.
— 他 **2**…をせき立てる ・Jim *bustled* the kids *off* to school. ジムは子供たちをせかして学校へ行かせた.
3…を追い払う ・The cops *bustled off* the two men who were fighting. 警官はけんかをしている二人の男を追い払った.

bustle up 自 せっせと働く, 急ぐ ・The waiter *bustled up*, full of apologies. ウェイターは盛んに断りを言いながらかいがいしく働いた.

bustle with 自 …で賑わう ・That restaurant *bustles with* activity at noon every day. あのレストランは毎日正午には大賑わいだ.

butt /bʌt/ ***butt against*** 自 …に出会う ・Fancy *butting against* you! 君に出会うなんて(意外だ).

butt in [***into***] 自 《口》(…に)干渉する, 口ばしを入れる, でしゃばる ・Why do you keep *butting in*? な

ぜ君は口をはさんでばかりいるのか ▪Don't *butt into* other people's business. 他人のことに干渉するな.

butt out 📘 **1**《米》(談話などに)口を出さない; おせっかいをやめる ▪It's my problem, so *butt out*! これは私の問題だ, だから口を出さないでくれ ▪Please *butt out* of this. この話には口を出さないでください.
2 急に出て行く ▪*Butt out*! Leave me alone! とっとと失せろ! おれのことは放っといてくれ!

butt up 📘📗 (端と端が[を])接合[隣接]する[させる] (*to, against*) ▪His house *butts up* to his store. 彼の家と店とは隣接している ▪*Butt up* the edges of the tiles closely *to* neighboring tiles. タイルの縁を隣のタイルにぴったりと接合しなさい.

butter /bʌ́tər/ ***butter up*** 📗《口》(人)におべっかを言う, おだてる ▪*Butter* him *up* at first. 初めは彼を持ちあげなさい ▪I felt quite *buttered up*. 私はすっかり得意になった.

butter up to 📘《口》おべっかで...に近づこうとする ▪Don't try to *butter up to* me. おべっかで僕に近づこうとするな.

button /bʌ́tən/ ***button down*** 📗 **1**...にボタンをかける[留める] ▪*Button* your collar *down*. You look too casually dressed. えりのボタンを留めなさい. あまりにもくだけた服装に見えるから.
2《俗》(事実)をはっきりさせる, 確かめる ▪First let's get the facts *buttoned down*, then we can plan ahead. まず事実をはっきりさせ, それから計画を進めよう.

button in [***into***] 📗 ボタンをかけて...を(ポケットなどに)しまいこむ ▪I *buttoned* the bank notes *into* my pocket. 私はボタンをかけて紙幣をポケットにしまいこんだ.

button through 📘 (ドレス・スカートが)上から下までボタンで留めるようになっている ▪The dress *buttons through* with small brown buttons. そのドレスは小さな茶色のボタンで上から下までボタンで留めるようになっている.

button up 📘📗 **1** きちんと[全部]ボタンをかける ▪He had to *button up* against a shower. 彼は夕立に備えて, 服のボタンをきちんとかけねばならなかった ▪He *was buttoned up* to the chin. ボタンをあごの所まで全部かけている《つめえり服を着ている》 ▪When you go out, you must *button up* your coat. 外出するときはコートのボタンをきちんとかけなさい.
— 📗 **2**《口》[主に受身で]...を仕上げる, に結末をつける, の結論を出す ▪When will it all *be buttoned up*? それがすっかり結末がつくのはいつか.
3(口・財布)を堅く閉める ▪He *buttoned up* his mouth. 彼は口を堅く閉ざして語らなかった ▪*Button up*, will you? 話をやめないか.
4...を堅く閉じこめる ▪He *was buttoned up* in the strictest nonconformity. 彼は最もきびしい非国教主義に閉じこもっていた.
5(約束など)を実施する ▪They *buttoned up* the agreement. 彼らはその協定を実施した.

buttress /bʌ́trəs/ ***buttress up*** 📗 **1**...を強化する ▪They have to *buttress up* the old church. 彼らは古い教会に補強工事をせねばならない ▪We *buttressed* the crumbling walls *up* with timbers. 崩れかけた壁を木材で補強した.
2...をささえる, 支持する ▪They *buttressed up* the argument. 彼らはその議論を支持した.

buy /baɪ/ ***buy back*** 📗 ...を買い戻す ▪I couldn't *buy* the house *back*. その家を買い戻すことができなかった.

buy in 📗 **1**...を仕入れる, 買いこむ (↔SELL out 1) ▪We'd better *buy in* as much as we can. 我々はできるだけたくさん仕入れたほうがよい.
2(競売で付け値が安いので)...を付け値より高く買い戻す, 自己落札する ▪*Buy in* the furniture if the auction bidding isn't high enough. 競売の付け値が不足だったら, その家具を付け値より高く買い戻しなさい.
3《俗》買い物に一口乗る, 金を出して...に入会[加入]する, の株主になる ▪It sounded like a good company, so he decided to *buy in*. よい会社のようだから彼は一口出資することにした.

buy into 📗 **1**《俗》(株を買いこんで商社)の株主になる, (公債・株)を買いこむ ▪He *bought into* a public stock. 彼は公債を買いこんだ.
2...を受け入れる, 信じる ▪I don't *buy into* the myth that money is the answer to everything. 私はお金がすべての答えであるという神話を信じない.
3 金で(会員の地位など)を得る ▪I'd love to *buy into* this partnership, but I can't afford it. この共同経営の話に乗りたいところだが, 余裕がない.

buy off 📗 **1**...を買収する, 抱き込む ▪The gambler *bought off* the police. ギャンブラーは警察を買収した.
2 金を払って(人)を免れさせる ▪The boy had enlisted, but his parents *bought* him *off*. その少年は応募入隊したが, 両親が金を払って除隊にしてもらった.
3 金を与えて(人)を追い払う ▪We have *bought* him *off* to ensure his silence. 確実に口止めできるように彼に金をやってその場から去らせた.

buy out 📗 **1**...を買い上げる, (権利・のれん)を買い取る ▪He has *bought out* all Brown's shares in the company. 彼はその会社のブラウンの持株全部を買い取った.
2 金で義務を逃れる; 請け出す; ...を除隊させる ▪They paid money to *buy out* the execution. 彼らは処刑を逃れるために金を払った.
3 金を払って手を引かせる ▪The landlords *were bought out*. 地主たちは買収された.

buy out of 📗《英豪》金を払って契約期間よりも早く除隊させる ▪Lucas was a soldier until he *bought* himself *out of* the army for ₤450. ルーカスは450ポンド払って契約期間よりも早く除隊するまでは軍人だった.

buy over 📗 ...を買収する, 賄賂で抱きこむ ▪See if we can *buy* him *over* to do it. 彼を買収してそれをさせることができるかどうか当たってくれ.

buy round 📗《口》製造会社から直接仕入れる ▪*Buy round* from the best stores in this city. この町一番の店から直接仕入れなさい.

buy up 📗 ...を買い占める, (会社など)を買い取る

・He *bought up* all the goods [the whole shop]. 彼は商品全部を買い占めた[その店をそっくり買い取った].

buzz /bʌz/ ***buzz along*** 🔵 急いで運転する ・The cars were *buzzing along* at a great rate. 車が何台も高速でびゅんびゅん飛ばしていた.

buzz around [***round***,《英》***about***] 🔵 **1** ブンブンという音を立てながら動き回る ・There were insects *buzzing about* a lamp post. 虫がブンブン羽音を立てながら街灯柱のまわりを飛びまわっていた. **2** せわしく動き回る ・Cars *buzzed about* again. 車がまたせわしく動き回った ・Jane *buzzed around* serving drinks and chatting to her guests. ジェインはせわしく動き回ってお客に飲み物を配ったり話しかけたりした. **3** あれこれ考えが頭を駆け巡る ・With all these questions *buzzing around* in my head, I couldn't sleep. これらの疑問が頭の中を駆け巡って, 私は眠れなかった.

buzz down 🔴 《口》バリカンで(人)の髪を刈る ・I asked the barber to *buzz* me *down* to zero. 私は理髪師にバリカンで髪の毛を短く刈るよう頼んだ.

buzz for 🔴 …をブザーで呼ぶ ・Please *buzz for* the bell captain. ブザーでボーイ長を呼んでください.

buzz into [***in***] 🔵 **1** 急いで…の中に入る, に飛び込む ・The child *buzzed into* the shop and bought a dollar's worth of candy. その子は店に飛び込んでキャンディーを1ドル分買った.
— 🔴 **2** 電子ロックを解除して…を中に入れてやる ・My secretary will *buzz* you *in*. 秘書が電子ロックを解除して中へご案内します.

buzz off 🔵 **1** 《俗》急いで去る ・*Buzz off*, or James'll see you. 早く逃げろ, でないとジェイムズに見つかるぞ. **2** 電話を切る ・Well, I'll *buzz off*! では電話を切るよ.

buzz on 🔵 不満を言う, 非難する ・Mom *buzzed on* when I spilled some coffee on the table. 私が食卓にコーヒーを少しこぼすと, 母が小言を言った.

buzz with 🔵 (場所が)…でざわつく[ごったがえす] ・The atmosphere *buzzed with* excitement. その雰囲気は興奮でざわめいていた.

C

cadge /kædʒ/ *cadge A from [off] B* 他 《英口》B(人)にせがんで[たかって]A(物など)をもらう[手に入れる], BからAをせしめる ▪ I originally *cadged* this recipe *from* my ex-husband. このレシピはもともとは前夫に頼み込んで私のものにしたのよ ▪ Shakespeare freely *cadged* his plots *from* historical chronicles. シェイクスピアはプロットを歴史年代記から自由に使った ▪ Can I *cadge* a cig *off* you? 葉巻を1本かっていいかい?

cage /keɪdʒ/ *cage in* 他 …をかご[おり, 牢]に入れる ▪ This animal should *be caged in*. この動物はおりに入れておくべきだ.

cage up 他 …をかご[おり, 牢]に入れておく ▪ The lions at the Zoo *are* all *caged up*. 動物園のライオンはみなおりに入れしある.

cajole /kədʒóʊl/ *cajole a person into* 他 人をおだてて…させる ▪ She *cajoled* him *into* matrimony. 彼女は彼をおだてて結婚させた.

cajole a person out of 他 甘言で人に…をやめさせる, 捨てさせる ▪ The populace are not to *be cajoled out of* a ghost story. 大衆はいくらおだてても幽霊談をやめはしない ▪ She *cajoled* him *out of* leaving her. 彼女は甘言で彼が別れるというのを思いとどまらせた.

cajole a thing out of 他 物を甘言で(人)から取る ▪ He *cajoled* a knife *out of* the boy. 彼は甘言でその少年からナイフを取りあげた.

calculate /kǽlkjəlèɪt/ *calculate for* 自 他 1 = CALCULATE on 1.
2 = CALCULATE on 3.

calculate in [into] 他 …を計算に入れる ▪ Remember to *calculate* delivery costs *into* the equation. 配達料を計算式に含めることを覚えておきなさい.

calculate on [upon] 自 他 1 〖主に否定文・疑問文で〗…を当てにする, 予期する ▪ You had better not *calculate on* his assistance. 彼の援助は当てにしないほうがよい ▪ We cannot *calculate on* having fine weather. 好天気を期待することはできない ▪ His presence *was calculated on* by all as a matter of course. 彼の出席は全員に当然視されていた.
2 《米口》…するつもりである ▪ I *calculate on* making an early start tomorrow. 明日は早く出発するつもりだ.
3 …の準備をする ▪ We'd better *calculate on* a large crowd. 我々は大勢の人々の受入れ準備をしたほうがよい.

call /kɔːl/ *call after* 他 …を呼びながら追っかける, の後ろから声をかける[呼び止める] ▪ We *called after* him down the street. 彼を呼びながら通りを下った ▪ I heard myself *called after* by several of the king's footmen. 私は自分の名前が王の従僕の何人かに呼ばれるのを聞いた.

call A after B 他 AをBの名をとって呼ぶ[名づける] ▪ The Japanese cruisers *were called after* mountains and rivers. 日本の巡洋艦は山や川の名をとって名づけられた ▪ He *is called* Thomas *after* his uncle. 彼はおじの名をとってトマスと呼ばれる.

call around 自 1《米》(情報を得るために)あちこちに電話をかける (*about, to*) ▪ Randy *called around about* her for days. ランディーは何日も彼女のことで電話をかけまくった ▪ We *called around to* all the hospitals and located him. 我々はすべての病院に電話をして彼の所在をつきとめた.
— 他 2 …を家に招待する ▪ I've been trying to *call* you *around* for dinner, but you never seem to be home! 君を夕食に招待しようとしてたんだが, 君はいつも家にいないみたいだね.

call at 自 他 1 (用のため場所)に立ち寄る; (家)を訪ねる ▪ The postal carrier *called at* my house this morning. 郵便配達人が今朝私の家に来た ▪ I *called at* Brown's last night. 昨夜ブラウン氏の家を訪ねた.
2 (列車などが)…に停車する, (船が)…に寄港する ▪ Trains will *call at* the station when required. 列車は必要なときはその駅に停車する ▪ This ship *calls at* Gibraltar. この船はジブラルタルに寄港する.

call away 他 1〖主に受身で〗…をよそへ呼ぶ, 呼び出す, 召集する ▪ The doctor *was called away* to an accident. 医師はある事故の現場へ呼ばれて行った ▪ War *called* him *away* from Australia on active service. 戦争が起こって彼は従軍のためオーストラリアから召集された.
2 (気)を散じる, まぎらす ▪ The passions *called away* the thoughts. 激情でその思いをまぎらした.
3 …をどんどん呼ぶ ▪ Go on! *Call away*. I will not come. さあ, どんどん呼びたまえ. (いくら呼んでも)私は行かないよ.

call back 他 1《米》…にまたあとで電話する ▪ I'll *call* you *back* in an hour. 1時間してまた電話します ▪ I *called* her *back*, but there was no answer. 彼女に電話をかけ直したが出なかった.
2 (人)を呼び戻す; (物)を持ち帰る, 取り返す ▪ The mother *called* the child *back*. 母親はその子を呼び戻した ▪ Wine may *call back* the vital powers. ワインを飲めば活力を取り返すかもしれない.
3 …を思い出させる; を思い出す ▪ The sight of my native place *calls back* my childhood. 私は故郷を見ると, 幼年時代を思い出す ▪ We will *call back* this day. この日を思い出すだろう.
4 …を取り消す, 撤回する ▪ He will not *call back* his words. 彼は前言を取り消さないだろう.

— 圓 **5** 再び電話する ▪ The man *called back* later and got Auble's phone number. その男はあとで電話をかけなおして、オーブルの電話番号を聞いた.

6 再訪する ▪ He *called back* and met embassy officials later that day. 彼はその日後ほどまたやってきて、大使館員と会った.

7 先祖返りをする ▪ The offspring are said to *call back* to their grandparents. 子孫は祖父母まで返ると言われる.

call by 圓 他 (...に)立ち寄る ▪ He *called by* for Mary. 彼はメアリーを誘いに立ち寄った.

call down 圓 **1** 下へ声をかける ▪ He *called down* the stairs. 彼は階段の下へ声をかけた ▪ I *called down* from the balcony. 二階桟敷(さじき)席から下へ声をかけた.

— 他 **2** (英)(天罰・天恵など)を下したまえと祈る(*on*) ▪ They *call down* Heaven's blessing *on* his head. 彼らは天の恵みが彼の上に下るようにと祈る.

3 ...に階下へ降りよと言う ▪ *Call* Mary *down*. She'll be late for school. メアリーに降りてくるように言いなさい. 学校に遅れるから.

4 (米口) ...をしかる, を責める ▪ He *called* me *down* for talking too much. 彼は私がしゃべりすぎたのでしかった.

5 (災いなど)を招く ▪ His wickedness *called down* Divine wrath. 彼の非道は神の怒りを招いた.

6 (米) ...を悪く言う ▪ The newspaper *called down* his new book. 新聞は彼の新著をこきおろした.

7 ...に戦いをいどむ ▪ He *called down* Tom for being rude to his wife. 彼は妻に無礼であったことでトムに決闘を申し込んだ.

8 (軍) (特に空から攻撃)を命じる ▪ The general *called down* heavy bombing on the enemy positions. 将軍は敵の陣地に猛爆撃を命じた.

call for 他 **1** ...を声をあげて呼ぶ ▪ The child is *calling for* mama. その子はママを呼んでいる.

2 ...を必要とする ▪ The occasion *calls for* quick action. 事態は敏速な行動を必要とする.

3 ...を要求する ▪ They *called for* an increase in salary. 彼らは俸給をあげることを要求した.

4 (物)を取りに立ち寄る, (人)を(誘いに, 迎えに)立ち寄る ▪ When will you *call for* the article? その品をいつ取りに来られますか ▪ To be left till *called for*. 留め置き (郵便物) ▪ Please *call for* me on your way to the theater. 劇場へ行く途中で私を誘ってください ▪ I will *call for* you by three. 3時までにお迎えにあがります.

5 (米)(天気など)を予測する ▪ The forecast *called for* rainy conditions all afternoon. 予報では午後はずっと雨だった.

6 (声をあげて)...を求める, くれと言う ▪ He *called for* a rescue. 彼は助けを求めた ▪ He *called for* a glass of beer. 彼はビールを1杯くれと言った.

7 (弁士・俳優など)を喝采のために呼び出す ▪ The audience *called for* the actor. 観衆は俳優を喝采のためステージに呼び出した.

call forth **1** ...を呼び出す ▪ *Call forth* our actors by this roll. この名簿で俳優たちを呼び出せ.

2 ...を引き出す, 現出させる, (勇気・精力)を奮い起こす, 出させる ▪ April showers *call forth* May flowers. 4月のにわか雨は5月の花を咲かせる ▪ The article *called forth* a host of rejoinders. その記事は多数の応答を呼んだ ▪ He will *call forth* all his energy. 彼は全精力を出すだろう.

call forward 他 ...を前へ呼び出す ▪ He *was called forward* to receive the cup. 彼は前へ呼び出されてカップを受け取った.

call home (方) ...の結婚に異議の有無を教会で問う ▪ You *were called home* this morning. 今朝, あなたの結婚に異議の有無を教会で問うた.

call in **1** ちょっと立ち寄る, 寄港する (*at, on*) ▪ I happened the other day to *call in at* a celebrated coffee-house. 先日たまたま有名なコーヒー店に立ち寄った ▪ A steamer *called in at* the port. 汽船がその港に立ち寄った ▪ Will Neena *call in on* Darfur on the way back? ニーナは帰路ダルフールに立ち寄るだろうか.

— 他 **2** ...を呼び入れる ▪ You will be the next to *be called in*. この次には君が呼び入れられるだろう.

3 ...を招く; (援助・助言)を求める; (医師)を呼ぶ ▪ He *called in* his friends to drink the health of his new-born son. 彼は新しく生まれた息子の健康を祝うため友だちを招いた ▪ China *called in* the aid of Russia. 中国はロシアの助けを求めた ▪ *Call in* a doctor at once. すぐ医者を呼べ.

4 ...の支払いを要求する ▪ Seven pounds per share *was called in*. 1株につき7ポンドの支払いが要求された.

5 (会社など)に電話する ▪ The director has just *called in* to say that he'll be late. 所長は遅くなると電話で事務所へ言ってきた.

6 ...を(外・前進地・流布などから)引っこめる, 回収する ▪ Gold coins have *been called in* by the government. 金貨は政府によって回収された ▪ The librarian has *called in* all the books. 司書はすべての本を回収した ▪ The Russians are willing to *call in* their outposts. ロシア軍は喜んでその前進基地を撤収するつもりだ.

call into 圓 他 ...にちょっと寄る ▪ Will you *call into* the bank on your way home? 帰りにちょっと銀行に寄ってくれませんか.

call off 圓 他 **1** (口) 計画を取りやめる; 約束を取り消す; 放棄する ▪ We were going to give a dance, but decided to *call it off*. 我々はダンスパーティーを催すつもりだったが, 取りやめることに決めた ▪ She *called off* her engagement. 彼女は婚約を取り消した.

2 呼んで去らせる, 仕事をやめさせる; やめと言う, やめの号令をかける[合図をする] ▪ In mid chase he *called off* his hound. 狩猟の最中に彼は犬を呼んで追跡をやめさせた ▪ When the murderer was discovered dead, the police *were called off*. 殺人犯が死んでいるのが発見されたとき, 警察は捜索の停止を命じられた ▪ He *called off* the strike. 彼はストライキの停止を

3 次々に読みあげる，数える ▪ It is no easy matter to *call off* the stars. 星をいちいち数えあげるのは決して易しいことではない ▪ He *called off* the names of the participants. 彼は参加者の名前を読みあげた.

4 …から心をそらす (*from*) ▪ The radio *called off* my mind *from* my studies. ラジオは私の心を勉強からそらした ▪ The appearance of the servants *called off* our attention. 使用人たちが現れたので我々の注意はその方へそれた.

5《米》(カドリルなどで)ダンスのフィギュアを発表する ▪ Would you mind *calling off*? あなたがダンスのフィギュアを言ってくださいませんか.

— 自 **6** (仕事・契約から)手を引く ▪ Why are you *calling off* now? なぜ今になって手を引くのか.

call on [upon] 他 **1** (人)を訪問する ▪ He *called on* me in Wales. 彼はウェールズに私を訪ねた.

2 (援助など)を求める, 頼む ▪ I *called upon* your aid. 私はあなたの助けを呼び求めた.

3 (依頼のため)…に呼びかける, (名を呼んで生徒)に当てる; (死者・不在者)に呼びかける ▪ He began to *call on* the two knights. 彼は二人の騎士に呼びかけ始めた ▪ The teacher *called on* Bob, but he could not answer correctly. 先生はボブに当てたが, ボブは正しい答えができなかった.

4 (感情など)を呼び起こす ▪ I had to *call on* all my strength to stand the strain. その負担に耐えるため全力を呼び起こさねばならなかった ▪ Ray *called on* all his senses and kept calm. レイは彼の良識のすべてを総動員して冷静さを保った.

5 (神など)を呼んで祈る ▪ Then men began to *call upon* the name of the Lord. それから人々は主のみ名を唱えて祈るようになった ▪ One night he *called on* death. ある夜彼は死を念じた.

6 (馬)を励ます ▪ I *called on* the gallant horse for a final effort. その勇敢な馬に最後の努力をせよと励ました.

— 自 **7** (猟犬が)獲物を見つけて呼ぶ ▪ We heard the hound *call on* merrily. その犬が獲物を見つけて元気にほえるのを聞いた.

call out 自他 **1** (…を)大声で言う[叫ぶ, 求める] ▪ He *called out* the name of the winner. 彼は優勝者の名を大声で言った ▪ In his pain he *called out* loudly. 彼は苦痛のあまり大声でわめいた ▪ "Good morning," he *called out* to me. 「おはよう」と彼は私に大声で言った ▪ They *called out* for food. 彼らは大声で食べ物を求めた.

— 他 **2**〘しばしば受身で〙…を呼び出す, 召集する, 駆り出す, 出動させる ▪ The fire brigade *was called out* three times last night. 消防隊は昨夜は3回も駆り出された ▪ The militia *was called out*. 市民軍が召集された.

3《米》(労働者)にストライキをさせる[指令する] ▪ The members of the organization *were called out*. その組合の組合員はストライキを指令された.

4 …を誘い出す, 引き出す, 発揮させる, 呼び起こす ▪ Self-reliance will *call out* one's energies. 自立は人の活力を呼び起こす ▪ The task will *call out* his new abilities. その仕事は彼の新たな能力を発揮させるだろう.

5 …に戦いをいどむ, (特に決闘)を申し込む ▪ The cook *called out* an Englishman. そのコックはあるイギリス人に決闘を申し込んだ.

6 …に…するよう命じる (*to do*) ▪ Soldiers *were called out to* restore peace and order. 兵士たちは平和と秩序を回復するよう命じられた.

7《米口》(謝肉祭のダンスパーティーで仮装して)女性をダンスに誘う ▪ She waits for him to *call* her *out* and dance with her. 彼女は彼がダンスに誘っていっしょに踊ってくれるのを待っている.

8《米》喝采するため(俳優)を呼び出す ▪ The actor *was called out*. 俳優は呼び出されて喝采を受けた.

call out for 自他 **1**《米》…の出前を頼む ▪ I've *called out for* a pizza tonight. 今晩はピザの出前を頼んだ.

2 人に…を叫び求める ▪ I *called out* to him *for* help. 私は彼に助けを叫び求めた.

call over 1 …を呼び寄せる ▪ I saw him standing there and *called* him *over*. 私は彼がそこに立っているのを見て呼び寄せた.

2 (名簿など)を読みあげる, 点呼する ▪ A gentleman *called over* the names of the jury. 紳士が陪審団員の名前を読みあげた ▪ The teacher *called over* the boys of the class. 先生はクラスの男子生徒を点呼した.

3 = CALL round.

call round 他《英口》(家)を訪問する (*at*) ▪ I'll *call round at* Smith's tomorrow. あすスミス宅を訪問します.

call together 他 …を召集する ▪ The chief *called together* the clansmen. 族長は一族を集めた.

call up 他 **1** (階)上に声をかける ▪ He *called up* to the people on the roof. 彼は屋根の上の人たちに声をかけた.

— 他 **2** …に電話をかける; を電話に呼び出す ▪ I forgot to *call up* Mr. Jones (on the phone). 私はジョーンズさんに電話をかけるのを忘れた ▪ *Call up* 402. 402番を呼び出してください.

3 (下界から)…を呼び出す; を(法廷・試験官の前へ)呼び出す; を(戦線・軍に)召集する; 〘電算〙を呼び出す ▪ The magician *called up* spirits from the deep. その魔術師は深海から妖精を呼び出した ▪ I *was called up* to give evidence against him. 私は彼に不利な証言をするため呼び出された ▪ He *was called up* in August, 1970. 彼は1970年8月軍に召集された ▪ The police *called up* on the computer all people with police records for arms sales. 警察は武器販売で警察記録のある全員をコンピューター上に呼び出した.

4 …を呼び起こす《比喩的にも》 ▪ I'll *call* you *up* at seven. 7時にあなたを起こしましょう ▪ I *called up* all my courage. 私はありったけの勇気を呼び起こした.

5 …を想起させる ▪ This picture *calls up* scenes

of my childhood. この絵は私の幼年時代の場面を思い出させる.

6 …を(努力して)思い起こす,心に描き出す ▪ He *called up* an image of several men from the days of Edward. 彼はエドワード王時代の数人の肖像を思い浮かべた.

7 …に立ち上がって演説するよう求める ▪ They *called* him *up*. 彼らは彼に立ち上がって演説することを求めた.

8 …を刺激する ▪ These words *called up* Bob. これらの言葉がボブを刺激した.

calm /kɑːm/ ***calm down*** 倒 **1** 静まる《比喩的にも》 ▪ The excited mass *calmed down*. 興奮していた群衆は静まった ▪ The sea will *calm down* before morning. 波は朝にならぬうちに静まるであろう.
── 他 **2** …を静める《比喩的にも》 ▪ We *calmed* him *down* by giving him some brandy. 我々はブランデーを与えて彼を落ち着かせた.

calve /kæv|kɑːv/ ***calve down*** 他 **1**《牛について》子を生ませる,繁殖させる ▪ They are generally *calved down* when two years old. 牛たちは通例2歳の時に子を生ませる.
── 自 他 **2**《牛が》子を生む ▪ Our cow *calved down* at the end of May. うちの牝牛が5月の末に子を産んだ ▪ Their cow *calved down* a female calf. 彼らの牛が雌の子牛を産んだ.

camp /kæmp/ ***camp down*** 自《米口》 **1** 野営する,しばらく落ち着く ▪ He *camped down* on the river this night. 彼は今夜は川岸に野営した.
2 座る,横になる ▪ I'll never *camp down* before her table again. 今後は絶対に彼女の食卓の前には座らない ▪ I have seen him *camp down* and snore soundly. 彼が横になって盛んにいびきをかくのを見た.

camp out 自 **1** キャンプする,野宿する ▪ We *camped out* in the woods. 我々は森でキャンプした.
2 しばらくの間住む(*with*) ▪ They had to *camp out with* Jane's parents. 彼らはジェインの両親の所にしばらく住まねばならなかった.

camp up 他《劇》(大向こうを喜ばすために)…をはかげたほど誇張して演ずる ▪ You should never *camp up* the play like that. 劇をあんなにばかに誇張して演ずべきではない.

cancel /kǽnsəl/ ***cancel out*** **1** …を棒引きにする,取り消しにする ▪ What I promised will *be canceled out*, if you fail to come. もし君が来なかったら,僕の約束したことは取り消しにするよ.
2 …を相殺(ﾂｰ)する ▪ What you are saying now *cancels out* all you have said in the past. 今君の言っていることで君が今までに言ったすべてのことが相殺される ▪ His parsimony and her generosity *cancelled* each other *out*. 彼のけちと彼女の気前のよさが相殺された.

cannon /kǽnən/ ***cannon against*** [***into, with***] 他《英》…と(斜めに)衝突する ▪ The boy with the bicycle *cannoned into* the pedestrian and knocked him down. 自転車に乗った少年が歩行者にぶつかって彼を倒した.

cannon off 自 他《玉突き》カノンになるように突く ▪ The white *cannoned off* the red onto the pink. 手球の白が赤とピンクの2つの球に続けて当たった.

cant /kænt/ ***cant over*** 自 他 転覆する; …をひっくり返す ▪ The ship *canted over* when she hit the rocks. 船は岩礁に衝突して転覆した ▪ The typhoon *canted over* our ship. その台風に遭って我々の船は転覆した.

canvass /kǽnvəs/ ***canvass for*** 他 …のために遊説[運動]をする ▪ He *canvassed* the district *for* votes. 彼は票集めのためにその地区を遊説した ▪ We *canvassed* the town *for* subscriptions. 我々は寄付金集めにその町を勧誘した.

canyon /kǽnjən/ ***canyon up*** 自 (川が)馬の通れない峡谷の底へ沈んでしまう ▪ I was following a stream which at last *canyoned up*. 川をたどって行ったが,その川はついに狭い峡谷の底へ入ってしまった.

cap /kæp/ ***cap to*** 他 **1** …に賛成する ▪ I *cap to* that. それに賛成します. ☞フランスの判事は法廷で賛成のときは帽子を脱いだことから.
2 帽子を脱いで敬意を表する ▪ *Cap to* him in all places. どこでもあの人には帽子をとって敬意を表しなさい.

capitalize /kǽpətəlaɪz/ ***capitalize on*** 他 …を利用する,につけこむ ▪ You must not *capitalize on* a person's weakness. 人の弱点につけこんではならない ▪ You should *capitalize on* your opportunity to speak English. 英語を話す機会は利用すべきです ▪ This aspect is *being capitalized on* by members of the media. この側面はマスコミ連中に利用されている.

capitulate /kəpítʃəlèɪt|-tju-/ ***capitulate to*** 自 (…に)降伏する,屈する ▪ They *capitulated to* the enemy at last. 彼らはついに敵に降伏した.

card /kɑːrd/ ***card up*** 他《方》…を整とんする ▪ He *carded up* his room. 彼は自分の部屋を整とんした.

care /keər/ ***care about*** 他〖主に否定文・疑問文で〗…に関心がある,を心配する ▪ He doesn't *care about* money. 彼は金にむとんちゃくだ ▪ I don't much *care about* going. 私はあまり行きたくない.

care for 他 **1** …を心配してやる,を世話[手当て,看護,養育]する; を大事にする ▪ The mother *cared for* the sick child night and day. 母親は病気の子供を日夜看護した ▪ He *is* well *cared for*. 彼は大事にされている.
2〖否定文・疑問文で〗…を好む,望む,気にかける ▪ I don't *care for* that color. 私はその色は好まない ▪ Would you *care for* a cup of coffee? コーヒーを1杯いかがですか ▪ He has been promoted, but does not *care for* that. 彼は昇進したが,そんなことにはとんちゃくしない.
3 …をほしがる; が起こってほしい ▪ Would the child *care for* some more cake? その子はケーキをもっとしがるだろうか ▪ I would not *care for* the ladder to fall. はしごは倒れてほしくない.

career /kəríər/ ***career around*** 自 (…を)走り回る ▪ We *careered around* the place on wheels. 私たちは車に乗ってその場所を走り回った.

carp /kɑːrp/ ***carp at [about]*** 自《口》…を非難する; の不平を言う ▪ He is always *carping at* our customs [his wife]. 彼はいつも我々の習慣を非難している[妻の不平を言っている]. ▪ Stop *carping about* your teammates. チームメートの不満を言うのはやめなさい. ▪ These things may *be carped at* by political opponents. これらのことは政敵に非難されるかもしれない.

carry /kǽri/ ***carry…about [around] (with)*** 他 …を持ち歩く ▪ I never *carry* much money *about with* me. 私はたくさんの金を持ち歩かない.

carry along 他 1 …(人)を感服させる ▪ We *were* all *carried along* by his speech. 我々はみな彼の話に感服した.

2 (人)を元気づける; に最後まで続けさせる ▪ The football team *was carried along* by the enthusiasm of its supporters. そのフットボールチームはファンたちの熱狂によって元気づけられた.

3 = CARRY…about (with).

carry away 他 1 …を持ち去る ▪ The wounded soldiers *were carried away*. 負傷兵は運び去られた.

2 (暴風・水などが)…をさらって行く, (物・人命)を奪い去る ▪ The bridge *was carried away* by a flood. その橋は洪水のため流された ▪ The disease *carried* them *away*. その病気は彼らの命を奪った.

—自 3 …を夢中にする, 感動させる; を逆上させる ▪ The audience *was carried away* by his eloquence. 聴衆は彼の雄弁にうっとりとした ▪ Women *are carried away* with everything that is showy. 女性はなんでも華美なものには夢中になる.

4 (海) (帆柱などが)折れて失われる ▪ We ran into an ice-berg and *carried away* a mast. 氷山と衝突してマストを折った ▪ Something may *carry away* from on board the boat. 船上の何かが折れてなくなるかもしれない.

5 〖主に受身で〗かり立てる ▪ He gets *carried away* by his feelings far too much. 彼は自分の感情にあまりにも流されすぎる ▪ Don't *be carried away* by any sudden impulse. 一時の感情にかられてはいけない ▪ They got *carried away* by mischievous rumors. 彼らは迷惑な噂に我を忘れてしまった.

carry back 他 1 (人)に思い出させる ▪ His words *carried* me *back* to the old times. 彼の言葉が私に昔を思い出させた.

2 …を運び返す, 戻す ▪ *Carry* these books *back* to my room. これらの本を私の部屋へ運び戻してくれ.

carry down 他 1 …を運び降ろす ▪ Could you help me *carry down* the sofa? ソファを運び降ろすのを手伝ってくれないか.

2 (思想など)を伝える (*to*) ▪ This custom has *been carried down to* us. この習慣は我々にまで伝えられてきた.

carry forward 他 1 〘簿記〙(項目記入など)を次のページに送る, (次期)に繰り越す ▪ The sum *was carried forward* to the next account. その額は次の勘定に繰り越された.

2 (事業など)を進める ▪ The business should *be carried forward* by all means. その事業はどうしても推進されねばならない.

carry in 他 …を取り込む, 持ち込む, 運び込む ▪ The hay was ready for *carrying in*. 干し草は取り込むばかりになっていた.

carry off 1 …を(うまく)遂行する, 果たす ▪ He *carried off* the interview well. 彼はその会見をうまくやってのけた.

2 (賞など)を得る, 取る ▪ He *carried off* all the prizes at school. 彼は学校で賞をみな取ってしまった.

3 (病などが人命)を奪う ▪ The climate will *carry* him *off* within a year. その気候は1年たたぬうちに彼の命を奪うだろう ▪ He *was carried off* by cholera. 彼はコレラで死んだ.

4 …を運び去る; (捕虜など)を引き立てて行く; (人)を誘拐する; を奪い去る ▪ The soldiers seized the two men and *carried* them *off*. 兵士たちはその二人を捕えて引き立てて行った ▪ The child *was carried off* by his biological father. その子供は実父に連れ去られた ▪ The enemy *carried off* the sheep. 敵は羊を奪い去った.

5 …を具合よくかせる; の欠を補う ▪ A quick intellect may *carry off* a little impudence. 敏活な知力があれば少しくらいの厚かましさは帳消しになる ▪ The diamonds will *carry off* black velvet. そのダイヤモンドは黒いビロードを引き立てるだろう.

carry A off B AをBから持ち[連れ]去る ▪ She *carried* the sword *off* the stage. 彼女はその剣を舞台から持ち去った.

carry on 自 1 (務め・仕事)を続ける; (軍)命令を実行にかかる; (行為・関係)続ける (*with*) ▪ Do you understand my order? For heaven's sake *carry on*! 私の命令がわかったか. どうか実行にかかってくれ! ▪ Thus they *carried on* for many days. 彼らはこのようにして何日も続けていった ▪ *Carry on with* your sweeping. 掃除を続けてやれ.

2 中断されていたことを再開する ▪ Let's *carry on* our discussion after lunch. 昼食後にまた話し合いを続けよう.

3 〘口〙醜態を演ずる, ぶざまな行動をする; (泣いたりわめいたり)騒ぎたてる ▪ How she *carried on*, with tears and congratulations. 涙を流したり, 祝いを言ったり彼女は実にはでにふるまった ▪ He *carried on* shamefully. 彼は恥ずかしいふるまいをした ▪ She *carried on* terribly when her husband died. 彼女は夫が死んだときにはひどく取り乱した.

4 〘口〙(男女が)不品行をする, ふざける, いちゃつく (*with*) ▪ He has been *carrying on with* his friend's wife for some time. 彼はしばらく前から友人の妻と浮気している ▪ She and I *carried on* for a whole season. 彼女と私はまる一シーズンの間不品行な関係にあった.

5 〘口〙苦難に耐える, 難局に当たってがんばる (*at*); 逆境にできるだけ善処する ▪ *Carry on*—that's my

motto. 苦境にがんばれ—これが私のモットーである.
6《海》進行する ▪ She *carried on* under easy sail. 船は穏やかな風を帆に受けて進行した.
— 他 **7** …を続ける, し続ける (*doing*); (手続きなど)を進める; を維持する ▪ We have *carried on* a correspondence for years. 我々は何年もの間文通を続けた ▪ When his father died, he *carried on* the business. 父親が死んだとき, 彼はその商売を続けた ▪ Even on the stroke of eleven, they *carried on talking*. 11時が鳴っても彼らはおしゃべりを続けた.
8 (会社)を経営する, (事務など)を処理する ▪ He is *carrying on* his business on a large scale. 彼は大規模な商売を営んでいる ▪ We do not *carry on* commerce with him. 我々は彼とは取引をしていない.
9 [主に進行形で] …を怒る, に腹を立てる (*at*) ▪ They *are* always *carrying on at* her children. 彼らはいつも彼女の子供たちに腹を立てている.

carry out 他 **1** …を実行[実施]する, 履行する ▪ It is easy to make plans, but difficult to *carry them out*. 計画を立てるのは易しいが, それを実行するのはむずかしい ▪ He *carries out* what he has once promised. 彼は一度約束したことは履行する.
2 …を成就[達成]する; を完成する ▪ He *carried out* all his aims. 彼は目的のすべてを達成した.
3 …を運び出す ▪ The servants *carried out* the drunken man. 使用人たちがその酔いどれを運び出した.

carry over 他 **1**《株式》…を次の受渡期まで繰り延べる;《簿記》を次期[次ページ]へ繰り越す; (商品など)を持ち越す ▪ The smaller brokers *were carried over* on sufferance. 小規模の仲買人たちはお情けで支払いを繰り延べてもらった ▪ We will *carry* that sum *over*. その額を繰り越しにしよう.
2 …を延期する ▪ The concert *was carried over* till next week. コンサートは来週まで延期された.
3 …を(他の時・場所)に移す ▪ The passion of male friendship *was carried over* into the region of love. 男の友情という熱情が愛情の領域に移された ▪ Those officials *are carried over* from the old regime. それらの官吏は旧政権のときから留任したのだ.
4 …を(味方)に引き入れる ▪ His arguments *carried* his opponents *over*. 彼の議論が反対者たちを味方に引き入れた.
— 自 **5** (仕事が)ずっと続く, 残る ▪ Some work will *carry over* until tomorrow. 明日まで持ち越されて残る作業もあるだろう.
6 持ち込まれる ▪ The confidence gained in the field work *carried over* into her regular school work. 野外活動でつけた自信が彼女の正規の学業成績にも及んだ.

carry through **1** …に(危機など)を切り抜けさせる, (困難)に耐えていかせる ▪ Impudence had *carried* him *through* in the past. 以前にも彼は厚かましさであぶないところを切り抜けたことがあった ▪ His strong constitution *carried* him *through* his long illness. 彼は丈夫な体質なので, 長い病気に耐えぬいた.
2 …をうまくやりとげる, 成就する, 貫徹する ▪ We have enough money to *carry* the undertaking *through*. 我々はその事業を完成するに十分な金を持っている.
3 (計画など)を実施する ▪ He could not *carry through* his plans to go hiking. 彼はハイキングに行く計画を実施できなかった.

carry up 他 **1** (建物)をある高さまで高くする ▪ Walls are to *be carried up* to this height. 壁はこの高さまで高くすることになっている.
2 高めて他の部分とつり合わせる ▪ We *carried up* our payment to the level of taxation. 給料をあげて課税の水準とつり合わせた.
3 (時)をさかのぼる ▪ He *carries up* his lineage to the Duke of Marlborough. 彼は自分の家系はモールバラ公爵までさかのぼるという.

carry … with 他 **1** …を持ち歩く, 携行する ▪ Don't *carry* too much cash *with* you. あまり多くの現金を持ち歩かないように ▪ I can *carry* this small bag *with* me on the plane. この小さなカバンなら機内に持ち込める.
2 (人)を引きつける ▪ The singer *carried* the audience *with* him. その歌手の(歌)は聴衆の心を魅了した.
3 …を憶えておく, 心に留める ▪ I will *carry* the memory *with* me for the rest of my life. その思い出を一生心に留めておきます.

cart /kɑːrt/ ***cart around*** [《英》*about*] 他 (やっかいな物を)持ち回る ▪ I'll have to *cart around* my baggage all day. 1日中手荷物を持って回らなくてはならない.

cart off [*away, out*] 他《口》…を移す, 運び去る ▪ The criminal *was carted off* to jail. 犯人は刑務所へ移された ▪ *Cart yourself off*! あっちへ行ってくれ!

carve /kɑːrv/ ***carve out*** **1** …を切り出す;《法》(大きな地所)から小さい部分を切り取る ▪ He *carved* his whole maintenance *out* of their estates. 彼は彼らの地所から自分の生計費全部を取った.
2 …を苦心して(自ら)作る, 開拓する ▪ He *carved out* a career for himself. 彼は自力で世に出た ▪ Persistency will *carve out* a way to success. 忍耐は成功の道を開く.

carve up 他 **1** …を小さく切る, (遺産・領地など)を分割する ▪ He *carved up* the whole joint. 彼は大きな肉片全部を小さく切った ▪ Europe *was carved up* after the war. ヨーロッパは戦後分割された.
2 (他の車)に危険な追い越しをかける, 追い越して直前に割り込む ▪ He *carved up* the rest of the traffic on the way. 彼は途中で他の車をむちゃくちゃに追い越した.
3《俗》(人)を故意に傷つける ▪ He threatened to *carve* me *up*. 彼は私を傷つけるとおどした.
4《口》(金など)を分けて取る ▪ The thieves *carved up* the money. 盗賊どもはその金を山分けにした.

case /keɪs/ ***case out*** 他《俗》…の下調べをする, 予備調査する ▪ The two guys *cased out* a home to burglarize. その二人の男たちは強盗に入る家の下調べをした.

case over 他 …をかぶせる ▪ The copper *was cased over* with silver. その銅には銀がかぶせられた. ▪ The sleet *cased us over* presently. みぞれがすぐに我々を包んだ.

case up …を包む, 箱に入れる ▪ The vase *was cased up* for transport. その花瓶は輸送のため箱に入れられた.

cash /kæʃ/ ***cash down*** 自他 《米口》現金を出す, すぐに支払う; 清算する ▪ *Cash down* quick, or I'll bounce you off at the next station. 早く現金を出せ. でないと次の駅でほうり出すぞ ▪ He's a good customer — *cashes down* every time. 彼は上客で, 毎回現金で支払ってくれる.

cash in 自他 **1** (公債・小切手などを)現金に換える ▪ *Cash in* government bonds. 政府公債を現金に換えよ.

2《米口》(ポーカーなどで)取扱り札を現金に換える, 現金に換えて清算する ▪ I lost back the $2,500 and *cashed in*. 私は負けてその2,500ドルをまた失ったので清算した ▪ He *cashed in* his chips. 彼はチップ(ポーカーの数取り札)を現金に換えた.

3 清算する, 事のけりをつける ▪ Peter should have *cashed in* five years back. ピーターは5年前にけりをつけるべきだった.

4《俗》死ぬ ▪ He *cashed in*. 彼はくたばった. ▱ポーカーの cash in one's chips からきた;「年貢を納める」.

5《米》銀行へ払い込む ▪ He *cashed in* his gold dust. 彼は砂金を預け入れた.

6 儲ける ▪ You are hell-bent on spending what you *cash in*. 君は儲けた金を使うことに熱中しているね.

cash in on 自他 《口》 **1** …で儲ける; を利用する, で利益を得る; につけこむ ▪ They *cashed in on* their experiences. 彼らは自分たちの経験を利用した ▪ Let's *cash in on* it. それで一儲けしようじゃないか ▪ They are trying to *cash in on* their neighbors' ignorance for their own greed. 彼らは強欲から隣人の無知につけこもうとしている.

2 …に資本を投じる, 金を賭ける ▪ The company decided to *cash in on* Smith's project. その会社はスミス社の事業に投資することを決定した.

cash in with 自他 《米》…と親しくなる ▪ He *cashed in with* a girl. 彼はある娘と親しくなった.

cash out 自他《米》…を売却する ▪ Bartz *cashed out* stocks worth $140 million. バーツは1億4千万ドル相当の株を売却した.

2 …を換金する ▪ Wynn won at craps and *cashed out* $3,000. ウィンはクラップス(ばくち)で勝って3,000ドル換金した.

3 売上金を合計する ▪ The shop owner locked the door and *cashed out*. 店主は店じまいをしてから売上金を合計した ▪ The shopkeeper *cashes out* his register at dusk. 店主は夕暮れにレジの売上高を総計する.

cash over [《英》*up*] 自他 **1**(1日の)売上金を合計する ▪ I am just *cashing up*. 私は今ちょうど売上金を合計しているところです.

2《口》支払う, 金を出す ▪ He did not *cash over* [*up*] to his supporters. 彼は自分の支持者たちに金を支払わなかった.

cast /kæst│kɑːst/ ***cast about*** 自他 **1**(手段などを)探し求める (*for*) ▪ He *cast about for* some means of obtaining financial help. 彼は財政上の援助を得る手段を物色した.

2《狩》(獲物・臭跡をあちこち)探し回る ▪ I began to *cast about for* a place to camp. 私はキャンプする場所を探し回り始めた.

3 工夫する, 思案する, 画策する (*for, to do, how to do, what*) ▪ He has been *casting about for* the best plan. 彼は最良の策をおもいめぐらしてきた ▪ He *cast about* him *to* find a good husband for her. 彼は彼女によい夫を見つけてやろうと思案した ▪ I *cast about* in my mind *how* I should speak to him. 私は心の中で彼にどのように言おうよいかと思案した ▪ Now he was *casting about* within himself *what* he should do. 今や彼は心の中でどうしたらよいか思案していた.

4 見回す ▪ Here he *cast about* for a seat. ここで彼は席はないかと見回した.

5 ぐるりと回る ▪ The people *cast about* and returned. 人々は回れ右をして帰った.

6《海》船が方向を変える ▪ She *cast about* to the other shore. 船は他の岸へ方向を変えた. ▱猟犬たちが臭跡を失ったとき四方に散って捜すことから.

cast A as B **1**[主に受身で]A(人)をB(役)に選ぶ; AにBの役を割り当てる ▪ Two Malaysian actresses *were cast as* Japanese women. 二人のマレーシア人女優が日本人女性の役を与えられた.

2 A(人)をAの役扱いする[Bとみなす] ▪ The Americans *were cast as* ruthless invaders. アメリカ人は血も涙もない侵入者として描かれた ▪ He *was cast as* a traitor for revealing government secrets. 彼は政府の機密事項を暴露した裏切り者というレッテルを貼られた.

cast…ashore …を岸に打ち上げる ▪ They *were cast ashore*. 彼らは岸に打ち上げられた.

cast aside …を脱ぎ捨てる, を捨てる, わきへやる;(習慣などを)廃する ▪ The snake has *cast aside* its slough. へびがからを脱ぎ捨てた ▪ He *cast* the curtains *aside*. 彼はカーテンを払いのけた ▪ When she eats, she *casts* age *aside*. 彼女は食べるときには年齢のことなどそっちのけだ ▪ He *cast aside* his former loyalties. 彼は以前の忠誠を捨てた.

cast away 他 **1** …を投げ捨てる;をしりぞける《比喩的にも》 ▪ I shall *cast away* all my old clothes. 古い衣服はみな捨てよう ▪ They *cast away* all their prejudices. 彼らはすべての偏見を捨てた.

2 …を浪費[濫費]する, (財)を使い果たす ▪ His wife *casts away* a fortune on jewelry. 彼の妻は宝石類に大金を濫費する.

3[受身で]…を難破させる, 打ち上げる, 漂流させる ▪ Enoch *was cast away* and lost. イーノックは難破して行方不明になった ▪ We *were cast away* on an uninhabited island. 我々は無人島に打ち上げられた.

cast behind 他 (競走で)…をあとへ残す, 引き離す ▪ You *cast* our fleetest wits a mile *behind*. 君はうちの一番駿足の子を1マイル引き離したね ▪ We *were* far *cast behind* the trooper. 我々はその騎兵のはるか後方へ残された ▪ I *was* so far *cast behind* the cyclist that I lost sight of him. 自転車の男のはるか後方へ取り残されてその姿を見失った.

cast down 他 **1** …を投げ落とす ▪ They *were cast down* from a precipice. 彼らは絶壁から投げ落とされた.

2《英》[主に受身で] …をしょげさせる, がっかりさせる ▪ Don't *be cast down* by that news. そのニュースに力を落としてはいけない.

3《英》(頭・視線など)を下げる, たれる ▪ He then *cast down* his head and covered his face with his hands. すると彼は頭をたれて両手で顔を覆った ▪ She *cast* her eyes *down* modestly. 彼女はつつましやかに眼を伏せた.

4(家など)をこわす, 倒す ▪ Walls *are* often *cast down*. 壁がしばしばこわされる.

5 …を降格させる, の地位を奪う ▪ Human beings might *be cast down* to the status of robots. 人間がロボットの地位に落とされるかもしれない ▪ The high priest *was cast down* to the status of his servant. その高僧は自らの従者の身分に落とされた.

cast forth 他 …を追い出す ▪ The traitor *was cast forth* from their company. その反逆者は彼らの仲間から追い出された.

cast off 他 **1** …を脱ぎ捨てる ▪ The worn-out coat *was cast off*. そのすり切れたコートは脱ぎ捨てられた.

2 …を捨てる《比喩的にも》 ▪ National habits cannot *be cast off* at will. 国の習慣は随意にやめることはできない ▪ He *was cast off* by God. 彼は神に見捨てられた.

3 …と縁を切る, を勘当する ▪ I have *cast off* my son and never wish to see him again. 私は息子を勘当した. 二度と顔を見たくない.

4 …を放つ, 解き放つ, 逃がす;《海》(索)を解く, (つないだ船)を放つ ▪ *Cast off* the ship in tow. 船のとも綱を解け ▪ One of the crew *cast off* the stern-fast of the boat. 乗組員の一人がボートのとも綱を解いた.

5 …を振り捨てる, (束縛など)から脱する ▪ They *cast off* the cares and troubles of life. 彼らは人生の心配や苦労を忘れた ▪ He *cast off* his fetters. 彼は束縛を脱した.

6 (編物)を仕上げる; (編目)を留める, 終える ▪ She *cast off* the last three stitches. 彼女は最後の3針を仕上げた.

7《印》(原稿)を組ページに見積もる ▪ To *cast off* manuscript is a disagreeable task. 原稿を組ページどれくらいになるか見積もるのはいやな仕事である.

8 (猟犬)を放つ, (タカ)を飛ばす ▪ You may *cast off* your hounds. 君は猟犬を放ってもよい ▪ When a magpie is seen, a hawk should immediately *be cast off*. カササギが見つかったら, すぐにタカを飛ばすべきである.

— 自 **9** もやいを解く, 出港する ▪ The ship *cast off* from Boston early in the morning. 船は朝早くボストンから出港した ▪ We *cast off* again at 7 a.m. 我々は午前7時にまたもやいを解いた.

10 (ダンスで)相手と離れて外側を一回りする) ▪ After the next figure, you *cast off*. 次のフィギュアのあとであなたは相手と離れるんだ.

cast on 他 **1** (編物)の(初めに)最初の一列を編針に通す[掛ける], の目を立てる ▪ Will you *cast on* a stocking for me? 私のために長靴下の編み始めをしてくれませんか.

2 …を素早く着る ▪ He *cast on* his coat. 彼は上着を素早く着た.

cast out 他 **1** …を投げ出す ▪ If you *cast out* your line here you will soon catch some trout. ここで釣り糸を投げたら, じきにマスがかかるだろう.

2《英》[主に受身で] …を追い出す, 放り出す, 捨てる ▪ She *was cast out* by her own father for her infamous conduct. 彼女は恥ずべき行為のため実の父親に家を追い出された ▪ His pride *cast* him *out* from Heaven. 彼は高慢のため天国から放逐された ▪ Fear *cast out* love. 恐怖は愛を追い出してしまう.

3 …を吐き出す, 戻す ▪ In the morning the hawk will *cast out* pellets. 朝になるとタカは骨や毛などの吐出物を吐き出す ▪ The falcon ate a bird, *cast* it *out*, and then ate it again. ハヤブサは小鳥を食べ, それを吐き出してはまた食べた.

— 自 **4**《スコ・北英》けんかをする ▪ The three goddesses *cast out* over the golden apple. 3女神は金のリンゴのことでけんかをした.

cast over 自 他《方》思いめぐらす ▪ I have been *casting over* in my head what you said. あなたの言われたことを心の中で思いめぐらしていました.

cast up 他 **1**《英》…を投げ上げる;《海》(船など)を岸に打ち上げる ▪ A little dust *was cast up*. 少しほこりが立った ▪ A man's body *was cast up* at Southport. 男の死体がサウスポートに打ち上げられた.

2 (目・頭)を上げる ▪ She *cast up* her eyes. 彼女は見あげた ▪ The horse *cast up* his head. 馬は頭を上げた.

3 …を築き上げる, (土)を盛り上げる ▪ They *cast up* a barrier between them. 彼らの間に障壁を築き上げた.

4 …を吐き出す, 戻す ▪ He *cast up* his food. 彼は食べたものを戻した.

5《スコ・北英》…を面責する, 非難する (*to*) ▪ He would never *cast* it *up to* her. 彼は決してそのことで彼女を面責しないだろう ▪ They *cast up to* him for it. そのことで彼を非難した.

— 自 他 **6** 計算する, しめる ▪ He will *cast up* and ascertain the number. 彼は計算して数を確かめるでしょう ▪ He taught his son how to *cast up* sums. 彼は息子に計算法を教えた.

— 自 **7** 空が晴れる ▪ It is *casting up*. 空が晴れてきている.

8 雲が集まる ▪ It's *casting up* for a storm. 雲が集まってきてあらしになった.
9(人に)不快なことを思い出させる ▪ He is always *casting up* my old failures (at me). 彼はいつも私の昔の失敗を私に思い出させる.
10《スコ・北英》(不意・偶然に)現れる ▪ Another gentleman *cast up* from the town. もう一人紳士が町から不意にやって来た.

***cast** A **upon** B* 他 AをBに託す ▪ *Cast* your cares *upon* God. 心配事は神に託しなさい.

cat /kæt/ ***cat around*** 自《米俗》**1** 女あさりをする (tomcat) ▪ He really loved *catting around*. He was a ladykiller. あいつは本当に女あさりが好きだった. 女たらしだったよ.
2 だらだらと時を過ごす ▪ I *catted around* for a long time. 私は長い間無為に過ごした.

catch /kætʃ/ ***catch at*** 他 **1**(物)につかみかかる, を捕えようとする ▪ A drowning man will *catch at* a straw. 《諺》おぼれる者はわらをもつかむ.
2(人の申し出などに)飛びつく ▪ He *caught at* the proposal. 彼はその提案に飛びついた ▪ He will *catch at* any excuse. 彼はどんな言い訳でもこれ幸いと利用する.

catch a person at 他 人が…しているのをつかまえる ▪ I *caught* her *at* her tricks again. 彼女がまた悪ふざけをやっているところを押さえた.

catch away 他 …をかっぱらう, さらう ▪ He *caught* them *away*. 彼はそれらをかっぱらった.

catch a person by [a thing] 他 人[物]の…をつかまえる ▪ He *caught* Johnny *by* the arm to draw him back. 彼はジョニーの腕をつかんで引き戻した ▪ He *caught* her *by* the wrist with a swift movement. 彼はさっと彼女の手首を捕まえた ▪ The snare has a cord to *catch* birds *by* the leg. そのわなには鳥の足を捕らえる紐がついている ▪ What is a lizard able to do to escape if it *is caught by* the tail? トカゲはしっぽを捕まえられたらどうやって逃れられるか.

catch in 自他 **1**(服をベルトなどで)しめる; 数針縫いつけて縮める ▪ This dress is loose; I'll *catch it in* at the waist. このドレスはだぶだぶだ. 腰をベルトでしめよう ▪ *Catch in* the waistline very lightly. 腰の線を軽く縫いつけて縮めてください.
2 …にひっかかる; にひっかける ▪ The kite (got) *caught in* a tree. 凧だこが木にひっかかった ▪ I *caught* my clothes *in* the door, as it was closing. 私の服がしまりかけていた戸にひっかかった.

catch a person in 他 人が家にいるところを訪ねる ▪ I'm so glad I *caught* you *in*. あなたのいらっしゃるところへ来て本当によかった.

catch on 自他 **1**《口》とりつく, くっつく, つかむ ▪ Now is the time to *catch on* in order to keep up with the procession. 今こそ, 行列に遅れないようにするため, くっついて行くべき時だ ▪ His sagacious mind immediately *caught on* to the only plan of salvation. 彼の聡明な心は唯一の救済策をすぐに捕えた.
2 …にひっかかる; にひっかける (=CATCH in 2) ▪ My coat *caught on* a nail. 私のコートが釘にひっかかった ▪ I *caught* my coat *on* a nail. 私はコートを釘にひっかけた.
3《口》人気を博する, 成功する, ヒットする (*with*) ▪ The song *caught on with* the public. その歌は大衆の人気を博した.
4《口》つかむ, 思いつく; 理解する, ヒントがわかる; 素早く機会を捕えて利用する (*to*) ▪ Elephants *caught on to* the idea of pulling strings to get food. ゾウは食物を得るためひもを引っぱるということを悟った ▪ I didn't *catch on to* the meaning. 私にはその意味がわからなかった.
5(…に)雇われる, 仕事を得る (*with*) ▪ He *caught on with* the Giants and had a decent season. 彼はジャイアンツに拾われて, まずまずのシーズンを過ごした.

catch a person on 他 (物が)人の…に当たる ▪ The stone *caught* him *on* the nose. その石は彼の鼻に当たった.

catch a person out 他 **1** 人の誤り[偽り, ごまかし]を見破る, ばけの皮をはぐ; 油断しているところ[現行犯]を捕える;《英》困らせる, 窮地におとしいれる ▪ By adroit questioning we *caught* him *out*. 我々は巧みな尋問によって彼の偽りを見破った ▪ We *caught* the pretender *out*. 我々はその詐欺師のばけの皮をはいだ ▪ Financial analysts *were caught out* by Lehman's collapse. 証券アナリストたちはリーマンの倒産により苦況におちいった.
2(予期せぬ出来事・悪天候が)人を襲う ▪ An expert hiker got *caught out* by very bad weather and froze to death. 経験豊かなハイカーがひどい悪天候に見舞われて凍死した ▪ Have you ever *been caught out* without your umbrella? 傘を持たずに雨にあったことがありますか.
3《野球》地に落ちる前にボールを捕えて打者をアウトにする ▪ If a striker *is caught out*, state the fielder's name. もし打者が捕殺されたら, 野手の名前を言いなさい.

catch over …をすっかり凍らせる ▪ We arrived at the lake to find it *was caught over*. 湖水に着いてみると, そこはすっかり凍っていた.

catch up 自他 **1** …に追いつく ▪ He succeeded in *catching up* the bishop. 彼はうまく監督に追いつくことができた ▪ It's about time we *caught up* with the rest of the world. 我々は世界の他の国々に追いついてもいいころだ.
2(人の近況を聞く[聞かせる], 新しい情報を得る[知らせる] (*with*) ▪ I'm going to have to *catch up with* you another time. 今度のときに話を聞くことにしなければならないようだ ▪ Please *catch* me *up* on what your family is doing. ご家族がどうしていらっしゃるかお聞かせください.
― 他 **3**(人)を不意につかみあげる[さらう], 急に持ちあげる[抱き起こす] ▪ He *caught* himself *up* at the word with a start. 彼はその言葉を聞くとぎくりとして身を起こした ▪ He *caught up* his hat and rushed out. 彼は急に帽子をつかみあげて走り出た ▪ He *was*

caught up by the whirlwind. 彼は旋風に巻きあげられた.

4 ...を持ちあげて留める ▪ Her hair *was caught up* with a long pin. 彼女の髪は持ちあげて長いピンで留められていた.

5(...に)...を引っかける(*in*) ▪ The boy *caught* his coat *up in* the chain of his bicycle. 少年はコートを自転車のチェーンにからませた.

6(話)のじゃまをする,(質問・批評)で人を妨害する,しかる;を懲らしめる ▪ You keep on *catching* me *up* saying it's not this but that. 君はこうではないとか, ああだとか言っていつも僕の話のじゃまばかりしている ▪ You *catch* me *up* so very short. 君は私をひどくつっけんどんにしかるんだね ▪ Don't *catch up* every remark I make. 私の言うことにいちいちあげ足をとるな.

7...を理解する ▪ He *caught up* everything I said. 彼は私の言ったことをすべて理解した.

8...を巻き込む,とりこにする(*in*) ▪ The firm *was caught up in* a disturbance. その商社は動乱に巻き込まれた ▪ He *was caught up in* a fever. 彼は熱病にかかった.

9...に飛びつく,を素早く採用する ▪ This project *was caught up* by the committee. この計画は素早く委員会によって採用された ▪ He *caught up* the habit of smoking. 彼はすぐタバコを吸う習慣をつけた.

10《米口》(行進のため)馬などに装具をつけて用意する ▪ We have a long march before us, so *catch up* and we'll be off. 我々はまだ長い旅をせねばならない. だから馬の用意をしたら出発しよう ▪ We will have to *catch up* the mules. ラバに装具をつけて用意せねばならんだろう.

11...に数針縫いつけて縮める[短くする] ▪ *Catch up* the lower edge with light sewing. 下の縁をちょっと縫いつけて短くしてください.

catch up in 他 〚主に受身で〛...を巻き込む, 動けなくする(= CATCH up 8) ▪ The adventurer got *caught up in* the turmoil of the Middle East. その冒険家は中東動乱に巻き込まれた.

catch up on 他 ...に追いつく; の遅れを取り戻す ▪ We must *catch up on* our reading. 私たちは読書の遅れを取り戻さねばならない ▪ The police *caught up on* the men. 警察はその男たちに追いついた ▪ The waiting list *is* usually *caught up on* by winter. 順番待ちリストはふつう冬までに解消される.

catch up to 他 ...に追いつく; を理解する ▪ The country's food production can never *catch up to* its needs. その国の食糧生産量はその需要に全く追いつけない ▪ I never can *catch up to* all the reviews on the submission. その提案に関する論評が私にはさっぱりわからない.

catch up with 他 **1** ...に追いつく, と同じ水準に到達する(= CATCH up 1) ▪ He worked hard to *catch up with* the rest of the class. 彼はクラスの他の人々に追いつくため一生懸命勉強した ▪ We'll *catch up with* ourselves with our next payment. 我々は次の支払いで終わりになる.

2 ...に(悪い)結果をもたらす, 悪影響を及ぼす ▪ Thomas' drug addiction eventually *caught up with* him. トマスは薬物中毒でとうとう体をむしばまれた.

3 ...を苦境に立たせる, 苦しめる ▪ Japanese shares may *catch up with* overseas markets. 日本の株式は海外のマーケットを混乱させるかもしれない.

4 ...を逮捕する ▪ They *caught up with* the murderer. 彼らはその殺人犯を逮捕した.

5 ...を看破する ▪ We are beginning to *catch up with* the true character of the American economy. 我々はアメリカ経済の真の性格を看破し始めている.

6 ...を理解する ▪ Schools are now *catching up with* what science says. いま学校は科学の知見を理解しつつある.

7 ...を明らかにする ▪ Facts *caught up with* theories. 事実が理論の正否を明らかにした.

8《米口》...を発見し[捕えて]法に訴える ▪ The law *caught up with* him. 彼は捕えられて法の適用を受けた.

9《米口》〚受身で〛...を終わらせる, やめさせる, と手を切らせる ▪ Make sure you're *caught up with* work. 仕事が終わっていることを確かめなさい ▪ I'm *caught up with* this army. この軍隊とは手を切った.

10 ...で結ぶ ▪ Her dress *was caught up with* ribbons. 彼女のドレスにはリボンが結んであった.

11 ...に雇われる ▪ He *caught up with* the UP in London. 彼はロンドンのUP支局に雇われた.

cater /kéɪtər/ ***cater for*** [***to***] **1** ...のまかないをする, に食料を供する ▪ The lion *catered* for Androcles with great assiduity. ライオンはせっせとアンドロクレスに食料を供した ▪ We specialize in *catering for* senior citizens and schools. 当店はもっぱらお年寄り向けと学校給食のまかないをしています ▪ Weddings and parties *catered for*. 婚礼・宴会のまかないいたします《広告》.

2(人の)欲求をみたす, (人の必要品・ほしいもの)を供給する; を相手にする ▪ This magazine *caters for* boys and girls. この雑誌は少年少女向きだ ▪ This hotel *caters to* high-class tourists. このホテルはハイクラスの旅行者を相手にしている.

3(利益・快楽など)を供給する, 図る, に応じる ▪ These hotels *cater to* the comfort of their patrons. これらのホテルはお客の快適さを図っている ▪ Theaters *cater for* people's amusements. 劇場は民衆の娯楽を提供する ▪ The department store *caters to* their needs. デパートは彼らの必要に応じる.

4 ...に迎合する, の意を迎える ▪ He *caters for* the populace of the theater. 彼は劇場の大勢の意に迎合している ▪ Later he *catered to* the low tastes of James I. 彼は後になってジェイムズ1世の低級な趣味に迎合した.

caution /kɔ́ːʃən/ ***caution*** *a person* ***against*** 他 **1** 人に...せぬよう警告する ▪ I *cautioned* him *against* being late. 彼に遅れるなと警告した.

2 人に...に用心せよと言う ▪ The public *is cautioned against* pickpockets. 一般の方はすりに用心

してください。

cave /keɪv/ ***cave (back) over*** 自 ひっくり返る ▪ Sitting down on the side of the bed, he *caved back over*. ベッドの側に座って彼はひっくり返った。

cave down 他《米》掘って...を落ち込ませる ▪ The sandpit would *cave down* a house by further excavation. 砂掘り場はそれ以上掘ると家を落ち込ませるだろう。

cave in 自 **1** 落ち込む, へこむ, 陥没する, 倒れる ▪ The roof *caved in* bodily. 屋根はそっくり落ち込んだ ▪ The side of the building *caved in*. その建物の側面がへこんだ ▪ Many buildings *caved in*. 多くの建物が倒れた。

2《口》上からの圧力に屈する, 降参する, 倒れる ▪ The Government *caved in* at last and agreed to the inquiry. 政府はついに屈服して, 調査に同意した ▪ A puppy joined the chase but *caved in* at 50 yards. 子犬が狩に加わったが50ヤードの所でへばった ▪ The bank *caved in*. その銀行は破産した。

— 他 **3** ...をぶちこわす, へこませる, 陥没させる ▪ I'll *cave* your head *in*. お前の頭をぶち割るぞ。

cavil /kǽvəl/ ***cavil at [about]*** 他 ...にくだらぬ異議を唱える, のあげ足をとる ▪ I don't have the smallest intention of *caviling at* it. 私はそれに対しくだらぬ異議を唱えるつもりは少しもない。

cease /siːs/ ***cease from*** 他 ...をやめる ▪ We can never *cease from* our labors. 決して労働をやめるわけにはいかない。

cede /siːd/ ***cede A to B*** 他 AをBに譲渡する ▪ Alaska *was ceded to* the United States by Russia in 1867. アラスカは1867年にロシアから米国に譲渡された。

center,《英》**centre** /séntər/ ***center around [about,《英》round]*** 他 ...を中心とする, 中心として回転する ▪ The story *centers around* the theft of the ring. 物語は指輪の盗難を中心に展開する

center in [on, upon] 他 ...に中心を置く; に集中する ▪ The tale *centers on* a rare adventure. その物語は珍しい冒険を中心としている。

center A on B 他 AをBに集中する ▪ He *centered* his affections *on* her. 彼は専ら彼女に愛情を傾けた。

chafe /tʃeɪf/ ***chafe against [on, upon]*** 自 他 **1** ...に体をすりつける ▪ A bear *chafes against* the walls. クマは壁に体をすりつける。

2 ...にぶつかる ▪ The river *chafes on* rocks. 川は岩にぶつかる。

chaffer /tʃǽfər/ ***chaffer away*** 他 ...を安値で手放す ▪ He was determined not to *chaffer away* his property. 彼は土地建物を安値で手放すまいと心に決めていた。

chain /tʃeɪn/ ***chain down*** 他 **1** ...を縛りつける (to) ▪ My mother *is chained down to* housework. 母は家事に縛られています。

2 ...を鎖でくくる ▪ The load *is chained down*. その荷は鎖でくくってある。

chain A to B 他 AをBに鎖でつなぐ ▪ Four nuns *chained* the nun *to* a cross in an attempt at exorcism. 4人の尼僧が除霊しようとしてその尼僧を十字架に鎖でしばりつけた。

chain up 他 (犬など)を鎖でつなぐ ▪ The dog ought to *be chained up*. その犬は鎖につないでおくべきだ。

chalk /tʃɔːk/ ***chalk down*** 他 **1** ...をチョークで書きつける ▪ The teacher *chalked down* some notes on the blackboard. 教師は黒板にいくつかのメモをチョークで書き付けた。

2 ...を(...と)みなす (as) ▪ He *chalked* me *down as* a fool. 彼は私をばか者とみなした。

3《古》= CHALK out.

chalk off 自《米》こっそり去る ▪ He *chalked off* to bed. 彼はこっそりと去って床についた。

chalk out 他 **1** ...に(チョークで)印をつける, の輪郭を描く, 見取図を引く ▪ He *chalked out* a rough sketch of his design. 彼は自分の構想のざっとした輪郭を描いた。

2 ...を計画する, の進路を決める ▪ *Chalk out* your future steps. あなたの将来とるべき手段を決めなさい。

chalk...through 他《米》...にチョークで符号をつけて(税関を)通す ▪ The customs officer *chalked through* the parcel without opening it. 税関の役人はその小荷物を開いて見もせずに符号をつけて通した。

chalk up 他《口》**1** ...をチョークで書き出す, 記録する, (成績などを)あげる, 達成する ▪ They *chalked up* $100,000 in sales. 彼らは売り上げ10万ドルを記録した ▪ The firm *chalked up* enormous profits. 会社は莫大な利益をあげた ▪ Our team *chalked up* another victory last night. わがチームは昨夜また1勝をあげた。

2 (得点など)を書きつけて表示する; を得点する ▪ *Chalk up* my score as I go on. 進行具合に応じて僕の得点を書きつけて明示してくれ ▪ He *chalked up* two runs. 2点あげた。

3 ...を勘定に記入する ▪ *Chalk* it *up* for me. それを僕の勘定につけておいてくれ。

4 [主に受身で] ...を(...の)せいにする (to) ▪ We *chalk* it *up to* him. それは彼の罪だと思う ▪ Her failure *was chalked up to* a misunderstanding. 彼女の失敗は誤解のためとされた。

5《米》値段を高くする ▪ He *chalked* it *up* like gold dust. 彼はその値段を砂金のように高くした。

6 ...を(...の)恥辱とする (against) ▪ We *chalk* it *up against* him. 我々はそれを彼の恥辱と考える。 ☞ 宿や店で掛け売りを板などにチョークで記して示したことから。

— 自 **7**《米》かさむ ▪ All these little debts really *chalk up*. こういった少額の負債が実は積もり積もってかさんでいくのだ。

challenge /tʃǽləndʒ/ ***challenge A to B*** 他 A(人)にB(競争・戦いなど)を申し込む[挑む] ▪ Kasparov *challenged* Deep Blue *to* a third match. カスパロフはディープブルーに第三局を挑んだ。

chance /tʃæns|tʃɑːns/ ***chance on [upon]*** 他

《主に文》…に偶然出くわす, をふと発見する ▪I *chanced upon* this old edition. 偶然この古い版を見つけた ▪While I was walking along the country road, I *chanced on* this rare plant. 田舎道を歩いていたとき偶然この珍しい植物に出くわした ▪I *chanced on* an old friend of yours in the library today. 今日図書館で君の昔の友人にたまたま出くわしたよ ▪I *chanced upon* this old coin in my desk drawer. この古い硬貨を机の引き出しの中で偶然みつけた.

change /tʃeɪndʒ/ *change about* 自《口》がらりと変わる; (地位・境遇などが)変わる ▪He is always *changing about*. 彼はいつもぐらぐら変っている.

change…(a)round 他 …の位置を変える, 模様替えする ▪I've *changed* the pictures *around* on the walls. 私は壁の絵を動かして場所を変えた.

change around [《英》round] (*from A to B*) 自他 (風向きがAからBへ)変わる; [主に受身で]…を変える ▪The wind *changed round from* westerly *to* northerly. 風が西から北へ変わった ▪The story has *been changed around* completely. ストーリーは完全に変えられている.

change back into 他 **1** (通貨)を元に替える ▪You have to pay to *change* the local currency *back into* dollars. 現地通貨を元のドルに替えるのに手数料がかかる.

2 もとの…に変わる[戻る, 着替える] ▪Dr. Jekyll *changed back into* Mr. Hyde. ジキル博士はもとのハイド氏に変わった ▪He *changed back into* the left lane. 彼はもとの左車線に戻った ▪When it was over, Becca *changed back into* her T-shirt and shorts. それが終わると, ベッカはもとのTシャツと短パンに着替えた.

change down 自《英》(自動車の)ギアを低速に入れかえる (↔ CHANGE up) ▪We didn't *change down* quickly enough. 我々はギアを低速に入れかえるのが少し遅かった.

change A for B 他 AをBに変える ▪I can *change* this note *for* 200 Euros. この手形は200ユーロに替えられますよ ▪She *changed* Miss *for* Mrs. 彼女はミスからミセスになった.

change from A (*into* [*to*] *B*) **1** Aから(Bに)変わる ▪He *changed from* a shy person *into* a politician. 彼はにかみやから政治屋に変わった.

2 Aから(Bに)着替える, 乗り換える ▪He is *changing from* this train at the next station. 彼は次の駅でこの電車から乗り換えます ▪He *changed from* his light suit *to* his dark one. 彼はうす色の服から黒色の服に着替えた.

change into **1** …に着替える ▪He *changed into* flannels. 彼はフランネルの衣類に着替えた.

— 自 **2** …に変わる ▪The caterpillar *changed into* a butterfly. 幼虫は変じてチョウとなった.

change A into [*to*] *B* 他 AをBに変える, Aを変えてBにする ▪They tried to *change* the patriarchal form *into* an aristocracy. 彼らは族長形態を貴族政治に変えようとした ▪The school *changed* the boy *into* a coward. 学校はその少年を臆病者に変えた ▪I must *change* these pounds *to* dollars. このポンドをドルに替えなければならない. ☞CHANGE into は変形, CHANGE to は移行を表す.

change off 自 **1** 交代(で)する ▪It is time for the ringers to *change off*. もう鐘を鳴らす人の交代する時間だ ▪Jack and Tom *changed off* at riding the bicycle. ジャックとトムは交代で自転車に乗った.

2 (1人が)交互に2つのことをする ▪I *changed off* (between) sipping neat whiskey and sipping water. 生(き)のウィスキーと水を交互にちびりちびりとすすった.

change out of 他 …を着替える ▪Freeman *changed out of* the costume immediately after the opening ceremony. フリーマンは開会式の直後に衣服を着替えた.

change over [round] 自他 **1** 転換する, 変わる; …を転換させる, 変える ▪He has *changed over* from tea to coffee. 彼はお茶からコーヒーに変えた ▪We *changed* our factory *over* to bicycle production. 我々は工場を自転車生産に転換させた.

2 (家具)を配置換えする ▪We *changed* the furniture *over* again last winter. うちでは昨年の冬にまた家具の配置換えをした.

— 自 **3** (二人・二つが)位置[役割]を変わる ▪You and Smith had better *change over*. 君とスミスは役割を変わったほうがよい ▪During the dance they had to *change over*. ダンス中に彼らは位置を変わらねばならなかった.

4 《スポーツ》コートチェンジする ▪The players *changed over*. 選手たちはコートチェンジした.

change to 自 …に変わる ▪Every winter *changes to* spring. 冬はみな春に変わる. ☞CHANGE A into B.

change up 自《英》(自動車の)ギアを高速に入れかえる (↔ CHANGE down) ▪I *changed up* from second to third. 私はギアを2速から3速に入れかえた.

change A with B 他 AをB(人)と交換する ▪I would like to *change* seats *with* you. あなたと席を代わりたいのですが.

channel /tʃǽnəl/ *channel A into B* 他 **1** A(能力・金銭など)をB(使用目的)につぎ込む[向ける] ▪Gandhi *channeled* all his energies *into* the cause of Indian independence. ガンジーはインド独立の大義のために全精力をそそいだ ▪States have *channeled* $1 billion *into* the prevention of smoking. 諸州は喫煙防止のために10億ドルつぎ込んだ.

2 A(水)をB(畑など)に引く, 水路でAをBに流し込む ▪The parking lot drains *channeled* the water *into* a ditch. 駐車場の排水路は水を溝に流した.

channel off 他 **1** (水路を通して水)を流す, 排水する ▪Cole had to rent four pumps to *channel* the water *off* the field. コールは畑の排水にポンプを4台借りなければならなかった.

2 (精力・努力など)をつきさせる, 枯渇させる ▪The war

channeled off most of the resources of the country. 戦争のためにその国の資源はほとんど枯渇した. **3**(水路)を切りかえる ▪ The engineers *channeled off* the rising water. 技師たちは増水の水路を切りかえた.

4(目的)を切りかえる ▪ The money *was channeled off* for training purposes. その金は訓練向けに切りかえられた.

channel through ㉰ 〚主に受身で〛…を通して行う〔経る, 利用する〕 ▪ U.S. aid for those people will *be channeled through* the Red Cross. これらの人々への合衆国の援助は赤十字を通して行われることになるだろう.

characterize /kǽrəktəràɪz/ ***characterize*** *A* ***as*** *B* ㉰ 〚主に受身で〛A(人など)をB(性質など)と特徴づける, AをBと描写する ▪ Urban life has been *characterized as* being messy, but that's part of its vitality. 都会の生活の特徴は乱雑さだとされるが, それは都会の活力の一部だ.

charge /tʃɑːrdʒ/ ***charge … against*** *a person* ㉰ **1**…を人の負担とする, 人の勘定につける ▪ We shall *charge* the loss *against* you as you are responsible for it. その損失は君の責任なのだから, 君の負担とする ▪ *Charge* these cigars *against* me. これらの葉巻は私につけておいてください.

2…を人のせいにする, 人を…の罪に問う ▪ He *charged* the accident *against* me. 彼はその事故を私のせいにした ▪ Do you mean to *charge* the fault *against* me? 君はその過失を僕のせいにするつもりなのか.

charge at [***on***] ㉰ …に向かって突進する, につかかって行く ▪ The lion suddenly *charged at* me. ライオンは突然私につっかかって来た ▪ We *charged at* the enemy. 我々は敵に突撃した.

charge down upon [***on***] …に突撃する ▪ The schooner *charged down upon* the boat. スクーナー船はボートに突進した.

charge *a sum* ***for*** ㉰ …の代金[料金]いくらを請求する, の代金[料金]はいくらである ▪ What [How much] do you *charge* (me) *for* mending a pair of shoes? 靴の修理代はいくらですか ▪ We *charge* 2 pounds a dozen *for* eggs. 卵は1ダース2ポンドです.

charge into ㉰ …におどり込む, 突っ込む ▪ The horse *charged into* the crowd. その馬は群衆の中へ突っ込んだ.

charge off ㉰ **1**《米》(会計で帳簿に)損失として記入する[扱う] ▪ The store *charged off* the last season's stock of suits. その店は前シーズンの服の在庫品を損失として記入した.

2(借金などを)棒引きする ▪ If a debtor dies, the creditor must often *charge off* the debt. 負債者が死ぬと債権者はその借金を棒引きしなければならないことが多い.

3《米》…を…のせいにする[に帰する](*to*) ▪ The firm *charges off* its success *to* his leadership. 会社はその成功を彼の指導のおかげとしている.

4《米》〚しばしば to experience を伴って〛(失敗などを)認めてくよくよしない ▪ He *charged off* his mistakes (*to experience*). 彼は自分の誤りをあっさり認めた.

5《口》さっと飛び出して行く ▪ At a cry of fire they all *charged off*. 「火事だ!」という叫びを聞いて彼らはみなさっと飛び出して行った.

charge *A* ***on*** [***upon***] *B* ㉰ **1**BにAの税をかける ▪ Only a tax of 2 percent *is charged on* your purchases. 購入する物にはたった2パーセントしか課税されない.

2BをAの罪に問う ▪ They *charged* theft *on* him. 彼らは彼を窃盗の罪に問うた.

3AをBのせいにする ▪ Inconsistency *is charged upon* us. 我々は首尾一貫性がないと非難されている.

charge … to *a person* ㉰ 人の勘定につける ▪ *Charge* the cigars *to* me. 葉巻は私のつけにしておいてください.

charge *A* ***to*** *B* ㉰ **1**AをBに課す ▪ State universities *charge* little tuition *to* those students. 州立大学はそれらの学生からは授業料をあまり取らない.

2AをBのせいにする ▪ He *charged* the loss *to* my negligence. 彼はその損失を私の怠慢のためだと言った.

charge up ㉰ **1**(容器などに)いっぱいつめる; 充電する, 充填する ▪ I have to *charge up* my mobile phone. 私は携帯電話を充電しなければならない ▪ How much does it cost to *charge up* a fire extinguisher? 消火器を充填するのに費用はどのくらいかかるの?

2(クレジットカードを)利用限度額いっぱい使う ▪ The 18-year-old had already *charged up* $3,000 on a credit card. その18歳の若者はクレジットカードの限度額3千ドルをすでに利用していた.

3(…から)代金を高く取る ▪ The tradesman *charged* us *up* for those services. 商人はそのサービス代を我々から高く取った.

4…を一層活気づける, いきいきさせる ▪ The two characters help *charge up* the story. その二人の登場人物は物語をいきいきさせるのに役立っている.

5《口》→CHARGE off 4.

charge *a person* ***with*** ㉰ **1**人に…を負わせる, を託す ▪ He *is charged with* an important duty. 彼は重要な任務を託されている ▪ My father *charged* me *with* the duty of taking care of my sister. 父は私に妹の世話をする義務を負わせた.

2人を…の罪に問う, …のかどで責める ▪ The man *was charged with* theft. その男は窃盗の罪に問われた ▪ He *charged* me *with* neglecting my duty. 彼は義務を怠ったと言って私を責めた.

charge *a thing* ***with*** ㉰ **1**〚主に受身で〛物に…を満たす, つめ込む ▪ The air *was charged with* carbon. 空気は炭素で満ちていた ▪ *Charge* the gun *with* powder and ball. 銃に火薬と弾を込めよ ▪ His memory *was charged with* stores of fact. 彼の記憶には事実がうんとつめ込まれていた.

2(楯)に(紋章)をつける ▪ He *charged* his old shield *with* bearings won on Flodden Field. 彼は古い楯にフロドンフィールドの戦いで得た紋章をつけた.

charm /tʃɑːrm/ ***charm ... away*** 他 魔法[魔力]で…を払う[取り除く] ▪ The spell is sure to *charm away* the fiends. その呪文はきっと悪鬼どもを魔力で追い払うだろう ▪ Her smiles *charmed away* his illness. 彼女の笑顔を見ていたら彼の病気は治ってしまった.

charm ... into (*doing*) 他 …を魅惑して[そそのかして]…させる ▪ The hospital *was charmed into signing* a contract. 病院はのせられて契約に署名した.

charm *A* ***out of*** *B* 他 **1** 魔力で[だまして]BからAを引き出す ▪ You *charmed* a secret *out of* my tongue. あなたは私をうまくだまして秘密をしゃべらせた. **2** 魔力でだましてBからAを奪う ▪ She just *charmed* the very soul *out of* him. 彼女は彼を魅了してまさに魂の抜けがらにした. ▪ Let's *charm* that rich prize *out of* the gripe of robbery. うまくだましてあの貴重な獲物を盗賊の手から奪い取りましょう.

chart /tʃɑːrt/ ***chart out*** 他 …の明確な計画を立てる ▪ The committee is *charting out* its future. 委員会はその未来の明確な計画を立てつつある.

chase /tʃeɪs/ ***chase about*** [***around, round***] 自 **1** かけ回る ▪ The children were *chasing about*, making a loud noise. 子供たちは大きな音を立ててかけ回っていた. — 他 **2** 《口》(女性)を追い回す (*after*) ▪ You should not *chase around after* girls. 君は女の子を追い回してはいけない.

chase after 他 **1** …を追いかける ▪ The boy *chased after* the butterfly 少年はチョウを追いかけた. **2** 《口》走って…に追いつく ▪ *Chase after* Mary and bring her back. メアリーに追いついて連れ戻しなさい. **3** (異性)を追い回す ▪ She is *chasing after* the young man. 彼女はその青年を追い回している. **4** (仕事・金銭・解決法など)を追い求める, 追求する ▪ Don't always *chase after* the highest yields. 常に最高の利率ばかり求めるのはやめなさい.

chase away 他 (心配・恐怖など)を取り除く, を追い払う ▪ Japanese drummers will *chase away* bad spirits. 和太鼓奏者たちは悪霊を追い払う.

chase down 他 **1**《米》…を追いかけて捕まえる ▪ Ness saw the cops *chase down* and catch that inveterate car thief. ネスは警察が例の常習的車泥棒を追いかけて逮捕するのを見た. **2** (捜して)…を見つけ出す, 見出す; (正体・素性)を突きとめる ▪ Police *chased down* a man suspected of being a suicide bomber. 警察は自爆テロリストと思われる男を特定した.

chase *A* ***from*** [***out of***] *B* 他 BからAを追い出す ▪ Love has *chased* sleep *from* my enthralled eyes. 恋はとりこにされた私の目から眠りを追い出した《恋のとりこになって眠れなくなった》 ▪ The leaders *were chased out of* Florence. 主導者たちはフィレンツェから追い出された.

chase *A* ***into*** [***to***] *B* 他 AをBへ追い込む, 追いやる ▪ They *chased* him *into* banishment. 彼らは彼を流刑に追い込んだ.

chase off 他 …を追い出す, 追い払う ▪ The store clerk pulled a handgun from behind the register and *chased off* his attacker. その店員はレジの後ろから拳銃を取りだして攻撃者を追い払った.

chase up 他 《英口》**1** …を素早く探し出そうとする, 追跡調査する ▪ More than 170 new leads are *being chased up* in the hunt for the girl's killer. 少女殺害犯を追い求めて170件以上の新たな通報が追跡調査されている. **2** (追跡調査のため人に)連絡をとる; (貸付金回収などのため)…を追跡する, 回収する ▪ Denton has spent the past few months *chasing* people *up*. デントンはこれまで数か月かけて人々に連絡をとった ▪ The spy cameras are used to *chase up* people who do not pay their tolls. 隠し撮りカメラは通行料を払わない人を追跡するために用いられる ▪ He *chased up* debts for amounts as small as $6.50. 彼はわずか6.5ドルの貸付金を追跡回収した.

chat /tʃæt/ ***chat away*** 自 なごやかに話す ▪ Brown smiled and *chatted away* with everyone. ブラウンはほほえんで全員となごやかに話しをした.

chat over 他 …しながら雑談する ▪ Let's *chat over* some tea. お茶でも飲みながら話しましょう.

chat up 他 《英口》(特に男性が)甘い言葉で話す ▪ He was *chatting up* Mary. 彼はメアリーを甘い言葉でくどいていた.

chatter /tʃætər/ ***chatter from*** 自 (歯が寒さで)音を立てて震える, ガチガチと鳴る ▪ The storms had been so bad that the dogs' teeth *chattered from* the cold. あらしがとてもひどかったので犬の歯は寒さのためガチガチ鳴っていた.

chaw /tʃɔː/ ***chaw up*** **1**《米口》…を完全に負かす ▪ I felt as if I could *chaw* him right *up*. 私は彼をすっかりやっつけてしまえる気がした. **2** …をすっかりこわし[滅ぼし]てしまう, 使ってしまう ▪ The poor old bike *is* completely *chawed up*. あわれにも古自転車はすっかりこわされてしまった.

cheat /tʃiːt/ ***cheat at*** 自 (ゲームなどで)不正[いかさま]をする ▪ Rumours circulated that Edward VII had *cheated at* cards. エドワード7世はトランプでいかさまをしたという噂がひろまった ▪ Hitler *cheated at* chess, according to Lenin. ヒットラーはチェスでいかさまをやったとレーニンはいう.

cheat *a person* ***into*** 他 人をだまして…させる ▪ They tried to *cheat* her *into* sleeping. 彼らは彼女をだまして眠らせようとした ▪ He *was cheated into* admiration by the splendor of the verses. 彼はその詩の華麗さについ感嘆してしまった.

cheat of 他 …を持つことをさまたげる ▪ The cat *was cheated of* its prey by a man's cry. 猫は人の叫び声で獲物をとることができなかった ▪ He *was cheated of* a proper education by his parents' poverty. 彼は親の貧困のため正規の教育が受けられなかった.

cheat on 自 《主に米》**1** …に不正[不義]を行う, を

check

裏切る, ごまかす ▪He or she may go on to *cheat on* the job, *cheat on* a spouse, *cheat on* taxes, etc. そういう人はさらに進んで仕事で背任し, 配偶者を裏切り, 税金をごまかす等々をするかもしれない ▪He didn't graduate because he *cheated on* an exam. 彼は試験で不正行為をしたので卒業はしなかった.
2〈協定などを〉破る, に違反する ▪Their country won't *cheat on* the Nonproliferation Treaty. 彼らの国が核兵器拡散禁止条約を破ることはないだろう.

cheat *a person* (***out***) *of* 他 人を欺いて…に巻きあげる; 人をだまして払うべきものを払わない ▪He used to *cheat* the country people *out of* their money. 彼は田舎の人々をだまして金を巻きあげるのが常であった ▪He *cheated* me *of* my due. 彼は私に当然払うべきものを払わなかった ▪I *was cheated out of* $300 by my in-laws. 私は姻戚に 300 ドルだまし取られた.

check /tʃek/ ***check*** *A* ***against*** *B* 他 AをBと照合する ▪Peters *checked* the quote *against* the original source. ピーターズは引用を原典と照合した.

check back 自 **1** 〈古い記録などの〉中を探す ▪We *checked back* among the old books. 我々は古い書物の中を探した.
2 人にもう一度会う ▪I'll *check back* tomorrow about that question. その問題であすもう一度会います.

check for 自 …が(あるか)ないか調べる ▪All the planes *were checked for* wing cracks. 翼に亀裂がないか全機が点検された ▪At what age should you get *checked for* breast cancer? 乳がん(の有無)の検査は何歳で受ければよいか.

check in 自 他 **1**〈ホテル・会議などで〉記帳する, チェックインする;〈人〉をチェックインさせる ▪You must *check in* when you arrive at a hotel. ホテルへ着いたらチェックインしなければならない ▪He *checked* me *in* at the Central Hotel. 彼はセントラルホテルに私の部屋を予約してくれた ▪The hotel receptionist *checked* me *in* and gave me the room key. ホテルのフロント係が私の宿泊手続きをしてからルームキーを渡してくれた.
2 搭乗手続きをする;〈かばんなどを〉預ける ▪We got to the airport on time and *checked in*. 我々は定刻に空港について搭乗手続きをとった ▪You can *check* your suitcase *in* at the desk. あなたは受付にスーツケースを預けることができます.
— 自 **3**〈口〉出勤する, 到着する(タイムレコーダーで記録して) ▪Everyone must *check in* at the factory by nine o'clock. みんな9時までに工場に出勤しなければならない.
4《俗》死ぬ ▪A few of them will probably *check in*. 彼らのうち数名がたぶん死ぬだろう.
— 他 **5** …を登録する, 〈返却〉を記録する, を返却する ▪The receptionist *checked* me *in* and handed me a comment card to mail in later. 受付は私を登録して, あとで投函するようにと感想カードを手渡した ▪I have to *check in* these books at the library. これらの本を図書館に返さないといけない ▪Returned books *are checked in* by a machine that reads bar codes. 返却された本はバーコード読み取り可能な機械によって記録される.

check into 自 **1** …へ出勤する, に入院する; に到着する ▪He *checked into* his office half an hour late. 彼は30分遅刻して出勤した ▪She decided to *check into* a private hospital. 彼女は個人病院に入院することにした ▪He *checked into* the hotel. 彼はホテルに着いた.
— 他 **2** …を調べる ▪I'll *check into* the details and find out what is going on. 詳細を調べて何が起こっているのか明らかにしよう.

check off 他 **1** …に照合ずみの印をつける ▪Did you *check* them *off*? それらに照合ずみの印をつけましたか.
2 …を天引きする ▪He *checked off* each miner's dues. 彼は各鉱夫の税金を天引きした.
3 …を抑制[拘束]する ▪He *checked off* resentment. 彼は憤りを押さえた.
4 …の考慮をやめる ▪Robbery *was checked off* as a motive. 強盗が動機であるという考えは捨てられた.
— 自 **5** 終業する ▪The workers in this factory *check off* at five. この工場の労働者は5時終業だ.

check on **1** (…の様子)を調べる ▪I'll *check on* the tide and the wind. 私が潮と風の様子を調べよう ▪Go upstairs to *check on* the children. 2階へ行って子供たちの様子を見てきてちょうだい.
2 …を検査[調査]する, 確かめる, 試す ▪We use human volunteers to *check on* our theory. 我々は理論を試すため人間の志願者を使う.
3 …を抑制する ▪Have you *been checked on* your freedom of speech lately? 最近言論の自由が抑圧されたことがありますか.
— 自 **4** 始業する ▪The workers *check on* at 8.30. 労働者は8時30分に始業する.

check out **1**〈勘定を払って〉宿を出る, (…を)チェックアウトする(*of*) ▪He checked in at the hotel on Monday, and *checked out* Tuesday night. 彼は月曜にホテルにチェックインし, 火曜の夜チェックアウトした ▪I *checked out of* the hotel early this morning. 私は今朝早く(勘定を払って)宿を出た.
2〈預かり証を渡して〉預けた品を受け取る ▪I *checked out* my luggage at the Hong Kong International Airport. 手荷物を香港国際空港で受け取った.
3〈銀行預金〉を小切手で引き出す, 小切手にして支払う ▪I can *check out* banking credit in settlement of my debts. 私は借金の清算に銀行預金を小切手にして支払うことができる ▪He *checked out* over $1,000. 彼は1,000ドル以上の銀行預金を小切手で引き出した.
— 他 **4**〈図書館で本などを〉借り出す ▪He *checked out* two books from the library. 彼はその図書館から2冊の本を借り出した.
5 …を点検する, の様子を見る ▪They *checked out* the engine. 彼らはエンジンを点検した ▪Jackson *checked out* the new women's restroom. ジャクス

ンは新しい女性用化粧室の様子を見た.
6(銀行預金)を引き出す ▪He then *checked* the sum *out*. それから彼はその金額を引き出した.
7(セルフサービスの店などで)…の勘定をすます ▪I *checked out* my purchases. 私は買い物の勘定をすませた.
—圓 **8**《口》(タイムレコーダーで記録して)退庁[退所]する, 去る; 終業する ▪We *check out* at five. 我々は5時に退社する.
9 本当であるとわかる, 正しいと判明する ▪Does his story *check out*? 彼の話は本当なのですか.
10《俗》死ぬ ▪He *checked out* the hard way. 彼は苦しい死を遂げた.
11《口》辞職する ▪Mary *checked out* of her old job six months ago. メアリーは6ヶ月前に元の職を辞した.
12 同じである ▪See if the names *check out*. 名前が同じであるか調べなさい.
check over 他 **1**…を(徹底的に)調べる ▪We *checked over* the data. 我々は資料を徹底的に調べた.
2…を診察する ▪She asked the doctor to *check* her *over*. 彼女は医師に診察をしてくれるよう頼んだ.
check through 他 (徹底して)…を(徹底的に)調べる ▪He *checked through* the suitcase, finally pulling out a video camera. 彼はスーツケースを徹底的に調べたあげくビデオカメラを取り出した.
check up 他 **1**《米》…を詳細に(能率・正確度など)を試験する, 比較する; を数えあげる ▪I *checked* the facts *up* before I wrote my report. レポートを書く前に事実を詳しく調べた ▪I want to *check up* the precision of this watch. この時計の正確度を測定したい ▪I *checked up* the number of movies I watched last year. 去年見た映画の本数を数え上げた.
2…の健康診断をする ▪The doctor *checked* me *up*. 医者は私の健康診断をしてくれた.
check up on 他 (健康・記録・性質などを)調べる, 照合する ▪The doctor *checked up on* his health. 医者は彼の健康を診察した ▪Two detectives *checked up on* the prisoner's statements. 二人の刑事が囚人の陳述を照合調査した ▪They don't like to *be checked up on* by Washington. 彼らはワシントンに調査されるのを好まない.
check upon [*on*] *a person* 他 《米》人あてに小切手を振り出す ▪I will *check upon* him for $500. 彼あてに500ドルの小切手を振り出します.
check with 他 **1**…と符合[一致]する ▪His other observations *check with* established facts. 彼の他の言説は既定の事実と一致する.
2…に問い合わせる ▪Please *check with* us for particulars. 詳細は当社へ照会してください ▪A guest who hasn't returned the RSVP should be *checked with* by phone. 未回答の招待客には電話で問い合わせをすべきだ.
3…の診察を受ける ▪I *checked with* the doctor. 私は医者に見てもらった.
4…に相談する ▪I want to *check with* him before I sign the papers. 私は書類に署名する前に彼と相談したい.

cheek /tʃiːk/ *cheek up* 他 《口》…に生意気な口をきく ▪She will not allow the children to *cheek* her *up*. 彼女は子供たちが自分に生意気な口をきくことを許さない.

cheer /tʃɪər/ *cheer…on* **1**…を声援する, 声をあげて励ます ▪The boys *cheered* their football team *on* to victory. 少年たちは自分たちのフットボールチームを声援して勝利に導いた.
2…にけしかける ▪The hunter came to *cheer* the hounds *on* the vanished game. 猟師がやって来て犬どもを姿が消えた獲物にけしかけた.
cheer up 他 《口》 **1**(人)を励ます, 元気づける ▪The teacher *cheered* him *up*, and laughed at his dejection. 先生は彼を励まし彼が意気消沈しているのを笑った.
2(場所)を明るくする, 華やかにする ▪Daffodils *cheered up* the tables and the mood was upbeat. スイセンでテーブルは華やぎ, 楽しい雰囲気だった.
—圓 **3** 元気を出す, 元気づく ▪Come, *cheer up*! さあ, 元気を出せ! ▪He *cheered up* when I promised to help him. 彼は私の援助を約束したら元気づいた.

cheese /tʃiːz/ *cheese off* 他 《英口》[[主に受身で]] …をいやがらせる, うんざりさせる ▪My son *was cheesed off* with work. 息子は仕事がいやになってしまった.

chew /tʃuː/ *chew away* 圓他 **1**食べ続ける ▪You've been *chewing away* all afternoon. 君は午後ずっと食べ続けている.
2かみ砕く ▪The rats *chewed away* a box. ネズミどもは箱をかじって壊した.
chew on 《口》…をつくづく考える ▪I will *chew on* the matter. その件を熟考しよう.
chew out 《米口》…をしかる ▪He *chewed out* the umpire. 彼は審判にかみついた.
chew over 《口》…をつくづく考える ▪*Chew* these facts *over* for a while. これらの事実をしばらく熟考してください.
chew up 他 **1**…をかみくだく, よくかんで食べる ▪The dog *chewed up* the wire of my mother's hi-fi system. 犬は母のハイファイセットのコードをかみ切った ▪The ants *chewed up* potatoes and strawberries. アリはジャガイモもイチゴも食べてしまった.
2…をめちゃめちゃにこわす ▪The logs *were chewed up* for paper. 丸太は紙にするためこなごなに砕かれた.

chicane /ʃɪkéɪn/ *chicane…away* 策略をもって…を取り除く, だまして…を奪う ▪The possibility has *been chicaned away*. その可能性は策略をもってなくされた.
chicane a person into doing 他 人をだまして…させる ▪She *chicaned* him *into marrying* her. 彼女は彼をうまく言いくるめて結婚させた.
chicane a person out of 他 人をだまして…を奪う ▪He *chicaned* me *out of* my money. 彼はう

まく私をだまして金を奪った.

chicken /tʃíkin/ ***chicken out*** (***on, of***) 圓 《口》…から恐れてひっ込む, 手を引く ・He *chickened out on* the plan. 彼はおじけづいて計画から手を引いた ・He *chickened out of* the holdup at the last moment. 彼は土壇場になって強盗行為から手を引いた.

chide /tʃáid/ ***chide*** *A* ***for*** *B* 他 A(人)をB(行為)のことでたしなめる, しかる ・The justices *chided* the prosecutor *for* dragging irrelevant evidence into the trial. 裁判官は裁判に無関係な証拠を提示した点について検察官をたしなめた.

chill /tʃíl/ ***chill out*** 圓 《米俗》 **1**〘主に命令文で〙落ち着く, 気を静める, 頭を冷やす ・*Chill out*, would ya? It's just an example. まあ落ち着け. 単なるたとえだよ ・Everyone *chilled out* after the emergency. 非常事態が収まるとみな冷静になった.
2 くつろぐ, リラックスする ・I *chilled out* at my parents' house in Iowa. アイオワの実家でくつろいだ ・Reading helps me *chill out* more than anything. 読書をすると何よりも気が休まる.
3 (…と)たむろしてすごす (*with*) ・This is the best place to *chill out with* my friends. ここは友だちとたむろして遊ぶ一番いい場所だ.

chill up [***down***] 圓 凍えきる ・The marmot has all its faculties *chilled up* in winter. マーモットは冬にはあらゆる能力が凍えきってしまう.

chime /tʃáim/ ***chime in*** 圓 **1** 合うちを打つ ・"He was very civil," Will *chimed in*. 「彼は非常に丁寧でした」とウィルは合うちを打った.
2 (話に)口をはさむ, 加わる ・My proposal caused a discussion, and he *chimed in*. 私の提案は議論を引き起こし, 彼が論争に加わった.
3 (音楽で)調子を合わせる; 一致する ・The other bells *chimed in*. 他の鐘も調子を合わせた ・He struck his ax into the tree with a cry, and two others *chimed in*. 彼は叫び声をあげて木におのを打ち込み, 他の二人も調子を合わせた.

chime in with 圓 **1** …に調子を合わせる《CHIME in と違って従属的に調子を合わせる》 ・They *chimed in with* the President. 彼らは大統領に調子を合わせた.
2 …と調和する, 一致する ・This *chimed in with* his belief. これは彼の信念と一致した ・Those blue curtains *chime in with* the carpet. その青色のカーテンは敷物と調和している.

chime with 圓 …と調和[一致]する ・The tendency *chimed with* his private desires. その傾向は彼の個人的な願望と一致した.

chip /tʃíp/ ***chip at*** 他 **1** 《口》…に打って[食って]かかる, を酷評する ・He is *chipping at* you, Burns. バーンズ君, 彼は君を攻撃しているのだよ ・It is difficult to *chip at* the translation. その翻訳を酷評することはむずかしい.
2 …をからかう ・Each *chipped at* the other. 互いにからかい合った.

chip away 圓 **1** 少しずつとれる; 少しずつ取り去る ・The edge of the stone has *chipped away*. 石の角(℃)が少しずつとれた.
2 (印をつけたり, 穴を開けるため)(…を)つつく, 連打する (*at*) ・The boy was *chipping away at* the hard rock. 少年は固い岩を連打していた.
3 少しずつこわす ・He *chipped away at* the company's methods. 彼は会社のやり方を少しずつやめた.
4 (借金・金を)徐々に減らす (*at*) ・Unforeseen circumstances have *chipped away at* her money and added to her debt. 予見できない状況のため彼女のお金は減り借金が増えた ・Little by little, I *chipped away at* the debt. 少しずつ私は借金を返済していった.

chip in 圓 **1** (通常慈善の目的で)献金[寄付]する, 金を出し合う ・Every one in the office *chipped in* (with) a dollar to buy Mary a wedding present. 会社の人がみなメアリーに結婚祝いを買って1ドル寄付した ・Will you *chip in* for Henry? ヘンリーに贈るカンパをしてくれないか.
2 《口》(話に)巧みに言葉をはさむ ・The old man would *chip in* with his opinion while we were speaking. その老人は我々が話している間巧みに自分の意見をはさむのだった.
3 (議論・けんかに)割りこむ; 干渉する ・Then she *chipped in* with a remark. そのとき彼女は割り込んで意見を述べた.
4 《米口・ポーカー》金をかける ・There isn't enough left to *chip in* on a ten-dollar ante. 10ドル前掛け金にかけるだけの金も残っていない.
5 《米口》(事業に)加わる ・Will you ask them to *chip in*? 彼らに参加するよう勧めてくれませんか.

chip in for 他 《米口》…を分担する ・I will *chip in for* the expenses. 私が経費を分担します.

chip off 圓 **1** …をそぎ落とす, (かどなど)を切り落とす, かき取る ・Your job is to *chip off* the edge of this stone. 君の仕事はこの石のかどを切り落とすことだ ・They *chipped* several pieces of stone *off* the walls. 彼らは壁から数個の石をかき取った.
2 《海軍》…に敬礼する ・He *chipped* the officer *off*. 彼はその将校に敬礼した.
— 圓 **3** かけて落ちる ・The paint is *chipping off*. ペンキがかけ落ちている.

chip out 圓 《主に北英》けんかする ・We *chipped out* while drinking. おれらは飲んでいる間にけんかした.

chip up 圓 《北英》足をすくう ・He *chipped up* the heels. 彼は足をすくって倒した.

chipper /tʃípər/ ***chipper up*** 圓 気が晴れる ・Percy *chippered up* for a while as I shook hands with him. 僕が握手するとパーシーはしばらく顔が明るくなった.

chirk /tʃɚːrk/ ***chirk up*** 圓 《米口》もっと陽気になる; 元気づける ・*Chirk up*, your troubles will soon be over. 元気を出しなさい. 悩みもじきなくなりますよ.

chirp /tʃɚːrp/ ***chirp up*** 他圓 《米》くちびるを鳴らして励ます; 油断せぬようになる, 機敏になる ・I *chirped* her *up* for a time. しばらくの間彼女を励ま

した.

chisel /tʃízəl/ ***chisel in*** (***on***) 圓 …にこっそり食いこむ ▪ He has a good sales territory but is always afraid that someone may *chisel in on* it. 彼は立派な販売区域を持っているが, 誰かがそれに食いこみはせぬかといつも心配している ▪ He became a member only by *chiseling in*. 彼はただ自ら割り込んで会員になったのだ.

chisel *A **out of*** *B* 他 《口》A(人)をだましてBを取る ▪ They *chiseled* John *out of* $100. 彼らはジョンをだまして100ドルまきあげた.

chivy, chivvy /tʃívi/ ***chivy along*** 他 《口》(前進するよう, はかどらせるよう)…をうるさくせき立てる ▪ Don't *chivy* me *along*. I'll walk at my own speed. うるさくせき立てるな. 僕は自分のスピードで歩くんだ ▪ You should *chivy* the workers *along* a bit. 君は(仕事をはかどらせるよう)労働者を少しうるさくせき立てるべきだ.

chivy *A **into*** *B* 他 《口》Aをせき立ててBさせる; Aにしつこく言ってBさせる(*doing*) ▪ They must *chivy* the Government *into* action. 彼らは政府をせき立てて行動を起こさせねばならない ▪ We have to *chivy* him *into finding* a job. 彼にうるさく言って仕事を見つけさせねばならない.

chivy up 《口》(人)に何度も注意する ▪ We must *chivy* our children *up* about their schoolwork. 我々は学業について自分の子供にたびたび注意しなければならない.

chock /tʃɑk|tʃɔk/ ***chock up*** 他 **1**…をくさびでしっかり留める ▪ The driver *chocked up* the wheels. 運転手は車輪を輪止めでしっかり固定した.

2(部屋に家具)をぎっしりつめる ▪ The room *is chocked up* with furniture. その部屋には家具がぎっしりつまっている.

choke /tʃouk/ ***choke back*** [***down***] 他 (感情・涙など)を ぐっと飲み込む ▪ He *choked back* a sharp reply. 彼は(口に出かかった)しんらつな答えをぐっと飲み込んだ ▪ Julius *choked down* the anger and let it simmer. ジュリアスは怒りを飲み込んで胸にしまった.

choke down 他 **1**(食物)をやっと飲み込む ▪ The medicine *was choked down* at one gulp. その薬は一口にやっと飲み込まれた.

2(感情など)をやっと抑える ▪ She *choked down* a sob. 彼女はすすり泣きをやっとこらえた.

choke in [***up***] 圓 《米口》話すことを控える, 黙っている ▪ I wanted to tell him about it, but I *choked in*. 彼にそのことを話したかったが差し控えた ▪ "*Choke up*," interposed Red. 「黙れ」とレッドは口をはさんだ.

choke off 他 **1**…を中止させる, (成長・回復などを)妨げる; を(しかったりして)思いとどまらせる ▪ The minister tried in vain to *choke off* the discussion. 大臣は討論を中止させようとしたがだめだった ▪ She was too attentive and I had to *choke* her *off*. 彼女はあまりいんぎんにすぎたので私は制止せねばならなかった ▪ His policies would *choke off* inflation. 彼の政策はインフレを抑えるだろう.

2(犬など)をのどを押して放させる.

3《口》…をしかりとばす ▪ I asked him for a day's holiday, and he *choked* me *off*. 彼に1日の休暇を願ったところ, しかりとばされた.

4…を絞め殺す ▪ He *choked* her *off* to death. 彼は彼女を絞め殺した.

5…を追っ払う ▪ The business was so repulsive that most volunteers *were choked off*. その仕事は非常にいやなものだったので志願者の大部分は逃げてしまった.

choke out **1**声をつまらせて…を言う ▪ He *choked out* an apology of "I'm sorry" to the victims' family sitting in the courtroom. 彼は法廷に着席している犠牲者の家族に声をつまらせて「ごめんなさい」と謝罪の言葉を述べた.

2(言葉)を抑えてしまう ▪ They seemed to *choke out* their words. 彼らは言葉を抑えてしまうように見えた.

choke up 他 **1**…をふさぐ, つまらす ▪ The room *was choked up* with old furniture. その部屋には古い家具がいっぱいつまっていた ▪ The chimney *is choked up* with soot. 煙突はすすでつまってしまっている.

2…の息[声]をつまらせる ▪ The thought quite *chokes* me *up*. そう思うと私は息がつまってしまう ▪ That *choked* him *up*. For a moment, the fast talker stopped. そのため彼は声をつまらせた. 一瞬, 早口の話し手は口をつぐんだ.

3…を窒息させる《比喩的にも》 ▪ Young plants *were choked up* with weeds. 若木は雑草のため枯れた.

— 圓 **4**《口》感きわまってものが言えない ▪ He *choked up* and could not utter a word. 彼は感きわまって一言も言えなかった.

5(競争などで)あがってしまう ▪ In the championship game, he *choked up* and did poorly. 選手権試合で彼はあがってまずい試合をした.

choose /tʃuːz/ ***choose*** *A **before*** *B* 他 BよりもむしろAを取る ▪ I would *choose* death *before* dishonor. 私ははずかしめられるよりもむしろ死んだほうがましだ.

choose between *A **and*** *B* 圓 AとBのうちどちらかを選ぶ ▪ You must *choose between* death and disgrace. 君は死と恥辱のどちら一つを選ばねばならない.

choose *A **from among*** *B* 他 Bの中からAを選ぶ ▪ *Choose* one book *from among* these. これらの本の中から一冊を選びなさい.

choose out 他 …を選んで取る ▪ Jesus specifically *chose out* twelve from among those that followed him. イエスは己に従う者の中からとりわけ12人を選りすぐった ▪ He *chose out* the most proper means in pursuit of his end. 彼は自らの目的達成に最適な手段を選び出した.

choose up 圓 他 《口》(即席試合などのため)対戦選手[チーム]を決める ▪ Let's *choose up* sides and play soccer. 二手に分かれてサッカーをしよう ▪ Let's *choose up*. 対戦選手を決めよう[チームに分かれよう].

chop /tʃɑp|tʃɔp/ ***chop about [round]*** 圓《口》**1**(風が)急に変わる ▪ The wind *chopped round* and we set out to sea. 風が急に変わり我々は海に乗り出した ▪ The House of Commons *chopped about*. 下院の風向きが急に変わった.

— 他 **2**…をあちこち切る ▪ He *chopped* the window *about* to fit in heavy shutters. 彼は重い雨戸をはめこむため窓をあちこち削った.

chop at 他 …をねらい打つ, に切りかかる ▪ The batsman *chopped at* the ball and missed it. 打者はボールをねらったが打ち損じた.

chop away 他 **1**…を切り捨てる ▪ The sailors *chopped away* the loose wreckage. 船員たちは縄のほどけた難破貨物を切り捨てた.

2《方》…を交換して渡す; をつまらないものと交換に手放す (*for*) ▪ He *chopped away* three old hens *for* two young hens. 彼は2羽の若どりと引きかえに3羽の古どりを手放した.

chop back 圓 **1**急に引き返す ▪ The wind *chopped back* to the south-east. 風はまた元の南東の風へ戻った.

— 他 **2**…を切って減らす ▪ *Chop back* some of the branches. 枝を少し切って木を小さくしなさい.

3…を大削減する ▪ The government *chopped back* its spending. 政府は経費を大幅に削減した.

chop down 他 **1**…を切り倒す ▪ I must *chop* that tree *down*. その木を切り倒さねばならない.

2(計画など)をくじく, だめにする ▪ The legislation *was chopped down* in the House of Representatives. その法案は下院で否決された.

chop in (with) 圓他 突然横から口を入れる ▪ He *chopped in* a remark. 彼はいきなり横合から口を出した ▪ The woman *chopped in with* her remarks. その女は横から口を入れてじゃました.

chop off 他 **1**…を切り取る, 切り離す ▪ The butcher *chopped off* a rib of pork. 肉屋はブタのあばら肉を切り取った ▪ I *chopped* the dead branches *off* the old tree. 老木から枯れた枝を切り払った.

2…の発言をさえぎる[中断する], 発言のじゃまをする ▪ He *chopped* himself *off* before the word "cattle" slipped fully out. 彼は cattle という語を言い切らないうちに言うのをやめた.

chop out 圓 (地層が)露出する ▪ A mineral vein *chopped out*. 鉱脈が露出していた.

chop...through 他 …を切り開いて進む ▪ We *chopped* a path *through* the forest. 我々は森の中を道を切り開いて進んだ.

chop up 他 **1**…を細かく切り分ける, こま切れにする ▪ We'll *chop* that meat *up* and stew it. その肉をこま切れにしてシチューにしよう.

2…を細分する ▪ They *chopped up* their discourses into divisions. 彼らは自分の講話を部分に細分した.

3 = CHOP out.

chop upon [on] 他 **1**《俗》…に偶然出くわす ▪ Unluckily I *chopped upon* them. 不幸にも急に彼らに出くわした ▪ The report must have been *chopped on* by the Administrator. その報告書は長官に見られたにちがいない.

2…に襲いかかる ▪ He lost his sight after *being* brutally *chopped on* by a group of men. 彼は男たちの乱暴な襲撃を受けて失明した.

chortle /tʃɔ́ːrtl/ ***chortle about [over]*** 他 …のことで笑う, 大笑い[苦笑, 失笑]する ▪ Some have *chortled over* that incident while others have pointed fingers. あの出来事を笑い飛ばした人もいるし, 非難した人もいる ▪ We've *chortled about* each other's drunken exploits. 我々はお互いの酒の上での武勇伝を大笑いした ▪ Every move she makes *is chortled over* by an appreciative audience. 彼女の一挙手一投足が目の肥えた観客の笑いをさそった. ⇨ chortle<chuckle + snort の混成; Lewis Carroll の造語.

chow /tʃaʊ/ ***chow down*** 他 **1**《米口》…をがつがつ食べる, むさぼり食う (*on*) ▪ The hungry boy *chowed down on* chicken nuggets and a banana. 腹をすかせた少年はチキンナゲットとバナナをがつがつ食べた.

— 圓 **2**食事をする ▪ Let's *chow down*. 食事にしよう.

chuck /tʃʌk/ ***chuck away*** 他《口》(時・金など)を空費する, 逃がす, 投げ捨てる ▪ He *chucked away* my old books without asking me. 彼は私に聞きもしないで古い本を捨ててしまった ▪ He *chucked away* a chance. 彼は機会を逃がした.

chuck A away on B 他《口》**1**AをB(つまらぬもの)に空費する ▪ You *chucked* your money *away on* that worthless plan. 君はあのつまらぬ計画に金を空費した ▪ Your advice *is chucked away on* that boy. 君の忠告はあの少年には何の効き目もない.

2AをB(つまらぬもの)に投げ捨てる ▪ Her father had no wish to *chuck* her *away on* such a man. 父親は彼女をそんなつまらぬ男に嫁がせる気は全くなかった.

chuck down 他《口》**1**…を投げ倒す ▪ He *was chucked down* the stairs. 彼は倒されて階段から下へ落ちた.

2…を投げ落とす ▪ *Chuck* the apples *down* to me. リンゴを私のところへ投げ落としてくれ.

chuck in 他《口》**1**《英》(…すること)をやめる, 途中でほうり出す ▪ Tom has *chucked in* his studies. トムは研究をやめた ▪ He *chucked in* his job to look after his son and the family moved to Norfolk. 彼は息子の面倒を見るために中途退職し, 家族はノーフォークに引っ越しした.

2…を投げ入れる, ほうりこむ ▪ Please *chuck in* the ball. ボールを投げ入れてください.

3(物)を加える, 添える《しばしば景品として》▪ The shop will *chuck in* a tablecloth. その店ではテーブルクロスを添えてくれる.

4(言葉)をさしはさむ ▪ He *chucked in* a word. 彼は一言さしはさんだ.

chuck off 他 …を放り出す, 追い出す ▪ The young guy tried to barge in and *was chucked off* by the ticket inspector. その若者は強引に入ろう

としたが改札係に追い出された.

chuck out 他《口》**1** …をほうり出す, つまみ出す; を捨てる (*of*) ▪ They *chucked* Professor Hill *out of* college. 彼らはヒル教授を大学から追放した ▪ The heckler *was chucked out of* the hall. やじを飛ばした男は会場からほうり出された ▪ With all these new rules, large companies and organizations can't *chuck out* old computers. これらの新しい規則のため大企業や大組織は古いコンピューターを処分することができない.

2 …を否決する ▪ The committee *chucked out* your suggestions. 委員会はあなたの提案を否決した.

3〖主に受身で〗…をだめにする ▪ Our plan *was chucked out* by bad weather. 悪天候のため我々の計画はだめになった.

chuck over 他 …を捨てる, 勘当する ▪ He *chucked over* his son. 彼は息子を勘当した.

chuck up 他《口》**1** …を(いやになって)捨てる, 投げ出す ▪ He *chucked up* his job. 彼は(いやになって)仕事を投げ出した.

2 (食べたもの)を吐く, 戻す ▪ She *chucked up* (her dinner) again. 彼女は(ごちそうを)また吐いた.

3 (家など)を急造する ▪ The office *was* really *chucked up*. 事務所は本当ににわか造りだった.

4 (機会・忠告など)をむだにする (→THROW away 2) ▪ Don't *chuck up* a chance. 機会をむだにするな.

chuckle /tʃʌ́kəl/ ***chuckle at*** 他 …に得意になる, 悦に入る ▪ He *chuckled at* his success. 彼は自分の成功に得意になった.

chuckle out 他 …をくすくす笑いながら言い出す ▪ He *chuckled out* some foolish fancy. 彼はつまらぬ思い付きをくすくす笑いながら言い出した.

chuckle over 他 …にほくそえむ, をおもしろがる ▪ He set a house in a blaze and *chuckled over* the splendor. 彼は家を燃えあがらせて, そのすばらしさをおもしろがった.

chuckle together 他 (クックッとめんどりのように鳴いて)…を集める ▪ The hen *chuckled* her chickens *together*. めんどりはクックッと鳴いてひなを集めた ▪ She *chuckles together* a whole covey of essences and perfumes. 彼女は香水や香料の類を残らず集める.

chug /tʃʌ́g/ ***chug along*** 自 (エンジンの音を立てながら)ゆっくりと進む ▪ The old ship *chugged along*. 老朽船は音を立ててゆっくりと進んだ.

chug up 他《米口》(馬)に拍車をかけてせきたてる ▪ *Chug up* that horse of yours. 君のあの馬を拍車できたてよ.

chum /tʃʌ́m/ ***chum around with*** 自 **1** …と大の仲よしである ▪ He *chums around with* Charles. 彼はチャールズと大の仲よしである.

2 …といっしょに旅をする ▪ He *chummed around* the Kiwi country *with* his pal Dingo for several days. 彼は友人のディンゴとニュージーランドを数日間旅をした.

chum in [***up***] 自《口》(…と)仲よしする (*with*) ▪ The apprentice *chummed in with* the boy. その徒弟はその少年と仲よくした ▪ Australians *chum in* together. オーストラリア人たちはみんな仲よくする.

chum a person ***on*** 他 人を…と同室に入れる ▪ Newcomers *are chummed on* the previous inmates. 新来者たちは前からいる人々と同室に入れられる.

chunk /tʃʌ́ŋk/ ***chunk up*** 他 (火)にたきぎをくべる ▪ Smith kept *chunking up* the fire. スミスは火にたきぎをくべ続けた.

churn /tʃə́ːrn/ ***churn out*** 他 **1** …を乱造する ▪ Some writers *churn out* 3,000 words a day. 一日に3,000語も書きなぐる作家もいる.

2 …を量産する ▪ Toyota plans to *churn out* as many as 100,000 Camry sedans a year. トヨタはセダン型のカムリを年間10万台大量生産する計画である.

churn up 他 **1** (水・砂など)を激しくかき立てる ▪ The ship's propellers *churned up* the water. 船のスクリューは水を激しくかき立てた.

2 (感情)をかき立てる, (人)を不安にさせる ▪ The news *churned up* long-submerged memories of her first marriage. そのニュースは長く抑えられていた彼女の初婚の記憶を揺り動かした.

cipher /sáifər/ ***cipher out*** 他 **1** …を算出する ▪ We *ciphered out* the number of acres a year's circulation of this paper would cover. 本紙が配達される範囲が1年で何エーカーに及ぶかを算出した.

2《米口》…を探る, 見いだす ▪ *Cipher out* the cause. 原因を探れ ▪ I could not *cipher out* how he got there. 私は彼がどんなにしてそこへ行ったかわからなかった.

circle /sə́ːrkəl/ ***circle about*** [***around, round***] **1** …を回る ▪ Several orbs *circle around* the sun. 数個の天体が太陽の回りを回る.

2 …を取り囲む ▪ My eyes came to *be circled about* with red. 私の目の回りに赤色のくまができた ▪ The sea *circled* us *around*. 海が我々を取り囲んでいた ▪ On that ship Billy *was circled about* by an admiring crew. 船上でビリーは彼を称賛する乗組員の輪の中にいた.

3 (人・問題)に気配りする ▪ Tom *circled round* the girl at the party because he wanted to talk to her. トムはパーティーでその女の子に気配りをした. 彼女に話しかけたかったから.

— 自 **4** (ニュースなど)伝わる ▪ The news *circled round*. そのニュースは伝わった.

cite /sáit/ ***cite*** A ***for*** B **1** (Bの容疑で)Aを法廷に召喚する, 出頭を命じる ▪ Police *cited* the driver *for* speeding. 警察はその運転者にスピード違反で出頭を命じた.

2 BのためにAに感状を出す ▪ The police officer *was cited for* his brave action. 警官はその勇敢な行為を称える感謝状を贈呈された.

civilize /sívəlaiz/ ***civilize ... away*** 他 文明化し, …を取り除く ▪ We must *civilize* this sort of custom *away*. 我々はこのような風習は文明化によって取り除かねばならない.

claim /kléim/ ***claim back*** 他 **1** (…から)…の返

還を要求する ▪ We cannot *claim back* the income-tax. 所得税の返還を要求することはできない
2 ...を取り返す(*from*) ▪ We *claimed* her *back from* her foster parents. 我々は彼女を里親から取り返した.

claim (*A*) ***for*** *B* 他 **1** B(経費など)として(A を)請求する ▪ Can I *claim* £170 *for* yesterday's travel expenses? 昨日の旅費として170ポンド請求できますか.
2 AをBの所有と宣言する ▪ He *claimed* the island *for* the English nation. その島は英国所有であると彼は宣言した.

claim (*A*) ***from*** *B* 他 BにA(権利としての金)を要求する ▪ He *claimed* damages *from* the other driver. 彼は相手の運転手から損害賠償金を請求した.
▪ In 1846, New Mexico *was claimed from* Mexico by the United States. 1846年にニューメキシコが合衆国がメキシコに(勝者の)権利として要求した.

clam /klæm/ ***clam up*** 自 《主に米俗》急に黙ってしまう ▪ Asked where he had heard the news, he *clammed up*. どこでその知らせを聞いたか尋ねられると彼はたんに口を閉じてしまった.

clam up on 自 《主に米俗》...に対してものを言わない ▪ There's no need to *clam up on* me. 私に対して黙っている必要はない.

clamber /klǽmbər/ ***clamber*** (*up*) ***to*** 他 苦労して...へよじ登る ▪ He has *clambered up to* the throne by crafty collusion. 彼はあくらつな共謀によって王座に登った.

clamor, 《英》**clamour** /klǽmər/ ***clamor against*** 他 ...にやかましく反対する ▪ The newspapers *clamored against* the government's plans. 新聞は政府の計画にやかましく反対した.

clamor ... down 他 (人など)をやじり倒す ▪ He was *clamored down* and retired. 彼はやじり倒されて退場した.

clamor for 他 ...をやかましく要求する ▪ The foolish people were *clamoring for* war. 愚かな国民は戦争をやかましく要求していた ▪ My stomach *clamors for* food. 私の胃袋が食物を激しく求めている.

clamor ... into 他 騒いで[やかましく叫んで]...をさせる[に追いこむ] ▪ We *clamored* him *into* consent. 我々はやかましく叫んで彼に承諾させた.

clamor ... out of 他 騒いで[やかましく叫んで]...をやめさせる[はずれさせる] ▪ We can't *clamor* the sun and moon *out of* their courses. 大声を出しても太陽と月をその軌道からはずすことはできない ▪ We *clamored* him *out of* the adventure. 我々は騒いで彼にその冒険をやめさせた.

clamp /klæmp/ ***clamp down*** 他 **1** (規定など)をきびしく課す, 取り締まる ▪ The police have *clamped down* on speeders here. 当地では警察がスピード違反者を厳しく取り締まっている.
2 (甲板)を水をまいて掃除する ▪ The order to mop the deck is given as "*Clamp down* the deck!" 甲板をモップ掛けする指令は「甲板清掃!」と言って下さ れる.
— 自 **3** 弾圧的になる ▪ He took over control of the people and *clamped down*. 彼はその国民の支配権を握り, 弾圧的になった.

clamp down on 他 《口》...を弾圧する, 取り締まる, やっつける ▪ They *clamped down on* free enterprise. 彼らは自由企業を弾圧した ▪ The police *clamped down on* the vice ring. 警察は暴力団をやっつけた.

clamp on [***onto, to***] 自 **1** ...にくっつく ▪ The claws of a crayfish can *clamp on* a finger. ザリガニのはさみは指にくいこむことがある.
— 他 **2** 〖主に受身で〗...をしっかりと固定する, に取りつける ▪ The Crittercam *is clamped on* the shark's dorsal fin. 観察カメラがサメの背びれに取りつけられている.

clamp up 他 ...を積みあげる[重ねる] ▪ The workmen *clamped up* the bricks. 職人はれんがを積み重ねた.

clamper /klǽmpər/ ***clamper up*** 他 《米》...を大急ぎで粗雑に繕う ▪ I *clampered up* the story into a sort of single scene. その話の筋をいわば一場面にざっと繕め上げた.

clank /klæŋk/ ***clank down*** ...をカタンと置く[落ル] ▪ The milkwoman *clanked* her pails *down*. 乳しぼりの女性はおけをカタンと置いた.

clap /klæp/ ***clap*** *A* ***in*** *B* 他 A(人)をB(牢など)に入れる, AにB(手錠など)をかける ▪ The trafficker *was clapped in* prison. 麻薬商は投獄された ▪ Kidd *was clapped in* chains and shipped back to England to be sentenced to death. キッドは鎖につながれ, 英国に送還されて死刑の判決を受けた.

clap on 他 **1** ...をさっと着る[はく, かぶる, かける] ▪ He *clapped* his hat *on* his head. 彼は帽子をさっとかぶった ▪ The driver *clapped on* the brakes. 運転手はさっとブレーキをかけた.
2 (帆)をさっと張る ▪ The captain *clapped on* sail. 船長は帆をさっと張った.
3 (税など)を課す ▪ The government *clapped* import duties *on* the manufactures of other countries. 政府は他国の製品に輸入税を課した.
4 (責任など)を押しつける ▪ He *clapped* the wicked act *upon* the backs of Christians. 彼はその悪行をキリスト教徒になすりつけた.
— 自 **5** 《口》仕事にかかる, 精出してやる ▪ Who will *clap on* with a will? 誰が身を入れて仕事にかかるのか.

clap *A* ***on*** *B* 他 Bに対する税率をAだけ上げる ▪ The government *clapped* another 5% *on* cigarettes. 政府は紙巻タバコの税率をもう5パーセントあげた.

clap out 他 **1** 手拍子をとる ▪ She *clapped out* the time as the singers went over the Korean folk song again and again. 歌手たちが韓国民謡を何度も何度も繰り返し歌っているあいだ, 彼女は手拍子をうった ▪ The song *was clapped out*. その歌に手拍子があそられた.
2 《主に北英》...をたたいて平たくする, たたいてしわをのは

す ▪ She *clapped* the dough *out* with her hands. 彼女はねり粉を両手でたたいてのばした.

clap A to B 他 AをBにぱっと置く ▪ Bennett *clapped* her hand *to* her mouth and sobbed uncontrollably. ベネットは口にさっと手をあてて抑えきれずにすすり泣いた.

clap together 他 …を急いで造る ▪ The actors *clapped together* a stage. 俳優たちは舞台を急いで造った.

clap up 他 **1** (契約・取引など)を急いで取り決める, 結ぶ ▪ He *clapped up* a peace with the Venetians. 彼はベニス軍と急いで和を結んだ ▪ *Clap up* an acquaintance with him. さっさと彼と知り合いになりなさい.

2 …を牢へたたきこむ ▪ The King *clapped up* certain nobles. 王はある貴族たちを投獄した.

— 自 **3** 盛んに拍手し続ける ▪ *Clap up*, you fellows. 諸君, 盛んな拍手を続けてください.

clash /klǽʃ/ ***clash into [against, at]*** 他 **1** …と衝突する ▪ I *clashed into* him as I went round the corner. 私はかどを曲がったとき彼と衝突した.

2 …に突撃する ▪ The heroes *clashed against* the hosts of Persia and routed them. その英雄たちはペルシャの大軍に突撃して敗走させた.

clash with 自 **1** (意見・利害が)…と衝突する ▪ Our interests *clash with* theirs. 我々の利害は彼らのと衝突する ▪ His statement *clashes with* Lord Eldon's. 彼の言明はエルドン卿のとくいちがっている ▪ Mr. Wilson *clashed with* Mr. Johnson. ウィルソン氏はジョンソン氏と議論で衝突した.

2 (時間・催し物が)…とかち合う ▪ His wedding *clashes with* my exam, so I can't go. 彼の結婚式は私の試験とかち合うので参加できない ▪ The lecture on foreign affairs *clashed with* her Spanish class. 国際事情に関する講演が彼女のスペイン語の授業と重なった.

3 (規則など)に触れる ▪ What they did *clashes with* our regulations. 彼らのしたことは我々の規則に抵触する.

4 ((口)) (色などが)…ととり合わない ▪ The color of her dress *clashes with* the color of her hat. 彼女の服の色は帽子の色ととり合わない.

class /klǽs|klάːs/ ***class A among B*** 他 〖主に受身で〗AをBに分類する[含める] ▪ We *class* Professor Molby *among* the very best as a physicist. 我々はモルビー教授が物理学者として最高の部類に入ると考える ▪ Azaleas *are classed among* rhododendrons. ツツジはシャクナゲの類に分類される ▪ Novaya Zemlya *is classed among* the European islands. ノバヤゼムリャはヨーロッパの島のうちに含められている.

class A as B 他 〖主に受身で〗AをBであると考える [Bと同類とみなす] ▪ What used to *be classed as* luxuries have now become necessities. かつては贅沢品と思われていたものが今では必需品になっている.

class A with B 他 AをBに組み入れる ▪ The Japanese ought to *be classed with* the superior races. 日本人は優秀民族に入れられるべきである.

clatter /klǽtər/ ***clatter about*** 自 ガタガタ音を立てる[立てさせる] ▪ Children! Don't *clatter about*. あんたたち! ガタガタ音を立てないで.

clatter along 自 カタカタ音を立てて早く進む ▪ I wore wooden shoes and *clattered along* the road. 私は木ぐつをはいて, 道路をカラコロと音を立てて進んで行った.

clatter down 自 **1** ガラガラッと落ちる ▪ Some of the dishes *clattered down*. 皿の幾枚かがガラガラッと落ちた.

2 カタカタと早く行く ▪ He went *clattering down* the street. 彼は街路をカタカタと音を立てて早足で行った.

claw /klɔ́ː/ ***claw at*** 他 **1** …に爪を立てる, 爪でつかまろうとする, を爪でひっかく[引き裂く, 襲いかかる] ▪ In a far corner an old Vietnamese woman *clawed at* the wall, weeping and praying. 遠くではベトナム人の老婆が壁に爪をたてて, 泣きながら祈っていた ▪ Two cats are *clawing at* each other. 2匹の猫が爪で引っかき合いの喧嘩をしている ▪ The tree *was clawed at* by the polar bear. その木にはホッキョクグマの爪跡があった.

2 (《英》)をさいなむ ▪ Her secret had *clawed at* her conscience for so long that she could no longer keep it pent up inside. その秘密は長いあいだ彼女の良心をさいなんできたので, もはやそれを心のうちに秘めておくことはできなかった.

claw back 他 **1** …を苦労して取り戻す; (《財政》)(給付金の一部)を税金などで取り戻す ▪ The government *claws back* some of the money in the form of tax. 政府はその金のいくらかを税金の形で戻す.

2 (権力など)を取り戻す ▪ Scotland is beginning to *claw back* political power from London. スコットランドは英国政府から政治的権力を取り戻しはじめている ▪ Syria is trying to *claw back* the influence it lost last year. シリアは昨年失った影響力を取り戻そうとしている.

clean /klíːn/ ***clean down*** 他 (壁などを)(上から下へ)洗う; を洗い落とす, ぬぐい去る; (馬などを)洗ってやる ▪ We *cleaned* the wall *down*. 我々は壁をきれいに洗った.

clean A from [off] B 他 BからA(汚れなど)を落とす ▪ The mother *cleaned* the writing *off* the wall. 母親は壁から落書きを落とした ▪ The black marks *were cleaned from* the table. 黒い汚れのしみがテーブルからとれた.

clean off [away] 他 (よごれ・ちりなど)をふき取る ▪ They *cleaned off* every ancient stain. 彼らは古いしみをすべてふき取った.

clean out 他 **1** …を一掃する ▪ The Mayor has *cleaned out* all evidence of graft in the police department. 市長は警察部の汚職の形跡のすべてを一掃した.

2 (部屋のものなど)をきれいに一掃する; (胃腸など)を空っ

ぽにする ▪ It is time you *cleaned out* the drawers of your desk. 君は机の引き出しのものをかたづけ出すときだ ▪ I had emergency surgery and they *cleaned out* my intestines. 私は緊急手術をうけて腸をからにされた.
3(場所)から人を追い出す ▪ He attempted to *clean out* the saloon. 彼はその酒場から人々を追い出そうとした.
4《口》金[物]を全部巻きあげる; を破産させる. (ばくち・不景気などで)人を無一文にする ▪ He has *cleaned me out*. 彼は私の金を全部巻きあげてしまった ▪ We *are cleaned out* after yesterday's heavy spending. きのう散財をしてすっからかんになった ▪ The stock market crash *cleaned* him *out*. 株価の暴落で彼は素寒貧(すかんぴん)になってしまった.
5(店)のストックを買い尽くす ▪ Tourists *cleaned out* the shops. 観光客が店の品を買い尽くした.
6《米俗》(相手)を負かす, 疲れ果てさせる ▪ I can *clean* you *out* if I mean to. 本気になればお前なんかこてんこてん(にやっつけられる)さ.
clean out A of B/clean B out of A 他 AからBを追い出す ▪ They *cleaned out* the village *of* its inhabitants. 彼らはその村の住民を追い出した ▪ The drug actually *cleaned* plaque *out of* the arteries. その薬物は実際に動脈からプラークを排出した.
clean up 他 **1**...を清掃する ▪ We *cleaned up* our yard. 私たちは庭を清掃した.
— 自 他 **2**《口》掃除して整とんする ▪ The machinery was stopped and we *cleaned up*. 機械は止められ, 我々は掃除して整とんした ▪ *Clean up* the room before they come. 彼らが来ないうちに部屋をかたづけよ.
3《米口》(仕事などを)終える, すっかりかたづける ▪ I will *clean up* all this work before May. 5月までにはこの仕事をすっかりかたづけます ▪ You must *clean up* before dinner. 夕食の前に仕事をかたづけねばなりません.
4体を洗う, 身をきれいにする, 身仕度する, くしけずる ▪ Give me just a few minutes to *clean* (myself) *up*. 身仕度をするためほんの数分の時間をください.
5《口》利を得る, さらに得る; 得る ▪ We ought to *clean up* five dollars a piece. 1個につき5ドルの利を得るべきだ ▪ When the river broke, we *cleaned up* 187 dollars' worth of gold dust. その川が切れたとき, 川をさらって187ドルの値うちの砂金を得た.
6《米》負かす, 勝つ; うまく処理する ▪ The citizens intended to *clean up* the enemy forces. 市民たちは敵軍を打ち破るつもりであった.
7浄化[粛正]する; 好ましからぬ分子を一掃する ▪ He *cleaned up* corruption in the government. 彼は政府内の腐敗を粛正した ▪ He will *clean up* this country. 彼はこの国の好ましからぬ分子を一掃するだろう.
8《米》群の中から自分のものを取ってしまう ▪ He is a good brand reader and can really *clean up* a herd. 彼は焼印を読むのがじょうずで, 本当に牛の群の中から自分のものをすっかり抜き取ることができる.

— 自 **9**《俗》大儲けをする ▪ That investor *cleaned up* in Wall Street last month. その投機家は先月, ウォール街で大儲けをした.
clean up after 他 ...のあとかたづけ[後始末]をする, が汚した場所をきれいにする ▪ Volunteers have already *cleaned up after* the fires. ボランティアがすでに火事のあとかたづけをすませた ▪ The man took out a plastic bag, *cleaned up after* the dog and went on his way. その男はビニール袋を取り出して犬の糞の後始末をして立ち去った.
clean up on 自 他 《米口》 **1**...を負かす ▪ It is a chance to *clean up on* his critics. 彼の批評家どもをやっつける機会だ.
2...でもうける ▪ The shop *cleaned up on* a great sale. その店は大売出しでもうけた.

cleanse /klenz/ ***cleanse A of [from] B*** 他 《英》[[主に受身で]](よごれ・じゃまもの)を取り除く ▪ He felt he had *been cleansed of* guilt. 彼は罪を洗い清められたように感じた ▪ The area *was cleansed of* terrorists and criminals. その地域からテロリストや犯罪者は一掃された.

clear /klɪər/ ***clear away*** 自 他 **1**(...を)取り除く, かたづける; かたづけて場をあける ▪ The waiter will *clear away* these dishes [the table] in a moment. 給仕がすぐにこれらの皿[食卓のもの]をかたづけるでしょう ▪ She helped her mother to *clear away*. 彼女は母親が食卓のものをかたづけるのを手伝った ▪ We started to *clear away* the rubbish. 私たちはがらくたをかたづけ始めた ▪ *Clear* these dishes *away* so I can work at the table. テーブルで仕事ができるようにお皿をかたづけてちょうだい ▪ Japanese Self-Defence Force soldiers *cleared away* toppled trees. 日本の自衛隊員がなぎ倒された木々を取り払った.
— 他 **2**(疑い・困難)を一掃する ▪ His statement *cleared away* some misapprehension. 彼の言明でいくらか誤解が一掃した.
3...を降ろす, 下げる ▪ *Clear away* the gig! 軽車を降ろせ.
— 自 **4**(雲・霧が)晴れる, 退散する, 立ち去る; 消える, 溶け去る ▪ The clouds gradually *cleared away*. 雲はだんだんと晴れた ▪ The crowd soon *cleared away*. 群衆はまもなく退散した ▪ About five it *cleared away*. 5時ごろに晴れた ▪ The thunder has *cleared away*. 雷は去った.
clear for 自 ...に向かって出帆する ▪ The steamer *cleared for* New York this morning. 汽船は今朝ニューヨークへ向けて出帆した.
clear...for 《航空》[[主に受身で]](飛行機)に離陸[着陸]許可を与える ▪ The plane *was* finally *cleared for* takeoff about 4 p.m. ようやく午後4時ごろその飛行機に離陸の許可が出た.
clear A from B 他 A(じゃまもの)をB(場所など)から取り払う[取り除く] ▪ Mom *cleared* the dishes *from* the table. 母がテーブルの皿類を片づけた ▪ We must *clear* the snow *from* the road. 積もった雪を道路から除かねばならない.

clear B of A 他 B(場所など)から[Bの]A(じゃまもの)を取り払う[取り除く], 追い払う[一掃する] ▪ The cuckoo began to *clear* the nest *of* the young sparrows. カッコウは巣からスズメのひなを追い出し始めた ▪ He *cleared* himself *of* the charge. 彼は容疑を晴らした ▪ He *was cleared of* taking part in the crime. 彼がその犯罪に加担したという嫌疑は晴れた.

clear off 他 **1** (物を取り去って)…をかたづける; を取り払う, 追い払う ▪ If you *clear off* that shelf, you can put your books there. あの戸だなをかたづければ本をそこへ置くことができる ▪ *Clear* the mist *off* that glass before you use it. 使う前にそのグラスのくもりをふき取ってください.
2 (仕事などの残り)をかたづける; (借金・抵当など)のかたをつける, を清算する ▪ He *cleared off* some of his unanswered letters. 彼は未返信の手紙の数通に返事を出してかたづけた ▪ He *cleared off* his debts. 彼は負債を完済した.
― 自 **3** 《英口》立ち去る, (侵入者が)逃げうせる ▪ I told the beggar to *clear off* immediately. 物ごいにすぐ立ち去れと言った ▪ When the police appeared, the thieves *cleared off*. 警察が現れると, 盗賊どもは逃げうせた.
4 (雲・霧が)晴れる, (雨が)やむ ▪ The clouds will *clear off* soon. 雲はじきに晴れるだろう ▪ The mist *cleared off* in the afternoon. 午後になると霧が晴れた.
5 《米》(食後に)食器をかたづける ▪ Help your mother *clear off* (the table). お母さんが食器をかたづけるお手伝いをしなさい.
6 見切り売りする ▪ The shop *cleared off* the summer clothes. その店は夏物を売り切った.

clear out 他 **1** (…の中のもの)を掃き出す, の中を掃除する, を空にする; (下水など)を洗い流す ▪ The workmen are *clearing out* the tank. 労働者たちがタンクの中を掃除している ▪ It's about time to *clear out* the sewage. そろそろ下水を洗い流して掃除する時期だ.
2 …をほうり出す; 《米口》を追い出す, 追い払う ▪ *Clear out* the things in that cupboard. あの戸だなのものをみな外へ出してください ▪ I'll *clear* him *out*. 彼を追い出してやろう.
3 《俗》[主に受身で] …をつかせる, 金[資源]を使い果たさせる ▪ He went to Las Vegas and was *cleared out*. 彼はラスベガスへ行って, すっからかんになってしまった ▪ He *cleared* you *out* that night. あの夜彼は君の金を巻きあげてしまった.
4 …を売り払う ▪ We *cleared out* the stock. 我々は在庫品を売り払った.
― 自 **5** 《口》(急に)立ち去る, 出て行く ▪ I must *clear out* to the West Indies. 西インド諸島へ出て行かなければならない ▪ The police are after you; you'd better *clear out*. 警察がおまえを捜している. 逃げないとだめだ.
6 (関税を払って)出港する ▪ The merchant ship *cleared out* from the Thames. その商船は(関税を払って)テムズ川から出帆した.

clear out of 自 …から(さっさと)出て行く[去る] ▪ He had to *clear out of* the country. 彼は国をさっさと出て行かねばならなかった.

clear up 他 **1** …をかたづける, 整とんする; をきれいにする, 掃除する ▪ *Clear up* your desk before you leave the office. 退屈するまえに机をかたづけなさい ▪ *Clear up* this litter at once. このがらくたをすぐかたづけなさい.
2 (仕事)を終える, かたづける ▪ I have some work to *clear up*. かたづけておかねばならない仕事がある.
3 (謎・疑い)を説明する, 明らかにする; を解決する ▪ The detective *cleared up* the mystery. 探偵はその謎を解いた.
4 …を晴れあがらせる, 明るくする ▪ A savory dish *cleared up* his clouded brow. おいしいごちそうが彼の曇った額を明るくした.
5 (負債など)を清算する ▪ It is a shame that the debts have not *been cleared up*. 負債がまだ清算されていないのは嘆かわしいことだ.
― 自 **6** (空・天気が雨・あらしから)晴れる ▪ The day did not *clear up* sufficiently. その日はっきりとは晴れなかった ▪ It will *clear up* pretty soon. じきに晴れるでしょう ▪ Let's go for a picnic if the weather *clears up*. 天気がよくなったらピクニックへ行こう ▪ The sky was *clearing up* and the sun was coming out. 空が晴れてきて太陽が顔を出し始めた.
7 明瞭になる ▪ My early ideas have somewhat *cleared up*. 私の当初の考えがいくぶん明瞭になった.
8 混乱から秩序を回復する, 落ち着いてくる ▪ The house began to *clear up* from the hurry. その家はあわただしさから落ち着いてき始めた.
9 (顔色などが)明るくなる ▪ His countenance *cleared up* when he read the letter. その手紙を読むと彼の顔が晴れて明るくなった.
― 自 **10** (病気)を治す; (病気が)治る ▪ The pills *cleared up* his stomach trouble. その丸薬で彼の胃病が治った ▪ This skin trouble will *clear up* soon. この皮膚病はじきに治るでしょう.

clear with 他 (税関など)の検査承認を得る ▪ The parcel has *been cleared with* the border police. その小包は国境警察の検査承認を得ている.

clear A with B 他 AをBに検査承認してもらう ▪ You must *clear* these cameras *with* customs. これらのカメラを税関で検査承認してもらわねばならない.

cleave /klíːv/ ***cleave…asunder*** 他 …を真っ二つに割る《比喩的にも》 ▪ It *clove* my heart *asunder*. それは私の胸を真っ二つに引き裂いた. ☞ cleave…asunder in two ともいう.

cleave to 自 **1** …について離れない ▪ My wet dress *cleaved to* my body. 濡れたドレスが私の体にべったりと貼りついた.
2 …を守る, に忠実である ▪ We advise you to *cleave to* those principles. 君にそれらの主義を堅く守るよう勧める ▪ The soldiers *clove to* King Henry. 兵士たちはヘンリー王に忠実であった ▪ The party's political principles *are cleaved to* by its members. 党の政治信条は党員によって堅く守られてい

clew /kluː/ ***clew down*** 自他 (帆を広げるため)下すみを下げる, 帆耳によって帆を下げる ▪ The captain told the sailors to *clew down*. 船長は水夫たちに帆の下すみを下げるよう命じた. ▪ *Clew* the mainsail *down*. The wind is too strong. 主帆の下すみを下げろ. 風が強すぎる.

clew A out B 他 AにBをさし示す ▪ *Clew* me *out* the way to happiness. 私に幸福への道をさし示してください.

clew up 自他 **1**(帆をたたむため)下すみを帆けたに引き上げる ▪ We *clewed up* and furled other sails. 他の帆の下すみを帆けたに引き上げてその帆をたたんだ.
2 仕事をおしまいにする, 切りあげる ▪ The malady closed his life and *clewed up* our arrangements. その病気のため彼は死に, 我々の取り決めはおしまいとなった.
3 巻いてボールにする ▪ The cavalier lay *clewed up* like an urchin. 騎士はウニのように丸くなって転がっていた.

click /klɪk/ ***click for*** 他 運よく…を得る ▪ I've *clicked for* a good job. 私は運よくいい職を得た.

click on 他 《電算》…をクリックする ▪ *Click on* the flower icon and up pops a screen with color photos. 花のアイコンをクリックするとカラー写真のスクリーンがポンと現れる ▪ Each time a list item *is clicked on*, its background color will change. リストにある項目がクリックされるたびに, 背景の色が変化する.

click with 他 《口》 **1**…にすぐ好かれる ▪ Tom and Jane *clicked with* each other. トムとジェインは互いにすぐ気が合った.
2…の人気を得る ▪ The film *clicked with* the young people. その映画は若い人々に受けた.
3(しゃれなどが)…に通じる ▪ My joke *clicked with* them. 私のしゃれが通じた.

climb /klaɪm/ ***climb[get] aboard*** 自 《米》(電車に)乗る ▪ Her husband came running along and *climbed aboard*. 彼女の夫は走って来て電車に乗った.

climb down 自 **1**(手足を使って)はい降りる ▪ The boy soon *climbed down* the tree. その少年はまもなく木からはい降りた.
2(非を認めて)引き下がる, 屈服する, 譲歩する, (要求・地位・高慢などを)捨てる ▪ The workers are *climbing down*. 労働者側が譲歩しつつある ▪ Why not *climb down* and apologize? 折れてあやまってはどうかね.
3《口》(一たん登った地位から)下がる; (評判などが)落ちる ▪ The prime minister *climbed down* from his dignified pedestal. 首相はその威厳ある地位から転落した ▪ He lost money, lost patience and his reputation *climbed down*. 彼は財を失い根気を失いさらにその名声も落とした.

climb into 自 **1**…に入り込む ▪ I *climbed into* bed. 私はベッドにもぐり込んだ.
2(きつい衣服などに)体を押し込む, すばやく[苦労して]着用する ▪ The boy *climbed into* a sports bag. その少年はスポーツバッグに体を押し込んだ ▪ I *climbed into* a hollow tree trunk and got stuck. 木の幹の洞(ほら)に潜り込んだらつかえて動けなくなった ▪ The fire fighters *climbed into* their uniforms in no time. 消防士たちはあっという間に作業服を着た.

climb out of 自 **1**(罪などから)言い逃れる ▪ I saw you taking the book; now try to *climb out of* that. わしはおまえがその本を取るのを見たんだ. さあ, それを言い逃れてみろ.
2(窮屈な衣服)をなんとかして脱ぐ ▪ I tried to *climb out of* my tight overalls. きつきつの胸当てズボンをなんとか脱ごうとがんばった.

climb up 自 よじ登る ▪ The boy *climbed up* the tree. その少年は木によじ登った.

cling /klɪŋ/ ***cling on to*** 他 …にすがり取る[すがりつく] ▪ I *clung on to* the rope for dear life. 私は必死で綱にすがりついた.

cling to **1**…にくっつく; (人が腕で)…にかじりつく ▪ Mud *clings to* our shoes. 泥が我々の靴にねばりつく ▪ The child *clung to* its mother's arm. その子は母の腕にすがりついた ▪ When separated, they *clung to*, and *were clung to* by, the nearest person. 引き離されたとき, 彼らは一番近くの人と寄りそい, 寄りかかれた.
2…に執着[愛着]する; を固守する ▪ They still *clung to* the doctrine of non-resistance. 彼らはまだ無抵抗主義を捨てなかった ▪ He *clung to* his memories of home. 彼は故郷の思い出に愛着した.
3(海岸・家並みなどを)伝って進む, 離れずに進む ▪ The ship *clung to* the coast. 船は海岸伝いに進んだ.

cling together くっつき合う《比喩的にも》 ▪ Some of the pages of this book have *clung together*. この本の何ページかが貼り付いてしまった ▪ Members of a family should *cling together* in times of trouble. 苦しい時には家族の者たちは団結すべきである.

clink /klɪŋk/ ***clink away*** 他 《米》…をかっぱらう ▪ He *clinked* Eppie's car *away*. 彼はエピーの車をかっぱらった.

clink down 自 《米》パタッと座る, 落ちる ▪ He *clinked down* beside her on the sofa. 彼はソファの彼女のそばにパタッと座った.

clink off 自 《スコ・英方》素早く立ち去る ▪ He *clinked off* and jumped safe over the hedge. 彼は急に立ち去って生垣を無事に飛び越えた.

clip /klɪp/ ***clip away[out, from]*** 他 …の一部を切り取る ▪ The following paragraph *was clipped from* the Herald. 次の一節はヘラルド紙から抜粋したものである.

clip off 《米口》 **1**…の一部を切り取る ▪ I *clipped off* my bruised toenail. 傷ついた足指の爪の一部を切り取った ▪ She *clipped off* a bit of nail using nail clippers. 彼女は爪切りを使って爪を少し切った.
2…を疾走する ▪ His long legs *clipped off* the distance. 彼は長い足で距離を疾走した.

clip on [onto] 他 …をクリップで留める, に留める ▪Can you *clip* these earrings *on*? このイヤリングを留めることができますか ▪He *clipped* all the documents *onto* the board. 彼はすべての文書を掲示板にピンで留めた.

clip out 他 …を(新聞などから)切り抜く ▪He *clipped out* the report. 彼はその報道を切り抜いた.

clitch /klitʃ/ ***clitch to*** 他 《方》…にひっつける ▪She looks as if she *was clitched* to her saddle. 彼女はまるで鞍(くら)にくっついているような様子だ.

clock /klɑk|klɔk/ ***clock in [on]*** 自 他 《英》(タイムレコーダーで)出勤時刻を記録する, 出勤する ▪He forgot to *clock in* today. 彼はきょう出勤時刻の記録をするのを忘れた. ▪You are expected to *clock in* at 8:30. 8時30分までに出勤することになっている.

clock in (at) 他 1(仕事などに)…時間かける ▪He *clocked in* 5 hours at the work. 彼はその仕事に5時間かけた. ▪The movie *clocks in at* 104 minutes. その映画は104分の長さだ.

2 …と計測される ▪He's added 15 pounds, and now *clocks in at* 302 pounds. 彼は15ポンド増えて現在は302ポンドを計測している[の体重がある].

clock out [off] 自 他 《英》(タイムレコーダーで)退出時刻を記録する, 退出する ▪I *clock out* just before I go home. 帰宅する直前に退出時刻を記録する. ▪What time did you *clock out* yesterday? 昨日は何時に仕事を終えたんだ.

clock up 他 (競技会などで時間・距離を)記録する; (すばらしい事を)記録する ▪I have *clocked up* 50,000 kilometers. 私は5万キロを記録した. ▪We can *clock up* another victory. 我々はまたもや勝利を記録することができる.

clog /klɑg|klɔg/ ***clog up*** 他 1 …をつまらせる, 停滞[渋滞]させる ▪Too much grease will *clog up* the works. 潤滑油をつけすぎると機械がつまって動かなくなる ▪They will double park on roads and *clog up* the traffic. 路上に2列駐車すると交通渋滞を引き起こすだろう.

2 …を便秘させる ▪The medicine *clogs* you *up*. その薬は便秘の原因になる.

clog A with B 他 AをBでふさぐ ▪The road *was clogged with* carriages. 道路は馬車でふさがれていた ▪The pipe *is clogged with* dirt. 管はごみでつまっている.

close /klouz/ ***close about [around, round]*** 他 1 …を取り巻く, 取り囲む ▪The ice began to *close about* us. 氷が我々を取り囲み始めた ▪The evidence *closes around* him. 証拠が十分で彼は逃げるすきがない.

2 (手・指が)…をつかむ, 握る ▪Then a strong hand *closed round* his upper arm. そのときたくましい手が伸びてきて彼の上腕部をむずとつかんだ ▪When my fingers *closed about* hers, she slid her fingers from my grasp. 私の指が彼女の指にからむと彼女はそっと指を抜きとった ▪I felt his arms *close* tightly *around* me. 彼の両腕が私の体を抱きしめるのを感じた.

close at 自 …の終わり値である ▪Steel shares *closed at* $218.90, down $2.68. 鉄鋼株の終わり値は218.90ドルで2.68ドルの下げであった.

close down 他 1 (作業など)を停止[終了]する ▪He *closed down* all the operations of the company. 彼は会社の業務をすべて停止した. ▪*Close down* all the programs you have running on your computer. コンピューターで作動中のプログラムをすべて終了してください.

2 …を降ろして閉じる ▪We *close down* the hatches of a ship during a storm. あらしの時には船の昇降口のふたを降ろして閉じる.

— 自 3 (店を)閉める, (営業を)やめる ▪When we arrived, they were *closing down*. 我々が到着したときは, 彼らは店を閉めるところだった.

4 (番組などを)終了する ▪This station is now *closing down*. これで当放送局は(今日の)放送を終わります ▪Australian government funding stopped and the program *closed down*. 豪政府の財政的援助が終わったためそのプログラムは終了した.

5 (夜など)が迫る ▪The night presently *closed down*. すぐに夜が迫ってきた.

close down on 他 1 …を鎮圧する ▪They had orders to *close down on* any revolutionary movement. 彼らはどんな革命運動でも鎮圧するよう命令を受けていた.

2 《米》…を閉鎖[禁止]する ▪The law *closed down on* gambling. 法律はとばくを禁止した.

close in 他 1 …を閉じ込める, 囲む ▪Dense fog had *closed* the harbor *in*. 濃い霧が港を包んでしまっていた ▪They *were closed in* by the enemy. 彼らは敵に包囲された.

2 …を内側へ引いて閉じる ▪He drew in his head and *closed in* his window. 彼は頭をひっこめて, 窓を内側へ引いて閉じた.

3 《口》(…の一部)を傷つける ▪The young man *closed* the old man's face *in*. 青年はその老人の顔を傷つけた.

— 自 4 (夜・闇などが)迫る (→ CLOSE in on 2) ▪Evening was fast *closing in*. 夕やみがどんどん迫っていた.

5 (日などが)しだいに短くなる ▪How the days are *closing in*! なんと日が短くなっていくことでしょう!

6 (号令) 集まれ! ▪*Close in*! 集まれ!

close in on [upon] 自 他 1 …に迫って取り囲む; (諸方から)…に攻め寄せる ▪The houses gradually *closed in upon* the park. 家屋がだんだんと公園を取り囲んだ ▪The enemy *closed in on* our troops from three different directions. 敵は三方からわが軍に攻め寄せた.

2 (夕やみなどが)…に迫る, 近づく ▪Evening dusk *closed in upon* the scene. 夕やみが迫って来て景色がぼんやりしてきた ▪The mountains seemed to *close in upon* us. 山々が迫って来るように思えた.

3 《米》…と取り組む ▪This is a tall problem for a 20-year-old girl to *close in on*. これは20歳の娘が取り組むにはむずかしい問題だ.

close in with 自他 **1** …に近づく, 進み出て接触する ▪ Another stranger *closed in with* me. 別の見知らぬ人物が近づいてきた.
2 …に肉薄する, 接戦[白兵戦]を演じる ▪ I do now gladly *close in with* my subject. 今こそ喜んで私のテーマに取り組みます.

close off 他 **1** …を閉鎖する ▪ The police *closed off* the streets. 警察は街路を閉鎖した.
2(勘定)を打ち切る ▪ My credit card account *was closed off*. 私のクレジットカードの勘定が打ち切られた.

close on 他《米口》**1** = CLOSE upon.
2《野球》…をつかまえる ▪ He *closed on* the ball. 彼はボールをつかまえた.

close out 自他《米》**1**(光・音などを)遮断する, さえぎる ▪ He shut the windows to *close out* the light. 光を遮断するため彼は窓を全部閉めきった ▪ Those shutters *closed out* the sound of croaking frogs at night. あの雨戸のお陰で夜中にカエルの鳴き声が遮られた.
2 売り払う, 処分する, 棚ざらえをする ▪ I shall *close out* all my financial instruments. 自分の金融証券をみな処分します ▪ He *closed out* his whole stock last week. 彼は先週在庫品を全部売り払った.
3(仕事・取引)を打ち切りにする, 終える; かたづける; (店を)閉じる ▪ We *closed out* and were ready to go home. 我々は店を閉じて帰宅するばかりだった ▪ I have a job to *close out*. 私にはかたづけねばならぬ仕事がある.
4(組織・活動から)…を閉め出す (*of*) ▪ I *was closed out of* the class because I registered too late. 登録が間に合わなかったのでその授業の聴講は認められなかった.
5(銀行口座)を閉じる ▪ I'll open a new bank account and *close out* the old one. 新しい銀行口座を開いて古いのを閉じることにしよう.

close over 他 …を埋める, の上をおおう ▪ The tomb *closed over* her remains. 彼女の亡骸(なきがら)が埋葬された ▪ She dived into the sea and the waves *closed over* her. 彼女が海へ身を躍らせると波がその体を飲み込んだ.

close to 自《海》接近する; 横づけになる ▪ The ship *closed to* within a mile of the beach. 船は浜辺から1マイル以内まで接近した ▪ Our boat *closed to* that fishing boat. 私たちのボートはその漁船に横付けになった.

close up 他 **1** …をふさぐ; を完全に閉じる; (傷)を縫う ▪ *Close up* that opening with a wad of paper. あの穴を紙のつめ物でふさぎなさい ▪ The oyster *closed up* its valves. カキはその殻を完全に閉じてしまった ▪ The surgeon *closed up* the cut with stitches. 外科医は傷口を何針か縫合した.
2《米》…をかたづける; を閉鎖する《通常一時的に》; (店など)を閉じる ▪ It won't take him long to *close up* his affairs. 彼の業務の始末をつけるには長くはかからないだろう ▪ When his father died, he *closed up* the shop. 父が死んだとき, 彼は店をたたんだ ▪ The shop is now *closing up*. 店は今しまるところです.
3 …を閉じ込める ▪ The rest *were closed up* in the same Tower. 他の者たちは同じ塔に閉じ込められた.
4 …を終わる, しめくくる ▪ We usually *close up* a sentence with a period. ふつうピリオドを使って文を結ぶ ▪ And now, my dear mother, I *close up* my correspondence from London. それではおかあさん, これでロンドンからの私の手紙を結びます.
5(列)を詰める, 密集させる ▪ Children should learn to *close up* their letters when writing. 子供たちは文字をつめて書くことを習うべきだ ▪ They found children *closed up* in a dark closet. 彼らは子供たちが暗い押入れの中で身を寄せ合っているのを見つけた.
— 自 **6**(列が)密集する, 寄り合う; (人々が)寄り集まる ▪ The two flanking lines *closed up* and formed a stronger line. 側面の2列が寄り合って, より強力な1列を作った ▪ The owner of the store, his wife and children *closed up* when they were robbed. 強盗に入られたとき店主と妻子子供たちは一か所に集まった.
7(傷などが)ふさがる, 癒着する; (花・花びらが)閉じる ▪ The cut on her arm soon *closed up* again. 彼女の腕の傷口がやがてまたふさがった ▪ These flowers *close up* at night. この花は夜になると閉じる.
8《米俗》話をやめる: 口を閉じてしまう ▪ He *closed up* like a clam. 彼はすっかり口を閉じてしまった.

close upon [*on*] 他 **1** …に忍び寄る, 近づく ▪ The units *closed on* the enemy position. 部隊は敵の陣地に近づいた ▪ Darkness *closed upon* us, so we decided to go home. 夕闇が迫ったので帰ることにした.
2 …に同意する, 協定する; (契約など)をまとめる ▪ France and Holland *closed upon* some measures to our disadvantage. フランスとオランダはわが国に不利なある処置を協定した ▪ Problem was, the Cooks had to *close on* their old house first. 困ったことに, クック家はまず彼らの古い家の売却契約をまとめなければならなかった.
3 …をつかむ ▪ He *closed upon* me tight. 彼は私をしっかりとつかんだ.
4 …をおおう, 隠す ▪ The earth *closed upon* them and so they perished. 土がおおい被さったため, それらは死滅した ▪ Night *closes upon* the scene. 夜になって景色が見えなくなる.
5(目が)…を見なくなる, 見納めする ▪ The eyes of the comedian *closed on* the world. その喜劇役者の目はこの世の見納めをした.
6(戸が)入った人を閉じ込める ▪ The door *closed upon* her, and the lock clicked. ドアが閉まって彼女は中に閉じ込められガチャリと錠がおりた.
7《古》入ろうとする人を締め出す ▪ The door *closed upon* that eager follower of the master. ドアが閉じて主人に付きまとうあの腰ざんちゃくを締め出した.

close with 他 **1**(人)と相談[話]がまとまる ▪ The labor union *closed with* the company. 労働組合は会社側と合意に達した.
2《海》…に接近する ▪ We *closed with* the brig.

我々はブリグ帆船に接近していた ▪ The Spanish fleet *was closed with* by the enemy. スペイン艦隊は敵船に接近された.

3《英》…ととっくみ合う, つかみ合う ▪ The policeman *closed with* him, and both fell to the ground. 警官は彼ととっくみ合って, 二人とも地面にころがった. ▪ We *closed with* adverse circumstances. 我々は逆境に挑んだ.

4(申し出などに)応じる, 承認する ▪ I readily *closed with* the offer. 私はすぐにその申し出に応じた.

clothe /klouð/ ***clothe*** A ***in*** B 他 **1**〚主に受身で〛AにBを着せる ▪ The trees *were clothed in* fresh leaves. 木々は若葉をまとっていた. ▪ She *was clothed in* silk. 彼女は絹服をまとっていた.

2 AをB(言葉)で表す ▪ He *clothed* his ideas *in* suitable language. 彼は自分の考えを適切な言葉で表した.

cloud /klaud/ ***cloud over*** 自 **1**(空が)一面に曇る ▪ In the evening it *clouded over* and rained again. 晩になると空が一面に曇ってまた雨が降った.

2(顔・目などが悲しみや怒りなどで)曇る ▪ Her face *clouded over* again as she revealed she had little hope they were alive. 彼らの生存にほとんど希望をもっていないと打ち明けたとき彼女の表情はふたたび曇った ▪ His eyes *clouded over* with tears and there was a lump in his throat. 彼の眼は涙で曇り, 喉にはこみあげてくるものがあった.

cloud up [***over***] 自 他 曇る; …を曇らせる ▪ The mist *clouded* the windows over. もやで窓が曇った ▪ His eyes *clouded up*. 彼の目はかき曇った. ▪ The little girl *clouded up* and stomped her foot. その幼い少女は顔を曇らせて, 足を踏みならした.

clown /klaun/ ***clown around*** [***about***] 自 おどける, ふざける ▪ He *clowned around* with a fake beard. 彼はつけひげをして笑わせた ▪ Don't *clown around* with drugs. ふざけて薬物をためしてはならない.

club /klʌb/ ***club together*** 自 他 **1** 金を出し合う ▪ We *clubbed together* to buy a football. 私たちはサッカーボールを買うため金を出し合った. ▪ They *clubbed together* a small sum. 彼らは少額の金を出し合った.

2 協力する ▪ All the village *clubbed together* to help the farmer. 村中こぞってその農夫を助けるため協力した.

3 一か所に集まる ▪ At this season blackcocks *club together*. この季節にはクロライチョウは一か所へ集まる.

club up 他 (金)を出し合う ▪ They *clubbed up* a comfortable maintenance for the widow. 彼らはその未亡人のため安楽に暮らせる扶養料を出し合った.

club with 自 **1** …と金を出し合う ▪ I have *clubbed with* you for supper. 夕食代をあなたと出し合った.

2 …に協力する ▪ She *clubbed with* her son to cheat them. 彼女は息子と共同して彼らをだました.

clue /kluː/ ***clue*** *a person* ***up*** [***in***] 他 《俗》 **1** 人に知らせる (*about, on*) ▪ I will *clue* you *up about* his doings. 私は彼の行動について君に知らせよう. ▪ When divorce happens, it's hard not to *clue* your kids *in* on your problems. 離婚となれば, あなたの問題を子供たちに話さずにはいられないよ.

2 人を精通させる ▪ She *is* really *clued up* on the entertainment world. 彼女は芸能界の事情に実に明るい.

clump /klʌmp/ ***clump together*** 自 他 かたまりになる[する], 凝集する[させる], 集まる[める] ▪ Our son's toys *are clumped together* in a box. うちの息子のおもちゃは寄せ集めて箱の中に入れてある ▪ The Indians *clumped* five hits *together* in the sixth, scoring three runs off Schourek. インディアンズは6回にヒット5本を集中して, シャウレックから3点とった.

clunk /klʌŋk/ ***clunk down*** 自 どすどす歩く, どんと降りる, どすん[どさっ]と落ちる ▪ George gets up and *clunks down* the street in his boots. ジョージは起き上がってブーツ履きで通りをどすどすと歩く ▪ Twenty minutes later, Aldrin *clunked down* beside Armstrong. 20分後オルドリンはアームストロングの横にばたっと降り立った. ▪ In the night coconuts *clunked down* on the roof. 夜の間にココナツの実が屋根にごつんごつんと落ちてきた.

cluster /klʌstər/ ***cluster round*** [***around***] 自 …の回りに群がる ▪ The children *clustered round* their mother. 子供たちは母親の回りに群がった ▪ You find roses *clustering round* the windows of an English cottage. 英国の田舎家の窓にはバラの花が群がり咲いている ▪ The bases are thickly *clustered around* by ferns and wild flowers. ふもとにはシダ類や野生の花が密生している.

clutch /klʌtʃ/ ***clutch at*** 他 **1** …につかみかかる ▪ He *clutched at* the canopy and tore it down. 彼は天蓋につかみかかりそれをずたずたにした.

2 …をつかもうとする ▪ A businessman will *clutch at* any chance of making money. 実業家は金儲けの機会ならなんでもつかもうとする.

clutch away [***off***] 他 …をつかみ取る ▪ He longed for her to visit him, but death *clutched* him *away*. 彼は彼女の来訪を切望したが死が彼をつかみ取ってしまった.

clutch up 自 **1** あがる, 緊張する, 狼狽する ▪ He has been known to *clutch up* before a big game. 彼は大試合の前には緊張することが知られている.

2 チャンスをものにする, 得点する ▪ When the opportunity to drive in a run does come up, I should be able to *clutch up*. ヒットを打って走者に得点させるチャンスが来れば私はそれをものにしなければならない.

— 他 **3** …をつかみあげる ▪ I *clutched up* the cat. 私はその猫をつかみあげた.

clutter /klʌtər/ ***clutter up*** A (***with*** B) 他 **1** A (をB で)散らかす ▪ The room *was cluttered up with* his belongings. その部屋は彼の持ち物がいっぱい散らかっていた ▪ His belongings *cluttered up* the room. 彼の持ち物が部屋にいっぱい散らかっていた.

2 (Bを)Aに乱雑につめ込む ▪ Don't *clutter up*

coalesce /kòʊəlés/ ***coalesce into*** 倒 (二つ以上のものが)混ざりあって[溶けあって, 合体して]一つになる ▪ The crowd *coalesced into* a single blob. 人ごみが集まって一塊りになった ▪ The debris from the collision either fell back to the earth or *coalesced into* the moon. 衝突の破片は地球上に落下したか, かたまりあって月になったかのいずれかだ.

coast /koʊst/ ***coast about*** 倒 《豪俗》場所を次々と放浪して行く ▪ I ain't able to *coast about* without a job. おれは仕事なしに次々と放浪して行くことはできない.

coast along 倒 **1**(力を加えないで)惰力で進む ▪ I *coasted along* on my bicycle with the wind behind me. 私は自転車で追風を受けて惰走した.
2(仕事などが)楽々とはかどる ▪ Work is *coasting along*, thank you. ありがとう, 作業は楽々と進んでいます.

coat /koʊt/ ***coat ... with*** 他 …を塗る, まぶす, で覆う ▪ They *coated* the cake *with* apricot glaze. 彼らはケーキにアンズのグレーズを塗った. ▪ The runway *was coated with* fire-retardant foam. 滑走路は防火用の泡で覆われていた.

coax /koʊks/ ***coax away*** 他 **1**(人)をだまして連れ去る ▪ They *coaxed* him *away*. 彼らは彼をだまして連れ去った.
2うまく説きつけて…を去らせる ▪ They *coaxed away* her wrath. 彼らはうまく説いて彼女の憤激を解いた.

coax down [***up***] 他 …をうまく説いて降りて来させる [上がらせる] ▪ He *coaxed* the cat *down* the tree by placing some tuna on his head. 彼は頭にマグロの切り身を載せて誘いながらネコを木から下りさせた ▪ She successfully *coaxed* the child *down* off the roof. 彼女はその子をすかして首尾よく屋根から下りて来させた ▪ We *coaxed* him *up* the ladder. 彼をなだめすかしてはしごを上らせた ▪ He *coaxed* his son *up* to the very top of the tree. 彼は息子をおだててその木の一番てっぺんまで登らせた ▪ Using chains, we *coaxed* our car *up* the snowy road. 私たちはチェーンを使い車の調子を伺いながら雪道を登らせた.

coax forth 他 …をうまく説いて出て来させる ▪ The detective's patient questioning *coaxed forth* an admission from her. 刑事は辛抱強く尋問して彼女から犯罪の容認をうまく引き出した.

coax a person into 他 人をうまくだまし[なだめすかし]て…させる (*doing*) ▪ The mother *coaxed* her reluctant daughter *into* the water. 母親はしぶる娘をすかして水に入らせた ▪ She *coaxed* her son *into going* to school. 彼女は息子をおだてて学校へ行かせた ▪ She *coaxed* her father *into giving* them a ball. 彼女は父をだまして彼らのためダンスパーティーを催させた.

coax a person out of 他 人をうまくだまして…を奪う; 人をなだめすかして…させないようにする (*doing*) ▪ He *coaxed* her *out of* her watch. 彼はうまくだまして彼女から時計を取りあげた ▪ We *coaxed* our son *out of leaving* his job. 私たちは息子をなだめすかして仕事をやめると言うのを思いとどまらせた.

coax a thing out of 他 (人)から物をうまく引き出す ▪ I managed to *coax* the information *out of* the secretary. 何とかその情報を秘書からうまく聞き出した ▪ He *coaxed* a smile *out of* the baby. 彼は赤ちゃんをうまくあやしてにっこりさせた.

cobble /kάbəl|kɔ́bəl/ ***cobble together*** 他 《口》…を寄せ集めで作る, やっつけ仕事で仕上げる ▪ He *cobbled* the script *together* from a couple of Twain's works. 彼はトウェインの2, 3の作品から継ぎはぎして原稿をでっち上げた. ▷ cobble「靴などを修繕する」.

cobble up 他 (物)を粗製する ▪ He managed to *cobble up* a table in such a short time. 彼はそんな短い時間で何とかテーブルを作りあげた.

cock /kɑk|kɔk/ ***cock up*** 他 **1**…をぴんと立てる, 振り立てる ▪ The horse *cocked up* its ears. 馬は両耳をぴんと立てた.
2《英俗》…を(不注意で)損なう, だめにする, へまをする ▪ He *cocked* the whole thing *up*. 彼はすべてをだめにしてしまった ▪ This council has *cocked up* and lost money from fines. この地方議会は大失敗をして罰金のお金を失ってしまた.

cocker /kάkər|kɔ́k-/ ***cocker up*** 他 **1**…を甘やかして育てる ▪ You have *cockered* me *up* to that extent. あなたはそれほどにも私を甘やかしてきた.
2(病人)を元気づけるため大事にする; を優しく元気づける ▪ She'll *be cockered up* with all sorts of soups and jellies. 彼女はあらゆる種類のスープやゼリーで大事にされるであろう.

coddle /kάdəl|kɔ́d-/ ***coddle up*** 他 …を大事にしすぎる, 甘やかす ▪ I don't want to *be coddled up* and made a fool of. 私は甘やかされてばかりされたくない.

coerce /koʊə́ːrs/ ***coerce A into B*** 他 Aを強制して[威圧して]Bさせる ▪ The Scotch barons *were coerced into* submission. スコットランドの豪族たちはむりやりに屈服させられた ▪ Her parents *coerced* her *into* marrying the man. 両親は彼女に強制してその男と結婚させた.

coil /kɔɪl/ ***coil up*** **1**…を輪状に巻く, 巻きつける ▪ The sailors *coiled* the ropes *up*. 水夫たちは綱をぐるぐる巻いた.
2(動物が)丸くなって(体)を横たえる ▪ She *coiled* herself *up* like a snake on a divan. 彼女は寝椅子の上にヘビがくるりと丸くなって横になっていた.

coincide /kòʊɪnsáɪd/ ***coincide with*** **1**…と同時に起こる ▪ The two events *coincided with* each other. その二つの出来事は同時に起こった.
2…と一致する, 符合する ▪ His interest happily *coincided with* his duty. 彼の利害は幸いにも義務と一致した ▪ His views *were coincided with* by the other commissioners. 彼の見解は他の委員たちに同調された.

collate /kəléɪt/ ***collate A with B*** 他 AをBと

collect /kəlékt/ *collect for* 他 **1** …の寄付を募る ▪ Let us *collect for* charity. 慈善の寄付金を集めよう.
2《米》…の集金をする ▪ He has come to *collect for* the Times. 彼はタイムズ紙の集金に来た.
collect…from 他 **1** …を(ある場所から)取ってくる ▪ I'll *collect* you *from* the airport. あなたを空港から連れ帰ります ▪ Will you *collect* my dress *from* the cleaner's? クリーニング店から私の服をもらってきてくれない?
2(人)から金をもらってくる ▪ Please *collect from* him. 彼から金をもらってきてください. ☞貸金または約束の金.
collect up 他 …を寄せ[かき]集める, まとめる ▪ He *collected up* his things and rushed out of the room. 彼は身の回りの品をかき集めると部屋から飛び出した. ▪ *Collect up* the books and put them in a box. 本をまとめて箱に入れなさい.

collide /kəláid/ *collide with* [*against*] 他 **1** …と衝突する ▪ The up train *collided with* the down train near Oxford Station. 上り列車がオックスフォード駅付近で下り列車と衝突した. ▪ A parked car *was collided with* by another vehicle. 駐車中の車が別の車両に衝突された.
2 (意志・目的が)…と一致しない, 抵触する ▪ Science *collides with* religion on this matter. この問題については科学は宗教と意見が一致しない.

color,《英》**colour** /kʌ́lər/ *color in* 自 (絵などに)色を塗る ▪ The boy *colored in* the picture. 少年は絵に色を塗った.
color out [*over*] …を美しく塗る, もっともらしく見せる; 偽装する ▪ They will *color out* their wickedness with pretense of godliness. 彼らは敬神を装って邪悪な心を美しく見せるだろう.
color up 自 **1** ぱっと赤くなる ▪ She *colored up* to the temples. 彼女は耳までぱっと赤くなった.
— 他 **2** (話など)をとてもおもしろくする ▪ The sailor *colored up* his adventures to please his audience. その水夫は聴衆を喜ばすため自分の冒険談をとてもおもしろく話した.

colt /koult/ *colt in*《方》落ち込む, くずれる ▪ The coal is apt to *colt in* upon the workmen. 石炭は労働者の上にくずれ落ちがちである.

comb /koom/ *comb for* 他 …をくまなく[徹底的に]捜す ▪ Police had cordoned off the whole street and *combed* the entire area *for* evidence. 警察は通りに非常線をはり, 証拠を求めてその地域をくまなく捜した.
comb off 他 …をくしけずって[すいて]除く ▪ He will *be combed off* by the elm-boughs. 彼はニレの大枝で振り落とされるだろう.
comb out 他 **1** (くしで髪)をとく, (髪)をすいて整える ▪ She *combed out* her long tresses. 彼女は長い髪をくしでといた.
2 (…の中)からよって捨てる, (不要物など)をよって捨てる ▪ He *combed out* the office force. 彼は自分の会社の職員を整理した ▪ All the undesirable men *were combed out* by the master. 望ましからぬ労働者はみな主人に整理された ▪ She *combs out* the knots every time she washes her hair. 彼女は髪を洗うたびごとにもつれ髪をすいて除く.
3 …を選び出す ▪ Horatio began to *comb out* his words and string together his sentences. ホレイショは自分の言葉を選び出して文章をつづり合わせ始めた.
4 民間各層から(兵)を徴集する ▪ I shall *be combed out* but shortly. 私はごく近いうちに召集されるでしょう.
5 …を詳しく調べる ▪ The police have *combed out* the city for the murderer. 警察は殺人者を捜すためその市を詳しく調べた.
6《英・軍口》…を(編隊で)一斉地上掃射する ▪ We are *combing out* the North of France in the afternoon. 我々は午後フランスの北部を一斉掃射する.
comb over 他 **1** 泡立つ ▪ All round me were little ripples, *combing over* with a sharp sound. 私のまわり一帯にはさざ波が鋭い音を立てて泡立っていた.
— 他 **2** (禿げた部分を覆うように髪)をなでつける, (横に)流す ▪ He had carefully *combed* his hair *over* the spot where it was getting thin. 彼は薄くなりつつあった箇所をおおうように注意深く髪をなでつけていた ▪ He *combed* his blond hair *over* to the side like a teenager. 彼はティーンエージャーのように金髪を横に流した.
comb through 他 …を徹底的に調べる, しらみつぶしに探す ▪ This evidence *was combed through* by researchers at Harvard University. この証拠はハーバード大学の研究者によって精査された.
comb up 自《米口》髪をといて身なりを整える ▪ I had to wash, and *comb up*. 体を洗い, 髪をといて身なりを整えねばならなかった.

combine /kəmbáin/ *combine with* 自 …と化合する ▪ Hydrogen *combines with* oxygen to form water. 水素は酸素と化合して水となる.
combine A with B 他 AとBを合わせる; AとBを結合する ▪ We saw some films which *combined* education *with* recreation. 教育と娯楽とを結合した映画を見た ▪ If you *combine* your savings *with* mine, we can buy a car. あなたの貯蓄を私のと合わせると自動車が買える.

come /kʌm/ *come* [*get*] *aboard* 自《米口》(計画など)に参画する ▪ She asked Ted to *come aboard* the project. 彼女はテッドにその企画に参画するように依頼した.
come about 自 **1** 起こる, 生じる ▪ How did the reconciliation *come about*? どうして仲直りができたの ▪ It *came about* that they got married and had two sons. 二人は結婚し二人の息子をもうけるに至った ▪ How did it *come about* that he got fired? どうして彼は解雇されることになったのか ▪ How *comes* it *about* that you are clothed all in green? あなた方がみな緑色の服を着ているのはどうしてか.

2(風が)変わる ▪The wind has *come about* to the north. 風は北へ変わった.

3《海》(船が)方向を変える; うま手回しになる ▪They *came about* and went off on a new tack. 彼らは方向を変えて新しい針路を進んだ.

4回って来る, 回転する ▪That movable feast *came about* in due season. その(年によって日付が変わる)移動祝日がやがてまたやって来た.

5より良い状態になる ▪Things will *come about* again. 事情はまたもっとよくなるだろう.

come about to 他 …に同調してくる ▪I *come about to* you again. また君の意見に同調するよ.

come across 自 **1**…という印象を与える, と思われる (as) ▪He hoped he didn't *come across* as rude. 彼は無作法だと思われなければよいがと思った.

2…に偶然出くわす, をふと見つける ▪Perhaps I shall *come across* him in Japan. おそらく日本で彼に出会うだろう. ▪I have *come across* a genuine article. ふと本物を見つけた.

3伝えられる, 理解される ▪He spoke for a long time but his meaning did not *come across*. 彼は長時間演説したが何を言ったのかわからなかった.

4横切って来る, 渡って来る[行く] ▪The road was muddy when we *came across*. 我々が横切って来たとき道路はぬかっていた ▪We shall *come across* the Channel next week. 来週イギリス海峡を渡って行きます.

5心を横切る; ふと思いつく ▪A good idea *came across* my mind. 良い考えをふと思いついた ▪The possibility *came across* her. 彼女はふとそうなるかもしれないと思った.

6所期の効果をうまくあげる ▪He never *came across* as well on the stage as on the air. 彼は舞台ではラジオでほど所期の効果をあげたことがない.

7要求に応じる, 同意[服従]する (to) ▪I couldn't get him to *come across*. 彼を同意させることはできなかった.

come across with 他 《口》 **1**…を手渡す, 寄付する, 支払う ▪It is about time that you *came across with* the goods. そろそろその品を手渡すときだ ▪He *came across with* a four-dollar check. 彼は4ドルの小切手を出した ▪I have to *come across with* the price. 私は代価を支払わねばならない.

2…を白状する ▪*Come across with* the truth. ことの真相を白状せよ.

come after 他 **1**…のあとに続く ▪The French adjective *comes after* its noun. フランス語の形容詞は名詞のあとに来る.

2…のあとを追ってくる ▪A big dog *came* barking *after* my car. 大きな犬が吠えながら僕の車を追いかけてきた.

3…を取りに来る ▪The owner will *come after* the dog. 飼い主がその犬を引き取りに来るだろう.

4…を誘いに来る ▪He will *come after* you. 彼はあなたを誘いに来るでしょう.

5…のあとを継ぐ ▪His brother will *come after* his father in the estate. 彼の兄が父の財産を継ぐだろう.

ろう.

come again 自 **1**また来る, 帰って来る ▪Their time will *come again*. 彼らの時がまた来るだろう.

2《口》[命令文で]もう一度言ってください ▪I want to go to a ball. —*Come again*? ダンス会に行きたいわーえ, もう一度言って?

3《方》死後現れる ▪A gentleman who was drowned while skating was believed to *come again*. スケート中に溺死した紳士は死後現れると信じられていた.

come along 自 **1**[命令文で]いっしょに来なさい; 《口》さあ早く (make haste); (激励として)元気を出せよ ▪*Come along* with me if you like. よかったら私といっしょに来なさい ▪Quick, *come along* now, let's cross the road and get into the field. 急いで, 早く. 道路を横切って畑に入ろう ▪*Come along*, old man; you can put your trust in me. しっかりしろよ, 君, おれを信用してくれ.

2現れる, やってくる; 合流する ▪Another dealer *came along* and offered a better price. 別の商人がやって来てもっといい値をつけた ▪I went to London whenever the chance *came along*. 機会がやってくる毎に私はロンドンへ行った ▪The girls decided to go first, and then the guys decided to *come along* later, 女の子たちが先に行くことに決め, その後男たちが合流することに決めた.

3(子供が)生まれる; (植物が)生育する ▪Our second baby *came along* quite quickly after the first. 最初の子のすぐあとに2番目の子が生まれた ▪The seedlings are *coming along* fine in the greenhouse. 苗木が温室の中で順調に育っている.

4(道を)通って行く[来る] ▪I murmured as I *came along*. 歩いて行きながらつぶやいた ▪*Coming along* the lane, I met the gardener. その小道を通って行ったら庭師に会った.

5やっていく, 暮らしていく; 進行する ▪Their projects were *coming along* fine. 彼らの企画は順調に進展していた ▪How are you *coming along* with the plans for your new house? 新しい家の計画はどう進んでいますか.

6同意する, 賛成する (with) ▪Someone will *come along with* your idea. あなたの考えに賛成する人もいるでしょう.

7[命令文で](相手の発言に疑いを差しはさんで)ちょっと待って, おいおい (come on) ▪Oh, *come along*, for goodness sake, don't be shy. おいおい, お願いだ, 恥ずかしがらないでくれよ.

8(しばしば近いところへ)来る (to) ▪Do *come along to* the services in chapel. チャペルの礼拝にぜひ来てください.

come apart 自 **1**(計画などが)空中分解する, 失敗する; (協定が)決裂する, (結婚などが)破綻する ▪The plan *came apart* when there was a fire in the apartment where the bombs were being made. 爆弾を作っていたアパートが火事になったためその計画は失敗に終わった ▪Our plan to visit Hawaii *came apart* as my husband got injured. 夫が怪我をした

ためハワイ行きの計画はおじゃんになった． ▪ The Iran-Iraq agreement *came apart* in 1979. イランーイラク協定は1979年に破棄された ▪ Our engagement *came apart* six months before the scheduled wedding date. 私たちの婚約は結婚式予定日の6ヶ月前に破綻した．
2(壊れて)ばらばらになる，砕ける ▪ The entire building *came apart* into about 200 pieces. 建物全体が崩壊しておよそ200個の瓦礫(がれき)になった ▪ The camera *came apart* in less than a week. カメラは1週間たらずでこわれてしまった ▪ The country's economy is *coming apart*. その国の経済は崩れつつある．
3(肉体的・精神的に)浮き足立つ, 混乱[狼狽]する ▪ I *came apart* mentally. I lost my cool. 私は精神的に浮き足だって、冷静さを失ってしまった．
come around →COME round.
come [*fall*] ***asunder*** 〚自〛 ばらばらに崩れる ▪ The plates *fell asunder*. 皿はこっぱみじんになった．
come at 〚自〛 **1**…にぶつかって行く, 立ち向かう, 襲いかかる ▪ The dog *came at* me. その犬は私に襲いかかった ▪ Just let me *come at* you! ちょっと僕に相手させてくれ．
2…をふと見つける ▪ I *came at* these rare stamps quite by chance. これらの珍しい切手を全く偶然に見つけた．
3…に届く, 到達する ▪ Tell me how to *come at* the path. その道までどうして行くのか教えてください．
4…をつかむ, 得る, 知るにいたる; を調べる, に取り組む ▪ First-class people are hard to *come at*. 一流の人物は得がたい ▪ He *came at* a true knowledge of himself. 彼は自己を真に知るようになった ▪ They *came at* the subject from very different perspectives. 彼らはその主題に全く異なった視点から取り組んだ．
5《米口》…を意味する ▪ Is that what you are *coming at*? それが君の腹なのか．
come [*fall*] ***athwart*** 〚自〛 …の進路に立ちはだかるように現れる ▪ The ship *fell athwart* the Armada. その船は無敵艦隊の進路に立ちふさがった ▪ The image *comes athwart* his every thought. その姿は何を考えていてもすぐ彼の心に浮かんでくる．
come away 〚自〛 **1**(ある場所を)離れる, 遠ざかる; そこを離れて来る ▪ You are too near the stove; *come away*. あまりストーブに近すぎる, こちらへおいで ▪ *Come away*, death! 死よ, やって来い．
2取れる, 取れてくる ▪ The rope *came away* in her hand. 彼女が手で引くと綱がはずれた ▪ The handle *came away* in my hand. 握ると柄が取れた．
3《米》〚主に命令文で〛お入り ▪ *Come away*! The door's open. お入り, ドアは開いていますよ．
4出てくる ▪ No two products *come away* alike. 二つの製品が全く同じで出てくることはない．
5〚過去分詞を伴って〛結局…となる ▪ He *comes away* depressed by her irritability. 彼は彼女の怒りっぽいのに結局うんざりする ▪ All hands would *come away* with hides intact. 全員無傷ですむだろう．
6(植物が)急生長する ▪ Once it rained, the grass *came away* quite well. 一旦雨が降ると芝生がすくすくと育った．

come away with 〚自〛 **1**《米》…を得る ▪ Most *came away with* the impression that he was a great athlete. ほとんどのものは彼は偉大なスポーツマンという印象をもった ▪ Few visitors fail to *come away with* a photograph of the castle taken from here. この地点からあの城を撮影してこなう客はまずいない ▪ I got a season's best and *came away with* a medal. 私はシーズンの最高を記録してメダルを受賞した．
2…と出かける ▪ Mike invited her to *come away with* him for the weekend. マイクは週末いっしょに外出しないかと彼女を誘った．
3(ある気持ち・思い出をもって)…を出てくる ▪ We *came away with* an uneasy feeling. 私たちは不安な気持ちでそこを出てきた．
4《米》…を提供する ▪ I *came away with* $5,000. 私は5千ドル提供した．

come back 〚自〛 **1**帰る ▪ When did he *come back*? 彼はいつ帰ってきましたか．
2ふたたび起こる, 再発[再流行]する ▪ 30 minutes after play resumed, the rain *came back*. 試合再開からおよそ30分後にふたたび雨が降り出した ▪ TB *came back* in a form more deadly than before. 結核が以前よりももっと死亡率があがってふたたび流行した．
3《口》(人気・健康・地位を)回復する ▪ He *came back* to power. 彼は権力を回復した．
4(…に)思い出される; 戻る (*to*) ▪ His words often *come back to* me. 彼の言葉がしばしば思い出される ▪ I will *come back to* this topic later. この話題には後ほどまた戻ろう．
5《米口》しっぺ返しする; 言い返す, さかねじをくわせる (*with*) ▪ I *came back* at him, laughing. 私は笑いながら彼に言い返してやった ▪ Burns *came back with* a sharp retort. バーンズは鋭い反論を返した．
6《口》もう一度言う ▪ I didn't hear you. Could you *come back*? 聞こえませんでしたからもう一度言ってください．
7《口》(意識を)回復する ▪ He rallied and *came back* to consciousness. 彼は持ち直して意識を回復した．
8(運動選手が)好調を回復する, 立ち直る ▪ Since that time he has *come back* in no uncertain terms. その時から彼ははっきりと立ち直った．
9(返事・反応などが)返ってくる ▪ The driver took hold of Pate's arm and shook him, but no answer *came back*. 運転手はペイトの腕を握って彼を揺すったが反応は返ってこなかった．
10《俗》(狩で)退く ▪ He began to *come back* to his horses. 彼は馬のところへ退き始めた．

come before 〚自〛 **1**…に先行する, の上位に立つ, より重要である ▪ The development of the economy must *come before* all else. 経済の発達が他のすべて

のものに先行しなければならない. **2**(訴えなどが)...に提出される ▪ My claim *comes before* the court tomorrow. 私の苦情申し立てがあす法廷に提出される.
3(人が判事などの)前に出る ▪ He *came before* the judge. 彼は裁判官の前に出た.

come between 圓 **1**(時期・順序が)2者の間に位置する ▪ May *comes between* April and June. 5月は4月と6月の間にくる.
2...の間に割り込む, の仲を裂く; じゃまをする ▪ He tried to *come between* us. 彼は我々の間に割り込もうとした ▪ A certain coldness *came between* the two friends. 二人の間が気まずくなった ▪ She won't let anything *come between* her and her daily walk. 彼女は毎日必ず散歩する時間を確保する.

come by 圓 **1**《米俗》(人を)訪ねる, 立ち寄る ▪ Next time you're over this way, please *come by*. 今度こちらの方へおいでのときはお立ち寄りください.
2...を得る, を(偶然)手に入れる; に出くわす ▪ He has *come by* a great deal of knowledge. 彼はたくさんの知識を得た ▪ How did you *come by* this money? この金はどうして手に入れたのか.
3(そばを)通る ▪ There was a great funeral *coming by*. 葬式の大行列がそばを通っていた ▪ They *came by* three great towns on their journey. 彼らは旅の途上, 三つの大都市を通過した.
4...に近づく, 達する ▪ Our dog barks every time a stranger *comes by* the house. うちの犬は見知らぬ人が家に近づくたびにほえる.
5《米》[honestly, naturally などを伴って] 特徴[特性]を親から受け継ぐ ▪ He *comes by* his temper *naturally*. 彼のかんしゃくは親ゆずりだ ▪ They *came by* their money *dishonestly*. 彼らは不正な手段でお金を相続した.

come down 圓 **1**(雨が)降る, 落ちる; 降りる, (寝室などから階下へ)降りる ▪ The rain *came down* in torrents. 雨は滝のように降った ▪ The fog has *come down* as black as pitch. 霧が降りて真っ暗になった ▪ I'll *come down* soon. すぐに階下へ降りていきます.
2下って...まで達する, 長さが...である (*to*) ▪ The forest *comes down to* the water's edge. 森は下って水ぎわまで達している ▪ The latest accounts of the patient *come down to* the 15th day after the operation. 患者の最近の記録は延びて手術後15日目にまで及んでいる ▪ Her hair *comes down to* her waist. 彼女の髪の長さは腰に達する ▪ Kenneth Cole's Bermuda shorts *come down to* the knee. ケネス・コールのバーミューダショーツは長さが膝まである.
3(木などが)倒(される), (家などが)こわ(さ)れる, (人などが)ころぶ ▪ Several trees *came down* in the storm. 数本の木が嵐で倒された ▪ The old hospital is *coming down* and the new one is to be built. 古い病院が取り壊し中で新しいのが建てられることになっている ▪ The child *came down* and hurt his knee. 子供はころんでひざをいためた.
4(値が)下がる; 値打ちが下がる ▪ These goods [Prices] have *come down* recently. これらの品[物価]は最近下がった ▪ He has *come down* in my opinion since then. その時から私の意見では彼の値打ちは下がった.
5(南方に)行く; (小規模な場所を)尋ねる, (都会から田舎へ)行く ▪ They *came down* the Pacific in canoes to our shores. 彼らはカヌーに乗り太平洋を南下してこの地にやってきた ▪ My uncle is *coming down* for the weekend. おじは週末休みに田舎へ訪ねて来ます.
6(飛行機が)撃墜される; 着陸する ▪ Three enemy planes *came down* in the battle. 敵の3機がその戦闘で撃墜された ▪ The plane *came down* safely. その機は無事着陸した.
7代々伝わる, 受け継がれる ▪ This custom has *come down* to us from our ancestors. この習慣は祖先から我々に伝わったものである.
8決断[決心]する, 態度を明らかにする, 選ぶ (*against, in favor of, on*) ▪ Scott Turow *came down against* capital punishment. スコット・タロウは極刑に反対の決断を下した ▪ Mooney *came down in favor of* the death penalty. ムーニーは死刑に賛成の立場を明らかにした ▪ Brown does not *come down on* one side or the other. ブラウンはどちらの側にも賛意を示さない.
9(ハイな状態から)覚める, 落ち着く ▪ I *came down* from being high and realized what I had done. 私はハイな状態から覚めて, 自分のやったことに気ついた.
10(命令・指示などが)下る, 伝えられる ▪ The order *came down* from Chief Rhodes for everybody to put on their helmets. ローズ隊長から全員ヘルメットを着用せよという命令が下った.
11落ちぶれる ▪ They were once a great family, but they have *come down*. 彼らはかつては名門であったが今は落ちぶれている.
12《俗》起こる ▪ What's *coming down* tonight? 今晩はなにごとがあるのかね.
13くじける ▪ His haughty spirit will *come down*. 彼の高慢な心はくじけるだろう.
14《米口》病気になる (*with*) ▪ He was *coming down with* some disease or other. 彼は何かしら病気になりかかっていた.
15《劇》脚光の方へ進み出る (↔GO up 10) ▪ Lord Augustus! (Lord Augustus *comes down*.) オーガスタス卿! (オーガスタス卿, 脚光の方へ進み出る). 《脚本のト書き》.
16《英》大学を卒業する (*from*) ▪ He is *coming down from* Oxford at Easter. 彼は復活祭にはオックスフォード大学を卒業する.
17《主に英口》金を出す, 支払う, 寄付する ▪ He will *come down* to the tune of one thousand pounds. 彼は大枚1,000ポンドを出すだろう ▪ My uncle has *come down* handsomely [with a large sum]. おじさんはどっさり寄付した.

come down on [*upon*] 圓 **1**《口》...をしかる, 非難する; を罰する; を強引に要求する《慣いなど》 ▪ He *came down upon* me for my carelessness. 私の

不注意をひどくしかった ▪I feel sorry always to *come down on* you. いつも君に無理な要求をして申しわけありません.
2 ...を急襲する ▪The enemy *came down upon* the sleeping village. 敵は眠っている村を急襲した.
come down to 自 **1** 〖It (all) を主語にして〗...に帰着する, 大切なのは結局...である ▪What does *it all come down to*? それはつまるところどういうことになるのか.
2 ...の段取りになる ▪He *came down to* the unvarnished truth. 彼は赤裸々な真実を述べねばならぬ段取りになった.
3 ＝COME down 7.
come down with 自 (病気)にかかる (→COME down 14) ▪I *came down with* a fever. 私は熱病にかかった.
come for 自 **1** ...の目的で来る ▪What have you *come* here *for*? 君は何の目的でここへ来たのか.
2 ...を取りに［迎えに, 呼びに, 逮捕に］来る ▪I've *come for* Miss Janet. ジャネットさんを迎えに来ました ▪She *came for* the goods. 彼女はその品を取りに来た ▪He went into hiding when the police *came for* him. 警察が逮捕にやってきたとき彼は地下に潜っていた.
3 ...を攻撃する, に向かってくる ▪With a rush the hawk *came for* him. さっと飛んでタカは彼を襲った.
come forth 自 《雅》出て来る; 世に出る ▪Leaves *came forth* in the spring, and grew yellow in autumn. 春には葉が出て秋にはそれが黄葉した ▪He *came forth* from his quiet retreat. 彼は閑居の地から出て来た.
come forth [forward] with 自 ...を示す, 提出する, 提案する; を述べる ▪The budget *came forth with* a colossal sum. 経費はこのような莫大な金額を示した ▪He *came forward with* a better proposal. 彼はもっと良い提案を出した ▪He *came forth with* the story. 彼はその話を述べた.
come forward 自 **1** (列・後から)進み出る ▪*Come forward*, Smith. スミス, 前へ出よ.
2 申し出る ▪No one *came forward* to help. 援助を申し出た者はなかった.
3 (公衆・法廷の前に)立ち現れる ▪John *came forward* as a candidate. ジョンが候補者として現れた.
4 上程される ▪Your suggestion will *come forward* at the next meeting. あなたの提案は次の会議に上程されます.
come from 自 **1** ...の出身である ▪I thought that he *came from* Texas. 彼はテキサスの出身かと思った ▪Where do you *come from*? あなたはどこの出身ですか.
2 ...から来る, に由来する, 基づく ▪Many English words *come from* Latin. ラテン語から来た英語の単語が多い ▪Volcano *comes from* the Roman god Vulcan, who was the god of fire. Volcano (火山) はローマ神話の火の神 Vulcan (バルカン) に由来する ▪Kids think yoghurt *comes from* plants, survey finds. ヨーグルトは植物から取れると子供は考えているこ

とが調査の結果分かった ▪The holiday's name *comes from* the story of the Exodus. その休日の名称は出エジプト記中の逸話に基づいている.
3 ...から流れ出る ▪Where's that music *coming from*? あの音楽はどこから流れてきているのか.
come from behind 自 **1** 後からやってくる ▪I'll *come from behind* so he doesn't see me. 彼に見られないように僕は後から行くよ.
2 後から追い抜く; 《野球》逆転する ▪He *came from behind* and went past me and out of sight. 彼は後から僕を追い抜いて視界から去った ▪Orix *came from behind* to beat Softbank 3-2. オリックスがソフトバンクに3対2で逆転勝利を収めた.
come home 自 **1** 家に帰る, 帰宅[帰国]する ▪He has not *come home* yet. 彼はまだ帰宅していません.
2 (...に)しみじみこたえる, (の)胸に徹する (*to*) ▪His tale *came home to* us. 彼の話は我々の胸にこたえた.
3 突然...とわかる, 急に明らかになる ▪Suddenly, it *came home* to me that she thought I was Nancy. 彼女が私をナンシーと人違いしていることにはたと気づいた.
4 (人の身に)及ぶ (*to*) ▪Losses will *come home to* the best of us. 損害は我々のうちの最上の者にも及ぶものだ.
5 (海)(いかりが止まらないで)船の方へ引かれる ▪The anchor *came home* slowly. いかりは底に止まらないで, 徐々に船の方へ引かれた.
come in 自 **1** 入る; (風などが)吹き込む; (列車などが)到着する ▪"*Come in*!" called the principal when she heard the knock. ノックの音がすると「お入り!」と校長先生は言った ▪Diseases *come in* at the mouth. 病は口から入る ▪It was a sad time whenever news *came in* that a ship had been lost. 船が行方不明になったという知らせが入るのはどんなときでも悲しいことだった ▪The wind and rain *came in*. 風と雨が入り込んだ ▪When will the ship *come in*? 船はいつ入港するのか.
2 (職場に)出向く, 持ち場につく; (業者などが家に)来る ▪He was asked to *come in* and help. 彼は来て手伝うように頼まれた ▪A repairman *came in* to fix the new computer. 新しいコンピューターを直しに修理員がやってきた.
3 (放送が)入る, 受信される ▪With suppressed excitement the pilot's voice *comes in*. 興奮を抑えた, パイロットの声が聞こえてくる.
4 分け持つ; 加わる, (仲間として)加入する ▪Where do I *come in*? 私はどこを分け持つのか; 私の分け前は何ですか ▪I'll let you *come in* cheap. 安い加入金で加入させてあげるよ ▪Would you like to *come in* on the enterprise? その事業に参加したいですか.
5 収入として入る ▪A large sum of money has *come in*. 多額の金が入った.
6 (競走で)...等[位, 着]になる; 立場[順位]が...になる ▪He *came in* third in the 100-yard race. 彼は100ヤード競走で3位だった ▪Where do I *come in*? 私の立場[順位]はどこですか.
7 (流行・スタイルなどが)始まる, 現れる, はやってくる; 導

入される; (法律が)発効する ▪ Long skirts *came in* about ten years ago. およそ10年前に長いスカートがはやった ▪ Before computers *came in*, he used to use his old slide rule to compute everything. コンピューターが導入される以前, 彼は何を計算するにも古い計算尺を使っていた.

8 役に立つ ▪ This gadget will *come in* handy in the kitchen. この器具は台所で役に立つだろう ▪ This box might *come in* useful another time. この箱はあるいはいつか役に立つかもしれない.

9 当選する; 就任する; 権力を握る ▪ He *came in* for Leicestershire in 1818. 彼は1818年レスターシャーの国会議員に当選した ▪ Lyndon Johnson *came in* for the presidency after Kennedy's assassination. L. ジョンソンはケネディの暗殺のあと大統領に就任した ▪ The DPJ *came in* at the last election. この前の選挙で民主党が政権を握った.

10 (潮が)みちる ▪ The tide is *coming in* fast. 潮がどんどん満ちてきている.

11 (季節が)始まる, になる ▪ Summer *comes in* during May. 5月のうちに夏になる.

12 《クリケット・野球》打席に入る, 打者になる ▪ Then Ichiro *came in* to pinch hit. その場面でイチローが代打で打席に立った ▪ Griffey *came in* as a pinch hitter in the seventh inning. 7回にグリフィーがピンチヒッターとして打席に入った.

13 《野球》生還する, 生還して1点取る ▪ He finally *came in*, amidst loud cheers. 彼はついに大歓声のうちに生還した.

14 (歌手・俳優などが)登場する, 演技を始める ▪ The actor does not *come in* till the second act. その俳優は2幕になるまでは出演しない ▪ When the singer *comes in*, be quiet. 歌手が歌い始めたら静かにしてください.

15 (油井から)石油を噴出し始める ▪ No. 5 well *came in* last night. 第5番油井が昨夜石油を出し始めた.

16 旬になる ▪ When do oysters *come in*? カキはいつ旬になりますか.

17 (作物が)取れる, できる ▪ The crop is *coming in* well [light]. 作物の収穫が良い[悪い].

18 (ポーカーで)中途で加わる ▪ If he *comes in*, he must make good his ante. 彼が中途で加わるのなら, 前かけ金を償わねばならない.

19 仲を裂く (*between*) ▪ She always tries to *come in between* us. 彼女はいつも我々二人の仲を裂こうとする.

20 《米・方》(牛・馬が)子を産む ▪ Our cow *came in* this morning. うちの雌牛がけさ子を産んだ.

21 (余地などが)生じる ▪ If the law is too lax, private vengeance *comes in*. 法律があまりゆるすぎると, 個人報復の余地が生じる.

22 (ジョークのおかしみが)…にある ▪ Where does the joke *come in*? そのジョークのどこがおかしいのか.

come in at 自 …の重さがある; に値する; …位に入る ▪ The total weight *comes in at* 13.8 kilograms or 30.4 pounds. 総重量は13.8キロ, つまり30.4ポンドだ ▪ The deal's total value *comes in at* \$13.7 million. その取引の総額は1370万ドルになる ▪ Sean Quinn *comes in at* number 468 on the rich list. ショーン・クインは長者番付で468位だ.

come in for 自 **1** (非難・批判など)を受ける; (不幸など)を招く ▪ Wilson *came in for* a good deal of criticism. ウィルソンは多大の非難を受けた ▪ I shall *come in for* all kinds of trouble. 私はあらゆる苦難を招くだろう.

2 …を求めにやって来る ▪ A lady *came in for* consultation. 一人の婦人が相談にやって来た ▪ The plane *came in for* landing. その飛行機は着陸の態勢に入った.

3 …をもらう, の分け前にあずかる, を相続する ▪ Bystanders often *come in for* a courteous word from the King. 見物人たちは国王から丁重なお言葉をいただくことがよくある ▪ She *came in for* her share of a fine property. 彼女は相当な財産の分け前にあずかった ▪ He'll *come in for* £200,000 when his aunt dies. おばが死んだら, 彼は20万ポンドを相続するだろう.

come in on [***upon***] 自 **1** …に参加する; に割り込む ▪ May I *come in on* your plan? 君の計画に参加してもよいか ▪ Let me just *come in on* this, because Clive is not giving the whole story. この件にちょっと口をはさませてほしい, クライブはすべてを話していないから.

2 …の肝に銘ずる, に強い印象を与える ▪ Has it never *come in upon* your mind? それがあなたの肝に銘じたことはないのですか ▪ It *came in upon* her that he had known it from the first. 彼は最初からそれを知っていたのだということを彼女は強く感じた.

3 (人)を取り囲む (《不快感を伴うことが多い》) ▪ Crowds of people *came in on* me. 大勢の人々が私を取り囲んだ.

4 …に思い出させる ▪ It *came in on* me that I had seen her before. 私は彼女に以前会ったことがあるのを思い出した.

come in with 自 …と共同する ▪ Why not *come in with* us? 我々と共同でやったらどうかね.

come into 自 **1** (場所・状態)に入る ▪ *Come into* the dining-room. 食堂に入りなさい ▪ Postage stamps first *came into* use in Great Britain in 1840. 郵便切手は1840年に初めて英国で使用されはじめた.

2 …を所有するようになる, 相続する; (職・権力)にありつく ▪ He will *come into* a large fortune when he reaches 21. 彼は21歳に達すると大きな財産を受け継ぐだろう ▪ The LDP *came into* power. 自民党が政権を握った.

3 〖主に否定文で〗…にかかわる, に関与する ▪ My client does not *come into* the matter at all. 私の顧客はその件には全く無関係だ.

4 (人の頭・心)に浮かぶ ▪ Suddenly an idea *came into* Stan's head. 突然あのような考えがスタンの頭に浮かんだ ▪ She sat all day alone in her room, but nothing *came into* her mind. 彼女は一日中自分

の部屋に座っていたが何も心に浮かんでこなかった.

come of 働 **1** …から生じる, の結果だ ▪ See what *comes of* being in such a hurry. それごらん, そんなにあわてるからそんなことになるのさ ▪ Your illness *comes of* drinking too much. 君の病気は飲み過ぎのせいだ.

2 …の出(身)である ▪ He *comes of* a good family. 彼は名門の出である.

3 …がどうなる (become of) ▪ What has *come* [*came*] *of* Dobbin? ドビンはどうなったのか.

come off 働 **1** 去る, (ボタンなどが)取れる, (髪・歯などが)抜ける, (ペンキが)はげる, ほどける ▪ The handle has *come off*. 柄が取れた ▪ I can't make the lid *come off* the saucepan. シチュー鍋のふたが取れない.

2 《米》(…という)印象を与える, のように見える (*as*) ▪ The Russians *come off as* coldly arrogant. ロシア人は冷たくて尊大だという印象を与える.

3 (予定・計画などが)行われる, 実現する; うまくいく, 成功をおさめる ▪ The boat race usually *comes off* at the beginning of April. ボートレースは通常4月の初めに行われる ▪ Dinner *comes off* at two o'clock. 食事会は2時にある ▪ The concert *came off* as planned. コンサートは予定通りうまくいった.

4 (試合)から退く, 選手交代される (↔COME on 5) ▪ Beckham *came off* after 55 minutes with a knock to his calf. ベッカムはふくらはぎの打撲で55分後に退いた.

5 (価格・税など)から差し引かれる; から免除される ▪ We've seen $120 a tonne *come off* the price of wheat. 我々は小麦の価格が1トンにつき120ドル下げられるのを経験している.

6 (風・においなどが)発生する, 起こる ▪ There's always a nice breeze *coming off* the river. 気持ちよいそよ風がいつも川のほうから吹いてくる.

7 (船・海岸などから)離れる, 去る; 離れてやって来る ▪ The next day Captain Minchin *came off*. 翌日ミンチン船長は去った ▪ *Come off* the grass—it's damp. 芝生から離れなさい—しめっていますから ▪ Long John *came off* in a boat. ロングジョンはボートに乗って岸から離れてやって来た.

8 棄てる, 降りる ▪ We have *come off* the gold standard. わが国は金本位制を棄てた.

9 (上演などが)打ち切り[中止]になる ▪ The march never *came off* because of lack of support. 行進が支援不足のために中止になったことはない.

10 (薬物などの服用を)やめる, 手を切る ▪ They try to help addicts *come off* drugs. 彼らは中毒患者が薬物の服用をやめるのを支援しようとしている.

11 《米俗》[主に命令文で]やめる ▪ Six dollars! Oh, *come off*! 6ドルだって! よせよ! ▪ It's time you *came off*. もう君はやめるときだ.

12 《婉曲》落伍する; 堕落する ▪ I don't like to see a girl *come off*. 少女が堕落するのを見るのはいやだ.

13 仕上がる, 成功する; 奏功する ▪ Jessop *came off* both as batsman and bowler. ジェソップは打者としても投手としても成功した ▪ The jokes Bill told *came off*. ビルの言った冗談はうまく受けた.

14 《口》(…が)…となる, の結果となる ▪ He *came off* a victor [victorious]. 彼は勝利者となった ▪ Fortunately for him he *came off* a winner this time. 彼にとって幸運なことに今回は勝った ▪ Several deer *came off* losers in collisions with cars and motorcycles. 車やバイクと衝突して数頭のシカが犠牲になった ▪ She failed at first but she *came off* well in the end. 彼女は初めは失敗したが最後は首尾よくいった.

15 (予言が)当たる ▪ His teacher's prophecy that he would be famous has *come off*. 彼は名を上げるという恩師の予言が当たった.

16 《米口》ひなをかえし終わる ▪ She will *come off* in a week. めんどりは1週間でひなをかえし終えるだろう.

come on 働 **1** 《口》[命令文で]さあ行こう; 早く早く; さあ来い; さあどうぞ《元気づけたり, せきたてたり, 挑んだりするときの句》 ▪ *Come on*. The dog is chained. さあどうぞ. 犬はつないでありますから ▪ *Come on*! We must catch the train. さあ早く早く, 電車におくれてはなりません ▪ *Come on*! I will beat you this time. さあ来い! 今度は負かしてやるぞ.

2 …にふと出会う, を見つける ▪ Moving homeward, Enoch *came on* Annie. 家の方へ歩いて行くとイーノックはアニーにでわくわした ▪ I *came on* a book I had been looking for under my bed. ずっと探していた本がベッドの下からひょっこり出てきた ▪ My wife *came on* an old notebook of mine in which was a copy of one of my letters. 妻は私の古いノートを偶然見つけた. その中には私の手紙のコピーが入っていた.

3 スイッチが入る, 作動し始める ▪ A light sensor means it will automatically *come on* at dusk and turn off at dawn. 光センサーとは, 暗くなれば自動的に点き明け方には切れるというものだ.

4 放送[放映, 上演]される ▪ All of a sudden, the news *came on* that the Twin Towers had been hit by airplanes. 突然, ツインタワーが飛行機に激突されたというニュースが流れてきた.

5 (役者が)登場する, (選手が途中から)出場する (↔COME off 4) ▪ Does Hamlet's father *come on* again in this scene? ハムレットの父はこの場面でまた登場しますか ▪ A new bowler *came on*. 新しい投手が登場した.

6 (電話に)出る ▪ Another voice *came on* the phone and said, "Yes, it is all right." 別の声が電話に出て, 「ええ, 大丈夫ですよ」と言った.

7 進行する, 発達する, 進歩する, 良くなる ▪ The crops are *coming on* nicely. 作物のできは上々である ▪ How is Juan *coming on* with [in] his study of English? ファンの英語の勉強はどれほど進んでいるか? ▪ The dog has *come on* tremendously in head. その犬はひどく頭が良くなってきた.

8 押し寄せて来る, やって来る ▪ Their troops *came on* to the charge. 彼らの軍隊は突撃して来た ▪ He will *come on* to Zanzibar. 彼はザンジバルへやって来るだろう.

9 (雨が)降りだす; (風・あらし・発作が)起こる; (冬・夜が)やって来る; (苦しみ・病が)募る, の症状が出る ▪ The

rain has just *come on*. 雨がちょうど降りだした ▪ A terrible spasm of pain *came on* before he died. 彼は死ぬ前に恐ろしい苦痛の発作が起こった.
10 …を襲う, に降りかかる ▪ The French *came on* the English. フランス軍は英軍を襲った ▪ Great trouble *came on* me through that course of action. そんな行動をとったために大苦難が私に降りかかった.
11 (問題が)論議にのぼる; (事件が)持ち出される; 行われる ▪ The case *came on* before the judge. その事件は公判に付された ▪ The trial will *come on* during the first week of September. 公判は9月の第1週中に行われる予定だ.
12《口》(…のように)ふるまう, 印象を与える (*like*) ▪ He always *comes on* like a Texan. 彼はいつもテキサス人っぽい行動をとる.
13《英口》生理[月経]が始まる ▪ I feel menstruation *coming on*. 生理が始まりそうな感じがする ▪ Her menarche *came on* when she was 17 years of age. 彼女の初潮は17歳のときにきた.

come on in ㉠《米俗》[丁寧に, 強めて] 入る (come in) ▪ *Come on in*! Take your coat off. どうぞお入りください. 上着もお取りになって ▪ *Come on in*, the door's open. さあ, お入りなさい. ドアは開いてますよ.

come on to [onto] ㉠ **1** (女性が男性を)誘惑する, 口説く ▪ Thomas claimed his brother's girlfriend tried to *come on to* him. トマスは彼の兄のガールフレンドが彼を誘惑しようとしたと主張した.
2 (舞台・法廷・市場など)に入る, 登場する ▪ The result was decided before the players *came onto* court. 選手たちが試合に現れる前に結果は決まっていた ▪ Various new vegetables and fruits *came onto* the market this past week. 今週いろんな新しい野菜や果物が市場に入った.
3 …の話題に移る, を議論する ▪ We'll *come on to* the question of security later. セキュリティの問題に関しては後ほど論じよう.

come out ㉠ **1** 抜ける, はずれる ▪ Another of her baby teeth *came out* yesterday. きのう彼女の乳歯がもう1本抜けた.
2 出てくる; (花が)咲く; (日・月が)出る ▪ The squire *came out* to receive us. 郷士は我々を迎えるために出て来た ▪ The roses will *come out* next week. バラの花は来週咲くだろう ▪ The moon will *come out* when the wind goes. 風がやんだら月が出るだろう.
3 発行[出版]される; 売り出される ▪ The gazette *came out* only on Mondays. 官報は月曜日にだけ発行された ▪ The new model *comes out* in April. 新型モデルは4月に発売される.
4 一般に知れる, 明るみに出る; (調査・計算の結果)…となる, である ▪ The truth will *come out*. 真相は明るみに出るだろう ▪ It *came out* that the man had been in prison before. その男は以前服役していたことが明らかになった ▪ The death rate *came out* at a little under 13.28. 死亡率は計算の結果13.28より少し下がることになった ▪ It just *came out* to be a nightmare. それは悪夢にすぎなかったということがわかった.
5 (競技・試験などで)…の結果となる ▪ How did you [the game] *come out*? 君[試合]はどんな結果だったか ▪ He *came out* winner of the 800 meter run. 彼は800メートル走で優勝した ▪ He *came out* third in the race. 彼はその競走で3位になった ▪ He *came out* with honors. 彼は優等で試験に合格した.
6 (色が)あせる; (しみが)抜ける ▪ If it is left in the sun, the color will *come out*. 日光にさらしておくと色があせるだろう ▪ The stain will not *come out*. しみがどうしても抜けない.
7《口》同性愛者であることを公言[カミングアウト]する ▪ Many men are *coming out* (of the closet). ゲイであることを公言する男性が多くなっている ▪ The actress has *come out* as a lesbian. その女優は最近レズであることを公表した. ▱ closet = water closet.
8 (芽・吹き出物・本性・写真などが)出る, 現れる, 写る ▪ The leaves are *coming out*. 葉が出つつある ▪ The child's got measles. The spots have *come out*. その子ははしかにかかった. 赤斑点が出ている ▪ The children's bare legs *came out* in rashes. 子供たちの素足には湿疹が出た ▪ The same arrogance *came out* with startling distinctness. 同じ尊大さが驚くほどはっきりと現れた ▪ You have *come out* well in that photo. 君はその写真によく写っている ▪ The picture has *come out* very well. その写真は非常によく撮れている.
9 職場放棄[ストライキ]をする (→**GO out** 12) ▪ Seventeen *came out* (on strike) yesterday morning. 17名がきのうの朝ストライキをした ▪ The workers *came out* for more pay. 労働者たちは賃上げを要求してストをした.
10 (少女が正式に)社交界に出る《宮廷に紹介されるのがそのきっかけ》 ▪ She has never been presented yet, but she will *come out* next year. 彼女はまだ宮廷に紹介されたことはないが, 来年は社交界に出るだろう.
11 国外へ移住する ▪ He wants me to *come out* to America. 私に国を出てアメリカへ移住してくれと彼は言っている.
12 (戦いに)出る ▪ At this moment the enemy are *coming out*. ちょうど今敵は出動している.
13 …に突き出る; につながる ▪ The other end *came out* into the room. もう一方の端は部屋の中へ突き出ていた ▪ The road *comes out* onto RTE 34. その道路はルート34につながっている.
14 (…として)世に出る, 名のる (*as*) ▪ She *came out* as Marilyn, though her real name was Norma. 彼女の実名はノーマだが, マリリンとして世に出た ▪ He *came out* as a brilliant general. 彼は立派な将軍として世に出た.
15 初舞台に出る ▪ A young girl *came out* at the matinee. 幼い娘が昼興行で初舞台を踏んだ.
16 発せられる, 述べられる ▪ The words *came out* with a mixture of anger and determination. その言葉は怒りと決意が入り交じって発せられた.

17 (賛成・反対の)態度を明らかにする (*against, for, in favor of*) (→COME out for) ▪ He could not openly *come out against* his party chief. 彼は党主に対して公然と反対の立場をとることはできなかった ▪ The senator *came out in favor of* gun control measures after the high school shooting. その上院議員は高校での銃乱射事件のあと銃規制対策の賛成に回った。

18 《米口》信仰告白をする ▪ He must first openly *come out*. 彼はまず公然と信仰告白をせねばならない。

19 経費がかかる, 合計が…となる (*at*) ▪ How much does all this *come out at*? これは全部でいくらかかることになりますか。

20 《米》〘しばしば形容詞・分詞を伴って〙結局…となる ▪ They will *come out* sympathizing with the company. 彼らは結局会社に同情するということになるだろう ▪ It will *come out* as I predicted. 結局私が予言したようになるだろう。

21 成り行き, 結末が…となる ▪ His speculation has *come out* well. 彼の投機が当たった ▪ How did that movie finally *come out*? その映画の結末はどうなったのですか。

22 (問題などが)解ける ▪ This problem does not *come out*. この問題は解けない。

come out at [toward(s)] ⾃ …に向かってくる, 飛びかかる, を襲う ▪ All of a sudden another python *came out at* me. 突然別のニシキヘビが襲ってきた ▪ A complete stranger *came* charging *out towards* him. 全く面識のない男が彼に飛びかかってきた ▪ The grill *came out toward* me and knocked me down. 焼き網が私のほうに飛んできて当たり私は倒れた。

come out for ⾃ …を支持(声明)する (→COME out 17) ▪ Even some Republicans have *come out for* Obama. 共和党員の中にさえもオバマ氏を支持するものがいた。

come out in ⾃ 湿疹が(たくさん)できる (→COME out 8) ▪ Soon after she had eaten the lobster, she *came out in* spots. 彼女がロブスターを食べてすぐあとに湿疹ができた ▪ Hot weather has made me *come out in* a rash. 暑いので湿疹が出た ▪ His legs *came out in* rashes again. 彼の脚にまた吹き出物ができた。

come out of ⾃ **1** …から出て来る; 退会[退院]する ▪ I have just *come out of* the country. 私は田舎から出て来たばかりだ ▪ The chimpanzee *came out of* the cage and climbed a tree. チンパンジーは檻から出て木に登った ▪ He *came out of* hospital yesterday evening and he was feeling all right. 彼は昨晩退院したが容体はよい。

2 (ある状態)から抜け出る, 逃れる ▪ He has just *come out of* the small-pox. 彼は天然痘が治ったばかりだ ▪ He *came out of* the reverie with a start. 彼は空想からはっと我に返った。

3 (原因・源)から発する[出る], 差し引かれる; から結果として生ずる ▪ Can good *come out of* such bloody scenes? そんな血なまぐさい場面から良いことが生じえようか ▪ Western science *comes out of* Plato and Aristotle. 西洋の科学はプラトンとアリストテレスに端を発している ▪ The money will *come out of* their wages. そのお金は彼らの賃金から差し引かれるだろう。

come out to ⾃ (合計・費用が)…になる, と計算される ▪ Repairs for the well *came out to* roughly $220,000. 井戸の修理代は約22万ドルだった。

come out with ⾃ **1** (秘密など)を漏らす ▪ Sure enough, he *came out with* all the news. はたして彼はニュースを全部漏らした。

2 …を発表する, (こっけいな事・衝撃的な事)を言う ▪ He *came out with* a terrible oath. 彼は恐ろしいのろいの言葉を口にした ▪ She *came out with* the announcement. 彼女がその発表をした。

3 …を市場に出す, 売りに出す, 世間へ出す ▪ Last year the Ford Company *came out with* several new models. 昨年フォード社は数種の新型車を売り出した。

4 …を出す; を出版する ▪ She *came out with* an answer. 彼女は答えを出した ▪ He *came out with* a discovery. 彼は発見したことを発表した ▪ He is *coming out with* a "Lives of the Saints". 彼は聖徒列伝を出版しようとしている。

5 …を生む ▪ He *came out with* some form of socialism. 彼はある形の社会主義を生んだ。

6 …を取り出す ▪ He reached in his pocket and *came out with* an old envelope. 彼はポケットに手を入れると古い封筒を取り出した。

come over ⾃ **1** …をおおう; を襲って来る; (変化が)…に起こる, 現れる; (考えなどが)思い浮かぶ, という印象を与える (*as*) ▪ The cloud *came over* the sky. 雲が空をおおった ▪ A qualm *came over* me. はき気が私を襲った ▪ A change had *come over* me. 私に変化が起こっていた ▪ The desire *came over* me to go out there. そこに行きたいという欲求が生じた ▪ He was probably right, but the words *came over as* condescending. 彼はたぶん正しかったのだろうが, その言葉は人を見下しているような感じだった。

2 越して来る, 渡って来る; 立ち寄る ▪ He has *come over* from the US. 彼はアメリカから渡って来た ▪ *Come over* and see me next week. 来週僕の所へいらっしゃい。

3 (ラジオなどが)聞こえてくる, (はっきりと)受け取れる ▪ His speech on the radio *came over* very well. 彼のラジオ演説は非常によく聞こえてきた。

4 味方につく; 意見を改める, くら替えする, 寝返る (*to*) ▪ He has *come over* to our party. 彼はわが党に味方した ▪ The rest *came over to* his opinion. 他の者は彼の意見のほうに同調してきた。

5 《口》(術策を用いて)…を欺す; を負かす; を魅了する, に大きな力をふるう ▪ She has *come over* every young man in the town. 彼女は町のすべての青年をだました ▪ I doubt if you can *come over* me. 君が私に勝てるか疑わしいね ▪ Miss Gray has *come over* him. グレイ嬢は彼を魅了した。

6 《方》…を乗り越える ▪ It all seems so sudden. I can't *come over* that. 万事が非常に急のようなので,

私はそれを乗り越えることができません.
7《英口》〘形容詞を伴って〙急に...になる ▪He *came over* ill [dizzy, funny, queer, shy, sick]. 彼は急に病気に[くらくらと, 楽しく, 変に, きまり悪く, 気分が悪く]なった.
8 蒸留して抽出される ▪Carbon dioxide will *come over*. 炭酸ガスは蒸留によって抽出されるだろう.

come round [around] 自 **1**...の回りに集まる ▪They all *came round* him to admire it. 彼らは彼の回りに集まりそれを嘆賞した.
2(人が)回って来る; はるばる来る[行く]; ぶらりと[ふと]訪ねる; (文書などが)回覧される ▪My sons *came round* by Weyhill. 息子たちはウェイヒルを通ってやって来ました ▪You have *come* all *round* London. あなたははるばるロンドンからやって来たんだね ▪She will *come round* in the evening. 彼女は晩に訪ねて来るでしょう ▪A memo *came round* saying bonuses could be cut by 25%. メモが回されてきてそれには「ボーナス・カット25%の可能性あり」とあった.
3 意見を変える; 意見を変えて...に同調する (*to*) ▪He will *come round* to you [your opinion]. 彼は意見を変えてあなた[あなたの意見]に同調するだろう ▪My father is *coming round* to accepting the idea. 父は考えを変えてその考えを認めるようになりつつある.
4 めぐって来る ▪The festivals *come round* and the people assemble. お祭りがめぐって来て, 人々が集まる ▪Spring will soon be *coming round* again. もうじきまた春がめぐってくる.
5 仲直りする; (不きげんが)直る, (意識が)戻る, (病気が)治る, 常態に復する ▪They often quarrel, but they soon *come around*. 彼らはよく口げんかをするが, じきに仲直りする ▪He continued grumbling but *came round* by degrees. 彼は不平を言い続けていたが, だんだんその不きげんが直った ▪He was stunned, but soon *came round*. 彼は気絶したが, まもなく意識が戻った.
6《口》(術策を用いて)だます, だしぬく ▪You can't *come round* me in that way. そんなことで僕をだますことはできないよ.
7《口》うまく取り入る, 抱き込む; 説きつける, 深い印象を与える ▪You can't *come round* me with such yarns. そんな話にのせられるものか ▪The governess had *come round* everybody. その女性家庭教師はすべての人を感銘させたのだった.
8 都合よく変わる ▪I hope things will *come round* again. 事態はまた好転すると思う ▪As the wind *came round*, our speed increased. 風が都合よく変わるにつれ船足が速くなった.
9《海》うわ手回しになる; (船・風の)方向が変わる ▪Stop the ship from *coming round*. 船の方向が変わるのを止めなさい ▪The wind *came round* so we reset the sails. 風向きが変わったので帆を調整し直した.

come through 自 **1**(場所)を通り抜ける; (審査・会議)を通過する, 承認される ▪They *came through* China and down to Burma and then the northern part of Thailand. 彼らは中国を通り抜けてビルマそれからタイ北部に南下した ▪Bullets *came through* the thin walls. 弾丸は薄い壁を貫通した ▪The rule *came through* pretty much as expected last week. その規則は先週ほぼ予想通りに承認された.
2 どうにか過ごしていく, 切り抜ける ▪We shall *come through* another crisis. もう一つの危機を切り抜けるでしょう.
3 届く, (電話などが)つながる, (情報・考えが)他の人に伝わる (*to*) ▪The good news *came through* that she had been granted citizenship. 彼女が市民権を認められたという嬉しいニュースが飛び込んできた ▪The site *came through* my firewall. そのサイトはファイアーウォールをすり抜けてつながった ▪Your examination results will *come through* by post. 試験の合否は郵便で届く ▪Am I *coming through* to you, John? ジョン, (私の言っていることが)ちゃんと聞こえていますか.
4《米》成功する, 目的を達する ▪He *came through* Sunday's fight so well. 彼は日曜日のボクシング試合で実に鮮やかな勝利を収めた ▪You will *come through*. You always do. 君は成功するだろうよ. いつだってうまくいくんだから.
5(混み合ったエレベーターの中で)通す ▪Well, this is my floor. *Coming through*, please. あ, この階で降ります. すみません, 通してください.
6 にじみ出る, 透けて見える ▪His personality *comes through* even though he doesn't say a word. たとえ一言も言わなくても彼の個性がにじみ出ている ▪The sun *came through* the clouds. 太陽は雲を通して見えた.
7《口》(仲よくして)対処する, 助ける (*for*); ▪When they were in trouble, he *came through for* them. 彼らが困っていたとき彼がひとはだ脱いでくれた.
8《米》宗教的帰依[発心]する, 改宗する, 転向する ▪They *came through*, converting to Catholicism. 彼らは改宗し, カトリック信者となった.
9《米》いっさいを打ち明ける, 白状する ▪I ask you to *come through*. どうぞいっさいを打ち明けてください.
10(...に)入って来る, 現れる (*in*) ▪The party-line *comes through in* the paper. その新聞に党の方針が出る ▪Your real feelings *come through in* gestures. あなたの真の感情は身ぶりに現れる.
11 頭に浮かぶ (→COME through with 1) ▪Suddenly the idea will *come through*. 突然その考えが頭に浮かぶでしょう.
12 行われる ▪The tour *came through* exactly as planned. そのツアーはまさに企画通りに実施された.

come through with 自 《米》**1**...を思いつく ▪He *came through with* an idea. 彼はある考えを思いついた.
2...を提出[発表]する ▪Congress *came through with* an extra appropriation. 国会は特別予算を提出した.
3...を提供する ▪My uncle *came through with* a check to cover the last payment. 伯父が最後の支払いがまかなえる小切手を出してくれた.

4 ...を実行する, 催す; 達成する ▪ After some delay they *came through with* their promise. 少し遅れて彼らは約束を実行した ▪ They *came through with* a circus. 彼らはサーカスを催した ▪ He *came through with* a victory in Boston. 彼はボストンで勝利をかち得た.

come to /kÀmtú:/ 自 **1** 回復する, 正気づく ▪ We poured some water on his face, and he soon *came to*. 顔に水をかけると彼はじきに意識を取り戻した. **2**(価格が)...する; 合計して...になる ▪ The bill for dinner *came to* $180. ディナーの勘定は180ドルだった ▪ That *comes to* $150, sir. 締めて150ドルでございます ▪ Well? How much does it *come to* so far? さて, ここまでで合計していくらになりますか.

3 ...に思い出される; 考えが突然浮かぶ ▪ Now you mention that, it *comes to* me that I owe you some money. あなたがそう言ったのであなたに借金していることを思い出しました ▪ An interesting idea has just *come to* me. おもしろい考えがふと浮かんだ.

4 ...に達する ▪ The proceeds of the sale *came to* over £5,000. 売上げ高は5,000ポンドに達した.

5 ...にいたる ▪ We now *come to* the reign of Queen Mary. 今やメアリー女王の治世にいたった ▪ I now *come to* the third problem. 次は第3の問題にまいります.

6 ...に帰着する ▪ What he says *comes to* this. 彼の言うことは, 次のようになる.

7 ...に起こる ▪ What has *come to* him that he does not reply to my last letter? 彼が私のこの前の手紙に返事をくれないなんてどうしたんだろう.

8 ...のあとを継ぐ ▪ He *came to* his estate in his 22nd year. 彼は22歳のとき資産をついだ.

9《米》...に支払うべきである ▪ They have sufficient money *coming to* them to meet the accommodation. 彼らはその融通にあてるに十分な支払い金がある.

10 ...ということになる ▪ When it *comes to* politics, he knows next to nothing. 政治のこととなると彼はほとんど何も知らない.

11《海》船首を風上に向ける; 停船する, 投錨する ▪ The gale having blown over, we *came to*. 風が吹きやんだので, 我々は停船した ▪ As the wind dropped, the sailboat *came to*. 風がやんだのでヨットは止まった ▪ We *came to* in the cove to spend the night. その入江に錨を降ろしその夜はそこに停泊した.

come together 自 **1** 寄り集まる, 統合する ▪ All the family *came together* for my parents' silver wedding. 両親の銀婚式の祝いに家族全員が集まった. **2**[進行形で](人生・計画などが)やっとうまくいく ▪ She finally feels like her life is *coming together* again. 彼女にはようやく人生がまた好転しているように感じられる ▪ Our plan was *coming together* nicely. 我々の計画がやっと順調に進展していた.

3 合意する ▪ We *came together* on a price. 我々は話し合って一定の価格で合意した.

come under 自 **1**(影響・支配・攻撃・批判などを)受ける ▪ Those pupils *came under* his personal influence. その学童たちは彼の人格的感化を受けた ▪ They *came under* liability to pay it. 彼らはそれを支払う義務を負った ▪ He *came under* the guillotine. 彼は断頭台にかけられた ▪ The United States *came under* severe criticism for protectionism. 米国は保護主義のゆえに厳しい批判にさらされた.

2 ...の部類に入る, に編入される; に相当する; の担当[所管, 管轄]である ▪ It *comes under* the head of useful knowledge. それは有用な知識の部類に入る ▪ What article does the present case *come under*? 本件は何条に該当するのか ▪ Environmental problems *come under* the US Department of the Interior. 環境問題はアメリカ内務省の管轄だ.

come up 自 **1** 上る, 階上へあがる; (太陽などが)昇る; (水位などが)上がる, 増える; (地位が)上がる, 出世する ▪ I'm still in bed; can you *come up* and see me? 僕はまだ寝床にいる. 階上へ上って来てくれないか ▪ When the moon *comes up* at night, I always think of home. 夜に月が昇るといつも故郷のことを思う ▪ The water *came up* so fast they couldn't get out. 水位が急に上昇したので彼らは外に出られなかった ▪ I am an ordinary farmer's son, who *came up* in life through hard work. 私は普通の農民の息子で, 勤勉によって人生を登ってきた ▪ He was poor and *came up* the hard way. 彼は貧乏だったが苦労してはい上がってきた.

2(つかつかと, すぐそばに)やって来る, (話すために)近づく; 追いつく ▪ *Come up* here. You will see better. こっちへ来たらもっとよく見えるよ ▪ "Two pizzas, please." "*Coming* (right) *up*!" 「ピザ2つください.」「ただいまお持ちします.」 ▪ He *came up* to her and took her hand. 彼は彼女の方へ進み寄ってその手を取った.

3《英》上京する, (田舎から都会へ)行く; 大学へ入学する, 学校[大学]の寮に入る ▪ They *came up* to London a week ago. 彼らは1週間前にロンドンにのぼって来た ▪ He is *coming up* to this University next year. 彼は来年この大学に入学する.

4(仕事・ポストに空きが)出る, 生じる ▪ Soon after that, the ANU post *came up*. その後間もなくオーストラリア国立大学に空きポストが生じた. ☞ ANU = Australian National University.

5(議論に)のぼる, (話に)出る ▪ The question *came up* in conversation. その問題が話題にのぼった ▪ Your name *came up* at the meeting. 君の名が会議に出た.

6 起こる, ある ▪ I'll let you know if anything *comes up*. 何か起こったらお知らせします.

7(水面に)浮かび上がる; (画面などに)出る ▪ The whales *came up* and swam around me. クジラが浮かびあがって私の回りを泳いだ ▪ When my picture *came up* on the computer, it made me sick. 私の写真がコンピュータに出たとき私はいやになった.

8(種子・草などが)地中から芽を出す, 頭をもたげる ▪ The seeds I sowed last week haven't *come up*

yet. 先週まいた種子はまだはえない ▪ The same flowers *come up* again every spring. 同じ花が毎春再び土から頭を出す.
9(音・光などが)大きくなる, 強まる ▪ The wind and rain *came up* quite hard. 風雨がともに強くなった.
10(食べたものが)戻される, 食道を逆流する ▪ The milk I gave her *came up*. 私が彼女に与えたミルクは戻された.
11 人気を博す, 流行しだす ▪ Great shoulder knots *came up*. 大きい肩飾りがはやってきた.
12(馬に)こらっ, 行け, もっと早く行け! ▪ *Come up*, there, you beast! こらっ, ちくしょう, もっと早く行け!
13《野球》バッターの番に出る ▪ Clark again *came up* (to the bat). クラークにまた打順が回ってきた.
14《海》ある方向に向かう; できるかぎり風に近寄る; (帆網などを)ゆるめる ▪ At four in the morning she *came up* with her head west. 朝4時にその船は船首を西に向けて行った ▪ They *came up* a rope. 彼らは綱をゆるめた.
15 訪問する ▪ Why don't you *come up* sometime and see me? いつか遊びにいらっしゃいよ.
16(とくに順番として)現れる, 行われる ▪ His case *comes up* next week. 彼の事件は来週審理される.
17 優勝する ▪ His horse *came up* in the race. 彼の馬がそのレースに優勝した.
18(光沢が)出る, きれい[ピカピカ]になる ▪ The paintwork *came up* better than I expected. ペンキ塗りが思いの他きれいに仕上がった ▪ The chrome work *came up* beautifully. クロムめっきでピカピカになった.
19 偉ぶる ▪ Don't try to *come up* on my ear. 偉そうな口をたたくな.
20《補語を伴って》...になる ▪ Smiley finally *came up* a winner this year with her novel about three sisters. スマイリーは三姉妹に関する小説で今年ついに受賞者になった.

come (up) against 圓 **1**...にぶつかる; に出くわす ▪ We tried everything, but *came up against* a brick wall each time. 八方手を尽くしたがそのたびに壁に突き当たった ▪ One does not often *come up against* an experience of this nature. この種の経験にはしばしば出くわすものではない.
2...を攻撃する ▪ The enemy *came against* us in large numbers. 敵は大軍で我々を攻撃してきた.

come up for 圓 **1** 売りに出される ▪ The restaurant *came up for* sale five years ago. そのレストランは5年前に売りに出された ▪ Several works by Canadian artists are *coming up for* auction in the next few weeks. カナダ人芸術家たちによるいくつかの作品があと数週間で競売にかけられる.
2...のときになる, を迎える ▪ Their license *comes up for* renewal later this year. 彼らの使用許諾は今年後半に更新になる ▪ A full five-year seat *comes up for* election this year. まる5年任期の議席がことし選挙を迎える ▪ When Jackson *came up for* election, he received 396 of a possible 423 votes. ジャクスンは立候補したとき可能な423票のうち396票を獲得した.
3(年齢)に達する ▪ The student activists of 1968 are now *coming up for* retirement. 1968年の学生活動家たちも今や退職の年齢に達しつつある.
4(検査など)を受ける ▪ My vehicle is *coming up for* an emissions test. 私の車は排ガス検査を受けることになっている.
5《米》(討議・審査・投票など)に付される ▪ Their claims *came up for* hearing. 彼らの要求は審査に付された ▪ The problem *came up for* discussion. その問題は討議に付された.

come (up) from behind 劣勢から追いつく[追い抜く], (競争で)遅れてのち逆転(勝ち)する ▪ The Reds *came from behind* to draw 1-1 with the Newcastle Jets. レッズは追いついてニューカッスルジェッツと1対1で引き分けた ▪ This time the Dodgers *came from behind* and beat the Giants. 今回はドジャースがジャイアンツに逆転勝ちした ▪ She *came up from behind* to win the silver. 彼女は挽回して銀メダルを勝ち取った ▪ He *came from behind* in the end. 彼は遅れていたが結局優勝した. ◇競馬から.

come up on 圓《米》[進行形で](時間・季節などが)...になる, 近づく ▪ We're *coming up on* the holiday season. もうすぐホリデーシーズンだ ▪ It was *coming up on* game time. 試合開始時間になろうとしていた.

come up through ...を経てたたきあげる ▪ He *came up through* the ranks. 彼は下積みからたたきあげた.

come up to 圓 **1**...に近づく, のところに来る ▪ He *came up to* me and wished me good luck. 彼は私に近寄って幸運を祈ってくれた.
2...に達する; (期待など)に添う ▪ The water *came up to* the top of the bath. 湯は湯舟のてっぺんまで達した ▪ Your work *comes up to* what I expect of you. 君の作品は私の期待に添う.
3...に匹敵する ▪ He does not *come up to* Kreisler by a long way. 彼はクライスラーにははるかに及ばない.

come up with 圓 **1**...を提出[発表, 提供]する; を案出する, 思いつく, (答えを)出す ▪ Ben *came up with* some practical suggestions for increasing sales. ベンは販売を増加するための実際的な案を提出した ▪ He *came up with* the news. 彼はそのニュースを発表した ▪ Have you *come up with* an invitation? 招待状を出しましたか ▪ Those brainy guys will *come up with* atomic polish. その聡明な人たちは原子光沢剤を案出するだろう ▪ I've *come up with* a great idea. 名案が浮かんだぞ ▪ We hope he can *come up with* a better plan than this. 彼がこれよりもっとましな計画を考えつけばいいが ▪ I couldn't *come up with* the right answer. 僕は正解を出せなかった.
2...に追いつく; に到着する; と肩を並べる ▪ John *came* slowly *up with* us. ジョンはゆっくりと我々に追いついた ▪ We *came up with* the Land of Ireland. アイルランドの国に到着した.
3...を理解する ▪ I can't *come up with* the fact.

その事実が理解できない.

4 ...を得る ■ He *came up with* a Pulitzer Prize. 彼はピューリッツァー賞を得た.

5 ...を生ずる; を設立する; を実現する ■ They *came up with* a great champion. 彼らは大闘士を生み出した ■ They have *come up with* an airline. 彼らは航空路を創設した ■ They *came up with* some compromise. 彼らはいくらか妥協をした.

6 《口》...に仕返しする; をだしぬく, に勝つ ■ She gets *come up with* occasionally. 彼女は時々負かされることがある ■ One of the lawyers was well *come up with*. 弁護士の一人はひどく仕返しされた.

7 《口》《米》(金など)を出す, を与える ■ France has *come up with* a large sum of money. フランスは多額の金を出した.

come upon **1** ...を不意打ちする, 不意に攻撃する ■ The enemy *came upon* us unawares. 敵は我々に奇襲を仕掛けてきた.

2 ...を襲う ■ A temporary madness seems to have *come upon* the people. 一時の狂気がその国民を襲ったようである.

3 (人・場所)にふと出くわす ■ We *came upon* them in New York. 私たちはニューヨークで彼らに出くわした ■ The traveler soon *came upon* a village. 旅人はまもなくある村にやって来た.

4 《雅》...の心を捕える,(考えが)胸に浮かぶ ■ It *came upon* me that I had to do this. 私はこれをしなければならないのだとふと思った.

5 (栄光・恵み・名誉・災難・呪い・返報が)身にふりかかる ■ We gave thanks for the blessing that had *come upon* us. 我々は身に降ってきた恵みに感謝した ■ Calamity was *coming upon* us. 大災難が我々に降りかかろうとしていた.

6 ...に要求する, 頼みに来る ■ He *came upon* me for the money. 私に金をくれと言って来た ■ He will *come upon* you for security for his thousand pounds. 彼は君に1,000ポンドに対する担保を要求するだろう.

7 ...の負担となる,(仕事が)...の任となる;(人が)...のやっかいになる ■ He *came upon* his uncle for support. 彼はおじのところに居候した ■ He could not *come upon* the parish. 彼は教区のやっかいになれなかった.

8 ...に現れる ■ The police officer *came upon* the scene. 警察官が現場に現れた.

9 ...に作用する, 動かす ■ I cannot think what has *come upon* you. 何があなたを動かしたか考えられない.

come with **1** ...がついている, を伴う ■ The book *comes with* a CD-ROM that contains Windows software. その本にはウインドウズのソフトを含むCD-ROMがついている.

2 ...とともにある, から生じる ■ The smile *comes with* happiness. その微笑は幸せから生まれる.

come within (視野・射程内などに)入る ■ A man riding a bicycle on the path *came within* view. 小道を自転車で来ている男が視野に入ってきた ■ Air travel *came within* reach of people with even modest incomes. 空の旅はささやかな収入の人たちにも手が届く範囲に入ってきた.

comment /kάment | kɔ́m-/ *comment on* ...を論評する《非難の意を含むことが多い》; を注解する ■ I have been *commenting on* the errors of two critics. 二人の批評家の誤りを批評している ■ The case *was commented on* by the media. その件はメディアで論評された ■ I am *commenting on* the manuscript. 私は稿本の注解を書いている.

commiserate /kəmízərèit/ *commiserate with* ...に同情する ■ He *commiserated with* the victims on their misfortune. 彼は犠牲者たちの不幸に同情した.

communicate /kəmjú:nəkèit/ *communicate with* **1** ...と通信する, 話し合う ■ I *communicate with* him regularly. 彼と定期的に通信して[話し合って]いる.

2 ...へ照会する,(警察など)へ届ける ■ I shall *communicate with* the other party. 先方へ照会しておきます ■ I shall *communicate with* the police without delay. 早速警察に届けておこう.

3 ...に連絡している, 通じている ■ The lake *communicates with* the sea by a canal. 湖水は運河によって海に通じている ■ The dining room *communicates with* the kitchen. 食堂は台所に通じている.

commute /kəmjú:t/ *commute between A and B* AとBの間を(定期券で)通勤する ■ He *commutes between* Providence *and* New Haven every day. 彼は毎日プロビデンスとニューヘイブン間を通勤している.

commute for **1** ...を償う ■ I will *commute for* it by telling you a secret. その償いにあなたに秘密を話しましょう.

2 (物が)...の代用となる ■ The shame and misery of this life may *commute for* hell. この世の屈辱と不幸は地獄の代用となるかもしれない.

commute A for [into, to] B Aを(軽減して)Bに変える ■ They *commuted* all punishments *for* fines. 彼らはすべての懲罰を罰金に変えた ■ The capital sentence *was commuted to* imprisonment for life. 死刑が軽減されて終身禁固に変えられた.

commute from A to B **1** AからBまで(定期券で)通勤する ■ He *commutes from* his home *to* his office. 彼は家から役所まで定期券を使って通勤する.

2 AからBに軽減する ■ The sentence *was commuted from* hanging *to* life imprisonment. 刑は絞首刑から終身刑に軽減された.

compare /kəmpéər/ *compare A to B* **1** AをBにたとえる ■ Poets have *compared* sleep *to* death. 詩人は眠りを死にたとえた.

2 AとBとを比較する ■ What is the world if *compared to* the least visible star in the firmament? 天空のどんな小さな星に比べても, この世界など言うに足りない.

compare with ...に比肩する ■ No country can *compare with* Japan in beauty of scenery.

風景の美において日本と比肩しうる国はない ▪How does the one *compare with* the other? 甲は乙と比べて優劣はどうか.
compare A with B 他 AをBと比較する ▪*Compare* the translation *with* the original. 翻訳を原文と比べてみなさい.

compartmentalize /kəmpὰːrtméntəlὰiz/ kɔ́m-/ *compartmentalize into* 他 **1** …に区分［分類］する ▪Life today seems to be *compartmentalized into* work and leisure. 今日の生活は仕事と余暇に分かれているみたいだ.
2 …に間仕切る ▪We *compartmentalized* the large floor *into* a number of smaller offices. その広いフロアを仕切って幾つかの小さな事務室にした.

compel /kəmpél/ *compel A from B* 他 BからAを強いて取る, B(人)に強いてAをさせる ▪He *compels* applause *from* his opponents. 彼は敵ながらも賞賛せざるをえないようにする.
compel B to [*into*] *A* 他 B(人)にAを強要する, B(人)に強いてAをさせる (*doing*) ▪They *compelled* me *into* silence. 彼らは私をむりやり黙らせた. ▪Jesus *was compelled to* obedience to the work set before Him by the Father. イエスは父なる神に課された面前の課業に服従を強いられた ▪She *was compelled to doing* again what she had just done. 彼女はたった今したことをやり直させられた.

compensate /kάmpənsèit/kɔ́m-/ *compensate for* 自 …の償いとなる ▪Money cannot *compensate for* life. 金は命の償いにはならない.
compensate a person for 他 **1** 人に…の償いをする ▪Employers should *compensate* their workmen *for* injuries. 雇主はその労働者に傷害の償いをすべきである.
2《米》人に報酬を払う ▪The company *compensates* us *for* extra work. 会社は超過勤務の報酬をくれる.
compensate to a person with [*by*] 他 人に…で償いをする ▪Let me *compensate to* you *with* money. あなたに金で償いをさせてください.

compete /kəmpíːt/ *compete against* 自他 …と張り合う ▪We must *compete against* other countries in trade. 我々は貿易において他の国々と張り合わねばならない ▪Our firm is too small to *compete against* giant companies. わが社は大会社と張り合うには余りに小さすぎる.
compete for 自他 …を求めて競う ▪About 70 runners will *compete for* the prize. およそ70人の走者がその賞を目指して競走する ▪The Stanley Cup was no longer to *be competed for* by amateur players. スタンレー杯はもはやアマチュア選手が競い合うものではなかった.
compete with 自他 **1** …と競争する ▪I *competed with* him in asking questions. 私は彼と競って質問した ▪I had a corporation to *be competed with*. 私には競争相手である会社があった.
2 …に匹敵する, 対抗する ▪I can't *compete with* him in English. 英語では彼にはかなわない.

compile /kəmpάil/ *compile A from B* 他 B(資料など)をまとめてA(本など)を編集する ▪The Sunday Times has *compiled* this guide *from* the latest data available. サンデイ・タイムズ紙は入手可能な最新資料に基づいてこの案内書を編集した.
compile A into B 他 A(資料など)を編集してB(本など)にする ▪Police *compiled* the images *into* a 25-minute videotape. 警察は画像を編集して25分のビデオを作成した.

complain /kəmpléin/ *complain about* 自他 …を嘆く, の苦情を言う ▪Mrs. Pyles *complained* to the manager *about* the service. パイルズ夫人は支配人にサービスが悪いと苦情を言った ▪He had been *complained about* by patients and fellow doctors alike. 彼は患者からも同僚の医者からも苦情を言われた.
complain of 自他 **1** = COMPLAIN about.
2(病苦など)を訴える ▪He *complained of* a headache. 彼は頭痛がすると言った ▪Dr. Donohue could not locate a cause for the pain *complained of* by Rodriguez. ドナヒュー医師はロドリゲスが訴えた痛みの原因を突きとめることができなかった.

compliment /kάmpləmənt|kɔ́m-/ *compliment away* 他 …を贈呈[謹呈]する ▪The Chinese government *complimented away* Sinic works to libraries abroad. 中国政府は海外の図書館に中国の作品を贈呈した ▪Most of the tickets will *be complimented away*. 入場券の大部分は謹呈されることになっている.
compliment a person into 他 人をほめて…させる ▪They *complimented* me *into* a better opinion of myself. 彼らは私をほめたので私は自分をましな人間と思うようになった.
compliment a person on 他 人の…に祝辞[賛辞]を呈する ▪He *complimented* me *on* my success. 彼は私の成功に祝辞をくれた ▪They *complimented* her *on* her good looks. 彼らは彼女の美貌をほめたたえた.
compliment a person with 他 人に…を贈る ▪The university *complimented* him *with* this degree. 大学は彼にこの称号を贈った.

comply /kəmplάi/ *comply with* 自他 **1** …に応じる ▪He readily *complied with* my request. 彼はすぐに私の依頼に応じた.
2(規則など)に従う;(手続などを)ふむ ▪We must *comply with* the regulations. 我々はその規則に従わねばならない ▪The following conditions shall *be complied with* by the applicant. 応募者は以下の条件に従うものとする ▪He *complied with* the formalities. 彼は正規の手続きをふんだ.

comport /kəmpɔ́ːrt/ *comport with* 自他 …と一致調和する;とつり合う, 適合する ▪His conduct did not *comport with* his high position. 彼の行為は彼の高い地位にふさわしくなかった ▪They do their best to *comport with* his will. 彼らは彼の意志に添うよう最善を尽くしている.

compound /kámpaʊnd|kɔ́m-/ ***compound for*** 自他 …を金でつぐなう[あがなう] ▪ The governor *compounded for* his life by paying a ransom. 知事は身代金を払って自分の命をあがなった ▪ They *compounded for* encroachments. 彼らは侵略地を金で取り戻した ▪ Crimes have come to *be compounded for* by gifts or payments. 犯罪は物品や賠償金でつぐなわれるようになってきている.
compound with 自 …と示談にする ▪ He *compounded with* his creditors for one half. 彼は債権者と半金だけで内済した ▪ It is not to *be compounded with* by paying blackmail. 恐喝に応じて示談にしてはならない.

compress /kəmprés/ ***compress A into B*** 他 AをBに圧縮する《比喩的にも》▪ *Compress* this paper *into* thick cardboard. この紙を圧縮して厚いボール紙にしなさい ▪ I must *compress* this mass of material *into* a book of 100 pages. 私はこの莫大な資料を圧縮して100ページの本にしなければならない.

compromise /kámprəmàɪz|kɔ́m-/ ***compromise with A (over B)*** 自他 (Bについて)Aと妥協する ▪ The company *compromised with* the workers *over* their pay demand. 会社は賃金要求について労働者側と妥協した ▪ How could such an idea be *compromised with* by a council summoned by the pope? 法王に召集された会議がどうしてそのような考えに妥協しうるだろうか?

compute /kəmpjúːt/ ***compute at*** 他 …になると計算[算出]する ▪ The Telegraph *computed* the loss *at* £100 million annually. テレグラフ紙は損失を年間1億ポンドと見積もった.
compute a person out of 他 計算して人の…を奪う[取る] ▪ I *computed* them *out of* monthly returns. 私は計算して彼らの毎月の利潤を削った.

con[1] /kɑn|kɔn/ ***con over*** 他 …を研究する, 熟考する, 暗記する, 調べる ▪ He *conned over* his prayer book. 彼は祈とう書を暗記した ▪ I *conned over* in my mind whom I should select. 私は誰を選ぶかを熟考した.

con[2] /kɑn|kɔn/ ***con a person into*** 他 《俗》人をだまして…させる ▪ He *conned* me *into* lending him some money. 彼は言葉巧みに私から金を借りた. ▭ con = confidence.
con a person out of 他 《俗》人をだまして…を取る ▪ The salesman *conned* the woman *out of* her money. 外交員は言葉巧みにその女性から金を巻きあげた.

concede /kənsíːd/ ***concede A to B*** 他 **1** A(競技・選挙など)をB(相手)の勝利と認める. Aの最終結果がわかる前にBへの敗北を認める ▪ McCain *conceded* the election *to* Obama before the outcome in North Carolina was known. ノースカロライナ州の結果が判明する前にマケイン氏はオバマ氏に対して選挙戦の敗北を認めた.
2 A(人)にB(権利など)を譲与する[与える] ▪ Bit by bit, from 1832 to 1928, the rich *conceded* the right to vote *to* the poor. 徐々に1832年から1928年にかけて金持ちは貧者に投票の権利を与えた.

conceive /kənsíːv/ ***conceive of*** 自他 **1** …を想像する, 考えつく ▪ It is impossible to *conceive of* a plan more apt. これ以上適切な計画を考えつくとは不可能だ ▪ Edison *conceived of* many very useful things. エジソンはとても役立つものをたくさん思いついた ▪ In those days airplanes *were* not even *conceived of*. 当時航空機は着想さえされていなかった.
2 …であると思う(*as*) ▪ I can't *conceive of* you *as* a firefighter. 君が消防士とは思えない ▪ People used to *conceive of* the earth *as* (being) flat. 地球は平らだと昔の人々は思っていた.

concentrate /kɑ́nsəntrèɪt|kɔ́n-/ ***concentrate on*** 自他 (一点)に集まる; に全力を注ぐ ▪ Let us *concentrate on* the problem. その問題に全力を集中しよう ▪ Population *concentrates on* cities. 人々は都市に集まる ▪ This is one of the biggest issues *concentrated on* by Mac fans. これはマック愛好者の関心が集中している最大の問題の一つだ.
concentrate A on B 他 AをBに集中する ▪ You must *concentrate* your attention *on* what you are reading. 読んでいるものに注意を集中せねばならない.

concur /kənkə́ːr/ ***concur with a person in*** 他 …人と意見が一致する, 同意する ▪ I *concur with* the speaker *in* condemning it. 私はそれを非難する点において演説者と同意見である.

condemn /kəndém/ ***condemn A as B*** 他 AをBであると非難する ▪ People *condemn* violence of any sort *as* evil. 人々はいかなる種類の暴力をも悪であると非難する.
condemn A for B 他 A(人)をB(不適切な行為などで責める, AをBの件でとがめる ▪ Catholics don't *condemn* women *for* having abortions. カトリック教徒は中絶したために女性をとがめることはない.
condemn A to B 他 **1** A(人)にB(刑)を宣告する ▪ The man *was condemned to* death for murder. 男は殺人罪で死刑を宣告された.
2 A(人)をB(苦しい状態)に追い込む ▪ Her bad legs *condemned* her *to* a wheelchair. 彼女は脚が不自由なため車椅子(の生活)に追い込まれた ▪ The widow *was condemned to* a lonely old age. 未亡人は孤老の暮らしに追い込まれた.

condense /kəndéns/ ***condense into*** 自 凝縮して…となる ▪ Steam *condenses into* water when it touches a cold surface. 蒸気は冷たい表面に触れると凝縮して水となる.

condescend /kɑ̀ndɪsénd|kɔ̀n-/ ***condescend to*** **1** へりくだって…する ▪ He *condescends to* familiarity. 彼はへりくだって親しくつき合う.
2 身を落として[節をまげて]…する, 卑劣なことまでする ▪ He does not *condescend to* such little things. 彼はそんなつまらないことなんかしない.

condition /kəndíʃən/ ***condition A on [upon]*** 他 Bを条件としてAをする ▪ I will *condition* my working *upon* your paying in advance. 先払いを条件として仕事をします.

condition ***A*** ***to*** ***B*** 他 A(人など)をB(状況など)に慣らす, AをBに順応させる ▪ His weeks in the Dallas area have *conditioned* him *to* the heat. 彼はダラス地区に数週間いたので暑さに慣れた.

condole /kəndóul/ ***condole*** ***with*** *a person* ***in*** [***on***] 他 …について人を弔慰する ▪ I *condole with* you *on* the loss of your mother. おかあさんのご不幸に対しお悔やみ申します ▪ He *condoled with* her in her suffering. 彼は彼女の苦しみを慰めた.

conduce /kəndjúːs/ ***conduce*** ***to*** [***toward***] 自 …に貢献する, を助成する, の役に立つ ▪ A change of air will *conduce* greatly *to* good health. 転地は健康に大いに役立つ.

conduct /kəndʌkt/ ***conduct*** ***away*** [***out***] 他 (しばしば強制的に)…を連れ出す, 追い出す ▪ Any person who doesn't keep silent will *be conducted away*. 静かにしない者は誰でも外へ連れ出される.

conduct *a person* ***into*** 他 人を中へ案内する[誘導する] ▪ I *was conducted into* a private room. 私は個室に案内された.

cone /koun/ ***cone*** ***off*** 自 他 《主に英》(円錐形の標示物を置いて)道路を閉鎖する ▪ Police have *coned off* the lane. 警察は(セーフティーコーンを並べて)その路地を閉鎖した.

confer /kənfə́ːr/ ***confer*** ***…*** ***on*** [***upon***] *a person* 他 (上の者から)人に…を授与する ▪ We *confer* great benefits *on* the public. 我々は大きな利益を公衆に与える ▪ These privileges *were conferred upon* him. これらの特権が彼に授与された.

confer ***with*** 自 …と相談する, 協議する ▪ I *conferred with* him about the matter. 私はその件について彼と相談した.

confess /kənfés/ ***confess*** ***to*** 自 (過失・弱点の)あることを認める; である[をした]と言う ▪ He *confessed to* having stolen the money. 彼は金を盗んだことを白状した ▪ I *confess to* a dread of spiders. 実を言うとクモが怖い ▪ He *confesses to* one bottle of port every day. 彼は毎日ポートワインをいっぱん飲んでいると言っている.

confide /kənfáid/ ***confide*** ***in*** 自 他 1 …を信用[信頼]する ▪ He *confided in* the captain's parting promise. 彼は船長の別れのときの約束を信じた ▪ The student should *confide in* his teacher. 生徒は教師を信頼すべきである.

2 (信頼して)…に打ち明ける ▪ She always *confides in* her mother. 彼女はいつも母に打ち明ける ▪ I *was confided in* by two employees that they had not been paid in a while. 私は二人の従業員から給料がしばらく未払いだと打ち明けられた.

confide ***A*** ***to*** ***B*** 他 1 AをBに打ち明ける ▪ I *confided* the secret *to* him. その秘密を彼に打ち明けた.
2 AをBに任せる ▪ The children *were confided to* her care. 子供たちは彼女の世話に任された.

confine /kənfáin/ ***confine*** ***A*** ***to*** ***B*** 他 《英》AをBに限定する ▪ Villa's quick actions helped *confine* the fire *to* one room. ビラの迅速な行動のおかげで火事は一部屋だけでおさまった.

confirm /kənfə́ːrm/ ***confirm*** ***in*** 他 [主に受身で](教会)で…に堅信式[礼]を施す, 授堅する ▪ I *was confirmed in* the church this morning. 今朝私は教会で堅信礼を授かった.

confirm ***…*** ***to*** *a person* 他 人に…を与えることを確認する ▪ The manager *confirmed to* me my appointment as his secretary. 支配人は私を彼の秘書に任ずることを正式に承認した.

confiscate /kánfəskèit/kɔ́n-/ ***confiscate*** ***from*** 他 …から没収[押収]する ▪ Police *confiscated* a pocketknife *from* the suspect. 警察は容疑者からポケットナイフを押収した.

conflict /kənflíkt/ ***conflict*** ***with*** 自 他 1 …と衝突する, 矛盾する, 相反する ▪ My interests *conflict with* yours. 私の利害関係は君のと衝突する ▪ Those claims *are conflicted with* by Williams'. そういった苦情はウィリアムズのとは食い違っている.

2 (行事などが)かち合う ▪ The garden party *conflicted with* the wedding. 園遊会が結婚式とかち合った.

3 …と戦う[争う] ▪ He *conflicted with* his adversaries. 彼は敵と戦った.

conform /kənfɔ́ːrm/ ***conform*** ***to*** 自 他 (規則・習慣・形)に従う ▪ I will *conform to* the rules. 私は規則に従います ▪ Water *conforms to* the shape of the vessel. 水は方円の器に従う ▪ These policies must *be conformed to* by citizens dealing with the system. これらの方針は, そのシステムを扱う市民には順守されなければならない.

conform ***with*** 自 他 …と一致する[合う] ▪ Your conduct does not *conform with* custom. あなたの行為は慣習と合わない ▪ The character of the past must *be conformed with* by the present. 過去の性格は現在と一貫したものにならなければならない.

confound /kənfáund/kɔ́n-/ ***confound*** ***A*** ***with*** ***B*** 他 AをBと混同する ▪ I always *confounded* him *with* his brother. いつも彼をその弟と混同した.

confront /kənfrʌ́nt/ ***confront*** ***A*** ***with*** ***B*** 他 AをBに対決[直面]させる ▪ He *confronted* his wife *with* the evidence of her affair. 彼は妻に不倫の証拠を突きつけた ▪ Kosovo's independence has *confronted* the UN *with* a new reality. コソボの独立は国連を新たな現実に直面させた ▪ I've *been confronted with* another problem. また別の問題に直面している.

confuse /kənfjúːz/ ***confuse*** ***A*** ***with*** ***B*** 他 AとBを混同する ▪ People will often *confuse* liberty *with* license. 人は自由と放縦を混同することが多い.

conglomerate /kənglámərət/-glɔ́m-/ ***conglomerate*** ***into*** 自 他 固まって(団塊)となる; 固めて(団塊)にする ▪ Crystals *are conglomerated into* masses. 水晶は固まって凝塊となることが多い ▪ Darwin's creed *conglomerated* everything into one central idea. ダーウィンの信条[進化論]により万物が単一の中枢的な概念に集成された.

congratulate /kəngrǽtʃəlèit|-grǽtʃu-/ *congratulate a person on [upon]* 他 人の…を祝う ▪ I heartily *congratulate* you *on* your success. ご成功を心からお祝い申しあげます.

conjecture /kəndʒéktʃər/ *conjecture on* 他 …について推測する ▪ We can only *conjecture on* what may happen next. 次に何が起きるかは推測しかできない ▪ For almost two centuries, archeologists have *conjectured on* the whereabouts of Ramses I. ほとんど2世紀にわたって考古学者たちはラムセス1世の埋葬場所について推測してきた.

conjure /kʌ́ndʒər|kʌ́n-/ *conjure away* 他 …を魔法で追い払う ▪ He *conjured* them *away*. 魔法で彼らを追い払った.

conjure down 他 …を魔法で呼び収める ▪ I'll *conjure down* the spirit I have raised. 呼び起こした霊を呪術で呼び収めよう.

conjure out 他 **1** …を魔法[呪術,手品]で出す ▪ I cannot *conjure* water *out* of a stone. 私は呪術で石から水を呼び出すことはできない ▪ He *conjured* a rabbit *out* of a hat. 彼は手品で帽子からウサギを出した.
2 甘言で(物)を巻き上げる ▪ He *conjured* a silver dollar *out* of my pocket. 彼は甘言を弄して僕のポケットから1ドル銀貨を巻き上げた.

conjure up 他 **1**(魔法・手品・呪術で)…を呼び出す,出現させる ▪ They used to *conjure up* the dead. 彼らは死者たちの霊を呪文で呼び出すのが常であった.
2(魔法のように・奇跡的に)…する ▪ He *conjured up* indescribably good food for me. 彼は言葉では表せないほどのご馳走をあっという間に作ってくれた ▪ The Yankees *conjured up* five runs in the final two innings to beat the Marlins 6-1. ヤンキースは最終2イニングで奇跡的に5点とってマーリンズを6対1で破った.
3 …を想像に浮かばせる,思い出させる ▪ The very sight of the narrow street *conjures up* the scene. その狭い街路を見るだけでもその光景が思い出される.
4 …を呼び出す ▪ I cannot *conjure up* the courage to refuse his offer. 彼の申し出を断る勇気を呼び起こせない.
5(根も葉もないこと)を作り出す ▪ He *conjured up* all sorts of stories. 彼はあらゆる種類の話をでっち上げた.

conjure with 自他 **1** …で手品をする,を呪文[魔法]に使う ▪ He *conjured with* everything. 彼はあらゆるもので手品をした.
2 …を利用する ▪ He *conjured with* the President's name. 彼は大統領の名前を利用した ▪ These are figures to *be conjured with* by the Liberals. これらは自由党員に利用されることになる数字だ.

conk /kɑŋk|kɔŋk/ *conk off* 自 《口》寝る ▪ Go upstairs and *conk off*. 2階へ上がって寝なさい.

conk out 自 《口》**1**(機械などが)急にとまる ▪ The engine has *conked out*. エンジンが急にとまった.
2 ひどく疲れる; 寝入る; 意識を失う ▪ The climbers *conked out* and turned back. 登山者たちは疲れはてて引き返した ▪ He *conked out* after he studied all night. 彼は徹夜勉強をしたあとバタンと寝入った ▪ She *conked out* after being hit by a ball. ボールが当たって彼女は気を失った.
3 消える, 死ぬ ▪ He had a shock and *conked out*. 彼はショックを受けて死んだ.

connect /kənékt/ *connect A to B* 他 AをBに連結する ▪ The printer *is* not *connected to* the computer. そのプリンターはコンピューターに接続されていない ▪ I *was connected to* the wrong person. 私は(電話で)まちがった人につながれました.

connect up 他 …を連結する ▪ *Is* your telephone *connected up* yet? あなたの電話はもうつながれましたか.

connect with 自他 **1** …に連絡[接続]する ▪ The train *connects with* a steamer for Naples. その電車はナポリ行きの汽船に連絡している ▪ This train *connects with* another at Crewe. この電車はクルーで別の電車に接続する ▪ Tenjin Station *is* directly *connected with* Fukuoka Airport by subway. 天神駅は地下鉄で福岡空港に乗り換えなしで連絡している.
2 …と関連する ▪ This subject *connects with* socialism. この問題は社会主義と関連している.
3 …と連合[合同]する ▪ We *connected with* our favorite magazines to build a web version of their publication. 我々は彼らの出版物のウェブ版を立ち上げるため贔屓の雑誌社と連合した.

connect A with B 他 **1** AをBと結ぶ[関係づける] ▪ *Connect* the gas-stove *with* the gas-pipe. ガスストーブをガス管と連結しなさい ▪ Doctors *connect* crime *with* insanity. 医師たちは犯罪を狂気と関連づける.
2(電話で)AをBにつなぐ ▪ Please *connect* me *with* New York. どうぞニューヨークにつないでください.

connive /kənáiv/ *connive at* 自他 …を見てみぬふりをする, 黙認する ▪ They *connived at* abuses. 彼らは弊害を黙認した ▪ Their escape *was connived at* by sympathizers. 彼らの逃走は同調者たちには黙認された.

connive with 自他 …と黙契[共謀]する ▪ He *connived with* enemies of his country. 彼は自国の敵と共謀した ▪ This has *been connived with* by the various law-enforcement agencies for years. この件に関しては多くの法執行機関によって長年にわたり見て見ぬふりが行われてきた.

conscript /kənskrípt/ *conscript A into B* 他 AをB(軍隊)に徴集する ▪ They *were conscripted into* the navy. 彼らは海軍に徴集された.

consider /kənsídər/ *consider A as B* 他 AをBと考える, 見なす ▪ They *considered* me *as* a fool [foolish]. みなは私を愚か者だと考えた.

consider away 他 …を考慮して追い払う[しりぞけ

る]　▪ You must *consider away* those vain opinions. 君はよく考えてそのような独りよがりの意見を捨てねばならない　▪ The position *was considered away* to give some political balance. その地位は多少なりとも政治的均衡を与えるために対象外とされた.

consign /kənsáin/　***consign*** *A* ***to*** *B* 他　AをBに引き渡す[託す, ゆだねる, 送る]　▪ The shipment of oranges *was consigned to* New York. オレンジの荷がニューヨークに送られた　▪ The boy *was consigned to* the care of his aunt. 少年はおばの世話にゆだねられた.

consist /kənsíst/　***consist in*** 自　**1**《英》…に存する, 基づいている　▪ Happiness *consists in* contentment. 幸福は満足にある.
2 (…と)調和[両立, 一致]する　▪ The second statement does not *consist in* the first. 二番目の供述は最初のと矛盾する.
consist of 自　…から成る (= CONSIST with 2)《受身形は誤用》　▪ Human life *consists of* a succession of small events. 人生は小さい出来事の連続から成っている　▪ ASEAN *consists of* ten South East Asian countries. アセアンは東南アジア10ヶ国で構成されている.
consist with 自　**1** …と両立する, 一致する　▪ His daily actions do not *consist with* his avowed principles. 彼の平素の行動はかねての主義と一致しない　▪ Health *consists with* temperance only. 健康は節制とのみ両立する.
2 …から成る (= CONSIST of)《受身形は誤用》　▪ Water *consists with* hydrogen and oxygen. 水は水素と酸素から成っている.

console /kənsóul/　***console*** *A* ***on*** *B* 他　B(悲しみなど)に対してA(人)を慰める[元気づける]　▪ I wish I had words to *console* you *on* the loss of your son. ご子息のご逝去に接しどうお慰めしてよいか言葉もありません.

consolidate /kənsɑ́lədèit|-sɔ́l-/　***consolidate into*** 自他　固まって…となる; を固めて…にする; …に統合する　▪ Several businesses have recently *consolidated into* a single large company. 最近数社が合併して単一の大会社になった　▪ They *consolidated* three small firms *into* one large one. 小規模の3社を統合して1大会社にした.

consort /kənsɔ́:rt/　***consort with*** 自他　《英》
1 …と交わる《悪人と交わる場合が多い》　▪ He is an inveterate gambler who *consorts with* gangsters. 彼はやくざと交流のある賭博常習者だ.
2 …と男女関係をもつ　▪ She is said to have *consorted with* numerous young men. 彼女は多くの若い男性と関係を持ったとのことだ　▪ The male representative *was* occasionally *consorted with* by women. 男性代表はときどき女性から(性的)接待を受けた.
3 …と一致[調和]する　▪ His practice does not *consort with* his preaching. 彼の言行は一致しない.

conspire /kənspáiər/　***conspire against*** 他 …に反乱を企てる; に対して共謀する　▪ A group of men *conspired against* the government. 何人かの男たちが政府を倒そうと陰謀をたくらんだ　▪ The sisters *conspired* with each other *against* their brother. 妹たちは兄に逆らおうと手を組んだ.
conspire with 他　**1** …と共謀する　▪ He *conspired with* a gang of roughs. 彼は暴力団と共謀した.
2 …といっしょになって…する (*to do*)　▪ Overwork *conspired with* trouble *to* make him ill. 過労が心労と重なって彼は病気になった.

constrain /kənstréin/　***constrain*** *A* ***from*** *B* 他　《英》AがBするのを防止する[抑える]　▪ The police *constrained* the crowd *from* violence. 警察は群衆が暴力を振るうのを抑えた.

construct /kənstrʌ́kt/　***construct*** *A* ***from*** *B* 他　B(原料)でAを造る[建てる]　▪ The hut *was constructed from* trees. その小屋は樹木で造られた.
construct *A* ***of*** *B* 他　B(材料)でAを造る[建てる]　▪ The hut *was constructed of* wood. その小屋は木材で造られた.

construe /kənstrú:/　***construe*** *A* ***as*** *B* 他　《英》[[主に受け身で]] AをBと解釈する　▪ He *construed* the remark *as* an insult. 彼はその言葉を侮辱と解釈した[考えた]　▪ Her behavior should *be construed as* a form of denial. 彼女の行動は拒否の一形態と解釈すべきだ.
construe *A* ***with*** *B* 他　(文法的に)AをBと結びつける　▪ "Rely" *is construed with* "on." "Rely"は文法的に "on" と結んで用いられる.

consult /kənsʌ́lt/　***consult with*** 他　**1**《主に米》…と相談[協議]する　▪ We must *consult with* our fellow workers. 我々は仲間の労働者たちと相談せねばならない　▪ He has often *been consulted with* by phone. 彼はしばしば電話で相談を受けた.
2 (物)を参考する　▪ He *consulted with* old records in the course of his studies. 彼はその研究をしていく過程で古い記録を参考した.

consume /kənsjú:m/　***consume away*** (*with*) 自 (…で)やせ衰える, 枯れる　▪ She *consumed away with* grief. 彼女は悲嘆でやつれた　▪ The blossoms *consumed away* quickly. 花はすぐに枯れた.

contend /kənténd/　***contend against*** 他 …と戦う; と論争する　▪ I *contended against* him for a prize. 私は賞を目指して彼と競った　▪ They *contended against* the country concerned over territorial claims. 彼らは領土問題の主張をめぐって当事国と論争した. ⇨*against* は *with* よりも苦戦を意味する.
contend with 他　**1** …と戦う; と(優劣を)争う; と論争する　▪ No army could *contend* alone *with* the English forces. どの軍も単独ではイギリス軍と戦うことはできなかった.
2 (物・事)と戦う　▪ He had to *contend with* many difficulties. 彼は多くの困難と戦わねばならなかった　▪ This is a harsh reality that has to *be contend-*

contest /kəntést/ ***contest for*** 他 (…の獲得を)めざして競う ▪ The two teams were *contesting for* the Cup. その2組はカップを目指して競っていた ▪ This year's prize *was contested for* by 98 works from 6 countries. 今年の賞は6か国からの98作品によって競われた.

continue /kəntínju:/ ***continue with*** 他 …を続ける ▪ Shall we *continue with* our plans? 我々の計画を続けようか ▪ Such policies *were continued with* by the next government. このような政策が次期の政府にも引き続きとられた.

contract /kɑntrækt/ ***contract for*** 他 (仕事・工事などの)請負契約をする ▪ We *contracted for* a piece of work. 我々は工事を一つ請負った ▪ The company *contracted for* a supply of lumber. その会社は材木の供給を請負った ▪ The work in question *was contracted for* by the United States. 問題の仕事は合衆国が請け負った.

contract in 自 他 《英》参加の契約をする; (組合員が)労組の政治分担金に正式に参加する (↔ CONTRACT out 2) ▪ Many have *been contracted in* by their company. 多くは彼らの会社から雇用契約を受けた ▪ The members of a trade union must *contract in*. 労働組合員は労組の政治分担金に正式に参加せねばならない.

contract out 自 他 **1** 外部に(事業を)請負わせる, 下請けに出す ▪ The city council has *contracted out* the work. 市会はその事業を外注した.
2 契約によって(義務などを)免除される[脱する]; 《英》文書により労働組合に政治分担金の支払いを断る (↔ CONTRACT in) ▪ He believed that France could *contract out* of the war. 彼はフランスは契約によって戦争を脱することができると信じていた ▪ Can members of a trade union *contract out*? 労働組合員は労組の政治分担金に参加を拒否できるか.
3 《法・LI》契約により被雇用者負傷の場合の雇い主の義務を免除する ▪ The working men are against permission to *contract out* on any terms. 労働者たちはどんな条件でも被雇用者傷害の場合の雇い主の義務を免除する契約を許すことに反対である.
4 《主に英》加入[参加]を拒否する ▪ The workers *contracted out* of the insurance plan. 労働者たちはその保険計画に参加を拒否した.

contract A with B 他 B(人)とAを結ぶ ▪ I *contracted* a friendship *with* him. 私は彼と親交を結んだ.

contrast /kɑntræst|-trɑ́:st/ ***contrast with*** 他 **1** …とよい対照をなす ▪ The scarlet leaves of the maples *contrasted* well *with* the dark green of the pines. モミジの緋色の葉はマツの暗緑色とよい対照をなしていた ▪ That piece of good news *contrasts with* the bad news. そのよい知らせは悪い知らせと対照的だ.
2 …と著しく違う ▪ His actions *contrast with* his promises. 彼の行為はその約束とは大きな相違だ.

contrast A with B 他 AをBと対比する ▪ *Contrast* English *with* Japanese. 英語を日本語と対照してみなさい. ☞ compare よりは両者の違いのはなはだしい場合に用いる.

contribute /kəntríbju:t/ ***contribute to*** 自 他 **1** …に貢献する, 寄与する, の一因[一助]となる ▪ Hard work *contributed to* his success. 精励が彼の成功にあずかって力があった ▪ Drink *contributed to* his ruin. 酒が彼の破滅の一因であった ▪ The death *was* caused or *contributed to* by epilepsy. その死はてんかんが原因, あるいは一因だった.
2 …に寄付する; 寄稿する ▪ I have never *contributed* (any money) *to* that charity before. これまであの慈善事業に寄付したことはない ▪ He has long been *contributing* (articles) *to* this paper. 彼はずっと以前から本紙に寄稿してきた.

convalesce /kɑ̀nvəlés|kɔ̀n-/ ***convalesce from*** 自 (病気など)から回復する ▪ He needed two weeks to *convalesce from* the flu. 彼がインフルエンザから回復するのに二週間を要した.

converge /kənvə́:rdʒ/ ***converge into [on, upon]*** 自 他 (1焦点・1箇所)に集まる, 群がる ▪ The interests of them all *converged on* the matter. みなの興味はその事に集中した ▪ Oliver *was converged upon* by newsmen at his locker. オリバーはロッカーで新聞記者に取り囲まれた.

convert /kənvə́:rt/ ***convert A into B*** 他 AをBに変換する ▪ The land *was converted into* a park. その土地は公園に変えられた ▪ Grief *was converted into* joy. 悲嘆が変じて喜びとなった.

convert (A) to B 他 自 **1** (Aを)Bに転換させる; Bに転換する ▪ Britain *converted to* decimal currency on February 15th 1971. 英国は1971年2月15日から十進法貨幣制度に切り替えた.
2 (Aを)B(宗教)に改宗させる; Bに改宗する ▪ He *was converted to* Buddhism during his stay in China. 彼は中国滞在中に仏教に改宗した ▪ She has just *converted to* Catholicism. 彼女はカトリックに宗派を変えたばかりだ.

convict /kənvíkt/ ***convict a person of*** 他 **1** 人に…の罪ありと宣告[決定]する ▪ They *convicted* him *of* forgery. 彼に偽造の罪を宣告した ▪ They *were convicted of* having committed burglary. 彼らは強盗の有罪が決定された.
2 (罪科など)人に深く感じさせる ▪ He has a mission to *convict* men *of* self-conceit. 彼は人々にうぬぼれを悟らせる使命を持っている ▪ He *is convicted of* sin. 彼は罪を悟った.

convince /kənvíns/ ***convince a person of*** 他 **1** 人に…を悟らせる, 納得させる ▪ He couldn't *convince* her *of* her mistake. 彼女にその誤りを悟らせることができなかった.
2 …を人に確信させる ▪ I have *convinced* him *of* the truth. 私はその真実を彼に確信させた.

cook /kʊk/ ***cook out*** 自 他 **1** 野外で料理する, バーベキューをする ▪ Warm weather is the ideal time to *cook out*. 暖かい天候は野外で料理をするのに

理想的なときだ ▪ So, let's *cook out* and have a party. じゃあ，バーベキューでパーティーをしよう ▪ Shall we *cook out* some chicken tonight? 今夜は庭でチキンのバーベキューをしようか．
— 他 **2**(味・風味)を引き出す ▪ The chef *cooked* the flavor *out* of the vegetables. シェフは野菜からその風味を引き出した．
3 …を取りだす，抽出する ▪ The heat *cooked* the fat *out* of the skin. 熱で皮から脂肪が抽出された．
cook up 他 **1**《口》…をでっちあげる ▪ He *cooked up* some excuse about it. 彼はそれについて口実をでっちあげた．
2(料理)を素早く作る ▪ She *cooked up* a simple egg dish. 彼女は簡単な卵料理を素早く作った．
3 …を仕立てあげる ▪ He *is cooked up* in all the ceremonial garb of a dead person. 彼は死者の正式礼装に身を包まれている．
cool /kuːl/ ***cool down*** 自 他 《口》 **1** 冷える; 冷やす ▪ After the engine *cooled down*, we slowly drove back home. エンジンが冷えたのち我々は家へとゆっくり運転して戻った ▪ The rain *cooled* the temperatures *down*. その雨で気温がさがった．
2 さめる，おさまる，静まる ▪ His affection for her gradually *cooled down*. 彼女に対する彼の愛情はだんだんとさめた．
3 人を落ち着かせる，なだめる ▪ Edmonds put his arm around Dave and *cooled* him *down*. エドモンズはデイブを片手でだいて彼を落ち着かせた．
cool off 自 他 《口》**1**(情熱などが[を])さめる[さます]; 冷える，おさまる，静まる ▪ His anger will soon *cool off*. 彼の怒りはじきにおさまるだろう ▪ The rain came and kind of *cooled* the tires *off*. 雨が降って，タイヤをちょっと冷却した．
— 自 **2** 興[熱意]がさめる ▪ I liked your proposal, but now I've *cooled off*. 私はあなたの提案が気に入っていたが今は興がさめた ▪ He used to be a keen player, but now he has *cooled off*. 彼は以前は熱心に競技したが今は熱がさめた．
3(価値などが)下がる ▪ High breakfast prices may not *cool off* soon. 朝食の高値はすぐには下がらないかもしれない．
— 他 **4**《俗》…を殺す，やる ▪ They threatened to *cool off* his brother. 彼らは彼の弟を殺すと脅迫した．
cool out 他 《米口》**1**(競争などによって)相手の会社を負かす ▪ I'm sure we can *cool* the firm *out*. 我々はきっと競争でその会社を負かすことができると思う．
2 = COOL off 4.
coop /kuːp/ ***coop in*** [***together***] 他 (人)を狭い所へ閉じ込める，押し込める ▪ He tried to ignore the cold walls that *cooped* him *in*. 彼は自分を押し込めている冷たい壁を無視しようと努めた ▪ I've caught you *cooped together*. 私はあなたが閉じ込められているところを捕えた．
coop up 他 **1**(人)を狭い所へ閉じ込める，押し込める ▪ We *cooped* him *up* in a cabin. 彼を船室へ閉じ込めた．

2 …をかご[小屋など]へ入れる ▪ *Coop* the geese *up* under their roof. ガチョウをその屋根の下へ入れなさい．
cooper /kúːpər/ ***cooper up*** 《口》…の体裁を整える，に磨きをかける，を着飾る ▪ I *was* fairly *coopered up* for the occasion. その儀式のために立派な洋服を着せられた．
cooperate /koʊɑ́pərèɪt|kəʊɔ́p-/ ***cooperate with*** a person ***in*** 自 …に人と協力する ▪ I will *cooperate* with them *in* the enterprise. 私はその事業で彼らと協力する．
coopt, co-opt /koʊɑ́pt|-ɔ́pt/ ***coopt*** a person ***onto*** 他 人を…に加える ▪ We must *coopt* him *onto* the committee. 我々は彼を委員会に加えなければならない．
cop /kɑp|kɔp/ ***cop from*** **1**《俗》…からかっぱらう[盗む] ▪ The author *copped* so many ideas *from* other books. その本の著者は他の書籍から相当数のプロットを剽窃した．
2 …から受ける ▪ The man *copped* about five punches *from* one of the assailants. その男は暴漢からおよそ5発パンチを浴びた．
cop A ***from*** B 他 《米口》B(人)にAを請う ▪ Can I *cop* a cigarette *from* you? タバコを1本もらえないかな．
cop off with 自 《英口》(セックスの相手)をひっかける，と肉体関係を始める ▪ Many girls think that guys just want to *cop off with* any girl. 男の子なんて女の子なら誰でもひっかけたがると考える女の子が多い．
cop onto 《俗》…を理解する，に気づく ▪ Everyone has just *copped onto* the fact that the company is almost bankrupt. 会社が破産しそうだという事実についやっとみんなが気づいた．
cop out 自 他 **1**(責任などを)回避する，逃げる，取り消す ▪ He said he would help her and then he *copped out*. 彼は彼女を手伝うと約束したのにそれを破った ▪ Gordon *copped out* of any responsibility by saying "It's up to them." ゴードンは「それは彼らがすべきことだ」と言っていかなる責任からも逃げてしまった ▪ I didn't want to *cop out* of my promise. 私は約束を取り消したくなかった．
2(仕事を)さぼる，すっぽかす (*on*) ▪ He *copped out* of cleaning up after the party. 彼はパーティーのあと片付けをさぼった ▪ I was too tired, so I *copped out on* my friends. へとへとだったので友だちとの約束をすっぽかした．
3(重罪を逃れるために軽い方の)罪を認める ▪ He *copped out* and got off with a night in the cooler. 彼は軽いほうの罪を認め一晩留置所で過ごしただけで無罪放免となった．
4 逮捕される，つかまる ▪ Luckily, the guy *copped out* and I was saved. 幸いなことに，その男は逮捕され私は救出された．
5《俗》ひどく罰せられる，しかられる ▪ Somebody will *cop out*. 誰かがしかられるだろう．
6《米俗》女性を恋人[妻]として得る ▪ Why don't you *cop* the lady *out*? なぜ君はその婦人を妻にしないのか．

cop to 自 他 《米口》…を認める ▪ Conner *copped to* the fact that she had her first drink at age 14. コナーは14歳のときに初めて飲酒した事実を認めた ▪ He *copped to* the crimes that could put him away until he's a senior citizen. 彼は老人になるまでぶち込まれかねない幾つかの犯罪を認めた.

cope /koʊp/ ***cope away for*** 他 (方)…と交換に渡す ▪ Nets *were coped away for* brandy. 網がブランデーと交換に渡された.

 cope with 自 他 **1**〖通例 can, be able to などを伴って〗…に対抗する, をうまく処理する, に対処する ▪ The police *were able to cope with* the crowd. 警察は群衆をうまくさばくことができた ▪ They *could not cope with* their difficulties. 彼らは困難をうまく処理することができなかった.

 2…とов ▪ No one can *cope with* him in English. 英語では誰も彼にはかなわない.

copy /kɑ́pi|kɔ́pi/ ***copy after*** 自 …にならう, を写す ▪ He *copied after* bad precedents [Raphael]. 彼は悪い前例にならった[ラファエロを模写した].

 copy down 他 **1**…を書き取る ▪ The reporters *copied down* every word spoken by the ambassador. 記者たちは大使の話を一言一句書き取った.

 2…を書き写す (= COPY out 2) ▪ I *copied* the recipe *down* from the cookbook. 料理の本からそのレシピを書き写した.

 copy in 他 **1**…に(手紙・電子メールの)写し[コピー]を送る ▪ I'll email him about it, and *copy you in*. それについて彼にメールして, あなたにもコピーを送りましょう.

 2(手紙・電子メール)を(相手が)受信したかどうか確認をする ▪ We've *copied in* all interested parties. 関係者全員にメールの受信確認をした.

 copy out 他 **1**…をすっかり写す ▪ Faraday *copied* them *out* neatly. ファラデーはそれらを全部きれいに写した.

 2…を写し取る, のコピーを取る ▪ He *copied out* the letter and handed the original to her. 彼はその手紙のコピーを取り実物を彼女に手渡した.

 copy A to B 他 **1** AのバックアップをBに保存する ▪ I've *copied* it *to* the hard drive. それのバックアップをハードディスクに保存しました.

 2 AのコピーをBに送る ▪ I accidentally *copied* the email *to* everyone in the office. うっかりメールのコピーをオフィスの全員に送ってしまった.

 copy up 他 《英》(…を)清書する, きれいに書き直す ▪ I've got to *copy up* some maths. 数学の問題を清書しなくちゃならない.

coquet /koʊkét|kɔ-/ ***coquet with*** 自 **1**(男性)をもてあそぶ ▪ She *coquets with* him. 彼女は彼にこびを売っている.

 2(仕事など)に気まぐれに手を出す, をもてあそぶ ▪ He *coquets with* politics. 彼は政治にもてあそんでいる.

corbel /kɔ́ːrbəl/ ***corbel out [off]*** 自 《建築》持ち出しで突き出す, (持ち出しで)張り出る ▪ A pulpit *corbelled out* over our heads. 説教壇が我々の頭上に持ち出しで張り出ていた.

cord /kɔːrd/ ***cord up*** 他 …をひもでくくる ▪ *Cord up* this box. この箱をひもでくくってください.

cordon /kɔ́ːrdən/ ***cordon off*** 他 (非常線などで)…を立入禁止にする[遮断する] ▪ The front yard *was cordoned off* by the police. 前庭は警察の非常線で遮断されていた.

core /kɔːr/ ***core out*** 他 …の芯を取ってうつろにする[くりぬく] ▪ The center of the apple has *been cored out* and filled with strawberry jam. リンゴは芯がくりぬかれ中に苺ジャムが詰められている.

cork /kɔːrk/ ***cork down*** …を(コルクで)しっかり締める ▪ The medicine must *be corked down* tightly after use. その薬は服用後はコルクでしっかりせんをしなければならない.

 cork up **1**…を(コルクで)ふさぐ; しっかり締める ▪ We drank half the bottle one night and *corked* it *up*. ある夜ボトル半分だけ飲んでからコルクでふたをした ▪ The bottle *was* immediately *corked up* and cooled down to room temperature. ビンは直ちにコルクで栓をされ室温にまで冷まされた.

 2(口)(感情など)を抑える ▪ Let's *cork up* all kinds of emotions and start to discuss rationally. あらゆる感情を抑えてから理性的に話し合おう.

 3(口)をつぐむ, 黙る ▪ It's time to *cork* your mouth *up* with your oversized shoe. 君のばかでかい靴で口にふたをして黙ってもよい頃合いだ.

corner /kɔ́ːrnər/ ***corner on*** 自 《米》…にかどで接する ▪ The woman led us to a pew *cornering on* one of the side-aisles. その女性は我々を側廊の一つにかどを接している座席へ案内して行った.

correlate /kɔ́ːrəlèit|kɔ́r-/ ***correlate with*** 自 …と互いに連関する ▪ Income usually *correlates with* education. 収入は通常教養と互いに連関する.

 correlate A with B 他 AをBと関連づける, AとBの関連性を調べる ▪ We'll *correlate* our findings *with* various environmental factors. 研究結果とさまざまな環境要因との関連を調べよう.

correspond /kɔ̀ːrəspɑ́nd|kɔ̀rəspɔ́nd/ ***correspond to*** **1** = CORRESPOND with 1.

 2…に相当する, 相応する; に同じである; を表す ▪ The American Congress *corresponds to* the British Parliament. アメリカのコングレス(国会)はイギリスのパーラメント(国会)に相当する ▪ The punishment should *correspond to* the offence. 罰は罪に相応すべきである ▪ The double lines on the map *correspond to* roads. 地図上の二重の線は道路を表す.

 correspond with 自 **1**…と一致する, 調和する; にかなう ▪ The prudence of the execution should *correspond with* the wisdom of the design. 製作の慎重さは構想の賢明さと一致すべきである ▪ The house exactly *corresponds with* my needs. その家はちょうど私の要求にかなっている.

 2…と文通する ▪ I should like to *correspond with* him. 彼と文通したいものだ.

cosher /kɑ́ʃər|kɔ́ʃ-/ ***cosher up*** 他 《主に米》(人)を甘やかす ▪ You should not *cosher up* your child. 自分の子供を甘やかしてはいけません.

cost /kɔːst|kɔst/ ***cost above*** 他 （人）に…より以上の金がかかる ▪ The goods *cost* him *above* what he anticipated. その品が彼の予期以上の金がかかった.
cost out 他 《主に米》（事業経費）の見積もりをする ▪ Please *cost out* this job. どうぞこの事業の経費見積もりをしてください.

cosy, cozy /kóʊzi/ ***cosy up to***/《口》 ***cozy up to*** 自 …と近づきになる; と親しくなろうとする, に取り入る ▪ They accused him of *cosying up* to the president. 彼が社長に取り入っていると非難した.

cotton /kátən|kótən/ ***cotton on (to)*** 自他 **1** 《英口》（…を）理解する ▪ Do you *cotton on to* what I'm saying? 私の言うことがわかるか.
2《口》（…に）ほれこむ ▪ I *cottoned on (to)* him. 私は彼が好きになった.
cotton to 自他《米口》 **1** …が好きになる, に引きつけられる ▪ I quite *cottoned to* that man. 私は全くその人が好きになった ▪ I did not *cotton to* your plan. あなたの計画が好きにならなかった ▪ I didn't particularly *cotton* (up) *to* him. 私は格別彼が好きにはならなかった.
2《俗》…のごきげんをとる, におもねる; に言い寄る ▪ That's why she *cottons to* her mistress so. そういうわけで彼女は女主人にひどくおもねっているんだね.
cotton together **1** いっしょに仲良くやる, 協力する, 調和する ▪ They could not *cotton together*. 彼らはいっしょに仲良くやれなかった.
2 親しくする ▪ Gradually they all *cottoned together* and plunged into conversation. だんだんみんなは親しくなり談話を始めた.
cotton up 自 **1**《口》仲よくなる (*together, with*) ▪ Then they *cottoned up*. それから彼らは仲よくなった.
2 近づき[好き]になる (*to*) ▪ *Cotton up to* the natives. 土地の人たちと近しくなりなさい. ▫ 綿は羊毛とよく交わることからか.
― 他 **3** …に綿をつめる; を(綿など)でくるむ ▪ All the interstices *were cottoned up*. すきまにはみな綿がつめられた ▪ He *is cottoned up* in a palace. 彼は御殿のような建物で真綿にくるまっている.

couch /kaʊtʃ/ ***couch A under [in] B*** 他 AをBの陰に隠す, AをBで言い表す ▪ The philosopher has *couched* some precepts *in* mysterious sentences. その哲学者は神秘的な文の陰にいくつかの教訓をひそめた ▪ Please *couch* your request *in* more modest terms. 依頼するのならもっと控えめなことばで言ってください.

cough /kɔːf|kɔf/ ***cough down*** 他 （聴衆が弁士）をせき払いして妨害する ▪ If he will make long speeches, he must *be coughed down*. 彼が長い演説をするなら, 聴衆にせき払いで妨害されるにちがいない.
cough out 他 せき払いして…を出す[言う] ▪ He has *coughed out* phlegm [a few words]. 彼はせき払いしてたんを吐き出した[二言三言った].
cough up 自他 **1** せきをして出す ▪ The child *coughed up* the crumb that had lodged in his throat. 子供はのどにつかえていたパンくずをせきをして吐き出した.
2《俗》（金などを）渡す, 支払う, 寄付する ▪ I'll *cough up* the stock all right. 確かに株を渡します ▪ *Cough up* enough spending money for me. 十分なこうかい銭をください ▪ We all had to *cough up* ten dollars to repair the damage. 我々はその損傷を修理するため10ドルずつ出さなければならなかった.
3《英口》（うっかり, しぶしぶ）言い出す, 白状する, 暴露する ▪ I'm *coughing up* to you because I know you're a good fellow. 君は良い男だとわかっているから話すのだ ▪ He was forced to *cough up* details of the crime. 彼は犯行の詳細を吐かされた.

counsel /káʊnsəl/ ***counsel a person about*** 他 …について人に助言[忠告, 説明]する ▪ I *counselled* her *about* the risks and consequences. 私は彼女に危険と結果について説明した.
counsel a person against 他 …しないように人に忠告する[勧める] ▪ His doctor has *counseled* him *against* smoking. 医師は彼に喫煙しないように勧告した ▪ She *was counseled against* going out alone at night. 彼女は夜独りで出歩かないよう忠告された.

count /kaʊnt/ ***count against*** 自他 …の不利となる ▪ He laughed at the Judge. That will *count against* him. 彼は裁判官を笑った. それは彼の不利となるであろう ▪ Don't let that *count against* him. そのため彼を悪く考えてはならない.
count A against B 他 AをBの不利な点[マイナス]と考える ▪ He's inexperienced, but don't *count* that *against* him. 彼は未熟だが, それを彼のマイナスと考えてはならぬ.
count among …の一つとみなされる ▪ The new novel *counts among* that author's greatest works. 今度出た小説はあの作家の最高傑作の一つとみなされている.
count A among B 他 AをBの一人と見る, AをBに属するものと見なす ▪ The administration *counts* these countries *among* America's closest allies. これらの国は米国のもっとも緊密な同盟国であると政府には見なされている.
count as 自 …と見なされる ▪ That *counts as* a lie as far as he's concerned. 少なくとも彼にはそれは偽りとみなされる.
count A as [for] B 他 AをBと考える ▪ We *count* him *as* dead. 彼を死んだものと考える.
count down 自他 **1** 数を逆に数える; 逆に秒読みする ▪ The final moments *were counted down*. 最後の瞬間が逆に秒読みされた.
2 （ロケット発射時刻の）秒読みをする ▪ He *counted down* the number of seconds: "…5, 4, 3, 2, 1, blastoff!" 彼は秒読みをした「5, 4, 3, 2, 1, 発射!」 ▪ The spacecraft was already *being counted down*. もう宇宙船の秒読みは始まっていた.
3 大急ぎで(…の)最終準備をする (*to*) ▪ Hong Kong was *counting down to* the day it became part of mainland China. 香港は中国本土に返還される日の大づめの準備に大わらわだった.

count for 自 …の価値がある ▪ Money *counts for* too much nowadays. 最近はあまりに金がものを言い過ぎる ▪ Your positive attitude *counts for* a lot as far as I'm concerned. 少なくとも私にはあなたの前向きの態度は非常に価値がある ▪ What they had done *counted for* nothing. 彼らがそれまでにしたことはとるに足らないものであった ▪ Your past experience will *count for* little in the future. 過去の経験は今から先はとんど役に立つまい.

count in 他 **1** …を勘定［仲間］に入れる，参加者［好意者］に数える；を頼りにする ▪ You can *count me in*, if you want. もしよかったら僕を当てにしてもいいよ ▪ Will you *count me in*? I've been awake for a while now. 私も仲間に入れてよ．だいぶ前から眼が覚めているの ▪ Don't *count in* the cracked ones. こわれたのを勘定に入れないでください.
2（投票の不正計算またはその他の不正で）…を当選確実にする（↔COUNT out 3）▪ He *was counted in* by improper methods. 彼は不当な方法で当選確実にされた.

count off 他 **1** …を数えて等分する ▪ He *counted off* three men to help with the job. 彼はその仕事の手伝いのため3人ずつに分けた.
2 …を差し引く；を減らす ▪ I'll have to *count you off* five points if you skip a class. 授業をさぼると5点減点しなくてはならなくなる.
── 自 **3**《米・軍》数を調べる；(整列して)番号をかける ▪ *Count off* the playing cards to see if you have a full set. トランプ札を数えて枚数が揃っているか確かめなさい ▪ The sergeant told his squad to *count off* from right to left. 軍曹は自分の分隊に右から左へ番号をかけよと命じた.

count on [upon] 他 **1** …を当てにする ▪ Don't *count on* Frank to lend you any money. フランクが君に金を貸してくれるものと当てにしてはいけない.
2 …を見込む ▪ Only one half of the population could be *counted on* as good Catholics. 住民の半分だけが善良なカトリック教徒と見込むことができた ▪ There is less wisdom in men than *is counted upon*. 人間には予期されるほどの知恵はない.

count out 他 **1**《口》…を考慮外におく；を除外する；を(数えて)省く，無視する；(出席・参加)を免除する ▪ The Party habitually *counts out* the youth vote. 党はいつも若年層の票は当てにしない ▪ I beg you to *count me out*. 私は除外してください.
2《ボクシング》[しばしば受身で]（10秒数えて起き上がれないので）…に負けを宣する ▪ The judges were proceeding to *count out* his antagonist. 審判は彼の相手に負けを宣告しようとしていた ▪ He *was counted out* in the sixth round. 彼は第6ラウンドでノックアウトになった.
3《米口》[しばしば受身で]…の票数をごまかして当選阻止する（↔COUNT in 2）▪ He ran for Congress, but *was counted out*. 彼は国会議員に立候補したが，票の不正計算によって落選された.
4 声を出して…を数える ▪ The child *counted out* his toys. その子は自分のおもちゃを声を出して数えた.
5 数えてアウトにする《一人を中心に数名が囲み，中心の一人が歌を歌い，1句終わるごとに，一人ずつ数えていき，最後に数えられた者がアウトになって，またゲームを始める子供の遊び》▪ Children stand outside and *are counted out* one by one by means of this rhyme. 子供たちは外に立ち，この歌によって一人一人数えられてアウトにされる.
6《英》(定足数不足で)流会を宣言する ▪ The Upper House *was counted out* yesterday. きのう上院が定足数割れで流れた.
7 …を最後の数まで数えあげる，検算する ▪ *Count out* the number of pennies in that box. あの箱の中のペニー貨の数を数えあげよ ▪ When she got her change, she *counted out* all the pennies. 彼女はお釣りをもらうと小銭をすっかり数えて確かめた.
8《米》(牛の群れが)数えてみて…とわかる ▪ The herd *counted out* at eighty head. その牛の群れは数えてみると80頭だった.

count over **1**《米》(家畜の群れ)を数えて人に渡す ▪ We *counted* the old herd *over* to him. 我々は老牛群を数えて彼に渡した.
2 …を数え直す；を総計する，数えあげる ▪ He's a miser and *counts over* his money every evening. 彼はけちん坊で毎晩自分の金を数えあげる.

count toward(s) 自他 **1** …に考慮される，加算される ▪ A-levels would also *count towards* the new award. Aレベル合格も新しい賞に考慮されるだろう ▪ The bonus would not *count toward* pensions. ボーナスは年金には加算されないだろう ▪ Marks from this exam *count towards* your final grade. この試験の点数は最終成績に加味される.
2《米》…に貢献する，資する ▪ It's your attitude that will really *count towards* your success. 成功に資するのは当人の態度である.

count up 他 …を合計する，総計する ▪ *Count up* all the days that he has been absent. 彼の欠勤した日数を総計せよ.

count up to 自 **1** …に達する，合計して…になる ▪ She saved her pennies until they *counted up to* a considerable sum. 彼女が小銭をためるうちについに相当の額に達した.
2 …まで数える ▪ Many people were there. I *counted up to* 200. 多くの人がそこに来ていた．私は200人まで数えた.

count with 自 …にとって重要である ▪ I find him unfit for office because character *counts with* me. 彼は事務には向いていないと思う．私から言えば性格が第一だからだ.

counter /káʊntər/ ***counter with*** 他 《ボクシング》(攻撃)を返す ▪ He *countered with* a blow to the body. 彼はボディーに一撃を返した.
counter A with B AにBで反撃する ▪ I *countered* his proposal *with* my own. 私は彼の提案に私の提案で反撃した.

countercharge /káʊntərtʃɑ̀ːrdʒ/ ***countercharge a person with*** 他 人を…で反訴する ▪ He *countercharged* his accuser *with* slander.

彼は原告を誹謗罪で反訴した.

countervail /kàuntərvéil/ ***countervail against*** 自 ...に同じ力で対抗する ▪ What name could *countervail against* the high priest of science? いかなる名前がその科学の第一人者に対抗しえようか ▪ We can't mitigate the cause of vibration but can *countervail against* the effects caused by vibration. 振動の原因は緩和できないが振動の結果には同じ力で対処できる.

counterweigh /kàuntərwéi/ ***counterweigh against [with]*** 自 ...とつり合う; とつり合いをとる ▪ He *counterweighed against* the predominance of the French Emperor. 彼はフランス皇帝の優勢に拮抗した ▪ A bad reputation spreads fast and is hard to *counterweigh with* nice results. 悪評はあっという間に広がり好ましい結末になっても埋め合わせるのは難しい.

couple /kʌ́pəl/ ***couple up [together]*** 他 (客車など)を連結する ▪ All the coaches *were coupled up* and the train was ready to depart. すべての客車が連結されて列車は発車の準備が整った.

couple *A* ***with*** *B* 他 **1** AをBと結びつける ▪ The warmth of your home *coupled with* the excellent food made the evening perfect. ご家庭の暖かさにすばらしいお料理が加わり, その夜は申し分なく楽しゅうございました.

2 Aと言えばBを連想する, AをBといっしょにする ▪ We *couple* the name of Oxford *with* the idea of learning. オックスフォードと言えば学問ということを連想する ▪ They *coupled* his name *with* that of Miss Smith. みんなは彼の名が出るとすぐスミス嬢の名を連想した (彼とスミス嬢との仲を知っていた).

course /kɔːrs/ ***course away*** 獲物を追って(時)を過ごす ▪ With hawk and hound I *coursed away* the hour. タカと猟犬を使って私は獲物を追って時を過ごした.

course down 自 (涙・血が)勢いよく流れる ▪ Tears were *coursing down* her cheeks. 涙がとめどもなく彼女のほおを流れ落ちた.

course through 自 (涙・血が)勢いよく流れる (= COURSE down) ▪ The blood *coursed through* my veins as my heart pumped hard. 心臓の鼓動が激しくなると血が血管を駆け巡った.

cover /kʌ́vər/ ***cover*** *A* ***against*** *B* 他 AのBを補償する, 償いをする ▪ The property *is covered against* loss by a policy for £350,000. その財産は35万ポンドの証券で損失を補償されている.

cover a person against 他 人を(保険)に入れる ▪ *Are* you *covered against* fire? あなたは火災保険に入っていますか.

cover for 自 **1** (人を)かばう; (代理するなどで人を)助ける ▪ Will you *cover for* me at the telephone switchboard for a while? ちょっと私に代わって電話交換台にいてくれませんか.

— 他 **2** (損失)を償う ▪ This policy *covers* the house *for* fire but not *for* theft. この保険契約は火災に対する家屋保険で, 盗難には適用されません.

cover in 他 **1** (穴・墓など)を土で埋める, おおう ▪ The grave *was* quickly *covered in*. 墓は素早く土で埋められた.

2 家に屋根をつける ▪ The house *was covered in* before the winter. その家は冬にならぬうちに屋根がつけられた.

cover over ...の全面をおおう ▪ The desk *was covered over* with Turkish tapestry. 机はトルコのつづれ織りで全面おおわれていた ▪ *Cover over* a hole in the roof. 屋根の穴をすっかりおおってください.

cover up 他 **1** ...をおおい隠す, 隠す ▪ She put a cloth over the chair to *cover up* the stains. 彼女ははよごれを隠すためいすに布をかぶせた ▪ He is clever at *covering up* his ignorance. 彼は無知を隠すのが巧みである.

2 《ボクシング》頭と体を両腕で守る ▪ You must *cover up* and protect your chin when you box. ボクシングをやるときは両腕であごを守らねばならない.

3 ...をすっかりおおう, くるむ ▪ It's very cold out; you must *cover* yourself *up* warmly. 外は非常に寒いから, 暖かく着込まねばいけません.

— 自 **4** (人のために)失敗[罪など]を隠してやる, かばってやる (*for*) ▪ The boy broke the window, but we *covered up for* him. その少年が窓をこわしたのだが我々は彼をかばってやった.

cover a person with 他 **1** (ピストルなど)で人をねらう ▪ He *covered* the burglar *with* a pistol. 彼はピストルで強盗をねらった.

2 人に(光栄・恥など)を与える ▪ He *was covered with* disgrace and shame for his own sin. 彼は自ら犯した罪悪のため恥辱を浴びた ▪ He *was covered with* glory for the daring battles he had fought. 彼は勇猛な軍功により光栄に浴した.

cow /kau/ ***cow down*** (人を恐れさせる, しょげさせる ▪ Don't *be cowed down* by such threats. そんな脅しにびくびくするな.

cow a person into 他 人をおどして...させる ▪ They *cowed* him *into* submission. 彼らは彼をおどして服従させた.

cower /káuər/ ***cower down*** 自 恐れてすくむ ▪ The dog *cowered down* under a chair at the sound of the whiplash. 犬はむちの音を聞いていすの下にすくんだ.

cower from 自 (恐怖で)おじけづく, 尻ごみする ▪ She grew up on a farm and never *cowered from* hard work. 彼女は農場育ちのできつい仕事からも尻ごみすることはなかった.

cozen /kʌ́zən/ ***cozen a person into*** 他 《雅》人をだまして...させる ▪ The child *was cozened into* taking the draft by the promise of a sweet. 子供はお菓子をやるという約束にだまされてその水薬を飲んだ.

cozen a person of [out of] 他 《雅》人をだまして...を取る ▪ She *cozened* her dad *out of* $150 by telling him it was for school books. 彼女は教科書代だと言って父親から150ドルしめた ▪ He *was cozened of* his clothes while swimming. 彼は泳いでい

る間に衣服をだまし取られた.

cozen** a thing **out of 他 (人)から物をだまし取る ▪ He *cozened* the money *out of* the old man. 彼はその老人から金をだまし取った ▪ He *cozened* his supper *out of* the old couple. 彼はその老夫妻をだまして夕食をおごらせた.

crack /kræk/ ***crack down on*** 自 他 《口》 **1** …を弾圧する, 取り締まる ▪ The government *cracked down on* the violators. 政府は違反者を弾圧した.

2 …をとがめる; を罰する ▪ They *cracked down on* the committee. 彼らは委員会を非難した.

3 (急に)…を襲う, 攻撃する ▪ The Mayor *cracked down on* every gambler in town. 市長は市内のすべてのばくち打ちを急襲した.

crack into 自 他 **1** (他人のコンピューター)に侵入する ▪ Somebody has *cracked into* my computer and messed it up. 何者かが私のコンピュータに侵入してぐちゃぐちゃにしてしまった.

2 《米俗》…を減らす, 削る ▪ He *cracked into* a dollar. 彼は1ドルを削った.

crack on 自 **1** 《英口》(仕事など)にいそしむ, を精力的に続ける《*with*》 ▪ He has *cracked on with* the job at hand. 彼は手許の仕事をてきぱきやり続けた.

2 《俗》スピードを出して進む ▪ He must have *cracked on*. 彼はスピードを出して行ったにちがいない.

3 …のふりをする《特に, 病気または負傷の》 ▪ He *cracked on* he was sick in order to get a day off work. 彼は1日仕事を休もうと仮病を使った.

4 (秘密を)漏らす ▪ If you promise not to *crack on*, I'll tell you. もし君が秘密を漏らさないと約束するなら話そう.

5 《海・口》(帆をいっぱいに)大急ぎで張る, 満帆を張る[張って走る] ▪ Her commander *cracked on* all the canvas. 船の指揮者は満帆を張った ▪ We set the flying jib and *cracked on*. 我々はフライングジブを張り満帆で走った. ⇨ flying jib「先斜檣三角帆」.

crack up 自 **1** (機械・体が)こわれる, 精神的にまいる ▪ The machine *cracked up* against a tree. 車は木に衝突して大破した ▪ If he continues to work at that pace, he will *crack up*. 彼があの調子で働き続けるなら, 体をこわすだろう ▪ He would *crack up* if he had to live his life under intense media attention. メディアの強い注目のもとで暮らさねばならないなら彼はまいってしまうだろう.

2 《口》笑いころげる ▪ Jane *cracked up* when Tom came in his funny clothes. トムがおかしな服でやってきた時ジェインは笑いころげた.

3 (無理・衝突・着陸失策により落ちて)めちゃくちゃにこわれる, 大破する ▪ The plane *cracked up* and killed two of the passengers. 飛行機は墜落してめちゃくちゃにこわれ通行人二人を巻き添えにした.

— 他 **4** (飛行機・車など)をめちゃめちゃにこわす ▪ He *cracked* his new car *up*. 彼は新車をこわしてしまった.

5 《口》…をほめそやす ▪ The maid *cracked up* the mistress as a kind woman. お手伝いは女主人を親切な人だとほめそやした.

6 …を笑わせる ▪ Little kids *crack* me *up* with the things they say. 幼い子たちの言うことを聞くと笑ってしまう.

cradle /kréɪdəl/ ***cradle A into B*** 他 Aを早くから養育してBにする ▪ Mozart *was cradled into* a composer from early childhood. モーツァルトは幼少の頃から作曲家になるようしつけられていた.

cradle out 他 (砂金)をクレードルで洗って出す ▪ He *cradled out* the first few grains of gold among the Californian sierras in 1847. 彼は1847年カリフォルニアの連山の中で, クレードルで最初の数粒の砂金を洗い出した.

cram /kræm/ ***cram in*** [***into***] 自 詰めかける, 押し寄せる ▪ Many citizens *crammed into* the church for the memorial service. 追悼式には多くの市民が教会に詰めかけた ▪ So many people *crammed in* there that it got pretty warm. 実に多くの人がそこへ押し寄せたのでとても暑くなった.

cram A into B 他 AをBに詰めこむ[押しこむ] ▪ The man *crammed* the apple *into* his pocket. 男はリンゴをポケットにねじこんだ ▪ He *crammed* facts *into* his mind. 彼は事実を頭に詰めこんだ.

cram up (***on***) 自 (学課を)詰めこむ ▪ Smith *crammed up on* history for the examination. スミスは試験準備に歴史を詰めこんだ.

cram A with B 他 AにBを(いっぱい)詰めこむ ▪ He *crammed* the room *with* people. 彼は部屋に人を詰めこんだ ▪ They *crammed* our ears *with* news. 彼らは我々の耳にニュースをいっぱい注ぎこんだ.

cramp /kræmp/ ***cramp up*** 自 **1** けいれんする, けいれんに襲われる ▪ She *cramped up* while swimming. 彼女は水泳中にけいれんに襲われた.

— 他 **2** …にけいれんを起こさせる ▪ A cold shower could *cramp* you *up*. 冷たいシャワーを浴びるとけいれんが起きることがある.

3 …を詰め[押し]込む ▪ He *was cramped up* in the back seat of a compact car for hours. 彼は小型車の後部座席に長時間閉じ込められた.

crane /kreɪn/ ***crane forward*** 自 (よく見るため)首を前へ伸ばす ▪ We *craned forward* to get a view of the sea. 我々は海をながめるため首を前へ伸ばした.

crank /kræŋk/ ***crank in*** 他 …を統合する, まとめる, 合算する ▪ We'll have to *crank in* both state and federal taxes when we make our plans. 立案にあたっては州税と連邦政府税の両方を合算せねばなるまい.

crank out 他 《米口》…を大量生産する, 次々と生み出す; を粗製乱造する ▪ Last year Ford *cranked out* 98,000 units of the model. 昨年フォードはそのモデルを9万8千台生産した ▪ Rowling *cranked out* book after book. ローリングは次々と本を量産した ▪ He *cranks out* one detective story after another. 彼は探偵小説を次々と乱作する.

crank up 他 **1** (エンジンをかけるために)クランクを回す, クランクを回してエンジンをかける ▪ He *cranked up*

crap

the engine. 彼はクランクを回してエンジンをかけた. **2**(機械などを)始動させる, 動かす ▪ He *cranked up* his computer, and launched a website. 彼はコンピューターを起動してウェブサイトを立ち上げた. **3**(程度・効率・音量などを)上げる ▪ UK Online has *cranked up* the speed of its broadband service to 22 meg. UK オンラインはブロードバンドサービスの速度を22メガビットに上げた ▪ We'll *crank up* enthusiasm for this new product. 今回の新製品の製作に情熱を傾けよう ▪ They *cranked up* the sound in their car. 彼らは車内の音量を上げた ▪ Just *crank up* your hearing aid a peg. 補聴器の目盛りをちょっとだけ上げてごらん.

crap /kræp/ ***crap around*** 自 《米卑》ばかなまねをする; つまらぬことにかかずらう(*with*) ▪ No *crapping around*! ばかなまねをするんじゃない! ▪ It'll do you no good to *crap around with* that stuff. そんな事にかかずらって何の役にも立たないよ.

crap on 自 《口》長々としゃべる, しゃべりまくる ▪ He just *craps on* for hours. 彼は実に何時間もべらべらとしゃべる ▪ It certainly isn't the job of famous people to *crap on* about some political idea they have. 自分が抱いている政治的信条についてくどくどしゃべるのは有名人の仕事でないことは確かだ.

crap out 自 **1**《米俗》故障する ▪ Her car *crapped out* on the freeway, and she had to get it towed. 彼女の車が高速道路で故障し, レッカー車に引いてもらわなければならなかった. **2**《米俗》(クラップばくちで)負ける; 失敗する; (ゲーム・活動から)手を引く ▪ I've *crapped out* three times tonight. 僕は今夜は3度もばくちに負けた ▪ Don't *crap out* of this game on me. おれとのこの勝負からおりるなよ. **3**眠り込む ▪ He was tired, so he *crapped out* at once. 疲れていたので, 彼はたちまち眠り込んだ. **4**死ぬ ▪ He's so sick he could *crap out* any time. 彼の病状は重く, いつぽっくりいくかもしれない.

crap up 自 **1**機能[作動]しない ▪ My computer *crapped up* on me, so I shut it off. コンピューターが作動しなかったのでシャットオフした. ― 他《米》**2**(仕事などを)めちゃくちゃに[だめに]する ▪ I've really *crapped up* my speech. スピーチを全く台なしにしてしまった.

crash /kræʃ/ ***crash around***[《英》***about***] 自 《口》大きな音を立てる, 音を立てて動き回る, 散らかる ▪ The boat stopped and just *crashed around* in this demented sea for a while. 船はとまり, しばらく荒れた海の中でぎしぎし音を立てていた ▪ I heard him *crashing about* in the bathroom. 彼が浴室で騒々しく動き回っているのが聞こえた ▪ The water pushed a player piano over on its side. Furniture *crashed around*. 水は自動ピアノを横倒しにした. 家具は乱雑に散らかった.

crash down 自 **1**(...を)くずれ落ちる ▪ The avalanche *crashed down* (the mountain side). 雪崩は(山腹を)ドドッとくずれ落ちた ▪ A mighty avalanche *crashed down* burying houses and leaving 50 people dead or missing. 大規模ななだれがくずれ落ちて家屋を埋め死者・行方不明者50人を出した. **2**(夢・願望が)台なしになる, くずれ落ちる ▪ His dream *crashed down* and broke his heart to pieces. 夢が破れ彼の心は千々に乱れた ▪ Years of suppressed desire *crashed down* on him. 長年抑圧してきた願望がくずれ彼の身にのしかかってきた.

crash in 自 くずれ込む ▪ The roof *crashed in* under the weight of the snow. 積雪の重みで屋根がくずれ落ちた.

crash into [***against***] 自 ...に衝突する ▪ The car *crashed into* the gate [a train]. 自動車は門[電車]に衝突した.

crash out **1**《俗》すぐ寝入る ▪ He *crashed out* after hard work. 激務のあと彼はすぐ寝入った. **2**《スポーツ》敗れて撤退する, 負けて次の試合に進めない(*of*) ▪ Germany *crashed out* of the World Cup. ドイツはワールドカップで敗退した. **3**《口》脱獄する ▪ Three prisoners *crashed out* (of the prison) last night. 昨夜3人の囚人が脱獄した. **4**(音が)大きくなる, 鳴り響く ▪ The refrain *crashed out* from tens of thousands of throats. リフレインが何万人もの喉から鳴り響いた.

crash over 自 ひっくり返る ▪ He launched himself out of his seat so fast his seat *crashed over* backwards. 彼がいすから急に立ち上がったのでいすが後ろ向きにひっくり返った.

crash through 自 ...を踏み倒して進む ▪ The elephant *crashed through* the jungle. ゾウは密林を踏み倒して進んだ.

crash together 自 衝突する, 衝突して[ぶつけて]大きな音を立てる ▪ Pickups and cars *crashed together* and killed five people. 小型トラックと乗用車が衝突し5人が死亡した ▪ Their helmets *crashed together*, stunning both. ヘルメットがぶつかり合って二人とも気を失った.

crash up against 自 ...に衝突する ▪ The motorist *crashed up against* a wall. ドライバーは壁にぶつかった.

crash with *a person* 自 《米口》(特に若い者が)人の家にとまる《通例ただで》 ▪ I have been thrown out. Can I *crash with* you for tonight? 僕は追い出されているんだ. 今夜君のところへ泊めてくれないか.

crate /kreɪt/ ***crate up*** 他 (保存・輸送のため)...を木枠[クレート]に入れる ▪ The bikes will *be crated up* and shipped to America. 自転車は木枠に入れられ船でアメリカに送られる.

crave /kreɪv/ ***crave for*** [***after***] 自 ...を熱望する, ほしがる ▪ The prisoner was *craving for* a cigarette. 囚人はむしょうにタバコをほしがっていた ▪ Everyone *craves after* happiness. 幸福を熱望しない者はない.

crawk /krɔːk/ ***crawk out*** 他 ...をしわがれ声で鳴く ▪ The eagle *crawked out* his discomfiture. ワシは失敗をしてしわがれ声で嘆いた.

crawl /krɔːl/ ***crawl about*** 自 ...をそろそろ歩く

- The boy *crawled about* the office. 少年は事務所をのろのろ歩いた.
crawl across 📖 這(は)って横断する, 這うように(のろのろと)進む ▪ Two friends *crawled across* a frozen lake to rescue a man. 二人の友人が凍った湖を這って渡って男性を救助した. ▪ The slow-poke storm *crawled across* South Florida on Thursday night. 動きの遅い暴風雨は木曜日の夜, 南フロリダをゆっくりと進んだ.
crawl back to 📖 這(は)って戻る; ぺこぺこして[平身低頭して]戻る (→CRAWL to) ▪ I *crawled back to* my room and collapsed. 私は自分の部屋に這って戻って気を失った. ▪ Don't do it; they'll say you're *crawling back to* TV. そんなことはよしなさい. 君は頭を下げてテレビに戻ろうとしていると言われるだけだよ.
crawl on [upon] 📖 《米》(獲物)に忍び寄る ▪ The tiger *crawled upon* its prey. トラは獲物に忍び寄った. ▪ A dexterous hunter will sometimes *crawl upon* a gang of buffalo. 機敏な狩人はときどき水牛の群れに忍び寄ることがある.
crawl to 📖 (口)(権力者などに取り入るために)ぺこぺこする ▪ You shouldn't *crawl to* the director like that. 君は所長にそんなにぺこぺこするものじゃない.
crawl up = RIDE up.
crawl with 📖 [主に進行形で] (人・虫などが)いっぱい[うようよ]いる, うじゃうじゃしている ▪ The old cheese *was crawling with* maggots. 古チーズにはウジがわいていた ▪ In the summer this place is *crawling with* tourists. 夏場にはこの町は観光客でごった返している.

cream /kríːm/ ***cream off*** 📖 1 ...の粋[一番良いところ]を抜く, 精選する, 選抜する ▪ The school *creamed off* the cleverest students from other schools. その学校は他校から最も優秀な生徒を引き抜いた.
2《口》(人・組織が)利益をかすめとる, 大もうけをする ▪ The profits are *being creamed off* directly by the oil companies. 利益は石油会社に直接まきあげられている ▪ Banks will no longer be able to rely on customer ignorance to *cream off* big profits. 銀行はもはや顧客の無知につけこんで暴利を得ることはできないだろう.

crease /kríːs/ ***crease up*** 📖 1 ...を大いに笑わせる ▪ You really *crease me up*! 君の話を聞いているとおかしくてたまらない ▪ He *creased me up* with his tall stories. 彼は大風呂敷を広げて私を大笑いさせた.
2 ...をしわくちゃにする ▪ Don't *crease up* the paper. 紙をしわくちゃにするな.
— 📖 **3** = CRACK up 2.
4(老齢・悲しみなどで顔が)しわだらけになる ▪ The woman's face *creased up* with age. その女性の顔は老齢でしわだらけになった.

create /kriéit/ ***create about*** 📖 ...について大騒ぎする ▪ John *created about* nothing. ジョンはつまらないことで大騒ぎした.

credit /krédət/ ***credit a person for*** 📖 人の功績を認める ▪ They *credited* Harding *for* doing the right thing. 彼らは正しいことをしたとしてハーディングを称えた.
credit a thing to 📖 1(金額)を...の貸し方[預金]に記帳する ▪ We *credit* £5,000 *to* him. 5,000ポンドを彼の預金に記帳する.
2 物を(人が)持っているとする ▪ I *credited* honesty *to* him. 彼は正直だと思っていた.
3 行為を(人)がしたとする, 事を(人)のせいとする ▪ The famines of India cannot *be credited to* overpopulation. インドの飢饉を人口過多のせいにすることはできない.
credit a person with 📖 1 人に...があるとする; を人の功とする, (行為)を人に帰する ▪ I *credited* you *with* more sense. 君はもっと分別があると思っていた ▪ He *is credited with* the invention. その発明は彼の功とされている ▪ You would hardly *credit* him *with* having acted so foolishly. 彼がそんなばかなことをしたとはほとんど信じないだろう.
2 人の貸し方[預金]に...を記帳する ▪ I *credit* you *with* £5,000. 5,000ポンドをあなたの預金に記帳します.

creep /kríːp/ ***creep along*** 📖 (...を)ゆるゆる進む ▪ We *crept along* the shore. 我々は海岸をゆるゆる進んだ.
creep away 📖 知らぬまに経つ, こっそり去る ▪ As time *creeps away*, we can do nothing to make it stop. 時は知らぬ間に経ち何をしてもそれを止められない ▪ The cat *crept away* quietly. 猫は音も立てずこっそりと立ち去った.
creep by 📖 (時が)ゆっくりと過ぎる ▪ The days *crept by*, and still no word from Clyde. 一日千秋の思いだったが, 依然としてクライドから連絡はなかった.
creep in 📖 ...に忍びこむ; 忍び寄る, (言葉・習慣などが)徐々に使われるようになる ▪ Abuses will *creep in*. 弊害は知らぬまに入りこむものだ ▪ New gestures occasionally *creep in* and establish themselves. ときとして新しい身振りが徐々に使われ始め, それが定着することがある.
creep into 📖 1 ...へ入りこむ ▪ Many Japanese phrases have *crept into* English. 多くの日本語の句が英語の中に入りこんでいる ▪ It is a pity that various abuses have *crept into* the custom. いろいろな弊害がその慣習に入りこんだのは残念である.
2(ある感情が)徐々に湧いてくる ▪ A note of panic started to *creep into* his voice. 彼の声にだんだんうろたえた響きが加わってきた.
creep on 📖 1(歳月・風習・思想などが)...に知らぬまに迫る ▪ The feeling *crept on* me. いつとはなしにそんな気がしてきた ▪ Age *creeps on* you. 老いは知らぬまに迫る.
2 知らぬまに進む ▪ Time *creeps on* when you're waiting, and races when you lack it. 時は待っているときにはなかなか経たず足りないときにはあっという間に経つ ▪ The time *crept on* slowly like a few miles per hour. 時が経つのが遅く, まず時速数マイルといったところだった ▪ As time *creeps on*, the memory of

creep out 自 こっそり出る ▪ The girl seems to have *crept out*. その少女はこっそり出て行ったらしい. ― 他 **2**《米口》(人)をぞっとさせる ▪ She was *creeped out* by a man that kept on looking at her. 彼女はずっと自分を見つめ続ける男にぞっとする思いだった.

creep over …に知らぬまに忍び寄る ▪ Despondency *crept over* their hearts. 落胆が知らぬまに彼らの心を襲った ▪ A drowsy feeling *crept over* me. いつのまにか眠けがしてきた.

creep up 自 (金額・量などが)ゆっくり上がる, 上昇する ▪ Land prices are starting to *creep up*. 地価がゆっくり上がり始めている.

creep up (on) **1** (…に)忍び寄る ▪ We *crept up on* the hare. 我々はノウサギに忍び寄った ▪ Old age was *creeping up on* her. 老齢がいつの間にか彼女に忍び寄っていた. **2** 徐々に増す, 次第に強まる ▪ Darkness was *creeping up* as they went on. 彼らが進むにつれて暗闇が濃くなっていった ▪ These opinions *crept up* till they were universally embraced. これらの意見は知らぬまに広まってついに一般に受けいれられるようになった.

crib /krɪb/ ***crib from*** 自他 …から盗用[盗作]する, 写してカンニングする ▪ William Shakespeare *cribbed from* an anonymous, raucous, late-16th-century work. ウィリアム・シェイクスピアは作者未詳でどたばたの16世紀後半の作品を自分のものにした ▪ He *cribbed* that answer directly *from* the girl sitting next to him. 彼はその答を隣の席の女の子からじかに写し取った.

cringe /krɪndʒ/ ***cringe away [back]*** 自 尻込みする; 恐れて退く ▪ The dog *cringed away* from the man with a whip. 犬は鞭を持った男から恐れて退いた.

cringe before 自 …を前にしてひるむ[尻込みする]する ▪ The buy *cringed before* the burning flames. 少年は燃え盛る炎を前にしてひるんだ ▪ Jeff *cringed before* the wrath of the police officer. ジェフは警察官の逆鱗に触れて尻込みした ▪ He's always *cringing before* his boss. 彼は上司の前ではビビってばかりいる.

crinkle /krɪ́ŋkəl/ ***crinkle up*** 自 他 (…に)しわが寄る, しわを寄せる ▪ Her nose *crinkled up* when she laughed. 彼女は笑うと鼻にしわが寄った ▪ Marie *crinkles up* her face and spits out a laugh. マリーは顔にしわを寄せて笑い出した.

crisp /krɪsp/ ***crisp up*** 自 他 カリカリにかわく[かわかす] ▪ The bread which I had left without wrapping *crisped up*. 包まないで放っておいたパンがカリカリになった ▪ The autumn air *crisped up* the leaves. 秋の空気が木の葉をカサカサにした.

crock /krɑk/ ***crock up*** 自 他 《口》心身がだめになる; 心身をだめにする ▪ The attack of influenza has *crocked* him *up*. インフルエンザにかかって彼は体がだめになった ▪ The boss is *crocking up* now; he looks too tired. 上司は体がだめになりつつある. 疲労困憊(こんぱい)の様子だ.

crop /krɑp/ ***crop out [up, forth]*** 自 **1** (鉱床などが)露出する ▪ A bed of sandstone *crops out* in that field. 砂岩の床がその鉱区に露出している. **2** (突然・偶然)現れる, 生じる; 明らかになる ▪ Several cases of the disease *cropped out* in the village. その病気の患者が数名その村に急に出た ▪ Errors will *crop out* despite all your proofreading. いくら校正をしても誤りは出るものだ ▪ That *cropped up* as we were talking. 話している間にそれが明らかになった. **3** 不意に起こる; (問題などが)持ちあがる; (話に)のぼる ▪ All sorts of difficulties *cropped out*. あらゆる種類の困難が起こった ▪ While we were talking, your name *cropped up*. 我々が話していると君の名前が話にのぼった.

crop up **1** = CROP out. **2**《口》誤りをする ▪ You have *cropped up* on page 20. 君は20ページの所で誤りをしている. **3**《俗》セックスに応じる ▪ Will she *crop up*? 彼女はセックスに応じるだろうか.

cross /krɔːs/ ***cross A off B*** 他 Aに横線を引いてBから除く ▪ I *crossed* his name *off* the list. 彼の名前を名簿から消した.

cross out 他 …を横線を引いて消す, 抹消する; を帳消しにする ▪ Two words *were crossed out*. 2語が抹消された ▪ You should *cross out* any word you don't need. 不要な語はどれも削除するべきだ ▪ Why did you *cross out* the last line of your letter? あなたの手紙の最後の1行をなぜ消したのか ▪ You can *cross* me *out*. I'm not going anyway. 僕をはずしてもいいよ. どっちにしても行かないから ▪ The lawyer *crossed out* several clauses. 弁護士はいくつかの条項を削り取った.

cross over 自 **1** (…を)越える; に渡って行く; (病気が)感染する (*to*) ▪ He *crossed over* the mountain. 彼は山を越えた ▪ We *crossed over to* England. 我々はイギリスに渡って行った ▪ HIV *crossed over* from African monkeys *to* humans. HIV (ヒトエイズウイルス)はアフリカのサルから人間に感染した. **2**《主に英》(…に)(党派を)変える, (敵・反対していた方などに)回る, 鞍替えする (*to*) ▪ The politician *crossed over to* the left. その政治家は左翼へ転向した ▪ He met a group of guerrillas there and *crossed over to* their side. 彼はそこでゲリラの一味に出会い, 彼らの側に寝返った. **3** 死ぬ ▪ My sister finally *crossed over* after a long illness. 妹は長患いの末にとうとう他界した. ― 他 **4** (芸能人)の人気を(…の枠)にも広げる (*to*) ▪ The media exposure would *cross* the jazz musician *over* to a pop audience. そのジャズ演奏家はマスコミの取材を受けているうちにポップス愛好ファンにも人気が出るだろう.

cross up 他 **1**《俗》…をだます, ペテンにかける ▪ His accomplices *crossed* him *up*. 彼の共犯者たちは彼をだました.

2(混乱して)…を取り違える ▪ We planned to meet at the station but some of us got *crossed up* as to time and place. 駅で待ち合わせることになっていたが, 時刻や場所を間違えた者もいた.

— 自他 **3** 方向転換する[させる] ▪ Her car *crossed up* in the last turn, and his car rammed into the side of it. 彼女の車が最後の曲がり角で急に方向転換したので, 彼の車はその側面に激突した.

cross A with B 他 AをBと交配する ▪ We *crossed* an Alsatian dog *with* a spaniel. 我々はジャーマンシェパードをスパニエル犬と交配した.

crouch /kraʊtʃ/ ***crouch around*** 他 …に寄り添って[輪になって]身をかがめる ▪ Outside we can see a lot of commandos with guns all *crouched around*. 外では銃を持った多くの奇襲隊員が全員輪になって身をかがめているのが見える.

crouch down 自 他 しゃがむ, うずくまる, [[受身で]] 身をかがめる ▪ He *crouched down* to talk to his small granddaughter. 彼は幼い孫娘と話そうとしゃがんだ ▪ He *was crouched down* ready to pounce on me. 彼はいまにも私に飛びかかろうと身をかがめていた.

crouch over 自 …の近くにかがむ[しゃがむ] ▪ She *crouched over* the injured man and checked his wounds. 彼女はけがをした男性のそばにかがみ込んで傷の具合を調べた.

crow /kroʊ/ ***crow over*** 自 勝ち誇る; (自分の成功に)大喜びする; (他人の失敗・不幸を)大いに喜ぶ ▪ He *crowed over* his enemy. 彼は敵に勝ち誇った ▪ You needn't *crow over* beating us at cards. トランプで我々を負かしたからといって勝ち誇るには及ばない ▪ They are *crowing over* their victory. 彼らは勝利を大いに喜んでいる ▪ The boy *crowed over* his enemy's failure. 少年は敵の失敗をいい気味だと思った.

crowd /kraʊd/ ***crowd about [around, 《英口》round]*** 自 …に寄ってたかる, 群がる ▪ They *crowded round* him and robbed him. 彼らは彼に寄ってたかって身ぐるみはいだ ▪ His friends *crowded about* him and offered him their best wishes. 友人がどっと彼を取り囲んでお祝いを述べた ▪ People *crowded around* to see what was going on. 人々は何が起きたか見ようと群がった.

crowd back 他 …を押し返す ▪ He *crowded* the stick *back* with his feet. 彼は足で棒を押し返した.

crowd down 他 …を押しおろす ▪ He *crowded* his hat fiercely *down* over his curls. 彼は巻き毛の頭髪に帽子を激しく押しかぶせた.

crowd a person for 他 人にうるさく…を請求する ▪ I *crowded* him *for* the payment. 私は彼にうるさく支払いを請求した.

crowd in **1**…(多数が)どっと入る; (多数を)どっと入れる ▪ All the spectators *crowded in*. 観客はみんなどっと入った ▪ They all *crowded* themselves *in* the same small room. 彼らは全員が同じ小部屋にどっと詰めかけた.

2(考え・感情が)次々にわく, 心に浮かぶ ▪ The fears kept *crowding in*. 恐怖の念が次々に襲ってきた.

3(予定表の中に)無理してはめ込む ▪ If the matter is urgent, I'll *crowd* you *in*. もし緊急な用件ならなんとかして君を予定に入れよう.

crowd in on [upon] 他 (人)をどっと取りかこむ; にどっと押しよせる, 殺到する (→ CROWD on 1) ▪ Don't all *crowd in on* me. みんな私をどっと押しかこまないでください ▪ Memories *crowded in upon* me. さまざまな思い出が私にどっと浮かんできた.

crowd into 他 **1** 大勢が…にどっと入る ▪ They *crowded into* a dancing-room. 彼らはどっとダンス室に入った.

— 他 **2** …を…の中に詰めこむ ▪ We tried to *crowd* a dozen people *into* a tiny room. 小さな部屋に12人を詰め込もうとした ▪ We *crowded* the events of a week *into* one evening. 1週間の行事を一晩の中に詰めこんだ.

crowd off 他 **1**(船)を急がせる, 疾走させる ▪ We endeavored to *crowd* her *off* from the land. 船をその国から急ぎ去らせようと努めた.

2 …を押しのけて出る ▪ The yellow catkins were *crowding off* the leaves. 黄色い花穂(ホ)が葉を押しのけて芽ぶくところだった.

crowd on 他 **1** …に押し寄せる, 殺到する (→ CROWD in on) ▪ Memories *crowded on* me. さまざまな思い出がどっと私の心に浮かんできた.

— 自他 **2**《米口》急いで行く; 急いで行かせる, 先頭へ押し出す ▪ He *crowded on* desperately. 彼は必死になって急いで行った.

crowd out 他 **1** …を締め出す; (満員のため)…を押し出す ▪ We tried to get in but *were crowded out*. 我々は入ろうとしたが, (満員で)押し出された ▪ The cuckoo *crowds* every egg *out* of the nest. カッコウドリは巣から卵をみな押し出す.

— 自 **2** 大勢が出ていく (*of*) ▪ The people *crowded out (of* the theater). 人々は(劇場から)どっと出て行った.

crowd through 自他《米口》無理に押して通り抜ける; …を無理に押して通り抜けさせる ▪ The boys *crowded through* the barriers. 少年たちは柵を無理に通り抜けた ▪ But *crowd* her *through*, because I am in a hurry. しかし彼女を無理に押して通り抜けさせなさい. 私は急いでいるのだから.

crowd up 他《米》**1** …を突き上げる, 押し上げる ▪ The price of cotton is *being crowded up*. 綿花の値段はせり上げられている.

— 自 **2** 盛り上がる, わき上がる ▪ The great maternal instinct came *crowding up* in her soul. 偉大な母性本能が彼女の心にわき上がった.

crowd A with B 他 AにBをいっぱいつめる ▪ The office *was crowded with* angry people. 役所は怒った人々でいっぱいだった ▪ He *crowded* his day *with* too many activities. 彼は1日にあまりにも多くの行事をつめ込みすぎた.

crown /kraʊn/ ***crown in*** 自 落ち込む ▪ The land had given way and *crowned in*. 土地はくずれて落ち込んでしまっていた.

crown A with B 他 **1** AにBをかぶらせる ▪ His

enemy *crowned* his head *with* thorns. 彼の敵は彼に茨の冠をかぶらせた ▪ The chef *crowned* the cake *with* chocolate icing. シェフはケーキにチョコレートアイシングをかけた ▪ The mountain *is crowned with* everlasting snow. その山は万年雪を頂いている.

2 Aの頭をBでなぐる ▪ John's wife once *crowned* a neighbor *with* a baseball bat. ジョンの妻はかつて隣人の頭を野球バットで殴打したことがある.

3 A(人・努力など)にB(名誉など)を担わせる, AにB(名誉など)で報いる ▪ Fernandez *was crowned with* the Miss Universe title. フェルナンデスはミスユニバースのタイトルを与えられた.

cruise /kru:z/ *cruise by* 自 **1** 急いで去る; すぐに過ぎ去る ▪ The vacation *cruised by*. 休暇がというまに過ぎ去った.

2 立ち寄る ▪ My aunt *cruised by* for a cup of coffee. 叔母がコーヒーを飲みに立ち寄った.

— 他 **3** …を抜く, 抜き去る ▪ His car *cruised by* the leader on the final lap. 彼の車が最後の一周で先頭車を抜いた.

cruise through 自 **1** …をさっと通過する ▪ My motorcycle *cruised through* the tunnel. バイクでトンネルをさっと通り抜けた.

2 楽に切り抜ける, 達成する ▪ He *cruised through* his midterm exams. 彼は中間試験を順調に切り抜けた.

3 速読する, さっと読む ▪ I'd *cruised through* the chapters because this was such an easy and fun read. 実にすらすらとおもしろく読める読み物だったので全章をさっと読み終えた.

cruise to 自 楽に切り抜ける, 簡単に勝利する ▪ We *cruised to* an effortless 5-0 win over them. 我々は彼らに5対0で楽勝した.

crumb /krʌm/ *crumb [crum] up* 《俗》…を散らかす, めちゃくちゃ[だめ]にする ▪ Who *crumbed* the bird feeder *up*? 鳥のえさ入れ箱を散らかしたのは誰だ.

crumble /krʌmbəl/ *crumble away* 自 **1** (古い建物・勢力・地面が)くずれる, くずれ去る ▪ The stone temple is *crumbling away*. 石の神殿はくずれ去りかっている ▪ Socialism *crumbled away* and was seen off forever. 社会主義は崩壊し永遠に追放された.

2 (組織・関係・希望などが)消えそうな, 崩壊する ▪ Her dream *crumbled away* because of a disease. 病気のため彼女の夢は露と消えた.

crumble into [to] 自 くずれて…となる ▪ Temples *crumbled into* ruin. 神殿はくずれて廃墟となった.

crumble up 他 …を小さくちぎる[くずす] ▪ *Crumble up* these pieces of bread. これらのパンを小さくちぎりなさい.

crumple /krʌmpəl/ *crumple up* 他 **1** …をもみくちゃにする ▪ He *crumpled up* a piece of paper into a ball. 彼は一片の紙をしわくちゃにして丸めた.

2 (敵)を圧倒する ▪ They *crumpled up* the opposing army. 彼らは敵軍を圧倒した.

— 自 **3** こわれる, 降参する, ぺしゃんこになる ▪ The wings of the airplane *crumpled up*. 飛行機の翼がこわれた ▪ He *crumpled up* when he heard the news of her death. 彼は彼女の死というニュースを聞いてすっかり参ってしまった.

4 (苦痛・おかしさで)参ってしまう ▪ The boxer *crumpled up* under the heavy blow. ボクサーは強打を受けて参ってしまった ▪ Jane *crumpled up* when she saw Tom's funny clothes. ジェインはトムのおかしな服を見て笑いこけた.

crunch /krʌntʃ/ *crunch down* 自 他 **1** (ぐしゃっと)つぶれる, 押しつぶす ▪ His helmet *crunched down* when he made the hit. 彼がぶつかったときヘルメットがつぶれた.

2 (ぎゅっと)圧縮する ▪ More than 6GB of data for the city *was crunched down* to 600MB. その都市に関する6ギガ以上の資料が600メガに圧縮された.

crunch up 他 …をばりばり[がりがり]と(か)み砕く, 粉々にする ▪ This huge machine *crunches up* rocks into pebbles. この巨大な機械は岩を砕いて小石にする ▪ Each year county workers *crunch up* countless Christmas trees into mulch. 毎年郡の作業員たちは無数のクリスマスツリーを粉砕して根おおいにする.

crush /krʌʃ/ *crush against* 自 他 …にぶつかる; にぶつける ▪ The vessel *was crushed against* the rock. 船は岩にぶつかった ▪ He got fatally injured when his car *crushed against* the fence. 彼の車がフェンスに激突し彼は瀕死の重症を負った ▪ The eager theatergoers *crushed against* the lobby doors. 熱狂的な観劇客がロビーのドアに殺到した.

crush down 他 **1** …を押し[踏み]つぶす, 押し倒す ▪ He *crushed* the worm *down*. 彼はその虫を踏みつぶした.

2 …を砕いて粉にする ▪ We make cement by *crushing down* stone. 石を粉砕してセメントを作る.

3 (敵など)を粉砕する, くじく ▪ He *crushed down* all opposition. 彼はあらゆる反対をくじいた ▪ She *was crushed down* by grief. 彼女は悲嘆にくずおれた.

crush in 自 他 **1** (多数が)どっと入る; …を押し込む ▪ About three hundred people tried to *crush in*. 約300人の人がどっと入ろうとした.

— 他 **2** …を打って傷つける ▪ The robber *crushed* the old man's head *in*. 強盗はその老人の頭を打って傷つけた ▪ His car door *was crushed in* during the accident. 事故で彼の車のドアがへこまされた.

crush into 自 …に押し合って入る ▪ They all tried to *crush into* the front seats. 彼らはみな押し合って前の席に着こうとした.

crush A into B 他 **1** AをBに押し込む ▪ Many people *were crushed into* the carriage. 多くの人が車の中に押し込められた.

2 AをBにする ▪ The rocks *were crushed into* powder. 岩石は砕いて粉にされた.

crush out 他 **1** …を(つぶして)絞り出す ▪ Bacchus

first *crushed* wine *out* of grapes. バッカスが初めてブドウからワインを絞り出した．▪ He *crushed* treasure *out* of his subjects' purses. 彼は臣民の財布から財宝を絞り取った．

2（タバコの火）を押しつけて消す（*on*）▪ He was so mad he *crushed out* his cigarette *on* the living room carpet. 彼はとても怒り狂っていたので，タバコの火を居間のカーペットに押しつけて消した．▪ Egan *crushed out* her cigarette under her white leather boot. イーガンは彼女の白い革のブーツでタバコの火を踏み消した．

3（疫病など）を撲滅する ▪ They *crushed out* the epidemic. 彼らはその流行病を撲滅した．

4 …を鎮圧する ▪ Bolshevism *was crushed out*. 過激思想は鎮圧された．

5 …を押し出す ▪ The article has *been crushed out* by political news. その記事は政治ニュースにより締め出された．

— 自 **6** 押し破って出る ▪ The oil *crushed out* of the olives in the press. 搾り機にかけると，オリーブの実が押し潰されてオイルが出てきた．

7《米》脱獄する ▪ The prisoner *crushed out* early this morning. 囚人は今日未明に脱獄した．

crush through 自 …を押し合って通る ▪ They *crushed through* the gate. 彼らは押し合いながら門を通り抜けた．

crush up 他 **1** …をもみくちゃにして丸める ▪ He *crushed up* the letter in his hand. 彼はその手紙を握ってもみくちゃにした．

2 …を粉砕する ▪ We *crushed up* some sugar. 砂糖を砕いて粉にした ▪ She *crushed* the almonds *up* into a fine powder. 彼女はアーモンドを砕いて細かい粉末にした．

— 自 **3** 席を詰める ▪ Please *crush up* a little. 少し詰めてください．

crust /krʌst/ ***crust over*** 自他 すっかり固まりつく；…を固まりつかせる ▪ The snow *crusted over* during the night. 雪は夜のうちにすっかり凍った ▪ The freezing rain has *crusted over* the snow on the ground. 氷雨が積もった雪を地面に凍りつかせた．

cry /kraɪ/ ***cry against*** 自他 **1** …に反対の叫びをあげる ▪ The Opposition *cried against* the proposal of the Government. 反対党は政府の提案に反対の叫びをあげた．

2 …をやかましく攻撃する，の非を鳴らす ▪ We must *cry against* injustice. 不法を攻撃しなければならない．

cry at 自 …に泣く ▪ The child *cried at* breaking the doll. 子供はおもちゃをこわして泣いた．

cry back 自 **1**（猟犬が）あと戻りする．

2《米》（動物が）先祖返りする ▪ Animals, after many cross-breedings, *cry back*. 動物はなんども異種交配したのち，先祖返りする．

cry down 他 **1** …を公然と［大いに］そしる，非難する ▪ They *cry down* at every opportunity. ことあるごとに彼らは私たちをけなす ▪ They *cried down* his real achievement. 彼らは彼の真の業績を見くびった．

2 …をやじり倒す，大声で他の音を消す ▪ He stood up to speak but his audience *cried* him *down*. 彼は演説するため立ち上がったが聴衆が彼をやじり倒した ▪ Our sins *cry down* our prayers. 我々の罪が大きいため，我々の祈りがかき消されてしまう．

3 …を公然と禁止する，不法だと宣する ▪ The king may *cry down* any coin of the kingdom. 国王は王国のどの貨幣でも公然と禁止できる．

cry for 自 **1** …を泣いて求める ▪ The baby is *crying for* milk. 赤んぼうは乳をほしがって泣いている．

2 …を切実に求める，緊急に必要とする ▪ The starving people *cried for* bread. 飢えた人々はパンを切実に求めた ▪ The state of things *cries for* reform. この事態は改革の要が大いにある．

3 …のために［に同情して］泣く ▪ I *cried for* you; now it's your turn to cry over me. 君のために泣いたから今度は僕のために泣いてもらう番だ．

4 …で［のあまり］泣く ▪ I *cried for* vexation. 私はくやしくて泣いた．

cry a person ***into*** 他 泣いて人に…させる ▪ They *cried* us *into* a tame submission. 彼らは泣いて我々をおとなしく服従させた．

cry off 自 **1**（約束などを）取り消す ▪ I had intended to go, but *cried off* at the last minute. 行くつもりであったが土壇場になって取り消した．

2（…から）手を引く（*from*），放棄する ▪ He promptly *cried off from* the expedition. 彼はただちにその遠征から手を引いた．

— 他 **3**《米》…を競売で売る ▪ The land commission *cried off* the property at public auction. 土地管理委員会は公売でその地所を競売に付した．

cry out 自 **1** 大声をあげる ▪ He *cried out* with pain. 彼は痛がって大声をあげた．

— 他 **2** …と大声で言う ▪ He *cried out* a good night. 彼は大声でおやすみと言った．

3 泣いて…をすっかり晴らす ▪ She tried to *cry out* her sorrow on the old sofa. 彼女は古いソファに座り，泣いて悲しさをまぎらそうとした．

cry out against [***at, on, upon***] 自他 …に対して反対する，抗議する，をやかましく攻撃する ▪ The people of England *cried out against* a Republic. イギリス国民は共和国に強く反対した ▪ His cruelty *was* loudly *cried out on*. 彼の残酷さはやかましく攻撃された．

cry out for 自他 …を大声で求める；大いに必要とする ▪ They are *crying out for* help. 彼らは大声で援助を求めている ▪ The system was *crying out for* reform. その制度は改革される必要が大いにあった．

cry over 自 **1** …にあって［について］泣く，（失敗・不幸）を嘆く ▪ She was *crying over* her misfortune. 彼女は不幸にあって泣いた．

2 …に取りすがって泣く ▪ He *cried over* her remains. 彼は彼女の遺骸に取りすがって泣いた．

3 …を読んで［見て］泣く ▪ I *cried over* the novel. その小説を読んで泣いた．

cry to a person ***for*** 自 叫んで人に…を訴える［請

う], 人に泣きついて…を求める ▪ The blood of the murdered man *cries to* Heaven *for* vengeance. 殺害された者の血が天に報復を訴えている. ▪ She *cried to* her neighbors *for* help. 彼女は隣人たちに泣きついて助けを求めた.

cry up 他 …をほめそやす ▪ The cheap-jack was *crying up* his wares. 安物行商人は自分の商品をほめそやしていた. ▪ Her ability is not what it *is cried up* to be. 彼女の能力はみなにもてはやされているほどのものではない.

crystallize /krístəlàɪz/ ***crystallize into*** 自 固まって…となる, …に具体化する ▪ His vague ideas *crystallized into* a definite plan. 彼の漠然とした考えはっきりした計画に固まった.

crystallize out 自 結晶して分離する ▪ As the solution cools, the acid *crystallizes out*. 溶液がさめるにつれ, 酸は結晶して分離する.

cuddle /kʌ́dəl/ ***cuddle a person out of*** 他 …を甘言で人からだまし取る ▪ He *cuddled* her *out of* her money. 彼は甘言で彼女から金をまきあげた.

cuddle together 自 いっしょに寄り添って寝る ▪ The two children *cuddled together* in bed. 二人の子供はベッドにいっしょに寄り添って寝た.

cuddle up 自他 **1** [しばしば受身で] 寄り添って寝る ▪ The two children (*were*) *cuddled up* on the sofa. 二人の子供はソファの上で寄り添って寝ていた. **2** 丸くなって寝る ▪ The children *cuddled up* under the warm blankets. 子供たちは暖かい毛布をかぶって丸くなって寝た. ▪ Many an insect *cuddled* itself *up*. 多くの昆虫は丸くなって寝た. **3** …を心地よく整える ▪ She could not *cuddle up* an affair. 彼女はことを心地よく整えることができなかった.

cue /kju:/ ***cue in*** **1** (劇場などで出演者に)「用意」の合図をする ▪ The director will *cue* you *in* when it's your turn to sing. 君の歌う番が来たら, 演出家が用意の合図をしてくれる. **2** 《口》…に新情報を伝える, その後の報告をする ▪ Everybody *is cued in* to being on the alert for anything suspicious. どんな不審なことにも用心するよう全員に伝えられた. **3** (主に米) (劇中に文句・歌)を挿入する ▪ The new song *is cued in* here. ここに新しい歌が挿入される.

cue up 他 (テープ・レコード・CD)の再生の準備をする, を再生する, 頭だしをする; を開始する ▪ The DJ *cued up* the new record on the turntable. DJ は次のレコードをプレーヤーにセットした ▪ All the videos and DVDs *are cued up* ready for use. ビデオとDVDはすべていつでも使えるように頭出ししてある.

cull /kʌl/ ***cull from*** 他 《英》…から情報を集める, 必要な情報を選び取る ▪ We'll use recipes *culled from* magazines. いろんな雑誌から抜粋したレシピを使おう.

cull out 他 (動物)をえり除く ▪ He *culled out* the sick cow from the group. 彼はその病気の牛を群からえり除いた.

culminate /kʌ́lmənèɪt/ ***culminate in*** 自 (英) 極に達して…となる ▪ His fanaticism *culminated in* sheer madness. 彼の熱狂はその極に達して全くの狂気となった.

cup /kʌp/ ***cup together*** 他 …をよせて杯状にする ▪ She *cupped* her hands *together* and drank from the river. 彼女は両手をよせて杯状にし[両手ですくって]川の水を飲んだ.

cure /kjʊər/ ***cure a person of*** 他 (病)を治す, (悪習など)を矯正する, 除く ▪ The child *was cured of* his short-sightedness. 子供は近視が治った ▪ Time *cured* him *of* his grief. 時が彼の悲嘆を忘れさせた ▪ I will *cure* him *of* the bad habit. 彼の悪い癖を直してやろう.

curl /kə:rl/ ***curl down*** [***up***] 自 丸くなって寝る ▪ The dog *curled down*. 犬はちぢこまって寝た.

curl up 自 **1** (葉など)が巻きあがる ▪ The frost made the leaves *curl up*. 霜が葉を巻きあがらせた. **2** (人などが くつろいで)丸くな(って寝)る, ちぢこまる (→ CURL down) ▪ She *curled up* in the armchair. 彼女はひじ掛けいすに丸くなった. **3** 《口・スポーツ》負けたと言ってやめる, 意気阻喪する ▪ He *curled up* in the last few strides. 最後の数歩のところでだめだと言って投げた ▪ Our college *curled up* when out opponents got the lead. 対戦相手がリードするようになると, わが大学チームは意気阻喪した. **4** 《口》ぺしゃんこになる, のびてしまう ▪ The ball hit him on the forehead and he *curled up* at once. ボールが額に当たり, 彼はすぐのびてしまった. **5** 笑いこける ▪ Jane *curled up* at Tom's funny clothes. ジェインはトムのおかしな服を見て笑いこけた. **6** (まちがいを認めて)恐縮する; (非難・嘲笑を受けて)しゅんとして黙ってしまう ▪ He *curled up* and admitted his mistake. 彼は恐縮して自分の落ち度を認めた ▪ His opponents *curled up*. 彼の反対者たちはしゅんと黙ってしまった. **7** 渦巻きながらのぼる ▪ Smoke was *curling up* from the chimney. 煙が煙突から渦巻きながらのぼっていた.

— 他 **8** …を(端から)巻きあげる, ちぢれ[まくれ]あがらせる ▪ He *curled up* the poster and put it into a tube. 彼はポスターを端から丸めて筒に入れた ▪ Be careful not to *curl up* the corners of the dictionary. 辞書のすみを折り曲げないように注意してください. **9** …をぺしゃんこにする ▪ The blow *curled* him *up* completely. その打撃は彼をすっかりのしてしまった. **10** …を殺す ▪ The sheriff said he'd *curl up* the outlaw. 保安官はその無法者をばらしてやるとはざいた.

— 自他 **11** いやな気持ちになる[する] ▪ I *curled up* when I saw the colors. 私はその色を見たときいやな気持ちになった.

curse /kə:rs/ ***curse out*** 他 《米口》…に暴言を言う, ののしる (= CUSS out) ▪ The little boy was *cursing out* his big brother. 小さな男の子がお兄ちゃんに毒づいていた ▪ Neighbors heard him *cursing* her *out*. 近所の住人は彼が彼女に悪態をついてい

るのを耳にした.

curtail /kə́ːrtéɪl/ *curtail A of B* A の B を奪う，短くする ▪ Her name *was curtailed of* three letters. 彼女の名前は終わりから3文字切れていた ▪ We have *curtailed* him *of* his words. 彼の言葉を削った.

curtain /kə́ːrtən/ *curtain off* 他 …をカーテンで仕切る[さえぎる] ▪ We *curtained off* part of the room. その部屋の一部分をカーテンで仕切った.

cushion /kúʃən/ *cushion A against* [*from*] *B* 他 A(人)をB(苦難)から守る ▪ Our science and technology will *cushion* us *against* disaster. 科学と科学技術によって我々は災害から身を守られるだろう.

cuss /kʌs/ *cuss out* 《米俗》…を徹底的にののしる，悪態をつく，ののしる (= CURSE out) ▪ He *cussed out* the reckless driver. 彼は無謀運転をしたドライバーをひどくののしった ▪ She *cussed* him *out* for banging on the door. 彼女はドアをドンドン叩いたといって彼をなじった.

cut /kʌt/ *cut about* 他 …を切りまくる ▪ My body *was* severely *cut about* in the accident. その事故で私の体はひどい切り傷だらけになった.

cut across 自他 1 (対角線的に)…を横切って近道をする ▪ They *cut across* the fields. 畑を横切って近道をした ▪ The road *cuts across* the line. 道路は線路を横断している.

2 (…の枠組み・境界など)を超える，超越する ▪ The issues *cut across* all ages. その問題は年齢を超えて共通である ▪ National security is an issue that *cuts across* party lines. 国家の安全は超党派の重要問題である.

3 …と交錯する，食いちがう，に反する ▪ Opinions on bombing the Serbs *cut across* party lines. セルビア爆撃に関する世論は党の政策路線と食いちがっている.

4 …に影響を及ぼす; を妨げる ▪ The damage caused by drug abuse *cuts across* all social classes. 麻薬乱用による弊害はあらゆる階層の人々に及んでいる ▪ His loud voice *cut across* the conversation. 彼の大声が会話を妨げた.

cut after 自他 …を追いかける ▪ We all *cut after* the enemy. 我々はみな敵を追いかけた.

cut ahead of 自 (車が)急に…を追い越す ▪ A red car *cut ahead of* us. 赤い車が急に我々を追い越した.

cut ahead to 自 (本など)とばして…へ進む ▪ Let's *cut ahead to* page 20. とばして20ページへ進みましょう.

cut along 自 消えうせる，急いで立ち去る ▪ *Cut along*! Don't bother me! とっとと失せろ! じゃまをするな! ▪ *Cut along* to your grandmother's, will you? 急いでおばあちゃんのところへ行ってちょうだい ▪ You'd better *cut along* or you'll miss your train. 急いで出ないと列車に遅れるよ.

cut asunder 他 …を真っ二つに切る ▪ His rescuers *cut asunder* the rope that bound him. 救出者は彼をしばっていたロープを二つに切った.

cut at 自他 1 …に切りつける; (むちで)ピシピシ打ちかかる ▪ He suddenly *cut at* me, but I dodged the blade. 彼が突然切りかかってきたが私はさっと身をかわして刃をよけた ▪ He *cut at* the hedge with a stick. 彼は棒でいけがきをピシピシ打った.

2 (精神的に)…を打ちひしぐ，(希望など)をくじく ▪ His death *cuts at* all my hopes. 彼の死で私の希望はすべてめちゃめちゃです.

cut away 他 1 …を切り払う，切り取る ▪ We *cut away* all the dead wood from the tree. 我々はその木から枯れたところをみな切り払った.

2 …をどんどん切り続ける ▪ *Cut* the cabbages *away* and set them aside. キャベツをどんどん切ったらそれを取りのけておいてください.

— 自 3《俗》走って逃げる ▪ He *cut away* across the fields. 彼は畑を横切って逃走した ▪ *Cut away* now. I am busy. さあ，あっちへ行ってくれ．こっちは忙しいんだ.

cut back 他 1 …を縮小する; を引き下げる，削減する; (契約など)を中途でやめる ▪ We *cut back* our production. 我々は生産を縮小した ▪ The firm *cut back* his salary. その会社は彼の俸給を引き下げた ▪ They *cut back* reforestation work. 彼らは再植林事業を中途でやめた.

2 (木の枝など)を刈りこむ，の先を切る ▪ The gardener has come to *cut back* some plants. 庭師は木を刈りこみに来た ▪ Americans *cut back* the word 'catalogue' and it became 'catalog'. アメリカ人が'catalogue'という語の語尾を切り詰めて'catalog'となった.

3《映画》…を切り返す《前の場面をもう一度映写する》 ▪ Not all plays can be *cut back*. どの劇もみな切り返しができるわけではない.

4 パンのねり粉を短く切る ▪ Dough need not be *cut back*. ねり粉は短く切るに及ばない.

5 …を十文字にすき返す，横にすき返す ▪ In the spring he *cut back* the field. 春になって彼は畑を十文字にすき返した.

— 自 6 (話の)前へ戻る ▪ Then the script *cut back* to his childhood. それからその脚本は彼の幼年時代に戻った.

7《アメフト》急に後退する[方向を変える](*to*) ▪ The player pretended to run forward, then *cut back*. その選手は前へ走ると見せかけて急に向きを変えた ▪ He *cut back to* the left and raced 93 yards for a touchdown. 彼はさっと左に向きを変えて93ヤード独走しタッチダウンをきめた.

cut back on 他 1 (歳出・人員など)を削減する，切り詰める ▪ The airline has *cut back on* purchases of new aircraft. その航空会社は新航空機の購入を削減した ▪ The company *cut back on* staff because of the recession. 不景気のため会社は社員の人員削減を行った.

2《米》(健康のために)…を食べる[飲む]のを控える ▪ You'll lose weight if you *cut back on* fat and sugar. 脂肪分と砂糖を控えれば体重が減るだろう.

cut behind 自《米》1 後を素早く走る ▪ Anoth-

er called out, "*Cut behind.*" 別の一人が「すぐ後について走れ」と大声で言った.
2(車などの)後にくっつく ▪ The boy *cut behind* a cart. 少年は荷車にくっついて行った.

cut down ㉗ **1** …を切り倒す ▪ The woodman *cut down* the tree. きこりはその木を切り倒した.
2(経費・賃金・記事など)を切りつめる, 削る, 切り下げる ▪ They will have to *cut down* their expenses. 彼らは経費を切りつめねばならぬだろう ▪ *Cut down* the article to make it fit the page. ページにちょうど入るようにその記事を切りつめなさい.
3…を切り殺す,《雅》[しばしば受身で]…の命を奪う, を殺す; を病で倒す ▪ The family *were cut* ruthlessly *down* by the burglar. その一家は強盗に無残にも斬殺された ▪ Hundreds of men *were cut down* in the battle. 多くの将兵が戦死した ▪ He *was cut down* in the prime of manhood. 彼は血気盛りに倒れた.
4(服)の寸法を縮める ▪ I'm going to *cut down* your father's old pants for you. あんたに合うようにパパのお古のズボンを縮めてあげよう.
5(人に値段)をまけさせる ▪ I *cut* the dealer *down* by 3 pounds [to 3 pounds]. 私はその商人に3ポンド[3ポンドに]まけさせた.
6《米口》…にけちをつける, こきおろす ▪ He always *cuts* me *down* in front of my friends. 彼はいつも友だちの前で僕をけなす.
7綱を切って絞首された人を降ろす ▪ He *was* not *cut down* until he was dead. 彼は死ぬまでは綱を切って降ろされなかった.
8…を断然引き離す, 勝る ▪ He *cuts down* the finest orator. 彼はどんなすぐれた雄弁家にもまさっている.
9《口》…を走る ▪ *Cut down* the road and see if the policeman is there. 道路を走っていって, 警官がいるか見てこい.
10《海》(老朽船)を軽くするため上部設備の一部を取り除く ▪ The ship has *been cut down* to make it lighter and faster. その船は身も軽く足も速くするために上部設備の一部を取り除かれた.

cut down on ㉖㉗ …を削減する ▪ We'll have to *cut down on* our consumption of meat. 肉の消費を減らさねばならないだろう.

cut for ㉖ (トランプの札を切って)…を決める ▪ We *cut for* who gets the coal. 我々はトランプの札を切って石炭を取ってくる人を決める.

cut A from B ㉗ BからAを切り取る[カットする] ▪ He *cut* a branch *from* the tree. 彼はその木から一枝切り取った ▪ *Cut* 20 pages *from* your book. 君の本から20ページカットしなさい.

cut in ㉖ **1**(話などを)さえぎる, 口をさしはさむ, 横口を入れる ▪ Here the doctor *cut in*. ここで医者は口をさしはさんだ ▪ Don't *cut in* with your remarks. 横口を入れるな.
2(狭い所・車の間などへ)割りこむ; 干渉する; 切りこむ ▪ The blue car *cut in* ahead of me. 青い車が私の前に割り込んできた ▪ The enemy infantry *cut in* between the 1st and 2nd Battalions. 敵の歩兵隊が第1大隊と第2大隊の間に切り込んできた.
3行きかう車の間を走り抜ける, (無法に)車を追い越す ▪ The passing motorist *cut in* sharply ahead of me. 通り過ぎのドライバーが, きわどく私を追い越して行った.
4《米》(男性から)ダンスのパートナーを横取りする ▪ I had only danced with Jane about three minutes when someone *cut in*. 私はジェインとたった3分ほどダンスしたと思ったら誰かが彼女を横取りした.
5《口》素早く入る ▪ Please *cut in* and make yourself at home. 早くお入りになっておくつろぎください.
6(トランプ)配り手の代わりに[やめさせられた人またはやめた人の代わりに]競技に加わる (↔CUT (…) out 18) ▪ They *cut in* to a party of whist. 彼らはやめた人の代わりにホイストの組に加わった.
— ㉗ **7**《米》(他人の電話)を盗み聞く ▪ Our phone calls *are cut in* by government spies. 我々の通話は政府スパイに盗聴されているぞ.
8…を刻みこむ ▪ The number of the ship will *be cut in* on her mainbeam. その船の番号は舷側に刻みこみます.
9《捕鯨》脂肉を取るため(クジラ)を切り開く ▪ The whale was brought alongside the ship to *be cut in*. クジラは切り開かれるため船に横づけにされた.
— ㉖㉗ **10**(モーターなどが)作動し始める; に電流を通す, を作動させる ▪ In a hybrid, the driver doesn't feel the electric motor *cut in* and out during acceleration. ハイブリッド車ではドライバーは加速時に電気モーターが入ったり切れたりするのを感じない ▪ I *cut in* my booster engine. 私はブースター・エンジンを入れた.
11仲間に加える; 利益の分け前を与える (→CUT in a person on) ▪ When John's friends got a big contract, they *cut* him *in*. ジョンの友人たちは大きな契約をとりつけるとジョンを仲間に加えた ▪ They refused to *cut* me *in*. 彼らは私への利益の分配を拒んだ.

cut in on ㉖ **1**(話)をさえぎる ▪ He *cut in on* my explanation. 彼は私の説明をさえぎった.
2(行きかう自動車の中)を走り抜ける ▪ Don't *cut in on* other drivers. 他のドライバー(の車)の間を走り抜けてはならない.
3…に割りこむ ▪ He *cut in on* the trade. 彼はその商売に割りこんで来た.
4《米》(男性)からダンスのパートナーを横取りする ▪ I'll *cut in on* Tom. トムのダンス相手を横取りしてやろう.
5…の分け前をはねる ▪ A New York mob tried to *cut in on* me. ニューヨークの一人のギャングが私の取り分の頭をはねようとした.
6(問題など)に手を出す ▪ He *cut in on* the problem. 彼はその問題に手を出した.

cut in a person ***on*** ㉗ **1**人に分け前を与える, あずからせる (→CUT in 11) ▪ The buyer *cut* his partner *in on* the profits when he sold the house. 買い手は家を売って利益を共同出資者に分配した.

2 人を…に加える[入れる]（→CUT in 11） ▪ It is desirable to *cut* Britain *in on* Congolese uranium supplies. イギリスをベルギー領コンゴのウラニウム供給国に加えることが望ましい.

cut into 自他 **1** …を切り始める, にナイフを入れる ▪ Soon we *cut into* the new cake. まもなく我々は新しいケーキを切り始めた.
2（話）をさえぎる ▪ It is impolite to *cut into* the conversation in this way. このように談話をさえぎるのは失礼です.
3 …に割りこむ, 侵入する ▪ Study time can *cut into* my personal time with friends. 僕が友だちと過ごす自由時間に勉強時間が食い込むことがある.
4 …を侵害する ▪ We don't want to *cut into* the preserves of Royalty. 王室の禁猟地を侵害したいとは思わない.
5 …を減らす ▪ The decline of the town *cut into* the value of the house. 町が衰微したのでその家の価値が減った.
6（不本意にも金など）の一部を使う ▪ I don't want to *cut into* my savings. 私は自分の預金に手をつけたくない.
7 …に出会う, 出くわす ▪ I *cut into* him in the street yesterday. きのう通りで彼に出くわした.

cut *A* ***into*** *B* 他 AをBにする ▪ *Cut* the cake *into* 4 pieces. ケーキを四つに切りなさい.

cut off 他 **1** …を切り取る ▪ They *cut off* the King's head. 彼らは国王の首をはねた ▪ He *cut off* a branch from the tree. 彼はその木から枝を切り取った ▪ He *cut* a piece *off* the loaf. ひとかたまりのパンから一片を切り取った.
2 …を切り放す, 削除する（*from*） ▪ They *cut* him *off from* social intercourse. 彼を社交から締め出した.
3（供給など）を断つ, 止める ▪ I *cut off* my son's allowance. 私は息子への小遣いをやめた ▪ The company *cut off* the gas (supply). 会社はガス（の供給）を止めた.
4 …を孤立させる ▪ The severe snowstorm has *cut off* two villages. ひどい吹雪で2か村が孤立している ▪ The soldiers have *been cut off* from the main army. その兵士たちは本隊から取り残されている.
5 …を廃嫡(はいちゃく)にする, 勘当する ▪ He *cut off* his own son for marrying without his consent. 彼は自分の承諾なしに結婚したというので実の息子を勘当した.
6 …を断ち切る; しゃ断する,（話）を中断させる, さえぎる, 妨害する ▪ The pilot suddenly *cut off* the autopilot. 操縦士は突然自動操縦装置を切った ▪ We *were cut off* while talking on the phone. 話し中に電話を切られた ▪ I waved my hand to *cut* her *off*. 手を振って彼女の話をさえぎった ▪ We *cut off* their retreat. 我々は彼らの退路をしゃ断した ▪ The wall *cuts off* all the prospect of sea and land. その塀は海陸のすべての眺望をさえぎっている.
7《米口》（客が酔っていると判断して）…に酒を出すのを止める ▪ I'm sorry, sir, but I'll have to *cut* you *off*. お客さま, 申しわけありませんが(お酒は)このくらいで.
8 …を絶やす ▪ His behavior *cut off* all his chances of promotion. 彼のふるまいのため, 昇進の機会はすっかりなくなった.
9（病気・事故が）人を倒す ▪ He *was cut off* by cholera. 彼はコレラで死んだ ▪ His youthful life *was cut off* by accident. 彼は若くして事故のため死んだ.
10 …を急にやめる ▪ Russia suddenly *cut off* natural gas exports to Eastern Europe. ロシアは東欧への天然ガスの輸出を急にやめた.
11《米》(車が)…の前に割り込む ▪ A speeding car passed them and *cut* them *off*. 飛ばしていた車が彼らを追い抜いて前に割り込んだ.
12《野球》賢明な投球で…をアウトにする ▪ Smith *cut* him *off* in his prime. スミスは全盛期の彼をアウトにした.
— 自 **13**（音・機械が）急に止まる ▪ The music suddenly *cut off*. 急に音楽がやんだ ▪ The engine got hot and *cut off*. エンジンが過熱して止まった.
14 脇道に入る ▪ This is where you are supposed to *cut off*. ここから脇道へ入りなさい.
15《口》急いで行く, 走り去る ▪ *Cut off* and buy me some cigarettes. 急いで行って, タバコを買って来てくれ ▪ The police officer told the boy to *cut off*. 警察官は少年に走ってあっちへ行けと言った.

cut on 自 急いで進む ▪ We *cut on* in spite of the muddy roads. 道はぬかっていたが我々はどんどん進んだ.

cut *…* ***on*** 他 …の上で[上において]…を切る ▪ I do not *cut* meat directly *on* my wooden cutting board. 私は肉を木製のまな板にじかに載せては切らない ▪ It is not recommended to *cut* the cake *on* the acrylic plate. ケーキをアクリル製の皿の上で切るのはお勧めしない.

cut (…) out 他 **1** 切って[裁断して, 掘って, 刻んで]…を作る ▪ We *cut out* a path through thick jungle. うっそうとした密林を切り開いて道を作って進んだ ▪ The tailor *cut out* my coat very well. 洋裁師は非常にうまく私の上着を仕立てた ▪ They saw the word *cut out* upon a tree. 彼らは木にその語が刻んであるのを見た.
2 …を切り抜く, 切り抜いて作る ▪ The child *cut out* pictures from the magazine. 子供は雑誌から絵を切り抜いた ▪ The boy *cut* a picture *out* of a newspaper. 少年は新聞から写真を切り抜いた.
3 …を作り出す, 作り上げる ▪ I must *cut out* my behavior on your pattern 君を手本にして私の行儀を作らねばならない.
4 …を切り取る ▪ The Pope ordered his tongue to *be cut out*. 法王は彼の舌を切り取るよう命じた.
5《口》…を省く ▪ The editor *cut out* the last paragraph. 編集者は最後の節を削除した.
6《口》[しばしば right, completely を伴って]（すること[使う]こと）をやめる;[命令文で] よせ!, 黙れ! ▪ I must *cut* tobacco *right out*. タバコをきっぱりやめねばならない ▪ *Cut* it *out*! Stop teasing your sister.

よせっ! お前の妹をいじめるのはやめろ.

7《海》急襲して船から連れ去る; (砲火をくぐり, または港内で)敵船を乗り取る ▪ It would be impossible to *cut out* any vessel protected by a force. 軍隊が護衛している船を港内で乗り取るのは不可能であろう ▪ They *cut* a few ships *out* of Torbay. 急襲して数隻の船をトーベイ港から連れ去った.

8 (ラジオの波長)を消す ▪ I cannot *cut out* Daventry without much difficulty. 私はダブントリーを消すことはなかなか容易にはできない. ▫ Daventry はイングランド中部の町. 国際無線送信所がある.

9 (光)をさえぎる ▪ I closed the drapes in order to *cut out* the light. 私は光をさえぎるためにカーテンをしめた.

10《米豪》(動物)を群れから離す ▪ They *cut out* the cattle that bear the brand of their employers. 彼らは雇主の焼印のついた牛を群れから離す.

11(人)を出し抜く, にとって代わる, から横取りする ▪ You'll have no difficulty in *cutting* him *out*. 君が彼を押しのけるのはわけないであろう ▪ He *cut* all his rivals for the lady's affections. 彼はすべての恋敵を負かしてその婦人の愛を得た ▪ He is *cutting* me *out* with my best girl. 彼は私の恋人を横取りしようとしている.

12《米》(ダンスで人)にとって代わる ▪ Another lady gets up and *cuts* Mary *out*. もう一人の女性が立ち上がってメアリーにとって代わった.

13(人)から奪う, だまし取る ▪ She *cut* him *out* of the profits. 彼女は彼から収益をだまし取った.

14...を予定する, 準備する, 計画する, あてがう ▪ A garment has already *been cut out* for you. あなた用の着衣はすでにあてがってあります.

— 圓 **15** (エンジンなど)が急に止まる ▪ The engine *cut out* once and I restarted it. エンジンが一度止まったのでかけなおした.

16 出て行く; 急いで立ち去る, 逃亡する ▪ I told him to *cut out* and buy some tea. 彼に出て行ってお茶を買って来いと言った ▪ Spacey *cut out* right after his presentation. スペイシーは発表後すぐに立ってしまった ▪ They *cut out* at the first hint of a police raid. 警察の手入れの気配がした途端に彼らはさっと姿を消した.

17《主に米》(前の車を追い越すために)突然別の車線に移る, 車列から飛び出す ▪ The car in front *cut out* suddenly without signaling. 前の車が合図を出さないで急に車線を変えた.

18《トランプ》配り手になる; やめる (↔ CUT in 6) ▪ He *cut out* at cards and approached us. 彼はトランプをやめてから私たちの方へやってきた.

19(道が)行き止まりになる ▪ Don't turn left here; the road *cuts out* about 100 yards down. ここで左折してはだめだ. 100ヤードばかり先のところで行き止まりになるから.

20 死ぬ ▪ He *cut out* in the prime of life. 彼は若くして死んだ.

cut over 圓 **1** 横断する ▪ He will *cut over* to Boulogne. 彼はブーローニュへ渡って行くだろう.

— 他 **2**...を一面に切り倒す ▪ The whole four acres *were cut over*. 4エーカー全部が一面に切り倒された.

3...を切り倒す, 打ち倒す ▪ The police officer *cut over* the first with a blow to his neck. 警察官は最初のやつを首に一撃を与えて打ち倒した.

4〖主に受身で〗(武器・弾丸などで)...をひどく打つ ▪ In hockey you must look out, or you'll *be cut over*. ホッケーでは用心しないとひどく打たれるよ.

5《米》...を作り[仕立て]直す ▪ I *cut over* my wedding dress to have something nice to wear in summer. ウェディングドレスを素敵な夏着に仕立て直した ▪ She *cut over* the sleeves of her silk leisurewear. 彼女はシルクの遊び着の袖を作り直した.

cut round 圓 **1**《米口》飛び回る ▪ The dog was only *cutting round* because he was so glad to get loose. 犬は放たれて非常にうれしかったので, ただ飛び回るばかりだった.

2 見栄を張る, 見せびらかす ▪ She got to *cutting round* with all the young fellows. 彼女はすべての若者たちとこれ見よがしのふるまいをするようにした ▪ She *cut round* and tried to be very interesting. 彼女は見栄を張って大いに興味を引くように努めた.

cut through 圓他 **1**...を通り抜ける ▪ Don't *cut through* this dark alley late at night. 夜遅くこの暗い小路を通り抜けてはだめよ.

2 (すき・船などが)...を押し切って[切り分けて]進む; 刃物で道を切り開いて進む ▪ The ship *cut through* the water at 15 knots. その船は15ノットの速度で水を押し分けて進んだ ▪ We used our knives to *cut* a path *through* the undergrowth. ナイフでやぶを切り開いて進んだ.

3 近道をして...を通り抜ける ▪ They *cut through* a field of cows. 彼らは近道をして牛が放牧された野原を通り抜けた.

4(困難など)を克服する ▪ She is trying to *cut through* the difficulty of losing weight. 彼女は減量の困難を克服しようとがんばっている.

5...を手っ取り早く回避する, はしょる ▪ He *cut through* all the red tape and got things done quickly. 彼は形式的な手続きをすべてはしょり, 素早くことを処理した.

6...をすっかり切り離してしまう ▪ The tailor *cut through* the cloth. 洋裁師はその布をすっかり切り離してしまった.

7...のじゃまをする, を妨げる ▪ The shrill female voice *cut through* my thoughts. 絹を裂くような女性の悲鳴で私の思索が破られた.

cut under 圓他 **1**(人)より安く売る ▪ Ned was *cutting under* us. ネッドは我々より安く売っていた.

2...に急ぎ避難する ▪ *Cut under* that archway; we'll be out of the rain. 急いであの(屋根付き)アーチに避難しなさい. 雨がよけられるでしょう.

cut up 他 **1**...を細かく切る, 切り刻む ▪ You should *cut up* your meat before you eat it. 肉は食べる前に細かく切るべきです.

2...を切り開く, 切り分ける ▪ She knows how to

cut up a turkey. 彼女は七面鳥の切り分け方を知っている ▪ The wall *is cut up* into windows. その壁には多くの窓が切られている.

3 (車・運転者が他の車の)前に急に割り込む ▪ They like to *cut up* other people on the road. 彼らは路上では好んで他人の車を抜いて行く.

4 …を非難する, (作品など)を酷評する ▪ He *cut up* what his opponent had said. 彼は相手の言ったことをひどくなじった ▪ The reviewer *cut up* my book mercilessly. 書評家は私の著書を情け容赦もなくこき下ろした.

5 …を切って抜き取る, 根こぎにする ▪ The law has wisely *cut up* the root of dissension. 法律は賢明にも紛争の根を抜き取った.

6 …の表面をさんざんに切る[傷つける] ▪ The roads *were* terribly *cut up*. 道路はひどく痛んでいた.

7 …を細く切断する, 滅ぼす ▪ His night's sleep had *been cut up*. 彼の夜の眠りは寸断されていた ▪ They will soon *cut up* all we have. 彼らはまもなく我々の持っているもの全部をこわしてしまうだろう.

8 (敵軍)を壊滅(かい)させる ▪ The enemy were *being cut up* in the battle. その戦闘で敵軍は壊滅させられる最中だった.

9《米》(人)に切り傷を与える ▪ His face *was* badly *cut up* in the car crash. 車の衝突事故で彼は顔にひどい裂傷を負った.

10《俗》…を山分けする ▪ We had 700 dollars to *cut up*. 我々は山分けする金が700ドルあった.

11《米》(騒ぎなど)を起こす, しでかす ▪ A wild bull was *cutting up* shines there. たけり狂った雄牛がそこで大騒動を起こしていた.

12《スポーツ俗》八百長をやる ▪ They *cut up* the fight [the race]. 彼らはその(ボクシングの)試合[競馬]に八百長をやった.

13 …を笑わせる ▪ The joker will *cut* you *up* every time he's on stage. そのおどけ役はステージに上がるたびに笑いを引き起こすだろう.

14《口》[主に受身で] …をひどく心痛させる[悲しませる]; ひどく…の感情を傷つける ▪ She *was* terribly *cut up* by the death of her husband. 彼女は夫に死なれて悲嘆にくれた ▪ He *is* dreadfully *cut up* about the criticism. 彼はその批評にひどく参っている.

15[受身で] …を困窮させる, 窮地に陥れる ▪ She used to be so well-off, but now she *is cut up*. 彼女は昔は裕福だったが今は困窮している.

16 …を見せびらかす ▪ Look how he *cuts up* that new Armani suit of his! 見ろよ, あいつがアルマーニのデザインによるあの新調スーツをさかんに見せびらかしているぜ.

━ 圓 **17**《米俗》浮かれ騒ぐ, ふざける, おどける, はね回る; 痛飲する ▪ He made the spectators howl by *cutting up*. 彼ははね回って観客を大笑させた ▪ The boys *cut up* when the old folks are away. 少年たちは老人たちがいないとふざけちらす.

18《米俗》不作法をする, 不品行をする, 新奇な行動をとる ▪ It's been raining for many days and our child is really *cutting up*. 何日も雨続きなのでうちの子はひどい荒れようだ ▪ She *cut up* with other men. 彼女は他の男たちと不品行をした.

19《米》トウモロコシの茎を根元から刈る ▪ The farmers are *cutting up*. 農夫たちはトウモロコシの茎を根元から刈っている.

20《口》[形容詞・副詞を伴って] …のふるまいをする, にふるまう ▪ The horse *cut up* badly so it now has no chance of winning the Cup. 馬はまずいふるまいをしたので優勝カップを得るチャンスはもうない. ☞もと競馬の馬について言ったもの.

cut up into 圓 …に(裁断して)仕立てることができる, 材料が十分にある ▪ This piece of cloth will *cut up into* two suits. この服地は2着の服に仕立てることができる.

cut with 砲 (酒類)を…で薄める[割る] ▪ The shopkeeper, a wicked fellow, *cut* the liquor *with* water. 店主は悪いやつなのでウィスキーを水で薄めた.

D

dab /dǽb/ ***dab at*** 他 …を軽くたたく, に押さえる, 触れる ▪ She *dabbed at* her eyes with a handkerchief. 彼女はハンカチで軽く目元を押さえた.
dab off 他 …を軽くたたいて除く ▪ You can simply *dab* the dirt *off*. ほこりは軽くたたけば簡単にとれるよ.
dab on 他 …を軽く速く塗る ▪ He *dabbed* the furniture cream *on*. 彼は家具用クリームを塗った.
dab out 他 …を手で洗濯する ▪ I *dab out* my stockings every morning. 私は毎朝靴下を手洗いする.

dabble /dǽbəl/ ***dabble in*** [***with, at***] 自 **1** (水)でぴちゃぽちゃ遊ぶ ▪ Children like to *dabble in* water. 子供は水遊びが好きだ.
2 (道楽半分に)…に手を出す, (物好きに)…をかじる ▪ I *dabble in* [*with*] stocks and shares a little. 株に少し手を出しています ▪ He *dabbles* in politics. 彼は物好きに政治をやっている.
dabble with 他 〖古〗…をいじる ▪ He *dabbled with* the original text. 彼は原文をいじった.
dabble A with B 他 AにB(水など)をはねかける ▪ The boots *were dabbled with* mud. 靴に泥がはねかかっていた ▪ The moon *dabbled* the waves *with* gold. 月の光を受けて波は金色にかがやいた.

dally /dǽli/ ***dally away*** 他 **1** のらくらして(時)を過ごす ▪ They *dallied away* a part of the night. 彼らはその夜の一部分をぶらぶらして過ごした.
2 ぐずぐずして(好機)を逸する ▪ Be careful not to *dally away* your opportunity. むなしく好機を逸しないように注意しなさい.
dally over 他 **1** …をぐずぐずとする ▪ He *dallies over* his work. 彼は自分の仕事をぐずぐずする.
2 …のことでぐずぐずして決心がつかない ▪ He *dallied* long *over* whether to buy the house. 彼はその家を買ったものかどうかいつまでも決めかねていた.
dally with 他 **1** …をもてあそぶ ▪ He *dallied with* danger. 彼は危険をもてあそんだ.
2 (女性)とふざける ▪ Don't *dally with* that girl. あの娘といちゃついてはいけない.
3 …しようかなどと考える ▪ I often *dally with* the thought of becoming a pilot. 私はよくパイロットになろうかなどと考える.

dam /dǽm/ ***dam up*** 他 **1** …をせき止める ▪ We will *dam up* that stream and make a pond. 我々はあの川をせき止めて池を造ろう.
2 (感情など)を抑える ▪ I had to *dam up* my feelings. 私は感情を抑えなければならなかった.

damp, dampen /dǽmp(ən)/ ***damp down*** 他, (表面)を湿らせる ▪ The surface *was* smoothed over and *damped down* with water. 表面をなめらかにして水で湿らせた.
2 (勢い・成長・変化・気持ち)をそぐ[鈍らせる] ▪ Mr. Gladstone's speeches will *damp down* the agitation. グラッドストン氏の演説は人心の動揺を静めるだろう ▪ *Dampen down* your CD player. CDプレーヤーの音量を下げてよ.
3 (灰をかけたりして)火をいける[埋める] ▪ We'll *damp down* the furnace for the night. 夜は炉の火を埋めておきましょう.
4 (髪など)を濡らしてぺちゃんこにする ▪ She *damped down* her hair before going out. 彼女は出かける前に髪を濡らしてなでつけた.
damp off 自 (植物が)湿気で腐る ▪ All these fuchsias are beginning to *damp off*. そのフクシアはみな湿気で腐りかけている.

dance /dǽns|dɑ́:ns/ ***dance about*** 自 動き回る ▪ Don't *dance about* like that, or I shall cut your hair crookedly! そんなに動き回ってはいけません. さもないと髪をゆがんで刈ることになりますよ.
dance around 他 (問題)を避ける, に取り組むのを避ける ▪ The spokesman for the Corps *danced around* the issue of casualties. 軍団のスポークスマンは死傷者の問題には触れなかった.
dance away 自 **1** 踊りながら去る ▪ They *danced away* soon. 彼らはまもなく踊りながら去った.
2 どんどん踊る ▪ He *danced away* like a leaf on the wind. 彼は風に吹かれた葉っぱのようにどんどん踊った.
— 他 **3** 踊って…をなくする[捨てる] ▪ He *danced away* the hours. 彼は踊って時間を過ごした ▪ They *danced* the night *away*. 彼らはその夜を踊りあかした ▪ She *danced away* extra calories. 彼女はダンスをして余分なカロリーを消費した ▪ I *danced away* the recollection of it. 私は踊ってその思い出を忘れた.
dance in [***into***] 自 踊りながら入る[に入る] ▪ He *danced into* the room. 彼は踊りながらその部屋に入った.
dance off 自 **1** ダンスして去る ▪ *Dance off* now; I wish to be alone. さあ, さっさと出て行ってくれ. 私は一人でいたいんだ.
— 他 **2** …をダンスして取り去る ▪ Salome *danced* the head of John *off* his shoulders. サロメはダンスをしてヨハネの首をはねた ▪ He *danced* his head *off*. 彼は(頭がなくなるほど)むちゃくちゃに踊った.
dance out 自 踊りながら出る ▪ He *danced out* of the room. 彼は踊りながら部屋から出た.

dangle /dǽŋgəl/ ***dangle about*** [***around, round***] 自 **1** …にだらりとぶらさがる ▪ Those ropes were *dangling about*. それらの綱はだらりとぶらさがっていた.
— 他 **2** (崇拝する人など)につきまとう ▪ Lots of men are *dangling round* her. 多くの男たちが彼女につきまとっている.

dangle ... about* [*around, round*] *one 他 ... を自分にまといつかせる ▪ She likes to *dangle* her men *around* her. 彼女は男たちを自分にまといつかせるのが好きだ.

dangle away 他 ぶらぶらして...を過ごす ▪ He *dangled away* life in an antechamber. 彼は控えの間でぶらぶらして生涯を過ごした.

dart /daːrt/ ***dart around*** [***about***] 自他 素早く動き回る ▪ The boy watched the ducks *darting about* in the pond. カモが池で素早く動き回るのを男の子が見つめていた ▪ He *darted* nervous glances *around* the room. 彼は部屋の中を神経質に見回した.

dart at [***on***] 他 (敵など)に飛びかかる ▪ He *darted at* his rival. 彼は相手に飛びかかった.

dart away [***off***] 自他 **1** 素早く立ち去る, 駆け去る ▪ The frightened sparrows *darted away*. 驚いたスズメたちは飛び去った ▪ He *darted off* like an arrow. 彼は矢のように走って行った.

2 敏速にやる, 急に離れる ▪ His gaze *darted away* from Paul's. 彼の凝視はポールのそれから急に離れた ▪ The bird *darted* his head *away*, and snapped at her. 小鳥は頭を急に振り離して彼女をつついた.

dart forth 他 ...を放つ, 射出する ▪ The sun *darts forth* its beams. 太陽が光を放射する.

dart in and out 自 すばやく出たり入ったりする ▪ The sun *darted in and out* of a morning mist. 太陽が朝霧の中にすばやく見え隠れした ▪ Thoughts *darted in and out* of his head. 彼の頭にいろいろな思いが去来した.

dart out 自 **1** (矢のように)飛んで行く, 突進する ▪ She *darted out* into the corridor. 彼女は素早く廊下に出た ▪ The rays *dart out* on all sides. 光線が四方八方に放射される.

— 他 **2** ...を突き出す ▪ He *darted out* a spear. 彼は槍を突き出した ▪ He *darted out* his hand protectively for Angela's hand. 彼はアンジェラの手を守ろうとして自分の手をさっと出した.

dash /dæʃ/ ***dash against*** 自 ...にぶつかる ▪ The waves *dashed against* the rocks. 波が岩に砕け散った.

dash A against B 他 AをBにぶつける ▪ He *dashed* his head *against* the wall. 彼は壁に頭をぶつけた.

dash around [***round, about***] 自 急いで行く[動き回る] ▪ I've been *dashing around*, trying to get things ready for the party. パーティー用の品を準備しようと急いで動き回っている.

dash away 他 ...を払いのける ▪ She, *dashing away* her tears, looked for something to do. 彼女は涙を振り払ってすべき仕事を捜した.

dash down 他 ...を一気に書き留める[仕上げる] ▪ *Dash down* anything that is important. 重要な事は何でも一気に書き留めなさい.

dash in 自 **1** 飛び込む ▪ He *dashed in* and out of a drugstore. 彼はドラッグストアに飛び込んでまた飛び出した ▪ I *dashed in* to buy a big pair of sunglasses. 私は大きめのサングラスを買うために飛び込んでいった.

— 他 **2** ...をちょいちょい書き添える ▪ He *dashed in* the details. 彼はちょくちょく細かいところを書き添えた.

dash into 自 **1** ...にぶつかる ▪ The car *dashed into* the house. 自動車が家にぶつかった.

2 急いで[あわてて]...に走り出る ▪ When a strong earthquake occurred he *dashed into* the street in his pajamas. 強い地震が起きたとき彼はパジャマ姿で通りへ飛び出した.

dash A into B 他 AをBにぶちあてる, ぶつける ▪ Bill *dashed* his spurs *into* his horse. ビルは馬に拍車を当てた.

dash off 自 〔口〕 **1** 急いで去る ▪ He *dashed off* without saying a word. 彼は一言も言わないで急いで立ち去った.

2 急行する ▪ He *dashed off* for help. 彼は助けに走って行った ▪ They *dashed off* to London each weekend. 彼らは週末ごとにロンドンへ急行した.

— 他 **3** (手紙・仕事)を素早く仕上げる ▪ He *dashed off* a letter to his mother. 彼は母への手紙をさっと書きあげた ▪ A genius is not one who *dashes off* work. 天才とは仕事を一気にやってしまう人ではない.

dash on [***upon***] 自 他 **1** ...に(激しく)ぶつかる; を(激しく)ぶつける ▪ The full force of the Atlantic is *dashing on* the cliffs. 大西洋の波がありったけの力で絶壁にぶつかっている ▪ The driver tried to avoid *being dashed on* the rocks. 運転手は岩にぶつかるのを避けようとした.

2 勇往邁進(まいしん)する, (目的に向かって)ためらわずつき進む ▪ The white stallion bravely *dashed on*. 白い雄馬は勇敢に驀進(ばくしん)した.

dash out 自 〔口〕 **1** 飛び出る, 飛び出す ▪ At the cry of "fire" the audience *dashed out*. 「火事だ」という叫びに聴衆は飛び出した.

— 他 **2** ...をぶち割って出す ▪ He *dashed out* his brains on that stone. 彼はその石で頭をぶち割って死んだ.

3 ...をダッシュで消す, 省略する ▪ He *dashed out* the words. その語をダッシュで消した.

4 ...を水をかけて消す ▪ *Dash* the fire *out*. 火に水をかけて消せ.

5 ...を勢いよく書く[引く] ▪ Dryden's poems *were dashed out* at a heat. ドライデンの詩は一気呵成(かせい)に書かれた.

dash over 他 ...にぶつかる, 襲いかかる ▪ Heavy seas *dashed over* a row of houses. 高波が家並みに襲いかかった.

dash A over B 他 AをBにぶっかける ▪ He *dashed* buckets of water *over* the fire. 彼はバケツで何杯もの水を火にぶっかけた.

dash A with B 他 **1** AにBをどっと注ぐ ▪ They *dashed* the wine *with* water 彼らはワインを水で薄めた.

2 AにBを混ぜる ▪ His account *is dashed with*

imagination. 彼の話には想像が混じっている.
3 AにBの斑点をつける • Those dark carnations *are dashed with* pink. それらの黒いカーネーションには桃色の斑点がある.

date /déɪt/ ***date back (to)*** 圓 …から始まる, にさかのぼる • The castle *dates back to* the 14th century. その城ははるか14世紀の築造である • The road is Roman or *dates back* even earlier. その道路はローマ時代, いやもっと初期をさかのぼる.

date forward 他《商》先日付にする《送り・支払いを遅らすため》 • *Dating forward* is a thing unknown among shippers. 先日付にすることは運送業者には知られていないことである.

date from 圓 **1** …から始まる, にさかのぼる • The prosperity of the family *dates from* the War. その家の繁栄は大戦から始まる.
2 …から書かれる, 発せられる • Dante's sonnet *dates from* Ravenna. ダンテの14行詩はラベンナで書かれて出されている • The letter *dates from* London. その手紙はロンドン差し出しである.

date up 他 〖主に受身で〗人の時間を会合予定ですっかり詰めてしまう • I *am dated up* all day. 私は会合予定で一日中すっかり時間が詰まっている.

daub /dɔ́ːb/ ***daub on*** 他 … を塗(り付け)る • The boy *daubed* the colors *on* liberally. 少年は絵の具をたっぷり塗り付けた.

daub A over [onto] B AをBに塗(り付け)る • Jane had *daubed* jam *over [onto]* her apron. ジェインはエプロンにジャムを塗り付けていた.

daub up 他《米》…をまだらに塗る • The children *daubed up* the walls. 子供たちは塀をまだらに塗った.

daub A with B 他 〖主に受身で〗AにBを塗(り付け)る • He *daubed* his house *with* paint to hide the dirt. 彼はよごれを隠すため家にペンキを塗った. • The walls *were daubed with* graffiti art. 壁にスプレーで落書きアートが描かれていた.

dawdle /dɔ́ːdəl/ ***dawdle along*** 圓 のろのろと…する, ゆっくり進む • He was *dawdling along* the road. 彼は道路をのろのろと歩いていた.

dawdle away 他 ぐずぐずして(時)を費やす, 浪費する • Don't *dawdle away* your time. ぐずぐずして時間を空費してはいけません.

dawdle over 他 …を長引かす, だらだらとやる • He loves to *dawdle over* his work. 彼は仕事をだらだらとするのが好きだ • I *dawdled over* a long lunch in a mountainside chalet. 私は山腹にある山小屋でのんびりと長い昼食をとった.

dawn /dɔ́ːn/ ***dawn on*** 圓 …に夜があける • A gray day *dawned on* the sleeping town. 眠っている町に灰色の夜があけた.

dawn on a person 圓 〖it を主語にして〗…が人に分かり始める, 人にだんだん分かってくる • It *dawned on* me what was happening. 何が起こっているのか分かってきた • Weeks later, it *dawned on* me that I'd forgotten my sister-in-law's birthday. 数週間後に義姉の誕生日を忘れていたことが徐々に分かってきた.

deacon /díːkən/ ***deacon off*** 他《米口》(会衆がすぐあとで歌うため教会で)…を一度に1行ずつ読みあげる • He knew well how to *deacon off* a hymn. 彼は会衆のため賛美歌を1行ずつ読みあげる術をよく知っていた.

deal /díːl/ ***deal at*** 他《商》…をひいき[得意]にする • We must *deal at* Mr. Smith's in future. 我々は将来はスミス商店をひいきにしなければならない.

deal in 他 **1** …をあきなう • He *deals in* silk goods. 彼は絹製品をあきなっている.
2 …に従事する, をこととする • A teacher should not *deal in* politics. 教師は政治にかかわってはいけない.
3《主に米口》(仕事・トランプで)…を仲間に入れる • Peter arrived late, but we *dealt* him *in*. ピーターは遅れて来たが我々は彼を仲間に入れた.

deal out 他 **1** …を分け与える, 配る • She *dealt out* alms to the poor. 彼女は貧民に施しをした • The money must *be dealt out* justly. その金は公正に分け与えられなければならない.
2(法律など)を執行する, 適用する • The law was *dealt out* fairly. 法は公正に執行された.
3《米》…を仲間からはずす • He *dealt* me *out of* the game. 彼は私をゲームの仲間に入れなかった.

deal with 他 **1**(人)を扱う • Teachers should *deal* fairly *with* their pupils. 先生は生徒を公平に扱うべきである.
2 …を(うまく)処理する • The nurse *dealt with* the sick man. 看護師はその患者を処置した • The lungs *deal with* the air admitted in inspiration. 肺臓は吸いこまれた空気を処理する.
3 …に関係[関与]する, を扱う • Arithmetic *deals with* numbers. 算術は数を扱う • I have nothing to *deal with* him. 私は彼とは何の関係もない.
4 …と取引する, をひいきにする • We *deal with* the butcher next door. 我々は隣の肉屋さんと取引している.
5 …を相手にする, と取っ組み合う, にうまく対処する • We have no common enemy to *deal with*. 我々は共になら敵を相手にしなければならない • He is a hard man to *deal with*. 彼は始末に負えぬ人物である.
6 〖主に受身で〗…を処分[処罰]する • Loomis *was dealt with* too harshly. ルーミスは余りにもひどく処罰された • The magistrate *dealt* leniently *with* the silly youths. 治安判事はその愚かな青年たちを寛大に処分した.

debate /dɪbéɪt/ ***debate on*** 他 …について議論[討論]する • They're still *debating on* the question. 彼らはまだその問題について議論している.

decamp /dɪkǽmp/ ***decamp from*** 圓 **1** …から急に立ちのき, 逐電(%)する • Prince Charles *decamped from* Spain. チャールズ王子はスペインから逐電した.
2(キャンプ地)から去る • They *decamped from* their bivouac before the dawn. 彼らは夜明け前に野営地から去った.

deceive /dɪsíːv/ **deceive** A **into** (*doing*) B 他
AをだましてBさせる ▪ He *deceived* me *into buying* this imitation. 彼は私をだましてこのにせものを買わせた.

decide /dɪsáɪd/ **decide against** 他 **1** …しないことに決める ▪ We *decided against* punishing him. 彼を処罰しないことに決めた.
2 …に不利な判決をする ▪ The court *decided against* the plaintiff. 法廷は原告に不利な判決をした.
decide between 他 (二つ)のどちらかに決める ▪ Heaven *decides between* me and my foes. 天が私と敵のどちらかに決めてくれる.
decide for **1** …することに決める ▪ We *decided for* carrying out the plan. その計画を実行することに決めた.
2 …に有利に判決する ▪ The tribunal *decided for* us. 裁判所は我々に有利な判決をした. ☞ decide in favor of ともいう.
decide on [*upon*] 他 **1** …に決める ▪ Jane *decided on* the green gown. ジェインは緑のコートに決めた.
2 …について判決を下す ▪ The court *decided on* the case. 法廷はその件について判決を下した.
decide on doing 他 …することに決める ▪ Have you *decided on going*? 君は行くことに決めたか.

deck /dek/ **deck out** (口)(…で)…を飾りたてる (*with*) ▪ Every vessel *was decked out with* flags. 船はみな旗で飾りたてられていた ▪ All *were decked out* gaily in their holiday attire. みんな晴着をはでやかに着飾っていた.
deck over [*in*] 他 (造船)…を甲板でおおう ▪ The vessel *was decked over*, fore and aft. その船は船首から船尾まで甲板でおおわれた.
deck A *with* B 他 AをBで飾る ▪ We *decked* our room *with* flowers. 我々は部屋を花で飾った.

declaim /dɪkléɪm/ **declaim against** 他 …を激しく非難する[抗議する] ▪ They *declaimed against* the King's insincerity. 彼は国王の不誠実を激しく非難した.

declare /dɪkléər/ **declare off** 他 (口) **1** (契約・賭けなど)の破棄を言明する, 取り消す ▪ She will *declare* the engagement *off* in a moment. 彼女はすぐに婚約を破棄するだろう.
— 自 **2** (行為など)から手を引く ▪ No, I *declare off*; I'll fight no more. いや, 私は手を引く. 私はもう戦わない.
declare A *to* B **1** A(意見など)をBに表明する ▪ He *declared* his views *to* a group of reporters. 彼は見解を報道記者団に表明した.
2 A(物品の所有)をB(税関吏など)に申告する ▪ You'd better *declare* the diamonds *to* the official. 君はダイヤモンド(の所持)を税関吏に申告しなさい.

decorate /dékərèɪt/ **decorate** A **with** B 他
1 AをBで飾る ▪ The hall *was decorated with* pictures. 広間は絵で飾られていた.
2 A(人)にBを授ける ▪ They *decorated* him *with* some order. 彼らは彼にある勲位を授けた.

decoy /díːkɔɪ/ **decoy away** [*out*] 他 …をおびき出す ▪ They will not *be decoyed away* by a false alarm. 彼らは虚報ではおびき出されないだろう.
decoy back 他 …をおびき戻す ▪ He sent you to *decoy* me *back*. 彼は私をおびき戻すためあなたをよこした.
decoy into 他 …を…におびき入れる; (人)をおびき寄せて…させる (*doing*) ▪ The man had *decoyed* children *into* (*entering*) his shop. その人は子供たちを自分の店へおびき入れた.

dedicate /dédɪkèɪt/ **dedicate** A **to** B **1** A (生涯など)をBにささげる ▪ He *dedicated* his life *to* the cause of education. 彼は生涯を教育のためにささげた.
2 A(著書など)をBに献呈する ▪ *To* Mr. Smith this book is (affectionately) *dedicated*. 本書を(親愛なる)スミス氏に捧ぐ ▪ *Dedicated to* Mr. Smith. スミス氏に捧ぐ《著書の扉などに書く》.
3 AをB(神など)に献納する ▪ This edifice *is dedicated* by Christians *to* the worship of Christ. この建物はキリスト教徒によってキリスト礼拝のために献納されたものである.
4 A(時間・場所・金など)をBに割く[費やす] ▪ The magazine *dedicated* ten wide pages *to* pictures of animals. その雑誌はまるまる10ページを動物写真に割いた.

deduct /dɪdʌ́kt/ **deduct from** …から差し引く ▪ *From* this 5% must *be deducted* for working expenses. これから5パーセントを運営費として差し引かねばならない.

deed /diːd/ **deed** A (*over*) **to** B 他 (米・文)(譲渡)証書によってAをBに譲渡する ▪ I've decided to *deed* the house *over to* my eldest son. 私は証書によりその家を長男に譲渡することに決めた.

deface /dɪféɪs/ **deface** A **with** B BでA(表面)を汚す ▪ Someone *defaced* the wall *with* spray paint. 誰かがスプレーのペンキで壁を汚した.

default /dɪfɔ́ːlt/ **default on** (支払い)を履行しない ▪ The company *defaulted on* its payments. 会社は支払いをしなかった.

defeat /dɪfíːt/ **defeat of** 他 〔受身で〕…を取り逃がす, に失敗する ▪ I *was defeated of* my first design. 私は最初の計画に失敗した ▪ You should not *be defeated of* that glory. 君はその栄光を取り逃がしてはならない.

defect /dɪfékt/ **defect from** 自 (主義・党・国家)から離脱する ▪ He *defected from* the Democratic Party. 彼は民主党を離党した.
defect to 自 (反対側)へ逃げる, 投じる ▪ The writer *defected to* the United States. その作家はアメリカへ亡命した.

defend /dɪfénd/ **defend against** 他 …に対して防御する ▪ You will *be defended against* all your foes. あなたはすべての敵から守られるでしょう.
defend from …から保護する ▪ The soldier *was defended from* stray shots by a steel hel-

defer /dɪfə́ːr/ **defer to** 《文》…に従う ▪I *defer to* your opinion. ご意見に従います.

define /dɪfáɪn/ **define A as B** AをBと定義する ▪The word "difficult" can *be defined as* "not easy". 「難しい」という語は「易しくない」と定義することができる.

deflect /dɪflékt/ **deflect A from B** 他 **1** AをB(進路など)からそらす, 片寄らせる ▪The door *deflected* the bullet *from* its course. 弾丸は戸にあたって進路がそれた.
2 A(人)にB(仕事など)をやめさせる ▪Overwork *deflected* him *from* his studies. 過労のため彼は研究をやめなければならなかった.

defraud /dɪfrɔ́ːd/ **defraud A of B** 他 **1** B(貴重品など)をA(人)からだまし取る ▪I *was defrauded of* my property. 私は財産を詐取された.
2 BをA(人)に不当にも与えない ▪They *defrauded* him *of* his due praise. 彼らは不当にも彼に当然の賞賛を与えなかった.

degenerate /dɪdʒénərèɪt/ **degenerate into** 自 **1** …に退歩[堕落]する(→DESCEND into) ▪Liberty often *degenerates into* lawlessness. 自由はしばしば堕落して無法となる.
2 衰えて…になる ▪Moans *degenerated into* sobs. うめき声が弱ってむせび泣きに変わった.

delete /dɪlíːt/ **delete from** 他 《文》…を…から削る, 消す ▪His name *was deleted from* the list. 彼の名は名簿から削除された.

deliberate /dɪlíbərèɪt/ **deliberate on [about, over, upon]** 自 《文》…を熟議する ▪We *deliberated on* affairs of state. 我々は国事を熟議した.

delight /dɪláɪt/ **delight in** 他 …を楽しむ, 喜ぶ ▪I *delight in* travels. 私は旅行が好きだ ▪The naughty boy *delights in* teasing his small sister. そのいたずらっ子は妹をいじめておもしろがる.

deliver /dɪlívər/ **deliver A at B** **1** AをB(小包など)を届ける ▪*Deliver* that parcel *at* the Lodge. その小包を支部へ届けてくれ.
2 AにB(打撃など)を与える[加える] ▪The boxer *delivered* a straight left *at* his opponent's head. ボクサーは相手の顔に左ストレートを加えた.
deliver A from B BからAを解放する[救う] ▪The firefighter *delivered* the child *from* death. 消防士は子供を死から救った.
deliver A of B 他 **1** (医者が)A(人)にBを分娩させる ▪After twelve hours of labor she *was delivered of* a boy. 12時間の分娩時間をかけて彼女は男児を出産した.
2《古》A(人)からBを奪い取る ▪The thief *delivered* a traveller *of* his money. その盗賊は旅人の金を奪った.
deliver on 他 〘主に否定文で〙(約束など)を果たす ▪He was trusted to *deliver on* his promises. 彼は約束を守る人だと信用されていた.
deliver over [up] A (to B) 他 《文》Aを(Bに)手渡す, 交付する ▪We must *deliver over* the man to the police. その男を警察に引き渡さなければならない ▪The French came down from the mountains and *delivered up* their arms. フランス軍は山を降りて来て武器を引き渡した.

delude /dɪlúːd/ **delude A into B** 他 《文》〘主に受身で〙Aを迷わせてBさせる ▪We *were deluded into* expecting his success. 我々は誤って彼の成功を期待した.

delve /delv/ **delve into** 他 **1** …を深く探究する ▪He *delved into* the origin of the Japanese language. 彼は日本語の起源を深く探った.
2 …の中を探す[探る] ▪Ted *delved into* his pocket and brought out a handkerchief. テッドはポケットの中を探ってハンカチを取り出した.

demand /dɪmǽnd/-máːnd/ **demand ... of [from] a person** 他 人に…を要求する ▪We *demanded* payment of the buyer. 我々はその買い手に支払いを要求した ▪My father *demanded* an explanation *from* me. 父は私に説明を求めた.

demonstrate /démənstrèɪt/ **demonstrate against** 他 …に反対のデモをする ▪The workers *demonstrated against* the government's new law. 労働者たちが政府の新法に反対のデモをした.

demote /diːmóʊt/ **demote a person from A to B** 他 《米》人をAからBに級[位]を落とす ▪The soldier *was demoted from* sergeant *to* corporal. その兵は軍曹から伍長に降格された.

demur /dɪmə́ːr/ **demur at [to]** 自 …に異議を唱える, 苦情を言う ▪We *demur to* the inference. 我々はその推論には異議がある ▪We *demur at* working on Sundays. 我々は日曜に働くことには異議がある.

den /den/ **den up** 《米》(冬眠・夏眠などのため)穴に隠れる ▪In that climate the bears usually *den up* in the winter. その気候の土地ではクマは通常冬は冬眠のため穴に隠れる.

denounce /dɪnáʊns/ **denounce A as B** 他 AをBだと公然と非難する ▪The press *denounced* the government's policy *as* just an evasive answer. 報道機関は政府の政策はお茶を濁すものにすぎないと言って非難した.
denounce A for B 他 AをBの理由で公に非難する ▪The citizens *denounced* the mayor *for* raising taxes. 市民たちは増税したことで市長を公然と非難した.

dent /dent/ **dent up** 他 …をへこませる ▪My car is still new, so I don't want to *dent it up*. おれの車はまだ新車だからへこませたくないね.

denude /dɪnjúːd/ **denude A of B** 他 **1** AからBをとく, はいで裸にする ▪The hill *is denuded of* its forests. 山はすっかり木を切り払われている.
2 AからBを奪う[はぎ取る] ▪He *was denuded of* political rights. 彼は政治上の権利を奪われた.

depart /dɪpáːrt/ **depart from** 自 **1**《雅》…から立ち去る ▪He *departed from* his native place. 彼は故郷を立ち去った.

2 …から離れる; にそむく ▪Old people don't like to *depart from* old customs. 老人たちは古い習慣に反することを好まない。

3 …と違う, へだたっている ▪The new method *departs from* the old in this point. 新しい方法は古い方法とこの点で違う。

4(約束など)をたがえる, 破る ▪Be careful not to *depart from* your word. 約束をたがえないよう気をつけない。

depend /dipénd/ ***depend on [upon]*** 自 **1** …次第である, …いかんによる ▪Success *depends on* your own exertions. 成功はあなた自身の努力次第だ。

2(特に生活を)…に頼る ▪We *depend on* what we can earn. 我々は儲けうるだけのものに頼る ▪Health *depends on* fresh air and good food. 健康は新鮮な空気と良い食物に依存する。

3 …を信頼する; を当てにする ▪He can no longer *depend on* the protection of his master. 彼はもう主人の保護を当てにすることはできない ▪You may *depend upon* the truth of my statement. 私の言うことが本当であると信頼してくれてよい。

depend on [upon] *A for B* 他 Aに頼ってBを得る ▪The inhabitants of the city *depend upon* the river *for* drinking water. 市民は飲料水をこの川にあおぐ ▪He *depends on* his pen *for* his living. 彼は文筆によって生計を立てている。

deplete /diplí:t/ ***deplete*** *A of B* 他 AのB(中身)を(ほとんど)空にする ▪We must take care not to *deplete* the earth *of* its valuable minerals. 我々は地球の貴重な鉱物を使い果たさないよう注意しなければならない。

deport /dipɔ́:rt/ ***deport*** *A from B* 他 BからA(人)を(国外へ)追放する, 自国へ強制送還する ▪They *deported* him to China *from* Japan. 彼は日本から中国に強制送還された。

depose /dipóuz/ ***depose*** *A from B* 他 AをB(高位)から罷免する, A(王)をB(王座)から退位させる ▪The French revolution *deposed* the king *from* his throne. フランス革命は王を玉座から退位させた。

depose to *(doing)* 自 …と証言する ▪I *depose to having* seen it. 私はそれを見たことを証言する。

deposit /dipázət|-pózit/ ***deposit*** *A with B* 他 AをB(人)に預ける, 供託する ▪He *deposited* the safe *with* me. 彼は金庫を私に預けた ▪I *deposited* security *with* him. 私は担保を彼に供託した。

deprive /dipráiv/ ***deprive*** *a person [((まれ)) a thing] of* …を奪う **1** 人[物]の…を奪う ▪He was *deprived of* his office. 彼は地位を奪われた。

2 人[物]を妨げて…を与えない ▪Too many trees round a house *deprive* it *of* light and air. 家の回りにあまり木が多すぎると, 家に光と風が入らない。

deputize /dépjətàız/ ***deputize for*** 自 …の代理をする ▪I will *deputize for* you during your absence. あなたのお留守中は私が代理をします。

derive /diráiv/ ***derive from*** 自 …から来る[出る] ▪The term lavatory *derives from* the Latin *lavare* "to wash". 洗面所はラテン語の lavare「洗う」に由来する ▪Happiness does not *derive from* any single source. 幸福は決して一つの源から出てくるものではない。

derive *A from B* 他 **1** AをBから得る[引き出す] ▪I *derive* much pleasure *from* books. 私は書物から多くの楽しみを得ます ▪He *derives* his character *from* his father. 彼はその性格を父から譲り受けている。

2 AはBから出ている ▪The custom *derives* its origin *from* Buddhism. その習慣の起源は仏教から来ている。

3 BからAを推論する ▪I *derived* some truth *from* the phenomena. その現象からある真理を引き出した。

4 AをBから来るものとする ▪I *derive* your temper *from* your father. あなたの気質はお父さんからもらったものと思う。

derogate /dérəgèit/ ***derogate from*** 他 《文》**1**(価値・権利など)をそこなう, 減損する ▪Such an error will *derogate from* your reputation. そんな間違いをしたら君の評判が落ちるだろう ▪It *derogates* greatly *from* the glory of God. それは大いに神の栄光を損じる。

2 …より身分[品格]を落とす ▪Charles *derogated from* his ancestors. チャールズは祖先より人品が下落した。

descant /déskænt/ ***descant on [upon]*** 自 (特にほめて)…を長々と論じる ▪He *descanted on* that favorite poet of his, Shelley. 彼はあの愛好の詩人シェリーのことを長々と語った。

descend /disénd/ ***descend from*** 他 **1** …から降りる, 下る ▪We *decended from* the top of the mountain. 我々は山頂から降りた。

2 …の系統を引く, 子孫である ▪Congreve *descended from* a family in Staffordshire. コングリーブはスタフォードシャーのある家の出であった。

3(特質が)…から伝わる, (特質を)…から受け継ぐ ▪Our prejudices *descend from* the female branch. 我々の偏見は母方から伝わったものである。

4 …から生まれる ▪Despair *descends from* fear and laziness. 絶望は恐怖と怠惰から生まれる。

descend from A to B 自 《文》**1** AからBに降りる ▪He *descended from* the stage *to* the orchestra. 彼は舞台を降りてオーケストラ席に加わった。

2 AからBに説き及ぶ ▪Please *descend from* generalizations *to* particulars. どうぞ, 概論から各論に入ってください。

3 AからBに伝わる ▪The property *descended from* father *to* son. その財産は父から息子へと伝わった。

descend into 自 (悪い状態・状況)へ陥る (→DE-GENERATE into 1) ▪The economic situation has *descended into* complete chaos. 経済状況は全くの混乱状態に陥った。

descend on [upon] 他 《文》**1**(口)…を突然訪問する, に押しかけて行く ▪I *descended upon* my

friend with a large party. 私は友だちの所へ大勢で押しかけて行った.
2 ...を急に襲う ▪ The plague *descended upon* the province. 疫病がその地方を突然襲った ▪ The enemy *descended on* the unprotected village. 敵は無防備の村を急襲した.
3(怒り・悲しみなどが)...の上に落ちる ▪ His anger *descended on* the head of his secretary. 彼の怒りは秘書の頭上に落ちた.

descend on to 他 《文》...に襲いかかる ▪ The enemy *descended on to* the city and destroyed it. 敵はその市に襲いかかってそれを破壊した.

descend to 他 **1**(概略から詳細へ)説き及ぶ ▪ Let us *descend to* particulars. 詳論へ入ろう.
2(遺言によって)...のものとなる ▪ The estate *descended to* the eldest son. その地所は遺言で長男のものとなった.
3 身を屈して...する ▪ He *descended to* a trick to accomplish his purpose. 彼は目的を達するため卑劣にも計略を使うに至った.

describe /dɪskráɪb/ ***describe A as B*** 他 AをBだと言う ▪ The teacher *describes* the pupil *as* clever. 先生はその生徒をかしこいと言っている ▪ He *describes* himself *as* a scholar. 彼は学者と自称している.

desert /dɪzə́ːrt/ ***desert to*** 自 脱走して...に投じる; 転向する ▪ He *deserted to* Canada because he didn't want to go to Iraq. 彼はイラクに行きたくなかったのでカナダに脱走した. ▪ He *deserted to* the Communists. 彼は共産党に転向した.

deserve /dɪzə́ːrv/ ***deserve ill of*** *a person* 自 人から虐待される[罰せられる]に値する; 人に対し罪がある ▪ You *deserve ill of* him. 君は彼に対して罪がある.
deserve well of 自 ...から優遇される価値がある, に功労がある ▪ The soldiers *deserve well of* their country. 兵士たちは国家に対して功労があるから賞を受けるに値する.

designate /dézɪgnèɪt/ ***designate A as B*** 他 AをBに指名[指定]する ▪ This hospital *is designated as* a university hospital. この病院は大学病院に指定されている ▪ I *designate* him *as* the next chairman. 私は彼を次の議長に指名します.
designate *a person* ***for*** [***to***] 他 人を(任務)に選定[指名]する ▪ They *designated* him *for* [*to*] the command. 彼を指揮官に任命した.

desist /dɪzíst/ ***desist from*** 自 《文》...をやめる, 思いとどまる ▪ He shouted to the combatants to *desist from* fighting. 彼は闘士に戦いをやめよと大声で叫んだ ▪ The Peers *desisted from* making the request. 上院議員たちはこの請願をすることを思いとどまった.

despair /dɪspéər/ ***despair of*** 他 ...に絶望する ▪ Consider what God can do, and you will never *despair of* success. 神がどんなことができるか考えてごらんなさい それは決して成功の望みを失うことはありません ▪ His recovery *is despaired of* by all but his nearest friends. 彼の快復は最も親しい友人たちを除くすべての人から絶望視されている.

despoil /dɪspɔ́ɪl/ ***despoil A of B*** AからBを奪い取る ▪ The purse *is despoiled of* its contents. 財布は中身が抜き取られている.

destine /déstɪn/ ***destine A for B*** 他 AをBに予定する ▪ His father *destined* him *for* a career at the Bar. 父は彼を弁護士にする予定だった.

detach /dɪtætʃ/ ***detach A from B*** AをBから取りはずす ▪ Just *detach* the tire *from* the wheel. ちょっとタイヤを車輪から取りはずしてくれ.

detail /dɪtéɪl, díːteɪl/ ***detail A off*** [***for, to***] 他 《軍》AをB(特別任務)に任命する ▪ Three men *were detailed off* for guard duty. 3人の兵士が歩哨役に任命された.

deter /dɪtə́ːr/ ***deter a person from*** (*doing*) 他 《文》(刑罰・恐ろしさなどが)人をおじけつかせて...をやめさせる ▪ The fear of punishment *deters* many people *from* crime. 処罰の恐ろしさのため多くの人々が犯罪を思いとどまる ▪ Nobody can *deter* me *from speaking* my mind. 私は誰の前でもはばからず直言する.

determine /dɪtə́ːrmən/ ***determine on*** 他 ...することに決める ▪ I've *determined on* going there [this course]. 私はそこへ行くこと[この方針を取ること]に決めた.

detour /díːtʊər/ ***detour around*** 自 逃避する, 避ける ▪ There was a massive spider web in the pathway, so we *detoured around* it. 通路に巨大なクモの巣があったので我々は避けて通った.

detract /dɪtrǽkt/ ***detract from*** 他 **1**(価値など)を減じる, 落とす ▪ These circumstances *detract from* the weight of the decision. このような事情はその決定の重要性を落としめる ▪ That does not *detract from* his merit. そのために彼の真価は落ちはしない.
2 ...をけなす ▪ They are ready to *detract from* his fame. 彼らはややもすれば彼の名声をけなそうとする.

develop /dɪvéləp/ ***develop into*** 自 発達して...になる ▪ An acorn *develops into* an oak. ドングリが生育してオークの木になる.

deviate /díːvièɪt/ ***deviate from*** 自 **1**《文》...からそれる, 離れる《比喩的にも》 ▪ Don't *deviate from* the beaten track. 常道からはずれるな ▪ They have *deviated from* their duty. 彼らは自分らの義務から逸脱してしまった.
2(物が)...とは違った道を行く, と異なる ▪ Sanskrit and Greek have *deviated from* each other. サンスクリット語とギリシャ語とは互いにかけ離れていった.

devil /dévəl/ ***devil for*** 自 ...の下請け(仕事)をする ▪ He *devils for* an author. 彼はある作家の下請をしている.
devil A for B 他 BがほしいとせがんでA(人)を悩ます[困らせる] ▪ The girl *deviled* her mother *for* a chocolate bar. 女の子は板チョコがほしいとせがんで母親をせがんだ.

devolve /dɪvɑ́lv|-vɔ́lv/ ***devolve A on*** [***upon***] ***B*** 他 AをBにゆだねる, 譲る, 負わせる ▪ May I de-

volve my work *on* him? 私の仕事を彼にゆだねていいですか ▪ He *devolved* the weight of government *upon* others. 彼は政治の重責を他の人々に譲った.

devolve to [on, onto, upon] 他《法》(官職・義務・財産などが)...に移る, の肩にかかる, に帰する ▪ The property *devolved to [upon]* the son. 財産は息子に移った ▪ It *devolves upon* him to do it. それをすることは彼の任務だ.

devote /dɪvóut/ ***devote*** *A* ***to*** *B* 他 **1** AをBにささげる[向ける, あてる] ▪ He *devotes* his energies *to* the work. 彼は精力をその仕事に傾けている ▪ I will *devote* my life *to* the study of history. 私は一生を歴史の研究にささげします.
2 AをBに奉献する[ゆだねる] ▪ All Christians *are* by baptism *devoted to* God. クリスチャンはみな洗礼によって神にささげられる ▪ The chapel *is devoted to* the worship of this sect. その礼拝堂はこの宗派の礼拝にささげられている.

dial /dáɪəl/ ***dial*** ... ***in*** 電話で(番号)を押す, コンピューターに(情報)を打ちこむ ▪ I *dialed* the number *in* and waited for someone to answer. 電話で番号を押して, 誰かが出るのを待った.

dial in [into, up] 他 ...に電話回線で接続する ▪ A user is able to *dial into* a server and become a member of that network. ユーザーはサーバーに電話回線で接続して, そのネットワークのメンバーになれます.

dial out 自 外線につなぐ ▪ You can't *dial out* from this phone—it's for internal calls only. この電話からは外線につながりませんよ—内線専用です.

dibble /díbəl/ ***dibble in*** 他 **1** ...を穴を掘って植える, まく ▪ The seeds *are dibbled in* about 3 feet apart. 種はおよそ3フィートの間隔をおいてまかれる.
2 ...を挿入する ▪ The printer liked to *dibble in* a comma between every two adjectives. 植字工は二つの形容詞の間ごとにコンマを挿入したがった.

dice /daɪs/ ***dice*** ... ***away*** 他 ...をばくちで失う ▪ He *diced* his patrimony *away*. 彼は世襲財産をばくちでなくした.

dick /dɪk/ ***dick around*** 他《米口》**1** ...を困らせる ▪ He always *dicks* me *around* with difficult questions. 彼はいつも難しい質問をしてきて私を困らせるの.
— 自 **2** ぶらぶら過ごす ▪ He is *dicking around* at home all day long. 彼は一日中, 家でぶらぶら過ごしているんだ.

dicker /díkər/ ***dicker after [for]*** 他《米》小策を弄(ろう)して...を得ようとする ▪ Some Indians *dickered* with the German *for* the ox. 数名の北米先住民がその雄牛を得ようとしてそのドイツ人と取引した ▪ Painters are *dickering for* a $9 scale. ペンキ屋たちは9ドルの賃金率を得ようと策している.

dicker at 他《米》...をちょっといじくる, かじる ▪ You have been *dickering at* law for three years. 君は3年間法律をいじくっている.

dicker with 他 ...と商談で駆け引きする ▪ I wasted time *dickering with* him over just a few dollars. ほんの数ドルのことでの彼相手の値引き交渉で時間を浪費した.

dictate /díkteɪt/díktéɪt/ ***dictate to*** 自 **1** ...に書き取らせる ▪ He *dictated* to his class. 彼はクラスの生徒に書き取らせた ▪ He *dictated* to his typist. 彼はタイピストに口述して打たせた.
— 他 **2** ...に指図する ▪ No one shall *dictate to* me. 私は誰からも指図は受けない.

diddle /dídəl/ ***diddle around*** 自《米口》だらだら仕事をする ▪ Stop *diddling around*. だらだら仕事をするのはやめろ.

diddle away 他 自《口》(時間など)を空費する; がいたずらに過ぎる ▪ It *diddled away* my time. それで私は時間を空費した ▪ A day *diddled away*. 1日がいたずらに過ぎた.

diddle *a person* ***out of*** 他《口》**1** 人をだまして...を取る ▪ He *diddled* us *out of* £400. 彼は我々から400ポンドだまし取った.
2 人が...を持つのを妨げる ▪ He *was diddled out of* a chance for university education because of his poverty. 彼は貧困のため大学教育を受ける機会が得られなかった.

diddle with 他《米口》**1** ...をいじくる, もてあそぶ ▪ She was nervously *diddling with* her handkerchief. 彼女は落ち着きなくハンカチをいじっていた.
2 ...を小手先で対処する ▪ He also *diddled with* a difficult situation. 彼もまた困難な事態を小手先で処理した.

die /daɪ/ ***die away*** 自 **1** (風・音・光・感情などが)だんだん弱くなる[消える], (習慣などが)だんだんすたれる ▪ The breeze *died away* at night. そよ風は夜になってしたいにやんだ ▪ The custom will soon *die away*. その習慣はまもなくすたれるであろう.
2 徐々に死ぬ; 気絶する ▪ Several plants grow dry and *die away*. 数本の植物がしおれてだんだん枯れる ▪ I *died away* with horror at the sight. その光景を見て, 恐ろしさで気絶した.
3《建築》だんだん尽きて他の部分に溶けこむ[入りこむ] ▪ The arch *died away* against the towers. アーチはだんだん尽きて塔に入りこんでいた.

die back 自 (若枝が)親木のつけ根まで枯れる; 根を残して枯れる ▪ Those shoots will *die back*. これらの若枝は親木のつけ根まで枯れるであろう ▪ The bushes *died back* in the cold autumn. 冷たい秋だったので低木は枯れて根だけが残った.

die down 自 **1** だんだん静まる[消える, やむ] ▪ The tin trade of Cornwall *died down*. コーンウォルの錫(す)産業はだんだんと消滅した ▪ The fire *died down* of itself. 炉火は自然に消えた.
2 (草木が根を残して)地面まで枯れる ▪ When the first frost came, the dahlias *died down*. 初霜が降りたとき, ダリヤは地面まで枯れた.

die for 他《口》[進行形で] ...が欲しくてたまらない, したくてたまらない ▪ I'm *dying for* a glass of beer after work. 仕事の後はビールが飲みたくてたまらない ▪ I'm *dying for* the bathroom. トイレに行きたくてたまらない.

die from 圓 …が元で死ぬ《主に病気以外の原因; 今ではしばしば die of と混同される》・He *died from* eating too much. 彼は食べすぎが元で死んだ ・Many natives *die* every year *from* snake bites. 毎年ヘビにかまれて死ぬ先住民が多い.

die into 圓 **1** 死んで[消えて]…となる ・The twilight *died into* the dark. たそがれが過ぎて暗やみとなった.

2《建築》…に融合する, 尽きて…に入りこむ ・The moldings of the arches *die into* the pillars. アーチの繰り形は尽きて柱に入りこむ ・The staircase turret *dies into* the tower. 階段の小塔が塔に融合している.

die of 圓 …で死ぬ《今ではしばしば die from と混同される》・The man *died of* a disease [hunger, sorrow, love]. その男は病気で[飢えで, 悲しみのあまり, 恋にこがれて]死んだ ・He *died of* cholera. 彼はコレラで死んだ.

die off 圓 **1** 次々に死んでいく ・The Russian soldiers sickened and *died off* like rotten sheep. ロシア兵は病気になり, 肝蛭(かん)病にかかった羊のように次々と死んでいった ・The buds on this plant are *dying off*. この木の芽は次々と枯れてきている.

2(音などが)だんだんに消える ・The rain *died off* at sunset. 日没時に雨は止んだ ・The rumor *died off*. その噂はだんだん消えていった.

die on *a person* **1**(機械などが)突然止まる ・The cultivator just *died on* me. 耕運機が急に動かなくなった.

2(人に困ったことに)死ぬ, 枯死(こし)する ・The crops *died on* us. 不作で我々は困った.

die out 圓 **1**(種族などが)死に絶える ・The old family *died out*. その旧家は死に絶えた ・The tree gradually *died out*. その木はだんだんと死滅した.

2(風習などが)絶える, すたれる ・The religions of Greece and Rome *died out*. ギリシャとローマの宗教は絶滅した ・This type of dress *died out* years ago. このタイプの服は何年も前にはやらなくなった.

die through 圓 …のために[が原因で]死ぬ ・The child *died through* neglect. その子は育児放棄のため死んだ ・The child *died through* the effects of a chill. その子は冷え込みが元で死んだ.

die to [《古》*unto*] 圓 …を捨てる, 忘れる; にむとんちゃくになる, 無感覚になる ・A priest should *die to* his worldly appetites. 聖職者たる者は俗世の欲望は捨ててしかるべきだ ・*Die unto* sin. 罪と縁を切れ.

diet /dáɪət/ ***diet*** *a person* ***on*** 他 人に(規定食)を取らせる ・The doctor *dieted* him *on* light food. 医者は彼の食事を軽い食事に制限した.

differ /dífər/ ***differ from*** 圓 …と(意見が)異なる ・My view *differs from* yours. 私の見解は君のとは異なる ・I *differ from* him in opinion. 私は彼と意見がちがう.

differ with *a person* 圓 人と意見を異にする, 意見が合わない ・He *differs with* me on this point. 彼はこの点で私と意見が合わない. ☞次に in がくるときは differ from の形が多い.

differentiate /dìfərénʃièɪt/ ***differentiate between*** *A* ***and*** *B* AとBを見分ける, AとBの違いをはっきりさせる ・You should *differentiate between* the figure in the foreground *and* the flowers in the background. 手前の人物と背景の花との間をはっきりさせるべきだ.

differentiate from 圓 …と異なってくる ・Languages tend to *differentiate* more and more *from* the ancestral type. 言語は祖語とはだんだん異なってくる傾向がある.

differentiate *A* ***from*** *B* 他 **1** AをBと異ならせる ・Language *differentiates* man *from* brutes. 言語(の有無)が人と獣を区別する.

2 AとBを差別[区別, 識別]する ・I am unable to *differentiate* one *from* the other. 私は甲と乙とを識別することができない.

diffuse /dɪfjúːz/ ***diffuse through*** 他 …の中に広げる, を通って広がる ・The process *diffused* the red color *through* the cloth. そう処理することで赤色が布全体に広がった ・The smell *diffused through* the building through the ventilator. 通風管を伝って臭いがビル全体に広がった.

dig /dɪg/ ***dig against*** 圓 …をカチッと掘り当てる ・While he was working, he *dug against* a lump of ore. 彼は仕事をしているときに, 鉱石のかたまりをカチッと掘り当てた.

dig around [***about***] 他 **1** …を丹念に探す ・I *dug around* in my pockets for my car key. 車の鍵を探してあらゆるポケットをくまなく調べた.

2 …の情報を探す, をかぎまわる ・The reporters started *digging around* in her past. レポーターたちは彼女の過去について情報をかぎまわり始めた.

dig at 他 **1**《米》…をこつこつ勉強する ・He is *digging at* mathematics. 彼は数学をこつこつ勉強している.

2 …に痛烈な嫌みを言う ・She *dug at* her best friend's taste. 彼女は親友の趣味に嫌みを言った.

dig down 圓 **1**《米口》自分の財布から出す (*for*) ・He *dug down for* $1,000. 彼は自分の財布から1,000ドル出した ・The customers will not *dig down for* such entertainment. お客はそんな余興に自分の財布から金を出さないだろう.

— 他 **2** …を掘り下げる, 深く調べる ・Otherwise, try to *dig down* the problem. さもなければ, その問題を深く調べようと努めなさい.

3 …を掘り倒す ・They *dug down* the walls. 彼らは塀を掘り倒した.

4 …を掘って低くする[取りのける] ・He *dug down* the precipice. 彼はがけを掘りくずした.

dig for 圓 **1** …を求めて地を掘る ・They *dug for* gold. 彼らは金を得ようとして地面を掘った.

— **2** …を(苦労して)捜す ・I must *dig for* the papers. 私は書類を捜さなければならない.

dig in 圓 **1** …を掘って埋め込む[土と混ぜる] ・The manure should *be dug in* well. 肥料は土を掘ってよく埋め込むべきだ.

2(拍車など)を突き当てる, 突っこむ ・The rider *dug*

in the spurs. 騎手は拍車を突き当てた.
— 倝 **3**《口》がつがつ食う[食いだす] *Dig in* and fill your boots!《海軍》さあうんと食べて腹をいっぱいにしなさい.
4 塹壕[穴]を掘る *The soldiers *dug in* and waited for the enemy. 兵士たちは塹壕を掘り敵を待った.
5《米口》精出して働く, 決然として仕事にかかる *He *dug in* hard at his school work. 彼は一生懸命学業に励んだ.

dig into 倝 **1** …を掘る *The workmen began to *dig into* the mound. 労働者たちは土手を掘り始めた.
2 …に食いこむ(比喩的にも) *The seat belt was *digging into* my shoulder. シートベルトが私の肩に食いこんでいた.
3 精出して…をする *He is *digging into* his school work. 彼は学業に励んでいる.
4《口》…をよく調べる, (手を入れて)探す *Please *dig into* the files. 資料をよく調べてください.
5《口》…をがつがつ食う[食いだす] *They *dug into* the Christmas pudding. 彼らはクリスマスプディングをがつがつ食べた.
6《口》(財)を使う *He *dug into* savings to pay current debts. 彼は現在の借金を払うため貯蓄を使った *You are *digging into* my stock. 君は私のたくわえに食いこんでいる.
— 他 **7** …を掘り起こした土に混ぜる *I *dug* manure *into* the soil. 掘り起こした土に肥料を混ぜた.
8 (爪)を…に立てる *Jim *dug* his nails *into* the palms of his hand. ジムは自分の手の平に爪をたてた.

dig A into B 他 AをBに突っ込む[突き当てる] *I *dug* my spurs *into* my horse's ribs. 馬のわき腹へ拍車を突き当てた *He *dug* his hands *into* his pockets. 彼は両手をポケットに突っ込んだ.

dig off 他 (まれ)…を掘って切り離す *He attempted to *dig* the isthmus *off* from the Continent. 彼は地峡を掘って大陸から切り離そうとした.

dig out 他 **1** …を掘り出す *They *dug out* the treasure. 彼らは宝を掘り出した.
2《口》…を骨折って捜し出す *Caroline *dug out* two old volumes. キャロラインは古書2冊を捜し出した.
3 …を掘ってあける[作る] *The boys *dug out* a hole. 少年たちは穴を掘った.
4 …を掘って狩り出す *We *dug out* a fox. 我々は土を掘ってキツネを狩り出した.
5 …を調べ出す *I *dug out* the figures of AIDS deaths here. 私は当地のエイズによる死者の数を調べ出した.
6 (雪などに埋もれているもの)を掘って出す *After the snowstorm we *dug* ourselves *out*. 吹雪のあと我々は雪を掘って脱出した.
7 (困難な状況から)なんとか脱出する *I just *dug* myself *out* of credit card debt. 私はやっとクレジットカード地獄から逃れた.
— 倝 **8**《米口》疾走する; 素早く去る *The people present *dug out* very quick. 出席の人々はいち早く去った.
9 駆け落ちする *She *dug out* last night with a teamster. 彼女は昨夜トラック運転手と駆け落ちした.

dig over 他 **1** (畑など)を掘り起こす, 掘り返す *We *dig over* the flower beds in spring. 春には花壇を掘り起こします.
2 …を掘って捜す *They began to *dig over* the ground again. 彼らはまた地面を掘って捜し始めた.
3 …を再考する *I'll *dig over* the question. 私はその問題を再考しよう.

dig through 他 **1** …を掘り進む *People *dug through* the rubble searching for survivors. 人々は生存者を探してガレキを掘り進んだ.
2 …を分けて進む *The little boat *dug through* the foaming waves. その小船は泡立つ波を分けて進んだ.
3 (書類など)を(掘り起こすように)丹念に調べる *They *dug through* the files for something very important. 彼らは書類の山を掻き分けて何かとても重要なものを探した.

dig up 他 **1** …を掘って出す *We *dug up* potatoes. 我々はジャガイモを掘り出した.
2 (土地)を掘り返す, 掘り起こす *He *dug up* a garden in front. 彼は前の菜園を掘り返した.
3 …を掘り出す *We *dug up* the tree by the root. 木を根こそぎ掘り出した.
4 …を掘りこわす, 掘りあばく *They *digged up* their forefathers' graves. 彼らは祖先の墓を掘りあばいた.
5 …を発掘する *An old Greek statue was *dug up*. 古いギリシャの像が1体発掘された.
6 …を掘り出して集める; を掘り出して伸ばす *They *dug up* evidence that the plant site was just three miles from the largest fault in California. 彼らはプラント建設地がカリフォルニアで最大の活断層からたったの3マイルしか離れていないという証拠を掘り出して集めた *The press *dug up* his college thesis. 報道機関は彼が大学時代に書いた論文を掘り起こして調べた.
7 …を見つける; を調べ出す; を探し出す *The fact is true, but where did you *dig* it *up*? その事実は本当だが, 君はどこでそれを調べ出したのか *He *dug up* some good books. 彼は良書を探し出した.
8《俗》…を(苦心して)捜す; (金・職など)を得る *He was trying to *dig up* a trade with a man who's got a mine there. 彼はそこに鉱山を持っている人の所で職を得ようと努めていた.
9《米口》…を明るみに出す, あばく *They *dug up* some interesting facts about him. 彼らは彼についての興味ある事実を明るみに出した.
10《米俗》(金)を出す, 支払う; を捻出する *He *dug up* \$5,000. 彼は5,000ドルを捻出した.
— 倝 **11**〔命令文で〕よく聞けよ! *You guys, *dig up*! やあみんな, よく聞けよ.

dignify /dígnəfài/ ***dignify A with B*** 他 BでAに威厳をつける[ありがた味を添える] *They dignified the rabble *with* the name of army. 烏合の衆を軍隊と呼んで威厳をつけた.

digress /daɪgrés/ *digress from* 📖 …から脱線する ▪ He *digressed from* the point. 彼は要点をそれた.

dike /daɪk/ *dike out* [*up*] 他 📖 (米俗)着飾る,盛装する; めかす ▪ Cheney's daughter *is diked out*. チェイニーの娘は着飾っている.

dilate /daɪléɪt/ *dilate on* [*upon*] 他 …を詳しく述べる ▪ He *dilated on* his views. 彼は見解を詳しく述べた.

dim /dɪm/ *dim down* 他 (劇場などで照明)をだんだん暗くする (↔DIM up) ▪ The stage lights *were dimmed down*. 舞台の照明は徐々に暗くされた.

dim out 他 (灯火管制などで灯火)をうす暗くする ▪ The city *was dimmed out*. 灯火管制で町の灯火がうす暗くされた ▪ The lights *were dimmed out* when the electricity supply was reduced. 電力供給が減らされて灯火はうす暗くされた.

dim up 他 (劇場などで照明)をだんだん明るくする (↔DIM down) ▪ The lights *were dimmed up* during the 1st scene. 第1場の間は照明は徐々に明るくされた.

dine /daɪn/ *dine forth* 📖 食事に出かける; 外で食事する ▪ If anyone asks for me, say I *dine forth*. 誰かが訪ねてきたら私は外で食事すると言ってくれ.

dine in 📖 (文)自宅[滞在先のホテル]で食事をする ▪ I like to *dine in*. 私は自宅で食事をするのが好きだ.

dine off 他 **1** …を(食事に)食べる ▪ She *dined off* cold tea and bread. 彼女は冷たいお茶とパンとで食事した.

2 …から取って食べる ▪ We *dined off* gold plate. 我々は金の皿から取って食べた.

3 …に食事をさせてもらう ▪ I've been *dining off* my brother for weeks. 私はもう何週間も兄に食べさせてもらっている.

4 = DINE out on.

dine on [*off*] 他 (文)…を(食事で)食べる ▪ I like to *dine on* meat. 私は肉が食べたい.

dine out 📖 (文)外で食事をとる ▪ We *dined out* last night. 私たちは昨夜は外で食事した ▪ Let's *dine out* tonight. You're too tired to cook. 今夜は外で食事をしよう. 君は疲れて料理できないんだから.

dine out on 📖 (口)(手柄話などを)種に社交界で歓待される ▪ He will *dine out on* the story of his adventures. 彼は自分の冒険談を種に社交界で歓待されるだろう.

ding /dɪŋ/ *ding down* 他 **1**(方)…を打ち負かす ▪ The Duke *dinged down* his enemies on every side. 公爵は八方の敵をたたき倒した.

— **2** 《英・スコ》(雪・雨が)激しく降る ▪ The rain was *dinging down*. 雨が激しく降っていた.

ding into 他 (英・スコ)(偶然)…にぶつかる[当たる] ▪ I *dinged into* a pillar in the dark. 暗がりで柱にぶつかった.

ding … out 他 …を力ずくで追い出す ▪ I have been trying to *ding* you *out* of my head. 私はむりやりにあなたを忘れようと努めてきました.

dink /dɪŋk/ *dink off* 他 (俗)…を怒らせる ▪ Don't *dink* me *off*! おれを怒らせるな!

dip /dɪp/ *dip into* 他 **1** …をちょっと見る[やってみる, 調べる] ▪ We have been *dipping into* Herodotus. ちょっとヘロドトスをかじっている ▪ *Dip into* the history of the era. その時代の歴史を調べてごらん.

2 …にちょっと浸る[つかる] ▪ We *dipped into* the water. 水にちょっとつかった.

3(金)を少し使う, (財産などに)食いこむ ▪ Many people *dipped into* their capital. 元金に食いこむ人が多い.

4 …に手を突っこんで取り出す ▪ He *dipped into* the bag for apples. 袋に手を入れてリンゴを取り出した.

5 …を試しに飲む ▪ *Dip into* that and see how it tastes. それを試しに飲んで, 味をみてください.

6 急に(水中)に沈む ▪ The sun *dipped into* the sea. 日は急に海に沈んだ.

7 = DIP to.

dip a thing into 他 物を…の中に入れてすくう ▪ He *dipped* his spoon *into* the porridge and began breakfast. 彼はスプーンをオートミールのかゆに入れてすくい上げ, 朝食を始めた ▪ He *dipped* his hand *into* the bag and brought out a handful of wheat. 彼は片手を袋の中に入れ, 小麦を一握り分取り出した.

dip … out (*of*) 他 (…から)…をすくい出す, くみ出す ▪ He *dipped* hot water *out of* a boiler. 彼は湯沸かし器から湯をくみ出した.

dip to [*into*] 📖 (気温などが)…まで急に下がる ▪ The temperature *dipped to* −14°. 気温がマイナス14度に急に下がった ▪ Then the temperature *dipped into* the 40's. それから, 気温が急にカ氏40度台まで下がった.

diplomatize /dɪplóʊmətàɪz/ *diplomatize a person out of* 外交的かけひきで人の…を奪い取る ▪ He *was diplomatized out of* Luxemburg. 彼は外交的かけひきでルクセンブルクを奪われた.

direct /dərékt|daɪ-/ *direct A to B* 他 **1** AをBの方へ向ける ▪ You first *directed* me *to* this design. あなたが最初に私をこの構想に向けてくださった ▪ My remarks *were directed to* the students. 私の言葉は学生たちに向けられたものだ.

2 A(人)にBへの道を教える ▪ Can you *direct* me *to* the nearest station? 私に最寄りの駅へ行く道を教えてくださいませんか.

3 AをB宛にする ▪ I *directed* the parcel *to* him. 私はその小包を彼宛にした.

4 A(人)をBに差し向ける ▪ Nathan *was directed to* Stevens's office at the appointed hour. ネイサンは指定された時刻にスティーブンズの事務所に差し向けられた ▪ Neon signs *directed* the thirsty *to* the bar. 夜のネオンに誘われて酒好き連中がその酒場に集まった.

direct A toward B 他 A(視線など)をBの方へ向け

る • Everybody's eyes *were directed towards* him. みんなの目が彼の方へ向けられた.

dirty /də́ːrti/ ***dirty up*** 他 《米》...を(ひどく)よごす • She has *dirtied up* her dress in that mud. 彼女はあの泥で服をひどくよごした.

disable /dɪséɪbəl/ ***disable*** *a person from doing* 他 **1** 人に...する能力を失わせる • His old age *disables* him *from working*. 彼は老齢のため働くことができない.
2 人に...する法律上の資格を失わせる • Statutory provisions *disable* the judges *from sitting* in the House of Commons. 法令条項により, 裁判官は下院に出席する資格はない.

disabuse /dɪ̀səbjúːz/ ***disabuse*** *a person of* 他 《文》人の迷いを解く • It was his duty to *disabuse* them *of* their alarms. 彼らの心配を取り除いてやるのが彼の義務だった.

disadvise /dɪ̀sədváɪz/ ***disadvise*** *a person from* 他 人に...するなと忠告する • An apostle *disadvises* women *from* marrying. ある使徒は女性に結婚するなと忠告している.

disagree /dɪ̀səgríː/ ***disagree to*** 他 ...に同意しない • The Lords' amendment *was disagreed to*. 上院の修正案には同意されなかった.
disagree with 他 **1** ...と一致しない • His conduct *disagrees with* his words. 彼の行為は彼の言と一致しない.
2《口》(気候・食べ物などが)...に合わない, あたる • The food *disagreed with* me. その食べ物があたった • The food *disagrees with* my taste. その食べ物は私の口に合わない.
— 自 **3** (人)と意見を異にする, に異議を唱える, と争う • He *disagrees with* his relatives. 彼は親類の者と意見が合わない.

disapprove /dɪ̀səprúːv/ ***disapprove of*** 自 ...を不可とする, に不賛成を唱える • The leader *disapproved of* the arrangement. リーダーはこの取り決めに不賛成を唱えた.

disarm /dɪsɑ́ːrm/ ***disarm*** *A of B* 他 **1** A(人)からBを取り上げる • We *disarmed* them *of* their weapons. 我々は彼らの武器を取り上げた.
2 A(物)からBを取り去る • Religion *disarms* death *of* its terrors. 宗教は死の恐怖を取り去ってくれる.

disarray /dɪ̀səréɪ/ ***disarray*** *A of B* 他 AからBをはぐ • The trees *were disarrayed of* their leaves. 木々は葉をはがれていた.

disbelieve /dɪ̀sbɪlíːv/ ***disbelieve in*** 他 ...を信仰しない, の価値[存在]を信じない(「単に信じない」だけではなく強い不信を表す.「単に信じない」は do not believe がふつう) • He *disbelieves in* Christianity. 彼はキリスト教を信仰しない.

disburden /dɪsbə́ːrden/ ***disburden*** *a person of* 他 人の...を除く • Time *disburdened* him *of* grief. 時が彼の悲嘆を忘れさせた.

discern /dɪsə́ːrn/ ***discern between*** *A and B* 自 AとBとを識別する • You must *discern between* right *and* wrong. あなたは正邪をわきまえなければならない.
discern *A from B* AとBとを識別する • I can *discern* good *from* bad. 私は善と悪とは識別できる.

discharge /dɪstʃɑ́ːrdʒ/ ***discharge*** *a person from* 他 [主に受身で] 1人を...から放免[釈放]する • The prisoner *was discharged from* custody. 囚人は放免された.
2 ...から解放[免除]する • He *was discharged from* the army. 彼は除隊になった.
3 ...から解雇する, 解職する《from は略されることがある》 • I *was discharged* (*from*) his service. 私は彼にひまを出された • He *was discharged from* his duties. 彼は解職された.
discharge *a person* [*a ship*] *of* 他 人の(義務など)を解く, 船の(荷など)を降ろす • We *are discharged of* our duties. 我々は義務を免じられた • They *discharged the ship of* her cargo. その船の荷を降ろした.

discipline /dísəplən/ ***discipline*** *a person for* 他 ...のために人を罰する • How do your parents *discipline* you *for* being disobedient? 君が言うことを聞かないとき, ご両親はどのような罰を与えますか.

disconnect /dɪ̀skənékt/ ***disconnect*** *A from* [*with*] *B* 他 AをBから切り離す, 分離する • I *disconnected* myself *from* him. 私は彼と手を切った.

discord /dɪ́skɔːrd/ ***discord with*** [*from*] **1** (主に物が)...と一致しない, 調和しない • Their views *discorded with* those of others. 彼らの見解は他の人々のと衝突した.
2 ...とけんかする • I *discorded with* a teacher. 先生と仲違いした.

discourage /dɪskə́ːrɪdʒ/-kʌ́r-/ ***discourage*** *a person from doing* 他 人に...することを思いとどまらせる • A single failure *discouraged* him *from trying* again. 一度の失敗に懲りて彼はもう一度やってみる勇気がなかった.

discourse /dɪskɔ́ːrs/ ***discourse away*** 他 話をして(時間)を過ごす • They *discoursed* the silent hours *away*. 彼らは話をして静かな時間を過ごした.
discourse *a person into* 他 話して人を...の状態にする • It is difficult to *discourse* them *into* any soundness of mind. 彼らに話をして正常な精神状態にするのはむずかしい.
discourse on [*upon*] 《文》...を論じる, 論述する • We *discoursed on* politics. 我々は政治を論じた.

discredit /dɪskrédət/ ***discredit*** *a person with* 他 (事が)人の...の間の信用を落とす • His foolish behavior *discredited* him *with* the public. ばかげたふるまいのため彼は世間の信用を落とした.

discriminate /dɪskrímənèɪt/ ***discriminate against*** 他 ...を冷遇する, 差別(待遇)する • The law does not *discriminate against* them. 法律は貧乏人を冷遇しない.
discriminate between *A and B* 自 AとBを識

別する，区別する (= DISCRIMINATE A from B) ▪We must *discriminate between* right *and* wrong. 我々は正邪を識別するべきだ．
discriminate A from B 他 AとBを識別する，区別する (= DISCRIMINATE between A and B) ▪You must *discriminate* right *from* wrong. 正邪の別をわきまえなければならない．

disembark /dɪsɪmbάːrk/ *disembark A from B* 他 AをBから陸揚げさせる，上陸させる ▪Troops *were disembarked from* ships lying offshore. 軍隊は沖に停泊している船から上陸させられた．

disembarrass /dìsɪmbǽrəs/ *disembarrass A of B* 他 AからBを取り除く，解放する ▪He *disembarrassed* himself *of* his burden. 彼は重荷をおろした．

disengage /dìsɪngéɪdʒ/ *disengage from* 自 《文》…から離れる，離脱する ▪France *disengaged from* military dependence on the United States. フランスは軍事上のアメリカ依存から離脱した．
disengage A from B 他 《文》AをBから解き放つ，離す ▪The Navy *disengaged* the ship *from* the sea battle. 海軍はその艦船を海戦からはずした．

disentangle /dìsɪntǽŋgəl/ *disentangle A from B* 他 B(もつれ・混乱など)からAを解き放す ▪They worked feverishly to *disentangle* the dolphin *from* the net. 彼らはイルカを網から解き放そうとして一心不乱だった．

disfurnish /dɪsfə́ːrnɪʃ/ *disfurnish A of B* 他 AからBをはぎ取る[なくす] ▪The university would *be disfurnished of* students. その大学には学生がいなくなるだろう．

disguise /dɪsgάɪz/ *disguise a thing as* 他 物を…に偽装する，見せかける ▪This door *is disguised as* a book case. この戸は本箱に見せかけてある．
disguise a person in [as] 他 人を…で[に]変装させる ▪The man was a government agent, *disguised as* a fat reporter. その男は，太ったレポーターに変装していたが，諜報員であった．

disgust /dɪsgʌ́st/ *disgust a person from [of, against]* 他 人に…をいやにならせる ▪The very sight of her *disgusted* me *from* matrimony. 彼女を見ただけで，私は結婚がいやになった．

dish /dɪʃ/ *dish about* 自 皿に入れて回す；皿から順番に飲む ▪Then *dish about* the mother's health. では杯を回し，母の健康を祝して乾杯してください．
dish in 他 …を(皿のように)へこます ▪Several car tops *were dished in*. 数台の自動車の屋根が皿のようにへこんだ．
dish on 自 《俗》…の噂話をする[悪口を言う] ▪Jane was *dishing on* Ben about how smart he was. ジェインはベンがどんなに頭がいいか，噂話をしていた．
dish out 他 1(一般に)分配[供給]する ▪We *dish out* clean towels on Monday. 月曜日には清潔なタオルを配給します．
2《口》(食べ物)を皿に盛って配る ▪They *dished out* potatoes. 彼らはジャガイモを皿に盛って出した．
3《俗》…をぺらぺらしゃべる ▪The salesman *dished* it *out*. 販売員はそれをぺらぺらとしゃべった．
4《米》皿のような穴を掘る ▪This animal *dishes out* a shelter in the sand. この動物は砂地を掘って皿のようなかくれ家を作る．
5《口・軽蔑》…をむやみに与える ▪The teacher *dishes out* rewards to his students. その先生は生徒にむやみにほうびを与える．
6《口》(批判・処罰)を与える ▪He can *dish out* criticism, but he can't take it. 彼は他人を批判しても，自分への批判は受けつけない．
dish a person out of 他 《俗》人をだまして…を取る ▪I was *dished out of* the job by Jones. 私はその職をジョーンズにだまし取られた．☞料理ができあがったら皿に盛りつけることから．
dish up 他 《口》1(食物)を鉢[皿]に盛る，鉢[皿]に盛って出す ▪The food *was dished up* when the guests arrived. お客が着くと，食べ物が皿に盛って出された．
2(話など)をまことしやかに繕う，作り上げる ▪He *dished up* an old story. 彼は昔話を持ち出した．
— 自 3料理を皿に盛りつける ▪She went back into the kitchen to *dish up*. 彼女は料理を盛り付けに台所へ戻った．

disillusion /dìsɪlúːʒən/ *disillusion a person of [from]* 人(の迷い)をさます ▪It *disillusioned* the young *of* their daydreams. それは若者たちの夢想をさました．

dislodge /dɪslɑ́dʒ|-lɔ́dʒ/ *dislodge A from B* 他 AをB(固定場所)から移動させる[取り除く] ▪We were unable to *dislodge* her *from* office. 彼女をオフィスから移動させることはできなかった ▪What is the technique to *dislodge* food *from* the windpipe? 食べ物を気管から取り除く技術とはどんなものですか．

dismantle /dɪsmǽntəl/ *dismantle A of B* 他 AからB(覆い・保護物)をはぐ[取り去る] ▪Houses *were dismantled of* their roofs. 家々は屋根がはがれた．

dismiss /dɪsmís/ *dismiss A from B* 他 1B(心)からA(考えなど)を捨てる，追い払う ▪*Dismiss* such thought *from* your mind. そんな考えはすっかり忘れてしまえ．
2A(人)をB(職務)から解く ▪He *was dismissed from* his chair at the university. 彼はその大学の教授の職を解かれた．
3AをBから放逐する ▪They *dismissed* him *from* school. 彼らは彼を放校にした．

dismount /dɪsmάʊnt/ *dismount from* 自 (馬など)から降りる ▪He *dismounted from* his horse [bicycle]. 彼は馬[自転車]から降りた．

dispense /dɪspéns/ *dispense a person from* 他 人(の義務など)を免除[免解]する ▪We *dispensed* him *from* the obligation. 我々は彼をその義務から免除した．
dispense with 他 1…なしですます ▪It is so warm that I can *dispense with* an overcoat. 非

常に暖かいからコートはなくてもよい ▪ They *dispensed with* his service. 彼らは彼を解雇した.
2 ...を不必要にする, の手数を省いてくれる ▪ His promise as a gentleman *dispensed with* the necessity of a written contract. 紳士としての彼の約束は書面契約などを必要としなかった ▪ Machinery *dispenses with* much labor. 機械は多くの労働を省いてくれる.
3 (規則など)を緩和[免除]する; (宣誓・約束など)の拘束を解く ▪ Either House of Parliament might *dispense with* their own orders. 国会の上院でも下院でもそれ自身の議事規則を緩和できるかもしれない ▪ Popes could *dispense with* promises. 法王は約束の拘束を解く力があった.
4 ...を捨てる, 廃する, 省く ▪ Let us *dispense with* all the formalities. 堅苦しい儀礼はすべてやめましょう ▪ Let us *dispense with* compliments. あいさつは抜きにしましょう.

dispose /dɪspóʊz/ ***dispose of*** 他 **1** ...を処分する, 売り払う, 捨てる ▪ He wants to *dispose of* the land. 彼はその土地を処分したいと思っている.
2 ...を処理する ▪ I did not know how to *dispose of* my time. 私は時間をどう使ってよいかわからなかった ▪ The thieves *disposed of* the stolen gems. 盗賊どもは盗んだ宝石を処理した.
3 (仕事など)をかたづける ▪ The business has been *disposed of* successfully. 仕事はうまくかたづいた.
4 (勝負で)...をやっつける, かたづける; 《闘争などで》...をかたづける, 殺す ▪ The northern team, batting first, *were disposed of*. 北チームは先攻だったがやっつけられてしまった ▪ The guard *disposed of* a third at a blow. 番兵は3人目の男を一撃のもとにかたづけた.
5 (議論など)のかたをつける, を論破する ▪ His observations sufficiently *dispose of* that contention. 彼の言説はその論争を十分に解決する ▪ We have *disposed of* all his arguments. 彼の議論をすべて論破した.
6 《戯》(飲食物)を平らげる ▪ Tom *disposed of* the sandwiches. トムはサンドイッチを平らげた.

dispossess /dìspəzés/ ***dispossess a person of*** 他 《文》 **1** 人から(財産など)を取り上げる ▪ The empire *is* already *dispossessed of* all its rights. その帝国はすでにすべての権利を奪い取られている.
2 人から(悪霊など)を祓(はら)う ▪ He *was dispossessed of* the evil spirit of gambling. 彼はばくちの悪霊を追い払われた.

dispute /dɪspjúːt/ ***dispute about*** [***on, upon***] 自 ...について論争する ▪ There is no *disputing about* tastes. 《諺》タデ食う虫も好き好き 《no accounting for の前身》 ▪ He *disputed* like a devil *on* this point. 彼はこの点について猛烈に論争した.
dispute a person into 他 論争して人に...させる ▪ We must *dispute* them *into* submission. 我々は彼らを論争によって服従させなければならない.
dispute a person out of 他 論争して人に...をやめさせる[人を...から脱せしめる] ▪ They have *disputed* us *out of* our religion. 彼らは論争して我々に自分の宗教を捨てさせた.
dispute with [***against***] 自 (人)と論争する ▪ I *disputed with* Meyer on tolerance. 寛容についてマイヤーと論争した.

disqualify /dɪskwάləfàɪ|-kwɔ́l-/ ***disqualify a person for*** 他 **1** 人の...する資格を奪う, 人を...に失格させる ▪ It *disqualified* him *for* the heir. そのため彼は相続者の資格を失った.
2 (病気などが)人を...できないようにする ▪ His long illness *disqualified* him *for* the work. 長い病気のため彼はその仕事ができなくなった.

dissect /dɪsékt/ ***dissect out*** 他 (器官・患部)を切り取る ▪ He *dissected out* the cyst. 彼は嚢胞(のうほう)を切り取った.

dissent /dɪsént/ ***dissent from*** 自 **1** ...と意見を異にする ▪ They *dissent from* their neighbors on the point. 彼らはその点で隣人たちと意見を異にしている ▪ I *dissent from* what you say. 私は君の言うこととは反対の意見である.
2 ...に反対する ▪ They openly *dissented from* the acts. 彼らはその法令に公然と反対した.
3 (特に国教会)に反対である ▪ They *dissent from* the Church of England. 彼らは英国国教会に反対である.

dissociate /dɪsóʊʃièɪt|-si-/ ***dissociate A from B*** 他 《文》 **1** AにBとの関係を断たせる ▪ Religion formally *dissociated* itself *from* the ambition of princes. 宗教は正式に王侯の野心と絶縁した.
2 AはBと関係なし[意見を異にする]と言う ▪ He *dissociated* himself *from* the opinions. 彼はその意見と同意見でないと言った.
3 AをBから分離する[分離して考える] ▪ It is difficult to *dissociate* the writer's work *from* the facts about his life. その作家の作品と彼の実生活とを分離して考えるのは難しい.

dissolve /dɪzάlv|-zɔ́lv/ ***dissolve in*** 自 **1** ...に溶ける ▪ Sugar *dissolves in* water. 砂糖は水に溶ける.
2 ...に隠れて見えなくなる ▪ The houses *dissolved in* a snowstorm. 家並が吹雪のため見えなくなった.
dissolve in [***into***] 自 **1** 溶けて(次第に)...となる ▪ When CO_2 *dissolves in* seawater, it forms carbonic acid. 炭酸ガスが海水に溶け込むと炭酸を生じる ▪ Mash garlic until it *dissolves into* liquid. ニンニクをつぶして汁状にしなさい.
2 (感情を抑えきれずに)突然...になる ▪ She *dissolved into* tears [giggles]. 彼女はさめざめと泣いた[急にくすくす笑い出した] ▪ They both *dissolved into* wild laughter. 二人は突然馬鹿笑いをした.
3 (映画・テレビの画面が)徐々に暗転して次の場面が現れてくる ▪ The scene *dissolved into* a shot of the interior of the castle. 場面がだんだん暗転して城の内部が映し出された.
dissolve A in B 他 AをBに溶かす ▪ *Dissolve* the powder *in* hot water. その粉を湯に溶かしなさい.

dissuade

dissuade /dɪswéɪd/ ***dissuade** a person **from** (doing)* 他 人を説いて…をやめさせる ▪ I *dissuaded* him *from* (*making*) the attempt. 私は彼を説いてその企て(をするの)をやめさせた.

distil /dɪstíl/ ***distil** A **into** B* 他 Aを蒸留してBにする ▪ He *distils* all *into* wine. 彼はすべてを蒸留して酒にする.

  ***distil off** [**out**]* 他 …を蒸発させる ▪ We *distilled* the volatile parts *off* [*out* (of it)]. 揮発性の部分を(それから)蒸発させた.

  distil over 自 蒸留液化する ▪ The acid *distils over* unchanged. 酸は変化しないで蒸留液化する.

distinguish /dɪstíŋgwɪʃ/ ***distinguish between*** 他 …を識別する, 見分ける ▪ We could *distinguish between* two dogs. 2匹の犬を見分けることができた.

  ***distinguish** A **by** B* 他 AにBという特徴を与える ▪ These goods *are distinguished by* their smooth surface. これらの品は表面がなめらかという特徴がある.

  ***distinguish** A **from** B* 他 **1** AとBを識別する, 見分ける ▪ Can you *distinguish* a mouse *from* a rat? あなたはハツカネズミとネズミとを見分けることができますか.

  2 AをBと異ならせる ▪ Speech *distinguishes* man *from* the animals. 言語が人の動物と違うところである.

distract /dɪstrǽkt/ ***distract** A **from** B* 他 AをBからそらす[散らす, 晴らす] ▪ The noise of the TV *distracted* me *from* my reading. テレビの騒音のため気が散って本が読めなかった ▪ It *distracted* my mind *from* worldly cares. それで私は浮世のうさを忘れた.

distrain /dɪstréɪn/ ***distrain for*** 他 …の取り立てのため差し押さえをする ▪ The landlord *distrained for* the rent. 家主は家賃を取り立てるため差し押さえをした.

  ***distrain on** [**upon**]* 他 …を差し押さえる ▪ I *distrained on* the stock. 家畜を差し押さえた ▪ I *distrained on* him for the rent. 家賃取り立てのため彼を差し押さえる処分にした.

distress /dɪstrés/ ***distress** A **into** B* 他 Aを窮迫させてBさせる ▪ He attempted to *distress* the city *into* terms. 彼はその市を窮迫させて降服させようとした.

distribute /dɪstríbjuːt/ ***distribute** A **among** B* 他 AをB(複数名詞)に配る ▪ The money *was distributed among* all the hospitals. その金はすべての病院に配られた.

  ***distribute** A **round** B* 他 AをB(団体の一人一人)に配る ▪ *Distribute* the examination papers *round* the class. 試験問題用紙をクラスの全員に配りなさい.

  ***distribute** A **to** B* 他 AをBに配る ▪ He *distributed* the books *to* every city in the country [all the students]. 彼はその本を国のすべての都市[すべての学生]に配った.

disturb /dɪstə́ːrb/ ***disturb** a person **in*** 他 人の…を妨げる[じゃまする] ▪ They *disturbed* me *in* my studies. 彼らは私の勉強をじゃました.

ditch /dɪtʃ/ ***ditch…about** [**around**]* 他 堀で…を囲む ▪ They *ditched* the city *around*. 彼らはその町を堀で囲んだ.

  ditch in 他 堀を作って…を閉じ込める ▪ This land must *be ditched in*. この土地は堀を作って閉じ込めなければならない.

  ditch out 他 堀を作って…を締め出す ▪ They *ditched out* their encroaching neighbors. 彼らは侵入する隣人たちを堀を作って締め出した.

divagate /dáɪvəgeɪt/ ***divagate from*** 自 《文》(話などが)…からそれる ▪ The book *divagates from* its main point in Part 3. その本は第3部で本論からそれている.

dive /daɪv/ ***dive in*** 自 **1** まっさかさまに飛び込む ▪ You *dive in* first. まず君から飛び込め.

  2《口》(準備なしに)飛びつく, 熱心に取りかかる ▪ When he was asked to do the job, he just *dived in*. その仕事をするように頼まれて彼は本当に熱心に取りくんだ.

  3《口》(がつがつ)食い始める ▪ Find a seat and *dive in*. 席を見つけてどんどん食べ始めなさい.

  dive into 自 **1** …に飛び込む ▪ As I caught sight of him he *dived into* a tea-shop. 私が彼を見つけると彼は喫茶店へ飛び込んだ.

  ─ 他 **2** …を深く研究する, に没頭する ▪ Let us *dive into* his thoughts. 彼の思想を深く研究しましょう ▪ Don't *dive into* politics so much. そんなに政治に没頭してはいけない.

  3 急に[盛んに]…を始める ▪ He *dived into* his food. 彼は盛んに食べ始めた ▪ He *dived* boldly *into* a new profession. 彼は大胆に新しい職業を始めた.

  4 (何かを探すため)…に素早く手を突っこむ ▪ He *dived* (his hand) *into* his pocket for money. 彼は金を探すためポケットに手を突っこんだ.

  5 …を押し分けて進む; の中へもぐり込む ▪ They began now to *dive into* the jungle. 彼らは今やジャングルの中へ分け入り始めた ▪ He *dived into* the bushes. 彼は茂みの中へもぐり込んだ.

  dive off 自 …からさかさまに飛び込む ▪ He *dived off* the top board. 彼は最も高い飛び込み板から飛び込んだ.

diverge /dəvə́ːrdʒ/ ***diverge from*** 自 **1** …から分岐する, 発散する ▪ Several lines *diverge from* the center. 数本の線が中心から八方に分かれ出ている.

  2 (道を)それる ▪ I *diverged from* the track. 私は走路をそれた.

  3 …と異なる ▪ Aristotle *diverges from* Plato at this point. アリストテレスはこの点でプラトンと異なる.

divert /dəvə́ːrt/ ***divert** A **from** B* 他 AをBから転じる[そらす] ▪ Grief did not *divert* him *from* his duty. 彼は悲嘆のために義務を怠ることはなかった ▪ She *diverted* her mind *from* care. 彼女は苦労から心を転じた[気を晴らした].

divert *A* ***to*** *B* 他 **1** A(水路)をBに転じる ▪ They *diverted* the stream *to* a new channel. 彼らはその川を新水路に転じた.

2 A(金)をBに流用する ▪ He *diverted* tax money *to* his own pocket. 彼は税金を自分のポケットに入れた《着服した》.

divest /daivést/ ***divest*** *a person* ***of*** 他 《文》人から…を奪い取る[はぐ] ▪ He was *divested of* his office, rank and honors. 彼は職, 官位, 栄誉をはぎ取られた.

divide /dəváid/ ***divide*** *A* ***among*** [***between***] *B* 他 AをBの間で分ける ▪ The legacy is to *be divided among* 5 children. その遺産は5人の子供の間で分けられることになっている. ☞among は3人以上, between は2人の場合が通例.

divide by 他 **1** …で割る ▪ *Divide* his figures *by* ten if you want the truth. 君が真実を欲するなら, 彼の数字を10で割りなさい[割り引いて聞きなさい].
— 自 **2** …で割れる ▪ Three will not *divide by* two. 3は2では割れない.

divide *A* ***from*** *B* 他 AとBを分ける ▪ God *divided* the sea *from* the land. 神は海と陸とを分け給うた ▪ The Red Sea *divides* Africa *from* Asia. 紅海がアフリカとアジアを分けている.

divide into 自 **1** …に分かれる ▪ The river *divides into* two streams at that point. その河はその地点で二つの川に分かれる.

2 (主語で) …は割れる ▪ Three will not *divide into* seven. 3では7は割れない.

divide *A* ***into*** *B* 他 **1** Aを分けてBにする ▪ Please *divide* this cake *into* six pieces. どうぞこのケーキを六つに分けてください.

2 AでBを割る ▪ If you *divide* 6 *into* 30, the answer is 5. 6で30を割れば答えは5である.

divide…off 他 …を仕切る ▪ That part of the field *is divided off* with a fence to keep the flock in. 野原のその部分は羊の群れを入れておくため垣で仕切られている.

divide out 他 …を分ける ▪ We must *divide out* the money. その金を分けなければならない.

divide up 他 …を小さく分ける ▪ England used to *be divided up* into a number of small kingdoms. イングランドは昔は多数の小王国に分けられていた.

divide *A* ***with*** *B* 他 AをBと等しく分ける ▪ I will *divide* the property *with* my brothers. 私は弟たちと財産を等分します.

divvy /dívi/ ***divvy up*** 自他 《口》(利益などを)分ける, 分配する ▪ We'll *divvy up* at the club. クラブで(利益を)分配しよう ▪ He has ideas on how to *divvy up* the profit. 彼は利益の分配の仕方に考えがある. ☞divvy＜div(idend)＋y.

do /du:/ ***do about*** *B* 他 B(問題など)の解決[処理]のためにAをする ▪ Are you able to *do* something *about* this problem? この問題の解決のために何かできますか.

do as 他 《文》…の役をする ▪ This bale of straw will *do as* a pillow. このわら袋は枕の役をするだろう[枕がわりになる].

do away 他 …を除く, 滅ぼす ▪ Your grievances shall *be done away*. あなたの苦情は取り除いてあげます ▪ It is necessary to *do away* this impression. この印象を消す必要がある.

do away with 《口》 **1** …を廃止する ▪ Let us *do away with* all formalities. 堅苦しい礼儀は抜きにいたしましょう.

2 …を片づける ▪ The gangsters *did away with* the body by throwing it into the river. ギャングたちは死体を川に投げこんで処分した ▪ They *did away with* him. 彼らは彼を片づけた[殺した].

do…down 他 《英口》 **1** …の悪口を言う ▪ I don't *do* others *down*. 私は人の悪口は言わない.

2 《口》(人)を負かす, 支配する; …を失敗させる, 破滅させる, 不幸に陥れる ▪ My wife can *do you down*. 私の妻はあなたを負かすことができるので.

3 (人)をだます, だまし取る ▪ Don't trust them; they will *do you down*. 彼らを信用してはいけない, あなたをだますだろう.

do for 自 **1** …に向く ▪ You won't *do for* a teacher. 君は教師には向かない.

2 《英口》…の家事をする ▪ She *does for* me two days a week. 彼女は週に2日私の家事をしてくれる.
— 他 **3** 《口》…のために尽くす; の用をしてやる; の世話をする ▪ Men *do for* their own offspring. 人間は自分の子孫のために尽くすものである ▪ What can I *do for* you? 何にいたしましょうか《店員の言葉》.

4 …の(代)役をする; の役に立つ ▪ Will the towel *do for* the one you lost? そのタオルはあなたのなくしたタオルの代わりになりますか ▪ It will *do for* something. それは何かの役に立つだろう.

5 《口》…をやっつける, 殺す, 滅ぼす ▪ Drink and the devil have *done for* them. 酒と悪魔が彼らを滅ぼしてしまった ▪ He *did for* his wife and was hanged. 彼は妻を殺して絞首刑になった.

6 …をだめにする, こわす ▪ If the second deck is flooding, she's *done for*. 第2甲板まで水に浸かったら, 船はもうだめだ.

7 …をへとへとに疲れさせる ▪ He *is done for* after a long walk. 彼は長く歩いてへとへとに疲れている.

8 (人)を参らせる, (靴など)をすりへらす ▪ They *were* nearly *done for* after a year of her cooking. 1年間の彼女の料理で彼らは参ってしまいそうだった ▪ These shoes *are done for*. この靴はすり切れている.

9 …を何とかやっていく ▪ How shall we *do for* food during the journey? 旅行中食べ物はどうしていったらよいか.

do in 他 《俗》 **1** …を殺す ▪ Macbeth decided to *do in* Duncan. マクベスはダンカンを殺そうと決心した.

2 …に大損害を与える, をこわす, 破滅させる ▪ He will *do* his car *in* pretty quick. 彼は自分の自動車をじきにこわすだろう.

3 …をだます ▪ We *were done in* this time. 我々は今度こそはだまされた.

4《口》[主に受身で] …をすっかり疲れさせる ▪ That walk nearly *did* me *in*. あんなに歩いたのでほとんどくたばってしまった ▪ I'm completely *done in* after a half marathon. ハーフマラソンのあとですっかり疲れてしまった.

5…に災いをもたらす ▪ They *did* the old woman *in*. それらがその老婆に災いをもたらした.

do A into B 他 AをB(他言語)に翻訳する ▪ Just *do* this *into* German for me. ちょっとこれをドイツ語に訳してくれ.

do off 他 **1**《米》…を飾り立てる, 着飾る ▪ I saw the company who *were done off* in first-rate style. 一流のスタイルに着飾った一行を見た.

2《米》…を仕切る, 区切る ▪ I have one small room *done off* for storing butter in the fall. 秋にバターを貯蔵するために仕切った小室を持っている.

3…を脱ぐ ▪ He *did off* his clothes. 彼は服を脱いだ.

4《まれ》…を描く ▪ The whole toiling life of a plowman *was done off*. 農夫の苦闘の生涯全体が描かれていた.

do on 他 …を着る, 身につける ▪ I *did on* my armor. 私はよろいをつけた.

do out 他 《口》**1**…を整頓する, 片づける ▪ You must *do out* your desk drawer. 机の引き出しを片づけなければなりません.

2…をきれいに掃除する ▪ *Do out* this room first. まずこの部屋を清掃してくれ.

do out in 他 《英口》(部屋・建物)を…のように改造[改装, 模様替え, 装飾]する ▪ Her room *was done out in* green. 彼女の部屋はグリーンに塗り替えられた.

do A out of B 他 **1**AをだましてBを取る ▪ He has *done* us *out of* $5,000. 彼は我々をだまして5千ドル巻き上げた.

2AをBから追い出す, 押しのける ▪ Jones *did* me *out of* that job. ジョーンズは私をその仕事から追い出した.

do over 他 **1**《英口》…を襲って傷つける ▪ A gangster *did* him *over* on the way home. 無法者が帰宅途中の彼を襲って傷つけた.

2《口》…を改造[改装]する, 手入れする ▪ They are going to *do over* my apartment next month. 来月私の部屋が改装される.

3…を一面に塗る, 上塗りする; …の上をおおう ▪ I *did* it *over* with green paint. 私はそれを緑のペンキで上塗りした.

4《主に米》…をやり直す; を塗り変える ▪ This essay is no good. You'll have to *do* it *over*. このエッセイはまるでよくない. 書き直さなくちゃならないだろう ▪ The paint is thin; it needs *doing over*. ペンキは薄い. 塗り変える必要がある.

5…を繰り返す ▪ Please *do* that exercise *over* until it is perfect. その運動が完全に身につくまで繰り返してください.

6《英口》…に侵入して荒らす, 泥棒に入る ▪ My house *was done over*. 家が泥棒に入られた.

7《米》…を変える, 仕立て直す ▪ If only somebody would *do over* this poem into English. 誰かがこの詩を英語に訳してくれさえすればなあ.

8…の表面を清掃する ▪ You must *do* the table *over* with a damp cloth. ぬれた布でテーブルを拭かないといけない.

9《米》…をすっかり疲れさせる, 参らせる ▪ The dogs *were done over*. 犬たちはすっかり疲れていた.

do up 他 **1**(ひもなど)を結ぶ, (髪)を結う, 整える ▪ Your shoe-lace wants *doing up*. あなたの靴のひもは結ばねばならない ▪ Her blonde hair *was done up* in a ponytail. 彼女のブロンドの髪はポニーテールに結われていた.

2(物)を包む, 小包にする ▪ Her head *was done up* in a blue scarf. 彼女の頭は青いスカーフで包まれていた ▪ *Do up* these books for me. これらの本を小包にしてください.

3…を改造[改装]する, 手入れする; (衣服など)を修繕する; を整とんする ▪ I'll have my house *done up*. 家を改装してもらいましょう ▪ They can *do up* small clothes. 彼らは小さい服を繕うことができる ▪ Who is to *do up* the room every day? 誰が部屋を毎日整とんするのですか.

4[受身で]着飾る ▪ She *was done up* like a duchess. 彼女は公爵婦人のように着飾っていた.

5…を料理し直す ▪ The cold meat can *be done up* for tomorrow. 冷肉は焼き直してあす食べられる.

6《口》…をすっかり疲れさせる ▪ I *am* completely *done up* with teaching all day. 一日中教えたので疲れ果てた.

7《口》…を破産させる ▪ There was a pleasure in *doing up* a debtor. 負債者を破産させるのはちょっと愉快だった.

8…を洗たくする ▪ In that laundry they *do up* my shirts. そのクリーニング屋では私のシャツを洗たくしてくれる.

9《米》…をちょっと視察する; をちょっと見る[調べる] ▪ We *did up* the whole country. 我々はその地方全体をちょっと視察した.

10《米》…を打ち負かす; の始末をつける ▪ You must *do up* your competitor. 君は競争相手を負かさなければならない ▪ These Dagoes will *do* you *up*. このラテン野郎たちは君を片づけるだろう.

— 自 **11**ボタンで留まる; …にボタンをかける ▪ Will you *do up* my dress at the back? 私のドレスの後ろのボタンをかけてくださいませんか ▪ My skirt *does up* at the back. 私のスカートは後ろ留めです.

do a person well 他 人をよくもてなす ▪ They *do* you very *well* here. ここの人々は非常にもてなしがよい.

do well for 他 《口》…をたくさん持っている[貰う] ▪ We *did well for* coal during the miners' strike. 坑夫ストの間も我々は石炭をたくさん持っていた.

do with 他 **1**…を処置する, どうにかする; を扱う ▪ I can *do* nothing *with* this naughty boy. この腕白な少年は手に負えない ▪ What have you *done with* your watch? 君は時計をどうしましたか.

2[主に can, could を伴って] …ですませる, 何とかやっ

ていく; 満足する ▪ *Can* you *do with* cold meat for dinner? 正餐を冷肉ですませますか ▪ You *must do with* what you've got. あなたは今持っているもので満足しなければならない.

3 (口) [[can, could を伴って]] …があっても悪くない; 必要である ▪ I *could do with* a good night's rest. 一夜ぐっすり寝るのも悪くない ▪ He *could do with* a shave and hair cut. 彼はひげそりと散髪をする必要がある.

4 (口) …をどうにかがまんする ▪ I can't *do with* him and his insolent ways. 彼とその生意気な態度にはがまんができない.

5 (良いもの)を持っている ▪ Can you *do with* a five-pound note? 5ポンド紙幣を持っていますか ▪ He *does with* very few books. 彼の本はほんの少ししかない.

do without 他 **1** [[主に can を伴って]] …なしですます ▪ I *can do without* this book till Monday. 月曜までこの本はなくてもよい ▪ He *can be done without* very well. 彼がいなくても十分間に合う.

2 (口) [[can を伴って]] …がきらいである, はいらない, ない方がよい ▪ I *can do without* him. 私は彼がきらいです ▪ We *could* have *done without* missing the train. 我々は列車に乗り遅れたくなかったなあ.

dob /dɑb/ ***dob in*** 他 《英豪》…を(当局)に密告する ▪ Who was it who *dobbed* me *in* to the teacher? 僕のことを先生に告げ口したのは誰だろうか.

dock /dɑk|dɔk/ ***dock A for B*** 他 BのためにA(人)から金を差し引く ▪ I *was docked for* being absent for a day. 1日欠勤した分を私は給料から差し引かれた.

dock A from B 他 BからA(金)を差し引く ▪ The boss *docked* ten dollars *from* my monthly pay. 社長は僕の月給から10ドル天引きした.

dock off 他 (俸給から)…を天引きする ▪ I have tax *docked off* at 20p in the £. 私は1ポンドにつき20ペンスの税金を天引きされた.

doctor /dɑ́ktər|dɔ́k-/ ***doctor up*** 他 **1** …を人為的に加える, いじくる, まぜる ▪ My food *is doctored up* with a fancy seasoning. 私の食べ物には特選調味料が混ぜてある.

2 …の表面を繕う ▪ You must *doctor up* your plans. 計画のうわべを繕わなければならない.

3 (応急手当で)…を治療する ▪ I *doctored up* Bill with a bandage. ビルに包帯で応急手当をした.

dodder /dɑ́dər|dɔ́də/ ***dodder along*** 自 (老齢などのために)よろよろ歩く ▪ An elderly lady *doddered along* very slowly. 初老の婦人がとてもゆっくりとよたよた歩いて行った.

dodge /dɑdʒ|dɔdʒ/ ***dodge about*** 自 ひらひらりと体をかわす ▪ He was walking along the street *dodging about*. 彼はあちらこちらと体をかわしながら通りを歩いていた.

dodge behind 自 …の後ろに急いで隠れる, の後ろをあちこち逃げ回る ▪ *Dodge behind* that wall. あの塀の後ろに早く隠れなさい.

dodge round 自 …の回りをあちこち逃げ回る ▪ A skilful runner can escape an elephant by *dodging round* the trees. 巧みに走れる者なら木の回りをあちこち身をかわしてゾウから逃げることができる.

dodge round about 自 …の回りを動き回る ▪ The gnats are *dodging round about* us. ブヨが我々の回りを飛び回っている.

dog /dɔːg/ ***dog at*** 他 …を苦しめる ▪ He is *dogging at* you. 彼はお前を苦しめている.

dog out 他 **1** …をすっかり追い払う ▪ I'll *dog out* the rats. ネズミをすっかり追い払ってやる.

2 …をねばって得る ▪ He *dogs* it *out* of his tenants. 彼はそれを借家人から取り立てる.

dogmatize /dɔ́ːgmətàɪz/ ***dogmatize away*** 他 独断説を主張して…を失う[捨てる] ▪ He *dogmatizes away* the interest of the human race. 彼は独断説を主張して, 人類の関心を失っている.

dole /dool/ ***dole out*** 他 **1** …を分け与える ▪ Since the food supply was running low, the ship's captain *doled out* the rations. 食糧が不足してきたので, 船長は食糧を分け与えた.

2 (施し)をする ▪ They *doled out* the funds of the charity. 彼らは慈善基金を施した.

dolly /dɑ́li/ ***dolly in*** 自 《米》ドリーでカメラ[撮影機]を被写体に近づける ▪ I want a picture of her face. *Dolly in*. 彼女の顔を写したい. カメラを(ドリーで)彼女に近づけてくれ. ☞ dolly「移動式撮影機台」.

dolly out 自 《米》ドリーでカメラ[撮影機]を被写体から遠ざける ▪ *Dolly out* so that we get a view of the whole house. 家全体を写すためカメラを(ドリーで)遠ざけてくれ.

dominate /dɑ́mənèɪt|dɔ́m-/ ***dominate over*** 他 **1** …を支配する, 威圧する; にいばり散らす ▪ The United States *dominates over* other nations. アメリカ合衆国は他国を威圧している.

— 自 **2** …にそびえる, を見晴らす ▪ It *dominates over* the town. それは町を見晴らしている.

domineer /dɑ̀məníər|dɔ̀m-/ ***domineer over*** 他 **1** …に対していばり散らす ▪ Big boys sometimes *domineer over* their younger brothers. 大きい少年たちは弟たちにいばり散らすことがある.

— 自 **2** …の上に高くそびえる ▪ The mountain *domineers over* a vast extent of country. その山は広々とした地域に高くそびえている.

dope /doop/ ***dope off*** 自 **1** うつらうつらする, 寝る ▪ I'll start to *dope off* in there. おれはあそこでうとうとしよう.

2 (口) 《軍》義務を忘る, サボる ▪ Are you trying to tell me my son is *doping off*? 私のせがれはサボっていると言おうとしているのかい.

dope out 他 (口) **1** …に薬物を与える (*on*, *with*) (= DOPE up 1) ▪ Several runners have *been doped out*. 数頭の競走馬に興奮剤が与えられていた.

2 …に完全に麻酔を効かせる (*on*, *with*) (= DOPE up 2) ▪ The patient has *been doped out on* drugs. その患者は麻酔剤が完全に効いていた.

3 …を理解する ▪ Nobody could *dope out* what he meant. 彼がどういう意味で言ったのか誰にもさっぱり

わからなかった.
4 ...を発見する ▪He *doped out* how it could be solved. 彼はそれの解き方を見つけ出した.
5 ...を推測する, (資料から)推定する, 知る ▪Anyone could *dope out* from this that there is a back-door deal. 誰でもこの事柄から内密の取引が行われていることは推測できるだろう.
6 (問題など)を解く ▪Scientists will spend fifty years trying to *dope out* what it means. 科学者たちはそれが何を意味するかを解き明かすのに50年かかる.
7 ...を考え出す, の計画を立てる ▪We *doped out* a full year's scheme. まる1年の計画を立てた.
8 ...をつかむ ▪He has *doped out* a ten dollar bill. 彼は10ドル札を手に入れた.

dope up 他 **1** ...に薬物を与える (*on, with*) ▪My father, *doped up* on painkillers, sleeps all afternoon. 父は痛み止めを打たれて午後ずっと眠ったままである. ▪Then, they *doped* me *up with* a sleep inducer. それから彼らは私に睡眠導入剤を投与した ▪The coach *doped* me *up* before the race. コーチは競技の前に私に薬物を与えた.
2 ...に完全に麻酔を効かせる ▪*Is* your patient already *doped up*? 患者はもうすっかり麻酔が効いているか ▪The doctor *doped* me *up*. 医者は私にすっかり麻酔をかけた.

dork /dɔːrk/ ***dork off*** 自 《俗》ぐずぐずする ▪Stop *dorking off* and get busy. ぐずぐずせずに, さっさとやれ.

dose /doʊs/ ***dose out*** 他 《薬》を飲ます ▪He *dosed out* aspirin to the woman. 彼はその女性にアスピリンを飲ませてやった.

dose up 他 **1** [しばしば受身で] たくさんの薬を飲ませる (*with*) ▪I've *been dosed up* by the doctor. 私は医者にたくさんの薬を飲まされた ▪The patient *was dosed up with* a sedative. 患者は鎮静剤を投薬された.
2 《米俗》[受身で] 性病にかかる ▪He got *dosed up* after going with a hooker. 彼は売春婦との関わりで性病にかかった.

dose a person with 他 人に...を飲ませる ▪The doctor *dosed* the sick man *with* quinine. 医者は病人にキニーネを飲ませた.

doss /dɑs|dɔs/ ***doss around [about]*** 自 《英口》のんびり過ごす ▪I spent the night *dossing around* the room. 夜は部屋でのんびり過ごした.

doss down 自 《英口》横になる ▪Where are you going to *doss down* tonight? 今夜はどこに寝場所を見つけますか.

dot /dɑt|dɔt/ ***dot down*** ...をちょっと書き留める ▪She has been so good as to *dot down* what I said. 彼女は親切にも私の言ったことを書き留めてくれた.

dot in 他 ...を点で埋める ▪The picture *was dotted in*. その絵は点描技法でかかれていた.

dot off 他 **1** ...を指折りで数える ▪She *dotted* them *off* on her slender fingers. 彼女は細い指で折ってそれらを数えた.

— 自 **2** 足をひきずって去る ▪The little brute *dotted off*. 小さい獣は足をひきずりながら逃げていった.

dot A on [over] B 他 BにAを点在させる ▪She *dotted* the suncream *on* her face. 彼女は日焼け止めクリームを顔に点々と塗った.

dot A with B 他 BをAに点在させる ▪She *dotted* the top of the pie *with* butter. 彼女はパイ生地にバターを散らしてのせた.

dote /doʊt/ ***dote on [upon]*** 他 ...を溺愛する ▪Guy absolutely *dotes on* his children. ガイは全くの子ぼんのうだ.

double /dʌ́bəl/ ***double as*** (通例俳優[女優]が)...の役をも兼ねる ▪She agreed to *double as* the mother. 彼女は母親の役をも兼ねることを承諾した.

double back 他 **1** (物)を折り返す ▪Please *double* the top edge of the sheet *back* over the blankets. シートの上縁(談)を毛布にかぶせて折り返してください.

— 自 **2** 来た道を折り返す, (追跡されて)急に身をかわして逆走する ▪The fox *doubled back* and escaped the hounds. キツネは素早く逆走して猟犬を逃れた.

double back on 他 **1** (言ったこと)を取り消す ▪He *doubled back on* his statement. 彼は自分の陳述を取り消した.

— 自 **2** (道・列を)折り返す ▪He *doubled back on* his tracks. 彼は道を折り返した.

double down 自 (ブラックジャックでカードが2枚配られた後に)はじめの賭けの2倍の金額を賭ける ▪I *doubled down* because the dealer dealt me a good hand. ディーラーがいいカードを配ってくれたので, はじめの倍は賭けた.

double for 他 ...の代用[役]をする ▪He *doubled for* the hero in the fencing match. 彼はフェンシングの試合で主人公の代役をした.

double in 他 ...を(内側に)折り込む ▪*Double* it *in* well. それをうまく内側に折り込みなさい.

double over 他 **1** = DOUBLE up 8.
2 ...を折り重ねる ▪He *doubled over* the leaf. 彼は本のページを折り返した.

double up 他 **1** ...を打って体を曲げる; をやっつける ▪He *doubled up* an opponent. 彼は相手を打って体をへし曲げた.
2 (銃撃などが)...を縮みあがらせる ▪He *was doubled up* by the firing. 彼は砲撃で縮みあがった.
3 (努力・スピード)を倍加する ▪They *doubled up* their effort to improve it. 彼らはその改善への努力を倍加した.
4 《野球》ダブルプレーで(走者)をアウトにする ▪He *was doubled up* at first. 彼は一塁で併殺された.
5 ...で負けた賭けの2倍の金額を賭ける ▪Jack *doubled up* the cards. ジャックはトランプで負けた額の2倍を賭けた.
6 《海》綱の結んだ輪を繰り出すことにより船のつなぎ綱を伸ばす ▪They *doubled* the boat *up* for its safety. 彼らは船の安全のためつなぎ綱を伸ばした.

— 自他 **7** 二つに折りたためる; 二つ折りに折(り曲げ)る

・He *doubled up* his legs and kicked out. 彼は両足を折り曲げてけり出した《水泳において》 ・This carpet won't *double up* neatly. この敷物はきちんとたためない.

8(苦痛・笑いなどで)体を折り重なるほど曲げる; (人が)体を折り曲げる ・The stone caught him in the stomach and *doubled* him *up* with pain. 石が腹に当たり, 彼は苦痛のため体を折り曲げた ・He *doubled up* when Jane came in in funny clothes. ジェインがおかしな服で入ってきたとき彼は笑いころげた.

―圓 **9** 1軒の家に2家族が住む, 二人で同室する; 二人一組になって(物を)分け合う (*on*) ・Many couples had to *double up* in one tiny apartment. 多くの夫婦が一つの小さい部屋に同居しなければならなかった. ・We must *double up* on corned beef. 我々はコンビーフを二人ずつで分け合わなければならない.

10(軍)急で; 走る ・Come on! *Double up*! さあさあ, 急げ.

double up on 圓 ...の役も兼ねる ・The singer *doubled up on* keyboards. その歌手はキーボードの役も兼ねていた.

double (*up*) ***with*** 他 《口》...といっしょにする, 同室にする ・The captain *was doubled up with* me. 船長は私と同室にされた.

double upon 圓 **1**もと来た方へ逆行する ・He *doubled upon* his steps. 彼は折り返してもと来た方へ行った ・They *doubled upon* the enemy. 急転回して敵に向かった.

―圓 **2**(海)敵艦隊の向こう側に回って挟撃する ・Nelson *doubled upon* the hostile fleet at the Nile. ネルソンはナイル川で敵艦隊の向こう側に回って挟撃した.

double *A* ***with*** *B* 他 (俳優が)A役とB役を兼ねる ・In the play she *doubled* the dancer *with* the mother. その劇で彼女はダンサーと母親の役を兼ねた.

doubt /daʊt/ ***doubt of*** 他 ...を疑う, はっきなく思う《未来に関するときはこの形を用いる》 ・I *doubt of* his ability. 彼の手腕を疑う ・I don't *doubt of* your passing. 君の合格は少しも疑わない.

douse /daʊs/ ***douse*** *A* ***with*** *B* 他 AにB(水など)をぶっかける ・She *doused* her brother *with* a bucket of cold water in anger. 彼女はカッとなって弟にバケツの冷水をあびせた.

dovetail /dʌ́vtèɪl/ ***dovetail into*** [***with***] 圓 他 **1**(通例, 木製品について部分が)他の部分にぴったりはまる; (部分を)他の部分にぴったりはめる ・The blade *dovetailed into* the handle. 刀身が柄にぴったりはまった.

―圓 **2**...とぴったり合う[調和する] ・The suggestion doesn't quite *dovetail into* the plan. その提案はどうもその計画に合わない ・The strategy *dovetailed* nicely *with* consumer trends. その作戦は消費者動向にぴったりと合った.

down /daʊn/ ***down on*** [***upon***] 他 ...に(高所から)襲いかかる ・He *downed upon* her at the second interview. 彼は2回目の会見で彼女に食ってかかった.

down with ...をやめる, 廃止する ・Let's *down with* swearing. ののしることばはやめよう ・We must *down with* the House of Lords. 我々は上院を廃止しなければならない.

doze /doʊz/ ***doze away*** 他 (時など)をうとうと過ごす ・He *dozed away* his time in his youth. 彼は若い時分にぼんやりと過ごした.

doze off [***over***] 圓 うとうとする, まどろむ ・The guard *dozed over*. 守衛はついうとうとした ・The child *dozed off* while I was reading to him. 子供は私が本を読んでやっている間にまどろんだ.

draft, 《主に英》**draught** /dræft|drɑːft/ ***draft a person in*** [***into***] 〖受身で〗人を選抜派遣する[投入する] ・John *was drafted into* the National Police Agency. ジョンは警察庁に選抜派遣された.

draft out [***up***] 他 (演説・論文など)の草案を作る ・Who *drafted out* his speech? 誰が彼の演説の草案を作ったのか.

drag /dræg/ ***drag about*** 圓 疲れて足を引きずるようにして歩く ・He could only just *drag about*. 彼は足を引きずって歩くのがやっとだった.

drag at 他 (タバコを)深く吸う ・Churchill kept *dragging at* his pipe. チャーチルはパイプを深々と吸い続けた.

drag away 他 ...を引きずっていく; (木など)を引き抜く ・A mountain lion may have *dragged away* the calf. クーガーがその子牛を引きずっていったのかもしれない.

drag...away (***from***) 他 《口》...を(...から)むりやり引っ張りだす[むりやりやめさせる]; を引き離す ・I couldn't *drag* her *away from* the party. 彼女をそのパーティーからむりやり引っ張りだせなかった ・I will join you for a drink if I can *drag* myself *away from* work. むりやり仕事から手を引けたら, 君といっしょに1杯やるよ.

drag behind 圓 **1**落後する ・The child *dragged behind* the party. 子供は一行から落後した.

2標準より劣る ・Your work is *dragging behind* the general standard. 君の仕事は一般標準より劣ってきている.

drag by 圓 (時が)だらだら過ぎる ・His day *dragged by* as usual. 彼の1日はいつものようにだらだら過ぎていった.

drag down 他 **1**...を引き倒す; を低下[堕落]させる ・Bad companions will *drag* us *down*. 悪友は我々を堕落させる.

2(病気などが)...を弱らせる ・The fever *dragged* him *down*. 熱が彼を弱らせた.

drag *A* ***for*** *B* 他 **1**Aに網などを引いてBを捜す ・They *dragged* the sea *for* bodies. 彼らは海に網を引いて死体を捜した.

2Bを見つけるためAを捜す ・The whole country *was dragged for* the culprit. 犯人を見つけるため全国で捜索された.

drag *A* ***from*** [***out of***] *B* 他 BからAをやっと引き

出す ▪ The police *dragged* the truth *out of* him. 警察は真相を彼からやっと引き出した.

drag in [into] 他《口》**1** …を引き寄せる ▪ The fisherman *dragged in* the net. 漁夫は網を引き寄せた.

2 …を(無理に)引きずり込む ▪ The children are playing outdoors; *drag* them *in*. 子供たちは戸外で遊んでいる. むりやりに家へ連れ戻しなさい.

3 (余計なこと)を話の中に持ち込む ▪ Why *drag in* your father's opinion? なぜ君のお父さんの意見を持ち込むのか. ☞「むりやりに」の意味を強調するために "by the head and shoulders" をつけ加えることがある.

— 自 **4**《口》到着する.

drag *A* ***into*** *B* 他《口》**1** AをBに(無理に)引きずり込む ▪ The farmer *dragged* the unwilling cow *into* the shed. 農夫はいやがる牛を小屋に引きずり入れた.

2 A(余計なこと)をB(話の中)に持ちこむ ▪ He *drags* politics *into* every conversation. 彼はいつも会話に政治を持ち込む.

3 Aを B(計画・行動など)にむりやりに引き入れる ▪ He *dragged* me *into* his plans. 彼は私をむりやりに彼の計画に引き入れた.

drag off 他 …をむりやりに引っぱって行く (*to*) ▪ He *dragged* her *off* to the party. 彼は彼女をむりやりにパーティーに連れて行った.

drag on 他 **1** …を(退屈なほど)だらだら続ける ▪ He *dragged on* a wretched existence. 彼はあわれにだらだらと生き延びてきた.

2 = DRAG at.

— 自 **3** だらだらと続く ▪ The concert *dragged on* for three hours. 音楽会は3時間もだらだら続いた.

drag out 他 **1** …を引きずり出す ▪ Sophie *dragged out* her sewing machine. ソフィーは自分のミシンを引きずり出した.

2 (情報など)を無理して引き出す ▪ The police *dragged* the truth *out* of the prisoner. 警察は囚人からやっと真相を聞き出した.

3 …を長引かせる; …を引き延ばす ▪ The author *dragged* the story *out*. 著者は話をだらだらと引き延ばした ▪ He *dragged out* a miserable existence. 彼は長々と生き恥をさらした.

— 自 **4** 長引く ▪ The meeting *dragged out* all day. 会議は一日中だらだらと続いた.

drag up 他 **1** …を引き抜く ▪ The elephant *dragged up* trees by the roots. そのゾウは木々を根こそぎ引き抜いた.

2 (いすなど)を引き寄せる ▪ All I had done was *drag up* a chair and sit down. 私はただいすを引き寄せて座っただけだった.

3 いらぬ話題を持ち出す (= DRAG in 3) ▪ Why *drag up* my father's suicide? なぜ必要もないのに私の父の自殺の話なんか持ち出すのか.

4《口》(子供)を手荒に[ぞんざいに]育てる ▪ Poor people do not bring up their children; they *drag* them *up*. 貧しい人々は子供を育てるのでなく, 手荒に大きくするのである.

— 自 **5**《口》異性の服装をする[させる] ▪ He's interested in *dragging up*. 彼は女装に関心がある.

drag *a person* ***up*** 他 人を寝床から引きずり起こす ▪ Mother *drags* me *up* at six every morning. お袋は毎朝6時に僕を寝床から引きずり起こすんだ.

dragoon /drəgúːn/ ***dragoon*** *a person* ***into*** 他 人に苛烈な手段で強制的に…させる ▪ He *dragooned* men *into* wisdom. 彼は強圧的手段で人々に知恵をつけさせた.

drain /dreɪn/ ***drain away*** **1** 徐々に衰え, (水が)はける, 切れる ▪ His life is *draining away* after a long illness. 彼の生命は長い病気の後徐々に衰えている ▪ The water *drained away*. その水はけた.

— 他 **2** (水)をはかせる ▪ You should dig trenches to *drain away* the water. 水をはかせるために堀を掘るべきである.

— 自 **3** 流出する[させる] ▪ Some of the greatest scientists in France *drained away* to the United States. フランス最高の科学者数人がアメリカに流出した.

4 尽きる; …を使いはたす ▪ The rise in prices has *drained* our profit *away*. 物価の高騰が我々の収益を食ってしまった.

drain *A* ***from*** *B* 他 BからAを枯渇させる ▪ The very will to survive *was drained from* him. 生き残ろうとする意志さえ彼にはなくなった.

drain into 自 (水が)…へ流れ込む ▪ This plain *drains into* the lake. この平野の水はその湖に流れ込む.

drain *A* ***of*** *B* 他 AのBを枯渇させる ▪ The misfortune *drained* him *of* his wealth. その不幸は彼の富を枯渇させた ▪ The day's events completely *drained* me *of* all strength. その日に諸々の出来事が起こったため私の体力をとことん尽きた.

drain off 他 **1** …を少しずつ流出させてしまう ▪ Small trenches are cut through the field to *drain off* the rain. 雨水を流してしまう小さなみぞが畑に掘ってある.

2 …を枯渇させる ▪ High rents on the ground *drained off* profits. 高い地代を払わなければならなかったので利益が出なかった.

— 自 **3** (水が)はける, 流れ出てしまう ▪ The water *drains off* in time. 水はやがてはけていく.

drain out 自他 **1** 流出する[させる] ▪ The water *drained out*. 水は流出した ▪ With drainage holes in the lid, the water *is drained out* easily. 水はけ穴がふたに開いているので水切りは容易です.

— 自 **2** なくなる, 尽きる ▪ All his strength *drained out*. 彼の力はすっかりなくなった.

drape /dreɪp/ ***drape*** *A* ***over*** *B* 他 A(布など)をBの上に掛ける[飾る] ▪ The Stars and Stripes *was draped over* the bier. アメリカ国旗が柩(ひつぎ)の上に掛けてあった.

drape *A* ***with*** *B* 他 AにBを掛ける[飾る] ▪ The bier *was draped with* the national flag. 柩には

draw /drɔː/ ***draw*** [***go, come***] ***aback*** 自 退却する ▪ All *went aback* from that time. そのときから全員退却した.

draw *a thing* ***after*** …をあとに引く[もたらす] ▪ The event will *draw* serious consequences *after* it. その事件はあとで重大な結果をもたらすだろう.

draw against 他 (商)(貸し金などの)決済として手形を振り出す ▪ We *drew against* the merchandise shipped. 当社は積み送られた商品の決済として手形を振り出しました.

draw ahead (*of*) 他 (…より)先へ進む ▪ We have *drawn ahead of* European competitors in this field. 我々はこの分野ではヨーロッパの競争相手より進んでいる.

draw alongside 自 横に来る ▪ A patrol car *drew alongside* and signalled for him to stop. パトロールカーが横に来て彼に止まれと合図した.

draw apart (*from*) 自 **1** (…から)離れる ▪ A small group *drew apart from* the others and moved off. 少数のグループが他の者たちと分かれてその場を去った.

2 (…から)分かれる ▪ They are *drawing apart* in their political views. 彼らは政見において(他から)離れつつある.

draw around [***round***] 他 **1** …を取り囲む, の回りに集まる ▪ The police *drew around* the premises. 警察は構内を取り囲んだ.

— 自 **2** 車座になる ▪ Well, *draw round* and I'll tell you the story. さあ車座になりなさい, そうすればそのお話をしてあげます.

draw…***aside*** 他 …をわきへ寄せる, わきへ連れていく ▪ He *drew* the curtain *aside*. 彼はカーテンをわきへ引き寄せた ▪ He *drew* her *aside* and whispered something into her ear. 彼は彼女をわきへ連れていって何か耳うちした.

draw away (*from*) 他 **1** (人など)を(…から)そらして自分の方へ引きつける; (…から)…を引っこめる ▪ The speech *drew away* the audience *from* the play. その演説は聴衆を芝居からこちらへ引き寄せた ▪ He *drew* his hand *away from* her touch. 彼は彼女に触れられていた手を引っこめた.

— 自 **2** (競走などで)引き離す ▪ The express train *drew away from* the luggage train. 急行列車は貨物列車を引き離した.

3 (…から)退く ▪ He *drew away from* the first line of reporting. 彼は報道の第一線から退いた.

draw back 他 **1** (幕)を引いて開ける ▪ We *drew back* the curtains. 我々はカーテンを開け放った.

2 (再輸出などによって関税など)を回収する ▪ The whole of the duty *was* frequently *drawn back* upon the exportation of domestic manufactures. 関税の全部がしばしば国内製品の輸出に際して回収された.

— 自 **3** 退く, たじろぐ ▪ We *drew back* slowly. 我々はゆっくりと退却した ▪ At the sight of the blood she *drew back* in horror. 血を見て彼女はぎょっとしてあとへ下がった.

4 (活動などから)手を引く(*from*) ▪ At the last moment he *drew back*. 土壇場で彼は手を引いた ▪ More recently the company *drew back from* the idea. 最近になって会社はその考えをやめた.

draw by 他 **1** …をわきへ引く ▪ She *drew* the curtain *by*. 彼女はカーテンをわきへ引き寄せた.

— 自 **2** 過ぎていく, 終わりに近づく ▪ The day *draws by*. 日が暮れる.

draw down 他 **1** (幕など)を引きおろす ▪ He *drew down* a blind over the window. 彼は窓にすだれをおろした.

2 (金・蓄えなど)を使う[消耗する] ▪ The company *drew down* its cash reserves to solve the problem. 会社はその問題の解決のため現金の蓄えを使った.

3 (福・罰など)を招く, 降らす ▪ It will *draw down* blessings upon us. それは我々の上に恵みをもたらしてくれるだろう ▪ His remarks *drew down* a storm of protest. 彼の言葉は激しい抗議のあらしを招いた.

4 …を煮つめる ▪ *Draw* them *down* to a brown color. それらを飴(あめ)色になるまで煮つめなさい.

5 [受身で] (金)を顧客の口座に転送する ▪ The funds *were drawn down* within 24 hours. 資金は24時間以内に客の口座に振り込まれた.

draw for 自 (順番・するべきことなどを)くじ引きで決める ▪ We *drew for* who would do it. 私たちは誰がそれをやるかくじ引きで決めた.

draw forth 他 …を引き出す ▪ A May morning would *draw* him *forth* into the sun. 5月の朝は彼を日なたへ引っぱり出すのであった ▪ His bravery *drew forth* the applause of all. 彼の勇敢な行為はみなの喝采を博した.

draw A from B **1** BからAを描く ▪ The artist immediately went home and *drew* the scene *from* memory. 画家はすぐ家に帰り, 記憶をもとにその場面を描いた.

2 BからAを取り出す, 汲み出す, 引き出す ▪ He *drew* some money *from* the bank. 彼は銀行から金を引き出した ▪ I *drew* a bucket of water *from* the well. 私は井戸からバケツ1杯の水を汲み出した ▪ The novelist *drew* inspiration for his novel *from* the accident. 小説家はその事件から彼の小説へのインスピレーションを得た.

3 B(人)からAを聞き出す ▪ The police *drew* the truth *from* the prisoner. 警察は囚人から真相を聞き出した.

4 BからAを選び出す[集める] ▪ Members of Parliament *are drawn from* all classes of society. 国会議員は社会のあらゆる階層から選び出される.

5 BからAを推測する ▪ What do you *draw from* his silence? 彼の沈黙から何を推測するか.

draw in 自 他 **1** (費用を)切りつめる ▪ You should *draw in* your expenditure. 君は経費を節約すべきである ▪ We must *draw in* a bit. 少し切りつめねばならない.

— 他 **2** …を吸いこむ ▪ I opened my mouth to *draw in* my breath. 私は息を吸いこむために口をあけ

3 (手綱など)を引き締める ▪ He *drew in* his reins. 彼は手綱を引き締めた.

4 …を引っこめる ▪ It is amusing to see the cat *draw in* her paws. 猫が手を引っこめるのを見るのはおもしろい.

5 …を回収する, 引きこむ ▪ He is *drawing in* the loans. 彼は貸し金を回収している ▪ The fisherman *drew* his net *in*. 漁師は網を引き上げた.

6 …をちぢめる, すぼめる ▪ The gown *was drawn in* under the arms. その上着はわきの下の所がちぢめられた.

7 …を引[おびき]入れる ▪ His advertisement *drew in* a large attendance. 彼の広告に引かれて多数の人が出席した ▪ He *was drawn in* to buy. 彼は釣りこまれて買わされた.

8 (人)をだます ▪ He *drew in* his master. 彼は主人をだました.

9 …を描き入れる ▪ *Draw in* the outline of your picture. 絵の輪郭を描き入れなさい.

— 圓 **10** 《英》(日などが)短くなる ▪ After September the days *draw in* very quickly. 9月以後は日がどんどん短くなる.

11 (列車が)駅に到着する ▪ The train *drew in* at the station. 列車が駅に到着した.

12 確答を避ける, うやむやにする ▪ When I argued with him, he began to *draw in*. 彼と議論すると, 彼は言葉を濁し始めた.

13 [しばしば進行形で](日などが)暮れる, 終わる; 暗くなる ▪ The short winter day *was drawing in*. 短い冬の日が暮れかけていた ▪ The evening *was drawing in*. だんだん暗くなっていた.

14 道のわきへ寄る, 止まる ▪ The car *drew in* to allow the Rolls-Royce to pass. 自動車はロールスロイスを通すためわきへ寄った.

draw into 他 **1** …へ引きこむ, 巻きこむ ▪ The lawyer *was drawn into* the case. 弁護士はその件に引きこまれた.

2 (タバコを)(肺に)吸い込む ▪ She *drew* the smoke deep *into* her lungs. 彼女はタバコの煙を肺に深く吸い込んだ.

— 圓 **3** (列車が)駅に到着する[入る] ▪ The train *was drawing into* the station. 列車が駅に入るところだった.

draw a person into 他 人を釣りこんで…させる ▪ I *drew* him *into* talk [making the promise]. 彼を釣りこんで話[その約束]をさせた.

draw off 他 **1** (液体)を流出させる, 引き出す, はかせる ▪ We must *draw off* the water from the tank. タンクから水を流し出さなければならない ▪ He *drew off* a jug of beer from the cask. 彼はたるからジョッキ1杯のビールをくんだ ▪ They made ditches in the fields to *draw off* the water. 彼らは水をはかせるために畑に溝を掘った.

2 …を転じる, まぎらす ▪ He *drew off* his mind from the painful subject. 彼はその苦しい問題から心を転じた ▪ A flanking attack was made to *draw off* the enemy's fire. 敵の砲撃をそらすため側面攻撃を行った.

3 …を脱ぎ去る ▪ The man *drew off* his wet coat. その人はぬれた上着を脱いだ.

4 …を撤退させる, 引きあげさせる ▪ The captain *drew off* his men. 隊長は部下の兵を引きあげた.

5 (印刷して)…を出す ▪ He *drew off* a thousand copies in this impression. 彼はこの刷りで1,000部出した.

6 (蒸留して)…を抽出する ▪ They were *drawing off* home brew. 彼らは密造酒を蒸留して抽出していた.

7 …を選抜する ▪ They *drew off* a draft of soldiers. 彼らは特派隊を選抜した.

— 圓 **8** 引きあげる, 引き取る, 去る ▪ As the police approached, the crowd *drew off*. 警察が近づいて来ると群衆は引きあげた.

9 (水などが)流出する, はける ▪ The water *drew off* too fast. その水はあまりに早くはけすぎた.

10 《俗》勢いをつけるため身を後ろへ引く ▪ He *drew off* and delivered a blow on the ear. 彼ははずみをつけるため身を引いてから横っらに一撃を与えた. ▷ ボクシングから.

11 《俗》(男が)小便する ▪ He's always *drawing off* at the corner. 彼は町かどでしょっちゅう立ち小便をしている.

draw on 他 **1** …を着る, はめる ▪ He *drew on* his trousers. 彼はズボンをはいた.

2 (競走・競漕で)…にどんどん迫る[追いつく] ▪ The boat's crew were *drawing on* them. そのボートクルーは彼らにどんどん追いついていた.

3 …から(金)を引き出す ▪ He kept *drawing on* his bank account. 彼は銀行当座預金から金を引き出してばかりいた.

4 …の結果を招く, もたらす ▪ He has *drawn on* these evils. 彼はこの災害を招いた ▪ This *drew on* the war. これが戦争を招いた.

5 …に頼る, よって得る ▪ We mustn't *draw on* our capital. 資本に手をつけてはならない ▪ We must *draw on* our resources. 財源によって資を得なければならない; 知恵をしぼらなければならない.

6 …を利用する ▪ Most writers *draw on* the classics. たいていの作家は古典を利用する.

7 タバコを(肺まで)吸い込む ▪ He struck a match and started to *draw on* his pipe [cigarette]. 彼はマッチをすってパイプ[タバコ]をふかし始めた.

— 圓 **8** (…に)近づく ▪ It grew colder as night *drew on*. 夜が近づくにつれて寒くなった ▪ The boat *drew on* the ship. ボートは船に近づいた.

draw a person on 他 **1**《口》人を引っぱっていく ▪ He was shy, but his wife *drew* him *on*. 彼ははにかんでいたが, 妻が彼をどんどん引っぱっていった.

2 人をついていかせる ▪ His promises *drew* me *on*. 彼のかずかずの約束に私は釣られていった.

3 人を引きつけて[おびき寄せて]…させる (*to do*) ▪ He was *drawing* them *on to* speak of antiquity. 彼は彼らをうまく説いて古代の話をさせようとしていた.

***draw** A **on** B* 他 A(不幸・幸)をB(人)にもたらす ▪ Rage *drew* the vengeance of heaven *on* him. 激怒したため，彼は天罰を招いた ▪ He was *drawing* his own ruin *on* himself. 彼は自分の破滅を招いていた．

***draw on [upon]** A **for** B* 他 **1** BをAから得る ▪ Dickens *drew on* his own observation *for* most of his material. ディケンズは題材の大部分を自分自身の観察から取った．

2 A(人)に対してB(金額の手形)を振り出す ▪ You may *draw upon* me *for* your money. あなたは必要な金額の手形を私に対して振り出してよろしい．

3 A(人)にB(金額)を出させる[要求する]，A(人)の名義でB(金)を引き出す ▪ You may *draw on* me *for* £500. 500ポンドなら出せます ▪ I have taken the liberty to *draw upon* you *for* £1,000. 失礼ながら，あなたの名義で1,000ポンド引き出しました．

draw out 他 **1** …を引っぱり出す，抜き取る ▪ Kill your pig and *draw out* the entrails. ブタをつぶして内臓を取り出しなさい ▪ He *drew out* a handkerchief from his pocket. 彼はポケットからハンカチを取り出した．

2 (金)を引き出す ▪ He *drew out* £1,000 at the bank. 彼は銀行から1,000ポンド引き出した．

3 (話など)にしゃべらせる，聞き出す (*from*) ▪ The lawyer *drew out* the facts *from* the witness. 弁護士は証人から事実を聞き出した．

4 …を長引かせる ▪ He *drew out* his sermon till the congregation slept. 彼は説教を長々とやったので会衆は眠ってしまった ▪ The game *was drawn out*. 試合は長引いた．

5 (誘いをかけて人)にものを言わせる，思うように行動させる，最もすぐれた点を発揮させる ▪ We succeeded in *drawing* him *out* about his home. 我々は彼に家のことを話させることに成功した ▪ Please *draw* her *out*. どうぞ彼女に長所を発揮させてください．

6 …を引き伸ばす ▪ The child *drew out* the piece of elastic. 子供はゴムひもを引き伸ばした ▪ She *drew out* her voice over half a minute. 彼女は声を30秒以上長く引き延ばした ▪ He *drew out* the subject into three volumes. 彼はその主題を引き伸ばして3巻の本にした．

7 …を選び出す ▪ The player *drew out* a card and won the game. そのトランプ競技者は1枚の札を選び出し，そのゲームに勝った．

8 …を抽出する ▪ We shall be able to *draw out* their essential oils. 我々はその精油を抽出することができるだろう．

9 (文書)を作成[起草]する，(案)を立てる ▪ Bring me the bill of fare. I believe it *is drawn out*. 献立表を持って来てください．それは書いてあると思いますから ▪ Will you *draw out* a scheme? 計画を立ててくれませんか．

10 《軍》…を陣営から繰り出す，呼び出す; (部隊)を分遣(ぶんけん)する; (戦列)を敷く，を整列させる ▪ Next morning he *drew out* his men to attack the enemy. 翌朝彼は兵を繰り出して敵を攻撃した ▪ A platoon *was drawn out* to guard the right flank. 一個小隊が右翼防備のために分遣された ▪ Thirty thousand men *were drawn out*. 3万の兵が整列していた．

—自 **11** (日が)長くなる ▪ The days are *drawing out*. 日が長くなりつつある．

12 出て行く (*of*) ▪ The train *drew out of* the station promptly. 電車はすぐに駅を出た．

13 だらだら長びく ▪ The speeches *drew out* endlessly. 演説は無限にだらだらと続いた．

14 だんだん先へ出る ▪ The horse *drew out* and won. その馬はだんだん先へ出て勝った．

15 繰り出す ▪ Three score of them *drew out*. 彼ら60人が繰り出した．

***draw** A **out of** B* 他 BからAを取り[引き]出す ▪ They would *draw* blood *out of* stone. 彼らは石から血を取ろうというのだった(そんなことはできない) ▪ He *drew* me *out of* temptation. 彼は私を誘惑から救い出してくれた．

draw over 他 **1** …を蒸留して得る ▪ He *drew over shōchū* by distillation. 彼は蒸留して焼酎を得た．

2 …を自党に引き入れる (*to*) ▪ The king *drew over* some of them *to* his interest. 国王は彼らのうちの数名を自派に引き入れた．

***draw** A **over** B* 他 AでBをおおう ▪ Let us *draw* a veil *over* the scene. その光景を幕で隠しましょう．

draw to 他 (カーテン)をいっぱいに閉める ▪ She *drew* the curtains *to* and turned on the lights. 彼女はカーテンを閉めて明かりをつけた．

draw together 他 **1** …を統一する，団結させる ▪ I'll just *draw together* this snag in your cuff. あなたのそで口のほつれをちょっと縫いつけてあげましょう ▪ Hatred shared *drew* them *together*. 共に抱いていた憎しみが彼らを団結させた．

—自 **2** いっしょに引っぱる，互いに接近する，近寄る ▪ The boys *drew together* in one line. 少年たちは互いに接近して一列になった ▪ The two ships gradually *drew together*. 2隻の船はだんだん近寄った．

3 一致する，団結する ▪ Sensible people will *draw together* to face a common danger. 賢い人々は共通の危険に立ち向かうためには団結するものである．

draw up 他 **1** (文書)を起草する，作成する; …の輪郭を描く ▪ The lawyer *drew up* my will. 弁護士が私の遺言書を作成した ▪ I'll *draw up* a scheme of it for you. その計画の概略を書いてあげましょう．

2 (カーテンなど)を閉める ▪ The woman *drew up* the curtain of the carriage window politely. その女性は慇懃(いんぎん)に馬車のカーテンを閉めた．

3 …を引きあげる，吸いあげる，引き寄せる ▪ The bridge *was drawn up*. つり橋は引きあげられた ▪ The sun *drew up* the mists from the lake. 太陽が湖水から霧を吸いあげた ▪ She *drew up* a chair. 彼女はいすを引き寄せた．

—自他 **4** (来て)止まる; (車などを)止める ▪ We [The carriage] *drew up* before Dr. Livesey's door. 我々[馬車]はライブジー博士の家の戸口の所へ来て止まった ▪ He *drew up* his carriage [horse] at the entrance. 彼は入口で馬車[馬]を止めた.

5 整列する[させる] ▪ They *drew up* in order of battle. 彼らは戦闘隊形に整列した ▪ The troops *were drawn up* eight deep. 軍隊は8列横隊に整列していた.

— 圁 **6**《口》(…に)近寄る (*to*), 迫る (*with*); 追いつく ▪ We *drew up* to the door. 戸口の方へ近寄った ▪ We *drew up* with the enemy. 我々は敵に迫った ▪ The Oxford crew began slowly to *draw up*. オックスフォードのクルーはゆっくりと追いつき始めた.

7 (…と)交わる (*with*) ▪ The minister *drew up with* the general. その大臣は将軍と交際した.

8 収縮する, 縮む ▪ My shirt *drew up* after one washing. シャツが一度洗ったら縮んでしまった.

draw with 圁 …と同じ事情にある ▪ Every bearded fellow *draws with* you. あごひげのある人はみな君と同じような事情にあるのだ.

drawl /drɔːl/ ***drawl away*** 言葉を長たらしく発音しつつ話す ▪ The orator *drawled away*. 弁士は言葉を長たらしく引っぱってゆっくり話した.

drawl out [***on***] 他 **1** …を長く引っぱって発音する ▪ The mayor *drawled out* some expression of regret. 市長は言葉を長く引っぱって遺憾の意を表明した.

2 …をだらだらと長く延ばす ▪ The Court *drawled it out*. 裁判所はそれを長くだらだらと延ばした ▪ He *drawls on* his existence. 彼はだらだらと生き延びている.

dream /driːm/ ***dream about*** **1** …を夢みる ▪ Many people *dream about* living on an island in the South Seas. 南海の島に住むことを夢みる人が多い.

2 …の夢をみる ▪ I *dreamed about* my son last night. 私は昨夜息子の夢をみた.

dream of **1**〔主に否定文で〕…を夢想する ▪ I never *dreamed of* seeing you again. あなたに再び会おうとは夢にも思わなかった ▪ There are more things in heaven and earth than *are dreamed of* in your philosophy. 天地の間にはいわゆる哲学の夢想だにしないことがあるものだ.

2 …の夢をみる (→DREAM about 2) ▪ *Dream of* a funeral and you hear of a marriage [wedding]. 《諺》埋葬の夢を見たら結婚の噂を聞く.

3 …を夢みる (= DREAM about 1).

Dream on! 圁《口・戯》(相手の望みに対して)あり得ないよ; 無理だろう ▪ You want to win the lottery? *Dream on!* 宝くじに当たりたいって? まあ夢を見つづけてなよ.

dream up 他《口》…を想像をたくましくして考え出す, 作り出す, 練る ▪ I'll *dream up* designs for a new capital. 新首都の設計を練りましょう.

dredge /dredʒ/ ***dredge up*** **1** …を水底からさらい上げる, を浚渫(しゅんせつ)する ▪ The wreck *was dredged up* from the sea-bed. 難破船が海底からさらい上げられた.

2 (不快な事実など)を掘り[蒸し]返す ▪ He was reluctant to have the case *dredged up* again. 彼はその事件を蒸し返すことに気が進まなかった.

3 (長く忘れていた事)を思い出す ▪ Grandmother *dredged up* incidents from her early life. 祖母は若い時分の出来事を思い出した.

dress /dres/ ***dress down*** 他 **1**《口》…を打ち懲らす; をしかりつける ▪ The boss *dressed him down*. 社長は彼をひどくしかった.

2 (馬)を櫛刷毛(くしはけ)ですいてやる ▪ He *dressed down* the horse. 彼は馬を櫛刷毛ですいてやった.

— 圁 **3** 略装する, 質素な服を着る ▪ She *dressed down* to visit her poor relatives. 彼女は貧しい親族を訪ねるためのつつましい服装をした.

dress for 圁 …向きの[のための]服装をする ▪ We must *dress for* mountaineering. 我々は登山向きの服装をする.

dress in 他《米》…を刑務所に入れる; (新囚人)に囚人服を着せる ▪ He *was dressed in* because of the theft. 彼は窃盗罪で収監された.

dress out 他 美々しくする[着飾る; 着飾らせる] ▪ She *dressed out* at 500 pounds. 彼女は500ポンドで着飾った ▪ My wife *was dressed out* in all her splendor. 妻はきわめてすばらしく着飾っていた.

dress up 圁 他 **1** 扮(ふん)装する[させる] ▪ The children *dressed up* as pirates. 子供らは海賊に扮装した ▪ They *dressed him up* for the part of Othello. 彼らは彼をオセロの役に扮装させた.

2 盛装する[させる] ▪ She *dressed up* for the occasion. 彼女はこの機会のために盛装した ▪ She *dressed the child up* for the birthday party. 彼女は子供を誕生日会のため着飾らせた.

— 他 **3** …を歪曲(わいきょく)する, 誇張する; を偽装する (*with*) ▪ The conservative newspapers *dressed up* the delegation as treachery to democracy. 保守的な新聞はその代表団を民主主義を裏切るものと曲した ▪ The tabloid newspapers *dress up* the facts with colorful details. タブロイド紙は事実を派手な詳細で偽装する.

4 (思想など)を飾りたてる ▪ The plan *was dressed up* to look more attractive. その計画はもっと魅力的に見えるように飾り立てられた.

dress A with B 他 AをBで飾る ▪ The ship *was dressed with* various flags. 船はいろいろな旗で飾られていた.

drift /drɪft/ ***drift about*** 圁 漂流する ▪ The ship *drifted about* at the mercy of the wind and waves. 船は風と波のまにまに漂流した.

drift along [***about, around***] 圁 目的なく漂うように暮らす ▪ He just *drifts along*. 彼はただ目的もなくぶらぶらと暮らしている ▪ He has *drifted about* from job to job for over a year. 彼は1年以上も転々と職を変えてきた.

drift apart 圁 徐々に疎遠になる[関心を失う] ▪ He and his wife have *drifted apart*. 彼と妻とは徐々に疎遠になった.

drift away 圁 **1** 移っていく, 押し流される ▪ Our

conversation *drifted away* to the question of democracy. 談話は民主主義の問題へ移っていった.
2 だんだん離れていく(*from*) ▪ As children grow up, they *drift away from* their parents' views. 子供たちが成長するにつれだんだんと親の考えとは離れていく.

drift back 圓 **1** 漂流して戻ってくる ▪ The canoe *drifted back* to shore. そのカヌーは漂流して岸辺に戻ってきた.
2 ゆっくりと友情[愛情]を取り戻す ▪ Finally he *drifted back* to her and they made up. 結局, 彼は彼女の愛を取り戻し, 二人は仲直りした.

drift in 圓 ちょっと立ち寄る ▪ We *drifted in* for half an hour. 我々は半時間ほど立ち寄った.

drift into 圓 …にいつの間にか入る[陥る] ▪ At last he *drifted into* Tokyo. ついに彼はいつの間にか東京へ流れこんだ. ▪ Thus people *drift into* crime. このようにして人々はいつの間にか罪を犯すようになる.

drift off 圓 **1** 寝入る ▪ He kept *drifting off* to sleep while we talked. 我々が話している間彼は寝入ってばかりいた.
2 徐々に去る ▪ One by one the couples *drifted off*. 夫婦づれは一組ずつだんだんに去った.
3 聞き流す ▪ I knew that a lot of students had *drifted off* during the class. 授業では多くの学生が聞き流しているのが私にはわかっていた.

drift out 圓 **1** 流されて出る ▪ The ship *drifted out* to sea. 船は流されて沖へ出た.
2 ぞろぞろと出る ▪ The crowd *drifted out* after the performance. 上演が終わって群衆がぞろぞろ出てきた.

drill /drɪl/ ***drill down*** 圓 より詳しいデータ画面に入る ▪ This navigation tool can show how far we've *drilled down*. このナビはどれだけ詳しいデータ画面に入ったかを示す.

drill a person in 人に…を鍛えこむ[たたきこむ] ▪ He *drilled* schoolboys *in* English grammar. 彼は生徒に英文法を教えこんだ.

drill into 他 …に穴を開ける ▪ We *drilled into* the ground to search for underground resources. 地下資源を探るため地面に穴を掘った.

drill a person into [***to***] 他 人を鍛えて…にする[させる] ▪ He should *be drilled into* a scholar. 彼は学者に養成されるべきだ. ▪ I *was drilled to* reason. 思慮ある行為をするよう訓練された.

drill through 他 …を貫通する ▪ Those rays *drill through* the muscular system. その光線は筋肉組織を貫通する.

drink /drɪŋk/ ***drink about*** 圓 大いに飲む ▪ We went to a room, where we *drank about*. 我々はある部屋へ行ってそこで大いに飲んだ.

drink away 他 **1** 酒を飲んで…を失う ▪ He *drank away* his property. 彼は酒を飲んで財産を失った.
2 酒を飲んで過ごす ▪ He *drank away* the night. 彼は酒を飲んでその夜を明かした.

drink down 他 **1** …を(さっさと[努力して])飲み下す, ぐっと飲み干す ▪ *Drink* the draft *down*. その水薬をぐっと飲み下しなさい ▪ He *drank down* a glass of water. 彼は水を1杯飲み干した《drink up よりも速い飲み方を表す》.
2 酒で…を忘れる[静める] ▪ We shall *drink down* all unkindness. 酒で不親切をすっかり忘れよう.

drink in 他 **1**《口》…に聞きほれる; (美しさ)に見とれる ▪ The ear *drinks in* the melody. 耳は美しい音楽に聞きほれる ▪ We stopped for a while to *drink in* the beauty of the scene. しばらく立ち止まって, その景色の美しさに見とれた.
2 …を吸いこむ ▪ The plant *drinks in* oxygen from the atmosphere. 植物は大気から酸素を吸収する.
3《口》…を(耳・目などで)吸収する ▪ He *drank in* knowledge. 彼は知識を吸収した ▪ We *drank in* the news greedily. そのニュースにむさぼるように聞き入った.

drink a person into 他 飲み相手を…の状態にする ▪ I *drank* him *into* incoherence. 彼と飲んで彼にくだを巻かせた.

drink of **1** …から飲む ▪ Let us *drink of* the spring there. そこの泉の水を飲みましょう.
2 …の一部を飲む ▪ He *drank of* the cup of sorrow. 彼は悲哀の杯を味わった.

drink off 他 …を(一息に[一気に])飲み干す ▪ He *drank* it *off* at one draft. 彼はそれを一息に飲み干した《drink up よりも速い飲み方を表す》.

drink out 他 **1**《方》…を飲み干す ▪ We *drank* the punch *out*. 我々はパンチを飲み干した.
— 圓 **2** …から飲む(*of*) ▪ He was so thirsty that he *drank out of* the jug. 非常にのどがかわいていたので, 水差しから(直接)飲んだ.

drink a person out of 他 飲み相手に…を失わせる ▪ We have *drunk* him *out of* his senses. 我々は飲み相手を前後不覚に酔わせてしまった ▪ We have *drunk* the landlord *out of* his wine. パブの主人と飲んでそのワインを飲み尽くしてしまった.

drink to 圓 …を祈って[祝して]乾杯する ▪ I *drink to* your health! ご健康を祈ります! ▪ I'll *drink to* you! あなたのご幸福を祈って乾杯します ▪ We *drink to* the memory of Smith. 我々はスミスの冥福を祈って杯をあげた.

drink up 他 **1** …を飲み干す, 飲み尽くす ▪ The mother told her son to *drink up* his milk. 母は子供にミルクを飲んでしまいなさいと言った ▪ Rick *drank up* the beer in the fridge. リックは冷蔵庫の中にあるビールを飲み尽くした ▪ She poured a glass of juice and *drank* it all *up*. 彼女はジュースを一杯ついで飲み干した《drink down [*off*] よりも遅い飲み方を表す》.
2 …を吸いあげる ▪ A plant *drinks up* moisture from the earth. 植物は大地から水分を吸いあげる.

drive /draɪv/ ***drive about*** …をあちこち乗り回す ▪ He spent the money *driving about* Europe. 彼はヨーロッパ中を車で回ってその金を使った.

drive across 他 …を横切って流れる ▪ The

clouds *drove across* the sky. 雲は空を吹き流れた.

drive against 他 **1** …にぶつかる, 吹きつける ▪ The rain was *driving against* the window. 雨は窓に吹きつけていた.

2 …にぶつける ▪ He *drove* his son's head *against* the wall. 彼は息子の頭を壁にぶつけた.

drive along 自 **1** 駆り進む ▪ I was *driving along* at 50 miles an hour. 私は1時間50マイルで突進していた.

2 (風が)吹きまくる ▪ The wind was *driving along*. 風が吹き荒れていた.

drive asunder 他 …をちりぢりに追い払う ▪ Parents and children *were driven asunder* by the war. 親子は戦争のためちりぢりになった.

drive at 他 **1**〖進行形で〗…を言おうとする, のつもりである; をもくろむ ▪ What *are* you *driving at*? 何を言おうとしているのか ▪ I'll tell you what I *am driving at*. 私のねらっていることをお話ししましょう.

2 …を激しくねらい打つ ▪ The golfer *drove at* the ball. ゴルファーはボールを激しくねらい打った.

3 …に打ちかかる ▪ He *drove at* me with his sword. 彼は剣で私に斬ってかかった.

drive away 他 **1** …を追い払う ▪ The police *drove* the crowd *away* from the spot. 警察は群衆をそこから追い払った ▪ *Drive* care *away*. 心配を追い払え, くよくよするな.

— 自 **2** 車で去る ▪ I must *drive away* in five minutes. 5分後に車で去らねばなりません.

3〖口〗せっせと働く[考える] ▪ *Drive away*, or you'll never guess it. しっかり考えなさい, でないと当てることができませんよ ▪ He was *driving away* at his dictionary. 彼は辞書の仕事を一生懸命にやっていた.

drive back 他 **1** …を撃退する ▪ The force *was driven back* to its starting point. その軍は出発点まで撃退された.

2 …を強制して退かせる ▪ A low menacing growl *drove* her *back* a step. 低く威嚇するうなり声で彼女は一歩後ずさりした.

— 自 他 **3** 車で帰る ▪ She *drove back* to the office. 彼女は車で会社に帰った.

4 (人)を車で家まで送る ▪ John will *drive* you *back*. ジョンが君を車で家まで送るよ.

drive by 自 車で走り[通り]過ぎる ▪ They just *drove by*. 彼らはちょうど車で通り過ぎたところだ.

drive down 他 **1** (値段など)を下げる, (量など)を減らす ▪ All the airlines have *driven down* airfares. 航空会社は軒並み航空運賃を下げた.

2 …を車を駆って[運転して]行く ▪ He *drove down* the highway in the sport car. 彼はスポーツカーに乗ってハイウェイを駆って行った.

drive a person from 他 人を…から追い出す, …にいたたまれなくする ▪ The smoke *drove* the firefighters *from* the burning house. 消防士たちは煙くてたまらず燃えている家から撤退した.

drive…home (to) 他 **1** (議論・事実など)を十分論じて納得させる, 徹底させる ▪ He *drove* his thought *home* to the readers. 彼は十分論じて, 自分の思想を読者によく理解させた ▪ By citing specific examples, the orator *drove home* his points. 明確な例をあげて弁士は自分の論旨を徹底させた.

2 (くぎ)を深く打ちこむ ▪ With one blow he *drove* the nail *home*. 一撃で彼はくぎを深く打ちこんだ.

drive in 他 **1** …を打ちこむ ▪ He *drove in* a nail. 彼はくぎを打ちこんだ.

2《野球・口》好打により(走者)を生還させ点を取らせる ▪ He *drove in* Smith from second base. 彼は好打して二塁からスミスを生還させた.

3《軍》…を本隊まで退かせる ▪ Our pickets *were driven in*. わが哨兵は本隊まで退かされた.

drive A into B 他 **1** AをBに追い込む[打ち込む] ▪ With one blow he *drove* a nail *into* the plank. 一打ちで彼はくぎをその板に打ち込んだ.

2 AをBにたたき込む ▪ He *drove* some manners *into* my boy. 彼はうちの子に礼儀作法をたたき込んでくれた.

drive off 自 **1** (人が)車で去る; 車が走り去る ▪ He will *drive off* in ten minutes. 彼は10分たてば車で去るだろう ▪ The limousine *drove off*, leaving the young man behind. リムジンタクシーが走り去り, 若者はあとに取り残された.

2《ゴルフ》(ゲーム・ホールの)第1打を打つ ▪ The competitors were to *drive off*. 競技者たちはまもなく第1打を打つことになっていた.

— 他 **3** (人)を車で連れ去る ▪ The kidnapper *drove* me *off* into the woods. 誘拐者は私を車に乗せて森に連れ去った.

4 …を撃退する ▪ The mixed forces *were driven off* with heavy loss. 混成部隊は大損害を被って撃退された ▪ My dog *drove off* the thief. わが家の犬が泥棒を撃退した.

drive on 自 運転し続ける ▪ I *drove on* until I came to a gas station. ガソリンスタンドに出くわすまで運転し続けた.

drive out 他 **1** …を追い出す, (考えなど)を頭から追い出す ▪ The Spanish *drove out* the Jews. スペイン人はユダヤ教徒を追い出した ▪ The joy *drove out* every other thought except the marriage. その喜びで結婚以外のことはみな忘れてしまった.

— 自 **2** ドライブに出る ▪ We *drove out* into the country. 田舎へドライブに出かけた.

3《印》植字工が広く組む ▪ The compositor *drove out*. 植字工は広く組んだ.

— 自 他 **4**《印》活字が多くて次ページへ回される[回す] ▪ This word should have *been driven out*. この語は次ページへ回すべきだった ▪ The matter in the chase *drove out*. チェースに入った組版が次ページへ回された. ⇨ chase「活字を入れる締め版枠」.

drive A out of B 他 **1** BからAを追い出す ▪ Lack of food *drove* the rats *out of* the house. 食べ物がないのでネズミはその家から出て行った ▪ He *was driven out of* office at last. 彼はついに公職を追われた.

2 A(人)にBを失わせる ▪ Vexation *drove* him *out of* his mind. 彼は心痛のため気が狂った.

drive over 圓 **1** …を横切って通る ▪ Great clouds *drove over* the sky. 大きな雲が空を横切った.
2 車で訪問する ▪ We shall *drive over* to see you next week. 来週車であなたをお訪ねいたします.
― 他 **3** (人)をひく ▪ The motorist *drove over* the man. そのドライバーがこの男性をひいた.
― 圓 他 **4** = DRIVE out 3, 4.

drive through 他 **1** …に打ち込む ▪ He *drove* the crowbar *through* the panel. 彼はパネルにバールを打ち込んだ.
― 圓 **2** 車で通り抜ける ▪ We *drove through* the streets of London. 我々はロンドンの街路を車で通り抜けた.

drive *a person* ***to*** 他 **1** 人を追いたてて…に至らせる ▪ Poverty *drove* him *to* crime. 貧苦のあまり彼はついに罪を犯すようになった.
2 人を励まして…させる ▪ Michael revealed the strange things that *drove* him *to* success. マイケルは自分を励まして成功に導いた不思議なことを明らかにした.

drive *a thing* ***under*** 他 (事)ことを鎮圧する, 押さえる ▪ At last they *drove* it *under*. とうとう彼らはそれを鎮圧した ▪ Wal-Mart's low prices, high volume and huge name would *drive* many storeowners *under*. ウォールマートの低価格, 大量仕入れ, それと名声には多くの店は太刀打ちできないだろう.

drive up 圓 **1** 車[馬]を駆ってやって来る ▪ Soon the doctor *drove up*. まもなく医者が車[馬]でやって来た.
2 車[馬]を乗りつける (to) ▪ The mayor *drove up* to the Town Hall. 市長は市庁舎に車で乗りつけた.
― 他 **3** (値段)をつりあげる ▪ The government is going to *drive* interest rates *up*. 政府は利率を引きあげようとしている.

drivel /drívəl/ ***drivel away*** 圓 他 (時を)空費する, 浪費する ▪ Her young years *drivelled away*. 彼女の若い年月はいたずらに経った ▪ At our frivolous entertainments the time is literally *drivelled away*. 軽薄な娯楽で私たちの時間は文字通り無駄に使われた.

drivel on 圓 たわいないことをしゃべり続ける ▪ Dan *driveled on* for ages. ダンはたわいもないことをいつまでもしゃべり続けた.

drizzle /drízəl/ ***drizzle down*** 圓 霧雨が降る ▪ The light rain *drizzled down* on the garden. 庭に小雨が降り注いだ.

droll /droul/ ***droll with*** [***at, on, upon***] 他 …と[に]ふざける, おどける ▪ The author *drolls with* everything. 著者は何でもかんでも茶化する ▪ Don't *droll at* the child. その子にふざけかけないでください.

drone /droun/ ***drone away*** 圓 **1** ものうげに歌う[話す] ▪ The piper *droned away*. 笛吹きはけだるい調子で笛を吹いた ▪ The rain fell outside and the heaters *droned away* in the living room. 外は雨で, 居間ではヒーターがけだるい調子で唸っていた.
2 のらくら暮らす ▪ He *droned away* all his life. 彼は一生のらくら暮らした.

drone on 圓 ものうげな声で長々と話す (about) ▪ He *droned on about* nothing interminably. 彼はだらだらとつまらぬことをいつまでも話し続けた.

drone out 他 …を単調な低い声で読む ▪ He *droned out* the psalms. 彼は詩篇を単調な低い声で読んだ.

drool /druːl/ ***drool at*** 圓 (ばかみたいに)はしゃぎ回る ▪ Have you never *drooled at* a hot chick? セクシーな娘にめろめろになったことはないのかい.

drool over 他 **1** 《口》 …を溺愛する ▪ He *drools over* his hoard of bric-a-brac. 彼は秘蔵の骨とう品をうっとり眺めている.
― 圓 **2** (動物が)…が欲しくてよだれを垂らす ▪ The dogs are *drooling over* the caribou meat. その犬たちはカリブーの肉によだれを出している.
3 (人)をうっとりと眺める ▪ Baby, I'm *drooling over* you. かわい子ちゃん, 僕は君にめろめろなんだ.

drop /drɑp|drɔp/ ***drop across*** 他 **1** …にふと出会う ▪ I *dropped across* him at the theater. 私は劇場で彼に出くわした.
2 《口》 …を(ひどく)しかる ▪ I'll *drop across* him when he comes back. 彼が帰って来たら, こっぴどくしかってやります.

drop around [***round***] 圓 ぶらりとやって来る, 不意に訪れる ▪ She is always ready with cocoa when boys *drop around*. 少年たちがぶらりとやって来るとき彼女はいつもココアを用意している.

drop away 圓 **1** 一人一人去る, いつとなく立ち去る ▪ The guests *dropped away* one by one. お客は一人また一人と立ち去った ▪ If the war continued longer, America would *drop away*. もし戦争がもっと長く続いたら, アメリカは離脱するであろう.
2 (数・量が)少なくなる ▪ Student numbers have *dropped away*. 生徒数が減少した ▪ Their interest in politics is *dropping away*. 彼らの政治に対する関心は薄れている.
3 (道路・土地が)急に下り坂になる, (崖などが)絶壁になる ▪ The road *drops* steeply *away* into the valley there. 道路はそこで急に谷へ向かって下り坂になっている.
4 (質が)悪くなる, 落ちる ▪ The quality of performance *dropped away*. 演技の質が落ちた.

drop back 圓 **1** おくれる ▪ One of the trucks *dropped back*. トラック1台がおくれた ▪ Alex *dropped back* to let me pass. アレックスはゆっくり歩いて先に進んでくれた.
2 後退する, (物価などが)下落する ▪ The record *dropped back* to third place. 記録は第3位に後退した ▪ Production will never *drop back*. 生産は決して減退しないだろう.
3 《アメフト》 スクリメージラインから後方へ直進する ▪ The quarterback *dropped back* to throw a nice pass. クオーターバックがスクリメージラインから後方へ直進して見事なパスを投じた.
4 引き返す ▪ He *dropped back* to pick up two stragglers. 彼は二人の落伍者を乗せてやるため引き返

drop back into 自 (元の習慣・状態に)戻る ▪ Ireland *dropped back into* recession at the end of 2011. アイルランドは2011年の終わりにまた景気後退に立ち戻った.

drop behind 自 **1** = DROP back 2.
2 = DROP away 3.
3 (支払いなどが)おくれる, とどこおる(*with*) ▪ If you *drop behind with* your rent, you will be asked to leave. 君は家賃をとどこおらせると出てくれと言われるだろう.
4 …におくれる, より劣る ▪ His work has *dropped behind* that of the other students. 彼の学業は他の生徒より劣ってきた.

drop below 自 …より少なくなる[下がる, 劣る] ▪ The class has *dropped below* 15 students. そのクラスは生徒が15人より少なくなった ▪ The exchange rate *dropped below* 88 cents. 為替相場は88セント以下に下がった ▪ Your work has *dropped below* its usual standard. 君の学業はいつもの水準より劣ってきた.

drop by 他 《口》…にちょっと立ち寄る, を非公式[短時間]訪問する(= DROP in 2) ▪ Would you *drop by* my office by 3 p.m.? 私の事務所に午後3時までにちょっと立ち寄ってくださいませんか.

drop down 自 **1**(船などが)下る ▪ They *dropped* slowly *down* with the tide. 彼らは潮流とともにゆっくり下った ▪ The ship *dropped down* the river. 船は川を下った.
2 倒れる ▪ He *dropped down* from fatigue. 彼は疲労のため倒れた.
3 (風などが)急にやむ, 落ちる ▪ The wind *dropped down*. 風はやんだ.
4 不意に訪ねる ▪ I *dropped down* to his house. 私は彼の家を不意に訪ねた.

drop down on *a person* 他 人をひどくしかる ▪ He *dropped down on* me for being late. 遅刻したと言って彼は私をひどくしかった.

drop (*down*) *on* (*to*) 他 《俗》…を悟る, かぎつける, 知る ▪ How did you happen to *drop on to* that idea? 君はどうしてその考えを知ったのか.

drop in **1** …を落として入れる, 投げ込む ▪ The child *dropped* the letter *in* the box. その子供は手紙を郵便箱に入れた.
— 自 **2** 《口》 ちょっと立ち寄る (= DROP by) ▪ They *dropped in* to see us last night. 彼らは昨夜我々の所へ立ち寄った.
3 ふと手に入る ▪ An estate in the country *dropped in*. 田舎の地所がふと手に入った.
4 一人ずつ[時々]入ってくる ▪ They came *dropping in* one by one. 彼らは一人ずつ入って来た.
5 (講義・授業に)出席する ▪ Many students are *dropping in* to classes. 多くの学生が授業に出席している.

drop in at 他 場所にちょっと立ち寄る ▪ Since we're in the neighborhood, why don't we *drop in at* my brother's? 近所まで来たのだから, お兄さんのところに寄ってみないか.

drop in on [*upon*] *a person* 他 人の所にちょっと立ち寄る, ひょっこりやって来る ▪ I'll *drop in on* Mr. Word and say hello. ワード氏の所へちょっと立ち寄ってあいさつしよう.

drop in with **1** …に順応する, と調子を合わせる ▪ If you can *drop in with* the idea, you will not lose by it. もしその考えに従ってくだされば, それで損はされないでしょう.
2 …とふと出くわす ▪ I *dropped in with* them. ふと彼らに出くわした.

drop into 自 **1**(知らぬ間に習慣・状態に)陥る ▪ He *dropped into* a doze. 彼はついうとうとした ▪ I *dropped into* the habit of smoking. 知らぬ間にタバコを吸う習慣がついた.
— 他 **2** …を始める ▪ We *dropped into* conversation by force of circumstances. 我々はやむを得ず談話をし始めた ▪ The horse *dropped into* a walk. 馬は駆け足から並足になった.
3 …にどっかりと座る ▪ He *dropped into* his chair. 彼はいすにどっかりと座った.
4《口》…へ偶然行く, 立ち寄る, 寄港する ▪ I will *drop into* his office for a chat. 雑談をしに彼の事務所にちょっと立ち寄ります ▪ He *dropped into* the meeting. 彼はその会に偶然出席した.
5《口》…を攻撃する, ひどく批評する, きびしくしかる ▪ The teacher *dropped into* the student's behavior. 教師はその学生のふるまいをきびしくしかった.
6 …を偶然受ける ▪ He *dropped into* a fortune. 彼は偶然大金をもらった.

drop off 自 **1** (…から)落ちる ▪ The leaves *drop off* when they are dead. 木の葉は枯れると落ちる ▪ The book *dropped off* her lap. 本は彼女のひざから落ちた.
2《口》寝入る ▪ He *dropped off* during the sermon. 彼は説教中に寝入った.
3 死ぬ ▪ He *dropped off* in six months. 彼は6か月で亡くなった.
4《口》数[量]が減る, 少なくなる ▪ His friends *dropped off* one by one. 彼の友人は一人ずつ減っていった ▪ The doctor's practice has *dropped off*. その医者の患者は少なくなった.
5《口》いつとはなしに[そっと, だんだん]去る, 姿を消す ▪ The banqueters *dropped off* one by one. 宴会列席者たちは一人また一人とだんだん帰っていった.
6 だんだんまれになる, 不熱心になる ▪ He began to *drop off* in his visits. 彼は訪問がだんだんまれになった.
— 自 他 **7** 車から降りる; 車から(人を)降ろす ▪ I'll *drop off* here. ここで降ります ▪ *Drop* me *off* at the corner. 角のところで降ろしてください.
8 …を届ける[持っていく] ▪ Could you *drop* the documents *off* later? あとでその書類を届けていただけませんか.

drop on [*upon*] 他 **1**《口》…をしかる, 責める ▪ Whoever is responsible ought to *be* heavily *dropped on*. 責任ある人は誰にせよ, 大いに責められる

べきである.
2《口》...とふと出会う ▪I shall probably *drop upon* a couple of lovers. 私はおそらくカップルに出会うでしょう.
3...を不意に訪問する. ▪An old friend of his *dropped on* him yesteday. 彼の旧友が昨日ひょっこり訪ねてきた.
4...を急に襲う ▪The pigeon *was dropped upon*. そのハトは急に襲われた.
5...を当てる ▪The examiner may *drop on* George. 試験官はジョージを当てるかもしれない.
6《ボクシング》...を打ちのめす ▪He really *dropped on* his opponent in the 5th round. 彼は相手ボクサーを5ラウンドに完全に打ち負かした.
7(幕などが)たれて...をおおう ▪The curtain *dropped on* the scene. カーテンがおりてその場面をおおった.

drop out 自 **1** 落第[中退]する ▪I *dropped out* twice before I finished college. 大学を出るまでに2度落第した.
2 脱会する ▪He *dropped out* of a club. 彼はクラブを脱退した.
3 (社会から)脱落[逃避]する ▪He lost his job and *dropped out* of society. 彼は失業して社会から逃避した.
4 消失する ▪A letter has *dropped out*. 手紙が1通消失した.
5 (ラグビー)ドロップアウトする ▪A player *dropped out* in the middle of the game. 選手一人が試合の最中にドロップアウトした.
6 落ちる ▪The bottom of the Yosemite *dropped out*. ヨセミテ峡谷の底は落ちこんだ.
7 (兵が)列から離れる ▪I *dropped out* and got a drink. 私は列から離れて, 1杯やった.
8 (履修・競技などを)途中でやめる ▪Ten runners started, but three *dropped out*. 10人の走者がスタートを切ったが, 3人は途中でやめた.
9 参加をやめる ▪Two cars won't hold 16 people, some had better *drop out*. 2台の自動車では16人は乗せられない. 数人は参加をやめたほうがよい.
10 (歯などが)抜け落ちる ▪One of his teeth *dropped out*. 彼の歯が1本抜け落ちた.

drop out of 自 **1** (学校など)をやめる ▪The boy *dropped out of* school. 少年は学校をやめた.
2 ...から離れる, 手を引く, 退く ▪The man *dropped out of* the march. その兵は行軍から落伍した.

***drop over* (to)** 自 《口》(...を)不意に訪問する, ひょっこりやって来る ▪An old friend *dropped over to* me. 旧友がひょっこり私の所へやって来た.

drop round 他 ...を人の家に持って行ってあげる ▪I can *drop* your books *round* on my way home. 君の本を帰りしなに君の家へ持っていってあげよう.

drop through **1** 終わる ▪The debate *dropped through* at six. 論争は6時に終わった.
2 全くだめになる, くずれる ▪The scheme *dropped through*. その計画は全くだめになった.

drop to 他 《口》...をふと知る, 知らされる, かぎつける ▪I *dropped to* the fact that you had got hurt. あなただけがけがをなさったことを偶然知りました.

drop up 他 (人)を階上アパートまでちょっと訪問する ▪I *dropped* him *up*. 階上の彼の所をちょっと訪ねた.

drown /draʊn/ ***drown in*** 自 〖進行形で〗...をかかえている, がいっぱいある ▪We *are drowning in* information and starving for knowledge. 我々は情報に埋もれているが知識に飢えている ▪The company *is drowning in* bad debts. その会社は借金まみれである.

drown A in B 他 **1** A(食べ物)をB(液体)に浸す ▪The priest *drowns* his bread *in* wine. 牧師はパンをワインに浸す.
2 BをしてAを忘れる[まぎらす] ▪He *drowned* his sorrows *in* dissipation. 彼は放蕩()して悲嘆をまぎらした.

drown out **1** (いっそう大きい音で)音を消す ▪His voice *was drowned out* by the roar of the waves. 彼の声は波のとどろきによってかき消された.
2 洪水が仕事をやめさせる[立ち退かせる], 水中に没する ▪The tunnel works *were* constantly *drowned out*. トンネル工事はしばしば洪水のため中止された ▪Tenants had *been drowned out*. 借家人たちは洪水のため立ち退いていた ▪The villages *were drowned out*. 村々は洪水のため水中に没していた.

drown A with B 他 A(食べ物)にB(液体)をたっぷりかける ▪Ben eyed James as he *drowned* his food *with* gravy. ベンは食事にグレイビーソースをたっぷりかけながらジェイムズを見た.

drowse /draʊz/ ***drowse away* [*off*]** 自 他 とろとろする; 夢うつつに時を過ごす ▪He now and then *drowsed away* into a half sleep. 彼はときどきうとうとまどろんだ ▪He *drowsed away* the morning. 午前中を夢うつつに過ごした.

drub /drʌb/ ***drub a person into*** 他 人に...をたたきこむ ▪Let us *drub* these boys *into* better manners. この少年たちをたたいてもっと行儀よくさせよう.

drub a person out of 他 人から...をたたき出す ▪I will *drub* him *out of* the notion. 彼からその考えをたたき出してやる.

drub a thing out of a person 他 (考えなど)を人からたたき出す ▪Those foolish notions should *be drubbed out of* you. そのばかげた考えは, あなたからたたき出されるべきだ.

drudge /drʌdʒ/ ***drudge at*** 自 ...にこつこつ働く, 苦役する ▪He is *drudging at* dictionary making. 彼は辞書作りの仕事をこつこつやっている.

***drudge away* [*over*]** あくせく働いて...を過ごす ▪We must *drudge away* [*over*] the day. あくせく働いて日を過ごさねばならない.

drudge down ...を骨折って押さえる ▪You must not *drudge down* the faculties of the student's mind. あなたは学生の精神上の能力を骨折って押さえてはならない.

drudge out 他 ...を骨折ってやる ▪I am *drudg-*

ing out a duty. 私はこつこつと義務を果たしています.
drum /drʌm/ ***drum at*** 📖 …をドンドンたたく ▪ The rain was *drumming at* the window. 雨が窓を激しくたたいていた.
drum down 📖 (太鼓のような音で)…を沈黙させる ▪ The speaker *was drummed down* by the mob. 弁士はやじ馬たちにやじり倒された.
drum for 📖 太鼓をたたいて…を募る ▪ They *drummed for* recruits. 彼らは太鼓をたたいて兵を集めた.
drum in 📖 …を繰り返して強調する, たたき込む ▪ She *drummed in* good manners day after day. 彼女は来る日も来る日も行儀作法をたたき込んだ.
drum A into B 📖 〚主に受身で〛A(事)を(何度もくりかえして)B(人)にたたき込む ▪ I *drummed* the habit of winning *into* my son. 私は勝つ習慣を息子にたたき込んだ ▪ Discipline and respect for rank *is drummed into* soldiers from day one. 軍律と階級への尊敬が最初から兵士たちにたたき込まれた.
drum a person into 📖 人にがみがみ[しつこく]言って…にする ▪ He *drummed* her *into* apathy. 彼はしつこく言って彼女をしらけさせた.
drum on 📖 …をドンドンたたく[打つ] ▪ Her feet *drummed on* the floor. 彼女は足で床をドンドン踏み鳴らした.
drum a person out (of) 📖 人を…から追い出す[追放する] ▪ He *was drummed out of* society. 彼は社会から追放された. ▷もとは軍隊で太鼓をたたいて兵士を追い出したことから.
drum up 📖 1《口》(鳴り物入りで)…を募集する, 集める, 得る ▪ He was *drumming up* subscribers. 彼は予約者を募集していた.
2《口》…を促進する, 激励する ▪ Our department store is making efforts to *drum up* business. わが百貨店は販売を促進するよう努力している.
3 …を作る, でっちあげる ▪ I will *drum up* an excuse for visiting you. 私はあなたを訪ねる口実をでっちあげよう.
— 📖 4《俗》ブリキの湯わかしで茶を立てる; (戸外で)にわか作りに食事を作る ▪ The Irish *drummed up* and stewed their tea. アイルランド人は缶で湯を沸かして茶を立てた ▪ They *drummed up* in thickets. 彼らは茂みの中でにわか作りに食事を作った.
dry /draɪ/ ***dry off*** 📖📖 乾く; 乾かす ▪ *Dry* yourself *off* thoroughly. 体を十分に乾かしなさい.
dry out 📖 1 すっかり乾く; ひからびる ▪ Don't leave that bread on the table; it will *dry out*. そのパンをテーブルの上においておいてはいけない, ひからびるから ▪ Our wet clothes will soon *dry out*. 我々の濡れた服はじきにすっかり乾くだろう.
— 📖 2 …の水分をふき取る, かさかさに乾かす ▪ The hot sun *dried out* our wet clothes. 熱い太陽が我々の濡れた服をすっかり乾かした.
— 📖📖 3《米口》(アルコール中毒者が)酒を断つ; アル中を治す ▪ He decided to completely *dry out*. 彼は完全に酒を断とうと決心した ▪ I'm sure the doctor at the clinic can *dry* him *out*. そのクリニックの医者ならきっと彼のアル中を治せるだろう.
4《米口》酔いがさめる; 酔いをさます ▪ I've *dried out* completely. すっかり酔いがさめた ▪ The cold wind has *dried* me *out* a bit. 冷たい風のせいで少し酔いがさめた.
dry up 📖 1 …を干あがらせる, すっかり乾かす ▪ The long drought *dried up* all the wells in the village. 長い日照りで村の井戸はみな干あがってしまった ▪ Our source of information *was dried up*. 我々の情報源が干あがってしまった.
2 …の水気をふき取る ▪ Let's *dry up* these glasses. これらのコップの水気をふき取りましょう.
— 📖 3 干あがる, 乾く; 枯渇する ▪ The fountain *dried up*. 泉が干あがった ▪ His imagination *dried up*. 彼の想像力は枯渇した.
4《口》言葉が出てこない, せりふを忘れる ▪ You will *dry up* when you get before the footlights. 舞台の前へ出ると言葉が出なくなるだろう.
5 (貯え・知恵・談話などが)尽きる ▪ The allowance will soon *dry up*. その仕送りはまもなく尽きるだろう ▪ The conversation *dried up*. 談話は尽きた.
— 📖 6《口》(話を)やめる, 口をつぐむ; (話を)やめさせる, 口をつぐませる ▪ *Dry up*! You've said enough. 黙れ! 君はもう十分に話した ▪ If you don't *dry up*, I'll chuck you out of the stage. 黙らないと舞台からほうり出すぞ ▪ Just try and *dry* him *up*. まあ彼を黙らせてみなさい.

dub /dʌb/ ***dub in*** 📖 〚主に受身で〛(異なる言語)に吹き替えをする (= DUB into) ▪ The animation was recorded in Japanese and *was dubbed in* English. そのアニメは日本語で録音され, 英語に吹き替えられた.
2 (映画・テレビ・ラジオ)に音[声]を加える ▪ The music *was dubbed in* afterwards. 音楽は後になって加えられた.
dub into 📖 〚主に受身で〛(異なる言語)に吹き替えをする ▪ The English film *was dubbed into* Japanese. その英語の映画は日本語に吹き替えられた.
dub out 📖 (音)を削除する ▪ The background noise *was dubbed out*. その暗騒音は削除された.
dub over 📖 (音)を入れ替える, ダビングする ▪ They *dubbed over* the Japanese dialogue and replaced it with Russian. その日本語の会話部分を入れ替えてロシア語にした ▪ They had *dubbed over* all the dialogue in the movie. 映画のせりふの部分はすべて吹き替えてあった.
dub up 📖 《俗》(金を)払ってしまう ▪ He *dubbed up* out of his own pocket. 彼は自分のポケットから金を払ってしまった. ▷dub＜dup＜do up.
duck /dʌk/ ***duck down*** 📖 ぴょこんとかがむ ▪ We saw the missile coming our way and *ducked down*. 我々は弾丸がこちらへ飛んで来るのを見て, ひょいとかがんだ.
duck into 📖 …に素早く隠れる ▪ *Duck into* this shed. この小屋に素早く隠れろ.
duck out (of) 📖 《俗》…を巧みな術策で逃げる, 避ける ▪ He always manages to *duck out of* any

hard work. 彼はいつも困難な仕事を何でもなんとかうまく避ける.

duck under 圓 ...の下へもぐる ▪ *Duck under* the table. テーブルの下へもぐりこみなさい.

duck up 他 《海》一直線によく見えるよう帆の下隅(ﾂﾉ)をあげる ▪ *Duck up* the clew-lines of those sails. それらの帆の下隅を桁にあげる索をあげよ.

duff /dʌf/ ***duff a person out of*** 他 人から...をだまし取る ▪ He *duffed* me *out of* 1,000 dollars. 彼は私をだまして1,000ドル取った.

duff up 他 《英口》 **1**(人)をぶん殴る, めった打ちにする ▪ Those blokes *duffed* him *up*. あいつらが彼をめった打ちにしたんだ.

2 ...を台なしにする, めちゃくちゃにする ▪ You idiot! You've *duffed up* my painting! このばかめ! おれの絵をめちゃくちゃにしやがって.

duke /djuːk/ ***duke out*** 他 《米俗》 **1**(人)をなぐって気絶させる ▪ Bob *duked out* the mugger with a jab to the cheek. ボブは路上強盗の頬に一発ジャブを見舞って気絶させた.

2 ...を傷つける, に損害を与える ▪ Tom *duked out* Jack and ran away. トムはジャックを傷つけて走り去った.

dull /dʌl/ ***dull over*** 圓 曇る ▪ The sky *dulled over*. 空は曇った.

dull up 他 ...を鈍くする; をくもらす ▪ This hard meat *dulls up* the knife blade. この固い肉はナイフの刃をなまくらにしてしまう.

dumb /dʌm/ ***dumb down*** 圓 **1**《米俗・軽蔑》(教科書・カリキュラムなどの)内容[質]のレベルを下げる ▪ The editors of the textbook claimed they should *dumb down*. その教科書の編者たちは内容のレベルを下げるべきだと主張した.
― 他 **2**(テキストなど)をわかりやすい言葉に直す ▪ Could you *dumb* it *down* for me? I'm not an economics expert. 私は経済学が専門ではないので, わかりやすい言葉で言い直していただけませんか.

dummy /dʌ́mi/ ***dummy up*** 圓 《俗》黙秘する ▪ When I mentioned his name, they *dummied up*. 私が彼の名を言ったとき, 彼らは黙ってしまった.

dump /dʌmp/ ***dump A in [into] B*** 他 AをB(器・水など)に投げ込む ▪ He *dumped* guns *into* water. 彼は銃を水の中に投げ込んだ.

dump on a person 他 《米》人をけなす, やじり倒す ▪ Quit *dumping on* me. I'm doing my best. 私をけなすのはやめてくれ. ベストを尽くしてるんだ.

2 人に問題[悩みなど]をぶちまける, 愚痴る ▪ He is always *dumping on* me. 彼は私にぐちってばかりいる.

3《俗》人に不当に多くの仕事を与える ▪ The boss *dumped on* me. 上司は私に不当に多くの仕事をまわした.

4《口》[[受身で]] 人の過ちを一方的に責める, を絶えず非難する ▪ I'm going to leave home because I am sick of being *dumped on* by my older brothers. 兄たちに絶えず非難されるのにうんざりしたので僕は家を出るつもりだ.

dump A on B 他 《口》A(人)にB(不愉快な仕事)を押しつける ▪ Green is a nasty boss and *dumps* all the work *on* the employees in the office. グリーンは意地悪い社長ですべての仕事を従業員に押しつける.

dump A with B 他 《口》A(人)にB(子供など)を預ける ▪ The couple *dumped* the kids *with* their parents while they went on holiday. 夫婦は休暇に出かけるとき子供らを両親に預けた.

dun /dʌn/ ***dun a person for*** 他 人にうるさく借金の取り立てをする ▪ If you don't pay the bill, they will *dun* you *for* it day and night. 請求書の支払いをしないと, 昼も夜もやかましく催促されるよ.

dunk /dʌŋk/ ***dunk A in [into] B*** 他 **1** A(ビスケットなど)をB(コーヒー・紅茶)に浸す ▪ He *dunked* a biscuit *into* his coffee. 彼はビスケットをコーヒーに浸した.

2 A(体)をB(水)にちょっとつける ▪ Jim *dunked* himself *in* the water just for a second. ジムはほんの短い間, 水につかった.

dupe /djuːp/ ***dupe a person into doing*** 他 人をだまして...させる ▪ I was *duped into buying* the boots. だまされてそのブーツを買わされた.

dust /dʌst/ ***dust along*** 圓 《米口》急ぐ, 去る, 走る ▪ Now you can *dust along*. さあ, もう行っていいぞ.

dust down 他 **1** ...のちりなどを払う ▪ I *dusted* him *down*. 彼のほこりを払ってやった.

2《口》...をきびしくしかる ▪ The teacher *dusted* me *down* for not doing my homework. 宿題をしなかったので先生に大目玉を食らった.

dust off 他 **1** ...のちりを払う, ふき取る ▪ She *dusted off* each of the chairs. 彼女は一つ一つのいすのちりを払った. ▪ I *dusted off* the specks. 私はしみをふき取った.

2 (やめていたこと・物を)再び使える[やれる]ようにする ▪ I had better *dust off* my old skills. 私は昔の技能をまた使えるようにしたほうがよい ▪ John decided to *dust off* his algebra book. ジョンは代数の本を復習することに決めた.

3《米俗》...を負かす, 追い払う ▪ He *dusted off* Kramer 9-7. 彼は9対7でクレーマーを負かした.

4《米俗》...を破滅[破産]させる, 殺す ▪ He was *dusted off* by John. 彼はジョンにやっつけられた.

5《野球・俗》ボールを(バッターの)頭の近くに投げる, ビーンボールを投げる ▪ The pitcher *dusted* him *off* on purpose, I'm sure. ピッチャーはわざと彼の頭の近くに投げたんだ, 請け合ってもいい ▪ The pitcher *dusted off* the best hitter. ピッチャーは一番の好打者には体の近くにボールを投げた.

― 圓 **6**《米軍俗》(負傷者などを)救出ヘリで脱出させる ▪ The medics *dusted off* the wounded by helicopter. 衛生兵らは負傷者をヘリで救出した.

7《俗》大急ぎで(馬で走り)去る ▪ He *dusted off* with the horse. 彼はその馬を連れて大急ぎで去った.

dust out 他 ...をきれいに掃除する ▪ I *dusted out* the room this morning. 私は今朝その部屋をきれいに掃除した.

dwell /dwel/ ***dwell in*** 圓 《文》(感情・性質などが)人の中にある ▪There *dwells in* me a feeling that he is wrong. 彼はまちがっているという感じが私にはする.

dwell on [upon] 他 **1** ...をゆっくり[つくづく]考える ▪He *dwelt on* the pleasures of the past. 彼は過去の楽しかったことを思いめぐらした ▪Don't allow your mind to *dwell on* past failures. 過去の失敗を思い出してくよくよしてはいけない.

2 ...を詳しく説く[話す,書く]; を強調する ▪Don't *dwell* too much *upon* the subject. その問題はあまり詳しく論じないでください ▪Plato is constantly *dwelling on* the importance of regular classification. プラトンは系統立った分類の重要性を絶えず強調している.

3 ...にじっと注意をそそぐ ▪The eye *dwells on* the pleasing parts. 目はここちよい部分にじっと注がれる ▪He was *dwelling on* the scene of the accident. 彼はその事故の現場をまじまじとながめていた.

4 (動作)をゆっくりする[引きのばす]; をぐずぐずする ▪*Dwell on* a stroke! オールをゆっくりこぎなさい ▪She *dwells on* a word. 彼女は単語を長くひっぱって発音する.

dwindle /dwíndəl/ ***dwindle away to [into]*** 圓 だんだん減って...となる ▪The road *dwindled away* to nearly nothing and turned into a rocky path. 道路はだんだん狭まってほとんど道の体(てい)を成さなくなり,岩だらけの小道になった ▪It *dwindled away into* nothing. それはだんだん減ってすっかりなくなった.

dwindle down to 圓 ...にまで減退する ▪The opposition *dwindled down to* thirty. 反対派は減って30人になった.

dwindle out 圓 次第に少なく[小さく]な(って消滅す)る ▪As I walked on, the shops and tourists *dwindled out*. 歩き続けると店も旅行客も数が減っていった.

E

earmark /íərmὰːrk/ *earmark for* ⑯ …の使用目的を決める; のために取っておく, に充てる ▪ This land *is earmarked for* housing development. この土地は宅地に予定されている ▪ Half the money *is earmarked for* military aid. お金の半額は軍事援助に割り当てられている.

earth /ə́ːrθ/ *earth up* ⑯ **1** …を土でおおう, 土寄せする ▪ We *earthed up* the roots of the tree. 我々は木の根を土でおおった.
2 (水路などを)土で塞ぐ ▪ The landslide *earthed up* the pool. 地滑りが池を(土で)塞いだ.

ease /íːz/ *ease away* ⑲ **1** (…から)ゆっくり離れる (*from*) ▪ Space shuttle Discovery *eased away* from Mir on Monday. 月曜日スペースシャトル・ディスカバリーはミールから離れた.
2 (競争相手を)引き離す, 振り切る ▪ Powell *eased away* to win in 9.91 seconds, ahead of two Americans. パウエルは二人のアメリカ人を振り切って9.91秒で優勝した.
3 《海》〖命令文で〗(索具などが)ゆるむ ▪ *Ease away*! 索具をゆるめよ!
4 態度を和らげる (*from*) ▪ The administration has *eased away from* its initial position. 行政は当初の立場から態度を軟化させた.
— ⑯ **5** 《主に海》…をゆるめる; (ボートを)岸から押し出す ▪ She *eased away* her sheets. 船は帆あし綱をゆるめた.

ease back ⑲ **1** 少し下がる[落ちる] ▪ Oil prices *eased back* from record highs today. きょう原油価格は記録的な高値から値下がりした.
— ⑯ **2** …をゆるめる, 緩和する (*on*) ▪ The school has *eased back on* punishments for being late. 学校は遅刻の罰則を緩和した.

ease back into ⑲ 再び(仕事などに)徐々に戻る ▪ He *eased back into* his work after a long illness. 彼は長期療養のあと徐々に仕事に復帰した.

ease A back into B ⑯ 再びA(人)をB(仕事など)に戻す ▪ The plan *eased* the boys *back into* their own societies. その計画が少年たちを社会復帰させた.

ease back (*on*) ⑯ (操縦桿(かん)など)をゆっくり手前に引く ▪ I *eased back on* the stick. 私は(飛行機の)操縦桿をゆっくり手前へ引いた.

ease … down ⑯ **1** …を徐々におろす ▪ I *eased* the stone *down* till it rested on the ground. 石を地面につくまで徐々におろした.
2 (船などの)速度を落とす ▪ *Ease* the car *down* to 20 miles an hour on this curve. このカーブでは車の速度を時速20マイルに徐々に落とせ.

ease in ⑯ **1** …を(仕事に)慣らす ▪ He has gradually *eased in* to his work. 彼はだんだん仕事に慣れた.
2 …を徐々に[注意深く]入れる ▪ *Ease* your clutch *in*. クラッチを徐々に入れなさい.

ease into ⑯ 徐々に…に移し入れる ▪ He *eased* the money *into* his coat pocket. その金をコートのポケットへ徐々に移し入れた.

ease A of B ⑯ **1** AからBを取り去る[取り去って楽にする] ▪ The medicine will *ease* you *of* toothache. その薬はあなたの歯痛を取り去ってくれるでしょう.
2 《戯》AからBを奪う ▪ The pickpockets *eased* them *of* their purses. すりどもは彼らの財布をすり取った.

ease off ⑯ **1** (帆・綱・スピード)をゆるめる ▪ He *eased off* the speed. 彼はスピードをゆるめた ▪ *Ease off* the rope a bit. 綱を少しゆるめよ.
2 …をそっと脱ぐ, ゆっくり取りはずす ▪ She bent down and *eased off* her shoes. 彼女はかがんでそっと靴を脱いだ.
3 …を安楽にする ▪ The sleep will *ease* you *off*. その睡眠があなたを楽にしてくれるだろう.
4 …を除いて楽にする; の手を抜く ▪ It was my object to *ease off* the business. その仕事を適当にこなして楽になるのが私の目的だった.
5 …を発砲する ▪ I want something to *ease off* the guns at. 私は銃を撃つための的がほしい.
— ⑲ **6** ゆるむ, (負担などが)軽くなる, 緩和される ▪ He began to *ease off* in his efforts. 彼の努力はゆるみ始めた ▪ The rates will *ease off*. 税率は軽くなるだろう ▪ The tension between them has *eased off*. 彼らの間の緊張はゆるんだ.
7 (雨などが)次第にやむ ▪ At last the rain began to *ease off*. とうとう雨がやんできた.
8 (人が)前ほど働かなくなる ▪ The old man started to *ease off*. 老人は前ほど働かなくなった.
9 くつろぐ ▪ We had a bath and *eased off*. 我々は入浴してくつろいだ.
10 ゆるやかに傾斜していく ▪ The slope began to *ease off* towards the edge of the shelf. 坂は岩棚の縁の方へゆるやかに傾斜しだした.
11 《海》静かに岸を離れる[離れさせる] (*from*) ▪ The ship *eased off from* the shore. 船は静かに岸を離れた.

ease off on ⑯ …を緩和する ▪ The government *eased off on* buying. 政府は購入を緩和した.

ease … (on) out (of) ⑯ **1** …を(…から)そっと[徐々に]取り出す ▪ He carefully *eased* the car *out of* the garage. 彼は注意深くガレージから車を出した ▪ With care, we *eased* her *on out*. 注意深く我々は彼女をそっと外へ出した.

ease out ⑯ 《海》帆をゆるめる ▪ *Ease out* the large sail. 大帆をゆるめよ.

2 ...を(...から)巧みに辞職させる, 辞任に追い込む, 追放する ▪ Green *was eased out* last month. グリーンは先月職をやめさせられた ▪ They *were eased out of* the Department. 彼らはその局から追い出された ▪ The scandal *eased* her *on out*. そのスキャンダルのために彼女はその場にいられなくなった.

ease round 他 (車·船など)をゆっくり回転させる ▪ *Ease* the car *round* (the gateway). 車を(入口で)静かに回転させなさい.

ease to 自 《海》(風当たりを殺(そ)ぐため)船を風上に向ける ▪ The wind is very strong, we should *ease to*. 風がとても強い, 船を風上に向かわせよう.

ease up 1《米口》(心·人)から心配[苦痛]を取り去る ▪ The doctor is *easing up* the fellow. 医者はその男の苦しみの手当をしている ▪ We *eased up* our minds on the subject. その問題について安心し合った.

2《米口》...を静かに動かす ▪ You *ease up* the plank gently. その板を静かに動かしなさい.

― 自 (雨·風が)弱まる ▪ The wind has *eased up*, so I think the storm is just about over. 風が弱まったので, あらしはほとんど通り過ぎたのだと思う.

4(努力·漕ぐのを)ゆるめる; 楽にする, のんびり気を休める ▪ On catching sight of him, he *eased up* and stared. 私は見つけると彼は漕ぎ方をゆるめてじっと見た ▪ They *eased up* in their campaign drives. 彼らは選挙運動をゆるめた ▪ He had to *ease up*. 彼はのんきに暮らさねばならなかった.

5(場所をあけるため)つめる ▪ Please *ease up* a little, as there are some people without seats. 少しつめてください, 席のない人がいますから.

ease up on 他 **1**《米》...をゆるめる; を逃れる ▪ The enemy *eased up on* their bombing. 敵は爆撃をゆるめた ▪ He *eased up on* his duty. 彼は義務を逃れた.

2(...に対して)態度を和らげる, おだやかに接する ▪ I think you should *ease up on* the kids a bit. 君は子供たちに対して少し態度を和らげるべきだと思う.

3(タバコなど)を控える ▪ You should *ease up on* cigarettes. タバコを控えるべきだ.

eat /iːt/ ***eat at*** [***on***] 他 《米俗》...を悩ます ▪ Something was *eating at* me. 何かが私を苦しめていた.

eat away 自 **1** どんどん食べる ▪ *Eat away*, boys. みんな, どんどん食べなさい.

― 他 **2**(さびが)...を腐食する; を徐々に浸食する, 消耗する ▪ The waves *eat away* the shore little by little. 波は少しずつ海岸を浸食する ▪ Rust was *eating away* the iron supports. さびが鉄の支柱を腐食していた ▪ Repeated rejections are *eating away* her self-esteem. 続けざまに拒絶され, 彼女の自尊心はしだいに無くなっている.

3 食べて(悩みなど)を解消する, 食べることで(うつなど)を取り去る ▪ The name "*Eat Away* Illness" originated as a book. 「食べて病気とサヨウナラ」は初めて本の形で出た.

eat away at 他 〖主に進行形で〗 **1** ...を徐々に浸食する, むしばむ ▪ The sea *is eating away at* the cliff. 海は徐々にがけを浸食している ▪ Acid rain continues to *eat away at* forests. 酸性雨が森林を消滅させ続けている.

2(金額·時間など)を次第に減らしていく; (決意·希望など)を徐々に弱める, 少しずつなくす ▪ Falling land prices *are eating away at* profits. 地価の下落に伴って利益が徐々に減少している ▪ Expensive gasoline is *eating away at* consumer spending. 高騰ガソリンが個人消費を冷え込ませている ▪ Cancer was devouring him again, *eating away at* his hopes and dreams. がんが再び彼の体を蝕み, 彼の望みと夢を少しずつ崩して行った.

3 ...を絶えず悩ませる, (人)の心をむしばむ ▪ It's *eating away at* me inside. そのことは私の胸の内を苦しめている ▪ Waiting in line does *eat away at* mental health. 一列に並んで順番を待つとなると実に気が滅入る.

eat in 自 **1** 自宅で食事をする(↔EAT out 1) ▪ I want to *eat in*. I eat out all the time. 家で食べたい. いつも外食しているから.

2 店内で食べる ▪ They're offering barbecue and hot dogs to *eat in* or take out. あそこは店内用および持ち帰り用のバーベキューとホットドッグを出している

eat into 他 ...を腐食する, に食いこむ; (財など)を消耗する ▪ The acid has *eaten into* the cloth. 酸が布を腐食した ▪ The desire for wealth has *eaten into* our hearts. 金銭欲が我々の心に食いこんだ ▪ These travels are *eating into* my pocket. この旅行は私の財布に食いこんでいる.

eat of 他 ...の一部を食う; (ごちそう)にあずかる ▪ We *ate of* the repast. 我々はごちそうにあずかった.

eat off 自他 **1** ...から取って食べる; で食事をする ▪ He *ate off* a plate. 皿から取って食べた ▪ I always *eat* a supper *off* pork steaks. 私はいつも豚肉のステーキで夕食をする.

2 ...を食い切る[離す] ▪ The dog was trying to *eat* the rope *off*. 犬は綱を食いちぎろうとしていた.

3 ...を作物のまま牛に食わせてしまう ▪ He *ate off* his turnips early. 彼は畑になっているカブを若いうちに牛に食べさせてしまった.

― 自 **4** = LIVE off 1.

5(作物が)そのまま食われてしまう ▪ The pasture does not *eat off* regularly. その牧草はきちんと食べられていない(牛が食べ残している).

eat out 自 **1** 外食する(↔EAT in 1) ▪ I want to *eat out* once in a while. 私はたまには外食したい.

― 他 **2**(家畜が)...を食い尽くす, 食い荒らす ▪ Wyoming is natural grazing country, and can not *be eaten out* in ten years. ワイオミングは天然の牧草地域で10年は食いつくせそうにない.

3 ...を食い切る, かみちぎる ▪ I ought to *eat* my tongue *out* before saying such a thing. 私はそんなことを言うくらいなら舌をかみ切るべきだ.

4(寄食者·腐食物が)...を食い滅ぼす ▪ His family trouble seems to *eat out* his life. 家庭の争議が彼の命を食い滅ぼすように思われる ▪ A little oil quickly

eats out the color. 少量の油ですぐにその色は消える. **5**《他のものに属する空間)を侵害する ▪ A nice room on the ground floor *eats out* a back-yard. 1階の立派な部屋が裏庭を侵害している.
6《俗》...をこっぴどくしかる, どやしつける (→CHEW out) ▪ He was always *eating out* the kids. 彼はしょっちゅう子供たちをしかりつけている.
7《卑》...にクンニリングス[フェラチオ]をする.

eat out of 他 (皿などから)食べる ▪ You must always *eat out of* your own dish. あなたはいつも自分の皿のものを食べねばなりません.

eat through 他 **1**...を腐食して穴をあける ▪ The acid has *eaten through* the metal. 酸がその金属を腐食して穴をあけた.
2...をほとんど食べてしまう ▪ He has *eaten through* a week's supply in two days. 彼は2日で一週間分の貯えをほとんど食べてしまった.

eat up 他 **1**...を食べてしまう ▪ Please *eat up* your dinner. どうぞお食事をすっかり召しあがってください.
2(時間・金など)を食ってしまう, 消費する, たくさん使う ▪ Housework *eats up* nearly all my time. 家事のため私の時間はほとんどみなつぶれてしまう ▪ The taxes *eat up* all my profits. 税金が私の収益のすべてを食ってしまう ▪ This car *eats up* petrol. この車はガソリンをたくさん食う.
3(人の食糧・財産)を食いつぶす; (一国の食糧)を食いつぶす; (人)を滅ぼす; (近国)を盛んに併呑する ▪ The spendthrift is *eating up* his patrimony. 放蕩者は自分の家督を食いつぶしている ▪ The Scots *ate up* two countries. スコットランド軍は2国を食いつぶした.
4(相手)を打ち破る, やっつけてしまう ▪ He was a better boxer and *ate me up*. 彼は私よりボクシングがじょうずで私をやっつけてしまった ▪ The sun *ate up* the wind. 太陽は風を消してしまった.
5[主に受身で](熱情などが人)をさいなむ; (病苦が人)を消耗する; (さびなどが)...に深く食いこむ; ...を浸食[風化]する (*with, by*) ▪ He *was eaten up with* jealousy. 彼は嫉妬に身をこがした ▪ She *is eaten up with* a sense of injustice. 彼女は不当な扱いを受けたという気持ちにさいなまれている ▪ The patient *was eaten up by* cancer. 患者はがんのためにやつれ果てていた ▪ The sword *is eaten up with* rust. その剣はすっかりさびついている ▪ The beautiful islands *were eaten up by* sand and erosion. 美しい島々は砂と浸食で風化してしまった.
6《米口》(土地・距離など)を一気に進む ▪ Ten minutes in the car *ate up* the distance. 自動車に乗って10分でその距離を一気に進んだ.
7《海》...を速く進む ▪ The ship was *eating her way up* towards the wind. 船は風の方向へ急速に進んでいた.
8...を吸収[同化]してしまう ▪ Kant *ate up* all of Hume. カントはヒュームをすっかり吸収してしまった.
9...をどん欲に取り入れる, に目がない ▪ She simply *eats up* the publicity. 彼女は名が売れることをひたすら喜んでいる.

10《俗》(良いものなど)に飛びつく ▪ The tabloids were *eating up* every new rumor. タブロイド版新聞は新しい噂にはすべてに飛びついていた ▪ The crowd *ate up* the love scene. 群衆は濡れ場に夢中で見入った.
11...を信じ込む, うのみにしてしまう ▪ He'll *eat up* whatever the broker tells him. 彼はブローカーの言うことを何でも信じてしまうだろう.

eavesdrop /íːvzdrɑ̀p|-drɔ̀p/ ***eavesdrop on*** 他 ...を盗み聞き[立ち聞き]する ▪ This conversation *was eavesdropped on* by the KGB. この会話はKGBによって盗聴されていた.

ebb /eb/ ***ebb away [down, off, out]*** 自 **1**(潮など が)引く ▪ The water quickly *ebbed away*. 水はすばやく引いた.
2下り坂になる, 衰える, 消え去る ▪ Gradually his strength *ebbed out*. 徐々に彼の力は抜けてしまった ▪ All the vigor is gone, all the life has *ebbed out*. 元気が全くなくなり, 生気がすっかり消えてしまった.

ebb back 自 (元気などが)出る, 盛り返す ▪ My energy *ebbed back* after such a good sleep. 熟睡したあとは活力が盛り返してきた.

echo /ékoʊ/ ***echo back to*** 自 ...の思い出が心によみがえってくる ▪ His advice has *echoed back to* me many times. 彼の助言が何度も私の胸に去来した.

echo through 自 (音が空間に)反響する ▪ His footsteps *echoed through* the empty house. 彼の足音が誰もいない部屋に響きわたった.

echo with 自 **1**(広い空間に音)が反響する ▪ The old theater *echoed with* applause. 古い劇場に喝采がとどろきわたった.
2《雅》...を思い出させる ▪ Her childhood home *echoed with* the memory of her young spiritual life. 彼女の子供のころの実家は彼女の若々しい精神生活の思い出にあふれていた ▪ The autumn wind *echoed with* the memory of a song that he couldn't quite remember. 秋風で断片的にしか覚えていなかった歌の記憶がよみがえった.

economize /ɪkάnəmàɪz|-kɔ́n-/ ***economize in*** 自 ...を節約する ▪ We *economized in* coal. 我々は石炭を節約した.

economize on 自 **1** = ECONOMIZE in.
2...で節約して暮らす ▪ I *economize on* half-pay. 半給で節約して暮らしている.

edge /edʒ/ ***edge along*** 自 体を横にして[斜めに]じりじり進む; ゆっくり注意深く進む ▪ We *edged along* the passage. 我々は(体を横にして)通路をじりじり進んだ.

edge away **1**徐々に退く[去る]; 《海》(海岸などから)徐々に離れて行く, 徐々に進路からそれる ▪ Becoming frightened at the dog, he began to *edge away*. 犬が恐ろしくなって彼はじりじりあとずさりし始めた ▪ The pirate ship *edged away* under cover of night. 海賊船は夜陰にまぎれてそっと去っていった ▪ The ship *edged away* from her course. 船は徐々に進路からそれていった.
— 他 **2**(物)を斜めに取り去る, (気づかれぬほど)徐々に

押しのける ▪ Christianity is at work *edging away* oppression. キリスト教は徐々に圧迫を押しのけるよう努力している.

edge in 自 **1** …を差しこむ, 巧みに持ちこむ, (言葉)を差しはさむ ▪ I could scarcely *edge in* a word. 私はほとんど一言も差しはさむことができなかった.
— 自 **2** (なんらかの目的をもって)…にじわじわ接近する *(on)* ▪ I *edged in on* the chairman to speak to him. 私は話をするため議長のほうへ徐々に寄って行った ▪ A parade of companies *edge in on* the government IT market. 多くの会社が政府の IT 市場に接近する.

edge off 自 (口) **1** 徐々に去る, やめる ▪ The enemy lost heart and slowly *edged off*. 敵は士気を失い, 徐々に退却した.
— 他 **2** …を徐々に押しのける ▪ We *edged* it *off*. 私たちは徐々にそれを押しのけた.

edge *a person* ***on*** 他 人を励ます, 励まして(…を)やらせる, 人をけしかける, けしかけて(…を)やらせる ▪ She was always *edging* him *on*. 彼女はいつも彼を励ましていた ▪ He *was edged on* to do so. 彼はけしかけられてそうした.

edge out 他 (米俗)…にわずかの差で勝つ, 辛勝する ▪ Bob *edged out* Henry in the election. ボブは選挙でわずかの差でヘンリーに勝った.

edge out of 自 **1** (用心して)じりじりと出る[進む] ▪ We *edged out of* the crowd. 私たちは人ごみの中から用心してじりじり出た.
— 他 **2** …から次第に駆逐する ▪ The English were gradually *edging* the French *out of* Canada. イギリス軍はフランス軍を次第にカナダから追い出していた.

edge up 自 **1** にじり寄る, 食いこむ *(to)*; 徐々に増える ▪ Saying so, she *edged up to* her husband. そう言って彼女は夫の方へにじり寄った ▪ Inflation has been *edging up* recently. 最近徐々にインフレが増しつつある.
2 (スコ)[命令文で] さっさと動け! ▪ *Edge up*! 素早く動け!

edge up on 自 …に接近する; に直面する ▪ He *edges up on* his leader. 彼は指導者に(実力などが)接近している.

edge *A* ***with*** *B* 他 AにBの縁をつける ▪ The dish *was edged with* a border of gold. その皿には金の縁がついていた.

edit /édət/ ***edit*** *A* ***down*** *(to B)* 他 Aを編集して(Bに)短縮する ▪ We *edited* several hours of tape *down* to a short video. 我々は数時間のテープを短いビデオに編集した ▪ She reserves the right to *edit* it *down to* 200 words or so. 彼女には200語程度に縮小する編集上の権利がある.

edit … in 他 …を挿入して編集する ▪ So "Chris" was *edited* out; "Jeff" *was edited in*. こうして, 「クリス」は削除され, 「ジェフ」が挿入された.

edit … out *(of)* 他 (編集のとき)…を削る ▪ The four-letter words *were edited out of* the draft. タブー語は編集の際草稿から削られた.

educe /ɪdjúːs/ ***educe from*** 他 …から引き出す [得る] ▪ We must *educe* a conclusion *from* these data. これらの資料から結論を引き出さねばならない.

eject /ɪdʒékt/ ***eject*** *A* ***from*** *B* 他 **1** BからAを追い出す ▪ They *were ejected from* the house in question. 彼らは問題の家から追い出された.
— 他 **2** (航空) A(パイロット)をB(機)から射出する ▪ The pilot *(was) ejected from* the burning plane. パイロットは火を噴く飛行機から緊急脱出した [射出された].

eke /iːk/ ***eke out*** **1** (俗) かろうじて[やりくりで](生計)を立てる ▪ He *eked out* a subsistence. 彼はやりくりして生活した ▪ She *eked out* a scanty livelihood. 彼女はかろうじて細々と生計を立てていった.
2 …の(不足)を補う *(with, by)* ▪ He is trying to *eke out* his salary *with* odd jobs. 彼は給料を臨時の仕事で補おうとしている ▪ The meaning of their words has to *be eked out by* gesture. 彼らの言葉の意味は身ぶり手ぶりで補わねばならない.
3 (演説・作文などを)工夫して引き延ばす ▪ He *eked out* a good-sized volume. 彼はかなり大きい本を苦心して増補した.

elaborate /ɪlǽbərət/ ***elaborate on*** [***upon***] 他 …を詳しく論じる ▪ Don't *elaborate on* the matter, just tell me the bare facts. その件を詳細に述べずに, 事実だけを話してください.

elate /ɪléɪt/ ***elate*** *a person* ***over*** [***with***] 他 人を…で得意にさせる, 高揚させる ▪ She *was* highly *elated with* her son's success. 彼女は息子の成功に大得意であった.

elbow /élboʊ/ ***elbow*** *a person* ***aside*** 他 **1** 人を(ひじで)押しのける ▪ He *elbowed* them *aside*. 彼は彼らを押しのけた.
2 …を押しのける, 追放[排除]する ▪ When jobs are scarce, young men tend to *be elbowed aside*. 勤め口が少ない時は若い者たちは押しのけられがちである.

elbow *a person* ***off*** 他 **1** 人を(ひじで)押しのける, 押し出す ▪ He fell asleep over the table so I *elbowed* him *off*. テーブルにうつぶせて眠り込んだので, 彼をひじで押しのけた.
2 人を押しのける, 追放[排除]する ▪ They *elbowed* him *off* the Royal Exchange. 彼を王立取引所から追い出した.

elbow *a person* ***out of*** 他 人を…から押し出す ▪ The small farming class *were* gradually *elbowed out of* their holdings. 小農階級はだんだんと自分らの持ち地所から追い出された.

elect /ɪlékt/ ***elect*** *a person* ***as*** 他 人を…に選出する ▪ Barack Obama *was elected as* President. バラク・オバマ氏が大統領に選出された.

elect *a person* ***into*** 他 人を…に選ぶ ▪ He *was elected into* the committee. 彼は委員会の委員に選ばれた.

elect *a person* ***to*** 他 人を…に選出する ▪ He *was elected to* Congress [the chair]. 彼は米国会議員[議長]に選ばれた.

elevate /éləvèɪt/ ***elevate*** *a person* ***to*** 他

elevate 《文》人を…に昇進させる, 昇格させる ・She *was elevated to* head coach in August 2010. 彼女は2010年8月にヘッドコーチに昇格した. ・The success *elevated* her *to* a new rank and higher pay. その成功のお陰で彼女は新しいポストに昇格し給料も上がった. ・He *was elevated to* the peerage. 彼は貴族に叙せられた.

elicit /ɪlísət/ *elicit A from B* 他 BからAを引き出す ・We could not *elicit* a reply *from* him. 彼から返事を聞き出すことができなかった. ・It is hard to *elicit* a laugh *from* him. 彼を笑わせることはむずかしい.

eliminate /ɪlímənèɪt/ *eliminate A from B* 他 AをBから取り除く ・He *was eliminated from* the contest. 彼はその競技から除かれた.

emanate /émənèɪt/ *emanate from* 自 《文》…から出る, 発生する; (光・香りなどが)…から発散する ・The strength of a political party *emanates from* the support of all its members. 政党の力は全党員の支持から生じる. ・A bad smell *emanated from* the dead cat. 死んだ猫から悪臭が発散した.

emancipate /ɪmǽnsəpèɪt/ *emancipate A from B* 他 AをBから解放する ・He *emancipated* himself *from* the burden of sin. 彼は罪の重荷から自由になった.

embank /ɪmbǽŋk/ *embank out* 他 堤防を築いて海水を入れない[排除する] ・We must *embank out* the sea at that place. 我々はそこに堤防を作って海水を入れないようにせねばならない.

embark /ɪmbɑ́ːrk/ *embark for* 自 (…へ)船出する ・They *embarked for* San Francisco at Yokohama. 彼らは横浜で乗船してサンフランシスコに向かった.

embark A in B 他 **1** A(金)をBに投資する ・He *embarked* a large sum of money *in* the enterprise. 彼は多額の金をその事業に投資した. **2** A(人・貨物)をB(船・飛行機など)に乗せる[積み込む] ・The President *was embarked in* a boat. 大統領は乗船した.

embark on [*in*, *upon*] 他 **1** (船・飛行機など)に乗りこむ ・They *embarked on* the steamer last night. 彼らは昨夜その汽船に乗った. **2** …を始める, に乗り出す, 手を出す ・They *embarked on* matrimony. 彼らは結婚生活に入った ・He *embarked in* an undertaking. 彼は事業に乗り出した.

embed /ɪmbéd/ *embed in* 他 〖主に受身で〗(ジャーナリストが)…に従軍する; 《軍》に同行する ・I *was embedded in* Iraq with a division of U.S. Marines. 私は米国海兵隊の分艦隊に従軍してイラクに同行した.

embellish /ɪmbélɪʃ/ *embellish A with B* 他 **1** AをBで飾り立てる ・The room *was embellished with* pictures. その部屋は絵で飾られていた. **2** AをBで潤色する ・He *embellished* his history *with* details. 彼は自分の話に尾ひれをつけて話した.

embezzle /ɪmbézəl/ *embezzle A from B* 他 B(雇い主)からA(金など)を横領する[使い込む, 着服する] ・She *embezzled* about $40,000 *from* her employer. 彼女は雇用主のお金を約4万ドル使い込んだ.

emblazon /ɪmbléɪzən/ *emblazon A with B* 他 〖主に受身で〗AにB(紋章などを)美しく描く; AをBで飾る ・The carriage *was emblazoned with* arms. 馬車には紋章が美しく描かれていた.

embody /ɪmbɑ́di|-bɔ́di/ *embody A in B* 他 AをBに具現する[具体化する] ・The custom has *been embodied in* law. その習慣は法律に具体化されている.

embroider /ɪmbrɔ́ɪdər/ *embroider on* 他 …を潤色する, に飾りをつける ・He *embroidered on* the experience to create this tale. 彼はその経験を潤色してこの物語を作った.

embroil /ɪmbrɔ́ɪl/ *embroil a person in* 他 人を…の渦中に投じる[巻き込む] ・He *embroiled* himself *in* the dispute. 彼はその論争の渦中に身を投じた.

embroil a person with 他 人を…と反目させる ・They *embroiled* him *with* the House of Commons. 彼らは彼を下院と反目させた.

emerge /ɪmə́ːrdʒ/ *emerge from* 自 …から浮び出る[現れる, 身を起こす] ・He has *emerged from* poverty. 彼は貧困から身を起こした. ・The business is *emerging from* its difficulties. その事業は難局を脱しつつある. ・The sun *emerged from* behind the clouds. 太陽は雲の後ろから現れた.

emigrate /émɪgrèɪt/ *emigrate from A* (*to B*) 自 Aから(Bに)移住する ・My uncle *emigrated from* England *to* Canada. 私のおじはイングランドからカナダへ移住した.

emit /ɪmít/ *emit A from B* 他 BからAを吹き出す ・The factory is *emitting* black smoke *from* its chimneys. その工場は煙突から黒煙を出している.

employ /ɪmplɔ́ɪ/ *employ a person at* 他 **1** 人を…の給料で雇う ・She *is employed at* half pay. 彼女は半給で雇われている. **2** 人を…の仕事に雇う ・I have *been employed at* this job these five years. 私はこの5年間この仕事に雇われている.

employ a person in 他 **1** 人を(ある場所)に雇う ・He *is employed in* the company. 彼はその会社に雇われている. **2** 人を(ある仕事)に雇う[従事させる] ・I *employed* him *in* the work. 私は彼をその仕事に雇った[従事させた].

empty /émpti/ *empty A into* [*on*, *upon*] *B* 他 A(の中身)をBの中[上]へあける ・He *emptied* the jug *into* the bowl. 彼は水差しの中身を鉢の中へあけた. ・He *emptied* the purse *upon* the table. 彼は財布の金をテーブルの上にあけた.

empty A of B 他 AからBを出して空にする ・Please *empty* the drawer *of* those clothes. どうぞ引き出しからそれらの衣服をみな出してください ・The jar *was emptied of* its contents. そのかめは中身を出して空にされた.

empty out 他 …を空にする ▪*Empty out* this butt for me. この大だるを空にしてください。

encase /ɪnkéɪs/ ***encase*** *A* ***in*** *B* 他 AをBに入れる[包む] ▪Knights *were encased in* armour from head to foot. 騎士たちは頭から足までよろいをまとっていた。

encircle /ɪnsə́ːrkəl/ ***encircle*** *A* ***by*** [***with***] *B* 他 AをBで取り巻く ▪The lake *is encircled by* wood. その湖は森に囲まれている ▪They *encircled* their naked waists *with* a girdle of thorns. 彼らは裸の腰にいばらの帯を巻いた。

enclose /ɪnklóʊz/ ***enclose*** *A* ***in*** [***within***] *B* 他 **1** AをBの中に入れる ▪A key was *enclosed within* the envelope. 鍵がその封筒の中に入れられていた。
2 AをBの中に閉じ込める ▪The mummified body *was enclosed in* the inner vault. そのミイラになった死体は奥の地下埋葬室に閉じ込められていた。
enclose *A* ***with*** *B* 他 **1** AをBの中へ同封する ▪He *enclosed* a letter *with* the parcel. 彼は手紙を小包に同封した。
2 AをBで囲む ▪The house *is enclosed with* walls. その家はぐるりを塀で囲まれている。

encourage /ɪnkə́ːrɪdʒ|-kʌ́r-/ ***encourage*** *a person* ***in*** 他 人の…を奨励する ▪He *encouraged* the boy *in* his studies. 彼はその少年の勉強を奨励した。

encroach /ɪnkróʊtʃ/ ***encroach on*** [***upon***] 他 **1** …を侵害する, (時間など)をつぶす ▪I shall not *encroach upon* your time. あなたの時間をつぶすようなことはしません ▪Be careful not to *encroach upon* their rights. 彼らの権利を侵害せぬよう注意しなさい。
2 …を侵す ▪You should not *encroach on* a neighbor's land. 隣人の土地は侵すべからず。
3 (海水などが)…を浸食する ▪The sea *encroached upon* these cliffs. 海がこれらの絶壁を浸食した。

end /end/ ***end by*** *doing* 自 …して終わりとする; 結局…する ▪I *end by thanking* you. あなたに感謝して終わりといたします ▪She will *end by marrying* a duke. 彼女は結局公爵と結婚するだろう。
end in 自 **1** …に終わる, 結果する, 帰する ▪Their conversation *ended in* a quarrel. 彼らの談話は口論に終わった ▪The road *ended in* a field. 道路が尽きて畑になった。
2 (…の)先端が…となる ▪The tube *ended in* a large bulb. 管の先端は大きな球状になっていた。
end off 他 (演説・本など)を結ぶ; を終える (*by, with*) ▪He *ended off* his speech *by* saying so. 彼はそう言って演説を結んだ ▪The boss *ended off* his story *with* a moral. 社長は教訓を与えて話を終えた。
end up 自 **1** 結局は[最後には]…となる, ついには…に至る 《end より少し強い形》 ▪Though friends for many years, they *ended up* enemies. 長年の間味方であったが, 彼らは最後には敵となった ▪He will probably *end up* rich. 彼は恐らく結局は金持ちになるだろう。
2 終わりには…する; で終わる (*in*) ▪He *ended up* owning a lot of property. 彼は結局大きな財産を持つことになった ▪He will visit China, Formosa, and *end up in* Thailand. 彼は中国, 台湾を訪問しタイで終わるであろう ▪He will *end up in* prison. 彼は最後には刑務所に入るだろう。
3 《俗》死ぬ ▪We shall *end up* soon. 我々はやがて死ぬであろう。
— 他 **4** …を終える ▪He *ended up* his speech with a quotation. 彼は引用を一つして演説を終えた。
end up with 自 …で終わる ▪They will *end up with* a loss. 彼らは結局は損失を招くだろう ▪He *ended up with* first prize. 彼は結局一等賞を得た。
end up (***with***) *doing* 自 最後に…する (→END by doing) ▪He always *ends up* (*with*) *laughing*. 彼はいつも最後には笑う。
end with 自 **1** …で終わる ▪Unfortunately the day *ended with* a severe storm. 不幸にもその日は激しいあらしで暮れた。
2 …と同時に終わる ▪The expedition *ended with* his death. その遠征は彼の死と同時に終わった。
3 …との関係を断つ[手を切る] ▪Jane has *ended with* the young man. ジェインはその青年と手を切った。

endear /ɪndíər/ ***endear*** *a person* ***to*** 他 人を…に慕われる[愛される]ようにする ▪His kindness of heart *endeared* him *to* all. 彼は心が優しいためすべての人に愛された。

endeavor, 《英》**endeavour** /ɪndévər/ ***endeavor after*** 他 …を得ようと努める ▪He is *endeavoring after* happiness. 彼は幸福を得ようと努めている。
endeavor at 他 …しようと努力する ▪He is *endeavoring at* eminence. 彼は立身しようと努めている。

endorse /ɪndɔ́ːrs/ ***endorse*** *a sum* ***off*** 他 (手形の裏などに)額面金額の一部領収を記入する ▪He turned the bill over and *endorsed* $100 *off* (of) it. 彼は手形を裏返して 100 ドルの領収を記入した。
endorse over (*a bill*) ***to*** 他 (手形などに)裏書きして権利を…に譲り渡す ▪He *endorsed over* the bill *to* her. 彼はその手形に裏書きして権利を彼女に譲り渡した。

endow /ɪndáʊ/ ***endow*** *A* ***with*** *B* 他 **1** AにB (基金など)を寄付する ▪The big businessman *endowed* the hospital *with* half his fortune. 大実業家はその病院に財産の半分を寄付した。
2 AにBがあると考える ▪Dragons are mythical creatures typically *endowed with* magical powers. 龍は神話上の動物であり, 典型的には魔術的な力があるとされている。

enervate /énərvèɪt/ ***enervate with*** [***from***] 他 …で体をこわす ▪He *is enervated with* dissipation. 彼は放蕩で体をこわした。

enforce /ɪnfɔ́ːrs/ ***enforce…upon*** [***on***] *a person* 他 (行動など)を人に押しつける ▪They *enforced* the course of action *upon* me. 彼らはその行動(方針)を私に強いた。

engage /ɪngéɪdʒ/ ***engage for*** 他 **1** ...を保証する ▪ They *engaged for* his honesty. 彼らは彼の正直さを保証した.

2 ...の実行を引き受ける, を約束する ▪ They *engaged for* the safety of the nation. 彼らは国民の安全を約束した.

engage in 自《文》**1**(仕事・事業)に乗り出す, を始める ▪ He *engaged in* politics. 彼は政治に乗り出した.

2 ...に従事する ▪ I *engage in* teaching. 私は教師をしている.

3 ...に参加する ▪ We *engaged in* a game of tennis. 我々はテニスの試合に加わった.

engage *a person **in*** 他 **1** ...に人を引き入れる ▪ I will *engage* him *in* conversation. 彼を会話に引き入れましょう.

2 ...に人を従事させる ▪ I *engaged* him *in* trade. 彼を商売に従事させた.

engage with 他 **1** ...を雇う; に雇われる ▪ He *engaged with* me. 彼が私を雇った ▪ I will not *engage with* another master. 別の主人に雇われたくない.

2《文》(人・事柄を理解しようとして)...ととつき合う, 交流する ▪ It is important for foreign residents to *engage with* the local community. 外国人居住者は地域住民と交流することが大切だ.

3 (歯車などが)...とかみ合う ▪ The different parts of the motor do not *engage with* each other properly. モーターの各部分が互いにうまくかみ合わない.

4 ...と交戦する ▪ He *engaged with* me and stabbed me. 彼は私と戦い私を刺した.

engender /ɪndʒéndər/ ***engender*** (...) ***on [upon]*** 他 **1** ...に(状況・気持ち)を生じせしめる ▪ Decades of conflict have *engendered* deep mistrust *on* both sides. 数十年にわたる衝突で両者に深い不信が生じた.

2《雅》(女性)によって(子)を産む ▪ I have to *engender* a dozen children *upon* her. 彼女によって1ダースの子供を産まねばならない.

engraft /ɪngrǽft|-grάːft/ ***engraft*** *A **in*** *B* 他 AをBの中に植えつける ▪ Honesty *is engrafted in* his character. 正直は彼の人格の中に植えつけられている.

engraft *A **on [upon, into, onto]*** *B* 他 AをBの上に接木する, 合体させる ▪ *Engraft* the shoot of a cultivated apple tree *into* the trunk of a wild one. 栽培したリンゴの木の若枝を野生のリンゴの幹につぎなさい ▪ They *engrafted* the vigorous shoots of pastoral freedom *on* the stock of urban liberty. 彼らは田園の自由という強壮な若枝を都市の自由という台木の上についだ.

engrave /ɪngréɪv/ ***engrave*** *A **on*** *B* / ***engrave*** *B **with*** *A* 他 **1**(B の上)にAを刻みつける ▪ The names of the brave soldiers *were engraved on* stone. その勇敢な兵士たちの名が石に刻まれていた ▪ The stone *is engraved with* a rooster. その石には雄鶏が彫りこまれている.

2 AをB(心)に刻み込む ▪ The scene *is engraved on* my memory. その場面は私の記憶に刻み込まれている.

enjoin /ɪndʒɔ́ɪn/ ***enjoin*** *a person **from doing*** 他《主に米・法》人に ...することを禁ずる ▪ He *was enjoined* by conscience *from taking* human life. 彼は良心によって人を殺すことを禁じられた.

enjoin ... on [upon] *a person* 他 人に(義務として)...を課する, 申しつける ▪ The teacher *enjoined* diligence *on* his pupils. 先生は生徒に勤勉であれと言いつけた. ⇨ direct より強く, command より弱い.

enlarge /ɪnlάːrdʒ/ ***enlarge on [upon]*** 他《文》...を詳しく述べる ▪ I need not *enlarge upon* this matter. この問題を私が詳説する必要はない.

enlist /ɪnlíst/ ***enlist in*** 自 **1**(軍)...に入隊する ▪ He *enlisted in* the Army and spent five months in Vietnam. 彼は陸軍に入隊し, ベトナムで5か月すごした.

2 ...に加わる, 協力する ▪ He *enlisted in* the cause of charity. 彼は慈善事業に協力した.

enlist *a person **in*** 他 **1** ...に人を協力[支持]させる ▪ We *enlisted* him *in* our cause. 彼を我々の運動に協力させた.

2 人を(軍隊)に入隊させる ▪ A boy can't *be enlisted in* the Army without his parents' consent. 少年は両親の承諾がなければ陸軍に入隊させてもらえない.

enrich /ɪnrítʃ/ ***enrich*** *A **with*** *B* AをBで豊富にする ▪ The library *was enriched with* those gifts. その図書館はそれらの寄贈書で豊富になった ▪ He *enriched* his stories *with* life-like dialog. 彼は物語を生き生きとした対話で豊かにした.

enroll,《英》**enrol** /ɪnróʊl/ ***enroll for*** 自 ...の受講登録をする ▪ He *enrolled for* a speech course. 彼は話し方講座の受講生になった.

enroll in 自 他 ...の受講登録をする ▪ She *enrolled in* the evening class. 彼女は夜間講座の受講登録をした ▪ She *enrolled* her daughter *in* the ballet class. 彼女は娘をバレエ教室に入れた.

enroll with 自 ...に登録する ▪ He *enrolled with* an employment agency for a teaching position. 彼は教師の職を求めて職業紹介所に登録した.

ensue /ɪnsjúː/ ***ensue from [on]*** 自 ...の結果として起こる ▪ No one knows what will *ensue from* this. この結果としてどんな事が起こるか誰もわからない.

ensure /ɪnʃʊ́ər|ɪnʃɔ́ː/ ***ensure ... against [from]*** 他 ...を(危険など)に対して安全にする, 保証する ▪ These goods *are* not *ensured against* any risks. これらの貨物には何も保険はつけてない ▪ *Ensure* yourself *against* risks. 危険に対して身を安全にしなさい.

ensure ... to [for] 他 人に...を保証する, を確保させる ▪ His ability will *ensure* success *to* him. 彼の才能は彼の成功を約束している ▪ Parliament *ensured* a wide authority *to* the King. 議会は国王に広い権限を保証した.

entail /ɪntéɪl/ ***entail ... on** a person* [他] **1** 人に…を必要とさせる, 被らせる, 課す ▪ The enterprise will *entail* enormous expense *upon* them. その事業は彼らに莫大な経費と労力を必要とさせるだろう ▪ It *is entailed on* man to submit to God's will. 人は神の意志に従う必要がある.
2 人に限嗣(げんし)相続権を与える, 限嗣相続で(土地など)を譲る ▪ He *entailed* land *on* his heirs. 彼は相続人たちに土地の限嗣相続権を与えた ▪ The house *was entailed on* a distant cousin. 家は遠いいとこに限嗣相続で与えられた.
3 (遺伝として)…を伝える ▪ Alcohol sometimes *entails* the curse of insanity *on* one's children. アルコールは自分の子供たちに呪わしい精神異常をもたらすことがある.

entangle /ɪntǽŋgəl/ ***entangle** a person **in*** [他] 人を(困難・仕事など)に巻き込む, 陥れる ▪ He *entangled* me *in* the meshes of a plot. 彼は私を策略のわなにかけた ▪ The Pope tried to *entangle* his nephew *in* the conspiracy. 教皇はおいを陰謀に巻き込もうとした.

enter /éntər/ ***enter at*** [自] (戸口)から入る ▪ He *entered at* the front door. 彼は玄関口から入った.
***enter** A **at** [**to**] B* [他] AにBの臭跡を追わせる ▪ The young dogs should *be entered to* fox. 若い犬にはキツネの臭跡を追わせるべきである.
enter by [自] (特別の入口)から入る ▪ He *entered by* a secret entrance. 彼は秘密の入口から入った.
enter** a person **for [他] 人を競争参加者として登録する ▪ Please *enter* me *for* the hurdles. 私をハードル競技参加者名簿に載せてください.
enter in [***for***] [自] (競技など)に参加(を登録)する, エントリーする ▪ She is also *entered in* the 100m hurdles. 彼女は100メートルハードルにも出場登録している.
enter into [他] **1** …に参加する ▪ He *entered into* children's sports. 彼は子供といっしょになって遊んだ.
2 (契約など)を結ぶ ▪ Japan will *enter into* contract with the Indian Government. 日本はインド政府と盟約を結ぶだろう.
3 …を始める, 行う ▪ He *entered into* an active correspondence with Galileo. 彼はガリレオと活発に文通を始めた.
4 …に入りこむ, 成分の中に入る ▪ It *enters into* the system. それは体の中へ入りこむ ▪ It *enters into* the composition of brass. それは真ちゅうの成分を成している.
5 (職など)につく, (状態)に入る ▪ He *entered into* holy orders. 彼は聖職についた ▪ I will *enter into* matrimony next winter. 私は今度の冬結婚生活に入る.
6 (詳細など)にわたる, 立ち入る ▪ You need not *enter into* particulars [details]. あなたは詳細にわたるには及ばない.
7 (人の感情など)をくみ取る; (意見など)を傾聴する, に同感[賛成]する; を理解する ▪ It is hard to *enter into* his feelings. 彼の気持ちをくみ取ることはむずかしい ▪ He *entered into* my views. 彼は私の意見を傾聴してくれた ▪ It is only by comparison that we can *enter into* the philosophy of language. 我々は比較することによってのみ言語の原理を理解することができる.
8 (おもしろさなど)がわかる, を体得する ▪ He could *enter into* the fun of the things. 彼はそのおもしろさが本当にわかった.
9 …をよくよく考える; を調査する ▪ Please *enter into* the matter more deeply. その件をもっと深く考慮してください.
10 …に乗り気になる, 意気込む ▪ He *entered into* his scheme. 彼は自分の計画に意気込んでいた.
11 (勘定・計画など)の中に入る ▪ The possibility did not *enter into* our calculations. その可能性は我々の計算に入らなかった.
12 (名前など)を記入する ▪ I'll *enter* your name *into* this list. お名前をこのリストに記入します.
enter on [***upon***] [他] **1** 《文》…を始める, に入る, 乗り出す ▪ I *entered on* my voyage. 私は航海を始めた ▪ He *entered upon* a political career. 彼は政界に入った ▪ He *entered on* his professional duties. 彼は専門的な職についた.
2 《法》(所有権主張のため土地)に入る, を相続する, の所有権を得る ▪ I shall immediately *enter upon* your estate. 私はすぐにあなたの地所に入ります ▪ He *entered upon* an inheritance. 彼は遺産を受け継いだ ▪ It is not lawful for him to *enter upon* the goods. 彼がその品の所有権を得るのは違法である.
3 …に踏み入る ▪ I *entered upon* this portion of the glacier. 私は氷河のこの部分に踏み入った.
4 …の処理を始める ▪ The committee *entered upon* the church's grievances. 委員会は教会の苦情の審議を始めた.
enter up [他] **1** …をきちんと記帳する; を全部記帳する ▪ The cashbook has not *been entered up*. 現金出納帳はきちんと記帳されていなかった ▪ Have you *entered up* your payments? あなたは支払いを全部記帳しましたか.
2 《法》(裁判)を記録に載せる ▪ The judge authorized the plaintiff to *enter up* judgment. 判事は原告が裁判官の意見を記録に載せることを認可した.

entertain /èntərtéɪn/ ***entertain** a person **at*** [《英》***to***] [他] 人をもてなす, 招待する ▪ We *entertained* the couple *at* dinner. 我々は夫妻を夕食に招いてもてなした.
entertain** a person **with [他] 人を…でもてなす ▪ We *entertained* them *with* refreshments in another room. 別の部屋で彼らを茶菓でもてなした.

enthrall /ɪnθrɔ́ːl/ ***enthrall** a person **with*** [他] 人を…で魅了する, とりこにする, 引きつける ▪ She has *been enthralled with* Indian music and dance. 彼女はインドの音楽と舞踊に夢中になっている.

enthuse /ɪnθjúːz/ ***enthuse about*** [***over***] [自] …に熱狂する《enthusiasm からの逆成》 ▪ The boy is *enthusing over* the girl next door. 少年は隣家の少女に熱をあげている.

entice /ɪntáɪs/ ***entice** a person **away*** [***out***]

他 人をおびき出す, 誘い出す ・ She was enticed away from her house. 彼女は家からおびき出された ・ Bad companions came to entice him out. 悪友が彼を誘い出しにやって来た.

entice *a person **into*** 他 人を…につり込む, 誘い込む ・ We were enticed into their talk. 我々は彼らの話につり込まれた.

entice *a person **into*** *doing* 他 人をそそのかして…させる ・ I enticed him into stealing the purse. 彼をそそのかしてその財布を盗ませた.

entice *a person **to*** 他 人に…を受け取るようすすめる ・ Can I entice you to a piece of cake? 君にケーキを一つおすすめしてもよろしいか.

entice *a person **with*** 他 人を…で誘い出す ・ The victim was enticed with offers of a chance to act in television soaps. 被害者はテレビのメロドラマに出してやると言われて誘い出された.

entitle /ɪntáɪtəl/ ***entitle*** *a person **to*** 他 人に…の権利[資格]を与える ・ This ticket entitles the holder to a seat in the stalls. この切符を持っている人は1階正面席につくことができる ・ You are entitled to your opinion. あなたは自分の意見を持つ権利がある.

entomb /ɪntúːm/ ***entomb*** *A **in*** *B* **1** AをBに押し込める, 閉じ込める ・ The earthquake entombed them in their first-floor flat. 地震のため彼らは2階建てアパートの中に閉じ込められた.

2 AをBにこもりきりにする ・ Please don't entomb me in that huge, cold office. あのだだっ広い寒い事務所でこもりきりにさせないでください.

entrap /ɪntrǽp/ ***entrap*** *a person **into*** *doing* 他 人をだまして…させる ・ He was entrapped into doing so. 彼はだまされてそうした.

entrench /ɪntréntʃ/ ***entrench on*** [***upon***] 自 **1** …に近い, 類する ・ Such remarks entrench on impiety. そのような発言は不敬に近い.

2 (まれ) …を侵す ・ He entrenches on the domain of his neighbor. 彼は隣人の地所を侵している ・ They entrenched upon the privileges of parliament. 彼らは国会の特権を侵害した.

entrust /ɪntrʌ́st/ ***entrust…to*** *a person* 他 …を人に預ける, ゆだねる ・ I entrusted the money [my daughter] to him. その金[私の娘]を彼に預けた ・ I entrusted a secret to him. 私は秘密を彼に打ち明けた.

entrust *a person **with*** 他 人に…を任せる[託す] ・ We entrusted him with the education of our children. 子供たちの教育を彼に任せた ・ I entrusted him with a secret. 私は彼を信用して秘密を打ち明けた.

entwine /ɪntwáɪn/ ***entwine about*** [***round***] 他 …に巻きつく, まつわる ・ A vine-branch entwined about a rod. ブドウの枝がさおに巻きついていた.

entwine *A **about*** [***round***] *B* 他 BにAを巻きつかせる, 絡ませる ・ We entwined woodbine about our arbor. スイカズラをあずまやに巻きつかせた.

entwine *A* (***about, around***) ***with*** *B* (の回りに)巻きつかせる, BをAに絡ませる ・ 他 BをAに(の回り)に巻きつかせる, BをAに絡ませる ・ The trunk of the tree was entwined about with ivy. 木の幹はツタに巻きつかれていた ・ The oak was entwined around with creepers. カシの木には一面に蔓が巻きついていた.

entwine in 他 …を(…と)絡み合わせる, 組み合わせる ・ The bride entwined her hand in the bridegroom's. 花嫁は自分の手を花婿の手に絡ませていた.

envelop /ɪnvéləp/ ***envelop*** *A **with*** *B* 他 AをBで包む ・ The mountain was enveloped with snow. 山は雪に包まれていた.

envisage /ɪnvízɪdʒ/ ***envisage*** *A **as*** *B* 他 AをBとして心に思い描く, AをBとみなす ・ Most people had envisaged him as a substitute. ほとんどの人は彼を代役と思っていた.

envision /ɪnvíʒən/ ***envision*** *A **as*** *B* 他 AをBとして心に思い描く, AをBと想像する ・ He never envisioned himself as a star. 彼は自分がスターだなどと思ったことは一度もなかった.

equal /íːkwəl/ ***equal*** *A **in*** *B* 他 Bの点でAに等しい ・ I think I fully equal John in strength. 私は腕力ではジョンと十分に渡り合えると思う.

equate /ɪkwéɪt/ ***equate to*** [***with***] 自 …に等しい, と一致する ・ I don't think newness always equates to quality. 新しければいつも質が高いなどとは思わない ・ Quiet equates with quality in cars and trucks. 車やトラックにおいては, 静かであることは高品質であるに等しい.

equate *A **to*** [***with***] *B* 他 AがBと等しいと考える, AをBと同一視する ・ It is foolish to equate money to [with] happiness. 金が幸福と等しいと考えるのはばかげている ・ Does college football success equate to NFL success? 大学のフットボールで成功した者は NFL で同じように成功するのか. ⇨ NFL= National Football League.

equip /ɪkwíp/ ***equip*** *a person **with*** 他 **1** 人に(装具・武器など)を着けさせる ・ The soldiers were equipped with the latest weapons. 兵士たちは最新の武器を身につけた.

2 人に(学問・資本など)を授ける[与える] ・ He equipped them with learning. 彼は彼らに学問を授けた ・ His father equipped him with 50 pounds. 父は彼に50ポンドを与えた.

equip *a thing **with*** 他 物に…を備えつける ・ The ship was equipped with wireless apparatus. その船には無線装置が備えられた.

erase /ɪréɪs|ɪréɪz/ ***erase*** *A **off*** [***from***] *B* 他 BからAを消す ・ His name was erased off the list. 彼の名は名簿から消された ・ To this day I cannot erase that scene from my memory. 今日に至るまで私はあの光景を記憶から消すことができない.

erect /ɪrékt/ ***erect*** *A **into*** *B* 他 AをB(さらに重要な地位)に作りあげる ・ Alaska was erected into a state. アラスカは州に昇格された ・ He erected the custom into a law. 彼はその習慣を法律に作りあげた.

erode /ɪróʊd/ ***erode away*** 自他 **1** 浸食される

[する] (wear away) ・The island was in danger of *eroding away*. その島は浸食の危険にさらされていた ・Coastal roads *were eroded away*. 海岸沿いの道路は浸食された.
— 他 **2** …を衰退させる, 弱める ・Their standing is gradually *being eroded away*. 彼らの立場は徐々に弱まりつつある.

err /ə:r/ ***err from*** 自 **1** …から踏み迷う ・We have *erred from* thy ways. 我々はあなたの道から踏み迷った.
2 (まれ)(的)をそれる ・The arrows did not *err from* their aim. 矢は的をそれなかった ・Thy fury *erred from* me. ご憤激が私らをそれた.
err in 自 **1** (…で)誤る, 間違う ・I think the government has *erred in* its decision. 政府は決定を誤ったと思う.
2 (…するという点で)過ちを犯す, 間違いをする (*doing*) ・The indulgent count had *erred in educating* his daughters. 子に甘すぎるその伯爵は娘の教育を誤っていた ・Democrats have long felt we *erred in invading* Iraq. 民主党員は我々のイラク侵攻が間違っていたと気づいて久しい

erupt /ɪrʌ́pt/ ***erupt in*** 自 (人が怒りなどを)爆発させる, (感情が)ほとばしり出る ・They *erupted in* anger. 彼らは怒りを爆発させた ・The girls *erupted in* giggles. 女の子たちは急にくすくす笑い出した.
erupt into 突然…になる; 激化して…となる ・This time the courtroom *erupted into* a loud laugh. 今度は, 法廷は大笑いに包まれた ・Local violence may *erupt into* civil war. 局地的暴動は激化して内戦になることがある.
erupt with 自 (…の感情が)爆発する, どっと出る ・They *erupted with* indignation. 彼らは怒りを爆発させた ・Joe *erupted with* laughter, he was literally rolling on the floor. ジョーは笑い転げた, 彼は文字通り床の上を転げまわっていた.

escalate /éskəlèɪt/ ***escalate into*** 自 エスカレートして…になる, に拡大する ・The conversation *escalated into* an argument. その会話はエスカレートして議論になった.
escalate A into B 他 Aを激化させてBにする ・The bombing *escalated* the conflict *into* civil war. その爆破のため紛争は内乱にエスカレートした.

escape /ɪskéɪp/ ***escape from*** 自 **1** …から逃れる, を免れる ・No one has ever *escaped from* this federal prison. 何人もこの連邦刑務所から脱出したものがいない ・The driver narrowly *escaped from* injury. 運転手はすんでのところで怪我を免れた ・He tried to *escape from* justice, but in vain. 彼は法の網をくぐろうとしたが, だめだった.
2 …から漏れる, (閉じた所)から出る ・Gas seems to *escape from* the pipe. ガスが管から漏れているようだ ・The leaves are *escaping from* their buds. 芽が開いて葉が出ている.
3 …から忘れられる, 消える ・The matter *escaped from* my mind. その件は私の頭から抜けていた ・The words *escaped from* his memory. そのことばは彼の記憶から消え去った.
escape with 自 …で済む; 助かる ・Most *escaped with* minor injuries. ほとんどの者は軽いけがで済んだ ・He barely *escaped with* his life in a tragic auto accident. 彼は痛ましい車の事故に遭いながらかろうじて一命を取り止めた.

escort /éskɔːrt/ ***escort A from B*** 他 BからAを護衛する, BからAにつき添って行く ・He *escorted* her *from* the jail that day. その日, 彼は刑務所から彼女に同行した.
escort A to B 他 Aにつき添ってBに行く, AをBに送り届ける ・His bodyguards *escorted* the Minister *to* his car. ボディーガードたちが大臣につき添って車まで護衛した ・They *escorted* me *to* the train station on my last morning. 最後の朝彼らは私を駅まで送り届けてくれた.

essence /ésəns/ ***essence A into B*** 他 AをBに要約する ・A three-volume novel *was essenced into* five pages. 3巻続きの小説が5ページに要約された.

establish /ɪstǽblɪʃ/ ***establish a person in*** 他 人を…に就かせる[で身を立てさせる] ・He *established* his son *in* foreign trade. 彼は息子を外国貿易で身を立てさせた.
establish A into B 他 AをBに確立する[作りあげる] ・Such a tyranny should not *be established into* a principle. そのような暴政を主義として確立するべきでない.

estimate /éstəmèɪt/ ***estimate a thing at*** 他 物を…と見積もる ・We may *estimate* its size *at* eight feet. その大きさを8フィートと見積もっていいだろう.
estimate for 自 …に対して見積もりをする, の見積書を作成する ・Mom asked him to *estimate for* the repair of her car. ママは彼に車の修理の見積もりを頼んだ.

estrange /ɪstréɪndʒ/ ***estrange a person from*** 他 人を…から疎遠にする[離間する] ・The quarrel has *estranged* him *from* his friends. そのけんかのため彼は友人たちと疎遠になった.

etch /etʃ/ ***etch A in [into] B/etch B with A*** 他 **1** AをBにエッチングする, AをBに刻み込む ・*Etched in* the walls are the names of 58,196 brave Americans. 壁に彫り込まれているのは, 58,196人の勇敢なアメリカ人たちの名前である ・Her face *was etched with* wrinkles. 彼女の顔には皺(しわ)が刻まれていた.
2 AをBに刻み込む, AをBに印象づける ・The moment will forever *be etched into* my memory. その瞬間は私の記憶に永久に刻み込まれているだろう ・His voice *was etched with* weary anxiety. 彼の声には疲れた不安がはっきり現れていた.
etch out 他 …を腐食して取る ・We *etch out* the calcareous part. 石灰質の部分は腐食して取ります.

evacuate /ɪvǽkjuèɪt/ ***evacuate a person from A to B*** 他 人をAからBへ疎開させる ・Thousands of children *were evacuated from* the city *to* rural areas. 何千という子供たちがその都市から田園地帯へ疎開させられた.

evacuate *A* ***of*** *B* 他 AからBを取り去ってしまう[からにする] ▪ They *evacuate* the term *of* all its proper meaning. 彼らはその言葉から本来の意味をすべて取り去ってしまう ▪ I hope to *evacuate* my mind *of* every matter concerning his lordship. 私は閣下についてのことはすべて忘れたいと思います.

evaluate /ɪvǽljuèɪt/ ***evaluate*** *A* ***as*** *B* 他 AをBとして評価する ▪ They *evaluated* her intelligence *as* "retarded." 彼らは彼女の知能を「遅れている」と判断した.

even /íːvən/ ***even out*** 自 他 **1** 平らになる; …を平らにする, ならす ▪ We must *even out* the ground. 我々は地面をならさねばならない ▪ The ground *evens out* on the other side of the hill. 丘の向こう側では地面は平らになっている.
2 均等[平等]になる; …を均等[平等]にする ▪ The differences between social classes should *be evened out*. 社会階級間の格差は無くすべきである.
— 自 **3** (物価などが)安定する ▪ Prices are tending to *even out*. 物価は今のところ安定傾向にある.

even up 他 **1** …を同じレベルにする ▪ Ten years had *evened up* their positions. 10年で彼らの地位が同じレベルになった.
2 …を清算する, 収支を合わせる ▪ We must *even up* accounts. 我々は勘定を清算せねばならない.

even up on [***with***] 他 《主に米》…に報いる, 返礼する ▪ Will you *even up with* Eugene? ユージンに返礼をしてくれますか.

eventuate /ɪvéntʃuèɪt/ ***eventuate from*** 自 …から起こる, 生ずる 《happen, occur がふつう》 ▪ War *eventuates from* rivalry. 戦争は競争から起こる.

eventuate in 自 …に帰着する, 終わる ▪ The enterprise *eventuated in* a failure. その事業は失敗に終わった.

evict /ɪvíkt/ ***evict*** *A* ***from*** *B* 他 (法的手続きによって)AをBから立ち退かせる ▪ The landlord *evicted* the family *from* their house for failing to pay the rent. 家主は家賃不払いのためその家族を家から追い立てた ▪ The mayor *evicted* thousands of vendors *from* public streets. 市長は何千台もの自動販売機を公道から撤去させた.

evict *A* ***of*** *B* 他 (まれ) (法的手段によって)A(人)からBを取り戻す ▪ The law will *evict* them *of* the property they wrongfully possess. 彼らが違法に所有している地所を法律により彼らから取り戻すだろう.

evolve /ɪvɑ́lv|ɪvɔ́lv/ ***evolve from*** [***out of***] 自 他 …から進化する, 発展する; から…を発展させる ▪ Life on this planet *evolved out of* some minute creatures. この惑星上の生物は微小な生き物から進化したものだ ▪ The inventor *evolved* his complex machine *out of* a simple device. その発明家はその複雑な機械を簡単な仕掛けから造りあげた.

evolve into 自 …に進化する ▪ Hygiene has *evolved into* preventive medicine. 衛生学が進化して予防医学になった.

exalt /ɪɡzɔ́ːlt/ ***exalt*** *a person* ***to*** 他 人を(地位など)にあげる, のぼらせる ▪ He *was exalted to* the position of Prime Minister. 彼は総理大臣の地位にのぼった.

examine /ɪɡzǽmɪn/ ***examine*** *a person* ***in*** 他 人に(科目の)試験をする ▪ I *was examined in* history. 私は歴史の試験を受けた.

examine into 他 …を調査する; (事件)を審理する ▪ I will *examine into* the matter. その件を調査しよう.

examine *a person* ***on*** [***upon***] 他 人に(専攻科目の)試験をする ▪ Students will *be examined on* a period of English history. 学生は英国史の一時代について試験されるだろう.

exceed /ɪksíːd/ ***exceed*** *A* ***by*** *B* 他 AをBだけ超過する, 上回る ▪ He *exceeded* the speed limit *by* 10 kilometers an hour. 彼は速度制限を時速10キロ超過した.

exceed in 自 …しすぎる; (において)卓越する ▪ He *exceeded in* eating. 彼は(過剰に)食べすぎた ▪ He *exceeds in* strength. 彼は力に卓越している.

exceed *A* ***in*** *B* 他 B(の点)でAに勝る ▪ London *exceeds* any other city *in* size. ロンドンは大きさでは他の都市に勝っている.

excel /ɪksél/ ***excel at*** 自 (ゲームなど)にすぐれている ▪ He *excels at* tennis [swimming]. 彼はテニス[水泳]にすぐれている.

excel in 自 …にすぐれている ▪ He *excels in* knowledge of the law. 彼は法律の知識に詳しい.

excel *A* ***in*** *B* 他 B(の点)でAに勝る ▪ He *excelled* his classmates *in* speaking English. 彼は英語を話すことでは級友よりすぐれていた.

except /ɪksépt/ ***except against*** [***to***] **1** …に異議を唱える, 反対する ▪ The King *excepted against* the proposition. 国王はその提案に異議を唱えた.
2 (証人など)を忌避する ▪ He *excepted against* the witness. 彼はその証人を忌避した.

except *A* ***from*** *B* 他 A(人など)をB(規則など)から除外する ▪ The teacher *excepted* him *from* the examination. 先生は彼の試験を免除した.

excerpt /éksɚːrpt/ ***excerpt*** *A* ***from*** *B* 他 BからAを抜粋する ▪ This *is excerpted from* the Bible. これは聖書から抜粋されたものである.

exchange /ɪkstʃéɪndʒ/ ***exchange*** *A* ***for*** [***against***] 他 AをBと交換する, Aを捨ててBを取る ▪ He *exchanged* a palace *for* a cottage. 彼は宮殿を捨てて田舎家を取った ▪ It is easy to *exchange* commodities *against* commodities. 日用品を日用品と交換するのは易しい.

exchange from [***out of***] *A* ***into*** *B* 他 (他士官と交換に)AからBに転じる《船・大隊を転じる場合に用いる》 ▪ He wished to *exchange out of* the Pegasus *into* the Boreas. 彼はペガサス号からボレアス号に転じたいと思った.

exchange *A* ***into*** *B* 他 AをBに両替する

- Please *exchange* five hundred dollars *into* yen. 500ドルを円に両替してください。

***exchange** A **with** B* 他 **1** AとBを交換する ▪ I *exchanged* my hat *with* his. 私の帽子と彼の帽子を交換した。

2 B(人)とAの交換をする ▪ The rebels *exchanged* fire *with* troops stationed at the base. 反乱者たちは基地に駐留している軍隊と交戦した。

exchange** things **with 他 …ともの(複数名詞)を取り交わす ▪ We *exchanged* views *with* them. 我々は彼らと意見を交換した ▪ Please *exchange* seats *with* me. 私と席を代わってください。

excite /ɪksáɪt/ ***excite** A **in** B* 他 B(人)の中にA(感情)を喚起する, 起こさせる ▪ His success *excited* jealousy *in* his friends. 彼の成功は友人たちに嫉妬心を起こさせた。

***excite** A **to** B* 他 A(人)を刺激してB(感情・反応など)を起こさせる ▪ The words *excited* him *to* anger. そのことばを聞いて彼は立腹した ▪ The news *excited* her *to* action. そのニュースを聞いて彼女は行動を起こした。

exclaim /ɪkskléɪm/ ***exclaim against*** 他 …を(大声で)非難する ▪ The workers *exclaimed against* the employer's oppression. 労働者たちは雇い主の圧迫を大いに非難した。

exclaim at 自 …に興奮して叫ぶ ▪ They *exclaimed at* the height of the new tower. 彼らは新しい塔の高さに感嘆した。

***exclaim on* [*upon*]** 他 …を非難する, に抗議する ▪ He *exclaimed on* the horrid treatment. 彼はそのひどい扱いを大いに非難した。

exclaim over …に感嘆の声を発する ▪ Visitors *exclaimed over* our home town. 訪問客は我が町の素晴らしさに感嘆の声を上げた。

exclude /ɪksklúːd/ ***exclude** A **from** B* **1** AをBから追い出す ▪ They *excluded* the women *from* the church. 女性たちを教会から追い出した。

2 AをBから引き出す, A(子・卵)をBから産み出す ▪ The male covers the egg with a juice as soon as it is *excluded from* the body of the female. 卵が雌の体から産み出されると雄はすぐそれに液をかける。

excuse /ɪkskjúːz/ ***excuse** a person **for*** 他 …に対して人を容赦する, 許す ▪ *Excuse* me *for* coming late. 遅くなってすみません ▪ He was *excused for* being late. 彼は遅刻を許してもらった。

excuse** a person **from 他 人を…から免除する ▪ We *excused* him *from* attendance at the meeting. 彼がその会へ出席するのを免除してやった。

execute /éksɪkjùːt/ ***execute** A **as** B* 他 A(人)をBとして死刑にする ▪ They *executed* the prisoner *as* a murderer. 彼らはその囚人を殺人者として処刑した。

***execute** A **for** B* 他 A(人)をBのかどで死刑にする ▪ They *executed* the prisoner *for* murder. 彼らはその囚人を殺人のかどで処刑した ▪ He was *executed for* political crimes. 彼は政治犯のかどで処刑された。

***execute** A **in** B* 他 AをBに具現する ▪ The artist *executed* his ideas *in* stone. その芸術家は自分の思想を石材に具現した。

exemplify /ɪgzémpləfàɪ/ ***exemplify** A **by** B* 他 BによってAを例証する, Aを示すのにBを用いる ▪ He *exemplified* his point *by* an anecdote. 彼はある逸話を引いておのれの論点を示した ▪ Elitists believed the poor *exemplified* their inferiority by means of their economic situation. エリート主義者たちは, 貧乏人は自らが劣っていることを彼らの経済状況によって実証していると信じていた。 ☞ exemplify A by (means of) B ともいう。

exempt /ɪgzémpt/ ***exempt** A **from** [*of*] B* 他〖主に受身で〗 **1** AにB(義務・負担)を免除する ▪ We *exempt* good students *from* examination. 我々は成績の良い生徒に試験を免除する ▪ Other towns were *exempted from* customs duties. 他の町では関税を免じられていた。

2 AにB(法律など)の支配を免じる ▪ They are *exempted from* this general law. 彼らはこの一般法の支配を受けない。

3 AはB(苦・罰・欠点など)を受けない ▪ The clergy were *exempted from* the penalties of their crimes. 僧職は自分たちの罪に対する罰を受けずにすんだ。

exercise /éksərsàɪz/ ***exercise** a person **in*** 他 人に…のけいこをつける, を練習させる ▪ He *exercised* his sons *in* karate. 彼は息子たちに空手のけいこをつけた。

***exercise** A **upon** [*over*] B* 他 AをBに及ぼす, 加える ▪ His speech *exercised* a good influence *over* the students. 彼の話は学生に好影響を与えた ▪ He *exercised* much pressure *upon* them. 彼は彼らに大きな圧力を加えた。

exert /ɪgzə́ːrt/ ***exert** A **on** [*upon*] B* 他 AをBに及ぼす, 加える ▪ He *exerted* a great influence *upon* the public. 彼は大衆に大きな影響を与えた ▪ His boss *exerted* pressure *on* him. 上司が彼に圧力をかけた。

exile /égzaɪl/ ***exile** a person **from*** 他 …から人を追放する ▪ He was *exiled from* the country. 彼は国から追放された。

exist /ɪgzíst/ ***exist by*** 自 …によって(どうにか)生きながらえる, 生きていく ▪ Nobody can *exist by* faith alone. 誰も信仰だけでは生きられない。

exist on 自 …で生きていく ▪ He *exists on* his pension. 彼は年金で暮らしている。

exist without 自 …なしで生存する, 生きていく ▪ No creatures can *exist without* food. 生き物は食べ物がなくては生きられない。

exit /égzət|éksɪt/ ***exit from*** 自 …から出る ▪ These investors have *exited from* the stock market and moved over to foreign currency. その投資家たちは株式市場から引き揚げて, 外貨に移行した。

exonerate /ɪgzánərèɪt|-zón-/ ***exonerate** a person **from*** **1** 人の無実の罪を晴らす, を無罪と

する《この意味では of も用いる》 ▪ We *exonerated* him *from* the accusation. 彼を無罪とした ▪ He *exonerated* himself *from* the blame. 彼は身の証(あかし)を立てた.

2 人の(義務・責任など)を免除[解除]する ▪ We *exonerated* him *from* the task. 彼の課業は免除してやった.

exorcise /ékso:rsàɪz/ *exorcise A of B* 他 A(場所)からB(悪霊など)を追い払う ▪ Monks *exorcised* the land *of* a demon. 修道僧たちはその国から悪霊を払い清めた.

exorcise A out of [*from*] *B* 他 A(悪霊など)をB(場所)から追い払う ▪ Monks *exorcised* a demon *from* [*out*) *of*] the land. 修道僧たちは悪霊をその国から追い払った.

expand /ɪkspǽnd/ *expand into* 自他 広がって..., 拡大する, ...にまで広がる; を拡充する, 発展させる ▪ A magazine article *expanded into* a book. 雑誌記事が引き伸ばされて書籍になった ▪ The investment firm has recently *expanded into* Chicago. その投資会社は最近シカゴに出店した ▪ He *expanded* his short story *into* a novel. 彼は短編を展開して長編小説にした.

expand on [*upon*] 他 ...を敷衍(ふえん)する, さらに詳しく述べる ▪ You need not *expand on* your explanation. ご説明を敷衍なさる必要はありません.

expatiate /ekspéɪʃièɪt/ *expatiate on* [*upon*] 他 《文》...を詳細に書く, 述べる ▪ He *expatiated on* the thrills of mountain-climbing. 彼は登山のスリルを詳しく説明した.

expect /ɪkspékt/ *expect A from* [*of*] *B* 他 B(人)にAを期待する ▪ You *expect* too much *from* him. あなたは彼に期待をかけすぎる ▪ People *expect* great things *of* him. 人々は彼がすごいことをするだろうと期待をかけている.

expend /ɪkspénd/ *expend ... in* [*on*] *doing* 他 (時間・労力・精力など)を...ることに費やす ▪ He *expended* much time *in making* the kennel. 彼は犬小屋を造るのに多くの時間を費やした.

expend A on [*in, for*] *B* 他 A(時間・労力・金など)をBに費やす ▪ The government *expended* much money *on* armaments. 政府は軍備に大金を費やした ▪ The School District has *expended* over $2 million *for* computers in their classrooms. その学区は教室にコンピューターを備えるのに200万ドル以上を費やしてきた.

experiment /ɪkspérəmènt/ *experiment in* 自 (ある科目・題目)の実験をする ▪ He *experimented in* plowing by steam power. 彼は蒸気力で耕作する実験をした.

experiment on [*upon*] 他 ...の実験をする ▪ Scientists often *experiment on* animals. 科学者たちはしばしば動物実験をする ▪ The process *was experimented on* for about a year. この過程は約1年間実験された.

experiment with 他 (材料・方法など)を実験する ▪ He *experimented with* the new method of teaching. 彼は新教授法を実験した.

explain /ɪkspléɪn/ *explain away* 他 **1** どんどん説明する ▪ Go on, *explain away*. さあ, どんどん説明してください.

— 他 **2** (欠点・失言・誤りなど)をうまく言い抜ける, 弁明する ▪ It will be difficult to *explain away* such an act. そんな行為を弁明することは困難であろう. **3** (疑念・困難など)を説明して除く ▪ She managed to *explain away* my doubts. 彼女は何とかうまく説明して私の疑いを解いた. **4** (困難・事実)をうまく言いまぎらす ▪ They tried to *explain away* the fact that the door had been found unlocked. 彼らはドアに鍵がかかっていなかったという事実を言いまぎらそうと努めた.

expose /ɪkspóʊz/ *expose A to B* 他 《主に受身で》Aを B(日光・風雨・攻撃・危険・視覚など)にさらす ▪ The cart *was exposed to* the rain. その荷車は雨さらしになっていた ▪ I *was exposed to* danger. 私は危険にさらされていた ▪ He *was exposed to* view. 彼はさらしものにされた.

expose a person to 他 人を(考え方・文化などに)触れさせる, 人に(考え方・文化など)を体験させる ▪ It's important to try to *expose* your child *to* a whole variety of experiences. 子供にあらゆる経験をさせようと試みるのは重要なことだ ▪ Every student should *be exposed to* good standard English. すべての学生を立派な標準英語に触れさせるべきだ.

expound /ɪkspáʊnd/ *expound on* [*upon*] 他 ...について延々と意見を述べる, 詳述する ▪ He *expounded on* his specialty, the environment. 彼は自分の専門分野である環境問題について長々と述べた.

expropriate /ɪkspróʊprièɪt/ *expropriate A from B* 他 《文》AをB(人)から取りあげる, 没収する ▪ We *expropriated* the estate *from* him. 我々は彼の地所を取りあげた

expropriate A of B 他 《文》A(人)からBを取りあげる, 没収する ▪ They *expropriated* him *of* his estate. 彼らは彼からその私有地を没収した.

expunge /ɪkspʌ́ndʒ/ *expunge A from B* 他 《文》AをBから消去[削除]する ▪ His sentence *was expunged from* the record. 彼の判決は記録から消去された.

expurgate /ékspərgèɪt/ *expurgate A from B* 他 B(刊行前の書物など)からA(不適切な個所)を削除する ▪ Such concern *was expurgated from* the report before its issuance. そのような懸念は公表前に報告書から削除された.

extend /ɪksténd/ *extend over* [*across*] 自 **1** (範囲・期間・距離が)...にわたる, まで及ぶ, 波及する ▪ The examinations *extend over* [*across*] a week. 試験は1週間にわたる ▪ His influence *extended over* the length and breadth of the country. 彼の影響は国のすみずみにまで及んだ.

— 他 **2** ...を...にわたらせる, 及ばせる ▪ We must *extend* the payments *over* an additional month. 我々は支払いをもう1か月延ばさなければならない.

extend to 自 **1** ...にまで伸びる, 達する ▪ The road

extends to the airport. その道路は空港にまで伸びている．

2 ...に適用される, 及ぶ ▪ The new rules *extend to* parents, as well. 新しい規則は親にも適用される．

extend *A* **to** *B* 他 **1** AをBに伸ばす[延ばす] ▪ She asked to *extend* the holiday *to* five days from three. 彼女は休暇を3日から5日に延ばすよう依頼した．

2 A(恩恵・親切・救助など)をB(人)に及ぼす[施す] ▪ Please *extend* my best wishes *to* your family. ご家族のみなさまにどうかよろしくお伝えください．

extirpate /ékstərpèit/ *extirpate A out of [from] B* 他 BからAを根絶する ▪ The breed will be *extirpated out of* the island. その品種はその島から絶滅するであろう．

extort /ikstɔ́ːrt/ *extort A from [out of] B* 他 **1** B(人)からAを強請する; B(人)からA(自白・約束など)を強要する ▪ She *extorted* money *from* them. 彼女は彼らから金をゆすり取った ▪ The police used torture to *extort* a confession *from* him. 警察は自白を強要するため彼に拷問を行った．

2 B(言葉)からA(意味など)を無理に取る ▪ He *extorted* such a meaning *from* the word. 彼はその語を無理にそのような意味に取った．

extract /ikstrǽkt/ *extract A from B* 他 **1** BからAを引き抜く, 抜き取る ▪ I *extracted* the cork *from* a wine bottle. ワインボトルのコルク栓を抜いた．

2 Bから(圧搾・溶剤などで)Aを抽出する, 搾り取る; Bから A(金・鉄鉱石など)を掘り出す ▪ We *extracted* the juice *from* the apples. リンゴを搾ってジュースにした ▪ Diamonds have *been extracted from* almost every region of the world. ダイヤモンドは世界中のほとんど至るところで掘り出されてきた．

3 BからA(情報・金など)を強引に引き出す, 聞き出す ▪ The police *extracted* the truth *from* her. 警察は彼女から真実を聞き出した．

4 BからA(データ・文など)を引用する, 抜粋する ▪ He *extracted* several passages *from* Obama's speech. 彼はオバマ大統領の演説から数カ所引用していた．

5 BからA(利益など)を得る ▪ Do you know what we've *extracted from* them? 彼らからいくらの利益があったか知っているかい ▪ You may *extract* some pleasure *from* your daily toil. 日々の労苦から快楽を得ることができる．

extradite /ékstrədàit/ *extradite from* 他 (犯人・被疑者など)を(管轄国・州などに)...から送還する, 引き渡す (*to*) ▪ He *was extradited from* the U.K. *to* the U.S. on Monday. 彼は月曜日にイギリスから米国に移送された．

extrapolate /ikstrǽpəlèit/ *extrapolate A from B* 他 B(既知の事項)からA(未知のこと)を引き出す, BからAを推定する ▪ They *extrapolated* a broad conclusion *from* a relatively small sampling of viewers. 彼らは比較的少数の視聴者から概括的な結論を引き出した．

extricate /ékstrəkèit/ *extricate A from [out of] B* 他 《文》B(危険など)からAを救い出す ▪ He *extricated* his friend *from* his difficulties. 彼は友だちを窮地から救い出した．

exuberate /igzjúːbərèit/ *exuberate in* 自 ...にふける, 喜々とする ▪ She *exuberated in* the delicious sense of romance. 彼女はロマンスの快い感覚にふけった．

exuberate into 自 豊かに成長して...となる ▪ He might have *exuberated into* a top athlete. 彼は豊かに成長して一流の運動選手になっていたかもしれない．

exult /igzʌ́lt/ *exult at [in]* 自 《文》...に小踊りして喜ぶ, 得意になる ▪ Everyone seemed to *exult at* the happy change. みんなそのめでたい変化に狂喜しているようだった ▪ We *exult in* being born a Briton. 我々はイギリス人に生まれて大得意である．

exult over 自 《文》...に勝ち誇る ▪ He *exulted over* his rival. 彼は競争相手に勝って大得意だった．

eye /ai/ *eye up* 他 《英口》(異性)をいやらしい目で見る, (異性など)の品定めをする ▪ He *eyed up* her feminine looks. 彼は彼女の女らしい容貌を好色の目で見た ▪ They *eyed up* the best property there. 彼らはその地のいちばん立派な地所の品定めをした．

F

face /feɪs/ ***face about*** 🈠 **1** くるりと向きを変える, 回れ右する ▪ He made them *face about* and march again into the town. 彼らを回れ右させてまたその町に進軍させた.
2 方向転換をする, まるで前と正反対のことを言う[する] ▪ The Mayor *faced about* and supported the ideas of his councillors. 市長は方向転換をして, 議員たちの考えを支持した.
— 🈞 **3** (人)を回れ右[転回]させる, (物)を半回転させる ▪ He *faced* his men *about*. 彼は兵を回れ右させた.
4 (服)のへりをつける, 飾りをつける ▪ They *face about* the collars of male garments. 彼らは紳士服のカラーのへりをつける.

face away (from) 🈠 **1** (…から)顔をそむける, 脇を向く ▪ The girl *faced away* to hide her blushes. 少女は恥じらいを隠そうとして顔をそむけた.
2 (…に)反対の方向に向く ▪ The front of the house *faces away from* the road. その家の正面は道路と反対の方向に向いている.

face down 🈠 **1** 伏せる ▪ They *faced down* at once. 彼らは直ちに伏せた.
— 🈞 **2** (人)をきまり悪がらせる, どぎまぎさせる ▪ He *faced* her *down*. 彼は彼女をどぎまぎさせた.
3 (人)をずうずうしくおどしつける, 威圧する ▪ I'll not be *faced down* with a lie. 私は嘘でおどしつけられはしない.
4 …を平然と[厚かましく]論破する ▪ With his help she *faced down* these objections. 彼の援助により彼女は平然とこれらの反対を論破した.
5 (人)に面と向かって主張する (*that*) ▪ The clerk *faced* me *down* (*that*) I had taken the coach. 書記は私が駅馬車に乗ったと私に面と向かって言い張った.
6 = FACE about 4.
7 …の表面をなめらかにする ▪ The body *is* carefully *faced down*. 機体の表面は入念になめらかにされる.

face A into B 🈞 AをBに直面させる, AをBの方にまっすぐ向かせる ▪ Dan *faced* the boat *into* the giant wave. ダンは船を大波にまっすぐ向き合わせた.

face off 🈠 **1** (…と)対決する, 争う (*against*) ▪ Mexico *faced off against* Australia in a pre-Olympic match. メキシコはプレオリンピックの試合でオーストラリアと対戦した.
2 《アイスホッケー》開始の前に球を両軍の間におく;《合図》試合開始! ▪ Sunday's game *faces off* at 6 p.m. 日曜日の試合は午後6時に始まる.
— 🈞 **3** (流れ)をそらす ▪ We must *face off* the stream at its angles. 流れを曲りがどでそらさなければならない.

face on [***onto, to, towards***] 🈠 …に面する, 臨む ▪ The house *faces on* the river. その家は川に面している ▪ The village *faces* full *to* the south. その村は真南に向いている.

face out 🈠 **1** 外[正面]を向く ▪ The paintings on the wall *face out*. 壁の絵は正面に向けてある.
2 …に面す (*to, toward*) ▪ The huge gate *faced out to* sea. その大門は海を向いていた.
— 🈞 **3** …に勇敢に[大胆に]立ち向かう ▪ We must *face out* the situation with courage. 勇気を持って事態に立ち向かわなければならない.
4 …の正面がよく見えるように置く ▪ The storekeeper *faced* the mannequins *out* in the window. 店主はショーウインドーにマネキンの正面がよく見えるように置いた.
5 …を耐え忍ぶ.

face round 🈠 回れ右する, くるりと向きを変える ▪ The minister *faced round* upon the party who had seized them. 牧師は彼らを捕えた者どもの方へくるりと向き直った.

face up 🈞 **1** …に大胆な態度をとる, びくともしない ▪ She *faced up* the truck. 彼女はトラックに対してびくともしなかった.
2 …を(茶)に着色する; (顔色などを加えて)…の見かけをよくする ▪ Exhausted leaves *were faced up* to do duty as fresh tea. 茶がらが新しい茶の代用をするため着色された.

face up to 🈞 **1** (事実・現実など)に敢然と立ち向かう, 体当たりする ▪ She always *faced up to* the realities of life. 彼女はいつも人生の現実に敢然と立ち向かった.
2 …を認める ▪ A married man has to *face up to* his responsibilities. 妻帯者は自分の責任を認めねばならない ▪ She won't *face up to* the fact that he was guilty. 彼女は彼が犯人であることをどうしても認めようとしない.

face A with B 🈞 **1** AにB(証拠・質問など)を突きつける ▪ The police *faced* him *with* proof. 警察は彼に証拠を突きつけた.
2 〖主に受身で〗A(表面)をBでおおう[上塗りする, 上張りする] ▪ The frame of the house *is faced with* brick. その家の骨組みはレンガでおおわれている ▪ They later *faced* the walls *with* brick. のちに彼らは壁にレンガを上張りした.
3 AをBに直面させる ▪ He *was faced with* danger. 彼は危険にぶつかった ▪ The doctors *faced* him *with* many questions and requests. 医師たちは彼にたくさんの質問や要求を浴びせた.

factor /fǽktər/ ***factor in*** [***into***] 🈞 **1** …を要因に含める, 考慮に入れる ▪ *Factor* this in when making your cost-benefit analysis. 諸経費と利益とを分析する際にはこのことを考慮しなさい.
2 (決断など)に影響を与える ▪ Price continues to *factor into* the buying decision. 販売価格は依然

fade

として購入の決定に影響している.

3 ...を...へと因数分解する ▪ ab + ac − ad can *be* broken up or *factored into* a(b + c − d). ab + ac − ad は a(b+c−d) に分解つまり因数分解することができる.

factor out 他 《主に米》 **1** ...を要因から除く ▪ Among the pollutants *factored out* were fine particles. 除外された汚染物質の中には微粒子が含まれていた.

2 ...を因数分解してとりだす ▪ *Factor out* the x: x(x+5)=0. 因数分解して x をとりだしなさい: x(x+5)=0.

fade /feɪd/ ***fade away*** 自 **1** (光が)薄れる ▪ Go and play till the light *fades away*. 薄暗くなるまで行って遊んできなさい.

2 (音が)消えていく ▪ The sound of the train *faded away* into the distance. 列車の音が遠のいてだんだん聞こえなくなった.

3 (色が)あせる ▪ The colors *fade away* into gray. 色はぼやけて灰色になる.

4 すたれる, 消えていく ▪ I hope this fashion *fades away* quickly. こんな流行は早々にすたれてしまえばいい ▪ The aeroplane *faded away* into the mist. 機影は霧の中へ消えていった.

5 衰える ▪ She was *fading* quietly *away* day by day. 彼女は日に日にひっそりと衰えつつあった.

fade back 自 **1** 《アメフト》 (ボールをパスするため)もみ合いの線から退く ▪ He *faded back* to have room to pass the ball. 彼はボールをパスする余地を得るためもみ合いから退いた.

2 縮小する, しぼむ ▪ The headache *faded back* to a manageable size. 頭痛は何とかがまんできる程度に沈静化した.

fade down 自 (特に放送局で)音(など)をだんだん小さくする ▪ The disc jockey gradually *faded* the music *down*. ディスクジョッキーはその音楽をだんだん小さくした.

fade from **1** ...からだんだん薄らぐ ▪ The hills *faded from* view. 小山はだんだん見えなくなった ▪ My native town will never *fade from* my memory. 私の生れた町は絶対に私の記憶から薄れないでしょう.

2 ...のため色があせる ▪ My shirts have *faded from* washing. 私のシャツは洗濯のため色あせた.

fade in 自他 **1** 《映画》(画面が[を])しだいに明るくなる[する], 溶明する ▪ This shutter device for *fading in* a picture can be operated by hand. 映像をだんだん明るくするこのシャッター装置は手で動かすことができる.

2 音量が次第に上がる; 音量を次第に上げる ▪ Beautiful music *faded in* as the hero and heroine kissed. 主人公の男女がキスをすると美しい音楽が次第に大きく流れた.

3 (...を)だんだんと現れさす ▪ His true feelings gradually *faded in* as he continued to talk. 彼は話していくにつれて偽らざる感情がこみ上げてきた.

fade into 自 **1** ...の中にまぎれこむ[隠れる] ▪ The Viets *faded into* the bushes and waited until we left. ベトナム人たちは茂みの中に隠れて我々が立ち去るのを待っていた.

2 薄らいで...となる, 衰えて...となる ▪ These colors *fade into* one another. これらの色はだんだん薄らぐで互いに溶け合っていく ▪ His work *fades into* insignificance when compared with yours. 彼の作品はあなたのに比べると目をひかない.

fade out 自 **1** 消えてなくなる ▪ The birthmark *faded out*. そのあざは消えてなくなった.

2 《映画》(画面が)しだいに暗くなる, 溶暗する, 場面から消える ▪ "My wife," Mr. Smith muttered, *fading out*. 「私の妻だ」とスミス氏はつぶやいて, 画面から消えていった.

3 (...から)脱落 [後退, 撤退] する, しりぞく (*of*) ▪ Palmer *faded out of* the top 24. パーマーは上位24位から後退した.

— 他 **4** だんだん声を小さくして...を消す ▪ They *faded out* the conversation. 彼らはだんだん声を小さくして話をやめた.

fade up 他 (特に放送局で)声をだんだん大きくする ▪ The voices of a group *were faded up*. 集団の声はだんだん大きくなった.

faff /fæf/ ***faff about*** [***around***] 自 《英口》ぐうたらに過ごす, 無為徒食する ▪ Stop *faffing about*. ぶらぶらと過ごすのは止めなさい ▪ It's time for the Government to stop *faffing about* and get on with finding a solution. 政府は小田原評定をやめて解決策の発見を推し進めるときだ.

fag /fæg/ ***fag at*** 自 ...に骨折って働く ▪ I've *fagged at* this work all day. 一日中この仕事に骨折って働いた.

fag away 自 《口》せっせと働く ▪ He is *fagging away* at his writing. 彼はせっせと書きものをしている.

fag out **1** 《英口》...をくたくたに疲れさせる ▪ Doesn't this sort of work *fag you out*? この種の仕事は疲れませんか ▪ I *was fagged out* when I came home. 私は帰宅したときくたくたに疲れていた.

— 自 **2** 《クリケット》外野手を務める ▪ They must *fag out* at cricket. 彼らはクリケットで外野手を務めねばならない.

3 《パブリックスクール》(新入生が)上級生の使い走りに行く ▪ You must *fag out* on holidays. 君は休日には上級生の使い走りに行かねばならない.

faggot /fǽɡət/ ***faggot up*** 他 ...を束にする ▪ He cut down and *faggoted up* the whole grove. 彼は林を全部切り倒して束にした.

fail /feɪl/ ***fail in*** **1** ...に失敗する ▪ He has *failed in* the examination. 彼は試験に落第した ▪ He *failed in* business. 彼は事業に失敗した.

2 ...に事欠く ▪ The portrait *fails in* expression. その肖像画は表情を欠く ▪ Then I should *fail in* my duty. それでは私の役目が立たない.

3 ...が弱る, 衰える ▪ He is *failing in* his health. 彼は健康が衰えている.

fail of 自 **1** ...を得そこなう ▪ That man never *fails of* his purpose. あの人は必ず目的を遂げる.

2〖主に動名詞・動作名詞を伴って〗…を達(成)しえない ・She never *fails of* bewitching the reader. 彼女は読者を魅了せずにはおかない.
3 …を欠く ・The continent will come to *fail of* timber. その大陸は木がなくなるだろう.
4《米・方》…を評価[理解]することができない ・I just *fail of* him. 私は彼はよく理解できない.

fail A on B 他 A(人)をBで不合格にする[落第させる] ・The examiner *failed* him *on* a driving test. その試験官は彼を運転試験で不合格にした.

fail out 自 退学になる, 退学させられる (*of*) ・My brother is *failing out of* law school. 弟は法科大学院を退学になりかけている.

fail up 自《米》破産する ・The bank has *failed up*. その銀行は破産した.

faint /feint/ ***faint away*** 自 気絶する, 目を回す ・She often *faints away*. 彼女はよく気を失う.

faint from [with] 自 …のため失神する ・The old man *fainted from* hunger. その老人は飢えのため失神した.

faint into （光・色が）薄れて[消えて]…となる ・The sky *fainted into* a sickly redness. 空の光は薄れてかすかな茜(あかね)色になった.

fair /feər/ ***fair off [away, up]*** 自《米・方》晴れる ・Call me if it *fairs up*. (霧が)晴れたら私を呼んでください ・The weather has *faired off*. 天気が晴れた.

fake /feik/ ***fake away*** 自《口》どんどん作業を続ける ・*Fake away*, there's no down. 作業をどんどん続けよ, 見つかる気配はないから.

fake off 《俗》だらだら[むだに]過ごす ・He was just sitting there all day only to *fake off*. 彼は一日中あそこに座って無為に過ごしていた.

fake out 他 **1**《米口》(人)をだます ・You must not *fake out* the teacher by such a trick. 君はそんなごまかしで先生をだましてはいけない.
2 (相手に)フェイントをかける ・This move, if done right, can completely *fake out* almost every defender. この動きなら, うまくやれば, たいていのディフェンダーの裏を完全にかける.

fake A out of B 他《俗》A(人)からB(物)をだまし取る ・They *faked* me *out of* a lot of money. 彼らは私から大金をだまし取った.

fake up 他 **1** …をでっちあげる ・They *faked up* a story about a burglary. 彼らは強盗話をでっちあげた.
2 …を偽造する ・The ring *is faked up*. その指輪はまやかし物である.
3 …を間に合わせに作りあげる ・He *faked up* some sort of a hand-crusher for the quartz. 彼は石英の手動破砕機のようなものを間に合わせに作りあげた. ☞ 泥棒用語から.

fall /fɔːl/ ***fall [get, run] aboard*** (*of*) 自（船が他船の船側に）衝突する ・You'll *fall* [*get*] *aboard of* that coal barge. 君はあの石炭船に衝突することになるよ.

fall about [around] 自 **1** …のあたりに落ちる ・The branches *fell about* us. 木の枝があたりに落ちてきた.
2 笑い転げる ・She *fell about* with laughter when she heard her sister sing. 彼女は姉が歌うのを聞いて笑い転げた.
3 よろめく, ふらつく ・That new medicine made me really *fall about*. 例の新薬を飲んだらひどくふらついた.

fall across 他 **1** …に偶然出会う ・You may *fall across* Smith in Calcutta. あなたはカルカッタでスミスに出会うかもしれない.
2 …を横切って倒れる[落ちる] ・The tree *fell* right *across* the road. その木は道を真横に横切って倒れた.

fall against 他 …につまずく ・The boy *fell against* the bucket. 少年はバケツにつまずいた.

fall among 他 **1**（賊などに）出くわす, 襲われる (《聖》Luke 10. 30) ・He *fell among* thieves and was stripped. 彼は盗賊どもに襲われ, 衣類をはぎ取られた ・He *fell among* bad companions. 彼は悪友どもにつかまった.
―他 **2** …と偶然出会う ・On my way home last night I *fell among* them. 昨夜帰宅の途中ふと彼らに出会った.

fall apart 自 **1** ばらばらにこわれる ・The car *fell apart*. その車はばらばらにこわれた.
2《口》失敗に終わる, 破たんする ・Their marriage is *falling apart*. 彼らの結婚は破たんしようとしている.
3 別れる ・We were good friends, but *fell apart* two years ago. 我々は親友であったが2年前別れた.
4《口》(精神的に)動揺する, 情緒不安定[神経衰弱]になる ・She mentally *fell apart* by the time she was 19. 彼女は19歳になるまでに情緒不安定になった.

fall away 自 **1** 傾斜する, 急勾配である ・The top gradually *falls away* on each side with a gentle descent. 稜線が頂上から両側にだんだんゆるやかに傾いて下降している.
2 減る, 小さくなる ・The floods began to *fall away*. 洪水の水量は減り始めた ・Trade always *falls away* during the summer. 夏の間は商売はいつも衰える.
3 見捨てる, 離れ去る ・Many of the Normans *fell away from* Christianity. 多くのノルマン人がキリスト教を捨てた ・His supporters *fell away* one by one. 彼の支持者たちは一人ずつ離れ去った.
4 倒れる, 朽ちる ・The cottages are *falling away* piecemeal. 田舎家は少しずつ朽ちてきている.
5 やせる, やつれる ・She is *falling away* to a shadow. 彼女はやせて影のようになりつつある.
6 だんだん衰える ・The patient is *falling away*. 患者はだんだん衰えている.
7 そむく (*from*) ・He *fell away from* me and bore witness against me. 彼は私にそむき私に不利な証言をした.
8 譲る, 退く ・At the policeman's shout they *fell away*. 警官の叫び声に, 彼らは退いた.
9 堕落する ・He rapidly *fell away*. 彼は急速に堕落した.
10 ずさん[雑ぱく, 不注意]になる ・You used to

work well, but now you are *falling away*. あなたは以前は立派な仕事ぶりだったが、今は雑になりつつある。
11 (船が)航路をそれる ▪ The ship *fell away* from its true course. その船は本来の航路をそれた.

fall back 自 **1** 後ろ向きに倒れる ▪ She *fell back* and hit her head. 彼女は後ろ向きに倒れて頭を打った.
2 退く, 譲る;《軍》退却する ▪ Our troops *fell back* before the fire of the enemy. わが軍は敵の砲火を受けて退却した.
3 元へ戻る, 元の所へ下がる (*into*) ▪ The river will soon *fall back into* its natural channel. その川はまもなく元の本来の水路へ戻るであろう ▪ He's *falling back into* his old bad habits again. 彼はまた元の悪い癖に戻りつつある.
4 引っ込む ▪ The coast *falls* gradually *back*. 海岸は少しずつ引っ込んでいる.
5 (競走に)遅れる ▪ The horse *fell back* halfway. 馬が(レースの)中途で遅れた.
6 (記録などが)下がる ▪ This record has *fallen back* to third. この記録は3位に下がっている.
7 落ち込む ▪ Production will never *fall back*. 生産は決して落ち込まないだろう.

fall back upon [***on***] 自 **1** (退いて)…に頼る, を利用する, 求める ▪ In an emergency we can *fall back on* our savings. まさかの時には我々は貯金に頼ることができる.
2《軍》退却して…に拠る ▪ The soldiers *fell back on* the second line of defence. 兵たちは退いて第2防御線に拠った.
3 …に帰る ▪ I must *fall back upon* what I said previously. 前に言ったことに帰らねばならない.
4 (約束など)をたがえる ▪ He always *falls back upon* his promises. 彼はいつも約束をたがえる.

fall before [***to***] *a person* 自 人の足もとにひれ伏す ▪ Your enemies shall *fall before* you. (《聖》*Lev.* 26. 8) 君たちの敵は君たちの足もとにひれ伏すだろう.

fall behind 自 **1** …より遅れる, に遅れを取る, 追い越される ▪ The disabled cruiser *fell behind* the rest of the squadron. 破損した巡洋艦は艦隊の他の艦に遅れた ▪ Dutch commerce was now *falling behind* that of England. オランダの商業は今やイギリスの商業に追い越されつつあった.
2 落伍する ▪ They all *fell behind* in the race. 彼らはみなその競走に落伍した.
3 しんがりになる ▪ He always *falls behind* when we are going uphill. 我々が坂を登っているときには彼はいつもしんがりになる.
4 (支払い・仕事などに)遅れる ▪ I have *fallen behind* with [in] my rent and work. 家賃と仕事が滞っている ▪ She *fell behind* on her utility bills last month. 彼女は先月の公共料金の支払いを滞納した.
5 …を結束して支持する ▪ We *fell behind* him. 我々は結束して彼を支持した.
6 (質が)悪くなる ▪ This kind of work has *fallen behind*. この種の仕事は質が下がった.

fall behind with [***in***] 自 (支払いなどが)滞って[遅れて]いる, 済んでいない ▪ Her parents *fell behind with* their mortgage payments. 彼女の両親は住宅ローンの支払いが滞った.

fall below 自 **1** …に及ばない ▪ The painter *fell below* his master. その画家は師匠に及ばなかった.
2 (数・量などが)…より少なくなる ▪ The class has *fallen below* 20 students. そのクラスは生徒が20人より少なくなった.
3 (質などが)…より悪くなる[下がる] ▪ The quality of water *fell below* acceptable standards. 水質が許容水準を下回った.

fall beneath 自 **1** …の下敷きになる ▪ The gift that he had purchased for her *fell beneath* the wheels of a truck. 彼が彼女に買った贈り物がトラックにひかれた.
2 …の影響を受ける ▪ The city-state *fell beneath* Roman rule. その都市国家はローマの統治下に入った.

fall down 自 **1** 倒れる ▪ The corn *fell down*. 小麦が倒れた ▪ He *fell down* senseless on the ground. 彼は人事不省になって地上に倒れた.
2 [[進行形で]] (建物が)倒れかけている, 崩壊しそうである ▪ The house was cheap because it *was falling down*. その家は倒れかけていたので, 安価だった.
3 失敗する (→ FALL down on) ▪ His plan *fell down* as it proved too costly. 彼の計画は金がかかり過ぎるので失敗した ▪ Britain was *falling down* badly when it came to salesmanship. ブリテンは売り込みの点になるとひどく失敗していた.
4 落ちる ▪ My hat has *fallen down* from the stand. 私の帽子が帽子掛けから落ちた.
5 平伏する ▪ They *fell down* and worshiped him. 彼らは平伏して彼を拝んだ.
6 流れに乗って下る ▪ The boat *fell down* swiftly as it approached the rapids. 早瀬にさしかかるとボートはその流れに乗って急速に下っていった.
— 他 **7** …をころげ落ちる; を流れ下る ▪ He *fell down* a precipice. 彼はがけをころげ落ちた ▪ The army quickly *fell down* the rivers. 軍隊は敏速に川を流れ下った.

fall down on 他 …に失敗する (→FALL down 3) ▪ Don't *fall down on* this easy test. この易しいテストに失敗するなよ.

fall for 自《口》**1** (話などに)釣り込まれる ▪ I *fell for* the sales talk easily. 私はその売りこみ口上にやすやすと釣り込まれた.
2 …にだまされる ▪ Everyone *fell for* his story hook, line, and sinker. みんな彼の話にまんまとだまされた.
3 …にのめり込む, 夢中になる; にぞっこんほれ込む, 参る ▪ I *fell for* the words hook line and sinker. 私はその歌詞が心底気に入った ▪ It looks as though Bill is *falling for* your sister in a big way. ビルはあなたの妹さんにぞっこんほれこんでいるらしい ▪ I will not *fall for* your tears. 君が泣いたって僕は参らないよ.

fall from 自 **1** …から落ちる ▪ It *fell from* the

table. それはテーブルから落ちた.
2《文》...の口から漏れる ▪ I remember every word that *fell from* her. 彼女の口から漏れたすべての言葉を覚えている.
— ⑯ **3** ...を見捨てる; にそむく ▪ The followers of Louis were *falling from* him. ルイの家来たちは彼を見捨てていた.
4(習慣・義務など)を捨てる; (約束・協定など)を破る ▪ He *fell from* his duty for the sake of monetary gain. お金が入ったので彼は自らの義務を放棄した.

fall in ⑮ **1** (人が)落ち込む ▪ There was a big hole and she *fell in*. 大穴があって彼女は落ち込んだ.
2 (建物などが)内側へくずれる, 落ち込む ▪ The wall suddenly *fell in* with a terrific roar. 壁が急に恐ろしい音を立てて内側へくずれた ▪ The roof *fell in* after the fire. 火事のあと, 屋根が落ち込んだ.
3 (地盤などが)めり込む, 沈下する ▪ The ground *fell in* after the earthquake. 地震のあと地盤が沈下した.
4 へこむ, くぼむ, 引っ込む ▪ His mouth *falls in*. 彼の口は引っ込んでいる ▪ Her eyes have *fallen in*. 彼女の目は落ち込んだ.
5 飛び込む, 入り込む ▪ The children *fell in* their father's arms. 子供たちは父親の腕に飛び込んだ.
6 (金・土地・家などの)借用の期限が切れる ▪ Six millions of debt had *fallen in*. 600万ドルの借金の期限が切れていた ▪ The leases of a rookery *fell in*. 共同住宅の借用期間が切れた.
7 (家・土地などが)貸付の期限が切れて所有主に帰る ▪ When the lands *fall in*, they will let them to respectable tenants. その土地の貸付け期限が切れて所有主に帰ると, 彼らはそれをまともな借地人に貸す.
8 同意する; 調和[一致]する ▪ British Columbia also *fell in*. ブリティッシュコロンビア州もまた同意した ▪ So handsomely do all things *fall in* together. 万事が非常にうまく調和する.
9 (土地・金などが)人の所有となる, に使えるようになる ▪ The inheritance *fell in*. 遺産が手に入った ▪ His estate *fell in* to the family. 彼の地所は彼の家族の所有となった.
10 (まれ)起こる ▪ The explosions *fell in* at the same instant of time. その爆発音は同時に起こった.
11《方》知り合いとなる ▪ Fifty years have passed since we *fell in* at the fair. 我々が品評会で知り合いになってから50年になる.
12《豪》間違いをする, 失敗する ▪ He really *fell in* when he chose me for his opponent. 彼が私を相手取ったのは大誤算であった.
13 妊娠する ▪ She *fell in* at just 16. 彼女はわずか16歳で身ごもった.
— ⑮ ⑯ **14**《軍口》整列する[させる] ▪ At two o'clock the men *fell in*. 兵士たちは2時に整列した ▪ Stanley *fell in* all the men. スタンリーはすべての兵を整列させた.
— ⑯ **15** ...し始める ▪ They *fell in* talking. 彼らは話をし始めた ▪ She *fell in* conference with him. 彼女は彼と相談をし始めた.

fall in [together] ⑮ **1** ぴったりはまる; (突然)わかる, つじつまが合う ▪ The pieces of the puzzle suddenly *fell together*. パズルのこまが突然ぴったりはまった.
2 事がうまく運ぶ ▪ Everything *fell together* as he had hoped. 彼が期待していた通りすべてが順調にいった.

fall in alongside [beside] ⑮ (行進者)といっしょになる ▪ Onlookers *fell in beside* the marching demonstrators. 見物人たちは行進するデモ隊に加わった.

fall in behind ⑯ 同調[結束]して...を支持する ▪ They *fell in behind* the Governor. 彼らは結束して知事を支持した.

fall in for ⑯ ...にあずかる, をもらう, 被る ▪ He *fell in for* the lion's share. 彼は一番良いところをもらった.

fall in upon [on] ⑯ ...を不意に襲う, ふと訪れる; にふと出会う ▪ His creditors all *fell in upon* him. 債権者がみな彼を急に襲った ▪ I am always glad when any one *falls in on* me. 人がふと訪ねてくれたときはいつもうれしい.

fall in with ⑯ **1** ...にふと出会う[出くわす], と連れになる ▪ I *fell in with* him about two months ago at a meeting. 私は2か月ほど前ある会で偶然彼に会った ▪ We *fell in with* the robbers in the woods. 我々は森で盗賊どもに出会った.
2 ...と意見が一致する, 同調する ▪ Hobbes in some degree *falls in with* Locke. ホッブズはある程度ロックと意見を同じくしている ▪ To my joy he *fell in with* my proposal. うれしいことには彼は私の提案に賛成してくれた.
3 (計画)に加わる ▪ I am willing to *fall in with* your plan for a walking tour in Wales. 私はウェールズ徒歩旅行のご計画に喜んで加わります.
4 ...と調和する, 一致する ▪ This *falls in* perfectly *with* his views. これは彼の見解と完全に一致する ▪ His 20th year *fell in with* the 4th year of the 83rd Olympiad. 彼の20歳の年は第83オリンピア紀の4年目にあたった.
5 ...と調子を合わせる, の味方となる, にくみする ▪ They *fell in with* the party. 彼らはその党の味方をした.
6 ...の仲間に入る ▪ He *fell in with* a group of ruffians. 彼は悪党の仲間に入った.
7《海》(船が)...と会う; (陸地)を発見する[に近づく] ▪ They *fell in with* no other vessel. 彼らは他の船に会わなかった.

fall into ⑮ **1** ...の状態になる ▪ He *fell into* a doze [a slumber]. 彼はうとうとした.
2 ...に陥る ▪ He *fell into* temptations. 彼は誘惑に陥った ▪ They *fell into* the ambush and were cut off. 彼らは待伏せにかかって殺された.
3 ...に分類される, 分かれる ▪ The problems *fall into* three classes. その問題は3種類に分かれる.
4 ...に落ちこむ, (わななど)にはまる ▪ The fox *fell into* the snare [trap]. キツネはわなに落ちこんだ.

5 (習慣など)がつく ▪ He *fell into* the habit of smoking. 彼は喫煙の習慣がついた.
6 (川が)…に注ぐ ▪ The Ganges *falls into* the Gulf of Bengal. ガンジス川はベンガル湾に注ぐ.
7 急に…となる ▪ He *fell into* a rage [a passion, a temper]. 彼は急にかっとなった.
8 (ほっておいて, 知らぬまに)…になってしまう ▪ The family *fell into* poverty. その家は貧乏になってしまった.
9 (位置)につく ▪ In a moment they all *fell into* their places. みなたちまち位置についた.
10 …を用いる ▪ They have *fallen into* the method of stamping them. 彼らはそれらに印を押す方法を用いた.
11 …に応じる, を承諾する ▪ They *fell into* his commands. 彼らは彼の命令に応じた.
12 …に適応する ▪ We *fell* immediately *into* our usual life. 我々はすぐに日常の生活に適応した.
13 …の仲間に入る ▪ He *fell into* bad company. 彼は悪い仲間に入った.
— [他] **14** (討論・談話)を始める, やる ▪ They *fell into* argument. 彼らは議論を始めた ▪ We must *fall into* our subject. 問題の討議を始めねばならない.

fall off [自] **1** …から落ちる ▪ The apples are *falling off* the tree. リンゴが木から落ちている ▪ The mask has *fallen off*. マスクがはがれ落ちた ▪ A button has *fallen off* my coat. ボタンが一つ私のコートから取れた.
2 (数・量・程度が)減少する ▪ The circulation of the paper *fell off* sharply. その新聞の発行部数はひどく減少した ▪ He *fell off* little by little in the frequency of his visits. 彼の訪問の度数が少しずつ減っていった.
3 (健康・活力・興味が)衰える ▪ The wind *fell off*. 風は衰えた ▪ He *fell off* in flesh. 彼はやせ衰えた ▪ The fifth act *fell off*. 第5幕は興ざめであった.
4 《海》(船が)風下へ落ちる[向かう] ▪ The ship *fell off* 2 or 3 points from the wind. 船は2ないし3点風下へ落ちた ▪ The schooner gradually *fell off*. スクーナー船は徐々に風下に向かった.
5 《海》(船が)針路からそれる ▪ The vessel *fell off* (from) her course. 船は針路からそれた.
6 (動物の)食欲がなくなる ▪ As soon as a cow *falls off* her food, give her another dose. 雌牛の食欲がなくなったらすぐ, もう一服飲ませなさい.
7 《海》(船が)舵の言うことを聞かない ▪ The ship *fell off* when the wind grew too strong. 風が強くなりすぎて船の舵がきかなかった.
8 (海岸などが)湾曲して向こうへ去る ▪ The shore *falls off* to the westward. 海岸は西方へ湾曲している.
9 退歩[下落, 堕落]する ▪ The quality of his painting has *fallen off* greatly. 彼の絵の質は大いに落ちた.
10 引き下がる, 退く, 手を引く ▪ They *fell off* one by one till the street was left to solitude. 彼らは一人ずつ退いて街道には誰もいなくなった ▪ You have to *fall off* from the bargain. 君はその取引から手を引かねばならない.
11 遠ざかる, むほんする (*from*) ▪ One half of my readers *fell off from* me. 私の読者の半分が私から遠ざかった ▪ Some members *fell off from* the Liberals. 幾人かの党員が自由党から離脱した.

fall off of [自] 《米》…から落ちる ▪ A big weight *fell off of* me. 肩の重荷がおりた.

fall on [他][自] **1** (仕事に)かかる; …を(熱心に, 急に)始める; 始まる ▪ They *fell on* fighting. 彼らは戦い始めた ▪ All stood ready to *fall on*. みんなは仕事にかかる用意をして立っていた ▪ The squall *falls on* when the sun has risen. スコールは太陽が上ってしまうと降り始める.
2 《まれ》食べ始める ▪ *Fall on* and try to find the appetite to eat. 食べ始めて食欲を試してみなさい.

fall on [***upon***] [自] **1** (日が)…にあたる ▪ Christmas *falls on* Sunday this year. 今年はクリスマスが日曜にあたる.
2 (視線・光が)…の上に落ちる[向けられる], を照らす ▪ His eye *fell upon* me. 彼の目がふと私に向けられた ▪ A shadow *falls on* the window-blind. 人影がブラインドに映る.
3 (恐れ・眠けなどが)…を襲う ▪ Sleep *fell* suddenly *upon* them. 眠けが急に彼らを襲った.
4 (災いなどが)…に降りかかる ▪ Suspicion *fell on* a neighbor. 容疑が隣人にかかった ▪ The expenses *fell on* the purchaser. 経費は買い手の負担となった.
5 …に責任[任務]がかかる ▪ Most of the fighting *fell on* the second regiment. 戦闘の大部分は第2連隊の任務であった ▪ It *fell upon* John to support his mother. 母を養う責任がジョンにかかった.
6 …を攻撃し始める, 攻撃する, 不意打ちする ▪ The Turks *fell upon* them as they slept. トルコ軍は彼らの眠っているところを奇襲した.
7 …をがつがつ食う ▪ The starving lad *fell on* the food. 飢えた若者は食物をぱくついた ▪ In times of despair he would *fall upon* his Bible. 絶望期に彼は聖書をむさぼり読んだものだった.
8 降りて…を覆う ▪ The curtain *fell on* the scene. 幕が降りてその場面を覆った.
9 折り重なって倒れる ▪ I saw people *falling on* each other in the stampede. 人々が将棋だおしになって折り重なるのが見えた.
10 抱く, ハグする ▪ Young scored and you could see everyone *falling on* each other, laughing. ヤングが得点し, みんなが笑いながら抱き合っているのが見えた.
11 退いて(元の位置)につく ▪ *Fall on* the position of the guard. 退いて警護の位置につけ.
12 《幾何》(点・線が)…の上に来る, と一致する ▪ The line FG may *fall upon* the line DF. 線分 FG は線分 DF に重なるかもしれない.
13 (アクセントが)…に来る ▪ The accent *falls on* the second syllable. アクセントは第2音節におかれる.
14 (考えなど)を思いつく, に行きつく ▪ He *fell upon* the idea while taking a bath. 入浴中にその考えが彼

の頭に浮かんだ. **15** (くじなどが)…に当たる ▪ The lot *fell upon* me. くじは私に当たった ▪ The victory *fell on* England. 勝利はイングランドに帰した. **16** (人が)…に遭遇する, めぐり合う; を見つける ▪ Gray *fell upon* an age of prose. グレイは散文の時代に生まれ合わせた ▪ He *fell upon* an old woman there. 彼はそこで老婦人に出くわした. **17** (手段として)…を採用する, 用いる ▪ They *fell on* means to set it going. 彼らはそれを動かす手段を見つけた ▪ The church *fell upon* the belief that Christ was soon to appear again. 教会はキリストはまもなく再来することになっているという信仰を採用した.

fall out 自 **1** 抜け落ちる ▪ The bottom of the barrel *fell out*. たるの底が抜けた ▪ Several nails of the boat *fell out*. ボートのくぎが数本抜けた ▪ The stress caused some of his hair to *fall out*. ストレスで, 彼の髪の毛が少し抜けてしまった.
2 外へ落ちる ▪ The seeds *fell out*. 種は外へ落ちた.
3 《軍》 隊を離れる; 解散する, 別れる; 落伍する ▪ *Fall out!* 別れ! ▪ They were obliged to *fall out* from fatigue. 彼らは疲労のためやむなく落伍した.
4 たまたま起こる ▪ His death *fell out* in that year. 彼はたまたまその年に死んだ ▪ It *fell out* to be the year of Jubilee. それはたまたま記念祭の年だった.
5 《俗》 どっと笑う, 急に笑い出す ▪ She *fell out* (laughing) when she heard the punch-line. 彼女はその笑い話のおちを聞いて吹き出した.
6 《俗》 (麻薬などで)うつらうつらする, 眠り込む ▪ The drug made me *fall out* right away. そのヤクをやった途端にうつらうつらし始めた.
7 (廃棄物やジェインとして)流し棄てられる ▪ The dirty water *falls out* through a pipe. 汚水はパイプを通して流し棄てられる.
8 〖副詞を伴って〗 結果が…となる[と判明する] ▪ It *fell out* well. それは良い結果になった.
9 (…と)けんかする, 仲たがいする (*with*) ▪ They *fell out* over some trifling matter. 彼らはあるつまらないことでけんかした ▪ Mary has *fallen out with* Jane. メアリーはジェインと仲たがいしている.
10 (主義・党から)離脱する; 勤めを放棄する ▪ Two of the team *fell out*. チームのうち二人が離脱した.

fall out of 自 **1** …から落ちる ▪ He *fell out of* bed and cracked a rib. 彼はベッドから落ちて肋骨1本にひびが入った.
2 (習慣)をやめる, (癖などが)直る ▪ I used to go to the gym twice a week, but now I've *fallen out of* the habit. 以前は週に2度ジムに通っていたが, 今はやめてしまった.
3 …されなくなる, しなくなる ▪ The carriage *fell out of* use. 馬車はすたれた ▪ They were *falling out of* archery practice. 彼らは弓術をやらなくなりつつあった.
4 (貸借期限)が切れる ▪ The farm *fell out of* lease. その農場は貸借期限が切れた.

fall outside 自 …の範囲外である, 分野に入らない ▪ That *falls outside* standard business practice. そのことは標準的な商慣習から外れている.

fall* [*stand*] *outside 自 …の範囲外である ▪ Finance *falls outside* my province. 財政は私の専門外だ.

fall over 自 **1** …からころがり落ちる《特に, 縁を越して》 ▪ He *fell over* a precipice and died. 彼は絶壁からころがり落ちて死んだ.
2 《口》 …と衝突して倒れる, につまずいてころぶ ▪ My mother *fell over* the chair. 私の母はいすにつまずいてころんだ.
3 ころがる; (高いものが)倒れる ▪ The child has *fallen over*. 子供はころんだ.
4 ひっくり返る ▪ A whale always *falls over* on its side, the moment life is extinct. クジラは死ぬとすぐ横にひっくり返る.
5 《スコ》 寝る (sleep) ▪ Ann wakened me—I had just *fallen over*. アンが起こしてくれた—私はつい寝こんでいた.
6 《英口》 (コンピューター・電話などが)ダウンする, 作動停止する ▪ The system *fell over* because it is inherently unstable. そのシステムは本質的に不安定なのでダウンしてしまった.

fall through 自 **1** 《口》 失敗に帰する, 実現されない ▪ My plans *fell through* owing to my father's illness. 私の計画は父の病気のため実行されなかった.
2 …から(ぬけ)落ちる ▪ He *fell through* the skylight. 彼は天窓から落ちた.
3 《スコ》 …を台なしにする, ぶちこわす ▪ By her foolish airs, she has *fallen through* her marriage. 彼女はばかげた気取りのせいで結婚を台なしにした.

fall to 自 **1** …に落ちる ▪ An apple *fell to* the ground. リンゴが一つ地上に落ちた.
2 …を懸命に始める ▪ They *fell to* oars. 彼らは力いっぱいこぎ始めた ▪ He *fell to* religion. 彼は宗教に凝りだした.
3 《雅》 仕事[食事, けんか]を始める ▪ Dick *fell to* and worked with a will. ディックは仕事にかかり本気で働いた ▪ They *fell to* with good appetite. 彼らは盛んに食べ始めた ▪ When they met, they *fell to*. 彼らは出会うとけんかを始めた.
4 …のものとなる ▪ Six of the prizes *fell to* him. 賞のうち6つが彼のものとなった.
5 《文》 任務[負担]となる ▪ The boys *fell* chiefly *to* his care. 少年たちの世話は主として彼の務めとなった ▪ The cost *fell to* me. 経費は私の負担となった ▪ It *fell to* me to stand guard. 歩哨勤務が私に当たった.
6 ひとりでに閉まる ▪ The gate *fell to* silently. 門は音もなくひとりでに閉まった.
— 他 **7** …し始める ▪ The family *fell to* crying at the sad news. 家族の人々はその悲しい知らせを聞いて泣きだした.

fall towards 自 …の方に傾斜する ▪ The cliff *falls towards* the sea. 崖は海の方に傾斜している.

fall under 自 **1** …の下に落ちる ▪ She *fell under* the bus and was killed. 彼女はバスの下敷きになって死んだ.
2 …の部類に入る ▪ These goods *fall under* class

A. この品はA級に入る.
3(非難などを)被る, 招く ▪ He *fell under* the reproach of carelessness. 彼は不注意を非難された. ▪ We *fell under* his displeasure. 我々は彼の不興を被った.
4(検査・考慮など)を受ける ▪ The matter *fell under* consideration. その件は考慮された.
5(支配・管轄・範囲)に入る ▪ That *falls under* my jurisdiction. それは私の管轄に入る. ▪ It *falls under* this rule. それはこの規則に該当する.
fall up 自 …を上るときころがる ▪ He *fell up* the stairs. 彼は階段を上るとき転倒した.
fall within 自 …の勢力[活動, 範囲]の中に入る, に含まれる ▪ It *falls within* this category. それはこの部門に入る ▪ They may not *fall within* the scope of this chapter. それらはこの章の範囲の中に入らないかもしれない.

falter /fɔ́:ltər/ ***falter forth [out]*** 他 **1** …を口ごもりながら言う ▪ The priest *faltered out* that he meant no harm. 牧師は別に悪意はないと口ごもりながら言った.
2(詩)あえぎながら心を吐露する ▪ Gasp by gasp he *falters forth* his soul. 彼はあえぎながら心を吐露する.

familiarize /fəmíljəràiz|-iər-/ ***familiarize a thing to*** 他 事物を…に親しませる ▪ He *familiarized* the idea of liberty *to* people in general. 彼は一般の人々を自由の思想に親しませました.
familiarize a person with 他 **1** 人に…をよく知らせる, 慣れさせる ▪ I will *familiarize* you *with* the general concept of atomic warfare. 原子戦争の一般概念をよくお知らせせしましょう ▪ We must *familiarize* her *with* the manners of society. 彼女を社交界の作法に習熟させねばならない.
2 人を…にくつろがせる, 楽な気持ちにさせる ▪ I *am familiarized with* him. 私はあの人には気が楽である.

fan /fæn/ ***fan away*** 他 …をあおいでのける ▪ *Fan* the dust *away*. あおいでちりを払いなさい.
fan A into [to] B 他 **1** AをあおいでBにする ▪ He *fanned* the coals *into* a brisk blaze. 石炭をあおいで盛んな炎にした.
2 AをB(けんかなど)にあおる, 煽動する ▪ Petty disagreements *were fanned into* heated battles. ささいな不一致が煽動されて激しい戦いとなった.
fan out 自他 **1** 扇形に広がる[に散る]; 扇形に広げる[散らす] ▪ The main road *fans out* at that point in three directions. 本街道はその地点で三方に扇形に広がっている ▪ *Fan out* the search party. 捜査隊を扇形に散らしなさい.
— 自 **2**(米俗)立ち去る ▪ He saw I was drunk and *fanned out*. 彼は私が酔っているのを見て立ち去った.
3(軍)(軍が)散開する, 展開する ▪ The troops *fanned out* in loose formation. 軍勢は散開隊形で展開した.
— 他 **4**(米俗)…をむち打つ, やっつける ▪ He met the dog and *fanned* him *out*. 彼はその犬に出会い, それをやっつけた.
5(光線・紙の上部を)扇状に広げる ▪ He *fanned out* the cards. 彼はトランプのカードを扇形に広げた.

fancy /fǽnsi/ ***fancy up*** 他《米口》(衣服など)に飾りをつける ▪ They *fancied up* a tree with flowers. 彼らは木に花の飾りをつけた.

fare /feər/ ***fare against*** 他 [しばしば how を伴って] …と対戦[対決]する, わたり合う ▪ Here's *how* Sox hitters *fared against* lefties. レッドソックスの打者の, 左投手に対する対戦成績は次の通りだ.
fare forth 自《詩》いで立つ, 出発する ▪ Before sunrise she was *faring forth* gallantly. 彼女は日の出前に勇ましくいで立っていた.
fare ill [badly] 自 **1** 運が悪い, うまくいかない ▪ The enterprise *fared ill*. その事業はうまくいかなかった.
2 まずい物を食べる, 食べさせられる ▪ He *fared ill* there. 彼はそこでまずい物を食べさせられた.
fare up (to) 自 …に匹敵する, かなう ▪ The BJP has not *fared up to* expectations. インド人民党は期待にそわなかった.
fare well 自 **1** うまくいく; 運がよい ▪ I *fared well*. 上首尾だった.
2 ごちそうを[十分]食べる; ごちそうのもてなしを受ける ▪ You'll *fare well* in my house. 私の家で十分召しあがってください.

farm /fɑːrm/ ***farm out*** 他 **1** 仕事(の一部)を請け負わせる, 外注する ▪ They *farm out* production of some of the machine parts to other factories. 彼らは機械の部品のいくつかの生産を他の工場に下請けさせている.
2[主に受身で](一定の礼金で)…の管理[養育]を託す, (人)を預ける ▪ He *farmed* the child *out* to the orphanage. 彼はその子供を孤児院へ預けた ▪ Her children *were farmed out* to family friends. 彼女の子供たちは家族の友人に預けられた ▪ The support of these criminals *is farmed out* to them at a lower rate. これら罪人たちの扶養は比較的安い礼金で彼らに託されている.
3(野球)大リーグに属する選手を(調子が悪くなって)マイナーリーグに預ける ▪ He *was farmed out* to a minor league team. 彼はファームチームに預けられた.
4(連作で)土地を疲れさせる ▪ They *farmed* their land *out* through careless land management. 彼らはずさんな土地管理で畑を疲弊させてしまった.
5(危険を避けるため預金など)を分散させる ▪ More than $100,000 worth of bank paper *was farmed out*. 10万ドル以上の価値の銀行紙幣が分散して預けられていた.
6(土地など)を賃貸しする ▪ He *farmed out* his land. 彼は土地を小作人に貸した.
7(人の労働力)を貸す ▪ I would *farm* you *out* for double the money. 私だったらその2倍の金で君の労働力を貸すのだ.
8(税)の取り立てを請け負わせる ▪ They *farmed out* taxes. 彼らは税金の取り立てを請け負わせた.
9(人)を左遷する ▪ He *was farmed out* to our

Seattle office. 彼はシアトルの支社に回された. ― 圊 **10** 大リーグの選手がしばらくマイナーリーグで働く ▪ He *farmed out* until he recovered his form. 彼はフォームを取り戻すまで二軍でプレーした.

fart /fɑːrt/ *fart around* [《英》*about*] 圊 《口》 だらだら過ごす, 屁にもならないことをする ▪ We are here to kill time—to *fart around*. 我々がここにいるのはひまつぶし, つまり, ぶらぶらして時間を過ごすためだ.

fashion /fǽʃən/ *fashion A after* [*on, upon*] *B* 手本にしてAを作る ▪ The railway system *was fashioned after* the method used in other countries. 鉄道制度は他国で使用されている方法をまねて作られた ▪ She *fashions* herself *on* her mother. 彼女は母親を手本にしている.

fashion A into B 他 AをBにする[に変える], AでBを作る ▪ James L. Swanson *fashioned* the tale *into* a best-selling nonfiction thriller. ジェイムズ・L・スワンソンはその話を売れ筋の実録スリラーに仕立て上げた.

fashion A out of B 他 BでAを作る ▪ He *fashioned* a container *out of* a gourd. 彼はヒョウタンで容器を作った.

fast /fæst | fɑːst/ *fast against* [*on, upon*] *a person* 圊 (支払いなど要求して)戸口で断食の座りこみをする ▪ He went to the king and *fasted against* him. 彼は王の所へ行き, 要求が通るまで戸口で断食の座りこみをした. ☞アイルランド語法から.

fast from 圊 …を絶つ ▪ He *fasted from* eating and drinking. 彼は飲食を絶った.

fast off 他 (病気)を絶食して治す ▪ He *fasted off* his stomach disease. 彼は絶食して胃病を治した.

fast on …だけで節食する ▪ He *fasted on* bread and water. 彼はパンと水だけで節食した.

fasten /fǽsən | fɑːsən/ *fasten down* 他 **1** (ふたなど)を打ちつけて閉じる ▪ The lid of the box *was fastened down*. 箱のふたはくぎづけになっていた.

2 (意味)を確定する ▪ To *fasten down* its sense, the affix "Evangelical" may suffice. その意味を確定するには, 「福音の」という接辞をつければ十分だろう.

3 (人)に決心[決定]させる, 約束させる (*to*) ▪ Can you *fasten* him *down* to a date? 君は彼にしっかりとデートの約束をさせることができるか.

fasten A in B 他 AをBの中へ入れて(戸などを)閉める ▪ Colts *were fastened in* the pound. 幼馬は囲いの中へ入れられ, 戸を閉められた.

fasten off 他 (糸)を結び目や返し針で留める ▪ Run ribbon through the holes and *fasten* it *off* at the wrist with a neat bow. リボンを穴に通して手首の所できちんとした蝶形で留めてください.

fasten on 他 **1** …を取りつける ▪ I can't *fasten on* this button [clip]. 私はこのボタン[金具]を取りつけることができない.

2 …に注目する, 注意を集中する ▪ He *fastened on* the picture for a brief moment and then turned away. 彼は一瞬その絵を見つめてから背を向けた.

3 …をしっかりつかむ ▪ She *fastened on* the weak point in her opponent's argument. 彼女は相手の議論の弱点をしっかりとつかんだ.

4 (目的のために)…を選び出す; をやり玉にあげる ▪ Some one must have broken the plate, but why *fasten on* me? 誰かが皿を割ったにちがいないのに, どうして私をやり玉にあげるのですか.

5 …を捕える, 3につきまとう ▪ Those beggars *fastened on* her. その浮浪者どもは彼女につきまとった ▪ Sickness *fastened on* him. 病気が彼にとりついた.

6 (口実など)に飛びつく ▪ He *fastened on* the excuse. 彼はその言い訳に飛びついた.

fasten A on [*upon*] *B* 他 **1** AをBに結びつける ▪ Please *fasten* the flag *on* the pole. どうぞ旗をさおに結びつけてください.

2 A(感情・思想・注意)をBに集中する ▪ He *fastened* his attention *on* them. 彼は注意を彼らに集中した.

3 A(いやなもの)をBに押しつける ▪ He *fastened* a quarrel *upon* me. 彼は私にけんかを吹っかけた ▪ He is trying to *fasten* the crime *upon* her. 彼はその罪を彼女にきせようとしている.

4 B(人)にA(あだ名など)をつける; B(言葉)にA(意味・解釈)を与える ▪ They *fastened* the nickname of Butcher *on* the prince. 彼らは親王に肉屋というあだ名をつけた ▪ They have *fastened* strange absurdities *upon* the words of the Scriptures. 聖書の言葉に奇妙なばかばかしい意味を与えている.

fasten onto [*on to*] 他 **1** (人)にしっかりとつかまる ▪ *Fasten onto* me and you'll be safe. 私にしっかりとつかまっていなさい, そうすれば安全です.

2 …につきまとう ▪ Many people *fastened onto* him, and followed him. 多くの人が彼につきまとい彼について行った ▪ Miller *fastened on to* me at the party. ミラーはパーティーで私につきまとった.

fasten A onto B 他 AをBにしっかり貼り[くくり]つける ▪ I *fastened* the notice *onto* the door. 私はその掲示をドアにしっかり貼りつけた.

fasten…out …を外へ出して戸を閉める ▪ They *fastened* moor-sheep *out*. 彼らは荒地羊を屋外へ出して柵内へ入れなかった.

fasten to 他 **1** …にくくりつける ▪ The visitor *fastened* his horse to a pole. 来客は馬を柱につないだ. ― 圊 **2** (船がクジラなどに)もりを打ち込む ▪ In due time two of the boats *fastened to* one of the whales. やがてボートのうち2隻がクジラの1頭にもりを打ち込んだ.

fasten up 他 **1** …をしっかりとくくる, しっかり閉じる[留める], くぎづけにする ▪ The boat *was fastened up* for the night. 夜を過ごすためボートはしっかりとくくりつけられた ▪ Please *fasten up* this box before you rope it. どうぞ, 縄をかける前にこの箱をしっかりくぎづけにしてください.

2 きちんとボタンをかける ▪ When you go into society, you must *fasten up* your coat. 社交界に出るときには上着のボタンをきちんとかけねばなりません.

fasten A with B 他 AをBで留める[締める] ▪ He *fastened* the coat *with* buttons. 彼は上着をボタンで留めた ▪ She *fastened* her clothes *with* a girdle. 彼女は衣服を帯で締めた.

fat /fæt/ ***fat off*** ...を販売[畜殺]用に太らせる
- We decided to *fat off* the wethers. 我々は去勢羊を販売用に太らせることにした.

fat up 自他 太る; ...を太らせる・Farmers *fat up* the pigs for market. 農夫は市場に出すためブタを太らせる. The chickens are *fatting up* well. ヒヨコたちはよく太ってきている.

father /fáːðər/ ***father A on [upon] B*** **1** A(子供)の父はBであるとする・She *fathered* the child *on* the gardener. 彼女はその子の父は庭師であると認めた.

2 Aの源はBであるとする, AはBの生み出した[作った]ものとする・This saying is *fathered on* Socrates. この格言はソクラテスの作とされている・They have *fathered* it *on* me. 彼らはそれを私のせいにしている.

fathom /fæðəm/ ***fathom out*** 他 (口)...を探り出す・I can't *fathom out* where my keys have got to. 私のキーがどこへ行ったのか探し出せない.

fatten /fætən/ ***fatten off*** 自他 (米) ...で肥える (=(英) FATTEN on 2)・The powers *fatten off* the impoverished people of the Far East. 列強は極東の貧困民族を種に肥え太っている.

fatten on [upon] 他 **1** ...で肥やす, 太らせる
- We *fatten* turkeys *on* mashed potatoes. 七面鳥をつぶしたジャガイモで太らせる.
— 自 **2** (英)...を食べて太る・The worm *fattens on* the dead. うじ虫は死んだものを食べて太る.

3 ...を種に私腹を肥やす・Such persons *fatten on* the calamities of the country. このような人々は国の災難を種に私腹を肥やす.

fatten up 他 ...を太らせる; 肥育する・I must *fatten up* my child. 私は子供を太らせねばならない.

fault /fɔːlt, fɒlt/ ***fault down*** 他 地層の一部を沈下させて断層を起こさせる・Portions of the solidified crust *were faulted down*. 堅くなった凍結雪面の一部分が沈下して断層を生じた.

fault through (地層の一部を他の地層に)打ち込んで断層を起こす・The recent quake was caused by one stratum *faulting through* another. 最近の地震は地層同士の打ち込みで生じた断層によるものだった.

fawn /fɔːn/ ***fawn upon [on, over]*** 他 **1** ...にこびへつらう, のごきげんを取る・He *fawns upon* his superiors. 彼は上役にこびへつらう・Politicians *fawned over* a man whose firm gave millions to political parties. 政治家たちは, 持ち会社が数百万ドルを政党に寄付してくれる男のごきげんをとった.

2 (犬が)...にじゃれつく, 甘える・The dog was *fawning on* him as if he understood every word. 犬はまるで一語一語がみなわかるかのように, 彼にじゃれついていた.

fax /fæks/ ***fax in*** 他 ...をファックスで送る・Fujimori *faxed in* his resignation as president. フジモリ氏は大統領辞任をファックスで送った.

fax ... on (to) 他 (...に)...をファックスで転送する
- Just a few hours after receiving the letter, Mr. Lynch *faxed* it *on to* 60 people. 手紙を受けとってわずか数時間後, リンチ氏はそれを60人にファックスで転送した.

fax out 他 ...をファックスで一斉送信する・The speech *was faxed out* to close supporters. その演説は近い支持者たち全員にファックスで一斉送信された.

fax through 他 ...をファックスで送る・She asked Mr. Foster to *fax through* the papers to her. 彼女は書類をファックスで送るようフォスター氏に頼んだ.

fay /feɪ/ ***fay in*** **1** (米)(場所に)ぴたりとはまる
- The explanation *fays in* with the former. その説明は前者にぴたりとはまる.

2 (割れ目を)満たす, 埋める・There are gaps that one can never *fay in*. どうしても埋めることのできない溝がある.

fear /fɪər/ ***fear for*** 他 ...を心配する, 不安がる
- You need not *fear for* the future of the economy. 財政の将来は心配するに及ばない.

feast /fiːst/ ***feast away*** **1** ごちそうで(時)を過ごす, 宴を張って過ごす・We *feasted away* the night. 我々はその夜を饗宴で過ごした.

2 宴を催して...を忘れる・We *feasted away* our cares. 我々は酒宴を張って苦労を忘れた.

feast on ...を食べて[見て, 聞いて, 読んで]楽しむ
- I *feasted on* delicacies. 珍味を賞美した・He *feasted on* rare books. 彼は珍本を読んで楽しんだ.

feather /féðər/ ***feather out*** **1** (インフレなどが)次第に鎮まる・Inflation is starting to *feather out* at last. インフレがやっと収まりかけている.

2 (米)羽毛(のようなもの)で覆われる・The willows are beginning to *feather out*. ネコヤナギは羽毛のような房でいっぱいに咲き始めた.

feature /fíːtʃər/ ***feature A as B*** **1** AをB(劇・映画・オペラ)に主演させる・The horror film *featured* a journalist *as* the lead character. そのホラー映画は一人のジャーナリストを主役として出演させた.

2 (米)AがBであると想像する, BとしてのAを心に描く
- I really can't *feature* Mary *as* a prima ballerina. メアリーがプリマバレリーナだなんて本当に想像もできない.

feature in 主役を演じる, 主要な役割を持つ
- Fish *features* prominently *in* the Japanese diet. 和食では魚が大きな役割を果たしている.

feature A in B **1** AをBの特別記事とする; AをBの重要点とする・He *featured* the story *in* his weekly. 彼はその話を週刊誌の特別記事にした. The actress *is featured in* the new film. その女優が新作映画の主演である.

2 AをB(劇・映画・オペラ)の主演とする

3 (米)AがBを着用しているのを想像する・Can you *feature* Ellen *in* that ridiculous hat? エレンがあの変てこな帽子をかぶっているのを想像できるかい.

4 (米)AがBにいるところを想像する・I can't *feature* Mark *in* Libia as an evangelist. マークが福音伝道者としてリビアにいるところなんて想像できない.

feature *A upon B* 他 Aの容貌[特色]をBに印象づける ▸ The Tasmanian devil *featured* its ghastly self *upon* my soul. タスマニアデビルはものすごい形相を私の魂に印象づけた.

fee /fíː/ ***fee ... away*** 他 心づけをやって...を去らせる ▸ You cannot *fee* them *away*. あなたは彼らに心づけをやって去らせることはできない.

feed /fíːd/ ***feed A back (into [to] B)*** 他 **1**《電子工学》AをB(に)帰還させる ▸ Part of the output of an amplifier can be *fed back into* the input. 増幅器の出力の一部は入力に帰還させ得る.
2 AをBに提供する[与える] ▸ You can't grind up animals and *feed* them *back* to cows anymore. もう動物を骨粉にして牛に食べさせることはできない.

feed back into [***to***] 自他 ...にフィードバック[回帰, 還元, 波及]する[させる] ▸ Will that current *feed back into* the lighting circuit? その電流は照明回路にフィードバックするのだろうか ▸ That will *feed back into* more job losses. それは更なる失業に波及するだろう ▸ Information about this error must be "*fed back*" *into* the machine. この誤りに関する情報を機械にフィードバックさせなくてはならない.

feed down 他 **1**(牛馬・人が)...を食べる ▸ The cows *fed down* the grass. 牛たちは草を食べた ▸ He *fed down* the sheep. 彼は羊を食べた.
2 ...を牛に食べさせる ▸ He *fed* a pasture *down*. 彼は牧場の草を牛に食べさせた.
3(道具)を徐々に降ろす ▸ The tool rotates and is *fed down* by hand. その器具は回転し手で徐々に降ろされる.

feed ... down (with) 他 ...を(牛馬に)食べさせる ▸ He *fed* buck-wheat *down with* his cattle. 彼はソバを牛に食べさせた.

feed in 他 ...を(機械に)入れる ▸ You open the front cover and *feed* the paper *in*. 表のカバーを開いて用紙をお入れください.

feed A in [***into***] ***B*** 他 AをB(機械など)に入れる ▸ You *feed* the wire *in* here. ここへ電線を入れなさい ▸ The questions *are fed into* the computer. 質問がコンピューターに入れられている.

feed into 自 (川・道路が)合流する; (諸要素が)統合される ▸ The springs *feed into* a creek that flows through a mountain canyon. 泉は合流して川になり, それは山間の渓谷を流れる.

feed off 自 **1** 食物を(場所[皿など])から食べる ▸ A cat can *feed off* the floor. 猫は床(ゆか)から食物を食べることができる.
— 他 **2**(土地の草・作物)を食う ▸ The sheep *fed off* a crop of swedes. 羊が畑のカブを食った.
3 ...を食い物にする ▸ The magazine *feeds off* gossip and scandal. その雑誌はゴシップやスキャンダルを食い物にしている.
4(売るため)動物を太らせる ▸ He *feeds off* a large number of pigs every year. 彼は毎年多数のブタを太らせる.
5 = FEED on 3.

feed ... off with 他 (土地の草・作物)を(牛馬)に食べさせる ▸ He *fed* corn *off with* his cattle. 彼は小麦の作(さく)を牛に食べさせた.

feed on 他 **1**(動物が)...を食べる, 常食とする ▸ Cattle *feed* chiefly *on* grass. 牛は主に草を食う.
— 自 **2**(人)の食客となる ▸ He *feeds on* my father. 彼は私の父の食客となっている.
3 ...から満足[支え, 養分]を得る ▸ He *feeds on* hope. 彼は希望に支えられている ▸ The eye *feeds on* beautiful objects. 目は美しい物象を見て楽しむ.

feed A on [***with***] ***B*** 他 **1** AにBを食べさせる ▸ He *feeds* a cow *on* bran. 彼は牛にフスマを食べさせている.
2 AをBで育てる ▸ She *feeds* her child *with* cow's milk. 彼女は自分の子供を牛乳で育てている.

feed out 他 (干し草・トウモロコシ)を動物の餌として与える; を売れるように[餌をやって]太らせる ▸ They have to *feed out* their corn. 彼らは(牛に)トウモロコシを与えなければならない ▸ He *fed out* the steers. 彼は去勢牛を売れるように太らせた.

feed through [***to, into***] 他 ...に影響が波及する ▸ High oil prices *feed through* to the price of goods generally. 原油価格が高くなれば物価全般に影響する.

feed A to B 他 **1** AでBを飼う ▸ We *feed* oats *to* horses. 我々はオートムギで馬を飼う.
2 BにA(食料)を与える ▸ He *fed* the scraps *to* the pigs. 彼は残り物をブタに与えた.

feed up 自 **1** たらふく食べる ▸ You must *feed up* to grow stronger. もっと強くなるにはたらふく食べねばならない.
— 他 **2** ...にうんと食べさせる, を太らせる; 飽きるほど食べさせる ▸ This child needs *feeding up*. この子にはうんと食べさせてやらねばならない.
3 ...をあきあきさせる ▸ He *feeds* me *up* with his chatter. 彼のおしゃべりにはあきあきする.

feed A with B 他 AにBを供給する ▸ Let's *feed* the market *with* an endless supply of goods. 市場に絶えず商品を供給しよう ▸ They merely *feed* the students *with* facts. 彼らはただ生徒に事実を詰め込むだけだ.

feel /fíːl/ ***feel about*** [***around***] 自 **1** ...について思う ▸ How do you *feel about* the new school? 新しい学校をどう思いますか?
2 手探りであちこち捜す ▸ He *felt about* to find the cord. 彼はコードを見つけるためあちこち手探りした.
— 他 **3** 体を手探りして...を捜す ▸ He *felt about* the man for his pipe. 彼はその男の体を探ってパイプを捜した.

feel after 他 **1** ...を手探りで捜す ▸ He *felt after* a box of matches. 彼は手探りでマッチ箱を捜した.
2 心の中で...を探る ▸ He was *feeling after* a reason for their curious behavior. 彼らの奇妙なふるまいの理由を彼は心の中で探った.

feel around 自 手探りでかき回す ▸ She *felt around* in a box of odds and ends. がらくた箱の中を彼女は手探りでかき回した.

feel at [***of***] 他 《米・方》...を[指, 手]でさわってみる

Crowds of people came to *feel of* the canoe. 多数の人が来てカヌーを手でさわった。

feel behind 自 (自分の)腰のあたりをなでる ▪ They were *feeling behind*. 彼らは腰のあたりをなでていた。

feel down 自 落ち込む, 気が滅入る ▪ Every time he *feels down* or tired he remembers his parents and is inspired to work harder. 彼は落ち込んだり疲れたりするたびに, 両親のことを思い出してもっとがんばろうと元気を出している。

feel for 他 **1** ...に同情する, をかわいそうに思う ▪ I *feel for* you deeply. あなたに深く同情します。

2 ...を手探りで捜す ▪ She went to his pockets to *feel for* the keys. 彼女は彼のポケットの中へ手を伸ばし鍵がないか探った。

3 ...を心の中で捜す ▪ The King *felt for* further augmentations of his revenue. 国王は収入をさらに増加する方法を捜し求めた。

4《軍》...を偵察する; の動静を探る ▪ We *felt for* the enemy. 我々は敵を偵察した。

feel out 他 **1** ...に当たってみる, 探りを入れる ▪ *Feel out* thin ice. 薄い氷が割れはしないか当たってみなさい ▪ He decided to *feel* John *out*. 彼はジョンに探りを入れることに決めた。

2 ...をさわって(形状など)を確かめる ▪ I could *feel out* my hat in the dark. 私は暗やみでさわってみて自分の帽子だとわかった。

3 目ざす目標に合うまで照準を合わせる ▪ First get used to the sights and then *feel out* the gun. まず照準器に慣れてから, 次に銃の照準を標的に合わせる。

feel towards 自 ...に対しある感情をいだく ▪ I *feel towards* her as if she were my mother. 彼女は私の母のような気持ちがする。

feel up 他《俗》(通例女性)の恥部のあたりにさわる ▪ The man was *feeling* her *up* on the train. その男は電車内で彼女の腰のあたりをさわっていた。

feel up to 自《口》...ができると感じる, (仕事に)耐えうると感じる ▪ I did not *feel up to* much fatigue. 私は大きな疲労に耐えうるとは思わなかった。 ▪ I don't *feel up to* a long walk. 私は長い散歩をする元気はない。

feel with 他 ...に同情する, の心をくみ取る ▪ Much sympathy *was felt with* everyone involved. 関係したすべての人々に対して多大の同情が寄せられた。

felicitate /fəlísətèit/ ***felicitate*** *a person on* [*upon*] 人の...を祝う ▪ I *felicitate* you *on* your promotion. ご昇進をお祝いします。

fellow /félou/ ***fellow*** *A with B* 他 AをBと対等の位置に置く ▪ It is this quality that *fellows* him *with* Milton. 彼をミルトンと肩を並べさせているのはこの特質である。

fence /fens/ ***fence...about*** [***around***] (***with***) 他 ...に囲いをめぐらす; (防護物で)...を守る ▪ The building *was fenced about with* olive trees. その建物はオリーブの木立に囲まれていた ▪ His property *is fenced about with* laws. 彼の財産は法律で守られている。

fence in 他 **1** ...を囲いこむ; を囲いの中に閉じこめる ▪ People *fenced in* those places. 人々はそれらの場所を柵で囲んだ ▪ Don't *fence* the horse *in*. 馬を囲いの中に閉じこめるな。

2 ...を束縛する ▪ He felt *fenced in* by his daily routine. 彼は自分の日々の仕事に束縛されているように感じた。

fence off 他 **1** ...を柵で区切る ▪ We shall *fence off* this piece of ground. この区画の地面を柵で区切ります。

2 ...に囲いをしてじゃまものを入れないようにする ▪ They *fenced off* the pool to keep animals out. 彼らは動物が入れないようにプールに囲いをした。

3 ...を受け流す; を撃退する, 寄せつけない ▪ They *fenced off* your word. 彼らはあなたの言葉を受け流した ▪ They could not *fence off* the waves. 彼らは波を撃退できなかった。

fence out 他 **1** ...を柵で入れないようにする ▪ The cattle *were fenced out*. 牛の群れは柵で入れないようにされていた。

2 = FENCE off 3.

fence round [***around***] 他 **1** ...に柵をめぐらす, を囲んで守る ▪ The gardener *fenced round* the nursery. 庭師は苗木の回りに柵をめぐらした ▪ These leaves *are fenced round* with strong prickles. これらの葉は丈夫なとげに囲まれて守られている。

2 (質問など)を受け流す ▪ He *fenced round* the point. 彼は要点をかわした。

fence up 他 ...を柵で囲う ▪ He has *fenced up* my way so that I can't pass. 彼は私の道に垣をめぐらして越えられないようにした。

fence with **1** ...とフェンシングをする, 武器で戦う ▪ I will *fence with* you if you wish. ご希望ならばあなたと武器で戦いましょう。

2 ...と巧みに論争する ▪ He *fenced with* his opponent on several questions. 彼はいくつかの問題について相手と巧みに論争した。

— 他 **3** ...を受け流す, 回避する ▪ He was disposed to *fence with* the question. 彼はその質問を受け流したかった ▪ He *fences with* sin. 彼は罪を避ける。

fend /fend/ ***fend against*** 他 ...から身を守る, を避ける ▪ The flow of students will make it hard for the school to *fend against* H1N1. 学生が移動するので学校が新型インフルエンザの予防をするのは困難だろう。

fend back 他 ...を押し返す ▪ He *fended back* the masses confronting him. 彼は自分に面と向かう大衆を押し返した。

fend for 他《方・口》...を世話する, 養う, のためにやりくりする ▪ He *fended for* me. 彼は私の世話をして[私を養って]くれた。

fend off 他 **1** ...を受け流す, 払う ▪ He was *fending off* the blows of the attackers. 彼は攻撃者たちの強打を受け流していた。

2 ...を撃退する; を避ける, 寄せつけない ▪ This medicine is enough to *fend off* a chill and fever. この薬は寒けと熱を防ぐに十分である。

ferret /férət/ ***ferret about [around]*** 他 **1**(シロイタチを使って)…をかり立てる, 追い回す ▪ He *ferreted* a rabbit *about* from one hole to another. 彼はウサギを穴から穴へとかり立てた.
2 …を捜し回る ▪ He *ferreted about* the house. 彼はその家を捜し回った ▪ It is useless to *ferret about* among old papers. 古い書類の間を捜し回るのはむだだ.
ferret away [forth] 他 (シロイタチを使って)…を追い払う, 追い出す ▪ I'll *ferret* the rabbit *away*. ウサギを追い出しましょう.
ferret *A* ***from [off, out of]*** *B* 他 AをBから追い出す ▪ They took counsel to *ferret* him *off* their island. 彼らは彼を島から追い出すため相談をした.
ferret out 他 **1** = FERRET away.
2《口》…を苦心して[こっそり]探り出す ▪ Detectives are employed to *ferret out* secrets. 探偵は秘密を探り出すのに雇われる.

ferry /féri/ ***ferry across [over]*** 自他 **1** 渡し船で(…を)渡る ▪ We *ferried across* the river. 我々は渡し舟で川を渡った ▪ She *ferried over* to Rab island. 彼女はラブ島まで渡して行った.
— 他 **2** (川などで人・船)を渡す ▪ A girl *ferried* me *across* the river in a boat. その川で少女がボートで私を渡してくれた ▪ He *ferried* the canoe *over*. 彼はそのカヌーを向う岸へ渡した.

fess /fes/ ***fess up*** 自 《米口》(…に関して)白状する, 事実を語る(*about*) ▪ When is it time for parents to *fess up* about Santa? 親はいつサンタについて本当のことを話すべきだろうか ▪ She finally *fessed up about* doping. ついに彼女はドーピングについて本当のことを話した.

fester /féstər/ ***fester into*** 自 (傷が)うんで…となる ▪ Smitten pride *festers into* rancor. 打ち砕かれた誇りは化膿して憎しみとなる.

festoon /festúːn/ ***festoon*** *A* ***with*** *B* 他 A(部屋など)をBで飾る ▪ The room *was festooned with* gay flower chains. 部屋は華麗な花綱で飾られていた.

fetch /fetʃ/ ***fetch about*** 自 **1** 遠回りをして行く, 迂回する, 回り道をする ▪ We had to *fetch about* to get here because the main road was closed. 本街道が通行止めになっていたので, ここへは迂回して来なければならなかった.
2 (帆船が)進行方向の転換点に来る ▪ The schooner *fetched about* and headed for port. 帆船は方向転換点に至り, 入港をめざした.
fetch ahead 自 《海》前進する ▪ *Fetch ahead*! 前進せよ(船に言う).
fetch along 他 **1** …を持って来る ▪ *Fetch* that lunch basket *along*. その弁当かごを持って来てくれ.
2 …をよくする ▪ A course of good food will *fetch* him *along*. 良い食物を続けて与えれば彼はよくなるでしょう.
fetch…around [round] 他 **1**《米口》(人)を説いて服従させる ▪ He *fetched* me *round* to it. 彼は私を説いてそれに服従させた ▪ His argument *fetched* her *round*. 彼の議論で彼女は納得した.
2《主に方》(人など)を生き返らせる, 正気づかせる ▪ It *fetched* her *around*. それで彼女は生き返った.
— 自 **3** 遠回りをして行く, 迂回する, 回り道をする ▪ He *fetched around* through the park. 彼は公園を通って回り道をした.
fetch away 自 本来の場所から移動する; (揺れて)離れる ▪ Every article on the table *fetched away* with a hideous crash. テーブルの上の品はみなガラガラとすさまじい音を立てて落ちた.
fetch down 他 《口》 **1** …を射落とす, 打ち落とす ▪ I *fetched* the bird *down*. その鳥を射落とした.
2 (物価)を強引に引き下げる ▪ The war has *fetched down* the real estate. 戦争は不動産の価格を引き下げてしまった.
fetch in 他 **1** …を(屋内へ)入れる, 持ち込む ▪ Please *fetch* the washing *in*. 洗濯物を入れてください.
2 (人・金)を(引き)入れる ▪ The sale should *fetch in* enough to buy the house. それを売ればその家を買うのに十分なお金が入るはずだ ▪ Those cheap seats will *fetch in* the people. それらの安い席は人々を引き入れるだろう.
fetch out 他 **1** …を戸外へ出す ▪ *Fetch out* the garden chairs. 庭いすを戸外へ出しなさい.
2 …を引き出す ▪ It *fetches out* the most beautiful strength of the human heart. それは人間の心の最も美しい力を引き出す.
3 (色つやなど)をはっきり現す[出す] ▪ The polisher *fetches out* the colors of marble. 磨き手が大理石の色を出す.
4 …を発現させる; を見える[わかる]ようにする ▪ The struggle *fetched out* his true character. その闘争で彼の真の性格が現れた.
5 …を作り出す ▪ He has *fetched out* a new book. 彼は新書を著わした.
6 (恥ずかしがる人)に話をするよう励ます ▪ Try to *fetch* her *out* at the party. パーティーで話をするよう彼女を励ましてください.
7 (スト)をさせる ▪ We must *fetch* the workers *out* for more pay. 労働者たちに賃上げストをさせねばならない.
fetch *A* ***out of*** *B* 他 BからAを追い出す ▪ This sulfur will *fetch* the wasps *out of* their nest. この硫黄はスズメバチを巣から追い出すだろう.
fetch over 他 **1** (人)を家へ連れてくる ▪ *Fetch* your boy friend *over*. あなたのボーイフレンドをお連れしなさい.
2 = BRING around 4.
fetch through 自 目的を達する ▪ We finally *fetched through*. 我々はついに目的を達した.
fetch…to 他 ▪ These salts *fetched* her *to*. この気つけ薬が彼女を生き返らせた.
fetch up 他 **1** …を(2階などに)持って上がる ▪ *Fetch up* the bottle. そのびんを上へ持ってきなさい.
2《口》…を吐く, 戻す; (薬が)…の吐きけを促進する ▪ He *fetches up* all he eats. 彼は食べたものはみな吐

3 …を育てる ▸ You were fetched up for the work from the cradle. あなたは幼時からその仕事をするように育てられた.

4 …を取り戻す, 償う ▸ We shall fetch up the leeway of our vessel. 我々は船の遅れを取り戻すだろう.

5 …を思い出す ▸ He fetched up the story. 彼はその話を思い出した.

6 (失ったもの)を回復する ▸ He fetched up lost ground. 彼は失地を回復した.

— 自 **7** (車などが来て)止まる; 《主に英口》偶然到着する ▸ We fetched up at Portsmouth by accident. 我々は偶然にポーツマスに停船した ▸ He fetched up in Virginia. 彼はバージニアに到着した ▸ If he tries often enough, he may fetch up in Congress. 何度も試みれば, 彼は議員になれるかもしれない.

8 (海) (…に)乗り上げる (on, against) ▸ She fetched up against the rock. その船は岩に乗り上げた.

9 《主に英口》(…で)終わる ▸ We counted the boxes and fetched up with fourteen. 我々は箱を数えたが, 結局14個だった ▸ She fetched up the winner. 彼女は結局勝った.

10 《主に英口》不利な結末になる[ならせる] ▸ We shall fetch up in trouble. 我々は結局困ったことになるだろう.

11 《主に英口》結局…する ▸ He fetched up owning a lot of property. 彼は結局多くの財産を得た.

12 《主に英口》結局(…)を得る (with) ▸ He fetched up with first prize. 彼は結局一等賞を得た.

fetch with 他 《米・まれ》…と同意見になる, に同意する ▸ You'll fetch with me that he must go. 彼が行かねばならぬという点で君は私と同意見だろう.

fever /fíːvər/ **fever out** 自 (熱・興奮のため)目が飛び出す ▸ This passion made his eyes fever out. この熱情のため彼の目は飛び出した.

fib /fíb/ **fib about** 他 …をやたらに打ちのめす ▸ Two men fibbed each other about. 二人の男が互いに打ちのめし合った.

fiddle /fídəl/ **fiddle about [around]** 他 **1** …をいじくる ▸ They were fiddling about their clothes. 彼らは服をいじくっていた.

— 自 **2** ぶらぶらして過ごす ▸ Be careful not to fiddle about doing nothing. 何もせずぶらぶらして時を過ごさないよう注意しなさい ▸ Women endured the agonies of childbirth while men fiddled around in the garden. 女性たちは出産の苦しみに耐え, その間, 男性どもは庭で所在なく過ごした.

fiddle (about, around) with 他 **1** …をいじくる (概していらいらした動作) ▸ Don't fiddle about with that paper knife. その紙切ナイフをいじってはいけない.

2 《口》(帳簿などを)いじくる ▸ He must have been fiddling with the accounts; some money is missing. 彼が帳簿をいじくっていたにちがいない. 金が少しなくなっている.

fiddle at 他 …をもてあそぶ, いじくる ▸ I pretended to be fiddling at it all the time. 私はずっとそれをもてあそんでいるようなふりをしていた.

fiddle away 自 **1** バイオリンを弾き続ける ▸ When he was in the mood, he would fiddle away for hours. 彼は気が向くと, バイオリンを何時間も弾き続けるのだった.

— 他 **2** (つまらないことに)…を空費する ▸ They fiddle away their time and strength. 彼はつまらぬことに時間と力を空費する.

fiddle a person into 他 人をだまして…させる ▸ I was fiddled into it again. 私はまただまされてそれをさせられた.

fiddle on [over] 他 …をもてあそぶ ▸ Your hand is fiddling on my throat. あなたの手は私ののどをもてあそんでいる.

fiddle a person out of 他 人をだまして…を取る ▸ People fiddled them out of their money. 人々は彼らをだましてその金を取り上げた.

fiddle with 他 …を不正操作する, 歪曲する ▸ The police had obviously fiddled with the evidence. 明らかに警察が証拠をねじ曲げたのだった.

fidget /fídʒət/ **fidget about** 自 そわそわ[いらいら]動き回る ▸ Don't fidget about (the room). (部屋を)そわそわ動き回るな.

fidget a person into 他 人に気をもませて(ある状態)にする ▸ I fidgeted myself into a fever. 私は気をもんで熱を出した.

fidget with 他 (神経質に)いじくりまわす ▸ Pierce fidgeted with her ponytail between serves. ピアスはサーブの間にポニーテールをいじり回した.

fig /fíg/ **fig out** 他 …を盛装させる, 着飾らせる ▸ He is figged out as fine as the King himself. 彼は国王ご自身のように立派に盛装している.

2 (馬に)元気をつける ▸ Fig out two horses. 2頭の馬に元気をつけて歩かせよ.

fig up 他 **1** …を盛装[新装]させる, 新しく見せる ▸ The house wants a little figging up. その家は少し新装を施す必要がある.

2 (馬に)元気をつける ▸ They tried to fig up the old horse. 彼らは老馬に元気をつけようとした.

fight /fáɪt/ **fight against** 自 …と戦う, を敵として戦う ▸ We fight against various temptations. 我々はいろいろな誘惑と戦う. ☞against は with よりも苦戦を意味する.

fight amongst [among] 自 〖しばしば再帰的に〗反目する, いがみあう, 口論する ▸ Conservative groups fought among themselves over strategy. 保守系グループは戦略に関して内輪で反目し合った.

fight back 他 **1** …に抵抗する, を食い止める ▸ They were fighting back the diseases manfully. 彼らは男らしく病気に抵抗していた.

2 (感情など)を抑える ▸ She fought back the tears and thanked those who voted for her. 彼女は涙を抑えて, 自分に投票してくれた人たちに感謝した.

3 (…に)戦いながら戻る (to) ▸ He fought back to

his old seat on the Board. 彼は苦闘して委員会のもとの地位に戻った。

fight down 他 **1** (感情など)を抑える ▪ I started breathing hard, *fighting down* panic. 私はパニックを抑えるのに、息づかいが荒くなった。

2 …と戦って圧倒[圧服, 克服]する; に努力して打ち勝つ ▪ He has *fought* his weakness *down*. 彼は努力して自分の弱点を克服した ▪ The firemen *fought down* the flames at last. 消防団は努力してついに火炎をしずめた。

fight for 自 **1** …のために戦う, に味方して戦う ▪ He is to *fight for* her Majesty. 彼は女王陛下のために戦うことになっている ▪ They *fought for* the emancipation of the Christian population. 彼らはキリスト教徒たちの解放のために戦った。

— 他 **2** …を得ようとして戦う ▪ He rose from the ghetto, and *fought for* fame and fortune. 彼はユダヤ人地区から身を起こし、名誉と富を得るために戦った。

fight into 戦って…に入る ▪ The unit *fought into* the heart of Germany. その部隊は戦ってドイツの中心部に入った ▪ Several boxers have *fought into* their forties. ボクサーの中には戦いつづけて40代に入ったものが数人いる。

fight off 他 **1** (敵など)を戦って追い払う, (ノミなど)を退治する ▪ After a stubborn resistance the enemy *was fought off* at last. 頑強な抵抗の後, 敵はついに撃退された。

2 (望ましくないもの)を遠ざける, を避ける ▪ I had to *fight off* my desire to sleep. 私は眠けを打ち払わねばならなかった ▪ *Fight off* the wedding. その結婚式を逃れるようにしなさい。

— 自 **3** (口) 手を引こうと努める ▪ He *fought off*. 彼は手を引こうと努めた。

fight on 自 戦い続ける ▪ They *fought on* until they were exhausted. 彼らはへとへとになるまで戦い続けた。

fight out 他 **1** (戦い)に決着をつける ▪ It won't *be fought out* in the electorate. それは選挙では決着はつけられないだろう。

2 …を最後まで戦う ▪ The two teams *fought out* a thrilling 2-2 draw. 両チームは最後まで戦ってスリリングにも2対2で引き分けた。

fight over **1** …をめぐって戦う, 奪い合う ▪ Many birds were *fighting over* an insect. 多くの鳥が1匹の昆虫の奪い合いをしていた。

2 …について論争する ▪ I shouldn't *fight over* such a matter. 私はそんなことについて論争すべきではないと思う。

fight through **1** …の中を苦闘して通り抜ける ▪ He *fought through* the crowd. 彼は苦労して群衆の中を通り抜けた。

— 他 **2** 苦労して…を通過させる ▪ He *fought* the proposal *through*. 彼はその提案を苦労して通した。

fight together 自 **1** 交戦する ▪ They *fought* strongly *together*. 彼らは激しく交戦した。

2 共に戦う ▪ The villagers *fought together* against the attackers. 村人たちは攻撃者たちに対して共に戦った。

fight up 自 勇敢に戦う ▪ *Fight up*! The foe is yielding. 奮戦せよ。敵は屈伏しつつある。

fight up against (圧倒的な力)に対して力戦奮闘する ▪ We *fought up against* them and drove them back. 我々は力戦奮闘して彼らを撃退した。

fight with 自 **1** …と共に戦う ▪ England *fought with* France against Germany. イギリスはフランスと共にドイツを敵にして戦った。

— 他 **2** …に対して戦う ▪ I have *fought with* the beasts at Ephesus. 私はエフェソスで獣どもと戦った。

figure /fígjər|fígə/ ***figure as*** 自 **1** …として通る ▪ He *figures as* a philanthropist. 彼は博愛家で通っている。

2 …として出る ▪ He *figured* in the list *as* a Director. 彼は名簿に重役として出ていた。

figure at 自 …に参加する ▪ Many lords will *figure at* the Coronation. 多くの貴族が戴冠式に参列するだろう。

figure away **1** 見栄を張る ▪ He *figured away* to his own satisfaction before Mr. Garrick. 彼はギャリック氏の前で自分の満足のいくまで見栄を張った。

2 異彩を放つ, はでにふるまう ▪ The testimony *figured away* in all our treatises. その考証は我々の全論文の中で異彩を放った。

3 (ダンスで)旋回をする ▪ He can *figure away* in the dance with the best of them. 彼は誰にも劣らずにダンスで旋回ができる。

figure for 《米口》…に対する案を立てる ▪ He *figured for* the election. 彼は選挙対策を考えた ▪ We began to *figure for* one of the pigs. 我々はブタの1匹を捕える案を立て始めた。

figure in 自 **1** …に参加[関係]する ▪ He *figured in* the last war. 彼はこの前の戦争に参加した。

2 登場する, 姿を現す ▪ The leader *figured in*. 指導者が登場した。

— 他 **3** 《米》…を計算に入れる ▪ He forgot to *figure in* occasional expenses. 彼は臨時支出を計算に入れるのを忘れた。

figure into 他 **1** (人が)…を計算に入れる, 考慮する ▪ We've already *figured* the cost *into* the plan. その費用はすでに計画に計上している。

2 …が計算に入れられる, 考慮される ▪ Factors other than safety should *figure into* your investment strategy. 安全性以外の要因も投資術に勘案されるべきだ。

figure on [upon] 自 《米口》**1** …を当てにする, 頼りにする ▪ You may *figure on* my sending it to you immediately. 大丈夫, すぐにそれをあなたにお送りします ▪ I *figure on* her helping us. 彼女が我々を助けてくれることを当てにしている。

2 …を熟考する ▪ I *figured upon* its data. 私はその資料を熟考した。

3 …を計算[考慮]に入れる; を予期する ▪ He is not *figuring on* any extensive defection on their part. 彼らの大量の脱党を彼は予期していない。

4 …するつもりである ▪I was *figuring on* getting hold of some more land. もっと土地を得るつもりだった.

figure out 他 **1**《米口》…を(調べて)解決する, 確かめる, 見いだす ▪Let's *figure* this *out*. これを調べて解決しましょう.

2《口》…を(努力して)理解する; を判定する ▪I can't *figure out* what the writer is trying to say. 私は筆者が何を言っているのか判断できない.

3 …を算出する, 割り出す ▪The cost of the house *was figured out* at £220,000. その家の経費は22万ポンドと算出された.

4 …を(理論的に)考え出す ▪He *figured out* a principle. 彼は一つの原理を考え出した.

5 = FIGURE away 3.

figure up 他《米》…を合計する ▪It will take several minutes to *figure up* those expenses. その費用を合計するには数分かかるだろう.

filch /fɪltʃ/ ***filch away [off]*** 他 (つまらぬものを)盗む, をこっそり取る ▪Price advances have *filched away* wage gains of the average worker with a wife and two children. 物価の上昇により妻と子供二人の平均的労働者の昇給分は吸い取られた.

file /faɪl/ ***file away*** 他 **1** …をファイルしてしまっておく ▪All those documents *were filed away*. それらの書類はみなファイルしてしまっておかれた.

2 …を記憶する, 記憶の引き出しにしまう ▪The knowledge *is* then *filed away* in the back-office of the mind. その後の知識は心の事務部門にしまわれる.

3 (でこぼこなど)をけずり取る ▪*File away* the thickness of the beam. 梁(はり)の厚みをけずり取りなさい.

— 自 **4** 縦列で行進する ▪They *filed away* for the south. 彼らは南方へ縦列で行進した.

file down 他 …をやすりで削り落とす[すりつぶす] ▪I have torn the edge of my finger-nail and must *file* it *down*. 私はつめ先をつみ取ったから, つめにやすりをかけねばならない.

file for **1** …の訴訟を起こす ▪She *filed for* divorce. 彼女は離婚の訴訟を起こした.

2《米》(地位)の志願書を出す ▪Did he *file for* this office? 彼はこの公職の志願書を出しましたか.

3 …に候補者として登録する, 立候補の登録をする ▪He decided to *file for* Congress. 彼は国会に立候補することを決心しました.

file in [into] 自 列を作って入る ▪The students *filed in* quietly. 生徒は静かに列を作って入って来た.

file into 他 …をやすりでけずって…にする ▪You lads should *be filed into* business shape. 君たち若者はやすりでけずるようにして立派な役に立つ人に仕上げられるべきである.

file off 他 **1** …をやすりでけずり落とす ▪Humility *files off* the roughness of our passions. 謙虚な心は激情の荒々しさをけずり取る.

2 (兵)を縦列になって行かせる ▪The soldiers *were filed off* in four divisions. 兵隊たちは4組に分かれて縦列行進させられた.

— 自 **3** 縦列で(分列)行進する ▪They *filed off* at the given order. 彼らは与えられた命令で縦列になって行進した.

4 横列から転換して縦列になって行く ▪The enemy *filed off* towards the thickets. 敵は縦列に転換して雑木林の方へ行進した.

file on [upon] 他《米》**1** (公有地)の所有を願い出る ▪He has *filed on* a section of land. 彼は一区分の土地の所有を願い出た.

2 (無人の土地)を占領する ▪Two men *filed on* a desert land. 二人の男が無人の土地を占領した.

file out 自 列を作って繰り出す ▪The children *filed out* (of the school room). 子供たちは(教室から)列を作って出て来た.

file … under 他 **1** (名前・記号などに基づいて)…を分類[整理]保管する ▪Thousands of DNA samples taken from criminals have *been filed under* the names of innocent people. 犯罪者から集められた何千ものDNAのサンプルが無実の人間の名前で分類保管されていた.

2 …という法律に基づいて(訴訟)を起こす ▪The suit *was filed under* U.S. securities law. その訴訟は合衆国安全法に基づいて起こされた.

file* a thing *with 他 ある事を…に申し込む ▪I *filed* an application *with* the office. 事務所に願書を出した.

fill /fɪl/ ***fill away*** 他《海》**1** 帆げたを回して帆が風にいっぱいに受けるようにする.

2 船首を風上に向けたのち進路を進む.

— 自 **3** (船の帆が)風をいっぱいにはらむ[はらんで進む] ▪Each vessel *filled away* and kept on her course. おのおのの船は風をいっぱいにはらんで進路を進んだ.

fill in **1**《英》(証書・手形などに)所要の書き入れをする ▪*Fill in* an application. 願書に所要の書き入れをしなさい ▪The check *was* properly *filled in* and endorsed. 小切手はちゃんと書き入れされ裏書きされていた.

2 …を書き入れる ▪*Fill in* the date. 日付を書き入れなさい ▪*Fill in* your name on the official form. 正式の用紙に名前を書き入れなさい.

3 (輪郭・余白)を埋める, 満たす ▪We must *fill in* the outline with some detail. 我々はその輪郭を細部で埋めねばならない.

4 (穴など)をふさぐ, 埋める ▪They were *filling in* the moat. 彼らは堀を埋めていた.

5 …を明らかにする, 説明する ▪I shall *fill in* the details later. 詳細はあとで説明します ▪She *fills in* the portrait of Lincoln. 彼女はリンカンの全貌を明らかにしている.

6《海》非役の船を就役させるとき通風のための穴板を取り代えて埋める.

— 自 **7** 時間のつなぎをする ▪The BBC often plays a record to *fill in*. BBCは時間つなぎによくレコードをかける.

8 空席を埋める, 代役をする ▪He *filled in* for a sick employee. 彼は病気の被雇用者の空席を埋めた

・Please *fill in* for me at the meeting. どうぞ会私の代役をしてください.
9 堆積物で埋まる ・The harbor is gradually *filling in*. その港は堆積物でだんだん埋まっている.

fill a person in on 他《口》人に...について報告[説明]する; 人に...の追加の事実[詳細]を知らせる ・I *filled* them *in on* the conference. 私はその会議の様子を彼らに報告した.

fill out 他 **1** (余白など)を満たす; (書式・証書など)に書き入れをする ・Please *fill out* this blank with facts and dates. この空白を事実と日付で埋めてください.
2 (原稿など)を十分に書き足しをする, 拡充する ・This manuscript would be usable if it *were filled out*. この原稿は十分に書き足ししたら物になるだろうに.
3 ...をふくらませる, 太らせる, 大きくする ・Eat plenty of cream; that'll *fill* your cheeks *out*. クリームをたくさん食べなさい. ほおが丸く太りますよ.
4 (酒など)を(なみなみと)注ぐ ・*Fill out* a glass of wine. 酒杯になみなみと注げ ・The tea *was filled out* and getting cold. お茶は注がれて, さめかけていた.
5 (帆)をはらませる ・It *filled out* the sails of our reputation. それは我々の評判という帆を十分広げた.
6 (任期など)を全うする ・Mrs. Berkley will *fill* his term *out*. バークリー夫人が夫の任期を勤めあげるだろう.
7 (処方せん)を調合する ・He *filled out* a prescription for five pills. 彼は処方せんに従って錠剤5錠を調合した.
— 自 **8** ふくらむ, 大きくなる ・A balloon *fills out*. 気球がふくらむ.
9 書き入れる ・You need not *fill out*. 書き入れをするに及ばない.
10 太る ・George has *filled out*. ジョージは太った.

fill up 他 **1** ...を満たす, にいっぱい詰めこむ (with, on) ・Please *fill up* my glass. どうぞ私のグラスにいっぱい注いでください ・He *filled up* my day *with* work. 彼は私の1日に仕事をぎっしりあてがった ・The kids have *filled* themselves *up with* sweets before supper is ready. 子供たちは夕食ができる前にお菓子で満腹になっていた ・They *filled up on* French toast. 彼らはフレンチトーストを腹いっぱい食べた ・*Fill* it [her] *up*. 満タンお願いします.
2 (証書・手形)の空所に書き入れる ・*Fill up* this form. この用紙に所要事項を書き入れなさい ・He *filled up* the check for ￡1,000. その小切手に1,000ポンドの書き入れをした.
3 (空所)をふさぐ, 埋める ・The rain *filled up* the ditches again. 雨は再び排水溝を満たした ・*Fill up* the rat's hole. そのネズミ穴をふさぎなさい.
4 ...を完成する ・We must *fill up* this design. この設計を完成しなければならない.
5 (欠)を埋める ・He *filled up* the vacancy created by the death of Smith. 彼はスミスの死によって生じた空席を埋めた.
6 (時間など)をうまく埋める ・We must *fill up* our time somehow. 何とかして自分の時間を使わねばならない.
7 《米口》(人)にまちがった知識を詰めこむ ・They *filled up* Mr. Jerome (with tales). 彼らはジェローム氏に作り話を詰めこんだ.
— 自 **8** (沈泥で)埋まる, ふさがる ・The channel of a river *fills up* (with mud). 川底は(泥で)埋まる.
9 満員になる ・The theater soon *filled up*. 劇場はじきに満員になった.

fill A with B 他 AにBを満たす, いっぱい入れる ・He *filled* a cup *with* tea. 彼はコップに お茶をいっぱい入れた ・It *filled* me *with* dismay. そのため私はすっかりうろたえた.

fillip /fílәp/ ***fillip off*** 他 ...をはじきとばす ・He *filliped off* a marble. 彼はおはじきをはじきとばした.

film /fílm/ ***film over*** 自 **1** ...の上を薄膜(様のもの)でおおう ・It *filmed over* a sore. それで腫れ物の上を薄膜でおおった.
2 薄膜状におおう, 一面にかすむ ・The scene *filmed over*. その場は一面にかすんだ ・Her eyes *filmed over* (with tears). 彼女の目は涙でかすんだ.

filter /fíltәr/ ***filter down*** 自 **1** 染み出て広がる ・A light snow *filtered down* from the gray sky. 淡雪が灰色の空から落ちてきた.
2 漏れ出て知られる ・Word *filtered down* from New York. 噂はニューヨークから広まった.

filter in 自 **1** 流入する ・Information *filtered in* from all corners. あらゆるところから情報が流れ込んだ.
2 《英》(車が)入り込む ・There's a lane closed ahead and we'll have to *filter in* to the middle lane. 前方でレーンが閉鎖されているので, 中央のレーンに入らなければならないだろう.

filter into 自 ...に染み込む ・The water *filters down into* the earth. その水は地中に染み込む ・New ideas began to *filter into* people's minds. 新思想が人々の心に染み込み始めた.

filter out 他 **1** ...をこし出す ・The solids *were filtered out*. それらの固体はこし出された.
2 ...をおおいでさえぎる ・These coverings *filter out* the strong sunlight. これらのおおいは強い日光をさえぎる.
— 自 **3** 漏れる ・The facts *filtered out*. 事実が漏れた.
4 ゆっくり出てくる ・People are *filtering out of* the cinema. 人々は映画館からゆっくり出ていく.

filter through 自 **1** ...を漏れてくる, から漏る ・The rain has *filtered through* the walls. 雨が壁から染み出てきた.
2 ...でこされる ・The coffee *filters through* this paper. そのコーヒーはこの紙でこされる.
3 徐々に知られる ・The idea *filtered through* and at last he understood. その思想は徐々にわかってきて遂に彼は理解した.

filter A through B 他 AをBでこす ・*Filter* the coffee *through* this paper. コーヒーをこの紙でこしてください.

find /fáind/ ***find against [for]*** 他《法》...に不利[有利]な評決[判決]をする ・The jury *found* *against* [*for*] the accused man. 陪審団は被告に不利[有利]な評決をした ▪ The judge *found for* the distributor and the prosecutor appealed. 裁判官が卸売業者に有利な判決を下したので,告発者は上告した.

find *A* ***in*** *B* 他 BがAであることがわかる; BというAを得る ▪ I *found* a friend *in* a supposed enemy. 敵と思っていた人が実は味方だった ▪ They *found* safety *in* flight. 彼らは逃げて身を全うした.

find *a person* ***in*** 人に…を支給する ▪ I will *find* him *in* clothes [work]. 彼に衣服[仕事]をあてがいます.

find out 他 **1** (悪事・誤り・正体)を見破る; (犯人)を見つける ▪ You shall hear how I *found* you *out*. あなたの誤りをどのようにして私が見破ったかをお話ししましょう ▪ Don't reveal yourself till he *finds* you *out*. 彼が見破るまであなたは正体を表さないがよい.
2 (謎など)を解く,の解答を出す ▪ We *found out* the riddle at last. 我々はついにその謎を解いた.
3 (注意・調査によって)…を発見する,知る ▪ The scientist *found out* some laws. その科学者は法則を発見した ▪ How did you *find out* that he was going to be promoted? 彼が昇進することになっていることをどうして知りましたか.
4 (罪)犯した者を暴露する (《聖》*Num.* 32. 23) ▪ My sin has *found* me *out*. 私の罪が暴露された.
5 …を案出する,発明する ▪ They tried to *find out* how they might be united. 彼らは団結できる方法を考え出そうとした.
6 …を捜し[尋ね]当てる ▪ I shall easily *find* her *out*. たやすく彼女を尋ね当てられるでしょう ▪ He *found out* my lodgings. 彼は私の下宿を捜し当てた.

find out about 自 …について事実[ニュース]を得る ▪ I wish I could *find out about* it. それについてニュースが得られればよいのだが.

find *a person* ***out in*** 人の…を見破る,見つける ▪ We *found* him *out in* a lie yesterday. 私はきのう彼の嘘を見つけた.

find up 他 《方》…を捜し出す ▪ They failed to *find up* the lost watch. 彼らはなくなった時計を捜し出すことができなかった.

fine¹ /fáin/ ***fine away*** 他 **1** …をだんだん細く[薄く, きめ細かく, 小さく]する,とがらせる ▪ He *fined away* the end of the stick to a sharp point. 彼はその棒の端を少しずつ細く削って,鋭くとがった切っ先にした ▪ He *fined away* the point of the pencil until it was sharp. 彼は鉛筆の先をけずってとがらせた.
── 自 **2** だんだん細く[薄く, きめ細かく, 小さく]なる ▪ The coarse habit has *fined away*. その粗野な習慣は徐々に洗練されて来た.

fine down 他 **1** =FINE away 1.
2 (縮小・削減によって)…を改善[改良]する,けずり[そぎ]落とす ▪ Proposals need to *be fined down* to essentials. 提案は本質部分へとそぎ落とされる必要がある.
3 (酒類)を澄ます ▪ He *fined down* spirits. 彼は酒類を澄ました.

── 自 **4** (水かさが)減る ▪ The river will have *fined down* by then. 川はそのときまでには水かさが減っているだろう.
5 (酒類が)澄む ▪ The ale *fined down*. そのビールは澄んだ.
6 細くなる,次第に小さくなる ▪ He will soon *fine down*. 彼もじきにやせてくるだろう.

fine² /fáin/ ***fine*** *A* ***for*** *B* 他 《法》AにBに対する罰金を課す ▪ The driver *was fined* (£100) *for* speeding. 運転者はスピード超過で(100ポンドの)罰金をとられた.

finesse /finés/ ***finesse for*** 他 《トランプ》フィネスをする,盗む ▪ I *finessed for* the queen against the king. 僕は相手ペアのキングに対してクイーンでフィネスした.

finesse *A* ***into*** *B* 他 AをうまくだましてBさせる ▪ He *finessed* them *into* consent. 彼はうまくだまして承諾させた.

finger /fíŋɡər/ ***finger*** *A* ***as*** *B* 他 《俗》AをBとして特定する,AをBと名指しにする ▪ The police *fingered* Smith *as* the culprit. 警察はスミスを犯人と断定した.

finger *A* ***from*** *B* 他 BからAを取る[奪う] ▪ The Pope will *finger* it *from* them. 教皇はそれを彼らから取り奪うだろう.

finger through 他 …を手でさわる,ぱらぱらめくる ▪ He *fingered through* the documents. 彼は書類をぱらぱらとめくった.

finger up 自 指のようにずっと延びる ▪ The ocean *fingered up* between the peninsulas. 半島と半島の間に大洋はずっと入りこんでいた.

finish /fíniʃ/ ***finish by*** *doing* 自 …して終わる ▪ He *finished by putting* them all in the fire. 彼はそれらをみな火中に投げ入けりをつけた.

finish off 自 **1** しまいになる,仕上がる,最後[仕上げ]に…する, (…で)締めくくる (*by, with*) ▪ The work *finished off*. その仕事は仕上がった ▪ We *finished off with* a good win today. きょうはよい勝ちで締めくくった ▪ The lecturer *finished off by* summarizing his main points. 講師は主旨を要約して講演を締めくくった.
── 他 **2** (仕事など)を仕上げる, (飾りなどをつけて)仕上げる (*with*); (飲食物)をすっかり平らげる ▪ I must *finish off* the work by three. 3時までに仕事を仕上げねばならない ▪ The party *was finished off with* refreshments. パーティーの最後には茶菓が出た.
3 《口》…を滅ぼす,やっつける ▪ That fever nearly *finished* him *off*. その熱で彼は危うく死ぬところだった ▪ The last blow *finished* him *off*. 最後の一撃が彼を打ち倒した.
4 …を死にそうな目にあわせる,疲労困憊(ぱい)させる ▪ The mountain has *finished* me *off*. 山で死ぬ思いをした.
5 (話)の結末をつける ▪ Stephen King *finishes off* the story in his usual manner. スティーヴン・キングは彼のいつものやり方でその話の結末をつけている.

finish up 他 **1** =FINISH off 2.

2(飲食物)をすっかり平らげる ▪ We *finished up* everything on the table. 食卓上のものは一つ残らず平らげた.

— 自 **3** 終わりに…する(*by, with*) ▪ They *finished up by* cheating their grandmother. 彼らはしまいには祖母をだました ▪ We *finished up with* a glass of brandy. ブランデーを1杯飲んで切り上げた.

4 世を終える, 経歴を終える ▪ He'll *finish up* at Colney Hatch. 彼は結局精神病院で世を終えるだろう. ☞ finish よりも少し強意.

finish with 自 **1** = FINISH up 3.

— 他 **2** …を終える, 仕上げる ▪ I shall *finish with* Queen Mary's reign tonight. 今夜でメアリー女王の治世の終わりとします.

3《口》…と手を切る ▪ She *finished with* him for good. 彼女は永久に彼と手を切った.

4〘主に完了形で〙…を使い終える ▪ Have you *finished with* the lawn-mower? 芝刈機はもう御用済みですか ▪ Have you *finished with* the newspaper? 新聞はもうお済みですか.

5 …と話し終える ▪ I've *finished with* the boy. 私はその少年の話を済ませた.

6〘主に完了形で〙…のこらしめ[罰]を終える ▪ I haven't *finished with* him yet. 私はまだ彼のせっかんを終わっていない.

fink /fɪŋk/ *fink on* 他《米口》…を密告する ▪ Bud refused to *fink on* his partner. バドはパートナーについて密告するのを断った.

fink out 自《米俗》(約束などから)抜ける, 身を引く, (を)キャンセルする(*on*) ▪ Bob *finked out on* the plan. ボブは計画から抜けた.

fire /faɪər/ *fire at* 他 **1** …を砲撃する ▪ *Fire at* the man at the masthead! マストの先にいる男を撃て!

2 …に(質問・非難など)を浴びせる ▪ The justices *fired* questions *at* lawyers on both sides. 裁判官たちは双方の弁護士たちに質問をあびせた.

fire away 自 **1** どんどん撃ち続ける ▪ We *fired away* at the enemy. 敵をどんどん砲撃し続けた.

2 どんどんやる ▪ He *fired away* in a voluntary. 彼は礼拝前後のオルガン独奏をどんどんやった.

3《口》〘命令文で〙(話・質問・仕事・行動を)さっさと[元気に]始める ▪ All right, *fire away*. よろしい, さっさと始めなさい.

4 写真を連写する, 急いでシャッターを切る ▪ He *fired away* taking snaps of the pretty girl. 彼は美しい少女のスナップ写真を撮ろうとすばやくシャッターを切った.

— 他 **5**(弾薬)を撃ち尽くす ▪ They *fired away* their ammunition. 彼らは弾薬を撃ち尽くした.

6 = FIRE off 4.

fire back 自 (…に) 反撃する, 反論する(*at*) ▪ When the enemy begin shooting, you may *fire back*. 敵が撃ち始めたら反撃せよ ▪ The governor *fired back at* the unknown author of the letter. 知事は投書の匿名の筆者に反論した.

fire down 他《米・まれ》溶鉱炉の火を弱める ▪ The furnace *is* gradually *fired down*. 溶鉱炉の火は徐々に弱められる.

fire into 他 **1**(銃・弾丸を)…に撃ち込む ▪ The men *fired into* the air. 兵たちは空中に発砲した ▪ *Fire* a few bullets *into* the house. 数発その家へ撃ち込め.

— 他 **2**(人)をあおって…させる(*doing*) ▪ The speaker *fired* the crowd *into throwing* stones at the policemen. 演説者は群衆をあおって警官たちに石を投げさせた.

fire off 他 **1** …を発砲する, (花火)を打ち上げる ▪ A soldier *fired off* his gun [a shot]. ある兵が発砲した[一発撃った] ▪ An old man *fired off* crackers. 一人の老人が花火を打ち上げた.

2(質問・言葉)を次々と放つ, 出す ▪ Many questions *were fired off*. 多くの質問が発せられた ▪ He *fired off* a postcard. 彼ははがきを出した.

3(かまの火)を消す ▪ The kiln *was fired off*. そのかまの火は消された.

— 自 **4** 速写する(*at*) ▪ What is the object of *firing off* at a street? 街頭を速写する目的は何ですか.

fire on [*upon*] 他 **1** どんどん砲撃する ▪ *Fire on*, my men! みなのもの, どんどん撃て!

— 他 **2** …を砲撃する, に発砲する ▪ We *fired on* the ship [the fort]. 我々はその船[要塞]を砲撃した.

fire out (*of*) 他 **1**《米口》(人)を(…から)解雇する ▪ He'll *be fired out of* his job. 彼は職を解雇されるだろう.

2 …を火攻めにして(…から)追い出す ▪ We'll *fire* the badger *out of* the hole. アナグマを火攻めにして穴から追い出そう.

fire up 自 **1** ぱっと輝く, 燃えあがる ▪ A big flare *fired up*. 大きな閃光がぱっと輝いた.

2 激怒する, かっとなる ▪ He always *fired up* at the sound. 彼はいつもその音を聞くとかっとなった.

3(火山が)ぱっと火を吹く ▪ The mountain as usual *fired up*. その山はいつものようにぱっと火を吹いた.

— 他 **4**(エンジン)に点火する, を作動させる ▪ Before you *fire up* the engine, step on the brake once. エンジンをかける前に, もう一度ブレーキを踏みなさい.

5(炉・ストーブ)に火をたきつける[起こす] ▪ We had better *fire up* the furnace. 溶鉱炉に火をたきつけたほうがよい.

6(パイプ・タバコ)に火をつける ▪ I *fired up* my pipe. パイプに火をつけた.

7〘主に受身で〙(人)をあおりたてる, 興奮させる; を…しようという気にさせる ▪ I *was fired up* and I think the guys on the team *were fired up*. 私自身興奮したし, チームの仲間も興奮したと思う ▪ He *was fired up* about being sent overseas. 彼は海外に派遣されたいと思った.

8 …を憤慨させる, カッとさせる ▪ His insult really *fired* me *up*. 彼に軽蔑されて本当にカッとなった.

firk, ferk /fɜːrk/ *firk up* 他 …をかき立てる ▪ It will not *firk up* Christmas spirits. それでクリスマスの気分がわき立つことはないだろう.

firm /fɜːrm/ *firm up* 他 **1** …を固くする, (筋肉など)をきたえる ▪ *Firm* the ground *up* for the

fish

game. ゲームができるようにグラウンドを固めなさい ▪ This exercise strengthens and *firms up* hips and thighs. この運動は腰と太ももを強化しきたえる.

2(契約など)を固める; を固定させる ▪ Let's *firm up* the details of the contract. 契約の細部を固めよう.

― 圓 **3** 固くなる, 緊密になる ▪ Freezing temperatures overnight helped gravel roads *firm up*. 夜間の凍てつく寒さで砂利道がかちかちになった.

4(筋肉などが)引き締まる ▪ She is trying to *firm up* while she's dropping pounds. 彼女は減量しながら体を引き締めようとしている.

5(価格などが)安定する ▪ Fish prices *firm up*. 魚の価格は安定している.

fish /fɪʃ/ *fish around* 他 …を捜す, 探る (*for*) ▪ I *fished around* for the remote control to turn it off, but couldn't find it. スイッチを切るためにリモコンを探したが, 見つからなかった.

fish for 他 **1**(魚)を取る ▪ I was *fishing for* carp then. 私はその時コイを取っていた.

2《口》…を探り出そうとする; を誘いをかけて釣り出す ▪ He is *fishing for* information by a letter of inquiry. 彼は問合せ状を出して情報を探り出そうとしている.

3 …を手さぐりで捜す ▪ He *fished for* a key in his pocket. 彼はポケットの中のキーを手さぐりで捜した.

fish out **1** …を釣り上げる, 水から取り出す ▪ I *fished out* a large catfish. 大きなナマズを釣った ▪ They have *fished out* the body of a man from the river. 彼らは川から男性の遺体を引き上げた.

2《口》… を探り出す, かぎ出す ▪ I *fished* the scheme *out*. 私はその計画をかぎ出した.

3 …を(深い所・くずの山などから)…を捜し出す, 釣り上げる, 引き出す ▪ I *fished* this parcel *out* of the attic. この小包を屋根裏部屋から捜し出した ▪ He *fished* a coin *out* of the pocket. 彼はコインを一つポケットから探り出した.

4 …の魚を取り尽くす ▪ Don't *fish out* the river. その川の魚を取り尽くしてはいけない.

5《口》…を引き渡す, 出す ▪ You have got the card. *Fish* it *out*. 君はその札を持っている. それを出せ.

fish up 他 **1** …を引き上げる, 釣り上げる ▪ He *fished up* a dead man from the pond. 彼は死人を池から引き上げた.

2 = FISH out 3, 4.

fit /fɪt/ *fit A for B* 他 **1** A(人)をBできるようにする[に適するようにする] ▪ Military training *fits* men *for* long marches. 教練は兵たちを長行軍ができるようにする ▪ His height *fits* him *for* basketball. 彼は背が高いのでバスケットボールに適している.

2〚主に受身で〛Aに適するように(測定して)Bを調整する ▪ He was *fitted for* small hearing aids in both ears. 彼は両耳の小型補聴器を調整してもらった.

fit in **1** きちんと合う, はまり込む ▪ The peg *fitted in* to the hole perfectly. その木釘は穴にぴったりはまり込んだ ▪ We can *fit in* this room. 我々はこの部屋へ入れる.

2 調和する, 合う ▪ These brands *fit in* with the company's image. これらのブランドはその会社のイメージに合う.

3(グループなどに)溶け込む ▪ I joined a painting group, but didn't *fit in*. 私は絵画班に加わったが溶け込めなかった.

― 他 **4** …を適合させる, はめ込む, 日[時間]を都合つける ▪ I can't *fit* this piece *in*. この破片ははめ込むことができない ▪ Can't you *fit in* a day or two for me? 私に1日か2日都合つけてくれませんか.

fit in with 他 **1** …とうまく合う, 一致する, に適合する ▪ The statement *fits in with* my story. その陳述は私の話と一致する.

2(期待)に添う ▪ The results will *fit in with* the expectations. 結果は期待に添うであろう.

fit A in with B 他 AをBとうまく合わせる ▪ I must *fit* my holidays *in with* yours. 私の休暇をあなたの休暇とうまく合わせねばならない.

fit into 圓 **1** …にはまる ▪ This peg *fits into* this hole. このせんはこの穴にうまくはまる.

― 他 **2** …をはめ込む ▪ We must *fit* the special train *into* the timetable. 特別列車を時刻表にはめ込まねばならない.

― 圓 他 **3** …と調和する; 調和させる ▪ An oil painting does not *fit into* a Japanese room. 油絵は日本間には調和しない.

fit on 圓 **1** うまくはまる ▪ The lid *fits on*. そのふたはうまくはまる.

― 他 **2**(ふたなど)をはめる ▪ Can you *fit* the lid *on*? そのふたをはめることができますか.

3(服)を合うかどうか着てみる ▪ Just *fit on* the coat. ちょっとその上着を着てみなさい.

fit ... on 他 (仮縫いなど)を(人)に着せてみる ▪ The tailor *fitted* my new coat *on* me. 洋服屋は新しい上着を私に着せてみた.

fit on to 他 …にうち付ける, すえつける, しつらえる ▪ Please *fit* this shelf *on to* that wall. このたなをあの壁にしつらえてください.

fit out 他 **1**《海》…を艤装する; 〚主に受身で〛を装備する (*for*) ▪ They *fitted out* a ship *for* a voyage. 彼らは航海するため船を艤装した ▪ The house *was fitted out for* him. その家は彼のためにしつらえられた.

2(人)に必要品を調達する, の支度をする ▪ They *fitted* him *out* with a traveling kit. 彼らは彼に旅装を整えてやった ▪ He *was fitted out* with money. 彼は金を調達してもらった.

fit round 他 **1** …をしっかり握る ▪ The baby's hands can't *fit round* the ball. 赤ちゃんの手はそのボールを握れない.

2 …に合わせる ▪ I will *fit* my timetable *round* yours. 僕の予定表を君のに合わせよう.

fit to …にピタッと合う ▪ Does the frame *fit to* the door? 枠が戸にピタッと合うかい?

fit A to B AをBに合わせる ▪ *Fit* your speech *to* your audience. 演説を聴衆に合わせなさい.

fit up 他 **1**(…できるように)…を設備[装備]する

• The Dutch *fit up* more ships for navigation than the English. オランダ人はイギリス人よりも多くの船を航海できるよう艤装する • Please *fit up* the room in the American style. どうぞ部屋をアメリカ風にしつらえてください。

2《英口》…を(犯人に)でっち上げる, に濡れ衣をきせる • Mr Williams said police tried to *fit* him *up*. ウィリアムズ氏は, 警察は自分を犯人にでっち上げようとしていると言った。

3 …の準備をする • The Government is *fitting up* a new expedition to the North Pole. 政府は北極への新探検を準備中である。

fit up with **1** …に…を備えつける, 取りつける • The kitchen *was fitted up with* large boilers. 台所には大きいボイラーが備えつけられた。

2 (人に)…を供給する, あてがう • The boy *was fitted up with* a supply of everything. その少年にはすべてのものがあてがわれていた。

3 (人に)(仕事など)を見つけてやる, あてがう • I'll *fit* you *up with* a job. あなたに仕事を見つけてやろう。

fit with 他 …と一致する, 合う • The decision *fits with* the way we approach our business. その決定は我々の仕事の仕方と合致する。

fit A with B 他 〘主に受身で〙AにBを備えつける • The ship *is fitted with* necessary appliances. その船には必要な器具が備えつけてある • The telescope *is fitted with* a digital camera. その望遠鏡にはデジタルカメラがついている。

fix /fɪks/ ***fix down*** 自《米口》定住する, 居所を定める • He *fixed down* in the lonely place. 彼はその寂しい所に居を定めた。

fix for 他 …を準備する • He's *fixing for* another expedition. 彼はまた探検の準備をしている。

fix in 他 …をはさみこむ • *Fix* that paper *in* with a clip. その紙をクリップではさみこみなさい。

fix A into B 他 AをBにはめこむ[打ちこむ] • *Fix* that hook *into* the wall. そのかぎを壁に打ちこみなさい。

fix off 自《米口》**1** 出発する, 旅立つ • We *fixed off* and traveled hard. 我々は出発してハードな旅をした。
— 他 **2** …を装備する, 支度する • I'll *fix* you *off* all as square as a box. 私がきちんとあなたの身支度をしてあげます。

fix…on 他 …を止める • The tail of the toy plane *is fixed on* with nails. おもちゃの飛行機の尾翼は釘でとめられている。

fix on [***upon***] 他 **1** …に決める, を選ぶ • We have *fixed on* the house in Albert Road. 私たちはアルバートロードの家に決めた • My father *fixed upon* her for my wife. 父は彼女を私の妻に選んだ。

2 …に集中する • Our eyes *fixed on* it. 我々はじっとそれを見つめた。

fix A on [***upon***] ***B*** 他 **1** AをBに(くっ)つける[止める] • Please *fix* these buttons *on* my jacket. 私の上着にこのボタンをつけてください。

2《文》AをBに集中する, 傾ける • We *fix* our attention *on* one problem. 私たちは一つの問題に注意を集中する • He *fixed* his affection *upon* her. 彼は彼女に愛情を傾けた • His gaze *was fixed on* the horsemen. 彼の目は騎手たちに釘うけにされた。

fix A on to B 他 AをBにくっつける • *Fix* this plaque *on to* that wall. この額をあの壁にかけなさい。

fix out 他《主に米口》**1** …を艤装する; を装備する • They *fixed out* a ship. 彼らは船を艤装した • He *was fixed out* for the voyage. 彼は航海の支度をした。

2 …に供給する, あてがう • I *fixed* them *out* with stores. 私は彼らに食料品をあてがった。

3 =FIX off 1.

4 …を飾る, 陳列する。

5 …を殺す, やっつける • Yes, that will *fix* me *out*. そうだ, それで僕もおしまいだ。

fix over 他《米》…を仕立て直す, 作り変える; を修繕する • She will *fix over* her old party dress. 彼女は古いパーティー用ドレスを仕立て直すでしょう。

fix to 他 …にはりつける • The posters *were fixed to* every wall. ポスターはすべての壁にはりつけられた。

fix up 他 **1**《口》(特に人のため会合の約束)を取り決める • I will *fix* it *up* with the manager. 私は支配人と打ち合わせてそれを取り決めましょう • We must *fix up* a date for the dance. ダンスパーティーの日取りを決めねばならない。

2《米口》…を修繕[修復]する • We must *fix up* our house. 家を修繕せねばならない • They're willing to do anything to *fix up* the relationship with the US. 彼らは合衆国との関係を修復するためには何でもするつもりだ。

3 …をまとめる, 手配する • They *fixed up* a tennis tournament. 彼らはテニスの試合を手配した。

4 (恋人・結婚相手探しで)…を紹介する, とりもつ(→ FIX A up with B 2) • Waylon's parents *fixed up* Julia and Reg on that first date. ウェイロンの両親がジュリアとレグの最初のデートをとりもったのだ。

5 …を準備する • I will *fix up* some tea. お茶を準備しましょう。

6 (協調的に)…を解決する; を調整する • We tried to *fix up* their differences. 我々は彼らの不和を解消するよう努めた • It would *fix* everything *up*. それで万事うまくいくであろう。

7 (人に)職などを世話する • I *fixed* him *up* a job. 私は彼に仕事を世話した。

8《口》(人)を宿泊させる, に宿泊の手配をする • The hotelkeeper will *fix* you *up* for the night. 宿の主人はあなたを今夜泊めてくれるでしょう • He *fixed* me *up* with a hotel room. 彼は私にホテルの一部屋を手配してくれた。

9 …を設立する, 設ける • I would *fix up* a monument for you. あなたのために記念碑を立てたい。

10《米口》(計略・工夫)をめぐらす; (陰謀)をたくらむ, でっちあげる • They are anxious to *fix up* something to save the Union. 彼らは連邦を救うため何か工夫をめぐらしたいと熱望している • It *is* all *fixed* *up*. それは全くのでっちあげだ.

11 …を整とんする ▪ Please *fix up* the house soon. どうぞ家を早くかたづけてください.

12 …の(病気)を治す ▪ I want you to *fix up* my son. 息子を治してもらいたい.

— 自 他 **13**《米俗》着飾る[らせる], 盛装する ▪ We all *fixed up* and marched down the street. 我々はみんな着飾って通りを行進した ▪ I *fixed* myself *up* as well as I could. 私はできるだけ着飾った.

fix A up with B 他 **1**《口》A(人)にBを周旋する ▪ He *fixed* me *up with* a smart flat. 彼はしゃれたアパートを私に周旋してくれた.

2…を紹介する, とりもつ (→FIX up 4) ▪ I am marrying some girl my father *fixed* me *up with* from the next village. 私は, 父が紹介してくれた隣村のある女性と結婚することになっている.

fix A with B 他 《文》A(人)をB(険悪な目)でじっと見る ▪ The master *fixed* Tom *with* a hostile look. 主人はトムを敵意ある目でにらみつけた.

fizz /fɪz/ ***fizz up*** 自 (液体が)音を立てて泡立つ ▪ The drink *fizzes up* when you first pour it. その飲料は最初注ぐときシュワシュワ泡立つ.

fizzle /fízəl/ ***fizzle out [away]*** 自 **1**(湿った花火・火薬などが)ブスッと音を立てて消える ▪ The damp fireworks *fizzled out*. 湿った花火はブスッと音を立てて消えた.

2《口》みじめな失敗に終わる ▪ The meeting *fizzled out*. その会はみじめな失敗に終わった.

3《口》立ち消えになる ▪ The idea *fizzled out*. その思いつきは立ち消えになった.

4《米大学俗》(試験・暗唱などで)失敗する. 味噌をつける ▪ He has *fizzled out*. 彼は試験に失敗した.

flag /flæɡ/ ***flag down*** 他 (人・車)を合図で止める ▪ He *was flagged down* by the sheriff. 彼は郡治安官に合図で止められた. ▱motor-racing で止めるとき旗を降ろすことから.

flag out 他 **1**(競馬場)に標識の旗を所々に立てる ▪ The ground *is* not *flagged out*. 競馬場には標識の旗は立てられていない.

2(船)を便宜置籍国の旗の下で登録する ▪ The ship *was flagged out* as a Panamanian vessel. その船はパナマ国籍船として登録された.

flag over 他 …に敷き石を敷く ▪ They *flagged* the dead *over* with gravestones. 彼らは死者たちの上に墓石を敷いた.

flag up 他 《英》(問題)を提起する, (注意)を喚起する ▪ The interim report also *flagged up* the recent rise in unemployment. その中間報告は, 近年の失業の増加に関しても注意を促した.

flail¹ /fleɪl/ ***flail around [《英》about]*** 自 **1**(手足などを振り回して)てばたつく, じたばたする, のたうつ ▪ The whale was *flailing around* in the murky waters of the Thames. クジラはテムズ川の濁った水の中でもがいていた.

— 他 **2**(手足)を振り回す ▪ Byrnes clenched his fists and *flailed* his arms *about* wildly. バーンズは拳をにぎりしめて, 激しく両腕を振り回した.

flail² /fleɪl/ ***flail…along*** 他 …をむちでたたきながら追って行く ▪ We *flailed* the pony *along* with a stick. 我々は棒で子馬をたたきながら追って行った.

flake /fleɪk/ ***flake down*** 自 《俗》寝る, 眠る ▪ I've got to go home and *flake down* for a while. 家に帰ってひと眠りしなくちゃ.

flake off [away] 他 **1**…を薄く平たい小片にはがす ▪ The surface of the granite pedestal *was flaked off* in spots by the heat. 花こう岩の台石の表面は熱でところどころはげていた.

2…をしそこなう, 抜かる ▪ I *flaked off* taking down his phone number, because he left in a dash. 彼の電話番号をメモしそこねた. 彼は大急ぎで出ていった.

— 自 **3**(ペンキなどが)薄くはがれる, はがれ落ちる ▪ The paint has *flaked off* in some places. ペンキが所々はげている.

flake out 自 《口》**1**(疲れ・酔いのため)ぐったりする; 横になる, 寝入る ▪ He *flaked out* from exhaustion. 彼は疲れはてて寝入った ▪ We were back in our apartment, and *flaked out* on the bed and the couch. 私たちはアパートに帰って, ベッドやソファーに寝そべった.

2 ドタキャンする, (約束などを)すっぽかす; 見捨てる (*on*) ▪ They *flaked out* and didn't show up. 彼らはドタキャンして, やって来なかった ▪ He *flaked out on* the deal. 彼はその取引を履行しなかった.

3 意識を失う ▪ She *flaked out* with the heat. 暑さのせいで彼女は気を失った.

4 取り乱す, 狼狽する; 発狂する ▪ I really *flaked out* when she told me we were finished. 彼女が私たちはもうおしまいねと言ったとき, 僕はすっかり取り乱してしまった.

5 不具合が生じる ▪ The system *flaked out* and now the disk has bad sectors. システムに不具合が生じて, ディスクに不良セクターができている.

— 他 **6**《受身で》…を発狂させる; を驚かせる ▪ The actor is so *flaked out*, he believes space invaders are everywhere. その俳優はとても錯乱(らん)しているので, 宇宙からの侵略者がいたるところにいると信じている.

flam /flæm/ ***flam off [up]*** 他 《米・方》…を(嘘・甘言・計略)でだます ▪ I am not to *be flammed off* with lies. 私を嘘でだましせないよ.

flame /fleɪm/ ***flame away*** 自 燃え続ける ▪ The bonfire *flamed away* all the evening. 大かがり火は一晩じゅう燃え続けた.

flame forth 自 (激情が)急に燃え立つ ▪ His fury will *flame forth* soon. 彼の憤激はもうすぐ燃え立つだろう.

flame out 自 **1**(火・熱情・怒りが)急に燃え立つ[あがる] ▪ They poured oil on the fire and it *flamed out*. その火に油を注いだので火はぱっと燃えあがった ▪ His malice *flamed out*. 彼の敵意は急に燃え立った.

2(人が)かっと怒りだす ▪ She *flamed out*. 彼女はかっと怒りだした.

3《航空》(燃料の不完全燃焼・不足などのため)ジェット

エンジンの火が突然消えて停止する ▪ The engines *flamed out* due to lack of fuel. 燃料不足のためエンジンが停止した.

4 《米》しくじる, 失敗する ▪ Schilling *flamed out* in the sixth inning of a 5-2 loss. シリングは5対2の負け試合の6回に大崩れした.

flame up 自 **1** = FLAME out 1, 2.

2 顔がぱっと赤くなる ▪ The girl *flamed up* when I spoke to her. 私が話しかけたとき少女はぱっと赤くなった.

flank /flæŋk/ ***flank on [upon]*** 他 **1** …の側面に立つ[位置する], と側面を接する ▪ His grandmother's old house *flanked on* the tall, modern apartment building. 彼のおばあさんの古い家は, 高く近代的なアパートの横に立っている.

2 《軍》…の側面を守る ▪ The third division *flanks on* the main body of soldiers. 第3師団は本隊の側面を守る.

flap /flæp/ ***flap about [around]*** 自 **1** パタパタはためく ▪ The flag was *flapping about*. 旗がパタパタはためいていた.

2 《口》(心配そうに)…をしゃべる ▪ There is no use *flapping about* it now. 今そのことをしゃべってもむだだ.

3 《口》いらぬ心配をする ▪ Stop *flapping about*. いらぬ心配はよせ.

flap at 他 …を(平らなもので)たたく, ぴしゃりと打つ ▪ She *flapped at* the flies with the newspaper. 彼女は新聞紙でハエをぴしゃりとたたいた.

flap away [off] 自 **1** はばたいて飛び去る ▪ The doves *flapped away*. ハトはバタバタと飛び去った.

—他 **2** …を(平たいもので)はたいて追い払う ▪ He *flapped away* the flies. 彼はハエをはたいて追い払った.

flap out 他 (火)をたたいて消す ▪ They *flapped* my light *out* as I read. 彼らは私が読書しているとき灯火をたたき消した.

flare /fleər/ ***flare about*** 自 あちこちゆらめく ▪ The torches of the carrier *flared about* the streets. 運搬人のたいまつが往来をあちこちゆらめいた.

flare into 自 炎上して…となる ▪ Town and hamlet *flared into* ashes. 町や村は炎上して灰となった.

flare off 他 …を放出する ▪ Last year, Iraq *flared off* almost half of all the natural gas it produced. 昨年イラクは, 産出した天然ガスのほとんど半分を放出した.

flare out 自 **1** パッと燃える ▪ The fire *flared out*. 火はパッと燃えだした.

2 かっと怒りだす ▪ His temper *flared out* on hearing the sentence. その宣告を聞いて彼のかんしゃくが爆発した.

3 炎で送り出す ▪ The English beacons *flared out* their alarm along the coast. イギリスの灯台は海岸沿いに警報を炎で送り出した.

—他 **4** …を(ある方向に)徐々にふくれさせる, 拡げる ▪ The sides of the ship *are flared out* towards the top floors. 船側は最上階の方へ徐々にふくれてい/る.

flare up 自 **1** (火が)パッと燃えあがる ▪ The oil *flared up*. 油はパッと燃えあがった.

2 (暴動などが)急に起こる, 勃発する ▪ Minor outbreaks *flared up* in the country. 小さい暴動がその国に急に起こった.

3 (人が)かっと怒る ▪ She *flared up* at me. 彼女は私に向かって激怒した.

4 ひどく浮かれ騒ぐ ▪ We *flared up* last night. 我々は昨夜ひどく浮かれ騒いだ.

5 再発する ▪ The pain *flares up* sometimes at work. 仕事中にときどき痛みが再発する.

flash /flæʃ/ ***flash across*** 自 **1** (考えなどが)ぱっと浮かぶ, ひらめく ▪ An idea just *flashed across* his mind. ある考えが彼の心にふと浮かんだ.

2 (稲光などが)サッと走る, きらめく, ピカッと光る ▪ The lightning *flashed across* the sky. 空に稲光が走った.

3 (表情が)ぱっと現れる ▪ A smile *flashed across* her face. 微笑みが一瞬彼女の顔を横切った.

flash around [《英》about] 他 (自慢げに)…をきらめかす ▪ She is *flashing* the diamond *around*. 彼女はそのダイヤをきらめかせている.

flash back 自 **1** (光が)あとへとびのき, 急に退いて燃える ▪ It *flashes back* into the tube of the burner. それはランプの火口の管の中へ急に退いて燃える.

2 (映画)急に過去を映し出す; (記憶などが)…に戻る (to) ▪ The film *flashed back to* the earlier scene. その映画は急に昔の場面を映し出した ▪ His mind *flashed back to* that awful night of September 11. 彼の心はあの恐ろしい9月11日の夜にフラッシュバックした.

—他 **3** (光)をはね返す, 照り返す ▪ The dome *flashed back* the glow of the western sky. 丸屋根は西空の夕ばえを照り返した.

4 …をにらみ返す ▪ He *flashed back* defiance. 彼は何をとばかりにらみ返した.

flash by 自 あっという間に過ぎ去る ▪ Twenty years *flashed by* and there he was again. 瞬く間に20年が過ぎ去り, 彼はふたたびそこに戻っていた.

flash forward 自 《映画》急に未来を映し出す ▪ The film *flashed forward* to show the result of her divorce. その映画は急に未来を写し出し, 彼女の離婚の結果を見せた.

flash into 自 急に(ある動作・状態)に移る ▪ He *flashed into* action. 彼はサッと動き出した.

flash on 自 (灯火が)急にパッとつく ▪ All the lights *flashed on*. すべての灯火がパッとついた.

flash on [upon] *a person* 自 **1** 急に(人)にわかってくる ▪ The reason for his anger *flashed on* me. 彼の怒りの原因が急に私にわかってきた.

2 (考えが)人の頭や胸にふとひらめく ▪ The idea for this *flashed on* me. この考えが突然ひらめいた ▪ Then it *flashed upon* me that he was her husband. そのとき彼は彼女の夫だなということがふと私の頭にひらめいた.

flash out 圓 **1** かっと怒る, どなる ▪ At this Tom *flashed out* like a hero. これを見てトムは英雄のようにかっとなった.
2 激しく輝く ▪ The lights *flashed out* and the night became day. あかりがぱっとついて, 夜が昼になった.
3 ちらりと現れる ▪ His old spirit *flashed out* occasionally. 彼の昔の意気がときどきちらりと現れた.
4 急に...する, 急に...になる (*into*) ▪ They *flash out into* a rare greatness of thought. 彼らは急に珍しく偉大な思想を吐く.

flash over フラッシュオーバーする ▪ The insulator was too weak and *flashed over*. 絶縁器がもろすぎて閃絡[パッと放電]した.

flash past 圓 他 (...を)あっという間に過ぎる ▪ A train *flashed past* in the other direction. 電車が反対方向に疾駆して行った ▪ The passenger train *flashed past* the town. 旅客列車が一瞬にして町を駆け抜けた.

flash through ...をさっと通過する《比喩的にも》 ▪ The express train *flashed through* the station. 急行列車は駅をさっと通過した ▪ The thought *flashed through* my mind that he might be dead. 彼は死んだかもしれないと私はちらと思った.

flash up 圓 **1**《火・光が》急に燃え立つ ▪ Light *flashed up* in every window. あかりがすべての窓にぱっと輝き出した.
2 急に立腹する ▪ His anger *flashed up*. 彼の怒りは急に燃え立った ▪ Daddy *flashed up*. 父は急にかっとなった.
— 他 **3** ...をかかげて見せる ▪ The teacher *flashed up* each word to see if the pupils would recognize it. 先生は生徒たちがわかるかどうか知るために, 単語をいちいちかかげて見せた.

flat /flæt/ ***flat in*** 圓 《海》後部縦帆を中央へ引き込む.

flat off 圓 《米・まれ》徐々に平坦になる ▪ The bank *flatted off*. 堤は徐々に平坦になった.

flat out 圓 《米口》**1** だんだん細く薄くなる ▪ The great surge *flats out* on the shore. 大波は岸辺ではだんだん小さくなる.
2 失敗する, 龍頭蛇尾に終わる, つぶれる ▪ They are men who have *flatted out* in a profession. 彼らは職業に失敗した人々である. ⇨ 西部で鉱層がうすくなって産額の減ることから.
3 気分が和らぐ; 弱々しく話す ▪ Before 12 o'clock we *flatted out*. 12時にならぬうちに我々は気分が和らいだ.
4 全速力で走行する ▪ We *flatted out* so as not to be late. 遅刻しないように私たちはフルスピードで飛ばした.

flatten /flǽtən/ ***flatten (...) against*** [***on***] 圓 **1** ...にぶつかってひしゃげる; に押し当てられてぺしゃんこになる ▪ The speeding truck *flattened against* the side of the building. 飛ばしていたトラックがビルの壁に激突してひしゃげた ▪ Every time the wheel turns, the tire *flattens against* the road. 車輪が回転するたびにタイヤは道路に押し当てられてぺしゃんこになる.
— 他 **2** ...を...にぶつけてひしゃげさせる; に押し当ててぺしゃんこにする ▪ The crash *flattened* the car *against* the guard-rail. ガードレールに激突して乗用車がつぶれた ▪ The boy *flattened* his nose and lips *against* the window. その少年は鼻と唇を窓にぺったりくっつけた.

flatten down 他 ...を平らにする ▪ I'd use my mother's cold cream to *flatten down* my hair. 髪をなでつけるのに母のコールドクリームをよく使った.

flatten out **1**《でこぼこの物を》平らにする ▪ I *flattened out* the sheets. 私はシーツのしわを伸ばした.
2《口》《人を》《身体的に, 議論で》ぺしゃんこにする, すっかりやっつけてしまう ▪ In ten minutes he *was flattened out*. 彼は10分で完全にやっつけられた.
3《化学》面のざらざらした石けんをゆでてなめらかにする.
— 圓 **4** 平たくなる, 平地になる (*into*) ▪ In the south and east the land *flattens out into* the Gobi Desert. 南部と東部では大地は平坦なゴビ砂漠となる.
5 ...に堕す, なりさがる ▪ The second half of the book *flattens out* into an insipid account of his later years. その本の後半は彼の後年についての退屈な記述に堕している.
— 圓 他 **6**《金額などに関して》横ばいにする[になる] ▪ Retailers tend to *flatten out* the rise and fall of the wholesale price. 小売業者たちは卸値の上がり下がりを抑える傾向にある ▪ The number of sales appeared to *flatten out*. 販売数は横ばいのようだった.
7《航空》水平飛行姿勢にする[になる] ▪ He tried to *flatten out* too quickly. 彼はあまりに早く水平飛行姿勢にしようとしすぎた.

flatter /flǽtər/ ***flatter in*** 他 ...を甘言で招き入れる, 甘言で誘う ▪ I will *flatter in* his doom. 私は甘言で彼を破滅へと招き入れてやろう.

flatter *a person* ***into*** 他 人をおだてて...させる, に仕向ける ▪ They *flattered* him *into* singing. 彼をおだてて歌わせた.

flatter up 他 **1** ...をおべっかで悦に入らせる, に盛んにおべっかを言う ▪ We *flattered* him *up*. 我々は彼を盛んにおだてあげた.
2 ...をおべっかで微笑させる ▪ He *flattered up* a smile about her lips. 彼はおべっかで彼女のくちびるに微笑を浮かべさせた.

flax /flæks/ ***flax around*** [***round***] 圓 《米口》忙しく立ち回る, 奮発する, 急ぐ ▪ You *flaxed around* like a house afire. 君はきわめて敏活に立ち回った ▪ You must *flax round* and give me a lift. 奮発してぜひ私を乗せてください.

flax out 《米口》**1** ...をひどくなぐる, 打つ ▪ You will *flax out* your opponent. 君は相手をひどく打ちのめすだろう.
— 他 **2** 疲れ果てる[させる], 参る[らせる] ▪ They sometimes *flax out*. 彼らはときどき疲れ果てることがある ▪ I'm all *flaxed out*. すっかり参った.

flee /fliː/ ***flee away*** 自 消えうせる ▪ Life has *fled away* for him. 彼はついにこと切れた.

flee before 自 …を恐れて逃げる ▪ All *fled before* the Turks. トルコ軍を恐れて全員逃げた.

flee from 自 …から逃げる ▪ The fugitives *fled from* justice. 逃亡者たちは司直の手から逃げた.

fleece /fliːs/ ***fleece a person of*** 他 人を丸裸にする, 人から…を巻き上げる ▪ They *fleeced* him *of* all he possessed. 彼らは彼から持っているものすべてを巻き上げた.

fleet /fliːt/ ***fleet by [away]*** 自 (時などが)いつの間にか過ぎる ▪ The years *fleeted by*. 歳月はいつしか過ぎ去った.

flesh /fleʃ/ ***flesh out [up]*** 自他 **1** 太る; …を太らせる ▪ When I met him after a year's interval, he had *fleshed out* somewhat. 1年後に彼に会った時は, 彼は幾分太っていた. ☞ flesh out のほうが flesh up よりもずっと普通.

— 他 **2** (小説などに)肉づけする ▪ You should *flesh up* the characters in your story. 君の話の中の人物に肉づけをしなければならない.

flick /flɪk/ ***flick at*** 他 …を素早くたたく ▪ He *flicked at* the wasp with his handkerchief. 彼はハンカチでスズメバチを素早くたたいた.

flick away …をはじきとばす, 払いのける ▪ He *flicked away* a fly from his sleeve. 彼はそでからハエを払いのけた.

flick off 他 (パチッと)…のスイッチを切る ▪ The workman *flicked off* the light switch. 作業員が灯りのスイッチをパチっと切った.

flick off [from] 他 …を…から払い落とす ▪ I *flicked* the dust *off* my hat. 私は帽子のちりを払い落とした.

flick on 他 (パチッと)…のスイッチを入れる ▪ When I *flicked on* the light, I set an astonishingly large bug in motion. 明かりのスイッチを入れると, 驚くほど大きな虫が動きだした.

flick out 自他 さっと出る[出す] ▪ The lizard's tongue *flicked out*. トカゲの舌がさっと出た ▪ The cat *flicked out* a paw and drew the ball towards it. 猫は前足をさっと出してボールを引き寄せた.

flick over 他 《口》(ページ・カード)をぱらぱらとめくる; (チャンネル・ダイアル)をさっと変える ▪ I *flicked over* the first couple of pages. 私は最初の2, 3ページをぱらぱらとめくった ▪ I *flicked over* to Channel 9 to see the latest earthquake news. 地震の最新ニュースを見るためにチャンネル9に切りかえた.

flick through 《口》(本・雑誌など)をざっと読む ▪ I just *flicked through* a blog about it. 僕はそれに関するブログにざっと目をとおしただけだ.

flicker /flɪkər/ ***flicker out*** 自 **1** (ろうそくの火などが)ゆらめいて消える ▪ The candles *flickered out* one by one. ろうそくはゆらめいて1本1本消えていった. **2** 少しずつ消える ▪ The hatred between them gradually *flickered out*. 彼らの間の憎しみは少しずつ消えた.

flicker up 自 ちらっと燃えあがる ▪ A faint hope *flickered up* and died. 淡い希望がちらっと燃えあがって消えた.

flinch /flɪntʃ/ ***flinch at*** 自 …にひるむ, たじろぐ ▪ She *flinched at* the thought. 彼女はその考えにしりごみした.

flinch from 自 **1** …からしりごみする ▪ He *flinched from* the unpleasant duty. 彼は不愉快な任務からしりごみした.

2 …を素早く避ける ▪ The fighter *flinched from* the blow. そのボクサーは素早く打撃を避けた.

fling /flɪŋ/ ***fling about [around]*** 自 **1** (小馬などが)はね回る ▪ The colt *flung about*. 小馬ははね回った.

— 他 **2** …を投げ散らす, まき散らす ▪ He *flung* his money *about*. 彼は金をまき散らした.

3 (首などを)振り立てる ▪ The horse *flung* his head *about*. 馬は首を振り立てた.

fling aside 他 **1** …を投げ捨てる, しりぞける ▪ He *flung aside* the traditional dogmas of his day. 彼は彼の時代の伝統的独断説をしりぞけた ▪ *Fling aside* all cares. 心配をみな投げ捨てよ.

2 …を捨てる, 絶縁する ▪ He *flung aside* his old friends. 彼は旧友たちを捨てた.

fling away 自 **1** 飛び出す ▪ He *flung away* in a rage. 彼は憤然として飛び出した.

— 他 **2** …を投げ捨てる, 振り捨てる ▪ He *flung* his coat *away*. 彼は上着を投げ捨てた ▪ Cromwell, *fling away* ambition. クロムウェルよ, 野心を振り捨てよ.

3 …を浪費する, 台なしにする ▪ He *flung away* his chances of promotion. 彼は昇進の機会を棒に振った ▪ Don't *fling* yourself *away*. 体を台なしにしてはいけないよ.

4 (追っ手など)をまく ▪ The thief failed to *fling away* the pursuers. 盗賊は追っ手をまきそこねた.

5 (言葉)をもぐもぐ言う ▪ You *flung away* that line; we couldn't hear you. 君はあのくだりをもぐもぐ読んで, 我々には聞こえなかった.

fling A away on B 他 AをBに施してむだになる ▪ You *flung* your money *away on* the project. 君はその企画にむだ金を投じた ▪ Your advice *was flung away on* him. 君の忠告は彼にはむだであった.

fling down 他 **1** …を(地面へ)投げつける ▪ He *flung down* a fiery dart on her. 彼は火のやりを彼女に投げつけた.

2 …を倒す, 滅ぼす ▪ We *flung* the French *down*. 我々はフランス軍を滅ぼした.

fling from 自 《口》…から立腹して[いやになって, 大急ぎで]去る ▪ He *flung from* her. 彼はむっとして彼女からさっと離れた.

fling in 他 **1** …を投げ込む ▪ He *flung* a copper *in*. 彼は銅貨を1枚投げ込んだ.

2 …をおまけに添える ▪ We *flung in* the others. 私たちは残りをおまけに添えた.

3 …をやめる ▪ Tom *flung in* his studies. トムは研究をやめた.

4 (言葉)をさしはさむ ▪ He *flung in* rude words in

fling into 自 …にさっと飛び込む ▪ She *flung into* the room. 彼女は部屋に飛び込んだ.

fling A into B 他 **1** AをBに(ぞんざいに)投げ込む ▪ She *flung* the empty bottle *into* the sea. 彼女は空きビンを海に投げ込んだ.
2 A(人)をB(刑務所)にぶちこむ, 投獄する ▪ They got caught and *flung into* prison. 彼らは捕まってムショに送られた.
3 A(人)をB(状態)にする ▪ They were *flung into* confusion. 彼らは混乱状態に陥れられた.
4 A(言葉)をB(話など)にさしはさむ ▪ I had no chance to *fling* a word *into* the argument. 私は議論に一言もさしはさむ機会がなかった.
5 A(人・金)をBに投入する ▪ We *flung* all the men *into* the battle. 我々はすべての兵をその戦いに投入した.

fling off 自 **1** 飛び出す ▪ He *flung off* in a rage. 彼は憤然として飛び出した.
— 他 **2** …を捨てる ▪ He has *flung* us *off* and leaves us to poverty. 彼は我々を捨てて, 貧乏になるにまかせている.
3 (厄介なもの)を振り落とす, 振り捨てる ▪ *Fling off* all troublesome connections. 面倒な関係はいっさい振り捨てなさい.
4 …を脱ぎ捨てる ▪ He *flung off* his coat. 彼は上着を脱ぎ捨てた.
5 (追っ手など)をまく, 逃れる ▪ The thief at last *flung off* his pursuers. その賊はついに追っ手をまいた.
6 (言葉)を吐き出す ▪ He *flung off* a remark. 彼は一言言い放った.
7 …を苦もなく書く, たやすく書く ▪ He just *flung* the article *off*. 彼は苦もなくその記事を書きあげた.

fling on 他 (衣服など)を急いで着る ▪ He *flung* his clothes *on*. 彼は衣服を急いで着た.

fling out 他 **1** …を投げ出す; を投げ捨てる ▪ Many passengers were *flung out* onto the lines. 多数の乗客が線路に投げ出された. ▪ *Fling out* these old newspapers. これらの古新聞を投げ捨てなさい.
2 (急に怒って)ののしる, 苦情を言う ▪ The lad *flung out* at me. 若者は怒って私をののしった. ▪ He *flung out* hard words against me. 彼は私にひどい暴言を浴びせた.
3 …を追い出す ▪ He was *flung out* of the club. 彼はクラブを追い出された.
4 …をぐっと伸ばす ▪ He *flung* his arms *out* and caught the child. 彼は両腕をぐっと伸ばしてその子供を捕えた.
— 自 **5** (馬が)あばれてける ▪ The horse began *flinging out*. 馬はあばれてけりだした.
6 (怒ったときのように)荒々しく出て行く ▪ She *flung out* of the house. 彼女は荒々しく家を飛び出した.

fling over 他 …に振り捨てる, 援助[保護]を打ち切る ▪ Of course the girl will *fling* him *over*. もちろんその娘は彼を振り捨てるだろう.

fling to 他 …を急に[激しく]閉じる ▪ She *flung* the door *to* and departed. 彼女は戸をピシャリと締めて出て行った.

fling together 他 **1** …を急いで集める ▪ At the last minute he decided to go, and *flung* a few clothes *together* and left. 土壇場で彼は行くことに決め, 少しの衣服を急にまとめて出て行った.
2 (二人)を出会わせる ▪ John and Tom were *flung together* by the war. ジョンとトムは戦争で出会ったのである.
3 (家・小説など)を急造する ▪ This novel was *flung together* in a week. この小説は1週間ででっち上げられた.

fling up 他 **1** …を振りあげる, さし伸ばす ▪ He *flung up* his hands in horror. 彼はぞっとして両手を上げた.
2 …を捨てる, 断念する, に見切りをつける ▪ He *flung up* his situation. 彼は地位を捨てた.
3 …を急造する ▪ They *flung up* new works. 彼らは新しい工場を急造した.
4 (方)…をほじくり出して非難する ▪ I'll *fling up* politics. 政治はほじくって非難してやろう.
5 =FLING in 3.

flip /flíp/ **flip at** 他 (むちなどで)…をたたく, ぴしぴし打つ ▪ They *flipped at* a horse with a whip. 彼らは馬をむちで打った.

flip for 他 **1** 《米口》一目で…に夢中になる, に一目ぼれする; に熱狂する ▪ O'Donnell *flipped for* the show when she saw it in London last year. オドネルは昨年ロンドンでそのショーを見た瞬間に夢中になった.
2 硬貨をはじく, トスをする ▪ They *flipped for* who should do it first. 彼らは硬貨をはじいて誰が最初にするのかを決めた.

flip off 他 **1** …をはじき飛ばす ▪ I *flipped off* the spider. 私はクモをはじき飛ばした.
2 (人)に向けて中指を立て(て侮辱する) ▪ I have been cussed out, *flipped off* and honked at. 私はののしられ, 侮辱され, クラクションを鳴らされた.
3 《主に米》…のスイッチを切る ▪ I *flipped off* the unnecessary lights in my kids' rooms. 子供部屋の不要な電気を切った.

flip on 他 《主に米》…のスイッチを入れる ▪ After dinner, I *flipped on* the radio. 夕食後ラジオのスイッチを入れた.

flip out 自 《口》**1** 気が狂う ▪ We can't talk to him. He's *flipped out*. 彼に話はできない. 彼は気が狂っているから.
2 興奮[熱狂]する, 大喜びする ▪ I kind of *flipped out* when I found that out. そのことがわかったときちょっとうれしかった.

flip over 他 **1** …をさっと裏返す ▪ He *flipped over* the piece of pasteboard. 彼は厚紙をさっと裏返した.
— 自 **2** …が裏返しになる, ひっくり返る ▪ His boat *flipped over* and broke apart. 彼のボートは転覆してバラバラになった.
3 (ひっくり返るほど)驚く ▪ Horn came up and I

just *flipped over*. ホーンが近づいてきたので, 私は全くびっくり仰天した.

flip through 自 **1** (本など)をパラパラとめくって読む, ざっと読む ▪ I just *flipped through* the book. 私はその本をざっと読んだだけだ.
2 (テレビのチャンネル)を次々に変える ▪ We've *flipped through* the remote. リモコンでチャンネルをいろいろ切りかえた.

flip up 自 (物事を決めるため)硬貨をはじき上げる ▪ The two men *flipped up* to see which should have the second place. 二人は第2位を決めるため硬貨をはじき上げた.

flirt /flɚːrt/ ***flirt with*** 自 **1** …と戯れの恋をする, ふざける ▪ Every man likes to *flirt with* a pretty girl. 男はみな美しい女の子とふざけるのが好きだ.
2 …をもてあそぶ ▪ He *flirted with* the document. 彼はその書類をもてあそんだ.

float /floʊt/ ***float about* [*round*, *around*]** 自 (口) **1** 存在する ▪ Some envelopes must be *floating about* somewhere. 封筒はどこかにあるにちがいない.
2 次々と職を変える, 渡り歩く ▪ His son's been *floating around* for two years. 彼の息子は2年間次々と職を変えてきた.

float around 自 **1** 漂う, 浮流する ▪ Bacteria and viruses *float around* in the water just as they do in the air. バクテリアやウィルスは, 空中同様, 水中にも漂っている.
2 (噂などが)流布する, ささやかれる[語られる] ▪ These rumors have been *floating around*. これらの噂が口の端に上っている ▪ There are a number of names *floating around* town. 巷間では多くの名前がささやかれている.
3 →FLOAT about 1.
4 →FLOAT about 2.

float off 自 (水量が増して船などが)浮き上がる ▪ The boat *floated off* as the tide came in. ボートは潮がさして来るにつれて浮き上がった.

float out upon 自 …の上に流れ[漂い, 浮いて]出る ▪ The boat *floated out upon* the lake. ボートは湖水の上に浮かび出た.

float through 自 **1** ゆっくりと動く, 浮動する ▪ The clouds *floated through* the sky. 雲が空をふんわりと流れた.
2 (心中などに)浮かぶ ▪ Images *floated through* my mind. イメージが頭に浮かんできた.
3 (あてもなく)流浪する, さすらう ▪ He's just *floating through* life. 彼はただ世をさすらい渡っている.

flock /flɑk|flɔk/ ***flock after*** 自 熱心に[好奇心から]群れをなして…について行く ▪ Crowds *flocked after* him to hear him. 群衆は彼の話を聞くため熱心に彼について行った.

***flock into* [*in*]** 自 …に群れをなして入る ▪ The crowds were *flocking into* the Stadium. 群衆は群れをなして競技場に入りつつあった.

***flock out* (*of*)** 自 (…から)群れをなして出る ▪ We *flocked out of* the hall. 我々は会堂から群れをなして出た.

flock together 自 (特に利益・恩恵を同じくする人々が)集まる ▪ Birds of a feather *flock together*. 《諺》同じ羽の鳥は集まる, 「類は友を呼ぶ」.

flog /flɑg|flɔg/ ***flog…into*** a person 他 むち打って人に…を教えこむ ▪ He *flogged* Latin *into* the boy. 彼はむち打ってその少年にラテン語を覚えこませた.

flog off 他 …を売る ▪ Paddy *flogged* the caps *off* for about £4.50 each. パディーは帽子を一つ4.50ポンドで売った.

flog…out of a person 他 むち打って人の…を直す ▪ He *flogged* laziness *out of* the boy. 彼はその少年の怠け癖をたたき直した.

flood /flʌd/ ***flood back*** 自 逆流する, 戻る; よみがえる ▪ The economy has improved and tourists have *flooded back* to town. 経済が改善し, 旅行者が街に戻ってきた ▪ The memory of the day I met her *flooded back* and I cried and cried. 彼女に会った日の記憶がよみがえり, 私はとめどなく泣いた.

***flood in* [*into*]** 自 殺到する, 押しかける ▪ Applicants *flooded in*. 申込者が殺到した ▪ Fans *flooded into* the stadium as soon as the gates were opened. ゲートが開いた途端に, 大勢のファンがスタジアムになだれ込んだ.

flood…out 他 [主に受身で] 洪水で…を立ちのかせる, 洪水で…の家[財産]を壊滅させる ▪ A lot of people *were flooded out*. 多数の人が洪水で家を失った.

***flood over* [*through*]** 自 **1** (水が)押し寄せる, 冠水させる ▪ Sea water *flooded over* Route 6 near Fort Hill. 海水でフォートヒル近くの6号線が冠水した.
2 (感情などが)…に押し寄せる, の心に湧きでる ▪ A wave of relief *flooded over* them. 安堵の波が彼らに押し寄せた ▪ Gratitude *flooded through* him. 感謝の気持ちが彼の心に湧いた.

flop /flɑp|flɔp/ ***flop around* [《英》*about*]** 自 **1** (口) ごろりところがる ▪ He *flopped about*. 彼はごろりところがった.
2 パタパタ歩き回る ▪ Grandfather *flopped around* comfortably in a pair of slippers. 祖父はスリッパで心地よくパタパタ歩き回った.

***flop down* (*on*)** 《口》 **1** (…の上に)ドカリと落ちる[座る], 倒れる ▪ He *flopped down on* the couch. 彼は寝椅子にどっかところがった ▪ He *flopped down on* his knees and begged for mercy. 彼はばったりとひざまずいて, あわれみを請うた.
— 他 **2** (…に)…をドサリと落とす[ころがす, 倒す] ▪ He *flopped down* a heavy bag on the floor. 彼は床の上に重い袋をドサリとおろした.

flop into 他 …の中へドサリと入る ▪ He *flopped into* a chair. 彼はいすにどっかり座りこんだ ▪ It *flopped into* the water. それはドブンと水中に落ちた.

flop over 自 **1** 《口》ひっくり返る ▪ The cat *flopped over* on its back. 猫はくるりとひっくり返った.
2 変節する, 豹変する ▪ They *flopped over* to the

other party. 彼らは反対党に寝返った.

flop up 他 (目)をなぐってはらす[ふさがらせる] ▪ He *flopped* the watchman's eyes *up*. 彼は番人の目をなぐってはれ上がらせた.

flounce /flaʊns/ ***flounce about*** 自 はね回る ▪ She *flounced about* like a mad woman. 彼女は狂女のようにはね回った.

flounce away [off] 自 荒々しく去る ▪ He *flounced away* in a rage. 彼は激怒して荒々しく去った.

flounce down 荒々しく座る, 興奮して[怒ったように]座る ▪ Mama *flounced down* on a chair. ママはいすにどすんと座った.

flounce into 自 …に飛び込む ▪ Tom *flounced into* the room. トムは部屋に飛び込んだ.

flounce out (of) (…から)荒々しく飛び出す ▪ My aunt *flounced out of* the room. おばは荒々しく部屋を飛び出した.

flounce over 急にひっくり返る, 寝返りする ▪ Tom *flounced over*, disarranging everything. トムは急にひっくり返って, すべてのものをかき乱した.

flounce up 急に飛び上がる ▪ He *flounced up* out of the chair. 彼は急にいすから飛び上がった.

flounce up and down 自 上下にはねる ▪ The fish *flounced up and down* on the ground. 魚は地面をピチピチと上下にはねた.

flounder /flaʊndər/ ***flounder around*** [《主に英》*about*] 自 1 四苦八苦する ▪ McKernan had *floundered around* in the early stages of his campaign. マッカーナンはキャンペーンの初期の段階では悪戦苦闘していた.

2 (泥・水などの中で)もがきまわる ▪ Cumming was *floundering around* in the icy water when he hit something. カミングは冷たい水の中でもがいていたら, 何かに体がふれた.

flounder through 自 1 もがきながら…を進む ▪ His car *floundered through* the mud. 彼の車はぬかるみの中を苦労して進んだ.

2 つかえる, 口ごもる ▪ He *floundered through* a song. 彼はつかえながら歌を歌った. ▪ The politician *floundered through* his speech. その政治家はしどろもどろの演説をした.

flout /flaʊt/ ***flout a person out of*** 他 人をあざけって, …をやめさせる ▪ They cannot *flout* Noah *out of* his faith. 彼らはノアをあざけって, その信仰を捨てさせることはできない.

flow /floʊ/ ***flow away*** 自 (水などが)流れ出る, 流れ去る ▪ All the spilled water from a bucket *flowed away*. バケツからこぼれた水がすべて流れ去った.

flow by 自 1 (水・川などが)流れ去る ▪ The great river *flowed by* outside his window. その大河は彼の窓の外を流れていた.

2 (時が)流れる, 経過する ▪ Many years *flowed by*. 多くの年月が流れ去った.

flow from 自 1 …から流れ出る ▪ The river *flows from* the source. その川はその源から流れ出る.

2 …から生ずる ▪ Wealth *flows from* industry and economy. 富は勤勉と節約から生ずる.

flow in 自 1 流れ込む ▪ The water *flowed in*. 水が流れ込んだ.

2 (金が)多量に流れ込む ▪ Your income will *flow in* next year. 来年は君の収入は多量に流れ込むだろう.

flow into 自 …に流れこむ, 注ぐ ▪ Rivers *flow into* the sea. 川は海に注ぐ.

flow on 自 流れて行く ▪ Twelve years have *flowed on* since he came to Tokyo. 彼が東京に来てから12年の歳月が流れた.

flow out 自 1 流れ出る ▪ Clean water *flowed out* over the lip of the tank. きれいな水がタンクの縁から流れ出た.

2 (金が)多量に流れ出る ▪ Their money is *flowing out* through government spending. 彼らの金は政府の支出により多量に流出している.

flow over 1 あふれ出る, 流れる ▪ The river *flowed over* its banks. 川ははんらんした ▪ His grace *flows over* on all. 神の恩寵はすべての人の上にあふれ流れる.

2 感情があふれ出る, 感情に包まれる ▪ Fear suddenly *flowed over* me. 恐怖感に突然おそわれた.

3 …にはこたえない, 何の影響も与えない ▪ The boxer is so tough that fisticuffs simply *flow over* him. そのボクサーはとても頑健でなぐり合いも彼には全くこたえない[効果はない].

flow through to 自 1 (水が)…に流入する, 浸透する ▪ A lot of the water is *flowing through to* the wetlands. たくさんの水が湿地に流れ込んでいる.

2 (影響などが)…に到達する, 影響を及ぼす ▪ The increases were rapidly *flowing through to* consumers. 値上がりは急速に消費者にまで影響が及んでいた.

flow with 自 …がたくさんある, であふれる ▪ His heart was *flowing with* gratitude for his friends. 彼の心は友人たちへの感謝の気持ちであふれていた.

flub /flʌb/ ***flub up*** 自他 しくじる, へま[ぼか]をやる; …を不注意で台なしにする ▪ I *flubbed up* again! またしくじっちゃった ▪ You really *flubbed up* the tournament. 全くお前のへまで試合がぶちこわしになった.

fluctuate /flʌ́ktʃueɪt/ ***fluctuate between*** *A* ***and*** *B* (選ぶのに)AとBの間で揺れ動く ▪ Between 1984 and 2004, support has *fluctuated between* 25 percent *and* 35 percent. 1984年から2004年までの間, 支持率は25パーセントから35パーセントの間を行き来していた.

fluff /flʌf/ ***fluff out [up]*** 他 …をふわりとふくらませる ▪ The nurse *fluffed up* the pillows. 看護師は枕をふくらませた.

flunk /flʌŋk/ ***flunk out*** 自 1 《米口》(成績不良のため学校を)退学する[退学処分になる] ▪ He *flunked out* of the university. 彼は成績不良で大学を退学になった.

2 手を引く ▪ You *flunk out* before I begin. 君は

私が始めないうちから手を引くんだね.
3 完全に失敗する ▪ He *flunked out* as a leadoff hitter. 彼は1番バッターとしては失敗だった.

flush¹ /flʌʃ/ ***flush…away*** 他 …を流し去る ▪ He *flushed* the torn papers *away*. 彼はちぎれた紙片を流し去った.

flush from 自 …のため顔を赤らめる ▪ The girl *flushed from* modesty. その少女は慎みから顔を赤らめた.

flush into 自 …へ急に入る; 急に…となる ▪ He *flushed into* a rage. 彼は急に激怒した ▪ A happy idea *flushed into* his head. うまい考えが急に彼の頭に浮かんだ.

flush off 《米》(平面)を水洗いする ▪ I *flushed off* the garage floor. 私はガレージの床を水洗いした.

flush out 他 (物・体の中)を水で掃除する ▪ This medicine will help to *flush out* your body. この薬は君の体の中を洗って掃除する助けになるだろう.

flush up (恥じらいなどで)顔を(パッと)赤らめる ▪ She *flushed up* when Tom praised her cooking. トムが料理をほめると彼女はパッと顔を赤らめた.

flush² /flʌʃ/ ***flush A from B*** A(人・動物)をB(隠れ家)から追い出す ▪ The police *flushed* the criminals *from* their secret meeting place. 警察は犯人たちをその秘密の会合所から狩り出した.

flush out 他 **1** (人・動物など)を見つけて追い出す, 狩り出す; を掃討する ▪ The forces blew up the building to *flush out* the terrorists. テロリストを一掃するために軍隊はビルを爆破した.
2 (犯罪など)を明るみに出す, 摘発する ▪ Her true identity *was flushed out* by her neighbor. 彼女のありのままの素性は隣人によって明らかにされた.

flutter /flʌ́tər/ ***flutter around*** [《英》*about*] 自 **1** (鳥・チョウなどが)羽ばたく, 羽をばたばた[ひらひら]させながら飛ぶ; (雪などが)ちらちらと舞う; (薄布などが)ひらひら揺れる ▪ Birds *fluttered about* from tree to tree. 小鳥が木から木へぱたぱたと飛び回った ▪ A butterfly *fluttered around* me a couple of times. チョウが羽をひらひらさせながら私の周りを数回飛び回った ▪ An unseasonable snow shower *fluttered around* them. 季節はずれのにわか雪が彼らにちらちらと降りかかった ▪ Her short skirt *fluttered around* her knees. 彼女の短いスカートが膝のあたりでひらひら揺れた.
2 (噂などが)そこはかとなく流れる; (人が)そわそわ[せかせか, いらいら]動き回る ▪ Rumors *fluttered around* that he was crazy. 彼は狂っているという噂がそこはかとなく流れた ▪ The uncertainty *fluttered around* her. 不安が彼女にそこはかとなくつきまとった ▪ Children *fluttered about* the courtyard. 子供たちは中庭をちょこちょこと飛び回った.

flutter down 自 ふわふわ[ひらひら, ふんわり]と落ちてくる ▪ The ball *fluttered down* the field. ボールは競技場にふんわりと落ちた ▪ Confetti *fluttered down* on the throngs. 紙吹雪が群衆にひらひらと舞い落ちてきた.

flutter out 他 …をパタパタ振り動かしてすり切らす ▪ I have *fluttered out* all the clothes. 衣服をみなパタパタさせてすり切らしてしまった.

flutter with 自 (心臓・脈が)激しく打つ ▪ My heart began to *flutter with* excitement. 心臓が興奮のためどきどきしてきた.

fly /flaɪ/ ***fly about*** 自 **1** 飛び回る ▪ News *flies about* rapidly nowadays. 今日ではニュースは素早く飛び広がる ▪ They *flew about* Europe in their plane. 彼らは自家用機でヨーロッパを飛び回った.
2 (ニュースなどが)飛び交う ▪ News was *flying about* concerning the wedding. その結婚のニュースが飛び交っていた.
3 《海》(短時間に)風がたびたび方向を変える ▪ The wind *flew about*. 風はたびたび方向を変えた.

fly against 自 …に飛んでぶつかる ▪ A swallow *flew against* the lighthouse windows. ツバメが灯台の窓に飛んでぶつかった.

fly around 自 **1** 《米口》かけずり回る ▪ Tom *flew around* and washed his face and hands. トムはかけずり回ったので顔と手を洗った.
2 = FLY about 2.

fly at [on, upon] 他 **1** …に飛びかかる, 食ってかかる, を攻撃する ▪ He *flew at* me like a wild cat. 彼は山猫のように私にかかってきた.
2 …をしかりつける ▪ Never *fly at* your servants. 決して使用人をしかるな.
3 (タカが)舞い上がって(獲物)に飛びかかる ▪ It is easy to teach a hawk to *fly at* fowl. タカに舞い上がって鳥に飛びかかることを教えるのは易しい.

fly away 自 **1** 飛び去る, 過ぎ去る ▪ The birds *flew away* in a circle. 鳥が輪を描いて飛び去った.
2 (髪が)風に乱れる ▪ Her hair kept *flying away*. 彼女の髪は風に乱れてばかりいた.

fly by **1** 素早く通り過ぎる ▪ A bullet *flew by*. 弾丸がヒュッとかすめた.
2 (時が)素早く過ぎ去る ▪ Sundays *fly by*. 日曜日はじきに過ぎ去る.
3 (祝祭の時飛行機が)頭上を舞う ▪ Fifty planes will *fly by*. 50機が頭上を舞うだろう.

fly down 自 飛んで降りる ▪ Father Christmas is supposed to *fly down* the chimney. サンタクロースは煙突を飛んで降りて来ると思われている.

fly forth 自 飛んで出る ▪ When Pandora opened the box, ill *flew forth*. パンドラがその箱をあけると災いが飛び出た.

fly from **1** …を飛行機で発つ ▪ They have *flown from* London. 彼らは飛行機でロンドンを発った.
2 …を急いで去る ▪ Women and children had to *fly from* the town. 女性と子供は町から急いで避難せねばならなかった ▪ She *flew from* the people chasing her. 彼女は追っ手から急いで逃れた.

fly in 他 **1** 飛行機で到着する[させる] ▪ When are they *flying in*? 彼らはいつ飛行機で着くか ▪ Fresh fish *are flown in* daily. 鮮魚が毎日飛行機で入る.
— 自 **2** 《米口》(…に)取りかかる ▪ Now, gentle-

foam

men, *fly in.* さあ, 諸君, 始めなさい.
— 他 **3** 動いている列車の車両のいくつかを切り離してそのはずみで目的地点へ行かせる.

fly into 自 他 **1**（飛行機で）…に到着する［させる］ ▪ When are they *flying into* town? 彼らはいつ飛行機で町に着くか.
— 自 **2** 急に…に飛び込む ▪ She *flew into* my arms. 彼女はいきなり私の腕に飛びこんできた.
3 急に…となる ▪ The glass *flew into* fragments [atoms]. グラスは突然こっぱみじんになった ▪ As soon as I try she *flies into* a temper. 私がやろうとすると彼女は急に怒り出す.
4 = FLY (out) into.

fly off 自 他 **1**（飛行機で…から）去る［去らせる］ ▪ Two wounded soldiers *were flown off* the base. 二人の負傷兵が飛行機で基地を去った ▪ The family suddenly *flew off*. その家族は急に飛行機で去った.
— 自 **2** 急に去る, 飛び散る; 逃げ去る ▪ He *flew off* with public money. 彼は公金を持って逃げ去った.
3 急に離れる; はずれる ▪ A wheel *flew off*. 車輪が一つ急にはずれた.
4 そむく, 離脱する, 別の道を行く ▪ The traitor *flew off* at once. 反逆者はすぐにそむいた.
5（契約などを）破棄する ▪ From this agreement he *flew off*. この契約を彼は破棄した.
6 蒸発する ▪ Arsenic *flies off*, when heated, with an odor resembling garlic. 砒素(ひそ)は熱せられるとニンニクに似た臭いを発して蒸発する.

fly out 自 他 **1**（飛行機で）遠い所へ行く［行かせる］ ▪ Mother *flew out* to see me in hospital. 母ははるばる飛行機で入院中の僕を見舞いに来てくれた.
— 自 **2** 急に飛び出す, 急に出る ▪ Eighty children came *flying out*. 80人の子供たちが急に飛び出して来た.
3《野球》フライを飛ばしてアウトになる ▪ Tom *flew out* in the top of the second inning. トムが2回の表にフライを打ち上げてアウトになった.

fly out at [against] 他 …を急に怒りだす, ののしりだす ▪ He *flew out at* his coachman. 彼は急に御者をののしりだした ▪ I beg your pardon for *flying out at* you so. あなたにあんなに食ってかかったことをお許しください.

fly (out) into 自 急に…しだす ▪ Don't *fly into* a rage. 急に激怒しないでください ▪ He *flew out into* excesses. 彼は急に乱暴をやり出した.

fly over 他 **1** …を飛び越える ▪ I *flew over* a fence at a bound. 私は一躍して柵を飛び越えた.
— 自 **2**（飛行機が）頭上を飛ぶ ▪ Planes *fly over* all day. 飛行機が一日中頭上を飛ぶ.
— 自 他 **3**（飛行機で遠くない所へ）行く［行かせる］ (to) ▪ I'll *fly over to* the next state. 隣の州へ飛行機で行こう.
4 = FLY by 3.

fly right 自 《米口》正しくふるまう ▪ He always *flies right* at a party. 彼はパーティーではいつも正しくふるまう.

fly round 自 **1** 回りを飛ぶ ▪ Moths *fly round* a lighted candle. 蛾(が)がろうそくの火の回りを飛ぶ.
2（輪が）急激に回転する ▪ The merry-go-round *flew round* and *round*. メリーゴーラウンドがぐるぐると速く回った.
3 大急ぎで行く, 訪ねる (to) ▪ The girl at once *flew round* to her father. 娘はすぐ父の所へ大急ぎで行った.

fly to [up] 自 《海》（船が）急に風上に向かう ▪ Look out, she is *flying to*. 気をつけろ, 船が急に風上に向かっている.

fly up 自 他 **1** 飛びあがる［らせる］; 飛行機で北へ行く［行かせる］ ▪ The general *flew up* to Washington. 大将は飛行機で北方のワシントンへ行った ▪ A bird *flew up* from the grass. 鳥が草地から飛び立った.
— 自 **2**《英》(The Girl Guides で) 上級にあがる ▪ Three Brownies are *flying up* to Guides. 3人のガールスカウト年少団員が上級に昇進します.

fly up to 自 …へ飛び上がる ▪ The birds *flew up to* the eaves. 鳥たちは軒まで飛び上がった.

fly upon [on] 他 …に飛びかかる ▪ The dog *flew on* a stranger. 犬は見知らぬ人に飛びかかった.

foam /foʊm/ ***foam at*** 他 …に激怒する ▪ I *foamed at* him. 私は彼に激怒した.

foam off [away] 自 泡となって消える ▪ Enthusiasm may *foam off* at any moment. 熱中はいつなんどき泡となって消えるかもしれない.

foam over 自 泡立ちあふれる ▪ The beer *foamed over* onto the sofa. ビールが泡立ってソファーにこぼれた.

foam up 自 泡立つ ▪ The beer *foamed up* and overflowed the glass. ビールは泡立ってコップからあふれた.

fob /fɑb|fɔb/ ***fob a person of [out of]*** 他 《口》人をだまして…を奪い取る ▪ Kings have *fobbed* us *of* our renown. 国王たちが我々の名声をだまし取った.

fob off A on [onto] B 他 《口》B(人)にAをつかませる, 押しつける ▪ He *fobbed off* an imitation diamond *on* me. 彼は私に模造ダイヤモンドをつかませた.

fob A off with B 他 **1**〖主に受身で〗AにB(粗悪品など)をつかませる, 押しつける ▪ The butchers will *fob* you *off with* ram. 肉屋はあなたに雄羊肉をつかませるだろう.
2 AをBでごまかす ▪ He *fobbed* me *off with* promises that he never intended to keep. 彼は守るつもりのない約束をいろいろして私をごまかした.
3《まれ》AをBでそらす, はぐらかす ▪ You must not think to *fob off* our disgrace *with* a tale. 我々の恥辱を作り話でそらそうと考えてはいけない ▪ I *was fobbed off with* all sorts of excuses. ありとあらゆる口実で話をそらされた.

focus /fóʊkəs/ ***focus on*** 他 **1** …に注意を集中する, 専念する ▪ That firm is *focusing on* increasing their markets overseas. あの商社は海外市場増大に専念している.
2 …を主要点とする ▪ Our meeting *focuses on* the question. 我々の会はその問題を主要点としている.

focus* *A* *on* *B 他 **1** Aの焦点をBに合わせる ▪ *Focus* your eyes [glasses] *on* the object. 目をその物体に集中せよ[めがねの焦点をその物体に合わせよ]. **2** AをBに集中する ▪ We must *focus* our attention *on* the question. 我々はこの問題に注意を集中しなければならない.

fog /fɑg|fɔg/ ***fog off*** 自 《英》(園芸で)湿気で枯れる ▪ Decayed leaves cause the cuttings to *fog off*. 朽ち葉さし木を湿気で枯れる.

fog over 《写真》...に曇りをかける ▪ The negative *was fogged over*. ネガは曇りがかかっていた.

fog up 自 **1** 霧が立ちこめる ▪ The airfield had *fogged up*. 飛行場には霧が立ちこめていた.

— 自 他 **2** 霧[涙]で曇る[曇らせる] ▪ The mirror *fogged up* with mist. 鏡はもやで曇った ▪ I still had the pain, and I *was fogged up*. まだ痛みが残っていて,涙がにじんだ.

3 ぼんやりする, ぼやける; 混乱させる ▪ The drugs completely *fogged up* his brain. 麻薬で彼の頭はすっかり混乱した.

foil /fɔɪl/ ***foil*** *a person* ***of*** 他 人が...を得ることをさまたげる ▪ They have *been foiled of* their prey. 彼らはえじきを取りそこねた.

foist /fɔɪst/ ***foist into*** 他 ...をひそかに[みだりに]挿入する[はめこむ] ▪ He *foisted* spurious passages *in*. 彼はそっと偽の数節を書き入れた.

foist *A* ***into*** *B* 他 **1** Aをひそかに[みだりに]Bに挿入する ▪ He *foisted* spurious passages *into* the text. 彼は本文の中にそっと不確かな記述を数節書き入れた.

2 A(不適任の人など)をB(ある地位に)ひそかにはめこむ ▪ He *was foisted into* the see of Durham. 彼はそっとダラムの司教管区にはめこまれた.

foist off ... on *a person* ...を人につかませる ▪ They tried to *foist off* their old articles *on* us. 彼らは古い品を我々につかませようとした.

foist ... on [*upon*] *a person* 他 **1** ...を人につかませる ▪ He *foisted* inferior articles *on* me. 彼は劣等品を私につかませた.

2 ...を人の作と偽る ▪ He's trying to *foist* that letter *on* me, but I swear I didn't write it. 彼はその手紙が私が書いたと偽ろうとしているが, 誓って私は書いてはいない.

fold /foʊld/ ***fold away*** 自 他 折りたたむ; 折りたたんでしまい込む[込める] ▪ These camping chairs *fold away* inside the car. これらのキャンプ用いすは折りたたんで車の中にしまい込める.

fold back ...を折り返す ▪ He *folded back* his sleeves. 彼は両そでを折り返した.

fold down [***in, over, together***] 他 (紙・ページ・布など)を折る, 折り重ねる, 折りたたむ ▪ They *folded in* their leaves. 彼らは書物のページを折り曲げた ▪ The triangle *was folded over*. その三角形は折り重ねられた.

fold in 他 《料理》...を十分まぜ込む ▪ Next *fold in* the beaten egg. 次に泡立てた卵を十分まぜ込みます.

fold *A* ***in*** *B* 他 AをBで包む ▪ Davis gently *folded* the baby *in* a blanket. デイビスは赤ちゃんをやさしく毛布で包んだ.

fold *A* ***into*** [***in*** (***to***)] *B* 他 **1** 《料理》AをBにまぜる ▪ Next *fold* the beaten egg *in* (*to*) the flour. 次に泡立てた卵を小麦粉にまぜます.

2 AをBに統合する ▪ The postal services will *be folded into* a new Ministry of Transportation. 郵便サービスは新しい運輸省に統合される.

3 (紙など)を折って...にする ▪ Wishes are printed, *folded into* a crane, and placed on the tree. 願い事が書き込まれ, 折ってツルの形にされ, 木に掛けられる.

fold off 他 (作物)を囲って羊の食料に使う ▪ The clover *is* again *folded off*. そのクローバーは再び囲いを設けて羊の食料に使われる.

fold out 自 (折りたたんだものが)開くことができる, のばせる ▪ The sofa *folds out* into a bed. そのソファーは広げればベッドになる.

fold up 他 **1** ...をきちんとたたむ ▪ He *folded up* the letter and put it in his pocket. 彼はその手紙をたたんで, ポケットに入れた.

— 自 他 **2** 《口》(事業などが)失敗する; 破産する; (工場などが)生産を打ち切る, つぶれる; (劇で)停止する; (新聞などが)発行停止する ▪ The little country schools are *folding up*. 小さい田舎の学校は閉鎖しつつある.

3 《口》(精神的に)くじける ▪ When her boy died, she simply *folded up*. 息子が死んだとき彼女の心は全くくじけた.

4 (笑い・苦痛で)体を曲げる ▪ The audience *folded up* in their seats. 聴衆はその場で笑いころげた.

5 崩れ落ちる, 倒れる, へこたれる ▪ He *folded up* when he heard the news. その知らせを聞いて, 彼は崩れ落ちた.

6 (花弁が)閉じる ▪ The cloverlike leaves *folded up* at night. クローバー型の葉は夜は閉じた.

follow /fɑ́loʊ|fɔ́ləʊ/ ***follow after*** 自 **1** ...について行く《follow より多少改まった言い方》 ▪ They *followed* fast *after* him. 彼らは急いで彼について行った.

— 他 **2** ...を求める; に到達[を獲得]しようと努める ▪ *Follow after* peace with all men. すべての人との平和を求めなさい.

follow along (***with***) 他 **1** (人など)について行く[来る] ▪ We just *followed* him *along*. 彼のあとについて行っただけだ.

— 自 **2** ...のあとについて言う[まねる], 手本とする; ならう ▪ The children *followed along with* the teacher: "Europe is the second-smallest continent." 子供たちは教師のあとについて言った, 「ヨーロッパは2番目に小さな大陸です」と.

3 《口》(内容)について行く, 理解する ▪ I *followed along with* the English translation. 私は英訳で内容を追った.

follow around [《英》***about***] 他 **1** ...につきまとう ▪ The bird *followed* her grandfather *around* like a loyal dog. その小鳥は彼女の祖母に忠犬のようにつき従った.

2 ...とともに...をめぐる ▪ The nickname *followed* him *around* the world. そのニックネームは彼に付随

fool

follow home …をあくまでもやり続ける、徹底的に追求する ▪ If you *follow home* the clue, you will be able to find the culprit. 手がかりを徹底的に追って行くと、犯人が見つかるだろう。

follow on 倒 **1** …のすぐ後から続く ▪ That state often *follows on* a long confinement for illness. その状態は長い病気のすぐ後に続くことが多い。

2 あとから行く[来る] ▪ You go ahead, and we'll *follow on*. 君は先に行け、我々はあとから行く。

3 結果として起こる ▪ Keep your accounts straight, or serious debt will *follow on*. 勘定をきちんとしておけ、でないと大きな借金ができるだろう。

4 …を続ける、追い続ける ▪ Meanwhile, *follow on*. その間ずっと続けなさい。

5 さらに力を出して追求する ▪ After that battle, he *followed on* his victory. その戦闘後、彼は勝利を求めてさらに奮戦した。

6 (…から)継続する (*from*) ▪ This article *follows on from* an earlier report. この記事は以前の報告の続編である。

7 (クリケット) (第1回の打者で得点が一定数だけ不足なため相手の了解を得て)引き続き打番となる ▪ Surrey scored only 200 runs and had to *follow on*. サリー軍は200点しか取らなかったので引き続き打番とならねばならなかった。

8 (玉突き) 押し玉を突く; 押し玉となる ▪ You cause your ball to *follow on* after the ball it strikes. 君は自分の玉をそれがぶつかる玉の押し玉にしろ。

follow out 他 **1** (計画・指図など)を最後までやり通す; を決著させる ▪ We must *follow out* the plan we laid down some time ago. 我々は少し前に立てた計画を最後までやり通さねばならない。

2 …を最後まで追求する ▪ He was *following out* the great ideas. 彼はその偉大な思想を最後まで追求していた。

3 (人)のあとについて出る ▪ The dog *followed* us *out*. 犬は我々のあとについて出た。

follow through **1** やり遂げる、完成させる[する] (*with*) ▪ He rarely *follows through with* anything. 彼は何事もやり遂げることはまれである。

2 (ゴルフ・テニスなどで)打球後ストロークを十分伸ばしきる ▪ Slicing can only be cured by earnest endeavors to *follow through*. 切れ球は打球後ストロークを十分伸ばしきるよう熱心に努力することによってのみ矯正される。

3 …しつづける、努力を継続する ▪ *Follow through* when the going is difficult. 業務の遂行が困難なときはあくまで努力を続けなさい。

follow through on あくまで努力を…(の研究・解決)に続ける ▪ *Follow through on* the issue. その問題の解決にあくまで努めよ ▪ She *followed through on* her threat to do so. 彼女はそうするというおどしをあくまで続けた。

follow up 他 **1** どこまでも、…について行く ▪ We *followed up* the river as we rode. 我々は馬に乗って、どこまでも川をたどって行った ▪ They *followed* the criminal *up*. 彼らは犯人のあとをどこまでもつけて行った。

2 …をどこまでも追求[探究]する ▪ He *followed up* the clue. 彼はその手がかりをどこまでも追求した。

3 …を最後までやり通す; をどこまでも踏襲する ▪ *Follow up* their ideas. 彼らの考えを踏襲しなさい。

4 …の余勢をかって行う; 矢つぎ早に続けて…する (*with, by*), に追い打ちをかける (*with*) ▪ The French were reluctant to *follow up* the victory. フランス軍は勝ちに乗じて攻めたてることをきらった ▪ He speedily *followed up* the blow. 彼は素早く追い打ちをかけた ▪ The Romans *followed up* their success *by* an attack on Olbia. ローマ軍は勝利に乗じて素早くオルビアを攻撃した ▪ He said, "Bah" again and *followed* it *up with* "Humbug." 彼は「何だばかな」とまた言って、それにすぐ「くだらない」とつけ加えた。

5 (サッカー)(球をもった味方)に近くついて行って守る[助ける] ▪ He *followed up* his teammate's performance. 彼はチームメイトのプレーをフォローした。

6 (患者など)を追跡調査[治療]する ▪ The study *followed up* over 300 heart patients. その研究は300人以上の心臓病患者の追跡調査を行った。

7 (ニュースなど)の追跡取材をする、続報を出す ▪ The editor told me to *follow up* that story. 編集者はその風聞の追跡取材をしろと私に指示した。

follow up with 倒 続いて…を行う ▪ He *followed up with* detailed messages. 彼は続いて詳細なメッセージを発表した。

fool /fu:l/ ***fool along*** 倒 《米》ぶらぶら(あてもなく)行く ▪ They *fooled along* and got home late. 彼らはぶらぶら歩いて遅く帰宅した。

fool around [*round*, 《英》*about*] 倒 **1** ばかなまねをする ▪ I *fooled round* and got rusticated. ばかなまねをして停学を命じられた。

2 ぶらつく; ぶらぶらする ▪ He came *fooling around* there. 彼はそこへぶらつきながらやって来た ▪ He spends much time *fooling around*. 彼はぶらぶらして多くの時間を費やす。

— 他 **3** (女性)を追い回す、(女性)にふざける ▪ He has started *fooling around* my sister. 彼は私の妹にふざけ始めた。

4 …をいじくりまわす、もてあそぶ (*with*) ▪ If you *fool around with* that stereo system, you'll break it. そのステレオをいじくるとこわすよ。

fool around [*round*] *with* **1** …で時を浪費する ▪ He is *fooling around with* the guitar. 彼はギターをかかえてぶらぶらしている。

2 (女性)とふざける; 性的関係をもつ、不倫する ▪ He spends his whole lunch-time *fooling around with* the girls. 彼は昼食時をずっと娘たちとふざけて過ごす ▪ Dorothy found out he was *fooling around with* another girl. ドロシーは彼が別の少女と関係を持っているのを知った。

fool away 他 **1** (金・時間)をむだ使いする ▪ He *fools away* his time and health. 彼は時間と健康をむだ使いしてしまう。

2 …を愚かにも投げ捨てる ▪ Adam has *fooled*

away his inheritance. アダムは愚かにも自分の相続権を放棄した.

fool** a person **into [他] 人をだまして…させる ▪ They *fooled* him *into* the belief [believing it]. 彼らは彼をだましてそれを信じさせた.

fool** a person **out of [他] 人をだまして…を取る ▪ Jacob *fooled* Esau *out of* his birthright. ヤコブはエサウをだましてその家督権を奪い取った.

fool** a person **to [他] 人をだまして…させる ▪ They have never *been fooled to* their ruin. 彼らがだまされて破産したというようなことはない.

fool with [他] **1** …をもてあそぶ, いじくる ▪ He began *fooling with* a loaded gun. 彼は弾丸をこめた銃をいじくり始めた.

2 (人の気持ち)をいい加減にあしらう, もてあそぶ ▪ He *fooled with* her affection. 彼は彼女の気持ちをもてあそんだ.

foot /fʊt/ ***foot up*** [自]《口》 **1** 勘定を締める, 合計する ▪ I *footed up* and found it to be $230. 合計してみたら230ドルであった.

2 締めて…となる (*to*) ▪ His total losses *footed up to* £5,000. 彼の損失総額は締めて5,000ポンドになった. ☞「勘定書の下部 (foot) へ総計を出す」から.

foot well [自] (馬が跳ぶ前に)良い足場を得る ▪ He allowed the horse to *foot well* before he sprang. 彼は馬に跳ぶ前に良い足場を得させた.

footle /fúːtəl/ ***footle around*** [《英》 ***about***] [自]《口》ぶらぶらして過ごす ▪ He spends his time *footling about*. 彼はぶらぶらして時を過ごす.

forage /fɔ́ːrɪdʒ|fɔ́r-/ ***forage about*** [自] 漁(あさ)る, ひっかき回して捜す ▪ I *foraged about* among the old manuscripts. 古い原稿の中をかき回して捜した.

forage for [他] …をくまなく捜す, 捜し回る ▪ He *forages* abroad *for* anything he may want. 彼はほしいと思うものは何でも四方八方をくまなく捜す.

forage on [***upon***] [他] …に侵入する, を荒す ▪ The soldiers *foraged upon* the country. 兵隊たちはその国を荒した.

forage round [***about***] ***for*** [他] …を求めて歩く ▪ Just *forage round for* news, will you? ちょっとニュースを捜し歩いてくれないかね.

forbear /fɔːrbéər/ ***forbear from*** [自]《文》…を慎む, 控える ▪ *Forbear from* evil. 悪を慎め ▪ I will *forbear from* asking questions. 質問をすることは控えましょう.

forbear with [自] …をがまんする ▪ I *forbore with* his failings. 私は彼の欠点をがまんした.

force /fɔːrs/ ***force back*** [他] **1** (感情)を抑える, 自制する ▪ I *forced back* tears when I failed. 私は失敗したとき涙をこらえた.

2 …を押し返す ▪ They *forced back* the crowd. 彼らは群衆を押し返した.

force down [他] **1** …を無理に飲み込む ▪ The boy *forced* the bitter pill *down*. 少年は苦い薬をがんばって飲み込んだ.

2 (飛行機)をむりやり着陸させる ▪ The German machine *was forced down* on the French front. ドイツ機はフランス前線にむりやり着陸させられた.

3 …を押さえる ▪ He *forced down* the clamor. 彼は抗議の叫びを押さえた.

4 …を押し下げる, 低くする ▪ Competition will *force* prices *down*. 競争により価格は押し下げられるだろう.

***force** A **from** [**out of**] B* [他] **1** …を(人など)から無理に取る ▪ He *forced* it *out of* my hand. 彼はそれを私の手から無理に取りあげた.

2 むりやり…を引き出す ▪ I *forced* a confession *out of* him. 私は彼にむりやりに自白させた.

force in [他] **1** …に押し込む ▪ She *was forced in* the washroom. 彼女は洗面所に押し込まれた.

2 (満塁で)押し出しの1点を与える ▪ Hudson *forced in* a run with a walk in the top of the ninth. ハドスンは9回の表に四球で押し出しの1点を献上した.

***force** A **into** B* [他] **1** Aに無理にBさせる ▪ My uncle *forced* me *into* accepting it. おじは私に無理にそれを受けいれさせた.

2 AをBに無理に入らせる ▪ He *forced* himself *into* society. 彼は社交界へ割り込んだ.

force off [他] …を立ち去らせる, 追い出す ▪ I had to *force* the dog *off* the sofa. 私は犬をソファーからどかせた.

force … on [他] (人)を駆り立てる (→FORCE A on B) ▪ Passion *forced* me *on*. 情熱が私を駆り立てた.

***force** A **on** [**upon**] B* [他] **1** A(物)をB(人)に押しつける ▪ He *forced* these goods *upon* me. 彼はこの品を私に押し売りした ▪ These circumstances *forced* the conviction *upon* me. このような事情で私はそう確信しないわけにいかなかった ▪ My mum never *forced* her opinions *on* me. お母さんは自分の意見を私に押しつけたことはなかった.

2 AをBに押し込む (*to*) ▪ They *forced* me *on to* a stretcher and tied me to it. 彼らは私をむりやり担架に乗せてしばりつけた.

3 A(人)をB(物)に押しつける ▪ They *forced* me *on* the bed. 彼らは私をベッドに押しつけた.

4 A(人)をむりやりにB(物)に頼らせる ▪ Her lack of money *forced* her *upon* the dress which she had. 彼女は金がなかったのでやむなく自分の持っている衣装に頼らねばならなかった. ☞→FORCE … on.

force out [他] **1** …を無理に押し出す ▪ The police *forced out* the crowd. 警官隊は群衆を押し出した.

2 (言葉など)を無理に発する ▪ She *forced out* the answer. 彼女は絞り出すようにその答えを言った.

3 《野球》(塁走者)をフォースアウトにする ▪ Pike reached first, but *was forced out* at second by Macdonald. パイクは1塁へ達したが, 2塁でマクドナルドに封殺された.

force through [他] (提案など)を無理やり通過させる [施行する] ▪ Democrats *forced through* the bill with support from only three moderate Republicans. 民主党は法案を通過させたが, 共和党員からの支持は穏健派の3人のみだった.

force up [他] (圧力で)…を押し上げる ▪ Inflation *forces up* the cost of living considerably. インフレ

foreclose /fɔːrklóuz/ *foreclose a person of* ⑯ 人を締め出す, 排除する ▪ She *was foreclosed of* the village. 彼女は村から締め出された.

foreclose on ⑯ 《法》(抵当物)を抵当流れ処分にする ▪ The society *foreclosed on* this mortgage. その協会はこの抵当を流れ処分にした.

forereach /fɔːrríːtʃ/ *forereach on* [*upon*] ⑲ 《海》(他船の)先へ進む ▪ We [The steamer] *forereached upon* her considerably. 我々[汽船]はその船より相当先へ進んだ.

forgather /fɔːrɡǽðər/ *forgather up* ⑲ 《文》(...と)つき合う, なじむ (*with*) ▪ He *forgathered up with* the privates of the regiment. 彼はその連隊の兵卒たちとつき合った.

forgather with ⑲ 《主にスコ》...にふと出会う ▪ I *forgathered with* an ancient fisherman. 私は老いた漁夫に偶然出会った.

forge /fɔːrdʒ/ *forge ahead* ⑲ **1** (船が)前へ出る, (走者が)徐々に先頭を切る ▪ The winning crew rapidly *forged ahead*. リード中のクルーはどんどん前へ出た.
2 前進して...に入る (*into*) ▪ The Bosnian army *forged ahead into* Serb-held territory. ボスニア軍はセルビアが保有する領土に進入した.
3 前進[向上, 進出]する (*into*), リードする ▪ Jobs *forged ahead into* new markets in digital music. ジョブズ氏はデジタル音楽の分野で新しい市場に進出した ▪ The Red Sox *forged ahead* with two runs in the eighth. レッドソックスは8回に2点とってリードした.

forge on ⑲ 前進[進歩]する (*into*) ▪ Mankind will *forge on* despite all its flaws. 欠陥があるにもかかわらず人類は進歩を続けるだろう ▪ Both pitchers *forged on into* extra innings. 両投手とも延長戦に入り込んだ.

forget /fərɡét/ *forget about* ⑲ ...のことを忘れる ▪ You had better *forget about* all this. このことについてはみな忘れたほうがよい.

forget A in B ⑯ Bのために A を忘れる ▪ He *forgot* the father *in* the judge. 彼は裁判官としての職務のために父としての情愛を忘れた ▪ He *forgot* his own comfort *in* the cause of the public. 彼は公事のために寝食を忘れた.

forgive /fərɡív/ *forgive a person for* ⑯ 人が...したことを許す ▪ I can never *forgive* her *for* betraying my secret. 彼女が私の秘密を洩らしたことは決して許せない.

fork /fɔːrk/ *fork away* ⑲ 枝に分かれて行く ▪ The parsnip *forks away* into fingers. パースニップは枝に分かれて指状になる.

fork into ⑯ 《米・まれ》...を得る ▪ He contrived to *fork into* her young affections. 彼は首尾よく若い彼女の愛情を得た.

fork out ⑲ **1** 《口》(しぶしぶ)支払いをする ▪ You'll have to *fork out* on pay day. あなたは給料日には支払いしなければならないでしょう.
2 枝に分かれて出る ▪ The tree *forked out*. その木は枝に分かれて出ていた.
— ⑯ **3** = FORK over.

fork over ⑯ 《口》...を手渡す, 支払う, 放棄する ▪ Every person *forked over* his picayune. 一人残らず5セント貨を出した ▪ *Fork over* £9 for your dinner. 食事代として9ポンド払いなさい.

fork up ⑯ 《口》**1** = FORK over.
2 《まれ》...を支柱などで掲げる, 立てる ▪ She *forked up* the coverlet for a curtain. 彼女はベッドの上かけを支柱でカーテン代わりに掲げた.

form /fɔːrm/ *form into* ⑲ **1** ...になる ▪ They *formed into* two lines. 彼らは2列になった ▪ We *formed into* 17 teams of three. 我々は3人ずつの17チームを作った.
2 《軍》(ある隊形)になる (→ FORM A into B 2) ▪ The soldiers *formed into* battle order. 兵たちは戦闘隊形になった.

form A into B ⑯ **1** A を B にする ▪ He *formed* clay *into* a cup. 彼は粘土でコップを作った.
2 《軍》A を B (ある隊形)にする (→ FORM into 2) ▪ The captain *formed* the soldiers *into* battle order. 隊長は兵たちを戦闘隊形にした.
3 A を B に組み込む ▪ The train *was formed into* the regular timetable. その列車は正規の時刻表に組み込まれた.

form A out of [*from*] *B* ⑯ B で A を作る ▪ The artist *formed* a lion *from* butter. その芸術家はバターでライオンを作った.

form up (*in, into*) ⑲ 《軍》(...の隊形に)整列する; 整列させる ▪ *Form up in* line! 列を作れ! ▪ The Sections *were formed up in* two lines. 小隊は2列に整列した ▪ The soldiers *formed up* and marched into the center of the field. 兵隊たちは整列して, 競技場の真ん中まで行進した.

fortune /fɔ́ːrtʃən/ *fortune ... off* [*out*] ⑯ 財産を与えて, をかたづける ▪ He *fortuned* her *out* to a young man. 彼は財産を与えて彼女をある青年にかたづけた.

fortune upon ⑲ ...にふと出会う, 見つける ▪ I *fortuned upon* him the other day. 私は先日ふと彼に出会った.

foul /fául/ *foul off* ⑯ 《野球》ファウルボールにする, を打つ ▪ He *fouled off* bad pitches and waited for a good one. 彼は嫌な球をファウルボールにして, よい球を待った.

foul out ⑲ 《米》**1** 《バスケ》反則を犯して退場になる ▪ Twenty-five players *fouled out*. 25人の選手が反則で退場になった.
2 《野球》打者がファウルを捕られてアウトになる ▪ He *fouled out* to the catcher. 彼はファウルを捕手に捕られてアウトになった.

foul up ⑯ 《口》**1** ...を(...で)よごす (*with*) ▪ The seashore *was fouled up with* oil. その海岸は油でよごされていた.
2 ...を混乱させる; をこんがらせる ▪ He *fouled up* matters. 彼は事態を混乱させた ▪ The rope got all

fouled up. ロープがすっかりからまってしまった.
― 他 **3** へまをやる ▪ Jackie *fouled up*. ジャッキーはへまをやった.
4 台なしにする ▪ Don't *foul up* this chance. この機会を台なしにするな.
5 ぐれる ▪ Some people *foul up* and become criminals. ぐれて罪人になる人もいる. ➾ FUCK up の婉曲語法.

found /faʊnd/ ***found on*** 自 …による ▪ I *found on* my own consciousness. 私は自分の自覚に頼る.

frame /freɪm/ ***frame A in B*** 他 A を B の中にはめこむ ▪ The door opened and a man *framed* himself *in* the aperture. 戸が開いて一人の男が戸口を額縁のようにして立ちふさがった.
frame out 他 (枠組み・案)を作る, 組み立てる ▪ Construction workers *framed out* the bay window. 建設作業員たちは出窓を組み立てた ▪ Briggs *framed out* the narrative of his reelection campaign speech this week. ブリッグスは今週再選キャンペーン演説の枠組みを作り上げた.
frame up 他 (口) **1** (人)を無実の罪に陥れる ▪ They *were framed up* by prosecutors. 彼らは検事たちにぬれぎぬを着せられた.
2 (競技)で八百長を仕組む ▪ The wrestling matches *were framed up*. そのレスリングの試合は八百長であった.
3 …をでっちあげる, 計画をめぐらす ▪ He *framed up* this job on me. 彼は私に対してこんな計略をめぐらした ▪ If you give me the signal, I'll *frame up* something. 合図をくれれば, 私が何かでっちあげるよ.
frame up on 他 …にわなをかける ▪ Don't try to *frame up on* me. 私にわなをかけようとしないでください.
frame well 自 **1** 見込みがある (*in*) ▪ He *frames well in* speaking. 彼は演説家として見込みがある.
2 うまく進んでいる ▪ The plan is *framing well*. その計画はうまく進んでいる.

fraternize /frǽtərnàɪz/ ***fraternize with*** 自 (目下の者・敵国人など)と親しくなる ▪ The soldiers should not *fraternize with* the women of the conquered country. 兵たちは敗戦国の女性と親しくしてはいけない.

fray /freɪ/ ***fray out*** 自他 ほつれる, すりきれる; …をほつれさせる, すりきれさせる ▪ The ligament was stretched and *frayed out*. 靭帯(じんたい)が伸びてすりきれていた.

frazzle /frǽzəl/ ***frazzle out*** 他 (米口) …をすっかり疲れさせる ▪ He *was frazzled out* by the worry. 彼は心労のためへとへとになった.

freak /friːk/ ***freak out*** 自他 (俗) **1** (麻薬を飲んで)興奮[沈鬱(うつ), 幻覚]状態になる; (パーティーなどで)乱ちき騒ぎをする ▪ He really *freaked out* at the party. 彼はパーティーでほんとに乱ちき騒ぎをした.
― 他 **2** 熱狂[狂乱, 興奮]する[させる], パニックになる[させる] ▪ She *freaked out* when she met her idol actress Jennifer. 彼女はアイドル女優であるジェニファーに会ったとき興奮してしまった ▪ One of the movies that truly *freaked* me *out* as a kid was "Poltergeist". 子供のころ私を本当に熱狂させた映画の一つは「ポルターガイスト」だった ▪ It has kind of *freaked* me *out* that there were terrorists living in this neighborhood. この近くにテロリストが住んでいるとはちょっとパニックになってしまった.

free /friː/ ***free for*** 他 (鉱山)監督に一定の権利金を払って…の採掘を始める ▪ I *freed for* a new vein. 私は権利金を払って新鉱脈の採掘を始めた.
free A from B 他 **1** A を B から救う, 脱出させる ▪ We *freed* him *from* bondage. 我々は彼を束縛から脱出させた.
2 A に B (税など)を免除する ▪ The bank of England notes should *be freed from* stamp duty. イングランド銀行発行の印紙税を免除されるべきである.
3 A から B (じゃまもの)を取り除く ▪ He succeeded in *freeing* his ship *from* cockroaches. 彼は船のゴキブリを一掃することに成功した.
free A of B 他 A から B を取り除く ▪ She *freed* her hair *of* all its wreathed pearls. 彼女は頭髪からそれを飾るすべての真珠を取りはずした.
free up 他 **1** …をほどく, ゆるめる, ほぐす ▪ He *freed up* the fishing line. 彼は釣り糸のほつれをほぐした.
2 (時間・金など)を自由に使えるようにする ▪ The early start *freed up* the night for socializing. 早く開始したので夜は社交のために時間ができた.
3 (制約)を解除する, 自由化する ▪ Plans to *free up* Australia's media ownership rules passed the upper house Senate. オーストラリアのメディア所有に関する規定を自由化する案が上院議会を通過した.

freeload /fríːlòʊd/ ***freeload at [off]*** 自 …に居候[寄食]する, ただ食いする ▪ Matt has been kicked out by his wife and is *freeloading at* the farm. マットは妻に追い出されて, 農場に身を寄せていた ▪ She let me *freeload off* her. 彼女は私を居候させてくれた ▪ He's forty, and still *freeloading off* his parents. 彼は40歳なのにまだ両親に食べさせてもらっている.

freeze /friːz/ ***freeze down*** 自 (米口) **1** 密着する ▪ *Freeze down* solid to it. しっかりとそれにしがみつきなさい.
2 定住する, 落ち着く ▪ I *freeze down* right where I was. ちょうど前にいた所へ落ち着きます.
freeze in 他 **1** …を氷で閉じ込める ▪ The ships *were frozen in*. 船は氷に閉じこめられた.
― 自 **2** (米口) 懸命に取りかかる ▪ *Freeze in*, and we can reach the summit before nightfall! さあ, かかれ, そうすれば暗くならないうちに山頂に到達できるぞ!
freeze into 自他 凍って…となる; 凍らせて…にする ▪ The water *was frozen into* the shape of the basin. 水は凍って洗面器の形になった.
freeze off 他 (口) **1** …によそよそしくして…を寄せつけない ▪ They *froze* him *off* when he wanted to join the party. 彼はパーティーに加わりたがったのに, 彼

らはよそよそしくして寄せつけなかった．
2 …の受け入れを拒絶する ▪ We *froze off* his offer of help. 我々は彼の援助の申し出をことわった．

freeze on (to) 自 《口》 **1** (…に)しがみつく，しっかりつかむ，つかんで離さない ▪ A tiny fellow of some eight years was *freezing on to* him. 8歳ばかりの小さな少年が彼にしがみついていた ▪ *Freeze on to* that bag. そのかばんをしっかりつかんでいなさい．
2 (…に)愛着する，こだわる ▪ He seems to have *frozen on to* his new work. 彼は自分の新作に愛着しているらしい．
3 (…に)取りかかる ▪ "Now, boys, *freeze on!*" said Bob. 「さあ君たち，取りかかるんだ」とボブは言った．

freeze out 自 《口》 **1** (植物が)凍死する，凍害を受ける ▪ Grapevines do not *freeze out* in winter. ブドウの木は冬凍死しない ▪ The strawberry plants *freeze out* in well-aerated land. イチゴはしっかり空気を含ませた地面では凍害を受ける．
2 あまりに冷えて床から出る《暖を取るため》 ▪ They *froze out* at midnight, and made a big fire. 彼らは真夜中にあまり寒くて床を出て盛んに火をたいた．
— 他 **3** (冷遇・策略・競争などで)…をいたたまれなくする，追い出す ▪ The competition became so keen that many of the smaller companies were *frozen out*. 競争が非常に激しくなって比較的小さい会社の多くが締め出された ▪ They *froze* me *out* of the family. 彼らは冷たい態度で私をその家から追い出した．

freeze over 自 氷が張りつめる ▪ The lake *freezes over* by January. その湖は1月までに凍結する ▪ The pond *was frozen over*. 池には一面に氷が張っていた．

freeze to 他 **1** …に凍りつく ▪ My gloves *were frozen to* the handle-bar. 手袋がハンドルに凍りついた．
— 自 **2** (ねじや釘などがさび付いて)動かなくなる，…に固着する，から抜けなくなる ▪ The rusty nut has *frozen to* its bolt. さび付いたナットがボルトにくっついて外れなくなった．
3 …にしがみつく，つかまえて離さない ▪ They *freeze to* the ladies. 彼らは女性たちをつかまえて離さない．

freeze *a person **to*** 他 人を(…に)しがみ[まとい]つかせる ▪ Their cold stares *froze* me *to* the floor. 彼らの冷たい凝視が私を床にくぎづけにした．

freeze up 自 **1** …を凍らせてしまう，氷で詰まらせる，氷で閉じ込める ▪ The Baltic would *be frozen up*. バルト海は固く凍るだろう ▪ All ships *were frozen up* in the ice. 船はみな氷に閉ざされていた．
— 自 **2** (俳優が)あがって[硬くなって]立往生する ▪ I was so afraid that I *froze up* completely. 私は非常に恐ろしくて硬くなって何もできなかった．
3 《口》(態度が)堅苦しく[冷たく]なる ▪ He suddenly *froze up*. 彼は急に態度がよそよそしくなった．
4 (電算)フリーズする ▪ My Mac would *freeze up* when I used it to send a fax. ファックス送信に使うと私のマックはよくフリーズした．

freeze up on 他 (真相などを)隠す ▪ They are trying to *freeze up on* something. 彼らは何かを隠そうとしている．

freeze *a person **with*** 他 人を…で震え上がらせる ▪ He *froze* me *with* a frown. 彼はしかめつらで私を震え上がらせた．

freight /freɪt/ ***freight up*** 自 《米口》大量に仕入れる ▪ Anticipating a hot summer, retailers *freighted up* on fans. 暑い夏を予測して小売商たちはうちわをどっさり仕入れた．

freshen /fréʃən/ ***freshen up*** 自 **1** 《口》清新にする，新たにする ▪ The painter was *freshening up* the building. ペンキ屋は建物を新しく塗り変えていた ▪ This television play needs *freshening up*. このテレビドラマはもっと清新[魅力的]にする必要がある．
2 清掃する，きれいにする ▪ She *freshened up* the room. 彼女は部屋をきれいにした．
3 小ぎれいに身じまいする，さっぱりする ▪ He went back to the hotel to *freshen up* before going to dinner. 彼はホテルに帰って，食事に出る前に身じまいをした．
4 蘇生する，新たに勢いづく ▪ The wind is *freshening up*. 風がまた強くなりかけている．
— 他 **5** (飲み物)を新しく入れ直す ▪ Can I *freshen up* your drinks? お飲み物を入れ直しましょうか．
6 《米》…を磨く，上達させる ▪ The French teacher went to the festival to *freshen up* her skills in other languages. そのフランス語教師は他の言語のスキルを磨くためにフェスティバルに出かけた．

fret /fret/ ***fret about [over]*** …についてじれる，いらいらする，くよくよする，やきもきする ▪ Don't *fret about* trifles. つまらぬことでいらいらするな ▪ It's no use *fretting over* missing the train. 電車に遅れたことにくよくよしてもむだだ．

fret at 自 …に対して怒る，いらいらする ▪ You should not *fret at* another's idleness. あなたは他人の怠惰に腹を立ててはいけない．

fret away 他 …を徐々にむしばむ ▪ Sorrow *frets away* our courage. 悲しみは徐々に我々の勇気をそぐ ▪ The strap had *been fretted away*. その革ひもは徐々にすり切れてしまっていた．

fret into [on, upon] 他 …に食い込む，侵食する ▪ The chain *fretted into* the wood. 鎖が木(材)に食い込んだ．

fribble /fríbəl/ ***fribble away*** 他 **1** …をばかげたことに費やす ▪ Don't *fribble away* your time. くだらぬことに暇をつぶしてはいけません．
2 …を捨てる，簡単に手放す ▪ Lord Melbourne was *fribbling away* his popularity. メルボーン卿は自分の人気をむざむざ捨てていた．

fribble out 他 …をあてもなく詳細に描く ▪ His latest painting simply *fribbles out* a mob. 彼の最近の油絵は民衆をただ漫然と細かく描いただけのものだ．

fribble with 他 …をもてあそぶ ▪ He is *fribbling with* religion. 彼は宗教をもてあそんでいる．

frig /frɪɡ/ ***frig around [about]*** 自 《英口》つまらぬ事に時を空費する ▪ Why do you *frig around* all day? なぜ君は一日中つまらぬ事に時を浪費するのか．

frig off 自 立ち去る ▪ *Frig off*, you bastard! 失

せろ, この野郎め!

frig up 他 《豪口》...を壊す, 破壊する ▪ The quake *frigged up* my brand new house. 建てたばかりの我が家が地震でぶっ壊された.

frighten /fráitən/ ***frighten*** *a person* ***away [off]*** 他 人をおどして追い払う ▪ We *frightened* him *away*. 我々は彼をおどして追い払った.

frighten *a person* ***into*** 他 人をおどして...させる[にする] ▪ I'll *frighten* the lady *into* paying [submission]. その女性をおどして払[従]わせよう ▪ The boy *was frightened into* fits. その少年はびっくりしてひきつけを起こした.

frighten *a person* ***out of*** 他 人をおどして...から追い出す, をやめさせる ▪ He *was frightened out of* the country. 彼はおどされてその国を出た ▪ The French revolution *frightened* all classes *out of* radicalism. フランス革命はあらゆる階級をおどかして過激主義を捨てさせた.

frisk /frísk/ ***frisk about*** 自 飛び回る, ふざける, はしゃぐ ▪ The children *frisked about* on the bed. 子供たちはベッドの上を飛び回った.

frisk away 他 きまぐれなことに...を浪費する ▪ He *frisked away* much of his time and estate. 彼はきまぐれなことに時間と資産を浪費した.

fritter /frítər/ ***fritter away*** 他 ...をちびちび消費する, つまらないことに(精力・時間)を浪費する ▪ He *frittered away* his money. 彼は金をちびちび使ってしまった ▪ He *frittered away* genius in ephemeral publications. 彼ははかない人気の出版物に才能を浪費した.

frivol /frívəl/ ***frivol away*** 他 ...をむだに費す ▪ He is *frivoling away* his time. 彼は時間をむだにつぶしている.

frizzle /frízəl/ ***frizzle up*** 自他 (髪が)細かくちぢれる; (髪を)細かくちぢれさせる ▪ My hair *was frizzled up* by electric curlers. 私の髪は電気カーラーで細かくちぢれた.

frolic /frálik|frɔ́l-/ ***frolic around [about]*** 自 浮かれはしゃぐ, きげんよく[陽気に]ふるまう ▪ She *frolics around* in a skimpy bikini. 彼女は大胆なビキニ姿で浮かれはしゃぐ ▪ Sherri *frolicked around* the forest merrily. シェリは森で陽気にはしゃいだ.

front /fránt/ ***front about*** 自 くるりと向き直る ▪ Mr. Hyde *fronted about* with an air of defiance. ハイド氏は挑戦的な態度でくるりと向き直った.

front for 他 **1** ...の隠れみのになる ▪ The beauty parlor *fronts for* a brothel. その美容室は売春宿の隠れみのになっている[名ばかりの美容室で実は売春宿である].
2 《米俗》...の代弁[後援]をする ▪ He *fronted for* the U.S. in world affairs. 彼は世界の問題について米国を代弁した.
3 ...を代表する ▪ They sent a lesser man to *front for* them. 彼らは代表として下役を派遣した.

front on [onto, upon] 自 ...に面する ▪ His house *fronted on* the street. 彼の家は街路に面していた ▪ The hotel *fronts onto* the beach. そのホ

テルはビーチに面している.

front round 自 くるりと回って正面を向く ▪ *Front round* and stand still. くるりと回り正面を向いてじっと立ちなさい.

front to [towards] 自 ...の方に向く, に面する ▪ The rooms *fronted to* Athol Street. その部屋はアソル街に面していた.

front up 自 《豪口》到着する; (ひょっこり)姿を現す ▪ You must *front up* as it is part of your job. 仕事の一部なのだから, 君は顔を出さなければならない ▪ It is okay to *front up* in Australia. オーストラリアに一時滞在するのは問題ない.

front *a person* ***with*** 他 人を...に直面させる ▪ He *fronted* his patron *with* the truth. 彼は自分の保護者にその事実を突きつけた.

frost /frɔ́ːst|frɔ́st/ ***frost over [up]*** 自他 一面霜でおおわれる; を一面霜でおおう ▪ The windows (were) *frosted over* during the night. 窓は夜のうちに一面霜でおおわれた.

froth /frɔ́ːθ|frɔ́θ/ ***froth out*** 他 ...を泡のように[泡として]吹き出す ▪ His spleen *was frothed out*. 彼の不きげんは泡のように吹き出した.

froth up 自他 泡立つ; ...を泡立たせる ▪ The beer *frothed up*. ビールは泡立った ▪ I drank a tumbler of milk warm and all *frothed up*. すっかり泡立たせたタンブラー1杯の温かいミルクを飲んだ.

frown /fráun/ ***frown at [on, upon]*** 自 **1** ...を怖い顔して見る ▪ He *frowned at* me for laughing. 私が笑ったので彼は怖い顔をして私を見た.
— 他 **2** ...に不賛成[反対]の意を表す ▪ He *frowns upon* gambling. 彼はとばくに反対である.

frown away 他 ...をにらみつけて追い払う ▪ I *frowned* him *away*. 彼をにらみつけて追いやった.

frown back ...をにらみつけて帰らせる ▪ He tried to *frown* me *back*. 彼は私をにらみつけて帰そうとした.

frown down ...を怖い顔して威圧する, 退ける ▪ He *frowned down* our proposition. 彼は我々の提案を怖い顔をして退けた ▪ Judges *frowned down* the poor. 裁判官たちは貧しい人々をにらみつけて威圧した.

frown down upon 他 きびしく構えて...を見おろす ▪ He *frowns down upon* the world. 彼は厳然として世を見おろしている.

frown *a person* ***from*** 他 怖い顔をして人を...から去らせる ▪ He'll *frown* you *from* his room. 彼はにらみつけてあなたを彼の部屋から追い払うだろう.

frown *a person* ***into*** 他 怖い顔をして人に...させる ▪ I will not *be frowned into* silence. 私はにらみつけられて黙ったりするもんか.

frown off 他 ...をにらみつけて去らせる ▪ I *frowned off* those naughty children. その悪童どもを睨みつけて追い払ってやった.

fry /frái/ ***fry up*** 他 **1** (冷たい食物)を再度油であたためる ▪ I'll *fry up* these pieces of cold meat. この数片の冷肉を再度油であたためよう.
2 《英》...を油で加熱調理する ▪ She *fried up* po-

tatoes, onions, garlic and olive oil. 彼女はジャガイモとタマネギ，ニンニク，オリーブオイルで炒め物を調理した．
3…を(熱)で干上がらせる，焼いてしまう ・The hot sun *has fried up* the crops. ひどい日照りで作物が干上がってしまった．

fuck /fʌk/ ***fuck around [about]*** 圓《卑》**1** ばかな[無責任な]ことをする，ぶらぶらする ・Stop *fucking about* and do an honest day's work. ばかなまねはやめてまじめに日々の仕事をせよ．
2 誰とでも性的関係をもつ，性的にふしだらである ・She's quirky and sexy and she *fucks around*. 彼女は気まぐれでセクシーで誰とでも関係をもつ．
— 他 **3**（人）をばか扱いする ・Don't *fuck* me *around*. 僕をばか扱いするな．
4…をだます ・This stout does not *fuck* the drinker *around*. この黒ビールは飲み手を裏切らない．
fuck around [about] with …をいじくる，もてあそぶ ・Don't *fuck around with* a knife. ナイフをいじくりまわすな．
fuck off 圓《卑》**1**〖主に命令文で〗去る，立ち去る ・I'll tell him to *fuck off*. 彼に立ち去れと言おう．
2 ぶらぶらして時をすごす ・I'm just *fucking off*. おれはただぶらぶらしているだけだ．
— 他 **3**〖主に受身で〗…を怒らせる ・We're completely *fucked off* with the Tories. トーリー党には全く頭にきた．
fuck over 他《卑》…に不当な扱いをする，を食い物にする ・Young black men *are* thoroughly *fucked over* in this society. 若い黒人男性たちはこの社会では全く不当に扱われている．
fuck up 他《卑》**1**…をやりそこなう，みそをつける，だめにする ・Don't *fuck up* my car. 僕の車をだめにするな．
2〖主に受身で〗…を混乱[錯綜]させる ・The movie *is fucked up*. その映画は無茶苦茶だ．
— 圓 **3** だめになる，こわれる：失敗する ・My Mac *has fucked up*. 私のマックはこわれてしまった ・Smith has *fucked up* so bad. スミス氏は全くだめだった．
fuck with 他《卑》…を困らせる，じゃまをする，だます ・"Don't *fuck with* me," he roared, finally losing all patience. 「おれのじゃまをするな」と彼はとうとうかんしゃくを起こして大声を出した．

fuddle /fʌ́dəl/ ***fuddle away*** 他 酔いつぶれて(時)を過ごす ・They *fuddled away* the day with riot. その日を酔いつぶれて大騒ぎして過ごした．

fudge /fʌdʒ/ ***fudge on*** 圓 **1**…について直答を拒む ・The board of directors *is fudging on* the question. 重役会はその問題に対する直答を拒んでいる．
2…において不正をする，を適当にごまかす ・She *fudges on* her age by 3 years. 彼女は3歳さばを読んでいる．
fudge up 他 その場しのぎに…を並べる，でっち上げる ・She *fudged up* lame excuses. 彼女は下手な言い訳を並べていた．

fuel /fjúːəl/ ***fuel up*** 圓 燃料を補給する ・The plane stopped at London Airport to *fuel up*. その機は燃料補給のためロンドン空港に立ち寄った．

fuff /fʌf/ ***fuff away [off]*** 圓《スコ・方》パッパッと息を吹きながら去る ・The train *fuffed off* in a jiffy. 汽車はすぐにシュッシュッと蒸気を吐きながら去っていった．

fulminate /fúlmənèɪt/ ***fulminate about [over]*** …についてきびしく糾弾する，声高に非難する ・They *fulminated about* the problem of illegal software copying. 彼らはソフトの不正コピー問題についてきびしく非難した．
fulminate against 他 **1**…をきびしく非難する，しかりつける ・He *fulminated against* the levity of the younger generation. 彼は若い世代の軽薄さを激しく非難した．
2（教皇などが）…に対して激しい非難声明を出す ・It is the duty of the Pope to *fulminate against* them. 彼らに対してきびしい非難声明を出すのが教皇の義務だ．

fumble /fʌ́mbəl/ ***fumble around [about]*** 圓 **1**…をごそごそ探る[かき回す] ・Next he *fumbled around* in a pocket and produced a crumpled piece of paper. 次に，彼はポケットをまさぐってしわくちゃの紙を取り出した ・He *fumbled about* the room searching for the door. 彼はドアを捜して部屋をごそごそ探り回った ・He *fumbled about* her head. 彼は彼女の頭をごそごそかき回した．
— 圓 **2** ごそごそ探る；動き回る ・He was *fumbling about* in his pockets. 彼はポケットをごそごそ探っていた．
fumble at 不器用な手つきで…しようとする ・He *fumbled at* the door [fastening it]. 彼は不器用な手つきでドアを開けようとした[それを結ぼうとした]．
fumble for [after] 他 **1**…をごそごそ手探りする ・He *fumbled* in his pocket *for* a knife. 彼はポケットに手を突っ込んで，ナイフをごそごそ捜した ・She *fumbled after* a key. 彼女は手探りで鍵を捜した．
2 言いよどむ，(言葉)を見つけようとする ・Asked for an explanation, he had *fumbled for* words. 説明を求められて，彼は口ごもってしまった．
fumble with 他 …をいじくる，いじくりまわす ・He began to *fumble with* his walking stick. 彼はステッキをいじくり始めた．

fume /fjuːm/ ***fume at [about, over]*** 圓…にいらだつ，怒る ・She began to *fume at* the maid. 彼女はお手伝いさんにがみがみ言いだした．
fume away 圓 **1** 煙になって消える ・The chagrin will soon *fume away*. その無念はじきに雲散霧消するであろう．
2 湯気を立てて怒る ・She *fumed away* furiously at the policies. 彼女はその政策に湯気を立てて怒った．

function /fʌ́ŋkʃən/ ***function as*** …として機能[作用]する，の役目を果たす ・The company *functions as* a family. 会社は家族の役目を果たしている．

fund /fʌnd/ ***fund up*** 圓 金を出す，資金を出す ・You have *funded up*. あなたは金を出してくれた．

funk /fʌŋk/ ***funk out of*** 圓 …が怖くて逃げ出す，

おじけづいてしりごむ ▪ He *funked out of* the fight. 彼はそのけんかにおじけづいて逃げ出した.

fur /fəːr/ ***fur up*** 他 自 《英》 **1** (血管)を詰まらせる[が詰まる], 血液の流れを悪くする[が悪くなる] ▪ As the blood becomes thicker, it can *fur up* blood vessels. 血液が濃くなると, 血管が詰まることがあります.

2 ...を毛皮[あか, こけ]でふさぐ; 毛皮[あか, こけ]でふさがれる ▪ It *furs up* the orifices. それは小穴をあかでふさいでしまう ▪ The boiler will *fur up*. ボイラーはあかだらけになるだろう.

furbish /fə́ːrbɪʃ/ ***furbish up*** [《まれ》*over*] 他 **1** ...に磨きをかける, を一新[更新]する ▪ I must *furbish up* my Latin. 私は(忘れかけている)ラテン語に磨きをかけねばならない ▪ Their ancient houses have *been furbished up*. 彼らの古い家がすっかり一新されている.

2 ...を磨きあげる ▪ Please *furbish up* the room before he returns. どうぞ彼が帰らぬうちに部屋を磨きあげてください.

furl /fəːrl/ ***furl from*** 自 (雲のように)...から流れ去る ▪ The dread *furled* serenely *from* her mind. 恐怖は静かに彼女の心から流れ去った.

furl off 自 流れ去る ▪ The clouds *furled off* from the sky. 雲は空から流れ去った.

furnish /fə́ːrnɪʃ/ ***furnish forth*** 他 ...を用意する, 支度する ▪ I got myself well *furnished forth* as a defence against the rain. 私は雨を防ぐため十分身仕度した ▪ We are ready to *furnish forth* your evening cheer. 喜んでお夕食を用意します.

furnish out 他 **1** ...のため適当な材料を整える, 用意を整える ▪ They *furnished out* a fleet. 彼らは艦隊を整備した ▪ They *furnished out* a dinner table. 彼らは正餐(さん)の食卓を用意した.

2 ...の欠けたところを補う, を完成する ▪ You must *furnish out* the number. あなたはその数の不足を補わねばならない.

3 《まれ》...を適当に準備[訓練]して...を送り出す ▪ It *furnished out* many heroes in days of old. 昔それは多数の英雄を訓練して送り出した.

furnish A to B 他 AをBに供給する ▪ They *furnish* food *to* the hungry. 彼らは飢えた人たちに食物を与える.

furnish A with B 他 **1** AにBを備えつける ▪ I must *furnish* my house *with* furniture. 家に家具を備えつけねばならない.

2 A(人)にBを供給する ▪ He *furnished* me *with* food. 彼は私に食物をあてがってくれた.

fuss /fʌs/ ***fuss about*** [***around***] 自 **1** ...にぶつぶつ(不平)を言う ▪ What are you *fussing about* now? 今度は何をぶつぶつ言ってるんだ?

2 せかせか動き回る, 忙しそうにかけずり回る ▪ His wife liked to be *fussing about* in the kitchen. 彼の妻は台所でせかせか動き回るのが好きだった.

fuss at 他 《米》(人)に文句を言う, がみがみ言う ▪ Many a man is constantly *being fussed at* by his wife for "working too hard." 多くの男性は「働きすぎる」といつも妻にがみがみ言われている.

fuss over [***about***] 他 ...のことで大騒ぎする, 世話をやく ▪ Don't *fuss over* the children so much. 子供のことでそんなに大騒ぎするな.

fuss up 他 **1** ...をちやほやする ▪ He *fussed* me *up* at his party. 彼は自分の催したパーティーで私をちやほやした.

— 自 他 **2** 《主に米口》きれいにする, 飾り立てる ▪ I wonder why girls *fuss up* and boys don't? どうして女の子はきれいにして, 男の子はしないのかしら ▪ She is *fussing up* her room with pictures. 彼女は自分の部屋を絵で飾り立てている.

fuss with 他 ...をちょこちょこいじくる ▪ Please tell the maid not to *fuss with* my paper. メイドに私の書類をいじくるなと言ってください.

futz /fʌts/ ***futz around*** 自 《米口》 **1** のんべんだらりとする, ぐうたらに過ごす ▪ I can't be *futzing around* here all day. ここで一日中だらだらと過ごすわけにはいかない.

2 (...を)いじくる, もてあそぶ (*with*) ▪ I did a lot of *futzing around with* the buttons before I got the right ones. 選択ボタンをいろいろ押しまくってやっと正しいのがわかった.

futz up 他 《米俗》...をだめにする, めちゃくちゃにする ▪ Mark accidentally *futzed up* our phone line. マークは誤ってわが家の電話線をだめにしてしまった.

futz with 他 ...をいじくる, もたもたとやる ▪ I was *futzing with* those file folders. あのファイルフォルダーをいじくっていた.

G

gabble /ǵæbəl/ ***gabble away [on]*** 自 《口》 早口でぺらぺらしゃべる ▪ The two men *gabbled away* nineteen [twenty] to the dozen. 二人の男が早口で盛んにぺらぺらしゃべった.

gabble off 他 …を早口にぺらぺら言う ▪ He *gabbled off* the poem. 彼はその詩を早口にさらさらと暗唱した.

gabble out 他 …を早口にぺらぺら話す ▪ He *gabbled out* an incoherent denial. 彼は支離滅裂な否認の弁を滔々と述べた.

gad /gæd/ ***gad about [around]*** 自 《口》 ぶらつき歩く; (通例女性が)遊び歩く ▪ By this time our friends had grown weary of *gadding about*. この頃までには我々の友人たちは遊び歩くのにあきていた.

gag /gæg/ ***gag for*** 他 《英口》[進行形で] しきりに…をほしがる, 切望する ▪ She *was gagging for* a cup of tea. 彼女はお茶を1杯ほしがっていた.

gag on 自 (飲み込めずに)吐きそうになる ▪ I *gagged on* a capsule. カプセルを咽喉につまらせてゲーとなった.

gag on *a person* 他 《俗》人の告げ口をする, 人を密告する ▪ She begged him with tears not to *gag on* them. 彼女は涙ながらに彼らを密告しないよう彼に懇願した.

gag up …に場当り文句[ギャグ]を入れる ▪ We only do the outline of the story and *gag it up*. 我々は話の輪郭を作り, それにギャグを入れるだけだ.

gain /gein/ ***gain by*** 自 …によって得るところがある ▪ The former President *gains by* comparison and is revered by the public. 元大統領の方が比べると引き立ち今日民衆に慕われている ▪ You have nothing to *gain by* telling a lie. 嘘を言っても何の得にもならない.

gain in 自 …が増す, 増える ▪ He *gained in* weight. 彼は体重が増えた ▪ She seems to have *gained in* wisdom. 彼女はより賢くなったようだ.

gain on [upon] 他 **1** …にどんどん追いつく ▪ The cruiser was *gaining on* us. その巡洋艦は我々に追いついてきていた ▪ GM is *being gained on* by a competitor. GM は競争相手に追いつかれつつある.

2 …をどんどん引き離す ▪ He was *gaining on* his pursuers. 彼は追っ手をどんどん引き離していた.

3 (海が陸[昼が夜])を侵食する ▪ The sea is *gaining on* the land. 海が陸をどんどん侵食している ▪ In spring the day *gains on* the night. 春には昼が夜よりもだんだん長くなる.

4 …の気に入る, に取り入る ▪ He will *gain on* your heart by degrees. 彼は徐々にあなたの気に入りとなるでしょう ▪ His opera is *gaining* more and more *on* musicians. 彼の歌劇はますます音楽家たちの心を捕えている.

5 (気持ち・習慣などが人)に募る ▪ A bad habit is apt to *gain upon* us. 悪習はとかく我々に募りがちである.

gain over 他 …を抱き込む, 説いて引き入れる, 味方につける ▪ They could not *gain over* the miners. 彼らは坑夫たちを抱き込むことができなかった ▪ He has been secretly *gained over* by the enemy king. 彼はずっと敵国の王に密かに抱き込まれてきた.

gall /gɔ:l/ ***gall on*** 《米口》…に対して恨みを言う ▪ He was still *galling on* Barbie. 彼はまだバービーに対して恨みを言っていた.

gallivant /gǽləvænt/ ***gallivant about [around]*** 自 あちこち遊び回る ▪ She is *gallivanting about* without looking after her family. 彼女は家族の世話をしないであちこち遊び回っている.

gallop /gǽləp/ ***gallop away*** 自 早口に話す, まくしたてる ▪ How you *gallop away* in your rage! あなたは憤激してなんと早口にまくしたてることか!

gallop in [forth] 自 ギャロップで入る[出る] ▪ The prince came *galloping in* on his white horse. 王子は白馬にまたがってギャロップで駆け込んできた ▪ They immediately *galloped forth*. 彼らはすぐにギャロップで出て行った.

gallop off ギャロップで去る ▪ He *galloped off* at full speed. 彼は全速力でかけ去った.

gallop through [《口》*through*] 他 …を大急ぎで読む, 大急ぎでする ▪ Just *gallop over* my letter. 私の手紙を大急ぎでざっと読んでください ▪ The parson *galloped through* his sermon. 牧師は大急ぎで説教をすませた ▪ The service *was galloped through* and took just 20 minutes. 式は大急ぎですまされ, わずか20分しかかからなかった.

gam /gæm/ ***gam on*** …のふりをする ▪ He is *gamming on* dumb. 彼は口がきけないふりをしている.

gamble /gǽmbəl/ ***gamble away*** 他 **1** 賭博をして…を失う ▪ He *gambled away* half his wealth. 彼は富の半分をばくちで失った.

— 自 **2** 盛んに[続けざまに]賭博をする ▪ They have been *gambling away* all night. 彼らは夜中ずっと賭博をやっていた.

gamble in …の投機をやる ▪ He *gambled in* oil shares. 彼は石油株の投機をやった.

gamble on 他 **1** …に一か八か賭ける ▪ He seems to be *gambling on* the possibility. 彼はその可能性に一か八か賭けているようだ.

2 …をあてにする, 信用する, 確実と思う ▪ You can't *gamble on* the weather in England. 英国では天候はあてにならない.

— 他 **3** (金)を…にかける ▪ He *gambles* most of his income *on* the horses. 彼は競馬に収入の大部分を賭ける.

gamble with 他 …を賭けて大冒険をやる ▪ He *gambled with* his health. 彼は健康を賭けた大冒険をやった.

game /geɪm/ **game away** 他 …を賭博で失う ▪ He *gamed away* an amazing sum of money. 彼は驚くばかりの金を賭博で失った.

gammon /gǽmən/ **gammon** *a person into [out of]* 他 人をだまして…させる[を奪う] ▪ Go and *gammon* him *into* the belief. さあ, 彼をだましてそう信じ込ませなさい.

gang /gæŋ/ **gang in** 一団となって入って来る ▪ Some urchins *ganged in* from the river side. 少年たちが河岸から一団となって入って来た.

gang out 他 中隊を作って配置する ▪ About 2,000 men *were ganged out* to strengthen the works. 約2,000人の兵が堡塁を強化するため中隊編成で配置された.

gang up 自 《米俗》連合して[徒党を組んで]…する (*to do*) ▪ They *ganged up* to put pressure on management. 彼らは団結して経営者側に圧力をかけた.

gang up on [*against*] 《口》 **1** 団結[連合]して…に対抗する ▪ They *ganged up on* Stassen. 彼らは連合してスタッセンに対抗した.

2 連合[団結]して…を攻撃する[いじめる] ▪ The stray dogs *ganged up on* her dog and tore him apart. 野犬どもは徒党を組んで襲いかかり彼女の犬を八つ裂きにした.

gang up (*together*) 自 (ある目的のため)団結する ▪ Sellers *gang up* to raise prices. 売り手は値段を上げるため団結する.

gang with 自 …と交わる ▪ He seldom *ganged with* his fellows. 彼は仲間の者たちとめったに交わらなかった.

gape /geɪp/ **gape after** [*for*] 他 …をほしがる, 渇望する ▪ They *gape for* nothing but money. 彼らの渇望するものは金だけである.

gape at [《古》 *on, upon*] …をあきれて見とれる ▪ The yokel *gaped at* the sights of London. その田舎者はロンドンの名所をぽかんと口を開けて見た.

gape away 他 (時)をあくびをして過ごす ▪ Loafers *gaped away* the weary hours. 浮浪者たちは退屈な時間をあくびをして過ごした.

garbage /gɑ́ːrbɪdʒ/ **garbage down** 他 …を素早くガツガツ食う ▪ The child *garbaged down* his food. その子は食べ物を素早くガツガツ食べた.

garner /gɑ́ːrnər/ **garner up** [*away, in*] 他 《詩》…をたくわえる, 貯蔵する ▪ He sows, reaps and *garners in* the vast harvest—all for himself. 彼は種をまき刈り取って豊かな収穫を貯蔵する—誰の手も借りずに.

garnish /gɑ́ːrnɪʃ/ **garnish A with B** 他 **1** 《料理》AにBをあしらい飾る ▪ *Garnish* the duck *with* pieces of orange. カモにオレンジをいくつかあしらって飾りなさい.

2 AをBで飾る ▪ He *garnished* the story of his life *with* a few inventions. 彼は自叙伝を少しの作り話で飾った.

gas /gæs/ **gas about** 自 …を自慢する, 誇る ▪ He was always *gassing about* his rich uncle. 彼はいつも金持ちのおじのことを自慢していた.

gas away 自 つまらない長話をする ▪ They were still *gassing away* when I left there. 私がそこを去ったとき彼らはまだつまらない長話をしていた.

gas on 自 《英口》だらだら長話をする ▪ Go drinking with workmates and you find yourself *gassing on* about work. 職場の同僚と飲みに行ってみなさい, そうすれば自分が仕事のことをぐだぐだしゃべりつづけているのに気づくよ.

gas up 自 他 《米口》(タンク)に(いつでも走れるように)ガソリンを入れる, 満タンにする ▪ We'd better *gas up*. 我々は満タンにするほうがよい ▪ They *gassed up* the planes for their long trip. 彼らは長距離飛行のため, 彼らの飛行機に給油した.

gasp /gæsp/gɑːsp/ **gasp at** 自 (驚き, あきれて)…にポカンと見とれる ▪ They *gasped at* the audacity of the acrobat. 彼らはその曲芸師の大胆さにあきれて見とれた.

gasp away 自 息を引き取る ▪ He lay *gasping away*. 彼は横たわり息を引き取ろうとしていた. ⇨ gasp life away ともいう.

gasp for [《時に》 *after*] **1** …をあえぎ求める, あがき求める ▪ He was *gasping for* breath. 彼はあえぎながら息をしていた.

2 …を渇望する ▪ They *gasped after* their liberty. 彼らは自由になることをあこがれ望んだ.

gasp out **1** あえぎながら言う ▪ The messenger *gasped out* the news. 使者はあえぎながらその知らせを伝えた.

2 息を引き取る ▪ The dying man *gasped out* his life. その瀕死の人は息を引き取った.

gather /gǽðər/ **gather around** [《英》*round*] 他 **1** …を(…の)周りに集める ▪ He *gathered* a crowd *round* him. 彼は自分の周りに群衆を集めた.

2 …の周りに集まる, 集まって支持する ▪ A crowd *gathered round* him. 群衆が彼の周りに集まった ▪ Many young people *gathered around* a fire to discuss saving the environment. 多くの若者が火の周りに集まって環境保護について議論した.

gather A from B 他 BからAである)と推測する ▪ *From* what he said I *gather* he will resign his office. 彼の言ったことからすれば彼は辞任すると私は思う. ⇨ Aは節であることが多い.

gather in **1** (作物)を取り入れる ▪ *Gather in* the remaining fruits. 残りの果物を取り入れなさい ▪ The harvest is *being gathered in* by 360 combine harvesters. 収穫はコンバイン360台で取り入れられているところだ.

2 《野球》(フライ)を捕える ▪ The shortstop easily *gathered in* the soft liner. ショートはやすやすとハーフライナーを捕えた ▪ Tyler Love's fly ball *was gathered in* by right fielder George Branc. タイラー・ラブの飛球は右翼手ジョージ・ブランクによって捕球さ

3《衣服》のひだを取る ▪ *Gather* the waist *in* a little. ウエストの部分に少しひだを取りなさい.

gather in upon 自 (歯車の歯が)...にかみ合う, 合う ▪ The rounded corners help the teeth to *gather in upon* the teeth of the nut. 角が丸められているお陰でその歯がナットの歯とうまく噛み合う.

gather on 自 《海》(船が)...に追いつく, 近づく ▪ Our ship *gathered on* the boat. 我々の船はそのボートにだんだん追いついた.

gather over 他 (管を)狭くする ▪ The flue *was gathered over*. その排煙管はせばめられた.

gather together 他 ...を集める; 集まる ▪ He *gathered* his men *together*. 彼は兵を集めた ▪ They *gathered together*, singing first as a group, and then one by one. 彼らは集まり, 始めはみなでその後一人人が歌った.

gather up 他 **1** ...を拾い集める, 寄せ集める ▪ The gleaners had *gathered up* the loose ears of corn. 落穂拾いたちは小麦の落穂を拾い集めた.

2 ...を縮約する; (手足・体)を引き締める, 縮める ▪ We were forced to *gather up* our sails. 我々はやむなく帆を縮めた ▪ You must teach your horse to *gather up* his legs. あなたは馬に足を縮めることを教えなければならない.

3(話など)をまとめる ▪ This title best *gathers up* the subject. この表題は主題を最もよく概括している.

4(服など)のギャザーを取る[寄せる] ▪ She *gathered up* her skirt at the waist. 彼女は自分のスカートのウエストの所にギャザーを取った.

5《球技》...をカットする, 捕球する ▪ Glen's shot *was gathered up* by Meola. グレンのシュートはメオラにカットされた.

6(畑の土)をうねに盛り上げる ▪ They continued to *gather up* the land. 彼らは畑の土をうねに盛り上げ続けてきた.

7《米口》(人)を捕える, 連れ出す ▪ The provost guards came along to *gather* him *up*. 憲兵隊がやってきて彼を連行した.

8 ...を抱きしめる ▪ He *gathered* her *up* in his arms affectionately. 彼は愛情を込めて両腕に彼女をかき抱いた.

gather up ... into 他 顔を引き締めて(ある表情)をする ▪ He *gathered up* his countenance *into* a more than ordinary seriousness. 彼は顔を引き締めて異常に真剣な表情をした.

gaze /geiz/ ***gaze after*** 自 ...をじっと見送る ▪ She *gazed* sadly *after* him till he was out of sight. 彼女は彼が見えなくなるまでじっと悲しげに彼を見送った.

gaze at [on, upon] ...を見つめる, 熟視する 《主に驚き・喜びなどをもって》 ▪ The boy was *gazing at* the sunset sky. 少年は夕焼けの空をじっとながめていた ▪ He would *gaze upon* her with mute rapture. 彼は無言のままうっとりと彼女に見とれるのであった.

gaze into 自 ...を見つめる ▪ She *gazed into* my face. 彼女は私の顔をつくづくながめた.

gaze out 自 (離れた所から)じっと見る ▪ He *gazed out* over the lake. 彼は湖をじっと見渡した.

gear /gɪər/ ***gear down*** 他 **1** ...に低速連動させる, 車のギアを低速に入れる ▪ He *geared* the car *down*. 彼は自動車の速度を下げた.

2 ...を抑制[縮小]する, (強度・生産)を減じる ▪ With less income you'll have to *gear down* your spending habits. 収入が減ったのだから君の散財の悪習を抑えねばなるまい.

3《主に受身で》(レベルなど)を下げる ▪ The courses *were geared down* to the lower ability of students. その科目は学生の低い能力に合わせてレベルが下げられた.

gear A for [to, towards] B AをBに適合させる ▪ *Gear* industrial production *for* the war. 工業生産を戦争遂行に適合させよ.

gear into 自 (歯車の歯が)...にうまくかみ合う ▪ The teeth *gear into* each other. 歯車の歯は互いにうまくかみ合っている.

gear up 他 **1** ...に高速連動をかける, 車のギアを高速に入れる; (車)のスピードを増す ▪ The tricycle *was geared up*. その三輪車は高速連動装置を施された《駆動部のペダルより早く回転するようにされた》 ▪ *Gear up* the car. 車の速力を速めよ.

2(より能率的に活動できるよう)...を準備する (*for*) ▪ I must *gear* myself *up for* the examination. 私は試験に備えてもっとうまくやれるよう準備しなければならない.

3 ...の速力を増す, を促進する ▪ We must *gear up* industry to meet defense needs. 我々は防衛の必要に添うよう産業を促進せねばならない.

gear with (円滑に運転するよう)うまく連結する ▪ The bevel *gears with* a horizontal one. かさ歯車は水平かさ歯車とうまく連結している.

geck /gek/ ***geck at*** 他 《スコ・方》(言葉・身ぶりで)...をあざ笑う ▪ You *geck at* me because I am poor. 君は私が貧乏だから私をあざ笑うのだね.

gee /dʒiː/ ***gee up*** 自 《口》**1**《主に命令文で間投詞的に》(馬に)進め!, もっと早く! ▪ "*Gee up*, there!" shouted the boy to his pony. 「さあ, 急げ!」と少年はポニーに大声で言った.

── 他 **2** ...を鼓舞する, 激励する, にはっぱをかける, をせかせる ▪ I was certainly *geed up* for last Sunday's game. 確かに私は先の日曜日の試合に向けて活を入れられた.

── 自 **3**(馬が)右へ行く[向く]; (馬)を右へ行かせる[向かせる] ▪ His horse seemed to *gee up* near the finish for some reason. 彼の馬は決勝点近くでなぜか右に寄ったようだった.

gen /dʒen/ ***gen up*** 自 《英俗》(...について)学ぶ[教える] (*on*, *about*) ▪ He *genned up* thoroughly *about* the plan. 彼はその計画について十分知った ▪ I *genned* him *up on* American history. 私は彼にアメリカ史を教えた. ☞ gen は general information の略と考えられている.

get /get/ ***get A aboard (B)*** 他 Aを(B(船・電車な

ど)に)乗せる ▪ I'm glad I've *got* you *aboard* my boat. 君を僕のボートに乗せられてうれしいんだ ▪ They will be sure to *get* you *aboard*. 彼らは必ず君を乗船させてくれるさ.

get about 𝑎 **1**(病後)歩けるようになる, 歩き出す ▪ He was ill last week, but he's *getting about* now. 彼は先週は病気であったが, 今は起きて歩いている. **2** あちこち動き回る, 歩き回る, 社交的にあちこち立ち回る; 旅をする ▪ Trams and buses make it easy to *get about*. 電車やバスがあるとあちこち動き回るのが楽になる ▪ He *gets about* a great deal. 彼はよく旅行をする. **3** 噂が広まる; (情報が)知れ渡る, 明るみに出る ▪ It's *getting about* that he is to be married soon. 彼はまもなく結婚することになっているという噂が広まっている. **4** やっていく ▪ He can speak sufficient Japanese to *get about* safely. 彼は無事にやっていけるだけの日本語を話すことができる. **5** (仕事)にかかる, (仕事)に精を出す ▪ I like to see a man *get about* his work without fuss. 私は人が大騒ぎをしないで仕事にかかるのを見たい.

get above 𝑎 **1** …より上に出る[のぼる], 以上に達する ▪ The pitcher never *got above* the Double-A level. その投手は2Aのレベル以上に達することはなかった. **2** …を見下す ▪ You must not *get above* people. 人を見下してはいけない.

get abroad 𝑎 **1**(風説が)知れ渡る ▪ The rumor soon *got abroad*. 噂はじきに知れ渡った. **2** 戸外へ出る ▪ Let us *get abroad*. 外へ出よう.

get across 𝑎 𝑡 **1**(考えなどが)通じる, 伝わる ▪ I wonder whether the idea will *get across*. その考えは(先方に)通じるだろうか ▪ Some vitality may *get across* to the reader from the writer. ある生気が作者から読者に伝わることもある. **2**《口》(…に)了解させる, わからせる, 納得させる; 伝える(*to*) ▪ He *got across* to the groups what he meant. 彼は自分の考えをそのグループにわからせた ▪ *Get* main points *across to* the voters. 主要点を有権者に納得させよ ▪ Is that *being gotten across* by these textbooks? それはこういった教科書で習得できつつあるのだろうか? **3** …を渡る ▪ We had to *get across* the river by a small boat. 我々は小舟で川を渡らねばならなかった. **4**《主に英口》…を困らせる, 悩ます; を怒らせる ▪ She always *gets across* me whenever we meet. 彼女は会えばいつも私を悩ませる[困らせる] ▪ Don't *get across* the director. 所長を怒らせるな. **5**《俗》(芝居などが)受ける, 当たる ▪ The play *got across*. その劇は当たった.

get A across B 𝑡 A(人)にB(橋など)を渡らせる ▪ The general *got* his troops *across* the river. 将軍はその軍隊に川を渡らせた.

get across with 𝑎《英口》…と仲たがいする, を怒らせる ▪ I *got across with* my friends. 私は友人たちと仲たがいした.

get after 𝑡 **1**(人・動物)を(捕まえようとして)追いかける ▪ *Get after* that dog! あの犬を追いかけて捕えろ ▪ Will they *be gotten after* by immigration officials now?―Immigration isn't looking for them! 彼らは移民局職員に拘束されるだろうか?―移民局は彼らを捜してなんかいないよ. **2**《口》[主に進行形で] …をしかる, 責める ▪ My husband *is* always *getting after* me because I worry too much. 夫は私が心配しすぎるのでいつも私に小言を言っている. **3** …にうるさくせがむ ▪ They *got after* me to sing. 彼らは私に歌えとうるさくせがんだ.

get again 𝑡 …を回復する, 再び得る ▪ John *got again* the garland. ジョンは栄冠を回復した.

get against 𝑎 …に反対する ▪ Why have you *got against* it? なぜ君はそれに反対したのか.

get ahead 𝑎 **1**(仕事などを)順調に進める(*with*) ▪ Summer is when a gymnast *gets ahead with* his work. 夏は体操教師にとって仕事が順調にはかどるときだ ▪ The lefthander *got ahead with* two fastballs. その左腕投手は速球二つでストライクを先行《追い込んだ》. **2** …で出世[昇進, 成功]する(*in*) ▪ The bad guys *got ahead in* their careers by crushing their colleagues. 悪人たちは同僚を屈服させることによって出世していった ▪ Young people should aim to *get ahead*. 若者は成功することを目指すべきだ. **3**《米口》繁盛する, お金をためる ▪ This is the reason why he never *got ahead*. こんなわけで彼は金持ちになれなかったのだ. ― 𝑡 **4**(お金)を蓄える ▪ When I *get* a little money *ahead* I'll buy their next album. 小金を貯めたら彼らの次のアルバムを買うつもりだ.

get ahead of 𝑡 **1** …の先に出る, 追い越す ▪ He *got ahead of* all the others in mathematics. 彼は数学では他のみんなより先へ進んだ. **2**《米口》…を(知恵・活動で)出し抜く ▪ He was working all the time to *get ahead of* Edith. 彼はイーディスを出し抜こうとして始終働いていた. **3**《口》…に勝る, 勝つ ▪ Soon he *got ahead of* his rival. やがて彼は相手に勝った. **4**(借金)を払ってしまう ▪ Borrowers can use this strategy to *get ahead of* a loan. 借り手は借金を払ってしまうのにこの作戦を利用することができる.

get along 𝑎 **1** 進む, はかどる ▪ John is *getting along* very well in his study of English. ジョンは英語の研究が非常に進んでいる ▪ The ship is *getting along* very quickly. 船は非常に早く航行している. **2** 暮らしていく, 日を送る; (仕事などを)やっていく ▪ I can't *get along* on my pay. 私は給料ではやっていけない ▪ How are you *getting along*? いかがお暮らしですか《ごきげんいかがですか》 ▪ He is *getting along* very ill. 彼は暮らしがどうもうまくない. **3** うまくやっていく, 成功する ▪ He was *getting along* all right till he fell sick. 彼は病気になるまではうまくやっていた. **4**(どうにか)やっていく ▪ We can *get along* very

well without you. 我々は君がいなくても十分やっていける.
5 (...と)うまく調和していく, 仲よくする: 調子が合う (*together, with*) ▪My father and I can't *get along together*. 父と私とはどうもうまくやっていけない ▪They wished to *get along with* him. 彼らは彼とうまく調和していこうと願った.
6 《口》〖主に命令文で〗去る, 出て行く; ばか言え! ▪*Get along*, now! I don't want you here! さあ出て行け! 目障りだ! ▪*Get along*! Don't be silly. そんなばかな! ばか言うんじゃないよ ▪Well, it's time for me to *get along*. さあ, もうおいとまする時間です.

get along with 他 **1** ＝GET along 5.
2《口》〖主に命令文で〗さっさと出て行く, 去る; 黙れ, ばか言うな! ▪Leave me. *Get along with* you! ほっといてくれ, さっさと出て行け! ▪"*Get along with* you!" retorted Peter. 「黙れ!」とピーターは言い返した.
3(特定の金額で)どうにかやっていく ▪I can't *get along with* such a small amount of money. たったこれっぽっちでは, とてもやっていけない

get among 他 ...の中に入る, に加わる, と交わる ▪He *got among* bad companions. 彼は悪い友だちができた ▪*Get among* the people as much as you can. できるだけ民衆と交わりなさい.

get around 〔《英》*round*〕 自 **1** 歩き[動き]回る, 旅行する ▪It is difficult for him to *get around* without a cane. 彼はステッキなしに歩き回ることはむずかしい.
2(ニュースなどが)広まる, 知れわたる (＝GET about 3) ▪The news will *get around* contrary to our wishes. そのニュースは我々の願いに反して広まるだろう.
3《口》男女関係が派手である, 性的にふしだらである ▪Maggy is that kind of person; she *gets around*. マギーはその手の人間だ. 簡単に関係を持つのだよ.
4《米》世間を知る, 交際をする ▪He does not *get around* much. 彼はあまり交際が広くない.
— 他 **5**(困難など)を切り抜ける, 克服する ▪Some means must be devised of *getting around* the difficulty. その困難を切り抜ける何らかの方法を考え出さねばならない.
6...を避けて通る, 迂回する ▪We couldn't *get around* the fallen tree, so we turned back. 倒木がじゃまして通れなかったので引き返した.
7...をうまく避ける, (法律など)をくぐる ▪He is ingenious in *getting round* the rules. 彼は規則をくぐるのが巧みである.
8(人)を手玉にとる, うまくくどき落とす; を出し抜く, 欺く ▪She knows how to *get round* her father. 彼女は父をうまくくどき落とすすべを知っている.
9...の周りに集まる ▪Let's *get around* Mary and sing "Happy Birthday" to her. メアリーを囲んで「ハッピーバースデー」を歌ってあげましょう.
10《口》...の信頼[好意]を得る ▪She tried to *get round* her father to lend her the car. 彼女は父の信頼を得て車を貸してもらえるよう努めた.
11(難題など)をうまく処理する ▪There is no way of *getting around* the difficulty. その困難をうまく処理する方法はない.

get a person around 〔《英》*round*〕他 **1** 人を正気づかせる, の意識[健康]を取り戻させる ▪He sprinkled some water on her face, which at once *got* her *around*. 彼が彼女の顔に水を振りかけたら彼女はすぐ意識を取り戻した.
2 人を(...の方へ)変えさせる (*to*) ▪I must *get* my fans *around to* my ways of thinking. 私のファンを私の考え方に変えなければならない.

get around to 他 《口》**1** ...まで手が回る, にやっと届く, ...するまでに立ち至る (*doing*) ▪He *got around to* his sales talk. 彼は販売の話を持ち出す段になった ▪She had not *gotten around to checking* up on the prince. 彼女は王子のことを調べるまでには立ち至っていなかった.
2(ひどく遅れたのち)...)を考慮する, 心を向ける ▪We shall have to *get around to* the subject of seasickness. 我々は船酔いの問題を考慮しなければならないだろう.

get 〔***go***〕 ***astray*** 自 道を踏み迷う; 邪道に入る, 誤る; 堕落する ▪Be careful not to *get astray*. 道に迷わないよう注意しなさい ▪It is said that he has *gone astray*. 彼は堕落したそうだ.

get at 他 **1**〖主に進行形で〗...をほのめかす, 言おうとする, それとなく言う ▪What *are* you *getting at*? 君は何を言おうとしているのか.
2...に達しようとする, 手が届く, 取りつく ▪The baby tried to *get at* the colored candles. 赤んぼうは色うそくに手を伸ばしてとろうとした ▪English grammar is a difficult subject to *get at*. 英文法は取っつきにくい学科だ ▪I can't *get at* the man. その人はつかまらない.
3《口》...を得る, つかむ: を見いだす, 確かめる; を知る, 学ぶ ▪I finally *got at* a job I have been meaning to do. やろうと思っていた仕事にやっと就いた ▪We shall have to *get at* some money somehow. 我々はどうにかして金を手に入れねばならないだろう ▪To *get at* the truth of any history is good. 歴史の真実を知ることはよいことである ▪Davis is trying to *get at* the secret lurking inside the mind of a man. デイビスは人間の心のうちに潜む秘密を解明しようとしている.
4《口》...に小言を言う, 非難する, 悪口をしつこく言う; を攻撃する; をひやかす; をかつごうとする ▪She is always *getting at* her husband. 彼女はいつも夫に小言ばかり言っている ▪He was *being got at* by other boys. 彼は他の男の子たちにさんざん悪口を言われていた ▪Who are you *getting at*? 君は誰をだまそうとしているのだい(今の手にはのらぬぞ)《通例本人が反語に言う》 ▪The author *got at* capital. 著者は資本家階級を攻撃した.
5《口》(仕事など)に精を出す, をやる; (仕事など)を始める, 着手する ▪If you embark on a new enterprise, *get at* it with all your might. 新しい事業を始めたら, 全力をあげてそれをやりなさい ▪I'll *get at* it first thing in the morning. 朝一番にそれに取りかかるよ.

6《口》(不正なことをさせるため)賄賂やおどしで(人)を動かす; を買収する; (競馬の馬)に勝たせないよういたずらをする; に策をろうする ▪ The jockey had *been got at* before the race and he pulled the horse. 騎手は競走の前に買収されていたので故意に馬を勝たせなかった ▪ The enemy *got at* the prisoner and found all they wanted to know. 敵は捕虜をおどしてしゃべらせ知りたいことをみな知った.

7…と連絡をとる ▪ I will try to *get at* him soon. すぐに彼と連絡をとるようにします.

get away 圎 **1** 退く, 去る; 出て行く ▪ I must *get away* before morning. 私は朝にならないうちに出て行かなければならない.

2 逃げる, 脱出する ▪ The suspect *got away* from the police. 容疑者は警察から逃げ出した ▪ None can *get away* from civilization. 誰も文明から逃れることはできない.

3(競走・狩猟で)出発する ▪ All our party was glad to *get away*. 我々の一団はみな喜んで出発した.

4(旅行・休暇などに)出て行く ▪ I hope to *get away* next Tuesday. 私は来週火曜日にどこかへ出かけたいと思う.

5 脱する, 抜ける ▪ They cannot *get away* from that strange notion. 彼らはその奇妙な考えから抜けることができない.

6《口》[[命令文で]] さっさと出て行け; ばか言うな ▪ *Get away* from here! ここからさっさと出て行け ▪ *Get away*! I know better than that. ばか言え! その手は食わぬぞ!

— 囮 **7**…を除く, 捨てる; を奪い取る ▪ He *got* her speedily *away*. 彼はさっさと彼女を捨てた ▪ This old horseshoe is nailed to the wall and I can't *get* it *away*. この古い蹄鉄は壁に釘付けされているので取り除けない ▪ He has *got away* her customers. 彼は彼女のお得意客を奪い取った.

8…を装備して送り出し, 活動させる ▪ They *got away* eight life boats. 彼らは8隻の救命艇を整えて送り出した.

get away from 圎 **1**…から去る; から遠ざかる, (習慣などを)やめる; (追っ手から)逃れる (= GET away 2) ▪ He *got away from* business entirely. 彼は商売から全く手を引いた ▪ Inflation *got away from* us. インフレは我々の所を去った ▪ *Get away from* such nonsense. そんなばかなことをするのはやめなさい ▪ I found it very hard to *get away from* the bad habit of overeating. 食べすぎの悪習から脱するのは至難の業と知れた ▪ The gangster *got away from* the police. 暴力団員は警察の手からまんまと逃げおおせた.

2…の記憶からなくなる ▪ Things seldom *get away from* him. 彼がものを忘れることは滅多にない.

3(あることが)…に解せない ▪ This *gets away from* me clean. これは私には全く解せない.

get A away from B 囮 **1** AにBをやめさせる ▪ I must *get* him *away from* liquor. 私は彼に酒をやめさせなければならない.

2 AをBから奪い取る; AをBから離れさせる ▪ We can't *get* the ball *away from* the dog. 我々はその犬からボールを奪い取ることはできない ▪ You'll never *get* him *away from* London. 彼をロンドンから去らせることは絶対にできないだろう.

3 AをBから逃がす, 解放する ▪ I quickly *got* the bird *away from* my kitty who wanted to play with it. いっしょに遊びたがっている子猫から小鳥をすばやく逃がしてやった.

get away with 囮 **1**…を持ち去る ▪ The thief *got away with* the jewels. 盗賊はその宝石を奪って逃走した.

2《口》…をしても(処罰[発見・中傷など])をされないですむ ▪ You can't *get away with* being lazy all your life. 一生怠けてばかりいてはただではすまされない.

3 軽い罰[微罪]ですむ ▪ As it's the first offence, she'll *get away with* only a fine. 初犯だから彼女は罰金だけですむだろう.

4《口》…をまんまと獲得する; をうまくやりおおせる ▪ They *got away with* the pennant three successive seasons. 彼らは優勝旗を3シーズン連続して獲得した ▪ The man fought the cutthroats and *got away with* it. その男は人殺しどもと戦ってうまく切りぬけた.

5《米口》…をやっつける, 片づける; (競技で)…を負かす ▪ The boys *got away with* the muggers. 少年たちは強盗をやっつけた.

6《米俗》…を食べる, 平らげる ▪ *Get away with* one more biscuit. ビスケットをもう一つ食べなさい.

get back 圎 **1** 帰る, 復帰する ▪ He *got back* to his native place. 彼は郷里に帰った ▪ We have to *get back* into business. 我々はまた仕事に戻らねばならない.

2 退く ▪ The police ordered the mob to *get back*. 警察はやじ馬連にあとへ下がるように命じた.

— 囮 **3**…を元へ戻す; を取り戻す, 戻してもらう ▪ I must *get* the book *back* from him. その本を彼から戻してもらわなければならない ▪ He took the spring out of the clock, but he could not *get* it *back*. 彼は時計のぜんまいをはずしたが, それを元へ戻せなかった.

4《口》…に仕返しをする, 報復する ▪ Someday we will *get* her *back* for what she has done to us. 我々への仕打ちに対していつか彼女に仕返しをしてやる.

5(人)を帰らせる ▪ I will *get* you *back* before dark. 日暮れ前にあなたを帰らせてあげる.

get back at [on] 圎 **1**《口》…に返報する, にしっぺ返しをする ▪ I'll *get back at* him for spreading those lies about me. 私についてあんな嘘を言いふらした仕返しを彼にしてやる.

2《口》…をひやかす, をあてこする, 酷評する ▪ They are *getting back at* Sam for his fondness for tobacco. 彼らはサムがタバコが非常に好きなのをひやかしている.

get back into 圎 囮 (中断ののち)…に戻る[戻す], 復帰する[させる] ▪ When I *got back into* judo the following year, I had a fantastic year. 翌年柔道に復帰したところ, 私はすばらしい1年を過ごせた ▪ My wife quickly *got* her body *back into* shape after having a baby. 妻は産後に体調がすばやく元に戻った ▪The reformed system *got* people *back into* work after 7 years of unemployment. 制度改革により7年間の失業のあと人々は仕事に復帰した.

get back to 〔自〕 **1** …に戻る ▪We *got back to* our books after the vacation. 休暇が終わって我々は勉強に戻った.
2 …にまた連絡する ▪I will try to *get back to* you later. 私は後ほどまたあなたに連絡するようにします.
3 あとで電話をする[手紙を書く] ▪I'll *get back to* you this afternoon. あとで昼から電話するよ ▪We'll *get back to* you by post within a few days. 数日以内に郵便でお知らせします.

get back together (with) 〔自〕 …と和解[仲直り]する, 復縁する; 再結成する ▪Soon after that meeting, Melissa *got back together with* Brian. その出会いのあと, メリッサはブライアンとよりを戻した ▪The band *got back together* for the first time in five years to do a benefit concert. そのバンドは, チャリティーコンサートを行うため, 5年ぶりに再結成された.

get back with 〔自〕 **1** …に連絡する ▪Please send us an email and we will *get back with* you just as soon as we can. Eメールをお送りいただければ, できるだけすみやかにご返信いたします.
2 ＝GET back together (with).

get behind 〔自〕 **1** …の後ろに回る[隠れる] ▪I *got behind* a desk and started working with my father. 私は机の後ろに回って父と仕事を始めた.
2 《米口》…を(背後から)支持する, 後援する ▪Good citizens should *get behind* such candidates. 立派な市民はそのような候補者を後援すべきである.
3 たち遅れる; (支払いが)とどこおる ▪I got very much *behind* in my school work. 私は学業がひどく遅れた ▪Don't *get behind* with your work. 仕事に遅れないようにしなさい.
4 〔[否定文で]〕楽しむ, 味わう ▪Still I just can't *get behind* a ban on smoking in bars. それでも私はバーが禁煙になるのはうれしくない.
5 …を立ち去る ▪Satan, *get behind* me. サタンよ, 立ち去れ.
6 …の内幕を見すかす, の底まで見抜く ▪We *got behind* his tricks. 我々は彼のたくらみの底まで見抜いた.
7 …を回避する ▪He *got behind* the treaty. 彼はその条約を回避した.

get between 〔自〕 **1** …の間に入ってじゃまする ▪Nothing should *get between* an artist and his work. 何ものも芸術家とその仕事の間に入ってじゃますべきではない.
2 …の間に入って引き分ける ▪He *got between* the two. 彼は二人の間に入ってけんかを止めた.

get beyond 〔自〕 **1** …の向こうに行く ▪They *got beyond* the river mouth and out on to the ocean. 彼らは河口を過ぎて大洋へと出て行った.
── 〔他〕 **2** …を越える[超える]; (危機など)を乗り越える ▪Many computer networks never *got beyond* the stage of sharing a laser printer. コンピューターネットワークの多くはレーザープリンターを共有する段階より

も先に進むことはなかった ▪It's now *got beyond* a joke. もはや笑い事では済まされなくなった ▪They *got beyond* the hedge of our American culture. 彼らは我らがアメリカ文化の垣根を乗り越えた.

get by 〔自〕 **1** 《口》…を通り過ぎる, 押し分けて通る ▪I *got by* the four-storied building on the left. 私は左手にある4階の建物を通り過ぎた ▪Can you *get by* those chairs? それらのいすを押し分けて通れますか.
2 《口》どうにかやっていく; どうにかこぎ抜ける ▪The stipend is barely enough to *get by* on. 給料はどうにかやっていくに十分とはいえない ▪I didn't do too well in the exam, but I think I *got by*. 試験はそうよくはできなかったがどうにかパスしたと思っている.
3 《口》…を避けるのに成功する, の目を逃れて通り抜ける ▪How can I *get by* that guard at the gate? どうやってその門衛の目を逃れて通り抜けることができようか.
4 《米俗》…を通過する ▪The bill will not *get by* the Senate. その法案は上院を通過しないだろう.
5 《口》発見[処罰, 叱責]されないでうまくやる ▪The fellow would *get by* with murder. あいつは人殺しがバレないですむだろう.
6 世間で通る; 世に認められる ▪Our young men can speak their minds and still *get by*. わが国の青年は自分の思うことを言っても世間で通る ▪He handled the day-to-day problems well enough to *get by*. 彼は日々の問題を非常にうまく処理して世に認められた.
7 白人として通る ▪All four grandparents were colored, but all could *get by*. 4人の祖父母たちはみな有色であったが, みな白人で通った.

get by on [upon] 〔自〕 …で生きていく, やっていく ▪I've got a job, and can *get by on* that for a start. 私は職を得たので手始めにそれでやっていく.

get by with 〔自〕 **1** …をうまくやりおおせる; でうまく切り抜ける ▪He *got by with* all the requirements. 彼はすべての必要条件をうまく満たした ▪They *get by* nicely *with* old movies. 彼らは古い映画でどうにかうまく切り抜けている.
2 →GET away with 2.

get down 〔他〕 **1** …を(取り)降ろす ▪Go to the cupboard and *get down* the jam. 戸だなの所へ行ってジャムを降ろしてください.
2 《口》(人)をがっかりさせる, 元気をくじく, 弱らせる ▪Don't *get* him *down*. 彼をがっかりさせないでくれ ▪The heat was beginning to *get* her *down*. 暑さが彼女を弱らせかけていた.
3 《口》(人)を悩ます, 怒らせる ▪He *gets* me *down* every time. 彼はいつも私を困らせる.
4 《口》…を飲む, 食べる, 飲み下す ▪Here's your medicine, *get* it *down*. ここにお前の薬がある, 飲みなさい ▪You had better *get down* some food. 少し食べ物を食べたほうがいい.
5 (人)を倒す, (動物)を撃ち殺す, (木)を切り倒す, (飛行機)を撃ち落とす ▪The hunter *got down* two deer. 猟師はシカを2頭仕留めた ▪Let's *get* that tree *down*. あの木を切り倒そう ▪How many

enemy planes did he *get down*? 彼は敵機を何機撃墜したか.
6(口述)を書き取る,書きつける ▪ *Get down* those notes quickly. そのメモを早く取りなさい.
7…を下落させる ▪ They *got* prices *down*. 彼らは物価を下落させた.
— 圁 **8**かがむ,ひざまずく ▪ She *got down* on her knees and prayed. 彼女はひざまずいて祈った.
9降りる; 着席する ▪ *Get down* from your horse. 馬から降りなさい ▪ *Get down* to your supper. 夕食の卓に着きなさい.
10(幼児が食事のすんだ時)テーブルを離れる ▪ May I *get down*, mother? ママ, もう行ってもいい?
11《俗》はめをはずす,興に乗ずる, 楽しむ ▪ The prime minister *got down* and boogied with the revelers at the jazz festival. 首相は興に乗ってジャズ祭の革命者たちと踊った.
12(都会から地方・北から南へ)行く, 下る ▪ I always make a point of visiting this restaurant when I *get down* to London. ロンドンを訪れたら必ずこのレストランに行くことにしている ▪ I do travel to the Midwest a lot, but I have not *got down* south to Texas yet. 確かに中西部にはよく旅行するがまだテキサスまで南下したことはない.
13気が沈む, 弱る ▪ I soon *get down* in this bad weather. 私はこの悪天候ではじきに弱る.
14(…まで)下がってくる (*to*) ▪ We have *got down* to the 15th century in English history. 我々は英語史の15世紀まで下がって来た.
get** a person **down 他 人をがっかりさせる, 当惑させる ▪ That *gets* you *down*, doesn't it? それで君はがっかりしないかね.
get down on 圁 《米口》…をきらうようになる; を非難し続ける ▪ They *got down on* him. 彼らは彼をきらうようになった ▪ She *got down on* him day and night. 彼女は彼に絶え間なく小言を言った.
get down to 圁 **1**《口》落ち着いて(研究・熟考・行動)に取りかかる ▪ We must *get down to* work again. 私たちは落ち着いてまた仕事にかからなければならない ▪ I *got down to* sleep. 私は心を落ち着けて眠りについた.
2…の点に来る ▪ When you really *get down to* it, good jobs are scarce. 本当にその点になると良い仕事は少ないのです.
— 他 **3**…の数量を…まで低下[縮少]させる ▪ He *got* a first-draft treaty *down* to 8 pages. 彼は条約の最初の草案を8ページに縮小した.
get forward 圁 **1**はかどる, 進む ▪ The work is *getting forward* with their support. その仕事は彼らの支持を得てはかどっている ▪ The mares *got forward* with foal. 雌馬は妊娠が進んだ.
2(仕事)をどんどん進める; を前へ出す ▪ We *got* our fore-mast *forward*. 我々は前檣(ﾏｽﾄ)を前へ出した.
get home 圁 他 **1**家に着く, 帰宅する[させる] ▪ We shall *get home* at six in the evening. 夕方の6時に家に着くだろう ▪ He's drunk. We'd better *get* him *home*. 彼は酔っている. 帰宅させたほうがよい.

— 圁 **2**(矢・推量などが)的中する ▪ The remark *got home*. その言は当たった.
3ねらいが当たる ▪ The television program *got home*. そのテレビ番組は当たった.
4(…の)注意を引く (*to*) ▪ That will *get home to* your father. それは君のおとうさんの知るところとなろう.
5目的を達する, 成功する ▪ I have been working on my book, and last night I *got home*. 私はずっと本を書いていたが, 昨夜できあがった.
6《口》決勝点に着く, 勝つ; (すごろくなどで)あがりになる ▪ Jones *got home* by 10 yards. ジョーンズは10ヤードの差で勝った.
7《口》一撃をくらわす ▪ He *got home* with a beautiful right to the jaw. 彼はあごへみごとな右手の一撃をくらわした.
8損失を取り戻す, 経済的に回復する, 立ち直る; 地位を回復する ▪ I believe he *got home* on the sale of it. 彼はそれを販売して損失を取り戻したと思う.
— 他 **9**(主旨など)を(…に)通じさせる, 理解させる (*to*) ▪ You *got* your point *home* to the audience. 君は話の主旨を聴衆に理解させた.
get in 圁 **1**…に入る, 乗りこむ ▪ The car having arrived, he *got in*. 車が来たので彼は乗った ▪ We must *get in* the house by the window. 窓から家に入らなければならない.
2(列車などが)入って来る, 到着する ▪ The boat *got in* on time. 船は時間通りに入港した ▪ He *gets in* this afternoon. 彼はきょうの午後到着します.
3(議員などが)選挙される, 当選する ▪ He *got in* for Chester. 彼はチェスター選出の議員に当選した ▪ Fortunately he *got in* at his first election. 彼は運よく始めての選挙で当選した ▪ The candidate *got in* by 230 votes. その候補者は230票差で当選した.
4(学校・大学などに)合格する, 入る ▪ Did his son *get in*? 彼の息子は入学したかい?
5始める ▪ He *got in* an honest business. 彼ははじめな商売を始めた.
6《印》活字をべたに組む, 詰める ▪ If you are pinched for room, *get in*. スペースが窮屈ならば活字を詰めて組みなさい.
— 他 **7**…を入れる, さしはさむ, 持ちこむ ▪ He managed to *get* a word *in* edgeways. 彼は何とか横から一言さしはさんだ ▪ The fox succeeded in *getting in* his nose. キツネはうまく鼻を突っこむことができた.
8…を中に入れる; (作物)を取り入れる ▪ You have to *get* the washing *in* quickly. 洗濯物をすぐに取り入れなければならない ▪ The farmers were busy *getting in* the crops. 農夫たちは作物を取り入れるのに忙しかった.
9…を呼んでくる ▪ I *got in* an electrician to repair the television set. テレビを直すため電気修理工を呼んできた.
10(品)を仕入れる, 買い込む, 受ける ▪ Most shop keepers are *getting in* their Christmas goods. 店主たちの多くはクリスマス用品を仕入れている ▪ The shop just *got in* fresh apples over the weekend.

get

その店はもぎたてのリンゴを週末に仕入れたばかりだ ▪ Macy's has just *gotten in* a new shipment of furs. メイシー商会はちょうど今毛皮製品の新しい船積荷を受け取ったところだ.

11(電話)をかける ▪ I can't *get* a phone call *in* to Marvin. マービンに電話がかからない.

12(仕事など)を期日に間に合わせる,(書類など)を提出する[送る] ▪ Make sure to *get* your ballot *in* before 7 pm. 必ず午後7時までに投票をお済ませください ▪ Joseph failed to *get* the paperwork *in* on time. ジョゼフは書類を期日通りに提出できなかった.

13(議員など)を当選させる;を(学校などに)合格させる, 入れる ▪ They *got* a straight Republican *in* the oval office. 彼らは生粋の共和党員を大統領に選んだ ▪ Your good grades will *get* you *in*. 君のよい成績なら合格させてくれるだろう.

14(寄付金・貸金など)を集める, 取り立てる ▪ We'll try to *get* the money *in*. 我々はその金を集めてみよう ▪ They can't *get in* their rents. 彼らは家賃を取り立てることができない.

15(種など)をまく ▪ April is the usual time for *getting in* the seed. 4月は普通種をまく時期である.

16(牛・馬など)をくびきにはめる,に馬具をつける,を囲いに追い込む ▪ I'll tell the boy to *get* the horses *in*. 少年に馬たちを追い込めと言いましょう.

17(打撃など)をうまく加える ▪ The youngster *got in* a nasty blow. 若者はひどい一撃を加えた ▪ I *got* a blow *in*. 私はうまく一撃を与えた ▪ Lewis *got in* another jab. ルイスはジャブをもう一発入れた.

18《口》(仕事など)を計画表[時間割り]に入れる ▪ I *got in* some study, tennis or fishing. 私は学習, テニスあるいは魚つりを計画表に入れた.

19(物事)をする, 行う;をうまくしおおせる ▪ I *got in* some skiing. 私はスキーをちょっとやった ▪ He *got in* a good day's work. 彼は十分な1日の仕事をした.

20…に巻き込まれる;を巻き込む ▪ You must not *get in* deeper with this bunch. 君はこの連中にこれ以上巻き込まれてはならない ▪ He'll *get* you *in* very deep. 彼は君を深く巻き込むだろう.

21《口》[first, on the ground floor などを伴って] 先手を打つ ▪ He *got in first* and prejudiced her against me. 彼は先手を打って彼女に私を毛ぎらいさせた.

22《英口》(パブなどで飲み物)を買う ▪ They *got* drinks *in* at The Harbour. 彼らはハーバー亭で1杯やった.

23《狩》タカが仕留めた獲物をすぐ取り込む.

get in on 圎 他《口》…に加入を許される[許す], 一枚加わる[加える] ▪ This is your chance to *get in on* a good thing and make a fortune. これこそうまい儲けに一枚加わって一財産作る機会です ▪ I want to share my comment and *get* others *in on* the conversation. 私の意見を他の人に聞いてもらい会話にも加わってほしいのです.

get in with 圎 **1**《口》…と親しくなる;の気に入りとなる, に取り入る ▪ I could not *get in with* him at all. 私は少しも彼と親しくなれなかった ▪ He has tried to *get in with* them for months. 彼は幾月もの間彼女に取り入ろうとした.

2《口》…の腹心となる, に加わる, の一味となる ▪ I *got in with* a set of sharpers. 私は専門賭博師の仲間に加わった.

3《海》…に非常に近く寄る, 接近する ▪ At night we *got in with* the land. 夜になって我々は陸地に接近した.

get inside 圎 …を知る, 理解する ▪ Every actor must *get inside* the character that he is playing. 俳優はみな自分の演じている人物を理解しなければならない.

get into 圎 **1**…に入る, (乗り物)に乗り込む ▪ I could not *get into* the house. その家に入ることができなかった ▪ The event *got into* all the papers. その事件はすべての新聞に出た ▪ Let's *get into* the car and go. さあ車に乗り込んで出発しよう.

2…に入って行く, (役職)につく, をうまく得る ▪ The slaves *got into* the children's affections. 奴隷たちはうまく子供たちの愛情を得た ▪ He *got into* business. 彼は実業についた ▪ She *got into* the movies. 彼女は映画界に入った.

3(ある状態)に入る, なる;に陥る:(習慣が)つく ▪ I *got into* a sort of scrape. 私は一種の窮地に陥った ▪ He *got into* a frightful passion. 彼は激怒した ▪ He *got into* conversation with us. 彼は我々と談話をしだした ▪ She *got into* a bad habit of doing drugs. 彼女は麻薬をやる悪い習慣がついた.

4(衣服)を着る, はく ▪ I *got into* my overcoat. 私はコートを着た ▪ These boots are too tight; I can't *get into* them. この靴はきつすぎて, 私にははけない.

5…を調べて知る, 窮める ▪ I tried to *get into* the state of national credit there. 私はそこの国の信用状態を窮めようと努めた.

6…にはまる, 興味をもつ ▪ Thompson said her mom *got into* feng shui about one year ago. トンプスンが言うには, 彼女の母親は1年前に風水にはまったとのことだ.

7…を支配する, 取りつく ▪ I don't know what has *gotten into* the girl these days. このごろ彼女は何に取りつかれたのか私はわからない.

8(酒が)頭にのぼる, にこたえる ▪ The whisky *got into* my head. そのウィスキーが私の頭にのぼった ▪ The least drop of whisky *gets into* my walk. ほんのちょっとウィスキーを飲んでも足がふらつく.

── 他 **9**(物)を…へ入れる;(人)を(乗り物)に乗せる ▪ You can't *get* any more people *into* the lorry. これ以上の人々はトラックに乗せられないよ ▪ I can't *get* all these books *into* the bag. 私はこれらの本をみなかばんの中へ入れることはできない.

10…を(ある状態)に入れる, する;(習慣)を始めさせる ▪ He is always *getting* us *into* trouble. 彼は私たちに迷惑をかけてばかりいる.

get off 圎 **1**《口》(車・馬などから)降りる ▪ I am *getting off* at the next station. 私は次の駅で降ります ▪ He *got off* the train hurriedly. 彼は大急ぎで

電車から降りた.
2 (その日の)仕事をやめる; (議論・習慣など)をやめる ▪ I *get off* (work) at 5. 私は5時に仕事をやめる ▪ Let's *get off* the subject of flowered bags and onto the subject of flower beds. 花柄のバッグの話題はやめて,花壇の話題に移ろう ▪ It wasn't that simple to *get off* the drug. 薬物から足を洗うのはそれほど簡単ではなかった.
3 (旅・競走に)出発する,逃げる ▪ We *got off* by the 10:30 train from Euston. 我々はユーストンから10時半の電車で出発した ▪ They fought together, but he *got off*. 彼らは共に戦ったが,彼は逃げた.
4 (罰・いやなことを)逃れる; 軽い罰で逃れる ▪ They *got off* with the loss of 2,000 men. 彼らは兵2,000人の損失で逃れた ▪ He *got off* for £1,000. 彼は1,000ポンドの罰金で免れた ▪ How did you *get off* the punishment? 君はどうやって罰を逃れたのか ▪ She *got off* doing the dishes. 彼女は皿洗いを逃れた.
5 (苦労して)寝つく ▪ I was too excited to *get off* to sleep that night. その夜は興奮の余りなかなか寝つけなかった.
6 《禁句》射精する,絶頂感に達する ▪ She never did *get off*. 彼女は絶頂に達したことがない.
7 (人が)薬が効く,ハイになる; (音楽など)に興奮する,夢中になる,を楽しむ (*on*) ▪ Didn't you *get off*? 薬が効かなかったのか ▪ He *gets off on* such music. 彼はそのような音楽に興奮する.
8 …から外れる,脱線する ▪ He *got off* the track. 彼は脱線した ▪ It seems like you are *getting off* the subject a bit. 少し主題からずれてきているようですよ.
9 …から離れる,去る,逃げる ▪ Anytime I see lightning I *get off* the water immediately. 雷を見ればいつでも,すぐに水から離れることにしている ▪ *Get off* the grass. 芝生から入らない ▪ He *got off* the country. 彼はその国を去った ▪ He *got off* the difficulty. 彼は困難を逃れた.
10 《米》足を踏み出す,始める ▪ He *got off* with a small sum. 彼は少しの金で始めた.
11 上司に断って仕事を終える ▪ He *got off* and went to the cinema. 彼は上司に断って仕事を終えて映画に行った.
12 《口・戯》(女性が)婚約をする《まれにはこっけいに男性にも言う》 ▪ Miss Smith has *got off* at last with Mr. Simpson. スミス嬢はついにシンプソン氏と婚約した.
— 他 **13** …を…からはずす; を…からおろす ▪ He *got off* the ring *off* his finger. 彼は指輪を指からはずした ▪ We *got* the ship *off* the rocks. 我々は船を暗礁からおろした.
14 (人)の罰を免じる,を軽い罰で逃れさせる ▪ He *got off* his client with [on payment of] a light fine. 彼は依頼人を軽い科料で[の支払いで]逃れさせた ▪ His youth and inexperience *got* him *off*. 彼は若く無経験であったため罰を逃れた.
15 (赤んぼう)を寝かしつける ▪ It took me an hour to *get* the baby *off* to sleep last night. ゆうべは赤ちゃんを寝かしつけるのに1時間かかったわ.
16 …を脱ぐ,取り去る,取りはずす; (電話)を切る (↔ GET on 22) ▪ He *got* his coat *off*. 彼は上着を脱いだ ▪ I can't *get* the lid *off*. 私はふたが取れない ▪ My mom tells me, "*Get off* the phone, you've been on it all day!" 母は私に「電話をやめなさい.一日中かけてるじゃないの!」と言う.
17 (手紙・メモ)を書く; を郵送する ▪ I *got off* a Christmas card just in time to my friends. やっと間に合うように友だちにクリスマスカードを書いた ▪ I want you to *get* these letters *off* right away. あなたにこれらの手紙をすぐ郵送してもらいたい.
18 《口》(しゃれなど)を言う,(演説など)をする,表明する; (書物など)を出す ▪ He *got off* one or two amusing jokes. 彼はおもしろいしゃれを一つ二つ言った ▪ He *got off* a great speech in Congress. 彼は議会で大演説をぶった ▪ Beijing *got off* a loud protest to Nehru. 北京はネルーに対し強い抗議を表明した ▪ It is by no means an easy thing to *get off* a magazine. 雑誌を出すのは決して易しいことがない.
19 (バスケット・サッカーなどで)シュートする; 発砲する ▪ In Game 2 he *got off* 21 shots but made only eight of them. 第2ゲームで21回シュートしたが,そのうち8回しか得点できなかった ▪ He *got off* two shots, but the bear fled. 彼は2発打ったが,クマを逃げた.
20 《口》(娘)をうまく嫁がせる ▪ He *got* his three daughters *off*. 彼は3人の娘をうまく縁づかせた.
21 …を暗記する ▪ He *got* it *off* entirely. 彼はそれをすっかり暗記した.
22 …を(定時に)送り出す ▪ She has *got* the children *off* to school. 彼女は子供たちを学校へやった ▪ Many people awake to alarm clocks, *get* the kids *off* to school and head off to work. 多くの人は目覚まし時計で起きて,子供を学校に送り出し,職場に向かう.
23 (荷物など)を降ろす ▪ The ship *got* them *off*. 船はそれらを降ろした.
24 (物)を処分する,売却する,片づける ▪ I want to *get* this merchandise *off*. 私はこの商品を売りたい.
25 …を休暇としてもらう ▪ I *get* every Saturday *off*. 私は毎週土曜日は休みだ.
26 《口》図々しくも…する (*doing*) ▪ She *got off telling* me such things. 彼女は図々しくも私にそんなことを言った.

get A off B 他《口》**1** [主に命令文で] AをBから引き離す ▪ *Get* your dog *off* me! 犬を僕から離してくれ.
2 B(人)からAをせしめる,BにAを提供させる ▪ I nearly *got* some money *off* him, but failed. 彼からお金をせしめる寸前だったが,失敗した.

get off with 自他《口》(異性)と親しくなる[ならせる] ▪ He is said to have *got off with* her. 彼は彼女と仲良くなったそうだ.▷《軍》から.

***get on* 1** …の上に上がる[乗る] ▪ Let's *get on* the carpet and play! カーペットに上がって遊ぼう ▪ Some oil *got on* the carpet. 油が少しカーペットの

上に落ちた.
2 調和してやっていく, 仲良くやっていく (*together*, *with*) ▪ Jack and Jill will *get on together*. ジャックとジルはいっしょに仲良くやっていくだろう ▪ It is hard to *get on with* a suspicious man. 疑い深い人と仲良くやっていくのはむずかしい.
3 (馬・車などに)乗る ▪ I *got on* horseback and departed. 私は馬に乗って出発した ▪ Here's your horse; *get on*. さあ, あなたの馬です. 乗りなさい ▪ I *get on* the subway every morning at 16th street. 私は16番通りで毎朝地下鉄に乗る.
4 成功する, 繁昌する; うまくやっていく; 出世する ▪ He has opened a bookstore and is *getting on* finely. 彼は本屋を開いてなかなか繁昌している ▪ She wanted to see how the roses were *getting on*. 彼女はバラがどんなに大きくなっているか見たかった ▪ We labor to *get on* and become conspicuous. 我々は出世して著名になるため努力する.
5 なんとかやっていく ▪ We can't *get on* without the crib. 我々は「虎の巻」がなくてはやっていけない.
6 暮らしていく, 元気でいる ▪ How are you *getting on*? ごきげんいかがですか.
7 (仕事を)続ける (*with*) ▪ He desired to *get on with* his studies. 彼は勉強を続けたいと願った.
8 《口》〖主に進行形で; しばしば in years [age] を伴って〗年をとる, 老ける ▪ My mother *is getting on in age*. 母は年とってきている.
9 《口》〖主に進行形で〗(時が)経つ, 遅くなる;《主に英》…時になる (*for*, *to*) ▪ The time *was getting on*. 時がどんどん経っていた ▪ It *was getting on for* 2 in the morning. 時間が過ぎて午前2時になった.
10 《口》〖間投詞的に〗まさか! ほんと! そんな!《不信・驚きの感嘆句》; 急げ! ▪ I walked thirty miles yesterday.—*Get on*! 僕は昨日30マイル歩いた—まさか! ▪ *Get on*! We've got little time left. 急げ! 残り時間あとわずかだ ▪ "*Get on with you*," his wife chuckles. 「よしてよ」と彼の奥さんは笑いながら言う. ☞ "with you" が後につくことがある.
11 《主に米》…にとりかかる ▪ We need to *get on* the work now. 私たちは今その仕事にとりかかる必要がある.
12 ふと(ある話題)に触れる ▪ Once he *gets on* music, he doesn't know when to stop talking. 彼はひとたび音楽のことに触れると, 話をやめることを知らない.
13 …の一員になる[選ばれる]; に就職する ▪ Turner *got on* the committee only because he liked fishing. ターナーは魚釣りが好きだというだけの理由で委員会のメンバーに加わった ▪ He wanted to *get on* a big-league team. 彼は大リーグのチームのメンバーになりたかった.
14 《狩》(獲物)に出くわす ▪ I *got on* a fine herd of deer on the 8th of July. 7月8日に見事なシカの群れに出くわした.
15 《俗》(馬)に賭ける;《口》に賭ける ▪ We *got on* the horse. 我々はその馬に賭けた.
16 …を苦しめる(ようになる) ▪ I don't like him; he *gets on* my nerves. 私は彼を好かない. 彼は神経にさわる.
17 進歩する, はかどる (*with*) ▪ You're *getting on* nicely *with* your English. あなたは英語がぐんぐん上達している ▪ The work is *getting on*. その仕事は進んでいる.
18 (病気などが)よくなる ▪ He *got on* so well that he discarded the other crutch. 彼は非常によくなったのでもう一方の松葉杖も捨てた.
19 (目的地へ)進んで行く; 急ぐ ▪ The guns *got on* very slowly. 砲は非常にゆっくりと進んだ ▪ Let's *get on* and lose no time. さあぐずぐずせずに急ぎましょう.
20 (スピードなどを)増す, 速める ▪ They often *got on* a good deal of pace. 彼らはしばしば歩度を大いに速めた.
— 他 **21** (衣服など)を着る; をはく ▪ I can't *get* these boots *on*. この深靴ははけない ▪ They *got on* their good clothes. 彼らは晴れ着を着た.
22 (電話)をかける (↔GET off 16) ▪ Jimmy *got on* the phone to me. ジミーは私に電話をかけてきた.
23 (やかん)を火にかける; (薪)をくべる; (明かり)をともす ▪ We *got* the kettle *on* and had supper. 我々はやかんを火にかけ夕食をとった ▪ *Get* the light *on*. 明かりをともせ.
24 …をしかる, 罰する ▪ I will *get on* him for his negligence. 彼の怠慢をしかってやる.
— 自 他 **25** (テレビ・新聞などに)出演する[載る]; …を出演させる[載せる] ▪ President Bush *got on* TV with Magic Johnson. ブッシュ大統領はマジックジョンスンとテレビに出演した ▪ He *got* an article *on* the front page of the local paper. 彼は地方紙の第1面に記事を掲載した.

get A on B 他 **1** AをBに乗せる ▪ The waiter *got* the food *on* the table quickly. ウェイターは食事を素早くテーブルの上においた.
2 AをBにつける ▪ The Prime Minister has *got* egg *on* his face. 首相は顔に卵をつけていた《面目丸つぶれだった》.

get a person on 他 **1** 人を…に進歩させる[はかどらせる] ▪ Worry will not *get* you *on* in your work. くよくよしていると君の仕事がはかどらないよ ▪ He is very good at *getting* his pupils *on*. 彼は生徒に学力をつけるのが非常にうまい.
2 人に…について話させる ▪ We succeeded in *getting* him *on* educational subjects. 彼に教育上の問題について話をさせることに成功した.
3 人を職に就かせる ▪ I will *get* you *on*. あなたを就職させてあげよう.

get a thing on a person 他 《米口》人の弱みを握る, 旧悪を知る ▪ Those fellows are trying to *get* something *on* someone. これらの連中は人のどこか弱みを握ろうと努めている.

get young on [upon] 他 (動物, 特に馬が)…に子を産ませる ▪ He *got* a foal *upon* the mare. 雄馬はその雌馬に子を産ませた.

get on at 自 …をしかる, がみがみ言う ▪ Claire is always *getting on at* me about it. クレアはいつもそ

のことで私にがみがみ言っている.

get on for [***to, toward(s)***] 〘口〙〖主に進行形で〗…に近づく, もう少しで…になる ▪He *is getting on for* seventy. 彼はもうじき70になろうとしている ▪It *is getting on towards* midnight. もう真夜中になろうとしている.

get on with 圓 **1** →GET on 2.
2 …と親しくなる ▪I *got on* but little *with* him. 私は彼とはあまり親しくならなかった.
3 …の気に入る, に受ける ▪How does he *get on with* the students? 彼は生徒の受けはどうか.
4 …を続けてする ▪Let me *get on with* this letter. この手紙を続けて書かせてください.

get on without 圓 …なしでやっていく ▪How can you *get on without* a housekeeper? あなたは家政婦なしでどうしてやっていけますか.

get [***keep***] *a person **onside*** 他 人の支援を取りつける [得ている] ▪He *kept* most citizens *onside* and won votes in the election. 彼はたいていの市民の支持を保って得票を稼いだ.

get onto [***on to***] 圓 **1** …の話題に移る, に話を変える ▪So we *got on to* the subject of the safety car. そこで我々は安全車に関する話題へと進んだ.
2 (特に電話で)組織などに連絡する, 連絡をつける ▪I will *get on to* the telephone people. 私は電話関係の人々に連絡しましょう ▪Please *get on to* the head office at once. 至急本社に連絡をとってください.
3 …を探り出す, が犯人だと突き止める, の不正を見破る ▪The secret service *got onto* the enemy agent. 秘密情報機関は敵のスパイを探り出した ▪The police finally *got on to* the man blackmailing the politician. 警察はその政治家を恐喝していた男を突き止めた.
4 …に乗る ▪I can't *get onto* a horse. 私は馬に乗れません.
5 …まで進む [進ませる] ▪Let's *get onto* the next scene. 次の場面に進みましょう.
6 …に上がる ▪*Get onto* my shoulders. 私の肩の上に上がりなさい.
7 進んで…に移る ▪We must *get onto* something useful. 我々は進んで何か有益な事に移らなければならない.
8 …をしかる; に (しつこく) せがむ ▪She's always *getting onto* the children. 彼女はいつも子供たちをしかってばかりいる ▪She is *getting onto* me to buy her a new coat. 彼女は新しいコートを買ってくれと私にせがんでいる.
9 …を思いつく, 知る ▪I've *got onto* a good idea. 私はよい考えを思いついた.
10 …を理解する [知る] ようになる ▪I *got onto* the real reason. 私は本当の理由がわかってきた.
— 圓 他 **11** …の一員に選ばれる [選ぶ] ▪He *got onto* the city council. 彼は市会議員に選ばれた ▪We *got* him *onto* the board of directors. 我々は彼を役員会の一員に選んだ.
— 他 **12** …を…に乗せる, 積む; …に…をつける ▪We *got* him *onto* our bus. 彼を我々のバスに乗せた ▪*Get* these sheep *onto* the cart. この羊たちを荷車に積みなさい ▪*Get* the lid *onto* this box. この箱にふたをつけなさい.
13 …に…をさせる (*doing*), …に…についてしゃべらせる ▪Will you *get* the boys *onto clearing* the snow? 少年たちに雪かきをさせてくれませんか ▪Don't *get* him *onto* literature or you'll be here all night. 彼に文学を語らせてはいけない, 一晩中ここにいることになるから.

get onto *a person* 他 人に連絡を取る ▪Let's *get onto* the city council about the litter on the street. 通りに散乱するごみについて市議会に話をしよう.

get out 圓 **1** 出る, 脱出する; (車を) 降りる ▪The door was locked and I could not *get out*. ドアがロックされていて私は出られなかった ▪Seven more *got out* after me. 私の後にもう7人脱出した ▪I wanted to *get out* at 72nd Street. 私は72番通りで降りたいと思った.
2 去る, 逃げる ▪I *got out* as quickly as possible. 私はできるだけ早く去った.
3 〘口〙〖命令文で〗あっちへ行け!, ばか言うな! 《不信・反対・じゃまの意を表す》 ▪You have nothing to do here; *get out*! 君はここには用はない, あっちへ行け! ▪*Get out*! I am tired of listening to you. もうよせ! 君の話は聞きあきた.
4 職をやめる, 首になる; 脱退 [退会] する (→GET out of 3) ▪Get on or *get out*! 働くか, (職を)やめるかしろ.
5 漏れる, 知れる ▪The secret *got out*. その秘密は漏れた.
6 (本などが) 出る ▪A new edition *got out* on time. 新版は予定通りに出た.
7 〘方・口〙 (時が) 長くなる ▪Evenings are *getting out*. 夕方が長くなっている.
8 世間 [外] へ出る ▪I advised him to *get out* and mix more with people. 彼に世間へ出てもっと人と交わるよう忠告した.
9 (天候が) …となる ▪The afternoon *got out* very fine. 午後は天気が非常によくなった.
10 〘競馬〙前に反対していた馬に賭ける ▪Johnson had one opportunity of *getting out*. ジョンスンは前に反対していた馬に賭ける一つの機会があった.
11 〘株式〙株を手離す ▪They will have retailed their wares and *got out*. 彼らは手持ちの品を小売りして手離したであろう.
— 他 **12** (人を) 助け出す, 助けて逃がす ▪I *got* the prisoner *out* on bail. 私は囚人を保釈で出所させた.
13 …を取り出す, 引き出す, 抜く; を追い出す, 追放する ▪*Get out* your mirror and look! 鏡を取り出して見てみなさい ▪He *got* the nail *out*. 彼はそのくぎを抜いた ▪I must go to the bank and *get* more money *out*. 銀行へ行ってもっと金を引き出さねばならない ▪*Get* me *out*, please. 僕を出してくれ ▪They want to *get* the Labour Party *out*. 彼らは労働党を追い出そうと思っている.
14 (書物などを) 発行 [出版] する ▪They *got out* a stamp. 彼らはスタンプを発行した ▪He *got out* a new book. 彼は新著を出した.

15 (図書館から本)を借り出す ▪ Will you *get* a book *out* for me when you go to the library? 図書館へ行くとき本を1冊借り出してきてくれませんか.
16 (声・言葉など)をうまく出す; を述べる ▪ The lark could scarcely *get out* his notes. そのヒバリは歌声がほとんど出なかった ▪ He managed to *get out* a few words. 彼はかろうじて2,3語口にしただけだった.
17 …を聞き出す, 発見する ▪ They tried to *get out* the truth. 彼らは事実を聞き出そうとした.
18 をなし遂げる; (案など)を立てる ▪ I must *get* the work *out* on schedule. その仕事を計画表通りになし遂げなければならない ▪ He *got out* a scheme. 彼は計画を立てた.
19 (石油など)を産出する ▪ They have to *get* the oil *out*. 彼らは石油を産出しなければならない.
— 自 他 **20**《クリケット》アウトになる[する] ▪ How did he *get out*? 彼はどうしてアウトになったのか.

get out of 自 **1** …を脱する, を逃れる, を避ける ▪ He *got out of* the habit of smoking. 彼は喫煙の習慣をやめた ▪ I wish I could *get out of* going to that ceremony. その式に行くのを逃れることができればよいのに ▪ He tried to *get out of* giving a direct reply. 彼は直接返事をするのを避けようとした.
2 …から出る, 出てくる; (衣服など)を脱ぐ ▪ She *got out of* the carriage. 彼女は馬車から降りた ▪ He has just *got out of* jail. 彼はちょうど刑務所を出所したところだった ▪ I *got out of* the pants right away. 私はすぐにズボンを脱いだ.
3 …を脱退[退会]する ▪ The candidate wants America to *get out of* the United Nations. その候補者は米国が国連から脱退することを望んでいる.
4 (目)の届かない所へ行く ▪ He *got out of* sight round the corner. 彼は角を曲がって見えなくなった.

get A out of B 他 **1** BからAを抜き取る, B(衣服)からA(汚れなど)を取り除く ▪ I *got* the cork *out of* the bottle. 私はびんのコルクを抜き取った ▪ This soap will *get* coffee stains *out of* your dress. この石鹸を使えばあなたのドレスからコーヒーのしみが落ちるでしょう.
2 BからAを聞き出す ▪ I could *get* nothing *out of* him. 私は彼から何も聞き出せなかった.
3 BからAをうまく取り上げる ▪ You won't *get* anything *out of* him. あなたは彼からは何も取り上げられないだろう.
4 BからAを引き出す, 得る ▪ Opium is the juice which *is got out of* the poppy. アヘンはケシから取られる液汁である ▪ How much did you *get out of* the deal? 君はこの取引からいくら得たのか.
5 AをBの範囲外に出す ▪ *Get* medicines *out of* reach of the children. 薬を子供たちの手の届かないところへ置きなさい.

get outsid eof 自《英口》(飲食物を)たらふく食う[飲む] ▪ We'll *get outside of* some bacon and eggs. ベーコンエッグをしこたま食おうじゃないか.

get [be] outside of 自《米口》…を飲(み込)む; を了解する ▪ He *got outside of* a few glasses of whisky. 彼はウィスキーを2,3杯飲んだ ▪ The racoon *was outside of* my wife's pet turkey. アライグマは家内のペットの七面鳥を飲み込んでいた.

get over 自 **1**《口》(ある場所へ)行く, 訪ねて行く(*to*) ▪ He *got over to* Ireland. 彼はアイルランドへ行った ▪ I'll try to *get over* to see you next week. 私は来週あなたをお訪ねするようにします.
2 よける ▪ You had better *get over* on your own side of the road. その道のあなたのいる側へよけたほうがよい.
3《口》(劇・せりふなどが)受ける; 成功する ▪ That song will *get over*. その歌は受けるだろう.
4 明らかになる ▪ The ideas of industry will *get over* to the workers. 工業思想が労働者たちに明らかになるだろう.
— 他 **5** …を渡る, 越える ▪ She *got over* the river. 彼女は川を渡った ▪ It was difficult to *get over* the stile. その踏み越し段を越えるのはむずかしかった.
6《口》…が静まる; (病気)が回復する, 治る ▪ He is *getting over* his illness. 彼は病気が治っている ▪ He *got over* his fright. 彼の恐怖心は静まった.
7 (距離)を行く, 踏破する ▪ The troops *get over* a wide area in their march. その軍隊は行軍で広い地域を踏破した.
8 (偏見など)を克服する, 脱する ▪ We have *got over* the prejudice of last century. 我々は前世紀の偏見を脱した ▪ He *got over* the habit. 彼はその習慣を捨てた.
9 (証拠・議論・反対など)を論破する, 打ち消す ▪ No excuse can *get over* the fact she is dead. どんな言い訳をしても彼女が死んだという事実を打ち消すわけにはいかない ▪ He *got over* her objections to the marriage. 彼は結婚に対する彼女の反対を論破した.
10 (いやなこと, 悲しいことなど)を感じなくなる, あきらめる, 忘れる ▪ He could not *get over* his son's conduct. 彼は自分の息子の行為に黙っていられなかった ▪ He *got over* the death of his wife. 彼は妻の死をあきらめた ▪ I can't *get over* his being a married man. 彼が妻帯者であることに平気ではいられない.
11《俗》…に勝つ; をだます, だしぬく ▪ You will never *get over* him in that way. それでは決して彼に勝てないぞ ▪ You must get up early to *get over* me. 私をだしぬくには早く起きなければならない.
12《口》…に取り入る, の気に入る; をうまくくどき落とす ▪ You *got over* your mother-in-law. あなたが義母に取り入ったのだ ▪ My father is against our engagement, but my mother will *get over* him. 父は我々の婚約に反対ですが, 母が父をうまくくどき落としてくれるでしょう.
13 (時)を過ごす ▪ He does not know how to *get over* the hours. 彼はどうやって時間を過ごしてよいかわからない.
14 [否定文で] …を十分信じる, 理解する ▪ I can't *get over* that woman's cheek. 私はあの女の図々しさは理解できない.
15 …に打ち勝つ, 乗り越える ▪ He *got over* several dangers. 彼は危険をいくつか乗り越えた ▪ He *got*

over the linguistic barrier. 彼は言語障壁を乗り越えた ▪ These are hurdles that must *be gotten over*. これらは乗り越えられなければならないハードルだ.

16《米口》…をやり遂げる, 達成する ▪ The hotel had clearly *got over* its day's labor. そのホテルは明らかに1日の仕事をなし終えていた.

17(やっかいな仕事など)を終える, 片づけてしまう ▪ Let's do the work and *get* it *over*. その仕事をして, 片づけてしまいましょう ▪ The work *was got over* by one o'clock. その仕事は1時までに片づいた.

18(人など)を渡らせる; を(…に)訪問させる(*to*) ▪ I *got* him *over*. 彼を向こうへ渡らせた ▪ This morning, we had to *get* him *over* to the clinic. 今朝, 我々は彼を病院に行かせなければならなかった.

19《俗》(劇・せりふなど)を観客にわからせる[受けさせる] ▪ He *got* his jokes *over*. 彼はしゃれを観客に通じさせた ▪ He *got* his case *over* to the people. 彼は自分の主張を人々にわからせた.

get over with 他 …をやり終える ▪ He *got over with* the work. 彼はその仕事を片づけた ▪ I'll *get* it *over with*. それを片づけよう.

get* a thing *over (with) 他 **1** …を片づける, すませてしまう, 片づけて解放される(→ GET over 17) ▪ This is getting tiresome. Let's *get* it *over with*. こいつは段々億劫になってきたから, さっさと済ませてしまおうぜ ▪ It's an unpleasant task, so let's *get* it *over (with)* as soon as possible. それは不愉快な仕事だからできるだけ早く片づけてしまいましょう.

2 …をうまくやる ▪ You are anxious to *get* this *over with*. あなたはこれをうまくやりたがっていますね.

get past 自 **1** 通り過ぎる ▪ The firemen *got past*. 消防隊は通り過ぎた.

2(服装などが)良しとされる, とおる ▪ I'd like to go to the party in this dress. Will it *get past*? このドレスでパーティーに行きたいんですが, これで良いでしょうか.

── 他 **3** …を通り抜け, くぐり抜ける ▪ It *got* them *past* checkpoints and got them out into the fields. それによって彼らは検問所を通り抜け, 野原に出た ▪ The ship *got past* the enemy guns. 船は敵の砲撃をくぐり抜けた.

4(時刻が)…を過ぎる ▪ It *got past* midnight. 真夜中を過ぎた.

5(学習などが)…より先へ進む[進ませる] ▪ This class has *got past* lesson three. このクラスは第3課より先へ進んでいる.

6 …の手に負えない ▪ The book *gets past* the boy. その本は少年にはむずかしすぎる ▪ The work *got past* them. その仕事は彼らには難しすぎた.

7(法案など)を通過させる ▪ The government *got* the bill *past* the House of Lords. 政府はその法案を上院で可決した.

get round 自 **1** = GET around.

2(病人が)回復する, 元気になる ▪ She has begun to *get round* lately. 彼女は近ごろ元気になり始めた.

3《米俗》回って来る, 到来する ▪ Hopefully spring will *get round* soon. 早く春が巡って来てくれるといいのだが.

4《米口》すべての勤めを怠らず勤める ▪ She always *got round*. 彼女はいつも自分の勤めを怠らず勤めた.

5《競馬》初め反対していた馬に賭ける ▪ We told Johnson not to but he *got round* anyway. 僕らがやめろと言ったのにジョンソンは結局はじめ反対していた馬に賭けた.

6 反対側へ行く ▪ *Get round* to the back of the house. 回って家の裏へ行ってください.

7 丸くなる ▪ The snowman is *getting* beautifully *round*. 雪だるまはきれいに丸くなっている.

8 なんとかして訪ねる ▪ I'll *get round* to see you one day. 私はいつかなんとかしてあなたをお訪ねいたします.

── 他 **9**(レースなどで)…を完走する, 回り終える ▪ Everyone who *got round* the track was a hero. トラックを完走した者は誰もがヒーローだった.

10 …を検分する ▪ I'll *get round* the factory. 私がその工場を検分します.

11 …を丸め込む, 言いくるめて[おだてて]…させる ▪ The rector *got round* her to play the organ in church. 教区牧師は彼女に教会でオルガンを弾くよう言いくるめた ▪ I *got* the vet *round* to see the horse. 私は獣医に頼んでその馬を診てもらった.

get there 自《口》目的を達する, 成功する; 役に立つ ▪ He's got the guts and stamina to *get there*. 彼は目的を達するだけの勇気とねばりをもっている ▪ He thought he would *get there*. 彼は成功しようと思った.

get* a person *there 他 その点で人を降参させる ▪ I *got* him *there*. 私がそう出たので彼は参った.

get through 自他 **1** …の中を通り抜ける, (雨などが)浸る ▪ We will *get through* the undergrowth somehow. どうにかしてその下生えを押し分けて通りましょう ▪ Freight trains will soon *be gotten through*. 間もなく貨物列車が通れるようになるだろう ▪ It's a tunnel that has to *be gotten through*. それは通り抜けなければならないトンネルだ.

2(困難・病気などを)切り抜ける, 乗り越える ▪ Britain will somehow *get through*. イギリスは何とかして切り抜けるであろう ▪ He is seriously ill, but he may *get through*. 彼は重病だが, 治るかもしれない ▪ Walter *got through* the surgery and into rehab. ウォルターは手術を乗り越えてリハビリの段階に入った ▪ A crisis was *gotten through* with reasonable dignity. 危機は相応の威厳をもって乗り越えられた.

3(試験などに)パスする ▪ My son has *got through* (the exam). 息子は(試験に)パスした ▪ I *got through* everything except biology. 生物以外のすべてにパスした.

── 他 **4**(仕事など)をなし遂げる, 終える, 片づける ▪ As soon as I *get through* this work, I will join you. この仕事を終え次第ごいっしょします ▪ I have a lot of work to *get through*. 片づけなければならない仕事がたくさんある ▪ The work *was got through* without mishap. その仕事は無事に終えられた.

5(議案)を通過させる ▪ The Government *got* its Finance Bill *through* Parliament. 政府は財政法

案を国会で通過させた.
6(食物)を平らげる ▪ How could so much food *be got through* by such a small boy? よくもこんな小さな子がこれだけの食べ物を平らげたものだ.
7 …を卒業する ▪ He *got through* the college. 彼は大学を卒業した.
8 …を費やす, 使う, (金など)を使い果たす ▪ He *got through* £700 in a week. 彼は1週間で700ポンド使った. ▪ He has *got through* his fortune. 彼は財産を使い果たした.
9(時間)を過ごす《特に 退屈しのぎに》 ▪ He *got through* the morning with letterwriting. 彼はその朝は手紙を書いて過ごした. ▪ Three, four cups of coffee, and a morning could *be gotten through*. コーヒーを3, 4杯飲んでいるうちに午前は過ごせるだろう.
10 …に(仕事など)を終えさせる ▪ We *got* him *through* the work. 我々は彼にその仕事を終えさせた.
11 …を通過させる ▪ He *got* his luggage *through* the custom house. 彼は自分の荷物を税関に通過させた.
12(準備してやって)…を(試験)にパスさせる ▪ The teacher *got* them *through* the entrance exam. 先生は彼らを入学試験に合格させた.
13(話)を電話で通じさせる; (電話)を開通する ▪ They *got* my message *through*. 彼らは私のメッセージを電話で伝えた.
— 圊 **14**(一度閉ざされた)電話が通じる ▪ She said it as soon as she *got through*. 彼女は電話が通じるとすぐ話した.
15(議案が)通過する ▪ The Bill will never *get through*. その法案は決して通過しないだろう.

get through (to) 圊 **1**(口)(人に)わからせる, 理解させる ▪ It is impossible to *get through to* him. 彼に理解させることは不可能だ.
2《スポーツ》(ゲームで)次の回戦に進む ▪ Our team *got through to* the semi-finals. わがチームは準決勝戦に進んだ.
3(…に)達する; (電話などが)(…へ)通じる, 連絡がつく; 連絡をつける ▪ The news *got through to* them. そのニュースは彼らの所へ届いた. ▪ We could not *get through to* Havana. ハバナへの電話が通じなかった. ▪ The ammunition did not *get through*. 弾薬が届かなかった.

get through with 他 **1** …をなし遂げる, 仕上げる ▪ I shall *get through with* my work soon. 私はじきに自分の仕事をなし遂げるだろう.
2《口》(人)に対する攻撃[叱責]を終える, やっつける ▪ When I *got through with* the boy, even his mother couldn't recognize him. 私が少年をなぐったあとは, 彼の母親さえ彼がわからなかった《それほど顔がはれていた》.
3 …を耐えぬく ▪ A sinful man cannot *get through with* that kind of sentimentality. 罪深い人でもあのような感傷的な言動には耐えぬけない.
4 …はもういらない ▪ I have *got through with* the newspaper. その新聞はもう用済みです.

get to 圊 **1** …に到着する, 連絡をつける ▪ This train *gets to* Chicago at 11 o'clock tonight. この電車は今夜11時にシカゴに着く ▪ How can I *get to* the police? どうしたら警察に連絡できますか.
2(どこへ)行く; (どう)なる ▪ Where did he *get to*? 彼はどこへ行ったのか ▪ Where can it have *got to*? それは一体どうなっただろうか.
3(仕事など)に取りかかる, を始める; (食事)を始める ▪ We will *get to* business in real earnest. 我々は真剣に仕事に取りかかります ▪ He *got to* his books. 彼は帳簿をつけ始めた ▪ Some people were already drunk before they even *got to* the meal. 食事を始めてもいないうちにもう酔っぱらっている人もいた.
— 他 **4**《米口》…を買収する ▪ They *got to* the guards to leave the gate open. 彼らは守衛たちを買収して門を開けておかせた.
5《口》…に差しさわる, をいらいらさせる ▪ Their constant crying really *got to* me. 彼らが夜昼なく泣いたので本当にこたえた.

get together 圊 **1** 集まる ▪ They *got together* in great numbers. 彼らはきわめて多数集まった.
2(…と)懇談に集まる(*with*) ▪ They should *get together* and talk it over. 彼らは懇談に集まって, それを話し合うべきである ▪ Thanksgiving is a day to *get together with* family. 感謝祭は家族が集まる日だ.
3(…と)会う, 出会う, 知り合う; (…と)恋愛[肉体]関係になる(*with*) ▪ Before the game, Thomas *got together with* Magic Johnson, his old friend. 試合前トマスは旧友のマジック·ジョンスンと会った ▪ Matzell happened to *get together with* an old advertising buddy. マチェルは広告業界の相棒と偶然に出会った ▪ I *got together with* her last fall and she's going to have my baby soon. 去年の秋に彼女と懇ろになり, まもなく私の子が生まれる.
4《米口》意見が一致する; 協力する ▪ The jury was unable to *get together*. 陪審団の意見が一致しなかった ▪ Able men eventually *got together*. 有能の士たちが結局は協力した.
5 団結する ▪ They *got together* for common ends. 彼らは共通の目的のために団結した.
— 他 **6** …を集める; (金銭など)をかき集める ▪ He *got together* an army [*got* an army *together*]. 彼は軍隊を集めた ▪ They're trying to *get* the money *together* to get into school. 彼らは学校に入るためのお金をかき集めようとしている.
7(乗組員)を協力させる ▪ The coach must *get* the crew *together*. コーチはクルーを協力させなければならない.
8 …をまとめる, 組織化する ▪ It took longer than expected to *get* the plan *together*. 計画をまとめるのに予想以上に時間がかかった.
9 …の仲をとりもつ, を紹介[仲介]する ▪ A mutual friend *got* Chuck and Pam *together* after Pam's divorce. パムの離婚後, 共通の友人がチャックとパムとの仲

get under 圊 **1** …の下を通り抜ける, に隠れる ▪ The new cruise ship is too high to *get under*

Sydney's Harbour Bridge. 新造の巡航客船の高さではシドニーのハーバー・ブリッジの下を潜り抜けられない ▪ My guinea pig has *got under* a rose bush and has to be plucked out. ペットのモルモットがバラの木の下に隠れたから引きずり出さなくては.
2 倒れる, 屈服する ▪ The captain soon *got under*. 船長はじきに屈服した.
— 他 **3** (火事・騒ぎ)を静める, おさえる ▪ The fire *was got under* in about an hour. 火事は約1時間で静められた.
get up 自 **1** 立ち上がる, 起き上がる, (寝床から)起きる, (病後)起き上がる ▪ Everyone *got up* when the King entered the hall. 国王が広間に入ったとき, みんな立ち上がった ▪ He caused his horse to *get up* on his feet. 彼は馬を立ち上がらせた ▪ I *get up* at six every morning. 私は毎朝6時に起きます ▪ She's got much better, and will soon *get up*. 彼女はずっと良くなった. やがて起き上がるだろう.
2 登る; (乗物・馬に)乗る ▪ He used to *get up* into the trees. 彼は木に登るのが常だった ▪ Passengers *got up*. 乗客は乗った.
3 (火・風・海が)勢いを増す ▪ The fire *got up*. 火勢が募ってきた ▪ The sea *got up* at dawn. 海が夜明け方に荒れてきた.
4 向上する, 進む; 偉くなる ▪ By what steps did the Puritans *get up*? どんな手段で清教徒は偉くなったのか ▪ Thompson has *got up* in the world. トンプスンは立身出世した.
5 《口》(馬に)進め!; 《戯》(人に)進め! ▪ "*Get up!* *Get up!*" he says to the horses. 進め! 進め! と彼は馬たちに言う.
6 (獲物が)隠れがから飛び出る ▪ He never missed anything that *got up*. 彼は隠れがから飛び出る獲物が1匹のがしたことはなかった.
7 (…に)近寄る, 至る; (に)追いつく (*to*) ▪ They could not *get up* to the enemy. 彼らは敵に近寄れなかった ▪ They *got up* to page 17. 彼らは17ページまで進んだ ▪ We soon *got up* to the others. 我々はすぐに他の者たちに追いついた.
8 《クリケット》(投げたボールが)急に高く上がる ▪ A ball *got up* and smashed his hand. ボールが急に高く上がって彼の手を激しく打った.
— 他 **9** …を揚げる ▪ We *got up* the great anchor. 我々は大いかりを揚げた.
10 (人)を立ち上がらせる, 起こす; を起床させる ▪ With assistance, Stephen *got* Sam *up* on his feet. 手を貸してもらってスティーヴンはサムを立ち上がらせた ▪ My husband *got* me *up* at quarter till 7. 夫は私を7時15分前に起こした.
11 (感情)を心に起こす, かき立てる, あおる ▪ She *got up* a spurious affection for him. 彼女は彼に対する偽りの愛情を無理に起こした.
12 (馬・自転車に人)を乗せる ▪ Quick! *Get* the girl *up* behind me. 急いで! 女の子を私の後に跨(ま?た)らせなさい.
13 …を計画する; を準備する; (事)を起こす, 組織する ▪ We *got up* several farces. 我々は数本の喜劇を作り上げた ▪ Our school club is *getting up* a picnic. 我々の学校クラブはピクニックを計画している ▪ The London Mayor *got up* a fund for the distressed. ロンドン市長は困窮者救済基金の運動を起こした ▪ They *got up* bingo sessions. 彼らはビンゴ会を組織した.
14 (クリーニング業者がアイロンをかけて, 着られるように) …を仕上げる ▪ My shirt had *been* well *got up*. 私のシャツはきちんとアイロンをかけてあった.
15 〖主に受身で〗(髪)を結う; (人)を装う, (人)の身支度をする ▪ The hair *is* tastefully *got up*. 髪は品よく結われている ▪ She *was got up* like a duchess. 彼女は公爵夫人のような装いであった ▪ He *got* himself *up* sprucely. 彼はぱりっとした身支度をした.
16 …の外見を整える〖劇の道具立て; 本の装丁・紙・印刷について言う〗 ▪ The new plays this year *are got up* penuriously. 今年の新しい劇は道具立てが貧弱である ▪ The book *is* prettily *got up*. その本は美しく装丁されている.
17 …をでっちあげる ▪ The company was bogus, the prospectus *was* all *got up*. その会社はいんちきで趣意書は全くでっちあげられたものだ.
18 (経費・損失・不足・遅れ)を償う, 取り戻す ▪ I have lost much money. I must *get it up* another day. 私は多額の損をした. いつか償いをしなければならない ▪ The afternoon was spent in *getting up* arrears of correspondence. その午後はたまっていた手紙の返事を書いて過ごした.
19 (健康など)を増進する ▪ They went to the seaside to *get up* their health a little. 彼らは少し健康を増進するために海辺へ出かけた.
20 (獲物)を隠れ場から飛び出させる ▪ His hounds *got* another hare *up* and running. 彼の猟犬どもがもう1匹の野ウサギを穴から飛び出して走らせた.
21 (スピードなど)を増す ▪ The train was *getting up* speed. 列車はスピードを増していた.
22 《口》(特別な目的のために努力して)…を勉強する, 調べる, 準備する ▪ He *got up* Shakespeare's "Hamlet" for a college examination. 彼は大学の試験のためシェイクスピアの「ハムレット」を勉強した ▪ He *got up* a role for the play. 彼はその劇のある役のせりふを急場に覚えた.
23 (作物)を取り入れて積み重ねる ▪ The crops *were got up*. 作物は刈って積み重ねられていた.
get up against 自 **1** …にずっと近寄る ▪ I *got up against* the stove to keep warm. 私は冷えないようにストーブにずっと近寄った.
2 …と仲が悪くなる, 衝突する ▪ I *got up against* the caretaker. 私は管理人と仲が悪くなった.
— 他 **3** …を…にずっと近く寄せる ▪ Please *get* this bag *up against* the tree. どうぞこの袋を木の近くにずっと寄せてください.
get up on 自 《米》…に精通する ▪ He has *got* all *up on* electricity. 彼は電気にしっかり精通している.
get up to 自 **1** 《英口》(好ましくない事)をやらかす, しでかす ▪ The boy is *getting up to* mischief again. その少年はまたいたずらをやらかしている.

2 (高所・北方・中心部)に達する; (…を)…に達せしめる ▪ The boy *got up* to a high standard. その少年は高い(学業)水準に達した. ▪ I will *get* you *up* to the status. 君をその地位まで昇らせてあげよう.

get up with …に追いつく ▪ I ran fast to *get up with* her. 彼女に追いつこうと速く走った.

get with 自 **1** …と知り合い[近うき]になる, 親しくなる ▪ Messi wants to *get with* his teammates and help us win some games. メッシはチームメイトと親しくなって我々が試合に勝つのを手助けしたいと思っている.
— 他 **2** …を理解する; を受け入れる ▪ I can't *get with* that attitude. 私にはああいう態度は理解できない.
3 …に取り組む ▪ Paul has *got with* the job and built up his own club. ポールは仕事に取り組んで自分自身のクラブを設立した.

ghost /goʊst/ ***ghost away*** 自 (幽霊のように)こっそりいなくなる, 姿を消す ▪ On the second day he *ghosted away*. 2日目に彼はそっと姿を消した.

gibe /dʒaɪb/ ***gibe at*** 他 《米》…をあざける ▪ He is always *gibing at* Fielding. 彼はいつもフィールディングをあざけっている ▪ He's *been gibed at* for his fractured syntax. 彼は文の組み立てがめちゃくちゃなのでばかにされている.

gift /gɪft/ ***gift a person with a thing*** 他 人に物を贈る, 授ける ▪ He *gifted* his parents *with* a television set. 彼は両親にテレビを贈った ▪ God *gifted* him *with* the power of speech. 神は彼に言葉の能力を授け給うた.

giggle /ɡíɡəl/ ***giggle at*** [***over***] 他 …をくすくす笑う ▪ She was *giggling at* a letter she had received from a boy. 彼女は少年からもらった手紙をくすくすくす笑っていた[一笑に付した] ▪ The name change *was giggled at* by users and taunted by blogs. その名称変更は利用者に失笑されブログで小ばかにされた ▪ That mistake *was giggled over* and forgotten. その間違いはしのび笑いされ忘れ去られた.

giggle away 他 …をくすくす笑って片づける ▪ He *giggled away* the Great Charter. 彼は大憲章を(問題にしないで)笑って片づけた[一笑に付した] ▪ The rule should not *be giggled away* by the most eminent among us. その規則を著名人たるもの一笑に付すべきでない.

giggle out 自 他 笑いをもらす; 笑って(時間)を過ごす ▪ Peter often *giggles out* loud. ピーターはよく声に出して笑う ▪ He *giggled out* his time. 彼は自分の時間を笑って過ごした.

gild /gɪld/ ***gild over*** 他 …を金めっきする, (欠点を隠すため)…を粉飾する ▪ Beauty *gilds* her vices *over*. 美しさは彼女の悪徳をきれいに隠す.

gimp /ɡɪmp/ ***gimp up*** 自 他 《陸軍俗》スマートに着飾る ▪ Captain Smith *gimped* (himself) *up*. スミス大尉はスマートに着飾った. ☞ gimp 《北英》「細長いみぞのある飾り」.

gin /dʒɪn/ ***gin around*** 他 《米口》(牛の群れ)を不安のうちに走り回らせる ▪ We must prevent everybody from *ginning* them *around*. 我々は誰もが牛の群れを不安がって暴走させないようにしなければならない.

gin up 自 **1** 《米口》ジン酒にふける ▪ He can *gin up* when he likes. 彼は好きなときにジン酒にふけることができる.
2 《軍》ジン酒を飲んで団体精神を振起する.
— 他 **3** 《米俗》…を使い果たす; を殺す ▪ Okay, we'll just *gin up* $10 million of our corporate money. わかった, 企業資金の一千万ドルを思い切ってはたこう ▪ I wonder who really *ginned* the whole thing *up*. 一切合財を誰が実際に使い果たしたのだろうか.

ginger /dʒíndʒər/ ***ginger up*** 他 《口》…にもっと活気を与える, をもっと敏活に働かせる ▪ *Ginger up* the performance. 演技にもっと活気を与えなさい ▪ I'll *ginger* him *up* a little. 彼をもう少し敏活に働かせよう.

gipsy, gypsy /dʒípsi/ ***gipsy away*** 他 …を盗む ▪ He *gipsied away* Macaulay's lines. 彼はマコーレーの詩行を盗作した.

gird¹ /ɡɜːrd/ ***gird for*** 自 …の準備をする ▪ The nation is *girding for* another war. その国はまた戦争の準備をしている.

gird on 他 …を帯びる, 帯でつるす, まとう ▪ The doctor *girt on* a cutlass. 医者は短剣を帯びた ▪ His sword was to *be girt on* by some nobleman. 彼の刀は誰か貴族に帯刀されることになっていた.

gird up 他 《雅》(衣服)を腰までまくる, まくって帯で留める ▪ When he appeared in public he had his tunic *girt up* to the hips. 彼は公の場ではガウンを腰までたくし上げて着ていた ▪ He *girded up* the garment and tied a rope strongly round his middle. 彼は衣服をまくり上げ, 腰のところを紐でしっかり結んだ.

gird A with B 他 **1** A(人)にB(力)を付与する ▪ God *is girded with* power. 神は権力を帯び給う.
2 A(人)にB(勲章・騎士の剣)をとらせる ▪ He *was girt* solemnly *with* the sword by Henry, Earl of Lancaster. 彼はランカスター伯ヘンリーによって厳粛に勲章士の剣を賜わった ▪ Richard *girded* Hugh de Pudsey *with* the sword. リチャードはヒュー・ド・パドジーに剣をとらせて貴族に列した. ☞ これは Saxon 時代から習慣であった.
3 AをBで囲む ▪ The town *was girt with* besiegers. その町は包囲軍に囲まれた.

gird² /ɡɜːrd/ ***gird at*** 他 …をあざける ▪ You are always *girding at* religion. あなたは宗教をいつもあざけっている ▪ These public officers *are* constantly *girded at* by shallow politicians. この官吏たちは絶えず浅はかな政治屋どもにあざけられている.

girdle /ɡɜ́ːrdəl/ ***girdle ... about*** [***around, round***] 他 《英》…を(美しく)取り巻く ▪ The island *was girdled about* with a coral reef. その島は珊瑚礁で美しく囲まれていた.

girt /ɡɜːrt/ ***girt against*** 自 《海》(船の錨索が)…にぶつかる ▪ The ship driving to leeward causes the cable to *girt against* the lee bow. 風下の方に走る船は錨索を風下の船首にぶつからせる.

girth /gəːrθ/ *girth on* [*up*] 他 （馬のくら）を腹帯でくくりつける ▪ They were *girthing up* their saddles. 彼らはくらを腹帯でくくりつけていた.

give /gɪv/ *give about* 他 **1** …を配る, 与える ▪ He *gave about* most of the pamphlets. 彼はそのパンフレットの大部分を配布した ▪ The two demanded money and *were given about* in cash. 二人はお金を要求し, 現金で与えられた.
2 …を広める ▪ It has *been given about* that he was at last dismissed. 彼はついに解雇されたという話が広まった.
3 …を知らせる, 説明する ▪ A child *is given about* at its confirmation that it should obey the Lord's teaching. 子供はその堅信礼で主のみ教えに従うべきことを言い聞かされる.

give ... at …を(いくら)と発表する ▪ The census *gives* the population *at* 900,000. 人口調査は人口を90万と発表している.

give away 他 **1** …を配る; をただで与える; を授与する ▪ She *gives away* tracts. 彼女は小冊子を配る ▪ The rich man *gave away* his fortune to the poor. 金持ちは自分の財産を貧民に施した ▪ The Mayor *gave away* the prizes. 市長は賞を授与した.
2《俗》(人)を裏切る, 売る, (人の秘密)を暴露する, (手品など)の種をあばく ▪ You have *given* your confederate *away*. あなたは同類を売った ▪ You've *given* the secret *away*. あなたはその秘密を暴露した ▪ She *gave* me *away* in front of all of my friends today. きょう彼女は僕の友だちみなの前で僕の秘密をばらした.
3 (不注意に機会など)を失う; 《スポーツ》(凡ミスのため)失点する ▪ He *gave away* his best chance to win the election when he said a foolish thing. 彼はばかなことを言って当選の好機をむざむざ失った ▪ We lost because we *gave away* some runs. 我々はふすみす何点かを与えたので負けてしまった.
4 (花嫁)を(式で)花婿に渡す ▪ According to custom, the bride's father *gave* her *away*. 習慣に従って, 花嫁の父親が彼女を花婿に引き渡した.
5 …を捨てる; をゆだねる ▪ You have *given away* a good chance of success. あなたは成功の好機を捨てた ▪ I *give* my powers *away* to sleep. 私は自分の心の働きを眠らせてしまう.
6 …を無意識に暴露する ▪ Your face *gives away* your age. あなたの顔で自然に年齢が知れる.
— 自 **7**《米》くずれる《誤用》 ▪ The whole power of the French *gave away*. フランス軍の勢力が総くずれしてしまった.

give back 他 **1** …を返す, 再び渡す ▪ I asked him to *give back* my pencil. 私は彼に鉛筆を返してくれと言った ▪ What if I find a kitten and don't want to *give* it *back* to the owner? 子猫を拾ったけど飼い主に返したくなかったらどうなるだろう.
2 …に反射する, 反響する ▪ This cave *gives back* the sound of your voice. この洞穴はあなたの声を反響させる.
3 …にやり返す, 返報する ▪ He *gave back* insult for insult. 彼は侮辱を侮辱で返した.
4 …からひっこむ, 退く; からへこむ ▪ *Give back* there, the express is due. そこを退いてください. 急行が来ます.
5 (約束)を取り消す ▪ The management *gave back* their promise of employment security to the union. 経営者側は労組に対する雇用保障の取り決めを破棄した.

give down 他 (牛が)乳を出す ▪ Soon the cow *gave down* her milk. じきに牛は乳を出した.

give A for B 他 **1** BのためにAを与える[捨てる] ▪ He *gave* his life *for* his country. 彼は祖国のため命をした.
2 AとBを交換する, Bと交換にAを与える ▪ The natives *give* these furs *for* guns and radios. 先住民はこの毛皮類を鉄砲やラジオと交換する.
3 B(物)にA(金)を払う[出す] ▪ I *gave* £90 *for* this bag. 私はこのかばんに90ポンド払った.

give forth 他 《文》**1** (音・においなど)を出す ▪ An owl *gave forth* a melancholy note. フクロウが陰鬱な声を出した.
2 …を言いふらす; を発表[公表]する ▪ Don't *give forth* such a false report. そんな嘘の報道を言いふらさないでください ▪ It *was given forth* that the king was dead. 国王が逝去したと発表された.
3 (著書など)を出す ▪ He *gave forth* a series of works in succession. 彼は続々と著書を出した.

give in 自 **1** 降参する, 折れる, 屈服する (*to*) ▪ He was wise enough to *give in* in the fourth round. 彼は賢明にも4回戦で降参した ▪ The door finally *gave in*. ドアはついに開いた.
2 (戦い・議論を)やめる ▪ The strikers *gave in*. スト参加者たちはストライキをやめた.
3 落ちこむ, くずれる ▪ The floor *gave in* under the weight of the heavy safe. 重い金庫の重みで床が抜けた.
— 他 **4** (書類など)を提出する, (名前など)を申し出る (*to*); を公表する ▪ He *gave in* his resignation *to* the principal at once. 彼はすぐに辞表を校長に提出した ▪ He *gave in* his allegiance to the Confederate cause. 彼は南部連合軍の大義に対する忠誠を表明した ▪ *Give* your name *in to* the director. 監督にお名前を申し出なさい.
5 (ボクシング)(頭)を垂れる ▪ He *gave* his head *in*. 彼は頭を垂れた.
6 [過去分詞として] (おまけとして)中へ添えて[加えて] ▪ *Given* in gratis. 無料添付.

give in to 自 **1** → GIVE in 4.
2 …に屈する, 従う ▪ He *gave in to* my views. 彼は私の意見に従った ▪ They *gave in to* the Boston winter. 彼らはボストンの冬に参った.

give into 自 …に通じる, 面する ▪ A narrow corridor *gave into* a wide space. 狭い廊下は広々とした所に通じていた.

give of 自他 《文》(時間・金・労力)を惜しみなく使う, 与える ▪ She *gave* freely *of* her time and money to help the poor. 彼女は自らの時間と金を惜しみなく

貧者の救済に捧げた.

give off 他 **1**(におい・熱・光・音など)を出す, 放つ ▪ The gas *gives off* an unpleasant smell. そのガスはいやなにおいを出す ▪ The city itself *gives off* great heat and light. 都市自体が多くの熱と光を発している.

2(枝など)を出す ▪ Arteries *give off* many branches. 動脈は多くの枝[細い血管]を出す.

3(人が雰囲気など)を発する ▪ He *gave off* an aura of "I will not give up," as usual. 彼はいつも通り「諦めないぞ」というオーラを発していた.

4(煙)を出す ▪ This cheap coal *gives off* a lot of smoke. この安い石炭は煙をたくさん出す.

5…をやめる ▪ They *gave off* quarrelling. 彼らはけんかをやめた.

give on 自 (…である)ふりをする, 装う ▪ The con artist *gave on* that he was a traveling salesman. ペテン師は企業の得意回りであるようなふりをした.

give on [upon, onto, on to] 自 …に通じる, 面する, を見晴らす ▪ Our drawing room *gives on* the garden. うちの応接間は庭園に通じている ▪ This window *gives upon* the street. この窓は街路に面している ▪ The road *gives on to* the highway. その道路は大通りに通じている. ☞ F donner sur のなぞ

give out 他 **1**《英》(音・におい・光など)を出す, (音)を発する ▪ The factory clock *gave out* the hour of three. 工場の時計が3時を報じた ▪ The flower *gave out* a sweet smell. その花はよいにおいを出した ▪ Laaya *gave out* a cry of joy. ラーヤは喜びの叫び声を発した.

2…を配る, 配給する ▪ The teacher *gave out* the examination papers. 先生は試験問題を配った ▪ He stood at the door *giving out* programs. 彼は戸口に立ってプログラムを渡していた ▪ They have *given out* rations to the army. 彼らは軍隊に兵糧を配給した.

3…を発表する, 伝える; を言いふらす ▪ The State Department *gave out* no information on the matter. 国務省はその問題について情報を発表しなかった ▪ He *gave out* that he was bound for Jakarta. 彼はジャカルタへ行くのだと言った.

4(命令など)を出す ▪ He *gave out* orders to march. 彼は進軍の命令を出した.

5《クリケット》(人)にアウトを宣告する ▪ The umpire *gave* him *out* leg before wicket. 審判は足で球を受け止めたので彼にアウトを宣した.

6(礼拝式で歌うべき賛美歌)を発表する, (オルガンでみなが歌えるようもう一度曲)をひく, (会衆が歌うため賛美歌の文句)を読みあげる ▪ The clerk in church *gave out* the psalm. 教会の書記は会衆が歌う賛美歌の文句を読みあげた.

— 自 **7**疲れ果てる, 力が尽きる; 力が尽きてやめる ▪ The horses *gave out* before we reached our destination. 馬は我々が目的地に着かないうちに疲れ果てた ▪ He *gave out* at the end of the 18th book. 彼は第18巻の終わりで力尽きてやめた.

8(道具・機械・手足が劣化・摩耗・損傷などのため)故障する ▪ His engines *gave out* for a time. 彼のエンジンがしばらく故障した ▪ Her computer *gave out* on her, no doubt from overuse. 彼女のコンピューターは困ったことに作動しなくなった, 明らかに使いすぎのためだ ▪ His leg *gave out*. 彼は片足が動かなくなった.

9(物資などが)尽きる ▪ Our food supplies *gave out*. 我々の糧食は尽きた.

give a person ***out [not out]*** 他 (審判が)打者[選手]にアウト[セーフ]を宣告する (→GIVE out 5) ▪ The umpire *gave* me *out*. 審判は私にアウトを宣告した.

give out with 自 …を公言する; 演奏する ▪ He raised his trumpet and *gave out with* a tune. 彼はトランペットを持ちあげて1曲奏した.

give over 他 **1**《英口》(行動)をやめる, 終える; (計画・習慣)を捨てる ▪ *Give over* teasing the cat. 猫をいじめるのはやめなさい ▪ The notion *was* soon *given over*. その考えははじきに捨てられた.

2…をゆだねる, 任せる ▪ He *gave over* the small package to my keeping. 彼は小さい小包を私に預けた.

3(医者が患者)を見放す ▪ The doctor has *given over* the patient. 医者は患者を見放した.

4(見ること, 見つけること, 追いつくことなど)をあきらめる ▪ You've come in good time; we had just *given* you *over*. よい時に来られた. ちょうど来られないものとあきらめていたところです.

5(…に)…を譲り渡す, 引き渡す (*to*) ▪ He *gave over* the seal of office *to* his succesor. 彼は職印を後任者に譲り渡した ▪ He *was given over to* the charge of a policeman. 彼は警官に引き渡された.

6…に通じる, 向かって開いている, 面している ▪ Her room *gave* by a window *over* the leads of a tower. 彼女の部屋は窓から塔の鉛屋根を見晴らしていた.

7〖主に受身で〗(場所・時間を…の)専用にする, (に)充当する (*to*) ▪ The lot *was given over to* a dumping ground. そこはごみ捨て場にあてられていた ▪ That afternoon *was given over to* discussion of security. その日の午後は専ら防犯の話し合いに充てられた.

8〖主に受身で〗(人)を没頭させる ▪ The young man *is given over* to drinking. その若者は飲酒にふけっている.

— 自 **9**《口》やめる; やむ ▪ He *gave over* after six weeks' work. 彼は6週間働いた後にやめた ▪ *Give over*, both of you! 二人ともやめなさい! ▪ The rain will *give over*. 雨はやむだろう.

give a person ***over*** 他 人を見捨てる ▪ He *was given over* by the doctors. 彼は医者たちに見離された.

give A ***under*** B 他 B(脅迫など)されてAを与える ▪ A promise *given under* a threat is worthless. 脅迫されて与えた約束は無効である.

give up 他 **1**(仕事・職など)をやめる; (計画・習慣など)を捨てる; (問題・なぞなど)を断念する ▪ My father is old and has *given up* his business. 私の父は年をとったので職をやめました ▪ I *gave up* the attempt in despair. 私はその企てを絶望して中止した ▪ I am going to *give up* smoking. 私はタバコをやめるつもりです ▪ Where's a man not a man?—I *give up*. 人間が人間でないところはどこですか—わかりません.

2(医者が人を)見放す, (人)を見限る; (人)と関係を絶つ ▪ The doctors *gave* him *up*. 医者たちは彼を見放した ▪ His family had *given* him *up*. 家族の者たちは彼を見限ってしまっていた ▪ He has entirely *given up* Charles—never sees him. 彼はチャールズとすっかり関係を絶って,絶対に会わない.

3 …を(引き)渡す, 譲り渡す; を手放す ▪ They *gave up* the fortress to the enemy. 彼らは敵に要塞を明け渡した ▪ The boy *gave up* his seat to the old man on the bus. 少年はバスで老人に席を譲った ▪ She could not *give up* her canaries. 彼女は自分のカナリアを手放すことはできなかった.

4〖主に再帰形または受身で〗…に身をゆだねる, ふける; 自首する ▪ He *gave himself up* to the guidance of Gregory. 彼はグレゴリーの指導に身を任せた ▪ He *gave himself up* to his new faith heart and soul. 彼は新しい信仰に心底から打ちこんだ ▪ He *is given up* to all manner of vices. 彼はあらゆる悪習にふけっている ▪ He *gave himself up* to the authorities. 彼はその筋へ自首して出た.

5(共犯者などの名)を言ってしまう, (情報)を漏らす, 暴露する; (株式)取引中に(額面価格)を言う ▪ We do not *give up* the names of our contributors. 当社は投稿者の名前は公表しません.

6(人)が(来ない[に会えない, 追いつけない]と)あきらめる ▪ We *gave* you *up* an hour ago. 我々は1時間前にあなたは来ないものとあきらめた.

7(命など)を捨てる; (時間など)を当てる, 向ける ▪ He *gave up* his life for the sake of the country. 彼は国のため命を捨てた ▪ The afternoon *was given up* to games. 午後は遊戯に当てられた.

— 圓 **8** 降参する; 断念する; やめる ▪ When they were surrounded by the enemy, they *gave up*. 敵に囲まれると彼らは降参した ▪ I have tried everything in vain. I feel like *giving up*. 私はすべてのことをやってみたがだめだった. 断念したいような気持ちだ ▪ He lost his place, because the firm *gave up*. その会社が廃業したので彼は失業した.

***give up** A **for** B* 他 Aを捨ててBを取る ▪ He *gave up* teaching *for* the pen. 彼は教師をやめて著述家になった.

give up on 他 (物・事)に見切りをつける, (人)を見限る, (宗教など)を捨てる ▪ Brandeis *gave up on* the plan in face of opposition. ブランダイスは反対に直面して計画に見切りをつけた ▪ We never *gave up on* these kids, and the kids never *gave up on* themselves. 我々はこれらの子供たちを見限らなかったし, 子供たちも自分自身を見限らなかった ▪ I cannot say why some people *gave up on* their religion. なぜ宗教を捨てる人がいるのか私にはわからない.

give with 他《口》…を与える ▪ If you cannot *give with* money, you may *give with* your service. お金を出せないのなら, サービスを提供してくれてもよい.

glam /glæm/ ***glam up*** 他《口》…をぴかぴかにめかす, 美化する ▪ You *are glammed up* this evening. 今晩はぴかぴかにめかしている.

glance /glæns|glɑːns/ ***glance aside*** [***away***] 圓 (飛び道具・打撃・話などが)それる ▪ The sword *glanced aside*. 剣はそれた.

glance at 他 **1** …を(ちょっと)見る, さっと見る ▪ I wish you would *glance at* this problem. あなたがこの問題を見てくださればよいのにと思います ▪ Those rock faces had only *been glanced at* by previous archaeologists. それらの岩の表面はこれまでの考古学者にはさっと調査されたにすぎなかった.

2 …についでに言及する; をそれとなく皮肉る[風刺する, 非難する] ▪ He *glanced at* a certain doctor in his verses. 彼は詩の中である医者を暗に皮肉った ▪ He *glanced at* another matter. 彼はついでにもう一つの問題に触れた.

glance* …*at 他 (皮肉など)を…にそれとなく放つ ▪ Some malicious imputations *were glanced at* his character. 意地悪い非難が彼の性格に向けてそれとなく放たれた.

glance back 他 …を反射する, 照り返す ▪ It *glanced back* the flame of the lamp merrily. それはランプの炎を景気よく反射していた.

glance down 他 **1** …にざっと目を通す ▪ He *glanced down* the account. 彼は計算書にざっと目を通した.

2 …を見おろす ▪ We *glanced down* the mighty cliffs beneath us. 我々は脚下の巨大ながけを見おろした.

glance off [***from***] 圓 他 **1** (矢などが)…をかすってそれる, (矢など)をよける ▪ The arrow *glanced off* his armor. 矢は彼のよろいをかすってそれた ▪ The spears flew past, several *being* skilfully *glanced off* by the men. 槍が何本も飛んできたが, いくつかは兵士たちにうまくよけられた.

2 (人が主題)からわき道へそれる ▪ I *glanced off* the subject. 私は主題からわきへそれた.

glance on [***upon***] 圓 他 **1** …をかすってそれる[そらす] ▪ The blow only *glanced on* the bone. その打撃はただ骨をかすっただけだった ▪ His free kick *was glanced on* by John Kennedy to the back post. 彼のフリーキックはジョン・ケネディーにそらされて後柱にまでころがった.

— 他 **2** = GLANCE at 2.

glance over 他 **1** …をざっと見る ▪ He *glanced over* the letter. 彼はその手紙をざっと読んだ ▪ The mail *was glanced over* quickly. その手紙は大急ぎで目を通された.

2 (話など)をさっとかたづける ▪ He *glanced over* it, with very few words. 彼はきわめて言葉少なにその話をさっとすませた.

glance up 他 …をちらりと見上げる ▪ We *glanced up* the top of the tower. 私たちは塔のてっぺんをちら

glare /gleər/ **glare at [on, upon]** 他 …をにらむ, ねめつける ▪ They were *glaring at* each other. 彼らはにらみ合っていた ▪ I *was glared at* forcefully. 私はひどくにらまれた.

glare back 他 …をぎらぎら照り返す ▪ The gaudy glass *glared back* the torches. 豪華な鏡はたいまつをぎらぎら照り返した.

glare down 自 **1** (太陽などが) ぎらぎら照りつける (*on*) ▪ The sun *glared down on* the dead soldiers. 太陽は戦死兵たちにぎらぎら照りつけた.
2 (…を)にらんで[鋭い目つきで]見おろす (*on*) ▪ Ramsey *glared down on* me from a few inches away. ラムジーは数インチ離れたところから私を見おろしてにらんだ.
— 他 **3** …をにらみつけて(おじけづかせる) ▪ The landowner looked him straight in the eye and *glared* him *down*. 地主は彼の目をまっすぐに見て, にらみつけた.

glass /glæs|glɑːs/ **glass over** 自他 **1** …にガラスを張る ▪ The archway must *be glassed over*. 通路上のアーチにガラスを張らなければならない.
2 (目が)ぼやける[(目を)ぼやけさせる], うつろになる[する] ▪ I saw his eyes *glassed over* with hope. 私は彼の目が希望でうっとりとなるのを見た ▪ Her eyes *glassed over* with tears. 彼女の目は涙でぼうっとなった ▪ Scott's eyes *were glassed over*, ready to cry. スコットの目はうるうるとしてきて, 泣かんばかりだった.

glaze /gleɪz/ **glaze in** 他 …をガラスで囲む ▪ The wall on either side of the central door *is glazed in*. 中央のドアの両側の壁はガラス張りにされている.

glaze over 自他 《英》(関心・意識がなくなって, 目・表情が)どんよりする ▪ The man's eyes *glazed over*. その男の目はどんよりしていた.

glean /gliːn/ **glean** *A* **from** *B* 他 **1** A (事実・情報など)をB (書物など)から少しずつ収集する ▪ The story has *been gleaned from* many sources. その話は様々な出典から寄せ集められたものだ.
2 A (落ち穂・刈り残しなど)をB (畑など)から拾い集める ▪ We *gleaned* the fallen apples *from* the orchard. 私たちは果樹園に落ちたリンゴを拾い集めた ▪ We *gleaned* scraps of iron and steel *from* everywhere. 我々は至る所から鉄や鋼鉄のスクラップを集めた.

glide /glaɪd/ **glide away [along]** 自 移り行く ▪ Thus the days *glided* slowly *away*. このようにして日々はゆっくりと移っていった.

glide in 自 すうっと入る ▪ He *glided* quietly *in*. 彼はすうっと静かに入った.

glide into 自 **1** …にすうっと入る ▪ She *glided into* the room. 彼女はすうっと部屋へ入って来た.
2 …にずるずると入りこむ ▪ He *glided into* bad habits. 彼はずるずると悪習がついてしまった.
3 ついうかうかと…する ▪ I *glided into* telling you the secret. 私はついうかうかとあなたに秘密を話してしまった.
4 すうっと…に溶け込む ▪ Autumn *glided into* winter. 秋は知らぬ間に冬になった.

glide on to 自 (音声学で)(次の音)へ渡る ▪ A short accented vowel *glides on to* a consonant. アクセントのある短い母音は次の子音へ渡る.

glide out of 自 …からすうっと出る ▪ She *glided* quietly *out of* the room. 彼女は音もなくすうっと部屋から出て行った.

glimmer /glímər/ **glimmer into** 自 かすかに光って…となる ▪ The figures *glimmered into* something like visibility. その姿はかすかに光って少し見えるようになった.

glitter /glítər/ **glitter over** 自 (氷雨の後で)氷でおおわれる[おおう] ▪ The road *glittered over* this morning. 今朝道路は氷でおおわれた.

glitter with 自 …でキラキラ輝く; でギラギラ光る (比喩的にも) ▪ The guest list *glittered with* famous names. 来賓名簿は有名な人々の名前で異彩を放っていた.

gloat /gloʊt/ **gloat over [on, upon]** 他 …を満足そうにながめる; (時には悪意をもって)小気味よさそうに…を見る ▪ He *gloated over* his treasures. 彼は自分の財宝を満足そうにながめた ▪ They *gloated over* the misfortunes of the enemy. 彼らは敵の不運にほくそ笑んだ ▪ The accident shouldn't *be gloated over*. その事故を小気味よさそうにながめるべきでない.

glom /glɑm/ **glom onto** 他 《米俗》**1** …に興味をもつ, に飛びつく ▪ The media has *glommed onto* the latest White House scandal. メディアは最近のホワイトハウスのスキャンダルに飛びついた.
2 …をつかまえる; を手に入れる; をつかむ; を盗む ▪ Where did you *glom onto* this book? この本, どこで手に入れたの.

gloom /gluːm/ **gloom on [at]** 自 …に対して顔をしかめる ▪ She *gloomed at* the messenger and at the request. 彼女は使者にもその依頼にも顔をしかめた ▪ Fortune *glooms on* me now. 今は私には運が向いていない.

glory /glɔ́ːri/ **glory in** 他 **1** …を得意がる, 誇りとする ▪ He *glories in* his victory [his strength]. 彼は勝利[腕力]を得意がっている ▪ Smoking *was gloried in*, but now it is held to be disgraceful. 喫煙が得意そうに行われていたが, 今ではダサいと思われている.
2 《戯》…という(おもしろい)名を持つ ▪ The young man *gloried in* the name of Juan Velasquez. その青年はフアン・ベラスケスという(おかしな)名を持っていた.

gloss /glɑs|glɔs/ **gloss on [upon]** 自 (語句)に解説を加える; (言動)に批評(特に悪評)を加える ▪ He *glossed on* the smallest of her actions. 彼は彼女の行動の最も小さなのにも批評を加えた.

gloss over 他 **1** …をうまく取り繕う, もっともらしく…のうわべを飾る ▪ He could not *gloss over* such a mistake. 彼はそんな誤りを取り繕うことはできなかった.
2 …に光沢をつける ▪ The brasses *were glossed*

glow /glou/ ***glow into*** 自 …に燃えて食い入る ▪ His eyes seemed to *glow into* my brain. 彼の目は輝いて私の脳裏に食い込むように思えた.

glow with 自 **1** 光を放つ, 真っ赤に燃える ▪ The western sky still *glowed with* fire. 西の空はまだ茜(あかね)色に燃えていた.

2《顔・目が》…で輝く, 紅潮[上気]する ▪ Lindfors *glowed with* pride at that. リンドフォシュはそれを聞くとプライドで顔を輝かせた.

glower /ɡláuər/ ***glower at*** [***over, upon***] 他 **1** …をにらみつける ▪ He *glowered upon* us with hate. 彼は我々を憎らしげににらみつけた ▪ You don't go to church to *be glowered at*. 教会はにらみつけられに行くところではない.

2《英・方》目を丸くして…を見つめる, 一心に驚いて…を見つめる ▪ Why do you *glower at* me like that? なぜそんなに目を丸くして私を見つめるのですか.

gloze /glouz/ ***gloze over*** 他 《欠点・悪行など》を言い繕う ▪ It is not charity to *gloze over* the sins and sorrows of men. 人間の罪や悲しみをうまく言い繕うのは博愛ではない ▪ The flagrant contradiction *was* neither denied nor *glozed over*. その明白な矛盾は否定も釈明もされなかった.

glue /glu:/ ***glue down*** 他 …をしっかりと貼りつける ▪ We must *glue* the mat *down* at the edges. マットのへりのところはしっかりと貼りつけなければならない.

glue together 他 《通例二つの物》をくっつける ▪ Oddly, two of the pages *were glued together*. おかしなことに, (本の)2ページがくっついてしまった.

glue up 他 …を封じる, 密閉する ▪ We *were glued up* in the closet. 我々は押し入れにすっかり閉じ込められた.

glut /ɡlʌt/ ***glut down*** [***in***] 他 …をぐっと飲み下す[込む] ▪ I am not keen on beer from a bottle but *glutted* this *down* no problem. ビールをラッパ飲みするのはあまり好きじゃないが, こいつは軽くゴクゴクやれたよ.

glut a person with 他 人を…で十分満足させる ▪ His ambition *was glutted with* the rank of Cardinal. 彼の大望は枢機卿の地位を得て十分満足させられた.

gnaw /nɔ:/ ***gnaw…asunder*** 他 …をかみ切る[二つにかみ切る] ▪ The mouse *gnawed* the cord *asunder*. ネズミは綱をかみ切った ▪ He *gnawed* the cord *asunder* in two. 彼はその綱を二つにかみ切った. ➡ gnaw…in two ともいう.

gnaw at 他 **1** …をしゃぶる, かじる ▪ The dog *gnaws at* a bone. 犬は骨をしゃぶる ▪ The beasts *gnawed at* the root of the tree. その獣がその木の根をかじった ▪ The red velvet *had been gnawed at* over the years by animals. その赤いビロードはここ何年にもわたって動物にかじられていた.

2 …をさいなむ, むしばむ ▪ Fever *gnaws at* his life. 熱病が彼の生命をさいなんでいる.

gnaw away [***off***] 他 **1** …をかみ[かじり]取る ▪ The dog *gnawed off* my baby's nails. 犬がうちの赤ちゃんの爪をかみ取った ▪ Mice have *gnawed* the ropes *away*. ネズミがロープをかじって切った.

2 …を腐食する, むしばむ ▪ The acid *gnawed away* the iron. 酸がその鉄を腐食した ▪ Illness *gnawed* life *away*. 病いが生活をむしばんだ.

gnaw away at 他 **1** …を(しきりに)かじる[刺す] ▪ The dog *gnawed away at* his bones. 犬は骨を盛んにかじった ▪ The mosquitoes were *gnawing away at* me in the night. 夜中に蚊が私を刺していた.

2 《人》を(しきりに)悩ます[苦しめる] ▪ For years, the one problem has *gnawed away at* her. 何年もその一つの問題が彼女をしきりに悩ませた.

gnaw into 他 …をかじって穴をあける; を腐食する; さいなむ, 消耗する ▪ A large number of sacks of flour had *been gnawed into* by rodents. 多くの小麦粉の袋がネズミにかじられて穴を開けられていた ▪ Torments have *gnawed into* his life. 苦悩が彼の命をさいなんだ ▪ The acid *gnawed into* the iron. 酸がその鉄を腐食した.

gnaw on [***upon***] 他 **1**《通例動物が》…をかじる ▪ This slipper has *been gnawed on* by the puppy! このスリッパはずっと子犬にかじられていたんだ! ▪ He returned *gnawing on* his lips. 彼はくちびるをかみながら帰って来た.

2 …を苦しめる, 悩ます ▪ Her letter had *gnawed on* me since it arrived a couple weeks ago. 2, 3週間前に届いて以来, 彼女の手紙で私は悩んでいる.

gnaw out [***up***] 他 …をかじってしまう ▪ Rats *gnaw up* everything; otherwise their teeth will become overgrown. ネズミは何でも齧(かじ)るが, そうしないと歯が伸び過ぎてしまうからだ ▪ The major portion of the crater *was gnawed out* by ancient rainfall. クレーターの大部分は大昔の降雨によってえぐりとられた.

go /ɡou/ ***go*** [***come***] ***aboard*** (***of***) 自 《船》に乗る, 乗船する ▪ He *came aboard of* my ship. 彼は私の船に乗り込んできた.

go about 自 **1** 歩き回る, あちこちへ行く ▪ He *went about* with a bag. 彼は袋を持って歩き回った ▪ The tourists *went about* London freely. 旅行客たちは盛んにロンドンのあちこちへ行った.

2 (…と)出歩く, うろつく; (男女が)つき合う, 外出する (*with*) ▪ They are *going about* to get the wind of me. 彼らは私の噂をかぎつけるためうろついている ▪ He is *going about with* that Russian girl. 彼はあのロシア人の女の子とねんごろにしている ▪ They seldom *went about* together. 彼らはめったにデートをしなかった.

3 回り道をする ▪ You have *gone* a long way *about*. ずいぶん回り道をしたもんだね.

4《海》船が針路を転じる, 船首を回す《特に上手回しをする》▪ Come, now, stand by to *go about*. さあ, 上手回しの用意をせよ ▪ The ship *went about*. 船は針路を転じた.

5《風などが》方向を変える; 転回する; 《軍》回れ右する ▪ The wind moderated and *went about*. 風は穏

やかになり方向を変えた ▪The divisions *went about*. 戦隊は回れ右した.
6(服装・外見が)…である ▪The priest *went about* in a grease-stained windbreaker. 牧師は油で汚れたウインドブレーカーを着ていた.
— 自他 **7**(説・金が)流布する,(うわさが)広まる ▪The story is *going about* the town. その話が町に広まっている ▪We see clipt money *go about*. 端から切り取った貨幣が流通しているようだ.
8(仕事など)に取りかかる ▪I must *go about* my work. 仕事に取りかからなければならない.
9(仕事など)をせっせとする,続ける ▪The goal is to *go about* our business as normal. 目標はいつも通り仕事をすることだ ▪The best way to fight terrorism is to *go about* our normal lives. テロと戦う最善の策は日常の生活を続けることだ.
10(ある仕方で)…する,取り扱う ▪How do you *go about* buying stocks online? インターネットで株をどうやって買うのですか ▪You're *going about* it in the right way. 君のそのやり方は正しい.
11《英》…を繰り返し行う, しょっちゅう…をする (*doing*) ▪Most of the inmates *go about* their routine regularly. 収容者の大半は日常作業を規則的に行なっている.

go above *a person* 自《米》(綴字教室で)前の者の失敗したあとをうまく綴ってその者の上席に進む ▪If he gets it wrong, the one who is next in the class spells it if he can, and *goes above* him. 彼が綴字をまちがえば次の席の生徒ができたらその語を正しく綴り, 彼の上席へ進む.

go abroad 自 **1**(噂などが)広まる ▪My fame has *gone abroad* in London. 私の名声はロンドンに広まっている.
2外国へ行く ▪He wants to *go abroad* again. 彼はまた外国へ行きたがっている.

go across 自 **1**くい違いになる, 逆になる ▪I've seen many different things *go across*. これまでに物事がうまくいかないのをいろいろ体験してきた.
2理解される, 了解される ▪Your speech didn't *go across* to the crowd. あなたの演説は群衆にはわからなかった.
3(…へ)鞍がえする(*to*) ▪He *went across* to the Democrats. 彼は民主党へ鞍がえした.
4(…の方へ渡って)行く ▪I *went across* to the boy and asked if he was ill. 私は少年の方へ行って病気かと尋ねた.

go after 自他 **1**《口》…を追う, 追って行く ▪*Go after* George, and ask him for some money. ジョージを追って行って, 少し金をくれと言いなさい.
2《口》…を捕える[得よう]とする, 求める ▪She *went after* a doctorate. 彼女は博士号を得ようと努めた ▪Some people *go after* fame, some *after* wealth. 名声を求める者もいれば, 富を求める者もいる ▪These individuals should *be gone after*, prosecuted and held accountable. この種の連中は逮捕起訴され説明責任を問われるべきだ.
3…の交際を求める,(女性など)のあとを追い回す,(弟子が先生)にしきりに尋ねる ▪Don't *go after* that Frenchman. あのフランス人と交際しようとしてはいけません ▪He is *going after* a Russian girl. 彼はロシア人の女の子を追い回している.

go against 自他 **1**…に向かない, 合わない ▪It *goes against* my conscience to deceive others. 他人をだますことは私の良心にもとる ▪Posada's bat *went* dead *against* lefty pitching. ポサダ選手のバッティングは左腕投手の投球に全く合わなかった.
2…に対抗する; に反対する ▪The firm is *going against* us. その商会は我々に対抗している ▪He *went against* the stream. 彼は時勢に逆らった.
3(判決・事業・競争など)…に不利となる, 不利な結果となる ▪The war *went against* us. 戦争は我々に不利となった ▪Luck has *gone against* him. 彼は運が悪かった ▪It is not seldom that counties *are gone against* by various writs. 州が種々の令状により不利な立場に追い込まれるのはまれなことではない.
4…を攻撃する; を襲撃する準備をする ▪In the last few decades, Syria never *went against* Iran. ここ数十年シリアは一度もイランに敵対したことはない.

go ahead 自 **1**《口》〖主に命令文で承認・賛成を表し, しばしば All right! の意味を持つ〗すぐ進行せよ,(話・仕事)を進めよ, よしやれ,《米》お話しください ▪If you think you can solve the problem, *go ahead*. その問題が解けると思うなら, すぐかかりなさい ▪*Go ahead*. (相手をうながして)どうぞ.
2(どんどん)先へ進む; 先に行く ▪*Go ahead* and tell him the news. 先に行って彼にそのニュースを知らせてやれ ▪They *go ahead* in life in this way. 彼らはこのようにして世を渡って行く.
3進歩する, はかどる; 成功する ▪They are *going ahead* in their business now. 彼らは今や仕事がずんずんはかどっている.

go ahead of 自他 **1**…より先に行く, 先を行く ▪The man *went ahead of* us to clean the house. その男は家の掃除をするため我々より先に行った.
2…よりまさる ▪This music *goes ahead of* all the music I ever heard. この音楽は今までに聞いたすべての音楽にまさる.

go ahead with 自他 …を進める, 続行する ▪We are *going ahead with* our plans. 我々は計画を進めている.

go along 自 **1**(…へと)進む, 行く, 参加する(*to*); 同行する(→GO along with 1) ▪I *went along to* a local cinema with my other half. 妻[夫]と最寄りの映画館に行った ▪We *went along to* the party and had a great evening. 私たちはパーティに行き素敵な夜を過ごした.
2進んでいく, やっていく ▪You will find it easier as you *go along*. 進んでいくにつれてだんだん易しくなるでしょう ▪How is your work *going along*? あなたの仕事はどんな風に進んでいますか.
3〖主に as 節中で〗あれこれ[そこそう]する; ついでに[片手間に]する ▪I took notes for a novel as I was *going along*. 私はあれこれしながら小説用のメモを書き留めた ▪Did you plan it or did it just grow as

you *went along*? 計画したのですか, それともやってるうちにできてきたのですか?

4《口》[命令文で] 去れ, あっちへ行け; ばかなことを言うな[するな], 嘘つけ, まさか ▪ *Go along*, you saucy boy! あっちへ行け, 生意気な小僧め.

go along with 自 **1** …といっしょに行く, について行く ▪ I'll *go along with* you to the park. 私は公園までお供します ▪ You must *go along with* the guide. あなたは案内人について行かなければならない.

2 …と行動を共にする, 協力する ▪ They *went along with* dissident groups within the organization. 彼らは団体内の異端派と行動を共にした.

3(ある点まで)…に賛成である, 同調する ▪ I *go so far along with* you. 私はそこまではあなたに賛成します.

4 …に伴う; に付いている, の一部である ▪ Diminished happiness *goes along with* increased prosperity. 幸福の減少は繁栄の増加に伴う ▪ A TV stand *goes along with* the TV set if you pay cash. 現金でテレビをお買い上げならテレビ台をお付けします.

5(方針)に従う; (案)を実行する ▪ He will *go along with* the view. 彼はその見解に従うだろう ▪ They *went along with* the recommendations. 彼らはその勧告案を実行した.

6《口》[命令文で] 去れ, あっちへ行け; ばかなことを言うな[するな] ▪ *Go along with* you! 嘘つけ!; ばかなことはよせ! ▪ *Go along with* you, you bad boy! あっちへ行け, いたずら小僧め.

go around →GO round.

go [***get, come***] ***ashore*** 自 **1**(船から)上陸する ▪ Soon we *went ashore*. まもなく我々は上陸した.

2(船が)浅瀬に乗り上げる ▪ The boat may *go ashore*. 船は浅瀬に乗り上げるかもしれない.

go aside 自 **1**(弾丸などが)はずれる ▪ Miller's shot *went aside*. ミラーの弾ははずれた.

2 よける ▪ They *went aside* for a few moments. 彼らはちょっとの間わきへよった.

go at 自他 **1**(行動・競争・仕事)に取りかかる; 懸命に取り組む ▪ He *went at* it hammer and tongs. 彼は猛烈他勢いでそれに取りかかった ▪ Jim *went at* the math problem. ジムは懸命に数学の問題に取り組んだ ▪ She *went at* the job with a lot of energy. 彼女はその仕事に必死で取り組んだ.

2《口》…を攻撃する ▪ He *went at* Tom with his fists. 彼はこぶしを握ってトムにかかって行った ▪ If the army and the marines *went at* each other, who would win? 陸軍と海兵隊が互いに攻撃しあったら, どちらが勝つだろうか ▪ A lot of pupils at school have *been gone at* by flu. 多数の生徒がインフルエンザにやられている.

3《口》…を試みる, やる ▪ They *went at* the work cheerfully. 彼らは元気にその仕事をやった.

── 自 **4**(ある値段)で売られる ▪ Those shoes are *going at* £55 a pair. その靴は1足55ポンドで売られている.

go athwart 自 **1** 思うようにいかない ▪ All *went athwart*. 万事思うようにいかなかった.

2 …をさえぎる; にさからう ▪ Things *went athwart* my purpose. 万事が私の目的をさまたげた.

go away 自 **1** 去る, 出発する, 旅に出る ▪ When are you *going away* on your vacation? いつ休暇の旅に出られますか.

2[主に命令文で] 立ち去る, (じゃまを)やめる ▪ *Go away* and leave me alone. あっちへ行って, 私を一人にして[ほうって]おいてくれ.

3(痛み・臭いが)なくなる, やむ, 消える ▪ The pain *went away* gradually, and today I have no pain. 痛みは徐々にうすれていって, 今日は全く痛みはない ▪ The faint smell of her perfume *went away* as she left. 彼女が去ると香水のほのかな香りが消えた.

4(花嫁が新郎とともに, 客に送られて)ハネムーンに出て行く ▪ Mary *went away* in a very smart outfit. メアリーはとてもパリッとした服でハネムーンに出発した. ▪ そのとき着る衣服について述べる場合に用いる.

5 自由に[早く]行く ▪ Mariners *went away* before the wind. 水夫たちは順風を受けてどんどん航行した.

go away with 自他 **1** …を持ち逃げする, 持ち去る; と駆け落ちする ▪ He has *gone away with* my razor. 彼は私のかみそりを持ち逃げした ▪ The guy has *gone away with* my daughter! やつめ, わしの娘と駆け落ちしおって!

2 …を信じる ▪ Don't *go away with* such an idea. そんな考えを信じてはいけません.

go [***run, tread***] ***awry*** 自 (人が)誤る, まちがいをする; (物が)うまくいかない ▪ He was so just that he would not *tread awry*. 彼は非常に正しい人だったからまちがったことはしようとしなかった ▪ The marriage itself *went awry*. 結婚そのものがうまくいかなかった.

go back 自 **1** 帰る, 元へ戻る; 返品[返納, 返却]される ▪ I am *going back* to Kent. 私はケントへ帰ります ▪ *Go back* as you please. どうぞご自由にお引き取りください ▪ The dress *went back* to the store. そのドレスは店に返品された.

2(元の状態・活動方法へ)復帰する; (男女が)よりを戻す; (夏時間・試合中断などで時計が)戻される (*to*) ▪ He *went back to* his old ways. 彼は元の癖に戻った ▪ The strikers have *gone back to* work. スト参加者らは仕事に復帰した ▪ Daly *went back to* his former girlfriend and they married. デイリーはもとのガールフレンドとよりを戻し彼らは結婚した ▪ The clock *went back* (by) an hour yesterday. きのう時計は1時間(ほど)戻された.

3(時代を)さかのぼる (*to*); さかのぼって考察する, 回顧する; …前からのつき合いである ▪ His family *goes back to* the Pilgrim Fathers. 彼の一族は清教徒移住団にまでさかのぼる ▪ John and I *go back* 20 years. ジョンと私とは20年来の知り合いだ.

4(話などで)元に戻る (*to*) ▪ Let's *go back to* the President's speech. 大統領の演説に戻りましょう.

5(頭が)後ろに倒れる ▪ His head *went back* in laughter. 彼はのけぞって大笑いした.

6 退く; (値段が)下がる ▪ The cavity *goes back* some 14 inches. その穴は14インチほど深まる ▪ I will never *go back* from my work. 私は決して仕事から手を引かない ▪ It *went back* in price. その値段

7《米》相手が2倍にした賭けをさらに2倍にする ▪ Never forget the possibility of their *going back*. 彼らが賭けをさらに2倍にする可能性があることを忘れるな.

8 盛りを過ぎる, 下り坂になる ▪ These trees are *going back*. これらの木はだんだん衰えてくる.

9 先祖帰りをする ▪ The abnormal horse has *gone back* to an ancestral type. その異常な馬は先祖の形に帰ったものである.

go back of 他 **1**(約束など)を破る, 破棄する ▪ He *went back of* his promise. 彼は約束を破った.

2《米口》…を(詳しく)調べる ▪ They cannot *go back of* the returns. 彼らはその統計表を調べることはできない.

3 …を支持し続ける ▪ We should *go back of* that. 我々はそれを支持し続けるべきである.

go back on 自他《俗》**1**(約束など)を破る; (行事など)を取り消す; から手を引く, (主義など)を捨てる ▪ They won't *go back on* their word. 彼らは約束は破らないだろう ▪ He *went back on* his assent. 彼は承諾を取り消した ▪ He *went back on* his principle. 彼は自分の主義を捨てた.

2(人)を裏切る, 見捨てる ▪ Some member has *gone back on* his comrades. ある会員が同志の人々を裏切った.

— 自 **3** …をあと戻りする ▪ He *went back on* the road. 彼はその道をあと戻りした.

4(力などが)働かなくなる ▪ In advanced years a man's mind might *go back on* him at any moment. 老齢になると人の心はいつなんどき働かなくなるかもしれない.

go back over 他 **1** …を見直す, 調べ[考え]直す, 回顧する ▪ I stopped and *went back over* the past year and a half. 私は立ち止まって過去1年半のことを振り返った.

— 自 **2** …を越えて戻る ▪ As we *went back over* the mountain, we had to pass German positions. 山越えして戻るとき, 我々はドイツ軍の陣地を通過しなければならなかった.

go backward 自 (車が)後戻りする; 退歩[堕落, 悪化]する ▪ This community was *going backward*. この共同社会は退歩していた.

go before 自 **1** …の先を行く; 先に行く ▪ Let me *go before* you. 私にあなたの先を行かせてください ▪ He determined to *go before* with part of the navy. 彼は海軍の一部とともに先に行く決心をした.

2(時間・順序において)前にある, 先に来る ▪ We learn it in the text that *goes before* in this chapter. 我々はそれをこの章の前の方にある本文で学ぶ ▪ We owe a lot to those who *went before* us. 私たちは己の祖先のお陰を大いに蒙っている.

3 …の前に出る ▪ He *went before* the judge. 彼は裁判官の前に出た.

4 …の先に死ぬ ▪ James will *go before* John. ジェイムズはジョンより先に死ぬだろう.

5 …にとがめられる ▪ The office boy *went before* the secretary for impertinence. その給仕は生意気だというので事務官にしかられた.

6(審議のため)…に提出される ▪ Your proposal will *go before* the board of directors. あなたの提案は重役会に提出されます.

go behind 他 **1**(書類など)の裏を探る, 裏を探って真相を確かめる; の内面を調べる ▪ *Go behind* the evidence. その証拠の裏を探りなさい ▪ He *went behind* what had been said. 彼は話の真偽を精査した.

2(問題)をむし返す ▪ It is a thing settled and therefore we cannot *go behind* it. それはもう解決したことだからむし返すことはできない.

go below 自 デッキから船室に降りる ▪ Michael *went below* and helped his groggy father to the deck and into the raft. マイケルは船室に降りて, ふらふらしている父親を助けて甲板に上らせ, いかだに乗せた ▪ I *went below* deck to get some sleep. 私はちょっと寝るためにデッキから船室に降りた.

go between 他 (両者)間の仲裁をする; のなこうどとなる ▪ He *went between* the two parties. 彼は両者のなこうどをした.

go beyond 自他 **1** …に勝る, をしのぐ ▪ He set out to *go beyond* his previous attempt. 彼は自分の前の試みをしのごうとかかった.

2(範囲・線など)を越える ▪ Being a man of action, he often *goes beyond* his orders. 活動家なので, 彼は命令されたこと以上のことをすることがよくある ▪ The prohibition *goes beyond* the town boundary. その禁止令は町の境界の外まで及んでいる.

3 …より上へ上がる ▪ The price *went beyond* our means. その値段は我々の収入より高くなった ▪ The airman *went beyond* all previous records. その飛行士はすべての前の記録より高く上がった.

4 …の手におえなくなる ▪ The children are *going beyond* my control. 子供たちは私の手に負えなくなりつつある ▪ The control of the boys *went beyond* my power. 少年たちの管理は私の力に及ばなくなった.

5 = GO past 3.

go by 自 **1** 過ぎて行く; 通り過ぎる ▪ The time for sowing is [has] *gone by*. 種まき時はもう過ぎ去った ▪ Please drop this letter at the Post Office as you *go by*. どうぞお通りがかりに郵便局にこの手紙を入れてください.

2[主に let…go by の形で](機会などに)取り逃がされる; (罪などが)見のがされる, 無視される, 省かれる ▪ You should not *let* any job *go by*. 君はどんな仕事でも取り逃がしてはならない ▪ This is wrong, but *let* it *go by*. これは悪いことだが見のがしましょう.

3《米口》訪問する, 立ち寄る ▪ Will you *go by* and dine with me? ちょっと立ち寄って私と食事をしませんか ▪ I *went by* his house, but he didn't answer the door. 彼の家に立ち寄ったが, 彼は応対に出なかった.

4 …によって判断する ▪ Don't *go by* appearance. 風采で判断してはいけない.

5 ...に従ってやる; による, 基づく; によって動く; に頼る ▪ I shall *go by* what the doctors say. お医者さんたちの言われる通りにいたします ▪ In deciding the question, you should *go by* instinct. その問題を決定するには本能に従うべきである ▪ The toy *goes by* electricity. そのおもちゃは電気で動きます.
6 (物が)...によって決まる, 割り当てられる ▪ Everything *goes by* interest nowadays. 今は万事てこの世の中だ ▪ Things *go by* contraries here. ここでは何事もさかさまである ▪ Smaller offices should *go by* lot. 比較的小さい役職はくじで決めるべきである.

go down 自 **1** (...を)下る, 降りる; (道が)下りになる ▪ Let's *go down* by the lift. エレベーターで降りましょう ▪ Let's *go down* the promenade. 散歩道を下って行きましょう ▪ The road *went down*. 道は下りになっていた ▪ I live on a lake, with stone steps *going down* to the water. 私は湖畔に住んでいて, 水辺に降りる石段がある.
2《口》(店などなじみの場所に)立ち寄る (*to*) ▪ I'd like to *go down* the pub for a couple of times a week. 週に2, 3回はパブに寄りたいです ▪ I think I'll *go down* to the pub for a bit. ちょっとパブに寄って行こう.
3 (町から)田舎へ行く; (南へ)行く ▪ He has *gone down* to Brighton. 町から田舎のブライトンへ行った ▪ When I was 5 or 6, we *went down* to Hawaii to see the total solar eclipse. 5歳か6歳のとき, 皆既日食を見るためにハワイに行った.
4 下がる, 下降する ▪ My temperature has *gone down*. 私の体温が下がった ▪ The prices of commodities have *gone down*. 物価が下がった ▪ When the traffic *went down* to 50 mph, air pollution *went down*, carbon emissions *went down* and accidents *went down*. 交通が時速50マイルに減速すると, 大気汚染が減り, 炭素排出量が減り, 事故が減った.
5《口》飲みこまれる, のどを通る ▪ The pill won't *go down*. その丸薬はどうしてものどを通らない ▪ A cup of tea would *go down* well [《英口》*go down* a treat]. 紅茶が好んで愛飲される.
6 (...として)記録される, 伝えられる; 残る (*as*) ▪ It will *go down* in her book. それは彼女の本に記録されるだろう ▪ He will *go down* in history *as* a hero. 彼は英雄として歴史に残るだろう ▪ This hurricane will *go down* in the record books. このたびのハリケーンは記録簿に記載されるだろう.
7《口》(事件・出来事が降って)起こる, 生じる ▪ Cold-blooded murder *went down* in that house. あの家で残酷な殺人事件が起きた ▪ What's *going down*? 下界では何が起こっているのかね.
8 (品質・評判が)下落[低下]する ▪ This hotel has *gone down* in the past few years. このホテルはこの数年のうちに格が落ちた ▪ The neighborhood, once prosperous, has *gone down*. その近隣はかつては繁華であったが落ちぶれてしまった.
9《電算》ダウンする, 作動しなくなる (= crash) ▪ The system *went down* and became unavailable. システムがダウンして利用不可能になった.
10 (船・天体が)沈む; おぼれる; (飛行機が)墜落する ▪ The ship *went down* with all on board. 船は乗船者もろとも沈んだ ▪ The sun *went down*. 日は没した ▪ I saw the boy *go down*. 私はその少年がおぼれるのを見た ▪ A hijacked airliner *went down* in Pennsylvania, killing all on board. 乗っ取られた旅客機がペンシルベニアに墜落し搭乗者全員が死亡した.
11 (波・風などが)静まる, おさまる ▪ The sea has *gone down*. 波は静まった ▪ My passions *went down*. 私の激情はおさまった.
12 倒れる[倒される] ▪ I heard four shots and saw him *go down*. 私は4発銃声を聞いて彼が倒れるのを見た ▪ There are four wickets to *go down*. 4つの柱門を倒さなければならない.
13 身をかがめる, ひざまずく, 四つんばいになる (*on*) ▪ Hit with a right hook to the chin, Smith *went down on* hands and knees and couldn't get up by the count of 10. あごに右のフックを打たれ, スミスは四つんばいになり, カウント10までに立ちあがれなかった.
14 降服する[屈する] (*before, to*): 負ける (*against*); 失敗する; 《野球》アウトになる; 《トランプ》(契約した数のトリック(trick)を取れなくて)ダウンする, 落ちる ▪ Fanaticism *went down before* discipline. 熱狂は規律に屈した ▪ The Roman Empire finally *went down to* the barbarians. ローマ帝国は結局異邦人に屈した ▪ He *went down* swinging. 彼ははら振りでアウトになった ▪ Bootle *went down* 3-2 *against* Birchfield. ブートルは3対2でバーチフィールドに敗れた ▪ We had bid four spades and the bad distribution made us *go down*. フォアスペードをビッド(宣言)したが, 手札の割れ方が悪かったためダウンしてしまった.
15《英》下位リーグに落ちる, 降格になる ▪ The club *went down* into the Second Division for the first time in 27 years. そのクラブは27年ぶりに第2部に格下げになった.
16 (空気が)抜ける; (腫れが)引く ▪ Adventurer Steve Fossett's balloon *went down* in the South Pacific. 冒険家スティーブ・フォセットの気球は南太平洋上で空気が抜けた ▪ The swelling *went down* so much overnight. 腫れは一晩でほとんど引いた.
17 (劇場などで灯りが徐々に)暗くなる (↔GO up 15) ▪ The lights *went down* and the previews and movie started. 灯りが消えて予告編と映画が始まった.
18《英大学》(休暇・退学・卒業で)大学を去る (↔GO up 8) ▪ He *goes down* next term. 彼は来学期に大学を出る.
19《海》甲板から下の(船室へ)降りる ▪ "*Go down*!" the sailor cried. 「下の船室へ降りろ」と水夫は叫んだ.
20《口》(セックスの対象が)局所に降りる, オーラルセックスをする (*on a person*).
21《命令文で》(犬に)飛び上がるな ▪ *Go down*, sir. Your paws are muddy. こら, 飛び上がるなよ! 足が泥だらけじゃないか.
22《俗》投獄される ▪ Koz *went down* for a two-year prison sentence. コズは2年の実刑判決で刑務所送りになった.

23 (...まで)下る, 達する, 及ぶ (*to*) ▪ The history *goes down to* the death of James II. その歴史書はジェイムズ2世の死のところまで記載している.

24 (...に)伝わる (*to*) ▪ He will *go down to* posterity as a brave Alpinist. 彼は勇敢な登山家として後世に伝わるだろう.

25《口》認容される; 受ける, 受けいれられる (*with*) ▪ The explanation does not *go down with* me. その説明は私の腑に落ちない ▪ The most unlikely stories *go down with* him. 最もありそうもないような話でも彼は信じる ▪ Sensational novels always *go down with* the public. 扇情小説はいつも大衆に受ける.

go down with 自 **1** (...病に急に)かかる ▪ He has *gone down with* influenza. 彼はインフルエンザにかかってしまった.

2 →GO down 25.

go far 大成功をする, 偉くなる, 多くをなし遂げる ▪ He will *go far*, as he works hard. 彼は精励家だから, 大成功をするだろう ▪ He will *go far* in the matter. 彼はそのことに大いに奮発する[金を出す]だろう ▪ She won't *go far* as a singer. 彼女は歌手としては成功しないだろう.

go for 自 **1** ...しに行く ▪ I *went for* a walk [a ride, a drive, a swim]. 私は散歩[乗馬, ドライブ, 泳ぎ]に行った.

2 ...で売れる ▪ Those watches are *going for* 62 pounds each. それらの時計は1個62ポンドで売られています.

3 ...にあてはまる ▪ What I have said about him *goes for* you, too. 彼について私の言った事は君にもあてはまる.

4 ...の代わりに行く ▪ He *went for* me to the grocer's. 彼は私の代わりに食料品店へ行った.

5 ...を買うのに使われる ▪ My dollar *went for* a soda. 私の1ドルはソーダ水1杯を買うのに使われた.

6 ...の値うちがある, だけの役に立つ ▪ She was pretty, and that *went for* something. 彼女は美しかった, そしてそれはなかなかのことであった ▪ My trouble *went for* nothing [much]. 私の骨折は何にもならなかった[大いに役立った].

— 自他 **7** ...を目指す, 得ようと努める ▪ Every dog elected his bird and *went for* it. どの犬もみな自分の鳥を選びとろうと努めた ▪ She made up her mind not to *go for* any marriageable man. 彼女は年ごろの男を得ようとしないことに決めた.

8《米・まれに英口》...を支持する; に投票する; を選ぶ ▪ He didn't *go for* your idea. 彼はあなたの考えに賛成しなかったよ ▪ Who will you *go for*? あなたは誰に投票しますか ▪ I *went for* this job in the end. 結局この仕事を選んだ.

9《俗》...にほれ込む; が好きである ▪ He won't *go for* that type of girl. 彼はそんなタイプの女にはほれないだろう ▪ I *go for* golf. 私はゴルフが好きだ.

10《口》(身体的に, 言葉で, 文章で)...を攻撃する; をしかる, 責める ▪ Our dog *goes for* a stranger. うちの犬は見知らぬ人にかかっていく ▪ Everybody *went for* him hammer and tongs. すべての人が猛烈に彼を攻撃した.

11 ...を取りに行く, 求めに行く; を呼びに行く ▪ I'll *go for* the beef. 私が牛肉を買いに行きます ▪ Anna, *go for* the doctor. アンナ, お医者さんを呼びに行ってください.

12 ...を賭ける ▪ I'll *go for* ten dollars. 私は10ドル賭けよう.

13 ...とみなされる, 思われる, で通用する ▪ He *goes for* a hero. 彼は英雄で通っている ▪ They *went for* mirrors in those days. その時代にはそれらは鏡の役をした.

go forth 自《雅》**1**(威勢よく)出かける, 出て行く ▪ They *went forth* to make an ascent of Mt. Fuji at five. 彼らは富士山に登るため5時に出発した.

2 発布される, 発行される ▪ The order *goes forth* that all the encampment is to pass before Caesar. 野営者全員はカエサルの査閲を受けよとの命令が出されている.

go forward 自 **1** 行われる; 進む; (勝者が)次の回戦に進む (*to*), (...を)進める (*with*) ▪ What is *going forward*? 何が起こっているのか ▪ Dinner was *going forward*. 食事が行われていた ▪ Our school team *went forward* to the finals. 本校チームが決勝戦に進出した ▪ The committee decided to *go forward with* its plans. 委員会はその計画を進めることに決めた.

2 夏時間で(時計が)進められる ▪ Do the clocks *go forward* in the spring? 春には時計が進められますか.

3(承認のため)提出される (*to*) ▪ Your name will *go forward to* the committee. 君の名前は委員会に提出されるだろう.

go home 自 **1** 家[国]へ帰る ▪ He has *gone home* to England. 彼はイギリスへ帰った.

2 十分こたえる; 的にピタッとあたる, 所期の効果をあげる ▪ The thrust *went home*. 攻撃は十分こたえた.

3《方・口》死ぬ ▪ Is your mother *gone home*? 君のおかあさんは亡くなったのか.

4 腐る ▪ This meat's *going home*. この肉は腐りかけている.

5 すり切れる, 痛む; 古くなる ▪ My bag is *going home* fast. 私のかばんはどんどん痛んでいる ▪ My coat has *gone home*. 私のコートは古くなった.

go in 自 **1** 入る; ひっこむ ▪ We *go in* at the gate. 我々はその門から入る ▪ This cork won't *go in*. このコルクは入らない.

2(病院・病室・職場などに)入る, 行く ▪ His cancer recurred and he *went in* for treatment. 彼はガンが再発したため治療に行った ▪ I often *went in* early and stayed late—without extra pay. 私は何度も朝早く仕事に行って, 残業手当なしで遅くまでいた.

3(組織などに)入る, 入隊[入社]する ▪ My uncle *went in* the Navy. 伯父は海軍に入隊した ▪ She *went in* the company of her father. 彼女は父親の会社に入った.

4(太陽・月などが)雲の陰に入る[隠れる] ▪ The sun *went in* and it grew cool. 太陽が雲に隠れて涼しく

なった.
5 (内容が)頭に入る, 理解される ▪I've read and re-read this book, but it won't *go in*. この本は繰り返し読んだがどうもわからない.
6 (ボールが)ゴール(ネット)に入る, 得点する ▪The ball *went in* and they won the game. シュートが決まって彼らは試合に勝った.
7 海に入る ▪Why don't you *go in* for a swim to cool off? 涼をとるため泳ぎに海に入ってはどうだい.
8 《クリケット》打席に入る, 打者になる ▪Some other person must *go in*. 誰か他の者が打者にならねばならない.
9 《口》(競技・戦地などに)参加[出征, 進入]する; 取りかかる; 試みる (→GO in for 5) ▪Each player determines whether he will *go in* or not. 各選手が参加するかどうかを決める ▪Israeli soldiers *went in* to the West Bank town of Jenin. イスラエル兵たちは西岸地域の町ジェニーンに赴いた.
10 (劇場・教会に)人々が定時に入る ▪The cinema is just *going in*. その映画館に今ちょうど客が入っている ▪Church is *going in*. 教会に人々が今入りつつある.
11 …に流用される, 費やされる ▪All the money *went in* books. 金は全部本に費やされた.
12 …を着て行く ▪What shall I *go in*? 何を着て行きましょうか.
13 (要求など)を受け入れる ▪They will *go in* both demands. 彼らは要求を両方とも受け入れるだろう.

go in and out 自 **1** 出入りする ▪The crowds were *going in and out* of the building. 群衆はその建物を出たり入ったりしていた.
2 行ったり来たりする ▪The piston *went in and out*. ピストンは行ったり来たりした.
3 明滅する ▪The shadows *went in and out*. 影は明滅した.
4 自由に出入りできる ▪He shall *go in and out*, and find pasture. その人は門を出入りして牧草を見つける (《聖》 *John* 10. 9) ▪We will stamp your hand and you may *go in and out* as you wish. 手にスタンプを押してあげますから, それで自由に出入りしてよろしい.

go in at 自他 《口》 …を激しく攻撃する ▪He *went in at* his antagonist's head. 彼は相手の頭を激しく攻撃した.

go in for 自他 《口》 **1** …を(はっきりと)目的とする, 専門[職業]とする; しようと志す ▪We must *go in for* general knowledge. 我々は一般的知識を目的とせねばならない ▪I do not *go in for* the education of the masses. 私は大衆の教育を専門としない.
2 (流行・食べ物など)を特に好む, に興味を持つ ▪Some *go in for* liquor, some *go in for* sweets. 酒好きもおり, 甘好きもいる ▪Do you *go in for* literature? あなたは文学の趣味がありますか.
3 《米口》(趣味など)を真剣に行う, に熱中する ▪He has never *gone in for* skating. 彼はスケートをやったことがない ▪Cyclists *go in for* road-racing. サイクリストはもっぱら道路競走をする.
4 (試験)を受ける; に立候補する ▪I am *going in for* the entrance examination. 私は入学試験を受けます ▪He is *going in for* the election. 彼はその選挙に立候補する.
5 (競技・試合)に参加する ▪We *went in for* the tournament. 私たちはトーナメントに参加した.
6 …に賛成する, 味方する; を主義とする ▪We *go in for* all the postage reduction. 我々はすべての郵税引下げを支持する ▪I *go in for* the simple life. 私は簡素生活主義です.
7 (思いきって)…を得る[着る, など] ▪They do not *go in for* hats. 彼らは帽子はかぶらない ▪He will *go in for* his 8th wife. 彼は8人目の妻をめとることになる.

go in to [unto] 自他 (妻)を知る ▪And he *went in to* Hagar, and she conceived. (《聖》 *Gen*. 16. 4) 彼[アブラハム]はハガルを知り, 彼女は身ごもった. ▷聖書語法.

go in with 自他 **1** (通例企業などで)…に加わる, と協力[提携]する ▪Will you *go in with* me as a partner? 共同出資者として僕といっしょにやってくれないか.
2 …といっしょになる[行動する] ▪I want my money to *go in with* my father's. 私は自分の金が父の金といっしょになることを望みます.

go into 自他 **1** …に入る, (戸口などが)…に通じる ▪Let's *go into* the shade. 日陰へ入ろう ▪The door *goes into* the garden. そのドアは庭に通じている.
2 (車が)…にめり込む, 衝突[追突]する ▪The car *went into* the house up to its back seat. その車は後部座席まで家屋にめり込んだ.
3 (数が)…に含まれる; の中に入りうる ▪Six *into* thirteen *goes* twice and one over. 13を6で割れば2が立って1余る ▪5 *goes into* 25 5 times. 25割る5は5 ▪9 *into* 23 won't *go*. 23は9で割り切れない ▪It won't *go into* the box. それはその箱には入らない ▪That will *go into* a few words. それは数語で言える.
4 《ボクシング》…にパンチを打ち込む, を激しく攻撃する ▪He *went into* Crib pell mell. 彼はめちゃくちゃに激しくクリブを攻撃した.
5 …を着る ▪He refused to *go into* mourning. 彼は喪服を着ることを拒んだ.
6 (職業など)を始める, に入る; になる ▪He has *gone into* business on his own account. 彼は独立して商売を始めた ▪He naturally *went into* law. 彼は当然法律家[弁護士]になった.
7 (ある状態・過程)に入る; (ある態度)を取る ▪The book is *going into* its third edition. その本は第3版になろうとしている ▪She *went into* a coma after the car accident. 彼女は自動車事故のあと昏睡状態になった ▪The firm has *gone into* a deficit of $2.5 billion. 会社は25億ドルの赤字になった ▪The Dalai Lama *went into* exile in 1959. ダライ・ラマは1959年に追放の身となった ▪When she agreed to marry him, he *went into* ecstasies. 彼女が結婚を

承諾してくれると彼は天にも昇る心地になった ▪The "Times" has *gone into* open opposition to the Government. タイムズ紙はあからさまに政府の反対に回った.

8 (費用・時間などが)…につぎ込まれる, 費やされる ▪A lot of time and money has *gone into* improving the phone system. 多くの時間と費用が電話システムの改良につぎ込まれた.

9 …を詳しく調べる[論じる]; を考慮する ▪The accountant will *go into* these figures. 会計係はこれらの数字を精査するだろう ▪We can not *go into* the history of these wars. 我々はこれらの戦争の歴史を詳説することはできない.

10 …を始める ▪The Security Council *went into* session. 安全保障理事会が開会された.

11 …に加入する, 加わる; を引き受ける ▪The Scots had a mind to *go into* war. スコットランド軍は参戦したく思っていた ▪He had *gone* largely *into* government contracts. 彼は大規模に政府契約を結んでいたのだった.

12 (計画などに)乗り出す, 乗り気になる ▪He *goes* heart and soul *into* any scheme. 彼はどんな計画にも全霊を打ちこんで乗り出す.

go off 自 **1** 出発する, 出かける ▪They *went off* on their world tour. 彼らは世界旅行に出かけた.

2 (警報・時計などが)鳴り始める ▪A phone *went off* in somebody's bag. 誰かのかばんで電話が鳴った.

3 爆破[発射]される; 爆発する ▪The gun *went off* by accident. その銃は偶然に発射された ▪The firecracker *went off* with a bang. 花火はドンと鳴って破裂した ▪A bomb *went off* in the bank. 銀行で爆発があった.

4 (電気・ガスなどの)供給が止まる; (電灯が)消える ▪The electricity and gas *went off* long ago. 電気とガスはずっと前に切られた.

5 《英口》(力・品質が)落ちる, (容色が)衰える, (新鮮さ・輝かしさを)失う ▪Foster was a fine tennis player, but he has *gone off* this season. フォスターはテニスがじょうずだったが, 今シーズンは腕前が落ちた ▪She has *gone off* in the last ten years. 彼女はこの10年間で容色が衰えた ▪The beer had *gone off* and was stale. そのビールは古くなって気が抜けていた.

6 《英口》(眠り・平気で)意識を失う, 寝入る ▪He began inhaling and soon *went off*. 彼はそれを吸いこみ始め, じきに意識を失った ▪Has the baby *gone off* (to sleep) yet? 赤ちゃんはもう寝入ったの.

7 (道路・線などが)方向を変える, 分岐する ▪The road *goes off* in 100 directions. その道路は100もの方向に分かれている.

8 《米口》…にキレる, 怒ってわめきちらす (*on*) ▪She *went off on* me and called me every name in the book. 彼女は私にキレて, ありとあらゆる悪態をついた.

9 (金・色・感じなどが)なくなる ▪The money *went off* quickly. 金はじきになくなった ▪The pain will not *go off*. 痛みはどうしてもとれないだろう.

10 去る, 逃げる, 出奔する; (俳優が)退場する ▪Our visitors *went off* at six o'clock. お客は6時に帰った ▪He has *gone off* with his friend's wife. 彼は友人の妻とかけ落ちした ▪Someone has *gone off* with my bag. 誰かが私のバッグを持ち逃げした ▪Hamlet *goes off*. ハムレット退場《脚本のト書き》.

11 脱線する ▪The train *went off* the rails. 列車は脱線した ▪He has *gone off* from the subject. 彼は主題から脱線した.

12 (口)(品物が)売れてなくなる ▪The goods *went off* rapidly. その商品はどんどん売れた.

13 (口)(娘が)かたづく ▪The girl has *gone off*. その娘はかたづいた.

14 《トランプ》最初に札を出す, 先に札を出す ▪If he had *gone off* with this suit, the game was over. もし彼がこの組札を先に出したら, 勝負は終わったのだ.

15 《海口》乗船する ▪The outward passengers *went off* at 1 p.m. 海外渡航の乗客は午後1時に乗船した.

16 急に取り去られる ▪His head should *go off* for it. そのかどで彼の首は飛ぶべきだ.

17 急に始める (*with*) ▪The organ *went off with* some cheerful air. オルガンは急にある愉快な曲を演奏し始めた.

18 成り行く, 行われる ▪The performance *went off* well [badly]. 演技はうまくいった[いかなかった] ▪The wedding *went off* smoothly. 結婚式は円滑に行われた.

19 終わる ▪At what time does the picture *go off*? 映画は何時に終わるのか.

20 (口) 死ぬ ▪The doctor told me that she might *go off* any day. 医者は彼女はいつ死ぬかもしれないと私に言った.

21 おじゃんになる, 行われない ▪The bargain *went off*. その契約は不履行に終わった ▪The marriage *went off*. 結婚はおじゃんになった.

22 絶頂感に達する ▪I never had a woman yet who *went off* just at the same moment as I did. 私と同時にいった女なんてまだ一人もいない.

—自他 **23** 《英》…から気持ちが離れる, に興味を失う, が好きでなくなる ▪I gradually *went off* him because I saw how he was neglecting my mother. 私は次第に彼から離れていった. 彼が私の母をどんなにおろそかにしているかわかったから.

24 (薬物摂取)をやめる ▪When Nicholas *went off* the drug, the polyps reappeared. ニコラスが薬の服用をやめると, ポリープが再発した.

25 …を回避する, 果たさない ▪I never *went off* any bargain. 私は契約を果たさなかったことはない.

go off into 自 急に…を始める, しだす ▪He *went off into* a fit of laughter. 彼は急に笑いだした ▪They *went off into* praises of her beauty. 彼らは口々に彼女の美しさを賛美し始めた.

go off with 自 …を持ち逃げする, と駆け落ちする (= GO off 10) ▪The robber *went off with* my handbag. 賊は私のハンドバッグを奪って逃走した ▪He *went off with* the baker's daughter. 彼はパン屋の娘と駆け落ちした.

go on 🔵 **1** 先へ進む; 進んで行く; 旅を続ける ▪ They *went on* and left us to wait for a bus. 彼らは先へ進んで我々を残してバスを待たせた ▪ Let's *go on* a little further along this road. この道をもう少し進んで行きましょう ▪ We shall have to *go on* in a car. 我々は車で旅を続けなければならないでしょう.
2(あることを)続ける(*in, with, doing*) ▪ She *went on in* her bad habits. 彼女は悪習を続けた ▪ I *went on with* my reading. 私は読書を続けた ▪ The prices *went on* rising. 物価は上がり続けた.
3《口》話し続ける ▪ I waited for her to stop, but she *went on*. 私は彼女がやめるのを待ったが,彼女は話し続けた.
4(行為・仕事・状態が)さらに続く,進行する; (時が)経つ; 次に…する ▪ The struggle is still *going on*. 戦いはまだ続いている ▪ As time *went on*, they grew impatient. 時が経つにつれて,彼らはいらいらしした ▪ The Colts beat the Raiders, 21-17, and then *went on* to beat the Cowboys, 16-13. コルツはレイダーズを21対17で破り,続けてカウボーイズを16対13で破った.
5〖主に進行形で〗行われる,起きる ▪ What's *going on* here? ここで何が起こっているのですか ▪ A battle *was going on* there. そこでは戦闘が行われていた.
6引き続き…する(*to do*) ▪ He *went on* to work even after his car accident. 自動車事故のあともなお彼は引き続いて働いた.
7《口》〖命令文で〗進め,急げ; 続けてやれ; ばか言え; ばかはよせ; まさか, ほら吹くな; どうぞそうしてください; やれるならやってみろ; ためらうな; やれ; 続けろ; まあ《驚》 ▪ *Go on*! I don't believe such a story. 嘘言え,私はそんな話は信じないよ ▪ You saw a ghost? *Go on*! 幽霊を見たって. まさか ▪ *Go on*; we shall never get there. 急げ,我々はそこへ着けないぞ.
8(電気製品などが)つく,(灯りが)ともる ▪ The infant was interested in seeing the TV *go on* and off. その幼児はテレビがついたり消えたりするのに興味をもった ▪ To my relief the lights *went on* again. 灯火がまたともって私はホッとした.
9(俳優が)登場する; (選手が)途中出場する,交替する ▪ She does not *go on* till the second act. 彼女は第2幕まで登場しない ▪ *Go on* with the letter in your hand. その手紙を手にして登場しなさい ▪ Aziz *went on* in the second half for Azahar. アジズはアザハルと交替で後半に出場した.
10やっていく,暮らす; 成り行く ▪ The King *went on* without Parliament at all. 国王は全く国会なしでやっていった ▪ The enterprise is *going on* finely. その事業はうまくいっている.
11《口》(はしたない,ばかな)ふるまいをする ▪ Don't *go on* like that. そんなばかなまねをするな ▪ She *goes on* like this when she is angry. 彼女は怒るとひどくはしたないふるまいをする.
12《口》どなり散らす; あざける; 不平を言う ▪ When I asked her about it, she *went on* dreadfully. 私がその事を尋ねると彼女はひどく怒った ▪ She would *go on at* Fred for making a fool of himself. 彼女はフレッドがばかなまねをするとあざけるのだった.
13〘クリケット〙投球する,投球を始める ▪ The captain told Smith to *go on*. キャプテンはスミスに投球せよと言った.
14(衣服・靴などが)着られる,履ける,体に合う ▪ The shoes will not *go on*, as they are too small. その靴は小さすぎて履けない.

***go on*[*upon*]** 🔵 🔴 **1**…をする ▪ They *went on* location. 彼らはロケをやった ▪ The pictures *went on* exhibition. それらの絵は展覧された.
2(食事・薬など)を摂る ▪ He *went on* a diet of fruit juice and tea. 彼はフルーツジュースと紅茶の食事をした ▪ When I first *went on* the drug, I was over the moon. 初めてドラッグをやったとき,すごくハイになった.
3《米口》〖否定文で〗…を好む,に関心を持つ ▪ She did not *go much on* me. 彼女は私などはたいして問題にしなかった ▪ We don't *go much on* that kind of cattle. 我々はその種の牛はあまり好まない.
4…に手をつける,を手がける ▪ She is *going on* The Life of Steve Jobs. 彼女はスティーブ・ジョブズ伝に手をつけている ▪ I am now *going upon* a little business. 目下ちょっとした事業を手がけている.
5《英》(金などが)…に使われる ▪ A lot of my income *goes on* books. 私の収入の多くは書物に使われる.
6…に基づく; による,頼る ▪ All the talk *goes upon* supposition. その噂はみな推測によるものである ▪ The police have little evidence to *go on*. 警察には拠り所とすべき証拠があまりない.
7…の救[援]助を受ける,世話になる; (失業・疾病給付金など)を受ける ▪ He *goes on* the parish. 彼は教区の援助を受けている ▪ Friends said I should *go on* disability pay due to my visual impairment. 視力障害があるので私は障害者給付金を受けるべきだと友人たちは言った.
— 🔵 **8**(年齢が)…になる(→GO on (for)) ▪ Lazer was *going on* eighty-three years. レイザーは83歳になろうとしていた.
— 🔵 🔴 **9**…に行く ▪ He *went on* a journey [a visit]. 彼は旅行[訪問]をした ▪ A walking tour should *be gone upon* alone. 徒歩旅行は一人で行くべきである.

***go* A *on* B** 🔴 A(お金)をBに賭ける ▪ He *went* ten dollars *on* the horse. 彼はその馬に10ドル賭けた.

go on about 🔵 🔴 (ある事)をいつまでもしつこく話す,…についてだらだらしゃべる ▪ I was wrong. But please don't *go on about* it. 私が悪かった. でもどうかその事をいつまでも言わないでくれ ▪ He can *go on and on about* golf. 彼はゴルフのことならいくらでもだらだらしゃべる. ☞強調のため go on and on となることがある.

go on at 🔵 🔴 (仕事ぶりや態度について人)にがみがみ言う ▪ Don't *go on at* the girl all the time. のべつあの娘(ﾐ)にがみがみ言ってはいけない.

***go on* (*for*)** 🔵 〖主に進行形で〗(年齢などが)…に近づく(→GO on 8) ▪ It *was going on for* seven.

7時に近づいていた ▪ He's *going on for* 40. 彼は40になろうとしている ▪ Joe *is going on* six years old. ジョーはもうすぐ6歳だ.

go on in 自 《米俗》入る ▪ He's expecting you in that room. *Go on in*. 彼はあの部屋であなたを待っています. 入りなさい.

go on to 自 **1** …に進む ▪ We should *go on to* the next item. 我々は次の事項に進むべきです.

— 他 **2**(方針など)を採用する; (一時的に)ダイエット食・錠剤などをとる ▪ This mine must *go on to* short time. この鉱山は短縮操業を採用しなければならない ▪ Many women *go on to* the pill. 経口避妊薬を使う女性が多い ▪ I don't want to *go on to* sleeping tablets as I take enough medication. 薬はけっこう飲んでいるので睡眠薬まで飲みたくない ▪ *Go on to* an alkalyzing diet for a week. アルカリ性ダイエット食を1週間摂りなさい.

go on with 自 **1** →GO on 2.

2 →GO on 9.

— 自他 **3** …を進む ▪ How is John *going on with* this book? ジョンはこの本をどの程度読み進んでいますか.

4 …を続ける ▪ *Go on with* your work. 仕事を続けなさい.

go out 自 **1** 外へ出る; (大使・宣教師・植民として)国を出て行く, 渡航[移住]する (to) ▪ He *went out* at noon for lunch. 彼は正午には昼食に出て行った ▪ He *went out* to Australia as ambassador. 彼はオーストラリア大使として赴任した ▪ *Go out*! This place is too good for you. 出て行け, ここは君にはもったいない ▪ Ian *went out* to Brazil as an agricultural hand originally. イアンはもともとは農業労働者としてブラジルに渡った.

2 (特に女性が)社交界に出る; 世間に出る, (音楽会・映画などで)外へ出る ▪ She does not want to *go out* in Florence. 彼女はフィレンツェで社交界に出ようと思わない.

3 (女性が家庭から)働きに出る ▪ When she was 18, she *went out* as a governess. 彼女は18歳のとき家庭教師として働きに出た.

4 (国を出て)出陣する; (兵として)進軍する, 出征する; 決闘する ▪ Is David *going out*? ダビデは出陣するのか ▪ He *went out* with an officer and got slightly wounded. 彼は将校と決闘して, 軽傷を負った.

5 (火・光が)消える ▪ My cigar [The gas, The fire] *went out*. 私の葉巻[ガス, 火]が消えた.

6 (郵便物・メールなどを…に)発送[送信]する (to) ▪ Mr. Giuliani insisted that invitations had *gone out* to all former mayors. ジュリアーニ氏は招待状が前市長全員に発送済みだと主張した.

7 すたれる, 人気がなくなる, 流行遅れとなる, 廃棄される ▪ The practice of the duel in England has *gone out*. イギリスの決闘の習慣はすたれた ▪ Miniskirts *went out* years ago. ミニスカートは何年も前にはやらなくなった ▪ When new clothes come in, old stuff should *go out*. 新しい衣服が流行してくれば, 古いものはすたれて当然だ.

8 (印刷物・金銭などが)出る; 出版[支出]される ▪ They allowed this pamphlet to *go out*. 彼らはこのパンフレットが出るのを許した ▪ The money *went out* as fast as it came in. お金は入ったときと同様にすぐに出て行ってしまった.

9 《英》(テレビ・ラジオで)放送[放映]される ▪ The clip *went out* on air at 6:55 this morning. その映像は今朝6時55分に流れた.

10 (潮などが)ひく ▪ At Southend the tide *goes out* a long way. サウスエンドでは潮はずっと遠くまでひく.

11 敗退する; (…に)負ける (to) ▪ Nadal *went out* of the US Open in the fourth round by losing to Ferrer in four sets. ナダルはフェレルに4セットで敗れて4ラウンドで US オープンを後にした ▪ Former champion Burkett *went out to* Bluff. 前チャンピオンのバーケットはブラフに敗れた.

12 職場放棄[ストライキ]をする ▪ The workmen *went out* for higher wages. 労働者たちは賃上げを要求してストをした.

13 《もと軍》死ぬ ▪ He will soon *go out*. 彼はまもなく死ぬだろう.

14 (すぐに)ぐっすりと眠る; 気を失う, 無意識になる ▪ I was so tired I *went out* like a light. ひどく疲れていたのですぐにぐっすり寝入った ▪ The old boxer *went out* for the count in the second round. 老ボクサーは2ラウンドでノックアウトされた.

15 愛情[同情]がわく (to) ▪ His heart *went out* to the beautiful girl. 彼はその美しい娘に愛情がわいた ▪ Our thoughts [hearts, sympathy] *go out* to the victims of Monday's earthquake. 月曜日の地震で犠牲になった方々に心よりお見舞いを申し上げます.

16 《俗》盗みを働く ▪ We continued to *go out* with some of them. 我々は彼らの数名と盗みを働き続けた.

17 《英大学》学士号を取る ▪ She *went out* in natural science. 彼女は理学士の学位の取った.

18 (噂などが)世に知れる; (命令などが…に)出る, 発令される (to) ▪ The story will *go out*. その話は世に知れるだろう ▪ The warning *went out* to eight Western states. 警報は西部の8州に出された.

19 辞職する, やめる ▪ The Government *went out* on the question. 政府はその問題にからんで政権の座から降りた.

20 尽きる ▪ His source of jokes will not *go out*. 彼のジョークの源泉は尽きない.

21 (年が)暮れる ▪ This year has come in like a bear but will *go out* like a bull. 今年は下向きで始まったが上向きで暮れるだろう.

22 《クリケット》(1回の勝負が終わり)打者が退く;《野球》アウトになる ▪ He had been given out and was *going out*. 彼はアウトを宣告されて退くところだった.

23 《米》こわれる, くずれる, つぶれる; 押し流される; 失敗する ▪ The middle part of the bridge has *gone out*. 橋の中央部がくずれた.

24 [主に進行形で] (…と)外出[デート]する, つき合う; (と)関係をもつ (with, together) ▪ I've been going

go

out with my boyfriend for three years and I'm having his baby in December. 私は3年前からボーイフレンドとつき合っていて、12月には彼の子を産む予定です.

go out for 自 他 《米口》 **1** …を得ようと努める ▪ These plants *went out for* full production. これらの工場は最大限生産をしようと努力した ▪ I am *going out for* big results. 私は大きな成果を得ようと努めている.

2(スポーツチームなど)に入る ▪ He plans to *go out for* the tennis team next spring. 彼は来春テニスのチームに入る計画である.

3…を支持する, に好意を持つ ▪ They seemed to *go out for* his cool attitude. 彼らは彼の冷静な態度に好意を持っているようだった ▪ We *go out for* the party line. 我々は党の方針を支持する.

go out of 自 …から出て行く《比喩的にも》 ▪ He *went out of* the house. 彼は家を出て行った ▪ The estates *went out of* the family. その地所はその家から離れ去った ▪ Labor *went out of* office. 労働党は政権を離れた ▪ The political energy has *gone out of* the old civil rights movement. 政治的エネルギーはかつての公民権運動から消えうせた ▪ My first book *went out of* print eight years ago. 私の処女作は8年前に絶版になった ▪ My eyes *went out of* focus, and I couldn't see clearly. 眼の焦点が定まらずはっきり見えなくなった ▪ That kind of music *went out of* style years ago. あの手の音楽はとっくにすたれた.

go out to 自 **1** = GO out 15.

2(同情などが)…に差し延べられる (→GO out 15) ▪ Our hearts *go out* to the victims of the earthquake. 我々は地震の犠牲者たちに同情を差し延べる.

go out with 自 (異性)と出歩く, つき合う (→GO out 24) ▪ Jane *went out with* him for 2 years. ジェインは2年間彼とつき合っていた.

go outside 自 **1**…の外へ出る ▪ Will you be so kind as to *go outside* the door and shut it? すみませんがドアの外へ出て閉めてくれませんか.

2…以外にわたる ▪ You mustn't *go outside* the evidence. 証言以外にわたってはいけない.

go over 自 **1**…をおおう ▪ Fox gave him a vizard to *go over* his face. フォックスは彼に顔をおおうマスクを与えた.

2…の上を飛ぶ ▪ The airplane *went over* London on its way to Paris. 飛行機はパリへ行く途中ロンドン上空を飛んだ.

3渡る, 渡って行く (*to*) ▪ He *went over* to America. 彼は渡米した.

4(ちょっと離れた所を)訪ねる (*to*) ▪ He *went over* to the cottage. 彼はちょっと離れた田舎家を訪れた.

5(劇・演説などが)成功する, 評判がよい, (…に)受ける (*with*) ▪ The new musical *went over* in a big way. その新作ミュージカルは大当たりだった ▪ "Escape" *went over* with a bang. 戯曲「逃亡」は大成功だった ▪ The romantic comedy *went over* with the young audience. その恋愛喜劇は若い聴衆にうけた.

6…の方に投じる, に改宗する (*to*) ▪ He *went over* to the Conservative Party. 彼は保守党に投じた.

7(人・車が)ひっくり返る; (壁・塀が)崩れる ▪ The chair and table *went over* in a lump. いすとテーブルがいっしょになってひっくり返った ▪ I was at work there just a few minutes before the wall *went over*. 塀が崩壊する直前まで私はそこで作業していた.

8…より上へ昇進する ▪ Jones *went over* Smith. ジョーンズはスミスより上へ昇進した.

9…を超える, 以上になる ▪ Total sales *went over* $1 million. 総売上額は100万ドル以上だった.

10(人手)に移る (*to*) ▪ The estate *went over* to him. その地所は彼の手に移った.

11(距離)を行く ▪ Ten miles *are* soon *gone over* on swift horses. 駿馬に乗れば, 10マイルなどはすぐ行ける.

12延期される ▪ The bill *went over* for the session. その法案は審議が延期された.

13(…に)変わる (*into*) ▪ Sucrose *goes over into* dextrose and levulose. 蔗糖はぶどう糖と果糖に変わる ▪ He had a tumor on his cerebellum that *went over into* the peduncle. 彼には小脳に肉茎に変化した腫瘍があった.

― 自 他 **14**…をよく見きわめる; 詳しく[入念に]調べる, を検分する, 視察する ▪ I *went over* the car with a pretty critical eye. 私はかなり批判的な目でその車全体を見た ▪ I want to *go over* the contract before signing it. 私はその契約書に調印する前に入念に調べたい ▪ We should like to *go over* the house before deciding to rent it. 我々は借りることを決める前にその家を検分したい.

15…を復習する, 繰り返す, 読み返す ▪ Let's *go over* this lesson again. この課をもう一度おさらいしましょう ▪ He *went over* the examination two times. 彼は試験を2回繰り返した.

16…を入念に掃除する ▪ She *went over* the floor again and again with her mop. 彼女はモップで床を何度も何度も掃除した.

17《俗》(人)の体をさぐって奪う ▪ They *went over* the landlord and left him skinned. 彼らは宿の主人の体をさぐって服をすっかりはいでしまった.

18…を検閲する, 順次に考慮する ▪ We have been *going over* old letters. 我々は古い手紙を検閲していた ▪ We must *go over* the whole business of civil government. 民政という仕事全体を考察しなければならない.

19(作品など)を修正する, に手を入れる (*again*) ▪ You must *go over* the picture *again*. あなたはその絵に手を入れなければならない ▪ Students were told to *go over* their essays. 生徒たちは論文を修正せよと言われた.

go over to 自 **1**(特定の場所・人)のところへ行く ▪ Jim *went over* (*to* Mary) and hugged her. ジムは(メアリーのところへ)行って, 彼女を抱きしめた.

2(ちょっと離れた所を)訪ねる ▪ I *went over* to the cottage today and found Seth hard at work. きょ

う田舎家を訪ねたところ, セスが懸命に仕事をしていた.
3(海・山を越えて)...へ出かける, に渡る ▪ He went over to Italy. 彼はイタリアへ出かけた.
4...に転向する, くら替えする, 改宗する (= GO over 6) ▪ Cliff officially *went over to* the Conservative Party. クリフは公式に保守党に転向した.
5《放送》...に変わる, 切り替わる ▪ We *go over to* our news desk. ニュースデスクに変わります.
6(人手)に移る ▪ The estate *went over to* the Smith family. 地所はスミス一家に移ってしまった.

go past 圁 **1**(...を)通り過ぎる ▪ The bus just *went past* (us). バスはちょうど(我々の所を)通り過ぎた.
2(ある段階)より先へ進む ▪ This class will *go past* lesson six. この組は第6課より先へ進むだろう.
3難しくて(人)に(理解)できない ▪ His speech *went past* me. 彼の話は難しく私にはわからなかった ▪ This job has *gone past* us. この仕事は我々には難しくてできなくなった.

go round*[*around*] 圁 **1**回転する; 目まいがする, 頭がふらふらする ▪ The earth *goes round* once in 24 hours. 地球は24時間に1回転する ▪ My head kept *going round*. 私は目まいがし続けた.
2《口》ちょっと訪ねる[立ち寄る] ▪ Her husband was *going round* to a ball. 彼女の夫は舞踏会に立ち寄るつもりだった ▪ I *went round* to see him yesterday. 私はきのうちょっと彼を訪ねた.
3巡遊[巡礼]する ▪ I *went round* and saw the other colleges. 私は巡遊して他の大学を見た.
4歩き回る ▪ Mrs. Wood is *going around* saying that kind of thing. ウッド夫人はそんな事を言いながら歩き回っている.
5(特定の様子で)いつも[よく]...する ▪ Bob would *go around* smiling. ボブはいつもにこにこしていた ▪ The Brothers Grimm *went around* hiding in bedroom closets almost literally. グリム兄弟は寝室のクローゼットにほとんど文字通り引きこもっていた.
6(みなに)伝わる, 回る; (病気が)流行[伝染]する ▪ Jokes *went round*. 冗談がみなに伝わった ▪ A rumor was *going around* our hometown that a man was threatening the governor's life. ある男が知事の命を狙っているという噂が私の町で広まりつつあった ▪ The punch *went round*. ポンチ酒が回った ▪ Most of the cases *going around* are H1N1—swine flu. 流行中の症例の大半はH1N1型, つまり豚インフルエンザだ.
7(みなに)行き渡る; ひと回りする ▪ There is not enough wine to *go round*. みなに行き渡るだけのワインはない ▪ The rope is long enough to *go round*. その綱は一回りするだけの長さはある.
8回り道する, (...を)回って行く ▪ The coach *went round* as the road was under repair. 道路が修理中であったので駅馬車は回り道をした ▪ When he *went around* a curve, he lost control of his vehicle and slammed into a wall. カーブを曲がったとき, 彼は車を制御しきれなくなって壁に衝突した.
9(主に男女が)つき合う, ねんごろにする (*with*, *together*) ▪ He is *going around with* the girl. 彼はその娘とつき合っている.

go round*[*around*] *and round*[*around*] 圁 **1**ぐるぐる回る ▪ The wheels on the bus *go round and round*. バスの車輪はぐるぐるまわる.
2(話が)堂々巡りする ▪ Our talk *went round and round* for thirty minutes. 我々の話は30分間堂々巡りした.

go straight 圁 **1**まっすぐに行く ▪ *Go straight* to the end of the road and then turn left. この道の突き当たりまでまっすぐに行ってそれから左に曲がりなさい.
2まともにやっていく ▪ The man really did try to *go straight*. 男はまともにやっていこうと本当に努めたのだった.

go through 圁 **1**(苦しみなど)を受ける, 経る, 経験する ▪ The boy had to *go through* another trial. その少年はもう一つの試練を受けなければならなかった ▪ I have *gone through* many hardships. 私は多くの苦難をなめてきた ▪ It is necessary for you to *go through* this operation. あなたはこの手術を受けることが必要です ▪ Cellulites are normally *gone through* by females and hardly ever *gone through* by men. セルライトは通例女性が思うもので男性は減多に罹らない.
2...を通過する, 通り抜ける; を通って入る ▪ You will *go through* Southampton on your way. あなたは途中でサウサンプトンを通過するでしょう ▪ The scent of an onion *goes through* a brick wall. タマネギのにおいはれんがの壁を突き抜ける ▪ He has *gone through* the gates of fame. 彼は栄誉の門を通って入った.
3(入念に)...を調べる, 検討する; を調査して順次討議する ▪ I will *go through* your papers. 諸君の答案を調べます ▪ Let's *go through* the arguments again. 議論をもう一度検討しよう ▪ Their car *was gone through* by armed border guards. 彼らの車は武装した国境警備兵によって調べられた.
4(歌・暗誦・演説などの練習)を十分にやる; (計画・儀式など)を行う; (課程・手続き)を踏む ▪ Let's *go through* the sonata once more. そのソナタをもう一度全部やってみましょう ▪ No annual course *is gone through* by our riflemen. 例年の教練課程はライフル隊員には行われていない ▪ Britain *went through* the Marshall Plan. イギリスはマーシャル計画を行った ▪ You must *go through* this procedure. あなたはこの手続きを踏まなければならない ▪ He *went through* the middle-school course. 彼は中学校の課程を履修した ▪ They finally *went through* the marriage ceremony. 彼らは結局結婚式を行った ▪ Proper procedures should *be gone through*. しかるべき手続きがとられるべきだ.
5...にすりきれて穴があく, 穴があくほど着古す, 穴をあける ▪ His cardigan has *gone through* the elbows. 彼のカーディガンの肘には穴があいている ▪ The boys tend to *go through* the knees of their trousers and *through* shoes very quickly. 男の子はすぐにズボンのひざや靴に穴をあけがちだ.

6《俗》…を捜す, 捜して奪う ▪ The officers *went through* all the passengers at the staging post. 役人たちはその中間着陸地のすべての乗客の身体検査をした ▪ The robbers *went through* him [his pockets]. 盗賊たちは彼の体[ポケット]を捜して物を取った.

7…を貫通する ▪ The bullet *went through* a plank. 弾丸は板を貫通した.

8(学校など)を終える; (仕事など)を果たす ▪ He *went through* college with honors. 彼は優等で大学を卒業した ▪ He *went through* the task. 彼はその仕事をなし遂げた.

9(財産・食料など)を使い果たす ▪ He has *gone through* his fortune. 彼は財産を使い果した.

10《米》…の政治的不信行為[何かの弱点]を暴露する ▪ It was a grand sight to see him *go through* Smith. 彼がスミスの政治的不信行為を暴露するのはすばらしい見ものだった.

11…を実現させる ▪ His resignation is sure to *go through*. 彼の辞職はきっと実現する.

— 自他 **12**(法案などを)通過する; 《米》公式の許可[認可]が得られる, 承認される ▪ The Bill *went through* Parliament in its current form. 法案は現在の形で議会を通過した ▪ The bill at last *went through*. その法案はついに通過した ▪ Confirmation of Secretary Francis has not *gone through*. フランシス長官の公式追認が得られない.

— 自 **13**勝ち進む, (勝者が)次の回戦に進む ▪ Welch *went through* to the third round with a 3 to 1 victory over Lashford. ウェルチはラシフォードに3対1で勝利して第3ラウンドに進んだ.

14(品物が…に)市場を見いだす, 受けいれられる (*for*) ▪ Lots of these cloths have *gone through for* the smaller markets. たくさんのこれらの服地が比較的小さい市場に受けいれられた ▪ Contracts are *going through for* South America. 数々の売買契約が南アメリカとの間で取り結ばれている.

15…にたびたび思い出される, 心の中をよぎる ▪ The old song *went through* my head. その古歌はたびたび私の頭に浮かんだ.

16(本が)…版を重ねる; (版が)売り切れる ▪ The novel *went through* 10 editions. その小説は10版を重ねた ▪ The Boy Scout Handbook has *gone through* the sixth edition. そのボーイスカウト手引き書は第6版が売り切れた.

17…に染み込む ▪ The rain has *gone through* my overcoat. 雨は私のコートに染み込んだ.

18(針の目を)通る ▪ Cotton *goes through* the eye of the needle. 木綿糸は針の目を通る.

19 →GO through with.

go through *a person* [*a thing*] 他 **1**人[物]に仲介してもらう ▪ They had to *go through* the boss to get it done. それをするためには上司に仲介してもらわなければならなかった.

2人を突き抜ける; 人を下痢にする ▪ The food *went* right *through* them. その食べ物で彼らはすぐに下り腹になってしまった.

go through to 自 《米》…へ行く《トンネルを通る場合も含む》 ▪ Does the train *go through to* Portland? その電車はポートランドへ行きますか.

go through with 自他 《口》 **1**…を実行する, (困難な, またはいやな仕事)をなし遂げる, 完成する ▪ They mean to *go through with* the plan. 彼らはその計画を実行するつもりである ▪ He is determined to *go through with* the undertaking. 彼はその事業をなし遂げる決心である.

2…を終わりまでやり通す ▪ Are you resolved to *go through with* the work? あなたはその仕事を終わりまでやり通す決心ですか.

go to 自 **1**…に行く ▪ I am *going to* London soon. まもなくロンドンに行きます.

2…まで延びる, 達する ▪ The Thames *goes to* the North Sea. テムズ川は北海に出ている.

3…のものとなる ▪ The estate *went to* the eldest son. その地所は長男のものとなった.

4(相談・援助などのために)…のところに行く; に求める, を頼る ▪ Carroll *went to* the Internet for more information. キャロルはインターネットにもっと詳しい情報を求めた.

5…に合う ▪ The song *goes to* the tune. その歌詞はその曲に合う.

6…となる ▪ Twelve inches *goes to* one foot. 12インチで1フィートとなる.

7…に資する, 貢献する, 役立つ ▪ What qualities *go to* the making of an explorer? 探検家になるにはどんな資質が役立つか.

8…に当てられる, 充当される ▪ All the money *goes to* the keeping up of the asylum. その金はみな養育院の維持に当てられる.

9…を支払う ▪ What sum will you *go to*? あなたはいくら払いますか.

10[命令文で]ばかな!, これこれ!《嘲笑的不信・抗議・不賛成・びんつけなどを表す》 ▪ *Go to!* you are telling lies. ばかな! おまえは嘘を言っているよ.

go together 自 **1**よく合う, つり合う, 調和する (*with*) ▪ This hat *goes together with* that dress. この帽子はあの服とよく合う ▪ Vanilla icecream and a sausage—they don't *go together*. バニラ・アイスクリームとソーセージだけど, こいつは合わない.

2相伴う, 同行する ▪ Wealth and happiness do not always *go together*. 富と幸福は必ずしも相伴わない.

3《口》[主に進行形で]恋人同士である; つき合っている ▪ We've *been going together* for two years. 私たちは2年前からつき合っている ▪ They *go together*. 彼らは恋人同士だ.

go toward(s) 自 **1**…の方へ行く ▪ She neither *went towards* him nor withdrew. 彼女は彼に近づいて行きもせず引き下がりもしなかった.

— 他 **2**…に資する, 役立つ ▪ This money will *go* far *toward* my expenses [educating my son]. この金は大いに私の費用[息子の教育]の足しになる.

3…に当てられる, 充当される ▪ This money *goes towards* the debt. この金は借金に当てられる.

go under 箇 **1** …の下に入り込む ▪ The mouse *went under* the sink. ネズミは流しの下に入り込んだ.
2 失敗する; 破産[破滅]する ▪ He failed in speculation and *went under*. 彼は投機に失敗して破産した.
3(薬・麻酔・ガスで)意識を失う ▪ The patient has just *gone under*. 患者はちょうど今意識を失った.
4 沈む ▪ He fell overboard and *went under* at last. 彼は船外に落ちてついに(海に)沈んだ.
5(という名で)通る ▪ My friend Robert *goes under* the name of Bobby among us. 友だちのロバートは僕たちの間ではボビーという名で通っている ▪ This flour *goes under* the name of maize meal in Britain. この粉はイギリスでは maize meal (挽き割りトウモロコシ)の呼び名で知られている ▪ A good deal of tyranny *goes under* the name of protection. 暴政の多くは保護の美名のもとで行われる.
6《口》屈服する, 負ける ▪ He has *gone under* in the struggle. 彼はその戦いに負けた.
7 生存競争に負ける; 世間から消える ▪ John *went under* and was heard of no more. ジョンは世間から消えて以後消息がなかった.
8《口》零落する, (会社などが)衰える ▪ The firm has *gone under*. その会社は衰えた ▪ The fire is *going under*. 火勢は衰えつつある.
9(まれ)死ぬ; (作品が)忘れられる ▪ The work *went under*. その作品は忘れられた.
10(ある群・組)の中に入れられる[入る] ▪ This word *goes under* B. この語はBの中に入る.

go up 箇 **1** …に上がる (*on, to*) ▪ The curtain *went up* for "Hamlet." 「ハムレット」の幕が上がった ▪ The car *went up* on a curb. 車は縁石に乗り上げた ▪ I *went up* to the top of the palace and flew a paper airplane. 私は宮殿の屋上に上って紙飛行機を飛ばした.
2(数・値が)増す, 上がる ▪ Norwich *went up* from 30,000 to 60,000 inhabitants. ノリッジは人口が3万から6万に増した ▪ Beef and mutton will *go up*. 牛肉と羊肉が値上がりするだろう.
3(北方に)行く, (田舎から都会に)のぼる (*to*) ▪ We *went up* north to Santa Barbara this past weekend. この前の週末に北上してサンタ・バーバラへ行った ▪ He resolved to *go up* to London. 彼はロンドンへのぼる決心をした.
4(…のところに)行く, 近づく (*to*) ▪ Bozzy *went up* to Gregory and called him a coward. ボジーはグレゴリーのところに行って卑怯者と言った ▪ I *went up* and said hello, and gave him a big hug. 私は近づいてあいさつをし, 彼をしっかりと抱いた.
5 破裂する, 爆破される, 燃えあがる ▪ The munition factory *went up* when the bomb fell on it. 弾薬工場は爆弾が命中して爆破された.
6(叫びが)あがる ▪ A huge roar *went up*. 大きなどよめきがあがった ▪ This cry has been *going up* from all sections of English society. この叫びはイギリス社会のあらゆる階層からあがってきた.
7《英・スポーツ》上位になる, 昇格する ▪ The top two teams automatically *go up* to the Premier League. 上位2チームは自動的にプレミアリーグに昇格する.
8《英大学》大学へ入る; 大学に帰る (↔GO down 18) ▪ My son *goes up* to Oxford next term. 私の息子は来学期にオックスフォード大学に入る ▪ He did not *go up* to Cambridge till the end of January. 彼は1月の終わりまでケンブリッジ大学へ帰らなかった.
9《軍》前線に出る ▪ I *went up* and got in with the machinegun section. 前線に出て機関銃隊に加わった.
10《劇》舞台の後方に退く (↔COME down 15) ▪ The actor *went up* into the catwalk trying to fix a light. 役者は照明を直しに舞台の奥の通路に退いた.
11(刀が)さやに収められる ▪ When will the sword *go up* again? 剣はいつまたさやに収められるだろうか.
12 掲げられる, (手などが)上げられる; (家などが)建てられる ▪ Banners *went up* all over the Square. 旗じるしが広場中に掲げられた ▪ Her hands *went up* in horror. 彼女はぞっとして両手を上げた ▪ New buildings are *going up* everywhere. 新しい建造物がいたる所で建てられている.
13 …に届く, 達する, 伸びる (*to*) ▪ It was reported that the cloud *went up* as high as 36,000 feet. 雲は上空3万6千フィートにも達したと報告された.
14 進歩する, 上昇する, (席次の)あがる, 立身する ▪ The barometer is *going up* at a tremendous rate. 晴雨計がすごい勢いで上昇している ▪ The boy *went up* last term. その少年は前学期に席次があがった ▪ He has *gone up* in the world. 彼は立身した.
15(劇場などで灯りが次第に明るくなる (↔GO down 17) ▪ As the lights *went up* in the theater, there was silence. 劇場のライトが徐々に明るくなると場内がしんとなった.
16《口》破滅する, 破産する, 失敗する; 死ぬ ▪ He failed in business and *went up*. 彼は商売に失敗して破産した ▪ We shall *go up* on the salt question. 我々は塩の問題で(塩がつきて)まいるだろう.
17(役が)せりふを忘れる; (演奏を)しくじる ▪ The actor playing the Captain *went up* on a line and left the stage. キャプテンを演じていた俳優がせりふを思い出せなくて舞台を降りた.
18[命令文で]なんだい!《軽蔑・あざけりの句》 ▪ *Go up*, thou bald head! なんだい. このはげ頭め!
19 …を登って行く ▪ He *went up* Mont Blanc. 彼はモンブランを登って行った ▪ He *went* steadily *up* the social scale. 彼は着々と社会的地位をのぼって行った.

go up against 箇 **1** …と競う, 戦う, 対決する ▪ It didn't matter who she *went up against*, or who *went up against* her. 彼女が誰と対決したか, あるいは誰が彼女と対決したかはどうでもいいことだった.
2 …に寄り添う ▪ *Go up against* the bank. 堤に寄り添いなさい.

go up for 箇《口》(試験など)を受ける;《英》…を志願する ▪ He *went up for* the examination. 彼は

その試験を受けた ▪He *went up for* a degree. 彼は学位を取ることを志願した.

go up to 自 **1** …に達する(→GO up 13) ▪The income *went up to* $55,000 a year. 収入は1年に55,000ドルに達した.

2 …に近寄る(→GO up 1) ▪*Go up to* him and bid him good morning. 彼のところへ行っておはようのあいさつをしなさい.

3 …まで行く[出す] ▪We will *go up to* £500 for the chair. 我々はそのいすに500ポンドまでは出す.

go well 自 **1** うまくいく, 無事である(*with*, *on*) ▪Everything *goes well with* me. 私は万事うまくいっている. ▪The boat *went well on* her trial. そのボートは試運転でうまくいった.

2 よく似合う, うまくつり合う(*with*, *on*) ▪The furniture *goes* very *well with* the room. その家具は部屋と非常によく調和している.

3(品物が)よく売れる ▪These goods are *going well*. この品はよく売れている.

4 人気を得る, 評判になる ▪The CDs *went well*. そのCDは好評だった.

go with 自 **1** …といっしょに行く, に同行する ▪Jack *went with* us to Chester. ジャックは我々といっしょにチェスターへ行った.

2(口)…と調和する, 似合う ▪That tie *goes with* your shirt. そのネクタイはあなたのシャツに似合う ▪Fish does not *go well with* her. 魚は彼女にはあまり合わない.

3 …といっしょである, に属する, の一部である ▪These ornaments *go with* this lot of a sale. これらの装飾品はこの一組の売品についているのです ▪Five acres of land *go with* the house. 5エーカーの土地がその家についている.

4 …に伴う, につき物である ▪Criminality *went with* dirtiness. 犯罪は不潔に伴った.

5(人)に同意する, 与する ▪We can't *go with* him in defending it. 我々は彼に同調してそれを弁護することはできない ▪My sympathies *went* strongly *with* the lady. 私の同情はその女性の方に強く傾いた.

6 選ぶ, 受け入れる ▪I'll *go with* the old dress, which makes my husband extremely happy. 私は古いドレスにするわ. 夫がすごく気に入ってくれるから.

7(口)[主に進行形で](若い男女が)…といっしょに出歩く, 恋人として交際する ▪I see you *are going with* a new girl. 君は新しいガールフレンドといっしょだね ▪John has *been going with* Mary for two years. ジョンは2年間メアリーと交際している.

8 …に従って行く; に順応する, 従って行動する ▪The boat *went with* the stream. ボートは流れに従って行った ▪We must *go with* the times. 我々は時勢に順応しなければならない ▪The politician always *goes with* his party. 政治家はいつも党議に従う.

9(米口)…に(なる), がどうなる ▪What has *gone with* him? 彼はどうなったのですか.

10(米口)…を支持する ▪He will *go with* the party. 彼はその党を支持するだろう.

11 …を理解する ▪I can't *go with* you in every- thing you say. おっしゃることが全部わかるわけではありません.

go without 自 **1** …なしですます, なしで我慢する ▪The boy had to *go without* supper. その少年は夕食なしですまさなければならなかった.

2 …を持たない ▪He *goes without* a hat. 彼は帽子を持たない.

goad /góud/ *goad a person into* [*to*] 他 人を刺激[扇動]して…させる ▪He *was goaded into* using angry retorts. 彼は挑発されて激しい口答えをした ▪Jaunts *goaded* the Baron *to* fury. あざけりが男爵を刺激して激怒させた.

goad *a person on* [*onward, along*] 他 人を駆る, 追い立てる ▪She *goaded* him *on* to the deed. 彼女は彼を駆り立ててその行為をさせた.

gobble /ɡɑ́bəl/ɡɔ́b-/ *gobble up* 他 **1** …を大口に急いで音を立てて飲み込む, 食ってしまう《比喩的にも》 ▪They *gobbled up* their breakfasts noisily. 彼らは盛んに音を立てて大口に朝食をむさぼり食った ▪Addictive gambling *gobbles up* money even faster than a drug habit. ギャンブル中毒は薬物常習よりさらに短期間で金銭を乱費させる ▪That old copy machine just *gobbles up* the ink. あの古いコピー機はインクを実によく食う.

2(主に受身で)…を併合する, 吸収合併する ▪In 1939 Lithuania *was gobbled up* by the Soviet Union. 1939年リトアニアはソ連に併合された ▪Over time, larger companies *gobbled up* smaller ones. 時が経つうちに, より大規模な会社はより小規模の会社を吸収合併した.

3(俗)…をどん欲にひっつかむ, かっぱらう ▪About 100 prisoners *were gobbled up* after the fight. 戦闘の末約100人の捕虜が捕えられた.

4 …を制圧する, 打ち負かす; より強すぎる ▪She will *gobble up* her husband. 彼女は夫を尻に敷くだろう.

5 …を鵜呑(う)みにする, 真に受ける ▪Investors *gobbled up* the news report and scrambled to buy stock in both companies. 投資家たちはニュース報道を真に受け, 先を争って両社の株を買った.

goof /gúːf/ *goof around* 自《米豪》ふざける; ぼんやりと[無為に]過ごす(《英》mess about) ▪So while other kids *goofed around* after school, Jung holed up in her room and studied. 他の子供たちが放課後ふざけあっているとき, ユングは自室にこもって勉強した ▪Maybe you *goofed around* in school or dropped out. たぶん君は学校でまじめにやらなかったか落ちこぼれたかだ.

goof off 自《米口》(働かないで)ぶらぶらして過ごす ▪We didn't go to school, we *goofed off* downtown. 我々は学校へ行かないで繁華街でぶらぶらして過ごした.

goof on 他《口》…をからかう ▪I don't believe you. I think you're just *goofing on* me. 君の言うことなんか信じないよ. 僕をちょっとからかってるだけだろ ▪Ben may be *being goofed on* by 12-year-olds. ベンは12歳児たちにからかわれているところかもしれない.

goof up 他 《米口》しくじる, ドジを踏む; だめにする (spoil) ▪ Someone *goofed up* and the baby received the wrong blood type. 誰かが大間違いをして赤ちゃんに適合しない型を輸血された ▪ He *goofed up* his driving test again. 彼はまた運転試験に落ちた.

goose /guːs/ ***goose up*** 他 **1**《口》…をより激しい[すごい]ものにする ▪ He has *goosed up* the language of this novel. 彼はこの小説の言葉をより威勢のいいものにしている ▪ The lighting *was goosed up* with more powerful lamps. 照明はより強力な照明器具でいっそう明るくされた.
2《俗》(女性)をだまして肉体関係に入る ▪ I wouldn't want to *goose up* the girl. あの娘(ニ)をだまして関係を持ちたいなんて思うものか.

gorge /gɔːrdʒ/ ***gorge on [upon]*** 他 (猛鳥などが)…をむさぼり食う ▪ The fowls of prey came and *gorged upon* the Church. 猛鳥がやって来て, 教会のものをむさぼり食った ▪ He *gorged on* wealth. 彼は富をむさぼった ▪ The team is about to *be gorged on* by Argentina. そのチームはアルゼンチンチームに吸収されようとしている.

gouge /ɡaʊdʒ/ ***gouge into*** 掘られて…になる ▪ Brooklets are *gouging into* deep trenches. 小川は掘れて深い溝になっている.
gouge A into B 他 Aを掘り開いてBにする ▪ They *are* neatly *gouged into* several channels. それらはきれいに掘り開かれて数条の水路になっている.
gouge out 他 **1**(目)をえぐり出す; (人)をほうり出す ▪ The sergeant *gouged out* the captive's eyes in a fit of rage. 軍曹はかっとなって捕虜の目をえぐり出した ▪ *Gouge* Hugh *out* of the seat. ヒューを席からほうり出せ.
2(コルクなど)を丸くくり抜く ▪ The boy *gouged out* a sort of boat. その少年は木をくり抜いてボートのようなものを作った.
3(水路・みぞなど)を掘り開く ▪ They *gouged out* a channel. 彼らは水路を掘り開いた.
gouge out of 他 《口》(金など)を(人)からだまし取る, 巻き上げる ▪ I was trying to *gouge* some money *out of* Harvey. ハービーからちょっと巻き上げてやろうと思ってたんだ.

grab /ɡræb/ ***grab at*** …をつかもうとする《結果的に「つかむ」に成功することもある》 ▪ He *grabbed at* the pen just before it fell. 彼はペンを落とす寸前につかんだ ▪ A group of schoolboys *were* chased and *grabbed at* by two men. 児童の一団が二人の男に追いかけられてつかまれた.
grab away 他 …をつかみ取る ▪ The thief *grabbed* the bag *away* from the girl. 盗人はその少女からかばんを奪い取った.
grab for 他 …をひっつかむ ▪ He *grabbed for* the knife. 彼はナイフをつかんだ ▪ Sinkiang has been repeatedly *grabbed for* by successive governments in Moscow. 新疆ウイグル地区は歴代のロシア政府によって繰り返し占領されてきた.

grab off 他 **1**…を奪う, かっさらう ▪ Griffith's pass *was grabbed off* by Morion. グリフィスのパスはモリオンにカットされた《バスケットボールで》.
2《米俗》(時間)をとる, 過ごす ▪ He *grabbed off* an hour of work. 彼は1時間の仕事をした ▪ We *grabbed off* Christmas in amusements. 我々はクリスマスをいろいろな娯楽で過ごした.
grab on **1**《俗》やっていく, 暮らしていく ▪ I do manage to *grab on* somehow. 私は何とかやっていています.
— 他 **2**(…)にしがみつく, つかまる(to) ▪ I *grabbed on to* the pillar. 私は柱にしがみついた ▪ Good old health education *was grabbed on to* by my emotional daughter. 情にもろい私の娘は古き良き保健教育にこだわった.

grabble /ɡræbəl/ ***grabble at*** …をつかむ ▪ The dog *grabbled at* the morsel. 犬はそのひと口の食物をくわえた.

grace /ɡreɪs/ ***grace A with B*** 他 **1**AにBを授ける, 賜わる ▪ The King *graced* him *with* the title. 国王は彼にその称号を授けた.
2A(物・人)にB(品位・栄光)を添える ▪ The Queen *graced* the ceremony *with* her presence. 女王におかせられてはその式へのご臨席の栄を賜わった.

gradate /ɡreɪdèɪt/ ***gradate into*** 他 **1**(色が)徐々に…に移り変わる ▪ The light admirably *gradates into* the solemn dark. 明かりが見事におごそかな暗がりに移り変わる.
— 他 **2**〖受身で〗…を段階に配列する ▪ Society *is gradated into* ranks. 社会は上下の階級に分けられている.

grade /ɡreɪd/ ***grade down*** 自 **1**だんだん段[級]が下がっていく ▪ Some private colleges are now *grading down*. 一部の私立大学はいまや水準が下がりつつある.
— 他 **2**《米》(道路・堤)の高さをだんだん下げる, 勾配をだんだんゆるくする ▪ The road *was graded down* about four feet. 道路は4フィートほどだんだん下げられていた.
grade into わずかずつ変化して…となる ▪ Rock-crystal *grades into* quartzite. 水晶が少しずつ変化して珪岩となる.
grade up 他 **1**(優良種を交配して)…の改良雑種を作る, 品種を改良する ▪ The stock-breeder *graded up* his herd. 牧畜業者は所有の牛群の品種を改良した.
2…をえり分ける ▪ The eggs *were graded up* before being sent to market. 卵は市場へ送られる前に選別された.
— 自 **3**上位の品種に列する ▪ The new cattle *grade up*. その新しい牛は上位の品種に入る.
grade up with 他 《米口》…と(地位・能力において)匹敵する, 肩を並べる ▪ When a man marries a queen, he ought to *grade up with* her. 男が女王と結婚すれば女王と対等になるはずだ.

graduate /ɡrǽdʒueɪt/ ***graduate at*** 自 《英》(称号を受けて)…を卒業する《大学に限る》 ▪ He *graduated at* the college. 彼は大学を卒業した.

graduate from 圓 他 《米》(学校)を卒業する[させる]; 《英》(大学)を卒業する[させる] ● He *graduated from* high school at the age of 17. 彼は17歳で高等学校を卒業した ● The lawyer *graduated from* this college some 30 years ago. その弁護士は本学を30年ばかり前に卒業した.

graduate in 圓 **1** …の学位を取る[取って卒業する] ● He wants to *graduate in* law. 彼は法律の学位を得たいと思っている.
— 他 **2** …の学位を取らせる[取って卒業させる] ● My sister *was graduated in* medicine last year. 妹は去年医学の学位を取って卒業した.
3 (物差し)に…で目盛りをつける ● This ruler *is graduated in* centimeters. この定規はセンチで目盛りがつけてある.

graduate into 圓 徐々に変わって…となる ● This sandstone *graduates into* the inferior conglomerates. この砂岩は徐々に変わって劣等の礫岩となる.

graduate with 圓 他 (…の学位・最優秀などの成績)を取って卒業する[させる] ● He *was graduated with* a degree in sociology. 彼は社会学の学位を取って卒業した ● She *graduated with* high honors in 2007. 彼女は2007年に優等で卒業した.

graft /ɡræft|ɡrɑːft/ ***graft off*** 他 《米口》…から不正に得る, 収賄[汚職, 詐取, 横領]をする ● The conductor had *grafted off* the company. その経営者は会社から横領していた.

graft A off B 他 AをBから移植する ● My skin looked as if it had *been grafted off* a Roman statue. 私の皮膚はまるでローマの彫刻から移植されたかのようだった.

graft A on [on to, onto, upon, in, into, to] B AをBにつぎ木する, 植えつぎする; AをBに融合させる ● He *grafted* a shoot *on* an old tree. 彼は若枝を古い木についだ ● They *grafted* pagan rites *upon* Christian usage. 彼らは異教の儀式をキリスト教の慣習に融合させた.

graft on to 圓 《米俗》不正手段で得る ● He *grafted on to* some coin of the realm. 彼は国の貨幣を不正手段で得た.

graft upon 圓 《米俗》…を食い物にする ● They *grafted upon* the city. 彼らはその市を食い物にした.

grant /ɡrænt|ɡrɑːnt/ ***grant…away [out]*** 他 (土地・権利を)譲り与える ● The lands thus confiscated *were granted out* to his followers. このようにして没収された土地は彼の家来たちに譲与された.

graph /ɡræf|ɡrɑːf/ ***graph out*** 他 …をグラフで示す ● The results of the year's trading *were graphed out*. 年間商いの結果がグラフで示された.

grapple /ɡræpəl/ ***grapple together*** 圓 レスリングで組み合う ● The two wrestlers were *grappling together*. 二人のレスリング選手は組み合っていた.

grapple with 圓 **1** (困難・問題)と取り組む ● I am glad you are *grappling with* the question. あなたがその問題と取り組んでいるのをうれしく思います.

2 …と取り組む, 組みつく; と戦う ● He *grappled with* Tracy and flung him to the ground. 彼はトレイシーと取っ組み合って地面に投げつけた.

3 《海》(接戦をするため敵艦)にひっかけいかりでからみつく ● He advised the admiral to *grapple with* the enemy's ships and board them. 彼はひっかけいかりで敵艦にからみついてそれに乱入するよう提督に助言した.

grasp /ɡræsp|ɡrɑːsp/ ***grasp at*** 他 **1** (手を伸ばして)…をつかもうとする (主として非物質的なものを) ● The policeman *grasped at* the thief. 警官は手を伸ばして盗賊を捕えようとした ● A person who *grasps at* too much may lose everything. 欲ばりすぎる人はすべてを失うかもしれない ● The straws to *be grasped at* are few, the efforts desperate. つかむべきわらはわずかしかなく, 努力は絶望的である.

2 (提案などに)飛びつく ● I readily *grasped at* his proposal. 私はすぐに彼の提案に飛びついた.

grass /ɡræs|ɡrɑːs/ ***grass on [up]*** 他 《英口》(仲間)を密告する ● John must have *grassed on* us. ジョンのやつ, おれたちを密告したにちがいない ● Some risk *being grassed on* by their neighbors. 隣人にたれこまれる危険を冒すものもいる ● Those who *grassed* us *up* were people we've worked with for years. おれたちをチクったのは何年もいっしょに働いた連中だった.

grass over …を草[芝生]で覆う ● The baseball diamond *was grassed over*. 野球場のダイヤモンドは芝生でおおわれた.

grate /ɡreɪt/ ***grate off*** 他 …を(大根おろしなどで)おろす, すりつぶす ● The tops of the seeds *are grated off* upon a stone. 種子の表皮は石の上でこすり落とされる.

grate on [upon] 他 (耳)にさわる; いやな感じを与える, の感情を害する ● Her voice *grates upon* my ear. 彼女の声は私の耳にさわる ● Such expressions rather *grate on* me. そのような表現は私には少し不快である ● I have my nerves *grated upon* daily by the barking of dogs outside. 私は毎日外の犬どもの鳴き声に神経を逆なでされている.

grave /ɡreɪv/ ***grave A on [in] B*** BにAを刻みつける ● The facts *are graved on* my memory. その事実は私の記憶に刻みつけられている.

gravitate /ɡrævɪteɪt/ ***gravitate to [towards]*** 圓 …の方に引力で引かれる; (一般に)…の方に引かれる ● The moon *gravitates to* the earth. 月は地球の方に引力で引かれる ● Students are *gravitating towards* practical subjects. 学生は実用的科目の方に引かれている.

graze /ɡreɪz/ ***graze against*** 他 …に触れる, 接触してきずをつくる ● I *grazed against* an old man as I was jogging this morning. 今朝ジョギング中, 老人に体が当たった ● The tube inserted during surgery *grazed against* my throat. 手術中に挿入されたチューブで咽喉が擦れて傷ができた.

graze on 圓 **1** (動物が)…で草をはむ ● Several deer are *grazing on* the hillside. 数頭のシカが山腹で草をはんでいる.

grease

— 他 **2**(動物が)...を食べる ▪ Young aspens can be easily *grazed on* by deer. ポプラの若木はやすやすとシカに食べられることがある.

grease /gri:s/ ***grease to*** *a person* 自 《パブリックスクール》人にへつらう ▪ Anson *greased to* you by making you a prefect. アンソンは君を監督生にして君におもねったのだ.

grease up 自 他 ...に油[クリーム]を塗る ▪ The contestants *greased up* with baby oil to make their bodies gleam under the lights. 競技者たちは肉体がライトに映えるようにベビーオイルを塗った ▪ The fruit *was greased up*. その果実には艶出しが塗られた.

green /gri:n/ ***green up*** 自 **1**(葉・芝生などの)緑が濃くなる ▪ The woods have *greened up*. 森の緑が濃くなった.

— 他 **2**...の緑を濃くする ▪ Lawn-care professionals now face the task of *greening up* the winter-ravaged grass. 芝生の手入れ業者は今や冬枯れの芝生を緑にするという仕事に向き合っている.

grieve /gri:v/ ***grieve at*** 自 他 ...を嘆く, 悲しむ ▪ I *grieve at* his waywardness. 彼のわがままなことを悲しむ ▪ I am deeply *grieved at* the news. その知らせを深く悲しんでいます.

grieve for [***over***] 自 他 ...のことを悲しむ, 嘆く ▪ He *grieved for* the loss. 彼はその損失を嘆いた ▪ He *grieved over* a friend's death. 彼は友人の死を悲しんだ.

grin /grɪn/ ***grin at*** 他 ...に対してばかみたいににやにや笑う ▪ Don't keep *grinning at* me. ばかみたいに私を見てにやにや笑ってばかりいるな ▪ They aren't used to *being grinned at* by naked men. 彼女たちは裸の男たちにニタニタされるのになれていない.

grind /graɪnd/ ***grind...away*** 他 ...をこすって取り除く ▪ *Grind* the bumps *away* and make the wall smooth. こすってデコボコを取り除き壁面を滑らかにしなさい.

grind away at 自 **1**...にあくせく働く, をこつこつ勉強する ▪ He is *grinding away at* English studies. 彼は英語の研究をこつこつやっている.

2...を削って 粉[小片] にする ▪ The machine *ground away at* the rocks, making tons of gravel. その機械は岩石を削って何トンもの砂利を作った.

3...をこき下ろす, にがみがみ[ねちねち]言う ▪ Why are you always *grinding away at* me? なぜ君はしょっちゅう僕に小言ばかり言ってるのかね.

grind down 他 **1**...をひいて[すって]粉にする, ひきつぶす ▪ He *ground down* the corn. 彼はその穀物をひきつぶした.

2...をすり減らす ▪ The knife *was ground down*. そのナイフはすり減らされた.

3(人)をしいたげる; 酷使する; の膏血(こうけつ)をしぼる ▪ He *ground* his workpeople *down* by his treatment. 彼は労働者をひどくしいたげた ▪ He *ground down* the poor. 彼は貧乏人たちの膏血をしぼった.

4(人)を気落ち[落胆]させる ▪ Being a cop *ground* me *down*, made me cynical. 警官をやってると気が滅入って, 猜疑的になる.

— 自 **5**(ひけば)粉になる ▪ The corn will *grind down* into a nice flour. その穀物はひけば立派な粉になるものだ.

grind A in B **1** A(人)に B をたたきこむ ▪ He *ground* the pupil *in* grammar. 彼はその生徒に文法をたたきこんだ.

2 A(ごみなど)を B にたたき込む ▪ The dirt *is ground in* this carpet. ほこりがこのじゅうたんにたたき込まれている.

grind A into B 他 **1** A をひいて B にする ▪ The stone *was ground into* a fine powder. その石はひいて細粉にされた.

2 A を B に強く押しつける ▪ He *ground* his foot *into* a photograph. 彼はその写真を足で強く踏みつけた.

grind off 他 ...をひいて除く ▪ We *grind off* the brown outer layers of the rice grains. 我々は米粒の茶色の外皮を臼(うす)でひいて除くのだ.

grind on 自 **1**こつこつ働く, こつこつ勉強する ▪ What's the good of *grinding on* at this rate? こんな調子でこつこつ勉強して何になるのか.

2だらだらと続く[長引く] ▪ The meeting *ground on* and *on*. 会議はだらだらと長引いた ▪ The game *ground on* into extra time. 試合は延長にまでもつれこんだ.

3容赦なくじりじりと進む ▪ The invasion of the country *ground on* relentlessly. その国への侵略が容赦なくじりじりと進行した.

— 他 **4**...を疲れさせる, いやがらせる, の神経をすり減らす ▪ We are a defensive team and we like to *grind on* people and try to wear them down late in games. 我々は守りのチームなので相手のいやがることをして試合の後半に消耗させることを心がけている ▪ I've *been grinded on* by women. 女性たちに疲れさせられた.

grind out 他 **1**骨を折って...を作り出す[達成する]; を(機械的に)次々と送り出す[作り出す, 生み出す] (=CHURN out) ▪ He *ground out* a few verses. 彼は数編の詩を苦吟した ▪ Thoreau could *grind out* hundreds of clear and cogent words every day. ソーローには明晰で適切な語を毎日何百も生み出すことが可能だった.

2(吸い殻)を踏み消す, もみ消す (=STUB out); (害虫)を踏みつけて殺す ▪ She slowly *ground out* her cigarette with the toe of her shoe. 彼女は靴のつま先でタバコをゆっくりと踏み消した ▪ The farmer *ground out* a caterpillar. 農夫はイモムシを踏み潰した.

3歯をきしらせて...を言う ▪ He *ground out* a curse between his teeth. 彼は歯ぎしりして悪態をついた.

4...をひき割って[すって]得る[作る] ▪ A valuable oil *is ground out* of cotton seed. 貴重な油がワタの種子をひいて得られる.

5(風琴などの柄を回して)...を単調に奏する ▪ The organ-grinder was *grinding out* the tunes. オル

ガン弾きは歌曲を単調に弾いていた.
6(…から)…をしぼり取る ■He *ground* money *out* of the poor. 彼は貧乏人から金をしぼり取った.

grind together 他 …をゴリゴリ擦り合わせる ■He *ground* his teeth *together*. 彼は歯ぎしりした.

grind up **1** …をひき砕く,すり砕く ■We *grind* wheat *up* into flour. 小麦を挽いて小麦粉にする ■These rocks *are ground up* and used for road building. この岩石は砕かれて道路建設に使われる.
2(武器・道具)の刃を立てる ■I'll *grind up* all the tools. すべての道具の刃を立てよう.

gripe /graip/ ***gripe at [about]*** 他 …に不平を言う,文句を言う ■She's always *griping about* one thing or another. 彼女はいつも何かに不平を言ってばかりいる ■*Griped about* by many, my school's dress code is the target of criticism. 大勢に不平を言われ,我が校の服装規定は批判の標的になっている.

grit /grit/ ***grit up*** 自 《米・まれ》勇気を出す ■I must *grit up*, for I've got a big job. 私は勇気を出さなければならない. 大きな仕事があるから.

groan /groun/ ***groan about*** 自 …のことでブーブー言う,不平を言う ■You see so many people moaning and *groaning about* the traffic. とても多くの人が車の往来について不平不満を言っているのがわかる.

groan at 自 …にブーブー言う,不平を言う ■Members of the studio audience *groaned at* the joke. 番組参加者たちがそのジョークに不満の声を上げた ■He *was groaned at* during his speech. 彼は演説中にブーイングをされた.

groan down 他 …をうなり声で黙らせる ■Tom *was groaned down* by the audience. トムは聴衆に不満の声で黙らされた.

groan for 他 うめきながら…を求める ■He *groaned for* a cup of tea. 彼はうめき声でお茶を1杯求めた.

groan out 他 …をうめきながら言う ■She *groaned out* the tale of her misfortunes. 彼女はうめきながら自分の不幸の物語をした.

groan under [beneath] 他 …の下に苦しむ ■The people are *groaning under* the heavy tax. 国民は重税に苦しんでいる.

groan with 他 …の重荷できしむ ■The table *groaned with* food. 食卓は食物の重みできしんだ.

gronk /graŋk/ ***gronk out*** 自 《口》ばてる,へばる;(帰宅して)寝る ■I've been here all day, without a break, so I'm *gronking out*. 私は一日中ここにいて休憩もしていないので,ばてかけている ■My car *gronked out* on the way to work this morning. 今朝,仕事に行く途中で車がえんこした ■It's time to tell him to "*gronk out*". 彼に「横になる」ように言うときだ.

groove /gru:v/ ***groove into [to]*** 自 (常態・習慣)に落ち着く,はまる ■She *grooved into* the business. 彼女はその仕事に落ち着いた ■I am *grooving into* work here. 私はここで仕事に落ち着いている.

groove A into [in] B 他 AをB溝によってBにはめこむ ■One end *was grooved into* the solid wall. 一つの端はしっかりした壁に溝によってはめこまれていた.

groove on 自 …に興味を示す;と関わりをもつ,つき合う ■Fred was beginning to *groove on* New Age music when he met Phil. フレッドがフィルに会ったとき,ニューエイジミュージックに興味を持ちはじめていた ■Joe *grooved on* musicians of all styles. ジョーはあらゆるタイプのミュージシャンとつき合っていた.

grope /group/ ***grope about for*** 他 …を得ようと捜し回る ■He was *groping about for* information about the matter. 彼はその件についての情報を得ようと捜し回っていた.

grope for [after] 自他 …を手探りする;を捜す ■He *groped for* the door-handle in the dark. 彼は暗やみでドアの取っ手を手探りした ■Pens that were in coat pockets *were groped for*. コートのポケットにあったペンがボディーチェックされた.

grope out 他 …を探り出す,尋ね当てる ■We must *grope out* the truth. 我々は真相を探り出さなければならない.

grope toward [《英》towards] 自 …を模索する ■Everyone is now *groping toward* a new equilibrium. 今や誰もが新しい均衡を模索している.

gross /grous/ ***gross out*** 他 《米俗》(人)に野卑な行為をする;(野卑なことを言って人)をいやがらせる,怒らせる ■You will *gross* people *out* if you continue talking like that. そんな話ばかりしていると人がいやがるよ.

gross up 他 《英》(税)の形式上の額を増やす,税を引く前の額に引き上げる ■[[主に受身で]]If the donor bears the tax, the value of the gift must *be grossed up* to include the tax. 贈与者が税を負担するなら,贈与品の金額は税込みにするため増やさなければならない.

ground /graund/ ***ground in*** 自 **1** = GROUND on.
2(さらさ捺染(なっせん)法で)最初黒色を捺染したさらさ片に別の色を加える ■He *grounded in* the tropical colors at pleasure. 彼は黒に染めたさらさに思いのままに熱帯的色彩を加えた.

ground a person in 他 人に…の基礎(知識)を授ける,手ほどきをする ■He *grounded* his pupils *in* grammar. 彼は生徒に文法の基礎を授けた.

ground on 自 …に座礁する ■The boat *grounded on* the mud. ボートは泥地に乗り上げた.

ground A on B 他 [[主に受身で]]AをBという基礎の上に置く,AをBに基づかせる ■He *grounded* his opinion *on* facts. 彼は自説の基礎を事実に置いた.

ground out 自 **1**(野球)ゴロを打ってアウトになる ■He *grounded out* to the shortstop. 彼はショートゴロでアウトになった.
2座礁する ■The ship *grounded out* on the shores of Searsport. その船はシアズポート沿岸で座礁した.

group /gruːp/ ***group** A **in** [**into**] B* 他 〖主に受身で〗AをBに分ける ▸ He *grouped* them *in* three rows. 彼はそれらを3列にした ▸ Earthquakes *are grouped into* 3 classes. 地震は3段階に分類される.

***group** (A) **round** [**around**] B* 他 AをBの周りに集める; Bの周りに集まる ▸ We *grouped* ourselves *round* the leader. 我々はリーダーの周りに集まった.

group together 他 〖主に受身で〗…をいっしょにする, 組み合わせる ▸ *Group together* this and that. これとあれとを組み合わせなさい ▸ Firefighters want the names of 9/11 rescue workers to *be grouped together* in the list of victims. 消防士たちは9月11日（米同時多発テロ事件）の救助出動隊員たちの名前が犠牲者リストに含められることを望んでいる.

***group** A **under** B* 他 AをBに区分する ▸ The languages of Africa *are grouped under* four heads. アフリカの言語は4区分される.

***group** A **with** B* 他 AをBの部類に入れる ▸ The Hungarian language *was grouped with* the European family. ハンガリー語はヨーロッパ語族に入れられていた.

grouse /graʊs/ ***grouse about*** [*at*] 他 《口》…について[に向かって]不平[文句]を言う ▸ The coffee is good. Why are you *grousing about* it? そのコーヒーはうまいのになぜそれに文句を言っているのか ▸ The subject has long *been groused about*. この件については前々から不平がささやかれている.

grovel /ɡrʌ́vəl ɡrɔ́v-/ ***grovel at*** 自 …にはいつくばう ▸ He *groveled at* my feet and begged for mercy. 彼は私の足もとに這いつくばって情けを請うた.

grovel before [*to*] 自 …に屈服する ▸ He *groveled before* them, seeking mercy. 彼は彼らの前に屈して, 慈悲を乞うた.

grovel under 自 …を負って苦しむ ▸ I *groveled under* heavy taxes. 私は重税のもとに苦しんだ.

grow /ɡroʊ/ ***grow apart*** 自 別々に生長する; (思想などにおいて)だんだん離れてくる; (意見・関心が)違ってくる ▸ The two halves of the main branch *grew apart*. 大枝が二つに分かれて生長した ▸ Tom and Jane began to *grow apart*. トムとジェインはだんだん心が離れ始めてきた.

grow away from 自 **1** …から独立する ▸ We hope all our children will *grow away from* us. 子供たちみなに私たち親から独り立ちしてもらいたい.

2 …と疎遠になる, 仲が悪くなる ▸ The girl gradually *grew away from* her friends. その娘は友だちとだんだん疎遠になった.

grow back (*in*) 自 **1** 再生する, 成長して元通りになる ▸ The patient recovered and finally the hair *grew back in* again. その患者は病が回復して, やっと髪がまた元通り生えてきた.

2 (切除した腫瘍が)再発する ▸ The tumor *grew back* even larger; this time to the size of a small orange. 腫瘍が前より大きくなって再発し今度は小さなオレンジ大だった ▸ The cancer *grew back in* the same place but much bigger. 癌が同じ場所に再発したが以前より大きくなっていた.

grow down [***downwards***] 自 **1** (根などが)深くおりる ▸ The roots *grew down* in the soil. 根は地中深く伸びた.

2 下向きになる; 低くなる, 短くなる, 小さくなる; 減じる ▸ My little sister's skirt *grew down* as her legs grew long. 妹の脚が伸びるにつれてスカートの丈が短くなった ▸ I *grow downwards* as an aged thing does. 私は年取った者の例にもれず小さくなっていく.

grow from 自 **1** →GROW out of 3.
— 自 他 **2** …から大きくなる; から大きくする ▸ This tree *grew from* a nut. この木は実から大きくなったのだ ▸ I enjoy *growing* flowers *from* seed. 私は種から花を育てるのが楽しみだ.

grow in 自 **1** …において伸びる, を伸ばす ▸ The police force *grew in* ability and quality under Hoover's leadership. 警察隊はフーバーの指導の下に能力と資質を伸ばした ▸ Organic foods have *grown in* popularity. 自然食品が人気を博すようになった.

2 内側へ伸びる ▸ Your toe-nails are *growing in*. 君の足の爪は内側へ伸びている.

3 もとの所に生える ▸ Your hair will *grow in* again. あなたの髪はまたもとの所に生えるでしょう.

grow into 自 **1** (成長して)…になる ▸ He has *grown into* a fine young man. 彼は立派な青年になった ▸ It *grew into* a proverb. それは諺となった.

2 …になじんでくる, 慣れるようになる; (子供が成長して)服のサイズが合うようになる ▸ A man will *grow into* his position. 人は自分の地位になじんでくるものである ▸ I always buy two sizes too big for my 5-year-old son because he'll soon *grow into* these clothes. 私は5歳の息子にはいつも2サイズ大きいものを買う, すぐに大きくなってこれらの服に合うようになるから.

3 …に入りこんではえる ▸ Nails *grow into* the flesh. つめは肉に入りこんではえる.

grow on [***upon***] *a person* 自 **1** 人にだんだん好かれる, 感心される, 重要に思われてくる ▸ He is the man to *grow upon* you on acquaintance. 彼はつき合うにつれてだんだん好かれてくる人物である ▸ Running long distances began to *grow on* her. 彼女は長距離走がだんだん気に入ってきた.

2 人にだんだん勢力を持ってくる, 募る ▸ The habit of smoking will *grow upon* one. タバコを吸う習慣はだんだん募ってくるものだ ▸ It *grows upon* me that you are his brother. あなたは彼の兄さんだと, 私にはだんだん思われてくる.

grow out 自 **1** 生え出る, 生え出て…になる ▸ Her hair will *grow out* again. 彼女の髪はまた生えてくるだろう ▸ He let his beard and hair grow, and they *grew out* white. 彼はあごひげと頭髪を伸ばしているが, 伸びたら白髪になった.

2 芽を出す ▸ The potatoes have *grown out*. ジャガイモが新芽を出した.

grow out of 自 **1** …ができないほど大きくなる ▸ He has *grown out of* his clothes. 彼は衣服が(小さくて)着られないほど大きくなった ▸ You have

grown out of recognition. お見それするほど大きくなりましたね.
2(成長して)...を脱する ▪ He has *grown out of* the bad habits. 彼は成長してその悪習慣が直った.
3...から生じる ▪ Plants *grow out of* the earth. 草木は地からはえる ▪ All arts *grow out of* necessity. すべての芸術は必要から生じる.

grow over 㐧 一面に生える; (...を)一面に生えさせる(*with*) ▪ The garden had *grown over with* bracken. 庭にはワラビが一面に生えていた ▪ Mould had *grown over* the bread. カビがパン全体に生えていた.

grow to 㐧 (成長して)...になる ▪ The sound *grew to* a shriek. その音は高くなって悲鳴になった ▪ The population has *grown to* one million. 人口は増えて百万になった.

grow together 㐧 **1**(二つ以上のものが)大きくなって一つになる ▪ The two towns *grew together*. 二つの町が大きくなって一つになった.
2 結合する;(傷などが)癒着する ▪ See how these talks have *grown together*. ほら, これらの話がいっしょになってしまったではありませんか.
3 緊密になる ▪ The brothers *grew together* more and more. 兄弟たちはますます緊密になっていった.

grow up 㐧 **1** 育つ; 成人する, おとなになる ▪ Our son is *growing up* very fast. 息子はすくすくと育っている ▪ He wants to be a lawyer when he *grows up*. 彼は成人したら法律家になりたいと思っている ▪ Oh, why don't you *grow up*? おい, なぜおとなにならないのか《子供同士のけんかの罵倒語》.
2(慣習・論争などが)生じる, 徐々に発生する ▪ A dispute *grew up* respecting the city. その都市について論争が持ちあがった ▪ Thus a noble scheme *grew up* from the seed. このようにしてその種子から立派な計画が発生した.
3(植物が)地中から出る, 発芽する; 十分生長する; 上に伸びる ▪ The tree *grew up* in the forest. その木は森で十分生長した.
4(考え方・行動において)おとなになる; [[命令文で]]子供じみたことをするな[言うな] ▪ When are you going to *grow up*? いつになったらおとなになるんだい《思想・行動がまだおとなになっていない》 ▪ Oh, *grow up* you two, and stop fighting. 二人ともお兄ちゃんでしょ, 喧嘩はやめなさい.

grow up into 㐧 成長して...になる ▪ I don't like you *growing up into* a thief. お前に大きくなって盗人になってもらいたくない.

grow up on 㐧 ...を主食として成長する; を吸収しながら[見聞きして, の影響を受けて]育つ ▪ I *grew up on* rice and beans. 私は米と豆を食べて育った ▪ Most kids *grew up on* fairy tales. ほとんどの子供たちはおとぎ話を聞いて成長する.

grub /grʌb/ ***grub along*** 㐧 なんとかやっていく ▪ We are just *grubbing along* somehow. 我々はようやくなんとか暮らしています.

grub among ㉁ ...をひっくり返して捜す ▪ We *grubbed among* his belongings to find the will. 遺言状を見つけるため彼の持ち物をひっくり返して捜した.

grub around [《英》***about***] 㐧 (通例きたない物の中を)あさる ▪ I *grubbed around* in my pocket for change. 私はポケットをあさって小銭を探した ▪ *Grub about* among old records. 古い記録の間をあさりなさい.

grub for 㐧 ㉁ **1** 地面を掘り返して...を捜す, を求めて土地を掘る ▪ In their wild state pigs *grub for* roots with their hooves and snouts. 野生状態では豚は木の根を求めて蹄と鼻で土を掘る ▪ Birds were *grubbing for* worms in the garden. 庭では小鳥たちがミミズを捜して地面をつついていた.
2(名声・権力などを)求める, 得ようとする《実際に得るか得ないかは文脈による》 ▪ Born wealthy, this judge had never *grubbed for* money. 裕福な生まれなので, この裁判官は金銭を求めようとしたことはなかった ▪ He has never *grubbed for* power; he doesn't shrink from influence, either. 彼は権力を求めたことはなく, 権力にひるむこともない.

grub out ㉁ ...を掘り出す; を掘り返して除く ▪ I want my tooth *grubbed out*. 私は歯を引き抜いてもらいたい ▪ They *grubbed out* stumps and planted the lilacs by the road. 彼らは根株を取り除いて道路沿いにリラを植えた.

grub up ㉁ **1** ...を根こぎ[根こそぎ]にする ▪ They had to *grub up* the roots. 彼らは根を引き抜かなければならなかった.
2 ...を掘り出す, あばく ▪ The police have *grubbed up* many details of her childhood. 警察は彼女の幼年時代の詳細をいろいろと探り出した.

grumble /grʌ́mbəl/ ***grumble about*** [***over***] 㐧 ...のことで不平を言う ▪ He used to *grumble over* the work. 彼は仕事のことでいつも不平を言ったものだ ▪ The trip *was grumbled about* by some White House aides. その旅行のことでホワイトハウスの補佐官にはグチをこぼされていた.

grumble at ㉁ ...に対して不平を言う ▪ He *grumbled at* nature for the shortness of his neck. 彼は自分の首が短いといって, 造化の神に不平を言った ▪ I *was grumbled at* by waiters. 私はウェイターたちに小言を言われた.

grumble for 㐧 ...がほしいとこぼす ▪ Why do you *grumble for* wine? なぜ君はワインがほしいとこぼすのか.

grumble out 㐧 ㉁ 不平を言って過ごす, つぶやくように言う ▪ He *grumbled out* the rest of his life. 彼はそれから死ぬまで不平を言って過ごした ▪ He *grumbled out* good night. 彼はつぶやくように「おやすみ」と言った ▪ Harley *grumbled out* some inaudible answer. ハーリーは聞き取れない声でぼそぼそと答えた.

guarantee /gæ̀rəntíː/ ***guarantee A against*** [***from***] *B* ㉁ AにB(損害・危険)のないことを保証する ▪ This policy *guarantees* us *against* all loss. この保険証券は我々にいっさい損をかけないことを保証している ▪ He *was guaranteed from* loss. 彼は損失を受けないことを保証されていた.

guard

guarantee for 他 …を保証する ・What government can *guarantee for* the safety of a populace in air raids? 空襲のとき民衆の安全を保証しうる政府があろうか ・The huge loan *was guaranteed for* by the government. 莫大なローンには政府の保証があった.

guarantee *A* ***in*** *B* 他 AにBの所有を保証する ・The Protestant states *were guaranteed in* their full rights and privileges. 新教国は十分な権利と特権を持つことを保証されていた.

guard /gɑːrd/ ***guard against*** …しないよう用心[警戒]する, 防ぐ ・*Guard against* errors [the habit of idleness]. 誤り[怠け癖]に陥らないよう用心しなさい ・We don't know how to *guard against* hurricanes. ハリケーンの防ぎ方を知らない ・Overconfidence must *be guarded against* by the coach and his staff. 自信過剰にならないようコーチとスタッフは目を配らなければならない.

guard *A* ***from*** [***against***] *B* 他 AをBから守る ・This quinine will *guard* you *from* fever. このキニーネは熱病にかからないようあなたを守ってくれる ・The brave boy *guarded* his mother *against* their assaults. 勇敢な少年は母を彼らの攻撃から守った.

guess /ges/ ***guess again*** 自《口》[主に命令文で]考え直す ・If you thought the toy business is kid stuff, *guess again*. おもちゃ業が簡単な仕事だと思っているなら, 考え直しなさい.

guess at 他 …を言い当てる; を推し量る ・I can *guess at* the height of the building. 私はその建物の高さを言い当てることができる ・I can't *guess at* what you mean. あなたがどういうつもりなのか推測できない ・Their function is not known for sure but *is guessed at* by computer analysis. それらの機能は確実にはわかっていないが, コンピューター分析で推測されてはいる.

guess off 他 《米》…の大体の見積もりをする ・It is usual for them to *guess off* the herd. 彼らは牛群の大体の見積もりをするのが普通である ・I *guessed* it right *off*. 私の見積もりは正しかった ・Factual questions should not *be guessed off* by summary judgment. 事実を争う問題は略式判決によって目算されるべきでない.

guess right [***wrong***] 自 うまく言い当てる[当てそこなう] ・You've *guessed right*. 君はうまく言い当てた.

guggle /gʌ́gəl/ ***guggle forth*** 1 ゴクゴクと音を立てて出る ・It *guggles forth* from the mouth of a long-necked bottle. それは首の長いびんの口からドクドクと出る ・His sympathies *guggle forth*. 彼の同情はこんこんと湧き出る.

— 他 2 …をゴクゴク[など]と音を立てて出す ・He *guggled forth* an excellent speech. 彼は立派な演説をとうとうとぶった.

guggle up 他 …をゴクゴクと音を立てて上へ出す ・He *guggled up* a little milk. 彼は少しのミルクをゲーゲーと吐き出した.

guide /gaɪd/ ***guide*** *A* ***across*** (*B*) 他 Aを先導して(Bを)渡らせる, Bを越えるようAを案内[誘導]する ・Reyes admitted that he *guided* the immigrants *across* the border. レイエスは, 移民たちが越境するのを手引きしたと認めた ・Wanda *guided* the others *across*, then doubled back. ワンダは他の人たちを案内して渡り, また折り返した.

gull /gʌl/ ***gull*** *a person* ***into*** 他 人をだまして…させる ・He *was gulled* by this story *into* the belief. 彼はこの話にだまされてそう信じた.

gull *a person* ***out of*** 《文》人をだまして…を取る ・He tried to *gull* the old lady *out of* her money. 彼はその老婦人から金を取ろうとした.

gulp /gʌlp/ ***gulp down*** 他 1 …をぐっと飲み込む ・She *gulped down* several tumblers of punch. 彼女はパンチ酒を大コップに数杯飲み干した.

2 …をぐっと抑える ・She *gulped down* her sobs [tears]. 彼女はすすり泣き[涙]をぐっと抑えた.

3 (話など)を信じる, 受けいれる, 理解する ・The old man *gulped down* the whole narrative. その老人は話全体を信じてしまった.

gulp in 他 大きく息を吸い込む ・I stood *gulping in* air to stoke my courage. 私は勇気をかきたてるために大きく息を吸い込みながら立っていた ・Ocean surface air *was gulped in* by the cyclone as fuel for movement. 海上表面の空気はサイクロンのみこまれ移動のためのエネルギー源となった.

gulp up 他 …を飲み込んでしまう ・Many brooks collected to *be gulped up* in one great canal. 多くの小川が集まって一つの大運河に飲み込まれていた.

gum /gʌm/ ***gum down*** 他 …を(ゴムのりで)貼りつける ・They *gummed down* the flap of the envelope. 彼らは封筒の折り返しを貼りつけた.

gum *A* ***in*** *B* 他 (ゴムのりで)AをBの中に貼りつける ・The stamps *were gummed in* the album. 切手はアルバムの中にゴムのりで貼りつけられた.

gum together 他 …をゴムのりで貼り合わせる ・We had better *gum* the papers *together*. 我々は書類をゴムのりで貼り合わせたほうがよい.

gum up 自 1 (ゴム・接着剤で)くっつく ・I tried sanding the adhesive residue, but it *gummed up*. 残留粘着剤をこすり落とそうとしたが, (サンドペーパーが)くっついてしまった.

— 他 2 (ゴム・接着剤で)…をくっつける; を張り[塗り]つける (*with*) ・Saturated fats *gum up* membranes. 飽和脂肪は粘膜を癒着させる ・The sidewalk *was gummed up with* melted candle wax. 歩道には溶けたロウソクのロウが張りついていた.

3 《口》(機械・仕事)を狂わせる; (計画)を台なしにする ・My holiday plan *was gummed up* by rainy weather. 私の休日の計画は雨天のため狂ってしまった.

4 [[受身で]] (目やにがまぶた)を張りつける; (耳・鼻)をつまらせる ・Some allergy sufferers will wake with *gummed up* eyes every morning. アレルギー患者には毎朝起きるとき目やにでまぶたが張りついている人もいる ・This treatment helps a child whose ear, behind the ear drum, *is gummed up* with fluid. この治療法は鼓膜の後ろで耳に水がつまっている子供に役立

gun /gʌn/ ***gun down*** 他 《口・報道》[[主に受身で]](無防備の者を)(無慈悲に)射殺する ▪ Many innocent people *were gunned down* in that town. その町では多くの罪のない人々が射殺された.

gun for 他 **1**(猟銃を持って獲物を)捜し求める ▪ They used to *gun for* prisoners' heads. 彼らは銃をもって囚人たちの首を捜し求めるのが常であった. **2**[[進行形で]](害そうとして人)を捜し求める, つけねらう; を攻撃しようとする, にリベンジを企てる ▪ A malcontent *was gunning for* the officer. 一人の不平分子がその将校を殺そうとして捜し求めていた ▪ Now that we're the champions, everybody's going to *be gunning for* us. チャンピオンになったいま, みんなが我々を倒そうとしている ▪ I am *being gunned for* by the Conservative Party. 私は保守党にねらわれている. **3**《俗》...を極力得ようとする, 求める;(昇格など)をねらう ▪ They *gun for* support. 彼らは支持を求めている. **4**《米俗》(支持・ひいきを得るため人)を捜し求める;(争いのけりをつけるため人)を捜し求める ▪ If he dies, I'll be *gunning for* you. もし彼が死んだら, 私は争いのけりをつけるめたにあなたを捜し求めますよ.

gunge /gʌndʒ/ ***gunge up*** 他 《口》[[主に受身で]]ねばねば[べとべと]したもので...をふさぐ[詰まらせる] (*with*) ▪ The ophthalmoscopes *were* all *gunged up with* dirt. 検眼鏡はほこりで全くふさがれていた.

gush /gʌʃ/ ***gush out*** [***forth***] 自 ほとばしり出る ▪ His words *gushed forth*. 彼の言葉はほとばしり出た.

gush over 他 ...をむやみにほめ立てる ▪ She *gushes over* handsome film stars. 彼女は美貌の映画スターをむやみにほめ立てる ▪ He *is* chased and *gushed over* by women everywhere. 彼はいたるところで女性に追いかけられほめそやされる.

gush with 自 ...が溢(あふ)れ出る ▪ The wound *gushed with* blood. 傷からは血があふれ出た.

gussy /gʌ́si/ ***gussy up*** 他 《米口》(良く見せようと)...を飾り立てる ▪ I *gussied up* the old dress to make it suitable for the party. 私はパーティーにふさわしくするために古い服を飾り立てた.

gutter /gʌ́tər/ ***gutter along*** 自 貧民街でどうにか生きていく ▪ They might have *guttered along* in helpless poverty. 彼らはどうにもならぬ貧困のうちに貧民街でどうにか生きていったかもしれない.

gutter down 自 (ロウソクが)一方にみぞができて急速に溶ける ▪ The candle *guttered down*. ロウソクは一方にみぞができて急速に溶けた.

gutter out 自 (ロウソクの火が)弱くなって消える《比喩的にも》 ▪ The candle of freedom has *guttered out* and a dictatorship prevails. 自由のロウソクは消え, 独裁制がはびこる.

guy /gaɪ/ ***guy at*** 他 ...をあざける ▪ I *was guyed at* by the children. 私は子供たちにあざけられた.

guzzle /gʌ́zəl/ ***guzzle away*** [***down, up***] 他 **1**...をがつがつ食う ▪ No wonder you feel sick after *guzzling down* five ice creams. アイスクリームを5つも平らげたのだもの, 胸がムカムカするのは当たり前だよ. **2**(金・時間)を飲んで費やしてしまう;(車が)燃料を食う ▪ You should not *guzzle down* all that stock of money. 君はそれだけの金の貯えを全部飲んでなくしてしまってはいけない ▪ They *guzzled away* the days. 彼らは飲み暮らした ▪ My old car *guzzles up* a lot of gas. 私のおんぼろ車はガソリンを大量に食う ▪ The oil glut today can *be guzzled away*. 今日の石油供給過剰は使って減らすことが可能だ.

gyp /dʒɪp/ ***gyp A out of*** *B* 他 AからBをだまし取る[奪いとる, とりあげる] ▪ We *were gypped* unfairly *out of* that fourth seat. 我々は不当に第4の座席を奪いとられた ▪ I just feel bad for him because he *gypped* himself *out of* everything. 彼はすべてを失ったので本当に気の毒に思う.

H

habituate /həbítʃuèɪt/ ***habituate** a person **to*** 他 [主に受身で]…に人を慣らす, の習慣をつけさせる ▪ The new employees *were* soon *habituated to* the schedule. 新入社員はやがて業務時間割に慣れてきた ▪ He *habituated* himself *to* the solitary life. 彼は独り暮らしに身を慣らした ▪ I will *habituate myself to* getting up early. 早起きの習慣をつけようと思います.

hack /hæk/ ***hack about*** 他 《英口》 **1** …をめちゃめちゃに使う, 使い古す ▪ We regret that so good a name is being *hacked about* all over the country. あれほど立派な名前が国中で乱用されているのを遺憾に思う ▪ So good a name should not *be hacked about* all over the country. そのように良い名前は国のいたるところでめちゃめちゃに使い古されるべきではない.

2 (話)を大幅にカットして修正する, 大なたをふるう ▪ My composition's *been hacked about* terribly by the teacher. 僕の作文は先生にずたずたに直された.

3 …を乱暴に切る ▪ The hairdresser has *hacked* my hair *about*. 美容師は私の髪を乱暴に切った.

hack around 他 **1** ぶらつく ▪ He was *hacking around* at the drugstore. 彼は薬局の所をぶらついていた.

2 《米口》ぶらぶらする, 時間をむだに過ごす ▪ I'm just *hacking around*. (何もせず)ただぶらぶらしているだけです ▪ Stop *hacking around* and get to work. 時間をむだにしないでさっさと仕事にかかれ.

hack at 他 (斧で)…をぶった切る ▪ He *hacked at* the branch until it fell to the ground. 彼はその枝をぶった切って地に落とした.

hack away (at) 他 **1** …に何度も切りつける, をたたき切る ▪ The woodcutter *hacked away at* the tree and finally got it down. 木こりは木に何度も切りつけてやっと切り倒した.

2 …を徐々に減らす ▪ They have been *hacking away at* the budget these days. このところ予算が徐々に減らされている.

3 …に取り組む ▪ He's *hacking away at* the pile of papers on his desk. 彼は机の上の書類の山に取り組んでいる.

hack down 他 **1** [主に受身で]…を切り倒す ▪ They were *hacking down* an old hedge. 彼らは古い生け垣を切り倒していた ▪ The forests *were hacked down* during the Industrial Revolution. 産業革命の間に森林は切り倒された.

2 《ラグビー》相手のすねをけって倒す ▪ John *hacked down* their center forward. ジョンは彼らのセンターフォワードのすねをけって倒した.

hack in 他 土を掘り砕いて…をまく ▪ We *hacked in* wheat. 我々は土を掘り砕いて小麦をまいた.

hack into 《電算》自 (コンピューター・システムに)不法に侵入する[侵入して情報などを勝手に引き出す] ▪ He tried to *hack into* the bank's computer. 彼は銀行のコンピューターに不法に侵入しようとした.

hack off **1** 《英口》[主に受身で](人)をいらいらさせる, 怒らせる ▪ I *was* really *hacked off* about his behaviour. 彼のふるまいについてはぼくは本当にいらいらした.

2 …を(斧などで乱暴に)切り落とす ▪ My father *hacked off* the dead branches. 父は枯れた枝を切り落とした.

hack out 他 **1** …を切り開く ▪ They *hacked out* a clearing in the forest. 彼らは森に開墾地を切り開いた.

2 …を苦心して作る ▪ He *hacked out* a new plan. 彼は新しい計画を苦心して立てた.

***hack** A **out of [off]** B* **1** BからAを切り取る[切り離す] ▪ Jennifer *hacked* the bone *out of* the roast beef. ジェニファーはローストビーフから骨を切り取った.

2 Bを削って[のみで彫って]Aの像を作る ▪ I *hacked* a frog *out of* the chunk of wood. 木片を削ってカエルの彫刻に仕上げた.

hack through 自 枝を切り落としながら前へ進む ▪ We *hacked through* the thick bushes. 我々は深いやぶの枝を払いながら進んだ.

hack up 他 **1** …をめった切りにする, 切って台なしにする ▪ They *hacked up* some valuable furniture. 彼らはいくつかの貴重な家具をめった切りにした ▪ That barber *hacked up* my hair badly! あの理容師が僕の髪をひどい髪型に切った.

2 せきをして…を吐き出す ▪ The cat is *hacking up* a hairball. 猫が毛玉を吐き出している.

haggle /hǽgəl/ ***haggle over [about]*** 自 **1** …を値切る ▪ She *haggled over* the price the shop assistant charged. 彼女は店員の言った値段を値切った.

2 …についてしつこく論じる ▪ They began *haggling about* some trifle. 彼らはつまらぬことでしつこく議論をし始めた.

hail /heɪl/ ***hail** A **as** B* 他 [主に受身で]AをBと認める, AをBとして迎える[讃える] ▪ We *hail* Dr. Einstein *as* a great genius. 私たちはアインシュタイン博士を偉大な天才と認めている ▪ The veterans *were hailed as* heroes. 復員軍人は英雄として讃えられた.

***hail (down)** A **on** B* Aを雨あられとBに浴びせかける ▪ The angry father *hailed down* blows *on* his child. 怒った父は子供にげんこつをあられのように浴びせかけた ▪ He *hailed* curses *on* the woman. 彼は女性に毒舌を盛んに浴びせた.

hail from 自《文》**1**《海》(船が港)から来る, を母港とする ▪ Where does the ship *hail from*? その船はどこの船か.
2 (人が)…から来る, の出身である ▪ Most of the pupils *hailed from* France. 生徒の大部分はフランスから来たものだった.

hail up 自《豪口》宿に泊まる ▪ I *hailed up* at the nearest inn. 私は最寄りの宿に泊まった.

ham /hǽm/ ***ham up*** 他《口》…を雑に[大げさに]演じる ▪ Don't on any account *ham* this scene *up*. どうあってもこの場面を大げさに演じてはいけない. ☞ 舞台化粧を落とす hamfat「ラード」に由来し, hamfatter が短縮された ham「大根役者」から.

hammer /hǽmər/ ***hammer at*** 自 **1** …を(どんどん)たたく ▪ The knight *hammered at* the castle gate. 騎士は城門をどんどんたたいた.
2 …を繰り返し言う, 強調する ▪ Stop *hammering at* the same thing over and over again. くどくどと同じことを繰り返すな.
3 せっせと働く, 一生懸命に勉強する ▪ He *hammered at* his computer all day and finished the report. 彼は一日中パソコンにかじりついて報告書を仕上げた.

hammer away at 自 **1** せっせと勉強する[働く] ▪ He *hammered away at* the task. 彼は仕事をせっせとやった.
2 しつこく試みる, に頭をしぼる ▪ The examiner had been *hammering away at* the man before me. 試験官は私の前の人をしつこく試問していた ▪ He liked to *hammer away at* his poems. 彼は詩を一生懸命に作り出すのが好きであった.
3 …をくり返して打つ; を攻撃[強調, 談話]し続ける ▪ He *hammered away at* her actions. 彼は繰り返し彼女の行為を攻撃した.
4 …にしつこく頼む ▪ I *hammered away at* the banker. 銀行家にしつこく頼んだ.

hammer down 他 (釘で)…を打ちつける ▪ The cover *was hammered down*. ふたは打ちつけられた.

hammer home A (*to* B) 他 A を(B に)銘記させる ▪ He *hammered home* the truth *to* the people. 彼はその事実を国民に銘記させた.

hammer in 他 **1** …を打ち込む ▪ The carpenter *hammered in* six large nails. 大工は6本の大くぎを打ち込んだ.
2 (知識など)をたたき込む ▪ I will *hammer* this lesson *in*. 私はこの教えをたたき込んでやる.

hammer into 他《口》**1** …を…にうまくたたき込む, 納得させる ▪ We'll *hammer* these facts *into* his dull head. これらの事実を彼の鈍い頭にたたき込みましょう ▪ The idea that honesty doesn't pay *wasn't hammered into* me. 正直者が馬鹿を見るという考えには納得がいかなかった.
2 …を戦って負かす ▪ The boy *hammered into* me. 少年はけんかして私を負かした.

hammer A ***into*** B 他 A を B に打ち込む; A をたたいて B を作る ▪ The natives *hammered* the metal *into* arrowheads. 先住民はその金属を打って矢じりを作った ▪ I can't *hammer* this nail *into* the wall. 釘を壁に打ち込むことができない.

hammer on 他 **1** …を打ちつける ▪ I *hammered* the lid *on*. 私はふたを打ちつけた.
2 …を主張する ▪ They have *hammered on* the fact. 彼らはその事実を主張した.

hammer A ***onto*** B 他 A を B に打ちつける ▪ He *hammered* a protective copper strip *onto* the end of the post. 彼は柱の先に保護の銅片を打ちつけた.

hammer out 他 **1** …を(ハンマーで)たたいてのばす[平たくする, 作る] ▪ He *hammered* the iron *out*. 彼は鉄をたたいて平たくした.
2 …を苦心して案出する[達成する]; を討論[苦心]して解決する, 話し合って合意に達する ▪ The statesman *hammered out* a scheme. その政治家は計画を苦心して案出した ▪ We endeavored to *hammer out* an agreement. 我々は話し合って意見の一致を見ようと努力した.
3 (曲)をピアノで弾く, やかましく演奏する ▪ Johnny *hammered out* "Happy Birthday" on the piano. ジョニーは「ハッピーバースデー」をピアノで弾いた ▪ The musicians *hammered out* some old rock numbers. ミュージシャンたちは昔のロックの曲を激しく演奏した.

hammer…out of 他 …をたたき出す ▪ All the childishness *was hammered out of* him. 子供らしさはすっかり彼の中からたたき出された.

hammer through 自他 …を強力に押して通す ▪ They *hammered through* the bill. 彼らはその法案を強力に押して通した.

hand /hǽnd/ ***hand around*** 他 (飲食物)を順に回す, 配る(= HAND round) ▪ *Hand* the drinks *around* on a tray, please. 盆に載せて飲みものを回してください.

hand back (*to*) 他 **1** …を(…に)返す ▪ I'll *hand* them *back to* you. それらを君に返します. ☞ hand you them back とも言える.
2 (テレビ・ラジオレポーターがマイクを戻して…から)…に番組を送る ▪ Now I'll *hand* you *back to* John Smith in the studio. ここからはスタジオのジョン・スミスがお伝えします ▪ I'm *handing* you *back* now *to* Becky Jones at the scene of the accident. 次にベッキー・ジョーンズが事故現場からお送りします. ☞ you は「視聴者」を指す.

hand down 他 **1**〘主に受身で〙(遺産など)を残し伝える, (話など)を伝える; 遺伝する (*to*) ▪ The estate has *been handed down* from father *to* son for six generations. その地所は6代にわたり父から子へと伝えられてきた ▪ The story *was handed down to* posterity. その話は子孫に伝えられた.
2 (衣服など)を(小さい子)に譲る ▪ In poor families, clothes *were handed down* from one child to the next. 貧しい家では衣服は一人の子から次の子へお下がりで譲られた.
3 (判決)を言い渡す ▪ The judge *handed* his decision *down* at noon. 裁判官は正午に判決を言い渡し

hang

た.
4《主に米》…を公表する ▪ The city council will *hand down* the budget on Tuesday. 市会は火曜日に予算案を公表する.
5…を取りおろす; を低い所へ手渡しする ▪ The books *were handed down* from the shelf. 本はたなから取りおろされた ▪ The man on the ladder *handed* the paint brush *down* to his wife. 梯子(ﾊｼｺﾞ)に乗った人がペンキの刷毛を下にいる妻に手渡した.

hand in 他 **1**…を手渡しする ▪ He *handed in* a letter at the door. 彼は戸口で手紙を手渡した.
2…を提出する ▪ Did he *hand in* his resignation? 彼は辞表を出したか.
3(拾い物)を届け出る(*to*) ▪ I've *handed in* the wallet I found on the road *to* the police station. 道で拾った財布を警察署に届けた.
4(人)を車に助け乗せる ▪ He *handed* the lady *in*. 彼はその女性を車に助け乗せた.

hand a person ***into*** [***out of***] 他 人の手を取って…へ入れる[から出す] ▪ He *handed* her *into* the carriage. 彼は彼女の手を取って馬車に乗せた ▪ He *handed* her *out of* the ship. 彼は彼女の手を取って船から降ろした.

hand off 他 **1**《ラグビー》組みついてくる相手を手で押しのける ▪ John *handed off* the full-back. ジョンは後衛を手で押しのけた.
― 自 **2**《アメフト》ボールを近くの味方に渡す ▪ He *handed off* to the halfback. 彼はボールをハーフバックに渡した.

hand on(*to*) 他 **1**…を(人から人へ)手渡しする, (次へ)回す ▪ When you have read the book, *hand* it *on to* your classmates. その本を読んだら, 級友に回してくれ ▪ The runners *handed on* the torch in turn. 走者たちはトーチを順次に手渡した.
2《英》(…に)…を伝える, (財産など)を残し伝える ▪ The family trait *is handed on* from father *to* son. その家族の特性は父から子へと伝えられている.
3(…に)(地位など)を譲る ▪ I will *hand on* the chairmanship *to* him. 私は彼に議長役を譲ります.

hand out 他 **1**…を分け与える, 配布する(*to*) ▪ *Hand out* that money *to* the poor. その金を貧しい人々に分け与えなさい ▪ Will you help me *hand out* these test papers? 問題用紙を配るのを手伝ってください.
2…を(施し・支援として)与える ▪ The President *handed out* gifts of food and clothing to the poor. 大統領は食料と衣類を貧民たちに与えた ▪ We will *hand out* clothing and blankets to the flood victims. 洪水の被災者に衣類と毛布を配ることにしよう.
3(情報・忠告)をふりまく ▪ We'll never *hand out* your phone number without permission. 私どもはお宅の電話番号を許可なく他へ流すことは決していたしません.
4(罪)を課す, (罰)を与える ▪ A three-month sentence *was handed out* to him. 彼に3か月の判決が言い渡された.

5(人)を車から助けおろす ▪ He *handed* the lady *out*. 彼はその女性を車から助けおろした.
― 自 **6**《口》引き渡す ▪ Come on, *hand* it *out*. さあ, それを渡せ.
7(金)を出す ▪ He does not like *handing out*. 彼は金を出すことを好まない.

hand over **1**…を(引き)渡す, 譲り渡す ▪ The robber told him to *hand over* his watch. 盗賊は彼に時計を渡せと言った ▪ The pickpocket *was handed over* to the police. そのすりは警察に引き渡された.
― 自 他 **2**(役職などを)譲る, 引き継ぐ(*to*) ▪ He *handed over* the command of the ship *to* the new captain. 彼は船の指揮権を新船長に譲った.
3(電話を)取り次ぐ, 回す ▪ The man refused to *hand over* the phone to his wife. その男は妻に電話を取り次ぐのを拒んだ ▪ I answered it but was instructed to *hand over* the phone to my dad. 私が電話に出たがパパに回すように言われた.
4(発言)をゆずる, 発言の機会を与える(*to*) ▪ Now let's *hand over* to Mary-Ann in the newsroom. さて, 続いて放送室のメアリーアンにマイクを渡します.

hand round 他 《英》…を順次に回す, 配る ▪ *Hand round* the specimen for inspection. 見本を回して見せなさい.

hand A ***to*** B 他 AをBに手渡す ▪ *Hand* the salt *to* me. 塩をわたしてください.

hand up **1**…を上へ運び上げる; を高い所へ手渡しする ▪ Please *hand* this suitcase *up*. このスーツケースを上へ運んでください ▪ I *handed* the bucket *up* to a man standing on a ledge above me. 上の岩棚に立っている男にバケツを手渡した.
2…を引き渡す ▪ *Hand* him *up* to the police. 彼を警察に引き渡しなさい.
3(盗んだもの)を吐く ▪ He *handed up* the stolen articles. 彼は盗んだ品を吐いた.
4(上司)に提出する(*to*) ▪ Your request will *be handed up to* the Council. 君の要請書は協議会に提出します.

hang /hæŋ/ ***hang about***[***around***, 《英》***round***] 自 《口》 **1**(…を)ぶらぶらする, うろつき回る; ぶらぶらして待つ; ぐずぐずする ▪ The stranger kept *hanging about* inside the door. 見知らぬ人は屋内をうろつき回り続けた ▪ I *hung around* for an hour, but he didn't come. 私はぶらぶらして1時間待ったが彼は来なかった ▪ He *hung around* the bar, waiting for the others. 彼はバーの近くをぶらぶらして他の仲間を待った ▪ Let's not *hang around* or we'll be late! 急がないと遅れるぞ.
2…とつき合う(*with*) ▪ He *hangs around with* some boys. 彼は数人の少年とつき合っている.
3差し迫っている, 近辺にある ▪ There is thunder *hanging about*. 雷が近づいている.
4…にまとわりつく, つきまとう ▪ The child *hung about* his mother. 子供は母親にまとわりついた.
5しばしば出入りする ▪ He *hangs about* the bars.

彼は酒場によく出入りする.
6 (話・動作を)中断する ▪ *Hang about*. What did you just say? ちょっと待て. 今何と言ったんだ.
— 自他 **7** ...のあたりにぶらさがる[ぶらさげる] ▪ She had a strange thing *hanging round* her waist. 彼女は腰のあたりに妙な物をぶらさげていた.

hang back 自 **1** しりごみする, ためらう ▪ When the order was given, the men *hung back*. その命令が出たとき, 兵士たちはしりごみした.
2 (学校などに)居残る ▪ I used to *hang back* after school to ask my teachers more questions. よく放課後に残って先生がたにさらに質問したものだ.

hang behind 自 遅れる, ぐずぐずする ▪ Don't *hang behind*. ぐずぐずするな ▪ That child will *hang behind*. あの子供は遅れるだろう.

hang for ...のために絞首刑になる ▪ He has committed murder and must *hang for* it. 彼は人を殺したのでそのため絞首刑を逃れられない.

hang off 自 **1** 離れる; 離す ▪ *Hang off*! Don't do anything! 離れていろ! 何もするな!
2 (近づいたり, 協定するのを)ためらう, 気乗りがしない ▪ Buyers *hung off* to an unusual extent. 買い手は非常にためらった ▪ We invited guests but they all *hung off*. 我々は客を招待したがみんな気乗りが薄かった.

hang on 自 **1** しっかりつかむ; すがりつく; (利得のために)しがみつく ▪ She is still *hanging on* at her mother's. 彼女はまだ母親の家にかじりついている ▪ Jones will *hang on* to you if you've got money. あなたにお金があればジョーンズはくっついてくるだろう.
2 待つ; (特に)受話器を持ったまま[切らないで]待つ ▪ I'll *hang on* here till they come. 彼らが来るまでここで待ちます ▪ *Hang on*. I shan't be a minute. そのままでお待ちください. 1分もお待たせしませんから.
3 [命令文で] (何かに気づいて)ちょっと待つ ▪ *Hang on* a minute. That isn't the coat he was wearing earlier. ちょっと待てよ. あれは彼がさっき着ていた上着とは違うぞ.
4 (口) [命令文で] そんなにあわてるな!, むちゃを言うな ▪ *Hang on*, what's the hurry? 待て. 何をそんなにあわてているのか.
5 (レースなどで)リードを保つ ▪ The horse opened an early lead and *hung on* to win. その馬はすぐに先頭に立ち, ぶっちぎりで勝った.
6 (困難なこと, いやなこと)を続ける, がんばってやる ▪ The work is tiring, but I must *hang on*. 仕事は面倒だが私はがんばらなければならない.
7 (いやなことが)長びく, 続く ▪ A cold will *hang on* if left to itself. 風邪は放っておくと長びく.
8 (いやがられるまで)長居する ▪ He *hung on* until evening—I just couldn't get rid of him. 彼は夕方までねばった. どうにも追い出せなかったね.

hang on [upon] 自他 **1** ...に寄りかかる; を引っ張る; を押さえる ▪ She *hung on* my arm heavily. 彼女は私の腕に重く寄りかかった ▪ Please *hang on* the rope. 綱を引っ張ってください ▪ I'll *hang on*

this end. 私がこの端を押さえます.
2 ...につってある, つってあって自由に動く ▪ The door *hangs on* its hinges. その戸は蝶番(ちょうつがい)で自由に動く.
3 (悩みなどが)...にのしかかっている ▪ The guilt *hangs on* his mind. 罪悪感が彼の心にのしかかっている.
4 (口) ...によってきまる, ...次第である ▪ His life *hangs on* the judge's decision. 彼の命は判決いかんにかかっている.
5 ぴったりと...のあとをつける ▪ The pursuers *hung on* the track of the criminal. 追跡者たちは犯人の跡をぴったりとつけて行った.
— 自 **6** ...を一心に待つ, にじっと注意する. 聞き入る ▪ I *hung on* his answer. 私は彼の返事をじっと待った ▪ The boy *hung on* the teacher's every word. 少年は先生の言葉を一語も洩らさず傾聴した.
7 ...にしがみつく, つきまとう ▪ He is always *hanging on* the girl. 彼はいつもその娘につきまとっている.
8 ...に頼る ▪ The pupil is *hanging on* Mr. Johnson for arithmetic. その生徒は算数についてジョンスン先生に頼っている.
9 (俗) ...に罪をかぶせる, 責任があるとする ▪ The sheriff *hung* the bank robbery *on* Nick. 保安官は銀行強盗の罪をニックに着せた.

hang on to [onto] 自他 **1** ...にしっかりとつかまる, かじりつく, すがりつく《比喩的にも》 ▪ The boy *hung on to* the rail. その少年は手すりにしっかりつかまっていた ▪ You must *hang on to* your present job. 君は現在の職業にしっかりつかまっていなければならない.
2 (人)につきまとう ▪ He *hangs on to* me, as if expecting something from me. 彼は物をもらうのを当てにしているかのように私につきまとう.
3 ...を頼りにする ▪ The police have only one fingerprint to *hang on to*. 警察には頼るべきものはたった一つの指紋しかない.
4 ...を(捨てずに)取っておく ▪ *Hang onto* the old jacket for another season. その古い上着は来シーズン用に取っておきなさい.

hang out **1** (俗) (...と)うろつき回る; 出没する (*with*) ▪ He continues to *hang out with* that group of bad boys. 彼は相変わらずあの不良少年のグループといっしょにうろつき回っている ▪ We spent the evening just *hanging out*. その夜はただぶらぶらして過ごした.
2 溜まり場にする, たむろする ▪ Is this where you all *hang out* all the time? ここがお前たちのいつもの溜まり場かい.
3 だらりと垂れる, 下方へ突き出る ▪ The dog's tongue was *hanging out* of his mouth. その犬の舌は口からだらりと垂れていた ▪ The canine teeth *hung out* very long. 犬歯は非常に長く下の方へ突き出ていた.
4 身を前[下]へ乗り出す ▪ Don't *hang out* of the window. 窓から体を乗り出してはいけません.
5 (旗などが)掲げられる, 外へ出される ▪ The flags were *hanging out* of every window. 旗がすべての窓に掲げられていた.

hang

6《口》住む, 暮らす; 泊まる; ある (exist) ▪ Where do you *hang out* now? 今どこにお住まいですか ▪ Where does the factory *hang out*? その工場はどこにあるか. ▫昔, 商店などで外へ看板を掲げた習慣から.

7(蓄えなどが)もつ ▪ Will the food *hang out* till next pay day? こんどの給料日まで食糧がもつだろうか.

8最後まで戦う[がんばる] ▪ The garrison *hung out* to the last man. 駐屯軍は最後の一兵に至るまでがんばった.

9《豪口》延ばしてもっと良い条件を待つ (*for*) ▪ He is *hanging out for* a better offer. 彼は延ばしてもっと良い付け値を待っている.

— 他 **10** (旗など)を掲げる, (洗濯物)を外に出す[出して干す] ▪ Flags *were hung out* in honor of the royal visit. 国王の訪問を祝して旗が掲げられた ▪ I must *hang out* one or two shirts. シャツを1, 2枚物干しに出さねばならない.

hang over 自 **1**...の上にのしかかる, かぶさる; の上にかかる《比喩的にも》 ▪ A mystery *hangs over* human destiny. 人間の運命は神秘の雲におおわれている ▪ The uncertainty of war *hung over* the country. 開戦の疑念が国内全土を覆った ▪ A cloud *hangs over* his name. 彼は日蔭の身である.

2...に張り出る, 乗り出す, 突き出る ▪ A tree *hangs over* the house. 1本の木が家の屋根にさしかかっている ▪ The body *hung* half *over* the edge of the precipice. 体は半分がけのふちから乗り出していた.

3(危険・悪・疑いなどが)...にさし迫る; にたれかかる ▪ A great danger *hangs over* me. 大きな危険が私にさし迫っている ▪ Doubt *hangs over* the question. その問題には疑惑の雲がたれかかっている.

4...に寄り添う ▪ We *hang over* the fire on a cold night. 寒い夜には暖炉に寄り添う.

5(心配して)...に身をかがめて見守る ▪ She *hung over* his deathbed. 彼女は彼の臨終の床の上に身をかがめて見守った.

6 停止されている, 待っている ▪ Don't keep this business *hanging over*. この仕事を停止させておいてはいけない.

7 差しかかる, かぶさる ▪ There's a branch *hanging over*. 枝が1本差しかかっている.

8 続く (*from*) ▪ This custom *hangs over from* the old days. この習慣は昔から続いている.

hang round = HANG about.

hang to 自 **1** ...にくっつく ▪ A bad name will *hang to* one. 汚名は一度ついたらそそげない.

2(機械が)...をすべらずに切る ▪ The file *hangs to* the metal. やすりはその金槌をすべらずに切る.

hang together 自 **1** つじつまが合う; うまく統一する; 結びつく, 連想される ▪ His story does not *hang together*. 彼の話はつじつまが合わない ▪ Without order, things do not *hang together* in the mind. 秩序が立っていなくては連想ができない.

2 互いに助け合う, 団結する ▪ We must all *hang together* or we shall hang separately. 我々はみな団結しなければ一人ずつ絞殺されるだろう. ▫アメリカ独立戦争のときのFranklinの言葉で, "hang"をうまく掛けたもの.

3 一致する, 一団となる ▪ These politicians all *hang together* in their views. この政治家たちはみな意見が一致している.

4《口》いつも連れだっている ▪ When they were at university, they always used to *hang together*. 彼らは大学時代にいつも連れだっていた.

5 ゆるくくっつき合う ▪ The wood has been chopped, but the pieces *hang together*. 木はたたき切られているが, 木片はゆるくくっつき合っている.

6(特に人が)やっと生きていく, 生き続ける ▪ Let us see how he *hangs together*. 彼がどのようにして生き続けているかを見ましょう.

hang up 他 **1** ...をかける, 掲げる, つるす ▪ He *hung up* his coat in the closet. 彼はコートをクローゼットにつるした ▪ The pictures *were hung up* in the library. 絵は図書室に掲げられた.

2...を引退する ▪ It's time for me to *hang up* my political career. 私はそろそろ政界を引退すべき時期だ ▪ She *hung up* her job as a schoolteacher in Colorado last year. 昨年彼女はコロラド州の学校教師の職を辞した.

3《口》...を遅らせる, を(無期)延期する; (進行)をじゃまする ▪ The business *was hung up* owing to his illness. その事業は彼の病気のため遅れた ▪ He can *hang* the matter *up* as long as he pleases. 彼は自分の好きなだけその件を延期することもできる ▪ They *hung up* the bill. 彼らはその法案をたなあげした.

4(人)を苦しめる, を困らせる ▪ This problem *hung* me *up* for a whole day. まる1日この問題に苦しめられた.

5《米》(水不足のため材木流し)を中止する ▪ We *hung up* the drive. 我々は材木流しを中止した.

6《豪口》(馬)をつなぐ ▪ He *hung up* his horse to that post. 彼はその柱に馬をつないだ.

— 自 **7** 電話を切る, 受話器を置く ▪ He *hung up* at once. 彼はすぐに電話を切った ▪ The operator told me to *hang up* and dial the same number again. 交換手は私に受話器を一旦切ってもう一度同じ番号をかけなおせと言った.

8《米》やめる, 中止する ▪ We'll have to *hang up*. 我々は中止せねばならぬだろう.

9《米》(陪審団が)評決できない ▪ The jury *hung up* on it. 陪審団はそれについて評決ができなかった.

10(釣糸などが)ひっかかる ▪ The fishing line *hung up* on a rock. 釣り糸が岩に引っかかった.

11(機械・コンピューターが)停止する, 故障で止まる ▪ My computer *hung up* right in the middle of printing the report. コンピューターがレポートの印刷の最中に動かなくなった.

hang *a person* ***up*** 他《俗》人を待たせる ▪ He *hung* me *up* for the rent. 彼は私に家賃を長く待たせた.

hang up on *a person* 自 人との電話を切る ▪ She was so angry she *hung up on* him. 彼女はかっとなって彼との電話をガチャンと切った.

hang with 🈑 《米口》…とぶらぶらして過ごす ▪ He spent the afternoon *hanging with* his girlfriend. 彼はガールフレンドといっしょに午後をのんびりと過ごした.

hang A with B 🈪 AにBをつるして飾る, AをBで飾る ▪ The Heavens *were hung with* stars. 天は星で飾られていた ▪ Their ears *were hung with* fine rings. 彼らの耳には立派な耳輪が飾られていた.

hanker /hǽŋkər/ ***hanker after [for]*** …にあこがれる, を渇望する ▪ He still *hankers for* a motorbike. 彼はまだバイクが欲しくてたまらない ▪ We *hanker after* what is forbidden. とかく禁じられたものにあこがれる ▪ My sister *hankers after* studying music in Italy. 妹は音楽の勉強でイタリアに留学したがっている.

happen /hǽpən/ ***happen across*** 🈪 …を偶然見つける ▪ I *happened across* this very interesting article. この実に興味深い記事をたまたま見つけた.

happen along [by] 🈑 《米》たまたまいる, 来る ▪ A swarm of bees might *happen along*. ひょっとしてミツバチの大群がやって来るかもしれない ▪ He'd have drowned if you hadn't *happened by* and pulled him out. もし君が偶然通りかかって引き上げていなければ彼は溺れていただろう.

happen down by [over at, round at] 《米》たまたま…に行っている ▪ I *happened down by* the mansion house last night. 昨夜たまたまそのお屋敷へ行っていた.

happen in 🈑 たまたま訪ねる, ふと立ち寄る; 偶然来る ▪ I *happened in* at her house. 私はふと彼女の家に立ち寄った.

happen in with 🈑 …にふと出くわす ▪ I *happened in with* them at mealtime. 私は食事どきにふと彼らと顔を合わせた. ▫《スコ》から.

happen into 🈑 …に偶然入る ▪ He *happened into* the store. 彼はふとその店に入った.

happen on [upon, 《まれ》 ***of]*** 🈑 …に偶然出くわす, を見つける, に思い当たる ▪ They *happened upon* quicksands. 彼らは偶然流砂に出くわした ▪ I *happened on* the thing I had been looking for. 捜していたものをふと見つけた ▪ I *happened of* him up a tree. ふと彼が木に登っているのを見つけた.

harbor, 《英》 **harbour** /hɑ́ːrbər/ ***harbor … against*** 🈪 (人)に対して(悪い感情)を心に抱く ▪ I *harbor* no ill will *against* you. 君には何の遺恨(いこん)もない.

harden /hɑ́ːrdən/ ***harden in [up]*** 🈪 《海》(綱)を引き締める ▪ *Harden in* the main ropes! 主綱を引き締めよ!

harden off 🈑 寒気にさらされて丈夫になる; (苗木などは)寒さに慣らす, 少しずつ寒気にさらして丈夫にする ▪ The onion plants will *harden off* soon. タマネギの苗はまもなく寒気に丈夫になるだろう ▪ I put the plants by the open window to *harden* them *off*. 少しずつ寒さに慣らすために植物を開いた窓際に置いた.

harden A to B 《主に雅》A(人・心)をBに対して無情[かたくな]にする ▪ A decade living in the poor country had *hardened* me *to* poverty and begging. その貧しい国に10年も住むと貧困と物乞いに慣れて苦にしなくなった ▪ He *is hardened to* misfortune. 彼は不幸に慣れて苦にしない.

hare /heər/ ***hare off*** 🈑 《口》早く走り去る ▪ *Hare off* after him and give him this note. 急いで彼を追いかけてこの手紙を渡してくれ.

hark /hɑːrk/ ***hark after*** 🈪 …を追う, について行く ▪ The dog will *hark after* a rabbit. その犬はウサギを追うであろう ▪ The children were *harking after* the men. 子供たちは男たちのあとについて行っていた.

hark at 🈑 《英戯》[主に命令文で](人の発言に驚いて[憤慨して])…の言うことを聞いてごらん(あきれるから) ▪ Just *hark at* him, calling me lazy! まあやつの話を聞いてみろよ. この私が怠け者だとさ.

hark back 🈑 **1** 《猟》(犬が)臭跡を失ったとき見つかるまであとへ帰る[引き返す]; 出発点に戻る(*to*) ▪ The hounds *harked back* to the dells. 猟犬どもは臭跡を捜して谷まで引き返した.

2 引き返す, 帰る; (話・思考で)元に帰る(*to*) ▪ He has to *hark back* to find the scent of his argument. 彼は議論の跡を見つけるため元へ引き返さねばならない ▪ He always *harks back to* his own health. 彼はいつも自分自身の健康のことに立ち帰る.

hark back to 🈑🈪 **1** …を思い出す[させる] ▪ Granny is always *harking back to* her childhood. おばあちゃんは子供の頃を思い出してばかりいる ▪ Joseph Arthur's guitar music *harks back to* the 60's. ジョゼフ・アーサーのギター音楽は1960年代を思い出させる.

2 (昔のものに)似ている ▪ The decorative use of brick *harks back to* the old farmhouse style. れんがを装飾的に使っているのが昔の農家の様式に似ている.

harmonize /hɑ́ːrmənàɪz/ ***harmonize with*** 🈑 **1** …と調和する ▪ His cottage *harmonizes* well *with* the landscape. 彼の別荘は周りの景色とよく調和している.

2 …と和声で歌う ▪ Try to *harmonize with* the rest of the singers. 他の人とハモって歌うようにしなさい.

— 🈪 **3** …を…と調和[一致]させる, つり合わせる ▪ You should *harmonize* your ambitions *with* your abilities. 抱負は能力に見合ったものにすべきだ ▪ The hotel *was* well *harmonized with* its surroundings. そのホテルは周りの景色とよく調和していた.

4 (音)に和音を添える ▪ He *harmonized* the melody *with* beautiful chords. 彼はその曲に美しい和音をつけた.

harness /hɑ́ːrnəs/ ***harness A to B*** 🈪 **1** AをBにつなぐ[くくりつける] ▪ He *is harnessed to* his business and can never take a holiday. 彼は商売にしばられて1日も休みがとれない.

2 BのためにAを使用する ▪ Oil *is harnessed to* the production of electricity. 石油は発電に使用される.

harness up 他 (馬など)に馬具[引き具]をつける ▫ The horses *are harnessed up*. 馬どもには馬具がつけられている.

harp /hɑːrp/ ***harp on*** [***upon, about, away at***]/***harp on about*** 自《口》…を(くどくど)繰り返して言う ▫ He is still *harping on* my daughter. 彼はまだ私の娘のことをくどくど繰り返して言っている ▫ My father *harped on* the glories of a former day. 父は昔の手がら話を繰り返した ▫ He's forever *harping away* at his low wages. 彼はいつも薄給をこぼしてばかりいる ▫ He is always *harping on about* the past. 彼は昔のことについて愚痴ばかりこぼしている.

harp ... out of [***into***] ハープを弾じて…を出す[入れる] ▫ He *harped* a fish *out of* water. 彼はハープを弾じて魚を1匹水中から出した ▫ He could not *harp* his wife up *out of* Hell. 彼はハープを弾じて妻を地獄から呼び出すことはできなかった.

harsh /hɑːrʃ/ ***harsh on*** 自《米口》…を批判する, 非難する, 責める ▫ He *harshed on* me for not arriving on time. 遅刻したといって彼は私を責めた.

hash /hæʃ/ ***hash out*** 他《口》…を徹底的に論じる; を討論して決着をつける ▫ The committee *hashed out* their views on education. 委員会はその教育に関する見解を徹底的に論じた.

hash over …を論じる, じっくり話し合う (*with*) ▫ We *hashed over* baseball. 我々は野球を論じた ▫ I'd like to *hash* this matter *over with* you. この問題について君とじっくり話し合いたい.

hash up 他 **1**《口》…をぶちこわす, 台なしにする ▫ He *hashed up* his driving test last year. 彼は昨年運転テストにしくじった.

2 …を細かく切る, こま切れにする ▫ We *hashed up* the meat. 我々はその肉をこま切れにした.

3 新生命を与える, …を生き返らせる ▫ They *hashed up* ancient quarrels. 彼らは昔のけんかをむし返した.

hasten /héisən/ ***hasten into*** 自 急いで…に入る ▫ The doctor *hastened into* the room. 医師は急いで部屋に入った.

hasten off 急いで去る ▫ He *hastened off* at my approach. 私が近づくと彼は急いで去った.

hasten over 他 …を素早く終える ▫ The boys *hastened over* their homework as it was getting late. 遅い時間になってきていたので少年たちは宿題を急いで終えた.

hasten through 自他 …を急いですませる ▫ I *hastened through* the day's work. 私は急いで日課をすませた.

hasten up (*to*) 自 (…へ)急いで行く ▫ We *hastened up to* the quay. 急いで波止場へ行った.

hatch /hætʃ/ ***hatch out*** 他 **1**(ひな・幼虫などが)卵からかえる; (卵が)かえる ▫ The chicks *hatch out* after fifteen days. ひな鳥は15日後に卵からかえる ▫ The fertilized egg floats to the surface where it *hatches out*. 受精卵は水面に浮上し, そこで孵化する.

2(事件が)…となる (→TURN out 16) ▫ I wonder how the matter will *hatch out*. その事件はどういうことになるかしら.

haul /hɔːl/ ***haul around*** [***round***] 自 (風が)徐々に変わる ▫ The wind *hauled around* to the island. 風向きは島の方へと変わった.

haul at [***upon***] …を引っぱる ▫ He was *hauling at* the reins. 彼は手綱をぐいと引っぱっていた.

haul *a person* ***before***《口》(譴責(けんせき)・尋問のために)人を呼び出す, 召喚する ▫ He *was hauled before* the courts. 彼は法廷に引っ張り出された.

haul down《口》 **1**《野球》(長く走って)ボールを捕える, ランニング・キャッチする ▫ James *hauled down* a long fly to center field. ジェイムズはセンターで大飛球を捕えた.

2《アメフト》(ボールを持った者)にタックルする ▫ Tom *was hauled down* from behind. トムはうしろからタックルされた.

haul in **1**(大金)を稼ぐ ▫ Our new venture managed to *haul in* over 10 million dollars. わが社の新事業は何とか1,000万ドルを超える収益をあげた.

2 …をたぐり込む ▫ He *hauled in* a fish. 彼は釣った魚をたぐり込んだ.

3 = HAUL up 2.

haul off 他《英口》 **1** …を無理やり引っ張って行く ▫ They *hauled* him *off* to jail. 彼らは彼を刑務所に強制連行した.

2《海》(あるものから遠ざかるため)針路を(風上に)転じる ▫ I told him to *haul* her *off* four points. 彼に船を4ポイントだけ風上に転じるように言った.

── **3** 引き下がる, 退く, 立ち去る ▫ He decided it was time to *haul off* from his job. 彼はそろそろ仕事を辞める潮時だと腹を決めた.

4《米口》(なぐろうとして)腕を後ろに引く[身構える] ▫ *Hauling off* he hangs one on Alan's head. 腕を後ろに引いて身構え, 彼はアランの頭に一撃を与える.

5《米俗》…しようとする, し始める (*and do*) ▫ He *hauled off and* hit me. 彼は私になぐりかかった.

haul out 自 **1**《米》出発する ▫ The train *hauled out* at once. 列車はすぐに出た.

2 活動の場を移す (*to*) ▫ After seven years in Chicago, I've packed up and *hauled out to* Fontana, CA. シカゴで7年働いたのち店をたたんでカリフォルニア州のフォンタナに移った.

3(アザラシの若い雄が)水から上がって浜で休む (→ HAUL up 6) ▫ The young males *haul out* to rest on the beach. (アザラシの)若い雄は水から上がって浜で休む.

haul up 他 **1**《口》…を(問責のため上役の前へ)引っぱり出す (*before*); を責める ▫ You'll *be hauled up before* the boss and given a reprimand. 君は社長の前に引っぱり出されてしかられるだろう ▫ The teacher *hauled* him *up* for using a slang expression in an essay. 先生は彼が論文の中に俗語を使ったので大いにしかった.

2《英口》〖主に受身で〗…を捕えて(当局に)突き出す, 逮捕・連行する, 拘引する (*before, to*) ▫ John was *hauled up* in court on a dangerous driving charge. ジョンは危険運転の容疑で(法廷に)拘引された ・He *was hauled up before* the judge for theft. 彼は窃盗の疑いで裁判官の前に突き出された ・If I get *hauled up*, I'll plead not guilty. もし突き出されたら無実を主張しよう.

3 …を引き上げる ・We could not *haul up* the sunken boat. 我々は沈んだ船を引き上げることができなかった. ― 圁 **4** 《米》止まる, 停止する ・They *hauled up* in front of the house. 彼らはその家の前で止まった.
5《海》船首を風上に向ける(ため, 帆などを整える) ・The enemy *hauled up*. 敵は船首を風上に向けた.
6 着いて休む ・The schooner usually *hauls up* at Pier 10. スクーナー船は通常第10桟橋に着く ・The seal *hauls up* on the beach. アザラシは浜に上がって休む.

haunt /hɔːnt/ *haunt in* [*about, around*] 圁 (通例動物がある場所)によくとどまる ・The cat likes to *haunt around* the fireplace. 猫は暖炉の所にとどまるのが好きだ.

have /hav, hæv/ *have A against B* 他 B(人)にA(敵意・嫌悪など)を抱く ・I don't know what he *has against* me. 彼が私にどのような敵対感情を抱いているのか分からない ・I *have* nothing *against* him as a person. 彼の人柄は嫌いではない.

***have*…*around* [*over, round*]** 他 …を(家に招いて)もてなす ・I'll be *having* a few friends *round* for a beer tomorrow. あす友人数人を招いてビールでもてなします.

have A around [《英》*round*] *B* 他 B(場所・人)のそばにいざというとき頼り甲斐のあるAがいる (= HAVE a person round 2) ・It's really great to *have* him *around* here [me] all the time. いつも彼のような頼れる人がそばにいてくれるのは実にありがたい.

have at 圁 他 **1**《口》(人)に打ちかかる, を攻撃する ・You want to fight? Then *have at* you. 戦うか. では打ってかかるぞ ・The teacher *had at* him for his bad behavior. 行儀が悪かったので先生は彼を叱った.
2 (事)をやってみる, に取りかかる ・This is a big job. *Have at* it with you. こいつは大仕事だ. 君といっしょにやってみよう.

have a person back 他 **1** 別れた男性[女性]とまたいっしょになる ・I would not *have* her *back*. 彼女とは二度といっしょにならない.
2 人を再び入れる ・We refused to *have* them *back*. 我々は彼らを再び入会させることを拒んだ.
3 人に歓待の返礼をする ・We went there last time, so we must *have* them *back*. 我々はこの前そこへ行ったのだから, 今度は返礼として彼らを招待せねばならない.

have a thing back 他 …を返してもらう ・I'd like to *have* the book I lent you *back* by next Monday. 君に貸した本を次の月曜日までに返してもらいたい.

have*…*between 他 二人合わせて…を持つ ・We *have* 10,000 yen *between* us. 我々は二人合わせて1万円持っている.

have a person down 他 **1** 階上の人を下に呼ぶ ・Will you *have* the children *down* for breakfast? 朝ごはんに降りるように子供たちを呼んでくださらない?
2 人を(田舎・南にある)家へ招く ・He often *has* me *down* for a weekend. 彼はよく週末に私を田舎へ招いてくれる ・They *had* me *down* to their house in Florida. 彼らは私をフロリダの家へ招待してくれた.

have A down as B 《英》A(人)をBと見なす [てっきりBだと思う] ・We didn't *have* him *down as* the jealous type. 我々は彼が嫉妬深いタイプだとは思わなかった.

have*…*in 他 《英》**1** (人)を呼び入れる; (人)を家に招待する, 雇い入れる ・I can't *have* you in just now. 今はお入りいただけません ・We are *having* some friends *in* tonight. 今夜数名の友人を招待します ・We've (got) the builders *in*. 大工を家に入れています.
2 (物)を仕入れる ・We will *have* some more wine *in* soon. まもなくワインをもっと仕入れます.
3 (飲食物・燃料など)の貯えがある ・Stay for lunch—we've got plenty of food *in*. 昼食までいろよ. 食べるものはどっさりあるから.

have*…*off 他 **1** (人)を去らせる; (物)を切り取らせる ・Unwittingly, I *had* him *off*. うっかり彼を去らせた ・I will *have* that branch *off*. その枝を切り取らせよう.
2 …は暇[休み]である ・He *has* every Sunday *off*. 彼は毎日曜が休みだ ・I expect to *have* the whole summer *off*. 私は夏じゅう暇だと思う.
3 (衣類)を着用しない ・Men *have* their hats *off* at a funeral. 葬式では男性は帽子をかぶらない.
4 …を暗記している, そらんじている ・He *has* the poem *off* perfectly. 彼はその詩をすっかり暗誦している.
5 (人)を模写する ・She *had* the teacher *off* perfectly. 彼女は見事に先生のまねをした.

have on 他 **1** (衣服・靴など)を身に着けている ・She *had on* a blue coat. 彼女は青いコートを着ていた ・I *have* glasses *on*. 私はめがねをかけている.
2 (ラジオ・テレビ)をつけている, つけっ放しにしている ・She didn't hear him come in because she *had* the radio *on*. 彼女はラジオをつけていたから彼が入ってくるのが聞こえなかった. ☞進行形は不可.
3 (社交会の)催し[約束]がある, 予定が入っている ・I *have* nothing special *on* tonight. 今夜はとくに何も予定はありません ・Do you *have* anything *on* this afternoon? きょうの午後何か(約束ごとが)ありますか ・I *have* a lot *on* this week. 今週は予定がぎっしりでとても忙しい.

have*…*on a person 他《口》人に不利な理由[証拠]を持つ ・I'm not sure how much the police *have on* me. 警察が私に不利な証拠をどれくらい握っているのか私にはわからない.

have*…*on [*upon*] *one* 他 …を身に着けている, 手

hawk

元に持っている ▪ He didn't *have* any money *on* him. 彼は金の持ち合わせがなかった ▪ Do you *have* the time *on* you? 今の時刻がわかりますか《時計を持っていて，時間が言えるか》．

have *a person on* 他 《英口》[[主に進行形で]] 人をだます，かつぐ，からかう；人をいじめる ▪ You *are having* him *on*. あなたは彼をだましている ▪ Don't be cross. I*'m* only *having* you *on*. 怒らないでよ．からかっているだけなんだから．

have ... out 1 →HAVE a person out.
2 (物) を除去してもらう ▪ I'd better *have* the tooth *out*. その歯を抜いてもらったほうがよい．
3 (口) (問題など) を論争してかたをつける ▪ I will *have* the question *out* with him. 私はその問題を彼と論じ合ってかたをつけよう．
4 ... を最後までやり通す ▪ Let's *have* the whole thing *out*. 何もかもすべて最後までやり通そう ▪ Let Beth *have* her sleep *out*. She's dead tired. ベスをとことん眠らせてあげて．へとへとなんだから．
5 ... を (出して) 使う ▪ Let's *have* our car *out* for a drive. うちの自動車を出して，ひと走りさせましょう．
6 (米口) (指定された量の綿) を摘み取る ▪ I will *have* 10 bales *out*. 綿を10俵摘み取ります．

have *a person out* 他 1 人を外へ招待する《自宅でなく》 ▪ You had better *have* your friends *out*. 友人たちを外へ招待したほうがよい．
2 人を決闘に引き出す ▪ If he feels aggrieved, he will *have* you *out*. もしばかにされたと思うなら彼は君を決闘に引き出すだろう．

have ... over 他 1 = HAVE a person over.
2 (物・事) を終える ▪ He will soon *have* his operation *over*. 彼の手術はまもなく終わるだろう．

have *a person over* 他 1 人を家へ招く ▪ I'm *having* some friends *over* for bridge tomorrow. あす友人をブリッジに招待します．
2 人をころがす ▪ Don't push; you'll *have* me *over*. 押してはいけません．私がころびますから．

have ... over *one* 他 ... を上にいただいている ▪ They *have* a hard taskmaster *over* them. 彼らにはきびしい監督がついている．

have *a person round* [*around*] 他 1 人を招く ▪ We often *have* friends *round* on Saturday evenings. 我々は土曜の晩にはよく友人を招待します．
2 人に随時働いてもらう，近くにいて助けてもらう ▪ He was a handy man to *have around* in a fight. 彼はいさかいかとなれば働いてもらえる便利な人物だった．

have ... under *one* 他 ... を部下に持っている ▪ He has young men *under* him. 彼は若い者を部下に持っている．

have ... up 他 1 →HAVE a person up.
2 (物) を取り寄せる ▪ Let's *have* the cold pie *up*. コールドパイを取り寄せよう．
3 (根など) を引き抜いてもらう ▪ I shall *have* those plants *up*. 私はそれらの植物を引き抜いてもらいます．

have *a person up* 他 1 階下の人を上に呼ぶ ▪ I *had* him *up* to my office on the third floor. 彼を呼んで3階の私の事務所まで上がってもらった．
2 人を (都会・北にある) 家へ招く ▪ Let's *have* him *up* here. 彼をこの町へ招待しましょう ▪ We'd like to *have* you *up* to our place in Alaska. あなたをアラスカの我が家へお招きしたいのですが．
3 [[主に受身で]] 人を捕えてその筋へ出してもらう，訴える；人を法廷へ召喚する；人の責任を問う ▪ He stole my watch, so I *had* him *up*. 彼は私の時計を盗んだので捕えてその筋へ出してもらった ▪ He *was had up* for murder. 彼は殺人のかどで訴えられた ▪ Frank *was had up* as a witness. フランクは証人として呼び出された．

have ... with *one* 他 1 (人) を連れている ▪ He *had* his wife and children *with* him. 彼は妻子を連れていた．
2 (物) を持ち合わせている ▪ I *had* no money *with* me. 私は (金の) 持ち合わせがなかった．

hawk /hɔːk/ **hawk ... about** 他 (噂など) を広める ▪ He *hawked* the news *about*. 彼はそのニュースを広めた．

hawk about [around, round] 他 (英) ... を行商して回る，売り歩く ▪ The pedlar *hawked* his wares *round* the neighborhood. 行商人は近隣を行商して回った ▪ Pirate copies of their CDs are being *hawked around*. 彼らのCDの海賊版が売り回られている．

hawk at 自 1 (タカのように) ... に飛びかかる ▪ The hound *hawked at* all manner of game. 猟犬はあらゆる種類の獲物に飛びかかった．
— 2 (人がタカなどを) ... に飛びかからせる ▪ Who *hawks at* eagles with a dove? ハトをタカに飛びかからせる人があろうか．

hawk up 強いせき払いをして ... を吐き出す ▪ He *hawked up* the interjection "Ah"! 彼は強いせき払いをして「ああ」と感嘆した．

haze /heɪz/ **haze about** 自 あてもなくぶらつく ▪ They were *hazing about* among the usual sights of London. 彼らはロンドンのお決まりの名所をあてもなくぶらついていた．

haze over 自 薄い霧におおわれる，もうろうとする ▪ Her eyes *hazed over* with pleasure. うれしくて彼女の目がうるんだ．

head /hed/ **head after** 自 他 ... を追いかける ▪ He *headed after* the robbers. 彼は盗賊たちを追いかけた．

head back 他 1 ... の先に出て止める，前に回ってさえぎる ▪ He turned the car around, *headed back* out and rammed the patrol car. 彼は車の向きを変え先回りしてパトカーに頭から突っ込んだ ▪ Our battalion *headed back* the enemy troops in their retreat. わが大隊は退却する敵軍勢の前に回ってさえぎった．
— 自 2 あと戻りする，スタート地点に戻る ▪ We turned around and *headed back* to Chicago. 我々はぐるりと向きを変えてシカゴに引き返した．

head down (木) の頭枝を切る，を剪定する ▪ Your tree *was* planted and *headed down*. あなたの木は植えられて頭枝を切られた．

head for [towards] 自 《口》 **1** …に向かって進む ▪ We *headed* straight *for* Southampton. 我々はまっすぐにサウサンプトンに向けて進んだ ▪ He was *heading towards* bankruptcy. 彼は破産する運命にあった ▪ The rebels appeared to be *heading for* victory. 謀反(むほん)者たちは成功間違いなしと思われた.
― 他 **2** [主に受身で] …を…の方へ向かって進ませる ▪ She *was headed for* England. 船はイギリスに向かって進んだ ▪ He *is headed for* disaster. 彼は不幸にあう運命にある.

head in 他 《サッカー》ボールを頭でゴールに入れる, ヘディングする ▪ John scored by *heading* the ball *in*. ジョンはボールを頭でゴールに入れて得点した.

head in [into] 自 《車を頭から…に入れる ▪ *Head into* this narrow parking space slowly. この狭い駐車場へは頭からゆっくり入れ.

head into 自 他 《好ましくない状態》に向かう[進む] ▪ The airline will soon *head into* bankruptcy. その航空会社は今に破産の一途をたどるだろう.

head off 他 《口》**1** *head off* して…をさえぎる, 阻止する, 元へ戻す ▪ They *headed off* their flock of sheep. 彼らは前へ回って羊の群れを元へ戻した ▪ He tried to *head off* any newspaper complaints. 彼は先回りして新聞に苦情の的となるのを防ごうとした ▪ The police *headed* the crowd *off* from the wrong exit. 警察は前へ回って, 群衆が違う出口から出るのを阻止した.
2 (さえぎって)…の進路をそらす ▪ The police *headed off* the traffic. 警察は交通を別の方へそらした.
3 (先回りして)…からそらす; を思いとどまらせる ▪ She is on the warpath. Help me *head* her *off*. 彼女はかんかんになっています. 彼女の怒りをそらすのを手伝ってください ▪ I *headed* him *off* (from) making a speech. 彼が演説をするのを思いとどまらせた.
― 他 **4** …へ向けて出発する (toward(s)) ▪ It's time we *headed off* to get the train. 電車に乗るために出発する時間だ ▪ She *headed off towards* the Tube. 彼女は地下鉄へ向かった.
5 物を避けて進路を変える; 《米》目的[方針]を変える ▪ I decided to *head off* and try my luck. 方針を変えて運を試してみることにした.

head on to *do* 自 《米口》(まれ)(…の状態)になる ▪ The sick people were *heading on* to be in a dangerous state. 病人たちは危篤状態になりつつあった.

head out 自 **1** 《米口》出発する, 出て行く ▪ I'm going to *head out* now. 私はこれから出発します ▪ You made him *head out*. あなたは彼を去らせた.
2 (作物が)穂を出す, 結球する ▪ The wheat will *head out* next week. 小麦は来週には穂を出すだろう ▪ My spring cabbages *headed out* last month. 先月うちの春キャベツが結球した.
― 他 **3** (…の頭)を外に向ける ▪ The car *was headed out* towards the street. 車は外の通りの方へ向けられていた.

head out after 自 (…のあとを)追う, 追跡する ▪ Two police cars *headed out after* the car thieves. 2台のパトカーが車泥棒のあとを追った.

head up 自 **1** 《米口》源を発する ▪ Several small creeks *head up* in the Dismal. 数個の小さい入江がディズマル川に源を発している.
2 《米》(…に)向かって[進んで]行く ▪ I *headed up* alongside of Molly. 私はモリーと並んで進んで行った ▪ He *headed* straight *up* to the bar. 彼は酒場の方へまっすぐ行った.
3 《米》形成する, 生じる ▪ Important questions are *heading up* in its history. その歴史には重大な疑問が生じている.
4 (植物などが)頭を生じる, 穂を出す, 結球する ▪ Rice *headed up* and later started to turn golden. 稲が穂を出し, やがて黄金色になった ▪ The cabbages are *heading up* nicely. キャベツがうまく結球している.
5 (…に)統括される (in) ▪ The job should *head up in* the chief adviser. その仕事は主任顧問の手に統括されるべきである.
― 他 **6** …の先頭を行く ▪ The elephants *headed up* the whole parade. ゾウたちがパレード全体の先頭を行った.
7 《口》…を指揮する, の長となる ▪ He *heads up* the defense command. 彼は防衛統帥部の長である.
8 (たるなど)にふたをする, を詰めてふたをする ▪ He *headed up* the barrels. 彼はそれらのたるにふたをした ▪ I am going to *head* my seeds *up* in four barrels. 私は種子を4つのたるに詰めてふたをしようと思っている.

heal /hi:l/ ***heal up [over]*** 自 他 (傷が)治る, (傷を)治す; (争いなどが)収まる, (争いなど)を収める ▪ The incisions in the crowns soon *heal over*. 頭の切り傷はじきに治る ▪ He *healed up* the wound in her arm. 彼は彼女の腕の傷を治した ▪ The quarrel between the two families *healed over*. 2家族間のけんかは収まった.

heap /hi:p/ ***heap on*** 他 …を積み重ねる ▪ *Heap on* more wood. The night is chilly. もっとたきぎをくべなさい. 今夜は冷え込む.

heap *A* ***on [upon]*** *B* 他 AをBに浴びせる; Bの上にAを山と積む ▪ It's no use *heaping* abuse *on* him. 彼に罵言を浴びせてもむだだ ▪ He *heaped* favors *on* me. 彼は私に恩恵をうんと施した ▪ They *heaped* a lot of food *on* my plate. 彼らは私の皿に食物をたっぷり盛った.

heap together 他 …を群がらせる, 集めて山にする ▪ In the slums the people *were heaped together*. スラム街には人々が山のように群がっていた.

heap up 他 **1** …を積み上げる, 積み重ねる ▪ The child *heaped up* stones. その子供は小石を積み上げた ▪ We *heaped up* a mound. 我々はつき山を築いた.
2 (富など)を蓄積する ▪ He *heaped up* riches. 彼は富を蓄積した.

heap *a person* ***with*** 他 人に…をうんと与える[負わせる] ▪ We *were* received with open arms and *heaped with* hospitality. 我々は心から歓迎され，うんと歓待を受けた．

hear /hɪər/ *hear about* 圓 **1** …の様子を(詳しく)聞く，聞いて知っている ▪I have never *heard about* him. 彼の様子を詳しく聞いたことがない ▪I've *heard* a lot *about* you. お噂はかねがねよく伺っております ▪How did you *hear about* the accident? その事故のことをどうして知っているのか．
2 …について批評[とがめ]を受ける《とがめの意味を持つことが多い》 ▪You will *hear about* your blunders later. 君はのちほど君が犯したへまのことでしかられるだろう．

hear from **1** …から手紙[電話]をもらう ▪I *hear from* him now and then. 彼からはときどき便りがある ▪I *heard from* my mother at midnight. 真夜中に母から電話がかかってきた．
2 …から意見を聞く，ニュースや情報を得る ▪The commission *heard from* several witnesses. 委員会は数人の目撃者の話を聞いた ▪The jury *heard* the testimony *from* the witness. 陪審員たちは目撃者から証言を聞いた．
3 …にしかられる ▪If they didn't spring at his word, they *heard from* him. 彼らが彼の命令でぱっとすぐ動かないと，彼にしかられた．

hear of 圓 **1** (事件など)のあったことを聞く ▪I have *heard of* his illness [death]. 彼が病気になった[死んだ]ことは聞いている．
2 …のあることを聞く ▪I have never *heard of* such a man. 私はそんな人のいるのを聞いたことがない ▪Who ever *heard of* a man doing such a foolish thing? そんなばかなことをする人間がいるのを聞いた人があるだろうか．
— 他 **3** (人)の様子[噂]を聞く ▪I have *heard* nothing *of* him lately. このごろさっぱり彼の様子が聞かない．
4〚主に否定文で〛…を聞き入れる，考える ▪I wanted to go abroad, but my mother would not *hear of* it. 私は海外に行きたいと思ったが，母がどうしても承知しなかった ▪He would not *hear of* reconciliation. 彼は和解を考えようともしなかった．
5〖口〗…についてとがめ[批判]を受ける《とがめのことが多い》 ▪You have done a brave act, and you will *hear of* it. 君は勇ましい行為をしたから何ぶんのさたがあるだろう ▪You broke the window and you will *hear of* it. 君は窓をこわしたからしかられるだろう．

hear out 他 **1** (人の言)を最後まで聞く ▪*Hear* me *out* and you'll understand. 言うことをしまいまで聞いてくれたら分かりますよ．
2 (音)を聞き分ける ▪By paying careful attention we can *hear out* the separate overtones from the total blend. よく注意して聞くと混合音全体から個々の倍音を聞き分けることができる．

hear through [*throughout*] 他 (人の言)を初めから終わりまで聞く，全部聞く ▪I *heard* him *throughout*. 彼の言うことを全部聞いた．

hear to 圓 《米口》〖主に否定文で〛…に耳を傾ける，を聞き入れる ▪She won't *hear to* reason. 彼女はどうしても道理に耳を傾けようとしない ▪They would not *hear to* leaving. 彼らは出発を承知しようとしなかった．

hearken /háːrkən/ *hearken to* [*after*] 他 《雅》…を傾聴する ▪Just *hearken to* what you are told. 言われることを傾聴せよ．

hearten /háːrtən/ *hearten on* 他 …を激励する，けしかける；を刺激する ▪He was *heartening on* his men. 彼は部下の者どもを激励していた．

hearten up 他 **1** …に活気をつける；を元気づける，励ます ▪The doctor *heartened* him *up*. 医師は彼を元気づけた．
— 圓 **2** 元気づく，元気が出る ▪I *heartened up* a bit. 私は少し元気づいた．

heat /hiːt/ *heat through* 圓 《英》まんべんなく[しっかり]火を通す[通させる] ▪*Heat through* gently, adding water if too thick. 煮詰まっていれば水を加えながら弱火でじっくり加熱してください．

heat up 圓 **1** 暑[熱]くなる，暑[熱]くなりすぎる ▪Climbing the mountain caused our car to *heat up*. 山に登ったので我々の自動車が過熱した．
2 活発になる，活気を帯びる ▪The debate started to *heat up* near the end. 終わり頃には議論は激しさを増し始めた．
3 (状況が)急激に変化する ▪Things are *heating up* very fast in our country. わが国では国情が激変している．
— 他 **4** …を熱くする，温める ▪We *heated up* some cold meat for lunch. 昼食に冷肉を温めた．
5 (人)を怒らせる ▪Nonsense of this sort really *heats* me *up*. この手のたわけたことを聞くと全く頭にくる．

heave /hiːv/ *heave* (*a ship*) *about* [*ahead*, *aback*] 圓 他 《海》(船)を急に回す[前進させる] ▪The angry sea *heaved* the boat *about* at will. 荒海にもまれて船は波の意のままにくるくる回った．

heave apeak 圓 《海》 **1** (船がいかりを揚げるとき)いかりの真上に来て錨索が垂直になる ▪The ship *hove apeak*. 船は錨索が垂直になるまでいかりの真上に寄って来た ▪I *hove apeak* on my anchor. 私は船を錨索が垂直になるまでいかりに引き寄せた．
— **2** 錨索が垂直[起きいかり]になるまで船をいかりに引き寄せる ▪I *hove* the ship *apeak*. 船を錨索が垂直になるまでいかりに引き寄せた．

heave at 他 …を持ち上げて…に投げる，を狙って投げつける ▪The mob *heaved* bricks *at* the Embassy buildings and cars. 暴徒が大使館の建物や車にれんがを投げつけた．

heave at [*on*] 圓 他 …を強く引っぱる ▪The sailors *heaved at* the rope to tighten the sail. 水夫たちは帆を締めるために綱を強く引っぱった．

heave away 圓 《海》よいと巻き(錨(い̇ʼか)を巻き上げるときの掛け声) ▪*Heave away*! Cheerily-O! よいと巻け！景気よく！

heave down 圓 《海》 **1** (船)を傾ける《掃除・修理のため》 ▪A whaling ship *is hove down* for re-

pairs to the hull. 捕鯨船は船体の修理のため傾けられている.
2 …を投げおろす ▪ He climbed up into the loft and *heaved down* the hay. 彼は馬小屋の二階に登って干し草を投げ下ろした.
— 自 **3** (船が) 傾く ▪ Ships may conveniently *heave down* there. そこでは船が都合よく傾くかもしれない.

heave for 自他 …をあえぎ求める ▪ She *heaved for* breath on stage for half a minute before giving a brief speech. 彼女は壇上でしばらく息を整えてから簡単なスピーチをした.

heave in 他 (錨索など) をたぐり込む, 引っぱり込む ▪ *Heave in* the cable. 綱をたぐり込め.

heave out 他 **1** 《海》船を傾けて (ある部分) を水面上に出す ▪ They *heave out* part of the ship's starboard side. 彼らは船を傾けて右舷の一部を水面上に出す.
2 …を揚げる, 掲げる ▪ We *heaved out* the sails. 我々は帆を揚げた.

heave to 他 **1** (帆に受ける風の力を相殺させて) 船を止める, 船首を風上に向けて止める 《比喩的にも》 ▪ "*Heave* the ship *to*," said the captain. 「船を止めよ」 と船長は言った ▪ We remained *hove to* all day. 我々は一日中ずっと停船していた ▪ He ended up *hove to* in a hospital. 彼はついに病院に入れられた.
— 自 **2** 《雅》停船する; 止まる, 中止する ▪ The ship *hove to* when she received the signal. 停船信号を受けて船は止まった ▪ *Heave to*, and surrender! 停船して投降せよ! ▪ *Heave to*! Take in sail! 停船! 帆をたたむ! ▪ The strong northerly gale obliged us to *heave to*. 強い北風のため我々はやむなく停船した ▪ We must *heave to* in our narrative. 話を中止せねばならない.

heave up 他 **1** (いかりなど) を揚げる, 引きあげる ▪ They *heaved up* the anchor by means of an engine. 彼らは機械を使っていかりを揚げた.
— 自他 **2** 《口》吐き気がする, むかつく; …を吐く ▪ He's been *heaving up* all night. 彼は夜じゅうむかついている ▪ The child *heaved up* his dinner again. その子はまた夕食を戻した.

hedge /hedʒ/ ***hedge A about [around, round] (with B)*** 他 **1** Aを(Bで)取り囲む, 閉じ込める ▪ The garden *was* well *hedged round*. その庭園はうまく生垣で囲ってあった.
2 AをBで束縛する ▪ They *hedged* the king *about with* new laws. 彼らは国王を新法で縛った.

hedge against 自他 (…に)備える, 防御策を講じる ▪ The markets *hedged against* a currency crisis. 市場は通貨危機に備えた.

hedge in **1** …を取り囲む, 閉じ込める ▪ We *hedged in* the enemy. 我々は敵を取り囲んだ ▪ He *was hedged in* by some motorbikes. 彼は何台かのバイクに取り囲まれた.
2 …を束縛する ▪ We *hedged* him *in* with rules. 我々は彼をいろいろな規則でしばった ▪ They *were hedged in* by rules and regulations. 彼らはいろいろな規則や法規でがんじがらめに縛られていた.

hedge off **1** …を垣でさえぎる ▪ We *hedged off* the house. 家を垣でさえぎった.
— 自 **2** 両方に賭ける ▪ When you have made a bad bet, *hedge off*. 損な賭けをしたときは, 両方に賭けなさい.

hedge out 他 …を(垣で)締め出す; 除外する ▪ I *was* late last night and *hedged out* of the door. 私は昨夜遅くなって締め出された.

hedge up …を(生垣のように)ふさぐ, 遮断する ▪ The path of the army *was* entirely *hedged up*. その軍隊の進路は全くふさがれていた.

heel /hi:l/ ***heel back*** 他 《ラグビー》(ボール)をかかとで後ろへける ▪ The player tried to *heel* the ball *back*. その選手はボールをかかとで後ろへけろうとした.

heel in 《米》(本式に植える前に)根元に土を掛けて仮植(かしょく)をする ▪ Fruit-trees *are* often *heeled in*. 果樹はよく仮植される.

heel out 他 《ラグビー》(スクラムのとき)ボールをかかとで後方へけり出す《拾いあげるため》 ▪ First get mastery in the scrums and then you will be able to *heel out* properly. まずスクラムに習熟しなさい. そうすればうまくボールをスクラムの後方へけり出せるようになるでしょう.

heel over 自 《海》傾く ▪ The yacht *heeled over* in the wind. ヨットが風で傾いた.

hell /hel/ ***hell around*** 《米俗》放埒[放蕩]な生活をする ▪ My father *helled around* during his youth. 父は若い時分には放埓な生活をした.

help /help/ ***help…along*** 他 **1** = HELP…forward.
2 …を助けて生活させる[進ませる] ▪ He cannot get by. Can't you *help* him *along*? 彼はやって行けない. 生活を手助けしてやってくれ.

help…back …を助けて帰らせる ▪ *Help* the child *back* into bed. 子供を助けてベッドへ戻しなさい.

help…down …を助けておろす, 手伝っておろす ▪ I *helped* the boy *down* from the horse. 私は手を貸して少年を馬から降ろしてやった ▪ *Help* me *down* with the suitcase over there. あそこのスーツケースを降ろすのを手伝ってください.

help…forward 他 …を助けて進ませる, 促進する, 助長する ▪ He is ready to *help forward* any good work. 彼はよい仕事ならいつでも進んで促進する.

help…in **1** …を助けて入らせる ▪ I *helped* her *in*. 私は彼女を助けて入らせた.
2 …の(仕事など)を助ける ▪ I *helped* him *in* his homework. 私は彼の宿題を手伝ってやった.

help A into B 他 AをBを助けてBに乗せてやる[Bを着させてやる] ▪ I *helped* her *into* the carriage. 彼女を助けて馬車に乗せた ▪ *Help* me *into* this costume. この衣装を着るのを手伝ってください.

help…off 他 **1** …を助けて脱がせてやる (*with*) ▪ I *helped* her *off with* her coat. 彼女を手伝ってコートを脱がせた.
2 …を助けておろしてやる, 除いてやる ▪ I *helped* him *off* his horse. 彼を助けて馬からおろしてやった.

help ... on [onto] 他 **1** ...を助けて着させる、着けさせる(*with*) ▪ I *helped* her *on with* her coat. 彼女を手伝ってコートを着させた.

2 ...を助けて乗せてやる ▪ I *helped* him *on [onto]* his horse. 彼を助けて馬に乗せた.

3 ...を助けて進ませる、はかどらせる ▪ His advice *helped* us *on* very much. 彼の助言が大いに我々を進ませる助けとなった.

help out 他 **1** ...を助けて完成させる ▪ She *helped out* his verse. 彼女は彼に手を貸して詩を完成させた.

2 ...を手伝う、手助けする ▪ On weekends I *help out* my grandmother in the shop. 週末には店で祖母の手伝いをする.

3 ...の欠を補う ▪ Soup will *help out* our meal. スープが我々の食事の不足を補うだろう.

help ... out 他 **1** ...を助けて完成させる(*with*) ▪ I will *help* you *out with* your bottle. ボトルをあけるのを手伝ってやろう.

2 ...を助けて出してやる[救い出してやる] ▪ I *helped* him *out* of the ditch. 彼をみぞから助け出した ▪ When you are in trouble, I will *help* you *out*. あなたが困っているときは助け出してあげます.

3 ...を助けて脱がせる ▪ I *helped* her *out* of her overcoat. 私は彼女を助けてオーバーコートを脱がせた.

help ... over 他 **1** ...を助けて乗り越えさせる、切り抜けさせる、勝たせる ▪ My teacher *helped* me *over* the hard passages. 先生は私に助太刀(すけだち)してむずかしい箇所を切り抜けさせてくれた.

2 (金が)人を(何日か)やっていかせる ▪ This money will *help* you *over* the next 10 days. この金で君はこれから10日間はやっていけるだろう.

help ... through 他 ...を助けて完成させる, 通り抜けさせる ▪ I *helped* him *through* his work. 私は彼を助けて仕事を完成させた.

help A to B **1** AにBを出す ▪ Shall I *help* you *to* more cake? もっとお菓子をさし上げましょうか ▪ We *helped* each other *to* the wine. 我々はワインをくみかわした.

2 AにBを供給する ▪ *Help* me *to* an answer. 何と返事したらよいか教えてください.

3 Aを助けてBを手に入れさせる ▪ *Help* me *to* a candle. 私にろうそくを1本世話してください.

4 Aを助けてBに至らせる ▪ This clue *helped* me *to* a solution. この手がかりのために解けた.

help ... up 他 ...を助けて起こす;を助けて上げさせる(*with*) ▪ I *helped* the old man *up* when he slipped on the ice. 老人が氷で滑ったので助け起こした ▪ *Help* me *up with* this trunk. この大型トランクを上へあげるのを手伝ってください.

help ... with 他 **1** ...の(仕事)を助ける ▪ Mother used to *help* me *with* my lessons. 母は私の勉強を見てくれるのが常だった.

2 ...に補給する ▪ He will *help* me *with* my school expenses. 彼は私に学資を補給してくれるだろう.

hem /hem/ ***hem about [around, round]*** 他 ...を取り囲む ▪ We *are hemmed about* by foes. 我々は敵に取り囲まれている ▪ You *are hemmed around* by business. あなたは仕事に取り囲まれている.

hem in 他 **1** ...を(取り)囲む ▪ Tall black trees *hemmed in* the village. 高く黒い木々がその村を取り囲んでいた ▪ Our troops *were hemmed in* by enemy detachments. わが軍は敵の支隊に囲まれていた.

2〈文〉...を束縛する, 制約する, がんじがらめにする ▪ I felt *hemmed in* with all these regulations. いろんな規則で身動きできない思いがした.

hem up ...を(取り)囲む, 閉じ込める ▪ He *was hemmed up* in jail for 5 months. 彼は5ヶ月間牢に閉じ込められていた.

herd /həːrd/ ***herd together*** 自他 (動物・人が)群がる, 密集する; 密集させる ▪ The cattle *herded together* in the rain. 牛たちは雨に降られて身を寄せ合った ▪ People *are herded together* in rush hour trains. 人々はラッシュアワーの列車に詰め込まれる.

herd up (動物・人)を集める ▪ All the students *were herded up* in the auditorium. 学生全員が講堂に集められた.

herd with 他 (団体・徒党)に加わる, とつき合う ▪ I will not *herd with* those who think otherwise. 私はそう思わない人々にはくみしない ▪ She did not *herd with* the children of her own age. 彼女は自分と同年輩の子供たちと交わらなかった.

hesitate /hézətèit/ ***hesitate about [over]*** 自 ...についてためらう ▪ Don't *hesitate about* which one to get. どれを買うかをためらってはいけません.

hesitate at ...に[を]ためらう, 二の足を踏む ▪ He *hesitated at* taking the step. 彼はその手段を取ることをためらった.

hew /hjuː/ ***hew down*** 他 **1**〈雅〉...を切り倒す ▪ He *hewed down* a great oak with his ax. 彼は斧(おの)でカシの大木を切り倒した ▪ The ancient tree *was hewn down* despite our strong objection. 我々が強く反対したのにその古木は切り倒された.

2 ...を切り殺す ▪ The samurai *hewed* the enemy *down* in one slash. 武士は敵を一刀のもとに切り殺した.

hew out 他 **1**〈雅〉...を刻んで作る ▪ They *hewed out* a tomb in the rock. 彼らは岩に墓を刻んだ ▪ He *hewed* a statue *out* of marble. 彼は大理石を刻んで立像を作った ▪ A primitive basin had *been hewn out* of the rock. 岩を刻んで太古の水盤が作られていた.

2 ...を苦闘して開拓する, (進路)を切り開く ▪ He *hewed out* a career for himself. 彼は独力で苦闘して出世した ▪ I *hewed out* a career as a juridical counselor in England. 英国で法律顧問としての進路を切り開いた

hew to 自〈米〉(法則など)に従う[を守る] ▪ I have always *hewed to* the rules of the party. 私はこれまで常に党則に従ってきた.

hide /haid/ ***hide away*** 自 **1** 隠れる, じゃまされな

いところにいる ▪The refugees *hid away* in a cave. 逃亡者は洞くつに身を潜めた ▪I need somewhere to *hide away* for a week or two. 1, 2週間誰からもじゃまされない場所がほしい.
— 他 **2** …を隠す, 人目につかないところに置く ▪She *hid* the letter *away* in her bosom. 彼女はその手紙をふところに隠した ▪I don't care where he *is hid away* from me. 彼がどこに隠れていようとかまいません ▪His place *is hidden away* in the country. 彼の家は人目につかない田舎にある.

hide behind 他 …で感情［本心］を隠す, 覆う ▪Barbara tried to *hide behind* her confusion a smile. バーバラは困惑していることを笑って隠そうとした.

hide from 自 **1** …に見られないところに隠れる ▪I *hid from* him among the trees in the garden. 庭木の陰に隠れて彼に見られないようにした ▪She *hid from* them behind a bathroom door. 彼女はバスルームのドアの陰でみなの目から身を隠した.
2 …を知らないふりをする ▪I could no longer *hide from* the truth. これ以上真相を知らないふりはできなかった.
— 他 **3** …から隠す, 秘密にする ▪I couldn't *hide* the facts *from* her any longer. 事実を彼女に気づかれないようにするのはもう無理だった ▪They *hid* the bad news *from* their father. 彼らはその悪い知らせを父に隠した ▪The thief lay *hidden from* sight for weeks. その盗賊は何週間も姿を隠していた.

hide out 自 隠れる, 地下にもぐる, 潜伏する, 官憲の目を逃れる ▪He tried to *hide out*, but the police tracked him down. 彼は隠れようとしたが, 警察は彼を突き止めた.

hide up 自 隠れる, 潜伏する ▪Greg is safe. He is *hiding up* in Chinatown. グレッグなら無事だ. チャイナタウンに身を隠している.

higgle /hígəl/ ***higgle with*** *a person* ***over*** [***about***] 自 (値段)について人とかけひきする, 賭け合う ▪She *higgled with* the grocer *over* one cent. 彼女は1セントについて食料品店主とかけひきした.

hike /haik/ ***hike out*** **1** …を引っぱり出す ▪They managed to *hike* me *out*. 彼らは何とかしてうまく私を引っぱり出した.
— 自 **2** 《主に英方》逃走する ▪The two men *hiked out* safely Saturday night. 二人の男は土曜の夜に無事逃走した.

hike up 他 **1** (価格など)を急に上げる ▪They *hiked* their rates *up* during the tourist season. 観光シーズン中は料金を値上げした ▪TV networks tried to *hike up* their viewing figures by broadcasting cheap shows. テレビは安っぽいショー番組を放映して視聴率を上げようとした.
2 《海》(人)を(水夫にするために)いやなのを無理に乗船させ, だまして乗船させる ▪The boy *was hiked up*. その少年は(水夫にするため)無理に乗船させられた.
— 自 他 **3** 《主に米》引き上げる; 引き上げられる ▪The curtain *hiked up* at exactly 8 p.m. 午後8時きっかりに幕が上がった ▪*Hike up* your skirt. It will get wet. スカートのすそをあげなさい. 濡れてしまいますよ.

hinder /híndər/ ***hinder*** …***from*** *doing* 他 …が…するのを妨げる ▪The difficulty of the task *hinders* me *from doing* it. むずかしいため私はその仕事ができない.

hinder *A* ***in*** *B* 他 AのBを妨げる ▪A whirlwind *hinders* the ship *in* its sailing. 旋風は船の帆走を妨げる.

hinge /hindʒ/ ***hinge on*** [***upon***] 自 **1** …いかんによる, 次第である, で決まる ▪My acceptance will *hinge upon* the terms. 私の受諾は条件いかんによる.
2 …に(蝶番(ちょうつがい)で)かかる ▪The door *hinges on* the right post. 戸は右の柱に蝶番でついている ▪The solution *hinges on* the meaning of this single word. 解決はこの1語の意味にかかっている.

hinge *A* ***on*** [***upon***] *B* 他 AをBによらせる, AをBによって決める ▪I will *hinge* my acceptance *on* the terms. 私は受諾を条件次第にします.

hint /hint/ ***hint at*** 自 …を当てこする, 暗に…をほのめかす ▪I *hinted at* his folly. 私は彼の愚行を当てこすった ▪He *hinted at* resignation. 彼は辞職をほのめかした.

hint away 他 …をほのめかして除く ▪He *hinted away* every merit of hers. 彼は彼女のあらゆる長所をそれとなく言い消してしまった.

hint for 自 …してほしいとほのめかす, 暗ににおわせる ▪She must be *hinting for* an invitation. 彼女はきっと招待して欲しいとほのめかしているのだろう.

hint off 他 …をほのめかして去らせる ▪He *was hinted off* by a ghost message left on his PC. 彼はパソコンに残された未更新サイトのメッセージでそれとなく追い払われた.

hire /háiər/ ***hire*** *a person* ***away*** 他 人を引き抜く ▪We *hired* her *away* from her previous employer. 彼女を元の雇い主の元から引き抜いて雇った.

hire on 自 《米》働き始める, 雇われる ▪She *hired on* as a part-time office worker. 彼女はパートの事務員として雇われた.

hire out 他 **1** (口) …を賃貸しする ▪He makes a living by *hiring out* horses. 彼は貸し馬をして生計を立てている ▪The money *was hired out* at five pounds percent. その金は100ポンドにつき5ポンドの利子で貸し出された.
2 (労働者)を短期間他社へ派遣する ▪Their business is *hiring out* IT people to companies. 彼らはIT関連の職員を企業に派遣する仕事をしている.
3 …を賃借りする ▪We *hired out* the cottage for the summer. 夏の間山荘を借りた.
— 自 **4** 《米口》(使用人[労働者]として)雇われる ▪They *hire out* to farmers. 彼らは農家に労働者として雇われる ▪He *hired out* as a cook. 彼は料理人として雇われた ▪The girls never *hired out* to do servant's work. その少女たちは下働きの仕事に雇われたことはなかった.

hiss /his/ ***hiss at*** 自 …にシーシーと言う《嘲笑・不

hit

満の表明》 ▪ Do not *hiss* at the singer. 歌手にシーシーと言ってやじるな.

hiss away 他 シーシーと言って…を追っ払う[払いのける] ▪ I always *hissed away* the charge. 私はいつもやシーシーと言ってその非難を払いのけた.

hiss down 他 シーシーと言って…をやじり倒す ▪ The speaker *was hissed down* by the crowd. 弁士は群衆にシーシーと言ってやじり倒された.

hiss off 他 シーシーと言って…を追い出す[去らせる] ▪ The actor *was hissed off* the stage. その俳優はやじられて舞台から引きさがらされた.

hiss out 他 シーッと言って(怒り・嫌悪感)を表す ▪ The disgusted manager *hissed out* his rage. むかついた部長はシーッと言って怒りをあらわにした.

hit /hit/ ***hit against*** 自 **1** …にぶつかる ▪ He *hit against* the wall in the dark. 彼は暗闇で壁にぶつかった.

— 他 **2** …を…にぶちつける ▪ He *hit* his head *against* the wall. 彼は頭を壁にぶちつけた.

hit at 自 **1**(的)をねらって打ち, 打ってかかる ▪ He *hit at* the mark. 彼は的をねらって射た ▪ He *hit at* me. 彼は私に打ってかかった.

2 …を批判[攻撃]する; を嘲笑する, からかう ▪ Some even *hit at* me saying I should quit writing. 中には物書きなどやめてしまえと私を嘲笑する者までいる ▪ He *hits* hard *at* Congress. 彼は国会を激しく攻撃している.

hit back (***at***) 自 **1**《口》…に対して激しく反撃する, 仕返しする, やり返す ▪ The captain ordered his men to *hit back*. 隊長は部下たちに反撃を命じた ▪ The Prime Minister *hit back at* them. 総理大臣は彼らに激しく反論した.

— 他 **2** …をなぐり返す, に仕返しをする ▪ He hit me first, so I *hit* him *back*. 彼が先に手を出したからなぐり返してやったんだ.

hit by 自 《米・まれ》…のそばを通り過ぎる ▪ I've seen you *hit by* the window many times. 私はあなたがたびたび窓のそばを通り過ぎるのを見ました.

hit *a person* ***for*** 他 《米口》人に(金など)をせがむ, 要求する (= HIT up for) ▪ The principal *hit* all the parents *for* a contribution. 校長は全保護者に寄付を依頼した.

hit in 他 《口》(攻撃側が線外に突き出したボール)を競技線内へ突き返す ▪ The player *hit* the ball *in*. その選手がボールを競技線内に突き返した.

hit off 他 **1** …をうまく描く[表す, 再生する] ▪ He *hit off* his uncle marvellously. 彼はおじを実に驚くほどぴったりと描写した ▪ Sometimes he *hits off* an individual trait with an anecdote. ときどき彼は逸話を用いて個性をうまく描写する.

2 …をうまくまねする《特に戯画的に》 ▪ He can *hit off* cows and sheep perfectly. 彼は牛や羊の鳴き声をそっくりまねることができる.

3 …を即席に作る ▪ He can *hit off* a poem. 彼は詩を即席に作ることができる ▪ We *hit off* a little wit now and then. 我々はときどき少しばかり機知をとばす.

4 …を見つける, 捜し当てる《特に臭跡など》 ▪ The hounds *hit off* the scent again. 猟犬どもはまたその臭跡を捜し当てた ▪ We started at daybreak and soon *hit off* a trail. 我々は夜明けに出かけて, まもなく臭跡を見つけた.

5《クリケット》得点する ▪ They *hit off* the runs rapidly. 彼らはどんどん点を取った.

6 …をたたいて取る ▪ *Hit* his head *off*. He insulted you. 彼の首をはねてやれ. あなたを侮辱したのだ.

— 自 **7**(…と)合う, 一致する(*with*) ▪ The plan *hits off with* the present conditions. その計画は目下の諸条件とうまく合っている.

hit on [***upon***] 自 他 **1** …をふと思いつく, 思いあたる ▪ How did you *hit on* such a good plan? そんなよい計画をどのようにして思いついたのですか.

2 …にふと出くわす; をたまたま見つける, 発明する ▪ Yesterday I *hit on* a beautiful woman. 昨日私は美しい女性に出くわしました ▪ We crossed a mountain and *hit upon* the creek. 我々は山を越えてその小川に出た ▪ Edison finally *hit upon* a suitable filament for the electric light bulb. エジソンはついに電球に使う適当なフィラメントを発明した.

3《米口》…になれなれしくする, つきまとう; を誘惑する ▪ The girls were all *hitting on* the handsome lad. 女の子たちがさかんに美青年に言い寄っていた ▪ He is *hitting on* my sister. 彼は私の妹にうるさくつきまとっている.

4 …を捜し出す ▪ We must *hit upon* the answer somehow or other. 何とかして答を捜し出さねばならない.

5 …にうち当たる ▪ My shoulder *hit on* a rock, and it became dislocated. 肩が岩にぶち当たって脱臼した.

hit out 自 **1** あちこち打つ ▪ The prisoner began to *hit out*. 囚人はあちこちたたき始めた.

2 あらゆる方向に激しく打つ ▪ When they assaulted him, he *hit out* right and left. 彼らが襲ったとき, 彼は右に左に激しくたたきまくった.

3 激しく非難する, 攻撃する ▪ They sneered at her, but she didn't *hit out*. せせら笑われたが彼女は食ってかからなかった.

— 他 **4** …をたたいて出す[引き出す] ▪ She *hit out* the spark. 彼女はたたいて火花を出した.

— 他 **5**《クリケット》(ボールを)打って出す; (ボールを)激しく打つ ▪ He *hit* the ball *out* of the ground. 彼はボールを打ってグランドの外へ出した ▪ The two batsmen began to *hit out* at the bowling. 二人の打者は投球を激しく打ち始めた.

hit out at **1** …をげんこつで激しく打つ; に殴りかかる ▪ He *hit out at* his antagonist with great vigor. 彼は敵をげんこつで猛烈に打った.

2《口》…を激しく攻撃する, 痛烈に批評[非難]する ▪ He *hit out at* Mr. Smith. 彼はスミス氏を激しく攻撃した.

hit out on …を力説[強調]する ▪ They were *hitting out on* the need for a reform. 彼らは改革の必要を力説していた.

hit [***shoot***] ***straight*** 自 他 (…に)命中させる

- The arrow *hit straight* in the center of the target. 矢は的の中央に命中した ・Suddenly a bullet *hit* him *straight* in his head. 突然1発の弾丸が彼の頭に当たった.

hit up 他 **1** …をせき立てる, 馬力をかけさせる ・*Hit* her *up*, or we shall be late for the train. 馬をせき立てなさい. でないと我々は汽車に遅れますよ.
2《クリケット》…点を得点する ・Middlesex *hit up* 365 in the first day's play. ミドルセックス軍は初日の試合で365点を取った.
— 自 **3**(麻薬を)注射する (*on*) ・Stop *hitting up on* heroin, or else! ヘロインを打つのをやめないとひどいことになるぞ.
4《豪》ウォーミングアップでボールを打つ ・Let's *hit up* for a while, shall we? (テニスで)しばらく乱打をしようよ.
5《米口》(ボートで)速力[こぎ数]を増す ・These two could *hit up* the stroke indefinitely. この二人はどこまでもこぎ数を増すことができた ・The freighter began to *hit up* speed. 貨物船はスピードを増し始めた.

hit up for 他 《米口》(貸付・好意)を頼む, ねだる ・She *hit* me *up for* ten bucks. 彼女は10ドル貸してと私にせがんだ ・I *hit up* his father *for* work. 私は彼の父に仕事をくださいと頼んだ.

hit up with 他 《米俗》…に出くわす ・This is the place to *hit up with* a friend. ここは友人と出くわした場所だ.

hit with 自 …と合致する, 投合する ・The scheme *hits with* the people's wishes. その計画は大衆の願望にぴったり合う ・It *hits with* his humor. それは彼の気質に合う.

***hit* A *with* B** A(人)にB(不快な[驚くべき]こと)を話す[させる] ・They may *hit* you *with* a lawsuit. 彼らは君を告訴するかもしれない ・*Hit* me *with* it—what happened? 言ってみろ. いったい何があったんだ.

hitch /hɪtʃ/ ***hitch on*** 自 **1** …に引っかかる ・His coat *hitched on* a nail. 彼のコートがくぎに引っかかった.
2《米口》いっしょにやっていく ・They *hitched on* well together. 彼らはいっしょに仲よくやっていった.

hitch up 他 **1** …をぐいと(引き)上げる ・*Hitch up* your trousers, my boy. おい, ズボンをぐっと引き上げなさい ・She *hitched* his chin *up*. 彼女は彼のあごをぐいと上へあげた. ☞ 海事用語から.
2(馬など)を車につける ・*Hitch up* a horse to the wagon. 馬を荷車につけなさい ・He *hitched up* the trailer. 彼はトレーラーを車につないだ.
3《米俗》…を結婚させる ・So he *is hitched up* at last. 彼はついに結婚した.

hive /haɪv/ ***hive off*** 自 **1**(巣箱のミツバチが)分かれてよそに移る, 分封(ﾌﾞﾝﾎﾟｳ)する ・Your bees *hive off* and fly to another beekeeper's hive in summer. ミツバチは夏に分かれて他の養蜂家の巣へ移る ・I did not know bees *hived off* in November. ミツバチが11月に分封(ﾌﾞﾝﾎﾟｳ)するなんて聞いたことがない.
2(前触れなしで)姿を消す; 無断で去る ・James *hived off* again. ジェイムズはまた無断で去った.
3(団体の一部が)分かれてよそへ移る, 独立する ・The company *hived off* to its second office. その会社は分かれて第二営業所へ移っていった.
— 他 **4**《英》(事業など)を分割する, (仕事)を移管する ・The directors *hived off* some parts of the work. 重役たちは事業のある部分を分割した.
5 …を売却する ・We *hived off* part of our work to another firm. 私たちは業務の一部を他社に売却した.

hoard /hɔːrd/ ***hoard away*** 他 (金など)を(将来に備えて)密かにため込む ・He has been *hoarding* his money *away* for his old age. 彼は老後に備えて金を密かにため込んでいる.

hoard up 他 …を貯蔵する, 蓄積する ・He got rich by *hoarding up* gold. 彼は黄金を蓄えて金持ちになった.

hoax /hoʊks/ ***hoax a person into*** 他 人をだまして…させる ・He *hoaxed* them *into* thinking so. 彼は彼らをだましてそう思わせた.

hobnob /hάbnὰb|hɔ́bnɔ̀b/ ***hobnob together*** 自 (二人が)きわめて親しくする; 親しく話し合う; 酒をくみ交わす ・The shepherd and the gardener were *hobnobbing together* in the inn. 羊飼いと庭師とは宿屋で親しく酒をくみ交わしていた.

hobnob with 自 …と仲よくする, 親しいつき合いをする ・The chairman *hobnobbed with* his neighbors. 議長は隣人たちと仲よくした.

hoe /hoʊ/ ***hoe away*** 他 …をくわで取り去る ・*Hoe* the weeds *away*. くわで雑草を取り除け.

hoe down 他 …をくわで切り倒す ・In any case *hoe* the thistles *down*. ともかく, アザミはくわで切り倒しなさい.

hoe in 他 **1** …をくわで埋める ・I *hoed* the weeds *in*. 私は雑草をくわで埋めた.
— 自 **2**《豪口》もりもり食べる[食べ始める] ・Ben sat down at the dining table and started to *hoe in*. ベンは食卓に座ってもりもり食べ始めた.

hoe into 他 《豪口》…を非難する, 攻撃する ・Disappointed workers *hoed into* the management. がっかりした労働者は経営陣を非難した.

hoe up 他 …をくわで掘り出す ・They *hoe up* the potato roots. 彼らはジャガイモの根をくわで掘り出す ・*Hoe up* weeds by their roots so they won't grow back. また生えてこないように雑草を根こそぎ掘り起こせ ・We weeded the fields and *hoed* the soil *up*. 畑の草を抜き, くわで土を耕した.

hog /hɔːg|hɔg/ ***hog down*** 他 **1**《米口》取り入れない作物をブタにやる ・I was forced to *hog down* my crop this year. 私は今年はやむなく作物をそのままブタにやらねばならなかった.
2 …をがつがつ食う ・He *hogged down* his dinner. 彼はがつがつと食事をした.

hog out (on) 自 《米俗》(…)をむさぼるように食べる ・The hungry kids *hogged out on* hot dogs. 腹をすかせた子供たちはホットドッグにかぶりついた.

hoist /hɔɪst/ ***hoist down*** 他 …を引き降ろす ▪ It is a rope to *hoist down* the stay-sails. それは支索帆を引き降ろす綱である.

hoist out 他 (ボート)を(引き)降ろす ▪ We saw them *hoist* another boat *out*. 我々は彼らがもう一隻のボートを降ろすのを見た.

hoist up 他 …を持ち上げて運ぶ ▪ He *hoisted* the box *up* onto the shelf. 彼はその箱を持ち上げてたなに運んだ.

hoke /hoʊk/ ***hoke up*** 他 **1**《米口》(ありもしないもの)をでっちあげる ▪ His political speech *was hoked up* with phony statistics. 彼の政局講演はまやかしの統計数字ででっちあげたものだった.

2(劇)をメロドラマ式に演じる ▪ You must *hoke up* the play to make them laugh or cry. 彼らを笑わせたり泣かせたりするには、その劇をメロドラマ式に演じなければならない.

hold /hoʊld/ ***hold A against B*** 他［主に否定文で］**1** A(ある事実)がBに不利だと思う, AをBに偏見を持つ ▪ You mustn't *hold* it *against* him that he's spent two years in jail. 彼が2年間刑務所にいたということは彼に不利だと思ってはいけない ▪ His time in jail has *been held against* him ever since. 刑期のせいで彼はその後ずっと色眼鏡で見られている ▪ I arrived late and my boss *held* it *against* me for months. 遅刻したために社長に何ヶ月も目をつけられた.

2 B(人)に対してAを根に持つ ▪ I'm not *holding* last night's bad humor *against* him. 私は彼が昨夜不きげんだったことを根に持っていません.

hold ... aloof 他 …を近寄らせない ▪ Pride *holds* them *aloof*. 自尊心のため彼らは近寄れない.

hold back 他 **1** …を寄せつけない, 食い止める; を退ける ▪ The wall could not *hold back* the flood waters. その防壁は洪水を食い止めることができなかった ▪ The police *held* the crowd *back*. 警官隊は群衆を寄せつけなかった.

2 …を(進ませないように)引き止める, 抑止する ▪ I could not *hold* him *back*, he was so eager. 私は彼を抑止することができなかった. 彼は非常に熱望していたから ▪ *Hold back* inflation. インフレを抑えよ.

3 …を持ち出さず[言わず]にいる, 隠し, 伏せておく ▪ I have *held back* the names. 私はそれらの名前は出さなかった ▪ You must not *hold back* information. 君は情報を秘しておいてはいけない.

4 (感情)を抑える, (涙・笑い)をこらえる ▪ He was doing his best to *hold back* the tears. 彼は必死になって涙をこらえていた ▪ She could no longer *hold* her anger *back*. 彼女はこれ以上怒りを抑えきれなかった.

5 …を将来のためにとっておく ▪ Let's *hold back* 10 percent of our funding until we start the new project. 将来新事業を始めるまで資金の10%を蓄えておこう.

— 自 **6** (前進・行動・発言)をしぶる, しりごみする, ひるむ ▪ The soldiers *held back* for a short time. 兵士たちはしばらくの間進軍をしぶった ▪ When danger came, everyone *held back*. 危険が来たときは, みなしりごみした ▪ What was it that *held* you *back* then? あのとき君が言い渋ったのはなぜか.

7 控える (*from*); (許可などを)保留する, おくらせる ▪ I have *held back from* asking you. お尋ねするのを遠慮していました ▪ *Hold back* any announcement of the findings. 調査結果の発表は保留してください.

hold back on 他 …をさし控える ▪ They *held back on* further buying. 彼らはそれ以上買うのをさし控えた.

hold by 自他 **1** …を支持する, 賛成する ▪ I don't *hold by* your strange idea. 君の変わった考えには賛成しないな.

2 …を固守する, 守る ▪ He will *hold by* his choice. 彼は自分の選んだものを固守するだろう.

hold down 他 **1** …を押さえつける; を圧迫する, 服従させる ▪ I *held* the ruffian *down* while they bound him. 彼らが悪漢を縛っている間私は押さえていた ▪ The president will *hold* the lawless students *down*. 校長は始末に負えない生徒を押さえるだろう.

2《米》(敵軍)を食い止める, 押さえる ▪ The University Team *held* them *down* better than they did last year. 大学チームは昨年よりもよく相手チームを押さえた.

3 (価格・音など)を抑える; (感情)を抑える ▪ Will their policy *hold down* inflation? 彼らの政策はインフレを抑制すると思いますか ▪ *Hold down* the music a bit. 音楽を少し低くしてくれ ▪ I can't *hold* my emotions *down* any longer. これ以上感情を抑えきれない.

4《口》(土地・地位)を保つ, (職)を維持する ▪ I didn't think you could *hold down* a job here. 君がここで職を維持することができるとは思わなかった.

5《米口》(会社など)をうまく運転[経営]する, (職務)をうまく果たす ▪ He *holds down* a big ranch. 彼は大牧場をうまく経営している ▪ She could *hold down* her job here. 彼女はここでは職をうまく果たすことができた.

6《米・野球》(ある地位)を守る; 《米戯》を占めている ▪ Let him *hold down* third base. 彼に3塁を守らせなさい ▪ Jumping an east bound freight, I managed to *hold* it *down* till I got to Alameda. 東部行きの貨物列車に飛び乗って, アラメダに着くまで何とかして乗っていた.

7 …を下げている, 垂れている ▪ He *held* his head *down*. 彼は頭を下げていた.

8 (食べた物)を吐かずにこらえる ▪ She's managed to *hold* her breakfast *down*. 彼女は朝食べたものを何とか吐かずにこらえることができた.

hold forth 自 **1** 公衆の前で弁じる, 長々と[とうとうと]述べたてる, 説教する《通例やや軽蔑的》 ▪ The speaker *held forth* on various subjects. 弁士はいろいろの問題についてとうとうと弁じたてた ▪ He *held forth* on teetotalism. 彼は禁酒について長々と説教した.

— 他 **2** …を公表する; を見せる ▪ I have *held forth* my views in my new work. 新著において私の

見解を公表した ▪ He *held forth* the paper. 彼はその書類を出して見せた.
3 …を(誘いとして)提供する, 差し出す, 申し出る ▪ The company *held forth* a promise of advancement to her. 会社は彼女に昇進を考えていると持ちかけた ▪ I *held forth* my hand, but no one accepted it. (握手しようと)こっちは手を差し出したのに誰も応じてくれなかった.

hold from 他 …を控える ▪ I cannot *hold from* laughing. 私は笑わずにはいられない.

hold *a person **from*** 他 人が…するのを妨げる ▪ Nothing can *hold* me *from* (accomplishing) my purpose. 私は万難を排して目的を達する.

hold *a thing **from*** 他 物を(人に)与えないでおく ▪ I will not *hold* your rights *from* you. あなたに当然与えるべきものを与えずにおくようなことはしません.

hold in 他 **1** …を外に出さない, 閉じ込める; を抑制する, 抑える;を保持[維持]する ▪ The horse is bolting. Try to *hold* it *in*. 馬はかけ出そうとしている. 引き止めてみてください ▪ She *held in* the ponies. 彼女は小馬どもを手放さないでいた ▪ He *held in* his temper. 彼は怒りを抑えた ▪ I wanted to cry but *held in* the tears. 泣きたい思いだったが涙をこらえた.
— 自 **2** 外に出ない, ずっと中にいる; ある状態[地位]を続ける; さし控える; 黙っている ▪ He *held in* near the French town. 彼はそのフランスの町の近くにずっといた ▪ I was so tickled that I had a hard job *holding in*. 非常におかしかったので笑いをこらえるのが大変だった ▪ He *held in* no longer, and said it aloud. 彼はもう黙っていないで, それを声に出して言った.

hold in with 他 …と仲よくしていく; の気に入られる ▪ He *held in with* princes and great ones. 彼は王侯や偉い人々と親交があった.

hold inside 他 …を黙っている ▪ You can never figure him out. He *holds* everything *inside*. 彼が何を考えているのかさっぱり分からない. 全くなにも言わないから.

hold *A **of*** *B* AをBから直接租借する ▪ He *holds* the land *of* the crown. 彼はその土地を直接国王から租借している.

hold off 他 **1** …に近づけない, を阻止する, 寄せつけない ▪ *Hold* your dog *off*. 犬を近づけないようにしなさい ▪ We *held off* the enemy's attack for three hours. 我々は敵の攻撃を3時間の間食い止めた ▪ His cold manner *holds* people *off*. 彼の冷淡な態度のため人々が寄りつかない.
2 (買い入れなど)を手控える, 遅らせる, 延期する ▪ We *held off* buying a new car. 新車の購入を見合わせた ▪ The mayor *held off* his decision until Monday. 市長は決裁を月曜日まで延ばした.
— 自 **3** (雨などが)降らずにいる ▪ Will the rain *hold off* until the evening? 雨は夕方まで降らずにいるだろうか.
4 気が進まない; ぐずつく; おくれる ▪ Everyone told me to take the plunge but I *held off*. みなが思い切ってやれと言ったが私は気が進まなかった ▪ It *held off* nearly three months. それは3か月近くもおくれた.
5 近寄らない, 離れている ▪ Mr. Coss *holds off* from everybody. コス氏はすべての人と離れている.
6 さし控える (*from*) ▪ He *held off from* joining the party. 彼はその団体に加わるのを控えた ▪ I'm going to *hold off from* beer for a time. しばらくビールを控えるつもりです.
7 延びる, 起こらない ▪ The typhoon *held off* for a month. 台風は1か月来なかった.

hold off *doing* 他 …することを控える ▪ The party will *hold off nominating* anyone for the Presidency. その党は誰をも大統領候補に指名しないだろう.

hold off on 自 …をさし控える, 手控える ▪ He asked labor to *hold off on* wage demands. 彼は労働者側に賃金要求をさし控えてくれと頼んだ.

hold on 自 **1** (…を)続けていく ▪ He *held on* till he came to the wood. 彼は続けて森の所まで来た ▪ I *held on* my journey [way] in spite of the storm. あらしをものともせず旅[進行]を続けていった.
— 自 **2** 《口》[主に命令文で] 待て; やめ; そのまま動かない(電話を)切らないで待て ▪ *Hold on* a minute. ちょっと待ってください ▪ *Hold on*! Don't talk to me that way. 黙れ! 私にそんなものの言い方をするな ▪ *Hold on* while I tell Daddy. パパに言う間, 電話を切らずに待ってください.
3 続ける, 持続する ▪ You must *hold on* in this job. あなたはこの職を続けなければならない ▪ The gale still *held on*. 強風はなお続いた.
4 しっかりつかまっている ▪ I was *holding on* to a piece of plank. 私は1枚の板にしっかりとつかまっていた.
5 固守する (*to*) ▪ They *held on to* the ridges. 彼らは山の背を固守して動かなかった.
6 (つかまえている手を)放さないでいる ▪ He *held on to* the shares. 彼はその株を放さないでいた.
7 もちこたえる, がんばる; ふみとどまる ▪ If he can *hold on* a little longer, we can get help to him. 彼がもう少し長くがんばることができれば, 彼に助けを得てやることができる.

hold…on 他 …を離れない[落ちない]ようにしっかり留める ▪ The pin *holds* the wheel *on*. (割り)ピンは車輪が離れぬように留める ▪ I can't stay on a bicycle unless somebody *holds* me *on*. 誰かがつかまえていてくれなければ私は自転車に乗っていられない.

hold on along 自 (道)を続けて進む ▪ You should *hold on along* this road for another ten miles. この道をもう10マイル続けて行かねばならない.

hold on for 自 …の方に行く ▪ They *held on for* London. 彼らはロンドンの方に行った.

hold onto [*on to*] 自 他 **1** …をしっかりつかむ ▪ *Hold onto* my arm on the ice. 氷の上では私の腕にしっかりつかまりなさい.
2 …をじっとつかまえている, 手放さない, あずかっておく ▪ I will *hold onto* this house. 僕はこの家は手放さない ▪ Some people *hold onto* letters for years. 中には何年も手紙をとっておく人がいる ▪ Will you *hold on to* this camera for me? このカメラを預かっ

hold

ていただけませんか.
3…に頼る, すがる; を固執する　▪ The police have only one photograph to *hold onto*. 警察が頼りにするのは1枚の写真しかない　▪ She *holds on to* the belief that money is hard to come by. お金は容易に手に入らないものと彼女は思い込んでいる.
4…を歌い続ける, 演奏し続ける　▪ The singer *held on to* the last note of the song. その歌手は曲の最後まで歌い続けた.

hold out 他　**1**…を差し出す, 差し伸べる　▪ He *held out* his hand for more. 彼はもっとくれと言って手を差し出した.
2(与えようとして)…を差し出す; (説得のため)…を差し出す, 提供する　▪ He *held out* an apple. 彼はリンゴを差し出した　▪ The doctors *hold out* little hope of his recovery. 医師たちは彼の回復の見込みがほとんどないと言った.
3…をしのぐ, 耐える　▪ He managed to *hold out* the crisis for some time. 彼はしばらくの間どうにか危機をしのいだ　▪ The fortress can not *hold out* a long siege. その要塞は長期の包囲には耐えられない.
4(見せるために)…をささげる, 掲げる　▪ He *held out* the garment for us to see. 彼は我々に見せるためその衣服をささげた.
5(まれ)…を入れない, 寄せつけない　▪ The boat will *hold out* the water. ボートは水を入れないだろう.
6(米)…を(出さないで)取っておく　▪ He managed to *hold out* a large sum of money. 彼は何とかして多額の金を取っておくことに成功した.
7…だと言う, 主張する (to be, that)　▪ He *held* himself *out to be* a partner. 彼は自分は仲間であると言った　▪ He *held out* that the lady was a Duchess. 彼はその女性は公爵夫人だと主張した.
8…を最後まで続ける, (希望など)を捨てない　▪ They *held out* the rebellion. 彼らは最後まで反乱を続けた　▪ All of us *held out* hope that we would eventually be rescued. 最後には救われるという希望を全員が持ち続けた.
9…を最後まで守る[立てこもる]　▪ The citizens *held out* the city till the end. 市民たちは最後まで町を守った.
10(トランプ)こっそり(札)を持っている　▪ He had *held out* a card inside his sleeve. 彼はその内側にこっそり札を隠し持っていた.
11…を延期する　▪ We were obliged to *hold out* the workers' pay. 従業員たちの給料の支払いを先延ばしせざるを得なかった.
— ⾃　**12** 抵抗する, 屈しない; もちこたえる　▪ Babylon *held out* but was taken the next year. バビロンは抵抗したが, 翌年占領された　▪ The invalid cannot *hold out* through the summer. 病人は夏中はもたない　▪ We hope our food will *hold out* until rescue arrives. 救助隊が到着するまで食糧がもてればよいが.
13 ねばる　▪ They have all signed their contracts, but Di Maggio is still *holding out*. みんな契約書にサインしたのに, ディマジオはまだねばっている.
14《米口》住む　▪ Is this the place where he *holds out*? ここが彼の住んでいる所ですか.

hold out against ⾃ …にあくまで反対する, 抵抗する　▪ They *held out against* the orders they were given. 彼らは受けた命令にあくまで反対した.

hold out for **1**…を得ようとねばる, 強く要求する　▪ He is *holding out for* a good wine. 彼は上等のワインを手に入れようとがんばっている.
2…をあくまで支持[主張]する　▪ We *held out for* higher wages. 我々は賃金値上げをあくまで主張した.

hold out of 他 (あるもの)を残りから切り離す, …に参加させないようにする　▪ Her parents *held* the weakly girl *out of* practice and competition. 両親は病弱な少女の練習や競技への参加を許さなかった.

hold out on ⾃ 他 《口》**1**(情報・金などを)…に隠す　▪ I don't know why he *held out on* me. 私は彼がなぜ私に対して隠しごとをしたのかわからない.
2(人に全部または一部を)渡さずに取っておく　▪ He threatened to *hold out on* her dividends. 彼は彼女の配当金を渡さないぞとおどした.

hold over 他　**1**…を(後に)持ち越す, 延期する, 保留する　▪ Let us *hold over* the subject till the next meeting. その問題は次の会まで延期しましょう　▪ I don't want to get rid of you. I'll *hold* you *over*. 君を処分したくない. 君を保留するつもりだ.
2《米》(劇など予定期間)より長く続演[続映]する　▪ The picture will *be held over* for another week. その映画はもう1週間延長上映されるだろう.
3…を取っておく　▪ Please *hold over* the rest of the goods. どうぞ残りの品を取っておいてください.
4《米口》(何らかの点で人)に勝る　▪ You rather *hold over* me. 君はむしろ僕にまさっている.
— ⾃　**5**《米》(劇・俳優などが)予定より長く演じる　▪ The actors *held over*. 俳優たちは繰り延べて演じた　▪ Attractions *held over*. 呼びものは日延べして続けられた.
6《音》一つの拍[小節]から他の拍[小節]まで音を持続する　▪ The fermata is an instruction to *hold over*. フェルマータは次の小節まで音を持続せよと指示する記号である.
7《法》期間以上に占有を続ける, 定期間以上在職する　▪ Then the tenant would be able to *hold over* for ever. そのときは借家人は永久に居住し続けることもできる.
8《米》(上院議員が)任期未了または再選で次議会まで在職する; 次の期間まで在職[留任]する　▪ Twenty Senators *held over*. 20人の上院議員が次議会まで残った　▪ The Mayor *held over*. 市長は留任した.

hold A over B 他 A(情報・秘密)を利用してB(人)をおどす　▪ If you tell them about your past they might *hold* it *over* you. 彼らに君の過去を漏らすと, 彼らはそれをネタにおどされるぞ.

hold to ⾃ **1**…にしがみつく　▪ The little girl *held* fast *to* her mother's skirt. 幼い女の子は母親のスカートをしっかりつかんだ.
2…を固守する, あくまで捨てない　▪ Do you still *hold to* your old opinion? 君はまだ昔の意見を捨てないでい

るか ▪ I will *hold to* the party. 私はその党を離れない.

3 (道)を続ける ▪ They *held to* the same way of behavior. 彼らは同じ行状を続けた.

4 (雌に)...の種がつく ▪ Your mare *held to* the horse. あなたの雌馬にその馬の種がついた.

hold* a person *to 他 **1** 人に規律[約束]を守らせる; 人を...に束縛する ▪ I must *hold* you *to* your agreement. あなたに契約を守ってもらわなければならない ▪ We shall *hold* the trustees *to* account. 我々は保管人に使途の説明をさせる.

2 《スポーツ》相手を...に抑える ▪ Germany *held* France *to* a 1-1 draw. ドイツチームはフランスチームを1対1の同点に抑えた.

hold* a thing *to 他 物を...に当てる[近づける] ▪ She *held* her hand *to* his cheek. 彼女は手を彼の頬に当てた ▪ He *held* a knife *to* her throat. 彼はナイフを彼女の喉につきつけた.

hold together 自 **1** 団結[結合]している, つながっている, 固まっている ▪ We are safe as long as we *hold together*. 我々は団結しているかぎり安全である.

2 論理的に正しい, 首尾一貫している; 有効である ▪ His explanation didn't really *hold together*. 彼の説明にあまり充分ではなかった.

3 こわれないでいる, 何とかもちこたえる ▪ The structure cannot *hold together* any longer. その建物はもうこれ以上はもたない.

— 他 **4** ...を団結[結合]させる, 連結させる, 固まらせる ▪ Patriotism *holds* the nation *together*. 愛国心が国民を一致団結させる ▪ The cord was strong and the goods *were held together*. 綱は強くて品物はしっかりくくられていた ▪ The roots are effective in *holding* the soil *together*. 木の根は土壌を固くするのに有効だ.

hold ... under 他 ...を抑える, 静める; を服従させておく ▪ The army *held* the country *under* by force. 軍は武力でその国をおさめた.

hold up 他 **1** (倒れないよう)...を支える ▪ I *held* him *up* when he was falling. 彼が倒れようとしていたとき支えてやった.

2 《口》(進行・通行・行動)を止める ▪ The police officer was *holding up* the traffic. 警察官は交通を止めていた ▪ Management *held up* the demands of the workers for higher wages. 経営者側は労働者の賃上げの要求を阻止した.

3 (手など)を上げる, 持ちあげる ▪ Let those who agree *hold up* their hands. 賛成の人々は手を上げなさい ▪ *Hold'em up*! Give me all your money. 両手を挙げろ! あり金を全部よこせ.

4 《口》(強窃の目的で)...を襲う; (ピストルを突きつけて車など)を止める ▪ Thieves *held* him *up* in the park and took his watch and wallet. 盗賊が公園で彼を襲い彼の時計と財布を奪った ▪ A highwayman *held up* a stage-coach. 追いはぎがピストルを突きつけ駅馬車を止めた.

5 ...を支持する, 維持する; を弁護する ▪ Gold is still *holding up* its price. 金はまだその値段を維持してい

る ▪ I will *hold up* your rights. 私はあなたの権利を弁護します.

6 ...を差し上げて示す, 掲げる ▪ The salesclerk *held up* his cloth for us to see. 店員は服地を差し上げて我々に見せた.

7 ...をさらす; (模範として)...を押し立てる; を候補に立てる ▪ He *held up* the government to hatred [ridicule]. 彼は政府を憎悪[嘲笑]にさらした ▪ He *was held up* to the admiration of the world. 彼は世の賞賛に供せられた ▪ They *held* him *up* to people as a model. 彼らは彼を模範として人々に示した ▪ He *was held up* for Congress and lost his election. 彼は国会議員の候補に立てられ落選した.

8 ...を遅らせる, 停頓させる ▪ The steel strike may *hold up* production of all new cars for several months. 鉄鋼ストライキはすべての新車の生産を数か月間遅滞させるかもしれない ▪ The train *was held up* by fog. 列車は霧のため遅れた ▪ For years dentists have *been held up* on supplies. 何年もの間歯科医たちは医療品の補給を止められてきた.

9 《米口》...の同情につけこんで金を取る, から法外の料金を取って儲ける ▪ I *was* often *held up*. 私はしばしば同情につけこまれて金を取られた ▪ Cattle inspectors were *holding up* trail herders. 家畜検査官は移動牧夫たちから法外な料金を取って儲けていた.

10 《米》(出すべきもの)を出さない ▪ He is *holding up* their payroll. 彼は彼らの給料名簿を出さないでいる ▪ The cow is *holding up* her milk. その牛は乳を出さない.

11 ...を放っておく, 控える; をやめる ▪ Some *held up* drinking for a time. しばらく酒を控えた者もあった ▪ The committee *held up* the investigation. 委員会はその調査をやめた.

— 自 **12** (天気が)もつ ▪ The weather [The day] *held up* wonderfully. 天気がすばらしくもった.

13 地位[状態]を保つ, もつ, 続く, もちこたえる ▪ The patient seems to be *holding up* well. 病人はよくもちこたえているようだ ▪ The mother *held up* under the stress for her children's sake. 母親は子供たちのためにストレスに耐えてがんばった ▪ If the wind *holds up*, we will reach the coast in six hours. もし風が続けば, 我々は6時間で沿岸に着くことができるだろう.

14 《米口》控える, やめる, 止まる; 《トランプ》札を出さない, 手を控える ▪ The doctor advised me to *hold up* somewhat. 医師は私に少し仕事を控えなさいと言った ▪ You may make a trump by *holding up*. あなたは札を出さないことによってうまくいくこともある.

15 屈しない, 譲らない, 退かない ▪ No one can *hold up* under such misfortunes. そんな不幸にあっては, 誰も屈しないわけにいかない ▪ The boiler will not *hold up* under pressure. そのボイラーは圧力に耐えまい.

16 《狩》歩調をゆるめない ▪ Prince is told to *hold up*. プリンス(馬の名)は歩調をゆるめるなと言われている.

17 (馬がつまずいたときなど)ころばない, 立っている ▪ The horse tripped, but it *held up*. 馬はつまずい

たが倒れなかった.
18 雨が降りやむ ▪ The rain will soon *hold up*. 雨はじきにやむだろう.
19(厳密な審理の末に)真実であることがわかる ▪ The evidence *held up* in court, leading to his conviction for murder. 法廷でその証拠が立証され彼の殺人有罪判決に至った.

hold up on 㐧 **1** …を延ばす ▪ We *held up on* our plan. 我々は計画を延期した.
2 …を渡さないでおく ▪ The court *held up on* the money till the estate was fully settled. 法廷は遺産問題が全面解決するまではその金を差し止めた.

hold with 㐧 ㉝ **1**(主義など)に賛成する ▪ My father didn't *hold with* organic farming. 父は有機農業には賛成しなかった ▪ I don't *hold with* girls smoking. 私は女の子の喫煙には賛成しない.
2 …と同意見である ▪ I *hold with* Plato that the soul is immortal. 私はプラトンと同じく霊魂は不滅であると信じる.
3 …に味方する ▪ Some people *hold with* both sides. 両方に味方する人もある.
4〔否定文で〕…に耐える, がまんする ▪ I can't *hold with* you. 君にはがまんできない.

hole /hoʊl/ *hole in* 㐧 ㉝ 身を隠す, 穴の中に入り込む ▪ The suspect, *holed in* the library, has shot himself. 容疑者は図書館に潜んでいたが銃で自殺を遂げた

hole out (in) 㐧 《ゴルフ》(…で)ボールをホールに入れる;(…のスコアで)ホールアウトする ▪ This is the best club for *holing out* the ball. これはボールをホールに入れるには一番いいクラブだ ▪ He *holed out in* five, one over par. 彼はワンオーバーの5打でホールした.

hole up 㐧 **1**(穴に)こもる, 閉じこもる;隠れる ▪ I am a poor miner who wants to *hole up* somewhere. 私はあわれな坑夫で, どこかへ閉じこもりたいのです ▪ He broke jail and *holed up* in a ranch. 彼は脱獄して牧場に身を隠した.
2 冬眠する ▪ Bears *hole up* in their den during the winter. 冬の間クマは洞穴で冬ごもりする.
3《米俗》(…を)待ち伏せする (*on*) ▪ Maybe he is *holing up on* us. 彼は我々を待ち伏せしているかもしれない.
— ㉝ **4** …を隠し[避難]させる, 閉じこめる ▪ She was *holed up* with two sons on a farm. 彼女は二人の息子とともに農場に避難させられた ▪ The gunman *holed* them *up* in the house. 銃をもった暴漢は彼らを家に閉じこめた.
5 …を(長い間)停頓[遅滞]させる ▪ Housing legislation *is holed up* in a Senate committee. 住宅法は上院の委員会で長い間滞っている.

hollo(w) /hǽloʊ/hɔ́l-/ *hollo(w) away* [*off*] ㉝ …を叫んで追っ払う, 去らせる ▪ For six days he *hollows* so much breath *away* that he can not preach on the seventh. 彼は6日間大声を出すので7日目には説教ができない ▪ Then the hounds were *hollowed off*. 猟犬どもはそれから大声で呼び戻された.

hollo(w) in [*out*] ㉝ …を叫んで入れる[出す]

▪ They will suddenly *hollow out* their words. 彼らは急に大声でものを言うことがある.

hollow /hǽloʊ/hɔ́l-/ *hollow out* ㉝ …をくり抜く, くり抜いて作る ▪ Crusoe *hollowed out* a tree for a boat. クルーソーは木をくり抜いてボートを作った.

home /hoʊm/ *home in on* [*onto*] 㐧 **1**(航空機・ロケット・ミサイルなどが)空中[水中]を(標的に向かって)高速で進む, 標的を正確に狙う;の方に向かって進む ▪ The enemy plane *homed in on* the arms factory and destroyed it with one bomb. 敵機は兵器工場をねらって進み爆弾一発でそれを破壊した ▪ In fog an approaching aircraft will *home onto* a radar beam. 接近機は霧のときレーダーの電波ビームがけて進む ▪ The shark *homed in on* the stream of blood. サメは血の流れに向かって突進した.
2(話題・主題)に的をしぼる, 全力投球する ▪ He *homed in on* the things they were discussing. 彼はみなが協議していたことに注意を集中した.

honk /hɑŋk/hɔŋk/ *honk at* 㐧 …に向かって警笛を鳴らす ▪ Don't *honk at* cyclists or pedestrians. 自転車に乗っている人や歩行者に警笛を鳴らしてはならない.

honk up 㐧 《英俗》吐く ▪ He got drunk and *honked up* all over the floor. 彼は酔って床一面に戻した.

honor, (英)**honour** /ɑ́nər/ɔ́nə/ *honor A with B* AにBの光栄を与える ▪ Please *honor* us *with* your presence at the meeting. ほどぞその会にご臨席の栄を賜わりたく存じます ▪ Mr. Jones *was honored with* a medal. ジョーンズ氏はメダルを授与された.

hoof /huːf, hʊf/ *hoof out* ㉝ 《俗》…を首にする;を追い出す, けり出す ▪ You ought to have *hoofed* him *out* long ago. 君はずっと前に彼を解雇すべきであった ▪ He *was hoofed out* of the Guards. 彼は護衛隊から追い出された.

hook /hʊk/ *hook down* ㉝ **1** …を鉤(かぎ)で固定する ▪ Be sure to *hook down* the windshield. 風防ガラスを必ず留め金で固定しなさい.
2《俗》…をひょいと投げる ▪ *Hook* a can of beer *down* to me. ビールを一缶ほうってくれ.
3《俗》(食べ物)を素早く飲み込む ▪ He *hooked down* another hamburger. 彼はハンバーガーをもう一つぺろりと平らげた.

hook in ㉝ **1** …を(鉤(かぎ)で)引き寄せる, ひっぱり込む ▪ We *hooked* logs *in* and tossed them into the barge. 我々は丸太を鉤で引き寄せてはしけに放り込んだ.
2 …を全力をあげて[何とかして]つかまえる;(いやがる人)を引っぱりこむ ▪ They were standing at the door to *hook in* customers. 彼らは客を引こうとして戸口に立っていた ▪ He managed to *hook in* a job. 彼は何とかして職を得ることができた ▪ I have been *hooked in* for an essay. 私は随筆を書くよううまく釣り込まれた.
3(馬)を(車)につける ▪ The horses should be *hooked in*. 馬を車につけねばならない.

hook into 㐧 …とかかわる ▪ This fishing tournament *hooks into* ecology. この魚釣り大会は環境保護につながるものです.

***hook** A **into** B* 他《米口》**1** A(コンピューターなど)をB(システム)に接続する ▪ Could you *hook* my computer *into* your network? 私のコンピューターを君のネットワークに接続してもらえないか.
2 Aをうまく説得してBさせる ▪ They *hooked* him *into* taking over their business. 彼らは彼をうまく説得して家業を継がせた.

***hook on* (*to*) [*onto*]** 他 **1** …を(…に)ホックで留める; (馬など)を(車に)つける; (と)連結する. 接合[連絡]する ▪ After being *hooked on to* a steamer, we were tugged down the river. 蒸気船につながれてから,我々は川を引かれて下った.
— 自 **2** (人と)腕を組む ▪ When we met Spalding, he *hooked on*. スポールディングに会うと, 彼は我々と腕を組んだ ▪ He *hooked on to* my arm. 彼は私と腕を組んだ.
3(…に)続く, 相連なる, つながる ▪ This portable seat does not *hook on to* the table. この可動式座席はテーブルとつながってはいない.

***hook** A **through** B* 他(腕・指など)をBに引っ掛ける ▪ She *hooked* her arm *through* his. 彼女は腕を彼のにからませた.

hook up 他 **1** (機械の部分品など)を組み立てる; をすえつける ▪ He *hooked* the gas *up*. 彼はガスをひいた.
2《口》(ラジオ・電話)を中継する ▪ I'll *hook* you *up* to the owner. オーナーにおつなぎします.
3 …を鉤(ﾌｯｸ)で釣り上げる ▪ I *hooked up* an old boot from the water. 私は古ぐつを水の中から釣り上げた.
4《方》(人)を結婚させる ▪ The parson *hooked* them *up*. 牧師が彼らを結婚させた.
5《米口》…に(…の)贈り物をする, (必要な物)を手配する(*with*) ▪ They often *hook* him *up with* MLB tickets. 彼らはよく彼に大リーグのチケットを手配してくれる ▪ My cousin *hooked* me *up with* lunch. いとこが昼ごはんをごちそうしてくれた.
— 自 **6**《米俗》結婚する ▪ They finally *hooked up* after three years of living together. 3年間の同棲のすえ彼らは結婚した.

***hook up* (*to* a thing)** 自他 **1** (…に)ホックで留める[留まる] ▪ This dress *hooks up* at the back. このドレスは後ろでホックを留めるようになっている ▪ Will you *hook* me *up* (at the back)? 背中のホックを留めてくださらない?
2《口》(馬を車などに)つける; (車を機関車などに)つなぐ ▪ We saw a horse *hooked up* to the post of the inn. 馬が宿屋の柱につながれているのを見た ▪ We *hooked up* and drove to the meadow. 馬を車にかけて牧草地へ行った.
3 連結する, 接合する; つながる, 接続する ▪ The new stove hasn't been *hooked up to* the gas supply yet. 今度買ったレンジはまだガス管とつながっていない ▪ We want to *hook up* all our classrooms *to* the Internet. 全教室をインターネットに接続したいと考えている ▪ She can *hook up* to the library from her computer. 彼女は自分のコンピューターから図書館に接続できる.

***hook up* (*with*)** 自 **1**《米口》…と出会う, 仲間になる ▪ During the trip we *hooked up with* a German couple. 旅行中に我々はドイツ人の夫婦と仲良くなった.
2《口》…と提携(協力)する ▪ We've *hooked up with* a firm in Canada. わが社はカナダの会社と提携した.
3《米俗》…と同棲生活を始める ▪ My daughter just *hooked up with* a friend from college. うちの娘は大学の頃からのボーイフレンドと同棲を始めた.

hoot /huːt/ ***hoot at* [*after*]** 自 …を[の後から]あざけり叫ぶ ▪ A troop of children ran at his heels, *hooting after* him. 一群の子供が彼をあざけって叫びながら, すぐあとについて走って行った ▪ The hooligan should *be hooted at for* the fraud. そのごろつきは詐欺行為に対して大声であざけられて当然だ.

hoot down 他 …をやじり倒す ▪ They *hooted* him *down*. 彼らは彼をやじり倒した.

hoot from 他 (人・劇)を…からやじって追い払う ▪ His play *was hooted from* the boards. 彼の劇はやじられて上演中止になった.

***hoot off* [*away*]** 他(人・劇)を…からやじって追い払う ▪ The actor *was hooted off* the stage. 役者はやじで舞台から引っ込められた ▪ The play they *hooted off* the stage was first rate in quality. 彼らがやじって舞台から葬った劇は一流の作品であった.

hoot out 他(人など)をやじって追い出す ▪ He *was hooted out of* the parish. 彼はやじられて教区から追い出された.

hoover /húːvər/ ***hoover up*** 他 **1** …に掃除機をかける; を掃除機で吸い取る ▪ I usually *hoover up* my carpet twice a day. ふつう日に二回カーペットに掃除機をかける ▪ *Hoover up* all the dust. ごみを全部掃除機で吸い取りなさい.
2 …を大量に得る, 取りまくる ▪ The US and Russia usually *hoover up* most of the gold medals. たいてい米国とロシアがほとんどの金メダルを獲得する.

hop /hɑp|hɔp/ ***hop in* [*into*]** 自 (車など)にひょいと飛び乗る, 飛び込む ▪ *Hop in*; let me give you a lift. 乗りたまえ. 送ってあげよう ▪ He *hopped into* his car and drove off. 彼はひょいと車に飛び乗って走り去った.

hop off 自 **1**《口》走り去る, 立ち去る, 逃走する ▪ Wilson saw that he was going to be scolded, so he *hopped off*. ウィルソンはしかられるのを知って, さっさと逃げた.
2 (乗り物から)ひょいと降りる ▪ She *hopped off* her bike. 彼女はバイクからひらりと飛び降りた.
3《口》(飛行機が)離陸する ▪ The plane will soon *hop off*. 飛行機はまもなく離陸するだろう ▪ He is *hopping off* for England tomorrow. 彼はあす英国へ向けて飛行機で発つ.
4《俗》死ぬ ▪ I must go to see her before she *hops off*. 私は彼女が死なないうちに訪ねて行かねばならない.

hop on 圓 **1**《口》(車など)に飛び乗る ・*Hop on* a red bus and see London. 赤バスに飛び乗ってロンドンを見物しなさい。
— 他 **2**《米口》(人)をしかる ・The teacher *hopped on* him for being late. 先生は彼が遅刻したのをしかった。

hop out 圓 車からひょいと飛び降りる ・The car stopped and the driver *hopped out*. 車が止まって運転していた人がひょいと飛び降りた。

hop up 他 **1**《米口》[主に受身で](人)を(麻薬で)興奮させる; を刺激する, 元気づける ・He *was hopped up* with morphine. 彼はモルヒネを飲まされて興奮した ・Those people *were* all *hopped up* by watching this video. これらの人々はみなこのビデオを見て元気づけられた。
2《米口》(速度を早めるため)車のエンジンを変える ・Some drivers *hop up* their engines in a race. 競技中に車のエンジンを変える選手もある。
— 圓 **3** 素早く上へ上がる ・There's room on top. *Hop up*! 階上に席があります。急いで上がってください。
4 跳ねながら近づく (*to*) ・The bunny *hopped up* to me and stared. ウサギがピョンピョン近づいてきてから, じっと私を見つめた。

hope /hoʊp/ ***hope for*** …を期待する ・I *hope for* better things from him. 彼からはもっと良い作品を期待している ・Come, *hope for* the best. さあ, 最善を期待しなさい《そのうちに良いことがあるだろうと楽観しなさい》。

horn /hɔːrn/ ***horn in (on)*** 圓 《口》(…に)干渉する, 侵入する, 割り込む; (招かれないのに…に)押しかけて行く ・He might not like people *horning in on* his province like this. 彼はこのように自分の領域に人が侵入するのを好まないかもしれない ・She *horned in on* our conversation and monopolized it. 彼女は私たちの会話に割り込んできて一人でしゃべった ・Henry managed to *horn in on* the party. ヘンリーはきんとその会に押しかけて行った。 ☞「牛が角を突っこむ」が原義。

horn off [out] 他 《米口》…を撃退する, 追い出す ・He *horned* me *off* to get a chance. 彼は機をつかむため私を押しのけた ・He tried to *horn* Ben *out of* the Cabinet herd. 彼はベンを閣僚の中から追い出そうとした。

horse /hɔːrs/ ***horse around [《英》about]*** 圓 《口》遊びふざける, 馬鹿騒ぎする ・He *horsed around* with a girl. 彼は女の子と遊びふざけた。

horse up 他 船板の間に槇肌(まいはだ)を詰めこむ ・We *horsed up* oakum between the planks. 船板の間に槇肌を詰めこんだ。

hose /hoʊz/ ***hose down*** 他 **1** …をホースで完全に洗う ・The man was *hosing down* a car. その男はホースで車を十分洗っていた ・I *hosed* the deck *down* then gave it a scrubbing with a stiff brush. 甲板をホースでよく洗い次に硬いたわしでゴシゴシこすった。
2《米・報道》(スキャンダルなどが)人々に広がらないようにする ・His assistant tried hard to *hose down* the rumors. 彼の補佐役が噂を抑えようと努めた。
— 圓 **3**(雨が)土砂降りに降る ・It *hosed down* for about 4 hours this morning. 今朝4時間ばかり土砂降りになった ・The rain *hosed down* hard enough to knock leaves off trees. 樹木から葉っぱを叩き落すほどの豪雨だった。

hose out 他 ホースで(…の中)を洗う ・He *hosed out* the barn. 彼はホースで納屋の中を洗った。

hot /hɒt|hɔt/ ***hot up*** 圓他 《英口》熱くなる[する]; 激しく[より活発に]なる[する] ・Fresh air *hots up* quickly. 新鮮な空気はじきに熱くなる ・I can *hot up* the soup for you in a few minutes. スープなら2, 3分で温めてあげよう ・Competition is *hotting up* visibly. 競争は明らかに激化しつつある。

hound /haʊnd/ ***hound down*** 他 …を追跡して捕える, 追い詰める ・The murderer *was hounded down* in a slum. 殺人犯は追跡されてスラム街で捕えられた。

hound on [along] 他 …を推進する, 励まし進める ・His wife's tongue was always *hounding* him *on*. 彼の妻の毒舌がいつも彼を励ましていた ・Now let's *hound* our young lawmaker *along* to action! さあ, 我らの若手議員を激励して働いてもらおうではないか。

hound a person out (of) 他 (しばしば陰謀により)人を(…から)追い出す ・He *was hounded out of* the Civil Service. 彼は行政庁から追い出された。

hound A out of B B(人)からA(情報など)を強要する ・The robbers *hounded* the combination to the safe *out of* the bank clerk. 強盗たちは銀行員を脅して金庫の組み合せダイヤル番号を聞きだした。

house /haʊz/ ***house up*** 他 《米口》…を(病気で)家に引きこもらせる ・She's *been housed up* for a week with a bad cold. 彼女はひどい風邪で1週間引きこもっている。

hover /hʌvər/hɔv-/ ***hover about [round, around]*** 他 (鳥が)…のあたりをぐるぐる舞う; (人が)…の周りをうろつく ・His thoughts *hovered about* his mother. 彼の思いは母の上を離れなかった ・The children *hovered around* the table on Christmas morning. クリスマスの朝子供らはテーブルのあたりをうろついた。

hover between 圓 行きつ戻りつする, 決めかねる ・His marks have *hovered between* 60 and 70 percent. 彼の成績はこのところ60点から70点の間をうろうろしている ・Christina continued to *hover between* life and death. クリスティーナは生死の境をさまよい続けていた。

hover over 圓 **1** …の上を舞う ・Larks are *hovering over* our heads. ヒバリが我々の頭上を舞っている。
2 …の所を離れない, につきまとう ・He *hovered over* the stove. 彼はストーブの所を去らなかった。
3 …を監視する ・Don't *hover over* me just standing there. そこにじっと立って私を監視しないでくれ。

howl /haʊl/ ***howl at [upon]*** 他 **1** …に向かって

ほえかかる ▪ Some wolves were *howling at* the moon. 数頭のオオカミが月に向かって遠吠えをしていた.
2...にわめいて呼びかける, 向かってどなる ▪ She *was howled at* in the night by the priests. 彼女は夜, 僧侶たちに大声で呼びかけられた ▪ The audience *howled at* the singer till he stopped. 聴衆は歌手が歌を中断するまで彼に向かってわめき立てた.

howl...down 他 《英》[主に受身で]どなって...を黙らせる ▪ Mr. Gladstone *was howled down* in attempting to reply. グラッドストン氏は答弁しようとしたときやじり倒された.

huddle /hʌ́dəl/ *huddle down* 自 しゃがむ, 身をかがめる ▪ She *huddled down* on the floor shivering with fear. 彼女は怖くて震えながら床にしゃがみこんだ.

huddle A into B 他 Aを(めちゃくちゃに)Bに詰め込む, AをBに(雑然と, いっしょくたに)押し込む ▪ They *huddled* the culprits *into* a van. 彼らは罪人どもを囚人護送車に詰めこんだ ▪ He *huddled* his clothes *into* a trunk. 自分の衣服をめちゃくちゃにトランクに押し込んだ.

huddle on 他 (衣服)を急いで着る ▪ I *huddled on* my clothes. 私は大急ぎで衣服を着た.

huddle...out (of) 他 (...から)いっしょくたに...を押し出す ▪ We *were huddled out* like a flock of sheep. 私たちはヒツジの群れのようにいっしょくたに押し出された.

huddle over ...を大急ぎで[ぞんざいに]すませる ▪ We *huddled over* a few prayers. 大急ぎで少しの祈りの言葉をすませた.

huddle round 自 ...の周りに集まる[群がる] ▪ Some of the campers *huddled round* the dying fire. キャンプをしていた人たちの何人かが消えかけた火の周りに集まった.

huddle through ...を大急ぎでぞんざいにすませる ▪ He *huddled* the job *through*. 彼はその仕事を大急ぎでざっと仕上げた.

huddle up [together] 他 **1**...をごたごた集める, やたらに詰めこむ ▪ These goods have *been huddled together*. これらの品はごたごた集められていた.
2...を大急ぎででっちあげる ▪ They *huddled up* a treaty. 彼らは大急ぎで条約を作りあげた.
— 自 **3** ごたごた集まる; (寒さ・恐怖のために)体を寄せ合う ▪ They *huddled up* in a corner. 彼らは片隅にごたごた集まった ▪ We all *huddled together* for warmth. みなが身を寄せ合って暖を取った ▪ A row of old houses *huddled together* like seals on a rock. 古い家並みが岩の上のアザラシみたいに固まって建っていた.

huff /hʌf/ *huff a person into* 他 人をおどして...させる ▪ He *was huffed into* silence. 彼はおどされて黙った.

huff a person off 他 人をどなりつけて[おどして]追い払う ▪ They *huffed* him *off* the stage. どなりつけて彼を舞台から退かせた.

huff a person out (of) 他 人をどなりつけて...から追い出す; 人をおどして...を奪う ▪ He *was huffed out of* the room. 彼はどなりつけられて部屋から追い出された.

hugger-mugger /hʌ́ɡərmʌ̀ɡər/ *hugger-mugger up* 他 ...を隠しておく, 秘密にしておく ▪ That is a venial offence, to be *hugger-muggered up*. それは軽い罪だから, 黙っているべきだ.

hum /hʌm/ *hum along* 自 (事業・仕事の)景気がよい ▪ Everything was *humming along* until then. それまでは万事が景気よくいっていた.

hum with 他 **1**(声など)でがやがやする ▪ The room was *humming with* the voices of many guests. その部屋は多数の客の声でがやがやしていた.
2(活気・活動)でうなる ▪ The office was *humming with* activity. 事務所は活気に満ち騒然としていた.

humbug /hʌ́mbʌ̀ɡ/ *humbug about* 自 《口》...のことでぺてんまねをする ▪ I don't know what everyone is *humbugging about*. みなが何のことででたらめをやっているのか分からない ▪ I suppose we should stop *humbugging about* Valentine's Day. バレンタインデーに因んでばかまねをするのはやめるべきだと思う.

humbug a person into (doing) 他 人をだまして...させる ▪ The old lady *was humbugged into purchasing* the expensive painting. 老婦人はだまされてその高価な油絵を買ってしまった ▪ Who *humbugged* the general public *into* the belief that thirteen brings bad luck? 一般大衆をだまして13という数は凶事をもたらすと信じさせたのは誰か.

humbug a person of [out of] 他 人をだまして...を奪う ▪ He *was humbugged of* fifty pounds. 彼は50ポンドをだまし取られた.

hunch /hʌntʃ/ *hunch up* 自 背を丸くする ▪ The tramp was sitting *hunched up* before the fire. 浮浪者は火の前に背を丸めて座っていた.

hunger /hʌ́ŋɡər/ *hunger for [after]* 他 《主に雅》...をほしがる, 渇望する ▪ The miser *hungered for* gold. けちんぼうは黄金を渇望した ▪ She is *hungering after* luxury. 彼女は贅沢をあこがれ求めている.

hunger a person into 他 人を兵糧攻めにして...させる ▪ They *hungered* the enemy *into* submission. 彼らは敵を兵糧攻めにして降伏させた.

hunger a person out of 他 人を兵糧攻めにして...から追い出す ▪ They *were hungered out of* the town. 彼らは兵糧攻めにされて町から追い出されてしまった.

hunker /hʌ́ŋkər/ *hunker down* 自 **1**《主に米》しゃがみ込む, うずくまる ▪ The boys *hunkered down* in the yard. 少年たちは中庭にしゃがみ込んでいた.
2...に専念する, 真剣に打ち込む (to) ▪ I *hunkered down* diligently *to* my chores. 私は脇目も振らずに家事に精を出した.
3 苦境が去るのを待つ, 潜伏する ▪ Many companies are *hunkering down* for survival. 多くの会社が生き残りをかけて苦境をやり過ごそうとしている ▪ The

refugees have *hunkered down* for another winter. 亡命者たちはもうひと冬を潜伏して過ごした.
4 逃避する ▪ The campers *hunkered down* in the cabin during the storm. キャンパーたちはあらしの間小屋に避難した.

hunt /hʌnt/ ***hunt after*** [***for***] 他 〘しばしば進行形で〙…を捜し求める ▪ He *is hunting after* knowledge. 彼は知識を求めている ▪ They *are hunting for* the missing child. 彼らはいなくなった子供を捜している.

hunt away 他 …を追いやる, 追い出す ▪ The great cow *hunted* me *away* from her little one. その大きな牝牛は子牛から私を追い払った.

hunt down 他 **1** …を捜して見つける; を追跡して捕える[殺す] ▪ I *hunted down* the document I had been looking for. ずっと探していた書類を探し当てた ▪ The police *hunted down* the criminal. 警察は犯人を捜して捕えた ▪ Witches *were hunted down* by order of King James. 魔女たちはジェイムズ王の命令でかり立てられて殺された.
2 …を追いつめる ▪ At long last we *hunted down* the fox. やっとのことで私たちはそのキツネを追いつめた.
3 …を追跡して滅ぼす; を手に入れるまで追跡する ▪ They refused to *hunt down* the fugitives. 彼らは逃亡者を追跡して逮捕することを拒んだ ▪ Let us try to *hunt down* this question. この問題を追求してものにするようやってみましょう.

hunt for 自 **1** …を得るため狩りをする ▪ He is now in Africa *hunting for* animals. 彼は今アフリカで動物狩りをしている ▪ The natives *hunt for* their food. 先住民は狩りをして食糧を得る.
2 →HUNT after.

hunt out 他 **1** …を追い出す; を(隠れ家から)かり出す ▪ He *was hunted out* of society. 彼は社会から追い出された.
2 (しまってあるもの, 忘れたもの)を捜し出す; (努力・調査して)…を発見する; を追跡して突きとめる ▪ I *hunted out* an old diary. 古い日記を捜し出した ▪ We must *hunt out* all the facts we can. 我々はできる限りの事実を調べ出さねばならない ▪ He *hunted out* the fugitives. 彼は脱走者を捜し出した.

hunt through *A* ***for*** *B* 自 B はないかと A の中をくまなく捜す ▪ I *hunted through* my drawers *for* the photograph. その写真はないかと引き出しの中をくまなく捜した.

hunt up 他 **1** …を狩り出す; を捜し出す ▪ They *hunted up* the sturdy bear. 彼らはたくましいクマを狩り出した ▪ The sergeant *hunted up* all the deserters. 軍曹はすべての脱走兵を捜し出した ▪ The police *hunted up* some evidence. 警察はいくらかの証拠を捜し出した.
2 (人)を捜して訪ねる ▪ If you ever visit Tokyo, be sure to *hunt* me *up*. 上京することがあったら, ぜひ私を捜しておきなさい.
3 …を熱心に調べる[調べ出す] ▪ He is *hunting up* old records. 彼は古い記録を熱心に調べている ▪ *Hunt up* the words in a dictionary. それらの語を辞書で調べなさい.

hurdle /ˈhəːrdl/ ***hurdle off*** [***out, round, up***] …を編み垣で囲う, すのこで囲う ▪ Turnips *are* usually *hurdled off*. カブラは通常編み垣で囲われる.

hurl /həːrl/ ***hurl…about*** [***around***] 他 **1** …を投げ散らす ▪ The strong wind *hurled* bits of wood *about*. 強風が木片を投げ散らした.
2 (手足)をばたばたさせる ▪ He kept afloat, *hurling* his arms and legs *around*. 彼は手足をばたばたさせて水に浮いていた.

hurl at 自 …にぶつかる, 突っかかる ▪ He *hurled at* me. 彼は私にぶつかってきた.

hurl at *B* 他 A を B に投げる ▪ The boy *hurled* a stone *at* the window. その少年は窓に石を投げた.

hurl *A* ***into*** *B* 他 **1** A を B に投げ込む ▪ The boy *hurled* a pebble *into* the pond. 少年は小石を池に投げ込んだ ▪ He *was hurled into* prison for his terrible crime. 彼は凶悪犯罪で投獄された.
2 A を B に投入する ▪ We *hurled* all the men *into* the battle. 我々はすべての兵をその戦闘に投入した.

hurry /ˈhəːri | ˈhʌri/ ***hurry along*** [***forward, on***] **1** 急いで行く ▪ The crowds in the London streets were *hurrying along* to get home. ロンドンの街の群衆は帰宅するため道を急いでいた.
— **2** …を急がせる, 促進させる ▪ We must *hurry* the decision *along*. 我々は決定を急がなければならない.

hurry away 自 **1** 急いで去る ▪ He *hurried away* looking at his watch. 彼は時計を見ながら急いで去った.
— 他 **2** (人)を急いで去らせる, (物)を急いで取り去る[片づける] ▪ I wanted to look but the teacher quickly *hurried* us *away*. 僕は見たかったけど先生がみなをせき立ててその場から去らせた ▪ He *was hurried away* to the hospital. 彼は病院へ急送された ▪ I *hurried away* a tear. 急いで涙を払った.

hurry back 自他 急いで帰る; …を急いで帰す ▪ Schoolboys *hurry back* home at the end of the day. 学童たちは 1 日の終わりに急いで家へ帰る ▪ The teacher *hurried* us *back* into the school and called the sheriff. 先生は私たちを急いで校舎に呼び戻してから保安官に通報した ▪ A sign of rain *hurried* us *back* home. 雨が来そうなので私たちは急いで家に帰った.

hurry down 自 急いで下る; 急いで(着替えて)階下へ降りる ▪ He *hurried down* the street. 彼は通りを急いで下って行った ▪ Harriet *hurried down* in the morning. ハリエットは朝急いで着替えて階下へ降りた.

hurry forth 自他 急いで出る; …を急いで出す ▪ He *hurried forth* into the pouring rain. 彼は土砂降りの雨の中に急いで飛び出した ▪ His tongue could *hurry forth* his fear. 彼は自分の恐怖を急いで述べることができた.

hurry in 自 急いで入る ▪ *Hurry in*, it's raining. 早く入りなさい. 雨が降っていますから.

hurry into 自 他 **1** 急いで入る[入らせる] ▪I *hurried into* the room. 私は部屋にかけ込んだ ▪*Hurry* the crowd *into* the theater. 群衆を早く劇場に入れよ.
2 急いで…する[させる] ▪Many young people *hurry into* marriage and then regret it. 急いで結婚し，そのあげく後悔する若者が多い ▪I won't *be hurried into* a decision. 私は結論をせきたてられたくない.
3 急いで着用する ▪He jumped out of bed and *hurried into* his clothes. 彼はベッドからはね起きて急いで服を着た.

***hurry* A *into* B** 他 AをせきたててBさせる(*doing*) ▪I *hurried* my wife *into writing* a letter of thanks. 私は妻をせきたてて礼状を書かせた.

hurry off 自 **1** 急いで去る[行く] ▪She *hurried off* to the meeting. 彼女は急いで会合に出て行った.
— 他 **2** …を急いで去らせる ▪Mother *hurries* me *off* to school every morning. 母は毎日僕が早く学校に行くようにとせきたてる.
3(服など)を急いで脱ぐ ▪He *hurried off* his clothes, and leaped into bed. 彼は急いで服を脱ぎ捨てベッドに飛び込んだ.
4(乗り物)から急いで降りる ▪We *hurried off* the boat straight into a waiting train. 我々は急いで下船し，次いで待機していた列車に乗り込んだ.

hurry on 自 **1** 急いで進む ▪I must *hurry on* to my next point. 次の地点へ急いで進まねばならない.
2 急いで着る ▪I *hurried on* my clothes. 私は急いで衣服を着た.
3 しゃべり続ける ▪When he didn't reply, she *hurried on*. 彼が答えないでいると彼女はしゃべり続けた.

hurry on with …を急ぐ，急いで仕上げる ▪He promised to *hurry on with* the report. 彼は報告書を急いで仕上げると約束した.

hurry out 急いで出る[出す] ▪We *hurried out* into the open. 我々は急いで野外へ出た ▪He *hurried out* many words. 彼は急いで大いにしゃべった.

hurry over 自 他 急いでする；いいかげんにしてしまう ▪I *hurried over* my meal. 大急ぎで食事をした ▪Don't *hurry over* the work. その仕事を急いでぞんざいにしてはいけません.

hurry up 自 他 **1** 急ぐ，早くする ▪*Hurry up*, or you will miss the train. 急がないと電車に乗りおくれますよ.
— 他 **2** …を急がせる，早くさせる，せきたてる ▪The foreman *hurried* the men *up*. 監督は人夫たちをせき立てた.
3 …を急いで仕上げる ▪They *hurried up* their work. 彼らは急いで仕事を仕上げた.
4 …を早く送り出す，急いで行かせる ▪The general *hurried up* his reinforcements. 将軍は素早く援軍を送り出した.

hurry up with …を急ぐ，急いで仕上げる(＝HURRY on with) ▪*Hurry up with* getting this on DVD. これを急いで DVD に録画してくれ ▪The chairperson asked her to *hurry up with* the report. 議長は彼女に報告書を急いで仕上げてくれるように言った ▪There is no need to *hurry up with* your breakfast. 朝食を急いでとる必要はありません.

hurtle /hə́ːrtl/ ***hurtle against*** 自 …に激突する ▪His bike *hurtled against* a lamp post. 彼のバイクは街灯の電柱に激突した.

hurtle through …をビューンと飛ぶ，猛烈に突進する ▪The rocket *hurtled through* space toward Mercury. ロケットは水星に向かって宇宙空間を突き進んだ.

hurtle together 自 ぶつかり合う ▪They *hurtled together* in combat. 彼らはぶつかり合って戦った.

hush /hʌʃ/ ***hush down*** 他 …を静める，黙らせる ▪They *hushed* their laughter *down*. 彼らは自分らの笑いを抑えた.

hush up 他 **1** …をもみ消す，口止めする，秘す ▪They are taking steps to *hush up* the affair. 彼らは事をもみ消すように手を打っている ▪The fact *was hushed up* and never known at court. その事実は秘匿されて，宮廷では全然知られなかった.
2 …を黙らせる，静まらせる，口止めする ▪He *hushed up* the town. 彼はその町を黙らせた.
3《俗》(人)を殺す，消す ▪The boss told one of his men to *hush up* the messenger. 首領は手下の一人に使いの者を消せと命じた.
— 自 **4** 話をやめる，黙る，静かにする ▪Everyone *hushed up* to hear what he had to say. 彼の言いぶんを聞くためみんな話をやめた.

hustle /hʌ́səl/ ***hustle against*** 自 …を乱暴に押す ▪A man *hustled against* me as I was speaking. 私が話しているときある男が私を乱暴に押した.

hustle into 自 …に押し合って入る ▪They were *hustling into* the building. 彼らは押し合い圧(^)し合いしてその建物に入っていた.

***hustle* A *into* B** 他 **1** AをBに押し込む ▪The police *hustled* the criminals *into* the van. 警察は犯人たちを護送車に押し込んだ.
2 Aに無理にBさせる ▪I don't want to *hustle* you *into* obedience. あなたを無理に服従させたくはありません.

***hustle* A *out of* B** 他 AをBから押し出す[追い出す] ▪They tried to *hustle* the mayor *out of* the office. 彼らは市長をその地位から追い出そうとした.

hustle through 押し(分けて)通る ▪A gentleman never *hustles through* the crowd. 紳士は決して人ごみを押し分けて通ることはしない.

hustle up 他 **1**《俗》(仕事)をどしどし片づける ▪We *hustled up* the work. 我々はその仕事をさっさとやってのけた.
2《米口》…を得る，取って来る ▪Can't you *hustle* me *up* a few chips to start this fire? この火をたきつけるのに少し木切れを取って来てくれないか.
— 自 **3** 急ぐ ▪*Hustle up*. We are almost late. 急げ．遅刻しそうだ.

huzza /hʌzá:/ ***huzza at*** 〔自〕 …に歓声をあげる, 万歳を叫ぶ ▪ He *huzzaed at* the explosion. 彼は爆発に歓声をあげた.
huzza for 〔自〕 …万歳を叫ぶ ▪ The rustics *huzzaed for* their landlord. 農夫たちは地主万歳を叫んだ.

hype /haɪp/ ***hype up*** 〔他〕 **1**《口》…を強力に売り込む, 誇大に宣伝する ▪ No matter how much you *hype* it *up*, this new model won't sell very well. どれほど売り込んでも, この新製品の売れ行きは大して芳しくないだろう.
2(麻薬注射で)…をハイにさせる, 興奮させる ▪ The injection has *hyped up* the addict. 注射をして中毒患者はハイになっている ▪ The news that he was promoted *hyped* him *up*. 昇進したという知らせに彼はのぼせ上がった.

hypnotize /hípnətàɪz/ ***hypnotize a person into*** 〔他〕 人に催眠術をかけて…にする; 人を魅了して…にする ▪ The therapist *hypnotized* him *into* a deep sleep. 療法士が彼に催眠術を施すと彼は深い眠りに落ちた ▪ Meg *was hypnotized into* believing Will was the enemy. メグは催眠術をかけられてウィルが敵(かたき)だと信じ込んだ.

I

ice /aɪs/ ***ice down*** 他 《米口》(患部・飲み物)を氷で冷やす ▪ *Ice* your forehead *down* until your temperature falls. 熱がとれるまでおでこを氷で冷やしなさい. ▪ We are *icing down* the champagne now. 今シャンパンを冷やしている最中だ.

ice in 他 …を氷結させる ▪ The port *is iced in* during the winter. 港は冬の間は氷結する.

ice out 他 《米俗》…をダイヤモンドで飾る[覆う] ▪ The ring *was* completely *iced out*. 指輪はびっしりダイヤで飾られていた.

ice over **1** …の一面に氷を張る ▪ Some lakes *are* still *iced over* now. まだ一面に氷結している湖がある.

2(人)を堅く[苦しく, 遠慮がちに]する ▪ Such a sudden transition must *ice* her *over*. そのように急な移り変わりは彼女を堅くするにちがいない.

— 自 **3** 氷結する ▪ Our garden pond has *iced over* during the night. うちの庭の池が夜中に凍結してしまった.

ice up 他 **1** …を氷で満たす, 氷詰めにする; …を氷で閉ざす ▪ They *iced up* the opening in the walls. 彼らは壁の穴を氷で埋めた. ▪ Did you ever see a boat *iced up* before? これまでにボートが氷に閉ざされたのを見たことがありますか.

— 自 **2** 氷に覆われる, 氷結する ▪ The airplane propeller may *ice up*. 飛行機のプロペラが氷で覆われるかもしれない ▪ The airplane carburetor *iced up*. 飛行機の気化器は氷結した.

identify /aɪdéntəfàɪ/ ***identify A as B*** 他 AがBであることを確認する ▪ He *identified* the coat *as* that of his brother. 彼はそのコートを兄のものだと確認した.

identify with 自 …に共鳴[同感]する ▪ I cannot *identify with* the hero in the play. 私はその劇の主人公に共鳴できない.

identify A with B [A and B] 他 《文》 **1** AをBと同一のものと考える, AとBを同一視する ▪ They are apt to *identify* religion *with* religious rites. 彼らは宗教を宗教的儀式と同一視しがちである ▪ Einstein *is identified with* higher mathematics. アインシュタインは高等数学そのものと思われている.

2〖主に受身で〗AをBに関係がある[関与した]とする, AとBを結びつける ▪ He did not wish to *be identified with* the statement. 彼はその声明書に関係があるとされることを望まなかった.

idle /áɪdəl/ ***idle about [around]*** 自 ぶらぶらする ▪ He did nothing but *idle about*. 彼はぶらぶらするばかりだった.

idle away 他 …を怠って過ごす, 空費する ▪ He *idles away* his time. 彼はぶらぶらして時を過ごす ▪ She *idles away* every chance. 彼女は何もせずにすべての機会を逃してしまう.

idle over 自 (機械)から回りする ▪ Propellers were *idling over* at 350 revolutions. プロペラが350回転でから回りしていた.

illustrate /íləstrèɪt/ ***illustrate A with B*** 他 **1** A(本など)をB(絵など)で飾る ▪ This book *is illustrated with* many photographs. この本はたくさんの写真で飾られている.

2 AをB(例など)で説明する ▪ He *illustrated* each verb *with* a sentence. 彼はどの動詞も例文をあげて説明した.

imbrue /ɪmbrúː/ ***imbrue A in [with] B*** 他 AをBで染める, けがす ▪ They *imbrued* their hands *in* the blood of their host. 彼らは主人の血で手をごした《主人を殺した》.

imbue /ɪmbjúː/ ***imbue A with B*** 他 **1** AにB(意見・感情・習慣)を染みこませる, 吹き込む ▪ They *imbued* him *with* hatred. 彼らは彼に憎しみを染みこませた.

2 AにB(しめりけ)を染みこませる ▪ The soil *is imbued with* moisture. 土にしめりけが十分染みこんでいる.

3 AをB(色・体質)で染める ▪ Beamy radiance *imbues* everything *with* gemlike hue. 光線の光輝はすべてのものを宝石のような色で染める.

4 AをB(血)に染める ▪ Their hands *were imbued with* blood. 彼らの手は血に染まった.

immerge /ɪmə́ːrdʒ/ ***immerge into*** 自 …に飛び込む, 身を沈める ▪ He was *immerging into* political controversy. 彼は政治論争に飛び込みつつあった.

immerse /ɪmə́ːrs/ ***immerse A in B*** 他 AをBに浸す[つける] ▪ Baptists *immerse* them *in* water. 洗礼派の人々は彼らに浸礼を施す.

imp /ɪmp/ ***imp out with*** 他 …を…で補強する, を継ぎ足す ▪ We ought to *imp out* these unavoidable defects *with* a great civility. これらの避くべからざる欠点を非常な丁重さで補強すべきである.

impact /ɪmpǽkt/ ***impact on [upon]*** 自 重大な影響を与える ▪ Smoking *impacts on* the health. 喫煙は健康に重大な影響を与える.

impale /ɪmpéɪl/ ***impale A on B*** 他 AをBに突き刺す ▪ She *impaled* a shrimp *on* a skewer. 彼女は小エビをくし刺しにした.

impart /ɪmpɑ́ːrt/ ***impart A to B*** 《文》 AをBに添える ▪ Cooking on charcoal *imparts* a smoky flavor *to* meat. 炭火で焼くと肉に香ばしい風味が加わる.

impeach /ɪmpíːtʃ/ ***impeach a person for*** 他 人(役人など)を…のかどで弾劾する ▪ They *impeached* the President *for* his irresponsible actions. 彼らは大統領の無責任な行動を弾劾した.

***impeach** a person **of** [**with**]* [他] 人を…のかどで責める, 告訴する ▪ They *impeached* him *of* [*with*] theft. 彼らは彼を窃盗のかどで告訴した.

impend /ɪmpénd/ ***impend over*** [自] **1** …に差し迫る ▪ Great dangers *impended over* the constitution. 大きな危険が憲法の上にさし迫った.

2 …の頭上に差しかかる ▪ Larches *impend over* the wave. カラマツが波の上におおいかぶさっている.

impinge /ɪmpíndʒ/ ***impinge against*** [自] …に突き当たる, 衝突する ▪ Breaking waves *impinged against* the rigid reef rock. 打ち寄せる波浪が強固な岩礁に砕け散った ▪ A historic tsunami *impinged against* the Azores. 史上稀な津波がアゾレス諸島を襲った.

***impinge** A **on** B* [他] AをBにぶつける ▪ He *impinged* the ray of light lightly *on* the test tube. 彼はその光線を試験管に軽く当てた.

***impinge on** [**upon**]* [自] 《文》 **1** …に(強く)ぶつかる, と(激しく)衝突する《比喩的にも》 ▪ Rays of light *impinge upon* the retina. 光線が網膜にぶつかる ▪ The wind *impinges upon* the sails. 風が帆に激しくぶつかる ▪ Here we *impinge upon* a dilemma hard as adamant. ここで我々は堅固無比のジレンマにぶつかる.

2 …を侵害する; に侵入する ▪ I will not *impinge upon* the right of my kinsman. 親族の権利は侵害しません.

implicate /ímpləkèɪt/ ***implicate** A **in** B* [他] **1** AをB(陰謀など)に巻き込む; AがB(陰謀など)の一味であることを示す ▪ He *was implicated in* the conspiracy. 彼はその陰謀に巻き込まれた ▪ His confession will *implicate* some important personages *in* the case. 彼の自白で数名の要人たちがその事件の一味であることが明らかになるだろう.

2 A(抽象物)をBにからみ合わせる[関連させる] ▪ The interests of individuals *are implicated in* those of the community. 個人の利益が共同社会の利害にからみ合っている ▪ The brain *is implicated in* insanity. 脳は精神異常に関係している.

***implicate** A **with** B* [他] AをBとからみ合わせる[関連させる] ▪ A recent study has *implicated* diet soda *with* an increased risk of stroke. 最近の研究でカロリー控えめのソーダ水と卒中のリスク増加の関連が分かった ▪ Helicobacter Pylori *is implicated with* stomach cancer. ピロリ菌は胃がんと関連がある ▪ Genes *implicated with* Kawasaki disease have been identified. 川崎病に関わる遺伝子が突き止められた.

impose /ɪmpóʊz/ ***impose on** [**upon**]* [他] **1** …につけこむ; に甘える, 甘えて迷惑をかける ▪ You have *imposed on* his good nature. あなたは彼のお人好しにつけこんだ ▪ I should not *impose upon* your protection. あなたの保護に甘えるべきではない ▪ I *imposed upon* them when I stayed for a whole week. まる1週間居候させてもらって彼らに迷惑をかけた.

2 …をだます ▪ Some *are imposed upon* by fair words. 巧言にだまされる人もいる.

3 …を威圧する; に押しつける《押しつけがましいが, と言いたいときに使う》 ▪ They will *impose upon* whoever will come next. 彼らは次に来る人を誰でも威圧する ▪ I hate to *impose on* you, but will you take these books to him? まことに押しつけがましいですが, この本をあの人の所へ届けてくださいませんか.

***impose** A **on** [**upon**] B* [他] **1** BにA(税・罰金)を課す ▪ The crown had the right to *impose* duties *on* foreign merchandise. 国王は外国商品に税をかける権利があった.

2 BにA(仕事)を課す, BにA(好ましからぬもの)を押しつける ▪ I must do the task that has *been imposed on* me. 私は自分に課された仕事をせねばならない ▪ You must not *impose* your opinion *upon* others. 自分の意見を他人に強いてはいけません.

3 (だまして)BにAをつかませる[売りつける] ▪ They *imposed* bad wine *upon* customers. 彼らは質の悪いワインを顧客に売りつけた.

4 AをBの上に置く ▪ Sheets of cardboard *were* carefully *imposed on* the material. 数枚の厚紙が入念にその材料の上に置かれた.

***impose** A **to** B* [他] AにBを強いる ▪ He *imposed* his tongue *to* silence. 彼は自分の口をつぐんだ ▪ *Impose* me *to* any penance. どんな難行苦行でもさせてください.

imprecate /ímprəkèɪt/ ***imprecate** A **on** [**upon**] B* [他] BにA(不幸・災い)あれと祈り求める ▪ He *imprecated* evil *upon* me. 彼は私に災いあれと祈り求めた.

impregnate /ɪmprégneɪt|ímpregnèɪt/ ***impregnate** A **with** B* [他] **1** (卵)を(精液で)受精させる ▪ An egg has to *be impregnated with* male seed. 卵は雄の精液を受けねばならない.

2 AにBを十分染みこませる[充満させる] ▪ He *impregnated* his colleagues *with* the same spirit. 彼は同僚に同じ精神を染み込ませた ▪ The water *was impregnated with* disease germs. その水は病原菌が充満していた.

impress /ɪmprés/ ***impress** a person **against** another* [他] 人に他の人に対する悪い印象を与える ▪ His necklace *impressed* me *against* him. ネックレス(をしているの)を見て私は彼に対して悪い印象を持った.

***impress** A **into** B* [他] AをBに押しつける ▪ He *impressed* the key *into* the wax and made a perfect copy. 彼は鍵を蝋(ろう)に押しつけて完璧な複写を作った.

***impress** A **on** [**upon**] B* [他] **1** A(考えなど)をB(人・心)に印象うける, 感銘させる; AをB(記憶)にとどめさせる ▪ He *impressed* the necessity for hard work *upon* me. 彼は精励の必要を私に強く感じさせた ▪ You must have the fact *impressed on* your mind. あなたはその事実を心に銘記しておかねばならない ▪ The event *is* deeply *impressed on* my memory. その事件は深く私の記憶にとどまっている.

2 A(力)をBに加える ▪ The force *was impressed upon* a ship by the wind. その力は風によって船に加えられた.

3 AをBに印する, 押して型をつける ▪ He *impressed* his steps *on* the green grass. 彼は緑の草の上に足跡を印した.

4 性質[特性]を印する ▪ A beautiful character *impresses* itself *upon* the very features. 美しい性格は容貌にさえ表れる.

***impress** A **with** B* 他 **1** BによってAに強い印象[感動]を与える ▪ Young men are apt to *be impressed with* appearances. 若者は見掛けに強く打たれがちである.

2 AにBを強く感じさせる ▪ He tried to *impress* you *with* a high opinion of his importance. 彼は自分の偉大さをあなたに強く認めさせようとした ▪ I *was impressed with* the importance of backing up my data. データのバックアップをとる重要性を痛感した.

3 AにBを印する; AにBを強く押しつける ▪ He *impressed* her hand *with* kisses. 彼は彼女の手に何度も脣を押しつけた.

4 AにB(ある特性)を付す ▪ The words *were impressed with* a wild depth of feeling. その言葉には激しく深い感情が付与されていた.

imprint /ímprínt/ ***imprint** A **on** B* 他 **1** AをBに印する[押してつける] ▪ He *imprinted* a postmark *on* the letter. 彼はその手紙に局印を押した.

2 [主に受身で]AをB(心)に印する, 感銘[銘記]させる ▪ He *imprinted* his words *on* her mind. 彼は自分の言葉を彼女の心にはっきりと残した ▪ The extraordinary sight will remain *imprinted on* my memory. あの絶景はいつまでも忘れられないでしょう.

***imprint** A **with** B* 他 **1** AにBを印する ▪ *Imprint* the wax *with* the seal. 蝋(?)にその印章を印しなさい ▪ They *imprint* each envelope *with* a postmark. どの封筒にも消印を押す ▪ The wooden floor *was imprinted with* the footsteps of visitors. 木の床には訪問者たちの足跡がついていた.

2 A(心)にBを印する, 感銘[銘記]させる ▪ People *were imprinted with* his sense of responsibility. 人々は彼の責任感に感銘を受けた.

improve /imprúːv/ ***improve ... away*** [***off***] 他 改良を施して...を取り除く, なくす ▪ I *improved away* every penny of my fortune. 改良を施すのに私の財産の1ペニーまでも使った ▪ The old city *was* soon *improved off* the surface of the earth. その古都はやがて近代化して地表から姿を消した.

***improve** A **into** B* 他 **1** Aを改良してBにする ▪ You cannot *improve* a dull booby *into* a man of sense. まぬけを改良して分別のある人にすることはできない.

2 AをBに利用する ▪ The potato failure *was improved into* an excuse for the measure. ジャガイモの不作がその法案支持の口実に利用された.

improve on [***upon***] 他 **1** ...に改良を加える; をよりよいものにする ▪ The Japanese have *improved on* things Western. 日本人は西洋の文物に改良を加えた ▪ Her school reports can hardly *be improved upon*. 彼女の学業成績はほとんど完璧である.

2 ...より進む, の上を行く ▪ He has *improved on* the orator. 彼はその雄弁家の上を行った.

3 (記録)を上回る ▪ Usain Bolt *improved on* his previous record by .03 seconds. ウサイン・ボルト選手は自身の持つ前記録を0.03秒更新した.

impute /impjúːt/ ***impute** A **to** B* 《文》 **1** A(罪・責めなど)をBに負わせる ▪ They *imputed* the theft *to* a tramp. 彼らは窃盗の罪を浮浪者に負わせた ▪ I *impute* his failure *to* his carelessness. 彼の失敗は彼の不注意のせいだと思う.

2 BはAを持っていると思う, BにAがあると思う ▪ I *impute* no evil motives *to* him. 彼に悪い動機があるとは思わない.

incapacitate /inkəpǽsətèit/ ***incapacitate** a person **for** [**from**]* 他 **1** 人に...ができないようにする; 人を...に不適当にする ▪ His poor health *incapacitated* him *for* [*from*] work [working]. 彼は健康がすぐれないため仕事ができなくなった.

2 (法)(人)を無資格にする ▪ He *is incapacitated from* voting because of his criminal record. 彼には前科があるので投票の資格がない.

inch /íntʃ/ ***inch along*** [***across, back***] 自 少しずつゆっくり[慎重に]進む ▪ The cat *inched along* the carpet toward the mouse. 猫はネズミに向かってカーペットをじりじりと進んだ ▪ The old woman *inched across* the room toward a chair. 老女は部屋をゆっくりといすに向かって進んだ.

inch out **1** ...を少しずつ補強する[加える] ▪ The women cut off their hair to *inch out* their tackle. 女性たちは索具を補強するため自らの頭髪を切り取った.

2 ...を僅かな差で破る ▪ Real Madrid *inched out* long-time rival Barcelona. レアル・マドリードが宿敵のバルセロナを僅差で破った ▪ During the fourth quarter, Apple *inched out* Samsung. 第4四半期にアップル社はサムスン社をかろうじて上回った.

— 自 **3** (苦労して)少しずつ出る ▪ The patient slowly *inched out* of the room. 患者はじりじり這い出ていった.

inch up 自 **1** 少しずつ動く[進む] ▪ The small spider slowly *inched up* the mirror. 小さなクモが鏡をゆっくり這い上がった.

— 他 **2** ...を少しずつ動かす[進める] ▪ I *inched up* the table to the wall. テーブルを少しずつ動かして壁につけた.

incite /insáit/ ***incite** a person **to*** 他 人を励まして...をさせる, そそのかして...をさせる ▪ The leader *incited* the men *to* a riot. 首領は手下たちをそそのかして暴動を起こさせた.

incline /inkláin/ ***incline for*** 自 ...のほうに傾く ▪ I *incline for* war. 私は戦争に賛成したいと思う ▪ I personally *incline for* standard models of cars over super luxury. 個人的には超豪華モデル車よりも標準モデルの方が好みだ.

incline forward 自 (見たり, 聞いたりするのに)身を

前へ乗り出す ▪ The doctor *inclined forward* to catch her last words. 医師は彼女の最期の言葉を聞き取ろうと身を前へ乗り出した.

incline to 自 《文》 **1**(生まれつき)...の傾きがある ▪ He *inclines to* leanness. 彼はやせたちである.
2(...するほう)に心が傾く, 気が向く, を好む ▪ I'm afraid I'm *inclining to* the opposite opinion. どうも反対意見の方に心が傾いているように思える ▪ Dogs *incline to* meat as a food. 犬は食物として肉が好きである.

incline toward(s) 自 **1**...に傾斜する, 傾く, の傾きがある; に近い ▪ The hill *inclines toward* the sea. その丘は海の方に傾斜している ▪ It was a deep blue *inclining towards* purple. それは紫に近い紺青色だった.
2(心が)傾く ▪ The country is beginning to *incline toward* the conservative. その国は保守主義に傾こうとしている ▪ More and more people are *inclining towards* the opposition camp. 野党陣営支持に傾いている人がますます多くなっている.

include /ɪnklúːd/ ***include*** *A* ***among*** *B* 他 AをBの中へ入れる ▪ His name *was included among* those listed as missing. 彼の名は行方不明者名簿に入っていた.

include *A* ***in*** *B* 他 AをB(の中)に含める ▪ We *include* tax *in* the bill. 当店では勘定は税込みです ▪ The electricity bill *is* not *included in* the rent. 電気料金は家賃には含まれていない ▪ The books *are included in* the sale of the bookcase. 本箱は本込みで売られています.

include *a person* ***out*** 他 《戯》人を除外する ▪ Please *include* me *out*. どうぞ私を入れないでください.

incorporate /ɪnkɔ́ːrpərèɪt/ ***incorporate*** *A* ***into*** [***in***] *B* 他 AをBに合併する; AをBに編入する[織り込む] ▪ The village *was incorporated into* the city. その村はその市に編入された ▪ He *incorporated* my ideas *into* his work. 彼は私の思想を自分の作品に織り込んだ.

incorporate with 自 ...と合体する ▪ The firm *incorporated with* others. その会社は他の諸会社と合併した.

inculcate /ɪnkʌ́lkeɪt|ínkʌlkèɪt/ ***inculcate*** *A* ***on*** [***in***] *B* 他 A(事実・思想・習慣など)をB(人)に反復して教えこむ, 植えつける ▪ I consider myself a very clean and orderly person; my parents *inculcated* it *on* me. 私はとてもきれい好きで行儀がよいと思うが, それは両親からしつけられたものだった.

indemnify /ɪndémnəfàɪ/ ***indemnify*** *a person* ***for*** **1** 人に...を償う[賠償する] ▪ The Government *indemnified* him *for* his loss. 政府は彼に損害を賠償した.
2 人に...に対して法律上の責任がないことを保証する ▪ He should *be indemnified for* the crimes. 彼はその犯罪に対して法律上無罪を保証されるべきである.
3 人に対し(苦労)の償いとなる ▪ She appeared to *indemnify* herself *for* her privations. 彼女は自分の窮乏に甘んじているようだった.

indemnify *a person* ***from*** [***against***] 他 ...に対して[のないよう]人に保証する, 保護する ▪ This policy will *indemnify* you *against* all loss from fire. この保険証券は火事によるあらゆる損害に対して保証するものである ▪ The tradesmen *were indemnified from* charges. 商人たちは税金のかからぬよう保護されていた.

indent /ɪndént/ ***indent on*** [***upon***] *A* ***for*** *B* 自 **1** Aに(2枚続きの注文書を切って)Bを注文する; Aに(令書で)Bを要求する, 徴発する ▪ We *indented upon* them *for* the goods. 我々は彼らにその商品を注文した ▪ The army *indented on* the locals *for* horses. 軍隊は地元民に馬の供出を要求した.
2 Bをa(財源など)に頼る ▪ We *indent upon* the salt tax *for* covering the deficit. 我々はその赤字の補填(ほてん)を塩税に頼っている.

indict /ɪndáɪt/ ***indict*** *a person* ***for*** 他 人を...のかどで起訴する ▪ He *was indicted for* the crime of murder. 彼は殺人の罪で起訴された.

indispose /ɪndɪspóʊz/ ***indispose*** *a person* ***for*** 人を不適当にする; 人を不能にする ▪ Not to get one's sleep *indisposes* one *for* the day. 眠らなければ人は日中働けなくなる.

indispose *a person* ***from*** [***towards***] 他 人に...するのをいやにならせる ▪ His anger *indisposed* him *from* helping. 彼は腹が立って手伝うのに嫌気がさした.

indoctrinate /ɪndάktrənèɪt|-dɔ́k-/ ***indoctrinate*** *a person* ***in*** 他 人に...を教える ▪ He *indoctrinated* them *in* theology. 彼は彼らに神学を教えた.

indoctrinate *a person* ***into*** 他 人に...を知らせる ▪ He *indoctrinated* us *into* the rule. 彼はその規則を我々に知らせた.

indoctrinate *a person* ***with*** 他 人に...を染みこませる ▪ The writer wants to *indoctrinate* the reader *with* the idea. 著者は読者にその思想を浸透させたいと思っている.

induce /ɪndjúːs/ ***induce*** *A* ***on*** [***upon***] *B* 他 AをBにもたらす ▪ Chronic alcohol intake *induces* disturbances *on* red blood cells. 常習的なアルコール摂取は赤血球に変調をもたらす.

induce *a person* ***to*** 他 人を説得して...させる ▪ He has *induced* me *to* this task. 彼は私を説いてこの仕事をさせた.

induct /ɪndʌ́kt/ ***induct*** *a person* ***into*** 他 **1** 人を就任させる ▪ He *was inducted into* the office of governor. 彼は知事に就任した.
2 人に(秘密)を伝授する ▪ He *was inducted into* the mysteries of a religion. 彼は宗教の秘法を授けられた.
3 人を席につかせる ▪ We *inducted* him *into* the seat. 我々は彼をその席につかせた.

indulge /ɪndʌ́ldʒ/ ***indulge in*** 他 **1** ...にふける, ひたる ▪ He *indulged* too freely *in* drink and lost his job. 彼は酒にひたりすぎて職を失った.

2 …をほしいままにする ▪He *indulged in* puns. 彼はだじゃれを楽しんだ ▪Teenagers *indulge in* all the latest fads. 十代の若者たちはあらゆる最近の流行にうつつを抜かす.

3(休みなど)を取る ▪He seldom *indulged in* a holiday. 彼は休暇を取ることはめったになかった.

4 …を奮発する ▪I *indulged in* a new suit. 新しい服を奮発した.

indulge a person in 他 人に(願い事)をかなえさせる, 許す ▪*Indulge* us, Lord, *in* this request. 主よ, 私たちにこの頼みをかなえさせてください.

indulge a person to [*unto*] 他 (まれ)人に特典[恩恵]を与える ▪A valuable privilege *is indulged to* graduates in this faculty. 貴重な特権がこの学部の卒業生に与えられる.

indulge a person with 他 人に…を与えて(願い)を満足させる ▪The parents *indulged* their children *with* sweets. 両親はせがまれるままに子供らにお菓子をやった ▪I may *be indulged with* observing that it is splendid. それはすばらしいと言わせてもらってもいいでしょう.

infect /infékt/ *infect A with B* 他 **1** AにB(病気)を感染させる ▪She *is infected with* diphtheria. 彼女はジフテリアにかかっている.

2《電算》AをB(ウイルス)で汚染させる ▪File transfer from and to a CD or DVD can *infect* your PC *with* a virus. CDやDVDから[へ]のファイルの移動はパソコンをウイルスで汚染させることがある.

3 AにB(病毒)を混入する ▪The water *is infected with* cholera. その水にはコレラ菌が混入している.

4 AにB(思想)を吹きこむ, AをBにかぶれさせる ▪He *infected* young people *with* dangerous thought. 彼は青年たちに危険思想を吹きこんだ ▪His mind *was infected with* racial prejudice. 彼の心は人種的偏見に染まっていた.

infer /infə́:r/ *infer A from B* 他《文》B(事実・情報)からAを推測する ▪I could *infer* nothing at all *from* her expression. 彼女の表情からは全く何も汲み取れなかった.

infiltrate /ínfiltreit|ínfiltrèit/ *infiltrate into* 自 …に浸透[侵入]する ▪The smell of raw fish *infiltrated into* everything in the fridge. 魚の生臭い匂いが冷蔵庫の中のもの全部にうつった ▪The soldiers *infiltrated into* the enemy defenses. 兵士たちは敵の防御施設内に侵入した.

infiltrate A into B 他 AをBに浸透[侵入]させる ▪The company *infiltrated* three men *into* the rival's Research Unit. 会社は3人の社員を競合他社の研究部へ侵入させた ▪Creed *infiltrated* compassion *into* the heart of the villagers. 信条に導かれて村人たちの心には同情の念が溢れた ▪An eclipse *infiltrated* terror *into* the ancient heart. 日食を見て古代人の心は恐怖で満ちた.

infiltrate A through B 自他 Bを通じてAに侵入する ▪Viruses most often *infiltrate* computers *through* e-mail. ウイルスは電子メールを介してコンピューターに侵入することが最も多い ▪Spyware can *infiltrate* desktops *through* USB keys. スパイウェアはUSBからデスクトップに侵入することがある.

inflate /infléit/ *inflate A with B* 他 AをBでふくらます; AをBで高ぶらせる ▪The boy *is inflated with* conceit. その少年は慢心している.

inflict /inflíkt/ *inflict A on* [*upon*] *B* 他 **1**《しばしば戯》A(いやなもの)をBに負わせる ▪She *inflicted* herself *on* her relatives. 彼女は親類のやっかい者になった.

2 A(打撃など)をBに加える ▪He *inflicted* a blow *on* me. 彼は私に一撃を加えた.

3 BにAを科する ▪The judge *inflicted* the death penalty *on* the criminal. 判事はその犯人に死刑を科した.

inflict A with B 他 AをBで悩ます ▪I don't want to *inflict* you *with* my troubles. あなたを私の心配事で悩ませたくありません.

inform /infɔ́:rm/ *inform against* 自 **1** …を密告する, 告発する ▪He has *informed against* Johnson. 彼はジョンスンを密告した.
— 他 **2** …に(…を)密告する, 告発する ▪He *informed* a magistrate *against* a dear friend. 彼は親友を治安判事に密告した.

inform a person of 他 人に…を知らせる[教える] ▪I *informed* him *of* the accident. 私は彼にその事故を知らせた ▪He *informed* the students *of* the facts of history. 彼は生徒たちに歴史上の事実を教えた.

inform on 自 …の情報を与える, を告げ口する, 密告する ▪One of the thieves has *informed on* the rest. 盗賊の一人が残りの仲間を密告した.

inform A on B 他 AにBを密告する, 告げ口する ▪Jack *informed* his mother *on* Hal. ジャックはハルのことを母親にこっそり告げ口した.

inform A with B 他 AにBを吹きこむ ▪Our teacher *informs* us with a keen desire to learn more. 先生は私たちにもっと知りたいという強い願望を起こさせてくださる ▪He *is* well *informed with* daily news regarding the stock markets. 彼は株式市場に関する日々のニュースに実に詳しい.

infringe /infrínd ʒ/ *infringe on* [*upon*] 自《文》(権利など)を侵す, 侵害する ▪He *infringed on* our rights. 彼は我々の権利を侵害した.

infuse /infjú:z/ *infuse A into B* 他 AをBに注入する, 吹きこむ ▪He *infused* new life *into* the old Universities. 彼は古い大学にそれまでになかった活気を吹きこんだ.

infuse A with B 他 AにB(活力など)を注入する, 吹きこむ ▪His paintings *are infused with* vitality. 彼の絵画には活力がみなぎっている.

infuse a person with 他 人に…を吹きこむ, 満たす ▪The news *infused* the girl *with* happiness. そのニュースは少女を幸福でいっぱいにした.

inhere /inhíər/ *inhere in* 自 (性質などが)…に内在する, 固有である; (権利などが)…に付与されている ▪Generosity *inheres in* him. 寛大さは彼に生まれついた性質である ▪These rights *inhere in* him.

これらの権利は彼に付与されている.

inherit /ɪnhérət/ ***inherit from*** 自 …のあとを継ぐ, を相続する ▪ Astronomy *inherits from* astrology. 天文学は占星術のあとを継ぐものである ▪ A son *inherits from* his father. 息子は父のあとを継ぐ.

inhibit /ɪnhíbət/ ***inhibit*** *a person* ***from*** *doing* 他 《文》人が…するのを禁じる ▪ They were *inhibited from teaching* such false doctrines. 彼らはそのような邪説を教えることを禁じられていた.

initiate /ɪníʃièit/ ***initiate*** *a person* ***into*** [***in***] 他 **1** 人に(秘伝など)を授ける; 人に(基礎など)を教える, 手ほどきする ▪ He is being *initiated into* the mysteries of the ritual. 彼はその儀式の秘儀を授けてもらっている ▪ He *initiated* young people *in* the elements of English grammar. 彼は若い人々に英文法の基礎を教えた.
2 〘主に受身で〙人を…に加入させる, 入会させる ▪ I was *initiated into* the society at last. 私はついにその協会に入会を許された ▪ He was *initiated into* the plot. 彼はその陰謀に加わった.

inject /ɪndʒékt/ ***inject*** *A* ***into*** *B* 他 **1** AをBに注入する; BにA(金)を注ぎ込む ▪ *Inject* some fluid *into* the veins. 液体を血管に注射せよ ▪ They *injected* a lot of money *into* the business. 彼らは事業に多額を注ぎ込んだ.
2 A(意見など)をBにさしはさむ ▪ He *injected* a remark *into* the conversation. 彼はその会話に一言さしはさんだ.
inject *A* ***with*** *B* 他 AにBを注入[注射]する ▪ Relief is given by *injecting* the bladder *with* warm water. 膀胱(ぼうこう)に湯を注入することによって痛みが止められる ▪ We must *inject* the club *with* new ideas. クラブに新しい考えを注入せねばならない.

ink /ɪŋk/ ***ink in*** [***over***] 自 **1** インクでなぞる ▪ He *inked in* the drawing. 線画をインクでなぞった ▪ He *inked over* his pencil. 彼は鉛筆書きのあとをインクでなぞった.
— 他 **2**(米)…をインクで書く ▪ He carefully *inked in* a love letter. 彼は慎重にラブレターをインクで書いた
ink out 他 …をインクで消す ▪ The objectionable motto was *inked out*. その好ましからぬ格言はインクで消された.
ink up 他 …にインクをすっかり塗る, (印刷機に)インクを入れる ▪ If the roller has been *inked up*, it must be carefully scraped with a blunt knife. もしローラーにすっかりインクがついてしまったら, それは刃のないナイフで入念にこそげなければならない ▪ I guess it's time to *ink up* the printer. 印刷機にインクを補充する頃だと思うが.

innovate /ínəvèit/ ***innovate in*** [《まれ》***on***, ***upon***] 自 …を刷新する, 革新する ▪ They *innovated in* the form of baptism. 彼らは洗礼の形式を革新した.

innuendo /ìnjuéndoʊ/ ***innuendo*** *a person* ***into*** 他 遠回しに言って人を…に入らせる ▪ He would *innuendo* me *into* some disaffection against the government. 彼は遠回しに言って, 私に政府に対する不満をいだかせようとした.

inoculate /ɪnɑ́kjəlèit|ɪnɔ́kju-/ ***inoculate*** *a person* ***against*** 他 人に…の予防接種をする ▪ He was *inoculated against* swine flu. 彼は豚インフルエンザの予防接種を受けた.
inoculate *A* ***into*** [***on***, ***upon***] *B* 他 **1** AをB(人)に接種する ▪ The cow-pox has been successfully *inoculated on* the human subject. 牛痘が人間にうまく接種された.
2 AをB(台木)に芽つぎする ▪ A dexterous hand *inoculates* a rosetree *into* an apple stock. 器用な人はバラの木をリンゴの台木に芽つぎする.
3 A(思想など)をBに植えつける ▪ I wish to *inoculate* my knowledge *upon* you. 私は自分の知識をあなたに植えつけたく思う.
inoculate *a person* ***with*** 他 **1** 人に…を接種する ▪ The doctor *inoculated* children *with* a flu vaccine. 医師は児童にインフルエンザワクチンを接種した. ▪ He was *inoculated with* the smallpox serum. 彼は種痘を受けた.
2 人に…を染みこます, 吹きこむ ▪ He *inoculated* students *with* dangerous ideas. 彼は学生たちに危険思想を吹きこんだ.

inquire /ɪnkwáɪər/ ***inquire about*** 自 …のことを尋ねる ▪ The customer *inquired about* our new stock of goods. 客は我々の新しい仕入品のことを尋ねた.
inquire after 自 《英口》…の安否[健康・容体]を尋ねる; を見舞う ▪ I *inquired after* his welfare. 私は彼の安否を尋ねた ▪ He *inquired* kindly *after* his sick friend. 彼は病気の友人を快く見舞った.
inquire for 自 **1**(人)はいないかと尋ねる; (人)に面会を求める, を訪ねて来る ▪ Has anybody *inquired for* me today? きょう誰か私を訪ねて来ましたか ▪ I went in and *inquired for* the manager. 私は入って行って, 支配人はと尋ねた.
2(物)があるかと尋ねる ▪ I *inquired for* the book at the store. 私はその店でその本があるかと尋ねた.
3 …を見舞う, の安否を問う ▪ I *inquired for* his health. 私は彼の健康を尋ねた.
4(物)を請い求める ▪ I *inquired for* help and comfort. 私は援助と慰めを求めた.
inquire into 他 …を調べる; を尋問する ▪ You must *inquire into* the merits of the case. 事件の理否曲直を明らかにせばならない.
inquire of 他 …に尋ねる ▪ I shall *inquire of* him whether she is his niece. 彼女は彼の姪(めい)かと彼に尋ねてみましょう.
inquire *A* ***of*** *B* 他 《文》B(人)にA(事柄)を尋ねる ▪ May I *inquire* something personal *of* you? 個人的なことをお伺いしてもよろしいでしょうか.
inquire within 自 (掲示板などの決まり文句として)詳しいことは中でお尋ねください ▪ "Help wanted. *Inquire within*," read the sign on the door. 「求人, 委細面談の上」とドアの張り紙に書いてあった.

inscribe /ɪnskráɪb/ ***inscribe** A **in** [**on**] B* 他
AをBに記入する, 刻みつける ▪ You must *inscribe* your name *in* the visitor's book. 訪問録に名前を記入しなければなりません. ▪ He *inscribed* his name *on* the tools. 彼は自分の名前を道具に彫り込んだ. ▪ His name *is inscribed on* her heart. 彼の名前が彼女の心に刻みつけられている.

***inscribe** A **to** B* 他 A(著作など)を(記名して)Bに献じる ▪ The work *was inscribed to* the patron. その作品は後援者に献呈された. ▪ This book I *inscribe to* Mr. Johnson. 本書をジョンスン氏にささげる《献呈の文句》.

***inscribe** A **with** B* 他 AにBを刻みつける ▪ The monument *is inscribed with* the names of the war dead. 記念碑には戦没者の名前が刻まれている.

insert /ɪnsə́ːrt/ ***insert** A **in** [**into**] B* 他 **1** AをBにさしこむ ▪ He *inserted* the key *into* the lock. 彼は錠に鍵をさしこんだ.
2 BにAを書きこむ ▪ Let me *insert* a word *in* this line. この行に1語書き入れさせてください.
3 AをB(雑誌など)に載せる ▪ Please *insert* this article *in* your magazine. どうぞこの記事を貴誌にお載せください.

insinuate /ɪnsínjuèɪt/ ***insinuate** A **into** B* 他 《文》AをBに巧みに染みこませる[植えつける] ▪ He *insinuated* doubt *into* her mind. 彼は疑念を彼女の心に巧みに植えつけた.

insist /ɪnsíst/ ***insist on** [**upon**]* 他 **1** ...を主張する ▪ He *insisted on* his innocence. 彼は自分の潔白を主張した.
2 ...を力説する, 強調する ▪ The doctor *insisted on* the importance of early diagnosis. 医師は早期診断の重要性を力説した.
3 ...に固執する; を強要する ▪ He *insisted on* paying for his share of the meal. 彼は自分の食べた分支払うといって聞かなかった. ▪ She *insisted on* your being present at her party. 彼女はパーティーへのあなたの出席を強く求めている.
4 (いやなこと)ばかりする ▪ Johnny *insists on* leaving his toys all over the floor. ジョニーは床中におもちゃを散らかしてばかりいる.

inspire /ɪnspáɪər/ ***inspire** A **in** [**into**] B* 他 AをBに吹きこむ ▪ The gift of money *inspired* fresh courage *in* him. 寄付金をもらって彼は新たに勇気がわいてきた.

inspire** a person **with 他 人に...を吹きこむ[感じさせる, 起こさせる] ▪ The general's speech *inspired* his men *with* courage. 部下の兵士たちは司令官の訓示に勇気を奮い立たせた. ▪ Poverty *inspires* the beholder *with* pity and disgust. 貧困は見る人にあわれみと嫌悪の情を起こさせる.

install /ɪnstɔ́ːl/ ***install** A **in** B* 他 BにAを取りつける, 据えつける ▪ You are required to *install* smoke alarms *in* your own houses. 持ち家には火災警報器の取りつけが義務化されている.

install** a person **in 他 人を(席・地位など)につかせる ▪ They *installed* him *in* the office. 彼らは彼をその職に任じた.

instance /ínstəns/ ***instance in*** 自《まれ》例としてあげる ▪ We will *instance in* a single writer: Walton. ただ一人の作家, ウォールトンを例としてあげよう.

instate /ɪnstéɪt/ ***instate** a person **in** [**into**, **to**]* 他 人を...に叙任する, (地位などに)つかせる ▪ He will *instate* John *in* the kingdom of Portugal. 彼はジョアンをポルトガル王につかせるだろう. ▪ She *was* at once *instated in* her rights. 彼女はすぐに実権を握らされた.

instill,《英》**instil** /ɪnstíl/ ***instill** A **into** B* 他 A(思想など)をBに注入する, 染みこます, 吹きこむ ▪ He *instilled* those lofty ideals *into* the minds of the Japanese youth. 彼はそれらの高い理想を日本の青年の心に吹きこんだ. ▪ His father *instilled* a fear of failure *into* Lemuel. 父はレミュエルに失敗しはせぬかという心配を抱かせた.

***instill** A **with** B* 他 A(人・心)にB(思想)を注入する, 吹きこむ ▪ Don't *instill* the minds of the children *with* fixed ideas. 子供たちの心に固定観念を吹き込んではいけない.

institute /ínstətjùːt/ ***institute** a person **into** [**to**]* 他 人を(聖)職に任命する ▪ He *was instituted to* the vicarage of St. Peter. 彼はセントピーターの教区牧師職に任命された.

instruct /ɪnstrʌ́kt/ ***instruct** a person **in*** 他 人に...を教える ▪ He *instructed* me *in* English. 彼は私に英語を教えた.

instruct** a person **to 他 人に...を指令する, 命じる ▪ The doctor *instructed* the patient *to* a special diet. 医師は病人に特別な規定食をとるように命じた.

insulate /ínsəlèɪt|-sju-/ ***insulate** A **against** B* 他 AをBに対して保護する ▪ Another blanket will *insulate* you *against* the cold. 毛布をもう1枚かけたら風邪を防げるだろう.

***insulate** A **from** B* 他 **1** A(物体)をB(電気・音・熱などから)絶縁する ▪ The house must *be insulated from* noise. その家は防音しなければならない.
2 AをBから隔離する, 孤立させる ▪ Living in a high building *insulates* us *from* the real life of the city. 高層ビルでの暮らしは我々を真の都市生活から隔離する.

insure /ɪnʃʊ́ər, -ʃɔ́ː/ ***insure against*** 自 **1** ...の保険契約を結ぶ ▪ Everybody needs to *insure against* fire. みんな火災の保険契約を結ぶ必要がある.
2 (...を)防ぐ手段を講ずる, ...の危機に備える ▪ We should *insure against* a repetition of previous disaster. 以前の災害の再発を防ぐ手を打つべきだ ▪ Always *insure against* theft and fire. 盗難と火災に遭わないように常に備えなさい.

***insure** A **against** B* 他 **1** AにBの保険をつける(*with*) ▪ The house *was insured against* fire *with* the company for 50,000,000 yen. その家にはその保険会社の5千万円の火災保険がついていた.
2 (保険会社・証券などが)Aに対してBの保険となる ▪ An insurance company will *insure* your house

against fire. 保険会社はあなたの家の火災保険を引き受ける.
3 AにBのないことを保証する ▪ The evidence of trials past does not *insure* them *against* trials that may come. 過去の裁判の証言は彼らに将来の裁判のないことを保証しない.

***insure** A **from** B* 他 AにBのかからないことを保証する ▪ An insurance company *insures* policyholders *from* fire losses. 保険会社は保険契約者が火災による損失を蒙らないことを保証する.

insure with 自他 (保険会社)と(…の)保険契約をする ▪ Which firm do you *insure with*? お宅ではどの保険会社と契約していますか ▪ Our jewelry *is insured with* Acme Insurance. うちの宝石類はアクメ保険会社の保険に掛けてある.

integrate /íntəgrèit/ ***integrate into*** 自 …に融合する, の一員になる ▪ Older people find it harder to *integrate into* a new community. お年寄りは新しい社会になじみにくい.

***integrate** A **into** B* 他 AをBに併合する ▪ I *integrated* your suggestion *into* my plans. 私はあなたの提案を計画の中に組み入れた.

intend /inténd/ ***intend** A **as** B* AはBのつもりである ▪ I *intended* my remark *as* a joke. 私の言葉は冗談のつもりだった.

intercede /ìntərsí:d/ ***intercede with** a person **for*** 自 …のため人に取りなす ▪ His youth will *intercede* with the judge *for* him. 彼の若さが彼のため裁判官に取りなしをするだろう《まだ若いのだからとうまく取り計らってくれるだろう》 ▪ My uncle *interceded with* the president *for* me. 伯父が社長に私のことを取りなしてくれた.

intercept /ìntərsépt/ ***intercept** a person **from*** 他 人の…を妨げる ▪ She *intercepted* me *from* mowing the lawn. 彼女は私が芝刈りをするのをじゃました.

interchange /ìntərtʃéindʒ/ ***interchange with*** 自 …と交互に起こる ▪ Sunshine *interchanged with* periods of light rain. 陽射しと一時小雨が交互に訪れた.

***interchange** A **with** B* 他 AとBを交互に起こらせる ▪ He *interchanges* cares *with* pleasures. 彼は苦と楽を交互に味わっている.

interdict /ìntərdíkt/ ***interdict** a person **from** (doing)* 他 人が…するのを禁止する ▪ The clergy *were interdicted from indulging* in the polemics of theology. 聖職は神学論議にふけることを禁止された ▪ He *was interdicted from* the management of his property. 彼は禁治産を宣告せられた.

interest /íntərəst/ ***interest** a person **in***
1 人を…に引き入れる, 参加したい気にさせる ▪ They want to *interest* the City of London *in* their design. 彼らは自分たちの構想にロンドンのシティー地区を引き入れたいと思っている ▪ We'll try to *interest* him *in* our project. 彼が我々の企画に参加するよう努力してみよう.

2 人に(食べる・飲む・買うように)勧める ▪ Can I *interest* you *in* some drink? お飲み物はいかがですか? ▪ Could I *interest* you *in* our latest model? 当社の最新型をお求めになってはいかがでしょうか.

interfere /ìntərfíər/ ***interfere in*** 自 …に干渉する, 口を出す ▪ You have no right to *interfere in* private concerns. あなたには私事に干渉する権利はない.

interfere with 自 **1** …をそこなう ▪ Sedentary habits often *interfere with* health. 座りがちの習慣は健康をそこなうことが多い.

2 (事が)…と衝突[矛盾]する ▪ Their interests *interfere with* ours. 彼らの利害は我々の利害と衝突する.

— 他 **3** (人が)…のじゃまする; (事が)…のじゃまになる; にせっかいする ▪ He frequently *interfered with* the disputes. 彼はしばしばその論争のじゃまをした ▪ His ill health *interfered with* his work. 彼の病弱が仕事の妨げになった.

4 《婉曲》(女性)を犯す; (子供)に性的虐待をする, 許可なしに触る ▪ The girl *was* obviously *interfered with*. その少女が犯されたのは明らかだ ▪ The child *was interfered with* by a babysitter. その子はベビーシッターに性的虐待を受けた.

interfuse /ìntərfjú:z/ ***interfuse** A **with** B* 他 AをBと混和させる[混ぜる]; AにBを点在させる ▪ His book *is* abundantly *interfused with* Greek and Latin quotations. 彼の本にはギリシャやラテンの引用が豊富にまざっている ▪ The kingdom *is interfused with* commodious rivers. その王国には広々とした川が所々にある.

interlace /ìntərléis/ ***interlace** A **with** B* 他 AにBを織りまぜる[こむ] ▪ Beautiful green meadows *were interlaced with* streams. 美しい緑の草場には何本も小川が織りまぜられて流れていた ▪ They *interlace* ale *with* brandy. 彼らはエールにブランデーを混ぜる.

interlard /ìntərlá:rd/ ***interlard** A **with** B* 《文・戯》 AにBを混ぜる ▪ He *interlarded* serious talk *with* jests. 彼はまじめな話に冗談をまじえた.

interleave /ìntərlí:v/ ***interleave** A **with** B* 他 Aの所々にBをはさむ ▪ We *interleave* the liturgy *with* free prayer. 我々は礼拝式の所々に自由な祈りをさしはさむ ▪ The rock *is interleaved with* sandstone. その岩には所々に砂岩が入っている.

interline /ìntərláin/ ***interline** A **with** B* 他 〖主に受身で〗A(文書の行間)にB(語)を加える ▪ *Interline* this *with* the important secret intelligence. この間に重要な秘密情報を加えなさい ▪ The poem *is interlined with* prose commentary. その詩の行間には散文の注釈が加えられている.

intermeddle /ìntərmédəl/ ***intermeddle with* [*in*]** …に干渉する, 手[口]を出す ▪ The committee has no right to *intermeddle in* business. その委員会はその事に口を出す権利はない.

intermingle /ìntərmíŋgəl/ ***intermingle with*** 自 …と混じり合う ▪ The waters of the streams have *intermingled with* each other. 何本の小川の水は互いに混じり合った。

intermingle *A* ***with*** *B* 他 AをBと混ぜる ▪ He has *intermingled* a great deal of gossip *with* his facts. 彼は多くの噂話と自分の事実とを混ぜ合わせた。

interpose /ìntərpóuz/ ***interpose between [among, in]*** 自他 **1** …の間[中]に…を入れる ▪ They decided to *interpose* a fence *between* the two houses. 彼らは2軒の間に塀(へい)を立てることにした。 ▪ I *interposed* myself *between* them to stop them fighting. つかみ合いを止めようと彼らの間に割って入った。
2 (…の)仲裁に入る (*in*) ▪ I *interposed between* them *in* the quarrel. 私は彼らのけんかの仲裁に入った ▪ I tried to *interpose in* their disagreement. 彼らの口論の仲裁に入ろうと試みた。
3 (…に)差し出口をする ▪ May I *interpose* a few words *in* the proceedings? その弁論に少し差し出口をさせてください。

interrupt /ìntərʌ́pt/ ***interrupt*** *a person* ***in*** 他 人の…をじゃまする ▪ She *interrupted* him *in* his talk. 彼女は彼の話のじゃまをした。

intersperse /ìntərspə́ːrs/ ***intersperse*** *A* ***between [among, in, throughout]*** *B* 他 A(花など)をBの間に散らしておく,点在させる ▪ Flowers *were interspersed among* leaves. 花が葉の間に点々と咲いていた ▪ She *interspersed* good advice *throughout* her book. 彼女は書物のところどころに有益な助言をちりばめた ▪ Many temples *are interspersed in* the mountain. 山中に多くの寺院が点在している。

intersperse *A* ***with*** *B* 他 Aの所々へBを入れる,AにBを点綴(てんてい)する ▪ He *interspersed* his speech *with* flowery expressions. 彼は演説に美辞麗句をちりばめた。

intervene /ìntərvíːn/ ***intervene between*** 自 **1** …の間の仲裁をする ▪ I *intervened between* the two persons who were quarreling. 私はけんかをしていたその二人の中に入った。
2 (時・場所)の間に介在する ▪ Lent *intervenes between* Christmas and Easter. 四旬節はクリスマスと復活祭の間にある ▪ Vast spaces *intervene between* the celestial bodies. 天体の間には広大な空間が介在する。

intervene in 自 **1** …の調停に立つ ▪ I can hardly *intervene in* a family dispute. 家庭争議の調停には立てそうもない。
2 …に干渉する ▪ The teacher *intervened in* the students' argument. 先生は生徒の議論に口出しした。

intimate /íntəmèit/ ***intimate*** *A* ***to*** *B* 他 AをBに遠回しに言う,それとなくほのめかす ▪ What is he trying to *intimate* to me, I wonder? 彼は私に何を言おうとしているのかな。

intimidate /intímədèit/ ***intimidate*** *a person* ***from*** 他 人をおどして…させない ▪ He *intimidated* them *from* selling the goods to the public. 彼は彼らをおどしてその品を一般の人々に売らせないようにした。

intimidate *a person* ***into*** 他 人をおどして…させる ▪ They *intimidated* the employees *into* acquiescence. 彼らは従業員たちをおどして承諾させた。

intoxicate /intɑ́ksəkèit|-tɔ́k-/ ***intoxicate*** *A* ***with [by]*** *B* 他 A(人)をBで酔わせる; A(人)をBで有頂天にさせる ▪ She *intoxicated* herself *with* a large amount of whisky. 彼女はウィスキーをしこたま飲んで酔っ払った ▪ He *was intoxicated with* opium. 彼は阿片(あへん)に酔っていた ▪ Meg *intoxicated* me *with* her charming smile. メグのうっとりさせる微笑に私はのぼせ上がった。

intrigue /íntriːɡ/ ***intrigue against*** 自 …に対して陰謀を企てる; を陥れようとする ▪ He *intrigued against* his friends. 彼は友人たちを陥れようとした。

intrigue with 自 …と不義をする; と密通する ▪ He was *intriguing with* his friend's wife. 彼は友人の妻と不倫をしていた ▪ He *intrigued with* the opposite party. 彼は反対党に通じた。

introduce /ìntrədjúːs/ ***introduce*** *A* ***into*** *B* 他 **1** AをBに伝える[初輸入する] ▪ Potatoes *were introduced into* England in the 16th century. ジャガイモは16世紀にイギリスに伝えられた ▪ The principal *introduced* many new ideas *into* the school. 校長はその学校に多くの新しい考えを採り入れた。
2 AをBに提出する ▪ They *introduced* the bill *into* Parliament. 彼らはその法案を国会に提出した。
3 AをBに連れこむ[案内する,手引きする] ▪ On that day he *was introduced into* the Cabinet. その日彼は閣僚に加えられた ▪ She *introduced* the young lady *into* society. 彼女はその若い女性を社交界に手引きした。
4 AをBにさしこむ[入れる] ▪ He *introduced* a spoon *into* his mouth. 彼はスプーンを口に入れた。
5 AをBに加える ▪ Amendments *were introduced into* the bill. 議案に修正が加えられた。
6 AをBに取り入れる ▪ He *introduced* a favorite joke *into* his talk. 彼は得意のジョークを自分の話の中にはさんだ。

introduce *A* ***to*** *B* 他 **1** A(人)をB(人)に紹介する ▪ The English rule is that the inferior *is introduced* to the superior. 目下の者が目上の者に紹介されるのがイギリスの決まりです ▪ May I *introduce* Mr. Jones *to* you? ジョーンズさんをご紹介申しあげます ▪ Let me *introduce* to you my friend Tom. 友人のトムをご紹介します。
2 A(物事)をBに知らせる[紹介する] ▪ He *introduced* a ballad *to* the company. 彼は一座の人々に民謡を紹介した。
3 A(議案など)をBに提出する ▪ They *introduced* the bill *to* the House. 彼らは議案を議会に提出した。
4 A(娘など)をB(社交界)に出す ▪ He *introduced* a young lady *to* society. 彼は若い女性を社交界に出し

た.

5 A(人)にB(物事)を知らせる[紹介する, 案内する], A(人)をB(物事)に初めて触れさせる ▪ We *introduce* foreign students *to* the Japanese tea ceremony. 私たちは外国人留学生に日本の茶道を紹介している.

intrude /ɪntrúːd/ *intrude into* 他 **1** ...を...に押しこむ, 無理に入れる ▪ The new kitchen unit *was intruded into* the area of the old Hall. 新しいユニット式キッチン設備が古い広間の一角に無理に入れられた.

— 自 **2** ...に侵入する, 押し入る ▪ They *intruded into* my garden. 彼らはうちの庭に侵入した.

intrude on [*upon*] 他 **1** ...を...に押しつける, 押し売りする ▪ He *intruded* his opinions *on* us. 彼は自分の意見を我々に押しつけた.

— 自 **2** ...の所へ押しかける, のじゃまをしに来る ▪ A very strange fellow *intruded upon* us. 非常に奇妙な男が我々の所へ押しかけて来た.

inure /ɪnjʊ́ər/ *inure from* 自 ...から効力を生じる ▪ Your unemployment insurance will begin to *inure from* Oct. 10th. 君の失業保険は10月10日から効力を生じる.

inure a person to 他 人を...に慣らす ▪ Necessity *inures* them *to* exercise and temperance. 必要に迫られて彼らは運動と節制に慣れる ▪ Soldiers *are inured to* hardships. 兵士たちは困苦に慣れている ▪ I *became inured to* drudgery. 骨折り仕事に慣れてきた.

invalid /ɪ́nvəlɪd|ɪ́nvəliːd/ *invalid a person out* 他 人を傷病兵として兵役を免除する[除隊する] ▪ War wounds *invalided* him *out* in 1942. 彼は戦傷のため傷病兵として1942年に除隊になった ▪ Private Jones *was invalided out* (of the army) with stomach ulcers. ジョーンズ一等兵は胃潰瘍で傷病兵として除隊になった.

inveigh /ɪnvéɪ/ *inveigh against* 自《文》...を痛烈に非難する, ののしる ▪ How come you *inveigh against* Dick whenever I mention his name? 私がディックの名を口にするときまって彼をののしるのはなぜか ▪ He *inveighed against* adulterators as economic cheats. 彼は粗悪品製造業者を経済詐欺師だと言って罵倒した.

inveigle /ɪnvéɪɡəl/ *inveigle a person away* 他 人をおびき出す ▪ On this flattering offer, he *was inveigled away* to Calcutta. 彼はこの甘い提案に乗せられてカルカッタにおびき出された.

inveigle a person from 他 人をだまして...から引き離す ▪ We *inveigled* him *from* his friends. 彼をだまして友人たちから引き離した.

inveigle a person from [*out of*] 他 人を...からおびき出す; 人をだまして...を巻き上げる ▪ We *inveigled* a pack of cards *from* him. 彼をだまして一組のトランプを巻き上げた.

inveigle a person into (*doing*) 他《文》**1** 人を...へ釣りこむ, おびき入れる ▪ They tried to *inveigle* him *into* the plot. 彼らは彼を陰謀におびき入れようとした.

2 人をだまして...させる ▪ They *inveigled* him *into doing* wrong. 彼らは彼をだまして悪事を働かせた.

invest /ɪnvést/ *invest in* 自 **1** ...に投資する ▪ We believe in *investing in* education. 教育への投資は価値があると信ずる.

2 (口) ...を買う ▪ We have *invested in* a new home. 我々は新築家屋を購入した.

invest A in B 他 **1** A(金など)をBに投資する ▪ He *invested* his money *in* stocks and shares. 彼は自分の金を公債や株に投資した.

2 A(精力など)をBに投じる ▪ He has *invested* his time and energy *in* the anti-slavery cause. 彼は自分の時間と精力を奴隷廃止運動に投じた.

3 A(権限・資格・職権など)をB(人)に付与する ▪ The constitution has *invested* certain powers *in* the federal government. 憲法は一定の権限を連邦政府に与えている ▪ Full authority to act *was invested in* the ambassador. 代行の全権が大使に委任された.

4 AにBを着せる ▪ The Emperor *was invested in* his Imperial habiliments. 陛下は皇室礼装を召しておられた.

invest A with B 他《文》**1** A(人)にB(権利・資格・職権など)を付与する[授ける] ▪ The constitution has *invested* the federal government *with* certain powers. 憲法は連邦政府に一定の権限を与えている ▪ The ambassador *was invested with* full authority to act. 大使は代行の全権を委任された.

2 AにB(属性・才能など)を付与する ▪ Don't *invest* his words *with* too much importance. 彼のことばをあまり真(ま)に受けてはいけない ▪ The place *is invested with* memories. その場所には色々な思い出が詰まっている.

3 A(人)をB(職・地位)につかせる[任命する]; A(人)にB(栄誉・財産)を授ける ▪ The king *invested* the soldier *with* the Military Cross. 国王はその兵士に戦功十字章を授けた ▪ I *was invested with* the task of fixing the computers. コンピューターの修理の仕事につかせてもらった.

4 AにBを着せる[帯びさせる]; AをBでおおう ▪ A ceremony was held to *invest* the new priest *with* the garment. 新任の牧師に法衣を着用させる儀式が催された ▪ He *was invested with* an air of dignity. 彼は威厳ある風采を帯びていた ▪ The bushes *were* each *invested with* a mist. かん木はおのおの霧におおわれていた.

invite /ɪnváɪt/ *invite a person along* 他 人を誘う ▪ They *invited* us *along* to the dance. 彼らは私たちをダンスパーティーに誘ってくれた.

invite a person back (*to*) 他《英》(いっしょに出かけた後帰り道に)人を自宅へ招く ▪ He *invited* me *back* (*to* his place) for coffee after the movie. 彼は映画の後自宅に招いてコーヒーをごちそうしてくれた.

invite a person in 他 人を招き入れる ▪ Don't keep him standing there. *Invite* him *in*. 彼をあそこにずっと立たせないで中へ入れてあげなさい.

invite a person out 他 人を外に招く, 誘う, 誘い出す ▪ I *invited* him *out* for a ride on my motorbike. 僕のバイクで遠乗りしようと彼を誘った ▪ She is seldom *invited out*. 彼女はよそへ招かれて行くことはめったにない.

invite *a person* ***over*** [***around***, 《英》***round***] 他 人を(家・部屋・事務所など)に招待する ▪ He *invited* me *round* for a meal on Sunday. 彼は日曜日に私を食事に招いてくれた.

invite *a person* ***to*** 他 人を...に招待する ▪ I must *invite* all my relatives *to* the wedding. 結婚式には私の親類をみんな招待せねばならない.

invite *a person* ***up*** 他 人を招き上げる ▪ They announced a winner and *invited* her *up* on stage. 優勝者を発表し彼女を招いてステージに上げた.

invoke /invóuk/ ***invoke*** *A* ***on*** *B* 他 B(人)にAが及ぶようにと祈念する ▪ The priest *invoked* punishment *on* the wicked people. その聖職者は悪人どもが処罰を受けるように切願した.

involve /inválv|-vɔ́lv/ ***involve*** *A* ***in*** *B* 他 **1** AをBに巻きこむ ▪ Their misconduct *involved* him *in* ruin. 彼らの不正行為が彼を破滅に巻きこんだ. **2** AをBに包む ▪ God *involves* us *in* his righteousness. 神は我々をその正義の中に包む.

involve *A* ***with*** *B* 他 AをBと掛かり合わす ▪ Don't try to *involve* me *with* that awful Bill. あのいやなビルの奴と僕をつるませようとしないでくれ. ▪ His son *was involved with* criminals. 彼の息子は犯罪者どもと掛かり合いになった.

inweave /inwíːv/ ***inweave*** *A* ***in*** [***into***] *B* 他 AをBに織りこむ《比喩的にも》 ▪ A vast number of figures and animals *were inwoven into* its fabric. 非常に多くの人の姿や動物がその織物に織りこまれていた.

inweave *A* ***with*** *B* 他 AをBと織りまぜる[Bで飾る] ▪ Festoons of flowers *inwoven with* ivy shine. ツタを織りまぜた花綱が輝いている.

iron /áiərn/ ***iron out*** 他 **1**(アイロンをかけて)...をなめらか[まっすぐ]にする, のしわを伸ばす ▪ They *ironed out* the curves in the road. 彼らは道路の曲がりをまっすぐにした ▪ He *ironed* the crumpled paper *out*. 彼はもみくちゃにされた紙をのばした.

2(困難など)を取り除く ▪ He is doing his best to *iron out* difficulties. 彼は困難を除去しようと最善を尽くしている.

3 ...を円滑に運ぶ ▪ They met to *iron out* their roles in the event of war. 彼らは戦争の起こったとき自分らの役割りを円滑に運ぶため会合した.

4 ...を解決する; を和解させる ▪ They *ironed out* the issue in hand. 彼らは当面の係争問題を解決した.

isolate /áisəlèit/ ***isolate*** *A* ***from*** *B* 他 **1** AをBから隔離する, 分離する, 孤立させる ▪ A child with an infectious disease should *be isolated from* other children. 伝染病の子供は他の子供たちから隔離すべきである.

2 AをBと区別する ▪ Alcoholism cannot *be isolated from* other disorders. アルコール中毒を他の障害と区別することはできない.

issue /íʃuː, ísju:/ ***issue forth*** 自 《文》**1** 出てくる, ほとばしり出る ▪ At last he *issued forth* from his retirement. ついに彼はその隠居地から出て来た.

2 出発する, 出かける ▪ The king *issued forth* from his castle. 王さまがお城からお出ましになった.

issue from 自《文》**1** ...から出てくる ▪ The students *issued from* the classroom. 生徒たちは教室から出てきた ▪ No words *issued from* his lips. 彼の口からは一言も発せられなかった.

2《法》...の子孫として生まれる, の子孫である ▪ The man declared that he *issued from* a royal family. その男は自分は王族の出だと言明した.

issue in 自 ...の結果になる; となって現れる ▪ The negotiations will *issue in* a lasting peace. 交渉の結果は永続的な平和となるだろう.

issue out (***of***) 自 **1**(...から)出てくる ▪ The blood *issued out* from the gash. 血が傷口からほとばしり出た.

2(...から収入として)生じる ▪ £200 a year *issued out of* his lands. 1年200ポンドが彼の土地から生じた.

issue *A* ***to*** *B* 他 A(必要なもの)をB(人)に供給する ▪ We must *issue* blankets *to* the new soldiers. 毛布を新兵に供給せねばならない.

issue *a person* ***with*** 他 人に...を供給する ▪ Every man in the expedition should *be issued with* one blanket. 探検隊員はひとり残らず毛布を1枚支給されるべきである.

itch /itʃ/ ***itch for*** [***after***] 他《口》〖主に進行形で〗...を非常にほしがる, (もの)がほしくてたまらない ▪ We *were* desperately *itching for* some water. 私たちはむしょうに水がほしかった ▪ He *is itching for* praise from his parents. 彼は両親にほめてもらいたくてたまらない.

J

jab /dʒæb/ ***jab at*** 他 (指・肘・とがった物で)…を強く突く，《ボクシング》にジャブを出す ▪ I *jabbed at* Mikey with my left. 私は左[腕]でマイキーを強く突いた．

jab *A* ***into*** *B* AをBに突っ込む，突き刺す ▪ He *jabbed* his finger *into* my stomach. 彼は指を私の腹に突っ込んだ ▪ The nurse *jabbed* a needle *into* my arm and took a little blood. 看護師は私の腕に注射針を刺して少量の血液を採った．

jab out 他 …を突いて出す ▪ He *jabbed out* a thorn stuck in his finger with a needle. 彼は指に刺さったとげを針で突いて出した．

jabber /dʒǽbər/ ***jabber away*** 自 《口》早口でわけの分からないことをしゃべる ▪ He was *jabbering away* in Greek. 彼はギリシャ語でわけの分からないことをまくしたてていた．

jabber out 他 …を早口にしゃべる ▪ The man was *jabbering out* something about an accident. その男は何やら事故のことを早口にしゃべっていた．

jack /dʒæk/ ***jack around*** 自 **1** ぶらぶら過ごす ▪ Stop *jacking around* and get your work done! ぶらぶらせずに，ちゃんと仕事をしろ．

— 他 **2** 《米口》(時間を無駄遣いして)…を困らせる，悩ます，からかう ▪ He kept *jacking* us *around* so we asked the other person. 彼はなかなか動いてくれなかったのでもう一人の方に頼んだ ▪ He has been *jacked around* here. 彼はここでずっとからかわれている．

jack in 他 《俗》…を棄てる，やめる，放り出す ▪ He *jacked in* his night-work [*jacked* it *in*]. 彼は夜業[それ]をやめた ▪ Robert *jacked in* his proper job and pursued a dream as a screenwriter. ロバートは本来の仕事を放り出してシナリオ作家になる夢を追った．

jack in [***into***] 自 《電算》(コンピューターなどに)接続する ▪ I'm *jacking into* the Internet now. 今インターネットに接続中だ．

jack off 自 《米俗》(男性が)自慰をする ▪ Our sex education teacher says it's normal for boys to *jack off* once in a while. 性教育の先生によれば男の子がときどき自慰をするのは正常という．

jack up **1** 《米口》…の非行[怠慢]をしかる；を本分に気をつけさせる ▪ The manager *jacked* him *up* for being late again. 部長は彼がまた遅刻したので叱責した．

2 《俗》…に(ヤクを)打つ；(人を)興奮させる ▪ He *jacked* me *up* on caffeine the night before the exams. 彼は試験の前夜，私にカフェインを打ってくれた．

3 《口》…を滅ぼす，破産させる ▪ There you are *jacked up* for ever. それであなたはもう永久に浮かばれない．

4 …をすっかり疲れさせる ▪ I am going straight to bed; I *am jacked up*. 私はすぐ床につきます，すっかり疲れしてしまった．

5 《口》(仕事・計画などを)投げ出す；をやめる ▪ I shall *jack up* this job if I don't get an increase of pay. 給料を上げてもらえなければ，この職をやめます．

6 …をジャッキで(持ち)上げる ▪ The mechanic *jacked up* the rear of the car to fix the flat tire. 整備工はパンク修理のため車の後部をジャッキで持ち上げた．

7 《米俗》(処罰として)…を停職にする ▪ The engineer *was jacked up* for 30 days. 機関士は30日間の停職になった．

8 《口》(値段・賃金)をつり上げる；(勇気など)を奮い起こす ▪ It was a chance to *jack up* rents. それは家賃を引き上げるチャンスだった ▪ Arnold *jacked up* his courage and told his wife the bad news. アーノルドは勇気を奮い起こして，妻にその悪い知らせを伝えた．

9 《口》…の手配[準備]をする，をきちんと整理[整備]する ▪ I want you to *jack* everything *up*. 君に万事の手配をしてほしいのだ ▪ Everything's falling apart. The whole system needs *jacking up*. 何もかも散乱しているからシステム全体をきちんと整理する必要がある．

jag /dʒæg/ ***jag in*** 他 …を切ってぎざぎざをつける ▪ The leaf is not so far *jagged in*. 葉はそれほど深くぎざぎざになっていない．

jam /dʒæm/ ***jam*** *A* ***against*** *B* 他 AをBにぶつける ▪ He *jammed* her *against* the banisters. 彼は彼女を手すりにぶつけた．

jam in 自 **1** 割りこむ ▪ Just *jam in*, in front. 前の方へ，ちょっと割りこみなさい．

— 他 **2** …を中へ押しこむ ▪ I *was jammed in* between two fat women. 私は二人の太った女性の間にぎゅっとはさまった．

3 (指などを)…に挟む，挟んで傷つける ▪ His finger *was jammed in* the lift door until it opened one floor down. エレベーターが1階下に下りて開くまで彼の指はそのドアに挟まれたままだった ▪ I had my index finger *jammed in* a shredding machine and was rushed to the hospital. 私は人差し指をシュレッダーに食い込まれてしまい，大怪我をして病院へ急いで搬送された．

jam *A* ***into*** *B* AをBに詰め[押し]こむ ▪ Don't *jam* my clothes *into* one small box. 私の衣服を小さい箱一つに詰めこまないでください．

jam on 他 **1** (ブレーキ)を強く踏む ▪ The driver promptly *jammed* the brakes *on*. 運転者はとっさに急ブレーキをかけた．

2 (帽子など)を急にかぶる，はく，着る ▪ He *jammed on* his hat and ran out the door. 彼はさっと帽子

かぶってドアから飛び出した.
jam up 他 **1** ...を詰まらせる, 詰まって...を止める ▪ A crumpled sheet has *jammed up* the photocopier. 皺のよった紙が1枚詰まってコピー機が動かなくなった.
2〖受身で〗...を押し当てる ▪ My bed sits *jammed up* against the wall. 私のベッドは壁にぴったりついている.
─ 自 **3** 詰まる, 動かなくなる ▪ The photocopier has *jammed up* again. コピー機がまた詰まった.
jar /dʒɑːr/ ***jar against*** 自 鋭い不快な音を立ててぶつかる[こすれる] ▪ The boat *jarred against* the harbor wall. その船はギギーッといやな音を立て, 岸壁をこすった ▪ The chalk *jarred against* the blackboard. 黒板に触れてチョークがキーッと耳障りな音を立てた.
jar on [***upon***] 自 **1** ...にぶつかってきしむような音を立てる ▪ The shrill whistle of a locomotive *jarred on* the silence of the night. 耳をつんざくような機関車の警笛が夜の静寂を破って響き渡った.
2 (耳・神経など)にさわる ▪ Her voice *jarred upon* my ears. 彼女の声は私の耳にさわった ▪ That squeak really *jars on* the nerves. あのキーキーいう音が実に神経にさわる.
jar with 自 **1** ...と釣り合わない, 一致[調和]しない ▪ It *jars with* the surroundings. それは周囲と釣り合わない ▪ His opinion *jars with* mine. 彼の意見は私の意見とは合わない.
2 = JAR on 1.
jaw /dʒɔː/ ***jaw at*** 他 (口)...をしかる; に説教する ▪ The teacher *jawed at* us about the importance of the examinations. 先生は我々に試験の重要性について説教した.
jaw away 自 **1** (学俗)とめどなく話す, 立て板に水でしゃべる ▪ It's real fun to just *jaw away* with someone you like. 気に入った同士でただおしゃべりをするのは実に楽しい.
─ 他 **2** ...をあご形にくり取る《凹形》 ▪ The after part of the cap *was jawed away*. 帽子の後部はあご形にくり取られていた.
jazz /dʒæz/ ***jazz around*** 自 (米俗)出歩く; 遊び歩く ▪ The boys are *jazzing around* all the time. 少年たちはいつも遊び歩いている.
jazz up 他 (口) **1** ...を活気づける, 陽気にする;(場所)を飾り立てる ▪ We hope to *jazz* her *up* a bit. 彼女を少し元気づけられればと思う ▪ Stickers and posters are a cheap way to *jazz up* your child's bedroom. ステッカーやポスターは子供の寝室を飾る安上がりな方法だ.
2 ...をジャズ風に演奏する[編曲する] ▪ He *jazzed up* the piano. 彼はピアノをジャズ風に演奏した.
3 ...の速力を増す, を加速する ▪ This expressway would *jazz up* the speed of industrial activities in the region. この高速道ができれば地域の産業活動が加速するだろう.
─ 自 **4** 陽気に騒ぐ ▪ They were *jazzing up* after a round of beers. 彼らはビールをひとしきり飲

だあと, 陽気に騒いでいた.
jeer /dʒɪər/ ***jeer at*** 他 ...をあざける, ばかにする ▪ Do not *jeer at* my curiosity. 私の好奇心をあざ笑わないでください ▪ You are *jeering at* Michael in error. あなたはマイケルをばかにしているが, それはまちがいだ.
jeer off 他 (人)をあざけって...から追い出す ▪ They *jeered* me *off* the stand. 彼らは私をやじって演壇から追い払った.
jeer A ***out*** (***of*** B) 他 AをあざけってB(から)追い出す ▪ He *was jeered out of* his religion. 彼はあざけられ自分の宗教を捨てた.
jerk /dʒɜːrk/ ***jerk around*** 他 **1** (米俗)(欺いて, 迷惑をかけて)...にひどい仕打ちをする, をしつこく悩ます ▪ I won't stand for them *jerking* me *around* any more. 彼らのひどい仕打ちにはもうがまんならない ▪ Don't *jerk* me *around* like that, okay? そんなに嫌がらせをしないでくれよ.
2 ...に余計な時間をとらせる ▪ Stop *jerking* me *around* for hours. 何時間も私を無為に引っ張りまわすのはやめてくれ.
3 ...をいらいらさせる, 困らせる ▪ Quit *jerking* me *around*. いらいらさせないでくれ.
─ 自 **4** ぶらぶらする, 怠ける ▪ We *jerked around* for hours that afternoon. あの日の午後僕たちは何時間もぶらぶら過ごした.
jerk A ***into*** B AをBにぐいと押しこむ ▪ An old woman *was jerked into* my lap in a streetcar. おばあさんが路面電車の中で私のひざによろこんだ.
jerk off 他 **1** ...をぐいと脱ぐ ▪ He *jerked off* his helmet. 彼はヘルメットをぐいと脱いだ.
─ 自 **2** (米卑)(男性が)自慰をする[させる] ▪ The boys were *jerking off* in the bushes. 少年たちは茂みの中で自慰をしていた ▪ We both started to *jerk* each other *off* and we started to kiss. 二人はマスをかき合いキスをした.
jerk out 他 ...を突然投げ出すように言う ▪ He was *jerking out* these phrases all the time. 彼はいつもこれらの文句を吐き出すように言っていた.
jerk up 他 **1** ...をぐいと引き[ほうり]上げる ▪ One of the boys *jerked* his hand *up*. 少年の一人がさっと手を上げた.
2 (米俗)(人)を逮捕する ▪ The cops would *jerk up* any suspect on the slightest excuse. 警察官たちはどんな容疑者でもほんのちょっとした言いがかりで逮捕した.
jest /dʒest/ ***jest at*** 他 ...をばかにする, からかう ▪ He *jested at* me on my poverty. 彼は私が貧乏なのをばかにした.
jest with 他 ...にふざける, をもてあそぶ ▪ How often have I told you not to *jest with* anyone? 誰にもふざけてはいけないと何度言ったら分かるのだ ▪ It is dangerous to *jest with* edged tools. 刃物をもてあそんでは危険である.
jet /dʒet/ ***jet off*** (***to***) 自 (口)(...へ)ジェット機で旅行する, 飛行機で行く ▪ They are going to *jet off to* India to hold a wedding. 彼らは結婚式を挙

jew /dʒuː/ *jew down* 他《米俗》**1**(支払・値段)を値切る ▪ The executives have *jewed down* her salary. 取締役たちは彼女の給料を削減した ▪ Reckon the seller could *be jewed down* a little more? その売り物をもう少し値切られると思うかい?

2(人)に値を負けさせる ▪ I *jewed* him *down* from 25 thousand to 18 thousand. 私は値切って,彼に2万5千円から1万8千円に負けさせた.

jib /dʒɪb/ *jib at* 自 **1**…に対してしりごみする,止まって進もうとしない ▪ My car sometimes *jibs at* a steep hill. 私の自動車はときどき険しい山にどうしても登れないことがある.
— 他 **2** …しようとしない,することをきらう ▪ He *jibs at* doing the office cleaner's work. 彼は事務所清掃業者の仕事をするのをきらう.

jibe¹ /dʒaɪb/ = GIBE.

jibe² /dʒaɪb/ *jibe (in) with* 自 …とうまく合う,一致する ▪ His comments *jibed* well *with* recent reports. 彼の論評は最近の報道にぴたりと一致している.

jibe over 自 《海》(人が船で,または船が)くるっと回転する《風を反対から受けて》▪ He took in her spinnaker and *jibed over*. 彼は船の大三角帆を巻き上げてくるっと回転した ▪ The boat *jibed over*, and a squall struck her the same instant. 船がぐるっと回転した途端にスコールが襲ってきた ▪ After about a half-hour's sailing, the sail of the boat *jibed over*. 30分ばかり帆走してから船の帆に風を反対に受けて船体を反転した.

jig /dʒɪɡ/ *jig with* 自《まれ》…と一致して[いっしょに]動く;一致する,調子が合う ▪ That *jigs* well *with* my wishes. それはぼくの願望とぴったり一致している.

jink /dʒɪŋk/ *jink in* 自 こっそり飛び込む ▪ Ramos *jinked in* from the left and lashed a shot towards the top corner. ラモス選手が左からこっそり割り込んできて上隅を狙ってシュートを放った ▪ The bat kept *jinking in* and out of view as it hunted for insects in the dark. コウモリは暗闇で虫を追いながら密かに見え隠れしていた.

jinket /dʒíŋkət/ *jinket about* [*round*] 自 踊り回る ▪ Lassies were weary of *jinketing round* in time. 娘たちはやがて踊り回ることにあきた.

job /dʒɑb|dʒɔb/ *job at* 他 **1** …をつつく ▪ Some crows were *jobbing at* the fruit. 数羽のカラスがその実をつついていた.

2 …に突きかかる ▪ Early men must have *jobbed at* the eyes of the mammoth. 太古の男たちはマンモスの目に突きかかったにちがいない.

job away 他 (不正・汚職をして)…を売り渡す ▪ The land was sold for half of its value—it *was jobbed away*. 土地は正価の半値で売られた.不正利得で売りさばかれたのだった.

job into 自 …に入りこむ ▪ He had a stick *jobbed into* my mouth. 彼は棒切れを私の口に突っ込ませた.

job a person into 他 不正手段で[差し繰って]人を(地位などに)つかせる,(権力を利用して)人を…に売りこむ ▪ Mr. Morrison *jobbed* his brother *into* a well-paid post. モリスン氏は差し繰って弟を給料の良い地位につけた.

job off 他 **1** 不正に儲けて…を売りとばす ▪ Huge properties *were jobbed off* to a few syndicates. 広大な土地をいくつかのシンジケートに売却して不正利益を得た.

2 …を策略でそらす[追い払う,処分する] ▪ He tried to *job off* suspicion. 彼は策略を用いて疑いを払いのけようとした.

job a person out of 他 人をだまして[ごまかして]…を取る ▪ They *jobbed* him *out of* a couple hundred bucks. 彼らは彼をだまして数百ドル巻き上げた.

jockey /dʒáki|dʒɔ́ki/ *jockey away* 他 …を策略で追い払う[奪い取る] ▪ He wants to *jockey away* your cash. 彼は策略を用いてあなたの現金を奪い取りたいと思っている.

jockey for 他 …を得るために策を弄(ろう)する ▪ They are *jockeying for* political advantage. 彼らは政治上の有利な地位を得るために駆け引きをしている.

jockey into 他《米》(車など)をちょうど望む位置まで操縦する,うまく乗りつける ▪ He *jockeyed* his car *into* the garage. 彼はうまく車を車庫に入れた.

jockey a person into doing 他 人をだまして…させる ▪ They *jockeyed* Johnny *into* signing the contract. 彼らはジョニーをだまして契約書に署名させた.

jockey a person out of 他 人をだまして(場所)を去らせる[(意見など)を捨てさせる,(物)を奪い取る] ▪ He *was jockeyed out of* the position. 彼はだまされてその地位を追い出された ▪ He refused to be *jockeyed out of* his statement. 彼は自分の陳述を取り消すようだまされるところだったが,それを拒んだ ▪ I have *jockeyed* him *out of* his mistress. 私は彼をだましてその愛人を奪い取った.

jog /dʒɑɡ|dʒɔɡ/ *jog along* [*on*] 自《口》**1** てくてく歩く,ゆっくり走る,ゆるゆる進む ▪ The tramp *jogged along* (the road). 浮浪者は(道を)のろのろと歩いて行った.

2(時・継続的行動などが)どうにか進行する,運ぶ ▪ Time keeps *jogging on*. 時は絶えず経過していく ▪ I want things to *jog along* as quickly as possible. ぼくは事態ができるだけ早く進展することを望んでいます.

joggle /dʒɑ́ːɡəl/ *joggle along* 自《方》軽く揺れる ▪ A peasant cart was *joggling along* a rural road. 1台の農夫の荷馬車が田舎道をゆさゆさ揺れながら走っていた.

join /dʒɔɪn/ *join in* 自 **1** …に加わる;いっしょに…する ▪ They all *joined in* the chorus. 彼らはみないっしょにコーラスを歌った ▪ All Japan *joined in* the celebration. 日本中こぞってその祝いをした.

2 加わる,いっしょになる ▪ Presently other voices *joined in*. やがて他の人々の声も加わった.

join a person in 他 人に加わって…をする ▪ He

joined me *in* (taking) a walk. 彼は私といっしょに散歩した.

join in with *a person* 自 **1** 人に加わる, 人といっしょになる ▪ *Join in with* us and take the risk. 我々といっしょになって冒険をしてみてください.
2 (経費を)...と共同で持つ ▪ We *joined in with* them to buy the boat. 我々は彼らと共同で(金を出して)そのボートを買った.

join *A* ***on*** [***onto***] *B* 他 AをB(大きいもの)にくっつける ▪ Two extra carriages *were joined on* [*onto*] the train. 臨時の2車両が列車につながれた.

join together 他 ...を接合する ▪ Please *join* these pieces *together*. どうぞこの部品を接合してください.

join up 自 **1** 合流して進む ▪ The two families *joined up* for the rest of the holiday. その2家族は休暇の残りをいっしょに過ごした.
2 (口)軍隊に入る ▪ Tom has *joined up* in the Guards. トムは近衛連隊に入隊した.
— 他 ...を結合する[させる] ▪ We can *join up* distant countries by the Internet. 我々は遠く離れた国々をインターネットでつなぐことができる.

join up with ...と協力[提携]する ▪ The party *joined up with* the government. その党は政府と提携した.

join with 《文》...といっしょになる; と一致する ▪ Will you *join with* us and give him a present? 私どもといっしょになって彼に贈り物をしませんか ▪ In this point I *join with* you. この点では私はあなたと一致している.

join *A* [***to***] *B* 他 AをBと結合させる, 合同させる; (結婚・友誼(%)・団体において)AをBといっしょにする ▪ Death *joins* us *to* the great majority. 死は我々を亡き者の数に入れる ▪ They *joined* their prayers *with* his. 彼らは彼と心を合わせていっしょに祈ってくれた.

join with *a person* ***in***/***join in*** ... ***with*** *a person* 自 人といっしょになって...する ▪ My mother *joins with* me *in* congratulating you. 母も私とともにあなたにおめでとうと言っています ▪ He *joined in* conversation *with* them. 彼は彼らといっしょになって談話をした.

joke /dʒoʊk/ ***joke about*** 自 (重要なこと)を冗談半分に話す[あしらう] ▪ Tom's just been kicked out of the job. It's nothing to *joke about*. トムはたった今首になってしまった. これは決して冗談話にすべきことじゃない.

joke around 自 《米》 **1** 冗談を言う ▪ He's always *joking around*. 彼はいつも冗談ばかり言っている.
2 からかう, ふざける ▪ I was just *joking around* with you. 君をからかっていただけだ.

joke with *a person* 自 人に[と]冗談を言う ▪ You mustn't *joke with* others about their religion. 他人の宗教について当人にひやかしてはならない.

jolly /dʒɑ́li|dʒɔ́li/ ***jolly*** *a person* ***into*** (*doing*) 他 人をおだてて...させる ▪ They *jollied* him *into helping* with the work. 彼らは彼をおだてて仕事を手伝わせた.

jolly up [***along***] 《英口》 **1** ...のきげんを取る, をおだてる ▪ I want you to *jolly* them *up* a bit. あなたに少し彼らのきげんを取ってもらいたい.
2 ...の(雰囲気)を明るくする, 楽しくする, にぎやかにする ▪ We'll include a few games to *jolly up* the place. その場が盛り上がるように少しゲームをはさむことにしよう.
3 (場所)を飾り立てる ▪ Shall we *jolly* this room *up* with some colorful curtains? この部屋を色もののカーテンで明るくしましょうか.

jolt /dʒoʊlt/ ***jolt*** ... ***about*** 他 ...を左右にゆさぶる ▪ The car *jolted* us *about* as it raced along. 車は疾走しながら我々を左右にゆさぶった.

jolt along 自 ひどく揺れながら進む[進める] ▪ The carriage *jolted along* in the rain. 馬車は雨の中をガタガタ揺れながら進んだ ▪ The truck was *jolting along* the rough road. トラックででこぼこ道をガタゴト走っていた ▪ The rickshaw *jolted* him *along* the pitted road. 人力車は彼を乗せて穴だらけの道を揺れながら進んだ.

jolt *a person* ***into*** (*doing*) 他 人にショックを与えて...させる ▪ The news of the unemployment pay cut *jolted* people *into looking* for work. 失業手当削減のニュースに驚愕し, 人々はあわてて職を探した.

jolt ... ***out*** 他 けいれん的に[ゆさぶって]...を押し出す ▪ His breath *was jolted out* with many a sudden groan. 彼は突然うめき声を何度もあげ, とぎれとぎれに息を吐き出した.

jolt *a person* ***out of*** (*doing*) 他 人にショックを与えて...をやめ[脱出]させる ▪ The cold water thrown in her face *jolted* her *out of* her stupor. 顔に冷たい水をかけられて彼女は意識が戻った ▪ Her angry words *jolted* me *out of* my dream. 彼女の腹立ちまぎれの言葉で僕の夢が吹き飛んでしまった ▪ The shocking news *jolted* her *out of feeling* sorry for herself. そのショッキングな知らせに彼女は自分を哀れむどころではなくなった ▪ I *was jolted out* of my seat by the movement. 私はその動揺のため座席から揺り落とされた.

jostle /dʒɑ́səl|dʒɔ́səl/ ***jostle against*** [***with***] 他 ...にぶつかる, 衝突する ▪ People kept *jostling against* me in the dark. 暗闇で人が次々に私にぶつかってきた ▪ A truck *jostled with* a heavily laden horse-drawn cart. 1台のトラックが荷を満載した馬車と衝突した.

jostle away ...を押しのける ▪ I *jostled* him *away* from his seat. 私は彼をいすから押しのけた.

jostle for 押し合って...を得ようとする ▪ The runners are *jostling for* first place. 走者はみな競って1位になろうとしている.

jostle *A* ***from*** [***out of***] *B* 他 AをBから手荒く押し出す, 追い出す ▪ You *were jostled from* all your senses. あなたはすっかり正気を失った ▪ An earthquake suddenly *jostled* people *out of* bed.

突然地震が襲ってきて人々は寝床から跳ね起きた ▪ Military commanders *jostled* Mubarak *out of* power. 軍司令官たちがムバラク大統領を権力の座から追い落とした.

jostle into 他 押し合って...に入る, なだれ込む ▪ The crowd *jostled into* the theater. 群衆は劇場へなだれ込んだ.

jostle *A* ***into*** *B* 他 AをＢに押しこむ ▪ The crowd *jostled* me *into* the subway. 人ごみに押されて地下鉄に押し込まれた.

jostle through 自 ...を押し分けて進む ▪ A lady never *jostles through* the crowd. 貴婦人は決して人ごみをかき分けて進むようなことはしない.

jostle with *a person for* 自 ...を得ようとして人と争う[競り合う] ▪ People *jostled with* one another *for* access to the door. 人々は互いに押し合い我先にと出口をめがけて殺到した.

jot /dʒɑt|dʒɔt/ ***jot down*** 他 ちょっと[急いで]...を書き留める, 素早く書きつける ▪ Let me *jot down* your telephone number. お宅の電話番号を書き留めさせてください ▪ The secretary is *jotting* the message *down*. 秘書が伝言を書き留めている.

joy /dʒɔɪ/ ***joy in*** 自《雅》...を喜ぶ ▪ He has come back to the scenes *in* which he early *joyed*. 彼はむかし楽しんだ場所へ帰って来た.

judge /dʒʌdʒ/ ***judge between*** 自 ...のどちらかを選ぶ ▪ You must *judge between* those two applicants. あなたはその二人の志願者のどちらかを選ばねばならない.

judge *A* ***by*** *B* 他 AをＢで判断する[評価する] ▪ Don't *judge* anyone *by* appearances. 人を外見で判断してはいけない.

judge from 自 ...から察する, 推測する ▪ *Judging from* reports, he seems to be a good man. 評判から察すると, 彼は良い人のようだ.

judge of *A* (***by*** *B*) 自 (Ｂによって)Ａの(正しい)判断[判定, 評価]をする ▪ Don't *judge of* a man *by* his looks. 外見によって人を判断するな.

juggle /dʒʌ́gəl/ ***juggle about*** [***around***] 他 ...の配置転換をする ▪ Mr. Wilson *juggled around* the men. ウィルソンは職員の配置転換をした ▪ Janett is always *juggling* the furniture *about*. ジャネットはしょっちゅう家具の位置を変えている.

juggle...away 1 手品で...を消す[なくす] ▪ The magician *juggled* his yo-yo *away*. マジシャンは手品を使って持っていたヨーヨーを消した.

2 だまして[ごまかして]...を取る ▪ Jeff had *juggled away* the capital. ジェフは資金を使って取っていた.

3 だまして[ごまかして]...を追い払う[除去する] ▪ He *was juggled away* from his old pal. 彼はだまされて仲間の所から追い出された.

juggle *A* ***into*** *B* 他 1 手品で[ごまかして]AをＢに変える ▪ The magician *juggled* a handkerchief *into* a pigeon. その手品師は手品でハンカチをハトに変えた.

2 手品で[ごまかして]AをＢに入れる ▪ She *juggled* a blade *into* the throat of a guest! 彼女は手品を使ってなんと刀身を客の咽喉に差し込んだ!

3 ごまかして[手品で]A(人)にＢさせる ▪ The man *juggled* me *into* buying his jalopy. 男は私をだまして彼のポンコツ車を買わせた.

juggle *A* ***out of*** *B* 他 1 手品でAをＢから取り出す ▪ The magician *juggled* a white rabbit *out of* his hat. そのマジシャンは帽子から白いウサギを取り出した.

2 A(人)をだましてＢを取り上げる[巻き上げる] ▪ They tried to *juggle* her *out of* her money. 彼らはだまして金を巻き上げようとした.

juggle with 自 1 (サーカスなどで)数個の皿やボールを巧みに手玉にとる ▪ Jean-Pierre sat on his brother's shoulders *juggling* (*with*) four hoops. ジャンピエールは兄の肩に乗り4個のフープを巧みに手玉に取った.

2 ...を巧みに操る ▪ He *juggled with* knives and forks. 彼は何本かのナイフとフォークを巧みに操った.

3 (人)をだます; (事実)をまげる ▪ They *juggled with* Scripture. 彼らは聖書の事実をまげた.

juice /dʒuːs/ ***juice up*** 1 ...を興味あるものにする ▪ Jane *juiced up* old songs with modern rhythms. ジェインは古い歌に現代風のリズムをつけて興味をそそるものにした.

2《米口》...を活気づける ▪ The show *is juiced up* by its stars. そのショーはスターたちが出演して華やかである.

3 (車)に給油する, 燃料[動力]を補給する ▪ You can *juice up* your car in no time here. 当店ではあっという間にお車に給油することができます ▪ It cost me as little as $2 to fully *juice up* my electric car. 電気自動車をフルに充電するのにたった2ドルしかかからなかった.

4《米俗》...を改善する ▪ Increasing public investments is one way to *juice up* the economy. 公共投資を増やすことは経済を改善する一策である.

5［主に受身で］...を酔わせる ▪ Tim looked like he *was juiced up* as usual. ティムは例によって酔っているように見えた ▪ I got *juiced up* on cheap wine last night. ゆうべ安ワインで酔ってしまった.

— 自 **6**《米俗》酒を飲む ▪ We *juiced up* at the bar after the meeting. 我々は会合のあとバーで1杯やった.

jumble /dʒʌ́mbəl/ ***jumble up*** [***together***] 他 **1** ...をごたまぜにする ▪ Don't *jumble together* those papers. それらの書類をごたまぜにしないでください.

2 ...をそそくさとでっちあげる ▪ He *jumbled up* another story like this. 彼はこれと同じような話をもう1つ大急ぎででっちあげた.

jump /dʒʌmp/ ***jump aside*** 自 飛びのく ▪ We all *jumped aside* to let them pass. 私たちは小さくなって道をあけて彼らを通した ▪ I *jumped aside* to avoid being stabbed. 私は刃物で刺されるのを避けてパッと飛びのいた.

jump at 自 **1** ...に飛びつく[かかる] ▪ The dog

jumped at me as I entered the garden. その犬は私が庭に入ると飛びかかった.
2 (えさ・金・申し出などに)飛びつく, 喜んで応じる (→ LEAP at 2) ▪ He *jumped at* the offer. 彼はその申し出に飛びついた.
3 …に対して文句を言う ▪ Don't *jump at* me all the time. しょっちゅう私に文句を言うな.

jump back ㊐ **1** 後ろへ飛びずさる ▪ She *jumped back* at the sight of a snake. 彼女は蛇を見かけるとパッと後ろへ飛びのいた.
2 〖命令文で〗 出て行け ▪ *Jump back*! I don't want you! 失せろ! おまえなんか用はない!

jump down ㊐ …を飛び降りる ▪ The boy *jumped down* the stairs and got hurt. 少年は階段を飛び降りてけがをした.

jump for 《俗》…のため絞首刑になる ▪ He'll have to *jump for* that act of his. 彼は自分のその行為のため絞首刑にならざるを得ないだろう.

jump in ㊐ **1** 飛び込む ▪ The water is warm. *Jump in*! 水は温かいから飛び込みなさい.
2 会話に割り込む, 口を挟む ▪ I'd just started talking when he *jumped in*. 私が話し始めるとすぐに, 彼が割り込んだ.
3 よく考えずに始める, 早まってする ▪ Whatever you do, don't *jump in* too quickly. 何をするにしても早まって行動しないように.

jump into ㊐ **1** …へ飛び込む ▪ She rescued seven people by *jumping into* the waters. 彼女は海に飛び込んで7人もの人々を救助した.
2 急に…になる ▪ Mr. Jacobson's invention *jumped into* popularity. ジェイコブスンさんの発明は急に評判になった. ▪ We started in spring, *jumped into* winter, and went back to early spring. 初めは春の陽気だったのが一足飛びに冬の寒さになり, また早春の暖かさに戻った.

jump a person ***into*** doing ㊙ 人をだまして…させる ▪ They *jumped* him *into buying* some worthless land. 彼らは彼をだまして値打ちのない土地を買わせた.

jump off ㊐ **1** 去る ▪ It was resolved to *jump off*. 去ることに決まった.
2 (攻撃・遠征・運動が)始まる ▪ The attack *jumped off* at first light. 攻撃は夜明けに始まった ▪ The campaign *jumped off* to a good start. その運動はよいスタートを切った.
3 出発する ▪ We took our money and *jumped off* early in the morning. 我々は金を携えて朝早く出発した.
4 攻撃に出動する ▪ The assault companies *jumped off*. 攻撃隊は出撃した.
5 …から飛びおりる ▪ He *jumped off* a car in motion and was killed. 彼は走っている車から飛びおりて命を落とした.
6 (馬のジャンプ競技で一回戦で勝負がつかず)決勝戦をやる ▪ Four competitors will be *jumping off* this evening. 4人の(馬のジャンプ)競技者が今晩決勝戦をやるだろう.

jump on [***upon***] ㊐ **1** …に飛び乗る; (獲物などに)飛びかかる ▪ Harry Callahan *jumped on* a bus. ハリー・キャラハンはバスに飛び乗った ▪ The general *jumped upon* his antagonist. 将軍は敵におどりかかった.
2 《口》…をひどくしかる, 非難する (*for*), やっつける ▪ He *jumped on* us *for* that misbehavior. 彼は我々が無作法にふるまったためひどくしかった.
3 《口》…を急に攻撃する, どなりつける ▪ When I mentioned it, he *jumped on* me. 私がそれを言ったとき彼は急に食ってかかった.

jump out ㊐ すぐ(人の)目につく, 目に飛び込んでくる ▪ The headline *jumped out* at me. その見出しがすぐ私の目に留まった.

jump out of ㊐ …から飛び出る ▪ A child *jumped out of* the bushes. 子供が一人茂みから飛び出た.

jump over ㊐ **1** …を飛び越える ▪ The dog *jumped over* the stile. その犬は踏み段を飛び越えた.
2 (書物のページなど)を飛ばす ▪ Let's *jump over* these items. これらの項目は飛ばしましょう.

jump to ㊐ (ある部分をとばして)…へ移る ▪ Let's *jump to* the next chapter. (ここをとばして)次の章へ移りましょう.

jump together ㊐ 一致する, 符合する ▪ Your ideas and mine *jump together* on this question. あなたの考えと私の考えはこの問題については符合する.

jump up 《英口》 **1** 飛びあがる ▪ The boy *jumped up* from his chair at the sudden noise. 少年は突然の物音にいすから飛びあがった.
2 (値段などが)はねあがる ▪ The barometer is *jumping up*. 晴雨計が急上昇している ▪ All stock prices have *jumped up* this month. 今月は株価がみなはねあがった.
3 〖命令文で〗飛び乗れ! ▪ *Jump up*, John! ジョン, 飛び乗りなさい.

jump*…*upon a person ㊙ …を人にたたきつける ▪ They *jumped* the question *upon* me like a flash of lightning. 彼らはその問題を稲妻のように私にたたきつけた.

jump with ㊐ **1** …と一致する, 符合する ▪ The scenery *jumps with* my humor. その景色は私の気分に合う.
2 …で熱気に包まれる, 興奮して沸き返る ▪ The disco was *jumping with* young people. ディスコは若者で熱気に包まれていた.

junk /dʒʌŋk/ ***junk*…*off*** ㊙ …を切り取る ▪ She *junked* pieces *off* the ham to put on her plate. 彼女はハムの塊から何切れか切り取って自分の皿に載せた.

justify /dʒʌ́stəfàɪ/ ***justify*** a person ***in*** doing ㊙ …が…するのを正当化する(正しいと証明する) ▪ Ignorance of laws will not *justify* you *in breaking* them. 法律を知らないからといって法律を破ってよいということにはなるまい.

jut /dʒʌt/ ***jut forward*** ㊐ **1** 突き出る ▪ Don't let your head *jut forward* on your neck sitting

in front of a computer. コンピューターに向かって首を前に突き出して座らないようにしなさい.
— 他 **2** …を突き出す ▪ Don't *jut* your chin *forward* when working. 仕事中に顎を突き出してはいけない.

jut out 自 **1** 突き出る ▪ The island *jutted out* into the noble bay of Bombay. その島は雄大なボンベイ湾に突き出ていた.
— 他 **2** (あごなど)を突き出す ▪ He *jutted out* his chin determinedly and went out. 彼は決然とあごを突き出して出ていった ▪ Charlize *jutted* her lower lip *out* defiantly. シャーリーズは反抗的に下唇を突き出した.

K

keck /kek/ **keck at** 自 **1**(食物などを)胃がきらって受けつけない, 戻す ▪ I have taken a whole box of pills, and *kecked at* them every night. 私は毎夜丸薬をまる1箱飲んでそれを戻した.
2 強い嫌悪を表す ▪ The king *kecked at* the duke. 国王は公爵をひどくきらった.

keel /kiːl/ **keel over** 自 《口》 **1**《米俗》ひっくり返る, 卒倒する ▪ The ship hit the iceberg and *keeled over*. 船は氷山に激突して転覆した ▪ After drilling in the hot sun several recruits *keeled over*. 強い日光の下で教練をしたあと, 数名の新兵が卒倒した.
2 突然死ぬ ▪ My father *keeled over* in the bathroom from a heart attack. 父は心臓発作のため浴室で突然亡くなった.
3 急に正常に機能しなくなる ▪ My email system *keeled over* as I tried to send that much data. あれほどのデータを送ろうとしたのでEメールのシステムが急に作動しなくなった.
— 他 **4** ...をひっくり返す, 裏返す ▪ I *keeled* the boat *over* to examine the hole made by the rock. ボートをひっくり返して岩に当たってあいた穴を調べた.
5(人)をあお向けにする ▪ They *keeled* the unconscious patient *over* on his back. 人事不省の患者を仰向けにした.

keep /kiːp/ **keep about** [**around**] 自 **1**(ある場所)にずっといる ▪ The poachers still *keep about* the neighborhood. 密猟者たちはまだずっとそのあたりにいる.
— 他 **2** ...を(いつも)...のそばに置いている ▪ We don't *keep* servants *about* the house. 我々は家に使用人を置いていない ▪ They keep two dogs *around* the place for their protection. 彼らは用心のため2匹の犬を家のそばに置いている.

keep after 他 **1** ...の追跡をあくまで続ける ▪ The police *kept after* the thief. 警察は泥棒の追跡をあくまで続けた.
2 女性(の尻)を追い回す ▪ Stop *keeping after* my daughter. わしの娘のあとを追い回すのはよせ.
3 ...に...するよううるさくせがむ (*to do*) ▪ She *kept after* him *to* buy her a new dress. 彼女は新しいドレスを買ってと彼にしつこくせがんだ.
4《口》...をしかる, に文句を言う ▪ She *keeps after* her children the whole time. 彼女は子供たちをしかってばかりいる.
5《米》(放課後生徒)を残らせる (*for*) ▪ She *was kept after* school *for* disobeying her teacher. 彼女は先生の言うことを聞かなかったので放課後残りをされた.

keep ahead of 自 **1** ずっと...の先頭にいる ▪ He *kept ahead of* the other runners for the first one mile. 彼は最初の1マイルはずっと他走者の先頭にいた.
2 ずっと...より進んでいる[まさっている, 越えている] ▪ My spending *keeps ahead of* my income. ぼくの支出はいつも収入を越えているのです ▪ Mary Wollstonecraft has *kept ahead of* the rest of the class. メアリー・ウルストンクラフトはクラスの他の者よりいつも進んでいる.
3 すべてを完了し[終え]ている ▪ We can't *keep ahead of* all our homework; every day we get more. 僕たちは宿題をすっかり済ませるなんてできないよ. 毎日宿題が増えるんだから.

keep around 他 (価値のない物)を取っておく ▪ We *kept* everything *around* for some later use in those days. 当時はあとで何かに使おうと何でも取っておいた.

keep at 自 **1** ...を続けてやる; (仕事)を続ける ▪ I am tired of *keeping at* one and the same thing. 私は全く同じことを続けてやるのにあきた ▪ Who could *keep at* work on a morning like this? こんな朝にせっせと働くことのできる者があろうか.
2 ...にうるさくせがむ[訴える, 不平を言う] ▪ They *kept at* George for payment. 彼らはジョージにうるさく支払いを請求した ▪ They *kept at* me with their appeals for assistance. 彼らは私にしつこく援助を泣訴した.
— 他 **3** ...を続けてさせる ▪ He *kept* people *at* their work. 彼は人々を働き続けさせた.

keep away 他 **1**(人)を(...に)行かせない, 来させない, 近づかせない; を(...から)遠ざける (*from*) ▪ Illness *kept* me *away from* school. 私は病気のため学校へ行けなかった ▪ Good food and exercise will *keep* the doctor *away*. 食物と運動が十分であれば, 医者はいらぬ ▪ *Keep* the child *away from* the fire. 子供を火に近づけるな.
2《海》(船)を風上を離れて走らせる ▪ We *kept* the ship *away*. 船を風上から離れて走らせた.
— 自 **3** (...に)寄りつかない; (...から)遠ざかる (*from*) ▪ Danger! *Keep away*! 危いぞ, 近寄っちゃいけない ▪ The doctor told her to *keep away from* all sweets. その医師は彼女に菓子類をいっさい断てと言った.
4 (...の)よそにいる, 離れた所を進む (*from*) ▪ Mr. Klein *kept away* while we were in the town. クラインさんは我々が町にいる間よそにいた ▪ We *kept away from* the highway. 我々は街道から離れて進んだ.
5《海》風上を離れて進む ▪ The vessel *keeps away* five points. 船は風上を5ポイント離れて進んでいる ▪ I was determined to *keep away*. 私は風

上を離れて進もうと決心していた.

keep back 他 **1** (感情など)を抑える ▪ She made a brave effort to *keep back* her tears. 彼女は涙を抑えようとけなげな努力をした.

2 …を(予備として)取っておく ▪ *Keep back* three bottles of wine in reserve. 予備としてワインを3本取っておきなさい.

3 …を制する; を(…から)阻止する (*from*) ▪ The police had great difficulty in *keeping back* the crowd. 警察は群衆を制するのに非常に苦労した ▪ I can't *keep* him *back from* his follies. 私は彼の愚行を阻止することができない.

4 …の(前進・成長・進歩)をおくらせる ▪ The plant has *been kept back* by cold weather. その植物は寒気のため生長がおくれている ▪ His sickness *kept* him *back* in his work. 病気のために彼は仕事がおくれてしまった.

5 …を出さず[与えず]におく ▪ Jack Keagan *kept back* part of the money. ジャック・キーガンは金の一部を出さずにおいた.

6 …を(…に)知らせない, 隠す (*from*) ▪ You're *keeping* something *back from* me. あなたは私に何か隠している.

— 自 **7** (…から)引っこんでいる (*from*); あとに下がっている ▪ There was a request to *keep back from* the front. 前線から下がっているようにという依頼があった ▪ *Keep* well *back* behind the yellow line. 黄色い線からしっかり下がってください.

keep behind 自 **1** …の後ろにずっといる ▪ *Keep behind* the leading runner until the last few yards. 最後の数ヤードまでは先頭を行くランナーにぴったりついて行け.

— 他 **2** …をおくらせる ▪ Illness *kept* the boy *behind* in his school work. 病気のため少年は学業がおくれた.

3 (人)をあとにとどめておく ▪ Elizabeth *was kept behind* at school to help her teacher. エリザベスは先生の手伝いをするため[放課後]学校に残された.

4 …を…の後ろに置く[隠す] ▪ I *keep* letters *behind* the clock. 私は手紙を置時計の後ろに隠しておく.

keep by 自 …に沿って行く ▪ *Keep by* this railway till you come to the stile. この軌道に沿って, 踏段の所へ出るまで行きなさい.

keep … by *one* …を持っている, (必要に備えて)そばに持っておく ▪ It's wise to *keep* some money *by* you for emergencies. まさかの時に備えていくらかの金を持っていることは賢明である.

keep down 他 **1** (反乱など)を静める; を押さえつける; を服従させる ▪ The firemen *kept* the fire *down* with their hoses. 消防団はホースでその火事を消し止めた ▪ The soldiers will *keep down* millions of plowmen. それらの兵士たちは何百万もの農民を屈服させるだろう.

2 (感情など)を抑える ▪ He couldn't *keep down* his anger. 彼は怒りを抑えることができなかった.

3 (数・量)を低く押さえる, 増大しないようにする ▪ Employers combined to *keep down* wages. 雇主たちは団結して賃金を押さえた.

4 (声)を低くする[ひそめる] ▪ *Keep* it *down*. I'm trying to read. もっと静かにしてよ. 読書しようとしているのだから.

5 (成長・増加)を妨げる ▪ The oats *kept down* the clover. オートムギがクローバーの生長を妨げた ▪ It is very difficult to *keep* the flies *down* during the summer. 夏の間はハエの増加を防ぐことが非常にむずかしい.

6 (戻さずに)…を腹におさめておく ▪ The invalid could not *keep* his food *down*. その病人は食べた物を自分の腹におさめておけなかった ▪ I was so sick this morning that I couldn't *keep* my food *down*. 今朝はとても吐き気がして, 食べ物を戻さずにいることができなかった.

7 …を立たない[立ち上がらない]ようにする ▪ We must *keep down* scandal. 我々は醜聞が立たないようにしなければならない ▪ Two policemen *kept* the man *down* till he was tired out. 二人の警察官がその男を疲れ果てるまで押さえつけて立ち上がらせなかった.

8 (美術で調子・色彩)を和らげる《ある部分が他の部分に従属するように》 ▪ All the lights on the picture had *been kept down*. その絵の明るい部分はすべて和らげられていた.

9 (頭など)を下げる, (腕など)をおろしておく ▪ *Keep* your head *down* for the moment. しばらく頭を引っ込めていろ.

10 《英》…を原級にとどめる, 留年[落第]させる ▪ Mary will *be kept down* next year. メアリーは来年は留年するだろう.

11 (人)をがっかりさせる ▪ The failure of his business really *kept* me *down*. 事業を失敗したため私は本当にがっかりした.

— 自 **12** 身をかがめる[隠す] ▪ *Keep down* and don't make a noise. 身をかがめて音を立てるな ▪ *Keep down*! They're shooting at us! 伏せろ! こっちを狙って撃っているぞ!

13 座った[寝た]ままでいる ▪ *Keep down*! We can't see. 座っていてくれ! 見えないから《前にいる人々に呼びかける句》 ▪ *Keep down*, or someone will see you. 立ったらいかん, でないと誰かに見られるぞ ▪ The dust *kept down* with sprinkled water. 撒いた水でちりは立たなかった.

14 不足する; 静まる ▪ Corn *kept down* owing to the drought. 干ばつのため穀物が不足した ▪ The wind *kept down* for a few hours. 風は数時間おさまっていた.

keep from 自 **1** …を慎む; から遠ざかる ▪ I *kept from* talking at that time. そのときは話をするのを控えた ▪ *Keep from* low company. 下劣な連中との交わりは避けなさい.

2 (笑いなど)を抑える ▪ The girls could not *keep from* laughter. 少女たちは笑いをこらえきれなかった.

— 他 **3** (情報など)を知られるのを防ぐ ▪ We'll *keep* the news of the accident *from* the newspapers.

事故があったことを報道にかぎつけられないようにしよう.

keep *A **from*** *B* 他 **1** AがBするのを妨げる[止める] ▸ Illness *kept* him *from* school for a week. 病気のため彼は1週間学校に行けなかった ▸ Urgent business *kept* me *from* joining you. 急用のため私はあなたがたに加われなかった.

2 AがBするのを防ぐ (*doing*) ▸ Here you wear thick boots to *keep* your feet *from freezing*. 当地では足が凍えるのを防ぐため厚い長靴をはく ▸ It *kept* him *from* perfect despair. そのおかげで彼はすっかり絶望せずにすんだ.

3 AをBから守る ▸ May God *keep* us *from* all evil! 神が我々をすべての災いから守り給わんことを.

4 AをBに隠す[秘す] ▸ I *keep* nothing *from* you. 私はあなたには何も隠しだてしません ▸ I *keep* the matter *from* everybody's knowledge. その件は誰にも知らさない.

5 AをBに入れない ▸ *Keep* him *from* the public house. 彼をそのパブに入れないようになさい.

6 AをBに与えない ▸ I *kept* his due *from* him. 私は彼に当然与えるべきものを与えなかった.

keep in 他 **1** (罰として)…を居残りさせる ▸ The boy *was kept in* after school. その少年は放課後残された.

2 …を抑える; を制する; (感情など)を出さない ▸ I could not *keep* my horse *in*. 私は馬を制しきれなかった ▸ He *kept in* his anger at her attitude. 彼は彼女の態度にむかついたが怒りを抑えた.

3 (火)を燃やし続ける ▸ *Keep* the fire *in* all night. 炉火を夜じゅう消さないようにしなさい.

4 …を閉じこめる ▸ We *were kept in* by the rain. 我々は雨に降りこめられた. ▸ The doctor *kept* me *in* for a week. 医師は私を1週間禁足にした.

5 …を隠す, 秘す ▸ Mr. Smith was *keeping in* what had taken place. スミス氏は起こったことを隠していた.

6 …の状態で食っていけるだけのかせぎがある ▸ His wages aren't enough to *keep* his family *in* even the basics. 彼の賃金では一家が最低限の暮らしをするにも不足する.

7 (食糧など)を貯えておく ▸ He always *keeps* some good wine *in*. 彼はいつも上等のワインを貯えておく.

— 自 **8** (道の)一方の側を守る, 端を歩く[運転する] ▸ *Keep* (well) *in*. There's a lot of traffic coming. ずっとこちら側の端を歩き[運転し]なさい. 交通量が多いから.

9 燃え続ける ▸ The fire *kept in* twelve hours. 火は12時間燃え続けた.

10 (印)活字を詰めて組む ▸ The compositor has failed to *keep in* here. 植字工はここの活字を詰めて組んでいない.

11 閉じこもる; 隠れ家にこもる; 地位にとどまる ▸ The inhabitants of those that are infected must *keep in*. 伝染病患者のいる家に住む人々は家に閉じこもっていなくてはならない ▸ We may *keep in* for years, but we must go out at length. 我々は何年もの間地位にとどまれるとしても, 結局は去らなければならないのだ.

12 …に閉じこもっている ▸ The rabbits *kept in* their burrows. ウサギたちは穴に閉じこもっていた.

keep *a person **in*** 他 **1** (罰として生徒を)学校に居残らせる (→KEEP in 1) ▸ The teacher *kept* Jonathan *in* after school because of his bad behavior. 先生はジョナサンの行儀が悪かったために放課後居残りをさせた.

2 人に…をきちんと支給する ▸ He *kept* the employees *in* gloves. 彼は従業員たちに手袋をきちんと支給した.

3 《口》人にある状態を続けさせる ▸ She *kept* her mother *in* luxury. 彼女は母に贅沢を続けさせた.

keep in with 自 《英口》(利益を期待して要人)と仲よくする, 仲良くしていく ▸ I should *keep in with* the officials. 私はお役人たちと仲よくしていくべきだ.

keep left [right] 自 左側[右側]通行する ▸ Traffic in Britain *keeps left*. 英本国では左側通行である.

keep off 他 **1** …を近づけない, 触れさせない; を防ぐ, 避ける ▸ Smoke will *keep off* mosquitoes. 煙は蚊を寄せつけないであろう ▸ A parasol was held up to *keep off* the sun. 日光を避けるため日傘をさした ▸ Occupation will *keep* evil *off*. 職業は悪を寄せつけない《まともな職業についていると, 悪事を行う暇がないということ》.

2 …を離しておく ▸ He *kept* his eyes *off*. 彼は目をそらしていた.

3 …を控える, 慎む ▸ After his illness my uncle *kept off* beer for a year. 病後1年間うちの叔父はビールを慎んだ.

4 (問題など)を避ける ▸ They *kept off* religious issues. 彼らは宗教問題を避けた.

5 (人)を…に行かせない ▸ We shall *keep* Tom *off* school until he gets well. 病気が治るまでトムを学校へ行かせない.

— 自 **6** (…に)近寄らない, (から)離れている ▸ *Keep off* the grass! 芝生に入るな.

7 《英》(雨などが降りそうで)降らない ▸ The rain *kept off* the whole day. 雨は一日中降らなかった.

keep on 他 **1** (現状・仕事など)を続ける ▸ He *keeps on* that meekness. 彼はあのおとなしさを失わずにいる ▸ I was very tired, but *kept on* my work. 私は非常に疲れていたが仕事を続けた.

2 …を(体に)着けたままでいる ▸ *Keep on* your coat if you feel cold. 寒ければ上着は着たままでいなさい ▸ *Keep* your hat *on*, please. どうぞ, 帽子はおかぶりになったままで.

3 (火)を燃やし続ける ▸ The fire *was kept on* all night. 夜じゅう火は燃やし続けられた.

4 …を持ち続ける, 続けて雇う, 使っておく ▸ He *kept* me *on* at my old job. 彼は私を従来の仕事に雇い続けてくれた.

5 (道)を続けていく ▸ It is necessary to *keep on* the beaten track. 今までの方法を続けていく必要がある.

— 自 **6** (状態・動作を)続ける ▸ If he *keeps on* as

he has begun, he is sure to succeed. 初めの通りにずっと続ければ,彼はきっと成功する.

7 ずっとついている, とどまっている ▪ His buttons never *keep on*. 彼のボタンはすぐ取れてしまう.

8 前進を続ける ▪ Turn to the left and *keep straight on* for about 2 miles. 左に曲がって, 2マイルばかりまっすぐに行きなさい.

9《英口》(うんざりするほど)しゃべり続ける ▪ He *kept on* about that stupid car. 彼はあのいまいましい車のことをしゃべりまくった.

keep A ***on*** B A(心・注意など)をBに向けておく ▪ I couldn't *keep* my mind *on* my homework. 宿題に集中できなかった.

keep on *doing* 他 **1**(やめないで)...し続ける ▪ Eddy *kept on talking* all the time. エディーはずっと話し続けた.

2 しきりに...する《動作の反復》 ▪ You *keep on making* the same mistake. あなたは同じまちがいばかりしている ▪ He *kept on standing* up. 彼は何度も立ち上がってばかりいた.

keep on and on 自 話し続ける, 小言を言い続ける(*at*) ▪ He *kept on and on at* me. 彼は私に小言を言い続けた.

keep on at ...にがみがみ言い続ける ▪ She *keeps on at* her children to be quiet. 彼女は子供たちに静かにしろと小言ばかり言っている.

keep out 他 **1** ...を外にいさせる; を入れない, 防ぐ ▪ Business *kept* me *out* all day. 用事があって私は一日中外にいた ▪ My grandpa locked the door to *keep out* thieves at night. おじいちゃんは夜中に泥棒が入らないように戸に錠をおろした ▪ This mackintosh will *keep out* the rain. このレインコートは雨を防ぐだろう.

2 ...を閉め出す, 排斥する ▪ In 1980's they *kept out* Japanese goods. 1980年代に彼らは日本製品を閉め出した.

3 ...を出しておく ▪ *Keep out* these silver spoons; we'll need them tonight. この銀のスプーンは出しておきなさい. 今夜必要ですから.

— 自 **4** 外にいる, 入らないでいる ▪ The sign on the door said, "Danger! *Keep out*!"「危険! 立入禁止!」と扉に掲示してあった.

5 超然としている ▪ He *kept out* from the world. 彼は世に超然としていた.

6《印》活字をまばらに組む ▪ The typesetter *kept out*. 植字工は活字をまばらに組んだ.

keep out of 他 **1** ...を(職など)につかせない ▪ His policy *kept* him *out of* the Cabinet. 彼は政策が違うので入閣できなかった.

2 ...をさせない; に行かせない ▪ They *kept* the children *out of* mischief. 彼らは子供たちにいたずらをさせなかった ▪ Shall I *keep* him *out of* school? あの子は学校を休ませましょうか.

3 ...を...に入らせない; を...に加わらせない ▪ The cook *kept* everybody *out of* the kitchen. 料理人は誰も厨房に入れなかった ▪ I *kept* him *out of* the quarrel. 私は彼をそのけんかに加わらせなかった.

— 自 **4** ...をしない ▪ The boy *kept out of* mischief. 少年はいたずらをしなかった.

5 ...に加わらない, 交わらない ▪ You had better *keep out of* such a quarrel. そんなけんかには加わらないほうがよい.

keep *a person* ***out of*** 他 人を...に不自由させる ▪ Father *kept* me *out of* pocket-money. 父は私をこうかい銭に不自由させた.

keep over 他 **1**(他日のために)...を取っておく ▪ They *kept over* old wheat stocks for a rise in price. 彼らは値上りを待って, 古い小麦のたくわえを取っておいた.

— 自 **2** ...が終わるまでもつ ▪ Will this fish *keep over* till tomorrow? この魚は明日までもつか.

keep straight 自 他 まじめに暮らす[暮らさせる] ▪ He proved he could *keep straight*. 彼はまじめに暮らすことができることを証明してみた ▪ They *kept* James *straight*. 彼らはジェイムズをまじめに暮らさせた.

keep to 自 **1** ...を固守する; をあくまで行う; (道・川に)沿って進む, 離れずに行く ▪ He still *keeps to* his first resolution. 彼はまだ最初の決心を堅く守っている ▪ Traffic in England *keeps to* the left. イギリスでは車は左側通行だ ▪ *Keep to* the point to save wasting time. 時間の無駄を省くため要点を離れないようになさい ▪ Please *keep to* the paths. 小道からはずれないようにお歩きください.

2 ...に引きこもる ▪ She *kept to* her room with a cold. 彼女は風邪で部屋に引きこもった ▪ He *kept to* the sofa for a few days. 彼は数日の間ソファに寝たきりだった.

3(約束など)を守る ▪ He *kept to* the agreement. 彼はその契約を守った.

4(特定の食事など)に制限する ▪ The child *kept to* the diet intended to prevent atopy. その子はアトピー予防用の食事制限をしていた.

— 他 **5**《海》帆船を風上に間切って進める ▪ They *kept* the ship *to*. 彼らは船を風上に間切って[ジグザグに]進行させた.

keep together 自 **1**(離れないように)くっついている, 固まっている ▪ Let us *keep* close *together*. みんな離れないように固まっていましょう ▪ I have tied the sticks firmly; they will *keep together*. この棒切れを束ねてしっかりくくったから, ばらばらにはならないだろう.

2 協調する, 団結する ▪ They are good friends and will *keep together*. 彼らは親しい友だちだから, 協調するだろう.

— 他 **3** ...を固まらせる; を団結させる ▪ It is a loose sand only *kept together* by the roots. それはさらさらの砂が木の根で固められているにすぎない.

keep (...) ***under*** 他 **1**(感情などを)抑える, 制する ▪ He has a bad temper, but he can *keep* it *under*. 彼はかんしゃく持ちだが, それを抑えることができる.

2 ...を服従させる, 抑圧する, 鎮圧する ▪ The fire *was kept under* with great difficulty. 火事はやっとのことで消し止められた.

3(麻酔などで)人を無意識状態にしておく(*with*)

・They gave me an anesthetic and *kept* me *under* for two hours while they did the job. 医師たちは私に麻酔薬を打ち，2時間眠らせている間に処置をした ・The doctor failed to *keep* me *under with* anesthesia. 医師は私に麻酔をかけたが昏睡状態に保てなかった．
— 圁 **4** (水)に潜ったままでいる ・I cannot *keep under* the water for even one minute. 私は1分と水に潜っていられない．

keep up 他 **1** (活動)を続ける；(習慣・状態)を続ける ・They *kept up* the attack all night. 彼らは夜どおし攻撃を続けた ・The old customs *are* still *kept up* in the country districts. 古い習慣が田舎ではまだ続けられている．
2 (水準・質・名声・能力・値段など)を維持する，落とさないようにする ・We must *keep up* our position in this neighborhood. この近辺での我々の地位を維持せねばならない ・You must *keep up* the quality if you wish to *keep up* your sales. 売り上げを減らすまいと思えば，商品の質を落とさないようにしなければならない．
3 …を立派な状態に保つ；を手入れして維持する ・The king had a mind to *keep up* his army and navy. 国王は陸海軍を整備維持したいと思っていた ・It costs a lot of money to *keep up* a car. 自動車は維持費がうんとかかる．
4 …をささえる；を養う ・He *keeps up* a large establishment. 彼は大きな所帯を張っている．
5 (火)を燃やし続ける ・We *kept up* a small fire. 我々はささやかな火を燃やし続けた．
6 …の勉強を続ける ・*Keep up* your German. ドイツ語の勉強を続けなさい．
7 …のふりを続ける ・I tried to appear cheerful but couldn't *keep* it *up*. うれしそうなふりをしようとしたが，長続きしなかった．
8 (人)を(夜に)起こしておく ・I will *keep* you *up* no longer. あなたをこれ以上起こしてはおきません．
9 …を閉じこめる ・Sheep *are kept up* in sheds during the winter. 羊は冬の間は小屋に閉じこめられる．
10 …を立たせておく ・Mr. Hoffman was so weak that it was difficult to *keep* him *up*. ホフマンさんは非常に弱っていたので，立たせておくことは困難であった．
— 圁 **11** (寝ずに，病床につかないで)起きている ・I can *keep up* till ten o'clock tonight. 今夜は10時まで起きていられる．
12 じっと立っている ・*Keep up*. If you fall, you'll be done for. じっと立っていなさい．もし倒れたら，おしまいですよ．
13 (家に)閉じこもる；(宿に)泊まる ・He *kept up* in his room for two days. 彼は2日間部屋に閉じこもっていた．
14 (時勢などに)おくれないようにする；落伍しない ・He could not *keep up*, I suppose. 彼はおくれずについていけなかったのだと思う．
15 (苦しみ・病気などに)屈しない ・Charlize Theron *kept up* under a misfortune. シャーリーズ・セロンは不幸に屈しなかった ・Your courage *kept up* wonderfully. あなたの勇気は不思議にもくじけなかった．
16 《印》(活字などを)目立たせる，大文字を盛んに使う ・*Keep up* the headline a little more. 見出しの活字をもう少し目立つようにせよ．

keep up to 他 **1** …を(ある水準)に維持する，から落とさないようにする ・We *keep* our business *up to* the latest high standards. 我々は商売を最新の高水準に保っている．
2 (人)に絶えず…を知らせておく ・Jack *kept* the country folk *up to* the doings of the townsfolk. ジャックは田舎の人々に町の人々のすることを絶えず知らせた．
— 圁 **3** (ある水準)以下に落ちない[を維持する] ・We should *keep up to* the mark in matters concerned with security. 防犯関係では一定の基準を維持すべきである．
4 …におくれないようにする ・I ran to *keep up to* the girls. 私は少女たちにおくれないようにするために走った．

keep up with 圁 **1** …と並んで行く，におくれないようにする，ついて行く《比喩的にも》 ・I can't *keep up with* you. 君にはついて行けません ・We must *keep up with* the times. 時勢におくれないようにしなければならない ・The supply can't *keep up with* the demand. 供給は需要に応じえない．
2 …を知って[に通じて]いる，と接触[交際・連絡・音信]を続ける ・She always *keeps up with* the latest fashions. 彼女は常に最新の流行を知っている ・After his retirement he *kept up with* some of his old workmates. 彼は退職後も昔の仕事仲間の数人と交際を続けた．
3 (支払い)をきちんと続ける ・I always make a point of *keeping up with* the payments. 常にちゃんと支払いを続けることにしている．

keep with 圁 **1** …のお供をする，と交わる ・I'll *keep with* you to the crossroads. 十字路までお供しましょう ・Go and *keep with* him. 行って彼といっしょになりなさい．
2 …とともにいる ・I won't *keep with* you. あなたといっしょにはいたくない．
3 …におくれないようにする，ついて行く ・They were fortunate enough to *keep with* hounds. 彼らは幸いに猟犬たちにおくれないようついて行った．

keep within 圁 …の範囲内にとどまる[から出ない] ・If you *keep within* the residential area, you will be safe. 住宅地域から外に出ないかぎり安全だ．

key /kiː/ ***key in*** 他 《電算》(キーボードを操作して)データをキー入力する ・Next, *key in* your password. 次にパスワードを入力します．
2 …を調整する，(楽器)を調律する ・Most band instruments *are keyed in* B♭ or E♭. バンド楽器はたいてい口短調かホ短調に調律されている．
3 …にアーチの頂上のかなめ石を入れる ・The new bridge fell down after it *was keyed in*. 新しい橋はアーチの頂上のかなめ石を入れた後に崩れ落ちた．
4 …に気づかせる，反応させる (*to*) ・We'll *key in*

the employees *to* the new dress code. 従業員に新しい服装規程を守らせよう.
— 自 **5** …を知る, に気がつく ▪ The workers started to complain, but the manager hasn't *keyed in*. 従業員が不満の声を上げ始めたが, 支配人はまだ気づいていない.

key (in) on 自 《米》(怪しいと)…に狙いを定める, 焦点をしぼる ▪ The police dog *keyed in on* a suitcase left in the baggage claim area. 警察犬は手荷物受取所に残されたスーツケースに的をしぼった.

key into 他 〔電算〕 **1** コンピューターに(情報)をキー入力する ▪ *Key* the code *into* the computer. コンピューターにコードを入力してください.
— 自 **2** (コンピューター)にアクセスする ▪ A hacker *keyed into* a vital database at the insurance agent. あるハッカーが保険代理店の重大なデータベースにアクセスしてきた.

key A to B 他 《米》〔主に受身で〕AをBに合わせる, 調和させる ▪ The factory *is keyed to* the needs of the local people. その工場は地域の人々の要望に合わせている.

key up **1** …を興奮させる, 刺激する ▪ I *was keyed up* over the prospect of our long trip. 私たちの前途の長旅を思って私はひどく興奮した.
2 …の調子をあげる, 音(ﾈ)じめをする ▪ That instrument wants *keying up*. その楽器は音じめをする必要がある.
3 (気分などを)あおる, 鼓舞する ▪ His son's efforts *keyed up* his expectations. 息子の努力が彼の期待をあおった ▪ Mr. Balfour *keyed up* the landlords to stand out. バルフォー氏は地主たちを激励してがんばらせた ▪ She *keyed* herself *up* to demand a higher wage. 彼女は勇気を出して, 賃金引上げを要求した.
4 …を緊張させる ▪ She *was keyed up* about the exams. 彼女は試験のことでぴりぴりしていた.
5 (要求などの)調子を強める, 提出する ▪ He *keyed up* the demand for housing assistance. 彼は住宅建築補助の要求を提出した.

kick /kɪk/ ***kick against [at]*** 自 …に(激しく)反対する, をいやがる ▪ The students *kicked against* the restrictions. 学生たちはその拘束に反対した ▪ He *kicked at* the discipline a great deal. 彼はその訓練を大いにいやがった.

kick around [about] 他 **1** 《口》…をけちらす, ボールをけって遊ぶ ▪ Children like *kicking* dead leaves *around*. 子供たちは枯葉をけちらすのが好きだ ▪ The boys are *kicking* a ball *around* in the street. 男の子たちが道でボールをけって遊んでいる.
2 …をきびしく[不当に, 軽蔑的に]扱う ▪ He was not one that any rich man could *kick around*. 彼は金持ちが好く当たれるような人ではなかった.
3 《口》…を(気楽に)討議[検討]する, あれこれ試してみる[考える] ▪ They *kicked* the problem *around* in a bull session. 彼らは自由討議でその問題を気楽に検討した ▪ We are *kicking about* various schemes to make money. 我々は金かせぎにいろいろな方策を試しているところだ.
4 (人)をこき使う, 酷使する, 虐待する, 冷遇する ▪ The directors can no longer *kick* the workers *around*. 重役たちはもはや労働者たちをこき使うことはできない.
— 自 **5** 《口》(…が)にほったらかしにしてある ▪ Old shoes have been *kicking about* the backyard. 古靴が裏庭にずっとほったらかしにしてあった.
6 《口》あちこち歩き[うろつき]回る, (あてもなく)あちこち移動する[旅する] ▪ Stephen will be able to *kick around* pretty soon. スティーブンはもうすぐ歩き回れるようになるでしょう ▪ During winters he *kicked about* Florida and other warm places. 冬の間彼はフロリダやその他の暖かい所をあちこち移動した.
7 〔進行形で〕…に散らばる ▪ Several books and magazines are *kicking about* the floor. 数冊の本や雑誌が床に散らばっている ▪ Don't leave your clothes *kicking about* the floor. 服を床に散らかしておいてはいけない.
8 …に反対する, 不平を言う ▪ Taxpayers didn't *kick about* costs. 納税者たちは経費については不平を言わなかった.
9 〔進行形で〕存在している; 生きている ▪ *Is* the same chairman still *kicking around?* 同じ議長さんがまだおられますか.

kick around with 自 《豪口》…と長くいっしょに過ごす ▪ I used to *kick around with* those guys. 昔はいつらといつも過ごしたものだった.

kick at 自 **1** …めがけてけりかかる, けるまねをする ▪ The pony *kicked at* me, but I knew it was just a threat. 子馬は私にけりかかってきたが, ただのおどしとわかっていた.
2 = KICK against.
— 他 **3** …をける ▪ *Kick at* the ball yourself. 自分でボールをけりなさい.
— 自 **4** (怒り・軽蔑をもって)…をはねつける, しりぞける ▪ Our counsels *were kicked at*. 我々の助言はしりぞけられた ▪ My stomach *kicked at* the medicine. 私の胃はその薬を受けつけなかった.

kick away 自 **1** (ボールを)盛んにける (*at*) ▪ Andrés Iniesta practiced *kicking away at* a ball for hours. アンドレス・イニエスタは何時間もボールをける練習をした.
— 他 **2** …をけとばす ▪ He *kicked* the ball *away*. 彼はボールをけとばした.

kick back 他 **1** …をけり返す; を報復する ▪ I only *kicked* him *back*. 私はただ彼をけり返してやっただけだ.
2 リベートとして(金)を払う ▪ I will do it if you *kick back* just a few thousand dollars. 2, 3千ドルほどよこすならしてやろう.
3 《口》(賃金などの一部)を返す; (盗品)を返す ▪ He *kicked back* his pay to keep his job. 彼は首つなぎに給料の一部を返した ▪ A portion of that stolen money was *kicked back* to him. その盗まれた金の一部が彼の許に戻された.
— 自 **4** 《口》(足を投げ出して)くつろぐ, 一息入れる

It's time to *kick back* and live in comfort. そろそろくつろいでのんびり生活する頃合いだな.
5《口》(急に, 意外に)はね返る, (銃が発射の反動で)はね返る ▪ The motor sometimes *kicks back*. ときどきモーターが急にはね返ることがある ▪ I held the rifle tightly so it wouldn't *kick back*. はね返らないようにライフル銃をしっかり構えた.
6《口》(病気が)短期間にぶり返す ▪ This kind of cold often *kicks back* within a short time. この種の風邪は治ってまもなくぶり返すことがよくある.
7(盗品が)戻る ▪ Most of the stolen items won't *kick back*. 盗まれた物はたいてい戻ってこないものだ.

kick down 自 **1** エンジンを低ギアに変える ▪ When you're losing speed, you have to *kick down*. スピードを落としているときはエンジンを低ギアに変えなければならない.
2《米口》歩いておりる[下る] ▪ The other evening I *kicked down* to a show. 先日の晩私はショーを見におりて行った.
— 他 **3** ...をけり倒す ▪ The boy *kicked* the stool *down*. 少年はスツールをけり倒した.

kick in 他 **1** ...をけり入れる ▪ The boy *kicked* the ball *in*. 少年はボールをけり入れた.
2 ...を(外側から)けり破る[こわす], けり破って[こわして]入る ▪ The firefighters *kicked* the door *in*. 消防士たちは戸をけり破って入った.
3《俗》(金)を支払う; を献金[寄付]する ▪ We *kicked in* a certain amount toward the campaign expenses. その運動費にある金額を寄付した ▪ I'll *kick* a few bucks *in* to buy her a gift. 彼女へのプレゼントを買うのに数ドルカンパしよう.
4《米俗》(人の家)に押し入る ▪ He *kicked in* a private house. 彼は個人の家に押し入った.
5(車)を押して(足で地面をけって)レール上を進める ▪ He wanted to *kick* the last car *in*. 最後の車を押してレール上を進めたいと思った.
— 自 **6** 始まる ▪ Funding for school lunches won't *kick in* until next fiscal year. 学校給食への資金提供は次の会計年度までは無理だろう.
7 作動する ▪ Finally the motor *kicked in*. やっとモーターのエンジンがかかった.
8(薬などが)効き始める ▪ I felt better when the antibiotics *kicked in*. 抗生物質が効き始めて気分が良くなった.
9《米俗》死ぬ ▪ Old Dick *kicked in* at last. ディック老人はとうとうくたばった.
10(感情が)湧く ▪ Once again, that surge of anger *kicked in*. またじわじわと腹が立ってきた.

kick ... into 他 ...をむりやりに追いこむ[させる] ▪ The majority in Congress *was kicked into* a declaration of war. 国会の過半数をむりやりに駆って宣戦布告をさせた.

kick off 他 **1** ...を(...から)けり出す, 追い出す ▪ We *kicked* him *off* the committee. 我々は彼を委員会から追い出した.
2(靴)をけって脱ぐ, けって離す ▪ He *kicked off* his shoes. 彼は靴をけって脱いだ ▪ I always *kick off* my covers in the night. 私は夜中に必ず掛け布団を足ではね飛ばす.
3《口》...を始める ▪ He *kicked off* a drive for the relief of the poor. 彼は貧民救済の運動を始めた.
— 自 **4**《フットボール》試合を開始する, 試合開始の球をけり出す ▪ The captain *kicked off* with the wind against him. キャプテンは向かい風を受けて試合開始の球をけり出した ▪ The center forward *kicked off* at 3 p.m. センターフォワードが午後3時に試合を開始した.
5(会合などが)始まる ▪ The party will *kick off* around 5 p.m. パーティーは午後5時頃に始まる予定だ.
6《米口》死ぬ ▪ He *kicked off* at last. 彼はとうとう死んだ.
7 立ち去る ▪ Well, I must *kick off* now. さあ, もうおいとましなくてはなりません.
8(機械などが)動かなくなる ▪ The washing machine has *kicked off* again. その洗濯機はまた動かなくなってしまった.

kick on 他 **1**(電灯)をつける, (スイッチ)を入れる ▪ He *kicked* the switch *on*, and light flooded the room. 彼がスイッチを入れると部屋中に光が溢れた.
2(靴)をつっかける ▪ He *kicked on* his slippers. 彼はスリッパをつっかけた.
— 自 **3**(機械などが)急に動きだす; 急に動きださせる ▪ Suddenly the motor *kicked on*. 急にモーターが動きだした.
4《英・スポーツ》プレーし続ける ▪ We *kicked on* and took advantage of our lead. 我々はプレーを続けてリードをいかした.

kick out 他 **1** ...をけり出す ▪ We *kicked* the thief *out* of the house. 我々はこそ泥を家からけり出した.
2《口》(人)を追い出す, (屈辱的に)解雇する ▪ The Faculty *kicked* us *out* of college. 評議員会は我々を大学から追い出した ▪ *Kick out* 23 officers. 23人の役員を解雇せよ.
3 ...を踏み消す ▪ *Kick* the fire *out*. 火を踏み消せ.
— 自 **4**《口》死ぬ ▪ Old Nick *kicked out* this morning. ニック爺さんがけさ死んだ.
5 激しく反抗[抵抗]する ▪ I am not going to stand this persecution. I will *kick out*. この迫害をがまんするつもりはない. 大いに抵抗するぞ.
6《アメフト》(タッチダウン後)ボールを25ヤードラインの後方からけって試合再開をする;《サッカー》(優勢を維持するため時間かせぎに)ボールをゆっくりと側線外にけり出す ▪ I *kicked* the ball *out* with just 35 seconds left. 残り僅か35秒なので故意にボールをけり出した.

kick out against 自 (体制)に反対[抵抗]する ▪ You'd better not *kick out against* authority. 権威に盾突かない方が身のためだ.

kick over **1** ...をけってひっくり返す, けり倒す ▪ The girl has *kicked over* the pail. その娘はおけをけってひっくり返した.
2《俗》(金)を払う, 寄付する ▪ I was forced to *kick over* a lot of money for the remodeling of

our church. 教会の改築に大金を寄付させられた.
― 圓 **3**《米》(車などの)エンジンが始動する ▪ I tried to start my car, but the motor would not *kick over*. 車を始動させようと頑張ってみたが,エンジンがどうしてもかからなかった.

4 …の上まで足を上げる ▪ The dancer can *kick over* a cord four feet from the ground. そのダンサーは地面から4フィートの高さの綱の上まで足を上げることができる.

5《俗》死ぬ ▪ His old dog *kicked over* this morning. 彼の老犬がけさ死んだ.

kick up 他 **1**(土・ほこりなど)をけ立てる ▪ Gusty winds *kicked up* the sand. 突風が吹いて砂煙が上がった. ▪ The wind *kicked up* more sea than was agreeable. 風が不愉快なほど高い波を立てた.

2(数量・力・手段など)を上げる[増す] ▪ Let's *kick up* tempo during the chorus of the song. コーラスの間はテンポを速めよう.

― 圓 **3**(風・嵐・波などが)激しくなる ▪ The wind *kicked up* and it started to rain. 風が強まり雨も降り出した ▪ I was hurrying home when the snowstorm *kicked up*. 家路を急いでいると吹雪が激しくなってきた ▪ The waves really *kicked up* in the gale. 強風で波が荒れに荒れた.

4(口)(ひざ・機械などが)不調を示す ▪ Auntie's arthritis has started to *kick up* again. 叔母さんの関節炎がまた痛み始めた ▪ The machine *kicked up* problems and the work was stalled. 機械が不調をきたし作業が停止した.

5 面倒[騒ぎ]を引き起こす ▪ He was charged with having *kicked up* a riot. 彼は騒乱罪に問われた.

6(ボールが)垂直にはね返る ▪ The ball *kicked up* a little. ボールは垂直に少しはね返った.

kick up at 圓 《パブリックスクール》 …をしかる ▪ He *kicked up* badly *at* me yesterday. 彼はきのう私をひどくしかった.

kick…upstairs 他 《戯》(うるさい人)をお飾りの高位に祭りあげる, 昇進の名目で追い出す ▪ He is about to *be kicked upstairs* to be Secretary of State. 彼は国務長官という空名的な高位に祭りあげられようとしている.

kid /kɪd/ ***kid around*** 圓 《主に米口》ふざける, かつぐ ▪ Let him alone. He's just *kidding around*. 放っておけ. 彼はただふざけているだけだ.

kid…on[***up***] 他 《口》…をからかう ▪ Don't believe him. He's only *kidding* you *on*[*up*]. 彼の言うことを信じてはいけません. ただあなたをからかっているだけですから.

kill /kɪl/ ***kill down*** 他 …を殺す; を枯死させる ▪ Noxious insects must *be killed down*. 害虫は殺してしまわねばならない ▪ The severe winter *killed down* the old tree. 冬の厳寒がその老木を枯らしてしまった.

kill off 他 **1** …を絶滅させる, (大量・全部)を殺して除く, を抹殺する ▪ Our hope was to *kill off* the pirates. 我々の望みは海賊を絶滅させることであった. ▪ This new insecticide *kills off* the green fly in thousands. この新しい殺虫剤は青バエを何千となく大量に殺す.

2(計画)を完全に打ち砕く ▪ Your insolent behavior has *killed off* the whole plan. お前の無礼な行為のせいで計画全体がおじゃんになってしまった.

kill out 他 …を絶滅させる, 殺して除く ▪ The chemicals have *killed out* the fish in the pond. その化学薬品が池の魚を全滅させた ▪ He *killed* the aphids *out* in the greenhouse with the insecticide. 彼は温室のアリマキを殺虫剤で駆除した.

kill well [***badly***] 圓 肉が厚く切り取れる[肉があまり取れない] ▪ Pigs *kill well* at that age. ブタはその年齢では肉が厚く切り取れる.

kindle /kíndəl/ ***kindle…to*** 他 …を扇動して…をさせる ▪ His offer to help me *kindled* me *to* courage. 彼が手を貸すと言ってくれたので私は勇気が湧いた.

kindle up 圓 **1** 燃え立つ, 輝く ▪ The candles *kindled up* in the breeze from the open window. 開けた窓からの微風でろうそくが大きく揺らめいた ▪ Her face *kindled up* at the good news. その朗報に彼女の顔がぱっと明るくなった.

― 他 **2** …を燃え立たせる ▪ I tried to *kindle up* the fire by blowing it. フーフー息を吹きかけて焚き火を燃え立たせようとした.

kip /kɪp/ ***kip down*** 圓 《英口》ごろ寝をする, 横になる, うたた寝する ▪ You will have to *kip down* for an hour. あなたは1時間ばかり仮眠をとらなければならないでしょう.

kip out 圓 《俗》露天で寝る ▪ During the summer we often *kip out* on the beaches. 夏の間我々はしばしば浜辺で野宿をする.

kiss /kɪs/ ***kiss away*** 他 キスして…を取り去る[ぬぐい去る] ▪ She *kissed away* tears from the child's eyes. 彼女はキスして子供の目から涙をぬぐい取ってやった.

kiss off 他 **1**《米口》(人)を解雇する: を追い出す ▪ He *kissed off* his servant. 彼は使用人を首にした.

2 …をキスして取り除く ▪ You've *kissed* my lipstick *off*. あなたはキスして私の口紅をとってしまった.

3 …を殺す ▪ Max *kissed* Jim *off* with a small gun he carried in his boot. マックスはブーツに隠し持っていた小型拳銃でジムをばらした.

4 …を死んだものとあきらめる ▪ Why don't you *kiss* him *off* as lost? 彼のことは死んだものとあきらめたらどうだ.

5 …を拒絶する, 無視する, 追い払う ▪ He *kissed off* my protest with a wave of his hand. 彼は手をひらひら振って私の抗議を取り合わなかった.

― 圓 **6**《米口》死ぬ ▪ Old Tom has *kissed off*. トム老人はくたばった.

7〔主に命令文で〕立ち去る ▪ He told me to *kiss off*. 彼に出て行けと言われた.

kiss up to *a person* 圓 《米口》人にこびへつらう, おべっかを使う, 調子を合わせる ▪ That guy is always trying to *kiss up to* his boss. あいつはいつも上司に取り入ろうとしてばかりいる. ⇨ kiss ass と suck up to

kit /kɪt/ *kit out* 他《英口》[主に受身で]…に装備させる ▪ He *was* properly *kitted out* for the tropics. 彼は熱帯向きにきちんと装備していた.

kit up 他 …に装備させる; に着せる, 着飾らせる ▪ She *was kitted up* in her best clothes. 彼女は晴れ着を着飾っていた.

knap /næp/ *knap off*《方》…を激しく打って落とす, たたき落とす ▪ He took the cigar from his lips and *knapped off* the ashes. 彼はくわえていた葉巻の灰をはたき落とした.

kneel /niːl/ *kneel down* 自 **1** ひざまずく《特に礼拝・嘆願のために》 ▪ They *knelt down* to him to ask his blessing. 彼らは彼の前にひざまずいて祝福を請うた.

2 屈服する, ひざを屈する ▪ The warriors *knelt down* before the enemy. 戦士たちは敵の前に屈服した.

kneel to 自 …の前にひざまずく, ひざを屈する ▪ He *knelt to* the queen. 彼は女王の前にひざまずいた.

kneel up 自 ひざをついて立ち上がる ▪ I *knelt up* in the morning to look out. 朝私はひざをついて立ち上がり, 外を見た.

knit /nɪt/ *knit together* 他 **1** …を結合[団結]させる ▪ War *knits* the various classes of society *together*. 戦争は社会の諸階層を団結させる.

2(折れた骨など)を接合する, 密着させる ▪ The surgeon *knitted together* the dislocated bones of an old man. 外科医は老人の脱臼した骨を接合した.

knit up **1** …をかがって直す, 編んで繕う ▪ My mother *knit up* my sweater. 母はセーターを編んで繕ってくれた.

2(議論など)を終える, 結ぶ ▪ I will here *knit up* this letter. このへんで手紙を結びましょう.

3 …を回復する, 確立する ▪ We can *knit up* the friendship if we are tactful. 我々は如才なくやれば友情を回復することができる.

4 …をくくる, 縛りつける; をつるす ▪ His life *was* entirely *knit up* with the child's. 彼の生活はその子供の生活と完全に結ばれていた.

— 自 **5**(毛糸が)編める, 編みやすい ▪ This wool *knits up* well. この毛糸はとても編みやすい.

knob /nɑb/nɔb/ *knob out* 自 (こぶのように)ふくれ出る ▪ It *knobs out* on either side. それは両側にこぶのようにふくれ出ている.

knock /nɑk/nɔk/ *knock about* [*around*] **1**《口》…をあちこち旅して経験を積む; ぶらつく, 放浪する ▪ He has *knocked about* the world a good deal. 彼は方々大いに旅行して経験を積んでいる ▪ I've been *knocking about* on the streets. 私は街頭をさまよった.

2《口》不規則な生活をする, 放蕩(とう)をする; 遊ぶ ▪ In youth he *knocked about* a little. 若い時分には彼は少し放蕩をした.

3《口》[主に進行形で] よく連れ立っている (*with, together*) ▪ Tom *is knocking about with* Jane. トムはジェインとよく連れ立っている ▪ Tom and Jane *are knocking about together*. トムとジェインはよく連れ立っている.

4《口》荒仕事をする ▪ These old trousers are for *knocking about* the garden. この古ズボンは庭で荒仕事をするためのものです.

5 = KICK around 5.

6 = KICK around 9.

— 他 **7** …を手荒に扱う, 虐待する ▪ Take care not to *knock* it *about*. それを手荒に扱わないよう注意してください.

8 …を乱打する, 続けざまになぐる, 虐待する ▪ The boxer *knocked* his opponent *about* all over the ring. そのボクサーはリング上いたる所で相手を続けざまに打った.

9(波などが)船をもむ, ほんろうする ▪ Great waves began to *knock* her *about*. 大波が船をほんろうし始めた.

10 …をあちこちに打って[けって]遊ぶ ▪ Jack *is knocking* a ball *about* the yard with a friend. ジャックは中庭で友だちとボールをあちこちに打って[けって]遊んでいた.

11《口》…をあれこれ考えて[話し合って]みる ▪ We met to *knock about* some new ideas. 集まって新しい案をいろいろ検討した.

knock against 他 **1** …を…にぶつける, 突き当てる ▪ I *knocked* my foot *against* a stone. 足を石にぶつけた ▪ I *knocked* my head *against* a brick wall. 私は歯のたたないような困難に向かって苦闘した.

— **2** …に出くわす, ばったり出会う ▪ I *knocked against* Mr. Y. in the park. 私は公園でY氏に出くわした.

knock along 自 《英俗》なんとか暮らす; 仲よくやる ▪ One way or another, we keep *knocking along*. どうにかやりくりして暮らしているよ.

knock at [*on*] 自 (戸などを)たたく ▪ *Knock at* the door. They will let you in. 戸をたたきなさい. 入れてくれるでしょう. □《米》では on が普通.

knock away **1** …をたたいてはずす[落とす] ▪ The carpenter was *knocking away* clapboards. 大工は羽目板をたたいてはずしていた.

— 自 **2**(戸などに)盛んにノックする ▪ Keep *knocking away* until someone answers. 誰かが出るまでノックし続けなさい.

knock back 他 **1**《口》(人)に多額の費用を使わせる ▪ That *knocked* him *back* five pounds. それは彼に5ポンドかかった.

2《口》(特に大酒を)ぐっと飲む, 急いで食べる ▪ He *knocked back* whisky with one swift motion. 彼はウィスキーを一気にあおった ▪ He'd *knock back* his breakfast to start his busy day. 彼は大急ぎで朝食をかき込み, 忙しい1日を始めたものだった.

3《英口》…をあわてさせる, (のけぞるほど)驚かす ▪ That news really *knocked* me *back*. あのニュースには全くびびったよ.

4《英口》…を阻む, 断る, 拒む ▪ I have *been knocked back* by the selection committee. 私は選考委員会にはねられた.

5…を強く打ち返す ▪He *knocked* the branches *back* to reach the hut. 彼は小屋にたどり着くために枝を強く打ち返した.
— 圓 **6** ノックを返す ▪He knocked on the prison wall, and another prisoner *knocked back*. 彼が刑務所の壁をノックすると別の囚人が打ち返した.

knock … back into 他 …をたたいて返らせる ▪The doctor *knocked* her *back into* her senses. 医者は彼女をたたいて意識を回復させた.

knock down 他 **1**(人)を打ち倒す, なぐり倒す ▪Roberto *knocked* the challenger *down* in the third round. ロベルトは第3ラウンドで挑戦者をノックダウンした.
2(車が人)をひく[はねる] ▪The car *knocked down* a drunkard. その車は酔っぱらいをはねた.
3…を(たたいて)取りこわす, 解体する;(輸送の便のため製品)を分解する ▪The sewing-machine must *be knocked down*. そのミシンは(輸送のため)分解しなければならない.
4《口》(量・程度)を減らす;(値段)をまける ▪If you buy the car right away, I will *knock down* the price another 100 dollars. すぐその自動車を買ってくださるなら, もう100ドル値段をまけましょう.
5《口》(売り手など)を値切り倒す ▪I managed to *knock* him *down* 6%. どうにか彼に6パーセントだけまけさせた ▪I *knocked* his price *down* to £45. 彼の言い値を45ポンドに値切った.
6(議論など)をくつがえす, 打ち破る ▪He *knocked* the argument *down* like a house of cards. 彼はその議論をもろくも打ち破った.
7(競売で)…をハンマーでたたいて売る, 落札する. 競り落とす ▪I bid £350, and the vase *was knocked down* to me. 350ポンドの値をつけた, そして花びんは私に落ちた ▪The book *was knocked down* for ten pounds. その本は10ポンドで売値された.
8《米口》(金)を儲ける, 稼ぐ ▪A clever doctor can *knock down* $10,000,000 a year. 如才ない医者なら1年に1千万ドル儲けることができる.
9…を屈服させる ▪I would rather *be knocked down* by weight of argument. むしろ議論の力で屈服させられるほうがよい.
10《米》(獲物)を一発で撃ち落とす, しとめる ▪My father can *knock down* a moose. 父はヘラジカを一発でしとめることができる.
11(くぎなど)を打ち込む ▪*Knock down* a stake close to every plant. すべての苗木に近寄せてくいを打ち込みなさい.
12ドアをたたいて(人)を階下へ呼ぶ ▪Thomas, go and *knock* your father *down*. トマス, 行ってノックしておとうさんを階下へ呼びなさい.
13《米俗》(車掌などが料金)を着服する ▪They were accused of *knocking down* fares on their cars. 彼らは電車の料金を着服したかどで訴えられた.
14《米俗》(人)を紹介する(*to*) ▪I *was knocked down* to 10 girls at the dance. 私はダンスパーティーで10人の女の子に紹介された.
15《口》(司会者が)…を指名して[つちでたたいて]求める(*for*) ▪The chairman *knocked down* Richard *for* a comment. 司会者はリチャードを指名して感想を求めた.
16《豪俗》(酒・ばか騒ぎに金)を使う ▪They *knocked down* the money by boozing too much. 彼らは大酒をくらってその金を使ってしまった.
17…をびっくりさせる ▪The news fairly *knocked* him *down*. そのニュースに彼はすっかり驚いた.
18《俗》(アルコール飲料)を飲む ▪Leonard *knocked down* a bottle of beer. レナードはビールを1本空けた.
— 圓 **19**(階下の人を起こすため)床を下に向かってたたく ▪The person in waiting *knocked down*. つき添いの人が床をたたいて下の者を起こした.

knock … home (くぎなど)をしっかり打ち込む;(議論など)を徹底的に打ち破る ▪He *knocked* the nail *home*. そのくぎをしっかり打ち込んだ ▪His argument *was knocked home* by his opponent. 彼の議論は論敵によって徹底的にやっつけられた.

knock in 他 **1**…をたたき[打ち]込む; を押し込む ▪He *knocked* the top of a barrel *in*. 彼はたるのかがみ[ふた]をたたき入れた ▪They *knocked in* the victuals till they could hold no more. 彼らはもうこれ以上入らなくなるまで食べ物を押し込んだ.
2(知識など)をたたき込む ▪Don't try to *knock in* a list of facts. (生徒に)事実をたくさん続けざまにたたき込もうとしてはいけない.
— 圓 **3**《大学俗》門限後にノックして入れてもらう(↔ KNOCK out 13) ▪You *knock in* very often. 君は門限後にノックして入れてもらうことが多いね.

knock into 圓 《口》…に出くわす ▪I *knocked into* him in the park yesterday. 私はきのう公園で彼にばったり出会った.

knock … into *a person* 他 …を人の頭にたたきこむ ▪Doing classes and labs really *knocked* the knowledge *into* me. 授業や実験でその知識が私の頭にたたきこまれた.

knock *A* ***into*** *B* 他 AをBに打ち込む ▪Please *knock* this nail *into* the wood. この釘をその木に打ち込んでください.

knock off **1**…をたたき離す, 打ち落とす, 払いのける ▪He *knocked* the dust *off* his coat. 彼はコートのちりをはたき落とした ▪Death *knocked* the chains *off*. 死は束縛を払いのけた.
2《口》(額・量)を引く;(値)を引く;(速力)を落とす ▪He *knocked off* £3 from the bill. 彼は請求書から3ポンド引いた ▪An accident *knocked* ten knots an hour *off* the vessel's speed. 事故のために船の速力は1時間10ノットも落ちた ▪I'll *knock* £2 *off* the price of the dress. このドレスの値段から2ポンド引きましょう.
3(口)(人)に中止させる, やめさせる ▪The men *were knocked off* earlier. 労働者たちは早目に仕事をやめさせられた.
4《口》(仕事)をやめる, 中止する ▪We decided to *knock off* work at five. 我々は5時に仕事を切り上げることに決めた.

5《口》(人)をやっつける, 殺す ▪ He *knocked off* two men. 彼は二人を消した.
6《口》…を手早く仕上げる, さっさと片づける, 完成する ▪ He *knocked off* an article in an hour. 彼は1時間で論文を書き上げた ▪ I am anxious to *knock off* this task. 私は急いでこの仕事を片づけたいと強く願っている.
7《口》…を即席に書く[こしらえる] ▪ He *knocked off* a poem. 彼は即席に詩を作った.
8…の海賊版を作る, を模造して安値で売る ▪ They *knocked off* a famous designer's bags. 彼らは有名デザイナーのバッグの模造品を作って安く売った ▪ He made a fortune by *knocking off* Walt Disney animation movies. 彼はウォルト・ディズニーのアニメ映画の海賊版を作って大もうけした.
9《英俗》…を盗む; 強盗する, に押し入る ▪ Someone *knocked off* her bag in her car. 誰かが車の中にあった彼女のバッグを盗んだ ▪ An armed robber *knocked off* Nick's jewelry shop. 武装した強盗がニック宝飾店に押し入った.
10《俗》(女性)とセックスする ▪ I'd like to *knock* her *off*. 彼女をものにしたい.
11《口》…を逮捕する ▪ He *was knocked off* by the police. 彼は警察に逮捕された.
12《米口》…を(競売で)落札する ▪ The article *was knocked off* to him. その品は彼に落ちた.
13《クリケット》素早く(得点)を得る; (賞)をもらう ▪ They soon *knocked off* the runs. 彼らはじきに勝利の得点をあげた ▪ Vargas Llosa *knocked off* the 2010 Nobel prize in Literature. バルガス・リョサは2010年のノーベル文学賞をもらった.
14《口》(酒)を飲む ▪ He *knocked off* a beer. 彼はビールを1杯飲んだ.
15《海》[[受身で]] 船が風上側ななめ前方を波に打たれて風下に向けられる.
16《口》(人)を負かす; を滅ぼす ▪ He *knocked off* two opponents. 彼は相手を二人倒した.
17《口》…をすっかり食べる[平らげる] ▪ The child *knocked off* the whole cake. その子はケーキをまるまる平らげた.
― 圓 **18**《口》仕事をやめる, 切り上げる ▪ We *knock off* at five. 我々は5時に仕事をやめる.
19《俗》往生する, 死ぬ ▪ He *knocked off* at last. 彼はとうとう往生した.

knock on 他 **1**…を…にぶつける ▪ I *knocked* my head *on* the post. 私は柱に頭をぶつけた.
2[[進行形で]] (年齢)に近い ▪ My grandfather *is knocking on* 80 years but is in tip top condition. 祖父は80に近いがまだビンビンしている ▪ Her mother *is knocking on* the door of 70 years of age. 彼女の母親は70歳に手が届こうとしている ▪ This bike *is knocking on* 20 years of age. この自転車は買ってから20年になる.
3《ラグビー》(ボール)を敵のゴールの方へ手[腕]で打ち進める ▪ He spoiled a chance of scoring by *knocking on* a pass from Jones. 彼はジョーンズからの送球を手に当てて前へ進め(る反則でせっかくの)得点チャンスを台なしにした.
4(打撃などで)…を駆り立てる, 追い立てる ▪ The people *were* only *knocked on* with fear. その国民はただ恐怖に駆り立てられるだけだった.
5(役者)に登場の合図をする ▪ Hurry up, you've *been knocked on*! 急ぎなさい. 登場の合図がでましたよ!
6…を増加させる ▪ The interest payments *knock on* the price of a house. 利息の支払いで家の値段が高いものになる.
― 圓 **7** = KNOCK at.
8《口》仕事を続ける ▪ Let's *knock on* for another half hour. もう半時間仕事を続けよう.

knock out 他 **1**…をたたき出す; をたたいて落とす ▪ I shall *knock* your brains *out*. お前の脳みそをたたき出すぞ ▪ I heard him *knock* his pipe *out* on the mantelpiece. 私は彼がパイプなどでパイプをたたいて灰を落とす音を聞いた ▪ He *knocked* the ashes *out* of his pipe. 彼はパイプをたたいて灰を落とした.
2…を強打して気絶させる[殺す] ▪ He has *been knocked out* and robbed. 彼は強打されて気絶し, 持ち物を奪われた ▪ Lightning *knocked* the lights *out* in our house last night. 雷のため昨夜我が家の灯火が消えた.
3《ボクシング》ノックアウトする; (勝ち抜き方式で)やっつける ▪ The champion *knocked out* the opponent in the first round. チャンピオンは相手を1ラウンドでマットに這わせた ▪ Our team *was knocked out* in the semifinals. わがチームは準決勝戦でやっつけられた.
4《野球》打ちまくって(投手)を退かせる ▪ We *knock* pitcher White *out* of the box in the fifth to run in six scores. 我々は5回に6得点を挙げてホワイト投手をマウンドから引きずり降ろした.
5…を負かす, 参らせる; をへとへとにする ▪ Two years ago Aston Villa *knocked out* Manchester United. 2年前にアストンビラはマンチェスター・ユナイテッドを負かしたことがあった ▪ He *knocked* himself *out*. 彼はへとへとに疲れた.
6(競売で共謀して言い値に落とした品)を再び競売に付して利益を分ける ▪ The firm *was knocked out*. その会社はさらに競売に付されその利が(共謀者に)分配された.
7…を素早く作る ▪ She *knocks out* a paper crane a minute. 彼女は1分に1羽の割合で折鶴を手早く折る.
8《口》…を急いででっちあげる, 急いで考える ▪ He *knocked out* an idea for a play. 彼は急いで劇の構想をまとめた.
9《米》…を除去する ▪ The religious feature *was knocked out* of the town. 宗教的な特色がその町から除かれた.
10《口》…をびっくり仰天させる ▪ I *was knocked out* by the news. 私はそのニュースにびっくり仰天した.
11…をひどく感動させる ▪ These books don't *knock* me *out* very much. これらの本はたいして感動させない.

knock

12《口》(試験で受験者)を落とす ▪He *was knocked out* in the examination. 彼は試験に落とされた。
— 圓 **13**《大学俗》門限後に門をたたいて出してもらう(↔KNOCK in 3) ▪They *knocked out* at a quarter to three. 彼らは3時15分前に門限後の門をたたいて出してもらった。
14(楽曲を)雑に[へたに]奏する ▪He can only *knock out* a tune on the piano. 彼はピアノでへたにしか曲をひけない。
15《米・狩》臭跡を追うのをやめる, 臭跡を失う ▪The hound *knocked out* and went in quest of cold trails. 猟犬は臭跡を見失いかすかな臭跡を捜しに行った。
16《航空》完全にこわれる ▪All of a sudden the plane *knocked out*. 突然その航空機は完全に破壊した。

knock ... out (of) 他 **1** ...を...からたたき出す ▪I *knocked* his revolutionary notions *out of* him. 彼の頭から革命思想をたたき出した。
2 ...を使えなく[動かなく]する, 故障させる ▪The explosion *knocked out* the power for an hour. 爆発のせいで1時間停電した ▪Many tanks *were knocked out of* action by missiles. ミサイル弾を受けて多くの戦車が交戦不能になった。

knock over 他 **1**《俗》...を(打って)ひっくり返す, はり倒す ▪Two of them *were knocked over* with fever. 彼らのうち二人は熱病で倒れた ▪I *knocked over* the vase. 私は花びんをひっくり返した。
2(人)を車が[で]はねる, ひき倒す ▪She got *knocked over* by a bus. 彼女はバスにひかれた。
3《米口》...を盗む, 奪う ▪They *knocked over* a jewelry store. 彼らは宝石店強盗をした ▪We *knocked* the jewels *over*. 我々はその宝石類を強奪した。
4 ...の気を転倒させる, をびっくり仰天させる ▪He *is* quite *knocked over* by the news. 彼はそのニュースで全く気が転倒した ▪When I heard the news, I *was* completely *knocked over*. その知らせを聞いて全く肝を潰した。
5《俗》...を魅了する ▪He *knocked* the dames *over*. 彼は女性たちを魅了した。
6《俗》...を除去する ▪I *knocked over* every difficulty. 私はすべての困難を除去した。
7《俗》(酒)を飲む ▪He *knocked over* a drink. 彼は1杯飲んだ。
8 ...を片づける, 終える ▪He *knocked over* a book a day. 彼は1日に1冊片づけた。
9(収入・俸給)をもらう ▪He *knocks over* a good salary. 彼はいい給料をもらっている。
— 圓 **10**《俗》参る, 屈服する; くたばる ▪The captain *knocked over* with fever. 船長は熱病でくたばった。
11《俗》酒を飲み干す ▪He *knocked over* at a gulp. 彼は酒を一気に飲み干した。

knock ... sideways 他《英口》**1**(人)にショックを与える, 当惑させる ▪I *was knocked sideways* by the news. その知らせでショックを受けた。
2(物事)に悪影響を与える, 混乱させる ▪The oil crisis *knocked* prices *sideways*. 石油危機で物価が混乱してしまった。

knock through 圓 (壁を取って二つの部屋を)打ち抜く ▪The designer *knocked through* between the two bedrooms. デザイナーは二つの寝室の間を打ち抜いた。

knock together 他 **1** ...をぶつける, 衝突させる ▪The storm *knocked together* the two ships. あらしのため2隻の船が衝突した。
2 ...を急造する, 急いでくっつける[組み立てる, 寄せ集める] ▪A temporary stage *was* roughly *knocked together*. 臨時の舞台が粗末に急造された ▪He *knocked* boards *together* and made a bookcase. 彼は板を急いで組み立てて本箱を作った。
3《米》(食べ物)を素早く用意する ▪Will you *knock* something *together*? 何か食べ物を急いで作ってくれませんか。
4(壁を取り払って)部屋を1つにする ▪Let's *knock* 2 rooms *together* so we can share and have enough room for play. いっしょに住めて広く使えるように境の壁を取っ払って1部屋にしよう ▪Three small rooms *were knocked together* to create a large living room. 小さな3室をぶち抜いて大きな居間1室にした。
— 圓 **5** 激しくぶつかる, 衝突する, (震えて)打ち合う ▪If we *knock together*, we sink together. もし両船が衝突すれば, 2隻はいっしょに沈没する ▪He was so much afraid that his knees *knocked together*. 彼は非常に恐ろしくてひざがかくがく震えた。

knock under 圓 (*to*) 降参する, 屈す(る) ▪He *knocked under* to his opponent. 彼は相手に降参した ▪He *knocked under* presently and a single glass dazed him. 彼はやがて参ってしまって, コップ1杯で目がくらんだ。☞knock under board [table] の略で,「酒飲み競争で参ってしまって, テーブルの下へころげる」が原義。

knock up 他 **1** ...を打ち上げる; を突き上げる ▪The ship *was knocked up* high on the shore. 船は海岸に高く打ち上げられた。
2《英口》...を大急ぎで作る[組み立てる, 整える] ▪They *knocked up* a hut for mountain climbers. 彼らは登山者たちの小屋を急造した ▪They *knocked up* a match between him and her. 彼らは彼と彼女の結婚を素早く整えた ▪I *knocked up* a few biscuits. 私は少しばかりのビスケットを大急ぎで作った。
3《英口》(人)をノックして起こす, たたき起こす ▪I *knocked up* old Mac out of bed. 私はマックじいさんを寝床からたたき起こした。
4《主に米俗》(女性)を妊娠させる ▪She *was knocked up* by her former boyfriend. 彼女は前のボーイフレンドにはらまされた。
5《英口》(人)をへとへとにさせる, 疲れ果てさせて(病気にする) ▪He *is* completely *knocked up* from overwork. 彼は過労のためすっかり参ってしまった。

6《英》(金)を努力して得る, 積む; を儲ける ▪ He knocks up £600 or more weekly. 彼は週に600ポンドあまりかせぐ.

7《口》(不意に人)を訪ねる; を呼びつける ▪ I shall probably knock up Jim. たぶんジムを訪ねるだろう.

8《米・まれ》(周囲を馬で駆け回って家畜)を寄せ集める ▪ It is the duty of the guard to knock up the animals. 家畜を寄せ集めるのが番人の務めである.

9(くぎなど)を打ちつける ▪ I knocked up nails for my hat and cloaks. 帽子とコートを掛けるくぎを打ちつけた.

10…をこわす, 滅ぼす; を終わらせる ▪ All business in town is knocked up. 町の営業はみな終わっている ▪ The establishment was knocked up from defects in management. その店は経営のまずさからつぶれた.

11《クリケット》球を打って(点)を取る ▪ The Englishmen knocked up 505 runs. イギリスチームは505点取った.

12《製本》不ぞろいの紙の端をテーブルにたたいてそろえる ▪ Having thus gathered one book, he knocks it up. このように1冊の本に集めてから, 彼はその紙の端をたたいてそろえる.

13(靴)の上部を中底につけたあとその端を切る[平らにする] ▪ The boot is knocked up. その靴は上部の端を切ってそろえられる.

14…を傷つける ▪ I got badly knocked up. 私はひどく負傷した.

15…を不安にならせ, の心を乱す ▪ I felt knocked up by the news. そのニュースを聞いて不安になった.

16《英》(選挙で)戸別訪問する[して票を集める] ▪ They knocked up the whole of this street. 彼らはこの通りの家全部を戸別訪問した ▪ How many votes did they knock up? 彼らは戸別訪問で何票集めましたか.

— 圓 **17**へとへとになる, くたばる ▪ The horses knocked up after the toil. 馬たちは労役のあとへとへとになった.

18(特にテニスで)試合前に練習をする ▪ The players are allowed to knock up for five minutes. 選手は試合前5分間乱打することが許される.

knock up against [with] 圓 **1**…に衝突する ▪ The drunkard knocked up against the lamppost. 酔っ払いは街灯の電柱にぶつかった ▪ A truck knocked up against the guard rail and damaged it badly. トラックがガードレールに激突して大破した.

2…に出くわす ▪ He was always knocking up against his own countrymen in Paris. 彼はパリでは同国人にしょっちゅう出くわした.

knot /nɑt|nɔt/ ***knot together*** 他 …を結び合わせる ▪ We knotted several sheets together. 我々は数枚のシーツを結び合わせた.

knot up 他 **1**…をもつれさせる, からませる ▪ The wind knotted her hair up. 風で彼女の髪がからまった.

2(筋肉・神経など)を締めつける, 緊張させる ▪ Something he ate for dinner knotted up his stomach. 夕食に食べたもので彼は胃けいれんを起こした.

3(得点)を同点にする ▪ Our team knotted up the game, 2-2. わがチームが2対2の同点にした.

— 圓 **4**もつれる, からむ ▪ My shoelaces have knotted up. 靴ひもがもつれた.

know /noʊ/ ***know about*** 圓 **1**…を(詳しく)知っている ▪ I know about Jim and what he does. ジム本人も彼の仕事のこともよく知っているよ.

2(外部的に)…の知識を持つ ▪ Knowing God is better than knowing about God. 神を知ることは神についての知識を持つことに勝る.

know ... apart 他 …を区別する, の違いを見分けられる ▪ Only their mother knows the identical twins apart (from each other). そのそっくりの双生児の母親しか二人を見分けられない.

know ... backwards 他 《主に英口》…に精通している, を知りつくしている; を完全に記憶している ▪ Every actor ought to know his lines backwards and forwards. 役者は誰も自分のせりふを完全に覚えていて当然だ. ↪know ... backwards and forwards ともいう.

know best 圓 一番よく知っている[心得ている] ▪ The government is sure it knows best. その政府は自分が一番よく心得ていると確信している.

know better 圓 もっと思慮[分別]がある; その愚[非]なることを知っている ▪ You should know better at your age. 君くらいの年齢なら, もっと分別があるべきだ ▪ Our soldiers knew better. わが兵士たちはその手は食わなかった ▪ He is too much of a man of the world not to know better. 彼は世間のことをよく知っているからそんなばかなことはしない.

know A by B 他 BによってAを判定する ▪ A man is known by the company he keeps. 《諺》人はその交わっている友によって人物がわかる ▪ A tree is known by its fruits. 木の値うちはその実でわかる.

know A for B 他 AをBであると知る ▪ They know us for Americans. 彼らは我々がアメリカ人であることを知っている.

know A from B 他 AとBとを区別[識別]する, AとBの区別がわかる ▪ It is often difficult to know fact from fiction. 事実とフィクションとを見分けるのはむずかしいことがよくある.

know of 圓 …の(ある)ことを聞いている ▪ I know of him, but I don't know him. 私は彼のことを聞いてはいるが知ってはいない ▪ If I had known of such a book, I would have bought it. そんな本があることを耳にしていたら, 買ったのに ▪ There is no such man that I know of. (私の知るところでは)そういう人はいないようです.

knuckle /nʌ́kəl/ ***knuckle down*** 圓 **1**《口》(…に)真剣に精励する, 一生懸命に取りかかる (to) ▪ Let's knuckle down to business. 真剣に仕事にかかりましょう.

2降参[屈服]する, 敗北を認める ▪ He did not knuckle down under the attacks. 彼は攻撃を受けても屈服しなかった ▪ I had to knuckle down to

konk

this man. この男に降参せねばならなかった.
3(こぶしを握って)指ふしを地面につけて石はじきのかまえをする ▪ He *knuckled down* and shot for the center hole. 彼は指ふしを地面につけて,中心の穴に向けて石をはじいた.

knuckle in on 自 《豪口》…に無理に介入する
▪ Don't tell him, or he'll try to *knuckle in on* the deal. 彼の耳に入れてはだめだ. でないとこの取引に強引に割り込んでくるから.

knuckle over 自 (馬が)ひざまたは球節の突出病にかかる, (じん帯が弱くて)ひざまたは球節が突出する ▪ The horse *knuckles over* badly on the off hind leg. その馬は右後足がひどい球節突出病にかかっている ▪ The fetlocks *knuckle over* now and again. 球節がときどき突出する.

knuckle under 自 《口》屈服する, 降参する, かぶとを脱ぐ ▪ For the first time they had to *knuckle under* to authority. 初めて彼らは権威に屈服しなければならなかった. ☞ 昔は議論に負けるとテーブルの下をたたく習慣があったことから.

konk /kɑŋk|kɔŋk/ ***konk off*** 自 《俗》寝入る
▪ Go upstairs and *konk off*. 2階へ上がって寝なさい.

konk out 自 **1**(機械が)こわれる, エン故する ▪ That motorbike *konked out* five miles from home. そのオートバイは家から5マイルの所でエン故した.
2(人が)死ぬ ▪ She had a shock and *konked out*. 彼女はショックを受けて死んだ.

kowtow /kàutáu/ ***kowtow to*** 自 《口》(…に)卑屈に追従する, へつらう, ぺこぺこする ▪ Pride would not allow him to *kowtow to* anyone. 誰にでもぺこぺこするなんて彼のプライドが許さないだろう. ☞ 中国語の「叩頭」から.

L

label /léɪbəl/ **label** A (**as**) B ⑯ AをBとして分類する, AをBと呼ぶ ▪ The man is labelled (as) a dictator. その男は独裁者と呼ばれている ▪ They labeled the girl (as) a liar. 彼らはその少女に嘘つきの烙印を押した.

label A **with** B ⑯ **1** AにBのラベルを貼る ▪ The bottle is labelled with a warning. そのびんには注意札が貼ってある.

2 Aに(類型を表す)Bのレッテルを貼る, AをBだと決めつける ▪ We should not be too hasty to label children with a disorder. 子供たちに障害というレッテルを貼るのに性急過ぎてはいけない.

labor,《英》**labour** /léɪbər/ **labor after** ⓐ …を得ようと骨折る ▪ He is laboring after wealth. 彼は富を得ようと骨折っている.

labor along ⓐ 辛うじて進む ▪ The old car was laboring along. おんぼろ車は辛うじて進んでいた.

labor at [**on, over**] ⓐ (難しい仕事に)精励する; 取り組む; 苦心する ▪ The craftsman labored at [over] his lengthy task. 職人は長たらしい仕事に精励した ▪ She looked intent as she labored on the drawing. スケッチに取り組んでいる彼女の表情は熱心だった ▪ He is laboring at the problem. 彼はその問題を解こうと苦心している.

labor for ⓐ **1** = LABOR after.

2 …のために骨折る ▪ The peasant labored for the support of his wife and family. その農夫は妻子を養うために精出して働いた.

labor through …の中をやっと通る ▪ We labored through mud [a heavy sea]. 我々はぬかるみ[大波]の中をやっと通った.

labor under ⓐ《文》**1** …で悩む, 苦しむ ▪ He labored under a perpetual toothache. 彼は絶えず歯痛に悩んだ ▪ He labors under a defect of speech. 彼はとつ弁で困っている.

2 (誤解・錯覚などを)する, いだく ▪ You labor [are laboring] under a strange mistake. あなたは妙な思い違いをする[している].

labor up ⓐ 苦労して進む ▪ The van labored up the winding road from the lake. 乗用バンが湖の方から曲がりくねった道を上がってきた.

lace /leɪs/ **lace in** ⓐ ⑯ **1** (腰)を(ひもで)引き締める ▪ The bodice laced in a waist of 20 inches. ボディス[胴着]は20インチの腰を引き締めた ▪ I can lace in to 16 inches. 私の腰は16インチに引き締まる.

— ⑯ **2**《製本》(板紙)を糸でとじつける ▪ Lace the boards in firmly. 板紙をしっかりと糸でとじつけなさい.

lace into ⑯《口》…をひどく打つ; を(…の理由で)ひどく非難する[しかる] (for); (人・作品など)をこきおろす ▪ The boy managed to lace into his opponent. 少年はなんとか相手を打ちのめすことができた ▪ Smith started lacing into him for arriving so late. スミスはそんなにも遅く到着したことで彼を激しく非難し始めた ▪ Music critics laced into his new piece. 音楽批評家たちは彼の新作を酷評した.

lace up ⑯ **1** (靴など)をひもでしっかりくくる ▪ Why don't you lace up your boots tidily? なぜあなたは深靴のひもをきちんと結ばないのですか.

— ⓐ **2** (靴・コルセットが)ひもで締まる ▪ This corset laces up at the side. このコルセットは脇のところで締まる.

lace A **with** B ⑯ **1** AにB(強い酒・麻薬・毒)を(こっそり)加える ▪ The girl laced the milk with brandy for the sick man. 病人のために, 少女はミルクにブランデーを加味した ▪ He didn't know the tea had been laced with poison. 彼は茶に毒が盛られていたとは知らなかった.

2 AにBを織りまぜる, 刺しゅうする ▪ The cloth was laced with silver. その織物には銀が刺しゅうされていた.

3 AをBでしまにする ▪ The uprights were laced with crossbars of steel. 縦の棒は鋼鉄の横棒で格子にされていた.

4 AをBで打つ ▪ The culprit was laced with the cat-o'-nine-tails. 罪人は, 麻なわむちで打たれた.

lack /læk/ **lack for** ⓐ《まれ》…にこと欠く ▪ She did not lack for money. 彼女は金にはこと欠かなかった.

lack A **of** B ⓐ《まれ》(時間)がBまでにA前である ▪ It lacks 5 minutes of nine. 9時5分前だ.

ladle /léɪdəl/ **ladle out 1** …を(ひしゃくで)くみ出す ▪ She sliced up some bread, and ladled out the soup. 彼女はパンをスライスし, スープをついだ.

2《口》…をやたらに与える ▪ He ladled out honors. 彼は栄典を総花的に授けた.

ladle up …をすくいあげる; すくいあげて出す ▪ She ladled up some water from the river. 彼女は川から水をくみ上げた.

lag[1] /læg/ **lag behind** ⓐ (…よりも)遅れる; (…の)あとになる ▪ He lagged behind through weariness. 彼は疲労のため遅れた ▪ In electronics, we lag behind Japan. エレクトロニクスの面では, 我々は日本より遅れている.

lag behind with ⓐ (家賃など)が遅れる, 滞る ▪ He usually lags behind with the rent. 彼はいつも家賃の払いが遅れる.

lag[2] /læg/ **lag** A **with** B ⑯《英》A(ボイラー・パイプなど)をB(断熱材)で包む ▪ Lag the water pipes with pieces of old woolen garments! 水道管を古いウール製衣類の布切れで覆いなさい.

lam /læm/ **lam into** ⓐ《英口》…をぶんなぐる; に食ってかかる (= LAY into 1) ▪ We can lam into

lamb

him with slippers. 我々はスリッパで彼をしごくこともできる ▪ He *lammed into* me about the mistake. そのミスのことで彼は私に食ってかかった.

lam out with 自 《俗》(やたらに)…でぶんなぐる ▪ *Lam out with* your whip. むちでぶんなぐれ.

lamb /læm/ ***lamb down*** 他 **1**(羊飼いが)子を産むときの雌羊を世話する ▪ Every shepherd considers himself an adept at *lambing down* his ewes. 羊飼いはみな自分が出産期の雌羊の世話の名人であると思う.

2《豪》(人)に金を全部吐き出させる ▪ They *lambed down* shearers. 彼らは羊の毛刈り人の金を全部吐き出させた.

― 自 **3**《豪》(特に無鉄砲に)即金で支払う ▪ She *lambed down* at the end. 彼女はしまいに無鉄砲に即金で支払った.

lament /ləmént/ ***lament for*** 他 (人・物)を(声を上げて)哀悼する ▪ He *was* greatly *lamented for*. 彼は大いに哀悼された.

lament over 自 …を嘆く ▪ They *lamented over* his death. 一同は彼の死をひどくいたんだ.

lance /læns|lɑːns/ ***lance through*** 自 **1**…を(やり・もりで)突く[刺す]; (やり・もり)が…に刺さる ▪ His spear *lanced through* the fish. 彼のヤスが魚を貫いた.

2…に突進する; に浸透する ▪ Pain *lanced through* her body during the marathon. マラソンの途中で彼女の体に激痛が走った.

land /lænd/ ***land at*** 自 …に着陸する; に到達する ▪ We *landed at* O'Hare at noon. 我々は正午にオヘア国際空港に着陸した ▪ We *landed at* an inn before dark. 日の暮れないうちに宿に着いた.

land A at [in] B 他 AをBに着陸[到着]させる ▪ The bus *landed* us *at* the station [*in* the city]. そのバスで我々は駅に[その都市に]着いた.

land in 他 《口》(悪い状態)に立ち至る[らせる] ▪ We *landed in* difficulties. 我々は難局に陥った ▪ They *landed* him *in* jail. 彼をあげくの果てに入獄させられた.

land on 他 **1**《主に米口》(…のことで)…をしかる, 非難する (*for*) ▪ Father *landed on* me *for* using his car. 父は自分の自動車を使ったと言って私をしかった.

2《口》…に罪を着せる, 責任を負わせる ▪ It is useless to *land on* me. 私に罪を着せようとしても無駄です.

3《口》…に(仕事などを)しょい込ませる ▪ I ask you not to *land* your demanding work *on* me. きつい仕事を私に振らないようにしていただきたい.

― 自 **4**(職)にありつく, (名簿など)に載る ▪ He *landed on* the staff of the Times. 彼はタイムズ社の職員の一人になった ▪ This book *landed on* best seller lists. この本はベストセラー表に載った.

land up 他 《英口》**1**［主に受身で］(水路などを)土でふさぐ ▪ The river became *landed up* by the sediment of the tides. 川は河川氾濫の堆積物でふさがれてきた.

2(草木の根元)に土を盛る ▪ Celery-plants *were landed up* by degrees. セロリの根元に徐々に土がかけられた.

― 他 **3**《英口》結局…に到達する[させる] ((*by*) *doing, in*) ▪ He *landed up* (*by*) *teaching* in his home village. 彼は結局郷里の村の教師になった ▪ The fellow will *land up in* prison. あいつは結局刑務所に入るだろう ▪ The business *landed up in* failure. 商売は結局失敗に終わった ▪ His wife *landed* him *up in* debt. 彼の妻のおかげで彼はついに借金をした.

land up with 《口》結局…を受ける ▪ The boy *landed up with* first prize. その少年は結局一等賞を取った.

land A with B 《英口》A(人)にB(いやな仕事)を課す, 負わせる ▪ She *landed* me *with* the most boring job. 彼女は私に一番退屈な仕事を押しつけた ▪ We've *landed* ourselves *with* the hardest job of the lot. 我々は多くの中から最も困難な仕事を引き受けた.

land A with B/land B onto A 他 《主に英口》A(人)にB(いやな物)を押しつける ▪ My sister *landed* me *with* her two children [*landed* her two children *onto* me] for the whole morning. 妹が午前中ずっと二人の子供を私に押しつけた.

languish /læŋɡwɪʃ/ ***languish for*** …にあこがれ悩む, 思いこがれる ▪ He *languishes for* her in secret. 彼はひそかに彼女に思いこがれている.

languish in 自 (議案などが)無視されたままである ▪ The bill *languished in* the Upper House for months. 法案は上院で何ヵ月も棚上げされていた.

languish out 他 (時)を衰弱[病苦]のうちに過ごす ▪ He *languished out* the rest of the summer and died. 彼は残りの夏を衰弱のうちに過ごしてから死んだ.

lap¹ /læp/ ***lap A in B*** 他 **1**AをBに包む; AにBを巻く[着せる] ▪ Those spices *were lapped in* flax paper. その薬味はあま紙に包まれていた ▪ He *lapped* his wrist *in* a bandage. 彼は手首に包帯を巻いた.

2［主に受身で］AをBに優しくいだく ▪ There is a town *lapped in* the pasture-grounds. 牧草地に心地よく囲まれた町がある.

lap…on (糸などで)…をくくりつける ▪ Lay the tail to the hook and *lap* it *on* securely. 末端を釣針につけて, それをしっかりと糸でくくりつけなさい《魚釣り》.

lap over 自 **1**…におおいかぶさる, を包む ▪ The scarf *lapped over* the child's weak chest. えり巻きが子供のか弱い胸をおおっていた.

2(空間的に)延びる, 広がる; (時間的に)長引く ▪ This tablecloth *laps over* five inches. このテーブル掛けは5インチは出している ▪ The meeting *lapped over* into lunchtime. 会が長引いて昼食時間にずれ込んだ.

3折れ曲がる, まくれる ▪ This dog's ears *lap over*. この犬の耳は折れ曲がっている.

— 他 **4** (木材など)を...の上に重ねる，かぶせる ▪ One sheet of plywood *was lapped over* the other. 一枚の合板がもう一枚の上に重ね継ぎしてあった ▪ He *lapped* one shingle *over* another. 彼は次から次へとこけら板を重ね張りした．

5 ...をすっかり包む ▪ The ends *were lapped over* with tape. その両端はテープですっかり包まれていた．

***lap* A *round* [*about, around*] B** 他 AをBに巻く；BをAで包む ▪ He *lapped* a piece of cloth *about* a sore toe. 彼は布切れを痛む足指に巻いた ▪ He *lapped* a blanket *round* the body. 彼は毛布で体を包んだ．

lap up 他 ...をすっかり包む ▪ He *lapped* me *up* to the head with the handkerchief. 彼は私をハンカチで頭まですっぽり包んだ．

lap² /læp/ ***lap against* [*on*]** 自 (波が)...にひたひたと打ち寄せる ▪ The water *lapped against* the shore gently. 水は岸に打ち寄せて静かな音を立てた．

lap up 他 《口》 **1** ...を(ぴちゃぴちゃ)舌で飲み干す ▪ The dog *lapped up* the milk. 犬はミルクをなめ尽くした．

2 (賞賛・知識などを)熱心に受け入れる[覚える] ▪ She is vain and *laps up* flattery. 彼女はうぬぼれやでお世辞をすぐ真に受け入れる ▪ The boy *laps* facts *up*. その男の子はいろんな事実を熱心に覚えてしまう．

lapse /læps/ ***lapse away*** 自 (時が)いつの間にか移る ▪ The moments were *lapsing away*. 時がいつしか過ぎていった．

lapse back* [*away*] *into 自 だんだんと...に逆戻りする，堕落する ▪ The road itself seems *lapsing back into* moorland. 道路さえも荒地に逆戻りしているようである ▪ We hope the economy will not *lapse back into* recession again. 経済がまた不景気に逆戻りしなければよいが．

lapse from 自 《文》 (いつの間にか)...から逸脱[堕落]する ▪ Be careful not to *lapse from* good manners. 知らぬ間に行儀が悪くならないよう注意しなさい ▪ The convert *lapsed from* his avowed belief. その改宗者は公言した信仰にそむいた．

lapse into 自 **1** ずるずる...に陥る；(昏睡(ﾎﾝｽｲ)などの)状態になる ▪ Some *lapsed into* reading and others *into* sleep. いつの間にか読書に入る者もあれば，眠りにおちる者もあった ▪ Grandma *lapsed into* unconsciousness and soon died. おばあちゃんは意識不明になってまもなく息を引き取った．

2 (だんだん)...に堕落する，(誤り・愚行に)陥る；に退歩する ▪ In their view Constantinople *lapsed into* heresy. 彼らの見解ではコンスタンチノーブルは異端に堕した ▪ Hybrids gradually *lapse into* one or the other of the originals. 雑種はだんだんと原種のどちらかに逆戻りする．

3 つい訛(ﾅﾏ)り言葉を使う ▪ He usually *lapses into* dialect when he talks to his wife. 彼は妻と話をするときはつい方言になってしまう．

lard /lɑrd/ ***lard in*** 他 ...を巧みに挟み込む，うまく差し込む ▪ More subsidies are going to *be larded in* there. さらなる助成金がそこに水増し計上されようとしている．

***lard* A *with* B** 他 **1** AにB(油)を塗る ▪ The cook *larded* the joint *with* fat. 料理人は大きな肉片に油脂を塗った．

2 《文》 A(言葉)をBで潤色する；A(文章)をB(余分の語句)で飾りたてる ▪ They *larded* their conversation *with* Latin words. 彼らは会話をラテン語の語句で飾った ▪ His speech *was larded with* euphemism. 彼のスピーチはやたらに遠まわしの表現が使われていた．

lark /lɑrk/ ***lark about* [*around*]** 自 《英口》 ふざけ回る ▪ Stop *larking about* with those balls. そのボールでふざけ回るのはやめなさい．

lash¹ /læʃ/ ***lash about* [*around*]** 自 のたうち回る ▪ The animal *lashed about* in pain. その動物は苦痛のあまりのたうち回った．

lash against 他 (雨などが...を)激しく打ちつける，(...に)激しく吹きつける ▪ Winter rain *lashed against* the window. 冬の雨が窓を激しく叩いた．

lash at **1** ...に向かって突進する；に打ちかかる ▪ The fellow *lashed at* him with a club. 男は棍棒をもって，彼につっかかって行った．

2 ...を非難攻撃する ▪ He *lashed at* the poetaster. 彼はそのへぼ詩人を激しく非難した．

lash back 自 (...を)激しくなぐり返す[非難し返す] (*at*) ▪ He *lashed back at* his critics with a fistful of words. 彼は自分を酷評する者に多言を弄して言い返した．

lash down 自 (雨などが...に)激しく降りつける (*on*) ▪ Heavy rain *lashed down on* the roof. 激しい雨が屋根にたたきつけた．

lash into 自 《口》 ...に打ちかかる，食ってかかる ▪ He *lashed into* the government for its tax bill. 彼は激しく政府の税法案を攻撃した．

***lash* A *into* B** 他 Aを駆りたてて[打って]Bをさせる[Bにならせる] ▪ The wind *lashed* the sea *into* fury. 風が海を打って荒れ狂わせた ▪ It *lashed* him *into* murder. それが彼を駆って，殺人を犯させた．

lash out 自 **1** 飛び出す ▪ He *lashed out* eastward. 彼は東の方へ飛び出した．

2 (...を)激しくしかる，ののしる，非難する (*at, against*) ▪ The author *lashes out at* Fascism. 著者はファシズムを痛烈に非難する ▪ He *lashed out against* the government. 彼は政府を激しくとがめた．

3 (...に)激しく打つ，急に打ちかかる (*at*) ▪ He suddenly *lashed out at* us with the whips. 彼は急にそのむちで我々に打ちかかった．

4 《口》散財する，(金を)むちゃに使う (*on*) ▪ He is apt to *lash out* liberally. 彼は気前よく金を使いがちだ ▪ He *lashed out on* presents for the family. 彼は家族へのおみやげに金をやたらと使った．

5 (馬が...に)けりかかる (*at*) ▪ The horse *lashed out at* me. 馬は私にけりかかった．

6 (ひどいこと，過度のことを)急にやりだす；(激しい言葉などを)急に使いだす (*into*) ▪ The nation *lashed out* excessively in dress. 国民は急にひどく贅沢な服装をし始めた ▪ The Duke *lashed out into* very free

expressions. 公爵は急に非常に無遠慮な言葉を使いだした.
― 他 **7** ...を流し出す, 吐き出す; をプリントアウトする • The machine *lashes out* some 34,000,000 copies of newspapers a week. その印刷機は1週間におよそ3千4百万枚の新聞を吐き出す • I knocked it up on the computer, *lashed out* twenty copies and sent them off. それをコンピューターで打ち, 20部コピーして発送した.
8 《英口》(金・物)を(...に)惜しみなく使う[出す] (*on*) • He *lashed out* money *on* his new house. 彼は新しい家に金を惜しみなく使った • Did you *lash out* £50 on a new haircut? 新しい髪型に50ポンドも払ったんだって?
lash up ...をけ上げる • At a touch of the whip the horse *lashed up* its heels. むちをひとつ当てると, 馬はあと足をけ上げた.

lash² /læʃ/ ***lash down*** 他 ...を縛って固定する • He *lashed* the box *down* firmly. 彼はその箱をしっかりと縛りつけた.
lash A to B AをBに結びつける • We *lashed* skis *to* backpacks. スキーをリュックサックに縛りつけた.
lash together ...をくくり合わせる • The casks *were lashed together* to form a raft. たるをくくり合わせていかだが作られた.
lash up 他 ...を(ロープで)縛る • He *lashed up* the container onto the truck. 彼はそのコンテナをトラックに縛りつけた.

last /læst|lɑːst/ ***last out*** 自他 **1** もちこたえる • The patient will probably *last out* till tomorrow. 病人はおそらくあすまで持ちこたえるだろう • He will *last out* his term of office. 彼は在任期間中もちこたえるだろう.
2 《英》(ある期間)もつ • The petrol will *last out* till we get to the next town. 次の町に着くまでガソリンはもつだろう • Our supply of coal will *last out* the winter. 我々の石炭のたくわえは冬じゅうもつだろう.

latch /lætʃ/ ***latch on*** 自 《英口》理解する, 分かり始める • Her explanation was complicated, so it took him a while to *latch on*. 彼女の説明は複雑だったので, 彼が分かるまでしばらくかかった • It was a difficult idea to grasp, but Tom *latched on* very quickly. それは把握しづらい考えだったが, トムは素早く理解した.
latch on to [*onto*] 自 《口》 **1** ...をつかむ; をしっかりと握っている • You must *latch onto* your gear. ギアをしっかり握っていなければならない.
2 ...にくっつく, 吸いつく • The virus *latches onto* the red blood cells. そのウイルスは赤血球に接着する • The newborn baby *latched onto* its mother's breast. 新生児が母親の乳房に吸いついた • Some ticks *latched onto* your cat's skin. ダニが何匹かお宅の猫の皮膚に食いついていた.
3 (誘われもしないのに仲間に加わる, とっつき合う; につきまとう • He will *latch on to* the girl. 彼はその娘とつき合うだろう • She *latched onto* me throughout the party. 彼女はパーティーの間じゅう私につきまとった.

4 《英》...を理解する, 分かって受け入れる • She is slow in *latching on to* the notion. 彼女はその考えを理解するのが遅い • Oil companies have *latched onto* environmental issues. 石油会社は環境問題を容認していた.
5 《英》...にひどく興味を持つ, 急に執着する, 飛びつく • The media *latched onto* the rumor. 報道陣はその噂に飛びついた • The apparel company has *latched onto* the trend. アパレル会社はその流行に食らいついた.
6 ...を得る, 儲ける • He *latched on to* a fortune in the fur trade. 彼は毛皮貿易で大儲けをした.

lather /læðər|lɑː-/ ***lather into*** 他 ...を打ちのめす • He was *lathering into* the horse like mad. 彼は猛烈に馬に鞭を当てていた.
lather up 自 **1** (せっけんが)泡立つ • This soap *lathers up* well. このせっけんは泡立ちがよい.
― 他 **2** (顔など)にせっけんの泡をいっぱい立てる • *Lather* your face *up* before you shave. ひげそりの前に顔にせっけんの泡をいっぱい立てるといい.

laugh /læf|lɑːf/ ***laugh at*** 他 **1** ...を(見て, 聞いて)笑う • The boys *laughed at* the sight. 少年たちはその光景を(見て)笑った.
― 他 **2** ...をあざ笑う • He *laughed at* the man in trouble. 彼は困っているその男性をあざ笑った • She *is laughed at* by her classmates. 彼女は級友に嘲笑されている.
3 ...を物ともしない, 一笑に付す • He *laughed at* threats and danger. 彼は脅迫や危険を物ともしなかった • His view is not to *be laughed at*. 彼の考えは一笑に付すことはできない.
laugh away **1** どんどん笑う • *Laugh away*! I don't care a bit. どんどん笑いなさい. 私は少しもかまいません.
― 他 **2** ...を一笑に付す • He *laughed away* all their apprehensions. 彼は彼らの心配をみな一笑に付した.
3 ...を笑って過ごす • He *laughed away* his days. 彼は笑って日を過ごした.
4 笑って...を忘れる[追い払う, 取り除く] • He tried to *laugh away* his apprehension. 彼は笑って自分の心配を忘れようとした.
laugh down 他 **1** ...を笑って黙らせる[押さえる] • The orator tried to speak, but the crowd simply *laughed* him *down*. 弁士は演説をしようとしたが, 群衆は笑って簡単に彼を黙らせてしまった.
2 ...を笑って聞こえなくする • The crowd *laughed down* his speech. 群衆は笑って彼の演説を妨害した.
laugh off 他 《口》 **1** ...を一笑に付す • Jane *laughed off* the proposal as a joke. ジェインはその結婚申し込みを冗談として一笑に付した.
2 (腹の立つことなど)を笑ってすます • He made an insulting remark, but she *laughed* it *off*. 彼は侮辱的な言葉をはいたが, 彼女はそれを笑って受け流した.
3 ...を笑って取り去る; を笑って逃れる • We were able to *laugh off* his suspicions. 我々は笑いで彼の疑いを晴らすことができた • He *laughed off* an em-

barrassing situation. 彼は間の悪い立場を笑ってまぎらした.

laugh out 自 **1** 大笑する ▪ He *laughed out* loud at our pleasantry. 彼は我々の冗談に呵呵大笑(かか しょう)した.
— 他 **2** …を笑って取り除く, 笑って逃れる[まぎらす] ▪ He attempted to *laugh out* the scene. 彼は笑ってその場をまぎらそうとした.

laugh *A* ***out of*** *B* 他 笑って A (人) に B をやめさせる [捨てさせる, 忘れさせる] ▪ It was easy to *laugh* him *out of* the habit. 彼を笑ってその習慣をやめさせるのはやさしかった ▪ His friends *laughed* him *out of* his worry. 友人たちは笑って彼に心配を忘れさせた.

laugh over 自 **1** …を笑う ▪ I often *laugh* heartily *over* them. 私はそれを心から笑うことがよくある.
2 …を読みながら[議論しながら]笑う ▪ He was *laughing over* a letter. 彼は手紙を読みながら笑っていた.
3 …を思い出して[考えて, 繰り返して言って]笑う ▪ How we *laughed over* the joke! そのしゃれを思い出してどんなに笑ったことでしょう.

launch /lɔːntʃ, lɑːntʃ/ ***launch*** *A* ***against*** [***at***] *B* 他 A (攻撃・おどしなど)を B に向ける, 放つ ▪ He *launched* an attack *against* the government. 彼は政府に攻撃を仕掛けた.

launch forth 自 **1** (船が)沖へ出る; 始める (*into, on*) ▪ He *launched forth* into the ocean of business. 彼は実業界の大海へ乗り出した ▪ I am going to *launch forth on* a new enterprise. 私は新しい企業を始めようと思っている.
— 他 **2** (船など)を沖に出す; (人)を乗り出させる (*into*) ▪ I am now *launched forth into* politics. 私は今や政界に乗り出した.

launch *A* ***in*** *B* 他 A を B (社会など)に送り出す, A を B (実業など)につかせる ▪ He *launched* his daughter *in* society. 彼は娘を社交界へ送り出した ▪ He *launched* his son *in* business. 彼は息子を実業につかせた.

launch into 自 **1** …に乗り出す, を(急に)始める ▪ He *launched into* politics. 彼は政界に乗り出した ▪ He *launched into* abuse against me. 彼は急に私をののしり始めた.
— 他 **2** …を…に乗り出させる, に…を(急に)始めさせる ▪ They *were launched into* the world with narrow fortunes. 彼らは貧困のままで世の中に送り出された ▪ He *was launched into* a political career. 彼は政界に打って出された.
3 (ロケットなど)を…に発射する, 打ち上げる ▪ The spaceship *was launched into* orbit. 宇宙船は打ち上げられ軌道に乗った.

launch off 自 出発する ▪ He *launched off* by himself. 彼は一人で出発した.

launch on [***upon***] 自 **1** …に乗り出す, を始める ▪ The captain *launched on* the broad prairies. 隊長は広々とした大草原に乗り出した ▪ The company *launched on* the production of films. その会社は映画の製作に着手した.
— 他 **2** …に乗り出させる; を始めさせる ▪ It *launched* them *on* the path of war. それが彼らを戦争へと駆り立てた ▪ They are about to *launch* a new singer *on* the musical world. 彼らは新人歌手を音楽界に送り出そうとしている.

launch out 自 《英》 **1** (特に冒険的航海で)海に乗り出す《比喩的にも》 ▪ He *launched out* beyond Sicily. 彼はシチリア島のかなたへ乗り出した ▪ The company *launched out* on a new scheme. その会社は新計画に思い切って着手した.
2 急に金使いが荒くなる (*on*) ▪ He used to be a miser, but lately he has *launched out* in a marvelous way. 彼は以前けちであったが, 最近急に驚くほど金使いが荒くなった ▪ He *launched out on* a new car. 彼は大金を出して新車を買った.
3 急に(とうとうと)述べだす ▪ He began to *launch out* on her action. 彼は彼女の行動について急にとうとうと述べ始めた.
— 他 **4** …を生産する ▪ The company has begun to *launch out* a new-model car. その会社は新型車の生産を始めた.

launch (***out***) ***into*** 自 **1** (特に冒険的航海に)乗り出す ▪ He *launched out into* the deep. 彼は大海に乗り出した.
2 (大胆に)…を始める ▪ He *launched out into* a series of experiments. 彼は一連の実験を始めた.
3 (急に)金使いが荒くなる ▪ He *launched out into* expense. 彼は急に金使いが荒くなった.
4 (急にとうとうと)しゃべり始める ▪ The Prime Minister *launched out into* an elaborate explanation of his policy. 総理大臣は自分の政策の入念な説明をとうとうとやり始めた.
— 他 **5** …を送り出す, 乗り出させる ▪ He *launched out* his son *into* the world. 彼は息子を独り立ちさせた.

lavish /lǽvɪʃ/ ***lavish*** *A* ***in*** [***on, upon***] *B* 他 **1** A を B に惜しみなく与える, 気前よく与える ▪ He *lavished* care *upon* his children. 彼はかいがいしく自分の子供たちの世話をした ▪ The critics *lavished* praise *on* the young writer. 批評家たちはその若い作家をしきりに称賛した.
2 A (金・時間)を B に浪費する ▪ The children *lavish* all the holiday money *in* toys. 子供たちは休暇中のおこづかいをみなおもちゃに使い果たす.

lavish *A* ***with*** *B* 他 A に B を惜しみなく与える ▪ The teachers *lavished* the best student *with* praise. 先生方は最優秀生に賞賛を惜しまなかった.

lay /leɪ/ ***lay…aback*** 他 《海》 (後退させるため帆)を裏帆[逆帆]にする ▪ They *laid* the sails *aback* so as to make the vessel fall astern. 彼らは船を後退させるため, 帆を裏帆にした.

lay…aboard 他 **1** 《海》 (切り込み戦闘の目的で)他船に横づけする, 他船の舷側に迫る ▪ Shall we *lay* their ship *aboard*? 彼らの船に横づけにして戦おうか.
2 …を攻撃する, と競う ▪ He will *lay* them *aboard* at the inn. 彼は宿屋で彼らを襲撃するだろう.

lay about *a person* 他《口》人を攻撃する; 人に食ってかかる ▪ The man *laid about* me with a stick. 男はステッキを振りかざして私を攻撃してきた.

lay about *one* 自他《口》**1** 前後左右に打ちまくる ▪ We vigorously *laid about* us and managed to get away. 前後左右に打ちまくって何とか逃れることができた ▪ We *laid* our swords *about* us. 我々は刀を振り回して切りまくった.
2 盛んに活動[奮闘]する ▪ He *lays about* him on all hands. 彼は四方八方で盛んに奮闘する ▪ His speech was virulent. He *laid about* him right and left. 彼の演説は毒を含んでいた. 彼は前後左右に毒づきまくった.

lay aft 自《海》船尾の方へ行く, 後退する ▪ The ship *laid aft*. 船は後退した ▪ Seaman Jones, *lay aft*! ジョーンズ船員, 船尾へ.

lay A ***along*** B 他 AをBに並べる ▪ The papers were *laid along* the counter. 新聞が売台にずらりと並べられていた.

lay...alongside 他《海》...に(船を)横づけにする ▪ His ship *was laid alongside* (a large Spaniard). 彼の船は(スペインの大型船に)横づけられた.

lay aside 他 **1**(店が客のために)...を取りのけておく;(時間など)を取っておく ▪ Would you like us to *lay aside* the rest of the cloth? 布地の残りをお取り置きしておきましょうか ▪ I intend to *lay aside* a whole week for the work. 私はその仕事のためまる1週間取ってるつもりだ.
2(金)を貯蓄する ▪ I plan to *lay aside* fifty dollars each week. 私は毎週50ドル貯蓄する計画です.
3(物事を終えて[一時休止して])...をわきへ置く ▪ He *laid aside* his pipe. 彼はパイプをわきへ置いた ▪ He *laid* his newspaper *aside* and put on the TV. 彼は新聞をわきへ置いてテレビをつけた.
4〚受身で〛病気が(人)を働けなくさせる ▪ At this crisis his faithful wife *was laid aside*. この危機にあたって, 彼の貞節な妻は病気で倒れた.
5(衣服など)を脱ぎ捨てる ▪ He *laid aside* his slippers. 彼はスリッパを荒々しく脱いだ ▪ A father cannot *lay aside* the father. 父親が父親たることを脱ぎ捨てることはできない.
6(考慮・仕事)をやめる;(計画・習慣)をやめる; を延期する ▪ All the women *laid aside* their work. 女性たちはみな仕事をやめた ▪ He has *laid aside* the habit of smoking. 彼はタバコを吸う習慣をやめた.
7(重荷・責任など)を捨てる, 放棄する ▪ The book *was laid aside* for the gun. 書物を捨てて銃を取った.
8...を無視する, に影響されない ▪ It was hard for me to *lay* all that jealousy *aside*. あの嫉妬心に心を乱されないでいるのは困難だった.

lay at 他 **1**《主に文》...に打ってかかる, を攻撃する ▪ Our men *were hard laid at*. わが兵たちはひどく攻撃された ▪ The rabbits have *laid at* that wheat. ウサギどもがその小麦を襲った.
2...を(いくらと)見積もる ▪ The damages *are laid at* $10,000. 損害は1万ドルと見積もられている.

lay...athwart 他 ...を攻撃する ▪ We all *laid* them *athwart*. みんなで彼らを攻撃した.

lay away 他 **1**《主に米》(お客のため商品を)取っておく ▪ Would you *lay away* the rest of the wool? その毛糸の残りは取っておいていただけませんか
2...をしまっておく ▪ Clothes *were laid away* in lavender. 衣類は大事にしまっておかれた.
3(先で使用するため)...を取っておく; をたくわえる ▪ I *laid* the money *away*. 私はその金を先で使うため取っておいた.
4《主に米》(人)を埋葬する ▪ It is six months since my sister *was laid away*. 私の妹が埋葬されてから6か月になる.
5(仕事など)をやめる, 延期する;(習慣など)をやめる ▪ You *laid away* all disputes. あなたがたはすべての論争をやめた ▪ They *laid away* the fashion of wearing linen coats. 彼らはリンネルのコートを着る風習をやめた.
6(皮をなめすため)...をなめし液の中へのばして漬けておく ▪ All the hides have *been laid away* for a sufficient length of time. 皮はみな十分な期間をかけてなめし液の中へのばして漬けられている.

lay back 他 **1**(動物が耳)を後ろへ伏せる ▪ The dog *laid back* his ears. 犬は耳を後ろへ倒した.
2...を帰す ▪ They *laid* the patient *back* again on the bed. 彼らは病人をまたベッドに帰した.

lay A ***before*** B 他 **1**(考慮・判断を求めて)AをBに提出する ▪ They *laid* the bill *before* the House. 彼らは議案を議会に提出した ▪ The bill *was laid before* Parliament today. その議案はきょう国会に提出された.
2 AをBに開陳する; AをBに上申する ▪ He *laid* the condition of the clergy *before* the assembled prelates. 彼はその聖職者の病状を高位聖職者の集会に開陳した ▪ He *laid* the matter *before* the Emperor. 彼はその件を皇帝に上奏した.
3 A(書物)をBに出す ▪ His book *was first laid before* Japanese readers. 彼の本は最初日本の読者に対して出版された.

lay by 他 **1**(店が客のために)...を取りのけておく;(先で使用するため)を取っておく;(安全のため)をしまっておく ▪ Will you kindly *lay* it *by* for me? すみませんが, それを私のために取っておいてくださいませんか ▪ Her clothes *were* all *laid by* in her chest of drawers. 彼女の衣服はすべて整理たんすにしまってあった ▪ She *laid* the brooch *by* in the drawer. 彼女はブローチを引き出しの中にしまった.
2(金)を貯蓄する ▪ You should *lay by* something against a rainy day. まさかの用意にいくらか貯蓄すべきである ▪ I have *laid* part of the money *by*. その金の一部を貯えた.
3〚受身で〛(病気が人)を働けなくする, 倒れさせる ▪ Father *is* often *laid by*, and unable to go round the farm. 父はよく病気で倒れて, 農場の見回りができなくなる.
4《米口》(作物)を取り入れる ▪ We are *laying* the wheat *by* tomorrow. あす小麦の取り入れをする.

5 …をわきに置く; を脱ぎ捨てる ▪ She *laid by* her veil. 彼女はベールを脱いだ.
6 (仕事・習慣など)をやめる, 捨てる ▪ I shall *lay by* my drama for a while. 私はしばらくの間劇作をやめます ▪ Let us *lay by* all formalities. 形式ばったことはいっさいやめようではないか.
7 《米口》(作物・畑)の手入れを終わる, 終わったあと(作物)を成熟するに任せる ▪ The corn *is* then *laid by*. その時トウモロコシの手入れは終わる ▪ I *laid* my tobacco grounds *by*. 私はタバコ畑の手入れを終わりにした.
—圓他 **8** 《海》(船首を風に向けて)停船する; 停船させる ▪ They *laid by* a considerable time. 彼らは相当長い間停船した ▪ *Lay* the ship *by* in the harbor. 船を港の中に停船させよ.

lay down 他 **1** 《雅》(本・ペンなどの道具・武器)を置く, 捨てる ▪ I will not *lay down* my pen as long as I live. 私は生きているかぎりペンを置かないつもりである ▪ The hijackers have agreed to *lay down* their arms. 乗っ取り犯たちは武器を捨てることに同意した.
2 (原則・方策・計画)を立てる; を規定する, 設定する ▪ I will *lay down* a plan for the holidays. 私は休暇の計画を立てよう ▪ The law *lays down* that minors must not smoke. 法律に未成年者は喫煙してはならぬと規定している.
3 (命など)を捨てる, 犠牲にする; (職)を辞す; (仕事・習慣など)をやめる ▪ He is ready to *lay down* life itself for their sake. 彼は彼らのためには生命さえも進んで捨てる覚悟である ▪ He *laid down* his office. 彼は職務を辞した.
4 (酒など)を穴蔵にたくわえる, (卵)を保存する ▪ The wine *was laid down*. その酒は穴蔵に貯蔵された ▪ The fishery *laid down* eggs in the beds above the weir. 養魚場は堰の上流の川床に卵を保存した.
5 …を下へおろす; を寝かす, 横たえる ▪ He *laid down* the cup of tea. 彼は湯飲みを下へ置いた ▪ Slowly and sadly we *laid* him *down*. 我々は悲しみながら彼をそっと寝かした.
6 (金)を支払う; を賭ける ▪ *Lay down* the money on the nail and the business is done. 金を即座に払えばそれで取引は終わりです ▪ What shall we *lay down* on that horse? あの馬にいくら賭けようか.
7 (CD 作成のために)スタジオで(音楽)を録音する ▪ We *laid down* a couple of tracks in the studio today. 我々はきょうスタジオで2, 3曲を録音した.
8 〚主に受身で〛土が堆積して(地層)を作る ▪ In this area, deposits of sand are *being laid down*. この一帯では砂が堆積して岩層を成しつつある.
9 《農》(耕地)を牧草地にする (*in*, *to*); (畑に)…を植える ▪ This ground *was laid down in* [*to*] grass. この土地に牧草が植えられた ▪ He *laid* his melons *down*. 彼はメロンを植えた.
10 (習慣など)をつける[形成する] ▪ The habits that *are laid down* in adolescence are bound to last for a lifetime. 思春期についた習慣は生涯続くようだ.
11 …を言明する, 断言する ▪ It may *be* safely *laid down* that they are losing by their business. 彼らは商売で損をしていると断言してさしつかえなかろう.
12 …を紙上に描く, 書きつける ▪ He now *laid down* the island groups. 彼は今その群島を紙上に描いた ▪ The drains of each field *are laid down* on a map. おのおのの畑の排水路が地図の上に描かれている.
13 (船・鉄道など)の建設を始める, を建設する ▪ They are *laying down* a railway [a warship]. 彼らは鉄道の建設 [軍艦の建造]を始めている.
14 …を(…で)おおう, 敷く (*with*) ▪ The corridor *was laid down with* a kind of creamy linoleum. 回廊には一種のクリーム色のリノリウムが敷かれていた.
15 …に上塗りをしっかり付着させる ▪ The composition *was laid down* upon the japanned surface. その合成物は漆を塗った表面にしっかりと上塗りされた.
16 〚印〛(整版のため)整紙盤の上に(ページ)を置く ▪ He has *laid down* the pages in the right order. 彼は正しい順序で整紙盤の上にページを置いた.
17 (風・波が船)を傾かせる ▪ The raging sea *laid down* the ship on her side. 荒れ狂う波はその船を一方へ傾かせた.
18 《米》(商品)を配達[配送]する ▪ Grain can *be laid down* in New York fifty cents a bushel cheaper. 穀類はニューヨークでは1ブッシェルにつき50セント安く配達することができる.
19 《野球》流し打ちして(ヒット)にする ▪ He *laid down* a double to right field. 彼は右翼に流し打って二塁打とした.
—圓 **20** あきらめる ▪ Do you expect me to just *lay down*? おれがただあきらめるとでも思っているのか?
21 《米口》(…に)屈する (*to*) ▪ I hate to *lay down* to such a man. 私はあんな男に屈するのはまっぴらだ.

lay down on 圓 《米口》 **1** …を投げ出す, やめる ▪ You stand by me and I won't *lay down on* you. あなたが私に味方すれば私もあなたを見捨てはしない ▪ I offered him a bribe to *lay down on* the prosecution of George. 私はジョージの告発をやめてもらうよう彼に賄賂を提供した.
2 活動しなくなって…を困らせる ▪ The engine has *laid down on* me. エンジンが動かなくなって私は困った.

lay for 圓 《米口》 **1** (攻撃・叱責・からかいの目的で)…を待ち伏せする ▪ They were *laying for* him in the dark. 彼らは暗がりで彼を待ち伏せしていた.
2 …にわなをしかける ▪ I have *laid for* a pickerel. 私はカマスの幼魚にわなをしかけた.

lay forth 他 …を装飾の目的で広げる; を飾る ▪ They are against *laying forth* and coloring their hair. 彼らは髪を飾ったり染めたりすることに反対だ.

lay in 他 **1** …をたくわえる; を仕入れる, 買い込む ▪ We *laid in* a little hay. 我々は干し草を少したくわえた ▪ They *laid in* arms and ammunition to fight the bandits. 群盗と戦うために彼らは武器弾薬を仕入れた.
2 《農》(牧草地)を干し草を得るため囲む; を取っておく ▪ The meadows *are laid in* in April and May.

牧草地は4月と5月に囲まれる.
3(園芸で若枝)を思う形[位置]に作る; (枝)の手入れ[剪定]をする; (木)を仮植えに浅く植える (*by the heels*) ▪I can *lay in* a tree straight enough. 私は木をまっすぐな形に整えることができる ▪We must *lay in* a hedge. 我々は生垣の枝の手入れをせねばならない ▪I *laid in* the plant *by the heels*. 私はその木を浅く仮植えした.
4(印)(刷り紙)を印字格にかける ▪The press-man *lays in* sheets. 印刷工は刷り紙を印字格にかける.
5(絵に最初の荒塗りをする; (画布)に色のかたまりをつける ▪He *laid in* a picture for an amateur. 彼は素人のために, 絵に最初の荒塗りをしてやった ▪I *laid* background blues *in*. 私は画布に背景の青色を塗りつけた.
6《口》(一撃)を加える, (打撃)を雨と降らす, 猛烈に攻撃する ▪She *laid in* this home stroke. 彼女はこの痛烈な打撃を加えた.
7《口》(涙)を流す ▪She was *laying in* her tears wholesale. 彼女は盛んに涙を流していた.
8…を使わずにおく; を動かなくする ▪My purpose is to *lay in* one fifth of all that capital. 私の目的はその資本全体の5分の1を使わずにおくことである.
9(権利など)を主張する ▪He proudly *laid in* the claim. 彼は堂々とその権利を主張した.
10《英》(炭坑)を閉鎖[休坑]する ▪Several collieries have *been laid in*. 炭坑が数か所で閉鎖された.
— 圓 **11**《俗》盛んに食う ▪He is given to quaffing and *laying in*. 彼は鯨飲馬食にふけっている.
12《海》(縮帆・巻帆の後)帆げたの所から帰って来る (↔LAY out 18) ▪The men will lay out and unclamp the booms; then *lay in* again. 水夫たちは縮帆に出て行き, 帆げたのかさいをはずし, それからまた戻って来る.

lay in for 圓 …を申し込む, 手に入れようとする ▪He has *laid in* with me for the loan of my horse. 彼は私に馬を貸してくれと申し込んだ ▪He has *laid in for* the vacancy. 彼はその空席を手に入れようとした.

lay into 他 《口》**1**…を(打撃・言葉で)攻撃する ▪He *laid into* his son with his stick. 彼はステッキで息子を打ちのめした ▪The speaker *laid into* the government for its tax hike bill. その演説家は政府の増税案を攻撃した.
2…をがつがつ食べる ▪I was so hungry I *laid into* the pork pie. ひどく腹がへっていたので, ポークパイをがつがつ食べた.
3…をはめ込む[埋め込む] ▪The builders *laid the* stones *into* the ground for a foundation. 建築業者は地面に礎石として石を埋め込んだ.
— 圓 **4**…に着手する, 取りかかる ▪We *laid into* our work right away. 我々はさっそく仕事に取りかかった.

lay off 他 **1**《海》(船)を(海岸・他船から)遠ざかるようにかじを取る ▪*Lay* the ship *off*. 船を沖の方へかじを取れ.
2(労働者)を一時解雇する ▪They were obliged to *lay off* workers because of a slump in business. 彼らは不況のため, やむなく労働者を一時解雇しなければならなかった.
3…をやめる, 休業する; 《口》(酒・タバコ・いじめ・どなることなど)をやめる, 控える, 放っておく (*off* は前置詞) ▪One of the leading works has *been laid off* by a strike. 主な工場の一つがストのためずっと休業している ▪*Lay off* that ritzy laugh! そんなに豪勢に笑うのはやめろ ▪I must *lay off* smoking [alcohol]. タバコ[酒]をやめなければいけない ▪*Lay off* me, can't you? いい加減に放っておいてくれないか.
4《造船》(設計図により, 現図場の床の上に船・各部)の現寸型を描く ▪The chief draftsman *lays off* all the lines on the mold-loft floor to the full size. 製図長は設計図により, 現図場の床上にすべての線を実物大に描く.
5…を(面・線上に)仕切る ▪The dividing points will *lay off* distances on the inclined line. 分割点で斜線上に距離が仕切られます.
6(土地)を区切る, 区画する; (植えつけの準備に畑)を区切ってうねを作る ▪The streets *are laid off* obliquely. 街路は斜めに区切られている ▪Farmhands *laid off* cotton land in Redoak field. 農場労働者たちはレッドオーク原の綿畑を区切ってうねをつけた.
7(主に米)(衣服など)を脱ぐ, 身から取り去る ▪*Lay* your clothes *off*. 衣服を脱ぎなさい.
8…を処分する, 片づける ▪I *laid off* 70 dollars in silver for paper. 銀貨70ドルを紙幣にかえた.
9《競馬》(かけ元が両がけして危険)を少なくする.
10《米》…するつもりである, 計画である (*to do*) ▪For the last 30 years I've *laid off* to go back. 30年前から帰るつもりであった.
— 圓 **11**《口》(仕事・活動を)休む; [しばしば命令文で] (人をいじめる, どなるなど)をやめる ▪The doctor told her to *lay off* for a week. 医者は彼女に1週間休めと言った ▪Oh, *lay off*. You're not in the South now. おい, やめるんだ. 今は南部にいるんじゃないぞ.
12《建築》上塗りを一方向にまんべんなく塗る ▪The *laying off* should be vertical from ceiling to floor on walls. 上塗りは壁面なら天井から床方向に垂直に塗られるべきである.
13《海》(船)を港外に停船する ▪Many others were *laying off*. 他の多くの船が港外に停船していた.
14(風・獲物の動きを考慮して)少しずらして狙う ▪When you shoot rabbits, *lay off* ahead of them. ウサギを撃つときはずらして少し前方を狙う.

lay off of 圓《米》(…にうるさくするの)をやめる; 控える (→LAY off 3) ▪If you don't *lay off of* me, I'll bounce you out of here. 僕にうるさくするのをやめないと, お前をここから追い出すぞ ▪*Lay off of* that. それをほっておけ.

lay on 他 **1**《英口》(催し・軽食・サービスなど)を提供する, 用意する ▪We *laid on* tea for the players. 選手たちにお茶を提供した.
2《英》(ガス・水道・電気など)を引く, 取りつける

• Water must *be laid on* in pipes. 水はパイプで引かなければならない • We have electricity *laid on* all over the home. 我々は家中に電気を取りつけている.
3 (打撃など)を激しく加える • I was obliged to *lay on* blows upon you. 私はやむなくあなたをさんざんに打ちのめさねばならなかった.
4 …を激しく打つ[攻撃する] • He *laid on* to the POW with the most inhuman barbarity. 彼は極めて非人道的な野蛮さをもってその捕虜を激しく打った.
5 …を塗る • *Lay* the butter *on* thick, please. どうぞバターを厚く塗ってください • Dyers first prepare the white ground and then *lay on* the dye of purple. 染物職人はまず白地を用意して, それから紫の色を塗る.
6 …を強調[誇張]する • More emphasis should *be laid on* co-operation. 協力がもっと強調されるべきだ.
7 《米》(忠告など)を告げる, 話す • Sorry to *lay* this *on* you, but he'll never be back. こんなことを言って気の毒だが, 彼はもう戻ってこないよ.
8 (犬)に臭跡を追わせる, を臭跡につかせる • Bring the hounds here and *lay* them *on*. 猟犬をここへ連れて来て, 臭跡につかせよ.
9 (人をしかけて)…をやらせる • The older waiters *were laid on* to attend on the guests. 年長の給仕たちがお客の給仕をさせられた.
10 《印》(印刷するため紙)を活字の上に置く • No alteration has been made in the manner of *laying on* the paper. 紙を活字の上に置く方法は少しも変わっていない.
11 (家畜が肉)をつける, 太る • Well-bred sheep *lay on* flesh quick. 養いのよい羊は早く太る.
12 《英》(会・遠足など)を計画する, お膳立てする • Open-air dancing *was laid on*. 野外ダンス大会が計画された.
13 (命令など)を下す, 発する • The captain *laid on* a command. 隊長は命令を下した.
14 (税・義務など)を課す • Further taxes *were laid on*. 追加の税金が課された • The company is *laying on* higher prices. その会社は値段を上げようとしている.
— 圓 **15** …に賭ける • They *laid on* the horse race. 彼らは競馬に賭けた.
16 盛んになぐる[攻撃する] • He seized a club and *laid on* for dear life. 彼は棍棒をつかんで必死になぐった.
lay A on [upon] B 他 **1** AをBに課する, 負わせる; A(人)にB(命令など)を発する • They *laid* heavy taxes *on* tea. 彼らは茶に重税を課した • They have *laid* it *upon* him to write a little of himself. 彼らは彼に自分のことを少し書くように命じた.
2 A(罪など)をBに負わせる • I *laid* the theft *on* him. 彼に盗みの罪を着せた • He *laid* his sleeplessness *on* overwork. 彼は不眠を過労のせいにした.
3 AをBの上に置く • The bishop *laid* hands *on* the candidates for ordination. 司教は聖職叙任の儀式として候補者の上に両手を置いた.

4 AをBに激しく加える • My father *laid* a stick *on* my back. 父はステッキで私の背を激しく打った.
5 AをしかけてBを追わせる • The pack *were laid on* the scent. 猟犬群は臭跡につかされた.
6 A(金)をBに賭ける • I'll *lay* ten pounds *on* that horse. あの馬に10ポンド賭けよう.
7 《米俗》AをB(人)にくれてやる • I'll *lay* this book *on* him. この本を彼にくれてやろう.

lay out 他 **1** (商品など)を(見せるため)広げる; を陳列する, きちんと並べる • His letters *were laid out* in expectation of his arrival. 彼宛ての手紙は彼の到着を予期して並べられていた • Nearer the fire the things *were laid out* for tea. 暖炉に近いところにお茶のため茶器類が用意してあった.
2 …を設計する, (…のように)しつらえる; を区画する • The owner *laid out* the Italian garden. 所有主がそのイタリア風の庭園を設計した • The roads had *been laid out*, but were not completed. 道路は地取りはされていたが, 完成していなかった.
3 《印》(紙面)を割りつける, レイアウトする • An editor *lays out* printed pages. 編集者は紙面を割りつける.
4 (計画など)を立案する • He has *laid out* a plan for the holidays. 彼は休暇の計画を立てた.
5 《口》(大金・体力など)を使う • I am prepared to *lay out* £30,000 on your training. 私はお前の教育に3万ポンドを使う覚悟でいる • He has *laid out* all his strength. 彼は力をすっかり出し切った.
6 《口》(人)を打ち倒す, (打って)気絶させる; を殺す • He *laid out* John with a blow under the jaw. 彼はジョンのあごの下に一撃を食わせて倒した • He gave the man an opiate that *laid* him *out* within ten minutes. 彼がその男にアヘンを飲ませると, 10分とたたぬうちに男は気を失った.
7 (死体)の入棺の準備をする《死体の足を伸ばしたり, 死に装束を着せたり》 • They reverently *laid out* the corpse. 彼らはうやうやしくその遺体の埋葬準備をした.
8 (衣服)を(すぐ着られるように)広げる • The valet *laid out* his master's evening clothes. 従者は主人の夜会服を出して広げた.
9 …を(人前に)表す; をさらす, 暴露する • A magnificent scene *was laid out* before the climbers. 壮大な光景が登山者たちの前に展開された.
10 …を述べる, 説明する • He *laid out* the necessity of raising some more force. 彼はもう少し軍隊を募集する必要を述べた.
11 〔受身で〕すっかり酔っ払う • He *was laid out* like a rug. 彼はぐでんぐでんに酔っ払っていた.
12 《米》…するつもりである, をもくろんでいる (*to do*) • I have *laid out to* visit him on my way home. 私は帰り道に彼を訪問するつもりでいる.
13 (人)をひどく疲れさせる • This heat has quite *laid* me *out*. この暑さには全く参ってしまった.
14 《米口》(人)をしかりつける • The boss *laid* Mark *out* for being careless. 社長はマークが不注意だと言ってしかりつけた.
— 圓 **15** 《俗》見張りをする • He was hired to

lay out for shoplifters. 彼は万引きの見張り役に雇われた.
16 日光浴をする ▪ I *laid out* on the roof. 屋根の上で肌を焼いた.
17(参加していた活動を)突然はずれる, 避ける, 控える ▪ He's always willing to *lay out* for a while. 彼はいつも進んでしばらく活動をはずれる.
18《海》(帆をあやつるため)帆げたの端の方に位置する[出て行く] (→LAY in 12) ▪ The men were *laying out* on the yards. 水夫たちは帆げたの端の方に位置していた.
19《米》(学校などを)無断欠席する ▪ Tom *laid out* from school. トムは学校をさぼった.

lay out for 他 …を得ようと努める, (ある目的)を達成しようともくろむ ▪ He *laid out for* applause. 彼は拍手喝采を得ようと努めた.

lay over 他 **1** …を逸する, 通り過ぎさせる; を延期する ▪ At Las Vegas, we *laid over* one train, to see the Hot Springs. ラスベガスで我々はホットスプリングズを訪ねるため, 一つ列車をおくらせた ▪ The meeting *was laid over* for a week. その会は1週間延期された.
2 …をひっくり返す ▪ He *laid* the table all *over*. 彼はテーブルをすっかりひっくり返した.
3 …にかぶせて飾る ▪ The dome *is laid over* with a gilding gold. ドームには金のメッキがかぶせられている.
4 …に勝る, を顔色(がんしょく)なからしめる ▪ She *laid over* the whole bunch. 彼女はその群れ全体に勝っていた.
5《米》…を禁止区域とする ▪ Great regions *were laid over*. 広い地域が禁止区域になっていた.
— 自 **6**《米》(特に飛行機での旅行の途中で)一時途中着陸する; 途中下車する ▪ He had to *lay over* in Pittsburgh. 彼はピッツバーグで一時途中着陸せねばならなかった ▪ We will have to *lay over* in Lyons on our way to the Riviera. リビエラに行く途中でリヨンに立ち寄って時間待ちしなければならないだろう.

lay A over B 他 **1** AをBに塗る ▪ *Lay* the butter *over* the bread. パンにバターを塗りなさい.
2 AをBに重ねる ▪ *Lay* this sheet *over* the blanket. このシーツを毛布に重ねなさい.

lay to 他 **1** …に精出す ▪ Our men *laid to* their oars heartily. 我々の乗組員は一生懸命オールをこいだ ▪ He *laid to* his work with a will. 彼は本腰で精出した.
2《口》…にかける; を確信する ▪ You will lose your life and you may *lay to* that. あなたは命を失うだろう, そしてそれは確かなことだ.
3《海》風上に向けて停船させる ▪ They *laid* the ship *to* outside the harbor. 船を風上に向け港外に停船させた.
— 自 **4**《海》風上に向かって停船する ▪ The ship continued to *lay to* under bare poles. 船は帆を一つもかけず風上に向けて停船し続けた.
5(けんか・食事などを)し始める ▪ O.K. *Lay to*, you guys. The stuff will get cold if you don't eat it. さあ, みんな, 始めなさい. 早く食べないと冷めちゃうわよ.
6 止まる ▪ We must *lay to* and keep a bright lookout. 我々は停止して, 油断なく見張っていなければならない.
7 盛んに打つ; 精を出す ▪ He was *laying to* right and left. 彼は左右になぐりまくっていた.

lay A to B 他 **1** AをBのせいにする ▪ They *laid* the failure *to* me. 彼らはその失敗を私のせいにした.
2 AをBに使う ▪ His voice *was laid to* vehement words. 彼の声で激しい言葉が発せられた.

lay...together 他 **1** …を合わせる, 集める; を併置する ▪ *Lay* the strands *together*. より糸をより合わせよ.
2 …を合わせ考える, 比較する ▪ *Lay* his words and deeds *together*. 彼の言行と行為とを比較してみなさい.

lay up 他 **1** (人)を病臥させる, 病気で働けなくする, 引き込もらせる ▪ An attack of appendicitis *laid* him *up* for a short time. 盲腸炎にかかって, 彼はしばらく病臥した ▪ This severe weather has *laid* me *up* in the house. このきびしい天候のため, 私は家に引き込もっている ▪ I have *been laid up* with flu for a week. 私はインフルエンザで1週間前からずっと寝ていた.
2 …をたくわえる, しまっておく ▪ You must *lay up* a part of your income for old age. あなたは老後に備えて収入の一部をたくわえなければならない ▪ His poems *are laid up* in the National Library. 彼の詩集は国立図書館に保管されている.
3 (船・車などを)(修繕のため, 冬の間)休ませる, 使わずにおく ▪ We *laid up* the ship for repairs. 我々はその船を修理のため休ませた ▪ His car has *been laid up* for a week. 彼の車は1週間前から乗られていない.
4〔印〕(印刷後の)組版の活字を洗う ▪ A form cannot *be* well *laid up* without plenty of water. 組版の活字は水をたくさん使わなければうまく洗えない.
5〔造船〕(くぎなど)を表面にぴたりと打ちつける ▪ The heads of the rivets *are* generally *laid up*. 鋲くぎの頭は通常板にぴたりと打ちつけられる.
6 (手足)を(伸ばして)寝る ▪ Her daughter must *lay up* her legs until they get quite well. 彼女の娘は全快するまで足を伸ばして寝なければならない.
7《農》[しばしば dry, rough, in ridges などの補語を伴って](種まきの準備に畑)のうねを立てる, (作物を植えるために畑)を準備しておく ▪ Every piece of arable land which *is laid up in ridges* requires to be drained. (種まきの準備に)うねの立ててある耕地はみな水抜きが必要である ▪ The land *is laid up dry* for barley in the spring. その土地は春の大麦をまくために乾かしてうねが立てられている.
8(プレス・接合の前に, にかわなどを塗ったベニヤ・心材)を組み合わせる; (なわなど)をよじって作る, なう ▪ *Lay up* the strands together. より糸をいっしょに綱にないなさい.
9《競馬》(連足レースで)勝ちもせず遅れもせぬように馬を走らせる.
— 自 **10** 金をたくわえる ▪ It is pleasant to gather and *lay up*. 金を集めてたくわえるのは愉快である.

11(船が)休む ▪ Here we resolved to *lay up* for the winter. ここで我々は冬の間休航することに決めた.
12病臥する,(病気で)引き込もる ▪ Busy persons cannot afford to *lay up*. 忙しい人は病気で寝ている余裕がない.
13(船が…に)向かって進む(*for*) ▪ The French squadron *laid up* directly *for* them. フランス艦隊は彼らの方へまっすぐに進んだ.
14《米》(列車が)止まる, 立ち往生する ▪ An up train *laid up* on Track No.1. 上り列車が1番線で立ち往生した.
15《口》しばらくの間隠れる ▪ There's a fox *laying up* in here. Dig him out. キツネが中に隠れている. 掘り出せ.

lay…up against a person 他《口》…のことで人を悪く言う ▪ I shan't *lay* it *up against* her. 私はそのことで彼女を悪くは思いません.

lay upon a person *for* 他 人に…をせがむ ▪ He *laid upon* his mother *for* a new cap. 彼は母親に新しい帽子を買ってくれとせがんだ.

laze /leɪz/ ***laze around***[《英》*about*] 自 何もせずぶらつき回る ▪ He is *lazing about* doing nothing. 彼は何もせずにぶらついている.

laze away 自 のらくら過ごす ▪ Why not *laze away* a few days? 2, 3日のんびり過ごしてはどうですか.

leach /liːtʃ/ ***leach away*** [*out*] 他 (こし水に浸して可溶物)をこし取る, 浸出させる ▪ We *leach out* alkali from ashes. 我々は灰からアルカリをこし取る.

leach in [*into*] 自 …に染み込む ▪ A large amount of salt *leached into* the soil and ruined it. 大量の塩が染み込んで土地が使いものにならなくなった.

leach out of …からにじみ出る, 染み出す ▪ All the nutrients *leached out of* the soil, leaving it barren. 養分がすっかり土壌からにじみ出たため不毛になった.

lead /liːd/ ***lead…about*** 他 …をあちこち引き回す ▪ Someone had to *lead* the boy *about*. 誰かがその少年をあちこち引き回してやらねばならなかった.

lead A against B 他 A(人・攻撃)をBに向ける ▪ The general *led* the army *against* the city. 将軍は軍を率いてその市を攻めた.

lead…along 他 …を導いて(…を)行く ▪ We *led* the child *along* the path. 我々は子供を導いてその道を行った.

lead aside 他 …を脇へ連れて行く ▪ He *was led aside* and told the bad news. 彼は脇へ連れて行かれて, 悪いニュースを知らされた.

lead…astray 他 …に間違いを犯させる; (人)を邪道に導く, 堕落させる ▪ Don't let the experts *lead* you *astray*. 専門家に迷わされてはいけない ▪ The boy *was led astray* by bad companions. その少年は悪友によって邪道に引き入れられた.

lead…away 他 **1**(人)を連れ去る; を誘い出す ▪ He tried to *lead* her *away*. 彼は彼女を誘い出そうとした.

2…を逸脱させる(*from*) ▪ This argument *leads* us *away from* the topic. この議論は我々を本題から逸脱させる.

3[主に受身で](人)を(熱狂に)釣り込む, に(嘘を)信じさせる ▪ Some men *are led away* by the party spirit. 党に対する忠誠心にうっかり釣り込まれて熱狂する者もある ▪ Grace *is* easily *led away*. グレイスは苦もなくだまされる.

4[主に受身で](注意)をそらせる ▪ His attention *was led away* by a strange sound. 奇妙な音を聞いて彼の注意はそらされた.

lead back to 自 **1**(道が)元の場所に戻る ▪ I hope this road *leads back to* the camp. この道を行って元のキャンプ場に戻れればいいが.

2(話題など)が…に戻る ▪ This *leads back to* the question mentioned above. これで話が上述の問題に戻る.

lead A back to B 他 **1**A(人)をB(元の場所)に導く ▪ This path *leads* you *back to* the town. この道を行けば町へ戻れるよ.

2A(人)をBに連れ戻す; A(話題など)をBに戻す ▪ He tries to *lead* the boys *back to* the right way. 彼は少年たちを正道に立ち返らせようと努力した ▪ He always attempts to *lead* the conversation *back to* the domestic discord. 彼はいつも話題を家庭の不和に戻そうとする.

lead down to **1**(道が)下って…まで続いている ▪ The road *leads down to* the sea. この道は下って海まで続いている.
— 他 **2**(人)を下の…へ導く ▪ A friendly fellow *led* us *down to* the basement. 親切な奴が我々を下の地下室に導いてくれた.

lead forth 自 先導する, 引率する ▪ You *lead forth*, and I will follow. 君が先に行け. そうしたら僕が後に続くから.

lead…forward 他 …を誘導する ▪ They *were led forward* cautiously. 彼らは用心深く誘導された.

lead in 自 **1**《海》入港の道を示す ▪ The two lights *led in*. 二つの灯火が入港の道を示していた.
— 他 **2**(演奏・演説など)を始める ▪ The trumpet *led in* the music. トランペットの吹奏でその音楽が始まった.

3…を導き入れる ▪ The nurse *led in* his patient. 看護師は彼の患者を導き入れた.
— 自 他 **4**(電)(電線が)引き込まれている; (電線・電流を)引き込む ▪ The wire *leads in* here. 電線はこから引き込まれている ▪ This wire *leads* the current *in*. この電線で電気が引かれている.

lead into 自 **1**…への入口となる, に通じている ▪ This passage *leads into* the garden. この通路を行けば庭園へ入る.

2当然…という結果につながる ▪ His love for flying *led* naturally *into* the aviation business. 飛ぶことが大好きだったので彼が航空事業を始めたのは当然の成り行きだった.

3(言葉・演奏など)を始める ▪ The speaker *led into* his argument. 講演者は議論を始めた.

lead A into B 他 AをBに導き入れる ▪ He *was led into* temptation by her sweet words. 彼は彼女の甘言で誘惑に引き入れられた．

lead off 他 **1** …を(…から)連れ去る ▪ They *led off* your horse a moment ago. 彼らはほんの今しがたあなたの馬を連れ去った ▪ The singer *was led off* the stage by the maestro. その歌手は名指揮者に連れられて舞台から引いた．

2 (ダンス・会話などの)皮切りをする，まっ先にやる ▪ He *led off* the dance. 彼はダンスの皮切りをした ▪ A well-known critic *led off* the congratulations. 有名な批評家がまっ先に祝辞を述べた．

3 (場所)につながっている ▪ Both the rooms *lead off* the main hall. どちらの部屋もメインホールにつながっている．

— 自 他 **4** 《野球》先頭打者をつとめる ▪ He *leads off* for the New York Yankees. 彼はニューヨーク・ヤンキースのトップバッターである ▪ He *led off* the fifth inning with a walk. 彼は5回の先頭打者として四球で出塁した．

— 自 **5** (…して)話の口火を切る (*by doing*); ダンスを始める ▪ He *led off by making* an apology. 彼は断りを言って話の口火を切った ▪ He *led off* with his companion in a sort of quickstep. 彼は友だちと一種のクイックステップを踊り始めた．

6 先に立ってやる; (…で)皮切りをする (*by doing*) ▪ He *led off* in the debate on the bill. 彼は議案の討論で最初に口火を切った ▪ I'll *lead off by singing* "Auld Lang Syne." 私が皮切りに「オールドラングサイン[蛍の光]」を歌いましょう．

7 (道などが)(…から)始まる (*from*) ▪ The street *leads off from* the corner of the square. その通りは広場の角から始まる．

8 〈口〉怒る，怒ってののしる ▪ He started *leading off* at me in front of all the people present. 彼は居合わせた人々の前で私をののしり始めた．

lead off with 自 **1** 率先して…をする; まっ先に…する ▪ He *led off with* an impassioned speech. 彼はまっ先に熱烈な演説をした ▪ Jane *led off with* a brief overview of the project. ジェインはまず事業の簡単な概要説明から始めた．

2 (トランプで)最初に(札)を出す ▪ He *led off with* his strongest suit. 彼は最も強い持ち札を最初に出した．

lead on 他 **1** 《口》(人)を誘う (*to*); 徐々に…するようにさせる (*to do*) ▪ She is *leading* him *on to* bad ways. 彼女は彼を徐々に悪習に誘い込んでいる ▪ I've *led* her *on to* tell the secret. 私は彼女にだんだんと秘密を話させるようにした．

2 (人)を誤らせる，(愛しているふりをして)だます ▪ He didn't really love her. He was simply *leading* her *on*. 彼は本当は彼女を愛していなかった，だましているに過ぎなかったのだ．

3 (人)をどんどん導いて行く (*to*) ▪ He *led* his men *on to* victory. 彼は部下を指揮して勝利に至らせた．

4 (人)をからかう ▪ We watched her *leading* him *on*, and laughed. 我々は彼女が彼をからかっているのをじっと見て笑った．

— 自 **5** 先頭に立って進む ▪ Go therefore, *lead on*! だから行きなさい，先に立って進みなさい．

6 (ドア・橋が)…に通じている (*to*) ▪ There was a door *leading on to* this balcony. このバルコニーに出るドアがあった．

7 …を引き起こす，と結びつく (*to*) ▪ Early interests often *lead on to* a career. 早い時期に関心をもったことが職業になることがよくある．

8 (話を…に)向ける (*to*) ▪ He *led on to* the subject. 彼は話をその問題に向けた．

lead out 他 **1** =LEAD off 7.

2 (人)を(ダンスの相手として席から)連れ出す，誘う ▪ Jones *led* her *out* for the dance. ジョーンズは(席についている)彼女をダンスに連れ出した ▪ The boy *led out* a housemaid. その少年はお手伝いさんをダンスの相手に誘い出した．

3 (人)に話をするように仕向ける ▪ She was very quiet, so he tried to *lead* her *out*. 彼女はとても無口だったので，彼は話をするように仕向けた．

— 自 **4** 出発する，向かう ▪ The cattle *led out* to pasture. 牛の群れは牧草地へ出かけた．

lead through 自 **1** 《ブリッジ》2番目の人が手が打てないほどリードする．

2 (二人の登山家が)リーダーを代わり合う ▪ For experienced climbers two is the best number since this allows them to "*lead through*." 経験を積んだ登山家の場合，二人で組むのが一番よい．「交代してリーダーになれる」からだ．

lead to 他 **1** …に至る ▪ This road *leads to* the station. この道は駅に至る ▪ The path of glory *leads* but to the grave. 栄光の道は墓場に至るだけない ▪ All roads *lead to* Rome. 《諺》すべての道はローマに通じる《行き方は異なっても達するところ同じ》．

2 …に至る，を生じる; の結果となる ▪ Virtue *leads to* happiness. 美徳は幸福に至る ▪ Poverty often *leads to* crime. 貧困はしばしば犯罪を産む ▪ The conference *led to* no result. 会議は何の結果も得られなかった．

3 (トランプ) =LEAD up to 5.

— 他 **4** (人など)を導いて…に至らせる《比喩的にも》 ▪ My rambles *led* me *to* a gipsy's camp. ぶらぶら歩いていたらジプシーの野営に出た ▪ You can *lead* a horse *to* water, but you can't make him drink. 《諺》馬を水際へ連れて行くことはできても，水を飲ませることはできない《体は力で自由にすることはできるが，心を自由にすることはできない》 ▪ There was nothing to *lead* him *to* such a conclusion. 彼を導いてそのような結論に達せしめるものは何もなかった ▪ He *led* the men *to* glory. 彼は兵たちを指揮して勝利の栄光を得させた．

lead up to 自 **1** (話題)に徐々に用心しながら持って行く，(話)を徐々に持ち出す; を言おうとする ▪ He *led up to* the question of money. 彼はだんだんと金の問題を持ち出した ▪ What are you *leading up to*? 君は何を言おうとしているのか．

2 (道などが)…に至る ▪ The path *led up to* the

garden gate. その道は庭の木戸に通じていた.
3 ...にだんだん導いて行く ▪ These circumstances *led up to* the explosion of the conspiracy. これらの事情が手引きとなって陰謀が突発した.
4 ...を示すに至る, 証明するに至る ▪ This *leads up to* the fact that there is no easy solution. ということは結局らくな解決法はないという事実を示している.
5《トランプ》(相手)に特定の札を出させるように札を出す[仕向ける] ▪ You had better *lead up to* the weak suit of your righthand adversary. あなたは右側の相手に弱い札を出させるように仕向けるべきだ.
— 他 **6** ...をある点まで導く ▪ The guide *led us up to* the top of the mountain. 案内人は我々を山の頂上まで連れて行ってくれた.

lead with 他 **1**(けんか・トランプ・スポーツなどを)...で始める ▪ My partner *led with* a spade. 私の相棒はまずスペードを出した ▪ The defending champion *led with* an attack. 現チャンピオンがまず攻撃に出た.
2(ある話題)から(話・報道)を始める, トップ記事にする ▪ We'll *lead with* the Regal visit to Canada. 女王のカナダご訪問から報道を始めます ▪ The paper *led with* the rightist's death. その新聞はその右翼の人物の死をトップ記事にした.
3《ボクシング》(右・左で)まずリードしてから打って出る傾向がある ▪ Watch that guy. He always *leads with* his right. やつをよく見ろ. 必ず右でリードしてからパンチを繰り出すからな.

leaf /li:f/ ***leaf out*** 自 他《米》葉を出す[出させる] ▪ The gooseberry bushes are beginning to *leaf out*. グーズベリーの木が葉を出し始めている ▪ The trees in the garden *are* all *leafed out*. 庭の木は全部葉を出している.

leaf through 他 ...のページをぱらぱらめくる ▪ Many people *leaf through* a book before buying. 本を買う前にページをめくって見る人は多い.

league /li:g/ ***league together*** 自 同盟する, 結託する, 連合する ▪ The nations *leagued together* to stop war. 諸国が連合して戦争を終わらせた.

league (together) against 自 結託[同盟]して...に当たる ▪ They *leagued together against* the common enemy. 彼らは同盟して共通の敵に当たった.

league with 自 ...と同盟[連合]する ▪ Our club *leagued with* theirs. 我々のクラブは彼らのクラブと連合した.

leak /li:k/ ***leak away [forth]*** 自 **1**(液体・ガスなどが)漏れ出る ▪ A small quantity of the liquor *leaked forth*. 少量の酒が漏れ出た.
2 少しずつなくなる 金銀は絶えず少しずつなくなる. The gold and silver *leak* continually *away*. 金銀は絶えず少しずつなくなる.

leak in 自 (液体・ガスなどが)穴から入って来る ▪ The water is still *leaking in*. 水がまだ穴から入って来ている.

leak out 自 他《口》(隠そうと努めて)漏れる, 漏らす ▪ The secret has *leaked out*. 秘密が漏れた ▪ Who *leaked out* the news? このニュースを漏らしたのは誰か.

leak over [on, off] 他 (酒)を少しずつ漏らす, 出す ▪ *Leak off* the liquor gradually. 酒を徐々に少しずつ出せ.

leak through 自 (液体が)...から漏れる ▪ Rainwater was *leaking through* the roof. 屋根から雨漏りがしていた.

leak A to B 他 A(事柄)をB(人)に故意に暴露する, ここだけの話と言ってわざとばらす ▪ A super-secret bit of information *was leaked to* the press by an insider. 超極秘情報が部内者によって報道陣に暴露された.

lean /li:n/ ***lean across*** 他 ...を越えてもたれかかる ▪ He *leaned across* the counter and touched her cheek. 彼はカウンター越しに寄りかかり彼女の頬に触った.

lean against 自 **1** ...にもたれる ▪ Don't *lean against* the wall. 壁にもたれてはいけません.
2《主に法》...に好意を持たない, 反対である ▪ The court *lean against* this interpretation. 裁判官たちはこの解釈に賛成していない ▪ Judges are liable to *lean against* the prisoner. 裁判官はややもすれば囚人を悪く見がちである.

lean A against B 他 AをBに立てかける, もたせかける ▪ He *leaned* a ladder *against* the wall. 彼は壁にはしごを立てかけた ▪ He *leaned* his back *against* a tree. 彼は木に背をもたせかけた.

lean back [backwards] 自 他 そり返る, ...を返らせる ▪ She *leaned back* in the chair and went to sleep. 彼女はいすにそり返って寝入った ▪ I *leaned* my head *back*. 私は頭を後ろへそらせた.

lean down 自 (腰のところで)体を曲げる, 前かがみになる ▪ She *leaned down* to hear what the kid was saying. 彼女はその子が言っていることを聞こうと身をかがめた.

lean forward 自 他 前へかがむ, 身を乗り出す ▪ He *leaned forward* as if in prayer. 彼はまるで祈っているように前かがみになった ▪ He *leaned* his head *forward* to catch every word. 1語も逃さないように首を前に伸ばした.

lean from 自 ...から身を乗り出す ▪ He *leaned from* the bus to wave his hand at us. 彼はバスから身を乗り出して私たちに手を振った.

lean off 自《口》〖命令文で〗...によりかかるのをよせ ▪ *Lean off* that wall. その壁によりかかるな.

lean on [upon] 自 **1** ...によりかかる, にすがる ▪ *Lean on* my arm. I will support you. 私の腕によりかかりなさい, ささえてあげましょう ▪ He was *leaning on* a stick. 彼はつえにすがっていた.
2 ...に頼る, すがる, 仰ぐ ▪ She *leaned on* her mother in all things. 彼女はすべての事を母に頼った ▪ He could *lean on* the territory for his supplies. 彼は糧食をその地域に仰ぐことができた.
3 ...を圧迫する ▪ The winter would *lean* heavier *upon* the besiegers. 冬が包囲軍をもっとひどく苦しめるだろう.
4 ...を強調する ▪ They *leaned* heavily *on* the first syllable. 彼らは第1音節を強めて発音した.
5《俗》(人)におどしをかける ▪ We have to *lean on*

him harder. もっと手厳しくやつにおどしをかける必要がある.

6(車の警笛)を鳴らし続ける ▪The taxi driver is waiting out front, *leaning on* the horn. タクシーの運転手が表[戸口の外で]で待っていて、さかんに警笛を鳴らしている.

***lean out* (*of*)** 自 (…から)体を乗り出す ▪It is dangerous to *lean out of* the window. 窓から体を乗り出すのは危険だ.

lean over 自 (…に)よりかかる, のしかかる; (の上に)かがみこむ ▪If you *lean over* this wall, you will see the river. この塀によりかかれば、川が見えます ▪Don't *lean over* the book too much. あまり本の上にかがみこんではいけない ▪I *leaned over* to pick up the pen. 私はペンを拾い上げるためにかがみこんだ.

lean to [***towards***] 自 **1**…の方にかがみかかる, 方に傾く ▪The child *leaned towards* his mother. 子供は母親の方にかがみかかった ▪The gigs *leaned to* their right. 二輪馬車は右の方へ傾いた.

2(ある思想・特質・状態)に傾く, の傾向がある ▪The government *leaned towards* democracy. 政府は民主主義の傾向があった.

3(人が意見・思想)に賛成である; のほうを好む, する気がある ▪I rather *lean to* your view. 私はむしろあなたの見解に賛成である ▪He *leans towards* staying here. 彼はここへとどまる気がある ▪The townsmen *leaned towards* leftist politics. その町民は左派の政治に好意を持っていた.

lean upon 自 《軍》…という援護物に寄り添う ▪The troops *leaned upon* the river. その部隊はその川を援護の頼りにしていた.

leap /liːp/ ***leap at*** 自 **1**(つかまえようと)…に飛びかかる, 飛びつく ▪Fishes *leapt at* flies of several colors. 魚はさまざまな色の毛鉤(はり)に飛びついた.

2(機会・提案などに)飛びつく ▪He *leapt at* the proposition. 彼はその提案に飛びついた.

leap forward **1**(人・車が)急に前に飛び出す ▪Don't *leap forward* towards your target. 目標に向かって急に前へ飛び出してはいけない.

2《口》急速に進歩する ▪IT technologies have *leapt forward* in recent years. 情報技術は最近急成長した.

leap in **1**…に飛び込む ▪The bed looked so comfortable that I *leapt in*. ベッドが気持ちよさそうなので頭から飛び込んだ.

2…に加わる, (飛び入り)参加する ▪He *leapt in* the game we had been playing. 彼は僕たちがしていたゲームに途中から入った.

3《口》(…に)執拗に食らいつく, 飛びつく(*with*) ▪Before you *leap in with* advice, remember this. アドバイスに飛びつく前に次のことを覚えておきなさい.

leap into 自 《口》**1**急に(心に)浮ぶ, 思いつく ▪A good idea just *leapt into* my mind. 私はあるすばらしい考えを思いついた.

2急に(熱心に)…を始める ▪He *leaped into* writing poems. 彼は急に詩を書き始めた.

leap off 自 …から飛び降りる ▪She tried to *leap off* the roof. 彼女は屋根から飛び降りようとした.

***leap on* [*upon*]** 自 **1**…におどりかかる ▪He *leapt on* his enemy with a knife in his hand. 彼は手にナイフを持って敵におどりかかった.

2〚しばしば up を伴って〛…に飛び乗る ▪He *leapt* (*up*) *upon* his steed. 彼は馬に飛び乗った.

3《英》突然…に興味を持つ ▪The press *leapt on* the scandal. 報道陣はそのスキャンダルに飛びついた.

leap out 自 (隠れていた場所から)急に出てくる, 突然姿を見せる(*from*, *of*) ▪The lioness *leaped out from* behind the bush. 雌ライオンが茂みの陰からぱっと飛び出してきた ▪One of the children *leaped out of* the shrubs. 子供のうちのひとりが生垣から急に飛び出してきた.

leap out at **1**突然襲う[脅す] ▪The hidden lioness *leaped out at* a young antelope. 隠れていた雌ライオンが若いレイヨウに急に跳びかかった.

2…の注意[人目]を引く, すぐに気づく, 目につく ▪Your name *leaped out at* me from the list of successful applicants. 合格者一覧の中から君の名前が私の目に飛び込んできた.

leap over 自 …を飛び越える ▪I *leapt over* the fence. 私は垣を飛び越えた.

leap up 自 **1**飛び上がる, 急に立ち上がる ▪He *leaped up* from his chair when the telephone rang. 電話が鳴ると彼はぱっといすから立ち上がった.

2(心などが)おどる ▪His heart *leapt up* with joy. 彼の心は喜びにおどった ▪My heart *leaps up* when I behold a rainbow in the sky. 空に虹を見るときわが心は踊る《Wordsworth 作品より》.

learn /ləːrn/ ***learn about*** 自 **1**…について学ぶ ▪I want to *learn about* English poetry. 英詩について学びたい.

2…のことを知る[聞く] ▪How did you *learn about* her wedding? 彼女の結婚をどうして知ったのか.

***learn by* [*from*]** 自他 …から学ぶ ▪We *learn by* [*from*] our mistakes. 人は自分の誤りから学ぶ ▪Moral principles *are* best *learned by* examples. 道義は実例で学ぶのが一番だ.

learn…from* [*of*] *a person 他 …を人から聞き知る, 学ぶ ▪I *learned* it *from* you. それをあなたから聞いて知った ▪I *learned* English *of* my mother. 私は英語を母から学んだ.

learn of 自 (…について)知る, 伝え聞く ▪How did you *learn of* our new product? 我が社の新製品をどうしてお知りになりましたか ▪I just *learned of* your sickness. あなたがご病気だとたった今知りました.

learn off 他 《英》…をすっかり覚える, 暗記する ▪*Learn* these words *off*. これらの語[台詞]をすっかり覚えなさい.

learn out 他 《方》…を見つける ▪He *learned out* all their treachery. 彼は彼らの反逆のすべてを見つけた.

learn up 他 《口》…をすっかり知る[覚える] ▪I have *learned up* these facts. 私はこれらの事実を

すっかり覚えた.

lease /li:s/ ***lease back*** 他 設備貸付を受ける《不動産を売り, 買主からその不動産を借りる》 ▪ They decided to sell the building and then *lease it back*. そのビルを売り, それから設備貸付を受けることに決定した.

lease out 他 (土地・家屋)を賃貸しする ▪ He *leased out* his villa for the summer. 彼は別荘を夏の間賃貸しした.

lease up 他 **1** (土地・家屋など)を賃貸[賃借]する ▪ The housing agency *leases up* the new apartment building. 住宅代理店が新築アパートを賃貸している.
― 自 **2** (土地などが)賃貸借の対象である ▪ The new office building will *lease up* in a week. 新オフィスビルは1週間後には賃貸の対象になるだろう.

leave¹ /li:v/ ***leave around [about]*** 他 (物)を(…のあちこち)に散らかしておく ▪ Don't *leave* your toys *around* (the house). おもちゃを(家中に)散らかしたままではいけません.

leave aside 他 …をうっちゃっておく, 考慮しない ▪ Let's *leave aside* the matter of cost for a moment. しばらく費用の問題は考慮しないでおこう ▪ *Leaving aside* the question of expense, we have no time to do it. 経費の問題はさておき, それをする時間がない.

leave behind 他 **1** (人)を置き去りにする; (競走などで)…をあとに残す, 追い越す ▪ Oh dear! The boy has *been left behind*. おやおや!その少年を置き去りにして来た ▪ He ran so fast that he *left* his competitors far *behind*. 彼はとても速く走って競争相手をはるかに追い越した.
2 (物)を(うっかり)置き忘れる; (物)を(わざと)置いておく, 着ずに出る ▪ We *left behind* our box of fishing tackle. 我々は釣り道具の箱を置き忘れた ▪ Someone must have *left* this *behind* by mistake. これはきっと誰かがうっかり忘れたのだろう ▪ I *left* my heavy waterproof jacket *behind*. 重たい防水のジャケットを置いて[着ずに]出た.
3 《文》あとに残す, (痕跡など)を残して去る ▪ He died and *left* a widow *behind*. 彼は死んで未亡人をあとに残した ▪ The tsunami *left* many damaged buildings *behind*. 津波が去って多くの破壊された建物が残された.
4 …を通り過ぎる ▪ We *left* a village *behind*. 我々は村を通り過ぎた.

leave … behind one 他 **1** 《文》…をあとに残す ▪ His father *left* nothing but debts *behind* him. 彼の父は死んで借金だけ残した ▪ Smallpox *leaves* scars *behind* it. 天然痘は治ったあとに傷跡を残す ▪ The typhoon *left behind* it a trail of destruction. 台風一過で破壊の爪痕が残った.
2 …を置いて行く, 残して行く ▪ I *left* my dirty clothes *behind* me. 私はよごれた衣服を捨ててきた ▪ *Leave* a welcome *behind* you. (人の家へ行ったら)飽きられないうちに帰りなさい.

leave down 他 **1** (音)を小さくしておく, (光)を暗くしておく ▪ *Leave* the radio *down*. ラジオの音を小さくしておきなさい ▪ *Leave* the lights *down*, please. 明かりは暗くしたままでお願いね.
2 (スイッチなど)を下げておく ▪ Normally this switch should *be left down*. 通常はこのスイッチを下げたままにしておくべきだ.

leave for 他 **1** …に向けて出発する ▪ I *left for* Paris at 10. 私は10時にパリへ向けて発った.
2 …に赴任する ▪ He has *left for* his new post. 彼は新任地におもむいた.

leave A for B 他 **1** Aを発ってBに向かう ▪ He *left* Kobe *for* America. 彼は神戸を発ってアメリカへ向かった.
2 Aを捨ててBを取る ▪ He *left* his wife *for* a dancer. 彼は妻を捨ててダンサーといっしょになった.
3 A(伝言など)をBに残す, 置いて行く ▪ Would you like to *leave* a message *for* her? 彼女に何か伝言はございますか.
4 A(仕事など)をBに残す, 預ける ▪ We *left* the difficult jobs *for* him. 我々は彼に難しい仕事を残しておいた.

leave … in **1** …を(家・穴など)の中に入れておく ▪ *Leave* the cat *in* all day. 猫を1日中家の中に入れておけ.
2 (火)を燃えているままにしておく ▪ Let's *leave* the fire *in*. 火は燃えているままにして[消さないで]おこう.
3 (言葉など)を削除しないでおく ▪ I *left* the word *in*. その言葉は削らないでいた.

leave off **1** (行動・習慣)をやめる ▪ He *left off* work when the closing bell sounded at 5. 5時に終業ベルが鳴ると, 彼は仕事をやめた ▪ They *left off* talking at my approach. 彼らは私が近づくと話をやめた ▪ It has *left off* raining. 雨がやんだ ▪ John has *left off* drinking. ジョンは酒を絶った.
2 (衣服など)を脱ぐ; を着なくなる ▪ It's hot today. I'll *leave off* my coat. きょうは暑い. コートは着ないでおこう.
3 (電灯など)を消しておく (↔LEAVE … on 1) ▪ Do you *leave* your porch light *off* at night? おたくでは夜間に玄関灯は消したままですか.
4 (ふたなど)を取ったままにしておく (↔LEAVE … on 3) ▪ When simmering beans, do you *leave* the lid on or *off*? 豆を煮る時, ふたはしたままですか, それとも取ったままですか.
5 (リストなど)から(名前など)を削除する[呼ばない] ▪ He is too important to be *left off* the guest list. 彼は大切な人物だから招待客リストからはずせない.
― 自 **6** やめにする; 終える ▪ Where did we *leave off* last week? (授業など)先週はどこまでやりましたかね ▪ We *left off* at the end of Chapter 3. 3章の終わりでやめました.
7 《口》困らせるのをやめる, 迷惑をかけない ▪ Just *leave off*, will you! 頼むからいらいらさせないでくれ.
8 (雨が)やむ ▪ Has the rain *left off* yet? 雨はもうやんだか.
9 (話が)終わる ▪ Here the story *leaves off*. その話はここで終わっている.

10 《商》(株などが)終わりが(いくら)である ・South Austrian shares *left off* at last night's quotations. 南オーストリア株は終わりが昨夜の相場であった.

leave ... on 他 **1** (灯火・テレビなど)をつけたままにしておく (↔LEAVE off 3) ・Please *leave* the hall-light *on*. 玄関灯はつけたままにしておいてください.

2 (服)を脱がないでいる ・He was rude enough to *leave* his hat *on* indoors. 彼は失礼にも室内で帽子をかぶったままでいた.

3 (ふたなど)をつけた[置いた]ままにしておく (↔LEAVE off 4) ・When reducing spaghetti sauce, do you *leave* the lid *on* or off? スパゲッティのソースを煮詰める時には、ふたをしたままそれとも取ってます?

leave out 他 **1** …を(書き)落とす; を(うっかり)抜かす ・You've *left out* the letter t. あなたは t という字を落としてますよ ・The printer has *left out* two lines from this paragraph. 印刷工はこの節から2行抜かしている.

2 …を省く, 除外する ・A part of the letter was *left out*. その手紙の一部分は省かれた ・They could not *leave* me *out*. 彼らは私を除外することはできなかった.

3 (人)を仲間外れにする, 無視する ・When no one spoke to me, I felt *left out*. 誰も話しかけてくれなかったとき, 私は無視されたような気がした.

4 …を外に放置する ・Don't *leave* the washing *out*. 洗濯物を外に出したままにするな.

5 …を考慮しない; を忘れる ・We *left out* that probability. 我々はその可能性は考えなかった.

leave *A* ***out of*** *B* AをBから除外する ・The youngest son *was left out of* his father's will. 一番下の息子の名は父の遺言から除かれていた ・They *left* her *out of* the conversation. 彼らは彼女を談話に入れなかった.

leave over **1** (金・食べ物などを)余す, 残す; (…から)…を残しておく (*from*) ・We'll *leave* this meat *over* for tomorrow. この肉はあしたの分に残しておこう ・There was some food *left over*. 食べ物が少々残った ・She made a sandwich with some cold chicken *left over from* dinner. 彼女は夕食の残り物の鶏肉でサンドイッチをこしらえた.

2 (仕事などを)繰り延べる, 延期する; (…の結果として)…をあとへ残す (*from*) ・The decision was *left over* till next morning. 決定は翌朝まで繰り延べられた ・They faced all the problems *left over from* the Fukushima nuclear plant accident. 彼らは福島原発事故が残したあらゆる問題に直面した.

leave *A* ***to*** *B* 他 **1** AをBに任す ・We *leave* the matter *to* your choice. その問題はまさに君の意に任す.

2 AをBに遺言で贈る ・The lady *left* all her books *to* her grandchildren. 婦人はすべての蔵書を孫たちに遺贈した.

leave up 他 …を上げたままにしておく ・The notice *was left up*. その掲示は貼り出されたままにされた.

leave ... up to *a person* 他 …を人に任せる ・I'll *leave* the method of doing that *up to* you. それをする方法はあなたにお任せします.

leave ... with *a person* 他 **1** …を人に託する[預ける] ・The man *left* a message *with* me. その人は私に伝言を託した.

2 (決定など)を人に委ねる ・He *left* these decisions *with* me. 彼はこの決定を私に委ねた.

leave² /líːv/ ***leave out*** 他 《米》(葉)を広げる ・The poplars *were leaved out*. ポプラの木々は葉が広がった.

lech/letch /létʃ/ ***lech for [after, over]*** 自 《英口》好色に(女性)をあさる ・He's always *leching after* some woman or other. 彼はいつも好色に誰かしら女性をあさっている ・Don't *lech for* the new girls in the office. 若手新人女子社員に色目を使ってはならない.

lecture /léktʃər/ ***lecture about [on]*** 自 …について講演[講義]する ・The scientist *lectured about* UFOs. 科学者は「未確認飛行物体」について講演した ・He *lectures on* nuclear abolition. 彼は核廃絶について講義している.

lecture *A* ***about [on]*** *B* BのことでA(人)を説教する, しかる ・The principal *lectured* John severely *on* his conduct. 校長は品行についてジョンをきびしく訓戒した.

lecture at *a person* 《口》人にお説教をする ・Few people like *being lectured at*. お説教をされるのが好きな人はまずいない.

lecture *a person* ***for*** 他 人を…だとしてしかる ・The teacher *lectured* me *for* being idle. 先生は私が怠けていると言ってしかった.

lecture *a person* ***into*** *doing* 他 人に説教して…させる ・I *lectured* him *into working* hard. 私は彼を説諭して, 一生懸命に勉強させた.

lecture (to) *a person* ***on*** 自 他 (大学などで)人に…について講義する ・He *lectured (to)* our class *on* American literature. 彼は私たちのクラスでアメリカ文学について講義した.

leech /líːtʃ/ ***leech off*** 他 …を食いものにする 《ヒルが吸いついて枯渇させることから》 ・You're too old to *leech off* your parents. もう大人なんだから親のすねかじりをしてはいけない.

leech onto 自 《口》(ヒルのように)ピッタリとしつこくまとわりつく ・The groupies *leeched onto* the rock star. 追っかけギャルたちがロックスターにつきまとった.

leer /líər/ ***leer at*** 自 (ずるそうな・好色な・悪意ある表情で)…を横目で見る ・He *leered* slyly *at* me. 彼はずるそうに私を横目で見た ・He *leered at* the girl. 彼はその少女を流し目で見た.

leg /lég/ ***leg up*** 他 (砂浜のヨット)を支柱でささえる ・We laid ashore and *legged up* the yacht. 我々はヨットを浜辺に上げてつっぱりをかった[した].

legislate /lédʒəslèit/ ***legislate against*** 自 《文》**1** (…を認めない)法律を制定する ・We support the government plan to *legislate against* the import of foreign cars. 外国車の輸入禁止法を定めようとする政府案を支持する.

2 立法手続きによって…をやめさせる ・You should *legislate against* carrying guns. 立法手続きによっ

て銃を携帯するのをやめさせるべきだ.

legislate for 自《文》**1**(…を認める)法律を制定する ▪ The candidate pledged to *legislate for* lower taxes. 立候補者は減税法を定めることを公約した.

2…を考慮する, 見込んでおく ▪ On wet days you have to *legislate for* a traffic jam. 雨降りの日には交通の渋滞を見込んでおく必要がある.

legislate A into B 他 立法手続きでAをBに入れる ▪ We should not *legislate* slavery *into* any State. 立法手続きによって奴隷制度をどの州にも持ちこんではいけない.

legislate A out of B 他 立法手続きでAをBから追い出す ▪ This sentiment is beginning to be *legislated out of* our national character. こういう気持ちは, 立法手続きによってわが国民性の中から追い出され始めている.

lend /lénd/ ***lend out*** 他 (本)を貸し出しする, (金)を貸しつける ▪ He *lends out* money at interest. 彼は利を取って金を貸しつける ▪ These books are to be *lent out*. これらの本は貸し出しします.

lend A to B 他 **1** A(物)をB(人)に貸す ▪ I *lent* a ladder *to* my neighbor. 近所の人にはしごを貸してあげた.

2 A(力など)をBに貸す ▪ I refused to *lend* my name [support] *to* the plan. 私はその計画に私の名前を貸す[を援助する]のを断った.

3 BにA(性質)を添える, 加える ▪ Yellow wallpaper *lends* warmth *to* the room. 黄色の壁紙は部屋に暖かみを与える.

lengthen /léŋkθən/ ***lengthen out*** 自 **1**《軍》歩幅を大きくする ▪ *Lengthen out* there! おい, そっち, 歩幅を大きくせよ.

— 自 他 **2** 延びる; 延ばす ▪ The days are beginning to *lengthen out*. 日が次第に長くなってきている ▪ The list might be *lengthened out* indefinitely. それは枚挙にいとまがない.

lessen /lésən/ ***lessen up*** 自 他 少なくなる[する], 小さくなる[する] ▪ The wind *lessened up*, and the waves died down. 風がおさまり波が静かになった ▪ She *lessened up* the calories to about 2,600 just for a few days. 彼女はほんの数日間カロリーを約2,600に抑えた.

lesson /lésən/ ***lesson A in [on]*** B 他 A(人)にB(教科など)を教える ▪ I *lessoned* them *in* English. 私は彼らに英語を教えた.

lesson A into [to] B 他 A(人)に教えて[訓戒して]Bの状態にする ▪ It *lessoned* us *into* an abhorrence of lies. それから学んで我々は嘘を嫌悪するようになった.

let /lét/ ***let at*** 自《スコ》…に向かって射って, をねらって射つ ▪ *Let* freely *at* the enemy and drive them away. 敵軍を盛んに砲撃して追い払え.

let A at B 他 AにBを攻撃させる ▪ Just *let* me *at* him! うんと奴をなぐらせてくれ, オレに奴を殺らせろ ▪ *Let* me *at* 'em. 奴らをやってやろうじゃないか. オレに奴らを殺らせろ.

let … by [past] 他 (じゃまさせずに)…を通す ▪ *Let* me *by*, please. どうぞ私を通してください《人を避けて通る場合》

let down 他 **1**《口》(人)を失望させる, 当てをはずれさせる ▪ He promised to help me, but at the last minute he *let* me *down*. 彼は私を助けると約束したが, どたん場で私の期待を裏切った ▪ This cold note *let down* all her hopes. このよそよそしい手紙は彼女の希望をすっかりくじいた.

2 (意気)を阻喪させる ▪ I *was let down* a little. 私は少し意気消沈した.

3 …を下げる, 降ろす ▪ *Let down* the blinds. ブラインドを降ろしなさい.

4《英》(タイヤ・気球)の空気を抜く ▪ The boys playfully *let down* the tires of a car. 男の子らは面白半分に車のタイヤの空気を抜いた.

5 (衣服のあげを降ろす), 長くする; (衣服)のあげを少なくする ▪ She *let down* her skirt. 彼女はあげを降ろしてスカートを長くした ▪ She *let* a hem *down*. 彼女は縁の折りまげを降ろした.

6 (髪)を解く ▪ The woman *let down* her long hair for him to see. 女は長い髪を解いて彼に見せた.

7 (地位)を下げる; (激しさ・強さ)を弱める ▪ He *was* gently *let down* from his high position. 彼は高い地位から徐々におろされた ▪ He *lets* himself *down* to our capacity. 彼は我々の力量まで下がってきてくれる.

8 (威信)を落とす, (名声)を傷つける, (恥辱)を与える ▪ Nothing in the world *lets down* a character more than that. それほど名声を傷つけるものは全くもってどこにもない.

9《口》(困っている人)を見捨てる; に迷惑をかける; を苦しい目にあわせる ▪ Sure enough, she'll *let* you *down* sooner or later. きっと, 彼女は早晩あなたを見捨てるだろう ▪ If you don't tell the truth, you will *let* me *down* badly. あなたが本当のことを言わなければ, 私にひどい迷惑がかかる.

10 (金属)を鍛えて柔らかくする ▪ If your steel is too hard, you must *let* it *down*. 鋼鉄が硬すぎれば, 鍛えて柔らかくしなければならない.

11《方》(牛が乳)を出す ▪ The cow *lets down* her milk to me easily. その牛は私には乳を楽に出す.

12 (薬品)を使用できるように(アルコール溶剤で)溶かす ▪ Shellac and other resins *are let down*. シェラックやその他の樹脂類は使用できるように溶かされる.

13 (色のない顔料で顔料の色)を薄める ▪ Your rouge is too heavy; you can *let* it *down* with this. あなたのほお紅は濃すぎるわ. これを使って薄くなさいよ.

14 (動物)の体重を減らす, やせさせる ▪ The cattle will *be let down* carefully. 牛は注意深く体重を減らされるだろう.

— 自 **15**《米口》努力[緊張]をゆるめる ▪ Throughout the crisis she never *let down*. その危機の間じゅう彼女は絶対に緊張をゆるめなかった.

16《米口》減る ▪ Sales are *letting down*. 売れ行きが減っている.

— 自 他 **17** (飛行機)が徐々に下降する; を徐々に下

降させる　▪You are *letting* the plane *down* 200 feet a minute. 毎分200フィートで飛行機を下降させている　▪The plane *let down* through the clouds. 飛行機は雲の中を徐々に下降した.

let in 他《口》**1** …を(家)に入れる　▪There is Mr. Thompson at the door. *Let* him *in*. 戸口にトムソンさんが来ておられる. お通ししなさい　▪He *let* himself *in* with his latchkey. 彼は玄関のかぎを開けて入った.
2 (光・雨・寒さなど)を入れる　▪The window *lets in* a flood of light. その窓はあふれる光を取り入れる　▪These shoes are *letting in* water. この靴には水が染み込みだした.
3 (害悪など)を招く　▪His loose conduct *let in* a host of troubles. 彼の不身持ちがたくさんのもめごとを招いた.
4 (悩み・感情)を遠慮なく話す, 打ち解ける　▪I hope you'll learn to *let* me *in*. 何でも私に話してくれるようになるといいけど.
5 《口》(人)をだます, ペテンにかける　▪A young man finds peculiar pleasure in *letting in* his father. 若い者は父親をだますことを特別におもしろがるものだ.
6 …に損害を被らせる, を困難にあわせる　▪I *was* so badly *let in* by the company. 私はその会社のため, 大変な損をさせられた.
7 (革など)に切りつぎをして幅を広げる; を差しこむ, はめこむ　▪She *let in* another two inches of material at the waist of her dress. 彼女はドレスのウエストの所にもう2インチの布をつぎ足した.
8 《劇》(大道具の天井)を降ろす　▪Now *let in* the ceiling. さあ天井を降ろせ.
― 自　**9**《英》雨漏りがする, (靴に)水が染み込む　▪These shoes *let in* badly. この靴はひどく水が染み込む.

let A in on B 他　**1**《口》A(人)にB(秘密など)を知らせる, 打ち明ける　▪I'll *let* you *in on* something that we are planning. 我々が計画中のことをお知らせしましょう　▪Don't *let* them *in on* the secret. 彼らをその秘密に関わらせてはならない.
2 A(人)をBに参加[関与・加担]させる　▪*Let* us *in on* the plan. その計画に私たちも入れてください.

let into 他《英口》**1** …を打ちのめす　▪Last night some roughs *let into* him. 昨夜数名の暴漢が彼をたたきのめした.
2 …を攻撃する, ののしる　▪The President *let into* the gentleman from Ohio with fury. 大統領はそのオハイオ選出の議員を猛烈に攻撃した.

let A into B 他　**1** A(人)をB(建物・部屋など)に入らせる《比喩的にも》　▪He *let* me *into* the drawing room. 彼は私を応接間へ通した　▪We *let* the conservatives *into* office again. 我々は保守党を再び政権につけた.
2 AにBを知らせる[伝授する], A(人)にB(秘密)を明かす(=LET A in on B 1)　▪I will *let* you *into* the customs of the country. その国の習慣をお知らせしましょう　▪He *let* me *into* the mysteries of the trade. 彼は私にその商売の秘訣を伝授してくれた　▪They wouldn't *let* me *into* their secret. 彼らはどうしても秘密を明かしてくれなかった.
3 AをBにはめ[織り]込む　▪A slab *was let into* the wall. 1枚の石板がその壁にはめ込まれた　▪She *let* a piece of lace *into* the dress. 彼女は1本のレースをその服に縫い込んだ.
4 AをBに加わらせる[参加させる](=LET A in on B 2)　▪We're willing to *let* you *into* the club. 喜んで君にクラブに入っていただきます.

let off 他　**1**《口》(人)を(罰・義務から)免除する, 赦す　▪If you are ill, you will *be let off* your homework. 病気なら宿題は免除されるだろう　▪*Let* me *off* for today. きょうはもう放免してください　▪I will *let* him *off* from that bargain. 彼をその契約から解除してやります　▪He *let* me *off* with a fine of ￡125. 彼は125ポンドの罰金で私を赦してくれた.
2 …を(車から)降ろす　▪I asked the driver to *let* me *off* at Tenth Street. 私は運転手に10番街で降ろしてくれと頼んだ.
3 …を撃つ, 発砲する, (花火など)を打ち上げる　▪In honor of the King's birthday they *let off* a salute of 21 guns. 国王の誕生日を祝して, 彼らは21発の礼砲を放った　▪There is a terrific thrill in *letting off* fireworks on Guy Fawkes' night. ガイフォークスの夜に花火を打ち上げるのはすごいスリルがある.
4 (香り・光など)を発する[放つ, 出す]　▪The red roses *let off* a wonderful smell. その赤いバラの花はすてきな香りがした.
5 …を(分割して)貸す　▪The house *is let off* in sets of rooms. その家は何組かの部屋に分けて貸している.
6 (演説)をぶつ, (しゃれ)を言う　▪He *let off* his puns with great dexterity. 彼はきわめて巧みに地口を言った　▪There is no occasion for *letting off* his speech. 彼が演説をぶつ機会はない.
7 …を流し捨てる　▪These are faucets for *letting off* the sediment. これは沈澱物を流し捨てる蛇口だ.
8《スポーツ》(相手)に対して得点をするチャンスを失う　▪The boxer *let* his opponent *off* three times. ボクサーは3回相手を倒すチャンスを失った.
― 自　**9**《卑》おならをする　▪It's rude to *let off* in public. 人前でおならをするのは失礼だ.

let A off B 他　**1** AをBから免除する　▪I'll *let* you *off* doing the room. この部屋の掃除は免除してあげよう.
2 AをB(車・船)から降ろす　▪Please *let* me *off* the bus at the next stop. 次の停留所でバスから降ろしてください.

let on 自　**1**《口》(…を)告げ口する; (秘密などを)漏らす, 暴露する(*about*, *to*)　▪Someone will *let on about* it. 誰かがそのことを洩らすだろう　▪Don't *let on to* Helen that we are going to the movie tonight. 今夜私たちが映画に行くことをヘレンに漏らしてはいけません.
2《口》(…の, する)ふりをする(*that*, *to do*)　▪He *let on* (*that*) he was sick. 彼は病気のふりをした　▪He *let on to* take the proposal seriously. 彼はその提案を本気にするようなふりをした.

let out 他 **1**(衣服)を大きくする, 広げる; (綱など)を伸ばす; 《海》(帆)を広げる ▸ As she has got fat, she must *let out* all her dresses. 彼女は太ったので, 衣服をみな大きくしなければならない ▸ We immediately *let* our reefs *out*. 我々はすぐに帆の縮帆部を広げた ▸ He *let out* the line. 彼は釣り糸を繰り出した.
2(声など)を出す ▸ He *let out* a yell. 彼はわめき声をあげた.
3…を外に出す, 流れ出させる; …をこぼす ▸ A slight puncture will *let out* all the air in the tube. 小さなパンクでもチューブの中の空気はみな出てしまう ▸ He *let* the water *out* of the bath. 彼は風呂の水を抜いた.
4…を外に出してやる; …を自由に[解放]する ▸ They *let* him *out* of prison. 彼らは彼を出獄させた ▸ *Let out* your horse, man. おい, 馬を自由にしてやれ.
5(秘密など)を漏らす ▸ He *let out* that the firm was on the verge of bankruptcy. 彼はその会社は破産に瀕していると漏らした ▸ You are *letting out* my private affairs. 君は私の内緒ごとを人にしゃべっている.
6《口》(人)を無罪(放免)にする; (責任・義務)を免除する ▸ This piece of evidence certainly *lets* him *out*. この証拠で確かに彼は無罪放免になる ▸ I am out of breath, and that *lets* me *out*. 私は息を切らしているのだから, 免除してもらえる.
7(客)を案内して出す ▸ I *let* my guest *out*. 私は客を送り出した.
8《口》(人)を解雇する ▸ After forty years of service, Collins *was* suddenly *let out*. 40年勤続の後, コリンズは急に解雇された.
9《主に英》…を賃貸しする ▸ He *lets out* horses and carriages by the day. 彼は馬車を1日いくらで貸している.
10(審査の上で)…を与える ▸ The contract *was* finally *let out* to the lowest bidder. 請負は最後に最も安い値段をつけた人に任された.
11《口》手綱をゆるめて(馬)を自由に走らせる ▸ I am going to *let* her *out*. 私は手綱をゆるめて馬を自由に走らせよう.
12(火)を消す ▸ *Let* the fire *out*, will you? 火を消してくれないか.
— 自 **13**《米口》(学校・興業など)終わる, (芝居が)はねる ▸ School[The show] *lets out* next week. 学校[そのショー]は来週終わる.
14《口》打ってかかる, 激しくののしる(*at*) ▸ He suddenly *let out* and landed me one on the jaw. 彼は急になぐりかかって, 私のあごに一撃をくらわした ▸ The Prime Minister *let out* strongly when he came to the question of unemployment. 総理大臣は失業の問題になると, 強い言葉で演説した ▸ He *lets out* at anyone when he gets angry. 彼は怒ったら誰にでも殴りかかる[誰をもののしる].
15(馬に)速度を速めて乗って行く ▸ He *let out* to head the mare off. 彼はその雌馬を先回りしてさえぎるため, 速度を速めて馬を進めた.
16束縛を脱する; 遠慮を捨てる ▸ At the end of the song she did *let out* for a moment. 歌の終わりで, 彼女はちょっとの間声を張り上げた.

let *A* ***out of*** *B* 他 **1** AをBから出させる ▸ *Let me out of* here! ここから出してくれ.
2 AをB(非難・責任など)から免除する ▸ I am glad to be *let out of* that affair. その仕事から免除されてありがたい.

let…through …を通過させる, パスさせる ▸ *Let* some light *through*(the window). (窓から)明かりを少し入れなさい ▸ They moved aside to *let* the doctor *through*. 彼らはわきへ寄って医師を通した.

let up 自 **1**小康を得る, 静まる ▸ Things are *letting up* a little. 事態は少し小康を得てきている.
2(雨などが)やむ ▸ The rain is *letting up*. 雨がやみかけている.
3《口》努力をゆるめる ▸ They were *letting up* in their efforts to do so. 彼らはそうする努力をゆるめていた.
4厳しさが減じる ▸ Things haven't *let up* at the office. 会社の忙しい作業がまだ片づいていない.
— 他 **5**…をゆるめる, 減らす ▸ The Germans didn't *let up* their speed. ドイツチームはスピードをゆるめなかった.
6…を上がらせる ▸ *Let* me *up*, too. 私も上がらせてください.
7…をやめる ▸ I wish John would *let up* teasing me. ジョンが私をいじめるのをやめてくれればよいのに.

let up on 他 **1**(人)に手心を加える, 厳しくしない ▸ You should *let up on* your pupils sometimes. 時には生徒に手心を加えてやるべきだ.
2《主に米口》…を(相手にするのを)やめる ▸ I will *let up on* him. 私は彼を相手にするのはやめる ▸ *Let up on* teasing me. 私をいじめるのはやめてください.
3(努力など)をゆるめる ▸ Don't *let up on* your efforts. 努力をゆるめるな.
4《野球》(ボール)を遅いスピードで投げる ▸ After a fast pitch, he *let up on* the next. 彼は速球の後, 今度は遅いボールを投げた.

level /lévəl/ ***level*** *A* ***at***[***against***] *B* 他 **1** A(銃など)をBに向ける; AをBに浴びせる ▸ We all *leveled* our guns at the tiger. 我々はみな銃をトラに向けた ▸ Some of the criticisms *leveled against* us are not altogether fair. 我々に向けられた非難の中にはあまり当たっていないものもある.
2[主に受身で] A(批判など)を公然とBに浴びせる ▸ Several criticisms *were leveled at* the directors. 重役に対して色々非難が向けられていた.

level down 他 **1**…の標準を下げる ▸ The extension of higher education has *leveled down* university standards. 高等教育が普及して大学の水準が下がった.
2…を下げて均一にする ▸ That path is too high; *level* it *down* from here. その道は盛り上がりすぎている. ここから下げてならしなさい.

level off 他 **1**…を平らにならす; (盛り上がりをけずって頭をそろえて)揃える ▸ Bulldozers quickly *leveled off* the site. ブルドーザーが素早く敷地をならした.
▸ The flour *is* spooned into the measuring cup

and *leveled off* with a knife. スプーンで小麦粉を計量カップに入れ, ナイフですりきりにする.
2 ...を安定させる; 平等にする, 均一化する; 差別をなくする ▪ The steps needed to *level off* carbon emissions, though painful, are affordable. 二酸化炭素の排出量を均一化してゆく歩みは, 苦労は伴うけれど, 十分に乗り越えられる ▪ The difference between the two teams *was leveled off*. その2チームの力は互角になった.
— 圓 **3** (道などが)平ら[水平]になる ▪ The path *leveled off*. 坂道は終わった ▪ The ground *leveled off*. 土地は平らになった.
4 安定[正常化]する傾向がある, 横ばい状態になる ▪ The population seems to *level off* at 1,800,000. 人口は180万で安定するように見える ▪ The inflation curve seems to be *leveling off*. インフレ曲線は横ばい状態になりつつあるようだ.
5 (航空)水平飛行をする ▪ The plane *leveled off* at 5,000 feet. 飛行機は高度5,000フィートで水平飛行に移った.

level out 他 **1** (線など)を平面上に延ばす[延長する] ▪ He *leveled out* the direct way from vice to virtue. 彼は悪徳から美徳までまっすぐに進んで行った.
2 =LEVEL off 1.
3 (差)をなくす ▪ It's difficult to *level out* the differences between rich and poor. 貧富の差をなくすことはむずかしい.
— 圓 **4** =LEVEL off 4.

level A to [with] B 他 Aを(引き下げて)Bと同等にする ▪ Its aristocracy *was leveled to* the condition of the peasant. その貴族階級は農夫の境遇と同等にされた ▪ *Level* the picture *with* the table. 絵をテーブルと同じ高さにせよ.

level up 他 ...を一定水準まで引き上げる; を引き上げてならす, 均一[平均]にする ▪ They wanted to have their salaries *leveled up* to the salaries of the newcomers. 彼らは自分たちの俸給を新入者たちの俸給まで引き上げてもらいたいと思った ▪ This piece of ground must *be leveled up*. この土地はかさ上げしてならさねばならない ▪ One more goal from our team *leveled up* the score. わがチームがさらに1ゴールを決めて同点になった.

level with *a person* 圓 《口》人に正直に話す ▪ Stop telling those lies and *level with* me. そんな嘘を言うのはよして本当のことを言え.

lever /lévər|líːvə/ ***lever out*** 他 ...を(バールなどで)取り除く ▪ We can *lever* these rose roots *out*. このバラの根はバールで取り除ける.

lever A out of B (策を弄して)A(人)をB(職務・地位)から解任する, 追放する ▪ We managed to *lever* the chairman *out of* his powerful position. 理事長をその権力の座から引きずり下ろすことになんとか成功した.

lever up 他 ...をてこでこじ起こす[こじ上げる] ▪ The workmen *levered up* the broken-down car with a pole. 労働者たちは棍棒を使ってこわれた自動車を持ち上げた.

levy /lévi/ ***levy on [upon]*** 圓 《文》(財産などを)差し押さえる, 押収する ▪ They *levied on* his property. 彼らは彼の財産を押収した.

levy A on [upon] B AをBに賦課する ▪ The fine shall *be levied on* the goods. その商品には追徴金が課せられる.

liaise /liéiz/ ***liaise between*** 圓 ...間の連絡役を務める ▪ He is good at *liaising between* the employers and the union leaders. 彼は企業主と労働組合の幹部の間の橋渡し役を務めることに長けている.

liaise with 圓 ...と連絡を保つ ▪ Social workers are *liaising with* the police. 民生委員は警察と連絡を取り合っている.

liberalize /líbərəlàiz/ ***liberalize away*** 他 自由主義化して...をなくする ▪ They *liberalized away* all true religion. 彼らは自由主義化してすべての真の宗教を廃止してしまった.

liberate /líbərèit/ ***liberate A from B*** 他 AをBから解放する ▪ The Civil War *liberated* black people *from* slavery. 南北戦争によって黒人は奴隷制から解放された.

license A for B 他 [主に受身で](公的機関が)Aに Bをする免許[認可]を与える ▪ The restaurant *is licensed for* the sale of alcoholic beverages. そのレストランは酒類販売の認可を得ている.

lick /lík/ ***lick at*** 圓 ...をペロペロなめる ▪ Is it normal for my dog to *lick at* his paws all the time? うちの犬はいつも足の裏をペロペロなめるのですが, 正常でしょうか.

lick away 他 ...をなめて取り去る, なめ尽くす ▪ The dog *licked* the blood *away* with his tongue. 犬は血を舌でなめ取った.

lick in 他 ...をなめて取り入れる ▪ The dog *licked in* the milk spilt on the floor. 犬は床にこぼれたミルクをなめ取った.

lick off 他 ...を...からなめて取り去る ▪ The child *licked* the chocolate stains *off* her fingers. 子供は指をなめてチョコレートのよごれを取り去った ▪ The dog has *licked off* spilt milk. その犬はこぼれたミルクをなめ取った.

lick A out of B 他 《俗》Bをたたいてを Aなくす[直す] ▪ I've tried to *lick* the badness *out of* him. 私は彼をなぐって悪い根性をなくそうとした.

lick over 他 (全体)をなめ回す ▪ The serpent *licked* the whole body *over*. ヘビはその体全体をなめ回した.

lick up 他 ...をなめ尽くす; なめて取り上げる ▪ The flames *licked up* everything. 炎はすべてをなめ尽くした ▪ The cat will *lick up* the milk. 猫がミルクをなめ取ってしまうだろう.

lie[1] /lái/ ***lie about*** 圓 ...のことで嘘を言う ▪ She *lied about* her age. 彼女は年齢のことで嘘を言った.

lie away 他 嘘を言って...を奪う ▪ They *lied away* his reputation. 彼らは嘘を言って, 彼の評判を失わせた.

lie a person into 他 嘘を言って人を陥れる, あざむいて人に...させる ▪ They *lied* her *into* going there.

彼らは彼女をあざむいてそこへ行かせた.

lie** a person **out of 他 人をあざむいて…を奪う; 人に嘘を言って…をやめさせる ▪ They *lied* an honest lawyer *out of* his bread. 彼らは弁護士をあざむいて, その職を奪った ▪ We *lied* him *out of* his resolution [going there]. 我々は彼をあざむいてその決心[そこへ行くこと]をやめさせた.

lie to 自 …に嘘を言う[つく] ▪ The boy *lied to* his father constantly. 少年は父親にいつも嘘をついていた.

lie² /láɪ/ ***lie about [around]*** 自 **1**〖主に進行形で〗(あちこち)散らかっている ▪ Books and papers *are lying about* (the room). 本や書類が(部屋に)散らかっている.
2 何もしない, のらくらする ▪ These days I *lie about* all day doing nothing. 近ごろは一日中何もせずにごろごろしている.
— 他 **3** …を取り囲む ▪ Hills *lie about* the village. その村は丘に取り囲まれている.

lie against 自 **1** …にもたれかかる ▪ The park *lies against* the hillside. 公園は山腹にある.
2 …に反対して成立する ▪ A criminal action *lies against* him. 彼に対しては刑事訴訟が成立する.

lie ahead 自 **1**(縦長の物が)前方に横たわっている ▪ There's a fallen tree *lying ahead*. 行く手に一本の倒木が横たわっている.
2(これから先に)待ち受けている(*for, of*) ▪ Plenty of problems *lay ahead* before we came to an agreement. 合意に達するまでに多くの問題が待ち受けていた ▪ Dangerous threats *lie ahead for* patients. 危険を伴う予兆が患者たちの行く手に立ちはだかっている ▪ Although many difficulties *lie ahead of* us, we must proceed forward. 多くの困難がこの先あるが, 我々は前進しなければならない.

lie along 自 **1**(翼などが)表面に広がる ▪ The eagle's wings *lay along* at rest from his shoulders. ワシの肩から翼を静かに広げていた.
2 大の字になる ▪ The cell was so small that he could not *lie along* in it. その独房は非常に小さくて, 彼は中で大の字になることはできなかった.
3(海)(船が横風を受けて)一方に傾く ▪ The hulk *lay* more *along* than ever. 廃船は以前よりもっとひどく一方に傾いた.

lie at 他 …に泊まる[宿る] ▪ We shall *lie at* Park Inn tonight. 我々は今夜パーク・インへ泊まる.

lie back 自 **1** 後ろにもたれる; くつろぐ ▪ He *lay back* in his chair. 彼はいすの背にもたれた.
2(休むために)仰向けになる ▪ I *lay back* and closed my eyes. 仰向けになって目を閉じた.
3(スポーツで)上体を後ろにそらす ▪ He *lay back* and hit the ball. 彼は上体を後ろにそらしてからボールを打った.

lie before a person 自 〈文〉 **1** 人の前途に待ち受けている ▪ Let's think about the problems which *lie before* us. 私たちを待ち受けている問題について考えてみよう.
2 未来[将来]がある ▪ Our whole life *lies before* us. 我々の人生はこれからだ.

lie behind 自 …の背後にある, の理由である ▪ I wonder what *lies behind* his kindness. 彼の親切の裏に何があるのだろうか.

lie beyond **1**(…の)向こうにある ▪ I have no idea what *lies beyond* (the next valley). その(次の谷の)先に何があるのか知らない ▪ Nobody can tell what *lies beyond*. 将来何が起こるか誰にもわからない.
2 …(の能力)を超えている, の力が及ばない ▪ The solution *lies beyond* the power of the committee. 解決は委員会の能力を超えている.

lie by 自 **1** 使われないでいる, 使われないでとってある ▪ He has ever so much money *lying by*. 彼はほんとにたくさんのお金を寝かしている.
2 休む ▪ The farmers *lie by* during the heat of the day. 農夫たちは日中の暑い盛りには休息する.
3 じっと隠れている ▪ I *lay by* on the watch for some opportunity. 私はじっと隠れて機会をねらっていた.
4(海)(風上に船首を向けて)停船する ▪ We *lay by* all the night for Captain Saunders to join us. 我々はソーンダーズ船長が我々に加わるよう, 夜じゅう停船した.
5 …のそば[手もと]にある ▪ The manuscript *lay by* him. 原稿は彼の手もとにあった.

lie down 自 **1**〈口〉(休むため)横になる《go to bed と違って「眠る」の意味を含まない》 ▪ If you are tired, *lie down* for an hour or so. 疲れたなら, 1時間ほど横になりなさい.
2(敗北・失望に)屈服する, おとなしく降参する ▪ He talked big, but he *lay down* like a coward. 彼は大きなことを言ったが, 臆病者のように屈した.
3 放棄する; やめる ▪ When they finally *lie down*, we'll go ahead alone. 彼らが結局やめるなら, 我々だけでやっていきます.

lie down under 〈口〉(侮辱などを)甘んじて[おとなしく]受ける ▪ He *lay down under* the insult. 彼はその侮辱を甘んじて受けた.

lie in 自 **1**(力・原因・理由・根拠が)…に存する, ある ▪ His greatness *lies in* his character. 彼の偉大さはその人格にある ▪ The remedy *lies in* education. 救済の道は教育にある.
2(ある人)に集まる, かかる ▪ All their hopes *lie in* him. 彼らすべての希望は彼にかかっている.
3〈英口〉朝寝(坊)をする ▪ It's nice to *lie in* on Sunday morning. 日曜日に朝寝坊するのはすてきだ.
4(病気などで)閉じこもる ▪ They retire at intervals to *lie in*. 彼らはときどき退いて引きこもる.
5 …に埋葬されている ▪ He now *lies in* St. Paul's Churchyard. 彼は今は聖パウロ教会墓地に埋葬されている.
6(金が)遊んでいる, 使われないでいる ▪ You were not sensible to keep your money *lying in* the bank. 銀行にお金を寝かせておいたのは得策ではなかった.
7(海)〖命令文で〗(帆の縮伸作業が終わったとき)帆げたから入ってこい ▪ *Lie in*! 帆げたから降りて来い.
8 お産の床につく ▪ His wife is *lying in* of a sixth

***lie in* [*within*]** 自 …の範囲内に含まれる ▪ The cost you cited *lies within* the range I was considering. 君が出している費用は私の想定した範囲内にある.

lie off 自 **1**《海》(海岸・他船から)少し離れている ▪ We could see the ship *lying off* the harbor. 我々は船が港から少し離れた所にいるのを見ることができた ▪ I *lay off* at anchor. 私は少し沖合にいかりをおろしていた.
2 しばらく仕事をやめる[休む] ▪ The men had to *lie off* for a week. 労働者たちは1週間仕事を休まなければならなかった.
3《俗》(競走の初めの部分で)控え目に走る, 力を抜く ▪ *Lie off* for the first 300m, then really spurt for the last 100. スタートしてから300mは流せ. それから最後の100mで思い切りスパートをかけるんだ.
4 加わらない ▪ If I were you, I should *lie off*. もし私があなただったら, 加わらないだろう.

***lie on* [*upon*]** 自 **1** …にかかる, よる ▪ Our fortune *lies upon* the result. 我々の運命はその結果いかんにかかっている.
2(責任・義務が)…にかかっている; 責任[義務]としてかかっている ▪ The whole responsibility *lies upon* me. 全責任は私にかかっている ▪ It *lies on* the son to make provisions for his aged parents. 年とった両親を養うのは息子の義務である.
3(心)に重くかかっている ▪ These things *lay upon* my mind. これらの事が私の心を苦しめた.

lie on for 自 《海》(船が)…に向かって行く, …行きである ▪ The ship was *lying on for* Liverpool. 船はリバプールに向けて航行していた.

lie out 自 **1** 長々と寝そべる ▪ He was *lying out* in the sun. 彼は日差しの中で長々と寝そべっていた.
2 外に出したままになっている ▪ Who left my coat *lying out* in the rain? 誰が僕のコートを外の雨の中に出しっぱなしにしたのだ.
3《米》(土地が)休ませてある, 休閑中である ▪ After the corn crop, don't suffer the land to *lie out*. トウモロコシの作のあとに土地を休ませておいてはいけない.
4《スコ》(相続人として財産相続が)おくれる, をおくらせる ▪ She *lies out* and will not enter upon the property. 彼女は財産相続をおくらせ, 継ごうとしない.
5〔しばしば進行形で〕(金が)預けてある ▪ Some of his money *is lying out* at interest. 彼の金のわずかは利子つきで預けてある.

lie over 自 **1** …の上にかかる ▪ The clouds are *lying over* the hills. 雲は山々の上にかかっている.
2(審議などが)延期される; たな上げにされる ▪ I can't settle the matter now. It must *lie over*. この件を今解決するのは無理だ. 延期しなければならない ▪ These goods must *lie over* till spring. この品は春までねかせておかなければならない.
3(手形などが)期限が切れても支払われないでいる ▪ This cheque still *lies over*. この小切手は期限切れなのにまだ支払われていない.
4《米》(人・車が)旅の途中で止まる ▪ I shall *lie over* tomorrow at the first water. 私はあす最初の水のある所で止まります.
5(海)(船が)風を横に受けて傾く[傾いている] ▪ The ship suddenly *lay over* on her side. 船は突然ぐらっと横に傾いた.

lie to 自 **1**《海》(船首を風上に向けて)停船する ▪ We ran into a fog and were obliged to *lie to*. 我々は霧の中へ突っこんだので, やむなく船首を風上に向けて停船した.
2《スコ》…が好きになる ▪ He will *lie to* me. 彼は私が好きになるだろう.
3 一生懸命…をする[使う] ▪ The crew *lay* desperately to their oars. 乗組員は必死になってオールをこいだ ▪ The men *lay to* the work and finished it in two days. 人々はせっせとその仕事をして, 2日でそれを仕上げた.

lie under 自 …を受ける; に苦しむ ▪ He *lies under* the suspicion of corruption. 彼は収賄の疑いを受けている ▪ Anyone who reads this letter will *lie under* the same illusion. この手紙を読む人は誰でも同じような思い違いをするだろう.

lie up 自 **1** 隠退[静養]している[する]; (病気で)引きこもる ▪ I have a cold and must *lie up* for a while. 私は風邪を引いたからしばらく静養しなければならない ▪ The bear *lies up* during the day in the cave. クマは日中はほら穴に引きこもる.
2《英》身を隠している ▪ The guerrillas *lay up* in the mountains for the winter. ゲリラは冬の間山の中に隠れていた.
3(船・車が冬期・修繕などのため)休む, 使われていない ▪ The boat must *lie up* for the winter. ボートは冬期は休ませければならない.
4《海》(船が)針路を取る ▪ We *lay up* west. 我々は西へ針路を取った.

lie with 自 **1**《文》(責任などが)…にある ▪ The fault *lies with* the teacher. 落ち度は先生にある.
2《文》…の役目である, の権限である ▪ It *lies with* you to make amends. 償いをするのはあなたの務めである ▪ It *lies with* you to decide. 決定するのは君の権限である.
3 …と同衾(きん)する ▪ He *lay with* her that night. その夜彼は彼女と同衾した.

lift /lɪft/ ***lift at*** 自 …を持ち上げようとする ▪ He *lifted at* the heavy weight. 彼はその重いものを持ち上げようとした.

lift down 他 …を(…から)持ち上げて下ろす (*from*) ▪ Just *lift* that parcel *down* (*from* the shelf). ちょっとその包みを(たなから)下ろしてください ▪ *Lift* me *down* that box, will you? あの箱を下ろしてくれませんか.

lift A from B 他 **1** AをBから動かす, (特に)持ち上げる ▪ She *lifted* the baby *from* the bed. 彼女は赤ちゃんをベッドから抱き上げた.
2《口》AをBから盗作する ▪ This passage *is lifted from* my book. このくだりは私の本から盗作されている.

lift off 自 **1**(ロケット・宇宙船が)離昇する, 打ち上げられる ▪ The rocket will *lift off* Monday. ロケットは

月曜日に打ち上げられる.

— 他 **2** ...を持ち上げて取る ▪ He *lifted* his hat *off* to wipe his face. 彼は顔をふくために帽子をひょいと脱いだ.

lift A out of B 他 AをBから取り下ろす ▪ The carrier *lifted* the load *out of* the truck. 配達業者は荷物をトラックから取り下ろした.

lift A past B 他 (得点が)A(チーム)をB(チーム)に対して勝利へ導く ▪ His second half goal *lifted* Rochester *past* Abbotford. 彼は後半に決めたゴールがロチェスターを対アボットフォード戦での勝利に導いた.

lift up 他 **1** ...を持ち上げる ▪ She *lifted* her child *up* into her lap. 彼女は子供をひざに抱き上げた.

2 (人)を高める; (気分・士気)を鼓舞する ▪ A man of character will *lift up* those who come in contact with him. 人格者は自分と接触する人々を高める ▪ Kennedy's inaugural address *lifted up* the spirits of all Americans. ケネディ大統領の就任演説はすべてのアメリカ国民の精神を高揚させた.

light¹ /laɪt/ ***light out*** 他 ...を明かりで照らして外へ出す ▪ *Light* me *out*, please. どうか明かりをつけて私を外へ出してください.

light up 他 **1** ...に火をつける ▪ Jones *lit up* a second cigar. ジョーンズは2本目の葉巻に火をつけた.

2 (表情など)を明るくする, 輝かす ▪ A smile *lit up* his features. 彼の顔は微笑で輝いた.

3 ...を明るくする, 照明する ▪ All the streets were *lit up* with electricity. 通りはみな電灯で照明されていた.

4 ...を燃やす ▪ You succeeded in *lighting up* their imaginations. あなたは彼らの想像力を燃え立たせるのに成功した.

5 ...をぱっと照らし出す ▪ The burning house *lit up* the whole district. 燃えている家はあたり一帯を照らし出した.

— 自 **6** (電算)(コンピューター・システムなど)が作動する; を作動させる ▪ There are many reasons why a system won't *light up* at all. システムが全く作動しないのにはさまざまな理由がある ▪ I *lit up* the application on my PC. パソコンでアプリケーションを作動させた.

— 自 **7** (表情などが)輝く; 赤くなる ▪ When I gave the bellboy a fiver, his face *lit up*. ボーイに5ドル札を1枚やったら, その顔がぱっと明るくなった.

8 明るく輝く ▪ The room *lit up* well. その部屋は非常に明るく輝いた.

9 《口》タバコに火をつける; タバコを吸い始める ▪ He struck a match and *lit up*. 彼はマッチをすって, タバコに火をつけた ▪ I think I may *light up*. 一服始めてもよいと思う.

10 (火・灯火が)燃え始める ▪ The lamp *lit up*. ランプにともった.

11 灯をともす, 点灯する ▪ It is time to *light up*. I cannot see to read. もう灯をともす頃だ. 読むのに字は見えない.

light² /laɪt/ ***light down on*** 自 《米口》...にしかる ▪ Her parents *lit down on* her. 彼女の両親は彼女をしかった.

light from [***off***] 自 (馬・車)から降りる ▪ He *lighted* down *from* the chariot. 彼は戦車から降りた ▪ He *lit off* his horse. 彼は馬から降りた.

light in 自 《米口》攻撃する; しかる ▪ They rushed into town and *lit in* generally. 彼らは町に突入し, 総攻撃をしかけた.

light into 自他 《米口》...を攻撃する; しかる ▪ He'll *light into* those hot doughnuts. 彼はそれらの熱いドーナツを平らげにかかるだろう.

light on [***upon***] 自 **1** 《文》...にふと出くわす, を偶然見いだす ▪ I *lighted on* an acquaintance there. 私はそこで偶然知り合いに出会った ▪ I *lit on* the book at a small bookstore. 私は小さい本屋でふとその本を見つけた ▪ I *lighted on* a happy idea. うまい考えをふと思いついた.

2 (鳥が木に)降りて止まる ▪ The eagle *lighted on* the bough. ワシは大枝に降りて止まった.

3 (視線などが)...に落ちる, 留まる ▪ My eye *lighted on* a friendly face among the crowd. 私の目は群衆の中のある親しげな顔に留まった.

4 (運命などが)...に降る, 降りかかる ▪ May God's blessing *light upon* you all! 神のみ恵みがあなたがたすべての上に降り注ぎますように.

5 《米口》...を攻撃する, しかる ▪ I'll *light on* him. 彼を攻めてやろう.

light out 自 《米口》**1** (...へ)急いで出かける (*for*) ▪ We'll *light out* and find your brother. 我々は急いで出かけて, あなたの兄さんを捜し出しましょう ▪ The dog *lit out for* the bush. 犬は家から飛び出して茂みに向かった.

2 逃走する ▪ The police found he had *lit out* two hours before. 警察は彼が2時間前に逃走したことを知った.

light up *a person* 他 《米》**1** 人を繰り返しなぐる[ける] ▪ We'll have to *light* him *up* if he doesn't stop talking back. 口答えをやめなければたたくほかないだろう.

2 (ゲーム・試合で)相手を簡単に打ち負かす[破る] ▪ The Red Sox *lit up* the Yankees last night. レッドソックスは昨晩ヤンキースに楽勝した.

lighten /láɪtən/ ***lighten down*** 他 ...を電光のように下す ▪ He *lightened* indignation *down* on his accuser. 彼は自分を非難する者に対して憤激を電光のように投げつけた.

lighten on 自 ...を光のように照らす ▪ From her radiant smiles divine pleasure *lightened on* me. 彼女が輝かしく微笑んだので神聖な喜びが私を照らした.

lighten out [***forth***] 他 ...を輝き出させる ▪ Her sparkling eyes *lighten forth* sweet love's alluring fire. 彼女のきらきらした目は甘い恋の魅惑的な炎を放つ.

lighten up 他 《米口》**1** ...を明るくする, 朗らかにする ▪ White walls certainly *lightened up* the room. 壁を白く塗ったので確かに部屋が明るくなった ▪ Our good laugh will *lighten up* a whole day. 我々が十分笑えばまる1日が明るくなる.

— 圓 **2**《米口》元気[陽気]になる, 気持ちが楽になる ▪ Everything will turn out all right, so stop worrying and *lighten up*. すべてがうまくいくから, くよくよせずに気楽にしなさい ▪ *Lighten up* and enjoy yourself! 元気を出して楽しんでらっしゃい!

3 明るくなる, 色が淡くなる ▪ These pants will *lighten up* after they've been washed a lot. このズボンは何度も洗濯したら色があせてくるだろう.

liken /láikən/ **liken** *A* **to** *B* 他《文》**1** AをBにたとえる ▪ Life is often *likened to* a voyage. 人生はよく航海にたとえられる.

2《まれ》AをBに似させる ▪ Its arbitrary character *likens* it to despotism. その専断的な性格のためそれは専制政治に似ている.

limb /lím/ **limb off** 他 (木)の枝を切り払う ▪ The trees will *be limbed off*. 木々は枝を切り払われるだろう.

limber¹ /límbər/ **limber up** 自他 (体を)しなやかにする ▪ Athletes do exercise to *limber* (themselves) *up*. 運動選手は体をしなやかにするため運動をするのである.

limber² /límbər/ **limber up** 他《軍》(砲)に前車を連結する ▪ The guns *were limbered up* and pushed forward. 砲は前車と連結されて前進した.

limit /límət/ **limit** *A* **to** *B* 他 AをBに限定[制限]する ▪ The edition *is limited to* 500 copies. この版は500部の限定本である.

line¹ /láin/ **line in** 他 **1**(自在画に)鉛筆で仕上げの線を引く ▪ The finishing touch is to *line in* the sharp folds and creases on eyelids and ears. 仕上げは鉛筆でまぶたと耳にひだとしわの線をくっきり入れるのである.

2 絵の中にものを描き込む ▪ He *lined in* a blessing on the canvas of the picture. 彼はその画布に祝福のしるしを描き入れた.

line off 他 **1**...を線で区切る ▪ We *lined off* on the field and played soccer. 僕たちは原っぱを線で区切ってサッカーをした.

2...を分ける ▪ *Line off* the pence, shillings and pounds. ペニーとシリングとポンドとを分けなさい.

line out **1**(設計図・絵)の輪郭をかく ▪ He *lined out* the plan of the house on a piece of paper. 彼は紙きれに家の平面図の輪郭をかいた.

2 種苗床に(苗木)を列に移植する ▪ We *lined out* young plants of winter cabbages. 冬キャベツの苗を列に移植した.

3(会衆がついて歌うために賛美歌)を行を追って読みあげる ▪ The preacher was *lining out* a hymn. 説教師は賛美歌を行を追って読みあげていた.

4(方法など)の大略を規定する ▪ I have *lined you out* the best way for your successful performance. あなたの演技を成功させる最善の方法をざっと考案してあげました.

5《野球》(ボールがかなり低くまっすぐに相当な距離を飛ぶヒット)を打つ, ライナーでヒットを打つ ▪ He *lined out* a beautiful hit past second base. 彼はセカンドオーバーのみごとなライナーのヒットを打った.

6...を予示する, 予見する ▪ Blood groups enable us to *line out* a disposition. 血液型で人の性質を予見することができる.

7(鋳物など)を削り取るべき部分に線を引く.

8...を長い線に並べる ▪ He *lined* his cattle *out* along the trail. 彼は牛たちをその小道に沿って長い列に並べた.

— 自 **9**《野球》ライナーを野手の方へ打って(捕えられて)アウトになる(*to*), ラインアウトになる《走塁のときラインの外に出てアウトになる》▪ Ichiro *lined out* to center field. イチローはセンター・ライナーでアウトになった.

10 速く(ある方向へ)行く ▪ He *lined out* for home. 彼は大急ぎで家へ帰った.

11《英》《スポーツ》試合の始めにフィールドに出る ▪ They won't *line out* tomorrow unless they're fully fit. 体調が万全でなければ, 彼らは明日試合の始めにフィールドに出ない.

line through 他 ...を線を引いて消す ▪ This entry *was* afterwards *lined through*. この記入はあとで線を引いて消された.

line up **1**...を整列させる, 一列に並べる ▪ The general *lined up* his troop. 大将は彼の軍隊を整列させた.

2(運転をよくするため機械)を調整する ▪ You have to *line up* the machine manually. その機械は手で調整しなくてはならない.

3...を結集させる ▪ He will *line up* other members. 彼は他の会員たちを結集させるだろう.

4...に同じ方針を取らせる ▪ All the high schools *were lined up*. すべての高等学校は同一方針が取られた.

5《口》(...のために)...を準備[編制]する(*for*) ▪ Some comedies *are lined up for* tonight's broadcast. 今晩の放送にいくつかの喜劇が編制されている ▪ There are several people *lined up for* the job. 数人の人がその仕事につくことになっている.

6(支持)を取りつける ▪ I believe I can *line up* a lot of support for my idea. 私の考えは多くの支持が得られると信じる.

7(印)(他の行)に...を揃える ▪ *Line up* these words with the other lines. これらの単語を他の行に揃えよ.

8《スポーツ》(ねらい)を定める ▪ *Line up* your aim properly. ねらいを正しく定めなさい.

— 自 **9** 整列する, 一列に並ぶ ▪ The recruits *lined up* in front of the barracks. 新兵は兵舎の前に整列した.

10 列を作る ▪ They *lined up* to buy their tickets. 彼らは切符を買うために列を作った.

11《野球・フットボール》(試合開始前に)勢揃いする ▪ Baseball players *line up* for the playing of the national anthem. 野球選手は国歌斉唱のために勢揃いする.

line up against 自他 **1** 結束して...に反対する[させる] ▪ They *lined up against* him. 彼らは結束して彼に反対した.

2...を背に整列する[させる] ▪ The invaders *were*

lined up against a wall and shot. 侵略者たちは壁を背に整列させられてから銃殺された.
3 《スポーツ》...と対戦する ▪ He'll *line up against* the former champion tonight. 彼は元チャンピオンと今夜対戦する.

line up alongside 自《口》...と提携する, 同調する ▪ He's *lining up alongside* the reformists. 彼は改革主義者と提携している.

line up behind 自 (...)(人)に従う, をリーダーとして支持する ▪ All the members *lined up behind* him. すべてのメンバーは彼をリーダーとして支持した.

line up for 自《米》結束して...を支持する ▪ Democratic voters *lined up for* the cause. 民主党の有権者は結束してその主張を支持した.

line up to 自 ...まで来る, 到達する ▪ She struggled to *line up to* the spirit of her promises. 彼女は約束の真精神まで果たそうと苦闘した.

line up with 自 **1** ...と同じチームで競技する ▪ I *lined up with* my childhood hero today. 子供の頃からの憧れの花形選手と同じチームで今日戦ったよ.
2 =LINE up alongside.

line with 自 ...と境を接する ▪ Two hundred acres of good land *lines with* his neighbor's estate. 200エーカーの良地が彼の隣家の土地と境を接している.

line A with B 他 **1** AにBで線[しわ]をつける ▪ A toothache *lined* his face *with* pain. 歯痛がして彼は苦痛に顔をしかめた ▪ His face *is lined with* age. 彼の顔は老齢のためしわが寄っていた.
2 Aに沿ってBを並べる ▪ They *lined* the street *with* trees. その街路に並木を植えた.

line² /láɪn/ ***line A with B*** 他 **1** AをBで裏打ちする ▪ The coat *was lined with* fur. そのコートには毛皮の裏地がついていた.
2 AにBを満たす[詰め込む] ▪ He *lined* his purse *with* money. 彼は財布に金をいっぱい詰めた.

linger /líŋgər/ ***linger about [around]*** 自 **1** =LINGER on 1.
2 ...をぶらつく ▪ He sadly *lingered about* in the park. 彼は悲しげに公園をぶらついた.

linger away 他 (時などを)ぐずぐずして過ごしてしまう ▪ They *linger away* their lives in drudgery. 彼らは骨折り仕事をぐずぐずやって一生を過ごしてしまう.

linger on 自 **1** 居残る; 長くとどまっている, なかなか消えない ▪ The visitor *lingered on*. 訪問客はなかなか帰らなかった ▪ The superstition still *lingers on*. その迷信はまだ残っている.
2 (魅力的なものを)ずっと見つめ続ける ▪ His eyes *lingered on* her face. 彼の目は彼女の顔から離れなかった.
3 ぐずぐずして(仕事などを)引き延ばす; (話などを)だらだら続けてやめようとしない ▪ The suit may *be lingered on*. その訴訟はだらだらと引き延ばされるかもしれない.
4 (病人が)生き続ける, 余命を保つ ▪ I'm afraid he is just *lingering on*. 彼は辛うじて余命を保っているのだ.
5 暫く...のことを考える ▪ He *lingered on* the cheery thought. 彼はしばしその楽しい思いにふけっていた.

linger out 他 ...をぐずぐずして引き延ばす ▪ His policy was to *linger out* the negotiations. 彼の政策は交渉をぐずぐずして長引かせることにあった ▪ A sick person will *linger out* a feeble existence. 病人は細々と長生きするものである.

linger over 自 **1** ...にぐずつく, をぐずぐずとする ▪ They *lingered over* their dinner for an hour. 彼らはぐずぐずと食事をして1時間もかかった ▪ She *lingered over* writing a letter. 彼女は手紙を書くのに手間取った.
2 ...をずっと眺め続ける; にふける ▪ The camera *lingered over* the touching scene. カメラはその感動的な場面をじっくり追った.

linger round ...をぐずぐずとする, (去りかねて)ぶらぶらする ▪ The boy *lingered round* the cake with greedy eyes. その少年ははしそうな目で見ながらそのお菓子の所を去りかねていた ▪ I *lingered round* the subject. 私はその問題をだらだらとやめずに論じた.

link /líŋk/ ***link in*** 他 **1** (方)(人)を誘惑する, だます ▪ They *linked* her *in* along with her daughter. 彼らは彼女を娘といっしょに誘惑した.
2 →LINK on.

link off [by] 自《スコ・北英》どんどん過ぎていく, 去る ▪ The hours went *linking by*. 時間がどんどん過ぎていった ▪ Ice-creams went *linking off* on that day. その日はアイスクリームがどんどん売れていた.

link on [in] 他 **1** (組織・団体)に正式に入会[帰属]する (*to*) ▪ The territorials *were linked on to* the army. 地方守備兵が正式に軍隊に所属した.
— 自 **2** 腕を組み合う ▪ *Link on*, old chap. Now we are six abreast. 君, 腕を組み合えよ. これで我々は6人横に並んだわけだ.

link A to B 他 AをBに結びつける ▪ This bridge *links* the island *to* the mainland. この橋で島は本土と結ばれている.

link together 他 ...を関連させる, 結合させる ▪ The events *were* subtly *linked together*. それらの事件は微妙に関連し合っていた.

link up to 他 ...を...に連結させる ▪ The shrine's alarm system *is linked up to* a twenty-four hour security service. 神社の警報システムは24時間体制の安全サービスに連結されている.

link up (with) 他 **1** ...を(...と)連結させる ▪ Our company *is linked up with* China through trade. わが社は貿易を通して中国と結びついている.
— 自 **2** 《電算》電子メッセージの交信のためにコンピューター(システム)を接続する ▪ The Internet allows users to *link up with* people all over the world. インターネットのおかげでユーザーは世界中の人々と交信できる.
3 (...と)つながる, 接合する, 同盟する ▪ Where do they *link up*? それらはどこで接合しているのか ▪ The space shuttle *linked up with* the space station this morning. スペースシャトルが宇宙ステーションとドッキングした.

4 落ち合う, (グループなどに)合流する ▪ I *linked up with* him after the concert. コンサートのあと彼と落ち合った. ▪ Dan drove south to *link up with* his London teammates. ダンはロンドンのチームメートに合流するため車で南に向かった.

link *A* ***with*** *B* 他 **1** = LINK A to B.
2 AとBとを結びつけて考える ▪ The work *is* forever *linked with* his name. その仕事は彼の名前と永久に結びついている.

liquor /líkər/ ***liquor over*** 他 …に油を塗る ▪ The sheep-skin boots *were* well *liquored over* with oil. 羊皮のブーツには油がたっぷり塗られていた.

liquor up 自 **1**《俗》(友人と)1杯やる ▪ I *liquor up* now and then. 私はときどき1杯やる.
— 他 **2** …に酒を飲ませる[勧める] ▪ I have been *liquored up* till I feel shaky. 私は酒を飲まされてふらふらになった.
3《米口》[[主に受身で]]…を酒に酔わせる ▪ He *was* so *liquored up* he missed his train. 彼は酔いつぶれて列車に乗り遅れた.

lisp /lísp/ ***lisp out*** 他 …を舌足らずに言う ▪ The little girl *lisped out* her name. 幼い女の子はまわらぬ舌で自分の名前を言った.

listen /lísən/ ***listen around*** 自 世評を聞いて回る ▪ They *listened around*. 彼らは世評を聞いて回った.

listen for 他 (音がしないかと)耳をすまして…を聞く, に聞き耳を立てる ▪ The sick man *listened for* her coming. 病人は彼女が来ないかと聞き耳を立てた.

listen in 自 **1**(電信・電話・ラジオを)聴取する(*to*) ▪ With a telephone receiver to his ear, he was *listening in to* the news. 受話器を耳に当てて彼はニュースを聴取していた. ▪ He often *listens in* late at night. 彼はよく深夜放送を聞く.
2(電話・講義などを)盗聴する(*on*) ▪ The police *listened in on* his conversations with his wife. 警察は彼の妻との電話を盗聴した.
3 立ち聞きする, ふと耳にする(*on*) ▪ I accidentally *listened in on* my classmates talking about me. 級友が私の噂話をしているのを偶然立ち聞きした.
4(人の会話を)だまって聞く ▪ I *listened in* while they were discussing it. 彼らがそれを論じている間私はだまって聞いていた.

listen out 自 **1** 耳をすまして聞く, 聞き逃さないように気をつける(*for*) ▪ *Listen out for* his arrival. 彼が到着するのを聞き逃さないように気をつけていなさい.
2(二方向無線機で)聴取を終える ▪ I'm *listening out* now. これで聴取を終わります.

listen to 自 **1** …を傾聴する, (よく)聞く ▪ *Listen to* the music [news, birds]. 音楽[ニュース, 鳥の歌声]を聞きなさい.
2 …に耳をかす, 従う ▪ He *listened to* reason and stopped smoking. 彼は道理に従ってタバコをやめた.

listen up 自 《主に米口》[[命令文で]] 注意してよく聞く, 耳をそばだてて聞く ▪ Now, *listen up*! This is very important. さあ, よく聞いて! とても大事な話よ.

litter /lítər/ ***litter about***[***around***] 他 (…のあちこちを)ちらかす ▪ Shavings lay *littered about* (the floors). かんなくずが(床に)ちらかっていた.

litter down 他 **1**(馬・牛などに)寝わらを敷いてやる; 《戯》(人)に寝床をとってやる ▪ The horse *was littered down*. 馬は寝わらを敷いてもらった. ▪ *Litter* him *down* with clean dry straw. かわいたきれいなわらで彼に寝床を作ってやりなさい.
2(うまやに)寝わらを敷く ▪ The stable *was* well *littered down* with fresh straw. うまやには新しい寝わらが十分敷かれていた.

litter over …を…の一面にちらかす ▪ Sleeping soldiers *were littered over* the floor. 兵士たちは床一面にばらばらになって寝ていた.

litter up 他 (部屋など)をちらかす, 取り乱す(*with*) ▪ The room *was littered up with* books. その部屋には書物がちらかっていた.

live /lív/ ***live at*** (小都市・番地に)住む ▪ He *lives at* Ely [10 Lime Street]. 彼はイーリー[ライム通り10番地]に住んでいる.

live by 自 **1** …で生活する ▪ For several years he *lived by* begging. 数年間彼は物乞いをして暮らした.
2 …に従って生活する ▪ I have always tried to *live by* my principles. 私はいつも自分の主義に従って生活しようと努めてきた.
3 …の近くに住む ▪ We *live by* the police station. 我々は警察署の近くに住んでいる.

live down 他 **1**(汚名・過失など)を後の立派な生活によってすぐ[償う] ▪ It will take you 3 years to *live down* this scandal. 君がこの汚名を立派な行為によってすぐには, 3年かかるだろう.
2(偏見・非難など)を時が経つにつれて自然に忘れさせる[なくさせる] ▪ He has *lived down* the hostility of his neighbors. 彼は時の経過につれ, 隣人たちの敵意をいつの間にかなくさせた.
3(悲しみなど)を時が経つにつれて忘れる[なくする] ▪ Your son will *live down* his fancy. ご子息は時が経てば, いつのまにかその奇想を忘れるでしょう.

live down to 悪く予想した通り…になる ▪ Sadly, it *lived down to* my expectations. 残念なことに, それは思い通りには行かなかった.

live for 自 **1** …のために生活する, を生きがいにする ▪ She seems to *live* solely *for* her children. 彼女はただ子供のためだけに生きているようだ. ▪ She *lives for* figure skating. 彼女はフィギュアスケートを生きがいにしている.
2 …を切望している ▪ He *lives for* the day when he has a house of his own. 彼はわが家を持つ日を切望している.

live in 自 **1**(小さい特定地域・大都会に)住む(→ LIVE at) ▪ He *lives in* Smith Square. 彼はスミスクウェアに住んでいる. ▪ He *lives in* Manchester. 彼はマンチェスターに住んでいる.
2《英》(店員・従業員が)住み込みで勤める; (学生が)寮に住む(↔LIVE out 5) ▪ Do your workers *live in*? 貴社の従業員たちは住み込みですか ▪ In this area, most of the college students *live in*. 当地

ではほとんどの大学生は寮住まいである.
— 他 **3**〖[受身で]〗(部屋)を住居として使う, 居間とする ▪ The room does not seem to *be lived in*. その部屋は人が住んでいるようには見えない.

live off 自 **1** …に寄食する, のすねをかじる ▪ He *lived off* his son-in-law. 彼は養子の厄介になった.
2 …を食べる, を食って生活する, に頼って生活する ▪ His family *lived off* that 5 dollars for a week. 彼の家族はその5ドルで1週間世活した.

live on 自 **1** …で生活する, 食っていく ▪ He *lives on* his salary. 彼は自分の俸給で生活している.
2 …を常食とする ▪ The Japanese *live on* rice. 日本人は米を常食としている ▪ Spiders *live on* flies. クモはハエを食って生きている.
3 …に寄食する; を食いものにする ▪ He *lives on* his wife's people. 彼は妻の家に寄食している ▪ Some people *live on* their daughters. 自分の娘を食いものにする者もいる.
4 生き続ける; 存在し続ける ▪ He's ninety, but still he *lives on*. 彼は90歳だが, なお生き延びている ▪ His name will *live on* long after he is dead. 彼の名は死後も長く残るだろう.

live out 他 **1** …を(完全に)生き抜く ▪ He *lived out* a century. 彼は100歳を完全に生き抜いた.
2 …から生き残る; より生き延びる, をへる ▪ We could *live out* the great war. 我々は大戦から生き残ることができた ▪ He will not *live out* this winter. 彼はこの冬じゅうたえられない.
3 …を無事に逃れる[切り抜ける] ▪ The men in the boat could not *live out* the storm. ボートに乗っていた人たちはあらしを乗り切ることができなかった.
4 (米) …を食いつぶす ▪ She has *lived out* her place. 彼女は自分の屋敷を食いつぶした.
— 自 **5** (英)(店員)が通勤である; (学生が学寮生活をしないで)通学する(↔LIVE in 2) ▪ My workers *live out*. うちの従業員は通勤です ▪ Some of the students *live out*. (寮に住まずに)通学する学生もいる.
6 (米口)女中奉公に出ている ▪ She has never *lived out* before. 彼女は今までにお手伝いとして他家に住み込んだことはない.
7 (ある生活を)送る ▪ He *lived out* his Christian life. 彼はキリスト教者としての生活を送った.

live over 自 (営業所の)階上に住む ▪ He is a grocer and *lives over* his shop. 彼は食料雑貨店の主人で, 自分の店の階上に住んでいる.

live over …(*again*) 他 **1** …の思い出にふける ▪ He is given to *living over* the past *again*. 彼は過去の思い出にふけりがちだ.
2 …を再度体験する ▪ Would that I could *live over* my life *again*! もう一度人生をやり直すことができたらなあ.

live through …を切り抜ける ▪ He has *lived through* three wars. 彼は3度の戦争を切り抜けてきた ▪ The patient will not *live through* the night. その患者は夜じゅうはもつまい.

live to (ある年齢)に達するまで生きる ▪ He *lived to* a hundred [a ripe old age]. 彼は百歳[老齢になる]まで生きた.

live together 自 **1** いっしょに仲良く生活する ▪ Some cats and dogs can *live together*. 猫や犬の中にはいっしょに仲良くやっていけるのがいる.
2 同居[同棲]する ▪ Tom and Sue are *living together*. トムとスーとは同棲している.

live under 自 **1** …の支配を受けている; を上にいただいている ▪ We *live under* Queen Elizabeth II. 我々はエリザベス2世女王を上にいただいている.
2 …の小作人[店子(たなこ)]である ▪ I *live under* Mr. Johnson. 私はジョンスンさんの店子です.

live up 自 北に住む ▪ He *lives up* in the Lake District. 彼は北の湖水地方に住んでいる.

live up to **1** (期待)に添う ▪ She *lived up to* our expectations. 彼女は我々の期待にそむかなかった.
2 …に従って行動する, (主義)を実行する, (規則)を守る ▪ You must *live up to* your principles. 君は主義を実行しなければならない ▪ I endeavor to *live up to* the rules. その規則を守るよう努力します.
3 …にふさわしい行動をする ▪ Few *live up to* what they preach. 自分の説くところに恥じない生活をする者は少ない ▪ He could *live up to* the reputation established by his father. 彼は父の築いた名声を落とさないようにやっていった.
4 (責任など)を果たす ▪ He *lived up to* the responsibilities placed on him. 彼は課された責任を果たした.
5 …を極限まで使う ▪ He *lived up to* his full capacity. 彼は自分の全能力を発揮した.

live well 自 **1** 裕福に暮らす ▪ I shall *live well* without you. 私はあなたがいなくても裕福に暮らせるでしょう.
2 飲食物が豊富である, 美食する ▪ If you would *live well* for a week, kill a hog. 1週間美食したければ, ブタを1頭ふりなさい.
3 道徳的な生活をする ▪ If you would *live well* all your life, turn priest. 一生道徳的な生活がしたければ, 牧師になりなさい.

live with 自 **1** …に寄宿する, と同居する ▪ He *lives with* the Browns. 彼はブラウン家に寄宿している.
2 …と同棲する ▪ She *lives with* her boyfriend. 彼女はボーイフレンドと同棲している.
3 …と折り合って暮らす ▪ Cats can seldom *live with* dogs. 猫はめったに犬と折り合っていない.
4 (通例いやな事)を受け入れる ▪ You must *live with* the fact that you are ill. 君は病人だという事実を受け入れねばならない.
5 …にとって忘れられない, 頭から離れない ▪ The memory of that day will *live with* me forever. あの日の思い出は生涯忘れられないだろう.

live without …なしで暮らす ▪ I can't *live without* books. 私は本なしでは生活できない.

liven /láɪvən/ ***liven up*** 自 他 明るく[快活に]なる[する] ▪ How can we *liven* the party *up*? どうすればパーティーが活気づくかしら ▪ Things are beginning to *liven up*. 事態がだんだん活気を呈してきてい

load

る.

load /loud/ *load A down with B* 他 A(人・車)にB(たくさんの荷物)を持たせる, 積む ・Don't *load down* my car *with* too many people. 私の車にあまりたくさんの人を乗せないで.

load up 自 他 **1**(荷)を積みこむ ・The two men *loaded up* the cart. 二人の男が荷車に荷を積みこんだ ・Have you finished *loading up* yet? もう荷の積み込みは終わったか.

— 他 **2**《米》(人)に(情報)をたくさん与える(*with*) ・He tried to *load* me *up with* stories of his success. 彼は私に自分の成功談をどっさり聞かせようとした.

3(電算)コンピューターに情報[プログラム]をロードする ・We can *load up* the software from a laptop. ラップトップからそのソフトをロードできる.

load up for 自 …に大わらわである, 忙しく働く ・He was *loading up for* the big game. 彼は狩猟の大物の調査で大わらわであった.

load up on [with] 自《米》**1**買いだめしておく, 買い込む ・You should *load up on* canned goods for emergencies. 非常時に備えて缶詰を買いだめしておきなさい ・They *loaded up with* alcohol well before Christmas. 彼らはクリスマスよりもずっと前に酒類を買い込んだ.

— 他 **2**(人)を酔わす ・He *is loaded up on* whiskey. 彼はウィスキーで酔っ払っている.

load A with B 他 **1** AにBを積む[乗せる, 背負わす] ・They *loaded* the ship *with* provisions. 船に食糧を積んだ ・I *loaded* him *with* parcels. 私は彼に小包を背負わせた.

2 AにBを持ちきれないほど[山ほど]与える; AにBを浴びせる ・He *loaded* her *with* gifts [honors]. 彼は彼女に贈物[栄誉]を山ほど与えた ・She *loaded* me *with* blows [praises]. 彼女は私に打撃[賞賛]をたんと浴びせた.

3 AにBを(過度に)詰めこむ ・Be careful not to *load* the stomach *with* food. あまり食物を胃に詰めこまないよう注意しない.

loaf /louf/ *loaf around* [《英》 *about*] 自《米口》…をぶらつき回る ・All he does is *loaf around* the house all day. 彼は一日中家のまわりをぶらぶらしているだけだ ・It is not right to *loaf about* when so much work needs to be done. 仕事がたくさんあるのにぶらつき回るのは良くない.

loaf away 他 ぶらぶらして(時)を過ごす ・He is just *loafing* his time *away*. 彼はただぶらぶらして時を過ごしている.

loaf in [out] 自《米》ぶらぶら入って来る, 出て行く ・He *loafed in*, lounged about for a few minutes, and *loafed out* again. 彼はぶらっと入って来て, 数分間ぶらついて, またぶらっと出て行った.

loaf on 他 …をのらくらとやる ・He *loafs on* the job. 彼はその仕事をのらくらとやる.

2〈口〉…の厄介になってぶらぶら暮らす ・He *loafs on* his uncle. 彼はおじの世話になってぶらぶらしている.

loan /loun/ *loan out* 他 …を貸し出す, 貸付ける ・The library also *loans out* CDs and videotapes. その図書館はCDやビデオテープも貸し出す.

lobby /lábi|lɔ́bi/ *lobby against [for]* 自 …に反対[賛成]運動を展開する ・Concerned groups are *lobbying against [for]* the bill. 関係グループがその法案に反対[賛成]運動を展開している.

lobby (A) for B 自 他 (A(人)に)B(昇給など)を求めて働きかける ・She *lobbied* (her boss) *for* a pay raise. 彼女は(ボス)に給料を上げてくれるようにせがんだ.

lobby A through B 他 A(法案など)がB(議会など)を通過するように運動する ・They *lobbied* a bill *through* Congress. 彼らはロビー活動をして議会で法案を通過させた.

local /lóukəl/ *local A on B* 他《スコ・法》A(聖職の禄)をB(地主・地主の土地)に割り当てる ・It *localled* the minister's stipend *on* 70 acres of his land. それは牧師の禄を70エーカーの彼の土地に割り当てた.

lock /lɑk|lɔk/ *lock away* 他 **1**…を錠をおろしてしまい込む ・She carefully *locked away* those rings. 彼女はそれらの指輪を大事に錠をかけてしまい込んだ.

2(秘密など)を隠して人に明かさない ・She *locked* the secret *away* in her heart. 彼女はその秘密を心の中にしまい込んだ.

3(囚人など)を監禁する ・The criminals have *been locked away*. 犯罪者らは監禁されてきた.

lock down 他 《米》**1**(囚人)を独房へ閉じ込める ・The guards *locked* them *down*. 看守が彼らを独房に閉じ込めた.

2(警官などが場所)の出入りを厳重に取り締まる ・Many officers have *locked down* the whole city. 多くの警察官が町全体を厳重に取り締まっている ・Why didn't school authorities *lock down* the campus after the first shooting? なぜ大学当局は最初の銃撃があったあとキャンパスへの出入りを厳しく規制しなかったのか.

lock down [in, out, through, up] 他 **1** 水門[閘門(こうもん)]の操作によって(船)を下らせる[入れる, 出す, 通す, 上がらせる] ・The small vessels will have to *be locked in* and *out*. 小さい船は水門[閘門]の操作によって出入りさせなければなるまい ・You can *be locked up* or *down* the canal. 水門[閘門]によって運河を上下することができる.

— 自 **2**(船が)水門[閘門(こうもん)]によって下る[入る, 出る, 通過する, 上がる] ・They will have to *lock in* and *out* again. 船は水門[閘門]の操作によって出入りしなければなるまい ・Vessels could easily *lock down* at the various levels. 船舶はさまざまな高さの水面を水門[閘門]の操作によって楽に下ることができた ・We *locked through* at Moore Haven, Florida. フロリダのモアヘイブンでは閘門の操作で通過した.

lock in **1**…を…に閉じ込める, 押し込める ・I *was locked in* the room. 私はその部屋に閉じ込められていた ・He *was locked in*. 彼は幽閉された.

2(…で)に封じ込める, (で)取り囲む(*with*) ・The vessel *was locked in* ice. その船は氷に閉じ込められ

た．▪The lake *is locked in with* hills. 湖水は山々で取り囲まれている．

3 …を束縛[拘束]する; を動けなくする ▪The contract *locks* them *in* for five years. 彼らはその契約に5年間拘束される．

4 …を巻き込む ▪He *is locked in* a legal battle. 彼は法廷闘争に巻き込まれている．

5 [受身で] (金)を固定する ▪The money *is locked in* until you go to university. その金は君が大学に行くまで固定してある．

lock into 圓 (運河が)水門[閘門(ぶ)]によって…へ入る ▪The canal *locks into* the river at this point. その運河はこの地点から水門[閘門]によって川に入る．

lock A into B 他 **1** AをBに閉じ込める，押し込める ▪We *locked* him *into* a closet. 我々は彼を押入れに閉じ込めた

2 AをBに固執させる，Aを一貫してBの立場に置く ▪The government *is locked into* a policy of promoting exports. 政府は輸出を促進する政策に固執している．

lock off 他 水門[閘門(ぶ)]を設けて(川など)を区画する ▪That portion of the river could *be locked off*. 川のその部分は水門[閘門]で区画することができた．

lock on 圓 **1** (ミサイルなどがレーダーで目標)を自動的に追尾する[させる] ▪The missile can *be locked on* to an enemy plane. そのミサイルは敵機を自動的に追尾することができる．

2 (視線など)を固定する; を凝視する，見つめる ▪Her eyes *were locked on* the peculiar man. 彼女の目は一風変わった男に注がれていた．

lock onto/lock in on 圓 (ミサイルなどが目標)を自動的に追尾する ▪This missile *locks onto* its target. このミサイルは目標を自動的に追尾する．▪*Lock in on* an enemy target and fire. 敵性目標を追尾してミサイルを発射せよ．

lock out 他 **1** (雇い主がストライキ対策として労働者)をロックアウトする ▪The laborers *were locked out*, but went back to work a month later. 労働者たちはロックアウトされたが，1か月後に仕事に戻った．

2 …を締め出す; (錠をおろして)入らせない (*of*); (自動錠がかかって・鍵を紛失して)(人)を中に入れなくする (*of*) ▪Why did you *lock* me *out* yesterday? なぜあなたはきのう私を締め出したのか ▪I *am locked out of* the church. 私の教会には錠がおりていて私は入れもらえない ▪If you get *locked out of* your home or car—do not hesitate to call mr-locks. ロックアウトされて家や車に入れない時は，いつでもミスターロックスへお電話ください．

— 圓 **3** (人が)潜函[ケーソン]からエアロック (airlock) を通って出る ▪There is a rapid reduction of the pressure in *locking out*. エアロックを通って出るときには急速に圧力を減少させる．

lock up **1** (錠をおろして)…を(…に)しまい込む; …を(…に)しっかりと閉じ込める (*in*) ▪*Is* everything safely *locked up*? すべての物が安全にしまわれているか ▪History *is locked up in* hieroglyphics. 歴史が象形文字の中に秘められている．

2 (錠をおろして)…を締める，閉鎖する ▪They *locked up* the doors of the house. 彼らは家の戸を全部締めた．

3 (…に)…を閉じ込める; を監禁する (*in*) ▪*Lock up* a cat *in* a closet. 猫を押入れに閉じ込めなさい．

4 (土地・証券など)(金)を固定する，投資して自由に使えなくする; を塩づけにする (*in*) ▪I've *locked up* vast sums of money *in* pension funds. 年金基金に多額の資金を固定させている ▪His capital *is locked up in* land [long advances]. 彼の資本は土地[長期融資]に投じである．

5 (動くもの)を動かなくする (*in*) ▪He *is locked up in* sleep. 彼は正体なく眠りこけている．

6 = LOCK away 3.

7 (印) (組版面)を締めつける ▪He *locked up* the form with a screw. 彼は組版面をねじで締めつけた．

8 (米口) 思い通りの結果を得る ▪I have the test *locked up*. この試験はうまくいったはずだ．

— 圓 **9** きちんと錠をおろす，戸締まりをする，閉さす ▪I *locked up* for the night. 戸締まりをして寝た．

lock (up) from …を…からının断[阻止]する ▪Large tracts of country *are locked up from* commerce. 広大な地域が商業をはばまれている ▪I *lock up* my ear *from* those sweet words. 私はそれらの甘言には耳を貸さないことにしている．

lodge /lɑdʒ|lɔdʒ/ ***lodge at*** 圓 …に泊まる; に下宿する ▪They *lodged at* the hotel. 彼らはそのホテルに泊まった ▪I *lodged at* Mr. Brown's. 僕はブラウンさんの所に下宿していた．

lodge in 圓 **1** (弾丸などが)…にとまる，入る; (矢が)…に立つ ▪The bullet *lodged in* his leg. 弾丸が彼の脚にとどまった ▪The arrow *lodged in* his shoulder. 矢は彼の肩に刺さった．

2 …に固定する ▪The fact has at last *lodged in* his silly mind. その事実は遂に彼の愚かな心にこびりついた．

lodge A in [with] B 他 **1** AをBに預ける ▪I *lodged* the money *in* the bank [*with* him]. 私はその金を銀行[彼]に預けた．

2 (文) A(権力など)はBにありとする; AをBに委ねる，付与する ▪He *lodges* the civil power of England *in* the King and Parliament. 彼はイギリスの民政権は国王と議会にありとする ▪The powers *were lodged with* the Attorney General. その権限は司法長官に委ねられた ▪The power of the crown *is lodged in* a single person. 国王の権力は一人の人物だけに付与される．

3 (…について) B(訴状など)を提出する，を告訴する (*against*) ▪Citizens have *lodged* a complaint *against* the noise *with* the police. 市民らはその騒音に対する苦情を警察に訴えた．

lodge out 圓 (遅くなった時など)鉄道宿泊所に外泊する ▪We'll have to *lodge out* tonight. 今夜は鉄道宿泊所に泊まるほかないだろう．

lodge with 圓 …の所に泊まる，に下宿する ▪He *lodges with* the Browns. 彼はブラウン家に下宿している．

log /lɔːɡ|lɔɡ/ ***log in*** 自他 **1**《電算》ログインする[させる](= LOG on, ↔LOG out) ・Please *log in* and read or send messages. ログインしてメッセージを送受信してください ・The system is unable to *log* you *in*. システムの故障でコンピューターに接続できません ・You can use PassPack to *log* you *in* automatically to sites. パスパックを使えば自動的に各サイトに入れます.
2 出社[到着]を記録する ・All employees are required to *log in* when they start. 全従業員は業務の開始を記録すること.

log into [***onto***] 自他《電算》ログイン[ログオン]する[させる] ・*Log into* the computer system first. まずコンピューターにログインしなさい ・I was logged *onto* the Internet. インターネットに接続した.

log off 自他《電算》ログオフする[させる](= LOG out, ↔LOG on) ・Please *log off* before you go to bed every evening. 毎晩寝る前にログオフしてください ・The system will automatically *log* you *off* after 15 minutes. 15分するとシステム上自動的にコンピューターが切れます.

log on 自他《電算》ログオンする[させる](= LOG in, ↔LOG off) ・I *log on* twice a day and see if I have e-mail. 私は日に2回ログオンしてメールが入っているかどうか調べる ・Write down the time you logged *on* and the time you logged *off*. ログオンした時刻とログオフした時刻を書き留めておきなさい ・Without the password the system won't *log* you *on*. パスワードがなければコンピューターシステムには接続できません.

log out 自他《電算》**1** ログアウトする[させる](= LOG off, ↔LOG in) ・This computer will automatically *log* you *out* if you use it too long. このコンピューターは長く使いすぎると自動的にログアウトします ・After one hour, the system will *log* the user *out* without warning. 1時間するとシステム上警告なしにコンピュータが切れます.
2 退出を記録する ・All employees are required to *log out* when they finish. 全従業員は業務の終了を記録すること ・He was logged *out* by the security guard at 6:00. 彼は6時に退社したと守衛に記録された.

log up 他 **1**(ある距離・時間を)走る, 飛行する ・My car has just logged *up* 1,000 kilometers. 私の車は今1,000キロ走ったところだ.
2《豪・鉱山》巻揚機を丸太でささえる ・We had logged *up* and made a start with another shaft. 我々は巻揚機を丸太でささえ, もう一つの縦坑を掘り始めた.
— 他 **3**(勝利など)を記録する, 得る ・Our team will *log up* another victory today. わがチームは今日もまた勝利を得るだろう.

loiter /lɔ́ɪtər/ ***loiter about*** [***around***] 自(…)をぶらつく ・We loitered *around* a street corner. 我々は町角をうろついた ・He was arrested while loitering *about*. 彼はぶらついている所をつかまった. ☞ しばしば「犯意をもって」を含意する.

loiter away 他 ぶらぶらして(時)を過ごす ・You should not *loiter* your time *away*. 君はぶらぶらして時を過ごしてはいけない.

loiter over [***on***] 自(仕事)をだらだらする ・Don't *loiter over* on your work! 仕事をだらだらやるんじゃない.

loll /lɑl|lɔl/ ***loll around*** [《英》***about***] 自(…を)のらくらする; (に)ごろごろする ・He *lolls about* doing nothing. 彼は何もしないでのらくらしている ・A knot of smokers lolled *about* the door. 喫煙者の群れが戸口にたむろしていた.

loll away 他 のらくらして(時など)を過ごす ・No hour should be luxuriously lolled *away* in indolence. 1時間たりとも, 怠けて贅沢にのらくらして過ごすべきではない.

loll back 自 だらしなくもたれる ・He sat lolling *back* in a great armchair. 彼は大きなひじ掛けいすにぐったりもたれて座っていた.

loll out 他 …をだらりと垂らす[垂れる] ・My dog sat lolling *out* his tongue [with its tongue lolling *out*]. 私の犬は舌をだらりと垂らして座っていた.

long /lɔːŋ|lɔŋ/ ***long for*** [***after***] 自 …を切望する, 恋しがる, にあこがれる ・How I *long for* a sight of my native land! ほんとに故郷がひと目見たい ・He longed *for* her arrival. 彼は彼女の到着を待ち焦がれた ・Women have longed *after* long lashes since the beginning of time. 太古の昔から女性は長いまつげを望んできた.

look /lʊk/ ***look about*** 自 **1** …を見回す; をあちこち見て回る ・He looked *about* (the room). 彼は(部屋を)あちこち見回した ・He spent two weeks looking *about* Tokyo. 彼は2週間かけて東京をあちこち見て回った.
2(決定する前に)よく調べる ・We looked *about* before deciding which car to buy. 私たちはどの車を買うか決める前によく調べた.

look about *one* 自 **1** あたりを見回す, あたりを探す ・*Look about* you and see if you can find anything to do. あたりを見回して, 何かすることがないか探してごらん.
2 周囲を調べる, 様子を見る ・After supper I went out to *look about* me. 夕食後あたりの様子を見に出かけた.
3 自分の位置[境遇]を考慮する; 慎重に考慮する ・He didn't have a single week to *look about* him. 彼は慎重に考慮するためのたった1週間の余裕もなかった.
4 十分用心する, 周囲[身辺]に気を配る ・If you go to town, *look* well *about* you. 町へ行くなら, 十分用心しなさい.

look about [***around***] ***for*** 他 …を探し回る ・He was looking *about for* something to do. 彼は何かすることを探していた.

look abroad 自 外[国外]を見る; 広く見る ・He looks *abroad* into the varied field of nature. 彼は外を見て自然の多彩な野原を調べる ・The young men *look abroad* for a wife. 青年たちは広く妻となる人を探す.

look across (*at* [*to*]) 他 さっと見渡す, 見回す ▪ I *looked across to* where she was sitting. 私は彼女が座っているあたりをさっと見渡した.

look after 他 **1** …を目で追う; を見送る ▪ He stood at the gate and *looked after* us. 彼は門の所に立って, 我々を見送った.
2 (過ぎたこと)を残念がる ▪ His soul was still *looking after* the goods he had lost. 彼は心の中でまだ失った品物を残念がっていた.
― 他 **3** …に気をつける; を世話する ▪ You must *look after* the child. あなたはその子供の世話をせねばならない ▪ Peter was old enough to *look after* himself. ピーターは自分のことは自分でやれるだけの年齢だった.
4 …を管理する, 預かる ▪ He *looks after* the school. 彼はその学校を管理している.
5 …を保護する, 守る ▪ He should *look after* his own interests. 彼は自分の利益を守らねばならない.
6 …を求める, 要求する ▪ Knowledge of the world *is looked after* in a teacher. 教師には世の中の知識が求められる.
7 …を始末する; に骨を折る, 従事する ▪ Please *look after* those piles of old newspapers. どうぞあの古新聞の束の始末をしてください ▪ He could not *look after* his son's education. 彼は息子の教育に骨を折ることができなかった.
8 《まれ》…を見張る ▪ The police *look after* all breaches of the peace. 警察はあらゆる治安妨害を警戒する.
9 《米口》(人)を始末する, 殺す ▪ I'll *look after* him. おれがやつを始末してやる.

look ahead 自 **1** 前方を見る ▪ *Look ahead*! What can you see on the bridge? 前方を見なさい. 橋の上に何が見えますか.
2 (前途を)用心する ▪ We must *look ahead* before we go further. さらに前進する前に前途を用心せねばならない.
3 未来の事を考える ▪ I'm *looking ahead* to the 22nd century. 私は22世紀を見越しているのだ.
4 《主に命令文で》(ボートでこぎ手が)位置を知るため振り向いて前方を見る ▪ The coxswain yelled, "*Look ahead*!"「振り向いて前を見ろ!」とコックスが叫んだ.

look ahead for 他 …を予期する ▪ *Look ahead for* trouble. 不幸を予期しなさい.

look along 他 …をずっと見る ▪ *Look along* the road and see if there is a taxi. 道路をずっと見て, タクシーがいるか調べてくれ.

look aside 自 横を見る, 斜めに見る ▪ She *looked aside*, pretending not to recognize him. 彼女はよそを向いて彼に気づかないふりをした.

look aside from 他 …から注意をそらす ▪ You should never *look aside from* your work. 仕事から決して注意をそらせてはいけない.

look at 他 《口》 **1** …を見る ▪ *Look at* this picture. この絵を見なさい.
2 …に注目する, 着眼する ▪ What I *look at* is the safety of the method. 私が着目するのはその方法の安全性である.
3 (訂正・改良の目的で)…を見る, 調べる ▪ The workmen have come to *look at* the drains. 職員が下水を調べに来た ▪ Will you *look at* this sentence, please? どうかこの文を吟味してくださいませんか.
4 (ある観点から)…を見る, 考える ▪ How do the people there *look at* the universe? そこに住む人たちは宇宙をどのように見るか.
5 《命令文で》(自説の証明として)たとえば…(の場合)を見よ ▪ *Look at* Jim. He made a miraculous recovery. たとえばジムの場合だが, 奇跡的に回復したじゃないか.
6 《否定文で》…を見向きもしない ▪ I will *not look at* wine until I die. 死ぬまでワインは見向きもせぬつもりだ ▪ He wouldn't *look at* the proposal. 彼はその提案に見向きもしなかった. ☞通例 will, would と共に用いる.

look away 自 目をそらす, よそ見する ▪ I *looked away* from the scene of the crash. 私は衝突事故の現状から目をそらせた.

look [glance] awry 自 横目で見る; ひがんで見る ▪ Some of our party began to squint and *look awry*. 我々の仲間には流し目や横目を使い始める者もあった.

look back 自 **1** 見返る, 振り返って見る (*to, at*) ▪ He *looked back* at me. 彼は振り返って私を見た.
2 (過去を)追想する, 顧みる (*at, into, on, to*) ▪ *Look back into* your great ancestors. あなたの偉大な祖先たちを追想しなさい ▪ One portion of my life is not pleasant to *look back on*. 私の生涯には回顧して愉快でない一時期がある ▪ *Looking back*, I'm afraid I made a mistake. あとで考えると誤りを犯したようだ.
3 さかのぼる (*into*) ▪ If you want to study it, you must *look back into* our history. もしそれを研究しようと思えば, わが国の歴史をさかのぼらねばならない.
4 (自分の始めた事業などに)気乗りがしない, ためらう ▪ One who puts his hand to the plow must not *look back*. 仕事を始める者はためらってはならない.
5 《口》《否定語とともに》落ち目になる, 前進［進歩］しない ▪ She won her first Championship and hasn't *looked back* since. 彼女は最初に選手権をとってから負けたことはない ▪ Since starting its business, the company has *never looked back*. 創業以来その会社はずっととんとん拍子で発展している.

look badly 自 外観が悪く［みすぼらしく, かなりに］見える ▪ Things began to *look badly* for them. 形勢が彼らにとっては悪くなり始めた.

look behind (*one*) 他 あとを見返る ▪ Don't *look behind* you. あとを見返るな《未練がましいから》.

look beyond 他 **1** …の向こうを見る ▪ *Look beyond* the trees and you can see the sea. 木々の向こうに目をやれば海が見える.
2 …の先まで探す［考える］ ▪ We *look beyond* the stars to find Heaven. 我々は天国を見つけるため, 星のかなたまで探す ▪ *Look beyond* the 21st century. 21世紀より先を思い描いてみなさい.

look down 圓 **1** 下を見る, 目を伏せる ▪ The culprit *looked down* and kept silent. 犯人は目を伏せて黙っていた.
2 (…を)見おろす; (を)ずっと見通す ▪ I *looked down* through the ages. 時代を現代まで通観した ▪ Don't *look down* the well. 井戸をのぞいてはいけません ▪ *Look down* the pipe and see if it's clean. パイプを見通してきれいかどうか調べなさい.
3 (価が)下落の傾向にある ▪ The shares [prices] are *looking down*. 株価[物価]は下落の傾向にある.
— 他 **4** (人)をにらんで押さえる[やめさせる] ▪ She was angry, but he *looked* her *down*. 彼女は怒っていたが, 彼はにらみつけておさまらせた.
5 …を威圧する ▪ We went well-armed to *look down* all resistance. 我々はすべての抵抗を威圧するため, 十分に武装していった.

look down on [***upon***] 圓 **1** (場所が)…を見おろす ▪ The cliff *looks down upon* the river. その断崖は川を見おろしている ▪ The church on a hill *looked down on* the village. 丘の上の教会がその村を見おろしていた.
— 他 **2** (口)…を見下げる, 軽蔑する (↔LOOK up to A (as B)) ▪ They always *looked down upon* us as poor relations. 彼らはいつも我々を貧乏な親類として見下げた ▪ He *is looked down upon* by almost everyone. 彼はほとんど誰からも見くびられている.

look downward 圓 (価が)下がる傾向にある ▪ Consols were rather *looking downward*. コンソル公債はやや下がる傾向にあった.

look for 圓他 **1** …を捜す; を求める ▪ I am *looking for* my knife. 私はナイフを捜しています ▪ I don't *look for* any recompense. 私は報酬は少しも求めません.
— 他 **2** (自分の身に困ったこと)を招く ▪ That naughty boy is always *looking for* trouble. あの悪童は面倒な目にあうことばかりしている.
3 …を期待[予期]する ▪ You can *look for* me around three. 3時頃お会いできます ▪ Death steals upon us when we least *look for* it. 死は我々が最も予期しない時に忍び寄って来る.
4 (スコ)…を観察する ▪ It's fun to *look for* the growth of potted flowers. 鉢植えの草花の生長を観察するのは楽しい.

look forth 圓 (詩) (…から)のぞき見る ▪ He *looked forth* from the tower. 彼は塔からのぞいて見た.

look forward to [(まれ)***for***] 他 …を期待する, (楽しんで)待つ ▪ He *looks forward to* a great future for his son. 彼は息子の洋々たる前途を期待している ▪ I am *looking forward to* seeing you soon. まもなくあなたに会うのを楽しみにしています ▪ They *look forward to* the examination with apprehension. 彼らは試験が始まるのを心配して待っている.

Look here! 圓 (口) [間投詞的に] いいかね; あのね (こうなんだよ) 《こちらの苦情・提案などに相手の注意を促す》 ▪ Now, *look here!* I'll have no feelings here. さて, いいかね. わしはここでは情け容赦はしないぞ.

look in 圓 **1** ちょっと立ち寄る (*at, on*) ▪ Can you manage to *look in at* the office tomorrow? あす何とかして事務所に立ち寄ってくれないか ▪ Please *look in* (*on* me) when you come this way. こちらへおいでの節はどうぞお立ち寄りください.
2 (…の)中を見る, のぞきこむ ▪ The children *looked in* at the window. 子供たちは窓からのぞきこんだ.
3 テレビを見る (*to*) ▪ The public can *look in to* the transmission. 公衆はそのテレビ放送を見ることができる.
4 (辞書など)を引く ▪ Did you *look in* the dictionary? 辞書で調べましたか.

look into 圓 **1** …の中を見る, をのぞきこむ ▪ *Look into* the box. 箱の中を見なさい.
2 うかがう ▪ He *looked into* the past. 彼は過去をうかがい見た.
3 …に面している, 開く ▪ The room had a little window *looking into* the hall. その部屋には広間に向かって開く小窓があった.
— 他 **4** (本など)をざっと見る ▪ They *looked into* the chronicles of the Middle Ages. 彼らは中世の年代記をざっと見た.
5 (口) …にちょっと立ち寄る ▪ His Majesty deigned to *look into* the tennis court. 陛下はついでにテニスコートにお立ち寄りになった.
6 …を探り見る ▪ *Look into* your own heart. あなた自身の心を探ってみなさい.
7 …を詳細に調べる, 究める, 研究する ▪ The police are *looking into* the records of those people. 警察はそれらの人々の履歴を調べている.

look *a person **into*** (*doing*) 他 人をにらんで…させる ▪ He *looked* me *into* silence [*consenting* to it]. 彼は私をにらんで黙らせた[それに同意させた].

look off 圓 …から目をそらす[離す] ▪ Don't *look off* the book while I am reading. 私が読んでいるときに, 本から目を離してはいけません.

look on [***upon***] 圓 **1** (ある感情をもって)…を見る (*with*) ▪ We shall never *look upon* the like of him. 我々は彼のような人をもう見ることはまずないだろう ▪ I *looked upon* him *with* admiration [suspicion]. 彼を感嘆して[疑惑の目で]見た.
2 …に面している ▪ The house *looks on* the river. その家は川に面している.
3 …を見物する, ながめる ▪ Let's *look on* the fight. けんかを見物しよう.
4 …を考える ▪ He does not *look on* the present circumstances. 彼は現在の事情を考えない.
— 他 **5** (方) を重んじる ▪ Father Peter *is* not much *looked on* here. ピーター神父は当地ではあまり重んじられていない.

look on ahead 圓 **1** 前方を見る ▪ You must *look on ahead*. 君は前方をよく見なければならない.
2 前途[未来]に注目する ▪ He *looks on ahead* to the wants of posterity. 彼は未来の子孫の欲求に注目する.

look on [***upon***] *A **as*** *B* 他 AをBとみなす ▪ I

look on him *as* the boss. 私は彼をボスと考える ▪ Everyone *looked upon* victory *as* certain. 誰もかれも勝利を確実だと思った.

look on to (自) …に面する ▪ My room *looks on to* the street. 私の部屋は通りに面している.

look on with (自)《口》(人)といっしょに本などを読む[見る] ▪ The teacher told Helen to *look on with* me. 先生はヘレンに私のを見せてもらうように言った.

look onto (自) …に面している ▪ The kitchen *looks onto* the garden. 台所は庭に面している.

look out (自) **1** 外を見る; 顔を出す ▪ They *looked out* at the door. 彼らは戸口から外を見た ▪ The sun *looked out* between the cloud and the moor. 太陽は雲と荒地との間に顔を出した.
2 注意する; 警戒する ▪ I will *look out* sharply. 私は厳重に警戒します ▪ *Look out* (that) you don't fall over. つまずかないように注意しなさい ▪ *Look out*! あぶない!
3 前方を見る ▪ *Look out* carefully; the road is dark. 前方を注意して見てください, 道路が暗いから.
4《海口》見張り番をする, 当直をする ▪ Just *look out* for me for ten minutes. ちょっと僕に代わって10分間張り番をしてください.
5《球技》野手を務める ▪ Several players were stationed, to *look out* in different parts of the field. 数名の選手が球場のあちこちで野手を務めるため配置された.
— (他) **6**《英》…を捜し出す, 捜して見つける ▪ I am tired of *looking out* appropriate words. 私は適当な言葉を選び出すのにあきた ▪ *Look* it *out* in the timetable. 時間表を見てそれを調べてください.

look out across (自) …を見渡す ▪ The room *looks out across* the lake. その部屋は湖水を見渡している.

look out for (自) **1** …に用心する; を警戒する ▪ *Look out for* pickpockets. すりにご用心 ▪ If you go to the country, *look out for* trouble. そこへ行くなら, 災難にあわないよう警戒しなさい.
2《米》…の世話をする ▪ Will you *look out for* my children for the afternoon? 午後の間うちの子供の世話をしてくれないか.
3 …を探す ▪ I am *looking out for* a house to let. 私は貸家を探しています.
4 …を見張る, 待ちかまえる ▪ We *looked out for* the enemy from the lookout. 見張り所から敵を見張った.

look out into (自) …に開く ▪ The other window *looks out into* the garden. もう一方の窓は庭に向かって開いている.

look out on [upon] (自) …を見晴らしている, に面している ▪ One window *looks out on* the street. 一つの窓は通りに面している.

look out over (自) …を見渡す ▪ The house *looks out over* the lake. 家は湖水を見渡している.

look over (自) **1**(…を)見渡す ▪ From the top of the hill we could *look over* the city. 山頂から我々はその市を見渡すことができた.

2 …に面している ▪ My window *looks over* the garden. 部屋の窓は庭に面している.
3 …越しに見る; 振り返って自分の肩越しに見る ▪ You are tall enough to *look over* my shoulder at the procession. あなたは背が高いから私の肩越しに行列が見える ▪ Slowly, I turned my head to *look over* my shoulder. ゆっくりと振り返って(自分の)肩越しに見ようとした.
4 …から下をのぞく ▪ Some travelers were *looking over* a precipice. 旅行者が数人, がけの上から下をのぞいていた.
— (他) **5** [over は前置詞, 副詞の両用法](訂正のためなどで)…を読む ▪ Will you please *look over* my composition? 私の作文に目を通してくださいませんか.
6 …をざっと視察する; を下検分する ▪ I must *look* the house *over* before giving any answer. 家を一応見てからでなければ返事ができません.
7(課題など)を繰り返し勉強する ▪ I've *looked over* these mathematical exercises several times. この数学の問題を何度も繰り返して勉強した.
8 …を大目に見る, 見のがす ▪ He forgave her and *looked over* her conduct. 彼は彼女を許し, その行為を大目に見た. ⇨ この意味では今は通例 overlook を使う.
9 …をじろじろ見る; を吟味する, 検査する ▪ He *looked* me *over* from head to foot. 彼は私を頭のてっぺんから足の先までじろじろ見た ▪ I have a number of papers to *look over*. 私はたくさんの答案を調べなければならない.
10《スコ》…を世話する ▪ The Lord *look over* him! 主が彼に手を差し伸べ給わんことを.

look round (自) **1** = LOOK about 1.
2 = LOOK about 2.
3 振り返る, 振り返って見る ▪ *Look round* and see who is behind us. 振り返って我々の後に誰がいるかを見なさい.
4(…を)ちょっと見物する ▪ I will *look round* the town before I leave. 町を去る前にちょっと見物しよう.

look round for (自) …を探し回る ▪ He is now *looking round for* a good position. 彼は今はあちこちで良い職を探している.

look sideways (自) **1** けげんな顔をする; 疑いの目で見る ▪ He was spending too much, and his housekeeper began to *look sideways*. 彼がひどく金を使うので家政婦がけげんな顔をし始めた ▪ She was *looking* all *sideways* and never touched her dinner. 彼女はずっと目を伏せていて食事にも全然手をつけなかった.
2(…を)伏目使いで見る; (に)流し目を送る(*at*) ▪ He was *looking sideways* at me. 彼は私を伏目使いに見ていた ▪ They were *looking sideways at* each other. 彼らは互いに流し目を送り合っていた.

look through (自) **1** …から見る ▪ I *looked through* the window. 窓から眺めた.
2 …を通して現れる, 見える ▪ His greed *looked*

through his eyes. 彼の欲が目を通して現れていた.
3 …で[を通して]見る, をかけて見る ▪ I *looked through* a telescope. 望遠鏡で観測した ▪ *Look through* the microscope and see what it's really like. 顕微鏡をのぞいて, それの実際の様子を調べなさい.
— 他 **4** …を見抜く, 見通す ▪ He *looked* right *through* me. 彼は私の思わくをすっかり見抜いた ▪ I *looked through* his tricks. 彼の計略を見破った.
5 …を丹念に調べる ▪ I *looked through* the papers. 私は答案を丹念に調べた.
6 〚straight [right] を伴って〛(人)を見て見ぬふりをする, 無視する ▪ I saw Jack this morning, but he *looked straight through* me. 今朝ジャックに会ったが, 私を無視した.
7 …にざっと目を通す ▪ He *looked through* a magazine. 彼は雑誌にざっと目を通した.
look to 他 **1** (子供・病人など)の世話をする ▪ You must *look to* the invalid. あなたはその病人の看病をしなければならない.
2 …に気を配る; 注意する, に気をつける ▪ *Look to* your health before everything. 何よりも健康に注意しなさい ▪ *Look to* your steps. 足もとに気をつけなさい.
3 (…を捨てておかないで)事に身を入れる, 目を配る, を手入れする, 世話する ▪ The matter must *be looked to*, for it concerns your welfare. その問題は放っておいてはいけない, あなたの幸福にかかわることだから ▪ You must *look to* the store. あなたは店に目を配らなければならない.
4 …に心がける, を図る ▪ Let each man *look to* his own interests. 各自自分の利益を図るべきである ▪ The country must *look to* its defense. その国は国防を心がけなければならない.
5 …に特に留意する; 《まれ》を好意をもって見る, に目をかける ▪ Graziers *look* more *to* quality than quantity of wool. 牧羊業者は羊毛の量よりも質に特に留意する ▪ I will *look to* the man that is poor. 私は貧しい人に目をかけよう.
6 →LOOK to a person for.
7 …を見張る, 警戒する ▪ *Look to* the gates that none escape. 誰も逃がさないように門を見張れ.
8 …を期待して待つ ▪ I *look to* the position he now occupies. 私は彼が今いている地位を得ることを期待している.
— 自 **9** …の方を見る ▪ You must *look to* the east for the rising sun. 朝日を見るには東方を見なければならない.
10 (家などが)…に向いている, …向きである ▪ The house *looks to* the south. その家は南向きである.
11 …に傾く ▪ The evidence *looks to* acquittal. 証拠は無罪放免に傾いている.
12 《まれ》…に近似する ▪ The feline race, in their whiskers and feet, *look to* the hares and rats. 猫族はほおひげや足の点でウサギやネズミに近似している.
look* a person *to 他 人をにらんで…させる ▪ I *looked* her *to* shame. 彼女をにらみつけて赤面させた.
look to* a person *for 他 **1** 人に…を期待する, 人の…を当てにする ▪ We *look to* you *for* the performance of the task. 我々はあなたがその仕事をしてくださるものと思っています ▪ The Myanmarese *look to* us *for* support in their quest for democracy. ミャンマー人は民主政治を実現するのに我々の援助を当てにしている.
2 人に…を頼る[仰ぐ] ▪ I *look to* him *for* direction in everything. 私は万事について彼の指導を仰ぐ ▪ If I lose, I shall look to you *for* compensation. 私が損をしたらあなたに償ってもらうつもりです.
look toward(s) 自 **1** …の方を見る ▪ We *looked towards* the door as it slowly opened. 我々はゆっくりと開く戸の方を見た.
2 《米》…に傾いている, の傾向がある ▪ The South hated everything that *looked toward* equality. 南部の人々は平等への傾きのあることはすべて大きらいだった.
3 《口・戯》…の健康を祝して乾杯する ▪ Mr. Johnson *looked towards* him. ジョンソン氏は彼のために乾杯した.
4 (将来)に目を向ける, を考える ▪ You have to *look towards* the future. 将来に目を向けなければならない.
5 (家などが)…に面している, …向きである ▪ The house *looks towards* the sea. その家は海に面している.
6 …に心を向ける, あこがれの目を向ける ▪ The lad *looked towards* his home. その若者は故郷にあこがれた.
look up 自 **1** 見上げる; かみの方を見る ▪ *Look up* and see the stars. 空を見上げて, 星を見なさい ▪ We are *looking up* the river. 我々は川の上流の方を見ている.
2 《口》〚主に進行形で〛よくなる; 好転する ▪ My father *is looking up*. 父は(病気が)よくなっています ▪ Things seemed to *be looking up*. 事態は好転しつつある様子だった.
3 元気を出す ▪ *Look up*, old man. おい君, 元気を出せ.
4 《口》(値段が)上向きの傾向である ▪ Prices have begun to *look up* again. 物価はまた上向きになりだした.
5 需要がある ▪ Tight skirts are *looking up* right now. 今はタイトスカートの需要が高まっております.
6 《海》針路に近づく ▪ See that the ship *looks up*. 船が針路に近づくようにせよ.
7 大望をいだく ▪ If you *look up*, there's the future. 大志を抱けば前途は開ける.
— 他 **8** …を見つけ出す, 捜し出す ▪ I don't know its price, but I'll *look* it *up*. 私はその値段は知りませんが, 調べてみましょう ▪ He sent a party to *look* them *up*. 彼は彼らを捜すため一隊を送った.
9 (辞書・参考書などで)…を調べる ▪ *Look up* the word in the dictionary. その語を辞書で引いてみなさい ▪ She *looked* the number *up* in the phone book. 彼女はその番号を電話帳で調べた.
10 《口》(人)を訪ねる ▪ *Look* me *up* if you ever come to Tokyo. 東京においでのことがありましたら, お

立ち寄りください.
11 ...を見張る, 気をつける ▪You must *look* him *up* if he is careless. 彼が不注意なら, あなたは彼を見張らねばならない.

look ... up and down 他 **1**(人)を頭のてっぺんから足の先までじろじろ見る ▪People *looked* her *up and down*. 人々は彼女の頭のてっぺんから足の先までじろじろ見た.
2 ...をくまなく検査する ▪We *looked* it *up and down*. 私たちはそれをくまなく検査した.

look up to *A* (*as B*) 他 **1** Aを(Bとして)あがめる[尊敬する] ▪One can't help *looking up to* a man like that! そのような人は尊敬せずにはいられない.
2 Aを(Bとして)仰ぎ見る[仰ぐ] ▪All *looked up to* him in adoration. すべての人は彼を崇敬して仰ぎ見た. ▪The youth *looks up to* his father *as* the model of his life. その青年は父親を人生の範と仰いでいる.

look up to *a person for* 他 人に...を仰ぎ求める ▪We *looked up to* him *for* help. 我々は彼に援助を仰ぎ求めた.

look well 自 **1** 健康に見える ▪He *looks well*, but he is really very sick. 彼は見かけは元気そうだが, 実はひどく病んでいる.
2 魅力的に見える ▪Blue *looks well* on you. 青色はあなたによく似合う.

loom /lu:m/ ***loom ahead*** (不安などが)行く手に迫る ▪Terminal examinations are *looming ahead*. 期末試験が行く手に迫っている.

loom up [*out*] 自 ぼんやり見えてくる; 急に(不気味に)現れる ▪A ship *loomed up* in the mist. 霧の中から船がぼんやり見えてきた ▪Suddenly a new visage *loomed out* at him. 突然見慣れぬ顔が彼にのしかかるように現れた.

loop /lu:p/ ***loop*** *A **around*** *B* 他 BにA(薄くて長いもの)を巻きつける ▪She *looped* a scarf *around* her neck. 彼女は首にスカーフを巻いた.

loop back **1** ...を引き絞って輪にくする ▪The curtains *were looped back*. カーテンは引き絞って輪で留められた.
— 自 **2** 輪を描いて戻る ▪The road *looped back* there. 道はそこでカーブして元に戻っていた.

loop *A **in*** [***with***] *B* 他 AにBを巻く ▪*Loop* a pencil *in* the thread. 鉛筆を糸で巻きなさい ▪The boy *looped* his index finger *with* a rubber band. 少年は人差し指に輪ゴムを巻いた.

loop up 他 ...を輪でくくる, 輪でつなぐ ▪The curtains *were* all *looped up* with silk cords. カーテンはみな, 絹の輪綱でくくられていた.

loose /lu:s/ ***loose off*** 他 《英》**1** (矢・鉄砲)を放つ ▪He *loosed off* an arrow at a stag. 彼は雄ジカを狙って矢を放った.
2 (大声)を上げる ▪The boys *loosed off* a loud shout. 男の子らは大きな叫び声を上げた.

loose on [***upon***] 他 《文・雅》[主に受身で] ...を...に蔓延させる, 及ぼす, 放つ ▪Once the evil has *been loosed on* the world, it cannot be called back. いったん悪がこの世にはびこると呼び戻せないのである ▪The power of the bomb *was loosed on* Hiroshima on August 6th. (原子)爆弾の破壊力が8月6日広島に放出された.

loosen /lú:sən/ ***loosen up*** 自 **1** 《米口》気前よく金を払う ▪Somebody will have to *loosen up* to pay for the damage. その損害を賠償するには誰かが気前よく金を出さねばならないだろう.
2 《米口》打ち解けて[遠慮なく]話す ▪He *loosened up* for the first time. 彼は初めて打ち解けて話した.
— 自 **3** ゆるむ; ゆるめる ▪The rope began to *loosen up*. ロープがほどけてきた ▪He *loosened up* his collar in the heat. 彼は暑さの中で襟元をゆるめた.
4 《口》くつろぐ; くつろがせる ▪Please *loosen up*, and lay back. どうかくつろいで, のんびりしてください ▪A few drinks *loosened* them *up*. 酒を2, 3杯飲むと, 彼らはくつろいだ.
5 準備運動をする; (体を)ほぐす ▪*Loosen up* a bit before you start a workout. トレーニングを始める前に少し体をほぐしなさい ▪*Loosen* yourself *up* before swimming. 泳ぐ前に準備運動をしなさい.

loosen up on (法など)をゆるめる ▪As things stand, we should *loosen up on* the rules. 現状ではその規則はゆるめなければならない.

lop¹ /lɑp|lɔp/ ***lop away*** (枝や人の首・手足など)を切り取る; 先を切って短くする ▪They've *lopped away* the biggest of the branches. 彼らは一番大きい枝を切り取った.

lop off 他 **1** ...を取り除く, 切り取る ▪We have to *lop off* more branches. 枝をもっと刈り込まねばならない.
2 ...を削除する, 削減する ▪I *lopped off* five pages of the report. 私はレポートの5頁分を削除した.

lop *A **off*** *B* 他 《口》**1** AをBから取り除く ▪*Lop* that long branch *off* the tree. あの長い枝を木から切り取りなさい ▪She *lopped* about five inches *off* my hair. 彼女は私の髪を約5インチも切り取った.
2 AだけBから削減する ▪She *lopped* 0.3 seconds *off* her own world record. 彼女は自己のもつ世界記録を0.3秒短縮した.

lop² /lɑp|lɔp/ ***lop about*** 自 **1** ぐにゃぐにゃになる ▪She could only *lop about* in her saddle. 彼女は馬に乗るとただぐらぐらするだけだった.
2 のらくらする ▪He lies and *lops about* all day. 彼は一日中寝ころんでごろごろしている.

lop down 《米口》腰かける, 横たわる ▪Please *lop down* on the couch. 寝椅子に横になってください ▪Just come in and *lop down*. ちょっと入っておかけなさい.

lop out 自 不格好に[一方に傾いて]突き出る ▪That eccentric edifice *lops out* at either side. あの風変わりな建造物は不格好に両側に突き出ている ▪Ears *lopped out* to each side indicate a sullen horse. 耳が両側に不格好に突き出ていれば, その馬が不きげんな証しである.

lop through (...を通って)ぐずぐずと動く, のらくらする ▪She saw a rabbit *lopping through* the garden. 彼女はウサギが一羽庭をよたよたしながら横切る

lose /lu:z/ ***lose*** *A* ***in*** *B* 他 **1** Bというaを失う ▪ We have *lost* a good teacher *in* Mr. Smith. 我々はスミス先生というよい教師を失った.

2 Bに[のために]Aを忘れる ▪ He *lost* his self-love *in* universal love. 彼は博愛のため自己愛を忘れた.

3 BにAを没する ▪ He *lost* his voice *in* tears. 彼は涙に声をくもらせた.

lose *A* ***on*** *B* 他 A(金)をB(かけなど)で失う ▪ I *lost* 10 dollars *on* that horse. あの馬に賭けて10ドルすった.

lose out 自 《口》 **1**(...に)負ける(*to*) ▪ He applied for the job, but *lost out to* a man who had more experience. 彼はその職を志願したが, 彼よりもっと経験のある人に負けた.

2(...で)大損する(*on*) ▪ The firm *lost out on* the deal. 会社はその取引で大損した.

lose over 自 ...によって損をする ▪ We shall *lose over* the purchase because there has been a slump in the market. 市場に暴落があったので我々はその購入で損をするだろう.

lose to *a person* 他 人に負ける ▪ I don't want to *lose to* him. 私は彼に負けたくない.

lose *a sum* ***to*** *a person* 他 ある(金額)を負けて人に取られる ▪ I *lost* £100 *to* him. 私は負けて彼に100ポンド取られた.

lose up to 他 ...に達する損をする ▪ The firm *lost up to* a million pounds over that failure. その会社はその失敗で, 100万ポンドに達する損失をこうむった.

lot /lɑt|lɔt/ ***lot on*** [***upon***] 自 《米口》...を当てに, 期待する ▪ Jane has *lotted on* getting that loan. ジェインはその融資が受けられるものと当てにしてきた.

lot out 他 (土地など)を区分して与える, 配分する ▪ A considerable part of the site *was lotted out* for cottages. その敷地の相当の部分が区分して小邸宅用に割り当てられた.

lounge /laʊndʒ/ ***lounge around*** [《英》 ***about***] 自 《口》(...を)ぶらぶら歩き回る; (...で)ゆったりと過ごす ▪ I *lounged about* (town). 私は(町を)ぶらついた ▪ Four aging actresses *lounged around* in a sunroom. 高齢の女優が4人サンルームでのんびり時を過ごしていた.

lounge away [***out***] 自 他 (時間・生涯を)ぶらぶらして過ごす ▪ He *lounged away* the best of the morning. 彼は午前中の大部分をぶらぶらして過ごした ▪ My pet *lounged out* taking a snooze on the floor. 私のペットは床の上でうたた寝しながらのらくらしていた.

louse /laʊs/ ***louse up*** 他 《米口》...をめちゃめちゃにする, 台なしにする ▪ The rain *loused up* the picnic. 雨でピクニックはおじゃんになった.

louse up on 自 ...にしくじる, とちる, へまをする ▪ We are in a recession because the USA *loused up on* their finances. 合衆国が財政でへまをしたおかげで我々も不況に見舞われている.

lout /laʊt/ ***lout to*** [***till, unto***] 自 ...に敬礼する ▪ He *louted* lowly *to* the noble lady. 彼はその貴婦人に頭を低く下げておじぎをした.

lower¹ /lóʊɚ/ ***lower away*** 自 他 《海》[主に命令文で]ボート[帆]が降りる[を降ろす] ▪ The first lifeboats slowly started to *lower away*. 最初の救命ボートがゆっくり降り始めた ▪ The captain gave the order to *lower away* the boats. 船長はボートを降ろせと指令を出した ▪ *Lower away* the sail! Quick, my lads, quick! みんな, 急いで帆を降ろせ, 早く!

lower², **lour** /láʊɚ/ ***lower at*** [***on, upon***] 自 《雅》...に対して顔をしかめる, 苦い顔をして...をにらみつける ▪ His neighbor *lowered at* him as he passed by. 彼が通り過ぎると, 彼の隣人は彼に対して顔をしかめた ▪ The man *lowered on* them with a look of savage defiance. 男は獰猛(どうもう)に挑むような顔で彼らをにらんだ.

lube /lu:b/ ***lube up*** 他 **1** ...に油を差す, 潤滑剤を塗る ▪ I had a mechanic *lube up* the engine. 機械工にエンジンに油を差してもらった.

2 ...を酔わせる ▪ He was so *lubed up* that he took a taxi home. 彼はひどく酔ったのでタクシーで帰宅した.

luck /lʌk/ ***luck into*** 他 《米口》運良く...を手に入れる ▪ He *lucked into* a prime location there. 彼は運良くそこの一等地を手に入れた.

luck onto 自 運よく...にぶつかる, 見つける ▪ He *lucked onto* the right way home instead of getting lost again. 彼は再び道に迷うことなく運よく正しい道に出て家路についた.

luck out 自 **1** 《米口》運よくうまくいく ▪ I *lucked out* on the examination. 運良く試験にうまくいった.

2 《米口》(皮肉に)さんざんな目にあう; 死ぬ ▪ The patient fought for his life, but finally *lucked out*. 患者は生きようと必死にがんばったが, とうとう亡くなった.

3 運に任せてやる ▪ He just *lucked out*. 彼は運に任せてやっただけだ.

luck through 運に任せてやる ▪ I just *lucked through* without any plan. 何の計画もなくただ運に任せてやった.

luck up 自 運よくうまくいく(= LUCK out 1) ▪ He *lucked up* and arrived in time. 彼は運よく間に合った.

lug /lʌg/ ***lug about*** [***around, round***] 他 《口》...を持ち回る; を引きずる ▪ My bag is too heavy to *lug around*. 私のかばんは重くて持ち回れない.

lug along 他 ...を(無理やりに)引きずって行く ▪ They *lugged* him *along*. 彼らは彼を引きずって行った.

lug at 自 ...を強く引っ張る ▪ The dentist *lugged at* my tooth till it broke. 歯科医が私の歯を強く引っ張ったら, 折れてしまった.

lug in 他 (関係もない話などを)(無理に)持ち出す ▪ Why have you *lugged in* that story? あなたはなぜ何の関係もないその話を持ち出したのか.

lug *A* ***into*** *B* 他 A(無関係な話)をB(話)の中へ持ち

出す ▪ He *lugs* his favorite topic *into* every discourse. 彼は自分の得意の話題をどの話の中へも無理に持ち出す.

lug out 他 **1**(重いものなど)を引きずり出す ▪ You *lug out* the tent. 君はテントを引きずり出しなさい.

2 ...を無理して引き出す ▪ I thought of *lugging out* my florid style. 私は華麗な文体を無理して使おうかと思った.

— 自 **3** 金[財布]を引っ張り出す ▪ The patrons of art don't *lug out* handsomely. 美術の後援者たちは気前よく金を出さない.

4 剣を抜く ▪ My uncle was obliged to *lug out* in his own defence. 私のおじは自衛のためやむなく剣を抜いた.

lull /lʌl/ ***lull A into [to] B*** 他 **1** A(人)をなだめてB(ある状態)にさせる ▪ She quickly *lulled* me *into* a state of deep relaxation. 彼女はすばやく私をなだめて深くくつろがせた ▪ The gentle glide of the car *lulled* her *into* a light doze. 車が静かに滑るように進んだので彼女は軽くうつらうつらした ▪ She *lulled* her crying baby *to* sleep. 彼女は泣いている赤んぼうをあやして寝かせつけた.

2 A(人)をだましてB(ある状態)にさせる ▪ Their reports *lulled* us *into* a false sense of security. 彼らの報告書に我々は安全だと思い込まされた ▪ He tried to *lull* me *into* believing nothing was wrong. 彼は私をだまして万事異常なしと信じさせようとした ▪ When the eruptions ceased for a time, they *were lulled into* a false sense of security. 噴火がしばらくやんだとき, 彼らはだまされて安心だと思い込んだ.

lumber /lʌ́mbər/ ***lumber along*** 自 どしんどしんと歩く, 重々しく進む ▪ The tired horses were *lumbering along* very slowly. 疲れきった馬たちがとぼとぼと重い足を運んでいた.

lumber by 自 のっしのっしと動く, どすんどすんと歩く ▪ A couple of elephants *lumbered by*. 象が2頭のっしのっしと通り過ぎた.

lumber off 自 どしんどしんと歩み去る ▪ The bear *lumbered off* in the direction from which it came. クマはもと来た道ののしのしと逃げていった.

lumber (up, over) A with B 他 **1** AをB(がらくたなど)でふさぐ[じゃまする, いっぱい詰める] ▪ The room *was lumbered up* with all sorts of rubbish. その部屋はいろんな種類のがらくたでいっぱいだった.

2《英口》AにBを押しつける ▪ I *was lumbered with* the kids for the weekend. 私は週末に子供を押しつけられた ▪ Her classmates *lumbered* her *with* an unfortunate nickname. クラスの者が彼女にひどいあだ名をつけた.

lump /lʌmp/ ***lump A in with B*** 他 AをBといっしょにする ▪ Some people constantly *lump* abuse *in with* discipline. 虐待としつけと常にいっしょくたにする人もいる ▪ He refuses to *lump* himself *in with* other artists. 彼は自分を他の画家と一把ひとからげには見ない.

lump A on B 他 A(金)を全部Bに賭ける ▪ He *lumped* it *on* an outsider. 彼はそれを全部勝ちそうもない馬に賭けた.

lump together [《まれ》*up*] 他《口》...をいっしょにする, 一括する ▪ The expenses ought to be *lumped together* and divided. 費用は一括して, それから振り分けるべきである.

lump A (together) in [into, under] B 他 AをBのもとに一括する ▪ I have *lumped* those works *together under* the title of moralities. 私はそれらの作品を道徳劇というタイトルのもとに一括した ▪ It always gets *lumped into* the phrase 'cold and flu.' それはいつも「風邪とインフルエンザ」ということばでくくられる.

lump A with B / lump A and B together 他 AをBといっしょに[ごたまぜに]する ▪ My roommate *lumped* her CDs *with* mine. ルームメイトが自分のCDを私のとまぜこぜにした.

lunch /lʌntʃ/ ***lunch at*** 自 ...で昼食を食べる ▪ We *lunched at* Mortimer's. モーティマーで昼食をとった.

lunch in [out] 自 家・事務所で[外で]昼食を取る ▪ I usually *lunch in*. 私はたいてい家で昼食を取ります.

lunch off 他 ...を昼食に食べる ▪ I can *lunch off* this chicken. このチキンを昼食に食べてもいい.

lunch on 自 昼食に...を食べる ▪ We *lunched on* fish and chips. 昼食にフィッシュ&チップスを食べた.

lunge /lʌndʒ/ ***lunge at*** 自 (剣で)...に突いてかかる ▪ The taller man *lunged at* the shorter. 背の高い男が低い男に突いてかかった.

lunge forward 自 突進する ▪ He *lunged forward* with the knife, trying to slash my face. 彼は私の顔に切りつけようとしてナイフを手に飛びかかってきた.

lunge into 自 突進する ▪ She said, "Mommy!" and *lunged into* my arms. 「ママ!」と言って彼女は私の腕の中に飛び込んできた.

lunge out 自 **1**《ボクシング》まともに一撃を与える, ストレートを出す ▪ He *lunged out* at the attacker. 彼は攻撃者にストレートを一発食らわせた.

2(足で)ける ▪ The horse suddenly *lunged out*. 馬は急にけった.

lurch /ləːrtʃ/ ***lurch about [around]*** 自 左右に揺れる ▪ The ship *lurched about* in the storm. 船はあらしの中で左右に揺れた.

lurch against 自 よろめいて...によりかかる ▪ He *lurched against* a post. 彼はよろめいて柱によりかかった.

lurch along よろめきながら進む ▪ The drunken man *lurched along*. 酔っ払いはよろめきながら歩いて行った.

lurch forward 自 **1** 前につんのめる ▪ The front wheels caught traction and he *lurched forward*. 前輪が路面をとらえ, 乗っていた彼は前のめりになった.

2(車などが)急発進する ▪ The train blew its whistle and *lurched forward*. 列車は汽笛を鳴らし, 急

lure /lʊər|ljʊə/ ***lure away*** 他 ...を(...から)おびき出す (*from*) ▪ He *lured* her *away from* her husband and home. 彼は彼女を夫の手と家庭からおびき出した ▪ How easily kids can *be lured away* by a friendly stranger! 人なつっこい見も知らぬ人になんと容易に子供たちがおびき出されることか.

lure *A* ***into*** *B* 他 AをBに誘い込む[おびき込む] ▪ They are *luring* you *into* trouble. 彼らはあなたを災難に誘い込んでいる ▪ They *lured* him *into* doing something bad by flattering him. 彼らは彼をおだててよくない行為をするように誘った.

lure on 他 (人・動物)をおびき寄せる ▪ Many men *were lured on* by her charming ways. 多くの男性が彼女の魅力ある態度におびき寄せられた.

lurk /ləːrk/ ***lurk about*** [***around***] 自 (...を)こそこそうろつく ▪ They are *lurking about* (the house). 彼らはこそこそ(その家の回りを)うろついている ▪ Death *lurked around* every corner. 死(の危険)がいたるところにあった.

lurk in [***under***] 自 ...にひそむ ▪ The thief was *lurking in* the kitchen. 盗賊は台所にひそんでいた ▪ The rats *lurked under* the benches. ネズミがベンチの下に隠れていた ▪ Evil thoughts *lurk in* his mind. よこしまな考えが彼の心にひそんでいる.

lust /lʌst/ ***lust after*** [***for***] 自 **1** 《しばしば戯》...を渇望する; (邪悪なこと)を切望する ▪ Mercenary men *lust after* gold. 欲得ずくの人々は金を渇望する ▪ What I am *lusting for* is that silk dress. 今ほしくてたまらないのはあのシルクのドレスです.

2 ...に情欲を燃やす, 欲情する ▪ He *lusted after* the woman. 彼はその女性に対して淫欲を催した.

luxuriate /lʌgzʒóərièɪt/ ***luxuriate in*** 自 (贅沢)を楽しむ, 耽溺する ▪ He was *luxuriating in* the warm sunshine. 彼は暖かい日光を楽しんでいた ▪ She sat back and *luxuriated in* daydreams. 彼女はゆったりと座って白昼夢にふけった.

luxuriate on 自 (飲食物)を楽しむ ▪ We *luxuriated on* the Christmas dinner. 我々はクリスマスのごちそうを楽しく食べた.

M

magic /mǽdʒɪk/ ***magic away*** 他 《英》…をパッと消す ▪ That medicine *magicked* the pain *away* in no time. あの薬で痛みがたちどころに消えた.

magic from [out of] 他 手品[魔法]で…から出す ▪ The conjurer *magicked* a rabbit *out of* a hat. 奇術師は手品で帽子からウサギを出してみせた.

magic up 他 《英》…をパッと出す, さっと現す ▪ He can never *magic up* the school fees for his son. 彼は決して息子の学費をさっとは出さない.

mail /meɪl/ ***mail in*** 他 …を郵送する; 電子メールで送る ▪ Don't forget to *mail in* your entry form. 忘れずに登録申し込み用紙を郵送しなさい.

mail off (to *a person*) 他 《主に米》(人に)…を郵送する; を電子メールで送る ▪ He *mailed off* an application right away. 彼はすぐに出願書を郵送した.

mail out 他 《米》…を同時に多くの人[場所]に送る ▪ The company *mailed out* its annual report. 会社は年次報告書を一括送付した.

major /méɪdʒər/ ***major in*** 自 《米》…を専攻する (↔ MINOR in) ▪ He is *majoring in* history. 彼は歴史を専攻している.

make /meɪk/ ***make after*** 他 《英》…を追跡する ▪ They *made after* the thief. 彼らは泥棒を追跡した.

make again 自 元通りになる ▪ The vein will *make again* a few feet ahead. 数フィート先で鉱脈は元通りになるだろう.

make against 自 …の不利になる, を妨げる (↔ MAKE for 2) ▪ The text *makes against* the Pope. この一節は法王の不利になる.

make at 他 …に襲いかかる ▪ The tiger *made at* the men. トラは男たちに襲いかかった.

make *A* ***at*** *B* BでA(収入)を得る ▪ How much do you *make at* your job? 君の仕事でいくらかせげるのか.

make away 自 急いで立ち去る ▪ The people *made away* as fast as they could. その人々はそそくさと立ち去った.

make away with 他 1 …を盗んで逃げる ▪ The robbers *made away with* all our jewelry. 盗賊たちは私たちの宝石類をごっそり奪って逃走した.

2 …を殺す ▪ The owl nightly *makes away with* a lot of mice. フクロウは毎晩たくさんのネズミを殺す.

3 (金)を使い果す ▪ He *made away with* his partner's money. 彼は相棒の金を使い果たしてしまった.

4 …を片づける ▪ He *made away with* the whole pie. 彼はパイをすっかり平らげてしまった.

make back 自 帰る ▪ The party *made back* for hundreds of miles. 一行は何百マイルも戻ってきた.

make down 他 1 《口》…を小さく仕立て直す ▪ The eldest girl's frocks can *be made down* for her sisters. 長女のワンピースは妹たち用に小さく仕立て直してやれる.

2 《スコ》…の床の支度をする ▪ We'll *make* you *down* a bed at the lodge. 番小屋で床を整えましょう.

make for 自 他 1 …の方向へ進む ▪ We *made for* home together. 我々は連れだって家路をたどった.

2 …に寄与する, の利益になる, (議論など)を強める (↔ MAKE against) ▪ The minister's speech does not *make for* peace. その大臣の演説は平和に寄与しない.

3 …を襲う ▪ They at once *made for* each other's eyes. 彼らはすぐお互いの目を襲った.

4 《米俗》…に言い寄る ▪ He dared to *make for* me. 彼は厚かましくも私に言い寄った.

make from 自 …から急いで出て行く ▪ He *made from* the room when he was discovered. 彼は見つけられると, あわてて部屋から出ていった.

make *A* ***from*** *B* 他 A(物)をB(原料)から作る ▪ Wine *is made from* grapes. ワインはブドウから作られる. ▪ The best bows *were made from* yew wood. 最良の弓はイチイの木で作られた. ☞ make A of Bの意味で用いられることもある.

make in 自 1 入って行く ▪ Now, let's *make in*. さあ, 入って行こう.

2 中に入る, 仲裁する ▪ The prince himself *made in* to mend their quarrel. 彼らのいさかいを修復するために王子ご自身が中に入られた.

make *A* ***into*** *B* 他 A(物)をB(製品)に変える[にする], Aを B(別のもの)に作り変える ▪ Barley *is made into* beer. 大麦はビールにされる ▪ He dug over the lawns and *made* them *into* a vegetable garden. 彼は芝生を掘り返して菜園にした ▪ His mother *made* the boy *into* a milksop. 母親がその男の子を弱虫にしてしまった.

make of 他 …を理解する, 解釈する ▪ What do you *make of* her sudden decision to study abroad? 彼女が急に留学しようと思い立ったわけをどう思う?

make *A* ***of*** *B* 1 BをAと思う[理解する] ▪ The child *was* petted and *made* much *of*. その子はかわいがられ大事にされた. ▪ I could *make* nothing *of* his words. 彼の言ったことがさっぱりわからなかった.

2 A(物)をB(材料)で作る (→ MAKE A from B) ▪ God *made* man *of* clay. 神は土くれで人間を作った ▪ This book teaches you how to *make* a success *of* your life. この本はどうすれば君の人生を成功させられるかを教えてくれる.

make ／ 360

3 B(人)をAに仕立てる[にする] ▪He *made* a soldier *of* his son. 彼は息子を軍人にした.

make off 圓 **1** 《農》(市へ出すために羊)を太らす ▪The lambs *are made off* fat early in the summer. 子羊たちは初夏に太らされる.
— 圓 **2** 急いで去る, 逃げる《通例悪い意味で》 ▪He *made off* at a run. 彼は走って逃げ去った.

make off with 他 …を持ち逃げする, 盗む ▪The robber *made off with* the jewelry. 泥棒が宝石を持ち去った.

make on 圓 **1** 進んで[急いで]行く ▪We *made on* to the southward. 我々は南方へ進んで行った.
2 《幼児》見せかける, まねをする ▪Let's *make on*! まねしようよ.
— 他 **3** …で儲ける ▪He *made on* the deal. 彼はその取引で儲けた.
4 《英・方》(火)を起こす ▪He is *making on* a fire. 彼は火を起こしているところだ.

make A on B BでA(金)を儲ける ▪I *made* £50 *on* the painting. その絵で50ポンド儲けた.

make out 他 《口》 **1** …を(かろうじて)認める, 見てとる ▪I *made out* a dim figure through the mist. 霧の中にぼうっとした人影が見えた.
2 (表・書類)を作る, 書く ▪You'd better *make out* a list for me. 私にリストを作ってくれ.
3 …を会得する, 判読する; [[否定文・疑問文で can を伴って]] を何とか理解する ▪He *could not make out* what the police wanted. 彼は警察が何を求めているのか合点がいかなかった ▪I *can't make out* these letters. この文字は判読できない ▪He's such a weirdo I *can't make* him *out*. 彼は実に変人で彼という人間が分からない.
4 (証書・小切手)を写す, 浄書する ▪The cheque is *being made out*. 小切手はいま写されている.
5 《スコ》…を成就する, やり遂げる ▪I shall *make out* my visit to you yet. そのうちに訪問させてもらいますよ.
6 …を整える, まとめ上げる ▪He was unable to *make out* the money. 彼は金を整えることができなかった ▪He *made out* a volume of essays. 彼は一巻の評論集をまとめ上げた.
7 (美術作品)を表す, 細かに表現する ▪The foliage of the ash-trees in the foreground *is* not at all *made out*. 前景のトネリコの葉むらが少しも細かに表現されていない.
8 …が(…のように)言う, (と)申し立てる (*to do*, *that*) ▪He *makes* me *out* (*to be*) a fool. 彼は私をあたかも愚か者のように言う ▪He *made out* that he had been badly treated. 彼はひどく虐待されたと申し立てた.
9 …のふりをする, に見せかける (*that*) ▪He *made out* to be looking for something in the drawer. 彼は引き出しの中を探しているふりをした ▪The man *made out that* he was a doctor. その男は医師を装った.
10 《方》(…する)つもりである (*to do*) ▪I *make out* to go to town tomorrow. あす町へ行くつもりだ.

— 圓 **11** どうにかこうにかやっていく ▪I shall be able to *make out* tolerably well till Monday. 月曜日までなんとかうまくやっていけるでしょう.
12 《英・方》出かける, 逃げる ▪She instantly *made out* after him. 彼女はすぐ男のあとを追いかけた.
13 《まれ》わたる, 広がる ▪From the north end the foot of the hill *makes out* to the river. 北の端から小山の裾野が川の方に伸びている.
14 《俗》(…と)性交する (*with*) ▪Did you *make out with* Mary? メアリーとやったのかい.
15 《米》成功する ▪He'll *make out* as a writer. 彼は作家として成功するだろう.
16 《口》進歩する, やっていく ▪How are you *making out* in your new job? 新しい仕事はいかがですか.

make A out of B 他 **1** A(物)をBで作る ▪He *made* a great many things *out of* paper. 彼は紙でいろいろな物を作った.
2 B(人)をAに仕立てる ▪This experience will *make* a man *out of* you. この経験で君も一人前の男になれるだろう.

make over **1** …を(…に)渡す, 譲る (*to*) ▪The land *was made over to* its rightful possessor. 土地は正当な持ち主に渡された.
2 《米》…を作り直す, (服)を仕立て直す ▪I just can't *make* myself *over* in that fashion. 私はあんなやり方に自分を変えることはできません ▪She *made over* all her dresses. 彼女はドレスを全部仕立て直した.
3 [[主に受身で]] …を(…に)変える, 改造する (*into*) ▪The small room *was made over into* a study. その小部屋は書斎に改造された.
4 《米》…を溺愛する ▪She's always *making over* the baby. 彼女はいつも赤んぼうをねこかわいがりしている.

make to 圓 《スコ》仕事にとりかかる ▪He *made to* without delay. 彼はたちどころに仕事にかかった.

make toward(s) 圓 《文》…の方へ進む ▪He *made* straight *toward* a distant light. 彼はかなたの灯の方へまっすぐに進んで行った.

make up 他 **1** [[主に受身で]] (種々の要素から)…を成り立たせる, 構成する ▪Soul and body *make up* one man. 霊魂と肉体とで一人の人間が成り立つ ▪The force *was made up* of men of all nations. その部隊はさまざまな国の兵士で編成されていた ▪The House of Representatives and the Senate *make up* the Congress. 下院と上院とが米国議会を構成している.
2 (話・嘘)をでっち上げる ▪Well, the story *was* not badly *made up*. 確かに, その話はかなりうまくでっち上げられていた.
3 (表・書類)を作成する ▪The list *was made up*. リストが作成された ▪The doctor *made up* a prescription for me. 医師が処方箋を書いてくれた.
4 (薬)を調合する ▪I *made up* my own medicines. 私は自分で薬を調合した.
5 (食事・弁当)を用意する ▪She *made up* a meal for me. 彼女は私に食事を用意してくれた.

6(床など)を整える; (部屋)を片づける ▪ She had a couch *made up* for her on deck. 彼女は寝椅子を甲板の上に整えさせた.
7(不足)を補って完全にする ▪ He *made up* his set of Dickens's works. 彼はディケンズの全集をそろえた.
8…を埋め合わせる ▪ What the conversation wanted in wit *was made up* in laughter. その談話の機知に欠けたところは笑いで埋め合わされていた ▪ If you're a few dollars short, I'll *make* it *up*. 数ドル足りないなら私が足してあげよう ▪ I was late, so I *made up* the time that night. 遅刻したので, その夜残業して時間の埋め合わせをした.
9(道路)を舗装する ▪ The road *was made up* last year. その道路は昨年舗装された.
10《米》(追試験・再試験)を受ける ▪ He *made up* a history examination. 彼は歴史の追試験を受けた.
11(不良の成績)を取り返す; を再履修する ▪ She *made up* a deficiency in the records. 彼女は成績の不良を取り返した.
12《主に英・方》(すき間・穴など)をふさぐ, (ドア)を閉める ▪ It was easy to *make up* the gap in the wall. 塀のすき間はわけなくふさげた ▪ I *made up* the entrance. 入口を閉めました.
13…を作り上げる ▪ The hay *is* sometimes *made up* into bundles. 干し草はときに束にまとめられることがある.
14…を包む (= WRAP up 1) ▪ I was *making up* a parcel. 私は包みをこしらえていた.
15(こね粉)をねる ▪ She began to *make up* some biscuits. 彼女は粉をこねてビスケットを作り始めた.
16(団体・金)を集める ▪ We used to *make up* parties to read plays. 我々は劇作を読むために有志を集めるのが常だった ▪ His relations tried to *make up* a little income for him. 彼の親戚の者が彼のためにちょっとした実入りを集めてやろうと努めた.
17(印)…を(段・ページ)に組む, メーキャップする ▪ The compositor was required to *make up* his page as soon as it was composed. 植字工はできる限り早く1ページ分組むように言いつけられた.
18(馬車・電車)を連結する, 仕立てる ▪ The wagons *were made up* into trains. 荷馬車はいくつもの列に仕立てられた.
19(詩など)を即興で作る ▪ He sang his verses as he *made* them *up*. 彼は詩を即興的に作りながら歌った.
20《まれ》(量・人が)…になる ▪ The sums do not quite *make up* 100. 合計がどうも100にならない ▪ These four men, with Mrs. Green, and myself, *made up* the company. この4人の男の人とグリーンさんの奥さんと私とで, 一座になっていた.
21《米》ある目[顔, 口]つきをする ▪ Now don't weep. *Make up* your face quickly. さあもう泣くじゃない. 早く泣き顔をやめなさい ▪ She *made up* a lip. 彼女は口をとがらせた.
22(市で売るために家畜)を太らせる ▪ All the lambs are *being made up* for the butcher. すべての子羊は肉屋に売るために太らされている.
23(酒精)を水で割って薄める ▪ I always drink my whiskey *made up* with water. 私はいつもウィスキーを水で割って薄くして飲む.
24…を精算する ▪ Bankers *make up* the current account at the end of each half-year. 銀行家は半年ごとに当座勘定を精算する.
25(結婚)を取り決める; (条約)を締結する ▪ Their marriage *was made up* by sympathetic friends. 二人の結婚は思いやりのある友人によって取り決められた.
26《英・方》(人)を金持ちにさせる ▪ He'll *make* you *up* for ever. 彼は永久に君を金持ちにしてくれるよ.
27…を決定する ▪ He *made up* his mind to go to sea. 彼は船乗りになろうと決心した.
28(火)に燃料をつぎ足す ▪ Please *make up* the fire. 火に燃料をつぎ足してください.
—〔自〕〔他〕 **29**化粧する;《主に劇》[[主に受身または再帰的に]] メイクをする, 扮装する ▪ My wife takes a long time to *make up* every morning. 家内は毎朝化粧に時間がかかる ▪ She *is* very much *made up*. 彼女は厚化粧している ▪ She *made* herself *up* for the part of an old lady. 彼女は老婦人の扮装をした.
30(紛争・けんかなど)をまるくおさめる; 仲直りする ▪ He has *made up* his differences with Dick. 彼はディックとの争いをまるくおさめた ▪ Jeff still hasn't *made up* with Laura. ジェフはまだローラと仲直りしていない ▪ We were quarrelling and *making up* by turns. 我々はけんかして仲直りしたりを繰り返していた ▪ We argue a lot, but we always kiss and *make up*. 私たちはよく言い合いをするが, いつもキスして仲直りする.
31(トランプ)(カード)を切りまぜて積み上げる ▪ He shuffled the cards and *made* them *up* into a neat pile. 彼はトランプを切ってきちんと積んだ.
32(衣服)を仕立てる; 仕立てあがる ▪ The tailor *made up* the cloth into a suit. 仕立て屋はその布を1着のスーツに仕立てた ▪ Her silk will *make up* handsome. 彼女の絹の服はきれいに仕上がるだろう.
—〔自〕 **33**(潮流が川に)差してくる ▪ The tide was only just beginning to *make up*. 潮がちょうど差してきたところだった.
34進んで行く ▪ The police officer *made* straight *up* towards the house. 警察官はまっすぐにその家の方へ進んでいった.

make up for 〔他〕 …を取り返す, 埋め合わせる ▪ You must *make up for* lost time. 空費した時間を取り返さなくてはいけない ▪ His intelligence *makes up for* his lack of personal charm. 彼の知性が容貌の魅力のなさを埋め合わせている.

make up on 〔他〕 (先のランナー)を追い上げる ▪ He is *making up on* the other runners. 彼は他の走者を追い上げている.

make up to 〔自〕 **1**…に近づく ▪ They *made up* a pace *to* him. 彼らは一歩彼に近づいた.
—〔自〕 **2**(目上の人)に取り入る ▪ He *made up to* his father for a motorbike. バイクを買ってもらおうと父の機嫌取りをした.

3(人)に償いをする ▪ We must *make up to* him for his loss. 我々は彼に損失の償いをしなければならない.

4(口)(女性)に言い寄る ▪ Tom is *making up to* the widow. トムは例の未亡人に言い寄っている.

make A up to B ㊥ AをB(水準)にまで高める[増やす] ▪ Another ten thousand pounds will *make* the fund *up to* the total required. もう1万ポンドで資本は必要額に達する.

make with ㊥ **1**《俗》...をする, 使う, に関わる ▪ She *made with* the smile. 彼女はにっこり笑った ▪ I *made with* the shoulders. 私は肩をすくめた ▪ Let's go—*make with* the feet! 出かけよう, さあ歩け.

2《米口》...を出す, 作り出す ▪ *Make with* the drinks! 酒を出せ! ▪ We must *make with* good ideas. 我々は名案を考え出さなければならない. ⇨イディッシュ語の mach mit のなぞり.

manage /mǽnidʒ/ ***manage on*** ㊥ ...でどうにかやっていく, 間に合わせる ▪ How can you *manage on* such a small income? どうやってそんなにわずかな所得で暮らしを立てることができるんだ.

manage with ㊥ 《口》 **1**...でどうにかやっていく, 間に合わせる ▪ I can't *manage with* these poor tools. こんなお粗末な道具じゃやっていけない.

2...を扱う ▪ See how I can *manage with* this club. どうです, 僕のこの棍棒の扱い方は.

manage without ㊥ 《口》...なしでどうにかやっていく ▪ You'll have to *manage without* help. 君は独力でやっていかなくてはなるまい ▪ Since I can't afford a car, I must *manage without*. 車を買う余裕がないので, 我慢です他ない.

maneuver, 《英》manoeuvre /mənúːvər/ ***maneuver for*** ㊥ (策略で)...を得ようとする ▪ He is *maneuvering for* a good job. 彼は策を講じて良い職を得ようとしている.

maneuver A into B ㊥ **1**(策略で)AにうまくBさせる ▪ He *maneuvered* her *into* accepting his proposal. 彼は一計を案じてうまく彼女に求婚を受け入れさせた.

2(操作して)AをうまくBに入れる《比喩的にも》 ▪ He *maneuvered* his car *into* the parking place. 彼は車をうまく駐車場に入れた.

maneuver A out of B ㊥ (操作して)AをうまくBから出す[誘い出す] ▪ She *maneuvered* the car *out of* the parking lot. 彼女は車をうまく駐車場から出した.

maneuver toward ㊥ ...に向かって移動する ▪ The troops *maneuvered toward* the enemy fortress. 隊は敵軍の要塞に向かって進軍した.

map /mæp/ ***map down*** ㊥ ...を(こまごまと)書き留める (= SET down 2) ▪ He is always *mapping* all our characters *down*. 彼は我々の性格をすべていつもこまごまと書き留めている.

map A on [onto] B ㊥ BにAをはっきり描く; BにAを結びつける ▪ You can *map* these experiences *onto* your memories. こうした体験はしっかり記憶にとどめておきなさい.

map out ㊥ **1**...を地図に精密にしるす ▪ It is needful to *map out* every town and village before the traveler. 旅人の前にすべての町や村を地図に精密にしるす必要がある.

2[主に受身で](行動)の計画を立てる ▪ I must *map out* my father's election campaign. 父の選挙運動の計画を立てなければならない ▪ His own future has *been mapped out* for him by his father. 彼自身の将来の道は父親にお膳立てされている.

3(期間)を(いろいろな仕事のために)分割する ▪ She has *mapped out* her year among her friends. 彼女は1年の期間を友人たちに振り分けた.

4(国)を地方に分ける ▪ The territory of these countries *was mapped out* by no visible lines. これらの国々の領土は目に見える線で地方に分けられてはいなかった.

mar /maːr/ ***mar up*** ㊥ ...を傷つける, 台なしにする ▪ The surface of the table *is marred up*. テーブルの表面に傷がついている.

march¹ /maːrtʃ/ ***march off [away]*** ㊥ **1**(口) (人)を送る ▪ He *was marched off [away]* to jail. 彼は刑務所へ送られた.

— ㊙ **2** 進み去る ▪ The soldiers *marched off*. 兵士たちは進み去った.

march on [upon] ㊙ **1**...に向かって進軍する ▪ The general was *marching on* the town. 将軍はその町に向かって進軍していた.

2...に向かってデモ行進する ▪ Nearly 30,000 demonstrators *marched on* the Pentagon. 3万人近くの抗議行動参加者が国防総省へ向けてデモ行進を行った.

3...に大胆に上がる ▪ He *marched on* the stage and did his part in perfect style. 彼はつかつかと舞台に上がって自分の役をこの上なく立派にやってのけた.

4(主に雅)(とどまることなく)発展を続ける ▪ They say time *marches on*. 時は経過していく[文明はその発展を続ける]と言われる.

march past ㊙ (軍)分列行進する ▪ The soldiers *marched past* in quick time. 兵士たちは速歩で分列行進をした.

march² /maːrtʃ/ ***march upon [with]*** ㊙ ...と境を接する ▪ Their lands *march with* our estate. 彼らの土地はうちの地所と境を接している.

march with ㊙ ...と合う, 一致する ▪ Her words don't *march with* her actions. 彼女の言行は一致しない.

margin /máːrdʒən/ ***margin down*** ㊥ 《米》思わくで売って(品物の価格)を下げる ▪ Wheat *was margined down* under $270 per metric ton. 小麦は思わくで売って1メートルトンあたり270ドル以下に値下げされた.

margin up ㊥ 《米》(株式が落ちているとき仲買人に)証拠金をさらに預ける ▪ Keep *margined up* or they'll sell you out. 証拠金をどしどし預け続けなさい, さもないと裏をかかれてしまいますよ.

mark /maːrk/ ***mark down*** ㊥ **1**...を書き留める

- Now just *mark* that *down* in your notebook. さあ，ちょっと手帳にそれを書き留めておきなさい．・*Mark down* how much each item costs. 各商品の原価を書きとめなさい．

2 〘主に受身で〙…を値下げする (↔MARK up 1) ・The book *is marked down* to 5 dollars. その本は5ドルに値下げされている．

3 …に目をつける，を選ぶ ・The doctor *marked* the patient *down* for treatment. 医者は治療するためにその病人を選んだ．

4 〘主に受身で〙(…すべきと)…を計画[意図]する ・The museum *is marked down* for closure. 美術館は閉館となる計画がなされている．

5 〘狩〙(獲物の逃げる場所)を見定める ・Let them go over. I'll *mark* them *down*. 獲物を逃がしてやれ．逃げ場所は見定めておくから．

6 (学生)に低い評価を与える，の点数を下げる ・The teacher is said to *mark* his students *down*. その教師は学生に低い評価を与えるという噂だ．

mark *A* (〘英〙*down*) *as B* 〘他〙 AをBとみなす ・We *marked* her *as* a person fit for the job. 私たちは彼女をその仕事の適任者だと考えた．・I immediately *marked* him *down as* a troublemaker. とっさに彼は厄介者だと思った．

mark in 〘他〙 (地図・絵など)に…を書き込む ・The path *was marked in* with a pencil. その小道は鉛筆で書き込まれていた．

mark off 〘他〙 **1** (線・符号などで)…を区画[区別]する ・The boundaries *are* clearly *marked off* on the map. 境界線は地図の上にはっきりと引かれている ・This feature *marks* him *off* from other boys. この特徴のために彼は他の少年たちとは違って見える．

2 (名前など)に印をつける；を線で消す ・The successful students *are marked off* on the list. 合格した生徒たちは名簿の上に印をつけられている．

3 (人)の点数[評価]を下げる ・My teacher *marked* me *off* a grade for being late. 遅刻したので先生は僕の成績を1点下げた．

4 …に(…を)取っておく (*for*) ・Those soldiers have *been marked off for* special service abroad. その兵士たちは特別の外地勤務のために，これまで確保されてきた．

mark out 〘他〙 **1** …を区画[区別]する ・They have *marked out* the tennis court. テニスコートが区画された ・His talent *marked* him *out* from the other students. 彼の才能で彼は他の生徒たちと区別された．

2 …を設計する，計画する ・We must *mark out* a plan of operations beforehand. 事前に運営計画を立てなくてはならない．

3 …を線で消す ・He *marked* the words *out*. 彼はその文言(ﾓﾝｺﾞﾝ)を線で消した．

4 = MARK down 3.

5 …を明らかにする ・He has *marked out* what he intends to do. 彼は自分の計画を明らかにした．

mark out for 〘他〙 **1** 〘主に受身で〙…の運命を定める ・That bird *is marked out for* our dinner table in about a week's time. その鳥は1週間もしたら食膳にのぼることになっている ・The Sports Hall *is marked out for* various different sports activities. 体育館はきっとさまざまなスポーツ活動に使用されることだろう．

2 …として目をつける，選抜する ・He *was marked out for* promotion. 彼は抜てきされて昇進した．

mark up 〘他〙 **1** …を値上げする (↔MARK down 2) ・We can't *mark up* what we have to sell. 売り物を値上げすることはできません．

2 …に傷をつける ・These shoes *mark up* the floor. この靴をはいて歩くと床に傷がつく．

3 (学生)の点を増す ・We *marked up* John on two papers. 我々はジョンの答案2枚の点を増してやった．

4 印をつけて(選んだもの)を示す ・Choose the one you like best in the list and *mark* it *up*. 表で一番好きなものを選んで印をつけなさい．

5 〘主に英口〙(掲示板などに)…を書きしるす，(勘定)をつける ・I shaved a gentleman, who asked me to *mark* it *up*. 紳士のひげをそったら，料金はつけておいてくれと言われた．

6 (印刷できるよう原稿)を整理する ・The editor *marked up* the manuscript carefully. 編集者は原稿を入念に整理した．

7 〘商〙(商品)を値上げする《仕入れ値から売り値を算出する》 ・Booksellers *mark up* the prices of books. 本屋は本の値段を値上げする．

marry /mǽri, méri/ ***marry in and in*** 〘自〙 血族結婚する ・The *marrying in and in* of the same family tends to mental or functional disorder. 同じ一族内で近親結婚をすると，心身機能障害が生じがた．

marry into 〘自〙 …と姻戚になる ・She *married into* the purple. 彼女は高貴の家に嫁いだ ・She *married into* a prominent family. 彼女は名家に縁づいた．

marry off (*to*) 〘他〙 (娘)を(…に)縁づける ・She has *married off* all her daughters. 彼女は娘を残らず縁づけた ・They want to *marry* their daughter *off to* a doctor. 彼らは娘を医師に縁づけたいと思っている．

marry out 〘自〙 異なる宗教[部族]の人と結婚する ・His son *married out* of the faith and left the community. 彼の息子は信仰の異なる人と結婚し共同体から出て行った．

marry up 〘他〙 **1** 〘口〙…を夫婦[いいなずけ]にする ・I would have *married* her *up* to my poor boy, if he had but lived. 息子が生きてさえいたら，あの娘と結婚させたところだが．
— 〘自〙 **2** (…と)合体する[させる] (*with*) ・We *married up with* the others at the station. 我々は駅で他の者と合流した．

marry up A with B 〘他〙 AとBとを照合する ・You may be able to *marry up* this photograph *with* the actual person. あなたはこの写真と実際の人とを照合できるかもしれませんね．

marry with 圁 ...と結婚する ▪ He *married with* his friend's sister. 彼は友人の妹と結婚した。

marvel /má:rvəl/ ***marvel at*** 圁 ...に驚嘆する ▪ I *marveled at* his boldness. 私は彼の大胆さに驚嘆した。

mash /mæʃ/ ***mash on*** 他 《米・方》(ボタンなど)を押す ▪ He kept *mashing on* the doorbell but nobody responded. 彼は呼び鈴を押し続けたが誰も戸口に出てこなかった。

mash up 他 1 (ジャガイモなど)をすりつぶす ▪ Could you *mash* the potatoes *up* and put them in a bowl? ジャガイモをすりつぶして, ボウルに入れてください。
2 ...をしつぶす ▪ He *mashed up* my car in a crash. 彼は衝突して私の車をぶっつぶしてしまった。
3 (レコード・録音テープの曲)をつなぐ ▪ The DJ *mashed up* three songs by The Beatles. DJ はビートルズの3曲をつないだ。

mask /mæsk|mɑ:sk/ ***mask off*** 他 ...の表面を覆って遮断する, を養生する ▪ First, *mask off* the area to be painted. まず, ペンキが塗られる部分をテープで覆って養生してください。

mask out 他 《写真》...をマスクで隠す《光が通過しないようにネガの一部をおおう》▪ You can *mask out* this portion of the negative. ネガのこの部分はマスクで隠したらいい。

***mask* A *with* B** AをBで隠す, 覆う ▪ He *masked* his sorrow *with* a smile. 彼は悲しみをほほえみで隠した。

masquerade /mæskəréid/ ***masquerade as*** 圁 ...に変装する, のふりをする, だと偽る ▪ The paper was full of gossip *masquerading as* news. その新聞はニュースの名を借りたゴシップ記事だらけだった。

match /mætʃ/ ***match* A *against* B** 他 《主に受身で》AとBとを競わせる ▪ I am ready to *match* my strength *against* yours. いつでも君と力比べするよ ▪ He *was matched against* the champion in the first game. 彼は初戦でチャンピオンと対戦させられた。

***match* A *in* B** Bの点でAに匹敵する, Aと対等である《互角である》 ▪ I guess I *match* her in wisdom if not *in* grace and beauty. 私は優雅さと美しさとでは言わないまでも, 知力では彼女にはひけをとらないと思う。

match up 圁他 調和する[させる], うまく合う[合わせる] ▪ The whole *matches up* beautifully. 全体が美しく調和している ▪ My idea of a happy marriage *matches up* with my husband's. 私の幸せな結婚観は夫のと一致する ▪ He *matched up* the two statements. 彼はその二つの陳述をうまく合わせた。

match up to 圁 1 ...と一致する, 照合する ▪ The sock does not *match up to* the other one. その靴下はもう片方と一致しない。
2 (希望・標準)に添う, かなう ▪ Will the boy *match up to* our expectations? その少年は私たちの期待に応えるだろうか。
3 (事態など)に対処する ▪ Can the new government *match up to* the terrorist threat? 新政府はテロリストの脅威に対処できるだろうか。

match* a person *up with 他 人を...と取り組ませる, 競争させる ▪ We'll *match* him *up with* Jones. 彼をジョーンズと取り組ませよう。

match with 圁 1 ...と調和する ▪ This tie will *match* well *with* your suit. このネクタイはあなたのスーツによく似合うでしょう。
— 他 2 ...と結婚させる, 添わせる ▪ Let beggars *match with* beggars. 割れなべにとじぶた《ひびの入ったなべにもふさわしいふたがあるように誰にも似合いの配偶者はいる》。

***match* A *with* B** 他 1 = MATCH A against B.
2 AをBと調和させる ▪ Try to *match* music *with* words. 音楽を歌詞と調和させよ。

maul /mɔ:l/ ***maul about* [*around*]** 《英口》...を乱暴に扱う ▪ Her laptop *was mauled about* and she lost her temper. 自分のノートパソコンを乱暴に扱われて彼女はキレた。

max /mæks/ ***max out*** 圁 《米口》 1 (金などを)使い切る, 限界[限度]に達する ▪ He's *maxed out* at every slot machine. 彼はすべてのスロットマシーンで金を使い果たした ▪ His car *maxed out* at 180 mph. 彼の車は時速180マイルの限界まで達した。
2 《米俗》リラックスする, くつろぐ ▪ Hey, *max out*, Jack! やあ, ジャック! くつろげよ。
3 あきあきする ▪ I've *maxed out* on the same monotonous work. 単調な仕事の繰り返しにあきあきしているんだ。

max out on 圁 《米俗》やりすぎる, 食べ[飲み]すぎる ▪ He *maxed out on* booze last night. 彼は昨晩飲み過ぎた。

mean /mi:n/ ***mean for*** 他 ...を表している[与える]つもりだ ▪ *Is* this picture *meant for* me? この絵は僕の絵の[僕にくださる]つもりですか。

***mean* A *for* B** 1 = MEAN for.
2 A(言葉など)はBに向けたものである ▪ He *meant* his criticism *for* us. 彼の批判は我々に向けたものであった。
3 A(人)をBにするつもりである ▪ The parents *meant* him *for* a doctor. 両親は彼を医者にするつもりだった。
4 AはBのためのものである ▪ The book *is* not *meant for* beginners. その本は初心者向きではない。

measure /méʒər/ ***measure* A *against* B** 他 AをBと比較する ▪ She always *measures* her father *against* her uncle. 彼女はいつも父とおじとを比べる。

measure back 圁 (歩み・道を)引き返す ▪ We decided to *measure back* again the same joyless track. 我々はまた同じわびしい道を引き返すことに決めた。

***measure* A *by* B** BによってAを評価する ▪ We tend to *measure* success *by* how much money we have. 我々は財産の多寡で成功の度合いを測りがちだ。

measure off 他 (一定の長さの線など)を計り分ける, 計り取る ▪ The draper was *measuring off* lengths of material. その呉服商は生地を一定の長さ

measure out 他 **1** ...を計り分ける, に分け与える ▪ Their time *is measured out* equally to all. 時は万人に等しく分け与えられている.

2《詩》...の境界を定める ▪ Here I lie down, and *measure out* my grave. ここに私は倒れて, 私の墓の境界を定める.

3(罰・報酬など)を与える ▪ They *measured out* severe punishments. 彼らは厳罰を与えた.

measure up 他 **1** ...の寸法をとる ▪ I *was measured up* for my suit. スーツを作るために寸法をとってもらった.

2 ...を評価する ▪ It was difficult to *measure up* the situation. 状況判断はむずかしかった.

— 自 **3** 寸法をとる ▪ Shall I *measure up*? 寸法をとりましょうか.

4 期待に応える ▪ Let's see how you *measure up*. 君がどう期待に応えるか見てみよう.

5 (...として)資格[才能, 能力]がある ▪ She *measured up* as an administrator. 彼女は管理者として有能であった.

measure up to [***with, against***] 他 (希望・理想・標準など)にかなう, 達する ▪ He will *measure up to* the demands of such a situation. 彼はそのような状況が要求するところにかなうだろう ▪ The performance doesn't *measure up against* the best in the country. その演技は国内最高水準には達しない.

measure with 自 **1** ...と大きさで引けを取らない ▪ That man would *measure with* the biggest of bears. あの男なら一番大きなクマにだって大きさは負けない.

— 他 **2** ...に対抗させる, 比較する ▪ The child sought to *measure* his strength *with* mine. その子は自分の腕力を僕のと比べようとした.

meddle /médl/ ***meddle in*** 他 (他人の事など)に干渉する, 口出しする ▪ Don't *meddle in* other people's affairs. 他人の事に口出しするな.

meddle with 自 **1** = MEDDLE in.

2 ...をいじる ▪ Somebody has been *meddling with* the papers. 誰かが書類をいじくっていたのだ.

mediate /míːdièit/ ***mediate between*** 自《文》...の間を調停する, 取りなす ▪ Will you *mediate between* the couple? あの夫婦の間を取りなしてくれませんか.

meditate /médətèit/ ***meditate on*** [***upon***] 自 ...について熟考する ▪ Have you ever *meditated on* the meaning of life? 君は人生の意義についてじっくり考えたことがあるか.

meet /miːt/ ***meet in with*** 他《スコ》...に出くわす, 会う ▪ We *met in with* a Danish bloke in Portugal. 我々はポルトガルでデンマーク人の男に出会った.

meet together 自 いっしょになる ▪ Mercy and truth have *met together*. 慈悲と誠実さとが兼ね備わっていた.

meet up 自 **1**《口》会う ▪ Last year we *met up* again. 昨年私たちは再会した.

2 (道・川などが)合流する ▪ The two rivers *meet up* here. その二つの川はここで合流する.

meet up to 自 (期待・要求など)を満たす[に応じる] ▪ Our performance will *meet up to* your expectations. 我々の演技はご期待に添えるでしょう.

meet up with 自《口》**1** ...に出会う ▪ He had *met up with* his old friend Jake. 彼は旧友のジェイクに出会った.

2 (道・川などが)...と合流する ▪ The track *met up with* the main road ahead. 道はその先で本道と合流していた.

3 ...に追いつく ▪ They will *meet up with* you somewhere around Fifth Avenue. 彼らはどこか5番街あたりで君に追いつくでしょう.

meet with 他 **1** ...に会う, を経験する ▪ He *met with* a serious accident while driving to Chicago. 彼はシカゴへドライブしているとき大事故にあった.

2 ...に出くわす, を偶然見いだす ▪ I *met with* an old acquaintance in a bus. バスで昔の知り合いにばったり会った ▪ He *met with* a rare book. 彼は珍本を偶然見つけた.

3《スコ》(債権者)に支払う ▪ They had been unable, term after term, to *meet with* the landlord. 彼らは支払い期日ごとに家主に支払いをすることができなかった.

— 他 **4** ...と面会[会見]する ▪ Father was hankering to *meet with* Churchill. 父はチャーチルと会見したがっていた.

5 (ある扱い)を受ける ▪ His idea *met with* approval. 彼の考えは是認された.

meet A with B 他 AにBで応える[反駁する] ▪ People *met* my refusal *with* indifference. 人々は私の拒絶を無関心で応じた ▪ The proposal *was met with* anger. その提案は怒りを買った.

mellow /méloʊ/ ***mellow out*** 自《米口》リラックスする[させる], のんびりする[させる] ▪ You'll have to *mellow out* and calm down. 君はリラックスして気を鎮める必要があるだろう ▪ A week on the beach *mellowed* me *out*. ビーチでの1週間でのんびりできた.

melt /melt/ ***melt away*** 自 **1**《文》消えうせる ▪ All her anger *melted away*. 彼女の怒りはすっかり消えうせた.

2 (...に)さっと姿を消す (*into*) ▪ The doe *melted away into* the forest. 雌ジカはさっと森に姿を消した.

3 (氷・雪が)溶け去る ▪ The snow and ice have *melted away*. 雪や氷は溶け去った.

— 自 他 **4** とろける[かす], うっとりする[させる] ▪ My heart *melted away* in secret raptures. 私の心は人知れぬ歓喜にうっとりした.

melt down 他 **1** (板金・貨幣などを)鋳つぶす ▪ The gold candlesticks *were melted down*. 金のろうそく立ては鋳つぶされた.

2《戯》(財産)を現金に変える ▪ He was obliged to *melt down* all his silver. 彼はすべての銀器を現金に変えなくてはならなかった.

— 自 他 **3**《米俗》和らぐ.

mend

4(原子炉が)炉心溶融する,(冷却装置の故障などで)炉が溶解するまで温度が上昇する ▪ The whole system was just about to *melt down*. システム全体がまさに溶融の寸前だった.

melt into 他 **1** 人ごみに姿をくらます ▪ The pickpocket quickly *melted into* the crowd. スリは素早く人ごみにまぎれこんだ.
2 解けて…になる ▪ Ice *melts into* water. 氷は解けて水になる.
3 薄れて…になる ▪ One color *melted into* another. 一つの色が薄れて他の色になった〘夕方の空など〙.
4 強い感情が和らぐ ▪ Her anger slowly *melted into* pity. 彼女の怒りが徐々におさまって憐れみに変わった.

mend /mend/ ***mend of*** 他 (欠点など)を直す ▪ That little dog will surely *mend of* worrying lambs. あの小犬はきっと小羊をいじめなくなるだろう.

mend up 他 **1**(衣服)を繕(?ろ)う ▪ His clothes had *been* carefully *mended up*. 彼の服は入念に繕いがしてあった.
— 自 **2** 元気になる ▪ This horse might *mend up* enough to trot along. この馬は速足ができるくらいに元気になるかもしれない.

merge /məːrdʒ/ ***merge in (with)*** 自 **1**〔英〕(色・形が)…に溶け込む ▪ The new furniture *merges in with* the wallpaper. 新しい家具は色が壁紙にしっくり合っている.
— 他 **2**…を(…の中に)溶け込ませる ▪ All fear *was merged in* curiosity. 好奇心のあまり恐怖感は全くなくなった.

merge into 自 **1** 吸収されて…になる ▪ These streams *merge into* the Thames. これらの川はテムズ川に合流する.
2…に溶け込んで見えなくなる ▪ The pickpocket *merged into* the crowd. スリは群衆にまぎれ込んだ.
3 次第に…に変わる ▪ Twilight *merged into* darkness. たそがれがだんだん夜陰になった.

merge A into B 他 AをBに合併にする ▪ The small banks *were merged into* one large organization. 小さい銀行が合併されて一大組織となった.

merge together 自 合併する; 溶け合う ▪ The two firms *merged together*. その二つの会社は合併した.

merge with 自 (会社が)…と合併する ▪ We are *merging with* a leading publishing company. わが社はある一流出版社と合併する予定だ.

mesh /meʃ/ ***mesh with*** 自 …とかみ合う, 調和する ▪ My ideas don't quite *mesh with* hers. 私の考えは彼女の考えとぴったりとはかみ合わない.

mess /mes/ ***mess around [〔英〕about]*** 自他 〔口〕**1** ぶらぶらする ▪ He was simply *messing around*. 彼はただぶらぶらしているだけだった.
2(仕事)をだらだらする ▪ I *mess about* my flowers and read snatches of French. 花をだらだらといじり, フランス語をちょっぴり読みます.
— 自 **3** ばか騒ぎする ▪ Stop *messing about*, boys! お前たち, ばか騒ぎはやめなさい.
— 他 **4**…にひどい扱いをする ▪ They *messed* the old man *about*. 彼らはその老人にひどい扱いをした.

mess around [about] with 他 〔口〕**1**…をいじくり回す ▪ Stop *messing around with* my motorbike. 僕のオートバイをいじくり回すのはよしてくれ.
2…をいたずらにやってみる ▪ You'd better not *mess about with* drugs or gambling. 麻薬や賭博に手を出さないのが身のためだ.
3…と性交渉を持つ ▪ You should never *mess about with* a married man. 決して結婚している男性と関係をもってはならない.
4…を手荒く[ぞんざいに]扱う ▪ Nobody dared to *mess around with* Tom. 誰もトムをぞんざいに扱う勇気はなかった.
5(いかがわしい人・物)と交際する, かかわる ▪ He is always *messing around with* flirts. 彼はいつもはすっぱ娘とつき合っている.
6…にちょっかいを出す, を怒らせる ▪ Don't *mess around with* me! 私を怒らせないでくれ.

mess in 他 …に口出し[干渉]する ▪ They don't like to *mess in* school affairs. 彼らは学校のことに口を挟むのが好きではない.

mess up 〔口〕**1**…を台なしにする, めちゃめちゃにする ▪ The cat has *messed up* my ball of wool. 巻いた毛糸の玉を猫がめちゃめちゃにしてしまった.
2…を散らかす; をよごす ▪ Don't *mess up* the room. 部屋を散らかすな ▪ I don't like to get my hands *messed up*. 手をよごしたくない.
3(人)を精神的に傷つける ▪ She got *messed up* when she was a teenager. 彼女は10代の頃に精神的な傷を負った.
4(人)を肉体的にたたきのめす ▪ When he came in after the fight, he *was* all *messed up*. けんかをして帰ってきた時に見ると彼はひどく痛めつけられていた.
— 自 **5** へま[失敗]をする ▪ I *messed up* and took the wrong papers to the meeting. うっかりへまをやって会議に違う書類を持っていった.

mess upon 自 〔まれ〕…を食べる ▪ I sometimes *mess upon* rice. 私はときどきお米を食べます.

mess with 他 〔口〕**1** = MESS around with 1.
2…におせっかいをする, ちょっかいを出す ▪ He's been *messing with* my daughter. 彼はうちの娘にずっとちょっかいを出している.
3 = MESS around with 5.
— 自 **4**〔軍〕…と会食する ▪ I would often *mess with* the wardroom officers. 上級士官とよく会食したものだった.

metamorphose /mètəmɔ́ːrfouz/ ***metamorphose into*** 自 〔文〕(全く異なったものに)変質する ▪ A maggot can't *metamorphose into* a butterfly. ウジ虫がチョウに変身することはできない.

mete /miːt/ ***mete out*** 他 〔文〕(罰・報いなど)を割り当てる ▪ A judge should always *mete out* justice. 判事は常に正義を割り当てなければならない ▪ Justice should *be meted out* to youngsters as well. 若者にも賞罰が行われるべきだ.

mew /mjuː/ ***mew up*** …を閉じ込める ▪ I

have *been* kept *mewed up*, going nowhere. 私はずっと閉じ込められていて、どこへも行けなかった ▪ He *mewed* himself *up* from the world. 彼は世を捨てた.

miff /míf/ ***miff off*** 🔵 (植物が)しぼむ, しおれる ▪ This alpine plant is very apt to *miff off*. この高山植物はすぐしおれてしまう.

miff with [***at***] 🔴 《口》…にむかっぱらを立てる, をむっとさせる ▪ My grandpa *miffed with* those cheeky kids. うちのおじいちゃんは生意気なガキどもにむかっぱらを立てた ▪ She *was miffed with* her cousin's arrogant attitude. 彼女は従兄弟の横柄な態度にむっとした.

militate /mílətèit/ ***militate against*** 🔵《文》(事実が)…に不利に働く ▪ His bad manners will *militate against* his success in business. 彼の無作法は商売で成功する妨げとなるだろう.

milk /mílk/ ***milk A for*** [***of***] ***B*** 🔴 BをAから搾り取る, 引き出す ▪ The thief *milked* him *for* $2,000. 盗賊は彼から2,000ドルまきあげた.

milk B from [***out of***] ***A*** 🔴 BをAから搾り取る, 引き出す ▪ She *milked* information *from* him. 彼女は彼から情報を引き出した.

mill /míl/ ***mill around*** [《英》***about***] 🔵《口》(大勢で)ほっつき歩く, うろうろ回る ▪ The crowd *milled around*, waiting for the arrival of their favorite actor. 群衆はうろうろ回りながら, 人気俳優の到着を待っていた.

mill over 🔴 …を心の中で思いめぐらす ▪ I am *milling* this problem *over*. 私はこの問題を心の中で思いめぐらしている最中だ.

mill up 🔴 …を混ぜ合わす ▪ Sea and sky *were* all *milled up* in milky fog. 海と空との境目が濃い霧ですっかり溶け合っていた.

mind /máind/ ***mind about*** 🔵 心に掛ける, 気にする ▪ Don't *mind about* the rumor. うわさは気にするな.

mind out 🔵《英口》**1** 道をあける ▪ *Mind out*, Jack—you're in the way. そこをどけ, ジャック. じゃまだ.

2 [主に命令文で] 気をつける, 注意する ▪ *Mind out*! There's a lorry coming. 気をつけろ, トラックが来る ▪ *Mind out* (that) you don't catch cold. 風邪を引かないよう気をつけなさい.

mine /máin/ ***mine for*** 🔴 …を採掘する ▪ What are they *mining for* in the hill? あの山で彼らは何を採掘しているのだろう.

mine out 🔴 (場所)の鉱物を掘り尽くす ▪ This area has *been mined out*. この鉱区は掘り尽くされた.

mingle /míŋɡəl/ ***mingle in*** 🔵 混じる, 交わる, 加わる ▪ A pretty girl came into the hall and *mingled in* at once. かわいい女の子がホールに入ってきて, すぐにみんなと打ち解けた.

mingle with 🔴 **1** 混じる, 紛れ込む ▪ They *mingled with* the crowd and escaped. 彼らは人込みに紛れて逃げ去った.

2 つき合う, 交際する ▪ She seldom *mingled with* the neighbors. 彼女はめったに近所つき合いをしなかった.

mingle A with B 🔴 AをBと混ぜ合わせる ▪ Don't *mingle* conjectures *with* certainties. 憶測を確信とごっちゃにしてはいけない.

minister /mínəstər/ ***minister to*** 🔴《文》(病人)の世話をする, (貧しい人)の必要を満たす ▪ She has *ministered to* her sick father for years. 彼女は長年病気の父親の面倒をみてきた ▪ He *ministers to* their needs. 彼は人々の必要なものを供給している.

minor /máinər/ ***minor in*** 🔴《米口》…を副次科目として専攻する (↔MAJOR in) ▪ I *minored in* history. 私は歴史を副専攻した.

minute /mínət/ ***minute down*** 🔴 …を書き留める ▪ He *minuted down* his thoughts on this occasion. 彼はこのときの考えを書き留めていた.

minute over 🔴 …を数えあげる ▪ They *minuted over* all these things last night. 彼らはゆうべこれらのことをすべて数えあげた.

miss /mís/ ***miss of*** 🔴 得[つかみ, やり, 会い]そこねる ▪ The police officer *missed of* the thief. 警察官はその盗賊を捕えそこねた ▪ I was unluckily in London, and so *missed of* him. 折あしくロンドンにいて, 彼には会えなかった.

miss on 🔴《まれ》(妙案など)を思いつきそこねる ▪ The counsel *was missed on*. その助言は思いつけなかった.

miss out 🔵 **1**《英》(…を)抜かす, 落とす ▪ Don't *miss out* my name from your list. 表の中から私の名を落とさないでください ▪ I will repeat the questions later, so you won't *miss out*. 聞き落としがないように問いをあとで繰り返します.

2 …に参加しない, 加わらない ▪ It was a nice party; it's a pity you *missed out*. 素敵なパーティーだったよ. 君が来なかったのは残念だ.

— 🔴 **3** [主に受け身で] (人)を無視する ▪ I felt *missed out* at the party; nobody spoke to me. 誰にも話しかけてもらえず, 私はパーティーで無視されたような気がした.

miss out on 🔵《口》…にありつきそこなう, 機会を逸する ▪ You *missed out on* a wonderful dinner. 君はすばらしいごちそうにありつきそこねたよ ▪ He *missed out on* the promotion. 彼は昇進の機会をのがしてしまった.

mist /míst/ ***mist over*** [***up***] 🔵 **1** (霧などで)曇る; うす暗くなる ▪ His glasses *misted over*. 彼の眼鏡が曇った ▪ My brain *misted up* for a moment. 私の頭はちょっとの間ぼんやりした.

2 (目が)涙でかすむ ▪ Her eyes *mist over* every time she talks about her dead husband. 亡夫のことを語ると決まって彼女の目は涙でかすむ.

mistake /mistéik/ ***mistake A for B*** 🔴 AをBとまちがえる ▪ I *mistook* you *for* your brother. 君を君の兄さんとまちがえたよ.

mix /míks/ ***mix down*** 🔴 **1** (別々に録音された音声[録画された映像])を合わせて録音[録画]する ▪ *Mix-*

ing down music is a complex art. 音楽をミキシングするのは複雑な技である.
2 …の音量を下げる ▪ The trumpet sounded too loud, so we *mixed* it *down*. トランペットの音量が高すぎたので下げた.

mix in ㉑ **1**(社交界などに)出入りする ▪ He has only *mixed in* the best society. 彼は最上流の社交界にだけ出入りしてきた.
2 活動に参加して仲良く話をする ▪ Why don't you *mix in* a bit and enjoy yourself? 君も参加して楽しく過ごしてはどうか.
3《詩》(戦闘)に加わる ▪ The Greeks and the Trojans *mixed in* mortal fight. ギリシャ人とトロイ人は死闘をおっぱじめた.
4《俗》けんかに加わる ▪ You didn't need to *mix in*. 君はけんかに加わる必要はなかったのだ.
— ㉗ **5** …を(…と)調合する, 混ぜ合わせる 《*with*》 ▪ *Mix* in the eggs in slowly *with* the flour. 卵を小麦粉とゆっくり混ぜ合わせなさい.

mix in with ㉑ …と交際する ▪ They are *mixing in with* older people. 彼らは年上の人々とつき合っている.

mix A into B AをBと調合する, 混ぜ合わせる ▪ *Mix* the salt *into* the flour with your hands. 両手で塩を小麦粉と混ぜ合わせなさい.

mix up ㉗ **1** …を(…と)よく混ぜ合わせる 《*with*》 ▪ *Mix up* this egg *with* the milk. この卵と牛乳をよくかき混ぜなさい. ▪ I'd like to meet you again and *mix up* our ideas. もう一度あなたに会って, 私たちの考えを充分練りたいと思います.
2 (常に良くない意味で)…を混同[ごっちゃに]する 《*with*》 ▪ One virtue *is mixed up with* a thousand crimes. 一つの徳は千の罪悪とからみ合っている ▪ She sometimes *mixes up* fancies *with* realities. 彼女はときに空想と現実を混同することがある ▪ I'm afraid I'm *mixing* him *up with* someone else. 私は彼を誰か別の人と混同しているのではないかと思う.
3〖主に再帰的・受身で〗…を(悪友などと)交わらせる 《*with*》 ▪ He *was mixed up with* a gang. 彼は暴徒の一味に加わった.
4 …を(不正などに)関わり合わせる 《*in*》 ▪ He *mixed* himself *up in* that fire insurance fraud. 彼は例の火災保険詐欺に関わり合った.
5 …を迷わす, まごつかせる ▪ We *got mixed up* in our directions and at least ten miles off our road. 我々は方向がわからなくなって, 少なくとも10マイルは道からそれてしまった.
6 (音量)を上げる ▪ The drums sound too quiet. Let's *mix* it *up*. ドラムの音が小さすぎる. 音量を上げよう.
— ㉑ **7**《ボクシング》激しく打ち合う ▪ The boxers were in the center of the ring *mixing up* in the liveliest manner. ボクサーたちはリングの中央で この上なく派手に打ち合っていた.

mix with ㉑ **1** …と混ざる ▪ Water will not *mix with* oil. 水は油とどうしても混ざらない.
2 …と交わる, 交際する ▪ She found it difficult to *mix with* the neighbors. 彼女は近所の人たちとつき合いにくいことがわかった.

mix A with B **1** AとBを混ぜる ▪ He *mixed* water *with* whiskey. 彼はウイスキーを水で割った.
2 AとBを結びつける ▪ He doesn't like to *mix* business *with* pleasure. 彼は仕事と遊びを混同したくないと思っている.

moan /moʊn/ ***moan about*** ㉗ …の不平を言う ▪ She's always *moaning about* something or other. 彼女はいつも何かしら不平を言ってばかりいる.
moan out ㉗ …とうめきながら言う, うめくように言う ▪ The injured girl *moaned out* the name of her boyfriend. 傷を負った女の子はうめきながらボーイフレンドの名を呼んだ.

mob /mɑb|mɔb/ ***mob a person into*** ㉗ (暴徒が)群れをなして襲った人に…させる ▪ Every supporter of the new system *was mobbed into* silence. 新体制を支持する者に暴徒が押し寄せてみな沈黙させられた.

mob up with ㉗ (人)を暴徒といっしょにさせる ▪ It drags me from my height to *mob* me *up with* the rabble. それは私を高い身分から引きずりおろして, 下層階級の野次馬連中といっしょにさせてしまう.

mock /mɑk|mɔk/ ***mock at*** ㉗ …をばかにする, あざ笑う ▪ He *mocked at* everything I said. 彼は私の言うことをいちいちあざ笑った.

mock up ㉗ …の原寸模型を作る ▪ We can *mock up* a plane with plywood. 私たちはベニヤ板で飛行機の原寸模型を作ることができる.

model /mɑ́dl|mɔ́dəl/ ***model A after*** [***on, upon***] ***B*** ㉗ **1** BにならってAを作る ▪ Each college *is modeled after* the old ones. それぞれの学寮は古いものにならって造られている.
2 AをBに合わせる, 則る ▪ *Model* your manners *on* his. 作法を彼にならって覚えなさい ▪ He *modeled* himself *on* [*after, upon*] his father. 彼は父親を手本とした.

model A in [***out of***] ***B*** ㉗ BでAを形作る ▪ She *modeled* a pig *in* clay. 彼女は粘土でブタを作った.

mold,《英》**mould** /moʊld/ ***mold A into B*** ㉗ AをBに形づくる ▪ He *molded* his loose sentences *into* symmetry. 彼は自分のだらだらした文を均整のとれた文章に練り上げた.

mold A on [***upon***] ***B*** ㉗ Bに基づいてAを形づくる ▪ He *molded* his style *upon* the best of modern writers. 彼は一流現代作家をお手本として自分の文体を作った.

mold (***up***) ***A out of*** [***from***] ***B*** ㉗ BからAを形づくる ▪ He *molded* a statue *out of* bronze. 彼はブロンズで像を作った.

mold to [***around***] ㉑㉗ …にぴったり合う; に密着させる ▪ Her dress perfectly *molded to* her body. 彼女のドレスは彼女の体の線を見事に浮き出させていた ▪ The wet T-shirt *was molded to* his body. ぬれたTシャツが体にぴったりはりついていた.

molder,《英》**moulder** /móʊldər/ ***molder away*** ㉑ **1** くずれ落ちる, 崩壊する ▪ The ruined

building was now *moldering away*. 荒廃した建物が今やくずれ落ちていた.
2 (進展なく)同じ境遇のままでいる ▪ At the time I was *moldering away* in the country. 当時私は田舎でくすぶっていた.
3 《まれ》(主に軍隊の)人数が少なくなる ▪ The army was *moldering away* with disease. その軍隊は病気で人員が減少していた.

mole /moʊl/ ***mole out*** 他 …を引き出す, 明るみに出す ▪ We will *mole out* further evidence against him. あの男へのさらなる反証を引き出してやろう.

monkey /mʌ́ŋki/ ***monkey around*** [《英》***about***] [(***with***)] 自 《口》**1** (…に)いたずらをする, (を)いじくる ▪ John has again been *monkeying about*. ジョンはまたいたずらをしている ▪ Stop *monkeying about with* that electric plug. その電気の差し込みをいじくるのをやめろ.
2 ぶらぶら遊び回る, ふざける ▪ Stop *monkeying around* in the playground. 運動場で遊び回るのはやめなさい.

mooch /muːtʃ/ ***mooch along*** 自 《口》こそこそ歩く ▪ They went *mooching along* just in front of me. 彼らは私のちょうど目と鼻の先をこそこそ歩いていった.

mooch around [《英》***about***] 自 《口》ぶらつく, うろつく ▪ He does nothing but *mooch about* from morning till night. 彼は朝から晩までぼっつき歩いてばかりいる ▪ I spent the day *mooching around* the shops. 終日店めぐりをして過ごした.

mooch from [***off***] 他 …にたかる[ねだる, せびる] ▪ Can I *mooch* a cigarette *from* you? タバコ, 1本くれないか? ▪ He's always *mooching off* his friends. 彼はいつも友人にお金をたかっている.

moon /muːn/ ***moon about*** [***along, around***] 自 《英口》**1** (気がふされたように)ふらふらさまよう, うろつく ▪ Look at the lazy fellow, he is *mooning about* as usual. あののらくら者を見たまえ, 例によってふらふらさまよっているよ.
2 = MOON over.

moon away 他 ぼんやり(時)を過ごす ▪ I *mooned away* the afternoon in the park. 午後を公園でぼんやり過ごした.

moon over 他 …にうつつを抜かす, (人)を夢見心地で想う ▪ He's *mooning over* horse racing. 彼は競馬にうつつを抜かしている ▪ She spends all her time *mooning over* him. 彼女は一日中彼のことをぼんやり考えている.

mop /mɑp|mɔp/ ***mop away*** 他 …をふき取る ▪ He frequently used a towel to *mop* the sweat *away* from his face and neck. 彼は顔と首の汗をふきながるために盛んにタオルを使った.

mop down 他 …をモップで掃除する ▪ The maids *mopped down* the basement floor. お手伝いたちは地下室の床をモップで掃除した.

mop off 他 …から(液体など)をふき取る ▪ There was quite a lot of water to *mop off* the floor. 大量の水を床からふき取らなければならなかった ▪ Kate used a Kleenex to *mop* coffee *off* the leg of her jeans. ケイトはティッシュを使ってジーンズの脚にこぼれたコーヒーをふき取った.

mop up 他 **1** (こぼれ水など)をぬぐい取る ▪ The porter *mopped up* the water which had spilled on the floor. ボーイは床にこぼれた水をぬぐい取った.
2 (軍)(敵の陣地を取ったときに残党)を掃討する ▪ They *mopped up* the trenches to the last man. 彼らは塹壕(ざんごう)を最後の一兵に至るまで掃討した ▪ E Company successfully *mopped up* the town by 15:30. E歩兵中隊は15時30分までに首尾よく町の掃討を終えた.
3 (仕事など)を片づける, (相手)をやっつける ▪ He fairly *mopped up* the rival candidate. 彼は競争相手の候補者を完全にやっつけてしまった.
4 《俗》(利益など)をしぼり取る, 吸い取る ▪ The repair bill *mopped up* all my allowance. 修理代にお小遣いが全部しぼり取られた.
5 (残りの人・物)を処理する ▪ Still we can't *mop up* the pool of unemployed. それでも残りの失業者をさばききれない.
6 《俗》…をむさぼり飲む[食う] ▪ You should have seen him *mopping up* his beer. 彼がビールをがぶがぶ飲んでいるのを見たかったよ.

mope /moʊp/ ***mope (a)round*** [《英》***about***] 自 (ふさぎこんで)ぼんやり歩き回る ▪ Don't *mope round* (the house) like that; go for a walk. そんなに(家の中を)ぼんやり歩き回らずに散歩に行きなさい.

mope away 他 (時)をふさいで過ごす ▪ The young man *moped away* the time in silence. その若者は口もきかずふさぎこんで過ごした ▪ Joan has too much spirit to *mope away* her youth. ジョーンはあまりにも元気があるからふさいで青春を過ごすなどといったことはしない.

mope up 他 …を閉じ込める ▪ The child shouldn't *be moped up* there, all winter. その子をひと冬じゅうそこに閉じ込めておいてはいけない.

moralize /mɔ́ːrəlaɪz|mɔ́r-/ ***moralize about*** [***on, over***] 自 …について説法する ▪ He *moralized upon* the failings of the young generation. 彼は若い世代の欠点について説法した.

morph /mɔːrf/ ***morph into*** 自 《米口》変身する ▪ In the school plays, she *morphed into* a witch. 学芸会で彼女は魔女に変身した.

mosey /móʊzi/ ***mosey along*** [***about, around, on down***] 自 《米俗》ぼつぼつ歩いて[やって]いく ▪ I'll *mosey along* somehow. どうにかぼつぼつやっていきますよ ▪ I'll *mosey on down* to the store now. その店へぶらぶら歩いて行こうと思っている.

mosey off 自 《米俗》急いで立ち去る ▪ They told him to *mosey off*. 彼らは彼に早く立ち去るように言った.

motion /móʊʃən/ ***motion … aside*** [***away***] 他 身ぶりで…にわきに寄る[去る]ように合図する ▪ The police officer *motioned* the crowd *aside* [*away*]. 警察官は身ぶりで群衆にわきに寄る[去る]よう

に合図した.

motion at [***toward***] 自 …を身ぶりで指し示す ▪He *motioned at* the desk. 彼は机を身ぶりで指し示した.

mount /maʊnt/ ***mount*** *A* ***against*** *B* 他 Bに対してAを作り出す, 始める ▪They *mounted* a vigorous campaign *against* the present regime. 現政権に反対する激しい運動を起こした.

mount on 自他 (馬・自転車など)に乗る; …を乗せる ▪He *mounted* his daughter *on* a horse. 彼は娘を馬に乗せた.

mount *A* ***on*** *B* 他 **1** B(台紙など)にAを貼る ▪You should *mount* stamps *on* only one side of an album page. 切手はアルバムのページ片面だけに貼るとよい.
2 AをBに据え付ける, 装備する ▪He *mounted* tires *on* wheels. 彼は車輪にタイヤを取りつけた.

mount up 自 (数量が)上がる, かさむ (*to*) ▪His debts *mounted up to* thousands of dollars. 彼の借金は数千ドルにまでかさんだ.

mourn /mɔːrn/ ***mourn for*** [***over***] 自 …のことで嘆く, 悲しむ ▪The mother *mourned for* a dead child [*over* the child's death]. 母親は死んだ子供のことで[子供の死を]嘆き悲しんだ.

mouse /maʊz/ ***mouse about*** [***around***, ***along***] 自 あさり歩く ▪I was *mousing around* by myself in the park. 私は一人で公園の中をあさり歩いていた.

mouse out 他 《米》…を探り出す ▪The members of the mother's meeting *mouse out* juvenile delinquencies. 母の会の会員は少年犯罪[非行]を探り出す.

mouse over 自 《米口》(本)をちょっと[少しずつ]読む ▪He was always *mousing over* books. 彼はいつもいろんな本をかじっていた.

mouth /maʊð/ ***mouth at*** 自 …に向かって顔をしかめる ▪The child was ill-bred and *mouthed at* me. その子供はしつけが悪く, 私に向かって顔をしかめてみせた.

mouth into [***in***] 自 (川が)…に注ぐ ▪The river *mouthed into* the open sea. 川は外海へと流れいった.

mouth off 《口》口答えする, 大口をたたく, 文句を言う ▪If you *mouth off*, I'll smack you. もし口答えをしたら, ひっぱたくからね ▪He's always *mouthing off* about his low wages. 彼は低賃金の不平ばかり言っている.

mouth on 他 …のことを密告する, ばらす ▪He *mouthed on* his accomplice. 彼は共犯者のことを密告した.

move /muːv/ ***move about*** [***around***, ***round***] 他 **1** …を転居[転校, 転職]させる ▪They kept *moving* their children *around* from school to school. 彼らは子供たちを次々に転校させ続けた ▪The manager *moves* us *about* at will. 支配人は思うままに我々を転職させる ▪Promising young executives *are moved round* from one department to another. 有能な若手幹部は色々な局へ異動させられる.
— 自 **2** 動き回る, 始終住所を変える, 職業を転々と変える ▪He is a great traveler and has been *moving about* all over the world. 彼は大の旅行家で, 始終世界中を動き回っている ▪We'd like to *move about* freely. 我々は自由に仕事を変えたい.

move across 自他 (…を)横切って行く[行かせる] ▪He *moved across* to the window. 彼は部屋を横切って窓のところへ行った.

move ahead 自 (特に競争で)前進する, 先頭に立つ ▪The runner is now *moving ahead*. その走者は今や先頭を走っている.

move ahead of 自 …を追い越す; を追い抜く ▪"Speed up!" he said, *moving ahead of* me. 「スピードを上げろ」と彼は言って私を追い抜いた.

move along 自 **1** あっちへ行く, 立ち止まらない ▪"*Move along* there, please," said the police officer. 「そこの人, 立ち止まらないでください」と警察官が言った.
2 先へ進む ▪The work *moved along* smoothly. 仕事は円滑にはかどった.
— 他 **3** …を退去させる ▪The police arrived and *moved* the demonstrators *along*. 警察が到着してデモ参加者を退去させた.

move apart 自 離れ離れになる; ばらばらになる ▪They quickly *moved apart* the moment I walked in. 私が歩いて入ったとたん, 彼らは急いでばらばらになった.

move aside 他 **1** …をわきへ寄せる ▪He *moved* the book *aside*. 彼は本をわきへ寄せた.
— 自 **2** (わきに寄って)ゆずる ▪He *moved aside* to let her go past. 彼はわきに寄って彼女を通らせた.

move away 自 **1** 立ち去る, 引き払う, 引っ越す ▪We don't want to *move away* from London. 我々はロンドンを引き払いたくありません.
— 他 **2** …をのける, 動かす ▪She *moved* the tray *away*. 彼女は盆をのけた.

move away from **1** (ある考え)から離れていく ▪I came to *move away from* his radical ideas. 私は彼の過激な思想から離れていった.
2 (ある習慣・方法)をやめる ▪I began to *move* slowly *away from* the habit. 徐々にその習慣をやめていった.

move back 自他 **1** 後ろへ移動する[させる]; 下がる[下げる] ▪*Move back*, or you will get caught in the blast. 後へ下がらないと爆発に巻き込まれるぞ ▪Please *move* the chair *back* from the fire. いすを火から後ろへ下げてください.
2 (以前の場所・地位に)戻ってくる[戻す] ▪We *moved back* to this town last week. 我々は先週この町に戻って来た ▪Let's *move* the furniture *back* after the party. パーティーの後で家具を元の場所に戻そう.
— 他 **3** (予定されていた日・時間よりも)…を遅らせる; を後にする ▪We've *moved back* the date of the wedding. 私たちは結婚式の日を遅らせた.

4 《米俗》(人)に金をかからせる ▪ The fur coat *moved* Mary *back* five thousand dollars. その毛皮のコートにメアリーには5千ドル払った。

move down 圓他 **1** 降りる[降ろす], 下がる[下げる] ▪ Please *move* that box *down* from the top of the wardrobe. あの箱を洋服ダンスの上から降ろしてください ▪ Prices *move up and down* according to demand. 物価は需要に応じて上下する。
2 降格する[させる], 格下げになる[する] ▪ He was worried that if he failed the test he would have to *move down*. もし試験に落ちたら格下げされるだろうと彼は心配していた。
— 圓 **3** (乗物の)前へ[中へ, 奥へ]詰める ▪ *Move down* (the bus), please. どうか(バスの)前へ詰めてください。
4 南部の地域へ移住する ▪ They are *moving down* to Florida next month. 彼らは来月フロリダへ引っ越す予定だ。

move for 他 《文》…を要求[提議]する ▪ The solicitor *moved for* an adjournment of the case. 弁護士は訴訟事件の延会を要求した。

move forward 圓他 **1** 前進する[させる] ▪ The train began to *move forward* slowly. 列車はゆっくりと前進し始めた。
2 発展する[させる]; 進展する[させる] ▪ Now is the time to *move* this project *forward*. 今こそこの企画を推し進めるときだ。
3 (予定されていた予・時間よりも)早まる[早める]; 先になる[する] ▪ Her operation has *been moved forward* two days. 彼女の手術は2日早められた。

move forward with 他 …を前進させる, 押し進める ▪ Let's *move forward with* this matter at once. さっそくこの要件を先へ進めましょう。

move in 圓 **1** (新居)に引っ越す ▪ When are you *moving in* your new house? いつ新居へ引っ越されますか ▪ We're *moving in* next week. 来週引っ越す予定だ。
2 (…といっしょに暮らす, いっしょに生活する (*together, with a person*) ▪ We've decided to *move in together*. 私たちはいっしょに住むことに決めた ▪ She's started to *move in with* her boyfriend. 彼女はボーイフレンドと同棲し始めた。
3 (警察・兵士などが)近づく; 接近する ▪ He *moved in* close and stuck a gun in my back. 彼は近づいてきて私の背中に拳銃を押しつけた。
4 (事件)に措置を講じる, 手を打つ ▪ I would urge my parents to *move in* the matter. その問題に手を打ってくれるように両親を説きつけよう。
5 (社交界)で暮らしている ▪ They *move in* the best society. 彼らは上流社会に住んでいる。

move in on 他 **1** …を襲う, 攻撃する ▪ The burglar *moved in on* him. 強盗は彼に襲いかかった ▪ In a biting speech, the lawmaker *moved in on* the Air Force. かみつくような激しい演説をして, その議員は空軍当局を攻撃した。
2 …に働きかける, 工作する ▪ We've decided to *move in on* a trade union. 我々は労働組合に働きかけることにした ▪ He *moved in on* a good thing. 彼は利益を得ようとして工作した。
3 …をしかる, 叱責する ▪ The boss *moved in on* the clerk. 社長はその事務員をしかった。
4 …に干渉する ▪ The government should not *move in on* business. 政府は企業に干渉すべきではない。
5 …を利用する ▪ Asian loggers have *moved in on* Guyana's rainforests. アジアの伐木業者はガイアナの雨林を活用している。
6 …に進出する ▪ After the war Hollywood *moved in on* that place. 戦後ハリウッドがその土地へ進出した。
7 (人の家)に押しかけてくる ▪ My cousin *moved in on* us for the summer. 夏の間いとこがわが家に押しかけて来た。
8 …に近づく, 接近する ▪ Two men were *moving in on* her. 2人の男性が彼女に近づいてきた。

move into 他 **1** …へ移転する, に入居する ▪ He *moved into* the country. 彼は田舎へ移転した ▪ Have you *moved into* a new flat? 新しいアパートへ入居したのか。
2 (警察・軍隊などが)ある行動のために現場に行く ▪ Fire brigades and rescue squads *moved into* the area. 消防隊と救助隊がその地域に現地入りした。
3 (地位などに)進む ▪ Our team has *moved into* second place after our victory. わがチームは勝って2位に上がった。
4 (仕事・活動など)を始める ▪ They're planning to *move into* publishing. 彼らは出版業を始めようと計画している。

move off **1** 立ち去る, 出発する ▪ Seeing us, the boy *moved off* quickly. 我々を見てその少年は足早に立ち去った。
2 《口》死ぬ ▪ The Major *moved off* in a month from the fall. 少佐はその落馬が元で1か月して亡くなってしまった。
3 (本などが)どんどん売れる ▪ The whole impression *moved off*. その版はすべて売れてしまった。
— 他 **4** …から移動させる[移す] ▪ Could you *move* your car *off* the pavement? 車を舗道から移動させてくれませんか。

move on 圓 **1** 次に進む, 先へ進む ▪ We will now *move on* to my next proposal. これから私の次の提案に移ることにしよう ▪ *Move on* there! No loitering is allowed. おーい先へ進め! ぶらぶらしてはいかん《交通巡査の命令》。
2 よい仕事に移る ▪ I want to *move on* from this firm to a bigger one. この会社からもっと大きいところへ移りたい。
3 (時が)経過する ▪ As time *moved on* the currents of the Nile changed. 時の経過につれてナイル川の流れが変わった。
4 (考え・知識・信条などが)進歩[向上, 近代化]する; よりよい方向へ進む ▪ Public opinion has been *moving on*. 世論は持ち直してきた。
— 他 **5** 《米俗》…を誘惑する, ナンパする ▪ That

bastard *moved on* my wife! あの野郎がおれの妻をナンパしやがった!

6…を前進させる,立ち去らせる ▪ Well, Terry, I want to *move* us *on* to another story. えーと,テリー,次の話に進みたいのだが.

move out 他 **1**…を引越しさせる; を立ち退かせる ▪ The landlady is trying to *move* the tenant *out*. 家主はその賃借人を立ち退かせようとしている.

2…を運び出す ▪ We *moved* some chairs *out* to make more room. 空間をもっと広くとるためにいすを幾つか運び出した.

3(…から)…を退かせる,引き上げる (*of*) ▪ Some countries have started *moving* their troops *out* (*of* the area). (その地域から)軍隊を撤退させ始めた国もある.

— 自 **4** 引っ越していく,立ち退く,出て行く ▪ We are *moving out* very soon. もうじき引っ越していきます ▪ We shall *move out of* town. 我々は町から出て行きます.

5(列車が)動き出す ▪ The train *moved out* slowly. 列車がゆっくりと動き出した.

6(俗)素早く行動する; さっと動く[進む] ▪ We couldn't catch that thief. He was really *moving out*! その泥棒を捕まえられなかった. 実に逃げ足が速かった.

7(活動・仕事などから)手を引く; (に)関わるのをやめる (*of*) ▪ The big companies are all *moving out*. 大企業がみな手を引いている ▪ Many people have *moved out of* farming. 多くの人が農業から手を引いた.

move over 自 **1** 席を詰める ▪ Could you please *move over* just a little bit? ほんのちょっとだけ席を詰めていただけませんか.

2 席を譲る ▪ The director *moved over* in favor of a younger man. その重役は後進に席を譲った.

3(システム・方法を)…に変える (*to*), 移行する ▪ We'll soon *move over* to solar powered energy. やがて太陽熱利用エネルギーに切り替えるだろう.

— 他 **4**《雅》(…の表面を)ゆっくり進む[進める] ▪ The train *moved over* the icy countryside. 列車は凍てつくような田園地帯を徐行した ▪ *Move* the brush lightly *over* the paper. 紙の表面にブラシを軽くゆっくり動かしなさい.

move past 自 …のそばを通り過ぎる,を追い抜かして行く ▪ He *moved past* me into the lounge. 彼は私のそばを通ってロビーに行った.

move round 自 近くに位置を変える ▪ She *moved round* and sat down next to him. 彼女は近寄ってきて彼の隣に腰を下ろした.

move to 自 …へ移転する,引っ越す ▪ They have *moved to* a new house. 彼らは新居へ引っ越した.

move toward(s) 自 …に近づく ▪ We are *moving toward* a settlement. 我々は和解に達しかけている.

move up 自 **1**(…を)上っていく ▪ He *moved* rapidly *up* the promotion ladder. 彼は昇進のはしごをどんどん上って行った.

2《英》前へ移る,席をつめる ▪ *Move up*, Bob. Let the lady sit down. ボブ,席を詰めてご婦人に座っていただこう ▪ *Move up* to the front, we haven't any room to sit. 前の方へお進み願います,座る場所がありませんので.

3 昇進する,出世する ▪ She *moved up* in the company. 彼女は社内で出世した.

4(値段などが)上昇する ▪ The shares *moved up* to a new level. 株が新水準まであがった.

5(軍隊が)戦争に出る ▪ We were ordered to *move up* to the front line. 我々は最前線に出るよう命ぜられた.

— 他 **6**…のレベル[地位]を上げる ▪ We are ready to *move* you *up*. 君を昇進させるつもりだ.

7(予定など)を繰り上げる,早める ▪ They *moved up* the departure to tonight. 彼らは出発を今晩に繰り上げた.

8(軍隊)を戦地に繰り出す ▪ The company *was moved up* under cover of darkness. その中隊は夜陰に乗じて戦地に繰り出された.

move up on 自《米口》…に追いつく ▪ They will be *moving up on* us soon. 彼らはすぐ我々に追いついて来るだろう.

move up to 自《米口》…に昇進する ▪ He *moved up to* the board chairman. 彼は理事長に昇進した.

move upward(s) 自 (景気などが)上向きになる ▪ Business has *moved upward* lately. 最近景気が上向いてきた.

mow /maʊ/ ***mow down*** 他 **1**(草など)を刈り取る ▪ He *mowed down* the long grass in the field. 彼は畑の長い草を刈り取った.

2(砲撃・いっせい射撃で)…をなぎ倒す,掃射する ▪ The machine guns *mowed down* the men like grass. 機関銃が兵士たちを草のようになぎ倒した.

3…を(車で)ひく,ひき殺す ▪ A mother and her child were *mown down* by joyriders. 母子が暴走運転者にはねられた.

4…を圧倒する,打ちまかす ▪ She *mowed down* the opposition with her arguments. 彼女はその弁舌でライバルを論破した.

muck /mʌk/ ***muck about [around]*** 自《英口》**1** ふらつき回る,うろつき回る ▪ Our Colonel *mucks about* in hospital. わが連隊長は病院の中をふらつき回っている.

2 ぐずぐずする,のらくらする ▪ He is *mucking about* in the work. 彼はその仕事でぐずぐずしている.

— 他 **3**…をこきつかう[いじくり]回す ▪ We were *mucked about* by the last war. この前の戦争のためにひどい目にあった.

muck about [around] with 《口》…をいじり回す,散らかす (= MESS around with) ▪ Who's been *mucking around with* my radio? 誰が私のラジオをいじり回していたのか.

muck in (with) 自《口》**1**…と協力する ▪ He's willing to *muck in with* the others. 彼は他の人々に進んで協力する.

2 ...と(寝食・仕事など)を共にする ▪ He'd better come and *muck in with* us for a few days. 彼は2,3日うちへ食べに来るほうがいい.

muck out 他 (馬小屋など)を掃除する, (馬など)をきれいにしてやる ▪ I had to *muck out* the pigsty. ブタ小屋を掃除しなければならなかった.

muck up 他 **1** (事)をしくじる ▪ I have *mucked up* the exam. 試験をしくじってしまった.
2 《英口》(人, 特に計画)を台なしにする ▪ The bad weather can often *muck up* the best laid plans. 悪天候のため綿密に立てられた計画がおじゃんになることがよくある.
3 《口》[しばしば受身で]...をよごす, きたなくする ▪ How did you get yourself *mucked up* like this? どうしてお前はこんなに体をよごしたのか.
4 《英口》...を散らかす ▪ The child was *mucking up* his room. 子供は自分の部屋を散らかしていた.
5 《英口》...をごっちゃにする ▪ There they *were mucked up* together. そこでそれらはごっちゃにされた.

mucker /mʌ́kər/ *mucker away* 他 (金)を浪費する ▪ The country was *muckering away* an enormous amount of war money. その国は莫大な軍事費を浪費していた.

muddle /mʌ́dəl/ *muddle about* [*around*] 自 **1** うろつく, うろつく ▪ He *muddled about* his apartment until it was time to go to work. 彼は仕事に行く時間までアパートでぶらぶらしていた.
2 あれこれ行きあたりばったりの仕事をする ▪ I suppose he *muddles around* in despair. あの男は思いつめて行きあたりばったりの仕事をしているのだろう.
― 他 **3** (人)を混乱させる ▪ You're simply *muddling* me *about*. 君の話を聞いていると頭がごちゃごちゃになってくる.

muddle away 他 (金・時間など)をだらだらと使ってしまう ▪ The elder son has *muddled away* much of the money. 上のほうの息子が金を多くだらだらと使ってしまった.

muddle on [*along*] 自 どうかこうかやっていく, お茶を濁していく ▪ They continue to *muddle on* in the same old way. 彼らは相変わらずの古いやり方で, どうにかしのいでいる.

muddle through 自 《口》(まずいながらも)どうやら切り抜けていく ▪ He will manage somehow to *muddle through*. 彼はどうにか工面して切り抜けていくだろう.

muddle together 他 《口》...をごっちゃにする ▪ It is nonsense to *muddle* good and bad manners *together*. 行儀作法と無作法をごっちゃにするなんてばかげている.

muddle up 他 《口》**1** ...をごっちゃにする ▪ Someone's *muddled up* my papers. 誰かが私の書類をごっちゃにしてしまった.
2 ...を混乱させる ▪ I feel *muddled up*. 頭が混乱してしまった.

muddle up A with B 他 《口》AとBとを混同する ▪ I got him *muddled up with* his brother. 彼をその弟とごっちゃにしてしまった.

muddy /mʌ́di/ *muddy up* 他 《米》...を泥まみれにする ▪ I got my shoes *muddied up* in the rain. 雨の中で靴が泥まみれになった.

muffle /mʌ́fəl/ *muffle a person under* 他 《米口》人の意識を失わせる ▪ The pain was *muffling* him *under*. 痛みのあまり彼の意識が薄れかけていた.

muffle up **1** (身など)を(布で)包む ▪ He *muffled up* his head. 彼は頭を包んだ.
― 自 **2** 《米口》静かにする ▪ *Muffle up*, boys! みんな静かにするんだ.
3 《英》暖かい服を着る ▪ I *muffled up* against the cold wind. 風が冷たいので暖かい服を着た.

mug¹ /mʌg/ *mug at* 他 《劇》...に向かってしかめつらをする ▪ The comedian *mugged at* him in his richest manner. その喜劇俳優は表情たっぷりに彼に向かってしかめつらをしてきた.

mug up 他 《劇》(顔)におしろいを塗る; をメイクアップする ▪ You're *mugged up* to rights. きちんとメイクアップしてますね.

mug² /mʌg/ *mug at* 自 《英口》...の詰め込み勉強をする ▪ He has been *mugging* on *at* his verses. 彼はせっせと詩の詰め込み勉強をしてきた.

mug up 自 《英口》(学科など)を詰め込み勉強する ▪ He always tries to *mug up* at the last minute. 彼はいつも土壇場になって詰め込み勉強を試みる ▪ I'll *mug up* on irregular verbs for tomorrow. 明日に備えて不規則動詞を詰め込んで覚えよう ▪ I've *mugged* it all *up* out of books. 僕はそれを全部本を読んで詰め込んでおいた.

mug³ /mʌg/ *mug up* 自 《米俗》たらふく食べる ▪ *Mug up* when you're hungry. 腹がへってるときにはもりもり食べなさい.

mull /mʌl/ *mull over* 他 ...をよくよく考える, について頭をしぼる ▪ He *mulled over* the offer for some time but finally rejected it. 彼はしばらくその申し出を思案したが, 結局断った.

multiply /mʌ́ltəpli/ *multiply by* 他 ...に...を乗じる, 掛ける ▪ *Multiply* 15 *by* 17 and tell me what you get. 15に17を掛けて, その答えを言いなさい.

multiply out 他 ...を掛ける, 掛け算する ▪ Take the first and the last figures and *multiply* them *out*. 最初と最後の数字を取り上げて, それを掛け合わせなさい.

murmur /mə́ːrmər/ *murmur against* [*at*] 自 ...をこぼす, にぐずぐず言う ▪ Already people are *murmuring at* his conduct. すでに人々は彼のふるまいをこぼしている ▪ Is it wise to *murmur against* adversity? 逆境に対してぐずぐず言うのは賢明だろうか.

muscle /mʌ́səl/ *muscle in* (*on*) 自 《俗》**1** 強引に割り込む ▪ They *muscled in* and took away our customers. 彼らは無理に割り込んで我々の顧客を奪った ▪ Don't *muscle in on* our conversation. 私たちの話に割り込むな.
2 (...の)なわ張りを荒らす ▪ Our competitor's men began to *muscle in on* our territory. 商売がたきの店の者が我々のなわ張りを荒らし始めた.

muscle into 圓 強引に割り込む ▪ Two boys *muscled into* the queue. 2人の男の子が列に割り込んできた。

3(女性などが職場)に進出する ▪ Women are *muscling in on* the labor market. 女性が労働市場に進出してきている。

muscle out 他《米俗》…を追い出す《比喩的にも》 ▪ If she persists, she'll *be muscled out* of the movement. 彼女が固執するなら、この運動から追い出されるだろう。

muscle through …を力ずくで進む ▪ The big man *muscled through* the crowd. 大男はしゃにむに人ごみの中を割って進んだ。

muscle up **1** 筋肉を増強[発達]させる ▪ When you *muscle up*, your body burns more calories. 筋肉が発達すると体はより多くのカロリーを燃焼させる。
— 他 **2** …をより強くする,より良くする ▪ CBS is trying to *muscle up* its summer schedules. CBSは夏の放映予定をさらに充実させようとしている。

muse /mjuːz/ **muse on [upon, over, about]** 他《雅》…のことを熟考する,黙想する ▪ It is useless to *muse upon* past errors. 過去の失策をくよくよと考えてもむだなことだ。

2 …をつくづく眺める,じっと見つめる ▪ She *mused* for a while *on* the picture. 彼女はその絵をしばらくじっと眺めていた。

muss /mʌs/ **muss up** 他《主に米口》**1**(髪)を乱す ▪ Don't stroke my hair. You're *mussing* it *up*! 髪をなでるのはやめてよ。乱れるじゃないの。

2 …をきたなくする ▪ You should stop *mussing up* your room. 自分の部屋を汚したらだめじゃないか。

muster /mʌstər/ **muster in** 他《米》(人)を入隊させる(↔MUSTER out 1) ▪ He got permission to *be* properly *mustered in*. 彼は正式に入隊する許可を得た。

muster out 他《米》**1**(人)を除隊させる(↔MUSTER in) ▪ The drunken subaltern has *been mustered out*. その酔っぱらい副官は除隊させられた。
2《まれ》(人)を戦死させる ▪ The simple epitaph read "A Soldier of the Union *Mustered Out*." その質素な墓標には「戦死せる北軍兵士の墓」と書いてあった。

muster up 他 **1**(勇気など)を奮い起こす ▪ She *mustered up* courage to speak to him. 彼女は勇気を奮い起こして、彼に話しかけた。
2(軍隊)を召集する,呼び集める ▪ He *mustered up* an army secretly. 彼はひそかに軍隊を呼び集めた。

mutter /mʌtər/ **mutter about** 圓 **1** ぶつぶつ不平を言う ▪ They often *mutter about* too much work. 彼らはあまりの仕事の多さによく不平を言う。
2 こっそり話す,ひそひそと話す ▪ What are you *muttering about*? あなたたちは何をこっそり話しているんだ。

mutter against [at] 圓 …をこぼす,ぐずぐず言う ▪ Certain soldiers began to *mutter against* the commander. ある兵士たちが指揮官に対して不平を唱え始めた。

mutter over 他 …をむにゃむにゃ言う ▪ He *mutters over* some text of God. 彼は神の言葉をむにゃむにゃ唱える。

N

naff /næf/ **naff off** 🅐 《英口》さっさと立ち去る,とっとと出て行く ▪ Just *naff off* and leave me alone! さっさと消えて僕を一人にしてくれ.

nag /næg/ **nag at** 🅐 **1** …をがみがみのしる ▪ He was *being nagged at* by his wife. 彼は妻にがみがみのしられていた.
2 (痛み・心配事などが)…をしつこく苦しめる ▪ The trouble was *nagging at* him. その心配事が彼をしつこく苦しめていた.

nag a person for 🅑 人にうるさく…をせがむ ▪ She *nagged* her father *for* a new dress. 彼女は新しいドレスを買ってくれと父親にうるさくせがんだ.

nag ... into 🅑 …にがみがみ[うるさく]言って…させる ▪ She *nagged* him *into* doing what she wanted. 彼女は彼にがみがみ言って自分の望むことをさせた. ▪ He *nags* his brain *into* a state of consuming doubt. 彼はひどく脳みそを使ってやつれるほどの疑惑をいだく ▪ My family *nagged* me *into* buying a new car. 家族が私にうるさくせがんで新車を買わせた.

nail /neɪl/ **nail A across [on, on to, to]** B 🅑 AをBにくぎづけにする ▪ We *nailed* a small tarpaulin *across* the opening to prevent the draft. すき間風を防ぐために穴に小さな防水布をくぎづけにした ▪ The picture *is nailed on* the wall. 絵は壁にくぎづけされている ▪ He *nailed* a rafter *on to* the beam. 彼は梁(はり)にたる木をくぎづけにした ▪ Surprise *nailed* him *to* the spot. 驚きのあまり彼はその場にくぎづけになった.

nail back …をくぎで後方に打ちつける ▪ The door was *nailed back* against the wall. ドアはくぎで後方の壁に打ちつけられていた.

nail down 🅑 **1** …をくぎづけにする ▪ The lids were *nailed down*. ふたはくぎづけにされた.
2 …を問いただす, (事実)をはっきりとつかむ (= PIN down 3), 突き止める ▪ I can't *nail down* the meaning of this expression. この表現の意味をはっきりとつかむことができない.
3 (事)を決定的にする, 確実にする ▪ We *nailed down* that lie by proving he had spent it. 我々は彼がその金を使ったことを証明してその嘘を動かないものにした.
4 (人)を(言説・約束などに対して)のっぴきならぬように(…に)縛りつける (*to*) ▪ He was confused when we *nailed* him *down* to his statement. 我々が彼の言ったことから彼を逃れられないようにすると, 彼は困ってしまった.

nail on …をくぎづけにする ▪ This lid *is nailed on*. このふたはくぎづけにされている.

nail together …を(ぞんざいに)くぎでたたきつけて作る ▪ The boards are loose, so *nail* them *together*. この板はぐらぐらしているからくぎで固定しなさい.

nail up 🅑 **1** …を(壁・柱などに)くぎを打って留める ▪ They *nailed up* a notice on a tree. 彼らは掲示を木にくぎを打って留めた.
2 (戸・窓など)を堅くくぎづけにする ▪ Isn't that box *nailed up* yet? その箱はまだくぎづけにしてありませんか.

name /neɪm/ **name A after [from, 《米》for]** B Bの名を取ってAにつける, Bにちなんでにちなんでに名づける ▪ Our eldest son *was named* George *after* [*for*] his uncle. 我々の長男はおじの名を取ってジョージと名づけられた. ▪ Calicoes *were named from* Calicut. キャラコはカリカットの名にちなんでつけられた.

narrow /nǽroʊ/ **narrow down** 🅑 **1** …を制限する ▪ Of the twenty applicants, the choice has now been *narrowed down* to three. 20人の応募者のうち, 今や選考の範囲は3人にせばめられた.
— 🅐 **2** 狭くなる ▪ Here the stream *narrowed down* to a few feet. ここで流れは狭くなって2, 3フィートになっていた.

narrow into 🅐 狭くなって…になる ▪ The sea *narrows into* a strait. 海は狭くなって海峡となる.

natter /nǽtər/ **natter on** 🅐 ぺちゃくちゃしゃべる ▪ Grandma *natters on* about her grandchildren for hours. 祖母はぺちゃくちゃと孫たちの話を何時間もする.

neck /nek/ **neck together** (牛などの)首に縄をかけて数珠(じゅず)つなぎにする ▪ Farmers *necked together*, with ropes, as many pair of steers as they desired. 農夫たちは好きなだけたくさんの子牛を2頭ずつ首に縄で数珠つなぎにした.

negotiate /nɪɡóʊʃièɪt/ **negotiate (with a person) for [about, over]** 🅐 …のことで(人と)交渉する ▪ He was *negotiating with* the landlord *about* the rent. 彼は家主と家賃のことで交渉していた ▪ They have been *negotiating for* more pay. 彼らは賃上げ交渉を行ってきた.

neighbor, 《英》**neighbour** /néɪbər/ **neighbor on [upon]** 🅑 (土地)に…に隣接する ▪ The land *neighbors on* a pasture. その土地は牧草地に隣接している.

neighbor with 🅐 …と隣人つき合いをする, 親しい間柄である ▪ We *neighbor with* the Smiths. スミスさん一家と親しい間柄である.

nestle /nésəl/ **nestle against [on]** 🅑 (頭・顔・肩など)をそっと寄せる, もたせかける ▪ The girl *nestled* her head *against* his shoulder. 少女は彼の肩に頭をもたせかけた.

nestle among [between, in] 🅐 …の間に気持ちよく横たわる, 位置する ▪ She *nestled among* the cushions. 彼女はクッションの間に横たわった ▪ The town *nestles among* the hills. その町は小山の間に

いだかれている.

nestle down 自 気持ちよく横たわる, 体をうずめる ▪ The invalid *nestled down* and soon fell asleep. 病人は気持ちよさそうに横になって, すぐ寝入った ▪ The weary girl *nestled down* in her bed. 疲れた少女は心地よくベッドにもぐった ▪ He *nestled down* into the sofa. 彼はソファにゆったりと腰をおろした.

nestle in [into] 他 …を心地よく落ち着かせる, にそっと置く ▪ She *nestled* the baby *in* her arms. 彼女は赤ん坊を腕の中にそっと抱いた.

nestle up to [against] …にすり寄る ▪ She was *nestling up to* her lover. 彼女は恋人ににじり寄っていた.

nibble /níbəl/ ***nibble at*** 自 **1** …をちょっとかむ, 少しずつゆっくり食べる ▪ There's a fish keeps *nibbling at* my bait. 魚が1匹僕のえさをそっとつついている ▪ The old man was *nibbling at* the dish. 老人は料理を少しずつ口に運んでいた.
2 …にちょっかいを出す ▪ He *nibbled at* our offer. 彼は我々の申し出に気のあるようなそぶりをしてみせた ▪ Don't *nibble at* a temptation. 誘惑に手を出しちゃいけない.
3 …のあらをほじくる, 難癖をつける ▪ Reviewers have *nibbled at* phrases. 書評家たちは言葉づかいのあらをほじくった.

nibble away at 自 **1** …を少しずつかじる[食べる] ▪ The mice have *nibbled away at* the papers. ネズミが書類をかじってしまった.
2 (物価の上昇などが家計に)少しずつ食い込む, を徐々に減らす ▪ Inflation began to *nibble away at* our savings. インフレが我が家の貯金にじわじわ食い込み始めた.

nibble on 自 …を少しずつかじる[食べる] ▪ The rabbit *nibbled on* a carrot. ウサギはニンジンを少しずつかじった.

nick /nik/ ***nick a person for [of]*** 他 **1**《英口》人を…の罪で逮捕する ▪ I *was nicked for* speeding. スピード違反で逮捕された.
2《米口》人を騙して金などを巻き上げる ▪ What did they *nick* him *for*? 彼らは彼からいくら巻き上げたのか ▪ He *nicked* her *of* the money. 彼女からその金をだまし取った.

nick A from B 他《英口》BからAを盗む ▪ He *nicked* those pencils *from* her desk. 彼は彼女の机から鉛筆を盗んだ.

nick in 自《口》(車などが)割り込む ▪ A car *nicked in* in front of our bus. バスの前へ1台の車が割り込んで来た.

nick off (to) 自《豪口》(…へ)出かける ▪ We're *nicking off to* the pub. 僕たち, これからパブへ行くんだ.

nick out 自《豪口》ちょっと立ち去る ▪ Ben *nicked out* for a second. He'll be back soon. ベンはちょっと出ている. じきに戻ってくるよ.

nigger /nígər/ ***nigger off*** 他《米口・侮蔑》(丸太)を焼き切る ▪ He *niggered off* the large logs with fire. 彼は大きな丸太を火で焼き切った.

niggle /nígəl/ ***niggle at*** 他 (人)をしつこくとがめる, 悩ます ▪ A rumor *niggled at* her. 噂が彼女を悩ませた.

niggle over [about] 自《口》…について細かくこだわる, こせこせ言う ▪ He *niggled over* the terms. 彼は条件に細かくこだわった.

niggle with 自 いいかげんに仕事をする, もてあそぶ ▪ They are *niggling with* an uninteresting task. 彼らはおもしろくない仕事をぐずぐずやっている.

nip /nip/ ***nip along*** 自《英口》**1** 急いで行く ▪ If you don't want to be late, you'd better *nip along* at once. 遅れたくないのなら, すぐ急いで行くほうがよい.
2 速く走る ▪ For such a low-powered car, it simply *nipped along*. そんな馬力の弱い車にしては全く速く走ったものだ.

nip at 他 **1** …をかむ, はさむ ▪ The dog *nipped at* his hand. 犬が彼の手をかんだ.
2 (風などが肌)を刺す ▪ The cold wind *nipped at* my face. 冷たい風が私の顔の肌を刺した.
3 …をちびりちびり飲む ▪ The old doctor was *nipping at* the whiskey. 老医師はウィスキーをちびちびやっていた.

nip back 他《海》(海岸)を切り込む ▪ The coasts of Kent and Sussex form a succession of headlands *nipped back* by the sea. ケントやサセックスの海岸は海が切り込んだ岬がえんえんと続いている.

nip in 自《英口》**1** 急いで入る ▪ "*Nip in*, sir," said the driver. 「急いでお乗りください」と運転手が言った.
2 急に(人の前に)出る ▪ He *nipped in* just in front of me. 彼は急に僕のまん前へ出てきた.
3 割り込む ▪ He often *nips in* with a smart question. 彼はよく話の途中で気のきいた質問をさしはさむ.
— 他 **4** (服)を詰める ▪ Will you *nip* the dress *in* at the waist? ドレスのウエストの所を詰めてくださいませんか.

nip into 自《英口》…に急いで入る; に割り込む ▪ They *nipped into* the dark porch. 彼らは素早く暗い玄関へ入って行った ▪ The boy *nipped into* the gap in the ranks. 少年は列のすいた所へ割り込んだ.

nip…off 他 **1** …を摘み取る ▪ The unwanted buds *were nipped off*. いらないつぼみは摘み取られた.
— 自 **2** 急いで去る ▪ The man *nipped off* without a word. その男は一言も言わずに急いで去った.

nip on 他 **1** …をかむ ▪ The small fish playfully *nipped on* her legs. 小魚たちがおもしろ半分に彼女の足をつついた.
2 …をちびちび飲む ▪ He *nipped on* his soda while waiting for her to show up. 彼は彼女が姿を見せるのを待ちながらソーダ水をすすった.

nip out 他 **1** …をプツンと摘み取る ▪ The gardener *nipped out* the side shoots of his plants. 庭師は植木のわきの芽をプツンと摘み取った.

―㉓ **2** 急いで出て行く ▪ The office boy *nipped out* to buy a bar of chocolate. 使い走りの少年は板チョコを買いに急いで出て行った.

nip up ㉑ ...を素早く登る ▪ He *nipped up* the tree like a cat. 彼は猫のようにするすると木に登った.

nod /nɑd|nɔd/ ***nod at [to, toward(s)]*** ㉓ ...の方にうなずく, 会釈する ▪ He *nodded at* his tent. 彼は自分のテントの方にうなずいてみせた ▪ He *nodded to* a chair. 彼はいすにうなずいていすをさした ▪ He *nodded towards* the footman. 彼は従僕に向かって会釈した.

nod off ㉓ 《口》(特に座った状態で)居眠りする ▪ He was *nodding off* in the sun. 彼は日なたでこくりこくりやっていた.

nod out ㉓ 《米俗》(薬・麻薬で)意識が朦朧となる, ぼんやりする; 居眠りする ▪ The medicine made her so tired she *nodded out* on the train. 彼女は薬のせいで体がだるくなり, 電車でうとうとした.

nod through ㉓ 《口》投票せずに(うなずいて)...に賛成する ▪ Russian senators *nod through* extended presidency. ロシア上院, 大統領の任期延長を無投票で承認《新聞の見出し》.

noise /nɔɪz/ ***noise abroad [about]*** ㉑ ...を盛んに言い広める ▪ The end of war soon *was noised abroad*. 戦争の終結がやがて盛んに噂された ▪ It *was noised about* that he had been arrested. 彼が捕えられたというもっぱらの評判だった.

nominate /nɑ́mənèɪt|nɔ́m-/ ***nominate a person for*** ㉑ 人を(ある地位)に推薦する ▪ He *was nominated for* the Mayoralty. 彼は市長職に推薦された.

nominate a person to ㉑ 人を(ある地位)に任命する ▪ He *was nominated to* the vacant post. 彼はその空いたポストに任命された.

nose /noʊz/ ***nose after [for]*** ㉓ ...を捜す ▪ You will have to *nose after* it to find it. 見つけたければ捜し回らなくちゃいけないだろう.

nose around [round, 《英》***about]*** ㉓ 《口》あちこち嗅ぎ回る, 捜し回る ▪ We've had reporters *nosing around* the hospital. このところ取材記者たちが病院のまわりをかぎ回っている ▪ Look, there's the village scandalmonger *nosing about* for more news. ごらんよ, あそこに村の悪口言いふらし屋がもっとニュースはないかと捜し回っているよ.

nose down ㉓ **1** 機首を下にして降りる ▪ The airplane *nosed down* out of the overcast. 飛行機は機首を下げて雲の中から降下して来た.

―㉑ **2** (飛行機)の機首を下げる ▪ She *nosed* the airplane *down*. 彼女は飛行機の機首を下げた. ⇨ ↔ NOSE up.

nose in ㉓ **1** 《地質》(地層・岩脈などが)沈下[傾斜]する ▪ A stratum is said to *nose in* when it dips beneath the ground. 地層が地下に落ち込む場合それは沈下すると言われる.

2 《口》前進して入る ▪ His car *nosed in* very slowly. 彼の車がゆっくり頭から入った.

nose in on ㉓ ...を盗聴する, 鼻を突っ込む, 干渉する ▪ You're always *nosing in on* my conversations. あんたは人の電話を盗み聞きしてばかりいる.

nose into ㉓ **1** 《口》...におせっかいする, 干渉する ▪ He is always *nosing into* what does not concern him. 彼はいつも自分にかかわりのないことにおせっかいをする.

―㉑ **2** 《口》...の中へ頭を突っ込む; にゆっくり前進して寄せる ▪ He *nosed into* bureau drawers. 彼はたんすの引きだしに頭を突っこんだ ▪ The train *nosed into* the station. 列車が駅に入った ▪ He *nosed* his car *into* the curb. 彼は車を頭から道路のへりに用心深く寄せた.

nose on [upon] a person ㉓ 《まれ》人を密告する ▪ He may *nose upon* us. 彼は我々のことを密告するかもしれない.

nose out ㉑ **1** 《口》...をかぎ出す ▪ I have seen a pack *nose out* the scent under an inch of snow. 猟犬の一群が1インチほどの雪の下のにおいをかぎ出すのを見たことがある ▪ If there is anything wrong, I'll *nose it out*. 何か変なことがあれば僕がかぎ出してやるよ.

―㉓ **2** 《米》わずかの差で勝つ ▪ He *nosed out* in the primary. 彼は大統領候補予選でわずかの差で勝った.

3 《地質》(地層・岩脈が)露出する ▪ The anticline *noses out* to the north. 背斜が北方に露出している.

nose over ㉓ 機首を突いてひっくり返る ▪ The airplane *nosed over*. 飛行機は機首を突いてひっくり返った.

nose up ㉓ **1** 機首を上にして上がる ▪ The airplane *nosed up* into the sky. 飛行機は機首を上にして空へ舞い上がった.

―㉑ **2** (飛行機)の機首を上げる ▪ He *nosed* the airplane *up*. 彼は飛行機の機首を上げた. ⇨ ↔ NOSE down.

nosh /nɑʃ|nɔʃ/ ***nosh on*** ㉑ ...の軽食をとる, を食べる ▪ We *noshed on* rolls and cream cheese at the reception. レセプションでロールパンとクリームチーズの軽食をとった.

notch /nɑtʃ|nɔtʃ/ ***notch A into B*** ㉑ Aに(V字形の)刻み目をつけてBの形にする ▪ He *notched* a square of wood *into* a star shape. 彼は四角い木切れを彫って星形を作った.

notch off ㉑ **1** (目印)に刻みをつけて消す ▪ They were *notched off* like a schoolboy's days anxious to see his parent. それらは親に会いたがっている学童の日付のように刻みをつけて消してあった.

2 ...を切りとばす ▪ His arms must *be notched off* at the elbow. 彼の腕はひじの所から切り落とさねばならない.

notch out ㉑ ...を切り除く ▪ It was rhombic in shape with a corner *notched out*. それは一角を切り取った斜方形であった.

notch up ㉑ **1** (勝利など)を収める ▪ Our team has *notched up* another win. わがチームはまたも勝利を収めた.

2 ...を刻み目をつけて記録する《比喩的にも》▪ We *notched* the votes *up* on three sticks. 我々は票数を3本の棒に刻みつけた ▪ I'll *notch* your faults *up*. 君の欠点を数え上げてみよう.

note /nout/ ***note down*** 他 ...を書き留める ▪ The secretary *noted down* the date of the meeting in his memorandum book. 秘書はメモ帳に会合の日付を書き留めた.

notify /nóutəfài/ ***notify*** *a person* ***of*** 他 人に...を通知する ▪ I *notified* him *of* the day of my visit. 私は彼に私が訪問する日を通知した.

notify ... to a person 他 人に...を通知する ▪ The date of the demonstration must *be notified to* the police beforehand. デモの日程はあらかじめ警察に通知しなければならない.

number /nʌ́mbər/ ***number*** *A* ***among*** *B* 他 《文》AをBの中に数える ▪ I *number* Tom *among* my best friends. 私はトムを親友の一人に入れている ▪ Those men *are numbered among* the foremost of their respective lands. その人たちはそれぞれの国では第一人者に数えられている.

number into [***in***] 自 数が...にのぼる, 合計...になる ▪ They *number into* the hundreds. 彼らの数は数百にのぼる ▪ Casualties in the war *numbered in* the hundreds. その戦争の死傷者は数百人に達した.

number off 自他 《英》(教練などで)番号を言う[言わせる] (=《米》COUNT off 3) ▪ Soldiers *numbered off* one by one from left to right. 兵士は左から右へ一人ずつ番号を言った ▪ The sergeant *numbered* the men *off*. 軍曹は兵士たちに番号を言わせた.

number up 他 ...を数え上げる ▪ They *number up* the veronica among relics. 彼らはそのキリストの顔を描いた布片を遺品の一つに数え上げている.

number *A* ***with*** *B* 他 AをBの中に含める ▪ I *am numbered with* its staff. 私もその部員の一人だ.

nurse /nəːrs/ ***nurse away*** 他 ...を介抱して取り去る ▪ But sleep *nursed away* her care. しかし眠りは彼女をいたわって心配を取り去った.

nurse *A* ***into*** *B* 他 AをBの形に発展させる ▪ He *nursed* embers *into* a flame. 彼は燃え残りを燃え上がらせた.

nurse through [***along***] 他 **1**(人)を(病気の間)介抱する ▪ She *nursed* her child *through* measles. 彼女は子供がはしかの間ずっと介抱した.

2...を助けて(困難)を切り抜けさせる ▪ He *nursed* his son *through* the exam. 彼は息子を助けて試験に合格させた ▪ She managed to *nurse* the company *through* hard times. 彼女は会社を大事にかばって不景気を切り抜けさせた ▪ He *nursed along* the failing business until it was making a profit. 彼は不採算部門を大切に守り抜き, 利益を出すまでにした.

nurse *A* ***to*** *B* 他 AをBの大きさに発展させる ▪ In this way crystals can *be nursed to* an enormous size. このようにして水晶は非常に大きなものになることがある.

nurse up 他 ...を大事に育て上げる ▪ He *nursed up* all the goats for himself. 彼は一人でそのヤギをみな育て上げた.

nut /nʌt/ ***nut out*** [***up***] 他 **1**《俗》...をよく考える ▪ I have been *nutting* the whole thing *up*. そのことをよく考えてみた ▪ I've got to *nut* it *out*. それを考えなければならない.

2《俗》気が狂う ▪ He would *nut up* if he didn't quit that job. あの仕事を辞めなければ, 彼は気が狂うだろう.

3《豪口》(解決策など)を作り出す, 考え出す ▪ The management and unions had a meeting to *nut* it *out*. 経営陣と労働組合側は, 解決策を見いだすために会合を持った.

nuzzle /nʌ́zəl/ ***nuzzle in*** [***into***] 自 ...に鼻をつっこむ ▪ "Oh, you beast!" he said, when the mare *nuzzled in* his neck. 「こら何をする」と彼は, 雌馬が彼の首すじに鼻を押しつけたとき言った.

nuzzle (***up***) ***at*** [***against, to***] 自 (犬・馬が)...に鼻をこすりつける ▪ The red mare ran to him, and *nuzzled* (*up*) *against* his breast. 赤っぽい雌馬が彼の所へ駆けよって鼻を胸にこすりつけた.

O

object /əbdʒékt/ ***object to*** 他 (物・事柄)に反対を唱える ▪ He *objects to* my dress. 彼は私のドレスに文句を言う ▪ I *object to* his doing it. 彼がそうするのに反対だ.

oblige /əbláidʒ/ ***oblige*** *a person* ***by*** *doing* 他 人の願いをいれて…する ▪ Please *oblige* me *by answering* the letter. なにとぞご返信お願いしあげます.

oblige with 自 (口)(特に一座の者に芸)をして見せてやる ▪ The chairman *obliged with* a song. 座長が歌を聞かせてくれた.

oblige *a person* ***with*** 他 **1**《文》人に恩義を施す, の願いを容れる ▪ Please *oblige* me *with* an answer. どうかご返事をください ▪ She *obliged* us *with* a song. 彼女は私たちに歌を歌ってくれた.
2 人に(お金など)を貸してやる, 融通してやる ▪ Could you *oblige* me *with* some money? 私にお金を用立てていただけませんか.

observe /əbzə́ːrv/ ***observe on*** [***upon***] 他 …について意見を述べる ▪ No one has *observed on* this fact. この事実について意見を述べた者は一人もいない.

obtain /əbtéin/ ***obtain*** *A* ***for*** *B* 他 AをBのために得させる ▪ Can you *obtain* the ticket *for* me? 切符を入手してもらえますか.

obtain *A* ***from*** *B* AをBから手に入れる ▪ You can *obtain* sugar *from* beet. ビートから砂糖が採れる.

obtain with 自 (意見などが)広く行き渡っている ▪ This idea *obtains with* most people. この考えは多くの人々が認めている.

obtrude /əbtrúːd/ ***obtrude on*** [***upon***] 他
1 …に出しゃばる, 口を出す ▪ One ought not to *obtrude on* others' privacy. 他人のプライバシーを犯してはならない.
2 (意見など)を人に押しつける, 無理強いする ▪ The president of the company often *obtrudes* his opinions on his employees. その会社の社長はしばしば自分の考えを従業員に押しつける.

occupy /ákjəpài|ɔ́kju-/ ***occupy*** *A* ***with*** *B* 他
1 A(場所)をBでふさぐ ▪ He *occupied* the castle *with* his army. 彼はその城を自らの軍勢で占拠した.
2 A(時間)をBにとる ▪ I *occupy* my spare time *with* reading. 空き時間には読書をする.
3 A(人)をB(事)に従事させる ▪ The teacher *occupied* the pupils *with* various activities. 先生は生徒たちにさまざまな活動をさせた.

occur /əkə́ːr/ ***occur to*** *a person* 自 〚しばしば it を主語にして〛心に浮かぶ, 思い出される ▪ A fresh idea *occurred to* me. 新しい考えが胸に浮かんだ ▪ It *occurred to* me that I had forgotten to take my purse with me. 財布を持ってくるのを忘れたということをふと思い出した ▪ It did not *occur to* me to mention it. それに触れることは頭に浮かばなかった.

off /ɔːf|ɔf/ ***off with*** 他 (口・戯)すばやく脱ぐ[取り除く] ▪ They *offed with* his head. 彼らは彼の首をすばやくはねた ▪ She *offed with* her diamond ring. 彼女はすばやくダイヤの指輪をはずした.

offend /əfénd/ ***offend against*** 他 《文》…に対して罪を犯す; にそむく, を犯す ▪ It *offends against* good taste. それはいい趣味に反する ▪ That man has *offended against* the canons of good behavior. あの男は行儀作法のおきてにそむいた.

offer /ɔ́ːfər|ɔ́fə/ ***offer at*** 自 《まれ》…を試みる ▪ I will not *offer at* what is beyond my power. 自分の力に余ることに手を出しません.

offer up 他 **1** (祈り)をささげる, (いけにえ)を供える ▪ He *offered up* his morning devotions. 彼は朝の祈りをささげた.
2 (建造物の一部)をきちんとはめて具合を見る ▪ Well, mate, we can't tell without *offering* it *up*. だって相棒, きちんとはめてみないことには何ともわからないよ.

officiate /əfíʃièit/ ***officiate as*** *A* (***at*** *B*) 自 《文》(Bで)Aの役目を務める ▪ John *officiated as* chairman *at* the meeting. その会合でジョンが議長を務めた.

officiate at 自 …で儀式を行う, 司式する ▪ Father John *officiated at* the funeral. ジョン神父が葬儀を司った.

offset /ɔ́ːfsèt|ɔ́f-/ ***offset*** *A* ***against*** *B* 他 AをBと相殺する, 埋め合わせる ▪ Your donations to charity can be *offset against* tax. 慈善事業に寄付をすれば納税と相殺される.

ogle /óugəl/ ***ogle at*** (女性)に色目を使う ▪ I hate being *ogled at* by men. 私は男の人たちに色目を使われるのはきらいです.

oil /ɔil/ ***oil in*** [***out***] 自 他 《英俗》こっそり入る[抜け出す]; …をそっと入れる[出す] ▪ The thief *oiled* the wallet *out* from the bystander's pocket. コソ泥は見物人のポケットから財布をこっそり抜き取った.

oil over 他 …の一面に油を塗る ▪ She *oiled* herself *over* before sunbathing. 彼女は日光浴の前に体中に油を塗った.

oil up 他 …に油を塗る[差す] ▪ You'll have to *oil up* the engine. エンジンにオイルを差さないといけないな.

omit /oumít|əm-/ ***omit*** *A* ***from*** *B* 他 BからAを省く ▪ *Omit* this word *from* the list. その表からこの語を省きなさい.

on /an, ɔːn|ɔn/ ***on with*** …を身につける ▪ He *onned with* his mask as soon as someone entered the room. 誰かが部屋に入るとすぐに彼はマスクをつけた.

ooze /uːz/ ***ooze away*** 📋 (勇気などが)徐々にくじけていく ▪ My courage is *oozing away*. 私の勇気が徐々にくじけていっている.

ooze from [***out of, through***] 📋 (水分などが)にじみ出る, じくじく流れ出る ▪ Blood is *oozing from* the wound. 傷口から血がにじみ出ている ▪ Water *oozed out of* a rock. 岩の間から水がにじみ出た ▪ Oil was *oozing through* the crack. 油が裂け目からにじみ出ていた.

ooze out 📋 **1** (水分などが[を])じくじく出る[出す] ▪ His boots were *oozing out* water. 彼のブーツは水をじくじく出していた.
— 📋 **2** (秘密が)漏れる ▪ Rumors began to *ooze out*. いろんな噂が漏れだした.

ooze with 📋 **1** (物が液体)を出す, でにじむ ▪ The wound was *oozing with* blood. 傷口からは血がにじみ出ていた.
2 (感情などが)にじみ出る, あふれ出る ▪ Her e-mail *oozed with* good will. 彼女のメールには好意がにじみ出ていた.

open /óupən/ ***open into*** 📋 (ドア・部屋が)…に通じる ▪ The passage *opens into* the big hall. この廊下は大広間に通じる.

open off 📋 (ドア・部屋が)…につながる, (廊下・道路が)に通じている ▪ This street *opens off* the railway station. この通りは鉄道の駅に通じている.

open on 📋 …に面している ▪ This door *opens on* the street. このドアは通りに面している.

open onto 📋 …へ通じている, 外は…だ ▪ The room *opens onto* a narrow passage. その部屋から狭い通路へ出られる ▪ The kitchen door *opened onto* a patio. 台所のドアから出るとテラスだった.

open out 他 **1** …を広げる ▪ She had trouble *opening out* the map while driving. 彼女は運転しながら地図を広げるのに苦労した ▪ He *opened out* his arms to his guests. 彼は手を広げてお客を迎えた.
2 (話題・議論を)広げる, 展開させる ▪ I tried to *open out* the conversation. 他のことを話し合おうとした.
3 開いて…を出す ▪ We were *opening out* some necessary things. 我々は必要な品を開いて出していた.
4 (鉱山・廃墟など)を開発する, 発掘する ▪ The Government has *opened out* a small coal mine. 政府は小さな炭鉱を開発した ▪ In one spot some ruins *were opened out*. ある個所で廃墟がいくつか発掘された.
5 …を発達させる ▪ He strived to *open out* his enterprise. 彼は自分の企業を伸ばそうと努力した.
6 (心)を開く, 打ち明ける ▪ For the first time he *opened out* his whole feelings to me. 彼は初めて彼の感情のすべてを私に打ち明けてくれた.
7 = OPEN up 8.
— 📋 **8** (花が)開く ▪ The tulips in the garden *opened out*. 庭のチューリップが咲いた.
9 (景色などが)広がる, 展開する ▪ The trees began to *open out*, and we came upon the meadow. 立木がまばらになって, 我々は牧草地にやって来た ▪ As we climbed higher, a wonderful view *opened out* before us. 高く登るにつれて, すばらしいながめが目の前に開けてきた.
10 (話題・議論が)広がる ▪ The debate started to *open out* and became more interesting. 議題が発展しておもしろくなった.
11 打ち解ける, 何もかも言ってしまう ▪ She *opened out* a little, and told me. 彼女は少し打ち解けて話してくれた ▪ Tom *opened out* freely. トムは思う存分打ち明け話をした.
12 (性格などが)発達する ▪ Her good qualities *opened out* as she grew in years. 彼女のよい性質が大きくなるにつれて発達した.
13 開業する (*in*) ▪ He has lately *opened out in* the glass trade. 彼は最近ガラス店を開いた.

open out on (***to***) 📋 (…に)通じる ▪ Our living room *opens out on to* the kitchen. うちの居間は台所に続いている.

open A to B 他 A(場所)をB(人)が利用できるようにする ▪ They *opened* the grounds *to* the public. その運動場の使用を一般に提供した.

open up **1** (店を)開く ▪ The firm is *opening up* a new branch here. その会社は当地に新しい支店を開こうとしている.
2 (包み)を開く, 広げ出す ▪ I *opened up* the package at once. 私はすぐその包みを開いた.
3 (土地・事業・学説など)を開く, 開発する ▪ They *opened up* a new and tempting branch of trade. 彼らは新しくおもしろい仕事の分野を切り開いた ▪ That view of political economy *was* first *opened up* by Ricardo. その財政観はリカードが初めて創始した ▪ They *opened up* a new mine. 彼らは新しい鉱山を開発した.
4 (話題)を広げる ▪ I wanted to *open up* the conversation. もっと自由に話せるようにしたかった.
5 …をあばく ▪ This inquiry, however, *opens up* the master fallacy. しかし, この調査により一番大きな誤りがあばかれることになる.
6 …を切開する ▪ The surgeon *opened up* the man's stomach. 外科医はその男の胃を切開した.
7 (可能性)を切り開く ▪ This may *open up* new possibilities. これで新しい可能性が切り開かれるかもしれない.
8 《口》(車のエンジン)の絞り弁を開く, 加速する ▪ She'd do ninety if I *opened* her *up*. その車の絞り弁を開いたら90キロ出せる.
9 (国内の)交通[通商]を容易にする ▪ The building of speedways *opened up* the interior of the country. 高速道路ができて国内の流通がスムーズになった.
10 (レース・競走で)リードする, 差をつける ▪ Our team *opened up* a lead of more than ten minutes. わがチームは10分以上リードした.
— 📋 **11** 《口》口を割る, 打ち解けて話す, 心を開く ▪ We tried to question him about it, but the ambassador refused to *open up*. 我々はそれについて

尋ねようとしたが、大使は口を割ろうとしなかった. ▪ He seldom *opens up* to a stranger. 彼が初対面の人に打ち解けることはめったにない.

12 [[主に命令文で]] 戸を開ける ▪ *Open up* and let me in. 戸を開けて中へ入れてくれ.

13 (障害物を取り除いて)見える[通れる, 使える]ようになる ▪ Avenues of wealth *opened up* so readily. 富を得る道がとても楽々と開けてきた.

14 開店する ▪ We *open up* at 10. 10時開店《掲示》.

15 射撃を開始する ▪ Suddenly the enemy guns *opened up*. 突然, 敵の砲が射撃を開始した.

16 (口)(車の)スピードを上げる ▪ Let the car *open up*. 車のスピードを上げよう.

17 (試合が)活発になる ▪ The game *opened up* in the second half. 後半でゲームが活発になった.

18 (道が)広くなる ▪ The road *opens up* at the bend. 道路は曲がり目の所から広くなる.

19 咲く ▪ The rose buds began to *open up*. バラのつぼみがふくらみ始めた.

20 観衆[カメラ]に顔を向ける ▪ She *opened up* and greeted her fans with a huge smile. 彼女は観衆に顔を向け, 満面に笑みを湛えてファンたちに挨拶をした.

open up against 他 《米》(法案などに)攻撃の火ぶたを切る ▪ Shortly after the bill reached the floor, he *opened up against* it. その法案が議会に上程されてしばらくすると, 彼はそれに攻撃の火ぶたを切った.

open upon 自 …に面している ▪ Our room *opens upon* a view of the bay. 私たちの部屋から湾のながめが臨まれる.

open with 自 (書き物が)…で始まる ▪ His essay *opens with* a quotation from the Bible. 彼のエッセイは聖書からの引用文で始まっている.

operate /ápərèit | ɔ́p-/ ***operate against*** 自 **1** …に不利に働く, …を妨げる ▪ The scandal will *operate against* his reputation. このスキャンダルは彼の評判に悪い影響を及ぼすだろう.

2 …に作戦を実施する ▪ A strong force was *operating against* the enemy. 強力な軍隊が敵軍に作戦を実施していた.

operate on [upon] 自 **1** …に作用する, 効き目を表す ▪ The fear of resistance *operates upon* the mightiest monarch. 反抗の恐れはどんなに権力のある君主をも動揺させる. ▪ The medicine began to *operate on* the affected part. 薬が患部に効き始めた.

— 他 **2** …に手術を施す ▪ You cannot recover unless you *are operated upon*. 君は手術を受けないかぎり治らない.

opt /ɑpt | ɔpt/ ***opt for*** 他 …を選ぶ ▪ He *opted* for a by-pass to carry the goods. 彼は貨物を運ぶのにバイパスを選んだ.

opt in [into] 自 (選んで)…に参加する(ことに決める), 身を引く ▪ When they started a tennis club, I *opted in*. テニスクラブを始めたとき, 私は参加することに決めた. ▪ We are reluctant to *opt into* that association. あの協会に加入するのは気が進まない.

opt out (of) 自 (活動・組織から)脱退する(ことに決める) ▪ He *opted out of* the club. そのクラブから脱退することに決めた. ▪ I'm *opting out*. 僕はおりるよ.

order /ɔ́:rdər/ ***order abroad [away, back,*** etc.] 他 [[主に受身で]] …に洋行せよ[去れ, 下がれ, など]と命じる ▪ He has *been ordered abroad*. 彼は洋行を命じられた ▪ He *was ordered away* for health. 彼は保養に行かされた ▪ He *was ordered back* to Japan. 彼は日本へ帰国を命じられた.

order ... around [《英》*about*] 他 …を追い使う, こき使う ▪ He *orders* his assistants *about* in a way that is very offensive. 彼は腹が立つほど助手を追い使う.

order (A) for B 他 Bに(A)を注文してやる, 取り寄せる ▪ Shall I *order* a taxi *for* you? タクシーを呼びましょうか ▪ Will you *order for* me? 私にかわって注文してもらえるかしら.

order A ***from*** B 他 AをBに注文する ▪ I *ordered* some books *from* Maruzen. 丸善に本を数冊注文した.

order home 他 …に家[国]へ帰れと言う ▪ The ill-mannered boy *was ordered home*. その行儀の悪い男子生徒は家へ帰れと言われた.

order in 他 《米》**1** (人)に入れと命じる ▪ The teacher *ordered* the children *in*. 教師は生徒たちに入れと命じた.

2 …を注文して(特に大量に)仕入れる ▪ I have *ordered* men's shoes *in*. 私は紳士靴を大量に仕入れた.

— 自 他 **3** (…の)出前を頼む ▪ We *ordered in* pizza for lunch. 昼食にピザの出前を頼んだ ▪ I was too tired to cook, so I *ordered in*. 疲れて料理ができなかったので出前をとった.

order off 他 《スポーツ》(選手)を退場させる ▪ He *was ordered off* in the second half. 彼は後半戦で退場させられた. ☞*order off* the field ともいう.

order out **1** (警察・軍隊などに)出動を命じる ▪ The police *were ordered out* to control the situation. 警察は事態を収拾するため出動を命じられた. **2** (人)を出よと命じる (*of*) ▪ The boys *were ordered out* (*of* the room). 男の子たちは(その部屋から)出よと命じられた.

order to [into, up to] 他 …へ行け[入れ, まで上がれ]と…に命じる ▪ He *was ordered to* a warmer climate. 彼はもっと暖かい地方へ行くように命じられた ▪ He *was ordered up* to bed. 彼は2階へ上がって寝なさいと言われた.

order up **1** (ホテルで)飲食物を自室に取り寄せる ▪ He decided to *order up* breakfast. 彼は朝食のルームサービスを頼むことにした.

2 《トランプ》(相手に切り札)を捨てるように言う ▪ His antagonist *ordered* the king *up*. 彼の相手はキングを捨てるように言った.

3 …に前線勤務を命じる ▪ All the militia regiment *were ordered up*. すべての国民軍が前線勤務を命じられた.

orient /ɔ́ːriənt/, 《英》**orientate** /ɔ́ːriəntèɪt/
orient to [toward] 圓 …に適応する, 慣れる ▪ I found it hard to *orient* to the community. その共同社会になかなか馴染めなかった.

orient A to [toward] B 他 **1** AをBに適応させる, 慣らす ▪ We tried to *orient* the freshmen *to* college life. 新入生を大学生活に順応させようとした.
2 AをBの方向に向ける ▪ I *oriented* the telescope *to* Mars. 望遠鏡を火星に向けた.

originate /ərídʒənèɪt/ *originate from* 圓 (ある原因)から起こる, に起因する ▪ Coal of all kinds has *originated from* the decay of plants. 石炭はすべて植物の腐食から生じた.

originate in 圓 (ある事柄)から起こる, に起因する ▪ The war *originated in* national rivalry. 戦争の起こりは国家間の拮抗からだった.

originate with a person 圓 人から始まる, 人が発起人である ▪ The scheme *originated with* the King himself. その計画の発起人は王自身であった ▪ The theory *originated with* Dr. Einstein. その学説の提唱者はアインシュタイン博士だった.

ornament /ɔ́ːrnəmènt/ *ornament A with B* 他 AをBで飾る ▪ She *ornamented* her hat *with* feathers. 彼女は帽子を羽毛で飾った.

oscillate /ásəlèɪt|ɔ́s-/ *oscillate about [around]* 圓 …のあたりを変動している ▪ Prices are *oscillating around* last week's average. 物価は先週の平均のあたりを変動している.

oscillate between 圓 (2極間)を揺れ動く, ぐらつく ▪ He *oscillated between* two opinions. 彼は二つの意見のどちらを採ろうかと迷った.

oust /aʊst/ *oust A from B* 他 **1** A(人)をB(場所・地位)から追い出す ▪ The mayor *was ousted from* office by the recall. 市長はリコールによって職を追われた.
2 (法) A(人)からB(世襲財産・権利など)を奪う, 取り上げる ▪ They *ousted* him *from* his inheritance. 彼らは彼から遺産を取り上げた.

out /aʊt/ *out with* 他 **1** 《口》…を取り出す ▪ He *outs* carelessly *with* another book. 彼はむんちゃくにもう1冊の本を取り出す.
2 …を口に出す ▪ He often *outs with* a lie. 彼はよく嘘をつく.

overflow /òʊvərflóʊ/ *overflow with* 圓 …であふれるほど一杯である ▪ His heart was *overflowing with* happiness. 彼の心は幸福であふれんばかりだった.

owe /oʊ/ *owe for* 圓 …の代金の借金がある ▪ He still *owes for* his car. 彼はまだ車の代金を払わなければならない.

owe a person *A for B* 他 B(恩)に対して人にA(感謝など)をささげなければならない ▪ I *owe* him thanks *for* my success. 私の成功に対して彼にお礼を言わなければならない ▪ I *owe* you *for* your services. ご尽力に対してお礼を言わねばなりません《直接目的語を省いた形》.

owe A to B 他 **1** B(人)にA(金など)を借りている ▪ I *owe* ten dollars *to* him. 彼に10ドル借りている ▪ He does not *owe to* any man. 彼は誰にも借りがない《直接目的語を省いた形》.
2 AをBに負うている, AはBのおかげだ ▪ I *owe* it *to* you that I am still alive. 私がまだ生きているのは君のおかげだ ▪ I *owe* my success *to* good luck. 私が成功したのは運がよかったからだ.
3 B(人)にA(感謝など)をささげなければならない ▪ I *owe* no thanks *to* her. 彼女には何も礼を言うことはない ▪ We *owe* obedience *to* our parents. 我々は両親には服従しなければならない.

own /oʊn/ *own to* 圓 …を白状する ▪ He *owned to* the theft. 彼は盗んだと白状した ▪ He *owned to* having done so. そうしたことを彼は白状した.

own up 《口》(特に詰問されて)すっかり[潔く]白状する (*to, that*) ▪ On being arrested he *owned up to* his crime [having done so]. 捕えられると彼は罪を[そうしたと]すっかり白状した ▪ When I asked him, he *owned up* it was so. 彼に尋ねてみたら, そうだと潔く白状した.

P

pace /péɪs/ **pace about** [**(a)round**] 自 他 (…を)歩き回る ▪ The bear *paced about* (its cage). クマは(おりの中を)歩き回った.

pace away 他 (時)をぶらついて過ごす ▪ He *paced away* the pleasant hours of ease. 彼は気楽な数時間をぶらついて過ごした.

pace off 他 (距離の一部)を歩測する ▪ He *paced off* a distance of 30 yards. 彼は30ヤードの距離を歩測した.

pace out 他 …の長さを歩測する ▪ He *paced out* the room. 彼は部屋の長さを歩測した.

pace to and fro 自 (通例悩んで)行ったり来たりする ▪ He *paced to and fro*, worrying about his missing friends. 彼は行方不明の友人たちを案じて行ったり来たりしていた.

pace up and down 自 (通例悩んで)行ったり来たりする ▪ He *paced up and down* in the waiting room. 彼は待合室の中を行ったり来たりした.

pack /pæk/ **pack away** 他 **1** …を荷造りしてしまい込む ▪ I *packed away* my things. 持ち物をまとめてしまい込んだ.

2 (ラグビー)(大量の食べ物)を平らげる ▪ I can *pack away* a pound of steak at one meal. 僕は1回の食事に1ポンドのステーキを平らげることができる.

— 自 **3** (使わないときは)小さく折りたためる ▪ This jacket *packs away* neatly into its own pocket. この上着はそれ自体のポケットに小さく折りたたみこめる.

4 荷物をまとめてさっさと出て行く ▪ He *packed away* on a wet morning. ある雨の朝彼は荷物をまとめて出て行った.

pack down 他 **1** 固まりになる ▪ The snow *packed down* hard. 雪が堅い固まりになった.

2 (ラグビー)スクラムを組む ▪ The players are *packing down* in the middle of the field. 選手たちはフィールドのまん中でスクラムを組んでいる.

— 他 **3** …を(押し込んで)ぎっしり詰める ▪ Everything *is packed down* neatly inside. 何もかもが中にきちんと詰められている.

pack in 自 **1** (仕事などから)手を引く ▪ He *packed in* his career as a mason at 65. 彼は65歳でレンガ職人の仕事から手を引いた.

2 (人が)押し寄せる ▪ The crowds are *packing in*. 群衆が押し寄せて来ている.

3 (口)死ぬ; (エンジンなどが)動かなくなる; (臓器が)機能不全になる (→PACK up 3) ▪ The old man suddenly *packed in* during his sleep. 老人は眠っている間にぽっくり逝った ▪ My laptop has *packed in*. 私のノートパソコンが動かなくなった ▪ The more people drink, the faster their livers will *pack in*. 飲酒量が増すほど肝臓がやられる速さも増す.

— 他 **4** …をぎっしり詰める ▪ Can you *pack* more clothes *in*? もっと服を詰めることができますか.

5 (口)(大観衆)を集める, 引きつける ▪ That rodeo really *packed* them *in*. そのロデオは本当に大観衆を集めた.

6 (英口)(仕事・タバコなど)をやめる ▪ I am thinking of *packing in* my new job. 私は今度の仕事はやめようと思っている.

7 (口)(人)の雇われをやめる; (人)との(性的な)縁を切る, (恋人)を振る ▪ Mary *packed* her boyfriend *in*. メアリーはボーイフレンドとの縁を切った.

pack into 自 …へぎっしり入る ▪ People *pack into* the cinema on a wet day. 雨の日には映画館はすし詰めだ.

pack A into B 他 AをBにぎっしり詰め込む ▪ People *were packed into* the train. 人々は列車にぎっしり詰め込まれた.

pack off 他 **1** (人)を追いやる; を解雇する ▪ She *packed* her children *off* to bed. 彼女は子供たちをベッドへ追いやった ▪ I *packed* him *off* at an hour's notice. その男を早速首にした.

2 …を荷造りして送る ▪ I *packed* a pair of shoes *off* to my son. 私は靴を1足荷造りして息子に送った.

3 = PACK away 3.

pack out 他 **1** …を満員にする ▪ The public hall *was packed out* for the lecture-meeting. 公会堂は講演会のため満員だった.

2 …にいっぱい詰める ▪ I *packed out* the casing with paper. 私はその箱に紙をいっぱい詰めた.

pack together 他 …をぎっしり詰める ▪ People *were packed together* in a room. 人々は一部屋にすし詰めになっていた.

pack up 他 **1** (荷物)をまとめる ▪ We *packed up* our provisions. 我々は食料の荷造りをした.

— 自 **2** (旅のために)荷物をまとめる ▪ She has nothing at present in her head but *packing up*. 彼女は目下旅の荷物をまとめることしか念頭にない.

3 (英口)死ぬ; (エンジンが)動かなくなる; (臓器が)機能不全になる ▪ Poor old Bill has *packed up* at last. 気の毒にビルはとうとうくたばった ▪ One of the engines *packed up*. エンジンの一つがダメになりやがった ▪ It's not surprising that his liver *packed up* after thirty years of heavy drinking. 30年も深酒を続けたのだから彼の肝臓がだめになったのも無理はない.

— 自 他 **4** (英口)仕事をやめる[終える] ▪ I am afraid we shall have to *pack up*. 我々は仕事をやめねばならないのではないか ▪ *Pack up* your books now, John. It's bed time. もう本を読むのはよしなさい, ジョン. 寝る時間ですよ.

pack (up) A with B 他 〔主に受身で〕AにBをいっぱい詰める ▪ The car *was packed with* passengers. 電車は満員だった ▪ His mind *is packed up*

package

with information. 彼の頭は知識がいっぱい詰まっている.

package /pǽkɪdʒ/ ***package up*** 他 《米》...の荷造りをする, を包装する ▪ Dad *packaged up* his daughter's books and mailed them to her. 父は娘の本の荷造りをして彼女に郵送した.

pad /pǽd/ ***pad out*** 他 **1**(衣類など)にパッドを入れる ▪ The shoulders of his coat *were padded out*. 彼の上着の肩にはパッドが入れられた.

2(文章などを)引き延ばす(*with*) ▪ Don't *pad out* sentences *with* unnecessary words. 不必要な語を加えて文章を引き延ばしてはいけない.

3...を広げる, 増す ▪ To *pad out* his income he farmed the 261 acres around his house. 彼は収入を増すために家の周囲にある261エーカーの土地を耕作した.

pad up 自 《クリケット》(打者が)すね当てをつける ▪ The next batsman is *padding up*. 次の打者はすね当てをつけているところだ.

paddle /pǽdəl/ ***paddle in*** [***on, with, about***] 他 (指で)...をいじる, いじくる ▪ He *paddled in* her neck. 彼は彼女の首をいじくった ▪ Didn't you see her *paddle with* the palm of his hand? あの女性が彼の手の平をいじっているのを見なかったのか.

page /péɪdʒ/ ***page down*** 自 《電算》(コンピューターで)次のページを出す ▪ Can I *page down* to get additional information? もっと情報を得るために次のページを出してもいいですか.

page through 他 《米》(たいして読まずに)ぱらぱらとページを繰る(→ LEAF through) ▪ He *paged through* the papers over a cup of coffee. 彼はコーヒーを飲みながらその書類のページをめくった.

page up 他 **1**《米》(印刷物)をページ順に並べる ▪ Please *page* these papers *up* for me. この文書をページ順に並べてください.

― 自 **2**《電算》(コンピューター文書・ウェブページなどを)先[後ろ]に進む ▪ You can *page up* or down using the scroll bar at the side of the screen. 画面の横にある画面移動(スクロール)のバーを使うことで, 前後に進むことができます.

paint /péɪnt/ ***paint after*** 自 (流派)に従って描く ▪ He *paints after* the Kano school. 彼は狩野派の絵を描く.

paint in 他 (絵に)...を描き加える ▪ He *painted in* the foreground. 彼は前景を描き加えた.

paint on 他 ...を描いてつける ▪ His moustache *was painted on*. 彼の口ひげは描いてつけたものだった.

paint out 他 ...をペンキで塗りつぶす[消す] ▪ The ship's name *was painted out* and replaced with a new one. 船名がペンキで塗りつぶされ別名に取って代わられていた.

paint over (文字など)をペンキで塗りつぶす[上塗りする] ▪ We have to *paint over* the graffiti on the wall. 壁の落書きを塗りつぶさなければならない.

paint up 他 《英》...を塗り上げる; をきれいに塗装する ▪ Many airliners *are* beautifully *painted up* these days. 近頃では多くの旅客機に美しい塗装が施されている ▪ His house had *been painted up* in amazing colours. 彼の家は驚くような色彩に塗装された.

pair /péər/ ***pair off*** 他 **1**...を二つ[二人]ずつ並べる, 二つ[二人]一組に分ける ▪ The dancers *were paired off* by the master of ceremonies. 踊り手たちは司会者に二人ずつ並ばされた.

― 自 **2** 二人ずつ去る[離れる] ▪ The other guests *paired off* among themselves. 他のお客も二人ずつ立ち去った.

3《口》結婚する ▪ Some of my friends have *paired off* and have families. 友人の中には結婚して子供のいる者もいる.

pair off with **1**(人)を...と組ませる ▪ I *was paired off with* John in the game. そのゲームで私はジョンと組まされた.

2...と二人ずつ組になる;《口》と結婚する ▪ Each girl *was paired off with* a boy. どの女の子も男の子と二人ずつ組になった ▪ Now he is free to *pair off with* the lively widow. 今や彼は自由にあの生き生きした未亡人といっしょになれる.

― 自 **3**(議会で反対党の一人)と申し合わせて採決に加わらない ▪ He *paired off with* General Thornton in the vote. 彼はソーントン将軍と申し合わせてその採決に加わらなかった.

pair up **1**...を対にする; を組み合わせる ▪ She *paired up* the gloves. 彼女は手袋を一組にまとめた ▪ *Pair up* offensive and defensive players one-on-one. 攻撃と守備の選手をマンツーマンで2人1組にしなさい.

― 自 **2** 対になる; つがう ▪ The blackbird *pairs up* in autumn. クロウタドリは秋につがう.

3(...と)組む, つり合う(*with*) ▪ Jane decided to *pair up with* Jim for the dance contest. ジェインはダンス・コンテストでジムと組むことにした ▪ This tie will *pair up with* your suit. このネクタイはあなたの服につり合うでしょう.

pair with 他 **1**...といっしょになる; とつがう ▪ Hawks do not *pair with* the humble linnet. タカは卑しいベニヒワなどとつがわない.

2...ととり合う ▪ There was no other figure which could *pair with* Barbara's. バーバラの姿とつり合うような姿は他になかった.

pair A with B 他 AをBと対にする ▪ *Pair* the writer *with* his statement. 作家とその言った言葉を結びつけよ.

pal /pǽl/ ***pal around*** [《英》***about***] ***with*** 自 《米俗》...と友だちとしてつき合う ▪ He is *palling around with* Ed. 彼はエドと友だちづき合いをしている. ▫ロマの言葉の pal ("brother"の意) から来ている.

pal (in, on,* 《英》*up) with 自 《口》...と友だち[仲よし]になる ▪ You should *pal up with* him. He's the man to help you. あの人と友人になるべきだ. あの人こそ助けてくれる人だ.

pale /péɪl/ ***pale at*** 自 ...を見て[聞いて]青ざめる ▪ He *paled at* the sight of a lion. 彼はライオンを見

pale beside [*before*] 他 …の前に顔色がない, より見劣りがする ▪ All other beauty *pales before* the beauty of holiness. 聖なる美の前では他のすべての美は色あせてしまう ▪ This typhoon *pales beside* the one we had last year. 今回の台風は去年来たのに比べればまだ弱い方だ.

pall /pɔːl/ *pall on* [*upon*] 他 (心・感覚・人)に飽きがくる, 興味がなくなる ▪ The pastime began to *pall on* him. その娯楽は彼には興味がなくなり始めた.

pall with 他 …にあきあきしてくる ▪ We have really *palled with* terrorists. 我々はこれまでテロリスト連中には全くウンザリしてきた.

palm /pɑːm/ *palm off* 他 (口) **1** …をごまかす, (自分に要らないもの)をつかませる (*on*) ▪ I asked for butter, but they *palmed off* margarine *on* me. バターをくれと言ったのにマーガリンをつかませされた. ▪ You're trying to *palm* your old computer *off on* me! お前さんの古いコンピューターをつかませようって算段だな.

2 (人)をだまして…を押しつける, 偽って売りつける (*with*); (不賛成の意を示して)…に嘘の説明[満足の行かない言い訳]をする (*with*) ▪ The salesman *palmed* me *off with* imitation pearls. セールスマンは私に模造真珠をつかませた. ▪ She tried to *palm* us *off with* some story about her mother being sick. 彼女は私たちをだまそうとして母親が病気だとでっちあげた. ☞手のひら(palm)の中に隠すことから.

palm A off as B/*palm off A as B* 他 A(にせ物)をB(本物)だと言ってつかませる ▪ He *palmed* the girl *off as* a real Hollywood actress. 彼はその女の子を本物のハリウッド女優として紹介した. ▪ He tried to *palm off* the painting *as* a genuine Cézanne. 彼は本物のセザンヌと偽ってその絵を売りつけようとした.

palter /pɔ́ːltər/ *palter with* 他 〈文〉**1** (事実など)をいいかげんに扱う ▪ Don't *palter with* the question. その問題をいいかげんにあしらってはだめだ.

2 (人)をごまかす ▪ Don't *palter with* us. 我々をごまかさんでくれ.

palter with a person about 他 …のことで人に掛け合う[値切る] ▪ She *paltered with* the grocer *about* the price. 彼女は値段のことで食料品屋と掛け合った.

pan¹ /pæn/ *pan for* 他 椀がけして(砂金)を捜す ▪ They *panned for* gold in streams. 彼らは川で椀がけして砂金を捜した.

pan off 自 (砂金を取るために土砂を)選鉱なべで洗う ▪ The gold was finally recovered by careful "*panning off*" in a smaller pan. その金は丹念に比較的小さいなべで洗っついに得られた.

pan A off on B 他 〈米・まれ〉BにAをつかませる ▪ He was trying to *pan* the dirty lie *off on* the public. 彼はそのたちの悪い嘘を一般の人々に信じさせようとしていた.

pan out 自 **1** (選鉱なべで洗うと)砂金が出る, 金を産出する ▪ The land *panned out* handsomely. その土地からはどっさり砂金が出た.

2 〈口〉結果が出る, うまくいく, 成功する ▪ Let's see how things *pan out*. 事態がどう推移するか見守ろう ▪ Our investment did not *pan out* satisfactorily. 私たちの投資は満足にいかなかった ▪ Unfortunately this business did not *pan out*. 不幸にもこの事業は成功しなかった.

— 他 **3** 〈米豪〉…を出す ▪ The room on being searched only *panned out* a few copper coins. その部屋を捜してみると銅貨が2, 3枚出てきただけだった.

4 = PAN off.

pan up 自 〈米・まれ〉すっかり支払う ▪ They are politely notified to *pan up*. 彼らは支払うように丁重に通知されている.

pan² /pæn/ *pan across to* 自 (映画・テレビで)カメラがパンして[被写体の動きを追って]…を映し出す ▪ The camera operator *panned across to* the house right opposite. 撮影技師はカメラを振って真向かいの家を映し出した.

pan in [*out*] 自 (カメラが)狭角[広角]に回転する ▪ The camera *panned out* to pick out the mob. 群衆を撮影するためカメラが広角に回転した.

pander /pǽndər/ *pander to* 他 (悪事など)を取り持つ; (人)に迎合する ▪ The yellow papers *pander to* vice and crime. イエローペーパー(扇情紙)は悪や犯罪を取り持つ ▪ Those writers *pander to* the lower tastes of the young. そういう作家は若者の劣情をそそのかす. ☞ pander < Pandarus (Chaucer, Boccaccio の物語で Cressida を Troilus に取り持った男).

panic /pǽnɪk/ *panic A into B* 他 Aにあわててほさせる ▪ Don't let them *panic* you *into* a decision. 君にあわてて決心させるようなまねを彼らにさせてはならない.

pant /pænt/ *pant along* あえぎながら進む ▪ The dog *panted along* behind its master's horse. 犬は主人の馬の後をあえぎながら進んだ.

pant for [*after*] 他 …を切望する ▪ He *panted for* knowledge. 彼は知識を切望した ▪ My soul *pants after* God. 私の魂は神を恋い求める.

pant out 他 あえぎながら…を言う ▪ He *panted out* his message. 彼はあえぎながら伝言を言った.

paper /péɪpər/ *paper out* 他 (寒さ)を紙を目張りをして防ぐ ▪ We must *paper out* the cold wind. 紙で目張りをして冷たい風を防がねばならない.

paper over **1** …を紙でおおう, 壁紙を貼る ▪ She *papered over* the stain on the wall. 彼女は壁のしみを紙でおおった.

2 (組織内の欠陥・不一致など)を取り繕う, おおい隠す ▪ The party's disagreement has *been papered over*. 党の不一致は取り繕われた.

paper up 他 …に紙をかぶせる ▪ The boy *papered up* the book covers. 少年はその本の表紙に紙をかぶせた.

parachute /pǽrəʃùːt/ *parachute in* 他 …に部外者を連れてくる[投入する] ▪ They objected to *parachute in* the riot police to the campus dispute. 彼らは学園紛争に機動隊を投入することに反対し

parachute *A in* [*into*] *B* 他 A(部外者)をBに配置する ▪ He *was parachuted in* the firm to reinforce the management base. 彼は経営基盤を強化するためにその会社に配置された.

paragon /pǽrəgɑ̀n|-gən/ ***paragon*** *A with B* 他 《詩》AとBを比較する ▪ She is an excellent woman, to *be paragoned with* the famous women of old. 彼女は昔の有名な女性とも比肩できるようなすぐれた女性だ.

parcel /pɑ́ːrsəl/ ***parcel off*** 他 **1** (売却しやすいように)…を小分けにする ▪ The board of directors are *parceling off* most of the company's assets. 役員会は会社の資産のほとんどを小分けにしているところだ.

2 …を分派させる ▪ We *were parceled off* to our different destinations. 我々はそれぞれの目的地へ分派された.

parcel out …を分配[分割]する ▪ The captain *parceled out* the spoils among his crew. 船長は分捕品を乗組員に分配した.

parcel up 《英》…を小包にする ▪ He *parceled up* some Christmas presents. 彼はクリスマスの贈り物を小包にした.

pardon /pɑ́ːrdn/ ***pardon*** *a person for doing* 人が…したのを容赦する ▪ *Pardon* me *for contradicting* you. 反対意見を言ってお許しください.

pare /peər/ ***pare away*** 他 **1** …をはがして取る; (不要部分)をそぎ落とす ▪ He *pared away* layers of scales from the sides of the fish. 彼はその魚の脇腹からうろこをはがして取った ▪ Alice has *pared away* about two-fifths of the text. アリスはテクストの約5分の2を削り落とした.

2 = PARE off.

pare down [***back***] 他 **1** (入費など)を切りつめる, 削減する ▪ We have *pared down* the expenses to the limit. 私どもは経費をぎりぎりまで切りつめた ▪ The government *pared back* the annual expenditure by twelve percent. 政府は歳出を12%削減した.

2 …を少しずつ減らす ▪ With a knife he *pared down* the stick. 彼はナイフでその棒を少しずつ削った.

pare off 他 (ふち・かどなど)を削り取る, むく ▪ She *pared off* the potatoes. 彼女はジャガイモの皮をむいた.

park /pɑːrk/ ***park in*** 他 駐車車両が出て行けないように[動けないように]ふさぐ[妨げる] ▪ The van stopped in the right lane of traffic and *parked my car in*. バンが通りの右車線をふさいでいたので私の車は出られなかった.

parlay /pɑ́ːrleɪ|-li/ ***parlay into*** 他 《米口》発展して…になる ▪ The town's project will *parlay into* a large city. その町のプロジェクトは大都市への発展につながるだろう.

parlay *A into B* 他 《米口》A(才能・資産など)を運用してBを得る ▪ Linda was able to *parlay* the funds *into* millions of dollars. リンダは資金を運用して何百万ドルも得ることができた ▪ Alice *parlayed* her relationship with her boss *into* an important job. アリスは上司との関係を利用して重要な仕事を得た.

part /pɑːrt/ ***part from*** 自 **1** 《文》…と別れる ▪ I *parted from* her reluctantly. 私はいやいや彼女と別れた.

— 他 **2** 《口》…を手放す ▪ I would by no means *part from* my precious bag. 私は大事なかばんをどうあっても手放しはしない.

part with 他 **1** …を(しぶしぶ)手放す ▪ He has *parted with* his house. 彼は家を手放した.

2 …を解雇する ▪ His employer *parted with* him with regret. 雇い主は涙を飲んで彼を解雇した.

3 (物質が熱・元素など)を発散する ▪ The substance *parts with* oxygen with the greatest facility. その物質はきわめて容易に酸素を発散する.

— 自 **4** 《まれ》…と別れる ▪ The ladies seemed very unwilling to *part with* my daughters. 婦人たちは私の娘と別れるのがとてもいやな様子だった.

partake /pɑːrtéɪk/ ***partake in*** 自 《文》…を共にする, …に参加する ▪ We *partake in* each other's joy. 我々はお互いに喜びを分かち合います ▪ He is *partaking in* the race. 彼はそのレースに参加する.

partake of 他 **1** いくぶん…の性質を帯びる, の気味がある ▪ He largely *partakes of* his father's character. 彼は父の性格を多分にうけている ▪ His manner *partakes of* insolence. 彼の態度には横柄な気味がある.

2 …をいくらか食べる[飲む](しばしば一人の場合に用いて) ▪ She *partook of* her solitary meals in the dining room. 彼女は食堂で一人で食事をした.

3 = PARTAKE in.

— 自 **4** 《文》…を相伴(しょうばん)する ▪ We invited him to *partake of* our fare. 私たちと食事を共にするようにその人を招いた.

participate /pɑːrtísəpèɪt/ ***participate in*** 自 《文》…にあずかる, 参加する ▪ He *participated* with her *in* her joy. 彼は彼女と喜びを共にした ▪ I did not *participate in* the plot. 私はその計画に関係しなかった.

participate of (特性など)の気味がある ▪ This poem *participates of* the nature of satire. この詩には風刺の気味がある.

partition /pɑːrtíʃən, pər-/ ***partition off*** 他 (部屋などを仕切る, [主に受身で]…を分割する ▪ He *partitioned off* half his little room to serve as a workshop. 彼は自分の小さい部屋を半分仕切って仕事場に当てた ▪ The manager's office was *partitioned off* from the shop floor. 部長のオフィスは仕切られて作業場とは別になっていた.

partition out …を分かち与える ▪ She *partitioned out* her clothes. 彼女は服を分かち与えた.

partner /pɑ́ːrtnər/ ***partner off*** [***up***] 自 《主に英豪・口》**1** (…と)二人一組になる (*with*) ▪ They *partnered off with* the person of their fancy. 彼らは自分と気の合ったものと二人一組になった ▪ Who

have you *partnered up with*? 誰と組んだの.
— [他] **2** (人)を二人一組にする ▪ She *partnered* everyone *off* for the dance. 彼女はダンスのためみんなを二人一組ずつにした ▪ The PE instructor *partnered up* the students and started a tennis tournament. 体育教師は学生を二人一組にし, テニスのトーナメントを始めた.

party /pάːrti/ ***party down*** [自] 《米俗》パーティーで浮かれて騒ぐ ▪ The baseball team *partied down* after winning the championship. 選手権を獲得して, その野球チームはパーティーで, はちゃめちゃに楽しんだ.

pass /pæs|pɑːs/ ***pass along*** [他] **1** …を(手から手へ)渡す, 回す ▪ Don't hold the tray; *pass* it *along*. 手に持っていないでトレイを次へ回しなさい.
— [自] **2** 立ってはいけない《巡査の命令》 ▪ The police officer said to the crowd. "*Pass along*, there!" 巡査は群衆に「おーい, 立っちゃいかん」と言った.
3 通って行く ▪ We *passed along* by the canal. 我々は運河のそばを通り過ぎた.
4 (乗物の)奥へ進む ▪ *Pass along*, please. 奥へお進みください《バスの車掌の言葉》.

pass around [自][他] 順次に回る[回す] ▪ Why doesn't he *pass around* the cake to the guests? どうして彼はお客さんにケーキを回さないのか ▪ The bottle of red wine *passed around* the table. 赤ワインのボトルが順々に食卓を回った.

pass away [自] **1** 死ぬ, みまかる ▪ The old lady *passed away* at six o'clock this morning. その老婦人はけさ6時に亡くなった. ☞die の婉曲語法.
2 (時が)過ぎる, 経つ ▪ The winter *passed away* rapidly. その冬はすみやかに過ぎ去った.
3 (人が)去る ▪ When he saw the girl *pass away*, he followed her quickly. 彼は少女が立ち去るのを見ると, 足早に後を追った.
4 (物が)なくなる, 終わる, 滅びる ▪ Most of his anger gradually *passed away*. 彼の怒りはほとんど徐々に治まった ▪ The fears of a general crisis are *passing away*. 一般的な危機の恐れはなくなりつつある.
5 (雨・あらしが)過ぎ去る, やむ[終わる] ▪ The storm *passed away* before dawn. あらしは夜明け前には過ぎ去った.
— [他] **6** (時)を過ごす ▪ He *passed away* the rest of the winter there. 彼はそこで冬の残りを過ごした.

pass back [他] **1** …を戻す ▪ I've given you the wrong book. *Pass* it *back*, please. 本をまちがって渡しました. どうか戻してください.
2 (ボールなど)を後ろへパスする ▪ The player *passed* the ball *back*. 選手はボールを後ろへパスした.

pass between [自] (言葉・視線などが人)の間で交わされる; (事が)…の間で起こる ▪ They never looked at each other, nor did a word *pass between* them. 彼らは互いに決して目を合わせなかったし, 一言もやりとりはなかった ▪ A look of understanding *passed between* Sue and Katie. わかったというふうな表情でスーとケイティーは顔を見合わせた ▪ Here the road *passes between* two rows of tall beech trees. ここでは道路は高いブナの並木の間を走っている.

pass beyond [自] …を超越する ▪ We cannot *pass beyond* the limits of our own faculties. 自分の能力を超越することはできない.

pass by [自] **1** 通り過ぎる ▪ He saw the porter *passing by*. 彼は門番が通り過ぎるのを見た.
2 (時・機会などが)過ぎ去る ▪ The years quickly *pass by*. 年月はすみやかに過ぎ去る ▪ They merely let the opportunity *pass by*. 彼らはただ機会が過ぎ去るままにまかせた.
3 …のそばを通り過ぎる ▪ I *passed by* your house yesterday. きのうお宅のそばを通りました.
4 …のそばを素通りする, 知らぬ顔をして通る, とすれ違う ▪ We *passed by* Jones this morning and would not speak to him. 我々は今朝ジョーンズのそばを知らぬ顔をして通り, 話しかけてやらなかった ▪ Life has *passed* him *by*. 人生が彼のそばをいたずらに過ぎて行った.
— [他] **5** …を見落とす, 無視する ▪ The facts *were passed by* as things out of his element. その事実は彼の得手でない事柄として無視された ▪ I cannot *pass by* the remark in silence. その言葉は聞き捨てするわけにいかない.
6 (難問など)を飛ばす, 避ける ▪ You can't *pass* the difficulty *by*. その難問を避けて通ることはできない.

pass down [他] **1** 〚主に受身で〛(伝統など)を伝える ▪ Their art has *been passed down* for centuries. 彼らの技術は何世紀もの間伝えられてきた.
2 〚主に受身で〛(古い服)を(弟・妹)に譲る ▪ Tom's clothes *were passed down* to his younger brother. トムの服は弟に譲られた.
— [自] **3** ＝PASS along 4.

pass for [他] **1** (しばしばにせ物が)…で通る, 通用する, とみなされる ▪ He *passes for* a great scholar. 彼は大学者としてまかり通っている.
2 …をおごる ▪ Come on. Let's go out. I'll *pass for* dinner. さあ, 出かけよう. 夕食をおごるよ.
— [自] **3** …になるために合格する ▪ His son hopes to *pass for* a doctor. 彼の息子は医者になるために合格したいと思っている.

pass forth [自] 出て行く, 立ち去る ▪ She *passed forth* with him in fair array. 彼女は美しく着飾って彼と出て行った.

pass forward [他] 《ラグビー》(ボール)を前方へパスする ▪ Smith *passed* the ball *forward* to Brown. スミスはボールを前方のブラウンにパスした.

pass from [自] …を離れる ▪ The fact has nearly *passed from* my memory. その事実はほとんど忘れてしまった ▪ The machine *passed from* use. その機械は使われなくなってしまった.

pass in [自] **1** 中へ入る ▪ We showed our tickets and were allowed to *pass in*. 我々は切符を見せて中へ入るのを許された.
2 《俗》死ぬ ▪ I want to breathe American air again before I *pass in*. 死ぬ前にもう一度アメリカの空気を吸ってみたい.

— 他 **3**(答案など)を提出する ▪ *Pass* your papers *in*. 答案を提出しなさい.
4(小切手など)を渡す ▪ I will *pass in* the cheque myself. 自分で小切手を渡すことにしよう.

pass into **1** ...となる, 移り変わる ▪ Day *passed into* night. 日が暮れて夜になった. ▪ The rain *passed into* snow towards the evening. 夕方頃には雨が雪に変わった.
2(人手に)渡る ▪ All have died, and their lands have already *passed into* others' hands. 彼らはみな死に絶えてその土地も既に人手に渡った.
— 他 **3**(合格して)...に入る ▪ It's not easy to *pass into* this school. この学校へ入るのは易しくない.

pass off **1**(会などがうまく)すむ[行われる] ▪ How did the wedding *pass off*? ―Everything *passed off* very well. 結婚式はどんなふうでしたか?―万事とどこおりなくすみました.
2(時が)過ぎる ▪ The day *passed off* calmly. その日は平穏に過ぎた.
3(感覚・水分などが)次第に消えうせる ▪ After a little the pain *passed off*. しばらくすると痛みは薄らいでいった ▪ Soon the thick mist began to *pass off*. その濃い霧はやがて消え始めた.
— 他 **4**(人)を(にせ物で)通させる;[再帰的に]...で通す(*for*, *as*) ▪ The boy was nearly four, but his mother *passed* him *off as* a baby. その男の子はかれこれ4つになっていたのに母親は赤んぼうで通させた ▪ He *passed* himself *off for* [*as*] my servant. 彼は私の使用人になりすました.
5(にせ物など)をつかませる ▪ He tried to *pass off* a bad coin upon me. 彼は私ににせ金をつかませようとした ▪ They are trying to *pass off* their wares as excellent. 彼らはあの品物を上等品だとしてつかませようとしている.
6(人の言など)を受け流す ▪ She hated his familiarity, but *passed* it *off* as a joke. 彼女は男のなれなれしさがいやだったが, 冗談として受け流した.

pass on 自 **1** 死ぬ, 亡くなる(→ PASS away 1)
▪ Mary was very sorry to hear that her first grade teacher had *passed on*. メアリーは1年生のときの担任が亡くなっていたと聞いてとても悲しんだ. ☞ die の婉曲語.
2(時が)経つ ▪ The day has *passed on* uneventfully. その日は平穏無事に過ぎていった.
3 進む, 先へ行く(*to*) ▪ *Pass on*, please, and do not obstruct the way. どうか先へ行って道をふさがないようにしてください ▪ The preacher *passed on to* his second head. 牧師は話をすすめて第2の題目に移った.
— 他 **4**(物)を次に回す; を(順に)伝える ▪ I *passed on* the job to him. 私はその仕事を彼に譲った ▪ The ring has *been passed on* from mother to daughter in his family. 彼の家ではその指輪は母から娘へと伝えられてきた ▪ I'll *pass* you *on* to our claims department. お客様を当方の損害査定部におつなぎいたします.
5(病気など)をうつす, 伝染させる ▪ The kid *passed on* the cold to the whole family. その子は家族全員に風邪をうつした.
6 = PASS down 2.
7...を遺伝させる ▪ His high blood pressure was *passed on* to his son. 彼の高血圧が息子に遺伝した.
8(技能)を伝授する ▪ The art of pottery *is passed on* to the next generation. 陶芸術は次の世代に伝授されていく.
9(利益など)を還元する(*to*) ▪ The savings will *be passed on to* the customer. その節約分は利用者に還元されよう.
10...を丁重に断る ▪ I *passed on* going to the movie with my friend because I was feeling sick. 気分が優れなかったので友人と映画を観に行くのをお断りした.

pass on [***upon***] 他 **1**(人)を欺く ▪ He has *passed upon* me very pleasantly. 彼はものの見事に僕を欺いた.
2《フェンシング》...を突く ▪ A well-experienced hand would *pass upon* you. 手練の手が突いてみせよう.
3(陪審員が)...を審理する ▪ The jurors will not need to *pass upon* him, for he has pleaded guilty. 陪審員たちはその男を審理する必要はないだろう, 有罪を認めたのだから.
— 自 **4**(法廷・裁判官・法が)...に判決を下す; (一般に)に判断を下す, 意見を言う ▪ A judge *passes on* questions of law. 裁判官は法律の問題に判決を下す ▪ I cannot *pass upon* the merits of this book. 私はこの本の価値について判断を下すことはできない ▪ George said he wanted his wife to *pass upon* the new house before he decided to buy it. ジョージはその新築の家を買うのを決める前に奥さんに意見を聞かせて欲しいと言った.
5(陪審員・巡回裁判などの)一員になる ▪ You are to *pass on* the assizes. あなたがたはその巡回裁判の一員となるのです.

pass out 自 **1** 出て行く ▪ He *passed* quietly *out* of the room. 彼はそっと室から出て行った.
2(口)死ぬ; (酔って)意識不明になる(*cold*) ▪ The man *passed out* this morning. その男はけさ死んだ ▪ He *passed out* of this life [*world*] last night. 彼は昨夜この世を去った ▪ He *passed out* (*cold*) on us. 彼が酔いつぶれて我々は困った.
3《英》(特に陸[海, 空]軍士官学校[警察学校]を)卒業する ▪ His son successfully *passed out* last year. 彼の息子は去年無事に陸士を卒業した.
— 他 **4**(教育課程など)を無事終了する ▪ She *passed out* a course in accounting. 彼女は会計学の課程を無事修了した.
5...を無料で配布する ▪ She had *passed out* 130 flyers. 彼女は130冊の本を無料で配布していた.

pass over **1**(向こう側へ)渡る ▪ He *passed over* to the other side of the street. 彼は通りの向こう側へ渡った ▪ Some of the regiments *passed over* to his standard. その連隊の一部は彼の旗のもと

2 《化学》(揮発性の物質が)レトルトから受けに凝縮する ▪ Alcohol will *pass over* unchanged. アルコールは変わらないままにレトルトから受けに凝縮する.
3 (時が)過ぎる; (事件が)終わる ▪ The night *passed over* without any trouble. その夜は事もなく過ぎた ▪ The journey *passed over* without much incident. 旅はたいした事件もなく終わった.
4 =PASS away 3.
5 (海・川・野原など)を横切る, 越える ▪ A dark cloud *passes over* the sky. 黒雲が空を通り過ぎる ▪ A change *passed over* his countenance. 彼の表情がさっと変わった ▪ A new bridge *passes over* the river. 新しい橋がその川の上にかかっている.
6 (ハープなど)をかきなでる ▪ He took a harp and, *passing over* its chords, made music. 彼はハープを手に取り, その弦をかきなでて演奏した.
— ⑲ **7** …を引き渡す (*to*) ▪ He *passed over* the house *to* his brother. 彼はその家を弟に引き渡した.
8 …を省く, 無視する ▪ As for the rest of my infancy I shall *pass* it *over* in silence. 私の幼年時代の他の部分については, 何も言わずに省くことにしよう ▪ The daughter *was passed over* in her father's will in favor of the grandson. 父親の遺言の中で娘は無視されて孫が受取人になっていた.
9 (無礼など)を大目に見る, 見のがす ▪ The sin was not to *be passed over* as a mere trifle. その罪は単なる小事として見のがすことはできなかった.
10 (話題など)を避ける ▪ The subject was preferred to *be passed over*. その話題は避けることにされた.
11 [主に受身で] (昇進から)…をはずす, の昇進を考慮しない (*for*) ▪ He *was passed over for* promotion. 彼は昇進からはずされた.
12 …を運搬する ▪ I *passed over* my goods without accident. 事故もなく品物を運んだ.
13 …をざっと片づける, にざっと眼を通す ▪ Let's *pass over* these questions first. まずこれらの問題をざっと片づけよう ▪ I just *passed over* the letter. I haven't studied it in detail. その手紙にはざっと眼を通しただけだ. まだ詳しく読んではいない.
14 (機会など)を逸する ▪ I can't afford to *pass over* this opportunity. この機会を逸することはできない.
15 …を復習する, 要約する ▪ Let's *pass over* the main points. 主な点をおさらいしてみよう.

pass round ⑲ ⓐ **1** (酒などを)回す, 回る ▪ *Pass* the cake *round* so everyone can take a piece. みなに一切れずつ行き渡るようにケーキを回しなさい ▪ The bottle *passes round* now. これからボトルが回ります.
2 …を回して巻く, 巻きつける ▪ *Pass* the elastic band *round* your fingertip. 指先に輪ゴムを巻きつけなさい.

pass through ⓐ **1** (…を)素通りする, 横切る ▪ We *passed through* a town at night. 我々は夜, 町を通り抜けた ▪ An idea *passed through* his mind. ある考えが彼の心をよぎった ▪ *Pass* freely *through*. 自由に通り抜けてください.
2 消化する, こなれる ▪ This fruit should *pass through* you in no time at all. この果物は本当にあっという間に消化するはずだ.
— ⑲ **3** (試練の歳月・逆境など)を切り抜ける, 経験する ▪ The nation has *passed through* a period of great anxiety. その国家は非常に不安な時期を切り抜けた ▪ This book has *passed through* many editions. この本は幾版も重ねた.
4 …を突き通す, 射抜く 《比喩的にも》 ▪ The bullet *passed through* his shoulder. その弾丸は彼の肩を貫通した ▪ No man is able to *pass through* the secrets of Art. 何びとも芸術の奥義をうかがい知ることはできない.
5 …を通り抜けさせる ▪ He *passed* the flour *through* a fine sieve. 彼は小麦粉を目の細かいふるいにかけた ▪ He *passed* the measure *through* the committee. 彼によってその案は委員会を通過した.
6 (学校)の課程を修了する ▪ He *passed through* four years of college. 彼は大学の4年の課程を修了した.

pass to ⓐ **1** (財産などが)…に伝わる ▪ His property *passed to* his heir. 彼の財産は相続人に伝わった.
— ⑲ **2** (物・言葉)を…に伝える, 渡す ▪ He *passed* the news *to* his wife. 彼はその知らせを妻に伝えた ▪ Please *pass* the bottle *to* me. ボトルを私の方へお回しください.

pass under …の下を通る ▪ We watched ships *pass under* the Brooklyn Bridge. 船がブルックリン橋の下を通過するのを見た.

pass up ⑲ **1** (申し出)を断る ▪ He *passed up* the offer of a good job. よい仕事の誘いがあったが彼は断った.
2 (口)(機会など)を逸する, 取り逃がす ▪ He *passed up* a chance for promotion. 彼は昇進の機会を取り逃がした.
3 (米口)…と絶交する, を放棄する, 無視する ▪ I finally decided to *pass* him *up* forever. 彼とはきっぱり絶交することにした ▪ I'll *pass up* college and get a job. 大学をやめて就職するつもりだ ▪ The customers are *passing up* the bookstores. お客さんたちは本屋を無視している.
4 (上にいる人に)…を持ち上げて渡す ▪ Please *pass up* the hammer. ハンマーを上の者に渡してください.

paste /peɪst/ ***paste in*** ⑲ …を書物の中に貼り込む, (写真)をアルバムに糊(ﾉﾘ)で貼る ▪ A bookplate *was pasted in*. 蔵書票が貼り込んであった ▪ The photo *is pasted in* the album and cannot be removed. その写真はアルバムに糊付けされているので剥がせない.

paste *A* ***into*** *B* A(写真など)をB(アルバムなど)に貼る ▪ I *pasted* stamps from all over the world *into* my stamp album. 世界のいろいろな国の切手をスタンプアルバムに貼った.

paste on ⑲ (糊(ﾉﾘ)で)…を貼りつける ▪ Don't

paste on the pictures yet. 写真をまだ貼るな.

paste together 他 ...を貼り合わす ▪ He *pasted together* all the torn pieces of a photo with plastic tape. 彼は1枚の写真のちぎられた破片をセロハンテープで全部貼り合わせた.

paste up 他 **1** ...を糊(%)で(壁などに)貼りつける ▪ They *pasted up* their papers on every post. 彼らはビラをすべての柱に貼りつけた.

2 ...を糊(%)ばりをしておおう ▪ The door *was pasted up* with old newspapers. その戸はべたべたと古新聞を糊ばりしてあった.

3《印》(説明文・挿絵など)を貼りつけてページに組む ▪ I must *paste up* the captions to the illustrations. 挿絵の説明文を貼りつけてページに組まねばならない.

pat /pæt/ ***pat down*** **1**《米口》...をぽんぽんたたいて平らくする; をなでて押さえる ▪ She *patted down* the dough. 彼女はパン生地をぽんぽんたたいて平らくした. ▪ Nancy *patted down* her stray hairs. ナンシーは後れ毛をなでて押さえた.

2《米口》[主に受身で](武器・違法物品などの不法所持取締りのため)人の身体検査をする ▪ Sue *was patted down* and her luggage was searched. スーは体をぽんぽんたたいて検査され, 手荷物も調べられた ▪ They *patted down* all the passengers. 彼らは乗客全員のボディーチェックをした.

patch /pætʃ/ ***patch off*** 自 《まれ》...から点々と取れていく ▪ The plaster was *patching off* the walls. しっくいが壁から点々と落ちていた.

patch through 他《主に米》(電話・無線で)第三者につなぐ, 臨時に接続する ▪ The radio *was patched through* to general headquarters. そのラジオ局は総司令部に臨時に接続された.

patch together 他 ...を急ごしらえする, ありあわせで作る (= COBBLE together) ▪ A new Cabinet has *been* hastily *patched together*. 新内閣が取り急ぎ組閣された.

patch up 他 **1** ...を取り繕う; を間に合わせに作る; (けんかなど)を(一時的に)静める ▪ I hear the Johnsons have *patched up* their quarrel with the Jacksons. ジョンソン一家はジャクスン一家とのけんかをなんとか収めたそうだ ▪ They *patched up* their argument, then kissed and made up. 二人は論争を収め, キスをして仲直りした ▪ I'll *patch up* the shaky table for you. ぐらぐらするテーブルを修理してあげましょう.

2 (つぎを当てて)...を繕う, 修復する ▪ My old coat must *be patched up*. 私の古い上着は繕わなければならない.

3 (人)の傷の手当てをする, 包帯を当てる ▪ The wounded man was taken to the hospital to *be patched up*. 負傷者は傷の手当てを受けるために病院へ運ばれた.

patter /pætər/ ***patter about*** [***around***] 自 ぱたぱた歩き回る ▪ The puppies *pattered about* in the room. 小犬は部屋の中をぱたぱた歩き回った.

pattern /pætərn/ ***pattern A after*** [***on, upon***] ***B*** 他 [主に受身で]AをBにならって作る ▪ Her coat *was patterned after* her mother's. 彼女のコートは母親の型を模して作られていた ▪ He has *patterned* his conduct *on* the example of his father. 彼は父親をお手本にしてふるまってきた.

pattern A with B 他 AにBの模様をつける ▪ The carpet *was patterned with* flowers. カーペットには花模様がついていた.

pause /pɔːz/ ***pause for*** 他 やめて...を待つ ▪ He *paused for* breath. 彼はちょっと休んで息をついだ.

pause on [***upon***] 他 (ある言葉・事物)のところで思案する, ためらう, ぐずぐずする ▪ He *paused upon* the word. 彼はちょっとその言葉のところでしばらく考えた ▪ The singer *paused upon* the closing note. 歌手は終わりの符の音を長くひっぱった.

pave /peɪv/ ***pave over*** 他 [主に受身で] **1** (アスファルトなどで)...を舗装する ▪ The road *was paved over* with concrete. その道路はコンクリートで舗装された ▪ As more land *is paved over*, rainwater can no longer soak into the ground. 大地がより広く舗装されれば, 雨水はもうこれからは地中に染み込めなくなる.

2 (問題など)を故意に無視する[隠す] ▪ The politicians *paved over* the whole issue of corruption. その政治家たちは汚職の全容を隠した.

pave A with B 他 AをBで舗装する[敷く]《比喩的にも》 ▪ Most of the old roads *were paved with* asphalt. 古い道路はほとんどアスファルト舗装された ▪ The road to hell *is paved with* good intentions. (諺)地獄に至る道は善意で敷きつめられている《善行をしようと思うだけで実行しない人が地獄に落ちている, の意》.

paw /pɔː/ ***paw about*** [***around***] 他 ...をいじり回す, ぞんざいに扱う ▪ She doesn't like being *pawed about*. 彼女はぞんざいに扱われるのはきらいだ.

paw at 他 **1** (動物が)...を足[ひづめ]で引っかく ▪ My dog pawed at the door and tried to go out. 犬はドアを引っかいて外に出ようとした.

2《口》...をいやらしくやたらに触る; を手荒く[不器用に]扱う ▪ The couple were walking together and gently *pawing at* each other. 一組の男女が共に歩きながら軽くやたらに触れ合っていた ▪ Stop *pawing at* all the fruit in the store! 店内の果物を指で押すのはお止めください.

paw on [***over***] 他 ...をひねくり回す, いじくり回す ▪ The girl *pawed on* the piano. その少女はピアノをいじくり回した.

pawn /pɔːn/ ***pawn off*** 他《米口》...をだましてさばく ▪ The repair shop tried to *pawn off* fake diamonds. 修理屋はにせのダイヤモンドを売りさばこうとした.

pawn A off as B 他 AをBとごまかしてつかませる[押しつける] ▪ There are so many false reports *pawned off as* fact these days. 最近事実と偽ってつかませる誤報が多くある.

pawn A off on B 他《米》BをだましてAを押しつける[つかませる] ▪ He tried to *pawn off* that annoying client on me. 彼はあの厄介なクライアントを(体(

よく私に押しつけようとした.

pay /peɪ/ **pay away** 他 **1**(金など)を支払う ▪I must *pay away* your note tomorrow. あなたの手形をあす支払わねばならない.
2《海》＝PAY out 2.

pay back 他 **1**(借りた金など)を返す, 払い戻す ▪I'll *pay* you *back* (the money) on payday. (あの金は)給料日にお返しするよ.
2…に返報する, に(…の)仕返しをする (*for*) ▪He was extremely rude to her, but she *paid* him *back*. 彼は彼女にひどく無作法にしたが, 彼女もそのお返しをした ▪We wanted to *pay* them *back for* September 11. 9月11日の仕返しを彼らにしてやりたかった. ▫9月11日はアメリカの同時多発テロ事件のあった日.

pay down 他 **1**即座に(現金)を[即金で]支払う ▪When we bought the house we *paid* cash *down*. 私たちは家を買ったとき即金で支払いをした ▪The money is to *be paid down*. 金は即金払いのこと.
2(借金)を全額返済する ▪She had enough money to *pay down* her debts altogether. 彼女には借金をすっかり返せるだけの金があった.
3(月賦などで頭金)を払う ▪How much did you have to *pay down* on the car? 車の頭金をいくら払わねばならなかったのかね.
4《米》(借金)を長期返済する ▪We've got to *pay down* the huge debt. 我々は長期にわたって巨額の借金を返さなければならない.

pay for 他 **1**…の代価を払う ▪I'll *pay for* the bonnet on the nail. その婦人帽の代価を即金で払います.
2…の報い[罰]を受ける ▪You've acted foolishly and you'll *pay for* it. 君はばかなまねをしたので, その報いを受けるだろう.
3(物が)…の埋め合わせをする ▪The fowls will soon *pay for* themselves in eggs. そのニワトリたちはじきに卵で代金の埋め合わせをしてくれるだろう.

pay home 他 …に存分に復しゅうする ▪If any man comes near her, she *pays* him *home*. 男がそばに来ると彼女は存分に復しゅうする.

pay in 他 **1**(金)を(口座に)払い込む ▪He had *paid in* all the money. 彼はその金をすっかり払い込んだ.
2…を預ける ▪Take these checks to the bank and *pay* them *in*. 銀行までこの小切手を持って行って預けてくれ.

pay into 自他 (規則的に基金)に払い込む, 納める; (現金・小切手など)を口座などに振り込む ▪Employees begin to *pay into* the State fund when 16 years old. 従業員は16歳になると国の基金に納め始める ▪You can *pay* cash *into* any one of our four hundred branches. 顧客のみなさまは当行の400の支店のどこでも現金をお振込みになれます.

pay off 他 **1**(負債)を全部支払う; (賃金)を全額支給する ▪The old man has *paid off* his son's debts. その老人は息子の借金を皆済した ▪Joe *pays off* the workers every Friday evening. ジョーは毎週金曜の夕方従業員に給料を全額支給する.
2(口)(人)に金を渡す, 賄賂を使う, 口止め料を払う ▪He had to *pay off* the man not to fulfil his threat. 彼はその男がおどしを実行しないように金を渡さなければならなかった.
3(雇い人・船員など)を給料を払い渡して解雇する ▪They *paid* me *off* without previous notice. 私は前触れもなく給料を渡されて首になった ▪The ship is to *pay off* immediately. その船はすぐ給料を払って船員を解雇することになっている.
4《英》料金を払って(タクシーなど)を帰す ▪I *paid* the cab *off* and walked the rest of the way. 料金を支払ってタクシーを帰し, 残りの道のりを歩いた.
5(人)に復しゅう[仕返し]する ▪They plotted together to *pay* him *off*. 彼らは彼に復しゅうをするために共謀した.
6《海》(船首)を風下に向ける ▪The commander *paid* his vessel *off* before the wind. 指揮官は自分の船を風下に向けて追手風にした.
— 自 **7**(口)引き合う, 利益が出る, (計画・努力が)うまくいく, 実を結ぶ ▪Gambling doesn't *pay off*. 賭博は引き合わない ▪Patience *pays off*. 我慢しているとあとで報われる ▪At first Mr. Harris lost money on his investments, but finally one *paid off*. ハリスさんは, 最初は投資して損をしたが, 最後に儲かった ▪His plan didn't *pay off* at all. 彼の計画は全然うまくいかなかった ▪Your efforts will *pay off* handsomely. 君の努力はみごとに実を結ぶだろう.

pay out 他 **1**(口)(特に大金)を払い渡す ▪We've *paid out* nearly £2,000 this month. 今月は2,000ポンド近く払い渡した.
2《海》(綱・鎖など)を繰り出す ▪*Pay out* more rope so that I can go further down the cliff. 崖のさらに下の方へ降りられるように, ロープをもっと繰り出してくれ.
3(口)(人)に腹いせ[仕返し]をする, ぎゅうと懲らしめる ▪You won't help us? Well, one day we'll *pay* you *out*. 君は我々を助けてくれないのだね. よし, いつか仕返ししてやるからな.
4 金を支払って…を免れる[除く] ▪The money was raised, and the execution *was paid out*. その金が工面され, その執行は金を支払って免れた ▪The man had *been paid out*. その男は金を支払って追い払われていた.
— 自 他 **5**(積立金など)を払い戻す, (保険会社などが)支払う; 積立金が払われる ▪The bank *pays out* interest annually. その銀行は年1回利益を払い戻す ▪It'll be a few years before your investments start *paying out*. お客様への当資金の配当が始まるまで数年かかります.

pay over 他 《文》(金)を(正式に)支払う ▪He *paid over* the full amount. 彼はその金額を全部支払った.

pay up 他 **1**(多額の残金・借金)をしぶしぶ皆済する; (株)を全額払い込む ▪Arrears *were paid up*. 未払い残金は皆済された ▪I have *paid up* my

stocks. 私は株の全額払い込みをすませた.
2《まれ》給料を払い渡して…を解雇する ・The establishment *was paid up* and discharged. 常置人員は給料を払い渡して解雇された.
── 圓 **3**《口》金を出す[支払う] ・The insurance company has *paid up*. 保険会社が金を支払った.

peach /piːtʃ/ ***peach upon [on, against]*** 他《口》(自分の共犯者)を密告する ・They made an oath not to *peach upon* each other. 彼らはお互いに密告しないと誓いを立てた.

peal /piːl/ ***peal out*** 圓 (鐘・声が)鳴り響く ・The church bells began to *peal out*. 教会の鐘が鳴り響き始めた.

peck /pek/ ***peck at*** 他 **1**(食物)を少しだけ食べる ・He just *pecked at* a biscuit or two. 彼はビスケットを一つか二つ食べただけだった.
2(くちばしで)…をつつく《比喩的にも》 ・The birds *pecked at* the grapes. 小鳥はブドウをつついた ・It is better to die in close fight than *peck at* a weak enemy. 弱敵をつつくよりも白兵戦で死ぬほうがましだ.
3…のあらを捜す; に小言を言う ・She's always *pecking at* others' faults. 彼女は他人のあら捜しばかりしている ・His wife *pecked at* him. 彼の妻は彼に小言を言った.
4(問題の)表面だけを扱う ・You're just *pecking at* the question. 君は問題を表面的に扱っているにすぎない.

peck out 他 (敵の目など)をつつき[ほじり]出す ・The eagle flew at him to *peck out* his eye. ワシは彼の目をつつき出そうとして彼に飛びかかった ・The falcon was *pecking out* a dead snake's innards. ハヤブサが死んだヘビの内臓をさかんにつつき出していた.

peck up 他 (鳥が食物)を少しずつ拾って食べる ・The fowls *pecked up* anything they might find. 鶏は何でも見つかるものを拾って食べた.

pedal /pédəl/ ***pedal off*** 圓 自転車で行く ・The students *pedaled off* to their lectures. 学生は自転車で講義を聴きに出かけた.

pee /piː/ ***pee down*** 圓《英口》どしゃ降りの雨が降る ・When I went outside it had been *peeing down*. 外に出るとどしゃ降りの雨が降っていた.

peek /piːk/ ***peek at*** 他 …をちらりと見る ・I *peeked at* prices. 私は値段をちらりと見た.
peek in on 《米》…をのぞき見する ・*Peek in on* the baby, will you? 赤ちゃんをちょっとのぞいてくださらない?

peel /piːl/ ***peel away*** = PEEL off 2.
peel off 他 **1**(服)を脱ぐ ・She *peeled off* her wedding dress. 彼女はウェディングドレスを脱いだ.
2(皮・表皮)をむき[はぎ]取る; を(札束から)はがすように取る ・She *peeled off* the rind of the apples. 彼女はリンゴの皮をむき取った ・Ann *peeled off* a ten-dollar bill and gave it to the driver. アンは札束からはがすように10ドル札を1枚取り出して, 運転手に手渡した.
── 圓 **3**(皮・ペンキなど)むけてくる, はげてくる ・The skin of my back was rapidly *peeling off* with exposure to the sun. 日に当たったので背の皮がどんどんむけかかっていた.
4《航空》(敵機を襲撃するため)編隊から離れる;《海》(護送船が)護送船団から離れる;(一般に)集団から離れる ・The fighter *peeled off* upon the enemy. 戦闘機は編隊から離れて敵を襲撃した ・The destroyer *peeled off* from the transports. 駆逐艦が輸送船団から離れていった ・I *peeled off* from the pack to see what was happening. 何が起こっているか見るために私はグループを離れた.

peel out 圓《主に米口》(タイヤをきしませて)車を急に加速する ・Dave got in his car and *peeled out*, waking the neighbors. デイブは車に乗り込むとタイヤをきしませて急発進し, 近所の人たちの目を覚まさせた.

peep /piːp/ ***peep at*** 他 …をちらと見る, 盗み見する ・The children *peeped at* the guests from a landing upstairs. 子供たちは2階の踊り場からお客を盗み見した.
peep into 他 …をちょっとのぞき込む ・They *peeped into* the box. 彼らは箱の中をのぞき込んだ.
peep out 圓 (月などが)ちらりと出る ・The moon *peeped out* from behind the clouds. 月が雲の陰からのぞいた.
peep through (穴など)からのぞき見する ・They *peeped through* the keyhole at the Christmas tree in the room. 彼らはかぎ穴から室内のクリスマスツリーをのぞき見した.

peer¹ /pɪər/ ***peer with*** 圓 …と肩を並べる ・The Thames could not *peer with* the streamlet. テムズ川もその小川と比肩することはできまい.
peer² /pɪər/ ***peer about [around]*** 圓他(…の)あちこちうかがい見る ・She *peered about* (her) for her seat. 彼女はあちこちきょろきょろしながら自分の席を捜した.
peer at [down, into] 圓 …をのぞくように見る, のぞき込む, の中をのぞく ・How dare you *peer at* me? よくも私の顔をじろじろ見られるもんですね ・He *peered down* a well. 彼は井戸をのぞき込んだ ・I *peered into* the darkness. 暗やみをすかして見た.
peer out 圓 **1**じっと外を見る ・He *peered out* into the darkness. 彼は外の暗がりにじっとひとみを凝らした.
2かすかに現れる[見える] ・Towns *peer out* from among the vineyard. 町々がブドウ畑の間からかすかに見える.
── 他 **3**…を捜し出す, ほじくり出す ・He will *peer out* all the gossip about the actress. 彼はその女優についての噂話をすっかりほじくり出すだろう.
peer through 圓 **1**…をのぞく ・I *peered through* a telescope. 望遠鏡をのぞいてみた.
2…からちょっと現れる ・The moon *peered through* the clouds. 月が雲間からちょっと顔を出した.

peg /peg/ ***peg A as B*** 他《米》[主に受身で] AをBだと見定める ・Soon he *was pegged as* a liar. やがて彼は嘘つきだと見定められた.

peg at 他 **1**(石・矢など)を…に投げつける ▪ She *pegged* a stone *at* me. 彼女は私に石を投げつけた.
2(武器などで)…をねらう, 追求する ▪ He continued to *peg at* her. 彼は彼女を追求し続けた.
3(くいなどで)…に打ちかかる ▪ She *pegged at* him with the umbrella. 彼女は雨がさで彼に打ちかかった.

peg … at 他 (値段・給料・量)である段階にとどめる, 一定させる ▪ OPEC nations *pegged* the cartel's output *at* 26.6 million barrels per day. 石油輸出国機構加盟国は企業連合の産出量を日産2千6百60万バレルに固定した.

peg away [***along, on***] 自 《英口》 せっせと働く (*at*) ▪ We have *pegged along* year by year. 我々は年々せっせと働いてきた ▪ He is *pegging away at* his routine work. 彼は自分の毎日の仕事をせっせとやっている.

peg back 他 **1**(ある線を越えないように)…を釘づけにする, 一定させる ▪ Employers are always striving to *peg* wages *back*. 雇用者はいつも給料が上がらないように努力している.
2(人)を試合で打ち負かす ▪ He easily *pegged back* the luckless Countess. 彼はついていない伯爵夫人を手もなく打ち負かした. ☞ カードゲームのクリベッジから.

peg down 他 **1** = PEG 2.
2(規則などに人)を縛りつける, 拘束する (*to*) ▪ He *is pegged down to* slavish work. 彼は奴隷的な仕事に縛りつけられている.
3(物価)を安定させる, くぎづけにする ▪ The price of food should always *be pegged down*. 食品の価格は常に安定しているべきだ.

peg off [***away***] 自 《方・口》急いで立ち去る ▪ He *pegged off* like crazy. 彼は実にあたふたと立ち去った.

peg out **1**(土地)の境界をくいで明らかにする ▪ The builders *pegged out* the land for us. 建築士たちが我々の所有地の境界をくいで明らかにしてくれた ▪ The surveyor *pegged out* the plot of land. 測量士はその土地の境界をくいで明らかにした.
2(地面などに)…をくい(など)で留める ▪ We *pegged out* the corners of the tent. 我々はテントの四隅をくいで留めた.
3《英》(洗濯物)を物干し網に洗濯ばさみでつける ▪ I helped mother to *peg out* the washing. 母を手伝って洗濯物を干した.
4《クローケー》(球)を標くいに当てて勝つ ▪ A rover may *be pegged out* by the adversary. 決勝標に当たるばかりになっている球でも敵が標くいに当てて勝つ場合もある.
5(方)(綱など)をたぐり出す ▪ *Peg out* the line. 綱をたぐり出せ.
— 自 **6**《英口》(人が)倒れる, 死ぬ;(物が)尽きる, なくなる ▪ When old John *pegs out*, you'll be chief for certain. ジョン老人が往生したら, 君がきっとボスになれるよ ▪ Our supply of sugar is *pegging out*. 砂糖がなくなってきた.
7(クリベッジで)最後の穴に着いて勝つ ▪ He may be able to *peg out*. 彼は最後の穴に着いて勝つことができるかもしれない.
8 テントを張る ▪ The bright idea of *pegging out* struck some smart pilgrim. テントを張るという名案がある頭のよい巡礼の頭に浮かんだ.

peg to 他 〚主に受身で〛 …を…に連動させる ▪ The country's currency *is pegged to* the dollar. その国の通貨は米ドルに連動している.

peg up 他 **1**…を洗濯ばさみで物干し網につるす ▪ Meg *pegged* the laundry *up* on the clothesline. メグは洗濯物を物干し網に洗濯ばさみで干した.
2(価格など)を上げる ▪ The supermarket had to *peg up* the price of cheese. そのスーパーはチーズの値段を上げねばならなかった.
3…を達成する; をなし遂げる ▪ The pair *pegged up* their first win halfway through the season. そのペアはシーズンの中ほどで初勝利をあげた.
— 自 **4** ゴルフをする ▪ Ken had the chance to *peg up* in a professional tournament. ケンはプロの選手権争奪戦でゴルフをする機会に恵まれた.

pelt /pelt/ ***pelt down*** 自 〚主に進行形で〛(雨が)土砂降りに降る ▪ The rain came *pelting down*. 雨が土砂降りに降ってきた ▪ A cold rain *was pelting down* outside the windows. 窓の外には氷雨が滝のように降っていた ▪ It *pelted down* and the roads turned to rivers. 土砂降りが来て道路が川みたいになった.

pelt A with B 他 AにBを投げつける ▪ They *pelted* him *with* stones. 彼らは彼に石を投げつけた ▪ He *was pelted with* invitations. 彼にあちこちから招待状が舞い込んだ.

pen /pen/ ***pen in*** [***up***] 他 **1**…をおりに入れる, (狭い所に)閉じ込める ▪ All the sheep *are penned in*. 羊は全部おりに入れてある.
2〚主に受身で〛…にある状況から逃れられないと思わせる, (人)に閉塞感を感じさせる (trap) ▪ Tom began to feel *penned in*. トムは閉塞感に襲われ始めた.

penalize /pí:nəlàız/ ***penalize A for B*** 他 Bのために A(人・その仕事)を罰する ▪ He *was penalized for* speeding. 彼はスピード違反で罰せられた.

pencil /pénsəl/ ***pencil in*** **1**(日付・人)を一応予定に入れておく (*for*) ▪ Let's *pencil in* the 14th of February *for* the meeting. 会議予定を2月14日に一応入れておきましょう ▪ *Pencil* me *in for* dinner on Friday. 金曜日にディナーの予定を入れておいてくれ.
2…を鉛筆で書き込む ▪ The secretary *penciled in* the editorial changes on the manuscript. 秘書が原稿に編集用の変更を鉛筆で書き入れてくれた.

penetrate /pénətrèɪt/ ***penetrate into*** 自 …の中に染み込む ▪ The mist *penetrated into* the room. 霧が室内へ入って来た.

penetrate through …の中を突き進む; …中に染み渡る ▪ The bad smells *penetrated through* the building. その悪臭が建物中に染み込んでいった.

penetrate to 自 …まで染み通る ▪ The regret *penetrated to* the marrow. その後悔の念が骨の髄に染み渡った.

pension /pénʃən/ ***pension off*** 他 《英》 **1** …

に年金を与えて退職させる ▪I mean to *pension you off*. 私は年金を与えて君を退職させるつもりでいる. **2**《口》[主に受身で](年とった人・動物,古くなった器具)をお払い箱にする ▪The old refrigerator *was pensioned off*. 古い冷蔵庫はお払い箱になった.

people /píːpəl/ ***people A with [by] B*** 他 [主に受身で] A(場所)にBを住まわせる,満たす ▪The sky *was peopled with* stars. 空は星で満ちていた ▪So much of Peruvian art depicts other worlds *peopled by* the dead and deities. ペルー芸術の多くは死者と神々が住むあの世を描いている.

pep /pep/ ***pep up*** 他《口》(人・物)を元気づける,活気づける ▪I'll get them all *pepped up*. 連中にすっかり活を入れてやるよ ▪The easier credit will *pep up* sales. 掛けがもっと容易にできるようにすれば売りが活発になるだろう.

pepper /pépər/ ***pepper A with B*** 《口》 **1** AにBをちりばめる; AにB(ユーモアなど)を効かせる ▪The mountaineer's chin *was peppered with* stubble. 登山家のあごには無精ひげが生えていた ▪He *peppered* his stories *with* interesting details. 彼は物語をおもしろく細部にわたって描いた ▪His presentation *was peppered with* humor. 彼の説明はユーモアが効いたものだった.
2 AにB(痛いもの)を浴びせる ▪The rabbit *was peppered with* shot. ウサギは弾丸を浴びせられた.

perch /pəːrtʃ/ ***perch on [upon]*** 自 (鳥が)…に止まる; (人)…に腰をおろす ▪A bird *perched on* a tree. 鳥が木に止まった ▪He *perched on* a stool. 彼は丸いすに腰をおろした.

percolate /pə́ːrkəlèit/ ***percolate into*** 自 他 …に染み渡る ▪Many Americanisms have *percolated into* British English. 多くの米語がイギリス英語の中に浸透してきた.

percolate through 自 他 (…中に)次第に知られるようになる ▪The news *percolated through* the village. そのニュースは(村中に)広まった.

perform /pərfɔ́ːrm/ ***perform on*** 自 他 (楽器を)演奏する ▪She *performed on* the piano very well. 彼女はとても上手にピアノを演奏した.

perform A on B 他 AをBに行う ▪The doctor *performed* an operation *on* the invalid. 医者は患者に手術を行った.

perish /périʃ/ ***perish by [with]*** 自《文》…で死ぬ《手段》 ▪He *perished by* the sword. 彼は刀にかかって死んだ.

perish from 自《文》…で死ぬ《原因》 ▪Many people *perished from* disease. 多くの人が病気で死んだ.

perk /pəːrk/ ***perk out*** 他 (頭などを)突き出す ▪He *perked out* his head at the window. 彼は窓から頭を突き出した.

perk up **1**《口》(病気・意気消沈などから)元気になる; (売り上げ・景気・経済などが)上向く,活況を呈する ▪You will soon *perk up* again. じきお元気になれましょう ▪House prices could *perk up* during the autumn. 住宅価格が(第3四半期の)秋に上がることも考えられる.
2 頭をつんと上げる ▪He *perked up* at her last words. 彼女の臨終の言葉を聞くと,彼は頭をつんと上げた.
3 いばる,出しゃばる ▪Henry *perked up* and dominated over Sarah. ヘンリーはいばってセアラを顎で使った.
— 他 **4**《口》…を元気にさせる,引き立てる,魅力あるものにする ▪I need a drink to *perk* me *up*. 元気をつけるために1杯ほしい ▪A bit of chili sauce will *perk* the dish *up*. 少しチリソースを加えると料理の味が引き立ちます ▪The flower *perked up* the whole bedroom. 花のおかげで寝室全体が明るくなった.
5 …をつんと上げる ▪The blackbird *perked* his tail *up*. クロウタドリはしっぽをぴんと上げた.
6《米》パーコレーター(percolator)でコーヒーを沸かす[入れる] ▪Let me treat you—I was going to *perk* some *up* for the boss anyway. 1杯どうぞ—ちょうど上司のためにコーヒーを入れていたところですから.

permeate /pə́ːrmièit/ ***permeate through [into, among]*** …の中に染み通る,に行き渡る ▪These ideas have *permeated through* the people. こういう考えは人民の中に行き渡っている.

permit /pərmít/ ***permit into*** 他 …に入るのを許す ▪Dogs *are* not *permitted into* restaurants. 犬はレストランに入るのを許されていない.

permit of 他《文》…を認める,いれる ▪The situation *permits of* no delay. 事態はぐずぐずすることを許さない ▪His health did not *permit of* staying there. 彼の健康は彼がそこにとどまることを許さなかった.

permit out …に(部屋・家から)出るのを許す ▪The prisoners *were permitted out* for an hour. 囚人たちは1時間外へ出ることを許された.

persevere /pə̀ːrsəvíər/ ***persevere at [in, with]*** 自 …に屈せず努める ▪He *persevered in* his studies. 彼は屈せずに勉強に努めた.

persist /pərsíst/ ***persist in*** 自《文》…を固執[主張]する ▪He *persisted in* his opinion. 彼は自分の意見に固執した ▪She *persists in* wearing that old-fashioned hat. 彼女はあの古風な帽子をあくまでもかぶることをやめない.

persuade /pərswéid/ ***persuade a person into [out of]*** 他 人を説きつけて…させる[…をやめさせる] ▪He *was persuaded into* doing it against his own wish. 彼は説きつけられて心ならずもそうした ▪We *persuaded* her *out of* those notions. 我々は彼女を説き伏せてその考えを捨てさせた.

pertain /pərtéin/ ***pertain to*** 自 他《文》 **1** …に関係する ▪We talked on matters *pertaining to* our people. 我々はわが国民に関係のある事柄を話した.
2 …に(付)属する ▪This subject *pertains to* a department of science. この題目は科学の一分野に属する.
3 …に適する ▪Those weapons *pertain to* war. これらの武器は戦争に適する.

pester /péstər/ ***pester a person for*** 他 人に

...をせびる ▪ He always *pestered* me *for* money. 彼はいつも私に金をせびった.
***pester** A **with** B* 他 AをBで悩ます ▪ I *am pestered with* flies. 私はハエに悩まされている.
peter /píːtər/ ***peter away*** = PETER out 1.
peter out **1** おじゃんになる, 尽きる, 次第になくなる ▪ He hoped this spectacular meeting wasn't going to *peter out*. 彼はそのすばらしい会合がおじゃんにならないように祈った ▪ But the luck had failed; the mines *petered out*. しかし運悪く鉱脈が尽きてしまった.
— 他 **2** ...を消耗させる, へとへとにさせる ▪ That long-distance race *petered* me *out*. あんなに長距離を走ったのでもうくたくただ.
petition /pətíʃən/ ***petition*** (A) ***against*** B 他 Bに反対して(Aに)請願する ▪ We *petitioned against* the closure of the local hospital. 地元病院の閉鎖に反対の請願を行なった ▪ She *petitioned* authorities concerned *against* domestic violence. 彼女は家庭内暴力反対の請願書を関係当局に提出した.
petition (A) ***for*** B 他 (Aに)Bを請願する ▪ The students *petitioned* us *for* an end to the strong dress code. 学生たちが厳しい服装規定の廃止を我々に請願した ▪ She *petitioned for* her right. 彼女は自分の権利を請うた.
phase /feɪz/ ***phase down*** 他 ...を段階的に縮小[削減]する ▪ I must *phase down* my work. 仕事を段階的に少なくしなければならない.
phase in [out] 他 [[主に受身で]] ...を段階的に導入[廃止]する ▪ New weapons are *being phased in*. 新兵器が段階的に導入されている ▪ The maker has *phased out* the old model of vacuum cleaner. 製造業者は古い型の掃除機の製造を徐々に停止してきた.
phase into 自 他 時間をかけて[ゆっくりと]段階的に...の状態になる; 段階的に...と...に同調させる ▪ Digital sensors have *phased into* the market and are used in production processes. デジタルセンサーは徐々に市場に出回り今では製造過程で使用されている ▪ Records *phased into* cassettes, while cassettes *phased into* compact discs. レコードはカセットに, 更にカセットは CD に徐々に移行した ▪ We *phased* him *into* the job little by little. 彼を少しずつ仕事に慣らしていった.
phone /foʊn/ ***phone around [round]*** 自 《英》(情報収集・提供のために)電話をかけまくる ▪ *Phone around* and see if any of them are willing to take a risk. 電話をしまくって彼らの中に誰か危ない橋を渡ってくれるやつがいないか調べてくれ.
phone back 自 他 《英》電話をかけ直す, もう一度電話する (→ RING back, CALL back) ▪ He's not in at the moment. Can you *phone back* later? 彼は今不在です. 後ほどおかけ直しください ▪ I told Nina you'd *phone* her *back* when you got home. ニーナに君が帰ってきたら彼女に折り返し電話をさせると言っておいたよ.

phone down 他 下の階の人[場所]に電話する ▪ I'll *phone down* to the restaurant to make a reservation. 下の階のレストランに電話で予約を入れておくよ.
phone for ...を電話でたのむ, 取り寄せる ▪ Customers *phoning for* a pizza are guaranteed delivery within twenty minutes. ピザを電話注文のお客様には20分以内の配達を保障します ▪ You can also *phone for* a taxi to come to your address. 電話でタクシーを自宅に呼ぶこともできます.
phone in 自 他 《英》 **1** (職場に)電話を入れる ▪ He has just *phoned in* sick this morning. 今朝彼から病気で休むとの電話があった.
2 所在[活動]を電話で報告する《新聞社・軍・警察》▪ Within minutes, the reporter *phoned in* another bulletin. 数分以内にその記者はもう一報をよこした.
3 (特に放送局に)電話で知らせる, (視聴者が番組などに)質問・意見などの電話をする ▪ Listeners are invited to *phone in* their opinions. 聴取者はどうか電話で意見を知らせてください ▪ In Germany, they *phoned in* their outrage over proposals to boost gasoline taxes. ドイツでは人々がガソリン税値上げ案に対する怒りの電話をかけた.
4 《口》(映画などで)楽をして役(割)をこなす ▪ The actor is just *phoning* it *in* this new release. その俳優はこの新作映画でただ楽をして役を演じているだけだ.
phone through 他 《英》(...についての詳細・情報)を電話で伝える[教える] ▪ *Phone* your order *through* to the wholesale store. 君の注文についての詳細を問屋さんに電話で伝えなさい.
phone up 自 他 《英口》(人)に電話をかける ▪ I'll *phone* you *up* tonight. 今晩君に電話するよ.
pick /pɪk/ ***pick apart*** 他 **1** ...をばらばらにする ▪ The vultures *picked apart* the antelope carcass. ハゲワシが寄ってたかってレイヨウの死骸を食いちぎった.
2 酷評[あら捜しを]する ▪ The candidate *picked apart* his opponent's speech. その候補者は対立候補の演説をこき下ろした.
pick at 他 **1** ...をつつく, ついばむ; を少しずつ食べる ▪ The bird began to *pick at* the berries. 鳥はその野イチゴをついばみ始めた ▪ She only *picked at* the food. 彼女はその料理にちょっと箸をつけただけだった.
2 (指で)...をひっぱる ▪ He *picked at* the bedclothes. 彼はふとんをひっぱった.
3 《米口》...のあら捜しをする, にがみがみ言う ▪ They are always *picking at* each other. 彼らはいつもお互いにあら捜しをしてばかりいる ▪ They *picked at* her for minor mistakes. 彼女がちょっとした誤りをすると彼らはがみがみ言った.
4 = PECK at 4.
pick away ...を少しずつ取り去る ▪ He *picked away* the surface of the desk. 彼は机の表面を少しずつはぎ取った.
pick in 他 **1** (絵などに)...を描き込む ▪ Then the shadows *are picked in* by assistants. それから助

手たちが陰影を描き込んだ．
2《方》(洗たく物など)を取り入れる ▪I *picked in* the washing and enjoyed my dog's company. 洗濯物を取り込んでから犬といっしょに楽しく遊んだ．

pick off ㉭ **1** 1人[1匹，1頭]ずつ狙い撃つ[撃ち止める] ▪The sniper *picked off* five men from his vantage point in the tree. 狙撃兵は木の上の有利な地点から5人を1人ずつ仕留めた．
2 (最良の)…を引き抜く，選ぶ；をひきつける ▪The company *picks off* the brightest young graduates every year. その会社は毎年もっとも優秀な若い大学卒業生を引き抜く ▪The new supermarket *picks off* customers heading for the town centers. 新規開店のスーパーが町の中心部に向かっている顧客を自分の方にひきつけている．
3 …をもぎ[むしり]取る ▪The gardener *picked off* the dead flowers. 庭師は枯花をむしり取った ▪She *picked* the dead leaves *off* the plant. 彼女はその植物から枯れた葉をむしり取った．
4《野球》…を牽制で刺す ▪The catcher *picked off* the runner on first base. キャッチャーは1塁走者をピックオフプレーで刺した．
5《アメフト》インターセプト[奪取]する ▪The linebacker *picked off* a low pass. そのラインバッカーは低いパスを奪取した．

pick on [upon] ㉭ **1** …をいじめる；のあら捜しをする ▪The other boys always *pick upon* this one. 他の少年たちはいつもこの少年をいじめる ▪You girls *pick on* each other. 君たち女の子はお互いのあら捜しをするのだね．
2《英》…を選ぶ，えり抜く ▪The Inspector has *picked on* you first. 警視は君をいの一番にえり抜いたのだ．

pick out ㉭ **1** (注意して)…をえり出す，えり抜く，選び出す ▪He *picked out* the best book. 彼は一番良い本をえり出した．
2 (周囲の物から)…を見[かぎ，聞き]分ける ▪He can *pick out* the dullest scent. 彼はどんなにぶいにおいでもかぎ分けられる ▪Now and then she could *pick out* the call of a thrush. ときどき彼女はツグミの鳴き声を聞き分けることができた．
3 (曲)を聞き覚えのまま奏する ▪If I were to *pick it out* for you on the piano, you would scoff at it. その曲を聞き覚えのままピアノでひいてお聞かせしたら，あなたはそれをあざ笑うでしょう．
4 (骨折って意味)をくみ取る；(情報を総合して事実)を確かめる，かぎつける ▪Goethe had to *pick out* its meaning by the help of a Latin translation. ゲーテはラテン語訳を頼りにその意味をくみ取らねばならなかった．
5《主に受身で》…を飾る；(特に地色と異なった色を輪郭・へりなどに施して)を引き立たせる (*with, in, by*) ▪The ceiling *was picked out with* [*in*] violet. 天井はスミレ色で引き立たせてあった ▪Paula *was picked out by* a tiny spotlight. ポーラは小さなスポットライトを浴びて舞台の上で目立った．
6 …をつつき出す；を掘り出す ▪The raven *picked out* the dead beast's eye. ワタリガラスはその死んだものの目をつつき出した ▪They diligently *picked out* stones. 彼らは精出して石を掘り出した．
7 (かぎ目など)をほぐす，ほどく ▪*Picking out* her sewing has been such sorrowful work. 彼女の縫い物を解きほぐすのは全くみじめな作業だった．
8 (照明が，見やすくするために)…を正面から照らし出す ▪The car's headlights *picked out* a signpost. 車のヘッドライトが案内標識を正面から照らし出した．

pick over ㉭ **1**《口》…を手に取って吟味する，えり分ける (= PICK through 1) ▪She *picked over* the herbs that were to be dried for medicine. 彼女は干して薬にする薬草をえり分けた．
2 (特に不快で当惑させるようなこと)をこまごまと述べ立てる ▪They spent countless hours *picking over* the latest gossip. 彼らは長いこと最近のゴシップ話に花を咲かせた．

pick through ㉭ **1** …を丹念に調べる，くまなく捜す；(目当てのもの)を選び出す[捜し出す] ▪The search party were *picking through* the ruins for the missing. 捜索隊は行方不明者を求めて瓦礫の山を捜索中であった ▪Mom *picked through* the pile of clothes, looking for a pair of matching socks. ママは，おそろいの靴下を探して，干し物の山を選別した．
2 (障害物を避けながら)進む ▪We *picked* our way *through* the thick undergrowth. 我々は密に茂った下生えをかき分けながら気をつけて進んだ．

pick up ㉭ **1** …を(地面などから)拾い上げる；(受話器)を取り上げる ▪He *picked up* the acorns under an oak. 彼はカシの木の下でドングリを拾い上げた ▪At last someone *picked up* the phone. とうとう誰かが電話を取った．
2 …を起こす，立ち上がらせる ▪The mother *picked up* a fallen tot. 母親はころんだ子を起こしてやった．
3 (人・貨物)を途中で乗せる，拾う；(乗せるために)止まる ▪The train stops to *pick up* passengers for London. その電車はロンドンに行く乗客を拾うために止まる．
4 …を(偶然に)手に入れる，買う；(病気など)に感染する；(習慣など)を身につける；を知る ▪When I was at Cairo, I *picked up* several Oriental manuscripts. カイロにいたときに私は東洋の写本をいくつか手に入れた ▪Susan's *picked up* a throat infection. スーザンはのどの感染症にかかった ▪Bob's *picked up* a bad habit of keeping late hours. ボブは夜更かし朝寝坊の悪い習慣をつけてしまった ▪He listened to *pick up* men's characters. 彼は人々の性格を知るために耳をすました．
5 (部屋)を片づける ▪*Pick up* your room [*your toys*] before you go to bed. 寝る前に自分の部屋[自分のおもちゃ]を片づけなさい．
6 (速度)を出す；(はずみ)をつける ▪This car *picks up* speed with just a touch of the accelerator. この車はアクセルをちょっと踏むだけでスピードを出す ▪The civil rights movement has just begun to *pick up* momentum. 公民権運動がはずみをつけてきたばかりだった．

7(言語・技能)を聞き[習い]覚える ▪He *picked up* some French while living in France. 彼はフランス在住の間にいくらかフランス語を聞き覚えた.
8(無線・探照灯などで)...を捕える,接受する ▪A boy using a home-made wireless set claims to have *picked up* Italy. 一人の少年が手製のラジオを使って,イタリア放送を傍受したと言っている.
9《口》...を見つけて拘引する,しょっぴく ▪The escaped prisoner *was picked up* by the police in Hull. 逃亡中の囚人はハルで警察に見つかり拘引された.
10《口》(異性)と知り合いになる;(賞など)を獲得する ▪I *picked* her *up* in the street one day. 私はある日通りで彼女と知り合いになった. ▪She *picked up* another Oscar this year. 彼女は今年再びアカデミー賞を取った.
11(口)(賃金)をかせぐ,(大金)をもうける ▪They can *pick up* good wages. 彼らはいい賃金をかせぐ.
12(海難にあった人)を救助する ▪The helicopter *picked up* the shipwrecked sailors. ヘリコプターは難破した水夫たちを救助した.
13(つるはしで)...を掘り上げる ▪A gang of men was sent to *pick up* the part of the garden. 庭のその部分を掘り起こすために一群の人々が派遣された.
14《まれ》(敵船などを)捕獲する ▪A fishing ship *was picked up* by the French for the sake of intelligence. 情報を得るために漁船がフランス軍に捕獲された.
15(道など)にふと出くわす,(特にはぐれた道など)にまた出る ▪He was fortunate enough to *pick up* the track. 彼は運よくまたその道に出た.
16(灯・信号など)を見つける ▪He suddenly *picked up* an unknown comet. 彼は突然未知のすい星を見つけた.
17(健康)を取り戻す;(景気など)を回復する ▪You'll soon *pick up* health when you get to the seaside. 海岸へ行けばすぐ元気におなりでしょう.
18...をくすねる,盗む ▪He *picked up* many valuables. 彼は多くの貴重品をくすねた.
19...を元気づける ▪A bite of something might *pick* me *up*. 何か食べれば元気がつくかもしれない.
20(速度・テンポ)を速める ▪He urged the band to *pick* it *up*. 彼はバンドにテンポを速めるように促した.
21《米口》(人のまちがい)を見つける,暴露する ▪The bystanders were all considering me *picked up*. そばで見ていた連中はみんな私が馬脚を現したと考えていた.
22...を聞き[かぎ]分ける ▪My ears can *pick up* very faint sounds. 私の耳はごくかすかな物音でも聞き分けられる.
23(編み物の目)をひろう ▪Can you *pick up* dropped stitches in this pattern? この模様の落とし目を拾うことができますか.
24(物語・活動など)をまた始める,再開する,蒸し返す ▪We *picked up* the discussion after an interruption. 中断したあとでまた議論を始めた.
25(人)をしかる ▪I *picked* the children *up* for rude behavior. 私は子供たちの無作法をしかった.
26(噂など)を聞く ▪Where did you *pick up* that rumor? どこでそんな噂を聞いたの?
27(ポイント)をあげる;(ペナルティー)を食らう ▪Manchester City *picked up* their first win of the season against Leeds on Sunday. 日曜日の試合でマンチェスター・シティーがリーズ相手に今シーズン初の勝ち点をあげた. ▪You will *pick up* penalties for stepping into the restricted area. 制限区域に足を踏み入れると処罰されるよ.
28(注文品など)を受け取る ▪I *picked up* my car at the repair shop. 修理工場で車を受け取った.
— ⾃ **29**(病気が)よくなる;(商売などが)景気づく;(天気が)よくなる;(風が)強く吹き始める ▪The invalid is rapidly *picking up*. 病人は急速によくなっている ▪The firm is *picking up* now. あの会社は今立ち直りつつある ▪The weather is *picking up*. 天気が持ち直している ▪By this time a westerly breeze had *picked up*. このときまでに西風が強くなっていた.
30(一旦やめた話などを)また続ける ▪Let's *pick up* where we left off yesterday. きのうやめたところからまた続けよう.
31速度を出す ▪The car *picks up* from the start. その車は出足が早い.
32《ゴルフ》球を拾う ▪Taylor's score was impossible to register as he *picked up* at two holes. テイラーは2回も穴の所で球を拾ったので,得点を記録することはできなかった.
33荷物をまとめる ▪They had *picked up* and gone to Texas. 彼らは荷物をまとめてテキサスへ行ってしまった.
34(エンジンが)また動き出す ▪The engine *picked up* again. エンジンがまた動き出した.

pick up after 他 人の後始末[後片づけ]をする,人が汚した場所をきれいにする(→CLEAN up after) ▪It had taken all day to *pick up after* the departed travelers. 旅客が去った後片づけをするのにまる一日かかった ▪Bob is always expecting someone else to *pick up after* him. ボブはいつでも誰か他の者が自分の後片づけをしてくれると期待している.

pick up on 他 **1**(口)(あまり明らかでないことなど)に気づく,を敏感に察知する,理解する ▪The professor *picked up on* the student's nervousness right away. 教授はその学生が神経質なことにすぐ気がついた.
2...をさらに詳しく論じる;(話などで)を再び採り上げる,に立ち戻る ▪I'd like to *pick up on* two points that you have raised. あなたがご指摘の2つの点についてさらにお話ししたいのですが.
3(競走で人)に追いつく ▪At the fifth lap Dorando began to *pick up on* him. 5周目にドランドは相手に追いつき始めた.
4《英口》(言動について人)を正す,批判する ▪I have to *pick* him *up on* what he said about women. 彼が女性に関して言ったことで彼を正さなければならない.

pick a person up on 他 《英口》...のことで人に注意する[たしなめる],間違っていると指摘する ▪The teacher's always *picking* me *up on* my grammar. 先生はいつも私に文法を直せと注意する ▪The chairperson *picked* her *up on* the obvious contradictions in her argument. 司会者は議論の明らかな矛盾点を突いて彼女は間違っていると指摘した。

pick up with **1**《口》(ふと人)と知り合いになる ▪ On the railway to London he *picked up with* Jones. ロンドンへ行く電車の中で彼はジョーンズと偶然知り合いになった。

2(しばらく会っていない人)と再びつき合い始める ▪ Bill *picked up with* Jill after twenty years' absence. ビルは20年ぶりにジルとの交際を再開した。

piddle /pídəl/ ***piddle around*** [《英》*about*] 自《口》(ほとんど)何もせずにぶらぶらする, 当てもなく時を過ごす ▪ Stop *piddling around* and get busy. だらだらするのはやめて, 仕事に取りかかりなさい。

piddle away 他《口》(時)をのらくら過ごす ▪ He *piddled away* the whole afternoon. 彼はその日は午後からずっとのらくらして過ごした。

piece /piːs/ ***piece down*** 他 (衣服)をはぎを入れて大きくする ▪ This dress can *be pieced down*. このドレスははぎを入れて大きくすることができる。

piece in 他 …を差し加える ▪ The officers *pieced in* some troops with those regiments. 士官たちはその隊にいくつかの部隊を差し加えた。

piece on 他 **1**(相対物)の上に合う[合わせる] ▪ The upper lip *pieces on* the lower lip. 上くちびるは下くちびるの上に合う。

2(…と)合う(*to*) ▪ His story does not *piece on to* the facts. 彼の話は事実に合わない。

piece out 他 (話・収入など)を継ぎ足す; を補う, 補って完全なものにする ▪ He *pieces out* the defect of one by the excess of the other. 彼は一方の不足を他方の過多で補っている。

piece together 他 (破片など)を継ぎ合わせる; (証拠など)をまとめる ▪ She *pieced together* odds and ends of cloth to make a quilt. 彼女は端切れを継ぎ合わせてふとんを作った。 ▪ From the bits of evidence, he *pieced together* the whole story of the crime. 彼はばらばらの証拠からその犯罪の真相をすっかりまとめた。

piece up 他 **1**(こわれた物など)を継ぎ合わせる ▪ He was trying to *piece up* those fragments. 彼はその破片を継ぎ合わせようと努めていた。

2(けんかなど)を静める ▪ All *was* now *pieced up* between them. 二人の間は今や何もかも丸く収まった。

piece up with 他 …と話をつける ▪ It was necessary to *piece up with* Alanson. アランスンと仲直りすることが必要だった。

pierce /pɪərs/ ***pierce into*** 他 **1**…に通る, を貫く ▪ A narrow promontory *pierced* out *into* the water. 狭いみさきが海へ突き出ていた。

2…を見通す ▪ There was no *piercing* with the eye *into* the plantation. 植林を目で見通すことはできなかった。

pierce through 他 **1**…に通る, を貫く ▪ The heat of the sun *pierced through* the crust of the earth. 太陽の熱気が地殻を貫いた。

2…を貫き通す ▪ He *was pierced through* and *through*. 彼はむちゃくちゃに突きさされた。

pig /pɪg/ ***pig out*** 自《米口》**1**(…を)たらふく食べる, がつがつ大食いする(*on*) ▪ He *pigged out* at the party. 彼はそのパーティーでたらふく食べた ▪ They *pigged out* on pizza and sodas. 彼らはピザとソーダ飲料をがつがつ飲み食いした。

2 大いに楽しむ, 長い時間…にふける(*on*) ▪ The doctor recommended me to *pig out on* a good mystery story. 医者は私におもしろい推理小説を耽読するように勧めた。

pig together 自 **1** 不潔な生活をする ▪ The whole family *pigged together* in all their filth. 家族全員がみな垢(ホン)だらけで不潔な生活をしていた。

2 雑居生活をする ▪ I had to *pig together* with my brothers in one small room. 狭い一部屋に弟たちといっしょに我慢の雑居生活だった。

piggyback /pígibæk/ ***piggyback on*** 自他 もたれかかる, おんぶする, 便乗する ▪ I'd like to *piggyback on* what Karen said. カレンの意見を頼りにしたい。

pike /paɪk/ ***pike out*** 自《豪口》(同意したこと)をし損ねる(*on*) ▪ Kevin *piked out on* the deal at the last moment. ケビンは土壇場で契約を反故(セ)にした。

pile /paɪl/ ***pile (down) from*** [*off*] 自《米》(乗物など)から降りる ▪ They *piled (down) off* the train at the station. 彼らはその駅で列車から降りた。

pile in 他 **1**(荷物など)を詰め込む ▪ We have *piled* all the baggage *in*. 荷物は全部詰め込んだ。

— 自 **2** どやどやと乗り込む[入る] ▪ Brooks brought up his wagon and we all *piled in*. ブルックスが荷馬車を止めたので, 我々はみな乗り込んだ。

3《口》みんなでかかる[食べ始める] ▪ As everyone *piled in*, we had the job finished soon. みんなでかかったので, すぐ仕事はすんだ。

pile in on 他 (人)に押し寄せて来る ▪ Unpleasant memories *piled in on* me. 不愉快な思い出が私に押し寄せて来た。

pile into 自 **1** どやどやと…に乗り込む[入る] ▪ After breakfast they *piled into* cars. 朝食後彼らは自動車に乗り込んだ。

2《口》…にみんなでかかる, をみんな食べ始める ▪ They *piled into* the job. みんなでその仕事にかかった ▪ Everybody began to *pile into* the food. みんなその食べ物を食べ始めた。

pile off 自 どやどやと(…から)降りる ▪ The passengers *piled off* (the bus). 乗客は(バスから)どやどやと降り始めた。

pile on 自他 **1**(体重が)急速に増える; (体重・得点などを)急速に増やす ▪ When I got to college, the pounds *piled on*. 大学に入学して体重が急に増えた ▪ I *piled on* weight, almost a hundred pounds. 急激に体重が増えた, ほとんど100ポンド(45キログラム)も ▪ Jane is one of the frequent fliers who like to *pile on* the mileage. ジェインはマイレージを早く貯めるのが好きな飛行機常用客の一人です。

— 自 **2**(乗物に)どやどやと乗り込む ▪ When the

bus stopped, a group of girls *piled on*. バスが止まると，一群の少女たちがどやどやと乗り込んできた．
— 他 **3** (感情など)を誇張して表す ▪ I admit I'm *piling on* the drama a bit, but I'm telling the truth. 少し大げさに話しているのは認めますが，本当のことを話しているのです．
4 多くの(指示・仕事・負荷など)を与える ▪ Our higher-ups really *piled* the work *on*. 上役たちはどんどん仕事を押しつけた ▪ Liverpool began to *pile on* the pressure in the second half. リバプールが後半圧倒し始めた．

pile onto [***on to***] 他 (大勢が)…にどやどや乗り込む；を攻撃する ▪ Half a dozen girls began *piling onto* Bill's old sled. 数人の女の子たちがビルの古いそりにどやどや乗り始めた ▪ A dozen police officers *piled on to* him at once. 十数人の警官が一斉に彼に襲いかかった．

pile out 自 (大勢が)…からどやどや出る ▪ Crowds of people *piled out* (of the theater). 大勢の人が(劇場から)どやどやと出て行った．

pile up 他 **1** (金・仕事・雪など)にたまる，積もる ▪ My work *piled up* to a great extent. 仕事がひどくたまった．
2 座礁する ▪ Boats often *pile up* on the rocks in the shallows. 浅瀬でよく船が座礁する．
— 自 他 **3** [車が(を)](何台も)衝突する[させる]，(飛行機が(を))墜落する[させる] ▪ Three cars *piled up* in the intersection. 3台の車が交差点で玉突き衝突した ▪ He *piled up* his car. 彼は車を衝突させた．
— 他 **4** …を積み重ねる ▪ The books were *piled up* on the floor. 本は床に積み重ねてあった ▪ We must *pile up* knowledge. 知識を蓄積しなければならない．

pile A with B 他 AにBを山と積む ▪ They *piled* a cart *with* straw. 荷馬車にわらを山と積んだ．

pillow /píloʊ/ ***pillow A on*** [***upon***] ***B*** 他 Bを枕代わりにしてA(頭など)を置く ▪ He *pillowed* his head *on* his arm as he read. 彼は読書しながら腕を枕にしていた．

pilot /páɪlət/ ***pilot A through B*** 他 **1** A(人)にBの手ほどきをする ▪ Our consultants *piloted* members *through* the new system. コンサルタントが社員に新しいシステムを指導した．
2 でA(法案)を通過させる ▪ Representative Garnett has *piloted* most of his bills *through* Parliament. ガーネット代議士は，国会で自分の法案を大半通過させた．

pin /pín/ ***pin A against B*** 他 AをBに押しつける ▪ I was *pinned against* the wall. 私は壁に押しつけられた．

pin down 他 **1** …をピンで留める ▪ The pattern was *pinned down* on the table. その型紙はテーブルの上にピンで留められた．
2 …を身動きできないようにする ▪ The fall of the roof *pinned* the man *down* to the floor. 落ちてきた屋根と床にはさまれてその男は身動きできなくなった．
3 …を明確に説明する，正確に知る，の(正体を)突き止める ▪ I can't *pin down* the exact meaning of this verb. この動詞の正確な意味を突き止めることができない．
4 (人)を(行動・約束などに)縛りつける，強要する (*to*) ▪ You can never *pin* him *down to* any job. あの男をその仕事に縛りつけることはできこない．
5 (人)に動かぬ証拠をつきつける ▪ When they finally *pinned* him *down*, he admitted having been born in Germany. 彼らにとうとう動かぬ証拠をつきつけられ，彼はドイツ生まれであることを認めた．
6 (人)に明確な態度をとらせる，意向をはっきりさせる ▪ It's difficult to *pin* politicians *down*. 政治家の意向をはっきりさせるのはむずかしい．

pin on 他 …をピンで留める ▪ She *pinned on* her hat. 彼女は帽子をピンで留めた．

pin A on [***upon***] ***B*** **1** AをBにすっかり頼らせる ▪ They wholly *pin* themselves *on* his advice. 彼らはすっかり彼の助言に頼っている．
2 BにA(いやな物)を押しつける，なすりつける ▪ You *pinned* an error *on* me. あなたはまちがいを私のせいにした．
3 AをピンでBに留める ▪ The list was *pinned on* the notice board. そのリストは掲示板にピンで留められた．

pin A to B 他 AをBに(ピン・くぎで)留める ▪ The pattern was *pinned to* the cloth. その模様は布地にピンで留められた．

pin…together 他 …をピンでとじ合わせる ▪ She *pinned* the papers *together*. 彼女はその書類をピンでとじ合わせた．

pin up 他 **1** (写真など)をピンで貼る ▪ Boys often *pin up* photographs of pretty girls on the wall. 男の子はよく美しい女の子の写真を壁にピンで貼る．
2 …をピンで留める ▪ Mother *pinned up* my hair for me. 母が私の髪をヘアピンで留めてくれた．
3 ピン留めして(衣服)のすそ上げをする ▪ Could you help me to *pin up* this dress? このドレスのすそ上げのピン留めを手伝ってください．

pinch /pínt∫/ ***pinch down*** 自 他 **1** (若芽などを)摘み切って少なくする ▪ Six leaves were *pinched down* to three. 6枚の葉は摘み切って3枚にされた．
2 (鉱脈などが)尽きる ▪ The mines *pinch down* to the vanishing point. その鉱脈は尽きてきて，なくなりかけている．

pinch…from [***out of***] ***a person*** 他 人から(金)を巻き上げる ▪ The immense sums were *pinched from* the millions. その巨額の金は何百万という人々から巻き上げられた．

pinch in on [***upon***] 他 …を侵食する；を制限する ▪ The spurs of the Sierras *pinched in upon* the plain. 連山の突出部が平原を侵食した ▪ Winter *pinched in on* mining operations in Utah. 冬のためにユタ州の鉱山作業は制限された．

pinch off (指で)…をもぎ取る ▪ He *pinched off* the young shoots. 彼は若芽をもぎ取った．

pinch out **1** (若芽など)を摘み取る ▪ He *pinched out* the side shoots from the vine. 彼はブドウの脇から出た芽を摘み取った．

— 自 **2**(鉱脈などが)尽きる ▪Many veins *pinch out* entirely. 多くの鉱脈がすっかり尽きてしまう.

pinch-hit /píntʃhít/ ***pinch-hit for*** 自《米口》…の代役をつとめる, 代わりをする ▪Who will *pinch-hit for* me while I am away? 私の留守中, 誰が代理をしてくれるだろうか ▪Sage can *pinch-hit for* typically Mediterranean herbs like thyme and basil. セージは地中海に典型的なタイムとかバジルのような香草の代わりになる. ☞野球用語から.

pine /paɪn/ ***pine away*** 自 **1**(嘆きなどで)やせ衰える ▪The girl *pined away* and died in a short time. 娘はやせ衰えてすぐ死んでしまった.
— 他 **2** 憂いのうちに(一生)を送る; 嘆きのあまり(健康)を損じる ▪Many *pine away* their existence under the lashes of reproach. 恥辱にむち打たれながらうつうつとして一生を送る人も多い.

pine for [***after***] 他 …に思いこがれる, を切望する ▪We *pine for* sympathy. 我々は同情を切望する ▪He is *pining after* what he cannot get. 彼は手に入らぬものを切望している.

pine over 自 …のことで悲しみやつれる ▪The boy *pined over* his dead cat. 男の子は死んだ猫のことで悲しみやつれた.

pink /pɪŋk/ ***pink out*** 他 (皮などに)飾りの穴をあける; (布)をぎざぎざ飾りに切る ▪The edge may *be pinked out* in the simple notches. 縁はぎざぎざ飾りに切って簡単な刻み目にすることもできる.

pip /pɪp/ ***pip out*** 自《俗》死ぬ ▪I think it's simply rotten *pipping out*. 死ぬのは全くもっていやだと思う.

pipe /paɪp/ ***pipe away*** 他 **1**《海》号笛を吹いて(人)の終業を命じる ▪I was ready at the gangway before the men *were piped away*. 私は水夫が号笛を吹いて終業を命じられる前からちゃんと舷門に出ていた.
2 …をパイプで洗い流す ▪All the soil of the worked-out mines *was piped away* in search of pay dirt. 掘り尽くされた鉱山の土はすべて砂金を捜すためにパイプで洗い流された.
— 自 **3**《海》号笛を吹いて水夫を甲板から降ろす ▪The boatswain hasn't *piped away* yet. 水夫長はまだ水夫を甲板から降ろす号笛を吹いていない.

pipe down 自 **1**《口》[主に命令文で]黙れ, 偉そうに言うな ▪"*Pipe down*," replied the husband. 「黙れ」と夫が答えた.
— 他 **2** …を黙らせる ▪He kept interrupting, so we had to *pipe* him *down*. 彼が話のじゃまばかりするので黙らせなくてはならなかった.
3《海》= PIPE away 1.

pipe in 他 **1**(水など)をパイプで送り入れる ▪The water *is piped in* from a great distance. 水はひどく遠い所からパイプで送り入れられている.
2(音楽)を電送する ▪Background music *is piped in* through the whole building. BGMが建物全体に流されている.

pipe into 他 (水・ガス)を…へパイプで送り入れる ▪Water *was piped into* the kitchen from a spring. 水は泉からパイプで台所へ送り入れられた.

pipe out 他《海》号笛を吹いて(人)を外へ出す ▪The boatswain *piped* all *out*. 水夫長は号笛を吹いて全員を呼び出した.

pipe up 他 **1** …を吹奏し[歌い]始める ▪Fellows, *pipe up* your fiddles. 諸君, バイオリンをひき始めよ ▪Once he *piped up* to a different air. 一度彼は別な歌を歌い始めた.
2 声を張り上げる, 急に話しだす; はっきりものを言う ▪She *piped up* for a better seat. 彼女はもっと良い席をもらいたいとはっきり言った ▪A boy *piped up*: "When did you first meet her, sir?"「初めてその人に出会ったのはどこですか, 先生」と男の子が大声で言った.
— 他 **3**《海》号笛を吹いて…を甲板へ上げる ▪Jemmy *piped* the hands *up*. ジェミーは号笛を吹いて水夫たちを甲板へ上げた.
— 自 **4**(風などが)勢いを増す, 募る ▪The wind had *piped up* to a gale overnight. 風は一晩のうちに勢いを増して強風になっていた.

pique /piːk/ ***pique on*** 他《まれ》…を自慢する ▪She *piques* herself *on* her undeniable beauty. 彼女は誰もが認める自分の美貌を鼻にかけている.

pish /pɪʃ/ ***pish at*** 他 (軽蔑して)…にふん[へん]と言う ▪The ladies *pish at* him. 女性たちは彼に対してふんと言う.

pish away [***down***] 他 …をふんとけなす, 鼻であしらう ▪Some *pish* it *down* as valueless, some puff it up as priceless. それを駄物とけなす者もいれば, 値踏みできない逸品と激賞する者もいる.

piss /pɪs/ ***piss about*** [***around***] 自《英卑》**1** だらだら過ごす ▪Where have you been *pissing about*? どこでのらくらしていたのか.
— 他 **2** …をぞんざいに[いいかげんに]扱う ▪I hate *being pissed around*. 僕はぞんざいに扱われるのはいやだ.

piss about [***around***] ***with*** 他《卑》…をいじり回す ▪Who's been *pissing about with* my papers? 誰が私の書類をいじくり回していたのか.

piss away 他《米俗・英口》…をむだ使いする ▪He *pissed away* all the money he had. 彼は持ち金を全部むだ使いしてしまった.

piss down 自《英卑》[主に進行形で]土砂降りの雨が降る ▪It *was pissing down* in the nighttime. 夜間は土砂降りの雨だった.

piss off 自《英卑》**1** 去る; [命令文で]立ち去れ ▪He *pissed off* secretly. 彼はこっそりと立ち去った ▪*Piss off*! You're not wanted here. 出て行け! お前なんかお呼びでない.
— 他 **2** …をうんざりさせる, 怒らせる ▪I get *pissed off* with hearing him talk. 彼が話すのを聞いているとうんざりする.

pit /pɪt/ ***pit*** *A* ***against*** *B* 他《文》AをBに対抗させる ▪It is very uncivil to *pit* two people *against* one another. 二人の人間を互いに対抗させるのは非常に粗野なことだ.

pit out 自《米口》わきの下にぐっしょり汗をかく[を汗でぬらす] ▪It was so hot, and I felt myself *pit-*

ting out. たいそう暑かったのでわきの下が汗でぬれるのを感じた ▪ Her T-shirt *was* totally *pitted out.* 彼女のTシャツは完全にわき汗でしみができた.

pitch /pɪtʃ/ *pitch A against B* 他《口》[主に受身で] AをBと争わせる ▪ I *was pitched against* my best friend. 最愛の友と競う羽目になった.

pitch at [towards] 他 (ある特定グループ向けに)デザインする, 作成する ▪ Many of his books *are pitched at* as wide an audience as possible. 彼の本の多くはできるだけ広い読者に向けられたものだ.

pitch down 自 (低い所へ)急に落ちる ▪ There the bedrock *pitches down* suddenly. そこで床岩が急に落ち込んでいる.

pitch for 1《米》(あるチーム)のピッチャーを務める ▪ The player *pitched for* the Mariners last season. その選手は前のシーズンにマリナーズ軍のピッチャーを務めた.
― 他 2 (取引)を持ちかける, (商品)を売り込む ▪ Several companies are *pitching for* this deal. 数社がこの取引を取りつようと商談を持ちかけている.

pitch forward 自 (前方に)つんのめる ▪ He *pitched forward* and fell dead. 彼はつんのめり, 倒れて死んだ.

pitch in 1 援助する, 協力する (*with*) ▪ He *pitched in with* a donation. 彼は協力して寄付してくれた.
2《口》勢いよくやり[食べ]だす ▪ They *pitched in*, and fought well. 彼らは勢いよくやりだして, よく戦った ▪ As soon as the food was put on the table, we *pitched in*. 食べ物がテーブルの上に出されるとすぐ, 我々はどんどん食べだした.
― 他 3 …を投げ入れる ▪ *Pitch* the ball *in* here. ここへボールを投げ入れてくれ.

pitch into 他《口》 1 …をこっぴどく打つ, しかる ▪ Father *pitched into* me this morning because I didn't get home last night. ゆうべ帰宅しなかったのでけさおやじにさんざんしかられた.
2 (仕事)を盛んにやる, (食物)をどんどん食べる ▪ We *pitched into* the work. 我々は盛んにその仕事をやりだした ▪ Sit down and *pitch into* those sandwiches. 腰をおろしてどんどんこのサンドイッチを食べてくれ.
3 (人)をある立場[状況]に置く ▪ An explosion *pitched* him *into* the sea. 爆発があって彼は海に投げ出された.

pitch A into B 他 1 AをBの中に投げ込む ▪ He *pitched* the letter *into* the fire. 彼は手紙を火の中へ投げ込んだ.
2 [主に受身で] A(人)をB(地位)にむりやりにつかせる ▪ I *was pitched into* the chairmanship. 私はむりやりに議長をやらされた.

pitch A on B 他 AをBに投げる, ほうる ▪ I *pitched* my sweater *on* the chair and sat down. いすにセーターを投げ掛けて腰を下ろした.

pitch out 他《口》[主に受身で] …をほうり出す ▪ *Pitch* him *out* (of the house). その男を(この家から)つまみ出せ ▪ If we catch you, you will *be pitched out!* 捕まえたらおっぽり出すぞ.

pitch up 自 1《英口》(遅れて)着く, (突然)姿を現す, やってくる ▪ Simon *pitched up* at my house at 10 pm last night. サイモンは昨晩 10 時に我が家に突然やってきた.
― 他 2《クリケット》(ボール)を打者の近くに投げる ▪ He *pitched* the ball *up* to surprise the batsman. 彼は打者を驚かすために近い球を投げた.
3 (音楽)の高さを上げる ▪ *Pitch* the song *up* a little. 歌を少し高い調子にしなさい.

pitch upon [on] 他 1 (よく考えずに)…をさっさと選ぶ, に決める ▪ He *pitched upon* the site for his house. 彼は自分の家用にその土地をさっと選んだ.
2 (偶然)…に出会う, ぶつかる ▪ I *pitched upon* a house that I thought would suit me. 私はちょうどいいと思われる家が見つかった.
3 (人)に罪をきせる ▪ They *pitched upon* the office boy as the one who spilt the ink. 彼らはその若い雑用係がインクをこぼしたのだと言って罪をきせた.

pivot /pɪvət/ *pivot on* 自 他 1 …を軸として回転する ▪ John *pivoted on* his toe. ジョンはつま先でくるっと回った.
2 …によってきまる[左右される] ▪ The future *pivots on* what is done today. 未来は今日なされることによってきまる.

place /pleɪs/ *place A above B* 他 AをBの上に置く; BよりもAを高く評価する ▪ I *place* honor *above* death. 私は死よりも名誉が大事だと思っている.

place A at B AをBと値踏みをする ▪ I *placed* his age *at* 30. 彼の年を30と踏んだ.

place A before B 他 1 = PLACE A above B.
2 A(議題など)をBの前に提出する ▪ We should *place* this problem *before* the public. この問題は公衆の前に提出すべきだ.

place out 他 (孤児)に家を見つけてやる (*into*) ▪ The orphans have *been placed out into* suitable homes. 孤児たちは適当な家を世話してもらった.

place out of …を免除される資格がある ▪ Since I know Spanish, I *placed out of* a language requirement. スペイン語ができるから必修外国語は取らなくてもよかった.

place A with B 他 1 BにA(注文)を出す ▪ I *placed* an order *with* the bookstore. その本屋に注文を出した.
2 AをBに投資[提出]する ▪ He *placed* all the interest *with* his broker. 利子は全部ブローカーに任せた.
3 AにBを見つけてやる[世話してやる] ▪ The agency *placed* me *with* a good firm. その代理店は私によい会社を世話してくれた.

plague /pleɪg/ *plague a person into* 他 人にうるさく言って, …させる ▪ She *plagued* her husband *into* buying her a diamond ring. 彼女は夫にうるさく言ってダイヤの指輪を買わせた.

plague A with B 他 1 [主に受身で] A(人・場所)をB(いやな物)で苦しめる ▪ He has *been plagued with* bad luck. 彼はずっと不運に苦しめられてきた.

2 A(人)をB(質問など)で困らせる ▪He *plagued* me *with* questions. 彼は私を質問攻めで困らせた.

plan /plæn/ ***plan ahead*** 自 あらかじめ計画を立てる ▪She *planned ahead* and bought her ticket a month in advance. 彼女は前もって計画を立て1ヵ月前に切符を買っていた.

plan for 自 **1** …の計画を立てる ▪They *planned for* a picnic if the next day were fine. 彼らは翌日晴れならピクニックに行く計画を立てた.
— 他 **2** [主に受身で] …を(…の時・場所)に予定する ▪There is another protest that *is planned for* today. 本日もうひとつの抗議デモが計画されている.

plan on 他 [主に否定文で] …を予期する ▪We had not *planned on* their early arrival. 彼らが早く来るなんて予想していなかった.

plan on *doing* **1** …する計画である ▪I am *planning on spending* the coming holidays in Kent. 今度の休暇をケントで過ごすつもりだ.
2 …することを当てにする ▪Don't *plan on* my *going* with you. 僕が君といっしょに行くなどと当てにしないでくれ.

plan out 他 (綿密に)…を立案する, もくろむ ▪He's busy *planning out* a new book. 彼は忙しく新著の構想を練っている.

plan up 他 …を決める, 計画する ▪Some say our marriage *is* all *planned up* by God. 我々の結婚はすべて神様によって決められるという人もいる.

plane /pleɪn/ ***plane away*** [*off*] 他 …を(平らに)削り取る ▪The summit of the hill was made level by *planing away* the top. 丘の頂はてっぺんを削り取って平坦にされた.

plane down 自 (飛行機が)滑空して下る ▪The glider *planed down* toward the meadow below. グライダーは眼下の牧草地に向かって滑空しながら降下していった.
— 他 **2** (木など)をかんなで削って平らにする ▪The surface of the desk needs to *be planed down*. この机の表面はかんなで削って平らにする必要がある.

plank /plæŋk/ ***plank down*** [*out, up*] 他 (口)…をすぐ支払う, 即金で支払う ▪You'll have to *plank down* six months rent in advance. 6ヵ月の家賃をすぐ前払いしなければならない.

plant /plænt|plɑ:nt/ ***plant A in B*** 他 **1** B(土地)にAを植える ▪I *planted* roses *in* the garden. 庭にバラを植えた.
2 (米) A(土地)にBを植えつける ▪The field *is planted in* potatoes. 畑にはジャガイモが植えつけてある.

plant A into [*in*] *B* 他 A(思想など)をBに植えつける ▪Whoever *planted* that idea *into* [*in*] your head? 一体誰にそんな考えを植えつけられたのか.

plant A on B 他 (俗) A(人(偽物など)をBにつかませる ▪The dishonest trader *planted* a faked picture *on* us. そのいかさま商人は我々にいんちき写真をつかませた.

plant out 他 **1** …を(鉢から地面に)移植する ▪We *planted out* six rows of lilies. ユリを6列移植した.
2 …を間隔をおいて植えつける ▪The more tender kinds should not be thinned till they *are planted out*. さらに弱い種類は間隔をおいて植えつけてしまうまでは間引いてはいけない.

plant over 他 **1** …を植えて覆い隠す; を覆い尽くす ▪The refugees' homes and villages *were planted over* with fast-growing pine trees. 難民の家と村は成長の早いマツの木を植えて覆い隠された ▪The roadbeds of an unused highway *were planted over* with grass. 使われなくなったハイウェイの路面は一面に芝生が植えられた.
— 自 **2** (米) 再び植えつける ▪Those who planted before the rains had to *plant over*. 雨期以前に植えつけた人々は植えつけし直さねばならなかった.

plant up 他 (英)…を(容器に)植える; を植え終わる ▪Grandma *planted up* spring-flowering bulbs. おばあちゃんが春咲きの球根を植えた ▪Today she *planted up* the rest of the pumpkins. 今日彼女は残りのカボチャを植えた.

plant A with B 他 **1** A(場所)にB(木)を植える ▪He *planted* his garden *with* roses. 彼は庭にバラを植えた.
2 A(場所)にB(多くの物)を点在させる ▪The sea *is planted with* innumerable islands. その海には無数の島が点在している.
3 A(場所)にB(人・家畜など)を住まわせる ▪Those states *are* thinly *planted with* horned animals. これらの州には角のある動物はわずかしか住んでいない.

plaster /plǽstər|plɑ́:s-/ ***plaster down*** 他 (髪)を(ポマードなどで)べったりくっつける ▪His hair *was plastered down* with rain. 彼の髪は雨でびったりとくっついていた.

plaster over 他 **1** …の一面に漆喰を塗る ▪The crack in the wall *was plastered over*. 壁の裂け目は一面に漆喰が塗られた.
2 …に漆喰を塗って修理する ▪He *plastered over* the holes in the wall. 彼は壁の穴に漆喰を塗って見えなくした.
3 = PAPER over 2.

plaster A with B 他 AにBを塗りたてる ▪Mom came downstairs, her face *plastered with* facial cream. ママは顔に化粧クリームを塗りくったまま下におりてきた.

plate /pleɪt/ ***plate up*** 他 (食べ物)を皿に盛りつける ▪The food *was plated up*. 食べ物は皿に盛りつけられていた.

play /pleɪ/ ***play about*** [*around*] 自 **1** (ぶらぶら)遊び回る ▪Stop *playing about* and get this job finished. 遊び回るのはよして, この仕事をすませなさい.
2 浮気をする ▪Do you know she's *playing around*? 君は彼女が浮気しているのを知っているか.

play about [*around*] *with* **1** (異性)と遊び回る ▪He's been *playing around with* a number of girls. 彼は大勢の女の子と遊び回っている.
— 他 **2** …をいじくり回す, ぞんざいに扱う ▪Don't *play about with* that gun. その銃をいじくり回しちゃ

いけない.
3(ある案)を考え続ける ▪I've been *playing around with* your idea. 私は君の案をずっと考えてきた.
play against 圓 (人・チーム)と対戦する ▪We are *playing against* the Lions tomorrow. 我々はあすライオンズと対戦する.
play *a person* ***along*** 他 人に返事[決定]を(わざと)待たせておく, 気をもませる, 同意するふりをする ▪The company decided to *play* him *along* for a time. 会社はしばらく返事をせずに彼を待たせておくことにした.
play along with 圓 **1**…に協力するふりをする ▪She *played along with* them until the moment came when she could escape. 彼女は, 逃げられる瞬間が来るまで彼らに協力しているふりをした.
2(口)…と調子を合わせていく, 協調する ▪The best way to get it was to *play along with* them. それを手に入れる最善の方法は彼らと協調することだった.
play at 圓 **1**(ゲーム・遊びなど)をする ▪He *plays at* cards for heavy stakes. 彼はたくさん賭けてトランプをする ▪The children *played at* hide-and-seek. 子供たちはかくれんぼをした.
2…のまねをして遊ぶ, …ごっこをする ▪A party of boys were *playing at* soldiers. 一群の男の子たちが兵隊ごっこをしていた.
— 他 **3**…を遊び半分に[片手間に]する ▪You're not doing the job properly; you're just *playing at* it. 君は仕事をちゃんとやっていない. 遊び半分にやっているだけだ.
4(口)…をしようとしている[もくろんでいる] ▪What on earth are you *planning at*? お前は一体何をしようとたくらんでいるのだ.
play away 他 **1**(時間・若さなど)を遊んで過ごす, 徒費する ▪He could not afford to *play away* his health at hazard. 彼はいいかげんに自分の健康を徒費してなどいられなかった ▪He *played away* the summer. 彼はその夏を遊んで過ごした.
2ばくちで(金など)を失う, (身代)をつぶす ▪The young heir *played away* the estate. その若い相続人はばくちで身代をつぶした.
— 圓 **3**遠征地[アウェー]で試合をする ▪The local team *plays away* today and plays at home next Thursday. 地元チームはきょうアウェーで試合をし, 来週の木曜日には地元で試合をする.
4浮気をする, 不倫をする ▪Terry's *played away* one time too many. テリーは浮気が過ぎた.
play back 他 **1**(テープレコーダーの)テープをもう一度かける, (音・映像)を再生する ▪I'll *play back* the first half of Act One. 第1幕の前半を再生してみよう.
2(ボール)を返す ▪He *played* the ball *back* to the bowler. 彼はボールを投手に返した.
3…を撤回する, 取り下げる ▪He *played* the proposal *back*. 彼はその提案を取り下げた.
— 圓 **4**《クリケット》片足を後ろに引いて打つ ▪He *played back* to a good ball. 彼は足を後ろに引いて好球を打った.

play down 他 **1**…を軽視する; 《新聞》(記事)を小さく扱う (↔ PLAY up 1) ▪The party in power naturally *played down* some of the scandal. 与党はその汚職事件を当然軽く見ようとした.
2(感情)を抑える ▪I *played down* a growing anger over the offensive remarks. いまいましい発言にむらむらと腹が立ったがそれを抑えた.
play down on *a person* 他 《俗》人の弱みにつけ込む ▪I always do my best not to *play down on* a woman. 僕はいつも女性の弱みにつけこまないよう精いっぱい努力している.
play down to 他 (相手)に合わせて調子を落とす, 迎合する ▪Let us avoid *playing down to* the public. 一般大衆におもねって調子を落とすのは避けようではないか.
play for 圓 **1**(競技で)…の代表選手になる ▪It was his ambition to *play for* England at soccer. サッカーのイングランド代表選手になるのが彼の念願だった.
2(賭け金・賞など)のために競技[勝負]する ▪He *played for* heavy stakes. 彼は大金くちをやった ▪The team *played for* the Silver Trophy. そのチームは銀のトロフィーを得るために競技した.
play *a person* ***for*** 他 《米口》人を…だと思う ▪The Indians *played* him *for* a sucker. 北米先住民たちは彼をばか者だと思った.
play forward 圓 《クリケット》片足を前へ出して打つ ▪He *played forward* to a fast ball. 彼は片足を前に出して速球を打った.
play in[out] 他 **1**(オルガンなどを)演奏して(会衆)を中へ入れる[外へ出す] ▪A band sat *playing* the people *in*. 楽隊は演奏して人々を中へ入れていた ▪The organist was *playing* the congregation *out*. オルガンひきはオルガンをひいて会衆を外へ出していた.
2(オルガンなどを)演奏して(新年)を迎え入れる[(旧年)を送る] ▪Pipers *played in* the new year. 笛を吹いて新年を迎え入れた ▪They *played* the old year *out* with Auld Lang Syne. 彼らは蛍の光を歌って旧年を送った.
play off 他 **1**(同点のゲーム)の決勝戦をする; (中断した試合)を終わりまでやる ▪The tied game of yesterday *was played off* today. きのうの同点試合の決勝戦がきょう行われた ▪We *played off* the game postponed from last Saturday due to poor weather. 天候不良で先週の土曜日から順延されていた試合の決勝をした.
2(ぺてん・悪ふざけなど)をやる ▪The hoax *was played off* by him some years ago. そのいかさまは数年前彼がやった.
3(人)に恥をかかせる ▪He was *playing* the widow *off*, and inwardly chuckling. 彼はその未亡人に恥をかかせて, 心の中ではほくそえんでいた.
4(弾丸・花火)を発射する ▪The fireworks were ready to *be played off*. 花火はまさに打ち上げられるばかりになっていた.
5(にせ物)をつかませる (*on*) ▪He *played off* a bad half-crown *on* the man. 彼はにせの半クラウン銀

貨をその男につかませた.
― 圓 **6** (花火が)打ち上げられる ▪ The firework *played off*. 花火が打ち上げられた.

7《米》仮病を使う ▪ He is not ill really; he is just *playing off*. あの男が病気であるもんか, 病気のふりをしているだけだ.

8《米》(いつもいる場所から)よそへ出ていく ▪ I stay mostly in this neighborhood. I *play off* occasionally. 私は通例この界わいにいます. ときどきよそへ出ていくだけです.

***play off** A **against** B/**play** A **off against** B* 他 AとBを張り合わせ(て漁夫の利を占め)る ▪ The Sultan likes to *play off* one power *against* another. スルタンは甲の国と乙の国を張り合わせて漁夫の利を占めるのが好きだ ▪ He tried to *play* the two sisters *off against* each other. 彼は二人の姉妹を張り合わせてうまく漁夫の利を得ようとした.

play off and on with 自 ...をはずしたりつけたりする ▪ Sarah, in deep confusion, *played off and on with* her ring. セアラはひどくどぎまぎして, 指輪を抜いたりはめたりした.

play on 自 **1** プレー[演奏]を続ける ▪ The referee ordered, "Play on!" 「プレーを続けよ!」とレフェリーが大声で指示した ▪ We *played on* and on till the last guest left. 最後の客が帰るまで延々と演奏を続けた.

― 他 **2**《クリケット》(打った球)を三柱門に当てる《アウトになる》 ▪ Be careful not to *play* (the ball) *on* to your wicket. 打った球を三柱門に当ててアウトにならないように注意せよ.

play on [***upon***] 他 **1** (人のある性質など)につけ込む ▪ I'll *play on* his vanity and get what we want out of him. あの男の虚栄心につけ込んで我々のほしいものを出させてやろう.

2 (言葉)をもじる ▪ Uncle Henry likes *playing on* words. ヘンリー叔父さんは好んで語呂合わせをする.

3 (楽器)を弾じく, 奏する ▪ He *plays* well *on* the flute. 彼は笛をうまく吹く. ☞ play on the flute [piano] よりも今では play the flute [piano]のほうが普通.

4 (大砲などが)...に発射される; (人)を攻撃する ▪ Our cannons began to *play on* the enemy fortress. 我が軍は敵軍要塞の砲撃を開始した ▪ He *played* in his sermon *upon* the bishop. 彼は説教の中で司教を攻撃した.

5《米・まれ》(人)をぺてんにかける ▪ You *played on* her and gave her away. 君はあの女をぺてんにかけ裏切ってしまった.

6 ...に作用[影響]する ▪ Heat *plays on* dry enamel. 熱がかわいたエナメルに作用する.

― 他 **7**《主に雅》光が...に輝く, 揺らめく ▪ Claude Monet carefully studied how natural light *played on* his subjects. クロード・モネは自然の光が自分の画材にどのようにちらつき輝くかを注意深く研究した.

play A ***on*** [***upon***] B 他 **1** BにA(冗談・いたずらなど)を言いかける, しかける ▪ He *played* a joke on me. 彼は私に冗談を言ってからかった.

2 A(砲火・微笑など)をBに浴びせる ▪ We *played* our guns *on* the enemy's lines. 我々は敵陣に砲火を浴びせた ▪ She *played upon* him so many smiles. 彼女は彼にたびたび微笑みかけた.

play out 他 **1** ...を最後まで演じる, 最後まで競技する; をし終える ▪ The actors *played out* the tragedy. 俳優たちはその悲劇を最後まで演じた ▪ The game *was played out* at the end of the day. 試合はその日の終わりに終了した.

2 (同じチームでプレー)を続ける ▪ The slugger *played out* his career for the Yankees. その強打者はヤンキース一筋で選手生活を続けた.

3 (感情など)を行動に表す ▪ Children often *play out* unconscious fears in actions. 子供たちはよく無意識の恐怖を行動に表す.

4 (ロープなど)を繰り出す ▪ He *played out* the rope little by little. 彼は少しずつロープを繰り出した.

5 (魚)を弱らす ▪ The fish *was* completely *played out*. 魚は完全に弱らせてあった.

6 (闘争など)を行う ▪ The struggle *was played out* with fierce hatred. 争いは激しい憎しみをもって行われた.

7〖受身で〗 ...を背景に起こす; を展開する ▪ The religious drama *was played out* against the backdrop of the colonial drama in Nigeria. その宗教劇はナイジェリアの植民地のドラマを背景として展開された.

― 自 **8**《口》(聴衆の前で)演奏する ▪ The band I'm in now should be *playing out* regularly in a couple of months. 今私がいるバンドは2か月もすると定期的に演奏しているはずです.

9 終わる, すたれる ▪ It does not matter how the farce *plays out*. あの笑劇がどのように終わっても問題ではない ▪ The practice has got to *play out* in a generation or two. その慣行は1世代か2世代もすれば, すたれにきまっている.

play over 他 **1** ...をけいこする ▪ Let us *play over* this sonata. このソナタをけいこしてみよう.

2 もう一度(音楽)を演奏する, もう一度(試合)をする ▪ Could you *play* that piece *over*? その曲をもう一度演奏していただけませんか.

3 ...のことを考える ▪ There was one line that struck me and I have been *playing* it *over* in my head. 私の心を打ったせりふがひとつあったので私は頭の中でそのことをずっと考えていた.

― 自 **4** もう一度思い出される ▪ A conversation kept *playing over* in my head. ある会話が私の脳裏にずっと思い出されていた.

play through 他 **1** (曲)を最後まで演奏する, (試合)を最後まで行う ▪ She *played* the whole piece *through* without a mistake. 彼女は全曲を間違えず最後まで演奏した.

― 自 **2** 試合を勝ち続ける (*to*) ▪ Our team *played through* up to the last game. わがチームは最後のゲームまで勝ち続けた.

3《ゴルフ》(先発のプレーヤーが待っている間)プレーを続ける ▪ He *played through* while the others waited. 他のプレーヤーが待っている間彼はプレーを続けた.

play up 他 **1**《米口》…を強調[誇張]する; を宣伝[後押し]する(↔PLAY down 1) ▪ They *played up* the fact of her foreign birth. 彼女が外国で生まれたという事実をことさら重視している ▪ Juvenile delinquency, at that time, *was played up* by the media. 当時少年犯罪がマスコミに誇張して取り上げられた ▪ The press *played* the gossip *up* so much that everyone was fed up with it. 報道機関がそのゴシップをあまりに強調したのでみなうんざりした.
2《口》…をいら立たせる ▪ The media *plays* him *up* a little bit. マスコミが彼を少しいら立たせるのだ.
3(楽器)を鳴らし調律する ▪ It takes a long time to *play up* an instrument. 楽器を鳴らし調律するには年期がいる.
─ 自 **4**(雄鶏などが)意気揚々と歩く ▪ See the blackcock *play up*. クロライチョウの雄がもったいぶって歩く様子をごらん.
5(牛・馬が)あばれる ▪ The secret of remaining on a horse when he "*plays up*" is to sink well into the saddle. 馬が「あばれる」ときに馬から落ちない秘訣はくらに深く身を沈めることだ.
6 男らしく[雄々しく]ふるまう ▪ *Play up*! and play the game! 男らしくやれ! そして正々堂々とやれ!
7(競技などで)奮闘する, がんばる ▪ We can win if you *play up*. しっかりやれば勝てるぞ.
─ 自 他 **8**《英口》[[主に進行形で]] (子供が)うるさく(いたずらをする); 迷惑をかける ▪ The children *were playing up* all morning. 子供たちは午前中うるさくしていた ▪ My two-year-old *was* really *playing* me *up* this morning. 2歳の子が今朝は私の手に負えなかった.
9《英口》(機械が)調子がよくない; (体の一部が)痛む; (人に)痛みを与える ▪ This typewriter is *playing up* again. このタイプライターはまた調子が悪い ▪ Is your shoulder *playing up*? 肩は痛いですか ▪ My knees are *playing* me *up* again. またひざが痛む.

play *a person* ***up*** 他《俗》人をなぶりものにする; 人をじらす, 悩ます ▪ She *played* him *up* just out of vanity. 彼女はただ虚栄心から彼をなぶりものにした ▪ My nerves used to *play* me *up* terribly. 私は昔神経過敏のせいでひどく悩まされたものだった.

play up (*to*) 他 **1**(人)に調子を合わせる, こびへつらう, ご機嫌を取る ▪ Mrs. Price was wealthy, so he *played up to* her. プライス夫人は金持ちだったので,彼は彼女にこびへつらった.
2(劇俗)(人)に助演する ▪ You want two good actors to *play up to* you. 君に助演してくれるうまい俳優が二人必要だ.
─ 自 他 **3**(人)を後援する; (物)を引き立てる ▪ I'm going to ask him and you must *play up*. 僕が彼に頼むから君は口添えしてくれなければいけないよ ▪ The windows are designed to *play up* to the mosaics. ここの窓はモザイク模様を引き立たせるように設計されている.

play well [***badly***] 自 《クリケット》(グラウンドが)試合のやれる[やれない]状態である ▪ The pitch *plays* *well*. 三柱門の中間の場所は試合のやれる状態だ.

play with 他 **1**…をもてあそぶ, いじくりまわす ▪ The boy *played with* his toy train. 男の子はおもちゃの電車をもてあそんだ.
2(言葉など)を巧みに操る; を試す, 実験する ▪ He really knows how to *play with* words. 彼は言葉を巧妙に操る術を実によく心得ている ▪ Billy *played with* many different bands. ビリーは多くの異なったバンドと試しに競演してみた.
3(アイディアなど)を軽く考えて[検討して]みる ▪ He's *playing with* the idea of emigrating to Canada. 彼はカナダに移住してみようかと考えてみたりしている.
4 …をからかう, 慰みものにする ▪ The heavyweight champion was just *playing with* his opponent. ヘビー級のチャンピオンは相手を慰みものにしているだけだった.
5《米俗》…と協力する ▪ I will *play with* them. 彼らと協力しよう.
6 …のチームの一員としてプレーする ▪ He became the first Japanese ever to *play with* a European club. 彼は欧州のクラブでプレーした最初の日本人選手になった.

plead /plíːd/ ***plead against*** 自 **1**…に抗弁する ▪ He *pleaded against* the oppression. 彼はその圧迫に抗弁した.
2…の申し開きを不能とする ▪ All the evidence *pleaded* most powerfully *against* him. あらゆる証拠により彼の申し開きは全く立たなかった.

plead for 自 **1**…を懇願する ▪ No one *pleaded for* his pardon except himself. 彼の許しを請う者は彼自身しかいなかった.
2(人)のために弁じる(*with*) ▪ He *pleaded with* the tyrant *for* the captive. 彼は囚人のために暴君に弁じてやった.
3(事が)…の言い訳になる ▪ His youth *pleads for* him in this case. この場合彼の若さが言い訳になる.

plead with 自 …に懇願する ▪ Even today my son thinks he can *plead with* me to get a second chance. 今日でさえ息子は懇願すれば私からまた機会がもらえると思っている.

plod /plɑ́d|plɔ́d/ ***plod at*** [***along, on, upon***] 自 《やや口》…をこつこつやる[働く]; ゆっくり進む ▪ He often sits *plodding on* the Bible. 彼はよく座って聖書をこつこつ読んでいる ▪ Keep *plodding on*. Your dictionary work will soon be finished. こつこつやり続けなさい. 君の辞書仕事もすぐに終わるよ ▪ They *plodded at* sightseeing all day long. 彼らは一日中ゆっくりと観光して回った ▪ Old men and women with walking sticks *plodded along*. 男女の老人たちが杖を突きながらとぼとぼと歩いていた ▪ Despite the slowdown, business is *plodding along*. 景気後退にもかかわらず経済はゆっくり進行している.

plod away 自 こつこつやる[働く] ▪ He is *plodding away* day and night. 彼は日夜こつこつやっている.

plod through 他 …を骨を折って終える ▪ I have

plodded through the book. 私はその本を骨を折って読み終えた.

plonk /plɑŋk|plɒŋk/ *plonk down* 自他
1《英口》どさっと腰を下ろす, どすんと身を沈める (*oneself*) ▪ The boss *plonked down* in an armchair and lit a cigar. 社長は安楽いすにどさっと腰を下ろし葉巻に火をつけた ▪ Paul *plonked himself down* on the sofa. ポールはソファにどすんと腰を下ろした.
2 どさっと物を置く (《米》plunk) ▪ One waiter literally *plonked* the food *down* without even saying what it was. 一人のウェイターはそれが何か説明もらせずに料理を文字通り投げ出すように置いた.

plot /plɑt|plɒt/ *plot against* 他 …に陰謀を企てる ▪ They are *plotting against* the king. 彼らは国王に陰謀を企てている.

plot out 他 **1** …を企てる ▪ A party was being *plotted out*. パーティーが企画されていた.
2(土地)を分割する ▪ The level ground *is plotted out* for sale. その平らな土地は分割して売り出されている.
3 図上に…を記入する ▪ We found out where illegal dumping sites were and *plotted* them *out* on a map. 我々はどこに不法投棄場所があるかを見つけ出しその場所を地図上に記入した.
4 …を徹底的に分析[検討]する ▪ President Obama met with his top advisers to *plot out* a new strategy. オバマ大統領は新規戦略を徹底的に検討するために最高顧問団と会談した.

plow,《英》**plough** /plaʊ/ *plow ahead* 自
とにかくやり[進み]続ける ▪ I *plowed ahead* through a very busy schedule the next week. 翌週は超過密な予定を続けてこなした ▪ The boss decided to *plow ahead* with the original plan. 社長は元の計画をやり続けることに決めた.

plow along 自 骨折って進む ▪ The ship *plowed along* at a ten-knot rate. 船は10ノットの速力で骨折って進んで行った.

plow around 自他 **1**(切株の)回りをすく ▪ Farmers *plow around* the stumps after harvest. 農夫は刈り入れのあと切り株の周りをすく.
2《米・政治俗》探りを入れる ▪ They *plowed around* among all government departments and available sources. 彼らは全省庁や有望な情報源に探りを入れた.

plow back 他 **1**(草など)をまた元の畑にすき込む (*into*) ▪ The farmer *plowed* the loose leaves *back* to enrich the soil. 農夫は(野菜の)葉屑を肥料として土へ埋め戻した.
2(利益)をまた投資する (*into*) ▪ The profits were *plowed back into* the business. 利益はその事業に再投資された.

plow down 他 …をすき倒す ▪ Whins were *plowed down* on a part of the field. ハリエニシダがその畑の一部ですき倒された.

plow in 他 (土地に肥料・植物など)をすき込む ▪ He intends to *plow in* his vetches. 彼はカラスノエンドウをすき込むつもりである.

plow into 他 **1** …と衝突する (=CRASH into); をぶつける ▪ The car slipped on the wet road and *plowed into* a fence. 車はぬれた道路でスリップして柵に激突した ▪ The man sped away, then *plowed* the car *into* the drugstore. 男は車を飛ばして走り去りドラッグストアに突っ込んだ.
2《口》(仕事)に勢いよくとりかかる ▪ I *plowed into* my studies. 私は勢いよく勉強に打ち込んだ.
3 …に(資本など)をつぎ込む ▪ More than £1.8 million will *be ploughed into* the area to bolster industrial growth. 業界の成長を奨励するために180万ポンド以上の資金が投資される予定だ.
4 …をひどく叱る ▪ She was *plowed into* by her drunk father. 彼女は酔った父親にこっぴどく叱られた.

plow on 自 苦労してやり続ける; 骨折って進む ▪ Jeremy just *plowed on* with his stupid story. ジェレミーはばかげたことを話し続けた ▪ Anyway, I *plowed on* regardless. とにかく, それにもかかわらず私はやり続けた.

plow out 他 …をすき出す; を掘り出す; を根こ(そ)ぎにする ▪ He *plowed out* the weeds. 彼は雑草をすき取った.

plow through 自 **1** …を骨折って進む ▪ He came *plowing through* the snow. 彼は雪の中を骨折って進んで来た ▪ I had to *plow through* dozens of old books on economics. 私は経済学の古い本を何十冊も骨折って読まねばならなかった.
2(多量の仕事)を何とかやり終える ▪ I've *plowed through* a pile of documents. 山ほどの書類の処理がなんとか終わった.
3 …に激しく衝突する ▪ The car *plowed through* the crowd injuring several spectators. 車は群衆に突っ込み何人かの見物人を負傷させた.
4(食事)を残らず食べる ▪ Ann *plowed through* a meal of an egg scrambled with cheese. アンはチーズ入りスクランブルエッグの食事を平らげた.

plow under 他 **1** …を(土地に)すき込む ▪ If clover is grown, it should *be plowed under*. クローバーが大きくなったらすき込まねばならない.
2《米口》[主に受身で] …を台なしにする, ぶちこわす ▪ All his plans were *plowed under* for lack of funds. 彼の計画は資金不足のためにすべておじゃんになった.
3 …を圧倒する, 破壊する ▪ Mother is *plowed under* with dirty laundry. 母は汚れた洗濯物の山でお手上げだ ▪ All their hopes for winning the election were *plowed under*. 彼らが選挙に勝利する望みはすっかり砕かれた.

plow up 他 **1** …を掘り返す, すき起こす ▪ The wild boar *plows up* the earth like a furrow. イノシシは土地をうねのように掘り返す.
2 …を掘り出す ▪ He *plowed up* some old coins in the yard. 彼は中庭で古い貨幣をいくつか掘り出した.
3(歩いたり車で走ったりして地面)を荒らす ▪ The schoolkids *ploughed up* the lawn with their bikes. 学童たちは自転車を乗り回して芝生を傷めた.

pluck /plʌk/ *pluck at* 他 …をぐいと引っぱる ▪ The child was *plucking at* its mother's skirt. 子供は母親のスカートを引っぱっていた.
2 …につかみかかる ▪ A drowning man *plucks at* a straw. 《諺》おぼれる者はわらをもつかむ.
pluck away 他 …を引きちぎる ▪ They *plucked away* the wrapping and found a statue. 彼らがおおいを引きちぎってみると像があった.
pluck down 他 **1**(人)の名声をたたき落とす[おとしめる] ▪ The opposition *plucked* the Chancellor *down* from his high position. 反対党は(ドイツ)首相の名声を失墜させた.
2(建物)を取りこわす ▪ He ordered the church to be *plucked down*. 彼はその教会を取りこわすように命じた.
pluck A off B 他 BからAをもぎ取る ▪ The fruit was *plucked off* the tree. その果物は木からもぎ取られた.
pluck A out of B 他 BからAを抜き取る ▪ No man is able to *pluck* my purse *out of* my pocket. 誰も私のポケットから財布を抜き取ることはできない.
pluck up 他 **1**(勇気)を出す ▪ He *plucked up* his courage to ask her out. 彼は勇気を振り絞って彼女をデートに誘った.
2 …を根こ(そ)ぎにする ▪ He *plucked up* some of the plants. 彼はその植物をいくらか根こそぎにした.
— 自 **3**《まれ》元気になる ▪ She has *plucked up* a little since we came here. 我々がここへ来てから彼女は少し元気になった.

plug /plʌg/ *plug along* 自 こつこつやる ▪ How are you getting along?—Just *plugging along*. いかがお過ごしですか?—まあこつこつやっています.
plug along on 自《米》…をこつこつやる ▪ He's been *plugging along on* the same novel for three years. 彼は同じ小説を3年がかりでコツコツと執筆してきた.
plug at 他《米口》(銃で)…をねらって撃つ ▪ I *plugged at* the snipe. 私はそのシギをねらって撃った.
plug away (at) 自他 **1**《口》(…を)こつこつやる ▪ Keep *plugging away* and enjoy yourself. こつこつ続けて,楽しみなさい ▪ He is *plugging away at* his lessons. 彼はこつこつ勉強をしている.
— 他 **2** …を撃ち続ける ▪ He kept *plugging away at* the can. 彼はその(空き)かんを撃ち続けた.
plug for 他 **1**《米口》…を提唱する ▪ He has *plugged for* "regulated competition." 彼は「統制ある競争」を提唱してきた.
2《米》…を支持する,応援する ▪ I think the Republicans ought to just *plug for* a tax cut. 共和党員は減税に賛成すべきだと私は思う.
plug in 他 …をプラグで接続する ▪ I *plugged* the radio *in*. 私はラジオのプラグを差し込んだ.
plug into 他 **1** …をプラグに差し込む, つなぐ; をぴったりはめる ▪ How come when I *plug* my camera *into* my computer nothing shows up? カメラをコンピューターにつないだのにどうして何も出てこないの ▪ Rick kept yelling into the communicator mike *plugged into* his ear. リックは耳にぴったりと装着された発信マイクに向って叫び続けた.
— 自 **2** 大型コンピューターに接続してデータを得る ▪ We can *plug into* the company's research network. 我々は会社の検索ネットワークに接続できる.
— 自 **3**《口》(活動などに)溶け込む, 参入して益を得る ▪ My dad's not as *plugged into* the town gossip as my mother. 父さんは町の噂話に母さんほどは関与してない ▪ When I stand in the garden in bare feet I feel *plugged into* the earth. 裸足(はだし)で庭に立つと大地とつながった気がする.
plug on 自《豪口》(しばしば困難・不快な事を)やり続ける ▪ Over the next seven years, Reid *plugged on*. 続く7年間にわたってライドは働き続けた.
plug up **1** …をせんでふさぐ ▪ I *plugged up* a leak. 私は水漏れをせんでふさいだ.
— 自 **2** ふさがる, 詰まる ▪ The drain will *plug up* if you let grease settle in it. 排水管に油をたまらせると詰まりますよ.

plumb /plʌm/ *plumb in [into]* 他《英》…に配管する, の配管工事をする ▪ I *plumbed in* the dishwasher myself. 私は食器洗い機を自分で配管した.

plump¹ /plʌmp/ *plump down* (金)を即金で支払う ▪ She *plumped down* the money. 彼女はその金を即金で支払った.
plump for **1**《口》…に絶対[強力]に賛成する ▪ They *plumped for* the course of action. 彼らはその行動方針に絶対賛成した.
2《主に英》(連記投票できるのに)一人だけに投票する ▪ We'll *plump for* Jim. He's the man for the district council. ジム一人だけに投票しよう. 彼こそは地区評議会にうってつけの人だ.
3(熟慮して)に決める, を選ぶ ▪ I think I'll *plump for* the fruitcake this time. 今回はフルーツケーキに決めようと思う.
plump into 他 **1** …にザブンと落ちる ▪ He *plumped into* the pond. 彼は池の中へザブンと落ちこんだ.
2 …の中へどっと出て行く ▪ We *plumped into* bitter cold weather. 我々はひどく冷たい天候の中へどっと出て行った.
plump out **1** …をだしぬけに言う ▪ He *plumped out* a remark. 彼はだしぬけに一言言った.
— 自 **2** だしぬけに出る ▪ He *plumped out* of the house in a huff. 彼はむっとしてその家からやにわに飛び出した.

plump² /plʌmp/ *plump up [out]* 他 **1** …をふくらませる; を丸々と太らせる ▪ Smooth out the sheets and *plump up* the pillows. シーツのしわを伸ばし, 枕を叩いてふくらまさせてね ▪ Big Mac addiction *plumped* her *up* considerably. ビッグ・マックにはまって彼女は相当太った ▪ Conventional pigs are *plumped up* with hormones and antibiotics. 豚はホルモン剤や抗生物質で太らせるのが慣わしだ.
— 自 **2** ふくらむ; 丸々と太る ▪ His cheeks are be-

plunge /plʌndʒ/ *plunge down* 自 他 **1** (…を)まっしぐらに駆け下りる ▪ He *plunged down* (the bank) to save the drowning child. 彼はおぼれている子を助けるため(土手を)まっしぐらに駆け下りた.
2 (道などが)急に下り坂になる ▪ The path *plunged down* to the sea. 小道は急に下り坂になり海へ向かっていた.

plunge in 自 **1** (…)に急に飛び込む ▪ He *plunged in* (the water). 彼は急に(水中に)飛び込んだ.
2 急にし始める ▪ Betty *plunged in* hastily with another question. ベティーは急いで別の質問をしだした.

plunge into 他 **1** (物・水など)に…をぐっと突っ込む ▪ The hot iron bar *was plunged into* cold water. 熱い鉄棒が冷水の中へぐっとさし入れられた ▪ The lance *was plunged into* the left side. やりは左の脇腹にぐさりと突きささった.
2 (ある状態・行動などに)…を突っ込む, 突入させる ▪ He *was plunged into* the depth of despair. 彼は絶望のふちに落ちこんだ ▪ We *were plunged* at once *into* philosophical discussions. 我々はすぐさま哲学的な議論をやり始めた.
— 自 **3** (水・ふち・部屋などの中)へ飛び込む ▪ He *plunged into* the sea and began to swim. 彼は海中に飛び込んで泳ぎ始めた.
4 (ある状態・行動)を急に始める ▪ He *plunged* deep *into* thought. 彼は急に深く考えこんだ.

plunge A into B 他 **1** AをBの中にぐっと突っ込む〔突き刺す〕 ▪ He *plunged* his head *into* the bucket. 彼はバケツに頭をぐいと突っ込んだ.
2 AをBの状態に陥れる ▪ The news *plunged* her *into* grief. そのニュースは彼女を悲しみに陥れた.

plunge out of 自 急に…から出てくる ▪ The train *was plunging out of* the station. 電車は駅から急に出ていきつつあった.

plunge through 他 …を突破する ▪ His automobile *plunged through* a fence. 彼の自動車は垣根を突破した.

plunge upon 自 急に…に出ていく ▪ He *plunged* forth *upon* the square. 彼は急に四つ辻に出ていった.

plunk /plʌŋk/, 《英口》 **plonk** /plɒŋk/ *plunk down* 自 他 **1** ドンと落ちる, ドスンと落とす, …を投げ出す ▪ He *plunked down* on a log. 彼は丸太の上ヘドシンと落ちた ▪ John *plunked* the good tequila *down* on a table. ジョンはおいしいテキーラをテーブルの上にドスンとおいた.
— 他 **2** (口) (金)を支払う ▪ He *plunked down* $65,000 to the author. 彼は著者に65,000ドル支払った.

plunk for 他 《米口》…を支持する ▪ All of them *plunked for* a picnic. 彼らはみなピクニックを支持した.

ply /plaɪ/ *ply at* 他 (まれ) …をこつこつやる ▪ I *plied at* my homework for no less than three hours. 僕は3時間も宿題をこつこつやった.

ply between (船・馬車が)…の間を往復する ▪ This steamer *plies between* London and Richmond. この汽船はロンドン・リッチモンド間を往復する.

ply A with B 他 **1** B(酒・食物・贈物など)をAにうるさくあてがう, しつこく勧める; B(質問・議論など)をAに盛んに吹きかける ▪ She *plied* him *with* the wine in a golden cup. 彼女は黄金の杯に入れたワインを彼にしつこく勧めた ▪ He *plied* the speaker *with* questions. 彼はその弁士を質問攻めにした.
2 盛んにAをBで攻撃する ▪ The ship *plied* the French *with* her shells. その船はフランス軍に盛んに砲撃を見舞った ▪ They *plied* the sea *with* their oars. 彼らはオールでせっせと水をかいた.

poach /poʊtʃ/ *poach for* 他 …の密漁をする ▪ They all *poached for* salmon. 彼らはみなサケの密漁をやった.

poach on [*upon*] 他 (他人の畑など)に侵入する, (権利など)を横取りする ▪ He *poached on* your manor. 彼はあなたの領地に侵入しました.

point /pɔɪnt/ *point after* …に後ろ指をさす ▪ The boy *pointed after* the postman. 少年は郵便集配人に後ろ指をさした.

point at 自 他 **1** …を指さす ▪ It's rude to *point at* another. 人を指さすのは失礼です.
2 …を指示[暗示]する ▪ He *is pointed at* as an example. 彼はお手本にあげられている.

point A at B 他 A(指・銃)をBに向ける, AでBをねらう ▪ It was they who *pointed* the finger of scorn *at* kings and nobles. 王や貴族を軽蔑して指さしたのは彼らであった ▪ The man *pointed* a revolver *at* her. 男は彼女に連発ピストルをつきつけた.

point down 他 《米》(とがった道具で石などの)表面を平らに削る ▪ He *pointed down* the block of granite. 彼はとがった道具でみかげ石の塊の表面を平らに削った.

point in 他 (造園で)すきの先で(肥料など)をつついて入れる ▪ The lime *was* sown broadcast and then *pointed in*. その石灰はばらまかれ, それからすきの先でつついて入れられた.

point off 他 (小数など)を点で区別する ▪ To divide by 100 is done by only *pointing off* two figures for decimals. 100で割ることは二つの数字を小数として点で区切ればできる《たとえば314なら3.14》.

point out 他 **1** …をさし示す ▪ He *pointed out* the house. 彼はその家をさし示した.
2 …を指示する, 指摘する ▪ He expressly *pointed out* the mistake. 彼は特にその誤りを指摘した ▪ Let me *point out* that it is getting late. ご注意します が, もう時刻は遅いですよ.

point over 他 (造園で)すきの先で(地面)を返す ▪ The surface *was* merely lightly *pointed over*. 地面はただ軽くすきの先で返されただけであった.

point to 自 他 **1** …を指す; …を指摘する ▪ Jack

pointed to John as the one who had slammed the door. ジャックはジョンがドアをバタンと閉めたのだと言ってジョンを指した ▪ The needle *points to* the north. 磁針は北を指す.
— [他] **2** …を暗示する ▪ All the signs *point to* an early election. すべての兆候が選挙が早まることを暗示していた.
3 = POINT toward 1.
4 = POINT toward 2.
point toward [自] **1** …に向かう ▪ The policy of the country had *pointed toward* the goal. その国の政策はその目標に向かっていた.
2 (建物が)…に面する ▪ The churches of Europe are ordinarily built *pointing toward* the east. ヨーロッパの教会は通例東向きに建てられている.
3 = POINT to 2.
point up [他] **1** 《文》…を強調する ▪ She *pointed up* the picture with talks on morals and ethics. 彼女は修身と倫理の話をしてその絵を強調した.
2 《米》(事実など)を示す ▪ It *points up* the hard facts. それは厳然たる事実を示している.
3 (れんが積みの)つぎ目にしっくいを塗る ▪ He *pointed up* the brickwork. 彼はれんが積み工事のつぎ目にしっくいを塗った.

poison /pɔ́ɪzən/ ***poison A against B*** [他] A(人・心)にBに対する反感[敵意]を抱かせる ▪ She *poisoned* her son's mind *against* his father. 彼女は息子が父親に反感を持つように仕向けた.

poke /poʊk/ ***poke along*** [自] のろのろ進む ▪ The sheep *poked along*. 羊たちはのろのろ進んだ.
poke around [***round,*** 《英》 ***about***] [自] **1** …を詮索して回る, 嗅(か)ぎ回る ▪ J. E. Hoover was always *poking around* in politicians' private lives. J. E. フーバーはいつも政治家の私生活を詮索して回っていた.
2 ぶらぶらする ▪ I should enjoy *poking about* here in the country. この田舎でぶらぶらするのは楽しいだろうと思う.
poke at [他] …を突く ▪ He *poked at* them with his umbrella. 彼は雨がさで彼らを突いた.
poke in [自] おせっかいする ▪ He's always *poking in* where he is not wanted. 彼はいつもいらぬおせっかいをしている.
poke into [他] …におせっかいする ▪ Don't *poke into* other people's business. 他人のことに余計なおせっかいをするな.
poke off [自] ぶらぶら立ち去る ▪ He talked for a while and then *poked off*. 彼はいっとき話してからぶらぶら立ち去った.
poke out [他][自] 《口》突き出す[出る] ▪ The boy *poked* his head *out* of the window. 少年は窓から頭を突き出した ▪ Green buds *poked out* of overhead tree branches. 頭上の木の枝から緑の新芽が顔をのぞかせた.
poke through [自] **1** 突き出る ▪ His toes were *poking through* the holes in his sock. 足の指が彼のソックスの穴からのぞいていた.
— [他] **2** …を詮索して回る ▪ Narcotics agents *poked through* the containers looking for drugs. 麻薬捜査官がドラッグを求めてコンテナーの中を捜し回った.
poke up [他] **1** 《口》…を(窮屈な場所に)閉じ込める ▪ It would break her heart to *be poked up* in such a horrid place. あんなひどい場所に閉じ込められたら彼女は悲嘆にくれることだろう.
2 (埋み火(うずみび)など)を(棒で)かき立てる ▪ He *poked up* the dying fire. 彼は消えかかった火をかき立てた.
— [自] **3** …から突き出[はみ出](てい)る ▪ The bamboo shoots began to *poke up* through the forest floor. タケノコが森の地面から突き出しはじめた.

polish /pálɪʃ|pɔ́l-/ ***polish away*** [他] …をこすり取る, すり落とす ▪ I *polished* the rust *away* from the steel blade. 鋼鉄の刃を研(と)いで錆を落とした ▪ Most rice is sold with the outer portion of the grains *polished away*. 米はたいてい精米して(糠をすり落として)販売される.
polish off [他] 《口》 **1** (仕事・食べ物)をさっさと片づける[仕上げる] ▪ I can *polish off* this job in no time. こんな仕事はたちまち片づけてしまえる ▪ He *polished off* the pie and the fruit. 彼はパイと果物をぺろりと平らげた.
2 《スポーツ・報道》…をあっさりやっつけてしまう, に楽勝する ▪ He can *polish off* a boy a head taller than himself. 彼は自分より頭だけ背の高い少年でもあっさりやっつけられる.
3 …を殺す ▪ His blow *polished off* his enemy. 彼の打撃で敵は死んでしまった. ☞ボクシングから.
polish out [他] **1** = POLISH away.
2 = POLISH up 1.
polish up [他] **1** …につやを出す; に磨きをかける ▪ *Polish up* the handle of the front door. 玄関のドアの取っ手を磨き上げてくれ ▪ I must *polish up* my French before I go to Paris. パリに行く前にフランス語に磨きをかけなければならない.
2 …の腕を上げる; (イメージアップ)を図る ▪ The special team *polished up* its act. 特別チームは上達した ▪ Taiwan is trying to *polish up* its image abroad. 台湾は外国での評判を高めようと努力している.
— [自] **3** つやが出る ▪ The silver *polished up* beautifully. 銀器は見事なつやが出た.

pollute /pəlúːt/ ***pollute A with B*** [他] BでAを汚染する ▪ We should not *pollute* the water supply *with* chemicals. 上水道を化学物質で汚染してはならない.

ponce /pɑns|pɔns/ ***ponce about*** [***around***] [自] 《英口・軽蔑》にやけた様子で歩き回る; (やるべきことをやらずに)だらだらする ▪ I don't like the way he *ponces about*. 彼がにやけた様子で歩き回るのがきらいだ ▪ I *ponced around* in the dance studio for a bit. ダンス講習所でしばらくだらだらした.
ponce off [他] 《英口》…をたかる ▪ He tried to *ponce* a cigarette *off* the arresting officer. 彼は自分を逮捕しようとしている警官にタバコをたかろうとした.
ponce up [他] 《俗》…をめかし立てる ▪ He looked

P

pond

queer, all *ponced* up. 彼はすっかりめかし込んで奇妙な風采だった.

pond /pɑnd|pɔnd/ ***pond back [up]*** 他 (流れ)をせき止める ▪ The mass of ice *ponded back* the water. 氷の塊が水の流れをせき止めた.

ponder /pándər|pɔ́n-/ ***ponder on [over, about]*** 自 …のことを熟考する ▪ He *pondered on* a momentous issue. 彼は重要問題を熟考した.

pony /póʊni/ ***pony up*** 他 《米俗》(ある金額)を支払う, 手渡す ▪ I reckon you'll *pony up* the five thousand dollars, won't you? たぶん例の5,000ドルを支払ってくれるでしょうね.

pony up for 他 《米俗》…をくれと言う ▪ Our children always *pony up for* money. うちの子供たちはいつも金をねだっている.

pooch /puːtʃ/ ***pooch out*** 自 《米俗》(腹などが)突き出す; ふくれる ▪ I need to go on a diet—my lower belly is starting to *pooch out*. 減量しなけりゃならない. 下腹が出始めたので.

pool /puːl/ ***pool up*** 自 **1** 水がたまる ▪ Every time it rains water *pools up* on the floor behind the passenger seat. 雨が降るたびに助手席の後ろの床に水がたまる.
— 他 **2** …を共同利用のためにたくわえる; 共同出資する ▪ The roommates *pooled* their money *up* so that they could buy a new TV. 同室者らは新しいテレビを買うために共同で金をためた.

poop /puːp/ ***poop out*** 自 **1** 《米俗》(疲れて)やめる; よす ▪ Too tired to continue, he *pooped out* of the marathon race. 彼はあまりにも疲れて続行不可能なので, マラソンを棄権した.
2 疲れる, へたばる ▪ At last the engine *pooped out*. ついにエンジンがへたばった.
— 他 《米口》 **3** …を疲れさせる ▪ I'm *pooped out*. もうへとへとだ.

pootle /púːtəl/ ***pootle about [around]*** 自 《英》のんびりと過ごす ▪ I spent a lot of time *pootling about* on blogs. たっぷりの時間をブログを書いて楽しく過ごした.

pootle along 自 《英》のんびりとドライブする ▪ During the morning I was just *pootling along* enjoying the scenery. 午前中は景色を楽しみながらゆっくりと車を走らせていた.

pop /pɑp|pɔp/ ***pop across*** 自 他 **1** (…を渡って)ちょっと行ってくる ▪ *Pop across* (the street) and bring me a packet of cigarettes, will you? ちょいと(通りを渡って)行ってタバコを1箱買って来てくれないか.
2 ちょっと立ち寄る ▪ He *popped across* for tea. 彼はお茶を飲みにちょっと立ち寄った.

pop along to 他 …に急いで行く ▪ *Pop along to* the stationer's and get me some envelopes. 文房具屋へ急いで行って, 封筒を買って来てくれないか.

pop around = POP in 1.

pop at 他 《俗》…を(ねらって)撃つ ▪ They were *popping* away *at* the wood-pigeons. 彼らはヤマバトをさかんに撃っていた.

pop back 自 他 すぐ戻る[戻す] ▪ I'll *pop back* in a jiffy. すぐ戻ってくるよ ▪ You should *pop* the book *back* before he misses it. その本がないのに彼が気づかないうちにさっさと戻しておけ.

pop down 自 **1** ちょっと立ち寄る ▪ Do *pop down* to see us. ぜひお立ち寄りください.
2 ポンと降りてくる ▪ The oxygen mask will *pop down* by itself. 酸素マスクが自動的に上からポンと飛び出してきます.
3 急に(田舎へ)下る (to) ▪ He *popped down* to the country. 彼は急に田舎へ出かけた.
— 他 **4** …を急に書きつける ▪ He *popped down* his ideas on paper. 彼は考えをさっと紙に書きつけた.
5 …を急におろす ▪ Dad *popped* the teddy bear *down* on the sofa. パパはぬいぐるみのクマをぽいとソファの上に取り降ろした.

pop for 他 《口》…の代金を出す, をおごってやる ▪ Let's have some sherbet. I'll *pop for* it. シャーベットを食べよう. おごりだよ.

pop in [into] 自 **1**《英口》ひょっこり訪問する, ちょっと立ち寄る ▪ I *popped in* to tell you that we shall start at five o'clock. 我々が5時に発つことを知らせにちょっと伺ったです.
— 自 他 《口》 **2** 急に中へ入る[入れる] ▪ She *popped in* with some tea and sandwiches. 彼女は紅茶とサンドイッチを持ってさっと入ってきた ▪ The child opened his mouth to cry and the nurse *popped in* a sweet. 子供が泣こうとして口を開けたので, 乳母が菓子をさっと入れた.

pop off 自 **1**《英口》急に出かける, (いる場所)を発つ ▪ He *popped off* last week for a few days' holiday. 彼は数日間の休暇旅行へ先週急に出かけていった.
2《英口》急に死ぬ ▪ What a pity it would have been had I *popped off* in my last illness. この前の病気でぽっくりいっていたらとても残念なことだったろう.
3《米口》まくしたてる, いきまく ▪ He was *popping off* about taxes. 彼は税金のことをまくし立てていた.
— 自 他 **4** ポンと爆発する[させる] ▪ Fireworks *popped off*. 花火がドンとはじけた ▪ Children *popped* fireworks *off* in the garden. 子供たちは庭で花火を破裂させた.
— 他 **5** …をぱっと脱ぐ ▪ *Pop off* your hat. 帽子をさっと取りなさい.
6《俗》…を殺す ▪ These gangsters *pop* each other *off*. これらのギャングは互いに殺し合う.

pop on 他 **1**《英口》[主に命令文で] …を素早く身につける[のせる] ▪ *Pop on* your hat. 帽子をかぶってください ▪ I suggest you *pop* the sweater *on* over your T-shirt. ティーシャツの上にセーターをさっと羽織っていかがでしょう.
2 (電気機器)のスイッチを入れる ▪ I *popped on* the coffee maker first thing this morning. 今朝起きて真っ先にコーヒーメーカーのスイッチを入れた.

pop on [upon] 他 …に急に出くわす ▪ I had the good fortune to *pop upon* the very thing I wanted. 運よく私がちょうどほしいと思っていたものにぶつかった.

pop a person on 他 《口》人(の体の一部)を殴る

• Nick *popped* John *on* the nose. ニックはジョンの鼻をぶん殴った。

pop out 圓 《英口》 **1** 急に外へ飛び出す; 飛び出る • He's just *popped out*. 彼は外へ飛び出して行ったところだ。 • His eyes almost *popped out* in surprise. 彼は目が飛び出さんばかりに驚いた。

2(言葉が)ひょいと出る, 思わずポロッと出る • I wasn't supposed to let you know that; it just *popped out*. 君にそれを知らせちゃいけないことになっていたのだ。つい口をすべらせてしまった。

3(本から立体的に)絵が飛び出す • The folded pictures *popped out* from a book. 本を開くと折りたたまれた絵が飛び出した。

— 他 **4**(火)を急に消す • He *popped out* the guttering candle. 彼はろうの流れているろうそくを急に消した。

5(せん)をポンと飛び出すように抜く • It took me a little effort to *pop* the cork *out*. コルクせんをポンと抜くのに私は少し手間だった。

pop (out) to 圓 《野球》(バッターが)…にフライを上げてアウトになる • Bob *popped (out) to* Johnson. ボブはジョンスンにフライを打ち上げてアウトになった。

pop over 圓 《英口》急いで行く; 訪問する, ちょっと立ち寄る • She has just *popped over* to the grocer's. 彼女は食料品屋へ急いで行ったところだ • We'll *pop over* tomorrow. あすちょっとお訪ねします。

pop round 圓 《口》ちょっと立ち寄る • *Pop round* when you have time. 暇なときにお立ち寄りください。

pop round to 圓 …に急いで行く • I must *pop round to* the baker's for a loaf of bread. パンを1個買いにパン屋へ一走りせねばならない • Call us and we will *pop round to* see you. 電話を下さればすぐお伺いします。

pop up 圓 **1** 急に現れる[出る, 生じる, 上る] • Hallo! Where did you *pop up* from? おや, 君はどこから急に現れたのかね • I don't know why, but your name suddenly *popped up*. なぜかわからないが, 君の名前が急に出てきたんだよ。

2(…に)急に出かける (*to*) • He *popped up to* town. 彼は急に上京した。

— 他 **3** 《野球》凡フライを打ち上げる • The batter *popped* (the ball) *up*. バッターは凡フライを打ち上げた。

pop up with …を急に提出する • He *popped up with* a bold statement. 彼は急に大胆な声明を発表した。

pore /pɔːr/ ***pore at*** 他 …をじっと見る • He was continually *poring at* the clouds. 彼は絶えず雲をじっと見ていた。

pore on [upon] 他 **1** …をじっと見つめる, 熟視する • He stood *poring on* the town clock. 彼は立って町の時計をじっと見ていた。

2 …に思いを凝らす • I have been *poring on* my new scheme. 私は自分の新企画をじっくり考えてきました。

pore over 他 **1** …を熱心に読む; (研究)に打ち込む • He had *pored over* the book till he knew it by heart. 彼はその本を暗記してしまうまで熟読した。

2 = PORE on.

pork /pɔːrk/ ***pork out*** 圓 《米口》 **1** がつがつ食う, むさぼり食う (*on*) • I *porked out* at lunch time, though I was on a diet. ダイエット中だったが, 昼食時に大食いした。

2 太る • I *porked out* over winter, and now I'm trying to lose weight. 冬季に太ったので只今減量中です。

portion /pɔːrʃən/ ***portion out*** 他 …を分割[分配]する • The country was *portioned out* among the chiefs. 国は部族長たちの間で分割された。

portray /pɔːrtréi/ ***portray A as B*** 他 AをBとして描写する • The king *is portrayed as* a tyrant. その王は暴君として描かれている • In the community, he worked hard to *portray* himself *as* a great father. 地域社会では彼は立派な父親然として懸命に振舞った。

pose /pouz/ ***pose as*** 圓 …のように見せかける, らしく構える • He *poses as* an expert. 彼は専門家ぶっている。

pose for 圓 …のためにポーズをとる • He *posed for* his photograph. 彼は写真をとるためにポーズをとった。

post¹ /poust/ ***post off*** **1**《英》(人)に…を郵送する • I *posted* a letter *off* to my mother this morning. 私はけさ手紙を母親に郵送した。

— 他 **2** 大急ぎで出発する • He *posted off* to Louisville. 彼は大急ぎでルイビルへ出発した。

post up **1** …を(台帳などに)必要登録をする, 仕分けする • A copy of the ledger *was* duly *posted up*. 台帳の写しがきちんと仕分けされた。

2《口》[主に受身で] …を(新知識などに)通じさせる • I kept myself *posted up* with the literature of the day. 私は現代文学にいつも通じているようにした。

post² /poust/ ***post up*** 他 (ビラなど)を貼る • The announcement *was posted up* on the wall of the town hall. その布告は市役所の壁に貼られた。

post³ /poust/ ***post away*** 他 …を転任させる • Smith has *been posted away*. スミスは転任した。

postpone /poustpóun/ ***postpone A to [until, till] B*** 他 A(行事)をB(ある日時)まで延期する • The picnic *was postponed to* next Sunday. ピクニックは次の日曜日に延期された • We'll have to *postpone* the concert *till* next week. コンサートは来週まで延期せねばなるまい。

postulate /pástʃəlèit|póstju-/ ***postulate for*** 他 …を要求する • He was obliged to *postulate for* an assistant. 彼は助手を要求せざるをえなくなった。

pot /pɑt|pɔt/ ***pot at*** 他 …をねらい撃つ • I *potted at* a hare. 私はウサギをねらい撃った。

pot on 他 圓 《英》大きな鉢に植え替える • I spent all weekend in the garden sowing and *potting on*. 週末全部を庭で種まきと植え替えをして過ごした • You'd better *pot* the seedling *on* to a bigger

potter

pot. 苗木をもっと大きな鉢に植え替えたほうがいいよ.
pot up 他 (植物)を鉢植えにする ▪ He *potted up* some indoor plants. 彼は室内植物をいくつか鉢植えにした.

potter /pάtər|pɔ́t-/ ***potter about [around]*** 自他 《英口》(...と)ぶらつく; のんびりする ▪ He was *pottering about* the house. 彼は家の中をぶらついていた ▪ We spent most of the day *pottering around* in the garden. 私たちはその日の大半を庭でのんびりして過ごした.

potter away 他 ぶらぶらして(時)を過ごす ▪ I *pottered away* the whole afternoon. その日の午後ずっとぶらぶらして過ごした.

potter in [at] 他 ...を弱々しくやる, 気まぐれにやる ▪ He likes to *potter in* zoology. 彼は動物学を気ぐれにやるのが好きだ.

pounce /paʊns/ ***pounce about [around]*** 自 《英卑》サボる ▪ If you hadn't *pounced about* all day, the job could be finished by now. もし君たちが一日中サボってなかったら仕事は今頃は終わっているだろうに.

pounce at 他 (タカのように)...にさっと襲いかかる ▪ The kitten *pounced at* a mouse. 小猫はネズミに襲いかかった.

pounce away 他 ...に飛びついてさらって行く ▪ A cruel crow *pounced* the eggs *away* and ate them up. 残忍なカラスが卵をわしづかみにさらっていって平らげた.

pounce off 他 《英卑》...をたかる, せびる ▪ You're not *pouncing* any more cigarettes *off* me! これ以上私からタバコをねだるのはよしてくれ.

pounce on [upon] 他 **1** (タカのように)...にさっと襲いかかる ▪ The cat *pounced on* a mouse and killed it. 猫が鼠にさっと襲いかかって仕留めた.
2 (人・欠点・誤りなど)を激しく攻撃する, 得たりと押さえる ▪ He *pounced upon* her unlucky phrase. 彼は彼女のまずい言い回しを得たりとやり玉にあげた.
3 ...を急に捕える ▪ They are ready to *pounce upon* all stray dogs. 彼らはすべての野犬を一挙に捕獲しようと手ぐすねひいている.

pound /paʊnd/ ***pound about*** 自 ...の回りをドシンドシンと歩き回る ▪ The servant *pounded about* the house in anger. 使用人は腹を立てて家の中をドシンドシンと歩き回った.

pound along 自 ...をドシンドシンと歩いていく ▪ He *pounded along* the road. 彼はその道をドシンドシンと歩いていった.

pound at [on] 他 ...を激しくたたく, 激しく砲撃する ▪ All our guns were *pounding at* the fortress. わが軍の砲は一斉にその要塞を激しく砲撃した ▪ I was awakened by someone *pounding on* the door. 誰かが戸をドンドンたたいたので目がさめた.

pound away 自 (...を)しきりにたたく[攻撃する] (*at*) ▪ An electric piano goes on *pounding away* by itself. 電気ピアノが独りでポンポン鳴っている ▪ He is *pounding away at* his work. 彼はせっせと仕事をやっている.

pound into 他 ...をたたき込む ▪ We must *pound* it *into* a thick head by repetition. わかりの遅い頭の持ち主にはそれを反復してたたき込まなくてはならない.

pound out 他 **1** (ハンマーなどで)...をたたいて平らにする; をたたき出す ▪ The bodyshop uses special hammers to *pound out* the dents in the bodies of cars. 修理工場は車体のへこみを打ち出して平らにするのに特殊なハンマーを使う ▪ The big drum *pounded out* the tune. 大きな大鼓が曲をたたき出した ▪ My foolishness *was pounded out* of me. 私の愚かさが私からたたき出された.
2 《米口》キーボードをたたいて急いで文章を打ち出す; ...を短期間に作り出す ▪ Morin sat at her computer and *pounded out* a letter of inquiry. モーリンはコンピューターに向かって照会状を急いで打ち出した ▪ I *pounded out* three books in a row. 3冊の本を続けざまに出した.
3 同意[合意]に達する ▪ The agreement *was* painstakingly *pounded out* at the conference. その会議でやっとのことで合意に達した.

pound up 他 (ハンマーなどで)...を打ち砕く, 粉々にする ▪ The bricks *were pounded up* with a hammer. れんがはハンマーで粉々にされた.

pour /pɔːr/ ***pour away*** 他 (容器から)...を流して捨てる ▪ *Pour* the water *away*. その水は流し捨てなさい.

pour down 自 土砂降りに降る, 流れ落ちる, 吹きおろす ▪ The rain *poured down*. 雨が土砂降りに降った ▪ The stream was *pouring down* over the rocks. 川は岩を越して流れ落ちていた ▪ The cold blasts *pour down* from mountains. 寒い木枯らしが山から吹きおろしてくる.

pour forth 《文》**1** (光・熱・言葉・音楽など)を放出する, 浴びせかける ▪ The sun *poured forth* its rays. 太陽はさんさんと光を注いだ ▪ He *poured forth* his feelings in a torrent of eloquence. 彼は懸河の弁で所感を披瀝(ひれき)した.
— 自 **2** (人の群れなどが)どっと出てくる ▪ They *poured forth* from the church. 人々が教会からどっと出てきた.

pour in 自 **1** (人・注文・手紙などが)殺到する ▪ Letters *poured in* from all quarters. 各方面から手紙がどっと来た ▪ I'm bitter about people *pouring in* over the border. 私は国境を越えてやってくる人たちのことを苦々しく思っている.
2 (液体・光が)流れ込む, 降り注ぐ ▪ Rain *poured in* through a hole in the roof. 屋根の穴から雨が流れ込んだ.

pour into 他 ...へどっと入る ▪ Tourists *pour into* London during the summer months. 夏の月の間は観光客がロンドンへどっと入って来る.

pour A into B 他 (人・金など)を多量につぎ込む ▪ The Congress *poured* billions of dollars *into* three technology-related programs. 議会は何十億ドルもの金を3つの先端技術関係の計画に投資した.

pour off 他 **1** (容器から)...を注ぎ出す[流す]

・*Pour off* a little of the excess oil from the pan. 余分の油を少しフライパンから流して捨てた. ― 圓 **2**(汗が)…からどっと出る ・The sweat was *pouring off* him. 彼の体から汗が吹き出していた.

pour on 他 (怒り・あざけりなどを)浴びせかける ・He always *pours* scorn *on* my ideas. 彼はいつだって私の着想を鼻であしらうんだ.

pour onto 他 **1**…を注ぐ, かける ・If alcohol is *poured onto* a plant's leaf, will it spread throughout the plant? 植物の葉にアルコールをかけると, その植物全体に広がるのか?
― 圓 **2**(人が)繰り出す ・Tens of thousands of people *poured onto* the streets of Warsaw. 何万という人々がワルシャワの通りに繰り出した.

pour out 他 **1**(茶などを)注ぐ; (言葉・音楽などを)放出する; (感じていることを)吐き出す ・The lady *poured out* tea for her visitors. 婦人は客にお茶を注いだ ・Birds *poured out* their songs. 小鳥は盛んにさえずった ・She *poured out* her fear of death in her diary. 彼女は死に対する恐怖を日記に書き綴った.
― 圓 **2**(人の群れなどが)どっと出て行く; (続けて大量に)流れ出る ・Passengers *poured out* on to the platform. 乗客がプラットフォームにどっと降りていった ・About 11 million gallons of crude oil *poured out* of the ship in less than five hours. 約1,100万ガロンの原油が5時間足らずの間に船から流れ出た.
3 茶を注ぐ ・Mother always *pours out*. 母がいつも茶を注いでくれる.

pour over 圓 …からこぼれる, 氾濫する ・The river *poured over* its banks. 川が土手から氾濫した.

powder /páʊdər/ ***powder up*** 《俗》痛飲する, ひどく酔っぱらう ・She's at the tavern *powdering up*. 彼女は今, 居酒屋でぐでんぐでんになっている.

power /páʊər/ ***power down*** 圓 他 《電算》電源が切れる[落ちる]; 電源を切る[落とす] ・The computer has *powered down* to sleep mode. コンピューターが切れてスリープモードに入った ・He *powered down* the computer. 彼はコンピューターの電源を落とした.

power up 圓 他 エンジンがかかる, 始動[作動]する; エンジンをかける, 始動[作動]させる ・The starter helps *power up* the engine. スターターがエンジンがかかるのを助けるのです ・I *powered up* my Mac and accessed the network. マックに電源を入れてネットワークにアクセスした ・When you *power up* the computer, does it beep? コンピューターを立ち上げたときにピーという音がしますか.

practice, 《英》**practise** /præktəs/ ***practice on [upon]*** 圓 他 **1** 人を実験台にして訓練や練習をする, モルモットにする ・I do not want a student nurse *practicing upon* me. 見習い看護師の練習台にはされたくない.
2(人・人の感情などに)つけ込む, だます ・You have *practiced on* her [her credulity]. あなたは彼女[彼女の信じやすい性質]につけ込んだ ・I found it hard to *practice upon* the old gentleman. あの老紳士はとてもだませないと分かった.

practice A on [upon] B 他 《英》A(悪いこと)をB(人)に対してする[働く] ・That guy *practiced* blackmail *on* us. そいつが我々に対して恐喝を働いた ・What kind of an evil was he *practicing on* you? 彼はどんな悪事を君に対して働いていたのか.

praise /preɪz/ ***praise a person for*** 他 人の…をほめる ・They all *praised* him *for* his courage. 彼らはみな彼の勇気をほめた.

prance /præns|prɑːns/ ***prance about [around]*** 圓 **1**(口)(通例子供が)はね回る ・The children *pranced around* in their pajamas. 子供たちはパジャマ姿ではね回った.
2(馬が)後脚ではね回る ・The horse *pranced about* in a very furious manner. 馬は後脚を上げて猛烈に跳ね回った ・The foal *pranced around* in the field showing off. 子馬はこれ見よがしに後脚を跳ね上げて野原を走り回った.

prang /præŋ/ ***prang up*** 他 《英俗》**1**(飛行機)を墜落させる, (車)を衝突させる ・The local club had their only airplane *pranged up*. 地元の飛行クラブは1台きりの飛行機を墜落させてしまった ・He's *pranged up* my car. 彼は私の車を衝突させてしまった.
2(事)を台なしにする ・You've *pranged up* the whole plan. 君はこの計画をみんなおじゃんにしてしまった.
3(女性)を妊娠させる ・He was careless enough to *prang up* his girlfriend. 彼は不注意にもガールフレンドを妊娠させてしまった.

prate /preɪt/ ***prate about*** …のことをべらべらしゃべる ・He's always *prating about* his new car. 彼はいつも自分の新車のことをべらべらしゃべってばかりいる.

prattle /prætəl/ ***prattle about*** 他 …のことをぺちゃくちゃしゃべる ・What is she *prattling about*? 彼女は何をぺちゃくちゃしゃべっているのか.

prattle away べちゃくちゃしゃべり続ける ・The old woman *prattled away*. 老婆はべちゃくちゃしゃべり続けた.

pray /preɪ/ ***pray down*** 他 …を調伏する, 祈り倒す ・If enemies arise, let us *pray* them *down* again. もし敵が立ち向かって来ればまた調伏しようではないか.

pray for 圓 他 **1**…を請うて祈る ・He *prayed* to God *for* help. 彼は助けを請うて神に祈った.
2…のために祈る ・The mother *prayed for* her son's soul. 母は息子の霊に祈りを捧げた.
3《雅》…を請う ・He *prayed for* pardon. 彼は許しを請うた.

pray out 他 …を祈って逃れる ・All I can say is, *pray* it *out*. 私に言えることは, ただ, 祈ってそれから逃れよということです.

pray over a person 圓 人のために祈る, (特に)人の非行のために公に祈る ・He *was prayed over* by the elders of the church. 彼の非行をやめさせるために教会の長老たちは公に祈った.

pray to *A* **for** *B* 他 A(神)にBを祈願する ▪ We *prayed to* God *for* rain. 我々は神に雨乞(ﾞ)いをした.

preach /priːtʃ/ ***preach against*** 自 …に反対の説教をする ▪ The vicar *preached against* drinking. 牧師は飲酒をしないようにと説教した.

preach at 自 …に(向かって)お説教する ▪ Don't *preach at* me. 私にお説教するのはよしてくれ.

preach down **1** …をこきおろす (↔ PREACH up) ▪ He *preached* error up, and truth *down*. 彼は誤りをほめたたえ, 真実をこきおろした.

2 …を説伏(ﾎﾞ)する ▪ The girl *preached* our little army *down*. その少女は我々少数の一団を説き伏せた.

preach up 他 …をほめたたえる (↔ PREACH down 1) ▪ He's always *preaching up* the value of exercise in the early morning. 彼は早朝に運動をする効能をいつも絶賛している.

precede /prɪsíːd/ ***precede*** *A* ***with*** *B* 《文》Aの前にBをする(言う) ▪ The winning team *preceded* their performances *with* a short talk. 優勝チームは演技の前に短いスピーチを行った.

preclude /prɪklúːd/ ***preclude*** *a person* ***from*** 他 人を…から除外する[妨げる], を不可能にする ▪ He *was precluded from* the membership. 彼はその会から除外された ▪ After the accident she *was precluded from* driving. 事故のあと彼女は運転ができなくなった.

predestine /priːdéstɪn/ ***predestine*** *a person* ***for*** [***to***] 他 〘主に受身で〙人を…に運命づける ▪ He *was predestined to* an early death. 彼は早死にする運命だった.

predicate /prédəkèɪt/ ***predicate*** *A* ***on*** [***upon***] 他 《米》A(行動・決定など)をBに基づかせる ▪ This opinion *is predicated upon* my confidence in his ability. この意見は彼の才能に対する私の信頼に基づいている.

predispose /prìːdɪspóuz/ ***predispose*** *a person* ***to*** [***toward***] 他 《文》 **1** 人を…に傾かせる ▪ His early training *predisposed* him *to* a life of adventure. 彼は若いときの訓練によって冒険的生活をするように傾いていた.

2 人を(病気)にかかりやすくさせる ▪ A cold *predisposes* us *to* other diseases. 風邪は万病の元である ▪ Just like adults, teenagers can *be predisposed to* depression. 大人同様10代の若者もうつ病になる可能性がある.

predominate /prɪdάmənèɪt|-dɔ́m-/ ***predominate over*** 他 **1** …を支配する; よりも勝る ▪ One tyrant *predominated over* the rest. 一人の暴君が他の者を支配していた ▪ Knowledge will always *predominate over* ignorance. 知識は常に無知に勝る.

2 …よりも高くそびえる ▪ The tall elms *predominated over* the church. 高いニレの木が教会よりも高くそびえていた.

preface /préfəs/ ***preface*** *A* ***with*** *B* 《文》Aの前にまずBをする ▪ He *prefaced* his remarks *with* some sharp raps on the table. 彼は話をする前にまずテーブルをトントンとたたいた ▪ The speech *was prefaced with* words about Marx and communism. 演説はマルクスと共産主義の話で始まった.

prefer /prɪfɜ́ːr/ ***prefer*** *A* ***to*** *B* 他 BよりもAを好む ▪ I *prefer* tea *to* coffee. 私はコーヒーよりも紅茶が好きだ.

prefix /príːfɪks/ ***prefix*** *A* ***to*** *B* 他 Bの前にAを付ける ▪ "Un" *is prefixed to* many adjectives to denote the opposite of the adjective. un は多くの形容詞の前につけられ, その反義を表す.

prejudice /prédʒədəs|-dʒʊdɪs/ ***prejudice*** *A* ***against*** *B* 他 Bに対してAに偏見[反感]をいだかせる ▪ They tried to *prejudice* the public *against* me. 彼らは私に対して大衆に反感をいだかせようとした.

prepare /prɪpéər/ ***prepare against*** 他 …に備える ▪ We must *prepare against* disaster. 我々は災害に備えねばならない.

prepare for 自 **1** …の準備をする, に備える ▪ I am busy *preparing for* the next examination. 今度の試験準備で忙しい.

— 他 **2** (人)に…の準備[覚悟]をさせる ▪ School *prepares* students *for* citizenship. 学校は学生を一人前の市民に仕立てる ▪ They *prepared* her *for* the mournful news. 彼らは彼女に悲報があることを覚悟させた.

prepossess /prìːpəzés/ ***prepossess*** *a person* ***against*** 他 〘主に受身で〙初めから人に悪意をいだかせる ▪ He *is prepossessed against* pleasure in general. 彼はおよそ快楽というものに対して偏見を抱いている.

prepossess *a person* ***with*** [***by***] 他 **1** 〘主に受身で〙(ある考え・感情など)に人を初めからとらわれさせる ▪ He *is prepossessed with* a queer idea. 彼は初めから妙な考えにとらわれている.

2 〘主に受身で〙初めから人に好意をいだかせる, よい第一印象を与える ▪ He *was* instantly *prepossessed by* her frank manners. 彼は会った途端に彼女のあけっぴろげな物腰に好印象をうけた ▪ He *is prepossessed with* the notion of his own superiority. 彼は自分が優れているのだと思い込んでいる.

prescribe /prɪskráɪb/ ***prescribe*** *A* ***for*** *B* BにA(薬剤)を処方する ▪ I asked the doctor to *prescribe* a different medication *for* me. 今までとは違う薬を処方してくれるように医師に頼んだ ▪ Could you *prescribe* something *for* my headache? 何か頭痛薬を処方してくださいませんか.

present /prɪzént/ ***present*** *A* ***at*** *B* 他 A(武器など)をB(人)に向ける ▪ The man *presented* a pistol *at* my head. 男はピストルを私の頭に突きつけた.

present *a person* ***to*** *another* 他 人を他の人に紹介する ▪ He *presented* me *to* his wife. 彼は私を夫人に紹介してくれた ▪ She *was presented to* the society. 彼女は社交界に出た.

present *a thing* ***to*** *a person* 他 人に物を贈る, 贈呈する ▪ The principal *presented* a book to her. 校長は彼女に本を進呈した.

present *a person* **with** *a thing* 他 **1** 人に物を贈る ▪ He *presented* her *with* a bouquet of flowers. 彼は彼女に花束を贈った.

2 人に物を授ける ▪ His wife *presented* him *with* a fine daughter. 彼の妻は彼に素敵な娘を産んでくれた.

3 人を問題[困難]に直面させる ▪ Many pensioners were *presented* with a dilemma; turn up the heating and keep warm or turn off and save cash. 多くの年金生活者は，暖房をつけて温まるか，切って現金を節約するかのジレンマに陥った.

preserve /prizə́:rv/ ***preserve*** *A* **from** *B* 他 AをBから防ぐ; AにBさせないようにする ▪ Salt *preserves* vegetables *from* decay. 塩は野菜が腐るのを防ぐ ▪ He told his men to *preserve* themselves *from* being seen from the shore. 彼は部下に岸から見られないようにしろと命じた.

preside /prizáid/ ***preside at*** 他 …の議長となる，を司会する ▪ He *presided at* the meeting. 彼がその会の議長となった ▪ The meeting *was presided at* by Mr. Butler. その会の司会はバトラー氏であった.

preside over 他《文》**1** …を主宰[統轄]する ▪ A governor *presides over* a State. 知事が州を統轄する ▪ Nymphs are goddesses who *preside over* streams. ニンフは川を治める女神である.

2 = PRESIDE at.

3 鎮座する，あたりを支配する ▪ One large statue in marble *presides* massively *over* the courtyard. 大きな大理石像がひとつ中庭にどっしりと鎮座している.

press /pres/ ***press against*** 自 **1** …に押し寄せる ▪ The crowds *pressed against* the barrier. 群衆は障壁に押し寄せた.

2 …に寄りかかる ▪ The dog *pressed against* his master's leg. 犬は主人の脚にもたれかかった.

— 他 **3** …に押しつける ▪ He *pressed* his ear *against* the door. 彼はドアに耳を押し当てた.

press ahead 他 推し進める ▪ The illegal union plans to *press ahead* with a general strike tomorrow. 不法組合が明日ゼネストを決行する計画である.

press back 他 …を押し返す ▪ The police officers *pressed* the crowd *back*. 警察官たちは群衆を押し返した.

press down 自他 **1** 押しつける，圧迫する ▪ I *pressed down* the accelerator pedal. 私は車のアクセルを踏んだ.

2(重みが)…のしかかってくる ▪ The taxes *pressed down* heavily upon the people. 税金が民衆の上に重くのしかかってきた.

press down on …を押して下に下ろす ▪ He *pressed down on* the brake pedal. 彼はブレーキのペダルを踏み込んだ.

press for (物)をしきりに催促する ▪ I must *press for* an answer. 至急ご返事をいただきたい ▪ This is a question *pressing for* serious consideration. これは慎重な考慮を要する問題だ.

press *A* ***for*** *B* 他 A(人)にB(物)をせがむ ▪ He *pressed* me *for* an explanation. 彼は私に釈明を迫った.

press forward 自 **1** 道を急ぐ ▪ The traveler *pressed forward* like the wind. 旅人は風のように道を急いだ.

2 (群衆が)押し合って前へ出る ▪ The crowd *pressed forward* when they heard the sound. 群衆はその音が聞こえると押し合って前へ出た.

— 他 **3** (攻撃など)を強行する ▪ The soldiers *pressed* their advance *forward*. 兵たちは進撃を強行した.

press [***run***] *a person* ***hard*** 他 人にひどく迫る，人をひどく追いつめる ▪ I *pressed* him *hard*. 私は彼に肉薄した《競技で》▪ Who will *run* you *hard* for the Presidency? 誰が大統領のいすを目指して君に肉薄するだろうか.

press home 他 (攻撃など)を徹底的にやる; (主張など)を徹底させる ▪ They *pressed home* attacks in spite of strong resistance. 彼らは強い抵抗をものともせず徹底攻撃を強行した.

press in 自 **1** 押し入る ▪ Five more people managed to *press in*. さらに5人が辛うじて押し入ってきた.

2 (時間などが)切迫している ▪ Night was *pressing in*. 夜が押し迫って来ていた.

press in on 自 …を攻め立てる ▪ The enemies *pressed in on* our flank. 敵は我が軍の側面から攻め立ててきた.

press into **1** …の中へむりに押し込む ▪ We *pressed* the corn *into* the bag. 我々は小麦を袋の中へむりに詰め込んだ.

2 …に押し合って入る ▪ The mob now began to *press into* the rooms of the Palace. 暴徒は今や宮殿の部屋の中へ押し合って入りだした.

press on 自 **1** …を押す ▪ He *pressed on* the call bell. 彼は呼び鈴を押した.

2 …に肉薄[急迫]する ▪ The troop *pressed on* the enemy's right flank. 部隊は敵の右翼を突いた.

3 (心など)に重くのしかかる ▪ The reflection *pressed on* his mind. その反省が彼の心に重くのしかかった.

— 他 **4** 急ぐ ▪ The travelers *pressed on*. 旅人たちは道を急いだ.

press on [***onward***] 続ける，押し進める (*with*) ▪ I have to succeed, to *press onward* and upward. 成功しなければならないし，どんどん突き進むしかない.

press *A* ***on*** [***upon***] *B* 他 A(物)をBに押しつける; A(意見・進物など)をBに押しつける，無理強いする ▪ He *pressed* a sticker *on* the trunk. 彼はステッカーをトランクに押して貼りつけた ▪ They *pressed* gold *on* him trying to gain his friendship. 彼らは彼の友情を得ようとして金を無理矢理押しつけた ▪ She *pressed* the observance of the Sabbath *upon* her husband. 彼女は安息日を守ることを夫に強要し

た.

press on with 他 (仕事など)を押し進める ▪ We must *press on with* our work. 仕事を押し進めなければならない.

press out of [***from***] 他 (果汁など)を…からしぼり取る ▪ The olive oil *was pressed from* olives grown on this island. そのオリーブ油はこの島で栽培されたオリーブの実を絞ったものである ▪ This tool is for *pressing* juice *out of* fruit and vegetables. これは果物や野菜からジュースを絞るための器具だ.

press round 他 …の回りをひしひしと取り巻く ▪ A large crowd *pressed round* him. 大群衆が彼の回りをひしひしと取り巻いた.

press *A* ***to*** *B* 他 A(人)をB(体)にひしと抱き寄せる ▪ She *pressed* her child *to* her breast. 彼女はわが子を胸にひしと抱き寄せた.

press *A* ***with*** *B* 他 AをBで苦しめる[悩ます] ▪ They *pressed* him *with* questions. 彼らは彼を質問攻めして苦しめた.

presume /prɪzjúːm/ ***presume on*** [《文》***upon***] 他 …につけ込む, つけ上がる ▪ You *presume on* your high position. 君は地位の高いのをいいことにしている ▪ I don't want to *presume upon* your generosity. ご厚情に甘えたくありません.

pretend /priténd/ ***pretend to*** 他 1《文》…があると主張する, あるふりをする ▪ He *pretends to* genius. 彼は天才ぶっている.

2 …を望む ▪ He *pretended to* the throne. 彼は王位をねらった ▪ Yet they *pretended to* no share of the spoils. しかし彼らは分取り品の分け前を要求しなかった.

3 (女性に)結婚を望む ▪ I am not such a fool as to *pretend to* you. あなたとの結婚を望むほど私はばかではありません. ☞ F prétendre à のなぞり.

pretty /príti/ ***pretty up*** 他 《口》(子供・家・通りなど)を美しくする, きれいに飾り立てる ▪ He's trying to *pretty* himself *up* for Mary. 彼はメアリーのためにめかしこもうとしている.

prevail /prɪvéɪl/ ***prevail against*** [***over***] 他 …に勝つ ▪ The gates of Hell shall not *prevail against* them. 地獄の門も彼らに勝つことはあるまい ▪ We have *prevailed over* our enemies. 我々は敵に打ち勝った.

prevail on [***upon, with***] *a person* (***to*** *do*) 他 《文》(…するように)人を説き伏せる ▪ I tried to *prevail on* him *to* stay. 私は彼にとどまるように説き伏せようとした ▪ Mr. Anderson could not *prevail with* her *to* dance with him again. アンダースン氏は彼女を説き伏せてもう一度いっしょに踊ってもらうことはできなかった.

prevent /prɪvént/ ***prevent*** *a person* ***from*** *doing* 他 人が…するのを妨げる, 人に…させないようにする ▪ Rain *prevented* me *from starting*. 雨のため出発できなかった ▪ Who can *prevent* our [us] *getting* married? 私たちが結婚するのを誰が妨げることができようか.

prey /preɪ/ ***prey on*** [***upon***] 他 1 …を捕食する ▪ Hawks *prey on* small birds. タカは小さい鳥を捕食する.

2 …を略奪する ▪ Our coasts *were preyed upon* by Vikings. わが国の海岸はバイキングたちの食い物にされた.

3 (恐怖などが)…を苦しめる ▪ The anxieties *preyed upon* his mind. その不安が彼の心を苦しめた.

price /praɪs/ ***price out*** 他 …に法外な値段をつける ▪ The painter *priced* himself *out* of business. その画家は法外な値をつけて商売にならなくなった.

price up 他 (品物)の値段を上げる ▪ The shop *priced up* the goods to cover the commission. その店は手数料をまかなうために品物を値上げした.

prick /prɪk/ ***prick at*** 他 …をちくりと刺す ▪ His neglect of her *pricked at* his conscience. 彼女をかまわなかったことが彼の良心をとがめた.

prick down for 他 …に選ぶ ▪ The man *was pricked down for* one of the judges. その男は裁判官の一人に選ばれた.

prick in 他 (苗など)を間を置いて植える ▪ The gardener *pricked in* the seedlings into boxes of mold. 庭師はその苗木を腐葉土の入った箱の中へ間を置いて植えた.

prick off 他 =PRICK out 2.

prick … ***on*** 他 (人)を駆り立てる ▪ His conscience *pricked* him *on* to confess his crime. 良心に駆られて彼は犯罪を告白した.

prick out 他 1 (穴などをあけて型)をつける ▪ The embroiderer *pricked in* the pattern on to the cloth. 刺しゅう職人はその模様を布地に描き出した.

2《英》(若木・苗)を(地面・大きな鉢へ)移植する ▪ I watched my wife *pricking out* the seedlings. 妻が苗を移植するのに見入った.

3 …を選び出す ▪ Why did the ladies *prick* me *out*? なぜあの女性たちは私を選び出したのだろう.

4 =PRICK in.

— 自 **5** 点々と見えてくる ▪ By two o'clock a few stars had *pricked out*. 2時にはもう星が少し点々と見えていた.

prick up 自 1 (犬などの耳が)ぴんと立つ ▪ The dog's ears *pricked up* at the sound. 犬の耳はその音を聞くとぴんと立った.

2 (塔などが)そびえる ▪ The church spire *pricks up* into the sky. 教会の尖塔が空高くそびえ立っている.

— 他 **3** …に下塗りをする ▪ The wall *is* first *pricked up* with a coat of lime and hair. 壁はまず石灰と毛で下塗りをする.

4《方》盛装する ▪ She *is pricked up* with ribbons and laces. 彼女はリボンやレースで飾り立てている.

prim /prɪm/ ***prim out*** 他 …を飾り立てる ▪ When she *was primmed out*, down she came to him. 彼女は自分を飾り立てると彼の所にやって来た.

prim up 他 1 つんと澄ます, しゃちこばる ▪ Tell dear Kitty not to *prim up* as if we had never met before. まるで初対面のようにつんと澄ますなとキティーさんに言ってくれ.

— 他 **2** …を飾り立てる ▪ She *primmed up* her

room. 彼女は部屋を飾り立てた ▪ She *was primmed up* in her scarf. 彼女はスカーフをつけて飾り立てていた.

prime /praɪm/ ***prime** A **with** B* **1** AにBをいっぱい入れる; A(人)にBをたらふく食べさせる[飲ませる] ▪ I *primed* the lamp *with* oil. ランプに油をいっぱい入れた.
2 A(人)に前もってBを教え込む ▪ He *was* well *primed with* information. 彼は前もって情報に通じていた.

print /prɪnt/ ***print** A **in** B* B(書類の特定の位置)にAを(通例大文字の)活字体で記入する ▪ Please *print* your name *in* the space above. 上の空欄にあなたの名前をブロック体で書いてください.
print off **1**(コンピューターで文書)を印刷する ▪ We *printed off* the walking tour guide from Bath.co.uk. 徒歩旅行用ツアーガイドを英国バースのサイトからプリントアウトした.
2(写真)を焼きつける ▪ How many copies shall I *print off* for you? 何枚焼きつけしましょうか.
3 …を刷り上げる ▪ The book *is printed off*. その本は刷り上がった.
print out **1**(コンピューターが)…を打ち出す ▪ The computer has *printed out* the results. コンピューターが結果を打ち出した.
2(コンピューターで文書)を印刷する, プリントアウトする ▪ I *printed out* 50 pamphlets for the new class. 新しいクラスのために50部のパンフレットをプリントアウトした.
3 …を焼きつける ▪ The positive pictures *are printed out*. 陽画が焼きつけられた.
4 …を(通例大文字の)活字体[ブロック体]で書く ▪ Please have him *print* it *out*. I can't read his hand-writing. 彼に活字体で書かせてくれ. 彼の手書きは読めないから.
print up 《米》(本・新聞など)を大量に印刷する ▪ Have a business card *printed up*. 名刺を刷ってもらいなさい.

prize¹ /praɪz/ ***prize** A **above** B* BよりもAを重んじる ▪ I *prize* liberty *above* life. 私は生命よりも自由を尊ぶ.

prize², 《主に英》**prise** /praɪz/ ***prize apart*** …を無理に離す ▪ I now know that only death can *prize* us *apart*. 死だけしか私どもを離すことができないと今わかった.
prize off [***up***] (ふたなど)をこじ上げる ▪ He *prized* the lid *off* with a bar. 彼はバールでふたをこじ上げた.
***prize** A **out** (**of** B)/**prize** A **from** B* (B(人)から)A(情報)を探り出す, 無理に聞き出す ▪ They *prized* the secret *out* (*of* him). 彼らは(彼から)その秘密を探り出した ▪ My son wasn't going to tell me—I really had to *prize* it *out of* him. 息子は話してくれそうもなかったが, なんとしても聞き出さねばならなかった ▪ The police failed to *prize* any information *from* the suspect. 警察は容疑者から何の情報も探り出せなかった ▪ The truth has been *prized out of* the old prisoner. 真相が老囚人の口からやっと聞き出された.

probe /proʊb/ ***probe into*** …に探りを入れる, を厳密に調べる ▪ He has *probed* deep *into* the matter. 彼はその問題を深く掘り下げて調べた.

proceed /prəsíːd/ ***proceed against*** 《法》(人)を訴える ▪ He *proceeded against* the man for trespass. 彼はその男を不法侵入罪で訴えた.
proceed from [***out of***] 《文》…から生じる; に由来する ▪ Sobs were heard to *proceed from* the next room. 隣の部屋からすすり泣きが聞こえてきた ▪ This *proceeds from* ignorance. これは無知に由来するものだ.
proceed to 《文》**1** …に取りかかる ▪ Let's *proceed to* the next question. 次の問題に取りかかることにしよう.
2 …に進む, 赴く ▪ He then *proceeded to* France. 彼はそれからフランスに赴いた.
3 《英》…の学位を取る ▪ Milton was twenty-four when he *proceeded to* his M.A. degree. ミルトンは文学修士の学位を取ったとき24歳だった.
proceed with 《文》…を続ける ▪ Please *proceed with* your story. どうか話を続けてください.

prod /prɑd|prɔd/ ***prod at*** つつく ▪ He *prodded at* me with his foot. 彼は私を足でつついた.
***prod** A **into** B* AがBするように駆り立てる(*doing*) ▪ I'll *prod* him *into* getting the job done in time. 締め切りまでに仕事を完成するよう彼をせっついてみましょう.

produce /prədjúːs/ ***produce** A **from** B* B(材料)からA(製品)を作り出す ▪ Paper is *produced from* wood. 紙は木から作られる.

profit /prɑ́fət|prɔ́f-/ ***profit by*** [***of, from***] 《文》…によって[から]得をする, 利する; を利用する ▪ I hope to *profit by* your advice. ご忠告にあずかりたい ▪ I *profited by* his confusion to make my escape. 私は彼があわてているすきに逃げた ▪ Let us *profit from* our costly lessons. 我々の苦い教訓から学ぼうではないか.

progress /prəgrés/ ***progress in*** [***with***] …が進捗(しんちょく)する, はかどる ▪ He *progressed* well *in* his studies [*with* his book]. 彼の勉強[読書]ははかどった.

prohibit /proʊhíbət|prə-/ ***prohibit** a person **from** doing* 人が…するのを禁じる ▪ Students *are prohibited from* smoking inside school. 学生は学内での喫煙を禁じられている ▪ Family finances *prohibited* him *from* going to college. 家計が苦しくて彼は大学へ行けなかった.

project /prədʒékt/ ***project into*** …に突き出る ▪ The booths *projected* far *into* the street. 屋台は通りにぐっと突き出ていた.
project** A **on** [onto***] B* A(感情・思想など)をBに投射する ▪ He is apt to *project* his own feelings *on* [*onto*] others. 彼は他の人も自分と同じように感じていると思いがちだ.

pronounce /prənáʊns/ ***pronounce against*** 圁 …に反対の意見を述べる, 不利な宣告を下す ▪ Some people *pronounce against* the use of opium. アヘンの使用に反対の意見を述べる者がいる.

pronounce for 《法》…に賛成する, 有利の判決を下す ▪ All France *pronounced for* anarchy. フランス中の人が無政府主義に賛成した.

pronounce on [***upon***] 圁 **1**《文》…に判断を下す ▪ He is best qualified to *pronounce on* such a matter. 彼にはそのような問題に判断を下す資格が最もある.
— 他 **2**…に(判決など)を申し渡す, 宣告する ▪ The judge *pronounced* sentence of death *on* the prisoner. 裁判官は囚人に死刑の判決を下した. ▪ I *pronounced* the curse *on* them. 私は彼らにそのろいの言葉を浴びせた.

prop /prɑp|prɔp/ ***prop A against B*** 他 AをBに寄りかからせる ▪ I *propped* myself *against* the wall. 私は壁に身を寄りかからせた.

prop up 他 …につっぱりをする; 補強する; を支える ▪ This fence should *be propped up*. この垣根はつっぱりをしなければならない ▪ The nation's economy has *been propped up* by U.S. aid. その国の経済は米国の援助で補強されてきた ▪ She *propped* his head *up* with her elbow. 彼女は彼の頭を自分のひじで支えた.

proportion /prəpɔ́ːrʃən/ ***proportion to*** 他 《文》[受身で](サイズ・量など)を釣り合わせる ▪ My salary *is proportioned to* the cost of living. 私の給料は生活費に釣り合ったものだ.

propose /prəpóʊz/ ***propose a person for*** 他 人を…に推薦[指名]する ▪ Will you *propose* me *for* your club? 私をあなたのクラブにご推薦願えますか ▪ I *propose* Mr. Smith *for* chairman. 私はスミス氏を議長に指名します.

prospect /prɑ́spekt|prəspékt/ ***prospect for*** 圁 **1**(鉱山)…を試掘する ▪ I'm *prospecting for* gold. 私は金を試掘しています.
2…を探し回る ▪ He came to Boston, *prospecting for* employment. 彼は職を探しにボストンにやって来た.

protect /prətékt/ ***protect A against B*** 他 AをB(攻撃など)から守る ▪ He *protected* the tree *against* the frost. 彼はその木を霜から守った.

protect A from B 他 AをB(危険・敵など)から守る ▪ Sunglasses *protect* the eyes *from* ultraviolet light. サングラスは紫外線から眼を守ってくれる.

protest /prətést/ ***protest against*** 圁 …に異議を唱える ▪ I *protest against* being called an old fool. 私はもうろくじいさんと言われるのには文句がある.

prove /pru:v/ ***prove out*** 圁 《米》**1** 希望[期待, 計画]通りになる, (特に)吟味にかなう ▪ Individualism was still *proving out*. 個人主義がまだ期待通りになっていた ▪ The selected keyword *proved out*. 選ばれたキーワードは吟味にかなった.
2 うまくいく, 成功する ▪ Our business plan will *prove out* well. 我々の事業計画はうまくいくだろう.

prove up 他 《米》**1**《鉱山》(鉱脈)の純度を測る ▪ They *proved up* the digging, which turned out very valuable. その鉱山の純度を測ってみると大変価値があることが分かった.
2(公有地・自作農場など)への先買権を得る ▪ No attempt has been made to *prove up* the land in this vicinity. この付近の土地の先買権を得ようとする企てはなされていない.
— 圁 **3** 公有地を手に入れる条件を整える ▪ He is going to *prove up* in April. 彼は4月に公有地を手に入れる条件を整えるだろう.
4《米》うまくいく ▪ These prospectors' dreams *proved up* at the spots. これらの鉱山師の夢はこの地点でかなった.

prove up on 他 《米》(ある要求権)を立証する ▪ Some of the cheaters could not *prove up on* their claims. そのペテン師の幾人かは要求権を立証することができなかった.

provide /prəváɪd/ ***provide against*** 他 《文》(危険など)に備える ▪ We must *provide against* a rainy day. 我々は困難な時に備えなければならない.

provide for 他 **1**(子供など)に必要物を供給する, を扶養する ▪ He has *provided* well *for* his children. 彼は子供たちに何不足なくしてやった.
2《文》…を規定する ▪ Equality of human rights *is provided for* in the constitution. 人権の平等は憲法で規定されている.
3《文》…の備えをする, 用意をする ▪ We must *provide for* our old age. 老後に備えねばならない.

provide A for B 他 A(物)をB(人)に与える ▪ I *provided* food and clothes *for* my family. 私は家族に衣食を与えた.

provide A with B 他 A(人)にB(物)をあてがう[供給する] ▪ You must *provide* yourself *with* food for your journey. 旅行中の食べ物は用意して行かねばならない ▪ He *provided* his boy *with* a good education. 彼は息子に良い教育を受けさせた.

prowl /praʊl/ ***prowl about*** [***around***] 圁 うろつき回る ▪ I could hear somebody *prowling around* in the garden. 誰かが庭の中をうろつき回っている音がした.

prune /pru:n/ ***prune away*** 他 **1**(余分な枝)を切り取る ▪ He *pruned* some branches *away*. 彼は2, 3の枝を切り取った.
2(余分の部分)を取り除く ▪ He *pruned away* some unnecessary words. 彼は2, 3の不要な語を取り除いた.

prune back 他 **1**…を切り取る, 刈り込む ▪ It would be better to *prune back* the branches of street trees to encourage growth. 街路樹の生長を促すためには枝は切り取るほうがいいだろう.
2…を削減する ▪ The staff will have to *be pruned back* in the name of efficiency. 人員は効率[合理化]の名のもとに削減する必要があるだろう.

prune down 他 **1**(木)を切って低くする ▪ I *pruned* the bush *down*. そのかん木を切って低くし

た.

2(費用など)を切り詰める,(人員など)を削減する ▪ We must *prune* the costs *down*. 費用を切り詰めなければならない.

prune *A* of *B* 他 A(木など)からBを取り除く《比喩的にも》 ▪ I'll *prune* this essay *of* its grammatical faults. この論文から文法上の誤りをなくそう.

pry[1] /praɪ/ **pry about** 自 のぞき回る ▪ He went *prying about* into the corners of the hall. 彼は広間のすみずみをのぞき回った.

pry into 他 (秘密など)をかぎ回る,ほじくり立てる,詮索する ▪ The maid *pries into* everything. お手伝いは何でもかぎ回る ▪ Brown's past *was pried into*. ブラウンの過去がほじくり立てられた.

pry out 他 (秘密など)をはじくり出す,かぎつける ▪ He always *pried out* another's faults. 彼はいつも他人の欠点をほじくり出した.

pry[2] /praɪ/ **pry *A* out of [*from*] *B*** 他 BからA (秘密など)を聞き出す ▪ They *pried* the secret *out of* a maidservant. 彼らはお手伝いの女性からその秘密を聞き出した.

pry up 他 (てこで)...を持ち上げる ▪ Do not *pry* the cast *up* with a stick or lift it from one side only. この石膏像は棒を使ったり片方だけから持ち上げたりしてはいけない.

psych /saɪk/ **psych out** 他 《米口》**1**(人)を不安に[落ちつかない]気持ちにさせる,自信を失わせる ▪ Whenever I talk with him, I feel he's trying to *psych* me *out*. 彼と話をするときにはいつも私を精神的に混乱させようとしているような気がする.

2(人)の気持ちが分かる,勘で見抜く ▪ A teacher has to *psych* the children *out*. 教師は児童の気持ちが分からねばならない.

— 自 **3** おじけづく, 動揺[混乱]する ▪ I *psych out* every time I speak in public. 人前で話すときにはいつもおじけづく.

4 精神的混乱を装う ▪ He tried to dodge the responsibility by *psyching out*. 彼は精神的混乱を装ってその責任を逃れようとした.

psych up 他 **1**《口》[主に受身で](励まして人)の心構えを作らせる ▪ The boys *were* all *psyched up* for their exams. 少年たちはみな受験の心構えができていた ▪ The singer *psyched* himself *up* before the performance. その歌手は公演の前に気合いを入れた.

— 自 **2** 心構えをする(*for*) ▪ How do you *psych up for* a game? 試合にはどういう心構えで臨むか.

pucker /pʌkər/ **pucker up** 自 **1** ひだ[しわ]になる ▪ This coat *puckers up* at the shoulders. この上着は肩の所がしわになる ▪ His face *puckered up*. 彼の顔にしわよった.

— 他 **2** ...にしわをよせる;(口)をすぼめる ▪ He *puckered up* his lips [brows]. 彼は口をすぼめた[額にしわをよせた].

puff /pʌf/ **puff at** 他 (パイプ)をぶかぶか吹かす ▪ He *puffed* slowly *at* his cigar. 彼はゆっくりと葉巻を吹かした.

puff away 自 **1**(機関車・汽船などが)ポッポと煙を吐きながら出て行く ▪ The engine *puffed* slowly *away*. 機関車がポッポと煙を吐きながらゆっくりと出て行った.

2(タバコを)ぶかぶか吹かす(*at*); (パイプ)をぶかぶか吹かす(*on*) ▪ He *puffed away at* his cigar. 彼は葉巻をぶかぶか吹かした ▪ She watched him *puff away on* his pipe. 彼女は彼がパイプをくゆらせるのを見つめていた ▪ He lighted up and *puffed away* for a while. 彼はタバコに火をつけて,しばらくぶかぶか吹かした.

— 他 **3** ...を吹き払う ▪ The north wind *puffed away* the cloud. 北風が雲を吹き払った.

puff into 他 (機関車・汽船などが)ポッポと煙を吐きながら...に入る ▪ The trains go *puffing into* the terminus. 汽車がポッポと煙を吐きながら終着駅に入っていく.

puff out 他 **1** ...をあえぎながら言う ▪ He *puffed out*, "Dinner is served." 彼は「夕食の用意ができました」とあえぎながら言った.

2 ...を(空気で)ふくらませる ▪ He *puffed out* his cheeks. 彼はほおをふくらませた.

3[受身で]...を息切れさせる ▪ I'm *puffed out* by the run. 走ったので息が切れた.

4 ...を(プッと)吹き消す ▪ She *puffed out* the candle. 彼女はろうそくを吹き消した.

— 自 **5**(煙・息などが)パッパッと出る;(煙などを)パッと出す ▪ Your breath is in your nostrils, ever ready to *puff out*. あなたの息は鼻孔にあって,いつでもパッパッと出るようになっている ▪ She *puffed out* a cloud of smoke from her cigar. 彼女は葉巻の煙をもくもくと吐き出した.

— 自 **6**(空気で)ふくらむ ▪ The sails *puffed out* with the wind. 帆が風でふくらんだ.

puff out of 自 (機関車などが)ポッポと煙を吐いて...から出て行く ▪ The engine *puffed out of* the station. 機関車はポッポと煙を吐いて駅から出て行った.

puff up 他 **1** = PUFF out 2.

2[主に受身で]...を高慢にさせる,のぼせ上がらせる(*with*) ▪ Victory did not *puff* him *up*. 勝利を得ても彼はおごらなかった ▪ He *is puffed up with* pride. 彼は自尊心で思い上がっている.

3 ...を褒め立てる ▪ The newspapers *puffed up* his performance. 新聞は彼の演奏を褒め立てた.

— 自 **4**(煙などが)パッパッと立ちのぼる ▪ Smoke *puffed up* from his pipe. 彼のパイプから煙がパッパッと立ちのぼった.

5 ふくれ上がる ▪ Opium begins to melt and *puff up*. アヘンは溶けてふくれ上がり始める.

puke /pjuːk/ **puke up** 自他 《口》吐く ▪ He *puked up* all over the floor. 彼は床一面にへどを吐いた ▪ He has *puked up* everything he ate. 彼は食べた物を全部もどしてしまった.

pull /pʊl/ **pull about** 他 **1** ...を引きずり回す ▪ He caught hold of Jenny, and *pulled* her *about*. 彼はジェニーをつかまえて引きずり回した.

2《口》...を手荒く[ぞんざいに]扱う ▪ The boy's toys don't last long because they *are* always *pulled*

about. いつも乱暴に扱われるのでその男の子のおもちゃはすぐに壊れる.
pull ahead 🈁 先に出る, 追い抜く, に勝る (*of*)
• A small group of racers *pulled ahead of* the others. 走者の小さな一団が他の者を抜いて前へ出てきた. • She is *pulling ahead of* the rest of her classmates in math. 彼女は他の級友よりも数学ができる.
pull along 🈩 …を引っ張って行く • The woman *pulled* the child *along*. その女性は子供を引っ張って行った.
pull apart 🈩 **1**(なわなど)を引き切る • He *pulled apart* a doorknob. 彼はドアのノブをもぎ取った • *Pull* the chicken *apart* with a knife and fork. ナイフとフォークを使ってチキンを引き切りなさい • The fish was so overcooked I couldn't *pull* it *apart* with a knife. 魚は焼け過ぎていてナイフで切り分けられなかった.
2…をずたずたに引き裂く • The dog *pulled* the newspaper *apart*. 犬が新聞紙をずたずたに引き裂いた.
3(仕事)をこきおろす, 酷評する, あら探しをする • The critic *pulled* her latest novel *apart*. その批評家は彼女の近作の小説をこきおろした.
4(けんか)を引き分ける • Our teacher *pulled apart* the fighting pupils. つかみ合いをしている生徒を先生が分けた.
5…をひどく狼狽させる, 苦しめる • My guilt has long been *pulling* me *apart*. それ以来ずっと罪の意識に苛(さいな)まれている.
6(人)をがっくりさせる • He *was pulled apart* by her cruelty. 彼は彼女の残酷さにがっくりさせられた.
— 🈁 **7** 引くと離れる; 分解できる • This toy is made to *pull apart*. このおもちゃは分解できるように作られている.
pull around 🈩 **1** = PULL about.
2…を好転させる, よくする • The new president *pulled around* our company. 新社長がわが社を立ち直らせた.
3(車など)をもってくる, まわす • Our car *was pulled around* by a valet. 私たちの乗る車を駐車場係にまわしてもらった.
— 🈁 **4** 回復する, 健康な状態に戻る • The patient was starting to *pull around* rapidly. その患者は急速に回復し始めていた.
pull aside 🈩 **1**(内緒話をするために人)を脇へ連れて行く • I *pulled* him *aside* and let him know our view. 彼を脇へ連れて行って我々の考えを知らせた.
2(カーテンなど)を脇へ引く • I *pulled* the curtain *aside* and looked out. カーテンを脇へ引いて外を見た.
pull at 🈩 **1**(パイプなど)を吸う • He was always *pulling at* a pipe incessantly. 彼はいつもひっきりなしにパイプを吸っていた.
2(ボトル)を傾ける, らっぱ飲みする • He was *pulling at* a bottle then. その時彼はボトルを傾けていた.
— 🈩 **3** …を引っ張る • The dog *pulled at* the rope. 犬はその綱を引っ張った.
pull away 🈩 **1**…をもぎ取る; を(力ずくで)引き下げる, 引き離す • I *pulled away* a tape from the box. 私はその箱からテープをもぎ取った • Somebody *pulled away* the chair and I fell on the floor. 誰かがいすをあとに引いたので私は床にしりもちをついた • The mother *pulled* the girl *away* from the steaming kettle just in time. 母親はとっさに沸騰しているやかんから少女を引き離した.
— 🈁 **2**(車などが)離れる; (電車などが)出て行く; (ボートが)こぎ去る • His car *pulled away* from the curb. 彼の車は歩道の縁石から離れた • The train *pulled away* from the station. 電車が駅から出て行った • Finding no one there, they at once *pulled away*. そこに誰もいなかったので, 彼らはすぐにこぎ去った.
3 身を振りきる (*from*) • He *pulled away from* the ties of home. 彼は家庭のきずなから身を振りきった.
4(ボートを)どんどんこぐ, こぎ続ける • Come along, *pull away*, boys. さあ来い, どんどんこぐんだ, 諸君.
5 先行する • My owner's car *pulled away* and took the lead. 私の勤める店の主人の車が前に出て先導した.
pull back 🈩 **1**…を引き戻す; を手控えさせる • There are two things that *pull* me *back* from speaking. 私に話を控えさせることが二つある.
2…を(元の状態に)連れ戻す (*to*) • This news might *pull* Mother *back* to health. このニュースで母も元気を取り戻すかもしれない.
3《英・主に報道・サッカー》(逆転の)ゴールを決める • Our team was able to *pull back* another goal. わがチームはさらにゴールを決めることができた.
— 🈁 **4** 後退する; 後退させる • He was going to kiss her when she *pulled back*. 彼がキスしようとしたら彼女は後ずさりした • The cold has *pulled* him *back* considerably. 風邪のために彼はかなり衰弱してしまった.
5(軍隊)を撤退する[させる] • The infantry *pulled back* two miles. 歩兵隊は2マイル撤退した • We were obliged to *pull back* our forces. わが軍隊を撤退せざるを得なかった.
— 🈁 **6** 手を引く, やめる (*from*) • He *pulled back from* signing the document. 彼はその書類に署名することをやめた.
pull back on 🈩 (金)を節約する • We had to *pull back on* our spending. 出費を節約しなければならなかった.
pull down 🈩 **1**…を引っ張りおろす • I *pulled down* the blind. 私は日よけを引き下げた.
2(家など)を取りこわす • The old house has been *pulled down*. 老朽家屋は取りこわされた.
3《米》(金)をかせぐ • He *pulls down* more than four thousand dollars a month in that job. 彼はその仕事で月4,000ドル以上をかせいでいる.
4(病気が人)を衰弱させる • Influenza *pulls* one *down* so. インフルエンザは人をひどく参らせる.

5《電算》(メニュー)をプルダウンする, 表示する ▪ He kindly *pulled down* the menu of my computer. 彼が親切に私のコンピューターのメニューをプルダウンしてくれた.

6 (国王)を無理に退位させる; (政府)を倒す ▪ The author wished to *pull down* the existing government. 著者は現政府を倒したいと思った.

7 (猟獣)を(つかまえて)取り押さえる ▪ It was the last stag that *was pulled down*. それは取り押さえられた最後の雄ジカだった.

8 (人)を堕落させる, (価値)を低下させる ▪ Paper money *pulls down* the value of gold. 紙幣は金の価値を低下させる ▪ He was a decent fellow, but she soon *pulled* him *down*. 彼は上品な男だったが, その女がすぐ堕落させてしまった.

9 (人)の高慢の鼻を折る ▪ One is not sorry to see the proud *pulled down*. 高慢な連中がへこまされるのを見ても気の毒ではない.

10 (特に激しく走ったあとでボール)をつかまえる ▪ He *pulled* the ball *down* in deep right field. 彼はライトのずっと後方でボールをつかまえた.

11《口》(人)の席次[成績]を下げる ▪ The oral test *pulled* him *down*. 口述試問で彼の席次が下がった.

— [自] **12** (ブラインドなどが)下がる ▪ The blind won't *pull down* or stop up. その日よけは下がりも止まりもしない.

pull for [他] **1**《口》…を助ける, 声援する, 応援する ▪ Good luck on your game. We are all *pulling for* you. 試合がんばってね. 私たちみなで応援しているのよ.

— [自] **2** …に向けてこぐ ▪ Turn the boat round and *pull for* the shore. ボートを返して岸に向けてこげ.

pull in [他] **1** …を引っ張って入れる, (首など)を引っ込める ▪ *Pull in* your head. We're coming to a tunnel. 首を引っ込めろ. これからトンネルに入るぞ.

2《口》(尋問のため)…を警察に連行する, しょっぴく ▪ The police have already *pulled in* half a dozen people. 警察はもう数人も連行した.

3 (観衆)を引きつける ▪ The dancer is *pulling* the public *in*. そのダンサーは大衆を引きつけている.

4《口》(大金)をかせぐ ▪ He *pulls in* over £12,000 a month. 彼は月に12,000ポンド以上かせいでいる ▪ He *pulled in* a considerable sum of money by selling apples. 彼はリンゴを売ってかなりの金を手に入れた.

5《米口》…を締めつける ▪ The hungrier I got, the more I had to *pull in* my belt. 私は腹がへればへるほどベルトを締めなければならなかった.

6 (援助のため)…を誘い込む ▪ I got *pulled in* to help with the bazaar. バザーを手伝うために誘い込まれた.

— [自][他] **7** (出費を)切りつめる ▪ You'll have to *pull in* (your expenses). (出費を)切りつめなくてはいけない.

8 (馬の)歩調をゆるめさせる; 抑制する; ひと休みする; 止まる ▪ The horse was going too fast, so he *pulled* him *in*. あまりにも速く進んでいるので彼は馬の歩調をゆるめた ▪ I *pull in* resolution, and begin to doubt his words. 私は決心を保留し, 彼の言葉を疑い始める ▪ I must *pull in*, or my letter will never end. この辺でやめなければ手紙がいつまでも終わりになりません.

— [自] **9** (車・船が)片側に寄る ▪ The bus *pulled in* to let the cars pass. バスは車を通すために片側に寄った.

10 (列車・船が)入って来る ▪ That's your train *pulling in* now. 今入って来ているのがあなたが乗る電車ですよ ▪ The boat *pulled in* to shore. ボートが岸に着いた.

11《口》(人が)家に着く ▪ What time did you *pull in* last night? ゆうべは何時に家に着いたのか.

pull in with [自] …と協力する ▪ He will *pull in with* us in this deal. この取引では彼が我々に協力してくれるだろう.

pull into [自] **1** (列車が駅)に着く, 入る ▪ He went out on to the platform to watch the train *pull* down *into* the station. 彼はプラットホームに出て行って列車が着くのをじっと見つめた.

2 (乗物が)…に止まる ▪ I saw a motorbike *pull into* the car park. 1台のオートバイが駐車場に止まるのが見えた.

pull A into B [他] AをBに巻き込む ▪ Be careful not to *pull* others *into* a quarrel. 他人をけんかに巻き込まないように気をつけなさい.

pull off [他] **1** …を引っ張って取る ▪ He *pulled off* some flower heads. 彼は花を引っ張ってもぎ取った.

2 (衣服・帽子など)を急いで脱ぐ ▪ I *pulled off* my clothes. 私は急いで服を脱いだ.

3《口》(利益)を得る; をうまくし遂げる, 手に入れる ▪ Now and again he managed to *pull off* some good thing on the turf. ときどき彼は競馬で何とかして多少儲けることがあった.

4 (攻撃している人・動物)を引き放す ▪ He started to hit her and I had to *pull* him *off*. 彼が彼女をなぐり始めたので, 私は彼を引き放さなければならなかった ▪ When I grappled with my younger brother, Mother *pulled* me *off* him. 弟と取っ組み合ったとき, 母親は僕を弟から引き離した.

5 (競技)に勝つ, (賞)を獲る ▪ We never thought you'd *pull* it *off*. 君が勝つとは我々は思わなかった.

6 (酒)を飲む ▪ They *pulled off* punch plentifully. 彼らはパンチ酒をたっぷり飲んだ.

7《口》(計画・悪事など)をやってのける ▪ They *pulled* the scheme *off*. 彼らはその計略をやってのけた.

— [自] **8** 片側に寄って止まる, 道路わきに車を寄せる ▪ Let's *pull off* and have a rest. 片側に寄って止め, 一服しよう.

9 (ふたなどが)取れる ▪ The lid *pulled off*. ふたが取れた.

10 去る, 離れる ▪ The boat *pulled off* from the shore. 船は岸から離れて行った.

pull on [他] **1** (引っ張って)…を着る, はく, はめる

・*Pull on* a sweater and come for a nice brisk walk. セーターを着てさっそうと散歩に出かけようよ.
2(タバコ)を一服する,深く吸い込む ・He was *pulling on* his pipe with great gusto. 彼はさもうまそうにパイプを吸っていた.
3 …を引っ張る ・The fish *pulled on* the line. 魚が釣糸を引っ張った.
4 =PULL at 1, 2.
5(武器)を(人に)突きつける ・The robber *pulled* a knife *on* me. 強盗が私にナイフを突きつけた.
6(酒)を1杯飲む ・He *pulled on* the cold beer with gusto. 彼はおいしそうにその冷えたビールを飲んだ.

pull out 他 **1** …を引き抜く; を引っ張り出す ・The dentist soon *pulled out* the aching tooth. 歯科医はすぐ痛む歯を抜いてくれた ・I *pulled out* the dog from under the veranda. 私は縁側の下から犬を引っ張り出した.
2 …を引き伸ばす; (話などを)長く引き伸ばす ・She *pulled out* the wool to form a thread. 彼女は羊毛を引き伸ばして糸によった.
3(努力など)をする, (考えなど)を(引っ張り)出す ・He *pulled out* a special effort. 彼は特別に努力した ・Can't you *pull out* a better idea? もっといい考えは出せないのかね.
── 自 **4**(列車・船が)出て行く; (人が)他の土地へ出て行く (*for*); こぎ出る ・The train was ready to *pull out*. 列車はすぐにも駅を離れようとしていた ・We're *pulling out for* the West. 我々は西部へ出て行くつもりだ.
5(車・ドライバーが)車線から出る ・The driver *pulled out* to overtake the vehicle in front. ドライバーは前の車を追い越すために車線から出た.
6(仕事から)手を引く (*from*) ・He had also *pulled out from* the Army. 彼も軍隊をやめていた.
7(引き出しなどが)抜ける, 引き出せる ・The drawer won't *pull out*. この引き出しは抜けない.
── 自他 **8**(軍隊が[を])撤退する[させる] ・Troops had begun to *pull out* of the front. 軍隊は前線から撤退し始めてしまった ・They *pulled* their troops *out* of the war zone. 彼らは軍隊を戦場から撤退させた.
9(飛行機が[を]急降下姿勢から)水平姿勢になる[する] ・The plane *pulled out* of its steep descent. 飛行機は急降下の姿勢から水平姿勢になった ・The pilot managed to *pull* the plane *out* of a nose dive. 操縦士は急降下する機を何とか水平飛行に立て直した.
10 回復する[させる] ・He *pulled out* of his illness. 彼は病気が治った ・Some believe onyx can *pull out* the disease by the roots. 縞メノウにはその病を完治させる効能があると信じている者もいる.

pull over 他 **1**(セーターなど)を頭からかぶって着る ・She *pulled over* a jersey. 彼女はジャージーを頭からかぶって着た.
2(警察が車)をわきへ止めさせる ・An officer *pulled over* my car and gave me a ticket. 警察官が私の車を道路わきへ止めさせて違反切符を切った.
── 自 **3**《口》(車を)脇へ寄せる, (ボートを)こいで行く (*to*) ・I had no time to *pull over to* my near side. 車を自分の左側に寄せる暇がなかった ・The boat *pulled over to* the bank. ボートは土手の方へこいで行った.

pull round 自 **1**(健康・意識)を徐々に回復する ・The danger is over and the little one is *pulling round*. 危険は過ぎて子供は持ち直している.
2(景気が)持ち直す ・Things are *pulling round* after ten years of decline. 10年の落ち込みのあと景気が持ち直してきている.
── 他 **3**(人)の健康[意識]を回復させる; (景気)を持ち直させる, (競技)をばん回する ・The excellent nursing I received served to *pull me round*. 私の受けたすばらしい看護が私を回復させるのに役立った ・The manager attempted to *pull* the game *round* by replacing Bob with Bill. 監督はボブをビルに交代させてゲームの挽回を図った.
4 …を回れ右させる ・A sudden cry *pulled me round*. 突然の叫び声を聞いて私は回れ右した.
5(人)の意見を変えさせる (*to*) ・I *pulled him round to* our side. 彼の意見を変えさせて我々の側につけた.

pull through 他 **1**(人)に(病気・難局などを)切り抜けさせる, 乗り越えさせる; (仕事など)を首尾よくやり遂げる ・Youth and a sound constitution began to *pull him through*. 若さと丈夫な体のおかげで彼は危険を脱し始めた ・The work will be *pulled through*. その仕事は首尾よくやり遂げられるだろう.
2《軍》(ライフル銃)の銃身を掃除する ・You should regularly *pull* your rifle *through*. ライフル銃は定期的に銃身を掃除すべきだ.
── 自 **3**(病気・難局などを)切り抜ける, 乗り越える; 何とか首尾よくいく ・She is very ill, but she may *pull through* after all. 彼女は重病だが, 結局(病気から)もちなおしている.

pull ... to 他 (カーテン・ドア)を閉める ・*Pull* the door *to*, please. ドアを閉めてくれませんか.

pull together 自 **1** 協力して働く, 協調していく ・They *pulled together* with one mind. 彼らは心を一つにして協力して働いた ・They are said not to *pull together*. 彼らは折合いがうまくいかないそうだ. ☞ボートを「いっしょにこぐ」ことから.
── 他 **2**(会社など)を立て直す; (考えなど)をまとめる ・They called in an able man to *pull* the firm *together*. 会社を立て直すために有能な人を招いた ・We *pulled* a plan *together* after discussing things. 私たちは議論の後, 一つのプランをまとめた.
3(情報)を集める ・They *pulled together* information from several informed sources. いくつかの消息筋から情報が集められた.
4(引き戸・カーテン)を閉じる, 閉める ・We *pulled* the drapes *together* before we turned on the lights. 私たちは明かりをつける前にカーテンを閉めた.
5(食事など)をこしらえる ・Mom *pulled* a nice lunch *together* for all of us. ママが私たちみんなにおいしいランチをつくってくれたの.

6 ...の手配[準備]をする ▪ I'll try to *pull* something *together* for the party. パーティーに向けて何か手配してみるわ.
7 ...を整理[整頓]する ▪ Your room is a mess, so *pull* things *together*. 部屋が散らかってるから整理しなさい.

pull under 他 (流れが人を)(水面)の下に引き込む ▪ The strong current *pulled* him *under* (the water). 強い流れが彼を(水の)下に引き込んだ.

pull up 他 **1** ...を引っ張り上げる ▪ One by one we *pulled up* the boats. 次々と我々はボートを引っ張り上げた. ▪ He *pulled up* his shirt-sleeves. 彼はワイシャツのそでをたくし上げた.
2 (木・くいなど)を引き抜く; を根絶する ▪ The weeds must *be pulled up* by the root. 雑草は根こぎにしなければならない.
3 (車など)を停める ▪ He *pulled up* his coach. 彼は馬車を停めた.
4 (行動・発言など)を制止する ▪ He was about to let out the secret, but he *pulled* himself *up*. 彼はその秘密をもらそうとしたが, 思いとどまった.
5 《口》(人)をしかる, とがめる ▪ It is difficult to *pull up* a boy before company. 人前で男の子をしかるのはむずかしい.
6 (人)を逮捕する; を(特に)捕えて治安判事の前に連れて行く ▪ He *was pulled up* before the bigwigs the next day. 彼は翌日捕えられて判事たちの前へ連れて行かれた.
7 (手綱を引いて馬)を止める ▪ Two horsemen *pulled up* their steeds beneath a wide oak. 二人の騎手が大きなカシの木の下に馬を止めた.
8 ...を近づける ▪ *Pull up* a chair and sit here with us at this table. いすを近づけて我々といっしょにこのテーブルに掛けなさい.
9 (知識など)を向上させる ▪ You have to *pull up* your English to a higher level. もっと英語力を高めなければならない.
— 自 **10** (御者が)馬[車]を止める; (馬・車が)止まる ▪ The driver *pulled up* at an inn. 御者は宿里の所で馬車を停めた. ▪ A carriage *pulled up* close by the bridge. 馬車が橋のすぐ近くで停まった.
11 自制する ▪ He *pulled up* now, surely? あの男も今度はきっと自制しただろうか?
12 (競争などで)前へ出る ▪ Cary *pulled up* and passed the rest. ケアリーは前へ出て他の者を抜いた.
13 《英俗》持ち直す ▪ I am rather shaky just now, but shall *pull up*. 今ちょうど弱り切っていますが, 持ち直すでしょう.
14 成績が上がる ▪ My math test scores *pulled up* by 25%! 数学のテストの得点が25%も上がった!

pull up to [with] 他 (競技・学業で)...に追いつく, ついて行く ▪ The favorite soon *pulled up with* the other horses. 人気馬はすぐ他の馬に追いついた.

pump /pʌmp/ ***pump away*** 他 **1** ...をポンプでくみ上げる ▪ They *pumped* water *away* from the well. 彼らはその井戸から水をくみ上げた.
2 (ガス)を抜く ▪ The pump started *pumping* gas *away* from the deposition chamber. ポンプが処理室からガスを抜き始めた.
— 自 **3** ポンプ[心肺機能を高める]運動をする ▪ He would *pump away* until he was exhausted in order to lose weight. 彼は体重を減らすため, 疲れ果てるまで心肺機能を高める運動をしたものだ.

pump for 他 ...を得ようとして頭をしぼる ▪ He *pumped for* words in vain. 彼は言葉を探して頭をしぼったがだめだった.

pump in [into] 他 **1** (空気・ガスなど)を注入する ▪ First you have to *pump* some air *into* the ball to make it hard. ボールを固くするにはまず空気を注入しなければならない.
2 《口》(金など)をつぎ込む, 投じる ▪ They are confidently *pumping in* capital. 彼らは確信をもって資本をつぎ込んでいる.
3 (知識など)を詰め込む ▪ All you have to do is *pump* enough facts *in*. 打つ手はただ十分な事実を詰め込むことだ.

pump A into B 他 **1** A(液体・空気)をB(容器など)にポンプで入れる ▪ He *pumped* air *into* a tire. 彼はタイヤに空気を入れた.
2 A(お金)をBに投じる, つぎ込む ▪ The government is *pumping* money *into* the industry. 政府はその産業に金をつぎ込んでいる.
3 B(人)にA(知識など)を詰め込む ▪ I do not believe in *pumping* facts *into* the children's heads. 私は事実を子供の頭に詰め込むことがいいと思っていない.

pump out (of) 他 **1** (多量の)...を作り出す ▪ The factory *pumps out* a lot of waste every day. その工場は毎日多量の廃棄物を出す.
2 ポンプで(水)をくみ出す ▪ The men *pumped out* the flooded mine. 男たちは水びたしになった鉱山からポンプで水をくみ出した ▪ We must *pump* the water *out of* the boat. ボートの水をくみ出さねばならない.
— 自 **3** あふれ[大量に]出る ▪ Blood was *pumping out of* my wound. 血が傷口からあふれ出ていた.
4 (音楽などが)大きな音をたてる, がんがん演奏する ▪ Heavy metal was *pumping out of* the speaker. ヘビメタがスピーカーから大音量で流れていた.

pump A out of B 他 《口》A(情報などを)かまをかけてB(人)からうまく聞き出す ▪ I might *pump* something *out of* the servant about the family. かまをかけて使用人からその家族のことを何かうまく聞き出せるかもしれない.

pump up 他 **1** (タイヤなど)に空気を入れてふくらませる ▪ I must *pump up* my bicycle first. まず自転車に空気を入れなければいけない.
2 ...をポンプでくみ上げる ▪ The water *is pumped up* from a well. 水は井戸からポンプでくみ上げられる.
3 《英口》...を増大させる; を強化する ▪ They *pumped* their prices *up* recently. 近頃, 価格が引き上げられた.
4 (音量)を上げる ▪ *Pump up* the volume on the radio. I can't hear it. ラジオを大きくしてくれ. 聞こえないんだ.
5 《口》(人)を興奮させる ▪ He *pumped* himself

up into enthusiasm for certain Greek poetry. 彼はあるギリシア詩のことで興奮して夢中になった.
— 自 **6**《米俗》ボディービルに熱心に取り組む ▪ He is always *pumping up* at the gym. 彼はいつもジムでボディービルに熱心に取り組んでいる.

pun /pʌn/ *pun on* [*upon*] 自 …で地口(ぢぐち)を言う, をもじる ▪ He *punned on* the old word. 彼はその古語で地口を言った.

punch /pʌntʃ/ *punch down* 他 (くぎなど)を打ち込む ▪ We'll *punch down* any old nails. どんな古いくぎだって打ち込みます.

punch in 自 **1**《米》出勤のタイムレコーダーを打つ ▪ He *punched in* at 8 a.m. 彼は午前8時に出社した.
— 他 **2**(コンピューター・機械などに)…を入力する ▪ She *punched in* her account number on the phone. 彼女は電話で口座番号を入力した.
3 = PUNCH down.

punch out **1**…をなぐり倒す, たたきのめす ▪ He *was punched out* by his father. 彼は親父にたたきのめされた.
2(ボタン・キーなど)を押す ▪ She picked up the phone and *punched out* his number. 彼女は電話を取り, 彼の番号を押した.
3(くぎなど)を打ち出す ▪ Try to *punch* the nail *out* from the other side of the board. 板の反対側からくぎを打ち出してごらん.
4(円板・硬貨など)をパンチで打ち出す ▪ Hundreds of coins *are punched out* each hour. 1時間に何百という硬貨が打ち出される.
— 自 **5**《米》退社(など)のタイムレコーダーを打つ ▪ I *punched out* at 5 p.m. 私は5時に退社した.
6《米俗・空軍》射出座席で脱出する ▪ The pilot managed to *punch out* just before the missile struck his plane. パイロットは飛行機にミサイルが命中する直前になんとか射出座席で脱出した.

punch up **1**《英口》(人)をこぶしでなぐる ▪ I hate to *punch* my wife *up* on any account. 僕はどうあっても妻をなぐるのはいやだ.
2(金額)を機械で打ち出す ▪ She *punched up* the cost on the cash register. 彼女はレジで金額を打ち出した.

punctuate /pʌ́ŋktʃuèɪt/ *punctuate A with* [*by*] *B* 他 A(話など)をB(動作・音など)でときどき中断する ▪ He *punctuated* his remarks *with* bumps on the table. 彼は言葉をときどき切ってテーブルをドンとたたいた ▪ The silence *was punctuated* only *by* the occasional cry of a bird. 静寂を破るものはときどき聞こえる鳥の鳴き声だけであった.

punish /pʌ́nɪʃ/ *punish a person for* 他 …のために人を罰する ▪ He *was punished for* neglecting his duty. 彼は義務を怠ったので罰せられた.

punish a person with [*by*] 人に…の刑を課す ▪ He *was punished with* [*by*] a fine. 彼は罰金刑を課せられた.

purge /pɜːrdʒ/ *purge away* [*off, out*] 他 …を清掃する, 一掃する ▪ I must *purge away* the sin. その罪を一掃しなければならない.

purge A of B / *purge B from A* 他 **1** AからB(不良分子など)を追放する ▪ They *purged* the party *of* extremists. = They *purged* extremists *from* the party. 彼らは党から過激分子を追放した.
2 AからB(罪など)を洗い清める ▪ He was carried into purgatory to *be purged of* his sins. 彼は罪を洗い清めるために煉獄(れんごく)へ送られた.
3 AからBを除く[晴らす] ▪ We have *purged* the list of the delinquent members. その表から非行に走った者は除いてある ▪ Anger is poison. You must *purge* it *from* your mind. 怒りは害毒だ. 心から取り除け ▪ He *was purged of* all suspicion. 彼のすべての疑いが晴れた.

purify /pjʊ́ərəfàɪ/ *purify A of* [*from*] *B* 他 AからBをはらい清める ▪ He *was purified from* all sin. 彼はすべての罪をはらい清められた ▪ They desired to *purify* Poland *of* Germans. 彼らはポーランドからドイツ人を一掃したいと思った.

purse /pɜːrs/ *purse out* 他 (口)をすぼめる ▪ *Pursing out* his lips, he solemnly addressed the boy. 口をすぼめながら, 彼は重々しくその少年に話しかけた.

purse up 他 **1**(口)をすぼめる ▪ He *pursed up* his mouth, as in whistling. 彼は口笛を吹きでもするように口をすぼめた.
2《まれ》…を財布[ポケット]に入れる ▪ It is not lawful to play for money, and *purse* it *up*. 金を賭けて遊んで金を財布に入れることは合法的ではない.

pursue /pərsjúː/ *pursue after* 他 …を追う ▪ He *was pursued after* by hunger and cold. 彼は飢えと寒さに追われた.

push /pʊʃ/ *push after* 他 《まれ》…を熱心に求める ▪ He *pushes after* praise. 彼は賞賛を熱心に求めている.

push against 自 …に寄りかかる ▪ If you *push against* the fence, it will give way. この塀に寄りかかったら倒れてしまうよ.

push ahead (*with*) 自他 努力して突き進む; (…を)押し進める ▪ If we *push ahead*, we can get home before dark. 急いだら日暮れまでに家に帰れるよ ▪ The Government *pushed ahead with* the program. 政府はその計画を推進した.

push along 自 **1**《口》(客が)去る ▪ I must *push along* now. 私はもう帰らねばなりません.
2 どんどん進む ▪ Let's *push along*. It's getting late. 遅くなったから急ごうよ.
— 他 **3**(仕事など)を進める ▪ He *pushed* the work *along*. 彼は仕事を進めた.

push (*a*)*round* [《英》*about*] 他 **1**《口》(人)をこき使う, あれこれ指図する ▪ He *pushes* me *around* every day. How do I make him stop? 彼は毎日私をこき使うんです. どうしたら止めさせられますか.
2《口》(人)をいじめる ▪ He is serving the public instead of *pushing* it *around*. 彼は一般大衆を虐げているのではなく, それに奉仕しているのだ.
3 …をあちこち押し動かす ▪ He *pushed* his food

around on his plate. 彼は食べ物を皿の上であちこち動かした.

push aside 他 **1** …を脇へ押しやる ▪The man *pushed* me *aside* and walked on. 男は私を脇へ押しやって, すたすたと歩いて行った.

2 …を考えないようにする, 忘れようとする ▪The issue got *pushed aside* and forgotten. その問題は考慮されずに忘れ去られた.

push at 他 **1** …を押す ▪He *pushed at* the doorbell. 彼はドアのベルを押した.

2《まれ》…を目指す ▪Our studies *push at* something beyond pure knowledge. 我々の studiesはただの知識以上のものを目指している.

push away 他 …を押しのける ▪He *pushed* me *away* as hard as he could. 彼は力任せに私を押しのけた.

push back 他 **1** …を押し戻す ▪The police *pushed back* the crowd. 警察官たちは群衆を押し戻した.

2 (予定の日時よりも)…を遅らせる[延期する] ▪The release of his new CD has *been pushed back* until next year. 彼の新しいCDの発売は来年まで延期された.

3 (敵)を後退させる ▪Our forces *pushed* the enemy *back* successfully. わが軍は敵軍を後退させるのに成功した.

4《米》(…に)押し進む, 侵攻する (*at*) ▪The gang *pushed back at* the police station. 一味は警察署に押し寄せた.

push by 自他 (…を)押しのけて行く ▪The rude fellow *pushed by* (me). 無作法な男は(私を)押しのけて行った.

push down 他 …を押し倒す ▪*Push* that post *down*. その柱を押し倒せ.

push down on 他 …を押し下げる ▪*Push down on* the lever. そのてこを押し下げなさい.

push for 他 …をせがむ ▪The manufacturers *pushed for* orders. 製造業者たちは注文をせがんだ.

push *a person* ***for*** 他 人に…をしつこくせがむ ▪He *pushed* me *for* payment. 彼はしつこく私に金を払えとせがんだ.

push forth 他 (果実)をつける ▪The tree will *push forth* more fruit this year. この木は今年はもっとたくさん実をつけるだろう.

push forward 他 **1** …を推進する ▪The work will *be pushed forward* with the utmost dispatch. その仕事は大至急推進します.

2 …に人の注意を引きつける, 人目につくようにする ▪His book *pushed* the idea *forward*. 彼の本でその思想が人の注目するところとなった.

3 …を売り込む, 前面に押し出す ▪He *pushed forward* his product. 彼は自分の製品を売り込んだ.

— 自 **4** どんどん進む, 侵攻する ▪Our forces *pushed forward* in spite of enemy gunfire. わが軍は敵の砲火にもめげずどんどん進んだ.

push in 自 **1**《英口》(人が)割り込む ▪A middle-aged woman *pushed in* at the head of the queue. 中年の女性が列の先頭に割り込んだ.

2《英口》口出しをする, じゃまをする ▪Jones will *push in* everywhere. ジョーンズはどこへでも出しゃばる.

3 (ボートなどが)岸に近づく ▪His boat *pushed in* the shore of the lake. 彼の乗ったボートが湖岸に近づいた.

push *A* ***into*** *B* 他 **1** Aに圧力をかけて[Aを説得して, Aを励まして]Bをさせる ▪We *pushed* the government *into* giving money for scientific research. 私たちは政府に圧力をかけて科研費を出させた ▪The police *pushed* her *into* giving evidence. 警察は彼女に強いて証言させた.

2〖受身で〗Aを(無理に)Bに押し込む ▪I *was pushed into* the difficult role. 私は難しい役割を与えられた.

push off 自 **1**《英口》〖命令形で〗失せろ, 消えろ ▪What are you doing here? *Push off* at once! こんなところで何をしているんだ. とっとと失せろ!

2 (口) 立ち去る, 出発する ▪It's about time to *push off*. もう立ち去っていいころだ ▪We must *push off* soon, it is getting late. 早く出発しなければならない. 遅くなりかけている.

3 (人・船が)岸などからこぎ出る ▪Then, I *pushed off* from shore. そこで私は岸からこぎ出した ▪Their canoes were about to *push off*. 彼らのカヌーはまさにこぎ出ようとしていた.

4 (口) 競技(など)を始める ▪We're all ready to play; *push off*! みんな競技をする用意ができた. 始めよう.

— 他 **5** さお[かい]で岸をついて(船)を出す ▪He *pushed* the punt *off*. 彼はさおで岸をついて平底船を出した.

6 (商品など)を売りさばこうとする ▪Those persons *push off* drugs by means of puffing. あの連中は誇大宣伝によって薬を売りさばこうとしている.

push (***off***) *A* ***on*** (***to***) *B* 他 (口) A(不要な物)をB(人)に押しつける ▪He *pushes* all the unpleasant jobs (*off*) *on* (*to*) me. 彼はいやな仕事を全部私に押しつける.

push on 自 **1** 急いで行く ▪Now we must *push on*. もう急がねばならない.

— 他 **2** …を押し進める ▪They *pushed on* so wicked a business. 彼らはとても邪悪なことを押し進めた.

3 (人に)…を押しつける ▪The salesperson tried to persistently *push on* unwanted goods on me. セールスマンが私に不要な品物をしつこく押しつけようとした.

4 (馬など)をかりたてる ▪He *pushed on* his horse. 彼は馬をかりたてた.

5 (事業など)を推進する, (人)を昇進させる ▪The work is now *being* vigorously *pushed on*. 仕事は目下猛烈に推進されている.

6 …にしかける ▪The wild beasts *were pushed on* to fight. その野獣はしかけられて格闘した.

7 →PUSH on to.

push on to 🅸 **1** 別の話題に進む, どんどん推し進める ▪ OK, shall we *push on to* the next topic? それじゃあ, 次の話題に移りましょうか?
2 旅を続けて…に至る ▪ I left Tokyo and *pushed on to* Miyagi. 東京を発って宮城へと歩を進めた.

push out 🅷 **1** …を押し出す ▪ I don't want him in this room. *Push* him *out*. あの男にこの部屋にいてもらいたくない. 追い出してくれ.
2 …を以前よりも軽んじる ▪ I've been feeling *pushed out* by my boss recently. このごろずっと上司からは以前より軽んじられていると感じている.
3 …を取り替える ▪ This key will *be pushed out* by a new one. このキーは新しいのと取り替えられることになっている.
4 《口》…を多量に産み[送り]出す, 大量生産する ▪ Computers *push out* information to the world. コンピューターが世界に多量の情報を送り出している.
5 (角・手足など)を突き出す; (芽・根など)を出す ▪ The snail *pushed out* its horns. カタツムリは角を突き出した ▪ A plant *pushes out* new shoots in spring. 植物は春に新芽を吹く.
6 《口》…を(不当に)解雇する ▪ He *was pushed out* (of his job) for no obvious reasons. 彼は特に明白な理由もなく解雇された.
—— 🅸 **7** (船が)沖へこぎ出る ▪ The ship suddenly *pushed out*. その船は急に沖へこぎ出た.
8 突き出る ▪ The cape *pushes out* a long way into the sea. その みさきは遠く海に突き出ている.

push over 🅷 …を押し倒す, ひっくり返す ▪ The boys *pushed over* the truck. 少年たちはトラックをひっくり返した.

push round 🅷 (ビールなど)を回す ▪ Come, *push round* the ale. さあ, ビールを回してくれ.

push through 🅷 **1** (仕事など)をやり通す; (議案など)を通過させる ▪ I think I can *push* the matter *through* for you. 来のをやり通してあげられると思うよ ▪ The party will *push* the bill *through* (the parliament). その党は議案を通過させるだろう.
2 (人)を助けて(試験などに)合格させる ▪ He *pushed* me *through* the entrance exam. 彼が私を助けて入試に合格させてくれた.
—— 🅸 **3** …を押し分けて進む ▪ She couldn't *push through* the crowd. 彼女は群衆を押し分けて進むことができなかった.
4 (芽が)地上に出る ▪ Spring flowers are just *pushing through* (the soil). 春の草花の芽がちょうど(地上に)出ているところだ.

push to 🅷 (ドア・窓)を押して閉める ▪ He *pushed* the door *to*. 彼はドアを押して閉めた. ⇨*to* は副詞「閉まって」.

push toward(s) 🅸🅷 …に向けて努力する[がんばる]; に向けて努力させる[がんばらせる] ▪ He tried to *push towards* the ideal. 彼は理想に向けて努力しようとした ▪ The need for aid *pushed* him *towards* cooperation with them. 救援要請により彼は彼らとの協力に向けて努力した.

push up 🅸 **1** 手を突いて上体をそらす ▪ *Push up* five times at a slow pace. Next, *push up* ten times at a normal pace. まずゆっくりと5回, 次に普通のペースで10回腕立て伏せをします.
—— 🅷 **2** (物価・数値)を上げる ▪ They have recently *pushed up* sale prices. 最近売値を上げた.
3 (窓 など)を閉める ▪ *Push up* that window, please, there is a draft. その窓を閉めてください, すき間風が入っている.
4 …を押し上げる ▪ I can't reach the branch. Will you *push* me *up*, please? あの枝に手が届かない. 私を押し上げてくれないか.

push up against 🅷 …に体当たりする ▪ We *pushed up against* the door but it would not yield. 我々はドアに体当たりしたが, 開こうとしなかった.

push up behind 🅸 (競争で)…の後に押し迫る ▪ Don't forget that there is always someone *pushing up behind* you. いつも誰かが後に押し迫っていることを忘れるな.

pussyfoot /púsifùt/ ***pussyfoot around*** [*about*] 🅸 (口)煮え切らない[臆病な]態度をとる ▪ Stop *pussyfooting around* and tell her what you really think. 煮え切らない態度をとるのはやめて, 実際に思っていることを彼女に言え.

put /pʊt/ ***put about*** 🅷 **1** 《英》(声明など)を広める, 公表する ▪ This has *been put about* as a discovery. これは一つの発見だと公表されている ▪ Who has *put* this lie *about*? 誰がこの嘘を広めたのか.
2 (船)の方向を変える, を転回する; (馬・団体など)を回れ右させる ▪ The Stella *was* then *put about*. ステラ号はそれから転回させられた ▪ *Put* your horses' heads *about* and ride for Spalding. 馬を回れ右させてスポールディングに向けて進んで行け.
3 《主にスコ》…を困らせる, 当惑させる ▪ What's *put* you *about*? You look as white as a sheet. 何で困っているんだ. 真っ青な顔をしているよ.
—— 🅸 (船が)転回する; (人が回れ右をして)引き返す ▪ The ship sped on without *putting about*. 船は転回せずに疾走し続けた ▪ At this point we *put about*. この地点で我々は引き返した.

put A about B 🅷 《英》AをBのまわりに[を取り囲むように]おく ▪ She sat the poor boy down in the chair and *put* a blanket *about* his shoulders. 彼女は哀れな少年をいすにかけさせ, 肩に毛布をかけてやった.

put A above B 🅷 BよりもAを上位に置く[優先する] ▪ A selfish person *puts* himself *above* his fellows. 利己的な人は仲間よりも自分のことを優先する.

put across 🅷 **1** (考えなど)を(相手に)分からせる, 納得させる (*to*) ▪ I didn't know how to *put* the idea *across* (*to* the students). どうしたらその考えを(学生に)理解させられるか分からなかった.
2 …をうまくやり遂げる[成功させる] ▪ We'll *put* it *across*. 我々はそれを首尾よくやり終えよう.
3 …を(渡し船などで)…の向こうへ渡す ▪ I *put* him *across* the river. 彼を川向こうに渡してやった.
4 《口》(ぺてん・嘘など)をまんまとつかませる ▪ They

have *put across* a fraud on me. 彼らは僕をぺてんにかけた ▪ You can't *put* that *across* me. そんなことを僕に信じさせることはできないよ.

put ahead 他 **1** …を促進する, の生育を早める ▪ The warm weather has *put* the crops *ahead* by a week. 暖かい天気のために作物の生育は1週間早まった.

2 (時計の針)を進ませる ▪ I *put* the clock *ahead* by five minutes. 時計の針を5分進めた.

3 …を先へ延ばす ▪ The meeting *was put ahead* because of rain. その会は雨のため延期になった.

put apart 他 **1** …を取っておく, たくわえる ▪ I *put* ten pounds *apart* every week. 私は毎週10ポンド貯金する.

2 …を別にしておく (*from*) ▪ The girls *were put apart from* the boys. 少女たちは少年たちと別にされた.

put around [《英》*round*] 他 (《口》)(噂・ニュース)を広める, 言いふらす ▪ Rumors have *been put around* that they were getting divorced. 彼らが離婚するという噂が流れている ▪ It's just a rumor *put round* by employees. そいつは従業員の間の噂話に過ぎない.

put A as B AがB(特定数)だと見積もる ▪ I would *put* her age *as* around forty. 彼女の年齢は40ぐらいだと考える.

put…ashore 他 …を上陸させる ▪ He *put* the crew *ashore* at Sydney. 彼は乗組員をシドニーに上陸させた.

put aside 他 **1** …を考慮しない, 無視する ▪ We *put* all other offers *aside* in favor of yours. 我々は他の申し出はすべて無視して, あなたのを受けることにした.

2 …をしまい込む; をたくわえておく ▪ She *put* other dresses *aside* in the closet. 彼女は他のドレスを押入れにしまい込んだ ▪ He *puts* ten dollars *aside* every week. 彼は毎週10ドルたくわえておく.

3 …をわきへやる, (仕事など)をやめる ▪ I *put aside* the book I was reading. 私は読んでいた本をわきへやった ▪ *Put aside* your duty for no man. 誰のためにも自分の義務を怠ってはいけない.

4 (品物・時間)を取っておく ▪ Could you *put* this sweater *aside* for me? このセーターを取っておいていただけませんか ▪ Try to *put* a little time *aside* each day so you can just relax. ちょっとのんびりできる時間を毎日少しの間とるようにしなさい.

5 (人)を埋葬する ▪ They *put* him *aside* for ever. 彼らは彼を永久に埋葬した.

6 (不和・憎しみ)を捨てる, 抑圧する ▪ He smiled, *putting aside* his sorrow. 彼は悲しみを抑えて笑いを浮かべた.

put asunder 他 …を引き離す; ばらばらにする ▪ I *put* the leaves of the book *asunder*. 私は本を一枚一枚ばらばらにした ▪ Let not man *put asunder* that which God has joined together. 神がいっしょにしているものを人間が引き離してはいけない.

put at 他 **1** …に打ちかかる, を攻撃する, 迫害する ▪ Simon should not *be put at* for this. このことでサイモンを迫害してはいけない.

2 …と見積もる ▪ I *put* her fur coat *at* £3,000. 彼女の毛皮のコートを3,000ポンドと見積もった ▪ The cost of repairing the damage *is put at* $50,000. 破損の修理費は5万ドルと見積もられている.

3 (馬)に(障害物)を跳び越えさせようとする ▪ He *put* his horse *at* the ditch. 彼は馬に溝を跳び越えさせようとした.

put away 他 **1** (物)を片づける, しまい込む ▪ *Put* those *away* in the drawer. こういうものは引き出しの中へしまい込んでください ▪ The last dish *was* now *put away*. 最後の皿が今や片づけられた.

2 …を(のちの用に)取っておく; (金など)をたくわえる ▪ The fruit should *be* carefully *put away* in bins. その実は大切に大箱の中に取っておかねばならない ▪ *Put* something *away* for a rainy day. まさかの時に備えていくばくか貯金しなさい.

3 (《口》)(多量の飲食物)を平らげる ▪ He *put away* a pound of steak at one meal. 彼は1回の食事にステーキを1ポンド平らげた.

4 …をあきらめる ▪ He has had to *put away* all ideas of becoming a pianist. 彼はピアニストになる考えはいっさいあきらめねばならない.

5 (《口》)…を殺す, (老齢・病気などの動物を薬で)死なせる ▪ He doesn't have the nerve to *put* someone *away*. 彼には人を殺せる度胸はない ▪ The dog is now in danger of *being put away*. その犬は今にも楽にされそうな状態である.

6 (《口》)…を(刑務所などに)ぶち[ほうり]込む ▪ He has *been put away* since the previous July. 彼は前年の7月以来ぶち込まれている.

7 (《俗》)…を密告する, 裏切る ▪ I won't *put* you *away*. お前さんを裏切りはしないよ.

8 (《方》)…を葬る ▪ It's three weeks now since they *put* him *away*. 彼が葬られてからもう3週間になる.

9 (《俗》)…を質に入れる ▪ She *put* some brand-name bags *away*. 彼女はブランドのかばんをいくつか質に入れた.

10 …を捨てる; を離縁する ▪ He loathed and *put away* his food. 彼はその食事が大きらいだったので捨ててしまった ▪ The man *put* his wife *away*. 男は妻を離縁した.

── 自 **11** (船が)出る ▪ The boat began to *put away* from the shore. 船は岸から出始めた.

12 (《英口・スポーツ》)ゴールする, 得点を入れる ▪ He failed to *put away* though he had a couple of chances. 彼は何度か好機があったにもかかわらずゴールしそこねた.

put back **1** …を元へ返す[戻す] ▪ When you've done with the book, please *put* it *back* on the shelf. その本を読み終わったらたなの上へ返しておいてください.

2 …を延期する ▪ The meeting has *been put back* to March 20th. その会は3月20日に延期された.

3 (頭)を後ろにそらせる ▪ She *put* her head *back* and closed her eyes. 彼女は頭を後ろにそらして目を閉じた.
4 (時計の針)を戻す, 遅らせる; (時)を逆行させる ▪ Don't forget to *put* your clock *back* when summer time ends. サマータイムが終わったら必ず時計の針を戻しておくんですよ ▪ She had *put back* her age ten years at the least. 彼女は少なくとも10歳は若く見せていた.
5 (口) (大酒)を飲む ▪ I've just *put back* my third glass of beer. 3杯目のビールを飲んだところだ.
6 ...を後退させる, (進行・発育)を妨げる ▪ The work has *been put back* in its progress. その仕事は進行が遅れている.
7 (米) ...を落第させる ▪ The boy made little progress, so he *was put back*. その男の子はあまり進歩しなかったので落第させられた.
8 (体重・サイズ)を取り戻す ▪ I have recently *put back* a pound [an inch]. 最近また1ポンド太った[1インチ伸びた].
9 (人にある額)を費やさせる, かかる ▪ The party *put* us *back* £50. そのパーティーで50ポンドかかった.
10 (口) ...を返戻する, にお返しする ▪ I want to *put* something *back* into my old school. 母校に何かお返しがしたいと思っている.
11 (金)を...に投資する[向ける] (*into*) ▪ A small percentage of the revenue *is put back into* maintaining roads. 歳入のごく一部が道路維持に向けられている.
12 (服)を着なおす; (眼鏡)をかけなおす (*on*) ▪ He took off his glasses, wiped them, and *put* them *back on*. 彼は眼鏡をはずして, 拭いてからかけなおした.
—(自) **13** (海) (船が元へ)引き返す, 港へ帰る ▪ The "Kate" *put back* to Kinghorn. ケイト号はキングホーンへ引き返した.

put A before B (他) **1** = PUT A above B.
2 A(問題など)をB(委員会など)に提出する ▪ We are going to *put* the problem *before* the mayor. この問題を市長に提示するつもりだ.
3 A(食物)をB(人)の前に出す ▪ We just eat what's *put before* us. 我々はただ出された食事を食べるのみだ.

put behind (他) **1** (不快なこと)を忘れようとする ▪ Why don't you *put* your past *behind* you? 昔のことは忘れるようにしたらどうだ.
2 (金・技術など)を差し向ける, まわす ▪ We investigated the plan before *putting* money *behind* it. そのプランにお金をまわす前にそれを詳しく調べた.
3 = PUT back 6.

put ... behind *one* (他) (失敗などを)もう済んだことにする, 忘れる; ...を受け入れようとしない, の考慮を断る ▪ *Put* the whole thing *behind* you. 何もかも忘れることだね.

put by (他) **1** ...を取っておく; (金)をためておく ▪ The herbs and apples *were put by* for the winter. 薬草やリンゴは冬のために取っておかれた ▪ I try to *put by* a little each week. 私は毎週少しずつ貯金するようにしています.
2 (打撃・災害など)を受け流す, 避ける ▪ I was aware of his thrust, and *put it by*. 彼が突いてきたのがわかったので受け流した ▪ We *put by* the imminent evil. 我々はさし迫った災害を避けた.
3 ...を捨てる; をなおざりにする ▪ There is no *putting by* that crown. その王冠を捨てることはできない ▪ Smith *was put by* in favor of Robinson. スミスは軽んじられ, ロビンスンが引き立てられた.
4 (質問・議論)をはぐらかす; (人)を言い抜けでそらす ▪ The Pope, smiling, *put* the question *by*. 教皇は微笑してその質問をはぐらかした ▪ He *put* her *by* smiling. 彼は笑って彼女をはぐらかした.
5 = PUT aside 3.
6 = PUT aside 6.

put down (他) **1** (英) ...を下へ置く, (手など)を下ろす; (乗客)を降ろす ▪ She *put down* the book on the table. 彼女はテーブルの上に本を置いた ▪ The bus stopped to *put down* passengers. バスは乗客を降ろすために停まった.
2 (英) (電話)を切る ▪ He suddenly *put* the phone *down* on me! 彼ったら, 突然電話を切ったのよ.
3 ...を書きつける, 書きとめる; を予約[寄付, 出場, 入学]の申込者として記名する, に賛成の署名をする (*for*); に(掛け買いで)つけておく (*to*) ▪ He *put down* his thoughts on paper. 彼は自分の思いを書きつけた ▪ *Put* me *down for* £5. 私の申し込みを5ポンドとしておいてください ▪ I won't pay now; *put it down to* me, please. 今は払いませんよ. 私につけておいてください.
4 ...を止める, 押さえる, 静める ▪ He *put down* gambling. 彼はとばくをやめた ▪ The rebellion *was* soon *put down*. 暴動はすぐ静められた ▪ The Council *put down* dissenters with a firm hand. 評議会は異議を唱える連中を強引に押さえつけた.
5 (英) (老齢・病気などの動物)を(薬で)殺す ▪ The dog *was put down* at once. その犬はすぐ楽にされた.
6 ...を頭金[内金]として支払う ▪ Let me *put* £100 *down* and pay the rest over six months. 頭金として100ポンド出し, 残りは6か月間で払わせてくれ.
7 (英) (議会で動議・決議案)を上程する ▪ The party will *put down* a resolution. その党はある決議案を上程するだろう.
8 (カーペット・芝生など)を敷きつめる ▪ They *put down* a bed of chippings. 彼らは一面に木片を敷きつめた ▪ We'll *put* carpets *down* before we move in. 引っ越してくる前にカーペットを敷きつめよう.
9 (毒)をまく ▪ He *put down* poison to kill rats. 彼はネズミを殺すために毒をまいた.
10 ...をたくわえる, 保存する ▪ He has *put down* a good supply of port. 彼はポートワインをどっさりたくわえた.
11 (口) ...を盛んに飲む[食べる] ▪ He poured a stiff jolt of whisky and *put it down*. 彼は強いウィスキーを1杯注いでそれをあおった ▪ He was *putting down* the dinner. 彼は夕食をせっせと食べていた.
12 (英) (トランプなどの札)を出す ▪ She *put down*

the queen of hearts. 彼女はハートのクイーンを出した. **13**(赤んぼう)を寝かせる ▪I fed my baby and *put* her *down* for her nap. 赤ちゃんに食べさせてからお昼寝のために寝かせた.
14…を(地位・権勢などから)落とす, 左遷する ▪He *was put down* from the office for peculation. 彼は公金横領のためにその地位から落とされた.
15…をへこます, 黙らせる ▪She *put down* his impertinence with contempt. 彼女は彼の失礼な態度を軽蔑してへこました ▪The interrupter refused to *be put down*. 妨害者は黙ろうとしなかった.
16《英》(費用のかかるもの)を使用しなくなる ▪Since they had *put down* their carriage, she had been able to go about so little. 馬車を置かなくなってから, 彼女は外出をすることがほとんどできなかった.
17(値段など)を下げる; (出費など)を切りつめる ▪All prices are supposed to *be put down*. すべての値段は下げられると考えられている ▪I must *put down* expenditure. 私は出費を切りつめなければならない.
18…を見積もる, と考える, 見なす (*as, at, for*) ▪She mentally *put* him *down at* thirty-five. 彼女は心の中で彼を35才だと見当をつけた ▪I *put* him *down as* a fool. 私は彼を愚か者だと見た.
19…のせいにする (*to*) ▪He *put* the mistake *down to* me. 彼はその誤りを私のせいにした.
20(たて穴など)を掘り抜く ▪They *put down* a 400-foot hole in their search for oil. 彼らは石油を探して400フィートのたて穴を掘り抜いた.
21(魚)を深い所を泳がせる ▪The descent of the mist *puts down* the trout. 霧が降りるとマスは深い所を泳ぐ.
22(ポインター犬・セッター犬)を伏せさせる ▪The hunter *put down* his dog by hand. 猟師は手で合図して犬を伏せさせた.
23(馬など)の手入れをする ▪Can you *put* your dog *down* properly? 犬をきちんと手入れできますか.
24(見せ物の動物)を競争からおろす ▪Even the ideal dog may *be put down*. 理想的な犬でも競争からおろされる場合がある.
25《口》…をこきおろす, ぼろくそに言う ▪My folks *put* me *down* strong. うちの者が僕をひどくこきおろした.
26(土地)の用途を切り換える (*in, to, under, with*) ▪The field *was put down to* grass. 野原は牧草地に切り換えられた.
— 自他 **27**(飛行機・パイロットが)着陸する; (飛行機を)着陸させる ▪The plane *put down* at the airport on time. 飛行機は時間通りに空港に着陸した ▪The pilot *put* the plane *down* safely. パイロットは飛行機を安全に着陸させた.
put...first 他 …を最優先にする, 一番大事だと考える ▪He always *puts* duty *first*. 彼はいつも義務を第一と考える
put forth 他 **1**《米文》…を提議する, 主張する ▪Such were the opinions *put forth* by him. 彼の提議した意見はそのようなものであった.
2《文》(力など)を出す, 発揮する; (声)を張り上げる ▪They *put forth* their best effort. 彼らは精いっぱい努力した ▪She now *put forth* her voice gracefully. 彼女は今や上品に声を張り上げた.
3…を発行する, 公にする ▪He is going to *put forth* a new morning paper. 彼は新しい朝刊新聞を発行しようとしている.
4…を陳列する; を示す ▪All the unearthed relics *are put forth* in the Archaeological Museum. 出土した遺物のすべてが考古学博物館に陳列されている.
5(光)を放つ ▪The sun *puts forth* its rays. 太陽は光を放つ.
6(手・足など)を突き出す, 差し出す ▪She *put forth* her hand to take Amelia's. 彼女はアメリアの手を取るために手を差し出した.
7《雅》(植物が芽・葉など)を出す; 《まれ》(動物が羽など)をはやす ▪Trees are beginning to *put forth* buds and leaves. 木々はつぼみや葉を出し始めている ▪I may *put forth* angel's plumage. 私は天使の翼がはえるかもしれない.
— 自 **8**(木が)葉[芽]を出す, 花をつける; (芽・葉などが)出る, (実が)なる ▪Who plucks the bud before one leaf *puts forth*? 1枚の葉も出ないうちに誰が芽を摘み取るだろうか ▪Some fruit *put forth*, ripen, and tumble to the ground. いくらかの実がなり熟し地にころがり落ちる.
9(特に海へ)出かける ▪They *put forth* to sea. 彼らは海へ出かけた.
put forward 他 **1**…を提言する, 提案する ▪He *put forward* a plan for improving the rate of production. 彼は生産率を高める案を提案した.
2(候補者など)を推挙する ▪He has *been put forward* as our next Conservative candidate. 彼は次の我々の保守党の候補に推されている.
3…を進ませる; (日付)を早める ▪He *put* the hands of the clock *forward* by five minutes. 彼は時計の針を5分間だけ進ませた ▪They were getting married on the 19th but they've *put* it *forward* to the 3rd. 彼らは19日に結婚することにしていたが, 3日に繰り上げた.
4(力)を発揮する ▪We *put* every effort *forward* and uprooted the tree. 私たちは全力を傾けてその木を引き抜いた.
5(芽)を出す ▪The hedgerows *put forward* new buds in spring. 春になると生垣が一斉に新芽をつける.
6…を目立たせる ▪I don't like to *put* myself *forward*. 私は目立つ[出しゃばる]のを好まない.
7…を断言する, …(だと)主張する (*as*) ▪She *put forward* a spurious child *as* the child of her husband. 彼女は私生児を夫の子であると主張した.
8…を前の方へ出す ▪*Put* your stool *forward*. 腰掛けを前へ出しなさい.
put...from *one* 他 …を捨てる ▪He *put* the idea *from* him. 彼はその考えを捨てた.
put in 他 **1**…を入れる, 差し込む ▪The boy *put in* his head at the door. 少年はドアから頭をのぞかせた.
2…を預金する; (金)を支給する[あてがう] ▪She *put*

all of her salary *in* [*into*] her account. 彼女は給料全額を預金した ▪ They *put* a lot of money *in* [*into*] a new school. 多額のお金が新校舎の建造にあてがわれた.
3 (言葉など)を差しはさむ; (言葉)を添えてやる (*for*) ▪ "Gently, Tom!" *put in* Mr. Channing. 「落ち着いて, トム!」とチャニング氏が言葉を差しはさんだ ▪ I will *put in* a word *for* you. あなたの口添えをしてあげます.
4 (電話・温水器など)を取りつける ▪ We had a new phone *put in*. 新しい電話をつけてもらった.
5 《口》(通例, 仕事をして時)を過ごす ▪ They *put in* the summer at some fashionable resort. 彼らはどこかの一流避暑地でその夏を過ごした ▪ He *put in* nine years in prison. 彼は刑務所で9年を過ごした.
6 (種・苗)をまく, 植える ▪ Oats *are put in* with the grass seeds. オートムギは草の種といっしょにまかれる.
7 …を選出する, (政党)を政権につかせる ▪ The candidate *was put in* by a majority of one thousand. その候補者は1,000票の得票差で当選した ▪ The conservatives *were put in* at the general election. 総選挙で保守党が政権についた.
8 (手紙)をポストに入れる ▪ I *put in* my letter this evening myself. 私は今晩自分で手紙を投函した.
9 (馬)に引き具をつける ▪ The horse *was put in*. 馬は引き具をつけられた.
10 …を(職)につかせる, 任命する ▪ The archbishop *was put in* by the patriarch of Constantinople. 大司教はコンスタンティノープルの教皇によって任命された ▪ She *put in* a couple as caretakers. 彼女は夫婦者を管理人に置いた.
11 (法廷などで書類・証拠・要求など)を提出する, 差し出す ▪ He may *put in* a claim for the damage. 彼は損害賠償の要求を出すかもしれない ▪ The court ordered him to *put in* his answer in 14 days' time. 法廷は14日後に返答するよう彼に命じた.
12 《海》(船)を入港させる ▪ The Agamemnon *is put in* here by bad weather. アガメムノン号はあらしのためここに入港している.
13 《鷹狩》(獲物)を隠れ場に逃げこませる ▪ The hawk has *put in* his quarry. タカは獲物を隠れ場に逃げこませた.
14 (打撃・弾丸など)を加える ▪ The fencer *put in* a thrust very quickly. 剣士はとても素早く突きを入れた ▪ He *put in* a blow well *in*. 彼はしたたか打撃を加えた.
15 (補足として)…をつけ加える, 挿入する ▪ The painter *put in* a sunset. 画家は入り日を描き加えた.
16 (仕事・努力など)をする ▪ I may be able to *put in* an hour's work in the evening. 晩に1時間の仕事をすることができるかもしれない.
17 …を寄付する ▪ We *put in* some money to send to UNICEF. ユニセフに送るためにいくらか寄付をした.
18 《クリケット》(打者)を打席に送る ▪ The captain *put in* his most experienced player. 主将は最も経験をつんだ選手を打席に送った.
19 《クリケット》(相手チーム)に先攻させる ▪ The opposing team *was put in* first. 相手チームが先攻することになった.
20 (…に)…を推薦する (*for*) ▪ He *was put in for* the job. 彼はその仕事に推薦された.
21 (品物)を仕入れる ▪ They *put in* a full stock of drinks. 飲み物が十分に仕入れられた.
22 …を信頼する[信じる] ▪ Jacob *put his trust in* the Lord. ヤコブは神を信じた.
— 圓 **23** 《海》(船が避難・修理・食料補給などのために)入港する (*at*) ▪ We didn't expect to *put in at* Naples. 我々はナポリに入港するとは思っていなかった.
24 《まれ》(他人の家に)立ち寄る ▪ Mr. Moor *put in*, and dined with us. ムーア氏が立ち寄って我々と夕食を共にした.
25 (タカなどに追われた鳥が)隠れ場に逃げこむ ▪ The quarry has *put in*. 獲物はあそこに逃げこんだ.
put A in B 囮 **1** AがBに属していると推定[判断]する ▪ Garlic *is put in* the same class as onions, shallots and leeks. ニンニクはタマネギ, ワケギ, ニラと同族と考えられている ▪ Being a World War II veteran will *put him in* his eighties. 第二次大戦の退役軍人であれば80歳代と推測される.
2 A(人)にB(特定の衣服)を着させる ▪ Are you thinking of *putting* me *in* shorts and a T-shirt? 私にショートパンツとTシャツを着させる気なの?
put a person in 囮 《俗》人を泊める ▪ Would you *put me in* tonight? 今晩, 泊めてくれますか.
put in for 圓 **1** …に申し込む, 立候補する ▪ He was *putting in for* the directorship. 彼は理事に立候補しようとしていた.
2 …を要求する ▪ He *put in for* a pension. 彼は年金を要求した.
3 …のために取りなす ▪ The man was kind enough to *put in for* them. その人は親切に彼らのために取りなしてくれた.
put a person inside 囮 人を刑務所にぶち込む ▪ He *was put inside* for breaking into a house. 彼は家に押し入ったため刑務所にぶち込まれた. ⌐ 警察俗語.
put into 圓 **1** (船が)入港[寄港]する ▪ On our way there we *put into* Lisbon. そこへ行く途中我々はリスボンに寄港した.
2 《米》(川が)…に流れ入る ▪ This river *puts into* a large bay. この川は大きな湾に注いでいる.
3 = PUT in 10.
4 = PUT in 15.
5 = PUT in 24.
6 = PUT in 24.
put A into B 囮 **1** AをBにさし込む, 突き刺す ▪ José *put* a knife *into* Carmen's body. ホセはカルメンの体にナイフを突き刺した.
2 A(時間・お金など)をBに費やす ▪ He *put* his spare time *into* painting the wall. 彼は暇な時間を壁塗りに費やした.
3 A(お金)をBに投資する, 銀行口座に入れる; 寄付する ▪ He *put* all his money *into* land. 彼は持ち金全

部を土地につぎ込んだ ▪I *put* enough money *into* my old insurance policy to keep it alive. これまでの保険契約を継続させるため必要金額を入れた ▪I can't afford to *put* time and money *into* charities. 慈善事業に時間とお金を捧げるゆとりがない.

4 AをBに入れる, 注入する ▪He *put* a quarter *into* a slot. 彼は25セント硬貨を自動販売機の料金投入口に入れた ▪Good actors know how to *put* emotion *into* their spoken words. すぐれた俳優は話す言葉に感情をこめるすべを心得ている.

5 AをBに翻訳する, 直す ▪*Put* this *into* good Latin. これを立派なラテン語に翻訳しなさい.

6 A(人)をBの範疇に入れる, の一員とみなす ▪I *put* it *into* the category of a must-see movie. それを必見の映画の一つとみなしている ▪When you *put* him *into* the category of guitarists he's simply the best. 彼をギタリストの一員と見るなら, 彼の右に出る者はまずいない.

7 A(人)をB(要職・高い地位)につかせる, 任命する ▪The board will *put* you *into* the job of C.E.O. 理事会は君を代表取締役に任命するだろう.

8 A(子供)にB(衣服)を着せる ▪She *put* the children *into* pajamas. 彼女は子供たちにパジャマを着せた.

9 AをBの状態にする ▪The new buses will *be put into* service soon. 新しいバスがもうじき運行を始めるだろう ▪I had specimen pages *put into* type. 見本ページを活字に組ませた ▪He *is* soon *put into* a passion. 彼はすぐかっとする.

10 ＝PUT in 24.

11 A(活気など)をBに与える ▪He wanted to *put* some excitement back *into* his life. 彼は生活に刺激を取り戻したかった.

put off [他] **1** …を延期する; (人)を待たせる ▪Don't *put off* till tomorrow what should be done [you can do] today. きょうすべき[できる]ことをあすまで延ばすな ▪I'm so sorry to have *put* you *off*. お待たせして相すみませんでした ▪I don't want to *be put off* any longer. これ以上待たされるのはごめんだ.

2 乗り物から(人)を降ろす ▪We took him in our boat and *put* him *off* at Godstow. 我々はその男を船に乗せてやりゴッドストウで降ろしてやった.

3 《英》(灯火など)を消す, (電気器具)を切る ▪He *put off* all the lights. 彼はすべての灯火を消した ▪*Put off* the TV as you leave the room. 部屋を出るときにはテレビを切りなさい.

4 (人)の(注意をそらして)妨げる; 人に…させないようにする ((*from*) *doing*) ▪I don't want to *put* you *off going* there. 君がそこへ行くのを妨げたくはない ▪I *was put off from resuming* the subject. 私は再びその話題を取りあげないようにされた.

5 (人)の興味[食欲]を失わせる ▪That accident *put* me *off* driving. その事故で私は車を運転する気がなくなってしまった.

6 《文》(衣服など)を取り去る, 脱ぐ (↔PUT on 3) ▪I have *put off* my coat. 私は上着を脱いだ.

7 《文》(心配・責任など)をかなぐり捨てる ▪You must *put off* your doubts and fears. 疑いと恐怖心は捨てねばなりません.

8 《方》…を片うける, 殺す ▪She has *put* herself *off*. 彼女は自殺した.

9 (しつこい人・要求など)を避ける, 敬遠する; (口実などで)…を逃れる (*with*) ▪He tried to *put* me *off with* a mere promise. 彼は口約束で私を逃れようとした.

10 《方・俗》(商品など)を売り払う ▪He may *put off* every pipe for the worth of two pence. 彼は2ペンスですべてのパイプを売り払うかもしれない.

11 (にせ物など)を(人に)押しつける, つかませる (*on*) ▪It isn't quite right to *put* him *off on* your uncle. おじさんにあの男を押しつけるのは正しいとは言えないね.

12 《口》…を狼狽させる; をうんざりさせる, いやがらせる ▪People forget that a horse can *be put off* as easily as a man. 人々は馬が人間と同じようにすぐ狼狽するということを忘れている ▪Her face quite *puts* me *off*. 彼女の顔を見るとうんざりする.

13 (ボート)を(陸・親船から)出す ▪It was too rough to *put* a boat *off*. 荒れていてボートを出すことはできなかった.

14 …を眠らせる, 意識を失わせる ▪A glass of whisky will *put* you *off* to sleep. ウィスキーを1杯飲めば眠れるでしょう.

— [自] **15** 《海》陸を離れる, 出航する, 航海に出る; (ボートが)親船を離れる ▪The ship is *putting off*. 船は陸を離れている ▪A boat *put off* from one of the ships. 1隻のボートがその船の一つから離れた.

16 《米》出かける, 立ち去る ▪Many have *put off* for the city. 多くの人がその町を目指して立ち去った.

put on [他] **1** 《口》…のふりをする, を装う ▪The young man *put on* airs of gravity. その青年はまじめくさったふうを装った ▪She often *puts on* a headache. 彼女はよく頭が痛いふりをする.

2 《米口》(人)をだます, かつぐ ▪I won't *be put on*. I'm not a child anymore. 騙されたりするもんか. もう子供じゃあるまいし.

3 (衣服・口紅など)を身につける; (木が葉・花)をつける (↔ PUT off 6) ▪If you're dining at the Ritz you'll have to *put on* evening dress. リッツホテルで夕食をするのだったら夜会服を着なければいけませんよ ▪Mother *put* me *on* a greatcoat. 母がコートを着せてくれた ▪Don't *put* so much hair gel *on*. 整髪用ジェルをそんなにつけてはだめじゃないか ▪Plants *put on* fresh green color. 植物は新緑の装いをした.

4 (肉・体重)を余分につける ▪I can never take sugar. I *put on* flesh directly. 私は絶対に砂糖を使うことができません. すぐぜい肉がついてしまうのです.

5 (体重・寸法)が増す ▪I have *put on* a pound since last week. 先週から1ポンド体重が増えた ▪She *put* some weight *on* after the second child was born. 彼女は2番目の子が生まれてから少し太った ▪She has *put on* two inches round the waist. 彼女は腰囲りが2インチ太くなった.

6 …をのせる, (なべなど)を火にかける ▪Polly, *put* the kettle *on*, we'll all have tea. ポリー, やかんをおかけ.

みんなでお茶にいたしましょう. ▫マザーグースの一節.
7 (灯火などを)つける, (電気器具)をつける ▪ He put the lights *on*. 彼は灯火をつけた ▪ Let's *put on* the radio while we work. 仕事中にラジオをつけよう.
8 (レコード・CDなどを)(プレーヤーに)かける ▪ I'm going to *put on* my new CDs. これから新しいCDをかけようと思う.
9 (劇などを)上演する ▪ They are *putting* Hamlet *on* at the theater. あの劇場ではハムレットを上演している.
10 …を準備する, 計画する ▪ Our class *put on* a dance. 私たちのクラスではダンスパーティーを計画しました.
11 (食事)の用意を始める ▪ She *put* the supper *on*. 彼女は夕食の支度にかかった.
12 …を働かせる; (機械)を動かす, (速力)を出す ▪ The driver *put on* the brake quick. 運転手はブレーキを素早くかけた ▪ The taxi *put on* speed. タクシーはスピードを出した.
13 《クリケット》(人)を投手に立てる ▪ Then *put* someone else *on*. では誰か他の者を投手に立てろ.
14 …を強調する, 重視する ▪ That's rather *putting on* the point. それはその点がかなり強調されているね.
15 (金)を賭ける ▪ He *put* the pot *on* at the Derby, and won a good bit of money. 彼はダービーで大金を賭けて, 金をしこたま儲けた.
16 (人)に仕事をさせる, …させる (*to do*): (列車・汽船などに)運行[就航]させる; (バス・列車などの)臨時便を出す ▪ *Put* him *on* in Greek and he never stops. 彼にギリシャ語をやらせてみるがいい. 決してやめないから ▪ Men *were put on* to clean up the mess. 作業員が取り散らかしたあとを掃除させられた ▪ The company is *putting on* a new liner. その会社は新しい定期船を就航させようとしている ▪ They *put on* extra buses during the Christmas holidays. クリスマス休暇中にバスの臨時便が増発された.
17 (税・罰金などを)課す ▪ The king could *put on* what he liked. 王は好きなだけの税を課すことができた.
18 《英口》(料金・定価)を増す ▪ How much have they *put on* to the price? 定価をどれだけ増したのか.
19 《クリケット・フットボール》点を加える ▪ After that they could only *put on* one more goal. その後彼らはもう1点加えただけだった.
20 (時計の針・時)を進める, 早める ▪ I wish some good fairy would *put* (the hands of) the clock *on*. 親切な妖精が時計(の針)を進めてくれたらいいのに.
21 (猟犬)に臭跡をつけさせる ▪ The hounds *were put on* the mountain lion's trail. 猟犬にピューマの臭跡をつけさせた.
22 (人)をからかう, ひやかす ▪ He gets real mad when I *put* him *on*. からかうと彼は本気で怒る.
23 (人)を電話に出す, につなぐ ▪ Wait a minute, Beth—I'll *put* Meg *on*. ちょっと待ってね, ベス. メグにつなぐから.
— 自 **24** 《主にスコ》服を着る ▪ Slowly she *put on*. 彼女はゆっくりと服を着た.

put … on [upon, to] (牛などに)…を食べさせる; (人)に…の食事だけを与える ▪ I changed the food, and *put* the sheep *on* oats. 私は食物を変えて羊にカラスムギをくわせた ▪ He *was put upon* bread and water. 彼はパンと水だけの食事を与えられた.

put A on B 他 **1** A(人)にB(治療・療法)を受けさせる ▪ She *has been put on* a low-fat diet. 彼女は低脂肪の規定食をずっと摂らされている.
2 B(飲酒・喫煙など)をA(禁止・制限)する[A(規則・法規)を制定する] ▪ They've *put* a ban *on* smoking in public places. 公共の場での喫煙禁止令が定められた.
3 A(飲食物)をBの勘定にする ▪ *Put* the drinks *on* my bill, please. 飲み物は僕のつけにしてくれ.

put a person on 他 人を(電話に)出す (→PUT on 23) ▪ Please *put* Mr. Smith *on*. どうぞスミスさんをお願いします.

put a person on (to) 他 **1** 人に(裏話などを)知らせる ▪ I'll *put* you *on to* some good piece of news. 君にちょっと耳寄りな話を聞かせてあげよう ▪ He *put* me *on to* a good book. 彼は私に良い本を教えてくれた ▪ He *put* me [*on to*] a good garage around here. 彼が私にこのあたりのいいガレージ情報を教えてくれた.
2 人に…について密告する ▪ Somebody *put* the police *on to* the escaped convict. 誰かが脱獄囚のことを警察に密告した ▪ Who ever *put* the police *on to* our plan? おれたちの計画をサツに垂らし込んだ奴はどこのどいつだ.
3 人を…に取り次ぐ ▪ He *put* me *on to* the manager. 彼は私を支配人に取り次いでくれた.

put out 他 **1** (火・明かり・光など)を消す ▪ Water is used to *put* the fire *out*. 水は火を消すのに使用される ▪ A draft from the door *put out* the candles. 戸口からのすき間風でろうそくの明かりが消えた ▪ I must have forgotten to *put out* the light. どうも電灯を消し忘れたようだ.
2 …を発行する, 発表する, 配布する, (本・CD)を発売する ▪ The publishers *put out* fifty new books last season. その出版社は前のシーズンに新刊書を50点出した ▪ They *put out* an SOS. 彼らはSOSを出した.
3 …を放送[放映]する ▪ The play *was put out* by the BBC. その劇はBBCが放映した.
4 (手足など)を差し出す; (舌・角など)を突き出す; (旗など)を示す ▪ He *put out* his hand to prevent the act. 彼はその行為を妨げるため手を差し出した ▪ The boy *put out* his tongue rudely. 男の子は無作法に舌をぺろりと出した.
5 …を外へ出す ▪ Mary *put* the washing *out* as it was fine. 天気がよかったので, メアリーは洗濯物を外に出した.
6 (関節)をはずす, 脱臼させる ▪ He had the misfortune to *put out* his ankle. 彼は不運にもくるぶしの関節がはずれた.
7 (葉・芽・根など)を出す ▪ All trees *put out* their green leaves in spring. 木々は春に青葉を出す.

8 (仕事など)を外に出す,下請けに出す,外注する,(職人の家へ)持ち帰ってやらせる ▪ All work *is* done on the premises; nothing *put out*. すべての仕事は店内でなされ、一つも外へは出されない.

9 (人)の意識を失わせる ▪ I *put* him *out* with a blow. 一撃で彼を失神させた.

10 (金)を貸しつける; を投資する; 《米》(金)を出す, 費やす ▪ The pound *was put out* to multiply itself. その1ポンドは増えるようにと貸しつけられた. ▪ His uncle will *put out* money freely. 彼のおじさんが金をたんまり出してくれるだろう.

11 《スポーツ》(相手)を打ち負かす; 《クリケット・野球》(打者)をアウトにする; 《ボクシング》をノックアウトする ▪ He *was* nearly *put out* in the fifth round. 彼は第5ラウンドでほとんどノックアウトされるところだった.

12 (えぐり出したり焼いたりして目を)見えなくする, 失明させる ▪ Both my eyes *were put out*. 両眼ともつぶされた.

13 …を追い出す; をしりぞける; を解雇する ▪ Then he *put* them all *out* and entered in. それから彼はその連中を残らず追い出して中へ入った ▪ He *was put out* of his job only a few days later. たった数日後に彼は首になった.

14 《まれ》…を廃止する, ぶちこわす ▪ The odor *put out* the former perfume. そのにおいでそれまでの芳香がぶちこわしになった.

15 (人)を狼狽させる, 困らせる ▪ You are so composed, and nothing *puts* you *out*. あなたはとても落ち着いていて, どんなことがあっても度を失なうことがない.

16 (人の行動・計算など)をじゃまする, 狂わせる; (俳優・弁士など)をじゃまする, の気をそらせる ▪ The billbrokers *are put out* in their calculations. 証券仲買人たちは思わくを狂わされる ▪ I had learned my speech carefully, but she *put* me *out* by giggling. 用意深く演説を覚えていたのだが, 彼女がクスクス笑って僕の気をそらせてしまった.

17 …を悩ます, 怒らせる, じらす ▪ He *was* thoroughly *put out* with me. 彼は私にすっかり腹を立てた.

18 (人)に迷惑をかける ▪ It'll *put* her *out* if I stay to dinner. 夕飯までいたら彼女に迷惑をかけることになる.

19 《まれ》(言葉などになって)…を発する ▪ All his anger *was put out* on me. 彼の怒りはすべて私に浴びせられた.

20 (力など)を出す, 発揮する ▪ I'm not *putting out* my strength. 私は力を出していない.

21 《海・まれ》(船)を海に出す, 出帆させる ▪ He *put out* his vessel through the deep sea. 彼は深海に艇を出した.

22 (牛など)を草を食べにしばらく出す; (苗木など)を移植する ▪ In the morning the cow *was put out* to grass. 朝のうち牛は草を食べに出された.

23 …を生産する; (電気など)を発生する ▪ The firm *puts out* 1,000 bales of cotton sheeting every week. その社は毎週木綿のシーツ用生地を1,000俵生産する ▪ This engine *puts out* ninety horsepower. このエンジンは90馬力出せる.

24 (衣服・食事など)を出す ▪ She *put out* the best plates. 彼女は一番よい皿を出した.

25 (人・動物)を(ある目的のために)よそへやる (*to*) ▪ The baby *was put out* to nurse. 赤んぼうは里子にやられた ▪ The old horse *was put out* to grass. 老馬は牧場へやられ(て働かなくてもよくなった).

26 (案)を提議する ▪ Can you *put out* a better plan? もっといい計画が出せますか.

27 …を破産させる ▪ They *were put out* by big competitors. 彼らは大きい競争相手によって破産させられた.

— 圓 **28** 《俗》(ふつう女性が)体を与える ▪ She only *puts out* for guys she really likes. 彼女は自分が本当に好きな男にしか体を与えない.

29 (船・人が)海へ乗り出す, 出帆する ▪ They *put out* in a small boat upon a calm sea. 彼らは小船に乗って波静かな海へ出ていった ▪ Many a fishing boat *put out* to sea. たくさんの漁船が船出していった.

30 《まれ》芽[花, 葉]を出す ▪ The grass and plants here are just *putting out*. ここの草木はちょうど芽を出しているところだ.

31 《主に米》出発する, 出かける ▪ We *put out* in search of fire and a shelter. 我々は火と避難所を捜しに出かけた.

32 がんばる, 努力する ▪ The one who isn't *putting out* deserves criticizing. 努力していない者は非難されて当然だ.

put out for 他 《米》…をねらう ▪ I'm *putting out for* money. 金儲けをねらっている.

put…out of 他 **1** 《米》(川が)…から流れ出る ▪ This river *puts out of* a lake. この川は湖から流れ出る.

2 …を(考え・思い出など)から追い出す ▪ He *put* all that *out of* his thoughts. 彼はそのことをすっかり頭から払いのけてしまった.

3 …を(ある状態)から逃れさせる ▪ His youth *put* him *out of* his sorrow. 彼は若さのおかげで悲しみを忘れることができた.

4 …を…の状態でないようにする ▪ They sometimes *put* him *out of* temper. 彼らはときどき彼に平静を失わせた ▪ His objection *put* my project entirely *out of* the question. 彼の反対に遭って私の企画は全く問題外になってしまった.

5 …を(場所)から取り出す ▪ He *put* a silk handkerchief *out of* his pocket. 彼はポケットから絹のハンカチを取り出した.

put over 他 **1** (人に)…をうまく伝える, 納得させる (*to*) ▪ He was unable to *put* his idea *over to* the audience. 彼は聴衆に自分の考えをうまく伝えることができなかった.

2 …を首尾よくやり遂げる, 成功させる ▪ The campaign to advertise new products *was put over* successfully. 新製品の宣伝活動は成功裏に終わった.

3 …を向こうへ渡す ▪ By swimming they *put* the horses *over*. 泳いで彼らは馬を向こうへ渡した.

4 《方》(時間)を過ごす ▪ He *put over* the summer

put 434

there. 彼はそこでその夏を過ごした.

5《口》(弾丸で)…をぶち殺す ▪ I've *put over* a rattlesnake at twenty yards with that pistol. 僕はそのピストルで20ヤードの所からガラガラヘビをぶち殺したんだ.

6《口》(映画・劇・人などを)(…で)成功させる, 好評を博させる (*with*) ▪ He wanted a star name to *put* the play *over*. 彼はその芝居を成功させるスターの名がほしかった. ▪ He might *put* us *over* with the Democratic machine. 彼は我々を民主党の幹事連に取り入らせてくれるかもしれない.

7…を延期する ▪ The problem *was put over* to the next session. その問題は次の会期に延ばされた.

— 自 **8**《海》渡航する ▪ He *put over* from there to the city. 彼はそこからその町へ渡った.

9(船が)一方へ寄る ▪ The ship *put over* to let us pass. その船は一方へ寄って我々の船を通してくれた.

put … straight 他 (部屋などを)整とんする ▪ *Put* that room *straight* as soon as you can. なるべく早くあの部屋を整とんしなさい.

put through 他 **1**(電話などを)(…に)つなぐ (*to*); (電話の呼び出し)が通じる ▪ Will you *put* me *through to* Birmingham, No.1000? バーミンガムの1000番につないでくれませんか ▪ He *put through* a long distance call. 彼の長距離電話が通じた.

2(法案)を通過させる ▪ The new law *was put through* (the parliament). 新しい法案は(議会を)通過した.

3…を成就する, なし遂げる ▪ They *put through* the whole scheme without a hitch. 彼らはその計画のすべてをとどこおりなくやり遂げた.

4…に(訪問・試練などを)受けさせる ▪ Successful applicants *were put through* a course of training. 合格者たちは一連の訓練を受けさせられた.

5…に(学校)を卒業させる ▪ He *put* his son *through* university. 彼は息子に大学を卒業させた.

6…を突き通す, 通す ▪ He *put* the rope *through* a wrong hole. 彼はロープをまちがった穴へ通した ▪ He *put* his fist *through* a pane of glass. 彼はけんこでガラス窓を突き破った.

7(人)を合格させる ▪ The teacher *put* all the students *through*. 教師はすべての学生を合格させた.

8(人・動物)に(芸などを)させる ▪ You can't *put* an old dog *through* new tricks. 年をとった犬に新しい芸をさせることはできない.

put A through B 他 **1**A(人・動物)をB(試練など)にあわせる, しごく ▪ Animals shouldn't *be put through* pain and suffering. 動物に苦痛や苦難を与えてはならない.

2AをB(検査)にかける ▪ I *was put through* tests to find out what was wrong. 病因をさぐるためにいろんな検査を受けた ▪ The drinking water *is put through* tests to ensure it is safe to drink. 飲料水は安全に飲める保証のためにさまざまな検査にかけられる.

put to /túː/ 自 **1**《海》陸つけする, (避難のため)海岸へ近寄る, 避難する ▪ We were obliged to *put to*

on account of the wind. 風のために避難しなければならなかった.

— 他 **2**(馬など)を車につける; (機関車)を汽車につける ▪ Tell the post-boy to *put to* the horses immediately. すぐ馬を車につけるように御者に言ってくれ ▪ An engine was *being put to* at Berwick. 機関車がバーウィックで汽車につけられていた.

3《英》(ドアなど)を閉める ▪ *Put to* the door./*Put* the door *to*. ドアを閉めなさい.

put A to B 他 **1**AをBに質問する[尋ねる] ▪ The audience *put* questions *to* the lecturer. 聴衆は講演者に質問した.

2A(問題など)をB(会議など)に提出する[で述べる] ▪ The plan *was put to* the board of directors. そのプランは重役会に提出された.

3A(人)にB(苦痛など)を受けさせる ▪ Aren't we *putting* you *to* much trouble? あなたにひどく迷惑をかけてはいないですか?

4AをBの方に置く ▪ *Put* this *to* the right of the table. これをテーブルの右側に置いてください.

5AをBに(押し)つける ▪ The man struck a match and *put* it *to* his pipe. 男はマッチをすってパイプに当てた.

6A(名前)をB(顔)と一致させる ▪ He couldn't *put* a name *to* the face. 彼は名前をその顔と一致させることができなかった.

7A(人)にB(事)をさせる ▪ We *put* her *to* work immediately. 彼女にすぐに働いてもらった.

put together 他 **1**…を組み合わせる, (一つに)まとめる, 寄せ集める ▪ Some furniture *is put together* with glue. 家具によってはにかわづけのもある ▪ It is you that have *put* things *together* so illfavoredly. 事態をこんなにまずくまとめたのは君なのだ.

2…を組み立てる; を編集する ▪ It is rather difficult to *put* a watch *together*. 時計を組み立てるのは相当むずかしい ▪ He is going to *put together* a dictionary. 彼は辞書を編集する予定だ.

3…を結婚させる, いっしょにする ▪ They *were put together* by the laws of holy church. 二人は聖なる教会のおきてによって結ばれた.

4(心の中で)…を考量する, 総合して考える; を合計する ▪ *Put* that and that *together*. あれこれを考量してみなさい ▪ He knew more than all the school *put together*. 彼は学校中の者を合わせたよりもよく物を知っていた.

5《クリケット》(得点)をあげる ▪ They *put together* thirty-nine runs for the third wicket. 彼らは3人アウトのとき39点をあげた.

put A toward(s) B 他 **1**A(金)をBを買う費用の一部にする ▪ I'm going to *put* the money my mother gave me *towards* a new dress. 母からもらったお金を新しいドレス代の足しにするつもりです.

2A(金)をB(事業など)に寄付する[当てる] ▪ He *put* something *toward* the construction of the library. 彼は図書館の建設にいくらかの金を寄付した.

3A(金)をBが買えるまで蓄える ▪ If I win the lottery, I'll *put* the money *towards* a new house.

宝くじが当たったら家を買うため貯金します.
put ... under 他 …の意識を失わせる; に麻酔をかける ▪ This gas will *put* you *under*. このガスを吸えば意識を失う ▪ The patient *was put under* before the operation. 患者は手術前に麻酔をかけられた.
put up 他 **1**(家など)を建てる,(テント)を張る,(柵)を作る ▪ A bust to his memory *was put up* in Westminster Abbey. 彼を記念した胸像がウェストミンスター寺院に建てられた. ▪ He *put up* some bookshelves in the study. 彼は書斎にいくつか本だなを作った.
2(価格・税金など)を上げる ▪ They are making preparations to *put up* the price still higher. 彼らは価格をまだ高くする準備をしている.
3(掲示など)を貼り出す ▪ He *put up* a notice about the change in price. 彼は定価変更のびらを貼り出した.
4…を上げる, 掲げる ▪ He *put up* his hand to catch the ball. 彼はボールをつかむために手を上げた ▪ He often *put up* the window and let in fresh air. 彼はよく窓を上げて新鮮な空気を入れた.
5(人)を泊める (*for*); (馬など)を小屋に入れる,(自動車)を車庫に納める ▪ Can you *put* us *up for* the night? 私たちを1晩泊めていただけますか. ▪ He went to the inn, and *put up* his horse. 彼は宿屋へ行って馬を小屋へ入れた ▪ *Put* your car *up* in our garage. 車はうちの車庫に入れなさい.
6(候補者として)推薦する (*for*) ▪ I *put* him *up for* the position. 彼をその地位に推した.
7(髪)を束ねる, 結う ▪ Mary *put up* her hair on her birthday. メアリーは誕生日に髪を結った.
8(器に入れて)…を貯蔵する; を袋[ポケット, 箱など]に入れる; を(包んで)しまい込む ▪ This cream *is put up* in tubes. このクリームはチューブに入れて貯蔵される ▪ Please *put up* some sandwiches. サンドイッチを袋に入れてください ▪ If you aren't for any more whist, we may as well *put up* the cards. 君がもうホイストをやる気がないのなら, カードをしまったほうがいい.
9(金)を賭ける; を支払う ▪ He *put up* the money, that Mr. Blaine would win. 彼はブレイン氏が勝つということにその金を賭けた ▪ I will pick you up if you choose to *put up* a couple of dollars. 君が2ドル支払う気になれば君を迎えにいってあげよう.
10《狩》(獲物)をかり出す, 追い立てる ▪ We *put up* a couple of tigers. 我々はトラを2頭かり出した.
11(通知, 特に結婚の予告)を発表する ▪ Their banns *were put up* in the East End parish. 彼らの結婚予告はイーストエンドの教区内に公表された ▪ We are to *be put up* in church next Sunday. 私たちは来週の日曜日に教会で結婚の予告を発表してもらう予定です.
12《クリケット》(…)点をあげる ▪ Grundy *put up* 11 and 16. グランディーは11点と16点をあげた. ⇨ 得点掲示板に「貼り出す」という意味から.
13(人, 特に騎手)を馬に乗せる; を騎手に雇う ▪ Will they *put up* a jockey they believe to be dishonest? 彼らは不正直だと信じている騎手を馬に乗せるだろうか ▪ Some trainers believe in *putting up* stable boys. 調馬師には下丁を騎手に雇うのがいいと信じている者がいる.
14(劇など)を上演する ▪ A manager may *put up* "Hamlet." ある監督が「ハムレット」を上演するかもしれない.
15…を成長させる; (動物が歯)をはやす ▪ These teeth *are put up* when the calf is six months old. これらの歯は子牛が生後半年したときはえる.
16《クリケット》(ボール)を打ち上げる ▪ Holden next *put* a ball *up* to long-on. ホールデンが次に(投手の右後方の)野手の所にボールを打ち上げた.
17(まれ)(叫び声)を上げる ▪ They *put up* a great shout of admiration. 彼らは賛嘆の大きな叫び声を上げた.
18(口)(競技など)を見せる ▪ He *put up* a good game. 彼はあっぱれな戦いぶりを示した.
19(神に祈り)をささげる; (身分の高い人に請願)を提出する ▪ Prayers for fine weather *were put up*. 上天気を祈る祈りがささげられた ▪ She was forced to *put up* petitions to the tyrant. 彼女はその暴君に請願を提出しなければならなかった.
20…を人前に立たせてしゃべらせる ▪ What use to *put up* a witness, who he was shouted down by the Chief Justice? 証人が裁判長にどなられて黙ってしまったのに, 人前に立たせてしゃべらせて何の役に立つだろうか.
21…を(競売などに)出す ▪ He *put* everything *up* to [for] sale. 彼は一切を売り物に出した.
22《まれ》(人に質問など)を提出する (*to*) ▪ He finally *put* it *up* to me what I would do. 彼はとうとうどうするつもりかと私に尋ねた.
23(家畜)を(太らせるために)閉じ込める; (干し草を取るために牧草地)に囲いをめぐらす ▪ The pigs *were put up* for fattening. ブタは太らせるために閉じ込められた ▪ The meadows had *been put up* for hay. 牧草地は干し草を取るために囲いをめぐらされていた.
24(病人など)を安静にして休ませる ▪ I *put* him *up* in blankets. 私は彼を毛布にくるんで安静に休ませてやった.
25…を寄せ集めて作る; (釣りで蚊ばり)を作る ▪ Prussia *put up* sixteen army corps. プロイセンは16の軍団を寄せ集めて作った ▪ Our guest *put up* a new fly. お客は新しい蚊ばりをこしらえた.
26《俗》ぐるになって…をたくらむ; (強盗など)を前もって企てる ▪ He *put up* a job to ruin old Overton. 彼は老オーバートンを破滅させるためにぐるになって一仕事たくらんだ ▪ It is a good example of the style of *putting up* a house robbery. それは前もって強盗を企てるやり方の立派な実例だ.
27…を…とみなす, 考える ▪ You think his speech was amazing today? I don't *put* it *up* that way. 今日の彼のスピーチはすばらしかったと思うだって? 私はそうは思わないな.
28(人)をそそのかして[説き伏せて]…させる (*to, to do*) ▪ He is always *putting* the boys *up to* mischief. あの男はいつも男の子をそそのかしていたずらをさせている

・He *put* me *up to* try to get into Jim's secrets. 彼はジムの秘密を探るように僕をそそのかした.

29 (抵抗・虚勢など)を示す ・They *put up* a stout resistance. 彼らは頑強な抵抗ぶりを示した ・The residents *put up* a fight against plans to build a new airport. 住民たちは新空港の建設計画への反対闘争を行った ・He *put up* a brave front. 彼は勇敢なふりをした.

30 (資金)を融通する ・I will supply the skill and knowledge if you *put up* the capital. 君が資金を都合すれば, 僕が技術と知識を提供しよう.

31 (ミサイルなど)を打ち上げる ・They have *put up* a new satellite into space. 新しい人工衛星を宇宙に打ち上げた.

32 (立場など)を述べる, 主唱する ・What argument can you *put up* for that? それを支持するどんな論を述べることができるのか.

33 (囚人)を法廷に召喚する ・The prisoner *was put up* for trial. 囚人は法廷に召喚されて公判に付された.

34 [しばしば二重目的語を伴って] (食事)を(…に)用意する[作ってやる] ・Mother *put* us *up* a lunch for the hike. 母はハイキングのために弁当を作ってくれた.

35 …をがまんする, しのぶ ・He *put* it *up* without revenge. 彼はそれを復しゅうせずにがまんした.

36 (刀)をさやに納める ・*Put up* your swords. 刀をさやに納めよ.

— 自 **37** (宿などに)泊まる (*at, with*) ・We *put up at* the first cottage. 我々は最初の田舎家に泊まった ・We are *putting up with* the Smiths. 我々はスミス家に泊まるつもりだ.

38 立候補する (*for*) ・He *put up for* Westminster at the General Election. 彼は総選挙でウェストミンスターから立候補した.

39 (釣りで魚が)浮かび上がる ・Trout *put up* here and there. マスがあちこちに浮かび上がった.

40 黙る ・*Put up*! You've said enough already. 黙れ! もうお前の話はたくさんだ.

41 刀を納める, しまい込む ・None shall fight duels here. *Put up*, both of you. ここでは誰も決闘してはならない. 双方とも刀を納めよ.

put A up against B 他 AをBに対抗させる[直面させる] ・I will *put* my patriotism *up against* my men's. 私は自分の愛国心を部下の(どちらが強いか)対抗させてみるつもりだ.

put up for 自 **1** …しようと申し出る ・I *put up for* defending Dan's character as a charmer. 私は魔法使いとしてのダンの評判の弁護を買って出た.

2 《米》…に賛成する ・Mother *put up for* the divorce. 母は離婚に賛成した.

put A up to B 他 《口》 **1** →PUT up 28.

2 A(人)にBを(事前に)知らせる[教える, 警告する] ・*Put* him *up to* my not coming. 彼に私が来ないことを知らせてください.

3 A(決定など)をB(人)にゆだねる ・I will *put* the decision *up to* you. その決定は君にゆだねる.

put up with 他 《口》 …をがまんする, 耐え忍ぶ ・I can't *put up with* his temper any longer. あの男のかんしゃくにはもうがまんできない.

put upon [out] 他 《英》[主に受身で] (人)をだます, につけ込む ・Don't let yourself *be put upon*. つけ込まれないようにしろよ ・He *is* always *put upon* by his friends. 彼は友だちにだまされてばかりいる ・You remember how she used to *put upon* me. 彼女が僕をよくだましていたことを覚えておいででしょう.

putt /pʌt/ ***putt along*** 自 **1** 《米・方》(バイク・モーターボートが)ゆっくり前進する ・His motorcycle was *putting* gently *along* the muddy road. 彼のバイクはどろんこ道をゆっくり進んでいた.

2 そぞろ歩きする ・I was *putting along* through the streets looking for a post office. 郵便局はないかと通りをぶらぶらしていた.

putter /pʌ́tər/ ***putter about [around]*** 自 《米》(…を)ぶらつく ・He was *puttering about* in his garden. 彼は庭の中をぶらついていた.

putter along 自 (特に機械が…を)のろのろ進む ・His old car *puttered along* (the road). 彼の古自動車は(道を)のろのろ進んで行った.

putter out 自 (炎が)次第に消える, (エンジンが)次第に動かなくなる ・The candle *puttered out* at last. ろうそくが遂に消えていった.

putz /pʌts/ ***putz around*** 自 《米口》ぶらぶら[だらだら]過ごす ・I won't let you *putz around* all day. 一日中ぶらぶらして過ごさせはしないからな.

puzzle /pʌ́zəl/ ***puzzle about [over, upon]*** 自 …のことで当惑する, 頭をしぼる ・He *puzzled over* a question quite a while. 彼は難問でしばらく頭をしぼった.

puzzle for 自 …を手探りで捜す ・The dogs are *puzzling for* a bird in cover. 犬どもは隠れ場にいる鳥を戸惑いながら捜し回っている.

puzzle out 他 …を考えて解き明かす, 判じる ・We couldn't *puzzle out* the inscriptions. その碑文は判じることができなかった.

puzzle over 自 …について考え込む, 頭を悩ます ・For half an hour he *puzzled over* the two lines of the poem. 30分ほど彼はその詩の2行について考え込んだ.

puzzle through 自 …をまごまごしながら通り抜ける ・After *puzzling through* the floes, we reached a large berg. 大浮氷をまごまごしながら通り抜けてから, 我々は大きな氷山に着いた.

Q

quadrate /kwádreɪt|kwɔ́-/ ***quadrate A with [to]*** B 他 AをBに一致させる[適合させる] ▪ He *quadrates* his practice *to* his theory. 彼は実践を理論に一致させる.

quaff /kwɑf, kwæf|kwɔf/ ***quaff down [off, out, round, up]*** 他 (酒)をぐいと飲む, 一気に飲む ▪ He *quaffs off* the muscatel. 彼はマスカットワインをぐいと飲む ▪ It was a hot summer day and I *quaffed* the beer *down* pretty fast. 夏の暑い日だったのでビールを急ピッチでがぶ飲みした ▪ He quickly *quaffed out* another whisky and set out. 彼はウィスキーをもう一杯さっとひっかけてから出発した ▪ She *quaffed up* the drink, and asked for more. 彼女は飲みものをぐいと空けると更に所望した ▪ He *quaffed* his vodka all *down* at once and gave a cheer. 彼はウォッカを一気飲みしてから歓声を上げた.

quail /kweɪl/ ***quail at [before]*** …に[の前に]おじける, ひるむ ▪ He *quailed at* the prospect before him. 彼は前途の見通しにおじけづいた ▪ His eyes *quailed before* her angry looks. 彼女の怒った顔を見て彼の視線はひるんだ.

quake /kweɪk/ ***quake for [with]*** 自 (恐怖など)のために身震いする ▪ He *quaked for* fear. 彼は恐怖のため身震いした ▪ She stood in the snow *quaking with* cold. 彼女は寒さに震えながら雪の中に立っていた ▪ He *quaked for* anger and could not speak a word for a long while. 彼は激怒のあまり当分一言も口が利けなかった ▪ He *quaked with* laughter at the sight of Jeff's silly hat. 彼はジェフの変てこな帽子をみて体を揺すって大笑いした.

qualify /kwɑ́ləfàɪ|kwɔ́l-/ ***qualify as*** 自 …の資格を得る ▪ He is studying to *qualify as* (a) doctor. 彼は医師の資格を得るために勉強している.
qualify a person as 他 **1** 人に…の資格を与える ▪ He *is qualified as* a doctor. 彼は医者の資格がある.
2 人を…と称する, みなす ▪ He *qualified* me *as* an ambitious self-seeker. 彼は私のことを野心家で利己主義者だと言った.
qualify for …の資格を得る ▪ Have you *qualified for* the vote? 投票の資格を得ましたか.
qualify a person for 他 人に…の資格を与える ▪ He *is qualified for* teaching English. 彼は英語を教える資格がある.

quarrel /kwɑ́rəl|kwɔ́rəl/ ***quarrel about [over]*** 自 …のことで口論する ▪ Let's not *quarrel about* such trivial matters. そんなささいなことで口論するのはよそう.
quarrel with **1** (人)とけんかをする (*about, for, over*) ▪ She *quarreled with* me *for* supping with John. 彼女は私がジョンと夕食を共にしたというので私にくってかかった ▪ I *quarreled with* my wife *over* the poultry. 私はニワトリのことで妻とけんかした.
2 …と調和しない ▪ That color *quarrels with* this. あの色はこの色と合わない.
3 …に異議を唱える, 苦情を言う ▪ I never *quarrel with* Providence. 私は決して神さまに苦情は言わない.

quaver /kwéɪvər/ ***quaver out [forth]*** …を震え声で歌う, 言う ▪ She *quavered out* her little song. 彼女は震え声でかわいい歌を歌った ▪ He *quavered forth* his thanks with difficulty. 彼は震え声で感謝の言葉をやっと述べた.

query /kwíəri/ ***query A about B*** 他 Bについて Aに質問する, AにB(真偽)を問いただす ▪ He *queried* a customer *about* an unpaid bill. 彼はある顧客に未支払いの請求書について問いただした.
query A with B AについてBに伺いを立てる ▪ I must *query* your suggestion *with* the director. 君の提案は所長に伺いを立ててみなければならない.

quest /kwest/ ***quest about*** 自 《文》(獲物・食物などを求めて)探し回る ▪ The whales *quest about* for that jelly they live upon. クジラたちは常食にしているクラゲを探し回る.
quest after [for] 自 《文》…を探し求める, (犬が)臭跡を追う ▪ The dogs were *questing for* [*after*] rabbits. 犬たちはウサギを探し求めていた.

queue /kju:/ ***queue on [in]*** 自 《英》列に加わる [の中に入る] ▪ You *queue in*, and hand it to somebody. 君は列の中に入り, それを誰かに渡しなさい.
queue up 自 **1**《英》列を作る, 列に並ぶ ▪ We *queued up* for a bus. バスを待つために列を作った.
2 (名簿上で)順番を待つ ▪ The nursing home has many elderly people *queu(e)ing up* to be admitted. その老人ホームに入所の順番待ちをしているお年寄りが大勢いる.
— 他 **3** …を列に並ばせる ▪ We *queued up* the children and served them candies. 私たちは子供たちを列に並ばせてお菓子をあげた.
4 …を切望する (*for*) ▪ We were *queu(e)ing up for* classical music in those days. 当時私たちはクラシック音楽に飢えていた.

quibble /kwíbəl/ ***quibble about [over]*** 自 **1** …のことでつまらぬ議論をする ▪ They often *quibble about* pennies. 彼らはよくはした金のことでごたごた言い合う.
2 …のことで逃げ口上[言い逃れ]を言う ▪ Don't *quibble* with me *about* your negligence. 自分の不注意についてつべこべ屁理屈を言うな.
quibble away 他 ごまかしを言って…から言い逃れる ▪ He tried to *quibble away* the sanctity of an oath. 彼はごまかしを言って神聖な誓いを逃れようとした.
quibble out of 他 …にごまかしを言って…を巻き上げ

る．•He *was quibbled out of* his right. 彼はごまかされて権利を取り上げられた．

quicken /kwíkən/ *quicken up* 自 **1** (ずっと)速くなる •His pace *quickened up*. 彼の歩調が速くなった．
— 他 **2** …を速める；のスピードをあげる •The troops *quickened up* the pace of advance. 軍隊は前進の歩調を速めた．

quiet /kwáɪət/, 《英》**quieten** /kwáɪətən/ *quiet down* 自 **1** 静まる, 静かになる •The excitement is *quieting down*. 興奮が治まりつつある．
— 他 **2** …を静かにさせる •Go in there and *quiet* the dog *down*. あそこへ行って犬を静かにさせなさい．

quip /kwɪp/ *quip about* 他 (人)をからかう, に皮肉を言う •It is rude to *quip about* an elderly person. お年寄りをからかうのは無礼である．

quirk /kwəːrk/ *quirk up* 自他 (眉・唇などを[が])ねじるように上げる[上がる] •He *quirked up* his eyebrows in surprise. 彼は驚いて眉をつり上げた •His lips *quirked up* in his familiar half-smile. 彼は例の薄笑いを浮かべ唇がつり上がった．

quit /kwɪt/ *quit as* 自 《米》…の職を辞する •He soon may *quit as* Assistant Secretary of the Interior. 彼はまもなく内務次官を辞するかもしれない．

quit off 自 《米》やめる •I don't see how you ever made up your mind to *quit off*. どうして君がやめる決心をしたのかわからない．

quit on 他 《米口》**1** (最も援助が必要な時に)…を助けるのをやめる, から突然離れる •He prayed, "Do not *quit on* me!" 彼は「引き続き私をお助けください」と祈った．
— 自 **2** (必要な時に機械・乗り物が)故障する •My car *quit on* me this morning. けさ私の車が故障した．
3 (人のことも考えずに)突然辞める •His secretary *quit on* him when he was busiest. 彼が一番忙しいときに秘書が勝手にさっさと辞めてしまった．

quit with 他 《まれ》…を手放す •He was loth to *quit with* the money. 彼はその金を出すのをしぶった．

quit A with B 他 《詩》AにBで報いる •Since he has done me one displeasure, I shall *quit him with* two. 彼が私に不愉快なことを一つしたので, そのお返しを二つしてやろうと思う．

quiz /kwɪz/ *quiz on* [*about, in*] 他 …について…に(いろいろと)質問する •He *quizzed* me *about* my reasons for leaving. 彼は私が辞めた理由をあれこれ尋ねた •He *was quizzed on* the rumors by the inquiry lawyer. 彼はその噂について査問弁護士にいろいろ聞かれた．

quiz out 他 …を質問して見つける, 聞き出す •He will soon *quiz* it all *out*. 彼はすぐにそれをすっかり聞き出すだろう．

quote /kwoʊt/ *quote A as B* 他 **1** AをBとして引く, あげる, AはBだとよく言う •This has *been quoted as* an excuse. これは言い訳としてあげられている •Everyone *quotes* him *as* an example of a gentleman. 誰もが彼こそ紳士のお手本だと言う •Viruses *are* often *quoted as* a cause of data loss. ウイルスがデータ消失の原因だとよく言われる．

2 AがB(と述べた)と伝える (*doing*) •The mayor *was quoted as saying* he would not stand for re-election. 市長は再選挙には出馬しないと語ったと報道された．

quote A at B 他 AをB(時価)に見積もる, AにBの相場をつける •The shares *are quoted at* £123.50. その株は123.50ポンドの相場がついている．

quote for 自 …の相場[費用]を見積る •Will you *quote for* remodeling my house? 私の家の改築費を見積ってくれませんか．

quote (*A*) *from B* 自他 (Aを)Bから引用する •Then he *quoted* a passage *from* Shakespeare. それから彼はシェイクスピアの一節を引用した •Let me *quote from* Byron. バイロンから引用させてください．

R

rabbit /rǽbət/ ***rabbit on*** 自 《英口》だらだらしゃべる ▪ The old woman was still *rabbitting on*. おばあさんはまだだらだらしゃべっていた。

race /reɪs/ ***race against*** [***with***] 自 …と競走する ▪ They *raced against* each other. 彼らは互いに競走した。

race *A* ***against*** *B* 他 AをBと競走させる ▪ He used to *race* his camel *against* our horses. 彼はよく自分のラクダを我々の馬と競走させたものだ。

race around [***round***] 自 (急用で)あちこち走り回る, かけずり回る ▪ I have been *racing around* all day, inviting subscriptions. 一日中募金勧誘のためあちこち走り回っていた。

race away 他 競馬で(財産)を使い果たす ▪ He *raced* all his money *away*. 彼は競馬で金を全部すってしまった。

race off 他 《豪俗》(女性)をたらし込む, ものにする ▪ He tried to *race* her *off*. 彼は彼女をものにしようとした。

race *A* ***through*** *B* 他 A(議案など)を大急ぎでBを通過させる ▪ They *raced* the bill *through* the House. 彼らはその議案を大急ぎで下院を通過させた。

race up 自 1 急速に上昇する ▪ The temperature *raced up* to an all-time high. 温度は史上最高記録まで急上昇した。

— 他 2 …を走って上がる ▪ We *raced up* the hill. 我々は小山を駆け登った。

rack[1] /ræk/ ***rack off*** 他 (ワインなど)をおりからしぼり取る ▪ *Rack off* your wine into another vessel. ワインをおり引きして別の器へ移しなさい。

rack[2] /ræk/ ***rack out*** 自 《俗》床について眠る ▪ I *rack out* until noon on Sundays. 日曜日は昼まで眠る。

rack up 自他 1《英》(馬のために)まぐさ棚に飼料を入れてやる ▪ He *racked up* with straw. 彼はまぐさ棚にわらを入れてやった。 ▪ After supper he *racked up* the horses. 夕食後彼は馬のためにまぐさ棚に飼料を入れてやった。

— 他 2 (点・利益など)を大量にあげる, を大儲けする ▪ We *racked* 30 points *up* in the first half. 前半で30点を獲得した。 ▪ They *racked* a lot of profits *up*. 彼らはしこたま利益をあげた。

3《英》(馬)をまぐさ棚につなぐ ▪ He *racked up* a horse with a short chain. 彼は短い鎖で馬をまぐさ棚につないだ。

4《米口》…を打ちのめす, 完全に打ち負かす ▪ I *racked* him *up* with a blow. 彼を一撃で打ちのめした。

racket /rǽkət/ ***racket about*** [***around***] 自 遊び回る ▪ I *racketed around* in my car, with no aim or ambition. 私は自分の車で遊び回り, なんの目的も野心もなかった。

raffle /rǽfəl/ ***raffle for*** …のくじ[ラッフル]に加わる《ラッフルとは番号つきの券で当たった人は賞品がもらえる》 ▪ He *raffled for* a watch. 彼は時計のくじに加わった。

raffle off 他 …をくじの賞品として処分する ▪ He *raffled off* a sewing machine at the bazaar. 彼はバザーでミシンをくじの賞品として処分した。

raft /ræft/rɑːft/ ***raft off*** 《米》いかだで出て行く ▪ They *rafted off* to come to this place. 彼らはこの場所へ来るためにいかだで出て行った。

rag[1] /ræg/ ***rag out*** [***up***] 自他 《米俗》着飾る; …を着飾らせる ▪ We're *ragged out* pretty well. 我々はかなりよくめかし込んでいるだろ ▪ She *ragged out* her only daughter and was happy. 彼女はひとり娘に着飾らせて満足であった。

rag[2] /ræg/ ***rag on*** 他 《米俗》 1 …をからかう ▪ Everyone *ragged on* Ken about his provincial accent. みんなケンの田舎なまりをひやかした。

2 …にがみがみ言う ▪ My father *ragged on* me about my friendship with him. 父は彼との交際のことで私にがみがみ言った。

rage /reɪdʒ/ ***rage about*** 自 怒って動き回る ▪ The man *raged about* among the people. その男は人々の間をあばれ回った。

rage against [***at***] 自 1 …に対して激怒する ▪ The father *raged against* his prodigal son. 父親は道楽息子に対して激怒した。

2《文》…をののしる ▪ A patient was *raging at* his physician. 患者が医者をののしっていた。

rage out 自 (あらし・戦闘などが)急に起こる ▪ Discord *raged out* again with more fury than ever. 今までよりも激しく不和がまた持ち上がった。

rage over 自 (ある場所)を怒って[すさまじく]動き回る ▪ Those northern nations *raged over* all these parts of the world. それらの北方民族はこの地方一帯をすさまじく席巻した。

rage through 自 (あらし・疫病・火事などが)…中で猛威をふるう ▪ The storm *raged through* the district. あらしがその地方で猛威をふるった。

raid /reɪd/ ***raid on*** 他 …を急襲する ▪ Police *raided on* the spot and arrested them redhanded while they were busy gambling. 警察はその場所のガサ入れを行い, 彼らが賭博に熱中しているところを現行犯で逮捕した。

rail[1] /reɪl/ ***rail in*** 他 …を横木で囲い込む ▪ You must *rail in* those lambs or they will wander off. あの子羊たちは横木で囲い込まなければさまよい出てしまう。

rail off 他 …を横木で仕切る (*from*) ▪ They *railed* the field *off from* the new road. その野原

と新しい道とが横木で仕切られた.

rail² /reɪl/ ***rail against*** [***at***] 他 《文》 **1** ...にぐちを言う ▪ It is no use for you to *rail against* the government; you cannot alter it. 政府にぐちを言っても始まらないよ. 変えることはできないんだから.

2 ...をののしる[しかる] ▪ Will she never cease *railing at* that meek little servant of hers? あの女はあのおとなしい女中をののしるのをどうしてもやめないのだろうか ▪ The author *was railed against* by critics. その著者は批評家たちからこきおろされた.

railroad /réɪlròʊd/ ***railroad ... into*** *doing* 他 《口》 ...を強引に説得して...させる ▪ He has *railroaded* me *into joining* the company. 彼は私を強引に説得してその会社に入らせた.

railroad ... through 他 《口》 (議案など)を強引に通過させる ▪ The chairman *railroaded* the bill *through* by arbitrary tactics. 議長は独断的な戦術を用いて, その法案を強引に通過させてしまった.

rain /reɪn/ ***rain down*** 自 《文》 **1** (雨のように)落ちる ▪ Gray hair was *raining down* over his eyebrows. 白髪が彼の眉の上にばらりと落ちかかっていた.

2 (...を)流れ落ちる ▪ Fresh tears *rained down* her cheeks. 彼女の頬を新たな涙がとめどなく流れ落ちた.

rain (***down***) ***A upon*** *B* 他 AをBに雨と降らす ▪ The kind husband *rained down* gifts *upon* his peevish wife. 親切な夫はだだをこねる妻に贈り物をどっさり与えた ▪ The burglar *rained* blows *upon* the child. 強盗はその子にげんこの雨を浴びせた.

rain in 自 **1** 雨が降り込む ▪ It *rained in* at the place. そこから雨が降り込んだ.

2 雨と降り込む ▪ Invitations *rained in* on all sides. 招待状が四方八方から雨と舞い込んできた.

rain off 他 (試合など)を雨で流す ▪ It *rained off* the first 3 games of the season. 開幕3試合が雨で流れた ▪ Three baseball games *were rained off* this evening. 今夜野球の3試合が雨天中止となった.

rain on [***upon***] 他 **1** ...の上に雨のように注がれる ▪ Blows *rained upon* him. 強打が彼に雨と注がれた ▪ Invitations are *raining on* us. 招待状が私たちのもとに雨のように舞い込んでいる.

2 (不運など)を(人)にぐする ▪ She *rained* her unhappiness *on* all of us. 彼女はおのれの薄幸を私たちみなにこぼした.

3 《米俗》(人)に泣き言を言う ▪ Stop *raining on* me. 僕に泣き言を言うのはよせ.

rain out 他 《米》〖受身で〗 **1** (競技など)を雨でお流れにさせる ▪ The ball game *was rained out*. その野球の試合は雨でお流れになった.

2 (作物)を大雨で台なしにする ▪ A cotton crop had *been rained out*. 綿花の収穫が大雨で台なしになった.

rain over 自 雨がやむ ▪ It has *rained over* and the sky clears up. 雨が止み空が晴れてくる.

raise /reɪz/ ***raise ... against*** [***upon***] *a person* 他 ...を人に反抗させる ▪ He *raised* the whole town *against* me. 彼は町中の者を私への反抗に向かわせた.

raise on 他 **1** (子供・動物)を...で育てる, 飼育する ▪ You can't *raise* chickens *on* just corn—they need other food too. にわとりを穀物だけで飼育することはできない一他の飼料も必要だ.

2 ...を...になじませる ▪ My father says he *was raised on* the radio. 父は幼少の頃からラジオに親しんでいたそうだ.

raise up 他 **1** (人)を起こす ▪ She *raised up* the patient to a sitting position. 彼女は患者を起こして座らせてやった.

2 (手)を上げる ▪ *Raise* your hands *up* straight so I can count them. 数えられるように手をまっすぐ上げてください.

3 (死人)を生き返らせる ▪ The dead cannot be *raised up*. 死者は生き返らせられない.

4 ...を出現させる ▪ God *raised up* prophets to bring his people back to Him. 神は民を連れ戻すため預言者を出現させ給うた.

raise *A* ***with*** *B* 他 A(問題)をB(人)に持ち出す ▪ I should like to *raise* the subject *with* the director. 私は所長にその問題を持ち出してみたい.

rake /reɪk/ ***rake about*** [***around, round***] 自 捜し回る ▪ He *raked about* among old documents. 彼は古文書の中を捜し回った ▪ I *raked around* for proof but found nothing. 証拠を捜し回ったが何も見つからなかった.

rake after [***for***] 他 ...を捜す ▪ You look as though you were *raking after* the moon. 君はまるで月でも捜してるような顔をしているね ▪ He has *raked* all history *for* proofs. 彼は歴史をくまなくあさって証拠を捜した.

rake away 他 (くま手などで)...をかき捨てる ▪ Those ashes *were raked away*. その灰はかき捨てられた.

rake down [***in***] 他 《米俗》 (ばくちで金)を儲ける, 受け取る ▪ He *raked in* a pile of money by speculation. 彼は株で大儲けした ▪ With one hand he *raked down* the pile of bank notes. 一方の手で彼は紙幣の山を受け取った ▪ They *raked in* the pile. 彼らは大金を儲けた.

rake in [***among***] 他 ...を捜し回る ▪ It has been no pleasure to me to *rake among* the evil memories of the past. 過去のいまわしい記憶を捜し回るのは私には楽しいことではなかった.

rake into ...を探る ▪ The newsperson *rakes into* one's life. 新聞記者は人の生活に立ち入って調べたりする.

rake off 他 **1** (くま手などで)...をかきのける ▪ Wooden rakes are required for *raking off* grass and leaves. 草や木の葉をかきのけるのに木製のくま手がいる.

2 《口》(リベートなど)を取る, ピンハネする ▪ The lawyer *rakes off* a lot of money. あの弁護士はたくさんの金を取る.

3 (タカ狩)(タカが獲物)を空中で襲う ▪ The hawk came down rapidly to *rake off* the bird. タカが鳥を空中で襲うために素早く舞い降りてきた.

***rake out** (**of**)* 他 **1** …を(…から)かき出す ▪ The hot ashes *were raked out of* the stove. 熱い灰がストーブからかき出された.
2 …を(…から)捜し出す ▪ He *raked out of* the box an old Bible. 彼は箱から古い聖書を捜し出した.
rake over 他 **1**(くま手で)…をかきならす ▪ The hay *is* cut and *raked over* several times each day. 干し草は切断され毎日数回かきならされる.
2《英》=RAKE up 1.
3《米》…を検査[審査]する ▪ Men slated for public relations *are* carefully *raked over*. 渉外関係業務の候補者については慎重に審査される.
rake through 他《口》…を捜し回る (*for*) ▪ I *raked through* the old manuscripts *for* information. 古い写本をくまなく捜して知識をあさった.
rake together 他 …をかき集める ▪ He *raked together* great masses of silver and gold. 彼はたくさんの金銀をかき集めた.
rake up 他 **1**《口》(旧悪など)を洗い立てる, ほじくる ▪ Don't *rake up* the past. 過去をほじくるものじゃない.
2 …をくま手でかきならす ▪ The gardener *raked up* the flowerbed. 庭師が花壇の土をくま手でかきならした.
3《口》…をかき集める ▪ He *raked up* the hay. 彼は干し草をかき集めた.
4(火種)を埋める ▪ *Rake up* the fire and come to bed. 火を埋めて床につきなさい.
5 …をやっと捜し出す ▪ At last I *raked up* the missing book. 見えなくなっていた本をやっとのことで捜し出した.

rally /ræli/ ***rally around*** [**round**] 他 …の味方にはせ参じる, 支援に集まる ▪ The majority of the upper class hastened to *rally round* the throne. 上流階級の大部分は急いで王の味方にはせ参じた.
rally back 他 (ちりぢりになった味方)を再び呼び集める ▪ He *rallied back* one broken band. 彼はちりぢりになった一団を再び呼び集めた.
rally from 他 (不幸・病気など)から立ち直る ▪ He may *rally from* his heavy disasters. 彼はひどい災難から立ち直るかもしれない.
rally up 他 **1** =RALLY back.
2(勇気・元気など)を奮い起こす ▪ He *rallied up* his best intention. 彼は精いっぱいの善意を奮い起こした.

ram /ræm/ ***ram down*** 他 **1**(くいなど)を打ち込む ▪ Men pitch holes and *ram* the poles *down* into them. 人がたて穴を掘って棒をその中に打ち込む.
2 …をしっかりと引き下げる ▪ He *rammed* his old hat *down* on his head. 彼は古い帽子を頭の上にぐいとかぶった.
3(土地)を打ち固める ▪ They are *ramming down* the soil to build embankments. 堤防を作るために土が打ち固められている.
ram home 他 (意見など)を反復して十分会得させる (*to*) ▪ He *rammed* home the reality *to* the people. 彼は反復してその真実を人々に会得させた.
ram in 他 (くいなど)を打ち込む, 押し込む ▪ A quantity of clay *was rammed in* on the outside of the walls. 壁の外側には多量の粘土が練り込まれていた.
ram into 他 **1** …に(くいなど)を打ち込む ▪ Piles of wood *were rammed into* the earth. 木製のくいが地中に打ち込まれた.
2 …を…の中へ押し込む ▪ I always *ram* my clothes *into* a box. 私はいつも衣類を箱の中へ押し込む.
3(知識など)を…にたたき込む ▪ I must *ram* some sense *into* him. 彼に少し分別をつけてやらねばならない.
4(車)を激突させる ▪ The driver *was rammed into* from behind. 運転者は後ろから激突された.
— 自 **5**(車が)激しく…にぶつかる ▪ He *rammed into* the garage door. 彼の車はガレージのドアに激突した.
ram through 他 (法案など)を強引に通過させる ▪ The bill *was rammed through* (Parliament). その法案は(議会で)強引に通過させられた.
ram up 他 **1** …を押し込める ▪ The devil *was rammed up* in a bottle. 悪魔はびんの中へ押し込められた.
2 …をふさぐ (*with*) ▪ *Ram up* your ears; be deaf to them. 耳をふさいで, そんなことは聞くな ▪ The back stair *was rammed up with* earth to prevent any passage. 裏の階段は通れないように土でふさがれた.

ramble /ræmbəl/ ***ramble about*** 自 ぶらぶらする ▪ He is often *rambling about* on horseback. 彼はよく馬に乗ってぶらぶらしている.
ramble among [***about, in, round, through***] 自 …をぶらつく ▪ He is fond of *rambling among* the trees. 彼は木立の中をぶらつくのが好きだ ▪ He has *rambled through* Japan without a guide. 彼は案内人なしに日本を遍歴してきた.
ramble on 自 だらだら書く[しゃべる] ▪ Her letter *rambled on* for pages. 彼女の手紙は何ページにもわたってだらだら書かれていた.
ramble over 他 (ツタなどが)…をはう ▪ Vines *rambled over* the walls. ツタが壁の上をはっていた.

ramp /ræmp/ ***ramp about*** [***around***] 自 あばれ回る ▪ Children love *ramping about* on the grass. 子供たちは芝生の上であばれ回るのが大好きだ ▪ No *ramping around* in church, dear. 教会の中で騒ぎ回ってはだめよ.
ramp down 他 (特に一定の割合で)…を減らす ▪ We are *ramping down* our activities in the region. 我々はその地域での活動を減らしつつある.
ramp up 他 (特に一定の割合で)…を増やす ▪ The company *ramped up* production to meet demand. 会社は需要に見合うように生産を増やした.

rampage /ræmpéidʒ/ ***rampage about*** [***around***] 自 あばれ回る ▪ Several drunken men were *rampaging about*, breaking things. 酔っ払いが数人, 物をこわしながらあばれ回っていた ▪ Young motorcyclists were *rampaging around* all

range

night. 若者たちが夜通しバイクを乗り回していた.

range /reɪndʒ/ ***range A against B*** 他 A(部隊など)をBに対抗させる ▪ We have *ranged* strong forces *against* the enemy. 強力な部隊を敵に対抗させてある.

range from A to B 自 AからBに及ぶ ▪ The plays of Shakespeare *range from* comedies *to* tragedies. シェイクスピアの劇は喜劇から悲劇に及ぶ.

range in on/range ... in 他 (軍)(銃で)...にねらいを定める ▪ The men have *ranged in on* the enemy. = The men have got the enemy *ranged in*. 兵士らは敵にねらいを定めた.

range over [through] 自 **1** ...にわたる ▪ Our talk *ranged over* a variety of matters. 私たちの話はいろんな問題にわたった ▪ Her speech *ranged through* a wide field. 彼女の講演は多岐にわたるものだった.
2 (弾丸の)射程が...に及ぶ ▪ These guns *range over* six miles. この砲の射程は6マイルに及ぶ.

range up 他 ...をきちんと並べる ▪ The dyes were *ranged up* in order of tint. 染料は色の順序にきちんと並べられていた.

range with 自 **1** ...と並行する ▪ Our house *ranges with* the next building. わが家は隣りの建物と並んで建っている.
2 ...と肩を並べる ▪ He *ranges with* the great poets. 彼はその大詩人たちと肩を並べている.

rank /ræŋk/ ***rank above*** ...の上に位する ▪ A major *ranks above* a captain. 少佐は大尉より階級が上だ.

rank A among [with] B 他 AをBと同列に見る ▪ Would you *rank* him *among* the world's greatest statesmen? 彼を世界の最も偉大な政治家たちと同列に見ますか ▪ I *rank* you *with* Jim when it comes to driving. 運転の腕にかけては君はジムと肩を並べられると思う.

rank as 自 ...と評価される ▪ He *ranks as* the brightest student in this school. 彼はこの学校で最も頭のいい学生として評価されている.

rank A as B 他 AをBと評価する ▪ He *ranked* Addison *as* a great essayist. 彼はアディスンを偉大な随筆家と評価した.

rank with [among] 自 ...の中に入っている, の一つである ▪ France *ranks with* the great powers. フランスは列強の一つだ ▪ He *ranks among* the best runners in our country. 彼はわが国のトップランナーの1人だ.

ransack /rǽnsæk/ ***ransack A for B*** 他 **1** Aをあさり回って[ひっかき回して]Bを捜す ▪ He *ransacked* London *for* a book of poetry. 彼はロンドンをあさり回ってある詩集を捜した.
2 A(心の中)を探ってBを捜す ▪ I *ransacked* my memory *for* forgotten things. 私は忘れたことを思い出そうと頭をひねった.

ransack A of B 他 AからBを奪う ▪ The palace was *ransacked of* its valuables. 宮殿から貴重品が奪われた.

rant /rænt/ ***rant at [against]*** 他 ...を激しくしかる ▪ The teacher *ranted at* the boy. 先生はその男子生徒を激しくしかった.

rant out 他 ...を仰々しい調子で言う ▪ He was *ranting out* some speeches of Hamlet. 彼はハムレットの台詞(せりふ)を仰々しい調子で語っていた.

rap /ræp/ ***rap at [on]*** 他 (ドア・窓・テーブルを)激しくたたく ▪ He *rapped at* the door of the drawing room. 彼は応接室のドアをドンドンたたいた ▪ *Rap on* the wall of the lift with the heel of your shoe. 靴のかかとでエレベーターの壁を強く叩いてみろ.

rap out 他 **1** (罵)(ののしり・命令などを)吐く, 飛ばす, 厳しく言う ▪ He *rapped out* such a round of oaths. 彼のののしりの言葉を矢つぎばやに吐き出した.
2 ...をたたき出す ▪ He *rapped* the unconsumed tobacco *out* of his pipe. 彼は吸いきれなかったタバコをパイプからたたいて出した.
3 (降神術で)トントンたたく音で(意味)を伝える ▪ The spirit *rapped out* a message. 霊がトントンたたく音で通信をよこした.

rap to 他 **1** ...に話しかける ▪ He never *raps to* me. 彼は僕には決して話しかけない.
2 ...を悟る ▪ He *raps to* what it is. 彼はそれが何だか悟る.

rap with 自 (俗)...とおしゃべりする ▪ I learned a lot by *rapping with* him. 彼とおしゃべりして多くのことを学んだ.

rasp /ræsp|rɑːsp/ ***rasp off [away]*** 他 (石目やすりなどで)...をこすり取る ▪ I *rasped away* the crust of the bread. 私は(パン粉を作るために)パンの上皮をこすり取った ▪ The excess glue has been *rasped off*. 余分の接着剤はやすりでこすり取られた.

rasp on 他 (バイオリンなどを)ギーギーこする ▪ You are only *rasping on* the violin. 君はバイオリンをギーギーこすっているだけだ.

rasp out 他 ...をきしり声で言う ▪ He *rasped out* insults. 彼はきしり声で無礼な言葉をはいた.

rat /ræt/ ***rat around*** 自 ぶらぶら過ごす ▪ He just *ratted around* all summer. 彼は夏の間ずっとただぶらぶらして過ごした.

rat on (口) **1** (人)を裏切る, 密告する ▪ I didn't want to *rat on* the fellow who had helped me. 私は私を助けてくれた男を裏切りたくなかった.
2 (英口)...を取り消す, (約束などを)果たさない ▪ He *ratted on* the private confession. 彼はその個人的な告白を取り消した.

rat out (米口) **1** ...を通報[通知, 暴露]する, (仲間)を裏切る ▪ White had *ratted out* gang members to the police. ホワイトはギャング仲間を警察に売った.
2 ...を見捨てる, 逃げ出す, 手を引く ▪ The man would *rat out* at the last moment. 男は最後の土壇場で身を引くのだった.

rat through 他 (豪口)(時間がなくて)...をぞんざいに探す ▪ I found him *ratting through* the desk. 彼が机をざっと探っているところを見つけた.

ratchet /rǽtʃət/ ***ratchet down*** 他 (報道)...

を徐々に下げる ◦ Human rights standards are *being ratcheted down*. 人権の基準は下げられつつある.

ratchet up 他《報道》…を徐々に増やす ◦ The army has been *ratcheting up* the pressure on foreign countries. 軍は諸外国への圧力を徐々に増やしてきている.

rate[1] /reɪt/ ***rate*** A ***above*** [***below***] B 他 **1** BよりもAを高く[低く]評価する ◦ Some travelers *rate* cheapness *above* time. 旅行者の中には時間よりも費用がかからないということを重んじる者がいる.

2 A(貨幣など)の価格をBよりも高く[低く]定める ◦ The copper coinage *is rated* much *above* its real value. 銅貨はその実際の値うちよりずっと高く価格が定められる.

rate among 自 …の一つとみなされる ◦ His book *rates among* the most important on the subject. 彼の本はその問題に関する最も重要なものの一つとみなされている.

rate A ***among*** [***with***] B 他 AをBの一つ[一人]とみなす ◦ Do you *rate* Mr. Brown *among* your friends? ブラウン氏を友人の一人とみなしているのですか ◦ Do you *rate* this car *with* the fastest? この車は最速クラス級だと思っていますか.

rate as 自 …に位する, と評価される ◦ This ship *rates as* first. この船は第1級に位する ◦ He *rates as* a full journeyman. 彼は一人前の職人だ.

rate A ***as*** B 他 AをBとみなす[(高く)評価する] ◦ We all *rated* him *as* kind. 私たちはみな彼を親切だと思った.

rate at …と見積もる:《英》(課税の目的で)と評価する ◦ The house *is rated at* 5,000 pounds. その家は5,000ポンドと見積もられている.

rate up 他 (保険の)掛け金の率を上げる ◦ We have to *rate* the insurance premiums *up* for the sick. 病人のために保険掛け金の率を上げなくてはならない.

rate with 自 (人)の受けがよい ◦ The new secretary *rates with* the dean. 今度の秘書は学部長の受けがよい.

rate[2] /reɪt/ ***rate at*** 他 …をどなりつける, しかりつける ◦ She has *rated at* her child all day long. 彼女は一日中子供をどなりつけた.

ration /ˈræʃən/ ***ration out*** 他 〖主に受身で〗…を(均等に)分配[支給]する, (わずかな物を)配給する ◦ He *rationed out* the bread among the members of the party. 彼はパンを隊員に分配した ◦ Work time and leisure time have to *be* strictly *rationed out*. 仕事の時間とレジャーの時間は厳密に分けなければならない.

rationalize /ˈræʃənəlaɪz/ ***rationalize away*** 他《心理》(無意識の行動など)にもっともらしい理屈うけをする ◦ He *rationalized* his action *away*. 彼は自分の行動にもっともらしい理屈をつけた.

rattle /ˈrætəl/ ***rattle along*** 自 (車が)ガタガタ走る ◦ The minibus *rattled along* (the jungle roads). ミニバスは(ジャングルの道を)ガタガタ走った.

rattle around (***in***) 自 **1** …に乗ってガタガタ走る ◦ I enjoy *rattling around in* my nine-year-old car. 9年目の愛車でガタガタと楽しく走っているよ.

2 (広すぎる家などを)もてあます ◦ When the children left home, they just *rattled around in* that big house. 子供たちが家を出ると彼らはその大きな家をもてあました.

3 …の中でガラガラ鳴る ◦ Something is *rattling around in* this parcel. この小包の中で何かがガラガラ音を立てている.

rattle away 自 **1** (早口に)ぺちゃくちゃしゃべり続ける ◦ The young lady *rattled away* merrily. 若い娘は楽しそうにぺちゃくちゃしゃべり続けた.

2 (車が)ガタガタと走り去る ◦ The old bus *rattled away* across the bridge. おんぼろバスが橋を渡ってガタガタ走り去った.

3 カタカタ[ポンポン]いわせる (***on, at***) ◦ Mary *rattled away at* the piano. メアリーはピアノをポロンポロンと鳴らした.

— 他 **4** …をばくちで失う ◦ Another estate *was rattled away* in one night. もう一つの地所が一夜にしてばくちで失われた.

rattle down 自 他 ガラガラと落ちる[落とす] ◦ The crockery came *rattling down*. 瀬戸物がガラガラと落ちてきた ◦ My daughter *rattled down* the vase on the floor. 娘がその花びんを床にガチャンと落とした.

rattle off 他 **1** …をぺらぺら早口に言う ◦ He soon *rattled off* his mass. 彼はじきにミサをぺらぺら早口に言ってしまった.

2 …を大急ぎでする ◦ The girl *rattled off* a waltz by Strauss. 少女はシュトラウスのワルツをさっさとひき終わった.

rattle on 自 **1** (口)(早口に)ぺちゃくちゃしゃべり続ける (***about***) ◦ She *rattled on* (*about* nothing in particular) for an hour. 彼女は1時間(特にとり立てるでもないくだらぬことを)ぺちゃくちゃとしゃべり続けた.

2 (車が)ガタガタ走り続ける ◦ The old car *rattled on* up the hill. おんぼろ車は坂を登ってガタガタと走り続けた.

— 他 **3** …をガラガラ[ガタガタ, ポンポン]たたく ◦ Rain *rattled on* the roof of the hut. 雨が小屋の屋根をパラパラたたいた.

rattle out 自 他《英口》ガタガタ[ガラガラ]音をたてる; ぺちゃくちゃ言う ◦ Miller's first free throw *rattled out*. ミラーの最初のフリースローは音をたててはずれた ◦ He *rattled out* amusing anecdotes of his schooldays. 彼は学校時代の楽しい逸話をぺちゃくちゃ話した.

rattle through 他 (議案)をばたばたと…を通過させる; …をさっさとやってのける[片づける] ◦ A bill *was rattled through* both Houses. 議案がばたばたと両院を通過した ◦ She *rattled through* her homework. 彼女は宿題をさっと片づけた.

rattle up 他 **1** …を早々と得点する ◦ Spain *rattled up* 4 goals in the first half. スペインは前半で早々と4ゴール決めた.

2 (人)を起こす ◦ The wind *rattled* us *up* in the

night. 風で夜中に私たちは起こされた.
3 …を素早く引き上げる ▪ They *rattled up* the anchor. 彼らはいかりを素早く引き上げた.
rave /reɪv/ ***rave about [of]*** 自 **1** …のことを気も狂わんばかりに口にする ▪ "The Times" is already *raving about* our having reached "a crisis." タイムズ紙は我々が「危機」に立ち至ったとすでにひどくわめき立てている.
— 他 **2** (口)…のことを夢中になってしゃべる; を激賞する ▪ How people can *rave about [of]* Italy, I can't think. どうしてみんながイタリアのことを夢中になってしゃべるのか, 私にはわけがわからない ▪ The new film is almost guaranteed to *be raved about* by critics. その新しい映画が批評家に激賞されることはほとんど請け合った.
3 = RAVE against.
rave against [at] 他 …を気も狂わんばかりに非難する ▪ Let him have time to *rave against* himself. あの男に気も狂わんばかりにわが身の不運を嘆く暇を与えるがいい.
rave for 他 …を求めてわめく ▪ They *raved for* bread, and gold, and blood. 彼らはパンと金と血を求めてわめいた.
rave on 自 (口)…について熱っぽく語る, 熱弁をふるう (*about*) ▪ Do you have any idea what he was *raving on about*? 彼が何について熱弁をふるっていたのか分かるかね.
rave over (口)…を激賞する ▪ His singing makes the ladies *rave over* him. 彼の歌のうまさで婦人たちは彼をほめちぎった.
ravel /rǽvəl/ ***ravel out*** 他 自 …のもつれをほぐす; もつれがほぐれる《比喩的にも》 ▪ The hem of a garment prevents it from *raveling out*. 衣服のふちは衣服がほぐれるのを防ぎます ▪ Let me *ravel* all this matter *out*. 私にこの問題をすっかりはぐさせてください.
raven /rǽvən/ ***raven after*** 他 (獲物)をあさる ▪ They were busy *ravening after* booty. 彼らは忙しく略奪品をあさっていた.
raven for 他 …を飢え求める ▪ She *ravened for* green fruit. 彼女は熟していない果実を飢え求めた.
raven on [upon] 他 …をがつがつ食う ▪ The fish *ravens on* other fishes. その魚は他の魚をがつがつ食べる ▪ They *ravened on* a smaller community. 彼らは比較的小規模な地域を食い物にした.
ray /reɪ/ ***ray forth*** 自 他 光が[を]放射する ▪ The dazzling light *rayed forth* from every direction. 眼のくらむような光が四方八方から当たっていた ▪ The sun *rays forth* its natural light into the air. 太陽は空気中へその自然の光を放射する.
ray off 自 (光が)放射する ▪ The light *rayed off* into the dark. 灯は暗やみの中へ放射した.
ray out 自 **1** (光が)さし出る ▪ A glitter seemed to *ray out* from his eyes. 光が彼の目からさし出るように思われた.
2 放射状になる ▪ The little town *rayed out* into leafy lanes. その小さい町は葉の広った小道へと放射状に広がっていた.

— 他 **3** (光)を放射する ▪ The moon *rayed out* a golden glory. 月は金色の光を放射していた.
reach /riːtʃ/ ***reach after*** 他 **1** …を取ろうと手を伸ばす ▪ I saw the man *reach after* his coat. その男が上着を取ろうと手を伸ばすのを見た.
2 …を得ようと努める ▪ His mind *reached after* an understanding of the problem. 彼はその問題を理解しようと考えた ▪ The decision *was reached after* by the president of Rotary International. その決定は国際ロータリーの会長が渇望していたものだ.
reach at 他 …をつかまえようとする ▪ He *reached at* a glass of milk. 彼は牛乳の入ったコップをつかもうとした ▪ Ms Omansky can *be reached at* by e-mail at abc@news.com. オマンスキー女史には abc@news.com にEメールすれば連絡可能だ.
reach back 自 (物を取るために)体を後ろにそらす ▪ He *reached back* to take the dictionary from the shelf behind him. 彼は背後の棚から辞書を取るために体を後ろにそらした.
reach back to 自 …にさかのぼる ▪ The annals *reach back to* ancient times. その年代記は古代にさかのぼる.
reach down 他 **1** …に…を降ろす, 腕を伸ばして取り降ろす ▪ *Reach* me *down* that book, please. その本を下ろしてください.
— 自 **2** 体を下方に伸ばす; (…まで)届く (*to*) ▪ I *reached down* so as to pull the ball from the well. 体を下方に伸ばして井戸からボールを引き上げようとした ▪ She wore a long skirt *reaching down to* the floor. 彼女は床まで届く長いスカートをはいていた.
reach for 他 …を取ろうと手を伸ばす ▪ I *reached for* the knife but it was too far away. 私は手を伸ばしてナイフを取ろうとしたが遠すぎて届かなかった.
reach forward 他 (手・腕など)を差し伸べる ▪ He *reached forward* his left hand. 彼は左手を差し伸べた.
reach forward to 自 (理想など)に向かって努力する ▪ The mind *reaches forward to* an ideal. 精神は理想に向かって努力する.
reach A from B 他 手を伸ばしてBからAを取る ▪ She *reached* a box *from* a high shelf. 彼女は手を伸ばして高い棚から箱を取った.
reach into 他 (金額・時間が)…に達する, 及ぶ ▪ His debts *reached into* thousands of dollars. 彼の借金が何千ドルにも達した.
reach out **1** (手・腕など)を差し伸べる ▪ The child *reached out* a hand towards the plum. 子供はスモモの方へ手を伸ばした.
— 自 **2** (手足が)伸ばされる; (草木が)伸びる ▪ A hand *reached out* and held me. 一本の手が伸びてきて私を捕えた ▪ Boughs *reach out* towards the sun. 大枝は太陽に向かって伸びる.
3 (…と)接触しようとする (*to, towards*) ▪ The churches are trying to *reach out to* young people. 教会は若者と接触しようと努めている.
reach out for 他 **1** …を取ろうとして手を伸ばす

・He *reached out for* the pistol. 彼はピストルを取ろうとして手を伸ばした.

2 ...を得ようと努める ・We have been *reaching out for* a new market. 我々は新販路を開こうと努めてきた.

reach out to 他 **1** ...に援助の手を差しのべる ・We *reached out to* him. 私たちは彼に援助の手を差しのべた.

2 ...に援助を求める ・I urged him to *reach out to* his boss. 彼に上司に助けを求めることをすすめた.

reach over for 他 ...を取ろうと(やや遠くへ)手を伸ばす ・I *reached over for* an old dictionary on the top shelf. 一番上の棚の古い辞典を取ろうとして手を伸ばした.

reach to 自 **1** (金額などが)...に達する ・His income *reaches to* a considerable figure. 彼の収入は相当の額に達する.

2 ...まで届く, 広がる ・The plain *reaches* far *to* the sea. 平野は遠く海まで広がっている ・His beard *reached to* his waist. 彼のあごひげは腰まで届いていた.

3 手を伸ばす ・*Reach to* and get my pipe off the mantelshelf, please. 手を伸ばして炉棚から(タバコの)パイプを取ってくれないか.

reach up 自 手を上に伸ばす ・You can get that book on the top shelf if you *reach up* (your arm). 手を上に伸ばせば, あの最上段の棚の本が取れるよ.

reach up to 自 **1** (身長が)...まで届く ・He now *reaches up to* the five foot mark. 彼はもう5フィートの印にまで届く.

2 ...を得ようと努める ・You'll get somewhere if you *reach up to* the highest position. 最高の地位をねらっていれば成功するよ.

react /riǽkt/ ***react against*** 他 ...に反発[反抗]する ・The people *reacted against* the political system. 人民はその政権に反発した.

react on [***upon***] 他 **1** (化学)...に反応する ・How do acids *react on* metals? 酸はどのように金属に反応するか.

2 ...に影響する ・Applause *reacts upon* a speaker. 拍手喝采は話し手に影響を与える.

react to 自 ...に答える, 反応する ・An orator *reacts* to applause. 演説家は拍手に反応する ・How will the patient *react to* the drug? その薬は病人にどのように効くのだろうか.

read /ri:d/ ***read around*** [***round***] 他 (ある主題)の背景になるものを読む ・You must *read around* the subject. 主題の背景になるものを読まなければならない.

read A as B 他 A(言葉など)をBと解する ・Silence can *be read as* agreement. 沈黙は同意と解される可能性がある.

read back 他 **1** ...を読み直す, 読み返す ・*Read back* what you have written to see whether it makes sense. 自分が書いたものを読み直して, ちゃんと意味をなすかどうかチェックしなさい.

2 ...を復唱する ・Please *read back* the text of my telegram. 私の電文を復唱してください.

read down 他 ...を上から下まで読む ・The manager *read down* the list of names submitted to him. 支配人は提出された名簿を上から下まで読んだ.

read for 自 (英)...のために勉強する ・He was *reading for* the Bar. 彼は弁護士になるために勉強していた.

2 (人)に代わって読んでやる ・Shall I *read for* you? 代わりに本を読んであげましょうか.

— 他 **3** (劇)...のオーディションを受ける ・She will *read for* the dramatic club. 彼女はその劇団のオーディションを受ける予定だ.

4 ...のリハーサルをする ・I'll *read for* the part of Juliet. 私がジュリエット役のリハーサルをします.

read A for B 他 Bを求めてAを読む ・I *read* the manuscript *for* spelling errors. 綴りの誤りがないか探しながらその原稿を読んだ.

read from 自 **1** ...から...を読みとる, 判断する ・I *read from* your manner that you do not favor our plan. あなたの態度からあなたが我々の計画に賛成していないものと判断される.

— 他 **2** (本のある箇所)を(抜き出して)読む ・He *read* aloud *from* his favorite author. 彼は好きな作家の本の一節を声を出して読んだ.

read in 他 **1** ...に...を読みとる ・I *read in* her looks a willingness to come to an explanation. 彼女の目の中に喜んでわけを話そうとする色が読みとれる.

— 他 **2** (電算)(データ)をコンピューターに読み込む ・All the records have *been read in*. すべての記録は読み込まれた.

3 (まれ)...を読みふける ・This is a book worthy to *be read in*, day and night. これは日夜読みふける値うちのある本だ.

4 ...を徴兵する ・Excellent, *read* 'em *in*. よろしい, 彼らを徴兵したまえ.

read in for 他 (劇)リハーサルで(他の俳優)の役をする ・Somebody can *read in for* John. 誰かリハーサルでジョンの役をやってくれ.

read into 他 ...を深読み[こじつけ読み]する (しばしば読み間違いを含意する) ・I think you're *reading* too much *into* a casual remark. 君はなんでもない発言を深読みしすぎていると思うよ.

read A into B 他 **1** BにAを読み込む ・It is a mistake to *read* too much significance *into* the result. その結果の意味を読み込みすぎるのは誤りだ.

2 (多くは曲解して)BをAの意に取る ・He *read* a compliment *into* what was meant as a rebuke. 彼は非難のつもりで言ったことをお世辞と取った.

read of 他 **1** ...のことを読んで知る ・I *read of* the Duke's death in the paper last week. 私は公爵の死を先週新聞で読んだ.

2 ...の著書を読む ・I have *read* very little *of* him. 私は彼の著書はほとんど読んでいない.

read off 他 **1** (寒暖計の目盛りなど)を読みとる ・The height of the mercury *was read off*. 水銀柱の高さ[寒暖計の目盛り]が読みとられた.

2 ...を(終わりまで)読み通す ▪ He *read off* the instructions as though he knew them by heart. 彼は使用説明書を暗記しているかのように読み通した.

read on 📖 読み続ける ▪ Interested in losing weight? If yes then please *read on*. 減量に関心がありますか. あればどうぞ読み続けてください.

read out **1** ...を音読する ▪ The boy *read out* his lesson clearly. 少年ははっきりした声でその課を音読した.

2 ...を読み上げる, 読んで聞かせる ▪ The teacher *read out* the result of the voting. 先生は投票の結果を読み上げた.

3 《電算》...を(記憶装置から)読み出す ▪ The computer *read out* the results of the calculation. コンピューターは計算の結果を読み出した.

read out of 他 **1** 《米》[主に受身で] その旨を宣言して...を(党・会などから)除名する ▪ It is high time he was *read out of* the party. 彼はもうとっくにその旨を宣言して党から除名されていいころだ.

2 = READ *from* 2.

read ... over 他 **1** ...を読み直す, 注意深く読む ▪ I *read* the letter *over* several times. その手紙を数回読み直してみた.

2 = READ ... *through* 1.

read ... through 他 **1** ...を通読する, 初めから終わりまで読む, ... に目を通す ▪ I have *read* the book *through* once. その本は1回通読したことがある.

2 (劇)(台本)の読み合わせをする ▪ Let's *read* the play *through*. 台本の読み合わせをしよう.

read to (人)に読んできかせる ▪ I *read* the paper *to* the invalid every day. 私は毎日病人に新聞を読んできかせた ▪ The child *was read to* till six. その子は6時まで本を読んでもらった.

read up **1** ...を熱心に研究する, よく調べる ▪ Before making out his case the lawyer *read up* his notes. 自分の言い分を述べる前に弁護士はメモに熱心に目を通した.

2 (法案などを)読みあげる ▪ One of them *read up* a proposed measure to the assembly. 彼らのひとりが提案を会議で読みあげた.

read up on 他 ...を読んで調べておく ▪ We have to *read up on* questions of the time. 我々は時事問題を読んで調べておかねばならない.

read with ...の家庭教師をする, 勉強相手をする ▪ I've *read with* my niece. めいの家庭教師をしたことがあります.

realize /ríːəlàɪz/ríəl-/ ***realize A on [from] B*** 他 BでAを儲ける ▪ How much did you *realize on* the painting? あの絵でいくら儲かりましたか.

reap /riːp/ ***reap A from B*** 他 BからAを収穫する, BからA(利益など)を獲得する ▪ You cannot *reap* happiness *from* selfish actions. 利己的な行為から幸福を得ることはできない.

rear /rɪər/ ***rear A on B*** 他 AをBで育てる ▪ I had *been reared on* the Beatles. 私はビートルズの音楽を聞いて育った.

rear up **1** ...を育てる ▪ She has *reared up* two sons. 彼女は二人の息子を育て上げた.

— 自 **2** (馬などが)後ろ足で棒立ちになる ▪ The horse *reared up* in fear. 馬はおびえて後ろ足で棒立ちになった.

3 (怒って)急に立ち上がる ▪ He *reared up* in a rage. 彼は憤然と立ち上がった.

4 (地形・風景などが)そびえ立つ ▪ The cliff *reared up* before us. 崖が我々の前にそびえ立っていた.

5 (問題などが)急に生じる ▪ They handled any problems that *reared up*. 彼らはどんな急な問題にも対処した.

reason /ríːzən/ ***reason against*** 他 道理を説いて...に反対する ▪ He *reasoned against* our plan. 彼は道理を説いて我々の計画に反対した.

reason away [off] 他 (恐怖・観念などを)理性的に考えて追い払う ▪ The sinner *reasons away* the awful word of God. 罪人は神の恐ろしい言葉を理屈をつけて追い払う ▪ I struggled to *reason off* my fear. 私は自分の恐怖心を理性で追い払おうと努力した.

reason a person into 他 人に道理を説いて...させる ▪ We have *reasoned* him *into* a better frame of mind. 我々は彼に道理を説いてきげんを直させた.

reason out 他 ...を推論して考え出す ▪ He has *reasoned out* the answer to your question. 彼はあなたの質問への答えを推論して考え出した.

reason a person out of 他 人に道理を説いて...を捨てさせる ▪ I have *reasoned* him *out of* his wish to go to America. 私は彼に道理を説いてアメリカ行きの希望を捨てさせた.

reason together 自 いっしょに論じ合う ▪ Come, now, let us *reason together*. さあ, お互いに論じ合いましょう.

reason with 他 ...に道理を説く ▪ She wouldn't *be reasoned with*. 彼女はどうしても道理を聞き入れようとしなかった.

rebel /rɪbél/ ***rebel against*** 他 **1** ...に反抗する, そむく ▪ The people will *rebel against* the Government. 人民は政府にそむくだろう.

2 ...に反発する ▪ The stomach *rebels against* too greasy food. 胃は脂肪分の多すぎる食物は受けつけない.

rebel at 他 ...に反発する ▪ His mind *rebeled at* the thought. 彼はそれを考えるとぞっとした.

rebound /rɪbáʊnd/ ***rebound on [upon]*** (報い)...にはね返ってくる ▪ The ill he did *rebounded upon* him. 彼の犯した悪の報いが彼にはね返ってきた.

rebuke /rɪbjúːk/ ***rebuke a person for*** 他 人(の非行)を叱責する ▪ He *rebuked* his son *for* his bad behavior. 彼は息子の非行を叱責した.

recalcitrate /rɪkǽlsətrèɪt/ ***recalcitrate against [at]*** 自 ...をひどくきらう ▪ Slothfulness always *recalcitrates against* an effort of mind. 怠惰はいつも精神の努力をひどくきらうものだ.

recall /rɪkɔ́ːl/ ***recall A from B*** 他 A(人)をBから呼び戻す ▪ The ambassador *was recalled from*

London. 大使はロンドンから呼び戻された.

recall *A* ***to*** *B* 他 **1** A(人)をBに呼び戻す ▪ He *was recalled to* Japan by cable. 彼は電報で日本に呼び戻された.

2 A(人)にB(義務感など)を想起させる ▪ The shame *recalled* him *to* a sense of duty. その恥ずかしさのために彼は義務感がわいてきた.

recede /rɪsíːd/ ***recede from*** 自 **1** …から遠ざかる ▪ The fair shores of Scotland *receded* more and more *from* our view. スコットランドの美しい海岸はだんだんと視界から遠ざかっていた.

— 他 **2** (契約・約束など)から手を引く ▪ How could I *recede from* such an engagement? そのような約束からどうして手を引くことができるだろうか.

3 (地位)から身を引く ▪ He thought fit to *recede from* his position. 彼は今の地位から身を引くのがよいと思った.

4 (提案・企て・意見など)を撤回する ▪ He subsequently *receded from* this opinion. 彼はのちになってこの意見を撤回した.

receive /rɪsíːv/ ***receive*** *A* ***as*** [***for***] *B* 他 **1** AをBとして受け入れる ▪ She *received* him *for* her husband. 彼女は彼を夫として受け入れた.

2 AをBとして受け取る ▪ We both *received* the message *as* true. 私たちは二人とも伝言の内容は真実だと考えた ▪ They *received* the Law *as* a prophecy from God. 彼らはその法律を神からの予言とみなした.

receive *A* ***from*** *B* 他 AをBから受け取る ▪ I *received* a gift *from* him. 彼から贈り物を受け取った.

reck /rek/ ***reck of*** 他 …を気にする[とんちゃくする] ▪ He *recked* little *of* flowers. 彼は花にはむとんちゃくだった ▪ He *recked* not *of* the storm. 彼はあらしのことなどむとんちゃくだった.

reckon /rékən/ ***reckon*** *A* ***among*** [***in***, ***with***] *B* 他 AをBに算入する[入れる, 加える] ▪ They *are reckoned among* civilized people. 彼らは文明人の仲間に入れられている ▪ We may *reckon* them *in* this class. 彼らをこのクラスに入れてもよい.

reckon for 他 …の用意をする, を当てにする ▪ We didn't *reckon for* such bad weather. そんな悪天候になるとは考えてもいなかった.

reckon *A* ***for*** [***as***] *B* 他 AをBとみなす ▪ This *is reckoned for* a rare thing. これは珍しい事と考えられている ▪ A fourth of the soil *is reckoned as* unproductive. その土地の4分の1は不毛だとみなされている.

reckon in 他 …を計算に入れる, 算入する, (品目)を勘定に含める ▪ I've *reckoned* that *in*. それは計算に入れている.

reckon on [***upon***] 他 …を当てにする, 予測する ▪ He *reckoned on* being free by five o'clock. 彼は5時までには暇になれるものと当てこんでいた ▪ We hadn't *reckoned on* having quintuplets. 五つ子なんて, 思ってもいなかった ▪ The tips *are reckoned on* by employers and employees. チップは雇用者にも被雇用者にも予期されるものだ.

reckon over 他 …を数え上げる ▪ He *reckoned* her wrongs *over*. 彼は彼女の非行を数え上げた.

reckon up 他 **1** …を総計する, 数え上げる ▪ They *reckoned up* the expenditure of the past week. 彼らは過去1週間の出費を総計してみた.

2 (人物)を見積もる ▪ She *reckoned* him *up* with her keen eyes. 彼女は鋭い目で彼の品定めをした.

reckon (***up***) ***to*** 自 …まで数える ▪ *Reckon* (*up*) *to* 100. 100まで数えてみなさい.

reckon with 他 **1** …を考慮に入れる ▪ Socialism is a force to *be reckoned with*. 社会主義は無視できない勢力だ.

2 (危険など)に対処する, 打ち勝つ ▪ He has had to *reckon with* many hardships. 彼は多くの困難に打ち勝たねばならなかった.

3 …と清算する ▪ We shall have to *reckon with* him for the damage. 我々は例の損害に対しては彼と清算しなければなるまい.

4 (人)を処罰する ▪ All the traitors had been *reckoned with*. 反逆者らはみな処罰された.

reckon without 他 …を考慮に入れない, 無視する ▪ He *reckoned without* man's ingenuity. 彼は人間の発明の才を無視した.

reclaim /rɪkléɪm/ ***reclaim*** *A* ***from*** *B* 他 **1** B(海・砂漠など)を埋め立ててA(耕地)にする ▪ Much of the land has *been reclaimed from* the sea. その土地の大部分は海を埋め立てたものだ.

2 A(人)をB(悪の道)から矯正する ▪ The Church has *reclaimed* many women *from* a life of vice. 教会は多くの女性を悪の生活から更正させた.

recline /rɪkláɪn/ ***recline on*** [***upon***] 自 他 **1** …に横になる, (背を)もたせかける ▪ A pretty woman *reclined on* a sofa with a pillow. 一人の美女が枕をしてソファに横になっていた ▪ In ancient Rome, at a dinner, each lectus *was* normally *reclined on* by 3 people. 古代ローマでは食事時にはそれぞれの長いすにはふつう3人ずつ腰かけた.

2 …に頼る ▪ We *recline with* hope *upon* the divine Will. 我々は希望をいだいて神意に頼る.

recognize /rékəgnàɪz/ ***recognize*** *A* ***as*** *B* 他 AをBであると認める ▪ The woman *was recognized as* his legal wife. その女性は彼の正妻として認められた.

recoil /rɪkóɪl/ ***recoil at*** [***before***] 自 …を見て[に押されて]たじろぐ ▪ She *recoiled at* the sight of a snake. 彼女はヘビを見てたじろいだ ▪ The troops *recoiled before* the onslaught of the enemy. 軍隊は敵の攻撃に押されてたじろいだ.

recoil from 自 …から後ずさりする, にひるむ ▪ He *recoiled* in horror *from* the spectacle. 彼はその光景を見てぞっとして後ずさりした ▪ The pen *recoils from* describing these atrocities. このような残虐行為の描写にはペンも進まない.

recoil on [***upon***] 他 《文》 …にはね返る ▪ Violence *recoils upon* the violent. 暴力をふるうならば暴力で報いられる.

recommend /rèkəménd/ ***recommend*** *A* ***as*** *B* 他 AをBとして推薦する ▪ Can you *recom-*

***mend** her *as* a typist? 彼女をタイピストとして推薦できますか.

***recommend** A **for** B* 他 AをB(地位など)に推薦する ▪ I *recommend* him *for* the post. 彼をその地位に推挙します ▪ What would you *recommend for* getting ink stains from my blouse? ブラウスのインクのしみを抜くのに何がよいでしょうか.

***recommend** A **to** B* 他 AをBに推薦する ▪ My teacher *recommended* this book *to* me. 先生がこの本を僕に推薦してくれた.

recompense /rékəmpèns/ ***recompense** a person **for*** 他 **1** ...に対して人に報いる ▪ I feel more than *recompensed for* my task. 私は自分の仕事への報いを十二分に受けたと思う.

2 人に...の埋め合わせをする ▪ You must *recompense* him *for* the injuries done to him. 彼の受けた傷害の埋め合わせをしなければならない.

reconcile /rékənsàɪl/ ***reconcile** A **with** [**to**] B* 他 **1** A(行動・言説など)をBと融和させる[一致させる] ▪ How can you *reconcile* it *to* your conscience? そんなことをして良心がおかしないか ▪ It is by no means easy to *reconcile* one's statements *with* one's conduct. 言行を一致させることは決してやさしくない.

2 AをBと仲直りさせる ▪ He desired to *reconcile* me *with* his friend. 彼は私と彼の友人とを仲直りさせたがった.

record /rɪkɔ́ːrd/ ***record** A **from** B **on** [**onto**] C* 他 AをBからCに録音[録画]する ▪ The songs were *recorded from* a live broadcast *onto* tape. その歌は生放送からテープに録音された.

recoup /rɪkúːp/ ***recoup** A **for** B* 他 A(人)にBの埋め合わせをする ▪ I will *recoup* you *for* the loss. あなたにその損失を弁償します.

recover /rɪkʌ́vər/ ***recover from*** [《まれ》*of*] 自 **1** (病気)から回復する. 治る ▪ He has partially *recovered from* his illness. 彼はある程度病気が治った.

2 (驚き・恐怖など)から立ち直る. 落ち着く ▪ I had not yet *recovered from* my terror. 私はまだ恐怖から立ち直れていなかった.

***recover** A **from** B* 他 **1** AをBから取り戻す ▪ I *recovered* my ball *from* the neighbor's garden. 隣の庭からボールを取り戻した.

2 B(海など)を埋め立ててAを作る ▪ They were at pains of *recovering* the marshes *from* the sea. 彼らは海を埋め立てて沼地を開発することに精を出していた.

3 A(人や動物)のB(病気など)を治す ▪ He *recovered* her *from* her cold. 彼は彼女の風邪を治してやった.

4 AをB(悪の道など)から改悟[更生]させる ▪ I must *recover* all *from* their evil courses by every means in my power. 私は自分にできるすべての手段を講じて彼らすべてを悪の道から更生させねばならない.

recover out of 自 (驚き・恐怖など)から立ち直る[落ち着く] ▪ We soon *recovered out of* our amazement. 我々はすぐに驚きから落ち着きをとり戻した.

recriminate /rɪkrímənèɪt/ ***recriminate against*** 他 (人)を反訴する ▪ He will *recriminate against* his slanderers. 彼は自分を中傷した者を反訴するだろう.

recruit /rɪkrúːt/ ***recruit** A **into** B (**from** C)* 他 Aを(Cから)徴集してBに入れる ▪ The government *recruited* men *into* the forces *from* nonessential industries. 政府は非主要産業から男子を徴集して軍隊に入れた.

recuperate /rɪkjúːpərèɪt/ ***recuperate from*** 自 (病気など)から回復する ▪ He has completely *recuperated from* his illness. 彼は完全に病気から回復した.

recur /rɪkə́ːr/ ***recur to*** 他 **1** (話題・時期など)に立ち返る. を思い起こす ▪ I must *recur to* my former subject. 元の話題に立ち返らねばならない ▪ It was painful to her to *recur to* that terrible time. その恐ろしかった時のことを思い起こすのは彼女にはつらかった ▪ There was one subject always to be *recurred to* by the ladies in case of extremity. いざというときにはいつも女性に繰り返される話題がひとつあった.

2 (物事)に訴える. 頼っていく ▪ The people *recurred to* his justice. 人々は彼の正義に訴えた ▪ He will *recur to* the Blessed Virgin herself himself. 彼は己の教化のため聖母マリアに頼るだろう.

— 自 **3** (考え・思想などが心に)再び浮かぶ. 回想される ▪ Her tenderness *recurred to* his memory. 彼女の優しさが再び彼の心に浮かんできた.

redeem /rɪdíːm/ ***redeem** A **from** B* 他 **1** Aを B(質)から質受けする ▪ Have you *redeemed* your watch *from* pawn? 時計を質受けしましたか.

2 《宗》(キリスト・神)の犠牲によってA(人)をB(罪などから)救う ▪ Jesus *redeemed* us *from* sin. イエスの犠牲によって我々は罪から救われた.

3 AのB(欠点・過失など)を償う[補う] ▪ The eyes *redeem* the face *from* ugliness. その目が顔の醜さを償っている.

4 AをB(失敗など)から救う[免れさせる] ▪ His singing *redeemed* the concert *from* utter failure. 彼の歌のおかげでコンサートが完全な失敗にならずに済んだ.

redound /rɪdáʊnd/ ***redound on*** [**upon**] 他 (名誉・不名誉など)...に報いてくる. 跳ね返ってくる ▪ His crime will *redound upon* him. 彼の犯した罪が彼に跳ね返ってくることになろう.

redound to 他 《文》**1** (信用など)を高める ▪ Your success will *redound to* the fame of the college. あなたのご成功は大学の名声を高めることになりましょう.

— 自 **2** (利益などが)...に及ぶ ▪ The benefits *redounded to* us all. 利益は我々全部に及んだ.

reduce /rɪdjúːs/ ***reduce** A **to** B* 他 **1** AをBにまで減じる ▪ What remained *was reduced to* half price. 残り物は半値に下げられた.

2 AをBに変形する[変える] ▪ The stone *was reduced to* powder. その石は粉にされた ▪ The house *was reduced to* ashes. その家は焼けて灰に

なった ▪ The building *was reduced to* rubble by the explosion. その建物は爆発によってがれきになった.
3 AをBの状態に陥らせる ▪ We *were reduced to* despair. 我々は絶望に陥った ▪ He found himself *reduced to* penury. 彼はいつのまにか貧窮に陥っていた.
4 AをBにまとめる ▪ You must *reduce* this chapter *to* three pages. この章を3ページにまとめなければならない.
5 AをBに整理する ▪ One set of anomalies had *been reduced to* rule. 一組の変則的なものが通則にされた.
6 AをBに分類する ▪ The facts may all *be reduced to* three heads. これらの事実はすべて3項目に分類できる.
7 Aを強制してBさせる ▪ His sudden death *reduced* his family *to* a humble standard of life. 彼が急死したため遺族はみすぼらしい生活レベルを余儀なくされた.
8 AをBに換算する ▪ Pounds used to *be reduced to* pence by multiplying by 12×20 or 240. かつてポンド(の数値)は12×20つまり240倍してペンス(の数値)に換算された.

reef /ri:f/ *reef in* 他 《海》(帆)を縮める ▪ The sails must be *reefed in*. 帆を縮めねばならない.

reek /ri:k/ *reek* [*stink*] *aloud* 自 《口》ぷんぷんにおう ▪ It *reeks aloud* of tobacco. それはタバコのにおいが強い ▪ The stuff *stank aloud*. その品はぷんぷんにおった.

reek of [*with*] 自 《雅》…の悪臭を放つ《比喩的にも》▪ The room *reeked of* tobacco smoke. 部屋はぷんぷんタバコのにおいがした ▪ The book *reeks with* scraps of Latin. その本はラテン語がやたらに出てくる.

reel[1] /ri:l/ *reel back* 自 (打撃を受けて)後ろへよろめく, 退散する ▪ The boxer *reeled back*, losing his balance. ボクサーは平衡を失って後ろへよろめいた.

reel in [*out*] 自 千鳥足で入る[出る] ▪ Her husband *reeled in* at midnight. 彼女の夫は深夜千鳥足で帰宅した ▪ He *reeled out* of the pub and fell down on the pavement. 彼は千鳥足でパブから出て舗道に倒れた.

reel[2] /ri:l/ *reel in* 自他 (釣り糸をリールに巻いて)…をたぐり寄せる ▪ I gently *reeled in* and carefully removed the hook. 私はそっとリールを巻き戻して注意深く釣り針をはずした ▪ He looked jealous every time I *reeled* a fish *in*. 私がリールで魚を手繰り寄せるたびに彼はねたましい顔をした.

reel off 他 **1** …を(まゆなどから)巻き取る ▪ This book describes the manner of *reeling off* the silk from the pod. この本にはまゆから絹糸を巻き取る方法が説明されている.

2 (話・歌など)をぺらぺらとしゃべる; すらすらと書く ▪ He *reeled off* a world of insipid verses. 彼は多くの退屈な詩をすらすらと詠じてみせた ▪ The poet *reels off* a poem or two when asked. その詩人は頼まれれば詩の1つや2つすらすらと書く.

3 …を難なくやってのける ▪ The child can *reel off* the names of the kings and queens of England. その子はイングランド歴代の王と女王の名を難なく暗唱できる.

4 《英口》(勝利・得点など)を得る ▪ The Giants *reeled off* eleven consecutive points. ジャイアンツは連続11得点あげた.

reel out 他 (釣り糸・ケーブル・ホースなど)を繰り出す ▪ *Reel out* more line, or the fish may break it! もっと糸を繰り出さないと魚に切られるぞ!

reel up 他 (釣り糸)をリールに巻きつける ▪ He *reeled up* his line as quickly as possible. 彼はできるだけ早く釣り糸をリールに巻き上げた.

reeve /ri:v/ *reeve A on* [*over, round, to*] *B* 他 A(ロープ)をBに[の上に, の回りに, に]結びつける ▪ They *reeved* a rope *over* the yard. 彼らはロープを帆げたに掛けた.

reeve through 自他 (ロープが)…に通る; (ロープ)を(滑車・穴)に通す ▪ The lines will *reeve through* a block. その綱は滑車に通るだろう ▪ One end of the rope *was reeved through* the block. そのロープの一方の端が滑車に通された.

refer /rɪfə́:r/ *refer back to* 他 …に話を戻す, 戻ってふたたび言及する ▪ I would like to *refer back* to something I said in my introduction. 前置きで述べたことに話を戻したい.

refer A back to B 他 **1** A(問題など)をBに差し戻す ▪ The matter should *be referred back to* the committee. 本件は委員会へ差し戻すべきだ.
2 A(人)にBをもう一度言う[思い出させる] ▪ May I *refer* you *back to* my earlier letters? 以前差し上げた手紙を思い出していただけますか.

refer to 他 **1** …に言及する, を…と (*as*) 呼ぶ ▪ We *refer to* him *as* "captain." 我々は彼のことを「隊長」と呼んでいる ▪ Bacon *was referred to as* a military genius. ベーコンは軍事の天才と呼ばれた.
2 …を参照する ▪ The traveler *referred to* his guidebook for details of his journey. 旅行者は案内書を参照して旅程の詳細を調べた.
3 …を指示する ▪ The asterisk *refers to* a footnote. 星印は脚注を指します.
4 …を引用する, 引き合いに出す ▪ He *referred to* passages of his personal history. 彼は自分の来歴を述べたくだりを引用した.
— 自 **5** …に関係している ▪ I have examined all the documents *referring to* this matter. この件に関するいっさいの書類を調べてみた.

refer A to B 他 **1** A(人)をB(著者・本など)に差し向ける; A(人)をB(事実など)に注目させる ▪ Can you *refer* me *to* a good dentist in the city? この町の良い歯医者をご存じありませんか ▪ I wrote to him that very day, *referring* him *to* the paragraph I had read. 私は早速その日彼に手紙を出して私が読んだ記事を読んでみるように言ってやった.
2 A(事件・問題など)をBに委託する, 持ち込む ▪ The King *referred* the matter *to* the council. 国王はその問題を評議会に委託した ▪ She often *referred*

questions *to* me. 彼女はよく私の所へいろんな問題を持ち込んできた.

3 AをBに帰する, のせいにする ▪ He *referred* his wealth *to* his own hard work. 彼は自分の富は自分の努力の賜物(たまもの)だとした.

4 AをB(ある種類・所・時代)に属するものとする ▪ Historians *refer* Stonehenge *to* the neolithic age. 歴史家はストーンヘンジを新石器時代に属するものとしている.

refine /rɪfáɪn/ ***refine on*** [***upon***] [他] **1** …に磨きをかける, を洗練する, 改善[改良]する ▪ He has considerably *refined upon* the invention. 彼はその発明を相当改良した.

2 …に細かな区別立てをする ▪ The politicians here *refine upon* everything. ここの政治家たちはあらゆることに細かな区別立てをする.

reflect /rɪflékt/ ***reflect back*** [他] **1** …を反射する ▪ A mirror *reflects back* the sunlight. 鏡は日光を反射する.

2 …を反映する ▪ His speech *reflected back* the views of the people. 彼の演説は人民の意見を反映していた.

reflect on [***upon***] [他] **1** …をつくづく考える, 思案する ▪ *Reflect upon* all I have said to you. 私が君に言ったことをとくと考えてみなさい.

2 〚well, badly などを伴って〛(行為・状況などが)…に(良い[悪い])印象を与える, 評判をもたらす ▪ His winning a speech contest will *reflect well on* the school. スピーチコンテストでの彼の優勝は学校に良い評判をもたらすだろう ▪ His behavior has *reflected badly on* the reputation of our school. 彼の行状が本校の名声を汚してしまった.

3 (行為・事情が)…の体面を傷つける, 不名誉となる ▪ His conduct *reflects on* his parents. 彼の行為は両親の体面を傷つけるものだ.

4 …を中傷する, けなす ▪ I am far from *reflecting on* any of you. 私はあなたがたの誰も中傷などしていません.

5 思案の結果を述べる ▪ He *reflects on* his past in the essay. 彼はエッセイの中で自分の過去について思案の結果を述べている.

R

reflect A on [***upon***] ***B*** [他] A(信用・不名誉など)をBに被らせる ▪ His courage *reflected* great credit *on* him. 彼は勇気のために大いに信用を博した.

reflect over [他] …のことをつくづく考える ▪ I *reflected over* his request for some time. 彼の要請をしばらくの間思案した.

reform /rɪfɔ́ːrm/ ***reform a person from*** [他] 人に(悪習など)を捨てさせる ▪ He *is* now *reformed from* those practices. 彼はもうそういう習慣は捨てている.

refrain /rɪfréɪn/ ***refrain from*** (*doing*) [自] (…すること)をさし控える ▪ He found it difficult to *refrain from* tears. 彼は涙をこらえられなかった ▪ Please *refrain from smoking*. タバコはご遠慮ください.

refund /rifʌ́nd/ ***refund A to B*** [他] A(金)をBに払い戻す ▪ The shop will *refund* the cost of the goods *to* you. あの店は商品の代金を君に払い戻してくれるよ.

refuse /rɪfjúːz/ ***refuse at*** [自] (馬が障害物)の前ではたと止まる ▪ The horse *refused at* the fence. 馬は柵の前で急に立ち止まった.

regain /rɪgéɪn/ ***regain A from B*** [他] BからA(失った物)を回復[奪還]する ▪ The island *was regained from* Japan after the war. その島は戦後日本から返還された.

regale /rɪgéɪl/ ***regale on*** [***upon***] [自] …のごちそうを食べる ▪ I killed a goose, and we *regaled upon* it. 私はガンを仕留め, みんなで舌鼓を打った.

regale A with B [他] A(人)をB(ごちそう・娯楽)で楽しませる ▪ The host *regaled* us *with* drinks and cigars. 主人役は我々を酒や葉巻でもてなした.

regard /rɪgɑ́ːrd/ ***regard A among B*** [他] AをBの中にはいる[Bの一つ]とみなす ▪ People *regard* reading *among* the charms of cultured life. 人々は読書を文化生活の魅力の一つとみなしている.

regard A as B [他] AをBとみなす ▪ I *regard* him *as* a friend. 私は彼を友人とみなしている ▪ He *regarded* the money *as* gone. 彼はその金をなくなったものと考えた.

regard A with B [他] AをB(ある感情)をもって見る ▪ He *regarded* me *with* dislike [sympathy]. 彼は私を憎しみ[同情]の目で見た.

register /rédʒəstər/ ***register A*** (***as B***) ***with C*** [他] Aを(Bとして)C(役所など)に登録する ▪ Foreign students must *register* themselves (*as* such) *with* the police. 留学生は警察に(留学生として)登録しなくてはならない.

register at [自] 《米》(ホテル)に投宿する ▪ He *registered at* a Coney Island hotel. 彼はコニーアイランドのとあるホテルに投宿した.

register for [自] …の受講を申し込む[登録する] ▪ I will *register for* the history class. 私は歴史の受講を申し込みます.

reign /reɪn/ ***reign over*** [他] **1** (人が)…を統治する ▪ He *reigned over* the country for ten years. 彼は10年間その国を統治した.

2 (事態が)支配する ▪ Chaos *reigned over* the village. 無秩序が村を支配していた.

reimburse /rìːɪmbɔ́ːrs/ ***reimburse A for B*** [他] A(人)にB(経費)の弁償をする ▪ The firm *reimbursed* him *for* traveling costs. 会社は彼に旅費の弁償をした.

rein /reɪn/ ***rein back*** [他] **1** (馬)を手綱で引き戻す, 引き止める ▪ They *reined* their horses *back* to the ranks. 彼らは馬を手綱で列に戻した.

2 = REIN in 2.

― [自] **3** 馬を手綱で引き戻す ▪ At the word "March!" the rear rank *reined back*. 「前進!」の号令で後列は馬を手綱で引き戻した.

4 (馬・人が)後ずさりする ▪ She *reined back* a step or two. 彼女は1, 2歩後ずさりした.

rein in [自] [他] **1** (馬の)手綱を引いて歩調をゆるめさせる

▪ I was *reining in* my horse. 私は手綱を引いて馬の歩調をゆるめさせようとしていた ▪ We *reined in* at last to a walk. 我々はついに手綱を引いて並足にさせた.

— [他] **2**《文》(人・感情など)を抑制する, 制限する ▪ He did so because he wanted to *rein* them *in*. 彼がそうしたのは彼らを抑制しようと思ったからだ.

rein up [他] **1**(馬)の手綱を引いて止める ▪ He *reined up* his horse. 彼は手綱を引いて馬を止めた.

— [自] **2**(いたずらなどを)やめる ▪ None of your practical jokes here; *rein up*, if you please. ここでは悪ふざけはたくさんだ. どうかやめてくれ.

rein (up) from [他]《米》…に囲いをして…を入らせないようにする ▪ This field is to *be reined* (*up*) *from* stock of all kinds. この畑は囲いをしてあらゆる家畜に入らせないようにする予定だ.

reinforce /rìːɪnfɔ́ːrs/ ***reinforce** A **with** B* [他] AをBで補強[強化]する ▪ You must *reinforce* your argument *with* facts. 自分の議論を事実で強化しなければだめだ.

rejoice /rɪdʒɔ́ɪs/ ***rejoice at*** [自] …を[であるのを, して]喜ぶ ▪ The child *rejoiced at* the news. 子供はその知らせを聞いて喜んだ.

rejoice in [他] **1** …を喜ぶ ▪ He *rejoiced in* the birth of a son. 彼は息子が生まれたのを喜んだ.

2 …に恵まれている, を享受する,《戯》を持っている ▪ He *rejoices in* good health. 彼は健康に恵まれている ▪ She *rejoices in* two parasols. 彼女はパラソルを二つも持っている ▪ The small North Welsh village *rejoices in* the name of Llanfairpwllgwyngyll. その北ウェールズの小村は Llanfairpwllgwyngyll というおかしな名だ.

rejoice over [他] …のことを大喜びする ▪ The team *rejoiced over* their victory. チームは勝利を大喜びした.

relapse /rɪlǽps/ ***relapse into*** [自] 再び(邪道・邪宗など)に陥る ▪ He *relapsed into* heresy and was burned at the stake. 彼は再び邪宗に返って, 火刑に処せられた ▪ He *relapsed into* moody silence. 彼は再びむっつりと黙ってしまった.

relate /rɪléɪt/ ***relate to*** [自] **1** …と関連がある ▪ He notices nothing but what *relates to* himself. 彼は自分に関係があること以外は少しも注意しない.

2 …とうまくつき合う, うまが合う ▪ A good teacher should *relate to* the pupils. 良い教師は生徒とうまくつき合えなくてはならない.

3(音楽など)に気分が合う ▪ I don't *relate to* rock music. ロック音楽は性(しょう)に合わない.

4 …に関わる, を指す ▪ This paragraph *relates to* my father. この記事は父のことを言っている.

***relate** A **to** B* [他] **1** AをBに関係[関連]させる ▪ We cannot *relate* the phenomena *to* anything we know. その現象は我々の知っている何物にも関連させることができない.

2 AをBに話す ▪ He had a horrifying story to *relate to* me. 彼は恐ろしい話を私に話して聞かせた.

relate with [自] …と符合する, 合致する ▪ Your statement does not *relate* well *with* the facts. 君の話は事実とうまく合致しない.

***relate** A **with** B* [他] AをBに関係[関連]させる ▪ It is difficult to *relate* these results *with* any known cause. これらの結果を既知の原因に関係づけるのはむずかしい.

relax /rɪlǽks/ ***relax from*** [自] (顔つきが)…からなごむ ▪ His features *relaxed from* their first expression. 彼の顔つきは初めの表情からなごんでいった.

relax into [自] (顔つきが)なごんで…になる ▪ His features *relaxed into* a smile. 彼は顔つきをなごませてにっこりした.

relay /rɪléɪ/ ***relay** A **(out) to** B* [他] AをBに中継する ▪ The radio station *relayed* the message *out to* the people. ラジオ局がその通信を人々に中継した.

release /rɪlíːs/ ***release** A **from** B* [他] **1** AをBから放つ, はずす ▪ They *released* the man *from* prison. その男は刑務所から釈放された ▪ He *released* a bomb *from* the aircraft. 彼は飛行機から爆弾を投下した.

2 AをBから免れさせる[解除する] ▪ Death *released* him *from* his suffering. 死んで彼は楽になった.

relegate /réləgèɪt/ ***relegate** A **to** B* [他] **1** A(人)をBに格下げする ▪ He *was relegated to* a local branch. 彼は地方支店へ左遷された.

2 A(人)をB(遠国)に追いやる ▪ The king *relegated* him *to* a distant island. 国王は彼を遠い島へ追放した.

relieve /rɪlíːv/ ***relieve** a person **from*** [他] **1** 人から(厄介物など)を取り除いてやる ▪ He *relieved* me *from* my duty. 彼は私の仕事を免除してくれた.

2 = RELIEVE a person of 2.

relieve** a person **of [他] **1** 人から(厄介物など)を除く ▪ Let me *relieve* you *of* that bundle. その包みを運んであげましょう.

2《文》人(の職など)を解く ▪ He *was relieved of* his post. 彼は職を解かれた.

3《戯》人から(金など)をふんだくる ▪ Someone or other had *relieved* him *of* his purse. 誰かが彼の財布を盗んでいた.

relish /rélɪʃ/ ***relish of*** [自] **1** …の味がする ▪ The stew *relishes of* garlic. そのシチューはニンニクの味がする.

2 …の気味[臭味]がある ▪ The biography *relishes* too much *of* romance. その伝記はロマンスの気味が多すぎる.

reluct /rɪlʌ́kt/ ***reluct at [against]*** [他] …をいやがる ▪ Many readers *reluct at* works containing dialect. 方言を含む作品をいやがる読者が多い ▪ No one could *reluct against* the very reasonable price. この飛び切りのお手頃価格に食指を動かされない者はおるまい.

rely /rɪláɪ/ ***rely in*** [他]《まれ》…を信用する ▪ I think I can *rely in* him. あの男は信用できると思う.

rely on [upon] [他] …に頼る, を当てにする ▪ He

cannot *be relied on*. あの男は当てにならない ・You may always *rely upon* my assistance. いつでもあなたのお力になります.

remain /rɪméɪn/ *remain ahead of* = KEEP ahead of.

remain away 自 欠席する(*from*) ・The boy *remained away from* school yesterday. 少年はきのう学校を欠席した.

remain behind 自 居残りする ・Tom was told to *remain behind* after school. トムは放課後居残りするように命じられた.

remain in **1** 家にいる ・I *remained in* yesterday, as I had a cold. 風邪を引いていたので、きのうは家にいた.
2(火が)消えずに燃えている ・The fire *remained in* all night. 火は夜通し燃えていた.

remain of 自 (全体)のうちで残る ・Nothing *remains of* the city but its ruins. その市は廃墟の他何一つ残っていない.

remain with …の手に帰する ・Come what may, the final victory will *remain with* the Japanese. 何事が起ころうとも最後の勝利は日本人の手に帰するであろう.

remark /rɪmɑ́ːrk/ *remark on [upon]* 他 …について批評する ・It would be rude to *remark upon* her appearance. 彼女の外見を批評するのは無礼だろう.

remember /rɪmémbər/ *remember A as (being) B* 他 AをBとして記憶している ・I *remember* him *as* (*being*) a fat little boy. 彼のことを太った子供として記憶している.

remember of 他 《米》…の記憶がある, を思い起こす ・What do you *remember of* your early childhood? 幼少の頃のどんなことを覚えていますか.

remember A to B 他 《文》AからBによろしくと伝言する ・*Remember* me kindly *to* your mother. お母様にどうぞよろしくお伝えください ・He desired to *be remembered to* you. あの人があなたによろしくとのことでした.

remind /rɪmáɪnd/ *remind a person of* 他 人に…を気づかせる; 人に…を思い出させる, 連想させる ・I must *remind* you *of* your promise. 君に約束を思い出してもらわなければならない ・You *remind* me *of* your father. 君を見るとお父上のことを思い出します.

reminisce /rèmənís/ *reminisce about* 自 (通例二人以上の人が)…の思い出にふける ・The two old men sat smoking and *reminiscing about* the good old days. 二人の老人は座ってタバコをふかし, 古きよき時代の思い出にふけっていた.

remit /rɪmít/ *remit A to B* 他 《文》**1** A(金銭)をBに送る[送達する] ・A lot of money *was remitted to* her. 大金が彼女に送られた.
2 AをBに差し戻す ・The case *was remitted to* the court of first instance. その件は第一審に差し戻された.

remonstrate /rɪmɑ́nstreɪt|rémənstrèɪt/ *remonstrate against* 他 …に抗議する ・They *remonstrated against* his proceedings. 彼らは彼のやり方に抗議した.

remonstrate with a person 他 《文》人をいさめる(*about, on, upon*) ・I *remonstrated with* him *about* his folly. 私は彼の愚行のことで彼をいさめた ・The teacher *remonstrated with* the pupil *on* his mischief. いたずらをしたことで教師はその生徒をしかった.

remove /rɪmúːv/ *remove from* 自 …から転居する ・They *removed from* London last year. 彼らは昨年ロンドンから転居した.

remove A from B **1** AをBから取り去る[除く] ・They *removed* his name *from* the list. 彼らは彼の名を名簿から除いた.
2 AをBから去らせる[解任する] ・His father *removed* him *from* school. 彼の父親は彼を退学させた.

rend /rend/ *rend asunder* 他 …をずたずたに裂く ・He fetched such a sigh that would have *rent* a rock *asunder*. 彼は岩をも千々に砕くほどのため息をついた ・It *rent asunder* the veil which overhung the temple. それは神殿に掛かっていた幕を二つに裂いた.

rend away [off] 他 …をもぎ取る ・He began to rip and *rend away* the lacing of his suit. 彼は自分の服のレースをやぶいてもぎ取り始めた ・The bear *rent off* limb after limb of a deer. 熊は鹿の脚を1本ずつ食いちぎった.

rend A from [out of, off] B 他 BからAをもぎ取る ・Infants *were rent from* their mother's arms. 赤んぼうは母親の腕からむりやり引き離された ・Firefighters *rent* him *out of* the burning car. 消防士たちは燃える車から彼を引きずり出した.

render /réndər/ *render again* 他 …を返す ・Please *render* me my knife *again*. 私のナイフをお返しください.

render back 他 **1**(音)をはね返す ・These hollow rocks *render back* sounds. これらのくぼんだ岩は音を反響させる.
2 …を返す ・The Lord *rendered back* to man again the grace which he had lost. 主は人間が失った恩寵を再び人間に返したもうた.

render down 他 (脂肪)を溶かす ・I must *render down* this fat, if we are short of lard. ラードが切れているのならこの脂肉を溶かさないといけない.

render A for B 他 《文》Bに報いるにAをもってする ・Ought we to *render* evil *for* evil at all? 我々はそもそも悪に報いるに悪をもってせねばならないのか.

render A into B 他 《文》AをB(別の言語)に翻訳する ・Poetry can never *be* adequately *rendered into* another language. 詩を他言語に完全に翻訳することは全く不可能である.

render up **1**(…に)…を明け[引き]渡す(*to*) ・I'll make her *render up* her page *to* me. あの女が私に付け人を引き渡すようにしてやろう ・At long last they *rendered up* their castle *to* the

enemy. とうとう彼らは敵に彼らの城を明け渡した.
2(祈り)を捧げる ▪ The priest *rendered up* a prayer to the Lord. 牧師は主に祈りを捧げた.

renege /rɪníg/-ní:g/ **renege on** 他 《文》(約束)をほごにする ▪ I don't like to disappoint my children and *renege on* their holiday. 私は子供たちをがっかりさせたり, 休日の約束をほごにしたりしたくない.

rent /rent/ **rent at** 自他 …で賃貸する[される] ▪ This flat *rents* [*is rent*] *at* £300 a week. このアパートは週300ポンドで賃貸します.

rent out 他 (家など)を(…に)賃貸する(*to*) ▪ His house *was rent out* (*to* students) for the summer. 彼の家は夏の間(学生に)貸し出された.

repair /rɪpéər/ **repair to** 自 《文》…へ行く ▪ Shall we *repair to* the lounge for coffee? コーヒーを飲みにラウンジに行きましょうか.

repay /rɪpéɪ/ **repay**...**by** *doing* 他 …に…して返報する ▪ He *repaid* our hospitality *by acting* meanly. 彼は我々のもてなしに卑劣なふるまいで報いた.

repay a person for 他 人の…に報いる ▪ I must *repay* him *for* his kindness. 彼の親切に報いなければならない.

repay A with B 他 A(人・行為)にBで報いる ▪ He *repaid* my kindness *with* ingratitude. 彼は私の親切に忘恩で報いた.

repeat /rɪpí:t/ **repeat on** 自 (食べ物が)げっぷで食道に上がってくる, (食べ物の)あと味が口に残る ▪ Onions always *repeat on* me. タマネギを食べると決まってげっぷが出るんです.

repel /rɪpél/ **repel A from B** 《文》A(敵など)をBから撃退する[はねつける] ▪ The invaders *were repelled from* our shores. 侵入軍はわが国から撃退された.

repent /rɪpént/ **repent of** 他 《文》…を悔いる ▪ My cousin *repents of* having been idle in his youth. いとこは若い頃怠けたことを悔やんでいる ▪ I have nothing to *repent of*. 何も悔いることはない.

repine /rɪpáɪn/ **repine against** [**at**] 他 …を嘆く, こぼす ▪ He *repined at* his lot. 彼は自分の運命を嘆いた ▪ She *repines against* the daily chores she had to do at home. 彼女は毎日しなければならない家事をぶつぶつこぼす.

repine for 他 あきたらずに…にあこがれる ▪ He *repines for* an unwritten masterpiece. 彼はあきたらずにまだ書いていない傑作にあこがれるのだ.

replace /rɪpléɪs/ **replace A by** [**with**] **B** 他 AとBを取り替える, 交替する ▪ He *replaced* a worn tire *by* [*with*] a new one. 彼は古くなったタイヤを新しいのと取り替えた.

replenish /rɪplénɪʃ/ **replenish A with B** 他 Aに Bを補充[補給]する ▪ Let me *replenish* your glass *with* some more wine. グラスにもう少しワインをお注ぎいたしましょう.

reply /rɪpláɪ/ **reply for** 自 (乾杯のあとで)…を代表して謝辞を述べる ▪ She rose to *reply for* the ladies. 彼女は立ち上がって婦人たちを代表して謝辞を述べた.

reply to 自他 **1** …に答える, 返事をする ▪ Please *reply to* my letter by return of post. 折り返しご返事ください ▪ The letter *was replied to* by our assistant. その手紙の返事は我々の助手によって書かれた.
— 他 **2** …に応酬[応戦]する ▪ The batteries *replied to* our fire. 砲列は味方の砲火に応酬した ▪ The firing *was* scarcely *replied to* by our guns. その発砲に我が軍の大砲はほとんど応戦しなかった.

report /rɪpɔ́:rt/ **report at** …に出席[出頭]する ▪ The teacher did not *report at* his class. 教師は教室に出なかった ▪ He was told to *report at* the office on Monday morning. 彼は月曜の朝社に出頭するように命じられた.

report back **1** 帰って…を報告する, 折り返し報告する ▪ You must *report* your findings *back* to the committee. 調査結果を帰って委員会に報告しなければならない ▪ How these matters *were reported back* by the KGB, heaven knows. どのようにこれらの件が KGB によって折り返し報告されたかなんて, 誰にも分からない.
— 自 **2** (小休止のあと仕事に)戻る ▪ You must *report back* for duty. 彼は職務に戻らなければならない.

report for …のために報道する, の通信員である ▪ He *reports for* "The Times." 彼はタイムズ紙の通信員だ.

report in **1** 出頭する ▪ He *reported in* to the police station. 彼は警察署に出頭した
— 他 **2** …に報告を入れる ▪ *Report in* the office when you get back in town. 町に戻ったら事務所へ報告を入れなさい.

report on [*upon*] 他 (事件など)について報告する ▪ He will *report on* the war situation. 彼が戦況について報告するだろう ▪ The records *were* obtained and *reported on* by "The Sunday Times." 記録がサンデー・タイムズ紙に入手され報道された.

report out 他 (米)(委託案件)を(実施のために)本会議に戻す ▪ The committee has *reported* the bill *out*. 委員会は法案を本会議にさし戻した.

report to 自 …の直属の部下である ▪ He *reports* directly *to* me. 彼は私の直属の部下だ.

report A (*to B*) *for C* C(不都合)のかどでA(人)を(Bに)上申する ▪ I will *report* you to the *police* for committing a fraud. お前を詐欺罪で警察に訴えてやる.

repose /rɪpóʊz/ **repose in** 自他 (信頼などが)…に置かれている; (信頼など)を…に置く ▪ His trust *reposed in* the integrity of his partner. 彼は共同経営者の誠実さに信頼を寄せていた ▪ I have always *reposed* complete faith *in* you. 君にはずっと全幅の信頼を寄せているよ.

repose A in B 他 《文》A(信頼など)をBにおく ▪ Don't *repose* too much confidence *in* him [his honesty]. 彼[彼の正直さ]を信用しすぎてはいけない.

repose on **1** …にのっている ▪ The marble statue *reposed on* a pedestal. 大理石像は台座に

のっていた.
2 (心などが)...の思いにふける ▪ His mind *reposed on* the past. 彼の心は過去への思いにふけった.
— 他 **3** ...に依存する ▪ The committee's decision *reposes on* the chairman's vote. 委員会の決定は委員長の票にかかっている.

represent /rèprɪzént/ ***represent** A **as** B* 他
1 AをBとして表す[描]く ▪ Cupid *is* usually *represented as* a child with a bow and an arrow. キューピッドはふつう弓矢を持った子供として描かれている.
2 AをBとして述べる, 断言する ▪ Macaulay *represents* King Charles *as* a faithless fanatic. マコーリーはチャールズ王を不信心な熱狂者だと述べている.

reprint /riːprínt/ ***reprint** A **from** B* 他 AをB(原本)からリプリントする ▪ You can *reprint* this *from* the original. これを原本からリプリントすることができる.

reproach /rɪpróʊtʃ/ ***reproach** a person **for** [**with**]* 他 人の...をとがめる ▪ We *reproached* him *for* his ingratitude. 我々は彼の恩知らずをとがめた. ▪ His heart *reproached* him *with* not having loved this girl as she deserved. 彼はこの少女に当然の愛情を注がなかったことで気がとがめた.

reprove /rɪprúːv/ ***reprove** a person **for*** 他 人の...をしかる ▪ I *reproved* him *for* his carelessness. 私は彼の不注意をしかった.

repulse /rɪpʌ́ls/ ***repulse** A **from** B* 他 A(敵など)をB(場所)から撃退する ▪ They were able to *repulse* the enemy *from* their shores. 彼らは敵を祖国から撃退することができた.

request /rɪkwést/ ***request** A **from** [**of**] B* 他 A(物・事)をB(人など)に要請する ▪ I *requested* a loan *from* the bank. 銀行に金を貸してくれるように頼んだ. ▪ May I *request* a favor *of* you? あなたに折り入ってお願いがあるのですが.

require /rɪkwáɪər/ ***require** A **of** [**from**] B* 他 《文》B(人)にAを要求する ▪ What do you *require of* me? 私に何を要求するのですか ▪ It *is required of* me that I (should) do it. 私がそれをしなければならない.

requisition /rèkwəzíʃən/ ***requisition** A **as** [**for**] B* 他 AをB(ある用途)に徴発する ▪ The army *requisitioned* the school *for* a hospital. 軍はその学校を病院に徴発した.
***requisition** A **from** B* 他 AをB(人)から徴発する ▪ The officer *requisitioned* horses *from* the villagers. その将校は村人から馬を徴発した.

requite /rɪkwáɪt/ ***requite** A **for** B* 他 Aに対してBの報いをする ▪ I must *requite* you *for* your service with a present. お骨折りのお礼に贈り物をしなければならないと思っています.
***requite** A **with** B* 他 AにBで報いる ▪ Don't *requite* evil *with* good. 悪に報いるに善をもってするな ▪ His servility *was requited with* cold contempt. 彼の屈従は冷たい侮蔑で報いられた.

rescue /réskjuː/ ***rescue** A **from** B* 他 AをB(危険など)から救う[解放する] ▪ He *rescued* a child *from* drowning. 彼は子供がおぼれるのを救った.

research /rɪsə́ːrtʃ/ ***research into*** 他 ...を研究[調査]する ▪ I am *researching into* the language of Chaucer. 私はチョーサーの言語の研究をしているところです ▪ This area is now *being researched into* by NASA. この分野は目下米国航空宇宙局によって調査研究されているところだ.

reserve /rɪzə́ːrv/ ***reserve** A **for** B* 他 **1** A(席など)をBのために予約[指定]する ▪ This table *is reserved for* other guests. このテーブルは他のお客様に予約ずみです.
2 Aを B(ある目的)のために取っておく ▪ *Reserve* your strength *for* the climb. その登山のために力をたくわえておきなさい.
3 AをB(人)のために取っておく; AをB(人)のために(運命として)予定する ▪ Fate *reserved* a strange career *for* him. 運命は彼のために不思議な生涯を用意していた ▪ A great future *is reserved for* you. 偉大な未来が君のために予定されている.
***reserve** A **to** B* 他 AをBに取っておく ▪ This discovery *was reserved to* our times. この発見は我々の時代になされるよう取っておかれたのだ.

reside /rɪzáɪd/ ***reside at*** 自 ...に住む, 居住する ▪ He *resides at* the mansion over there. 彼は向こうの屋敷に住んでいる.
reside in 自 **1** ...に住む, 居住する ▪ These hotels *are resided in* by Americans and Jews. これらのホテルにはアメリカ人もユダヤ人も泊っている. ☞ at at より も広い地域.
— 自 《文》 **2** (性質などが)...に備わっている ▪ It is *in* such actions that true courage *resides*. かような行動にこそ真の勇気が見られる.
3 (力・権利などが)...にある ▪ All power *resides in* the people. 権力はすべて人民にある.
4 = RESIDE with.
reside with 他 (権力・権利が)ある, 存する ▪ The ownership has still *resided with* the original company. その所有権はいまだに元の会社にある.

resign /rɪzáɪn/ ***resign from*** 自 (職・地位)を辞する ▪ The professor *resigned from* his university. その教授は大学を辞した.

resolve /rɪzɑ́lv|-zɔ́lv/ ***resolve** A **into** B* 他
1 AをBに分解する, 溶解する ▪ Water may be *resolved into* oxygen and hydrogen. 水は酸素と水素に分解することができる.
2 AをBに変形させる ▪ Why may we not *resolve* Christianity *into* a system of practical morality? どうしてキリスト教を実践道徳体系に変えていけないことがあろうか.
resolve on [**upon**] 自 《文》...に決心する(*doing*) ▪ I *resolved on going* alone. 私は一人で行こうと決心した.

resonate /rézənèɪt/ ***resonate with*** 自 **1** ...が鳴り響く[響き渡る] ▪ The hall *resonated with* thunderous applause when she stepped up to receive the award. 彼女が受賞のために登壇すると会場に万雷の拍手が響き渡った.

2 …に共感する, の共感を引き起こす ▪ Everywhere she speaks, millions *resonate with* her message. 彼女がどこで話をしても, 何百万もの人々が彼女のメッセージに共感する ▪ This book mostly *resonated with* young adults. この本は主として若年成人の共感を引き起こした.

3〈文〉…で満ちている ▪ The hall *was resonated with* audiences of all ages. ホールはあらゆる年代の聴衆でぎっしり詰まっていた.

resort /rɪzɔ́ːrt/ ***resort to*** 他 **1**(手段・方法)を採る, に訴える ▪ The Government had to *resort to* a policy of coercion. 政府は弾圧政策に訴えねばならなかった ▪ Terrorism *is resorted to* by the weak to get the attention of the powerful. テロは弱者が権力者の注意を引くために採る手段だ.

2…にしばしば[大勢で]行く ▪ He was known to *resort to* the bar. 彼はその酒場へよく通うという評判だった ▪ People *resorted to* the shrine by the hundred. 何百人もの人々がその神社へ押しかけた ▪ The house *was resorted to* by drug offenders. その家には麻薬犯罪者たちがよく押しかけていた.

resound /rɪzáʊnd/ ***resound through*** [***in***] 自 …に響き渡る; 中に知れ渡る ▪ His fame *resounded through* all Europe. 彼の名声はヨーロッパ中に知れ渡った ▪ The waterfall continued to *resound in* my ears long after it was out of sight. その姿が見えなくなってからも滝の音がずっと耳に残った.

resound with 自 …で響き渡る ▪ The hall *resounded with* cries of dissent. 会堂は異議の叫びで割れんばかりだった.

respect /rɪspékt/ ***respect A for B*** 他 A(人)をBのために尊敬する ▪ I *respect* you *for* your integrity. 私はあなたの正直さを尊敬します.

respond /rɪspάnd|-spɔ́nd/ ***respond to*** 自他 **1**(刺激など)に反応を示す, 感応する ▪ He does not *respond to* kindness. 彼は親切にしてやっても反応を示さない.

2…に答える, 応答する ▪ He *responded to* a speech of welcome. 彼は歓迎の言葉に答えた ▪ The call *was responded to* by the Secretary of the Club. 電話はクラブの秘書によって対応された.

respond with 自 …で報いる ▪ When he insulted me, I *responded with* a kick. 彼が私を侮辱したとき, 私はそのお返しにけとばしてやった.

rest /rést/ ***rest against*** 自 …にもたれかかる ▪ He stood there with his back *resting against* the door. 彼は背中をドアにもたせかけてそこに立っていた.

rest from 自 (仕事など)を休む; をやめる ▪ You may *rest from* your work. 仕事をやめて休んでよろしい.

rest in 他 **1**…を信じる ▪ He doubted her no more, but *rested in* her loyalty. 彼はもはや彼女を疑わずその貞節を信じた.

— 自 **2**(成就・決定が)かかって…にある, にかかっている ▪ It *rests in* me to do your command. あなたの命令を遂行するのは私の責任です ▪ Ultimate success or failure *rests in* our hands. 最後の成否は我々の手中にある.

rest A in B 他 **1**A(信頼など)をB(人)に置く ▪ I have always *rested* complete faith *in* him. 彼にはかねてから全幅の信頼を寄せている.

2A(権力など)をB(人)に与える ▪ This power has *been rested in* the President. この権限は大統領に与えられている.

rest on [***upon***] 自 **1**…にある, 位置を占める ▪ A smile *rests on* the lips. 微笑が口元に漂っている ▪ Clouds always *rest upon* the mountaintop. 雲がいつも山頂にかかっている.

— 他 **2**…によりかかる, ささえられている ▪ Oh then *rest on* me till the ceremony is over. ああ, では式が終わるまで私によりかかっていなさい ▪ The roof *rests on* arches. 屋根はアーチにささえられている.

3(目が)…に留まる, 向けられる ▪ His eyes *rested on* a lace cap she had been making. 彼の目は彼女が作っていたレースの帽子に向けられた.

4…に頼る ▪ I *rested* much *upon* his promise. 私は彼の約束を大いに当てにしていた.

5…に基づく ▪ Modern civilization *rests on* a foundation of science and education. 現代文明は科学と教育の基盤に基いている.

6(分隊が)…に陣取る ▪ Their left *rested on* the hills. 隊の左翼は小山に陣取った.

rest A on B 他 **1**AをBの上に置く[に基づかせる] ▪ He *rested* his head on a cushion. 彼は頭をクッションにのせた ▪ *Rest* your argument *on* facts. 事実に基づいて論じなさい.

2A(視線など)をBの上に注ぐ ▪ He *rested* his gaze *on* her. 彼は彼女をじっと見つめた.

rest up 自 休んで疲れをとる, 十分に休息する ▪ He will have to *rest up* at least three months after the illness. 彼はこの病気のあと少なくとも3か月は休んで疲れをとらなければならない.

rest with 自 (成就・決定が人)にかかっている ▪ It *rests with* you to decide. 決定は君次第だ.

restore /rɪstɔ́ːr/ ***restore A to B*** 他 **1**AをB(元の状態)に戻す ▪ I feel myself *restored to* life. 私はよみがえったような気がする.

2AをB(元の地位)へ戻す[復帰させる] ▪ The king *was restored to* the throne. 王は復位した.

3A(治安など)をBに回復する ▪ Peace has finally *been restored to* this country. この国ではついに治安が回復された.

restrain /rɪstréɪn/ ***restrain A from*** (***doing***) ***B*** 他 AがBするのを妨げる ▪ It's impossible to *restrain* him *from drinking* too much. 彼に飲み過ぎを自制させるなんてできっこない.

restrain a person of 人を拘束して(自由)を取り上げる ▪ It is a sore thing to *restrain* a man *of* his liberty. 人が拘束されて自由を奪われるのはつらいことである.

restrict /rɪstríkt/ ***restrict A to B*** 他 AをBに限定[制限]する ▪ Speeches *are restricted to* five minutes each. 演説は各自5分に制限されている.

result /rɪzʌ́lt/ **result from** 圁 …に起因する
- His pain *results from* a blow while playing football. 彼の痛みはフットボールをやっているときに強打されたことが原因だ。

result in 圁 結局…に終わる，という結果になる
- The quarrel *resulted in* his son leaving the house. 口論の果てに彼の息子の家出という結末になってしまった。

retail /rɪ́teɪl, rɪteɪ́l/ **retail at [for]** 圁 他 …を…に小売りする，小売りされる
- We *retail* this book *at [for]* ￡15. = This book *retails at [for]* ￡15. この本は小売り値15ポンドだ。

retail A to B 他 **1** A(商品)をBに売る
- We *retail* shoes *to* customers. 私どもは靴をお客様にお売りします。
2 A(おもしろいニュースなど)をBに受け売りする
- She *retailed* the news *to* all and sundry. 彼女はそのニュースをあらゆる人々に受け売りした。

retain /rɪteɪ́n/ **retain A on [over] B** 他 A(影響など)をBに対して維持する
- She *retains* her strong hold *over* her husband. 彼女は夫に対して強い支配力を持ち続けている《妻は夫より一枚うわてだ》．

retaliate /rɪtǽlieɪt/ **retaliate against [on, upon]** 圁 …に報復する
- They may *retaliate upon* us. 彼らは我々に報復するかもしれない。
- We were *retaliated against* by fierce suicide bomb attacks on the Army headquarters. 我々は軍本部への猛烈な自爆攻撃の報復を受けた。

retch /retʃ/ **retch up** 他 …を吐く
- I *retched up* my breakfast. 食べた朝食を戻した。

retire /rɪtáɪər/ **retire from** 圁 **1** …を退職する；(商売など)をやめる
- His father *retired from* business. 彼の父親は商売をやめた。
2 (敵など)から退却する
- The soldiers *retired from* the enemy barrage. 兵士たちは敵の弾幕から退却した。
3 (視野)から消える，見えなくなる
- The island *retired from* view. その島は見えなくなった。

retire to [into] 圁 **1** (場所・生活)に引っ込む，隠退する
- Shakespeare *retired to* his native place before he was old. シェイクスピアは年をとらないうちに故郷に引っ込んだ。
2 …に退却する
- Papa has *retired to* his den with the evening papers. 父は夕刊をかかえて書斎に引き上げた。

retort /rɪtɔ́ːrt/ **retort on [upon]** 他 (人)にしっぺ返しをする
- I *retorted upon* the teasers. 私をいじめる人たちにしっぺ返しを言ってやった。
- This *was retorted upon* by the other party. 相手方にこう言い返された。

retreat /rɪtríːt/ **retreat from** 圁 **1** …から退却する
- The army *retreated from* the town. 軍隊は町から退却した。
2 …から手を引く，をやめる
- You can't *retreat from* the arrangement. その取り決めから手を引くことはできませんよ。

retrieve /rɪtríːv/ **retrieve A from [out of] B** 他 AをBから救う
- He *retrieved* his family *from* the oppression of the King. 彼は自分の一家を王の圧制から救った。

return /rɪtə́ːrn/ **return back** 他 …を返す
- *Return* the money *back* to me within 3 days. 3日以内にあの金を私に返してくれ。

return for 他 …を取りに帰る
- They *returned for* a cloak. 彼らは外とうを取りに帰った。

return A for B 他 Bに報いるにAをもってする
- I shall *return* good *for* evil. 私は悪に報いるに善をもってしよう。

return to 圁 **1** …に帰る，戻る
- He *returned to* his native place. 彼は故郷へ戻った
- The poem *returns to* my memory. その詩が記憶によみがえってくる。
2 (元のやり方・状態)に復帰する
- He *returned to* a life of crime. 彼はまたぞろ犯罪生活を始めた。
3 (前の話題)に戻る
- I'll *return to* that later. そのことはあとでまた触れよう。
— 他 **4** …を…に返す，戻す
- The fish must *be returned to* the water. その魚は水に戻してやらねばだめだ。

return upon *a person* 圁 (報いが)人に返ってくる
- Your sins often *return upon* yourselves. 罪はわが身に返ってくることが多い。

rev /rev/ **rev up** 他 圁 《口》 **1** (機関の)回転速度を上げる；回転速度が上がる《比喩的にも》
- He was *revving up* his motorbike. 彼はモーターバイクの回転速度を上げていた
- The student is *revving up* for her first world conference. その学生は初めての世界会議に向けて追い込み中だ。
2 活発にする[なる]；増大する，(パーティーを[が])盛り上げる[盛り上がる]
- They have decided to *rev up* production of Blu-ray discs. 彼らはブルーレイ・ディスクの生産量をふやすことに決めた
- The crime rate is *revving up* recently. 最近は犯罪率が増大している
- Those candles really *revved up* the party atmosphere. あれだけのキャンドルでパーティーの雰囲気が実に盛り上がった。
3 (試合前に)ウォーミングアップする
- The players were *revving up* before kickoff. 選手たちが試合開始前にウォーミングアップをしていた。
— 他 **4** 質を高める
- You should add something to the batter to *rev up* the flavor. 香りの質を高めるには生地に何かを加えたほうがよい。⇨ *rev*olution から。

reveal /rɪvíːl/ **reveal A to B** 他 AをBに見せる〈暴露する〉
- Why did you *reveal* his secret *to* me? 彼の秘密をなぜ僕にもらしたのか。

revel /révəl/ **revel away** 飲み騒いで(金・時)を費やす
- They *reveled away* the time [money]. 彼らは飲み騒いで時[金]を費やした。

revel in 圁 **1** …にふける，凝る
- She *revels in* luxury. 彼女は贅沢にふけっている。
— 他 **2** …を大いに楽しむ[喜ぶ]
- Children *revel in* country life. 子供は田舎の生活を大いに楽しむものだ
- Outdoor life *is reveled in* by young peo-

ple. アウトドア生活は若者に喜ばれる.

reverberate /rɪváːrbərèɪt/ ***reverberate on [upon]*** 自 《まれ》(感情など)に反応する ▪ Thus does the malice *reverberate upon* themselves. このようにして悪意は彼ら自身にはね返っていく.

reverberate through 自 (音が)…に鳴り響く; (名声が)…に響きわたる ▪ His fame *reverberated through* all Europe. 彼の名声はヨーロッパ中に響きわたった.

revile /rɪváɪl/ ***revile at [against]*** 他 …を口ぎたなくののしる ▪ They *reviled at* the doctrine of the Jesuits. 人々はイエズス会員の教義を口ぎたなくのしった. ▪ Our institution *was reviled at* by the ignorant. 我々の協会は無知な人たちに悪しざまに言われた.

revise /rɪváɪz/ ***revise down*** 他 …を下方[悪い方向に]修正する (⇔REVISE up) ▪ The company's earnings forecast has *been revised down*. 会社の収益予想は下方修正された.

revise up 他 …を上方[良い方向に]修正する (⇔REVISE down) ▪ The government has *revised up* its inflation projection for next year. 政府は来年の物価上昇率予測を上方修正した.

revolt /rɪvóʊlt/ ***revolt against*** 他 1 (人・権威)に反抗する ▪ He *revolted against* the fixed ideas of his age. 彼は当時の固定した思想に反抗した. ▪ The Pharaoh *was revolted against* by his subjects. ファラオは臣民によって造反された.
— 自 2 …に反感を催す ▪ My heart *revolted against* eating at the same table with him. 私は彼と食事を共にすることに反感を催した.

revolt at 自 …に胸が悪くなる, 不快を感じる ▪ My heart *revolted at* the mean idea. 私はそんな卑劣な考えを聞いて胸が悪くなった ▪ The stomach *revolts at* such food. そんな食物は見ただけで胸が悪くなる.

revolt from 自 1 (支配者・忠誠など)から背く ▪ The American Colonies *revolted from* Great Britain. アメリカ植民地が英本国に反逆した.
— 自 2 いや気がさして…から離れる ▪ His mind *revolted from* that means of escape. 彼はそんな逃亡手段には不快を感じて受け入れなかった.

revolt to 自 (敵などに)寝返りを打つ ▪ He *revolted to* the tents of his adversaries. 彼は敵の陣営に走った.

revolve /rɪvάlv|-vɔ́lv/ ***revolve around [about]*** 自他 1 …の周囲をぐるぐる回る, 運行する ▪ The Planets *revolve around* the sun. 惑星は太陽の周囲を運行する ▪ The earth *revolves around* the sun, and *is* in turn *revolved around* by the moon. 地球は太陽の周りを公転し, それ自体としては月に公転されている.
2 …を中心とする, に集中する ▪ Her life *revolves around* her children. 彼女の生活は子供が中心だ.

reward /rɪwɔ́ːrd/ ***reward A for B*** 他 Bに対してA(人)に報いる[報酬を与える] ▪ We *rewarded* him *for* his services. 我々は彼の奉仕のお礼をした.

rhapsodize /ræpsədàɪz/ ***rhapsodize about [over]*** 自他 …について熱狂的に語る, を激賞する ▪ All the critics *rhapsodized over* his new novel. 彼の今度の小説をすべての批評家が熱狂的にほめた ▪ Baseball has *been rhapsodized over* by poets, playwrights and songwriters. 野球は詩人に劇作家, 作詞家に謳(うた)われてきた.

rhyme /raɪm/ ***rhyme away*** 他 (時)を詩作に費やす ▪ He would *rhyme away* the long evenings. 彼は長い夜を詩作に費やすのであった.

rhyme to [with] 自 …と韻が合う, 韻を踏む ▪ "Say" *rhymes to* "day." Say は day と韻が合う.

rhyme A with B 他 AとBとを押韻させる ▪ Can we *rhyme* "hiccups" *with* "pick-ups"? Hiccups と pick-ups とを押韻させることができますか.

rid /rɪd/ ***rid A from [out of, of] B*** 《まれ》AをBから救い出す ▪ She devised some means to *rid* me *from* this second marriage. 彼女はこの再婚から私を救い出す方法を何か考えてくれた.

rid A of B 1 AからBを取り除く ▪ The government pledges to *rid* the country *of* mines. 政府は国から地雷を除去することを誓っている.
2 《まれ》AをBから免れさせる ▪ I *rid* myself *of* bad habits, like smoking. 喫煙などの悪習をやめた.

rid off [away] 他 (仕事)を終える ▪ The machine *rid off* a great deal of work in a little time. その機械はちょっとの間にたくさんの仕事をやってのけた.

rid up 他 (方)(部屋など)を片づける ▪ He *ridded up* the parlor hearth. 彼は客間の暖炉を片づけた.

riddle¹ /rídəl/ ***riddle forth [out]*** 他 …の謎を解く ▪ You know how to *riddle forth* a man's fortune by his hand. あなたは人の手相を見て運勢の謎を解く方法を心得ていらっしゃる.

riddle² /rídəl/ ***riddle A with B*** B(弾丸など)でAにハチの巣のように穴をあける ▪ The bird *was riddled with* shots. その鳥はハチの巣のように散弾を浴びていた.

ride /raɪd/ ***ride against*** 他 …を馬で攻撃する ▪ The horsemen *rode against* the highwaymen. 騎馬隊は追いはぎたちを馬で攻撃した.

ride at 他 …に馬で向かっていく ▪ The two enemies *rode at* each other with intent to kill. 敵同士の二人は殺してやろうとお互いに相手をめがけて馬を進めた.

ride away [off] 自 (馬・車で)乗り去る ▪ He *rode away* as fast as his horse could carry him. 彼は全速力で馬を飛ばして立ち去った.

ride down 他 1 (馬)を乗りつぶす ▪ He *rode down* three horses on his express mission. 彼は至急の用事で馬を3頭乗りつぶした.
2 …を(馬で)追い詰める ▪ The officers were determined to *ride down* the thief. 騎馬警官たちは泥棒を追い詰めようと決心していた.
3 …を攻撃して[突き当たって]倒す, を打ち負かす ▪ The giant was on the point of *riding down* a large carriage. 巨人は今にも大きな馬車に突き当たって倒すところだった ▪ The support of the people

enabled him to *ride down* all resistance. 民衆の後押しのおかげで彼はすべての反対に打ち勝てた.
　4 馬で(人)を突き倒す　▪ The poor old man *was ridden down* by huntsmen. かわいそうにその老人は狩猟家の馬に突き倒された.
ride in 他 (乗物)に乗る　▪ You may *ride in* my car [this boat]. 僕の車[このボート]に乗ってもよろしい.
ride in on ...に乗る, 便乗する　▪ Most stores are now *riding in on* the rising prices. 今はたいていの店が物価の上昇に便乗している.
ride off **1** (ポロ)(球と敵の間に)馬を乗り入れて(敵)を遠ざける　▪ Watch out to *ride off* an adversary. 馬を乗り入れて敵を遠ざけるように気をつけないう.
　2 (人の話題)を他にそらせる　▪ We've got to try and *ride* them *off*. 我々は何とかしてあの連中の話題を他へそらさなければならない.
ride on [upon] 自 **1** (馬など)に乗る　▪ The man was *riding on* a camel. 男はラクダに乗っていた.
　2 (米) (乗物)に乗る (→RIDE in)　▪ I was *riding on* a train last week reading a newspaper. 私は先週電車に乗って新聞を読んでいた.
　3 (馬に乗るように)...に乗る　▪ The child *rode on* his father's back. 子供は父親の背に馬乗りになっていた.
　4 (心棒など)にのせられている[のせられて回る]　▪ The wheel *rides on* the axle. 車輪は車軸にのせられて回る.
　— 他 **5** (金が馬)に賭けられている　▪ Much money is *riding on* the winning horse. 優勝馬には大金が賭けられている.
　6 〖主に進行形で〗...に依存する, 次第である　▪ Whether the game will be played *is riding on* the weather. その試合が行われるかどうかは天気次第です.
ride out 自 **1** 馬で遠乗りする　▪ We decided to *ride out* as the day was fine. 天気がよかったので馬で遠乗りすることに決めた.
　— 他 **2** (海)(船があらしなど)に耐える, を乗り切る　▪ The ship *rode out* the gale in safety. 船は無事に暴風雨を乗り切った.
　3 (一般に)うまく持ちこたえる, 難局を乗り切る　▪ Our faith will *ride out* every storm of doubt. 我々の信念はすべての疑いのあらしも切り抜けていくだろう.
　4 馬に乗って...を追い出す　▪ He *rode* the bull *out* of the herd. 彼は馬に乗ってその雄牛を群れから追い出した.
ride over 他 **1** ...を馬で踏みにじる　▪ The hunters *rode over* the field of young corn. ハンターたちは芽を出したばかりの小麦[トウモロコシ]畑を馬で踏みにじった.
　2 ...を圧倒する, 無視する　▪ The committee *rode over* any scruples expressed by the ordinary members. 委員会は普通の委員の表明した疑念はいっさい無視した.
　3 (折れた骨などが他の骨)に重なる　▪ You must take care in a fracture that bones do not *ride* one *over* another. 骨折のときは骨が重なり合わないように注意しなければならない.
　— 自 **4** (馬・自転車で)訪問する　▪ We will *ride over* to see you next week. 来週お目にかかりに車でお伺いします.
ride up 自 (口) (下着のえり・カラー・ネクタイなどが)ずり上がる, 出てくる　▪ His collar *rode up* constantly. 彼のカラーはいつもずり上がっていた.
ride up to 他 (乗物で)...に乗りつける　▪ The minister sometimes *rode up to* a Cabinet Council on his cycle. その大臣はときには自転車で閣議に乗りつけることがあった.
riffle /rífl/ **riffle through** 他 (米)...をパラパラめくる; をざっと調べ[調査す]る　▪ He *riffled through* the cards to find the book's title. 彼はその本の書名を見つけるためにカードをパラパラめくった　▪ We don't want our possessions *riffled through* by the government. 我々は資産を政府に調べられるのはいやだ.

rifle /ráifəl/ **rifle A of B** 他 AからBを奪い去る　▪ The children *rifled* the cupboard *of* its contents. 子供らは戸だなから中身を奪い去ってしまった.
rifle through 他 ...をくまなく捜す　▪ Someone's been *rifling through* my drawers. 誰かが私の机の中を捜し回っている　▪ They had their bags *rifled through* by security officers at the park's entrances. 彼らは公園の入り口で保安員によってかばんを調べられた.

rig /ríg/ **rig forth [out, up]** 他 (船)を装備する, 艤装する　▪ He had made a shift to *rig out* a small vessel. 彼はやりくりして小さな船を装備した.
rig out **1** (口) (人)に着飾らせる　▪ He *is rigged out* for a walk. 彼は散歩するために着飾っている.
　2 ...に奇抜な服装をさせる　▪ I'm not going to *rig* myself *out* in that ridiculous thing! あんなばかげたものを着るつもりはない.
　3 ...を用意する　▪ Why could the book have *been rigged out* as a liturgy? なぜその本を祈とう書として用意することができたのか.
　4 = RIG up 2.
rig up **1** ...を備えつける　▪ He went round *rigging up* the curtains. 彼はカーテンをつけて回った.
　2 ...を間に合わせに作る, 急ごしらえる　▪ We *rigged up* a shanty for a night's rest. 我々は一晩休むために掘っ建て小屋を急ごしらえした.
　3 (口) (たくらみなど)を考えつく　▪ The boy *rigged up* a plan to cheat his parents out of money. 少年は親から金をだまし取る案を考えついた.
　4 ...を(素早く)接続[連結]する　▪ *Rig* the computer *up* to the printer. コンピューターをプリンターにすぐに接続してくれ.
rig A with B 他 A(船)にB(マスト・帆など)を取りつける　▪ They are *rigging* a ship *with* new sails. 彼らは船に新しい帆を取りつけている.

right /ráit/ **right up** 他 (米・方)...を片づける　▪ The maid *rights up* the kitchen. メイドが台所の片づけをやってくれます.

ring^1 /rɪŋ/ **ring around** [**round**] 📗 他 (…(複数)に)次々と電話をかける ▪ He *rang around* the shopkeepers. 彼は店主たちに次々と電話をかけた ▪ I'll *ring round* to find out who will do the task. その仕事をしてくれる人を見つけるため、次々と電話をかけてみよう.

ring back 📗 《英》**1**(通じなかったので)電話をかけ直す, 折り返し電話する ▪ I'll *ring back* again later. また後ほどかけ直します.
— 他 **2** …に(電話のあと)電話を再びかける ▪ Can I *ring* you *back* in ten minutes? 10分してまた電話していいか.

ring down 他 ベルを鳴らして幕をおろす;(ある事件)の結末をつける(*on*) ▪ This sorry episode *rang down (the curtain) on* a spectacular adventure. このみじめな挿話がはなばなしい冒険物語に幕をおろした.
☞ring down the curtain ともいう.

ring for 他 **1**(人)を呼び鈴を鳴らして呼ぶ ▪ He *rang for* a servant. 彼は呼び鈴を鳴らして使用人を呼んだ.
2 呼び鈴を鳴らして(物)を持って来させる ▪ She *rang for* the tea things. 彼女は呼び鈴を鳴らして茶道具を持って来させた.
3 鐘を鳴らして…の合図をする ▪ The bells are *ringing for* church. 鐘が礼拝を知らせている.

ring in 他 **1**(新年など)を鐘を鳴らして迎える ▪ *Ring in* the new year. 鐘を鳴らして新年を迎え入れよ.
2《俗》…をすり変える ▪ Another method of cheating the players is to *ring in* a loaded dice. ばくち打ちをだますもう一つの手口としては鉛を入れたさいころとすり変えればいい.
3《米口》(招待なしに)…に割り込んで来る ▪ He managed to *ring in* our party. 彼はなんとか我々のパーティーに割り込んで来た.
— 自 **4**《米》(タイムレコーダーで)出勤時刻を記録する ▪ He had already *rung in* when I arrived. 私が着いたときには彼はもう出勤時刻を記録していた.
5(職場・テレビ局などに)電話をかける, 電話で報告する(＝CALL in 5, PHONE in 1, 3) ▪ I have to *ring in* to headquarters. 本部に電話で報告しなければならない ▪ John's *rung in* sick. ジョンは職場に電話して具合が悪いと伝えた.

ring off 自 《英》**1** 電話を切る; 電話が切れる ▪ She heard him *ring off*, hang up the receiver. 彼女は彼が電話を切り, 受話器をかけるのを聞いた ▪ The telephone suddenly *rang off*. 電話が突然切れた.
2《口》黙る, 静かにする ▪ For Heaven's sake, *ring off*! 後生だから黙ってくれ.

ring out 他 **1**(旧年など)を鐘を鳴らして送り出す ▪ *Ring out* the old year. 鐘を鳴らして行く年を送り出せ.
2 …を盛んに鳴り響かせる ▪ They *rang out* their great bell. 彼らは大きな鐘を盛んに鳴らせた.
— 自 **3**《主に雅》鳴り響く ▪ The music of the lark *rang out* from the field. ヒバリの歌声が野原から響きわたった.
4 先方の電話が鳴る ▪ The number you wanted is *ringing out* now. 先方の電話が鳴っています[ただいま呼び出しております]《交換手の言葉》.
5《英》電話をかける ▪ It was some time before I could *ring out*. しばらくして電話をすることができた.
6《米》(タイムレコーダーで)退社時刻を記録する ▪ He *rang out* at five o'clock. 彼は5時に退社時刻を記録した.

ring round 他 **1** ＝RING around.
2(単語など)を丸で囲む ▪ *Ring round* the synonyms with a red pencil. 赤鉛筆で同義語を丸で囲みなさい.

ring through 自《英》(内線で…に)電話をかける(*to*) ▪ Reception *rang through* and said my visitor had arrived. 受付が電話をしてきて私の来客が到着したことを告げた ▪ The alarm system *rang through to* my phone. 警報システムが私の部屋の電話にかかった.

ring up 他 **1**《主に英》…を(電話で)呼び出す ▪ Please *ring him up* (on the telephone). 彼を電話口に呼び出してください ▪ Has anyone *rung up* while I've been out? 留守中誰か電話してきましたか.
2(売上げなど)をレジに登録する, の合計を出す ▪ Our groceries *were rung up* on a cash register. 店の食料品類の売上げはレジに登録された.
3(お手伝いさんなど)を呼び鈴を鳴らして上へ呼ぶ ▪ He wanted to *ring up* Trim. 彼は呼び鈴を鳴らしてトリムを上へ呼ぼうと思った.
4(はりにつるした鐘)をはりを越えるほど振りあげて鳴らす ▪ We *rang up* the bell for the Sunday Services. その鐘を日曜日の礼拝のためにはりを超えるほど揺らして鳴らした.
5 …に達する, を積む ▪ The company *rang up* about 30 million yen in trading losses. 会社の取引での損失は約3千万円に達した.
6(勝利)を収める ▪ We have *rung up* six consecutive victories so far. 我々はここまで6連勝を収めてきた.

ring with 自 **1**(場所が)…で鳴り響く ▪ The hall *rang with* cheers. 講堂は喝采で鳴り響いた.
2(名声など)で持ち切っている ▪ The whole town *rings with* his fame. 町中は彼の評判で持ち切りだった.

ring^2 /rɪŋ/ **ring about** [**around, round**] 他 …の回りを取り囲む ▪ The President *was ringed around* by [*with*] a party of police. 大統領は警官隊に四方を固められていた.

rinse /rɪns/ ***rinse down*** 他 (食物)を(胃へ)流し込む ▪ *Rinse* the lump of bread *down* with a glass of water. グラス1杯の水でパンの塊りを流し込みなさい.

rinse off 他 …を洗い[すすぎ]落とす; を洗う[すすぐ] ▪ I *rinsed off* the detergent before drying the dishes. お皿を乾かす前に洗剤をすすぎ落とした.

rinse out [***away***] 他 …をすすぐ, をすすぎ落とす ▪ I *rinsed out* my mouth. 私は口をすすいだ ▪ *Rinse* the soap *out* of your hair. 髪の石けんをす

riot /ráɪət/ **riot away [out]** 他 放らつな生活をして(金など)を浪費する, ばか騒ぎをして(時)を過ごす ▪ He *rioted out* the income of his wife's fortune. 彼は放らつな生活をして妻の財産を浪費してしまった. ▪ He *rioted* his life *out*. 彼は底抜けに騒いで人生を過ごした.

riot in 他 …に過度にふける ▪ He did nothing but *riot in* drink. 彼はもっぱら飲酒にふけってばかりいた.

rip /rɪp/ **rip across** 他 …を(二つに)引き裂く ▪ He *ripped* her letter *across* in anger. 彼は怒って彼女の手紙を引き裂いた.

rip apart 他 **1** (本など)をばらばらにする ▪ A bomb *ripped* the bus *apart*. 爆弾でバスがばらばらになった.
2 (人々)を引き離す, 仲を裂く, けんか別れさせる ▪ Both parents drank, and one brother died, *ripping* the family *apart*. 両親とも酒におぼれ, 兄は死に, 家族は離散した ▪ This hot debate has *ripped* both of them completely *apart*. この激論がもとで二人はすっかり喧嘩別れした.
3 (人など)をこきおろす, 酷評する ▪ The audience *ripped* him *apart*. 聴衆は彼をこきおろした.
4 (部屋など)をひっかき回す ▪ Someone *ripped* his room *apart* while he was out. 彼が外出中誰かが部屋をひっかき回していた.
5 …を打ち負かす, やっつける ▪ We finally *ripped* the other team *apart*. 我々はとうとう相手チームを打ち負かした.

rip at 他 …を(狙って)引き裂く ▪ A fierce dog *ripped at* my clothes. 猛犬が私の衣服を引き裂いた.

rip away 他 **1** …をはぎ[裂き, 切り]取る ▪ The crown of the arch *was ripped away*. アーチのてっぺんがはぎ取られた.
— 自 **2** はぎ取れる ▪ The sleeve *ripped away* from the coat. そでが上着からはぎ取れた.
3 = TEAR away 3.

rip down 他 …を引き下ろす[倒す]; を引きはがす ▪ His picture had *been ripped down* in the night. 彼の写真は夜のうちに引きはがされていた.

rip into 他 **1** …にかみ[かじり]つく ▪ The dog *ripped into* the meat. 犬はその肉にかじりついた.
2 (刃・弾丸が)…に勢いよく食い込む ▪ He screamed as the dagger *ripped into* his arm. 短刀が腕に突き立てられると彼は悲鳴をあげた ▪ A bullet *ripped into* his shoulder, knocking him off his feet. 弾が一発肩に当たって彼はぶっ倒れた ▪ The lion *ripped into* the neck of the zebra. ライオンはシマウマの首筋に鋭く歯を立てた.
3 《口》 …を激しく攻撃[非難]する; をしかりつける ▪ Smith *ripped into* his antagonist with fury. スミスは激しく敵を攻撃した.

rip off 他 **1** 《口》(人)から不当な利益をむさぼる, 法外な値段をふっかける ▪ I *was ripped off* at that shop. あの店でぼられた.
2 《俗》(物)を盗む; (人・店)から盗む ▪ The man *ripped off* a diamond ring. その男がダイヤの指輪を盗んだ ▪ Two men *ripped off* a restaurant. 二人組の男がレストランに盗みに入った.
3 …をはぎ取る, 裂き取る ▪ They *ripped off* the wallpaper before beginning to paint the room. 彼らは部屋にペンキを塗り始める前に壁紙をはぎ取った.

rip on 他 **1** …の悪口を言う ▪ That guy's always *ripping on* others. あいつは人の悪口ばかり言っている.
2 (人)に嫌がらせをする, をいじめる ▪ He is always *ripping on* me about my things. 彼は持ち物のことで私にいつも嫌がらせばかりする.

rip out 自 **1** (のろい・かんしゃくが)荒々しく出る ▪ I *ripped out* with an oath now and then. 私はときどき悪態をついた ▪ His temper *ripped out*. 彼のかんしゃくが破裂した.
— 他 **2** (のろいなど)を荒々しく言う ▪ He *ripped out* a horrid curse. 彼は恐ろしいのろいの言葉を吐いた.
3 …をむしり取る ▪ He *ripped out* the lining of a coat. 彼は上着の裏地をむしり取った.

rip through 他 …を破壊して通過する, 勢いよく通り抜ける ▪ A full volley *ripped through* the rampart. 完全一斉射撃で城壁は破壊された.

rip up 他 **1** …を切り開く, こなごなに引き裂く, ずたずたに破る ▪ The bull *ripped up* the horse with his horns. 雄牛が角で馬を引き裂いた.
2 (契約など)を破る, 一方的に無視する ▪ It's you who *ripped up* the agreement. この契約を破ったのは君の方だ.
3 …を掘り起こす ▪ The couple *ripped up* the plants. 二人はその植物を掘り起こした.
4 (人の秘密など)をあばき立てる ▪ Did you come here to *rip up* the secrets of the past? 君は過去の秘密をあばき立てるためにここへ来たのか.
5 (傷など)をかきむしる ▪ I take no pleasure in *ripping up* old sores. 私は古傷をかきむしるのをおもしろいと思わない.

rise /raɪz/ **rise above** 他 **1** …を超越する; を克服する ▪ A great man *rises above* vanity. 偉人は虚栄を超越する ▪ I hope you will *rise above* this difficulty. この困難を乗り切られることを祈ります.
— 自 **2** …を上回る, より優れている ▪ This book clearly *rises above* the thousands of its competitors. この本は何千という競争相手よりも明らかに優れている.
3 …の上にそびえる; の上にあがる ▪ The tower *rose above* the buildings. 塔が建物の上にそびえていた ▪ The hot-air balloon *rose above* the hills. 熱気球が山々の上に昇っていた.

rise against 他 **1** …に反抗[反対]する ▪ The people *rose against* the tyrant. 人民は暴君に反抗した.
2 (怒りが)…に対してつのる ▪ Public anger *rose against* the government. 国民の胸に政府に対する怒りがこみあげてきた.

rise at 他 **1** (胃が)…を見てむかつく ▪ My gorge *rose at* it. それを見て胸くそが悪くなった.

— 他 **2** ...に拍手喝采して立ち上がる ▪ The house *rose at* the actress. 観客はその女優の演技に立ち上がって拍手喝采した.

rise from **1** ...から生じる ▪ Trouble *rises from* misunderstanding. 面倒は誤解から生じる.

2 ...からよみがえる, 復興する ▪ Tokyo *rose from* the ashes. 東京は灰燼(じん)の中から復興した.

rise into 他 **1** 速度を速めて...になる ▪ They *rose into* a canter. 彼らは速度を速めりが足になった.

2(重要な地位など)にのぼる ▪ Rome was *rising into* power at that time. 当時ローマは権力のある地位にのぼりつつあった.

rise on **1**(動物, 特に馬が驚いて後足など)で棒立ちになる ▪ His horse *rose on* his hind legs. 彼の馬は後足で棒立ちになった.

— 他 **2**(人)に反抗する ▪ The peaceful inhabitants *rose on* the soldiers. 平和を好む住民は兵士に反抗した.

rise to 他 **1** ...に応じて立つ, 十分応える, うまく対処する ▪ He *rose to* the requirements of his new sphere of duty. 彼は新しい仕事の要求に応じた ▪ I'm always a bit nervous and I can't *rise to* that challenge. 私は少々神経質でその挑戦に応じる力がない.

2 ...に感情的になる, 食ってかかる ▪ He immediately *rose to* her insult and called her names. 彼は彼女に侮辱されると即座に食ってかかり散々悪態をついた.

3(名声・権力など)を得る ▪ He has *risen to* national fame. 彼は国家的な名声を得た.

4(馬が)...を飛び越そうとする ▪ His horse *rose to* the fence. 彼の馬はその棚を飛び越そうとした.

rise up 自 **1** 上へ上がる ▪ The balloon *rose up* above the clouds. 気球は雲の上に上がった.

2 そびえ立つ ▪ The hills *rose up* in the distance. 遠くには山々がそびえていた.

3《雅》立ち上がる ▪ Then an officer *rose up* and read the statutes. それから役人が立ち上がって法令を読んだ.

4 反乱を起こす ▪ The people finally *rose up* and dethroned the unpopular monarch. 人民はついに反乱を起こしてその人望のない君主を退位させた.

5(人が)現れる, 生まれる; 生き返る ▪ A holy prophet *rose up*. 聖なる預言者が現れた ▪ Three days later, Jesus *rose up* from the dead. 3日後にイエスは死から蘇(よみがえ)られた ▪ The man *rose up* from his unconscious state. 男は失神状態から意識を取り戻した.

6 湧き起こる, 思い浮かぶ ▪ Something *rose up* in his heart. 彼の胸に何かがこみ上げてきた ▪ The image of her daughter *rose up* in her mind. 彼女の娘の姿が彼女の心に浮かんだ.

7 起きる ▪ Abe *rose up* early in the morning. エイブは朝早く起きた.

8(声・音が)高まる[大きくなる] ▪ The alto suddenly *rose up* above the other voices. アルトの声が突然他の声より大きくなった.

rise upon 自(人)にだんだん好かれてくる ▪ She *rises* every moment *upon* me. 私は彼女が絶えずだんだん好きになってくる.

rive /raɪv/ ***rive away[off]*** 他 ...をもぎ取る, ちぎり取る ▪ The bark of the trunk *was riven off*. 幹の皮がはぎ取られた.

rivet /rívət/ ***rivet A on B*** 他 A(目・注意など)をBにくぎづけにする ▪ His attention *was riveted on* the scene. 彼の注意はその光景にくぎづけにされた.

roam /roʊm/ ***roam about[around]*** 自(...を)歩き回る ▪ He *roamed about* the town. 彼はその町を歩き回った.

roar /rɔːr/ ***roar at*** 他 ...に大声でどなる ▪ The teacher *roared at* the noisy class. 教師は騒がしいクラスに向かって大声でどなった.

roar away 自 轟(ごう)音を立てて疾走する[走り去る] ▪ His car *roared away* into the night pouring out exhaust gas. 彼の乗った車は排気ガスを放出させ轟音を立てて夜の闇に走り去った.

roar back 自 反撃を開始する ▪ The Tigers *roared back* with three runs. タイガースは3点入れて反撃に出た.

roar down 他 大声でどなって...を黙らせる, やじり倒す ▪ The boss must *roar* you *down*. ボスは大声でどなって君を黙らせないではおかない.

roar in 自 うなりを立てて入る ▪ As we worked a police car *roared in*. 作業をしているとパトカーがサイレンを鳴らして入ってきた.

roar on 他 ...を応援する ▪ Both sides of spectators *roared on* their teams. 両軍の観衆がそれぞれ自らのチームの応援をした.

roar out 自 **1**(ライオンなどが)咆哮(ほうこう)する, うなり声をあげる ▪ The tiger *roared out* in pain. トラは痛さのあまり咆哮した.

2 うなりを立てて出る ▪ The thieves' car *roared out* of a side road. 賊たちの車がうなりを立てて脇道から出て行った.

— 他 **3** ...を大声で言う ▪ He *roared out* a drinking song. 彼は大声で酒の歌を歌った.

rob /rɑb|rɔb/ ***rob A of B*** 他 AからBを奪う, AにBを失わせる ▪ The pickpocket *robbed* her *of* her purse. すりが彼女の財布をすった ▪ The shock *robbed* him *of* speech. 彼はそのショックで口がきけなくなった ▪ The traveler *was robbed of* all his clothing. 旅人は身ぐるみ一切はがれた.

rock /rɑk|rɔk/ ***rock along*** 自 着実に続いていく ▪ Such an industry *rocks along* quietly. そのような産業は平穏に着実に続いていく.

rock out 自《米俗》ロックを演奏する[聴く] ▪ The band *rocked out* in front of a lot of audiences. そのバンドは多くの聴衆の前でロックを演奏した.

rock up 自《英口》(...に)現れる, やってくる(*to*) ▪ He *rocked up* to the restaurant without booking. 彼は予約なしにそのレストランにやってきた.

roll /roʊl/ ***roll about*** 他 **1**(...で)...をぐるぐる巻きつける(*with*) ▪ His arm *was rolled about with* green sarcenet. 彼の腕には緑の薄絹がぐるぐる巻きつけてあった.

roll

— 自他 **2**(丸い物が[を])ころころころがる[ころがす] ▪Some pills *rolled about*. 丸薬がころころころがった ▪Stop *rolling* your eyes *about* like that! そんなふうに目玉をぎょろつかせるのはよせ.
— 自 **3**〖しばしば進行形で〗笑いころげる ▪My joke set them *rolling about*. 私の冗談でみんなが笑いころげた.

roll along 自他 **1**(馬車が)ガラガラと通る ▪A carriage *rolled along* the country road. 馬車がガラガラと田舎道を通った.
2動き続ける ▪Our old car's still *rolling along*. うちのおんぼろ車はまだ動いているよ.

roll around 自他 **1**=ROLL about 2, 3.
— 自 **2**《口》巡ってくる ▪When spring *rolls around*, the season of pollen comes on. 春が巡ってくると花粉シーズンが徐々に到来する.

roll away 他 **1**…をころがしてのける ▪He *rolled away* the stone. 彼はその石をころがしてのけた.
— 自 **2**(馬車が)ガラガラと遠ざかって行く ▪The carriage *rolled away* with him inside. その馬車は彼を乗せたままガラガラと遠ざかっていった.
3(歳月などが)過ぎ去る ▪Ages might *roll away* in silent oblivion. 長い歳月黙って忘れられて過ぎ去ることもあろう.
4(草原などが)見渡す限り広がっている ▪The meadow *rolls away* into the woods. 牧草地はどこまでも続き果ては森に溶け込んでいる.
5(霧などが)消え去る ▪The mist *rolled away* like a sea. 霧は潮の引くように消え去った.

roll back 自他 **1**(気絶して)目が白目を出す ▪He *rolled back* his eyes. Then he began to moan. 彼は白目をむき、それからうめき始めた.
2(敵などを)撃退する; 後退する ▪The enemy was successfully *rolled back*. 敵軍はうまく撃退された ▪Opposition to our plan is *rolling back*. 我々の計画に対する反対は後退しつつある.
3(年月が)よみがえる; (年月を)よみがえらせる ▪Standing in the garden of his old home, he could feel the years *roll back*. 昔のわが家の庭に立っていると彼には歳月がよみがえってくる思いがした ▪He *rolled back* the years to beat the top seed and defending champion. 彼は第1シードの現チャンピオンを破って往年の勇姿を髣髴(ほうふつ)とさせた.
4(波などが)だんだんひく ▪The waves *rolled back* to reveal more sand. 波がだんだんひいて砂浜がさらに見えてきた.
— 他 **5**…を転がして返す ▪I *rolled* the flat tire *back* to my trunk. パンクしたタイヤを転がしてトランクに戻した.
6(カーペットなど)を折り曲げる; (敷いてあるカーペットなど)を転がして巻き戻す ▪I *rolled back* the edge of the mat. マットの端を折り曲げた ▪Help me *roll back* the carpet. It's too worn. カーペットを巻き取るのを手伝って. もう擦りきれている.
7《米》(統制によって物価)を元の水準に戻す ▪The government took measures to *roll* commodity prices *back*. 政府は物価を元の水準に戻す策を講じた.

roll by 自 **1**(歳月が)たつ ▪Two more years *rolled by*. さらに2年あっという間にたった.
2(車が)通り過ぎる; 車で通り過ぎる ▪The rich *roll by* in their motorcars. 金持ち連中は車で通り過ぎる.

roll down 他 **1**(車の窓)を開ける; (ハンドルをまわしてブラインド)を下ろす ▪She stuck her head out, *rolling* the window *down*. 彼女は車の窓を開けて頭を突き出した ▪She *rolled down* the blinds and pulled the curtains. 彼女は日よけを降ろしカーテンを引いた.
2(巻いている物)を広げる, (袖など)をのばす(↔ROLL up 1) ▪She *rolled down* the sleeves of her blouse. 彼女はブラウスの両袖をのばした.
— 自他 **3**…をころがり[流れ]落とす; ころがり[流れ]落ちる ▪They *rolled down* two huge stones. 彼らは大きな石を二つころがり落とした ▪Tears were *rolling down* her cheeks. 涙が彼女のほおをこぼれ落ちていた.

roll in 自 **1**ころがり[流れ]込む, たくさん入る[集まる] ▪The waves *rolled in*. 波が打ち寄せた ▪Subscriptions are *rolling in*. 寄付の申し込みが続々と来ている.
2《英口》…にぶらりと立ち寄る, (遅刻して)来る ▪He *rolled in*, smoking a fag. 彼は安タバコを吸いながらやって来た ▪He *rolled in* an hour late this time. 彼は今度は1時間遅れでやって来た.
3《米口》床に入る, 寝る ▪The older hands soon *rolled in*. 年長の手伝い人たちはすぐに寝た.
4《口》(車などで)やって来る ▪The guests *rolled in* from Salt River. お客がソールトリバーから到着した.
— 他 **5**《米口》…をどっさりもたらす ▪A moving picture show would *roll in* dimes. 1回映画を見せると10セント銀貨がどっさり入ってきたものだ.
6〖進行形で〗金にまみれる ▪My cousin is *rolling in* dough! 僕のいとこは大金持ちなんだぜ!
7…を追加する, 差しはさむ ▪She tried to *roll in* several new clauses, but the publisher would not agree. 彼女は新しい文をいくつか追加しようとしたが, 出版社が認めようとしなかった.

roll into 自他 **1**…を巻いて[ころがして]…にする ▪The boy *rolled* the snow *into* a ball. 男の子は雪をころがして雪玉を作った.
2《米豪》…を激しく攻撃する; (人)をぶつ ▪If somebody had *rolled into* me, it was doubtless my own affair. 誰かが私を激しく攻撃したとしても, もちろんそれは他人の知ったことではなかった.
— 自 **3**(戦車などが町に)入り込む, やって来る ▪A lot of tanks *rolled into* the town. たくさんの戦車が町に集結した.
4《英口》…にぶらりと寄る, ちょっと立ち寄る ▪They *rolled into* the town at a quarter to seven. 彼らは7時15分前にその町にぶらっとやって来た.
5…に遅れて来る ▪Yesterday I *rolled into* work late, around 8:15. 昨日遅刻して8時15分頃に出社した.

roll off 📓 ㊠ **1**《米口》自転車で(ある距離を)走る ▪ I had *rolled off* seventy-seven miles. 僕は自転車で77マイルを走った.
2(荷車が)荷を積んだまま(船から)出て行く ▪ Loaded vehicles can *roll off* (the boat) and go straight to the shops. 荷積みをした車が(船から)出てそのまま店へ行ける.
— ㊧ **3** …を印刷する ▪ This machine can *roll off* two prints a second. この機械では1秒に2枚のプリントが印刷できる.
4(言葉などを)(暗記して)すらすら言う ▪ The child *rolled off* some long words. その子は難しい単語をいくつかすらすら言ってはいた.
5 …から作り出される ▪ A lot of cars were *rolling off* their assembly lines. 多数の車が組立ラインから作り出されていた.
roll on 📓 **1**(月日が)過ぎ去る ▪ As the years *rolled on* she greatly developed her intellectual powers. 幾年月か過ぎ去って彼女の知力は発達した.
2(事が)進む, 続く ▪ The discussion *rolled on* for 8 hours. 議論は8時間続いた.
3〖間投詞的に〗…よ, 早く来い ▪ *Roll on* spring [the summer holidays]! 春[夏休み]よ, 早く来い. ☞名詞が文尾に置かれる.
4(波などが)押し寄せる; (川が)とうとうと[ゆったりと]流れる ▪ The waves *roll on* majestically. 波がとうとうと押し寄せてくる.
5(話題)に集中する ▪ Our conversation *rolled* chiefly *on* political subjects. 我々の話は主に政治問題に集中した.
— ㊧ **6**(靴下など)をくるくると(丸めてから)はく ▪ She *rolled* her stockings *on*. 彼女は靴下をくるくると(丸めてから)はいた.
7(ペンキ)をローラーで塗る ▪ I *rolled* the paint *on*. ペンキをローラーで塗った.
— ㊧ **8**(貨物・乗り物の)荷を積んだまま(船に)乗り入れる ▪ The vehicles can *roll on* (the boat), already loaded. 車は荷を積んだまま(船に)乗り入れることができる.
roll out 📓 **1**ころがり出る ▪ A penny *rolled out* of the upturned box. ひっくり返った箱から1ペニー硬貨がころがり出た.
2《米口》(ベッドから)起き出る ▪ He *rolled out* about three o'clock in the mornings. 彼は朝は3時ごろベッドから起き出た.
3《米口》旅に出かける, 立ち去る ▪ He *rolled out* in his car. 彼は自分の車で旅に出かけた.
— ㊧ **4** …を平らに伸ばす[延べる] ▪ The pieces of copper *are rolled out*. その銅片は平らに伸ばされる ▪ They *rolled out* the red carpet. 彼らは赤い敷物を広げた.
5《米口》(達成のために)…を使う, に援助を頼む ▪ The event *rolled out* housewives to announce its opening. その催しは開催を告げるために主婦に応援を頼んだ.
6《米》…を初公開する, ロールアウトする ▪ The company *rolled out* its new car. 会社は新車を初公開した.
7 …を朗々と言う[読む, 歌う] ▪ He *rolled out* these verses in his rich sweet voice. 彼はこれらの詩を豊かな美声で朗々と吟じた.
8 …をころがして[押して]出す ▪ Come, let's *roll* this car *out*. さあ, この車を押して出そう.
9 …を(大量に)生産する ▪ This factory *rolls out* 20 cars a day. この工場は1日に20台の車を生産する.
roll over 📓 **1**ころがる; 寝返りをうつ ▪ The boy *rolled over* and *over* on the ground. 男の子は地面をごろごろころがった.
2(車の)横転する, (船が)転覆する ▪ His car hit the lamppost and *rolled over*. 彼の車は街灯の柱にぶつかって横転した ▪ The ship *rolled over* and sank very quickly. 船は転覆してあっという間に沈没した.
3ころりと[簡単に]負ける ▪ This year the union *rolled over*. 今年は組合側が簡単に折れた.
4(コンピューターの)マウスを動かす ▪ *Roll over* here, and you can change color. ここにマウスを動かしてごらん, そうすれば色を変えられるから.
5黙認する, 黙って従う ▪ She *rolled over* whenever her boy wanted something. 彼女は息子が何かを欲しがるといつも黙って応じた.
— ㊧ **6**(人)をころがす, 倒す ▪ With a single blow I *rolled* him *over* in the dust. たった1撃で彼を地べたに倒した.
7(車)を横転させる, (船)を転覆させる ▪ The strong wind *rolled over* some heavy trucks. 強風が重量トラックを数台横転させた ▪ The tornado *rolled* a mobile home *over* three times. 竜巻が移動住宅を3回転させた ▪ Big waves *rolled* violently *over* the pleasure boat. 大波が激しく襲って遊覧船を転覆させた.
8(借金の返済など)を繰り延べにする ▪ The government decided to *roll over* the debt. 政府は借金返済を繰り延べることを決定した.
9(使うべきだった点数・預金など)を取っておく, 蓄える; 《英》(賞金の受取人がいないので)…を後の賞金に加える, 積み立てる ▪ This week's lottery jackpot is to *be rolled over* until next week. 今週の宝くじの最高賞金は来週の賞金に加算されることになっている.
10(償還期限の来た債券・預金証書など)を更新する, 再投資する ▪ The nation needs to redeem the bonds, but also can *roll* them *over*. 国は債券を償還する必要があるが, 更新することも可能である.
11 …に圧勝する ▪ Our basketball team *rolled over* Ohio by over 20 points, 75-54. 我がバスケチームは75対54という20点以上の大差でオハイオに圧勝した.
roll over to 📓 …にころがって行く ▪ The ball *rolled over to* the other side. ボールは向こう側へころがって行った.
roll round [《英口》***around***] 📓 **1**(月日が)めぐって来る ▪ Saturnian times *roll round* again. 黄金時代はまためぐって来る.
2運行する ▪ The globe has long been *rolling*

round. 地球は運行してきて久しい.
3 不意にやって来る ▪ Tom *rolled round* when I was going out. 外出しようとしているときトムがぶらりとやって来た.

roll together 自 ちぢむ ▪ The drying of the bark makes it *roll together*. 木の皮を乾かすとちぢむ.

roll up 他 **1** …を巻き[まくり]上げる(↔ROLL down 2) ▪ He *rolled up* his shirt sleeves and started working. 彼はワイシャツのそでをまくり上げて仕事に取りかかった.
2 (車の窓)を閉める ▪ He drove off, *rolling up* the window. 窓を閉めながら彼は車で走り去った.
3 …をくるくると巻く, くるむ ▪ He *rolled up* the carpet, and tied it with string. 彼は敷物をくるくる巻いてから紐でしばった ▪ He *rolled* himself *up* in a blanket. 彼は毛布にくるまった.
4 (金など)を作る, ためる ▪ He *rolled up* a large fortune in his lifetime. 彼は一代で莫大な財産を築き上げた.
5 《米口》選挙で(たくさんの票)を確保する ▪ The new candidate seems to be *rolling up* a good share of votes. 新人候補者は相当の票を確保しているようだ.
6 《米口》(丸太を次々に)丸太小屋を建てる ▪ New log houses *were rolled up* on every hand. 新しい丸太小屋があっちにもこっちにも建てられた.
7 《軍》(敵)の側面を突いて包囲する ▪ Our troops *rolled up* the enemy troops. わが軍は敵軍の側面を突いて包囲した.
8 …を打ち負かす, 破壊する ▪ The syndicate has been *rolled up*. そのシンジケートは壊滅されてしまった.
— 自 **9** (気絶して)白目を出す ▪ In about a minute her eyes *rolled up*, and the eyelids shut. 1分もすると彼女は白目をむき瞼が閉じた.
10 《口》(予期されていない時間に)押しかけてくる ▪ They eventually *rolled up* at lunchtime. 結局, 彼らはお昼時にやって来た.
11 《俗》(大勢で)集まる ▪ The miners all *rolled up* to see the fun. 坑夫たちはみんなその余興を見に集まった ▪ *Roll up*! *Roll up*! 《英》寄ってらっしゃい, 見てらっしゃい《見せ物の呼び込み》.
12 丸くなる ▪ The hedgehog *rolled up* into a ball. ハリネズミはボールのように丸くなった.
13 (金などが)たまる ▪ A small fortune *rolled up* in time. やがてちょっとした財産ができた ▪ The reckoning *rolls up* before you notice it. 気づかない間に勘定がかさむ.
14 車でやって来る ▪ They *rolled up* to the front porch. 彼らは玄関の所へ車で乗りつけた.
15 現れる ▪ The man hasn't *rolled up* yet, but he won't be long. あの男はまだ現れていないが, おっつけ来るよ.
— 自 **16** (煙などが[を])輪になって上がる[上げる] ▪ Smoke *rolls up*. 煙は輪になって上がる ▪ The chimney *rolls up* smoke. 煙突は煙を巻き上げる.

romp /rɑmp|rɔmp/ ***romp ahead*** [***away***] 自 《英》 **1** 急速に上昇[進歩]する ▪ The bank has seen its shares *romp ahead* recently. 銀行は最近, 株価が高騰しているのを見た.
2 楽勝する ▪ Our team *romped away* to win by ten runs. 私たちのチームは10点差で楽々と勝った ▪ The runner *romped home* in the easiest possible manner. その走者はいとも楽々と優勝した.

romp home 自 《口》楽々と勝つ, 楽勝する ▪ The runner *romped home* in the easiest possible manner. その走者はいとも楽々と優勝した.

romp in 自 《口》楽々と勝つ, 楽勝する ▪ Eclipse simply *romped in*. エクリプス号は造作なく楽勝した.

romp through 《口》 **1** (試験などに)楽々とパスする; に楽勝する ▪ He *romped through* his examinations. 彼は試験に楽々とパスした.
2 …を楽々と仕上げる ▪ To his surprise, he *romped through* his driving test this time. 彼が驚いたことに今回は運転免許試験を楽々と仕上げた.

roof /ru:f/ ***roof in*** [***over***] 他 …を屋根でおおう ▪ The shed was *roofed over* with strips of bark. その小屋は木の皮で屋根をふいてあった.

room /ru:m/ ***room in*** 自 《口》住み込みで働く ▪ She's *roomed in* a Japanese-style hotel in a country town. 彼女は地方の町のある和風旅館で住み込みで働いている.

room together 自 同室する ▪ John and I *roomed together* for a year. ジョンと僕は1年間同室だった.

room with …と同室する ▪ I had to *room with* a friend when I was a freshman at college. 大学1年生のときに友人と同室しなければならなかった.

root¹ /ru:t/ ***root about*** 自 **1** (物を捜すために)ひっかき回す ▪ He was *rooting about* among [through] piles of papers for a missing letter. 彼は書類の山をひっかき回してなくなった手紙を捜した.
2 (ブタが)鼻でひっかき回す(*for*) ▪ Pigs *root about* in the mud *for* their food. ブタは泥の中を鼻でひっかき回してえさを探す.

root away 他 …をすっかり除去する ▪ This therapy *roots* pain *away* and is very effective. この療法は痛みをすっかり除き非常によく効く.

root for 他 (地面など)を掘り返して探す ▪ Pigs *root for* worms and grubs. ブタは土を掘り起こしてミミズや幼虫を探す.

root in 他 …を植えつける ▪ My grandmother *rooted* the tulips *in* good soil. 祖母がチューリップを良質の土壌に植えつけてくれた.

root out [***up***] 他 **1** …を根こ(そ)ぎにする; (悪など)を根絶する ▪ He *rooted up* all the trees in his farm. 彼は農場の木を全部根こぎにした ▪ It is impossible to *root out* heresy. 異端を根こぎにすることはできない.
2 …を(ひっかき回したりして)探し出す ▪ Hogs were *rooting out* tubers. ブタたちが塊茎を掘り出していた.

root up 他 **1** = ROOT out 1.
2 = ROOT out 2.
3 (ブタが)鼻で(土)を掘り返す ▪ The pigs *rooted up* the earth. ブタが鼻で土を掘り返した.

root² /ru:t/ ***root for*** 他 《米俗》…を声援する ▪ In the World Series I was *rooting for* the Yankees. ワールド・シリーズでは僕はヤンキースを声援していた.

rope /roup/ ***rope in*** 他 **1** …をロープで囲い込む ▪The ground *was roped in*. 土地がロープで囲い込まれた.
2《口》…を…するように誘い込む ▪I'll go and see him tomorrow and try to *rope* him *in*. あす出かけて行って彼をひっぱり込んでみよう.
rope into 他 《口》…にひっぱり込む ▪I *was roped into* this snap by Chicago sharpers. 私はシカゴのぺてん師にかかってこの楽な仕事につり込まれたのだ.
rope off [out] 他 …をロープで仕切る ▪The police *roped off* the entrance to keep the crowd back. 警官たちは群衆を遠ざけるためにその入口をロープで仕切った. ▪The ground *is roped out*. その土地はロープで仕切られている.
rope round 他 …をロープで囲い込む ▪The ground will *be roped round* as usual. その土地はいつものようにロープで囲い込まれるだろう.
rope together 他 …をロープで結び合わせる ▪The climbers *were roped together*. 登山者たちはザイルでつなぎ合わされていた.
rope up 自 **1**(登山者が)ザイルで体をつなぎ合う ▪The three climbers *roped up*. 3人の登山者たちは同じザイルで体をつなぎ合った.
2 ロープを使ってよじ登る ▪We stopped at the foot of the ridge and *roped up*. 我々は尾根のふもとで止まって, ロープを頼りに登っていった.
— 他 **3**(人・家畜)をロープで縛り上げる ▪*Rope up* all his legs. 脚を(4本とも)ロープで縛り上げろ.

rot /rɑt|rɔt/ ***rot away [off, out,*《英》*down]*** 自 他 (木の枝などが)腐れ落ちる, 朽ち落ちる; 腐敗させる, ダメにする ▪Some of the trunks must have *rotted away* to the ground. 木の幹の中には地面に朽ち落ちたものもあったに違いない ▪His ear *rotted off* with cold. 彼の耳が寒さのために腐れ落ちた. ▪The lower branches began to *rot out*. 下の枝が朽ちて落ち始めた. ▪The wood of the stairs has *rotted down* in places. 階段の板がところどころ腐っていた. ▪Bacteria *rot down* dead organisms and put nutrients in the soil. バクテリアが死んだ生物を腐植させ土壌に栄養分を与える.

rough /rʌf/ ***rough down*** 他 (鉄)を棒にする ▪This machine can *rough down* in a day ten tons of coarse iron. この機械は1日に10トンの粗鉄を棒にすることができる.
rough in 他 …をざっと描き入れる, 輪郭だけ書く; 概要をまとめる ▪I *roughed in* the general shape with the pencil. 全体の輪郭を鉛筆でざっと描き入れた. ▪Let's *rough in* the main points of the plan. 企画の概要をざっとまとめよう.
rough off 他 …をあら切りする ▪They cut down timber and *roughed* it *off*. 彼らは材木を切り倒してあら切りした.
rough out 他 **1** …にざっと形をつける; (大体の計画)を立てる ▪We've *roughed out* the direction we should take. 我々が進むべき方向をざっと定めた ▪I began by *roughing* an article *out*. 手始めにまず原稿をざっと書いてみた.
2 …をざっと掘り出す ▪Miners *rough out* the clay with pick and shovel. 坑夫はつるはしとシャベルで土をざっと掘り出す.
rough up 他 **1**(羽・毛など)を逆立てる, あら立てる ▪He *roughed up* the face of the polisher. 彼はつや出し器の表をあら立てた.
2(人)を(おびえさせるために)手荒く扱う, こづき回す ▪The hooligans *roughed* him *up*. 与太者らは彼をこづき回した.
3(ピアノ)をざっと調律する ▪He *roughed up* the piano with much proficiency. 彼はとてもじょうずにピアノをざっとながら調律した.
— 自 **4**(毛などが)逆立つ ▪When a snake is drawn backwards, its scales *rough up* like cogs and hold it. ヘビを進むのとは逆方向へ引っぱると, うろこが歯車の歯みたいに逆立てあとへさがらない.

round /raond/ ***round away*** 自 湾曲する ▪The recess *rounds away* from the main stream. その奥まった所は主流から湾曲している.
round down 他 (概数になるように数字)の端数を切り捨てる (↔ROUND up 3) ▪I'll *round* the price *down*. 定価の端数を切り捨てましょう ▪The total came to $10.04, but he *rounded* it *down* to $10. 合計は10.04ドルになったが, 彼は切り捨てて10ドルにした.
round in 他 **1**(海)(帆を動かすロープ)をたぐり込む ▪*Round in* the weatherbraces! 帆を動かすロープをたぐり込め.
2 …をきちんと完成する[終える] ▪The church bell *rounded in* the labors of the day. 教会の鐘で1日の労働がきちんと終わった.
3 馬を乗り回して(家畜)を駆り集める ▪The cattle must *be rounded in* before breakfast. 家畜は朝食前に馬で駆り集めねばならない.
round off 他 **1** …に丸みをつける, のかどを落とす ▪He *rounded off* the legs of the table. 彼はテーブルの足に丸みをつけた.
2 …を概数にする ▪The product, 20.671 should *be rounded off* to 20.7. 20.671 という積は概数にして20.7にすべきである.
3(地所など)を近くの土地を加えて完全なものにする ▪The estate *was rounded off* by additional purchases. その地所はさらに買い足してけりがついた.
4 …をうまく完了する[仕上げる] ▪He has wished to *round off* his book too completely. 彼は自著をきわめて完璧に仕上げたいと思った ▪His election to mayoralty *rounded off* his career. 市長当選が彼の生涯の最後を飾った.
5(時)を楽しく過ごさせる ▪A conversational facility may *round off* an hour. 会話上手は1時間を楽しく過ごさせてくれるだろう.
6《主に海》…を回す, 転じる ▪He *rounded* his boat *off* at a coming wave. 彼は寄せくる波にボートを回転させた.

— 自 **7** 曲がる ▪ The heads of the pins *round off* towards the edges. そのピンの頭は端の方が曲がっている.

round off with 他 …で首尾よく完了する[終える] ▪ The meal *was rounded off with* port. 食事はポートワインでしめくくられた.

round on [upon] *a person* 他 **1** 人にいきなり食ってかかる, を攻撃する, 非難する ▪ She *rounded on* him fiercely. 彼女はすごいけんまくで彼に食ってかかった.
2《俗》人を密告する, 裏切る ▪ I would not be such a bad lot as to *round on* your cousin. 僕は君のいとこを裏切るような悪いやつにはならないからね.

round out 自他 **1** 丸くなる; 丸くふくらませる ▪ Her figure is beginning to *round out*. 彼女の体はふっくらしてきている ▪ Your native air will soon *round out* your cheeks. お国の空気がやがてあなたのほおをふくよかにしてくれるでしょう.
— 他 **2** …を完成する, 完全なものにする ▪ Her dream may soon *be rounded out*. 彼女の夢は近く完全に果たされるかもしれない.
3(上位の順位)を占める, 総なめにする ▪ The trio *rounded out* the list of top 3 finishers. その3人組が完走者の上位3位までを総なめにした.

round to 自 《海》船首を風上に向けて止まる ▪ The ship *rounded to* and let go her anchor. 船は船首を風上に向けて止まりいかりを降ろした.

round up 他 **1**《米口》(散っている人・物)を寄せ集め, かり立てる; を一斉検挙する ▪ He *rounds up* the news in a nightly 11 o'clock broadcast. 彼は夜11時の放送でその日のニュースを集積する ▪ The police *rounded up* members of a gambling ring. 警察はばくち打ちの一味を一斉検挙した.
2 馬を乗り回して(家畜)を駆り集める ▪ We *rounded up* the cattle till the moon rose. 我々は月ののぼるまで家畜を馬で駆り集めた.
3(数字)の端数を切り上げる (↔ ROUND down) ▪ The original price *was rounded up* to £10. 元の価格は切り上げて10ポンドとなった ▪ They *rounded up* the figure from 0.4873 to 0.49. 彼らはその数を0.4873から0.49に切り上げた.
4《米》(ニュースなど)を簡単に説明する ▪ The announcer *rounded up* the main stories in today's news. アナウンサーは今日のニュースの主な話題をかいつまんで説明した.
5(船)を風の方向に向けて止める ▪ *Round up* the boat into the wind and let it decelerate all by itself. ボートを風の方向に向け自力減速させて止めよ.
— 自 **6** 一団に集まる ▪ The boys *rounded up* to me at the sound of my whistle. 私の呼笛の音で少年たちは私のもとに集合した.
7 湾曲する, 弓なりになる ▪ Over the cliff the hill *rounds up* to the top. がけの上では山が頂上に向けて弓なりになっている.

rouse /raʊz/ ***rouse*** *A* ***from*** *B* 他 A(人)をB(眠りなど)から目ざめさせる ▪ A loud noise *roused* him *from* sleep. 大きな音で彼は眠りからさめた.

rouse in 他 《海》(いかり・綱)を強くたぐり入れる ▪ *Rouse* the cable *in*. 錨鎖(びょうさ)をたぐり入れよ.

rouse out 他 **1**(眠り・沈思から)…の目をさまさせる, を起こす ▪ *Rouse* me *out* at the break of dawn tomorrow. 明日は夜明け前に起こしてください.
2《海》(いかり・綱)をたぐり出す ▪ *Rouse out* the cable through the hawsehole. いかりを錨鎖(びょうさ)孔からたぐり出せ.

rouse to [into] 他 …を刺激して(ある状態)にさせる ▪ The animal *was roused* to fury. その動物は刺激されて猛り狂った ▪ She *roused* him *into* rage. 彼女は彼を刺激してかんかんに怒らせた.

rouse up 他 **1** …を(眠り・沈思から)目ざめさせる, 起こす; を奮い立たせる ▪ At 2:30 we *were roused up*. 2時半に我々は起こされた.
2《海》(いかり・綱)を強くたぐり上げる ▪ You and the boy, *rouse* the cable *up*. 君と若者でいかりをたぐり上げるんだ.
— 自 **3** 奮い立つ, 奮起する ▪ Let us *rouse up* to action. 奮起しようではないか.
4(性質・感情が)激発する ▪ He felt his anger *rousing up* within him. 彼は胸に怒りがこみ上げてくるのを感じた.

roust /raʊst/ ***roust out*** 他 …をしかる ▪ The teacher *rousted out* the bad boys. 先生は行儀の悪い男生徒をしかった.

rout /raʊt/ ***rout out*** 他 **1** …を追い出す ▪ The whole family *was routed out* of house and home. 一家全員が家から追い出された.
2(人)を駆り出す ▪ I'm going to *rout out* enough young men to make the dance a success. このダンスパーティーの成功のために若い人を大ぜい駆り出すつもりだ.
3 …を捜し出す ▪ I must *rout out* the old diary. 古い日記を捜し出さねばならない.

rout up 他 **1** …を(たたき)起こす ▪ Mother always *routed* me *up* at seven. 母はいつも私を7時にたたき起こした.
2 = ROUT out 3.

row¹ /raʊ/ ***row*** *a person* ***up*** 他《米俗》人をきびしくしかりつける ▪ I *rowed* him *up* about his careless mistake. うかつな間違いをしたので彼を厳しくしかりつけてやった.

row with …とけんかをする ▪ Children hate to see their parents *rowing with* each other. 子供たちは親が夫婦げんかをするのを見るのをいやがる.

row² /roʊ/ ***row back*** 自《報道》方向転換する ▪ The government *rowed back* on the austerity plan. 政府は緊急財政策の方向転換をはかった.

row *a person* ***down*** 他 こいで人に追いつく ▪ He had a good start, but I *rowed* him *down*. 彼はスタートはよかったが, 私はこいで追いついてやった.

row in 自《俗》ぐるになる, つるむ ▪ They had better *row in* with us. 彼らは我々とつるむ方がいい.

row out 他 …をこぎ疲れさせる ▪ The crew *were rowed out*. 乗組員はこぎ疲れてしまった.

row over 他 独漕して優勝する, 楽勝する ▪ A. A.

Julius *rowed over* at the Wingfield Sculls. ウィングフィールドのスカル競艇で A. A. ジュリアスが独漕して優勝した.

row up 自 こぐ力を増す ▪ *Row up*, you fellows! We're gaining. がんばってこぐんだ! みんな. 勝っているぞ.

rub /rʌb/ ***rub against*** 自他 ...にすれる, をこする
▪ The boat *rubbed against* the rock. ボートがその岩にすれた ▪ The branches had *been rubbed against* by the elephant in its passage. 枝はゾウが通り過ぎるときに当たってこすられていた.

rub A against [on, over] B 他 AをBにこすりつける ▪ The tormented animal *rubs* itself *against* trees. 苦しんでいる動物は木に体をこすりつける ▪ He *rubbed* his hands *over* his face and hair. 彼は両手で顔や髪の毛をこすり回した.

rub along 自 《口》 どうにかこうにかやっていく, 細々と暮らしていく ▪ I used to manage to *rub along* at first. 初めはどうにかこうにかやっていけたものだ.

rub along together 自 《英口》(二人以上の人が) 折り合いよく暮らしていく ▪ We *rub along* very well *together*. 私たちはとても折り合いよくやっていっています.

rub along with 他 (人)とまず折り合いよくやって行く ▪ We are *rubbing along with* the new director. 我々は今度の所長とまずは折り合いよくやっています.

rub away 他 ...をこすり落とす, ぬぐい取る ▪ She *rubbed* her tears *away* with the back of her hand. 彼女は手の甲で涙をぬぐい取った.

rub down 他 1 ...をすり減らす[磨く, つぶす], こすり落とす ▪ He has *rubbed* it all *down* with pumice-stone. 彼はそれをすっかり軽石ですりつぶした.

2 (タオルなどで体)をごしごしこする, こすって水気をふき取る ▪ He *rubbed* himself *down* after his bath. 彼はふろの後タオルで体をごしごしこすった.

3 ...にマッサージをする ▪ The trainer *rubbed* him *down* after the match. 試合の後でトレーナーが彼をマッサージした.

4 (馬など)にブラシをかけてやる ▪ I just ordered my horse to *be rubbed down*. さっき馬にブラシをかけるように言いつけたところだ.

5 《口》(警察などで)手で体にさわって調べる ▪ He *rubs down* each laborer as he passes the dock gates. 各労務者がドックの門から出るときに彼はボディーチェックをする.

rub A from [off, out of] B 他 BからAをこすり取る ▪ Haven't you *rubbed* the skin *off* your shins? 向こうずねの皮膚をすりむきはしませんでしたか ▪ She sat up and *rubbed* sleep *out of* her eyes. 彼女は上体を起こし眠気をさまそうと眼をこすった.

rub in 1 (相手のいやがること)を繰り返して言う ▪ I know I made a mistake, so there's no need to *rub* it *in*. へまをやったのは分かっているから, くどくど言わなくてもいいものを.

2 (クリーム·塗り薬など)をすり込む, (小麦粉など)をまぜる ▪ She *rubbed* the liniment *in* for ten minutes. 彼女は10分間塗り薬をすり込んだ.

3 (クレヨンなど)をこすりつける, こすりつけて描く ▪ *Rub in* your crayons according to their proper colors. 適切な色に応じてクレヨンで描きなさい ▪ You can *rub in* a few preliminary outlines with crayon. クレヨンで予備の輪郭を少し描いてはどうだ.

rub A into B 他 1 AをBにすり込む ▪ *Rub* it *into* the skin. それを皮膚にすり込みなさい.

2 A(教訓など)をBにたたき込む ▪ This lesson cannot be too thoroughly *rubbed into* the youth. この教訓はどんなに徹底的に青年にたたき込んでも足りないものだ.

rub off 1 ...をこすり[すり]落とす ▪ The rust has *been rubbed off*. さびはこすり落とされた.
— 自 2 こすれて[すれて]取れる ▪ Dirt will *rub off* when it is dry. よごれは乾けばこすれて取れる.

3 (時が)過ぎていく ▪ The evening *rubbed off* very slowly. 宵が更にゆっくりと過ぎていった.

4 (まれ)立ち去る ▪ He *rubbed off* in haste. 彼は急いで立ち去った.

— 自 他 5 (輝きが)薄れる; ...を薄れさせる ▪ The glitter of his success has soon *rubbed off*. 彼の成功の輝きもやがて薄れて行った ▪ Our recent losses are *rubbing* the shine *off* our earlier victories. 最近の負け続きでかつての栄光が失われつつある.

rub off onto [on] 自 《口》1 (性質などが)交際によって...に伝わる, うつる ▪ Some of his uncle's nastiness *rubbed off onto* him. 彼のおじの意地悪さがつき合っているうちに彼にも少々伝わった.

2 (ペンキが)...にくっつく ▪ Some of the paint of his car has *rubbed off on* the wall. 彼の車のペンキが少しはげて塀に跡がついた.

rub on 1 ...にすれる, を摩擦する 《比喩的にも》▪ The ship *rubbed on* the rock. 船体が岩にすれた ▪ His constant annoyance *rubs* very hard *on* her feelings. 彼が絶えず困らせるので彼女の感情にひどくさわる.
— 自 2 どうにかこうにか暮らしていく ▪ We shall always manage to *rub on* somehow. いつものことだがどうにかこうにか暮らしていけるだろう.

rub out 1 ...をすり消す, を(消しゴムで)消す ▪ The pupil *rubbed out* chalk marks with an eraser. 生徒は黒板ふきでチョークの跡をすり消した ▪ Write your memo in pencil so you can *rub* it *out* later. あとで消せるようにメモは鉛筆で書きなさい ▪ Will this eraser *rub out* ink marks? この消しゴムでインクの跡は消せますか.

2 (米俗)...を殺す, 消す ▪ Five of our boys got *rubbed out* that time. うちの若い者が5人あの時消された.

3 (小麦)を穂からこすり出す ▪ I always *rubbed out* my corn as soon as it was dry. 私はいつも取れた小麦が乾くとすぐ穂をこすって実を取り出した.

4 《印》(インク)を(展布に先立って手押しローラーで)すり広げる ▪ Before the printer goes to work, he *rubs out* his ink. 印刷工は仕事を始める前にインクをすり広げる.

— 自 5 どうにか暮らして[切り抜けて]いく ▪ The widow *rubbed out* poorly, yet honestly. その未亡

人は貧しいが正直にどうにか暮らしていた.
6 こすれて取れる ▪ The marks will easily *rub out*. そのしみはすぐにこすり取れるだろう.

rub over 他 …を(手・道具で)繰り返してこする ▪ Zinc may be amalgamated by *being rubbed over* with mercury. 亜鉛は水銀を繰り返してこすりつければアマルガムにすることもできる.

rub through 自他 (…を)どうにか切り抜けていく ▪ We shall *rub through* somehow. 何とかかんとか切り抜けていけるだろう ▪ I have *rubbed through* many callings. 私は多くの職業をどうにかやってきた.

rub together 他 …をこすり合わせる ▪ The man bowed, *rubbing* his hands *together*. 男はもみ手をしながらおじぎをした.

rub up 他 **1** …を磨き上げる ▪ I want you to *rub up* the silver. 銀器を磨き上げてくれ.
2 (絵の具など)を練り合わせる, 調合する ▪ We *rubbed up* 20 pound of chocolate with sugar to sweeten it. 我々は甘味をつけるためにチョコレート20ポンドを砂糖と練り合わせた.
3 (記憶など)を新たにする; を強く[はっきり]させる ▪ There can be no better house for *rubbing up* the memory. 記憶を新たにするにこれくらいうってつけの家はない.
4 (思い出・事件など)を想起する ▪ We *rubbed up* some recollections of twenty years ago. 我々は20年前の思い出のいくつかを想起した.
5 《俗》(性的に興奮させるために人)を愛撫する ▪ I kissed her, *rubbing* her *up*. 彼女を愛撫しながらキスした.
— 自 **6** 《俗》自慰をする.
— 他自 **7** (忘れかけた学科に)磨きをかける, を復習する (= BRUSH up 3) ▪ I must *rub up* my Latin for the examination. その試験に備えて僕のラテン語に磨きをかけなくてはいけない ▪ I must *rub up* on my French before we leave for Paris. パリへ発つ前にフランス語をやり直しておかなければならない.

rub up against 他 **1** …と接触する ▪ In his type of business, you have to *rub up against* all kinds of people. 彼のような仕事をしていればあらゆる種類の人間と接触しなければならない.
2 (猫が)…にすり寄る ▪ The cat *rubbed up against* my leg, purring. 猫がのどをゴロゴロ鳴らしながら私の脚に体をこすりつけた.

rub up on 他 (外国語など)を磨く (= RUB up 7) ▪ I'm *rubbing up on* my Spanish before I go on holiday. 休暇旅行に出かける前にスペイン語のおさらいをしているの.

rub up to 他 …にすり寄る, ごまをする ▪ It's gross how you *rub up to* the boss. お前はさかんに社長にごまをするが, 品性を疑うね.

ruck /rʌk/, **ruckle** /rʌkəl/ *ruck*[*ruckle*] ***up*** 自他 **1** 《英》しわになる[する]; 折り目がつく[をつける] ▪ Your shirt has *rucked up* at the back. 君のシャツ, 後ろがしわになってるよ ▪ The wet curtains *were* all *rucked up*. 濡れたカーテンがすっかりしわになった.
2 まくれる; …をまくる ▪ The sheets have *rucked up*. シーツがまくれた ▪ The sheets *are* all *rucked up*. Help me smooth them out. シーツがすっかりまくれている. しわを伸ばすのを手伝ってよ.

ruffle /rʌfəl/ ***ruffle up*** 他 **1** (毛など)を逆立てる ▪ A strong wind *ruffled up* her hair. 強い風で彼女の髪の毛が乱れた.
2 《口》…をいらだたせる ▪ Don't get *ruffled up* about that. そんなことでいらだつんじゃない.

rule /ruːl/ ***rule against*** 他 《法》…に不利な裁決をする (↔ RULE for) ▪ The judge *ruled against* him. 裁判官は彼に不利な裁決を下した ▪ The suit *was ruled against* by the presiding judge. その訴訟は裁判長により不利な判決を下された.

rule for 他 …に有利な裁決をする (↔ RULE against) ▪ Judge Houck *ruled for* Mr. Faulkner on that issue. フック裁判官はその件でフォークナー氏に有利な判決を下した.

rule in 他 《英》…を受理する, 採択する ▪ Nothing *was ruled in* and nothing was ruled out. 何も受け入れられず, 何も除外されなかった.

rule A into B 他 《文》AをBに組み入れる[組み込む] ▪ The Bible and glosses *are ruled into* three columns. 聖書本文と語釈が3つの欄に組み入れられている.

rule off 他 **1** 罫(けい)線を引いて…を区切る ▪ I *ruled off* a column of figures. 私は数字の欄を罫線を引いて区切った.
2 (競馬などで)…を失格させる ▪ They *ruled* him *off* for rough riding. 彼は馬の乗り方が荒かったので失格となった.

rule out 他 **1** (決議によって)…を除外する ▪ He *was ruled out* on a technicality. 彼はある細かい規定によって除外された.
2 …を妨げる ▪ Heavy rain *ruled* the picnic *out* for that day. 大雨のためにその日はピクニックができなくなった.
3 …を認めない ▪ The play *was ruled out* by the referee. そのプレーは審判が認めなかった.
4 線を引いて(文字)を消す ▪ He *ruled out* two words in the sentence. 彼はその文中の2語を線を引いて消した.

rule out of 他 **1** …を…から排除する ▪ We should be careful to *rule* violence *out of* our world. 我々の社会から暴力を排除するようにもっと気を配るべきだ.
2 (試合)に(人)を欠場させる ▪ A shoulder injury *ruled* him *out of* the World Cup. 肩のけがのため彼はW杯に欠場した.

rule over 他 (王が人・国土)を統治する ▪ The king *ruled over* his subjects with justice. 王は公平に国民を統治した.

rumble /rʌmbəl/ ***rumble on*** 自 《英》くすぶり続ける ▪ They had various complaints which *rumbled on* for long periods. 長い間くすぶり続けているさまざまな不満を彼らは抱いていた.

rumble out[***forth***] 他 …を低く重々しい声で言う

・The old man *rumbled out* a few comments. 老人は低く重々しい声で二言三言コメントした.

ruminate /rúːmənèɪt/ *ruminate over [about, of, on]* 他 …のことを沈思する ・He *ruminated over* a plan. 彼はある計画のことを熟考した. ・It's an old dream that has *been ruminated over* by the wise. それは賢者に熟考されてきた古くからの夢だ.

rummage /rʌ́mɪdʒ/ *rummage about [around]* 自 …を捜し回る ・He *rummaged about* among old papers. 彼は古い文書の中を捜し回った. ・I *rummaged around* among the pile of old clothes in vain. 古着の山の中を捜し回ったが無駄だった.

rummage out [up] (ひっかき回したりして)…を捜し出す ・He finally *rummaged out* some old clothes. 彼はやっと古着類を捜し出した. ・I *rummaged up* this old wrench in the closet. やっとのことでこの古いスパナを物置きから捜し出した.

run /rʌn/ *run about* 自 (自由に)駆け回る, 遊び回る ・She *ran about* from house to house. 彼女は家から家へと駆け回った.

run across 自他 1 (…を)走って渡る ・Don't *run across* (the road). (道路を)走って渡ってはいけない.

2 …とひょっこり出会う, に出くわす ・Years later I *ran across* him in a bar in Paris. 幾年かののちにパリのバーで彼とひょっこり出会った.

3《英》(人)を車に乗せる ・I'll get the car and *run* you *across* to your house. 車を回してきて家まで乗せてってあげよう.

run after 他 1 …の後を追う, 追跡する ・The cat *ran after* the mouse. 猫がネズミを追いかけた.

2 …の近づきを求める, しりを追い回す ・Every one *runs after* him. みんなが彼と近寄りたがっている. ・She was *being run after* by all our idle young men. 彼女はこの辺りでのらくらしている若者たちすべてからしりを追い回されていた.

3 …に熱中する, 夢中になる ・Her thoughts *ran* wholly *after* operas. 彼女の心はオペラのことですっかり夢中になった.

4 …の後について回って世話をする ・Don't let her expect me to *run after* her all her life. 私が一生面倒をみてくれると彼女に思わせてはなりません.

run against 他 1 …にばったり出会う ・He *ran against* his own divorced wife in the street. 彼は通りで別れた妻とばったり出会った.

2 …と衝突する, ぶつかる ・Our boat *ran against* a rock. 我々のボートが岩にぶつかった.

3《米》…と選挙で争う ・I *ran against* Gov. Smith last year down there in Maine. 私は去年メイン州でスミス知事と選挙で争った.

4 …の不利になる ・Fortune *ran against* him. 運が彼が悪かった.

5 …と競走する ・He can *run against* the best runners in the school. 彼は学校で一番速いランナーたちと競走できる.

6 …に反する ・The company's policies *run against* public opinion. その会社の方針は世論に反している.

run ahead of 他 …よりどんどん先へ進む ・The development of English industry *ran ahead of* the world's demands. イギリス工業の発展は世界の需要をずっと上回った.

run along 自 行く, 立ち去る ・It's late. I must be *running along*. もう遅い, おいとましなくては ・*Run along*, Tom. Daddy's busy. あっちへお行き, トム. パパは忙しいんだ.

run around 自 1 走り回る, 遊び回る ・Our children love to *run around* outside. うちの子たちは外で走り回って遊ぶのが大好きです.

2 浮気をして回る ・He's always *running around* (with other men's wives). 彼はいつも次々に(人妻と)浮気をしている.

run around [《英》*round*] *after* 他 …を追い[探し]求める ・I've been *running around after* that fountain pen. あの万年筆をずっと探し求めているんだ.

run around [《英》*about*] *with* 他 (口)…とつき合う ・Recently, Frank has been *running around with* a girl from the office. 最近フランクは事務所の女の子とつき合っている.

run ashore = GO ashore 2.

run at 他 1 …に飛びかかっていく, 襲う ・He *ran at* me and kicked me. 彼は私に飛びかかってきて私をけった.

2 …に達する ・Inflation is *running at* 30% in this country. インフレがこの国では30パーセントに達しようとしている.

run athwart …に斜めに[横に]ぶつかる ・He *ran athwart* a privateer and sank her. 彼の船は私掠(しりゃく)船に横にぶつかってそれを沈めた.

run away 自 1 (危険・反抗にあって)逃げ去る, 逃走する ・The fleet under his command *ran away*. 彼の指揮下にある艦隊は退却した.

2 (こっそり)逃げ出す (*to*) ・Her next daughter *ran away to* a dancing-master. 彼女の次女はダンス教師のもとに逃げていった.

3 (馬などが)逸走(いっそう)する, 逃げ出す (*with*) ・The horse *ran away with* him. 馬が彼を乗せたまま逸走してしまった.

4 (草木が)はびこる, おい茂る ・The grass in the garden was allowed to *run away*. 庭の草ははびこるままに任された.

5 (競走・競馬で相手を)すっかり引き離す (*from*) ・The hare had *run away from* the dogs. ウサギは犬どもをすっかり引き離していた.

6 (水が)流れ去る ・The water is *running away* from the bucket. バケツから水が流れ出ている.

7[しばしば命令文で]立ち去る, あっちへ行く《子供に向かって》 ・*Run away* and play, Tom. トム, あっちへ行って遊びなさい.

8 駆け落ちする ・He *ran away* and left his wife and children. 彼は奥さんと子供を残して駆け落ちした.

run away from 自 **1** …から逃げる ▪I *ran away from* home at eighteen. 18歳のとき家出した ▪He *ran away from* his first job as a bookbinder. 彼は製本屋の職人としての最初の仕事から逃げ出した.
— 他 **2** (不愉快なこと)を避ける ▪You can't *run away from* your responsibility. 君は責任を回避することはできない.

run away with 他 **1** …と駆け落ちする (＝RUN away 8) ▪She *ran away with* the gentleman. 彼女はその紳士と駆け落ちした.
2 …に楽勝する, (賞)を楽々とさらう ▪The girl from Canada *ran away with* the first set. カナダの少女が第一セットをあっさりものにした ▪He *ran away with* the three first prizes. 彼は苦もなく3つの優勝をさらった.
3 (感情などが)…を極端に走らせる, のはめをはずさせる ▪His imagination *ran away with* him. 彼は想像をたくましくするあまりに我を忘れた ▪Don't let your tongue *run away with* you. 調子に乗ってべらべらしゃべるものじゃない.
4 …を持ち逃げする; をかどわかす ▪He *ran away with* his master's money. 彼は主人の金を持ち逃げした ▪A stranger *ran away with* the girl outside the store. 見ず知らずの男が店の外で少女をかどわかした.
5 (金など)を多量に消費する, 使い果たす ▪His illness had *run away with* all the ready money. 彼の病気で手もとの金がすっかりなくなってしまった.
6 (人の意見など)を早のみこみする, 早合点する ▪Don't *run away with* that opinion, sir! そういう意見を早のみこみしてはいけませんぞ ▪Old men tend to *run away with* the idea [impression, notion] that all young people are selfish. 老人は若者はみんな利己的だと早合点しがちだ.
7 (賞賛・信用など)を得る, 博する ▪Any medicine will *run away with* the credit of having effected the cure. どんな薬でも病気を治したという信用を得ることだろう.
8 (馬・車が)…を乗せたまま暴走する (→RUN away 3) ▪He let the car *run away with* him. 彼は車を暴走させた.
9 (考え)にとらわれる ▪I *ran away with* the idea that nobody would help me. 誰も私を助けてくれはしないという考えにとらわれた.

run back 自 **1** 走って戻る ▪He *ran back* for an umbrella he had left. 彼は置き忘れたかさを取りに駆け戻った.
2 (家系などが…に)さかのぼる (*to*) ▪His line *runs back to* King Alfred. 彼の家系はアルフレッド王にさかのぼる.
— 他 **3** (フィルム・テープ)を巻き戻す ▪I *ran* the tape *back* to the beginning. テープを始めまで巻き戻した.

run back over 他 **1** …を回想する ▪Let's *run back over* the events of the past few days. この2, 3日間の事件を回想してみましょう.
2 …を復習する, 再検討する ▪Let's *run back over* what we have discussed so far. これまでの話し合いの結果を再検討しようではないか.

run before 自 **1** …に追われて走る[逃げる] ▪They *ran before* their enemy. 彼らは敵に追われて逃げた ▪The ship *ran before* the wind. 船は順風を受けて走った.
2 …より先ばしる, の上に出る ▪My heart *runs before* my pen. 感情がペンより先ばしってしまう.

run behind 自 **1** …の後を走る ▪We all *ran behind* him. 我々はみんな彼の後を走った.
2 (費用が)…不足している, 赤字になっている ▪We *ran behind* nearly $100. 我々は会計が約100ドル不足した.
— 他 **3** (定刻)よりも遅れる ▪We're *running* 10 minutes *behind* time. 定刻よりも10分遅れている.

run by 自 **1** …の側を走る ▪I was walking in the park when suddenly a big dog *ran by*. 公園を散歩していたら突然一匹の大きな犬が側を走った.
— 他 **2** ＝RUN A by B.
3 …に出会う[出くわす] ▪We *ran by* a waterfall during our hike. ハイキング中に滝に出くわした.
4 …に立ち寄る ▪I *run by* the bar after work every day. 毎日仕事おわるとバーに立ち寄ります.
5 …を(…に)試す, 実験台にする (*on*) ▪Let me *run by* some Macintosh software *on* my IBM. マックのソフトを私のIBMで試させてください.

run A by [past] *B* 《口》AをBにもう一度言う ▪Could you *run* what you said *by* me again? もう一度おっしゃっていただけませんか ▪*Run* the instructions *past* me. I didn't hear them all. 指示をもう一回言ってくれ. 全部は聞き取れなかったんだ.

run down 自 **1** …を走り下る; を流れ落ちる ▪Tears *ran down* my cheeks. 涙がほおを流れ落ちた.
2 (時計などの)巻きが切れてしまう; (電池などが)切れる; (機器が)止まる ▪My watch has *run down*. 時計の巻きが切れて[時計が止まって]しまった ▪The battery *is* [has] *run down*. 電池が切れた.
3 少なくなる, 減じる ▪The value of their livestock has been steadily *running down*. 彼らの家畜の値うちがぐんぐんと減じてきている.
4 (人が)力でなくなる, 衰弱する, (健康が)衰える ▪His strength seems to have *run down*. 彼の元気がなくなってしまったように見える.
5 すたれる ▪She had let everything *run down*. 彼女は何もかもがすたれていくに任せた.
6 《英》(大水のあと川の)水が引く ▪Both rivers are *running down* nicely. どちらの川もすばらしく水が引いている.
7 (タイヤが)パンクする ▪The tires have *run down*. タイヤがパンクしてしまった.
8 (都会から田舎を)訪れる (*to*) ▪I have a scheme of *running down to* Somersetshire. サマセット州を訪れようかと考えている.
— 他 **9** …にさっと目を通す, 速読する ▪I *ran* my eyes *down* the file. 私はそのファイルにさっと目を通し

10(人)をはねる; 衝突して(船)を沈没させる ▪He *was run down* by a bus. 彼はバスにはねられた ▪The ship *ran down* a smack. その船は小型漁船に衝突して沈没させた.
11…をけなす, くさす, そしる ▪He is always *running down* his sister. 彼はいつも自分の姉のことをくさしている.
12(価値・量)を減らす, 縮少する, 消耗させる; (機器)を止める ▪False stories could *run* a stock *down* or up. うその記事が株を上げたり下げたりすることがある ▪They are going to *run down* a naval dockyard. 海軍造船所が縮少されようとしている ▪Switch your headlights off, or you'll *run* the battery *down*. ヘッドライトを消さないと, バッテリーがあがるよ.
13(獲物など)を追い詰める ▪A weasel will occasionally *run down* the strongest hare. イタチはときとしてこの上もなく強い野ウサギでさえ追い詰めることがある.
14…を捜し出す, 突き止める ▪The burglar covered his tracks, but the police eventually *ran* him *down*. 強盗は行方をくらましていたが, 警察はついに彼を捜し出した.
15〖野球〗(走者)を挟殺する ▪The first baseman *ran* him *down*. 一塁手が彼を挟殺した.
16(力・議論で人)を威圧する, 圧倒する ▪He *ran* me *down* fairly in the argument. 彼はその議論で僕を完全に圧倒してしまった.
17(銀器など)を溶かす ▪He was unwilling to let the plate *be run down*. 彼は銀の皿を溶かすのはいやだった.
18〖主に受身で〗(人)を疲れさせる ▪I feel thoroughly *run down*. すっかりくたびれた.
19《米俗》(曲)を演奏してみる; (詩)を暗誦する ▪He began to *run* the tune *down*. 彼はその曲を演奏し始めた.
20…を(表面上で)下に動かす ▪He *ran* his finger *down* the figures on the page. 彼は指でなぞってそのページの数字を下に追って行った.

run down to 📖 (土地が)…まで広がっている ▪The land *runs down to* the sea. その土地は海まで広がっている.

run for 📖 **1**…を呼びに走る ▪We *ran for* the doctor. 我々は医者を呼びに走った.
— 他 **2**《口》…に立候補する ▪He might stand a chance of *running for* Congress. 彼はひょっとすると代議士に打って出る見込みがあるかもしれない.
3《米》(下宿など)をうるさく勧める ▪I went with him to the house he was *running for*. 私は彼がうるさく勧めている家へ彼と行ってみた.

run in 📖 **1**駆け込む, (列車が駅へ)入ってくる; 飛び込む ▪The children *ran in* and back out again. 子供たちは駆け込むとまた外へ飛び出していった.
2(人を)ちょっと訪問する(*to*) ▪*Run in to* me whenever you please. いつでも気の向いたときにお立ち寄りください.
3(人・意見に)同意[一致]する(*with*) ▪He *runs in with* them in this point. 彼はこの点では彼らと同意見だ.
4(攻撃して…に)突っかかっていく, 取っ組む(*on, to*) ▪They *ran in on* him, and bound him. 彼らは彼に突進して, 縛り上げた ▪The dog *ran in to* the bull. 犬は雄牛に突っかかっていった.
5〖ラグビー〗球を持ってゴールに入る ▪Within ten minutes of the time he succeeded in *running in*. それから10分とたたないうちに彼は首尾よく球を持ってゴールに入った.
6〖印〗(組んだ原稿が)予想外に縮まる ▪The matter will *run in*. この原稿は組めば予想外に縮まるだろう.
7(…に)近づく(*with*) ▪The ship *ran in with* the land. 船は陸に近づいた.
— 他 **8**《口》(軽犯罪などで人)を捕えてぶち込む ▪I got drunk the other night and the coppers *ran* me *in*. 先日の夜酔っ払って警察にぶち込まれた.
9(新しい機械など)をならす, ならし運転する ▪Get the apprentices here and let them *run in* the machines. 見習い工をここに集めて機械をならし運転させるがいい.
10…に(溶かした鉛などを)詰め[流し]込む(*with*) ▪The designs *were* engraved with the burin, and *run in with* lead. その模様はたがねで彫刻し鉛を流し込んだものだった.
11〖豪〗(牛・馬)をつかまえられる場所に追い込む ▪Their time was spent in *running in* these mustangs. 彼らはそれらの野生馬を追い込むことに時間を費やした.
12…を差し込む, 挿入する ▪This is the way of *running in* a cylinder. こうやってシリンダーを差し込むのだ.
13(候補者)を当選させる(*for*) ▪They tried to *run* him *in for* the post. みんなは彼をそのポストに当選させようとした.

run…in for 他 …を(ごたごた, 出費など)に巻き込む[陥れる] ▪You're *running* yourself *in for* trouble if you buy that old house. あのぼろ家を買えば面倒をかかえることになるぞ.

run into 📖 **1**…に駆け込む; (川などが)…に流れ込む ▪When he saw us, he *ran into* a shed. 彼は我々を見ると小屋の中へ駆け込んだ ▪The river *runs into* a lake. その川は湖に注ぐ.
— 他 **2**…と不意に出くわす ▪I *ran into* our old friend Tom the other day. 先日旧友のトムに不意に出くわした.
3(困難など)に直面する ▪Our project *ran into* difficulties when costs rose from £282m to £900m. 費用が2億8200万ポンドから9億ポンドに上がったため我々のプロジェクトは困難に直面した.
4(金額などが)…に達する, 至る ▪The price *ran into* the millions. その値段は何百万という額に達した ▪The book has *run into* five editions. その本は5版を重ねた.
5(偶然に)…にぶち当たる, 衝突する ▪A large steamer *ran into* the boat, doing considerable damage. 大きな汽船がそのボートに衝突してかなりの損

6 …と混じる, 合体する ▪ The colors *run into* one another. その色はたがいに混ざり合っている.
7 (叱責・不興・損失など)を招く, 被る ▪ Don't *run into* trouble any more. もうごたごたを起こさないようにしなさい.
8 (借金・出費など)に陥る, はまる ▪ A man who always *runs into* debt is not to be trusted. いつも借金するような人間は信用することができない.
9 (習慣・誤りなど)にはまり込む ▪ He is not one to *run into* error hastily. 彼はせっかちに誤りを犯すといった人間ではない.
10 (議論など)を続ける ▪ I shall *run* no further *into* this argument. 私はこれ以上この議論を続けますまい.
11 …に移り変わる, 進展する ▪ Anarchy *runs into* despotism. 無政府主義は独裁政治に進展していく ▪ He caught a severe cold, which *ran into* pleurisy. 彼は大風邪を引き, それが肋(?)膜炎になった.
12 …に傾く; に現れる ▪ Modern taste *runs* greatly *into* shorter skirts for women. 現代の好みは女性では短めのスカートに大いに傾いている ▪ Their talents *ran* more *into* words than *into* action. 彼らの才能は行為よりもむしろ言葉に現れた.
13 (猟犬が獲物)に肉薄する ▪ One of my greyhounds at once *ran into* the fox and pulled him down. 私のグレイハウンドの1匹がすぐさまキツネに肉薄して引きずり倒した.
14 …に立ち寄る, ちょっと訪問する ▪ Can you *run into* the station on your way home? 家に戻る途中に駅に立ち寄ってもらえませんか.
run A into B 他 **1** AをBに衝突させる ▪ He *ran* the car *into* a tree. 彼は車を木にぶつけた.
2 A(人)にBさせる ▪ My wife never *runs* me *into* debt. 妻は決して私に借金をさせない.
3 AをBに突き刺す ▪ She *ran* a splinter *into* her finger. 彼女は指に木のとげを刺してしまった.
4 AをBへ車で運ぶ[連れて行く] ▪ I *ran* my dad *into* the hospital. 父を病院に車で連れて行った.
run off 自 **1** 逃げ去る ▪ The boy *ran off* as fast as he could. 男の子は一目散に逃げ去った.
2 (水などが)流れ去る, はける ▪ The rainwater *ran off* on an incline. 雨水は傾斜面を流れ去った.
3 (話がわき道に; (列車が)脱線する ▪ He *ran off* into unintelligible mutterings. 彼は話がわき道にそれてぶつぶつわけのわからないことを言いだした ▪ The train *ran off* at the crossing. 列車は踏み切りの所で脱線した.
4 小さくなる, 減少する ▪ A pigeon's back *runs off* taper from the shoulders. ハトの背中は肩のところから先細に小さくなっている.
5 (意味が)それて[変わって]いく ▪ "Whole" has since *run off* from the sense of "sound" into that of "complete." "whole" はその後 "sound (健全な)" という意味からそれて "complete (無傷の)" という意味になった.
6 (道路などが)分岐する, 分岐して(…に)至る (*into*, *to*)

▪ The road *runs off* to the left there. その道路はそこで左に分かれている.
— 他 **7** (印刷などして)…を作り出す, 刷り上げる, コピーする ▪ This machine will *run off* eighty copies per minute. この機械は1分間に80部を刷り出す.
8 …をすらすらと書く[朗読する] ▪ You can easily *run off* an article. 君はわけなく論文をすらすら書くことができるんだね ▪ He glibly *ran off* the list. 彼はその表をぺらぺらと読みあげた.
9 (スポーツ)…の決着[勝負]をつける ▪ The remaining two events *were run off* on the following Tuesday. 残った2試合は次の火曜日に決着がついた.
10 (水など)を流出させる, はかせる ▪ Three days will now *run off* the highest floods. 今は3日もあればんな大水でもはけるでしょう.
11 (米)…を盗む ▪ Someone *ran off* his chickens. 誰かが彼のひよこを盗んだ.
12 (映画)を上映する ▪ "The Lord of the Rings" *was run off* all over the world. 『指輪物語』が世界中で上映された.
13 (米)…をタイプライターで打つ ▪ You might *run off* the letter. その手紙をタイプで打ってくれ.
14 (米)…を境界線で仕切る ▪ We began at the boundary line and *ran off* two lots. 我々は境界線から始めて二つの地所の境を仕切った.
15 (米)(牛・馬)を(盗むために)どっと逃げ出させる ▪ The stock *was run off* from the camp. 家畜がキャンプからどっと逃がされた.
16 (米)…をおどして追い払う ▪ The sheriff *ran* the rascal *off* from the town. 保安官はならず者をおどして町から追っ払った.
17 …に効き目がない ▪ Your scolding *ran off* him like water off a duck's back. あなたの叱責は彼にはカエルの面に水だった.
18 (車などが)…で走る[作動する], を燃料とする ▪ This car *runs off* hydrogen. この車は水素で走ります.
19 = RUN away 8.
run off with 他 **1** …と駆け落ちする ▪ The girl *ran off with* a sergeant. その娘はある軍曹と駆け落ちした.
2 …を持ち逃げする ▪ The servant *ran off with* his master's plate. 使用人は主人の銀器を持ち逃げした.
3 (米)(映画)を上映する ▪ Don't *run off with* that bum! そんなくだらない映画はやめてくれ.
run on 自 **1** 走り続ける; 続く ▪ I must *run on*. 僕は走り続けなくてはいけない ▪ The comedy *ran on* with extraordinary success. その喜劇は非常な成功裏に続演された.
2 話し続ける; のべつに[ぺちゃくちゃ]しゃべる ▪ Let him *run on* at pleasure. 彼に好きなだけしゃべらせてやれ.
3 (時が)過ぎる, 経つ ▪ The months and years *ran on*, and no attempt was made. 何ヶ月も何年も経ったが何の試みもなされなかった.
4 (書体が)続き文字になる ▪ The cursive letters

run on in continuous succession. 草書体はとぎれずに続いている.

5 作用し続ける, 効力を持ち続ける ▪ You have let the engagement *run on* without a word of protest. あなたは一言も抗議せずに婚約が有効のままにしてきた.

6《印》(段落が)追い込みになる ▪ These two paragraphs are required to *run on*. この二つの段落は追い込みにならねばならない.

— [他] **7** (物語)を話し続ける ▪ He *ran on* a long story about his wife. 彼は妻についての長話をし続けた.

8《印》(章)を追い込みにする ▪ *Run on* chapters. 章を追い込む《指示》.

9 ＝RUN off 17.

***run on* [*upon*]** [他] **1** (人)に襲いかかる, を攻撃する ▪ He *ran upon* him and cut off his head. 彼はその男に襲いかかってその首をはねた.

2 …に傾く, を好む ▪ Mankind *has* long *run* greatly *upon* horses. 人間ははるか昔から馬を非常に好む.

3 (考え・話が)…に絶えずとらわれる ▪ Our conversation never ceased *running upon* the subject. 我々の会話は絶えずその問題にとらわれていた.

4 (行動など)に従事する, かかる ▪ He does not *run* rashly *upon* anything. 彼はどんなことでもやみくもに手を出すことはない.

5 (怒り・破滅など)を被る, に陥る ▪ They have *run* very deep *upon* the displeasure of God. 彼らは神の非常に深い不興を被った.

6 (銀行)に突然取付けをする ▪ Infected by panic, they *ran upon* the bank. 恐慌に襲われて彼らは銀行に突然取付けをした.

7 …と不意に出会う, を不意に見つける ▪ He *ran upon* one of his teachers in the street. 彼は通りで先生のひとりにばったり出くわした.

8《米》(人)をひやかす, からかう ▪ I won't stand *running upon*. 僕はからかわれるのががまんならない.

9 (船が)…にぶつかる ▪ The ship *ran upon* the rocks. 船は岩にぶつかった.

10 (車などが)…を燃料とする, で走る, 作動する ▪ This car *runs on* electricity. この車は電気で走る.

run on into [自] …に切れずに続く, 発展する ▪ The meeting *ran on* past midnight into the early morning of the next day. その会合は深夜を越えて翌日の早朝に及んだ ▪ The road *ran on into* the hazy horizon. 道路がずっと続いて果ては霞む地平線に紛れていた.

run on to [自] **1** (ある程度)に高じていく ▪ Wounds often *run on to* suppuration. 傷は高じて化膿することがよくある.

2 (道路などが)…に続く, 至る ▪ From here, the railway line *runs on to* Paris. ここから鉄道はパリに続く.

— [他] **3**《米》…に不意に出くわす ▪ Meet a man once and you're sure to *run on to* him again. 一度人に会えばまた必ずその人に不意に出くわすものだ.

run out [自] **1** 走り[駆け]出る ▪ When the cage was opened the monkey *ran out*. おりをあけるとサルが駆け出てきた.

2 (期間などが)尽きる, 満期になる ▪ The time allowed by law was fast *running out*. 法律で許された期間がどんどんと尽きつつあった.

3 (水などが容器から)漏れる, こぼれる《比喩的にも》 ▪ The bottles break, and the wine *runs out*. びんが割れるとワインはこぼれる ▪ The old man's sands of life are *running out*. その老人の命数は尽きつつある.

4 (容器が)漏れる ▪ If a tub *runs out*, will they replace it? 浴槽が漏れるようなら取り替えてくれるだろうか.

5 無一文になる, 貧乏する ▪ He *ran out* by living above [beyond] his fortune. 彼は財産以上の生活をして無一文になった.

6 (地所・たくわえなどが)なくなる, 尽きる ▪ The stock of ready-made clothing had *run out*. 既製服の在庫が尽きてしまった.

7《米》(植物・人・動物の品種が)退化してしまう ▪ English ryegrass will *run out* in a few years. ホソムギは2, 3年で退化してしまうだろう.

8 (かんしゃくなどが)急に起きる ▪ The next day his passion *ran out* another way. その翌日彼のかんしゃくは違ったふうに爆発した.

9《クリケット》(球を打つため)打球点 (block) から走り出る ▪ Hill *ran out* to the bowler, and was stumped. ヒルは打球点から投手の所へ走り出ていったが, 柱を倒してアウトになった.

10 (ロープが)繰り出る ▪ The object of these brakes is to prevent the cable from *running out* too quickly. これらのブレーキの目的は綱があまり速く繰り出ないようにすることにある.

11 (土地が)広がる; (みさきなどが)突き出る ▪ The plain *runs out* as far as beyond the lake. 平野は湖の向こうまで広がっている ▪ The promontory *runs out* into the sea. みさきは海の中へ突き出ている.

12 (試合で優勝者などに)なる; 優勝する ▪ He eventually *ran out* a winner by 92 points. 彼はついに92点差で優勝者になった ▪ You'll *run out* now. これで君が優勝だ.

13 (潮が)引く ▪ By ten o'clock the tide had *run out*. 10時には潮は引いていた.

— [他] **14**《しばしば比喩》(競走・期間など)を終える, 完了する ▪ Hours, days and years *ran out* their course at last. 時間・日・年がついに満期になった ▪ He *ran* his race *out* gamely. 彼は勇敢に最後まで走りとおした.

15《スポーツ》(競走など)の勝負をつける ▪ The Tenant Farmer's Cup *was run out*, and was won by Green. 小作人優勝戦の勝負がついてグリーンが優勝した.

16《農》(土地)をやせさせる ▪ It is impossible they can *run out* the land. その土地をやせさせられるなどということは不可能だ.

17 (費用が利益)と同額になる ・The expense does not *run out* the profit from them. それらの費用と利益とは同額にはならない.

18 (銃口)を銃腔から突き出す ・Our gun had *been* loaded and *run out*. わが銃に弾丸が込められ, 銃口が銃眼から突き出されていた.

19 …を広げる; 《印》(活字)を広く組む ・A compositor *runs out* a line with quadrats or full points. 植字工はクワタ(字間に置く空白の詰め物)や終止符で1行を広く組む.

20 (牛馬)を外へ〔特に牧場へ〕追い出す ・He *ran out* half a dozen quiet cattle to feed. 彼は草を食べさせるために6頭のおとなしい牛を外へ追い出した.

21 《クリケット》(打手線国を走っている打者)をアウトにする ・Brown eventually *ran* him *out*. ブラウンが結局彼をアウトにした ・Our captain *was* unexpectedly *run out*. 思いがけなくキャプテンがアウトになってしまった.

22 《野球》(走者)をアウトにする ・A player is "*run out*" when he is caught between two bases and is put out. 選手は2塁間でつかまって殺されると「アウト」にされるのである.

23 (釣り糸など)を繰り出す, 引っぱって行く《比喩的にも》 ・He declared that he had *run out* the whole line of his moderation. 彼はもう勘忍ぶくろの緒が切れたと言った ・The salmon *runs out* some yards of line. サケは釣糸を数ヤード引っぱって行く.

24 《米》…を区画する ・The four tracts *were run out* for him last fall. その4つの地域は昨秋彼のために区画されたものだ.

25 …を数え上げる, 列挙する ・It would be easy to *run out* the points of resemblance. 類似点を数え上げることはやさしかろう.

26 《米》…を作り出す, 生産する ・The plant *ran out* 1,500 flasks last year. その工場は昨年1,500のフラスコを生産した.

27 《米》(地所などの)境界を測量する〔確かめる〕 ・He *ran out* a plot for a new store. 彼は店の新築のために地所の境界を測量した.

28 《米》はびこって(他の草など)をはえなくする ・Marijuana will spread and *run out* other plants nearby. マリファナははびこって近くの他の植物をはえなくしてしまう.

29 《米》(競争相手)を打ち負かす ・They would spend fabulous sums to *run* him *out*. 彼らは彼を打ち負かすためなら莫大な金を費やすことだろう.

30 《米》…を追い払う ・Every gangster and gambler has *been run out*. ギャングや賭博師はことごとく追い払われた.

run out at 〘自〙(ある額)に達する ・The cost *runs out at* £25,000. 費用は25,000ポンドに達する.

run out of 〘他〙 **1** …を使い果たす, 切らす ・I have *run out of* cigarettes. 巻タバコを切らしてしまった.

2 《米》(人)を…から追い払う ・The gambler *was run out of* town. そのとばく師は町から追い払われた.

run out on 〘他〙 **1** (友など)を見捨てる, 置き去りにする ・His former allies *ran out on* him. 彼の以前の仲間が彼を見捨てた.

2 (約束など)を破る, 履行しない ・You can't *run out on* the contract. その契約を破ることはできません.

run over 〘自〙 **1** (容器が)あふれる《比喩的にも》 ・The small pot of boiling water soon *ran over*. 湯が沸騰している小なべはじきに吹きこぼれた ・His mind was *running over* with the idea. 彼の心はその考えでいっぱいになっていた.

2 (液体が容器から)こぼれる; 超過する ・The tea *ran over* the edge of the cup and onto the table. 紅茶がカップの縁からあふれテーブルにこぼれた.

3 改宗〔変節〕する ・They *ran over* to the Lutheran Church. 彼らはルーテル教会に改宗した.

4 (人が)立ち寄る ・I wish you would *run over* for a week. 1週間ほどお立ち寄りくだされはいいのですが.

5 (会議などが)延びる, 予定時間をオーバーする ・The meeting *ran over* so that she was late for lunch. 会議が延びたので彼女は昼食に遅れた.

6 = RUN over to.

― 〘他〙 **7** …にざっと目を通す, を読み通す ・On Sunday morning he *runs over* his sermon five or six times. 日曜の朝には彼は自分の説教に5, 6回ざっと目を通しておく.

8 (車が人など)をひく ・A car *ran over* a dog in the road. 車が道で犬をひいた.

9 …の要点をざっと話す〔繰り返す〕 ・I will *run over* the facts as briefly and clearly as I can. その事実をできるだけ簡潔明確にお話ししましょう ・Will you *run over*, once again, what the boy said? もう一度あの子が言ったことをざっと繰り返してみてくれませんか.

10 …を(心の中で)ざっと考えてみる ・He *ran* the words *over* in his mind again and again. 彼はその言葉を心の中で繰り返し考えてみた.

11 …にざっと手を入れる ・He *ran over* his work again. 彼は自分の仕事にもう一度ざっと手を入れた.

12 《スコ》…で)(馬)をしげする, こすってやる (*with*) ・Just *run* the beast *over with* a dry wisp of straw. ちょっと馬を乾いたわら束でくしけずってやってくれ.

13 (ピアノの鍵など)をざっと手でかき鳴らす; (じゅずなど)をつまぐる ・He amuses himself in his solitude, by *running over* the keys of a piano. 彼はピアノの鍵をざっとかき鳴らしたりして孤独を楽しみます ・He hastily *ran over* the beads of a rosary. 彼は急いでじゅずをつまぐった.

14 《米俗》(人)を不公平な〔なめた〕扱いをする ・I would not advise any man to try to *run over* me. 私は誰にだって私をなめた扱いをするようなことは勧めたくない.

15 …を復習する; (の予備)練習をする ・I *ran over* my textbook before the examination. 試験の前に教科書の復習をした ・Do you want me to *run over* your lines with you? 君のセリフをいっしょに練習してほしいかい?

run over to 〘他〙 …まで一走りする; に駆け寄る ・Will you *run over to* the shop and get some sugar? 店まで一走りして砂糖を買って来てくれないか

- I *ran over to* the guy and sure enough, he had blood all over him. その男に駆け寄ってみると、果たせるかな、彼は血だらけだった.

run over with 圓 (感情・着想など)で満ちあふれている ▪ He is a genius and *runs over with* ideas. 彼は天才で色々な着想で満ちあふれている.

run past 他 **1** …を走って追い越す ▪ At first I was leading in the marathon, but then a man *ran past* me. マラソンで最初リードしていたのに、その後一人の男性が私を追い抜いた.

2 …を過ぎて続く[進む] ▪ I was late for dinner because our meeting *ran past* 7:00. 会議が7時過ぎまであったので、夕食に遅れた.

3 = RUN by 1.

run A past B 他 **1** = RUN A by B.

2 A(考えなど)をB(人)に打診する ▪ Before agreeing, he ran the idea *past* Miles. 同意する前に彼はその考えをマイルズに聞いてみた.

run round 圓他 **1** (…を)走り回る ▪ The mice have nothing to do but *run round* (the cage). ネズミたちは(かごの中を)走り回る以外何もすることがない.
— 他 **2** 《米》(作物)のうねの両側をすく ▪ He *ran round* the corn in the farm. 彼は農場のトウモロコシのうねの両側をすいた.

run straight 圓 まっすぐに走る; 曲がったことをしない ▪ The jockeys *ran* very *straight*. 騎手たちはまっ正直にやった.

run through **1** 《雅》(やりなどで)…を突き通す、刺し貫く (*with*) ▪ Rushing at him, a man *ran* him *through with* his spear. 一人の男が彼に突進してやりで彼を刺し貫いた.

2 (考え・感情など)が(人の頭・心)をさっとよぎる ▪ An idea *ran through* her. ある考えが彼女の心をよぎった.

3 …をざっと調べて[読んで、やって]みる ▪ I have *run through* the book. その本を通読してみた ▪ The cast *ran through* the whole play without lights or scenery. 配役たちは照明も舞台装置もなしにその劇を全部一通り下げいにしてみた.

4 (劇など)をリハーサルする (= RUN over 15) ▪ We *ran through* Act 1 again. 第一幕をもう一度リハーサルした.

5 (財産など)を使い尽くす、浪費する ▪ He *ran through* all he had. 彼は持っているものを全部使い尽くした ▪ We *ran through* oceans of milk. 我々はたくさんの牛乳を飲み尽くした.

6 (書いた文字)を線を引いて消す ▪ Those words *were run through* with a pen. それらの言葉はペンで線を引いて消された.

7 (試練など)をなめる、経験する ▪ He has *run through* many strange adventures. 彼は数奇な冒険のかずかずを経験してきた.

8 …に行き渡る、浸透する ▪ The law of gravitation *runs through* all astronomy. 引力の法則は天文学全体に行き渡っている.

9 《米》…をざっと耕す ▪ I have just finished *running through* the corn. トウモロコシ畑をざっと耕し終えたところだ.

10 (フィルム・テープなど)を機械にかける ▪ I'll *run* the whole tape *through* again. もう一度テープを全部かけてみよう.

run to 圓 **1** …に駆けつける ▪ I *ran to* his aid. 私は彼の救助に駆けつけた.
— 他 **2** (援助・指導を求めて)…におもむく、頼る (*for*) ▪ People in trouble often *run to* drink. 困っている人はよく酒に走る ▪ I was forced to *run to* him *for* assistance. 私は彼に助けを求めに行かないわけにはいかなかった.

3 (数・量などが)…に達する、及ぶ ▪ The Supplement will *run to* eight or nine numbers. 補遺は8号ないし9号に達するだろう.

4 《英》[主に否定文で] (金などが)…の出費に耐える、に十分である ▪ My money wouldn't *run to* it any further. 私の金はもうその出費に耐えられない.

5 (人が)…をやれる; (特に)…を買うことができる ▪ On weekdays workmen do not *run to* more than fourpenny ale. 平日には労働者は4ペンスのビール以上は買うことができない.

6 (破滅・衰亡などに)陥る ▪ The estate had *run to* ruin by neglect. 土地は手入れをしないので荒れてしまっていた.

7 (土地が雑草などを)生じる ▪ We let the land *run to* grass. 我々はその土地を雑草がはえるに任せた.

8 (植物が種子などを)つけるようになる ▪ Lemons *run to* leaves and rind. レモンは葉と皮をつけるようになる.

9 …の傾向がある; (過度)に堕する ▪ His kindness *runs to* extravagance. 彼の親切は大げさになってしまう.

10 (起源)までたどる ▪ I have *run* that report *to* its source. その噂の出所を突き止めた.

11 (趣味・心が)…に及ぶ、を楽しむ ▪ His taste in music *runs to* jazz and rock. 彼の音楽の趣味はジャズからロックに及んでいる.

run together 圓 混合する、ごっちゃになる ▪ The colors have *run together* in the wash. 洗たくしたので色がごっちゃになってしまった.

run up 圓 **1** …を走り上がる ▪ He *ran up* the stairs three at a time. 彼は階段を一度に3段ずつ走って上がった.

2 《スポーツ》助走する ▪ Athletes *run up* before jumping. アスリートは跳ぶ前に助走する.

3 急いで(…を)訪れる (*to*) ▪ I intend *running up to* London next week. 来週ロンドンを訪れるつもりでいる.

4 (植物・子供などが)ぐんぐん成長する (*to*, *into*) ▪ These hedges had *run up into* great bushes. この生け垣はぐんぐん生長して大きなやぶになっていた ▪ He has *run up to* manhood. 彼はぐんぐん大きくなっておとなになった.

5 (借金・勘定などが)急に積もる[増す] ▪ Why did you let your score *run up* thus? どうして君は借金がこんなに積もるに任せておいたのか?

6 (ぬれた布などが)縮まる ▪ They do not *run up* in the washing. その布は洗っても縮まない.

7 (スポーツ) (競技で) 次点[第2着]になる ▪ Mr. Chambers, who *ran up*, also played an excellent game. チェインバーズ氏は次点であったが,やはり立派な競技をした.
— 他 **8** (代価・品物)を騰貴させる ▪ Mexican Railway stocks *were run up* partly because of the rise in silver. メキシコ鉄道株は銀価格の高騰のためもあって騰貴した.
9 (財産・借金など)をふやす,かさます ▪ I was *running up* fresh bills with my tradesmen. 私は小売店に新しいつけを増していた.
10 …をざっと繕う ▪ I want you to *run up* a tear in my coat. 上着のやぶれをざっと繕ってほしいんです.
11 …を揚げる,掲げる ▪ We *ran up* a flag on the mast. 我々はマストに旗を揚げた.
12 (勝利など)を成し遂げる ▪ The team have *run up* their victory. チームは勝利を収めた.
13 (競売で競う相手に)せり上げさせる ▪ I suffered myself to *be run up* by the wealthy broker. 私はその金持ちの仲買人にせり上げるままにさせた.
14 …の跡をつける,追求する ▪ He would *run* the scent *up* like a bloodhound, and surprise us. 彼はその跡を警察犬みたいにつけて我々をあっと言わせるのだろう ▪ I do not intend to *run* this expression *up* into its rise. 私はこの言い回しの由来を尋ねて起源にまでさかのぼるつもりはない.
15 …を(…まで)高める (*to*) ▪ A perfect patience in affliction *runs* a man *up* to holiness. 苦難にあたっての全くの辛抱が人を高尚にしてくれる.
16 (塀など)を築き上げる ▪ A wall *was run up* from the bottom of the ditch. そのみぞの底の所から塀が築き上げられた.
17 (砲)を射撃位置にすえる ▪ The detachment assists to *run* the gun *up*. その分遣(ﾂｲ)隊が砲を射撃位置にすえる手助けをする.
18 (豪) (馬)を牧草地から連れ戻す ▪ I used to *run up* the horses at five o'clock in the morning. 私は朝5時に馬を牧草地から連れ戻すのが常であった.
19 (家など)を(安普請で)造築する;(服)を急いで縫い上げる ▪ Many hideous brick buildings *were run up*. ひどい煉瓦造りの建物がたくさん急造された ▪ The tailor can *run up* a suit in a day. その仕立屋はスーツを1日で縫い上げることができる.
20 (数字の列など)を迅速に寄せる[加える] ▪ He amused himself with *running up* a calculation. 彼はある数字を迅速に加えて楽しんだ.
21 (飛行機のエンジン)の回転数を上げる ▪ They are *running up* the engine to test it. エンジンの回転数を上げてテストが行われた.

run up against 他 …に衝突する;と出くわす,接触する ▪ In the dark he *ran up against* a cupboard. 暗がりで彼は戸だなに衝突した ▪ He *ran up against* some rather strange characters. 彼は何人かのかなり変わった人物と出くわした.

run up to 自 **1** …に駆け寄る ▪ He *ran up to* his mother. 彼は母親の所へ駆け寄った.
2 (時・記憶が)…にさかのぼる ▪ He exhorted them to refresh their memories, to *run up to* their childhood. 彼は彼らに記憶を新たにして幼少のころにさかのぼってみるように勧めた.
3 (価格などが)…に騰貴する ▪ Oil *ran up to* a record high above $150 a barrel. 原油価格が1バレル150ドル超の最高値に高騰した.
4 (道路などが)…に至る,通じる ▪ The steep slope *runs up to* the base of the castle walls. その急坂は城壁の土台に続く.
— 他 **5** (大きな額)に達する ▪ The costs will *run up to* something like £100,000. 費用は10万ポンド近くに達するだろう.
6 (ある重さ・大きさなど)に達する ▪ The trout *runs up to* about 3 lb. そのマスは約3ポンドに達する.

run with 自 他 **1** (人)とつき合う ▪ The boy likes to *run with* undesirable types. その少年は望ましくないタイプとつき合うのを好む.
2 …と一致する;に同意する,(考えなどを)受け入れる ▪ Public opinion did not altogether *run with* the statute. 世論は必ずしもその法令と一致しなかった ▪ We *ran with* Jan's suggestion. 我々はジャンの提案を受け入れた.
3 (液体が)流れている ▪ Her veins *run with* water, not blood. 彼女の血管は血ではなくて水が流れているのだ(非情だ).
4 …に伴う;と境を接する ▪ He offered to buy the farm which *ran with* his own little estate. 彼は自分の狭い地所と境を接しているその農場を買おうと申し出た.
5 = RUN against 5.

rush /rʌʃ/ ***rush around*** [《英》 ***about***] 自 あばれ回る;動き[走り,跳び]回る ▪ The animal *rushed about* in great fury. その動物はたけり狂ってあばれ回った ▪ She seems to be *rushing around* whenever I see her. いつ会っても彼女はバタバタ忙しくしているようだ.

rush at 他 **1** …に突進する,襲いかかる ▪ The lion *rushed at* its prey. ライオンはその獲物に襲いかかった.
2 急いで(仕事)をする ▪ I must *rush at* the job. その仕事を急いでしなければならない.

rush in 自 他 飛び込む,乱入する;飛び込ませる,乱入させる;軽率に行動する,(性)急に…する ▪ The people *rushed in* for seats. 人々は席を取ろうとなだれ込んだ ▪ He regrets having *rushed in* and made changes. 彼は軽率に行動して変更したことを後悔している.

rush in on *a person* 他 人を不意に襲う ▪ They'd *rush in on* you when you'd be least expecting them. 彼らは君たちが思いもかけぬときに不意に襲って来るだろう.

rush into 自 他 …に飛び込む,飛び込ませる;(性)急に…する,突然没する ▪ He *rushed into* the room. 彼は部屋に飛び込んだ ▪ They *rushed* (headlong) *into* an undertaking. 彼らは性急に事業をやり出した ▪ A thought *rushed into* his mind. ある考えが急に彼の心に浮かんだ.

rush *a person* ***into*** 他 人に性急に…させる

・Her parents *rushed* her *into* marriage. 両親が彼女を性急に結婚させた.

rush off (自) **1** 急いで去る ・The people *rushed off* as soon as the bus stopped. バスが止まるとすぐ人々は急いで帰った.
— (他) **2** …を急いで送る ・We'll *rush off* your package to you after your payment clears. お支払い後, お荷物を急送いたします.
3 …を急いで印刷する ・I will *rush off* another 20 copies. もう20部急いで印刷しよう.

rush on (自) 早口に話し続ける ・"My means," he *rushed on*, "are at present limited." 「私の資力は今のところ乏しいのです」と彼は早口に話し続けた.

rush on [***upon***] *a person* (他) 人に襲いかかる ・All his creditors came *rushing on* him in a body. 彼の債権者がみんな一団となって彼に襲いかかって来た.

rush out (自) **1** 急に現れる ・A large dog suddenly *rushed out* and ran at us. 1頭の大きな犬が突然現れて私たちに飛びかかってきた.
2 飛び出す ・He *rushed out* into the street with boots unfastened. 彼は靴のひもも結ばずに通りに飛び出した.
— (他) **3** (製品)を急造する ・Nowadays smartphones are *being rushed out*. 当節はスマホが急造されている.

rush round (自) 急いで訪問する ・I've *rushed round* to tell you the news. 私はそのニュースをお知らせするために急いで訪問したわけです.

rush through (自) **1** …を急いで通り抜ける ・The wind *rushed through* the trees. 風が急に木立を吹き抜けた.
— (他) **2** …を急いで済ます[通過させる], さっさと片付ける ・Let's *rush* it *through* to gain time for pleasure. さっさとそれをやってしまって遊ぶ暇を作ろうじゃないか ・The bill will *be rushed through* the Lower House before Christmas. その法案はクリスマスになる前に急遽(きゅうきょ)下院を通過するだろう.

rust /rʌst/ ***rust away*** (他) **1** のらくらして…を浪費する ・We must not *rust away* our lives here. 我々はここで人生をのらくらしてむだに過ごしてはならない.
— (自) **2** さびてなくなってしまう ・Those metal trimmings on your windows will soon *rust away* to nothing. その窓の金具はすぐさびて何もなくなってしまうだろう.

rust in (自) さびついて取れなくなる ・These screws have *rusted in*. このねじはさびついて取れなくなっている.

rust out (他) **1** (機械)をさびてだめにする ・This boiler *is rusted out*, we cannot use it. このボイラーはさびてだめになってしまった. もう使えない.
— (自) **2** (何もしないので)元気がなくなってしまう ・He *rusted out* long before his time. 彼はまだそんな年ではないのにだらけてしまった.

rust up (他) さびつく, さびつかせる ・The dent on my car has *rusted up*. 車にできたへこみ部分がさびついてしまった ・These chemicals will *rust up* the tank. これらの化学薬品を使うとタンクがさびつくだろう.

rustle /rʌsəl/ ***rustle around*** (自) 《米口》あちこち駆けずり回る ・We'll *rustle around* and gather up the pickings. あちこち駆けずり回って落穂を拾い集めよう.

rustle in (他) **1** (絹ずれの音のする衣服)を着飾っている ・The elderly lady *rustled in* silks and satins yesterday. その初老の婦人はきのう絹やサテンの衣服で着飾っていた.
2 《米口》(牧童が家畜)をかり入れる ・Our foreman sent Tom to *rustle in* the horses. 監督さんが馬のかり入れにトムをやった.

rustle up (他) **1** (食べ物)をかき集める, ありあわせで(手早く)作る ・He *rustled up* some food for the guest. 彼はお客のために食べ物をかき集めた.
2 《米口》(牧童が家畜)をかり集める ・He *rustled up* a good big herd of cattle. 彼は牛のかなりの大群をかり集めた.

S

sack /sæk/ **sack in [out]** 自 《米口》床につく ▪ Shut up and *sack in [out]*. おしゃべりをやめて寝なさい.

sack up 他 **1** …を袋に入れる ▪ The wheat *is* then *sacked up* and carried to the field in carts. 小麦はそれから袋に入れられて荷馬車で畑に運ばれる.

2《米口》(利益)を得る ▪ The company *sacked up* an enormous profit. その企業は莫大な利益を上げた.

saddle /sǽdəl/ **saddle A on B** 他 A(仕事・責任など)をB(人)に負わせる ▪ They attempt to *saddle* the responsibility *on* labor. 彼らはその責任を労働者側に負わせようとする.

saddle up 他 自 **1** (馬など)にくらを置く ▪ I asked him to *saddle up* (my horse) while I was dressing. 私は着替えをしている間に馬にくらを置いてくれるように彼に頼んだ.

2 くらにまたがる ▪ The cowboys *saddled up* and took off after the rustlers. カウボーイたちはくらに飛び乗って家畜どろぼうの追跡に向かった.

safeguard /séifgɑ̀ːrd/ **safeguard A against B** 他 AをB(危険)から保護する ▪ This medicine will *safeguard* you *against* catching a cold. この薬は風邪から保護してくれる.

sag /sæɡ/ **sag away [off]** 自 《商》(物価が)下落する ▪ With lack of support the market has *sagged away*. 援助がないので相場が下落した ▪ Gas prices *sagged off* their previous highs. ガソリン価格がそれまでの高値から下落した.

sag down 自 **1** だらりと下がる ▪ Her head slowly *sagged down* on to the cushions. 彼女の頭が次第にクッションの上へ下がってきた.

2 = SAG away.

sail /seil/ **sail for** 自 …へ出帆する ▪ The ship *sailed for* Singapore. 船はシンガポールへ向けて出帆した.

sail in 自 **1** 入港する ▪ The Queen Elizabeth *sailed in* last night. クイーン・エリザベス号が昨夜入港した.

2《俗》大胆に[きっぱり]やりだす, 勢いよく始める ▪ So *sail in* and show us what you're made of. だからきっぱりやって君の腕前を見せてくれ.

sail into 他 **1** …へ入港する ▪ The vessel *sailed into* the harbor. 船は港へ入った.

— 他 **2** (特に女性が)…にさっそうと[もったいぶって]入る ▪ Just at that moment Mary *sailed into* the room. ちょうどその時メアリーがさっそうと部屋の中に入ってきた.

3 …を攻撃する ▪ The boxer *sailed into* the other chap from the very first moment. そのボクサーはしょっぱなから相手を攻撃していった.

4 …をしかる, ののしる ▪ Ellen *sailed into* her sister harshly. エレンはひどく妹をしかった.

5 (船が)…にぶつかる ▪ The Titanic *sailed into* an iceberg one hundred years ago. タイタニック号は今から100年前に氷山に激突した.

sail through **1** (競走など)を最後までやり通す ▪ The yacht race could not *be sailed through* before the time limit. ヨット競走は制限時間を切るまでに最後までやり通せなかった.

— 自 **2** (試験など)を楽々と通る ▪ Ernesto will *sail through* English. エルネストは英語は楽にパスするだろう.

salivate /sǽləvèit/ **salivate over** 自 …にとても熱心になる[興奮する] ▪ The fans of the Beatles *salivated over* the new CD. ビートルズのファンが新しいCDにすごく興奮した.

sally /sǽli/ **sally forth [out]** 自 《文》さっそうと出て行く, 勇み立って出て行く ▪ The men *sallied forth* from their hiding-places. 兵たちは隠れ場から勇み立って出て行った ▪ So the party *sallied out* and went to the pictures. そこで一行はさっそうと出て行き映画へ行った.

salt /sɔːlt/ **salt away** 他 **1** = SALT down 1.

2《俗》[主に受身で](金・株券などを)たくわえる, しまっておく ▪ Part of their income *is salted away* each year for retirement. 毎年彼らの収入の一部は定年に備えてためておかれている.

salt down 他 **1** …を塩づけにしておく ▪ The cod *was salted down* for future use. タラはのちに使えるように塩づけにされた.

2《俗》(金など)をたくわえる, しまっておく ▪ We have *salted down* money enough to buy a farm. 農場を買えるだけのお金を蓄えてきた.

— 他 **3**《米口》こっぴどくしかる ▪ You need *salting down*. お前はこっぴどくしかりつける必要がある.

salt out 他 自 《化学》(溶解物質を[が])塩析する[される] ▪ The substance finally *salted out*. その物質はついに塩析した.

salvage /sǽlvidʒ/ **salvage A from B** 他 AをB(火事・破壊など)から救い出す[救出する] ▪ His safe *was salvaged from* the fire. 彼の金庫は火災から救い出された.

sand /sænd/ **sand down** 他 …を紙やすりでこすって平らにする ▪ You must *sand* the wood *down*. その木を紙やすりでこすって平らにしなければならない.

sand out 他 …を紙やすりで磨いて取る ▪ The stain will have to *be sanded out*. そのさびは紙やすりで磨いて取らねばなるまい.

sand up [over] 他 自 …を砂でおおう; 砂でおおわれる ▪ The broken tree had *been sanded over*. 折れた木は砂でおおわれてしまっていた ▪ The well

sap /sæp/ ***sap up [on, forward]*** 圓 対壕(⻝)を掘って接近する ▪ They *sapped up* towards the castle. 彼らは対壕を掘って城の方へ迫って行った.

sass /sæs/ ***sass back*** 他 …に生意気な応答をする, 口答えする ▪ He *sassed back* to his teacher. 彼は先生に口答えした.

satisfy /sǽtəsfàɪ/ ***satisfy a person of*** 他 人に…のことを納得させる ▪ I shall *satisfy* him very perfectly *of* that matter. その件を彼にとことんまで納得させてやろう.

saturate /sǽtʃərèɪt/ ***saturate A with B*** 他 AにBを染み込ませる[一杯にする] ▪ I *saturated* a sponge *with* water. スポンジに水を染み込ませた ▪ This little town *is saturated with* traditions. この小さな町は伝統が染み込んでいる.

save /seɪv/ ***save a person from*** 他 **1** 人を…から救う ▪ He *saved* the child *from* drowning. 彼はその子供がおぼれるのを救った ▪ We *saved* him *from* himself. 私たちは彼の不始末のしりぬぐいをしてやった.
2 人に…を免れさせる ▪ We tried to *save* the wounded *from* being jolted. 我々は負傷者がかたがた揺れないように努力した.

save on 他 …を節約する ▪ She *saves on* food by using leftovers. 彼女は残り物を利用して食べ物を節約している.

save up 他 (金など)をためる, たくわえる ▪ Jack *saves up* a little week by week. ジャックは毎週少しずつためている ▪ I've been *saving up* for a new car. 新車を買うためにぼくはお金をためてきているんだ.

savor, 《英》**savour** /séɪvər/ ***savor of*** 他 **1**《文》(言葉など)…の気味がある ▪ His words *savor of* insolence. 彼のことばには横柄なところがある. **2** …の風味がする ▪ The cake *savors of* cinnamon. このケーキはシナモンの風味がする.

saw /sɔː/ ***saw asunder*** 他 …を(のこぎりで)ばらばらに切る ▪ They put him to death by *sawing* him *asunder*. 彼らは彼をのこぎりでばらばらに切って殺害した.

saw away 他 …を(のこぎりで)切って除く ▪ The trees *were sawed away*. 木々は切って除かれた ▪ The man was *sawing* blocks *away* from the main ice mass. 男は大きな氷塊からのこぎりでブロックをいくつも切り出していた.

saw away at (バイオリンなど)を盛んにひく ▪ He *sawed away at* his fiddle. 彼はバイオリンを盛んにひいた.

saw down 他 …を(のこぎりで)ひき切る[倒す] ▪ Brad *sawed down* a screw. ブラッドはねじをひき切った.

saw A into B 他 Aをひき切ってBにする ▪ We *saw* the branches *into* equal lengths of firewood. 枝をのこぎりで切って同じ長さのたきぎにする ▪ Trees *were* cut down and *sawn into* planks. 木は切り倒されひいて板にされた.

saw off 他 (のこぎり・ナイフで)…をひき取る, 切り離す[取る] ▪ He *sawed* a branch *off*. 彼は枝をひき切った.

saw through 他 (のこぎりで)…をすっかりひき切る ▪ The carpenter *sawed through* the plank. 大工は板をすっかりひき切った.

saw up 他 …を短くひき切る ▪ Jack *sawed up* the tree trunk into logs. ジャックは木の幹を丸太にひき切った.

say /seɪ/ ***say A about B*** 他 BについてAを言う ▪ I have a lot to *say about* taxes. 税については言うべきことはたくさんある.

say after a person 他 人の後について言う ▪ *Say after* me. 私の後について言いなさい.

say A against B 他 Bに反対してAを言う ▪ I have nothing to *say against* the plan. その計画に反対すべき点は少しもない.

say away 圓 どしどし言う (= SAY on) ▪ *Say away* as confidently as if you spoke to your father. 君のおとうさんに言うようなつもりで自信をもってどしどし言いなさい.

say for 他 弁解[言い訳]する ▪ What have you got to *say for* yourself? どんな言い訳があるのかね.

say on 圓 [命令文で] どしどし言え ▪ I have something to say to you.—*Say on*. ちょっとあなたに言いたいことがあります―どんどん言いなさい.

say out …をあからさまに言う, ぶちまけて言う ▪ I apologize for *saying out* charges against the Church. 私は教会をあからさまに非難したことをおわびします.

say over …をそらで言う ▪ The actress *said* her lines *over* to the director. 女優は監督にせりふをそらで言って聞いてもらった.

say to 他 [主に否定文で](人を)感動させない ▪ This book *says* nothing *to* me. この本は私にはおもしろくない.

scab /skæb/ ***scab on*** 他《米俗》…のスト破りをする ▪ Is there anybody here who'll *scab on* his fellows? 自分の仲間のスト破りをする者がここに誰かいるか.

scab over 圓 (傷口が)かさぶたを生じる ▪ The wound *scabbed over* and then the scab came off. 傷口がかさぶたでふさがり, 次いでそれがポロリと取れた.

scale[1] /skeɪl/ ***scale back*** 他 (支出などの)規模を縮小する ▪ The company has been *scaling back* production. その会社は生産規模を縮小し続けてきています.

scale down [up] 他 …を率に応じて減らす[増す], 縮小[拡大]する ▪ All wages *were scaled up* by 10 percent. すべての賃金は1割だけ増額された ▪ We were obliged to *scale* the project *down*. 計画を縮小せざるをえなかった.

scale[2] /skeɪl/ ***scale off*** **1** …の皮をはぐ ▪ I *scaled off* the bark of the tree. その木の皮を私がはいだ.
— 圓 **2** はげ落ちる ▪ The plaster is *scaling off* (the wall). しっくいが(壁から)はげ落ちかけている.

scale

3 《米口》(天候が)晴れてくる ▪ I guess it will *scale off*. たぶん天気になるだろう.

scale³ /skeɪl/ ***scale in at*** 他 …の体重がある ▪ At 19 he *scaled in at* 200 pounds. 19のとき彼は200ポンドの体重があった.

scamp /skæmp/ ***scamp over [off]*** 他 (仕事)をぞんざいにする, 手を抜く ▪ They *scamped off* their work. 彼らは仕事をぞんざいにやった.

scamper /skǽmpər/ ***scamper over*** 他 …を大急ぎでさせる ▪ The boy *scampered over* his homework so that he might go out. 少年は遊びに出ようとして大急ぎで宿題をすませた.

scamper through 他 **1** …を急いで旅行する ▪ We *scampered through* Normandy. 私たちはノルマンディーを急いで旅行した.
2 《口》…を大急ぎで読む ▪ I've just *scampered through* the whole of Dickens. 私はディケンズを大急ぎですっかり読んだところだ.

scan /skæn/ ***scan in [into]*** 他 …をスキャナーで取り込む ▪ This scanner gives you the ability to *scan in* text and graphics quickly into your PC. このスキャナーであなたのパソコンにテキストと画像を素早く取り込めます.

scan through 他 …にざっと目を通す ▪ He *scanned through* the morning paper. 彼は朝刊にざっと目を通した.

scar /skɑːr/ ***scar over*** 自 (傷が)治ってあとが残る ▪ The cut on his face will *scar over*. 彼の顔の切傷は治ってもあとが残るだろう.

scare /skeər/ ***scare away [off]*** 他 …をおどして追い払う; の恐怖心をあおる, をおびえさせる ▪ We *scared* birds *off* from the orchard. その果樹園から小鳥をおどして追い払った. ▪ The big noise *scared* the crows *away*. その大きな物音におびえてカラスが逃げた.

scare *a person **into*** 他 人をおどして…させる ▪ The man *scared* her *into* signing the paper. 男は彼女をおどして書類にサインさせた.

scare out 他 《米口》(ひそんでいる獣)を(おどして)かり出す ▪ We probably will *scare out* very large batches of ducks. 我々はたぶんたくさんのカモの群れをかり出すだろう.

scare *a person **out of*** 他 人をおどして…をやめさせる ▪ He was *scared out of* the attempt. 彼はおどされてその企てをやめた.

scare up 他 《米口》 **1** …を都合する, 寄せ集めて作る; (金)をかき集める ▪ I *scared up* a light supper for unexpected guests. 私は不意のお客のために軽い夕食を都合した. ▪ I'll try to *scare* something *up* from among the leftovers. 残り物を寄せ集めて何か食べるものを用意してみましょう. ▪ We managed to *scare up* enough money to buy a car. 車を買うだけのお金を何とか工面した.
2 = SCARE out.
3 …を見つける, 手に入れる ▪ Can we *scare up* anyone to fix the broken bookcase? 壊れた本箱を修理する人が誰かみつかるだろうか.

scarf /skɑːrf/ ***scarf down*** 他 《米口》…をがつがつ食う, がぶがぶ飲む ▪ He left after *scarfing down* a few beers. 彼はビールを2, 3杯がぶ飲みしてから立ち去った.

scarf up 《米俗》 **1** = SCARF down.
2 …をむさぼって手に入れる ▪ Eager fans of the Rolling Stones *scarfed up* the concert tickets. ローリング・ストーンズの熱心なファンがそのコンサートチケットを先を争って手に入れた.

scatter /skǽtər/ ***scatter*** *A **about [around, round]*** *(B)* 他 Aを(Bの)あたりに散らかす ▪ Don't *scatter* your clothes *about* (the room). (部屋の)あちこちに服を脱ぎ散らかしてはいけない.

scatter *A **with*** *B* 他 AにBをまき散らす[散在させる] ▪ He *scattered* the floor *with* paper. 彼は床に紙をまき散らした ▪ The region *is scattered* over *with* small towns. その地方一帯は小さな町が散在している.

scent /sent/ ***scent of*** 自 …のにおいがする; の気味がある ▪ The water of a hot spring *is scented of* sulfur. 温泉の水は硫黄の匂いがする ▪ The very air *scents* of treachery. あたりの空気にまで裏切りの気味がある.

scent out (犬などが)…をかぎ出す ▪ The hounds *scented out* a fox. 猟犬はキツネを1匹かぎ出した ▪ He *scented out* a job. 彼は仕事をかぎつけた.

scent *A **with*** *B* 他 AにBの良いにおいをつける ▪ The air was *scented with* the odor of flowers. 大気には花の香が漂っていた.

schedule /skédʒuːl/ʃédjuːl/ ***schedule*** *A **for*** *B* 他 AをBすることになっている ▪ They have *scheduled* the building *for* completion in 2023. その建物は2023年に完成予定になっている.

scheme /skiːm/ ***scheme for*** 他 (特に悪事)をたくらむ ▪ The terrorists *schemed for* the overthrow of the government. テロリストは政府の転覆をたくらんだ.

scheme out 他 …を計画する ▪ They *schemed out* a plot against the king. 彼らは王への陰謀を企てた.

schlep /ʃlep/ ***schlep around*** 自 《米口》ぶらぶら過ごす ▪ I'm just *schlepping around* every day. 毎日ただぶらぶら過ごしているだけさ.

school¹ /skuːl/ ***school away*** 他 《まれ》…をしつけて取り除く ▪ That bad habit may be *schooled away*. そういう悪いくせはしつけによって取り除けるかもしれない.

school down …をしつけて押さえる ▪ He was completely *schooled down* by long years of boring office labor. 彼は長年にわたる退屈な事務の仕事ですっかり仕込まれていた.

school *A **in*** *B* [主に受身で] AにBを教え込む ▪ Children should be *schooled in* self-control. 子供には自制心を教え込まねばならない.

school *A **to*** *B* AにB(性質)を持つように訓練する ▪ The dogs were well *schooled to* obedience.

school² /skuːl/ ***school up*** 自 (魚が)水面近くに群がる ▪ Herring do not *school up* until the beginning of the summer. ニシンは夏の初めになるまでは水面近くに群がらない.

scoff /skɑf|skɔf/ ***scoff at*** (特に宗教など)をあざける ▪ He *scoffs at* dangers. 彼は危険をあざけっている.

scold /skoʊld/ ***scold at*** …をしかる, にがみがみ言う ▪ I came to be merry and not to *be scolded at*. 私は陽気にやりに来たのであって, しかられに来たんじゃない.

scold *a person **for*** …のことで人をしかる ▪ He *scolded* his son *for* being lazy. 彼は息子を怠けていると言ってしかった.

scoop /skuːp/ ***scoop away*** …をすくい取る ▪ A mole can *scoop away* much earth at a time with its broad forefeet. モグラはその広い前足で一度に多量の土をすくい取れる.

scoop in 他 (俗)(他をだし抜いて)大儲けする ▪ My brother *scoops in* three or four hundred pounds a day. うちの兄貴は1日に3, 4百ポンドも大儲けする.

scoop out 他 **1** …をえぐる, 掘る; を(スプーンで)えぐる ▪ The rocks below had been *scooped out* by the glacier in old days. 下の岩は昔から氷河にえぐられてきたのだった ▪ Grandma *scooped* the middle of a large tomato *out*. おばあちゃんは大きなトマトのまん中をえぐった.

2 えぐって[掘って]…を作る ▪ This fish *scoops out* a nesting place in the sand with its tail. この魚は尾で砂を掘って産卵場所を作る.

scoop up 他 **1** …をすくい上げる ▪ The kids *scoop up* fish with small nets. 子供たちは小さな網で魚をすくい上げる.

2 …をかき[さらい]集める; (商品)をかっさらう ▪ The boy *scooped* the nuts *up* and put them in his pockets. 少年は木の実をかき集めてポケットに入れた.

3 = SCOOP in.

scoot /skuːt/ ***scoot over*** 自 《米口》席を詰める, (いすを)横に動かす ▪ Thank you for *scooting over*. 席を詰めてもらってありがとう[席を詰めてください].

scope /skoʊp/ ***scope out*** 他 《米口》…を調べる, 見る ▪ They sent staff to *scope out* the area worst affected by the typhoon. その台風による被害が最もひどかった地域を調査するために, スタッフが派遣された.

scorch /skɔːrtʃ/ ***scorch out*** 他 …を焦土化する ▪ The village *was scorched out* by the bombing. その村は爆撃のために焦土化された.

score /skɔːr/ ***score by*** 他 …から利益を得る ▪ We shall *score by* it now that there is such a demand for old iron. 今はくず鉄の需要が非常にあるのでそれから利益を得るだろう.

score *A **for*** *B* 他 BのためにAを作曲する ▪ He *scored* this piece *for* strings. 彼はこの曲を弦楽器用に作曲した.

score off *a person* 他 《口》人をやっつける, やりこめる, へこます, 負かす ▪ For once she felt she had *scored off* her adversary. 一度だけ彼女は相手を打ち負かしたように感じた.

score out [***off, through***] 他 線を引いて…を消す, 抹消する ▪ *Score out* his name. I no longer want to invite him. 彼の名前を消してくれ, もう招待したくないんだ.

score over 他 …に勝る ▪ Nylon also *scores over* cotton in being resistant to moths. ナイロンは虫に食われないという点で木綿に勝る.

score up 他 **1** (得点)を記録する ▪ Alfonso Soliano *scored up* an unexpected 6 RBIs. アルフォンソ・ソリアーノは誰も予想しなかった6打点を記録した.

2 …をつけにする, (勘定)を貸しにしておく ▪ Please *score up* fifty dollars against me. 50ドルを私のつけにしてください.

score (***up***) *A **against*** *B* 他 **1** Bに対してAを根に持つ ▪ Jack will *score up* that remark *against* you. ジャックは君に対してその言葉を根に持つだろう.

2 AがBのマイナス点になる ▪ This mistake will *be scored up against* you. この誤りは君のマイナス点になるだろう.

score with 他 《口》…を喜ばせる ▪ You really *score with* me. 君といっしょにいると本当に楽しい.

scour /skaʊər/ ***scour about for*** …を急いで捜し回る ▪ He *scoured about for* the lost child. 彼は急いで迷子を捜し回った.

scour off [***away***] 他 (さび・汚点など)をこすり取る; (土・砂など)を洗い流す ▪ The stains will not easily *be scoured off* again. このしみはこすっても二度と容易には取れないだろう.

scour out 他 **1** …の中を洗う ▪ She *scoured out* a saucepan. 彼女はシチューなべの中を洗った.

2 = SCOUR off.

3 …を洗い流す ▪ The tide *scoured out* mud and sand. 潮流が泥と砂を洗い流した.

scour up 他 《米》…をこすって磨く ▪ Grandpa *scoured up* the old scythe. じいちゃんは古いかまをごしごし研いだ.

scout /skaʊt/ ***scout about*** [***around, round***] ***for*** 《口》…をあさり回る ▪ The stray dog was *scouting about for* food. その野良犬は食べ物をあさり回っていた.

scout for …を探す[スカウトをする] ▪ They are *scouting for* talent. 彼らはタレントを探している.

scout out 他 (土地)を探索する; を物色する ▪ I must *scout out* my shoes. 靴を物色しなければならない.

scout up 他 《米》…を探す ▪ I'll *scout up* a costume for the Halloween party. ハロウィーン・パーティー用の衣装を探すことにするよ.

scowl /skaʊl/ ***scowl at*** [***on, upon***] …をにらみつける, に苦い顔を見せる ▪ Beyond *scowling at* us they did us no harm. 彼らは我々をにらみつけただけでそれ以上の害は加えなかった ▪ Why are you *scowling on* me like that? どうして私にそんなに苦い顔をしているのよ.

scowl** a person **away 他 苦い顔をして人を追い払う ▪ He *scowled* the children *away*. 彼は苦い顔をして子供らを追い払った.
scowl down 他 …をにらみつけて威圧する ▪ The chairman *scowled down* their opposition. 議長は彼らの反対をにらみつけて威圧した.

scrabble /skrǽbəl/ ***scrabble around [about] [for]*** 他 (…を)手探りで捜す ▪ He *scrabbled about for* the india rubber. 彼は消しゴムを手探りで捜した ▪ The climber *scrabbled about for* a handhold. そのクライマーは手探りで手がかりを捜した.
scrabble at 他 …をひっかく ▪ She *scrabbled at* the ground with her index finger. 彼女は人差し指で地面をひっかいた.
scrabble up 他 …を急いで作る[集める] ▪ She *scrabbled up* a supper out of leftovers. 彼女は残り物で急いで夕食をこしらえた.

scramble /skrǽmbəl/ ***scramble along [on]*** 自 どうにかやっていく ▪ Lakshmi *scrambled along* in the world. ラクシュミーはどうにか暮らしを立てていった.
scramble for [after] 他 …を我がちに取ろうとする ▪ The children *scrambled for* the pennies thrown by the parson. 子供たちは牧師のまいた銅貨を奪い合った ▪ They *scrambled after* promotion. 彼らは我がちに昇進を争った.
scramble into 他 大急ぎで…を着る ▪ Jack *scrambled into* his clothes. ジャックは大急ぎで服を着た.
scramble out 自 はい出る ▪ The girl *scrambled out* of the water to the muddy bank. 少女は水からはい出て土手にたどり着いた.
scramble through 他 …を急いですませる ▪ The boy *scrambled through* his work. 少年は急いで仕事をすました.
scramble up 1 …をよじ登る ▪ We *scrambled up* a steep hill. 我々は険しい山をよじ登った.
2 …をかき集める ▪ She *scrambled up* a hasty dinner. 彼女は急いで夕食をかき集めた.

scrape /skreɪp/ ***scrape along [by]*** 自 **1** どうにかやっていく ▪ My brother *scraped along* without womanly help. 弟は女性の手助けなしにどうにかやっていた.
2 すれすれに合格する; (語学力が)何とか間に合う ▪ I hated school and *scraped by* in most subjects. ぼくは授業が大嫌いで, ほとんどの教科がぎりぎりの合格だった.
scrape away [off] 他 …をこすって取り去る ▪ We *scraped away* the wall paper. 我々は壁紙をこすって取り去った.
scrape back 他 (髪の毛)を後ろへひっつめる ▪ She wore her hair *scraped back*. 彼女は髪の毛をひっつめ髪にしていた.
scrape down 他 **1** …の表面をこすってなめらかにする ▪ He *scraped down* a pine chest. 彼はマツの木の箱の表面をこすってなめらかにした.
2 (演説者)を足ずりして黙らせる ▪ Another orator *was* coughed and *scraped down*. もう一人の演説者はせきをしたり足ずりをしたりして黙らされた.
***scrape** A **from [off]** B* AをBからこすり取る ▪ He *scraped* the paint *from* the door. 彼はドアからペンキをこすり取った.
scrape home 他 かろうじて地位[結果]を手に入れる ▪ At the last election Mr. Blythe *scraped home* in Monaghan. この前の選挙でブライズ氏はかろうじてモナハンで当選した.
scrape in [《英》into] 自 (学校など)にやっと入る; なんとか仕事[地位]を手に入れる ▪ Jimmy Santiago has *scraped into* high school. ジミー・サンティアゴは高等学校へやっとのことで入った ▪ Jack *scraped in* by a tiny margin. ジャックはわずかの差でなんとか仕事を手に入れた.
scrape out 自 **1** こすってきれいに[からに]する ▪ Let me have the pot to *scrape out*. 中をこすってきれいにしなければならない深鍋を渡してちょうだい.
— 他 **2** …をかき掘る ▪ The prisoner *scraped out* a hole in the ground. その服役囚は地面に手で穴を掘った.
3 …をかき出す ▪ I *scraped out* the ashes from the furnace. かまどから灰をかき出した ▪ *Scrape* the jam *out* of a jar. Here's a spoon. びんからジャムをそいで空にしてちょうだい. はい, スプーン.
4 …をすり落とす, こすって消す ▪ He *scraped out* a stain. 彼はしみをこすり落とした.
scrape through 他 (試験など)をやっと通過する[させる] ▪ He *scraped through* his exams. 彼は試験をかろうじてパスした ▪ We made a futile effort to *scrape* Johnny *through* the examination. ぼくたちはジョニーをなんとか試験に合格させようと努力したがむだだった ▪ The team *scraped through* by a three-point margin. そのチームは3点差でなんとか切り抜けた.
scrape together 他 《口》…をこつこつため込む, かき集める ▪ He *scraped* the money *together* by strict frugality. 彼はひどく倹約してこつこつとその金をため込んだ.
scrape up 他 **1** (話)をでっち上げる ▪ He always *scrapes up* some excuse. 彼はいつも何か口実を作り上げる.
2 = SCRAPE together.

scratch /skrætʃ/ ***scratch along [on]*** 自 どうにかやっていく ▪ I just manage to keep *scratching on*. 私はやっとどうにかやっていっているだけです ▪ We're managing to *scratch along* on a low salary. 安い給料でどうにかやっているよ.
scratch around [about] for 他 ひっかき回して…を探す ▪ Hens *scratched about for* worms. ニワトリがあちこちひっかき回してミミズを探した.
scratch down [off] 他 (手紙など)をなぐり書きする ▪ I *scratched down* another ballad on that day. その日もう一つバラッドをなぐり書きした.
scratch off 他 **1** = SCRATCH down.
2 …をひっかいて取り去る ▪ He *scratched* the paint

off. 彼はペンキをひっかいてはがした.
3 ...を出場者名簿から消す; の名前を取り消す ▪ *Scratch* that *off* the shopping list. 買物リストからそれを消してくれ.

scratch out 他 **1**(目)をつめでえぐり取る ▪ They want to *scratch out* the eyes of their enemies. 彼らは敵の目玉をえぐり取りたいと思っている.
2 線を引いて表から(名前)を削除する ▪ I forgot I had *scratched out* John. ジョンの名前を表から消したのを忘れていた.
3(文字)を(懐中ナイフなどで)削除する ▪ He *scratched out* the letters with his knife. 彼はナイフでその文字をひっかいて消した.
4(穴)をかき掘る ▪ Michael *scratched out* a hole in the ground. マイケルは地面をひっかいて穴を掘った.

scratch through 他 ...をかろうじて通過する ▪ He contrived to *scratch through* the examination. 彼はその試験にかろうじてパスした.

scratch together 他 ...をこつこつため込む ▪ He *scratched together* a few pounds for a holiday. 休日のため数ポンドこつこつため込んだ.

scratch up 他 **1** ...にかき傷をつける ▪ The table was all *scratched up*. テーブルはすっかりかき傷がついていた.
2 ...を引っかいて掘り出す ▪ The dog *scratched up* a bone. 犬は引っかいて骨を掘り出した.
3 = SCRATCH together.

scream /skri:m/ ***scream for*** 他 金切り声をあげて...をくれと言う ▪ The child *screamed for* a cake. 子供は金切り声をあげてケーキをせがんだ.

scream out 他 ...を金切り声で言う ▪ She *screamed out* that her father was being attacked. 彼女は父親が襲われていると金切り声で言った.

scream* (*out*) *at 他 ...に向かって金切り声を出す ▪ Someone was *screaming out at* me in the fog. 霧の中で誰かが私に向かって叫んでいた.

screech /skri:tʃ/ ***screech out*** 他 (金切り声)で叫ぶ ▪ She *screeched out* her top notes instead of singing them. 彼女は一番高い音符を歌うのでなくて金切り声で叫び出した.

screen /skri:n/ ***screen *A* from *B**** 他 **1** AをBからさえぎる[おおう] ▪ The trees *screen* our house *from* public view. これらの木でわが家は人目からさえぎられる.
2 A(人)をB(罰など)からかばう ▪ I'm not willing to *screen* you *from* blame. 君を非難からかばってやるのは気が進まない.

screen off 他 [主に受身で](つい立てで)...を仕切る ▪ One corner of the room *was screened off*. 部屋の片すみは仕切られていた.

screen out **1**(ふるいで)...を取り除く ▪ Moisture in the air *screens out* much of the solar heat radiation. 空気中のしめり気が太陽熱の輻射の多くを取り除く.
2(光など)をさえぎる ▪ The sunlight *was screened out* by the curtains. 日光はカーテンでさえぎられていた.

3 ...を選抜する ▪ Cobbles and larger pebbles *were* manually *screened out*. 丸石や大きめな小石は手作業で選り出された.

screw /skru:/ ***screw around*** 自 **1**(米口)ぶらぶらしている ▪ He *screws around* all day. 彼は一日中ぶらぶらしている.
2 いいかげん[乱暴]に扱う ▪ He *screwed around* with my personal computer. 彼はおれのパソコンを乱暴に扱いやがった.
3(卑)誰れとなくセックスする; 乱交する ▪ He is always *screwing around*. 彼はしょっちゅう誰れとなくセックスしている.
— 他 **4**(英卑)(人)を困らせる, 悩ませる ▪ Don't *screw* me *around*. おれを困らせるな.

screw down **1** ...をねじで固定する[締める] ▪ The coffin had *been screwed down* before she came. 棺は彼女が来ないうちにねじで留められていた ▪ I *am screwed down* to certain fixed rules. 私はある一定の規則に縛りつけられている.
2 ...をしいたげる ▪ Do you know how the laborers *are* now *screwed down*? 労働者が今どんなにしいたげられているか知っていますか.

screw into 自 ...にねじで留まる ▪ The knobs *screw into* the drawer. この握りは引き出しにねじで留まる.

screw off 自 **1** ねじをはずす; ねじがはずれる ▪ The end *screws off* for cleaning purposes. その端はきれいにするためにねじがはずれるようになっている.
— 自 **2**(口)むだに時間を過ごす ▪ Stop *screwing off* and get busy! ぶらぶらせずにさっさとやれ!

screw on **1** ...をねじで取りつける ▪ I *screwed* the handle *on* (to the door). 取っ手を(ドアに)ねじで取りつけた.
— 自 **2** ねじで取りつけられる ▪ The nozzle *screws on* to the head of the hose. 筒先はホースの端にねじで取りつけられる.

screw out **1**(きびしい質問などして)...を引き出す ▪ The detective may *screw out* the truth at last. その探偵はついに真相を引き出すかもしれない.
2 ...をかろうじて作る[出す] ▪ He *screwed out* a laugh. 彼はなんとか笑い声をしぼり出した ▪ Mr. Chandra *screwed out* £25 for the contribution. チャンドラ氏は寄付するためにかろうじて25ポンドを捻出した.

screw *A* out of *B* 他 **1** B(人)からAをしぼり取る ▪ The tyrant *screwed* more taxes *out of* the people. 暴君は人民からさらに多くの税金をしぼり取った.
2[主に受身で] A(人)からBをだまし取る ▪ I *was screwed out of* every last penny. 私は最後の一銭まで巻き上げられた ▪ He *screwed* me *out of* 300 bucks on that deal. 奴はその取り引きで私から300ドルだまし取った.

screw over 他《米口》...をだます; をひどい目にあわせる ▪ The company *screwed* me *over* and I was fired. 会社は私をだまして首にした.

screw round 他 (頭)をねじって振り向く ▪ He

screwed his head *round* to see it. 彼は頭をねじって振り向いてそれを見た.

screw together 他 ...をねじで留め合わせる ▪ I *screwed* two pieces of wood *together*. 2個の木片をねじで留め合わせた.

screw up 1 ...をねじで固定する ▪ He *screwed up* his work tight. 彼は自分の作品をきっちりとねじで固定した.

2 (紙きれなど)をくるくる巻く, 丸める ▪ I *screwed up* a piece of paper and threw it in the bin. 1枚の紙を丸めてごみ箱に放り込んだ.

3 (口・目)をすぼめる, 細める ▪ Jack *screwed up* his mouth into a whistle. ジャックは口笛が吹けるように口をすぼめた《口をすぼめて口笛を吹いた》. ▪ He *screwed up* his eyes and put out his jaw. 彼は目を細めあごを突き出した.

4 《俗》...を台なしにする, しくじる, 大失敗をする ▪ I have *screwed up* my driving test again. 運転免許試験をまたしくじってしまった.

5 《口》〖主に受身で〗...を不安にさせる ▪ I *was* all *screwed up* about my first class. 最初の授業のことですっかり不安になっていた.

6 (コルセットで)...の腰を締めつける ▪ She bore being *screwed up* till she could scarcely breathe. 彼女は息もろくにできないくらいにまで腰を締めつけられるのをがまんした.

7 (地代・家賃・身の代金)を無法に上げる ▪ The landlady has decided to *screw up* the rents from her tenants. 家主は借家人からの家賃を大幅に引き上げることにした.

8 ...をかろうじて作る ▪ The soldier *screwed up* his courage to go ahead. 兵士は勇気を振りしぼって前進した.

9 (弦楽器の弦)を締める ▪ They break the strings by *screwing* them *up* too high. 彼らは弦をあまり高く締めすぎて弦を切ってしまう.

10 (文意など)をこじつける ▪ The cop *screwed up* right into wrong. おまわりは白を黒だと言いくるめた.

11 《俗》(人)を害する ▪ She thinks her marriage is *screwing* her *up*. 彼女は結婚が害になっていると考えている.

— 自他 **12** (人・心を)引き締める; (勇気)を奮い起こす ▪ He needs *screwing up*. 彼は気合いを入れる必要がある. ▪ I *screwed up* my courage and at last went to the dentist. 勇気を奮い起こしてやっと歯医者へ行った.

screw with 他 《米口》(物)をいじくりまわす; (人)をもてあそぶ[だます] ▪ The engineer *screwed with* the motor. その技師はそのモーターをいじくりまわした. ▪ They all *screwed with* me. 彼らはみんなで私をだましたのだ.

scribble /skríbəl/ ***scribble down*** 他 ...をなぐり書きする ▪ I *scribbled* the details *down* on a piece of paper. 私は詳細を紙きれになぐり書きした.

scribble over A ***with*** B 他 AにBを書きなぐる ▪ The page *was scribbled over with* dogs and horses. そのページには犬や馬の絵がいっぱい書きなぐって あった.

scrimp /skrɪmp/ ***scrimp on*** 他 ...にけちけちする, 安物を買う ▪ Shall we splurge on the bag and *scrimp on* the suit, or vice versa? 鞄は贅沢なものにして, 服は安物にするか, それともその逆でいきますか.

scroll /skroul/ ***scroll down*** [***up***] 自 《電算》スクロール[画面移動]する ▪ You should *scroll down* to the end of the document. 文書の終わりまでスクロールするのがよいです.

scroll through 他 《電算》(画面のテキスト)を(すべて読まないで)スクロールする ▪ I *scrolled through* the document using the wheel on my mouse. マウスのホイールを使って文書をスクロールした.

scrounge /skraundʒ/ ***scrounge around*** 自 《口》**1** あてもなく探し回る ▪ He is just *scrounging around* all day. 彼は一日中あてもなく探し回っているばかりだ.

2 (食べ物などを)ねだる (*for*) ▪ The traveler *scrounged around for* something to eat. 旅人は何か食べるものを恵んでくださいと言った.

scrounge on a person 他 人に寄食する ▪ I am now *scrounging on* my own people. 目下家の者に食べさせてもらっている.

scrounge up 他 《米口》...をかき集める ▪ Food may *be scrounged up*. 食物はかき集めることができよう.

scrub /skrʌb/ ***scrub away*** [***off***] 他 (ブラシなどで)...をこすり取る ▪ Don't *scrub away* the paint! ペンキをこすり取っちゃいけない.

scrub down 他 (ブラシなどで)...をこすってきれいにする ▪ Would you *scrub* my back *down*? 背中を流してくれないか.

scrub A ***off*** B 他 BからAをこすり取る ▪ *Scrub* that mud *off* the wall. 壁からあの泥をこすり取っておくれ.

scrub out 他 **1** ...の中をごしごし洗う ▪ She *scrubbed out* a pan. 彼女はなべの中をごしごし洗った.

2 《口》...を取り消す ▪ Steve may *scrub out* the order. スティーブはその注文をキャンセルするかもしれない.

3 (ガス体)を分離する ▪ This car is equipped with a converter to *scrub out* CO from the exhaust. この車は排気ガスから一酸化炭素を分離する変換器を装備している.

4 = SCRUB away.

5 ...を線を引いて消す ▪ I *scrubbed out* the last sentence. 私は最後の文を線を引いて消した.

scrub round 他 **1** ...を避けて通る ▪ You cannot *scrub round* the entrance examination. 君は入試を避けて通るわけにはいかない.

2 (計画)を中止する ▪ We decided to *scrub round* the meeting. その会合を中止することにした.

scrub up [《米》*in*] 自 (医者・看護師が)ごしごし手を洗う ▪ The doctor and the nurses *scrub up* before an operation. 医者と看護師は手術の前にはしっかり手を洗う.

scrum /skrʌm/ ***scrum down*** 自 《ラグビー》スク

ラムを組む ▪ They *scrummed down* but the ball was taken by their opponents. 彼らはスクラムを組んだが、ボールは相手方に取られた。

scrunch /skrʌntʃ/ *scrunch up* 他 **1** …をくしゃくしゃに丸める ▪ I would *scrunch up* a day calendar before throwing it away. カレンダーの日付表を捨てる前にくしゃくしゃにして丸めたものだ。

2《顔・目・鼻など》をしかめる ▪ I *scrunched up* my face to stop myself crying. 泣き止もうと顔をしかめた。

3《米口》…を詰める ▪ The driver had the passengers *scrunched up* on the bus. 運転手はバスで乗客たちに詰めてもらった。

— 自 **4** 身を縮める, うずくまる ▪ The cat *scrunched up* in the corner of the garden. 猫が庭の角でうずくまっていた。

scuff /skʌf/ *scuff up* 他 （靴）の表面に傷をつける ▪ I got my new shoes *scuffed up* on the crowded bus. 込んだバスの中で新しい靴の皮に傷をつけてしまった。

scuffle /skʌ́fəl/ *scuffle through* 他 （仕事）をそそくさとすませる ▪ I've *scuffled through* my homework. 僕は宿題を大急ぎですませた。

scurry /skə́:ri|skʌ́ri/ *scurry away* 自 （小動物が）ちょこちょこ逃げ去る ▪ The mice *scurried away*. ネズミどもがちょこちょこと逃げ去った。

scurry for 他 …の方へあわてて走る ▪ She *scurried for* the door out of fear. 彼女は怖がってばたばたとドアの方へ走った。

scurry through 他 （仕事など）を大急ぎでする ▪ I had to *scurry through* my work before she arrived. 彼女が来る前に大急ぎで仕事をすまさなければならなかった。

scuttle /skʌ́təl/ *scuttle off* [*away*] 自 他 あたふたと去る, 去らせる ▪ The mouse *scuttled away* at the sound of our footsteps. ネズミは我々の足音を聞くとあたふたと逃げ去った ▪ I *scuttled* him *off* to Nice in the car. 私は彼を車であたふたとニースへ行かせた。

seal /si:l/ *seal in* 他 …を封じ込める ▪ Lotions or creams smoothed on while the skin is still damp will *seal in* extra moisture. 肌がまだ濡れている間に塗るローションやクリームはよりたっぷりの水分を封じ込ます。

seal off 他 …を封印する; 《軍》（ある地域）を封鎖する, 隔離する ▪ The officer *sealed off* the area. 士官はその地域を立ち入り禁止にした。

seal up 他 **1** …をしっかり封をする, 密封する ▪ Please show it to me a minute before you *seal it up*. それを密封しないうちにちょっと私に見せてください。

2 …を密閉する, 閉じ込める ▪ The ship was *sealed up* in ice. 船は氷の中に閉じ込められた。

search /sə:rtʃ/ *search after* 他 …を捜し求める ▪ They *searched after* a lost child. 彼らは迷い子を捜し求めた。

search for 他 …を捜す ▪ He *searched for* a meaning in the dictionary. 彼は辞書である意味を捜した。

search A for B 他 Bを求めてA（人・場所）を捜す ▪ I *searched* all my drawers *for* the missing papers. なくなった書類を求めて引き出しを全部捜した ▪ We *searched* him *for* the letter. 彼の身体検査をして手紙を捜した。

search into 他 …を調査する ▪ We must *search into* the root of the matter. 我々はこの事件を根元まで調査しなければならない。

search out 他 **1** …を捜し出す ▪ His primary object is to *search out* the truth. 彼の第一の目的は真相を捜し出すことにある。

2 …を調べ[探り]出す ▪ He seemed to *search out* our very thoughts. 彼は我々の考えまでも探り出すように思われた。

search through A for B 他 Bを求めてAの中を捜す ▪ My sister *searched through* her handbag *for* a dime. 姉はハンドバッグをあけて10セント玉を捜した。

season /sí:zən/ *season A with B* 他 AにBで味をつける[味をもたせる] ▪ This meat *is seasoned with* garlic. この肉はニンニクで味つけしてある ▪ His speech *was seasoned with* irony. 彼の話は皮肉がきいていた。

section /sékʃən/ *section off* 他 …を区分する ▪ They persuaded the landowner to *section off* some land at the back. 彼らは地主に裏の土地を区画するように説得した。

secure /sɪkjóər/ *secure A against B* 他 AをBに備えて安全にする[固める] ▪ By strengthening the embankments they *secured* the village *against* floods. 堤防を丈夫にして大水に備え村を固めた。

secure A from B 他 AをBから守る ▪ The armed forces have *secured* the country *from* all threats. 軍隊がその国をあらゆる脅威から守ってきた。

seduce /sɪdjú:s/ *seduce a person from* [*into*] 他 人を誘惑して…させないようにする［…させる］ ▪ The TV show *seduced* me *from* my work. そのテレビのショーに引かれて私は仕事をやめた ▪ Carlito Brigante *was seduced into* a life of crime by bad friends. カリート・ブリガンテは悪友に誘われて悪の道に走った。

see /si:/ *see about* 他 **1** …を手配する, 処理する ▪ Let me *see about* a hotel for the night. その晩の宿泊はホテルの手配はおまかせください。

2《口》…を考慮する ▪ Very well, I'll *see about* it for you. わかったよ。まあそのうち考えておこう《I'll see about it. はすぐ決断するのを避けるときのきまり文句》。

3 …に気をつける, を調べる ▪ We went to the railway station to *see about* our luggage. 我々は手荷物を調べに駅へ行った。

see after 他 **1** …の様子を確かめる ▪ I went to *see after* him. 私は彼の様子を見に行った。

2 …の世話をする ▪ Kindly *see after* my children while I'm away. 私が留守の間は子供の世話をお願いします。

see A against B 他 Bを背景にAを見る ▪Jewels look best *seen against* a dark background. 宝石は黒いものを背景に見たときが一番見ばえがよい.

see ahead 自 前方を見る; 先を見る, 見通す ▪We couldn't *see ahead* more than a few yards due to the smoke. 煙のため前方数ヤードより先は見通せなかった ▪One cannot *see* very far *ahead* these days. 近ごろはあまり先のことは分からない.

see around →SEE over.

see A as B 他 AをBとみなす ▪I *see* it *as* my duty to punish him. 彼を罰するのは私の義務だと考えている ▪He *is seen as* the hope of our party. 彼はわが党の希望の星とみなされている.

see beyond ...の先を見越す ▪You must *see beyond* the immediate present. 今現在よりも先を見越せなくてはならない.

see for 他 《主に英・方》...を捜す ▪I was just coming to *see for* you. ちょうどあなたを捜しに来ようとしていたところです.

see in 自 1 (他人の家の)中を見る ▪The blind was down, and I could not *see in*. ブラインドが降ろされていたので, 中は見えなかった.
— 他 2 (新年など)を(寝ずに)迎える ▪We all *saw in* the New Year. 私たちはみんなで新年を迎えた. ☞see in the New Year に対して「旧年を送り出す」は see out the Old Year.
3 ...につき添う, を部屋の中まで案内する, を送り届ける, 見送る ▪I *saw* her *in* and then walked home alone. ぼくは彼女を送り届けてから一人で家まで歩いて帰った.

see A in B 他 〖主に否定文・疑問文で〗BのAに魅力を感じる; BにA(特質)を認める ▪Tell me what you *see in* him. 彼のどこに魅かれているのか教えてほしい.

see into 他 ...を調査する; を見抜く ▪I'll *see into* this matter. このことを調べてみましょう ▪He had the wisdom of *seeing into* the future. 彼には将来を見抜くだけの明があった.

see A into B 他 A(人)につき添ってB(場所)に行く, AをBに送り届ける[見送る] ▪I *saw* her *into* the station. 彼女を駅に送り届けた.

see off 他 1 (人が旅立つの)を見送る ▪I *saw* him *off* at the station. 彼を駅で見送った.
2 (人)を追っ払う ▪He called to his dog, "*See* 'em *off*." 彼は犬に「やつらを追っ払え」と声をかけた.
3 (敵の攻撃など)を切り抜ける ▪We *saw off* the threat of a takeover. 我々は企業買収の脅威を切り抜けた.
4 《英口》...を殺す, ばらす ▪The gang *saw* him *off* quickly after he betrayed them. ギャング一味は裏切られるとすかさず彼を消した.

see out 1 ...を送り出す, 玄関まで見送る ▪I opened the door to *see out* some friends. 私は友人たちを送り出すために玄関の戸をあけた.
2 ...を終わりまで見る ▪He *saw out* the long play. 彼は長い劇を終わりまで見た.
3 ...を終わりまでやり通す ▪He evidently meant to *see* the thing *out*. 彼は明らかにそれを終わりまでやり通すつもりらしかった.
4 (人がある期間)を切り抜ける; (物がある期間)もつ ▪I'm afraid the patient won't *see out* another month. 患者はもう一月はもつまいと思われる ▪We prepared enough fuel to *see* the winter *out*. 冬場を切り抜けるだけの十分な燃料を用意した.
5 ...よりも生き長らえる ▪I pray my wife may *see* me *out*. 私は家内が私よりも生き長らえてくれるように祈っている.
6 (飲み比べで)...を飲み負かす ▪We intend to *see* you all *out*. 我々は君たちみんなを飲み負かしてやるつもりだ.

see over [round] 他 1 (垣根・塀)越しに見える ▪Lift little Bob up. He can't *see over* the fence. ボブ坊やを抱き上げて. フェンスが高くて向こうが見えないから.
2 (建物など)を見回る, 検分する ▪Government officials are coming to *see over* the factory. 国の職員が工場の視察に来ることになっている.

see through 他 1 ...を透きとおして見る ▪When held against the light, the silkworms might *be seen through*. 明かりにかざすとカイコは透けて見えるくらいだった.
2 ...を見通す, 看破する, 見破る ▪Harry Callahan *saw through* their motives. ハリー・キャラハンは彼らの魂胆を見抜いた.
3 《口》(食事)を平らげる ▪I *saw through* most of the meal. その食事をあらかた平らげてしまった.

see ... through 他 1 ...を最後まで見届ける[助けてやる] ▪I will *see* the bonfire *through*. 私がかがり火を最後まで見届けましょう ▪We will *see* him *through* if he were to undertake it. 彼がそれをやるのなら最後まで助けてやろう.
2 《口》...をうまくやり遂げる ▪He will *see* it *through*. 彼はそれをうまくやり遂げるだろう.
3 (物資が人)に十分にある, もつ ▪This money will *see* us *through* (the week). この金で(1週間は)もつだろう.

see A through B 他 A(人)にB(困難など)を切り抜けさせる (→SEE ... through 3.) ▪We had enough food to *see* us *through* the winter. 我々には冬場をしのぐだけの十分な食糧があった.

see to 他 ...に気をつける; の世話をする ▪*See to* the fire. 火に気をつけてください ▪I will *see to* the arrangements for our trip. 旅行の手配は私が引き受けます.

see A to B 他 A(人)にとって B(時・場所)までもつ ▪We have enough coffee to *see* us *to* the end of the week. コーヒーは週末までもつだけある ▪The gas in the car should *see* us *to* our destination. 車のガソリンは目的地に着くまでもつはずだ.

see ... up 他 (人)を階上へ案内する ▪I'll *see* you *up* to the director's office. 上の所長の部屋までご案内しましょう.

see with a person 自 人と同意見である ▪I wish you could *see with* me on this question. この問

seed /siːd/ ***seed down*** 他 (草・クローバーの)種をまく ▪I *seed down* oats in early September. 私はオートムギの種子を9月初旬にまく.

seed** A* ***with *B* 他 AにBの種をまく ▪The farmer *seeded* a field *with* wheat. 農場主は畑に小麦の種をまいた.

seek /siːk/ ***seek after*** 他 《文》[主に受身で]…を(捜し)求める ▪He is always *seeking after* fame. 彼は始終名声を求めている ▪The works of this novelist *are* much *sought after*. この小説家の作品は大いにもてはやされている.

seek for 他 《文》…を求める, 手に入れようとする ▪The true life should never *seek for* pleasures. 真の生活は決して快楽を求めるべきでない.

seek into 他 《文》…を詳しく調べる ▪The police are *seeking into* the cause of the fire. 警察は火事の原因を詳しく調べている.

seek out 他 《文》…を(苦労して)捜し出す ▪I will *seek* you *out* wherever you may hide yourself. お前がどこに隠れても捜し出してやる.

seep /siːp/ ***seep away*** 自 徐々になくなる; 滴下する, 漏れる ▪The hours *seeped away* like draining rain. はけしい雨水のように時間が徐々になくなった.

seep out 自 (液体・情報などが)漏れる ▪The details *seeped out* to the press. 詳細が報道機関に漏れた.

segue /ségwei/ ***segue into*** 自 **1** …にすぐに移行する ▪One scene *segued into* another scene. 景色は次々に移行した ▪The speaker *segued* from one topic *into* another without a pause. 話し手は息も継がずに次々と話題を移した.

2 …へ断絶なく演奏する ▪The orchestra *segued into* the next theme flawlessly. オーケストラは見事に次の主題へ切れ目なく演奏していった.

seize /siːz/ ***seize on*** [***upon***] 他 …をつかむ, とらえる, とっつかまえる; に飛びつく ▪A great fear *seized upon* him. 彼はひどい恐怖にとりつかれた ▪They *seized on* the ship, and imprisoned the crew. 彼らはその船を拿捕(だほ)して船員を監禁した ▪Jack *seized on* my mistake. ジャックは私の過ちにつけこんだ.

seize…together 他 《海》(綱)をくくり合わせる ▪*Seize* the ropes *together* with marline. その綱を細綱でくくり合わせ.

seize up 自 **1** 《主に英》(エンジン・機械などが)止まる ▪The engine *seized up* without warning. エンジンが出し抜けに止まった ▪The verse *seized up* in the middle parts. その詩は中途で止まってしまった.

2 (膝・肘などが)動かなくなる ▪My grandfather's legs were beginning to *seize up*. おじいちゃんの脚は動かなくなり始めていた.

— 他 **3** 《海》むちで打つため水夫の手首を帆げたに縛りつける ▪Jack Sparrow *was seized up*, his jacket off. ジャック・スパロウはジャケットを取られ, 帆げたに縛りつけられた.

select /səlékt/ ***select out*** 他 …を選び出す ▪I *selected out* unbruised fruit for jam-making. ジャム用に傷んでいない果物を選び出した.

sell /sel/ ***sell at*** 他 (…の値)で売れる ▪They *sell at* a shilling a dozen. その品物は1ダース1シリングで売れる.

sell away 自 どんどん売り続ける ▪*Sell away*, and I will make up your loss. どんどん売り続けなさい, 損失は私が埋め合わせておきます.

sell for 他 (…の金額)で売れる ▪The house ought to *sell for* £270,000. その家は27万ポンドで売れるはずです.

sell off 他 **1** …を安値で売り払う ▪The farmer was *selling off* his sheep. その農夫は羊を安く売り払っていた.

— 自 **2** (株価などが)下落する ▪The market has been *selling off* for six months. 6か月ほど前から相場が下がっている.

sell on 他 …を転売する ▪He bought a new house and sold it *on* after a year. 彼は新居を買って1年後に転売した.

sell *a person* ***on*** 他 人を説得して…させる ▪I *sold* my wife *on* having a vacation in Guam. 妻を説得してグアムで休暇を過ごすようにした.

sell out 自他 **1** 売り切る (*of*); 売り切れる (↔BUY in 1) ▪The New Year number *sold out* [*was sold out*] in December. 新年号は12月に売り切れた ▪We *are sold out* of eggs. 卵は売り切れました.

2 (人を)売る, 裏切る; 変節する (*to*) ▪You've *sold* us *out*. 君は我々を売ったのだ ▪He was charged with *selling out* to the enemy. 彼は敵に寝返りを打った科(とが)で告発された.

— 他 **3** 《米》(人)の持株を安売りして手放させる ▪He's going to try to *sell* us *out*. 彼は我々の持ち株を安売りして手放させようとしている.

— 自 **4** 全商品を売り払う, 店じまいする ▪Smith's are *selling out*. スミスの店は全商品を売り払っている.

5 《英史》軍職を売って退役する ▪His regiment was ordered to India, and he *sold out*. 彼の連隊がインドに出兵を命じられたので, 彼は軍職を売って退役した.

sell over 他 …を売り渡す ▪I *sold* my house *over* to him. 私は自分の家を彼に売り渡した.

sell up 他 **1** 《英》(破産者の)財産を競売に付する ▪I was obliged to *sell* him [his property] *up*. 私は彼の財産を競売に付さざるをえなかった.

— 自 **2** = SELL out 4.

send /send/ ***send abroad*** 他 **1** …を広く告知する ▪Let us *send abroad* unto our brethren everywhere. いたる所のわが同胞たちに広く告知しよう.

2 《詩》…を公にする, 発表する; (叫びなど)を高くあげる ▪He has a thousand pretty phrases which he never *sends abroad*. 彼はたくさん美しい文句を知っているが, 決して発表しようとしない ▪He *sent abroad* a shrill and terrible cry. 彼はかん高い恐ろしい叫びをあげた.

send after 他 **1** (出かけた人)の後を追わせる

▪ *Send after* him and bring him back. 後を追わせて彼を連れ戻らせよ.

2 …を呼びに行かせる ▪ I *sent* him *after* the doctor, just in case. 万一に備えて私は彼に医者を呼びに行かせた.

3 …に伝言を送る ▪ His mother *sent after* him to see how he was. 彼の母は彼に伝言をよこして元気かと聞いてきた.

send ahead 他 …を(…より)先に送る (*of*) ▪ I'm *sending* my luggage *ahead* by rail. 荷物を鉄道で先に送ります.

send along 他 **1** …を送り届ける ▪ When it was time for my son's friends to go home, I *sent* them *along*. 息子の友だちがそろそろ帰る頃になって, 私が彼らを送り届けた.

2 …を速く走らせる; 急送する ▪ The coachman *sent* his horses *along* at a good rate. 御者は馬どもを大急ぎで走らせた ▪ *Send* the book *along* to me. 急いであの本を送ってください.

send away 他 **1** …を追い払う (*from*); に暇を出す ▪ If you *send* me *away from* you, I will not go. 君が僕を追い払っても僕は行かないぞ ▪ James has *sent away* his servant. ジェイムズは使用人に暇を出した.

— 自他 **2** (使者・伝言・船などを)急派する ▪ Boats *were sent away* to the rescue. 救出に船が何隻か急派された ▪ A clerk *was sent away* for the order. 事務員が注文にやらされた.

— 自 **3** 郵便[通信販売]で注文する (*for*) ▪ I've *sent away for* a map. 私は地図を通販で注文した.

send back 他 **1** …を送り返す, 返品する ▪ His body will *be sent back* to York. 彼の身柄はヨークに送還されるだろう ▪ If you're not satisfied with our article, *send* it *back* within a week of purchase. 当社の商品がお気に召さなければ購入1週間以内にご返品ください.

2 返答[返信, 返送]する ▪ Dr. Leech *sent back* a reply via e-mail. リーチ博士は電子メールで返答した.

3 《クリケット》…をアウトにする ▪ The first ball *sent back* Mr. Greenfield. 初球でグリーンフィールド氏はアウトになった.

send down 他 **1** …を下げる; (物価)を下落させる, (勇気)をくじけさせる ▪ The jack is used for *sending* yards up or *down*. 帆げたを上げ下げするのにジャッキが使用される ▪ The terrible sight *sent* his spirits *down*. その恐ろしい光景で彼の勇気がくじけた.

2 (弾丸・打撃・人が)…をぶっ倒す ▪ The blow *sent* him *down* like a shot. その打撃で彼は弾丸に当たったようにぶっ倒れた.

3 《英大学》[主に受身で](恒久的・一時的に)…に停学を命じる ▪ Some 17 members of Christ Church have *been sent down*. クライスト・チャーチ学寮の約17名の学生が停学を命じられた.

4 …を下向させる; を地方[田舎]へやる ▪ We'll *send* her *down* to wonder at the blueness of the sky. 我々は彼女を田舎にやって空の青さに驚異の目を見張らせてやろう.

5 …を食堂に行かせる ▪ He *sent* Laura *down* to dinner. 彼はローラを正餐(えい)のため食堂へ行かせた.

6 《英口》…を(判決後)刑務所に送る ▪ He *was sent down* to the jail after the sentence. 彼は判決後刑務所に送られた.

send for 他 **1** …を呼びに[取りに]やる ▪ We *sent for* the doctor. 医者を呼びにやった ▪ I *sent* a servant *for* the luggage. 使用人を荷物を取りに行かせた.

2 …を取り寄せる, 注文する ▪ While in Africa, I had to *send home for* almost everything I needed. アフリカ滞在中は必需品はほとんど何でも本国から取り寄せねばならなかった.

3 [副詞を伴って] …に…せよと言ってやる ▪ He *was sent for* down. 彼は2階から降りて来いと言われた ▪ I shall not *send for* you back. あなたに戻れと言ってやりはしません.

4 (君主が党首など)を首相にするために召し出す ▪ The King *sent for* Lord Grenville. 王はグレンビル卿を召し出した.

send forth 他 《文》**1** …を送り出す; (人)を(…に)行かせる (*for, on, to*) ▪ The parcel *was sent forth* at once. 小包はすぐ発送された ▪ We *sent* him *forth on* the expedition. 彼をその探検に行かせた.

2 (木・枝・葉)を出す, (光・香気)を放つ ▪ Trees *send forth* branches. 木が枝を出す ▪ The flowers *send forth* fragrance. 花は芳香を放っている ▪ The sun has *sent forth* its light and heat since the beginning of time. 世の始めから太陽はその光と熱を放ってきた.

3 (国が)…を輸出する; (出版社が)…を出版する ▪ One country *sends forth* the raw material, another the manufactured. 原料を輸出する国もあれば製品を輸出する国もある ▪ The press *sends forth* a great quantity of books. その出版社はたくさんの本を出版する.

4 (命令)を布告する ▪ A command *was sent forth*. 命令が布告された.

send home 他 (打撃)をうんとくらわせる ▪ He *sent home* half-a-dozen smashing blows. 彼は猛烈なパンチを数発くらわせた.

send in 他 **1** (勘定書・答案など)を送る, 提出する ▪ The tradesperson *sent in* his account. 商人が勘定書をよこした ▪ *Send in* your papers. 答案を出しなさい.

2 (名刺)を差し出す, (名)を通じる ▪ On *sending in* my card I was shown at once into the studio. 名刺を差し出すとすぐ仕事場へ通された ▪ The Colonel *sent in* his name. 大佐は名を通じた.

3 …を(部屋へ)通す, 入れる ▪ *Send* the man *in*, and I'll speak to him. その人を通しなさい, 私が話をしよう.

4 (軍隊など)を派遣する ▪ The police *was sent in* to restore order. 治安回復のため警察が派遣された.

5 …を食卓に出す ▪ The dish should *be sent in* hot and hot. その料理は熱いうちに食卓に出さねばなら

6《クリケット》(打者)をフィールドに出す ▪ Arthur *is sent in*, and goes off to the wicket. アーサーはフィールドに出て，三柱門の方へ行く．
7《米・まれ》(投手がボール)を打者に投げる ▪ Walters *sent* the balls *in* well. ウォルターズはじょうずにボールを打者に投げた《好投した》．

send in ... for 他 **1**(絵)を…に出品する ▪ He *sent in* a picture *for* the exhibition. 彼は絵を展覧会に出品した．
2(選手)を…に出場させる，(生徒)に…を受けさせる ▪ He *sent in* five students *for* the examination. 彼は5人の学生にその試験を受けさせた．

send *a person* ***into*** 他 人を…の状態にさせる ▪ Jim's school report *sent* his father *into* a terrible temper. ジムの通知表で父親はひどく怒った．

send off 他 **1**…を追い払う ▪ She *sent* him *off* as cold as a snowball. 彼女は雪玉のように冷たく彼を追い払った．
2…を送り出す；を発送する ▪ This parcel must *be sent off* today. この小包はきょう発送しなければならない．
3 = SEND away 3.
4(駅・港などで人)を(盛大に)見送る ▪ A large crowd went to the airport to *send* him *off*. 大勢の人が彼を見送りに空港へ行った．

send off for 他 …を送るように頼む ▪ I've *sent off for* an application for admission to the university. 私はその大学に入学願書を1部送るように頼みました．

send on 他 **1**…を先に送る ▪ He had *sent on* his baggage in a cart previously. 彼は前もって荷物を荷車で先に送っていた．
2 新住所へ(手紙)を転送[回送]する ▪ A letter was to *be sent on* to him. 彼に手紙を1通回送することになっていた ▪ If any letters come after I've left, please *send* them *on*. 引っ越したあとに手紙が来たら転送してください．
3(人)を出場[出演]させる ▪ We'll *send* John *on* to save the game. ゲームに負けないためにジョンを出場させよう．

send out 他 **1**…を発送する；を出す ▪ The prospectus has *been sent out* today. 趣意書はきょう発送された ▪ He *sent out* a signal to cease fire. 彼は撃ち方やめの合図を出した．
2…を外に出す，派遣する ▪ I *sent* the children *out* that the house might be quiet. 私は家の中が静かになるように子供たちを外へ出した ▪ The country *sent out* an expedition. その国は遠征隊を派遣した．
3(光・熱・香気など)を放つ，発する ▪ The sun *sends out* light and heat. 太陽は光と熱を放つ．
4(芽・枝)を出す，生じる ▪ The dying plant is *sending out* new leaves! 枯れかけていた植物が新芽を出しているぞ．

send out for 他 (食物など)を家まで届けさせる，取る，出前[宅配]を頼む ▪ You can *send out for* some tasty food. 何かうまいものをとってもいい．

send ... over to 他 **1**…を(海外)へやる，派遣する ▪ *Send* him *over to* France. 彼をフランスへやりなさい．
2…を(人)に渡す，出す ▪ They *sent* him *over to* the police. 彼らは彼を警察に突き出した ▪ *Send* them *over to* the laundry. それらをクリーニングに出しなさい．

send round 他 **1**…を回す ▪ *Send* the bottle *round*. ボトルを回しなさい．
2《口》…を(近所の人へ)回送する，差し回す ▪ I will leave the basket; you can *send* it *round* any time. かごは残しておきます．いつでも差し回してください．
── 自 **3**《口》(近所の人へ)ことづけをする ▪ I will *send round* to inquire how the patient is. ことづけをして病人の具合を聞いてみましょう．

send through 他 (伝言)を通じる ▪ His message *was sent through*. 彼の伝言は通じた．

send to 他 …に使いをやる ▪ We *sent to* Dr. Brown. 我々はブラウン医師に使いをやった．

send up 他 **1**(煙・蒸気・ロケット・枝など)を上げる，出す ▪ A flame *sends up* smoke. 炎は煙を上げる ▪ If a bean is planted it will immediately begin to *send up* a stem. 大豆はまくとすぐに茎を出し始めます．
2…を2階へ上がらせる[持って行かせる] ▪ The master of the inn *sent up* the bill by the waiter. 宿の主人は係の者に勘定書を持って上がらせた．
3(物価・気温など)を上げる，上昇させる ▪ This heat'll *send* the temperature *up*. この暑さで気温が上がるだろう．
4《英口》(人前でまねして)…をからかう，ひやかす ▪ Brian *was sent up* unmercifully by half the room. ブライアンは部屋の半分の人からこっぴどくからかわれた．
5《米口》[主に受身で]…を刑務所へ送る ▪ Burns *was sent up* for wife-beating. バーンズは妻をなぐったためにぶた箱にぶち込まれた．
6(食事)を食卓に出す，(名前・名刺)を伝える ▪ He *sent up* his name to Lord Whitby. 彼は名をウィットビー卿に伝えた．
7(議案)を(下院から)上院へ送る ▪ The bill *was sent up* from the Commons. 議案は下院から送られてきていた．
8(パブリックスクール)(少年)を(賞罰のために)校長の元へやる ▪ He *sent* me *up* to be flogged for it. 彼はその罰でむち打たれるように私を校長の元へやった．
9…を爆破する ▪ The building *was sent up* in flames by the enemy bomb. その建物は敵の爆弾のために爆破炎上した．
── 自 **10**(皿などを)お代わりして出す ▪ He *sent up* for corn soup. 彼はコーンスープをお代わりした．

separate /sépərèit/ *separate A from B* 他
1 AとBとを隔てる ▪ The sea *separates* England *from* France. イギリスは海でフランスと隔てられている．
2 AとBを引き離す ▪ The child was *separated from* its mother. 子供は母親から引き離された．
3 AとBとを分離する，より分ける ▪ I *separate* the

alloy *from* the fine gold. 私は純金と合金とをより分ける.

4 AとBを切り離して考える ▪ In modern history it is impossible to *separate* religion *from* politics. 現代史においては宗教と政治とを引き離して考えることは不可能だ.

separate into 圓 …に分かれる, 分解する ▪ We *separated into* several smaller groups to discuss the matter. その問題を話し合うためいくつかの小グループに分かれた.

separate off 他 (地域など)を区切る ▪ A part of the garden *was separated off* for vegetable growing. 庭の一部は野菜栽培用に区切られた.

separate out 圓他 分離する ▪ Oil and water will *separate out*. 油と水は分離する ▪ I *separated* the papers *out* into two piles. その書類を二つの山に分けた.

separate (out) from 圓 **1** (人が)…から別れる, 分離する ▪ I will not *separate from* you. あなたとは別れません.

2 (物が)…から取れてくる, 分離する ▪ The paper *separated from* the wall. 壁紙が壁から取れた.

serve /sə́:rv/ ***serve as*** 圓 …の役をする; の代わりになる ▪ Ours will *serve as* a model for other gardens. うちのが他の庭園の手本になるだろう ▪ An old sheet *served as* a curtain. 古シーツがカーテンの代わりになった.

serve for 圓 **1** …の役をする ▪ This box will have to *serve for* a table. テーブルにはこの箱で間に合わせねばなるまい.

2 …の役に立つ ▪ Apparently our efforts have *served for* nothing. どうやら私たちの努力は何の役にも立たなかったようだ.

serve on 他 (委員)を務める ▪ He *serves on* the jury. 彼は陪審員を務めている.

serve A on* [*upon*] *B*/*serve B with A 他 BにA(訴状など)を送達[執行]する ▪ The prosecution *served* a subpoena *on* Mrs. Brown. 検察はブラウン夫人に罰則つき召喚状を送付した ▪ They *served* him *with* a writ for nonpayment of debt. 当局は彼に負債未払いに対する令状を執行した.

serve out 他 **1** (食物・弾薬など)を配る ▪ I *served out* some kegs of gunpowder. 私は弾薬を幾たるか配った.

2 (年季・刑期)を勤めあげる ▪ He *served out* his two years in prison. 彼は刑務所で2年間の刑期を勤めあげた.

3 《口》(人)に復しゅうする (*for*) ▪ I'll *serve* you *out for* telling him where I was. あの男に僕の居所を教えたからおまえに復しゅうしてやるぞ.

4 《主に海・戯》(体罰)を与える ▪ A certain number of lashes *were served out* every day. 毎日何回かむち打ちが加えられた.

serve round 他 (食物)を順々に配る ▪ The butler *served* the drinks *round*. 執事が飲み物を順々に配った.

serve up 他 **1** (食事など)を出す, 給仕する, (食べ物な

ど)を皿に盛る ▪ We *served* him *up* a hearty dinner. 彼に豊富なごちそうを出した.

2 (番組・情報)を提供する ▪ We rely on technology daily to *serve up* information in our business. 我々はビジネスで情報を提供するのに科学工学の恩恵に日々浴している.

3 …を蒸し返す, 何度も持ち出す ▪ The old professor *serves up* the same boring lectures year after year. 老教授は来る年も来る年も同じ退屈な講義を繰り返す.

4 (弁解など)を申し立てる ▪ He *served up* the same old excuse for his slackness. 彼はいつも通りの怠慢に対する弁解を申し立てた.

5 (ボール)を投げる, けり上げる ▪ He *served up* a ball to his teammate. 彼はチームメイトにボールを投げた.

***serve a person well* [*badly, ill*]** 他 人を親切に扱う[虐待する] ▪ He *served* me very *badly*. 彼は私をひどく虐待した.

***serve with* [*in*]** 圓 …に勤める ▪ During the war he *served with* the French Air Forces. 戦争中彼はフランス空軍に勤めた ▪ Mr. Sloan *serves in* the Foreign Office. スローン氏は外務省に勤めている.

serve A with B 他 **1** AにBを供給する ▪ The area *is* well *served with* shopping facilities in the center. その地域の中心部には買物施設が整っている.

2 AにB(食物)を出す ▪ She *served* me *with* fish. 彼女は私に魚(料理)を出した.

set /set/ ***set about*** 他 **1** …に取りかかる, をやりだす (*to do, doing*) ▪ Clearly he *set about* his task in the wrong way. 彼が間違ったやり方で仕事に取りかかったのは明白だ ▪ He *set about to* console himself. 彼は自らを慰めにかかった ▪ Peel *set about forming* a new party. ピールは新党の結成に取りかかった.

2 《口》…を攻撃する ▪ He *set about* me with a strap. 彼は皮帯で私を盛んにひっぱたいた.

3 (噂など)を広める ▪ Many discourses *were set about* on this occasion. いろいろな話がその時言いふらされた.

set A above B 他 **1** AをBより優先させる ▪ My mother *sets* the needs of the family *above* her own interests. 母は自分自身の関心事よりも家族の要求を優先させる ▪ Painting must *be set above* all other arts. 絵画は他の全ての芸術よりも重視されてしかるべきだ.

2 AをBより高い位置に置く ▪ The shutdown temperature must *be set above* the alarm temperature. 操業停止温度は危険報知温度よりも高く設定しなくてはならない.

set...abroad 他 (噂など)を広める ▪ They *set* the rumor *abroad*. 彼らは噂を広めた.

set A across B AをBの向こうへ渡す ▪ We *set* him *across* the river. 我々は彼を向こう岸に渡してやった.

set against 他 **1** …に反対する ▪ Her parents

were set against our marriage from the start. 彼女の両親はそもそも私たちの結婚には反対だった.
2 ...の埋め合わせをする ▪ Such a fright as we have had will *set against* a great deal of the good. あのようにびっくりさせられたらせっかくの良いことも帳消しになってしまう.

set ... against 他 **1** ...と比較[対照]する ▪ England can *set* no native-born dancer *against* her. イギリスには彼女に匹敵するような本国生まれのダンサーはいない.
2 ...と対抗させる ▪ Man has *been set against* man. 人間同士が対抗させられてきた.
3 (人)に反感をいだかせる ▪ You have been *setting* her *against* me. あなたは彼女に私に反感をもたせようとしてきた.
4 ...を(税金・所得などから)控除する ▪ The commuting allowance *is set against* income tax. 通勤手当は所得税から控除されます.

set ... ahead 他 **1** (時計の針)を進める ▪ In summer we *set* the clocks *ahead* one hour. 夏には時計の針を1時間進める.
2 (収穫など)を早める ▪ The warm weather has *set* the crops *ahead* by a month. 暖かい天候のため収穫がひと月早められた.

set ... apart 他 **1** ...を(...のために)取りのけておく, 貯金しておく (*for*) ▪ A wise man *sets apart* some of his money *for* old age. 賢い人は老後に備えて自分の金のいくぶんかを取っておく ▪ *Set* these ropes *apart* for later use. このロープはあとで使えるように取っておきなさい ▪ This room *is set apart for* smoking. この部屋は喫煙のために特に取ってある.
2 ...を別にする, を(...から)区別する, を際立たせる (*from*) ▪ *Setting apart* the question of expense, it is too late. 経費の問題はさておき時期がもう間に合わない ▪ She *is set apart from* other girls by her special gifts. 彼女はその特異な才能で他の少女たちとは際立っている.
3 ...を異色あらしめる; を聖別する ▪ What *set* the company *apart* was the way it went about its work. その会社を異色あらしめたのはその事業のやり方であった.

set aside 他 **1** ...を取っておく ▪ I will *set* this *aside* for future use. これを取っておいて後で使おう.
2 ...を片側[わき]に置く ▪ *Set* your torch *aside*, and give me your hand. たいまつをわきへ置いて手を貸してくれ.
3 (恐怖・考えなど)を捨てる ▪ *Set aside* all fear. すべての恐れを捨てるがいい.
4 〖命令文・現在分詞形で〗...を除けば ▪ *Set* wine *aside*, and they abound in all things necessary for human life. ワインを除けばそこは人間生活に必要なものがすべて豊富にある ▪ He was a very good kind of a man, *setting aside* his figure. 彼は姿はさておき非常に立派な部類の人間だった.
5 ...をしりぞける, 却下する ▪ He was brought to *set aside* his evidence. 彼は自分の証拠を却下するように仕向けられた.
6 (別のを使って)...を捨てる, 廃棄する ▪ The English prayer-book *was set aside*, and the Latin mass said again. 英語の祈とう書が廃棄され, またラテン語のミサが読まれた.
7 〖主に法〗...を無効にする ▪ I have it in my power to *set aside* the will. 私はその遺言を無効にすることができる.

set at 他 ...を攻撃する ▪ The devil may *set at* me. 悪魔が私を攻撃するかもしれない.

set ... at 他 **1** (人)を...にけしかける ▪ I *set* the dog *at* his heels. 犬をけしかけて彼を追わせた.
2 (もの)を...と評価する ▪ Fire losses *were set at* a million dollars. 火事の損失は100万ドルと見積もられた.
3 (馬)に(柵など)を飛び越えさせようとする ▪ Eugene *set* his horse *at* the fence, but it refused. ユージーンは馬に柵を飛び越えさせようとしたが, 馬は言うことを聞かなかった.

set away 他 **1** ...を取っておく, ためておく ▪ Strain the oil and *set* it *away* for later use. 油を漉(こ)してあとで使うのに取っておけ.
—圓 **2**《北英》出発する ▪ I *set away* on this ride. 私はこの旅に出かけた.

set back 他 **1** ...を(道などから)離れた所に置く ▪ The house is well *set back* from the road. その家は道からずいぶん離れた所にある.
2 (時計・針など)を後戻りさせる, 遅らせる ▪ They *set back* the clock of progress. 彼らは進歩の時計を後戻りさせた ▪ The horse *set back* its ears. 馬は耳を後ろへ倒した.
3 (収穫・計画など)を遅らせる, 妨げる ▪ The rain *set* the harvest way *back*. 雨のために取り入れが著しく遅れた.
4《口》(人)に(費用として)かかる ▪ This car *set* me *back* a lot of dough. この車は大変な金がかかった.
—圓 **5** (潮が)逆流する ▪ Is the tide of opinion *setting back* with a strength equal to its flow? 世論の流れは上げ潮にも等しい力で逆流しているのか.

set A before B 他 **1** (詩)AをBよりも重く見る, 優先させる ▪ He *set* money *before* love. 彼は愛情よりも金を重く見た.
2 AをB(人)の前に出す, 提示する ▪ We *set* food and drink *before* the travelers. 食べ物と酒を旅行者の前に出した.

set A beside B 他 AをBと比べる ▪ There is no one to *set beside* him as a poet. 詩人として彼に比肩する者はいない.

set by 他 **1** (食糧など)を取っておく, たくわえる ▪ Many baskets of apples *were set by* for her. たくさんのかごに入れたリンゴが彼女のために取っておかれた.
2 = SET aside 2.

set down 他 **1** ...を下に置く, 降ろす ▪ The man *set down* the candlestick. 男は燭台を下に置いた ▪ I will kick and scream till you *set* me *down*. 下に降ろしてくれるまでけったり悲鳴をあげたりするわよ.
2 ...を書き留める, 記入する ▪ I *set down* the whole scene as soon as he left me. 私は彼が帰るとすぐその情景を余さず書き留めた.

3《文》…を規定する,(原則など)を立てる ▪The law *sets* (it) *down* that speed limits must be obeyed. スピード制限は守らなければならないと法律は規定している.

4《英文》(乗客など)を降ろす ▪This train takes up and *sets down* passengers at every station. この列車は各駅で乗客を乗せたり降ろしたりする.

5(飛行機)を着陸させる ▪The pilot *set* the plane *down* safely. パイロットは飛行機を無事に着陸させた.

6…を(…の)せいにする (*to*) ▪We *set* his error *down* to inexperience. 彼の誤りは経験不足のせいだと考えた.

7(人)を(…)とみなす,考える (*as*, *for*, *to be*) ▪He *was set down as* mad. 彼は狂人だとみなされた ▪He *set* her *down* at once for an impertinent busybody. 彼はすぐ彼女を生意気なおせっかいやきだと考えた ▪He had rough hands, so we *set* him *down* to be a farm hand. ごつごつした手をしていたので彼は農場労働者だと踏んだ.

8《まれ》…を座らせる ▪The Duke *set* every man *down*. 公爵はみんなを座らせた.

9(競技)…を負かす;(野球)(バッター)を進塁させない,アウトにする ▪Tanaka *set* them *down* in order in the last inning. 田中は最終回に相手を順番にアウトにした.

10…を置く,位させる ▪Lews *is set down* better than any town I have seen in England. リューズが私がイギリスで見たどの町よりもいい場所にある.

11(人の誇りなど)をへこます,出鼻をくじく ▪I was such a headstrong girl that it took a great deal to *set* me *down*. 私はとても強情な女の子でしたから私をへこますのは大変なことでした.

12《方》〔再帰的または受身で〕…を座らせる ▪They *set* themselves *down* on the grass. 彼らは草の上に座った ▪I *was set down* to the table. 私はテーブルについていた.

13〔再帰的に〕(…)に専心し始める (*to*, *to do*) ▪I *set* myself *down* to the difficult task. その難題に没頭し始めた ▪He deliberately *set* himself *down* to prepare for the task. 彼は注意深く仕事の準備に余念がなかった.

— 圓 **14**《方》座る ▪Steve had just *set down* to his coffee. スティーブはコーヒーを飲むのに座ったばかりだった.

15《米》着陸する ▪It is time to *set down* and gas up. 着陸してガソリンを入れる頃合いだ.

set down for 他 《法》(日取り)を…に決める ▪The trial has *been set down for* 15 March. 裁判は3月15日に決められた.

set…for 他 (時計など)を…に合わせる ▪I've *set* the clock *for* 6.30. 時計を6時半に合わせた.

set forth 他 《文》 **1**…を述べる,明らかにする,説く ▪He *set forth* his reasons with all the logic of the legal mind. 彼は法律家らしくいかにも論理的に理由を述べた.

2(金)を投資する ▪This money is to *be set forth* in lands. この金は土地に投資されるはずだ.

3(法令・布告など)を発布する ▪A proclamation *was set forth* placing a price on his head. 彼の首に賞金をかけるという布告が発布された.

4(著作)を公にする,出版する ▪He has lately *set forth* a book on poetry. 彼は最近詩に関する本を出版した.

5《まれ》…を飾る ▪The gate *is* well *set forth* with letters of gold. 門は金文字でみごとに飾られている.

— 圓 **6**出発する ▪Goran *set forth* for Australia rich in hope. ゴランは希望に胸をふくらませてオーストラリアへ出発した. ⟳ この意味では SET out 13 のほうが普通.

set forward 他 **1**(人・計画)を助成する,促進する ▪I *set* him *forward* to promotion. 私は彼を助成して昇進させてやった ▪We are endeavoring to *set forward* a Bible Society. 私たちは聖書協会を促進しようと努力しています.

2(時計)を進める ▪He *set forward* the clock one hour. 彼は時計を1時間進めた.

3…を提出する,提言する ▪He now *set forward* the theory. 彼は今や例の説を提出した.

4(会など)の日時を早める ▪The meeting *was set forward*. 会合の日時が早められた.

— 圓 **5**出かける,出発する ▪He *set forward* at last in his own carriage. 彼はとうとう自分の馬車で出かけた.

set in 他 **1**…を挿入する;を差し込む ▪I have just finished *setting in* a row of young plants. 私はちょうど苗木を1列差し込んだところだ.

2…を縫い込む ▪The skirt *was set in* at the waist. スカートはウエストの所を縫い込まれた.

3(船)を岸の方へ走らせる ▪The ship *was set in* towards the land by a current. 船は潮流のために陸の方へ流された.

4…し始める (*to do*, *for*) ▪After dinner we *set in* to drink [drinking]. 私たちは夕食のあと酒を飲み始めた ▪It *set in to* rain at daybreak. 明け方に雨が降りだした ▪He *set in for* two hours of studying. 彼は2時間ほどの勉強を始めた.

— 圓 **5**(主に悪天候が)起こる,始まる;(ある状態に)定まる ▪The rainy season has *set in*. 雨期が始まった ▪Sooner or later a reaction must *set in*. 早晩反動が起こるにちがいない ▪The evening *set in* misty. その晩は霧となった.

6(潮・風が)岸へ差して〔吹いて〕くる (↔ SET out 17) ▪The tide *sets in* on this part of the coast quickly. ここの海岸へは潮が急速に差してくる ▪The westerly winds *set in* on this coast. この海岸には西風が吹いてくる.

set A into B 他 AをBに差し込む〔固定する,縫い込む〕 ▪Our company's safe *is set into* the wall. わが社の金庫は壁に埋め込まれています.

set off 他 **1**…を爆発させる,(花火)をあげる ▪In England on Guy Fawkes' Day many a lad *sets off* his fireworks. イギリスではガイフォークスの日に多くの少年が花火をあげる.

2(目覚まし時計など)を作動〔作用〕させ始める ▪If you

push this button, you'll set the alarm off. このボタンを押せば警報機が作動し始めます.
3(事)を引き起こす, 誘発する ■ His disdainful remark set off a fighting. 彼の軽蔑的な言葉でなぐり合いが始まった.
4…を(対照によって)際立たせる, 目立たせる ■ His raiment served to set his destitution off. 彼の衣服は彼の貧しさを目立たせるのに役立っていた.
5…を分けておく, 分割する ■ A portion of the estate was set off for her. 地所の一部が彼女の分として分けておかれた.
6…を出発させる ■ The carriage was set off at its utmost speed. 馬車は全速力で出発させられた.
7…に…し始めさせる ■ Her questions set Dick off thinking. 彼女の質問でディックは考え始めた ■ He set us off into a fit of laughter. 彼はみんなをどっと笑わせた.
8…を仕切る, 区切る ■ We usually set off an adverbial clause by a comma. 我々は通例コンマで副詞節を区切る.
9一定の間隔を置いて…を並べる ■ All these windows are set off on the outer face of the wall. これらの窓はすべて壁の外側に一定の間隔を置いて並べられている.
10…を引き立たせる, 飾り立てる ■ A woman's beauty is set off by her clothes and jewelry. 女性の美はその衣服やアクセサリーのために引き立ってくる ■ The barber lent a helping hand to set me off. 理髪師は私を飾り立てる手助けをしてくれた.
11…をほめそやす ■ Jennifer was going to set him off as a young man of great expectations. ジェニファーは彼を前途有為の青年としてほめそやすつもりだった.
12…を(…と)相殺(さい)する, 差し引く (against) ■ I set off his bill against the debt which he previously owed me. 私は彼の勘定書を彼の以前の借金と相殺した.
13《法》…を反訴(counterclaim)として認める ■ He is required to set off his customer's counterclaim. 彼は依頼人の反訴要求をそれとして認めねばならない.
14…を帳消しにする, の埋め合わせとなる ■ Thus the beauty of day is set off by the horrors of night. このように昼の美しさは夜の恐ろしさで帳消しされてしまう.
── 自 **15**(旅などへ)出発する (for, on) ■ He set off on his travels. 彼は旅に出発した ■ I packed my bag and set off for the mountain. バッグに荷物を詰めて山に向けて出発した.
16(…と)対照をなす (with) ■ Greens set off well with purples and reds. 緑は紫や赤とうまく対照をなす.
17(印)(インクが乾かないで)次の刷紙がよごれる ■ Prevent the letterpress from setting off on the engravings. 本文で次の刷紙のさし絵がよごれないようにせよ.
── 自 **18**…し始める; し始めさせる ■ They both set off in a fit of laughter. 彼らは二人ともどっと笑いだした ■ Her father's death has set her crying off again. 父親の死がまた彼女を泣かせ始めた.

set off against 他 **1** = SET…against 3.
2 = SET…against 4.
3…を差し引く ■ Donations are expenses you can set off against tax. 寄付金は税金から差し引くことのできる費用です.

set on 他 **1**(犬)をけしかける ■ I found him setting a puppy on to some sheep. 私は彼が子犬を羊にけしかけているのに気づいた.
2…を襲う ■ I was set on by a mugger in the park. 公園で追いはぎに襲われた.
3…をくっつける ■ The setter's ears are set on too high. そのセッター犬の耳はあまりに高い所にくっついている.
4(人)をそそのかす, 教唆する (to do) ■ The devil set me on to marry you. 悪魔にそそのかされて私はあなたと結婚したのだ.
5(機械など)を動かす ■ One pulls this lever to set on the machine. その機械を動かすにはこのレバーを引くのである.
6(人)に何かをさせ始める ■ It is no easy matter to check people when they are once set on. 一度やりだしたら人を制止するのは容易なことではない.
7(人)に…を言いつける ■ Jack was set on to read Latin. ジャックはラテン語を読めと言いつけられた.
8《英》(人)を雇い始める ■ The factory set on more workers. その工場はさらに多くの工員を雇い始めた.
── 自 **9**攻撃する, くってかかる (at, to) ■ His sister set on at the wife. 彼の妹は奥さんにくってかかった.
10前進する, 進んでいく ■ He gave the signal to set on. 彼は前進せよという合図をした.
11(機械などが)動き始める ■ The engine is setting on again. エンジンがまた動きだした.

set on [upon] 他 **1**…を攻撃する, 襲う ■ The company set on us. 会社は我々を襲った.
2《まれ》しつこく…にせがむ ■ We again set upon him to tell his story. 我々はまた彼に話をしてくれとしつこくせがんだ.

set out 他 **1**…を(はっきりと)述べる, 列挙する; を詳しく説く; を規定する, 定める ■ He set out his ideas in simple English. 彼は自分の考えを平易な英語で述べた ■ The poet set out the follies of man in his satires. 詩人はその風刺詩の中で人間の愚行を数え上げた.
2(商品)を陳列する ■ Shopkeepers set out their goods for the purpose of attracting the gaze. 店主は人目を引くために商品を陳列する.
3…を適当な間を置いて並べる; (植物)を間を置いて植える ■ The commander set out troops. 指揮官は隊を適当な間を置いて配列した ■ The plants were set out with the hoe. その木は間を置いてくわで植えつけられた.
4…を広げる ■ The jeweler set out some trays of expensive brooches. 宝石商は高価なブローチを入れた盆をいくつか広げた.
5《方》…といっしょに行く ■ He set me out to-

wards the church. 彼は教会までいっしょについて来てくれた.

6 …を備えつける (*with*) ▪ They *set out* arrows *with* their feathers. 彼らは矢に羽をつけた.

7 …を区画する, 限定する ▪ The shires *were* carefully *set out*. 州が注意深く区画された ▪ Every man has his share of business *set out*. 誰もが自分の仕事を決めてもらっている.

8 (畑)を仕切りする ▪ Mark *set out* a large field in allotments. マークは大きな畑を配分地に仕切った.

9 (町・道・庭)を設計する, 地取りする ▪ A ditch is then to *be set out* 4 feet wide. それから4フィートのみぞが地取りされるはずだ.

10 (食卓・部屋など)を食事のために整える; (食卓に飾りなど)を並べる (*with*) ▪ The room *was set out* for dinner. その部屋は夕食のために整えられた ▪ The table *was* brilliantly *set out with* glass and silver. 食卓にはガラス器や銀食器が美しく並べてあった.

11 (食器・食物など)を出す, 並べる ▪ I saw her *setting out* the tea-things. 私は彼女が茶器を並べているのを見た.

12 (印)(植字中にケースの活字)を使い尽くす ▪ They had *set out* the printing types in stock. 手持ちの活字が使い尽くされてしまった.

— 圁 **13** (旅に)出発する ▪ They *set out* for Canada in April. 彼らは4月にカナダへ出発した. ☞はっきりした意志をもって旅行するときには set out は set off よりも適切.

14 (仕事に)着手する, やりだす; …するつもりである (*on, to do*) ▪ Did he deliberately *set out* to be a tyrant? 彼は故意に暴君になってやろうとしたのか ▪ They *set out on* the new project. 彼らはその新しいプロジェクトに着手した.

15 始める (*with, by doing*) ▪ He *set out by admiring* her white teeth. 彼は彼女の白い歯をほめにかかった.

16 突き出る ▪ The new skirt *set out* round the feet. 新しいスカートは足の回りに達した.

17 (潮が)引く (↔SET in 6) ▪ We waited for the tide to *set out*. 私たちは潮が引くのを待った.

set over 他 **1** 《米俗》…を殺す ▪ They have to *set* a guy *over*. 彼らはある男を消さねばならない.

2 …を譲り渡す ▪ The man was desirous to *set over* the lease to him. その男は賃借権を彼に譲り渡したがっていた.

set ... straight 他 **1** (人)の誤りを正す ▪ Jennifer *set* us *straight* with her excellent suggestion. ジェニファーはすぐれた示唆をして我々の誤りを正してくれた.

2 = PUT ... straight 1.

set to 圁 **1** 本気でやりだす (*do*) ▪ He *set to* repair the rudder. 彼は本気でかじを修理し始めた ▪ If we *set to*, we shall soon have the room tidy. 本気でやりだせば, すぐ部屋はきちんと片づくだろう.

2 食べ始める ▪ He then *set to* with a good appetite. 彼はそれからもりもりと食べ始めた.

3 (…と)戦い[けんか]を始める (*with*) ▪ These pugilists *set to* exactly at three. このボクサーたちは3時かっきりに戦い始めた ▪ He took a delight in *setting to with* the game keeper. 彼は猟場番人とけんかを始めるのが大好きだった.

— 他 **4** (スクエアダンスで相手)に向かって踊る ▪ *Set to* your partner and turn. パートナーに向かって踊りそれから回りなさい.

set up 他 **1** …を高い所に置く, 掲げる ▪ He *set up* a flag on the top of an elm. 彼はニレのこずえに旗を掲げた.

2 (叫び)をあげる, (声)を出す ▪ Baby *set up* a yell. うちの赤ちゃんがキーキー声をあげた.

3 …を掲示する; を知らせる ▪ *Set* this *up* with wax on the post. これをワックスで柱に掲示しなさい.

4 (商売・職業・所帯・生活)を始める ▪ He *set up* an Internet business. 彼はインターネット事業を始めた ▪ He had *set up* house and got married. 彼は所帯をもって結婚した.

5 《英》…の健康を回復させる, を元気にさせる ▪ Change will *set* her *up* again. 転地すれば彼女はまた元気になるだろう.

6 (形勢・慣習・政体・社会など)を確立[樹立]する ▪ He had taken part in *setting up* the new government. 彼は新政府を確立するのにひと役買った ▪ Noah Ngeny *set up* a new record for the 1,000 meters. ノア・ンゲニは1,000メートルの新記録を樹立した.

7 …を, すぐ使えるように立てる; (テント)を張る ▪ I made a door, and *set* it *up* in the passage. 私は戸を作って廊下にすぐ使えるように立てた ▪ They tried to *set up* the tents. 彼らはテントを張ろうとした.

8 …を建てる, をまっすぐにすえる ▪ A beautiful monument *was set up*. 立派な記念碑が立てられた.

9 (人)に罪を着せる, はめる ▪ I'm not to blame. I've *been set up*. 僕に罪はない. 僕ははめられたのだ.

10 (人)に資金を供給する; を再び立ち上がらせる (*again*) ▪ He soon *set* us all *up* in funds. 彼はやがて我々みんなに資金を供給してくれた ▪ He *was set up again* by the bounty of his friends. 彼は友人らの恵んだ金で再び立ち上がった.

11 (説・考えなど)を唱え出す, 持ち出す ▪ Jack *set up* a theory of his own. ジャックは自分独自の説を持ち出した.

12 《米口》(客)に酒などを出す; (酒・葉巻きなど)をおごる ▪ The beer *was set up* on the counter. そのビールはカウンターの上に出された ▪ He *set up* cigars on that happy event. その慶事にちなんで彼は葉巻きをふるまった ▪ It was his turn to *set* them *up*. 今度は彼が彼らにおごる番だった.

13 (印)…を版[活字]に組む ▪ The speech *was set up* in an incredibly short time. その演説は驚くほど短時間で活字に組まれた.

14 (海)(索具など)のたるみをなくす, をぴんと張る ▪ The shroud wants *setting up*. あの支檣索はぴんと張る必要がある.

15 (人)を昇進させる; に権力を握らせる ▪ The king could *set up* and put down judges at his pleasure. 王は意のままに裁判官を昇進させたり左遷させたりすることができた。

16 (役人など)を任命する; を(地位に)指名する ▪ Some were for *setting up* a King. 国王を立てることに賛成する者もあった ▪ He *was set up* for Lord Chancellor. 彼は大法官に指名された。

17 〚主に受身で〛(人)を得意にさせる, のぼせあがらせる ▪ He *is* not so *set up* with it. 彼はそのことであまりのぼせあがっていない。

18 《方》(わななど)をしかける ▪ He *set up* a trap for vermin. 彼は害獣のわなをしかけた。

19 (織機などで)...を織り始める ▪ Mary commenced *setting up* a stocking. メアリーは靴下を織り始めた。

20 (動物の死体を)はく製にする ▪ These bats were kept for some time before they *were set up*. これらのコウモリははく製にする前にしばらく飼われた。

21 (訓練して)...を鍛える ▪ Drill soon *set* me *up*. 訓練で私はやがて鍛え上げられた。

22 《農》(根栽作物に)土をかぶせる ▪ Turnips thrive better when not *set up*. カブは土をかぶせないほうでできがよい。

23 《まれ》...を始める, はやらせる ▪ The numerous periodical works *were set up* by Steele. その数多くの定期刊行物はスティールによって始められた。

24 〚しばしば受身で〛(痛み・病気)を生じさせる ▪ Inflammation *is set up* in the soft tissue. 炎症が柔らかい組織で生じている。

25 ...を使い始める ▪ I have lately *set up* a second servant. 私は最近二人目の使用人を使い始めました。

26 (人)を(仕事)につかせる, 身を立たせる ▪ His father will *set* him *up* in business. 彼の父は彼を実務につかせるだろう。

27 ...を敵対させる (*against*); を教唆する ▪ He *set* himself *up against* the harsh environment. 彼は厳しい環境を敵に回して戦った。

28 《狩》...を追い詰める ▪ The hounds *set* their stag *up* to bay at that place. 猟犬どもは雄ジカをそこで追い詰めた。

29 (要求・弁護・訴訟など)を提出[提起]する ▪ The husband *set up* in bar a deed of separation. 夫は法廷に離婚訴訟を提起した。

30 ...を生じさせる, 起こす ▪ A strong wind *sets up* an electrical current in the atmosphere. 強い風は大気中に電流を起こす。

31 ...を準備[計画]する ▪ All the arrangements have *been set up* for us to meet. 我々が会う手はずがすべて整った。

― 自 **32** (機械などを)組み立てる; (...が)組み上がる ▪ They *set up* their looms and taught the English to weave cloth. 彼らは織機(ὅ)を組み立ててイギリス人に布の織り方を教えた ▪ They rested while the band *were setting up*. バンドが組み上がっている間, 彼らは休憩した。

― 自 **33** (商売などを)始める, 一本立ちする ▪ He is *setting up* here as a bookseller. 彼はここで本屋の商売を始めようとしている。

34 《方》(遅くまで)起きている ▪ You forget how late you *set up* at night. お前は夜どんなに遅くまで起きているのかを忘れているよ。

35 (特に水鳥を撃つために)さおでこぐ (*to*) ▪ The creek had sufficient water to *set up* to birds. 入江には鳥の所へさおでこいで行けるだけの水があった。

36 (...だと)主張する, のふりをする (*to be*) ▪ You need not *set up to be* virtuous. 君は有徳ぶるには及ばない。

37 ...と自称する (*as*) ▪ He *sets up as* a great scholar. 彼は大学者気取りだ。

set up against 他 ...に対抗させる (→ SET up 27.) ▪ You shouldn't *set* yourself *up against* a company of that size. あんな大会社とは張り合おうとしない方が身のためだ。

set up as 自他 **1** ...として身を立てる[立てさせる]; 独立する[させる] ▪ It takes money to *set up as* a doctor. 医者として身を立てるのには金がかかる ▪ His father wants him to *set* himself *up as* a lawyer. 彼の父親は彼が弁護士として身を立ててほしいと思っている。

2 = SET up for 1.

set up for 他 **1** ...だと公言する, のふりをする ▪ He *sets up for* a critic. 彼は批評家を気取っている ▪ I don't *set up for* a beauty. 私は美人だなどとは申しません。

2 (性質・美徳などを)持っていると主張する ▪ He *sets up for* originality. あの男は独創性があると主張している。

set up to 他 《米口》(女性)に言い寄る ▪ He has been *setting up to* Sally Brent. 彼はサリー・ブレントに言い寄っている。

set up with 他 (人)に(必要品)を供給する ▪ The college library can *set* you *up with* thirty books at a time. 大学図書館は一度に本を30冊貸し出しできる。

set up A with B 他 AをBとデートさせる ▪ I *set* him *up with* my sister. 私が彼と私の妹をデートさせたのだ。

set A with B 他 AにBをはめ込む[ちりばめる, 植え込む] ▪ The lid *was set with* small diamonds. ふたには小さいダイヤがちりばめてあった。

settle /sétəl/ ***settle back*** 自 (いすに)ゆったりともたれる ▪ I *settled back* in an armchair and lit a pipe. 私はひじかけいすにゆったりともたれてパイプに火をつけた。

settle down 自他 **1** (興奮などが)収まる, (人などが)静まる (*to*) ▪ The initial excitement has *settled down*. 当初の興奮が収まった ▪ He could not *settle down to* sleep. 彼は気を静めて眠ることができなかった。

2 定住する; 定住させる ▪ He *settled down* in his native country. 彼は生まれ故郷に定住した。

3 身を固める; 固めさせる ▪ It is about time Frank (got) *settled down*. フランクはもうそろそろ身を固めていいころだ。

― 自 **4** (落ち着いて)取りかかる (*to, to do*) ▪ Let's

settle down to our studies. 落ち着いて勉強に取りかかろうではないか.
5 身を入れる ▪ I must *settle down* and study. 身を入れて勉強しなければならない.
6《海》(船が)次第に沈む ▪ The ship began to *settle down* by the stern. 船は船尾から次第に沈み始めた.
7 たるんで怠ける[甘んじる] ▪ He soon *settled down* into indolent comfort. 彼はすぐたるんで怠惰な安楽にふけった.
8 (いろいろな変化のあとで…に)落ち着く (*to*) ▪ After running through all beliefs, he *settled down* to atheism. いろいろな信仰を経めぐったあげく彼は無神論に落ち着いた.
9 (夜・霧などが)降りてくる ▪ A dense fog *settled down*. 濃い霧が降りてきた.
10 (かすが)沈む, よどむ ▪ The powder in the bottle gradually *settled down*. びんの中の粉末は次第に沈殿した.
11 (ある職業に)身を落ちつける (*in*) ▪ I want to *settle down* in a job. 何か定職につきたい.
settle for 他 …に甘んずる ▪ He will *settle for* a tie score. 彼は同点で満足するだろう.
settle in 自 **1** (…に備えて)くつろぐ (*for*) ▪ The child *settled in for* the afternoon. その子は午後に備えてくつろいだ.
2《口》(新しい家に)移り住む ▪ The Browns are *settling in* at their new London home this autumn. ブラウン一家はこの秋ロンドンの新居へ移り住むことにしている.
3 慣れる ▪ My son soon *settled in* at school. 息子は学校にすぐ慣れた.
4 (悪天候が)定まる ▪ Rain *settled in* toward evening. 夕方に本降りになった. ▪ Soon it *settled in* to snow. やがて雪が本降りになった.
settle (in) for 他 (天候が)次第に…に固まる ▪ It seems to be *settling for* a storm [frost]. 次第にあらし[霜の降りるよう]に固まりそうだ.
settle into 他 **1** …に慣れる ▪ He soon *settled into* the new circumstances. 彼はすぐに新しい環境に慣れた.
2 (結局)…の状態になる ▪ Things will soon *settle into* shape. 事態はほどなく目鼻がつくだろう.
settle on [upon] 他 **1** …を決める, 決定する ▪ They finally *settled on* the terms of the lease. 彼らはとうとう借地条件を決定した.
2 (鳥などが)…に止まる ▪ The bird *settled on* a branch. 鳥は枝に止まった. ▪ Her eyes *settled on* my face. 彼女の目が私の顔に止まった.
3 (病気がある局部)にくっつく, 宿る ▪ The cold has *settled on* my chest. 風邪で肺が悪くなってきた.
settle to 他《英》…に取りかかる, 集中する ▪ I could *settle to* nothing. 私はどんな仕事にも手がつかなかった.
settle up 他 **1** 決済する, 精算する ▪ I *settled up* with the manager. 支配人に金を払った ▪ Let us *settle up* our accounts. 勘定を済まそう.

2 片をつける, 解決する ▪ We have to get the dispute *settled up*. その係争の片をつけなければならない.
settle with *a person* 他 **1** 人に決済[清算]する ▪ Now I have *settled with* my landlady. もう下宿のおばさんへの払いがすんだ.
2 人と和解する, 話をつける ▪ I *settled with* the captain for my conveyance. 私を乗せてもらうことについて船長と話をつけた.
3 人に復しゅうする ▪ I shall *settle with* you for your bad behavior. 君の不作法に対して復しゅうしてやるんだ.
4 (債権者)と折り合う ▪ I *settled with* him at 88 percent. 彼と88%で折り合った.

sever /sévər/ ***sever*** *A* ***from*** *B* 他 **1** AをBから切り放す ▪ He *severed* a branch *from* the tree. 彼は枝を木から切り落とした.
2 AとBとを離して考える, 識別する ▪ Jack cannot *sever* good *from* bad. ジャックは善悪の識別ができない.
3 AとBとを隔てる ▪ A river *severs* Ohio *from* West Virginia. 川がオハイオ州とウェストバージニア州とを隔てている.
4 AとBとの仲を裂く ▪ The quarrel *severed* me *from* Will. そのけんかで私とウィルは仲たがいした.

sew /sou/ ***sew down*** 他 (ポケット・折り見などを)完全に縫いつける ▪ She *sewed down* the flaps of her vest pockets. 彼女はベストのポケットの垂れぶたを縫いつけてしまった.
sew *A* ***in [into]*** *B* 他 AをBに縫い込む ▪ The diamonds *were sewed into* her habit. そのダイヤは彼女の服に縫い込まれていた.
sew on 他 …を縫いつける ▪ She *sewed on* a button that had come off. 彼女は取れたボタンを縫いつけた.
sew together 他 …を縫い合わせる ▪ The two pieces *were sewed together* with thread. その2枚のきれは糸で縫い合わされた.
sew up 他 **1** (穴・傷口などを)縫い合わせる, 縫合する ▪ I *sewed up* the bag with my own hand. 私は袋を自分で縫い合わせた.
2 …を縫い込む (*in*) ▪ A piece of paper *is sewed up in* a cloth button. 1枚の紙が布ボタンの中に縫い込まれている.
3《口》…を決着させる, うまくまとめる ▪ The negotiations have *sewed up* the results in advance. その交渉で先に結果がまとまった.
4《口》…を独占する ▪ The guilds had *sewed up* primitive industry. ギルドは原始産業を独占していた.
5 …に契約させる ▪ He hopes to *sew up* the champion for a 15 round battle. 彼はチャンピオンに15回戦を契約させたいと思っている.
6 …の支持[協力]を得る ▪ We'll *sew up* as many delegates as possible. 我々はできるだけ多くの代表の支持を得るだろう.
7《英俗》(馬・人を)疲れ果てさせる ▪ I'm completely *sewn up*. 僕はへとへとに疲れてしまった.
8《俗》…を泥酔させる ▪ I don't think a little liq-

uor will *sew* him *up*. 少々の酒ではあの男はへべれけにはならないと思う.
9《俗》…を途方にくれさせる, の戦闘力を失わせる; ぺてんにかける ▪ He *sewed* me *up* in ten minutes. あの男は僕を10分間でへたばらせた.
10《口》…をうまく勝ち取る ▪ Our team has *sewn up* the championship. わがチームが優勝をうまく勝ち取ったのだ.
11《米俗》…の愛情[注意]をひとり占めする ▪ She hadn't been able to *sew up* George. 彼女はジョージの愛情をひとり占めすることができなかった.

sex /seks/ ***sex up*** 他《口》**1** …をいっそう魅力的にする, 大げさにする ▪ The advertising agency was trying to *sex up* the company's image. 広告代理店はその会社の印象をよくしようとしていた.
2《卑》…を性的に興奮させる ▪ The blue film *sexed* him *up*. そのポルノ映画は彼を興奮させた.

shack /ʃæk/ ***shack up*** (***together*** [***with***]) 自他《口》(結婚の意志のない者が…と)同棲する; いっしょに住む[泊まる] ▪ Kitty and an Oxford student were *shacking up together*. キティーとオックスフォードの学生は同棲していた ▪ Eve is already *shacking up with* Frank. イブはすでにフランクと同棲している.

shackle /ʃækəl/ ***shackle*** *A* ***with*** *B* 他 AにBを課して拘束する ▪ The government has *shackled* foreigners *with* some of the most restrictive laws. 政府はいくつかの最も拘束力のある法律を課して外国人を拘束している.

shade /ʃeid/ ***shade away*** 自 **1** 次第に消えていく ▪ His superiority *shaded away*. 彼の優越性も次第に消えていった.
— 他 **2** (言葉など)を和らげる ▪ A touch of coarseness has since *been shaded away*. 粗野の気味はそれ以来和らげられている.
shade (***away, off***) ***to*** [***into***] 他 (色が)次第に…になる ▪ The leaves *shade into* gold and red in fall. 秋には木の葉が黄金色や赤に次第に色づく ▪ The color of the sky *shaded off into* pinks. 空の色が徐々に茜色に染まった ▪ In the spectrum distinct colors *shade away into* each other. スペクトルでは個々のはっきりした色同士の境目がぼやけている.
shade down 他 (言葉など)を和らげる ▪ You must *shade down* your harsh language when speaking to a child. 子供に話しかけるときには, 荒っぽいことばを和らげないといけない.
shade in 自他 **1** (光・色が)…に溶け込む ▪ The light *shaded in* tones of gold and orange. 光が金色とオレンジ色の色調に溶け込んだ.
2 (絵に)陰をつける ▪ I began to *shade in* (my drawing) carefully. 私は丹念に(絵に)陰をつけはじめた.
shade into …に溶け合う, 次第に変化する ▪ Self-confidence often *shades into* pride. 自信が高じて徐々に高慢になることがよくある.
shade out 他 …をぼんやりと描く ▪ I wish I could at least *shade out* some part of your gifts! せめてあなたの才能のいくぶんかでもぼんやりと描くことができたらいいのだが.

shadow /ʃædoʊ/ ***shadow forth*** [***out***] 他 …の概略を示す, を予示する ▪ These pages *shadow forth* my theory of right conduct. この本は善行についての私の説のあらましを示すのである.

shaft /ʃæft/ʃɑːft/ ***shaft*** *a person* ***into*** 他《米俗》人をだまして[ひっかけて]…させる ▪ The old woman *was shafted into* signing the paper. その老女はひっかけられてその書類に署名した.

shake /ʃeik/ ***shake away*** 他 ぼくちをして(資産)を失う ▪ Some people *shake away* an estate. ばくちをして資産を失う人もある.
shake down 他 **1** (柱・家など)を揺らして倒す ▪ The house had *been shaken down* by earthquakes. その家は地震で倒された.
2 …を揺り落とす ▪ We *shook down* apples from the tree. 我々は木からリンゴを揺り落とした.
3《米口》(人)から金を巻き上げる ▪ Mr. Williamson *was shaken down* for five hundred dollars by a fellow. ウィリアムスン氏はある男に500ドル巻き上げられた.
4《米口》…を徹底的に調べ上げる ▪ He decided to *shake down* the inmates. 彼は同居人を徹底的に調べ上げようと決心した.
5 (船・飛行機)を試運転をする ▪ They are going to *shake down* a new ship next week. 来週新しい船の試運転をします.
6 …をまき散らす ▪ *Shake down* plenty of straw in the barn. 納屋の中にわらをどっさりまき散らしてくれ.
7 …を振って落ち着かせる ▪ He *shook down* his meal by exercise. 彼は運動で体を動かして食事を落ち着かせた.
— 自 **8** 揺れ落ちる ▪ Apples *shook down* in last night's storm. リンゴがゆうべのあらしで揺さぶられて落ちた.
9《英口》(新しい環境・仕事に)慣れる ▪ You'll soon *shake down* in your new job. じきに新しい仕事に慣れます.
10《口》落ち着く, 調子を取り戻す ▪ Things are *shaking down* rapidly. 事態は急速に落ち着いてきている ▪ Let's wait and see how it *shakes down*. どう落ち着くか待って見よう.
11 (毛布・わらなどで)仮の寝床を作る[作って寝る] ▪ We *shook down* on the floor with a blanket or two. 我々は毛布1, 2枚で床の上で仮寝した.
12 一時居を構える ▪ Brad *shook down* in New York alone. ブラッドは一時ニューヨークにひとり居を構えた.
13 小さくなる (*to*) ▪ The fighting *shook down to* an infantry battle. 戦いは小さくなって歩兵戦になった.
shake down into [***to***] 自 **1** (環境・地位などに)落ち着く, なじんでくる ▪ I spent a day or two before I *shook down* in my place here. 私は2, 3日たってここの自分の立場になじんできた.
2 …に帰着する ▪ The case has finally *shaken down into* a court battle. 事件はついに裁判沙汰に

shake *a person **for*** 他 …をかけて人とばくちをする ▪ I'll *shake* you *for* drinks. 酒をかけて君とばくちをしよう.

shake off 他 **1**(ほこり・病気・厄介などを)振り落とす[払う, 捨てる] ▪ The dog flew at me, but I *shook* him *off*. 犬が私に飛びかかってきたが私は振り落とした ▪ The sentinel *shook off* his drowsiness. 歩哨は眠気を振り払った.

2(人)を追い払う; (追手)を引き離す, まく ▪ I am glad I have wholly *shaken off* that family. あの一家を完全に追い払ったのでうれしい ▪ You thought to *shake* me *off*, did you? お前は私をまく魂胆だったんだな.

3(木が葉・実)を落とす ▪ The trees *shook off* their leaves. 木々は葉を落とした.

4(海)(帆)をゆるめる ▪ We *shook off* a bonnet. 我々は縦帆の付加部をゆるめた.

5《野球》(投手が)捕手のサインに応じない ▪ The pitcher *shook off* the catcher's sign for a fastball. その投手は捕手の速球のサインに首を振った.

shake on 自 (同意・和解して)握手する ▪ Let's *shake on* it. 合意の握手をしましょう[それで手を打とう].

shake on to 他 《米》…が気に入る, を受け入れる ▪ Britishers don't *shake on to* the goods. イギリス人はこの品物を好きにならない.

shake out **1**…を振って外へ出す[取り去る] ▪ I picked up the blanket and *shook* the dust *out*. 私は毛布を手に取り, 振ってほこりを落とした.

2(旗・帆)を振って広げる; (しわくちゃの物・たたんだ物)を振ってのばす ▪ We had *shaken out* our reefs. 我々は縮帆を振って広げていた ▪ He *shook* his shirt *out*. 彼はシャツを振ってのばした.

3…を振って中身を出す ▪ *Shake* the pockets *out* before you wash my shirt. シャツを洗う前にポケットの中身を振って出してくれ.

4《軍》(軍隊が弾丸に当たらないように)散開隊形をとる ▪ The sergeant told the men to *shake out* as they crossed the field. 軍曹は平原を突っ切るときは散開隊形をとれと兵士たちに命令した.

5 = SHAKE up 3.

shake *A **out of*** *B* 他 **1** A(ほこりなど)をB(シーツ・布など)から振り落とす ▪ I *shook* the snow *out of* my jacket. 上着の雪を振るい落とした ▪ She *shook* the dust *out of* the blanket. 彼女は毛布を振ってほこりを落とした.

2 A(人)をB(感情・態度・意見など)から引き離す ▪ He was *shaken out of* his depression. 彼はうつ状態から抜け出た.

shake *a person **out of*** 他 人にショックを与えて(考え方など)を捨てさせる ▪ Military training might *shake* young men *out of* apathy. 軍事訓練をすれば若者たちの無気力もなくなるかもしれない.

shake together 他 **1**…を振ってきっちり詰める ▪ *Shake* the mixture well *together*. その混ぜ物をよく振ってきっちり詰めなさい.

2(絵の具など)を混ぜ合わせる ▪ The painter *shook together* some blue and some yellow. 画家は青と黄を少しずつ混ぜ合わせた.

―自 **3**(一団の人が)仲よくやっていく ▪ The rest of the men had *shaken together*. その他の連中は仲よくいった.

shake up 他 **1**(液など)を振ってまぜる ▪ The mixture is to *be* thoroughly *shaken up* every time it is to be used. その混合薬は服用するたびによく振ってまぜねばならない.

2(人)の気を転倒させる, を狼狽させる, 《俗》[[all を伴って]]を動揺させる, うろたえさせる ▪ Well, you *were shaken up* and silly. とにかく君は気を転倒して思慮を失っていたんだよ ▪ Her letter left him *all shook up*. 彼女の手紙に彼はすっかり動揺した. ⌐ all を伴う場合は過去分詞が shaken ではないことに注意.

3…を再編成する, 大改造する ▪ The committee was to *be shaken up* by May. 委員会は5月までには再編成されることになっていた.

4…を揺り起こす ▪ We tried to *shake* him *up*, but he kept on sleeping. 揺り起こそうとしたけれど彼は眠り続けた.

5(枕など)を振ってふくらませる ▪ He *shook up* and arranged my pillows. 彼は私の枕を振ってふくらませ, きちんと置いてくれた.

6…をこづき回す ▪ The collision *shook up* the occupants of the bus rather badly. その衝突でバスに乗っていた人々はかなりひどくこづき回された.

7(人)に気合いを入れる ▪ That lazy boy needs *shaking up*. あの怠け者の少年は気合いを入れられる必要がある.

shame /ʃéim/ ***shame*** *a person **into** [**out of**]* 他 [[主に受身で]]人を恥じさせて…させる[をやめさせる] ▪ Jack *was shamed into* behaving himself. ジャックは恥じて身を慎むようになった ▪ That *shamed* me *out of* my bad habit. それで私は恥じて悪習をやめた.

shank /ʃæŋk/ ***shank off*** 自 (花・葉などが腐って)落ちる ▪ Many leaves *shanked off* from the plant owing to lack of water. 水不足のせいで多くの葉が植物から枯れて落ちた.

shape /ʃeip/ ***shape for*** 他 《米》…へ方向を取る ▪ It would be best for me to *shape for* Ohio. オハイオへ向かうのが最上策だろう.

shape forth 他 …を描き表す ▪ The son of God by his example *shaped forth* that course to them. 神の子は自ら手本を示して彼らにその道を描き表したのだ ▪ The Prime Minister *shaped forth* his plans for the country's economic development. 首相は自らの国家経済発展計画を具体的に示した.

shape *A **into*** *B* 他 AをBに形づくる ▪ This machine *shapes* the clay *into* bricks. この機械は粘土を煉瓦に作る.

shape out 他 **1**…を形づくる ▪ You may *shape out* anything with such moist clay. そのような湿った粘土でどんなものでも形づくることができる.

―自 **2** けんか腰になる ▪ "I'll fight you," said Billy,

shaping out.「相手になってやるぞ」とビリーはけんか腰になりながら言った.

shape over 《米・まれ》...を作り直す ▪ The loss of inflections helped to *shape* nouns *over* into verbs. 語形変化がなくなったことが,名詞が動詞に派生するのに一役買った.

shape up 自 《口》 **1**(事件・事情などが)...の結果になる,格好がつく ▪ Everything is *shaping up* well. 万事うまく運んでいる.
2 けんか腰になる ▪ He *shaped up* to Murphy, when he slapped the girl. 彼はマーフィーが少女を平手打ちしたときけんか腰になった.
— 他 **3** ...をきちんとした形に仕上げる ▪ All the replies received have *been shaped up* and condensed. 受け取った返事はすべてきちんとした形に整えられ要約されてきている.
— 自他 **4** 行い[成績,能率]を改める,行儀よくする ▪ You'll lose your job if you don't *shape up*. 行いを改めないなら職を失うよ.
5 シェイプアップする; 体調を整える[整えさせる] ▪ You should slim down and *shape up* for the summer. あなたは夏に向けて体重を減らして体調を整えたほうがいい.

shape up to 他 (困難など)に敢然と立ち向かう ▪ He always *shaped up to* the realities of life. 彼はいつも人生の現実に敢然と立ち向かった.

shape well 自 《口》 うまく発達する ▪ He's certainly *shaping well* at present. 確かに今のところ彼の発達状態は良好だ ▪ Our plans are *shaping well*. 我々の計画はうまくいっている.

share /ʃeər/ ***share A among [between] B*** 他 AをBの間で分配する ▪ *Share* the money equally *between* all the children. 子供たちみんなでその金を平等に分配しなさい.

share in ...にあずかる,加わる ▪ He would not *share in* the undertaking. 彼はその事業に加わろうとしなかった ▪ I will *share in* the cost with you. その費用を君と分担するよ.

share out 他 ...を分け与える(*among, between*) ▪ She cut up the orange and *shared* it *out among* the two children. 彼女はオレンジを切って二人の子供に分け与えた.

share A with B 他 **1** AをBと分け合う ▪ Should I not *share* this liquor *with* my brothers? 私はこの酒を兄弟と分け合うべきではないのでしょうか.
2 A(食事・部屋・経験など)をBと共にする ▪ I will *share* my room *with* you for tonight. 今晩は私の部屋でいっしょに休みなさい ▪ He has always *shared* dangers *with* you. 彼はいつも君と危険を共にしてきた.

shark /ʃɑːrk/ ***shark up*** 他 (人など)を手当たり次第にかき集める ▪ The ruffian *sharked up* the crew out of gambling-dens. その悪党は賭博場から乗組員を手当たり次第にかき集めた.

sharpen /ʃɑːrpən/ ***sharpen up*** **1** ...に磨きをかける ▪ We must *sharpen up* these press releases before releasing. これらの発表記事は公表する前に推敲を重ねておかねばなるまい.
2 ...をはっきりさせる ▪ Digital technology can *sharpen up* the picture on the television screen. デジタル技術はテレビ画面の画像をはっきりさせることができる.
— 自 **3** 磨く ▪ Ashton needed to *sharpen up* before the Olympic decathlon trial. アシュトンはオリンピックの十種競技代表選考会の前に自らを磨く必要があった.

shave /ʃeɪv/ ***shave off*** **1**(髭・ひげ)をそり落とす ▪ I ordered my beard to *be shaven away*. 私はあごひげをそり落としてくれと言った.
2 ...を薄く削る[切る] ▪ I *shaved* a bit *off* the door to make it shut easily. 閉まりやすくするためドアを少し薄く削った.
3 ...を割り引く,削減する ▪ We must *shave* 10% *off* the cost. コストを10パーセント削減しなければならない.

shave through **1** ...をすれすれで通り抜ける ▪ You can only *shave through* at half-tide. 半潮のときにしかすれすれに通り抜けることはできない.
2 (試験)にすれすれに通る ▪ He had barely *shaved through* his matriculation. 彼はやっとすれすれに大学入学試験に通っただけだった.

shear /ʃɪər/ ***shear off*** 他 **1** ...を切り落とす ▪ He *shore off* [away] their wrists with his sword. 彼は剣で彼らの手首を切り落とした.
2 (髪)を切る ▪ Her baby curls have not *been shorn off* yet. 彼女の生まれたときからの巻き毛にはまだ鋏が入れられていない.
— 自 **3** (車輪などが)はずれる[とれる] ▪ The bolts *sheared off*. ボルトがはずれた.

shear through ...を切りまくって[切るように]進む ▪ Without warning a large bolt of lightning *sheared through* the air. 出し抜けに大きな稲妻が大気を切り裂いた ▪ The motorboat *sheared through* the water. モーターボートが水を切って疾走した.

sheep /ʃiːp/ ***sheep off [down]*** 他 《米》(牧草地など)を羊に食べさせてしまう ▪ Do you intend to *sheep off* the grass there? 君は羊にそこの草を食べさせてしまうつもりなのか?

sheer /ʃɪər/ ***sheer alongside [to, up]*** 自 (船が他の船・岸壁に)斜めに近寄る ▪ The ship then *sheered alongside*. 船はそれから斜めに近寄ってきた ▪ They *sheered to* with an intent to speak to Jack. 彼らはジャックに話しかけるつもりで斜めに近寄っていった.

sheer off [away] 自 立ち去る; (...から)避ける,それる (*from*) ▪ When the rogue saw the police officer he *sheered off*. 悪党は警察官を見ると立ち去った ▪ English *sheered off from* Low-German in the fifth and sixth centuries. 英語は5,6世紀に低地ドイツ語から派生していった.

sheet /ʃiːt/ ***sheet down*** (雨が)激しく降る ▪ It [The rain] *sheeted down*. 雨が滝のように降った.

sheet home 他 **1**《海》帆脚索(はきく)で(帆)を張る ▪ *Sheet* the sails *home*. 帆脚索で帆を張れ.
2《米》(必要性など)を痛感させる ▪ Their failure *sheeted home* the need for proper preparation. 彼らの失敗で十分に準備する必要を痛感させられた.

sheet in 他 《海》(帆)をつめる ▪ *Sheet in* the main sail, there's a storm coming. 主帆をつめろ, 今にあらしが来る.

shell /ʃel/ ***shell down*** 他 《口・まれ》…を支払う, 手渡す ▪ The gold will *be shelled down* when you command. この黄金はご要求のあるときに手渡すことにします.

shell off 自 **1** うろこ状にはげる ▪ The surface of the wall began *shelling off*. 壁の表面がぼろぼろはげ始めた.
— 他 **2**《米》(トウモロコシ)の皮をむく ▪ Taking an ear of corn, she *shelled off* a handful. トウモロコシの穂を1つ取って彼女は手いっぱいに皮をむいた.

shell out 他 《口》**1**(…に)(大金)をしぶしぶ支払う, 手渡す (*for, on*) ▪ He may *shell out* $3,000 *for* a ticket. あの男は1枚のチケットに3千ドル支払うかもしれない.
2《米》(トウモロコシ)の皮をむく ▪ In bad weather, *shell out* your corn. 天気の悪い日にはトウモロコシの皮をむきなさい.
3《まれ》…をもらす ▪ Come, Tom, just *shell out* what you know. さあトム, 知っていることをちょっともらしておくれ.
— 自 **4** どしどし金を使う ▪ I had to *shell out* pretty freely. 僕はかなりどしどし金を使わなければならなかった.

shelter /ʃéltər/ ***shelter A from B*** 他 AをBからかばう ▪ These trees *shelter* his house *from* the wind. これらの木が彼の家を風からかばっている.

shelve /ʃelv/ ***shelve down to*** 自 …までゆるい勾配になる ▪ The cliff *shelves down* to the sea. 崖はゆるい勾配をなして海に続いている.

shield /ʃiːld/ ***shield A from B*** 他 AをBからかばう[かくまう, おおう] ▪ She *shielded* her eyes *from* the bright light. 彼女は明るい光から目をかばった ▪ I can't *shield* you *from* blame in the accident. その事故の責任から君をかばってあげることはできない.

shift /ʃift/ ***shift about*** 自 **1** あちこち転々とする ▪ They *shifted about* for five years. 彼らは5年間あちこち転々とした.
— 他 **2** …を移し替える ▪ We *shift* the furniture *about* from time to time. 我々は時々家具の位置を変える.

shift away 自 (こっそり)立ち去る ▪ Bradley *shifted away* by night. ブラッドリーは夜こっそり立ち去った.

shift off 他 **1**(義務・約束)を回避する ▪ He intended to *shift off* his second payment. 彼は2度目の支払いを回避するつもりだった.
2(責任)を押し付ける (*onto, to*) ▪ It is very easy to *shift* the blame *off onto* others. 非を他人に押しつけるのはいとも簡単だ ▪ A large number of parents *shifted* the responsibility *off to* teachers. 多くの保護者が責任を教師たちに転嫁した.
3(議論)を避ける, かわす ▪ He *shifts off* the subject as soon as he can. 彼はできるだけ早くその話題を避ける.
4(人)を(口実を設けて)追い払う ▪ He *was shifted off* with a trifling answer. 彼はつまらない返事で追い払われた.
— 自 **5** 立ち去る ▪ The boy was told to *shift off*. 少年は向こうへ行けと言われた.

shift round 自 (…に)方向を変える (*to*) ▪ The wind has *shifted round* to the north. 風向きが北へ変わった ▪ You've *shifted round to* your old opinion. 君はまた元の意見へ戻ったね.

shin /ʃin/ ***shin around*** 自 《米》走り回る ▪ I'm tired of *shinning around* alone. 僕はひとりで走り回るのにあきた.

shin up [down] 自 他 《英口》(…を)よじ登る[下る] ▪ He began to *shin up* as fast as he could. 彼はできるだけ速くよじ登り始めた ▪ I watched him *shin up* the tree. 私は彼がその木をよじ登るのを見つめていた. ⊏海事用語から.

shine /ʃain/ ***shine around a person*** 他 《米俗》人の友情[愛情]を得ようとする ▪ You needn't come *shining around* Ellen and me. 君はエレンと僕のごきげん取りにやって来なくてもいいんだ.

shine at …で異彩を放つ, すぐれる ▪ He *shines at* English [swimming]. 彼は英語[水泳]がすぐれている.

shine away 他 …を照って追い払う ▪ The sun *shone away* that darkness. 太陽が照ってその暗闇を追い払った.

shine down 他 …より輝きがすぐれる ▪ The French *shone down* the English. フランス人はイギリス人よりも異彩を放った.

shine out 自 **1** 不意に輝き始める ▪ The sun *shone out* as the clouds moved. 雲が動いたので太陽がぱっと輝き始めた.
2(徳など)きわだつ ▪ His abilities *shine out* when compared with his companions'. 仲間のと比べて彼の才能はきわだっている.

shine through にじみ出す[出る], はっきり現れる ▪ He couldn't find the right words, but his meaning *shone through*. 彼はうまい言葉が出てこなかったがその意図ははっきり伝わった.

shine up to 《米口》(異性)にへつらって好かれようとする ▪ David set out to *shine up to* her. デビッドは彼女のご機嫌をとろうとした.

ship /ʃip/ ***ship in*** 他 **1**(船・飛行機で)…を運び込む ▪ Various electrical goods *are shipped in* from Japan in this country. この国ではさまざまな電気製品が日本から運び込まれている.
2 …を雇い入れる ▪ Our manager and three cooks had to *be shipped in* because of the shortage of staff in the hotel. そのホテルではスタッフ不足のためマネージャー1人と料理人を3人雇い入れる必要があった.

ship off 他 **1** …を(船で)積み送る, 積み出す ▪ They *shipped off* their wounded men. 彼らはけが人たちを船で搬送した.

2 …をお払い箱にする, 追い払う ▪ I'll *ship* you *off* the next time you are absent without leave. 今度無断欠勤したらお払い箱にするぞ.

ship out 他 **1** (船で外国へ)…を送る ▪ The goods are to *be shipped out*. その商品は外国へ送られることになっている.

— 自 **2** 船員として航海に出る ▪ He *shipped out* at the age of eighteen. 彼は18歳の時に船員として航海に出た.

3 出航する ▪ The division *shipped out* for Europe. 師団はヨーロッパへ向けて出航した.

4 《米口》辞める ▪ The supervisor told me I'd have to shape up or *ship out*. ちゃんとできないのなら辞めてもらうぞと管理者に言われた.

— 自他 **5** 転属する[させる] ▪ Ryan *shipped out* of Guam in 2009. ライアンは2009年にグアムから転属した.

shit /ʃɪt/ ***shit on*** 他 《卑》…を密告する ▪ I won't *shit on* my friends. 友人を密告したりなんぞしない.

shock /ʃɑk|ʃɔk/ ***shock*** *a person* ***into*** 他 人にショックを与えて…させる ▪ He's too lazy, but we can *shock* him *into* action. 彼はあまりにも怠け者だが, ショックを与えて行動させることができる.

shoo /ʃuː/ ***shoo away*** [***off***] 他 …をしーっと言って追い払う ▪ The farmer *shooed* those crows *away*. 農夫はしっと言ってカラスどもを追い払った.

shoo in [***into***] 他 《米口》**1** …に楽勝する, を楽に勝ちとる ▪ I got *shooed into* what was for me the top job. 私は自分にとって最高の仕事となるものを楽に手に入れた.

2 …を(部屋・建物に)入れる, 通す ▪ He *shooed* us *into* the house. 彼は私たちを家の中に通してくれた.

shoot /ʃuːt/ ***shoot ahead*** [***alongside***] *of*/ ***shoot past*** [***through***] 他 …をさっと追い越す ▪ Then a gray car *shot ahead of* us. そのとき灰色の車が我々を追い越した ▪ At that moment a canoe *shot alongside of* them. そのとき1隻のカヌーが彼らをさっと追い抜いた ▪ I was taking a walk, when a jogger *shot past* me. 散歩をしているとジョギングをしている人がさっとそばを通り抜けた.

shoot at 他 **1** …をねらって撃つ ▪ Harry tried to *shoot at* the bull's eye. ハリーは的をねらって撃った.

2 《米》…をねらう, 手に入れようとする ▪ I *shoot at* no advantage to myself. 私は自分一人で得をしようなどとはしていません ▪ He *shot* a glance *at* her. 彼は彼女にちらりと視線を投げかけた.

shoot away 自 **1** (弾薬)を撃ち尽くす ▪ We have *shot away* all our ammunition. 我々は弾薬をことごとく撃ち尽くした.

2 (銃砲でマストなど)を撃ち散らす ▪ We *shot away* their middle mast. 我々は彼らの中央マストを撃ち散らした.

— 自 **3** 撃ち続ける ▪ We've been *shooting away* for two hours. 我が軍は2時間砲撃を続けている.

4 急いで逃げる ▪ The man *shot away* at the sight of a police officer. その男は警察官の姿を見るとすたこらと逃げて行った.

shoot back 自 **1** 急いで帰る ▪ He *shot back* to his home. 彼は家に至急帰った.

2 急いで返す, 言い返す ▪ She *shot back* to his comment. 彼女は彼のコメントに対して反論した.

shoot down 他 **1** (飛行機)を撃墜する ▪ The enemy's raider *was shot down* by an AA gun. 敵の侵入機が高射砲で撃墜された.

2 (人)を撃ち殺す ▪ Their first object was to *shoot down* the terrorist. 彼らの一番の目的はテロリストを撃ち殺すことにあった.

3 (議論・人)を論破する; (提案など)を反対(𝑒)にする ▪ I soon *shot down* his ideas. 私はすぐに彼の考えを論破した.

— 自 **4** 矢のように下る ▪ A sleigh *shoots down* like an arrow. そりは矢のように下る.

shoot for 《主に米口》…をねらう, もくろむ; を切望する ▪ All stores *are shooting for* gains in sales. すべての店は売り上げの儲けをねらっている.

shoot forth 自他 **1** (木が芽・葉・枝などを)出す; (芽・葉が)出る ▪ The trees *shot forth* buds and blossoms generously. 木々は芽と花をどっさりと出した ▪ The leaves *shoot forth*. 木の葉が出てくる.

— 自 **2** 突き出る ▪ The shore *shoots forth* into the sea. 海岸は海に突き出ている.

shoot in 他 (攻撃する兵)を援護射撃する ▪ *Shoot* your men *in* while attacking. 兵が攻撃するとき援護射撃をせよ.

shoot off 他 **1** (銃など)を発砲する, 撃つ; (弓)を射る ▪ Then you may *shoot off* a pistol in the stable. では馬屋でピストルを撃ってもよろしい ▪ Tell *shoot off* an arrow, and the apple fell. テルが矢を射るとリンゴが落ちた.

2 …を撃ち落とす, 撃ってもぎ取る ▪ The gangster had his arm *shot off*. そのギャングの男は腕を銃で吹きとばされた.

3 (花火)を打ち上げる ▪ They *shot off* fireworks to celebrate the New Year. 新年を祝って花火が打ち上げられた.

4 …を撃ち殺す ▪ The maniac said he would *shoot off* the whole of his family. 狂人は一家の者を残らず撃ち殺してやると言った.

— 自 **5** 《口》急いで去る ▪ We *shot off* down a stream on a raft. 我々はいかだに乗って川を矢のように流れていった.

6 (会議・司会の)進行を始める ▪ Mr. Annan *shot off* by making an opening speech at the conference. アナン氏は会議で開会のスピーチをして進行を始めた.

shoot on (体力などが)どんどん発達する ▪ My physical strength has *shot on* wonderfully. 体力が驚くほどどんどんついてきた.

shoot out 他 **1** (手・足・舌など)を突き出す; (歯など)

を抜き出す, 抜く ▪ He *shot out* his arm and hit the man. 彼は腕を突き出してその男をなぐった ▪ He *shot out* his tongue at me. 彼は私に舌を突き出してみせた《軽蔑のしぐさ》 ▪ Six of my teeth *were shot out*. 歯を6本抜かれた.

2(木が芽・若枝)を出す ▪ The tree *shot out* great branches. その木は大きな枝を出した.

3(…の)…を撃ってえぐり[取り]出す (*of*) ▪ They *shot the window out of* a police officer's car. 彼らは警察官の車の窓を撃って吹きとばした.

4…を急に言う ▪ The man *shot out* a snort of disbelief. その男は鼻を鳴らして不信の言葉を急に言った.

5《クリケット》…をさっさとアウトにする ▪ The batsman *was shot out*. 打者はさっさとアウトにされた.

6《口》(間借人など)を追い出す ▪ The occupants *were shot out* at short notice. 居住者は急に追い出された.

— 自 **7** 飛び出る ▪ A boat *shot out* from the creek. ボートが入江から走り出た ▪ He *shot out of* the room before I finished talking. 私の話が終わらないうちに彼は部屋から飛び出した.

8 突き出る ▪ That region *shoots out* farthest into the West. その地方が一番西部に突き出ている.

shoot over 他 **1**(犬)を猟に連れて行って慣らす ▪ He spent the holiday in *shooting over* his two setters. 彼は2匹のセッター犬を猟に連れて行ってその休みを過ごした.

2(猟場で)猟をする ▪ During his stay the covers *were shot over*. 彼の滞在中にその獲物の隠れ場所で猟がなされた.

shoot through 自《口》(…を避けて)帰る, 立ち去る ▪ I must be *shooting through*. そろそろ帰らなくちゃ.

shoot...through 他 …を射抜く ▪ He shall surely *be shot through*. 彼を必ず(矢で)射抜いてやる.

shoot...through and through 他 …を撃って穴だらけにする ▪ We *shot* the ship *through and through*. 我々は何度も銃撃を行ってその船を穴だらけにした.

shoot to **1**(犬)を猟に連れて行って慣らす ▪ The Spaniel has been thoroughly *shot to* by a breaker. そのスパニエル犬は調教師によって十分に猟に慣らされている.

2 しっかりと(錠)をおろす ▪ Don't forget to *shoot* the lock *to*. 忘れずに錠をしっかりとおろしなさい.

3(船)を停船させる ▪ We *shot* the ship *to* inside the harbor. 港の中で停船した.

shoot up 他 **1**《米口》…を(ところかまわず)撃ちまくる ▪ We *shot* them *up*. 我々は彼らを撃ちまくった.

2《口》銃を乱射して(町など)をおびえさせる ▪ One of the factional leaders *shot up* the town. 徒党の首領の一人が銃を乱射して町をおびえさせた.

3《米俗》…を捨てる ▪ I'm going to *shoot up* the machine business. おいらは機械の仕事をやめるつもりなんだ.

4(銃で人)を撃つ, 砲弾で(建物)を破壊する ▪ The politician *was shot up* by a gunman. その政治家は銃を持った殺し屋に狙撃された ▪ The building *was* badly *shot up* during the war. その建物は戦時中に砲弾でひどく破壊された.

— 自 **5**(子供が)急に育つ; (物価が)急騰する ▪ She had *shot up* into a woman all in a minute. 彼女はあっという間に一人前の女性になっていた ▪ The prices have *shot up*. 物価が急騰した.

6(泉が)噴出する, (炎などが)ぱっと立ちのぼる ▪ A fountain *shoots up*. 泉が噴出する ▪ See those rockets *shooting up* into the air! あの花火が空に上がっていく様子を見てごらん.

7(木・芽などが)出る, 生じる ▪ Fungus *shot* [*shooted*] *up*. きのこが生えてきた ▪ The corn is *shooting up* in warm weather. 気候が暖かいので小麦が芽を出してきた.

8 そびえ立つ ▪ The tree *shoots up* against the sky. その木は大空を背景にそびえ立っている.

9 急に上がる ▪ Hope *shot up* within me. 私の心の中に急に希望がわいてきた ▪ He *shot up* to colonel. 彼は急に大佐に昇進した.

— 自 他 **10**《俗》(麻薬)を注射する ▪ He *shot* the drug *up*. 彼は麻薬を注射した ▪ Lots of young people *shoot up* regularly. 大勢の若者が麻薬を習慣的に打っている.

shop /ʃɑp|ʃɔp/ ***shop around*** [***round***] 自他 **1**(よい買い物をするために)あちこちの店を見て回る (*for*); (決定する前に)いろいろな可能性を検討してみる ▪ We'll *shop around for* one. それを買うためにあちこちの店を見て回ってみよう ▪ I'm *shopping around* among various courses in English. 英語の色々なコースを物色しているところです.

2(仕事など)を捜し回る ▪ I've been *shopping round* for a better job. もっとよい仕事を捜し回っているんだ.

3(金額・数など)を掲示する ▪ Nathan tried *shopping* the deal *around* but couldn't find a buyer. ネイサンは取引を提示してみたが買い手は見つからなかった.

4 買い手を探す, 売りに出る ▪ The firm is now *being shopped around*. その会社はいま売りに出されている.

shop on 他《口》(人)を密告する ▪ He *shopped on* his criminal friends. 彼は犯罪者仲間を密告した.

shore /ʃɔːr/ ***shore up*** 他 …につっかいをする; を支援する ▪ The builder *shored up* the wall with a thick balk of wood. 建築士は厚い角材で塀につっかいをした.

shorten /ʃɔ́ːrtən/ ***shorten in*** 他《海》(錨鎖)をたぐり入れる ▪ *Shorten in* cable. 錨鎖をたぐり入れろ.

shoulder /ʃóʊldər/ ***shoulder aside*** 他 …を肩で押しのける ▪ Brian went *shouldering* people *aside*. ブライアンは肩で人々を押しのけながら進んで行った.

shoulder out 他 (人)を地位から押しのける ▪ The junior clerk *shouldered out* the senior clerk. 年下の事務員は年上の事務員を押しのけてしまった.

shout /ʃaut/ ***shout about*** 他 《英》…を自慢する ▪ He volunteers but he doesn't *shout about* it. 彼はボランティアをしているが, そのことで自慢したりはしない.

shout at 自 …をどなりつける ▪ My mother is always *shouting at* me. お母さんは私のことをどなりつけてばかりいるの.

shout a person ***down*** 人をどなりつけて[大声で]黙らせる, やじり倒す ▪ The boss *shouted* him *down*. 社長はどなりつけて彼を黙らせた.

shout for 他 大声をあげて…を応援する ▪ They were *shouting for* the home team. 彼らは大声をあげて地元チームを応援していた.

shout out 自 大声をあげる ▪ Natalie *shouted out* in astonishment. ナタリーはびっくりして大声をあげた.
— 他 **2** …を大声で言う ▪ He *shouted out* his orders. 彼は大声で命令を発した.

shove /ʃʌv/ ***shove about*** 他 …をこづき回す ▪ They were laughing and *shoving* each other *about*. 彼らは笑いながらお互いをこづき回していた.

shove around 他 …をこづき回す, あれこれとこき使う ▪ I am tired of *being shoved around* by everybody in the office. 僕は事務所のみんなからこき使われるのいうんざりだ.

shove aside [***away***] 他 《口》…をわきへ押しやる ▪ All the characteristics *are shoved away* into the background. すべての特徴は目立たぬ陰に押しやられている.

shove back …を押し戻す ▪ I *shoved* the book *back* in the shelf. 本を本だなに押し戻した.

shove down 他 **1** …を押し倒す ▪ I *shoved* him quickly *down*. 素早く彼を押し倒した.
2 (ノート)をとる ▪ We *shoved down* notes. 我々はノートをとった.

shove forward 他 《口》(人)を推す ▪ Brown tried to *shove* his son-in-law *forward* for the post. ブラウンは婿をその地位に推そうとした.

shove out [***off***] 自 **1** (船)を(棹(½)で突いて)押し出す ▪ The boats *were shoved off*. 船は押し出された.
— 自 **2** 立ち去る, 離れる ▪ *Shove off*! See? 立ち去れ! わかったか.
3 (人が)船を押し出す ▪ He *shoved off* from the wharf. 彼は波止場から船を押し出した.

shove up [***over***] 自 席を詰める, 脇へ寄る ▪ Could you *shove up* a bit? 少し席を詰めてもらえませんか.

shovel /ʃʌvəl/ ***shovel down*** …をがつがつ食べる ▪ The hungry man *shoveled* his food *down*. 腹をすかせた男は食べ物をがつがつ食べた.

shovel up (大金)をどしどし儲ける ▪ Storekeepers are simply *shoveling up* money. 店主は確かに大金をどんどん儲けている.

show /ʃou/ ***show ahead*** 自 (競走で)先頭を切る ▪ At the start, our crew at once *showed ahead* by about three feet. スタートからわがクルーは約3フィートほど先頭を切った.

show down 自 他 《米》(ポーカーで)持ち札を全部見せる《比喩的にも》 ▪ Don't *show down* till you're called. 請求されるまでは持ち札を全部見せてはならない ▪ They have been obliged to *show down* a losing hand. 彼らは負け手を見せねばならないはめになってしまった.

show for 他 《方》…の見込みがある, になりそうだ ▪ The evening *showed for* rain. その晩は雨になりそうだった.

show forth 自 他 **1** 公表する; 明示する ▪ The budget has *been shown forth*. 予算案が公表された.
2 現れ出る ▪ The pomp of pride *showed forth*. 誇り高い華麗な行列が現れ出た.

show a person ***in*** [***into***] 他 (家・部屋に)人を通す ▪ If Mr. Tench calls, *show* him *in*, please. テンチさんが見えたら, お通ししてください ▪ The secretary *showed* me *into* the meeting room. 秘書が私を会議室に通してくれた.

show off 他 **1** …を見せびらかす, ひけらかす ▪ She *showed off* an enormous diamond ring. 彼女はとても大きなダイヤの指輪を見せびらかした.
2 …を引き立たせる ▪ The red suit *shows off* her figure well. その赤い服は彼女の姿を引き立たせる.
— 自 **3** 《口》(才芸などを)これ見よがしにふるまう, 見栄を張る ▪ Most young children love to *show off* before visitors. 幼い子供はたいていお客の前ではこれ見よがしにふるまいたがるものだ.
4 《ボクシング》攻撃を始める ▪ His antagonist *showed off* at his head. 彼の相手は彼の頭を攻撃し始めた.

show out 自 **1** (隠れたものが)見えてくる; 正体を現す ▪ The nebula in Orion was made to *show out* by Lord Rosse. オリオン座の星雲はロス卿のおかげで見えるようになった ▪ The false idea has suddenly been caused to *show out*. その誤った考えは突然にばけの皮がはがされた.
2 《米口》これ見よがしにふるまう, ひけらかす ▪ Isn't it ridiculous how that old lady keeps on *showing out*? あの老婦人がいつまでもかっこつけているのはこっけいじゃないか.
— 他 **3** 《米》…を明らかにする ▪ I have not *shown out* what I am yet. 僕はまだ正体を明らかにしていない.

show a person ***out*** 他 人を送り出す; 人を追い出す ▪ *Show* him *out*, please. どうかその方をお送りしてくれ.

show a person ***over*** 他 人に場所を案内して回る ▪ We *showed* the constable *over* the murder scene. 巡査に殺人現場一帯を案内した.

show a person ***round*** [***around***] 人を案内して回る ▪ I *showed* him *round* last week. 先週彼を案内して回った ▪ I have promised to *show* him *around* New York. 私は彼にニューヨーク

を案内して回ってやると約束した.

show through 〔自〕 ⓣ (...を透けて見える; (本性などが...から)現れる ▪ His pleasure at seeing me *showed through* (his awkward manner). 私に会って彼が喜んでいることが(ぎこちない態度から)ありありとわかった.

show *a person* ***to*** ⓣ 人を...に案内する ▪ The waiter will *show* you *to* your table. ウェイターがテーブルにご案内します.

show up ⓣ 1 (人)を暴露して面目を失わせる; (過失・無知・非行など)をあばき立てる ▪ He is such a coward I should like to *show* him *up*. 彼はとても臆病者だから暴露して面目を失わせてやりたい ▪ He threatened to *show up* my faults. 彼は私の過失をあばき立てるぞとおどした.

2 (英)(人)に人前で恥をかかせる ▪ If you make some silly remark, you'll *show* me *up*. お前が何かばかなことを言えば, 私が恥をかくことになる.

3 (人)を2階へ案内する ▪ The visitors have arrived; *show* them *up*. お客さんがたの到着だ. 2階へお通ししなさい.

4 (生徒)を(罰するように)言いつける ▪ I went into school not having done my verses, and I *was shown up*. 僕は詩を写さずに学校へ行ったので, 先生に言いつけられた.

5 (練習問題など)を(見てもらうために)手渡す ▪ We *showed up* our exercises to the teacher. 我々は先生に練習問題を手渡した.

— 〔自〕 6 はっきり[くっきり]と見える[見えさせる] ▪ Her dark hair *showed up* against the white pillows. 彼女の黒い髪は白い枕にくっきりと浮いていた ▪ The clear skies are *showing up* the stars. 澄んだ空なので星がくっきり見えている.

7 人目につく[つかせる] ▪ The mountain *shows up* conspicuously on the right. その山は右手にくっきりと人目についてくる ▪ She wore a quiet dress to avoid *showing* herself *up*. 彼女は目立たないように地味なドレスをきた.

— 〔自〕 8 (口)(約束の時間・場所に)姿を見せる, 顔を出す ▪ He did not *show up* at the office next day. 彼は翌日事務所に姿を見せなかった.

9 態度を示す, (姿が...のように)見える ▪ I want to see how he will *show up*. 彼がどんな態度を示すか見たい ▪ She *shows up* fine in this setting. 彼女はこれを背景にすると見ばえがする.

show *a person* ***up*** [***upstairs***] ⓣ 人を2階に案内する(→SHOW up 3.) ▪ *Show* them *up*. あの人たちを2階へ案内しておくれ ▪ I *was shown upstairs* into his den. 私は2階の彼の部屋へ案内された.

show up as [***for***] ⓣ (正体をあばいた人)が...である事を明らかにする ▪ The fact *shows* him *up as* a blackguard. その事実で彼が悪党であることが明らかになる.

shower /ʃáʊər/ ***shower down on*** [***upon***] ⓣ ...に多量に降る ▪ Confetti *showered down on* the couple. 紙吹雪がそのカップルに多量に降りかかった.

shower *A* ***on*** [***upon***] *B* ⓣ A をB(人)にどっさり与える, 浴びせる ▪ They *showered* gifts *upon* me. 彼らは私に贈り物をどっさりくれた ▪ They *showered* abuse on him. 彼らは彼にさんざん毒舌を浴びせた.

shower *A* ***with*** *B* ⓣ A(人)にBをどっさり与える[浴びせる] ▪ They *showered* us *with* gifts. 彼らは我々に贈り物をどっさりくれた.

shriek /ʃriːk/ ***shriek out*** ⓣ ...を金切り声で言う ▪ She *shrieked out* a warning. 彼女は金切り声で気をつけてと言った.

shrill /ʃrɪl/ ***shrill out*** ⓣ ...を金切り声で言う[歌う] ▪ The women *shrilled out* their opinions. 女性たちは自分らの意見を金切り声で言った.

shrink /ʃrɪŋk/ ***shrink aside*** ⓣ 1 (まれ)(頭・手など)をわきへ引っこめる ▪ He quietly *shrunk* his head *aside*. 彼は静かに頭をわきへ引っこめた.

— 〔自〕 2 そっとわきへ引っこむ ▪ Jesus *shrank aside* from the multitude. イエスは群衆を離れてそっとわきへ引きこもられた.

shrink at ⓣ ...にひるむ, 気おくれする ▪ Richard *shrinks at* nothing. リチャードは何事にもひるまない.

shrink away ⓣ 1 退く, しりごみする ▪ Edward *shrank away* with horror. エドワードは怖くなって退いた.

2 縮み上がる ▪ Her whole body seemed to *shrink away*. 彼女の体全体が縮み上がるように見えた.

3 (まれ)そっと引きこもる ▪ He *shrank away* into a life of devout seclusion. 彼は世を捨てて信仰生活にそっと引きこもった.

shrink back 〔自〕 1 しりごみする, 後ずさりする ▪ The soldiers were terrified and *shrunk back*. 兵士たちはぞっとして後ずさった.

— ⓣ 2 (まれ)(手・頭など)をそっと引く ▪ She *shrank* her hand *back*. 彼女は手をそっと引いた.

shrink from ⓣ 1 ...から後ずさりする ▪ She *shrank* back *from* his grasp. 彼女は彼に抱かれるのをきらってしりごみした.

— ⓣ 2 [主に動名詞を伴って] (すること)からしりごみする ▪ I *shrink from* expressing my opinion. 私は自分の意見を言うのは気がひける.

shrivel /ʃrɪvəl/ ***shrivel up*** 〔自〕 1 しなびる, しぼむ, 縮む; (人)が縮み上がる ▪ Laura always *shrivels up* at a party. ローラはパーティーではいつも萎縮してしまう.

2 弱まる, だめになる ▪ The power of the wind *shriveled up* as the typhoon went away. 台風が遠ざかるにつれて風力が弱まった.

shroud /ʃraʊd/ ***shroud*** *A* ***in*** *B* ⓣ AをBで覆い隠す[包む] ▪ The town *was shrouded in* darkness. 町は暗闇に包まれていた.

shrug /ʃrʌɡ/ ***shrug away*** ⓣ 1 ...をかなぐり捨てる ▪ She *shrugged away* her annoyance. 彼女はいらだちをかなぐり捨てた.

2 = SHRUG off 1.

shrug off ⓣ 1 ...を無視し去る, うっちゃっておく

・He *shrugged off* his wife's objection. 彼は妻の反対を無視し去った.

2 (衣服)を身をもがいて脱ぐ ・She *shrugged* her blouse *off*. 彼女は身をもがいてブラウスを脱いだ.

3 …を避ける, 避ける ・He *shrugs off* his whole problem. 彼は問題全部を避けている.

4 …を振り捨てる ・The small country is *shrugging off* the sleep of centuries. その小国は幾世紀もの眠りを振り捨てつつある.

shuck /ʃʌk/ ***shuck off*** 他 《米》 **1** …を脱ぐ ・Jack *shucked off* his clothes. ジャックは衣服を脱いだ.

2 …をかなぐり捨てる ・Some of the bad habits *were shucked off*. 悪い癖のいくつかはかなぐり捨てられた.

shudder /ʃʌ́dər/ ***shudder at*** 自 …を見て身震いする; ぞっとする ・I *shudder at* the thought of fire in this tall building. この高いビルで火事があることを考えるとぞっとする.

shuffle /ʃʌ́fəl/ ***shuffle in with*** …に取り入る ・He managed to *shuffle in with* his betters. 彼は何とかして上長に取り入った.

shuffle into 他 …を着る ・Bobby gloomily *shuffled into* his overcoat. ボビーは憂鬱そうにコートを着た.

shuffle off 他 **1** …を(…に)転嫁する, おっつける *(from … to, upon)* ・Is he trying to *shuffle off* guilt *from* his own shoulders? 彼は罪を自分から転嫁しようとしているのだろうか ・I'll *shuffle* him *off upon* the governor. あの男を知事におっつけてやろう.

2 …を脱ぎ捨てる ・He *shuffled* his clothes *off*. 彼は服を脱ぎ捨てた.

3 (骨の折れる仕事などを)ぞんざいにやる; (責任・義務)を回避する ・In reality he *shuffles off* his duty. 実際は彼は義務を回避するのだ.

— 自 **4** 足を引きずって去る ・The old man *shuffled off* to his room. 老人は足を引きずりながら自分の部屋へ去った.

shuffle on 他 …をさっと着る ・He *shuffled* his coat *on*. 彼は上着をさっと着た.

shuffle out 他 立ち去る ・He *shuffled out* mumbling 'goodnight'. 彼は口の中でもぐもぐ「おやすみ」と言いながら立ち去った.

shuffle out of 他 …から免れようとする, 否定しようとする ・I *shuffled out of* the difficulty somehow. その困難を何とかして免れた ・Don't try to *shuffle out of* it. それを否定しようとしてだめだ.

shuffle through 他 **1** (トンネル・門)をすり抜ける ・We *shuffled through* the tunnel, and came into the meadow. トンネルを潜り抜けると牧草地に出た ・An elderly woman in a wheelchair slowly *shuffled through* the gate. 車椅子の年配の女性がゆっくりと門をすり抜けた.

2 …をぞんざいにやる, どうにかやっつける ・Tom *shuffled through* his lessons without vigor. トムは元気なくどうにか勉強をすませた.

3 …にさっと目を通す ・He sat back content as he *shuffled through* the newspaper. 彼はゆったりといすに深くかけて新聞に目を走らせた.

shuffle together 他 …をごちゃまぜにする ・They *shuffle* flesh, fish, and fruits *together* into the same dish. 彼らは肉や魚や果物を一つ皿にごちゃまぜに入れる.

shuffle up 他 …をでっち上げる ・The ambassador *shuffled up* a treaty which was not satisfactory to either nation. 大使は双方の国民に満足を与えない条約をでっち上げた.

shunt /ʃʌnt/ ***shunt around*** 《米》…をああしろこうしろと振り回す ・The farmer *is shunted around* at the will of the state. 農家は国家の意のままにああしろこうしろと振り回されている.

shunt A off to B 他 《米》AをBに左遷する ・He *was shunted off to* a rural branch office. 彼は地方の支店に左遷された.

shunt A onto B A(責任など)をB(人)に転嫁する ・Don't try to *shunt* the blame *onto* me. 責任をこっちになすりつけようとするな.

shut /ʃʌt/ ***shut away*** 他 **1** …を(…に)閉じ込める *(in)* ・She *shut* herself *away in* the study. 彼女は(人目を避けて)書斎に閉じ込もった.

2 (物)をしまいこむ ・*Shut* this jersey *away* in the closet. このジャージをクローゼットにしまっておいて.

shut down **1** 《スポーツ》(相手)を抑え込む ・One team *shut down* the other overwhelmingly. 一方のチームが他方を圧倒的に抑え込んだ.

2 (窓など)をおろして閉める ・He *shut* the window *down*. 彼は窓をおろして閉めた.

— 自 他 **3** (工場などを)閉鎖する ・Most of the paper-mills *were shut down*. 製紙工場はたいてい閉鎖された ・Factories were *shutting down* all over the country. 国中の工場が閉鎖されていた.

4 (電気などを)止める; (機械・コンピューターなどが)止まる [を停止させる] ・The power supply *was shut down* for an hour. 電気が1時間止まった ・All the machines in this factory *shut down* this morning. この工場の機械がすべてけさ止まった.

— 自 **5** (工場などが)作業を休む ・The hands forced the superintendent to *shut down*. 工員たちはむりやりに監督に工場の作業を止めさせた.

6 いっぱいにおおう; (霧・夜が)とざす, 垂れこめる ・The forest *shuts down* upon the edge of the river. 森が川のふちをいっぱいにおおっている ・The night *shut down* on us once more. 夜のとばりがまた私たちの上に垂れこめてきた.

7 (ふたが)締まる ・The lid *shuts down* to keep the dust out. ほこりが入らないようにふたが締まる.

shut down on [***upon***] 他 《口》…をやめさせる, 妨げる ・He *shut down upon* his wrath. 彼は怒るのをやめた ・He was going to *shut down on* her. 彼は彼女をやめさせようとしていた.

shut in 他 **1** …を(部屋などに)閉じこめる ・I found him *shut in*. 行って見ると彼は閉じこめられていた ・I *shut* myself *in*. 私は部屋に閉じこもった.

2 …を取り囲む ・The lake *is shut in* by hills. そ

3 …をさえぎる，見えなくする ▪ The wooded hills *shut in* the view on every side. 木のはえた山がどちらを見ても視界をさえぎっていた．
── 自 4 (さえぎられて)見えない ▪ The river *shuts in* just at this point. 川はちょうどここの所で見えなくなっている．

shut off 他 1 (水流・ガス・交通など)を止める ▪ The water supply *was shut off* for two whole days. 水道はまる2日間止められていた．
2 (音・光景)をさえぎる ▪ Banks of clouds *shut off* the earth below. 層雲が下界をさえぎっていた．
3 …を切り離す(*from*) ▪ These inlets *are shut off from* the ocean. これらの入江は海洋から切り離されている．
── 自 4 (機械が)止まる ▪ The generator *shuts off* automatically. その発電機は自動的に止まる．

shut out 他 1 (人・光・空気・考えなど)を締め出す ▪ The workers *were shut out* from work. その従業員たちは仕事から締め出された ▪ The curtain *shuts out* the light. カーテンが光を締め出す ▪ He's *shut* her *out* of the house. 彼は彼女を家から締め出した．
2 …を見えないようにさえぎる ▪ The blinds *shut out* the house opposite. その日よけにさえぎられて向かいの家が見えない．
3 《米》(野球などで)…をシャットアウトする，完封する ▪ The pitcher *shut out* the opposing team. そのピッチャーは相手チームを完封した．

shut to 1 (ドア)をぴったり閉める ▪ He *shut* the door *to*. 彼はドアを閉めた ▪ The door *was shut to* behind me. ドアが私の後ろで閉められた．
── 自 (ドアが)ぴったり閉まる ▪ The door *shut to* again. ドアがまた閉まった．

shut up 他 1 (箱などに)…をしまい込む ▪ He has *shut up* treasure in the treasury. 彼は宝物を蔵の中へしまい込んだ．
2 (人)の口をつぐませる，黙らせる; (敵の砲)を沈黙させる ▪ He *shut* them *up*. 彼はその連中の口を封じた ▪ Our artillery seemed to *shut* the hostile guns *up*. わが砲撃は敵の砲を沈黙させるように思われた．
3 (人・動物)を監禁する，閉じ込める ▪ The dogs *were shut up* on moon light nights. その犬たちは月夜の晩には閉じ込められた．
4 (まれ)(入口・戸・窓・口など)を閉ざす ▪ They had closely *shut up* the entrance. 彼らはぴったりと入口を閉ざしてしまっていた ▪ Let them *shut up* their mouths upon this subject. 彼らにはこの問題については口をきかせない方がいい．
5 (家・店・部屋・箱など)を閉ざす，閉める ▪ Tom, *shut up* the shop. トム，店を閉めなさい．
6 (チェスなどで)…を動けないように詰めてしまう ▪ He *was* at last *shut up* by his skilled adversary at drafts. 彼はチェッカーでじょうずな相手にとうとう詰められてしまった．
7 (干し草を作るために牧場)を閉め切る ▪ We *shut up* the pasture in September for hay and haylage. 干し草と貯蔵飼料を作るために9月に牧草地を閉め切る．
8 (ナイフ・本など)をたたむ，閉じる ▪ He *shut up* the knife. 彼はナイフをたたんだ ▪ Jack *shut up* the book he had been reading. ジャックは読んでいた本を閉じた．
9《口》(事)にけりをつける ▪ And this *shuts* it *up*. そしてこれで事はけりがつく．
── 自 10《口》[[しばしば命令文で]] 黙る ▪ *Shut up*, Bill! 黙るんだ，ビル! ✻失礼な響きを伴う．
11 (まれ)(人が)話をおしまいにする ▪ I must now *shut up*. もう話をしまいにしなければならない．
12 (時間・話・行動)が終わる ▪ So here my time *shuts up*. かくてここで私の時間は終わる ▪ The sports *shut up*. スポーツは終わった．

shy /ʃaɪ/ ***shy away*** しりごみする，敬遠する ▪ He *shied away* as soon as he heard it. それを聞くと彼はすぐしりごみした．
shy away from 他 …を避ける，から手を引く ▪ After one term as City Councilman, Smith *shied away from* politics. 市会議員を1期務めたあとスミスは政治から手を引いた．

sic, sick /sɪk/ ***sic A on B*** 《米》AをBにけしかける ▪ Don't follow me or I'll *sic* my dog *on* you. おれについてくるな，さもないとおれの犬をおまえにけしかけるぞ．

sick /sɪk/ ***sick up*** 他 《英口》(食べたもの)を吐く，戻す ▪ He *sicked up* everything he had eaten. 彼は食べたものを全部戻した．

sicken /síkən/ ***sicken at*** 他 …を見ると吐き気がする ▪ I *sicken at* the sight of blood. 私は血を見ると吐き気がする．
sicken for 《主に英》[[進行形で]] (病気)になりかけている ▪ I *was sickening for* the mumps. 私はおたふく風邪になりかけていた．
sicken of 他 …にうんざりする; をうんざりさせる ▪ Voters *sicken of* political bickering. 投票者は政治的口論にうんざりしている．

side /saɪd/ ***side against*** 他 …に反対する ▪ He often *sides against* me. 彼はよく僕に反対する．
side (in) with 他 …に味方する ▪ Will you *side in with* us? 我々に味方してくれますか．
side up with 他 《俗》…に匹敵する ▪ There isn't a girl who can *side up with* May. メイに匹敵できる娘はない．

sidetrack /sáɪdtræk/ ***sidetrack on*** 《米》脱線して…に触れる ▪ The minister will often *sidetrack on* moral issues. その牧師はよく脱線して道徳問題に触れる．

sidle /sáɪdəl/ ***sidle up [over]*** 自 にじり寄る(*to*) ▪ It's useless *sidling up to* me and asking me for some money. 私ににじり寄って金をせがんでもむだだ．

sift /sɪft/ ***sift A from B*** AとBとをふるい分ける ▪ He *sifted* the wheat *from* the chaff. 彼は小麦ともみがらとをふるい分けた．
sift into 他 …を詮索する ▪ I will not *sift into*

sift out 他 **1** ...をふるい分ける; をすぐる ▪I have *sifted out* the flower of my fancy. 私は気に入った花をよりわけていた.

2 ...を(真material を見つけるために)精査する, 吟味する ▪He tried to *sift out* the accounts of the money. 彼はその金の勘定をよく調べた.

3 ...を調べ[見つけ]出す ▪He *sifted out* the truth by interrogation. 彼は聞きただすことによって真相を見つけ出した.

sift through ...を入念に調べる ▪The investigators *sifted through* secret files, looking for the evidence of official misdeeds. 捜査員たちは役人の不正の証拠を探すため, 秘密書類を入念に調べた.

sigh /saɪ/ ***sigh away*** 他 **1** ため息をして...を失う ▪Many martyrs *sighed away* their souls amid the flames. 多くの殉教者たちが炎に包まれて吐息をついて魂を失っていった.

2 ため息をついて(時)を過ごす ▪He *sighed away* his days. 彼は嘆息しながら日々を過ごした.

sigh for [after] ...を熱望する, 焦がれる ▪It is no use *sighing for* the unattainable. 得られないものを熱望してもどうしようもない. ▪She *sighed after* a car of her own. 彼女は自分の車が欲しくてたまらなかった.

sigh forth 他 **1** ため息をついて...を言う ▪He *sighed forth* these words. 彼はため息をついて次のように言った.

2 ため息をついて出す ▪He *sighed forth* his breath in exile. 彼は流浪の地でため息をついていた.

sigh out 他 **1** =SIGH forth 1.

2 ため息をつきながら(時)を過ごす ▪I am wearied with *sighing out* my days. 私はため息をつきながら日々を過ごすのに疲れてしまった.

sigh over [about] ...のことを嘆く ▪It's no use *sighing over* a failure. 失敗したことを嘆いても仕方がない.

sight /saɪt/ ***sight around*** 自 《米口》...を見て回る ▪I was *sighting around* the mountain. 私は山を見て回っていた.

sign /saɪn/ ***sign away*** 他 ...を署名して譲渡[放棄]する ▪Michael *signed away* a moiety of his money. マイケルは金の一部を署名して人にやってしまった.

sign for 他 **1** ...に代わって署名する ▪Either *sign* your name *for* him or *sign* his actual name *for* him. 彼に代わって君の氏名か彼の実名かのどちらかを君がサインしなさい.

2 ...の受け取りに署名する ▪Every parcel has to be *signed for*. どの小包も受け取りの署名が必要だ.

3 契約する, 契約書に署名して雇われる ▪Jack *signed for* the company. ジャックはその会社と契約して雇われた.

sign in 自 **1**(自分の名・他人の名)を署名して入る[入れる] ▪He *signed* me *in* at the club. 彼はクラブで私の名前をサインして入れてくれた.

— 自 **2** 署名して[タイムレコーダーで]出勤[ホテルへの到着]を記録する (↔SIGN out 1) ▪We usually go to the front desk to *sign in*. ふつうはフロントデスクに行ってホテルへの到着を記録します.

3 コンピューターにアクセスできるように必要な情報を入れる ▪I *signed in* on the bank's website to check my account statement. 口座の明細をチェックするために銀行のウェブサイトに情報を入力した.

sign off 他 **1** 手紙を終える, 筆を置く ▪I have to *sign off* now. もう手紙を終えなければならない.

2 (テレビ・ラジオの)放送[放映]をやめる ▪It's time to *sign off* for the night. 今晩はこれで放送を終わる時間になりました.

3 署名して(酒を)やめる (*from*) ▪Vladimir *signed off from* drinking. ヴラディーミルは署名して酒をやめた.

4 会社をやめる ▪After twenty years, I *signed off*. 20年後私は会社をやめた.

5 《米》話をやめる ▪The speaker *signed off* soon. 話し手はまもなく話をやめた.

— 他 **6** (医師が)...を就業不適当と宣する ▪The doctor *signed* him *off* for a month. 医師は1か月間就業不適当と彼に宣した.

7 ...に署名して承認[保障]する ▪He *signed off* all the plans of action. 彼はすべての行動計画に署名して承認を与えた.

8 (契約など)を破棄する ▪Maria *was signed off* work for depression. マリアは不況で仕事をやめさせられた.

— 自 他 **9** 放送を終える (↔SIGN on 5); 《米俗》話をやめる ▪Radio station *signs off* the air for today. きょうのラジオ放送はこれで終わります ▪The radio *signed off* at midnight. ラジオは真夜中に放送を終了した.

sign off on 他 《米》(案など)を認める ▪The president *signed off on* the budget proposal. 社長は予算案を承認した.

sign on 他 **1** (雇主が)署名して...を正式に雇う ▪The firm *signed on* another group of workers. 会社はもう一組の労働者を署名して人に雇い入れた.

— 自 **2** (署名して)契約[就職]する ▪He has *signed on* to play for the Red Stockings this season. 彼はこのシーズンはレッドストッキングスのために競技することを契約した.

3 (電算)(パスワードを入力して)ログインする ▪You need your password to *sign on*. ログインするにはパスワードが必要です.

4 《英》(失業給付を受けるために職安に)登録する ▪He has long been *signing on*. 彼は大分前から職安に登録している.

5 放送[放映]を始める (↔SIGN off 9) ▪The station *signs on* at 4 a.m. daily. 放送局は毎日午前4時に放送[放映]を開始する

sign on for 他 ...に調印契約する ▪The seamen *signed on for* a voyage to Cuba and back. 水夫たちはキューバ往復の航海に調印した.

sign out 自 **1** 署名して外出する; ホテルをチェックアウ

トする (↔SIGN in 2) ▪ Students *sign out* as they leave. 学生は外出するとき署名する.

2 話をやめる ▪ I *signed out* and then met with a lot of questions. 私は話を終えてから質問攻めにあった.

— 他 **3** 署名して...の外出[帯出]を認める ▪ Soldiers have to *sign* themselves *out* of camp. 兵士は署名してキャンプから外出しなければならない ▪ All the books must *be signed out*. すべての本は署名して帯出しなければならない.

4 サインアウト[ログアウト]する ▪ This website automatically *signs* you *out*. このウェブサイトは自動的にログアウトします.

sign over 他 署名して...を譲渡[放棄]する ▪ Mr. Silverman *signed over* this tenement to his sons. シルバーマン氏はこのアパートを署名して息子たちに譲渡した.

sign up 自他 **1** (署名して)契約する (*for*), 契約させる; 参加する (*for*, *in*, *with*), 参加させる, 名前を登録する ▪ The actor *signed up for* a new film production. その俳優は新しい映画会社と契約した ▪ It's an international course only students can *sign up for*. それは学生のみ参加できる国際コースです ▪ They've *signed* me *up* without asking me. 彼らは私に無断で私の名前を登録した.

— 他 **2** (雇主が)署名して...を雇う ▪ Mr. Jordan immediately *signed* the violinist *up* for his broadcast. ジョーダン氏はすぐ署名してそのバイオリニストを番組に雇った.

— 自 **3** (軍隊などに)入隊する ▪ He *signed up* when he was twenty. 彼は20歳のとき軍隊に入隊した.

sign with 自 ...と契約する ▪ They were extremely keen to *sign with* me. 彼らは私としきりに契約したがっていた.

silt /sɪlt/ ***silt up*** 自他 沈泥でふさぐ[ふさがる] ▪ The main channel of the river *is silted up* now. 主な川底は今沈泥でふさがっている.

simmer /símər/ ***simmer down*** 自 **1** 《口》(怒り・興奮から)さめていく, 気を落ち着ける ▪ In a while he *simmered down*. しばらくすると彼は気を落ち着けた.

2 煮つまる, さめる ▪ Let the broth *simmer down*. 肉汁をさましておきなさい.

sin /sɪn/ ***sin against*** 自 **1** ...に対して罪を犯す ▪ We can *sin* only *against* God. 我々は神に対してのみ罪を犯すのだ.

2 (主義・作法など)にそむく ▪ This government *sins against* the spirit of the revolution. この政府は革命の精神にそむく.

sin away 他 罪を犯して...を追い払う ▪ I have *sinned away* your father. 私は罪を犯してあなたのおとうさんを追い払ってしまった ▪ They have *sinned away* the grace of God. 彼らは罪を犯して神の恩寵を遠ざけてしまった.

sing /sɪŋ/ ***sing along*** (*with*) 自 (...に)合わせて歌う ▪ I always do my homework, singing along with a CD or something. CD かなにかに合わせて歌いながらいつも宿題をやるんだ.

sing away 他 **1** 歌って...を除く ▪ He endeavored to *sing away* his sorrow. 彼は歌って悲しみを忘れようとした.

2 歌って(人生)を過ごす ▪ The birds *sing away* their sweet lives. 鳥は歌って楽しい生活を過ごす.

sing in 他 歌って...を迎え入れる ▪ All Florence *sang* the sweet May *in*. フィレンツェ中の者が歌ってうるわしい5月を迎え入れた.

sing of 他 (歌・詩で)...のことを歌う ▪ Two minstrels *sang of* war and ladies' love. 二人の吟遊詩人たちは戦争や女性の愛を歌った.

sing out 自 **1** 大声で歌う ▪ *Sing out*, everybody! みんな大声で歌え.

2 どなる ▪ He *sang out* for the landlady. 彼はどなり立てて宿屋の女主人を呼んだ.

— 他 **3** 《文》...を歌って送り出す ▪ They *sang out* the old year. 彼らは歌って旧年を送り出した.

sing up 自 声を大きくして歌う ▪ The new choir boy was told to *sing up*. 新米の少年歌手は声を大きくして歌うように言われた.

singe /sɪndʒ/ ***singe off*** 他 ...を焼いて取る ▪ They have *singed off* his beard with brands of fire. 彼らはその男のあごひげをたいまつで焼いて取った.

single /síŋgəl/ ***single out*** **1** ...をえり出す (*as*, *for*) ▪ This woman has *been singled out as* an example. この女性が一例としてえり出された.

2 (論題として)...を特に取り上げる ▪ America had *been singled out* by the poet. アメリカがこの詩人に特に取り上げられた.

single up 《海》(索)をひとつを残してみな解き捨てる ▪ Our moorings had *been singled up*. 我々のもやい綱はひとつを残してみな解き捨てられていた.

sink /sɪŋk/ ***sink back into*** 他 **1** (いす)にくずおれるようにかける ▪ She *sank back into* the sofa. 彼女はソファにくずおれるようにかけた.

2 もとの...に戻る ▪ He *sank back into* apathy again. 彼はまたもとの無関心に戻った.

sink back on [*in*, *to*] 他 ...にくずれ落ちる[倒れ込む] ▪ He *sank back on* his pillows. 彼は枕に倒れ込んだ ▪ Luna fainted and *sank back to* the floor. ルナは気を失って床にくずれ落ちた ▪ She *sank back* deep *in* the leather armchair. 彼女は革張りの肘掛け椅子に深々と身を沈めた.

sink down 自 下がる; 静まる; 座る ▪ The water *sank down* to a lower level. 水位が下がった ▪ The wind *sank down* during the night. 夜間に風が静まった.

sink in 自 **1** 染み込む, 十分に理解される ▪ His words began to *sink in*. 彼の言葉が心に染み込み始めた.

2 落ち込む ▪ His cheeks have *sunk in*. 彼はほおが落ちくぼんだ.

sink into 自他 **1** ...に染み込む ▪ The rain *sank into* the dry ground. 雨は乾いた地面に染み込んだ ▪ Let this warning *sink into* your mind. この警

告を心にしかととどめておくんだ.
2 ...に落ち込む ▪ He *sank into* a deep sleep. 彼は深い眠りに落ちた.
3 (刀・歯など)を食い込ませる; (刀・歯などが)...に食い込む ▪ The police dog *sank* its teeth *into* the suspect's hand. その警察犬は容疑者の手に歯を立てた.
4 (金・時間)を注ぎ込む, 投資する ▪ She *sank* all her savings *into* the company. 彼女は蓄えのすべてをその会社に投資した.

sink to 他 ...まで落ちぶれる, ...するほど恥知らずである ▪ Miguelito *sank to* stealing money from his own mother. ミゲリートは自分の母親から金を盗むまでに落ちぶれた.

sip /sɪp/ ***sip at*** ...をちびちび飲む ▪ I like *sipping at* brandy after work. 仕事のあと, ブランデーをちびちびやるのはいいね.

siphon /sáɪfən/ ***siphon away*** 他 ...を流用する ▪ They *siphoned* the union funds *away* temporarily. 彼らは組合の資金を一時的に流用した.

siphon off 他 **1** ...をサイフォンで吸い取る ▪ The liquid *was siphoned off*. その液体はサイフォンで吸い取られた.
2 ...を吸収[消費]する ▪ A new school will *siphon off* 515 children. 新しい学校が515人の子供たちを吸収するだろう ▪ Big profits *were siphoned off* into new equipment. 莫大な利潤が新しい設備につぎ込まれた.
3 = SIPHON away.

siphon out = SIPHON off.

sit /sɪt/ ***sit about*** [***around***, 《英》***round***] 自 のんびり座っている ▪ He *sat about* doing nothing. 彼は何もしないでのんびり座っていた.

sit at 自 座って(食事・針仕事など)をする ▪ They *sat* long *at* meals. 彼らは長いこと座って食事をしていた ▪ She was *sitting at* needle-work. 彼女は座って針仕事をしていた.

sit back 自 **1** (いすに)深く[ゆったりと]座る ▪ He *sat back* upon his bench. 彼はベンチにふんぞり返って座った.
2 仕事を休む, 手を出さない ▪ The man in the street can *sit back* in indifference. 一般人は無関心に手を引いていられる.
3 (建物が道路から)引っ込んでいる (*from*) ▪ His house *sits back from* the road. 彼の家は道路から引っ込んでいる.

sit by 自 《米》 **1** 傍観する ▪ The government cannot *sit* (idly) *by*. 政府は傍観していることはできない.
2 そばにいる ▪ Mr. and Mrs. Lightbody *sat by*. ライトボディー夫妻がそばにいた.
3 食卓につく ▪ He *sat by*, and she came back with milk. 彼は食卓についた. 彼女は牛乳を持って戻ってきた.

sit down 自他 **1** 座る[座らせる], 着席する[させる]; (食事の)席につく (*to*) ▪ He *sat down* by the fireside. 彼は炉ばたに座った ▪ I *sat* him *down* there. 彼をそこに座らせた ▪ We *sat down to* dinner at six. 私たちは6時に食事の席についた.

—自 **2** (包囲するために)町などの前に)陣取る (*before*); (包囲に)取りかかる (*to*) ▪ The army *sat down before* the city. 軍隊はその町の前に陣取った ▪ They *sat down* to the siege of the castle. 彼らはその城の包囲に取りかかった.
3 《主に米》身を落ち着ける, 居を定める ▪ He *sat down* on a farm. 彼は農場に居を定めた.
4 (...が)落ち着く ▪ The wind has *sat down*. 風が落ち着いた.
5 《口》(飛行士が)着陸する ▪ Mark guessed he'd better *sit down*. マークは着陸したほうがいいと思った.
6 しりもちをつく ▪ He suddenly slipped and *sat down* on the ice. 彼は突然滑って氷の上にしりもちをついた.
7 (抗議のため)座り込みをする ▪ The workers all *sat down*, refusing to work. すべての労働者が仕事を拒んで座り込みをした.

—他 **8** 《まれ》(軍隊)を(町などの前に)野営させる (*before*) ▪ Manstein *sat* his army *down before* the town. マンシュタインはその町の前に自分の軍隊を野営させた.

sit down on 他 ...に反対する ▪ He *sat down* hard *on* the proposition. 彼はその提案に激しく反対した.

sit down to 他 (話し合いなど)を熱心にやり出す, とりかかる ▪ Both sides *sat down to* a long talk. 双方とも長時間の話し合いを熱心にやり出した.

sit down under 他 (軽蔑・取扱いなど)を素直に受ける, 甘受する ▪ He *sat down under* the insult. 彼はその侮辱を素直に受けた.

sit down with 他 **1** ...を忍ぶ ▪ He was not a man to *sit down with* affront. 彼は侮辱を忍ぶような男ではなかった.
2 ...と会う[会談する] ▪ You should *sit down with* your boss and talk about your idea. 上司に会って君の考えを話したらいい.

sit for 自 **1** ...の試験を受ける ▪ He was admitted without *sitting for* examination at all. 彼は全く無試験で入学を許された.
2 (肖像・写真・人)のためにポーズをとる ▪ He has never *sat for* his portrait. 彼は肖像画を描いてもらうためにポーズをとったことが一度もない.
3 (ベビーシッターとして)...の世話をする, に雇われる ▪ I sometimes *sit for* my neighbor's kid. ときどき近所の子供のベビーシッターをします.
4 《英》...の選出議員である ▪ He used to *sit for* Silverbridge. 彼は以前はシルバーブリッジ選出の議員であった.

sit in 自 **1** 座り込みデモをする ▪ The workers entered the director's office and *sat in* all day. 労働者が所長室に入って1日中座り込みデモをした.
2 (競技などに)参加する (*at*, *on*) ▪ We cannot all *sit in at* the game. 我々みながその競技に参加するわけにいかない ▪ Jeffrey was allowed to *sit in on* the conferences. ジェフリーは会議に出ることを許された.

3 (...に)真剣に取りかかる (*to*) ▪ When our business was over, we *sat in to* drinking. 仕事がすむと我々は本気で酒を飲みにかかった.
4 《英口》(両親が外出の間)子供の世話をする ▪ A student will *sit in* this evening. 今晩は学生が子供の世話をしてくれます.
5 《米口》仲間に入る ▪ Two Englishmen *sat in*. 二人のイギリス人が仲間に入った.

sit in for 他 (一時的に人)の代わりをする ▪ John will *sit in for* me while I'm away. 私の留守の間はジョンが代わりをしてくれる.

sit in on 他 ...を聴講[傍聴]する ▪ Mind if I *sit in on* your class? 授業を聴講してもいいですか.

sit on 自 座り[居]続ける ▪ I *sat on* till the bell rang. 私はベルが鳴るまで居続けた.

sit on [upon] 他 **1** ...を処理しないで放っておく, 握りつぶす ▪ The shop has been *sitting on* her complaint for 2 weeks. その店は彼女の苦情を2週間も放置したままでいる.
2 (陪審員・委員会などの)一員である ▪ Those who *sit on* courtsmartial have a most important office to perform. 軍法会議の一員である人々は非常に重要な職務がある.
3 (人・事件)を審理[審議]する ▪ A coroner's jury *sat on* the body. 検死陪審員は死体を審理した.
4 《俗》...をへこます, 押さえつける ▪ She felt *sat upon*. 彼女はへこまされたような気がした.
5 (計画など)を抑える, 何の反応も示さない ▪ They *sat on* the plan. 彼らはその計画を抑えた.
6 ...をしばらく持っている ▪ You'd better *sit on* the stocks for a time. その株はしばらく持っているほうがよい.

sit out 自 **1** 仲間入りしない; 参加しない ▪ I think I'll *sit out* (the next dance). (次のダンスの)仲間入りはしないでおこう ▪ America will *sit out* the war. アメリカはその戦争には参加しないだろう.
— 自 **2** 戸外に座る ▪ I am now *sitting out*, for the first time since my illness. 私は病後初めてこうして戸外に座っているのです.
— 他 **3** (通例いやなもの)の終わりまで座り通す ▪ I had to *sit out* the lecture. 私はその講義の終わりまで座り通さねばならなかった.
4 (他の客)よりも長居をする ▪ He stayed till eleven, Craik *sitting* him *out*. 彼は11時まで残っていたが, クレイクは彼よりも長居をした.

sit over 他 **1** 座って[ゆっくり, くつろいで]...をする ▪ She *sat over* her piano. 彼女は座ってピアノをひいた ▪ We *sat over* our coffee. 私たちはくつろいでコーヒーを飲んだ.
2 ...に注意を払う ▪ She *sat over* her grandmother. 彼女は祖母に注意を払った.

sit through 他 (辛抱して)...の終わりまでいる ▪ I *sat through* the performance. その出し物の終わりまでいた.

sit under 他 《米》...の説教[講義]を聞く ▪ I had the privilege of *sitting under* you. 私はあなたの説教[講義]を聞く特典に浴しました.

sit up 自 **1** 起き直る[上がる], 上体を起こす ▪ Sonia *sat up* excitedly. ソーニャは興奮して起き直った.
2 (犬などが)ちんちんする ▪ The dog *sat up* and begged. 犬はちんちんしてねだった.
3 (病人などが)きちんと座る ▪ Jack sometimes *sat up* in bed for a short time. ときどきジャックはしばらくの間床にきちんと座っていることがあった ▪ Can't you *sit up* right? きちんとお座りできないの? 《子供に向かって》.
4 寝ずにいる; 寝ないで待っている (*for*); 看病する (*with*) ▪ They *sat up* talking till far into the night. 彼らはおしゃべりしながら夜ふけまで起きていた ▪ She *sat up for* her husband. 彼女は夫の帰りを待っていた ▪ My sister *sat up* all night *with* her sick child. 姉は病気の子供の看護で徹夜をした.
5 急に関心を示す, はっとする ▪ The news made me *sit up*. そのニュースで急に関心が湧いてきた.
6 《米口》いすをテーブルに近づける ▪ *Sit up*, and join us. いすをテーブルに近づけて仲間入りなさい.
— 他 **7** ...をきちんと起き上がらせる ▪ Just *sit me up* a little. 私をちょっときちんと起き上がらせてください.

sit with 自 《口》...に受け入れられる ▪ My story *sat with* my mother. 私の話は母に受け入れられた.

size /saɪz/ ***size down*** 自他 **1** だんだん小さくなる[する] ▪ The stone slates *are sized down*. 石がわらは(上へ行くほど)だんだん小さいのを並べてある.
— 他 **2** ...を会得する ▪ There's just one thing I don't *size down*. ちょっとひとつだけ私には腑に落ちないところがある.

size up 他 **1** 《口》...を品定めする ▪ The old man mentally *sized* me *up* at once. 老人は心中ですぐ私の品定めをした.
2 ...を理解する; (情勢)を判断する ▪ He *sized up* the situation at a glance. 彼はひと目でその状況をつかんだ.
— 自 **3** (生長して)...になる; (調べてみると)...であることがわかる ▪ Time makes all things *size up* in proper shape. 時のおかげで万物は生長して適当な形になる ▪ Burke *sized up* as well as most of them. バークは彼らの大半と同じくらいいいやつだということがわかった.

size (up) with 他 ...ととり合う ▪ Natalia will rather *size with* you. ナタリアはむしろ君ととり合うだろう.

skate /skeɪt/ ***skate over [around]*** 他 (難問など)をちょっと触れただけで避ける ▪ He *skated over* the delicate problem. 彼はその微妙な問題にちょっと触れただけで避けた.

skate round 他 **1** = SKATE over.
2 (難問)をうまく回避する ▪ You can sometimes *skate round* the tax laws. 時には税法をうまくくぐり抜けることができる.

sketch /sketʃ/ ***sketch in*** 他 **1** ...を描き加える ▪ I *sketched in* a few trees. 2, 3本の木を描き加えた.
2 (細部)を補って説明する ▪ OK, I'll *sketch in* a few details. よろしい, 2, 3細部を補って説明しよう.

sketch out 他 **1** ...の略図を作る ▪ He quickly *sketched out* a little drawing of bridge and stream. 彼は素早く橋と川の小さな略図をかいた.

2 ...の概略を述べる ▪ He *sketched out* his plans for next year's work. 彼は来年の仕事のプランの概略を述べた.

3《俗》... に 妄 想 を 抱 か せ る ▪ The painting *sketched out* the visitors. その絵は見学者に妄想を抱かせた.

skid /skɪd/ ***skid up*** 他 (木など)にするすると登る ▪ The monkey *skidded up* the tree. サルはその木にするすると登った.

skill /skɪl/ ***skill up*** 他 ...の技を向上させる ▪ The directors are planning to *skill up* their company's workforce. 重役たちは会社の作業要員の技術向上を目指している.

skim /skɪm/ ***skim off*** [***away***] 他 **1** ...をえりすぐる ▪ That college has *skimmed off* the best students in the district. あの大学は地域の最優秀生をえりすぐってきた.

2 ...をすくい取る ▪ The oil that floated on the top *was skimmed off*. 表面に浮いていた油はすくい取られた ▪ She *skimmed* the fat *off* the soup. 彼女はスープから脂分をすくい取った.

3(金など)を(少しずつ)くすねる, かすめ取る ▪ He had been *skimming off* his clients' deposits. 彼は客の預金をくすねていた.

skim over 他 **1** ...にざっと目を通す ▪ Let me first *skim over* the paper. 私にまずその書類にざっと目を通させてください.

2 ...をいいかげんにやりすごす ▪ He is *skimming over* a real difficulty. 彼は真の困難をいいかげんにやりすごしている.

skim through 他 (本など)をざっと読む ▪ This book is worth *skimming through*. この本はざっと目を通す値うちがある.

skimp /skɪmp/ ***skimp on*** 他 ...を節約する ▪ Don't *skimp on* food or heating in the winter, or you may put your life at risk. 冬場に食料や暖房を節約してはいけないよ. さもないと生命が危険にさらされるかもしれないから.

skin /skɪn/ ***skin a person of*** 他《口》人から...を巻き上げる ▪ He *was skinned of* all his money. 彼は金をすっかり巻き上げられてしまった.

skin over 自 (傷などが)表皮でおおわれる ▪ The wound *skinned over* in less than a week. 1週間もしないうちに傷は表皮でおおわれた.

skin through 他《米》...をやっとくぐり抜ける ▪ Can you *skin through* that opening? あのすき間を何とかくぐり抜けられるかい.

skin up 自 **1**《英口》マリファナタバコを(紙で巻いて)つくる ▪ Two athletes were caught *skinning up* in the flat. 二人の運動選手がアパートでマリファナをつくっていて逮捕された.

— 他 **2**(手•膝などの)皮膚をすりむく ▪ He slipped on the street and *skinned* his leg *up*. 彼は通りですべって脚をすりむいた.

skip /skɪp/ ***skip out*** 自 他《米豪•口》(...から)逃亡する. (妻子を見捨てて)逃げ去る (*on*) ▪ His partner *skipped out* with all the money. 彼の商売仲間が金を全部持って逃げ去った ▪ Her husband *skipped out on* her, leaving her with the kids. 彼女の夫は子供を残して彼女のもとから逃げ出した.

skip over 他 **1**(本など)を(読み)とばす ▪ In reading a novel, I generally *skip over* the long descriptive passages. 小説を読むときには, 私はたいてい長い説明文をとばしてしまう.

2 ...を飛び越える ▪ Can you *skip over* the brook? この小川を飛び越えられますか.

— 自 **3** 急いで行く ▪ He *skipped over* to Paris for the weekend. 彼は週末を過ごしに急いでパリへ行った.

skirt /skə:rt/ ***skirt around*** [***round***] 自 **1** ...の周辺を通る ▪ We took a walk *skirting around* the pond. 池の周りを通って散歩した.

— 他 **2**(難問など)を回避する ▪ You can't *skirt around* the matter. その問題を避けて通ることはできないよ.

skittle /skítəl/ ***skittle out*** 他《クリケット》(打者)をばったばったとアウトにする ▪ Our team *were skittled out* for 51 runs. わがチームはばったばったとアウトにされて51点しか取れなかった.

skive /skaɪv/ ***skive off*** 自《英口》仕事をサボって逃げる ▪ Don't *skive off* now. おい, サボって逃げるんじゃないぞ.

skooch /sku:tʃ/ ***skooch over*** 自《米口》(身を)よける ▪ He *skooched over* quickly in the crowd. 彼は人ごみの中で素早く身をよけた.

skooch up 自《米口》**1** →SKOOCH over.

2 まくれ上がる ▪ Be careful for your skirt not to *skooch up*. スカートがまくれ上がらないように注意しなさい.

slab /slæb/ ***slab off*** 他《米》...を役に立たないものとして捨てる ▪ I *was slabbed off* from the election. 私は選挙から無用のものとしてはずされた. ☞木材を厚板にひいて残りを捨てることから.

slack /slæk/ ***slack down*** 自 (商況が)閑散になる ▪ Retail business *slacked down*. 小売り商売が閑散になった.

slack off 自 **1** 力をゆるめる, 怠ける;《英》徐々に弱まる ▪ This young artist has never *slacked off*. この青年画家はまだ怠けたことがない ▪ The storm started to *slack off*. あらしは徐々に弱まり始めた.

— 他 **2**(ロープ•帆)をゆるめる ▪ *Slack off* the ropes there. There's a storm coming! そこのロープをゆるめろ. 嵐が来るぞ!

slack up 自 **1** 速度をゆるめる ▪ Could you *slack up* a little? もう少しゆっくり歩けませんか.

— 他 **2**(努力)を怠る ▪ Don't *slack up* your effort. 努力を怠るな.

slag /slæg/ ***slag off*** 他《英口》...をののしる, けなす, こきおろす ▪ Jack is always *slagging* his younger sister *off*. ジャックはいつも妹をけなしてばかりいる.

slam /slæm/ ***slam down*** 他 …をドシン[ガチャン]とおろす ▪ He *slammed* the box *down* on the table. 彼は箱をテーブルの上にドシンとおろした.

slam into [***against***] 自他 (車などが)ガーンとぶつかる, 突っ込む; (車など)をガーンとぶつける ▪ His car *slammed into* the fence. 彼の車はフェンスに突っ込んだ ▪ The driver lost control and *slammed* the car *against* the wall. 運転者はハンドルを取られて車を塀にぶつけた.

slam off 自 《米俗》死ぬ ▪ He *slammed off* with a cold. 彼は風邪で死んだ.

slam on 他 **1** (ブレーキなど)を急に踏む ▪ I *slammed on* the brakes because a dog suddenly ran into the road. 犬が1匹, 突然道路に飛び出してきたので急ブレーキを踏んだ.
2 = SLAP on 2.

slam out 自 勢いよく怒って…から離れる (*of*) ▪ She *slammed out of* the conference room. 彼女は怒って会議室から出て行った.

slam ... to 他自 (ドア)を[が]バタンと閉める[閉まる] ▪ Rosanna *slammed* the door *to* in a fury. ロザンナは激怒してドアをバタンと閉めた ▪ The door *slammed to* in a high wind. 激しい風でドアがバタンと閉まった.

slant /slænt|slɑːnt/ ***slant against*** 他 …の不利になるように述べる ▪ His article *is slanted against* communism. 彼の論文は共産主義の不利になるように述べられている.

slant toward 他 …向きに述べる[書く] ▪ This magazine *is slanted toward* women. この雑誌は女性向けに編集されている.

slap /slæp/ ***slap against*** 自 (波が)…に当たってピシャピシャ音を立てる ▪ The waves *slapped against* my canoe. 波がカヌーに当たってヒタヒタと音を立てた.

slap around 他 **1** (人)を2, 3度平手打ちする ▪ I *was slapped around* by Tom. 私, トムに平手打ちされたの.
2 (頻繁に)…を手荒く扱う ▪ He *was slapped around*. 彼は手荒く扱われた.
3 …を手きびしく批評する ▪ Critics really *slapped* the novel *around*. 批評家たちはその小説を本当に手きびしく批評した.

slap down 他 **1** …を押さえつける, しかりつける ▪ They *were slapped down* with the law. 彼らはその法律で押さえつけられた.
2 …をバタンと落とす ▪ Richard *slapped* the book *down* on the desk. リチャードはバタンと本を机上に置いた.
3 …をやっつける, 手荒に制する ▪ His boss *slapped* him *down* without hearing what he had to say. 主任は言い分も聞かずに彼をやっつねた.

slap on 他 **1** (ペンキ・バターなど)をたっぷり[ぞんざいに]塗りつける ▪ She *slapped* some make-up *on* before she went out. 彼女は外出前に少しメイクアップした.
2 …をぱっと身につける, すばやく着る ▪ He *slapped on* his hat and ran out. 彼はぱっと帽子をかぶって走り出た.
3 (罰金・税など)を課す, かぶせる ▪ They *slapped* a little tax *on* the admission fee. 入場料にわずかに税が課せられた.
4 …をぱっと実施する ▪ They *slapped on* a high-handed policy. 彼らは高圧政策をぱっと実施した.
5 …を罰する, に科する ▪ The judges *slapped on* longer prison sentences. 裁判官は比較的長期の懲役刑に科した.

slap to 他 (ドア・門など)をぴしゃりと閉める ▪ The door *was slapped to*. ドアはぴしゃりと閉められた.

slap together 他 …をばたばたと[ぞんざいに]つくる[建てる] ▪ They *slapped* the movie *together* in a month. 彼らはひと月でその映画をばたばたと製作した.

slap up **1** 急いで(料理)を作る ▪ Will you *slap up* a meal for me? 急いで料理を作ってくれないか.
2 《俗》…を強く平手で打つ ▪ Jack *slapped up* Tom in public. ジャックは人前でトムを平手でたたいた.

slash /slæʃ/ ***slash at*** 他 …に切りつける ▪ He *slashed at* his opponent with a knife. 彼はナイフで相手に切りつけた.

slash through 他 …をばく進する ▪ The typhoon *slashed through* the Japanese Archipelago. 台風は日本列島をかけぬけた.

slate /sleɪt/ ***slate A for B*** AをB(日時)に予定する: A に B(事)を予定する ▪ I *slate* my lecture *for* this Saturday. 今週土曜日に講演を予定している ▪ My boss has *slated* me *for* a promotion. 上司は私の昇進を予定しています.

slave /sleɪv/ ***slave*** (***away***) (***at***) 自 (…で)あくせく働く ▪ He is *slaving away at* dictionary-making. 彼はあくせく辞書編集に従事している.

slave over **1** あくせく(機械など)を動かして働く ▪ Why should I be *slaving over* a hot cooker all day? なぜ私は一日中あくせく熱い調理器具に取り組んで[料理を作って]いなければならないのか.
2 《口・軽蔑》…を見て興奮する, 大喜びする ▪ He was *slaving over* some blonde. 彼はあるブロンド嬢を見て興奮していた.

sleep /sliːp/ ***sleep around*** 《口》次々と相手を替える, 乱交する ▪ I don't like girls who have *slept around*. 私は次々と相手を替えてきた女の子はいやだ.

sleep away 他 **1** 寝て(時)を過ごす ▪ We *slept* and waked the night *away*. 我々はその夜を寝たり起きたりして過ごした.
2 (頭痛・二日酔いなど)を眠って払う ▪ Stephen *slept* his headache *away*. スティーブンは眠って頭痛を治した.

sleep in 自 **1** 朝寝坊をする ▪ I'm going to *sleep in* tomorrow. あすは朝寝坊をするつもりだ.
2 (雇人が)住み込む ▪ The cook was allowed to *sleep in* at night. その料理人は泊まり込みを許されていた.
— 他 **3** [主に受身で] (床)に入って寝る ▪ His bed had not *been slept in*. 彼のベッドは使われていなかっ

sleep off 他 …を眠って忘れる[治す] ▪ We hope Dad will *sleep off* his bad temper. パパが一晩寝て機嫌を直してくれるといいけど ▪ I tried to *sleep off* a headache. 眠って頭痛を忘れようとした．

sleep out 自 **1** 雇い人が通勤する，通いで勤める ▪ The gardener *slept out*, and came every other day. 庭師は通勤していて1日おきにやって来た．
2 屋外で寝る ▪ Let's *sleep out* in the garden, it's so hot. 庭で寝ようよ，ひどく暑いもの．
3 外泊する，他人の家[部屋]に一晩泊まる ▪ The kids *slept out* in the big room upstairs. 子供たちは2階の大部屋で寝た．
— 他 **4** 寝て(時)を過ごす ▪ There I *slept out* the afternoon. そこで私は午後を寝て過ごした．

sleep over 自 《米》(他人の家)に一晩泊まる (*at*); (他人の部屋)に一晩泊まる (*in*); (他人と)外泊する (*with*) ▪ Can I *sleep over* at my friend's house? 友人の家で一晩泊まってもいいですか．

sleep over [on, upon] 他 (問題など)を一晩寝て考える；のことを翌朝までそのままにしておく ▪ He *slept over* the question before deciding it. 彼はその問題を決定せずに翌朝までそのままにしておいた ▪ The thing to do with a problem is to *sleep on* it. 結論を出すには一晩寝て考えるに限る．

sleep through 自 他 眠っていて…に気づかない；(に気づかずに)眠り続ける ▪ I *slept through* the clock this morning. 今朝は眠っていて時刻に気づかなかった ▪ He *slept through* for twelve hours. 彼は12時間眠り続けた．

sleep together 自 いっしょに寝る；(男女が)いっしょに寝る，性交する ▪ We never *slept together* before we were married. 私たちは結婚前はいっしょに寝たことはない．

sleep up 《米口》眠りに入る ▪ We laid off after breakfast to *sleep up*. 我々は眠りに入るために朝食後休憩した．

sleep with 自 …といっしょに寝る；(異性)と寝る ▪ Did you *sleep with* Mary? メアリーと寝たのかい．

slew /slu:/ ***slew around [round]*** 自 他 (…の)向きを変える ▪ The truck *slewed around* blocking the lane. そのトラックは向きを変えて車線をふさいだ．

slice /slaɪs/ ***slice into*** 自 …を(誤って)切る ▪ The knife slipped and *sliced into* my forefinger. ナイフがすべって人差し指を切った．

slice off [out] 他 …を薄く切り取る ▪ She *sliced off [out]* pieces of a loaf. 彼女はパンを薄く切り取った．

slice through 自 《英》**1** 切り分ける[進める] ▪ The axe *sliced through* the log. 斧で丸太を切り割った．
2 切るように進む ▪ The small boat *sliced through* the water. 小型船は水面を切るように進んだ．

slice up 他 …を薄く切る ▪ She *sliced up* a loaf. 彼女は1個のパンを薄く切った．

slick /slɪk/ ***slick away [out]*** …を磨き取り除く ▪ All slimy substance is now *slicked away*. ぬるぬるする物質はもう全部磨いて取り除かれている．

slick back [down] 他 (髪の毛)を(整髪料で)なでつける；(人)をなだめる ▪ There was Merton with his hair *slicked back* in the approved mode. そこには髪の毛をはやりの型になでつけたマートンがいた ▪ Dr. Cushing got folks *slicked down*. クッシング博士はみんなをなだめた．

slick off [up] 他 …を磨き立てる，めかし立てる ▪ He *slicked off* some of the last verses. 彼は最後の詩のいくつかに磨きをかけた ▪ These rooms *are* altogether *slicked up*. これらの部屋はすっかり飾り立てられている．

slide /slaɪd/ ***slide away*** 自 **1** そっと去る ▪ He *slid away* as soon as I opened the door. 彼は私がドアをあけるとすぐそっと去った．
2 (時が)いつしか過ぎ去る ▪ How happily my old age *slides away*! 私の老後はなんと幸福にいつしか過ぎ去っていくことか．

slide by 自 (時が)いつの間にか過ぎ去る ▪ Let the warm day *slide by*. この暖かい日はいつの間にか過ぎ去ってしまうがいい．

slide in [out] 自 すっと入る[出る] ▪ The drawers of this desk *slide in* and *out* easily. このデスクの引き出しは楽に出し入れできる．

slide into 自 **1** …の中へそっと入る ▪ He *slid into* a seat near my own. 彼は私の近くの席にそっと着いた．
2 容易に[次第に]…(するよう)になる ▪ I had *slid into* correspondence with him. 私はいつしか彼と文通をするようになっていた．

slide out of 自 **1** …からそっと出て行く ▪ Slouching my hat, I *slid out of* doors. 帽子を目深にかぶって，私はそっと外へ出て行った．
2 (責任などから)逃れる ▪ You can't *slide out of* your responsibility this time. 今度は責任を逃れることはできないよ．

slide over [round] 他 **1** (難問)をあっさりと片づける ▪ He *slid over* a delicate subject. 彼は難問をあっさりと片づけた．
2 …を回避する ▪ We can't *slide round* this urgent matter. この緊急問題を避けて通ることはできない．

slight /slaɪt/ ***slight over*** …を軽視する，見くびる ▪ He *slighted* my request *over*. 彼は私の願いを鼻であしらった．

slim /slɪm/ ***slim down*** 自 **1** やせる，減量する ▪ She did *slim down* a couple years ago but has piled on the pounds again. 彼女は数年前に減量したが，また体重が急に増えてきた．
— 他 **2** (規模)を縮小する；(労働力)を減らす ▪ The Prime Minister *slimmed down* the Cabinet to sixteen members. 首相は閣僚を16人に減らした．

sling /slɪŋ/ ***sling off at*** 他 《豪口》…をあざ笑う ▪ Don't *sling off at* other people's failure. 他人の失敗をあざ笑うな．

sling out …を放り出す ▪ *Sling* him *out of*

the room. 彼を部屋から放り出せ.
sling up 他 **1**(ひもなどで)…をつりあげる ▪He had his broken arm *slung up*. 彼は折れた腕をつりあげていた.

2(いやなこと)を思い出させる ▪He's always *slinging up* my old failures at me. 彼はいつも以前の失敗を私に思い出させる.

slink /slɪŋk/ ***slink away*** [***off***] 自 こそこそと立ち去る ▪I saw him *slink away* as I approached. 私が近づいて行くと彼がこそこそと立ち去るのが目に入った.

slip /slɪp/ ***slip across to*** 自 …へひとっ走りする ▪Just *slip across to* the baker's. ちょっとパン屋までひとっ走りして来ておくれ.

slip along **1**《俗》さっさと急いで行く ▪He left me and *slipped along*. 彼は私を置いてさっさと急いで出て行った.

2(時が)いつの間にか経つ ▪Time *slipped along*. 時がいつしか経っていた.

slip away **1**(富などが)失なわれてしまう ▪Good luck quickly *slips away*. 幸運はじき失なわれてしまう.

2(老衰で安らかに)死ぬ ▪Granny *slipped away* in her sleep last night. おばあちゃんがゆうべ眠ったまま安らかに逝った.

3こっそり立ち去る ▪I took that opportunity to *slip away*. 私はそれをしおにこっそり立ち去った.

4(時が)いつの間にか過ぎる ▪Another year had *slipped away*. いつしかまた1年たっていた.

slip back 自 低下する, 水準が落ちる ▪His work kept *slipping back*. 彼の仕事ぶりは低下し続けた.

slip by **1**(時が)いつの間にか過ぎていく ▪Time was *slipping by*. 時がいつしか過ぎつつあった.

2そっと逃げ去る ▪The enemy's ships *slipped by* unobserved. 敵の船は気づかれずにそっと逃げ去った.

3(機会などが)むだになる ▪Don't let the chance *slip by*. その機会をむだにするな.

slip down 自 **1**(液体が)すっとのどを通る ▪The medicine will *slip down* well. この薬は飲み下しやすい.

— 自他 **2**すべり落ちる[落とす] ▪The spoon *slipped down* from the table. スプーンが食卓からすべり落ちた ▪The university is *slipping down* the international level in scientific research. その大学は科学研究での国際レベルからすべり落ちつつある.

slip from 自 **1**…からそっと抜け出る ▪The girl *slipped from* her mother. 娘は母親のもとをそっと抜け出た.

2(心・記憶)から去る ▪It quite *slipped from* my recollection. それはすっかり私の記憶から去ってしまった.

3(正道)からはずれる ▪She has *slipped from* the path of virtue. 彼女は操を汚してしまった.

slip in 自 他 そっと入る; …をそっと入れる; (言葉などを)さしはさむ ▪Errors will *slip in*. 誤りはいつのまにか生じるものだ ▪He *slipped* me *in*. 彼は私をそっと入れてくれた ▪She *slipped in* a few comments about the book. 彼女はその本について二言三言コメントをさしはさんだ.

slip into 他 **1**…をさっと[急いで]身につける ▪He was *slipping into* a clean shirt as fast as he could. 彼は大急ぎできれいなシャツを着ている最中だった.

2《俗》…をうんとぶんなぐる; をうんと食べる ▪I couldn't help *slipping into* him when he insulted my manhood. 私の男としての体面を汚したので, 彼をぶちのめさずにはいられなかった ▪He began to *slip into* those sandwiches. 彼はそのサンドイッチをもりもり食べ始めた.

— 自 **3**…にそっと入る; をそっと入れる ▪I *slipped into* my room. 私はそっと自分の部屋へ入った ▪She *slipped* the letter *into* her pocket. 彼女はその手紙をポケットにそっと入れた.

— 自 **4**…に次第に[うっかり]陥る ▪I have *slipped into* a long digression. うっかり長い脱線をしてしまった.

5(川が)ゆるやかに(海)に流れ込む ▪We went down where the river *slipped into* the sea. 私たちは川がゆるやかに海へ流れ込む場所へ降りていった.

slip A into B 他 AをBの中へこっそり[そっと]入れる ▪I *slipped* the coin *into* the waiter's hand. 私は硬貨をウェイターの手にそっと握らせてやった.

slip off 他 **1**(服・皮など)をするっと脱ぐ ▪The dancer *slipped off* her clothes. そのダンサーは衣服をするっと脱いだ.

2…をずっと持ち去る ▪She kept my dictionary *slipping off*. 彼女は私の辞書をずっと持ち去ったままだった.

3…からずり落ちる ▪The blanket *slipped off* the bed. 毛布がベッドからずり落ちた.

— 自 **4**こっそり去る ▪He has *slipped off* to join his friend abroad. 彼は外国の友人と落ち合うためにこっそり去った.

5(指輪などが)するっと抜ける ▪Her ring *slipped off* and was lost for a while. 彼女の指輪がするっと抜けてしばらく見つからなかった.

6(豆皮などが)するっとむける ▪You must boil your beans so that the skin will *slip off*. 豆は皮がするっとむけるようにゆでなければいけない.

slip (off) into 自 いつしか…の状態になる ▪At last she *slipped off into* a dead faint. とうとう彼女はすっかり気を失ってしまった.

slip on 他 **1**(服)を急いで着る ▪I jumped out of my bed, and *slipped* my coat *on*. 私は床から飛び起きて急いで上着を着た.

— 自 **2**(服が)するっと着られる ▪My leather coat *slips on* easily. 僕のレザーコートはすぐするっと着られる.

slip out **1**(噂などが)漏れる, 世に知れる ▪The news of it was sure to *slip out*. その知らせは必ず漏れるにちがいなかった.

2そっと抜け出る (= SLIP away 3) ▪He *slipped out*, nobody knew when. 彼はいつのまにかそっと抜け出してしまった.

— 他 **3**…をうっかり漏らす ▪He *slipped out* an

oath. 彼はののしりの言葉をうっかり漏らした ▪My brother let it *slip out* that he had applied for the position. 兄貴はその職に応募したことをうっかり漏らした.

slip out of **1**(服・靴など)をするっと[急いで]脱ぐ ▪He *slipped out of* a pair of boots. 彼はブーツをするっと脱いだ.
2 …からすべり落ちる ▪The lamp *slipped* right *out of* my hand. ランプが手からまともにすべり落ちた.
3 …からそっと出る ▪She *slipped out of* the room. 彼女は部屋からそっと出ていった.

slip over 圓 **1**(道程)を速やかに進む ▪A ten-mile stage has *been slipped over*. 10マイルの旅程も速やかに過ぎた.
2 …をうっかり見落とす ▪The circumstance might have *been slipped over*. その事情はうっかり見落とされたのかもしれない.
— 圓 **3** (…に)すべり落ちる (*on*) ▪Be careful not to *slip over on* the ice and break your leg. 氷の上ですべって転んで脚を折らないように注意しなさい.

slip round to 圓《口》…まで急いで行く ▪Just *slip round to* the post. ちょっとポストの所まで急いで行って来ておくれ.

slip through 圓他 そっと通過する[させる]; (捜査の目から)漏れる ▪How did the new law *slip through*? その新しい法律はどうやって(議会を)通過したのか ▪The goods managed to *slip through* customs. その商品はどうにか税関を通過できた ▪The criminal *slipped through* the police net. 犯人は警察の捜査網をかいくぐった.

slip up 圓 **1** 踏みはずす, つまずく, 滑ってころぶ ▪The old man *slipped up* on the road and fell down. その老人は道でつまずいて転倒した.
2《口》しくじる; まちがう ▪He *slipped up* on each thing that he struck. 彼は何かに手をつけるたびにしくじった.
3《米》逃亡する, 失そうする ▪Dr. Silversmith *slipped up* one day. シルバースミス博士はある日失そうした.
— 他 **4**《豪俗》(人)をだます, ぺてんにかける ▪I'd only *be slipped up* if I trusted to them. あの連中を当てにしていたらぺてんにかけられるのがおちさ.

slip up on …にそっと忍び寄る ▪My cat is good at *slipping up on* a mouse and grabbing it. うちの猫はネズミにそっと忍び寄って捕まえるのがうまい.

slob /slɑb|slɔb/ ***slob around*** [***about, out***] 圓《英口》ぶらぶら過ごす ▪I was still *slobbing around* [*out*] in my dressing gown when my father came home. 私は父が帰宅したときもまだ部屋着でぶらぶら過ごしていた ▪I'm going to *slob about* all day to heal my muscle pains. 筋肉痛を癒すために一日のらくらと過ごすつもりだ ▪I sat in front of my TV and *slobbed out* that day. その日はテレビの前に座ってだらだらと過ごした.

slobber /slɑ́bɚ|slɔ́bə/ ***slobber over*** 他《口》(子供・ペットなど)をやたらとかわいがる ▪Why do you *slobber over* those dogs! あんな犬たちをなぜやたらにかわいがるのですか.

slog /slɑg|slɔg/ ***slog away*** [***on***] 圓 せっせと働く (*at*) ▪I must *slog away at* my homework. 私はせっせと宿題をしなければならない ▪He *slogged on* at weeding the vegetable garden. 彼はせっせと菜園の草取りに励んだ.

slog through 圓 **1**《口》…に精を出す ▪There was no alternative to *slogging through* my work. 仕事に精を出すしかなかった.
2 重い足取りで進む ▪The exhausted explorers *slogged through* the jungle. 疲れ果てた探検者たちはジャングルをとぼとぼと進んだ.

slop /slɑp|slɔp/ ***slop about*** [***around***] 圓 **1**(液体が)バシャバシャはねる[揺れ動く] ▪The water tank was *slopping around*. 水槽の水がバシャバシャ揺れ動いていた.
2 水をはね返す ▪Why do some children love *slopping about* in puddles? なぜ一部の子供たちは水たまりの中で水をはねながら歩き回るのを好むのだろうか.
3 ぶらぶらしている ▪He is *slopping about* all day. 彼は一日中ぶらぶらしている.

slop out 圓 **1**《英》(囚人が汚物)を出す ▪*Slop out* the bucket. バケツを出しなさい.
2 = SLOP over 1.

slop over 圓 **1** こぼれる ▪A great deal of the wine *slopped over*. ワインがどばどばこぼれた.
2《米俗》極端に走る, 感傷的にしゃべり[書き]たてる ▪The "Herald" has *slopped over* this time. ヘラルド紙は今度は極端に走った.
3《米》= SLOBBER over.

slop up 他《方》…をがぶがぶ飲む ▪We would find the guy *slopping up* booze all day. 彼が一日中ウィスキーをがぶ飲みしているのをよく見かけた.

slope /sloʊp/ ***slope away*** 圓 傾斜している ▪The land behind the house *sloped away*. その家の後方の土地は傾斜していた.

slope home 圓《口》家へ帰って行く ▪What can we do but *slope home* again! 我々にはまた家へ帰って行くより仕方がないではないか.

slope off [***away***] 圓《英口》去る, ずらかる ▪If it is dull, they *slope off*. おもしろくなければ彼らは去ってしまう.

slosh /slɑʃ|slɔʃ/ ***slosh around*** [***about***] 圓 (液体が[を])ジャブジャブ揺れ動く[動かす] ▪The water *sloshed about* in the container. 水がうつわの中でジャブジャブ揺れ動いた ▪Water *sloshed around* in the bottom of the boat. ボートの底で水がジャブジャブ音を立てていた.

slot /slɑt|slɔt/ ***slot*** (*A and B*) ***together*** 他 (部品など)をはめ込む ▪The parts *were slotted together*. 部品がはめ込まれた.

slot in 他《口》(ゴール)を正確に決める ▪They opened up the defense for him to *slot in* the third goal. 彼が3度目のゴールを正確に決められるように彼らは守備陣を攻撃し始めた.

slot into [***in***] 他 **1**《英》…にすぐなじむ ▪You'll soon *slot into* being part of the family. すぐに馴

染んで家族の一員になれるよ ▪ The workers will *slot into* their new roles in time. 作業員たちがやがて新しい役割に馴染んでくるだろう.

2 ...に入る, はまる; を投入する ▪ This key *slots* neatly *in* this keyhole. この鍵はこの鍵穴にすっぽり入る ▪ He *slotted* a coin *into* the slot machine. 彼はスロットマシーンにコインを投入した.

3 ...に会う[行う]時間をなんとか見つける ▪ He *slotted* me *in* tomorrow at five. 彼は明日5時に私と会う時間をなんとか見つけてくれた.

***slot* A *into* B** 他 AをBに配属する ▪ Patricia *was slotted into* the role of accepting telephone orders. パトリシアは電話注文の受付係に配属された.

***slot* a person *into* [*in*]** 他 人を...になんとかやりくりをつける (= SLOT into 3) ▪ We could *slot* you *into* the afternoon interview. 午後の面接になんとかやりくりをつけられるでしょう.

slot together 自 他 しっかりはまる[はめる], 組み立てる ▪ The pieces *slot together* like a jigsaw puzzle. そのピースはジグソーパズルのようにしっかりはまった. ▪ The parts *were slotted together* easily. その部品は簡単にしっかりとはめられた.

slouch /slaʊtʃ/ ***slouch about* [*around*]** 自 (前かがみに)うろつき回る ▪ He *slouched about* with his hands in his pockets. 彼は両手をポケットにつっこんで前かがみにうろつき回った.

slouch down 自 だらける ▪ He *slouched down* because he was tired out. へとへとだったので彼はだらっとしていた.

slouch over 自 (座っている人が)横に崩れる ▪ Jennifer *slouched over* and went to sleep on the sofa. ジェニファーはへたへたと横倒しになりソファの上で眠り込んだ.

slough /slʌf/ ***slough in* [*up*]** 他《米俗》...を逮捕する ▪ The constables are *sloughing in* everybody in sight. 巡査たちは目に留まるすべての人を逮捕している.

slough off 他 **1** (ヘビなどが)脱皮する; 《文》...を捨てる, 脱ぎ捨てる ▪ My pet snake *sloughed off* its old skin this morning. 僕のペットのヘビが今朝脱皮した. ▪ He *sloughed off* a bad habit. 彼は悪い習慣を捨てた.

— 自 **2** 脱落する ▪ The scab *sloughed off*. かさぶたが取れた.

3 ずらかる ▪ They *sloughed off* into the crowd. 彼らは群衆の中にずらかった.

4 のらくらする ▪ He always *sloughs off* after lunch. 彼は昼食後はいつものらくら過ごす.

slow /sloʊ/ ***slow down*** 自 他 **1** サボタージュ[怠業]をする ▪ Construction workers *slowed down* and demanded higher salaries. 建設労働者はサボタージュをやって昇給を要求した.

2 速度を落とす ▪ Be sure to *slow down*. スピードを必ず落としてくれ ▪ I *slowed* the car *down* as I approached the seaside. 海岸に近づくにつれて私は車の速度を落とした.

3 のんびりする[させる] ▪ You ought to *slow down*. 君はのんびりすべきだよ ▪ The rain is *slowing* me *down*. 雨でのんびりしてるのよ.

— 他 **4** ...を遅らせる ▪ His laziness *slowed down* [*up*] the project. 彼の怠惰のせいでプロジェクトは遅れた.

slow up 自 他 **1** = SLOW down 2.

2 活力が衰える; 活力を衰えさせる ▪ The writer is beginning to *slow up* [*down*]. あの作家は衰えを見せてきた.

3 = SLOW down 4.

sluice /sluːs/ ***sluice down*** 他 (流水で表面)をザブザブ洗う ▪ I *sluiced down* the garage floor. ガレージの床に水を流してザブザブ洗った.

sluice out 他 (パイプ・容器などの)を流水できれいにする ▪ He *sluiced out* the pipe. 彼はパイプを流水できれいにした.

slumber /slʌ́mbər/ ***slumber away* [*out*]** 他 ...をまどろんで過ごす ▪ George *slumbered away* a hot afternoon. ジョージは暑い午後をうとうとして過ごした.

slump /slʌmp/ ***slump down*** 自 ドサリと座る ▪ Feeling so tired, I *slumped down* in the chair. ひどく疲れていたので私はいすにどっかと座った.

slur /sləːr/ ***slur over*** 他 (事実・過失など)を見のがす ▪ In their account they *slurred over* the fact. 話の中で彼らはその事実を見のがした.

smack[1] /smæk/ ***smack of*** 他 **1** ...の味[におい]がする ▪ The tea *smacked* strongly *of* tannin. その茶はひどくタンニンの味がした ▪ Your fingers *smack of* vinegar! 君の指は酢のにおいがしてるじゃないか.

2 ...の気味がある ▪ He loves everything that *smacks of* antiquity. 彼は古代の気味のあるものは何でも大好きだ.

smack[2] /smæk/ ***smack down*** 他 《米》 **1** ...をパシッと音を立てて置く ▪ He *smacked down* his hand on the table. 彼はぴしゃりとテーブルに片手を置いた.

2 [しばしば受身で] (人)をしかりつける, ぴしゃりとたしなめる ▪ That boy deserves to *be smacked down* for being often noisy. あの少年はよく騒ぐのでお灸をすえる必要がある.

smack up 他 《俗》激しくたたく ▪ Jack *smacked up* her on the cheek. ジャックは彼女の頬を激しくたたいた.

smart /smɑːrt/ ***smart for*** 自 ...のために罰せられる[ひどい目にあう] ▪ You shall *smart for* this impudence. こんな生意気をしたのでひどい目にあわせてやるぞ.

smart off 自 無礼にふるまう[話す] ▪ Don't *smart off* in class. 授業中に無礼な態度をとるのはよせ.

smart under 自 ...で悩む, 苦しむ ▪ He was *smarting under* his boss's rebukes. 彼は上司にしかられて悩んでいた.

smarten /smɑ́ːrtən/ ***smarten up*** 自 他 **1** おしゃれをする, こぎれいに身じまいする ▪ I must *smarten* myself *up*. 私はおしゃれをしなくっちゃ ▪ You need to *smarten up* a bit. 君は少しこぎれいにする必

要があるね.
2 よく働く[働かせる] ▪ The officer *smartened* the soldiers *up*. その将校は兵士たちを鍛えた ▪ That boy has begun to *smarten up*. あの若者もよく働くようになってきた.
— 他 **3** …に教えてやる ▪ I *smartened up* my sister about how to make up. 私は妹に化粧の仕方を教えてやった.
— 自 **4** より洗練される[利口になる，鍛えられる] ▪ My sister *smartened up* after becoming a member of society. うちの妹は社会人になってより洗練された.

smash /smæʃ/ **smash down** 他 (戸など)を外から打ちこわす ▪ The firefighters *smashed down* the doors. 消防士たちはドアを外から打ちこわした.

smash in 他 **1** (壁など)を(外から)たたいてぶち抜く，(穴)をあける ▪ They *smashed in* all the windows. 彼らは窓を全部たたいて壊した.
2 …をひどくぶんなぐる ▪ Give me the money, or I'll *smash* your head *in*. 金をよこさないと頭をぶんなぐるぞ.

smash into 他 …に激突する ▪ The car *smashed into* a parapet. 車は橋の欄干に激突した.

smash A into B AをBに激突させる ▪ He *smashed* his new car *into* a tree. 彼は新車を木に激突させた.

smash out of …をこわして出る ▪ The prisoner *smashed out of* the cell and ran away. 囚人は独房を破って逃走した.

smash up 他 **1** 《口》…を打ちこわす ▪ The drunken man *smashed up* all the furniture. 酔っぱらいは家具をことごとく打ちこわした.
2 (車)をぶつける ▪ They *smashed up* a car. 彼らが車をぶつけたのだ.
3 (人)に大けがをさせる ▪ He got *smashed up* in an accident. 彼は事故で大けがをした.

smatter /smætər/ **smatter in** 他 (学問)を生かじりする ▪ He *smatters in* French. 彼はフランス語を生かじりしている.

smell /smel/ **smell about [around]** 自 かぎ回る，探る ▪ The cat was *smelling about*―I wonder what he was after. 猫がかぎまわっていたが―いったい何を狙っていたのだろう.

smell at [《米》*of*] 自 …をかぐ ▪ She smelt *at* her flowers. 彼女は花の香りをかいでみた ▪ Dogs would not even *smell of* it. 犬だってそんなものはかいでみさえしないだろう.

smell A from B 他 AとBをかぎ分ける ▪ I can *smell* a knave *from* a rat. 私は悪党とスパイがかぎ分けられる.

smell of 自 **1** …のにおいがする ▪ The entire place *smelled of* sulfur. 辺り一帯に硫黄の匂いがした.
— 他 **2** …の気味がある ▪ His victory *smells of* cruelty. 彼の勝利には残酷の気味がある.

smell out 他 **1** …をかぎ出す，探り出す ▪ I never try to *smell out* a secret. 私は秘密をかぎ出そうとなど決してしない.
2 = SMELL up.

smell up 他 《米口》…を悪臭で満たす ▪ Two trunks *smelled up* his car. 二つのトランクが彼の車を悪臭で満たした.

smile /smail/ **smile at** 自 **1** (人)を見てほほえむ ▪ He *smiled at* her and bowed. 彼は彼女にほほえんでおじぎした.
— 他 **2** …にじっと耐える ▪ Few of us can *smile at* grief. 悲しみにじっと耐えられる人はまずいない.
3 (物)を冷笑する，一笑にする ▪ She *smiled at* his menace. 彼女は彼のおどしをせせら笑った.

smile away 他 **1** (悲しみ・恐怖など)を笑って払う ▪ He tried to *smile away* his grief. 彼は笑って悲しみを払おうとした.
2 笑って(時)を過ごす ▪ Love *smiles* hours *away*. 恋は笑って時を過ごす.

smile on [upon] 自 **1** (人)を見てほほえむ ▪ He *smiled upon* the little girl. 彼はその少女を見てにこにこした.
— 他 **2** (人)に目をかける，恵みを垂れる ▪ Fortune at length *smiled on* us. やっと我々に運が向いてきた.

smile to 自 (人)にほほえみかける ▪ She *smiled to* me from her window. 彼女は窓から僕にほほえみかけた.

smile up 他 笑って(涙)をかわかす ▪ She came to him *smiling up* her tears. 彼女は笑って涙をかわかしながら彼の所へ来た.

smite /smait/ **smite on [upon]** 他 …に打ち当たる ▪ A strange sound *smote upon* our ears. 妙な音が私たちの耳を打った.

smite together 自 ぶつかり合う ▪ His knees *smote together*. 彼はひざががくがくした.

smoke /smouk/ **smoke along** 他 (馬・車・船・人が…)を非常に速く進む ▪ We *smoked along* (the road) in our carriage. 我々は馬車で(道を)すっ飛ばした.

smoke away 他 **1** …をいぶして追い払う ▪ He *smoked away* those gnats. 彼はそのブヨをいぶして追い払った.
2 タバコをふかして(時)を過ごす ▪ He *smokes away* the chief of his time. 彼はタバコをふかして時間のあらかたを過ごしている.

smoke out 他 **1** (穴などから)…をいぶし出す ▪ The old fox *was smoked out*. その老ギツネはいぶし出された.
2 …をかぎ出す，の仮面をはぐ，(秘密)を暴く ▪ It took the police only a few weeks to *smoke out* the real criminal. 警察は真犯人をかぎ出すのに数週間しかかからなかった.
3 (タバコ)を吸ってしまう ▪ See, I have *smoked out* your cigar. ほら，あなたの葉巻を吸ってしまいましたよ.

smoke up 自 **1** 《米口》麻薬[マリファナ]入りのタバコを吸う ▪ A lot of young boys regularly *smoke up*. 多くの若者が麻薬入りタバコを常習的に吸っている.
— 他 **2** 《米》(場所)を煙で満たす ▪ The commit-

tee have *smoked* the whole room *up*. 委員たちは部屋全体をタバコの煙で一杯にした.

3 …にマリファナを提供する ▪ They *smoked* the girls *up* for the party. 彼らは女の子たちにパーティー用にマリファナを与えた.

smolder, 〈英〉**smoulder** /smóuldər/ ***smolder out*** 自 次第に燃え尽きる ▪ The fire had at last *smoldered out*. たき火はついに燃え尽きた.

smolder with (憎しみ・嫉妬など)が鬱積している ▪ Her eyes were *smoldering with* jealousy. 彼女の目には嫉妬心が鬱積していた.

smooth /smu:ð/ ***smooth away*** [***out***] 他 (困難・しわなど)を取り除く ▪ He *smoothed away* the obstacles in the way. 彼が行く手のじゃまを取り除いた ▪ *Smooth out* the sheets when you make a bed. ベッドメーキングをするときにはシーツのしわを延ばしなさい.

smooth back 他 …を後ろへ押して平らにする ▪ Angelina *smoothed back* her hair with one hand. アンジェリーナは片手で髪の毛を後ろへなでつけた.

smooth down 他 **1** …をなでつける ▪ She *smoothed down* her apron with one hand. 彼女は一方の手でエプロンのしわを伸ばした.

2 (けんか・怒りなど)を静める, なだめる ▪ We *smoothed down* Mr. Brown. 我々はブラウン氏をなだめた.

— 自 **3** 穏やかになる, おさまる ▪ The falls were *smoothing down*. 下落はおさまりつつあった ▪ The sea presently *smoothed down*. 海はやがて穏やかになった.

smooth out 他 **1** (しわなど)をのばす; (困難など)を取り除く ▪ The creases left by the wet *were smoothed out*. 雨でできたしわはのばされた ▪ Your advice greatly helped *smooth out* our relationship. 君の助言が我々のぎくしゃくした関係の修復に大いに役立った.

2 …を平らに広げる ▪ She *smoothed out* some batter with a wooden spoon. 彼女は木のさじでこねものを平らに広げた.

3 (文章)を推敲する ▪ *Smooth out* your draft before sending it to the printing office. 印刷所へ送る前に原稿を推敲せよ.

smooth over 他 **1** …を取り繕う, かばう ▪ He *smoothed* this *over* to his conscience. 彼はこれを自分の良心に取り繕った ▪ I stood by and tried to *smooth* their quarrel *over*. 私はそばに立ち彼らの口論を丸く収めようと努めた.

2 (困難など)を和らげる ▪ These minor inconveniences *were smoothed over*. こういう小さな不便は緩和された.

smooth up 他 …を磨きをかける ▪ She was desirous of *smoothing up* her French. 彼女はフランス語に磨きをかけたいと思っていた.

smother /smʌ́ðər/ ***smother up*** 他 **1** …をすっかり包む ▪ He was *smothered up* with bedclothes. 彼はふとんにすっかりくるまっていた.

2 (事実)をもみ消す ▪ The scandal was *smothered up*. 醜聞はもみ消された.

smother A ***with*** [***in***] B **1** AをBですっかり包む ▪ She *smothered* the child *with* [*in*] kisses. 彼女はその子にキスの雨を降らせた.

2 A(火)に B(灰・砂など)をかぶせて消す ▪ The fire *was smothered with* wet clothes. 火はぬれた衣類をかぶせて消された.

snack /snæk/ ***snack on*** [〈米〉***off***] 他 …の軽食をとる ▪ He tends to *snack on* his favorite chocolate bar. 彼はよく好物のチョコレートバーで軽く食事をすませます.

snaffle /snǽfəl/ ***snaffle up*** 他 〈口〉…をかっさらう, 素早くものにする ▪ The painting *was snaffled up* by him for three million yen at the auction. その絵はオークションで300万円で彼に素早くものにされた.

snap /snæp/ ***snap at*** 他 **1** …にがみがみ言う ▪ He was afraid of *being snapped at* by his tutor. 彼は指導教官にがみがみ言われはしないかと心配した.

2 (犬などが)…にガブリとかみかかる ▪ The dog *snaps at* everyone. その犬は誰にでもかみかかる.

3 (好機・提案などに)飛びつく ▪ He *snapped at* the opportunity greedily. 彼はどん欲にその機会に飛びついた.

snap away 他 …をかっぱらって行く ▪ He *snapped away* the gold buttons. 彼は金ボタンをかっぱらって行った.

snap back 自 **1** 〈米口〉急に回復する ▪ Share prices *snapped back*. 株価が急に回復した.

2 はね返る ▪ The clasp *snapped back* whenever I tried to open it. 留め金は開こうとするたびにはね返った.

3 つっけんどんな返事をする, きつく言い返す ▪ I spoke to him kindly, but he only *snapped back*. 彼に親切に話しかけたが, 彼はつっけんどんな返事をしただけだった.

snap down 他 **1** …を急に射落とす ▪ I *snapped* the birds *down* as they rose. 私は鳥が飛び立つところをさっと射落とした.

2 …をパチンと閉める ▪ I *snapped down* the lid of the box. 箱のふたをパチンと閉めた.

snap into 他 〈口〉急いで[さっさと]…を始める ▪ Oh, *snap into* it! We have no time to waste. さあ, さっさと始めてくれ. ぼやぼやしているひまはない ▪ The stars can *snap into* the action as soon as the camera starts. その人気俳優たちはカメラが動き出すやいなやさっと演技にとりかかれる.

snap off 他 **1** 急に(灯)を消す ▪ Suddenly the light *was snapped off*. 急に灯が消された.

2 (枝など)をポキリと折る ▪ The storm *snapped off* the boughs. あらしが大枝をポキリと折った ▪ A huge pine-tree *snapped off* short. マツの大木がポキリと折れた.

3 (足など)をパクリとかみ取る ▪ The shark darted upon him and *snapped off* his leg. サメは彼に襲いかかってガブリと脚をかみ取った.

4(酒など)をぐいと飲み干す　▪ Let's go to the bar and *snap off* a pint of wine or two. 酒場へ行って酒を1, 2パイントぐいと飲み干そうじゃないか.

snap on 他　**1**急に(灯)をつける　▪ I *snapped* the night-light *on*. 終夜灯をパチッとつけた.
2 キレて…になぐりかかる, 悪口を言う　▪ The man *snapped on* me for no reason, throwing himself into a rage. 男はこれという理由もなしにカッとなってなぐりかかってきた.

snap out 他　(言葉)をつっけんどんに言う　▪ He was just going to *snap out* a refusal. 彼はちょうどつっけんどんに断ろうとしているところだった.

snap A out of B 他　A(人)をB(気分・習慣)からさっと抜け出させる　▪ My father *snapped* me *out of* my daydream by tapping me on the back. おやじがおれの背中をポンとたたいて耽っていた空想から覚めさせた.

snap to 自　(ドアなどが)パタンと閉まる　▪ The door *snapped to*. ドアがパタンと閉まった.

snap up 他　**1** …にパクリと食いつく; (チャンス)に飛びつく　▪ We *snap up* anything that sounds interesting. 我々はおもしろそうなものは何でもくらいつく.
2(土地・品物など)をさっさと手に入れる, 衝動買いする　▪ When you see one, *snap* it *up* for me. それが見つかったら, さっさと手に入れておいてくれ.
3 …をかっぱらう, ひったくる　▪ He *snapped up* his hat, and strode out of the room. 彼は帽子をひったくると大股で部屋から出ていった.
4(人・敵船など)をひっ捕える　▪ The mad dog *was* instantly *snapped up*. その狂犬はすぐひっ捕えられた.
5(女性)をまんまと妻にする　▪ Alexandra is a woman of value, not to be *snapped up* easily. アレクサンドラは価値ある女でやすやすと妻にすることはできない.

snarl /snɑːrl/　***snarl out*** 他　…をうなって言う　▪ He *snarled out* an answer. 彼はうなるように返事をした.

snarl up 自他　**1**(口)混乱[混雑]する; 混乱させる　▪ Traffic *snarled up*. 車が混雑した　▪ Sean's speech *snarled up* the meeting. ショーンの演説で会が混乱した.
2 もつれる; もつれさせる　▪ We remained with our fishing lines *snarling up*. 我々は釣り糸がもつれたままでいた.

snatch /snætʃ/　***snatch at*** 他　**1** …につかみかかる　▪ He *snatched at* the letter. 彼はその手紙をひったくろうとした.
2(機会・申し出)に飛びつく　▪ I *snatched at* the opportunity. 私はその機会に飛びついた　▪ I *snatched at* my husband's offer to watch the boy. 坊やを見てやろうという夫の申し出に喜んで飛びついた.

snatch away 他　**1** …をひったくる, さらう　▪ I will *snatch away* my share from the portion. その分から私の分け前をひったくってやろう.
2(この世から)…を奪い去る　▪ He *was snatched away* by an untimely death. 彼はにわかに夭折(ようせつ)した.

snatch off 他　…を手荒くむしり取る　▪ The wind *snatched* my hat *off*. 風が手荒く私の帽子をさらっていった.

snatch up 他　…を急に取り上げる　▪ He *snatched up* his gun and fired. 彼はやにわに銃を取り上げて発砲した.

sneak /sniːk/　***sneak around*** 自　こそこそ[うろうろ]する; こそこそ浮気をする　▪ I saw a young man *sneaking around* the office. 若い男がオフィスをうろついているのを見た.

sneak away [off] 自　こそこそ逃げる　▪ The dog was *sneaking away* with our Sunday roast in his mouth. 犬は大きな切り身の焼肉をくわえてこそこそと逃げていた.

sneak in 自他　こっそり入る[入れる]　▪ The cat *sneaked in*. 猫がこっそり入って来た　▪ I'll *sneak* you *in* after dark. 暗くなってからこっそり入れてあげよう.

sneak on 他　《英》…のことを告げ口する　▪ Tom may *sneak on* you to the teacher. トムが君のことを先生に告げ口するかもしれない.

sneak out (of) 自　(…から)そうっと出て行く　▪ He *sneaked out (of* the house*)*. 彼は(家から)そうっと出て行った.

sneak out of 他　(義務など)からずるく逃れる　▪ Don't try to *sneak out of* your duties. 義務からずるく逃れようとするな.

sneak round　**1** こっそりと行く　▪ The boy *sneaked round* to the larder and helped himself. 男の子は食料品室へこっそり行ってつまみ食いした.
— 他　**2**(人)にずるく取り入る　▪ Gary managed to *sneak round* his uncle. ゲイリーはおじにずるく取り入った.

sneak to 他　(人)に告げ口をする　▪ He was always ready to *sneak* to the master about the doings of Smith. 彼はいつもスミスの行状を先生に告げ口をしようとしていた.

sneak up (on) 自　(…に)こっそり忍び寄る, そっと近付く　▪ Don't *sneak up on* me like that. You gave me a start! そんなに音もなく近づくなよ. びっくりするじゃないか.

sneer /snɪər/　***sneer at*** 他　… を嘲笑する　▪ Kurt *sneers at* everything. カートは一切のものをあざ笑う.

sneer away 他　(名声など)を嘲笑し去る　▪ They were *sneering* her fair fame *away*. 彼らは彼女の名声を嘲笑し去っていた.

sneer down 他　…をくさし倒す　▪ He always *sneers down* poetry. 彼はいつも詩をくさし倒す.

sneer A into B 他　Aを冷笑してBさせる　▪ He *sneers* us *into* insignificance. 彼は我々を冷笑して無視する.

sneeze /sniːz/　***sneeze at*** 他　《口》…をばかにする, 無視する　▪ It's the sort of thing we ought to *sneeze at*. それは当然無視していい種類のことだ.

sniff /snɪf/　***sniff around [round]*** 他　《口》…

を詮索する[かぎ回る] ▪ I don't want other people to *sniff around* my job. 他人に私の仕事を詮索してもらいたくない.

sniff at 他 **1** …をフンフン鼻を鳴らしてかぐ ▪ She *sniffed at* her flowers with a sort of ecstatic eagerness. 彼女はまるでうっとりとしているように熱心に花束をフンフン鼻を鳴らしてかいだ.

2 …をフフンとばかにする ▪ She would *sniff at* such a lodging. 彼女ならそんな住まいなどフフンとばかにするだろう.

sniff out 他 **1** (麻薬などを)かぎわける ▪ A police dog *sniffed out* 4 pounds of cocaine. 警察犬が4ポンドのコカインをかぎわけた.

2 (危険など)をかぎ出す, 調べ出す ▪ He is trying to *sniff out* abuses of power. 彼は権力の濫用をかぎ出そうとしている.

sniff up [in] 他 (空気など)を鼻から吸い込む ▪ I can sit and *sniff in* the sea-breezes. そこでは座って海風を鼻から吸い込むことができる.

snip /snɪp/ ***snip off*** 他 (はさみなどで)…を切り取る ▪ He *snipped off* the ends with a pair of scissors. 彼ははさみで両端を切り取った.

snipe /snaɪp/ ***snipe at*** 自 **1** …を狙撃する ▪ We *sniped at* them from a considerable height. 彼らをかなりの高所から狙撃した.

— 他 **2** (人・作品)を非難攻撃する ▪ One of the newspapers *sniped at* his latest novel. 新聞の一つが彼の最近の小説を酷評した.

snitch /snɪtʃ/ ***snitch on*** 他 《俗》…のことを告げ口する, 密告する ▪ It's mean to *snitch on* one of one's own group. 自分の仲間のことを告げ口するのはきたない.

snoop /snuːp/ ***snoop around [about]*** 自 …をうろうろのぞき回る ▪ There's a man *snooping around* outside. 外で男がうろうろのぞき回っている ▪ A suspicious-looking woman was *snooping around* the office. 怪しげな女性がオフィスをうろうろのぞき回っていた.

snoop into 他 …をこそこそのぞく ▪ He *snoops into* what goes on in other people's homes. 彼は他人の家で行われていることをこそこそのぞく.

snoop on 他 …を詮索する, かぎ回る ▪ The company is *snooping on* us. 会社は私たちのことをかぎ回っている.

snooze /snuːz/ ***snooze away*** 他 (時)をのらくらと過ごす ▪ My grandpa *snoozes* his time *away* beside the fire. おじいちゃんは炉のそばでのらくらと時を過ごす.

snore /snɔːr/ ***snore out [away]*** 自 他 (時)をいびきをかいて過ごす ▪ He *snored out* all the day. 彼は一日中いびきをかいて過ごした.

snort /snɔːrt/ ***snort out*** 他 鼻息荒くどなる ▪ He *snorted out*, "I'll be damned if I do." 彼は鼻息荒く「そんなことをするもんか」と言った.

snow /snoʊ/ ***snow off*** 他 《スポーツ》…を雪のため中止する ▪ The baseball game *was snowed off*. 野球の試合は雪のため中止された.

snow out 他 …を雪で延期[中止]する ▪ The game *was snowed out* because of the blizzard. 試合は猛吹雪のため延期された.

snow under 他 **1** …を雪で埋める ▪ The train *was snowed under*. 列車は雪で埋まった.

2 …を圧倒する, 忙殺する ▪ I have *been snowed under* with correspondence. 私は文通の仕事で忙殺されている.

3 《米》(選挙などで)…を圧倒的に負かす ▪ The Democrats *were snowed under* in that election. 民主党はその選挙で惨敗した.

snow up [in] 他 …を雪で閉ざす[覆う] ▪ I *was snowed up* at a friend's house once for a week. 私は一度, 1週間も友人の家で雪に閉じ込められたことがある.

snub /snʌb/ ***snub out*** 他 《俗》**1** (タバコの先をつぶして)火を消す ▪ As smoking was prohibited there, I *snubbed out* my cigarette. そこは禁煙だったのでタバコの火をもみ消した.

2 …を殺す ▪ The witness *was snubbed out*. 証人が殺害された.

snub up 他 (馬・船など)を綱でしっかりくくりつける ▪ We *snubbed* the boat *up* and stopped fishing. 船を綱でしっかりとくくりつけて漁をやめた.

snuff /snʌf/ ***snuff out*** 他 **1** (ろうそく)を(指でつまんで)消す ▪ The candle *was snuffed out*. ろうそくはつまみ消された.

2 《米口》…を絶つ, 抹殺する ▪ The lives of 161 children have *been snuffed out*. 161人の小児の生命が抹殺された.

— 自 **3** 《口》死ぬ, くたばる ▪ Your mother-in-law *snuffed out* last night. お姑さんはゆうべ亡くなりました.

snuffle /snʌfəl/ ***snuffle at*** 他 …を嗅ぐ ▪ The dog *snuffled at* his legs. 犬は彼の脚を嗅いだ.

snuffle out [forth] 他 …を鼻声で言う ▪ Stevie *snuffled out* a song. スティービーは鼻声で歌を歌った.

snug /snʌg/ ***snug down*** 自 他 **1** 《海》(しけに備えて)船上のものを安全にしておく[縛りつける] ▪ We had better *snug down* (everything). There's a storm coming. (一切のものを)縛りつけるほうがいい. あらしが来る.

— 自 **2** (ある場所で)ほっとして[気持ちよさそうに]くつろぐ ▪ The dog *snugged down* at the porch. 犬は玄関のところで気持ちよさそうに丸くなっていた.

snuggle /snʌgəl/ ***snuggle down*** 他 自 気持ちよく横になる[ならせる] ▪ He *snuggled down* in bed. 彼はベッドに気持ちよく横になった.

snuggle up 自 心地よく寄り添う; 丸くなって寝る, 縮こまる ▪ The children *snuggled up* in bed. 子供たちはベッドに心地よく寄り添って寝た.

soak /soʊk/ ***soak in*** 自 **1** 染み込む ▪ The melted snow has all *soaked in*. 解けた雪が全部地面にしみ込んだ.

2 《米》じっくりと理解される ▪ The fact *soaked in* that I had been deceived. 自分がだまされていたとい

soak into 他 **1**(水分・汗 などが)…に染み込む ・Sweat is *soaking into* my shirt. 汗がシャツに染み込んでいるんだ.

2 …にどっぷりひたる ・I *soaked into* the world of beauty in the 18th century. 18世紀の美の世界にどっぷりひたった.

soak off 他 (ラベルなど)を水につけてはがす ・You can *soak* the stamp *off*. その切手は水につけてはがせる.

soak out 他 **1**…を染み出させる ・Put the planks into water to *soak out* their sap. 樹液を染み出させるためにその板を水につけておけ.

2(真相)を探り出す ・The committee will *soak out* the truth of the matter. 委員会が事の真相を探り出すだろう.

soak through 自他 **1**(…を)染み通る ・The rain has *soaked through* (the roof). 雨が(屋根が)染み通った.

── 他 **2**…をずぶぬれにさせる ・I *was soaked through* in the rain. 雨でずぶぬれになった.

soak up 他 **1**…を吸い込む, 吸収する ・A sponge *soaks up* water. スポンジは水を吸い込む ・He quickly *soaked up* the subject. 彼は素早くその科目を吸収した.

2 …を浴びる ・We were lying on the beach *soaking up* the sun. 私たちは砂浜で日光浴しながら横たわっていた.

3《口》(雰囲気など)を楽しむ ・We've had a great time *soaking up* the seaside. 私たちは海辺で楽しみながらすてきな時を過ごした.

4《口》…を浴びるように飲む ・He *soaked up* his beer. 彼はビールを浴びるように飲んだ.

5《口》金を巻き上げる ・Population growth is *soaking up* the increase in national incomes. 人口増加は国の歳入増加分を巻き上げている.

soap /soup/ ***soap a person down*** 他 人にお べっかを使って丸めこむ ・*Soap* the old man *down* if you can. できればあの老人におべっかを使って丸めこんでくれ.

soap up 他自 **1** …を石けんで洗う; 石けんで体を洗う ・*Soap up* your hands and face. 手と顔を石けんで洗いなさい ・I rinsed off in the shower after *soaping up*. 石けんで体を洗ったあと, シャワーですすいだ.

── 他 **2** …に石けんを塗る ・I *soaped up* my cap, scrubbed it well, and rinsed it clean. 帽子に石けんを塗り, よくこすってからすすいできれいにした.

sob /sab|sɔb/ ***sob away*** 自 **1** 途切れなしに泣きじゃくる ・The girl put her head on my chest and *sobbed away*. 少女は私の胸に顔を埋めてさめざめとすすり泣いた.

── 他 **2** 泣きじゃくって…を取り去る ・Then almost *sobbed* my very soul *away*. それから私は魂がなくなってしまうほど泣き入った.

sob out 他 **1** 泣きじゃくりながら…を言う ・They *sobbed out* their entreaties on their knees. 彼ら は泣きじゃくりながらひざまずいて懇願した.

2 泣きじゃくって…を出してしまう ・I wish I could *sob out* the breath in my body. 泣きじゃくって息がつまってしまえればいいのに.

sober down 他 **1** …を落ち着かせる, まじめにする ・His solemn speech *sobered down* the dinner. 彼の堅いスピーチで晩餐会がしらけてしまった.

── 自 **2** まじめになる, 落ち着く ・He *sobered down* at the age of discretion. 彼は分別のつく年齢になってまじめになった.

sober off [*up*] 自 酔いがさめる, しらふになる ・This gives the topers time to *sober off*. これで飲んだくれどももしらふになる余裕ができる.

sober up 他 **1** …の酔いをさます ・I had a cup of coffee to *sober* myself *up*. 酒の酔いをさますためコーヒーを1杯飲んだ.

── 自他 **2** まじめになる, 落ち着く; …をまじめにする, 落ち着かせる ・He *sobered up* unlike what he used to be. 彼は以前とちがってまじめになった ・The news *sobered* them *up*. その知らせを聞いて彼らはまじめになった.

── 自 **3** アルコール[麻薬]中毒を克服する ・Ricardo *sobered up*, so he was able to hold a steady job. リカルドは麻薬中毒を克服して定職に就くことができた.

sock /sɑk|sɔk/ ***sock away*** 他 《口》(金)をため込む, へそくる ・He started *socking* money *away*. 彼は金をため込み始めた.

sock in 他 〖主に受身で〗(雪などが空港)を閉鎖する ・All the airports have *been socked in* due to the thick mist. ひどい霧ですべての空港が閉鎖中だ.

sod /sad|sɔd/ ***Sod off!*** 自 《英口》うせろ!, 嘘だろ! ・*Sod off*, I tell you! うせろと言ったらうせろ!

soften /sɔ́:fən|sɔ́f-/ ***soften away*** 他 **1**(意見など)を和らげる ・She tried to *soften away* opinions which were offensive to the doctor. 彼女は医師の気に障るような意見を和らげようとした.

── 自 **2** (音などが)かすかになる ・The sound *softened away* in the distance. その音は遠くにかすかに消えていった.

soften down 他 …を和らげる, かどばらぬようにする ・Those passages *were softened down*. それらの箇所は和らげられていた.

soften into 自 和らいで[感動して]…になる ・The pain *softened into* pleasure. 苦痛は和らいで喜びとなった ・She *softened into* tears. 彼女は感動して泣いた.

soften off 他 (痛みなど)を和らげる ・He tried to *soften off* a violent headache by a walk. 彼は散歩して激しい頭痛を和らげようとした.

soften up 他 **1** (連続爆撃などで敵)の抵抗力を弱める ・We'll *soften* him *up* with whipping. むち打って彼の抵抗力を弱めてやろう.

2 …を柔にする, 軟化させる ・I *softened up* my new leather gloves with some oil. 新しい革手袋をオイルで柔らかくした.

3《口》…をおだてる, ほめそやす ・Miranda was

trying to *soften* me up. ミランダは私をほめそやそうとしていた.

soldier /sóuldʒər/ *soldier on* 圓 (困難にめげず)がんばる, 働き続ける ▪ He *soldiered on* in spite of difficulties. 彼は困難にもめげずがんばった.

solicit /səlísət/ *solicit for* 他 ...を請い求める ▪ A young man is *soliciting for* an interview. 一人の青年が会見を求めています.

solicit A for B 他 AにBを請い求める ▪ We *solicit* you *for* your custom. ご愛顧を願いあげます.

sop /sap|sɔp/ *sop up* 他 (液体)を(タオルなどで)吸い上げる ▪ I *sopped up* the water with a towel. 私はタオルで水を吸い上げた.

sorn /sɔːrn/ *sorn on* a person 他《主にスコ》人に寄食する ▪ He *sorns on* his neighbors. 彼は隣人たちに寄食している.

sorrow /sɔ́ːroʊ|sɔ́rəʊ/ *sorrow after* 圓 (なくなった人・物)を嘆く ▪ He *sorrowed after* his lost son. 彼は死んだ息子を嘆き悲しんだ.

sorrow at [*over*] 圓 ...を悲しむ, 嘆く ▪ I don't *sorrow at* my hard lot. 私はつらい運命を悲しみはしない ▪ He will *sorrow over* my misfortune. 彼は私の不幸を嘆いてくれるだろう.

sorrow for 圓 **1**(不幸)を悲しむ ▪ Patric *sorrowed for* his father's death. パトリックは父親の死を悲しんだ.
2(人などの)ために悲しむ ▪ She *sorrowed for* her exiled husband. 彼女は追放されている夫のために悲しんだ.
3(なくなった人・物)を嘆く (= SORROW after) ▪ She *sorrowed for* her lost child. 彼女は死んだ子を嘆き悲しんだ.

sort /sɔːrt/ *sort A into B* 他 AをBに分類する ▪ They *sorted* themselves *into* groups. 彼らはグループに分かれた.

sort out 他 **1** ...を分類する ▪ It is sometimes very difficult to *sort out* colors. 色を分類することは時として大変むずかしい.
2 ...をえり分ける ▪ They will *sort out* the good from the bad. 彼らは善人と悪人とをえり分けるだろう.
3《英口》(体制など)を整える ▪ I'll need time to *sort out* the staff. スタッフの体制を整えるには時間がかかる.
4 (問題など)を解決する, 片づける ▪ He was incapable of *sorting out* those difficulties. 彼はその困難を解決することができなかった.
5《英口》...を懲らしめる, やっつける ▪ Stop that din, or I'll *sort* you *out*. そのやかましい音を出すのはやめろ, でないと容赦しないぞ.

sort A out with B 他 A(人)にB(物)を提供する ▪ We *sorted* them *out with* some clothes. 私たちは彼らに衣服を提供した.

sort over 他 ...をえり分ける ▪ We must *sort over* this box of books. この箱の中の本をえり分けなければならない.

sort through 他 ...を仕分ける, 整理する ▪ She began to *sort through* some hundreds of reservation cards. 彼女は何百枚かの予約カードを仕分け始めた.

sort well [*ill*] *with* 他 ...に調和する[しない], にふさわしい[しくない] ▪ His action *sorts ill with* his professions. 彼の行動はその言うところと一致しない.

sort with 他《方・まれ》(同類の者)と交わる ▪ You should not *sort with* that kind of boys. あんな男の子たちと交わってはいけない.

sound /saʊnd/ *sound abroad* (評判など)を広める ▪ The news will *be sounded abroad*. そのニュースは広まるだろう.

sound off 圓 **1** 大声で言う, まくし立てる (*about*, *on*) ▪ He began to *sound off on* the subject of communism. 彼は共産主義について大声でまくし立て始めた.
2《軍》合図のらっぱを吹く ▪ *Sound off*, bugler! らっぱ手, 合図のらっぱを吹け.
3《軍》(行進中に)歩調を数える ▪ The men were ordered to *sound off*. 兵士らは歩調を数えるように命じられた.

sound out 他 **1** (人)の意見をたたいてみる, 当たってみる ▪ Why don't you *sound out* your uncle? 君のおじさんに当たってみたらどうかね.
2 ...を注意深く発音する ▪ We practiced *sounding out* the vowels. 私たちは母音の発音練習をした.
3 ...を調査[検査]する ▪ The company *sounds out* public opinion. その会社は世論調査をやっている.
— 圓 **4** 鳴る, 響く ▪ The church bells *sounded out*. 教会の鐘が鳴り響いた.

soup /suːp/ *soup up* 他 **1**《口》(車のエンジンなど)の馬力[性能]を上げる; を改良する ▪ The mechanic *souped* the car *up* with a bigger engine. 機械工はより大きなエンジンを搭載して車の性能をアップさせた.
2 (小説・歌詞など)をいっそう刺激的[多彩]にする ▪ He *souped up* his modest title with a jacket slogan. 彼は自著の控え目な表題をカバーの宣伝文句でいっそう多彩にした.

sour /saʊər/ *sour on* 他《口》...がきらいになる ▪ Dan *soured on* those boys forthwith. ダンはその後その少年たちがきらいになった.

space /speɪs/ *space out* 他 **1**(印)語間[行間]をあける (《比喩的にも》) ▪ *Space* your handwriting *out* better. 文字の語間をもう少しあけなさい ▪ Can I *space out* payments over five months? 支払いを5か月間になしくずしてもいいですか.
— 圓 **2**《米俗》ぼうっとする[させる]; 集中力を失う ▪ The medicine *spaced* me *out*, so I couldn't do my job. 薬でぼうっとなって仕事ができなかった.

spade /speɪd/ *spade up* 他《米》(すきなどで)...を掘り返す ▪ *Spade* the garden *up* well before planting the seeds. 種子をまく前に庭をよく掘り返しなさい.

spank /spæŋk/ *spank along* 圓〖主に進行形で〗(馬・車などが)疾走する ▪ We *were spanking along* when suddenly a tire burst. 車をぶっ飛ばしていると突然タイヤがパンクした.

spar /spɑːr/ *spar at* 他 **1** ...に打ってかかる ▪ The two boys *sparred at* each other. 二人の

少年はお互いに打ってかかった.
2《口》…と口論する ▪ Now, stop *sparring at* each other. さあ, お互いに口論するのはよしなさい.

spar with 圓 **1**《ボクシング》…とスパーリングする ▪ I *sparred with* my trainer before the big fight. 大事な試合の前におれはトレーナーとスパーリングをした.

2…と議論する ▪ He's always *sparring with* those around him. 彼はいつも周囲の人間と議論している.

spare /spéər/ ***spare for*** 他 〖否定文で〗(費用・労力など)を惜しむ ▪ He *spared for* no expense to purchase it. 彼はそれを買うためには金に糸目をつけなかった.

spark /spɑːrk/ ***spark off*** 他 **1**(活動など)を引き起こす, 誘発する ▪ The agitator's speech *sparked off* violence in the crowd. 扇動者の演説が群衆の暴力を誘発した.

2…を(火花で)発火[爆発]させる ▪ The explosive *was sparked off* by someone striking a match. 誰かがマッチをすったので爆薬に引火した.

spark up 圓 **1** 再発火する; 再び行動[興味]を起こす ▪ The fire *sparked up* by spontaneous combustion. その火は自然発火によって再び燃えた.
— 他 **2**(会話・議論・関係など)を始める ▪ They *sparked up* conversations with one onother. 彼らはお互いに会話を始めた.

3…に趣[味]を添える ▪ My wife *sparked up* pasta dishes with fresh herbs. 妻はパスタ料理に新鮮なハーブで味を添えた.

4…に火をつける, 点火する ▪ He *sparked* a cigar *up*. 彼は葉巻に火をつけた.

sparkle /spɑ́ːrkəl/ ***sparkle with*** 圓 **1**(宝石などで)輝く ▪ Her eyes *sparkled with* anger. 彼女の目は怒りでギラギラした.

2(才気などで)生き生きとする ▪ His stories *sparkle with* wit. 彼の短編は才気で生き生きとしている.

spat /spæt/ ***spat up*** 圓 《米口》言い争う ▪ Now and then the women would *spat up*. ときどき女性たちは言い争った.

spatter /spǽtər/ ***spatter (up) A with B*** 他 AにBをはねかける[浴びせる] ▪ The bus *spattered* us *with* mud. バスが私たちに泥をはねかけた.

speak /spiːk/ ***speak about*** 自 …のことを話す ▪ He *spoke about* his travels. 彼は自分の旅行について話した.

speak against 自 …を悪しざまに言う, に反対意見を述べる ▪ He *spoke against* me behind my back. 彼は陰で私の悪口を言った. ▪ I *spoke against* the tax. 私は税に反対意見を述べた.

speak aside 自 わきを向いて話す; (舞台の俳優が)わきぜりふ[傍白]を言う ▪ Then the ladies *spoke aside*. その時婦人たちはわきを向いて話した ▪ The protagonist smiled with his eyes alone and *spoke aside* to his love. 主人公は目元だけ笑わせて恋人にわきぜりふを言った.

speak at 他 …に当てつけて言う ▪ Brian *spoke at* Mary when he mentioned the damage. ブライアンはその破損のことを言ったときメアリーに当てつけて言ったのだ.

speak down = TALK down.

speak for 他 **1**…の代弁をする, を代表する ▪ I'm *speaking for* my friend who couldn't get here. 私はここに来られなかった友人の代弁をしているのです.

2…を表示する ▪ This act of his *speaks for* his cruelty. 彼のこの行為は彼の残酷さを物語っている.

3…を注文[予約]する ▪ The bell was rung, and the carriage *spoken for*. 呼び鈴が鳴らされ, 馬車が呼ばれた ▪ All her days and nights *are spoken for*. 彼女の昼も夜もすべて予約で詰まっている.

4…を請う, 要求する ▪ *Speak for* the candy, Fido. キャンディーをあげるからワンと言え, ファイダー《犬に対して》 ▪ The shame *speaks for* instant remedy. その恥辱はすぐにそそぐことを要求している.
— 自 **5**…のために弁論する, を弁護する ▪ He *spoke for* the motion. 彼はその動議のために弁論した ▪ Why don't you *speak for* her? 彼女を弁護してやってはどうか.

speak from …に基づいて話す ▪ I am *speaking from* experience. 僕は経験から話しているのだ.

speak highly of 他 …のことをほめそやす ▪ We *spoke highly of* his talents. 我々は彼の才能をほめそやした.

speak ill [evil] of 他 …のことを悪く言う, をそしる (↔SPEAK well of) ▪ Never *speak ill of* men behind their backs. 陰で他人の悪口を決して言うな.

speak lightly of 他 …をけなす ▪ He *spoke lightly of* its value. 彼はその価値をけなした.

speak of 自 **1**(言葉・筆で)…のことを話す ▪ I have heard him *speak* warmly *of* you. 彼があなたのことを愛情こめて話すのを聞いたことがある ▪ He *is spoken of* as a good teacher. 彼は教えるのがうまいという噂だ.

2〖動名詞を伴って〗(…する)などと言う ▪ The people *spoke of* stoning him. 人々は彼を石で打ち殺すなどと言った.
— 他 **3**…を物語る ▪ This deed *speaks of* Jack's generosity. この行為はジャックの気前のよさを物語っている.

speak on 自 **1** 話し続ける ▪ He wanted her to *speak on*. 彼は彼女に話を続けてもらいたがった.
— 他 **2**(ある題目)について演説する ▪ Tonight he *speaks on* temperance. 今夜彼は禁酒について演説します.

speak out 自 **1** 大声で話す, はっきりと話す ▪ *Speak out* that everyone may hear you. みんなに聞こえるようにはっきりと話しなさい.

2 遠慮なく[思い切って]言う ▪ *Speak out*. You can tell me anything. 遠慮なく言いなさい. 私には何を言ってもいいんだよ ▪ The time has come for us to *speak out*. 我々が思い切ってものを言うべき時が来た.

3 急に話しだす ▪ *Out spoke* a dame in red. 赤い服の婦人が急に話しだした.

4 はっきり表れる ▪ His cruelty *spoke out* in his

grating voice. 彼の残忍性はそのキーキー声にはっきり表れていた.

5 (...に支持[反対]して)述べる (*for* [*against*]) ▪ He always *speaks out for* gay rights. 彼はいつもゲイの権利を弁護する発言をする ▪ No one had the courage to *speak out against* the dictator. その独裁者に反対発言を述べる勇気のある者はいなかった.

― 他 **6** ...をはっきりと言う ▪ He *spoke out* his mind. 彼ははっきりと思うところを述べた.

7 (物が)...を明らかに示す ▪ This *speaks* him *out* to be an able merchant. これで彼が有能な商人であることが明らかにわかる.

8 《詩》ものを言って...を創造する ▪ God *spoke* me softly *out* among the stars. 神がものを言ってそっと私を星の間に創造してくださった.

9 《英》閉会の時間になるまで演説して(議案)の採決を不可能にする ▪ He spoke with the obvious intention of *speaking out* the Bill. 彼は明らかに閉会時までねばってその議案の採決を不可能にする目的でしゃべった.

speak to 自 他 **1** (人)に話しかける, と話す (*of, on, about*) ▪ I've just been *speaking to* your father *about* your success. 君の成功のことをおとうさんとちょうど話していたところです ▪ I know him to *speak to*. あの人とは話しかける程度の知り合いだ.

― **2** ...に意見する, をしかる, に小言を言う ▪ If he does that again, I shall *speak to* him severely. 彼がもう一度あんなことをしたらこっぴどく意見してやろう.

3 (助けなど)を(人)に頼みこむ ▪ They *spoke to* me to help them. 彼らは助けてくれと私に頼みこんだ.

4 (他人の意見)を支持する ▪ Some members *spoke to* his suggestion. 何人かの委員が彼の提案を支持した.

5 (心など)に訴える ▪ How strongly it *speaks to* the heart! 何とはなんと強く胸に迫ることか.

6 (言葉・筆である問題)を扱う, 論じる ▪ I'll *speak to* that point later. その点はのちに論じよう.

7 (物事)を証明する ▪ I can *speak to* his having been there. 彼がそこにいたことを証明できます.

8 (猟犬がキツネ・臭跡などの)気配をほえて示す ▪ The hound *spoke* in cover *to* a fox. その犬は隠れ場でキツネの気配をほえて知らせた.

speak together 自 相談する, 協議する ▪ Jack was not so resolved when we last *spoke together*. この前相談したときにはジャックはそれほど心を決めてはいなかった.

speak up 自 **1** 声を高める ▪ Fortunately he *spoke up*, so that we could hear clearly. 幸い彼が声を高めたのではっきりと聞こえた.

2 思い切って言う, 遠慮なく話す ▪ Come, now, *speak up* at once. さあすぐ思い切って言いなさい.

speak up for 自 堂々と...を弁護する ▪ I liked the way he *spoke up for* you in your absence. 君がいないときに彼が堂々と君の弁護をした態度はよかった.

speak well [***much***] ***for*** 自 ...のよいことの証明になる; のためによい ▪ Your health *speaks well for* your mode of life. 君の健康なのは君の生活様式がいい証拠だ ▪ It *speaks well for* him that he did not accept. 彼が承諾しなかったのは彼のためにはよい.

speak well of 他 ...をほめる (↔ SPEAK ill of) ▪ The boys *spoke well of* the master. 少年たちはその先生をほめた ▪ He *is well spoken of* [《まれ》*spoken well of*]. 彼は評判がよい.

speak with 自 他 **1** ...と話す; と相談する ▪ I *spoke with* him in private. 私は内緒で彼と話した ▪ Your uncle has *been spoken with*. 君のおじさんに相談した.

2 (人)をしかる, に意見をする ▪ Father will *speak with* you when he comes home. 父さんが家に帰ったらお前に話があるそうだよ.

spear /spɪər/ ***spear up*** 自 《アイスホッケー》スティックの先で突く ▪ *Spearing up* is against the rules. スピアリングは反則だ.

specialize /spéʃəlàɪz/ ***specialize in*** 他 ...を専攻する ▪ He is *specializing in* Oriental history. 彼は東洋史を専攻している.

speculate /spékjəlèɪt/ ***speculate in*** [***on***] 自 **1** やまを張る ▪ He *speculated* heavily *on* the favorite horse. 彼は好きな馬にひどくやまを張った.

2 ...に投機する ▪ He *speculated in* stocks and shares. 彼は公債や株に投機した.

speculate on [***upon, about, as to***] 自 ...について思索する, 思案する ▪ We sometimes *speculate on* the origin of the universe. 我々は時として宇宙の起源について思索することがある.

speed /spi:d/ ***speed away*** 自 他 **1** (人を)せき立てて去らせる; (車などが)急いで去る ▪ *Speed* us *away* to battle and to fame. 我々をせき立てて戦いと名誉に向かわせてください ▪ His car *speeded away* from the accident. 彼の車は事故現場から急いで立ち去った.

― 他 **2** (時間)を早く過ぎさせる ▪ Then he strove to *speed away* the time. それから彼は時間を早くたたせようと努めた.

speed by **1** (時が)どんどん[あっという間に]過ぎていく ▪ The hours *sped by* almost unnoticed. ほとんど知らぬ間に時がどんどん過ぎていった.

2 ...のそばを疾走する, 急いで通過する ▪ The car *sped by* us. 車が私たちのそばをかけぬけた.

speed off 疾走する, 急いで去る ▪ I saw cars *speeding off* in the direction of the station. 車が駅方向に疾走していくのが見えた.

speed through 自 他 **1** ...を早く進める[仕上げる] ▪ I *sped through* the assignment. 宿題を急いで仕上げた.

― 他 **2** ...を急いで通過する ▪ The truck *sped through* the town. トラックが町なかを急いで通過した.

speed up 速度[能率]をあげる ▪ The rise in prices has been *speeding up*. このところ物価の高騰が加速している ▪ They *speeded up* the production of aircraft. 彼らは飛行機の生産速度をあげた.

spell /spel/ ***spell backward*** 他 **1** (文字)を逆に

つづる ▪ 'Racecar' is a word you can *spell backward* and forward besides. Racecar は逆にも順にも綴れる[前から読んでも後ろから読んでも同じ綴りになる]単語だ.

2 (人の言葉)をあべこべに取る, 曲解する ▪ She will *spell* him *backward*. 彼女は彼の言葉をあべこべに取るだろう.

spell *a person* ***down*** 他 《米》つづり字競争で人を負かす ▪ The boys struggled to *spell* each other *down*. 少年たちはつづり字競争でお互いを負かそうとやっきになった. □ 競争で負けた者が座る(down)ことから.

spell for 他 謎をかけて…を請う, がはしいと謎をかける ▪ I never saw anybody in my life *spell* harder *for* an invitation. これほどしつこく招待してほしいと謎をかける人をまだ見たことがない.

spell…for *a person* 他 (物事が)人にとって…を意味する ▪ Failure *spelt* disaster *for* them. 失敗は彼らに災難を招くことになった.

spell out 他 **1** …を明確にする, はっきり説明する ▪ This book *spells out* the author's philosophy in detail. この本は著者の哲学を細部にわたって明確にしている.

2 …をつづりで示す ▪ Could you *spell out* that long word starting with 't'? 't' で始まるあの長い単語の綴り字を教えてください ▪ *Spell out* your name for the phone operator. 電話交換手には自分の名前を綴り字で示しなさい.

3 …を一字一字骨折って読む ▪ It used to be my lot as a boy to *spell out* letters to her. 彼女に手紙をぼつぼつ読んできかせることが少年のころの私の役目であった.

4 …を判じる, 推察する ▪ His intellect could *spell out* patiently the lessons of nature. 彼の知性は辛抱強く自然の教えを判じることができた ▪ One may *spell out* who is the gentleman and who is not. 誰が紳士で誰がそうでないか推察することはできる.

5 (文学作品・文章など)を苦労して作り出す ▪ I have *spelled out* some work today. きょうある作品を苦労してものにした.

6 …を略さずに全部書く〔印刷者への注意〕.

7 《米俗》(一字ずつつづるように)…を順々に説明する ▪ Do I have to *spell out* everything for you? 君に何もかも順々に説明しなくちゃいけないか.

spell over 他 **1** …を一字一字骨折って読む ▪ Dad *spelt over* the country papers on Sundays. うちのおやじは日曜日には地方新聞を一字一字骨折って読むのだった.

2 …をしげしげと見る ▪ I will sit on this stool that I may *spell over* your beauty. あなたの美しさをしげしげと見られるように私はこの腰掛けに座りましょう.

spell up 自 《米》つづり字競争で上がっていく ▪ He succeeded in *spelling up* to the head of the class. 彼はつづり字競争で首尾よくクラスのトップへ上がっていった.

spend /spend/ ***spend*** *A* ***for*** *B* 他 BでAに(金)を使う ▪ She *spent* a lot of money *for* clothes. 彼女は衣服にたくさんの金を使った.

spend *A* ***in*** [***on, upon***] *B* 他 **1** BにA(金)を使う ▪ She *spent* a fortune *in* shoes and gloves. 彼女は靴や手袋に大金を使った ▪ He *spends* most of his money *on* books. 彼は大部分の金を本に使ってしまう.

2 BにA(労力・材料・思考など)を費やす ▪ It will be necessary to *spend* a few words *in* explaining it. それを説明するのに数言を費やす必要がある ▪ It is useless to *spend* a passion *upon* the dead. 死者に情熱を費やすのはむだだ.

3 BにA(時間・生涯など)を当てる, BでAを過ごす ▪ We *spent* many hours *in* pleasant conversation. 我々は何時間も楽しい話をした ▪ They *spent* their spare time *on* this practice. 彼らは余暇をこの練習に過ごした.

spew /spjuː/ ***spew out*** 他 …を吐き出す ▪ The chimney was *spewing out* black smoke. 煙突が黒煙を吐き出していた.

spew up 自 《英口》へどを吐く ▪ He *spewed up* all over his best clothes. 彼は一張羅の上へ一面にへどを吐いた.

spice /spaɪs/ ***spice up*** 他 **1** (食べ物)をおいしくする ▪ What can we use to *spice up* this meal? この料理をおいしくするには何を使えばいいだろうか ▪ The green salad *was* strongly *spiced up* with garlic and pepper. グリーンサラダはニンニクとコショウで味がぐっと引き立った.

2 (会・文章など)に趣き[味]を添える ▪ A bevy of girls will *spice up* the party. 女の子のグループがいればパーティーがおもしろくなる.

spiel /spiːl/ ***spiel off*** 他 《米口》…をそらでぺらぺらしゃべる ▪ The child *spieled off* the whole story. その子はその物語をそらでずらすら話した.

spiff /spɪf/ ***spiff up*** 《口》…をこぎれいにする, めかす ▪ She was all *spiffed up* for the party. 彼女はパーティーへ行くためにすっかりめかし込んでいた.

spill /spɪl/ ***spill out*** 自 **1** (容器から)こぼれる[こぼす] ▪ The wine *spilled out*. ワインがこぼれた.

2 どやどや出て行く (*of*) ▪ The crowd *spilled out of* the theater. 群衆が劇場からどやどや出て来た.

3 (秘密・情報が)漏れる, ばれる ▪ Our secret *spilled out* from our tight circle. どういうわけか我々の堅い結束から秘密が漏れた.

— 他 **4** (秘密など)をぶちまける, 漏らす, 洗いざらい話す ▪ I'm going to *spill out* the story to the police. 警察にその話をぶちまけるつもりだ.

spill over 他 **1** 《口》(言葉・秘密など)を漏らす, ばらす ▪ You don't have to *spill over* a word to me. 私に一言も漏らす必要はありませんよ.

— 自 **2** こぼれる ▪ The tea *spilled over*. お茶がこぼれた.

3 (人口などが)あふれ出る ▪ The population is *spilling over* into new towns. 人口があふれ出て新しい町を作っている.

4 …に発展する, 波及する ▪ The debates about the problems *spilled over* into a serious case. その

問題に関する議論は深刻なケースに発展した.

spin /spɪn/ ***spin along*** 圓 (車などが)疾走する ▪We were *spinning along* nicely when suddenly the engine stopped. 車が快適に疾走していると, 突然エンジンが止まった.

spin away **1** (時が)早く経つ ▪I hope that the time will begin to *spin away*. 時が早く経ち始めればいいと思う.

― 他 **2** (時)を早く過ぎさせる ▪Michael wanted some idle employment to *spin* time *away*. マイケルは時を早く過ぎさせるような暇つぶしがほしいと思った.

3 (人)を速く運び去る ▪The lovely horse will *spin* her *away*. この美しい馬が彼女を速く運び去ることだろう.

spin forth 圓 (血などが)ほとばしり出る ▪The blood *spun forth*. 血がほとばしり出た.

spin off 他 **1** …を使って新番組を作る; から新会社を作る ▪Our company has abandoned its plan to *spin off* its subsidiary company. わが社は子会社から新会社を設立する計画を断念した.

2 (糸繰りざおなど)をつむぎ終える ▪She was making haste to *spin off* her distaff. 彼女は糸繰りざおをつむぎ終えようとあせっていた.

3 (作文など)を一気に書き上げる ▪Roberto used to *spin off* novels. ロベルトはよく小説を一気に書き上げたものだ.

― 圓 **4** 付随的[副次的]に生じる[生み出す] ▪Many useful things have *spun off* from the computer. 多くの重宝な物がコンピュータから付随的に生じた.

5 (車・車輪の)スピンする, 回転してはずれる ▪The blade of lawnmower *spun off*, but fortunately no one was injured. 芝刈り機の刃が回転しながら外れたが, 運よく誰にも怪我はなかった.

― 圓 他 **6** (会社・資産などが[を])分離独立する[させる] ▪The convenience store *was spun off* as a separate store. そのコンビニは分離して独立店舗になった.

spin out 他 **1** (話・争議・時間など)を引き延ばす, 長引かせる, 延引させる ▪The arbitration *was spun out* for forty days. 調停は40日間長引いた ▪They *spun out* the time till the next day. 彼らはその時期を翌日まで延ばした.

2 (金銭など)を長くもたせる, 節用する, やりくりする ▪We must *spin out* the money. その金を節用しなければならない.

3 (時・一生)をのらくらりと送る, 徒費する ▪I shall endeavor to *spin out* the remainder of my days comfortably. 私は余生を安楽にのらりくらりと送るように努めよう.

4 (夢など)を考えて作り出す; (あいさつなど)をくどくどしく述べる ▪My imagination *spins out* a variety of waking dreams. 私の想像はさまざまの白昼夢を描き出す ▪He *spun out* a long address as if to show off. 彼はこれ見よがしに長い演説をくどくどしくぶった.

5 〚主に再帰的または受身で〛…を使い果たす ▪My brain *is* fairly *spun out*. 脳みそがほとんど尽きてしまった.

6 (人)を混乱させる ▪His new-fangled ideas have really *spun* me *out*. 彼の新奇な考えが私を混乱させてしまった.

― 圓 **7** 《米》(車が)スピンして道路から飛び出す, 横すべりする ▪The car *spun out* and crashed into the fence. 車がスピンして道路から飛び出し, フェンスに衝突した.

8 長く続く[もつ] ▪Jack knows how to make money *spin out*. ジャックは金を長くもたせるすべを心得ている.

9 (血などが)ほとばしり出る ▪Being wounded, his blood *spun out*. 彼は負傷して血がほとばしり出た.

― 圓 他 **10** (会社などを)分離新設する[させる](→SPIN off 6) ▪The big company *spun* one of its smaller divisions *out*. その大会社は下位部門の一つを分離して新会社を設立した.

***spin round* [*around*]** 圓 他 くるりと回る[回らせる] ▪I caught him by the shoulders and *spun* him *round*. 彼の肩をつかんできりきり舞いさせた.

spirit /spírət/ ***spirit away* [*off*]** 他 〚主に受身で〛…を誘拐する, 神隠しにする ▪The prince *was spirited off* to a desert island by the evil magician. 王子は邪な魔法使いに無人島へとかどわかされた ▪He *was spirited away* by his friends. 彼は友人たちによって神隠しにされた.

spirit up 他 …を元気づける ▪I will *spirit* him *up* as soon as I can. 一刻も早く彼を元気づけてやろう.

spirt /spəːrt/ ***spirt up*** 圓 《米》(怒り・興奮で)かっとなる ▪What's happened to make him *spirt up* so? 一体どうしたというんで彼はあんなにかっとなっているのか.

spit /spɪt/ ***spit at* [*on, upon*]** 他 **1** …につばを吐きかける ▪She *spat* scornfully *at* him. 彼女は軽蔑して彼につばを吐きかけた.

2 …を蔑視する ▪He *spat on* the idea. 彼はその考えをばかにした.

spit out 他 **1** …を吐き出す ▪The child *spat out* the plum-stone. 子供はスモモの種を吐き出した.

2 (悪口・暴言など)を吐く, 吐き出すように言う ▪He *spat out* a few words that made them flinch. 彼はその連中をひるませるような文句を二言三言吐いた.

spit up 他 …を(少し)吐く, 戻す ▪I have *spat up* my supper. 夕食に食べたものをちょっと戻した.

splash /splæʃ/ ***splash A across* [*over*] B** 他 〚主に受身で〛AをBに派手に書き立てる[扱う] ▪The accident *was splashed across* the front page. その事件は第一面に派手に書き立てられた.

***splash around* [*about*]** 圓 **1** 水をバチャバチャはねかける ▪The kids *splashed about* in the river. 子供たちは川で水をバチャバチャはねかけた.

― 他 **2** 《英口》(金)を派手に使う ▪He *splashed* his wages *about* to draw her attention. 彼は彼女の気を引くために給料を派手に使った.

splash down 圓 (宇宙工学で)海上に降りる, (宇宙船が)着水する ▪The Apollo spacecraft *splashed down* in the Pacific Ocean. アポロ宇宙船は太平洋

に着水した.
splash on 自 （液体が）はねる, ...にぼたぼた落ちる ・The red liquid *splashed on* my shirt. 赤い液体がシャツにぼたぼた落ちた.
splash *A* ***on*** [***over***] *B* 他 AをBの上にはねかける ・Don't *splash* water *on* the floor. 床の上に水をはねかけちゃだめだ.
splash out 自他 《英》金をどんどん使う (*on*) ・He is always *splashing out on* books. 彼はいつも書物に金をどんどん使う ・I just *splashed out* my savings *on* buying a bike. バイクの購入に貯金をはたいたばかりだった.
splash *A* ***with*** *B* 他 AにBをはねかける ・He *splashed* her face *with* dirt. 彼は彼女の顔に泥をはねかけた.

spleen /spli:n/ ***spleen at*** [***against***] 他 《米》...に腹をたてる ・I *spleened against* some of his ways. 彼のやり口のいくつかには腹がたった.

splinter /splíntər/ ***splinter off*** 裂ける; 分裂する ・A small branch had *splintered off*. 1本の小さな枝が裂けていた ・A small group *splintered off* and formed a new political group. 一部の者が分裂して, 新しい政治グループを作った.

split /split/ ***split about*** 他 《俗》...のことを密告する ・I will *split about* the murder. 例の殺しのことをばらしてやるんだ.
split across 二つに割れる ・The beam *split across* and fell to the ground. はりが二つに割れて地面に落ちた.
split away 自他 分離する[させる], 分裂する[させる] ・West Virginia *split away* from Virginia during the Civil War. 南北戦争中に西バージニア州はバージニア州から分裂した ・High temperature electrolysis is one way to *split* hydrogen *away* from water. 高温電気分解は水素を水から分離する一つの方法である.
split off 自他 分岐[分離]する[させる] ・A minority which disagreed *split off*. 少数の反対者が分離した ・The road *splits off* from the main street. その道は本通りから分岐している.
split on [***upon***] 他 《英口》（通例子供が人を）告げ口をする ・Of course you won't *split on* us. むろん君は僕たちを告げ口しないだろうね.
split up 他 **1** ...を分裂させる, 分割する, 割る ・The old farm *was split up* into house lots. その昔からの畑は住宅地に分割された.
―― **2** 分裂する; （夫婦が）別れる, 離婚する ・The hikers *split up* into two groups. ハイカーたちは二組に分かれた ・He *split up* with his wife. 彼は妻と別れた.
split with *a person* 自 《俗》人と仲間割れする, けんかする ・I don't want to *split with* him. あの男と仲間割れしたくない.

splurge /splə:rdʒ/ ***splurge on*** ...に自由に金を使う ・He decided to *splurge on* his new house. 彼は新居に金を自由に使うことに決めた.

spoil /spɔil/ ***spoil*** *A* ***for*** *B* 他 A(人)にBでは満足できなくさせる ・This steak will *spoil* you *for* any other. このステーキの味を知ったら他のはどれも物足りなく感じるだろう ・Pleasant school lives might *spoil* children *for* the real world. 楽しい学校生活を過ごすと子供たちは実生活を不満に感じるかもしれない.
spoil *A* ***of*** *B* 他 AからBを奪う ・He *spoiled* them *of* their arms. 彼は彼らの武器を奪った.

sponge /spʌndʒ/ ***sponge away*** スポンジで...を拭き取る ・Carefully *sponge away* the blood. その血を注意深くスポンジで拭き取れ.
sponge down 他 （スポンジで）...を洗い流す ・After his exercise, he *sponged* himself *down* with tepid water. 運動したあと彼はぬるま湯で体を洗い流した.
sponge for 他 ...をせびる, ねだる ・The beggar was *sponging for* rum. その物乞いはラム酒をせびっていた.
sponge *a person* ***for*** 他 人に(金)をせびる ・He always *sponged* us *for* money. 彼はいつも我々に金をせびった.
sponge *a thing* ***from*** 他 （人）から物をせしめる ・He *sponged* a meal *from* a friend from time to time. 彼はときどき友人から食事をせしめていた.
sponge *a person* ***of*** 他 人から...を奪う ・Intense heat has *sponged* him *of* all sap. 強烈な暑さで彼はすっかり元気を失った.
sponge off 他 **1** = SPONGE on.
2 （借金）をぬぐい去る ・The debt would be *sponged off* by this tax. 借金はこの税金でぬぐい去られるだろう.
sponge on [***upon***] 他 《口》（人など）に寄食する; にすがる ・I shall never be obliged to *sponge upon* you. あなたに寄食しなければならないようなことは決してないでしょう ・He was ready to *sponge on* my benevolence. 彼は私の好意にいつでもすがってやろうとしていた.
sponge out 他 ...をぬぐい取る ・It will be difficult to *sponge out* this oil mark. この油のシミはなかなか拭い取れないだろう.
sponge over 他 ...をスポンジで洗う ・We'll *sponge* the plates *over* a little later. お皿をスポンジで洗うのはもう少しあとにしましょう.
sponge up 他 ...をスポンジでぬぐい取る ・I *sponged up* spilled ink. こぼれたインクをスポンジでぬぐい取った.

spook /spu:k/ ***spook at*** 自 《米》...に急におびえる ・Our cat *spooks at* a strange sound. うちの猫は変な音がすると急におびえる.

spoon /spu:n/ ***spoon off*** [***out, up***] 他 スプーンで...をすくい取る[出す, 上げる] ・She *spooned off* the cream [*out* the gravy]. 彼女はスプーンでクリームをすくい取った[肉汁を拭い出した].

sport /spɔ:rt/ ***sport with*** 自 ...をもてあそぶ ・He had *sported with* her feelings. 彼は彼女の感情をもてあそんでいた.

spout /spaut/ ***spout off*** 自 《米》（無責任に）ぺらぺらしゃべる ・Why did you *spout off* about my secret? 私の秘密をなぜぺらぺらしゃべったのか.

spout out 他 …をしゃべりまくる ▪ The story *was* mechanically *spouted out* to us. その話が機械的に私たちにしゃべりまくられた.

sprawl /sprɔːl/ ***sprawl about*** 自 手足を投げ出して座る ▪ Young men like to *sprawl about* on the seat. 若者は席に手足を投げ出して座りたがる.

sprawl out 自他 大の字に寝ころぶ; 不規則に広がる [広げる] ▪ He *sprawled out* on the lawn. 彼は芝生に大の字に寝ころんだ ▪ He *sprawled* the map *out* on the desk. 彼は机の上に地図を広げた.

spray /spreɪ/ ***spray A on B / spray B with A*** 他 (液体)をBに噴霧[塗付]する ▪ A passing car *sprayed* mud *on* us [*sprayed* us *with* mud]. 通りすがりの車が私たちにどろをはねかけた. ☞ A on Bの場合は「部分的」, B with Aの場合は「全体的」.

spray with 他 (銃弾)を浴びせる ▪ He *sprayed* the police *with* automatic gunfire. 彼は自動発砲で警察に銃弾を浴びせた.

spread /spred/ ***spread about*** [***around***] 自他 一面に広がる; …を一面に広げる ▪ I saw his blood *spread about*. 彼の血が一面に広がっているのを見た ▪ The news *was* quickly *spread around*. そのニュースはすぐ広まった.

spread abroad 自他 広がる; …を広く広げる ▪ There is a strange rumor *being spread abroad*. 妙な噂が広まっている ▪ The river *spread abroad* at the mouth. 川は河口の所で大きく広がっていた.

spread forth 他自 (羽などを[が])広げる[広がる] ▪ The eagle *spread forth* his wings. ワシは翼を広げた ▪ I saw the valley *spreading forth* into an immense ocean. その谷間が洋々とした海に広がっているのが目に留まった.

spread off 自 …から退く ▪ The fog *spread off* the water. 霧は水面から退いて行った.

spread on [***upon***] 他 1 (ペンキ・バターなど)を広く塗る ▪ *Spread* the butter *on* (the bread) more thinly. (パンに)バターをもっと薄く塗りなさい.
2 《米》(記録)にとどめる ▪ I tried to *spread on* the record the endangered language. 私はその消滅の危機に瀕した言語を記録にとどめようとした.

spread out 他 1 (枝・足など)を広げる ▪ They *spread out* a rug on the grass. 彼らは草の上に敷物を広げた.
2 (支払いなど)を引き延ばす ▪ He *spread out* his repayments over a period of three years. 彼は返済を3年間に引き延ばした.
3 …を分配する ▪ The chef *spread out* salt with a spoon. シェフはスプーンで塩をまんべんなくふった.
— 自 4 (風景などが)広がる, 展開する ▪ A beautiful view *spread out* before us. 美しいながめが我々の目の前に展開した.
5 《米口》(仕事の)手を広げる ▪ Tom *spread out*, and invested the money in Dakota farm lands. トムは手を広げてその金をダコタの農地に投資した.
— 他自 6 (人)を分散させる; (人が)散開する ▪ The teacher *spread* us *out* across the field. 先生は私たちをフィールドに散らばらせた.

spread over 他 1 …に広まる ▪ From India Buddhism *spread over* the countries of the East. インドから仏教は東洋諸国に広まった.
2 …に広げる, 散布する ▪ The rook is *spread over* the greater part of Europe. ミヤマガラスはヨーロッパの大部分に分布している.
— 自 3 長引く, 延びる ▪ The phonetics course *spread over* into the next term. 音声学の講義が長引いて次の学期に及んだ.

spread A with B 他 AにBを広げる ▪ She *spread* the table *with* a cloth. 彼女はテーブルにクロスを掛けた ▪ I *spread* the toast *with* butter. トーストにバターを塗った.

spring /sprɪŋ/ ***spring aside*** 自 飛びのく ▪ His first impulse was to *spring aside*. 彼は最初に飛びのこうと衝動的に考えた.

spring at 自 …に飛びかかる ▪ Jack *sprang at* the task assigned him. ジャックは与えられた仕事に飛びついた.

spring away 自 飛び去る ▪ The boy let the branch *spring away*. 少年はその枝をぱっと放して飛び去らせた.

spring back 自 はね返る ▪ The branch *sprang back* and nearly hit me in the face. 枝がはね返って危うく顔に当たるところだった.

spring for 自 《米口》…をおごる ▪ I'll *spring for* a steak if you do this for me. これを代りにやってくれたらステーキをおごるよ.

spring forth 自 飛び出る; 急に出てくる ▪ With that *sprang forth* a naked man. それと同時に裸体の男が飛び出してきた ▪ A young plant *sprang forth* from the soil. 苗木が土から急に出てきた.

spring from 自 1 …から生じる ▪ His actions *sprang from* a false conviction. 彼の行動は誤った信念から出たものであった.
2 …から急に現れる ▪ Where have you *sprung from?* 急にどこから現れたのかね.
3 (貴族など)の出である ▪ He *sprang from* one of the best families in the north. 彼は北方で一番の良家の出であった.

spring into 自 (顔)に急に現れる ▪ A flush of decision *sprang into* his face. 決断の血の気が急に彼の顔に現れた.

spring on 自他 …を突然襲う; (いやな知らせなど)で突然人を驚かす ▪ The lion *sprang on* me. ライオンが突然私を襲った ▪ They *sprang* the news *on* me that I was scheduled to make a speech. 私がスピーチをする予定だと知らされてどきっとした.

spring out 自 飛び出す; 急に(ほとばしり)出る ▪ Alexander *sprang out* with a spear. アレクサンダーはやりを持って飛び出してきた ▪ The water *sprang out* at that place. 水が急にそこからほとばしり出た.

spring ... out of *a person* 他 …を人から不意にひったくる ▪ It's futile to attempt to *spring* anything *out of* a chap like that. あんなやつから何かを ひったくろうとしたってむだだ.

spring over 自 …を飛び越える ▪He lightly *sprang over* the fence. 彼は軽くその垣を飛び越えた.

spring to 自 ぱっと…する ▪The soldiers *sprang to* attention. 兵士たちはぱっと気をつけの姿勢をとった ▪Tom was attacked and Bill *sprang to* his defense. トムが攻撃されたので, ビルはぱっと彼の防御についた.

spring up 自 **1** 飛び上がる ▪He *sprang up* from his seat. 彼は席からぱっと立った.
2 発生する ▪The wind has *sprung up*. 急に風が出た ▪So many ideas *spring up* within me. とてもたくさんの考えが心の中にわいてくる ▪A custom has *sprung up*. 一つの習慣が生まれた.
3 急に成長する ▪John has really *sprung up* this summer. 今年の夏ジョンは全く急に大きくなった.

sprinkle /spríŋkəl/ ***sprinkle with*** 他 〚受身で〛…を点在[散在]させる ▪His hair *was* liberally *sprinkled with* grey. 彼の髪には白髪がたくさん混じっていた.

sprinkle A with B 他 AにBをまき散らす ▪I *sprinkled* the dusty road *with* water. ほこりっぽい道に水をまいた.

sprout /spraʊt/ ***sprout forth [out, up]*** 自 芽吹く; (新芽などが)はえてくる; 成長する ▪The plant will *sprout out* again. その植物もまた芽を出すだろう ▪Several small branches have *sprouted forth*. 小枝が数本はえてきた.

spruce /spruːs/ ***spruce up*** 他 《口》…をこぎれいにする ▪Susie went upstairs to *spruce up* her bedroom. スージーは2階に行って自分の寝室をこぎれいにした.

spud /spʌd/ ***spud out [up]*** …を小ぐわで取り除く ▪I *spudded up* some weeds from the grass. 芝生の間から雑草を小ぐわで取り除いた.

spudge /spʌdʒ/ ***spudge up*** 他 《米口》 **1** (金)を支払う ▪He *spudged up* the amount. 彼はその金額を支払った.
— 自 **2** 奮起する ▪Why doesn't he *spudge up* and be somebody? なぜ彼は奮起してひとかどの人物にならないのか.

spunk /spʌŋk/ ***spunk up*** 自 《米口》 **1** 言い寄る (to) ▪I was *spunking up* to Sally Jones like all vengeance. 私は盛んにサリー・ジョーンズに言い寄っていた.
— 自他 **2** 元気を出す[させる] ▪I finally *spunked up* and proceeded in the direction. 私はついに元気を出してその方向へ進んで行った ▪You *spunk* him *up*, dear. あの人を元気づけてあげるんだよ.
— 他 **3** (火)を起こす[強くする] ▪He'd *spunked up* a fire. 彼は火を起こしていた.

spur /spəːr/ ***spur at*** 他 (雄鳥が)…にけつめでける ▪The two fighting-cocks *spurred at* each other. 2羽の闘鶏はお互いにけつめでけり合った.

spur on [forward] 他 …を先へ駆り立てる ▪The hope *spurred* them *on* to further effort. その希望が彼らを駆り立ててさらに努力をさせた.

spurn /spəːrn/ ***spurn at [against]*** 自 …を(けんもほろろに)はねつける, に反対する ▪They *spurned at* danger. 彼らは危険をはねつけた ▪The Queen will *spurn against* the conclusions. 女王はこの結論をはねつけるだろう.

spurt /spəːrt/ ***spurt out*** 自 (液体・ガスが)噴き出る ▪Smoke *spurted out* from a window. 煙が窓から噴き出した.

spurt up 自 吹きあがる ▪Gray smoke *spurted up* out of the chimney. 灰色の煙が煙突から吹きあがった.

sputter /spʌ́tər/ ***sputter out*** **1** パチパチといって消える ▪The candle *sputtered out*, wax getting in the flame. ろうが炎に入り, ろうそくはパチパチといって消えた.
2 (反乱などが)徐々に終了する ▪The demonstration *sputtered out* bit by bit. デモは徐々に収束した.
— 他 **3** …を口ごもりながら言う ▪Scott was so drunk he could hardly *sputter* his name *out*. スコットは酔っているあまり自分の名前を言うのもしどろもどろだった.

spy /spaɪ/ ***spy at*** (物)をスパイ[偵察]する ▪There was nothing worth *spying at*. スパイする値うちのあるものは何もなかった.

spy into 自 (秘密など)を探る ▪It is his nature to *spy into* other people's secrets. 他人の秘密を探るのは彼の性格だ.

spy on [upon] 自 (人・行動)をスパイする, 偵察する ▪But this evening I will *spy upon* him [his movements]. しかし今晩は彼[彼の動静]をスパイしてやるつもりだ.

spy out 他 **1** …を見つけ[かぎ]出す ▪The boy *spied* me *out* as I left the carriage. 私が馬車から出たときその男の子が私を見つけ出した.
2 (場所など)を偵察する ▪The police *spied out* the building. 警察はその建物を偵察した.

squabble /skwɑ́bəl|skwɔ́bəl/ ***squabble with A about [over] B*** 他 BのことでA(人)とつまらぬ口論をする ▪The boy *squabbled with* his little sister *about* a toy. 男の子はおもちゃのことで妹と言い争った.

squander /skwɑ́ndər|skwɔ́n-/ ***squander away*** 他 …をむだづかいする ▪Thomas *squandered* a fortune *away*. トーマスは身代を浪費してしまった.

squander A on [upon] B 他 A(金・時間)をBに浪費する ▪He *squandered* all his pocket money *on* gambling. 彼はこうかいを全部ギャンブルに浪費してしまった.

square /skweər/ ***square away*** 自 **1** 《米》整える, 準備する; 片づける ▪I am *squaring away* to write the first chapter. 第1章を書く準備をしています.

2《海》帆げたを水平にして航行する ▪ We *squared away* to a spanking breeze. 我々は強く吹きつける風に帆げたを水平にして航行した.

3 新しい道を選ぶ ▪ If he'd ever *square away* he'd be a smart man. もし彼が新しい道を選ぶなら利口な人間になるのだが.

4《米》(ボクシングの)かまえをする ▪ He was compelled to *square away* against a professional fighter. 彼はプロのボクサーを相手に身がまえなくてはならない羽目になった.

square off 自 **1**《米》身がまえる ▪ He *squared off* for a fight. 彼はけんかをしようと身がまえた.

— 他 **2** …を四角にする, 四角[正方形, 直角]に切り取る ▪ If we *square off* that piece of wood it ought to fit the frame. あの木材を四角にすればわくにはまるはずだ ▪ The ends of the shelf were *squared off* to fit the wall. 壁にぴったり合うように棚の両端は直角に切り取られた.

3 …を四角に仕切る ▪ He *squared* the page *off* with a ruler. 彼は定規でそのページを四角に仕切った.

4 = SQUARE away 1.

square up 他 **1**(借金など)を決済する ▪ I can *square up* some of my liabilities here. ここで負債の一部を決済することができる.

2 …を直角に置く(*with*) ▪ He *squared* the wallpaper *up with* the corners of the room. 壁紙を部屋の隅と直角に置いた.

— 自 **3** = SQUARE off 1.

square up to 他 **1**(ボクシングなどで人)に向かって身がまえる ▪ He *squared up to* his adversary and struck him a heavy blow. 彼は敵に向かって身がまえをして痛打をくわせた.

2(困難など)とがっちりと取り組む, に断固として立ち向かう ▪ You must *square up to* your difficulties. 君は困難とがっちりと取り組まなければならない.

square with 自 **1** …と一致する ▪ His actions do not *square with* his words. 彼は言行が一致しない.

2 …と清算する ▪ I *squared with* him last month. 先月彼と清算した.

square A with B 他 **1** AをBに一致させる ▪ He doesn't *square* his actions *with* his principles. 彼はその行動を自らの信条に一致させていない.

2 AをB(人)に了解させる, AについてBの了解を得る ▪ I have *squared* this plan *with* the boss. この計画は社長の了解を得ている.

squash /skwɑʃ|skwɔʃ/ ***squash down*** 他 …をつぶす, 押し込む ▪ Who ever *squashed down* my hat? わしの帽子を押しつぶした奴はどこのどいつだ.

squash in 自 割り込む, 押し分けて行く ▪ Can you *squash in* a little? 少し詰めていただけませんか.

squash into 他 …に割り込んで行く, 押し込む ▪ Don't all try to *squash into* the lift together. みんな一度にエレベーターに割り込もうとしてはいけない ▪ We were all *squashed into* a small room. 我々全員が一つの小さな部屋に押し込まれた.

squat /skwɑt|skwɔt/ ***squat down*** 自 しゃがむ ▪ The party *squatted down* on the grass to eat their lunch. 一行は草の上にあぐらをかいて弁当を食べた.

squeak /skwiːk/ ***squeak by*** 自 他 **1** やっと成功する[どうにか切り抜ける] ▪ I have hardly any money, but I can *squeak by* somehow. 金はほとんどないが, 何とかしのいで行けるさ.

2 …をやっと通り抜ける ▪ The entrance was so narrow that I barely managed to *squeak by* it. 入口はとても狭く通り抜けるのがやっとだった.

squeak out 他 …をキーキー声で言う ▪ She *squeaked out* a cry of fear. 彼女はキーキー声で恐怖の叫びをあげた.

squeak through 自 他 **1** かろうじて(…を)通り抜ける ▪ The cat *squeaked through* (the hole). 猫は(その穴を)かろうじて通り抜けた.

2 = SQUEEZE through.

squeal /skwiːl/ ***squeal on*** 他《俗》(人)を密告する ▪ His pal *squealed on* him. 彼の仲間が彼を密告した.

squeeze /skwiːz/ ***squeeze by*** 自 **1** やっと通る ▪ There was a big fellow in the way. I could hardly *squeeze by*. 大男が立ちふさがっていて, やっと通り抜けることさえできなかった.

2 = SQUEAK by.

squeeze in 自 他 **1** 割り込む; 割り込ませる ▪ Can I *squeeze in*? 割り込んでいいですか《満員のエレベーターなどで》 ▪ The project *was squeezed in* among his other jobs. そのプロジェクトを彼の他の仕事に割り込ませた.

— 他 **2**(女性が)胴を(コルセットで)ぎゅっと締めて細くする ▪ She *squeezed* her waist *in*. 彼女は胴をぎゅっと締めて細くした.

3 …を押し[詰め]込む ▪ I can *squeeze* some more clothes *in*. 服はもう少し詰め込めるよ.

squeeze off 他 **1**(弾丸)を発射する; (引き金)を引く ▪ He *squeezed off* a single round. 彼は弾丸を1発撃ち放った.

2(写真)を撮る ▪ She lifted her camera and *squeezed off* a picture. 彼女はカメラをかまえて写真を1枚撮った.

squeeze out 他 **1** …を絞り出す(*of*) ▪ *Squeeze out* the juice from the oranges. そのオレンジの汁を絞り出しなさい ▪ Jack managed to *squeeze* an extra $300,000 a year *out of* the council. ジャックは議会から余分に1年で30万ドルをなんとか絞り出させた.

2[受身で] …を締め出す(*of*) ▪ Times are so bad that he is *being squeezed out of* the firm. 不景気のせいで彼は会社から締め出されかかっている.

3(勝利)をかろうじて得る ▪ Our team *squeezed out* a victory against China in the semifinals. わがチームは準決勝戦で中国に辛勝した.

squeeze A out of [from] B 他 BからAを絞り取る ▪ She *squeezed* the juice *out of* a lemon. 彼女はレモンの汁を絞り取った ▪ The blackmailer *squeezed* the last penny *out of* her. 恐喝者は彼

女から最後の一銭まで絞り取った.

squeeze through 自他 **1** (…)をやっと通る ▪ She *squeezed through* (the examination). 彼女は(試験を)やっとパスした.
— 他 **2** …を押し分けて進む ▪ I *squeezed through* the crowd to just get to the entrance. 群衆を押し分けて進みやっと入口に着いた.

squeeze up 自 **1** 詰め合う ▪ We *squeezed up* to make room for the others. 我々は他の人々のために詰め合った.
— 他 **2** …を詰め合いさせる (*against*) ▪ We *were squeezed up against* each other on one seat. 我々は一つ席に互いに詰め合ってかけた.

squirm /skwə:rm/ ***squirm out of*** 自 **1** (責任など)を逃れる ▪ He tried to *squirm out of* his promise. 彼は約束を逃れようとした.
2 身をくねらせて逃げる[脱出する] ▪ The snake *squirmed out of* his grasp. そのヘビは身をくねらせて彼のにぎった手からすり抜けた.

squirrel /skwə́:rəl | skwír-/ ***squirrel away*** 他《米》(金など)をため込む ▪ The boy *squirreled away* all his pocket money. 男の子はこうかいを全部ため込んだ.

squish /skwíʃ/ ***squish in [into]*** 自他《口》…を詰め込む; に詰め込まれる ▪ Forty pupils *squished into* the small classroom. 40名の生徒が狭い教室に詰め込まれた.

stab /stæb/ ***stab at*** 自 **1** …に突いてかかる ▪ The burglar *stabbed at* the security guard with a knife. 強盗は警備員にナイフで突きかかった ▪ Don't *stab at* the meat with a knife to see if it is well cooked; it's rude. よく火が通っているか肉をナイフで刺して調べてはいけない. 無作法だ.
2 (名声など)を傷つける ▪ They *stab at* their neighbors' reputation. 彼らは隣人の名声を傷つける.

stack /stæk/ ***stack up*** 他 **1** (たき火など)に干し草などをくべる ▪ We *stacked up* the fire. 我々はたき火に干し草などをくべた.
2 (金)を儲ける ▪ He was keen on *stacking up* money. 彼は金儲けに熱中していた.
— 自 **3** 匹敵する, 優劣を争う, 太刀打ちできる (*with, against*) ▪ This movie *stacks up against* the recently released one. この映画は最近封切りされた映画と比肩できる.
4 渋滞する, 列をつくる ▪ I was late because the traffic *stacked up*. 交通渋滞で遅刻した.
5 [主に否定文で] 道理にかなう, つじつまが合う ▪ His explanation doesn't *stack up*. 彼の説明は道理をなさない.
6《米俗》やっていく ▪ How are you *stacking up*? いかがお暮らしですか.
— 他自 **7** …を積み重ねる; (…が)積み重なる ▪ These chairs can *be stacked up*. これらのいすは積み重ねができる ▪ The evidence against him has been *stacking up*. 彼に不利な証拠が積み重なってきている.
8 (飛行機)に旋回待避を司令する; (飛行機が)上空で待機する ▪ Two planes *were stacked up*, waiting their turns to land. 飛行機が2機旋回待避を司令されて, 着陸の順番を待っていた ▪ The fog forced the plane to *stack up*. 霧で飛行機は上空で待機せざるをえなかった.

stack up to 自 **1** 合計…になる ▪ What did our profit *stack up to* last month? 先月の利益は合計いくらになったのか.
2 …と比べて劣らない ▪ Your paper *stacks up* pretty well *to* his. 君の論文は彼のに比べて遜色ないよ.

staff /stæf | sta:f/ ***staff up*** 他 …の職員数を増す[十分にする] ▪ We will *staff up* this department. 我々はこの課の職員をふやすつもりだ.

stake /steɪk/ ***stake off*** 他 **1** (境界)をくいを打って定める ▪ It only remained to *stake off* the boundary. あとはくいを打って境界を定めるだけだった.
2 …をくいを打って締め出す ▪ This world *is staked off* from the spiritual world. この世はくいを打って霊界から締め出されている.

stake A on B 他 AをBにかける ▪ I *staked* fifty pounds shillings *on* the favorite. 私は人気馬に50ポンドかけた.

stake out 他 **1** (土地・場所など)をくいを打って仕切る ▪ The site has *been staked out*. 地所はくいを打って仕切られた.
2《俗》(容疑者・場所)を監視する, 張り込みする ▪ He's *been staked out* often. 彼はたびたび監視されたことがあった.
3 …をはっきりさせる ▪ He *staked out* his position on that matter. 彼はその件について自分の立場をはっきりさせた.
4 …をくいを打って近づけないようにする ▪ The bank of loose stone *staked* the tide *out*. 砂利の土手にくいを打って海水を締め出した.

stall /stɔ:l/ ***stall along*** 自《米》ぶらぶらやって来る ▪ I've been *stalling along*. 私はぶらぶらやって来ましたよ.

stall around 自《米》ぶらぶらして回る ▪ I *stalled around* out there. 私は向こうでぶらぶらして回った.

stall off 他 (金を貸してくれた人)を待たせる ▪ He *stalled* the shopkeeper *off* till the end of the month. 彼は店の主人に月末まで支払いを待ってもらった.

stammer /stǽmər/ ***stammer out*** 他 …を口ごもりながら言う ▪ He *stammered out* an apology. 彼は口ごもりながら詫びを言った.

stamp /stæmp/ ***stamp A as B*** 他 AがBであることを示す[明らかにする] ▪ That alone *stamps* the story *as* an invention. それだけでも予の話がでっち上げであることが明らかだ.

stamp on [upon] 他 **1** …を踏みつける, 踏みつぶす ▪ I *stamped upon* the coals with the heels of my boots. 私はブーツのかかとで石炭を踏みつけた.
2《英》…を抑える, 防ぐ ▪ A general strike has to *be stamped on*. ゼネストは防がなければならない.

stamp A on B 他 AをBに刻み込む ▪ This machine *stamps* the date *on* the medal. この機械はメダルに日付を刻印する ▪ Her initials *were stamped on* her bag in black. 彼女のバッグには自分のイニシャルが黒字で印字されていた.

stamp out 他 **1** (病気・邪説など)を撲滅する,(謀反)を鎮圧する;(まれ)(民族)を根絶する ▪ The disease *was stamped out* altogether. その病気はすっかり撲滅された ▪ They utterly *stamped out* the insurrection three years ago. その暴動は3年前にすっかり鎮圧された.

2 (火)を踏み消す ▪ We had to *stamp out* some fires with our naked feet. 我々はいくつかのたき火をはだしで踏み消さねばならなかった.

3 型を用いて(こね粉)を丸く打ち抜く;(型などを使って)同じ型のものを作る ▪ *Stamp out* the paste in small rounds. こね粉を型を用いて小さく丸く打ち抜きなさい.

4 …を大量に産み出す ▪ The Brazilians *stamp out* soccer players of amazing ability. ブラジル人は驚くべき能力のサッカー選手をたくさん産み出している.

stampede /stæmpíːd/ ***stampede*** *A into B* 他 A(人)をB(衝動的な行動など)に駆り立てる ▪ He *stampeded* her *into* something he might regret. 彼はあとで後悔するようなことに彼女を駆り立てた.

stand /stǽnd/ ***stand about*** 自 **1** (一人が同じ場所に)ぼんやり立っている ▪ I've been *standing about* all day. 私は一日中ぼんやり立っていた.

2 (何人かが)あちこちに立つ ▪ They *stood about* here and there in groups. 彼らは三々五々あちこちに立っていた.

— 他 **3** …を取り囲む ▪ The boys *stood about* me. 少年たちが私を取り囲んだ.

stand against **1** …に寄りかかる,もたれて立つ ▪ She *stood against* the grocery counter. 彼女は食料品店のカウンターに寄りかかっていた.

— 他 **2** …に抵抗する,逆らう;と(みごとに)戦う ▪ He was not able to *stand against* so strong a party. 彼はそんな強い連中に抵抗することはできなかった.

3 (競争相手の候補者)に対抗して立候補する ▪ It is said that Sir Charles will *stand against* him. サー・チャールズがあの男に対抗して立候補するとのことだ.

stand along 自 **1** (海)一定の方向へ帆走する ▪ Captain Denison *stood along* to their rescue. デニスン船長は彼らを救助するために帆走していった.

2 旅を続ける ▪ The sun breaking out, I *stood along* about ten miles. 太陽が出てきたので10マイルほど旅を続けた.

stand* [*remain, keep, sit, hold*] *aloof (*from*) 自 (…から)離れている;(から)超然としている;(に)よそよそしくする ▪ He *stands aloof from* the crowd. 彼は超然として俗界に交わらない ▪ Sparta *kept aloof from* this struggle. スパルタはこの争いに加わらなかった ▪ He was not the man to *stand* coldly *aloof*. 彼は冷然としてお高くとまっているような人ではなかった. ▭ aloof「風上」の意;風上にいるには船首を風上から避けておらねばならぬから「避けている」の意となった.

stand apart 自 **1** 離れている (*from*) ▪ He remained *standing apart from* the others. 彼は他の者から相変わらず離れていた.

2 別個のものである;傑出している (*from*) ▪ These gods *stand apart* in their character, as embodying abstract ideas. これらの神々は抽象概念を具現したものだから,その性格が別個のものである.

stand around =STAND about 1.

stand as 自 (英)…として立候補する ▪ He chose to *stand as* an Independent. 彼は無所属として立候補することにした.

stand aside 自 **1** わきへ寄る,どく,道をゆずる ▪ The police officer motioned us to *stand aside*. 巡査は我々にわきへ寄るように手で合図した.

2 何もしない;傍観する ▪ He *stands aside* when there's something to do. 彼は何かしなければならないことがあるのに,何もしない.

3 立候補を辞退する ▪ He *stood aside* in favor of a better man. 彼はいっそう立派な人物のために立候補を辞退した.

stand at 他 **1** …にこだわる,をためらう ▪ He is not a man to *stand at* trifles. 彼は細かいことにこだわるような男ではない ▪ He will not *stand at* murder. あの男は人殺しぐらいは何とも思わない.

2 (金額・得点など)…になっている ▪ The score *stood at* 123. 得点は123点になっていた.

3 (水が)…の深さがある;(寒暖計などが)…になっている ▪ The water in the sluice *stood at* 1 ft. 水路の水は1フィートの深さがあった ▪ The thermometer *stands at* 90° in the shade. 寒暖計は日陰で(華氏)90度になっている.

stand away 自 **1** 離れている,近寄らない ▪ *Stand away*, Captain Gower. 離れていてくれ,ガウワー隊長.

2 (海)(海岸・敵などから)帆走して去る ▪ We *stood away* from the Canaries to the coast of Brazil. 我々はカナリア諸島を去り,ブラジルの海岸へと帆走していった.

stand back 自 **1** 後ろへ下がる ▪ *Stand back* and let him pass! 後ろへ下がって彼を通してやれ.

2 離れた所にある[いる] ▪ The house *stands back* from the road. 家は道路から離れた所にある.

3 距離を置く,距離を置いて考える ▪ You had better *stand back* to look at it from another point of view. 君は距離を置いて違った立場からそれを見るほうがいい.

stand before 他 **1** (主君など)に伺候する,侍る ▪ He *stood before* the Earl and served him courteously. 彼は伯爵に侍ていんぎんに給仕した. ▭ 聖書語法.

2 (群衆・王など)の前に出る ▪ *Before* his judges he *stands* for his life. 法官たちの前に出て彼は生死のさばきを受ける.

3 〚否定文・疑問文で〛(敵)に立ち向かう ▪ Nothing could *stand before* them. 彼らに立ち向かえるものは何一つなかった.

4 (狩)(キツネが猟犬)に追いつめられてがんばる ▪ A fox *stood before* the hounds for two hours. 1匹のキツネが猟犬に追いつめられて2時間もがんばった.

stand behind 他 **1** (人)を支持する ▪ His wife *stood behind* him in his struggle. 彼の戦いで妻が彼の後押しをした.
— 自 **2** (給仕人が)後ろに立つ ▪ He *stood behind*, and waited on the three. 彼は後ろに立って3人に給仕した.

stand beside 他 **1** …のそばに立つ ▪ She *stood beside* her mother. 彼女は母親のそばに立っていた.
— 自 **2** (傍観者・援助者として)そばにいる ▪ I can do nothing if he does not *stand beside*. 彼がそばにいてくれないと僕は何もできない.

stand between 他 **1** …を妨げる, の間に立ちはだかる ▪ Nothing *stands between* him and his future. 彼の将来を妨げるものは何もない.
— 自 **2** …の間に立つ; を仲裁する ▪ He *stood between* the two brothers. 彼は二人の兄弟の間に立った ▪ Please *stand between* him and the wrath of God. どうぞ, 彼と神の怒りとの間をとりなしてください.

stand by 他 **1** (援助者などとして人)のそばに立つ[いる] ▪ His son *stood by* him at the bar. 彼の息子が法廷で彼のそばにいた.
2 (人・主義など)に味方する, を擁護する, 支持する ▪ We will *stand by* him to the last. 我々は最後まで彼の味方をする ▪ They resolved to *stand by* the liberties of England. 彼らはイングランドの自由を擁護しようと決心した.
3 (陳述・契約など)を固執する, 守る ▪ We mean to *stand by* the assertion. 我々はその主張を固執するつもりだ.
4 《海》(砲・索など)を用意する ▪ *Stand by* the anchor! いかりを投げる用意をせよ ▪ *Stand by* a rope! ロープを用意せよ.
— 自 **5** (今は主に)傍観する, 見て見ぬふりをする ▪ Must we *stand by* and see all manner of wrong done? 我々はあらんかぎりの悪がなされるのを傍観していなければならないのか.
6 そばに立つ ▪ He *stood by* and watched her animated face. 彼はそばに立って彼女のいきいきした顔をながめていた.
7 待機する; (ラジオで)次の放送を待つ; 出番を待つ, スタンバイする ▪ The troops have been ordered to *stand by*. その隊は待機するように命じられた ▪ Please *stand by*. 次の放送をお待ち願います.
8 わきへ寄る, どく; 手を控える ▪ He bade them *stand by*. 彼は彼らにわきへ寄れと命じた ▪ He had *stood by* too long before he sought redress. 彼は矯正手段に訴える前にあまりにも長らく手を控えすぎていた.
9 (物が)わきへうっておかれる ▪ We let the commands *stand by* neglected. 我々はその命令がいいかげんにほうっておかれるままにしておいた.
10 《海》[しばしば命令文で] (…の)用意をする (*for, to do*) ▪ Open the safety valve, or *stand by for* the explosion. 安全弁を開けないと, 爆発を待つことになる ▪ *Stand by to* receive the lady. ご婦人をお迎えする用意をせよ.

stand down 自 **1** (試合・競争・仕事などに[を])出ない, おりる, (チーム・仕事を)やめる ▪ The Conservative candidate *stood down* in favor of the Liberal. 保守党の候補者は自由党の候補者のためにおりた ▪ He had to *stand down* for the whole of August. 彼は8月いっぱいの間仕事をやめねばならなかった.
2 (証人が)証言台から降りる ▪ I will not ask him any more questions. *Stand down*, sir. この人にもう質問はありません. どうぞ証言台から降りてください.
3 《軍》(夜明けに塹壕(ざんごう)などで)非番になる[させる] (↔ STAND to 6) ▪ They *stood down* every dawn. 彼らは毎日夜明けに非番になった.
4 《海》風を避けて[潮流に乗って]帆走する ▪ Fishing boats were *standing down* with the ebb in midstream. 漁船が中流を引き潮に乗って下っていた.

stand for 他 **1** …を表す, の象徴となる ▪ Words *stand for* ideas. 言葉は概念を表す ▪ IH *stands for* induction heating. IH は電磁誘導の略字である ▪ The crown *stands for* royal dignity. 王冠は王位を象徴している.
2 …を代表する, の代わりをする ▪ In this Greek phrase the comparative *stands for* the superlative. このギリシャ語の句では比較級が最上級の代わりをしている.
3 (主義・人)を支持する, に味方する ▪ He always *stood for* straight dealings. 彼はいつも公平な処置を支持した.
4 《口》[主に否定文で] …をがまんする, に耐える ▪ They can't *stand for* that kind of work. 彼らはその種の仕事には耐えられない.
5 《英》…に立候補する ▪ He did not *stand for* a fellowship; 彼は評議員に立候補しなかった ▪ Sir Charles *stood for* Parliament [Birmingham]. チャールズ卿は下院議員[バーミンガムから下院議員]に立候補した.
6 …となる ▪ This will *stand for* example. これは例となるだろう.
7 《海》…に向かって航行する ▪ We *stood* once more *for* the coast. 我々は再び海岸へ向かって航行した.
8 (子供)の名づけ親になる ▪ The governor's lady *stood for* my daughter. 知事夫人が娘の名うけ親になってくれた.

stand forth 自 **1** (敢然と)進み出る ▪ It needs valor to *stand forth* against a wrong. 悪に敢然と立ち向かうためには勇気を必要とする.
2 きわ立つ, 目立つ ▪ He *stands forth* as one of the model workmen of Europe. 彼はヨーロッパの典型的な職人として目立っている.

stand forward 敢然と進み出る ▪ I applaud him for *standing forward* in defence of his friend. 私は彼が友人を守るために敢然と進み出ることに喝采を送る.

stand from under 自 《米口》(…から)逃れる; 安全な場所へ行く ▪ It enabled me to *stand from under* the present crash. そのため私は現在の総くずれから逃れることができた ▪ He was *standing from* *under* and letting her take the whole responsibility. 彼は安全な場所へ行って彼女に全責任を負わせていた.

stand in 圓 **1**(賭けなどで…と)組む, 提携する; (…と)仲よしになる (*with*) ▪ He *stood in with* both parties. 彼はどちらの党とも提携した ▪ The valet made a point of *standing in with* upper servants. そのボーイは上役の使用人と仲よしになることを目指していた.
2(…するために)ぐるになる (*for*) ▪ A police officer *stood in for* this robbery. この強盗事件には警察官が一人ぐるになっていた.
3《海》陸へ向かう ▪ The ship was *standing in* for the shore. 船は陸に向かっていた.
── 他 **4**〖まれ〗金がかかる ▪ It *stands in* five pounds a day. それは1日に5ポンドかかる.

stand *a person in (at)* 人に…の金がかかる ▪ This overcoat *stood* me *in* one thousand dollars. このコートは1,000ドルかかった ▪ His town house *stood* him *in at* fifteen hundred pounds a month. 彼の都会の別邸はひと月に1,500ポンドかかった.

stand in for 圓 (人)の代理[代役]をする ▪ Bill will *stand in for* me at the meeting. その会合ではビルが私の代理をしてくれることになっている.

stand in with 圓 **1**《米》→STAND in 1.
2(人)と費用を分け合う, 金を出し合う ▪ We'll *stand in with* you if it is expensive. 高ければ僕らも割り前を出すよ.

stand off 圓 **1**〖主に命令文で〗離れている, どく ▪ *Stand off*, or I will shoot you. どけ, さもないと撃つぞ.
2(嘆願・交際・同情などに)そっぽを向いている (*from*) ▪ He has *stood off from* her appeals. 彼は彼女の嘆願にそっぽを向いてきた.
3《米口》(賭けが)無効になる ▪ In each case the bet *stands off*. どちらの場合にも賭けは無効になる.
4(物が表面から)突き出る (*from*); (絵が)浮いて見える ▪ His wig was too wide and *stood off from* each ear. 彼のかつらは広すぎて両耳の所から突き出ていた ▪ A picture is best when it *stands off*, as if it were carved. 絵は彫刻したように浮いて見えるのが一番よい.
5きわ立つ ▪ The truth of it *stands off* as gross as black and white. その真相は白と黒のようにはっきりときわ立っている.
6《海》沖に向かって航行する ▪ We had to tack and *stand off* to sea. 我々は間切って沖に向かって乗り出して行かねばならなかった.
── 他 **7**《米口》…を近寄らせない, 追い払う, 撃退する ▪ We expected to *stand off* irate Mexicans. 我々は立腹したメキシコ人どもを追い払わねばならないものと覚悟していた.
8 = LAY off 2.
9(質問者などを)かわす ▪ Come, come, don't *stand* me *off* that way. これこれ, そんなふうに人をはぐらかすんじゃないよ.

stand on 他 **1**…に基づく, を論拠とする ▪ As to the Sacraments, I *stood on* the Prayer Book. 聖餐について言えば私は祈とう書を論拠としていた.
2〖主に否定文で〗(ささいな事・儀式など)にやかましい, こだわる ▪ I'm not going to *stand on* nice points of law. 私は法律の細かい点をやかましく言うつもりはない ▪ Simple people never *stand on* ceremony with their friends. 素朴な人たちは友人に対して決して儀式ばらない.
3(権利・性質など)を主張する; (威厳など)を取り繕う ▪ He *stood on* his innocence to the last. 彼はあくまでも自分の無実を主張した ▪ Possibly he may *stand on* his dignity. ひょっとしたら彼は威厳を取り繕うかもしれない.
── 圓 **4**《海》同じ針路を進む, 一定進路をとり続ける ▪ The captain continued *standing on* close to the wind. 船長はほとんど風上に向かって相変わらず同じ針路を進んでいった.

stand out 圓 **1**突き出る (*from*) ▪ Her ears *stood out from* her head like jug handles. 彼女の両耳はジョッキの取っ手のように頭から突き出していた.
2目立つ, きわ立つ (*above, among, as, from, in*) ▪ She *stood out above* the rest of the applicants. 他の志願者よりも彼女がずば抜けて優れていた ▪ The moon *stood out among* the stars. 全天の星の中で月がいともさやかに照っていた ▪ Be careful not to *stand out as* a separate voice in a chorus. 合唱では一人だけが目立った声にならないように注意せよ ▪ His work *stood out from* the rest as easily the best. 彼の作品は文句なしの最優秀として他より傑出していた ▪ Two facts *stand out in* bold relief. 二つの事実ははっきりときわ立っている.
3(敵・提案などに)抵抗する; がんばり通す (*against, with*) ▪ I have had to *stand out with* my editor once or twice on that point. 私はその点について編集者に抵抗しなければならないことが2, 3回あった ▪ He boldly *stood out against* the popular cry. 彼は大胆にその世論に抗してがんばり通した.
4(人の群から)離れて別になる; (隠れ家などから)はっきり姿を現す ▪ The teacher ordered him to *stand out*. 先生は彼に他から離れて別になれと命じた ▪ *Stand out* and tell us who you are. はっきり姿を現して誰だか言え.
5(試合・ダンスなどの)仲間に加わらない ▪ The ladies proposed a dance. The Captain himself *stood out*. 女性たちがダンスを提案したが, 船長自身は仲間に加わらなかった.
6値切る; (ある条件を)しつこく要求する (*for*) ▪ He *stood out* about prices. 彼は値段を値切った ▪ They *stood out for* more wages. 彼らはもっと賃金を上げろとしつこく言った.
7《海》沖へ乗り出す (*to sea*); (一般に)旅立つ ▪ A destroyer was *standing out to sea*. 駆逐艦が沖へ出ていた ▪ We *stood out* through the thickening rain. 我々はますます降り募る雨の中を旅立った.
8浮き出して見える ▪ Lucy's white face *stood out* in the lamplight. ルーシーの白い顔がランプの光に浮き

出して見えた.
9《軍》(列から)一歩出る ▪A soldier *stood out* from the line. 一人の兵士が隊列から一歩出た.
― 他 **10** (上演)の終わりまで立ち通す ▪He had to *stand out* the performance. 彼はその上演の終わりまで立ち通さねばならなかった.
11《海》(ある時間)の間見張りをする ▪We thus *stood out* the remainder of the night. そういうわけで我々はその夜の残りの間ずっと見張りをした.
12 (試練・あらしなど)を最後までこらえ通す;(ある期間)もつ ▪He could not *stand out* the persecution. 彼はその迫害を最後までこらえ通すことができなかった ▪The house cannot well *stand out* a long lease. その家は長い借家期間の終わりまではとてももたないだろう.
13 ...を主張する, 言い張る(*that*) ▪She *stood out that* he liked her. 彼女は彼が自分を好いていると言い張った.

stand out against 他 **1** ...と対照してくっきりと見える ▪The black smoke *stood out against* a blue sky. 黒煙は青空を背にくっきりと見えた.
2 →STAND out 3.

stand out for 自 **1** ...のために戦う ▪He has not grit enough to *stand out for* justice. 彼は正義のために戦うだけの勇気がない.
2 →STAND out 6.

stand over 他 **1** (伏している人など)のそばに立って見守る[監督する] ▪The figure of Time *stands over* him. 時の翁(おきな)の姿が彼のそばに立って見守っている.
2 ...を(のちに考慮するために)繰り延べる ▪This can be *stood over* for special attention later. これはのちに特に考慮するために繰り延べることができる.
― 自 **3** (公判・負債など)延期される, 繰り延べられる ▪He directed the trial to *stand over* until the next morning. 彼は公判が翌朝まで延期されるように指示した.
4 (...)向こう岸へ渡る, 渡航する ▪He now *stood over* to the English shore. 彼は今やイングランドの海岸へ渡っていった.

stand round 自 《米口》抜け目なく注意する ▪They *stood round* when he came along. 彼がやって来ると彼らは抜け目なく注意した.

stand to 他 **1** (約束・契約など)を守る, 果たす ▪He did not *stand to* the promise he had given. 彼は自分のした約束を守らなかった.
2 (陳述など)を固執する, 言い張る ▪He *stands to* his denial, and said that he knew nothing. 彼はあくまでも否定し続けて, 自分は何も知らないと言った.
3《まれ》(勇敢に敵)に立ち向かう ▪I fear he will not be able to *stand to* the opponent. 彼は相手に立ち向かうことはできないのではないか.
4 (人・主義など)を支持[擁護]する ▪We *stood to* our fellow student right loyally. 我々は仲間の学生を全く誠実に支持した.
5 ...と関係がある ▪He *stands to* me as a father. 彼は私の父親にあたる.
― 自 **6**《軍》(塁壁(るいへき))などで夜明け前または暗くなってから)当番になる(↔STAND down 3) ▪We had not *stood to*. 我々は当番でなかった.
― 自 他 **7** 兵士が待機する[を待機させる] ▪Upon hearing the gunfire, all the soldiers *stood to*. 銃声を聞くと全兵士が攻撃に備えて待機体勢をとった ▪The commander ordered to *stand* the men *to*. 司令官は兵士を待機させよと命令を下した.

stand together 自 団結する ▪We must *stand together*. 我々は団結せねばならない.

stand under 他 **1** ...を受ける, 背負う ▪I *stand under* heavy obligations. 私は重い義務をしょっている.
2《海》帆を...にして帆走する ▪I soon saw a large vessel *stand under* easy sail. 私はまもなく大きな船が追手に帆を掛けて帆走してくるのに気がついた.

stand up 自 **1** 立ち上がる, 起立する; 立っている ▪Edward *stood up* in the wagon and began to sing. エドワードは荷馬車の中で立ち上がって歌を歌い始めた.
2 (重荷などに耐えて)しっかりと立っている(*under*) ▪The load was so heavy that he could not *stand up under* it without staggering. 荷物がとても重くて彼はよろめかずにしっかりと立っていられなかった.
3 有効である, 信じられる ▪Your story will not *stand up* in court. 君の話は法廷では信じてもらえないよ.
4 (...と)ダンスをする(*with*) ▪In vain did she entreat him to *stand up with* somebody else. 彼女は彼に誰か他の人と踊ってくれと頼んだがむだだった.
5《米口》結婚式を挙げる ▪He was *standing up* in a hunting dress. 彼は狩猟服を着て結婚式を挙げていた.
6《競技》自分のポジションにつく ▪He had a twist in his spine, and could not *stand up* to play more than one game a day. 彼は脊椎をくじいていたので, 1日に1ゲーム以上ポジションにつくことはできなかった.
7《方・口》雨宿りする ▪He *stood up* in a shed. 彼は小屋の中で雨宿りした.
8 (動物が競走・狩などで)がんばる ▪The exhausted dog had no chance of *standing up* in subsequent rounds. その疲れきった犬は次の何周かがんばる見込みはなかった.
9 (物が)まっすぐに立つ; (髪の毛が)逆立つ ▪A steel pin *stands up* in the center of the box. ピンが箱のまん中にまっすぐに立っている ▪His hair *stood up* like stubble. 彼の髪の毛は切り株みたいに逆立っていた.
10 敢然と立ち向かう(*against*) ▪He was not strong enough to *stand up against* the enemy. 彼は敵に敢然と立ち向かっていけるほど強くなかった.
11 耐える, 長持ちする ▪This typewriter has *stood up* well for ten years. このタイプライターは10年間よく長持ちした.
― 他 **12**《口》(人)に待ちぼうけをくわせる; (デートで人)をすっぽかす ▪Any young man who *stands up* a girl is not a gentleman. 女の子に待ちぼうけをくわせるような青年は誰も紳士ではない.

13 《米口》…を追いはぎをする ▪ That a girl should *stand up* a stage-coach is extraordinary enough. 女の子が駅馬車を追いはぎするとは非常に珍しいことだ.

14 《米口》(人)を見殺しにする ▪ I'm afraid she'll *stand* me *up* when it comes to the scratch. いざとなったらあの女は僕を見殺しにするんじゃないか.

15 …を準備する, 整える ▪ The government has *stood up* a special team to deal with the pension plan. 政府は年金制度を扱う特別チームを立ち上げた.

stand up for 他 (人・主義など)を弁護する, に味方する, 支持する ▪ I liked her for *standing up for* her husband. 私は彼女が夫を弁護するのを好ましいと思った ▪ They all *stood up for* their right. 彼らはみなおのれの権利を擁護した.

stand up in 自 《口》(衣服など)を現に着ている ▪ She appeared with only such things as she *stood up in*. 彼女は現に着ているままの服装[身の着のまま]で現れた.

stand up to **1** (ボクシングなどで)…に勇ましく立ち向かう ▪ Few antagonists are able to *stand up to* him in the ring. リングの上では彼に勇ましく立ち向かえる相手はほとんどいない.

2 …に耐える ▪ I can't *stand up to* living with my mother-in-law. 姑との同居には耐えられない ▪ This machine will not *stand up to* rough treatment. この機械は手荒い扱いには耐えられまい.

3 《米》(義務・約束など)を立派に果たす ▪ He *stood up to* his word. 彼は立派に約束を果たした.

4 (質が)…に負けない ▪ Will this *stand up to* other firms' products? これは他社の製品に負けないだろうか.

5 (吟味)に耐える ▪ Your statement won't *stand up to* detailed examination. 君の言明は詳しく吟味されたらぼろが出るだろう.

stand up with 他 …の花婿[花嫁]介添人になる ▪ We had no one to *stand up with* us, as we wished a simple service. 我々は質素な式を望んだので, 花婿や花嫁の介添人はいなかった.

stand with 他 **1** 《米》…を支持する ▪ Don't you worry. I'll *stand with* you to the end. 心配ご無用だ. 最後まで私が力を貸してやるから.

2 …と一致する ▪ It *stands with* good reason. それはいかにも道理にかなっている.

star /stɑːr/ ***star in*** 自 (映画・(歌)劇で)主演する ▪ He *starred in* "Avatar". 彼は「アバター」で主役を演じた.

stare /steər/ ***stare after*** 自 …の後ろ姿をじっと見つめる ▪ She *stared after* him as he left her. 彼女は去って行く彼の後ろ姿を見つめていた.

stare at 自 …を見つめる ▪ The boy was *staring at* the teacher. 少年は先生を見つめていた.

stare down [《英》*out*] 他 …をにらみつけておとなしくさせる ▪ I *stared out* the drunkard, and he staggered away. 私たちはその酔っ払いをにらみつけてなくなりよろめき去った ▪ Though the dog threatened to attack, he was *stared down*. 犬は攻撃してきそうだったが, にらみつけられておとなしくなった.

stare *a person* ***into*** 他 人をじろじろ見て…にさせる ▪ He *stared* me *into* silence. 彼は私をじろじろ見て黙らせた.

stare *a person* ***up and down*** 他 人を頭のてっぺんからつま先までじろじろ見る ▪ They are *staring* me *up and down* like a wild animal. 彼らはまるで野生の動物でも見るように私を頭のてっぺんからつま先までじろじろ見ている.

start /stɑːrt/ ***start after*** 自 …の後を追う, を追う ▪ I *started after* him in hot haste. 私は大急ぎで彼を追った.

start aside 自 (人・馬が)飛びのく ▪ His horse *started aside* with fright. 彼の馬はおびえて飛びのいた.

start at [***with***] 自 …から始まる[始める] ▪ Prices *start at* 10 dollars. 値段は10ドルから始まる ▪ We *started with* cocktails. 我々はカクテルで始めた.

start back **1** 急に後ずさりする ▪ He *started back* appalled at the sight. 彼はその光景にぎょっとして急に後ずさりした.

2 戻り始める, 帰途につく, 引き返す ▪ It's time I *started back*. もうおいとましなければなりません.

3 戻る, また始める ▪ I *start back* at work tomorrow. 明日仕事に戻ります.

start down 自 (…を)降り始める ▪ He *started down* the hill. 彼は丘を降り始めた.

start for 自 …に向けて出発する ▪ He *started for* London. 彼はロンドンへ出発した.

start in 自 《米》**1** …を非難し始める, のことで文句を言う (*on*) ▪ He *started in on* his boss. 彼は上司を非難し始めた.

2 (…し)始める, (…に)取りかかる (*to do, on*) ▪ She *started in on* a new novel. 彼女は新しい小説に取りかかった ▪ I was *starting in to* die when she found me. 私が死にかけているところを彼女が見つけてくれた.

── 他 **3** …を雇い入れる (*as*) ▪ They *started* me *in as* a dishwasher. 私は皿洗いとして雇ってもらった.

start into 自 急に…になる ▪ He *started into* a sudden rage. 彼は急にかっと怒りだした.

start off 自 **1** 出かける, 出発する (*for, on, to*) ▪ They *started off on* their expedition. 彼らは遠征に出発した.

2 (動物が)あわてて逃げる ▪ The squirrel *started off* at the sound. リスはその音が聞くあわてて逃げた.

── 他 **3** 《英口》(人)を怒らせる, 感情的にさせる; を笑わせる ▪ Take care not to *start* her *off* again. 彼女をまた怒らせないように気をつけて ▪ She was trying not to laugh and that *started* me *off*. 彼女が笑いをこらえているのを見てこっちが吹き出してしまった.

4 …を出発させる ▪ He *started* us *off* to the woods. 彼は我々を森へ出発させた.

── 他 **5** 始める[させる], 話し始める (*on, (by) doing, with*) ▪ What made you *start off on* your study of English? なぜ英語研究を始めたのです

か • The child *started off crying* again. その子はまた泣き出した • He *started off by attacking* the chair. 彼は開口一番, 議長を非難した.

start a person off [out] ⦿ 人に仕事を始めさせる • The money *started* him *off* as a publisher. その金で彼は出版の仕事を始めることとなった.

start off with …から始まる • The phonebook *starts off with* the letter A. 電話帳はAという文字から始まっている.

start on ⦿ ⦿ 1 《英口》(人)を責める, (人)に文句を言い始める, くってかかる (at) • Don't *start on* (at) me! It wasn't my fault. 僕を責めないでくれ. 僕が悪かったんじゃない.
— ⦿ 2 (旅・企て・事業など)を始める • He *started on* a new business enterprise. 彼は新しい事業を始めた.

start out ⦿ 1 仕事を始める • When did you *start out* as a teacher? いつ先生の仕事を始めたのですか • He *started out* in business on his own. 彼は独立して商売を始めた.
2 出発する (for, on) • He *started out* on a trip. 彼は旅行に出かけた.
3 飛び出す • The spectacle *started out* to our view. その光景が目の前に現れた.
— ⦿ 4 《口》…を始める, にとりかかる (to do) • He *started out* to write a story. 彼は小説を書き始めた.

start … out of ⦿ …をびっくりさせて(眠りなど)から目ざめさせる • The explosion *started* us *out of* our sleep. その爆発にびっくりして私たちは目をさました.

start over ⦿ ⦿ 《米》(…を初めから)やり直す, やり直させる • This cake isn't good enough, let's *start over*. このケーキは出来があまりよくない. やり直そう.

start up ⦿ 1 飛び起きる, 急に立ち上がる • He *started up*, and ran to me. 彼は急に立ち上がって私の所へ走り寄った.
2 (髪の毛が)急に逆立つ • The hair of my head so *started up*, that it threw my cap on the ground. 私の頭髪が急に逆立ったので帽子が地べたに落ちた.
3 急に権力を得る; 急に目立ってくる • Just then a tremor suddenly *started up* beneath our feet. ちょうどそのとき足もとが急に揺れだした.
4 (物が)急に現れてくる, 急に生じる • Many difficulties have *started up*. 多くの困難が急に生じた • A village has *started up* where there was a thick forest. 密林のあった所に急に村が一つできた.
5 (丘が)急にそびえる • There a beautiful green knoll *started up* suddenly. そこに美しい緑の小山が急にそびえていた.
6 操業を始める • That factory will soon *start up* again. あの工場はまたじき操業を始めるだろう.
7 (鳥などが)急に飛び立つ • A bird *started up* out of the bush. 茂みから鳥が1羽急に飛び立った.
— ⦿ ⦿ 8 (エンジンを[が])動き出させる[動き出す] • He *started up* the engine. 彼はエンジンをかけた • When the engine finally *started up*, he took a deep breath. やっとエンジンがかかると彼は一つ大きく息を吸い込んだ.
9 演奏し始める • The band *started up* (a waltz). バンドは(ワルツを)演奏し始めた.

start up in ⦿ (仕事)を始める • He *started up in* business. 彼は商売を始めた.

starve /stɑːrv/ ***starve for*** ⦿ …に飢える, を切望する • The motherless children were *starving for* affection. 母親のない子供たちは愛情に飢えていた.

starve A of B ⦿ AからBを奪う • The doctor in charge destroyed the cancerous cells by *starving* them *of* oxygen. 私の主治医はがん細胞から酸素を奪ってそれを破壊した.

starve A out (of B) ⦿ Aを兵糧攻めで(Bから)追い出す • We *starved* the enemy *out of* the trenches. 我々は兵糧攻めで敵を塹壕(ざんごう)から追い出した.

stash /stæʃ/ ***stash away*** ⦿ 《口》(金・品物など)をしまって[隠して]おく • He has some money *stashed away*. 彼は金を少々へそくりしてある.

stave /steɪv/ ***stave away*** ⦿ 《まれ》(好ましくないもの)を食い止める • One huge peril *was* handsomely *staved away*. 一つの大きな危険が見事に食い止められた.

stave in ⦿ 1 (船など)に穴をあける • The sea *staved in* two of the boats. 波はボート2隻に穴をあけた.
2 (窓など)を突き破る • The windows had *been staved in* by the tempest. 窓はそのあらしで突き破られた.
— ⦿ 3 こわれる • The boat *staved in* when it struck the rocks. 船は座礁したときこわれた.

stave off ⦿ 1 (好ましくないもの)を(一定期間)くい止める, そらす, かわす • A little fish sufficed to *stave off* hunger. 飢えをくい止めるには小さな魚1匹で十分だった.
2 …を(時機を得ぬものとして)延ばす, すっぽかす • It has *been* so long *staved off*. それはずいぶん前から延び延びになっている • He has *been staved off* with one excuse after another. 彼は次から次へと口実を設けてすっぽかされてきた.
3 (クマにじめなどで犬)を棒で追い払う; (人・群衆)を追い払う • He *staved* the attackers *off* with his umbrella. 襲ってきた連中を彼は持っていた傘で追い払った.

stay /steɪ/ ***stay ahead (of)*** ⦿ ⦿ 1 (人より)先んじている, 有利な立場を保つ • He worked very hard to *stay ahead (of* the others). 彼は(他の者からの)リードを保つために猛勉強した.
2 …を完了する[終える] • I *stayed ahead of* my job. 私の仕事は終えた. ⇨ = KEEP ahead of 3.

stay around ⦿ 《米口》近くにいる • *Stay around*. I'll soon be back with you. この辺にいてくれ. すぐ戻って来るから.

stay at ⦿ 1 (ホテル・家など)に泊る • Which hotel are you *staying at*? どちらのホテルにお泊まりですか.
2 (大学)に残る • After her PhD she *stayed at* university. 彼女は博士号を取得後, 大学に残った.

stay away (from) 自他 **1** (...を)避ける, (...に)寄りつかない, (...から)離れている ▪ If you don't want to get into trouble, *stay away from* me. ごたごたに巻きこまれたくなければ僕を避けるんだな.
2 (...を)留守にする, 欠席する ▪ She will *stay away from* home overnight. 彼女は一晩家をあけるだろう ▪ He sometimes *stays away from* school. 彼はときどき学校を休むことがある.

stay back **1** 後ろの方へ下がっている ▪ There's no need for you to *stay back*. 君は後ろの方へ下がっている必要はない.
2 原級にとどまる ▪ The boy may *stay back* in the class. あの少年は原級にとどまるかもしれない.

stay behind 自 居残る ▪ I feel as if I could not bear to *stay behind*! とても居残ってなどいられないような気持ちなんです.

stay by *a person* 他 《米口》 (とどまって)人を助ける ▪ He *stayed by* his brother. 彼はとどまって弟を助けた.

stay down 自 **1** (食物が)胃中に収まっている ▪ None of the special food would *stay down*. 特別食のどれも胃に収まろうとしなかった.
2 水中にとどまる, 潜ったままでいる ▪ I cannot *stay down* for a minute, even with a diving suit. 潜水服を着けていても1分も水中にはとどまれない.
3 (紙片などが)そり返らない ▪ The flap of this envelope won't *stay down*. この封筒の折り返しはそり返ってくれない.
4 (レバーなどが)低い位置にある ▪ The lever won't *stay down*. そのレバーはどうしても低位置に収まらない.

stay for 自 ...をとどまって待つ ▪ He *stays for* you at the gate. 彼は門の所であなたを待っています ▪ Come, *stay for* supper. さあ夕食を食べて行ってください.

stay in 自 **1** 家にいる; 外出しない ▪ The only thing to do is to *stay in*. 家にいるほかに手がない.
2 居残る ▪ The teacher made the boy *stay in* and do his exercises again. 先生はその子を居残らせて練習問題をやり直させた.
3 きちんとはまっている ▪ I can't get the screws to *stay in*. ねじをきちんとはめることができない.
4 (火が)燃え続ける ▪ The fire *stayed in* until we got back. (暖炉の)火は帰宅するまで燃え続けていた.
5 (クリケット)(アウトにならずに)グラウンドにいる ▪ In the game he had been *staying in*. その試合では彼はずっとグラウンドにいた.
6 座り込みストをする ▪ The workers *stayed in* until their demands were met. 労働者は要求が容れられるまで座り込みストをした.

stay off 他 **1** (食べ物など)を控えている ▪ You'd better *stay off* tobacco. タバコは控えたほうがよい.
2 (学校・仕事)を休む, 欠席[欠勤]する ▪ Mary *stayed off* school with cold. メアリーは風邪でまだ学校を休んでいた.
— 自 **3** (減量したあと)やせたままでいる ▪ I found the weight *stayed off* after the diet was finished. ダイエットが終わったあとも体重が維持されているとわかった.
4 近づかない; 戻らない ▪ We'll go on a picnic if the rain *stays off*. 雨が近くなければピクニックに行こう.

stay on 自 **1** 居続ける ▪ He's promised to *stay on* for another year with the firm. 彼はもう1年その会社にとどまると約束した.
2 (電灯・テレビなどが)ついたままである ▪ The light *stayed on* all day. 明かりは24時間ついたままだった.
3 (蓋などが)上にはまっている ▪ The lid didn't *stay on*. 蓋がはまっていなかった.

stay out 自 **1** (夜おそくまで)外出[外泊]している ▪ He will *stay out* till late tonight. 彼は今夜は帰りが遅くなります.
2 《英》ストライキを続ける ▪ The workers decided to *stay out*. 労働者はストを続けることに決めた.
3 (事件・ゲームなどに)手を出さない; (...に)関わらずにいる (*of*) ▪ I don't approve of the plan and I prefer to *stay out*. その計画はよろしくないと思うので, 僕はむしろ手を出さないでおきたい ▪ I *stayed out of* their fight. 私は彼らのけんかには関わらずにいた.
— 他 **4** ...を終わりまでとどまる[見る] ▪ We *stayed out* the new opera. 我々はその新作オペラを終わりまで見た ▪ He *stayed* the week *out*. 彼はその週の終わりまでいた.
5 (人)よりも長居をする ▪ We all designed to *stay out* each other. 我々はみな他の者よりも長居をしようともくろんでいた.

stay out of 自 **1** ...に入らない ▪ Tell the children to *stay out of* the grass. 芝生にはいらないように子供たちに言ってちょうだい.
2 = STAY out 3.

stay over 自 **1** 外泊する ▪ She *stayed over* at her classmate's last night. 彼女は昨日の夜, 級友のうちに泊まった.
2 = STOP over 1.

stay together 自 いっしょにいる; 団結している ▪ The family should *stay together*. 家族は団結していなければならない.

stay under 自 水にもぐっている ▪ Can you *stay under* for two minutes? 2分間水にもぐっていられますか.

stay up 自 **1** 寝ずに起きている ▪ The nurse had to *stay up* all night. 看護師は一晩中起きていなければならなかった.
2 上のほうに残る, ずり落ちない ▪ These trousers don't *stay up* without a belt. このズボンはベルトがないとずりさがる.
3 (飾り絵などが)掛けられた[飾られた]ままである ▪ Last year's calendar still *stays up*. 去年のカレンダーがまだ掛けられたままだ.
4 精通[熟知]したままでいる ▪ Mary *stays up* on current trends. メアリーは相変わずいまの流行に詳しい.

stay with 自 **1** (客として人)の所に泊まる ▪ My cousin is *staying with* us on a visit. いとこがうちへ来て泊まっている.
2 (人の心に)いつまでも残る ▪ The song has *stayed with* me. その歌は私の心にいつまでも残っています.

— 他 **3** …に遅れずについて行く ▪She'll never be able to *stay with* us at the pace we're going. 彼女は我々のペースではとてもついては来られまい.

4 …を使用し続ける, あきらめずに続ける ▪I have *stayed with* this method for ten years. 10年間この方法を利用し続けている ▪How many students *stay with* this class? 何人の学生がこの授業を(あきらめず)に出席しているのですか.

5(人)の話を続けて聞く ▪*Stay with* me a few more minutes. いましばらく私の話を続けて聞いてください.

6《米口》…と結婚する ▪He asked her whether she would *stay with* him. 彼は自分と結婚してくれるかと彼女に尋ねた.

7《米口》(食べ物が)…に腹もちがよい ▪Stew's good, but it doesn't *stay with* you. シチューはうまいが, (君には)腹もちがよくない.

steady /stédi/ ***steady down*** 自他 まじめになる; …をまじめにする ▪He *steadied down* and lived in repute. 彼はまじめになって評判のよい暮らしをした ▪Marriage has *steadied* him *down*. 結婚して彼はまじめになった.

steal /stí:l/ ***steal along [down]*** (涙などが)…をそっと伝って流れる ▪A tear *stole along* her cheeks. 涙が一滴彼女のほおをそっと伝って流れた.

steal away 他 **1** …を盗み取る ▪A pickpocket *stole away* all his money. すりが彼の所持金をすっかり盗み取った.

2 …を奪い去る ▪His disciples *stole* his corpse *away*. 彼の弟子どもが彼の遺体を奪い去った.

— 自 **3** ひそかに去る ▪He *stole away* across the lawn. 彼は芝生を横切ってひそかに去った.

4 (時が)いつの間にか過ぎる ▪In the meantime time *stole away*. その間も時はいつしか過ぎていった.

steal in 自 **1** 忍び込む ▪He *stole in* to look at the dead. 彼は死人を見るために忍び込んできた.

— 他 **2**《まれ》…を仕入れる, 密輸入する ▪The merchants undersold them by *stealing in* English cloth. 商人たちはイギリスの生地を密輸入してそれを安く売った.

steal off 自 ひそかに立ち去る ▪Maria *stole off* to her lover. マリアは恋人のもとにひそかに去った.

steal on 自 **1** (時が)いつしか過ぎていく ▪Years *stole on* unobserved. それと気づかぬままいつか月日が過ぎていった.

2 (蒸気などが)そっと流れて来る ▪The vapor of charcoal *steals on* little by little. 木炭の蒸気は少しずつそっと流れて来る.

steal on [upon] 他 **1** …にひそかに迫る ▪The cat *stole on* her prey. 猫はひそかにその獲物に近寄った.

2 (眠り・衰弱などが人)をいつしか襲う ▪The infirmities of age now began to *steal upon* Kant. 老衰が今やカントをいつしか襲い始めた.

3 (音・香・光が知覚)に次第に感じられてくる ▪This plaintive strain *stole on* my ear. この哀しな調べが次第に私の耳に聞こえてきた.

4 (事件などが人)を知らぬまに襲う ▪Day had *stolen upon* him. 彼の知らぬまに朝になっていた.

steal over 他《文》(眠り・衰弱などが人)をいつしか襲う, 徐々に現れる ▪A strange drowsiness *stole over* him. 彼は妙に眠くなってきた ▪A grim expression *stole over* her face. 不きげんな表情が彼女の顔に徐々に現れた.

steal up (on) 自 (…に)こっそり忍び寄る ▪The thief *stole up on* his victim and struck him over the head. 泥棒はこっそりとカモに忍び寄ってその頭を一撃した.

steam /stí:m/ ***steam away*** 自 **1** (水蒸気などが)蒸発する ▪The vapor *steamed away* into the air. 蒸気は空中へ蒸発していった.

2 汽船で旅する ▪They *steamed away* together for a week. 彼らは1週間いっしょに汽船で旅をした.

3《口》大いに精出す, どんどんはかどる ▪He *steamed away* for the race. 彼はレースに備えて大いに精出した.

steam off 他 **1** (紙)を蒸気ではぎ取る ▪We *steamed* the unused stamps *off* their envelopes. 我々は封筒から未使用の切手を蒸気ではぎ取った.

— 自 **2** 蒸気で出て行く ▪The train slowly *steamed off*. 列車はゆっくりと蒸気で出て行った.

steam on 自 蒸気で進んでいく ▪The ship *steamed on* towards the harbor. 船は港の方へ蒸気で航行していった.

steam over 自 他 蒸気で曇る[曇らせる] ▪The windows have [*are*] *steamed over*. 窓が蒸気で曇ってしまった.

steam up 自 他 **1** = STEAM over.

— 他 **2** …を激高させる ▪There's no need to get *steamed up* at such trifles. そんな些細なことでカッカしなくてもいいのだ.

3 …に元気を出させる ▪I can't get *steamed up* any more. もう元気を出すことができない.

— 自 **4** (水蒸気などが)蒸発する, 立ちのぼる ▪Then there *steamed up* a freezing dew. それから冷たい露が蒸発していった.

steep /stí:p/ ***steep A in B*** 他 AをBに浸す[つける] ▪She *steeped* raspberries *in* brandy. 彼女はラズベリーをブランデーにつけた.

steer /stíər/ ***steer away from*** 他 …を避ける ▪They *steered away from* my questions. 彼らは私の質問に答えるのを避けた.

steer for 他 …の方へ向かって航行する ▪*Steer for* the shore! 陸の方へ向かって航行せよ.

steer a person into [toward] 他 人を導いて…させる ▪He tried to *steer* his son *into* becoming a lawyer. 彼は息子を導いて弁護士にさせようとした.

steer a person through 他 人を導いて(試験・困難を)切り抜けさせる[パスさせる] ▪The lawyer will *steer* you *through* (the difficulty). あの弁護士が君を導いて(この困難を)切り抜けさせてくれるよ.

stem /stem/ ***stem back*** 自 (牛などが)頑として前へ進まない ▪The bullocks *stemmed back* with their fore-feet. 去勢牛たちは前足をふんばって頑として前へ進まなかった.

stem from 自 …から生じる, に由来する ▪ Most prejudice is said to *stem from* fear. 偏見はたいてい恐れから生じると言われる.

step /step/ ***step across*** 自 **1** …を越えて行く ▪ We *stepped across* the street. 我々は通りの向こう側へ行った.
2 (近くの人・場所を)訪問する ▪ *Step across* and have tea with me tomorrow. あすお茶を飲みにおいでください.

step along 自 立ち去る ▪ Well, I must *step along* now. おや, もう帰らなくちゃ.

step aside 自 **1** わきへ寄る, どける ▪ He *stepped aside* to shun the blow. 彼はその打撃を避けるためにわきによけた.
2 =STEP down 2.
3 (正しい道から)踏み迷う, わき道へそれる ▪ To *step aside* is human. 踏み迷うは人の常だ.

step astray [***awry***] 自 (正道から)踏み迷う ▪ My heedless youth has *stepped astray*. 私の無鉄砲な青春は道を踏み迷ってきた.

step back 自 **1** 後ろへ下がる ▪ We *stepped back* politely to let the ladies pass. 我々はそのご婦人がたを通すためにいんぎんに後ろへ下がった.
2 後ずさりする ▪ When he saw it, he *stepped back* in surprise. 彼はそれを見ると驚いて後ずさりした.
3 =STAND back 3.
4 =STEP backward.

step backward 自 (心の中で)さかのぼる ▪ Now we are *stepping* 3,000 years *backward* into the remotest antiquity. 今我々はこの上もなく遠い古代まで3,000年もさかのぼっているわけだ.

step between 自 (隔離・妨害などのため)…の間に入る, 割り込む ▪ We will no longer *step between* the reader and his mirth. 我々はもう読者とその楽しみの間に入ってじゃまはすまい.

step down 自 **1** (乗り物から)歩み降りる ▪ I *stepped down* from my car. 私は車から降りた.
2 身を引く, (人のために)降りる, 引退する ▪ If you want the part, he'll *step down* for you. 君がその役割がほしいのなら, 彼が身を引いてくれるさ.
3 《米口》退職する ▪ Let the members of it *step down* and resign. 局員たちに身を引いて退職させるがよい.
4 議論を譲る, 折れる ▪ My convincing argument finally made Father *step down*. 私の説得力のある議論によってついに父も折れた.
— 他 **5** (電圧・スピード)を下げる ▪ The transformers *stepped* the pressure *down* to 2,000 volts. 変圧器は電圧を2,000ボルトに下げた.
6 (生産)を減じる ▪ We had to *step down* production. 我々は生産を減少しなければならなかった.

step forth [***forward***] 自 **1** 《米》援助を申し出る, 《英》情報を提供する ▪ He *stepped forward* and offered to pay the bill. 彼は手を差しのべて支払いを申し出た.
2 歩み出る, 進み出る ▪ His comrade, *stepping forward*, remonstrated with some warmth. 彼の仲間は進み出て, やや激しい口調でたしなめた.

step in 自 **1** (家・船・車などの)中へ入る ▪ Let's *step in* at my uncle's. おじの家へ立ち寄ってみようじゃないか.
2 (事件・論争などに)介入する, 干渉する ▪ Certain Bishops *stepped in* to preserve peace. 平和を維持するため, いく人かの主教たちが介入した.
3 機会を捕える ▪ He didn't want the job, so his brother *stepped in* and took it. 彼がその仕事をいやがったので, 弟がその機会を捕えてそれに就いた.
4 《レスリング》足を相手の足にひっかける ▪ At the same time he *steps in* with his other leg to turn you. 同時に相手は君をころばそうともう一方の足をひっかけてくる.
5 《クリケット》(打者が)ボールを打つために一歩踏み出す ▪ Every first-rate player knows how to *step in*. 一流の選手はみなボールを打つために一歩踏み出すすべを知っている.
— 他 **6** (靴)をはく ▪ You can *step in* these shoes without fastening them. この靴はひもを結ばずにはけます.

step inside 自他 (家・部屋に)立ち寄る ▪ Will you please *step inside* (my office)? (私の事務所に)お立ち寄りくださいませんか.

step into **1** (部屋・車などの)中に歩み入る ▪ I *stepped into* the parlor. 私は客間に歩み入った ▪ The ladies *stepped into* the coach. 婦人たちは馬車へ乗り込んだ.
2 (地所・官職など)を容易に手に入れる, にありつく; (人)の後がまにただちに座る ▪ By her death he has *stepped into* a great estate. 彼女が死んだため彼は広大な地所を容易に手に入れた ▪ William had *stepped into* their place. ウィリアムは彼らの後がまにただちに座ったのだった.

step off 自 **1** (階段などを)降りて去る ▪ The visitor *stepped off*, and turned down Grosvenor Street. その訪問客は階段を降り, グローブナー街を折れて行った.
2 《軍》(決められた歩度で)行進し始める ▪ On the command "Quick march," *step off* smartly with the left foot. 「速足行進」という号令で左足からきびきびと行進を始めるのだ.
3 失策をやる ▪ He *stepped off* in business. 彼は商売で失策した.
4 《俗》結婚する ▪ He *stepped off* at the beginning of this year. 彼は今年初めに結婚した.
5 《俗》死ぬ ▪ There will only be the bit of money I have when I *step off*. 私が死ぬときには今持っているわずかの金しかないだろう.
— 他 **6** …から降りる ▪ He *stepped off* the bus. 彼はバスから降りた.
7 …を歩測する; をコンパスで切り取る ▪ I have been for years *stepping off* distances. 私は何年間も距離を歩測してきた ▪ *Step off* the radius six times upon the circumference. コンパスで6回転の円周から半径を切り取れ.

step on [***upon***] 他 **1** …を踏む; に足をかける ▪ See the ground you *step on*. あなたの踏んでいる

地面を見なさい.
2(傾向・人など)を抑える ▪*Step on* any inclination to slack. 怠けようとする気持ちはいっさい抑えなさい.
3(人の感情)を害する ▪Take care not to *step on* his feelings. 彼の感情を害さないように気をつけなさい.
4(人)をしかる ▪I *stepped on* him very firmly. 彼を手きびしくしかってやった.

step out 㮊 **1**(家から)出る; (船・車から)降りる;《主に米》(少しの間)外出する. 席をはずす ▪I'm just going to *step out* for a minute or two. ちょっと出かけようとしているところだ ▪I *stepped out* from the train. 私は列車から降りた ▪I'm sorry she's just *stepped out* for a second. すみません, ちょうど彼女, 少しの間席をはずしたところなんです.
2《軍》歩度[歩幅の程度]を伸ばす ▪On the word "*Step out*," the recruit must lengthen his step to 33 inches. 「歩度を伸ばせ」という号令で新兵は歩度を33インチに伸ばさねばならない.
3どんどん歩く ▪If we are going to catch that train, we've got to *step out*. その列車に乗るつもりなら, どんどん歩かなくちゃだめだ.
4《口》遊びに出かける, 社交にふける; (...と)デートする(*with*) ▪She's really *stepping out* these days. 彼女は近ごろ本当によく遊び回っている ▪She's been *stepping out with* him. 彼女はずっと彼とデートしている.
5手を引く, 辞職する ▪I feel it's time for me to *step out*. 僕は手を引くべきころだという気がする.
6《米俗》死ぬ, いなくなる ▪We have no friends; they've all *stepped out*. 我々には友人がありません. みな死んじゃったのです.
— 他 **7** = STEP off 7.

step out of 他 (ズボンなど)を脱ぐ ▪He *stepped out of* his pants and took off his T-shirt. 彼はズボンを脱ぎTシャツも脱いだ. ☞スカートなど二股に分かれていないものには用いない.

step out on 他 (夫・妻)を裏切る. に不貞を働く ▪I knew he was *stepping out on* me. 夫が私を裏切っていることは知っていました.

step outside 㮊 **1**ちょっと外へ出る ▪He's just *stepped outside*. 彼は今ちょっと外へ出たところです.
2《口》(けんかで決着をつけるために)外へ出る ▪Let's *step outside* and settle this. 外へ出てこの決着をつけよう.

step over 他 **1**...をまたぐ; を飛び越える ▪Gulliver *stepped over* the great western gate. ガリバーは大きい西門をまたいだ ▪You'll have to *step over* him and go to the chief. 彼を飛び越えて所長のところへ訴えなければいけない.
2(限度)を越える ▪I hope I am not *stepping over* the bounds of modesty. 慎みの限度を越えていなければいいのですが.
3...をとばす ▪You are *stepping over* one or two points. あなたは1, 2の点をとばそうとしている.
4《軍》(先任者など)を飛び越して昇進する ▪Young men of connection frequently *step over* old soldiers. 縁故のある若い兵士はしばしば古参兵を飛び越して昇進する.
— 自 **5**(話者の方へ)来る ▪Would you please *step over* to my office? 私の事務所までお越しくださいませんか.

step round 他 **1**...をぐるりと回る ▪We *stepped round* the wall. 我々は塀をぐるりと回った.
2...を避ける ▪He's a marvel at *stepping round* the trouble. 彼はごたごたを避ける名手だ.

step round to ...へちょっと立ち寄る ▪I'm just going to *step round to* old Tom's place. トムの家へちょっと立ち寄るつもりだ.

step through 他 (ダンス)を踊り通す ▪She *stepped through* a minuet gracefully. 彼女は上品にメヌエットを踊り通した.

step together 㮊 **1**(2頭の馬が)歩調がそろう ▪"How well they *step together*!" he said, speaking of the dancers as if they were horses. 「とてもうまく歩調がそろってるじゃないか!」と彼はダンサーたちがまるで馬ででもあるように言った.
2(人が)同調している ▪They *stepped together* well, and so defied censure. 彼らはみごとに同調していたので非の打ちどころがなかった.

step up 㮊 **1**(階段などを)歩み上がる; (都へ)のぼる ▪Would you please *step up* to my office upstairs? 2階の私のオフィスまで来てくれませんか ▪He often *stepped up* to town. 彼はよく都へのぼって来た.
2(...へ)進み出る, 近寄る(*to*) ▪I *stepped up* and asked his name. 私は進み出てその男の名前を聞いた ▪The man *stepped up to* me. その人は私の所へ近寄ってきた.
3昇進する ▪When the old boss retires you'll *step up*, I expect. 老社長が引退したら, 君が昇進するだろうと思う.
4(説教壇・演壇などに)登壇する ▪After him *stepped up* a child of 8 or 9 years. 彼の後から8, 9歳の子供が登壇した.
5《レスリング》(相手のまたの間に)足を上げる ▪*Step up* with your left leg between his legs. 相手のまたの間に左足を上げるんだ.
— 他 **6**《米口》...を上げる, 促進する ▪We've got to *step up* production and export. 生産と輸出を促進しなければならない.
7...を昇進させる ▪You're going to *be stepped up* to head clerk. 君は事務長に昇進するはずだ.
8《電》(変圧器で電圧)を上げる ▪The autotransformer is used to *step up* the voltage to 500 volts. その自動変圧器は電圧を500ボルトに上げるのに用いられる.
9(ポール・マストなど)をしっかりと立てる ▪A tall pole *was stepped up*. 高いポールがしっかりと立てられた.
10(スピード)を上げる, 速める ▪We'll have to *step up* production to defeat our competitors. 競争相手の各社に勝つには生産スピードを上げなければならないだろう.

stick /stɪk/ ***stick around*** [***about***] 㮊 《口》そこいらで待つ ▪*Stick around* a bit and see what happens. ちょっとそこいらで待っていて何が起こるか見ていたまえ.

stick at 他 **1** …をこつこつやる, にかじりつく ▪ He sticks *at* it until he gets results. 彼は結果が得られるまでこつこつやる.

2 〖主に否定文で〗 …するのをためらう, 思いとどまる ▪ I'll do most things, but I stick *at* murder. 私はたいていのことはやってのけるが, 人殺しをするのはためらう ▪ Such women do not stick *at* telling a falsehood. そういう女性は嘘をつくのをためらわない.

3 (困難などに)つまずく, で行きづまる ▪ I have stuck *at* this difficulty. 私はこの困難につまずいている.

stick back 他 …を元の位置［場所］に戻す ▪ He closed the book and stuck *back* on the shelf. 彼は本を閉じて棚の元の位置に戻した.

stick by 他 **1** (人)をあくまで見捨てない, に忠実だ ▪ He stuck *by* me bravely in my fall. 彼は私が失脚したとき勇敢に私のそばについていてくれた.

2 (まれ)(主義・約束など)を堅く守る ▪ He stuck *by* his word. 彼は約束を堅く守った.

stick down **1** …を張りつける ▪ He stuck *down* the envelope. 彼は封筒を張りつけた.

2 〘口〙 …を降ろす ▪ Stick it *down* anywhere you like. どこでも好きな所へそれを降ろしなさい.

3 〘口〙 …を書きつける ▪ You'd better stick *down* the address. 住所を書き留めておくほうがよい.

stick a person for 他 〘口〙 …を求めて人にたかる ▪ I'm awfully sorry I stick you *for* such a lot. あなたにそんな大金を無心して相すみません.

stick in 自 **1** …にささる; を差し入れる; 〘スコ〙(木)を植える ▪ The needle stuck *in* my finger. 針が指にささった ▪ You may stick *in* a tree. 木でも植えたらどうだ.

2 家の中にいる ▪ Are you going to stick *in* all day? 一日中家にいるつもりか.

3 (地位などに)しがみついて離れない, なかなかやめない ▪ I know how they stick *in*. あの連中がなかなかやめないのはわかる.

4 〘スコ〙辛抱する ▪ Stick *in* with your lessons. たゆまず勉強をせよ.

5 …にはまり込む; ひっかかって動かない ▪ The bus stuck *in* the mud. バスはぬかるみにはまり込んだ ▪ The key stuck *in* the lock. かぎが錠にひっかかって動かなかった.

6 頑張って働く ▪ Stick *in*, the job's almost done. 頑張って働け, 仕事はあらかた完了だ.

stick A in [*into*] ***B*** 他 **1** A を B に貼りつける ▪ She stuck the photos *in* her album. 彼女は写真をアルバムに貼りつけた.

2 〘口〙 A を B に差し込む［突っ込む］ ▪ He stuck her letter *in* his pocket. 彼は彼女からの手紙をポケットに突っ込んだ.

3 A を B に(突き)刺す［通す］ ▪ My daughter stuck the needle *in* her finger by accident. 娘が誤って針を指に刺した.

4 〘口〙 A を B (話・手紙など)に含める［置く］ ▪ I stuck this chapter *in* my paper. 私はこの章を論文に入れた.

stick in with 〘口〙 …といっしょに暮らす ▪ I had to stick *in with* my aunt for a while. しばらくおばといっしょに暮らすほかなかった.

stick indoors 家の中にばかりいる ▪ The boy sticks *indoors* too much. その男の子はあんまり家の中にばかりいすぎる.

stick on 他 **1** …を貼る, くっつける ▪ Stick *on* a stamp and post it. 切手を貼って投函してください.

2 (灯・ラジオなど)をつける ▪ I stuck the radio *on*. ラジオをつけた.

3 (仕事)にかじりついている ▪ I'm determined to stick *on* here. 僕はここにかじりついているつもりだ.

4 …を付加する ▪ The government is going to stick *on* more tax. 政府は増税しようとしている.

5 〘口〙 …を着る, 身につける ▪ Please stick a jacket *on*. 上着をお召しください.

6 〘口〙 …を(無造作に)置く ▪ You should stick your report *on* my desk. レポートは僕の机の上に置いておいてくれればいいよ.

── **7** 〘口〙長尻する ▪ Whenever he is invited he sticks *on*. 彼は招待されるといつも長尻する.

── 自 **8** (馬)から落ちない; 落ちないでいる ▪ Can you stick *on* (a horse)? 君は(馬から)落ちないでいられますか.

stick A on B A (責任など)を B (人)のせいにする ▪ He stuck the blame for this mess *on* me. 彼はこの混乱の責任を私のせいにした.

stick out 自 他 **1** (棒などが)突き出る; (体の一部を)突き出す ▪ His shoulder-bone sticks *out*. 彼の肩甲骨は突き出ている ▪ Signal by sticking *out* your hand. 手を突き出して合図しろ ▪ It's rude to stick *out* your tongue at others. 人に向かって舌を突き出すのは無礼である.

── 自 **2** 〘口〙目立つ ▪ When it occurs too often, it sticks *out*. あんまり度々だと目立つ.

3 〘口〙(強制・説論などを)なかなか聞き入れない; がんこに抵抗する ▪ We tried to persuade him, but he stuck *out*. 彼を説きつけようとしたが, なかなか聞き入れなかった.

── 他 **4** …を最後までがんばる ▪ He stuck the first term *out*. 彼は1学期を最後までがんばった.

5 …に耐える, をじっとがまんする ▪ She stuck *out* the bullying and graduated from high school. 彼女はいじめに耐えて高校を卒業した.

6 …を言い張る (*that*) ▪ Do you stick *out* that Carey didn't love you? あなたはケアリーがあなたを愛さなかったと言い張るのですか.

7 〘海〙(錨索)を(錨穴から)繰り出す ▪ Stick *out* the cable! 錨索を繰り出せ!

8 〖受身で〗(宝石などで)…を飾り立てる ▪ They *were* richly dressed, and stuck *out* with jewels. 彼らはぜいたくな身なりをし宝石類で飾り立てていた.

stick out against 他 **1** …に頑強に抵抗する ▪ The king stuck *out against* the popular cry. 王は頑強に民衆の声に抵抗した.

── 自 **2** …を背景にして目立って［くっきり］見える

• The black showcase *sticks out against* the white wallpaper. その黒の陳列棚は白の壁紙にくっきり映えるね.

stick out for 他 **1**(口)(賃金値上げなど)をあくまで要求する • The strikers are *sticking out for* a minimum wage of £350 a week. ストを行っている連中は1週350ポンドの最低賃金をあくまで要求している.

2《まれ》(些細なこと)をやかましく言い張る • Nobody *sticks out for* politeness more than Garrick. ギャリックくらいやかましくいんぎんさを言い張る者はいない.

stick over 他 **1**…のことでためらう • She *sticks over* anything that she thinks is unusual. 彼女は普通でないと思うことには何でもためらう.

2…を理解するのに骨折る • Are you *stuck over* algebra? 代数にひっかかっているのかい?

stick through 自他 突き出す[出る] • He *stuck* his head *through* the train window. 彼は列車の窓から頭を突き出した.

stick to 他 **1**(意見・要求・約束など)を固執する • He *sticks to* it that honesty is the best policy. 彼は正直は最良の策という考えに固執している.

2(仕事など)を一心にやる, にこびりつく • She was obliged to *stick* to her needle. 彼女はいやでも応でも針仕事を一心にやらざるをえなかった.

3(話題など)をもっぱら固守する • *Stick to* the point. 話を脱線させるな • We at present *stick to* the girl. さしあたりその女の子のことのみを考えることにした.

4《主に口》(人・党など)を見捨てない, にあくまで忠実である • But I should have *stuck to* him through thick and thin. しかし私は万難を排して彼にあくまで忠実であるべきだったのだ.

5(特定の器具・食物・飲料など)のみを使用する • Thank you, I'll *stick to* the claret. せっかくですが, 私はクラレット(ワイン)だけをいただきましょう • He *sticks to* that old camera. 彼はあの古いカメラばかり使用している.

6(持ち場などを)離れない, 死守する • He *stuck to* his guns. 彼はあくまで自分の立場を固守した.

7(原文などに)拘泥(こうでい)する, を墨守する • In the translation I have not at all *stuck to* the original. この翻訳において私は原文には少しも拘泥しなかった.

8(追跡・競走などで)…にぴったりとついて行く • *Stick to* the leading group to end up in the top ten. 10位以内でゴールできるように先頭集団についていけ • The detective *stuck to* the suspect very closely. 探偵は容疑者をぴったりマークしていた.

9…を手放さない • She'll *stick to* every shilling of it till she dies. 彼女は死ぬまでそのうちの一文だって手放さないだろう.

— 他 **10**…にくっつく[くっつける] • The wet dress *stuck to* the skin. 濡れたドレスが肌に張りついた • The mat must *be stuck to* the floor. It won't move. マットはきっと床に張りつけられているんだ. どうしても動かないもの.

stick together 自他 **1**(物が)堅くくっつき合う; をくっつける[張りつける] • Let us *stick together* like burs. いがのように堅くくっつき合おうではないか • *Stick* the two pieces *together* with glue. その2片を接着剤で張りつけなさい.

2(人が)一心同体になる, 利害を共にする, 協力し合う • Jim and I shall *stick together* in the meanwhile. ジムと私はその間利害を共にするわけだ.

stick up 自他 **1**突き出る • The bare posts *stuck* dismally *up* at the wayside. むき出しの柱が陰気に道ばたに突き出ていた.

2《口》(議論で)自説を主張する • You *stuck up* about deduction and induction. あなたは演繹と帰納について自説を主張した.

— 他 **3**(手など)を上げる • If you agree, *stick up* your right hand. 賛成するなら右手を上げなさい • *Stick 'em up*—I've got a gun! 両手を上げろ, こっちにはハジキがあるぞ! ('em (= them = your hands) 強盗が銃でおどすときの決まり文句.

4(くい・柱など)を立てる • An ugly statue *was stuck up* in a corner. 醜い像が隅に立てられていた.

5《米口》(人)を追いはぎする; (銀行など)を襲う • He *was stuck up* last night, with a gun to his head. 彼はゆうべ銃を頭に突きつけられて追いはぎされた • A robber *stuck up* a bank. 単独犯が銀行を襲った.

6(ビラなど)を貼る • The notice *was stuck up* on the church door. その掲示は教会の戸に貼られた.

7《口》(自分は…である)とふれこむ (to be) • They *stick up to be* everything wonderful. 彼らは自分たちは とてもすばらしいとふれこんでいる.

8《口》(勘定)をつけておく • *Stick it up* to me. それを私につけておいてくれ.

9(人)を困らせる, 途方にくれさせる • At last we came to a waterfall. This *stuck* us *up*. とうとう我々は滝のある所へ来てしまった. これで我々は途方にくれた.

10《豪》(獣)を追い詰める • We *stuck up* a kangaroo against a red gum tree. 我々はカンガルーを赤ゴムの木に追い詰めた.

11(人)に金を無心する • They *stuck* him *up* for the community chest. 彼に共同募金の金を無心した.

stick up for 他 《口》…を擁護[弁護]する, 支持する • He is utterly loyal; you should hear him *stick up for* you. 彼は全く忠実だ. 君を弁護しているのを君に聞かせてあげたいよ.

stick up to 他 **1**《口》…に抵抗する • There is no one who dare *stick up to* him. あの男にあえて抵抗する者は一人もいない.

2《英》(女性)に言い寄る • I don't like to see a boy of sixteen *stick up to* my daughter. 私は16歳の少年がうちの娘に言い寄っているのを見たくない.

stick with 他 **1**…から離れない, にくっついてる • *Stick with* me, or you'll get lost. 僕にくっついていないと, 迷子になるぞ.

2《口》…を続ける, やめない • He *stuck with* his job until it was done. 彼は自分の仕事が終るまでやり続けた.

3(人)にあくまで忠実である • He will *stick with*

you in all circumstances. 彼はどんな場合にも君にあくまで忠実だろう.
4(決心など)を守る, 変えない ▪ I'll *stick with* my decision. 私は決心を変えない.
5 = STAY with 5.
stick** a person **with 他 《俗》人に…をつかませる; 人に(粗悪品)を売る ▪ He *stuck* me *with* a wrong one. 彼はまちがったやつを僕につかませた ▪ They tried to *stick* their customers *with* bad PCs. 店は顧客に粗悪なパソコンを売ろうとした.

stiffen /stífən/ ***stiffen up*** 自 他 (筋肉などが)こる; (筋肉など)をこわばらせる ▪ My shoulders often *stiffen up*. 肩がよくこるんだ ▪ The clothes *stiffened up* my whole body. その服を着ると体全体がこわばった.

sting /stɪŋ/ ***sting** a person **for*** 他 《口》 …の代金として人に法外な金を吹っかける ▪ How much did they *sting* you *for* that gold-plated lighter? 君はその金めっきのライターでいったいくら吹っかけられたのかい?
sting** a person **into 他 人を刺激して…させる ▪ My rebuke seemed to *sting* him *into* action. 私の叱責が彼に行動を起こさせたようであった.

stink /stɪŋk/ ***stink of*** 自 …のにおいがある ▪ The room *stunk of* oil. 部屋が油のにおいがした.
stink out 他 **1**《英》= STINK up 1.
2 悪臭で(動物)を追い出す ▪ Badgers may be caught by *stinking* them *out*. アナグマは悪臭で追い出して捕えることができる.
stink up 他 **1**《米》…を悪臭で満たす ▪ Those bad fish *stink* the whole room *up*. そのいたんだ魚で部屋中が臭くなっている.
— 他 **2** 評判が悪い, 物議をかもす ▪ His new movie is *stinking up*. 彼の新作映画は評判が良くない.

stint /stɪnt/ ***stint** A **of** [**in**] B 他 AにBを出し惜しむ ▪ He *stints* his horses *of* [*in*] oats. 彼は惜しんで馬にやるオートムギを切りつめる.
stint on 他 《口》…を節約する ▪ My wife doesn't *stint on* the wine in her cooking. 妻は料理にはワインをたっぷり使う.

stipulate /stípjəlèɪt/ ***stipulate for*** 自 …を(協定の)条件として要求する ▪ I *stipulated for* ten minutes' sleep on reaching the summit. 私は頂上に着いたら10分間眠ることを条件として要求した.

stir /stə:r/ ***stir about*** [***around***] 自 **1** 動き回る ▪ At ten o'clock he began to *stir about* in his room. 10時に彼は部屋の中を動き回りだした.
— 他 **2** …をかきまぜる ▪ The soup *was stirred about* in the pot. スープはなべの中でかきまぜられた.
stir in 他 …をかきまぜて入れる ▪ The cook *stirred in* the sugar as she cooked the fruit. その女性調理師は果物を煮ながら砂糖をかきまぜて入れた.
***stir** A **into** B 他 **1** AをBに入れてかき混ぜる ▪ He *stirred* some cheese *into* his soup. 彼はチーズをスープに入れてかきまぜた.
2 Aを扇動してBさせる ▪ The news *stirred* people *into* action. そのニュースは人々を行動に駆り立てた.
stir out 自 外へ出る ▪ I haven't *stirred out* all morning. 私は午前中外へ出なかった.
stir round 自 忙しく立ち回る ▪ He *stirred round* when he heard the news. 彼はそのニュースを聞くと忙しく立ち回った.
stir round for 他 …を探し回る ▪ We must now *stir round for* a new butler. 新しい執事を今探し回らねばならない.
stir up 他 **1**(騒動などを)起こす; (感情など)をかき立てる, (人)を怒らせる ▪ A riot *was stirred up* in Rome. 暴動がローマで起きた ▪ Such songs are most apt to *stir up* devotion. そのような歌は忠誠心を最もかき立てがちである.
2 …をよくかきまぜる, かき立てる, (ほこり)を舞い上がらせる; (泥)をかき回して水を濁らせる ▪ I *stirred up* the fire. 私は火をかき立てた ▪ His hand *stirred up* the muddy water. 彼は手で泥水をかき回した ▪ A speeding truck *stirred* a cloud of dust *up* behind it. トラックが飛ばしてきて, あとにもうもうと土煙をあげた.
3 …を扇動する; を奮起させる ▪ The constable *stirred up* the rude people, and cried, "Kill him!" 巡査は野次馬を扇動して「あいつを殺せ!」と叫んだ ▪ I shall write to my lawyers to *stir up* our detectives. 私が弁護士に手紙を書いて探偵を奮起させましょう.

stitch /stɪtʃ/ ***stitch on*** 他 (バッジなど)を縫いつける ▪ Mother *stitched* the badge *on* to my blazer. 母が僕のブレザーコートにバッジを縫いつけてくれた.
stitch together 他 …を縫い合わせる ▪ The squares of silk *were stitched together*. 絹の四角い布ぎれが縫い合わされた.
stitch up 他 《英口》 **1** …を繕う, 縫い合わせる ▪ The doctor *stitched up* the wound in the man's head. 医師がその男の頭の傷を縫い合わせた.
2 …をうまく[有利に]まとめる ▪ He *stitched up* a major deal with the bank. 彼は銀行との大きな取引をうまくまとめた.
3 …を裏切る, はめる, だます ▪ I'm innocent. Someone has *stitched* me *up*. おれは潔白だ. 誰かがおれをはめやがったんだ.

stock /stɑk|stɔk/ ***stock up*** 自 他 仕入れる, 仕込む(*on, with*)(→STOCK up with) ▪ He tried to *stock up on* scarce items. 彼は品数の少ない物を仕込もうとした ▪ He will *stock* his shop *up with* woolen goods before winter. 彼は冬になる前に羊毛製品を店に仕入れるだろう.
stock up with 他 …を仕入れる, 買いだめする ▪ They *stocked up with* wine for Christmas. 彼らはクリスマス用にワインを仕入れた.
***stock** A **with** B 他 AにBを供給する[備える] ▪ He *stocked* the farm *with* Holstein cattle. 彼は農場にホルスタイン種の牛を入れた.

stoke /stoʊk/ ***stoke up*** 他 **1**(機関車・炉などに)火をたく, 燃料をくべる ▪ The ships had been *stok-*

ing up. 船は燃料をくべていた.
2(飲食物を)詰め込む, まとめ食いする; まとめ買いする(*on*, *with*) ▪ He *stoked up with* food and drink. 彼は飲食物を(腹に)詰め込んだ ▪ We went off to the supermarket and *stoked up on* food. 私たちはスーパーへ行って, 食物をまとめ買いした.
— 他 **3**(憎悪・怒り・恐怖心などを)かきたてる, あおる ▪ He *stoked up* his anger in his speech. 彼はスピーチで怒りをかきたてた.

stooge /stuːdʒ/ ***stooge about*** [***around***] 自《英俗》(パイロットが)あちこち旋回する; うろつく ▪ I've been *stooging about* for the last hour. 1時間はどうろうろしている.

stoop /stuːp/ ***stoop at*** [***on***] 他《詩》(タカなどが)…に飛びかかる ▪ The falcon *stoops on* its prey. ハヤブサは獲物に飛びかかる.
stoop down 自 かがむ ▪ I *stooped down* to pick up the pen. ペンを拾い上げるためにかがんだ.
stoop to 身を落として…する ▪ He *stooped to* a lie. 彼は身を落として嘘を言った ▪ He would *stoop to* anything. 彼は身を落としてどんなことでもやる.

stop /stɑp|stɔp/ ***stop around*** [***round***] 自 ちょっと立ち寄る ▪ He *stopped around* at my place. 彼はわが家にちょっと立ち寄った.
stop at 他 **1**(困難などに)ちゅうちょする ▪ He will *stop at* no expense. 彼は入費は意としないだろう.
— 自 **2**《口》…にいる[泊まる] ▪ Are you *stopping at* this hotel? このホテルに泊まっているのですか.
stop away 自 **1**近寄らない, 立ち寄るのをやめる ▪ My parents told me to *stop away* from those rough boys. 両親はあの乱暴な少年たちに近寄らないようにと私に言った.
2留守にする, 欠席する(*from*) ▪ Tom *stopped away from* school. トムは学校を休んだ.
stop back 他 **1**(水・流れ)をせき止める ▪ This frame-work will *stop back* the whole of the water. この骨組は水を全部せき止めてくれるだろう.
2(園芸で芽など)をつみ取って止める ▪ *Stop back* young plants. 若芽はつみ取ってよい.
— 自 **3**あとでまた立ち寄る, 出直す ▪ Please *stop back* later. あとでまた立ち寄ってください.
stop behind 自 居残る, 残業する ▪ *Stop behind* after class, and I'll repeat the instructions. 放課後残るならもう一度教えてあげよう.
stop by 自他 **1**《口》立ち寄る ▪ Please *stop by* when you come this way. こちらにおいでの節はお立ち寄りください ▪ I often *stop by* her shop on the way home. 帰宅の途中でよく彼女の店に立ち寄ります.
— 自 **2**…のそばにいる ▪ *Stop by* me and you are safe. 私のそばにいれば安全ですよ.
stop down 他 **1**(写真)レンズを絞る ▪ The sharpness of the picture can be greatly improved by "*stopping down*." 写真の鮮明さは「レンズを絞る」ことによって大いに高められる.
2(体温まで)さがる ▪ I hope her temperature *stops down*. 彼女の熱が上がらなければよいが.
stop for 他 **1**…を待つ ▪ We will *stop for* you at the crossroads. 交差点で君を待ってあげよう.
2…のために止まる ▪ We will *stop for* tea here. ここで足を止めてお茶にしよう.
stop a person ***from*** *doing* 他 **1**人が…するのを止める ▪ Can't you *stop* the child *from getting* into mischief? その子がいたずらをするのをやめさせられないのですか.
2 = STOP A out of B.
stop in 自 **1**《主に英》家にいる ▪ As the day was wet we *stopped in*. 雨降りだったので我々は家にいた.
2《米》立ち寄る ▪ He *stopped in* on us this morning. 彼は今朝うちへ立ち寄った.
3(中に)はまっている ▪ The screws won't *stop in*. ねじがどうしてもしっかりとはまらない.
4 = STAY in 2.
stop off 他 **1**(鋳造で新意匠に適合させるために鋳型)の一部を縮める[省く] ▪ If the pattern is too short, the mold *is stopped off*. 意匠が短かすぎると, 鋳型の一部は縮められる.
2(エッチングなど)に止め薬をかける ▪ The lines of an etching may *be* again *stopped off*. エッチングの線には再び止め薬をかけることができる.
3(学校など)を休む ▪ I *stopped off* school with cold. 風邪で学校を休んだ.
— 自 **4**《口》途中で降りる, 途中下車して立ち寄る ▪ We *stopped off* at the bakeshop and got some rolls for dinner. 途中パン屋で降りて夕食用のロールパンを買った.
5 = STOP by 1.
stop on 自 引き続き滞在[従事]する; (予定より)長くいる ▪ He decided to *stop on* in the village. 彼はその村に引き続き滞在することに決めた.
stop out 他 **1**(風・日光などを)さえぎって入らぬようにする, 遮断する ▪ We shut the windows to *stop out* the sunshine. 我々は日光を遮断するために窓を閉めた.
2 = STOP off 2.
3逆指値(*ねぎ*)注文に従い有価証券を売る ▪ We *were stopped out* of the stock at 16,000 yen. 私たちの株は1万6千円で逆指値注文で売られた.
— 自 **4**《英口》外にいる; 外泊する ▪ The boy *stopped out* of school and played truant. その少年は学校の外にいてずる休みした.
5一時休学する ▪ She *stopped out* of college for a semester. 彼女は一学期休学した.
6 = STAY out 2.
stop A ***out of*** B 他 A(金の一部)をBから差し引く ▪ Income tax *is* usually *stopped out of* your salary. 所得税は普通給料から差し引かれる.
stop over 自 **1**途中下車する(*at*); ちょっと立ち寄る ▪ We *stopped over at* Avignon. 我々はアビニョンで途中下車した.
2《口》旅行先にとどまる; 海外から来て落ち着く ▪ Many wealthy men of the old country *stop over*. 古い国の金持ち連中がたくさん海外から来てとどまる.
stop up 自 **1**《英口》寝ずに起きている, 夜ふかしする

・She *stopped up* late. 彼女は遅くまで寝ずに起きていた.
2 大学に続いて在学する ▪You may *stop up* as long as you like. 好きなだけ長く大学に引き続き在学してよろしい.
3 便秘をする ▪I'm *stopping up* these days. このところずっと便秘なんだ.
— 他 **4** (穴・道などを[が])ふさぐ[ふさがる] ▪He *stopped up* the two holes in the floor. 彼は床の二つの穴をふさいだ ▪My nose often gets *stopped up*. 私はよく鼻がつまる ▪The old man's ears *were stopped up* with wax. その老人の耳は耳あかでふさがっていた.
— 他 **5** (水・流れ)をせき止める ▪Boys *stopped up* the mimic rills. 少年たちはまねごとの小川をせき止めた.

stop with 自 …の家に泊まる, (会社)にとどまる ▪I'm not going to *stop with* the firm. あの会社にとどまるつもりはない.

store /stɔːr/ ***store up*** 他 **1** …をためる[ためておく], たくわえる[たくわえておく] ▪Their memory increases by daily *storing up* a variety of knowledge. 毎日さまざまな知識をたくわえることによって彼らの記憶は増していく.
2 (怒りなど)を抑えておく, 胸にしまっておく ▪He has *stored up* anger against the chief. 彼は上司に対して怒りをつっ積させてきた.
3 (禍根になることを)残す ▪He is *storing up* health problems for himself. 彼には自らにとっての健康問題をため込んでいる.

store A with B 他 A(人・家など)にBを供給する[備える] ▪We *stored* ourselves *with* food. 私たちは食糧を用意した.

storm /stɔːrm/ ***storm at*** [***against***] 自 …にがみがみ言う, をどなりつける ▪The priest began to *storm at* Tyndall. 牧師はティンダルの非を鳴らしだした.

storm off [***out of***] 自 (…から)激しい勢い[怒り]で飛び出す, 怒って立ち去る ▪She *stormed out of* the house when she had a row with her husband. 彼女は夫婦げんかになって家から飛び出した.

stow /stoʊ/ ***stow away*** 他 **1** …をしまい込む; (人)を隠す ▪The plate was *stowed away* in a drawer. その皿は引き出しの中へしまい込まれた ▪I was *stowed away* in the coach. 私は馬車の中に隠された.
2 《戯》(食べ物)を平らげる; がつがつ食う[がぶがぶ飲む] ▪I cannot *stow away* any more. これ以上平らげられない.
— 自 **3** 密航する; 無賃乗車[乗船]する ▪They *stowed away* on a ship and reached Japan. 彼らは船で密航して日本へ着いた ▪The youngsters planned to *stow away* on a freighter but they never even got to the waterfront. 若者たちは貨物船で密航する計画だったが, 海岸にさえ到達できなかった.

stow down 他 …を船倉に入れる ▪The circus animals *were stowed down* for shipping. サーカスの動物たちは船で運ぶために船倉に入れられた.

straighten /stréɪtn/ ***straighten out*** 他 **1** (混乱・誤解)を解く, 正す ▪It is necessary to *straighten out* those inaccuracies. これらの不正確な点は訂正する必要がある.
2 (人)をまじめにする, 矯正する ▪Your advice might *straighten* him *out*. あなたの忠告で彼もまじめになるかもしれない.
3 …の健康を取り戻させる ▪The Lake District will *straighten* me *out*. 湖水地方は私をまた健康にしてくれるだろう.
— 自 他 **4** まっすぐになる; …をまっすぐにする ▪His figure has *straightened out*. 彼の体の線がまっすぐになった ▪She *straightened out* the handkerchief. 彼女はそのハンカチをまっすぐに伸ばした.

straighten up 自 **1** 体をまっすぐにする ▪He *straightened up* and regained his breath. 彼は体をまっすぐにして, また呼吸し始めた.
2 《米口》まじめになる, きちんと行動する ▪He wishes to *straighten up* and lead a respectable life. 彼はまじめになって人に恥ずかしくない生活を送りたいと思っている.
3 整とんする, 身じまいを正す ▪This room needs *straightening up*. この部屋は整とんする必要がある.
4 = STRAIGHTEN out 1.

strain /streɪn/ ***strain after*** [***for***] …を得ようと努力する ▪The author seems to *strain after* [*for*] novelty. 作者は新奇さを得ようと努力しているらしい.

strain at 自 **1** …に懸命に努力する ▪The rowers *strained at* the oars. こぎ手は懸命にオールをこいだ.
2 (綱など)をぐいぐい引っ張る ▪His dog *strained at* the leash. 彼の犬は革ひもをぐいぐい引っ張った.

strain out [***off***] 他 …を漉(こ)し分ける, 漉して除去する《比喩的にも》 ▪Then take out the tripe and *strain* the liquor *out*. それから牛の胃を取り出して, 液体を漉し分けなさい ▪The beauties of Plato *are strained off* by a double process. (それは重訳なので)プラトンの美しさは二重に漉されて失われている.

strain to 自 …を得ようと努力する ▪Why do you *strain to* so poor an end? なぜそんなつまらない目的に骨を折るのか.

strain up 他 **1** (地代など)を法外に上げる ▪The rent has *been* gradually *strained up* to £350 a week. 家賃は次第に法外に上がって週350ポンドになった.
2 (楽器)の弦の調子を上げる《比喩的にも》 ▪*Strain up* your wits. 才知の調子を上げなさい.

strap /stræp/ ***strap down*** 他 …を皮ひもで縛りつける ▪I *strapped* the boxes *down*. 私は箱を皮ひもで縛りつけた.

strap in 自 他 (飛行機で)シートベルトを着用する[させる] ▪You *strap in* before takeoff. 離陸の前にはシートベルトをお着けください.

strap A into B 他 AをBにシートベルトでとめる ▪The children *were strapped into* their seats. 子供たちは座席にシートベルトでとめられていた.

strap on 他 …を皮ひもで身につける ▪He *strapped on* his wristwatch. 彼は腕時計を皮バンドで付けた.

strap up 1 …を(皮ひもで)くくる, たばねる ▪The luggage *was strapped up*. 荷物は皮ひもでくくられた.
2 …に包帯する ▪I *strapped up* his cut. 私は彼の切傷に包帯した.

stray /streɪ/ ***stray from*** 自 …からはぐれる ▪Don't *stray from* the point. 要点からはぐれてはいけない.

streak /striːk/ ***streak off*** 自 《口》矢のように立ち去る ▪The man *streaked off* as fast as he could. その男は一目散に立ち去った.

stream /striːm/ ***stream down*** 自 1 (液体が)したたり落ちる ▪Tears *streamed down* her face. 涙が彼女のほほをしたたり落ちた.
2 (光が)降り注ぐ (*on*) ▪The light through the clouds *streamed down on* us. 雲間から射す光が私たちに降り注いだ.

stream in 自 (人が)どっと入る; (水が)どっと流れ込む ▪The gate opened and the people *streamed in*. ゲートが開くと人々がなだれ込んできた ▪Water *streamed in* from the broken pipe. 壊れたパイプから水がどっと流れ込んだ.

stream into 他 …に(人・水が)どっと流れ込む ▪They *streamed into* the hall, each seeking the best seat. 彼らはホールになだれ込み我先に一番よい席を探した.

stream with 自 〖主に進行形で〗(水)であふれる ▪The streets *were streaming with* water. 通りには水があふれていた.

stress /stres/ ***stress out*** 自他 《口》心配する[させる]; ストレスを感じる[感じさせる] ▪She was *stressing out* because her son was sick. 彼女は息子が病気で心配していた ▪The tight schedule is *stressing* me *out*. 超多忙で参っている.

stretch /stretʃ/ ***stretch away*** 自 遠くまで広がる ▪The line of hills *stretched away* for many miles. 小山の輪郭が何マイルも遠くまで広がっていた.

stretch for 自 …を取ろうと手を伸ばす ▪He *stretched for* a book on the shelf. 彼はたなの上の本を取ろうと手を伸ばした.

stretch forth [forward] 他 (手・足・首など)を差し伸ばす ▪They *stretched* their necks *forward* and listened attentively. 彼らは首を差し伸ばしてじっと聞き耳を立てた.

stretch out 他 1 (手・足)を伸ばす ▪Here is a chair to sleep in with the legs *stretched out*. ここに足を伸ばして寝られるいすがある.
2 …を広げる; に間に合わせる ▪I had to *stretch* it *out* to feed the six of us. 私はそれを我々6人が食べられるように間に合わせなければならなかった.
3 …を延期する ▪I *stretched out* my vacation. 私は休暇期間を引き延ばした.
— 自 4 力漕する《比喩的にも》 ▪We were returning, *stretching out* well at our oars. 我々はしっかり力漕しながら戻りつつあった ▪Why doesn't your partner *stretch out*? どうして君の相棒は力を入れてやらないんだ.
5 (布などが)ぴんと張って平らになる ▪The cloth *stretched out* smooth. その布はぴんと張って平らになった.
6 大の字なりに寝る ▪It's pleasant to *stretch out* in the sun. 日だまりに大の字なりに寝るのは気持ちがいい.

strew /struː/ ***strew A with B/strew B on A*** 他 AにBをまき散らす ▪They *strewed* his path *with* flowers. 人々は彼の通る道に花をまき散らした. ☞ A with Bは「Aの全面にBをまき散らす」, B on Aは「Aの一部にBをまき散らす」.

stride /straɪd/ ***stride over [across]*** 自 …をひとまたぎで渡る ▪He *strode over* a ditch. 彼はみぞをひとまたぎで渡った.

strike /straɪk/ ***strike against*** 自 1 …に反対してストをする ▪The miners *struck against* low wages. 炭抗夫たちは低賃金に反対してストをした.
2 (物体が)…にぶつかる ▪The light *struck against* the wall. 光線が壁にぶつかった.

strike a person ***as*** 他 人に…という感じを与える ▪The French cathedral *strikes* one *as* lofty. そのフランスの大聖堂は人に崇高な感じを与える.

strike aside 他 (ほこ先)を受け流す ▪He *struck* the weapon *aside*. 彼はその武器の切っ先を受け流した.

strike at 自 1 …に打ってかかる ▪The man *struck at* me with a club. 男は棍棒で私に打ってかかった ▪A pang of pity *struck at* his heart. 不びんだという感じが彼の胸を打った.
— 他 2 (勢力者・政府など)を滅ぼそうとする; を打破しようとする ▪The Revolution began to *strike at* the Church. 革命は教会を滅ぼそうとし始めた.

strike away 自 (道が)それる ▪The road *strikes away* to the left. その道路は左へそれている.

strike back 他 1 …に打ち返す, 反撃する ▪When he attacked me, naturally I *struck back*. 彼が私を攻撃したとき, むろん僕も打ち返してやった.
2 …に言葉で逆襲する, 反論する (*at*) ▪In a letter to the magazine, the author *struck back at* those who had found fault with his latest book. 雑誌への手紙の中で, 著者は最新作にけちをつけた人々に逆襲した.
— 自 3 火が逆流する ▪Occasionally the burner *strikes back*. ときどきバーナーの火が逆流することがある.

strike below 他 …を船倉へ運ぶ ▪Perishables *were struck below*. 腐敗しやすい物は船倉へ運ばれた.

strike down 他 1 (人・動物)を打ち倒す ▪The man *struck* him *down* with a wooden sword. 男は彼を木太刀で打ち倒した.
2 …を(病気で)倒す, 死なせる ▪He *was struck down* with the fever. 彼は熱病で倒れた.
3 《米》(裁定・判決など)を無効にする, 破毀する

- The Supreme Court *struck down* the legislation. 最高裁はその法律を無効にした.
4《海》(帆・マストなど)を取り降ろす ▪ The sailors *struck down* the top-masts. 水夫たちは第2マストを取り降ろした.
5《海》(荷物)を(索などで)船倉へ降ろす ▪ Each Captain had orders to *strike down* some of their great guns into the hold. おのおのの艦長は大砲の一部を船倉へ降ろすようにという命令を受けた.
6(魚)をたる詰めにする ▪ They all *struck down* the whole fishes. 彼らみんなでその魚全部をたる詰めにした.
7《造船》(船)を滑らして台から降ろす ▪ I am ready to have the ship *struck down* upon her ways. 船を滑らし台から降ろして就航させる準備はできている.
— 圓 **8**(太陽が)照りつける ▪ The sun *strikes down* very fiercely towards midday. 太陽は真昼ごろになるととても激しく照りつける.

strike for 圓 **1**…を要求してストをやる ▪ The men are going to *strike for* higher wages and shorter hours. 従業員は賃上げと操業時間短縮を要求してストをやろうとしている.
2《米口》…を得る[引きつけよう]と努力する ▪ She *struck for* bright colors in her own apparel. 彼女は自分の衣裳にはでな色を添えようと努めた.
3(主義・祖国などのために)戦う ▪ He exhorted the multidude to *strike for* freedom. 彼は一般大衆に自由を求めて戦うように勧めた.

strike forward 圓 手足でかいて泳ぎ出る ▪ I *struck forward* against the return of the waves. 私は返り波に逆らって泳ぎ出た.

strike A from B 他 B(リストなど)からAを削除する ▪ Two names *were struck from* the guest list. 客のリストから二人の名前が削除された.

strike home 圓 **1**(言葉などが)急所を突く, きく ▪ Her words *struck home* upon his conscience. 彼女の言葉は彼の良心にぐさりとこたえた ▪ The title "Satanic School" *struck home*. 「悪魔派」という呼称は急所を突いていた.
2(人・武器が)急所を突く, 命中する ▪ He who strikes a lion must be sure to *strike home*. ライオンを突く者は必ず急所を突かなければならない ▪ The arrow *struck home*. 矢は命中した.
— 他 **3**…をぐさりと突き刺す, 深く打ち込む ▪ *Strike* the nail *homer* yet. くぎをなおいっそう深く打ち込め.

strike in 圓 **1**(人の話などに)差出口をする (*with*) ▪ Mary *struck in with* a timid remark. メアリーは差出口をしておずおずと意見を述べた.
2(吹出物・病気などが)内攻する ▪ The gout *struck in* and he died. 痛風が内攻して彼は亡くなった.
3(根が)おりる, つく ▪ The roots will *strike in* deeper in search of nutriment. 根は栄養を探してさらに深くおりて行くだろう.
4(事件・論争・けんかなどに)割り込む ▪ You two, draw, and *strike in*! 君たち二人, 剣を抜いて割り込んできてくれ.
5 突然入る ▪ The police *struck in* my house. 警察が突然わが家に入ってきた.
6《米口》(魚)の大群をなして近づいてくる ▪ The cod have *struck in*. タラが大群をなして近づいてきた.
— 圓 他 **7**(刈る人が)…にかまを入れる ▪ The mower *strikes in* towards the standing corn. 刈り手は立っている小麦にかまを入れる ▪ When will the reapers *strike in* their sickles? いつ刈り手たちはかまを入れるのだろうか.

strike into 他 **1**(駆け足・話・歌など)を急に始める ▪ The horse *struck into* a gallop. 馬は急に疾駆し始めた ▪ She *struck into* a song. 彼女は急に歌を歌い始めた.
2…へ入る, 逃げ込む ▪ I *struck into* Mrs. Todd, and dined. トッド夫人の家へ入って食事をした.
3…に打ち込む, を突き刺す ▪ Cold *strikes into* one's marrow. 寒さは骨身にしみる.
4…に出しゃばって行く ▪ He *struck into* the midst of the brawl. 彼はそのけんかのまっただ中へ出しゃばって行った.

strike off 他 **1**…を(剣・おのなどで)切り落とす ▪ The King gave orders to *strike off* his head. 王は彼の首を切り落とせと命じた.
2…を切り捨てる, 削除する ▪ *Strike off* nearly a third from the nine millions. その900万から3分の1近くを切り捨てるがいい ▪ You may *strike off* such scandalous writers from the rank of historians. そのようなけしからぬ著者は歴史家の地位から駆逐してもよい.
3(利息など)を割り引きする ▪ They *struck off* six percent interest a year. 年6%の利息をまけてもらった.
4…を印刷する ▪ He *struck off* a hundred copies. 彼は100部刷った.
5(絵・詩文・地口など)を即座にものする ▪ He *struck off* at one heat the matchless poem. 彼は一気呵成にその比類のない詩を作った.
6…を(指で)数え上げる ▪ She *struck off* the two items on her fingers. 彼女は指を折って2項目を数え上げた.
7《造船》(船)を台から降ろす ▪ She *was struck off* the cradle. 船は台から降ろされた.
8《米口》(…に)売れた[割り当てた]ものとして…に印をつける (*to*) ▪ A large tract *was struck off to* him. 広い土地が彼に売れたものとして区画された.
— 圓 **9**(道を)横へそれる ▪ We now *struck off* towards the tombs. 我々は今や横へそれて墓場の方へ向かった.
10(鐘が)鳴り始める ▪ A peal of bells was to *strike off* while they were putting him into his grave. 彼が埋葬されるときに鐘が鳴り始めることになっていた.
11(対照によって)きわ立つ ▪ The refinement of her utterrance *struck off* against the local twang. 彼女の洗錬された発音は鼻にかかった地方弁と対照してきわ立った.

strike on [*upon*] 他 **1**(ドアなど)をたたく ▪ I *struck* sharply *upon* the glass of the window.

私は激しく窓ガラスをたたいた.
2 …を思いつく ▪ He *struck upon* a happy thought. 彼はうまい考えを思いついた.
3(物体が)…に当たる ▪ The ship *struck on* a sunken rock. 船は暗礁に乗り上げた.

strike out ⦿ **1**…をペンで消す, 削除する ▪ When filling in the form, *strike out* the words which do not apply to your case. 用紙に書きこむ場合自分に当てはまらない言葉をペンで消しなさい.
2(火花など)を打ち出す《比喩的にも》 ▪ Two flints *struck out* a spark. 二つの火打ち石は火花を打ち出した ▪ My pride *struck out* new sparks of her own. 私の誇りが彼女の誇りの火花を新たに打ち出した.
3(計画など)を案出する ▪ He has *struck out* a new plan. 彼は新方法を案出した.
4(たたきでもしたように)…を生じさせる ▪ Difficulties and dangers often *struck out* particles of genius. 困難や危険な目に遭って天才の片鱗が現れることがよくあった.
5…を施工図として描く; を手早く描く ▪ He has *struck out* the broken fence with a few impetuous dashes of the hand. 彼は手を2, 3回素早く動かしてそのこわれた垣根をさっと描いた.
6(方針など)を開く, 開拓する ▪ I tried to *strike out* a course in the world for myself. 私は独力で世を渡る道を開こうと努めた.
7《海》船倉から…を上げて船から降ろす ▪ The small boat *was struck out* from the ship. 小型のボートがその船の船倉から上げて降ろされた.
8(皮)を平らに伸ばす ▪ The skins *are* next *struck out* on mahogany tables. 皮は次にマホガニーのテーブルの上で平らに伸ばされる.
— ⦾ **9** 勢いよく進む ▪ He *struck out* as though walking for a wager. 彼はまるでかけをして歩いているかのように勢いよく進んで行った.
10《米口》失敗する ▪ I applied for the post, but *struck out*. そのポストに応募したが, 空振りに終わった.
11(こぶし・武器で)したたか打つ, 打ちかかる(*at*) ▪ He *struck out* murderously *at* her. 彼は殺しかねない勢いで彼女に激しく打ちかかった.
12 批判[非難]する(*at*) ▪ They *struck out at* their critics. 彼らは自分たちの批判者を非難した.
13 手足で水をかいてけんめいに泳ぎ出す ▪ He dived into the water and *struck out* for shore. 彼は水に飛び込んで岸に向かって必死に泳ぎ出した.
14 飛び出す, 乗り出す ▪ They boldly *strike out* into uncharted seas without a compass. 彼らは大胆にも羅針盤も持たずに海図にも出ていない海岸へ乗り出して行った.
15 企業を始める ▪ He suddenly decided to *strike out* and open his own shop. 彼は急に企業を始め, 自分の店を開くことに決心した.
— ⦾ ⦿ **16**《野球》三振する[させる] ▪ Our best player *struck out* and the game was lost. わがチームきっての好選手が三振に倒れて試合は負けた ▪ Three batters *were struck out* one after another. 3人の打者が次々に三振を喫した.

strike out for ⦿ …を支持する ▪ They *struck out for* him whom they trusted. 彼らは信頼している彼を支持した.

strike over **1**(船が)横倒しに転覆する ▪ She was hauled up the old ship and *struck over*. 船はその古い船の上に乗り上げて横倒しに転覆した.
— ⦿ **2**…に×印をつけたり横線を引いたりして文字を消す ▪ You should not *strike over* your errors but erase them. 間違った所は×をつけたり線を引いたりするのではなく消しゴムで消すほうがよい.

strike through ⦿ **1**(字など)を線を引いて消す, 抹消する ▪ *Strike through* the items that do not apply to you. 申請書であなたに当てはまらない項目を線を引いて抹消しなさい.
2…を突き通す, 刺し貫く ▪ The arrow *struck through* his armor. 矢が彼のよろいを貫いた.
3(寒さが)…に染み通る ▪ In frosty weather the cold *strikes through* the slates. 寒い天気には寒さがかわらを染み通ってくる.
4(光が雲・闇などから)漏れる ▪ Moonlight *struck through* the breaks. 月光が雲間から漏れた.

strike together ⦾⦿ **1** 打ち合う[合わせる] ▪ If the bones of lions *are* strongly *struck together*, fire shall come out of them. ライオンの骨を強く打ち合わせると, そこから火が出るであろう.
— ⦿ **2**(鐘)を一斉に鳴らす ▪ The bells *were struck together* at successive pulls. 鐘は次々に引かれて一斉に打ち鳴らされた.

strike up ⦾⦿ **1**(音楽・歌を)奏し[歌い]始める; (音楽が)奏し始められる ▪ The band *struck up* "God save the Queen." バンドが英国国歌を演奏し始めた ▪ The band *struck up* as soon as the new students entered the hall. 新入生がホールに入場すると同時にバンドが演奏し始めた ▪ The waltz *struck up*, and everyone started dancing. ワルツの演奏が始まるとみな踊り始めた.
— ⦿ **2**(親交・会話・取引など)を始める(*with*) ▪ We hear of his facility in *striking up* an acquaintance *with* women. 彼は女性と手もなく知り合いになるとのことだ.
3《やや軽蔑》(契約・条約など)を取り決める, 締結する ▪ He had *struck up* an alliance with the Somalis. 彼はソマリ族と同盟を結んだ.
4(敵の剣など)をはね上げる ▪ His knife *was struck up* by a police officer. 彼のナイフは一人の警官によってはね上げられた.
5(テント)を張る ▪ We immediately landed, and the tents *were struck up*. 我々はすぐ上陸してテントを張った.
6(硬貨の文字)を浮き上がらせる ▪ Sometimes the lettering of a coin *is* not fairly *struck up*. ときとして硬貨の文字ははっきりと浮き上がらないことがある.
— ⦾ **7** 急に起こる, 発生する ▪ Just then a squall *struck up*. ちょうどその時スコールが急に起こった ▪ The faint light seemed to *strike up* from below. その微光は下の方から急に発生してきたように見えた.

strike** a person **with 他 人を…の感で打つ; 人を(病気・死で)悩ます, (病気・死が)襲う ▪ The sight *struck* him *with* wonder. その光景を見て彼は驚異の念に打たれた ▪ He *was stricken with* cancer. 彼はがんに襲われた.

string /strɪŋ/ ***string** a person **along*** 他 《口》 **1** 人をだます, 欺く ▪ She kept *stringing* him *along* for a year. 彼女は1年も彼をだまし続けた.
2 人を待たせておく ▪ He will *string* her *along*. 彼は彼女を待たせておくだろう.

string along with 自 《口》 **1** …に従う, ついて行く ▪ She had no other recourse than to *string along with* the group. 彼はその仲間に忠実についていくより他にしようがなかった.
2 …に同意する, 賛成する ▪ Three committee members *strung along with* us. 3名の委員会メンバーが私たちに同意してくれた.

string out 自 他 **1** 一列に[ずらりと]並べる[並ぶ] ▪ The row-boats *were strung out* along the bank. ボートは岸に一列に並べてあった ▪ Hounds *strung out* on the scent. 猟犬は一列に並んで臭跡を追った.
2 麻薬を常習する[させる] (*on*) ▪ The athlete *was strung out on* coke. その運動選手はコカインを常習していた.
— 他 **3** 《米口》…を延ばす ▪ What is the use of *stringing out* your lives to a lean and withered old age? やせてしなびた老齢まで寿命を延ばして何になるのか.
4 《米俗》…を酔わせる ▪ He *was* completely *strung out*. 彼は完全に酔っぱらっていた.

string together 他 **1** …を(文に)つづり合わせる ▪ I am about to *string together* reminiscences. 思い出の記をつづり合わせる予定だ.
2 …を作り出す ▪ He *strung together* a flimsy excuse. 彼は見えすいた言い訳をした.

string up 自 他 **1** 《口》つるし首にされる[する] ▪ You should *string up* to the next tree. お前は隣の木につるし首になるべきだ ▪ They *strung* him *up* from the nearest tall tree. 彼らは彼を手近な高い木につるし首にした.
— 他 **2** …を一列に並べる ▪ They *strung up* their horse company on the other side of the water of Dee. 彼らは騎兵隊をディー川の向こう岸に一列に配置した.
3 …を(語句など)につづり合わせる ▪ It is easy to *string* platitudes *up*. 平凡な文句をつづり合わせるのは易しい.
4 (人)の名前を表にしてはり出す ▪ They *strung up* all the tradespeople. 彼らはすべての商売人の名前をはり出した.
5 [主に受身で] …を興奮させる, はり切らせる ▪ He *was strung up* to do the deed. 彼はその行為をしようとはり切っていた.

strip /strɪp/ ***strip away*** 他 **1** …を奪い去る[取り去る], 剥奪する ▪ The authorities *stripped away* the people's remaining civil rights. 当局は人々のまだ残っていた市民権を剥奪した.
2 (衣服)を脱ぐ《比喩的にも》 ▪ He *stripped away* his upper garment. 彼は上着を脱いだ ▪ The letters *stripped away* disguises. その手紙でばけの皮がはげた.
3 (ペンキなど)をはがす ▪ *Strip away* the paint on the wall. 壁のペンキをはがしなさい.

strip down 自 **1** 衣服を脱いでしまう, 裸になる ▪ I *stripped down* to my underpants. 私は衣服を脱いでパンツだけになった.
— 他 **2** (ペンキなど)をはぎ落とす ▪ I *stripped down* the bench and repainted the bench. ペンキをはぎ落としてからベンチを塗り替えた.
3 …を解体する, (…の部品)を取りはずす ▪ I *stripped down* the clock for overhaul. 私は分解修理のため時計を分解した.
4 …をしかりつける ▪ He got *stripped down* for being noisy. 彼は騒いでしかられた.

***strip** A **from** [**off**] B* 他 BからAをはぎ取る[取り除く] ▪ All the posters have *been stripped off* the doors. ポスターのすべてがドアから取り除かれた.

***strip** A **of** B* 他 **1** AからBをはぎ取る ▪ They began to *strip* her *of* her clothes. 彼らは彼女の衣服をはぎ取り始めた.
2 AからBを奪い取る[取り去る] ▪ He *was stripped of* all employments. 彼はすべての職を奪われた.

strip out 他 **1** …を解体[改装]する ▪ I *stripped out* all my unnecessary furniture and equipment. 不必要な家具や備品のすべてを解体した.
2 《英》…を含めない ▪ All passengers aboard the plane died, *stripping out* the eight survivors. 8人の生存者を除き, その飛行機の乗客全員が死亡した.

strip up **1** (そで)をまくり上げる ▪ He *stripped up* his shirt-sleeves to his elbows. 彼はシャツのそでをひじの所までまくり上げた.
— 自 **2** そでをまくり上げる ▪ He *stripped up*, and showed a most brawny arm. 彼はそでをまくり上げて, まことにたくましい腕を見せた.

strive /straɪv/ ***strive after*** …を得ようと奮闘努力する ▪ The priesthood had *striven after* kingly power. 僧侶たちは王権を得ようと奮闘努力したのだった.

strive against 自 **1** …に頑強に抵抗する ▪ Vainly have I *striven against* you. あなたに頑強に抵抗してきたが, むだでした.
2 (風波など)に逆らって進もうとする ▪ We *strive* in vain *against* the seas. 波に逆らって進もうとするが, むだだ.

strive for 自 **1** …を得ようと奮闘努力する ▪ I *strove for* his applause. 私は彼の喝采を得ようと奮闘努力した.
2 …のために戦う ▪ They were *striving for* the doctrine. 彼らはその教義のために戦っていた.

strive over …のことでせめぎ合う ▪ They *strove over* a piece of ground. 彼らは一区画の土地のことでせめぎ合った.

strive toward 自 …に向けて努力する ▪We should *strive toward* peace. 平和への努力をしなければならない.

strive with 自 **1** …と争う ▪He *strove with* his fellow students for the prize. 彼は学友とその賞を争った.
2 = STRIVE against 2.

stroke /strouk/ ***stroke away*** 他 （涙）を軽くなでて拭う ▪She *stroked* her tears *away* and smiled sadly at him. 彼女は涙を拭って悲しそうに彼に微笑みかけた.

stroke down 他 **1** …をなでつける ▪The child *stroked down* the roughish coat of his dog. その子は犬のやや逆立った毛並みをなでつけてやった.
2（人）の怒りをなだめる, [すかす] ▪We shall have to *stroke* the old people *down* before we go out tonight. 今晩出かける前に老人たちの怒りをなだめておかねばなるまい.

stroll /stroul/ ***stroll on*** 自《俗》[命令文で] よせやい!《不信・退屈を表す》 ▪*Stroll on*, asshole! よさんか, この野郎!

struggle /strʌ́gəl/ ***struggle against*** 自 （敵・障害・苦難など）と戦う, に抵抗する ▪The wind was adverse, and they *struggled against* it. 逆風だったので彼らは風と戦った ▪I *struggled* manfully *against* a feeling of horror. 私は男らしく恐怖感に立ち向かった.

struggle along 自 **1** やっとのことで進んでいく ▪For a while the work *struggled along* under great difficulties. しばらくの間その仕事は非常な困難のもとにやっとで進んでいった.
2 = STRUGGLE on.

struggle back to 自 やっとのことで…へ戻る ▪He was slowly *struggling back to* life and strength. 彼はやっとのことで徐々に命を取り留めて元気をとり戻そうとしていた.

struggle on 自 やっとのことで生きていく; なんとか方針を変えずにいく ▪Either way, the world must contrive to *struggle on*. どっちみち, 世界の人々はなんとかやっとのことで生きていくようにしなければならないのだ.

struggle out of 自 …から苦労して出る ▪He *struggled out of* the hole. 彼はその穴から苦労して出た.

struggle through 自 苦労して（困難を）通り抜ける [なんとか切り抜ける] ▪I am going to *struggle through* the examination. 何とかして試験をパスしてみせるぞ.

struggle with 自 （敵・障害・苦難など）と戦う, に抵抗する ▪He *struggled with* his grief. 彼は悲しみと戦った.

strum /strʌm/ ***strum on*** 自 （楽器）を軽くかき鳴らす ▪I *strummed on* the guitar. 私はギターを軽くかき鳴らした.

strut /strʌt/ ***strut around [about]*** 自 気取って歩く ▪She looked a trifle ridiculous *strutting about* on the street. 彼女は通りをもったいぶって歩いたりしてちょっとこっけいに見えた.

strut out 他 …を見せびらかす, 誇示する ▪He *strutted out* a resume of his paper. 彼は自分の論文の1枚のレジュメを見せびらかした.

stub /stʌb/ ***stub out*** （巻きタバコ）をもみ消す ▪She smoked her cigarette; then she *stubbed* it *out*. 彼女は巻きタバコを吸って, それからもみ消した.

stub up （切株など）を引き抜く ▪The forest was gradually fallen and *stubbed up*. 森の木は次第に切り倒されて切株が引き抜かれた.

study /stʌ́di/ ***study for*** **1** …のために勉強する ▪Some students *study for* marks rather than for knowledge. 学生の中には知識修得のためよりはむしろ点のために勉強する者もいる.
2 …になろうと勉強する ▪I am *studying for* the bar [church, stage]. 僕は弁護士[牧師, 俳優]になろうと勉強しています.

study out **1** …を考案する ▪We might *study out* a system; but can we ever *study out* a person? ある方式を考案することはできよう. だが, 人間を考案することはとてもできない.
2（謎など）を熟考して解く ▪He was able to *study out* the problem in mathematics. 彼はその数学の問題をよく考えて解くことができた.

study under 自 （教授・主人）について学ぶ ▪I *studied under* him at Edinburgh University. 私はエディンバラ大学で彼について学んだ.

study up **1**《口》（受験などのために学科）を勉強する, 調べ上げる ▪I *studied up* the subject of Alpine climbing. 私はアルプス登山の問題を勉強した.
2《米口》（…を）よく観察する (*on*) ▪I'll get closer, and *study up on* him. もっと近寄って彼をよく観察しよう.

stuff /stʌf/ ***stuff down*** 他 **1**（食物）をがつがつ食べる, 詰め込む ▪At six they *stuffed down* bread and wine. 6時に彼らはパンとワインを詰め込んだ.
2（人）を（狭い所）に押し込む ▪There I was *stuffed down* between two men. そこで私は二人の男の間に押し込まれてしまった.

stuff A ***into*** B 他 AをBに詰め込む ▪He *stuffed* his clothes *into* a suitcase. 彼はスーツケースに服を詰め込んだ.

stuff out A ***with*** B 他 AにBを詰め込む ▪He *stuffed out* his purse *with* banknotes. 彼は財布に紙幣を詰め込んだ.

stuff together 他 （大勢の人）をぎっしり詰め込む ▪A number of people *were stuffed together* in a small hut. 大勢の人が狭い小屋の中にぎっしり詰め込まれていた.

stuff up 他 **1**（…を容器）に詰め込む (*with*) ▪The cushions *were stuffed up with* straw. そのクッションにはわらが詰め込んであった ▪Don't *stuff up* your head *with* things you don't understand. 自分に理解できないものを頭に詰め込んではいけない.
2（物を穴などに）詰めてふさぐ ▪My nose is uncomfortably *stuffed up*. 鼻が詰まって気持ちが悪い.
3《俗》（人）をかつぐ, いっぱいくわす ▪You can't *stuff* me *up* with that nonsense. あんなでたらめで僕をかつ

ぐことなんかできないよ.
4(人)を(狭い所)に押し込む ▪He has long *been stuffed up* in a coach. 彼は長いこと馬車の中へ押し込まれていた.
5 …をだいなしにする,失敗する ▪He *stuffed up* our plan. 彼は私たちの計画をだいなしにした.

stuff ***A*** ***with*** ***B*** 他 **1** AにBを詰め込む ▪He *stuffed* the case *with* clothes. 彼はその箱に衣類を詰め込んだ.
2(口)AをだましてBをつかませる ▪He's *stuffing* you *with* silly ideas. 彼は君をかついでばかげた考えをつかませようとしているのだ.

stumble /stʌ́mbəl/ ***stumble across*** = STUMBLE on 1.

stumble against 自 …にぶつかる ▪The man almost *stumbled against* me. 男は危うく私にぶつかるところだった.

stumble along [***off***] 自 つまずきながら進んで[去って]いく ▪We *stumbled along* over very rough places. 我々はひどいでこぼこ道をつまずきながら進んでいった. ▪He *stumbled off*, and disappeared. 彼はつまずきながら去って見えなくなった.

stumble at **1** …につまずく ▪His horse *stumbled at* a stone. 彼の馬が石につまずいた.
2 …を信じるのをためらう ▪They *stumble at* God himself. 彼らは神さえも信じるのをためらっている.
3 …に立腹する ▪I see no cause for him to *stumble at* it. 彼がそのことに腹を立てるいわれはない.

stumble in 自 ひょっこり入る ▪It was my luck to *stumble in* here again. ここにまたひょっこり入れて私は幸運でした.

stumble into 自 **1** ひょっこり…に入る ▪One day he *stumbled into* a den of thieves. ある日彼はひょっこり盗賊の巣窟(そうくつ)に入り込んだ.
2 偶然…に巻き込まれる ▪This decision *was stumbled into* without any systematic decision making. この決定は筋道立ててなされたのではなく偶然なされたものだ.
3 ひょっこり…になる ▪Somehow or other he *stumbled into* recognition. 何とかして彼はひょっこり認められるようになった.

stumble on [***upon***] 他 **1** …にひょっこり出くわす ▪He had a world of talk with one he *stumbled on*. 彼はばったり出くわした人と大話をした. ▪He seems to have *stumbled upon* his discovery. 彼はひょっこり発見に出くわしたらしい.
2 = STUMBLE over.

stumble over 自 …につまずく ▪Take care you don't *stumble over* anything that lies in your way. 何でも行く道にあるものにつまずかないように気をつけなさい.

stumble through 他 (仕事など)をまごつきながらやり通す ▪He *stumbled through* his exercises. 彼はまごつきながら練習問題をやり通した.

stump /stʌmp/ ***stump for*** 自 (米)…を遊説して歩く ▪He is *stumping for* these devices. 彼はこれらの案を遊説して歩いている.

stump out 他 …をすぐ[即金で]支払う ▪I'll *stump out* handsome when we're spliced. 我々二人が結婚したらたんまり即金で支払いますよ.

stump up 自 他 **1**(英口)しぶしぶ金を支払う ▪Father has *stumped up* a five pound note. 父は5ポンド紙幣をしぶしぶ支払った.
— 他 **2**(木)を根こぎにする ▪The old hedgerow *is stumped up*. 古い生垣は根こぎにされている.
3(過度に使って馬)を疲れ切らせる ▪One of our best horses got *stumped up* by the adamantine course. 一番いい馬の1頭がその厳しい訓練のためにへたばってしまった.

style /staɪl/ ***style on*** [***after***] 他 …をまねて作る ▪He has *styled* himself *on* James Dean. 彼はジェイムズ・ディーンをまねている ▪He *styles* his life *after* his master. 彼は師匠を手本にして生活している.

subject /səbdʒékt/ ***subject*** ***A*** ***to*** ***B*** 他 **1** AをBにさらす, AにBを受けさせる ▪By such conduct you will *subject* yourself *to* public ridicule. そういう行為に出ると君は世間の物笑いになるだろう ▪The company *was subjected to* a thorough check. その会社は徹底的に調べられた.
2 AをBの支配下におく ▪All Italy *was subjected to* Roman rule. イタリア全土がローマの支配下におかれた.

submit /səbmít/ ***submit to*** **1** …に屈服[服従]する ▪The troops *submitted to* the Prince of Orange. その軍隊はオレンジ公に屈服した.
2 …に服する,を甘受する ▪I *submit to* being parted from you. ぜひなく君とお別れします.

subscribe /səbskráɪb/ ***subscribe for*** 自 **1**(株式など)に応募する ▪I am going to *subscribe for* the new loan. 私は新公債に応募しようと思っている.
2(新聞・雑誌)の購読を申し込む ▪Please *subscribe* here *for* "The Times." 「タイムズ」紙予約の方はここへお申し込みください.
3(本屋が何部かの本)を引き受けることを予約する ▪The bookseller has *subscribed for* 100 copies of his novel. その本屋は彼の小説100部の引き受けを予約した.

subscribe to **1**(新聞・雑誌)を購読する ▪I *subscribe to* "The Washington Post." 私は「ワシントン・ポスト」紙を購読している.
2(意見・提案などに)同意[賛成]する ▪He does not *subscribe to* anything unfair. 彼は不正なことにはいっさい賛成しない.
3 …に寄付する ▪He *subscribed* handsomely *to* the club. 彼はそのクラブにたんまり寄付した.
4(同意・証明などのために)署名する ▪They could not *subscribe to* the contract. 彼らはその契約に署名することはできなかった.

subside /səbsáɪd/ ***subside into*** 自 **1** 勢いを減じて…になる ▪He ran for ten minutes, then *subsided into* a walk. 彼は10分間走って,それから速度を落として歩きだした.
2(いすなど)にドカリと座りこむ ▪He *subsided into*

an armchair. 彼はひじ掛けいすにどっかと座りこんだ.

subsist /səbsíst/ *subsist by* 自 (ある職業)で生活する ▪ From that time he *subsisted by* literature. その時以来彼は文筆で生活した.

subsist in 自 …に存する ▪ Mother's love *subsists in* sacrifice. 母の愛は犠牲にある.

subsist on [*upon*] 自 (食物・金)で生活する ▪ He *subsists on* a vegetable diet. 彼は菜食生活をしている ▪ The monks *subsist on* the charity of the people. 修道僧たちは人々の施しで生活する.

substitute /sʌ́bstɪtjùːt/ *substitute for* 自 …の代わりをする ▪ Can you *substitute for* me at the meeting? 私の代理で会議に出席してくれないか.

substitute A for B 他 Bの代わりにAを用いる ▪ You can *substitute* margarine *for* butter. バターの代わりにマーガリンを使うことができる.

subsume /səbsjúːm/ *subsume A under B* 他 《文》AをBの下に包摂する[含める] ▪ A rose *is subsumed under* a flower. バラは花の類に含まれる.

subtract /səbtrǽkt/ *subtract A from* [*out of*] *B* 他 BからAを引き去る, 減じる ▪ *Subtract* 6 *from* 9 and you have 3. 9から6を引き去れば3が残る.

succeed /səksíːd/ *succeed A as B* 他 A(人)の跡を継いでB(地位)につく ▪ He *succeeded* his father *as* the president. 彼は父親の跡を継いで社長になった.

succeed in (*doing*) 自 (…すること)に成功する, 首尾よく…する ▪ I hope you will *succeed in* life. ご出世なさいますように ▪ He *succeeded in* getting what he wanted. 彼は首尾よく自分のほしいものを手に入れた.

succeed to 自 **1** (人)の後を継ぐ ▪ He has no children to *succeed to* him. 彼には後を継ぐ子供がいない.
2 (名誉・地位など)を継いで引き受ける ▪ We have *succeeded to* the honors and responsibilities of our predecessors. 我々は先任者の名誉と責任を継いで引き受けることとなった.
3 …に取って代わる ▪ Revenge *succeeds to* love, and rage to grief. 復しゅうが愛に, 怒りが悲しみに取って代わる.

succumb /səkʌ́m/ *succumb to* …に屈する, 抗しきれなくなる ▪ He easily *succumbs to* temptation. 彼は誘惑にすぐ負けてしまう.

suck /sʌk/ *suck at* 自 (酒など)をひとすすりする; (盃・パイプなど)をひと吸いする ▪ *Suck at* this drink. この酒をひとすすりしたまえ ▪ He sat quietly *sucking* away *at* his pipe. 彼は座って静かにパイプをふかしていた.

suck down 他 …を底へ吸い込む ▪ The whirlpool *sucked down* the rudderless boat. うず潮がかじのない船を海底へ吸い込んだ.

suck in 他 **1** (空気・息など)を吸い込む ▪ I *sucked in* the fresh air. 私はすがすがしい空気を吸い込んだ.
2 (渦が)…を呑み込む; (掃除機が)…を吸い込む ▪ The whirlpool *sucked* the swimmers *in*. 渦が泳いでいる人たちを飲み込んだ ▪ Our vacuum cleaner *sucked in* one of my earrings! 掃除機が私のイヤリングを片方吸い込んじゃった!
3 (ほほ・腹)をへこます ▪ I have to *suck in* my stomach when I put on my trousers. 私はズボンをはくときには腹をへこまさねばならない.
4 《口》…をだます, かつぐ ▪ You've tried to run a ship on the cheap and *been sucked in*. 君は安あがりで船を走らせようとしてかつがれたのだ.

suck into 他 …に吸い込む; [主に受身で]をまき込む ▪ He got *sucked into* his friend's trouble. 彼は友人のトラブルにまき込まれた.

suck off 他 (卑)(人)をフェラチオ[クンニリングス]していかせる ▪ She unzipped him and *sucked* him *off*. 彼女は彼のジッパーを開けフェラチオしていかせた.

suck out 他 …を吸い出す ▪ The flannel *sucks out* moisture. フランネルは水分を吸い出す.

suck up 自 **1** 《軽蔑》へつらう, おべっかを使う (*to*) ▪ I can't *suck up to* snobs. 僕は俗物にへつらうことはない.
— 他 **2** …を吸い上げる ▪ The elephant *sucks up* water with its trunk. ゾウは鼻で水を吸い上げる.
3 …を吸い取る, 吸収する ▪ Britain will *suck up* that commerce which formerly flowed to Amsterdam. イギリスは以前アムステルダムへ流れていた貿易を吸収するだろう.

sucker /sʌ́kər/ *sucker A into B* 《米口》Aをだましてbさせる ▪ She *suckered* him *into* signing the papers. 彼女は彼をだまして書類にサインさせた.

sue /sjuː/ *sue for* 他 **1** …の訴訟を起こす ▪ She *sued for* alimony. 彼女は別居手当の訴訟を起こした ▪ I *sued* him *for* a debt. 私は彼を相手取って借金の訴訟を起こした.
2 …を請う ▪ He *sued for* her hand. 彼は彼女に求婚した.

sue out 他 (令状・赦免など)を請願して手に入れる ▪ She is *suing out* her writ of habeas corpus. 彼女は請願して人身保護令状を手に入れようとしている.

suffer /sʌ́fər/ *suffer for* 自 …のために害を被る, に苦しむ ▪ He *suffered for* his wisdom. 彼はその知恵があだとなった ▪ The inhabitants are *suffering for* provisions. 住民たちは食料がないのに苦しんでいる.

suffer from 自 **1** (病気など)に悩む, を病む ▪ He is *suffering from* influenza. 彼はインフルエンザにかかっている.
2 …で痛む, 損害を被る ▪ Trade is *suffering from* the war. 貿易は戦争の害を被っている ▪ The boy *suffered from* rough schoolmates. 少年はクラスのいじめっ子にひどい目にあわされた.
3 …を(弱点として)持つ ▪ Your hypothesis *suffers from* one serious defect. あなたの仮説には重大な欠点が一つある.

suffer under 自 **1**(まれ)(病気など)に悩む ▪ She *suffers under* headaches a great deal. 彼女はひどく頭痛に悩んでいる.

2(まちがった考えなどに)苦しむ ▪ He *suffered under* the idea that he was suspected of theft. 彼は自分が盗みの容疑をかけられているのではないかとの思いに苦しんだ.

suffice /səfáis/ ***suffice for*** 他 …に十分だ, 間に合う ▪ The ship's provisions will *suffice for* the crew. 船の食料は乗組員には十分だ. ▪ The bookshelves did not *suffice for* his books. その書棚では彼の本は収まりきれなかった.

sugar /ʃúgər/ ***sugar off*** 自 《米》(カエデ糖の)糖液を煮詰める ▪ While *sugaring off*, the syrup was scorched. 糖液を煮詰めているとシロップがこげついた.

 sugar over 他 …を甘くする, 和らげる ▪ He endeavored to *sugar over* the bitterness of his nature. 彼は自分の性格の激しさを和らげようと努力した.

suit /suːt/ ***suit A to B*** 他 AをB(人・事)に合わせる ▪ He *suited* his lecture *to* the students. 彼は講義の内容を学生に合わせた.

 suit up 自 《米》(特別の)仕事服を着る ▪ Mechanics have to *suit up* before working. 機械工は仕事の前に仕事服を着なければならない.

 suit with 自 …と調和する ▪ Red does not *suit with* her complexion. 赤は彼女の肌色とつり合わない.

sum /sʌm/ ***sum together*** 他 《まれ》…を総計する ▪ By arithmetic the charges of the buildings are *summed together*. 算数を使って建物の課税が総計される.

 sum up 他 **1**(審理の終わりに裁判官・弁護士が証拠)の要点を概説する ▪ The judge *summed up* the whole to the jury. 裁判官は全部の要点を陪審員に概説した.

 2…を約言する, まとめる ▪ It *sums up* the situation pretty well. それは事情をかなりうまくまとめている.

 3(人物などを)を見積もる, 見抜く, 一目で判断する ▪ The old barrister *summed up* him *up* from head to foot. 老弁護士は頭のてっぺんから足の先まで眺めて彼の人物を見積もった.

 4…を総計する ▪ They *summed up* the voting. 彼らは投票数を総計した.

 5〖主に受身で〗…をつづめる, 集約する ▪ The eloquence of England is *summed up* in his speech. イギリスの雄弁は彼の演説の中に集約されている.

 sum up to 自 合計すると…になる ▪ It *sums up to* $1,000. それは しめて 1,000 ドルになる.

summer /sʌ́mər/ ***summer over*** 他 《米》…を夏の間に使わずに残す ▪ Do not be afraid of *summering over* a few tons of hay. 干し草を数トン夏の間に使わずに残さなくてはと思わなくてもよい.

summon /sʌ́mən/ ***summon up*** 他 《文》
1(元気・勇気)を奮い起こす ▪ He *summoned up* all his courage to do so. 彼はそうするためにありったけの勇気を奮い起こした.

 2(考えなど)を思いつく ▪ Can you *summon up* any good idea? 何かいい考えを思いつきましたか.

 3 = CALL up 3.

sup¹ /sʌp/ ***sup up*** [*off*] 自 他 《主にスコ》(酒などを)ぐっと飲み干す ▪ He eagerly *supped up* a cup of cold water. 彼は一気にコップに入れた冷たい水をぐっと飲み干した. ▪ He *supped up* and left the pub. 彼は酒をグイと飲み干してパブをあとにした.

sup² /sʌp/ ***sup on*** [*off*] 自 他 夕食に…を食べる ▪ They *supped on* good fare. 彼らは夕食にごちそうを食べた. ▪ We killed a boar, and *supped off* it. 私たちはイノシシを殺して夕食にそれを食べた.

 sup out 自 外で夕食をする ▪ I am going to *sup out* this evening. 今晩は外で夕食をしようと思っている.

supply /səplái/ ***supply A to*** [*for*] ***B*** 他 AをB(人など)に供給する ▪ The cow *supplies* milk *for* us. 雌牛は我々にミルクを供給している.

 supply A with B 他 A(人など)にBを供給する ▪ China *supplies* us *with* vast quantities of tea. 中国は多量の茶を我々に供給している.

surge /sərdʒ/ ***surge forward*** (群衆などが)押し寄せる, 殺到する ▪ A crowd of shoppers *surged forward* to the store. 買い物客の群れがその店にどっと押し寄せた.

 surge in **1**(水が)どっと流れ込む ▪ The water *surged in* and quickly rose higher than the first floor. 水がどっと流れ込んできて瞬く間に1階よりも高く水嵩が増した.

 2(波のように人が)押し寄せる ▪ The crowd *surged in* through the gate. 群衆はゲートから押し寄せた.

 surge out 自 **1**(水が)どっと流れ出す ▪ The moment the gate of the dam was opened, water *surged out*. ダムのゲートが開けられた途端に水がどっと流れ出してきた.

 2(人が)どっと出てくる ▪ Many people *surged out* when the ball game was over. 野球の試合が終わると多くの人がどっと出てきた.

 surge through (感情などが)波のように押し寄せる ▪ A thrill of excitement *surged through* him. 興奮によるわくわく感が彼に波のように押し寄せた.

 surge up 自 **1**(液体が)噴き出る ▪ The oil *surged up* and blew out in a tall black column. 原油が噴き出し黒い油柱になって高く噴き上がった.

 2(物価が)高騰する ▪ Prices have *surged up*. 物価が高騰した.

 3《文》(感情・思想などが)わき上がってくる ▪ Indignation *surged up* within him. 怒りが彼の胸にこみ上げてきた.

surpass /sərpǽs|-páːs/ ***surpass A in B*** 他 Bの点でAに勝る ▪ She *surpasses* the other students *in* English. 彼女は英語では他の学生をしのぐ.

surprise /sərpráiz/ ***surprise a person into*** 他 人の不意をついて…させる ▪ He *was surprised into* consent. 彼は不意をつかれてつい承諾してしまった.

surrender /səréndər/ ***surrender to*** …に降伏する, 身を任せる ▪ He *surrendered to* despair and took his own life. 彼は絶望して自殺した.

suspect /səspékt/ ***suspect A of B*** 他 AにBの

疑いをかける ▪ We began to *suspect* him *of* having a hand in her death. 我々は彼がその女性の死に関係があると疑い始めた.

suspire /səspáɪər/ ***suspire for* [*after*]** 圓 《主に詩》…にあこがれる, を切望する ▪ He *suspired after* the sight of God. 彼は神を見ることを切望した.

suss, sus /sʌs/ ***suss out*** 他 **1**《英口》…を見つける, 見抜く ▪ Young people *suss* things *out* for themselves. 若者は自ら物事を見つける. ▷suss<suspect.

2《俗》…を推測する, 悟る ▪ I *sussed out* his plan before he started. 私には彼の計画は始める前からわかっていた.

3《俗》…を捜索[調査]する ▪ The authorities *sussed* me *out* and decided I would not cause trouble. 当局は私のことを調べて問題を起こすことはないだろうと判断した.

swab /swɑb|swɔb/ ***swab down*** 他 (甲板)をモップなどで掃除する, ふき取る ▪ He was *swabbing down* the boat's hull. 彼はボートの船体をモップで掃除していた.

swab out 他 (部屋)をモップで掃除する ▪ I have *swabbed out* the room. 私は部屋をモップで掃除した.

swab up 他 モップなどで…をふき取る ▪ She *swabbed up* the beef gravy with bread. 彼女はパンで牛肉汁をふき取った.

swagger /swǽgər/ ***swagger about*** 圓 いばって歩き回る ▪ The boy would *swagger about* to attract the notice of the girls. その少年は娘たちの目につこうとしていばって歩き回るのだった.

swallow /swɑ́loʊ|swɔ́l-/ ***swallow down*** 他 **1**…を飲み下す ▪ Salmons *swallow* the bait with the hook *down* into the stomach. サケは釣り針のついたえさを胃の中へ飲み下す.

2 (海・地震などが人・船・島など)を吸い込む; を巻き込む ▪ The isle *was* suddenly *swallowed down* into the sea. この島は不意に海の中へ吸い込まれた.

3 (怒り・涙など)をこらえる, 抑える ▪ He *swallowed down* his tears to hide them from me. 彼は涙を私に隠そうとしてこらえた.

swallow up 他 **1**…をすっかり飲み込む; を平らげる ▪ The crocodile *swallows up* both the bait and the hook. ワニはえさも釣り針もすっかり飲み込んでしまう.

2…を滅ぼして[なくして]しまう, 使い尽くす, 消耗する ▪ Must all things at last *be swallowed up* in death? 万物がついには死によって消滅を免れないのか ▪ The expenses *swallow up* the earnings. 出費が儲けを食ってしまう.

3…を併合する, 吸収する ▪ The French King *swallowed up* almost all Flanders. フランス王はフランドルをほとんど全部併合した ▪ The hamlet *is* now *swallowed up* in the Park. その小村は今はハイドパークに併合されている.

4…をすっかり巻き込む[見えなくする] ▪ His figure *was swallowed up* in the dark. 彼の姿はすっかり闇の中へ消えてしまった.

5…を没頭させる ▪ I have *been swallowed up* with my little book since then. その時以来私は小著の執筆に没頭している.

6(ある距離)を素早く通り過ぎる ▪ Three miles had *been swallowed up*. 3マイルを素早く通り過ぎていた.

swan /swɑn|swɔn/ ***swan around* [*about*]** 圓 他 《英口・軽蔑》あてもなく[無断で]さまよう[ぶらつく] ▪ He's *swanning around* the whole country. 彼は国中をあてもなくさまよい歩いている ▪ The movie star is *swanning about* in her bikini. 映画スターはビキニ姿でぶらぶらしている.

swan off 圓 《英口・軽蔑》あてもなく出かける ▪ She's always *swanning off* to London on holiday. 彼女はいつも休日にはロンドンにあてもなく出かけてばかりだ.

swap, swop /swɑp|swɔp/ ***swap around*** **1**《米口》場所を変える, 話題が変わる ▪ I'm going to *swap around* a little. 少し場所を変えてみようと思っている ▪ The chat *swapped around* to some other subject. おしゃべりは他の話題へと移っていった.
— 他 **2**《英口》…を交換する, 取り[入れ]替える ▪ We *swapped* some books *around* between us. 私たちは何冊かの本を交換した ▪ The manager told the home-plate umpire about *swapping* the players *around*. 監督は選手交代を主審に告げた.

***swap away* [*off*]** 他 《俗》…を取り替える, 交易する ▪ Your college chaps *swap away* their common sense for their learning. 君の大学の仲間たちは常識と学問とを取っ替えっこしてるね ▪ He *swapped off* all the poor colts. 彼はつまらない子馬は全部交換してしまった.

swap A for B 他 AをBと交換する ▪ I'll *swap* my camera *for* your radio. 僕のカメラを君のラジオと交換してあげよう.

swap out 他 …を取り替える, 交換する ▪ I *swapped* the light bulb *out* for a newer one. 電球を新しいのと取り替えた.

swap over 圓 他 席を代わる[代える] ▪ We'll soon *swap over* so you can have a better view. あなたがもっとよく見えるように, もうすぐ席を入れ代わりましょう ▪ Beth, sit here, and Mike, you sit there. So *swap over* the chairs. ベスはここに座って, マイクはあっちだ. だから座席を入れ代われ.

swap A with B 他 A(物)をB(人)と交換する ▪ Will you *swap* places *with* me? 私と席を替わっていただけますか.

swarm[1] /swɔːrm/ ***swarm with*** 他 〖主に進行形で〗…が充満している[いっぱいいる] ▪ The river *was swarming with* alligators. その川にはワニがようにいた.

swarm[2] /swɔːrm/ ***swarm up*** 他 (木・棒など)に抱きついて登る, よじ登る ▪ They were *swarming up* a difficult ascent. 彼らは困難な山をよじ登っていた.

sway /sweɪ/ ***sway up*** 他 《海》(帆桁)をあげる ▪ We *swayed* the mast *up*. 我々は帆桁をあげた.

swear /sweər/ ***swear at*** 1 …をののしる, に毒づく ▪ He did nothing but *swear at* his customers. 彼はお客に毒づいてばかりいた.
2 《口》(色などが)ちっとも…と調和しない ▪ The two tints *swear at* each other. その二つの色彩は互いにちっとも調和しない.

swear away 他 (人の生命・権利などを)宣誓して奪う[失わせる] ▪ By his perjury, the lives of many innocent people *were sworn away*. 彼の偽誓によって多くの無実の人々の生命が奪われた.

swear by 1 …にかけて誓う ▪ He swore *by* Peter and by Paul. 彼はペテロとパウロにかけて誓った.
2 《口》…を絶対に信頼する ▪ He *swears by* quinine for malaria. 彼はマラリアにはキニーネだと絶対に信頼している.

swear for 他 …を保証する ▪ His friends will *swear for* his integrity. 彼の誠実さは友人たちが保証する.

swear in [into] 他 〖主に受身で〗…を宣誓させて任命する ▪ I have *been sworn in*, and subscribed. 私は宣誓の上, 任命され, 署名した.

swear off 自 1 《口》(酒・タバコなどを)誓って断つ[捨てる, やめる] ▪ A man who has *sworn off* for a long time loses the desire for drink. 長い間酒を誓って断った人は酒を飲みたいという気持ちを失う.
— 他 2 …と誓って(人)に…をつかませる ▪ They *swear off* a common carthorse to their best friend for an excellent hunter. 彼らは親友にだってすばらしい狩猟用の馬だと誓ってありふれた馬車馬をつかませる.

swear on [upon] 他 …にかけて誓う(神聖なものに手を置いたりして) ▪ I will *swear on* my father's sword. 父の剣にかけて誓います.

swear out 他 1 (偽りがないと)宣誓して(逮捕状)を出してもらう ▪ The warrant *was sworn out* by the girl's mother. その逮捕状はその少女の母親が宣誓して出してもらった.
2 …を誓って追い払う ▪ He thought it a ridiculous thing to *swear out* a man. 彼はある人を誓って追い払うのはおかしなことだと思った.

swear to 1 (陳述の真なること, 本人に相違ないことなど)を誓証する ▪ You could *swear to* its authenticity, if necessary? それが本当であることを必要とあらば誓証できますね ▪ The police officer *swore to* him as a convict without the least hesitation. 警官はその男が囚人にちがいないと少しもためらわず誓証した.
2 《まれ》(…すること)を誓約する ▪ He had deeply *sworn to* it. 彼はそれをすることを堅く誓約していた.

sweat /swet/ ***sweat away*** 他 …を汗をかいて出す; を汗のように捨てる ▪ In hot weather, you *sweat away* salt and minerals. 暑い天候では汗をかいて塩分やミネラルを排出する.

sweat in [on] 他 (はんだをつけてから金属部)を加熱接合する ▪ The defect was remedied by *sweating in* the screw. その欠陥はねじを加熱接合することによって除かれた.

sweat off 他 1 汗を出して(体重)を減らす; …を汗で洗い落とす ▪ I *sweated off* one pound in the steam bath. 蒸しぶろで汗を出して1ポンド体重を減らした ▪ She *sweated off* her makeup. 彼女は汗で化粧が落ちた.
2 汗をかいて風邪を治す ▪ I have *sweated off* a cold. 汗をかいて風邪を治した.

sweat on 他 …を待ちわびる ▪ We were *sweating on* leave. 我々は除隊を待ちわびていた.

sweat out 他 1 汗をかいて出す[治す] ▪ It *is sweated out* as soon as one drinks it. それは飲むとすぐ汗になって出てしまう ▪ He *sweated out* his cold with exercise. 彼は運動で汗をかいて風邪を治した.
— 他 2 《俗》…をじっと[いらいらして]待つ[待ちわびる] ▪ I've been *sweating out* the election results. 選挙結果を待ちわびているところだ.
3 …を最後までがまんする, がんばり通す ▪ She managed to *sweat out* the exam. 彼女は試験を何とかがんばり通した.

sweat A out of B 《口》(脅かすなどして)A(情報など)をB(人)から聞き出す[吐かせる] ▪ We finally *sweated* a lot of information *out of* him. とうとう彼から多くの情報を聞き出せた.

sweat over 自他 《口》汗水たらして働く; ひどく苦しむ[心配する] ▪ I've been *sweating over* my report. レポートを書くのにひどく苦しんでいます.

sweep /swiːp/ ***sweep across*** 自 …に吹き荒れる, を一掃する ▪ Forest fires *swept across* central Russia. 森林火災がロシア中央部で猛威を振るった.

sweep along 1 …を急速に動く ▪ The breeze *swept along* the water. 微風が水面をさっと吹き渡った.
2 さっと通り過ぎる ▪ The wind *swept along* carrying the leaves with it. 風が木の葉を運んでさっと通り過ぎた.
— 他 3 …を夢中にさせる, の心を奪う ▪ He *was swept along* by his teacher's eagerness. 彼は先生の熱意に心を奪われた.
4 (雄弁で)聴衆をわかせる ▪ He *swept* his audience *along* with him. 彼は聴衆をわかした.

sweep aside 他 1 …を払いのける ▪ She *swept aside* the velvet curtain. 彼女はビロードのカーテンを払いのけた.
2 (批判・反対など)を一蹴する ▪ His opinion *was swept aside*. 彼の意見は一蹴された.
3 (試合などに)完勝[圧勝]する ▪ The Giants *swept* the Tigers *aside* with ease. ジャイアンツはタイガースに楽勝した.

sweep away 他 1 (ほうきで)…を掃き捨てる ▪ She *swept away* the leaves. 彼女は木の葉を掃き捨てた.
2 (橋・なだれなど)…を運び去る ▪ The bridge *was swept away* by the flood. 橋が洪水で流された.
3 (疑い・困難など)を一掃する ▪ These doubts have

now *been swept away*. これらの疑惑は今や一掃された.
4 …を根絶する ▪ His last hopes *are* now *swept away*. 彼の最後の希望はもう根だやしになってしまった.
5 = SWEEP along 3.
— 自 **6** ずっと延び広がる ▪ The land *sweeps away* to the east. 土地はずっと東方へ延び広がっている.

sweep back 他 (髪)を払いのける,(後方に)なでつける, とかす ▪ She *swept* her hair *back* from her face. 彼女は髪の毛を顔から払いのけた.

sweep by 自 さっと通り過ぎる ▪ A flock of birds *swept by*. 一群の鳥がさっと通り過ぎた.

sweep down 他 **1** …を掃除する ▪ I will *sweep down* the floor before I go home. 帰宅する前に床を掃いておきます.
— 自 **2** (…に)さっと襲いかかる (*on*) ▪ The cavalry *swept down on* the enemy. 騎兵隊はどっと敵軍に襲いかかった ▪ A strong gale *swept down on* the coast. 強風が海岸を吹きまくった.

sweep in 自 **1** (風・雨などが)吹き込む ▪ The rain *swept in* under the umbrella. 雨がかさの下へ吹き込んできた.
2 (選挙で)楽勝する ▪ The Opposition will *sweep in* this time. 今度は野党が楽勝するだろう.
— 他 **3** (儲け)をかき集める ▪ How much did the gambler *sweep in*? あのばくち打ちはいくらかき集めたのか.

sweep in on 他 (感情が人)を襲う ▪ Chagrin *swept in on* me. くやしさが心にこみ上げてきた.

sweep into 自 **1** 静々と…へ入って行く (↔SWEEP out of 1) ▪ The duchess *swept into* the room. 公爵夫人は静々と部屋へ入って来た.
— 他 **2** …を運び去る, 押し流す ▪ The muddy stream *swept* the trees *into* the lower reaches. 濁流が木々を下流に押し流した.
3 …の地位に到達する ▪ The racing car *swept into* first place. そのレーシングカーは1位になった.

sweep A of B 他 AからBを一掃する ▪ We will *sweep* this street *of* all the litter. この通りからあらゆるゴミを一掃しよう.

sweep off 他 **1** …を払い取る ▪ She *swept off* the lemon leaves. 彼女はレモンの葉を払い取った.
2 (風・流れなどが)…を運び去る ▪ The south wind often *sweeps off* the clouds. 南風はよく雲を吹き払う.
3 《方》…をぐいと飲んでしまう ▪ Take the pint and *sweep* it *off*. そのびんを取ってぐいと飲んでしまいな.
4 腕を大きく動かして(帽子)を脱ぐ ▪ He *swept off* his hat in a continental fashion. 彼は大陸風に腕を大きく動かして帽子を脱いだ.
5 (病気が多くの人)を倒す ▪ The plague *swept off* a multitude. 疫病が多数の人を倒した.
— 自 **6** 素早く出て行く, 飛び出す ▪ He called on me and then *swept off* again. 彼はうちにちょっと立ち寄って, それからまた飛び出して行った.

sweep out 他 **1** …を掃き出す ▪ She *swept* the dust *out* into the street. 彼女はちりを通りへ掃き出した ▪ I *swept out* each room in the house. 家の各部屋を掃除した.
2 …を政権から引き離す ▪ They *were swept out* in the last election. 彼らはこの前の選挙で政権から追われた.

sweep out of 自 **1** 静々と…から出て行く (↔ SWEEP into 1) ▪ He hit me on the head and *swept out of* the room. 彼は僕の頭をポカリとやると悠々と部屋から出ていった.
— 他 **2** …を…から吹き飛ばす[運び去る] ▪ A gust of wind *swept* the papers *out of* the case. 一陣の風がケースから書類を吹き飛ばした.

sweep over 他 …を風靡(び)する; に広がる; を見渡す; (人)を襲う; を吹き荒らす, 一掃して過ぎる ▪ A storm *swept over* the land. あらしがその国を吹き荒らした ▪ A huge wave *swept over* the deck. 大波がデッキを洗っていった ▪ Suddenly a wave of nausea *swept over* me. 突然こみ上げる吐き気に襲われた.

sweep through 他 (試験などに)楽にパスする ▪ He *swept through* (his driving test) on his first try. 彼は(運転免許試験に)1回で楽にパスした.

sweep to 他 (勝利)を簡単に得る ▪ We *swept to* victory in the presidential election. 大統領選でわが陣営は楽勝した.

sweep up 他 **1** …をすっかり掃く[掃除する] ▪ The hearth *was swept up*. 暖炉はすっかり掃除された ▪ He *swept up* dead leaves from the garden path. 彼は庭の道から枯れ葉をすっかり掃き取った.
2 …をさっと抱き[拾い]上げる ▪ He *swept* an old woman *up* in his arms. 彼は一人の老女を腕にさっと抱き上げた.
3 = SWEEP back.
4 = SWEEP out of 2.
5 = SWEEP along 3.
6 …に全勝する ▪ He *swept up* the four marathons. 彼は4つのマラソンに全勝した.
— 自 **7** 大金を稼ぐ ▪ He *swept up* at the casino. 彼はカジノで大金を手にした.

sweeten /swíːtən/ ***sweeten up*** 《口》 **1** …を甘くする ▪ He added some sugar to *sweeten up* his tea. 彼は砂糖を加えて紅茶を甘くした.
2 …を手なづける, のきげんを取る ▪ We *sweetened* him *up* and he agreed with us. 私たちは彼を手なづけて同意させた.
3 …の魅力[価値]を高める ▪ The pictures *sweetened up* the book. 写真がその本の魅力を高めた.

swell /swel/ ***swell out*** 自他 **1** ふくれる, 膨張する; …をふくらませる, はらす ▪ Liquid *swells out* into gas. 液体は膨張して気体となる ▪ The sprain *swelled out* my ankle. 捻挫して足首がはれ上がった.
— 他 **2** (数量)を増大させる ▪ Excessive details about her lovers' daily lives *swell out* the story into a long romance. 彼女の恋人たちの日常生活がこと細かに綴られ, その物語はふくらんで長いロマンスに仕上がっている.

swell up 自 **1** = SWELL out.

2(胸が)高まる，いっぱいになる ▪Anger at him *swelled up* within me. 彼に対する怒りでいっぱいになった．

swerve /swəːrv/ ***swerve from*** …からそれる［迷う］ ▪He never *swerves from* his duty. 彼は本分を踏みはずすようなことは決してしない．

swig /swɪɡ/ ***swig off*** [***down***] 他《口》…をぐいと飲み干す ▪I *swigged off* a glass of beer. ビールを1杯ぐいと飲み干した ▪The sheriff *swigged down* a shot of whisky. 保安官はウイスキーを1杯あおった．

swill /swɪl/ ***swill down*** 他 **1** …をぐいぐい飲む ▪He's *swilling down* the beer in the kitchen. 彼は台所でビールをぐいぐい飲んでいる ▪We *swilled down* the fried potatoes with beer. 我々はフライドポテトをビールで流し込んだ．
2(床など)を水で洗う ▪I *swilled down* the garage floor. 私はガレージの床を水で洗った．
swill out 他 …をすすぐ; 水で掃除する ▪She began to *swill out* a dirty tub. 彼女は汚れたおけをすすぎ始めた．

swim /swɪm/ ***swim in*** 自 **1**(喜び・悲しみなど)にひたっている ▪My soul *swims in* delight. 私の心は歓喜にひたっている．
2 …であふれる ▪Her eyes *swam in* tears. 彼女の目は涙があふれていた．
swim into …にすうっと入ってくる ▪She *swam into* the room. 彼女は部屋へすうっと入ってきた．
swim round **1**(頭が)ふらふらする ▪My head *swam round*. 頭がふらふらした．
2(物が)ぐるぐる回るように見える ▪The room *swam round* before me. 部屋がぐるぐる回って見えた．
swim with 自 …に満ちあふれる ▪My heart now is *swimming with* joy. 私の心は今喜びに満ちあふれている．

swindle /swɪndəl/ ***swindle a person into*** [***out of***] 他 人をだまして…させる［を奪う］ ▪The man *swindled* me *into* the debt. 男は私をだましてその借金をさせた ▪He *swindled* his wife *out of* every sixpence she possessed. 彼は妻をだまして一文残らず巻き上げた．

swing /swɪŋ/ ***swing along*** 自 威勢よく進んでいく ▪The column of men *swung along* with light step. 隊伍を組んだ人々が軽快な足どりで威勢よく進んでいった．
swing at 他 **1** …に殴りかかる ▪I *was* suddenly *swung at* with an iron bar by Tom. トムに突然鉄の棒で殴りかかられた．
2 …をスイングする ▪I *swung at* the ball but missed it. 投球にバットを振ったが空振りした．
swing back 自 (振り子が)逆戻りする ▪Public opinion *swung back*. 世論は逆戻りした．
swing by 他《米豪・口》…に立ち寄る ▪I *swung by* Jim's condo on the way to work this morning. 今朝出勤途中にジムのマンションに立ち寄った．
swing for 他 (罪)のために絞首刑になる ▪He *swung for* that cruel murder. 彼は例の残忍な殺人のため縛り首になった．
swing forth 他 (鐘が)…を鳴り響かせる ▪The bells *swung forth* their peals of gladsomeness. 鐘は喜びの音を鳴り響かせた．
swing off 自《米》(他の側・党へ)寝返りを打つ (*to*) ▪Virginia has *swung off to* the side of the traitors. バージニアは反逆者の側に寝返りを打った．
swing round [***around***] 自 **1** くるっと向き直る ▪The man *swung round* to face his enemy. 男は敵と対決するためにくるっと向き直った．
2(意見などが)変わる (*to*) ▪The politician has *swung round to* a different position. その政治家の意見はがらりと変わってしまった．
— 他 **3** …をくるくる回す ▪The boy *swung* the can *round* on the end of a string. 男の子は缶をひもの先につけてくるくる回した．
swing through 自 …に立ち寄る ▪We *swung through* Pisa on our way to Rome. ローマへ行く途中でピサに立ち寄った．
swing to (戸が)ギーッと回って閉まる ▪He heard the door *swing to*. 彼は木戸がギーッと回って閉まる音を聞いた．

swipe /swaɪp/ ***swipe at*** 他 **1** …を殴打する ▪He lurched forward with intent to *swipe at* her but lost his balance. 彼は彼女をなぐろうと前かがみになったが，バランスをくずした．
2 …を非難する ▪Each paper *swiped at* the Government's economic policy. 新聞各紙は政府の経済政策を非難した．

swirl /swəːrl/ ***swirl around*** 自 **1**(水・空気などが)渦巻く ▪The wind was *swirling around*. 風が渦巻いている．
— 他 **2** …を渦巻状におく［つける］ ▪She *swirled* cream *around* the cake. 彼女はクリームをケーキに渦巻状につけた．
3 …に広まる［行きわたる］ ▪Rumors *swirled around* the town. 噂が町中に広まった．

swish /swɪʃ/ ***swish off*** 他 …をさっと切り落とす ▪He *swished off* the head of a thistle. 彼はアザミの花頭をさっと切り落とした．

switch /swɪtʃ/ ***switch around*** [***round***] 他 …の位置・向きを変える ▪He *switched* the furniture *around*. 彼は家具の位置を変えた．
switch A around with B AをBと取り替える［交換する］ ▪He *switched* the desk *around with* the bookcase. 彼は机と書だなの位置を取り替えた．
switch back 計画を変えて元に戻る (*to*) ▪We had better *switch back to* our old method. 計画を変えて元の方法に戻るほうがいい．
switch off 他 **1**(電灯)を消す; (電話・ラジオ・テレビ)を切る ▪Be sure to *switch off* the light when you leave the room. 部屋を出るときには必ず電灯を消してください ▪We *switch off* a dull program. 我々はおもしろくない(ラジオ・テレビ)番組は切る．
2 = TURN off 9.
— 自 **3**《主に米口》(話題などを)変える ▪He *switched* the conversation *off* to the weather.

彼は会話の話題を天気のことに変えた．
— 圓 **4** 興味を失う，話を聞かなくなる，耳をふさぐ ▪ She *switched off* when I started talking. 彼女は私が話し始めると耳を傾けなくなった．
5 くつろぐ，リラックスする ▪ It is important to *switch off* once in a while. ときにはくつろぐことが大切だ．

switch on 他 **1**（電灯）をつける；（電話）をつなぐ ▪ She *switched on* a single electric light. 彼女は電灯をたった一つだけともした．
2 …に興味を起こす［起こさせる］，興奮する［させる］ ▪ Pop music does not *switch* me *on*. ポップミュージックは私にはおもしろくない．
3（内線）電話を（人）につなぐ ▪ Please *switch* Mr. Smith *on*. スミスさんにつないでください．
4《口》［受身で］（ファッション・考えなど）がモダンである，先端をいっている ▪ Young girls today *are* really *switched on*. いまの若い女の子は実に流行の先端をいっている．

switch out 他 （電灯）を消す ▪ I *switched out* all the lights. 私はすべての電灯を消した．

switch over 圓 **1** 場所を変わる，場所を変える ▪ Shall we *switch over*? 席を替わりましょうか．
2（テレビのチャンネルなどを）切り替える ▪ He often *switches over*. 彼は頻繁にチャンネルを切り替えます．

switch over to 圓 …に転換する ▪ He *switched over to* teaching. 彼は教師に転職した．

switch *A* ***over to*** *B* 他 AをBに転換させる ▪ The government *switched* the whole country *over to* natural gas. 政府は全国を天然ガスに切り換えた．

switch *A* ***through to*** *B* 他 A（外部の電話）を内線のBにつなぐ ▪ Please *switch* this call *through to* Mr. Jones. この電話を内線でジョーンズ氏につないでください．

swivel /swívəl/ ***swivel around*** ［***round***］ 圓 他 回転する［させる］ ▪ *Swiveling around* in his chair, he said, "I can't see why." いすに座って回転しながら，「わけが分からん」と彼は言った．

swoop /swu:p/ ***swoop*** (***down***) ***upon*** 圓 **1**（猛禽が）…を目がけて舞い降りる ▪ The eagle *swooped down upon* a hare. ワシがウサギを目がけて舞い降りた．
— 他 **2**（賊などが）…を襲撃する ▪ The Arabs *swooped upon* the caravan. アラビア人が隊商を襲撃した．

swoop up 他《口》…をひったくる ▪ Her handbag *was swooped up* on her way home. 彼女はハンドバッグを帰宅途中にひったくられた．

swot /swɑt|swɔt/ ***swot at*** ［***up***］ 他《英》（学科）をこつこつ勉強する ▪ He is *swotting at* his mathematics for the matriculation examination. 彼は大学入試のために数学をこつこつ勉強している．

swot for 圓《英》…のためこつこつ勉強する ▪ I'm *swotting for* my exams. 試験に備えてがり勉しているところです．

sympathize /símpəθàɪz/ ***sympathize with*** 圓 **1** …に同情する（*in*） ▪ I do *sympathize with* you *in* your anxiety. ご心配に心から同情します．
2（計画など）に賛成する ▪ Pope *sympathized with* his schemes. 教皇は彼の案に賛成した．

sync, synch /sɪŋk/ ***sync up*** 他 …を調和［同調，一致］させる，（映像と音声）を同期させる ▪ The director *synced up* the sound and video. 監督は音声と映像を合わせた． ☞ sync = synchronize.

synchronize /síŋkrənàɪz/ ***synchronize*** *A* ***with*** *B* 他 AとBを一致させる ▪ The machine was used to *synchronize* sound *with* images. その機械は音と映像を合わせるために使われた．

T

tack /tæk/ ***tack about*** 自 《海》うわて回しをする ▪ We *tacked about* and stood to the north. 我々はうわて回しをして北に進路をとった.
tack down [***in***] …をピンなどで留める[留めつける] ▪ He had *tacked* the cloth *down* to the stage. 彼はその布をピンで舞台に留めていた ▪ The sleeves *were tacked in* to try how they fit. 袖(⸱)は合い具合を試すために留めつけられた.
tack on 他 …を付加する ▪ The lawyer *tacked on* a clause. 弁護士は1条項を付加した.
tack on to 自 …について行く ▪ He *tacked on to* the end of the line. 彼はその行列のしんがりについて行った.
tack A ***on to*** B 他 **1** AをBにつけ加える ▪ He *tacked* an appeal for money *on to* his speech. 彼は演説に加えて募金を訴えた.
2 AをBに仮縫いでつける ▪ Amanda *tacked* a sleeve *on to* the bodice. アマンダは身ごろに袖(⸱)を仮縫いでつけた.
tack together 他 **1** (鋲などで)…を留め合わせる ▪ I used some glue and *tacked* the planks *together*. 接着剤を使ってから厚板を留め合わせた ▪ The wretched boards *were tacked together* to serve for a table. その粗末な板はテーブルに間に合わせるために留め合わされた.
2 (事件・話など)を一つにつづり合わせる ▪ The two tales *are tacked together* without regard to place or chronology. その二つの話は場所や年代とは無関係に一つにつづり合わされている.
3 = TACK up.
tack up 自他 **1** 鋲で留める ▪ He *tacked up* a poster on the board. 彼はボードにポスターを鋲で留めて貼った.
2 (馬)に馬具[鞍]を取りつける ▪ He *tacked up* the horse. 彼は馬に鞍を取りつけた.
3 仮縫いする ▪ The tailor *tacked up* the coat before fitting it on his customer. 仕立て屋はお客に着せる前にその上着を仮縫いした.

tackle /tǽkəl/ ***tackle*** *a person* ***about*** [***on***, ***over***] 他 …のことで人と渡り合う ▪ He *tackled* his neighbor *about* the nuisance. 彼は隣人とその迷惑のことで渡り合った ▪ He *tackled* the landlord *on* the high rents. 彼は高い家賃について家主とやり合った.
tackle to 他 《口》一生懸命…にかかる ▪ *Tackle to* your work while you're young. 若いうちに仕事に打ち込んでおくがよい.
tackle up 他 馬に馬具をつける ▪ I shall just *tackle up* and go over. ちょっと馬に馬具をつけて向こうへ行って来ましょう.
tackle with 他 《口》…と取っ組み合う ▪ I *tack-led with* the badger. 私はそのアナグマと取っ組み合った.

tag /tæg/ ***tag after*** 他 (人)の後につきまとう ▪ I won't have anybody *tagging after* me. 私は誰にも後をつきまとわせたりなんかさせないぞ.
tag along (***behind***) 自 後について来る; つきまとう ▪ The children were *tagging along* after their mother. 子供らは母親の後について来ていた.
tag along with 他 …につき添う ▪ Susie's mother used to *tag along with* her everywhere. スージーの母親はどこにでもスージーにつき添って行ったものだ.
tag on 他 …をつけ加える, 付記する ▪ Dr. Bernstein *tagged on* an apology to the end of the letter. バーンスタイン博士は手紙の末尾に謝罪の言葉を付記した.
tag out 《野球》(走者)をタッチアウトにする ▪ The player *was tagged out* near the second base. その選手は2塁ベースの近くでタッチアウトにされた.
tag together 他 (詩など)をつづり合わせる ▪ He *tagged* old articles *together* to make a book. 彼は本を作るために古い論文をつづり合わせた.
tag up 自 《野球》タッチアップする ▪ The runner *tagged up* at first base and continued on to second. 走者は1塁でタッチアップして2塁まで走った.

tail /teil/ ***tail after*** *a person* 他 人について行く, 人を尾行する ▪ A detective *tailed after* the man. 刑事はその男を尾行した.
tail away 自 **1** 遅れてばらばらの列になる; 次第に消えうせる ▪ They were *tailing away* fast. 彼らはぐんぐん遅れてばらばらの列になっていた ▪ Jack's voice *tailed away* dismally. ジャックの声は陰気に消えていった.
2 《スポーツ》直線から向きを変える ▪ The ball *tailed away* as it approached home plate. ボールはホームプレートに近づくにつれて直線方向からそれた.
tail back 自 《英》渋滞する ▪ Traffic often *tails back* in big cities. 大都会では交通渋滞はしばしばだ.
tail down **1** 《米口》(重荷・重荷を積んだ荷車)を(険しい坂の)下へ落とす ▪ In this manner the load *is tailed down* steeps. このようにして重荷は険しい坂の下へ落とされる.
2 《米口》(農牧場の動物)の尾をつかんでつかまえる ▪ He will *tail down* the cow. 彼は雌牛の尾をつかんでつかまえるだろう.
tail into 他 …に流れる[流れ込む] ▪ The river *tailed into* the sea. その川は海に流れ込んでいた.
tail off [***out***] 他 **1** …を次第に消えさせる, 細くならせる ▪ The artificial hillocks should *be* well *tailed out*. 築山は十分にすそが次第に消えていくようにしなければならない.

2(他の競走者など)を追い抜く ▪ He was one of the leaders for half a mile, but afterwards he *was tailed off*. 彼は半マイルほどは先頭グループの一人だったが, のちに追い抜かれてしまった.
── 圓 **3** 落後する; 小さくなって消えうせる ▪ Already the weaker horses were *tailing off*. すでに弱い馬は落後していた ▪ Michael's voice *tailed off* into a sigh. マイケルの声は次第に小さくなってため息になった.
4〖口〗逃げる; 退去する ▪ Some even *tailed off*. 中には逃げた者さえいた.
5〖tail off で〗= TAIL away 2.
6〖tail out で〗列をなす ▪ The classic cars *tailed out* and paraded along the street. クラシックカーが列をなして通りを行進した.

tail on 他 **1**...をつけ加える ▪ We are anxious to *tail on* a branch line. 我々は支線をつけ加えたいと切望している.
── 圓 **2** しんがりにつく ▪ A superb car *tailed on* to the trucks. とてもいい車がそのトラックのしんがりについた.

tail up 圓 **1**(クジラが)尾を見せて急にもぐる ▪ The whale appeared two times, then *tailed up*. クジラは2度姿をあらわしそれから尾を見せて急にもぐった.
── 他 **2**〘米口〙(農牧場の動物)の尾をねじって立ち上がらせる ▪ The young cowboys *tailed* them *up*. 若いカウボーイたちはその動物どもの尾をねじって立ち上がらせた.

tailor /téɪlər/ ***tailor*** *A* **for**[**to**] *B* 他 *A*を*B*に適合させる ▪ The post seemed *tailored for* him. そのポストは彼にあおつらえ向きに見えた ▪ The news *is tailored to* Moscow's satisfaction. そのニュースはモスクワが満足するように書かれている.

take /teɪk/ ***take*** *...* ***aboard*** 他 ...を(船に)積み込む ▪ We *took* our provisions *aboard*. 食糧を船に積み込んだ.

take a person about [***around***] 他 人を案内して[連れて]回る ▪ I will *take* you *about* everywhere. どこへでもご案内して回りますよ.

take after 圓 他 **1**(性格・習慣・風采などが)...に似ている ▪ I *take after* my mother's family. 私は母方の者に似ている ▪ Who does he *take after*, his mother or his father? 彼は両親のどっちに似ているのかい?
2(手本)にならう, まねる ▪ His followers all *take after* him in this particular. 彼の追随者はみなこの点については彼にならっている.
── 圓 **3**...を追いかける ▪ A pack of wolves *took after* coyotes. 一群のオオカミがコヨーテを追いかけた.

take against 他 ...に反感を持つ ▪ You are not *taking against* me? 君は僕に反感を持っているんじゃないだろうね.

take *...* ***along*** 他 ...を連れて[持って]行く ▪ *Take* the child *along* with you to the park. 子供を公園へ連れてってください ▪ Be sure to *take along* your umbrella just in case. 雨が降ったときに備えて必ず傘を持って行くように.

take *...* ***apart*** 他 **1**...を分解する, ばらばらにする ▪ The boy *took* a watch *apart*. 男の子は時計をばらばらにした.
2...を分析する ▪ Specialists in sports *take* the various games *apart*. スポーツの専門家はいろいろな競技を分析する.
3...を散々にやっつける, 酷評する, しかりつける ▪ You can *take* your opponent *apart* in an election campaign. 選挙運動では競争相手をぼろくそにやっつけてよい.

take *A* ***as*** *B* 他 *A*を*B*と考える ▪ They *took* his silence *as* proof of his guilt. 彼らは彼が黙っているのは罪を犯した証拠と受け取った.

take[***draw***] *a person* ***aside*** 他 (内密話などのため)人をわきへ連れて行く ▪ The teacher *took* the boy *aside* and told him not to tease others. 教師は少年を脇へ呼びいじめをしないように言った.

take away 圓 **1**(食後に)食卓を片づける ▪ The servants had *taken away* and left us to ourselves. 使用人たちは食卓を片づけたあとを私たちだけにしてくれた.
2(声価などを)減じる(*from*) ▪ This *takes away from* the merit of your generosity. これではご寛容の価値が減じましょう.
3 立ち去る, 逃げる ▪ He *took away* up the river. 彼は川上へ逃げた.
── 他 **4**...を取り[奪い]去る; を減じる, (数)を差し引く ▪ What *takes* you *away* so early? なぜこんなに早くお帰りなのですか ▪ It pleased God to *take away* my son. 息子は神のおぼしめしで死んだ ▪ *Take away* four cows from seventeen cows. 4頭の牛を17頭の牛から引き去れ ▪ Think of a number and then *take* thirteen *away*. ある数を思い浮かべ, それから13を引きなさい.
5...を連れ[持ち]去る ▪ *Take* the child *away*. He's too noisy. あの子をあちらへ連れて行ってくれ. うるさくてしょうがない ▪ She *took away* the tea. 彼女はお茶を持ち去った.
6(印象)を受ける; (意見)を持つ ▪ He *took away* a good impression of the shop. 彼はその店には良い印象を持った.
7(食物)を(レストランから)持ち帰る ▪ Jack *took* the snack *away*. ジャックはそのスナックを持ち帰った.
8...を逮捕する; を刑務所へ連れて行く ▪ The police threatened to *take* me *away*. 警察は私を逮捕するぞと脅した.
9...に畏敬の念を起こさせる ▪ The scenery *took* me *away*. その景色を見て私は畏敬の念に打たれた.
10...を容易に勝ち取る, 簡単に得る ▪ The drama *took away* the best award. そのドラマは最優秀賞を容易に勝ち得た.

take *A* ***away from*** *B* *B*から*A*の注意[心]をそらす ▪ These points are *taking* us *away from* the major problem. これらの点は主要な問題点から我々の注意をそらしている.

take back 他 **1**(人)に過去を回想させる ▪ The boy's letter has *taken* me *back* ten years. その少

年の手紙を読んで私は10年前のことを思い出した.
2 …を返す ・I *took* the books *back* to the lender. 私は貸してくれた人にその本を返した.
3 (返品)を引き取る ・The shopkeeper will not *take* it *back*. 店の主人はそれを引き取ってくれないでしょう.
4 (陳述・約束など)を撤回する, 取り消す ・I shall *take back* my yes if you are troublesome. 君がつべこべ言うのならイエスを撤回するよ.
5 …を取り戻す ・*Take back* what once was yours. かつてあなたのものであったものを取り戻すがいいでしょう.
6 《方》…の不意を打つ ・She *was* never so *taken back* in her life. 彼女はこれまでにそんなに不意を打たれたことはなかった.
7 …が戻って来るのを許す ・Jack Voit had *been* fired twice and both times *taken back*. ジャック・ボイトは二度首になったが, 二度とも戻って来るのを許された.
8 《方》…に戻る, 立ち返る ・He *took back* to his singing. 彼はまた歌を歌い始めた.
9 …を連れ戻す ・I must *take* the kids *back* now. もう子供たちを連れ戻さねば.
10 《印》…を前行[前ページ]に送る(↔TAKE over 8) ・*Take back* to the previous line [page]. 前行[前ページ]に送れ.

take A before B 他 A(人)をB(判事など)のところへ出頭させる; A(考えなど)をB(委員会など)に提出する ・Mr. Brown *was taken before* the judge this morning. ブラウンさんは今朝判事のところへ出頭させられた.

take ... below 他 …を(甲板から)船室へ連れて行く, 持って行く ・*Take* the gear *below*. 索具を下へ持って行け.

take down 他 **1** …を連れて[持って]行く ・I'll *take* you *down* to the downtown area in Osaka. あなたを大阪の繁華街にお連れします.
2 …を降ろす ・*Take* the jam *down* from the top shelf. ジャムを上の棚から下ろしてくれ.
3 …を書き留める ・Reporters would *take down* the speeches. 新聞記者たちがその演説を書き留めるだろう.
4 (ズボンなど)をずり下げる ・The boy *took* his trousers *down*. その男の子はズボンをずり下げた.
5 (木)を切り倒す; (家など)を取りこわす; (髪)をおろす ・The lumberjack *took down* three trees. きこりは木を3本切り倒した. ・The decorations *were taken down* after the festival. 祭日のあと飾りは取りこわされた.
6 《印》…を解版する ・The printers *took down* their type. 印刷工は活字を解版した.
7 …を飲み下す ・I will *take down* poison, do anything. 私は毒の飲み下しでもなんでもしてやる.
8 《タカ狩》(タカ)を舞い降らせる ・Hawks *are always taken down* after having flown unsuccessfully at their game. タカは獲物をめがけて飛んだが不成功に終われば必ず舞い降ろされる.
9 席次が(他の生徒)の上になる; (ボートレースで他のボート)の先になる ・Dobbin *was taken down* continually by little fellows. ドビンは絶えず年下の生徒たちに追い抜かれていた.
10 (パーティーで女性)を食堂に案内していく ・A nice, sensible man will *take* you *down* at the party. そのパーティーではすてきな分別のある人がお前を食堂に案内していってくださるだろう.
11 …をへこます, の高慢の鼻をへし折る ・That young man is too sure of himself; it would do him good to *be taken down*. あの青年はあまりにも自信たっぷりだ, へこまされるといい薬になるだろう ・This will *take down* your conceit. これは君のうぬぼれの鼻をへし折ってくれるだろう.
12 …を逮捕する(→TAKE away 8).
13 《電算》(ウェブサイトなど)を取り除く ・Bad advertisements for minors *are taken down*. 未成年に有害な広告は取り除かれます.
— 自 **14** (特に病気に)かかる ・Brandon *took down* sick [with fever]. ブランドンは病気になった[熱病にかかった].
— 他 自 **15** (機械などを[が])分解する ・He *took* the clock *down* completely. 彼は時計をすっかり分解した ・This gun *takes down* easily. この銃は分解が容易だ.

take for 他 《まれ》…に味方する ・You should weigh which party to *take for*. どちらの党にくみするかよく考慮すべきだ.

take A for B **1** (□)AをBだと思う ・What do you *take* me *for*? 私を何だと思っているのか[私を信用できないのか].
2 AをBと(誤って)思い込む ・I *took* him *for* a surgeon. 彼を外科医だと思い込んでいた.
3 A(人)をだましてB(金)を奪う ・A salesman *took* the old woman *for* $100. セールスマンがその老婦人をだまして100ドル奪った.

take forth 他 (ある場所から)…を連れ出す, 導き出す ・Abraham *took forth* his men. アブラハムは一族の者を導き出した.

take from 自 他 …を減じる, 弱める ・There's no defect that *takes from* the perfection of the work. その作品の完璧さを損なう欠点はない.

take A from B **1** AをBから引用する ・It's a quote *taken from* Shakespeare's play. それはシェイクスピアの戯曲からの引用文だ.
2 A(数)からB(数)を差し引く ・What do you get if you *take* fifty-nine *from* eighty-six? 86から59を引くといくらになるか.

take home 他 …を家に連れて[持って]帰る; 手取りで…の給料をもらう ・After taxes he *takes* £500 *home* a week. 税金を差し引いて, 彼は手取りで週給500ポンドもらっている.

take in 他 **1** (金)を受け取る; (洗濯・縫物など)を自宅で引き受ける ・Subscriptions *are taken in* by John Hartley. 寄付金はジョン・ハートリーが受け取っている ・Georgina *took in* washing only for amusement. ジョージナはただおもしろ半分に洗濯をうち

で引き受けていた.
2《口》…を欺く, だます ▪ He *was* quite *taken in* by my manners. 彼は私の態度にすっかりだまされてしまった.
3(女性)に腕を貸して(家・部屋などへ)案内する ▪ John *took* Miss Jane *in* to supper. ジョンはジェイン嬢を夕食へ案内した.
4(下宿人・客などを)収容する, 置く ▪ Invalid horses *are taken in* and treated at the hospital. 病気の馬はその病院に収容されて手当てを受ける ▪ Mrs. Brown *takes in* boarders. ブラウン夫人は下宿人を置く.
5(車・機械)を修理[整備]に持ち込む ▪ We'll *take* the car *in* tomorrow morning. 明日の朝, 車を整備に出してこよう ▪ I *took in* my laptop to be repaired. ラップトップを修理に持ち込んだ.
6(金)を儲ける ▪ We plan to *take in* $1.2 billion. わが社は12億ドルの収益をもくろんでいる.
7(帆・衣服などを)縮める, つめる ▪ The skirt was too full and had to *be taken in*. スカートはだぶだぶだったので, つめねばならなかった ▪ But I must *take in* this sail of speech. しかしながらこのお話は縮めなければならない.
8(警察へ)…をしょっぴく ▪ The police *took* him *in*. 警察はその男をしょっぴいた.
9《主に英》(新聞・雑誌)を購読する, 取る ▪ I *take in* the French paper. 私はそのフランス語の新聞を取っている.
10《トランプ》(札)を手に取る ▪ If the non-dealer *takes in* the king, he ought to lead it. 札を配る人でない者がキングを手に取った場合には, それをまっ先に出さねばならない.
11(土地などを)囲う;(領土・共有地などを)併合する;(荒地を)開拓する;を付加する ▪ He *took in* this piece of ground, and made a garden there. 彼はこの土地を囲って, そこを庭にした ▪ The new city *takes in* five former towns and villages. 新しい市は従来の5町村を併合している ▪ Numerous waste patches have *been taken in*. たくさんの荒地が開拓されている ▪ A new alcove has been formed by *taking in* one of the landings. 階段上の床(%)の一部を取り込んで新しい床の間が作られた.
12…を会得する, 学ぶ, 悟る ▪ Sluggish minds require time to *take in* new notions. 心の鈍い人は新しい思想を会得するのに時間がかかる ▪ She *takes in* science from Mr. Smart. 彼女はスマート先生について科学を学んでいる.
13…をひと目で見て取る ▪ He *took in* the scene at a glance. 彼はひと目でその情景をすぐ見て取った.
14(嘘など)を真に受ける ▪ He listened and *took* it all *in*. 彼は聞いてそれをすっかり真に受けた.
15《米口》(学校)で教える ▪ Jennifer *took in* school here. ジェニファーはここの学校で教えた.
16[[しばしば all を伴って]]…にじっと聞き入る[見入る] ▪ When I told about my experiences of the earthquake, the audience *took* it *all in*. 私が地震の体験談を話すと, 聴衆はじっと聞き入った.

— 自 他 **17**取り入れる; 吸収する; 食べる, 飲む;(船が荷物を)積み込む;(ボート・船に)水が入る ▪ Roots *take in* nutrients from the soil. 根は土壌から栄養分を吸収する ▪ The Bedouins *took in* amazingly little water. ベドウィンたちは驚くほどわずかしか水を飲まなかった ▪ Most ships used to stop at Suez to *take in* coal. たいていの船は石炭積み込みのためにスエズに寄港した ▪ The boat *took in* 30 gallons of water through the leak. 漏れ穴から30ガロンの水がボートに入った.
18含める, 考慮に入れる ▪ He *took in* all the ancient Church-writers into his catalog. 彼は古代の教会著述家たちを全部の目録に含めた ▪ In the former case, many circumstances must *be taken in*. 前者の場合には多くの事情を考慮に入れねばならない.
19《米》(競技などを)する; 旅程に入れる, 訪問する, 見物する, 出席する ▪ We *took in* the baseball game. 我々は野球をした ▪ He is *taking in* the sights of New York. 彼はニューヨークの名所を見物している ▪ Occasionally he *took in* a matinee or a lecture. ときどき彼はマチネーを見たり講演を聞きに行ったりした.

— 自 **20**《米口》(学校が)始まる ▪ She could hardly wait for school to *take in*. 彼女は学校が始まるのをとても待ちきれなかった.

take into 他 …を体内に摂取する ▪ Worms *take* mud *into* their guts and extract nutrients from it. ミミズは泥を腸に摂り入れてそれから栄養分を吸収する.

take A ***into*** B 他 AをBに入れる[受け入れる, 導く] ▪ He *took* her *into* his company as a secretary. 彼は彼女を秘書として自分の会社に採用した ▪ His goal *took* the team *into* the lead. 彼のゴールでチームはリードした.

take off 他 **1**(体重)を減じる, …だけやせる ▪ I was able to *take off* two pounds. 私は2ポンド減量することができた.
2(列車などの)運転を中止させる ▪ Several trains will *be taken off* on Bank Holiday. 銀行休業日には列車が数本運転中止になるだろう.
3…を救助する ▪ The passengers *were taken off* by the tug "Amelia." 乗客は引き船アメリア号に救助された.
4(帽子・靴)を脱ぐ, 取る ▪ She *took off* her shawl. 彼女はショールを取った ▪ Benjamin never *takes off* his boots and spurs. ベンジャミンはブーツと拍車を決して脱がない.
5…を取り去る[のける] ▪ A cannon ball *took off* his head. 大砲の弾丸で彼の頭はふっ飛んだ ▪ Jack's name has *been taken off*. ジャックの名は除かれた.
6(曜日)に休暇をとる ▪ I *took* Thursday *off* to visit my wife in hospital. 木曜日に休みをとって入院中の妻を見舞った.
7…を(さっさと)連れ去る, 連れていく ▪ He *was* arrested and *taken off* to prison. 彼は逮捕されて刑務所へ連れていかれた.

8《口》(人の癖などを)まねる, まねてからかう ▪ I can *take off* a monkey to the life. 僕は本物のようにサルのまねができる.

9 …を割り引く ▪ Every article has 10% *taken off*. 全商品1割引きです.

10 (映画・芝居)の上演を打ち切る ▪ The play *was taken off* after a month. その演劇は1か月後上演を打ち切られた.

11 (手足)を切断する ▪ Jason had his leg *taken off* above the knee. ジェイソンは一方の足をひざの上で切断した.

12 …を飲み干す, 一気に飲む ▪ She *took off* her cup smartly. 彼女はみごとに酒を飲み干した.

13 (心など)をほかに向ける, そらせる ▪ The conversation *took off* his attention. その会話が彼の注意をそらせた.

14 (人)の職[持ち場]を去らせる ▪ The Emperor has *taken* him *off*. 皇帝は彼を免職にした.

15 (刺殺者・病気・猛獣などが)…の命を奪う, 殺す ▪ Diseases *took off* very many of them. 病気が非常に多くの者の命を奪った ▪ The young lion *took off* several village people. その若いライオンは村人数人を殺害した ▪ He *was taken off* by sudden death. 彼は急死した.

16 (課税など)を除く ▪ He pleased the people greatly by *taking off* a heavy tax. 彼は重税を除いて人民をいたく喜ばせた.

17 (性質・状態など)を失わせる, なくする ▪ The smart hat *took off* the severity of her smoothly braided hair. こじゃれた帽子のせいで彼女のなめらかに編んだ髪の地味さが見えなかった.

18 …を刷り[写し]取る; (電信)を(受信機から)写し取る ▪ Mr. Wainwright had an impression of 500 *taken off*. ウェインライトさんは500部を刷り取った ▪ He *took off* a telegram. 彼は電報を受信機から写し取った.

19 (肖像)を描く ▪ Then Clive proposed to *take* his head *off*. それからクライブは彼の顔を描いてあげようと言い出した.

20 …を測定する ▪ In this way I *took off* 35 of the most remarkable points. このようにして私はこの最も顕著な地点の35を測定した.

21 …から離す ▪ She never *took* her eyes *off* me. 彼女は私から少しも視線を離さなかった ▪ *Take* your elbows *off* the table. テーブルに肘をつかないでちょうだい.

22 …を計算機で計算する ▪ I *took off* a table. 計算機で合計を出した.

— 自 **23** 《航空》(…から)離陸[離水]する (*at, from*) ▪ The plane *took off from* Croydon at 10 a.m. 飛行機は午前10時にクロイドンから飛び立った ▪ The swans *took off from* the lake. ハクチョウたちが湖面から飛び立った.

24 (潮・風などが)減退する; (雨が)やむ ▪ The breeze now began to *take off* a bit. 風は今や少しおさまり始めた ▪ As dawn broke the persistent rain *took off*. 夜が明けるとしじもの雨もあがった.

25 出かける, 走り去る ▪ Dick ran out and *took off* into the great bazar. ディックは外へ走り出て大慈善市へ出かけた ▪ The Indian *took off* into the woods. その先住民は森の中へ走り去った.

26 (川が本流から)分岐する ▪ At this point the second headwater *takes off* from the Ganges. この地点で第二の水流がガンジス川から分岐する.

27 跳び始める ▪ Competitors were encouraged to *take off* precisely. 競技者は正確に(ジャンプで)踏み切るように勧告された.

28 食卓を片づける ▪ The servants were ordered to *take off*. 使用人たちは食卓を片づけるように命じられた.

29 取れる ▪ The top *takes off* easily. ふたはすぐ取れる.

30 (計画などが)うまく行き始める ▪ The plan gradually *took off*. その計画は次第にうまく行くようになった.

31 興奮する ▪ Young people *take off* on loud music. 若い人々はやかましい音楽に興奮する.

32 (景気が)上昇し始める, (商品が)よく売れだす ▪ The economy is *taking off*. 経済は上昇し始めている.

***take* A *off* B** 他 **1** BからAを取りはずす ▪ She *took* the lid *off* the container. 彼女はその容器のふたを取りはずした.

2 A(人)をB(職)からはずす ▪ The young lawyer *was taken off* the case. その若手弁護士は裁判からはずされた.

3 A(人)にB(薬など)をやめさせる ▪ The doctor *took* him *off* sleeping tablets. 医師は彼に睡眠薬を飲むのをやめさせた.

4 《英口》BからAを(力ずくで)奪う ▪ My dad *took* the drug *off* me. 親父は僕からドラッグを力ずくで取りあげた.

take off* …*from 他 …を減じる ▪ The flaw *took off* very much *from* the value of the gem. そのきずは宝石の値うちを大いに減じた.

take off on 自 《米》…を始める, に着手する ▪ He *took off* on this story in January. 彼は1月にこの物語に着手した.

take on 自他 **1** (性質・様相などを)呈する, 帯びる ▪ The blanched leaves soon began to *take on* the appearance of frostbitten celery. 白くなった葉っぱはやがて霜で痛んだセロリのような様相を呈してきた ▪ The deep, mysterious eyes *took on* a deeper charm. その深い神秘的なまなざしはいっそう深い魅力を帯びた.

— 他 **2** (仕事など)を引き受ける, に取りかかる ▪ Soon I had *taken on* a task. 私はすぐさま仕事に取りかかっていた.

3 (人)を雇い入れる; を仲間に入れる ▪ The large manufacturers are about to *take on* a considerable number of hands. 大工場主たちはかなりの数の工員を雇い入れようとしている.

4 (敵として)…を相手にする ▪ I *took* him *on* at golf. ゴルフで彼の相手をした. ⇨ボクシングから.

5 …を(船などに)乗せる ▪ The bus stopped to *take*

on some children. そのバスは子供たちを乗せるために止まった.
6 (肉など)をつける　▪ Sheep thrive very well and *take on* flesh rapidly. 羊はよく発育し急速に肉がつく.
7 (行動・機能)を果たし始める　▪ The ulcer *took on* a healing behavior, and soon cicatrized. 潰瘍は治り始め,やがて癒合(ゆごう)した.
8 (考えなど)を受けいれる　▪ Pablito *took* all his convictions *on*. パブリートはすべての信念を受けいれた.
9 《まれ》(五感で)…を感づく,捕える　▪ The natives *take on* the scent of the deer many hours after they have passed. 先住民たちはシカが通り過ぎて何時間もたってもシカのにおいをかぎつける.
10 (農場など)の経営を引き受ける　▪ My father died, and I *took on* the farm. 父が死んで私が農場の経営を引き受けた.
11 《スコ》…を掛けて買う　▪ I have heard of young people going to shops and *taking on* things. 私は若い人々が店へ行って物を掛けで買うという話を聞いている.
12 (列車などが)…を乗り越させる　▪ I fell asleep in the train and *was taken on* to Leeds. 私は列車の中で寝込んでリーズまで乗り越した.
13 (旅行で)…を先へ連れて行く　▪ Another bus will *take* you *on* to where you are going. 別のバスに乗れば目的地に行けます.
14 (家)を借りる　▪ He *took on* a house in the country. 彼は田舎に家を借りた.
― 自　**15** 《口》怒り狂う,騒ぎ立てる;ひどく悲しむ　▪ He *took on* like a demented man. 彼は狂人のように怒り狂った　▪ Jennifer *took on* sadly about her husband. ジェニファーは夫のことでひどく悲しんだ.
16 《口》人気を得る　▪ The song *took on* overnight. その歌は一夜にして人気を得た.
17 気取る,高慢にふるまう　▪ If a worm should *take on*, then anything may be proud. 一匹の虫けらが高慢にふるまうのならば,何だって高慢になれるというものだ.
18 雇われる;兵籍に入る　▪ I am engaged to *take on* with Miss March. 私はマーチ嬢の所に雇われることを約束した　▪ They *took on* to serve in the army. 彼らは軍務に服するために兵籍に入った.

take on with 自　**1** …と婚約する;とっく合う　▪ She is going to *take on with* Mr. Jowles. 彼女はジョールズ氏と婚約しようとしている　▪ The girl should not *take on with* one such as him. あの娘は彼のような男ととっく合うべきではない.
2 …を魅了する　▪ In less than five minutes the actor had *taken on* the audience. 5分とたたないうちにその俳優は観客を魅了した.

take out 他　**1** …を取り[持ち]出す,(本)を借り出す　▪ He *took out* his wallet and gave her a gold piece. 彼は財布を取り出して彼女に金貨を1枚与えた　▪ The book had *been taken out* the day before. その本は前日に借り出されていた.
2 …を(舞踏会・決闘・散歩などに)連れ出す　▪ He had promised to *take* her *out* on the ice. 彼は彼女をスケートに連れ出すことを約束していた.
3 《米》(女性)を(食堂・舞踏室)へ案内する　▪ Men seldom wanted to *take* her *out*. 男たちはめったに彼女を案内したがらなかった.
4 …を狙って撃ち殺す　▪ The police *took out* the hijacker. 警察はハイジャック犯を狙撃して殺害した.
5 (歯・しみなど)を抜き取る　▪ Ammonia will *take out* the grease-spots. アンモニアは油のしみを抜き取る.
6 …を略す,除く　▪ There were 21 working days, *taking out* weekends and holidays. 週末と休みを除いて仕事日が21日あった.
7 (書き物・模様など)を写す;(特に)…を抜粋する　▪ *Take* this work *out* for me. この作品を写してくれ　▪ Dr. Greenbaum *took out* quotations for the dictionary. グリーンバウム博士はその辞書に入れる引用文を抜き書きした.
8 (うっぷんなど)を晴らす(*on*)　▪ They *take out* their resentments *on* one another. 彼らはお互いに憤りを晴らし合っている.
9 (免許・召喚状など)を出願して受ける　▪ He *took out* a summons against the man. 彼はその男に対する召喚状を出願して受け取った.
10 (障害・敵など)を取り除く,やっつける　▪ The main job is to *take out* the enemy airfield. おもな任務は敵の飛行場をやっつけることにある.
11 …を(外国などへ)連れて行く　▪ When he went overseas, he *took* the family *out* with him. 彼は外国へ行くとき,家族を連れて行った.
12 ＝TAKE away 7.
13 (トランプ・スポーツで相手)が目的を達するのを妨げる　▪ By a clever move I *took out* my opponent. 私はうまい手で相手のじゃまをした.
14 (衣服)を大きくする,ゆるめる　▪ I've put on a few pounds and had to *take out* all my clothes. 私は少し太ったので,服を全部大きく仕立て直さなくてはならなかった　▪ Do you think you can *take* these pants *out* a bit for me? このズボンをすこしゆったりめに直してもらえますか.
15 借金を別の方法で返済させる　▪ We *took out* the money he owed us by having him do farm chores. 我々は彼を農場で働かせて借金の返済に充てさせた.
― 自　**16** 出かける　▪ He *took out* for home. 彼は家へ帰り始めた.

take out after 他　…を追跡し始める　▪ The squad car *took out after* the wanted man. パトカーがお尋ね者を追跡し始めた.

take out A against B 他　A(召喚状など)をB(人)に発行する(→TAKE out 9.)　▪ The police *took out* a summons *against* the driver. 警察はその運転者に召喚状を発行した.

take A out in B 《米》Aの代償をBで受け取る　▪ I *took* it *out in* cigars. 私はその代償を葉巻きで受け取った.

take A out of B 他　**1** AをBから取り出す[持ち出

す], B(銀行など)からA(貯金など)を引き出す; BからA(しみ)を抜き取る ▪ He *took* the cartridges *out of* the case. 彼はケースから弾薬を取り出した ▪ She *took* ink *out of* the linen. 彼女はシャツからインク(のしみ)を抜き取った.

2 A(性質・精力など)をBから奪う ▪ Now you say you cannot come, and all the salt *is taken out of* my holidays. 今君が来られないと言うので休みの楽しみがすっかりなくなってしまった.

3 AをBから除去する ▪ This will *take* the nonsense *out of* him. これで彼もばかなまねが直るだろう.

4 AをBから得る, BからA(休暇など)を取る ▪ They *take* their knowledge *out of* the Scriptures. 彼らは聖書から知識を得る.

***take* A *out on* B** A(不満など)をB(人)に向ける ▪ Don't *take* your anger *out on* your poor dog. 腹を立てたからといって犬に当り散らす奴があるか, かわいそうに.

take over 他 **1** …を引き継ぐ, 引き取る ▪ We *took over* the business. 我々がその仕事を引き継いだ ▪ Brenda *took over* all the smaller household duties. ブレンダはこまごました家事を全部引き取った.

2 …を接収する, 乗っ取る ▪ A London publisher *took over* a local newspaper. ロンドンの出版業者が地方新聞を吸収合併した.

3 (家・部屋)に住み始める ▪ They had *taken* the house *over* some weeks before. 彼らはその数週間前にその家に住み始めた.

4 …を連れて行く, 運ぶ ▪ I *took* my daughter *over* to the kindergarten. 私が娘を幼稚園に連れて行きました.

5 (向こう側)へ…を渡す ▪ The ferryboat will *take* you *over*. この渡し舟で向こう岸へ渡れます.

6 (生活様式など)を取り入れる ▪ The Japanese have *taken over* many European ways of life. 日本人はヨーロッパの生活様式を多く取り入れた.

7 …を説得する, の考えを変えさせる ▪ I tried to *take* him *over* to my side. 彼を説得して私の側につけさせようとした.

8 《印》…を次行[次ページ]に送る (↔TAKE back 10) ▪ *Take over* to the next line [column, page]. 次行[次段・次ページ]に送れ.

— 自 **9** 仕事[責任]を引き継ぐ ▪ The new Chancellor *took over* yesterday. 新大臣がきのう仕事を引き継いだ.

10 支配的になる ▪ Now his emotional nature *took over*. 今や彼の感情的な性質が支配的になった.

11 (優勢になって…に)とって代わる (*from*) ▪ He was suddenly taken ill, so I had to *take over*. 彼が急病になったので私が代わらねばならなかった ▪ Robots have largely *taken over from* workers in factories. 工場の大部分でロボットが労働者にとって代わるようになった.

***take* A *over* B** 他 **1** A(人)にBを案内する ▪ A volunteer *took* us *over* the campus. ボランティアが私たちをキャンパスに案内してくれた.

2 A(人)とB(書類など)を読み合わせる ▪ They *took* us *over* the procedure. 彼らは私たちと手順について読み合わせをした.

take* a person *round 他 **1** = TAKE a person about.

2 (異性)とつき合う ▪ He has been *taking* Mary *round* for two years. 彼はもう2年もメアリーとつき合っている.

***take* A *through* B** **1** A(人)がBのおさらいをするのを助ける ▪ I'll *take* you *through* this scene. 君がこの場面の下稽古をするのを助けてあげよう.

2 AをB(場所)に運ぶ[導く] ▪ This journey *took* us *through* some beautiful scenery. 今回の旅で私たちは美しい景色うぃ導かれた.

3 AにB(事柄)を詳しく説明する ▪ I'll just *take* you *through* a couple of routines. 日常ある決まった仕事を少し説明しておこう.

take to 他 **1** …が好きになる ▪ We *took to* each other instantaneously. 我々はたちまちお互いに好きになった.

2 …にふける; の癖がつく, するようになる ▪ He has since *taken to* drinking. それ以来彼は飲酒にふけっている ▪ She *took to* wearing caps. 彼女は帽子をかぶる癖がついた.

3 《方》の世話をする ▪ The good fairies *take to* all the little children. 良い妖精たちがその子供たちすべての世話をしている.

4 (進む手段として)…に頼る ▪ They immediately *took to* flight. 彼らはすぐさま逃げだした ▪ They *took to* their oars, and got from us. 彼はオールをこいで我々から逃げて行った.

5 …に適応する (*well*, *kindly*) ▪ The tree *takes well to* the soil. その木はこの土地によく合う ▪ The children won't *take kindly to* the idea of moving to another school. 子供たちは転校する考えにはなじめないだろう.

6 《方》〖受身で〗…の不意を打つ ▪ Thomas *was* considerably *taken to* at being addressed individually. トーマスは個人的に話しかけられたのでかなりめんくらった.

7 (生業・仕事として)…をやり出す ▪ He has *taken to* photography. 彼は写真をやり出した.

— 自 **8** (場所)へ赴く, 行く ▪ The old man *took to* his bed and there lay almost without speaking. その老人は床についてほとんど口をきかずにそこに横たわっていた.

9 …に隠れる ▪ The rabbit *took to* its hole under the hawthorn's root. ウサギはサンザシの根元の穴に隠れた.

***take* A *to* B** 他 《口》AをBに使用する ▪ He *took* a saw *to* the tuna fish. 彼はのこぎりを使ってマグロの身を切った.

take together …をひとまとめにして考える[数える] ▪ *Taken together*, there cannot be more than a dozen. 全部合わせても12以上はあるはずがない.

take up **1** …を運ぶ[抱き]上げる ▪ Jeffrey *took* me *up* into the belfry. ジェフリーは鐘楼へ私を連れて上がってくれた ▪ They will *take* you *up* in

the lift. 彼らがエレベーターで上に連れていってくれます.
2 (研究・仕事・趣味)を始める, 従事する ▪ He has *taken up* photography as a hobby. 彼は写真を趣味として始めた ▪ He *took up* the trade of grocer. 彼は食料品業を始めた.
3 (空間・時間など)を取る, ふさぐ ▪ This box *takes up* much room. この箱はひどく場所を取る.
4 (挑戦・かけ)に応じる ▪ I *took up* his challenge and played darts. 私は彼の挑戦に応じてダーツ(のゲーム)を競った.
5 (問題など)を取り上げる, 処理する ▪ He suggested that they should *take* the matter *up*. 彼らがその問題を取り上げることを彼は提案した.
6 (やめたこと, 他人が始めたこと)をまたやり始める, また続ける ▪ When at last she lost her voice, he *took up* her words. 彼女がついに口がきけなくなったとき, 彼が代わりに言葉を続けた.
7 (衣類)を短くする ▪ That skirt is long; you'd better *take* it *up* a little. そのスカートは長い. 少し短くしたほうがいい.
8 (主義など)を支援する ▪ The cause of the king *was* eagerly *taken up*. 王の主義は熱烈な支持を受けた.
9 (申し出)を受け入れる ▪ I *took up* his offer of help. 彼の援助の申し出を受け入れた.
10 (歌など)に加わる ▪ All the other children *took up* the shout [song]. 他の子供たちもみないっしょに叫んだ[その歌を歌った].
11 (液体など)を吸収する; (固体)を溶解する ▪ The old sponge didn't *take* much water *up*. 古いスポンジなのであまり水を吸わなかった ▪ Water will *take up* 2 lb. 10 oz. of salt to the gallon. 水は1ガロンにつき2ポンド10オンスの食塩を溶解する.
12 …を(定位置)から持ち[取り]上げる; (畑・道路など)を掘り返す ▪ The carpet *was taken up*. じゅうたんははがされた ▪ The turnips *were taken up* and carted. カブは抜かれて荷車に積まれた ▪ That would mean *taking up* all the streets in South London. それではロンドン南部のすべての道路を掘り返すことになる.
13 (使用のため)…を手に取る ▪ Maryse *took up* her pen and started to write something. マリーズはペンを取り上げて何やら書き始めた ▪ I *took up* Vogue to divert myself. 私は気晴らしにボーグ誌を手に取った.
14 (馬などが頭・脚)を上げる ▪ A horse should *take up* his feet moderately high. 馬は適当な高さに脚を上げねばならない.
15 (人・車が)…を乗せる, 拾う ▪ The elephant kneeled to *take* us *up*. ゾウは我々を乗せるためにひざまずいた ▪ Our coach duly *took* us *up*, and set us down. 我々の馬車は遅滞なく我々を拾いそして降ろしてくれた.
16 (牛・馬など)を牧場から小屋へ入れる ▪ Calves *are taken up* at night about the latter end of October. 子牛は10月の終わりごろから夜は小屋へ入れられる.
17 …を引き締める, 縮める ▪ The groom *took up* the nearside horse's rein. 馬丁は左側の馬の手綱を引き締めた.
18 (血管)をくくる ▪ The veins *were taken up* by the surgeon. 血管は外科医の手でくくられた.
19 …を買い占める ▪ The whole of the limited edition *was taken up* by the bookseller. その限定版は全部その本屋が買い占めた.
20 …を取り立てる, 借りる ▪ He *took up* all the money he could, at any interest. 彼はどんな利子でも借りられる金は全部借りた.
21 (土地)を占拠する ▪ Persons could *take up* as much land as they pleased. 人々は好きなだけたくさんの土地を占有することができた.
22 (手形)を引き受ける, 支払う; (抵当を取って)金を融通する; (株・公債など)に応募する ▪ Her husband *took up* the bill. 彼女の夫がその手形を引き受けた ▪ Not one of the thousand shares *was taken up*. その1,000株に1株の応募もなかった.
23 《スコ・米》(募金)を募る ▪ They *took up* a collection and buried him. 彼らは募金を募って彼を埋葬した.
24 (しゃれなど)を解する ▪ His jokes *were* well *taken up* by the audience. 彼の冗談は聴衆によくわかった.
25 (人)を保護[後援]する ▪ Mr. Smith *took up* a girl everybody neglected. スミスさんはみんなにほったらかしにされていた少女を保護した ▪ A great art patron *took* him *up* and he became "the fashion." 偉い芸術の後援者が彼を後援したので, 彼は売れっこになった.
26 《タカ狩》(若タカ)を(えさをやらずに)監禁する ▪ An experienced falconer will *take up* a young hawk and have him trained in three or four days. 経験を積んだタカ匠は若タカを監禁して3,4日で訓練してしまう.
27 …を逮捕する ▪ He *was taken up* for sacrilege. 彼は聖所を汚した罪で逮捕された.
28 (異議をはさんで人)の言葉をさえぎる; をしかりつける ▪ His wife began to *take* him *up* with taunting words. 彼の妻はあざけり文句で彼の言葉をさえぎった ▪ I *took* him *up* soundly. 彼に大目玉をくわしてやった.
29 (考え・目的など)をいだく; (態度など)をとる ▪ He *took up* a resolution of trampling upon those superstitions. 彼はそういった迷信を打破しようという決心をもった.
30 (住居・位置)を定める, 陣取る ▪ We *took up* our lodging with the Germans. 我々はドイツ人の所に宿をとった ▪ We *took up* a position from which we could survey the entire array. 我々は全陣容を見わたせる場所に陣取った.
31 〖主に受身で〗(注意・心など)をすっかり向けさせる (*with, in*) ▪ She *is taken up with* making her husband comfortable. 彼女は夫に楽な思いをさせようと懸命になっている ▪ His business *takes* him *up* altogether. 彼は仕事ですっかり心を奪われている.

talk

32 《米》(みつを取るためミツバチを)いぶし殺す ▸ We *took up* the bumblebee's nest that afternoon. その日の午後マルハナバチの巣をいぶした.

33 (歯車装置などで)…を吸収する ▸ Spruce *takes up* and transmits vibrations more perfectly than any other wood. エゾマツは木材の中で最も完璧に振動を吸収・伝達する.

34 (テープ・フィルムなど)を巻き取る ▸ The reel *takes up* the film. このリールでフィルムが巻き取られる.

35 …を取り上げる ▸ He had his driver's licence *taken up* for speeding. 彼はスピード違反で運転免許証を取り上げられた.

36 …を持ち上げる, 起こす; を拾い上げる ▸ *Take* her *up* tenderly. 彼女を優しく起こしてあげなさい ▸ Jack had *taken up* a stone to throw at me. ジャックは私に投げつけるために石ころを拾い上げていた.

— 自 **37** (乗り物が)人を乗せる ▸ All carriages will *take up* on the Embankment. すべての馬車は河岸通りで人を乗せる.

38 《方・口》(天候が)回復する, よくなる ▸ The weather *took up* immediately afterwards. 天候はその後すぐよくなった.

39 《米口》(授業が)始まる ▸ School *takes up* at 9. 授業は9時に始まる.

take up for 他 《米》…の肩をもつ, 味方をする ▸ To Mary's surprise her father *took up for* Mark. メアリーが驚いたことには自分の父親がマークの肩をもった.

take *a person* ***up on*** 他 **1** 人の(約束・申し出)を受け入れる, に応ずる ▸ I'll *take* you *up on* your invitation some other time. いつかまた招待に応じさせていただくよ.

2 …のことで人に異議を唱える[質問する] ▸ The teacher *took* me *up on* the report. 先生はそのリポートについて私に質問した.

take up with 他 **1** (人)と交際する ▸ If he cannot marry her, he won't care to *take up with* another. 彼は彼女と結婚できないなら, 別の女性と交際する気はないだろう.

2 (案など)を…に持ち出す, 相談する ▸ If you want a raise, you had better *take* it *up with* your boss. 昇給を望むなら, 社長に話したほうがいいよ.

3 …を受けいれる, 探る ▸ We *take up* at once *with* the belief. 我々はその信念をすぐに受けいれる ▸ I *took up with* the idea of becoming a poet. 私は詩人になろうと思った.

4 (趣味など)に興味を持つ ▸ He *took up with* fine art. 彼は美術に興味を持った.

5 [受身で] (時間・場所)を…でとる ▸ A lot of my time *is taken up with* arguing about the budget. 多くの時間が予算審議に当てられた.

take well 自 写真写りがよい ▸ He does not *take well*. 彼は写真写りがよくない.

talk /tɔːk/ ***talk about*** 自 **1** …について話す ▸ What are they *talking about*? 彼らは何の話をしているのか.

2 …の噂をする ▸ Most English people have a horror of *being talked about*. たいていのイギリス人は人に噂されるのをひどく恐れている.

3 (…しょうか)と言う ▸ He is *talking about* moving to another city. 彼は別の市へ引っ越そうかと言っている.

— 自 他 **4** [命令文で] 《口》…とは正にこのことだ; 《反語》だなんて(とんでもない) ▸ He fell 15 feet and only sprained his ankle. *Talk about* luck! 彼は15フィートの所から落ちてくるぶしをくじいただけだ. 何という幸運だろう! ▸ *Talk about* a wonderful holiday! All our money was stolen! すばらしい休暇だなんて(とんでもない)! あり金残らず盗まれたんだぞ.

talk around 自 **1** …のことをまともに話すのを避ける, 間接的に話す ▸ He *talked around* the issue. 彼はその問題について一般論を述べた.

— 他 **2** (…に同意するように)…を説得する (*to*) ▸ I *talked* him *around to* my viewpoint. 私の見方を受け入れるよう彼を説得した.

talk at 自 **1** (聴衆に向かって話すように)…に一方的に話す ▸ The pompous ass *talked at* us for an hour. そのいばったばか者が私たちに向かって1時間も一方的に話した.

2 …に当てつけて言う ▸ He had had no intention of *talking at* her, but the words had struck home. 彼は彼女に当てつけて言うつもりはなかったのだが, その言葉は急所を突いたのだった.

talk away 他 **1** (夜など)を話をして過ごす ▸ I *talked away* an evening with Michael on the subject. 私はこの問題についてマイケルと話をして一晩を過ごした.

2 しゃべって…をまぎらす ▸ We tried to *talk* our fears *away*. ぼくたちはしゃべって恐怖をまぎらそうとした.

— 自 **3** = TALK on.

talk back 自 (…に)口答えする (*to*) ▸ I don't like children who *talk back to* their parents. 親に口答えするような子供はきらいだ.

talk down 他 **1** …はたいしたことではないと言う, 過小評価する ▸ The newspapers *talked down* the importance of it. 新聞はその重要性はたいしたことではないと言った.

2 (航空)…を無線誘導して着陸させる ▸ They *talk down* an aircraft during fog. 霧のある間は飛行機を無線誘導で着陸させる.

3 …をしゃべり負かす, (大声で議論して)黙らせる ▸ I do believe I could *talk down* anybody. 私は誰でもしゃべり負かせるとほんとに思う.

4 (人)を説得して落ち着かせる[気持ちを鎮めさせる]; (人)を説得して値引きさせる (*to*) ▸ The police tried to *talk* him *down*, but he wouldn't listen. 警察は彼を説得して落ち着かせようとしたが彼は聞く耳を持たない ▸ We *talked* the owner of the shop *down* (*to* $85). その店のオーナーを説得して(85ドルまで)値引きさせた.

talk down to 他 (聴衆など)に調子を下げて[見下した調子で]話す ▸ Don't make the mistake of *talking down to* people. 民衆をばかにしたように話すなど

というまちがいを犯してはいけない.

talk in = TALK down 2.

talk into 自 …に向けて声を出す ▪ The teacher *talked into* the microphone. 先生はマイクに向けて声を出した.

talk *a person* ***into*** [***out of***] 他 人を説きつけて…させる[を思いとどまらせる] ▪ He wasn't keen on buying a car, but we *talked* him *into* it. 彼は車を買うのに熱心ではなかったが, 我々は彼を説きつけてそうさせた ▪ We *talked* her *out of* marrying that awful chap. 我々は彼女を説きつけてそのひどい男との結婚を思いとどまらせた.

talk of 他 **1**〖主に受身で〗…について話す; の噂をする ▪ He does nothing but *talk of* his horse. 彼は自分の馬のことばかりしゃべっている ▪ The day *was* long *talked of*. その日のことは長いこと噂になった. ☞TALK about 1 のほうが普通.
2 …するつもりだと言う(*doing*) ▪ They are *talking of putting* up a monument to him. 彼らは彼のために記念碑を建てようと言っている.

talk on 自 **1** しゃべり続ける ▪ He *talked on* and on. 彼はいつまでもしゃべり続けた.
2 …について話す[講演する] ▪ He *talked on* Western civilization. 彼は西洋文明について講演した.

talk out 他 **1** …を思いのままに語る; を十分に討論する ▪ He had an old friend to whom he could *talk out* his mind. 彼には思いの丈(⸢た⸣け)を語ることのできる旧友が一人いた ▪ They *talked* it *out* to a point of mutual understanding. 彼らは相互に理解できるまでそれを十分に討論した.
2《英》閉会時間まで討議を引き延ばして(議案)を廃案にする ▪ Mr. Hope *talked out* the bill. ホープ氏は閉会時間まで討議を引き延ばしてその議案を採決させなかった.
3 …を話し合いで解決する ▪ They should *talk out* their differences. 彼らは話し合いで意見の違いを解決すべきだ.
4 …に最後まで話す ▪ Give Mr. Chamberlain time to *talk* himself *out*. チェンバレン氏に最後まで話す暇を与えるがいい.
5〖受身で〗(人)をしゃべり疲れさせる ▪ I've had my say. I'*m talked out*. 私の意見は言った. もうしゃべり疲れた.

talk over 他 **1**(打ち解けて)…を相談する, 十分に話し合う ▪ We will *talk over* the matter as we go. みちみちこの問題を相談しよう ▪ He *talked* the entire plan *over* with his wife. 彼はその計画全体を妻とじっくり話し合った.
2 …を説得して考えを変えさせる ▪ We *talked* them *over* to our side. 私たちは彼らを説得して我々の側につけた.
— 自 **3**(大きな音)の中で話す ▪ We *talked over* the noise of cars. 私たちは車の騒音の中で話した.
4 …しながら話し合う ▪ Let's *talk* about the matter *over* a cup of coffee. その件についてコーヒーを飲みながら話し合おう.

talk *a person* ***over*** [***round***, ***around***] 他 人を説きつけて味方につける, 承諾させる ▪ He *was talked over* by Prince Maurice. 彼はモーリス公に説きつけられて味方についた ▪ He *talked round* Bill, who sulkily acquiesced. 彼はビルを説きつけたのでビルは不きげんに承知した.

talk round …のことをまともに話すのを避ける ▪ Randolph was only *talking round* the subject. ランドルフはただその題目のことで言を左右しているだけだった.

talk…through 他 〖主に受身で〗…を徹底的に検討する ▪ The question has *been talked through*. その問題は徹底的に検討された.

talk *A* ***through*** *B* 他 **1** AにBをくわしく説明する ▪ Call our helpline and we'll *talk* you *through* installing the software. 当社のご相談電話にお電話くだされば, ソフトのインストールの仕方を丁寧にご説明します.
2 AにB(場面)の演技指導をする ▪ The director *talked* Bill *through* his scene with Joan. 監督はビルにジョーンとの場面の演技指導をした.
3 Aを説き伏せてB(議案など)を通す ▪ She *talked* the official *through* the application form. 彼女は役人を説き伏せて申請書を通した.

talk to 自 **1** …と話す ▪ Who are you *talking to*? あなたは誰と話しているのですか.
2 …に話しかける ▪ I advise you not to *talk to* that rough boy. あの乱暴な少年には声をかけないようにね.
— 他 **3**〈口〉…を叱責する, に意見する ▪ His conduct is disgusting. I'll *talk to* him. 彼のふるまいは全くけしからん. ひとつ意見してやろう.

talk up **1**《米口》(物)をほめそやす ▪ If you want to sell a thing, you've got to *talk* it *up*. 何かを売ろうと思えばそれをほめやさねばならない.
2(金額)を(交渉で)上げさせる ▪ We kept *talking* the price *up*, while they kept knocking it down. 当方は値上げを主張し, それに対して先方は値下げを主張した.
3《米口》(興味を引くように)…を論じ立てる ▪ I *talked* the matter *up* with the merchant. 私はその問題をその商人と論じ立てた.
— 自 **4** もっと声を大きくして話す ▪ *Talk up* a bit, I can't hear you. もう少し大きい声で話してください. 聞こえないんです.
5(…に)はっきり言う, 直言する(*to*) ▪ I *talked* right *up to* him. 私は彼にずばずばと言ってやった.

talk *a person* ***up to*** 他 人を説きつけて…までにさせる ▪ I *talked* myself *up to* vigorous resolution. 私は自分を説きつけて断固たる決意をした.

talk with 他 **1** …と話し合う ▪ He was *talking with* a friend. 彼は友人と話し合っていた.
— 自 他 **2** = TALK to 3.

tally /tǽli/ ***tally up*** [***out***] 他 …を数え上げる ▪ I have *tallied up* your inestimable benefits. 私はあなたの計り知れない恩恵を数え上げました.

tally with 自 (割り符のように)…とぴたりと合う ▪ It *tallies* exactly *with* what the others have said.

それは他の者が言ったこととぴたりと合っている.

tame /teɪm/ ***tame down*** [他] **1**(色・調子)を和らげる ▪ The editor *tamed down* the writer's use of obscenities. 編集者は著者が使うみだらな言葉を穏和な表現に改めた.

— [自] **2** おとなしくなる ▪ She had *tamed down* into a sensible woman. 彼女はおとなしくなって分別のある女性になっていた.

tamp /tæmp/ ***tamp down*** [他] …をトントンと突き固める ▪ He *tamped down* the tobacco in his pipe. 彼はパイプにトントンとタバコを詰めた.

tamper /tǽmpər/ ***tamper with*** [他] **1**(悪用・変更などのために物)をいじくる ▪ A large number of persons were accused of *tampering with* ballot boxes. 多くの人が投票箱をいじくっていたかどで告発された.

2(人)とひそかに気脈を通じる ▪ He was *tampering with* her friends. 彼は彼女の友人とひそかに気脈を通じていた.

3(物)にちょっかいを出す ▪ People are ready to *tamper with* love. 人々はすぐ色恋にちょっかいを出す.

tangle /tǽŋgəl/ ***tangle up*** [他] …を混乱させる, もつれさせる ▪ One can never tell lies without getting *tangled up*. 嘘を言えば必ず混乱してくる.

tangle with [他] 《口》…とけんかをする, やり合う ▪ Don't *tangle with* such a strong man. あんな強い男とけんかをしちゃいけない.

tank /tæŋk/ ***tank up*** [自] **1** ガソリンを満タンにする ▪ We can *tank up* with petrol here. ここでガソリンを満タンにできる.

2《口》たらふく食べる, (特に酒を)痛飲する (*on*) ▪ The hungry driver pulled into a roadside diner and *tanked up*. 腹ペコの運転者は道路わきの簡易食堂に車を寄せてからしこたま腹に詰めた ▪ He *tanked up on* beer. 彼はビールを痛飲した.

— [他] **3** …を酔わせる ▪ The spirits really *tanked* me *up*. その強い酒でほんとに酔っちゃった.

tap[1] /tæp/ ***tap** a person **for*** [他] 《口》人に…をせびる ▪ He *tapped* me *for* money [information]. 彼は私に金を無心した[情報を知らせろとせがんだ].

tap into [他] **1** …を最大限利用する ▪ Dams *tap into* the energy of water for power. ダムは水のエネルギーを(発電のための)動力として最大限に利用している.

2(コンピューター)に不法侵入する ▪ He was arrested for *tapping into* computers at universities in Japan. 彼は日本の大学のコンピューターに不法侵入して逮捕された.

3 …を引き出す ▪ As a teacher you have to *tap into* the best in your students. 君は教師として生徒の一番いいところを引き出す必要がある.

4(市場)を開拓する ▪ The government gave the companies an opportunity to *tap into* the export market. 政府は企業に輸出市場を開拓する機会を与えた.

tap off [他] 口をあけて(液体)を取る ▪ They *tap off* the rubber from the trees. 木に切り口をつけてゴムの樹液を採る.

tap[2] /tæp/ ***tap away*** [***off***] [自] (すたすたと)立ち去る ▪ I am going to *tap away* directly. 私はじきに立ち去るつもりだ.

tap down [他] …をコツコツたたいて留める ▪ I *tapped down* the lid carefully. 注意深くふたをコツコツたたいて留めた.

***tap** A **for** B* [他] AをBに選ぶ[指名する] ▪ The CEO *tapped* her *for* the position of vice president. その経営最高責任者は彼女を副社長の職に指名した.

tap in [他] (釘など)を(トントンと)打ち込む ▪ I *tapped in* a few nails to hold the mirror steady. 鏡を固定するために釘を2, 3本打ち込んだ ▪ Jennifer *tapped* the drawing pins *in* gently with a dictionary. ジェニファーは辞書でトントンとたたいて画鋲を刺した ▪ *Tap in* the numbers and draw the money you need. 数字を入力して必要な額を引き出してください.

tap on [***at***] [自] (ドア・窓など)をコツコツたたく ▪ He *tapped* with his stick *on* one of the panes. 彼はステッキで窓ガラスの1枚をコツコツたたいた ▪ She *tapped* gently *at* the door. 彼女はドアを軽くコツコツたたいた.

tap out [他] **1** コツコツたたいて(通信など)を打ち出す ▪ The signaler *tapped out* messages. 信号手はトンツーと通信を打ち出した ▪ She *tapped out* a slow rhythm with her fingers. 彼女は指でコツコツとゆっくりしたリズムをとっていた.

2 コツコツたたいて(パイプの灰)を出す ▪ He *tapped* his pipe *out* into the fireplace. パイプをコツコツたたいて暖炉に灰を出した.

3《米》…を疲れ果てさせる ▪ The pace of life in the big city *taps* me *out*. 大都会での生活ペースは私をとことん疲れさせる.

— [自] **4**《米口》(かけで)金をすっかりする; 破産する ▪ He *tapped out* on the first proposition. 彼は最初の事業で金をすってしまった.

5《俗》死ぬ ▪ My cat *tapped out* after being hit by a car. うちの猫が車にはねられて死んだ.

6 床[地面]をたたいて降参する ▪ The wrestler *tapped out* on the ring. そのレスラーはリングの床をたたいて降参した.

7《野球》貧打で1塁アウトになる ▪ The batter *tapped out* and the final inning was over. バッターが凡打でアウトになって最終回は終った.

tap up [他] ドアをたたいて…を起こす ▪ I went to bed, but *was tapped up* by Bessy. 私は床についたが, ベッシーにドアをたたいて起こされた.

tape /teɪp/ ***tape off*** [他] …をテープで囲んで制限する ▪ The police *taped off* the bank robbery scene. 警察は銀行強盗現場をテープで囲んで人の出入りを制限した.

***tape** A **to** B* [他] AをBに粘着テープで貼る[とめる] ▪ He *taped* a note *to* my door. 彼はうちのドアにメモをテープで貼りつけた.

tape up 他 ...をテープで縛る;《米》(負傷箇所)に包帯を巻く ▪ The cases had all *been taped up*. その箱はすべてテープで縛ってあった ▪ She got my nasty cut *taped up*. 彼女が僕のひどい切傷に包帯を巻いてくれた.

taper /téɪpər/ ***taper away*** 自 先端が次第に細くなる ▪ The river *tapers away* into a pleasant rivulet. その川は次第に狭くなって気持ちのよい小川になっている.

taper down 他 ...を減らす ▪ He has *tapered down* his smoking from two to one packet of cigarettes a day. 彼は(巻き)タバコを1日2箱から1箱に減らした.

taper off 自他 **1** 先細になる[する] ▪ One end *is tapered* [*tapers*] *off* to a point. 一方の端は先細になってとがっている.
— 自 **2** 次第に弱く[少なく]なる ▪ I hope my cold will soon begin to *taper off*. 風邪が次第に治ってくれればいいと思う ▪ Spending has *tapered off* from $12 million to $9 million. 歳出は1,200万ドルから900万ドルに減少した.
3《口》酒量を次第に減らす ▪ He made an unavailing effort to *taper off*. 彼は酒量を次第に減らそうとむない努力をした.
— 他 **4** ...を次第に減らす ▪ The best method is to *taper off* the daily amount of drink. 最良の方法は毎日の酒量を次第に減らすことだ.

tarry /tǽri/ ***tarry for*** [《スコ》***on, upon***] 自 ...を待つ ▪ Time and tide *tarry for* no man.《諺》「歳月人を待たず」.

tart /tɑːrt/ ***tart up*** 他《英口》(女性・場所などを)けばけばしく仕立てる, 見栄えをよくする ▪ She *tarted* herself *up* for the reception. 彼女は歓迎会のためにけばけばしく装った ▪ It's a terrible film however you try to *tart* it *up*. どれほどがんばって粉飾してもひどい映画には変わりない.

task /tæsk|tɑːsk/ ***task A with B*** 他 AにB(仕事など)を課す ▪ The principal *tasked* him *with* guiding his students. 校長は彼に学生の指導をするように命じた.

taste /teɪst/ ***taste of*** 他 **1** ...の味がする; の感じがする ▪ The wine *tastes of* the cork. このワインはコルクの味がする ▪ The place, the air *tastes of* the north. 土地も大気も北国の感じがする.
2 ...を少し食べる[飲む] ▪ I crave that we may *taste of* your wine. 我々にもワインを少しいただきたく存じます.
3 ...を知る, 経験する ▪ The population had *tasted of* oppression. 一般大衆は圧政の味を知っていた.
4 ...を味わってみる《比喩的にも》▪ We *tasted of* this bread; it was not unpleasant. 我々はこのパンを味わってみた. まずくはなかった ▪ I *taste of* everything. 私はあらゆるものを味わってみる.

tattle /tǽtəl/ ***tattle on*** 他《米口》...に告げ口する ▪ Don't go to our teacher and *tattle on* me! 先生の所に行って私の告げ口をしないで.

taunt /tɔːnt/ ***taunt a person with*** 他 人を...のかどであざける ▪ They *taunted* him *with* cowardice [*being a coward*]. 彼らは彼が臆病だと言ってあざけった.

tax /tæks/ ***tax a person with*** [《まれ》***of***] 他 人を...のかどでとがめる, 非難する(*doing*) ▪ I do not mean to *tax* her *with having* neglected her work. 彼女が仕事をなおざりにしたのをとがめるつもりはない.

taxi /tǽksi/ ***taxi down*** [***up***] 自他 滑走して飛び立つ[着陸する] ▪ The plane *taxied down* the field. 飛行機は飛行場を滑走して飛び立った. ☞ down [up]（見ている人から）遠く[近く]へ.

team /tiːm/ ***team up*** 自 共同[協力]する(*with*) ▪ I don't like to *team up with* him. 私は彼と協力したくない.
2（色彩などが）調和する ▪ The hat and the dress *team up* very well. 帽子とドレスがよく調和している.

tear[1] /tɪər/ ***tear up*** 他 ひどく泣く; ...を悲嘆にくれさせる, ひどく泣かせる ▪ The mourners were *tearing up* during the funeral. 会葬者たちは葬儀の間ひどく泣いていた ▪ The news of our father's death really *tore* us *up*. 父の死の知らせに私たちは深い悲しみに沈んだ.

tear[2] /teər/ ***tear ... across*** 他（紙など）を二つに引き裂く ▪ In anger he *tore* the check *across*. 彼は怒って小切手を二つに引き裂いた.

tear apart 他 **1** ...を引き裂く ▪ The bear *tore* our tent *apart*. クマが我々のテントをずたずたに引き裂いた.
2 ...の心をかき乱す ▪ Roberto sad story *tore* her *apart*. ロベルトがした悲しい話で彼女の心はかき乱された.
3（場所）をひっかき回す,（物を探して）...の中をひっくり返す ▪ The police *tore* his house *apart*. 警察が彼の家の中を徹底的に捜索した.
4 ...を散々にやっつける[しかる], 酷評する, ひどくこき下ろす[けなす] ▪ He *tore* his boy *apart* for coming home late. 彼は息子が遅く帰宅したので散々しかった ▪ The professor *tore* my paper *apart*. 教授は僕のレポートを散々にこき下ろした.
5 ...を壊滅させる ▪ I'll *tear apart* the whole battalion. 私はその大隊全部を壊滅させよう.
6（家など）を取りこわす ▪ The workmen *tore* the house *apart*. 作業員がその家を取りこわした.
7（取っ組み合っている人）を引き離す[分ける] ▪ He was busy trying to *tear* the fighting boys *apart*. 彼は取っ組み合いをしている男の子を引き離そうと躍起になっていた.

tear around [***round***] 自 **1** 騒ぎ回る, 暴れ回る, 走り回る ▪ The captured boar *tore around* in the cage all night. 捕獲されたイノシシは一晩中檻の中で暴れ回った ▪ The kids were *tearing round* through the house. 子供たちは家中を走り回っていた.
2 放らつな生活をする ▪ When is he going to stop *tearing around* and settle down? 彼はいつ道楽をやめて落ち着くのだろうか.

tear asunder 他 ...を真二つに[きれぎれに]引き裂く

《比喩的にも》 ▪ Her heart *was torn asunder*. 彼女の胸はずたずたに引き裂かれた.

tear at 他 **1** ...をかきむしる ▪ They kept on *tearing at* each other. 彼らはお互いに相手をひっかき続けた.

2 ...にかぶりつく ▪ The lion *tore at* the meat. ライオンは肉にかぶりついた.

3(心など)を苦しめる ▪ Her story *tore at* my heart. 彼女の話を聞いて心が痛んだ.

4 ...に激しくつかみかかる ▪ A badger *tore at* me, but I dodged it. アナグマが襲ってきたが身をかわして避けた.

5 ...を引きちぎろうとする ▪ The tiger is *tearing out* the meat. トラが肉を食いちぎろうとしている.

tear away 他 **1** ...をむしり取る ▪ He *tore away* the wallpaper. 彼は壁紙をむしり取った.

2 = TEAR off 7.

3(見せかけなど)を引きはがす ▪ I'll *tear away* that mask of pretence. あの見せかけの仮面を引きはがしてやる.

tear down 他 **1** ...を引きはがす ▪ He *tore down* a notice from a noticeboard. 彼は掲示板から張り紙を引きはがした.

2(建物など)を取りこわす ▪ The rioters are going to *tear down* the statue. 暴徒が立像を取りこわすところだ.

3(評判・相手の立論)をぶちこわす ▪ This will *tear down* his reputation. これで彼の評判が台なしになるだろう.

4《米》...をけなす, くさす ▪ He always *tears* people *down*. 彼はいつも人をけなす.

— 自他 **5** ...を勢いよく降りる ▪ The boy *tore down* the hill. 少年は丘を勢いよく駆け降りた.

6 = TAKE down 15.

tear A from B 他 BからAを引き離す, 引きちぎる ▪ Jennifer *tore* a leaf *from* the calendar. ジェニファーはカレンダーを1枚引きちぎった. ▪ The child *was torn from* her parents. 子供は両親から引き離された.

tear into 他 **1** ...を猛烈に攻撃する[食べる] ▪ He *tore into* the two men who had attacked him. 彼は襲ってきた二人組の男に猛反撃を加えた ▪ David *tore into* the steak. デイビッドはステーキをがつがつ食べた.

2 ...をしかりつける ▪ The teacher *tore into* his class for being noisy. 先生はクラスが騒いだのでしかりつけた.

3 ...を勢いよく始める ▪ We *tore into* our chores and were finished within an hour. 我々は猛烈な勢いでいつもの作業にかかり1時間も経たないうちに仕上げていた.

4(のこぎり・ブルドーザーなどが)...に穴をあける ▪ The bulldozer *tore into* the bank. ブルドーザーが土手に穴をあけた.

tear off 他 **1** ...を引きちぎる, 破り取る ▪ She *tore off* the cover of the book in a rage. 彼女はカッとなって本の表紙を引きちぎった ▪ The boy *tore the wrapping off* his birthday gift. 少年は誕生日プレゼントの包み紙を破り取った.

2(衣服)をさっと脱ぐ, はぎ取る ▪ The boy *tore off* his clothes and jumped into the water. 少年は服を脱ぎ捨てて水に飛び込んだ.

3 ...を書きなぐる ▪ He *tore* a letter *off* in five minutes. 彼は5分間で手紙を書きなぐった.

4 ...を踏破する ▪ We have *torn off* about six miles. 我々は6マイルばかりを踏破した.

5《米俗》...を手に入れる; を行う ▪ I must *tear off* some sleep. ちょっと眠っておかなくちゃ ▪ The band began to *tear off* a La Conga. バンドはコンガを演奏し始めた.

6 = TEAR away 3.

— 自 **7** 急いで立ち去る, ぷいと行ってしまう ▪ He *tore off* at full speed. 彼は大急ぎで立ち去った.

tear out 他 **1** ...をはぎ取る ▪ Jack *tore* a page *out of* the book. ジャックはその本の1ページをはぎ取った.

— 自 **2** 急いで出て行く ▪ The boy *tore out*, slamming the door. 少年はドアをバタンと閉めて, 急いで出て行った.

tear through 他 **1** ...を破る[裂く] ▪ Her nail *tore through* her stocking. 彼女の爪でストッキングが破れた.

2 ...をものすごい勢いで(突き)進む ▪ The kids were *tearing through* the road on their bicycles. 子供たちが自転車で道路を突き進んでいた.

3 ...を急いで終える[進む] ▪ Monica *tore through* a paperback. モニカはペーパーバック1冊を急いで読み終えた.

tear up 他 **1** ...を根こそぎにする, 引きはがす ▪ He *tore up* the plant by the roots. その植物を根こそぎにした ▪ They *tore* the street *up* to repair a sewer. 下水を直すために街路を引きはがした.

2(契約など)を破棄する ▪ He *tore up* an agreement after it had been signed. 彼はその契約に署名したあとでそれを反故(ほご)にした.

3 ...を細かく引き裂く ▪ He *tore up* the letter angrily. 彼は怒って手紙を引き裂いた.

4 ...を急いで進む; を喜んでやる ▪ They were *tearing up* the ice rink. 彼らはアイスリンクに急いで行こうとしていた.

5(道路・床)に穴[口]をあける ▪ They *tore up* the road to make a drain. 彼らは道路を掘って排水溝を作った.

6(人)に悲痛な思いをさせる ▪ The news *tore* me *up*. その知らせに悲痛な思いがした.

7(競技などで)大活躍する ▪ Our team *tore up* the tennis tournament and got a medal. わがチームはテニストーナメントで大活躍してメダルを手に入れた.

tease /tiːz/ ***tease out*** 他 **1**(情報など)をなんとか[むりやり]引き出す ▪ I *teased out* the concerns of the people in the situation. 私はその場にいる人々の関心をなんとか引き出した.

2《英》...を取り出す[はずす] ▪ He put his bag on the table and *teased out* a book. 彼はカバンを机の

上に置いて1冊の本を取り出した.
3 ...を(先のとがった器具などで)ほぐして取り出す ・My grandma *teased* the knot *out* with a knitting needle. おばあちゃんは編物針で結び目をほぐして取り出した.
4(髪など)をとく[とかす] ・She *teased out* her hair carefully. 彼女は髪を丁寧にといた.

tee /tíː/ *tee off* 自 **1**《ゴルフ》ティーから球を打ち始める; 始める ・Will they *tee off*? 彼らはティーから球を打ち始めるだろうか.
2《野球俗》痛打する ・The batter *teed off* on the first pitch. バッターは第1球を痛打した.
3《米口》激しく攻撃する(*on*) ・The politician *teed off on* his opponent's speech. その政治家は政敵の演説を激しく攻撃した.
— 他 **4**《米口》...を怒らせる ・I got *teed off* when he stole my money. 彼が私の金を盗んだとき頭にきた.

tee up 他 **1**《ゴルフ・フットボール》(ボール)をティーの上にのせる ・You *tee* the ball *up* and hit it. ボールをティーの上にのせて打つのです.
2《口》...を準備する ・An offensive was being *teed up*. 攻撃の準備が出来つつあった.

teem /tíːm/ *teem down* 自《英》土砂降りに降る ・It was *teeming down*. 雨が土砂降りに降っていた.
teem in 自 ...にたくさんいる ・Fish *teem in* this river. この川には魚がたくさんいる.
teem with 自 **1**...に満ちる, 富む ・His mind was still *teeming with* various projects. 彼の心はまだいろいろな計画に満ちあふれていた.
2[主に進行形で](雨)が土砂降りに降る ・It is *teeming down with* rain. 土砂降りだ.

telescope /téləskòup/ *telescope A into B* 他 AをBに縮める ・The course *was telescoped into* half a term. その授業は半学期に縮められた.

tell /tél/ *tell about* 他 (秘密)のことを言う ・Don't *tell about* the secret. この秘密のことを言うんじゃないぞ.

tell against 他 ...に不利である ・It *tells* somewhat *against* his interpretation. それはやや彼の解釈に不利である.

tell apart 他 (...の差)を見分ける, 識別する ・The twins are so much alike their mother can hardly *tell* them *apart*. その双子はあまりにそっくりで母親だってなかなか見分けられない.

tell...apart 他 ...を区別する, の区別がわかる ・Few can *tell* two cheetahs *apart*. 2頭のチータを区別できる人は少ない.

tell away 他《方》呪文を唱えて(痛みなど)を追い払う ・The man was believed to have the power of *telling* the sparrows *away*. その男は呪文を唱えてスズメを追い払う力があると信じられていた.

tell for 自 ...に有利である ・It is a transaction which *tells for* us. これは我々に有利な取引だ.
☞ *tell in favor of* ともいう.

tell A from B 他 AとBを見分ける[区別する] ・Can you *tell* Tom *from* his twin brother? トム

と彼の双子の兄弟とを見分けられますか.

tell of 他 **1** = TELL a person of.
2 ...を表示する ・His hard hands *told of* labor. 彼の堅い手は労働したことを物語っていた.
3 ...の告げ口をする ・He didn't want to *tell of* Maggie. 彼はマギーの告げ口をしたくなかった.

tell a person of [*about*] 他 人に...のことを教える, 話す ・He *told* me *of* my fault. 彼は私の欠点を教えてくれた ・Have you *told* your parents *about* your intentions? 君はその意向を両親に話したのか.

tell off 他 **1**《口》...をしかりつける ・She *told off* her brother for his bad behavior. 彼女は弟の不行儀をしかりつけた.
2(仕事に)...を分遣する; を割り当てる(*for, to do*) ・The sergeant-major *told off* the men *for* guard. 曹長はその兵士たちを番兵に割り当てた ・A constable had *been told off* to watch the defendant. 被告を監視するように警官が一人割り当てられていた.
3...を数え分ける ・He *told off* the bales as they were unloaded. 彼は俵がおろされるのを数え分けた.
— 自 **4**《軍》番号をつける ・The men were instructed to *tell off* by files. 兵士たちは縦列で番号をつけるのを訓練された.

tell on [*upon*] 他 **1**《口》(特に子供の間で)...の告げ口をする ・I did not *tell on* him. 僕は彼の告げ口をしなかった.
2...にきく, こたえる ・His age is beginning to *tell on* him. 彼も年には勝てなくなってきた.

tell out 他 **1**《方》呪文を唱えて(苦痛など)を取り去る ・He muttered some words for the purpose of *telling out* his pains. 彼は呪文を唱えて痛みを取り去るために二言三言つぶやいた.
2《方》...を数え分ける ・He *told out* ten thousand men to bear burdens. 彼は荷物を背負う者1万人を数え分けた.

tell over 他 ...を何度も数える[言う] ・I *told over* the coins in my money-box. 銭箱の貨幣を何度も数えてみた.

tell straight 他 ...をはっきりと言う ・I *told* him *straight* what I thought. 私の考えを彼にはっきりと言ってやった.

tell with a person 自[主に否定文で] 人のことを知っている ・You can never *tell with* him, he's so eccentric. 彼のことは分からない. とても変わり者だから.

tempt /tempt/ *tempt a person to* [*into* (*doing*)] 他 人を誘惑して...させる ・She *tempted* the young man *into kissing* her. 彼女はその若者を誘惑して自分にキスさせた ・The sight of the silverware *tempted* him *to* theft. その銀器を見て彼は盗み心を起こした.

tend[1] /ténd/ *tend on* [*upon*] *a person* 自 人にかしずく ・I loved to *tend on* her. 私は彼女にかしずくのをとても気に入っていた.

tend to 他 ...の世話をする[面倒を見る] ・I was *tended to* by Franciscа. フランシスカに面倒を見てもらった.

tend² /tend/ **tend to** [**toward**] 圓 **1** …の傾向がある ▪ Modern design *tends to* simplicity. 現代のデザインは簡素に傾く ▪ These portraits *tend towards* caricature. これらの肖像画は漫画の傾向がある.
2 (道などが)…の方へ向かう ▪ The road *tends to* the south [*toward* the coast]. 道路は南へ[海岸の方へ]向かっている.
3 …に役立つ, 資する ▪ Idleness *tends to* poverty. 怠惰は貧を招く.

tender /téndər/ **tender for** 他 …に入札する ▪ Many firms *tendered for* the building of the bridge. 多くの会社がその橋の建造に入札した.

tense /tens/ **tense up** 自他 緊張する[させる], 硬くなる[する] ▪ His muscles *tensed up*. 彼の筋肉が硬くなった ▪ Oral exams always *tense me up*. 口頭試験では私はいつも硬くなる.

tent /tent/ **tent out 1** テントに泊まる ▪ Our children *tented out* in the campsite. 子供たちはキャンプサイトのテントに泊まった.
— 他 **2** テント状のものが広がる[を広げる] ▪ A piece of cloth was *tenting out* on the floor. 一枚の布が床の上にテント状に広がっていた.

terminate /tə́:rmənèit/ **terminate in** …に終わる ▪ Many adverbs *terminate in* -ly. 副詞は-lyで終わるものが多い.

terrify /térəfài/ **terrify a person into** [**out of**] 他 人をおどかして…させる[を捨てさせる] ▪ The people were at length *terrified into* orthodoxy. 人々はおどかされてついに正教を信じた ▪ He was *terrified out of* his senses [wits]. 彼はおびえて胆をつぶした.

test /test/ **test for** 自 (…の有無を)試験[調査, 検査]する ▪ We are *testing for* natural gas in the sea area. 私たちはその海域での天然ガスの有無を調査中です.

test A for B 他 Bの有無を見るためにAを分析[調査, 検査]する ▪ He was *tested for* thyroid hormone. 彼は甲状腺ホルモンの検査をされた.

test out 他 (理論など)を実地に試みる ▪ Goldman agreed to *test out* their separate theories. ゴールドマンは彼らのそれぞれの理論を実地に試みることに同意した.

testify /téstəfài/ **testify against** [**for**] **a person** 自 人に不利な[有利な]証言をする ▪ Two witnesses *testified against* her and one *testified for* her. 二人の証人が彼女に不利な証言をし, 一人が有利な証言をした.

testify of 自 …について証言する ▪ He *testified to* me *of* the affection with which he was regarded by his slaves. 彼は奴隷たちから愛されていることを私に証言した.

testify to 1 …を証言[証明]する ▪ Jonathan *testified to* having met me. ジョナサンは私に会ったことを証言した.
— 他 **2** …の証拠となる ▪ The endorsement of such a scholar well *testifies to* the truth of this. こうした学者の裏書きはこれが真理であることの十分な証拠である.

thank /θæŋk/ **thank a person for** 他 …に対して人に感謝する ▪ I must *thank* you *for* your help. ご援助のお礼を申しあげなければなりません.

thaw /θɔ:/ **thaw out** 自他 **1** 暖かくなる, 暖まる; 暖める; 解凍する ▪ I get *thawed out* in the spring. 春には体が暖かくなる ▪ Leave the meat out overnight to *thaw* it *out*. 肉は解凍するため一晩出しておきなさい.
2 (態度が)和らぐ; 打ち解けさせる ▪ I hope Jack will *thaw out*. ジャックが和らげばよいが ▪ A glass of whisky *thawed* him *out*. 1杯のウィスキーで彼は打ち解けた.

theorize /θí:əraìz/θíə-/ **theorize about** 自 …について理論を立てる ▪ Linguists *theorize about* language. 言語学者は言語について理論を立てる.

thicken /θíkən/ **thicken up** 自他 濃くなる[する] ▪ The mist *thickened up*. 霧が濃くなった ▪ Put some flour in the soup to *thicken* it *up*. スープに少し小麦粉を加えてとろみをつけなさい.

thin /θin/ **thin away** 自 次第に細く[薄く]なって消えうせる《比喩的にも》▪ The crowd *thinned away*. 人ごみは次第に少なくなっていた.

thin down 1 細る, やせる; 次第に細くする ▪ War and disease *thinned down* the population. 戦争と病気で人口が次第に減った ▪ Her fresh comeliness left her, her face *thinned down*. 彼女のみずみずしい美しさは失われ, 顔も細ってしまった.
2 (液体が)[を]薄まる[める] ▪ The paint *thins down* with turpentine. ペンキはテレビン油で薄まる ▪ *Thin down* this paint a little and put it on the wall. このペンキを少し薄めて壁に塗りなさい.

thin off 自他 次第に細く[薄く]なる[する] ▪ The crowd began to *thin off*, and soon all were gone. 群衆はまばらになり始め, やがてみないなくなった ▪ The two ends are to be *thinned off* in the form of a wedge. 両端はくさびのように次第に細くしなければならない.

thin out 1 …を間引く ▪ *Thin out* the onion plants to have a good crop. 収穫を上げるようにタマネギの苗を間引きなさい ▪ I want these lilies *thinned out*. このユリを間引いてもらいたい.
— 自 **2** 次第に細く[薄く, 少なく]なる, (群集・交通が)まばらになる ▪ A number of beds *thinned out* gradually. たくさんの地層が次第に薄くなっていた ▪ The crowd started to *thin out*. 人だかりが散り始めた.

think /θiŋk/ **think about** 自他 …のことを思う; を熟考する (*doing*) ▪ Who are you *thinking about*? 誰のことを考えているのですか ▪ I'll *think about* it. まあ考えておきましょう《しばしば体よい謝絶》▪ I am *thinking about going* for a row. ボートこぎに行こうかと思っている.

think again 自 (再考して)考えを変える ▪ I'd advise you to *think again* before quitting your job. 仕事をやめる前に思い直してはどうだい.

think ahead 自 先のことを考える, に思いを馳(は)せる (to) ▪I'm *thinking ahead to* my next move. 次に打つべき手のことを前もって考えている.

think aloud 自 考え事を口に出して言う ▪He has a habit of *thinking aloud*. 彼は考え事を口に出して言う癖がある.

think away 他 …を考えたあげく捨てる, (頭から)振り払う, 忘れる ▪You can't *think away* the toothache. 考えたって歯痛を忘れることはできません.

think back 自 思い出す, 回想する, 振り返る (on, to) ▪I *thought back to* my childhood. 私は幼年時代のことを思い出した ▪This tune makes me *think back* on my childhood. このメロディーを聞いていると幼少の頃を思い出す ▪*Thinking back*, I realize I was in such a bad temper that day. 今にして思えば, 当日私はひどく不きげんだった.

think for 自 〖as または than の後で〗予期する ▪It is of more importance to him *than* I *thought for*. それは彼にとっては私が予期したよりも重要なのだ.

think from 自他 …と意見を異にする ▪We dare not *think from* God's rule. 我々は神のおきてと意見を異にする勇気はない.

think of 自他 **1** …を考え出す, 工夫する, 思いつく ▪He has *thought of* a way. 彼は一つの方法を考え出した.
2 (過去のこと)を思い出す ▪I can't *think of* his name. 彼の名が思い出せない.
3 …のことを考える[熟考する] ▪*Think of* it well before you proceed. 始める前にそのことをよく考えなさい.
4 …と想像する ▪*Think of* me ever being rich! 私が仮にも金持ちになるなんて考えてみなさい.
5 〖否定文で〗…を夢想する ▪I wouldn't *think of* divorcing my wife. 妻と離婚するなんてとても考えられない.

think of *doing* 他 〖進行形で〗…しようかなと思う ▪I hear you *are thinking of going* into Parliament. 君は国会議員になる気だそうですね.

think of *A as* *B* 他 AのことをBだと思う, とみなす ▪I *thought of* him *as* being tall. 彼は長身だと思っていた.

think on [upon] 自他 **1** …のことを考える ▪It makes him *think upon* payday. それは彼に給料日のことを考えさせる.
2 《英》(…のことを)思い出す ▪In his distress, he *thought on* Pitt. 彼は心を痛めてピットのことを思い出した ▪I'll write to him, while I *think on*. 忘れないうちに彼に手紙を書こう.

think out 他 **1** …を案出する, 考え出す ▪He *thought out* by degrees a complete theory. 彼は徐々に完璧な理論をつくり出した.
2 …を考えぬく ▪He *thought out* the sentence. 彼はその文章を考えぬいた.
3 …を考えて解く[解決する] ▪Oh, I've got to *think* this *out*. やれやれ, これを考えて解かねばならない.

think over 他 **1** …を熟考する ▪She had *thought* it *over* beforehand. 彼女はそれを前もって熟考していた.
2 …のことをよく考える ▪*Think over* what I said. 私の言ったことをよく考えてみなさい.

think straight 自 〖主に否定文で〗きちんと[理路整然と]考える ▪I was so tired I wasn't *thinking straight*. 疲れていたのでまともに考えがまとっていなかった ▪I am too excited to *think straight* on the subject. とても興奮していてその件をきちんと考えられない.

think through 他 …を解決するに至るまでとくと考える ▪He always *thinks* the problems *through*. 彼はいつも問題を解決するまでとくと考える.

think up 他 (口実など)を考え出す ▪I believe she is *thinking up* another poem. 彼女はきっと詩をもう一つ考え出しているのだと思う.

think well [ill, badly] of 他 …をよく[悪く]思う ▪He *is thought well of*. 彼は人からよく思われている ▪I hope you won't *think badly of* me because I did so. 私がああしたからと言って悪く思わないでほしい.

think with *a person* 自他 人と同じ意見である ▪Those who *thought with* him found in him a warm friend. 彼と同じ意見の人たちは彼に温かく支持された.

thirst /θəːrst/ ***thirst for [after]*** 他 《文・雅》 …を渇望する ▪I entered, *thirsting for* the shade. 私は日陰を渇望して中へ入った ▪Men *thirst after* power. 男は権力を渇望する.

thrash /θræʃ/, **thresh** /θreʃ/ ***thrash about [around]*** 自 **1** のたうち回る; 手足をばたつかせる ▪The drowning boy *thrashed about* in the water. おぼれかけた少年は水の中でのたうち回った.
2 いらいらと苦しむ ▪I've been *thrashing about* for an answer. 答えを求めていらいらと苦しんでいる.

thrash out 他 **1** (問題)を徹底的に論じ(て解決)する ▪Every case *was* thoroughly *thrashed out*. どの事件も徹底的に論じて解決された ▪We *thrashed out* a plan. 我々はある計画を入念に練り上げた.
2 (計画など)を入念に練り上げる ▪We *thrashed out* a plan. 我々はある計画を入念に練り上げた.
3 …を脱穀する ▪We *thrashed out* the ears of rice. 私たちは稲穂を脱穀した.

thrash over 他 …を繰り返す ▪We heard the blackbird *thrashing over* his songs. 我々はツグミがその歌を繰り返すのを聞いた.

threaten /θrétən/ ***threaten*** *a person* ***with*** 他 人を…するぞとおどす ▪He *threatened* them *with* punishment [dismissal]. 彼は彼らを罰するぞ[解雇するぞ]とおどした.

thrill /θrɪl/ ***thrill at [to]*** 自 …を聞いてぞくぞくする, わくわくする ▪She *thrilled to* the sound of his voice. 彼の声を聞いて彼女はわくわくした.

thrive /θraɪv/ ***thrive on*** **1** …を食べて成育する で強くなる; (産業などが)を得て繁昌する ▪Cows *thrive on* grass. 牛は草を食べて成育する ▪He has *thrived on* a meat diet. 彼は肉食で強くなった.
2 …があると(かえって)元気が出る ▪The couple has *thrived on* conflict. そのカップルはけんかをしてかえって親密になった ▪He's the sort of player who *thrives on* pressure. 彼はプレッシャーがかかると俄

throng /θrɔːŋ|θrɔŋ/ ***throng in [out]*** 自 群れをなして入る[出る] ▪ When the gates were opened, the public *thronged in*. 門があくと, 人々はどやどやと入って来た ▪ When the performance was over, the audience *thronged out* (of the theater). 公演が終わると観客がぞろぞろと(劇場から)出てきた.

throng with 他 [[受身で]](場所に)群がる ▪ The area *is thronged with* countless bars. その一帯には無数のバーがひしめき合っている.

throttle /θrátəl|θrɔ́t-/ ***throttle down [back]*** 自他 (絞り弁を絞って)車・エンジンが[の]速力を落とす (↔ THROTTLE up) ▪ I *throttled down* my car to twenty miles an hour. 車の速力を時速20マイルに絞った.

throttle up 自他 (絞り弁をゆるめて)車・エンジンが[の]速力を上げる (↔ THROTTLE down) ▪ The road is straight here so you can safely *throttle up* to 70 mph. ここでは道がまっすぐだから, 時速70マイルまで安全にスピードを上げられる.

throw /θroʊ/ ***throw about*** 他 **1** …を投げ散らす, まく ▪ He *threw* everything *about*. 彼はすべてのものを投げ散らした.

2(腕)を振り回す ▪ He was seen *throwing* his arms *about*. 彼が腕を振り回しているのが見られた ▪ Don't *throw about* your arms in this small room. この狭い部屋で腕を振り回してはいけません.

― 自 **3**《海》ただちに方向を転じる ▪ They *threw about*, and stood for us again. 彼らはただちに方向を転じて, また我々の方へ向かってきた.

throw ... across 他 (毛布など)をかける, 広げる ▪ She *threw* a blanket *across* her knees on the plane. 彼女は飛行機の中では膝に毛布をかけた.

throw around [round] 他 **1** = THROW about 1.

2(腕など)を振り回す ▪ He spoke excitedly, *throwing* his arms *around*. 彼は腕を振り回しながら興奮して話した.

3…を浪費する ▪ He *threw* cash *around*. 彼は金を浪費した.

4…を激しく動き回らせる ▪ The kids were *throwing* themselves *around*. 子供たちは激しく動き回っていた.

5…を論じる, (考え)をやりとりする ▪ They *threw* some ideas *around*. 彼らはあれこれ考えをやりとりした.

6(ボール)を相手に投げる, を回す ▪ They *threw* a ball *around* in the field. 彼らはフィールドでボールを投げ合った.

7…を…に回す, 巻き付ける ▪ She *threw* her arms *around* my neck. 彼女は私の首に抱きついてきた ▪ He *threw* his arms *around* her. 彼は彼女を強く抱きしめた.

8…をさっと巻く ▪ She *threw* a scarf *round* her neck and rushed out. 彼女はスカーフをさっと首に巻くと飛び出していった ▪ She *threw* the blanket *around* herself. 彼女は毛布をはおった.

9(乗り物の中で)…を激しくゆさぶる ▪ We *were thrown around* in the ship like a pair of dice in a glass. 私たちはさながらグラスの中の二つのさいころのように船内を転げまわった.

10(防壁・境界など)を…に置く[敷く] ▪ Fences *were thrown around* the stock farm. 欄がその牧場に敷かれた.

throw aside 他 **1**…を捨てる ▪ He ate the date, and *threw aside* the stone. 彼はそのナツメヤシを食べて, 種を捨てた.

2(不用なもの)を捨てる, 使わなくなる ▪ He *threw aside* his old friends. 彼は昔の友人を捨ててしまった ▪ All my plans to go to university had to *be thrown aside*. 大学へ進学する計画はそっくりあきらめざるを得なかった.

3(物)をさっと脇に寄せる ▪ She *threw* the curtains *aside* and looked out. 彼女はカーテンをさっと開けて外を見た ▪ I *threw* the bedclothes *aside* and jumped out of bed. 掛け布団をはねのけて飛び起きた.

throw at 他 **1**…をめがけて投げつける ▪ He picked up a stone, aimed, and *threw* it *at* me. 彼は小石を拾い, 狙いを定めて僕に投げつけた.

2(表情・言葉・質問)を…に浴びせる ▪ The stranger *threw* a fierce look *at* her. 見知らぬ男はものすごい顔つきで彼女をにらんだ ▪ Reporters *threw* personal questions *at* her. レポーターたちはさかんに彼女に個人的な質問を浴びせた.

3(打撃)を…に加える ▪ Ruth erupted in anger and *threw* a punch *at* the umpire. ルースは頭にきて球審にパンチを一発見舞った.

throw A at B 他 **1** AをBに浴びせる[向ける] ▪ She *threw* a look of envy *at* me. 彼女は嫉妬の表情を私に向けた.

2 AをBに(試練として)与える ▪ Life sometimes *throws* a great trial *at* us. 人生は時として我々に大きな試練を与えるものだ.

3 AをBに投げ(つけ)る ▪ He *threw* a bat *at* them. 彼は彼らにバットを投げつけた.

throw away 他 **1**(無用なものとして)…を投げ捨てる ▪ They *threw away* their cloak. 彼らは外套をかなぐり捨てた.

2(機会・忠告など)をむだにする ▪ Do not *throw away* your chance. 機会をむだにしてはいけない.

3(トランプ)(カード)を捨てる ▪ Do not trump it, but *throw away* a losing card. 切り札は出さずに負ける札を捨てるがよい.

4(劇・放送)(せりふ)をわざとさり気なく言う ▪ The actor *threw away* the line. 俳優はそのせりふをわざと何気ない口調で言った.

5《アメフト》パスが不完全になるようにボールを投げる ▪ He *threw away* the ball that changed the game. 彼は試合の流れを変えるようなボールを投げた.

throw away A on [upon] B 他 **1** A(忠告・親切など)がBにはむだである ▪ Advice would *be* but *thrown away upon* them. あの連中に忠告したってむだになるばかりだ.

2 A(娘など)をBにむざむざ与える ▸I do not want to *throw* my daughter *away on* such a man. あんな男に娘をむざむざやりたくない.

throw back 他 **1** ...を(...に)頼らせる (*on, upon*) ▸Father's unemployment *threw* us *back on* our small savings. 父が失職して我が家は僅かな貯えに頼らざるを得なくなった.

2 (飲み物)を一気にぐいと飲む ▸He *threw back* two vodkas in quick succession. 彼は立て続けにウォッカを2杯あおった.

3 ...を投げ返す; 反射する ▸I *threw back* the ball that came over our fence. うちの垣根を越えて入ってきたボールを投げ返した ▸Each mirror *threw back* the image in the other. おのおのの鏡は他の鏡に写った像を反射していた.

4 (敵・攻撃)を撃退する ▸The enemy *were thrown back* soon. 敵はすぐに撃退された.

5 ...を遅らせる, 進歩を妨げる, 退歩させる ▸Wet weather *throws* sheep *back*. 雨天が羊の成長を遅らせる ▸Lack of money *threw back* the project. 資金不足のため事業が進まなかった.

6 (カーテンなど)をさっと引く, (寝具など)をはねのける ▸I *threw back* the curtain to let in the sunlight. カーテンをさっと引いて日光を入れた ▸She *threw back* the bedclothes and jumped out of bed. 彼女は夜具をはねのけてベッドから飛び起きた.

7 (頭・肩)を後ろにそらせる ▸*Throw* your shoulders *back*. 肩を後ろへ引きなさい.

8 ...をもとの場所[状態]に戻す ▸I *threw* the book *back* on the bookshelf. その本は書だなのもとの場所に戻した.

― 自 **9** (口) (動植物が)先祖返りする 《比喩的にも》 ▸She *throws back* to her savage ancestors. 彼女は未開の祖先に先祖返りしている ▸He and his ideas *throw back* to the Middle Ages. 彼も彼の思想も中世に先祖返りしている.

10 (...に)時代がさかのぼる (*to*) ▸The history of this drink *throws back to* the 12th century. この飲み物の起源は12世紀に時代がさかのぼる.

throw back A ***at*** B 他 A(過失など)を引き合いに出してB(人)を責める ▸Why should you *throw* my slips *back at* me? なぜ昔の失敗を引き合いに出して私を責めるのか.

throw A ***back at*** B 他 **1** BにA(過去のいやなこと)を思い出させる ▸Her cold welcome *was thrown back at* him by them. 彼女から冷たく歓迎されたことを彼らは彼に思い起こさせた.

2 A(非難など)をBに浴びせる ▸She *threw* her blame *back at* him. 彼女は彼に非難を浴びせた.

throw by 他 ...を捨てる ▸I *threw by* my father's name. 私は父の名前は捨てました.

throw down 他 **1** ...を倒す, 投げ落とす 《比喩的にも》 ▸Take care never to *throw* your horse *down*. 馬をころばさぬように気をつけなさい ▸He *threw down* the volume in disgust. 彼はうんざりしてその本をほうり出した.

2 《米》...に挑戦する, を要求する ▸He *threw down* a direct challenge for the boss to explain it. 彼は上司がそのことを説明するよう直接要求した.

3 《米俗》...を急いで食う[飲む] ▸I *threw* my lunch *down* in two minutes. 2分で昼食をかきこんだ.

4 (建物など)を倒す, こわす 《比喩的にも》 ▸A very stately temple *was thrown down* by the earthquake. 非常に立派な神殿がその地震で倒れた ▸One rash word *throws down* the merit of one's better years. 不用意な一言で立派な過去の功績が台なしになってしまう.

5 (溶液が沈澱)を生じる ▸Water that contains much lime on boiling *throws down* a white deposit. 石灰を多く含む水は沸騰しているときに白い沈物澱を生じる.

6 《農》(土地)を平らになるようにすく ▸One mode of plowing is that of *throwing down* land. すき方のひとつは土地を平らにすく方式である.

7 《農》(耕地)を草地に変える ▸The land *is thrown down* to grass. その土地は草地に変えられている.

8 《俗》...を打ち負かす, やっつける ▸Dick's sure to *throw* his examiners *down*. ディックはきっと試験官たちをぎゃふんと言わせるにちがいない.

9 《米口》(友人・仲間)を捨てる, そでにする ▸Is she still engaged? —Why no, she *threw* her beau *down*. 彼女はまだ婚約しているのか?—いやいや, 恋人をそでにしたんだよ.

― 自 **10** 《米俗》(パーティーなど)を楽しむ ▸They *throw down* at the party last night. 彼らは昨夜パーティーで楽しんだ.

11 《米俗》けんか[論争]する ▸They were ready to *throw down*. 彼らはけんかの一歩手前だった.

throw down on *a person* 他 《米俗》人に(銃を)突きつける ▸Sam *threw down on* me with a pistol. サムは私にピストルを突きつけた.

throw in 他 **1** ...を(おまけとして)添える, つけ加える ▸The story turns on murder and revenge, with a little love *thrown in*. 物語は殺人と復しゅうをめぐって展開され, それにちょっとした恋愛がつけ加えられている.

2 (言葉など)をさしはさむ ▸"Not at all," *threw in* Julian hotly. 「とんでもない」とジュリアンは激しく口をさしはさんだ ▸I wish to *throw in* a parenthesis. 挿入句をさしはさみたいと思う.

3 ...を投げ入れる ▸*Throw in* a bunch of grapes. ブドウを一束投げ入れなさい ▸The window *throws* the light *in*. その窓から光がさしこむ.

4 《球技》(ボール)をスローインする, 返球する ▸The player *threw* the ball *in*. その選手がボールを返球した.

5 (仕事など)をやめる, よす ▸Why did you *throw in* your studies? なぜ学業をやめたのか.

6 《狩》(猟犬)に臭跡を追わす ▸The hounds *were thrown in*. 猟犬どもは臭跡を追わされた.

7 (辞表)を提出する, 出す ▸He *threw in* his papers and left the office. 彼は辞表を出してその事務所を去った.

8(クラッチなど)を入れる ▪ I *threw in* the clutch. クラッチを入れた。
── 圓 **9**(漁で)網を投げる《比喩的にも》 ▪ He carried a fishing net and *threw in* for a few minutes to get several fish. 彼は投網を持っており2, 3分打って数匹の漁があった ▪ When you launch a good thing, wait patiently for a pause, and *throw in*. 良いことを言い出すときには、じっと話の途切れを待っていて切り出すがよい。
10《レスリング・ボクシング》挑戦して[挑戦に応じて]帽子をリングに投げ入れる; 候補に立つ(*for*) ▪ He prefers the glory to *throwing in for* his chance of the £500 tomorrow. 彼は明日500ポンド得る機会に応じるよりもその栄光のほうを選ぶ。
11《米口》寄付する ▪ The whole family unite and *throw in*. 家族全体が一致して寄付する。

throw in with 圓 …の仲間になる、と組む ▪ The detective agreed to *throw in with* a crooked ex-cop. 探偵は悪党の元警察官と組むことに同意した。

throw into 他 **1**(仕事など)に打ち込む ▪ I've *thrown* myself *into* my job recently. このところ仕事に打ち込んでいます。
2(金など)をつぎ込む ▪ They've *thrown* all their energies *into* the project. 彼らは全エネルギーをそのプロジェクトにつぎ込んでいる。

throw A into B 他 **1** Aを B(ある状態)に陥らせる ▪ They *were thrown into* confusion. 彼らは混乱に陥った。
2 AをB(他の形・国語)に変える ▪ I have *thrown* my thoughts *into* the form of private letters. 私は思うことを私信の形で書いた ▪ I can *throw* the Latin *into* English. 私はそのラテン文を英語に訳すことができる。
3 AをBにつけ足す ▪ He ordered the cattle *thrown into* our herd. 彼はその牛を我々の群れに加えるように命じた。
4 A(人)をB(刑務所など)に入れる ▪ He *was thrown into* [*in*] a police cell. 彼は警察署の独房に入れられた。

throw off 他 **1** …を投げ捨てる, 放出する ▪ Don't *throw off* plastic bottles. They can be used as flower pots. ペットボトルを捨てないで。植木鉢に使えるから ▪ The pumps were *throwing off* 7,000 gallons per minute. ポンプは1分ごとに7千ガロン(の水)を放出していた。
2(衣服など)をかなぐり捨てる; (性質・習慣・感情など)を捨てる ▪ He suddenly *threw off* his coat in the cold room. 彼は突然冷たい部屋で上着をかなぐり捨てた ▪ He *threw off* his chancellorship at once. 彼はすぐ大法官の職を捨ててしまった ▪ He *threw off* all the unpleasant memories of his youth. 彼は若い頃の嫌な思い出をかなぐり捨てた。
3(拘束・病気など)を振り捨てる ▪ The Spanish Colonies had *thrown off* the yoke of the mother country. その植民地は母国スペインのくびきを振り捨てていた。
4(追跡者・競走相手など)を離れさせる, まく ▪ The hounds are very near the fox; he cannot *throw* them *off*. 猟犬はキツネの間近に迫っている。猟犬をまくことはできない。
5(廃物など)を排出[発散]する, (におい)を放つ ▪ Dense volumes of smoke *are thrown off*. 濃いもうもうたる煙が吐き出されている ▪ Plants decompose carbonic acid, and *throw off* oxygen. 植物は炭酸ガスを分解して酸素を発散する ▪ This material *throws off* a nasty smell when burnt. この素材は燃やすとひどいにおいがする。
6(猟犬)を放す, (タカ)を飛ばす, 放つ ▪ They *threw off* the hounds, found an otter, and killed it. 彼らは猟犬を放し、カワウソを1匹見つけ、殺した。
7(子など)を産む ▪ The rabbit generally *throws off* five or six in a litter. ウサギは通例一腹5, 6匹の子ウサギを産む。
8(芸術作品)を即座に作り出す ▪ He had *thrown* his compositions *off* in a heat. 彼は一気に作文を作り上げた。
9《印》…を刷り上げる ▪ I have to thank you for the accuracy with which my novel *is thrown off*. 私の小説が正確に刷り上がったことのお礼を申し上げなければなりません。
10 …に値引きをする ▪ If you pay regularly, I may *throw* you *off* something at the end of the year. きちんきちんとお支払いくだされば、年末にはいくらか値引きできるでしょう。
11《米口》(酒)をぐいとあおる ▪ He *threw off* his liquor and stood refreshed. 彼は酒をぐいとあおり、元気になって立ち上がった。
12 …を打ち負かす ▪ Wil had a hard time *throwing off* his opponent. ウィルは相手を負かすのに手こずった。
13(言葉)をぞんざいに言う ▪ He *threw off* a list of names. 彼は名前のリストをぞんざいに読み上げた。
14《米》…を迷わせる, 混乱させる, に誤りを犯させる ▪ If you speak to me, it will *throw off* my calculations [*throw* me *off* in my calculations]. 君が話しかけたら、計算が間違ってしまう。
── 圓 **15**(キツネ狩りをする人・猟犬が)猟を始める; やり始める ▪ I *threw off* in the great woods. 私はその大きな森で猟を始めた ▪ I had to *throw off* in my new capacity. 私は自分の新しい資格でやり始めねばならなかった。

throw A off B AをBから投げ[振り]落とす ▪ He got into trouble again, threatening to *throw* himself *off* the rooftop. 彼は屋上から飛び降りると脅してまた騒いだ。

throw off on 他《米口》**1** …を見くびる ▪ I ain't going *throwing off on* diamonds. 僕はダイヤモンドを見くびるつもりはない。
2 …を避ける, 無視する ▪ He *threw off on* his girl. 彼は恋人を無視した。

throw on 他 **1**(衣服)をさっと着る ▪ He *threw on* his clothes. 彼はさっと服を着た。
2(猟犬)に臭跡を追わせる ▪ In the usual way, the

hounds *were thrown on*. いつものように猟犬は臭跡を追われた.

3 ...を投げかける ▪ He was injured while standing on a ladder and *throwing on* a belt upon a pulley. 彼ははしごに乗って滑車にベルトを投げかける最中に怪我をした.

4（ブレーキ）を急にかける ▪ He *threw on* the brakes, but could not stop in time. 彼はブレーキをかけたが間に合わなかった.

throw** A **on** [onto***] B* 他 **1** A(物)をB(場所)に投げる ▪ Jack angrily *threw* the newspaper *on* the floor. ジャックは怒って新聞紙を床に投げつけた.

2 A(薪など)をBにくべる ▪ He *threw* some wood *on* the open fire. 彼は燃えている火に薪をくべた.

3 A(疑問など)をBに投げかける ▪ She *threw* doubt *on* me. 彼女は私に疑いを投げかけた.

4（光・影）をBに落とす ▪ The light *threw* shadows *on* the wall. その明かりは壁に影を落とした.

5 AをBに押しつける ▪ The boss *threw* the responsibility *on* me. 上司は私に責任を押しつけた.

throw out 他 **1** ...を投げ出す ▪ He fell to *throwing* everything *out* at the window. 彼はいっさいのものを窓から投げ出しにかかった.

2 ...を捨てる, 処分する ▪ *Throw out* those old newspapers. その古新聞を処分しなさい.

3（地位・官職などから）...を追い出す ▪ The convicted director *was thrown out* of office. 罪に問われた理事は役職を追われた.

4（議案など）を否決［拒否・却下］する ▪ The bill *was thrown out* by the Lords. その議案は上院で否決された.

5（光・熱・煙）を放射する ▪ The dying fire is *throwing out* a dull light. 消えかけているたき火が弱い光を放っている.

6（ヒントなど）を出す, ほのめかす (*that*) ▪ He *threw out* a hint of danger. 彼は危険だということをほのめかした ▪ He *threw out that* we would contend with them till then. 彼はその時まで我々が彼らと争うだろうとほのめかした.

7（芽などが芽）を土地から出させる ▪ The wheat *is* usually *thrown out* in severe frosts. 小麦はたいてい激しい霜にあったときに芽を出す.

8（芽・葉）などを出す ▪ The plants had begun to *throw out* young leaves. 植物は若葉を出し始めていた.

9 ...を突き出して増築する; を広げる ▪ We'll *throw* a conservatory *out*, over the balcony. バルコニーの向こうに温室を増築することにしよう ▪ The old trees *threw out* giant branches. その老木は巨大な枝を広げていた.

10 ...を目立たせる ▪ The tone of the whole is dark and gray, *throwing out* the figures in spots of light. 全体の調子は暗く灰色で, 人物を明るく目立たせている.

11（軍）（散兵など）を派遣する ▪ We bivouacked on the plain, strong pickets *being thrown out*. 我々は強力な見張り兵を配置して平原で野営した.

12 ...を表す, 示す ▪ His horse also *threw out* signs of distress. 彼の馬も困っている様子を示した.

13 ...を考慮［勘定］に入れない; を捨てる ▪ The circumstance *was* instantly *thrown out*. その事情はすぐに考慮の対象外とされた.

14（競走などで）...を遠く引き離す ▪ His hunter *was* never yet *thrown out*. 彼の猟馬はまだ引き離されていなかった.

15（人）をうろたえさせる, 度を失わせる ▪ Seeing her there *threw* him *out*. 彼女がそこにいるのを見て彼はうろたえた.

16《野球・クリケット》送球して(打者・走者)をアウトにする ▪ Mr. Jackson *threw* him *out* from coverpoint. ジャクソン氏は後衛から送球して彼をアウトにした.

17《米口》（土地）を耕すのをやめる ▪ I have decided to *throw out* three of my fields. 私は畑を3つ耕すのをよすことに決めた.

18 ...をはずす ▪ He *threw out* the clutch. 彼はクラッチをはずした.

19 = THROW off 13.

20〖主に受身で〗...を台なしにする ▪ Our plans *were thrown out* by rain. 私たちの計画は雨でおじゃんになった.

21 = PUT out 6.

22《野球》始球式で(球)を投げる ▪ She *threw* the first pitch *out*. 彼女は始球式でボールを投げた.

throw over 他 **1**（恋人・仲間など）を捨てる, そでにする ▪ I was satisfied that Emma had *thrown* me *over*. エマが私をそでにしたことは納得していた ▪ They *threw over* their allies. 彼らは仲間を捨てた.

2 ...を向こうへ投げる, を投げてよこす ▪ My ball's in your garden. Will you *throw* it *over*? 僕のボールが庭に入ったんです. 投げて返してくれませんか.

3 ...をはねつける, 拒否する; 破棄する ▪ They will *throw over* the treaty. 彼らはその条約を破棄するだろう.

4（習慣など）をやめる ▪ He decided to *throw over* the habit of smoking. 彼は喫煙のくせをやめようと決心した.

throw round 自 《海》（ただちに）方向を転じる ▪ She *threw round*, and stood in. 船は方向を転じて入って来た.

throw to 他（戸など）を勢いよく締める ▪ The door *was thrown to* by a draft. ドアがすき間風で勢いよく締まった.

throw together 他 **1**（作品・食事・小屋など）を手早く作る ▪ Williams *threw* a poem *together* in half an hour. ウィリアムズは半時間で詩を手早く作った.

2（人々）を偶然会わせる ▪ Chance had *thrown* us *together*. 私たちは偶然会ったのだった.

3 ...を寄せ集める ▪ Hills, vales, rocks *were* all *thrown together*. 丘や谷や岩がすべて寄り集まっていた.

throw up 他 **1** ...を投げ上げる, さっと上げる ▪ She hastily *threw up* the window. 彼女は急いで窓を押

し上げた.
2 …を戻す ▪The patient *threw up* what he had swallowed. その患者さんは飲み込んだものを戻した.
3(車などがほこり)を巻き上げる ▪Each passing truck *threw up* a thick cloud of dust. トラックが通るたびに土煙がもうもうと舞い上がった.
4 …をきっぱりとやめる ▪When he was twenty he *threw up* his employment. 20歳のときに彼は自分の仕事をきっぱりとやめた. ☞throw up the game「手札を見せてゲームをやめる」という句から.
5(手・目など)を急に上げる ▪He *threw up* his hands, and admitted his error. 彼は両手をさし上げて[あきらめて]自分の過失を認めた.
6(土塁など)を盛り上げる; を急造する ▪They *threw up* earthworks, and entrenched themselves there. 彼らは土塁を盛り上げて, そこに陣地を作った ▪Barbed wire barricades *were thrown up* at street corners. 有刺鉄線のバリケードが街角に大急ぎで築かれた.
7 …を目[きわ]立たせる ▪The bright colors *were thrown up* against the clear blue sky. 鮮やかな色彩が晴れた青空にくっきりと映えていた.
8(鳥が新しい羽)を生じる ▪The hen *threw up* a few white feathers. そのめんどりに白い羽が数本生えてきた.
9《米口》(しかって)…と何度も[くどくど]言う(*to*) ▪Do not *throw* it *up to* us that we are weird. 我々が不気味だなどとくどくど言ってくれるな.
10(機会など)をむだにする ▪Why *throw up* a chance like that? そんなチャンスをなぜむだにするのか.
11(偉人など)を生む, もたらす; (問題・考え)を生み[作り]出す ▪Britain has *thrown up* great poets. 英国は大詩人を生んでいる ▪Recent models have *thrown up* a few problems. 最近の車種には2, 3の問題点が生じている.
12(誤りなど)を指摘する, 口に出す ▪She *threw up* his past in his face. 彼女は面と向かって彼の過去を口にした.
— 圓 **13** 戻す, 吐く ▪She got sick and *threw up* over the side of the boat. 彼女はむかむかしてきて船べりから吐いた.
14(猟犬が臭跡を失って)地から頭を上げる ▪Hounds suddenly *threw up* in a most unaccountable manner. 猟犬は突然いかにも不思議な様子で地から頭を上げた.

thrum /θrʌm/ *thrum on* 圓 他 …をかき鳴らす ▪She idly *thrummed on* the guitar. 彼女は所在なさそうにギターをかき鳴らした.

thrust /θrʌst/ *thrust aside* 他 …を押しのける, 拒否する ▪He *thrust* me *aside* and got on the bus ahead of me. 彼は私を押しのけて先にバスへ乗り込んだ ▪The teacher *thrust aside* my request for a makeup. 追試験をお願いしたが先生は聞いてくれなかった.

thrust at 圓 …に突きかかる ▪Jack *thrust at* me with a knife. ジャックはナイフで私に突きかかってきた.

thrust away 他 **1** …を押しのける ▪The child *thrust away* the plate. 子供は皿を押しのけた.
2(考え)を捨て去る ▪He *thrust away* a desire to escape. 彼は逃げたいという気持ちを捨て去った.

thrust back 他 《軍》…を後退させる ▪The enemy *were thrust back* on all fronts. どの最前線でも敵軍は後退させられた.

thrust forward 圓 他 しゃしゃり出る; 前へ押しやる ▪He *thrust* the chair *forward*. 彼はいすを前へ押しやった ▪The crowd *thrust forward* to see the Queen. 群衆は女王を見ようとして押しあいへしあいしながら出て来た.

thrust home 他 (主張など)を徹底させる ▪He *thrust home* his point. 彼は自分の論旨を徹底させた.

thrust in 他 **1** …を押し入れる ▪I caused the boat to *be thrust in*. 私はボートを押し入れた.
2(字句など)をみだりに挿入する ▪The word seems to have *been thrust in* for the sake of meter. その語は韻律のために挿入されたものらしい ▪He suddenly *thrust in* a word. 彼は不意に横合いから口を出した.
— 圓 **3** 割り込む ▪She *thrust in* between them. 彼女は二人の間に割り込んだ.

thrust A into B 他 AをBの中に突き込む ▪He *thrust* his hands *into* his pockets. 彼は両手をポケットに突っ込んだ.

thrust a person into 他 **1** 人を強いて…を行わせる ▪They *were thrust into* a civil war. 彼らは強いられて内乱を起こした.
2 人を無理に…に着かせる ▪Stephen *was thrust into* the position by the people. スティーブンは国民によって無理にその地位に着かせられた.

thrust off 他 …を払いのける ▪He *thrust off* the dog. 彼はその犬を払いのけた.

thrust A on [upon] B 他 AをBに(むりやり)押しつける ▪The position *was* thus *thrust upon* her. その地位はこのようにして彼女に押しつけられた ▪They *thrust* all their responsibilities *on* us. 彼らは全責任を我々になすりつけた.

thrust out 他 **1** …を突き出す ▪The boy *thrust out* his tongue at me. 少年は私に舌を突き出してみせた.
2 …を追い出す ▪They *were thrust out* of their house without any trial. 彼らは取り調べも受けずに家から追い出された.

thrust toward 圓 (困難の中を)へ突き進む ▪Our army was *thrusting toward* new positions. わが軍は新しい陣地へ突き進んでいた.

thrust up 圓 《文》突き出る ▪A huge rock *thrust up* from the coast into the ocean. 巨大な岩が海岸から大洋に突き出ていた.

thumb /θʌm/ *thumb down* 他 …を拒否する ▪He *thumbed down* the request. 彼はその願いを拒否した.

thumb through 他 急いで(本)に目を通す, をパラパラめくる ▪I always enjoy *thumbing through* a catalog. 私はカタログにさっと目を通すのがいつも楽しい.

thump /θʌmp/ ***thump down*** 他 …をドシンとおろす ▪He *thumped down* the baggage upon the floor. 彼は荷物を床の上にドシンとおろした.

thump on [***at***] 自 …をドンドンたたく ▪I *thumped on* the door. 私はドアをドンドンたたいた ▪The singer *thumped at* the grand piano and yelled into the microphone. 歌手はグランドピアノをガンガン叩き, マイクに向かってがなり立てた.

thump out 他 **1**(ピアノで曲)をたたき出す ▪A young man was *thumping out* a tune. 一人の若者が曲をやかましく弾いていた.
2(意見など)を強く述べる ▪He *thumped out* what he meant. 彼は自分の意図していることを強く述べた.

thunder /θʌndər/ ***thunder against*** 他 …を猛烈に非難する ▪The people *thundered against* the tyrant. 人民は暴君を猛烈に非難した.

thunder at 自 …を割れるようにたたく ▪A footman *thundered at* the door. 従僕がドアを割れるようにたたいた.

thunder out 他 …を雷のごとく言う[発する] ▪Guns *thundered out* a salute. 大砲がごうごうと祝砲を放った ▪He *thundered out* his abuse of me. 彼は大声で私をののしった.

tick /tɪk/ ***tick away*** 自 **1**(時計が)カチカチと(時を)刻む; (時が)刻々と過ぎる ▪Each slow moment *ticked* itself *away*. 一刻一刻がゆっくりと過ぎていった ▪The clock *ticked* monotonously *away*. 時計が単調にカチカチ時を刻んでいた.
— 自 **2** うまく機能[活動]する ▪My car is still *ticking away*. 私の車はいまだにうまく動いている.

tick by [***away, down, past***] 自 (時が)過ぎる ▪Fifteen minutes *ticked by*, but to me it was a lifetime. 15分が過ぎたが私には一生分ほどの長時間に思えた ▪The final seconds were *ticking away*. 残り時間が刻一刻となくなっていた ▪All the while, time was *ticking away*. その間も時は刻々と流れていた ▪Her anxiety grew as the clock *ticked down*. 時計がチクタク時を刻むにつれて彼女の不安がつのった ▪Half an hour *ticked past* but he didn't show up. 30分経ったのに彼は姿を現さなかった.

tick down 自 (株式・債権の値が)下がる ▪Johnson & Ferguson's stock price *ticked down* 2.8%. J&Fの株価は2.8%下がった ▪The Strindberg & Poor's 500-stock index *ticked down* one point, or 0.1% to 1403. S&P 500の株価指数が1ポイント(0.1%)下がって1403になった.

tick off **1**《英》…にチェックをつける ▪I compared each with the bill, and *ticked* it *off*. 私は一つ一つを勘定書と比べてそれにチェックをつけた.
2《英》…をしかる ▪He tried to *tick* me *off* once. 彼は私を一度しかりつけようとした.
3《米口》…を怒らせる ▪His haughtiness really *ticked* me *off*. 彼の傲慢さは本当に頭にきた.
4《口》…をそれと見わける ▪I *ticked* him *off* as soon as I set my eyes on him. ひと目見るとすぐその男が彼だとわかった.
5(信電機が通信)をカチカチ打ち出す ▪She laughed at the answer as it *was ticked off* to her. 彼女はカチカチと打ち出されてくる返事を見て笑った.

tick on 自 (考えなどが)ずっとある[受け入れられている] ▪Such an idea *ticks on*. そのような考え方はずっと受け入れられている.

tick out 他 (電信機が通信)をカチカチ打ち出す ▪The telegraphist was *ticking out* the news of the affair from the scene. 電信技手がその事件を現場からカチカチと打ち出していた.

tick over 自 **1**《英》(エンジンが)遊転[アイドリング]する ▪The engines were allowed to *tick over* for 10 minutes. エンジンは10分ばかりアイドリングするままにされた.
2《英》(仕事などが)平穏に[ゆっくり]進んでいる ▪Our movement was just *ticking over*. 我々の運動はやっとゆっくり進んでいるだけであった.
— 自 **3**(時間などが[を])記録される[する] ▪My watch *ticked over* the fifth minute. 私の時計では5分が経過した.

tick up 自 (株式・債権の値が)上がる, (価格・価値などが)わずかに上昇する ▪The company's stock price *ticked up* more than 5%, increasing 82 cents to $15.79. その会社の株価は5%以上(82セント)上がって15ドル75セントになった ▪Plans to buy new cars have *ticked up* this month. 新車購入プランは今月わずかに上昇している.

tide /taɪd/ ***tide over*** 他 (困難など)を乗り越える; (人に困難など)を乗り越えさせる ▪We may be able to *tide over* this difficulty. この困難を乗り越えられるかもしれない ▪Some savings *tided* me *over* until payday. 多少の蓄えで給料日まで乗り切った.

tidy /táɪdi/ ***tidy away*** 他 《英》(物)をしまい込む ▪*Tidy* your papers *away*. 書類をきちんと片付けなさい.

tidy out 他 …の中をきれいにする ▪The cupboard needs *tidying out*. この食器棚は中をきれいに整理する必要がある.

tidy up 他 **1** …を片づける ▪The room has been *tidied up*. 部屋は片づけられている.
2(身なり)を整わせる ▪Mother *tidied* me *up*. 母が私の身なりを整えてくれた.
3 …に修正を加える ▪I *tidied* my child's spelling *up* a bit. 子供のスペリングを少し直してやった.

tie /taɪ/ ***tie back*** …を後ろによせて留める ▪She had her hair *tied back*. 彼女は髪の毛を後ろでたばねていた.

tie down 他 **1** …を立てないように縛る, つなぎ止める ▪The dogs *were tied down* separately at night. 犬たちは夜には別々につなぎ止められた.
2 …を拘禁[制限]する (*to*) ▪We did not *tie* ourselves *down* when to march and when to halt. 我々はいつ前進しいつ止まるか, はっきり決めていなかった ▪Her sick mother *ties* her *down* to the house. 病気の母親の看護に縛られて彼女は家から出られない.
3(部隊)を釘うけにする ▪The reserves *were tied down* by the enemy artillery. 援軍は敵の砲撃によって釘うけにされた.

tie in 他 **1** …を(…と)接合する, 結びつける (*with*) ▪ The generating station *was tied in with* a power system. その発電所は電力系統と結びつけられた.
2 …を(…と)関係づける (*with*, *to*) ▪ He *tied in* his arguments *to* the previous discussion. 彼は自分の議論を前の討論に関係づけた.

tie in with 自 **1** …に同意する ▪ I cannot *tie in with* that viewpoint. その見解に同意できない.
— 自 **2** …と結びつく[つける] ▪ The future of this country *is tied in with* the fortunes of the U.S.A. この国の未来は米国の運命と結びついている.
3 …を抱き合わせて売る (*with*) ▪ The paperback book *is tied in with* the video of the same title. ペーパーバック本は同じタイトルのビデオと併せて販売されている.

tie into **1** …に襲いかかる, を激しく攻撃[批判]する ▪ Three men each armed with a knife *tied into* me. それぞれナイフで身を固めた三人組の男が襲いかかってきた.
2《俗》…をひどくしかる ▪ She really *tied into* me. 彼女は本当に僕をひどくしかりつけた.
3(仕事)に勢いよくとりかかる ▪ The following day we *tied into* it again. その翌日我々はまたそれに勢いよくとりかかった.
4 …をがつがつ食う ▪ He *tied into* his dinner. 彼は夕食をがつがつ食べた.
5(野球)(投手の球)を強打する ▪ I *tied into* the ball [him] for a home run. ホームランをねらってボール[彼の投げたボール]を強打した.
6 …を捕える ▪ I *tied into* a few good bass. 見事なズキを数匹釣り上げた.
7 …に接続する ▪ This computer *ties into* the host computer. このコンピューターはホストコンピューターに接続している.

tie A into B 他 AをBに制限する, AにBを義務づける ▪ I *was tied into* a promise to keep a secret. 秘密を守るという約束を義務づけられた.

tie off 他 **1**(血管など)をくくる ▪ The doctor *tied off* a bleeding vessel. 医師は血の出ている血管をくくった.
— 自 **2**《米俗》黙る ▪ Now *tie off*, kid! さあ小僧, 黙れ!

tie on 他 …を結び[ゆわえ]つける ▪ Her bonnet *was tied on*. 彼女の帽子はゆわえつけられていた.

tie out 他《米口》(郵便物)を取り出して別々の包みにくくる ▪ The little packages of letters *were tied out*. その小さい手紙の包みは取り出され別々の包みにくくられた.

tie over(困難・不足などから人)を支える ▪ This money will *tie* me *over* until another job comes along. 別の仕事にありつくまでこの金で食いつなげるだろう.

tie to 他《米口》**1** …を信頼する, に頼る ▪ I want something to *tie to*. 私は何か頼るものがほしい.
2 …と提携する ▪ You should not *tie to* him. 彼と提携してはいけない.

tie together 自 他 **1** 一致する[させる], つじつまが合う[を合わせる] ▪ Their stories don't *tie together*. 二人の言うことは一致しない ▪ The two prisoners beautifully *tied* their stories *together*. 二人の囚人は見事に口裏を合わせた.
— 他 **2** …を結び合わせる ▪ He *tied* the firewood *together*. 彼はたき木を束ねた.

tie up 他 **1** …をつなぎ止める, 縛りつける ▪ A wrongdoer *is tied up*. 悪者が縛りつけられた ▪ He had stolen the horse, and *tied it up* in the mountains. 彼はその馬を盗んで, 山の中へつなぎ止めておいた.
2 …を堅くくくる, 包装[包帯]する ▪ Father got the pharmacist to *tie* my arm *up*. 父は薬剤師に私の腕に包帯をさせた ▪ They *tied up* the luggage. 彼らは荷物を包装した.
3(船)をつなぐ, もやう ▪ The great cable was used to *tie* us *up* to the bank. その大きな錨鎖(ビょさ)が我々の船を岸につなぐために用いられた.
4〖主に受身で〗(人)を忙殺する ▪ I'm *tied up* just now. 目下手が放せない.
5《米》…を遅らせる, (交通)を不通にする ▪ They've *tied* us *up* for those two weeks. 彼らは我々の活動をその2週間停止させた ▪ Traffic *was tied up* until about midnight. 交通は真夜中ごろまで不通になった.
6 …を拘束[束縛]する ▪ I *was tied up* by my father's will from assisting. 私は父の意志によって援助しないように束縛されていた.
7(金・財産)を使われ[譲渡され]ないように拘束する ▪ Her money had *been tied up* all tight for her benefit. 自分のために彼女の金は使われないようにしっかりと拘束してあった.
8《俗》…を(試合で)負かす, (ボクシングで)ノックアウトする ▪ In round two, the champion successfully *tied up* his opponent. 第2ラウンドにチャンピオンは相手を首尾よくノックアウトした.
9《俗》…を結婚させる ▪ The parson has seldom *tied up* a comelier couple. 牧師はそれほどきれいな夫婦を結婚させたことはめったになかった.
10 …の手筈を整える ▪ I've got it all *tied up*. 準備は万端整えた.
11《俗》…を仕上げる, 完成する ▪ Let's *tie up* this task. この仕事をやってのけよう.
— 自 **12**《俗》(習慣・行動を)やめる ▪ The man has *tied up* gambling. 男は賭博をやめている ▪ I have a great mind to *tie up*, and ruin the rascals. 私は手を引いてあの悪党どもを破滅させてやりたい気が大いにある.
— 自 **13**(船が)つながれる, もやう ▪ At night every steamer *ties up*. 夜にはどの汽船ももやう.
14(物が)結ばれる ▪ The bag *ties up* at the mouth with strings. その袋はひもで口の所が結ばれる.
15 提携[タイアップ]する ▪ The two firms are going to *tie up*. その二つの会社は提携しようとしている.
16 一致する ▪ Their stories all *tie up*. 彼らの話はみな一致する.

tie up with 他 …と提携[タイアップ]する ▪ His firm *is tied up with* a larger company. 彼の会社はある大企業と提携している.

tie with 自 …とタイ[同点]になる ▪ Oxford *tied with* Cambridge in football. フットボールでオックスフォードはケンブリッジとタイになった.

tighten /táitən/ ***tighten up*** 自他 **1**（規則などが[を]）厳重になる[する] ▪ The regulation is to be *tightened up*. 規則は厳重にすべきだ. ▪ The police are *tightening up* on controls. 警察は規制を厳重にしつつある.

2締まる[める], 固定する[させる] ▪ He *tightened* his belt *up* to start walking. 彼はベルトを締めて歩き出した.

— 自 **3**（筋肉が）こわばる, 硬直する ▪ His arm muscles *tightened up* after exercising. 運動後彼の腕の筋肉が硬直した.

tilt /tɪlt/ ***tilt against*** 他 …にぶつかる ▪ The wave *tilted against* his naked breast. 波は彼の裸の胸にぶつかった.

tilt at **1**（文章などで）…を攻撃する ▪ The speaker *tilted at* gambling. 演説者はばくちを攻撃した.

2（武器で）…に突きかかる ▪ He *tilted at* the idol with his spear. 彼はやりで偶像に突きかかった.

tilt back 他 …を後ろへ傾ける ▪ He *tilted* his chair *back*, reaching for a book. 彼は本を取ろうとしていすを後ろへ傾けた.

tilt over 自 傾いてころぶ ▪ The table *tilted over*. 食卓が傾いて倒れた.

tilt up 他 …を傾ける ▪ *Tilt* the barrel *up* to empty it. たるを傾けてからにしなさい.

tilt with …と争う, 競う ▪ Don't try to *tilt with* him in argument—he's far too smart for you. 彼と論争しようとしてはだめだ. とても君が太刀打ちできる相手ではない.

time /taim/ ***time out*** 自 中断する ▪ The strike *timed out* in two weeks. そのストライキは2週間で中断した.

tinge /tɪndʒ/ ***tinge A with B*** 他 **1** AにBの色を着ける ▪ The sky *was tinged with* pink. 空はピンク色に染まっていた.

2 AにBの気味を添える ▪ Her voice *was tinged with* anger. 彼女の声は怒りを帯びていた.

tinker /tíŋkər/ ***tinker around*** [《英》 ***about***] (***with***) 自 《口》(…をへたに)いじくり回す ▪ He was *tinkering around with* a magic kit given to him as a present. 彼はプレゼントにもらった手品道具をいじくり回していた.

tinker at 他 (無形物)をいじり回す ▪ The government merely *tinkered at* legislation. 政府は法令をいじり回しているにすぎなかった.

tinker up 他 間に合わせに…の修繕をする《比喩的にも》 ▪ We can *tinker up* our machines for a while. うちの機械はしばらくの間は間に合わせの修繕でいける ▪ The waters will *tinker* you *up* in a most extraordinary manner. その温泉は全く不思議なほど体を治してくれましょう.

tinker with 他 (機械など)を(へたに)いじり回す ▪ He likes *tinkering with* engines. 彼はエンジンをいじり回すのが好きだ.

tip¹ /tɪp/ ***tip in*** 他 **1**（バスケ）指先で（ボール）を（ネットに）入れる ▪ The player *tipped* the ball *in*. その選手がボールを指先で入れた.

2《製本》…を貼り込む ▪ All the pictures *were tipped in*. 絵は全部貼り込まれた.

tip off 自 **1**《方・俗》死ぬ, くたばる ▪ Sue, with broken heart, *tipped off*. スーは悲嘆にくれて死んでしまった.

— 他 **2**《方・俗》…を飲み干す ▪ I *tipped off* a large glassful. 大きなグラス1杯の酒を私は飲み干した.

3（ごみなど）を捨てる ▪ Don't *tip off* the waste into the sea. 海に廃棄物を捨てるな.

4《俗》…を殺す ▪ He got himself *tipped off*. 彼は殺された.

tip over 他 **1**（皿など）をひっくり返す ▪ The cat *tipped over* the bowl. 猫が椀をひっくり返した.

2《米俗》…を襲う ▪ You want to help us *tip over* this bank? この銀行を襲う手伝いがしたいのかい.

tip up 自 **1** ひっくり返る[返す] ▪ Someone was *tipping up* my berth. 誰かが私の床(とこ)をひっくり返していた ▪ The cart *tipped up* and he was thrown out. 荷車がひっくり返り彼はほうり出された.

— 他 **2**《米》金を出す[払う] ▪ My father will *tip up*. おやじが金を出してくれるだろう.

— 他 **3**（いす・な・テーブル）をはね上げる ▪ These seats can *be tipped up*. これらの座席ははね上げられる.

tip² /tɪp/ ***tip down*** 自 《英口》土砂降りの雨が降る ▪ It was really *tipping down* and I couldn't see a hundred yards. 本当に土砂降りの雨で百ヤード先も見えなかった.

tip…off 他 《口》**1**…に警告[情報]を与える ▪ They *were tipped off* in time to escape. 彼らはそれとなく知らされてうまく逃げた ▪ I *tipped* him *off* that she was in love with his friend. 私は彼女が彼の友人と恋愛していると彼に知らせた.

2（秘密など）を漏らす; を警告する ▪ The telegram had *tipped off* the situation to her. その電報が事情を彼女に知らせていた.

tip out 他 …にチップを与える ▪ He *tipped out* all the people who worked below him. 彼は自分の下で働いているすべての人にチップを与えた.

tip a person with 他 《口》人に…のチップを与える ▪ He *tipped* the maid *with* five pounds. 彼はお手伝いに5ポンドのチップを与えた.

tiptoe /típtòu/ ***tiptoe around*** [***round***] 他 **1**…を避ける ▪ The company should stop *tiptoeing around* the issue of a salary cut. 会社は減俸問題を避けて通ろうとするのをやめるべきだ.

2（人）に用心深く接する ▪ We are *tiptoeing around* him. 私たちは彼に対しては用心深く接している.

tire /taiər/ ***tire down*** 他 (獲物)を追いつめて疲れ

果てさせる ▪ A pack of wolves had nearly *tired down* a buck. オオカミの群れが雄ジカを追いつめて疲れ果てる寸前にさせていた.

tire for 圓 《スコ》...を待ちあぐむ ▪ I really *tire for* your letters. ほんとにお手紙を待ちあぐんでいます.

tire of 圓 ...にあきる ▪ The child *tired of* the toys very quickly. その子はすぐおもちゃにあきた.

tire out 圓 他 《口》へとへとに疲れ果て[させ]る ▪ The patient *tires out* easily. その患者はすぐに疲れてしまう ▪ He *was tired out* by the long voyage. 彼はその長い船旅でへとへとになっていた.

toddle /tάdəl|tɔ́dl/ ***toddle along [around, down, over]*** 圓 《口》ぶらぶら[よちよち]歩く ▪ He *toddles along* to the park every day. 彼は毎日公園までぶらぶら歩く ▪ The young child *toddles around* quite nicely. その幼児はとても上手にあんよができる.

toddle off [away] 圓 《口》去る ▪ It's high time to *toddle off*. もう帰っていいころです ▪ *Toddle away*, will you? I don't want you in the kitchen. あっちへ行ってくれない? 台所に入ってはだめよ.

toe /tou/ ***toe in [out]*** 圓 《口》内わ[外わ]に歩く ▪ Avoid a horse that *toes in* or *toes out*. 内わに歩いたり外わに歩いたりする馬は避けよ.

toe off 他 《米口》(靴下など)をつま先で編み目を少なくして仕上げる ▪ She was *toeing off* the stocking. 彼女は靴下をつま先で編み目を少なくして仕上げつつあった.

toe up 圓 《米》規則[命令など]に従う ▪ Everyone must *toe up* to the party line or else. 誰でも党の規則に従わないと大変なことになる.

toff /tɑf|tɔf/ ***toff up*** 他 《英俗》[主に受身で]...を(しゃれ者のように)めかし込ませる ▪ They want to get *toffed up* for their girls. 彼らは恋人のためにめかし込もうと思っている.

tog /tɑg|tɔg/ ***tog up [out]*** 他 《口》...に...を着せる, めかす ▪ He *was togged out* in first-rate style. 彼は一流のスタイルの服を着ていた ▪ You had better *tog* yourself *up* a bit. 少しめかされたほうがいいでしょう.

toil /tɔil/ ***toil at [over]*** 圓 骨折って(仕事)をする ▪ He's been *toiling at* the article for weeks. 何週間も前から苦労してその論文を書いている ▪ My son has been *toiling over* his assignment since morning. 息子は朝から必死に課題に取り組んでいる.

toil away (at) 圓 《文》(...に)せっせと働く ▪ They always *toil away* as a stage crew. 彼らはいつも裏方としてせっせと働いている ▪ He *toils away at* an office job day after day. 来る日も来る日も彼はせっせと事務仕事をする.

toll /toul/ ***toll in*** 他 **1** 鐘が鳴って(人)を教会に集める ▪ The bells were just *tolling* the people *in*. ちょうど鐘が鳴って人々を教会に集めていた.
— 圓 **2** 鐘が鳴って会衆を教会に集める ▪ I had no time to lose, as the bell was *tolling in*. 鐘が鳴って会衆を教会に集めていたので, 一刻も猶予できなかった.

toll out 他 鐘が鳴って(人)を解散させる ▪ The bells were *tolling* the people *out* of church. 鐘が鳴って人々は教会から解散しつつあった.

tone /toun/ ***tone down*** 他 **1** ...の調子を落とす[弱める]; (色彩など)を和らげる ▪ You'd better *tone down* your criticism of the establishment. 君の体制批判の手をゆるめてはどうか ▪ How can I *tone down* this bright color? この派手な色を和らげるにはどうすればよいだろうか.
— 圓 **2** 調子が下がる[弱まる]; (色彩など)が和らぐ ▪ His speech has gradually *toned down*. 彼の演説の口調が徐々におだやかになってきている ▪ The bright blue *toned down* in the sunlight. 日に照らされて鮮やかな青色が和らいでいた.

tone in (with) 圓 (色彩が...と)調和する ▪ Her hat *tones in with* the dress. 彼女の帽子はドレスと色が調和している ▪ The sofa *toned in* well after we painted the walls. 壁を塗り変えたらソファの色がしっくり調和した.

tone up 他 **1** ...の調子を高める[強める] ▪ This remedy will *tone up* the nervous system. この医薬は神経系の調子を強めてくれるだろう.
— 圓 **2** 調子が高まる[強まる] ▪ Trade *toned up* under the influence of warm weather. 陽気のせいで商売が調子づいてきた.

tool /tu:l/ ***tool around (in)*** 圓 《車で[をとばし]》あちこち出かける ▪ One of his pleasures is *tooling around in* his car. 彼の楽しみの一つはドライブに出かけることだ.

tool off 圓 《俗》立ち去る, 出かける ▪ Now we'll just *tool off* to some place. さてちょっとどこかへ出かけることにしよう.

tool up 他 **1**(工場)に機械を備えつける ▪ The work of *tooling up* the factory will be over within this month. 工場に機械を備えつける作業は今月以内に終わるだろう.
— 圓 **2**(工場に)機械を設備する ▪ The factory *tooled up* to make the new cars in only two weeks. その工場はほんの2週間で新車製造のための機械設備を整えた.
3 武装する ▪ The police *tooled up* against the gang. 警察は一味に対して武装した.

top /tɑp|tɔp/ ***top off*** 他 **1** ...を仕上げる, 締めくくる ▪ He *topped off* his home training with a foreign finish. 彼は自国で修業して外国で仕上げをした.
2 《米》...を再びいっぱいに満たす, 満タンにする ▪ The ship *was topped off* with fuel. 船は再び燃料をいっぱい満たしていた.
3 《米》(高い建物)の落成を祝う ▪ They're *topping off* the building. あのビルの落成祝いをすることになっている.
— 圓 **4** 《口》(...を)で終わる (*with*) ▪ They *topped (the meal) off with* coffee. 彼らは(食事の)締めくくりにコーヒーを飲んだ.

top out 圓 《英》**1** = TOP off 3.
2(建物)の頂部を仕上げる, (ビル)の骨組を完成する ▪ The tower *was topped out*. そのタワーの頂部が仕上げられた.

3 ...をいっぱいに満たす, に満載する ▪The driver *topped out* the truck with cargo. 運転手はトラックに荷物をいっぱい積んだ.
― 自 **4** 最高(水準)に達する(*at*) ▪My annual salary *topped out at* ninety thousand dollars this year. 今年, 年収は9万ドルの最高額に達した.

top up 他 **1**(機械などに)油をつぎたす; に(...を)補給[充電]する(*with*) ▪*Top up* the engine *with* oil. エンジンに油をつぎたしてくれ.
2《英》...に酒をつぎ足す ▪The waiter *topped up* the glass [the drink]. 給仕はグラスに酒をつぎたした ▪May I *top* you *up*? おつぎしましょうか.
3(収入)を補う ▪He did a part-time job to *top* his salary *up*. 彼は給料を補うためにアルバイトをした.
4 = TOP off 1.

topple /tápl|tɔ́p-/ ***topple down*** 自他 転覆する[させる] ▪They plotted to *topple down* the Government. 彼らは政府転覆を企てた ▪The chimney *toppled down* in the quake. その煙突は地震で崩れ落ちた.

topple over 自他 転倒する[させる] ▪The pile of books *toppled over*. 本の山がひっくり返った ▪The force of the impact *toppled* him *over*. ぶつかった勢いで彼はひっくり返った ▪He accidentally *toppled over* the table. 彼はうっかりテーブル(の料理)をひっくり返した.

torture /tɔ́ːrtʃər/ ***torture*** *A* ***into*** *B* 他 *A*(言葉)をこじつけて[曲解して]*B*(意味)に取る ▪You *torture* my words *into* an interpretation of which I never dreamed. 君は私の言葉をこじつけて私が夢にも思わなかったような意味に取っている.

toss /tɔːs|tɔs/ ***toss around*** [《英》 ***about***/ 自 **1** 寝返りを打つ ▪The patient *tossed around* all night. 患者は一晩中寝返りを打っていた ▪He *tossed about* on his bed. 彼はベッドの上で寝返りを打った.
― 他 **2** ...を議論し合う ▪They *tossed* the matter *about*. 彼らはその問題を議論し合った.
3 ...を投げ合う ▪We *tossed around* a dodge ball. 私たちはドッジボールを投げ合った.
4(考えなど)を口にする ▪He *tossed* a few ideas *around*. 彼はいくつかの考えを口にした.
― 自他 **5** 激しくゆする[ゆさぶる]; (船などが)上下に激しくゆれる ▪The typhoon *tossed* the ship *around*. 台風で船は激しくゆさぶられた ▪The ship *tossed about* in the waves. 船は波で上下に激しくゆれた.

toss aside [***away***] 他 ...を捨て去る ▪It *was tossed aside* as a thing of no consequence. それは重要でないものとして捨て去られた ▪He hurriedly opened a letter and *tossed away* the envelope. 彼は急いで手紙を開封すると封筒を投げ捨てた.

toss back 他 **1**(ボールなど)を投げ返す ▪Jack *tossed* the ball *back* to Bill. ジャックはビルにボールを投げ返した.
2(髪の毛など)を後ろへ勢いよく戻す; (頭など)をぷいとそらす ▪She *tossed back* her long black hair. 彼女は長い黒髪を後ろへはらった ▪She *tossed* her head *back* and left the room. 彼女はぷいと頭をそらして部屋から出ていった.
3 勢いよく[一気に]...を飲む ▪He poured himself another vodka and *tossed it back*. 彼はウォッカを自分でもう1杯ついでから一気にあおった.
4(釣った魚)を戻す[逃がす] ▪I *tossed* a small fish *back* in the river. 一匹の小魚を川に戻した.

toss down 他 ...を一気に飲み干す ▪He came late for the party and *tossed down* a mug of beer. 彼はパーティーに遅れて来てジョッキ1杯のビールを一気に飲み干した.

toss for 他 (...と)...をコインを投げて決める ▪Let's *toss for* who does the washing. 誰が洗濯をするかをコインを投げて決めようじゃないか ▪I *tossed* him *for* the seat. どっちがその席に座るか彼とコインを投げて決めた.

toss in 他 **1**(言葉)をさしはさむ ▪He always *tosses in* his opinion where it isn't wanted. 彼はいつも余計な意見をさしはさむ.
2 = THROW in 1.

toss off 他 **1** ...を手軽にやってのける, 手早く[さっと]すませる ▪The book is a delightful thing to *toss off* a dull hour with. その本は退屈な時を手軽に過ごすのには楽しい読み物だ.
2 ...をぐっと飲み干す (= TOSS down) ▪Nicholas *tossed off* his coffee. ニコラスはコーヒーをぐっと飲み干した.
3(言葉など)をさっさと述べる[書く] ▪He was *tossing off* carefree farewells to friends. 彼は友人たちに陽気な別れのあいさつを述べていた.
― 自他 **4**《英卑》手淫をする[してやる] ▪Adolescent boys will sometimes *toss each other off*. 青年期の男子はときどきマスをかき合うものだ.

toss on 他 (衣服)をさっと着る ▪*Tossing on* my bathrobe, I ran to the kitchen. バスローブをさっとはおると, 台所へ走った.

toss out 自 **1** 飛び出す ▪He *tossed out* of the room. 彼は部屋から飛び出した.
― 他 **2** ...を処分する, 捨てる ▪We *tossed out* all those old newspapers. あの古新聞をすっかり処分した.
3 ...を無造作に[さりげなく]言う ▪He *tossed out* an instruction while reading the paper. 彼は新聞を読みながら無造作に指示を下した.
4 ...を追い出す ▪The drunken fellow *was tossed out* of the club. その酔っ払いはクラブから追い出された.
5《野球》...をトスしてアウトにする ▪We *tossed* the runner *out* at second base. トスしてランナーを2塁で封殺した.
6 ...を着飾らせる ▪The girl *was tossed out* in all the gaieties of fifteen. 少女は15歳らしくいかにもはでに着飾っていた.
7 = THROW out 2.
8 = THROW out 4.
9(ヒントなど)を出す ▪He *tossed out* a bright sug-

gestion. 彼は名案を出した.
10《野球》始式で…を投げる(＝THROW out 22)
・President Obama *tossed out* the first pitch at the 2010 MLB All-Star Game. オバマ大統領が2010年大リーグ・オールスターゲームの始式で第1球を投じた.

toss up 他 **1**(食物)を手早く調理する ・I can *toss up* a light meal in a matter of minutes. 軽い食事ならものの数分でできます.
2＝THROW up 10.
3…を投げ上げる ・We *tossed up* our oars and laid by. 我々はボートのかいを立ててこぐのをやめた.
― 自 **4** コイン投げをする《かけ,または事を決するため》 ・Let's *toss up* for it. コイン投げをしてそれを決めよう.
5(食べ物を)吐く ・She got violently sick and *tossed up*. 彼女はひどく吐き気がして食べたものを戻してしまった.

tot /tɑt|tɔt/ ***tot together*** 他《口》…を足し合わす ・These, *totted together*, will make a pretty beginning of my little project. これらは足し合わすと私のささやかな計画の立派なきっかけになるだろう.

tot up 他 **1**《口》…を合計する ・*Tot up* what I owe you, will you? 君からいくら借りているか合計してください.
― 自 **2** 総計…になる(*to*) ・I wondered how much it would *tot up to*. 総計いくらになるだろうかしらと思った.

total /tóʊṭəl/ ***total up*** 他 …を合計[総計]する ・We *totaled up* what we had spent. 私たちは費やした金額を総計した.

total up to 自 総計で…になる ・The costs *total up to* 35,000 yen. 費用は総計で3万5千円です.

tote /toʊt/ ***tote up*** 他《口》…を合計する(＝TOTAL up) ・The bar keeper *toted* the bill *up* and asked for an exorbitant sum. バーテンダーは勘定を合計して法外な金額を請求した ・When I *toted up* my rides for the last five days, I had ridden 75 miles. この5日間の走行距離を合計してみると75マイルになった.

touch /tʌtʃ/ ***touch at*** 自 (船が)…に寄港する;(旅行者が)…に立ち寄る ・The ship will *touch at* Japan. その船は日本に寄港する ・We *touched at* that place on account of its hot springs. 我々は温泉があるのでその地に立ち寄った.

touch down 自 **1**《航空》着陸する ・The new bomber *touched down* three hours later. 新型爆撃機は3時間後に着陸した.
― 他 **2**《ラグビー》タッチダウンする《敵方のゴール線内でボールを地につける》 ・The opposing side soon *touched* the ball *down* in our goal. 敵方はすぐ我々のゴール線内でボールを地につけた ・They had to *touch down* several times in self-defense. 彼らは自衛のために数回タッチダウンしなければならなかった.

touch a person for 《口》人から(金)をまんまと引き出す;《俗》人の(金)を盗む ・Well, old boy, I've just *touched* Reggy *for* another fifty quid. ねえ君,レジーからもう50ポンドまんまと巻き上げてやったよ.
2《俗》人に…を貸してもらう ・He *touched* her *for* $10. 彼は彼女に10ドル貸してもらった.

touch in 他 (絵などの細部)に加筆する,描き込む ・The front of the church on this drawing *was touched in* later. この絵の教会の正面はあとから描き加えられたものだ.

touch off 他 **1**(小事件が大事件などを)誘発する,引き起こす ・The arrest of the leaders *touched off* a riot. 指導者の逮捕が暴動を誘発した.
2(大砲など)を発射する;を爆破する ・A dispatch of the troops will *touch off* the magazine. 何中隊も派遣すれば弾薬庫は爆破されるだろう.
3《米》…を巧みに描写する ・He *touches off* the Londoners to the nines. 彼はロンドンっ子を全く巧みに描写している.
4(人)を打ち負かす ・I knew you would *touch* them *off*. 君なら彼らを打ち負かすだろうと思っていた.

touch on [*upon*] 自 **1**…に触れる,言及する ・The matter *was touched upon* in a general way at the conference. その問題はその会議で一般的に触れられた.
2…に近づく ・At length the time *touched upon* dinner. ついに夕食の時刻が近づいてきた ・He sometimes *touched on* the very verge of meanness. 彼は時としてほとんど卑劣に類するふるまいをした.
3…と関係がある ・Does your story *touch on* this case? 君の話はこの事件と関わりがあるのか.

touch over …に手を入れる ・Will you *touch over* this work of mine? 私のこの作品に手を入れてくれませんか.

touch to 自 …に近づく ・His political life was just *touching to* its close. 彼の政治生活はまさに終わりに近うきつつあった.

touch together …を触れ合わせる ・I merely *touched* the eggs *together* and they cracked. 卵を触れ合わせただけなのに割れてしまった.

touch up 他 **1**…に加筆して改良する[仕上げる,修正する,化粧直しをする] ・The Editor never *touched up* one single line of the contribution. 編集者はその投稿のほんの1行にも加筆しなかった ・She *touched up* her lipstick. 彼女は口紅を塗って化粧直しをした.
2《俗》(他人)の体にさわる ・The man has been *touching* me *up* on the train. あの男は電車でずっと私に痴漢行為をしていた.
3(馬など)を軽くむち打つ;(記憶)を呼び起こす ・She *touched up* the ponies, and brought them over the bridge at a great pace. 彼女は小馬を軽くむち打って大急ぎで橋を渡らせた.
4(人)を怒らせる ・You *touched* him *up* by mentioning the word. 君はその言葉を口に出して彼を怒らせてしまった.
5…を悪化させる ・The damp weather *touched up* his cough. じめじめした天候が彼のせきをこじらせた.
6《俗》(人)を口車に乗せて金を手に入れる ・I

touched him *up* for 100 bucks. 彼を口車に乗せて百ドル手に入れた.

tough /tʌf/ ***tough out*** 他 (ひるまずに)…に耐える ▪ They *toughed out* the winter in the South Pole. 彼らは南極での冬に耐えた.

toughen /tʌ́fən/ ***toughen up*** 自他 **1** 強健になる[する] ▪ He has *toughened up* a lot. 彼はだいぶ強健になった ▪ Mountain climbing will *toughen* the boy *up*. 山登りでその少年はたくましくなるだろう.
— 他 **2** (規則など)を厳しくする ▪ We are going to *toughen up* the rule. 規則を厳しくするつもりだ.

tout /taʊt/ ***tout about*** [***around***] 自他 《口》あちこちに売り込もうとする ▪ He is *touting* trinkets *about*. 彼は安物の装身具をあちこちに売り込もうとしている.
tout *A* ***as*** *B* 他 AをBとして大いに売り込む[宣伝する] ▪ Tokyo has to *be touted as* an ideal city to hold the Olympics. 東京をオリンピックの開催に理想的な都市だと売り込む必要がある.
tout for 他 《口》…を押し売りする, の客引きをする ▪ There were men outside the railway station *touting for* the hotels. 駅の外にはホテルの客引きをしている人々がいた.

tow /toʊ/ ***tow away*** (***from***) 他 …を牽引する, 引っ張っていく ▪ His car *was towed away* when parked here. 彼の車はここにとめていて引っ張って行かれた.

towel /táʊəl/ ***towel away at*** 他 …をタオルでせっせとふく ▪ He was *toweling away at* his two ears. 彼は両耳をタオルでせっせとふいていた.
towel down [***off***] 他 …をタオルでふく ▪ She *toweled* the children *down* after a bath. 彼女はふろの後で子供たちをタオルでふいてやった.

tower /táʊər/ ***tower above*** [***over***] 自 **1** …にそびえる ▪ The building *towers over* the city. そのビルは市街の上空にそびえている.
— 他 **2** …よりもはるかにすぐれている; よりはるかに多い ▪ Shakespeare *towered above* his fellows. シェイクスピアは彼の仲間の作家たちよりはるかにぬきんでていた ▪ Her voice *towered above* the whole confused noise of the orchestra. 彼女の声はオーケストラの混乱した騒音全体よりもはるかに高く聞こえた ▪ The basketball player *towers over* his teammates. そのバスケットボール選手はチームメイトの誰よりもずば抜けて背が高い.
tower up 自 そびえ立つ ▪ The church was *towering up* right before our eyes. その教会は我々の目前でそびえ立っていた.

toy /tɔɪ/ ***toy away*** 他 (時)を戯れて過ごす ▪ He *toys* his hours *away*. 彼は戯れて時を過ごす.
toy with **1** …をもてあそぶ ▪ She looked down, and *toyed with* her rings. 彼女はうつむいて指輪をもてあそんだ ▪ I *toyed with* the idea of buying a car. 私は車を買ってみようかなどと考えたりした.
2 …をちょっとだけ[ずつ]食べる[飲む] ▪ I had no appetite, and *toyed with* a glass of orange juice. 食欲がなかったのでオレンジジュースを少しだけ飲んだ.

3 …といちゃつく《比喩的にも》 ▪ He had in early life *toyed* a little *with* the muses. 彼は若いころ少し詩を作ってみたことがあった.

trace /treɪs/ ***trace back*** 自他 さかのぼる ▪ The rumor *was traced back* to a journalist. その噂のもとは新聞記者だった ▪ The earliest form cannot *trace back* earlier than the third century. 最も初期の形でも3世紀以前にさかのぼることはできない.
trace out 他 **1** (線を引いて)…を描く ▪ He *traced out* a plan of a district. 彼はある地域の図面を描いた.
2 …を画策する ▪ The policy *traced out* by him was never followed. 彼が画策した政策はついに実行されなかった.
3 …を確かめる, 調べる ▪ No one could *trace out* the motive for the unusual crime. 誰もその異常犯罪の動機を確かめることはできなかった.
trace over 自他 敷き写し[トレース]する ▪ I *traced over* the patterns. 私はその模様を敷き写しした.

track /træk/ ***track down*** [***out***] 他 …の跡を突きとめる, 追いつめる, 徹底的に探す ▪ We *tracked down* a bear. 我々はクマの跡を突きとめた.
track up **1** 《米》(床)をよごす ▪ Don't *track up* my new rug. うちの新しいじゅうたんをよごしちゃいけない.
— 自 **2** 北へ進む ▪ The typhoon *tracked up* the Pacific. その台風は太平洋を北上した.

trade /treɪd/ ***trade away*** 他 …を売り払う, 手放す ▪ I have *traded* the mare *away*. 私は雌馬を売り払ってしまった.
trade down 他 《米》…より安い物と交換する ▪ It is unwise to *trade* your car *down*. 君の車をより安い物と交換するのは賢明ではない.
trade *A* ***for*** *B* 他 AとBとを交換する ▪ The boy *traded* his knife *for* an old camera. 男の子はナイフを古カメラと交換した.
trade in **1** (ある品物)の取引をする ▪ I used to *trade in* salt. 私はもと塩の取引をしていた.
2 (売買してはならぬもの)を取引する, 商売にする ▪ These men *traded in* war. これらの人々は戦争を商売にしていた.
3 …を下取りしてもらう, 下取りに出す ▪ I *traded in* a 1990 car for a new model. 私は新型車を買うために1990年型の車を下取りしてもらった.
trade off 他 **1** (妥協の末に)…を交換する (*for*) ▪ The prisoners *were traded off*. 捕虜は交換された ▪ He *traded off* his old car for a new one. 彼は古い車を新しいのと取り替えた.
2 = TRADE away.
trade off *A* ***against*** *B* 他 AとBとを相殺(する, AをBで帳消しにする ▪ The wage increases *were traded off against* higher prices. 賃金の増加分は物価の上昇で相殺された.
trade on [***upon***] 他 …を利用する; につけ込む ▪ Tom *traded on* his younger brother's fair name. トムは弟の美名[名声]を利用した.
trade up 《米》(車などを下取りに出して)より高い

ものを買う ▪ My car's getting a bit old, so I'm thinking of *trading up* and getting a hybrid car. 車も少し古くなってきているのでより高いものでハイブリッド車を手に入れようかなと考えているんだ.

traffic /trǽfɪk/ ***traffic in*** 他 …を(不正に)売買する ▪ He *trafficked in* spices. 彼は香料を売買した.

trail /treɪl/ ***trail along*** 自 足を引きずって歩く; (ヘビなどが)這って行く ▪ We *trailed along*, at the rate of four miles an hour. 我々は1時間4マイルの速度で足を引きずって歩いて行った ▪ A huge slippery snake *trailed along*. ぬるぬるした巨大なヘビが這っていった.

trail away = TRAIL off.

trail behind [after] 自 …の後をついて行く[のろのろと進む] ▪ My husband always *trails behind* me. 主人はいつも私の後からついてくる.

trail in 自 《米口》入って行く[来る] ▪ Drop off and *trail in*. 向こうへ行って行け.

trail off 自 (声・音などが)次第に消える, 薄れる(*into*) ▪ Her voice *trailed off* in fear. 怖くなって彼女の声はだんだん小さくなった ▪ His words *trailed off into* silence. 彼の言葉が徐々に弱まり遂に聞きとれなくなった.

train /treɪn/ ***train down*** 自 (運動選手などが)鍛えて体重を軽くする ▪ A powerful man dwindles from *training down*. たくましい男も鍛えて体重を軽くすると小さくなってしまう.

train off 自 **1** (弾丸が)それる ▪ The shot *trained off*. 弾丸はそれた.

2 ぞろぞろと立ち去る ▪ The suitors *trained off* on finding that. 求婚者たちはそのことを知るとぞろぞろと立ち去った.

— 他 **3** 鍛練して(脂肪など)を取る ▪ *Train* some fat *off*, Dickie. 鍛練して脂肪を取れよ, ディッキー.

train on 自 **1** 鍛練して丈夫になる[上達する] ▪ Your essay shows you have *trained on* tenfold this term. 君の作文を読めば, 君が今学期に10倍も鍛練して上達したことがわかる.

— 他 **2** …を誘惑する ▪ He *was* insensibly *trained on* from one degree of wickedness to another. 彼は知らず知らずのうちに一つの悪事から他の悪事へと誘惑されていった.

train A on [upon] B 他 A(カメラ・銃・ライトなど)をBに向ける ▪ All the searchlights *were trained on* the criminal. サーチライトのすべてがその犯人に向けられた.

train up 他 …を養成[教育]する ▪ *Train up* a child in this way. 子供をこのように育てなさい.

train with …とつき合う ▪ I don't *train with* lawyers. 私は弁護士とつき合わない.

traipse /treɪps/ ***traipse around [round]*** 自 他 《口》重い足取りで歩き回る ▪ They *traipsed around* the town for hours. 彼らは何時間も重い足取りで町を歩き回った.

tramp /trǽmp/ ***tramp down*** 他 …を踏みつぶす ▪ He *tramped down* the head of the snake. 彼はヘビの頭を踏みつぶした.

tramp on [upon] 他 …を踏みつける ▪ *Tramp on* a snail and she'll shoot out her horns. カタツムリを踏みつけると角を出す.

tramp over …をずしずしと歩く ▪ He *tramped over* the green in hobnailed boots. 彼は鋲くぎを打った靴をはいて芝生をずしずしと歩いた.

trample /trǽmpəl/ ***trample down*** 他 …を踏みにじる ▪ They *trampled down* the dying man. 彼らは死にかけている男を踏みにじった ▪ The party had *been* vanquished and *trampled down*. その党はやぶれて踏みにじられた.

trample on [upon, over] **1** …を踏みつける ▪ The Scotch lass *tramples upon* the linen in a tub. スコットランドの娘ははけの中でリンネルを踏みつける.

2 …を踏みつけにする, 踏みにじる ▪ They *trample over* your faces magnificently. 彼らはあなた方の名誉を大いに踏みにじっているのです.

trample out 他 **1** …を踏みつけて(火を)消す ▪ He *trampled* the butt *out*. 彼は踏みつけて吸いさしのタバコの火を消した.

2 …を踏みつけて(道を)つくる ▪ Generations of people have *trampled out* a narrow path. 幾世代もの人々が踏みつけけて小道ができている.

3 (ブドウなど)を踏みつけて絞る ▪ We *trample out* the grapes for wine. ワインをつくるためにブドウを踏みつけて絞る.

transfer /trænsfə́ːr/ ***transfer A to B*** 他 **1** A(人)をBへ転勤[転校]させる ▪ I *was transferred* from the Planning Department *to* the Personnel Department. 企画課から人事課に転属になった.

2 AをBへ移動させる ▪ We *were transferred* to the hotel by bus. バスでホテルまで送ってもらった ▪ Wait until the pie cools before *transferring* it *to* a plate. パイは冷めるまで待ってから皿に移しなさい.

transform /trænsfɔ́ːrm/ ***transform down [up]*** 他 《電》(電流の)電圧を落とす[上げる] ▪ Such a dynamo can *transform* currents *up* or *down*. そのような発電機は電流の電圧を上げ下げすることができる.

transform A into B AをBに変形させる ▪ A caterpillar *is transformed into* a butterfly. イモムシは変態してチョウになる.

translate /trǽnzleɪt/træːnslét/ ***translate A from B*** AをBから翻訳する ▪ This novel *was translated from* the French. この小説はフランス語の原典から翻訳された.

translate into 自 (結果として)…に変わる ▪ The idea *translated into* an action. その考えは実行された.

translate A into B **1** AをBに書き変える[翻訳する] ▪ I *translated* an English book *into* French. 英語の本をフランス語に翻訳した.

2 AをBの形式で表す ▪ He *translates* the nature of Norway *into* music. 彼はノルウェーの自然を音楽で表している.

transliterate /trænzlítərèɪt/ ***transliterate***

A *into* *B* 他 A(語)をB(他言語文字)に書き直す[字訳する] ▪ The Greek φ *is transliterated into* English as "ph". ギリシャ語のφは英語ではphとして字訳される.

transport /trænspɔ́ːrt/ ***transport** A **to** B* 他 AをB(別の時代・場所)へいざなう, 送り込む ▪ The movie *transported* me *back to* the 1960s. その映画は私を1960年代に引き戻した.

trap /træp/ ***trap** a person **into*** 他 人をわなにかけて...させる ▪ He *trapped* me *into* giving away vital information. 彼は私をわなにかけて重大な情報を吐かせた.

travel /trǽvəl/ ***travel for*** 自 (会社)のセールスマンである ▪ He *travels for* a London publisher. 彼はロンドンの出版社のセールスマンだ.

travel in 自 ...を販売して歩いている ▪ He *travels in* ladies' undies. 彼は婦人用下着を販売して歩いている.

travel over (視線・記憶などが)一つ一つ見る[考える] ▪ His thoughts *traveled over* the topics. 彼はそれらの話題を一つ一つ考えていた.

travel with 自 ...とつき合う ▪ He *traveled with* most of them. 彼は彼らの大半とつき合った.

trawl /trɔːl/ ***trawl through*** 他 ...の中を(情報などを求めて)探す ▪ He *trawled through* the files for the merger of the three companies. 彼は3社の合併の件でファイルを探した.

tread /tred/ ***tread down*** 他 **1** ...を踏みつぶす[にじる] ▪ All the grass *was trodden down* by many little feet. 芝生が多くの子供たちにすっかり踏みにじられていた.

2 (感情などを)抑えつける; (人)をしいたげる ▪ In his early days the masses *were* a good deal *trodden down*. 彼の若いころには庶民階級はひどくしいたげられていた.

3 ...を踏み固める ▪ The soil around the plants *was* well *trodden down*. 苗木の周りの土はしっかり踏み固められていた.

— 自 **4** 踏みにじられる ▪ The spot will not *tread down*. その場所は踏みにじられはしないだろう.

tread in 他 地中へ踏み込む ▪ Trample with your feet, and *tread* it *in*. 足で踏みにじって地中へ踏み込みなさい.

tread off 他 ...を踏んでちぎる ▪ *Are* your toes *trodden off*? 足の指を踏みちぎられたのか.

tread on [upon] 自 ...を踏みつける, 踏みにじる 《比喩的にも》 ▪ He *trod on* a snake unseen. 彼は見えないヘビを踏みつけた ▪ Each person rises to admiration by *treading on* mankind. どの人間も人を踏みつけて人に賞賛される地位にのぼる.

tread out 他 **1** (火などを)踏み消す《比喩的にも》 ▪ *Tread out* the snuff to prevent a stink. 臭みを防ぐためにろうそくを踏み消しなさい ▪ The flame of civil war *was trodden out* before it had time to spread. 内乱の炎は広がる暇がないうちに踏み消された.

2 (穀類)を踏んで脱穀する ▪ In some places they like to *tread* corn *out* with oxen. ある場所では穀類を牛に踏ませて脱穀することにしている.

3 (ブドウ汁など)を踏んでしぼる ▪ They *tread out* grapes or olives to express juice or oil. ブドウやオリーブを踏んで果汁やオイルをしぼり出す.

4 (道)をたどる ▪ He *trod out* the track with great pains. 彼は大いに骨を折って道をたどった.

5 = TRAMPLE out 2.

tread up 他 (ヤマウズラ)を踏み寄って飛び立たせる ▪ I *trod up* the whole covey. 私は踏み寄ってヤマウズラの群を全部飛び立たせた.

treasure /tréʒər/ ***treasure up*** 他 **1** ...をたくわえる ▪ The cheese *was* carefully *treasured up* in a locker. そのチーズは注意深く食器だなの中にたくわえられていた.

2 ...を(心に)大切に保存する ▪ I'll *treasure up* your words. お言葉をいつまでも心にとどめておきます.

treat /triːt/ ***treat** A **as** B* 他 **1** AをBとみなす ▪ He *treated* my complaint *as* a joke. 彼は私の苦情を冗談とみなした ▪ Slow cars *are* usually *treated as* obstacles to be overtaken. 遅い車は(交通の)障害物とみなされ追い越されるのが普通だ.

2 AをBのように扱う ▪ Don't *treat* me *as* a child. 私を子供扱いしないでください.

treat for 自 交渉して...を得ようとする ▪ They are *treating for* a settlement. 彼らは交渉して決着をつけようとしている.

treat** a person **for 他 人(の病気など)を手当する ▪ We *treated* the woman *for* her illness. 我々はその女性の病気の手当をした.

treat of 自 ...を論じる, 取り扱う ▪ The book *treats of* the progress of science. その本は科学の発達を論じている.

treat** a person **to 他 人を(飲食・娯楽など)でもてなす, 楽しませる《比喩的, まれに反語的にも》 ▪ I *treated* her *to* the fiddles twice. 私は2回彼女をバイオリンで楽しませてやった ▪ He *treated* us *to* the most opprobrious language. 彼は私たちにすごく口ぎたない言葉を浴びせかけた.

treat with 自 ...と交渉する ▪ We *treated with* the enemy for peace. 我々は敵と平和交渉をした.

tremble /trémbəl/ ***tremble at*** 自 ...で身震いする[ぞっとする] ▪ She *trembles at* his frown. 彼女は彼のしかめっつらを見るとぞっとする.

tremble for 自 **1** ...のために身震いする ▪ He *trembled for* fear. 彼は怖さで身震いした.

2 ...のために気をもむ ▪ She *trembled for* her son's safety. 彼女は息子の安否を気づかった.

tremble out 他 ...を震え声で言う ▪ He *trembled out* prayers. 彼は震え声で祈りを唱えた.

tremble with 自 (怒り・興奮などの)ために震える ▪ His voice *trembled with* anger. 彼の声は怒りで震えた.

trench /trentʃ/ ***trench on [upon]*** 他 **1** (他の領域)を侵す, 侵害する ▪ This scheme may seem to *trench on* the liberty of individuals. この計画は個人の自由を侵すものと思われるかもしれない.

2 (思想・言葉・行為などが)...に接近する, すれすれである

・The opinions of this school *trench* most closely *on* orthodoxy. この派の意見は正系に最も接近している.

trend /trend/ ***trend toward*** 圁 …の方へ傾く
・That country is now *trending toward* socialism. あの国は現在社会主義に傾いている.

trespass /tréspəs/ ***trespass against*** 圁 …に違反する ・He wouldn't *trespass against* the law and canons. 彼は法律や法規にがんとして違反したりはしなかった.

trespass on [upon] 圁 《文》 **1**《法》(土地・権利など)を侵害する ・If A's cattle *trespass on* B's land, B may impound them. Aの牛がBの土地を侵害した場合, BはAを自分のおりに入れることができる.
— 圑 **2** (人の時間・忍耐・領域など)を侵す, じゃまする, につけこむ, 甘える ・I am afraid that I have *trespassed* a little *upon* the patience of the reader. 私は少し読者の忍耐をよいことにしすぎたのではないかと思う ・I was *trespassing on* his hospitality. 私は彼の歓待に甘えていた.

trick /trɪk/ ***trick a person into*** 圑 人をだまして …させる ・He *tricked* them *into* approval of a war with Holland. 彼は彼らをだましてオランダとの戦争を是認させた.

trick out [off, up] 圑 …を着飾らせる, 飾りたてる ・I must *trick out* my dwellings with something fantastic. 私は何か風変わりなもので住まいを飾りたてねばならない ・She was *tricked off* for the occasion. 彼女はその折に備えて着飾っていた.

trick A out of B 圑 A(人)をだましてB(金など)を奪い取る ・He *tricked* me *out of* my savings. 彼は私の預金をだまし取った ・He was *tricked out of* his life by Jimmy. 彼はジミーにだまされて生命を奪われた.

trick with 圑 …にいたずらをする; をもてあそぶ ・A young man was *tricking with* girls on the platform. 一人の若者がプラットホームで少女たちにいたずらをしていた ・Don't *trick with* love. 恋をもてあそんではいけない.

trickle /tríkəl/ ***trickle away*** 圁 少しずつ流れ出る; ぽつぽつ去る ・The crowd began to *trickle away*. 群衆はぽつぽつ去って行きはじめた.

trickle down 圁 **1** 滴り落ちる ・Tears *trickled down* her cheeks. 彼女の頬を涙が伝って落ちた.
2 (お金が)上[富裕層など]から下[貧困層など]に流れる[移動する] ・The idea is that more money will *trickle down* to the poorer. それはもっと多くのお金が比較的貧しい人たちに流れていくようにという考え方です.

trickle in [out] 圁 少しずつ流れ込む[出る]; ぽつぽつ入る[出る] ・Letters *trickled in* to the office. 事務所に手紙がぽつぽつ寄せられた ・The children *trickled out* of the classroom. 子供らが教室からぽつぽつ出てきた.

trickle up 圁 (お金が)下[貧困層など]から上[富裕層など]に流れる[移動する] ・Economy does better when money *trickles up* from consumers to manufacturers. お金が消費者からメーカーに流れると経済は上向く.

trifle /tráɪfəl/ ***trifle away*** 圑 (時・金など)を浪費する, むだに費やす ・They *trifle away* the day. 彼らは無為に日を過ごしている ・He *trifles away* paper with needless repetitions. 彼はいたずらに何度も紙をむだ使いする.

trifle with 圑 **1** …を軽んじる, もてあそぶ ・I let him see that I was not to *be trifled with*. 私を軽んじるべきでないことを彼に思い知らせてやった ・He shall not *trifle with* your affections. あの男にあなたの愛情をもてあそばせはしませんよ.
2 (物)をいじくる ・He *trifled* quite ferociously *with* his knife. 彼は全く猛々しくナイフをいじくっていた.

trig¹ /trɪg/ ***trig up*** 圑 …につっかいをする ・He *trigged up* the leaning tree with a stout pole. 彼はその傾いている木に頑丈なつっかい棒をした.

trig² /trɪg/ ***trig out [up]*** 圑 《英口》…を着飾らせる, 飾りたてる ・I was *trigged out* as I should be. 私は申し分なく着飾っていた.

trigger /tríɡər/ ***trigger off*** 圑 (事件など)を起こす ・Who *triggered off* the rebellion? 誰がその暴動を起こしたのか.

trim /trɪm/ ***trim down*** 圑 **1** …を減らす, 細らす ・The department *trimmed down* its expenditure. その部門は経費を削減した.
— 圁 **2** (大きさが)小さくなる, 減量する ・The doctor advised him to *trim down*. 医師は彼に減量するようにと言った.

trim A from B 圑 B(予算など)からA(経費)を切り詰める ・The committee *trimmed* $15,000 *from* its advertising budget. 委員会は広告予算から15,000 ドルを削減した.

trim in 圑 (木工で)…をはめ込みにする ・He *trimmed in* a piece between the two planks. 彼は2枚の厚板の間に一片をはめ込みにした.

trim off …を切って整える, 削る ・How much should I *trim off* your hair? (髪を)どのくらい切って整えましょうか ・They decided to *trim* $15,000 *off* the budget. 彼らは予算から15,000 ドル削ることに決めた.

trip /trɪp/ ***trip on*** 圁 **1** つまずく, つまずいて倒れる ・The old man *tripped on* the threshold. その老人は敷居につまずいて倒れた.
2 《俗》= TRIP out 1.

trip out 圁 **1** (LSD などで)幻覚を経験する ・I have once *tripped out*. 僕は幻覚を経験したことが一度ある.
2 (電気器具などが)作動しなくなる ・All the air conditioners of this building have *tripped out*. このビルのエアコンすべてが作動しなくなった.
— 圑 **3** 《米口》(人)を笑わせる; (人)を驚かす ・The scene of the movie *trips* us *out*. 映画のそのシーンには笑わせられる[びっくりさせられる].

trip over 圁 **1** …につまずく ・I *tripped over* my sword, and nearly fell on my nose. 私は自分の剣

につまずいて，うつぶせに倒れるところだった．
2（言葉）を言いそこなう，言いよどむ ▪ I always *trip over* these foreign names. これらの外国の人名はいつも言いそこなう．

trip up 📘 **1** ころぶ，つまずく ▪ She *tripped up* and fell. 彼女はつまずいてころんだ．
— 他 **2**（足を引っぱって）…をころばす ▪ The wrestler *tripped up* his opponent. レスラーは相手の足を取って倒した．
3 …のあげ足を取る，落ち度を拾う ▪ It is impossible to *trip* him *up*. 彼のあげ足を取ることなどできない．

triumph /tráɪəmf/ ***triumph over*** 他 …に勝利を得る ▪ Our team *triumphs over* all the others. 他のどのチームも我がチームにはかなわない．

troll /troul|trɔl/ ***troll for*** 自《口》（ウェブ上などで楽しく）見て回る ▪ I spent the evening *trolling for* shopping sites on the Internet. インターネットのショッピングサイトを見て夜を過ごした．

troll forth [out] 他 …を陽気に歌う ▪ He could *troll forth* a gay song. 彼は陽気に歌うことができた．

troop /tru:p/ ***troop back [by, forward]*** 自 列をなして戻ってくる［通り過ぎる，前進する］（比喩的にも）▪ They *trooped back* through thirteen cars to their own sleeping car. 彼らは13車両を通って自分たちの寝台車へ列をなして戻った ▪ The spring months *trooped by*. 春の月が早々と過ぎ去った ▪ One witness after another *trooped forward* to give evidence. 証人が次々と前へ出て証言した．

troop in [out] 自 群がり入る［出る］▪ All the children *trooped in* at once. 子供たちはみな群がっていっせいに入って来た ▪ We *trooped out* of the church. 我々はぞろぞろと教会から出た．

troop off [away] 自《口》立ち去る，出かける ▪ It was time to *troop off* to an eating house. もう飲食店へ出かけていくころだった ▪ The people all *trooped away* in different directions. 人々はみなばらばらの方向へぞろぞろと散っていった．

troop together [up] 自 群がり集まる ▪ These wild cows *troop together* in the woods by the thousand. これらの野牛は幾千頭も森の中に群がり集まる ▪ Many lads *trooped up* to catch a glimpse of the Hollywood superstar. ハリウッドのスーパースターを一目見ようと多くの若者が群がり集まった．

troop with 自 …とつき合う ▪ He would *troop with* the accusing throng. 彼は非難する群衆とつき合おうとするのだった．

trot /trɑt|trɔt/ ***trot after*** 自他（人，特に異性）を追い回す ▪ All the boys are *trotting after* Mary. 男の子はみんなメアリーのしりを追い回している．

trot along 自 小走りに行く ▪ The boy *trotted along* after his mother. 男の子は母親のあとから小走りについて行った．

trot away [off] 自《口》さっさと立ち去る ▪ He finished work and *trotted away* to the gym. 彼は仕事を終えるといそいそとジムへ向かった ▪ Well, I must be *trotting off* home. さあ，もう家へ帰らねばなりません．

trot out 他 **1**（いつもの話など）を持ち出してしゃべる［繰り返す］▪ He *trotted out* the same old excuse. 彼は相変わらずの言い訳を繰り返した．
2（馬）を引き出して足並みを見せびらかす ▪ The horse *was trotted out*, admired, and purchased. 馬は引き出されて足並みを見せびらかされ，賞賛され，買われた．
3《口》（人・意見など）を出して見せる，見せびらかす ▪ His guest *was trotted out* before all the rest of the company. 彼が招待した客人は一座の他の人々に披露された ▪ She began to *trot out* scraps of French. 彼女はフランス語を少しばかり見せびらかし始めた．
4（人）を笑いぐさにする ▪ He *trotted out* his neighbor to his heart's content. 彼は思う存分隣人を笑いぐさにした．
5《俗》（女性）を（恋人として）連れて歩く ▪ I've *trotted* 'em *out*, all sorts of girls. 僕はみんなを連れて歩いてみましたよ，あらゆる種類の女の子をね．
6（月並みな文句）を吐く ▪ He *trotted out* the old adage. 彼は古い金言を吐いた．
— 自 **7** ちょっと出てくる ▪ I will just *trot out* for a breath of air. 外の空気を吸いにちょっと出てくるよ．

trot a person round 《俗》人を案内して回る ▪ Perhaps you'll *trot* us *round* the works. たぶん工場を案内して回ってくださるでしょう．

trouble /trʌbəl/ ***trouble a person for*** 他 人に…を取る手数をかける ▪ May I *trouble* you *for* the salt? お手数ですが塩を取っていただけませんか．

trouble a person with 他 人に…で［する］手数をかける ▪ Let me *trouble* you *with* one more question. ご迷惑ですが，もう一つ質問させてください ▪ May I *trouble* you *to* pass the mustard? 恐れ入りますが，からしをお回しくださいませんか．

truck /trʌk/ ***truck away*** 他 物々交換で…を処分する ▪ They *trucked away* their precious souls for it. 彼らはそれと引き換えに大事な魂を失った．

truck A with a person for B 他 Aを人のBと交換する ▪ I have *trucked* turnips *with* him *for* apples. 私はカブを彼のリンゴと交換した．

truck with a person for a thing 他 人と物を交易する ▪ They *truck with* the Russians *for* Chinese tobacco. 彼らはロシア人と中国産のタバコを交易する．

truckle /trʌkəl/ ***truckle (down) to a person*** 自《文》人に屈従する，ぺこぺこする ▪ He was too proud to *truckle to* a superior. 彼は高慢なので目上の者にぺこぺこしなかった．

truckle for …を得ようとぺこぺこする ▪ Doubtful people of all sorts *truckled for* his notice. あらゆる種類の怪しげな人々が彼に認められようとしてぺこぺこした．

true /tru:/ ***true up*** 他 …を正しく調整する ▪ He *trued up* the wheel. 彼は舵（だ）輪を正しく調整した．

trump /trʌmp/ ***trump up*** 他（話など）をねつ造する，でっち上げる ▪ You have *trumped up* a cock-and-bull story. 君はでたらめな話をねつ造したのだ

- She *trumped up* an excuse. 彼女は言い訳をでっち上げた.

trundle /trǽndəl/ ***trundle out*** 他《英》以前述べたこと[したこと]を述べる[する] • He always *trundles out* the same old clichés. 彼はいつも同じ古くさい決まり文句を言う.

truss /trʌs/ ***truss up*** 他《英》**1** ...を縛り上げる • The man lay *trussed up* on the floor. 男は手足を縛り上げられて床に転がっていた.
2 手羽[脚]を胴体にくくりつける • There was a turkey *trussed up* ready for Christmas in the kitchen. 台所にクリスマス用に手羽を胴体にくくった七面鳥が1羽置かれていた.

trust /trʌst/ ***trust for*** 他 **1** ...を望んでいる • We *trust for* a continuance of your valued business. あなたが大切になさっている事業が続けられることを願っています.
2（人に）...をつけにする • I cannot *trust* him even *for* a meal. あの男には1回の食事代だってつけにしてやれない.

trust a person for 他 安心して人に...させられる • I loaned him a lot of money. I can *trust* him *for* it. 彼に大金を貸したのは彼には安心して貸せるからだ.

trust in 自 ...を信じる • He *trusted in* divine favor. 彼は神の恵みを信じた.

trust to 自《文》...に頼る[信頼する] • I'll *trust to* you for the performance of the task. 君を信頼してその仕事を任せよう.

trust A to B 他 AをBに任せる • He *trusted* the event *to* fortune. 彼は事の成り行きを運に任せた.

trust A with B 他 **1**（保全のために）AをBに預ける • She *trusted* her soul *with* God. 彼女は魂を神に預けた.
2 AにBを託す,AにB（秘密など）を明かす • English can *be trusted with* the hopes of the world. 英語には世界の希望を託すことができる • She *trusted* him *with* some of the secrets of her life. 彼女は生活の秘密をいくらか彼に明かした.

try /traɪ/ ***try after*** 他 ...を得ようとする • He *tried after* the post of secretary. 彼は秘書のポストを得ようとした.

try at 他 ...をやってみる,仕遂げようと努める • She *tried at* conquering her confusion. 彼女は狼狽を押さえようとした.

try back 自他 **1**（...に）電話を後でかけ直す • I *tried back* to him later. 後で彼に電話をかけ直した • If I'm not around when you call, *try* me *back* tonight. 電話をくれて私が留守だったら今夜かけ直してください.
— 自 **2**（後へ戻って）もう一度やって[通って]みる • At college, I was obliged to *try back* in mathematics. 大学では私は数学をもう一度やってみなければならなかった • They *tried back* slowly, and found the lane. 彼らはゆっくりと後戻りして,その小道を見いだした.
— 他 **3**《海》（綱など）をゆるめて出す • They *tried* the rope *back* into the sea from the boat. 彼らは船からロープをゆるめて海に投げ出した.

try for 他 **1** ...を得ようとする;（場所）に達しようとする • He *tried for* the first prize. 彼は1等賞を得ようとした • We *tried for* soundings. 我々は測鉛の達する所に達しようとした.
2 ...を志願する • He *tried for* the post. 彼はそのポストに志願した.

try on 他 **1**（服）を着てみる • I went to the tailor's to *try on* my new suit. 私は洋装店へ行って新調の服を試着した.
2《英》...で(...を)かつごうとする (*with*) • He *tried on* that old trick *with* me. 彼はいつものぺてんで私をかつごうとした.

try out 他 **1** ...を試してみる (*on*) • He *tried out* the material in the classroom. 彼はその教材を教室で使用してみた • Be sure to *try out* a new car before buying it. 新車を買う前には必ず試乗してみなさい • Have you *tried out* that trick *on* your wife? 例のぺてんを奥さんに試してみたかい.
2（鯨油・蜜蝋（みつろう）など）を加熱して取る • A dead whale *was tried out* by some speculating fisherman. ある目論見を持った漁師が死んだクジラを加熱して油を取った.
— 自 **3**（競技などに）出場する,トライアウトに参加する,劇の役に応募する (*for*) • He *tried out for* the basketball team. 彼はバスケットボールのチームの一員として出た • I've decided to *try out for* the leading role. 主役のオーディションに応募することにした.

try over 他（演技などを）おさらい[予行]してみる • I should like to *try* it *over* first. まずおさらいしてみたいのだ.

try up 他（木工で木材）を平らに仕上げる • His work *was tried up*. 彼の板材は平らに仕上げられた.

tuck /tʌk/ ***tuck away*** 自他 **1**《口》たらふく食べる[飲む] • Let's *tuck away* some of that grub. その食べ物を平らげてみよう • There was Tom *tucking away* in the coffee room. コーヒー店ではトムがたらふく飲んでいた.
— 他 **2** ...をしまい込む,隠す • His bitterest remarks *were tucked away* in footnotes. 彼の最も痛烈な言葉は脚注に収められていた • I *tucked* the letters *away* where nobody would find them. 誰にも見つからない場所にそれらの手紙をしまいこんだ.

tuck in 他 **1**（垂れ下がった端など）を押し[巻き]込む • *Tuck* your shirt *in*. ワイシャツのすそを中へ入れなさい.
2（夜具などに人）をくるむ • The nurse *tucked* him *in* warm. うばは暖かく彼をくるんでやった.
3（腹・あごなど）を引っこめる • *Tuck* your stomach *in*. 腹を引っこめろ.
— 自 **4**《英口》たらふく食べる • He is always found at odd hours *tucking in*. 彼はいつも中途半端な時間にたらふく食べている.

tuck into 他 **1**《英口》（飲食物）をたらふく食べる • Let him *tuck into* something fat. 彼に何か脂っこいものをたらふく食べさせてやりなさい.

2 ...を押し[はさみ, まき]込む ▪ The boy *tucked* his shirt *into* his shorts. その男の子はシャツを半ズボンに押し込んだ.

3 = TUCK in 2.

4 = TUCK in 4.

tuck A *into* B AをBに押し込む;《俗》A(飲食物)をBに詰め込む ▪ He *tucked* his handkerchief *into* his pocket. 彼はハンカチをポケットに押し込んだ. ▪ He was *tucking* all that *into* his stomach. 彼はそれを全部胃の中に詰め込んでいた.

tuck on 他《俗》(高値)を吹っかける ▪ Well, they did *tuck* it *on*. そりゃ, 吹っかけたのさ.

tuck up 他 **1** (夜具などで人)をくるむ ▪ The nurse *tucked* me *up* under a blanket. うばは毛布をかけて私をくるんでくれた.

2 ...を折り曲げる; (衣服など)をからげる, まくし上げる ▪ Priests sat with their legs *tucked up*. 僧たちは足を折り曲げてあぐらをかいていた ▪ He *tucked up* his sleeves. 彼はそでをまくし上げた.

3 (夜具など)を巻き込む ▪ The bed-clothes *were tucked up* tight about him. 夜具は彼の回りにきっちりと巻き込まれた.

4《俗》(罪人)を絞首刑にする ▪ I wish to see him *tucked up* to a gibbet. あの男が絞首台につるし上げられるのを見たいものだ.

5《俗》(飲食物)を平らげる ▪ We will *tuck up* a bottle or two of claret. クラレット(赤ワイン)を1, 2本空けちゃおう.

tug /tʌg/ ***tug at*** 自 **1** ...をぐいと引く ▪ Jimmy *tugged at* the rope once as a signal to pull him up. ジミーは引き上げてもらう合図にロープを一度強く引いた.

2 (胸など)をぐいぐい締めつける ▪ Many recollections *tugged at* his heart. かずかずの思い出が彼の胸をぐいぐい締めつけた.

tug on 他 (服)を急いで着る ▪ My husband *tugged on* my apron. 夫は私のエプロンをさっとはおった.

tumble /tʌmbəl/ ***tumble down*** 自 **1** ころげ落ちる ▪ Fragments of rock *tumbled down* into the stream. 岩のかけらが流れにころげ落ちた.

2 ...をころぶように駆け降りる ▪ He *tumbled down* the stairs. 彼は階段をころぶように駆け降りた.

3 ころぶ ▪ The mule of the peasant *tumbled down*. 農夫のラバがころんだ.

4 (建物が)くずれ落ちる ▪ There are a great number of houses, half *tumbled down*. 半くずれになった家がたくさんある.

5 失敗する (*on*) ▪ Why did you *tumble down on* that test? 君はあのテストでなぜ失敗したのか.

6 (組織などが)崩壊する ▪ The coalition government *tumbled down* in two months. 連立政権が2か月で崩壊した.

— 他 **7** (建物)を崩壊させる ▪ They *tumble down* an old building of bricks. 彼らはれんが造りの古いビルを崩壊させた.

tumble for 他 **1** ...にほれ込む ▪ I *tumbled for* Sally at first sight. ひと目でサリーにほれ込んでしまった.

2 (うまい話など)にひっかかる ▪ Don't *tumble for* his clever plan. 彼のうまい計画に乗せられてはいけない.

tumble in 自 **1**《俗》(寝床)にもぐり込む ▪ He *tumbled in* bed and was snoring like a horse in two minutes. 彼は寝床にもぐり込み2分もすると大いびきをかいていた.

2 (鉱脈が)内側に傾斜する《比喩的にも》 ▪ The old man's mouth *is tumbled in*. 老人の口は内側にしぼんでいる.

tumble into 他 **1** ...にころがり込む; にふと陥る ▪ She *tumbled into* bed and was soon fast asleep. 彼女はベッドにころがり込みやがてぐっすり寝入った ▪ They had *tumbled into* a great war. 彼らは大戦争に引き込まれていた.

— 自 **2** ...を大急ぎで身に着ける ▪ Hastily *tumbling into* my clothes, I rushed downstairs. 大急ぎで服を着て階下へ駆け降りた.

tumble off 自 **1** ...からころがり落ちる ▪ He *tumbled off* his horse. 彼は馬からころがり落ちた.

2 = TUMBLE over 1.

tumble on [***upon***] ...にふと出会う ▪ I *tumbled on* Adrian there. そこでひょっこりエイドリアンに出くわした.

tumble out 他 **1** ...を投げ散らかす ▪ He *tumbled out* the old boxes. 彼は古箱を投げ散らかした.

— 自 **2** ころがり出る ▪ He *tumbled out* of bed. 彼はベッドからころがり出た.

3 けんかをする ▪ The boys *tumbled out* over the matter. 少年たちはそのことでけんかをした.

tumble over 自 **1** ころぶ, 倒れる ▪ The stroke made him *tumble over*. その一撃で彼は倒れた.

2 ...につまずいてころぶ ▪ He *tumbled over* a chair and fell down. 彼はいすにつまずいて転倒した.

— 他 **3** ...をころばす, ひっくり返す; (馬が乗り手)を振り落とす ▪ I *tumbled over* a chair on the floor. いすを床の上に倒した ▪ *Tumbling* it *over* and *over* in his mind, he lost all patience. 何度もそれを考えているうちに彼にはもう辛抱ができなくなった.

tumble to 他《口》 **1** ...にはっと気がつく ▪ I didn't *tumble to* this for a long time. 長いことこれに気づくことができなかった.

— 自 **2**《英》...に同意する, を好む ▪ He *tumbled to* the idea at last. 彼はとうとうその考えに同意した.

tumble up 自 **1** ...をごたごたにまぜる ▪ The drunkards *were tumbled up* like so many sacks of bran. 酔っ払いたちは(同じ数の)ぬか袋のように折り重なって放りこまれた.

— 他 **2** ...をころぶように駆け上がる ▪ He *tumbled up* the stairs. 彼は階段をあたふたと駆け上がった.

3 起き上がる ▪ The cat *tumbled up* almost the moment it was thrown down. 猫は投げ出されるとほとんど同時に起き上がった.

4[命令文で] 急げ ▪ Come along, now, *tumble up*! さあ来なさい, 急ぐんだ.

tune /tju:n, tʃu:n/ ***tune in*** 自他 **1** (テレビ・ラジオ

(の番組などに)チャンネル[周波数]を合わせる (*on*, *to*) ▪ I *tune in to* the BBC for news every morning. 毎朝ニュースを聞くために BBC にチャンネルを合わせる ▪ It was a little difficult to *tune in* the radio ラジオの周波数を合わせづらかった ▪ He *tuned in to* [*on*] the frequency of a transmitting station. 彼は放送局の周波数にダイヤルを合わせた.

2(他人の気持ち・考えなどが[を])わかる[わからせる], 同調する[させる] (*to*) ▪ He has the knack of *tuning in to* people. 彼は他人と同調するこつを心得ている ▪ The speaker knew that the audience *were tuned in to* what he was saying. 講演者は聴衆が自分の言っていることに同調していることがわかった.

— 自 **3**(会話に)口をさしはさむ ▪ An old lady *tuned in.* 一人の老婦人が口をさしはさんだ.

tune into 他 **1**(チャンネル・ダイヤル)を合わせる ▪ The television *was tuned into* a non-stop movie channel. テレビは24時間映画チャンネルに合わされていた.

2(人)に(感情・考えなどを)分からせる ▪ Her letter *tuned* me *into* her sadness. 彼女の手紙は私に彼女の悲しみを分からせた.

tune off 自 **1**(テレビ・ラジオなどを)途中で切る ▪ Some listeners may *tune off* in the middle of the program. 中には番組の途中で切る聴取者がいるかもしれない.

2 調子が悪くなる ▪ This prevents the machine from *tuning off*. これがその機械の調子が悪くなるのを防ぐ.

tune out 他 **1**(テレビ・ラジオなどのチャンネル)を変える, (無線で)…の同期をずらして切る ▪ I *tuned out* that channel when they started talking dirty. 出演者たちがいやらしい話を始めたのでそのチャンネルを変えた ▪ The operator *tuned out* the station. 通信士はその局の同期をずらして切った.

2 …にそっぽを向く, 知らん顔をする ▪ He *tuned* me *out* every time I talked to him. こっちがいくら声をかけても彼はいつも知らんぷりをした.

— 自 **3**《口》興味を示さない, 耳を貸さない ▪ All the students *tuned out* five minutes after the speaker began to talk. 講演者が話し始めて5分もたつとすべての学生は関心を示さなくなった.

tune ... to 他(ラジオ)を…に調整する ▪ I *tuned* my set *to* the wave-length. その周波数にラジオを調整した.

tune up 他 **1**(機械・競争用ボートなど)を最も調子よくする, (エンジン)を整備する ▪ The art of *tuning up* a car is understood by very few amateurs. 車を最も調子よくするすべを知っているしろうとはきわめて少ない.

2(歌などで声)を上げる ▪ Let us *tune* our voices *up* with theirs. 声を上げて彼らの声とそろえよう.

— 自 **3**(楽器の)調子を合わせる ▪ He *tuned up* his violin. 彼はバイオリンを調弦した ▪ The band began to *tune up*. 楽団は楽器の調子を合わせ始めた.

— 自 **4** 歌いだす; 《戯》(子供が)泣きだす; (猟犬が)ほえだす ▪ The robins and spring birds begin to *tune up*. コマドリや春の鳥はさえずり始める ▪ One small child started to *tune up* and others followed suit. 一人の幼児が泣き出したら他のそれに続いた.

5《米》(運動競技の)練習をする ▪ I *tuned up* for a jam session. 私は即興演奏会に備えて練習した.

turf /təːrf/ ***turf out*** 他 《主に英口》(不要な物)を捨てる; を追い払う, 放り出す ▪ A dog must be *turfed out* of a chair. 犬はいすから追い出さねばだめだ ▪ She *turfed out* plenty of useless stuff last month. 彼女は先月いらなくなった物を山ほど捨てた ▪ He *was turfed out* of Parliament for lying. 彼は偽証したことで議会を追われた.

turn /təːrn/ ***turn about*** 自他 **1** 反対側を向く[向かせる], 振り向く[向かせる] ▪ He *turned about* and left her there. 彼はくびすを返して彼女をそこへ置いてきぼりにした ▪ "*Turn about* [*About turn*]!" shouted the captain to his men. 「回れ右!」と指揮官が部下に号令をかけた ▪ The car *turned about* and went the other way. 車はUターンして来た道を取って返した ▪ *Turn* the chair *about*, and we can see each other while talking. いすを反対に向けたら向き合って話ができる.

2 意見を変える[変えさせる] ▪ He has *turned* completely *about*. 彼は完全に意見を変えた.

turn again 自 (通例戻るために)向きを変える ▪ He *turned again* to take some minutes' exercise. 彼は数分間運動するために向きを変えた.

turn against 自 **1** …にはむかう ▪ The newspaper *turned against* the Ministry. その新聞は内閣に反対した.

2(胃が)…に吐き気を催す; に嫌悪を抱く ▪ His stomach *turned against* it. 彼の胃はそれに吐き気を催した.

— 他 **3** …を…にそむかせる; を憎悪させる ▪ Not even Papa could *turn* me *against* Cyril. パパだって私にシリルを憎悪させることはできないでしょう.

turn around [***round***] 自 **1** 回転する; (頭が)くらくらする ▪ The earth *turns around* from west to east. 地球は西から東へ回転する ▪ The strangeness of the news made my head *turn round*. その知らせがあまりに変なので頭がくらくらした.

2 向きを変える, 振り向く ▪ She *turned around* to where her brother stood. 彼女は兄が立っている方を振り向いた.

3(商売などが)好転する, よくなる ▪ The stock market has *turned around*. 株式市場が好転した.

4(意見・態度を)一変する, 変節する; (特に言葉で)食ってかかる (*on*, *upon*) ▪ He *turned around* and voted for the Democrats. 彼は態度を変えて民主党に投票した ▪ They cannot *turn round on* the executors and blame them. 彼らは指定遺言(ど…)執行者に食ってかかって非難することはできない.

5(港に着いた船が)向きを変えて出港の支度をする ▪ The ship will *turn around* more quickly. 船はいっそう速く向きを変えて出港の支度をするだろう.

6 ひと奮発する ▪ You should *turn around* and do some work. 君もひと奮発して仕事をしなくちゃならないよ.

— 他 **7** …を回転させる; をあちらこちらを向かせる ▪ He *turned around* the circle. 彼はその輪をぐるぐる回した ▪ The mother *turned* her daughter *round*. 母親は娘をあちらこちらに向かせた.

8 …を反対にする《比喩的にも》 ▪ Help me to *turn* the car *around*. 車の向きを反対にするのを手伝ってください.

9 …を振り向かせる; (人)の考えを変えさせる ▪ He *turned around* his head. 彼は頭を振り向けた ▪ It is utterly impossible to *turn* Mr. Tulliver *round*. タリバー氏に考えを変えさせることは全く不可能だった.

turn aside 自 **1** わきへそれる; わきを向く ▪ He *turned aside* and crept in at the open door. 彼はわきへそれて開いた戸からそっと入った ▪ I ask you to *turn aside* and weep for her. わきを向いて彼女のために泣いてやってくれ.

2 = TURN away 4.

— 他 **3** …をわきへそらす, わきへ連れて行く ▪ Gods *turned aside* the event. 神々はその出来事をよそへそらした ▪ Mike took me by the shoulder, and *turned me aside*. マイクは私の肩をつかんでわきへ連れて行った.

4 (怒り)を静める ▪ This will *turn aside* his anger. これで彼の怒りが静まるだろう.

turn away 他 **1** (顔など)をそむける ▪ She *turned* her rosy cheek *away*. 彼女は顔を赤らめて横を向いた.

2 (災害など)をそらす, 避ける ▪ We prayed to God to *turn away* the evil from us. 我々はその不幸をそらすように神に祈った ▪ She *turned away* the question. 彼女はその質問を避けた.

3 …を追い払う; を解雇する ▪ The footman *was turned away* without wages. 従者は賃金ももらわずに解雇された ▪ The high prices have *turned away* prospective buyers. 買ってくれそうな客が物価高のせいで買わなくなった.

— 自 **4** 顔をそむける《比喩的にも》 ▪ Why do you *turn away*, and hide your face? どうして顔をそむけて隠すのか ▪ You *turn away* from the work. その仕事からそっぽを向くのだね.

5 = TURN down 1.

6 立ち去る ▪ He gave a deep bow and *turned away*. 彼は深々と一礼してから立ち去った.

turn back 他 **1** (時計)をおくらせる ▪ To do so would *turn back* the clock many years. そんなことをするのは時計を何年も逆戻りさせることになる.

2 (衣服の一部・紙の端)を折り返す ▪ He *turned back* his cuffs. 彼はカフスを折り返した ▪ Don't *turn* the corners of the pages *back*. ページの角を折り曲げてはいけない.

3 …を追い返す, 退却させる ▪ He will arrest and *turn back* the mightiest power. 彼はどんなに強い軍隊でもはばんで退却させるだろう.

4 …の向きを変えさせる ▪ It would be better to *turn back* thy horse's head towards the camp. 汝の馬の頭を野営地の方へ向けるがよかろう.

5《米》…を返す ▪ Have you *turned back* the book to him? 本を彼に返しましたか.

— 自 **6** 引き返す, 元に戻る (*to*) ▪ He was not the man to *turn back*. 彼は引き返すような人間ではなかった ▪ Please *turn back to* page 10. 10 ページに戻ってください.

turn down 他 **1** …にけんつくを食わす[食らわす]; をはねつける; を拒む, 却下する ▪ He *was turned down* in political circles. 彼は政界からけんつくを食らわされた ▪ Their request for a pay rise *was turned down*. 彼らの賃上げ要求は却下された.

2 (ランプ・ガスなどの明かり)をつまみを回して細く[小さく]する ▪ She *turned* the lamps *down* low. 彼女はランプのつまみを回して火を細くした.

3 …を折りたたむ; を下に曲げる ▪ *Is* not the leaf *turned down* where I left reading? 私が読みかけにしていたページが折り返してありませんか ▪ Cramps *are turned down* at each end. かすがいは両端で下へ曲がっている.

4 (トランプなど)を伏せる, 裏返す ▪ *Turn down* an empty glass! からになったグラスは伏せておけ ▪ The played cards *were* solemnly *turned down*. 出した札はもったいをつけて伏せられた.

5 《口》…をぐっと飲み干す ▪ We *turned down* a second tumbler. 我々は 2 杯めのタンブラーをぐっと飲み干した.

6 《主に英》(猟鳥獣など)を囲っておく ▪ Foxes *are turned down* in order that the supply may be kept up. キツネはいつでも補給がつくように囲っておかれる.

7 《米》…をつづり字競争で負かす ▪ We *turned down* those who could not spell a word. 我々は単語をつうれない連中を負かした.

8 (ラジオ・テレビ)の音を小さくする ▪ Please *turn down* the radio. ラジオの音を小さくしてください.

— 自 **9** わきへ下って行く (*to*) ▪ He *turned down* to the common. 彼はわきへ下って共有地の方へ行った.

10 下へ曲がる ▪ The corners of his mouth began to *turn down* in an ominous fashion. 彼の口の端が険悪にへの字になり始めた.

11 (景気が)下降する, 下り坂になる ▪ The economy has *turned down*. 経済が下降した.

12 折り曲げられる ▪ The collar *turns down*. このカラーは折り曲げられる.

turn from 自他 (生き方・話題など)をやめる, 捨てる ▪ Let's *turn from* such an unpleasant subject. そんな不愉快な話題はやめよう.

turn in 他 **1** …を密告する, (警察に)引き渡す ▪ He *turned in* the wanted man to the police. 彼はそのお尋ね者を警察に密告した.

2 《米》…を返却する ▪ The soldier *turned in* his equipment on leaving the army. 兵士は除隊すると き自分の装具を返した.

3(報告・要求・宿題など)を提出する ▪ He may *turn in* a shocking report. 彼はショッキングな報告を提出するかもしれない.
4 …を折り[曲げ]込む ▪ He *turned in* his fingers one by one. 彼は指を1本1本折った ▪ I *turned in* the edge of a sheet of paper. 私は1枚の紙の角を曲げ込んだ.
5 …を入れる, 追い込む, 取り込む ▪ He *turned in* among them some of his children. 彼はその子たちの中へわが子を何人か入れた ▪ No horse is to be *turned in* under the penalty of twenty shillings. 馬の追い込みは禁止、違反すれば20シリングの罰金を課す ▪ You will *turn in* the cash wholesale. 卸売りで現金を取り込むことができるでしょう.
6《農》(雑草・肥料など)を地中にすき込む ▪ The gardens should *be turned in* with dung. 庭園は肥料をすき込んでおかねばならない ▪ In the spring the weeds *are* best *turned in*. 春に雑草をすき込むのが一番よい.
7(つま先など)を内に向ける ▪ He *turns* his toes *in*. 彼はつま先を内に向ける.
8《海》(ロープ)を(物に)巻きつける ▪ We fixed the rope around the post by *turning* it *in*. ロープを巻きつけて柱に留めた.
9(仕事など)をやめる ▪ I decided to *turn in* my job. 仕事をやめようと決心した.
10 …を達成する, 記録する ▪ Yesterday Smith *turned in* a personal best time. きのうスミスは個人最高記録を出した.
— 倉 **11**(足・指などが)内に向く ▪ My short Achilles tendons made my toes *turn in*. 私はアキレス腱が短かったためつま先が内に向いている ▪ The old lady's big toes *turn in*. その老婦人の足の親指は内側に曲がっていた[外反母趾に罹っていた].
12(口)床につく (↔ TURN out 19) ▪ Jack "*turned in*," as the sailors say. ジャックは水夫の言い方をすれば「床についた」. ☞海事用語から.
13(場所・家・部屋などへ)立ち寄る, 入る ▪ I thought I would *turn in* and have a cup of tea. 立ち寄って茶を1杯いただこうかと思った ▪ I *turned in* at your gate. お宅の門から入りました.
14 内側に曲がる ▪ Spin bowling is always liable to *turn in* or break away. ひねりを与えた球はいつも内側に曲がったりそれたりしがちである.
15《米》精出してやる ▪ I intended to *turn in* and earn some money. 私は精出して金を少々かせぐつもりだった.

turn in on 他《米》精出して…をやる ▪ Two doctors *turned in on* me. 二人の医師が念入りに私を診察した.

turn into 倉 **1** …に変わる ▪ Grubs *turn into* butterflies. 幼虫はチョウになる.
2 …に入る ▪ We *turned into* a narrow lane. 私たちは狭い小道へ入って行った.

turn A into B 他 **1** AをBに変える[翻訳する] ▪ The witch *turned* the prince *into* a frog. 魔女は王子をカエルに変えてしまった ▪ They *turned* their little stock *into* cash. 彼らはわずかの株券を現金に換えた ▪ Can you *turn* this passage *into* English? この一節を英語に翻訳できますか.
2 AをBに注ぐ[入れる] ▪ She *turned* the beef stew *into* the dish. 彼女はビーフシチューを大皿についだ.

turn off 他 **1**(水・ガス・電流など)を栓をひねって止める;(テレビ・ラジオ・明かりなど)を消す (↔ TURN on 1) ▪ The gas is *turned off* at eleven o'clock. ガスは11時に止められる ▪ The electric lights *were turned off*. 電灯は消された ▪ Bobby, *turn off* the TV. ボビー, テレビを消しなさい.
2 …を追い払う; を解雇する ▪ The woman had *been turned off* for carelessness. その女性は不注意なので暇を出されていた.
3《まれ》…を絞首刑にする ▪ I've seen many men *turned off*. 私は大勢の男が絞首刑にされるのを見たことがある. ☞絞首台のはしごを取ることから.
4《英戯》…を結婚させる ▪ I consented to *turn* her *off*. 私は彼女を結婚させることに同意した ▪ Andy and Carolina will *be turned off* next Friday. アンディーとキャロライナは次の金曜日に結婚する.
5 …をわきへそらす[避ける] ▪ He *turned off* the stroke. 彼はその打撃をかわした.
6(評言など)をそらす, 転じる ▪ He *turned* it *off* as a joke. それを冗談として受け流した.
7 …を(巧みに)仕遂げる, 作り出す ▪ He *turned off* 300 pages of fluent Latin. 彼は300ページの流ちょうなラテン語を書き上げた ▪ The hens are likely to *turn off* some good chickens. その雌鶏は良いひなを産みそうだ.
8 土を耕して(うね)を作る; すいて(角)を切り取る ▪ The plow is especially useful in *turning off* the furrow. そのすきは土を耕してうねを作るのに特に役に立つ ▪ One plow goes and *turns off* the corners. 一つのすきが土をすいて角を切り取る.
9(性質・表情)を見せなくなる ▪ Suddenly she *turned off* the charm. 急に彼女は愛敬を見せなくなった.
10(口) = TURN out 2.
11 …に性的興味を失わせる, をうんざりさせる ▪ Her figure *turned* me *off*. 彼女の体型を見て性的興味をなくした ▪ She is always complaining and *turns* me *off*. 彼女は不平ばかりで私はうんざりだ.
— 倉 **12** わき道にそれる;(道が)分かれる ▪ He *turned off* into some ornamented grounds. 彼はわき道へそれてきれいに飾った庭へ入った ▪ The road *turns off* on the left hand. 道は左手に分かれている.
13《英》(品質が)悪くなる;(食物が)腐る ▪ The day *turned off* and we came home in some rain. 天気がくずれて我々は小雨の中を帰ってきた ▪ This pork is *turned off*. このポークは痛んでいますよ.
14(ある状態)になる ▪ The evening *turned off* cool. 夕方はすずしくなった.
15(明かりなどが)消える[切れる] ▪ The lights *turn off* automatically here. ここでは明かりは自動的に消えます.

16 《口》興味を失う ▪ I *turned off* and went out of the assembly hall. 興味をなくしたので集会場から外に出た.

turn A *off to* B 他 A(人)にBに対する関心[興味]を失わせる ▪ Breaking his leg *turned* me *off to* skiing. 彼は足を折ってスキーに対して嫌気がさしてきた ▪ A high price tag just *turned* me *off to* the newest model. 高い値札を見ていっぺんにその最新の機種を買う気が失せた.

turn *on*[*upon*] 他 **1**(水・ガス・電流など)を栓をひねって出す(↔TURN off 1, TURN out 4);(テレビ・ラジオ・明かりなど)をつける(↔TURN off 1) ▪ The steam *was turned on*. 栓をひねって蒸気が出された ▪ *Turn on* the TV to Channel 1. テレビの1チャンネルをつけてちょうだい.

2(言葉・行動で)…を攻撃する, に襲いかかる; を非難する ▪ The big dog *turned on* the stranger. その大きな犬は見知らぬ人に襲いかかった ▪ Why did he *turn on* me like that? どうして彼は私をあんなに非難したんだろう.

3《俗》…を興奮させる, しびれさせる, うっとりさせる ▪ The singer really *turns* me *on*. あの歌手はほんとに僕をしびれさせる.

4(魅力など)を急に見せる ▪ She *turned on* her smiles as we do the electric light. 彼女は電灯をつけるような具合に微笑を浮かべてみせた.

5《まれ》(考え・行動・心などを)…に向ける ▪ He could *turn* his mind at a moment's notice *on* any subject. 彼はどんな問題にでもすぐ心を向けることができた.

6(人)を見捨てる ▪ He *turned upon* twenty friends. 彼は20人もの友人を見捨てた.

7《俗》ドラッグを使用する; 性的に刺激する ▪ They *turned on*, so they were arrested. 彼らはドラッグを使ったので逮捕された ▪ Her pronounced wriggle really *turned* me *on*. 彼女があからさまに身をくねらせるものだから興奮しちゃった.

── 自 **8**《俗》興奮する, しびれる, うっとりする ▪ Drugs make you *turn on*. 麻薬は人を興奮させる.

9(テレビ・ラジオ・明かりなど)がつく(↔TURN off 15) ▪ I've set the electric cooker to *turn on* at 5 a.m. 炊飯器のスイッチを午前5時にセットした.

10…に頼る, …次第である ▪ The poll *turns on* young men. 投票率は若者次第だ.

11…にかかる, を中心問題とする ▪ Great events often *turn upon* very small circumstances. 大事件がきわめて小さな事情にかかっている場合がしばしばある ▪ The drama *turns* entirely *on* the revolt of the angels. その劇は天使の反逆ということを終始中心問題としている.

turn *on to* 自 《俗》…に対する興味[関心]をもつ ▪ I *turn on to* cooking. 料理に関心があります.

turn A *on to* B 他 《口》A(人)にBに対する興味[関心]をもたせる ▪ What *turned* you *on to* classical music? クラッシック音楽になぜ興味をもったの ▪ The man *turned* him *on to* drugs. その男にそそのかされて彼は麻薬をやるようになった.

turn *out* 他 **1**…を(巧みに)仕上げる, (大量に)作り出す ▪ The factory *turns out* more than a hundred cars in a week. その工場は1週間に100台以上の車を製造する.

2…を追い出す[払う], を出て行かせる ▪ The landlady *turned* me *out* as I didn't pay the rent. 家賃を払わなかったので家主に追い出された.

3…を解雇[解職]する ▪ It was the radical mining people that *turned* him *out*. 彼を解職したのは急進的な鉱山関係の人々だった.

4(明かり・ガス)を栓をひねって消す(↔TURN on 1) ▪ She was *turning out* the light. 彼女は明かりを消していた.

5(家・部屋・容器から物)を外へ出す; (中身)をあける ▪ We *turned out* all the empty bottles. 空き瓶を全部外へ出した ▪ The police officer told me to *turn out* my pockets. 警官はポケットの中身を空けろと言った.

6(調べたり並べ変えたりするために容器・部屋など)をからにする; を掃除する ▪ The maids were *turning out* the drawing room. お手伝いたちは応接間の掃除をしていた ▪ She *turned out* his pockets. 彼女は彼のポケットをからにした.

7…を裏返す ▪ He told me I had *turned* the wrong side *out*. 私が裏返しにしたと彼は言った.

8(つま先など)を外側に向ける ▪ The nag *turns out* his toes a little. そのやくざ馬は足先を少し外に向ける.

9…を飾る, 盛装させる ▪ Coaches were fewer but they *were* better *turned out*. 公式馬車のほうが少なかったが, いっそう見事に飾られていた ▪ She *was* beautifully *turned out*. 彼女は美しく着飾っていた.

10(家畜)を牧場へ出す, (キジなど)を隠れ場へ追い込む ▪ The colts *were turned out* on the open commons. 子馬たちは広々とした共有地へ出された ▪ He *turned out* several pheasants at his feet. 彼は足もとの数羽のキジを隠れ場へ追い込んだ.

11(土地)を耕さずにおく ▪ These once rich lands *were* now *turned out*. 以前よく肥えていたこれらの土地は今や耕さずにおかれた.

12《まれ》…を参照する, 調べる ▪ I *turned out* the word in the indices. 私はその語を索引で調べてみた.

13《米》《茶》をつぐ ▪ Mother *turned out* the tea. 母が茶をついでくれた.

14〚補語を伴って〛(結局)…となる ▪ What a pretty girl Nellie has *turned out*! ネリーはなんてきれいな少女になったことだろう ▪ The day *turned out* fine. その日は結局よい天気になった.

── 自 **15**〚主に不定詞・補語を伴って〛結局…であることがわかる(「なる」という含みはない) ▪ The beggar *turned out* (to be) a thief. その物乞いは泥棒であることがわかった ▪ The rumor *turned out* false. その噂は偽りであることがわかった ▪ It *turned out* that he was never there. 彼は結局そこにいなかったことがわかった.

16〚副詞語句を伴って〛(…のふうに)成り行く, 結果になる ▪ Our expedition *turned out* very well. 我々の遠征は非常にうまくいった ▪ His transactions have *turned out* disastrously to himself. 彼の取

引は彼には命取りの結果になった.

17 出かける, 出向く ▪ They *turned out* for a mass meeting. 彼らはミサの集まりに出かけた.

18(つま先などが)外へ向いている ▪ His left toes *turn out* a little. 彼の左のつま先はやや外へ向いている.

19《口》床から出る, ベッドから起き上がる (↔TURN in 12) ▪ The climbers all *turned out* before dawn. 登山者たちはみな夜明け前に起き出した.

20 家を出て外の仕事につく ▪ She may have to *turn out* and be a governess. 彼女は家を出て家庭教師の職につかねばならないかもしれない.

21 仕事を放棄する, ストをやる ▪ If that doesn't suit him, he will *turn out* and become a railway conductor. もしそれが向かなければ, 彼は仕事をやめて列車の車掌になる. ▪ All the miners *turned out* for a pay raise [rise]. 鉱夫は残らず賃金の値上げを要求してストをやっている.

turn out of 他 **1** …を(場所)から追い出す, (職)から追う ▪ He *turned* me *out of* the house. 彼は私を家から追い出した ▪ He *was turned out of* his Fellowship. 彼は特別会員の地位から追われた.

2 …を(容器)から出す ▪ The pudding *was turned out of* the basin. プディングはボウルから出された.

— 自 **3** …から出る, を離れる ▪ Five is an early hour to *turn out of* bed. 5時は床から出るには早い時刻だ.

turn over 他 **1** …を引っくり返す, 倒す ▪ *Turn* the patient *over* on his right side. 病人を右側に寝返りさせてやりなさい ▪ We must *turn over* every stone till we find him. 彼を見つけるまでは草の根を分けても捜さねばならない.

2(土・干し草など)を耕す, ひっくり返す ▪ The same ground has not *been turned over* for a hundred years. その同じ地面は100年前からずっと耕されていない. ▪ *Turn over* the hay. 干し草をひっくり返しなさい.

3 …を思いめぐらす (*in one's mind*) ▪ He *turned* the matter *over in his mind*. 彼はその問題を思いめぐらした.

4《商》(資金)を運転[運用]する, (商品)を売り上げる, (…の額)の商売をする ▪ Thousands of dollars were *being turned over* hourly. 1時間ごとに何千ドルもが運転されていた ▪ I have *turned over* some hundred books. 約100冊の本を売り上げた ▪ He *turns over* £3,000 a week. 彼は1週3,000ポンドの商売をする.

5(場所)を襲って物を奪う ▪ The house *was turned over*. その家は強盗にあった.

6(エンジン)を始動させる, かける ▪ Do you know how to *turn* this *over*? このエンジンのかけ方を知っていますか.

7(ページ)をめくる ▪ He *turned over* one page after another. 彼は次々とページをめくった.

8 …を移す, 引き渡す; (徒弟・水夫)を譲り渡す ▪ He *was turned over* to the police. 彼は警察に引き渡された ▪ He *was turned over* to the new Captain for five years more. 彼はもう5年間その新しい船長に譲り渡された.

9(書類など)をかき回して調べる ▪ In *turning over* his papers, he laid his hand on the will. 彼は書類をかき回して調べているときに, 例の遺書を見つけた.

10 …を絞首刑にする ▪ Criminals *are* blindfolded first, and then *turned over*. 罪人どもはまず目隠しをされ, それから絞首刑にされる.

11《俗》(囚人)をきびしく尋問する ▪ The prisoner *was turned over*. その囚人はきびしく尋問された.

12 = THROW out 2.

13(人)をむかつかせる ▪ The sight of the blood *turned* him *over*. その血を見ると胸がむかついた.

14(フットボール・バスケットボールなどで)…を負かす ▪ Our team *turned over* the opposition. わがチームは相手方を負かした.

— 自 **15** くつがえる; 寝返りを打つ (*in bed*) ▪ The whale died, and *turned over* in a few minutes. クジラは死んでじきに腹を見せた ▪ I *turned over in bed*. 私は寝返りを打った.

16(テレビのチャンネルなど)を変える ▪ Can I *turn over* to CNN? (チャンネルを) CNN に変えてもいい?

17 回転する ▪ The engine *turns over* at 6,000 revolutions per minute. そのエンジンは1分間に6千回転する.

18 = TICK over 1.

19 = TICK over 2.

20 転職する, 会社をやめる ▪ A group of workers have recently *turned over*. 一団の工員が最近会社をやめた.

21(心臓が)高鳴る; (胃が)むかつく ▪ My heart *turned over* when I saw Mary. メアリーを見たとき胸が高鳴った.

22 方針を変える (*to*) ▪ The factory has *turned over* to the making of motorbikes. その工場はオートバイ製作に方針を変えた.

turn round = TURN around.

turn to 他 **1** …を…に変える ▪ He can *turn* honey *to* gall. 彼は蜜を苦味に変えることができる.

2 …の…ページを見る[開く] ▪ *Turn* your textbooks *to* page 6. 教科書の6ページを開けなさい.

3(人)を仕事にかからせる (*upon*) ▪ We *were turned to upon* the rigging. 我々は艤装(ぎそう)の仕事にかかった.

4(考え・心・行動など)を…に向ける ▪ We *turned* our attention *to* poor Tom. 我々はかわいそうなトムに注意を向けた.

— 自 **5** 仕事に精出す ▪ She would *turn to* again and earn a living. 彼女はまた仕事に精出して生活費をかせぐだろう.

6 …に頼る (*for*) ▪ I *turn to* my parents when I'm in need. 困ったときには両親に頼る ▪ She always *turned to* her cousin *for* support. 彼女はいつもいとこの支援を頼みの綱にしている.

7 …に変わる ▪ These rocks, by custom, *turn to* beds of down. これらの岩も慣れれば羽ぶとんに変わる.

8(仕事)を始める ▪ He *turned to* writing to earn

a living. 彼は生計を立てるためにものを書くことを始めた.
9(問題)に注意を向ける ▪ Let's *turn to* the next question. 次の問題に注意を向けてみよう.
10(本・表など)を調べる ▪ He took up a local paper and *turned to* the list of visitors. 彼は地方紙を取り上げて訪問者一覧表を調べた.
11 …に向きを変える ▪ Susan *turned to* me and waved her hand. スーザンは私のほうを向いて手を振った.
12(チャンネル・ダイヤルなどを)…に変える ▪ We *turned to* Channel 5 to watch the baseball game. 5チャンネルに変えて野球の試合を見た.
13 向きを変えて…を見つめる ▪ They all *turned to* the sky. 彼らは全員向きを変えて空を見つめた.
14 …に改宗[回心]する ▪ She *turned to* Christianity. 彼女はキリスト教に改宗した.
── 自 他 **15** …に専念する[させる]; 精を出す[させる] ▪ I *turned to* math, so I could get good marks. 数学の勉強に精を出したので, いい点がとれた.

turn under 他 …を下に折り曲げる ▪ We had to *turn* the edge of the carpet *under*. 敷き物の端を下へ折り曲げねばならなかった.

turn up 他 **1**(テレビ・ラジオ)の音を大きくする ▪ Please *turn up* the radio a little. ラジオの音を少し大きくしてください.
2(ランプ・ガスを)つまみを回して明るく[強く]する ▪ He *turned up* his lamp. 彼はつまみを回してランプを明るくした ▪ *Turn up* the gas a little. I want to go on reading. (つまみを回して)少し明るくしてください. 読書を続けたいのです.
3 …を発見する ▪ While looking for an old letter he *turned up* a photograph of himself as a child. 古い手紙を捜しているときに彼は子供のころの自分の写真を見つけた.
4(衣服の一部)を折り返して短くする, はしょる ▪ They *turn up* their sleeves above the elbow. 彼らはひじの上までそでをまくり上げる.
5 …を上に向ける, 上にそらせる ▪ He *turned up* the collar of his morning coat. 彼はモーニングのえりを立てた ▪ He *turned up* the right side of his head a little. 彼は頭を右側へ少しそらせた.
6(トランプ)をひっくり返して表を出す ▪ He *turns up* the last card for trump. 彼は最後の札を切り札としてひっくり返して表を出す.
7(土・物などを)すき[掘り]返す ▪ *Turn up* the earth with a trowel. 移植ごてで土をすき返しなさい.
8《口》…に吐き気を催させる《比喩的にも》 ▪ The sight *turns* me *up*. その様子を見るとむかむかしてくる.
9(下にあるものを調べるために)…をひっくり返す ▪ The chairs *were turned up* heads and tails along the walls. いすは壁ぎわにひっくり返された ▪ They *turn up* words that they may see the ideas that lie under them. 彼らは言葉を返してその裏に潜む観念を確かめる.
10〚過去分詞形で〛(服が)折り返して飾りなどをつけた (*with*) ▪ He wore a cap of crimson velvet *turned up with* ermine. 彼は折り返して白テンの毛皮をつけた真紅のビロードの帽子をかぶっていた.
11〈英〉(書物・書類から)…を探し出す, 調べる ▪ *Turn up* the article in the encyclopaedia. その記事を百科事典で引いてごらんなさい ▪ She *turned up* the ritual. 彼女は式典書を調べてみた.
12(人・動物)をあお向けにさせる; を殺す ▪ You will have to *turn* the sheep *up*. ヒツジをあお向けにしなければなりますい ▪ Captain Hosmer succeeded in *turning up* his whale. ホズマー船長はクジラを首尾よく仕止めた.
13〈英俗〉(囚人)を釈放する ▪ They *were turned up* together. 彼らはいっしょにしゃばへ出た.
14〈海〉…を水平線上に現れさせる ▪ In a week's time we *turned up* the port. 1週間後にその港が水平線上に見えた.
15〈海〉(船員)を甲板に召集する ▪ "*Turn* the hands *up*," said the captain. 「船員たちを甲板に召集しろ」と船長は言った.
16〈英俗〉…を放棄する ▪ He made some effort to restore peace; but at length he *turned* it *up*. 彼は平和回復しようと少し努力したが, とうとうそれを放棄した.
17(馬力)を出す ▪ The engine *turns up* 100 horsepower. そのエンジンは100馬力出す.
18〈米俗〉…を密告する ▪ Somebody *turned* him *up*. 誰かが彼を密告した.
── 自 **19** 姿を現す; ひょっこり出てくる[現れる] ▪ You didn't expect me to *turn up* here, did you? 私がここへ姿を見せようとは思わなかったのだね ▪ He was the only person who *turned up*. 来たのは彼だけだった ▪ Something unexpected may have *turned up*. 何か意外なことがひょっこり出てきたのかもしれない.
20 上を向く ▪ His nose *turns up* slightly. 彼の鼻は少し上を向いている.
21 上へ上がる ▪ I *turned up* to a sorry kind of inn. 私はみすぼらしい宿屋へと上がって行った.
22(景気などが)上昇する, 上向く ▪ Investment *is turning up*. 投資が上向きつつある.
23〚補語を伴って〛…となる, であることがわかる ▪ A waste land might in time *turn up* a great thing. 荒地がやがてはたいしたものにならなくもない ▪ The lottery ticket has *turned up* a prize. その富くじは当たりくじであることがわかった.
24〈海〉風に逆らって進む; 間切る ▪ We were forced to *turn up* against wind all the way. 我々は途中ずっと風に逆らって進まねばならなかった.
25〚副詞句・補語を伴って〛(土が)すき返される ▪ A wet soil *turns up* in great masses. しめった土が大きなかたまりですき返される ▪ The soil will *turn up* raw and stubborn. その土はすき返すとこちこちと堅いだろう.
26〈俗〉仕事を放棄する ▪ Smith *turned up* one day. スミスはある日仕事を放棄した.
27(新聞などに)出る ▪ His name is always *turning up* in the newspapers. 彼の名前はいつも新聞に

出ている.
28 不意に起こる ▪ Something always *turned up* to prevent their meeting. いつも何かが持ち上がって二人は会うことができなかった.

tussle /tʌ́səl/ ***tussle with*** 圓 …と格闘する ▪ I *tussled with* myself for some days before I decided to tell the truth. 私は真相を話す決心をする前に数日間自分の心と闘った.

twiddle /twídəl/ ***twiddle with*** 圓 …をいじくる ▪ He *twiddled with* his moustaches. 彼は口ひげをいじくった.

twirl /twə:rl/ ***twirl up*** 他 (ひげなどを)ひねり回す ▪ He *twirled* his moustache *up*. 彼は口ひげをひねり回した.

twist /twɪst/ ***twist around*** 圓 **1** 振り向く ▪ He *twisted around* to see the approaching procession. 彼は近づいてくる行列を見るために振り向いた.
— 他 **2** (言葉)の意味をわい曲する ▪ Please don't *twist* my words *around*! どうか僕の言葉をねじ曲げないでくれよ.

twist down 他 **1** …をねじ倒す ▪ I soon *twisted* him *down*. 私はすぐ彼をひねり倒した.
2 《俗》…をぺろりと平らげる ▪ Sandra *twisted down* half a pound of buttered toast in the morning. サンドラは朝, バターつきトーストを半ポンドぺろりと平らげた.

twist off 他 …をねじ切る, ねじ取る ▪ I hurt my fingers *twisting off* the lid. ふたをねじ切っているとき指に怪我をした.

twist A off B 他 AをBからねじって取る ▪ He *twisted* the cap *off* a fountain-pen. 彼は万年筆のキャップをねじって取った.

twist A out of B 他 AをBからねじって取る ▪ He *twisted* the bulb *out of* its socket to replace it. 彼は取り替えるため電球をソケットからねじってはずした.

twist together 他 …を編み合わせる ▪ The seat is made of bark and ropes *twisted together*. 座席は木の皮となわを編み合わせて作ってあった.

twist up 他 **1** (紙など)をよる ▪ I *twisted up* a piece of paper. 1枚の紙をよった.
2 …を曲げる ▪ The branch of the oak *was twisted up*. カシの枝が曲がっていた.
— 圓 **3** (苦痛などで顔が)ゆがむ ▪ His face *twisted up* with pain. 彼の顔は苦痛にゆがんだ.

twist up with 他 …ともつれ合わせる ▪ The question *was* inextricably *twisted up with* the other question. その問題はもう一つの問題にもつれ合って解けなくなっていた.

twit /twɪt/ ***twit a person with [about]*** 他 人を…でとがめる, あざける ▪ Englishmen are constantly *being twitted with* their unsociable ways. 英国人は社交的でないと言って始終とがめられる ▪ You shouldn't *twit* her *about* her looks. 容姿のことで彼女をからかってはいけない.

type /taɪp/ ***type away*** 圓 タイプを打ち続ける[をせっせとやる] ▪ She *typed away* in her room. 彼女は部屋でタイプをせっせとやった.

type in [into] 他 …をタイプして加える[挿入する, 入力する] ▪ I *typed* a few words *in* at the bottom of the paper. 紙の下欄に2, 3語タイプして加えた.

type out 他 …をタイプで打つ ▪ He *typed out* a receipt. 彼はタイプで領収書を作った ▪ Please *type out* this essay. この論文をタイプしてください.

type up 他 (下書きなど)をタイプで清書する ▪ Please *type up* the draft of this essay. この論文の草稿をタイプで清書してください.

tyrannize /tírənàɪz/ ***tyrannize over*** 他 …をしいたげる ▪ No habit could *tyrannize over* him. 彼はどんな習慣にも支配されることはなかった ▪ The unfortunate husband *was tyrannized over* by his wife. その不運な夫は妻によってしいたげられていた.

U

umpire /ʌ́mpaɪər/ *umpire between* 倒 …の間を裁定[仲裁]する ▪ He tried to *umpire between* her and her brother. 彼は彼女とその兄との間を裁定[仲裁]しようとした.
 umpire in [at] 倒 …でアンパイヤを務める ▪ He used to *umpire in [at]* boy's matches. 彼は子供の試合でアンパイヤを務めるのを常とした.

underlay /ʌ̀ndərléɪ/ *underlay A with B* 他 AのもとにBを敷く ▪ Carpet *is* usually *underlaid with* felt. じゅうたんはたいていフェルトを下に敷いてある.

undertake /ʌ̀ndərtéɪk/ *undertake for* 倒 …を保証する, の保証人になる ▪ The master *undertook for* his servant to appear in court. 主人は自分の使用人が出廷する保証人になった.

unfit /ʌ̀nfít/ *unfit a person for* 他 人を…に不向き[不適格]にする ▪ Alcoholic drink *unfits* a man *for* work. 酒は人の仕事に不向きだ ▪ His age *unfits* him *for* such a position. 彼の年齢はそういう地位には適さない.

unite /junáɪt/ *unite A against B* 他 Bに対してAを団結[結合]させる ▪ The chief *united* Western tribes *against* the Whites. その族長は西部諸部族を連合させて白人と敵対した ▪ We should *be united against* the common enemy. 我々は団結して共通の敵に当たらねばならない.
 unite in 倒 …に結束する ▪ His whole family *united in* praise of the boy's honesty. 彼の家族の者はこぞってその少年の正直をほめた.
 unite with 倒 …と結合[合体]する ▪ Oil will not *unite with* water. 油は水と一体にならない.
 unite A with [to] B 他 1 AとBを結びつける[結合する] ▪ Brittany *was united to* France. ブルターニュはフランスと合併した ▪ Now *unite* your hand *with* mine. さあ, あなたの手と私の手を結び合わせよう《結婚式で》.
 2 AとBを併せ持つ ▪ Her aunt *unites* beauty *with* wisdom. 彼女の叔母は美貌と賢明さとを併せ持っている[才色兼備の].

unleash /ʌ̀nlíːʃ/ *unleash A against [on, upon] B* 他 1 (抑圧していた感情)をBに対して爆発させる ▪ She *unleashed* a load of anger *against* her husband. 彼女は夫に対して鬱積した怒りをぶちまけた.
 2 A(犬など)をBにけしかける[向ける] ▪ He *unleashed* his dog *on* a stranger. 彼は自分の犬をよそ者にけしかけた.

unload /ʌ̀nlóʊd/ *unload A from B* 他 AからB(乗客・荷物)を降ろす ▪ Please *unload* my baggage *from* the bus. バスから私の手荷物を降ろしてください.
 unload A onto B 他 《口》A(重荷など)をBに押しつける ▪ The unpleasant jobs *are* always *unloaded onto* him. いやな仕事はいつも彼に押しつけられる.

up /ʌp/ *up with* 倒 1 (口)(腕・武器など)を上げる, 振り上げる ▪ She *upped with* her arm. 彼女は腕を上げた ▪ He *upped with* the spade in a minute. 彼はたちまちすきを振り上げた.
 2 …を飲み干す ▪ You must *up with* it all at a draft. それをひと息にぐっと飲み干さねばなりません.
 3 …を言って[歌って]しまう ▪ Then let him *up with* it boldly. じゃあ遠慮なく彼に歌ってもらおう.

update /ʌ̀pdéɪt/ *update a person on* 他 …について人に最新の情報を与える ▪ They *updated* us *on* the progress of the plan once a week. 彼らはその企画の進行具合について1週間に一度我々に情報提供を行った.

urge /əːrdʒ/ *urge along* 倒 1 急いで進んで行く ▪ A woman *urged* wearily *along*. 一人の女性が疲れた足どりで道を急いだ.
 2 = URGE a person on.
 urge away 倒 …を押し出す ▪ The air *is urged away* from the tube. 空気は管から押し出される.
 urge for 倒 …を切に求める ▪ He again *urged for* her hand. 彼はまたしても彼女に結婚を迫った.
 urge…on [upon, to, against] a person 他 …を人に説きたてる, 力説する ▪ I *urged upon* him the necessity of perseverance. 彼に忍耐の必要を説きたてた.
 urge a person on [onward] 他 人を駆り立てて進ませる ▪ He paid his clerk five pounds extra to *urge* him *on* with the work. 彼は事務員を駆り立ててその仕事を促進するために5ポンド余分に払った ▪ The guide *urged* us *onward* when she saw the Komodo dragon. ガイドはコモド・ドラゴンを目にすると我々をせき立てて先へ進ませた.
 urge a person to 他 人を…に駆り立てる ▪ My conscience *urged* me *to* this. 私は良心に駆られてこうしたのです.

use /juːz/ *use against* 他 …に不利益になるように利用する ▪ Every word you utter will *be used against* you. 君が言う言葉はいちいち君に不利益なように利用されますよ.
 use by 倒 1 …までに…を使い切る ▪ This medicine should *be used by* the end of the year. この薬剤は年末までに使用すること.
 ― 他 2 〖命令文で〗賞味期限… ▪ *Use by* Aug. 31, '15. 賞味期限2015年8月31日《食品の包装に印刷される表示》.
 use off [out] 倒 …を使い果たす ▪ He has *used off* all the money on drugs. 彼は麻薬に有り金を全部はたいてしまった.

use up 他 **1**(商品など)を使い果たす ▪I *used up* a whole roll of film. フィルムをまるまる1本使い果たした ▪We had *used* all our fuel supplies *up* by then. それまでに燃料は使い切っていた.
2《口》[[主に受身で]]…を疲れ果てさせる ▪He was getting *used up*. 彼はくたくたになりかけていた ▪Even if it should *use* me *up*, what then? たとえそれで私が疲れ果てるとしても, それがどうしたと言うんだ.
3《口》(人)をやっつける, 殺す ▪I think we can *use* them *up*. 彼らをやっつけられると思う ▪The boss wants you to *use up* Lefty. ボスはお前がレフティを消せとのご意向だ.

usher /ʌ́ʃər/ ***usher in*** 他 **1**《主に報道》(ある時代)を到来させる ▪The armistice *ushered in* a new era of long-awaited peace. その休戦により待望の平和な新時代が訪れた.
2(人)を導き入れる; (客)を迎え入れる ▪*Ushering* me *in*, he shut the door behind him. 私を導き入れると, 彼は後手にドアを閉めた.
3(料理品など)をうやうやしく出す ▪The meat was *ushered in*. 肉料理がうやうやしく出された.
4…を先導する ▪Flowers appear only to *usher in* the fruit or the seed. 花は果実や種の先駆けとして現れるにすぎない ▪The first snowfall *ushered in* the real winter. 初雪を端緒として本格的な冬が到来した.
5(事件など)を始める, 導く ▪The grandest era in history was *ushered in* by nobodies. 歴史の最もすばらしい時代は名もなき人々によって始められた ▪Blogging has *ushered in* the death of grammar and proper composition. ブログが普及しだしてから文法とまっとうな作文がすっかり乱れてしまった.
6(言葉など)を始める ▪He *ushered* the word *in* with some kind of introduction. 彼はある種の前置きをつけてその言葉を始めた.

usher out 他 **1**…を外まで見送る ▪He *ushered* his visitors *out*. 彼は訪問客を外まで見送った.
2…に先駆ける, とって代わる ▪His study has *ushered out* the era of gene manipulation. 彼の研究は遺伝子操作の時代の先駆けとなった.

usurp /jusə́ːrp|-zɔ́ːp/ ***usurp on*[*upon*]*** 他 (人・権利など)を侵害する; (土地・財産など)を横領する ▪The commission had *usurped upon* his authority. 委員会は彼の権限を侵害していた ▪The fanatics had *usurped on* the parish churches. 狂信者たちが教区の教会を横領していた.

V

vaccinate /vǽksənèɪt/ *vaccinate A against [for] B* 他 〖主に受身で〗Bの予防接種をA(人)にする ▪ My grandfather *was vaccinated against* typhoid fever. 私のおじいさんはチフスの予防接種をしました ▪ Our dog has *been vaccinated for* rabies. うちの犬はもう狂犬病の予防接種をうけました.

vacillate /vǽsəlèɪt/ *vacillate between* 自 (心・考えなど二者の)取捨に迷う, 間でぐらつく ▪ His looks appeared to be *vacillating between* hope and fear. 彼の顔つきは希望と恐れとの間で迷っているように見えた.

value /vǽlju:/ *value A above B* 他 BよりもAを大事だと思う ▪ I *value* love *above* money. 僕は金よりも愛の方が大事だと思う.
value A at B 他 AをB(値段)と見積もる ▪ Mr. Goldstein *valued* the house for me *at* £200,000. ゴールドスタインさんはその家を20万ポンドと見積もってくれた ▪ He doesn't *value* his life at a bootlace. 彼は自分の生命を靴ひもほどの価値とも思っていない.

vamp /væmp/ *vamp up* 他 **1** ...を繕う ▪ Alfred Sargent *vamps up* old boots and shoes. アルフレッド・サージェントは古いブーツや靴を繕います.
2 (作品など)をつくり直す ▪ They were merely *vamping up* old material. 彼らは古い材料を焼き直しているにすぎなかった.
3 ...をでっち上げる ▪ I can never *vamp up* an excuse that sounds true. まことしやかな口実をでっち上げるなんて私にはとてもできない.

vanish /vǽnɪʃ/ *vanish away* 自 **1** 消滅する ▪ The heavens shall *vanish away* like smoke. 天は煙のごとく消え去らん ▪ The hours *vanish away*. 時刻は消えていく.
2 《まれ》見えなくなる ▪ I see the sail *vanishing away* against the western sky. 帆が西の空に消えていくのが見える.

vapor, 《英》**vapour** /véɪpər/ *vapor about [of]* 自 ...のことを自慢する ▪ I was *vaporing about* my courage. 私は自分は勇気があると自慢していた.

vapor away 自 他 **1** 蒸発する, 蒸発する; ...を蒸発させる, 霧消させる ▪ I expected that their exultation would in time *vapor away*. 彼らの歓喜もやがて霧消するものと思った ▪ Heat *vapors away* all the spirit of wine. 熱は酒のアルコール分をすべて蒸発させてしまう.
— 他 **2** からいばりして...を言う ▪ I think *vaporing away* patriotism is undoubtedly a bad thing. から
いばりして愛国心を口にするのが決してよくないことであると思う.

vapor forth 他 からいばりして...を言う ▪ Where are the high-flown fancies which you *vapored forth* last week? 君が先週あげていたあの途方もない気炎はどこへ行ったのかね?

varnish /vά:rnɪʃ/ *varnish over [up]* **1** ...にニスを塗る ▪ I must *varnish over* that surface again. 私はその表面にもう一度ニスを塗らなければならない.
2 ...を取り繕う, 糊塗(こと)する ▪ Don Augusto tried to *varnish over* the facts, but it was useless. ドン・アウグストはその事実を隠ぺいしようとしたがむだだった.

vary /vǽri|véəri/ *vary from* 自 ...と相違する ▪ This edition *varies* very little *from* its predecessor. この版は前の版とほとんど変わっていない ▪ I *vary from* you on this point. この点に関して私は君とは意見が違う.

vary from A to B/vary between A and B 自 AとBとの間を変動する ▪ Opinions *vary from* approval *to* opposition. 世論は賛成から反対までまちまちだ.

vary up 他 (形・性質などの点で)...を変える ▪ The cafeteria *varied up* its menu with vegetarian foods. そのカフェテリアは菜食者向けの食品を取り入れたメニューに変えた.

vary with 自 ...によって変化する ▪ The prices *vary with* size. 値段はサイズによっていろいろある.

vault /vɔ:lt/ *vault into [from]* 自 ...に跳び乗る[降りる] ▪ The jockey *vaulted into* the saddle. 騎手はくらに跳び乗った.

vault on [upon] 自 ...に跳び上がる ▪ With one leap he *vaulted on* his horse. 彼はひらりと馬に跳び乗った.

vault over 他 ...を跳び越える ▪ Can you *vault over* this fence? あなたはこの塀を跳び越えることができますか.

vaunt /vɔ:nt/ *vaunt of* 他 《雅》...を誇る, 自慢する ▪ They proudly *vaunted of* their own virtues. 彼らは誇らしげに自分の美徳を自慢した.

vaunt over 自 (自分の成功・他人の失敗など)のことで誇る ▪ The foe *vaunts over* his victory. 敵は勝利を占めたことを誇っている.

veer /vɪər/ *veer away* 自 **1** (乗物などの)方向[進路]を変える ▪ The plane *veered away* from its true course. 飛行機はその正規の進路からそれた.
2 (話題などが)それる ▪ The discussion *veered away* into a new subject. そこから議論はそれて新しい話題に移った.
— 他 **3** 《海》(綱)を繰り出す ▪ We *veered away* one whole cable. 我々は綱を1本全部繰り出した.

veer off 自 **1** (飛行機などが)編隊を離れる, 方向を変

える. ▪The leading plane *veered off* to the left. 一番機が編隊を離れて左へ旋回した. ▪The Toyota suddenly *veered off* to the right. そのトヨタ車が突然右に方向を変えた.
2(話題・意見などが)変わる ▪Their speeches then *veered off* into different themes. その後彼らの話の内容はそれと違うテーマになった.

veer out 他 《海》**1**(綱)をゆるめる ▪He *veered out* the boat's tether till it became alongside the vessel. 彼は船に横づけになるまでボートの綱をゆるめた.
2(綱)を繰り出す ▪We *veered out* the cable briskly. 我々はてきぱきと綱を繰り出した.

veer round 自 **1** 方向[進路]を転じる (*to*) ▪The wind *veered round to* the north. 風向きが北に変わった.
2(意見が)変わる (*to*) ▪Desmond *veered round to* a different opinion. デズモンドは異なった意見へ変わった.

veg /veg/ ***veg out*** 自 《口》何もしないでぼうっと過ごす ▪All my grandma does is *veg out* in front of the telly. 私のおばあちゃんがすることといえばテレビの前でのんびりすることだけです.

vent /vent/ ***vent A on*** [***upon, at***] ***B*** 他 A(怒りなど)をBにぶちまける ▪The drunkard *vented* his anger [rage] *on* his innocent son. その大酒飲みは罪もないわが子に怒り[激怒]をぶちまけた ▪Marco Materazzi foolishly *vented* his frustrations *at* the referee and received a yellow card. マルコ・マテラッツィは愚かなことに審判に不満をぶちまけて警告カードを渡された.

venture /véntʃər/ ***venture abroad*** 自 思い切って外へ出る ▪Edward *ventured abroad* disguised in loud clothing and a false beard. エドワードは派手な衣装と付け髭で変装し思い切って表へ出た.

venture at 他 ...をやってみる; 推測してみる ▪Mankind will *venture at* anything. 人間はどんなことでもやってみるものだ ▪He never *ventures at* a reason for it. 彼はその理由を推測してみようとは決してしない.

venture forth 自 **1** =VENTURE out.
2 勇ましく出発する ▪The boy *ventured forth* to find his fortune. 少年は幸運を見つけに勇ましく出発した.

venture on [***into, upon***] 他 **1**(成否のおぼつかない難事)をあえて試みる; を冒険的にやってのける ▪He is too timid to *venture upon* an undertaking. 彼は小心者だから思いきった事業はやれない ▪Will you *venture on* such food as centipede sushi and mantis tempura? ムカデ寿司やカマキリのてんぷらのような料理を思い切って食べてみますか ▪In addition to music, Harvey has *ventured into* movie production. 音楽活動に加えて, ハービーは映画制作にも乗り出した.
2 ...に偶然[ひょんと]出くわす ▪David *ventured upon* his old friend, who was out shopping. デイビッドは旧友にばったり出くわした. 友人は買い物に来ていたのだった.

venture A on ***B*** 他 AをBに賭ける ▪I will *venture* 2 pounds *on* it. それに2ポンド賭けよう.

venture out 自 思いきって外へ出る ▪I would not *venture out* in such weather. こんな天気にとても外へ出て行く気はしない.

verge /vɜːrdʒ/ ***verge along*** ...の近くに沿っている ▪The blue mist *verged along* the distant hill. その青い霧は遠くの山の近くに沿って立ちこめていた.

verge into ...に次第に移り変わる ▪The magazine is fast *verging into* a state of monomania. その雑誌は急速に偏執狂の状態に移り変わりつつあるね ▪Evening *verges into* night. 夕暮れが次第に夜になっていく.

verge on [《文》***upon***] **1** ...の状態に近うく, 間ぎわにある ▪Their zeal *verges on* fanatism. 彼らの情熱はほとんど狂信と言ってよいくらいだ ▪Mr. Silverberg is a "grand old man" *verging on* fourscore. シルバーバーグ氏は80歳になんなんとする「元老」である ▪The questions themselves occasionally *verged on* the ridiculous. 質問自体が時折ばかげたものになった.
2(場所)に近接している ▪The village *verges on* forests. その村は森に近接している.

verge to [***toward***] 自 **1** ...に傾く, 向かう ▪A hill *verges to* the south. 丘は南へなだらかにくだっている.
2(ある状態)に近うく ▪He was *verging toward* sixty. 彼はかれこれ60歳になろうとしていた.

vest /vest/ ***vest in*** 自 (人)に属する, 帰属する ▪Upon the death of the father, the estate *vested in* his son. 父親が亡くなると財産は息子に帰属した.

vest A in ***B*** 他 〘主に受身で〙**1** B(人)にA(権利など)を付与する ▪The crown *was vested in* him. 王冠は彼に付与された ▪The jurisdiction of the district *is vested in* you. その地方の裁判権はあなたに付与されている.
2 AにB(僧服など)をまとわせる ▪My Saint came *vested* all *in* white. 私の聖徒は総身に白衣をまとって現れた.

vest upon 自 継承されて(人)に伝わる ▪The right of the crown *vests upon* its heir. 王位継承権はその世継ぎに伝わる.

vest with 自 (権限などが)帰属する, 与えられる ▪In bankruptcy, all the assets of the debtors *vest with* the trustee. 破産の場合, 債務者の全財産は管財人に帰属する.

vest A with ***B*** 他 〘主に受身で〙A(人)にB(権力・財産など)を付与する ▪He *is vested with* authority. 彼は権力を与えられている.

vibrate /váibreit | vàibréit/ ***vibrate about*** 自 ...を振動して回る ▪This strange news had *vibrated about* the town. この妙な知らせは町を震撼(しんかん)させた.

vibrate between 自 (意見などが)...の間で動揺する ▪The life of a man of fashion *vibrated between* frivolity and excess. 流行を追う人の生活は軽薄と

不節制の間を揺れ動いた.

vibrate on 圓 《主に詩》(耳・心に)響く ▪The touching accents of her voice still *vibrate on* his heart. 彼女のあのいじらしい声音はまだ彼の胸に響いている.

vibrate through 圓 …を振動して通る ▪The voice had *vibrated through* her more than once before. その声は以前一度ならず彼女の心をゆさぶって通ったことがあった.

vie /váɪ/ ***vie (with*** *a person*) ***for*** [***in***] 圓 …のために[において](人と)競う ▪They all *vied in* paying her every attention. 彼らは競って彼女にあらゆる心づかいを示した ▪We *vied with* each other *for* the first prize. 我々は1等賞を得るために互いに張り合った.

view /vjúː/ ***view away*** 他 《狩》(キツネが)隠れ家を出るのを見つけ(て知らせ)る ▪I *viewed away* a magnificent old fox. 私はすばらしく大きな老ギツネが隠れ家を出るのを見つけて知らせた.

view from 他〔主に受身で〕…から見る ▪When *viewed from* the road, the entire building cannot be viewed. 道路側から見るとその建物全体は見ることができない.

vindicate /víndəkèɪt/ ***vindicate*** *a person* ***from*** 他 人を(容疑など)から免れさせる, 人の…を弁護する ▪We must *vindicate* Raymond *from* the false accusation that put him in jail. レイモンドがそのせいで投獄された, 誤った告訴の容疑を晴らしてやらねばならない ▪He *vindicated* himself *from* a charge of treachery. 彼は窃盗の容疑から身の潔白を証拠立てた.

vindicate *a person* ***of*** 他 …から人の潔白を立証する, の容疑を晴らす ▪He *vindicated* himself *of* the charges with a strong piece of evidence. 彼は一つの強力な証拠で自らの容疑を晴らした.

visit /vízət/ ***visit*** *A* ***on*** [***upon***] *B* 他 B(人)にA(罪など)を報いる ▪Simon *visited* the daughter's fault *on* the son. サイモンは娘の落ち度を息子になすりつけた ▪The sins of the fathers *are visited upon* the children. 父親の悪事の報いは子に降りかかってくる.

visit with 圓 《米口》(訪問して)…と雑談する; を訪ねる ▪Come over and *visit with* me one of these days. そのうちぜひ話しにいらっしゃいよ ▪After the recital, I *visited with* the pianist. リサイタルのあと, 私はそのピアニストと雑談した ▪On Sunday I usually *visit with* him. 日曜日にはいつも彼の家を訪ねることにしています.

volunteer /vὰləntíər/vὸl-/ ***volunteer for*** 圓 …に志願する ▪Jimmy Santiago *volunteered for* the campaign. ジミー・サンティアゴはその戦闘に志願した.

vomit /vάmət/vɔ́mɪt/ ***vomit forth*** [***out, up***] 他 (煙・食べ物・悪口など)を噴き出す, 吐き出す ▪The chimney is *vomiting forth* clouds of smoke. 煙突がもうもうたる煙を吐き出している ▪My brother *vomited up* his lunch. うちの兄はランチで食べたものを吐き出した ▪There he sat *vomiting out* lie after lie. 彼はそこに座って嘘八百を並べ立てていた.

vote /vóʊt/ ***vote against*** 他 …に反対の投票をする ▪Many *voted against* the bill. その法案に反対投票した者が多かった.

vote away 他 投票によって…を追い払う ▪They have *voted away* this Bishop. 彼らはこの司教を投票によって放逐した.

vote down 他 **1**(投票によって)…を否決する ▪They *voted* the motion *down*. 彼らはその動議を否決した ▪The measure *was voted down*, six to one. その案は6対1で否決された.
2(人)を落選させる ▪The stockholders *voted down* the candidate for the board of directors. 株主たちは重役を志したその人物を落選させた.

vote for 他 **1** …に賛成の投票をする ▪I *vote for* Johnson—whom do you *vote for*? 私はジョンスンに賛成投票する—君は誰に(賛成投票)するのか.
2《口》…に賛成する ▪I *vote for* hiking. 私はハイキングに賛成だ.

vote in 他〔主に受身で〕**1** 投票で(人)を選出する, 当選させる ▪The chairperson *was voted in* by a handsome majority. 議長は相当な票差で選出された.
2(法案)を可決する ▪U.S. Congress has finally *voted in* the law. アメリカ議会は最終的にその法案を可決した.

vote *A* ***into*** *B* 他 **1**(投票で)A(人)をB(委員会・役職など)に選ぶ ▪Jeffrey *was voted into* the club. ジェフリーはそのクラブの一員に選出された ▪We *voted* Tom *into* the chair. 我々はトムを議長に選出した.
2(議案など)を票決で成立させる ▪The ruling party *voted* these propositions *into* law. 与党はこれらの発議を票決で成立させた.

vote off 他〔主に受身で〕…を投票で免職にする, 解任する ▪He *was voted off* the board. 彼は票決で委員を免職された.

vote on 圓 …の問題で投票する ▪I'm not going to *vote on* that question. 私はその問題で投票するつもりはない.

vote *a person* ***onto*** 他 人を(委員など)に選出する ▪Tom has *been voted onto* the committee. トムは委員の一人に選出された.

vote out 他 …を投票によって追い出す ▪An incumbent *was voted out* of office. 現職者が投票によって職を追われた.

vote through 他〔主に受身で〕(議案)を投票で通過させる, 可決する ▪They *voted* the bill *through*. 彼らはその法案を投票で通過させた ▪We got the budget *voted through*. 私たちは投票で予算を通過させた.

vouch /váʊtʃ/ ***vouch for*** 他 **1**(人)の保証人になる; (人の正直など)を保証する ▪Let him in. I can *vouch for* him. 彼を中へ入れてやれ. 人物は私が保証してやっていい ▪He *vouches for* the boy's honesty. その少年の正直さは彼が保証している.
2(物が事実)の証拠となる ▪The plan seems to *vouch for* his cleverness. その構想は彼の頭のよさの

証左となるように思われる.
3 (陳述など)に証言を与える, を請け合う ▪ I do not *vouch for* what I said of him. 彼について言ったことを請け合いはしませんよ ▪ I can *vouch for* it that no step was taken. 何の処置も講じられなかったことは請け合ってもよろしい.

vow /vaʊ/ *vow A upon B* 他 AをBに与えることを誓う ▪ The man *vowed* vengeance *upon* his foes. その男は敵に復讐をすることを誓った.

W

wad /wɑd|wɔd/ ***wad up*** 他 《米》(紙など)をくるくると巻く ▪ He *wadded up* a leaf from his book and used it to block up the mouse-hole. 彼は本の1ページをちぎってくるくる巻き,それをネズミの穴をふさぐのに使った.

wad *A* ***with*** *B* 他 AにBを詰める,詰め込む ▪ Hermione *wadded* her report *with* irrelevant material. ハーマイオニーは報告書に関係のない資料を並べてた.

wade /weɪd/ ***wade in*** 自 《英口》 **1**(水の中を)苦労して歩く[進む] ▪ Unable to reach the buoy from the shore, he *waded in* toward it. 岸からはブイに届かなかったので,彼はブイに向かって水の中を歩いた.

2 威勢よく始める ▪ Miss McWilliams obtained some textbooks and *waded in*. マクウィリアムズさんは何冊か教科書を買い求めて威勢よく読み始めた.

3 猛烈に攻撃する ▪ Tell them to *wade in*. 彼らに猛烈に攻撃せよと言え.

4 (…に)干渉する (*with*) ▪ Jack Silverstone *waded in with* an attack on company policy. ジャック・シルバーストーンは会社の方針を非難して干渉した.

wade into 自他 《英口》 **1**(水の中を)苦労して歩く[進む] ▪ The boy *waded into* the ocean. 男の子は海の中をバシャバシャと歩いた.

2 …をてきぱきと,いう勢いよく取りかかる ▪ I *waded into* the morning's mail. 私は朝の郵便をてきぱきと読み始めた ▪ The lawmaker *waded into* a new argument over defence spending. その議員は防衛費の支出について勢いよく新しい議論に加わった.

3 …を猛烈に攻撃する[食べ始める] ▪ He *waded into* a man almost twice his size. 彼は体が自分の2倍も大きい男を猛烈に攻撃した.

wade through 自 **1**(水・雪・ぬかるみなどの中を)苦労して歩く ▪ My grandfather was *wading through* the snow toward the post office. うちのおじいちゃんは雪の中を苦労して郵便局の方に歩いていた.

— 自他 **2**(退屈な仕事,おもしろくない本などを)骨折って進む; やっと切り抜ける ▪ They were *wading through* the endless tangle of their account. 彼らは果てしのない面倒な計算を骨折ってやっていた ▪ The judge had to *wade through* all the documents. 裁判官は全部の文書に骨折って目を通さねばならなかった.

waffle /wɑ́fl|wɔ́fl/ ***waffle about*** 自 …についてむだ口をたたく ▪ What's the use of *waffling about* that? そんなことでむだ口をたたいて何になるというのか.

waffle on [*over*] 自 《米口》決心できない,決めかねる ▪ The president *waffled on* the issue. 社長はその問題については言葉を濁した.

waffle on (***about***) 自 《英口》(…について)中身のないことをぺらぺら話す[だらだら書く] ▪ She *waffled on* for another ten minutes. 彼女はさらに10分ほど話を続けた ▪ Benny *waffled on about* everything that didn't matter. ベニーはつまらないことをあれこれと話した.

wager /wéɪdʒər/ ***wager on*** 他 **1** …に賭ける ▪ I'll *wager* 10 dollars *on* that. それに10ドル賭けよう.

— 他 **2** …を保証[確信]する,請け負う ▪ I won't *wager on* Tom arriving on time. トムが時間通りに来るなんて保証できないね.

wail /weɪl/ ***wail for*** 自 …を求めて嘆き悲しむ ▪ The child is *wailing for* a doll. その子は人形をほしがって泣きわめいている.

wail out 自 **1** 大声で泣き悲しむ ▪ Air raid sirens *wailed out*. 空襲警報のサイレンがけたたましく鳴った.

— 他 **2** …を嘆き悲しむように言う ▪ He was *wailing out* a drinking-song. 彼は嘆き悲しむように酒の歌を歌っていた.

wail over [***about***] 自 …を嘆き悲しむ ▪ She *wailed over* her father's remains. 彼女は父の亡骸(なきがら)にすがって嘆き悲しんだ ▪ There's no point *wailing about* something that happened years and years ago. 何年も前に起こったことを嘆いても仕方ない.

wait /weɪt/ ***wait about*** [***around***] (***for***) 自 《口》(あたりで)ぶらぶらして待つ ▪ We're *waiting around* till it stops raining. 私たちは雨がやむまでぶらぶらして待っている ▪ I don't feel like *waiting around for* him to arrive. 彼が到着するのをぼんやりと待つのは気が進まないな.

wait behind 自 あとに残る,居残って待つ ▪ Rosalinda asked him to *wait behind* after the meeting. ロザリンダは彼に会議のあとに残ってくれるように頼んだ.

wait for 自 …を待つ,待ち合わせる ▪ Are you *waiting for* anybody? 誰かお待ち合わせですか ▪ We *waited for* the gate to open. 我々は門の開くのを待った.

wait in 自 《英》家で待つ ▪ I'll *wait in* for it. —No need for that. ぼくが家でそれを待っていよう—いや,それには及ばない ▪ I *waited in* for a delivery that morning. 当日の朝は家で配達が届くのを待った.

wait off 自 (競走などで他の競走者が疲れたときに楽勝するために)抜かれるままになる ▪ He patiently *waited off*, while Sancho forced the running. 彼はサンチョがむりやりに先頭を切っているあいだ辛抱強く抜かれるままになっていた.

wait on [《文》*upon*] 他 **1**《主に米》…の給仕をする ▪ At dinner we *were waited on* by three

servants. 正餐(え)の時に使用人3名が給仕をしてくれた ▪ Who's *waiting on* table 7? 7番テーブルの給仕は誰がしているんだ?
2(客)に応待する ▪ *Are* you *waited on*?(誰か)ご用をおうかがいしましたでしょうか《店員が客に向かって》.
3《米口》…を待つ ▪ I'm *waiting on* the result of the blood test. 私は血液検査の結果を待っている.
4(人)に仕える,侍す ▪ My grandpa *is waited upon* hand and foot. うちのおじいちゃんはまめまめしく身の回りの世話を受けている ▪ She has no one to *wait upon* her. 彼女には身の回りの世話をする人がいない.
5《主に米》…を護衛する,のお供をする ▪ Jack *waited on* her home. ジャックは彼女を家まで送って行った.
6(競走などでわざと相手)のすぐ後について走る ▪ Samuel Wanjiru was *waiting on* all his competitors. サムエル・ワンジルはすべての競走相手のすぐ後について走っていた.
7(結果などが)…に従う,を伴う ▪ Ruin will *wait upon* such conduct. そのような行為には破滅が伴うものである ▪ May good luck *wait upon* you! ご幸運を祈る.
8《聖》(神)を待ち望む ▪ Let none that *wait on* thee be ashamed. あなたを待ち望む者を誰一人はずかしめないでください.
9《雅》(長上者)を訪問する,に伺候する ▪ I took the liberty of *waiting on* her. 私は失礼ながら顔みず彼女を訪問した ▪ We had orders to *wait upon* the King. 我々は王に伺候するように命じられていた.
━ 自 **10**《英・方》(タカが獲物が現れるまで)ハンターの頭上高く弧を描いて待つ.

wait out 他 …の好転する[やむ]のを待つ ▪ You had better *wait out* the stock market. 君は株の相場が好転するのを待ったほうがよい ▪ We *waited out* the storm. 我々は嵐がやむのを待った ▪ Bill Clinton had no choice but to *wait* the scandal *out*. ビル・クリントンは醜聞がおさまるのをじっと待つしかなかった.

wait up (***for*** *a person*) 自 **1**人の帰りを寝ないで待つ ▪ Don't *wait up for* me. 私の帰りを寝ずに待ったりしないでください ▪ I'll probably be very late tonight, so don't *wait up*. 今夜はおそらく帰りがうんと遅くなるから,先に寝ていていいよ.
2《米口》立ち止まって(あとから来る)人を待つ;(こっちが話せるように)話すのをやめる;(追いつけるように)進むのをやめる ▪ Let's *wait up for* the others. 立ち止まって他の連中を待とうよ ▪ Just *wait up* a bit, please. I've got a lot to tell you. ちょっと黙ってくれよ. こっちにも話すことが山ほどあるんだ ▪ *Wait up* a second. I'm coming. ちょっと待って. 今行くから.

wake /weɪk/ ***wake up*** 自 **1**目をさます ▪ I *woke up* with a start. 私ははっとして目をさました.
2目を覚ましてよく聞く,もっと注意する ▪ *Wake up*. That was a dismal performance. よく聞け. あれはひどい演奏だったぞ ▪ You'd better *wake up* if you don't want to end up at the bottom. 最下位に終わりたくなければもっと周囲に気を配れ.
3(無生物が)活気づく ▪ Even little Tasmania has *waken up*. 小さなタスマニア島でさえ活気づいてきた.
━ 他 **4**…を目ざめさせる ▪ Please *wake* me *up* at six. 6時に起こしてください ▪ Turn down that music! You'll *wake up* the whole neighborhood! 音楽の音を低くしろ. 近所がみな目を覚ますじゃないか.
5…を覚醒[奮起]させる ▪ Try to *wake up* a sluggish class with a few stretching exercises. 少しストレッチをさせて反応の鈍いクラスを活気づけてみたらどうかな?

wake (***up***) ***to*** 自他 …に気づく[気づかせる] ▪ The Church *waked up to* the sense of her true position. 教会はその真の立場に気づいた ▪ He was *waked up* suddenly *to* life's delight. 彼は突然人生の喜びに目ざめた ▪ We need to *wake up to* the fact that everything has completely changed. 万事が一変したという事実に気づく必要がある ▪ Ms. Marshall *waked to* the gravity of the present situation. マーシャルさんは今の事態の重大性に気づいた.

wake with 《方》寝ずに(病人)の看病をする ▪ They have *waked with* him for several nights. 彼らはいく晩も寝ずに彼の看病をした.

walk /wɔːk/ ***walk abroad*** 自 《文》広がる ▪ The pestilence is *walking abroad*. その疫病は広がりつつある.

walk along 自 **1**歩いて行く ▪ I *walked along* with dragging feet. ぼくは足を引きずって歩いて行きました.
2…に沿って歩く ▪ I *walked along* the kerb. 私は歩道のふち石に沿って歩いた.

walk around 自 **1**歩き回る,ぶらつく ▪ She *walked around* the garden with no shoes on. 彼女は靴を履かずに庭を歩き回った.
2《米口》(ミンストレル・ショーで踊り手が)ダンスをする ▪ The dancer *walked around*, turning her toes in. 踊り子は内輪に歩きながら踊った.
━ 他 **3**《米》…をさまざまな観点から考える ▪ We *walked around* the problem for two hours. 私たちは2時間にわたってその問題をいろんな観点から考えました.
4《米》…を慎重に扱う ▪ Critics *walk around* the question gently. 批評家はその問題を穏やかに慎重に扱う.

walk away from 自 **1**(競走などで)…を楽々と引き離す ▪ But for that I should have *walked away from* her. あんなことがなければあの女なんか楽々と負かしてやれたのに.
2(事故)をかすり傷も負わないで逃れる ▪ Luckily, the aviator *walked away from* the crash. その飛行士は墜落事故にあったが, 幸運にもほとんど無傷で切り抜けた.
3(いやなこと)から逃げる ▪ We can't just *walk away from* the problem. その問題からどうしても逃げることはできない ▪ I've *walked away from* worse situations than this before. 今よりも悪い状況から逃れたことがある.

walk away with 自他 《口》**1**…を持って逃げる

▪ He *walked away with* his master's money. 彼は主人の金を持ち逃げした.
2 (賞品など)を取る, さらう ▪ He expects to *walk away with* the nomination. 彼はうまく任命されるものと考えている.

walk back [自] 歩いて帰る ▪ Jennifer *walked back* from the party. ジェニファーはパーティーから歩いて帰った.

walk** a person **back [他] 人を歩いて家まで送って行く ▪ Tom *walked* her *back*. トムは歩いて彼女を家まで送って行った.

walk by [***after***] [自] (おきてなど)に従って行動する ▪ I give you way and will *walk by* your counsel. あなたに譲歩し, あなたの勧告に従って行動しましょう.

walk down [他] **1** (歩いて毒)を中和する ▪ I have heard these poisons may *be walked down*. これらの毒は歩けば中和すると聞いている.
2 歩いて(連れ)を疲れさせる ▪ I do believe I could *walk down* anybody! 私は誰だって歩いてへたばらせられるとほんとに思うんだ.

walk in [自] **1** 内に入る ▪ Please *walk in*. どうかお入りください《主に方》 ▪ The door opened and Professor Moriarty *walked in*. ドアが開いてモリアーティー教授が入って来た.
2《米口》(仕事に)楽にありつける (*to*) ▪ You could *walk in* (*to* any job). 君ならどんな仕事にだって楽にありつけるさ.

walk in on [自][他] 突然[うっかり]入って(人)のじゃまをする ▪ I was getting undressed, when she *walked in on* me. 着替えをしていると不意に彼女が入ってきた ▪ Sorry, I didn't mean to *walk in on* you. I didn't know you were in here. ごめん, じゃまをしに入るつもりはなかったんだ. 君がここにいるとは知らなかったもので.

walk into [自][他] **1** …へ入る ▪ Will you *walk into* my parlor? 居間にお入りくださいませんか.
2 歩いて…にぶつかる ▪ I have *walked into* a glass door more than once. 何度もガラスのドアに歩いてぶつかったことがある.
3 うっかりして(わな・待ち伏せ)にひっかかる ▪ Ethan Hunt realized he'd *walked into* a trap. イーサン・ハントはわなにかかったことに気づいた ▪ You might be *walking into* an ambush. 君はひょっとして待ち伏せにあうかもしれない.
4 楽に(仕事)にありつく; …をまんまと勝ち得る ▪ With her beauty and intelligence, she just *walked into* that job. 美人で頭がいいので, 彼女は楽々とその仕事にありついてしまった ▪ Marvim *walked into* her affections. マービンはまんまと彼女の愛情を手に入れた.
5《口》…を激しく攻撃[非難]する ▪ He *walks into* us all as if it were our faults. それが我々の過失ででもあるかのように彼は我々みんなに食ってかかる.
6 …をたらふく食う[飲む] ▪ Look at that little fellow—how he *walks into* the pie! あの小さい子供をごらん—盛んにパイをぱくついているじゃないか.

walk off [自] **1** すたすたと立ち去る; 急に出発する ▪ Mr. Chick said no more, and *walked off*. チック氏はもう何も言わずに, すたすたと立ち去った.
— [他] **2** 歩いて…をなくす ▪ Miss Wallington *walked off* the effects of the wine. ワーリントンさんは歩いて酔いをさました ▪ I *walked off* my headache. 私は歩いて頭痛を治した ▪ I can usually manage to *walk* the pain *off*. 私は普通歩いて何とか痛みを治せる.
3 …を立ち去らせる; (罪人など)を引っ張って連れて行く ▪ The police officer *walked* the man *off*. 警察官がその男を引っ立てて行った.

walk off with [他]《口》(賞品・略奪品など)をさらって行く ▪ The story *walked off with* first prize. その小説が一等賞をさらった ▪ A boy *walked off with* my portmanteau. 男の子が私のトランクをさらって行った.

walk on [自] **1** 歩き続ける ▪ They all *walked on* together. 彼らはみんないっしょに歩き続けた.
2《口》(芝居などで)端役をやる ▪ She just *walked on* in the film. 彼女はその映画では端役をやっただけだ.
3《米俗》[[命令文で]] ばかを言え, まさか ▪ *Walk on*, you idiot! That can't be true. まさか, このばかめ! そんなはずがあるものか.

walk out [自][他] **1** 出歩く; …を出歩かせる ▪ She *walked* him *out* sedulously into Kensington Gardens. 彼女はせっせと彼をケンジントン植物園へ出歩かせた.
— [自] **2** (会議の席などから)出て行く, 席をけって出る ▪ The two members *walked out* in protest. 二人の委員は抗議して席をけって出た ▪ The delegation *walked out* of the talks. 代表は話し合いの席をけって退出した.
3《口》罷業する, ストをする ▪ Railroad workers are *walking out*. 鉄道員は目下スト中だ.
4 人を見捨てる ▪ His mother *walked out* when he was six and he hasn't seen her since. 彼の母親は彼が6歳のとき家を出て, その後彼は会っていない.
5 (兵が)許可を得て外出する ▪ Soldiers are permitted to *walk out* during off-duty hours. 兵士は非番のときは外出を許可される.

walk out of [自] **1** …から歩いて出る ▪ Michael *walked out of* the room. マイケルは部屋から歩いて出た.
2 (会議)から席をけって出る (→WALK out 2.) ▪ The delegate *walked out of* the meeting. その代表は会議から席をけって出た.

walk out on [自] **1** (人)を見捨てる, (事)をやめる ▪ He *walked out on* his wife and children. 彼は妻子を見捨てた ▪ I am thinking of *walking out on* the practice of law. 私は弁護士の仕事をやめようかと思っている.
2 …に反対して出て行く ▪ Several people *walked out on* the movie. その映画に反対して数人の人が出て行った.
3 (契約)を果たさない ▪ You can't *walk out on* the contract. 契約を破ることはできませんよ.

walk (out) with 自 (若い男女が結婚の目的で)...とつき合う, ねんごろにする ▪ Rose *walks out with* a young man on her Sundays. ローズは休暇の日曜日にはある若者とつき合っている.

walk over 自 **1** (別な所へ)歩いて行く ▪ He *walked over* to the fire. 彼は暖炉の方へ歩み寄った.
2 (競馬) (出走馬が)並足で歩いて勝つ, 単走する.
— 他 **3** (人)を(別な所へ)歩いて案内する ▪ He *walked over* her to her place. 彼は歩いて彼女を家まで送って行った.
4 (試合など)で楽勝する ▪ The candidate will *walk over* the course. その候補者は楽勝するだろう.

walk over *a person* 他 《米口》 **1** 人を楽に負かす, 人に楽勝する ▪ Wednesfield simply *walked over* me at billiards. ウェンズフィールドはビリヤードで僕をいとも簡単に負かしてしまった ▪ We expected him to *walk* all *over* her. 彼女に楽勝するものとばかり思っていた.
2 (あれこれ指示して)人をしいたげる ▪ In those days the schoolmasters *walked over* young children. 当時教師は幼い子供らをしいたげた ▪ I don't want to allow myself to be *walked over*. 誰かにあれこれ指示されたくない.

walk round *a person* 他 **1** 《米口》人をだます ▪ Weinberger *walked round* another gentleman in the dealing. ワインバーガーはその取引で別の紳士をだました.
2 《米口》人を楽々と負かす ▪ They *walked round* Gamble and Davies. 彼らはギャンブルとデイビーズとを楽々と負かした.

walk through 他 **1** (劇のけいこ)をぞんざいに終える ▪ She merely *walked through* the part, mumbling her lines. 彼女はせりふをただもぐもぐ言いながら, 役のけいこを雑に終えた.
2 (試験など)に楽にパスする ▪ Wayne *walked through* his driving test. ウェインは運転免許試験に楽々とパスした.
3 歩いて(ダンス)を終える ▪ Even ladies are now content to *walk through* a quadrille. 婦人たちも現在では甘んじてカドリールを歩いて終えます.

walk A through B 他 A(人)にBを少しずつ[段階を踏んで]慎重に教える[話す] ▪ She *walked* me *through* this complex computer program. 彼女は私にこの複雑なコンピュータ・プログラムを少しずつ教えてくれた ▪ Please *walk* us *through* your reasons for wanting the job. この職を求める理由をつぶさに話してください.

walk together 自 《英》(若い男女が)つき合う, ねんごろにする ▪ Rose and he *walked together*. ローズと彼はつき合っていた.

walk up 自 **1** 近寄る, 進む ▪ He *walked up* to me. 彼は歩み寄ってきた ▪ She *walked up* and asked to borrow the car. 彼女は近寄ってきて車を貸してと言った.
2 (2階などへ歩いて)上がる ▪ Won't you *walk up*? どうかお上がりくださいませんか.
3 [命令文で] お入り ▪ *Walk up*! *Walk up*! いらっしゃい! いらっしゃい! (呼びこみの呼び声)
— 他 **4** (通り)を歩く ▪ Jezebel was *walking up* Oxford Street. ジェザベルはオックスフォード通りを歩いていた.
5 歩いて近づいて(鳥)を飛び立たせる, 歩いて近づいて(獣)を穴から出させる ▪ I spent a day *walking up* partridges. 私はヤマウズラを飛び立たせて1日を過ごした.

wall /wɔːl/ ***wall in*** 他 [主に受身で] (壁・塀で)...を囲い込む ▪ The gravel-walk *was walled in* on the left hand. 砂利道は左側が塀で囲まれていた ▪ The pond *was walled in* by the thick growth of trees. 池は木の茂みに取り囲まれていた.

wall off 他 [主に受身で] ...を壁でさえぎる ▪ The kitchen *is walled off* from the sleeping-room. 台所は寝室から壁でさえぎられている.

wall out 他 ...を壁[塀]で締め出す ▪ Traffic *was walled out*. 人通りは壁で締め出された.

wall up 他 **1** ...を壁の中へ閉じ込める ▪ He *was walled up* alive by those he trusted. 彼は信頼している人々に生きたまま壁の中へ閉じ込められた ▪ We believed that he'd *walled* the body *up* somewhere in the house. 我々は彼がきっと死体を家のどこかの壁に閉じ込めていると思った.
2 ...を壁でふさぐ ▪ We *walled up* the window. 我々は窓を壁でふさいだ.

wallow /wɑ́loʊ|wɔ́l-/ ***wallow in*** 自 **1** (泥・水中)で転げまわる; のたうつ ▪ The pigs *wallowed in* the mud. ブタどもは泥水で転げまわった.
2 (酒色・贅沢など)にふける, おぼれる ▪ I *wallowed in* sloth and ease. 私は怠惰と安逸にふけった.

waltz /wɔːlts|wɔːls/ ***waltz around*** 他 《米俗》(人)を避ける, だます, はぐらかす ▪ They *waltzed* her *around*. 彼らは彼女のことをはぐらかした.

waltz in 自 《口》堂々と[元気よく]入ってくる; 厚かましく入る ▪ She winked in delight as he *waltzed in*. 彼が元気よく入ってくると彼女はうれしそうにウィンクした ▪ Jonathan *waltzed in* at 9:30 and didn't care what his boss thought. ジョナサンは悠々と9時半に出社し, 上司の思惑は気にもとめなかった.

waltz into 自 **1** ...へ堂々と[図々しく]入る ▪ She usually *waltzes into* the office 30 minutes late. 彼女は大抵あつかましく30分遅刻してくる.
2 引きずるように連れて行く[運ぶ] ▪ The teacher *waltzed* the boy *into* the principal's office. 先生はその子を校長室へ引っ張って行った.
3 ...をひどく叱る, 攻撃する ▪ Dad *waltzed into* me just because I came home late. 遅く帰ったというだけで, パパは私をこっぴどく叱った.

waltz off with 他 **1** 《口》楽々と(賞)をさらう ▪ John Maxwell Coetzee *waltzed off with* several honors. ジョン・マクスウェル・クッツェーはいくつかの賞を楽々とさらった.
2 《口》無断で持って行く, 盗む ▪ Someone has just *waltzed off with* my bike. 誰かが僕の自転車に勝手に乗って行ってしまった.

— 自 **3** (人)と駆け落ちする ▪ Jorge *waltzed off with* the professor's wife. ホルヘは教授夫人と駆け落ちした.

waltz out 自 《口》 堂々と[勢いよく]出て行く ▪ Joanna *waltzed out* without even so much as a goodbye. 別れさえ告げずにジョアンナは飛び出して行った.

waltz through うまくやる, 首尾よく通り抜ける, 楽々とやってのける ▪ They have *waltzed through* their training. 彼らは訓練を楽々とやってのけた ▪ He *waltzed through* the entrance examination for Waseda. 彼は早稲田大学の入学試験にやすやすと合格した.

waltz up (to) 大胆に[ためらうことなく]近づく ▪ Jack *waltzed up to* her and introduced himself. ジャックはためらうことなく彼女に近づいて自己紹介をした.

wander /wάndər|wɔ́n-/ ***wander about [around]*** 自 (…を)ぶらぶら歩き回る ▪ He *wandered about* (the streets) with no money. 彼は無一文で(街を)ぶらぶら歩き回った.

wander forth [out] 自 さまよい出る ▪ The father found one of his children *wandering out*. 父親は子供の一人がさまよい出ているのに気づいた.

wander off [from, out of] 自 (本道)からそれる, を踏み迷う ▪ We *wandered off* the track [*out of* our way]. 私たちは道を踏み迷った ▪ She found her attention *wandering from* the novel. 彼女の心はいつかその小説から離れているのを知った.

wangle /wǽŋɡəl/ ***wangle A out of B*** 他 《俗》B (人)からAをうまく[まんまと]せしめる ▪ He *wangled* £20 *out of* her mother. 彼は母親からまんまと20ポンドせしめた.

wank /wæŋk/ ***wank off*** 自他 《主に英・卑》(男性が)自慰をする; (男性に)自慰を施す ▪ Most teenagers *wank off* daily. 十代の若者はたいてい毎日自慰をする ▪ She was having her period, so she *wanked* me *off*. 彼女は生理中だったので, 僕に施してくれた.

want /wɑnt|wɔnt/ ***want a person around*** 他 人にそばにいてもらいたいと思う ▪ You don't *want* me *around*. 私がそばにいないほうがいいのだね.

want back 他 …を戻して[に戻って]もらいたいと思う ▪ I *want back* my book. 私の本を戻してほしい.

want in 自 **1** 《米口》 中へ入りたがっている ▪ The visitor *wants in*. お客は中へ入りたがっている.
2 (事業などに)加わりたいと思う ▪ Do you *want in* or not? 加わりたいのか加わりたくないのか ▪ These investors *want in* but have not yet been admitted. この投資家たちは参加したがっているが, まだ認められていない ▪ I *want in* on the deal. 私はその取引に加わりたい.
— 他 **3** 人に(事業などに)加わってもらいたいと思う ▪ Do you *want* her *in* on this project? 彼女にこの計画に参加してもらいたいのか.

want in [for] 自 《文》 …に欠ける, が足りない ▪ The house *wants in* height. その家は高さが足りない ▪ My brother never *wanted for* friends. うちの兄貴は友だちに事欠くようなことはなかった ▪ You shall *want for* nothing. おまえに不自由はさせない.

want A of [from] B 他 B (人)にAを望む ▪ What do you *want of* him? 彼に何を望むのか.

want off 自 《米》(乗物から)降りたいと思う ▪ I *want off* at the next stop. 次の停留所で降りたいのです.

want out 自 《米口》 **1** 外へ出たがっている ▪ The dog *wants out*. 犬は外へ出たがっている ▪ This is getting a little scary. I *want out*. 少し怖くなってきた. 外へ出たい.
— 他 **2** 人に(事業など)から手を引いてもらいたいと思う ▪ The boss *wanted* them *out* after they messed up the project. 彼らが計画を台なしにしたので社長は彼らに手を引かせたいと思った.

want out (of) 他 《米》(いやな事)から逃れたい, 手を引きたい ▪ People *want out of* the war. 人々は戦争から逃れたいと思っている.

want up 自 《米》床から起きたがっている ▪ I'm feeling better. I *want up*. 気分がよくなった. 起きたい.

war /wɔːr/ ***war against [on, upon, with]*** 自 …と戦う ▪ The Cubans *warred against* the Spaniards. キューバ人たちはスペイン人と戦った ▪ Tribes *warred with* tribes. 部族同士が相戦った.

war down 他 戦って…を押さえる ▪ His pertinacity *warred* the resistance *down*. 彼が根気強く戦って抵抗を押さえたのだ.

ward /wɔːrd/ ***ward off*** 他 **1** (打ってくる手など)を受け流す ▪ Before he could *ward* it *off*, the thrust was given. 彼が受け流す前にその突きは加えられた.
2 (危険など)を防ぐ, 避ける ▪ Rising hills *ward off* the wintry winds. そびえる山が冬の風を防いでくれる ▪ I saw the blow coming and raised my arm to *ward* it *off*. なぐりかかってくるのが見えたので私は片手を挙げて防いだ.
3 (人が何かをするの)を妨げる, させないようにする ▪ She *warded* him *off*, saying, "I'm sorry the room's such a mess." 悪いけど部屋が散らかっているので, と言って彼女は彼が入ろうとするのをさえぎった.

warm /wɔːrm/ ***warm down*** 他 《米》(激しい運動の後に)軽い運動で筋肉の疲れ[凝(こ)り]を取る ▪ Warm up beforehand and *warm down* afterwards to avoid stiffness. 運動の前後に軽く体を動かして凝りを防ぎなさい.

warm over 他 《米》 **1** (さめた料理)を温め返す ▪ The stew appeared, *warmed over* fresh, at every meal. そのシチューは新しく温め直されて毎度の食事に出された.
2 (意見など)を蒸し返す, 受け売りする ▪ I sometimes find myself *warming over* other people's ideas. 私はときどき他人の考えを受け売りしていることに気づくことがある.

warm through 他 …に軽く熱を通す, を温める

First fry mushrooms, then add chicken and *warm it through*. まずマッシュルームを油でいため、それからチキンを加えて軽く熱を通してください.

warm to [toward] 自 **1**(人・心が人)を好きになる、(…に対して)好意[同情]を寄せる ▪ *My heart warmed toward* him. 私は彼に同情した ▪ Carlyle cannot but *warm to* Scott at the end. カーライルはついにはスコットを好きにならずにいられない ▪ I thought they were *warming to* my idea. 彼らが私の考えに好意を寄せていると思った.
2(題目)に熱がこもる ▪ She started to *warm to* her work. 彼女は仕事に熱が入ってきた ▪ As he *warmed toward* his subject, he spoke rapidly and more loudly. 主題に熱がこもるにつれて、彼は早口になり声も大きくなった.
— 他 **3** …に対して好意[同情]を抱かせる、好きにさせる、興味[関心]を起こさせる ▪ They're trying to *warm* the committee *to* their new proposal. 彼らは今度の提案に委員会の関心を向けさせようとしています.

warm up 自 **1** 暖まる ▪ The room is *warming up*. 部屋はだんだん暖まってきた ▪ The weather is *warming up*. 天候が暖かくなっている.
2(緊張などが)高まる、加熱する ▪ Racial tension has been rapidly *warming up*. 人種間の緊張が高まってきた.
3 おもしろくなる、盛り上がる ▪ The game is *warming up*. ゲームがおもしろくなってきた.
4 熱中する ▪ She *warmed up* on the subject. 彼女はその問題に熱中した.
5(本試合に備えて)格下と対戦する ▪ The boys *warmed up* for their big game. 少年たちは大事な試合に備えて格下を相手にした.
6 いっそう友好的になる ▪ After a short time, he began to *warm up*. しばらくすると彼はいっそう友好的になり始めた.
7 だんだんその気になる ▪ Miguel has finally *warmed up* to the idea. ミゲルはついにその考えに傾いてきた.
— 他 **8** …を温め直す ▪ She *warmed up* the soup for her supper. 彼女は夕食のためにスープを温め直した ▪ Shall I *warm* the sauce *up* again? ソースをもう一度温めましょうか.
9 ＝WARM over 2.
— 自 他 **10**(米)準備運動をする、ウォーミングアップする；…の準備運動をする ▪ The pitcher was *warming up*. ピッチャーはウォーミングアップしていた ▪ Let's do some stretching exercises to *warm up* our calf muscles. ふくらはぎの筋肉のウォームアップに少しストレッチ運動をしよう ▪ They started by *warming* the knees *up* with a few bends. 彼らはひざの屈伸を2, 3回してから準備運動を始めた.
11(観客)のムードを作る；を活気づかせる ▪ Dan Aykroyd told jokes to *warm up* the audience. ダン・エイクロイドは観客のムードを作るためにジョークを言った ▪ His job was to *warm* the crowd *up*. 彼の役目は群集のムード作りだ ▪ A bit of music will *warm* things *up*. ちょっと音楽をかけたら雰囲気に活気が出るだろう.
12(機械・ラジオなどを[が])十分に作動できる状態にする[なる] ▪ This engine takes a long time to *warm up*. このエンジンは暖まるまでに時間がかかる ▪ I'd better *warm* the car *up* first. まず車のエンジンをかけて暖めたほうがよかろう.

warm (up) to 自 (仕事・試合など)に熱中する ▪ Congress will by this time be *warming (up) to* their work. 議会は今ごろ仕事に熱中していることだろう.

warn /wɔːrn/ ***warn against [about]*** 自 他 …を避けるよう忠告する、(人に)…に気をつけよと[するなと]警告する ▪ Jake and Elwood *warned against* any attempt to find some quick and easy solution. ジェイクとエルウッドは安易に即決を求めないよう警告した ▪ I *warned* him *against* going. 彼に行くなと警告した ▪ He *warned* me *against* pickpockets. 彼は私にすりに気をつけろと言った ▪ I was *warned about* Alice. 私はアリスには気をつけるように注意された.

warn away (from) 他 **1** …に立ち退きを通告する ▪ They *warned* the ship *away from* the dock. 彼らは船にドックから出て行くように通告した.
2 …を警告して近づかせない、(…から)遠ざける ▪ The noise *warns away* intruders. 音がして侵入者を近づけないようになっている ▪ Male birds sing to *warn* other males *away*. 雄鳥は他の雄鳥に警告して立ち去るためにさえずる ▪ Flashing lights were used to *warn* ships *away from* the rocks. 閃光灯を使って舟が岩礁に近づかないように警告した.

warn a person of [about] 他 人に…を警告する ▪ He had *warned* me *of* the danger. 彼は私にその危険を警告してくれた.

warn A off B 他 **1** A(人)にBに近づかないように注意する ▪ We *warned* him *off* bad companions. 私たちは彼に悪い仲間に近寄るなと注意した.
2 A(人)に警告してB(場所)から去らせる ▪ The man *warned* me *off* the premises. 男は私に警告して構内から去らせた.
3 A(人)にBしないように警告[注意]する ▪ Joanne *warned* him *off* making any trouble. ジョーアンは彼に面倒を起こさないようにと注意した ▪ His parents *warned* him *off* a career in acting. 両親は彼に俳優を仕事にしないよういましめた ▪ I was *warned off* smoking after my first heart attack. 初めて心不全を起こしたあと、タバコを吸わないように警告された.
4(競馬)A(騎手)をB(出走停止処分)にする ▪ The rider *was warned off* for a year. 騎手は1年間出走停止処分にされた.

wash /wɑʃ, wɔʃ/ ***wash about*** 自 (液体の中にいるように)当てもなく漂う ▪ There is a large amount of X-radiation *washing about* in space. 宇宙空間には多量のX線放射線が漂っている.

wash against 自 (波が岸に)打ち寄せる、を洗う ▪ I could hear the waves *washing against* the cliff. がけに打ち寄せる波の音が聞こえた.

wash away 他 **1**...を洗い落とす ▪ I *washed away* the dirt. 泥を洗い落とした ▪ The rains *washed* the paint *away*. 雨がペンキを洗い流した.
2〖主に受身で〗...を流す, さらっていく ▪ The houses and bridges had *been washed away* by the flood. 家や橋は大水に流されていた ▪ Heavy rains *washed away* the bridge. 豪雨が橋を押し流した. ▪ The untamed river *washed* cars and buses *away*. 激流が車やバスを押し流した.
3(出来事・感情)を忘れる ▪ What had happened in the past *was* all *washed away*. 以前起きたことはすっかり忘れられた.
4(宗教的な意味で)を洗い清める ▪ No tears can *wash away* one's sins. 涙も罪を洗い清めてくれはしない.
5(痛みなど)を除く ▪ Whisky didn't *wash away* the pain. ウィスキーを飲んでも痛みはとれなかった. ▪ Time hadn't *washed* that desire *away*. 時が経ってもその欲望は消えていなかった.
6(水などを飲んで匂い・味)を消す ▪ I *washed* the taste of the scotch *away* with water. 水を飲んでスコッチの味を消した.
― 自 **7**流される ▪ The soil does not *wash away* like sand. 土は砂のようには流されない.

wash down 他 **1**...を洗い流す ▪ He was *washing down* the legs of a horse. 彼は馬の足を洗い流してやっていた.
2(波など)が...を押し流す ▪ The rain-water *washed down* the ground. 雨水が地面を押し流した.
3《口》(食物)をのどに流し込む ▪ I *washed down* the piece of beef with beer. その牛肉のきれをビールで流し込んだ.
― 自 **4**流れる ▪ Soil from the mountains *washes down* in the river. 山の土が川を流れていく.

wash a person from 他 人の(罪)を洗い清める ▪ We *are* thoroughly *washed from* our sins. 我々は罪をすっかり洗い清められた.

wash in 他 **1**(水彩画で)...に薄く色を塗る ▪ The bushes may *be washed in* with Indian yellow. その茂みはインディアンイエローで薄く塗るとよいだろう.
― 自 **2**(波が)砕ける ▪ Tiny waves *wash in* on the white shore. さざ波が白浜に砕けている.

wash off 他 **1**...を洗い取る ▪ Then *wash off* the tripoli with a soft sponge and water. 次に柔らかいスポンジと水でトリポリ(土)を洗い取れ ▪ I *washed* the soil *off* the potatoes before I cooked them. 調理する前にジャガイモの泥を洗い落とした.
2...を流す, さらっていく ▪ Violent currents of water *wash off* the outer coat of earth. 激しい水の流れが土地の表面をさらっていく.
― 自 **3**洗って落ちる ▪ The dirty marks will *wash off* easily. しみは洗えば簡単に落ちます.

wash out 他 **1**...を洗い取る, 洗い流す ▪ I *washed out* the stain. そのしみを洗い取った ▪ We must *wash out* the whole business. この件はすっかり水に流さねばならない ▪ You ought to try to *wash* it *out* of my mind. それを努めて忘れるようにしなくてはいけないよ.
2〖主に受身で〗...を雨のために延期する ▪ The game *was washed out* by a sudden downpour. そのゲームは不意のどしゃ降りのため延期された.
3(流水・波などが)...をえぐる, 浸食する ▪ The road *was washed out* by the rain. 雨で道路がえぐられた.
4...の色を洗い流す ▪ The fabric *was* by little and little *washed out*. その布は洗って少しずつ色がさめてきた.
5(口)をすすぐ ▪ The colonel began to *wash out* his mouth. 大佐は口をすすぎ始めた.
6(容器)の中をすすぐ ▪ It is requisite that the bottle *be washed out* after every experiment. 実験後いつもびんの中をすすぐことが必要である ▪ *Wash out* your coffee cups. 自分のコーヒーカップを洗え ▪ *Wash* the plate *out* before you put food in it. 料理を盛る前に皿を洗いなさい.
7(元気・新鮮さ)をなくす ▪ I feel *washed out*. 元気がなくなった感じだ ▪ That claptrap *is* quite *washed out*. そのはったりはすっかり新味がなくなっている.
8...を疲れ[消耗]させる ▪ That long walk has *washed* her *out*. あんなに長く歩いたので彼女はへとへとになった.
9《米俗》(賭けで)...を一文なしにする ▪ I always got *washed out*. 私はいつも一文なしになった.
10〖主に受身で〗(計画など)を台なしにする ▪ Our plans *were washed out* for lack of money. 我々の計画は資金不足のためおじゃんになった.
11...を終わらせる; を絶つ ▪ We *washed out* their five-game win streak. 僕たちは彼らの5連勝を阻んだ.
― 他 自 **12**《俗》除く[かれる], 捨てる[られる]; 落第する[させる], (特に米国空軍で)飛行試験に落第する[させる] ▪ I *was washed out* on a slight technicality. 私はわずかな専門事項によって飛行試験に落第した.
― 自 **13**(色・染色が)洗って落ちる ▪ These dyes don't *wash out*. この染料は洗っても色落ちしません ▪ All the color has *washed out* of those old curtains. あの古いカーテンは洗濯で色がすっかり落ちてしまった.

wash over 自 他 **1**＝FLOW over 3.
2...の心に浮かぶ ▪ A strange thought *washed over* me. 奇妙な考えが心に浮かんできた.
3(表面に液体を)軽く塗る ▪ She *washed over* the tops of the loaves with a feather dipped in beer. 彼女はビールに浸した羽毛でそのパンの上部表面を軽くしめらせた.
4(水彩画で)薄く色を塗る ▪ The scape should *be washed over* with a pale brown. 柱身は薄い茶色を塗るべきである.

wash up 他 自 **1**《英》食後に(食器)を洗う; 食後の洗い物をする ▪ He used to *wash up* the cups with the most orderly exactness. 彼は食後にこの

上もなく秩序正しく几帳面に茶わんを洗うのが常であった ▪ It didn't take long to *wash* those few things *up*. そのわずかな洗い物をするのに長くはかからなかった. ▪ Jennifer retired into the kitchen to *wash up*. ジェニファーは食後の洗い物をするために台所へ引き下がった.

2(波などが)…を打ち上げる; 打ち上がる ▪ A whale *was washed up* on shore. クジラが岸に打ち上げられた. ▪ The sea *washes up* all sorts of trash along this coastline. この海岸に沿って波がいろんなゴミを打ち上げる ▪ The water *washed up* on to the bank. 水が堤の上へ打ち上げてきた.

— 他 **3**《米俗》(仕事)をうまく仕上げる ▪ I can *wash* the story *up*. その物語をうまく仕上げることができるよ. ⌒仕事が終わると手を洗うことから.

4《口》［主に受身で］…に失敗させる; に破局を迎えさせる ▪ As a pitcher I'm all *washed up*. ピッチャーとして私は全くだめになった.

5…を洗って除く ▪ She *washed up* the spilled milk. 彼女はこぼれた牛乳を洗い流した.

— 自 **6**《米》顔や手を洗う ▪ I'll be with you as soon as I *wash up*. 顔と手を洗ったらすぐ行きますよ.

7《口》(久しぶりに)不意に訪れる ▪ He would *wash up* at his brother's house at times. 彼はたまに兄の家をだしぬけに訪れた.

waste /weɪst/ ***waste away*** 自 **1**やせ衰える; 小さく[弱く]なる ▪ He *wasted away* to a skeleton. 彼はやせ衰えて骨と皮ばかりになった ▪ The muscles started to *waste away* and rapidly lost strength. 筋肉が衰え始め急速に力を失った ▪ The rural communities were left to *waste away*. 農村社会は衰退するにまかされた.

— 他 **2**(時)をむだに過ごす ▪ Carson Culkin *wasted* his hours *away*. カーソン・カルキンは時間をむだに過ごした.

waste *A* ***on*** *B* 他 A(金・時間)をBにむだに費やす ▪ Don't *waste* your money *on* such trifles. そんなつまらないものに金をむだ使いするな.

watch /wɑtʃ|wɔtʃ/ ***watch after*** 他 《まれ》(人)の動きを注視する ▪ Fanny's eyes were *watching after* the young man. ファニーの目はその青年の動きを注視していた.

watch by 他 (病人)の看護をする ▪ I *watched* all night *by* the patient. 私は徹夜で患者の看護をした.

watch for 他 **1**…を待ちかまえる ▪ I have been *watching for* the mail carrier. 私は郵便集配人を待ちかまえていた. ▪ Jake *watched for* an opportunity to speak. ジェイクはしゃべる機会を待ちかまえていた.

2…を警戒[用心]する ▪ They *watched for* pickpockets. 彼らはすりを見張っていた.

watch in 自 寝ずに(新年)を迎え入れる ▪ Mother was not strong enough to *watch in* the New Year. 母は寝で新年を迎え入れられるほど丈夫ではなかった.

watch out 自 **1**《口》(…を)用心する, 警戒する, 見張る ▪ You *watch out* and take good care of yourself in this fighting business. この戦闘では用心して体を大事にしていろよ ▪ *Watch out for* adders! マムシに用心しろ.

2(…を)見落とさないようにする (*for*) ▪ *Watch out for* these motion pictures. これらの映画をお見のがしのないように《広告》 ▪ You should *watch out for* the warning signs of depression like insomnia. 不眠のような抑うつ症の予兆を見落とさないように.

3《クリケット》守備する ▪ Tom bats, his mother bowls, and his father *watches out*! トムが打ち, 母親が投球し, 父親が守備するんです.

watch over 他 …を守る, の番をする ▪ My guardian angel will *watch over* me. 私の守護天使が私を守ってくださるだろう ▪ An Arab girl *watched over* the flock of goats. アラブ人の少女がそのヤギの群れの番をしていた.

watch up 自 《まれ》寝ずに起きている ▪ Walmesley had been *watching up* many a long winter night. ウォームズリーは長い冬の夜を幾夜となく寝ずに起きていた.

watch with 他 (病人)を寝ずに看護する ▪ She *watched with* the patient that night. 彼女はその夜寝ずに病人を看護した.

water /wɔ́ːtər/ ***water down*** 他 **1**…を手かげんして述べる ▪ Keith Richards *watered down* his protest against the moralists. キース・リチャーズはそれらの道徳主義者に対する抗議を手かげんして述べた.

2(表現)をやわらげる ▪ My wife urged me to *water* the letter *down*. 手紙を穏便な表現で書くようにと妻はしきりに勧めた.

3(酒など)を水で割る ▪ This whisky *is* very much *watered down*. このウィスキーはひどく水で割ってある ▪ *Water* the fruit juice *down* when you give it to young children. 幼い子にはフルーツジュースを水で薄めて飲ませなさい.

4…の効力を減じる ▪ The ordeal has *been* so *watered down* that the risk to life is merely nominal. その拷問は効力を減じてあるので生命への危険は名ばかりにすぎない.

5…の品質を落とす ▪ I hope this decision won't *water* the stock values *down*. この決定が株価を下げなければよいが.

wave /weɪv/ ***wave around*** [《英》*about*] 他 (手・武器など)を振り回す ▪ Stop *waving* that knife *around*. そのナイフを振り回すのを止めなさい ▪ He kept *waving* his arms *around* in the air. 彼は腕を振り回し続けた.

wave aside 他 (手を振って)…を払いのける; を退ける ▪ Marcella *waved* him *aside* and ran on. マーセラは彼を払いのけてどんどん走って行った ▪ His proposal *was waved aside*. 彼の提案は払いのけられた ▪ The boss *waved* my objection *aside*. 上司は私の異議をはねつけた ▪ Claudita just *waves aside* my suggestion. クラウディータは私の提案をあっさり退けた.

wave away 他 (手を振って)…を追い払う[払いのける]《比喩的にも》 ▪ The child *was waved away* again. その子はまた手を振って追い払われた ▪ We could not *wave away* doubts. 我々は疑念を払いのけることができなかった ▪ She *waved* the bottle of wine *away*. 彼女はいらないと手を振ってワインのボトルを下げさせた.

wave down 他 **1**(車・運転手)に(手を振って)止まれと合図する ▪ We *waved* the driver *down*. 我々は運転手に止まれと合図した.

2 手を振って,…をやめさせる ▪ The President *waved down* the applause. 大統領は手を振って拍手を静まらせた.

wave off 他 **1**…に手を振って別れを告げる ▪ We went to the station to *wave* her *off*. 彼女に手を振って見送りにみんなで駅へ行った.

2《スポーツ》…を手を振って無効にする[取り消す] ▪ The referee *waved off* the goal because time had run out. 時間切れになったのでレフェリーは手を振ってゴールを取り消した.

wave a person ***on*** 他 (手などを振って)人に進めと合図する ▪ The police officer *waved* us *on*. 警察官は私たちに先へ行けと合図した. ▪ He *waved* his men *on* with his sword. 彼は剣を振って部下に進めと合図した.

wave A ***through*** (B) 他 **1** Aに(手を振って)(Bを)通り抜け[通過]させる ▪ The officer gave us back our passports and *waved* us *through*. その警察官は我々にパスポートを返却し,通り抜けるよう手で合図した ▪ A lone official was *waving* vehicles *through*. たった一人の係員が手を振って車両を通していた ▪ The policeman on duty *waved* me *through* the gate. 当番の警察官が手で合図して入り口から入れてくれた.

2(ろくに調べもせずに)Aにすぐに許可を出す ▪ My bid *was waved through* in a matter of days. 私の申請はものの数日ですぐ許可がおりた ▪ Our country has *waved* the legislation *through*. わが国は大して審議もせずにその法規を通した.

wave to [***at***] 自 (手などを振って)…に合図する,あいさつする ▪ My uncle was *waving* to me with his hat. うちのおじが私に帽子を振ってあいさつしていた ▪ Johnny *waved at* us and we waved back. ジョニーが私たちに手を振って挨拶してきたので私たちも振り返した.

waver /wéivər/ ***waver between*** 自 …のどちらにしようかと迷う ▪ I am still *wavering between* the two candidates. 二人の候補者のどちらにしようかとまだ迷っている.

wean /wiːn/ ***wean*** A (***away***) ***from*** B 他 AをBから引き離す; AにBを捨てさせる ▪ They tried in vain to *wean* schoolkids *away from* tobacco. 彼らは生徒の喫煙をやめさせようと努めたが功を奏さなかった ▪ He endeavored to *wean* his eyes *from* the fearful object. 彼はその恐ろしいものから目をそらそうと努力した.

wean A ***off*** B 他 AをBから引き離す, AにBを捨てさせる ▪ The hospital managed to *wean* him *off* the drug. 病院は首尾よく彼を薬物から引き離した ▪ I'm trying to *wean* myself *off* watching too much television. ぼくはテレビを見すぎないように努めています ▪ You have to *be weaned off* the tranquilizers gradually. 君は徐々に鎮静剤を減らす必要がある.

wean A ***on*** B 他 Aを幼い頃からBに慣らす[親しませる], AをBで育てる ▪ She *weaned* her child *on* formula. 彼女は子供を粉ミルクで育てた ▪ He *was weaned on* classical music. 彼は幼時からクラシック音楽に慣れ親しんだ.

wear[1] /weər/ ***wear away*** 他 **1**…をすり減らす,磨減させる ▪ The feet of many generations have *worn away* the steps. 幾代もの人々の足で階段はすり減っている ▪ He *is worn away* to a shadow. 彼はやつれて見る影もない.

2…を疲れさせる ▪ We *were worn away* with hunger and weariness. 我々は飢えと疲れでくたくたになっていた.

3《主に詩》(時)を過ごす ▪ He *wore away* his youth in trifles. 彼はくだらないことばかりして青年期を過ごした.

— 自 **4**(力[活気など]が)次第になくなる,衰える ▪ She is *wearing away*. She can't last long. 彼女は次第に元気がなくなっていく. もう長くはもつまい ▪ The strange distrust between them began visibly to *wear away*. 二人の間の奇妙な不信感は目に見えてなくなり始めた.

5(時が)経過する,たつ ▪ The long winter night *wore away*. 長い冬の夜がふけていった.

6(衣類などが)すり切れる,摩滅する; 消えていく ▪ My suit begins to *wear away*. 私の服はすり切れ始めた ▪ The inscription has *worn away*. 碑銘は消えてきた.

7 = WEAR down 3.

wear down 他 **1**…をすり減らす,すり減らして低くする ▪ The heels of my shoes *are worn down*. 靴のかかとがすり減った ▪ This type of road surface will *wear down* tires quickly. この手の路面はタイヤをすぐ摩滅させる.

2…を疲れさせる ▪ I found my father pretty well, but *worn down*. 父はかなりよくなっていたが,疲れきっていた.

3…に次第に勝つ,をくじく ▪ Her patience will *wear down* his opposition in time. 彼女の辛抱強さがやがては彼の反対を凌ぐだろう.

— 自 **4**すり減る,(衣服などが)すり切れる ▪ The heels of these shoes are *wearing down*. この靴のかかとがすり減ってきた.

5徐々になくなる; 衰える ▪ His resistance will *wear down* in time. 彼の反抗もやがて収まるだろう.

wear in 他 **1**《英》(新しい靴)を履き慣らす ▪ *Wear in* your new shoes before you go dancing. ダンスに行く前に新しい靴を履き慣らしなさい.

2 摩滅して(穴など)をあける ▪ She *wore* another hole *in* her sweater. 彼女はセーターにまた一つ穴を開けた ▪ The constant flow of water *wore* a channel *in* the middle of the path. 絶えず水が流れて道

の真ん中に溝ができた.

wear off 他 **1** …をすり減らす, すり切らせる ▪The paint *is worn off*. ペンキがはげた.
2 …を徐々になくす ▪The novelty of the thing *is* now *worn off*. そのものの珍しさはもうなくなってしまっている.
── 自 **3** すり切れる, 朽ちる ▪The gilt is beginning to *wear off*. めっきははげかかっている ▪Our flesh *wears off* quickly in the grave. 墓の中では肉体はすみやかに朽ちていく.
4 (徐々に)なくなる ▪The feeling of strangeness will soon *wear off*. 勝手が違った感じはじきになくなるだろう ▪He got bored with the job as the novelty *wore off*. 目新しさがなくなるにつれて彼は仕事が退屈になった.

wear on 自 **1** (時が)たつ ▪The afternoon is *wearing on* apace. 午後はどんどん過ぎていく ▪The hours *wore on*. 時間がたっていった.
2 (行動が)続く ▪The discussion *wore on* endlessly. 討論は果てしもなく続いた.

wear out 他 **1** …をすり減らす, 使い古す ▪My shoes *are worn out*. 私の靴はすり減った.
2 (がまん・忍耐など)を尽きさせる ▪His patience *was worn out* at last. 彼はついにがまんしきれなかった.
3 …を疲れ果てさせる ▪The long journey has *worn* him *out*. 長旅で彼は疲れ果ててしまった.
4 …を飽きさせる ▪He has *worn out* his welcome. (長居しすぎて)居は飽きられてしまった.
5 〈主に詩〉(時)を過ごす, 費やす ▪They thus *wear out* a life of solitude. 彼らはかくして孤独の人生を過ごす.
6 〈米〉= WEAR up.
7 〈米口〉(人)をなぐる, やっつける ▪I'll certainly *wear* him *out*. きっと彼をぶんなぐってやる.
── 自 **8** すり減る, すり切れる ▪Her scanty wardrobe would *wear out*. 彼女の衣装は乏しいからすり切れてしまうだろう.
9 (時が)過ぎる ▪And so the week *wore out*, in dull despair. かくしてその週は鈍い絶望のうちに過ぎ去った.
10 徐々になくなる ▪Her anger began to *wear out*. 彼女の怒りは徐々に消え始めた.

wear through 自他 **1** すり切れてくる, すり切れて穴があく; …をすりへらす[切らす], すりへらして穴をあける ▪The rope is *wearing through*. このなわはすり切れかけている ▪The knees of these trousers have (been) *worn through*. このズボンのひざはすり切れて穴があいた ▪I *wore through* two pairs of shoes on a hiking tour 徒歩旅行で靴を2足履きつぶした ▪Jennifer *wore* a hole *through* the toes of her stockings. ジェニファーはストッキングのつま先に一つ穴をあけた.
2 (時が)過ぎる; (時)を過ごす ▪The night *wore through*. その夜はふけていった ▪I have *worn through* a trying day. つらい一日を過ごしました.

wear up 他 〈英〉(新しいのに買い替えるために衣服)を着つぶす ▪I'm *wearing* this jacket *up* so that I can get a new one. この上着を着つぶしているんだ, 新しいのを買うためにね.

wear well 自 **1** もちがよい ▪This coat has *worn well*. この上着はもちがよかった.
2 (人が)年をとらない, ふけない, 若く見える ▪Old Tomkins *wears well*. トムキンズ老人はふけない.

wear[2] /weər/ ***wear round*** 他 (船)を下手回しにする ▪I had helped to *wear* the schooner partly *round*. 私はスクーナー船を少し下手回しにするのを手伝った.

weary /wíəri/ ***weary for*** 自 **1** …を待ちこがれる ▪I was beginning to *weary for* a letter from you. あなたからのお手紙が待ち遠しくてたまらなくなりかけていました.
2 …のいないのを寂しがる ▪She *wearies for* her absent children. 彼女は子供たちがいなくて寂しがっている.

weary of 自 〈文〉…に飽きる ▪She *wearied of* passing all her time by herself. 彼女は一人で時を過ごすのに飽き飽きした.

weary out 他 **1** …をへとへとにさせる ▪*Wearied out*, My father made for the couch, and slept. くたくたに疲れてお父さんはソファの所へ行って眠った.
2 …をうんざりさせる ▪He *wearied out* his benefactor's patience. 彼は恩人の勘忍袋の緒を切らせてしまった.
3 (月日)を(単調に)過ごす, 費やす ▪There will I *weary out* my days in woe. そこで私は悲しみのうちに日々を過ごすことにしよう.

weasel /wíːzəl/ ***weasel on*** 自 (義務・責任)を免れる, 回避する ▪He *weaseled on* paying the fees. 彼は費用の支払いを怠った.

weasel out of 自 **1** (場所)からイタチのように(こそこそと)逃れる ▪He *weaseled out of* London. 彼はロンドンからこそこそと逃れた.
2 …の約束を破る, 責任から逃れる ▪This is the best way to *weasel out of* a date smoothly. デートをすんなりすっぽかすには, この手に限る.

weasel A out of B 他 〈俗〉BからAを引き出す[聞き出す] ▪I managed to *weasel* the truth *out of* them. 彼らから何とか真相を聞きだした.

weather /wéðər/ ***weather in*** 悪天候のために…を立ち往生させる, 動けなくする ▪That storm *weathered* the feet *in*. あのあらしのために足止めを食らった.

weather on [upon] 自 〈海〉**1** …の風上に出る ▪We saw a ship *weather on* us. 船が我々の風上に出るのが見えた.
2 …をだしぬく ▪The scoundrel *weathered on* me at last. その悪党はとうとう私をだしぬいた.

weather out 他 〈海〉(しけ)を乗り切る ▪She had *weathered out* many a storm. その船は何度もしけを乗り切っていた.
2 (難儀・苦しみなどの期間)を切り抜ける ▪He *weathered out* the reign of Queen Mary. 彼はメアリー女王の治世を切り抜けた.
3 (荒天)を切り抜ける ▪We *weathered out* the

winter in a lonely dwelling. 我々は寂しい住まいでその冬を切り抜けた.
4 悪天候のため…を中止する, 締め出す ▪ The picnic *was weathered out*. 天候が悪いのでピクニックは取りやめになった.
— 圓 **5** 風化して突き出る ▪ Those fragments of flint would in time, by thermal effects, *weather out*. これらの火打ち石のかけらはやがて熱のために風化して突き出ることだろう.

weather through 圓 (暴風雨・危機・困難などを)切り抜ける, 乗り切る ▪ They may *weather through* financial difficulties. 彼らは財政困難を乗り切るかもしれない.

weave /wiːv/ *weave A from B* 他 BからAをまとめ上げる, 作り上げる ▪ The author *wove* one novel *from* four plots. その作家は4つの筋をまとめて1つの小説を書き上げた.

weave in and out of 圓 (障害物)の中を縫うように進む ▪ The cop walked on, *weaving in and out of* the crowd. 警官は人込みの中を縫うように前進した.

weave A into B 他 AをBにつづり合わせる[仕立て上げる] ▪ Science *weaves* phenomena *into* unity. 科学はもろもろの現象を統一一体につづり合わせる.

weave out [up] 他 (物語などを)作り上げる ▪ She had already *woven out* the whole romance of her life. 彼女はもう自分の生涯の物語を全部作り上げていた.

wed /wed/ *wed A to B* 他 **1** AとBを結婚させる[結びつける] ▪ The chaplain *wedded* the bride *to* the groom. 牧師は新郎と新婦を結婚させた.
2〘主に受身で〙A(人)をB(意見・習慣など)に執着させる ▪ They *are wedded to* the old ways. 彼らは旧習に執着している.

wed with 他 …と結婚する ▪ Angie *wedded with* Brad Pitt. アンジーはブラッド・ピットと結婚した.

wed A with [to] B 他 AとBを結び付ける, 結合させる; AとBを調和させる ▪ He tried to *wed* science *with* art. 彼は科学と芸術とを結び付けようとした.

wedge /wedʒ/ *wedge apart [asunder]* 他 (くさびを打ち込んで)…を押し分ける ▪ Little things *wedge* pastor and people *apart*. 小さな事柄が牧師と衆人とを押し分ける.

wedge down 他 …を押し込める ▪ Samuel was *wedged down* in the Fleet prison by poverty. サミュエルは貧乏のためにフリート刑務所へ押し込められた.

wedge in 他 **1** …をくさびで割り込む ▪ A piece of wood *was wedged in* with a piece of cork. 木片にコルクのくさびを割り込ませた.
2…を無理に押し込む ▪ I *was wedged in* between them. 私は彼らの間に無理に押し込まれた.

wedge off 他 (くさびを打ち込んで)…を押し離す, 押しのける ▪ Great ledges *are wedged off* from the hillsides by the ice. 大きな岩だが氷のために山腹から押し離されている.

wedge out 圓 くさびのように出てくる ▪ The stone *wedged out* between the layers. その石は地層の間からくさびのように出てきた.

wedge through 圓 (狭い場所)をむりやりに通り抜ける ▪ I'll *wedge through* the plight in time. やがてこの苦境をむりやりに通り抜けてみせるさ.

wedge up 他 …をくさびで締める ▪ The iron *was* then well *wedged up*. その鉄はそれからくさびでしっかりと締められた.

weed /wiːd/ *weed off* 他 《米俗》(札束から金)を抜き取る ▪ Saro whips out a bundle of scratch and *weeds off* twenty-five large coarse notes. サロは札束をぱっと出して大きなばさばさした札を25枚抜き取った.

weed out 他 …を抜き取る; (不良[水準以下]のもの)を取り除く ▪ We had to *weed out* most of the applications. 我々は願書の大半をえり除かねばならなかった ▪ Some people can't do the job, and we *weed* them *out* in the early stages. 仕事ができない者もいるので, 早い時期にはずしている.

weep /wiːp/ *weep about [over]* 圓 …のことで泣く ▪ The child is *weeping about* his lost dog. その子はいなくなった犬のことで泣いている.

weep away 他 **1**(時)を泣き暮らす ▪ She *wept away* the rest of her life. 彼女は余生を泣き暮らした.
2 …を泣いて取り除く ▪ Mr. Jamieson *wept away* his affliction. ジェイミソン氏は泣いて苦しみを取り去った.

weep back 他 …を泣いて取り戻す ▪ He cannot *weep back* his fortune again. 彼は泣いても再び財産を取り戻すことはできない.

weep down 他 (太陽が)沈むまで泣く ▪ Thus had their joy *wept down* the setting sun. かくして彼らは喜びのあまり陽が沈むまで涙を流した.

weep for 他 **1** …を悲しんで泣く ▪ I knew how you had *wept for* me. あなたがどんなに私のために泣いてくださったか知っていました.
2 (苦しさ・うれしさ)に泣く ▪ She *wept for* joy at the sight of her son. 彼女は息子の姿を見てうれし泣きした.
3 …をほしがって泣く ▪ The child *wept for* a new bicycle. 子供は新しい自転車をほしがって泣いた.

weep out 他 **1** 泣きながら…を言う ▪ She *wept out* her grief to her father. 彼女は泣きながら自分の悲しみを父親に語った.
2(時)を泣き暮らす ▪ He sits *weeping out* his life. 彼は座って一生を泣き暮らす.
3(悲しみ)を泣いて忘れる ▪ The child *wept out* its sorrow over the loss of its doll. その子は人形をなくした悲しみを泣いて忘れた.

weep over 圓 **1** …を悲しんで泣く ▪ She *wept over* her lost happiness. 彼女は身の不幸を悲しんで泣いた.
2 …しながら泣く ▪ She *wept over* its pages. 彼女はその本を読みながら泣いた.

weep with 圓 (悲しみ・うれしさ)に泣く ▪ She was *weeping with* vexation. 彼女はくやしくて泣いてい

た.

weigh /weɪ/ **weigh against** 自 **1** ...の不利に働く; に影響を与える ▪ Her poor test scores will *weigh against* her. 試験の得点が低いので彼女には不利になるだろう.
2 ...を相殺(そうさい)する ▪ Such evils cannot be allowed to *weigh against* the advantages of union. そのような弊害で合同の長所を相殺させることはできない.

weigh *A* **against** *B* 他 AとBを比較検討する; AとBの重さを比べる ▪ They tried to *weigh* the potential benefits *against* the possible risks. 彼らは期待できる利益と起こりうるリスクを比較検討してみた.

weigh down 他 **1** ...を圧し下げる, 圧しつける ▪ The people *were weighed down* by an insufferable taxation. 人民は耐えがたい課税に押しひしがれていた ▪ The fruit *weighs down* the branches. 実が枝もたわわになっている ▪ Leave the bags in the hotel, or they'll *weigh* you *down* all day. 荷物をホテルに置いておかないで一日中持ち歩いたら重いよ.
2 [受身で]...を重苦しくする, 意気消沈させる《*by*, *with*》 ▪ I've *been weighed down with* parental expectations. ずっと親に期待されて息が詰まりそうだ ▪ He *is weighed down with* cares. 彼は心配事でふさぎ込んでいる.
3 天びんの皿を下げさせる《比喩的にも》 ▪ One Whig shall *weigh down* ten Tories. 一人のホイッグ党員は天びんにかけると10人のトーリー党員よりも重い.
― 自 **4** 重さで沈下する ▪ When a sandman comes the child's eyelids *weigh down*. 眠りの精がやって来ると子供のまぶたは重くなって閉じる.

weigh in 他 自 **1**《競馬》(騎手が)競馬の後に体重検査をする; 競馬の後に体重検査を受ける (↔WEIGH out 2) ▪ The Clerk of the Scales shall in all cases *weigh in* the riders of the horses. 体重検査係は競馬の後あらゆる場合に騎手の体重検査をする ▪ The riders *weighed in*. 騎手は競馬の後に体重検査を受けた.
― 自 **2**《口》(ボクシングなどで選手が)試合前に体重検査を受ける ▪ He was six feet four and *weighed in* at 135lb. 彼は6フィート4インチで, 試合前の体重検査では135ポンドであった.
3(自分の体重・所持品の)計量を受ける, 計測の結果...の量である《*at*》 ▪ I took my suitcase to the airport counter to *weigh in*. スーツケースを空港のカウンターに持っていって計量してもらった ▪ His prize pumpkin this year *weighed in at* 1,108 pounds. 入賞した彼の今年の巨大カボチャが, 計ったら1,108ポンドだった.
4《米俗》会う ▪ We *weighed in* at Ogden in the spring. 我々は春オグデンで会った.
5(仲裁に)入る, 加わる ▪ A bystander *weighed in* to stop the fight. 一人の見物人がけんかを止めに入ってきた.

weigh in with 自 他 《口》(余計な議論・事実など)を出す, かつぎ[持ち]出す ▪ The journal *weighed in with* a prismatic Christmas number. その雑誌は多彩なクリスマス号を出した ▪ The panelists all *weighed in with* their own suggestions. パネリストはみな得意になって自分の提案を持ち出した.

weigh into 自 他 《口》 **1** ...を非難する, 攻撃する ▪ She *weighed into* him for not helping her in time of need. 彼女は困っているときに助けてくれなかったといって彼をなじった.
2 強い口調で議論に加わる, 強引に参加する ▪ He *weighed into* the debate over gay marriages today. 彼は昨今のゲイ同士の結婚について強い口調で議論に加わった.

weigh on [upon] 他 **1**(心に)押しかかる, を苦しめる ▪ The matter *weighed on* his conscience. このことが彼の良心を苦しめた ▪ Fatigue *weighed on* him. 彼は疲れが出た.
2 ...を圧する; を押し下げる ▪ The bad news *weighed on* the prices of oil stocks. 悪いニュースが原油の株価を押し下げた.

weigh out **1** ...を計り分ける, (一定量)を配分する ▪ The grocer was *weighing out* butter. 食料品店主はバターを計り分けていた ▪ My mom *weighed out* flour, sugar, and butter for a cake. お母さんはケーキを作るために小麦粉と砂糖とバターを計り分けた.
― 他 《競馬》(騎手が)競馬の前に体重検査をする; 競馬の前に体重検査を受ける (↔WEIGH in 1) ▪ Every jockey must present himself to *be weighed out*. すべての騎手は競馬の前に体重検査を受けるために出頭しなければならない ▪ The jockey *was weighed out* at 7st. 3lb. その騎手は競馬の前に体重検査を受けて, 7ストーン3ポンドあった.

weigh up 他 **1** ...を一方の重みではね上げる《比喩的にも》 ▪ The bucket *is weighed up* by a mass of iron at the end of the lever. バケツはてこの端にある鉄のかたまりの重みではね上げられます ▪ His mistakes *are* a thousand times *weighed up* by his deeds of friendship. 彼の誤りは友情ある行為のために千倍も軽くなる.
2 ...を(決定する前に)とくと考えてみる, 比較検討する ▪ We have to *weigh up* our chances of winning. 我々に勝つ見込みがあるかどうかをとくと考えてみなければならない ▪ I *weighed* the situation all *up* and made my decision. 状況を充分考慮してから結論を下した.
3《口》(人物)を評価する ▪ I knew too much about her. I had *weighed* her *up*. 彼女のことはいやと言うほど知っていた. ちゃんと評価しておいたのだ.
4(沈没した船・大砲など)を引きあげる ▪ All attempts to *weigh* her *up* have been ineffectual. 船を引きあげようとする試みはすべてむだだった.

weigh with a person 自 人に重きをなす ▪ This argument *weighs with* me. この議論は私には重要だ.

weigh *A* **with [against]** *B* 他 AとBとを比較考量する ▪ He *weighed* his own resources *against* those at the enemy's disposal. 彼は自分の資源と, 敵が自由にできる資源とを比較考量してみた ▪ These elements will have to *be weighed against* each

weight /weít/ ***weight*** *A **against** B* 他 A(重荷など)をBに負わせる[課す] ▪ They *weighted* the rules *against* the visiting team. 彼らは遠征チームにそのルールを押しつけた.

weight down 他 **1**(重荷)を負わせる; (おもりなどで)…を押さえる ▪ She *was weighted down* with a heavy knapsack. 彼女は重いナップサックを背負わされていた.

2〚受身で〛…を重苦しくする, 意気消沈させる(*by*, *with*) (= WEIGH down 2) ▪ Her heart *was weighted down* with weariness. 彼女の心は悲しみに打ち沈んだ ▪ I've *been weighted down* by worrying about the money. 金の心配でこのところ気が重い.

weird /wíərd/ ***weird out*** 他《俗》**1**…を動揺させる; を呆然とさせる ▪ His unstable behavior really *weirded* me *out*. 彼の当てにならない行動に私はすっかり動揺した ▪ I *was weirded out* when I noticed your strong resemblance to each other. 君たちが互いにそっくりなのに気づいてわけが分からなくなった.
— 自 **2** 動揺する; 呆然となる ▪ I *weirded out* at the news of my brother's sudden death. 兄の急死の報に呆然とした.

welcome /wélkəm/ ***welcome*** *a person **back** [**home**]* 人の帰宅[帰国]を喜んで迎える ▪ No one *welcomed* him *back*. 誰も彼の帰宅を喜んで迎える者はいなかった ▪ He *was welcomed home* to Japan by his friends. 彼は友人たちから帰朝の歓迎を受けた.

welcome ... in …を喜んで迎え入れる ▪ So let us *welcome* peaceful evening *in*. では静かな宵を喜んで迎え入れよう.

weld /weld/ ***weld*** *A **into** B* 他 Aを結び合わせてBを作る. AをBに結合[融合, 一体化]させる ▪ The manager *welded* the top players *into* a strong team. 監督はトップ選手たちを合わせて強いチームを作った.

weld together 他 …を溶接する; を結合させる ▪ Trouble from outside often *welds* a family *together*. 外憂がよく家族を一つに結集させる.

well /wel/ ***well forth*** 自 わき出る, 噴出する ▪ Ideas *welled forth* in his mind. いろいろな想念が彼の心にわいてきた.

well out 自 わき出る ▪ Water *welled out* from the crevice. その割れ目から水がわき出た.

well over 自 (…から)あふれる ▪ Tea *welled over* (the brim). 紅茶が(ふちから)あふれた.

well over with …であふれる, いっぱいになる ▪ Her eyes *welled over with* tears. 彼女の目に涙があふれた.

well up 自 **1**(涙などが)浮かぶ, わき出る, 噴出する ▪ Tears *welled up* in her eyes as Jacqueline gazed at her child. 子供を見つめているときジャクリーンの目に涙が浮かんできた ▪ Water started to *well up* from the hidden spring. 地下の水源から水が湧き出し始めた.

2(思いが)こみ上げる ▪ Pity *welled up* in his heart. 彼の心の中に憐れみがこみ上げてきた ▪ A sense of outrage *welled up* inside her. 彼女に激怒の情がこみ上げた.

welsh /welʃ/, **welch** /weltʃ/ ***welsh on***/ ***welch on*** 他《口》(約束)を破る; (借金を踏み倒す; (賭け金)を持ち逃げする ▪ The man disappeared after he *welched on* his debts. 男は借金を踏み倒して姿をくらました ▪ They *welshed on* the deal at the last minute. 彼らは土壇場で取引の約束を破った ▪ You are going to *welsh on* me, aren't you? 賭け金を払わずに逃げるつもりじゃないだろうな. ☞ウェールズ人には侮蔑的な表現.

welter /wéltər/ ***welter in*** 自 **1**(血など)にまみれる ▪ The whole floor *was weltering in* blood. 床全体が血にまみれていた.
2(悪習など)にふける ▪ He *was weltering in* sin. 彼は罪業にふけっていた.

wet /wet/ ***wet back [down]*** 他 (髪など)をぬらして平に寝かせる ▪ I washed my face and *wet back* my hair. 私は顔を洗い髪をなでつけた ▪ My big brother *wet down* his hair so that it wouldn't stick up. うちの兄貴は髪が立たないようにぬらしてなでつけた.

wet down 他 (帆・紙・おき火)を水でぬらす ▪ We continued to *wet down* the sails with buckets of water. 我々はバケツ何杯もの水で帆をしめらせ続けた.

wet out (染め糸など)を水につける ▪ The yarns *are* first *wetted out* uniformly with water. 糸はまずまんべんなく水に浸される.

wet through 自 ずぶぬれになる ▪ My jacket *wet through* in the rain after 20 minutes. 20分もすると上着がずぶぬれになった.

whack /hwæk/ ***whack off*** 他 **1**たたいて…の先を切り落とす ▪ The boy *whacked* the flower heads *off* with a stick. 男の子は棒で花をたたき落とした.
— 自 **2**《英卑》(男性が)自慰する ▪ What's the weirdest place you've *wacked off*? 君がこれまで自慰した中で最も変わった場所はどこ?

whack out **1**《米口》…を殺す ▪ Who *whacked out* that old tramp? 誰があの年寄りの放浪者を殺したのか.
— **2**《米俗》賭けで無一文になる.

whack up 《口》**1**《米》(金)を分配する ▪ Let's *whack up* the money. この金を山分けしようぜ.
2…を増す, 上げる ▪ The taxes have been *whacked up* again. また税金が上がった.

whale /hweil/ ***whale at [on, into]*** 他 自《米口》**1**…を強打する, 殴打する ▪ I *whaled on* the ball over the fence. 僕が強打すると, ボールはフェンスを越え ▪ The slugger *whaled at* the baseball with all his might. 強打者は野球のボールを力任せに打った ▪ I found him *whaling on* his brother. 行ってみると彼が弟をぶんなぐっていた.

whang

2 ...を激しく非難する, 攻撃する ▪ Mr. Jennings is always *whaling at* me about something. ジェニングスさんは何かと私を非難ばかりしている ▪ His boss *whaled on* him for missing the deadline. 締切り期限に間に合わなかったので上司は彼を責めた ▪ Hillary *whaled into* the press for their inaccurate reporting. ヒラリーは不正確な報告をしたと報道陣を攻撃した.

whale away 自《米口》のべつどなり立てる ▪ He came round a spell ago, *whaling away* about human rights. 彼はいっとき前にやって来て人権についてのべつどなり立てていた.

whale away at 他《米口》...をひどくぶつ, 激しく攻撃する ▪ The boxer *whaled away at* his opponent. ボクサーは相手を激しく攻め立てた ▪ The politician *whaled away at* the other party. その政治家は反対党を激しく攻撃した.

whang /hwǽŋ/ ***whang at*** 自《口》...をびしゃりと打つ, 強打する ▪ He began *whanging away at* the bear with the club. 彼はクマを棍棒でなぐり始めた.

wheedle /hwíːdəl/ ***wheedle*** *a person* ***into*** [*into doing*] 他 人を口車に乗せて...にする[させる] ▪ We *wheedled* him *into* good temper. 私たちは彼を口車に乗せて上きげんにさせた ▪ I *wheedled* my mother *into* buying me a bicycle. 私は母を口車に乗せて自転車を買ってもらった.

wheedle out 他 ...を甘言で得る ▪ Trust her to *wheedle out* the information she wants. 彼女はおせじを言って必ず自分の求める情報を聞き出すよ.

wheedle *a person* ***out of*** *a thing*/***wheedle*** *a thing* ***out of*** *a person* 他 甘言で人から物を巻き上げる ▪ I *wheedled* an old woman *out of* these ballads. 私はおせじじょうずにある老婆からこれらの民謡を聞き出した ▪ The girl *wheedled* £100 *out of* her father. 少女はうまいことを言って父親から100ポンド巻き上げた.

wheedle round 他 甘言で(人)を味方に引き入れる ▪ She *wheedled round* the old man. 彼女は甘言を弄してその老人を味方に引き入れた.

wheel /hwíːl/ ***wheel around*** 自 **1**（くるりと）向きを変える ▪ Rihanna *wheeled around* and glared at Jack. リアーナは振り向いてジャックをにらみつけた.

2（軸を中心に）くるくる回転する ▪ The merry-go-round was *wheeling around*. メリーゴーラウンドがくるくる回っていた.

3（意見・態度などが）変わる ▪ She *wheeled around* and argued for the opposition. 彼女は意見を翻して反対派に賛成する意見を述べた.

— 他 **4**（くるりと）...の向きを変えさせる ▪ The man grabbed my shoulder and *wheeled* me *around*. 男は僕の肩をつかんで向き直らせた.

wheel in 他 **1**（ワゴンなど）を押して入れる ▪ He *wheeled in* the tea trolley. 彼は茶器を乗せたワゴンを押して入れた.

2《戯》...を案内して入れる ▪ Josh *wheeled* the applicant *in*. ジョシュは志願者を(試験室に)案内して入れた.

wheel into 他 さっと入る, 乗り入れる; ...を運び込む, 車いすで連れて行く ▪ He *wheeled into* the driveway on his bicycle. 彼は自転車で車道に乗り入れた ▪ They *wheeled* the man *into* the operating room. 彼らはその男性を車いすで手術室に運び込んだ.

wheel out 他《英口》**1** 相も変わらず...をやる, ...の二番煎(ti)じをする ▪ The same movies *are wheeled out* on TV at year-ends. 年末には相変らず同じ映画がテレビで放映される ▪ He *wheeled out* the same old arguments again. 彼は例の同じ古い議論をまた持ち出した.

2《英口》(しまっていた古いもの)を取り出す; (新作)を公開する ▪ The Household Cavalry *were wheeled out* in full fig. 昔の王室騎兵連隊が盛装で再現された ▪ The maker is *wheeling out* its new system next week. メーカーは新しい装置を来週発表する予定だ.

3 ...の意見を変えさせる ▪ We *were* not *wheeled out* but stuck to our principle. 我々は意見を曲げさせられることなく信念を貫き通した.

wheel round [***about***] 自 **1** くるりと向きを変える ▪ He *wheeled round* from the window. 彼は窓の所からくるりと向きを変えた.

2（急に）意見を変える ▪ What made Jimmy *wheel about* like that? なぜジミーはあんなに意見を変えたのか.

wheeze /hwíːz/ ***wheeze out*** 他 ぜいぜい声で...と言う ▪ He *wheezed out* what he wanted. 彼はぜいぜい声で自分の用事を言った.

while /hwáɪl|wáɪl/ ***while away*** 他 **1**（時間）をぶらぶら過ごす, のんびりと過ごす ▪ He *whiled away* three weeks on the beach. 海岸でぶらぶら3週間を過ごした.

2（悲しみ・苦しみなど）を紛らす ▪ I didn't know how to *while away* my tedium. どうして退屈を紛らせばよいかわからなかった.

whine /hwáɪn/ ***whine out*** 他 ...をめそめそ言う ▪ He was *whining out* the word all day. 彼は一日中めそめそとその言葉を言っていた.

whip /hwíp/ ***whip about*** 自 あちこち動き回る ▪ A mouse was *whipping about* from place to place. ネズミがあちこち動き回っていた.

whip around 自 **1** さっと振り向く ▪ She *whipped around* when she heard the noise. 物音がすると彼女はさっと振り向いた.

2《英》集めて回る《金など》(*for*) ▪ We are *whipping around for* donations to Haitian relief. ハイチ救済のための募金活動をしています.

— 他 **3**（人・物）の方向を急に変える ▪ The sharp turn *whipped* him *around*, but he wasn't hurt. 急カーブで彼は振り回されたがケガはしなかった.

4（角など）をさっと曲がる ▪ Daniel was almost run over by a car that *whipped around* the corner. ダニエルは角を曲がってきた車に危うくはねられるところだっ

whip away 他 **1** …をむちで追い払う ▪ The boys *were whipped away* by a beadle. 子供らは教区吏員にむちで追い払われた.

2 …をぱっと取る ▪ He *whipped* my purse *away*. 彼は私の財布をひったくった.

3 = WHIP off 2.

─ 自 **4** 急に出発する ▪ They all *whipped away* to France. みな急にフランスへ去った.

whip back 自 (枝・扉などが)はね返ってくる ▪ The swing door *whipped back* and hit me. 自在ドアがはね返って私に当たった.

whip by **1** (時間などが)早く過ぎ去る; すっ飛んで行く ▪ As he got older, the years seemed to *whip by*. 彼は年をとるにつれ年月があっという間に経つ気がした.

2 …を素早く通過する ▪ She *whipped by* the leader in the race. 彼女はレースで先頭の走者をさっと追い抜いた.

whip in 他 **1** 《狩》(猟犬)をむちで呼び集める ▪ The huntsman was *whipping in* his pack of hounds. 猟師はむちで猟犬の群れを呼び集めていた.

2 《英》(人・党)を駆り集める; (議員に)登院を励行させる ▪ On that question he undertook to *whip in* his party. その問題で彼は自党員を駆り集めた.

─ 自 **3** さっと入る ▪ We'll *whip in* at the back door. 裏口から飛び込もう.

4 《狩》猟犬指揮係をする ▪ Morris Hill formerly *whipped in* to the Queen's hounds. モリス・ヒルは昔女王の猟犬指揮係をしていた.

whip into 他 **1** 《料理》(卵・クリームなど)を強くかきまわして泡立てる, をホイップする ▪ She *whipped* the cream *into* a froth. 彼女はクリームを強くかき混ぜて泡の塊にした.

2 (人)を刺激して[あおり立てて]…の状態にさせる ▪ The speaker *whipped* the crowd *into* a lather. 演説者は群集をあおり立てて熱狂させた.

3 …を力ずくで集結[結束, 集合]させる, 統制する ▪ The musher *whipped* the dogs *into* line. 犬ぞりの御者は犬たちをむちで並ばせた.

4 (むち打って[厳しく言って])…を(人に)教え込む ▪ He *whipped* sense *into* a child. 彼はやかましく言って子供に物の道理を分からせた.

whip off **1** …をぱっと脱ぐ ▪ I *whipped off* my coat. 上着をぱっと脱いだ.

2 …を急に連れ去る ▪ Jeff *whipped* me *off* to play bridge. ジェフはブリッジをやろうと私を引っ張っていった.

3 …を急いで書き上げる(to) ▪ She *whipped off* a letter to her grandfather 彼女は祖父への手紙を急いで書き上げた.

4 《狩》(猟犬)をむち打って狩りをやめさせる ▪ The hounds *were whipped off*, as the evening was closing on us. 夕やみが迫ってきたので, 猟犬をむち打って狩りをやめさせた.

5 《俗》…をぐっと飲み干す ▪ They *whipped off* two or three quarts of wine. 彼らは2, 3クォートのワインをぐっと飲み干した.

─ 自 **6** 狩りをやめる ▪ The hunters finally *whipped off*. 猟師たちはついに狩りをやめた.

7 = WHIP away 4.

whip…on (馬)をむち打って進める[せき立てる] ▪ He *whipped* his horse *on*. 彼は馬をむち打ってせき立てた.

whip out 他 **1** …をぱっと取り出す ▪ He *whipped out* a pistol. 彼はさっとピストルを取り出した ▪ The man *whipped* the gun *out* of its holster. 男は皮ケースから銃をさっと抜き出した.

2 …を急に言う ▪ He *whipped out* a tit-for-tat. 彼は間髪を入れずにやり返した.

3 …をむちで追い出す ▪ The boys *were whipped out*. 子供らはむちで追い出された.

4 (悪癖などを)(むち打って[厳しく言って])なくさせる ▪ Juanita *whipped* a bad habit *out* of her child. フアニータは厳しく言って子供に悪習をやめさせた.

─ 自 **5** ぱっと出て行く ▪ He *whipped out* of the door. 彼は戸外へぱっと飛び出した ▪ He *whipped out* of sight in a moment. 彼はたちまちぱっと姿が見えなくなった.

whip round 自 **1** ぱっと振り向く ▪ He *whipped round* and came for me. 彼はぱっと振り向いて私を攻撃してきた.

2 急いで行く ▪ I'll *whip round* and see him. ひとっ走りして彼に会って来よう.

3 (友人のカンパに)みんなから金を集める ▪ We *whipped round* to help a colleague. 同僚を助けるためにみんなから金を集めた.

whip through 他 **1** (仕事)をさっさと片づける ▪ I must *whip through* this work by evening. 夕暮れまでにこの仕事を片づけなければならない.

2 …を素早く読む ▪ I *whipped through* a magazine in the waiting room. 待合室で雑誌に目を通した.

3 《料理》…を泡立てる ▪ *Whip* the batter *through* before adding the sugar. 砂糖を加える前に水とき小麦粉を泡立てます.

─ 自 **4** 素早く…を吹き[駆け]抜ける ▪ A gust of wind *whipped through* the canyon. 一陣の風がさっと峡谷を吹き抜けた.

whip together 他 駆り集める ▪ We'll see what we can *whip together* in the way of food. 何か食べるものをかき集めてみよう.

whip up 他 **1** (人)を興奮させる ▪ The speaker *whipped* the crowd *up* to a state of frenzy. 弁士は群衆を興奮させて狂乱状態にした.

2 (感情)をかき立てる ▪ It's the media that *whips* this feeling *up*. この感情をあおり立てているのはマスコミである.

3 (風がほこりなど)を巻き上げる ▪ The wind *whipped up* the sand in gusts. 風が突風となって砂を巻き上げた.

4 …を手早く作る ▪ Mary *whipped up* a meal at a moment's notice. メアリーはすぐに食事を手早く作った ▪ I could *whip* you *up* a salad, if you

whip

like. よかったらサラダをさっと作ってあげるよ.
5《料理》(卵・クリームなど)を強くかき回して泡立てる ▪ *Whip up* the eggs with the cream. 卵をクリームといっしょにしてホイップしなさい.
6(馬など)をむちを当てて飛ばす ▪ I *whipped up* my horse. 馬にむちを当てて飛ばした.
7 ...を刺激する ▪ Bodily exercise *whips up* the circulation. 運動は血行を盛んにする.
8 ...をぽいとほうり上げる ▪ The little girl *whipped up* her doll. その少女は人形をぽいとほうり上げた.
9《俗》(酒など)をぐっと飲み干す ▪ The fellow *whipped up* the drink. その男は酒をぐっと飲み干した.
10 ...を不意に持ち出す ▪ Mario loves to *whip up* an argument. マリオは議論をひょっこり持ち出すのが好きだ.
11 ...を素早くつかむ ▪ He *whipped up* a ruler and faced the man. 彼はさっと定規をつかんで,その男に立ち向かった.
— 他 自 **12** (人・党を)駆り集める ▪ A friend *whipped up* companions to support me. 友人が私を援助するために仲間を駆り集めてくれた ▪ Lord Essex was there, *whipping up* for a dinner party. エセックス卿がそこにいて,晩餐(ばん)会のために人を駆り集めていた.

whip up on 自 ...に打ち勝つ;に勝る ▪ The home team *whipped up on* its rival. 地元チームがライバルチームに勝った.

whirl /hwə:rl/ ***whirl about*** [***around, round***] 自 くるっと振り向く, ...を振り向かせる ▪ I *whirled about* to face her. 私はくるっと振り向いて彼女と向かい合った ▪ She *whirled round* when I called her name. 名前を呼ぶと彼女は振り向いた ▪ The cars were *whirling around* the track. 車がトラックの周りを旋回していた ▪ Her dance partner *whirled* her *around*. ダンスのパートナーが彼女をぐるっと回した.

whirl along [***away***] 他 ...を迅速に運んで行く; (風・水流などが)渦を巻いて...を持って行く ▪ We *were whirled along* in an airplane. 我々は飛行機で迅速に運び去られた ▪ The wind *whirled away* my hat. 風が渦を巻いて私の帽子を吹き飛ばした.

whisk /hwɪsk/ ***whisk about*** 他 ...をあちこちに動かす ▪ The horses *whisked* their tails *about*. 馬たちはさかんに尾を振り動かした.

whisk away [***off***] 他 **1** (ちりなど)を払う, はたく ▪ I *whisked* flies *away* with my fan. うちわでハエを払った.
2 ...を急にさらって行く, 急に連れて行く ▪ A sudden wind *whisked away* his hat. 突風が彼の帽子を吹き飛ばした ▪ They *whisked* him *off* to the spot in question. 彼らは彼をその問題の場所へ彼を連れ去った ▪ The President *was whisked away* by her security guards. 大統領はさっと護衛に囲まれて立ち去った.
— 自 **3** 用事で去る, 使いに出る ▪ The salesperson *whisked off* and returned with the perfect gift. 店員は用を承って場を離れ, 望み通りの贈答用品をもって戻ってきた.

whisk behind 急に...の陰に隠れる ▪ She *whisked behind* a screen. 彼女は急についたての陰に隠れた.

whisk into 自 他 急に...へ入る; ...をさっと動かす ▪ The mouse *whisked into* a hole. ネズミはこそこそと穴へもぐり込んだ ▪ He *whisked* the money *into* his pocket. 彼はそのお金をポケットにさっと突っ込んだ.

whisk out 自 他 急に出て行く; ...をさっと取り出す ▪ He *whisked out* of the room. 彼は部屋から急に出て行った ▪ I *whisked* a cellphone *out of* his pocket. 彼はポケットから携帯電話をさっと取り出した.

whisk up 他 **1** ...を急に上へ上げる ▪ I *was whisked up* in the elevator. 私はエレベーターでさっと上げられた.
2《料理》(泡立て器を使って)卵の白身[生クリーム]を泡立てる ▪ My mother always uses a fork to *whisk up* egg whites and cream. 母は卵白やクリームを泡立てるのにフォークを使う.

whisper /hwíspər/ ***whisper about*** [***around***] 他 (話・うわさなど)を言い触らす ▪ It *was whispered about* (the town) that there will be an earthquake soon. 間もなく地震があるかもしれないという噂が(町に)広まった.

whisper against 他 陰で人の悪口を言う ▪ The whole village *whispered against* him. 村中の者が陰で彼の悪口を言った.

whisper away 他 陰口をきいて(名声など)を失わせる ▪ Are reputations to *be whispered away* like this? 名声というものがこんなふうに陰口で失われていいものでしょうか.

whistle /hwísəl/ ***whistle at*** 自 **1** ホイッスルを吹いて合図[指示]する ▪ The construction crew *whistled at* the passersby. 建設現場の係員が通行人たちに笛で合図した.
2(セクシーな女性に)口笛を鳴らす ▪ The two young men *whistled at* her. 二人の若者が彼女に向かって口笛を吹いた.

whistle away [***off***] 他 ...を(ぽいと)捨てる ▪ He *whistled* that right *away*. 彼はその権利を捨ててしまった.

whistle by [***past***] 自 ヒュッと通り過ぎる ▪ A swallow *whistled by* like a bullet. 1羽のツバメが弾丸のようにヒュッとそばをかすめて飛んでいった ▪ Another rocket *whistled past*, exploding no more than 50 yards past. ロケット弾がもう1発うなりを上げてかすめ, ほんの50ヤード先で炸裂した ▪ His speech *whistled by* like the wind in the empty boughs. 彼の演説は葉を落とした枝を渡る風のようにサッと通り過ぎた.

whistle down [***off***] 他 《米》(機関士が制動手[ブレーキ係])に汽笛を鳴らして知らせる ▪ Suppose you *whistle down* your brakes. 汽笛を鳴らして制動手に知らせてはどうだろう ▪ The engineer *whistled* the brakes *off*. 機関士は汽笛を鳴らして制動手に知らせた.

whistle for 自 **1** ...を口笛で呼ぶ ▪ He *whistled for* his dog. 彼は犬を口笛で呼んだ ▪ He *whistled for* a taxi. 彼は口笛を吹いてタクシーを呼んだ。
2《英口》...を望んでもむだである ▪ She's gone, my boy, and you can [may] *whistle for* her. 彼女はいなくなったのだよ, だからお前, 望んでもむだだよ. ⇨次の句から: whistle for a wind「(なぎのとき水夫が)口笛を吹いて風を呼ぶ」迷信的慣行.

whistle up 他 **1** (犬・馬など)を口笛を吹いて呼び集める ▪ The hunter *whistled up* the dogs. 猟師は口笛を吹いて犬を呼び集めた。
2《口》...を工夫して作り上げる, (十分でない材料で)手早く作る, さっと手に入れる ▪ A cartoonist has to *whistle up* new ideas every day. 漫画家は毎日新しいアイディアをひねりださねばならない ▪ She *whistled up* a meal from leftover food. 彼女は残り物を使って食事をこしらえた ▪ We can easily *whistle up* enough people to help us with the harvest. 私たちは刈り入れを手伝ってもらえるだけの人手をわけなくかり集められる.

white /hwaɪt/ ***white out*** 他 **1** ホワイトで(文字)を消す ▪ You can *white out* misspelled letters. つづりをまちがえた文字はホワイトで消せる.
2 (霧[雪]が道)を見えなくする ▪ The dense mist *whited out* the highway. 濃霧のため幹線道路が見えなくなった.

whiten /hwáɪtən/ ***whiten up*** 自 **1** より白くなる ▪ The shirts *whitened up* when I washed them with bleach. 漂白剤で洗うとシャツがすっかり白くなった.
— 他 **2** ...をより白くする ▪ The dentist *whitened up* his tea-stained teeth. 歯科医は彼の茶渋で汚れた歯を白くしてくれた.

whittle /hwɪtəl/ ***whittle away*** **1** ...をちびちび減らす ▪ Their ancient supremacy had been *whittled away*. 彼らの昔の覇権は少しずつ減っていった ▪ Vikram Singh has *whittled away* three thousand pounds. ビクラム・シンは3千ポンドをちびちび使った.
2 ...を少しずつ減らす[削る, 切る] ▪ The carpenter *whittled* the excess wood *away*. 大工は余分な木材を少しずつ削り取った ▪ Her fund has *been whittled away* to almost nothing. 彼女の資金は徐々に減ってほとんどゼロになった.
— 自 **3** 少しずつ減る ▪ His savings *whittled away* until he started work again. 蓄えが徐々に減っていったので, 遂に彼は仕事を再開した ▪ Finally her chin thinned, and her waist *whittled away*. とうとう彼女のあごがやせ, 腰回りが細くなってきた.

whittle away at 自 少しずつ大きさ[重要性, 効果]を減少させる ▪ This constant hunting *whittled away at* the number of buffalos. このように狩猟を続けたため野牛の数が徐々に減った ▪ The new laws will *whittle away at* the power of the trade unions. 新法により労組の勢力が弱体化されるだろう.

whittle down ...をそぐ, 削減する ▪ We have *whittled down* our loss extremely. 我々は損害を極度に食い止めた ▪ The director has *whittled down* the number of works on display. 責任者は展示作品の数を削減した ▪ The list of 50 candidates *was* finally *whittled down* to three. 名簿に載った50人の応募者が結局3人にしぼられた ▪ "The project is too big for our budget, Tim." — "Yes. We have to *whittle* it *down*." ティム, この企画はうちの予算では無理だよ — ああ, 規模を縮小しなくてはいけないな.

whittle A ***from*** B/***whittle*** B ***into*** A 他 BをけずってAを作る ▪ He *whittled* a branch *into* chopsticks. = He *whittled* chopsticks *from* a branch. 彼は小枝を削って箸を作った.

whiz /hwɪz/ ***whiz*** [***whizz***] ***by*** 自 **1** ビュンと[さっと]通過する ▪ I would watch the hummingbirds *whiz by*. 何羽かのハチドリがさっと飛び交うのを眺めたものだった.
2 ...のそばをビュンと[さっと]通過する ▪ The motorcycles *whizzed by* us on the freeway. 高速道路でバイクが何台も我々をヒュッと追い抜いていった.

whiz [***whizz***] ***past*** 自 (...のそばを)ビュンと音を立てて通過する ▪ A bullet *whizzed past* her shoulder. 弾丸が彼女の肩をかすめてビュンと飛んで行った ▪ On Seventh Avenue, cabs *whizzed past*. 七番街ではタクシーがビュンビュン飛ばして通り過ぎた.

whiz [***whizz***] ***through*** 自他 (口) **1** ...をさっとやり[読み]終える, 片づける ▪ She *whizzed through* her homework before going out. 彼女は遊びに出る前に宿題をさっと片づけた.
— 自 **2** ...をさっと通過する, すり抜ける ▪ The football *whizzed through* the receiver's hand. アメフトのボールがレシーバーの手からすりとこぼれ落ちた.

whomp /hwɑmp|wɔmp/ ***whomp up*** 他 《米口》**1** ...を急いで用意する[作る] ▪ I will *whomp up* a meal for you. 急いで食事を作ってあげましょう.
2 ...を興奮させる ▪ The sound of the drums *whomped up* the crowd. そのドラムの音は群衆を興奮させた.

whoop /hu:p|wu:p/ ***whoop for*** a person 他 人を大声をあげて支持する ▪ Openly he *whoops for* Cassidy. 彼は公然とキャシディーを大声をあげて支持している.

whoop on 他 ...をけしかけて先へ行かせる ▪ They were *whooping on* their hounds. 彼らは猟犬をけしかけて先へ行かせようとしていた.

whoop out 他 わっと叫んで...を追い出す ▪ The boy *was whooped out* of his bed. その男の子は大声でベッドから追い出された.

whoop through 自 (法案が議会を)拍手喝采を受けて通過する ▪ That law had *whooped through* Congress a year earlier. その法案は一年前に拍手喝采のうちに議会を通過していた.

whore /hɔ:r/ ***whore after*** 自他 《米》(不道徳的なもの)をほしがる ▪ Jack is always *whoring after* carnal pleasures. ジャックはいつも肉欲の喜びを求めている.

whore out **1**《俗》金のために(人)を利用する ▪ The literary agency *whores out* its talent to ghostwrite books. 著作代理業は自らの人材を使って代作をさせる.
— 自他 **2**《卑》売春をする[させる].

widen /wáɪdən/ ***widen out*** 自 **1** 広くなる, 広がる ▪ The river *widens out* here. 川はここから幅が広くなる ▪ We *widened out* and the rest of the dancers came into frame. 我々は広がり, 残りの踊り手が枠[縁]内に収まった(取り囲んだ).
— 他 **2** ...を広くする, 広げる ▪ Let's *widen out* the maps right now for a quick look at the rest of the country. ちょっと地図を拡大して国内の残りの地域の天気をざっと見てみましょう ▪ We should *widen out* the circle of friendship. 友情の輪を広げなければならない ▪ We should *widen out* our hearts and become more compassionate. 我々は心を広げてもっと思いやりを持つべきである.

widow /wídou/ ***widow*** *A of B* 他 《詩》Aから Bを奪う ▪ The tree *was widowed of* its fruits. その木は実をもぎ取られた.

wig /wɪg/ ***wig out*** 他 自《米口》**1** ひどく興奮させる[する] ▪ The porno *wigged* him *out*. そのポルノ作品は彼をひどく興奮させた ▪ I really *wigged out* when I read Pearl Buck's The Great Earth for the first time. 初めてパール・バックの『大地』を読んだ時, 私はいたく興奮した.
2 逆上させる[する] ▪ For some reason that *wigged* her *out*. なぜか彼女はそれでかっとなった ▪ Ashton was visibly shaking but he didn't *wig out*. アシュトンは目に見えて身を震わせていたが逆上はしなかった.

wiggle /wígəl/ ***wiggle out of*** 自 (困難など)からもがいて脱する ▪ I must *wiggle out of* the mess. この混乱からもがき出なければならない ▪ Don't try to *wiggle out of* your job! 仕事から逃げ出そうとするな.

wile /waɪl/ ***wile away*** 他 (時間)をつぶす ▪ We used to *wile away* the day with all manner of fun. ぼくたちはありとあらゆる娯楽で時を紛らしたものだった.

wile *a person from* 他 人をだまして...をやめさせる ▪ The sunshine *wiled* me *from* work. 日ざしに誘い出されて私は仕事をやめた.

wile *a person into* [*out of*] 他 人をだまして...へ連れ込む[から連れ出す] ▪ She could not *be wiled into* the parish church. 彼女をだまして教区の教会へ連れ込むことはできなかった.

will /wəl, wɪl/ ***will away*** 他 **1** 遺言状で(財産)を与える ▪ The old man *willed away* his fortune to charities. 老人は遺言状を書いて慈善事業に財産を贈った.
2 ...を意志力でなくする ▪ You can't *will away* a toothache. 君は歯痛を意志力でなくするわけにはいかないよ.

will *A to B* AをBに遺贈する, 遺言として与える ▪ My grandfather *willed* all of his land *to* me. 祖父はすべての土地を私に遺(ゆず)した.

wimp /wɪmp/ ***wimp out*** (*of*) 自《口》(...に)おじけつく, しりごみする; 弱腰になる ▪ I was going to bungee jump but I *wimped out*. バンジージャンプをするつもりだったが, おじけついてしまった ▪ He *wimped out of* meeting my parents at the last minute. 彼は土壇場になって私の両親に会うのをしりごみした ▪ Did you *wimp out* on any of the tests? 君はどのテストにも弱腰になったのか.

win /wɪn/ ***win at*** ...で勝つ ▪ I *won at* cards [tennis]. トランプ[テニス]で勝った.

win away (他から)...を誘引する ▪ The speaker *won away* from his opponent two able canvassers. その弁士は敵方から二人の有能な運動員を引き入れた.

win back 他《口》(失地など)を取り戻す ▪ They *won back* their trophy. 彼らは優勝杯を取り戻した ▪ I'd do anything to *win* his trust *back*. 彼の信用を取り戻すためなら私は何だってやるよ.

win by 他 ...を避ける, 免れる ▪ He *won by* hanging. 彼は絞殺を逃れた.

win on [***upon***] 自 他 **1** (人の心)を惹きつける, つかむ ▪ You have a softness and beneficence *winning on* the hearts of others. —Dryden. あなたには他人の心を惹きつける優しさと親切さが備わっている(Dryden 作品より) ▪ The theory *wins upon* people by degrees. その学説は次第に人々の心を惹きつけた.
2 (馬)に乗る ▪ Just let me *win on* my horse! ちょっと私を馬に乗せてください.

win out 自 **1** 成功する ▪ He can *win out* in the law business. 彼は法律の仕事で成功できるよ ▪ Her finer nature finally *won out*. 彼女のきめ細やかな性質が結局功を奏した.
2《米口》(...に対して)勝利を得る, 打ち勝つ (*over*) ▪ Amazon has *won out over* Apple in the e-book price tussle. アマゾンはアップル社に電子書籍闘争で勝利を収めた.

win over [***around***,《英》***round***] 他 ...を味方に引き入れる (*to*) ▪ She *won* the jury *over to* her side. 彼女は陪審員たちを自分の味方に引き入れた ▪ We soon *won* him *round*. 我々はすぐに彼を味方に引き入れた.

win through 自 他 (... を)切り抜ける ▪ His humor has *won through*. 彼はユーモアで切り抜けたのだ ▪ Reinardo *won through* the hardships of his early life. レイナルドは若いころの苦労を切り抜けた.

win through to 自 (努力して...まで)たどり着く ▪ He *won through to* the final after defeating the world number one. 彼は世界チャンピオンを破って決勝戦に進んだ.

win to 他 (人)を説得してグループへ入らせる, にある考えを容認させる ▪ His eloquent speeches have *won* many young people *to* the Party. 彼の雄弁のおかげで多くの若者がその政党へ入った ▪ He was able to *win* most of the committee *to* his opinion. 彼はほとんどの委員に自分の意見を容認させることができた.

win up 自 起き[立ち]上がる; 馬に乗る ▪ We began to *win up* to that mountain's top. 我々はあの山の頂へ登り始めた ▪ *Win up*, as you may. できるだけ早く立ち上がりなさい.

wince /wíns/ ***wince at*** 自 (痛さ・怖さなど)にひるむ, たじろぐ ▪ She *winced at* the pain but did not cry out. 彼女は痛さにひるんだが泣き声はあげなかった ▪ He *winced at* her bitter sarcasm. 彼の痛烈な皮肉に彼はたじろいだ.

wind /wáind/ ***wind about*** 自 …を曲がりくねる ▪ The river *winds about* the lowlands. この川は低地を曲がりくねっている.

wind around [《英》***round***] 他 …を…に巻きつける ▪ I *wound* the scarf loosely *around* my neck. 首にスカーフをゆるく巻いた.

wind back 他 (フィルム・カセット[ビデオ]テープを)巻き戻す ▪ He *wound* the film *back* to the beginning. 私はフィルムを出だしに巻き戻した ▪ I *wound* the tape *back* ten minutes. テープを10分間分だけ巻き戻した ▪ *Wind* it *back* till the counter's at 136. カウンターが136になるまで巻き戻しなさい.

wind down 他 **1** …を(次第に)縮少する ▪ The firm is *winding down* its branch offices. 会社は支店を縮少している.
2《英》(車の窓)をハンドルを回して[ボタンを押して]下げる[開ける] ▪ I *wound down* the window of my car. 私はハンドルを回して車の窓を下げた ▪ Mary Louise drove up to us and *wound* the window *down*. メアリールイーズは我々の方へ車を近づけて窓を下げた[開けた].
— 自 **3** ゆるむ, (時計のぜんまいが)ゆるんで止まる ▪ The spring *winds down* in 3 days. ばねは3日でゆるむ ▪ The wall clock has *wound down*. 壁かけ時計のぜんまいがゆるんで止まってしまった.
4《口》緊張がほぐれる, 気分が静まる, (人が)くつろぐ ▪ A glass of whisky will make you *wind down*. ウィスキーを1杯やれば緊張がほぐれるよ.
5 勢いが衰える ▪ The antiwar movement *wound down*. その反戦運動は勢いが衰えた.

wind forward [***down***] 他 《英》(テープ)を早送りする ▪ I *wound forward* the videotape and just watched its ending. 私はビデオを早送りして結末だけを見た.

wind from [***off***] 他 (巻いたもの)を(…から)巻き戻す, ほぐす ▪ My grandmother *wound* the long threads daily *from* her spindle. 私の祖母は毎日糸巻きから長い糸を巻きほぐしたものだ ▪ She *winds off* a skein of silk on a ball. 彼女は絹糸のかせを球に巻きほぐす.

wind in 他 **1** (釣り糸)をリールに巻く, 巻いて魚を釣り上げる ▪ He *wound* the line *in* sharply. 彼は釣り糸をぐいぐいと巻き上げた.
2 …を中へ曲げる ▪ *Wind* that end *in*. そっちの端を内側へ曲げ込め.

wind A into B 他 AをBに巻いてB(玉など)にする ▪ She *wound* woolen yarn *into* a ball. 彼女は毛糸を巻いて玉にした.

wind on 他 (フィルム)を先送りする ▪ Let's *wind* the film *on* to the end. フィルムを終わりまで先送りしてみよう.

wind out 他 …を外へ曲げる ▪ *Wind* that end *out*. そっちの端を外へ曲げよ.

wind through 自 **1** くねくねと流れる ▪ The river *winds through* the flat field. その川は平らな野原をくねくねと流れている.
— 他 **2** 詰り流れる; …を一貫して流れるようにする ▪ A thread of joy *winds through* his poetry. 喜びの要素が彼の詩には一貫して流れている ▪ She has *wound* her opinions *through* each of her works. 彼女はすべての作品中に自説を一貫して通して来た.

wind up 他 **1** …を(巻き上げ機などで)巻き上げる ▪ They adopted steam engines to *wind up* the coals from the pits. 彼らは炭坑から石炭を巻き上げるのに蒸気機関を採用した ▪ They *wind up* water at that well. 人々はあの井戸で水をくみ上げる.
2 (時計など)を巻く ▪ A man was seen climbing a ladder to *wind up* an old clock. 一人の男が古時計を巻くためにはしごを登っているのが見られた ▪ I must have forgotten to *wind* my watch *up* this morning. 私はきょうは時計を巻くのを忘れたんだ.
3 …を終わりにする, に結末をつける 《*with*》 ▪ This dance will *wind up* our entertainment. このダンスで我々の催しが終わります ▪ He *wound up* his speech *with* a quotation. 彼は引用句で演説を結んだ ▪ I hope to *wind* the entire affair *up with* the minimum delay. できるだけ遅れを少なくして仕事をしっかり片づけられればいいが.
4《英》(仕事)に始末をつける ▪ I have some affairs in London which I wish to *wind up*. ロンドンに始末をつけたい仕事が2, 3ある.
5 (店・会社など)をたたむ, 解散する ▪ He *wound* the business *up* and joined the Navy. 彼は商売をたたんで海軍に入った ▪ The Company *was* never formally *wound up* and still technically existed. その会社は正式に解散されたわけではなく厳密に言うとまだ存在していた.
6《英口》(人)をかつぐ, だます ▪ At first he thought they were *winding* him *up*. 初めは彼らにかつがれていると彼は思った ▪ It was very easy to *wind up* gullible people like him. 彼のようにだまされやすい者をかつぐのはとも簡単だった.
7《英》(車の窓)をハンドルを回して[ボタンを押して]上げる[閉める] ▪ It was getting cold, so I *wound* the window *up*. 寒くなってきたのでぼくは車の窓を上げ[閉め]た.
8 (感情)を緊張させる, 引き締める ▪ He is *winding* himself *up* for an effort. 彼は一奮発しようと張り切っている ▪ He *was wound up* to the last pitch of expectation. 彼は極度の期待感に気を張りつめていた.
9《口》(人)を興奮させる ▪ He got so *wound up* that he could hardly speak. 彼はひどく興奮して口もきけないくらいだった ▪ Don't *wind* him *up*—he

causes me enough trouble. 彼を興奮させないでくれ. もう面倒はこりごりだ.
10《競馬俗》《馬》を走るのに適当な状態にする ▪ Her interjections came in very usefully to *wind* him *up* again. 彼女の叫び声がとても効き目があって, 馬はまた走れる状態になった.
— 自 **11**《口》最後には…になる ▪ Almost all crooks *wind up* in prison. ほとんどすべての悪党は最後には刑務所へ入る ▪ He *wound up* the winner. 彼は最後には勝者になった.
12 終結する《*by, with*》 ▪ The novelist *wound up by* stabbing himself too. 最後その小説家は自ら自殺して果てた ▪ I want to *wind up with* that popular farce. あの人気のある笑劇で締めくくりをつけたいと思っている.
13《野球》《投手が投球前に》ワインドアップする ▪ The hurler *wound up* and threw to the slugger. 投手はワインドアップして強打者に投球した.
14《会社など》解散する, 店をたたむ ▪ The company has *wound up*. その会社は解散した ▪ His business ran down, so he *wound up*. 商売がふるわなくなったので, 彼は店をたたんだ.
15 …に行き着く ▪ The ball *wound up* on the roof. ボールは屋根へ上がってしまった.
wind up with 自 最後に…を受け取る ▪ The runner *wound up with* first prize. その走者は結局1等賞を得た.

wing /wɪŋ/ ***wing away*** 自 《時が》飛び去る ▪ The year *winged away*. その1年が飛び去った.

wink /wɪŋk/ ***wink at*** 自 **1** …に目くばせする ▪ He *winked at* me. 彼は私にウインクした.
2《過失など》を見て見ぬふりをする, 見のがす ▪ Suppose you were to *wink at* her corresponding with him for a little time. 彼女が彼と文通するのをしばらくの間見て見ぬふりをしてみたらどうです.
wink away [*back*] 他 目をしばたたいて《涙》を払う ▪ Penelope *winked away* a few hot tears of shame. ペネロピは2, 3滴の羞恥の熱い涙を目をしばたいて払った.
wink back **1** めくばせして《合図》をする, …をまばたきで知らせる ▪ He *winked back* his consent to her. 彼は承諾のめくばせを彼女に返した.
2 = WINK away.
wink on 自 …に目くばせする ▪ So saying, Alexander *winked on* the rest of the company. アレクサンドルはそう言いながら, 一座の他の者に目くばせしてみせた.
wink out 自《光などが》消える, 突然終わる ▪ The candles are just *winking out*. ろうそくの火がまさに消えようとしている.

winkle /wíŋkəl/ ***winkle out*** 他《英口》**1** …を《ある場所から》むりやり引き出す ▪ Political pressure finally *winkled* him *out*. 政治的圧力を受けて彼はやむなく隠れ家から出た ▪ She managed to *winkle* him *out* of his room. 彼女は彼を何とか部屋から引っ張り出せた.
2《情報》を引き出す ▪ I couldn't *winkle* anything *out* of him. 彼からは何も聞き出せなかった.

winnow /wínoʊ/ ***winnow away*** 他《もみがらなど》をあおぎ除く, ふるい捨てる ▪ The old man *winnowed* the chaff *away* from the grain. 老人は穀物からもみがらをあおぎ除いた.
winnow A from B 他 AとBとを識別する ▪ Your office is to *winnow* false *from* true. 真偽を見分けるのがあなたの職務だ.
winnow out 他 **1**《もみがらなど》をあおぎ除く, ふるい捨てる ▪ We *winnow* the chaff *out*. 我々はもみがらをあおいで除く ▪ We must *winnow out* certain inaccuracies. 若干の不正確な点をふるい捨てねばならない.
2 …をえり抜く ▪ Such persons are probably many, but there is no means of *winnowing* them *out*. そのような人はたぶん多いだろうが, それをえり抜く手段がない.

winter /wíntər/ ***winter on*** 自 **1** 冬の間…を常食とする ▪ The deer *winter on* tree bark. シカは冬の間木の皮を常食にする.
— 他 **2** 冬の間…を飼育する ▪ They *winter* the cows *on* cornstalks. 彼らは冬の間牛をトウモロコシの茎で飼育する.

winter over 自 越冬する ▪ The Antarctic expedition safely *wintered over*. 南極探検隊は無事越冬した.

wipe /waɪp/ ***wipe away*** 他 **1**《水・涙・泥など》をぬぐい取る ▪ I *wiped* my tears *away* with my hand. 私は手で涙をぬぐい取った ▪ The rain *wiped away* all footprints. 雨のために足跡がすべて消えてしまった.
2 …を除く, なくする ▪ The good life *wipes away* the sins. 立派な生涯は罪を除いてくれる ▪ You can't expect to *wipe away* your past misdeeds. 過去の悪事を消し去ろうと望んでもできこないよ.
wipe down 他 …を《濡れた布で》隅々まできれいにふく ▪ He *wiped down* the counter with a damp cloth. 彼はカウンターを濡れた布でふいた ▪ I'll *wipe* the table *down* before you put your things there. あなたが物を置く前に, テーブルをきれいにふきましょう ▪ The floor needs to *be wiped down*. 床を隅々まで雑巾がけしなくてはいけない.
wipe from 他 記録・テープ・コンピューターのメモリーから《情報》を消去する ▪ Several entries *were wiped from* the accounts. 報告書からいくつかの記載事項が削除されていた.
wipe off **1** …をぬぐい取る ▪ He *wiped off* the perspiration. 彼は汗をぬぐい取った.
2 …を消す, なくする ▪ All they have done before *is wiped* clean *off*. 彼らが前にしたことはすべてきれいに消されている.
3《負債》を清算する, 帳消しにする ▪ He *wipes off* one score to begin another. 彼は一つの負債を清算すると別の負債が始まる.
4《米俗》…を殺す, 抹殺する; を破壊する ▪ He'll *wipe* you *off*. 彼は君を消しちまうぞ.
5《米》= WIPE out 6.

— 自 **6** (しみなどが)取れる ▪ The spots will easily *wipe off*. このしみはすぐ落ちます.

***wipe** A **off** B* 他 BからA(大量のもの)を減じる ▪ Recession *wiped* 60% *off* pre-tax profits. 不況のおかげで税込みの収益が60%下がった.

wipe out 他 **1** (しみなど)を抜く ▪ Will you try and *wipe* the stain *out* yourself? 自分でしみを抜いてみますか?

2 …を記憶などから消す ▪ His very name *was wiped out*. 彼の名さえ全く忘れられた.

3 …を一掃する, 徹底的にやっつける ▪ Properties of the well-to-do have *been wiped out*. 金持ちの財産は一掃された. ▪ The tragedy *wiped out* an entire crew. その悲劇で全部の乗組員は命を失ってしまった. ▪ Airplanes have almost *wiped out* distances. 飛行機の出現で距離というものはほとんどなくなった.

4 《米口》(多くの人・動物)を殺す ▪ They may *wipe* him *out*. 彼らは彼を消すかもしれない ▪ Thousands of people *were wiped out* by the new viruses. 何千もの人々が新型ウイルスで亡くなった. ▪ The epidemic *wiped out* the whole population. 疫病で住民が全滅した.

5 (恥・負債など)を消し取る ▪ He *wiped out*, by a valiant death, the errors of an earlier stage of his life. 彼は勇敢な死によって若いころの誤りを消し取った.

6 …を疲れ果てさせる ▪ All that travelling *wiped* me *out*. あれほどの旅をしたせいで疲れ果てた ▪ The games *wiped out* most of the younger children. そのゲームで年少の子たちのほとんどは疲れきった ▪ By the end of the day Lieberman *was* completely *wiped out*. その日の終わりにはリーバーマンはへとへとになっていた.

7 (布などで)…の中をふき取る ▪ I *wiped out* the jug. 水差しの中をふき取った ▪ She *wiped* the box *out* before putting the linen in it. 彼女はシーツ類を入れる前に箱の中をふき取った.

— 自 **8** 《米口》(サーフィンなどで)転倒する ▪ I *wiped out* twice. 私は2度も転倒した.

— 自 **9** 《口》(車が横滑りして)衝突する, ぶつかる ▪ I nearly had my car *wiped out* on the curve. カーブで車が横滑りして危うくぶつけるところだった.

wipe over 自 (表面)をふく ▪ Will you please *wipe over* my desk? 私のデスクの上をふいてくれませんか.

wipe up 他 **1** …をぬぐい取る, ふき取る ▪ They should have *wiped up* the dust. 彼らはそのちりをぬぐい取るべきであった ▪ Will you please *wipe up* the milk on the floor? 床の上にこぼれたミルクをふき取ってくれませんか.

2 …を負かす, やっつける ▪ We can *wipe* our enemy *up* in no time. あっという間に敵をやっつけられるよ.

— 自 **3** 《英》皿ふきをする, (食器)をふく ▪ Will you *wipe up*? 皿は私がふきましょう. ▪ I'll *wipe* these dishes *up*. この皿は私がふきましょう.

wipe with 自 他 …でふいてきれいにする ▪ Use this soft cloth to *wipe with*. この柔らかい布を使ってきれいにふいてください ▪ The waiter *wiped* the table *with* a cloth. ウエイターは布巾でテーブルをふいた.

wire /waɪər/ ***wire away*** 自 《口・まれ》 一生懸命にやる ▪ In one fashion or another Geoffrey keeps *wiring away*. 何とかジェフリーは一生懸命にやっている.

wire back 他 …に返電する ▪ Please *wire* me *back* at once. 折り返し打電してください.

wire for 他 《口》 電報を打って…を呼ぶ ▪ He *was wired for* to go and look at a pony. 彼は小馬を見に来るように電報で呼ばれた.

wire in **1** …に鉄条網をめぐらす ▪ The enclosure *was wired in* for partridges. その囲いはヤマウズラを入れるために有刺鉄線をめぐらしてあった.

2 …を電線でつなぐ ▪ The TV set *is* not yet *wired in* to the main supply. テレビはまだ電源につながっていない.

— 自 **3** 《口》一生懸命にやる ▪ You had better *wire in* and finish the job. 精を出してその仕事をすませてしまうほうがいい.

4 無線に接続する,(電報・無線電話で)部局へ知らせる ▪ The taxi driver *wired in* to say they would be late. タクシーの運転手は客が遅れる旨を無線で本部に伝えた.

wire into 自 **1** 《口》(食事などを)がつがつ食べ始める ▪ After *wiring into* a leg of mutton and rice-pudding, I turned into a welcome bed. 羊肉の脚やライスプディングをがつがつ食べたあげく, 私は気持ちのよいベッドへもぐり込んだ.

— 他 **2** …にがむしゃらに取り組む, がつがつ取り組む ▪ Susan *is* really *wired into* classical music. スーザンはクラシック音楽にはまっている ▪ Ken and Mary *are* totally *wired into* one another. ケンとメリーはお互いにぞっこんだ.

***wire** A **into** B* 他 **1** A(電線・電気器具など)をBに接続する ▪ I *wired* a microphone *into* the amplifier. マイクをアンプにつないだ.

2 《電算》B(コンピューターなど)にA(装置)を取りつける ▪ They *wire* the video card directly *into* the computer. 彼らはビデオカードを直接コンピューターに組み込む.

wire off 他 **1** …を針金で仕切る ▪ The enclosure *was wired off* and guarded. その地所は有刺鉄線で仕切られ警備された.

2 (通信・金)を電報で送る; に電報を打つ ▪ I *wired* a hundred pounds *off* at once. すぐ100ポンド電報で送りました.

wire together 他 …を針金でつなぐ ▪ The tiny lamps *were wired together* on the Christmas tree. 豆電球がクリスマスツリーに電線でつながれた.

wire up 他 **1** (建物)に配線を終える ▪ The building has not yet *been wired up*. そのビルはまだ配線工事が終わっていない.

2 …に配線を終える; を取りつける ▪ They *wire* the computer *up*. 彼らはコンピューターに配線する.

3 …を電源に接続する, 機器につなぐ (*to*) ▪ The pa-

tient *is wired up to* various machines for tests. 患者は検査のため色々な機器につながれている.
4 ...を針金で留める[補強する] ▪ I'll *wire up* the flagpole so it won't blow over. 風に吹き倒されないよう旗竿を針金で留めよう.
5 ...を刺激する; を興奮させる ▪ This cup of coffee has really *wired* me *up*. この1杯のコーヒーで実にしゃきっとした.

wise /waɪz/ ***wise up (to)*** 圁 他《米口》(不快な事実を)知る; 知らせる ▪ You've got to *wise up* about it. 君はそのことについて知らねばならない ▪ When she *wised up to* what the company was doing, she quit. 会社がしていることを知ると彼女は仕事をやめた ▪ It's time someone *wised* you *up to* Mike. そろそろマイクのことを誰かが君に教えてもよい頃だ ▪ You won't *wise* him *up* that I threw a spanner into the machinery? 私がじゃまだてしたことを彼に知らせはしないだろうね.

wish /wɪʃ/ ***wish...away*** 他 ...がいなく[なく]なればよいと思う ▪ I *wished* him [the pain] *away*. 彼がいなく[痛みがなく]なればいいと思った ▪ You can't just *wish away* your debts. 借金がなくなればいいとただ願うだけではだめだ.

wish for 圁《文》...を望む ▪ We are apt to *wish for* what we can't have. 人は得られないものをよくほしがるものだ ▪ How I *wish for* a pair of wings! ああ2枚の翼があったらなあ.

wish off A on B 他 A(いやなこと)をB(人)に転嫁する, 押しつける ▪ I'd like to know who *wished off* this messy job *on* me. 誰がこのやっかいな仕事をおれに転嫁したのか知りたいものだ.

wish on 他 ...に願いをかける ▪ The girl *wished on* a star that she could marry him. 少女は彼と結婚できますようにと星に願いをかけた.

wish A on [《文》*upon*] ***B*** 他 **1**《米》A(義務など)をB(人)に強いる, 無理に押しつける ▪ They *wished* another duty *on* him. 彼らは彼にまた別の務めを押しつけた.
2《米口》A(にせ物など)をB(人)につかませる ▪ He *wished* a sorry nag *on* me. 彼は私にひどい馬をつかませた.

withdraw /wɪðdrɔ́ː/ ***withdraw from*** **1** ...から撤退する ▪ Troops began to *withdraw from* the eastern region. 軍隊が東部地域から撤退し始めた ▪ The heavyweight politician has completely *withdrawn from* politics. 大物政治家が完全に政界から身を引いてしまった.
2 ...の出場を取り消す ▪ The injury forced me to *withdraw from* the competition. けがのため競技会への参加を取り消さざるを得なかった.
3 (麻薬など)の使用をやめる ▪ He *withdrew from* drugs. 彼は麻薬から手を引いた.

withdraw A from B 他 AをB(地域など)から引かせる[撤退させる] ▪ The government *withdrew* its forces *from* the area. 政府はその地域から軍を引き上げさせた ▪ He *withdrew* his son *from* school. 彼は息子を退学させた ▪ Parents are entitled to *withdraw* their children *from* religious education. 親は宗教教育の授業を子供に受けさせない権利がある.

withdraw into 圁 ...に引っ込む ▪ Mary hates parties and is apt to *withdraw into herself*. メアリーはパーティーが大嫌いで, 自分の殻に閉じこもりがちだ ▪ They *withdrew into* silence at last. とうとう彼らは黙り込んだ.

wither /wíðər/ ***wither away*** 圁 衰える ▪ Do a kindness to the sweet dear that is *withering away*. 衰えていっているあのいとしい人に親切にしてやってください ▪ A year later, their love *withered away*. 一年後, 彼らの愛はしぼんでしまった.

wither up 圁 他 **1** (植物などが)しおれる, しなびる; (植物など)をしおれさす, 枯らす ▪ The flowers have *withered up*. 花はしなびてしまった ▪ The dry summer *withered up* the surviving fruit. カラカラの夏が生き残った果実を枯らした.
2 (気力・希望などが)衰える, 薄れる; (気力・希望など)を衰えさす, 薄れさす ▪ Our hopes have *withered up*. 我らの希望がついえた ▪ His rude attitude *withered up* my desire to help him out of his difficulty. 彼の無礼な態度に, 窮地を脱する手助けをしてやろうという気が薄れた.

withhold /wɪðhóʊld/ ***withhold from*** 圁 **1** ...を控える ▪ I could not *withhold from* expressing anger. 怒りの気持ちを抑えることができなかった.
— 他 **2** (事実など)を...に知らせずにおく ▪ I bet you are *withholding* the truth *from* me. あなたは私に本当のことを言っていないと思う.

witness /wítnəs/ ***witness against*** [***for***] ...に不利[有利]な証言をする ▪ He will *witness against* you if only out of spite. 彼は悪意からだけでも君に不利な証言をするだろう ▪ Your brother will *witness for* you in this charge. この告訴では君の弟さんが有利な証言をしてくれるだろう.

witness to 圁《法》...を証言[立証]する ▪ He called heaven to *witness to* his innocence. 彼は自分の無実は神も照覧あれと言った.

witter /wítər/ ***witter on*** 圁《英口》...をくどくどと話す, (くだらない話)を長々やる ▪ She just *wittered on* about Paris, Paris, Paris. 彼女はパリの話ばかりをとりとめもなく続けた.

wobble /wάbl|wɔ́-/ ***wobble around*** [***about***] 圁 ...をふらふら進む, よろよろ歩く ▪ Butterflies *wobbled around* the room. 蝶々が部屋の中をふらつきながら飛んでいた ▪ I *wobbled around* the mountain top. 僕は山頂のあたりをよろよろ歩いた.

wolf /wʊlf/ ***wolf down*** 他 ...をがつがつ食う ▪ Hungry dogs will *wolf down* any quantity of meat. 飢えた犬は肉をいくらでもがつがつ食う.

wonder /wʌ́ndər/ ***wonder about*** ...のことを不思議がる ▪ I was *wondering about* that. 私はそのことを不思議だと思っていた.

wonder at [《まれ》*over*,《古》*on, upon, of*] 圁 他 **1** ...に驚く, 驚嘆する ▪ Our children *won-*

dered at the colorful fish in the aquarium. うちの子供たちは水族館の色鮮やかな魚に驚嘆した ▪ Her failure is not to *be wondered at*. 彼女の失敗は驚くに当たらない.

2 …を不思議に思う ▪ The unwise *wonder at* what is unusual. 賢くない人々は異常なことを不思議がる ▪ I *wonder at* you. お前にはあきれたね《子供などに向かって》 ▪ All the people *wondered on* him. 万人が彼をいぶかしがった.

woo /wuː/ ***woo away (from)*** [他] (人)を説いて(…から)離す ▪ It was extremely difficult to *woo* people *away from* the big firms. 人々を口説いて大企業から離職させるのは極めて困難だった.

work /wəːrk/ ***work against*** [自][他] **1** …に反対する ▪ The Blue Party is *working against* the reform measure. 保守党はその改革案に反対している.

2 …に不利に働く ▪ His arrogance *worked against* his chance of success. 彼の傲慢さが成功のチャンスをつかむじゃまとなった.

3 逆襲する ▪ Our soccer team should find a strategy that *works against* the opponent's defense. 我がサッカーチームは相手のディフェンスに逆襲する戦略を立てるべきだ.

work around [《英》 ***round***] [他] **1** …を解決しようと努力する ▪ He *worked* the issue *around*. 彼はその問題を解決しようと努力した.

2 (困難)にうまく対処する ▪ A skilled craftsman could *work around* these difficulties. 熟練した職人ならこの難題を善処できるだろう.

work A around B [他] AをBに巻きつける[通す] ▪ The knitter is *working* some decorative stitching *around* the edge of the sleeve. 編み手は袖口にぐるりと飾りステッチを施している.

work as [自] **1** …として勤める, 勤務する ▪ Have you ever *worked as* a cleaner? 清掃係として働いたことはありますか ▪ She *worked as* a waitress in order to pay her rent. 彼女は家賃を払うために給仕人として働いた.

2 …として機能する[作用する, 働く] ▪ The pegs on the wall *worked as* coat hangers. 壁に打ちつけた木釘はハンガーの役をした.

work at [自] **1** …で仕事する[働く] ▪ I *worked at* the library before I got a job at the bank. 銀行に勤める前は図書館で働いていた ▪ I *work at* a house. 私は家政婦をしています.

2 …に従事する, を勉強する ▪ Tasso had been *working at* his epic poem. タッソは叙事詩にとりかかっていた ▪ He spent several hours a day *working at* Arabic. 彼は毎日アラビア語の勉強に数時間費やした.

3 《戯》 …をどしどしやる ▪ The girls were all seated, *working at* the macaroons. 少女らはみな腰かけて, マカロンをもりもり食べていた.

work away [自] **1** せっせと働く, (…に)取り組む ▪ If a man is happy, he will *work away* all day. 人が幸福であるなら, 一日中せっせと働くものだ ▪ Leonardo is still *working away* on his assignment. レオナルドはまだ宿題に取り組んでいる ▪ I *work away* at Latin and Greek. ラテン語とギリシャ語の研究を続けている.

2 (顔・体の一部などが)小刻みに動く ▪ His body was *working away* rhythmically. 彼の体は小刻みに律動を続けていた.

― [他] **3** 努力して…を取り除く ▪ She *worked away* the rough spots with sandpaper. 彼女はサンドペーパーでしみをこすり取った.

4 …をむしばむ; を損傷する ▪ Years of exposure to rain *worked away* the paint. 何年も雨にさらされてペンキがはげた.

work back [自] **1** 後戻りする ▪ We couldn't go forward, so we had to *work back*. 前へ行くことができなかったので, 後戻りするより仕方がなかった.

2 過去へさかのぼる ▪ I advise you to start with modern literature and *work back*. 近代文学から始めて, 過去へさかのぼるようにお勧めします.

work by [自] **1** (機械などが)…によって動く (＝GO by 5; RUN on 10) ▪ This car *works by* a solar battery. この車は太陽電池で動く.

2 …のそばを見られずに通り抜ける ▪ We *worked by* the sentry and made good our escape. 我々は歩哨のそばを見られずに通り抜けて, まんまと逃亡した.

work down [自] **1** (ストッキングが)ずり落ちる ▪ Her stockings are *working down*. 彼女のストッキングがずり落ちかけている.

― [自][他] **2** (社会的・職業的に)階級が下がる, 落ちぶれる; (…に)降格させる (*to*) (↔WORK up 15) ▪ He *worked* his way *down* in the world because of his alcoholism. アルコール依存症のせいで彼は世間的に落ちぶれた.

― [他] **3** (値段)を下げる, の値引きをする ▪ They *worked down* the price so much that the fur coat was a steal. うんと値引きされてその毛皮コートは超格安になった.

work for [自] **1** …のために働く ▪ He *worked for* the good of humanity. 彼は人類の福祉のために働いた ▪ *Work for* the world. 世界のために働け《マルクスの好んだスローガン》.

2 …に雇われている ▪ Peter is *working for* the ABC as a cook. ピーターはコックとして ABC 軒に雇われている.

3 …を達成しようと努力する ▪ Mr. Gabriel is *working for* unity within the profession. ゲイブリエルさんは同業者仲間の結束達成のために努力している.

4 …に対してうまく機能[作用]する ▪ This bug spray only *works for* mosquitoes. この殺虫スプレーは蚊だけに効く.

5 …にふさわしい ▪ I'm sure that color *works for* her. その色は彼女にきっとよく合うと思う.

work A for B [他] 《俗》 BのためにAを不正手段で手に入れる ▪ Jack has promised to *work* a ticket *for* me. ジャックは切符を1枚せしめてやると約束してくれている.

work in [他] **1** …を入れる, 交える ▪ Can't you

work in a few jokes? しゃれを二つ三つ入れられませんか ▪ In the middle she *worked in* a pretty floral design. 中央にきれいな花模様を入れた.
2 …の場所[暇]を見つける ▪ If I can possibly *work it in*, I'd like to join you. その暇がなんとかして見つかればお供しますよ.
3 …を染み込ませる, 混ぜる ▪ You must knead the dough to *work in* the yeast. イースト菌を染み込ませるためにはこね粉をこねなくてはならない.
4 …を変化させる ▪ Time *works in* us all. 時は我々すべてを変化させる.
— 圓 **5** …で仕事をする, に勤める ▪ Lillian's son *works in* New York. リリアンの息子はニューヨーク勤務だ.
6 染み[入り]込む ▪ Rub on this liniment gently; it'll soon *work in*. この塗布薬を静かにすり込みなさい, すぐ染み込みますから ▪ The enemy again *worked in*. 敵はまた入り込んで来た.
7 …を使って仕事をする ▪ A carpenter *works in* timber. 大工は材木を使って仕事をする.
work in with …と調和する, しっくりいく ▪ My plans did not *work in with* his. 私の計画は彼のとしっくりいかなかった ▪ Whatever you suggest, he will *work in with* you. 君がどんなことを提案しても, 彼は同調するでしょう.
work into 圓 他 **1** …につくる, 形づくる ▪ This is to be *worked into* a regular fugue. これは正式の遁走曲[フーガ]になるはずだ.
2 …に取り入る ▪ He *worked* (himself) *into* her favor. 彼は彼女に取り入った.
work A into B 他 **1** Aを少しずつBに無理に挿入する ▪ She *worked* her foot *into* the tight boot by pushing and pulling. 彼女は押し込んだり引いたりして窮屈なブーツをやっとはいた.
2 AをBに混ぜ入れる ▪ I'll *work* some green *into* the rug I am weaving. 今織っているじゅうたんに緑色を織り込もう.
3 A(挿話など)をB(本筋など)に効果的に入れる, 組み込む ▪ Why don't you *work* a few jokes *into* the speech? スピーチにしゃれを二つ三つ入れてはどうですか.
4 うまくAをBの状態にする ▪ Rub your hands together and *work* the soap *into* a lather. 両手をこすり合わせてうまく石けんを泡の塊にしなさい.
5 A(人)をB(感情・心情)にさせる ▪ Their constant shouting slowly *worked* me *into* a rage. 彼らがずっと叫びまくるので, だんだん腹が立ってきた.
work off 他 **1** (うっ憤など)を(…に)ぶつけて晴らす(*on*) ▪ He *works off* his bad temper *on* his servants. 彼は腹が立つと使用人に当たりちらす ▪ He *worked off* old jokes *on* us. 彼は私たちにまたいつもの冗談を言ってきた.
2 (借金など)を働いて埋め合わせる (= WORK out 6) ▪ He *worked off* all his obligations. 彼は一切の債務を働いて返した.
3 …を(…から)徐々に取り出す, 外す ▪ Can you *work* this screw *off*? このネジを外してくれないか.
4 (体重など)を減らす, 取り除く ▪ The actress has *worked off* 42 pounds. その女優は42ポンド減量した.
5 …を徐々に取り除く ▪ By living purely, he may *work off* the curse. 清純な生活をすれば, 彼はその呪いを徐々に取り除くことができるかもしれない ▪ His wife *worked off* stress by gardening. 彼の妻はストレスを庭仕事で紛らわした.
6 …を片づけてしまう; を売りさばく ▪ Mr. Lockhart *worked off* the shopworn goods. ラックハートさんはたなざらしの品を整理した.
7《俗》…を殺す; を絞殺する ▪ He was ready for *working* her *off*. 彼はいつでも彼女を殺す準備ができていた.
8(機械が)…を動力にして動く, で作動する ▪ This machine *works off* the mains. この機械は電気で動く.
9(べてんなど)を行う ▪ He *worked off* a nice little swindle on me that time. 彼はその時まんまと私をぺてんにかけた ▪ Mikhail tried to *work off* the poem as his own. ミハイルはその詩を自作だと偽ろうとした.
10(本など)を刷り上げる ▪ About 1,000 copies of the book *were worked off*. その本が1,000部ばかり刷り上った.
— 圓 **11** ゆるんで次第に取れる ▪ The handle has *worked off*. 取っ手が次第に取れてきた.
12 消える, 徐々に取れる ▪ The pain *worked off* when I started swimming. 痛みは水泳を始めると消えた ▪ The sensation *worked off* in about an hour. その感動は1時間ばかりで消えてしまった.
work on 圓 **1** 働き[勉強し]続ける ▪ The class *worked on* silently. クラスでは黙って勉強し続けた.
2 …に従事する, を勉強する ▪ He has been *working on* the problem these four years. 彼は4年前からその問題に取り組んでいる.
3 …に効く, 作用する ▪ The pill will *work on* him soon. この丸薬はすぐに彼に効くだろう.
4(人・感情など)を動かす, 左右する ▪ They tried to *work on* us by vicious threats. 彼らは悪意あるおどしで我々を動かそうとした ▪ She *worked on* his feelings by pretending to be ill. 彼女は病気を装って彼の気持ちを動かした.
5 …に基づいて働く ▪ We have no data to *work on*. 我々には基づくべきデータがない.
— 他 **6** …を編み出す, 彫り出す ▪ What a lovely floral pattern you've *worked on* the tablecloth! なんという可愛い花柄模様をテーブルクロスに編み出したことを!
7(園芸で)…を…につぎ木する ▪ The willow is frequently *worked on* low stems. ヤナギはよく低い幹につぎ木される.
work out 他 **1**(問題など)を解く; を計算する ▪ I'll give you five minutes to *work out* this problem. この問題を解くのに5分間の余裕をあげよう ▪ Marissa *worked out* the sum. マリサはその金額を計算した.
2 …を理解する ▪ No one could *work out* the secret message. その秘密の伝言は誰にもわからなかった ▪ I just can't *work* him *out*. どうも彼の言うことがわ

からない.

3 〖主に受身で〗(鉱山)を掘り尽くす ▪These copper mines *were worked out* many years ago. これらの銅山は何年も前に掘り尽くされてしまった.

4 …を追い出す ▪They *worked out* the fox from the earth. 彼らはキツネを穴から追い出した.

5 …を除く ▪Ichiro *worked* a muscle cramp *out* by massage. イチロー選手はマッサージをして筋肉のけいれんを取り除いた. ▪Tears of joy *work out* our former guilt. 喜びの涙は以前の罪を除いてくれる.

6《米》(借金など)を(金ではなく)労働で返す ▪I am desirous to *work out* my debt. 私は働いて借金を返したい.

7 (目的など)を(苦心して)成就する, 果たす ▪Oh, *work out* your freedom. ああ自由を実現せよ ▪I *worked out* my own destiny. 私は自分で運命を切り開いた.

8 (計画など)を仕上げる, 完成する ▪The plan is *being worked out*. その計画は目下練られている ▪The system has *been worked out* with much thought and labor. その体系は大変な思索と労力を費やして仕上げられた.

9 働いて(時間)を過ごす ▪Elwood *worked out* his time in prison. エルウッドは刑務所で働いて時間を過ごした.

10《米口》(船員)を外国の港で解雇する ▪The ship had returned to Liverpool, where the whole crew *was worked out*. 船はリバプールに戻り, そこで全ての船員が解雇された.

— 自 **11** (金額などがいくらと)算定される, (…に)なる (*at, to*) ▪The cost *worked out at* [*to*] 5 dollars a head. 費用は一人当たり5ドルになった ▪How much does it *work out at* [*to*]? いくらになるのか ▪Taking the train *worked out* more expensive than going by car. 車で行くより列車のほうが高くついた.

12 (事件・物語などが)結局…になる ▪It will *work out* to our mutual advantage. それは結局我々双方の利益になるだろう.

13 体を鍛える, 練習する;《ボクシング》練習試合をする ▪I *work out* at the local gym every day. 毎日地元のジムで運動している ▪Both boxers *work out* every day in Stillman's gymnasium. どちらのボクサーも毎日スティルマンのジムで練習(試合を)する.

14 (埋まったものなどが)出てくる; 取れる ▪A piece of shrapnel in his leg *worked out*. 彼の脚に入っていた榴散弾の一片が外れてきた ▪One of the screws *worked out*. ねじが一つ取れた.

15 (問題が)解ける, 出る; うまくいく ▪The sum won't *work out*. 合計がどうしても出てこない ▪Things have *worked out* all right [fine]. 事がうまく運んだ.

16《米口》出かせぎする ▪I *worked out* for the winter. 私は冬場は出かせぎをした.

work over 他 **1** …を作り[書き]直す ▪He *worked over* the furniture. 彼は古い家具を作り直した ▪I am *working* the first act *over*. 第一幕を書き直しているところだ.

2《俗》…を袋だたきにする ▪A couple of hooligans *worked* him *over*. 二人のよた者が彼を袋だたきにした.

3 …を全面的に改良する ▪It'll need a lot of *working over*. それを全面的に改良する必要は十分にあるだろう.

4 …に時を費やす ▪We've been *working over* the problem for months. この問題にはもう何か月もの時を費やしています.

5 …の表面を改作する[装飾し直す] ▪The scroll has *been worked over* much to its detriment. その巻き物は表を装飾し直して, ひどく悪くなった.

6《米》…をやり直す ▪*Work* the sum *over*. その計算をやり直せ.

work round 自 方向が変わる (*to*) ▪The wind has *worked round*. 風向きが変わった ▪His mind *worked round to* different opinions. 彼は心が変わって異なる意見を持つようになった.

work through 自 **1** (努力して)徐々に動く, 進む ▪They *worked through* the thick forest. 一行は苦労して深い森を通り抜けた ▪He *worked through* college. 彼は苦学の末大学を出た.

2 ぶっ通しで働く, 休まず働き続ける ▪He is in at ten a.m. and *works through* until eleven p.m. 彼は午前10時に出勤して午後11時まで働きづめだ.

3 うまくいく, 効果が現れる ▪It will take time for his efforts to *work through*. 彼の努力の成果がうまく現れるには時間がかかるだろう.

— 自 他 **4** (針などが)通る, (針など)を通す ▪She managed to *work* the needle *through* the stiff cloth. 彼女はやっとのことで固い布に針を通すことができた.

5 乗り越える, 切り抜ける ▪He had to *work through* his grief. 彼は悲しみに耐えなければならなかった ▪Counselling will help you *work through* years of trauma. カウンセリングの助けを借りれば君は年来の心的外傷[トラウマ]を乗り越えられるだろう.

work to 自 **1** …に従って[を守って]事を進める ▪They're *working to* a very tight schedule. 彼らはハードスケジュールに従って仕事をしている.

2 …を聞きながら仕事[勉強]をする ▪He always *works to* classical music. 彼はいつもクラシック音楽を聞きながら勉強する.

3 …の水準[レベル]に達する[及ぶ] ▪The baseball team *worked to* a three-run lead. その野球チームは3点まで差を広げてリードした.

— 他 **4** (人)を…の水準[レベル]に到達させる ▪The rock singer will *work* the audience *to* a frenzy. そのロック歌手は聴衆を熱狂させるだろう.

work together 自 **1** 同じところで働く ▪John and Dick *work together*. ジョンとディックは同一の職場で働いている.

2 協力する ▪The two people couldn't *work together*. その二人は協力して働くことができなかった.

work toward(s) 自 他 …を目指して励む ▪The negotiators are *working toward* agreement. 交

渉人たちは合意を目指して励んでいる.

work under 圁 ...の下で働く ▪ He *works under* a competent boss. 彼は有能な上司のもとで働いている ▪ These are the conditions *under* which they *work*. これがそのもとで彼らが働いている条件です.

work up 他 **1**(人)を興奮させる, 扇動する ▪ Mark soon *worked up* the mob. マークはすぐ暴徒をあおり立てた ▪ Stop *working* yourself *up* like that. It's nothing. そんなに興奮するな. 大したことではないから ▪ The old man gets all *worked up* about nothing at all. その老人は全くなんでもないことにカッとなる.

2(心・想像力・人)をかき立てる, 刺激する(*to, into, to do*) ▪ His whole energies had *been worked up to* bear it calmly. 彼の全精力はそれに平静に耐えるようにきっちり作動した ▪ I have *worked* him *up to* violence. 彼を刺激してあばれさせた ▪ John Martinez tried to *work* himself *up into* a passion. ジョン・マルティネスは自分の心をかき立ててかんしゃくを起こそうとした ▪ We just can't *work up* any enthusiasm for this trip. 私たちはどうも今度の旅行には気乗りがしない ▪ I went for a long walk to *work up* an appetite. 食欲を増進させようと遠くまで散歩に出かけた.

3(成分)を混ぜる, こねる ▪ Meg had *worked up* the dough early and forgotten it. メグは早くからこね粉をこねたのにそれを忘れてしまっていた.

4(材料)を作り上げる(*into*) ▪ The raw silk *is worked up* in various ways. 生糸はさまざまに作り上げられる ▪ The straw plaiting *is worked up into* hats and bonnets. 麦わらさなだは男物や女物の麦わら帽子に作り上げられる.

5(非物質的材料)を集成する, まとめ上げる, 発展させる(*to, into*) ▪ He had got a dramatic situation which he meant Danvers to *work up*. 彼はある劇的場面を思いついていて, それをダンバーズにまとめさせるもりだった ▪ All this could easily *be worked up into* a claim. これはすべて容易に要求にまとめ上げることができた.

6(学科)を詳細に研究する; を攻究し尽くす ▪ I'm *working up* mathematics for my examination. 試験に備えて数学を詳細に勉強しています ▪ He's *working up* the history of the period for his new book. 彼は新著のためにその時代の歴史を攻究し尽くしている.

7...を(苦心して)改良する(*to, into*) ▪ The kitchen *was worked up to* a high state of perfection. 台所は改良されて完ぺきな状態になった ▪ An ox cannot *work* itself *up into* humanity. 雄牛はいくら自分を高めても人間になることはできない.

8...を(入念に)製作する, 仕上げる ▪ I have perhaps *worked up* this picture a little too elaborately. たぶんこの絵をちと念を入れすぎて仕上げたのでしょう ▪ My uncle is *working up* a very good business. 叔父はとても立派な事業を起こしています.

9《海》...に罰として不必要で不愉快な仕事をさせる ▪ The hands felt that they were continually *being worked up*. 水夫たちは自分たちは絶えず罰として不必要で不愉快な仕事をさせられているのだという気がしていた.

— 圁 **10**《米口》精勤して昇進する ▪ Marjorie wants to *work up*. マージョリーは精勤して昇進したがっている.

11(障害を排して)登る ▪ Thunder was *working up* from the east. 雷が東から進んできていた.

12 前進する ▪ He was *working up to* a peroration. 彼は結論へと近うきつつあった.

13 混ざる(*into*) ▪ A hard material does not soon *work up into* mud. 堅い物質はすぐには泥に混ざらない.

14 徐々に興奮する(*for*) ▪ She's been surly all day; she's *working up for* something. 彼女は一日中不きげんにしていた. 興奮して何かをしようとしているのだ.

— 他 圁 **15**(会社・事業など)を発展[拡大]させる; (...が)発展[拡大]する(↔WORK down 2) ▪ We have *worked* this firm *up*. 私たちはこの会社を発展させてきた ▪ Our business is *working up*. 我々の商売は拡大している.

work up around 他 ...を避ける ▪ I always got *worked up around* Floyd. 私はいつもフロイドを避けるようにされる.

work up to 圁 **1**(最高点に)達し始める ▪ The ship gradually *worked up to* top speed. 船は徐々にスピードを増して最高速度に達した.

2(クライマックスに)徐々に近づく ▪ The singer was *working up to* a climax. その歌手は徐々にクライマックスに近うきつつあった.

3 ...を言おう[切り出そう]とする ▪ What is he *working up to*? 彼は何を言おうとしているのか.

— 他 **4**(人)を徐々に興奮させて(...の状態に)至らせる ▪ Our party leader can easily *work* any crowd *up to* a fever of excitement. わが党首はいかなる群衆をも容易に興奮状態に陥らせることができる.

work with 圁 **1** ...といっしょに[ともに]働く ▪ One of the women I *work with* comes from Vietnam. 同僚の女性の一人はベトナム出身です ▪ What kind of people do you like to *work with*? どんな人たちといっしょに仕事がしたいですか《面接での問いかけ》.

2 ...と協調して働く[働くことができる] ▪ She found it hard to *work with* the other women. 彼女は他の女性と協調して働くのは困難だとわかった ▪ Are you looking for tips about how to *work with* difficult people? 気難しい人と協力し合って働くコツをお探しですか.

3 ...を仕事の対象とする ▪ A teacher *works with* children. 教師は子供を仕事の対象とする ▪ She *works with* the elderly in a home. 彼女は施設で高齢者の世話をしている ▪ He is a craftsman *working with* wool. 彼は羊毛を扱う職人だ.

4 ...を仕事の道具として使う ▪ He *works with* a computer at home. 彼はコンピューターを使って在宅で仕事をしている.

5(人)に有効である ▪ That type of smooth talk doesn't *work with* me. その手の甘言は私には効かない.
— 他 **6** …を使って(土)を耕す, (刺繡)を縫う, (材料)を加工する ▪ He *worked* the soil *with* a spade. 彼は土地を鋤(ｻｷ)で耕した ▪ You can *work* fine patterns *with* silk and a sharp needlepoint. 絹地に鋭い針先を使うと細かな模様を刺繡できる ▪ Tom likes *working* the clay *with* his hands. トムは手で粘土をこねて作品を作るのが好きだ.

worm /wə:rm/ *worm A from [out of] B* 他 BからAに(情報など)を探り出す, 聞き出す ▪ He *wormed* all her history *out of* her day by day. 彼は毎日彼女から身の上話をすっかり聞き出した.

worm in [into] 自 **1** 徐々に浸透する, 徐々に取り入る ▪ The chill of the water *wormed into* his bones. 水の冷たさが徐々に彼の骨の髄に沁みこんできました.
2 (人の信用・秘密などに)こっそり[巧妙に]取り入る ▪ We cannot tell how impostors *worm into* his confidence. ぺてん師たちがどのようにして彼に取り入って信用を得たか, わからない ▪ I *wormed into* their secrets. 私は巧妙に取り入って彼らの秘密を知った ▪ No use trying to *worm in*. You can't have a part. 君は配役にありつけないから, 取り入ろうとしてもむだだよ.

worm A off [down] B 他 徐々にAを進めてBから取る[Bへ降ろす] ▪ We carefully *wormed* our boat *off* the rock. 我々は注意してボートを徐々に押してその岩から離した ▪ We measured the tunnel by *worming* a straw *down* it. 我々はわらを徐々にはうように降ろしてその穴の深さを測った.

worm out 他 **1** …を押し[追い]出す ▪ The venom is *worming out* my life. その毒が私の生命を追い出している ▪ Our troop will *worm out* the English from the trade of Bengal. わが隊はイギリス人をベンガルの貿易から追い出すだろう.
2 (情報など)を探り出す ▪ He was able to *worm out* a description of the locality. 彼はその場所の様子を探り出すことができた.

worm out of 自 どうにかして(困難など)から脱け出す ▪ They *wormed out of* the difficulty. 彼らはどうにかしてその困難から脱け出した.

worry /wə́:ri/wʌ́ri/ *worry about [over]* 自 他 …のことで心配する ▪ He *worried* much *about* his unemployment. 彼は失業のことでひどく心配した ▪ Don't *worry over* that kind of stuff. そんな事で心配するな ▪ She was *worried about* her son who had been sent off to the front. 彼女は前線に派遣された息子のことを案じていた.

worry along 自 《口》(苦労にもめげず)なんとかしてやっていく ▪ She must try to *worry along* without him. 彼女は彼なしにどうにかしてやっていかねばならない.

worry at 自 他 **1**《英》(問題を)解決しようとがんばる ▪ He kept *worrying at* the problem. 彼はその問題の解決に努力を続けた.
2(犬が)…を口にくわえて振り回す ▪ There was Floss, *worrying at* the parcel. 犬のフロスがその小包を口にくわえて振り回していた.

worry away 他 (人)を苦しめて去らせる ▪ He *worried away* his son to Rhodes. 彼は息子を苦しめてロードス島へ去らせた.

worry down 他 …を苦労して飲み下す ▪ Irina *worried down* the tea, and ate a slice of toast. イリーナは苦労して茶を飲み下し, トーストを1枚食べた.

worry out **1** …を苦心して解く[出す] ▪ Jack delights to *worry out* knotty points in Greek. ジャックはギリシャ語の難点を苦心して解くのを喜びとしている.
2(人)を悩ませ[いじめ]抜く ▪ *Worry* him *out*, till he gives his consent. 彼が同意するまで彼をいじめ抜け.
3 …をしつこくねだって得る (*of*) ▪ The boy *worried* permission *out of* his parents. 少年はしつこくねだって両親から許可をもらった.

worry A out of B 他 AをいじめてBを奪い取る ▪ She had *worried* her husband *out of* his life. 彼女は夫を悩ませて死なせてしまっていた.

worry through 自 《口》 **1** 苦労して通り抜ける ▪ In the end we *worried through* and anchored. ついに我々は苦労して通り抜けて投錨した.
2(仕事など)をなんとかやり遂げる ▪ I *worried through* the work of the week. 私はその週の仕事をなんとかしてやり遂げた.

wrangle /ræŋɡəl/ *wrangle with* 自 **1** (…について)…と口論する (*about [over]*) ▪ Matthew *wrangled with* his roommate *over* the phone bill. マシューは電話料金のことでルームメイトと言い争った.
2 …に従事する ▪ I have been *wrangling with* this problem since morning. 朝からこの問題にかかりきりだ.

wrap /ræp/ *wrap about [down, round, together]* 他 …を包む ▪ Every limb *was wrapped round* with these strips. すべての手足がこれらの布きれで包まれた.

wrap around [《英》round] 自 《電算》単語が次の行の先頭へ送られる, ワードラップされる ▪ Hit a carriage return at the end of every line if the input doesn't *wrap around*. 入力が次行送りにならなければ各行の最後で改行キーをたたく.

wrap A around [《英》round] B 他 **1** AをBに巻きつける ▪ He *wrapped* his arms tightly *around* her waist. 彼は彼女の腰を強く抱きかかえた ▪ I grabbed a towel to *wrap around* my waist. タオルをとって腰に巻いた ▪ The small box had a bright red ribbon *wrapped around* it. 小箱には真っ赤なリボンがかけてあった.
2 A(物)をBに巻きつくようにぶつける ▪ The driver *wrapped* his sports car *around* a utility pole. ドライバーは自分のスポーツカーを電柱に巻きつくようにひどくぶつけた.

wrap A in [with] B 他 AをBでおおい包む ▪ The house is *wrapped in* slumbers. 家中がすっかり寝

こんでいる ▪ The affair *is wrapped in* mystery. 事件は迷宮に入っている ▪ We were living from day to day *wrapped in* anxiety. 我々は来る日も来る日も不安に包まれて暮らしていた.

wrap over 他自 **1** ...を重ねる; 重なる ▪ *Wrap* the ends *over* each other and tie up the bundle with string. 両端を重ね合わせてから束をひもで固くしばりなさい.

2(服が体など)をおおう ▪ The scarf can *be wrapped over* your head. そのスカーフで頭をくるんでもよい ▪ Mantles *wrapping* well *over* the form are much in request. 体を十分におおうマントの需要が多い.

wrap up 他 **1** ...を(...で)包む, くるむ (*in*) ▪ He *wrapped* himself *up in* a cloak. 彼は外とうに身をくるんだ ▪ I've just *wrapped up* Jane's birthday present. ジェインの誕生日プレゼントを今包装したところです ▪ I carefully *wrapped* the vase *up in* a cloth. 花びんを丁寧に布でくるんだ ▪ Keep the baby well *wrapped up*. It's cold outside. 赤ちゃんをずっとしっかりくるんでいてね. 外は寒いから.

2 ...を包み隠す ▪ Here is no *wrapping up* Religion in mysterious nonsense. この場合宗教を神秘的なたわごとに包み隠すことはできない.

3(口)(会議・試合など)を終える, 終了する ▪ The meeting *was wrapped up* with a speech from the manager. 会合は会長の挨拶で閉会した ▪ We had enough chances to *wrap* the game *up* in the first half. わがチームは前半で試合にけりをつけられるチャンスが十分あった.

4(試合・相手など)に勝つ ▪ They *wrapped up* the game with a nine-run outburst. 彼らは9得点をあげる猛攻で試合に勝った ▪ The wrestler easily *wrapped* his opponent *up*. レスラーは簡単に相手にフォール勝ちした.

5《口》(仕事・事件など)を終わらせる ▪ Let's *wrap up* the job and go home. 仕事を終わりにして家に帰ろう ▪ They *wrapped up* the case to their own satisfaction. 彼らはその事件を満足がいくように片づけた.

6《口》(協定・契約など)をうまくまとめる, 締結する ▪ We are ready to *wrap up* the truce. 我々は喜んで休戦を締結する ▪ Negotiators were confident they could *wrap up* a deal soon. 協議者たちは近く協定をまとめられると確信していた.

7《米》...を総括的に報告する ▪ The stories of newsmen on the scene *were wrapped up* under a Tokyo dateline. 現場の記者からの記事は東京日付で総括的に報告されてきた.

— 自 **8**(外とう・肩掛けなどに)くるまる ▪ Mind you *wrap up* well if you go out. 外出するなら必ずよくくるまって行きなさい ▪ My mother told me to *wrap up* warm. 母が暖かくくるまるように言った.

9《英口》[命令文で]黙る, 口を閉じる ▪ *Wrap up*! うるさい, 黙れ ▪ *Wrap up* or I'll punch you in the mouth! 静かにしないと口へ一発食らわすぞ.

wreak /ri:k/ ***wreak*** *A on* [*upon*] *B* 他 《文》A(怒りなど)をBに漏らす, 晴らす ▪ Jack tried to *wreak* his ill-humor *upon* her. ジャックは自分の不きげんを彼女にぶちまけて晴らそうとした ▪ I *wreaked* my anger *on* his head. 私は怒りを彼の頭上に浴びせた.

wreathe /ri:ð/ ***wreathe*** (*A*) *around B* [《英》*round*] 自他 《文》...がBに巻きつく; AをBに巻きつける ▪ She was waiting for me with the cats *wreathing around* her ankles. 彼女は猫たちを両足首にまとわりつかせて私を待っていた ▪ People *wreathed* a garland *around* the hero's head. 人々は英雄の頭に花輪を巻きつけた.

wreathe in 他 《文》[受身で](顔などを)(微笑みなど)でいっぱいにする ▪ The couple's faces *were wreathed in* smiles. その夫婦は顔に満面の微笑みをたたえていた.

wreathe into 他 《文》...を...に編む, 作る ▪ Lucy *wreathed* daisies *into* a garland. ルーシーはヒナギクを編んで花輪にした.

wrench /rentʃ/ ***wrench at*** 自 ...をねじって引っぱる ▪ He *wrenched at* the door-knob. 彼はドアノブを回して引いた.

wrench away [*off*] 他 ...をねじり取る, もぎ取る ▪ Some branches of the old tree had *been wrenched away*. その老木の枝が何本かねじり取られていた ▪ She *wrenched off* her headphones. 彼女は自分のヘッドフォンをもぎ取った.

wrench...away from 他 強いて...を...から引き離す ▪ Mathilda *wrenched* her eyes *away from* the horrifying sight. マチルダはその恐ろしい光景から目をそむけた.

— 自 無理に...から逃れる ▪ Suddenly the girl *wrenched away from* Samuel and ran out the barn door. 突然少女はサミュエルをふり切って納屋の戸口から走って出た.

wrench from 他 ...を無理やり...からもぎ取る, ねじり取る ▪ He *wrenched* the handle *from* the door. 彼はドアの取っ手をもぎ取った ▪ The policeman *wrenched* the gun *from* the burglar. 警官は強盗から銃をもぎ取った.

wrench out 他 ...をねじって抜く ▪ The dentist *wrenched out* the tooth with great difficulty. 歯医者はやっとのことでその歯をねじって抜いた.

wrench round [*about*] 他 ...をねじり回す ▪ If you venture to call for assistance, I will *wrench round* your neck. 助けを呼んだりなどしたら, その首をねじり回すぞ.

wrest /rest/ ***wrest*** *A from* [*off, out of*] *B* **1** Bから A(物)を無理に取る[引き出す] ▪ The burglar *wrested* the car keys *off* him. 強盗は彼から車のキーを強奪した ▪ The enemy *wrested* the city *from* its defenders. 敵はその市を守っていた人々から市を奪った ▪ I need a strong arm to *wrest* the lid *off* this pickle jar. このピクルス瓶の蓋をねじ開けるには強力な腕力がいる.

2 Bから A(秘密など)を苦心して聞き出す ▪ The police managed to *wrest* a confession *out of* the

suspect. 警察は容疑者から何とか自白を引き出した.
3 BからA(生計など)を力ずくで引き出す ▪ Peasants struggled to *wrest* a living *from* the soil. 農夫たちは何とかして土地から生計費をあげるために苦闘した.
4 BからA(意味など)を力ずくで引き出す, 歪曲(ゎぃきょく)する ▪ He *wrested* the meaning *from* an obscure poem. 彼は曖昧な詩からなんとか意味を引き出した ▪ The student *wrested* the words *out of* context. 学生は文脈を無視して無理やりその語句を歪曲した.

wrest out of 他 …から苦心して逃れる ▪ The cat *wrested out of* her arms and jumped to the floor. 猫は彼女の腕をもがいて逃れ, 床に跳び降りた.

wrestle /résəl/ ***wrestle against*** 他 (敵・誘惑・困難など)と戦う ▪ We *wrestle against* worldly rulers. 我々はこの世の支配者たちと戦う ▪ They *wrestled* in vain *against* the decree of God. 彼らはいたずらに天命に逆らった.

wrestle down 他 **1** …を投げ倒す, 組み伏せる ▪ I think I could have *wrestled* Peter *down*. 私はピーターを投げ倒すこともできたと思う.
2 (感情)を抑える, 抑えつける ▪ I will *wrestle down* my feelings. 私は自分の感情を抑えよう.

wrestle into 他 …に押し込む, 動かして…へ入れる ▪ She *wrestled* the suitcases *into* the rack over her seat. 彼女はスーツケースを座席の上の棚に押し込んだ.

wrestle out of 自 **1** …を苦労して通る, 抜け出る ▪ The army could hardly *wrestle out of* the snow. 軍隊は苦労して雪の中を通り抜けることなどとてもできなかった.
― 他 **2** …を力ずくで引き上げる, 動かして…から出す ▪ Three strong men *wrestled* the bluefin tuna *out of* the water. 三人の屈強な男がそのクロマグロをなんとかして海から引き上げた.
3 …を…から追い出す ▪ We shall *wrestle* the enemies *out of* the country. 我々は敵を国から追い出してみせる.

wrestle with 他 **1** …とレスリングする ▪ Alex challenges all-comers to *wrestle with* him. アレックスは飛び入り参加者たちにレスリングしろと挑戦する.
2 (敵・難事業・誘惑など)と戦う ▪ Venice *wrestled with* the Turk. ベネチアはトルコ人と戦った ▪ I had to *wrestle with* my self-respect. 私は自尊心と戦わなばならなかった ▪ We must *wrestle* stoutly *with* the difficulties. 我々は困難と頑強に戦わねばならない.
3 (学科・仕事など)に全力を尽くす, と取っ組む ▪ I am *wrestling* still *with* language and logic. 私はまだ語学や論理と格闘している.

wriggle /rígəl/ ***wriggle about*** 自 のたくり回る ▪ The float will often bob and *wriggle about* before the bite is confirmed. 浮きは魚が食いついたのがはっきりする前によくひょいと動いたりのたくり回ったりする.

wriggle along [away, in, out] 自 のたくって進む[去る, 入る, 出る] ▪ The soldiers *wriggled along* the passage on their stomach. 兵士たちは腹ばいになってその道を匍匐(ほふく)前進した ▪ The eels *wriggled away* in the mud. ウナギが泥の中をのたくって逃げた ▪ You will never be able to *wriggle* into the swimming trunks. I can just *wriggle in*! 君はどう見てもその水泳パンツには入らないでしょう. 僕にははけるけど ▪ The skirt was so tight that she had to *wriggle out*. スカートはあまりにもぴったりしていたので彼女は苦労して脱がねばならなかった.

wriggle into 自 体をくねらせて…に入る, 身をよじらせて…を身につける ▪ You will never be able to *wriggle into* that swimming suit. I can just *wriggle in*! あなたにはどう見てもその水着は着られないでしょう. 私には着られるけど.

wriggle off 自 **1** もぞもぞ動いて落ちる ▪ The child *wriggled off* from the bench. その子はもぞもぞ動いてベンチから落ちた.
2 こそこそ去る ▪ The boy *wriggled off* and went to a sweet seller's stall. 男の子はこそこそ去って菓子屋の屋台へ行った.

wriggle out of 自 他 **1** (困難など)をなんとかして抜ける ▪ He *wriggled out of* a difficulty. 彼はなんとかして困難を切り抜けた ▪ I *wriggled out of* expressing my opinion. 私はなんとかして自分の意見を言うのを逃れた.
2 体をくねらせて…から出る; 身をよじって(服など)を脱ぐ ▪ She desperately tried to *wriggle out of* her boots. 彼女は大いに苦労してブーツを脱ごうとした ▪ The boy *wriggled out of* her grasp and ran off. 男の子は体をよじって彼女の手を振りほどき, 走って行った.

wriggle round 自 こそこそやって…に取り入る ▪ He will *wriggle round* anyone with money. 彼は金でこそこそやって誰にでも取り入る.

wring /rɪŋ/ ***wring down*** 他 …を押しつける; をむりやりに食べる ▪ We were *wringing down* apples. 我々はリンゴをむりやりに食べていた.

wring A in B 他 AをBに割り込ませる, 挿入する ▪ He *wrung* his political views in many of his poems. 彼は自作の詩の多くに自分の政見を割り込ませた.

wring off 他 …をねじり取る ▪ He *wrung off* a few bolts. 彼はボルトを2, 3本ねじってはずした ▪ I'll *wring* his head *off* his body. 彼の首を体からねじり取ってやろう.

wring out 他 **1** (水分)を絞り出す, (ぬれ物)を絞る, (言葉など)を絞り出す ▪ We *wring out* the things infused. 我々は水につかったものを絞る ▪ He often *wrings out* contradictions. 彼はよく矛盾した言葉を絞り出す.
2 (人から物)を引き出す ▪ McNaghten *wrung* their pardon *out*. マクノートンは強引に彼らにわびを言わせた ▪ We *wrung out* from them the names of their employers. 彼らからその雇い主の名を聞き出した.
3 …を(悩みなどで)くたくたにする; [[受身で]]をひどく疲れさせる[心配させる] ▪ All the study and worry before the test really *wrung* me *out*. 試験の前にず

いぶん勉強し心配したから全くくたくただった ▪Chemotherapy *wrung* me *out* and wore me down. 化学療法を受けたため私はくたくたになり疲れ果てた ▪I'm quite *wrung out*. すっかり疲れた.

wring ***A*** ***out of*** [***from***] ***B*** 他 **1** AをBから絞り取る ▪You have to *wring* it *out of* the suds. せっけん水からそれを絞り出さねばならない ▪The scene *wrung* tears *from* his heart. その光景は彼の心から涙を絞り取った.
2 AをBからねじり取る ▪Meg *wrung* the stick *out of* his hand. メグは彼の手から棒をもぎ取った.
3 BからA(情報・承諾など)をむりやり引き出す ▪The police *wrung* the truth *from* him. 警察は彼から強引に本当のことを吐かせた.

wring together 他 (手など)を握り締める ▪Tom was *wringing* his hands *together* nervously under the table. トムはテーブルの下で神経質そうに手を握り締めていた.

wring up 他 **1** …を締めつける,圧縮する ▪*Wring* the book *up* tightly in the press. 本をプレスできっちりと締めつけなさい.
2 [受身で](鉱脈)を乏しくする ▪Sometimes the lode becomes *wrung up*. ときに鉱脈が乏しくなることがある.

wrinkle /ríŋkəl/ ***wrinkle up*** 他 自 …にしわを寄せる; しわになる ▪He *wrinkled up* his forehead in perplexity. 彼は当惑して額にしわを寄せた ▪Your face *wrinkles up* with movement. 人の顔は動かすとしわができる.

write /ráɪt/ ***write about*** [***of, on, upon***] 他 …について書く ▪I am not fitted to *write about* it. 私はそれについて書くのに適任でない ▪Virgil *wrote of* the foundation of Rome. ウェルギリウスはローマの創建について書いた ▪He *wrote on* Japan. 彼は日本のことを書いた.

write against 自 他 …を非難して[批判的に]書く ▪Somebody had *written* a book *against* the Squire. 誰かが地主を非難する本を書いていた.

write away 自 他 **1** [主に進行形で]せっせと書く,書きまくる ▪He is *writing away* over there, paying no attention to anything else. 彼はあそこでわき目もふらずに書き続けている.
2 手紙で請求[注文]する (*for*) ▪She *wrote away for* the forms. 彼女は手紙で申し込み用紙を請求した.

write back 自 (…に手紙の)返事を書く (*to*) ▪I haven't *written back to* father. 父にまだ返事を書いていない.

write down 他 **1** …を書き留める; を記録する ▪I will *write down* all they say to me. 私は彼らが言うことをすべて書き留めよう ▪She quickly *wrote* the number *down* as the car sped off. 車が急いで逃げ去る瞬間に彼女は素早くナンバーを書き留めた.
2 [主に受身で](資産などの帳簿価格)を切り下げる ▪The assets have *been written down* in a drastic manner. その資産は大々的に帳簿価格を切り下げられた.
3 …をあしざまに書く,筆先でけなす (↔WRITE up 6) ▪Why, they'll *write* you *down*. だって,君はあしざまに書かれるよ ▪He *wrote down* those tedious romances. 彼はそれらの退屈なロマンス物語を筆先でけなした.
4 …を評価する (*as*) ▪The manager *wrote* him *down as* negligent. 支配人は彼を怠慢だと評した.
— 自 **5** あしざまに書く ▪He seems to have been moved by the desire to *write down*. 彼はあしざまに書いてやろうという気持ちに動かされたらしい.
6 調子を下げて書く,(のレベルに合わせて)わかりやすく書く (*to*) ▪I should be sorry to *write down to* their comprehension. 彼らにわかるまで調子を下げて書くのはいやだ.

write for 自 他 **1** …のために書く,に寄稿する ▪He is *writing for* the stage. 彼は脚本を書いている ▪I sometimes *write for* the newspaper. 私はときどきその新聞に寄稿する.
2 …を手紙で注文する ▪I will *write for* a copy. 1部手紙で注文しよう.
3 …をほめて書く ▪The books were all *written for* her. その本はみな彼女をほめて書いてある.

write home 自 家に手紙を書く ▪My son *writes home* once a week. 息子は週1回家に手紙をよこす.

write in **1** (事実・記述など)を書き込む[入れる] ▪The date *is written in* by the rubricator. 月日は朱刷り機で書き入れられる ▪All the great scenes have *been written in* by him. すぐれた場面はすべて彼が書き込んでいる ▪Do not *write in* corrections on the galley. ゲラ刷りには訂正を書き込まないでください.
2 (本部などに伝言)を書面で伝える; を投書する ▪The customers *wrote in* suggestions instantly. 客はすぐにいろいろな提案を投書した.
3 (戯曲・契約に)あとから…を書き加える ▪The new contract has this clause *written in*. 新契約書には次の文言が書き加えられている.
4 《米》(候補者リストに載っていない候補者の名前)を書き入れて投票する ▪I have *written* your name *in*. あなたの名前を書き入れて投票しておきましたよ.
— 自 **5** (…を)郵便で注文する,手紙で要求する (*for*) ▪If interested, please *write in for* details. 興味がおありでしたら,詳細について手紙で請求してください ▪I'll *write in for* further information. 手紙を書いてさらなる情報を求めよう.
6 (役所・事務所などへ)書いてよこす ▪The plaintiffs did not *write in* or give notice that they were coming. 原告たちは書いてよこさなかった,つまり,来ることを通告しなかった.

write into 自 他 **1** (申し込み・苦情などを)書面で送る ▪A lot of people have *written into* the TV station to criticize the program. 多くの人がテレビ局に書面を送り番組の批判をした.
2 (…を)…に記載する,織り込む ▪The remedy has *been written into* the program. その救済手段は計画に織り込まれていた.

write ***A*** ***into*** ***B*** 他 [主に受身で]B(公式文書)にA

(特記事項など)を書き加える ▪ The right to withdraw *was written into* the agreement. 協定には脱退権が書き加えられていた.

write off 他 **1**(手紙など)をすらすらと[一気に]書く ▪ She *wrote off* a letter to a friend. 彼女は友人にすらすらと手紙を書いた ▪ Philip was *writing off* one of his grand tirades. フィリップは例によって長い攻撃演説を一気に書いていた.

2(負債など)を(...として)帳消しにする,棒引きにする (*as*) ▪ The company *wrote off* the loss *as* a bad debt. 会社はその損失を貸倒れとして棒引きにした ▪ They wouldn't agree to *write* the debts *off*. 彼らは負債の帳消しに同意しようとしなかった.

3《英》(車など)を修理不可能なほどに壊す[廃車にする] ▪ He *wrote* his father's car *off* driving home after a party. 彼はパーティーの帰りがけに父の車をめちゃめちゃに壊してしまった.

4(減価償却によって資産の価格)を引き下げる ▪ The $50,000 item had *been written off* to a nominal $1. その5万ドルの品目は価格を引き下げられて,申しわけ程度の1ドルになった.

5(資金)を回収不能とみなす ▪ The $7,000 they have spent will have to *be written off*. 彼らが使った7,000ドルは回収不能とみなさねばならない.

6...を殺す ▪ He has *written off* a shabby kind of life by killing himself. 彼は自殺することによって,そのくたびれた生活をご破算にした.

7うまくいかないと考えて...を諦める,見捨てる ▪ I feel I have *been written off* at work these days. 最近仕事場でみなからないがしろにされていると感じる ▪ Don't *write off* our team yet. まだうちのチームを見捨てないでくれよ.

— 自 **8**(...へ)手紙を書いてやる (*to*) ▪ He *wrote off to* Frank at Whitehall. 彼はホワイトホールにいるフランクに手紙を書いてやった.

9郵便で(...を)注文[請求]する (*for*) ▪ I *wrote off* to an agency *for* advice. 代理店に手紙を書いて助言を求めた ▪ He *wrote off for* a free sample. 彼は郵便で試供品を請求した.

write off *A as B* 他 **1**AをB(失敗・役立たず・無価値)とみなす (*as*) ▪ They tend to *write* her *off as* a mere housewife. 彼らはともすると彼女をたかが主婦とみなしがちだ ▪ He *was written off as* a failure. 彼は落伍者とみなされた.

2AをBだと片づける[無視する] ▪ The investigating officer *wrote* it *off as* a suicide. 調査官はそれを自殺だと片づけた ▪ We mustn't simply *write off* the incident *as* mere bad luck. あの事件を単なる不運として片付けてしまってはいけない ▪ Some students have to *be written off as* unsuitable for university life. 大学生活に不向きと判定せざるをえない学生が何人かいる.

write on and on 自 だらだらと書き続ける,とめどなく書く ▪ Never *write on and on* just to fill up space. ただ埋め草にだらだらとは決して書かないように.

write out 他 **1**...をすっかり書く ▪ He *wrote out* his thesis by hand. 彼は論文を手書きで書いていた.

2(書物など)を清書[浄書]する ▪ She *wrote out* his books. 彼女は彼の本を清書した ▪ *Write* your essay *out* more neatly. エッセイをもっときれいに清書しなさい.

3(連続ドラマなどから登場人物)を消す ▪ The actor *was written out* as dying in the third act. その俳優は第3幕で死ぬということで消された ▪ They're *writing* the actress *out* at the end of this series. その女優はこのシリーズ番組の最後で消されることになっている.

4(小切手・証明書など)を書く,発行する ▪ He *wrote out* a check for me. 彼は私あての小切手を書いてくれた ▪ The traffic warden is still *writing* my ticket *out*. 交通巡視官はまだ僕の違反チケットを書いている.

5...を記す ▪ He *wrote out* his version of the incident. 彼はその事件についての自分の解釈を記した.

6(メモ・速記など)を完全に書き改める ▪ He *wrote out* his sermons and then learnt them by heart. 彼は自分の説教を完全に書き改めてからそれを暗記した.

7(数字・略字)をきちんと文字で書く ▪ Don't just write "5", *write* it *out*. ただ5と(数字で)書いたのではだめだ. ちゃんと (five とつづり字で書け ▪ All abbreviations are to *be written out*. 略号はすべて完全な形で書くべし(《記入に際しての注意書き》).

8(覚えるのではなく頭の中の考え)を文字で書く ▪ Let me *write* it *out* so I won't forget it. 忘れないように書きつけておこう.

write over 他 **1**...を書き直す[改める] ▪ His translation *was written over* fair. 彼の翻訳はきれいに書き改められた ▪ They spent two days in *writing* it *over*. 彼らはそれを書き直すのに2日間かかった.

2(余白がないほど)いっぱいに...を書く,一面に...を書く ▪ I saw the manuscript *written over* with monkish commentaries. その原稿を見ると,修道士の注釈がいっぱい書いてあった.

write up 他 **1**...を詳しく書く,必要事項をすべて書く,書き立てる ▪ I have to *write* the report *up* this evening. 今夜くわしく報告書を書かねばならない ▪ They departed to *write up* the tragedy. 彼らはその悲劇を書き立てるために立ち去った.

2...をきちんと書き改める,完全な形にする ▪ The professor *wrote* his lectures *up* into a book. 教授は講義を著書にまとめ上げた.

3(新聞・雑誌に劇など)の批評をする,評を書く ▪ A critic *wrote* the novel *up* in the paper. ある批評家が新聞でその小説を批評した.

4...を高い所に書く; を公示する ▪ A notice *is written up* on the wall. 壁に掲示が出ている ▪ They *wrote up* the details on the whiteboard. 彼らは詳細を白板に掲示した.

5《米》...に呼び出し状を書く,(違反キップなど)を切る ▪ Cars found parked in the streets will *be written up*. 通りに駐車してあった車には呼び出し状が来るだろう ▪ The traffic cop *wrote* him *up* for speeding. 交通警官は彼にスピード違反の切符を切った

- The company *wrote up* workers for smoking in the bathroom. 会社はトイレで喫煙したことで従業員たちを呼び出した.

6 …を(誌上で)書き[ほめ]立てる (↔WRITE down 3)
- Byron wished to *write up* Pope by way of writing down others. バイロンは他をけなすためにポープをほめ立てたかった
- The resort *was* greatly *written up*. その行楽地は大いに書き立てられた.

7 (日記・帳簿など)を最近までつける
- He *wrote up* the journal neglected for a week or two. 彼は1, 2週間放っておいた日記を最近までつけた.

8 《米》[[主に受身で]](帳簿価格)を引き上げる
- The shares *were written up* to £275 each. 株の帳簿価格は1口275ポンドに引き上げられた.

writhe /raɪð/ ***writhe about*** 圓 (苦痛・激情などで)のたうち回る, 身もだえする
- We *writhed about* with laughter. 私たちは身をよじって笑いこけた
- He *writhed about* in pain during his surgery. 彼は手術中痛くてのたうち回った.

writhe in 圓 (感情などに)もだえる, もだえ苦しむ
- He *writhed in* anguish. 彼は苦悩してもだえた
- The snake *writhed in* pain. そのヘビは苦痛にもだえた
- My soul *writhed in* agony. 我が魂は苦しみもだえた
- Ann moaned and *writhed in* ecstasy. アンはうめき声を上げ恍惚となって身もだえした.

writhe under [with] 圓 (苦痛などに)もだえる
- She was *writhing under* the wound. 彼女はその傷にもだえていた
- His heart *writhed with* hatred. 彼の胸は憎しみにもだえた.

wuss /wʊs/ ***wuss out*** 圓 《俗》弱虫[いくじなし]になって引きあげる
- He was going into the haunted house, but then I *wussed out*. 彼はお化け屋敷に入るつもりだったけれど, 私は怖気づいてやめた.

X

x /eks/ ***x out*** /eksáot/ 他 《米豪》 **1** (誤り・除外を示すため)…に×印をつける ▪ His name *was xed out* from the membership list. 彼の名前は会員名簿から×印をつけてはずされていた.
2 …を×印で消す[削除する] ▪ She *xed out* the unwanted letters in the sentence. 彼女は文中の不要な文字を×印で消した.
3《口》(人・物のこと)を考えるのをやめる ▪ Rick hasn't talked about Lisa for years. Maybe he has simply *x'd* her *out*. リックは長年リサのことを口にしていない. おそらく彼女のことをすっかり忘れたのだろう. ☞ x'es, x'ing, x'd [x'ed, xed] のように表記する; = CROSS out.

Y

yak, yack /jæk/ **yak [yack] at** 圓 《米俗》
1 おしゃべりする; ペチャクチャ[休みなく]しゃべる ▪ She *yakked at* me about her new cat for over an hour. 彼女は新しく飼い始めた猫について1時間以上も私におしゃべりした。
2 (怒って)うるさく[がみがみ]言う ▪ Her father *yakked at* her for getting home so late. 父親はとても遅く家に帰ったことで彼女にがみがみ言った。

yak [yack] away 圓 だらだらしゃべる, しゃべりまくる ▪ Jennifer was *yakking away* on her cell phone. ジェニファーは携帯でぺちゃくちゃ無駄話をしていた。

yak [yack] up 他 《米俗》…を吐く ▪ Margarita was so sick today that she *yakked up* her lunch. マルガリータはきょうとても気分が悪かったので、昼食を吐いた。

yammer /jǽmər/ **yammer at** 圓 《口》 ぺちゃくちゃしゃべる; くどくど愚痴る ▪ Why are you *yammering at* me like that? どうして君はそんなふうに私にしゃべりまくるのか ▪ These people were *yammering at* each other all the livelong day. この人たちは一日中くどくどお互いに愚痴り合っていた。

yammer away 圓 《口》 ぺちゃくちゃしゃべりまくる ▪ They were *yammering away* like triphammers. 彼らははねハンマーのように(矢継ぎ早に)しゃべり続けていた。

yammer for 圓 やかましく…を要求する ▪ The people are *yammering for* bread. 大衆はやかましくパンをよこせと言っている。

yank /jæŋk/ **yank around** 他 …を引っ張り回す, 引き回す ▪ Don't *yank* Jack *around* so. You'll hurt him! ジャックをそんなに引っ張り回すな, 怪我をさせるぞ。

yank at [on] 圓 …をぐいと引っ張る ▪ He *yanked at* the bellrope. 彼は呼び鈴のひもをぐいと引っ張った ▪ Don't *yank on* my hair! 髪を引っ張るなよ ▪ He *yanked on* a pair of jeans and some work boots. 彼はジーンズと仕事靴をぐいと引っ張って身につけた。

yank away 他 …をぐいと引っ張(って取)る ▪ She wouldn't let go of my arm until I *yanked* it *away* from her. 彼女は私の腕を離そうとしなかったのでとうとうぐいと引っ張って外した ▪ Mary *yanked away* the rug from the fire before it got burned. メアリーは敷物が焦げないようにぐいと引っ張って暖炉の火から引き離した。

yank down 他 …をぐいと引っ張り下ろす ▪ He *yanked* his cap *down* over his ears. 彼は帽子を耳のところまで深くぐいと引いてかぶった。

yank in 他 (容疑者)をしょっぴく ▪ The police *yanked* the thief *in*. 警察は泥棒をしょっぴいた。

yank off 他 《口》 **1** …をもぎ取る ▪ He nearly *yanked* my hand *off*. 彼は私の手をもぎ取りそうに強く引っ張った。
2 (人)を引っ張って行く ▪ Some men came in and *yanked* her *off*. 何人かの男が入って来て, 彼女を引っ張って行った。

yank out 他 …をぐいと引き抜く ▪ The dentist *yanked* my tooth *out*. 歯医者は私の歯をぐいと引き抜いた。

yank up 他 …をぐいと引っ張り上げる ▪ He *yanked up* the rushes and planted wheat. 彼はイグサを引っこ抜いて小麦を植えた ▪ I *yanked up* my pants and jumped for the door. ズボンを引っ張り上げてはいてからドアめがけてすっ飛んで行った

yap /jæp/ **yap about** 圓他 **1** うるさく言う ▪ Stop *yapping about* Sally. サリーのことをうるさく言うのをやめろ。
2 不平[文句]を言う ▪ Bill is always *yapping about* his salary. ビルはいつも給料が安いとぼやいてばかりいる。

yap at 圓 《米俗》**1** (犬が)キャンキャン吠えたてる ▪ Rose jumped when a dog *yapped at* her. ローズは犬がキャンキャン吠えたので飛び上がった。
2 吠えたてるように文句を言う, がみがみ言う ▪ The batter *yapped at* the strong-armed pitcher after he was hit by a pitch. 打者はデッドボールをあてられて, 剛腕投手に食ってかかった。

yap away 圓 ぺちゃくちゃしゃべりまくる ▪ I couldn't stop watching him as he *yapped away*. 彼がしゃべりまくる姿に見とれていた。

yard /jɑːrd/ **yard up** 圓 (シカなどが)冬のすみかに集まる ▪ Deer show a tendency to *yard up* near favorite feeding areas. シカは冬お気に入りのえさ場の近くに集まる傾向がある。

yearn /jɜːrn/ **yearn after [for]** 他 《文》…にあこがれる, を恋い慕う ▪ His heart *yearned after* the damsel. 彼の心はその乙女を恋い慕った ▪ I am *yearning for* the sight of my native land. 私は故国を見たいとあこがれている。

yearn over 親愛の情を寄せる, 同情する, 思いやる ▪ The entire nation *yearned over* the lives lost in the airplane accident. 全国民がその航空機事故で失われた命を思いやった。

yearn to [towards] *a person* 圓 人に優しみ[あわれみ, 愛情]を感じる ▪ I *yearned towards* him. 私は彼をあわれに思った。

yell /jel/ **yell at** 他 …をどなりつける ▪ The manager *yelled at* the team after they lost the game. 試合に負けたあと, 監督はチームのメンバーをどなりつけた。

yell for 大声で…を求める ▪ He *yelled for* a

doctor. 彼は大声で医者を呼んだ ▪ I *yelled for* help, but no one paid any attention. 助けを求めて大声を出したが, 誰もまるで気にしてくれなかった.

yell out 📘 **1** わめき声を上げる ▪ She *yelled out* in pain. 彼女は痛みのあまりわめき声を上げた.
— 他 **2** わめき声で…を言う ▪ He *yelled out* orders. 彼はわめき声で命令した ▪ Someone *yelled* my name *out* from behind. 誰かが後ろから大声で私の名前を呼んだ.

yield /jiːld/ ***yield to*** 📘 **1** 《文》…に屈する; 《まれ》に劣る ▪ The girl soon *yielded to* the drowsiness that came upon her. その少女は襲ってきた眠けにじきに負けてしまった ▪ I finally *yielded to* temptation and had some wine. ついに誘惑に負けてワインを口にしてしまった.
2 《文》譲歩する, に道を譲る ▪ In in-line skating always *yield to* pedestrians. インラインスケートをするときはいつも歩行者を優先させること.
3 …に従う ▪ He *yielded to* the advice of his friend. 彼は友人の忠告に従った.
4 (圧力などで)曲がる, へこむ ▪ Avocados are ripe when they *yield to* gentle pressure. アボカドはやさしく押してへこめば熟している.
5 …に屈してくずれる ▪ The frost has *yielded to* the sun. 霜は日光にあたって溶けた ▪ He did not *yield to* brandy. 彼はブランデーに酔わなかった ▪ The door *yielded to* a gentle push. ドアはそっと押すと開いた.
6 …に取って代わられる ▪ Trucks *yielded to* railroad vehicles for transporting goods. 商品輸送でトラックは鉄道車両に取って代わられた.
— 他 **7** 《主に米》(地位・権利・意見など)を譲る ▪ My aunt *yielded* her property *to* me. おばは私に財産を譲った.

yield up 他 《文》 **1** …を産する; 《雅》(秘密など)を明かす ▪ The land *yielded up* a rich harvest of corn. その土地はトウモロコシを豊富に産した ▪ The ocean does not *yield up* its secrets easily. 大洋はその秘密を容易には明かさない.
2 (降服して)…を譲り[明け]渡す (*to*) ▪ The city *was yielded up* to the enemy. その都市は敵に明け渡された.

yoke /jóuk/ ***yoke on*** 他 《スコ》…に襲いかかる ▪ They *yoked on* the man as he was riding along. 彼らは彼が馬に乗って行っているところに襲いかかった.

yoke A on B 他 《方》AをBにけしかける ▪ They will *yoke* dogs *upon* him. 彼らは彼に犬をけしかけるだろう.

yoke to 📘 《スコ》…をせっせとやる, にかかる, を手がける ▪ She *yoked to* the reading of the Bible on that principle. 彼女はその主義に従って聖書を読みにかかった.

yoke A to B 他 **1** A(牛・馬など)をB(鋤(き)・車など)につける ▪ The peasant *yoked* a horse *to* the plow. 農夫は馬を鋤につけた.
2 AをBに働かせる[奉仕させる] ▪ He *yoked* imagination *to* constant labor. 彼は想像力を絶えず働かせた ▪ The forces of nature *are yoked to* service by wisdom. 自然の力は知恵を働かすことによって役立つものとなる.

yoke together 他 **1** …をくびきでいっしょにつなぐ ▪ The two oxen *are yoked together*. 2頭の雄牛はくびきでくくり合わされている.
2 (人など)を結びつける ▪ The partners *were yoked together* for life. 二人は生涯固く結びついていた.

Z

zap /zæp/ ***zap out*** 他（ビデオの不要部分)を中断したり消去したりする ▪ Can you *zap out* all the commercials on the video? ビデオの宣伝部分を全部消去してくれないか.

zero /zíərou/ ***zero in*** **1**［主に受身で］(銃)を零点規正に合わせる ▪ My gun *is* properly *zeroed in*. 私の銃はきちんと零点規正に合わせてある.
2(銃)で(…を)ねらう《*at, on*》▪ The men *zeroed in* their guns *at* the ship. 兵士らはその船を銃でねらった.
zero in on 自 **1**…に照準を完全に合わせる ▪ The machine guns *zeroed in on* us. 機関銃は我々に完全に照準を合わせた.
2…に注意を集中する, 専念する ▪ The speaker *zeroed in on* the main topic. 話し手は中心となる論題に注意を集中した.
3…に近づく, をねらう ▪ Dogs were *zeroing in on* coveys of quail. 犬たちはウズラの群れをねらって近づいていた.
zero out 他 **1**（機器の針など)を0の目盛りに合わせる ▪ They *zeroed out* the pedometer. 彼らは万歩計をリセットしてゼロにした.
2金額［総量］を0にする ▪ I visited the bank and *zeroed out* my account. 銀行を訪れて口座の金額を0にした.
3資金提供を打ち切る ▪ The Government is planning to *zero out* subsidies. 政府は補助金の提供を打ち切る計画を立てている.

zhoozh, zhoosh, zhush /ʒʊʒ/, /ʒʊʃ/ ***zhoozh up*** 他 《俗》…に色を添える, の見栄えをよくする ▪ *Zhoozh up* a vegetable salad with a little chilli oil. チリオイルを少し加えて野菜サラダに色を添えなさい.

zip /zɪp/ ***zip along*** 自 速く前進する ▪ Our car *zipped along*. 車はびゅんびゅん走った.
zip by 自 **1**(時間・年月が)すぐに［さっと］過ぎる ▪ Time shrinks and the years *zip by*. 時は縮み, 年月は瞬く間に過ぎ去る.
2（車などが）急いで［さっと]そばを通り過ぎる ▪ Just then a bullet *zipped by* over our heads. ちょうどその時弾丸が一発我々の頭上をかすめて行った.
3訪問する; 立ち寄る ▪ My friends *zipped by* for a quick supper. 友だちがさっと夕食を取るために立ち寄った.
zip into 他 …をジッパーを閉めて包み込む ▪ My mother *zipped* us *into* our snowsuits. 母はジッパーを閉めて私たちに子供用防寒着をすっぽり着せた.
zip through **1**…を勢いよく進む ▪ The policeman's nightstick *zipped through* the air an inch from Shane's ear. 巡査の警棒がシェインの耳のすぐ横で空を切った.
2…を急いでする［読む］▪ Would you *zip through* my report? レポートにさっと目を通していただけませんか.
3…を成し遂げる, 完成する ▪ The young man *zipped through* college in just three years. その若者はたった3年で大学を修了した.
zip up ［*on*] 自 他 **1**ジッパーで閉じられる［閉じる］▪ I *zipped up* the bag. 私はかばんをジッパーで閉じた ▪ He just *zipped* his pants *up*. 彼はズボンのチャックを閉めた ▪ His jacket *zips up*. 彼のジャケットはジッパーで閉じます ▪ This skirt *zips up* at the side. このスカートは横あきです ▪ *Zip on* your jumper and let's go. ジャンパーのチャックを閉めてさあ出かけよう.
— 他 **2**《米》…を活発にやる; を元気づける, に活を入れる ▪ He would *zip up* an old folk tune with a little dash of swing. 彼は少しばかり調子をつけて古い民謡を活気よく歌うのだった.
zip a person up 他 人のジッパー［ファスナー］を閉めて［上げて］やる ▪ I want you to *zip* me *up* at the back, please. 背中のジッパーを閉めてください.

zone /zoʊn/ ***zone for*** 他 …を特定区域[地帯]とすに指定する] ▪ The land *is* still *zoned for* residential and commercial use. その土地はいまだに居住区域と商業区域に指定されている.
zone off 他 (交通で)…を特別地帯とする ▪ The business center *is zoned off*. 商業中心地は特別区域とされている.
zone out 自 《米俗》**1**集中力を失う; ぼんやりする ▪ I found the class was *zoning out* just after lunch time. 昼食後すぐなのでクラスのみんなが集中力を失っているのに気がついた ▪ Our kids are always *zoning out* in front of the TV. うちの子供はいつもテレビの前でぼんやりしている.
— 自 他 **2**意識をなくしかける［なくさせる], (薬で)もうろうとなる［させる], 眠る［らせる] ▪ An hour after I took the pill, I *zoned out*. その錠剤を飲んだ1時間後, 私はもうろうとした ▪ The medicine I took *zoned* me *out*. 私が飲んだ薬はもうろうとさせた.
— 他 **3**…に注意を払わない, を無視する ▪ You always *zone out* everything I say. 君はいつも私が言うことはすべてを無視している.
4…を排除する, 取り除く ▪ The town *zoned out* the porn shops. その町はポルノショップを排除した.

zonk /zɑŋk|zɔŋk/ ***zonk out*** 自 他 《俗》**1**(酒・薬で)意識を失う［失わせる], ぼうっとする［させる] ▪ The boy looked *zonked out*. 少年は酔いつぶれて［ラリって]いるように見えた ▪ Even a cough drop can *zonk* you *out*. ひとつぶの咳止めドロップでさえ, 君をぼうっとさせることがある.
— 自 **2**あっという間に眠りこける ▪ It's time to *zonk out*. ばたんきゅーっと眠り込む時間だ.

zoom /zuːm/ *zoom by* 自 **1** 急いで[さっと]過ぎ去る ▪ Hearing a train *zoom by* alarms a baby. 列車がそばを通り過ぎる音を聞くと赤んぼうは驚く.
2 …のそばを急いで[さっと]過ぎ去る[追い越す] ▪ David *zoomed by* her in a car. デイビッドは車で彼女のそばをさっと過ぎ去った.

zoom in 自 急いで駆けつける ▪ The helicopter *zoomed in* to pick up more water. ヘリコプターはより多くの水を載せるために急いで飛んできた.

zoom in on 自 **1**(テレビカメラが)…に徐々に近づいて撮る, ズームインする ▪ The camera *zoomed in on* Mr. Smith. カメラはスミス氏にズームインした.
2(飛行機・猛禽類が)素早く襲いかかる; 忍び寄る ▪ The missile *zoomed in on* the target area. ミサイルは目標地域を急襲した.
3 …に狙いをつける; に注目する ▪ The man *zoomed in on* your weaknesses. その男は君の弱みにつけ込んだ ▪ The chair got the panelists to *zoom in on* the climate change issue. 司会者はパネリストたちを気候変動問題に集中させた.

zoom off 自 **1**《口》急いで[さっさと]行く ▪ In the summer they all *zoom off* to Karuizawa. 夏になると彼らはみな軽井沢へいそいそと出かける.
2《米》(飛行機が)急速度で離陸する;(自動車などが)急カーブで何かをよけるためスピードを出す ▪ He *zoomed off* to Boston. 彼はボストンに向かって急いで離陸した ▪ The jet boat went *zooming off*. ジェットボートはうなりを上げて岸から離れて行った.

zoom out 自 **1**(テレビカメラが)徐々に遠距離撮影に変える, ズームアウトする ▪ Please *zoom out* a bit. 少しズームアウトしてください ▪ Camera 3, *zoom out*. 3カメラさん, ズームアウト願います.
2 急いで去る[出て行く] ▪ We got dressed and *zoomed out* to the party. 我々は服を着て, パーティーに急いで出かけた ▪ We *zoomed out* of town. 私たちは急いで町を出た.
3《俗》自制心を失う, かっとなる ▪ Tom *zoomed out* and started screaming at Jim. トムは切れてジムに向かって金切り声を上げ始めた.
— 他 **4**(人)を興奮させる, 驚かせる ▪ Susan is trying to *zoom out* Tim again. スーザンはまたティムを興奮させようとしている.

zoom through 自 (仕事など)をさっさと片付ける, (…を)サッと通過する ▪ The boy *zoomed through* the reading assignment. 少年は読書の課題をさっと済ませた.

zoom up 自 **1**(飛行機が)急上昇する ▪ The plane *zoomed up* into the sky. 飛行機は空に急上昇した.
2(物価などが)急騰する ▪ Prices have *zoomed up* recently. 最近物価が急騰した.
3(車が)急停車する, 走って来て止まる ▪ A police car *zoomed up* to the door. パトカーが玄関にさっと乗りつけてきた.

2014年6月10日　初版発行

クラウン英語句動詞辞典

2014年6月10日　第1刷発行

編　者	安藤貞雄（あんどう・さだお）
発行者	株式会社 三省堂　代表者 北口克彦
印刷者	三省堂印刷株式会社
発行所	株式会社 三省堂

〒101-8371
東京都千代田区三崎町二丁目22番14号
　　　電話　（編集）03-3230-9411
　　　　　　（営業）03-3230-9412
振替口座　00160-5-54300
http://www.sanseido.co.jp/

〈クラウン句動詞・656pp.〉

落丁本・乱丁本はお取替えいたします

ISBN 978-4-385-10429-4

Ⓡ 本書を無断で複写複製することは、著作権法上の例外を除き、禁じられています。本書をコピーされる場合は、事前に日本複製権センター（03-3401-2382）の許諾を受けてください。また、本書を請負業者等の第三者に依頼してスキャン等によってデジタル化することは、たとえ個人や家庭内での利用であっても一切認められておりません。

三省堂 英語イディオム・句動詞大辞典

安藤貞雄 [編]　A5判　1,856頁

シェイクスピア以降、現代英語に至るまでの英語イディオム・句動詞・諺などを集大成。収録総項目数約8万5千、用例約8万は、内外で最大級。

クラウン英語イディオム辞典

安藤貞雄 [編]　B6判　1,488頁

丁寧に整理された句義と非常に豊富な用例。諺などを含む収録総項目数約6万3千、用例約5万。

英語反意語辞典

富井　篤 [編]　B6変型判　576頁

接頭辞・接尾辞をつけて形成される反意語を集めた英和辞典。収録総項目数約3千。

英語語義語源辞典

小島義郎 他 [編]　B6変型判　1,344頁

語の全体像を理解する大項目式の英和辞典。収録総項目数4万9千（慣用句も含む）。

英語談話表現辞典

内田聖二 [編]　B6変型判　704頁

語用論的な情報をふんだんに盛り込んだ、日本初の本格的な発信型会話・談話表現辞典。収録総項目数約1千。